Langenscheidt

Taschenwörterbuch Polnisch

Słownik kieszonkowy
polsko-niemiecki
niemiecko-polski

Langenscheidt

Słownik kieszonkowy

polsko-niemiecki
niemiecko-polski

Nowe opracowanie

Urszula Czerska
Stanisław Walewski

Pod redakcją
Zespołu Redakcyjnego Langenscheidta

Langenscheidt

Berlin · Monachium · Wiedeń · Zurych
Londyn · Madryt · Nowy Jork · Warszawa

Langenscheidt
Taschenwörterbuch Polnisch

Polnisch – Deutsch
Deutsch – Polnisch

Neubearbeitung

von Urszula Czerska
und Stanislaw Walewski

Herausgegeben von der Langenscheidt-Redaktion

Langenscheidt

Berlin · München · Wien · Zürich
London · Madrid · New York · Warschau

Langenscheidt Taschenwörterbuch Polnisch
begründet von Stanislaw Walewski
Teil Polnisch-Deutsch neu bearbeitet von Urszula Czerska
Teil Deutsch-Polnisch neu bearbeitet von Stanislaw Walewski
Redaktion: Susanne Brudermüller und Agnieszka Mizak
Muttersprachliche Durchsicht / Korrektur: Iwona Ostrowska und Katarzyna Sarna
Info-Fenster: Jan Okuniewski
In Zusammenarbeit mit den Langenscheidt Redaktionen München und Warschau

Neue deutsche Rechtschreibung nach den gültigen amtlichen Regeln und DUDEN-Empfehlungen: Susanne Billes

Ergänzende Hinweise, für die wir jederzeit dankbar sind, bitten wir zu richten an:
Langenscheidt Verlag, Postfach 40 11 20, 80711 München
redaktion.wb@langenscheidt.de

Typografisches Konzept nach: KOCHAN & PARTNER GmbH, München
Satz: Logoscript, Warszawa
Druck: Graph. Betriebe Langenscheidt, Berchtesgaden/Obb.
Printed in Germany
ISBN 978-3-468-11263-8 (deutsche Ausgabe)
ISBN 978-83-7476-793-4 (polnische Ausgabe)

10011

Inhalt | Spis treści

Vorwort

Mit dem vorliegenden **Taschenwörterbuch Polnisch** präsentiert der Verlag sein Standardwerk in der speziell für Langenscheidt neu entwickelten Wörterbuchgestaltung. Sie sorgt für optimale Lesbarkeit und ermöglicht besonders schnelles Nachschlagen in zweisprachigen Wörterbüchern. Dieses Nachschlagewerk bietet über 115 000 Stichwörter und Wendungen und wurde sowohl für deutsche als auch polnische Benutzer entwickelt. Das deutsch-polnische Redaktionsteam hat sich bei der Neubearbeitung neben einer sorgfältigen Wortschatzauswahl vor allem Aktualität, Übersichtlichkeit und optimale Benutzerfreundlicheit zum Ziel gesetzt.

Im Mittelpunkt steht der heutige allgemein gebräuchliche polnische und deutsche Wortschatz. Neu aufgenommen wurden hochaktuelle Begriffe aus allen wichtigen Lebensbereichen. Da idiomatische und umgangssprachliche Wendungen eine Sprache erst lebendig machen, sind sie in diesem Wörterbuch besonders berücksichtigt.

Um den Benutzern die Wahl der treffenden Übersetzung zu erleichtern, werden die Stichwörter in ihrem sprachlichen Kontext dargestellt. Zusätzliche Unterstützung für das Auffinden der richtigen Übersetzung und das idiomatisch korrekte Formulieren geben Hinweise zur Bedeutungsdifferenzierzung und grammatische Hilfen in den Einträgen sowie detaillierte Übersichten zur Deklination und Konjugation im Anhang.

Abgerundet wird der hohe Informationsgehalt dieses Standardwerkes durch die hilfreichen zweisprachig deutsch-polnischen Info-Fenster zu Wortschatz, Sprachgebrauch und Grammatik.

LANGENSCHEIDT VERLAG

Przedmowa

Niniejsza publikacja to najnowsze wydanie znanego od lat Słownika kieszonkowego polsko-niemieckiego, niemiecko-polskiego. Wydanie to zostało przygotowane w oparciu o nowatorskie zasady typografii. Czytelne i przejrzyste artykuły hasłowe znacznie ułatwiają pracę ze słownikiem, a odnalezienie konkretnego wyrazu jest wyjątkowo proste.

Słownik zawiera ponad 115 000 haseł i zwrotów. Został opracowany z myślą o Polakach, posługujących się językiem niemieckim, jak również o Niemcach używających polskiego. Niniejsze wydanie zostało uzupełnione o nowe słownictwo ze wszystkich dziedzin życia, między innymi z zakresu nowych mediów. W słowniku znalazło się także wiele używanych na co dzień idiomów – zarówno polskich, jak i niemieckich.

W artykułach hasłowych przyjęto prosty i logiczny sposób zapisu. Wyrazy przedstawiane są w kontekście językowym, dzięki czemu łatwiej odnaleźć odpowiednie znaczenie danego słowa. Prawidłowe użycie wyrazu w zdaniu ułatwiają zamieszczone w części hasłowej wskazówki gramatyczne, jak również obszerne informacje z zakresu koniugacji i deklinacji wyrazów zebrane w praktycznym aneksie. Ważnym i ciekawym elementem słownika są okienka informacyjne z zakresu kulturoznawstwa i realioznawstwa. Znajdziemy tu wiele ciekawostek dotyczących języka polskiego i niemieckiego, a także państw – Polski i Niemiec oraz ich mieszkańców.

Niniejszy słownik ze względu na zawartość oraz budowę przeznaczony jest dla początkujących i zaawansowanych. Zawiera aktualne, używane współcześnie słownictwo polskie i niemieckie. Stanowi niezawodną pomoc w codziennej komunikacji w obu językach.

WYDAWNICTWO LANGENSCHEIDT

Hinweise für die Benutzer

1 Wortauswahl und die alphabetische Reihenfolge

Die Stichwörter sind streng alphabetisch angeordnet, wobei im deutsch-polnischen Teil die Umlaute (*ä*, *ö*, *ü*) sowie *ß* wie *a*, *o*, *u* und *ss* behandelt werden. Unregelmäßige Formen (sowie perfektive Verben, wenn sie nicht unmittelbar nach dem imperfektiven Verb stehen) erscheinen an ihrem alphabetischen Platz, in der Regel mit einem Verweis auf die Grundform (bzw. auf das imperfektive Verb).

2 Tilde

Die Tilde (~; beim jeweiligen Wechsel von Klein- zu Großschreibung oder umgekehrt nur im polnisch-deutschen Teil: ~̊) dient dazu, das Stichwort oder den vor einem senkrechten Strich (|) stehenden Teil des Stichworts zu ersetzen. In den Einträgen polnischer Verben steht die Tilde immer für beide Aspektpartner.

3 Aussprache und Betonung

Die Aussprachehinweise (in eckigen Klammern [ ]) werden nur in solchen Fällen gegeben, in denen sich Schwierigkeiten für den Benutzer ergeben könnten. Auf den Seiten 14 und 18 finden sich die allgemeinen Regeln zur Aussprache des Polnischen bzw. des Deutschen sowie die Erklärung der verwendeten Lautschrift. Die Betonung wird durch das Zeichen (‹'›) vor der betonten Silbe angegeben. Dieses Zeichen fehlt, wenn beim deutschen Stichwort die erste Silbe betont ist.

4 Stichwörter mit mehreren Bedeutungen

Das Semikolon (;) trennt Übersetzungen mit wesentlich voneinander abweichender Bedeutung. Die Unterschiede in der Bedeutung bei mehreren Entsprechungen werden durch Abkürzungen (siehe Anhang), vorgesetzte Synonyme (in Klammern), Subjekte, Objekte, andere sog. Stützwörter oder durch Verweise (→) auf andere Stichwörter kenntlich gemacht.
Sinnverwandte Übersetzungen werden durch ein Komma getrennt. Stichwörter mit gleicher Schreibung, aber abweichender Bedeutung (Homonyme) sind in der Regel als selbstständige Stichwörter aufgeführt und mit hochstehenden Ziffern versehen. Ein *od* (= oder) zwischen zwei Wörtern in

den Übersetzungen oder in den Beispielsätzen deutet auf mögliche Varianten hin.

5 Grammatische Angaben

Substantive: Das grammatische Geschlecht wird bei den Stichwörtern immer angegeben, bei den Übersetzungen im deutsch-polnischen Teil jedoch nur dann, wenn es sich anhand der Endung nicht bestimmen lässt. Die Bildung der Flexionsformen wird durch die meist unmittelbar nach der Genusangabe stehenden Hinweise in Verbindung mit den Paradigmen (S. 1387 und 1402) erleichtert. Keine Angaben erfolgen im deutsch-polnischen Teil bei zusammengesetzten Substantiven, wenn die Glieder des Kompositums als selbstständige Stichwörter verzeichnet sind.

Verben: Im polnisch-deutschen Teil stehen die Hinweise auf die Konjugation bei allen Verben, im deutsch-polnischen Teil nur bei den Grundverben (Verben ohne Vorsilbe).
Die Bildung der Flexionsformen wird anhand der Paradigmen (S. 1382 und 1398) in Verbindung mit diesen Angaben erleichtert. Bei den schwachen (regelmäßigen) deutschen Verben stehen die Formelemente nur dann, wenn das Verb abweichend von dem auf S. 1398 gegebenen Muster konjugiert, oder wenn das Partizip Perfekt mit sein verbunden bzw. ohne die Vorsilbe **ge-** gebildet wird (gekennzeichnet durch *sn* oder -). Starke deutsche und unregelmäßige polnische Verben (im Wörterverzeichnis mit einem * gekennzeichnet) sind zusammen mit ihren Verbformen im Anhang zusammengefasst.
Polnische Verben können imperfektiv und perfektiv sein. In der Regel wird deshalb ein sog. Aspektpaar als Entsprechung eines deutschen Verbs angegeben. Verben, die nur perfektiv sind, werden mit *pf* gekennzeichnet. Verben, die sowohl perfektiv als auch imperfektiv sind, mit *(im)pf*. Bei den Aspektpaaren steht der Teil, der das Verb perfektiv macht (Vorsilbe, Endung), in spitzwinkligen Klammern (〈 〉). Der Teil des Verbs, mit dessen Hilfe aus einem perfektiven ein imperfektives Verb gebildet wird, steht im deutsch-polnischen Teil in runden Klammern. Wenn ein Verb, das Stichwort ist, in einem Beispiel oder in einer Wendung nur in einem Aspekt gebraucht wird, wird es ausgeschrieben und nicht mit *pf* oder *impf* gekennzeichnet. Ein perfektives Verb, das in Beispielen oder Wendungen vorkommt, wird jedoch dann mit *pf* gekennzeichnet, wenn es nicht Stichwort ist.

Die Rektion bei den Verben wird in beiden Wörterbuchteilen durch die Angabe des Kasus (z.B. *akk* = Akkusativ), durch andere Hinweise (z.B. j-n = jemanden, k-o = kogoś) oder durch eine Präposition mit einer Kasusangabe ausgedrückt. Wo die Rektion in beiden Sprachen übereinstimmt, sind besondere Hinweise nur in Ausnahmefällen vorhanden. Wenn die deutsche Präposition nur einen Kasus regiert (z. B. bei, von), wird bei den Rektionsangaben der Kasus nicht angegeben. Diese Angabe ist jedoch unter dem betreffenden Stichwort (d. h. unter: bei, von) zu finden.

6 Stilistische Hinweise

Sowohl die Stichwörter als auch ihre Äquivalente in der jeweils anderen Sprache sind besonders gekennzeichnet, wenn sie verschiedenen Stilebenen zuzuordnen sind (*umg* = Umgangssprache, *pop* = populär, derb und *vulg* = vulgär). Gehören das Stichwort und die Übersetzung einer Stilebene an, wurde auf die Kennzeichnung in vielen Fällen verzichtet.

7 Info-Fenster

Die Info-Fenster stellen wichtige und interessante sprachliche Besonderheiten vor. Sie befinden sich in beiden Wörterbuchteilen gleich vor bzw. nach dem Stichwort, auf das sie sich beziehen. Sie beinhalten Hinweise zur Grammatik (z.B. Trennbar oder nicht trennbar?), Wortfelder (z.B. Wokół UE) und Sprechanlässe (z.B. Myslę, że...). Ein nach Stichwörtern alphabetisch geordnetes Verzeichnis der Info-Fenster befindet sich auf Seite 22.

Jak korzystać z tego słownika

1 Zasób wyrazów i porządek alfabetyczny

Wszystkie wyrazy hasłowe uszeregowane są w porządku alfabetycznym, przy czym samogłoski z przegłosem (*ä*, *ö*, *ü*) oraz *ß* traktowane są jak odpowiadające im głoski *a*, *o*, *u* i *ss*. W liście alfabetycznej umieszczono także nieregularne formy fleksyjne (oraz czasowniki dokonane, jeżeli nie podano ich przy partnerze aspektowym), zwykle z odesłaniem do ich formy podstawowej (wzgl. do formy czasownika niedokonanego).

2 Tylda

Tylda (~) zastępuje cały wyraz hasłowy lub jego część, znajdującą się po lewej stronie kreski dzielącej (|). Tylda z kółeczkiem (~̊) (używana tylko w części polsko-niemieckiej) oznacza zmianę pisowni z małej litery na wielką lub odwrotnie. W przypadku polskich haseł czasownikowych tylda zastępuje oba warianty czasownika.

3 Wymowa i akcent

Transkrypcję podano (w nawiasach kwadratowych [ ]) jedynie przy tych wyrazach hasłowych, których wymowa może sprawiać trudności. Na str. 14 i 18 omówiono podstawowe zasady wymowy języka polskiego i niemieckiego oraz objaśnienia dotyczące stosowanych znaków fonetycznych. Akcent zaznaczono kreseczką (‹'›), umieszczoną przed akcentowaną sylabą. W niemieckich wyrazach hasłowych, akcentowanych na pierwszą sylabę, znak akcentu opuszczono.

4 Hasła mające więcej niż jedno znaczenie

Średnik oddziela odpowiedniki dalekoznaczne. Różnice w ich znaczeniu zostały objaśnione poprzez: kwalifikatory (patrz str. 1415), poprzedzające je synonimy (podane w nawiasach) podmioty, dopełnienia, inne dodatkowe objaśnienia lub odsyłacze do innych wyrazów hasłowych.

Odpowiedniki bliskoznaczne oddzielono przecinkami. Wyrazy o jednakowej pisowni lecz odmiennym znaczeniu (homonimy) podano oddzielnie i oznaczono cyframi arabskimi umieszczonymi w górnym indeksie. Niemieckie słówko *od* umieszczone pomiędzy dwoma elementami w tłumaczeniu lub w zdaniach przykładowych wskazuje na możliwe warianty połączeń wyrazowych.

5 Informacja gramatyczna

Rzeczowniki: rodzaj gramatyczny podawany jest przy wszystkich wyrazach hasłowych, natomiast przy odpowiednikach tylko wtedy, gdy nie można go określić na podstawie końcówki danego rzeczownika. Tworzenie form fleksyjnych rzeczowników ułatwiają wskazówki podane bezpośrednio po kwalifikatorze rodzaju w połączeniu z zasadami gramatycznymi na końcu słownika (str. 1387 i 1402). W części niemiecko-polskiej przy rzeczownikach złożonych nie podano końcówek fleksyjnych, jeżeli każdy element danego złożenia został uwzględniony w słowniku jako oddzielny wyraz hasłowy.

Czasowniki w części polsko-niemieckiej wskazówki gramatyczne podano przy wszystkich czasownikach, natomiast w części niemiecko-polskiej tylko przy czasownikach prostych (niezłożonych). Tworzenie form fleksyjnych ułatwiają zasady gramatyczne (str. 1382 i 1398) w połączeniu z informacją podaną przy wyrazach hasłowych. Przy czasownikach słabych końcówki fleksyjne podano tylko wtedy, gdy ich odmiana odbiega od wzoru podanego na str. 1398 i gdy tworzą one formę czasu przeszłego dokonanego z sein lub imiesłowu czasu przeszłego bez przedrostka **ge-** (wskazówki przy wyrazie hasłowym: *sn* lub -). Formy niemieckich czasowników mocnych oraz polskich nieregularnych (oznaczone w słowniku poprzez *) podano na końcu słownika.

Czasowniki polskie mogą być niedokonane lub dokonane. Z reguły jako odpowiednik niemieckiego czasownika podawana jest zatem tzw. para aspektowa. Czasowniki posiadające tylko aspekt dokonany oznacza się kwalifikatorem *pf*, czasowniki dwuaspektowe – skrótem (*im*)*pf*. W podanych parami polskich czasownikach ujęto w nawiasy trójkątne (〈 〉) tę ich część (przedrostek, przyrostek), przy pomocy której tworzy się formę dokonaną. W nawiasach okrągłych natomiast umieszczono cząstkę zmieniającą czasownik dokonany w niedokonany. Jeżeli w przytaczanym w artykule hasłowym zwrocie lub przykładzie dany czasownik jest używany tylko w jednym wariancie aspektowym, to jest on rozpisany pełnym wyrazem bez skrótu *pf* lub *impf*. Skrót *pf* podawany jest jednak przy czasownikach dokonanych występujących w przykładach lub zwrotach, jeżeli w danym artykule czasownik nie jest głównym wyrazem hasłowym.
Informacja o rekcji podawana jest w obu częściach słownika za pomocą skrótu przypadka (np. *akk* = biernik) innych skrótów (np. j-n = jemanden,

k-o = kogoś) lub przyimka i skrótu przypadka z którym się on łączy. Jeżeli rekcja w obu językach jest taka sama, to z reguły nie podaje się informacji o niej w gnieździe hasłowym. Jeżeli niemiecki przyimek łączy się tylko z jednym przypadkiem (np. bei, von), to skrót przypadka także nie jest podawany. Informację o łączliwości przyimka można otrzymać przy haśle przyimkowym (t.zn. przy bei, von).

6 Kwalifikatory stylistyczne

Zarówno wyrazy hasłowe jak i ich odpowiedniki w obu językach opatrzone są kwalifikatorami stylistycznymi, jeśli zalicza się je do różnych stylów (*umg* = wyraz potoczny, *pop* = wyraz pospolity, rubaszny i *vulg* = wulgaryzm). Kwalifikatorów stylistycznych nie podaje się, jeżeli wyraz hasłowy i jego odpowiednik należą do tej samej płaszczyzny stylistycznej.

7 Okienka encyklopedyczne

Okienka encyklopedyczne omawiają ciekawe i ważne zagadnienia językowe. Znajdują się w obu częściach słownika bezpośrednio przed lub po wyrazie hasłowym, do którego się odnoszą. Zawierają wskazówki gramatyczne (np. dotyczące czasowników rozdzielnie i nierozdzielnie złożonych), pola semantyczne (np. Wokół UE) i sytuacje komunikacyjne (np. Myślę, że...). Indeks alfabetyczny okienek encyklopedycznych znajduje się na stronie 22.

Die Aussprache des Polnischen

Zur Darstellung der polnischen Laute werden die Zeichen der IPA (International Phonetic Association) verwendet. Die polnischen **Vokale** werden in der Regel **kurz** und **offen** ausgesprochen. Ausnahmen: **i** und **u**, die zwar kurz aber geschlossen sind, und **e**, das geschlossen ist, wenn es zwischen zwei erweichten Konsonanten oder vor *j* steht.

Die **Konsonanten b, d, f, j, k, l, m, n, p** und **t** bezeichnen Laute, die mit entsprechenden deutschen Lauten identisch sind; **k, p** und **t** werden jedoch ohne Behauchung (d. h. ohne den nachfolgenden flüchtigen h-Laut) gesprochen. Siehe auch "Palatalisierung".

1 Vokale und Lautverbindungen

Buchstabe(n)	*phon. Zeichen*	*Erklärung*	*Beispiel*
a	a	helles, kurzes *a*	**rada, sałata**
ą	ɔ̃	nasaliertes *o* wie frz. in bon	**wąsy** ['vɔ̃sɨ]
e	ɛ	offenes *e* wie in Rest	**deska**
	e	geschlossenes kurzes *e*	**mienie, dzień**
ę	ɛ̃	nasaliertes *e* wie frz. in Cousin	**kęs** [kɛ̃s]
i	i	geschlossenes kurzes *i*	**ile, minerał**
	ĭ	jotiertes *i* etwa wie in Nat*i*on	**magia**
o	ɔ	offenes kurzes *o* wie in von	**oko, promocja**
ó	u	geschlossenes kurzes *u*	**ósmy, ówdzie**
u	u	geschlossenes kurzes *u*	**ul, uwaga**
y	ɨ	etwa wie *i* in b*i*n, T*i*sch, mit zurückgezogener Zunge gesprochen	**syn, pytanie**

Die **Nasalvokale ą** und **ę** unterliegen einer Angleichung an den darauffolgenden Konsonanten und verlieren oft völlig ihr nasales Element.

ą wird gesprochen: vor **b** und **p** wie *om* [ɔm],
vor **c** (**ć**), **cz, d, dz, d** (**dzi**) und **t** wie *on* [ɔn, ɔn̩],
vor **g** und **k** wie *ong*, *onk* in Kongo, *Onk*el [ɔŋg, ɔŋk],

ę wird gesprochen: vor **b** und **p** wie *em* [ɛm],
vor **c** (**ć**), **cz, d, dz, d** (**dzi**) und **t** wie *en* [ɛn, ɛɲ],
vor **g** und **k** wie *eng, enk* in *Eng*adin, *Enk*el [ɛŋg, ɛŋk].

Die Lautverbindungen **an** (**ań**), **en** (**eń**), **in** (**iń**), **yn** (**yń**), **on** (**oń**) und **un** (**uń**) werden dagegen, wenn ein **s, z, sz, ż, f, w** oder **ch** folgt, häufig nasal ausgesprochen: kwadrans ['kvadrãs], oranżada [ɔrã'ʒada], sens [sɛ̃s], państwo ['paĩstfɔ], konsul ['kɔ̃sul] usw. Die Lautverbindungen **au** und **eu** klingen wie deutsches *a* bzw. *e* mit nachfolgendem unsilbigem *u*: auto ['aŭtɔ], Europa [ɛŭrɔpa], **aj** [aĭ] wird wie deutsch *ei, ai* in sein, Mai und **oj** [ɔʏ] wie *eu* in Scheune gesprochen.

2 Konsonanten und Konsonantenverbindungen

Buchstabe(n)	*phon. Zeichen*	*Erklärung*	*Beispiel*
c	ts	wie deutsches *z* in *Z*orn	**cud, cal**
ch	x	wie *ch* in a*ch*	**chata, chęć**
cz	tʃ	wie *tsch* in deu*tsch*	**Czech, czerwony**
ć (ci*)	tɕ	etwa wie *tj* in *tj*a	**sieć, ciało** ['tɕawɔ]
dz	dz	etwa wie *d* + stimmhaftes *s*	**wiedza, sadza**
d (dzi*)	dʑ	etwa wie *d* + stimmhaftes *sj*	**śledź, dziecko** ['dʑɛtskɔ]
dż, drz	dʒ	etwa wie *dsch* in *Dsch*unke	**dżuma, drzewo**
h	x	wie *ch* in a*ch*	**hak, huta**
ł	w	wie englisches *w* in *w*eek (ein kurzes *u* mit gerundeten Lippen)	**Bałtyk, ławka**
ng, nk	ŋg, ŋk	s. Anmerkung zu den Vokalen	
ń (ni*)	ɲ	etwa wie *gn* in Champa*gn*er	**koń, koniec** ['koɲɛts]
r	r	Zungenspitzen-*r*, auch im Auslaut deutlich hörbar	**rynek, szwagier**
rz	ʃ	wie *sch* in *Sch*ule (nach *k, p, t* und im Auslaut)	**krzak, przód, trzoda, tchórz**
	ʒ	wie *g* in Gara*g*e	**morze, rzeka**
s	s	immer stimmlos wie *ß* in gro*ß*	**sól, kosa**

sp, st	sp, st	immer wie *ß* + *p* bzw. *ß* + *t*	**spółka, stacja**
sz	ʃ	wie *sch* in *Schule*	**szafa, szary**
ś (si*)	ɕ	ähnelt dem dt. *ch* in Mär*ch*en, wenn das *ch* mit einem flüchtigen sch-Laut gesprochen wird	**środek, ktoś, sierp** [ɕɛrp]
w	v	wie *w* in *Wald*	**woda, wiedza** ['vɛ-dza]
z	z	wie stimmhaftes *s* in *Sense*	**zupa, zaraz**
(zi*)	ʑ	stimmhafte Entsprechung zu *ś*	**źle, ziarno** ['ʑarnɔ]
ż	ʒ	stimmhafte Entsprechung zu *sz*, wie dt. *j* in *Journal* oder *g* in Genie	**żaba, nożyce**

*) Folgt nach **ć, d, ń, ś** und **ż** ein Vokal, so wird **ci, dzi, ni, si** und **zi** geschrieben, die Aussprache bleibt jedoch die gleiche. Das *i* ist hier lediglich ein orthografisches Zeichen und besitzt keinen eigenen Lautwert (wenn dem *i* ein Konsonant und nicht ein weiterer Vokal folgt, dann hat das *i* eine doppelte Funktion und wird gesprochen: zima ['ʑima], cisza ['tɕiʃa]).
Doppelkonsonanten werden doppelt oder wie ein gelängter einfacher Konsonant gesprochen: wanna [van:a], lekki [lɛkki].

Palatalisierung
Außer den o.a. palatalisierten (erweichten) Konsonanten, die schon durch das diakritische Zeichen als solche zu erkennen sind, können im Polnischen eine Reihe weiterer Konsonanten vor Vokalen „erweicht" ausgesprochen werden. Diese „weiche" Aussprache wird dann durch ein *i* zwischen dem Konsonant und Vokal angezeigt. Das *i* bildet hier keine Silbe (außer wenn dem *i* kein anderer Vokal folgt), sondern ist ein flüchtiger *j*-Laut (gekennzeichnet in der Umschrift durch ein Häkchen: b̡, m̡, p̡ usw.), der zusammen mit dem davor stehenden Konsonanten gesprochen wird.

Betonung
Im Polnischen wird in der Regel die vorletzte Silbe betont. In den wenigen Ausnahmefällen steht das Betonungszeichen ['] vor der betonten Silbe.

Zusätzliche Zeichen
Der hoch stehende Punkt zwischen zwei Konsonanten zeigt an, dass sie nicht zu einem Laut verschmelzen, sondern getrennt ausgesprochen werden.

3 Lautverbindungen/Endungen, die in der Regel nicht umschrieben sind

bia	[b̦a]	gie	[g̦ɛ]	pió/piu	[p̦u]
bie	[b̦ɛ]	kie	[k̦ɛ]	sia	[ɕa]
bio	[b̦ɔ]	kiu	[k̦u]	sie, się	[ɕɛ, ɕɛ̃]
biu	[b̦u]	mia	[m̦a]	sio	[ɕɔ]
cia	tɕa]	mie	[m̦ɛ]	sió/siu	[ɕu]
cie	[tɕɛ]	mio	[m̦ɔ]	wia	[ɣ̦a]
cio	[tɕɔ]	mió/miu	[m̦u]	wie	[ɣ̦ɛ]
ciu	[tɕu]	nia	[ŋ̦a]	wio	[ɣ̦ɔ]
dzia	[dʑa]	nie	[ŋ̦ɛ]	wió/wiu	[ɣ̦u]
dzie	[dʑɛ]	nio	[ŋ̦ɔ]	zia	[ʑa]
dzio	[dʑɔ]	niu	[ŋ̦u]	zie	[ʑɛ]
dzió/dziu	[dʑu]	pia	[ŋ̦a]	zio	[ʑɔ]
fie	[f̦ɛ]	pie	[ŋ̦ɛ]	zió/ziu	[ʑu]
fiu	[f̦u]	pio	[p̦ɔ]		

Beispiele: cierpieć ['tɕɛrp̦etɕ], kiedy ['k̦ɛdɨ], wieżowiec [ɣ̦ɛ'ʒɔɣ̦ɛts].
Anmerkung: In Fremdwörtern wird das *i* in den Lautverbindungen bio-, dia-, pio-, -fia, -gia, -lia, -nia, -pia, -ria, -riu- usw. gesprochen: biologia [b̦iɔ'lɔg̦ĭa], fotografia [fɔtɔ'graf̦ĭa], pionier ['p̦ĭɔŋ̦ɛr].

Wymowa języka niemieckiego

W słowniku zastosowano symbole ogólnie przyjętej transkrypcji fonetycznej IPA (International Phonetic Association). Znak (:) po samogłosce oznacza że dana samogłoska jest wymawiana długo. Znak (‹'›) oznacza że akcent leży na następującej po nim zgłosce.

1 Samogłoski i dyftongi

litera, połączenie literowe	*znak fonetyczny*	*objaśnienia*	*przykłady*
a, aa, ah	ɑː	*a* tylnojęzykowe długie	**Name, Haar, Bahn**
au	au	jak polskie *au*	**Haus, Auto**
ä	ɛ	krótkie jak polskie *e*	**Bäcker, Fächer**
ä, äh	ɛː	dłuższe niż polskie *e*	**Träne, Fähre**
ai, ay	aɪ	jak polskie *aj*	**Mais, Saite, Bayern**
äu	ɔʏ	jak polskie *oj*	**Fräulein, Bäume**
e	ɛ	*e* krótkie, zbliżone do polsk. *e*	**Werk, kennen**
e, ee, eh	eː	*e* długie, ścieśnione	**Weg, See, fehlen**
e	ə	*e* zredukowane, brzmi pośrednio między polsk. *a* i *y*	**bitte, Bruder**
ei	aɪ	jak polskie *aj*	**nein, fein**
eu	ɔʏ	jak polskie *oj*	**neun, feucht**
eu	øː	w zapożyczeniach z francuskiego	**Ingenieur, Redakteur**
i	ɪ	*i* krótkie, dwięk pośredni między polsk. *i* i *y*	**bin, eckig, Rind**
i, ie, ih	iː	*i* długie	**Titel, viel, ihm**
o	ɔ	*o* krótkie, otwarte	**Bord, Schock**
o, oh, oo	oː	*o* długie, wymawiane z wysunięciem warg do przodu	**loben, Sohn, Moor**
ö	ø	samogłoska pośrednia między polsk. *o* i *e* (wymawiana z zaokrągleniem warg)	**Zölibat, Ökonomie**

ö	œ	*ö* szerokie, zbliżone do *e*	**öfter, zwölf**
ö, oe, öh	øː	*ö* długie, ścieśnione	**böse, Goethe, Höhle**
u, uh, ou	uː	*u* długie, ścieśnione	**gut, Uhr, Route**
u, ou	u	*u* krótkie	**Bund, Klub, Bouil-lon**
ü, üh, y	yː	samogłoska długa, pośrednia między *u* i *i*, wymawiana z zaokrągleniem warg	**Blüte, Bühne, Analyse**
ü, y	Y	*ü* krótkie	**Mütze, Hygiene**

Uwaga: znak [˜] oznacza samogłoski nosowe: ã, õ itd., znak [˘] samogłoski bardzo krótkie, niezgłoskotwórcze; ŭ, ĭ itd.

2 Spółgłoski

litera, połączenie literowe	*znak fonetyczny*	*objaśnienia*	*przykłady*
c	k, ts, tʃ		**Computer, Celsius, Cello**
ch	ç	po samogłoskach *e, i, ä, ö, ü, y*, po dyftongach *ai, eu, ei, äu*, po spółgłoskach *l, m, n, r*, w nagłosie przed *e* i *i* oraz w przyrostku *-chen*	**richtig, leicht, Milch, China, Kindchen**
ch	x	po samogłoskach *a, o, u* i po *au*	**Macht, Sucht, fau-chen**
ch	ʃ	w wyrazach obcych	**Champagner**
chs	ks	jak polskie *ks*	**sechs, wachsen**
chs	xs	przed przyrostkiem *-sam* i końcówkami rozpoczynającymi się od *s*	**wachsam, lachst**
ck	k		**backen, Decke, dick**
g	ʒ	w zapożyczeniach z francuskiego	**Gelee, Genie**

h	h	na początku wyrazu dźwięczne *h*	**Haus, haben**
j	ʒ, dʒ	w wyrazach obcych	**Jalousie, Jersey**
ng	ŋ	przed spółgłoską i *e* zredukowanym, w wygłosie zgłoski	**Gang, Ringe, länger**
ph	f	jak polskie *f*	**Physik, Philosoph**
qu	kv	jak polskie *kw*	**Quelle, Quark**
r	r	*r* tylnojęzykowe w nagłosie i po spółgłoskach; prawie nie drżące w wygłosie i przed spółgłoskami	**rot, stark**
r	ɐ	zwokalizowane *r* w nieakcentowanej końcówce *-er*	**Lehr-er, bitt-er**
s	z	w nagłosie przed samogłoską i w środku słowa między samogłoskami oraz po *l*, *m*, *n*, *r* jak polskie *z*	**sofort, lesen, Reise, Ferse**
s	s	w nagłosie przed spółgłoskami z wyjątkiem **p** i **t**, w środku wyrazu przed spółgłoskami oraz w wygłosie jak polskie *s*	**Skala, Espe, Haus, Gans**
ß, ss	s	jak polskie *s*	**Schoß, Flüsse**
sch	ʃ	jak polskie *sz*	**Schule, schwarz**
sp, st	ʃp, ʃt	jak polskie *szp*, *szt*	**Spiel, Stadt**
tsch	tʃ	jak polskie *cz*	**deutsch, Klatsch**
tz	ts	jak polskie *c*	**Witz, Katze**
v, w	v	jak polskie *w*	**Vulkan, Waage**
v	f	w niemieckich wyrazach rodzimych jak *f*	**vier, Volk, Vater**
x	ks		**Hexe, Xylophon**
y	j	w wyrazach obcych jak polskie *j*	**New York**
z	ts	zawsze jak polskie *c*	**Zwerg, Zimmer, Zoo**

Samogłoski wymawia się długo:

1. W zgłosce zakończonej na samogłoskę wzgl. na pojedynczą spółgłoskę: ragen [ra:gn], devot [de'vo:t];
2. W wypadkach gdy występują podwójne samogłoski, **e** po samogłosce **i** lub tzw. "nieme" **h** po innych samogłoskach: Aal [a:l], Liebe ['li:bə], Hahn [ha:n].

Samogłoski wymawia się krótko:

1. Przed dwiema spółgłoskami lub przed podwójną spółgłoską, przed **sch** i **x:** Mord [mɔrt], Mokka ['mɔka], rasch [raʃ], hexen ['hɛksn];
2. W zgłosce nieakcentowanej: amerikanisch [amerɪ'ka:nɪʃ].

Spółgłoski **p, t, k** wymawia się z przydechem, dającym w wyniku słaby dwięk *h* towarzyszący artykulacji danej spółgłoski. Spółgłoski dwięczne **b, d, g** wymawia się jak **p, t, k** w wygłosie zgłoski lub gdy następuje po nich druga bezdwięczna spółgłoska albo przyrostek, rozpoczynający się spółgłoską. **h** nie wymawia się po spółgłosce, jeśli odnosi się ono do tej samej zgłoski: Thron [tro:n], Rheuma [rɔyma] (ale: Brat-huhn, Vorder-haus).

3 Wymowa niektórych przyrostków i końcówek

-bar	[-ba:r]	-chen	[-çən]	-ei	[-aɪ]
-elnd*	[-əlnt]	-end*	[-ənt]	-er	[-ɐ]
-erl	[-ɔrl]	-ernd	[-ərnt]	-haftig*	[-haftɪç]
-heit	[-haɪt]	-ich	[-ɪç]	-ig*	[-ɪç]
-igt	[-ɪçt]	-innen	[-ɪnən]	-keit	[-kaɪt]
-lei	[-laɪ]	-ling	[-lɪo]	-lings	[-lɪŋs]
-los	[-lo:s]	-nis	[-nɪs]	-sal	[-za:l]
-sam	[-za:m]	-tel	[-təl]	-tion	[-tsɪo:n]
-tiv	[-ti:f]	-tum	[-tu:m]	-ung	[-uŋ]

*Lecz: -e(l)nde [-ə(l)ndə], -ernde [-ərndə], -(haft)ige [-(haft)ɪgə].

Verzeichnis der Info-Fenster | Wykaz okienek encyklopedycznych

Polnisch-Deutsch

A

a *konj* und; aber, und trotzdem; *partikel* und; **~(a)!** *int* ah!; so!; **~ nie** und nicht; **~ to niespodzianka!** das ist ja eine Überraschung!; **~ nie mówiłem?** habe ich es nicht gesagt?; **~ co więcej** und dazu noch; **~ tam!** ach, wo!; **~ jak!** klar doch!, sicher!; **nic ~ nic** ganz und gar nicht; **~ mianowicie** und zwar; **~ także** sowie; **~ więc** also; **~ psik!** hatschi!

abażur M (-u; -y) Lampenschirm *m*

abdykacja F (-i; -e) Abdankung *f*

abdykować (-uję) abdanken

abecadło N (-a; *gen* -deł) Alphabet *n*; (*podstawy*) Anfangsgründe *pl*, Abc *n*, Einmaleins *m*; **~ informatyki** das Einmaleins der Informatik

abiturient M (-a; -ci), **~ka** F (-i; *gen* -tek) Abiturient(in) *m(f)*

abonament M (-u; -y) (*subskrypcja*) Abonnement *n*; **~ radiowo-telewizyjny** Rundfunk- und Fernsehgebühren *f/pl*; **~ telefoniczny** Telefongebühr *f*

abonent M (-a; -ci), **~ka** F (-i; *gen* -tek) (*subskrybent*) Abonnent(in) *m(f)*; **~ telefoniczny** (Telefon)Kunde *m*; *radiowy, telewizyjny* Gebührenzahler *m*

abonować ⟨**za-**⟩ (-uję) abonnieren, beziehen

aborcja F (-i; -e) Abtreibung *f*

absencja F (-i; -e) *ofic* Fehlen *n*, Abwesenheit *f*; **~ w pracy** Fernbleiben *n* von der Arbeit

absolut|ny absolut; **masz ~ną rację** du hast völlig recht; **zero** *n* **~ne** FIZ absoluter Nullpunkt *m*

absolutorium N (*unv*; -ia; *gen* -ów) Studium *n* ohne Abschluss; **udzielić** *pf* **~ zarządowi** FIN den Vorstand entlasten

absolutyzm M (-u; *bpl*) HIST Absolutismus *m*

absolwent M (-a; -ci), **~ka** F (-i; *gen* -tek) Absolvent(in) *m(f)*

absorbować ⟨**za-**⟩ (-uję) CHEM, FIZ absorbieren; (*pochłaniać*) in Anspruch nehmen; (*interesować*) beschäftigen, interessieren; **praca bardzo ją absorbuje** die Arbeit nimmt sie ganz in Anspruch

absorpcja F (-i; *bpl*) Absorption *f*

abstrahować (-uję) absehen (**od** *gen* von *dat*); **abstrahując od** (*gen*) abgesehen von (*dat*)

abstrak|cja F (-i; *bpl*) Abstraktion *f*; MAL abstrakte Kunst *f*; **to czysta ~cja!** das ist doch reine Abstraktion!; **żyć w świecie ~cji** realitätsfern leben; **~cyjny** abstrakt; **sztuka** *f* **~cyjna** abstrakte Kunst *f*

abstynencja F (-i; *bpl*) Abstinenz *f*, Enthaltsamkeit *f*

abstynent M (-a; -ci), **~ka** (-i; *gen* -tek) Abstinenzler(in) *m(f)*, Antialkoholiker(in) *m(f)*

absur|d M (-u; -y) Absurdität *f*, Unsinn *m*; **doprowadzić** *pf* **do ~du** *lit* ad absurdum führen; **~dalny** absurd, widersinnig

absynt M (-u; -y) Absinth *m*

aby *konj* um ... zu, damit; dass; *partikel* auch; **mówił wyraźnie, ~ go rozumiała** er sprach deutlich, damit sie ihn versteht; **chcę, ~ś został w domu** ich möchte, dass du zu Hause bleibst; **był zbyt zdenerwowany, ~ móc się skoncentrować** er war zu aufgeregt, um sich konzentrieren zu können; **czy ty ~ mówisz prawdę?** sagst du auch die Wahrheit?; **~ tylko** ... wenn (doch) nur ...

acet|on M (-u; *bpl*) CHEM Aceton *n*; **~ylen** M (-u; *bpl*) CHEM Acetylen *n*

ach INT ach; **~y** *pl* **i ochy** *pl* überschwängliche Begeisterung *f*

aczkolwiek *lit* wenngleich, obwohl

adamaszek M (-szku; -szki) Damast *m*

adaptacja F (-i; -e) Adaptation *f*, Anpassung *f*; **~ sceniczna** Bühnenbearbeitung *f*; **~ filmowa powieści** Romanverfilmung *f*; **~ budynku** Umbau *m*; **~ na biuro** Umbau *m* für Bürozwecke

adapter M (-a *od* -u; -y) Plattenspieler *m*

adaptować ⟨**za-**⟩ (-uję) *dzieło* bearbeiten; *budynek* umbauen, *umg* umfunktionieren (**na** *akk* zu *dat*); **~ się** sich anpassen, sich einleben

adekwatny adäquat, entsprechend

adept M (-a; -ci), **~ka** F (-i; *gen* -tek) Lernende(r) *m*, *f*, Anfänger(in) *m(f)*; **~ sztuki filmowej** angehender Schauspieler *m*

adidas M (-a; *bpl*) *umg* Aids *n*

adidasy M/PL (*gen* -ów) *umg* Sportschuhe *m/pl*

adiunkt M (-a; -ci) wissenschaftlicher Mitarbeiter *m*
adiustować 〈z-〉 (-uję) TYPO druckreif machen
adiutant M (-a; -ci) Adjutant *m*
administra|cja F (-i; -e) Administration *f*, Verwaltung *f*; **~cyjny** Verwaltungs-; **pracownik** *m* **~cyjny** Verwaltungsangestellte(r) *m*; **kara** *f* **~cyjna** Ordnungsstrafe *f*; **podział** *m* **~cyjny** Einteilung *f* in Verwaltungsbezirke
administrator M (-a; -rzy), **~ka** F (-i; *gen* -rek) Verwalter(in) *m(f)*; **~ budynku** Hausverwalter *m*
administrować (-uję) (*inst*) verwalten, leiten (*akk*)
admirał[1] M (-a; -owie) MIL Admiral *m*
admirał[2] M (-a; -y): **(rusałka) ~** ZOOL Admiral *m*
adnotacja F (-i; -e) Vermerk *m*, Anmerkung *f*
adopc|ja F (-i; -e) Adoption *f*; **oddać** *pf* **do ~ji** zur Adoption freigeben
adoptować 〈za-〉 (-uję) adoptieren
adoptowany Adoptiv-
adorator M (-a; -rzy), **~ka** F (-i; *gen* -rek) Verehrer(in) *m(f)*
adorować (-uję) umschwärmen, verehren
adrenalina F (-y; *bpl*) Adrenalin *n*
adres M (-u; -y) Adresse *f*, Anschrift *f*; **~ domowy** Privatadresse *f*; **~ zwrotny** Absenderadresse *f*; **~ elektroniczny** *od* **e-mailowy** E-Mail-Adresse *f*; **~ internetowy** Internetadresse *f*; **wysłać list na czyjś ~** einen Brief an j-s Adresse schicken; **to była aluzja pod twoim ~em** die Anspielung war an dich gerichtet
adresat M (-a; -ci), **~ka** F (-i; *gen* -tek) Empfänger(in) *m(f)*; *książki, filmu* Zielgruppe *f*
Adriat|yckie: **Morze** *n* **~yckie** (*gen Morza Adriatyckiego*) Adriatisches Meer *n*; **~yk** M (-u; *bpl*) Adria *f*
adresować 〈za-〉 (-uję) adressieren (**do** *gen* an *akk*)
adresowany (**do** *gen*) adressiert (an *akk*); *fig* gerichtet (an *akk*)
adwent M (-u; -y) Advent *m*; **pierwsza niedziela** *f* **~u** erster Adventssonntag *m*; **okres** *m* **~u** Adventszeit *f*
adwok|acki Anwalts-; **zespół** *m* **~acki** Anwaltsbüro *n*; **~at** M (-a; -ci) Rechtsanwalt *m*; (*kobieta*) Rechtsanwältin *f*
adwokat|ka F (-i; *gen* -tek) *umg* Rechtsanwältin *f*; **~ura** F (-y; *bpl*) Anwaltschaft *f*
aero|bik M (-u; *bpl*) Aerobic *n*; **~dynamiczny** aerodynamisch; *kształt* stromlinienförmig; **~klub** M (-u; -y) Sportfliegerklub *m*; **~zol** M (-u; -e) Spray *m od n*; **dezodorant** *m* **w ~zolu** Deo(dorant)-spray *m od n*
afek|t M (-u; *bpl*) Affekt *m*; **zabójstwo** *n* **w ~cie** JUR Totschlag *m* im Affekt; **działanie** *n* **w ~cie** JUR Affekthandlung *f*; **~tacja** *f* (-i; *bpl*) Affektiertheit *f*; **~towany** affektiert, gekünstelt
afera F (-y) Affäre *f*, Skandal *m*; **~ szpiegowska** Spionageaffäre *f*
aferzyst|a M (-y; -ści; *gen* -ów), **~ka** F (-i; *gen* -tek) Hochstapler(in) *m(f)*, Betrüger(in) *m(f)*
afirmacja F (-i; *bpl*): **~ życia** *lit* Lebensbejahung *f*
afirmować (-uję) *lit* bejahen, gutheißen
afisz M (-a; -e) Plakat *n*; **zejść** *pf* **z ~a** TEATR vom Spielplan abgesetzt werden; **wejść** *pf* **na ~** TEATR in den Spielplan aufgenommen werden
afiszować się (-uję) (**z** *inst*) zur Schau stellen (*akk*), *umg* angeben (mit *dat*)
afory|styczny aphoristisch; **~zm** M (-u; -y) Aphorismus *m*
afront M (-u; -y) Beleidigung *f*, *fig* Ohrfeige *f*; **zrobić ~ k-u** j-n beleidigen, j-n kränken
Afryka F (-i; *bpl*) Afrika *n*
Afrykan|in M (-a; -anie; *gen* -ów), **~ka** F (-i; *gen* -nek) Afrikaner(in) *m(f)*
afrykański Afrika-, afrikanisch
agat M (-u; -y) Achat *m*
agawa F (-y) BOT Agave *f*
agen|cja F (-i; -e) Agentur *f*; Vertretung *f*; **~cja reklamowa** Werbeagentur *f*; **~cja turystyczna** Reiseagentur *f*; **~cja prasowa** Presseagentur *f*; **~cja towarzyska** Massagesalon *m*, Hostessenvermittlung *f*
agen|cyjny Agentur-; **wiadomości** *f/pl* **~cyjne** Agenturmeldungen *f/pl*; **~da** F (-y) Außenstelle *f*, Filiale *f*; (*terminarz*) Agenda *f*
agent M (-a; -ci), **~ka** F (-i; *gen* -tek) Agent(in) *m(f)*, Spion(in) *m(f)*; **~ wywiadu** Geheimagent *m*; **~ handlowy** Handelsvertreter *m*; **~ ubezpieczeniowy** Versicherungsvertreter *m*
agentura F (-y) Filiale *f*; *pej* Spionage-

dienst *m*
agitac|ja F (-*i*; *bpl*) Agitation *f*; **~ja przedwyborcza** Wahlpropaganda *f*; **~yjny** agitatorisch, Propaganda-
agitator M (-*a*; -*rzy*), **~ka** F (-*i*; *gen* -*rek*) Agitator(in) *m*(*f*)
agitować ⟨**za-**⟩ (-*uję*) agitieren (**za** *inst* für *akk*, **przeciw** *dat* gegen *akk*), werben (für *akk*)
aglomeracja F (-*i*; -*e*) Ballungsgebiet *n*
agonalny: **być w stanie ~m** im Sterben liegen
agonia F (*gen dat lok* -*ii*; *bpl*) Agonie *f*, Todeskampf *m*
agra|fka F (-*i*; *gen* -*fek*) Sicherheitsnadel *f*; **~rny** Agrar-, Landwirtschafts-
agregat M (-*u*; -*y*) TECH Aggregat *n*; **~ chłodniczy** Kühlaggregat *m*
agres|ja F (-*i*; -*e*) Aggression *f*; (*napaść*) Aggression *f*, Angriff *m*; **dokonać ~ji** angreifen
agresor M (-*a*; -*rzy*) Aggressor *m*, Angreifer *m*
agrest M (-*u*; -*y*) Stachelbeere *f*, Stachelbeerstrauch *m*; (*owoce*) Stachelbeeren *f*/*pl*
agresyw|ność F (-*ści*; *bpl*) Aggressivität *f*; **~ny** aggressiv
agro|nom M (-*a*; -*owie*) Diplomlandwirt *m*; **~nomia** F (*gen dat lok* -*ii*; *bpl*) Landwirtschaftswissenschaft *f*, Agronomie *f*; **~turystyka** F (-*i*; *bpl*) Ferien *pl* auf dem Bauernhof
aha INT aha; ach, so
AIDS M (*unv*) Aids *n*; **chory na ~** Aidskranke(r) *m*; **być chorym na ~** aidskrank sein; **test** *m* **na ~** Aidstest *m*
ajenc|ja F (-*i*; -*e*) Pacht *f*; (*agencja*) Filiale *f*; **wziąć** *pf* **w ~ję** pachten; **dać** *pf* **w ~ję** verpachten
ajent M (-*a*; -*ci*), **~ka** F (-*i*; *gen* -*tek*) Pächter(in) *m*(*f*); (*agent*) Vertreter(in) *m*(*f*)
ajerkoniak M (-*u*; -*i*) Eierlikör *m*
AK F (*Armia Krajowa*) HIST Heimatarmee *f*
akacj|a F (-*i*; -*e*) Akazie *f*; **~owy** Akazien-
akademia F (*gen dat lok* -*ii*; -*e*) Akademie *f*; Hochschule *f*; (*uroczystość*) Feierstunde *f*; **~ ku czci** (*gen*) Gedenkfeier *f* für (*akk*); **~ żałobna** Trauerfeier *f*; **♀ Muzyczna** Musikhochschule *f*; **♀ Sztuk Pięknych** Kunsthochschule *f*
akademic|ki Universitäts-, Hochschul-; (*teoretyczny*) *pej* akademisch; **dom** *m* **~ki** Studenten(wohn)heim *n*; **młodzież** *f* **~ka** Studentenschaft *f*; **rok** *m* **~ki** Studienjahr *n*; **kwadrans** *m* **~ki** akademisches Viertel *n*
akademik[1] (-*a*; -*i*) *umg* Studenten(wohn)heim *n*
akademik[2] M (-*a*; -*cy*) Akademiemitglied *n*
akapit M (-*u*; -*y*) TYPO Absatz *m*
akcent M (-*u*; -*y*) JĘZ Akzent *m*, Betonung *f*; (*wymowa*) Akzent *m*; (*szczegół*) Element *n*, *fig* Akzent *m*; **~ pada na przedostatnią sylabę** der Akzent *od* die Betonung liegt auf der vorletzten Silbe; **mówić z obcym ~em** mit ausländischem Akzent sprechen; **kłaść ~ na** (*akk*) betonen, hervorheben (*akk*)
akcentować ⟨**za-**⟩ (-*uję*) akzentuieren, betonen
akcja (-*i*; *bpl*) (*zgoda*) Akzeptierung *f*, Zustimmung *f*; Akzeptanz *f*; (*potwierdzenie*) Bestätigung *f*; (*uznanie*) Anerkennung *f*
akceptować ⟨**za-**⟩ (-*uję*) akzeptieren (*a.* BANK)
akces M (-*u*; *bpl*) *lit* Beitritt *m*; **zgłosić ~** den Beitritt erklären (**do** *gen* zu *dat*)
akcesoria PL (*gen* -*ów*) Zubehör *n*; (*dodatki*) Accessoires *pl*; **~ samochodowe** Autozubehör *n*
akc|ja F (-*i*; -*e*) Aktion *f*; *powieści, filmu* Handlung *f*; **~je** *pl* EKON Aktien *f*/*pl*; **~ja wyborcza** Wahlkampf *m*; **~ja policyjna** Polizeieinsatz *m*; **wprowadzić do ~ji** einsetzen; **~ja zbrojna** Militäreinsatz *m*; **gotowy do ~ji** einsatzbereit
akcjonariusz M (-*a*; -*e*), **~ka** F (-*i*; *gen* -*szek*) Aktionär(in) *m*(*f*), Aktieninhaber(in) *m*(*f*)
akcydens M (-*u*; -*y*) TYPO Akzidenz *f*
akcyj|ny Aktions-; **spółka** *f* **~na** Aktiengesellschaft *f*; **kapitał** *m* **~ny** Aktienkapital *n*
akcyza F (-*y*) EKON Akzise *f*, indirekte Verbrauchs(s)teuer *f*
aklamac|ja F (-*i*; *bpl*): **uchwalić przez ~ję** per Akklamation beschließen
aklimatyzacja F (-*i*; *bpl*) BIOL Akklimatisierung *f*, Anpassung *f*; Eingewöhnung *f*
aklimatyzować się ⟨**zaaklimatyzować się**⟩ (-*uję*) sich einleben, sich eingewöhnen; BIOL sich anpassen
akompani|ament M (-*u*; *bpl*) MUS Begleitung *f*; **~ament fortepianowy** Klavierbegleitung *f*; **~ator** M (-*a*; -*rzy*) MUS

Begleiter *m*
akompaniować (-*uję*): ~ **k-u** MUS j-n begleiten
akord M (-*u*; -*y*) MUS, EKON Akkord *m*; **pracować na** ~ im Akkord arbeiten
akordeon M (-*u*; -*y*) Akkordeon *n*
akordo|wy Akkord-; **robotnik** **~wy** Akkordarbeiter *m*
akredytacja F (-*i*; -*e*) Akkreditierung *f*
akredytować (-*uję*) akkreditieren
akrobacja F (-*i*; -*e*) Akrobatik *f*; ~ **lotnicza** Kunstflug *m*
akrobat|a M (-*y*; -*ci*), **~ka** F (-*i*; *gen* -*tek*) Akrobat(in) *m(f)*; **~a na trapezie** Trapezkünstler *m*; **~yczny** akrobatisch; **gimnastyka** *f* **~yczna** Kunstturnen *n*
aksamit M (-*u*; -*y*) Samt *m*; **~ka** F (-*i*; *gen* -*tek*) BOT Studentenblume *f*; (*wstążka*) Samtband *n*; **~ny** Samt-, samten; *skóra* samtig, samtweich
aksjomat M (-*u*; -*y*) Axiom *n*, Grundsatz *m*
akt M (-*u*; -*y*) (*czyn*) Akt *m*, Tat *f*; (*dokument*) Urkunde *f*, Dokument *n*; (*uroczystość*) Zeremonie *f*, Feierlichkeit *f*; TEATR Akt *m*, Aufzug *m*; MAL Akt *m*, Aktbild *n*; FOTO Akt *m*, Aktaufnahme *f*; ~ **przemocy** Gewaltakt *m*; ~ **rozpaczy** Verzweiflungstat *f*; ~ **zemsty** Racheakt *m*; ~ **płciowy** Geschlechtsakt *m*; ~ **kupna** Kaufbrief *m*; ~ **darowizny** Schenkungsurkunde *f*; ~ **oskarżenia** Anklageschrift *f*; ~ **zgonu** Sterbeurkunde *f*; ~ **urodzenia** Geburtsurkunde *f*; ~ **ślubu** Heiratsurkunde *f*; ~ **chrztu** Taufschein *m*; ~ **otwarcia** Eröffnungsfeier *f*; **w trzech ~ach** TEATR in drei Akten; ~ **wiary** REL Glaubensbekenntnis *n*
akt|a PL (*gen* -*ów*) Akte *f*; **~a osobowe** Personalakte *f*; **~a sądowe** Gerichtsakte *f*; **do** ~ zu den Akten
aktor M (-*a*; -*rzy*), **~ka** F (-*i*; *gen* -*rek*) Schauspieler(in) *m(f)*
aktors|ki (**-ko**) schauspielerisch; **~two** N (-*a*; *bpl*) Schauspielkunst *f*; Schauspielerei *f* (*a. fig*)
aktówka F (-*i*; *gen* -*wek*) Aktentasche *f*
aktualizować ⟨**z-**⟩ (-*uję*) aktualisieren
aktual|nie ADV zurzeit, momentan; **~ność** F (-*ści*; *bpl*) Aktualität *f*; **~ności** *pl* RADIO Nachrichten *pl*; **~ny** aktuell, gegenwärtig; (*ważny*) gültig
aktyw M (-*u*; -*y*) Aktiv *n*; ~ **partyjny** Parteiaktiv *n*
aktywa PL (*gen* -*ów*) EKON Aktiva *pl*
aktywist|a M (-*y*; -*ści*), **~ka** F (-*i*; *gen* -*tek*) Aktivist(in) *m(f)*
aktywizować ⟨**z-**⟩ (-*uję*) aktivieren, beleben
aktyw|ność F (-*ści*; *bpl*) Aktivität *f*; **~ny** aktiv
akumu|lacja F (-*i*; *bpl*) Akkumulation *f*, Ansammlung *f*; *ciepła* Speicherung *f*; **~lator** M (-*a*; -*y*) Akkumulator *m*, *umg* Akku *m*; AUTO Batterie *f*
akumulować ⟨**z-**⟩ (-*uję*) akkumulieren; *ciepło* speichern
akupunktura F (-*y*; *bpl*) Akupunktur *f*
akurat *partikel* (*dokładnie*) genau, gerade; (*w tej chwili*) gerade (eben); (*właśnie*) ausgerechnet; **~!** *int* ach, wo!
akusty|czny akustisch; (*nieizolujący*) hellhörig; **~ka** F (-*i*; *bpl*) Akustik *f*
akuszerka F (-*i*; *gen* -*rek*) Hebamme *f*, Geburtshelferin *f*
akwaforta F (-*y*) MAL Radierung *f*
akwa|maryna F (-*y*) Aquamarin *m*; **~rela** F (-*i*; -*e*) (*obraz*) Aquarell *n*; (*farba*) Aquarellfarbe *f*
akwario|wy: **rośliny** *f/pl* **~we** Aqarienpflanzen *f/pl*; **rybka** *f* **~wa** Zierfisch *m*
akwarium N (*unv*; -*ia*; *gen* -*ów*) Aquarium *n*
akwedukt M (-*u*; -*y*) Aquädukt *m od n*
Akwizgran M (-*u*; *bpl*) Aachen *n*
akwizycja F (-*i*; *bpl*) Akquisition *f*, Kundenwerbung *f*
akwizytor M (-*a*; -*rzy*), **~ka** F (-*i*; *gen* -*rek*) Vertriebsangestellte(r) *m*, *f*, Akquisiteur(in) *m(f)*
al. (**aleja**), **Al.** (**Aleje**) *w adresie* Allee
AL F (*unv*) (**Armia Ludowa**) HIST Volksarmee *f*
alabast|er M (-*tru*; -*try*) Alabaster *m*; **~rowy** alabastern, aus Alabaster
alarm M (-*u*; -*y*) Alarm *m*; (*urządzenie*) Alarmanlage *f*; **bić na** ~ Alarm schlagen
alarmować ⟨**za-**⟩ (-*uję*) alarmieren
alarm|owy Alarm-; **~ujący** (**-co**) alarmierend
Alaska F (-*i*; *bpl*) Alaska *n*
Albania F (-*i*; *bpl*) Albanien *n*
Alba|ńczyk M (-*a*; -*cy*), **~nka** F (-*i*; *gen* -*nek*) Albaner(in) *m(f)*
albański albanisch
albatros M (-*a*; -*y*) Sturmvogel *m*
albinos M (-*a*; -*y*; *persf* -*i*) Albino *m*

albo *konj* oder; **~ ..., ~ ...** entweder ... oder; **~ też** oder aber; **~wiem** *konj lit* denn, weil
album M (-u; -y) Album *n*
alchemia F (*gen dat lok* -ii; *bpl*) Alchemie *f*
ale[1] *konj* aber, (je)doch; *partikel* aber; **~ jaki!** aber was für ein(er)!; **~ gdzie tam!** *od* **~ skąd!** ach wo!, (aber) woher denn!; **~ pogoda!** was für ein Wetter!; **~ smaczne!** das ist aber lecker!; **~ chce mi się pić!** ich habe aber Durst!; **~ numer!** *umg* das ist ja ein Ding!; **~ to już!** *umg* sofort!, aber dalli!; **~ tak!** aber ja (doch)!; **~ z niego głupiec** er ist vielleicht ein Idiot; **~ z ciebie przyjaciel** *iron* du bist mir vielleicht ein Freund
ale[2] N (*unv*) Aber *n*; **bez żadnego ~** ohne Wenn und Aber
alegor|ia F (*gen dat lok* -ii; -e) Allegorie *f*; **~yczny** allegorisch
aleja F (-ei; -e; *gen* -ej) Allee *f*
alerg|ia F (*gen dat lok* -ii; -e) Allergie *f* (**na** *akk* gegen *akk*); **~ia na kurz** Stauballergie *f*; **~ia na pyłki** Pollenallergie *f*; **~iczka** F (-i; *gen* -czek) Allergikerin *f*
alerg|iczny allergisch; **test** *m* **~iczny** Allergietest *m*; **~ik** M (-a; -cy) Allergiker *m*
alert M (-u; -y) Alarmbereitschaft *f*
ależ *partikel lit* → ale[1]
alfabet M (-u; -y) Alphabet *n*; **~ dla niewidomych** Blindenschrift *f*; **~yczny** alphabetisch
al|fons M (-a; -i *od* -y) *pop* Zuhälter *m*, *umg* Loddel *m*; **~ga** F (-i) Alge *f*; **~gebra** F (-y; *bpl*) Algebra *f*
alia|ncki Alliierten-; **~nt** M (-a; -ci) Alliierte(r) *m*; **~nci** *pl* HIST Alliierten *pl*
alibi N (*unv*) Alibi *n*
alienacja F (-i; *bpl*) *lit* Entfremdung *f*
alimenty PL (*gen* -ów) Unterhaltszahlung *f*, Alimente *pl*; **płacić ~** Alimente zahlen
alimentacyj|ny: **roszczenia** *pl* **~ne** Unterhaltsanspruch *m*; **obowiązek** *m* **~ny** Unterhaltspflicht *f*
alkaliczny alkalisch, basisch
alkohol M (-u; -e) Alkohol *m*; **uzależniony od ~u** alkoholabhängig; **poziom** *m* **~u we krwi** Alkoholspiegel *m*
alkoholi|k M (-a; -cy), **~czka** F (-i; *gen* -czek) Alkoholiker(in) *m(f)*, Alkoholkranke(r) *m, f*
alkohol|izm M (-u; *bpl*) Alkoholismus *m*; **~owy** alkoholisch, Alkohol-
alkomat M (-u; -y) (Atem)Alkoholmessgerät *n*, Alkomat *m*
alleluja N (*unv*) Halleluja *n*; **wesołego ~!** frohe Ostern!
aloes M (-u; -y) Aloe *f*
alpejski Alpen-, alpin; **konkurencje** *pl* **~e** SPORT alpine Disziplinen *pl*; **fiołek** *m* **~** Alpenveilchen *n*
alpini|sta M (-y; -ści; *gen* -ów), **~stka** F (-i; *gen* -tek) Bergsteiger(in) *m(f)*, Alpinist(in) *m(f)*; **~zm** M (-u; *bpl*) Alpinismus *m*
Alpy PL (*gen* Alp) Alpen *pl*
alt M (-u; -y) (*głos*) Alt *m*; (*osoba*) (*gen* -a) Altist(in) *m(f)*
altan|a F (-y), **~ka** *f* (-i; *gen* -nek) Laube *f*
alternat|or M (-a; -y) AUTO Lichtmaschine *f*; **~ywa** F (-y) Alternative *f*; **~ywny** alternativ
altówka F (-i; *gen* -wek) Bratsche *f*
altrui|sta M (-y; -ci), **~stka** F (-i; *gen* -tek) *lit* Altruist(in) *m(f)*; **~styczny** selbstlos, uneigennützig; **~zm** M (-u; *bpl*) Uneigennützigkeit *f*
altyst|a M (-y; -ci), **~ka** F (-i; *gen* -tek) Bratschist(in) *m(f)*
alumini|owy Aluminium-; **folia** *f* **~owa** Alu(minium)folie *f*; **~um** (*unv*; *bpl*) Aluminium *n*
aluz|ja F (-i; -e) Anspielung *f*; **robić ~je** (**do** *gen*) anspielen (auf *akk*); **~yjnie** ADV andeutungsweise
Alzacja F (-i; *bpl*) Elsass *n*
alzacki elsässisch, Elsässer
amalgamat M (-u; -y) Amalgam *n*; **plomba** *f* **z ~u** Amalgamfüllung *f*
amant M (-a; -ci) Verehrer *m*; (*typ aktora*) Charmeur *m*
amarantowy (**-wo**) amarantrot
amarylis M (-u; -y) BOT Amaryllis *f*
amator M (-a; -rzy), **~ka** F (-i; *gen* -rek) (*laik*) Amateur(in) *m(f)*, Laie *m*; (*sportowiec*) Amateursportler(in) *m(f)*; (*miłośnik*) Liebhaber(in) *m(f)*, Fan *m*; (*reflektujący*) Interessent(in) *m(f)*, Bewerber(in) *m(f)* (*gen* für *akk*); **ogrodnik** *m* **~** Hobbygärtner *m*; **kucharz** *m* **~** Hobbykoch *m*; **~ win** Weinliebhaber *m*
amator|ski Amateur-; **teatr** *m* **~ski** Laienbühne *f*; **~sko**, **po ~sku** ADV als Amateur; als Laie; aus Liebhaberei; **~szczyzna** F (-y; *bpl*) *pej* Dilettantismus *m*
Amazonka F (-i; *bpl*) GEOG Amazonas *m*

ambaras M (-u; bpl) *żart* Verlegenheit *f*; **narobić** *pf* **~u** Scherereien machen
ambasad|a F (-y) Botschaft *f*; **~or** M (-a; -rzy) Botschafter *m*
ambic|ja F (-i; -e) (*honor*) Ehrgefühl *n*, Stolz *m*; (*aspiracje*) Ehrgeiz *m*, Ambitionen *f/pl*; **niezdrowe ~je** *pl* krankhafter Ehrgeiz *m*; **~je** *pl* **artystyczne** künstlerische Ambitionen *f/pl*; **być bez ~ji** keinen Stolz besitzen *od* haben; **nie mieć za grosz ~ji** überhaupt keinen Stolz haben; **zranić czyjąś ~ję** j-s Stolz verletzen
amb|itny ehrgeizig, ambitioniert; **~ona** F (-y) Kanzel *f*; **~ulans** M (-u; -e) Ambulanz *f*, Krankenwagen *m*
ambulato|rium N (*unv*; -ia; *gen* -ów) (*zakład leczniczy*) Ambulanz *f*, Behandlungsstation *f*; **~ryjny** MED ambulant; **leczenie** *n* **~ryjne** ambulante Behandlung *f*
ameba F (-y) Amöbe *f*
amen N (*unv*) Amen *n*; **jak ~ w pacierzu** wie das Amen in der Kirche; **na ~** *umg* total, endgültig
Ameryka F (-i; bpl) Amerika *n*; **~ Północna** Nordamerika *n*; **~ Południowa** Südamerika *n*; **~ Środkowa** Mittelamerika *n*; **~ Łacińska** Lateinamerika *n*
Amerykanin M (-a; -anie; *gen* -ów) Amerikaner *m*
Amerykanka F (-i; *gen* -nek) Amerikanerin *f*
amerykanka F (-i; *gen* -nek) Schlafcouch *f*
ame|rykański amerikanisch; **~tyst** M (-u; -y) Amethyst *m*
amfibia F (*gen dat lok* -ii; -e) ZOOL Amphibie *f*, Lurch *m*; (*pojazd*) Amphibienfahrzeug *n*; MIL Schwimmpanzer *m*
amf|iteatr M (-u; -y) Amphitheater *n*; **~ora** F (-y) Amphora *f*
aminokwasy M/PL (*gen* -ów) Aminosäuren *f/pl*
amne|stia F (*gen dat lok* -ii; -e) Amnestie *f*; **udzielić ~stii** eine Amnestie erlassen; **~zja** F (-i; bpl) MED Amnesie *f*, Gedächtnisschwund *m*
amok M (-u; bpl) Amok *m*; **dostać** *pf* **~u** *od* **wpaść** *pf* **w ~** Amok laufen
amoniak M (-u; bpl) Ammoniak *n*; *umg* (*roztwór wodny*) Salmiakgeist *m*
amor|alny amoralisch, unmoralisch; **~ek** M (-rka; -rki) MAL Putte *f*
amorty|zacja F (-i; bpl) EKON Amortisation *f*; TECH Stoßdämpfung *f*; **~zator** M (-a; -y) TECH Stoßdämpfer *m*
amortyzować ⟨z-⟩ (-uję) *wstrząsy* dämpfen; EKON amortisieren; **~ się** EKON sich amortisieren, sich bezahlt machen
amory PL (*gen* -ów) *umg* Liebesabenteuer *n*, Liebschaft *f*
ampero|godzina F Amperestunde *f*; **~mierz** M (-a; -e; *gen* -y) Amperemeter *n*
ampu|łka F (-i; *gen* -łek) Ampulle *f*; **~tacja** F (-i; -e) MED Amputation *f*
amputować (-uję) MED amputieren, abnehmen
Amsterdam M (-u; bpl) Amsterdam *n*
amulet M (-u; -y) Amulett *n*, Glücksbringer *m*
amunicja F (-i; bpl) Munition *f*; **ostra ~** scharfe Munition *f*; **ślepa ~** Übungsmunition *f*
anabolicz|ny: **środki** *m/pl* **~ne** Anabolika *n/pl*
anachroniczny anachronistisch
analfabet|a M (-y; -ci), **~ka** F (-i; *gen* -tek) Analphabet(in) *m(f)*; **~yzm** M (-u; bpl) Analphabetismus *m*
anality|k M (-a; -cy), **~czka** F (-i; *gen* -czek) *finansowy, polityczny* Analytiker(in) *m(f)*; *chemiczny* Laborant(in) *m(f)*
anali|za F (-y) Analyse *f*, Untersuchung *f*; **~za krwi** Blutuntersuchung *f*; **~za literacka** Textanalyse *f*; **~za rynku** Marktanalyse *f*
analizować ⟨z-⟩ (-uję) analysieren
analny Anal-
analogi|a F (*gen dat lok* -ii; -e) Analogie *f*, Ähnlichkeit *f*; **~czny** analog, ähnlich
ananas M (-a; -y) BOT, KULIN Ananas *f*; *umg żart* Schlingel *m*, Lausbub *m*; **~owy** BOT, KULIN Ananas-
anarchi|a F (*gen dat lok* -ii; bpl) Anarchie *f*; **~czny** anarchisch
anarchist|a M (-y; -ści, -ów), **~ka** F (-i; *gen* -tek) Anarchist(in) *m(f)*
anarchistyczny anarchistisch
anatomi|a F (*gen dat lok* -ii; bpl) Anatomie *f*; **~czny** anatomisch
Andora F (-y; bpl) Andorra *n*
androny: **pleść ~** *umg* dummes Zeug reden
andrzejki PL (*gen* -jek) eine Party am 29.11.
Andy PL (*gen* -ów) Anden *pl*
anegdot|a F (-y) Anekdote *f*; **~yczny**

anekdotisch
anek|s M (-u; -y) Anhang *m* (**do** *gen* zu *dat*); (*dobudówka*) Anbau *m*, Nebengebäude *n*; **~sja** F (-i; *bpl*) Annexion *f*, Annektierung *f*
anektować ⟨**za-**⟩ (-*uję*) annektieren
anem|ia F (*gen dat lok -ii; bpl*) Anämie *f*, Blutarmut *f*; **~iczny** anämisch; *fig* leblos, langsam
anestezjolog M (-*a*; -*dzy*) Anästhesist *m*, Narkosearzt *m*; (*kobieta*) Anästhesistin *f*, Narkoseärztin *f*
angażować ⟨**za-**⟩ (-*uję*) einstellen, anstellen; *aktora* engagieren; *siły, czas, pieniądze* investieren; (*absorbować*) in Anspruch nehmen, beschäftigen; **~ się** (*przyjąć pracę*) eine Stelle antreten; (*udzielać się*) sich engagieren (**w** *akk* in *dat*), sich einsetzen (für *akk*); **~ się uczuciowo** sich emotional binden, sich emotional engagieren
Angielka F (-*i*; *gen -lek*) Engländerin *f*
angiels|ki[1] englisch; **język** *m* **~ki** Englisch *n*; **ziele** *n* **~kie** Piment *n od m*, Nelkenpfeffer *m*; **~ka flegma** *f* Energielosigkeit *f*, Langsamkeit *f*; **mówić po ~ku** Englisch sprechen; **co to znaczy po ~ku?** was bedeutet das auf Englisch?
angielski[2] M (-*ego*; *bpl*) Englisch *n*; **lekcja** *f* **~ego** Englischunterricht *m*
angi|elszczyzna F (-*y*; *bpl*) Englisch *n*; **~na** F (-*y*; *bpl*) Angina *f*
Anglia F (-*i*; *bpl*) England *n*
Anglik M (-*a*; -*cy*) Engländer *m*
anglikański REL anglikanisch
anglistyka F (-*i*; *bpl*) Anglistik *f*
anglo|języczny englischsprachig; **~saski** angelsächsisch
angorski Angora-
ani *konj*: **~ … ~**, **nie … ~ nie** weder … noch; *partikel* nicht (einmal), kein; **~ myślę** ich denke gar nicht daran; **~ razu** kein einziges Mal; **~ rusz** überhaupt nicht; **~ trochę** kein bisschen; **~ śladu** (*gen*) keine Spur von (*dat*); **nie powiedzieć ~ słowa** kein einziges Wort sagen; **~ mi się śni!** das fällt mir nicht im Traum ein!; **~ mnie to ziębi ~ grzeje** das lässt mich völlig kalt; **~ mru-mru** kein Sterbenswörtchen
aniels|ki (**-ko**) engelhaft, Engels-; **~ka cierpliwość** *f* Engelsgeduld *n*; **włosy** *pl* **~kie** Lametta *n*
animacja F (-*i*; -*e*) RADIO Animation *f*
animowa|ny: **film** *m* **~ny** Zeichentrickfilm *m*
animusz M (-*u*; *bpl*) *lit* Mut *m*; Elan *m*, Schwung *m*; **nie tracić ~u** nicht den Mut verlieren; **nabrać** *pf* **~u** wieder Mut fassen; **pełen ~u** voller Schwung
anioł M (-*a*, *aniele!*; -*owie od anioły*) Engel *m*; ♀ **Stróż** Schutzengel *m*; ♀ **Pański** Ave-Maria *n*
ankieta F (-*y*) Fragebogen *m*; (*akcja*) Umfrage *f*, Befragung *f*; **~ personalna** Personalfragebogen *m*
ankietować (-*uję*) eine Umfrage durchführen, befragen
ankietowa|ny M (-*ego*; -*i*), **~na** F (-*ej*; -*e*) Befragte(r) *m*, *f*
ano *partikel* nun (denn), ja dann; **~ tak** nun ja; **~ trudno** nichts zu machen
anomal|ia F (*gen dat lok -ii; -e*) *lit* Anomalie *f*, Abnormität *f*; **~ie** *pl* **atmosferyczne** Klimaschwankungen *pl*
anonim M (-*a*; -*owie*) *lit* Anonymus *m*, unbekannter Autor *m*; (-*u*; -*y*) (*list*) anonymer Brief *m*; (*dzieło*) anonymes Werk *n*; **~owy** (**-wo**) anonym
anons M (-*u*; -*e*) Annonce *f*, Anzeige *f*; (*zwiastun*) Ankündigung *f*; **dać ~** eine Annonce *od* Anzeige aufgeben (**do** *gen* in *dat*); **zamieścić ~** inserieren (**w** *lok* in *dat*)
anoreksja F (-*i*; *bpl*) MED Anorexie *f*
antagonist|a M (-*y*; -*iści*; *gen -ów*), **~ka** F (-*i*; *gen -tek*) Gegner(in) *m*(*f*), Widersacher(in) *m*(*f*)
antagoni|zm M (-*u*; -*y*) Konflikt *m*; **~zm rasowy** ethnischer Konflikt *m*; **~styczny** antagonistisch, gegensätzlich
antałek M (-*łka*; -*łki*) Fässchen *n*
antarktyczny antarktisch, Antarktis-
Antarktyda F (-*y*; *bpl*) Antarktis *f*
ante|na F (-*y*) Antenne *f*; **~na satelitarna** *umg* Satellitenschüssel *f*; **~na zbiorowa** Gemeinschaftsantenne *f*; **być na ~nie** RADIO auf Sendung sein
antenat M (-*a*; -*ci*) *lit* Ahn(e) *m*, Vorfahr(e) *m*
antenow|y: **czas** *m* **~y** RADIO Sendezeit *f*
antidotum N (*unv*; -*ta*) MED Gegenmittel *n*; Gegenmaßnahme *f*
an|tologia F (*gen dat lok -ii; -e*) Anthologie *f*; **~trakt** M (-*u*; -*y*) TEATR Pause *f*; **~tresola** F (-*i*; -*e*) Zwischengeschoss *n*, Halbgeschoss *n*
antropolog M (-*a*; -*odzy od -owie*)

Anthropologe *m*; (*kobieta*) Anthropologin *f*
antropologi|a F (*gen dat lok -ii; bpl*) Anthropologie *f*; **~czny** anthropologisch
antyaborcyj|ny: **ustawa** *f* **~na** Abtreibungsgesetz *n*
antyalkoholo|wy antialkoholisch; **poradnia** *f* **~wa** Beratungsstelle *f* für Alkoholkranke
antybiotyk M (*-u; -i*) Antibiotikum *n*
antychryst M (*-a; -y*) Antichrist *m*; *umg* Atheist *m*
antycypować (*-uję*) *lit* antizipieren, vorwegnehmen
antyczny antik
antydatować (*-uję*) zurückdatieren
antydepresyj|ny: **środek** *m* **~ny** Antidepressivum *n*
antydopingo|wy: **kontrola** *f* **~wa** Dopingkontrolle *f*
anty|faszystowski antifaschistisch; **~feministyczny** antifeministisch; **~gen** M (*-u; -y*) Antigen *n*
antyk M (*-u; bpl*) HIST Antike *f*; PL *-i*) (*przedmiot*) Antiquität *f*; **sklep** *m* **z ~ami** Antiquitätenladen *m*
anty|klerykalny antiklerikal, kirchenfeindlich; **~komunistyczny** antikommunistisch
antykoncepcja F (*-i; bpl*) (Empfängnis-)Verhütung *f*
antykoncepcyj|ny: **środek** *m* **~ny** Verhütungsmittel *n*; **pigułka** *f* **~na** *umg* Antibabypille *f*
antykorozyjny korrosionsverhütend
antykwa|riat M (*-u; -y*) *z książkami* Antiquariat *n*; *z antykami* Antiquitätenladen *m*; **~riusz** M (*-a; -e*) Antiquar *m*; (*sprzedawca antyków*) Antiquitätenhändler *m*; **~ryczny** antiquarisch
antylopa F (*-y*) Antilope *f*
anty|niemiecki deutschfeindlich; **~nuklearny** antinuklear; **~państwowy** staatsfeindlich
anty|patia F (*gen dat lok -ii; -e*) Abneigung *f*; **~patyczny** unsympathisch, unangenehm; **~piracki** EDV gegen Softwarepiraterie; **~pokojowy** friedensgefährdend
anty|polski polenfeindlich; **~rządowy** regierungsfeindlich; **~semicki** antisemitisch
anty|semityzm (*-u; bpl*) Antisemitismus *m*; **~septyczny** antiseptisch; **~społeczny** asozial
antytalent M (*-u; -y*): **mieć ~ do** (*gen*) keine Begabung haben für (*akk*); **mieć ~ do majsterkowania** handwerklich unbegabt sein; **mieć ~ do gotowania** überhaupt nicht kochen können; **~ językowy** sprachlich unbegabte Person *f*
antyterrorystycz|ny antiterroristisch; **brygada** *f* **~na** Antiterroreinheit *f*; **akcja** *f* **~na** Antiterroreinsatz *m*
antywirusowy: **program** *m* **~** EDV Antivirenprogramm *n*
anty|włamaniowy einbruch(s)sicher; **~wojenny** Antikriegs-
anulować (*-uję*) annullieren; *przepis, zarządzenie* aufheben; *dług* tilgen; *decyzję* rückgängig machen
anulowanie N (*-a*) Annullierung *f*
anyż M (*-u; -e*) Anis *m*; **~owy** Anis-
aorta F (*-y*) Aorta *f*, Hauptschlagader *f*
aparat M (*-u; -y*) Apparat *m*, Gerät *n*; (*system*) Apparat *m*, System *n*; **~ fotograficzny** Fotoapparat *m*; **~ telefoniczny** Telefonapparat *m*; **~ władzy** Machtapparat *m*; **~ słuchowy** Hörgerät *n*; **~ura** F (*-y*) Apparatur *f*, Anlage *f*
apartament M (*-u; -y*) Appartement *n*
apaszka F (*-i; gen -szek*) Halstuch *n*
apat|ia F (*gen dat lok -ii; bpl*) Apathie *f*; **popaść** *pf* **w ~ię** in Apathie versinken; **~ yczny** apathisch, teilnahmslos
apel M (*-u; -e; gen -i od -ów*) Appell *m*, Aufruf *m*; (*zbiórka*) Appell *m*; **stanąć do ~u** zum Appell antreten
apelac|ja F (*-i; -e*) JUR Appellation *f*, Berufung *f*; **wnieść** *pf* **~ję** Berufung einlegen
apelacyjny JUR Berufungs-
apelować ⟨**za-**⟩ (*-uję*) appellieren (**do** *gen* an *akk*)
Apeniny PL (*gen -ów*) Apennin *m*, Apenninen *pl*
Apeniński: **Półwysep** *m* **~** Apenninenhalbinsel *f*
apet|yczny appetitlich; **~yt** M (*-u; -y*) Appetit *m*; **pobudzający ~yt** appetitanregend; **zaostrzyć** *pf* **~yt** den Appetit anregen; **odebrać** *pf* **~yt** den Appetit verderben; **mieć ~yt** Appetit haben (**na** *akk* auf *akk*)
aplauz M (*-u; -y*) Applaus *m*, Beifall *m*; **zdobyć ~** viel Beifall bekommen *od* ernten

aplika|cja F (-i; -e) JUR Referendariat *n*; (*wzór*) Applikation *f*
aplikant M (-a; -ci), **~ka** F (-i; *gen* -tek) JUR Referendar(in) *m(f)*
aplikować ⟨za-⟩ (-uję) MED verabreichen
apo|dyktyczny herrisch, dominant; **~geum** N (*unv*; -ea) *fig* Höhepunkt *m*, Gipfel *m*; **~kaliptyczny** apokalyptisch; **~lityczny** apolitisch
apoplek|sja F (-i; *bpl*) MED Schlaganfall *m*, Apoplexie *f*; **~tyczny** apoplektisch
aport INT apport!, bring her!
aportować (3. *Pers* -uje) apportieren
apostols|ki Apostel-; **dzieje** *pl* **~kie** Apostelgeschichte *f*; **Stolica** *f* **Ska** Vatikan *m*
apostoł M (-a; -owie) REL Apostel *m* (*a. fig*)
aprobata F (-y; *bpl*) Billigung *f*, Zustimmung *f*
aprobować ⟨za-⟩ (-uję) billigen, gutheißen; genehmigen
apteczk|ka F (-i; *gen* -czek) Reiseapotheke *f*; *pierwszej pomocy* Verband(s)kasten *m*
apte|ka F (-i; *gen* -tek) Apotheke *f*; **iść do ~ki** in die Apotheke gehen; **~karka** F (-i; *gen* -rek) Apothekerin *f*
aptekars|ki: **waga** *f* **~ka** Apothekerwaage *f*
aptekarz M (-a; -e; *gen* -y) Apotheker *m*
Arab M (-a; -owie) Araber *m*
arab (-a; PL -y) (*koń*) Araber *m*
Arabka F (-i; *gen* -bek) Araberin *f*
Arabia Saudyjska F (*gen dat lok* -ii *Saudyjskiej*) Saudi-Arabien *n*
Arabski: **Półwysep** *m* ~ Arabische Halbinsel *f*; **Zjednoczone Emiraty** *pl* **~e** Vereinigte Arabische Emirate *pl*
arabs|ki (**po -sku**) arabisch; **guma** *f* **~ka** Gummiarabikum *n*
aranżac|ja F (-i; -e) MUS Arrangement *n*, Bearbeitung *f*; *wnętrz* Gestaltung *f*; **utwór** *m* **w nowej ~ji** Neubearbeitung *f*
aranżować ⟨za-⟩ (-uję) *spotkanie* arrangieren, in die Wege leiten; *wnętrza* gestalten; MUS arrangieren, bearbeiten
arachido|wy: **orzeszki** *m/pl* **~we** Erdnüsse *f/pl*
arbiter M (-tra; -rzy) Autorität *f*, Kenner *m*; SPORT Schiedsrichter *m*
arbitraż M (-u; -e, *gen* -y *od* -ów) Schiedsverfahren *n*
arbitrażo|wy: **sąd** *m* **~wy** Schiedsgericht *n*; **wyrok** *m* **sądu ~wego** Schiedsurteil *n*
arbuz M (-a; -y) Wassermelone *f*
archa|iczny archaisch; **~nioł** M (-a; -owie *od* -oły) Erzengel *m*
archeolog M (-a; -odzy; *gen* -ów) Archäologe *m*; (*kobieta*) Archäologin *f*
archeologi|a F (*gen dat lok* -ii; *bpl*) Archäologie *f*; **~czny** archäologisch
archi|diecezja F (-i; -e) Erzdiözese *f*; **~pelag** M (-u; -i) Archipel *m*
archi|tekt M (-a; -ci) Architekt *m*; (*kobieta*) Architektin *f*; **~tekt wnętrz** Innenarchitekt *m*; **~tekt krajobrazu** Landschaftsgärtner *m*; **~tektka** F (-i; *gen* -tek) *umg* Architektin *f*
architekt|oniczny architektonisch; **~ura** F (-y; *bpl*) Architektur *f*; **~ura wnętrz** Innenarchitektur *f*
archiwal|ny archivalisch, Archiv-; **egzemplarz** *m* **~ny** Archivexemplar *n*; **nagrania** *n/pl* **~ne** Archivaufnahmen *f/pl*
archiw|ista M (-y; -ści; *gen* -ów) Archivar *m*; **~um** N (*unv*; -wa, -ów) Archiv *n*
arcy|biskup M (-a; -i) Erzbischof *m*; **~dzieło** N (-a) Meisterwerk *n*; **~kapłan** M (-a; -i) REL Hoher Priester *m*
arcy|książę M (-księcia; -żęta, *gen* -żąt) Erzherzog *m*; **~mistrz** M (-a; -owie) Großmeister *m*
areał M (-u; -y) Areal *n*, Fläche *f*
arena F (-y) Arena *f*; *cyrkowa* Manege *f*, Arena *f*; *fig* Schauplatz *m*, Bühne *f*
areszt M (-u; -y) Arrest *m*; JUR Beschlagnahme *f*; **~ śledczy** Untersuchungshaft *f*; **~ odosobniony** Einzelhaft *f*; **~ domowy** Hausarrest *m*; **położyć ~** (**na** *lok*) JUR mit Arrest belegen (*akk*)
aresztować ⟨za-⟩ (-uję) verhaften, festnehmen
aresztowa|nie N (-a) Verhaftung *f*, Festnahme *f*; **nakaz** *m* **~nia** Haftbefehl *m*
aresztowany[1] verhaftet
aresztowa|ny[2] M (-ego; -i), **~na** F (-ej; -e) Häftling *m*
Argentyna F (-y; *bpl*) Argentinien *n*
Argentyńczyk M (-a; -cy), **~nka** F (-i; *gen* -tek) Argentinier(in) *m(f)*
argentyński argentinisch
argument M (-u; -y) Argument *n* (**za** *inst* für *akk* **przeciw** *dat* gegen *akk*)
argumentować (-uję) argumentieren (**za** *inst* für *akk* **przeciw** *dat* gegen *akk*), begründen

aria F (*gen dat lok -ii; -e*) Arie *f*
ark. (arkusz) Bogen *m*
arka F (*-i; bpl*): **~ Noego** REL Arche *f* Noah; **☐ Przymierza** REL Bundeslade *f*
arka|da F (*-y*) ARCH Arkade *f*; **~dy** *pl* Bogengang *m*, Arkaden *pl*
arkan M (*-u; -y*) Lasso *m od n*
arka|na PL (*gen -ów*) (*tajniki*) Geheimwissen *n*, Geheimnisse *pl*; **wprowadzić** *pf* *k-o* **w ~na** (*gen*) j-n einweihen (in *akk*)
arktyczny arktisch
arkusik M (*-a; -i*) *dim* kleines Blatt *n* Papier
arkusz M (*-a; -e, -y*) Bogen *m*; **~ papieru** Papierbogen *m*; **~ drukarski** Druckbogen *m*
arlekin M (*-a; -y od -i*) Harlekin *m*
armat|a F (*-y*) Kanone *f*; **~ni** Kanonen-; **mięso** *n* **~nie** Kanonenfutter *n*
armat|or M (*-a; -rzy*) Reeder *m*; **~ura** F (*-y*) Armatur *f*
arm|ia F (*gen dat lok -ii; -e*) Armee *f*; **być w ~ii** *umg* Wehrdienst leisten; **☐ia Zbawienia** Heilsarmee *f*
aroganccy *persf* → arogancki
arogancja F (*-i; bpl*) Arroganz *f*; Überheblichkeit *f*
arogancki (*persf -ccy*) (**-ko**) arrogant, überheblich
aroma|t M (*-u; -y*) Aroma *n*, Duft *m*; **~t do ciasta** Backaroma *n*; **~terapia** F (*gen dat lok -ii; bpl*) Aromatherapie *f*
aromaty|czny aromatisch; **~zowany** aromatisiert
aronia F (*gen dat lok -ii; -e*) BOT Aronstab *m*
arras M (*-u; -y*) MAL Arazzo *m*, gewirkter Bildteppich *m*
ar|senał M (*-u; -y*) Arsenal *n*; Sammlung *f*; **~szenik** M (*-u; bpl*) Arsenik *n*
art. (artykuł) JUR Art. (Artikel)
arteri|a F (*gen dat lok -ii; -e*) MED Arterie *f*, Schlagader *f*; (*trasa*) Verkehrsader *f*, Hauptstrecke *f*; **~oskleroza** F (*-y; bpl*) Arteriosklerose *f*
artrety|czny arthritisch, gichtig; **~zm** M (*-u; bpl*) Arthritis *f*, Gicht *f*
artyk|uł M (*-u; -y*) Artikel *m*, Ware *f*; JUR Artikel *m*; *w gazecie* Artikel *m*, Aufsatz *m*; **~uł wstępny** Leitartikel *m*; **~ły** *m/pl* **spożywcze** Lebensmittel *n/pl*; **~ły** *m/pl* **gospodarstwa domowego** Haushaltswaren *f/pl*; **~uły** *m/pl* **powszechnego użytku** Gebrauchsartikel *m/pl*; **~uł zbytku** Luxusartikel *m*; **~uły** *m/pl* **pierwszej potrzeby** Gebrauchsgüter *m/pl*
artykułować ⟨**wy-**⟩ (*-uję*) formulieren, nennen; *sylaby, wyrazy* artikulieren
artyle|ria F (*gen dat lok -ii; bpl*) Artillerie *f*; **~ria przeciwlotnicza** Flugabwehrartillerie *f*; **~ryjski** Artillerie-
artys|ta M (*-y; -ści; gen -ów*), **~tka** F (*-i; gen -tek*) Künstler(in) *m(f)*; **~ta malarz** Kunstmaler *m*; **~ta cyrkowy** Artist *m*
artystycz|ny künstlerisch; (*harmonijny*) kunstreich, kunstvoll; **rzemiosło** *n* **~ne** Kunstgewerbe *n*; **salon** *m* **~ny** Galerie *f*
artyzm M (*-u; bpl*) *osoby* Kunstfertigkeit *f*; *dzieła* Großartigkeit *f*
aryjski HIST, JĘZ arisch
arystokra|cja F (*-i; bpl*) Aristokratie *f*, Adel *m*; **~cja finansowa** *fig* Geldadel *m*, Finanzelite *f*
arystokra|ta M (*-y; -ci, -ów*), **~tka** F (*-i; gen -tek*) Aristokrat(in) *m(f)*, Adelige(r) *m, f*; **~tyczny** aristokratisch; *maniery* vornehm
arytmety|czny arithmetisch; **działanie** *n* **~czne** Rechenart *f*; **zadanie** *n* **~czne** Rechenaufgabe *f*; **~ka** F (*-i; bpl*) Arithmetik *f*; *w szkole* Rechnen *n*
as M (*-a; -y*) Ass *n* (*a. fig*); **~ karo** Karoass *n*
asce|ta M (*-y; -ci; gen -ów*) Asket *m*; **~tyczny** (*tryb życia*) asketisch, enthaltsam; (*wygląd*) asketisch, streng; **~za** F (*-y; bpl*) Askese *f*
asekurac|ja F (*-i; bpl*) SPORT Hilfestellung *f*; Sicherung *f*, Schutz *m*; (*zabezpieczanie się*) Rückversicherung *f*, Absicherung *f*; **~yjny** *liny, haki* Sicherungs-
asekura|ncki *pej* konform, übervorsichtig; **~nt** M (*-a; -ci*) *pej* Konformist *m*, übervorsichtiger Mensch *m*
asekurować (*-uję*): **~ k-o** SPORT j-m Hilfestellung geben; j-n sichern; **~ się** (*zabezpieczać się*) sich absichern; sich rückversichern; SPORT sich sichern
aseptyczny aseptisch, keimfrei
asfalt M (*-u; bpl*) Asphalt *m*
asfaltować ⟨**wy-**⟩ (*-uję*) asphaltieren
asfalto|wy Asphalt-; **droga** *f* **~wa** Asphaltstraße *f*
askorbinowy: **kwas** *m* **~** Askorbinsäure *f*
asocjacja F (*-i; -e*) Assoziation *f*
asortyment M (*-u; -y*) Sortiment *n*, Auswahl *f*

ASP F (*unv*) (Akademia Sztuk Pięknych) Kunsthochschule *f*

aspekt M (-*u*; -*y*) Aspekt *m*, Gesichtspunkt *m*; JĘZ Aspekt *m*

aspira|cje PL (*gen* -*cji*) Ambitionen *pl*; **nie mieć żadnych ~cji** keine Ambitionen haben; **~cje** *pl* **naukowe** wissenschaftliche Ambitionen *pl*; **skromne ~cje** *pl* bescheidene Ziele *pl*; **mieć wysokie ~cje** hoch hinauswollen, hochgesteckte Ziele haben; **~nt** M (-*a*; -*ci*) Anwärter *m*, Kandidat *m*

aspirować (-*uję*) (**do** *gen*) anstreben (*akk*)

aspiryna® F (-*y*) Aspirin® *n*

aspołeczny asozial, unsozial

ast|er M (-*a*; -*y*) Aster *f*; **~eroida** F (-*y*) Asteroid *m*; **~ma** F (-*y*; *bpl*) Asthma *n*

astma|tyczka F (-*i*; -*czek*) Asthmatikerin *f*; **~tyczny** asthmatisch; **~tyk** M (-*a*; -*cy*) Asthmatiker *m*

astral|ny ASTRON astral, Stern-; **ciało** *n* **~ne** Astralleib *m*

astro|fizyka F (-*i*; *bpl*) Astrophysik *f*; **~log** M (-*a*; -*owie*) Astrologe *m*, Sterndeuter *m*; **~logia** F (*gen dat lok* -*ii*; *bpl*) Astrologie *f*

astronaut|a M (-*y*; -*ci*), **~ka** F (-*i*; *gen* -*tek*) Astronaut(in) *m(f)*, Weltraumfahrer(in) *m(f)*

astro|nautyka F (-*i*; *bpl*) Astronautik *f*; **~nomia** F (*gen dat lok* -*ii*; *bpl*) Astronomie *f*; **~nomiczny** astronomisch; **~nomiczna wiosna** *f* astronomischer Frühlingsanfang *m*

astygmatyzm M (-*u*; *bpl*) MED Astigmatismus *m*

asygnata F (-*y*) FIN Zahlungsanweisung *f*

asygnować ⟨**wy-**⟩ (-*uję*) *pieniądze* zur Verfügung stellen (**na** *akk* für *akk*); *czek* ausstellen

asymilac|ja F (-*i*; *bpl*) SOZIOL Assimilation *f* (*a.* BIOL, JĘZ); (*przyswajanie*) Aneignung *f*; **~yjny** Assimilations-

asymilować ⟨**z-**⟩ (-*uję*) SOZIOL assimilieren (*a.* BIOL); (*przyswajać*) sich aneignen; **~ się** sich assimilieren

asysta F (-*y*) *lit* Begleitung *f*

asystent M (-*a*; -*ci*), **~ka** F (-*i*; *gen* -*tek*) Assistent(in) *m(f)*, Mitarbeiter(in) *m(f)*; (*pracownik naukowy*) Assistent(in) *m(f)*, wissenschaftlicher Mitarbeiter *m*; **~ reżysera** Regieassistent(in) *m(f)*; **~ka dentysty** Zahnarzthelferin *f*; **~ profesora ...** Assistent(in) *m(f)* bei Professor ...; **~ Instytutu Historii** Assistent(in) *m(f)* am Institut für Geschichte

asystentura F (-*y*) Assistentenstelle *f*

asystować (-*uję*) *specjaliście* assistieren (**przy** *lok* bei *dat*); **~ k-u** (*towarzyszyć*) j-n begleiten; **~ przy** (*lok*) (*być obecnym*) bei (*dat*) dabei sein

atak M (-*u*; -*i*) MIL, SPORT Angriff *m* (*a. fig*); MED Anfall *m*; *koll* SPORT Stürmer *pl*; **~ lotniczy** Luftangriff *m*; **~ śmiechu** Lachkrampf *m*, Lachanfall *m*; **~ gniewu** Wutausbruch *m*; **~ płaczu** Weinkrampf *m*; **~ kaszlu** Hustenanfall *m*; **~ serca** Herzanfall *m*; **grać w ~u** SPORT als Stürmer spielen

atakować ⟨**za-**⟩ (-*uję*) MIL, MED angreifen; SPORT stürmen; (*krytykować*) attackieren, angreifen

ateist|a M (-*y*; -*iści*; *gen* -*ów*), **~ka** F (-*i*; *gen* -*tek*) Atheist(in) *m(f)*; **~yczny** atheistisch

ateizm M (-*u*; *bpl*) Atheismus *m*

atelier N (*unv*) Atelier *n*; **~ filmowe** Filmstudio *n*

Ateny PL (*gen* *Aten*) Athen *n*

atest M (-*u*; -*y*) HANDEL Zulassung *f*

atestować (-*uję*) HANDEL zulassen

atlantycki atlantisch, Atlantik-; **Ocean** *m* **⁓** Atlantischer Ozean *m*

Atlantyk M (-*u*; *bpl*) Atlantik *m*

atlas M (-*u*; -*y*) (*książka*) Atlas *m*

atlet|a M (-*y*; -*ci*; *gen* -*tów*), **~ka** F (-*i*; *gen* -*tek*) Athlet(in) *m(f)*

atlety|czny athletisch; **~ka** F (-*i*; *bpl*) Athletik *f*; **lekka ~ka** Leichtatletik *f*

atłas M (-*u*; -*y*) (*tkanina*) Atlas *m*, Satin *m*; **jak ~** *fig* samten; **~owy** Satin-; *fig* samten

atmosfera F (-*y*) ASTRON, FIZ Atmosphäre *f*; (*nastrój*) Atmosphäre *f*, Klima *n*; (*powietrze*) Luft *f*

atmosferycz|ny: **warunki** *pl* **~ne** Wetterbedingungen *pl*, Wetterlage *f*; **ciśnienie** *n* **~ne** Luftdruck *m*; **chłodny front** *m* **~ny** Kaltfront *m*

atol M (-*u*; -*e*; *gen* -*i od* -*ów*) Atoll *n*

atom M (-*u*; -*y*) Atom *n*; **~owy** atomar, Atom-; **energia** *f* **~owa** Atomenergie *f*; **elektrownia** *f* **~owa** Atomkraftwerk *n*; **bomba** *f* **~owa** Atombombe *f*; **~izer** M (-*a*; -*y*) Zerstäuber *m*

atrakc|ja F (-*i*; -*e*) Attraktion *f*; **~ja turystyczna** Touristenattraktion *f*, Sehenswürdigkeit *f*; **~yjność** F (-*ści*; *bpl*)

Attraktivität *f*, Reiz *m*; **~yjny** attraktiv, reizvoll; *oferta* verlockend

atrament M (-u; -y) Tinte *f*; **~ do stempli** Stempelfarbe *f*

atr|apa F (-y) Attrappe *f*; **~opina** F (-y; bpl) Atropin *n*; **~ybut** M (-u; -y) Attribut *n*, Wesensmerkmal *n*

atut M (-u; -y) Trumpf *m*; (*zaleta*) Vorteil *m*; **wyjść** *pf* **~em** einen Trumpf ausspielen; **~owy** Trumpf-

audi|encja F (-i; -e) Audienz *f*; **~owizualny** audiovisuell

audyc|j|a F (-i; -y) RADIO Sendung *f*; **cykl** *m* **~ji** Sendereihe *f*; **~ja dla dzieci** Kindersendung *f*

audytorium N (*unv*; *-ria*; *gen -ów*) Hörsaal *m*, Auditorium *n*; (*słuchacze*) Zuhörer *pl*; Publikum *n*

au|kcja F (-i; -je) Auktion *f*, Versteigerung *f*; **~la** F (-i; -e; *gen -i*) (*sala wykładowa*) Aula *f*

aur|a F (-y; bpl) *lit* Wetter *n*; (*nastrój*) Klima *n*, Aura *f*; **~eola** F (-i; -e) Heiligenschein *m*; *fig* Nimbus *m*

auspicj|e PL: **pod ~ami** (*gen*) unter der Schirmherrschaft (*gen od* von *dat*)

Australia F (*gen dat lok -ii*; *bpl*) Australien *n*

Australij|czyk M (-a; -cy), **~ka** F (-i; *gen -jek*) Australier(in) *m(f)*; **ℒski** australisch

Austria F (*gen dat lok -ii*; *bpl*) Österreich *n*

austriacki österreichisch, Österreich-

Austria|k M (-a; -cy), **~czka** F (-i; *gen -czek*), Österreicher(in) *m(f)*

aut M (-u) SPORT Aus *n*

autentycz|ny authentisch, echt; (*oryginalny*) original; **wydarzenie** *n* **~ne** wahre Begebenheit *f*; **~ność** F (-ści; bpl) Authentizität *f*, Echtheit *f*

autentyk M (-u; -i) Original *n*

auto N (-a; *gen aut*) Auto *n*; **~alarm** M (-u; -y) *w samochodzie* Alarmanlage *f*

autobiografi|a F (*gen dat lok -ii*; *-e*) Autobiografie *f*; **~czny** autobiografisch

autobus M (-u; -y) (Auto)Bus *m*; **~em** mit dem Bus; **~owy** Bus-

autocasco (*unv*) Kaskoversicherung *f*

autochton M (-a; -ni), **~ka** F (-i; *gen -nek*) Einheimische(r) *m*, *f*

autochtonicz|ny: **ludność** *f* **~na** autochthone Bevölkerung *f*

autogenicz|ny: **trening** *m* **~ny** autogenes Training *n*

auto|graf M (-u; -y) (*podpis*) Autogramm *n*; **~ironia** F (*gen dat lok -ii*; *bpl*) Selbstironie *f*

auto|kar M (-u; -y) Reisebus *m*; **~mat** M (-u; -y) Automat *m*; *umg* (*broń*) Maschinenpistole *f*; **~mat z papierosami** Zigarettenautomat *m*; **~mat do gry** Spielautomat *m*; **~mat telefoniczny** öffentliches Telefon *n*, Fernsprecher *m*; **~mat biletowy** Fahrscheinautomat *m*; **~mat bankowy** Geldautomat *m*

automatycz|ny automatisch; **~na sekretarka** *f* Anrufbeantworter *m*, *umg* AB *m*; **pralka** *f* **~na** Waschmaschine *f*

automatyzacja F (-i; bpl) Automatisierung *f*

automatyzować ⟨**z-**⟩ (*-uję*) automatisieren

auto|myjnia F (*gen dat lok -ii*; *-e*) *umg* Waschanlage *f*; **~naprawa** F (-y) *umg* Autowerkstatt *f*

autonomi|a F (*gen dat lok -ii*; *bpl*) Autonomie *f*; **~czny** autonom

autopoprawka F (-i; *gen -wek*) POL Änderung *f* im Gesetzesentwurf

auto|portret M (-u; -y) Selbstbildnis *n*, Selbstporträt *n*

autops|ja F (-i; -e): **znać z ~ji** aus eigener Erfahrung kennen

autor M (-a; -rzy), **~ka** F (-i; *gen -rek*) (*twórca*) Autor(in) *m(f)*; *tekstu* Verfasser(in) *m(f)*, Autor(in) *m(f)*; (*inicjator*) Urheber(in) *m(f)*

autorefleksja F (-i; bpl) Selbstreflexion *f*

autors|ki Autoren-; **prawo** *n* **~kie** Urheberrecht *n*; **egzemplarz** *m* **~ki** Belegexemplar *n*, Freiexemplar *n*; **wieczór** *m* **~ki** Leseabend *m*; **film** *m* **~ki** Autorenfilm *m*; **~two** N (-a; bpl) Autorschaft *f*; Urheberschaft *f*

autoreklama F (-y) Eigenwerbung *f*

autory|tatywny autoritär; (*wiarygodny*) glaubwürdig; **~zowany** autorisiert

autorytet M (-u; -y) Autorität *f*, Respekt *m*; (*osoba*) Autorität *f*

autoserwis M (-u; -y) Kfz-Service *m od n*

autostop M: **jechać ~em** per Anhalter fahren, trampen

autostopowicz M (-a; -e), **~ka** F (-i; *gen -czek*) Anhalter(in) *m(f)*, Tramper(in) *m(f)*

autostrada F (-y) Autobahn *f*

auto|wy: **sędzia** *m* **~wy** SPORT Linienrichter *m*

autyl|styczny autistisch; **~zm** M (-u; *bpl*) Autismus *m*
awangarda F (-y) Avantgarde *f*
awans M (-u; -e) Beförderung *f*; **~ społeczny** sozialer Aufstieg *m*; **dostać ~** befördert werden
awansować (-uję) V/T befördern; V/I befördert werden; aufsteigen (*a.* SPORT)
awantur|a F (-y) Streit *m*, *umg* Krach *m*; **~nica** F (-y; -e) zänkische Frau *f*; **~nictwo** N (-a; *bpl*) Streitsucht *f*, Zanksucht *f*; **~nictwo polityczne** Demagogie *f*, politische Hetze *f*
awantur|niczy (*kłótliwy*) streitsüchtig, zänkisch; POL demagogisch, hetzerisch; **~nik** M (-a; -cy) *umg* Krawallmacher *m*, *umg* Krakeeler *m*
awanturować się (-uję) randalieren, krakeelen; Krach haben (**z** *inst* mit *dat*)
awar|ia F (*gen dat lok -ii; -e*) *instalacji* Störung *f*, Ausfall *m*; *pojazdu* Panne *f*; *statku, elektrowni* Havarie *f*; **~ia linii telefonicznej** Störung *f* in der Leitung; **~ia silnika** Motorschaden *m*
awaryj|ny: **wyjście** *n* **~ne** Notausgang *m*
awersja F (-i; *bpl*) Widerwille *m*
AWF M (*AWF-u; bpl*) (**Akademia Wychowania Fizycznego**) Sporthochschule *f*
awista BANK a vista; **weksel** *m* **~** Avistawechsel *m*, Sichtwechsel *m*
awizować ⟨**za-**⟩ (*-uję*) *przesyłkę* avisieren
awizo N (-a; *gen -ów*) Avis *m od n*; Benachrichtigung *f*
awokado N (*unv*) Avocado *f*
az|alia F (*gen dat lok -ii; -e*) Azalee *f*; **~best** M (-u; *bpl*) Asbest *m*; **~bestowy** Asbest-
Azja F (-i; *bpl*) Asien *n*; **~ Mniejsza** Kleinasien *n*
Azjat|a M (-y; -ci) Asiate *m*; **~ka** F (-i; *gen -tek*) Asiatin *f*; **&ycki** asiatisch, Asien-
azot M (-u; *bpl*) Stickstoff *m*; **~owy** Stickstoff-; **kwas** *m* **~owy** Salpetersäure *f*
azyl M (-u; -e) Asyl *n*; **prawo** *n* **~u** Asylrecht *n*; **udzielić ~u** Asyl gewähren
azylant M (-a; -ci), **~ka** F (-i; *gen -tek*) Asylbewerber(in) *m(f)*, Asylant(in) *m(f)*
aż *konj* bis; dass; *partikel* (+ *praep*) **~ do** (*gen*) bis an *od* in (*akk*), bis nach *od* zu (*dat*); **~ do wczoraj** bis gestern; **~ do rana** bis zum Morgen; **~ po kolana** bis zu den Knien; **ma ~ sto lat** er ist hundert Jahre alt; **spóźnił się ~ dwie godziny** er kam erst zwei Stunden später; **~ tyle** so viel; **~ nadto** allzu sehr; **~ strach pomyśleć** (es ist) nicht auszudenken; **~ dziw bierze** es ist ein Wunder; **to nie jest ~ takie trudne** so schwierig ist das auch nicht; **~ tak źle** so schlimm; **~ trudno sobie wyobrazić** man kann sich das ja kaum vorstellen
ażeby → aby
ażurowy durchbrochen; *bluzka* Spitzen-

B

b. (**były**) ehemalig; (**bardzo**) sehr
ba|ba F (-y; *gen* -) *umg pej* Weib *n*; (*handlarka*) *umg* Marktfrau *f*, Bäuerin *f*; *umg pej* (*żona*) Alte *f*; (*mężczyzna*) *umg* Weichei *n*; (*ciasto*) Napfkuchen *m*; *pej* Mannweib *n*; **głupia ~ba** *umg pej* blöde Kuh *f*; **latać za ~bami** *umg* hinter den Weibern her sein; **~ba-Jaga** (*postać bajkowa*) Hexe *f*
babcia F (-; *vok -ciu!*; -e) Großmutter *f*, *umg* Oma *f*; **~ klozetowa** *umg* Klofrau *f*
babeczka F (*i; gen -czek*) *dim* (*ciastko*) kleiner Napfkuchen *m*; (*atrakcyjna kobieta*) *umg* tolle Frau *f*, Braut *f*
babi: **~e lato** *n* Altweibersommer *m*
babiarz M (-a; -e) *umg pej* Schürzenjäger *m*, Frauenheld *m*
babieć ⟨**z-**⟩ *kobieta* unattraktiv werden; *mężczyzna* verweichlichen
babiloński babylonisch, Babylon-
babinka F (-i; *gen -nek*) *dim* Mütterchen *n*
bab|ka F (-i; *gen -bek*) Großmutter *f*; (*atrakcyjna kobieta*) *umg* tolle Frau *f*, Weib *n*; (*ciasto*) Napfkuchen *m*; BOT Wegerich *m*; **szałowa ~ka** rassiges Weib *n*; **to równa ~ka** sie ist klasse; **~ka z piasku** Sandkuchen *m*; **~ka piaskowa** KULIN Sandkuchen *m*
babochłop M (-u; -y) *umg* Mannweib *n*
babrać (*babrzę*) *umg* manschen (**w** *lok* in *dat*); **~ się** *umg* herumtrödeln (**z** *inst* mit *dat*); ⟨**u-**⟩ beschmieren, schmutzig machen; **~ się** *umg* sich beschmieren, sich schmutzig machen

babranina F (-y; bpl) (praca) umg Fummelei f; Dreckarbeit f
babski umg Frauen-; **~e gadanie** n umg Weibergeschwätz n
bab|sko N (-a), **~sztyl** m (-a; -e) umg pej blöde Kuh f
bab|unia F, **~usia** f (-i; vok -iu!; -e) dim Omi f
baby-sitter F (unv) Babysitter(in) m(f)
baca M (-y; -owie) w Tatrach Schafhirt m
bach INT wumm, rums; **~or** M (-a; -y) umg pej Bengel m, Balg m
bacówka F (-i; gen -wek) Berghütte f
bacz|ność F (-ści; bpl): **stać na ~ność** strammstehen; **mieć się na ~ności** auf der Hut sein, sich in Acht nehmen (**przed** inst vor dat); **~ność!** MIL stillgestanden!; **~ny** aufmerksam, wachsam
baczyć: **nie bacząc na** (akk) ungeachtet (gen), ohne Rücksicht auf (akk)
bać się* (boję) sich fürchten, Angst haben (gen vor dat); (martwić się) sich Sorgen machen, Angst haben (**o** akk um akk); (obawiać się) fürchten; **nic się nie bój** mach dir keine Sorgen; **~ własnego cienia** sich vor seinem eigenen Schatten fürchten; **~ o własną skórę** an sich selbst denken; **~ jak ognia** (gen) einen Horror haben vor (dat)
badacz M (-a; -e), **~ka** F (-ki; gen -czek) Forscher(in) m(f); **~ przyrody** Naturforscher m
badać ⟨z-⟩ (-am) untersuchen, erforschen; (sprawdzać) prüfen; chorych, sprawę untersuchen; świadka vernehmen; puls fühlen; **~ naukowo** forschen, wissenschaftlich untersuchen; **~ się** sich untersuchen lassen
badan|ie N (-a) Untersuchung f; **~ia** n/pl **naukowe** Forschung f; **~ie lekarskie** ärztliche Untersuchung f; materiału Prüfung f; **~ie opinii publicznej** Meinungsumfrage f; **~ie rynku** Marktforschung f; **~ie krwi** Blutuntersuchung f; **~ie wzroku** Sehtest m
bada|ny M (-ego; -ni), **~na** F (-ej; -ne) Befragte(r) m, f
badawczy (-czo) wzrok forschend, prüfend; wyprawa, metody Forschungs-; **zespół** m **~** Forschungsteam n
Badenia-Wirtembergia F (gen dat lok -ii; bpl) Baden-Württemberg n
badminton M (-a; bpl) Federballspiel n; Badminton n; **grać w ~a** Federball spielen; Badminton spielen
ba|dyle PL (gen -i) Unkraut n; **~dziewie** N (-a) umg Ramsch m; **~gatela** F (-i; -e, -i) Kleinigkeit f
bagatelizować ⟨z-⟩ (-uję) unterschätzen; verharmlosen
bagaż M (-u; -e) (Reise)Gepäck n; **~ podręczny** Handgepäck n; **~nik** M (-a; -i) Kofferraum m; **~nik na dachu** Dachgepäckträger m
bagażowy[1] Gepäck-
bagażowy[2] M (-ego; -i) Gepäckträger m
bagie|nny Sumpf-; **~tka** F (-i; gen -tek) Baguette f od n
bag|net M (-u; -y) Bajonett n; **~nisty** morastig, sumpfig; **~no** N (-a; gen -gien) Moor n, Sumpf m
bajda F (-y) umg Lügenmärchen n, Quatsch m
bajdurzyć (-ę) umg quasseln, dummes Zeug reden
bajecz|ka F (-i; gen -czek) dim Märchen n; (bujda) umg Lügenmärchen n; **~ny** märchenhaft, fabelhaft
bajer (-u; -y) umg Angeberei f; Schwindel m; **~y** m/pl (dodatki) Extras pl; **wcisnąć k-u ~** umg bei j-m angeben; j-n anschwindeln, j-n auf den Arm nehmen; **~ancki** umg cool, abgefahren; **~ant** M (-a; -ci) umg Angeber m
bajerować ⟨z-⟩ (-uję) umg angeben, flunkern; dziewczynę umg anbaggern
baj|ka F (-i; gen -jek) Märchen n; **~ka na dobranoc** Gutenachtgeschichte f; **~kopisarz** M (-a; -e) Märchendichter m; **~kowy** Märchen-
Bajkał (-u; bpl) Baikalsee m
bajoński: **~e sumy** pl Heidengeld n
bajoro N (-a) Tümpel m
baj pas → by-pass
bajt M (-a; -y) EDV Byte n
bajzel M (-zlu; bpl) umg Chaos n, Unordnung f
bak M (-u; -i) Tank m
baki PL (gen -ów) Backenbart m
bakali|e PL (gen -ii) Rosinen, Nüsse und Trockenfrüchte; **lody** pl **z ~ami** Eis n mit Rosinen und Nüssen; **ciasto** n **z ~ami** Kuchen m mit Backobst, Rosinen und Nüssen
bakalio|wy: **lody** pl **~we** Eis n mit Rosinen und Nüssen

bakcyl: **połknąć ~a** *(gen)* für sich entdecken *(akk)*, auf den Geschmack *(gen)* kommen
bakier: **założyć** *pf* **czapkę na ~** die Mütze schräg aufsetzen; **być na ~ z** *(inst) umg żart* auf Kriegsfuß stehen mit *(dat)*
bak|łażan M *(-a; -y)* Aubergine *f*; **~terie** F/PL *(gen -ii)* Bakterien *f/pl*
bakterio|bójczy **(-czo)** keimtötend; **~logiczny** bakteriologisch
bakteryj|ny bakteriell; **kolonia** *f* **~na** Bakterienkultur *f*; **flora** *f* **~na** Bakterienflora *f*
bal¹ M *(-a; -e; gen -i)* Balken *m*, Bohle *f*
bal² M *(-u; -e; gen -ów) (zabawa)* Ball *m*
balanga F *(-i) umg* Fete *f*, Party *f*
balans M *(-u; bpl)* Balance *f*, Gleichgewicht *n*
balansować *(-uję)* balancieren
balast M *(-u; bpl)* MAR, LOT Ballast *m*; *fig* Last *f*
baldachim M *(-u; -y)* Baldachin *m*; **łóżko** *n* **z ~em** Himmelbett *n*
baleron M *(-u; -y)* Rollschinken *m*
balet M *(-u; -y)* Ballett *n*; **~ki** F/PL *(gen -tek)* Ballettschuhe *m/pl*
bale|tnica F *(-y; -e)* Balletttänzerin *f*; **~towy** Ballett-; **~ty** PL *(gen -ów) umg* Party *f*
bali|a F *(gen dat lok -ii; -e)* Waschtrog *m*; **~styczny** ballistisch
balkon M *(-u; -y)* Balkon *m*; *w teatrze* Rang *m*, Balkon *m*; **~owy** Balkon-; **wnęka** *f* **~owa** Loggia *f*
ballada F *(-y)* Ballade *f*
balon M *(-u; -y)* Ballon *m*; **robić k-o w ~a** *umg* j-n für dumm verkaufen; **~ik** M *(-a; -i)* (kleiner) Luftballon *m*; *policyjny umg* Tüte *f*, Röhrchen *n*
balować *(-uję) umg* auf Partys gehen
balowy Ball-
balsa F *(-y; bpl)* Balsa *n*, Balsaholz *n*
balsam M *(-u; -y)* Balsam *m*; **~ do ciała** Körperlotion *f*
balsamować ⟨**za-**⟩ *(-uję)* balsamieren
balustrada F *(-y)* Brüstung *f*, Balustrade *f*
bałagan M *(-u; -y)* Durcheinander *n*, Chaos *n*; **narobić ~u** **(w** *lok)* durcheinanderbringen *(akk)*, in Unordnung bringen *(akk)*; **~iara** F *(-y) umg pej* unordentliche Frau *f*, schlampige Frau *f*
bałagani|arstwo N *(-a; bpl)* Nachlässigkeit *f*, *umg* Schlampigkeit *f*; **~arz** M *(-a; -e) umg pej* unordentlicher Mann *m*, schlampiger Mann *m*
bałaganić ⟨**na-**⟩ *(-nię)* Unordnung schaffen, ein Chaos veranstalten
bałałajka F *(-i)* Balalaika *f*
bałamucić ⟨**z-**⟩ *(-cę)*: **~ k-o** j-m den Kopf verdrehen, j-n verführen; **~ k-o** *(inst) (mamić)* j-m vorgaukeln *(akk)*, j-n verführen (mit *dat)*; **bałamucić** *(próżnować)* die Zeit vertrödeln
bałamutny *informacja* verwirrend, unsachlich; *spojrzenie* kokett
Bałkany PL *(gen -ów)* Balkan *m*
bałkański Balkan-; **Półwysep** *m* **♀** Balkanhalbinsel *f*
bałtycki baltisch; Ostsee-; **Morze** *n* **♀e** Ostsee *f*
Bałtyk M *(-u; bpl)* Ostsee *f*
bałwa|n M *(-a; -y) pej* Schwachkopf *m*, Dummkopf *m*; *ze śniegu* Schneemann *m*; REL Götzenbild *n*; **~ny** *pl* Wogen *f/pl*, Brecher *m/pl*; **lepić ~na** einen Schneemann bauen
bałwochwal|ca *(-y; gen -ów) pej* Götzendiener *m*; **~czy (-czo)** *pej* götzendienerisch, blind
bam|bosz M *(-a; -e; gen -y)* Pantoffel *m*; **~busowy** Bambus-
banal|ność F *(-ści; bpl)* Banalität *f*; **~ny** banal
banał M *(-u; -y)* Banalität *f*, Floskel *f*
banan M *(-a; -y)* Banane *f*; **~owy** Bananen-
banda F *(-y)* (Verbrecher)Bande *f*; *(paczka) umg* Clique *f*; SPORT Bande *f*
bandaż M *(-a; -e)* Binde *f*, Verband *m*
bandażować ⟨**za-**⟩ *(-uję) ranę* verbinden
bander|a F *(-y)* MAR Flagge *f*; **~ola** *(-i; -e)* Banderole *f*
bandy|cki kriminell, verbrecherisch; **~cki napad** *m* Raubüberfall *m*; **~ta** M *(-y; -ci; gen -ów)* Verbrecher *m*, Kriminelle(r) *m*; **~tyzm** M *(-u; bpl)* Kriminalität *f*
bandzior M *(-a; -y; gen -ów) umg* Kriminelle(r) *m*
ba|nia F *(-i; -e)* bauchiges (Glas)Gefäß *n*, Glaskugel *f*; **być na ~ni** *umg* blau sein, beduselt sein; **być do ~ni** *umg* keinen Pfifferling wert sein, nichts taugen; **~niak** M *(-a; -i)* Tank *m*
banialuki PL: **opowiadać ~** Unsinn reden
baniasty bauchig, kugelförmig

bank M (-u; -i) Bank *f*; ~ **emisyjny** Notenbank *f*; ~ **danych** Datenbank *f*; ~ **spermy** Samenbank *f*
banki|er M (-a; -rzy) Bankier *m*; **~et** M (-u; -y) Bankett *n*
bank|not M (-u; -y) Geldschein *m*, Banknote *f*; **~omat** M (-u; -y) Geldautomat *m*; **~owość** (-ści; bpl) Bankwesen *n*
bankructwo N (-a) Bankrott *m*, *umg* Pleite *f*
bankrutować ⟨z-⟩ (-uję) in Konkurs gehen, *umg* bankrottgehen
bań|ka F (-i; *gen* -niek) Kanne *f*; MED Schröpfkopf *m*; **~ka na mleko** Milchkanne *f*; **~ka mydlana** Seifenblase *f*; **stawiać ~ki** MED schröpfen
bar M (-u; -y) Imbissstube *f*, Snackbar *f*; (*bufet*) Bar *f*; ~ **szybkiej obsługi** Schnellimbiss *m*; **siedzieć przy ~ze** an der Bar sitzen
bara bara (*unv*) *umg* Techtelmechtel *n*
barak M (-u; -i) Baracke *f*; **~owóz** M (-ozu; -ozy) Baucontainer *m*
baran M (-a; -y) Widder *m*, Schafbock *m*; ♈ ASTRON Widder *m*; *pej* Dummkopf *m*; **jestem spod znaku ♈na** ASTRON ich bin Widder; **nieść na ~a** *umg* huckepack tragen; **jak stado ~ów** *pej* wie eine Hammelherde
baran|ek M (-nka; -nki) ZOOL Lamm *n*; (*skóra*) Lammfell *n*; **♈ek Boży** REL Lamm Gottes; **~ki** *m/pl* (*chmury*) Schäfchenwolken *f/pl*; **~ek wielkanocny** Lammfigur *f* aus Zuckerguss
barani *czapka*, *skóra* Schafs-; *wzrok* dumm, stumpf; **kożuch** *m* ~ Schaf(s)pelz *n*; **mięso** *n* **~e** Hammelfleisch *n*
baranieć ⟨z-⟩ (-eję) *umg* verdutzt dastehen, völlig baff sein
baranina F (-y; bpl) Hammelfleisch *n*
baraszkować (-uję) herumtollen, herumtoben
barbakan M (-u; -y) ARCH Rondell *n*
barbarzyń|ca M (-y; *gen* -ów) *pej* Barbar *m*; **~ski (po ~sku)** *pej* barbarisch, grausam; **~stwo** N (-a; bpl) *pej* Barbarei *f*, Grausamkeit *f*
Barbórka F (-i; *gen* -rek) Barbaratag *m*
Barcelona F (-y; bpl) Barcelona *n*
barczysty breitschultrig
bardziej mehr; **coraz** ~ immer mehr; **tym** ~ umso mehr; **tym** ~ **nie** umso weniger, erst recht nicht
bardzo ADV sehr; ~ **mi smakuje** es schmeckt mir sehr; **nie** ~ *umg* nicht besonders, nicht wirklich; ~ **czuły** TECH hochempfindlich; ~ **aktualny** hochaktuell; ~ **dziękuję** vielen Dank, danke schön, danke sehr; **(ale) proszę** ~ (aber) bitte sehr, gern geschehen; **przepraszam** ~ Entschuldigung, entschuldigen Sie, bitte
barek M (-u; -i) Hausbar *f*
barie|ra F (-y) Barriere *f*, Absperrung *f*; *fig* Hindernis *n*, Schwierigkeit *f*; **~ra dźwięku** Schallmauer *f*; **~ra ochronna** AUTO Leitplanke *f*; BIOL Schutzschicht *f*; **~ra psychiczna** psychische Hemmung *f*; **~ra językowa** Sprachbarrieren *f/pl*; **~ra celna** Zollschranke *f*
bark M (-u; -i) ANAT Schulter *f*; **~i** *pl* Schultern *pl*; **wziąć na swoje ~i** *fig* auf seine Schultern nehmen
bark|a F (-i; *gen* -rek) Frachtkahn *m*, Lastschiff *n*; **~owy** ANAT Schulter-; **pas** *m* ~ Schultergürtel *m*
barłóg M (-ogu; -ogi) *niedźwiedzia* Lager *n*
barman M (-a; -i), **~ka** F (-i; *gen* -nek) Barkeeper(in) *m(f)*
barokowy (-wo) barock, Barock-
baron M (-a; -owie) Baron *m*, Freiherr *m*; **~owa** F (-wej; -owe) Baronin *f*, Freifrau *f*
barometr M (-u; -y) Barometer *n*
baro|wy: **stołek** *m* **~wy** Barhocker *m*; **dania** *n/pl* **~we** Imbissgerichte *n/pl*
barszcz M (-u; -e): ~ **czerwony** Suppe *f* aus Roter Bete; ~ **biały** Suppe *f* aus Sauermehl; **tani jak** ~ spottbillig
bar|wa F (-y) Farbe *f*; **~wa dźwięku** Klangfarbe *f*; **~wy** *pl* **narodowe** Nationalfarben *pl*; **~wy** *pl* **ochronne** Tarnfarbe *f*
barwić ⟨za-⟩ (-ię) färben; ~ **na czerwono** rot färben; ~ **się** sich färben
barwnik M (-a; -i) Farbstoff *m*; BIOL Pigment *n*
barwność F (-ści; bpl) (*bogactwo kolorów*) Farbenreichtum *m*, Farbenpracht *f*; *opisu* Bildhaftigkeit *f*
barwny (*kolorowy*) bunt, farbenfroh; *opis* bildhaft; *wspomnienia* lebendig; *życiorys* interessant
bar|y PL (*gen* -ów) starke Schultern *pl*, breite Schultern *pl*; **wziąć się** *pf* **za ~y** raufen, ringen; **szeroki w ~ach** breitschultrig
barykada F (-y) Barrikade *f*
barykadować ⟨za-⟩ (-uję) verbarrika-

dieren, versperren
baryłka F (-i; gen -łek) Fässchen n
baryton M (-a; -y) (śpiewak) Bariton m; (-u; -y) (głos) Baritonstimme f
bas M (-a; -y) (śpiewak) Bass m, Bassist m; (-u; -y) (głos) Bassstimme f; (instrument) umg Bass m; **~y** pl (gen -ów) (dźwięk) Bässe pl
baseballówka F (-i; gen -wek) Baseballmütze f
basen M (-u; -y) Schwimmbad n; (naczynie) Bettpfanne f, Schieber m; **~ odkryty** Freibad n; **~ kryty** Schwimmhalle f; **~ portowy** Hafenbecken n; **iść na ~** ins Schwimmbad gehen
basetla F (-i; -e) Bassgeige f
Bask M (-a; -owie) Baske m, **~ijka** F (-i; gen -ek) Baskin f
baskijka F (-i; gen -ek) Baskenmütze f
baskijski baskisch, Basken-
Baskonia F (gen dat lok -ii; bpl) Baskenland n
ba|sowy Bass-; **~sza** M (-y; -owie) Pascha m; **~szta** F (-y) Bastei f
baśniowy Märchen-
baś|ń F (-ni; -nie; gen -ni) Märchen n; **~nie** pl **ludowe** Volksmärchen pl; **~nie** pl **Andersena** Andersens Märchen pl
bat M (-a; -y) Peitsche f, Knute f; **dostać ~y** Prügel bekommen; **jak z ~a strzelił** wie im Fluge
batali|a F (gen dat lok -ii; -e) MIL Schlacht f; Kampagne f; **~sta** (-y; -ści) Schlachtenmaler m
bateria F (gen dat lok -ii; -e) ELEK Batterie f; przy umywalce, przy zlewie Armatur f; **~ do latarki** Taschenlampenbatterie f
bateryjka F (-i; gen -jek) dim Batterie f
baton M (-a; -y) KULIN Riegel m; **~ czekoladowy** Schokoriegel m
batu|ta F (-y) Taktstock m; **pod ~tą** (gen) MUS unter der Leitung von (dat)
batyst M (-u; -y) Batist m; **~owy** Batist-
Bawarczyk M (-a; -cy) Bayer m
Bawaria F (gen dat lok -ii; bpl) Bayern n
Bawarka F (-i; gen -rek) Bayerin f
bawarka F (-i; gen -rek) Tee m mit Milch
bawarski (**po -sku**) bay(e)risch
baweł|na F (-y; bpl) Baumwolle f; **owijać w ~nę** fig um den heißen Brei herumreden; **~niany** baumwollen, Baumwoll-
bawić (-ię) V/I (ver)weilen, sich aufhalten; V/T unterhalten; erheitern, belustigen; **~ dzieci** babysitten; **~ gości** seine Gäste unterhalten; **~ się** sich amüsieren, sich vergnügen; **~ się z dziećmi** mit den Kindern spielen; **~ się lalkami** mit Puppen spielen; **~ się w** (akk) spielen (akk); **~ się w kotka i myszkę** fig Katz und Maus miteinander spielen; **~ się czyimś kosztem** sich auf j-s Kosten amüsieren
bawidamek M (-ka; -ki) pej od żart Frauenheld m
baw|oli Büffel-; **~ół** M (-ołu; -oły) Büffel m
baza F (-y) Basis f, Grundlage f; MIL Stützpunkt m; (schronisko) Lager n, Station f; **~ noclegowa** Nachtlager n, Biwak n; **~ pływająca** Mutterschiff n; **~ przerzutowa** Umschlagplatz m; **~ danych** EDV Datenbank f
bazaltowy Basalt-
bazar M (-u; -y) Wochenmarkt m
bazgrać ⟨na-⟩ (bazgrzę) pej krakeln, kritzeln; **bazgrać jak kura pazurem** umg eine Klaue haben
bazgranina F (-y) Gekritzel n, Krakelei f
bazgrolić ⟨na-⟩ (-lę) umg pej krakeln, kritzeln
bazgroły PL (gen -ów) Krakelschrift f
bazie F/PL (gen -) Weidenkätzchen n
bazować (-uję) (**na** lok) basieren, fußen, sich gründen (auf dat)
Bazylea F (-i; bpl) Basel n
bazyli|a F (gen dat lok -ii; -e) Basilikum n; **~ka** F (-i) Basilika f
bazyliszek M (-a; -i) MITOL, ZOOL Basilisk m
bazyliszko|wy: **~we spojrzenie** n lit Basiliskenblick m
bażant M (-a; -y) Fasan m
bąb|el M (-bla; -ble) na skórze Blase f; **~le** pl Luftblasen pl; **~elek** M (-lka; -lki) dim Bläschen n; **~elki** pl **powietrza** Luftblasen pl
bączek M (-a; -i) Kreisel m
bądź[1] konj oder; **~ … ~ …** entweder … oder …, sei es … sei es …; partikel **co ~** irgendetwas; **kto ~** irgendjemand; **gdzie ~** irgendwo; **~ co ~** wie dem auch sei, immerhin
bądź[2] sei; → być
bąk M (-a; -i) ZOOL Hummel f; (zabawka) Kreisel m; (dziecko) umg Knirps m; **zbijać ~i** sich herumtreiben, auf der faulen Haut liegen; **puścić** pf **~a** umg pupsen
bąkać (-am), ⟨**bąknąć**⟩ (-nę) murmeln;

(*napomykać*) munkeln; **~ pod nosem** vor sich hin murmeln; **bąkać** (*czytać*) stockend lesen
bdb. (bardzo dobry) (*ocena*) sehr gut
be: **nie powiedzieć ani ~, ani me** *umg* nicht einmal piep sagen
beatyfikacja F (*-i; -e*) Seligsprechung *f*
beatyfikować (*-uję*) seligsprechen
bebechy PL (*gen -ów*) *pop* Gedärme *n*, Eingeweide *n*
bebeszyć ⟨**wy-**⟩ (*-ę*) *pop* (*patroszyć*) ausnehmen
becik M (*-a; -i*) Strampelsack *m*
beczeć (*-ę*) ⟨**beknąć¹**⟩ (*-nę*) *owca* blöken; *koza* meckern; **beczeć** (*płakać*) *umg* flennen, heulen
becz|ka F (*-i; gen -czek*) Fass *n*, Tonne *f*; LOT Rolle *f*; **~ka na wino** Weinfass *n*; **~kami** tonnenweise; **zacząć z innej ~ki** das Thema wechseln; **gruby jak ~ka** *umg* Fettkloß *m*, Tonne *f*; **zjeść z kimś ~kę soli** mit j-m durch dick und dünn gehen
beczkować ⟨**za-**⟩ (*-uję*) eintonnen, abfüllen
beczkowóz M (*-u; -y*) Tankwagen *m*
beczko|wy: **piwo** *n* **~we** Bier *n* vom Fass, Fassbier *n*
beczułka F (*-i; gen -łek*) *dim* Fässchen *n*
bed|eker M (*-a; -y*) (*książka*) Reiseführer *m*; **~łka** F (*-i; gen -łek*) Blätterpilz *m*
befsztyk M (*-a; -i*) Beefsteak *n*; **~ tatarski** Tatar(beefsteak) *n*
bejca F (*-y; -e, -y*) Beize *f*
bejcować ⟨**za-**⟩ (*-uję*) beizen
bek M (*-u; -i*) *owcy* Blöken *n*; *kozy* Meckern *n*; (*płacz*) *umg* Geheule *n*
bekać (*-am*) ⟨**beknąć²**⟩ (*-nę*) *umg* rülpsen
bek|as M (*-a; -y*) Bekassine *f*; **~hend** M (*-u; -y*) SPORT Rückhand *f*
beknąć¹ PF → beczeć
beknąć² PF → bekać
bekon M (*-u; -y*) Bacon *m*, Speck *m*
beksa F (*-y; gen -*) *umg* Heulsuse *f*; M (*-y; gen -ów*) Heulpeter *m*
bela F (*-i; -e*) Ballen *m*; **pijany jak ~** *umg* stockbesoffen
beletrysty|ka F (*-i; bpl*) Belletristik *f*; **~czny** belletristisch
belfer M (*-ra; -rowie*) *umg pej* Pauker *m*
Belg M (*-a; -owie*) Belgier *m*
Belgia F (*gen dat lok -ii; bpl*) Belgien *n*
Belgijka F (*-i; gen -jek*) Belgierin *f*
belgijski (**po -sku**) belgisch
belka F (*-i; gen -lek*) Balken *m*; (*stopień wojskowy*) *umg* Streifen *m*; **~ nośna** BUD Träger *m*
bełkot M (*-u; -y*) Gestammel *n*; *pijacki* Lallen *n*; (*frazesy*) Blabla *n*
bełkotać ⟨**wy-**⟩ (*-czę od -cę*) stammeln, lallen
bełt M (*-a; -y*) *umg pej* Fusel *m*
bełtać ⟨**z-**⟩ (*-am*) *płyn* (durch)schütteln
bemol M (*-a; -e*) MUS Erniedrigungszeichen *n*
benedykty|n M (*-a; -i*) Benediktiner *m*; **~ński** Benediktiner-
beniaminek M (*-nka; -nki od -nkowie*) Nesthäkchen *n*, Liebling *m*
benzoeso|wy: **kwas** *m* **~wy** Benzoesäure *f*
benzyn|a F (*-y*) Benzin *n*; **~a bezołowiowa** bleifreies Benzin *n*; **~owy** Benzin-; **stacja** *f* **~owa** Tankstelle *f*
ber|beć M (*-cia; -cie, -ci*) *umg* Knirps *m*; **~berys** M (*-u; -y*) Berberitze *f*; **~et** M (*-u; -y*) Barett *n*, Baskenmütze *f*
ber|ek: **bawić się w ~ka** Fangen spielen
Berlin M (*-a; bpl*) Berlin *n*
berli|ńczyk M (*-a; -cy*), **~nianka** M (*-i; gen -nek*) Berliner(in) *m(f)*
berlińs|ki Berlin-, Berliner; **mur** *m* **~ki** HIST die Berliner Mauer
berło N (*-a; gen -reł*) Zepter *n od m*
bermudy PL (*gen -ów*) Bermudas *pl*, Bermudashorts *pl*
bernardyn M (*-y; -y*) (*pies*) Bernhardiner *m*
Berno N (*-a; bpl*) Bern *n*
bessa F (*-y*) HANDEL Baisse *f*
bestia F (*gen dat lok -ii; -e*) Bestie *f* (*a. fig pej*)
bestial|ski (**-ko** *od* **po -ku**) bestialisch, grausam; **~stwo** N (*-a*) Bestialität *f*, Grausamkeit *f*
bestseller M (*-u; -y*) Bestseller *m*
besztać ⟨**z-**⟩ (*-am*): **~ k-o** *umg* j-n rügen, j-m eine Standpauke halten
Betlejem N (*unv; bpl*) Bethlehem *n*
beton M (*-u; -y*) Beton *m*; (*konserwatysta*) *umg pej* Betonkopf *m*; **~iarka** F (*-i; gen -rek*) Betonmischmaschine *f*
betonować ⟨**za-**⟩ (*-uję*) betonieren
betonowy Beton-
bety PL (*gen -ów*) (*ubranie*) *umg* Klamotten *f/pl*; (*pościel*) Bettzeug *n*
bez¹ M (*bzu; bzy*) Flieder *m*; **czarny ~**

Holunder *m*
bez[2] PRÄP (*gen*) ohne (*akk*); ~ **potrzeby** unnötig; ~ **ustanku** ununterbrochen; ~ **wad** makellos, fehlerfrei; ~ **szwu** nahtlos; ~ **pytania** ohne zu fragen; ~ **paniki!** keine Panik!; ~ **owijania w bawełnę** ohne Umschweife; ~ **dwóch zdań** ohne Zweifel, ganz sicher; ~ **liku** *adv* in Hülle und Fülle; ~ **mała** fast, beinahe; ~ **granic** *adv* unendlich; ~ **głowy** *adv* unüberlegt, nicht durchdacht; ~ **krzty** (*gen*) ohne jede Spur (von *dat*); ~ **ładu i składu** ohne Sinn und Verstand; ~ **ogródek** *adv* offen, ohne Umschweife; ~ **tchu** *adv* atemlos; ~ **zająknienia** *adv* fließend; ~ **żenady** *umg* ganz ungeniert, ganz locker
beza F (*-y*) KULIN Baiser *n*
bez|alkoholowy alkoholfrei; **~apelacyjny** zweifellos, unbestritten; unanfechtbar; **~awaryjny** störungsfrei
bez|barwny farblos; (*nijaki*) fade, nichtssagend; **~błędny** fehlerfrei, einwandfrei; **~bolesny (-śnie)** schmerzlos
bezboż|nik M (*-a; -cy*) gottloser Mensch *m*, Atheist *m*; **~ny** gottlos
bezbramkowy (-wo) *mecz* torlos
bezbro|nność F (*-ści; bpl*) Wehrlosigkeit *f*, Schutzlosigkeit *f*; **~nny** wehrlos, schutzlos
bezbrzeżny uferlos; *fig* unermesslich
bezcelowo ADV → bezcelowy
bezcelo|wość F (*-ści; bpl*) Zwecklosigkeit *f*; **~wy (-wo)** (*daremny*) zwecklos, vergeblich
bezcen: **za** ~ *umg* spottbillig, für einen Appel und ein Ei
bez|cenny unschätzbar; *czas* kostbar; *informacja* wertvoll; **~ceremonialny** ungeniert, forsch; **~chmurny** wolkenlos, heiter
bezczel|ność F (*-ści; bpl*) Frechheit *f*, Unverschämtheit *f*; **~ny** frech, dreist, unverschämt
bezcześcić ⟨z-⟩ (*-szczę*) *imię* entehren; *groby* schänden
bezczy|nność F (*-ści; bpl*) Untätigkeit *f*; **~nny** untätig, tatenlos
bez|cłowy zollfrei; **~denny** bodenlos, abgrundtief; **~deszczowy** regenfrei
bez|domny[1] obdachlos; *pies* herrenlos, streunend
bezdom|ny[2] M (*-ego; -ni*), **~na** F (*-ej; -ne*) Obdachlose(r) *m, f*; **przytułek** *m* **dla ~nych** Obdachlosenheim *n*
bezdroża N/PL (*gen -y*) unwegsame Gegend *f*, Wildnis *f*
bez|drzewny baumlos; **~duszny** herzlos, gefühllos; **~dyskusyjny** *kandydatura* unbestritten; *odmowa* kategorisch
bez|dzietność F (*-i; bpl*) Kinderlosigkeit *f*; **~dzietny** kinderlos; **~dźwięczny** *głos* tonlos; JĘZ stimmlos
beze PRÄP: ~ **mnie** ohne mich
bezec|eństwo N (*-a*) *lit* Ruchlosigkeit *f*, Niederträchtigkeit *f*; **~ny** *lit* ruchlos, niederträchtig
bez|glutenowy glutenfrei; **~gorączkowy** fieberfrei
bez|gotówkowy (-wo) bargeldlos; **~graniczny** grenzenlos
bez|gwiezdny sternenlos; **~imienny** namenlos; (*anonimowy*) anonym; **~interesowny** uneigennützig, selbstlos; **~karny** straflos, ungestraft; **~klasowy** klassenlos
bez|kofeinowy koffeinfrei; **~kolizyjny** kollisionsfrei; **~kompromisowy (-wo)** kompromisslos
bez|konfliktowy friedlich; **~konkurencyjny** konkurrenzlos, unübertroffen
bez|kres M (*-u; -y*) unendliche Weite *f*; **~kresny** unendlich; **~kręgowce** M/PL (*gen -ów*) ZOOL Wirbellose *pl*
bez|krwawy (-wo) unblutig; **~krwisty** blutleer; **~krytyczny** unkritisch; **~księżycowy** mondlos
bez|kształtny gestaltlos; (*nieforemny*) unförmig; **~leśny** unbewaldet
bez|litosny (-śnie) unbarmherzig; *krytyka* gnadenlos, schonungslos; **~listny** blattlos; **~ludny** menschenleer; *wyspa* unbewohnt
bez|ludzie N (*-a; bpl*) *umg* Einöde *f*; **~ład** M (*-u; bpl*) Unordnung *f*, *umg* Durcheinander *n*; **~ładny** unordentlich, durcheinander; *mowa, myśli* verworren, chaotisch
bez|miar M (*-u; -y*) *oceanu, kosmosu* Unendlichkeit *f*; *krzywd, cierpień* Übermaß *n* (an *dat*); **~mierny** unermesslich, unendlich
bez|mięsny fleischlos; **~myślny** gedankenlos, stumpfsinnig; *uśmiech* dümmlich
beznadziej|a F (*-i; bpl*) Hoffnungslosig-

keit *f*; **~ny** hoffnungslos, aussichtslos
bez|namiętny leidenschaftslos, fade; **~nogi** ohne Beine; beinamputiert; **~objawowy** (-wo) MED ohne Symptome
bezokolicznik M (-a; -i) Infinitiv *n*
bez|ołowiowy bleifrei; **~osobowy** (-wo) unpersönlich; **~owocny** fruchtlos, vergeblich; **~pański** *pies* herrenlos
bez|państwowy staatenlos; **~partyjny** parteilos; **~pestkowy** BOT kernlos
bezpieczeńst|wo N (-a; bpl) Sicherheit *f*; **~wo i higiena pracy** Unfallverhütung und Arbeitsschutz; **~wo ruchu** Verkehrssicherheit *f*; **hamulec** *m* **~wa** Notbremse *f*; **pas** *m* **~wa** Sicherheitsgurt *m*; **Rada** *f* **Ձwa** Sicherheitsrat *m*
bezpiecz|nik M (-a; -i) ELEK Sicherung *f*; **~ny** sicher; **czuć się ~nie** sich geborgen fühlen; **~ny seks** *m* Safersex *m*, Safer Sex *m*; **~ny w użyciu** betriebssicher
bez|planowy (-wo) planlos; **~płatny** unentgeltlich, kostenlos; *bilet* frei; *urlop* unbezahlt
bez|płciowy (-wo) geschlechtslos; *umg* fade, langweilig
bez|płodność F (-ści; bpl) Unfruchtbarkeit *f*; **~płodny** unfruchtbar (*a. fig*); **~podstawny** grundlos, haltlos
bezpośredni (-nio) unmittelbar, direkt; (*szczery*) offen, natürlich; *pociąg* direkt, durchgehend; **~o po** (*lok*) gleich nach (*dat*)
bezpo|wrotny unwiederbringlich; **~tomny** ohne Nachkommen(schaft)
bezpraw|ie N (-a; bpl) Gesetzlosigkeit *f*, Willkür *f*; Ungesetzlichkeit *f*; **~ny** rechtswidrig, widerrechtlich; willkürlich
bez|precedensowy (-wo) beispiellos; **~pretensjonalny** natürlich, geradlinig; *strój* unaufdringlich, schlicht; **~problemowy** (-wo) problemlos
bez|procentowy (-wo) zinslos; **~przedmiotowy** (-wo) gegenstandslos
bezprzewodo|wy: **telefon** *m* **~wy** schnurloses Telefon *n*
bez|przykładny beispiellos; **~radność** F (-ści; bpl) Ratlosigkeit *f*, Ohnmacht *f*, Hilfslosigkeit *f*; **~radny** hilflos; *gest, uśmiech* ratlos
bezrękawnik M (-a; -i) (Strick)Weste *f*
bezręki einarmig, armamputiert; (*bez obu rąk*) armlos, ohne Arme *od* Hände
bezrobocie N (-a; bpl) Arbeitslosigkeit *f*; **wysokie ~** hohe Arbeitslosenquote *f*
bezrobotny[1] arbeitslos
bezrobot|ny[2] M (-ego; -ni), **~na** F (-ej; -e) Arbeitslose(r) *m*, *f*; **zasiłek** *m* **dla ~nych** Arbeitslosengeld *n*
bezro|lny landlos, ohne Land(besitz); **~zumny** unvernünftig, dumm
bezruch M (-u; bpl) Stillstand *m*; Bewegungslosigkeit *f*; **w ~u** bewegungslos
bez|senność F (-ści; bpl) Schlaflosigkeit *f*; **~senny** schlaflos; **~sens** M (-u; -y) (*bzdura*) Unsinn *m*; *życia* Sinnlosigkeit *f*
bez|sensowny absurd, unsinnig; **~silny** machtlos (**wobec** *gen* gegenüber *dat*); *złość* ohnmächtig; (*chory*) schwach, kraftlos
bez|skuteczny erfolglos, vergeblich; **~słoneczny** ohne Sonne, trübe; **~solny** salzlos; **~sporny** unbestritten
bez|sprzeczny zweifellos, unleugbar; **~stronny** unparteiisch; sachlich; **~stylowy** (-wo) stillos; **~szelestny** geräuschlos; **~śnieżny** schneelos
bez|terminowy (-wo) unbefristet; **~tłuszczowy** (-wo) fettfrei; **~treściowy** (-wo) inhaltslos, inhaltsleer
beztroscy *persf* → beztroski
beztros|ka F (-i; bpl) Unbekümmertheit *f*, Sorglosigkeit *f*; **~ki** (*persf* -cy) (**-ko**) unbekümmert, sorglos
bez|ustannie ADV in einem fort, immerfort; **~ustanny** ständig, unaufhörlich; **~usterkowy** (-wo) einwandfrei
bez|użyteczność F (-ści; bpl) Nutzlosigkeit *f*; **~użyteczny** unnütz, nutzlos; (*zepsuty*) unbrauchbar
bez|wartościowy (-wo) wertlos; **~warunkowo** ADV (*koniecznie*) unbedingt; vorbehaltlos; **~warunkowy** bedingungslos; **odruch** *m* **~warunkowy** BIOL Reflex *m*
bez|wiedny unbewusst, automatisch; **~wietrzny** windstill; **~wizowy** visafrei
bezwład M (-u; bpl) MED Lähmung *f*; (*apatia*) Trägheit *f*; Apathie *f*; **~ny** gelähmt, bewegungsunfähig
bez|włosy haarlos, unbehaart; **~wolny** willenlos; **~wonny** geruchlos
bezwstyd M (-u; bpl) Schamlosigkeit *f*; **~nik** (-a; -cy) schamloser Mensch *m*; **~ny**

schamlos; (*bezczelny*) unverschämt
bez|wyjątkowy (-wo) ausnahmslos; **~wyznaniowy** konfessionslos
bezwzględ|ność F (*-ści; bpl*) Rücksichtslosigkeit *f*; **~ny** (*okrutny*) rücksichtslos; (*absolutny*) unbedingt, absolut; **~na większość** *f* POL absolute Mehrheit *f*
bez|zakłóceniowy RADIO störungsfrei; **~załogowy** ASTRON unbemannt; **~zasadnie** ADV grundlos, ohne Grund; **~zębny** zahnlos; **~zwłoczny** unverzüglich; **~zwrotny** nicht rückzahlbar
beż M (*-u, -e*) Beige *n*; **~owy** (-wo) beige
bęb|en M (*-bna; -bny*) Trommel *f*; **grać na ~nie** die Trommel schlagen; **~enek** M (*-nka; -nki*) *dim* (kleine) Trommel *f*; ANAT Trommelfell *n*; **~enki mi pękają** *fig* mir tun die Ohren weh
bębnić (*-ię; -nij!*) trommeln
bęc INT wums
bęcwał M (*-a; -y*) *umg pej* Trottel *m*
będą *3. Pers* PL sie werden; → być[1*]; być[2*]
będę *1. Pers* SG ich werde; → być[1*]; być[2*]
będzie *3. Pers* SG er wird; sie wird; es wird; → być[1*]; być[2*]
będziecie *2. Pers* PL ihr werdet; → być[1*]; być[2*]
będziemy *1. Pers* PL wir werden; → być[1*]; być[2*]
będziesz *2. Pers* SG du wirst; → być[1*]; być[2*]
bękart M (*-a; -y*) *fig, pej* Balg *m od n*
bhp *od* **BHP** N (*unv*) (bezpieczeństwo i higiena pracy) Arbeitsschutz und Arbeitshygiene
biada! INT weh(e)!
biadać (*-am*) klagen (**nad** *inst* über *akk*)
biadolić (*-lę*) *umg* jammern (**nad** *inst* über *akk*)
biali *persf* → biały[1]
biali *persf* → biały[2]
białaczka F (*-i; bpl*) Leukämie *f*
białawy (-wo) weißlich
białko N (*-a; gen -łek*) *jajka* Eiweiß *n*; *oka* das Weiße im Auge; BIOL, CHEM Eiweiß(stoff) *m*; **~wy** Eiweiß-
biało ADV → biały
biało-czerwony weiß-rot
białodrzew M (*-u; -y*) Silberpappel *f*
Białorusin M (*-a; -i*) Weißrusse *m*; **~ka** F (*-i; gen -nek*) Weißrussin *f*
białoruski weißrussisch
Białoruś F (*-si; bpl*) Weißrussland *n*
biało|ść F (*-i; bpl*) Weiß *n*; **~włosy** weißhaarig
bia|ły[1] (*persf -li*) (-ło) weiß; **~ła kawa** *f* Milchkaffee *m*; **~ły ser** *m* Quark *m*; **~łe wino** *n* Weißwein *m*; **~łe pieczywo** *n* Weißbrot *n*, helle Brötchen *pl*; **w ~ły dzień** am helllichten Tag; **czarno na ~łym** schwarz auf weiß; **~ła broń** *f* Hiebwaffe *f*; **~ły jak kreda** *od* **ściana** kreidebleich; **do ~łego rana** bis zum Morgengrauen; **doprowadzić pf do ~łej gorączki k-o** j-n zur Weißglut bringen; **ubrany na ~ło** weiß gekleidet, in Weiß
bia|ły[2] M (*-ego; -li*), **~ła** F (*-ej; -łe*) Weiße(r) *m, f*
biathlon M (*-u; bpl*) Biathlon *n*
bib|eloty M/PL (*gen -ów*) Nippes *pl*; **~ka** F (*-i; gen -bek*) *umg* Sause *f*
Biblia F (*gen dat lok -ii; -e*) Bibel *f*
biblijny biblisch, Bibel-
bibliografia F (*gen dat lok -ii; -e*) Bibliografie *f*
biblioteczka F (*-i; gen -czek*) Handbibliothek *f*; **~ny** Bibliotheks-, Bücherei-
biblioteka F (*-i*) Bibliothek *f*; (*zbiór*) Büchersammlung *f*; (*szafa*) Bücherschrank *m*; **~ publiczna** öffentliche Bücherei *f*
biblioteka|rka F (*-i; gen -rek*), Bibliothekarin *f*; **~rski** bibliothekarisch; **~rz** M (*-a; -e; gen -y*) Bibliothekar *m*
bibu|ła F (*-y*) Löschpapier *n*; (*krepina*) Krepppapier *n*; (*nielegalna prasa*) *umg* illegale Flugblätter *pl*, illegale Presse *f*; **~ła filtracyjna** Filterpapier *n*; **~łka** F (*-i; gen -łek*) Seidenpapier *n*; *papierosowa* Zigarettenpapier *n*
bicie N (*-a*) Schlagen *n*; (*ubój*) Schlachten *n*; **~ zegara** Läuten *n* der Uhr; **~ dzwonów** Glockenläuten *n*; **~ serca** Herzschlag *m*; **z ~m serca** mit Herzklopfen
bicz M (*-a; -e*) Peitsche *f*; **~ boży** Geißel *f*, Heimsuchung *f*; **~ wodny** Wasserstrahl *m*; **dwa lata minęły jak z ~a trzasł** die zwei Jahre vergingen wie im Fluge
biczować ⟨u-⟩ (*-uję*) (aus)peitschen
bić ⟨z-⟩ (*biję, bij!*) schlagen, prügeln (**w** *akk od* **po** *lok* auf *akk*); **~ po twarzy** ins Gesicht schlagen; **~ pasem** mit einem Gürtel schlagen; ⟨po-⟩ *rekord* brechen; *rywala* schlagen; *kartę* stechen; **~ k-o** j-n zusammenschlagen; **~ do krwi k-o** j-n blutig schlagen; **~ na głowę** (*inst*) weit übertreffen (an *dat*); **~ wszystkie rekordy** *umg*

den Vogel abschießen; ~ **się** sich schlagen; sich prügeln; ⟨**u-**⟩ *śmietanę* schlagen; *świnie, drób* schlachten; ⟨**wy-**⟩ *monety* prägen; *zegar* schlagen; **bić** (*uderzać*) schlagen (*inst* mit *dat*); *serce* klopfen, schlagen; *dzwon* läuten; *źródło* sprudeln; *działo* schießen; **bić brawo** Beifall klatschen; **bić na alarm** Alarm schlagen; **to bije w oczy** das sticht ins Auge; **bije od niego radość** er strahlt Freude aus; **bije od niej spokój** sie strahlt Ruhe aus; **bić się** (*walczyć*) kämpfen (**o** *akk* um *akk*); **bić się z myślami** grübeln, hin und her überlegen; **bić się w piersi** *fig* sich an die Brust schlagen

bidet M (*-u; -y*) Bidet *n*

bidon M (*-u; -y*) Trinkflasche *f*, Fahrradflasche *f*

biec ⟨**po-**⟩ (*-nę, -ł*) laufen, *umg* rennen; ~ **po** (*akk*) (*przynieść*) schnell holen (*akk*); ~ **na pomoc** zu Hilfe eilen; ~ **po schodach** die Treppe herunterlaufen; ~ **kłusem** traben; **biec** *droga, granica* verlaufen; *czas* vergehen, verstreichen

bie|da F (*-y*) Armut *f*, Not *f*; (*kłopot*) Not *f*, Bedrängnis *f*; **~da z nędzą** bittere Not *f*; **klepać ~dę** sich mühselig durchbringen; **cierpieć ~dę** *lit* Not leiden, darben; **z ~dą** *od* **od ~dy** zur Not; **pół ~dy** halb so schlimm; **mieć ~dę** s-e liebe Not haben (**z** *inst* mit *dat*); **cała ~da w tym, że ...** das Schlimme ist nur, dass ...; **stara ~da** alles beim Alten, nichts Neues

bied|actwo N (*-a*) armes Ding *n*; **~aczka** F (*-i; gen -czek*) die Ärmste, armes Ding *n*

bied|aczysko M *od n* (*-a*) armer Schlucker *m*, armer Teufel *m*; **~ak** M (*-a; -cy od -ki*) (*ubogi*) Arme(r) *m*; (*biedaczysko*) armer Schlucker *m*

biednieć ⟨**z-**⟩ (*-eję*) arm werden, verarmen; (*mizernieć*) schlecht aussehen, abmagern

bied|ny[1] arm; *ubranie* ärmlich, dürftig

bied|ny[2] M (*-ego; -ni*), **~na** (*-ej; -ne*) Arme(r) *m, f*; **pomagać ~nym** wohltätig sein

biedota F (*-y; bpl*) *koll* (*biedni*) Arme *pl*

biedować (*-uję*) von der Hand in den Mund leben; sein Leben fristen

biedronka F (*-i; gen -nek*) Marienkäfer *m*

biedzić się ⟨**nabiedzić się**⟩ (*-dzę*) sich (ab)plagen, sich abmühen (**nad** *inst* mit *dat*)

bieg M (*-u; -i*) Lauf *m* (*a.* SPORT); AUTO Gang *m*; (*tok*) Lauf *m*, Gang *m*; **~i** *pl* SPORT Laufwettbewerb *m*; **przyśpieszyć** *pf* **~u** *pociąg* beschleunigen; ~ **krótki** Kurzstreckenlauf *m*; ~ **zjazdowy** Abfahrtslauf *m*; ~ **płaski** Langlauf *m*; ~ **maratoński** Marathonlauf *m*; ~ **przez płotki** Hürdenlauf *m*; ~ **z przeszkodami** Hindernislauf *m*; ~ **przełajowy** Geländelauf *m*; **w pełnym ~u** in voller Fahrt; **dolny ~ rzeki** Unterlauf *m*; **górny ~ rzeki** Oberlauf *m*; **z ~iem rzeki** flussabwärts; **z ~iem lat** im Lauf(e) der Jahre; **zmiana ~ów** AUTO Gangschaltung *f*; **wsteczny** ~ AUTO Rückwärtsgang *m*; ~ **jałowy** AUTO Leerlauf *m*; **w ~u** *adv* in aller Eile

biegacz M (*-a; -e*), **~ka** F (*-i; gen -czek*) Läufer(in) *m(f)*

biegać (*-am*) laufen (*a.* SPORT); ~ **(dla zdrowia)** joggen; ~ **po sklepach** *umg* die Geschäfte abklappern

bieganina F (*-y; bpl*) *umg* Gerenne *n*

biegiem ADV (*szybko*) schnell, sofort

biegle ADV *mówić, czytać* fließend; *pisać* flott

biegli[1] *persf* → biegły[1]

biegli[2] *persf* → biegły[2]

biegłość F (*-ści; bpl*) Geschicktheit *f* (**w** *inst* in *dat*)

biegły[1] (*persf -li*) bewandert, erfahren (**w** *inst* in *dat*)

bieg|ły[2] M (*-ego; -li*), **~ła** F (*-ej; -łe*) Sachverständige(r) *m, f*

biegnąć → biec

biegowy Lauf-

biegun M (*-a; -y*) FIZ, GEOG Pol *m*; **koń** *m* **na ~ach** Schaukelpferd *n*; **fotel** *m* **na ~ach** Schaukelstuhl *m*

biegunka F (*-i; gen -nek*) MED Durchfall *m*

biegunо|wo ADV diametral, extrem; **~wy** polar, Pol-

biel F (*-i; -e*) Weiß *n*; **w ~i** in Weiß

bieleć (*-eję*) ⟨**z-**⟩ weiß werden; **bieleć** weiß schimmern

bielej ADV *komp* weißer; → biało

bielić ⟨**po-**⟩ (*-lę*) tünchen, weißen; *płótno* bleichen; *drzewo* kalken

bielidło N (*-a*) Bleichmittel *n*

bielik M (*-a; -i*): **orzeł** *m* ~ Seeadler *m*

bielinek M (*-a; -i*): ~ **kapustnik** Kohlweißling *m*

bielizna F (*-y*) Unterwäsche *f*; ~ **damska**

Damenwäsche *f*; ~ **pościelowa** Bettwäsche *f*
bieliźniarka F (-i; *gen* -rek) Wäscheschrank *m*, Wäschekommode *f*
biel|mo N (-a) MED Star *m*; **mieć ~mo na oczach** *fig* auf einem Auge blind sein; **zdjąć ~mo z oczu k-u** j-m die Augen öffnen; **~ony** getüncht
bielszy *komp* ADJ weißer → biały[1]
bielu|sieńki (-ko), **~tki (-ko)** *dim* ganz weiß, schneeweiß
bierki PL (*gen* -rek) Mikadospiel *n*
bier|nik M (-a; -i) GRAM Akkusativ *m*; **~ność** F (-ści; *bpl*) Passivität *f*; **~ny** passiv; **strona** *f* **~na** GRAM Passiv *n*
bierwiono N (-a) Rundholz *n*
bierzmowanie N (-a) REL Firmung *f*
bies M (-a; -y) *lit* Teufel *m*
biesiada F (-y) *lit* Festmahl *n*
Bieszczady PL (- *od* -ów) Ostbeskiden *pl*
bież. (bieżący) laufend
bieżą|cy (-co) *rok* laufend; *sprawa* aktuell; *woda* fließend; **rachunek** *m* **~cy** Kontokorrent *n*; **~ce wydatki** *pl* laufende Ausgaben *pl*; **metr** *m* **~cy** laufender Meter *m*; **być na ~co** auf dem Laufenden sein (**z** *inst* mit *dat*)
bież|nia F (-i; -e) SPORT Rennbahn *f*; **~nik** M (-a; -i) (*obrus*) Tischläufer *m*; *opony* Profil *n*, Lauffläche *f*
bieżnikować (-uję) die Lauffläche erneuern
bigamista M (-y; -ci) Bigamist *m*
bigos M (-u; -y) *gedünstetes Sauerkraut mit Fleisch*; **narobić** *pf* **~u** *umg fig* ein Durcheinander verursachen, ein Chaos anrichten
bigot M (-a; -ci), **~ka** F (-i; *gen* -tek) *pej* Frömmler(in) *m(f)*
bigoteryjny *pej* bigott
bija|k M (-a; -i) SPORT Schläger *m*; **~tyka** F (-i) Schlägerei *f*, Prügelei *f*
bikini (*unv*) Bikini *n*
bila F (-i; -e) Billardkugel *f*; **~ns** M (-u; -e) FIN Bilanz *f* (*a. fig*); **~ns ujemny** FIN Bilanzdefizit *n*
bilansować ⟨**z-**⟩ (-uję) bilanzieren
bilard M (-u; *bpl*) Billard *n*; **~owy** Billard-
bilet M (-u; -y) *kolejowy* (Zug)Fahrkarte *f*; *autobusowy, tramwajowy* Fahrschein *m*, Fahrausweis *m*, Fahrkarte *f*; ~ **powrotny** Rückfahrkarte *f*; ~ **lotniczy** Flugticket *n*; ~ **miesięczny** Monatskarte *f*; ~ **wstępu** Eintrittskarte *f*; ~ **do teatru** Theaterkarte *f*; ~ **do kina** Kinokarte *f*
bileter M (-a; -rzy), **~ka** F (-i; *gen* -rek) Platzanweiser(in) *m(f)*
bileto|wy: **kasa** *f* **~wa** *na dworcu* Fahrkartenschalter *m*; *w kinie, w teatrze* Abendkasse *f*
bilion M (-u; -y) Billion *f*
billboard M (-u; -y) Werbeplakat *n*; Plakatwand *f*
bimbać (-am): ~ **sobie** *umg* pfeifen (**z** *gen* auf *akk*)
bimber M (-bru; *bpl*) *umg* schwarzgebrannter Schnaps *m*, selbst gebrannter Schnaps *m*; **pędzić** ~ selbst brennen
binarny MAT binär; **system** *m* ~ binäres System *n*, Dualsystem *n*
bio- *in zssgn* bio-, Bio-
bio|chemia F (*gen dat lok* -ii; *bpl*) Biochemie *f*; **~degradacja** F (-i; *bpl*) BIOL Zerfall *m*, Zersetzung *f*
biodr|o N (-a) Hüfte *f*; **wąski w ~ach** schmal in der Hüfte
biodro|wy ANAT Hüft-; **kość** *f* **~wa** Hüftbein *n*; **staw** *m* **~wy** Hüftgelenk *n*
biodrów|ka F (-i) KULIN Schweinelende *f*; **~ki** PL (*gen* -wek) Hüfthose *f*
bio|grafia F (*gen dat lok* -ii; -e) Biografie *f*; **~gram** M (-u; -y) Lebensdaten *pl*
biolog M (-a; -dzy *od* -owie) Biologe *m*; (*kobieta*) Biologin *f*; **~ia** F (*gen dat lok* -ii; *bpl*) Biologie *f*
biologicz|ka F (-i; *gen* -czek) *umg* Biolehrerin *f*; **~ny** biologisch; **broń** *f* **~na** biologische Waffen *pl*
biometeorologicz|ny: **warunki** *pl* **~ne** Biowetter *n*, Biowetterlage *f*
bio|prąd M (-u; -y) *umg* Bioenergie *f*; **~rca** M (-y; *gen* -ów) MED Organempfänger *m*; **~technologia** F (*gen dat lok* -ii; *bpl*) Biotechnik *f*, Biotechnologie *f*
biret M (-u; -y) Barett *n*; *biskupi* Birett *n*; ~ **doktorski** Doktorhut *m*
bis M (-u; -y) (*dodatkowy występ*) Zugabe *f*; **na** ~ als Zugabe
biseksualny bisexuell
bisku|p M (-a; -i) Bischof *m*; **~pi** bischöflich; **~pstwo** N (-a) Bistum *n*
bisować (-uję) eine Zugabe geben
bistro N (-a *od unv*) Bistro *n*, Imbissbar *f*
biszkopt M (-u; -y) Biskuit *n*; **~owy** Biskuit-; **tort** *m* **~owy** Biskuittorte *f*
bit M (-u; -y) EDV Bit *n*

bitewny Schlacht-, Kampf-
bit|ka F (-i) *umg* Schlägerei *f*; **skory do ~ki** aufbrausend; **~ki** F/PL (-tek) (geklopfte) Koteletts *n/pl*
bit|ny tapfer; **~wa** F (-y) Schlacht *f*; **plac** *m* **~wy** Schlachtfeld *n*
bi|ty *droga* befestigt; *godzina umg* geschlagen; **~ta śmietana** *f* Schlagsahne *f*; **nie w ciemię ~ty** nicht auf den Kopf gefallen
biuletyn M (-u; -y) Bulletin *n*, Bericht *m*
biurko N (-a; *gen* -rek) Schreibtisch *m*
biu|ro N (-a) Büro *n*; **~ro meldunkowe** Einwohnermeldeamt *n*; **~ro podróży** Reisebüro *n*; **~r rzeczy znalezionych** Fundbüro *n*; **~ prasowe** Pressestelle *f*; **po rze** *umg* nach Feierabend
biuro|kracja F (-i; *bpl*) Bürokratie *f*; **~krata** M (-y; -ci) Bürokrat *m*; **~kratyczny** bürokratisch
biuro|wiec M (-wca; -wce) Büro(hoch)haus *n*; **~wość** F (-ści; *bpl*) Verwaltungswesen *n*; **~wy** Büro-
biust M (-u; -y) Busen *m*; **~onosz** M (-a; -e) Büstenhalter *m*, BH *m*
biwak M (-u; -i) Zeltlager *n*
biwakować (-uję) zelten
bizantyjski byzantisch
biznes M (-u; -y) Geschäft *n*, Handel *m*; (*firma*) Firma *f*, Geschäft *n*; **otworzyć (własny) ~** eine eigene Firma gründen, sich selbstständig machen; **nie twój ~!** *umg* das ist nicht dein Bier!
biznesmen M (-a; -i) Geschäftsmann *m*; **~ka** F (-i; *gen* -nek) Geschäftsfrau *f*
biznes|partner M (-a; -rzy) Geschäftspartner *m*; **~plan** M (-u; -y) Geschäftsplan *m*; **~owy** Geschäfts-
biżuteria F (*gen dat lok* -ii; *bpl*) Schmuck *m*; **sztuczna ~** Modeschmuck *m*; **prawdziwa ~** echter Schmuck *m*
blacha F (-y) Blech *n*; *kuchenna* Herdplatte *f*; **~ falista** Wellblech *n*; **~ do ciasta** Backblech *n*; **wykuć** *pl* **na ~ę** *umg* einpauken
blach|arski Klempner-; **warsztat** *m* **~arski** Klempnerwerkstatt *f*; **~arz** M (-a; -e) Klempner *m*
blado ADV → blady
bla|doniebieski blassblau; **~dość** (-ści; *bpl*) Blässe *f*
blady (*persf* -dzi) **(-do)** blass, bleich; (*nieciekawy*) farblos; **~ jak śmierć** *umg* leichenblass; **~ jak ściana** kreidebleich; **~ świt** *m* Morgengrauen *m*
bladziej *komp* ADV blasser; → blado
blaga F (-i) *umg* Flunkerei *f*, Lügengeschichte *f*
blagier M (-a; -rzy), **~ka** F (-i; *gen* -rek) Angeber(in) *m(f)*
blagować (-uję) *umg* dick auftragen, angeben
blaknąć ⟨**z-**⟩ (3. *Pers* -nie) *wspomnienia* verblassen; *tkanina* ausbleichen
blankiet M (-u; -y) Vordruck *m*
blanszować (-uję) KULIN blanchieren
blask M (-u; -i) Schein *m*; (*połysk*) Glanz *m* (*a. fig*); **~ księżyca** Mondschein *m*; **~ świec** Kerzenschein *m*
blasza|nka F (-i; *gen* -nek) Blechkanne *f*; **~ny** Blech-
blasz|ka F (-i; *gen* -szek) Metallblättchen *n*, Plättchen *n*; **~ki** *pl grzyba* Lamellen *pl*
blat M (-u; -y) Platte *f*, Blatt *n*; **~ stołu** Tischplatte *f*
blednąć ⟨**z-**⟩ (-nę; -nął *od* bladł) erblassen, blass werden; *fig* verblassen
bledszy *komp* ADJ blasser; → blady
bledziutki *dim* sehr blass
blef M (-u; *bpl*) Bluff *m*
blefować (-uję) bluffen
blekot M (-u; -y): **~ pospolity** Hundspetersilie *f*
blezer M (-a; -y) Blazer *m*, Sportjacke *f*
blichtr M (-u; *bpl*) Flitterglanz *m*
blis|ki (*persf* -cy) **(-ko)** *w czasie* nahe, baldig; *w przestrzeni* nahe; *przyjaźń, współpraca* eng; *krewny* nah; *sąsiad* direkt; **być ~kim k-u** *osoba* j-m nahestehen; *problem* j-m nahegehen; **~ki płaczu** dem Weinen nahe; **2ki Wschód** *m* der Nahe Osten
blis|ko PRÄP (*gen od* **od** *gen*) nah (an *dat*), in der Nähe (von *dat*); *adv w przestrzeni* nahe, in der Nähe; *w czasie* nahe, bald; *partikel* fast, beinahe; **z ~ka** von Nahem, aus der Nähe; **~ko położony** nahe gelegen; **~ko spokrewniony** nah(e) verwandt
bliskość F (-ści; *bpl*) Nähe *f*
blisko|wschodni nahöstlich, Nahost-; **~znaczny** sinnverwandt, synonym
blizna F (-y) Narbe *f*; **~ po operacji** Operationsnarbe *f*; **~ po oparzeniu** Brandmal *n*
bliź|ni M (-ego; -i) Nächste(r) *m*; **~ni** *pl*

Mitmenschen *pl*

bliźniaczka F (-i; *gen* -czek) Zwillingsschwester *f*

bliźnia|czo: **być ~czo podobnym** zum Verwechseln ähnlich sein

bliźniaczy Zwillings-

bliźniak M (-a; -i) Zwilling *m*; (*brat bliźniak*) Zwillingsbruder *m*; (*dom*) Doppelhaus *n*

bliźni|ęta PL (*gen* -niąt) Zwillinge *pl*; **~ęta dwujajowe** zweieiige Zwillinge *pl*; **~ęta jednojajowe** eineiige Zwillinge *pl*; **♊ęta** ASTRON Zwillinge *pl*; **jestem spod znaku ♊ąt** ASTRON ich bin Zwilling

bliż|ej ADV *komp* näher; **~ej nieznany** nicht näher bekannt; → blisko

bliż|szy *komp* ADJ näher; **~sze dane** *pl* nähere Angaben *pl*; **coś ~szego** etwas Näheres; → bliski

bloczek M (-czka; -czki) Notizblock *m*; *w poczekalni* Wartenummer *f*

blog M (-a; -i, -ów) EDV Blog *m*

blok M (-a; -i) Block *m*; RADIO Programm *n*; **~ rysunkowy** Zeichenblock *m*; **~ mieszkalny** Wohnblock *m*; **~ startowy** SPORT Startblock *m*

blokada F (-y) Blockade *f*; *ulicy* Sperrung *f*

blokować ⟨**za-**⟩ (-uję) versperren, blockieren;

blokowisko N (-a) *umg pej* Plattenbausiedlung *f*

blond (*unv*) blond; **włosy** *pl* **~** blonde Haare *pl*, blondes Haar *n*

blondyn M (-a; -i) blonder Mann *m*; blonder Junge *m*, Blonde(r) *m*; **~ek** (-a; -i) Blondschopf *m*; **~ka** F (-i; *gen* -nek) Blondine *f*

bluszcz M (-u; -e) Efeu *m*

bluz|a F (-y) Blouson *m od n*; (*część munduru*) Uniformhemd *n*; **~ka** F (-i; *gen* -zek) Bluse *f*

bluz|gać (-am) ⟨**~nąć**⟩ (-nę) *v/i* spritzen; *pop* fluchen

bluźnić (-ię; -nij!): **~ przeciw bogu** Gott lästern

bluźnier|ca M (-y; -y) Gotteslästerer *m*; **~czy** (-czo) lästerlich; **~stwo** N (-a) Gotteslästerung *f*

bł. (błogosławiony) seliggesprochen

błagać (-am) (an)flehen

błaga|lny flehentlich; **~nie** N (-a) Flehen *n*

bła|hostka F (-i; *gen* -tek) Kleinigkeit *f*, Lappalie *f*; **~hy** gering(fügig), belanglos *f*; *pretekst* fadenscheinig

bławatek M (-tka; -tki) Kornblume *f*

błaz|en M (-zna; -zny) Clown *m*; *fig* Hanswurst *m*; **robić z siebie ~na** sich zum Narren machen

błazeń|ski (-ko) albern; **~stwo** N (-a) Albernheit *f*

błaznować (-uję) *umg* albern, Faxen machen

błaźnić się ⟨**z-**⟩ (-ię, -nij!) sich lächerlich machen, sich blamieren

błąd M (błędu; błędy) Fehler *m*; (*pomyłka*) Irrtum *m*; **~ maszynowy** Tippfehler *m*; **~ w rachunku** Rechenfehler *m*; **~ w rozumowaniu** Denkfehler *m*; **~ w sztuce** Kunstfehler *m*; **~ młodości** Jugendsünde *f*; **być w błędzie** im Irrtum sein, sich irren; **wprowadzić w ~** irreführen; **wyprowadzić** *pf* **z błędu** aufklären

błądzić (-dzę) (umher)irren (**po** *lok* in *dat*); **~ wzrokiem** den Blick schweifen lassen

błąkać się (-am) umherirren, umherstreifen; *pies* streunen

błęd|ny falsch; *wzrok* verstört, geistesabwesend; **~ny ognik** *m* Irrlicht *n*; **~ne koło** *n* Teufelskreis *m*

błędy PL → błąd

błękit M (-u; -y) Blau *n*, Bläue *f*; **~nooki** blauäugig; **~ny** himmelblau; **~ne hełmy** *pl* MIL Blauhelme *pl*; **~na krew** blaues Blut *n*

błocić ⟨**na-, za-**⟩ (-cę) *umg* dreckig machen

błogi (-go) wohlig, behaglich; *uśmiech* (glück)selig; *wpływ* heilsam

błogosławić ⟨**po-**⟩ (-ię) REL segnen; *fig* loben, preisen

błogosławieni[1] *persf* → błogosławiony[1]

błogosławieni[2] *persf* → błogosławiony[2]

błogosławieństwo N (-a) REL Segen *m*; *fig* Segen *m*, Wohltat *f*

błogosławiony[1] (*persf* -wieni) REL seliggesprochen; *fig* wohlig, selig

błogosławio|ny[2] M (-ego; -eni), **~na** F (-ej; -ne) Selige *m*, *f*

błogo|stan M (-u; *bpl*) Wohlgefühl *n*; **~ść** F (-ści; *bpl*) Glückseligkeit *f*

błon|a F (-y) BIOL Haut *f*, Membrane *f*; **~ fotograficzna** Film *m*; **~ śluzowa** Schleimhaut *f*; **~ dziewicza** Jungfernhäutchen *n*

błonica F (-y; bpl) MED Diphtherie f; **~nie** N (-a) Heide f; **~onka** F (-i; gen -nek) dim Häutchen n; **~nnik** M (-a; bpl) Zellulose f

błotnik M (-a; -i) samochodowy Kotflügel m; rowerowy Schutzblech n; **~nisty (-to)** schlammig, matschig; **~ny** Sumpf-, Moor-

błoto N (-a) Matsch m; **~ta** pl Sümpfe pl; **zmieszać** pf **z ~tem** fig in den Dreck ziehen; **wyrzucać pieniądze w ~to** (das) Geld zum Fenster hinauswerfen

błysk M (-u; -i) Aufleuchten n, Aufblitzen n, **~ pioruna** Blitz m; **wypolerować** pf **na ~** blank putzen

błyskać (-am) ⟨**błysnąć**⟩ (-nę) aufblitzen, aufleuchten; (wyróżniać się) glänzen (inst mit dat); **~ latarką** mit einer Taschenlampe blinken; **~ dowcipem** mit seinem Witz glänzen; **błyska się** es blitzt

błyskawica F (-y; -e) Blitz m; **jak ~ca** wie der Blitz

błyskawiczny blitzschnell, blitzartig; **zamek** m **~ny** Reißverschluss m; **zupa** f **~na** Fertigsuppe f

błyskotka F (-i; gen -tek) umg Flitterkram m, Firlefanz m; **~liwość** F (-ści; bpl) Scharfsinn m, Esprit m

błyskotliwy (-wie) kariera glänzend; osoba, umysł scharfsinnig; rozmowa, dowcip geistreich

błyskowy Blitz-; **lampa** F **~kowa** FOTO Blinkleuchte f

błysnąć PF → błyskać

błyszczący (-co) glänzend

błyszczeć (-ę) glänzen (a. fig)

błyszczka F (-i; gen -czek) (przynęta) Blinker m; **~yk** M (-u; -i) Lipgloss m

bm. (bieżącego miesiąca) dieses Monats

bo konj denn, weil, da; **~ (inaczej)** sonst; **~ ja wiem?** was weiß ich?

boa[1] M (unv) ZOOL Boa f; **~ dusiciel** m Königsschlange f

boa[2] N (unv) (szal) Federboa f

boazeria F (gen dat lok -ii; -e) Holztäfelung f, (Wand)Paneele n/pl

bobas M (-a; -y) umg Knirps m

bobkowy: **listek** m **~** Lorbeerblatt n

bobslej M (-a; -e) Bob(sleigh) m; **~owy** Bob-; **tor** m **~owy** Bobbahn f

bochen M (-chna; -chny), **~ek** M (-nka; -nki): **~ chleba** Brotlaib m

bociań M (-a; -y) Storch m; **~ni** Storch(en)-; **gniazdo** n **~ie** Storchnest n; MAR Mastkorb m, Krähennest n

boczek M (-czka; -czki) KULIN (Bauch)-Speck m; **jajecznica** f **na ~ku** Rührei n auf Speck

bocznica F (-y; -e) KOLEJ Anschlussgleis n, Nebengleis n; **~ny** Seiten-, Neben-; **~na ulica** f Seitenstraße f; **nawa** f **~na** ARCH Seitenschiff n

boczyć się (-ę) schmollen (**na** akk mit dat)

boćwina F (-y; bpl) → botwina

bodaj, **~że** partikel wenigstens; (chyba) wohl

Bodeński: **Jezioro** n **~ie** Bodensee m

bodziec M (-dźca; -dźce) Reiz m, Impuls m; (zachęta) Ansporn m, Anregung f, Antrieb m; materialny Anreiz m; **~ bezwarunkowy** BIOL unbedingter Reiz m

bodziszek M (-szka; -szki) BOT Storchschnabel m

bogaci persf → bogaty

bogacić ⟨**wz-**⟩ (-cę) bereichern; **~ się** sich bereichern, reich werden

bogaciej komp ADV reicher; → bogaty

bogactwo N (-a) Reichtum m; Vielfalt f; **~wa** pl **naturalne** Bodenschätze pl; **~wo barw** Farbenreichtum m

bogacz M (-a; -e), **~ka** F (-i; gen -czek) Reiche(r) m, f

Bogarodzica F (-y; bpl) Muttergottes f

bogatka F (-i; gen -tek): **sikorka** f **~** Kohlmeise f

bogaty (persf -ci) **(-to)** reich, wohlhabend; wystrój prächtig; zbiór, słownictwo (umfang)reich; (zawierający) reich (**w** akk an dat); **~ty w witaminę C** reich an Vitamin C; **~ty w żelazo** eisenhaltig

bogini F (gen dat lok -ni; -e) Göttin f; **~inka** F (-i; gen -nek) Nymphe f, Nixe f; **~obojny** fromm

bohater M (-a; -owie), **~ka** F (-i; gen -rek) Held(in) m(f); filmu Hauptperson f; **~ narodowy** Nationalheld m

bohaterski (-ko, po -ku) heldenhaft, mutig; **~ki czyn** m Heldentat f; **~two** N (-a; bpl) Heldentum n, Mut m

bohomaz M (-u/-a; -y) fig umg Schinken m, Kitsch m

boisko N (-a) Sportplatz m; **~ do piłki nożnej** Fußballplatz m

boja F (gen dat lok boi; -e) Boje f

bojaźliwość F (-ści; bpl) Ängstlichkeit f; **~wy (-wie)** ängstlich

bojlaźń F (-ni; bpl) *lit* Furcht *f*; **~er** M (-u; -y) Eisjacht *f*; **~kot** M (-u; -y) Boykott *m*
bojkotować ⟨z-⟩ (-uję) boykottieren
bojownlik M (-a; -cy), **~iczka** F (-i; *gen* -czek), Kämpfer(in) *m(f)*; **~ik o wolność** Freiheitskämpfer *m*
bojolwy (-wo) Kampf-, kämpferisch; **organizacja** *f* **~wa** Kampforganisation *f*; **chrzest** *m* **~wy** *żart* Feuertaufe *f*
bojówka F (-i; *gen* -wek) Schlägertruppe *f*
bok M (-u; -i) (Körper)Seite *f*; *zwierzęcia* Flanke *f*, Weiche *f*; *trójkąta* Seite *f*; **na ~** zur Seite, beiseite; auf die Seite; **na ~!** weg da!, Platz da!; **na ~u** auf der Seite, seitlich, abseits; **przy ~u** *od* **u ~u** (*gen*) an der Seite (von *dat*); **w ~** zur Seite; **z ~u** von der Seite, seitwärts, seitlich; **pod ~iem** *umg* e-n Katzensprung von hier, gleich um die Ecke; **robić ~ami** *umg* sich abstrampeln, herumkrebsen; **zarabiać na ~u** schwarz dazuverdienen; **zrywać ~i ze śmiechu** sich biegen vor Lachen; **~iem** *adv* seitlich (**do** *gen* zu *dat*); **leżeć na ~u** auf der Seite liegen; **po ~ach** auf beiden Seiten, beiderseits; **to mi wychodzi ~iem** ich habe die Nase voll; **żarty na ~** Spaß beiseite; **wziąć na ~ k-o** j-n zur Seite nehmen; **trzymać się z ~u** sich heraushalten, sich nicht einmischen; **mieć k-o na ~u** *umg* eine Geliebte haben; einen Liebhaber haben; **burza przeszła ~iem** das Gewitter ist vorübergezogen
bokobrody PL (*gen* -ów) Koteletten *pl*; Backenbart *m*
boks[1] M (-u; -y) *w stajni* Box *f*
boks[2] M (-u; bpl) Boxen *n*, Boxsport *m*; **uprawiać ~** boxen
bokser M (-a; -rzy) Boxer *m*; PL -y) (*pies*) Boxer *m*; **~ski** Box-;
boksować (-uję) boxen; **~ się** *umg* sich boxen, sich prügeln
bolący schmerzhaft, schmerzempfindlich; **~czka** F (-i; *gen* -czek) wunder Punkt *m*
bolec M (-lca; -lce) Bolzen *m*
boleć[1*] (*3 Pers* -li) wehtun, schmerzen (*a. fig*); **boli mnie głowa** der Kopf tut mir weh, ich habe Kopfschmerzen; **co cię boli?** was tut dir weh?; **jej słowa bolały go** ihre Worte taten ihm weh
boleć[2] (-eję) (**nad** *inst*) beklagen, bedauern (*akk*); **boleję, że ...** es tut mir sehr leid, dass ...
bolesny (-śnie) *rana* schmerzhaft; *strata* schmerzlich
bolelść F (-ści; bpl) *lit* Leid *n*, Schmerz *m*; **~ści** *pl* Leibschmerzen *pl*; **od siedmiu ~ści** jämmerlich, miserabel
boleśnie ADV → bolesny
bolimuszka F (-i) Stechfliege *f*
bolszewik M (-a; -cy) HIST Bolschewist *m*
bom M (-u; -y) MAR Ladebaum *m*
bomlba F (-y) Bombe *f*; (*sensacja*) *umg* Knüller *m*; **~ba zegarowa** Zeitbombe *f*; **~ba atomowa** Atombombe *f*
bombardować ⟨z-⟩ (-uję) bombardieren
bombardowanie N (-a) Bombardement *n*
bomblastyczny bombastisch; **~iasty** *spódnica* bauschig; **~ka** F (-i; *gen* -bek) Weihnachtskugel *f*
bombolnierka F (-i; *gen* -rek) Pralinenschachtel *f*; **~wiec** M (-wca; -wce) Bombenflugzeug *n*
bombolwy (-wo) MIL Bomben-; (*fantastyczny*) fantastisch, bombig; **nalot** *m* **~wy** Bombenangriff *m*, Luftangriff *m*; **~wy nastrój** *m* Bombenstimmung *f*
bon M (-u; -y) Gutschein *m*, Bon *m*; Bezugsschein *m*
bonifikata F (-y) Preisnachlass *m*; SPORT Vorgabe *f*
Bonn M (*unv*) Bonn *n*
bonus M (-u; -y, -ów) Bonuszahlung *f*
BOR M (-u; bpl) (Biuro Ochrony Rządu) Personenschutz *m* der Regierung
boraks M (-u; bpl) Borax *m*
bordo (*unv*), **~wy** (-wo) weinrot
borny: **kwas** *m* **~** Borsäure *f*
borować (-uję) bohren
borowilk M (-a; -i) Steinpilz *m*; **~na** F (-y; *gen* -win) Moorerde *f*
borolwy: **kąpiel** *f* **~wa** Moorbad *n*
borówka F (-i; *gen* -wek) (*brusznica*) Preiselbeere *f*; (*czernica*) Heidelbeere *f*, Blaubeere *f*
borsluczy Dachs-; **~uk** M (-a; -i) Dachs *m*
borykać się (-am) sich abplagen (**z** *inst* mit *dat*)
bosak[1]: **na ~a** *umg* barfuß
bosak[2] M (-a; -i) Bootshaken *m*
Bosfor M (-u; bpl) Bosporus *m*
boslki (*persf* -cy) (**-ko**) göttlich, Gottes-; (*wspaniały*) *umg* toll, fantastisch; **na litość ~ką** um Gottes willen; **Matka** *f* **&ka**

Muttergottes *f*; **łaska** *f* **≈ka** Gottes Gnade *f*; **rany ~kie!** mein Gott!; **mieć skaranie ~kie** *umg* sein Kreuz haben (**z** *inst* mit *dat*)

bosman M (-*a*; -*i*) Bootsmann *m*

boso ADV barfuß; **~nogi** barfüßig

bosy *człowiek* barfüßig; *noga* nackt

Bośnia F (-*i*; *bpl*): **~ i Hercegowina** Bosnien und Herzegowina; **≈cki** bosnisch

Bośnia|k M (-*a*; -*cy*), **~czka** F (-*i*; *gen* -*czek*) Bosnier(in) *m*(*f*)

botani|czny botanisch; **~ka** F (-*i*; *bpl*) Botanik *f*

botwin|a F (-*y*), **~ka** *f* (-*i*; *gen* -*nek*) BOT Rübenblätter *n*/*pl*; KULIN Suppe *f* aus Rübenblättern

botki M/PL (*gen* -*ów*) Stiefeletten *f*/*pl*

bowiem *konj lit* denn, nämlich

boy M (-*a*; -*e*; *gen* -*ów*) *w hotelu* Page *m*, Boy *m*

Bozia F (-*i*; *bpl*) *dim umg* der liebe Gott

boż|ek M (-*żka*; -*żki*) Gottheit *f*, Götze *m*; **~onarodzeniowy** Weihnachts-

bo|ży Gottes-; **palec** *m* **~ży** Gottes Fügung *f*; **przez cały ~ży dzień** den lieben langen Tag; **~ża krówka** *f* Marienkäfer *m*; **≈że Narodzenie** *n* Weihnachten *n*; **≈że Ciało** *n* Fronleichnam *m*; **Syn** *m* **≈ży** Gottessohn *m*, Heiland *m*; **po ~żemu** *adv* anständig; **artysta** *m* **z ~żej łaski** Möchtegernkünstler *m*

bożyszcze N (-*a*) Idol *n*, Abgott *m* (*a.* REL)

bób M (*bobu*; *boby*) Saubohnen *f*/*pl*

bóbr M (*bobra*; *bobry*) Biber *m*; **płakać jak ~** wie ein Schlosshund heulen

bóg M (*gen boga*; *dat bogu*; *bogowie*) Gott *m*; **~ wojny** Kriegsgott *m*; **~ miłości** Liebesgott *m*; **bogowie** *pl* **mitologii greckiej** Götter *pl* der griechischen Mythologie

Bóg M (*gen Boga*; *dat Bogu*; *Boże!*; *bogowie*) REL Gott *m*; **Pan** *m* **~** Herrgott *m*; **~ Ojciec** *m* Gottvater *m*; **jak Boga kocham!** Hand aufs Herz!; **broń Boże** *od* **uchowaj Boże!** Gott bewahre!; **Bogu ducha winien** unschuldig wie ein Lamm; **między Bogiem a prawdą** ehrlich gesagt; **dzięki Bogu!** Gott sei Dank!

bój M (*gen boju*; *boje*; *gen* -*ów*) Kampf *m*, Schlacht *f*, Gefecht *n*; **plac** *m* **boju** Schlachtfeld *n*

bójka F (-*i*; *gen* -*jek*) Schlägerei *f*, Prügelei *f*

ból M (-*u*; -*e*; *gen* -*ów*) Schmerz *m*; **~ gardła** Halsschmerzen *m*/*pl*; **~ głowy** Kopfschmerzen *m*/*pl*; **~e** *pl* **porodowe** Wehen *pl*; **z ~em serca** schweren Herzens

bór M (*boru*, *bory*) *lit* Hochwald *m*

bóstwo N (-*a*; *gen* -) Gottheit *f*; *fig* Idol *n*; **zrobić się** *pf* **na ~** *umg* sich schön machen

bóść* (3. *Pers bodzie*) *baran* stoßen

bóżnica F (-*y*; -*e*) Synagoge *f*

bp (**biskup**) Bischof *m*

br. (**bieżącego roku**) dieses Jahres

bracia PL → brat

brac|iszek M (-*szka*; -*szkowie*) *dim* Brüderchen *n*; *zakonny* Ordensbruder *m*; **~two** N (-*a*) HIST Gilde *f*; *umg* Bande *f*

brać[1] F (-*i*; *bpl*) *koll* Gemeinschaft *f*; **~ studencka** *lit* Studentenschaft *f*

brać[2]* (*biorę*) ⟨**wziąć**⟩ (*wezmę*) *v/t* nehmen; **~ ze sobą** mitnehmen; **~ za** (*akk*) (*uważać*) halten für (*akk*); **~ na kolana** auf den Schoß nehmen; **~ na ręce** auf den Arm nehmen; **~ kąpiel** ein Bad nehmen; **~ prysznic** duschen; **~ do wojska** einberufen; **~ do niewoli** gefangen nehmen; **~ udział** teilnehmen (**w** *lok* an *dat*); **~ ślub** heiraten; **~ rozwód** sich scheiden lassen; **~ na serio** ernst nehmen; **~ na siebie** auf sich nehmen; **~ za złe** übel nehmen; **~ pod uwagę** berücksichtigen, in Betracht ziehen; **bierze mnie ochota** ich bekomme Lust; **bierze mnie strach** ich bekomme Angst; **bierze mróz** es friert; **brać** *ryba* anbeißen; (*zażywać narkotyki*) *umg* Drogen nehmen; **~ się do** (*gen*) herangehen an (*akk*), beginnen mit (*dat*); *umg* anpacken (*akk*); **~ się w garść** *umg* sich zusammenreißen

brajl M (-*a*; *bpl*) Blindenschrift *f*, Brailleschrift *f*

brak[1] M (-*u*; -*i*) Mangel *m* (*gen* an *dat*); (*wada*) Fehler *m*, Defekt *m*; (*wyrób*) Ausschussware *f*, Mangelware *f*; **~ wody** Wassermangel *m*; **~ apetytu** Appetitlosigkeit *f*; **~ odpowiedzialności** Verantwortungslosigkeit *f*; **~ doświadczenia** Unerfahrenheit *f*; **z ~u czasu** aus Zeitmangel; **~i** *pl* **w wykształceniu** Bildungslücken *f*/*pl*; **~i** *pl* **w kasie** Fehlbetrag *m* in der Kasse; **cierpieć na ~** (*gen*) unter dem Mangel an (*dat*) leiden; **odczuwać ~** (*gen*) vermissen (*akk*)

brak[2] *präd* (*gen*) es fehlt, es mangelt (an *dat*); **~ było** (*gen*) es fehlte, es mangelte an (*dat*); **~ mi ciebie** du fehlst mir, ich vermisse dich; **~ mi słów** mir fehlen die

Worte; **nie ~ mu odwagi** ihm fehlt es nicht an Mut

braknąć (*3. Pers -uje*) *lit* → brakować

brakorób M (*-roba; -roby*) *umg* Pfuscher *m*; **~stwo** N (*-a; bpl*) *umg* Schluderei *f*, Pfuscherei *f*

brakować (*3. Pers -uje*) (*gen*) fehlen, mangeln (an *dat*); **brakuje tam wody** es mangelt dort an Wasser; **brakowało nam informacji** es fehlten uns Informationen; **brakuje mi sił** mir fehlt die Kraft; **brakuje mi ciebie** ich vermisse dich, du fehlst mir; **niczego mi nie brakuje** es fehlt mir an nichts; **nie brakowało chętnych** es mangelte nicht an Freiwilligen; **tego tylko brakowało** das fehlte gerade noch; **niewiele brakowało, a doszłoby do wypadku** es wäre beinahe zu einem Unfall gekommen

bram|a F (*-y*) Tor *n*; *wjazdowa* Toreinfahrt; **~ka** F (*-i; gen -mek*) Tor *n*; SPORT Tor *n*, Treffer *m*; **strzał** *m* **do ~ki** Torschuss *m*

bramk|arz M (*-a; -e*) SPORT Torwart *m*; *umg* Türsteher *m*; **~owy** Tor-

Brandenburgia F (*gen dat lok -ii; bpl*) Brandenburg *n*

Brandenburs|ki brandenburgisch; **Brama** *f* **&ka** Brandenburger Tor *n*

bransoletka F (*-i; gen -tek*) Armband *n*

branż|a F (*-y; -e*) Branche *f*; **~owy** Branchen-; **sklep** *m* **~owy** Fachgeschäft *n*

br|at M (*-a, dat -tu, lok -cie; -cia, gen -ci, inst -ćmi*) Bruder *m*; (*zakonnik*) Ordensbruder *m*; **~acia** *pl* (*firma*) Gebrüder *pl*; **~at bliźniak** Zwillingsbruder *m*; **~at cioteczny** *od* **stryjeczny** Cousin *m*; **być za pan ~** *umg* dick befreundet sein (**z** *inst* mit *dat*)

bratać się ⟨**zbratać się**⟩ sich verbrüdern (**z** *inst* mit *dat*)

bratan|ek M (*-nka; -nkowie*) Neffe *m*; **~ica** F (*-y; -e*) Nichte *f*

bratek M (*-tka; -tki*) Stiefmütterchen *n*

braters|ki (**-ko, po -ku**) brüderlich; **~two** N (*-a; bpl*) Brüderlichkeit *f*

brat|ni brüderlich; **podać** *pf* **~nią dłoń** *lit* die Bruderhand reichen; **~nia partia** *f* HIST Bruderpartei *f*; **~nia dusza** *f* Seelenverwandte(r) *m*

bratobój|czy: **wojna** *f* **~cza** Bruderkrieg *m*

bratowa F (*-wej, -wo!; -e*) Schwägerin *f*

brawo N (*-a*) Bravo *n*, Bravoruf *m*; **bić ~** Beifall klatschen; **~!** bravo!

brawu|ra F (*-y; bpl*) (*ryzykanctwo*) Waghalsigkeit *f*, Übermut *m*; (*werwa*) Bravour *f*, Schneid *m*; **z ~rą** mit viel Bravour

brawurowy (**-wo**) waghalsig, riskant

Brazylia F (*gen dat lok -ii; bpl*) Brasilien *n*

Brazylij|czyk M (*-a; -cy*), **~ka** F (*-i; gen -ek*) Brasilianer(in) *m(f)*

brazylijski brasilianisch, Brasilien-

brąz M (*-u; bpl*) (*metal*) Bronze *f*; (*kolor*) Braun *n*; (*medal*) Bronze(medaille) *f*; **~y** *pl* (*kolor*) Brauntöne *pl*; **epoka** *f* **~u** Bronzezeit *f*; **opalić się na ~** braun gebrannt sein

brązo|wy (**-wo**) braun; *z brązu* Bronze-; **~wy medal** *m* Bronzemedaille *f*

brednie PL (*gen -*) Unsinn *m*, *umg* Quatsch *m*

bredzić (*-dzę*) *w gorączce* fantasieren; *fig pej* faseln

breja F (*brei; bpl*) Brei *m*; Pampe *f*, Matsch *m*

breloczek M (*-czka; -czki*) Anhänger *m*, Anhängsel *n*

Brema F (*-y; bpl*) Bremen *n*

brew F (*brwi; brwi*) Augenbraue *f*

brewerie PL (*gen -ii*) Krach *m*, Spektakel *m*; **wyprawiać ~** randalieren

brewiarz M (*-a; -e*) Brevier *n*

brezent M (*-u; -y*) Zeltplane *f*

briefing (*u.; -i*) Briefing *n*, Besprechung *f*

brnąć (-NĘ) waten, stapfen; **~ w śniegu** durch den Schnee stapfen; *fig* sich verstricken (**w** *akk* in *dat*); **~ w długi** sich in Schulden stürzen

broczyć (*-czę*): **~ krwią** stark bluten

broda F (*-y; gen bród*) Kinn *n*; (*zarost*) Bart *m*; **zapuścić** *pf* **brodę** sich e-n Bart wachsen lassen; **~ty** bärtig

brodawka F (*-i; gen -wek*) MED Warze *f*; **~ sutkowa** ANAT Brustwarze *f*

brodzić (*-dzę*) waten

brodzik M (*-a; -i*) Duschwanne *f*; **~ dla dzieci** Kinderplantschbecken *n*

broić ⟨**na-, z-**⟩ (*-ję, -isz, brój!*) Unfug treiben; **co znowu zbroiłeś?** was hast du wieder angestellt?

brokatowy Brokat-

brokuły PL (*-ów*) KULIN Brokkoli *pl*

brona F (*-y*) Egge *f*

bronchit M (*-u; -y*) Bronchitis *f*

bronić (*-ię*) ⟨**o-**⟩ (*gen*) verteidigen (*akk*); (*strzec*) schützen (**przed** *inst* vor *dat*); **bronić tytułu** SPORT den Titel verteidigen; **bronić pracy doktorskiej** seine Doktorarbeit verteidigen; **broń Boże!** Gott bewahre!; **bronić k-u** *(gen)* j-m verbieten *(akk)*; **~ się** sich wehren, sich verteidigen; *(strzec się)* sich schützen (**przed** *inst* gegen *akk*), sich hüten (**przed** *inst* vor*dat*)

bronować ⟨**za-**⟩ *(-uję)* eggen

broń F *(-ni; bpl)* Waffe *f*; *koll* Waffen *f/pl*; **~ palna** Schusswaffe *f*, Feuerwaffe *f*; **~ biała** Hiebwaffe *f*; **~ masowego rażenia** *od* **masowej zagłady** Massenvernichtungswaffen *pl*; **~ atomowa** Atomwaffen *pl*; **złożyć** *pl* **~** die Waffen niederlegen; **na ramię ~!** das Gewehr über!

broszka F *(-i; gen -szek)* Brosche *f*

broszura F *(-y)* Broschüre *f*

browar M *(-u; -y)* Brauerei *f*; **~niczy** Brauerei-

bród M *(-odu; -ody)* Furt *f*; **w ~** *fig* in Hülle und Fülle

bródka F *(-i; gen -dek)* *(zarost)* Bärtchen *n*

brr INT brr

brud M *(-u; -y; gen -ów)* Schmutz *m*, *umg* Dreck *m*; **~y** *pl* *(ubranie)* Schmutzwäsche *f*; **~as** M *(-a; -y)* *umg* Schmutzfink *m*, Ferkel *n*

bruderszaft: **wypić** *pf* **~** Brüderschaft trinken (**z** *inst* mit *dat*)

brudno ADV → brudny

brudnopis M *(-u; -y)* *(zeszyt)* Schmierheft *n*; *(kartka)* Schmierpapier *n*; *(tekst)* Kladde *f*

brud|ny **(-no)** schmutzig, *umg* dreckig; **pisać na ~no** ins Unreine schreiben

brudzić ⟨**po-, za-**⟩ *(-dzę)* beschmutzen, schmutzig machen, *umg* dreckig machen; **~ się** sich schmutzig machen, sich beschmutzen

brudzi|o: **wypić** *pf* **~a** *umg żart* Brüderschaft trinken (**z** *inst* mit *dat*)

Brugia F *(gen dat lok -ii; bpl)* Brügge *n*

bruk M *(-u; -i)* (Straßen)Pflaster *n*; **wyrzucić** *pf* **na ~** *fig* auf die Straße setzen; **znaleźć się na ~u** *(stracić mieszkanie)* obdachlos werden; *(stracić pracę)* arbeitslos werden

brukać ⟨**z-**⟩ *(-am)* *lit* besudeln

brukiew F *(-kwi; -kwie)* Kohlrübe *f*

brukować ⟨**wy-**⟩ *(-uję)* pflastern

bruko|wiec M *(-wca; -wce)* Pflasterstein *m*; *fig pej* Boulevardblatt *n*; **~wy** Pflaster-; **prasa** *f* **~wa** Boulevardpresse *f*; **literatura** *f* **~wa** Schundliteratur *f*

Bruksela F *(-i; bpl)* Brüssel *n*

bruksel|ka F *(-i; -lek)* Rosenkohl *m*; **~ski** ADJ Brüsseler

brulion M *(-u; -y)* Kladde *f*

brunatny **(-no)** braun; **niedźwiedź** *m* **~** Braunbär *m*; **węgiel** *m* **~** Braunkohle *f*

brunet M *(-a; -ci)* brünetter Mann *m*, Dunkelhaarige(r) *m*; **~ka** F *(-i; gen -tek)* Brünette *f*

Brunszwik M *(-u; bpl)* Braunschweig *n*

brusznica F *(-y; -e)*: **borówka** *f* **~** Preiselbeere *f*

brutal M *(-a; -e; gen -i)* Brutalo *m*, Rohling *m*; **~ność** F *(-ści; bpl)* Brutalität *f*; **~ny** brutal

brutto brutto

bruzda F *(-y)* Furche *f*; *(rowek)* Rille *f*

bruździć *(brużdżę)* *fig* Hindernisse in den Weg legen, in die Quere kommen

brwi PL → brew

brwio|wy: **łuk** *m* **~wy** Augenbrauenbogen *m*

brycz|esy PL *(gen -ów)* Reithose *f*; **~ka** F *(-i; -czek)* HIST Kalesche *f*, Britschka *f*

bry|dż M *(-a; bpl)* Bridge *n*; **~gada** F *(-y)* MIL Brigade *f*; *(ekipa)* Kolonne *f*; **~gada antyterrorystyczna** Antiterrortruppe *f*

brygadzist|a M *(-y; -ści)*, **~ka** F *(-i; gen -tek)* Kolonnenführer(in) *m(f)*

bryk M *(-a; -i)* *umg* Lösungsbuch *n*

brykać *(-am)* tollen, herumspringen

brykiet M *(-u; -y)* (Braunkohlen)Brikett *n*

bryknąć PF *(-nę)* *umg* *(zwiać)* Reißaus nehmen, türmen

brylant M *(-u; -y)* Brillant *m*; **~owy** brillanten, Brillant-; **~yna** F *(-y)* Brillantine *f*

bry|ła F *(-y)* Klumpen *m*; MAT Körper *m*; **~ła lodu** Eisblock *m*; **~ły** *pl* **skalne** Felsblöcke *pl*

bryłka F *(-i; -łek)* Stück *n*, Klumpen *m*

bryłkowaty **(-to)** klumpig

bry|ndza F *(-y; -e)* Schafskäse *m*; **~stol** M *(-u; -e)* Bristolkarton *m*

bryt|an M *(-a; -y)* Hofhund *m*; **~fanna** F *(-y)* Bratpfanne *f*

Brytyj|czyk M *(-a; -cy)* Brite *m*; **~ka** *(-i; -jek)* Britin *f*

brytyjski britisch; **Wyspy** *pl* **2e** Britische Inseln *pl*

bry|za F *(-y)* Brise *f*; **~zg** M *(-u; -i)* Spritzer *m*

bryzgać *(-am)* ⟨**-nąć**⟩ *(-nę)* spritzen *(inst* mit *dat)*

bryzol M *(-u; -e, -i)* KULIN Brisolett *n*, Brisolette *f*

brzana F (-y) ZOOL Barbe *f*
brzask M (-u; -i) Morgengrauen *n*; **o ~u** *od* **z ~iem** bei Tagesanbruch
brzdąc M (-a; -e) Knirps *m*
brzdąkać (-am) *umg* klimpern
brzd|ąkanie (-a) *umg* Geklimper *n*; **~ęk** (-u; *bpl*) Klirren *n*; **z ~ękiem** klirrend
brzeg M (-u; -i) *rzeki, jeziora* Ufer *n*; *morski* Küste *f*; *kieliszka, wanny, kartki* Rand *m*; *stołu* Kante *f*; *sukienki* Saum *m*; **na ~u** am Rand; **wypełniony po ~i** *naczynie* randvoll; *sala* gerammelt voll; **nad ~iem** am Ufer; an der Küste; **wystąpić** *pf* **z ~ów** über die Ufer treten; **pierwszy z ~u** der erste Beste
brzego|wy: **linia** *f* **~wa** Uferlinie *f*; *nad morzen* Küstenlinie *f*
brzemienny: **~ w skutki** folgenschwer
brze|mię N (-ienia; -iona) *lit* Bürde *f*, Last *f*; **~szczot** M (-u; -y) Sägeblatt *n*
brze|zina F (-y) Birkenholz *n*; (*las*) Birkenhain *m*; **~żek** M (-żka; -żki) *dim* schmaler Rand *m*
brzęczeć (-ę) *mucha* summen; *szyba* klirren; *dzwonek* klingen; *łańcuch, budzik* rasseln; **~ kluczami** mit den Schlüsseln rasseln
brz|ęczyk M (-a; -i) Summer *m*; **~ęk** M (-u; -i); Klirren *n*; **z ~ękiem** klirrend
brzmieć ⟨**za-**⟩ (-ę, -mij!) *kroki, brawa* schallen, tönen, hallen; *głos, melodia* klingen; *tekst, nazwa, tytuł* lauten; **to brzmi dobrze** das hört sich gut an, das klingt gut
brz|mienie N (-a) Klang *m*; *tekstu* Wortlaut *m*; **~oskwinia** F (-i; -e, *gen* -wiń) Pfirsich *m*; **~oskwiniowy** Pfirsich-
brz|oza F (-y; *gen* brzóz) Birke *f*; **~ozowy** Birken-; **~ózka** F (-i; *gen* -zek) *dim* kleine Birke *f*
brzuch M (-a; -y) Bauch *m*; **na ~u** auf dem Bauch, bäuchlings; **taniec** *m* **~a** Bauchtanz *m*; **bóle** *pl* **~a** Bauchschmerzen *pl*; **mięśnie** *m/pl* **~a** Bauchmuskeln *m/pl*; **leżeć do góry ~em** *fig* auf der faulen Haut liegen; **wiercić dziurę w ~u k-u** (**o** *akk*) j-n bedrängen, j-m in den Ohren liegen (mit *dat*)
brzucha|cz M (-a; -e) *umg* Dickwanst *m*; **~ty** dickbäuchig; *dzbanek* bauchig
brzuchomówca M (-y) Bauchredner *m*
brzusz|ek M (-a; -i) *dim* Bäuchlein *n*; **~ny** ANAT Bauch-; **dur** *m* **~ny** MED Typhus *m*
brzyd|actwo N (-a) (*osoba; rzecz*) hässliches Ding *n*; **~al** M (-a; -e; *gen* -li *od* -ów) hässlicher Mann *m*
brzyd|ki (*persf* -cy) (**-ko**) hässlich, unschön; *żart* schlüpfrig; *wyraz, myśli* unanständig, obszön; **~ki dzień** *m* Regentag *m*; **~ko pisać** unleserlich schreiben, *umg* eine Klaue haben
brzydnąć ⟨**z-**⟩ (-nę, -ł *od* -nął) hässlich werden; (*stać się uciążliwym*) lästig fallen; **zbrzydło mi czekanie** ich bin des Wartens überdrüssig geworden
brzyd|ota F (-y) Hässlichkeit *f*; **~ula** F (-i; -e) (*kobieta*) graue Maus *f*
brzydzić się (-dzę) (*gen*) sich ekeln (vor *dat*); (*inst*) verabscheuen (*akk*); **~ pająków** sich vor Spinnen ekeln; **~ kłamstwem** Lügen verabscheuen
brzydziej *komp* ADV hässlicher; → brzydki
brzytwa F (-y; *gen* -tew) Rasiermesser *n*
bub|ek M (-bka; -bki) *umg pej* Fatzke *m*, Wichtigtuer *m*; **~el** M (-bla; -ble; *gen* -bli) *umg* Ladenhüter *pl*
buc M (-a; -e) → bubek
buchać (-am) ⟨**-nąć**⟩ (-nę) *ogień, zapach* entgegenschlagen; *woda, krew* strömen, sich ergießen; *dym* hervorquellen; **~ żarem** Hitze ausströmen
buchalteria F (*gen dat lok* -ii; *bpl*) Buchhaltung *f*
buchnąć PF (-nę) *umg* klauen, mausen; → buchać
buci|k M (-a; -i) *dim* Schuhchen *n*; **~or** M (-a; -y) schwerer Stiefel *m*, robuster Schuh *m*
buczeć (-ę) *syrena* heulen; *owad, urządzenie* brummen, summen; (*płakać*) *umg* heulen
bucz|ek M (-czka; -czki) (*sygnalizator*) Sirene *f*, Alarm *m*; **~yna** F (-y; *bpl*) (*las*) Buchenwald *m*; (*drewno*) Buchenholz *n*, Buche *f*
buda F (-y) Bude *f*; *ciężarówki* Verdeck *n*; (*szkoła*) *umg* Penne *f*; **psia ~** Hundehütte *f*
Budapeszt M (-u; *bpl*) Budapest *n*
buddyjski buddhistisch
budka F (-i; *gen* -dek) Kiosk *m*; Imbissstand *m*; **~ telefoniczna** Telefonzelle *f*; **~ wartownicza** Wärterhäuschen *n*; **~ suflera** Souffleurkasten *m*; **~ dla ptaków** Vogelhäuschen *n*
budo|wa F (-y) Bau *m*; (*struktura*) Aufbau

m, Struktur f; **plac** m od **teren** m **~wy** Baustelle f; **być w ~wie** sich im Bau befinden; **~wa maszyn** Maschinenbau m
budować ⟨**z-**⟩ (-*uję*) bauen; (*tworzyć*) aufbauen, schaffen; **budować** *fig* erbauen; **budować się** (*być w budowie*) gebaut werden, im Bau sein; (*budować dla siebie*) sich ein Haus bauen
budowla F (-*i*; -*e*, -*i*) Bau m, Bauwerk n; (*budynek*) Gebäude n
budowlany[1] Bau-
budowlany[2] M (-*ego*; -*ni*) Bauarbeiter m
budowni|ctwo N (-*a*; *bpl*) Bauwesen n; Bautätigkeit f; **~ctwo mieszkaniowe** Wohnungsbau m; **~czy** M (-*ego*; -*czowie*) Baumeister m
budu|jący (-**co**) erbaulich; **~lec** M (-*lca*; -*lce*) Baumaterial n, Baustoff m
budynek M (-*nku*; -*nki*) Gebäude n, **~ mieszkalny** Wohnhaus n; **~ w stanie surowym** Rohbau m
budyń M (-*niu*; -*nie*; *gen* -*ni*) Pudding m
budzenie N (-*a*) Wecken n; (*serwis*) Weckdienst m; **~ się** Aufwachen n
budzić ⟨**o-**⟩ (-*dzę*) (auf)wecken; *fig* wecken, hervorrufen; **~ się** aufwachen, erwachen
budzik M (-*a*; -*i*) Wecker m
budżet M (-*u*; -*y*) Etat m, Haushalt(splan) m; **~owy** Etat-, Haushalts-
bufet M (-*u*; -*y*) Büfett n; *lada* Bar f, Theke f; *na dworcu* Imbiss m; **zimny ~** kaltes Büfett n
bufiasty (-**to**) *rękaw* bauschig, Puff-
bufon M (-*a*; -*i od* -*y*) *pej* Wichtigtuer m, Aufschneider m; **~ada** F (-*y*) Aufschneiderei f, Imponiergehabe n
bu|for M (-*a*; -*y*) KOLEJ Puffer m; **~haj** M (-*a*; -*e*, -*ów*) (Zucht)Bulle m
bujać (-*am*) V/T schaukeln, wiegen; **~ k-o** (*oszukiwać*) *umg* j-n anschwindeln, j-n auf den Arm nehmen; V/I *w powietrzu* schweben; (*kłamać*) flunkern; **~ w obłokach** *fig* in den Wolken schweben; **~ się** sich schaukeln; **~ się** w (*lok*) (*podkochiwać się*) *umg* schwärmen für (*akk*), verknallt sein in (*akk*)
bujany: **fotel** m **~** Schaukelstuhl m
buj|da F (-*y*) *umg* Schwindel m, Humbug m; **~ny** *roślinność* üppig; *włosy* voll, üppig; *życie* bewegt; *fantazja* lebhaft, blühend
buk M (-*u*; -*i*) Buche f
Bukareszt M (-*u*; *bpl*) Bukarest n
bukiet M (-*u*; -*y*) (*wiązanka*) Strauß m; *wina* Bukett n, Blume f; **~ ślubny** Brautstrauß m
bukmacher M (-*a*; -*rzy*) Buchmacher m
bukować ⟨**za-**⟩ (-*uję*) buchen, reservieren
bukowy Buchen(holz)-
buksować (-*uję*) V/I *koło* durchdrehen
bukszpan M (-*u*; -*y*) Buchsbaum m
bul|aj M (-*a*/-*u*; -*e*) MAR Bullauge n; **~dog** M (-*a*; -*i*) Bulldogge f; **~dożer** M (-*a*; -*y*) Bulldozer m
bulgotać (-*oczę od* -*ocę*) gluckern, *umg* blubbern; *wrzątek* sprudeln
bulić ⟨**wy-**⟩ (-*lę*) *umg* blechen
bulimi|a F (*gen dat lok* -*ii*; *bpl*) Bulimie f; **~czka** F (-*i*; *gen* -*czek*) Bulimiekranke f
bulion M (-*u*; -*y*) Fleischbrühe f; **~ w kostkach** Brühwürfel m
bulwa F (-*y*) Knolle f
bulwersować ⟨**z-**⟩ (-*uję*) *fig* erregen
bulwiasty knollig, knollenartig
buła|wa F (-*y*): **~wa marszałkowska** MIL Marschallstab m
bułeczka F (-*i*; *gen* -*czek*) *dim* → bułka
Bułgar M (-*a*; -*rzy*) Bulgare m; **~ia** F (*gen dat lok* -*ii*; *bpl*) Bulgarien n; **~ka** F (-*i*; *gen* -*rek*) Bulgarin f
bułgarski (**po -sku**) bulgarisch
bułka F (-*i*; *gen* -*łek*) Brötchen n; *reg* Schrippe f; *reg* Semmel f; **~ paryska** Baguette n *od* f; **~ tarta** Paniermehl n
bumelanctwo N (-*a*; *bpl*) *umg* Bummelei f, Pfuscherei f
bumelować (-*uję*) *umg* sich vor der Arbeit drücken, pfuschen
bumerang M (-*u*; -*i*) Bumerang m
bunkier M (-*kra*; -*kry*) Bunker m
bunt M (-*u*; -*y*) Aufruhr m, Revolte f, Rebellion f; *na statku* Meuterei f; *fig* Auflehnung f; (*sprzeciw*) Protest m
buntować ⟨**z-**⟩ (-*uję*) aufwiegeln; **~ się** sich auflehnen, rebellieren, aufbegehren; *na statku* meutern
buntow|niczy (-**czo**) aufrührerisch, rebellisch; **~nik** M (-*a*; -*cy*) Rebell m; *na statku* Meuterer m
buńczuczny hochmütig, frech
bu|ra F (-*y*) Rüge f; **dostać ~rę** eine Rüge bekommen
bura|czany Rüben-; **~czki** PL (-*ów*) KULIN Rote Bete f; **~czkowy** *kolor*

dunkelrot

burak M (-a; -i) Rübe *f*; **~ ćwikłowy** Rote Rübe *f*; **~ cukrowy** Zuckerrübe *f*

burczeć (-czę) ⟨**burknąć**⟩ (-nę) brummen; **burczy mi w brzuchu** mein Magen knurrt

burd|a F (-y) Krawall *m*, Randale *f*; **~el** (-u; -e) *pop* Puff *m*; (*bałagan*) Durcheinander *n*

burkliwy (-wie) *umg* mürrisch, griesgrämig

burknąć PF → burczeć

burmistrz M (-a; -owie) Bürgermeister *m*; (*kobieta*) Bürgermeisterin *f*

burknąć PF → burczeć

buro ADV → bury

bursztyn M (-u; -y) Bernstein *m*; **~owy** Bernstein-; *kolor* bernsteinfarben

bur|ta F (-y) MAR Bord *m*; **lewa ~ta** Backbord *n*; **prawa ~ta** Steuerbord *n*; **wyrzucić** *pf* **za ~tę** *fig* ausstoßen, *umg* kaltstellen; **człowiek za ~tą!** Mann über Bord!

bury (-ro) grau

bu|rza F (-y; -e) Gewitter *n*; **zbiera się na ~rzę** es sieht nach Gewitter aus; **~rza mózgów** Brainstorming *n*; **~rza oklasków** Beifallssturm *m*; **cisza przed ~rzą** *fig* die Ruhe vor dem Sturm

burzli|wość F (-ści; bpl) Ungestüm *n*, Heftigkeit *f*; **~wy (-wie)** stürmisch, gewittrig; *fig* stürmisch, heftig, ungestüm; *czasy* bewegt, turbulent

burzo|wy *dzień* gewittrig; **chmura** *f* **~wa** Gewitterwolke *f*; **kanał** *m* **~wy** Regenwasserkanal *m*

burzyć (-ę) ⟨**z-**⟩ zerstören (*a. fig*); BUD niederreißen, abreißen; *włosy* zerzausen; **burzyć się** sich auflehnen, protestieren (**przeciw** *dat* gegen *akk*); *wino* gären; *szampan* schäumen

burżuazyjny bourgeois

burżuj M (-a; -e) *pej* Kapitalist *m*

busola F (-i; -e) Bussole *f*, Kompass *m*

busz M (-u; bpl) Busch *m*

buszować (-uję) (**po** *lok*) durchstöbern (*akk*); **~ w Internecie** im Internet surfen

but M (-a; -y) Schuh *m*; **~y** *pl* **na zimę** Winterschuhe *pl*; **takie ~y!** *umg* so ist die Sache!; **głupi jak ~ (z lewej nogi)** *umg* strohdumm

buta (-y; bpl) Hochmut *m*

butel|czyna F (-y) *umg* Pulle *f*; **~eczka** F (-i; gen -czek) *dim* Fläschchen *n*

butel|k|a F (-i; gen -lek) Flasche *f*; **~ka wina** eine Flasche Wein; **nabijać** *pl* **w ~kę** *umg* reinlegen, auf den Arm nehmen

buty, buty, buty…

sandały	die Sandalen
kapcie	die Pantoffeln
adidasy/buty sportowe	die Turnschuhe
korki	die Fußballschuhe
półbuty	die Halbschuhe
kozaki	die Stiefel
trapery	die Bergschuhe
gumowce	die Gummistiefel
zelówka	die Sohle
obcas	der Absatz
sznurowadło/sznurówka	der Schnürsenkel/das Schuhband

butelko|wy Flaschen-; *kolor* flaschengrün; **piwo** *n* **~we** Flaschenbier *n*

butik M (-u; -i) Boutique *f*

butla F (-i; -e) Ballon *m*, Korbflasche *f*; **~ tlenowa** Sauerstoffflasche *f*

butny hochmütig, herrisch

butwieć ⟨**z-**⟩ (3. *Pers* -eje) (ver)modern

bu|zia F (-i; -e; gen -ź od -zi) *dim umg* (*twarz*) Gesicht *n*; (*usta*) *umg* Mäulchen *n*; Schnabel *m*; **dać ~zi** ein Küsschen geben

buziak M (-a; -i) (*całus*) Küsschen *n*

buzować (-uję) prasseln, lodern

by *konj* dass, damit, um … zu; *partikel trybu warunkowego* würde, hätte, wäre; **powiedziała, ~ zadzwonił** sie sagte, dass er anrufen soll; **był zbyt ciekawy, ~ dłużej czekać** er war zu neugierig, um länger zu warten; **i tak ~ nie przyjechał** er wäre sowieso nicht gekommen; **można ~ spróbować jeszcze raz** man könnte es noch einmal versuchen; **napisałbym** ich würde schreiben; ich hätte geschrieben

byc|ie N (-a; bpl): **~ie zdrowym** Gesundsein *n*; **~ie szczęśliwym** Glücklichsein *n*; **sposób** *m* **~ia** (*zachowanie*) Art *f*

by|czek M (-czka; -czki) Bullenkalb *n*; **~czy (-czo)** *pop* toll, stark; **~czy chłop** *m* Mordskerl *m*

byczyć się (-ę) *pop* auf der faulen Haut liegen, herumhängen

być[1*] (*jestem; bądź!*) sein; (*istnieć, występować*) geben (*akk*); (*być do nabycia*) geben (*akk*), vorhanden sein; (*znajdować się*) sein, sich befinden; (*odbywać się*) stattfinden; ~ **z** *(gen)* *(pochodzić)* kommen, sein aus *(dat)*; ~ **do** *(gen)* *(sięgać)* reichen bis zu *(dat)*; **jestem w domu** ich bin zu Hause; **jestem z Polski** ich komme aus Polen; **gdzie są moje notatki?** wo sind meine Notizen?; **czy jest Bóg?** gibt es Gott? **czy jest plan miasta?** gibt es einen Stadtplan?; **czy są bułki?** gibt es Brötchen?; **było dużo słodyczy** es gab viele Süßigkeiten; **jest jeden pociąg w południe** es gibt einen Zug am Mittag; **jest zima** es ist Winter; **co jest na obiad?** was gibt es zu Mittag?; **co jest jeszcze do zrobienia?** was gibt es noch zu tun?; **(jest) już po wszystkim** es ist schon alles vorbei; **jesteśmy po śniadaniu** wir haben schon gefrühstückt; **jestem rowerem** ich bin mit dem Fahrrad; **jest mi smutno** ich bin traurig, mir ist traurig zumute; **co ci jest?** was ist mit dir?, was hast du?; ~ **może** kann sein; **nie może ~!** das kann (doch) nicht sein!; **bądź zdrów!** lebe wohl!; **niech i tak będzie** von mir aus; **co z nim będzie?** was wird mit ihm?; **jest mi głupio** es ist mir peinlich; **jest mi zimno** mir ist kalt; **wszystko jest ~ jak trzeba** alles ist so, wie es sein soll; ~ **na ty** sich duzen; ~ **na pan** sich siezen; ~ **w stanie** (+ *inf*) imstande sein zu (+ *inf*)

być²* *(jestem; bądź!)* sein; **będę pamiętać** *od* **pamiętał** ich werde daran denken; **będziemy do was pisać** *od* **pisali** wir werden euch schreiben; **samochód jest naprawiony** das Auto ist repariert; **było już późno** es war schon spät; **jest ciepło** es ist warm; **jestem szczęśliwy** ich bin glücklich; **jestem zmęczony** ich bin müde; **on jest lekarzem** er ist Arzt; **on jest moim bratem** er ist mein Bruder; **oni są studentami** sie sind Studenten; **kim jest pan z zawodu?** was sind Sie von Beruf?; **kim on dla ciebie jest?** was ist er für dich?

Bydgoszcz F *(-y; bpl)* Bromberg *n*

bydlę N *(-ęcia; -ęta)* Vieh *n* *(a. fig pej)*; **~cy** Vieh-; *fig pej* viehisch, tierisch

bydło N *(-a; bpl)* *koll* (Rind)Vieh *n*; *fig pej* Vieh *n*

byk M *(-a; -i)* Stier *m*; Bulle *m*; ♉ ASTRON Stier *m*; *(błąd)* *umg* grober Fehler *m*; **strzelić** *pf* **~a** *fig* e-n Bock schießen; **stoi jak ~** da steht es schwarz auf weiß; **jestem spod znaku ♉a** ASTRON ich bin Stier; **z ~a spadłeś?** *umg* spinnst du?, bist du verrückt?

byle *partikel* irgendein; *konj* nur um … zu; **~ o tym nie myśleć** nur um nicht daran zu denken; ~ **co** irgendwas; ~ **gdzie** irgendwo; ~ **jak** irgendwie; *pej* ungenau, schlampig; ~ **jaki** irgendein, x-beliebig; *(lichy)* schlecht; ~ **kto** jeder beliebige, irgendjemand; **kłócić się o ~ co** wegen jeder Kleinigkeit streiten; **płakać z ~ powodu** beim geringsten Anlass weinen; **nie ~ jaki** ganz schön, nicht von Pappe; **~by** *konj* damit nur, wenn nur

byli¹ *3. Pers persf prät* sie waren; → być¹; być²

byli² *persf* → były²

bylina F *(-y)* Staude *f*

byliście *2. Pers* PL *prät* ihr wart; → być¹; być²

byliśmy *1. Pers* PL *prät* wir waren; → być¹; być²

był *3. Pers* SG *prät* er war; → być¹; być²

była *3. Pers* SG *prät* sie war; → być¹; być²

byłam *1. Pers* SG F *prät* ich war; → być¹; być²

byłem *1. Pers* SG M *prät* ich war; → być¹; być²

było *3. Pers* SG *prät* es war; → być¹; być²

były¹ *3. Pers sachf prät* sie waren; → być¹; być²

były² *(persf -li²)* ehemalig, Ex-; *umg* verflossen

bynajmniej (nie) durchaus nicht, keineswegs; **~!** keine Spur!

by-pass M *(u.; -y)* MED Bypass *m*

bystro ADV → bystry

bystrość F *(-ści; bpl)*: ~ **umysłu** Scharfsinn *m*, Intelligenz *f*

bystry *(persf -rzy)* **(-ro)** *człowiek* scharfsinnig, intelligent; *odpowiedź* schlagfertig; *nurt* reißend; *oczy, wzrok* scharf

byt M *(-u; -y)* Existenz *f*, Dasein *n*; **stracić** *pf* **rację ~u** seine Daseinsberechtigung verlieren; **~ność** F *(-ści; bpl)* Anwesenheit *f*; Aufenthalt *m*

byto|wy Daseins-; **warunki** *pl* **~we** Lebensbedingungen *pl*

bywać *(-am)* **(u** *gen*) besuchen *(akk)*, verkehren (bei *dat*); **bywa, że …** es kommt vor, dass …; **bywał zazdrosny** er war manchmal eifersüchtig; **bywał w złym nastroju** er hatte oft schlechte Laune

bywalczyni F *(-i; -e)* *salonów mody* Stammkundin *f*; *kawiarni* Stammgast *m*;

~ **teatru** häufige Theaterbesucherin *f*

bywa|lec M (*-lca; -lcy*) (*światowiec*) Mann *m* von Welt; *kawiarni* Stammgast *m*; **~lec teatru** häufiger Theaterbesucher *m*

bywały (*persf -li*) bewandert, erfahren

b.z. (bez zmian) MED ohne Befund

bzdety M/PL (*gen -ów*) *umg pej* Quatsch *m*

bzdu|ra F (*-y*) *umg* Quatsch *m*, Blödsinn *m*; **pleść ~ry** dummes Zeug reden; **~rny** *umg* dumm, albern

bzik M (*-a; bpl*) *umg* Macke *f*, Fimmel *m*; **mieć ~a** e-n Knall haben; **dostać ~a** e-n Knall kriegen, überschnappen; **mieć ~a na punkcie** (*gen*) *umg* abfahren (auf *akk*)

bzy PL → bez²

bzyczeć (*-czę*) summen

C

cackać się (*-am*) *umg* viel Umstände machen (**z** *inst* mit *dat*)

ca|cko N (*-a; gen -cek*) Schmuckstück *n*; **~cy** *umg* goldig, süß

cal M (*-a; -e*) Zoll *m*; **w każdym ~u** durch und durch, ganz und gar

cali PL → cały

calówka F (*-i; gen -wek*) Zollstock *m*

cał|ka F (*-i; gen -łek*) MAT Integral *n*; **~kiem** ADV ganz, vollständig; (*dość*) ziemlich; **~kiem nieźle** gar nicht schlecht

całkowi|ty (-cie) völlig, vollkommen; *suma* gesamt; **mieć ~tą rację** völlig recht haben; **~te zaćmienie** *n* **Słońca** ASTRON totale Sonnenfinsternis *f*

cało ADV heil, unversehrt

całodniowy → całodzienny

całodobowy *sklep, hotel* rund um die Uhr geöffnet, Tag und Nacht geöffnet; *dyżur, telefon* 24-Stunden-

całodzie|nny ganztägig, Tages-; **~nna wycieczka** *f* Tagesausflug *m*, Tagesfahrt *f*; **~nne wyżywienie** *n* Vollpension *f*

całokształt M (*-u; bpl*) Gesamtheit *f*; Gesamtbild *n*; **~ tworczości** Gesamtwerk *n*

cało|nocny die ganze Nacht über dauernd; **~roczny** ganzjährig; **dochód** *m* **~roczny** Jahreseinkommen *n*

całostronnicowy ganzseitig

całościowy (-wo) ganzheitlich

całoś|ć F (*-ści; bpl*) Ganze(s) *n*; Gesamtheit *f*; **w ~ci** als Ganzes; **iść na ~ć** *umg* aufs Ganze gehen

całotygodniowy ganzwöchig; *raport, utarg* von der ganzen Woche, Wochen-

całować ⟨po-⟩ (*-uję*) küssen; **~ w usta** auf den Mund küssen; **~ w rękę k-o** j-m die Hand küssen; **~ się** sich küssen

cał|un M (*-u; -y*) Leichentuch *n*; **~us** M (*-a; -y*) Kuss *m*

ca|ły (*persf -li*) (**-ło**) ganz; (*kompletny*) vollständig; (*zdrów*) heil, unverletzt; (*nieuszkodzony*) ganz, unbeschädigt; **z ~łej siły** mit voller Kraft *od* Wucht; **~łymi godzinami** stundenlang; **na ~ły głos** aus vollem Halse; **na ~ły regulator** in voller Lautstärke; **z ~łego serca** von ganzem Herzen; **~ła przyjemność po mojej stronie** es war mir ein Vergnügen; **~łe szczęście, że ...** ein Glück, dass ...; **~ły tatuś** *umg* ganz der Papa

camping → kemping

cap M (*-a; -y*) Ziegenbock *m*; *umg pej* geiler Bock *m*

capnąć PF (*-nę*) *umg* grapschen, packen (**za** *akk* an *dat*)

capstrzyk M (*-u; -i*) Zapfenstreich *m*

car (*-a; -owie*), **~yca** F (*-y; -e*) HIST Zar(in) *m(f)*; **~ski** HIST Zaren-

cążki PL (*-ów*) (kleine) Zange *f*; **~ do paznokci** Nagelknipser *m*

CD N (*unv*) CD *f*

CD-ROM M (*-u; -y*) CD-ROM *f*

cdn. (ciąg dalszy nastąpi) Fortsetzung folgt

ceb|er: **leje jak z ~ra** es gießt in Strömen

cebul|a F (*-i; -e*) Zwiebel *f*; **~ka** F (*-i; gen -lek*) *dim* Zwiebel *f*; **~ka włosa** ANAT Haarwurzel *f*; **~owy** Zwiebel-

cech M (*-u; -y*) Zunft *f*, Innung *f*

cecha F (*-y*) Merkmal *n*, Eigenschaft *f*; **~ charakteru** Charakterzug *m*

cechować (*-uję*) kennzeichnen, charakterisieren; (*znaczyć*) markieren, stempeln; *przyrząd* eichen; **~ się** sich auszeichnen (*inst* durch *akk*)

cedować ⟨s-⟩ (*-uję*) JUR zedieren, abtreten

cedr M (*-u; -y*) Zeder *m*; **~owy** Zeder-

cedzak M (*-a; -i*) (*sito*) Durchschlag *m*

C

cedzić (-dzę) ⟨**prze-**⟩ *kartofle* durchschlagen; ⟨**wy-**⟩ (*mówić*) zischen; **~ przez zęby** durch die Zähne zischen; **cedzić** *napój* schlürfen, nippen
cegie|lnia F (-i; -e) Ziegelei *f*; **~łka** F (-i; *gen* -łek) *fig* Spende *f*, Beitrag *m*
cegla|ny Ziegel-; **~sty** ziegelrot
cegła F (-y; *gen* -gieł) Ziegel *m*, Backstein *m*; (*książka*) *umg* Wälzer *m*
cekaem M (-u; -y) Maschinengewehr *n*
cekiny M/PL (*gen* -ów) Flitter *m/pl*
cel M (-u; -e; *gen* -ów) Ziel *n*; (*tarcza, obiekt*) Zielscheibe *f*; (*zamierzony skutek*) Zweck *m*; **bez ~u** ziellos; zwecklos; **do ~u** ins *od* ans Ziel; **u ~u** am Ziel; **na ten ~, w tym ~u** zu diesem Zweck; **w ~u** zwecks; **wziąć na ~** aufs Korn nehmen; **mieć na ~u** zum Ziel haben, bezwecken; **~ sam w sobie** Selbstzweck *m*; **~ podróży** Reiseziel *n*; **mijać się z ~em** das Ziel verfehlen
cela F (-i; -e) Zelle *f*; **~ więzienna** Gefängniszelle *f*; **~ śmierci** Todeszelle *f*
celebrować (-uję) *mszę* lesen; *fig* zelebrieren
celem PRÄP *ofic* (*gen*) zwecks
celiakia F (-i; *bpl*) MED Zölliakie *f*, Glutenunverträglichkeit *f*
celibat M (-u; *bpl*) Zölibat *n*
celn|iczka F (-i; *gen* -czek) Zollbeamtin *f*; **~ik** M (-a; -cy) Zollbeamte(r) *m*
cel|ność F (-ści; *bpl*) Treffsicherheit *f*
celny[1] *strzał* genau; *strzelec* treffsicher; *uwaga* treffend
cel|ny[2] Zoll-, zollamtlich; **opłata** *f* **~na** Zollgebühr *f*; **urząd** *m* **~ny** Zollamt *n*; **odprawa** *f* **~na** Zollabfertigung *f*
celofan® M (-u; *bpl*) Zellophan *n*
celować ⟨**wy-**⟩ (-uję) MIL zielen, anlegen (**do** *gen od* **w** *akk* auf *akk*); **celować** sich auszeichnen (**w** *lok* in *dat*)
celownik M (-a; -i) MIL Visier *n*; FOTO Sucher *m*; GRAM Dativ *m*
celowo ADV → celowy
celo|wość F (-ści; *bpl*) Zweckmäßigkeit *f*; **~wy** (**-wo**) absichtlich, gewollt
Celt M (-a; -owie; *gen* -ów) Kelte *m*
celtycki keltisch
celują|cy (**-co**) ausgezeichnet; **~co** mit der Note „sehr gut"
celuloza F (-y; *bpl*) Zellulose *f*
cement M (-u; -y) Zement *m*
cementować ⟨**za-**⟩ (-uję) zementieren; ⟨**s-**⟩ *fig* zusammenschweißen, festigen
cement|ownia F (-i; -e) Zementfabrik *f*; **~owy** Zement-
ce|na F (-y) Preis *m* (*a. fig*); (*wartość*) Wert *m*; **~na kupna** Kaufpreis *m*; **po tej ~nie** zu diesem Preis; **po ~nie obniżonej** zu herabgesetztem Preis; **za wszelką ~nę** um jeden Preis; **za pół ~ny** *adv* zum halben Preis; *fig* spottbillig; **za żadną ~nę** um keinen Preis; **nie mieć ~ny** nicht mit Geld zu bezahlen sein; **być w ~nie** hoch im Kurs stehen
cenić (-ię) schätzen, hoch schätzen; **~ sobie** zu schätzen wissen, hoch schätzen; **~ się** seinen Wert kennen, viel von sich halten
ceniony hoch geschätzt, angesehen
cen|nik M (-a; -i) Preisliste *f*; **~ność** F (-ści; *bpl*) hoher Wert *m*; **~ny** kostbar; (*ważny*) wertvoll
cenowy Preis-
cent M (-a; -y) Cent *m*
centrala F (-i; -e) Zentrale *f*, Zentralstelle *f*, Hauptverwaltung *f*
central|izacja F (-i; *bpl*) Zentralisation *f*; **~ny** zentral, Zentral-; (*główny*) Haupt-; **~ne ogrzewanie** *n* Zentralheizung *f*
centrum N (*unv*; -ra; *gen* -ów) Zentrum *n*; *fig* Mittelpunkt *m*, Zentrum *n*; **~ handlowe** Einkaufszentrum *n*; **~ obliczeniowe** Rechenzentrum *n*
centymetr M (-a; -y; *gen* -ów) Zentimeter *m od n*; (*taśma*) *umg* Zentimetermaß *n*
cenzur|a F (-y) Zensur *f*; **~ka** F (-i; *gen* -rek) Schulzeugnis *n*
cenzurować (-uję) zensieren
cep M (-a; -y) Dreschflegel *m*; *umg pej* Tölpel *m*
ce|ra[1] F (-y; *bpl*) Haut *f*, Teint *m*; **nabrać** *pf* **~ry** eine gesunde Farbe bekommen; **sucha ~ra** trockene Haut *f*; **krem** *m* **do ~ry tłustej** Creme *f* für fettige Haut
cera[2] F (-y) *w pończosze* gestopfte Stelle *f*
cerami|czny keramisch, Keramik-; **~ka** F (-i; *bpl*) Keramik *f*; **~ka szlachetna** Feinkeramik *f*
cerata F (-y) Wachstuch *n*
ceregie|le PL (*gen* -li): **bez ~li** ohne viel Federlesens; **robić ~le** Umstände machen
ceremo|nia F (*gen dat lok* -ii; -e) Zeremonie *f*; (*uroczystość*) Feier *f*, Zeremonie *f*; **bez ~nii** ohne viel Federlesens; **~nialny** zeremoniell
cerkiew F (-kwi; -kwie) orthodoxe Kirche *f*;

wyrażanie chęci

Chciałbym/chciałabym się napić kawy.	Ich hätte gerne einen Kaffee.
Poproszę o kawę.	Einen Kaffee, bitte!
Wolałbym/wolałabym filiżankę kawy.	Ich möchte lieber eine Tasse Kaffee.
(Koniecznie) muszę się napić kawy.	Ich brauche (unbedingt) einen Kaffee.
Dziękuję, nie mam ochoty na kawę.	Danke, ich möchte keinen Kaffee.
Nie chcę kawy.	Ich will keinen Kaffee.
Wolałbym/wolałabym, żebyś nie pił teraz kawy.	Ich möchte, dass du jetzt keinen Kaffee trinkst.

~nosłowiański kirchenslawisch; **~ny** griechisch-orthodox

cerować ⟨**za-**⟩ (*-uję*) *pończochę* stopfen

certować się (*-uję*) *umg* sich zieren; (viel) Umstände machen (**z** *inst* mit *dat*)

certyfikat M (*-u; -y*) Zertifikat *n*; **~ pochodzenia** HANDEL Ursprungszeugnis *n*

cesar|ski kaiserlich, Kaiser-; **~skie cięcie** *n* MED Kaiserschnitt *m*; **~stwo** N (*-a*) Kaisertum *n*, Kaiserreich *n*

cesarz M (*-a; -e*), **~owa** F (*-wej; -we*) Kaiser(in) *m(f)*

cesja F (*-i; -e*) JUR Zession *f*, Abtretung *f*

cetnar M (*-a; -y*) Zentner *m*

cewka F (*-i; gen -wek*) TECH Spule *f*; **~ zapłonowa** Zündspule *f*; **~ moczowa** ANAT Harnröhre *f*

cewnik M (*-a; -i*) MED Katheder *m*

cezar M (*-a; -owie*) HIST Cäsar *m*

cęgi PL (*gen -ów*) Zange *f*

cętk|a F (*-i; gen -tek*) Tupfen *m*, Tüpfelchen *n*; **w ~i** getüpfelt; **~owany** gesprenkelt, getüpfelt

chab|er M (*-bra; -bry*) Kornblume *f*; **~rowy** kornblumenblau

chad|ecja F (*-i; bpl*) *koll* Christdemokraten *pl*; **~ecki** christdemokratisch; **~ek** M (*-a; -cy*) Christdemokrat *m*

chadzać (*-am*): **~ do teatru** öfter ins Theater gehen; **~ na spacery** öfter spazieren gehen

chał|a F (*-y*) *umg pej* Kitsch *m*, Schmiere *f*; **~at** M (*-u; -y*) Kaftan *m*; **~ka** F (*-i; gen -łek*) Hefezopf *m*

chałtura F (*-y*) *pej* Nebenjob *m*

chałup|a F (*-y*) Bauernhaus *n*; *umg* Bude *f*; **~nictwo** N (*-a; bpl*) Hausgewerbe *n*, Heimarbeit *f*

chałupni|k M (*-a; -cy*), **~czka** F (*-i; gen -czek*) Heimarbeiter(in) *m(f)*

chałwa F (*-y*) Halwa *f*

cham M (*-a; -y*) *umg pej* Rüpel *m*, Grobian *m*, Prolet *m*; **~ka** F (*-i; gen -mek*) *umg pej* ordinäre Frau *f*, Proletin *f*

chamski (**po -ku**) rüpelhaft, ordinär, grob; **~stwo** N (*-a*) Rüpelhaftigkeit *f*, Unverschämtheit *f*

chan M (*-a; -owie*) HIST Khan *m*

chand|ra F (*-y; bpl*) *umg* Niedergeschlagenheit *f*; **mieć ~rę** eine depressive Stimmung haben, niedergeschlagen sein

chao|s M (*-u; bpl*) Chaos *n*, Durcheinander *n*; **~tyczny** chaotisch

charakt|er M (*-u; -y*) Charakter *m*; **~er pisma** Handschrift *f*; **bez ~eru** charakterlos; **w ~erze gościa** als Gast; **czarny ~er** Bösewicht *m*

charaktery|styczny charakteristisch; **~styka** F (*-i*) Charakteristik *f*; **~zacja** F (*-i; -e*) TEATR Maske *f*

charakteryzator M (*-a; -rzy*), **~ka** F (*-i; gen -rek*) Maskenbildner(in) *m(f)*

charakteryzować ⟨**s-**⟩ (*-uję*) charakterisieren, beschreiben; ⟨**u-**⟩ TEATR schminken; **charakteryzować** (*wyróżniać*) auszeichnen, kennzeichnen; **charakteryzować się** sich auszeichnen (*inst* durch *akk*)

charczeć (*-ę*) röcheln

charkać (*-am*) ⟨**-knąć**⟩ (*-nę*) *pop* ausspucken

chart M (*-a; -y*) Windhund *m*; **~ afgański** Afghane *m*

chary|tatywny karitativ, wohltätig; **~zma** F (*-y; bpl*) Charisma *n*; **~zmatyczny** charismatisch

chaszcze PL (*-y od -ów*) Dickicht *n*

chata F (*-y*) Hütte *f*, Bauernhaus *n*; *umg* Bude *f*; **wolna ~** *umg żart* sturmfreie Bude *f*

chcia|ny: **~ne dziecko** *n* Wunschkind *n*

chcieć* (*chcę*) wollen; (*życzyć sobie*) mögen, wünschen; **chce mi się** (+ *inf*)

C

ich will *od* möchte (+ *inf*); **chce mi się jeść** ich habe Hunger; **nie chce mi się** ich habe keine Lust; **on chce studiować w Berlinie** er will in Berlin studieren; **ona chce schudnąć** sie will abnehmen; **właśnie chciałam do ciebie zadzwonić** ich wollte dich gerade anrufen; **chcę ci coś powiedzieć** ich will dir etwas sagen; **chcesz jeszcze herbaty?** möchtest du noch Tee?; **jak chcesz!** wie du willst!; **chcąc nie chcąc** wohl oder übel; **chcę, żeby ...** ich will, dass ...; **chciałbym, żeby ...** ich möchte, dass ...

chciwie ADV → chciwy

chciw|iec M (*-wca; -wcy*) *pej* Raffzahn *m*, Geizhals *m*; **~ość** F (*-ści; bpl*) *pej* Habgier *f*, Habsucht *f*

chciwy (**-wie**) *pej* habgierig, habsüchtig; *wzrok* gierig; **~ na pieniądze** geldgierig

chełbia F (*-i; -e*) Qualle *f*

chełpić się (*-ię*) prahlen, sich brüsten (*inst* mit *dat*)

chełpliwie ADV → chełpliwy

chełpli|wość F (*-ści, bpl*) Prahlsucht *f*, Wichtigtuerei *f*; **~wy** (**-wie**) prahlerisch, angeberisch

chemia F (*gen dat lok -ii; bpl*) Chemie *f*; **~ nieorganiczna** anorganische Chemie *f*

chemicz|ka F (*-i; gen -czek*) *umg* (*nauczycielka*) Chemielehrerin *f*; **~ny** chemisch

chemik M (*-a; -cy*) Chemiker *m*; (*kobieta*) Chemikerin *f*; **~alia** PL (*-ów*) Chemikalien *pl*

cherla|k M (*-a; -cy*) *umg* kränklicher Mensch *m*, Schwächling *m*; **~wy** (**-wo**) kränklich, schwächlich, *umg* mickrig

cherubinek M (*-nka; -nki*) MAL Putte *f*, Putto *n*

chę|ć F (*-ci*) Lust *f*, Verlangen *n*; (*zamiar*) Absicht *f*; **mieć ~ć** Lust haben (**do** *gen od* **na** *akk* auf *akk od* zu *dat*); **dobre ~ci** guter Wille; **z miłą ~cią** sehr gern

chęt|ka F (*-i; gen -tek*) Lust *f*, Gelüst *n*; **mieć ~kę** *umg* scharf sein (**na** *akk* auf *akk*); **~nie** ADV gern

chętny eifrig, bereitwillig; **~ do nauki** lerneifrig, lernbegierig; **~ do pomocy** hilfsbereit

chichot M (*-u; -y*) *umg* Gekicher *n*

chichotać (*chichoczę*) kichern

chimery PL (*gen -*) Launen *pl*; **~czny** launenhaft

chinina F (*-y; bpl*) Chinin *n*

Chinka F (*-i; gen -nek*) Chinesin *f*

Chiny PL (*gen Chin*) China *n*

Chińczyk M (*-a; -cy*) Chinese *m*

chiński (**po -sku**) chinesisch

chińszczyzna F (*-y; bpl*) chinesische Sprache *f*, Chinesisch(e) *n*; chinesisches Essen *n*, chinesische Küche *f*; *fig* Kauderwelsch *n*, böhmische Dörfer *pl*

chip [tʃ-] M (*-a; -y*) Chip *m*

chipsy [tʃ-] PL (*gen -ów*) Chips *pl*

chiromancja F (*-i; bpl*) Handlesekunst *f*

chirurg M (*-a; -dzy*) Chirurg *m*; **~ia** F (*gen dat lok -ii; bpl*) Chirurgie *f*; **~ia urazowa** Unfallchirurgie *f*; **~ia plastyczna** plastische Chirurgie *f*; **~iczny** chirurgisch

chlać (*-am od -eję*) *pop* saufen, picheln

chlapa F (*-y*) Regenwetter *n*; Tauwetter *n*

chlapać (*-ię*) ⟨**-nąć**⟩ (*-nę*) (*inst*) (be)spritzen (mit *dat*); **chlapie (deszcz)** *umg* es pinkelt; **chlapać się** planschen

chlastać (*-am od -szczę*) ⟨**-nąć**⟩ (*-nę*) *v/i* klatschen, platschen; V/T ein paar überziehen

chleb M (*-a; -y*) Brot *n*; **~ z masłem** Butterbrot *n*; **zarabiać na ~** sein Brot verdienen; **~ak** M (*-u; -i*) Brotbeutel *m*

chlebodaw|ca M (*-y*), **~czyni** *f* (*-; -e*) Arbeitgeber(in) *m(f)*, *umg* Brotgeber(in) *m(f)*

chlebowy Brot-

chlew M (*-a od -u; -y*) Schweinestall *m*

chlew|ny: **trzoda** *f* **~na** *koll* Schweine *pl*

chlipać (*-ię*) *umg* schluchzen

chlor M (*-u; bpl*) CHEM Chlor *n*; **~ofil** M (*-u; bpl*) BIOL Chlorophyll *n*, Blattgrün *n*; **~owodór** M (*-doru; bpl*) Chlorwasserstoff *m*; **~owy** Chlor-

chlub|a F (*-y; bpl*) Stolz *m*; **być czyjąś ~ą** j-s ganzer Stolz sein

chlubić się (*-ię*) (*inst*) sich rühmen (*gen*), stolz sein (auf *akk*)

chlubny ruhmvoll, glorreich; *świadectwo* glänzend, prächtig

chlupać (*-ię*) ⟨**-nąć**⟩ (*-nę*) *v/i* schwappen, gluckern, platschen; **chlupnąć** *pf* (*inst*) spritzen (mit *dat*); **chlupnąć** *pf* plumpsen (**do** *gen* in *akk*); **~ się** plantschen

chlustać (*-am*) ⟨**-nąć**⟩ (*-nę*) (be)spritzen, begießen; (*tryskać*) hervorschießen, hervorspritzen

chłam M (*-u; bpl*) *umg* Ramsch *m*

chłeptać (*-czę*) *kot* schlabbern, schlecken

C

chłod|ek M (*-dku; -dki*) (angenehme) Kühle *f*; **~nawy (-wo)** kühl, frisch

chłodni|a F (*-i; -e*) Kühlhaus *n*; **~ca** F (*-y; -e*) AUTO Kühler *m*; **~czy** Kühl-

chłod|nik M (*-a; -i*) Gemüsekaltschale *f*; **~ny (-no)** kühl (*a. fig*); **jest ~no** es ist kühl

chłodzą|cy: **napoje** *m/pl* **~ce** Erfrischungsgetränke *n/pl*

chłodziarka F (*-i; gen -rek*) Kältemaschine *f*

chłodzić ⟨**o-**⟩ (*-dzę*) (ab)kühlen; *piwo, wino* kühlen; **lodówka dobrze chłodzi** der Kühlschrank kühlt gut; **~ się** *woda, napój* (sich) abkühlen; *osoba* sich erfrischen

chłodzony *piwo, wino* gekühlt; **~ wodą** wassergekühlt

chłonąć ⟨**w-**⟩ (*-nę*) absorbieren, aufsaugen; *fig* aufnehmen

chło|nność F (*-ści; bpl*) Saugfähigkeit *f*; *fig* Aufnahmefähigkeit *f*; **~nny** absorptiv, saugfähig; *fig* aufnahmefähig; **węzeł** *m* **~nny** ANAT Lymphknoten *m*

chłop M (*-a, dat -u; -i*) Bauer *m*; (*mężczyzna*) (*pl -y*) *umg* Kerl *m*; **~i** *koll* Bauern *pl*; **~aczyna** M (*-y*) *fig* armer Junge *m*

chłop|ak M (*-a; -i od -cy*) *umg* Junge *m*, Bursche *m*; (*partner*) Freund *m*; **to mój ~ak** das ist mein Freund; **~aki** *pl* Jungs *pl*; **~czyk** M (*-a; -i*) kleiner Junge *m*

chłopiec M (*-pca; -pcy*) Junge *m*; **~ na posyłki** Laufbursche *m*; **~ okrętowy** Schiffsjunge *m*

chłop|ięcy (-co) jungenhaft, knabenhaft; *odzież, chór* Knaben-; **~ka** F (*-i; gen -pek*) Bäuerin *f*; **~ski (po -sku)** bäuerlich, Bauern-; **na ~ski rozum** mit dem gesunden Menschenverstand

chłop|orobotnik M (*-a; -cy*) Nebenerwerbslandwirt *m*; **~stwo** N (*-a; bpl*) *koll* Bauern *pl*, Bauerntum *n*

chłos|ta F (*-y*) Prügel *pl*; **kara** *f* **~ty** Prügelstrafe *f*

chłostać ⟨**wy-**⟩ (*-szczę*) auspeitschen; *fig* geißeln

chł|ód M (*-odu; -ody*) Kühle *f*, Kälte *f* (*a. fig*); **~ystek** (*-tka; -tki*) *pej* Schnösel *m*

chmara F (*-y*) *ptaków* Schwarm *m*; *ludzi* Menge *f*, Heer *n*

chmiel M (*-u; bpl*) Hopfen *m*

chmu|ra F (*-y*) Wolke *f*; **~ra deszczowa** Regenwolke *f*; **~rka** F (*-i; gen -rek*) Wölkchen *n*; **~rny** bewölkt, wolkig; *fig* finster, düster

chmurzyć się ⟨**zachmurzyć się**⟩ (*-ę*) sich bewölken; ⟨**nachmurzyć się**⟩ *fig* sich verdüstern, sich verfinstern

choch|la F (*-i; -e, gen -chel*) Kelle *f*; **~lik** M (*-a; -i*) Kobold *m*, Wichtelmännchen *n*; **~lik drukarski** Druckfehlerteufel *m*

chociaż *konj* obgleich, obwohl; *partikel* wenigstens; **~by** *konj* wenn auch; *partikel* wenigstens

Chociebuż M (*-a; bpl*) Cottbus *n*

choć → chociaż

chod|ak M (*-a; -i*) Holzschuh *m*; **~nik** M (*-a; -i*) Bürgersteig *m*, Gehweg *m*; (*dywan*) Läufer *m*

chody *p* (*gen -ów*): **mieć chody** *umg* Beziehungen haben

chodzą|cy *dobroć, cnota* leibhaftig, in Person; **~ca encyklopedia** *f* wandelndes Lexikon *n*

chodzenie N (*-a; bpl*) Gehen *n*

chodzić (*-dzę*) gehen; *pociąg* verkehren; (*działać*) funktionieren; **~** *umg* zusammen sein (**z** *inst* mit *dat*); **~ koło k-o** (*pielęgnować*) j-n pflegen; **~ po** (*akk*) holen (*akk*); **~ po** (*lok*) spazieren gehen (in *dat*); **~ w** (*lok*) tragen (*akk*); **~ po sklepach** einkaufen gehen; **~ po mieście** einen Stadtbummel machen; **~ na spacer** spazieren gehen; **~ do szkoły** die Schule besuchen; **~ do pracy** arbeiten gehen; **~ na palcach** auf Zehenspitzen gehen; **~ pieszo** zu Fuß gehen; **~ o lasce** am Stock gehen; **~ na grzyby** Pilze sammeln gehen; **chodzi o ...** es handelt sich *od* geht um ...; **nie chodzi o ...** es kommt nicht auf ... an; **o co chodzi?** worum geht es?; **jeżeli o mnie chodzi** was mich angeht; **mogący ~** gehfähig

choin|ka F (*-i; -nek*) Weihnachtsbaum *m*; (*zabawa*) Weihnachtsfeier *f*; **dostać pod ~kę** als Weihnachtsgeschenk bekommen

choinko|wy Weihnachtsbaum-; **ozdoby** *f/pl* **~we** Weihnachtsbaumschmuck *m*

chole|ra F (*-y; bpl*) MED Cholera *f*; (*osoba*) blöde Kuh *f*; **~ra (jasna)!** *pop* Scheiße! verdammt noch mal!; **zimno jak ~ra** *pop* es ist saukalt; **po (jaką) ~rę** *pop* wozu, verdammt noch mal; **~ry można dostać** *pop* da kann man die Krise kriegen; **~ra wie** *pop* weiß der Kuckuck; **od ~ry (i trochę)** *pop* verdammt viel

cholerny *pop* verdammt, Scheiß-

C

cholerstwo N (-a) *pop* Mistding *n*, Scheiße *f*
choler|yczny MED Cholera-; *charakter* cholerisch; **~yk** M (-a; -cy) Choleriker *m*
cholesterol M (-u; *bpl*) Cholesterin *n*
cholew|a F (-y), **~ka** *f* (-i; *gen* -wek) Stiefelschaft *m*; **buty** *m/pl* **z ~ami** Schaftstiefel *m/pl*
chomąto N (-a) Kum(me)t *n*
chomik M (-a; -i) Hamster *m*
chomikować (-uję) ⟨**za-**⟩ *umg* hamstern
chorą|giew F (-gwi; -gwie) Fahne *f*; **~giewka** F (-i; *gen* -wek) Fähnchen *n*; **~giewka na dachu** Wetterfahne *f*; **być ~giewką na wietrze** sein Fähnchen nach dem Wind drehen; **~ży** M (-ego; -owie) Fähnrich *m*
choreograficzny choreografisch
choro|ba F (-y) Krankheit *f*; **~ba zakaźna** ansteckende Krankheit *f*, Infektionskrankheit *f*; **~ba popromienna** Strahlenkrankheit *f*; **~ba szalonych krów** BSE *f*, Rinderwahnsinn *m*; **~ba morska** Seekrankheit *f*; **~ba zawodowa** Berufskrankheit *f*; **~ba Heinego-Medina** spinale Kinderlähmung *f*; **~ba umysłowa** Geisteskrankheit *f*; **~ba serca** Herzkrankheit *f*; **nabawić się ~by** sich e-e Krankheit holen; **~ba!** *umg* verdammt!
choro|bliwy (**-wie**) krankhaft (*a. fig*); **~botwórczy** (**-czo**) krankheitserregend; **~bowy** Krankheits-; **zasiłek** *m* **~bowy** Krankengeld *n*
chorobowe *umg* N (-ego; *bpl*) Krankengeld *n*
chorować (-uję) krank sein; **~ na serce** herzkrank sein; **~ na grypę** (die) Grippe haben
chorowici *persf* → chorowity
chorowi|tość F (-ści; *bpl*) Anfälligkeit *f*; **~ty** (*persf* -ci) kränklich, anfällig
Chorwacja F (*gen dat lok* -ii; *bpl*) Kroatien *n*
chorwacki (**po -cku**) kroatisch
Chorwat M (-a; -ci) Kroate *m*; **~ka** F (-i; *gen* -tek) Kroatin *f*
chory[1] (*persf* -rzy) krank; **~ na wątrobę** leberkrank; **~ na serce** herzkrank; **~ na AIDS** aidskrank; **~ umysłowo** geisteskrank
cho|ry[2] M (-ego; -rzy), **~ra** F (-ej; -e) Kranke(r) *m*, *f*
chować (-am) ⟨**s-**⟩ (*ukrywać*) verstecken, verbergen; (*trzymać*) aufbewahren; **~ ręce do kieszeni** die Hände in die Tasche stecken; **~ się** sich verstecken; ⟨**wy-**⟩ *dzieci* großziehen; **~ się** aufwachsen, ⟨**po-**⟩ beerdigen, bestatten; **chować** (*hodować*) halten, züchten; **chować urazę** Groll hegen; **zdrowo się chować** sich gut entwickeln, gedeihen
chowan|y M: **bawić się w ~ego** Versteck spielen
chód M (-odu; -ody) Gang *m*; SPORT Gehen *n*; **być na chodzie** *umg* gut in Schuss sein
chór M (-u; -y) Chor *m*; **~em** *adv* im Chor; **~alny** Chor-; **~ek** M (-rku; -rki) *umg* Background-Sänger *pl*
chórzyst|a M (-y; -ści), **~ka** F (-i; *gen* -tek) Chorsänger(in) *m(f)*, Chorist(in) *m(f)*
chów M (-owu; *bpl*) Haltung *f*, Zucht *f*
chrabąszcz M (-a; -e; *gen* -y) Maikäfer *m*
chrapać (-ię) schnarchen
chrapanie N (-a; *bpl*) Schnarchen *n*
chrap|ka F: **mieć ~kę na** (*akk*) scharf sein auf (*akk*); spekulieren auf (*akk*)
chrapliwy (**-wie**) krächzend, heiser
chrapy PL (*gen* -) Nüstern *pl*
ChRL F (*unv*) (**Chińska Republika Ludowa**) Volksrepublik *f* China
chrobot M (-u; -y) Rumoren *n*; *myszy* Rascheln *n*
chrobotać (-czę) V/I rumoren, knirschen; *mysz* rascheln
chrom M (-u; *bpl*) CHEM Chrom *n*; **~osom** M (-u; -y) BIOL Chromosom *n*
chromować (-uję) verchromen
chromowy Chrom-
chroni|ący Schutz-; **~czny** chronisch
chronić ⟨**o-, u-**⟩ (-ię) schützen; bewahren (**od** *gen*, **przed** *inst* vor *dat*); **~ się** sich schützen; ⟨**s-**⟩ **~ się** sich flüchten, Schutz suchen (**przed** *inst* vor *dat*)
chron|iony geschützt; **~ologiczny** chronologisch
chropawy (**-wo**) *powierzchnia* rau, uneben; *głos* rau
chropowatość F (-ści; *bpl*) Rauheit *f*
chropowaty (**-to**) → chropawy
chrupać ⟨**s-**⟩ (-ię) (*jeść*) knabbern
chrupiący knusprig
chrupki[1] knusprig; **~ chleb** *m* Knäckebrot *n*
chrupki[2] PL (-pek) Erdnussflips *pl*
chr|ust M (-u; *bpl*) Reisig *n*; **~yja** F (-yi; -e) *pop* Stunk *m*, Krach *m*; **~ypka** F (-i; *gen*

-*pek*) Heiserkeit *f*, *umg* Frosch *m* im Hals; **mieć ~ypkę** heiser sein
chrypliwy (-wie) heiser
chrypnąć ⟨**o-**⟩ (-*nę*) heiser werden
chrystianizacja F (-*i*; *bpl*) Christianisierung *f*
Chrys|tus M (-*a*; *vok -sie od Chryste!*; *bpl*) Christus *m*; **przed ~tusem** vor Christo *od* Christus; **~te!** Jesus (Maria)!
chryzantema F (-*y*) Chrysantheme *f*
chrzan M (-*u*; *bpl*) Meerrettich *m*; **być do ~u** *umg* sauschlecht sein
chrzanić (-*ię*) *pop* Stuss reden; **~** (*akk*) (*lekceważyć*) pfeifen auf (*akk*); ⟨**s-**⟩ *pop* verpfuschen; vermasseln; **~ się** *pop* im Eimer sein
chrzanienie N (-*a*; *bpl*) *pop* Blabla *n*, Stuss *m*
chrząkać (-*am*) ⟨**-nąć**⟩ (-*nę*) sich räuspern, hüsteln; *świnia* grunzen
chrząk|anie N (-*a*; *bpl*) Räuspern *n*; *świni* Grunzen *n*, **~nięcie** N (-*a*; *gen -nięć*) Räuspern *n*
chrzą|stka F (-*i*; *gen -tek*) Knorpel *m*; **~szcz** M (-*a*; -*e*) ZOOL Käfer *m*
chrzciciel: **Jan** ♀ REL Johannes der Täufer
chrzcić ⟨**o-**⟩ (-*czę*) taufen
chrz|cielnica F (-*y*; -*e*) Taufbecken *n*; **~ciny** PL (*gen* -) Tauffeier *f*; **~est** M (*czrztu*; *chrzty*) Taufe *f*
chrzest|ny: **matka** *f* **~na** Taufpatin *f*, Patentante *f*; **ojciec** *m* **~ny** Taufpate *m*, Patenonkel *m*; **rodzice** *pl* **~ni** Taufpaten *pl*; **~ny syn** *m* Patensohn *m*, Patenkind *n*; **~na córka** *f* Patentochter *f*, Patenkind *n*
chrześcijan|in M (-*a*; -*anie*; *gen* -), **~ka** F (-*i*; *gen -nek*) Christ(in) *m(f)*
chrześcijańs|ki (po -ku) christlich; **~two** N (-*a*; *bpl*) Christentum *n*
chrześni|aczka F (-*i*; *gen -czek*) Patentochter *f*, Patenkind *n*; **~ak** M (-*a*; -*cy*) Patensohn *m*, Patenkind *n*
chrzęst M (-*u*; -*y*) Knistern *n*, Knirschen *n*
chrzęścić (-*szczę*) *słoma* knistern; *żwir* knirschen; knacken; *zbroja* rasseln
chuch M (-*u*; *bpl*) *umg* Mundgeruch *m*; **przepity ~** *umg* Fahne *f*
chuchać (-*am*) ⟨**-nąć**⟩ (-*nę*) hauchen, pusten; **chuchać (i dmuchać) na** (*akk*) *fig* hegen und pflegen (*akk*)
chuchro N (-*a*) Schwächling *m*
chuderlawy schmächtig, hager, dünn
chudnąć ⟨**s-**⟩ (-*nę*) abmagern, abnehmen
chudo ADV → chudy
chudość F (-*ści*; *bpl*) Magerkeit *f*
chu|dy (-do) dünn, mager; *mleko* fettarm; **~dy jak szczapa** *od* **patyk** spindeldürr
chudzi|elec M (-*lca*; -*lcy od -lce*) *umg* Klappergestell *n*; **~utki** *dim* ganz dünn
chuj (-*a*; -*e*) (*penis*) *vulg* Schwanz *m*
chuligan M (-*a*; -*i*) *pej* Rowdy *m*, Randalierer *m*
chuligaństwo N (-*a*; *bpl*) *pej* Rowdytum *n*
chust|a F (-*y*) Umschlag(e)tuch *n*; **~eczka** F (-*i*; *gen -czek*) *dim* Tüchlein *n*; **~eczka do nosa** Taschentuch *n*; **~eczka higieniczna** Papiertaschentuch *n*, *umg* Tempotaschentuch® *n*; **~ka** F (-*i*; *gen -tek*) Tuch *n*; **~ka na głowę** Kopftuch *n*
chwalebny *lit* rühmlich
chwalić ⟨**po-**⟩ (-*lę*) loben, (an)preisen; **~ się** (*inst*) prahlen, angeben (mit *dat*); stolz sein (auf *akk*); **chwalić sobie** (*akk*) zufrieden sein (mit *dat*)
chwa|lipięta F *od m* (-*y*) *umg* Prahlhans *m*; **~ła** F (-*y*; *bpl*) Ruhm *m*; **~ła Bogu** Gott sei Dank
chwast M (-*u*; -*y*) Unkraut *n*
chwiać (-*eję*) (*inst*) hin und her wiegen, biegen (*akk*); **~ się** schwanken (*a. fig*); *ząb* wackeln
chwiej|ność F (-*ści*; *bpl*) Wanken *n*; *fig* Unbeständigkeit *f*, Wankelmut *m*; **~ny** wack(e)lig, (sch)wankend; *fig* unbeständig, wankelmütig; labil; **~nym krokiem** taumelnd
chwi|la F (-*i*; -*e*) Augenblick *m*, Moment *m*; **~le** *pl* Zeit *f*, Augenblicke *pl*; **~la wytchnienia** Atempause *f*; **~lami** zuweilen, manchmal; **co ~la** immer wieder; **lada ~la** jeden Augenblick; **na ~lę** für e-n Moment *od* Augenblick; **od tej ~li** von jetzt an; **po ~li** nach e-r Weile; **przed ~lą** vor wenigen Augenblicken, soeben; **(przez) ~lę** e-e Weile, e-e Zeit lang; **w danej ~li** in diesem Moment; **w tej ~li** (*właśnie*) gerade jetzt, zur Stunde; **w tej ~li!** sofort!; **za ~lę** gleich, nach (ganz) kurzer Zeit; **z ~lą** (*gen*) im Augenblick (*gen*); **od ~li** (*gen*) seit (*gen*); **w jednej ~li** im Handumdrehen; **nie mieć ~li spokoju** keine ruhige Minute haben
chwilecz|ka F: **~kę!** *int* Moment!

C

chwilka F (-i; -lek) *dim* Weilchen *n*
chwilowy (-wo) momentan, vorübergehend; ADV zurzeit, augenblicklich, momentan
chwycić PF → chwytać
chwyt M (-u; -y) Handgriff *m*; *fig* Kunstgriff *m*, *umg* Trick *m*
chwytać (-am) ⟨**chwycić**⟩ (-cę) *v/t* fassen, packen (**za** *akk* an *dat*); *piłkę* (auf)fangen; V/I (*rozumieć*) begreifen, erfassen; *argument, reklama, pomysł* (gut) ankommen; **chwycił go gniew** Zorn ergriff ihn, der Zorn packte ihn; **mróz chwyta** es friert; **chwytać powietrze** nach Luft schnappen; **~ za pióro** *fig* zur Feder greifen; **~ się** (*gen*) sich festhalten (an *dat*); **~ się za** (*akk*) sich fassen (an *dat*); **~ się nadziei** sich an die Hoffnung klammern; **~ się za głowę** *fig* sich an den Kopf greifen; **chwytać się różnych sposobów** zu verschiedenen Mitteln greifen
chwyt|liwy eingängig; **~ny** Greif-, Fang-
chyba *partikel* wohl; *konj* **~ że** außer wenn, es sei denn, dass; **~ nie** wohl kaum; **no ~!** natürlich!, na klar!
chybcik: **na ~a** *umg* auf die Schnelle
chybiać (-am) ⟨**-ić**⟩ (-ię) vorbeischießen; *cios, pocisk* fehlgehen, danebengehen; **~ celu** das Ziel verfehlen; **na chybił trafił** aufs Geratewohl
chybio|ny misslungen, Fehl-; **~ny strzał** *m* Fehlschuss *m*; **~na decyzja** *f* Fehlentscheidung *f*; **~ne posunięcie** *n* Fehlgriff *m*
chybotać ⟨**za-**⟩ (-czę) *v/t* hin und her bewegen; V/I *kładka* wackeln; *płomień, cień* flackern; **~ się** wackeln, (sich)wanken; *łódka* schaukeln
chybotliwy wackelig; *płomień* flackernd
chylić ⟨**po-, s-**⟩ (-lę) neigen; **~ się** sich neigen
chyłkiem ADV verstohlen, heimlich
chytro ADV → chytry
chytrość F (-ści; bpl) Knauserigkeit *f*, Geiz *m*; (*przebiegłość*) Schläue *f*
chytrus M (-a; -y od -i) *umg* Knauser *m*, Geizhals *m*
chytry (*persf -rzy*) (**-ro**) geizig, knauserig; (*przebiegły*) listig, durchtrieben; (*pomysłowy*) schlau; **~ na pieniądze** geldgierig; **~ uśmiech** *m* verschmitztes Lächeln *n*
chytrzej(szy) *komp* → chytry
chyży (**-żo**) *lit krok* behände; *prąd* reißend

ci[1] PRON *dat* dir; **pomogę ~** ich helfe dir; **wszystko ~ powiem** ich erzähle dir alles; → ty
ci[2] PRON *dem pl persf* diese
ci[3] *partikel*: **a to ~ historia!** *umg* das ist ja ein Ding!; **masz ~ los!** *umg* das ist eine schöne Bescherung!
ciachać (-am) ⟨**-nąć**⟩ (-nę) *umg* schneiden; **~ się** sich schneiden
ciał|ko N (-a; gen -łek) BIOL Körperchen *n*; **czerwone ~ka** *pl* **krwi** rote Blutkörperchen *pl*
cia|ło N (-a) Körper *m*; (*zwłoki*) Leichnam *m*; **~ło niebieskie** ASTRON Himmelskörper *m*; **~ło pedagogiczne** Lehrkörper *m*; **górna część ~ła** Oberkörper *m*; **~ło obce** Fremdkörper *m*; **duszą i ~łem** mit Leib und Seele; **na gołym ciele** auf nackter Haut; **na całym ciele** am ganzen Körper; **opaść z ~ła** *umg* vom Fleisch fallen; **nabrać** *pf* **~ła** Speck ansetzen, fülliger werden
ciamajda F od *m* (-y) *umg* Tollpatsch *m*, Trantüte *f*
ciamkać (-am) *umg* schmatzen
ciap|a F od *m* (-y) *umg* Trantüte *f*, Flasche *f*; **~owaty** *umg* trantütig, tollpatschig
ciarki PL (*gen -rek*) Schauder *m*, Gänsehaut *f*; **przeszły mnie ~** es überlief mich kalt
ciasnawy (-wo) etwas eng
ciasno ADV → ciasny
ciasnota F (-y; bpl) Enge *f*, Beengtheit *f*; **~ umysłu** Engstirnigkeit *f*
ciasny (**-no**) eng; *fig* engstirnig, beschränkt
ciast|ko N (-a; gen -tek) Stück *n* Kuchen; **~ka** *pl* Gebäck *n*, Plätzchen *pl*
ciasto N (-a) Kuchen *m*; (*masa*) Teig *m*; **~ francuskie** Blätterteig *m*
ciaśniej *komp* ADV enger; → ciasno
ciaśniejszy *komp* ADJ enger; → ciasny
ciąć* (-tnę) V/T schneiden; *piłą* sägen; V/I *deszcz, wiatr* peitschen; *komary* stechen; **~ się** *umg* streiten
ciąg M (-u; -i) (*szereg*) Reihe *f*; (*przebieg*) Verlauf *m*; *gęsi, bocianów* Zug *m*; MAT Folge *f*; **~ powietrza** Luftzug *m*; **~ dalszy** Fortsetzung *f*; **w ~u** (*gen*) innerhalb, im Verlauf (*gen*); **w dalszym ~u** weiterhin
ciągać (-am) *umg* mitschleppen; **~ się po sądach** prozessieren
ciągl|e ADV ständig, (an)dauernd; **~iwy** dehnbar, zähflüssig

ciąg|łość F (-ści; bpl) Kontinuität f, Fortdauer f; **~ły** ständig, andauernd; **~ła zabudowa** f dichte Bebauung f

ciągnąć (-nę) V/T ziehen (**za** akk an dat); (wlec) schleppen; (kontynuować) fortsetzen; kable, instalację legen; V/I ziehen; **~ dalej** fortfahren; **~ za sobą** hinter sich herziehen; **tu ciągnie** es zieht hier; **~ za język k-o** j-m aus der Nase ziehen; **~ korzyści** einen Nutzen ziehen (**z** gen aus dat); **~ się** w czasie sich hinziehen; w przestrzeni sich erstrecken, sich ausdehnen

ciągnik M (-a; -i) Schlepper m

ciągoty PL (gen -ot): **mieć ~ do** (gen) umg eine Vorliebe haben (für akk); **mieć ~ do k-o** (pożądać) umg j-n sexuell attraktiv finden

cią|ża F (-y) Schwangerschaft f; u. zwierząt Trächtigkeit f; **być w ~ży** schwanger sein; **być w zaawansowanej ~ży** hochschwanger sein; **zajść** pf **w ~żę** schwanger werden; **przerwać** pf **~żę** abtreiben (lassen)

ciąż|enie N (-a; bpl) Gravitation f, Anziehungskraft f; **~owy** Schwangerschafts-; sukienka, spodnie Umstands-

ciążyć (-ę) schwer sein, drücken; (być dokuczliwym) lästig sein; fig lasten (**na** lok auf dat)

cichaczem unbemerkt; heimlich, verstohlen

cichcem ADV: **wymknąć się ~** sich davonschleichen, sich fortstehlen

cichnąć ⟨**u-**⟩ (-nę; -ł) verstummen; wiatr abflauen, nachlassen

cicho ADV → cichy

cich|obieżny geräuschlos, lautlos; **~utko** ADV dim ganz leise

ci|chy (persf -si) (**-cho, po -chu**) leise; (spokojny) still, ruhig; (tajny) stillschweigend, heimlich; **bądź ~cho!** sei still!; **~cho!** Ruhe!; **~cho, jak makiem zasiał** mucksmäuschenstill

ciebie PRON akk dich; PRON gen deiner; **u ~** bei dir; **bez ~** ohne dich; **od ~** von dir; **nie było ~** du warst nicht da; → ty

ciec* (3. Pers cieknie) fließen, rinnen; (przeciekać) lecken

ciecz F (-y; -e) Flüssigkeit f; **~ka** F (-i; -czek) Läufigkeit f; **mieć ~kę** läufig sein

cieć M (-cia; -cie) umg Hausmeister m

ciekawić (-ię) interessieren, neugierig machen

ciekawie ADV → ciekawy

ciekawost|ka F (-i; gen -tek) interessantes Detail n, Kuriosität f; **~ki** pl Neuigkeiten pl

ciekawo|ść F (-ści; bpl) Neugier f; **przez ~ść** od **z ~ści** aus Neugier

ciekawski (persf -cy) penetrant, aufdringlich

ciekawy (**-wie**) (interesujący) interessant, spannend; **~** (gen) neugierig, gespannt (auf akk); **jestem ~ twoich wrażeń** ich bin gespannt auf deine Eindrücke; **~ jestem, czy ...** ich bin gespannt, ob ...

ciekły flüssig

cieknąć → ciec

cielak M (-a; -i) Kalb n

cielesny (**-śnie**) körperlich

cielę N (-ęcia; -ęta) Kalb n; (ciamajda) umg Flasche f, Trantüte f; **~cina** F (-y; bpl) Kalbfleisch n; **~cy** Kalb(s)-; wzrok stumpf

cielić się ⟨**ocielić się**⟩ (3. Pers -li) krowa, sarna kalben

cielisty hautfarben

ciel|na: **~na krowa** f trächtige Kuh f

ciemi|ączko N (-a; -czek) ANAT Fontanelle f; **~eniucha** F (-y; bpl) MED Milchschorf m

ciemię N (-enia; -iona) ANAT Scheitel m; **nie w ~ bity** umg nicht auf den Kopf gefallen; **~ga** F od m (-i) Trottel m, Tollpatsch m

ciemię|zca M (-y; gen -ów), **~życiel** M (-a; -e; gen -i) lit Unterdrücker m

ciemiężyć (-ę) lit unterdrücken, unterjochen

ciemku: **po ~** im Dunkeln

ciemni|a F (-i; -e) Dunkelkammer f; **~ak** M (-a; -i od -cy) umg pej Hinterwäldler m, umg Depp m, Dummkopf m

ciemnieć ⟨**po-, ś-**⟩ (-eję) dunkel od dunkler werden; niebo sich verdunkeln, sich verfinstern

ciemno[1] ADV → ciemny

ciemno[2] N (-a; bpl) Dunkelheit f

ciemno|blond dunkelblond; **~czerwony** dunkelrot; **~niebieski** dunkelblau; **~skóry** dunkelhäutig

ciemno|ść F (-ści) Dunkelheit f, Finsternis f; **w ~ści** im Dunkeln; **~ta** F (-y; bpl) Unwissenheit f, Ignoranz f; Beschränktheit f; koll umg beschränkte Menschen pl, Hinterwäldler pl; (bzdury) umg Quatsch m, Unsinn m

C

ciemno|włosy dunkelhaarig; **~zielony** dunkelgrün
ciem|ny (-no) dunkel; *(zacofany)* rückständig, beschränkt, ungebildet; *(podejrzany)* finster, zwielichtig; **~ny jak tabaka w rogu** strohdumm; **~ chleb** *m* Schwarzbrot *n*; **robi się ~no** es wird dunkel; **~no, choć oko wykol** es ist stockdunkel; **zrobiło mi się ~no przed oczami** es wurde mir schwarz vor Augen; **w ~no** aufs Geratewohl; **randka** *f* **w ~no** Blind Date *n*
cieniej *komp* ADV dünner; schmaler; → cienki
cieniować *(-uję)* schattieren; *włosy* abstufen
cieniowanie N *(-a; bpl)* Schattierung *f*; *włosów* Abstufung *f*
cienisty (-ście) schattig
cieniutki (-ko) *dim* hauchdünn
cien|ki (-ko) dünn; *(wąski)* schmal; *zupa umg* dünn; **~ko prząść** *umg* knapp bei Kasse sein
cienko|pis *(-u; -y)* Tintenschreiber *m*, Fineliner *m*; **~ść** F *(-ści; bpl)* Dünnheit, *f* Dünne *f*
cienkusz M *(-a; -e)* *umg* Fusel *m*
cie|ń M *(-nia; -nie)* Schatten *m* *(a. fig)*; **~ń do powiek** Lidschatten *m*; **~ń nadziei** Hoffnungsschimmer *m*; **nie mieć ~nia wątpliwości** nicht den leisesten Zweifel haben; **~nie** *pl* **pod oczami** Augenringe *pl*; **wyglądać jak ~ ń** nur noch der Schatten seiner selbst sein
cieńszy *komp* ADJ dünner; schmaler; → cienki
cieplarnia F *(-i; -e; gen -)* Treibhaus *n*, Gewächshaus *n*; **~ny** Treibhaus-, Gewächshaus-; **efekt** *m* **~ny** Treibhauseffekt *m*; **w ~nych warunkach** *fig* wohlbehütet
cieplej *komp* ADV wärmer → ciepło[1]
cieplejszy *komp* ADJ wärmer → ciepły
ciepl|ica F *(-y; -e)* Thermalquelle *f*; **~ny** Wärme-; **pompa** *f* **~na** Wärmepumpe *f*
cieplutki (-ko) *dim* schön warm, mollig warm
ciepławy (-wo) lauwarm
ciepło[1] ADV → ciepły
ciepło[2] N *(-a; bpl)* Wärme *f* *(a. fig)*
ciepłokrwisty ZOOL warmblütig
ciepłota F *(-y; bpl)*: **~ ciała** Körpertemperatur *f*
ciepłownia F *(-i; -e)* Fernheizwerk *n*
ciepł|y (-ło) warm *(a. fig)*; **~e kraje** *pl* der Süden; **~łe kluchy** *pl umg fig* Warmduscher *m*, Schlappschwanz *m*; **robi się ~ło** es wird warm; **trzymaj się ~ło!** lass es dir gut gehen!
ciernik M *(-a; -i)* ZOOL Stichling *m*
ciernio|wy: **korona** *f* **~wa** REL Dornenkrone *f*
ciernisty dornig; *życie* dornenreich
cier|ń M *(-nia; -nie; gen -ni)* Dorn *m*, Stachel *m*; **~nie** *pl* Dornbusch *m*
cierpiący leidend (**na** *akk* an *dat*); **~ na chorobę morską** seekrank; **nie ~ zwłoki** unaufschiebbar, dringend
cierpieć *(-ę)* leiden; **~ na** *(akk)* MED leiden an *(dat)*; **~ na** *(akk) fig* leiden unter *(dat)*; **~ głód** Hunger leiden; **nie ~** *(gen)* nicht ausstehen können *(akk)*; verabscheuen *(akk)*; **~ z powodu** *(gen)* leiden unter *(dat)*; ⟨**u-**⟩ *(doznawać szkody)* leiden (unter *dat*), in Mitleidenschaft gezogen werden
cierpienie N *(-a)* Leiden *n*, Schmerz *m*
cierpki (-ko) herb; *mina* säuerlich; *powitanie* kühl, unfreundlich
cierpliwie ADV → cierpliwy
cierpliwość F *(-ści; bpl)* Geduld *f*; **uzbroić się w ~** sich in Geduld fassen
cierpliwy (-wie) geduldig
cierpnąć ⟨**ś-**⟩ *(-nę)* *(drętwieć)* taub werden, *umg* einschlafen; **skóra mi cierpnie** mir läuft es kalt den Rücken hinunter
ciesielski Zimmermanns-
cieszyć ⟨**u-**⟩ *(-ę)* freuen, erfreuen; **~ się** sich freuen (**z** *gen* über *akk*); **cieszył się z listu** er freute sich über den Brief; **cieszyć się na** *(akk)* sich freuen auf *(akk)*; **cieszę się na spotkanie** ich freue mich auf das Treffen; **cieszy mnie, że ...** es freut mich, dass ...; **cieszę się, że ...** ich freue mich, dass ...; **cieszyć się zdrowiem** sich guter Gesundheit erfreuen; **cieszyć się powodzeniem** großen Erfolg haben; **cieszyć się szacunkiem** Ansehen genießen; **cieszyć się życiem** das Leben genießen
cieś|la M *(-i; -e)* Zimmermann *m*; **~nina** F *(-y)* Meerenge *f*
cietrzew M *(-wia; -wie)* Birkhahn *m*
cię PRON *akk* dich; PRON *gen* deiner; **kocham ~** ich liebe dich; **nie było ~ wczoraj** du warst gestern nicht da; **zapraszam ~ na urodziny** ich lade dich zum Geburtstag ein; → ty
cię|cie N *(-a; gen -ęć)* Schnitt *m*; *(rana)*

Schnittwunde *f*; **cesarskie ~cie** MED Kaiserschnitt *m*; **~cia** *pl* Kürzungen *pl*; **~cia** *pl* **w budżecie** Budgetkürzungen *pl*
cię|ciwa F (-y) Bogensehne *f*; **~gi** PL (*gen* -ów) *umg* e-e Tracht Prügel, Schläge *pl*
cię|ty *uwaga* spitz, bissig; (*bystry*) schlagfertig; **~ty język** *m* scharfe Zunge *f*; **rana** *f* **~ta** Schnittwunde *f*; **kwiaty** *f/pl* **~te** Schnittblumen *f/pl*; **być ~tym** (**na** *akk*) *umg* nicht gut zu sprechen sein (auf *akk*)
ciężar M (-u; -y) Gewicht *n*; Last *f* (*a. fig*); **być ~em** (**dla** *gen*) zur Last fallen (*dat*); **~ spadł mi z serca** mir ist ein Stein vom Herzen gefallen; **podnoszenie** *n* **~ów** SPORT Gewichtheben *n*
ciężarek M (-rka; -rki) Gewicht *n*; *przy wędce* Angelblei *n*
ciężarna[1] *kobieta* schwanger; *samica* trächtig
ciężarn|a[2] F (-nej; -ne) Schwangere *f*; **dla ~ych** für Schwangere
ciężarowy: **samochód** *m* **~** Lastwagen *m*
ciężarówka F (-i; *gen* -wek) *umg* Laster *m*, Lkw *m*
cięż|ki (**-ko**) schwer; (*trudny*) schwierig; (*zawiły*) schwerfällig; **za ~kie pieniądze** *umg* für eine Menge Kohle; **~ki kawałek** *m* **chleba** *fig* ein hartes Brot; **~ko chory** schwer krank; **~ko ranny** schwer verletzt; **~ko strawny** schwer verdaulich; **jest mi ~ko na duszy** mir ist traurig zumute
ciężkoś|ć F (-ści; *bpl*) *ruchów* Schwerfälligkeit *f*; **punkt** *m* **~ci** FIZ Schwerpunkt *m*; **siła** *f* **~ci** FIZ Schwerkraft *f*
ciocia F (-i; -e) Tante *f*
cios M (-u; -y; *gen* -ów) Hieb *m*; *fig* Schlag *m*; **~y** PL (*kły*) Stoßzähne *pl*; **~ poniżej pasa** *fig* ein Schlag unter der Gürtellinie
ciosać ⟨**o-**⟩ (-*am*) behauen
ciota F (-y) (*homoseksualista*) *pop pej* Tunte *f*, Schwuchtel *f*
ciotecz|ny: **brat** *m* **~ny** Cousin *m*; **siostra** *f* **~na** Cousine *f*
ciotka F (-i; *gen* -tek) Tante *f*
cipa F (-y) *vulg* Fotze *f*
cipka F (-i, -pek) *umg* Pussi *f*; (*kobieta*) Tussi *f*
cis M (-a; -y) Eibe *f*; (*drewno*) (-u) Eibenholz *n*
cisi *persf* → cichy
ciskać (-*am*) ⟨**-nąć**[1]⟩ (-*nę*) werfen, schleudern; **ciskać się** toben, sich aufregen
cisnąć[2] (-*nę*) (*uwierać*) drücken; **~ się** sich drängen
ci|sza F (-y; *bpl*) Stille *f*; (*bezwietrzna pogoda*) Windstille *f*; **~sza radiowa** Funkstille *f*; **proszę o ~szę!** Ruhe bitte!
ciszej ADV *komp* leiser; stiller; → cicho
ciśnienie N (-a): **~ powietrza** Luftdruck *m*; **~ krwi** Blutdruck *m*
ciśnieniomierz M (-a; -e) Druckmesser *m*
ciuch|cia F (-i; -e) *umg* Bummelzug *m*; **~land** M (-u; -y) *umg* Secondhandladen *m*
ciuchy M/PL (*gen* -ów) *umg* Klamotten *pl*
ciuciubab|ka F: **bawić się w ~kę** Blindekuh spielen
ciułać ⟨**u-**⟩ (-*am*) zusammensparen
ciupa F (-y) *umg* Knast *m*; (*mieszkanie*) Loch *n*; **~ga** F (-i) Bergstock *m* mit Haue
ciurkiem ADV: **płynąć ~** rinnen, fließen
ciut ADV *umg* ein bisschen
ci|zia F (-i; -e) *umg* Schickse *f*, Tussi *f*; **~żba** F (-y) Menschenmenge *f*, Gedränge *n*
ckliwy (**-wie**) rührselig, sentimental
clić ⟨**o-**⟩ (-*lę*, *clij!*) verzollen
cło N (*cła*; *gen ceł*) Zoll *m*; **wolny od cła** zollfrei; **podlegający cłu** zollpflichtig
cment|arny Friedhofs-; **~arz** M (-a; -e) Friedhof *m*; *przy kościele* Kirchhof *m*
cmentarzysko N (-a) Gräberfeld *n*; **~ samochodów** Autofriedhof *m*
cmokać (-*am*) ⟨**-nąć**⟩ (-*nę*) schnalzen; (*całować*) *umg* küssen, einen Kuss geben
cno|ta F (-y) Tugend *f*; (*dziewictwo*) Jungfräulichkeit *f*; **pas** *m* **~ty** HIST Keuschheitsgürtel *m*
cnotliwy (**-wie**) keusch
c.o. (**centralne ogrzewanie**) Zentralheizung *f*, ZH *f*
co PRON (*gen czego, dat czemu, inst lok czym*) was; *umg* (*który*) welche(r); *umg* (*jak*) wie; *F* (*dlaczego*) was; **~ (to) za** was für (ein), welch; **~ słychać?** wie geht's?; **~ to jest?** was ist das?; **~ innego** etwas anderes; **~ do** bis auf; **~ do mnie** was mich betrifft; **~ mu jest?** was hat er (denn)?; **czego chcesz?** was willst du?; **w razie czego** falls etwas schiefgeht; **czym mogę służyć?** was wünschen Sie?, kann ich Ihnen helfen?; **o czym** wovon; **nie ma ~** es hilft nichts; **~ tam** ach, egal; **jeszcze ~!** *iron* was noch nicht alles!; PRÄP (*unv*) jeden, jede, jedes; alle; **~ tydzień** jede Woche; **~ wieczór** jeden Abend; **~ krok**

C

alle paar Schritte; ~ **drugi dzień** alle zwei Tage; *partikel* (*unv*) ~ **najwyżej** höchstens; **mało** ~ kaum was; ~ **dopiero** geschweige denn; ~ **niemiara** in Hülle und Fülle; ~ **bądź** irgendetwas; ~ **nieco** ein wenig, ein bisschen; ~ **prawda** zwar; ~ **(i) rusz** immer wieder; ~ **tu jest grane?** *umg* was ist hier los?, was spielt sich hier ab?; ~ **takiego?** wie bitte?, habe ich richtig gehört?; ~ **było robić** was konnte man bloß tun; ~ **się tyczy** (*gen*) was anbetrifft, was anbelangt (*akk*); ~ **z tego?** na und?

codzie|nnie ADV täglich, jeden Tag; **~nność** (*-ści; bpl*) Alltag *m*, Alltäglichkeit *f*

codzie|nny *zakupy, gimnastyka* täglich; *gazeta, wiadomości* Tages-; (*powszedni*) alltäglich; **życie** *n* **~nne** Alltag *m*

cofać (*-am*) ⟨**-nąć**⟩ (*-nę*) *rękę* zurückziehen; *obietnicę, zlecenie* zurücknehmen, widerrufen; AUTO rückwärtsfahren; *zegar* zurückstellen; ~ **się** zurückgehen, zurücktreten; zurückweichen (**przed** *inst* vor *dat*); MIL sich zurückziehen; MED zurückgehen; **cofnąć** *pf* **zamówienie** (**na** *akk*) abbestellen (*akk*); **nie** ~ **się** nicht zurückschrecken (**przed** *inst* vor *dat*)

cof|anie się N (*-a; bpl*) MIL Rückzug *m*; MED Rückbildung *f*; **~nięcie** N (*-a; bpl*) *podania* Zurücknahme *f*; *stypendium* Aberkennung *f*; *zarządzenia* Widerruf *m*; **~nięcie się** Zurücktreten *n*; *fig* Rückschritt *m*

cogodzinny stündlich

cokolwiek PRON irgendetwas; was auch immer; ADV etwas, ein bisschen; **powiedz ~!** sag irgendetwas!; ~ **robił, myślał o niej** was auch immer er tat, dachte er an sie

cokół M (*-ołu; -oły*) Sockel *m*

comber M (*-bra; -bry*): ~ **sarni** KULIN Rehrücken *m*

co|miesięczny allmonatlich; **~nocny** allnächtlich

coraz immer wieder, ständig; ~ **cieplej** immer wärmer; ~ **więcej** immer mehr; ~ **lepiej** immer besser; ~ **bardziej** immer mehr; ~ **to** immer wieder

coroczny alljährlich

coś PRON (*gen czegoś, dat czemuś, akk coś, inst lok czymś*) etwas, *umg* was; ~ **takiego!** (nein,) so etwas!, nicht zu fassen!; ~ **w rodzaju** so etwas (Ähnliches) wie; ~ **mocniejszego** (*wódka*) etwas Härteres; ~ **w tym jest** es steckt etwas dahinter; ~ **niecoś** Kleinigkeit *f*, Winzigkeit *f*

cotygodniowy allwöchentlich

cór|eczka F (*-i; gen -czek*) *dim* Töchterchen *n*; **~ka** F (*-i; gen -rek*) Tochter *f*

cóż PRON *lit*: **no i ~?** na und?; ~ **dopiero** und erst (recht); geschweige denn; → co

cuchnąć (*-nę*) (*inst*) übel riechen, *umg* stinken (nach *dat*)

cucić ⟨**o-**⟩ (*-cę*) (wieder) zu sich bringen

cud M (*-u; -a, -ów*) Wunder *n* (*a.* REL); **~em** (wie) durch ein Wunder; **jakim ~em** wie um alles in der Welt; **to istny ~!** das ist ein wahres Wunder!; **kraina** *f* **~ów** Wunderland *n*

cud|aczny wunderlich, sonderbar, komisch; **~ak** M (*-a; -cy od -ki*) Sonderling *m*, Kauz *m*; **~ny** wunderschön, wundervoll

cudo N (*-a*) Wunderding *n*; **~twórca** M (*-y*) Wundertäter *m*

cudownie ADV wunderbar, herrlich; (*cudem*) wunderbar, auf wunderbare Weise

cudow|ny wundertätig; (*piękny*) wunderbar, herrlich; **~ne dziecko** *n* Wunderkind *n*

cudzes M (*-a; -y*) *umg* geschnorrte Zigarette *f*; **palić ~y** *umg* schnorren

cudzołożyć (*-ę*): **nie cudzołóż** REL du sollst nicht ehebrechen

cudzołóstwo N (*-a*) *lit* Ehebruch *m*

cudzoziem|iec M (*-mca; -mcy*), **~ka** F (*-i; gen -mek*) Ausländer(in) *m(f)*

cudzoziems|ki (**po -sku**) fremdländisch, ausländisch; **legia** *f* **~ka** Fremdenlegion *f*

cudzy fremd; **~słów** M (*-owu; -owy, -owów*) Anführungszeichen *pl*; **w ~słowie** in Anführungszeichen

cugl|e PL (*gen -i*) Zügel *pl*; **trzymać w ~ach k-o** j-n kurzhalten

cukier M (*-kru; -kry*) Zucker *m*; ~ **w kostkach** Würfelzucker *m*; ~ **puder** *m* Puderzucker *m*; ~ **waniliowy** Vanillezucker *m*

cukiere|k M (*-rka; -rki*) Bonbon *m od n*; **~nka** F (*-i; gen -nek*) *dim* Konditorei *f*

cukiern|ia F (*-i; -e, -i*) Konditorei *f*; **~ica** F (*-y; -e*) Zuckerdose *f*; **~ik** M (*-a; -cy*) Konditor *m*, Zuckerbäcker *m*

cukinia F (*gen dat lok -ii; -e*) Zucchini *f*

cukro|wnia F (*-i; -e*) Zuckerfabrik *f*; **~wy** Zucker-; **trzcina** *f* **~wa** Zuckerrohr *n*

cukrzyca F (-y; bpl) Zuckerkrankheit *f*, Diabetes *m*
cukrzyć ⟨**po-**⟩ (-ę) zuckern
cukrzyk M (-a; -cy) *umg* Zuckerkranke(r) *m*; (*kobieta*) Zuckerkranke *f*
cuma F (-y) Trosse *f*
cumować ⟨**za-**⟩ (-uję) MAR *v/t* festmachen; V/I anlegen
cwał M (-u; bpl) Galopp *m*; **~em** im Galopp
cwałować ⟨**po-**⟩ (-uję) galoppieren
cwani|actwo N (-a; bpl) *umg* Gewieftheit *f*, Gerissenheit *f*; **~ak** M (-a; -cy od -i) *F* + Schlawiner *m*, Schlitzohr *n*
cwany *umg* gewieft, gerissen; **to ~ lis** er ist ein schlauer Fuchs
cyb|org M (-a; -i) *umg* Androide *m*; **~uch** M (-a; -y) Pfeifenrohr *n*
cyc|ek M (-cka; -cki) *maciory* Zitze *f*; **~ki** *pl vulg* Titten *pl*
cyf|erblat M (-u; -y) Zifferblatt *n*; **~ra** F (-y) Ziffer *f*, Zahl *f*; **~rowy** Zahlen-; digital
Cygan M (-a; -anie) *neg!* Zigeuner *m*
cyganeria F (*gen dat lok -ii; bpl*) Boheme *f*
cyganić (-ię) *umg* schummeln, schwindeln
Cyganka F (-i; *gen -nek*) *neg!* Zigeunerin *f*
cygańs|ki zigeunerhaft; *muzyka, obóz* Zigeuner-; **~kie życie** *n fig* Zigeunerleben *n*; **po ~ku** *adv* zigeunerhaft
cyga|rniczka F (-i; *gen -czek*) Zigarettenspitze *f*; **~ro** N (-a) Zigarre *f*
cyjanek M (-nku; -nki) *umg* Zyankali *n*
cyk: **być na ~u** *umg* einen intus haben
cykać (-am) ⟨**-nąć**⟩ (-nę) *zdjęcia umg* knipsen; V/I *zegar* ticken; *konik polny* zirpen; **cykać się** *umg* Bammel haben
cykada F (-y) Zikade *f*
cykl M (-u; -e) Zyklus *m*; (*seria*) Reihe *f*; **~ miesięczny** BIOL Monatszyklus *m*
cykl|amen M (-u; -y) Alpenveilchen *n*; **~iczny** zyklisch
cykli|na F (-y) Ziehklinge *f*; **~niarka** F (-i; *gen -rek*) Schleifmaschine *f*
cyklinować ⟨**wy-**⟩ (-uję) *podłogę* abziehen
cyklon M (-u; -y) METEO Zyklon *m*, Wirbelsturm *m*
cyknąć PF → cykać
cyko|r M (-a; -y) *umg* Angsthase *m*; **mieć ~ra** *umg* Bammel haben; **~ria** F (*gen dat lok -ii; -e*) BOT, KULIN Zichorie *f*; (*sałatka*) Chicoree *m*, Schikoree *m*
cykuta F (-y) BOT Schierling *m*
cylind|er M (-dra; -dry) TECH Zylinder *m*; (*kapelusz*) Zylinder(hut) *m*; **~rowy** Zylinder-; **~ryczny** zylindrisch, zylinderförmig
cymb|ał M (-a; -y) *umg pej* Trottel *m*, Einfaltspinsel *m*; **~ły** PL (*gen -ów*) MUS Zimbal *n*, Hackbrett *n*; **~łki** PL (*gen -ów*) (*instrument*) Glockenspiel *n*
cyna F (-y; bpl) Zinn *n*; *do lutowania* Lötzinn *n*; **~derki** F/PL (-rek) KULIN Nieren *f/pl*
cynamon M (-u; bpl) Zimt *m*; **~owy** Zimt-; *kolor* zimtfarben
cyn|folia F (*gen dat lok -ii; bpl*) Stanniol *n*; **~giel** M (-gla; -gle) (*spust*) Abzug *m*
cyn|iczny zynisch; **~ik** M (-a; -cy) Zyniker *m*; **~izm** M (-u; bpl) Zynismus *m*
cynk M (-u; bpl) CHEM Zink *n*; **dać ~ k-u** *umg* j-m einen Wink geben, j-n wissen lassen
cynkować ⟨**o-**⟩ (-uję) verzinken
cyn|kowy Zink-; **~ober** M (-bru; bpl) (*kolor*) Zinnoberrot *n*
cynować ⟨**o-**⟩ (-uję) verzinnen
cypel M (-pla; -ple; *gen -pli od -plów*) Landzunge *f*, Kap *n*; (*szczyt*) Spitze *f*
Cypr M (-u; bpl) Zypern *n*
cypryjski zypr(iot)isch, Zypern-
cyprys M (-u; -y) Zypresse *f*
cy|ranka F (-i; *gen -nek*) Knäkente *f*; **~rk** M (-u; -i) Zirkus *m* (*a. fig*)
cyrk|iel M (-kla; -kle) Zirkel *m*; **~on** M (-u; -y) (*kamień*) Zirkon *m*
cyrkowiec M (-wca; -wcy) *umg* Zirkusartist *m*
cyr|kowy Zirkus-, zirzensisch; **~kówka** F (-i; *gen -wek*) *umg* Zirkusartistin *f*
cyrkulacja F (-i; -e) Zirkulation *f*, Kreislauf *m*
cyrkulować (-uję) zirkulieren
cyrograf M (-u; -y) *fig* Pakt *m* mit dem Teufel
cyrylica F (-y; bpl) kyrillische Schrift *f*, Kyrilliza *f*
cyst|a F (-y) MED Zyste *f*; **~erna** F (-y) Zisterne *f*, Tank *m*
cysterski Zisterzienser-
cyt INT: **~!** pst!
cyt|adela F (-i; -e) Zitadelle *f*; **~at** M (-u; -y) Zitat *n*
cytolog|ia F (-ii; bpl) Zytologie *f*, Zellenlehre *f*; **~iczny** zytologisch; **wymaz** *m* **~iczny** MED Abstrich *m*

C

cytować ⟨**za-**⟩ (*-uję*) zitieren
cytruso|wy: **owoce** *m/pl* **~we** Zitrusfrüchte *f/pl*
cytryn|a F (*-y*) Zitrone *f*; **~ek** M (*-nka*; *-nki*) ZOOL Zitronenfalter *m*; **~owy** Zitronen-; *kolor* zitronengelb; **~ówka** F (*-i*; *gen -wek*) Zitronenschnaps *m*
cywil M (*-a*; *-e*; *gen -ów*) Zivilist *m*; **w ~u** *od* **po ~nemu** *umg* in Zivil
cywiliz|acja F (*-i*; *-e*) Zivilisation *f*; **~acyjny** Zivilisations-, zivilisatorisch; **~owany** zivilisiert
cywil|ny zivil; JUR zivilrechtlich, privatrechtlich; **stan** *m* **~ny** Familienstand *m*; **urząd** *m* **stanu ~nego** Standesamt *n*; **wziąć** *pf* **ślub ~ny** standesamtlich heiraten; **odwaga** *f* **~na** Zivilcourage *f*; **obrona** *f* **~na** Zivilschutz *m*; **odpowiedzialność** *f* **~na** JUR Haftpflicht *f*; **prawo** *n* **~ne** JUR Privatrecht *n*, bürgerliches Recht *n*
cz. (*część*) Teil *m*
czad M (*-u*; *bpl*) CHEM Kohlenmonoxyd *n*; (*woń spalenizny*) Brandgeruch *m*; **więcej ~u!** *umg* mehr Power!
czaić się ⟨**zaczaić się**⟩ (*-ję*): **~ na k-o** j-m auflauern, auf j-n lauern; **czaić się** *fig* lauern; **czaić się** *umg* zögern, sich nicht trauen
czaj|ka F (*-i*; *gen -jek*) ZOOL Kiebitz *m*; **~nik** M (*-a*; *-i*) Wasserkessel *m*
czambuł: **potępiać w ~** in Bausch und Bogen verurteilen
cza|pa F (*-y*) (Pelz)Mütze *f*; **~pa śniegu** Schneedecke *f*; **dostać w ~pę** *umg* eins auf den Deckel kriegen; **~peczka** F (*-i*; *gen -czek*) *dim* Mützchen *n*, Käppchen *n*
czap|ka F (*-i*; *gen -pek*) Mütze *f*, Kappe *f*; **~ka z daszkiem** Schirmmütze *f*; **~ka niewidka** Tarnkappe *f*; **~la** F (*-i*; *-e*) ZOOL Reiher *m*
cza|r M (*-u*; *-y*) Zauber *m*; (*urok*) Reiz *m*, Bann *m*; **~ry** *pl* Zauberei *f*, Hexerei *f*; **rzucić ~ry na k-o** j-n verhexen
czara F (*-y*) Pokal *m*, Trinkschale *f*
czarci Teufels-, teuflisch
czarniusieńki (**-ko**) *dim umg* pechschwarz
czarno ADV → czarny
Czarnogóra F (*-y*; *bpl*) Montenegro *n*
czarno|księżnik M (*-a*; *-cy*) Hexenmeister *m*, Magier *m*; **~oki** schwarzäugig; **~morski** Schwarzmeer-
czarno|rynkowy Schwarzmarkt-; **~skóry** dunkelhäutig; **~włosy** schwarzhaarig
czarn|oziem M (*-u*; *-y*) (Steppen)Schwarzerde *f*; **~uch** M (*-a*; *-y*) *neg!* Neger *m*
czar|ny[1] (**-no**) schwarz; (*smutny*) düster; **~na rozpacz** *f* tiefe Verzweiflung *f*; **~ne myśli** *pl* düstere Gedanken *pl*; **~na ospa** *f* Pocken *pl*; **~na robota** *f* Drecksarbeit *f*; **~ny rynek** *m* Schwarzmarkt *m*; **~na skrzynka** *f* LOT Flugschreiber *m*; **~na dziura** *f* ASTRON schwarzes Loch *n*; **~na jagoda** *f* Blaubeere *f*; **~na porzeczka** *f* Schwarze Johannisbeere *f*; **mała ~na** ein Tässchen schwarzer Kaffee; *austr* kleiner Brauner *m*; **~na herbata** *f* schwarzer Tee *m*; **na ~ną godzinę** für den Notfall; **ubierać się na ~no** sich schwarz kleiden; **~no na białym** schwarz auf weiß; **pracować na ~no** schwarzarbeiten
czarny[2] M (*-ego*; *-ni*), **~na** F (*-ej*; *-ne*) Schwarze(r) *m*, *f*
czarodziej M (*-a*; *-e*; *gen -ów*) Zauberer *m*; **~ka** F (*-i*; *gen -jek*) Zauberin *f*; **~ski** Zauber-, **~stwo** N (*-a*; *bpl*) Zauberei *f*
czarować ⟨**o-**⟩ (*-uję*) (*olśniewać*) verzaubern; **czarować k-o** *umg* j-m etwas vormachen, j-n beschwindeln; **czarować** (*uprawiać czary*) zaubern, hexen; **czarować się** *umg* sich etwas vormachen
czarow|nica F (*-y*; *-e*) Hexe *f*; **~nik** M (*-a*, *-cy*) Zauberer *m*; (*szaman*) Medizinmann *m*; **~ny** zauberhaft
czart M (*-a*, *dat -u*; *-ci od -y*) *lit* Teufel *m*, Satan *m*
czarter M (*-u*; *-y*) Charterflug *m*
czarterować (*-uję*) chartern
czarterowy Charter-
czarujący (**-co**) bezaubernd
czas M (*-u*; *-y*) Zeit *f*; **~ miejscowy** Ortszeit *f*; **~ gry** Spielzeit *f*; **~ odjazdu** Abfahrtszeit *f*; **wolny ~** Freizeit *f*; **~ pracy** Arbeitszeit *f*; **~** (*+ inf*) (es ist) Zeit zu …; **mieć ~ na** (*akk*) Zeit haben für (*akk*); **brak** *m* **~u** Zeitmangel *m*; **~ przeszły** GRAM Präteritum *n*; **~ przyszły** GRAM Futur *n*; **~ teraźniejszy** GRAM Präsens *n*; **jakiś ~** e-e Zeit lang; **co jakiś** *od* **pewien ~**, **od ~u do ~u** von Zeit zu Zeit, hin und wieder; **do pewnego ~u** e-e Zeit lang, gewisse Zeit; **na ~**, **w ~** rechtzeitig; **na ~ie** zeitgemäß, aktuell; **od ~u (jak)** seit (*gen*); **od tego ~u** seitdem, seit dieser Zeit; **po ~ie** zu spät; **przed ~em** vorzeitig; **w ~ie** (*gen*) während (*gen*); **w**

C

Która godzina?

1.00	godzina pierwsza	ein Uhr
	pierwsza	eins
2.10	druga dziesięć	zwei Uhr zehn
	dziesięć po drugiej	zehn (Minuten) nach zwei
2.15	druga piętnaście	zwei Uhr fünfzehn
	kwadrans po drugiej/piętnaście po drugiej	Viertel nach zwei/Viertel drei
2.30	druga trzydzieści	zwei Uhr dreißig
	(w)pół do trzeciej	halb drei
2.45	druga czterdzieści pięć	zwei Uhr fünfundvierzig
	za kwadrans trzecia/za piętnaście trzecia	Viertel vor drei/drei Viertel drei
2.50	druga pięćdziesiąt	zwei Uhr fünfzig
	za dziesięć trzecia	zehn (Minuten) vor drei

krótkim ~ie in Kürze; **swego ~u** seinerzeit; **z ~em** mit der Zeit; **za moich ~ów** zu meiner Zeit; **~ami** *od* **~em** manchmal, ab und zu; **~em nie** (*przypadkiem*) vielleicht, zufällig; **~, by** (+ *inf*) es ist Zeit, um … zu (+ *inf*); **to kwestia ~u** das ist eine Frage der Zeit; **szkoda ~u** es ist schade um die Zeit, das ist Zeitverschwendung

czaso|chłonny zeitraubend, zeitaufwendig; **~pismo** N (*-a*) Zeitschrift *f*

czaso|wnik M (*-a; -i*) Verb *n*; **~wo** ADV vorläufig, zeitweilig; **~wy** Zeit-, zeitlich

czaszka F (*-i; gen -szek*) ANAT Schädel *m*; **trupia ~** Totenkopf *m*

czat M (*-u/-a; -y*) EDV Chat *m*

czatować[1] (*-uję*) lauern (**na** *akk* auf *akk*)

czatować[2] (*-uję*) EDV chatten

czat|y: **stać na ~ach** *umg* Schmiere stehen, auf der Lauer liegen

cząst|eczka F (*-i; gen -czek*) FIZ Molekül *n*; **~ka** F (*-i; gen -tek*) kleiner Teil *m*; FIZ, CHEM Teilchen *n*, Partikel *n*; **~kowy** partiell, fragmentarisch

czcić* ⟨**u-**⟩ (*czczę*) *rocznicę, święto* be-

polnische Verben: imperfektiv (→)

imperfektive Tätigkeit (*nicht abgeschlossen →*)	perfektive Tätigkeit (*abgeschlossen →|*)
pisać schreiben (*das Schreiben dauert noch an →*)	**napisać** (*etw wurde schon geschrieben →|*)
czytać lesen (*das Lesen dauert noch an →*)	**przeczytać** (*etw wurde schon gelesen →|*)
ważyć wiegen (*das Wiegen dauert noch an →*)	**zważyć** (*etw wurde schon gewogen →|*)
pytać fragen (*das Fragen dauert noch an →*)	**zapytać** (*nach etw schon gefragt haben →|*)
liczyć rechnen (*das Rechnen dauert noch an →*)	**obliczyć** (*etw wurde schon gerechnet →|*)
pakować packen (*das Packen dauert noch an →*)	**spakować** *etw wurde schon gepackt →|*)
wracać zurückgehen (*das Zurückgehen dauert noch an →*	**wrócić** (*j-d ist schon zurückgegangen →|*)

C

⚠ cześć

Cześć Janek! (*powitanie*)	Hallo, Jan! (*Begrüßung*)
Cześć Janek! (*pożegnanie*)	Tschüs, Jan! (*Abschied*)

gehen; **czcić** (*wielbić*) verehren, anbeten
czcigodny ehrwürdig, (hoch)verehrt
czcionka F (*-i; gen -nek*) Letter *f*, Type *f*; EDV Schriftart *f*
czczo ADV: **na ~** auf nüchternen Magen; mit nüchternem Magen
czczy *dyskusja, obietnice* leer, hohl
Czech M (*-a; -si*) Tscheche *m*
Czechosłowacja F (*-i; bpl*) HIST Tschechoslowakei *f*
Czechy PL (*gen Czech*) Tschechien *n*
czego[1] *umg* warum
czego[2] PRON *gen* was; → co
czegoś *gen* → coś
czek M (*-u; -i*) Scheck *m*; **~ na** (*akk*) ein Scheck auf (*akk*); **~iem** mit Scheck
czekać ⟨**po-, za-**⟩ (*-am*) warten (**na** *akk* auf *akk*); **czekać** erwarten, bevorstehen; **jutro czeka mnie dużo pracy** morgen erwartet mich viel Arbeit, morgen steht mir viel Arbeit bevor; **czekaj!** warte mal!; **czekaj no!** na, warte!; **na co czekasz?** worauf wartest du noch?
czekan M (*-a; -y*) SPORT Eispickel *m*
czekolad|a F (*-y*) Schokolade *f*; **~ka** F (*-i; gen -dek*) Praline *f*; **~owy** Schokoladen-, *umg* Schoko-; *kolor* schokolade(n)braun
czekowy Scheck-
czeladn|iczy Gesellen-; **świadectwo** *n* **~cze** Gesellenbrief *m*; **~ik** M (*-a; -cy*) Geselle *m*
czele: **na ~** *fig* an der Spitze
czelność: **mieć ~** (*+ inf*) *lit* die Stirn haben zu (*+ inf*)
czeluść F (*-ści; -ście*) Schlund *m*, gähnender Abgrund *m*
czemu[1] warum
czemu[2] PRON *dat* → co
czemuś *dat* → coś
czep|ek M (*-pka; -pki*) Haube *f*; *niemowlęcia* Babymütze *f*; **~ek kąpielowy** Badekappe *f*; **być w ~ku urodzonym** ein Sonntagskind sein
czepiać się (*-am*) (*gen*) sich festhalten (an *akk*); (*krytykować*) *umg* meckern, herumreiten (auf *dat*)
cze|piec M (*-pca; -pce*) Haube *f*; **~reda** F (*-y*) *żart* Horde *f*; **~remcha** F (*-y*) Faulbaum *m*; **~rep** M (*-u; -y*) *lit* Schädel *m*
czereśnia F (*-i; -e*) (*drzewo*) Kirschbaum *m*, Kirsche *f*; (*owoc*) (Süß)Kirsche *f*
czerniak M (*-a; -i*) MED Melanom *n*
czernić (*-ię*) schwarz färben
czernieć ⟨**s-**⟩ (*3. Pers -eje*) schwarz werden; **czernieć** schwarz schimmern, sich dunkel abzeichnen
czer|ń F (*-ni; bpl*) (*kolor*) Schwarz *n*; *nocy, hebanu* Schwärze *f*; **w ~ni** in Schwarz
czerpać (*-ię*) schöpfen (*a. fig*); **~ korzyści** Nutzen ziehen
czerpak M (*-a; -i*) Schöpfbecher *m*
czerpany: **papier** *m* **~** Büttenpapier *n*
czerstwieć ⟨**s-**⟩ (*3. Pers -eje*) *pieczywo* hart werden
czerstwy *chleb* hart, altbacken; *staruszek* rüstig; *wygląd* gesund, frisch
czerw M (*-wia; -wie, -wi*) Made *f*
czer|wcowy Juni-; **~wiec** M (*-wca; -wce*) Juni *m*; **w ~wcu** im Juni
czerwienić się ⟨**za-**⟩ (*-ę*) *jabłka, niebo* rot werden; (*rumienić się*) rot werden (**z** *gen* vor *dat*), erröten; **czerwienić się** rot schimmern
czerwienieć ⟨**po-**⟩ (*-eję*) rot werden (**z** *gen* vor *dat*); **czerwienieć** rot schimmern
czerwie|ń F (*-ni; bpl*) Rot *n*; (*kier*) *umg* Rot *n*; **~nie** *pl* Rottöne *pl*
czerwon|awy (**-wo**) rötlich; **~ka** F (*-i; bpl*) MED Ruhr *f*
czerwono ADV → czerwony[1]
czerwono|skórzy M/PL (*gen -ych*) Indianer *m/pl*; **~ść** F (*-ści; bpl*) Röte *f*, Rot *n*; **rozgrzać do ~ści** zum Glühen erhitzen
czerwo|ny[1] (**-no**) rot; (*komunistyczny*) *umg pej* rot; **&ny Krzyż** *m* Rotes Kreuz *n*; **~na kapusta** *f* Rotkohl *m*; **~na kartka** *f* SPORT Rote Karte *f*; **~ne wino** *n* Rotwein *m*; **~ny jak burak** puterrot; **na ~no** rot
czerwo|ny[1] M (*-ego; -ni*), **~na** (*-ej; -ne*) *umg* Rote(r) *m, f*; *pej* rote Socke *f*

czesać ⟨**u-**⟩ (*-szę*) *włosy* kämmen; *sierść* striegeln; **czesać len** Flachs hecheln; **~ się** sich kämmen; **czesać się** (*mieć pewną fryzurę*) **jak się czeszesz?** wie trägst du deine Haare? **czesać się krótko** die Haare kurz tragen; **czesać się w kok** die Haare hochgesteckt tragen
czesanko|wy: **wełna** *f* **~wa** Kammgarn *n*
czeski (**po -sku**) tschechisch
czesne N (*-ego; bpl*) Schulgeld *n*
Czeszka F (*-i; gen -szek*) Tschechin *f*
cześć F (*czci; bpl*) Hochachtung *f*; REL Verehrung *f*; **~!** *na powitanie* hallo!; **~!** *na pożegnanie* tschüs(s)!; **otaczać czcią** in Ehren halten; **oddawać ~** REL verehren; **na ~** *od* **ku czci** (*gen*) zu Ehren (*gen od* von *dat*)
często ADV oft, häufig
częstochowski: **rymy** *m/pl* **~chowskie** Schüttelreime *m/pl*
częstokroć *lit* oftmals
częstotliwość F (*-ści*) Frequenz *f*, Häufigkeit *f*
częstować ⟨**po-**⟩ (*-uję*) (*inst*) bewirten (mit), anbieten (*akk*); **~ się** zugreifen
częsty häufig
części|ej *komp* ADV öfter, häufiger; **~owo** ADV teilweise; **~owy** Teil-
czę|ść F (*-ści*) Teil *m od n*; **~ść składowa** Bestandteil *m*; **~ść zapasowa** Ersatzteil *n*; **większa ~ść** Großteil *m*; **lwia ~ść** Löwenanteil *m*; **~ść mowy** JĘZ Wortart *f*; **po ~ści** zum Teil, teilweise
czipsy → chipsy
czkać (*-am*) ⟨*-nąć*⟩ (*-nę*) *umg* Schluckauf haben
czkawka F (*-i; gen -wek*) Schluckauf *m*
człapać (*-ię*) schlurfen, latschen
człek M (*-a; vok -u! od -cze!; bpl*) *umg żart* Mensch *m*; PRON man, einer
człekokształt|ny: **małpy** *f/pl* **~ne** Menschenaffen *m/pl*
człon M (*-u; -y*) Glied *n*, Teil *n*, Element *n*
człon|ek[1] M (*-nka; -nki*) (*penis*) *umg* Glied *n*; **~ki** *pl lit* Glieder *pl*
człon|ek[2] M (*-nka; -nkowie*), **~kini** F (*-ni; gen -iń*) Mitglied *n*; **~ek partii** Parteimitglied *n*; **~ek załogi** MAR, ASTRON Besatzungsmitglied *n*
członko|stwo N (*-a*) Mitgliedschaft *f*; **~wski** Mitglieds-
człowieczeństwo N (*-a; bpl*) Menschlichkeit *f*
człowiek M (*-a; ludzie*) Mensch *m*; **młody ~** junger Mann *m*; **~ interesu** Geschäftsmann *m*; **~u!** *umg* Mensch!, Mann!; **jak ~** anständig, wie es sich gehört
czmychnąć PF (*-nę*) *umg* das Weite suchen, Reißaus nehmen
czochrać (*-am*) zerzausen
czoł|g M (*-u; -i*) Panzer(kampfwagen) *m*; **~gista** M (*-y; -ści*) Panzersoldat *m*; **~gowy** Panzer-
czołgać się (*-am*) kriechen, robben; *fig pej* kriechen (**przed** *inst* vor *dat*)
czo|ło N (*-a*) Stirn *f*; (*przód*) Stirnseite *f*; *pochodu* Spitze *f*; *burzy* Front *f*; **stawić** *pf* **~ła** die Stirn bieten; **na czele** an der Spitze; **~łem!** *umg* hallo!, servus!; **chmurzyć ~ło** die Stirn runzeln
czołobitny unterwürfig
czoło|wy Stirn-; (*przedni*) frontal; (*wybitny*) Spitzen-, führend; **zderzenie** *n* **~we** AUTO Frontalzusammenstoß *m*; **zatoki** *f/pl* **~we** ANAT Stirnhöhlen *f/pl*
czołów|ka F (*-i; gen -wek*) (*elita*) Spitze *f*; *filmu* Vorspann *m*; **należeć do ~ki** die Spitze bilden, an der Spitze stehen; **trafić na ~ki gazet** auf die Titelseiten kommen
czop M (*-a od -u; -y*) Zapfen *m*, Spund *m*; **~ek** M (*-pka; -pki*) Stöpsel *m*; MED Zäpfchen *n*
czosn|ek M (*-nku; bpl*) Knoblauch *m*; **~kowy** Knoblauch-
czół|enka N/PL (*-nek*) (*pantofle*) Pumps *m/pl*; **~no** N (*-a; gen -łen*) Kahn *m*
czterdzie|stka F (*-i; gen -tek*) *umg* Vierzig *f*; **być po ~stce** über vierzig (Jahre alt) sein; **~stoletni** vierzigjährig
czterdzie|stu *num persf* vierzig; **~sty** vierzigste(r); **lata** *pl* **~ste** Vierziger(jahre) *pl*
czterdzieści *num* (*persf -stu*) vierzig
czterdzieścioro *num* vierzig
czter|ech, **~ej** *num persf* vier
czternast|ka F (*-i; gen -tek*) *umg* Vierzehn *f*; **~oletni** vierzehnjährig
czternastu *num persf* vierzehn
czternas|ty vierzehnte(r); (**godzina**) **~ta** vierzehn Uhr; **o** (**godzinie**) **~tej** um vierzehn Uhr
czternaście vierzehn
czternaścioro vierzehn
cztero|- *in zssgn* vier-, Vier-
cztero|krotny vierfach; **~letni** vierjährig; **~osobowy** Vierpersonen-; **~piętrowy** vierstöckig; **~suwowy**

C

AUTO Viertakt-; **~tomowy** vierbändig; **~wymiarowy** FIZ vierdimensional
cztery *(persf czterej od czterech)* vier; **w ~ oczy** unter vier Augen; **kuty na ~ nogi** gerissen, schlau
czterysta *num (persf -stu)* vierhundert
czub M *(-a; -y)* ZOOL Federhaube *f*; **mieć w ~ie** *umg* e-n in der Krone haben, e-n intus haben
czubaty **(-to)** *talerz* randvoll; *łyżka* gehäuft
czub|ek M *(-bka; -bki; gen -ów) buta, noża* Spitze *f*; *(wariat) umg* Verrückte(r) *m*; **~ek głowy** Scheitel *m*; **~ek palca** Fingerspitze *f*; **~ki** *pl (szpital) umg* Klapsmühle *f*; **trafić do ~ków** *umg* in die Klapsmühle kommen
czu|cie N *(-a; bpl)* Empfinden *n*; **bez ~cia** *(nieprzytomny)* bewusstlos, leblos; **z ~ciem** mit Gefühl
czuć ⟨**po-**⟩ *(-uję)* fühlen; *litość, ból* empfinden; *ciepło, bliskość, wrogość* spüren; **czuję, że** ... ich habe das Gefühl, dass ...; ich spüre, dass ...; **czuć zapach ziół** es riecht nach Kräutern; **~ pismo nosem** *umg* den Braten riechen; **~ się** sich fühlen; **jak się czujesz ?** wie geht es dir?; **czuję się dobrze** es geht mir gut, ich fühle mich wohl; **czuję się źle** es geht mir schlecht, ich fühle mich schlecht; **~ się na siłach** *(+ inf)* sich trauen *(+ inf)*; **~ się jak ryba w wodzie** sich wie ein Fisch im Wasser fühlen
czuj|ka F *(-i; gen -jek)* TECH Warngerät *n*; **~ka pożarowa** Rauchmelder *m*; **~nik** M *(-a; -i)* Sensor *m*
czuj|ność F *(-ści; bpl)* Wachsamkeit *f*; **~ny** wachsam; *sen* leicht
czule ADV → czuły
czuli *persf* → czuły
czulić się *(-lę)* schmusen
czuł|ki M/PL *(gen -ów)* ZOOL Fühler *m/pl*; **~ostkowy** **(-wo)** sentimental
czułość F *(-ści)* Zartgefühl *n*; Zärtlichkeit *f*; *wagi, przyrządu* Empfindlichkeit *f*
czuły *(persf -li)* **(-le)** zärtlich, liebevoll; *przyrząd* empfindlich; *słuch* fein; **~ na światło** lichtempfindlich
czup|iradło N *(-a; gen -deł) fig* Vogelscheuche *f*; **~ryna** F *(-y)* Haarschopf *m*
czupurny provozierend
czuwać *(-am)* wachen; *badaniami* überwachen **(nad** *inst akk)*; *dzieckiem* aufpassen *(auf akk)*
czwartek M *(-tku; -tki)* Donnerstag *m*; **Wielki** ≗ Gründonnerstag *m*; **tłusty ~** Fastnacht *f*
czwartkowy Donnerstags-
czwar|ty vierte(r); **~ta (godzina)** vier Uhr; **o ~tej (godzinie)** um vier Uhr; **jedna ~ta** ein Viertel
czworak|i: **na ~ach** auf allen vieren
czworo *num* vier; **we ~** zu viert; **złożyć we ~** vierfach falten
czworo|bok M *(-u; -i)*, **~kąt** M *(-a; -y)* Viereck *n*; **~nożny** vierbeinig
czwór|ka F *(-i; gen -rek)* Vier *f*; **we ~kę** zu viert; **~kami** in Viererreihen
czy *partikel* ob; *konj* oder; **~ to prawda?** ist das wahr?; **~ wierzysz w to?** glaubst du das?; **tak ~ inaczej** so oder so
czyhać *(-am) (wyczekiwać)* warten **(na** *akk* auf *akk)*; **~ na k-o** j-m auflauern; *niebezpieczeństwo, śmierć* lauern; **~ na okazję** auf einen günstigen Moment warten, einen günstigen Moment abwarten; **~ na czyjeś życie** *lit* nach j-s Leben trachten
czyj wessen; **~kolwiek** wessen auch immer
czy|jś (irgend)jemandes; **~li** oder, das heißt
czym PRON *inst lok*: **o ~ myślisz?** woran denkst du?; **o ~ rozmawiacie?** worüber sprecht ihr?; **~ przyjechałeś?** womit bist du gekommen?; **~ przyprawiłeś sos?** womit hast du die Soße gewürzt?; → co
czyn M *(-u; -y)* Tat *f*; **~ przestępczy** Straftat *f*; **~ bohaterski** Heldentat *f*; **człowiek** *m* **~u** Tatmensch *m*; **wprowadzić** *pf* **w ~** in die Tat umsetzen
czynić ⟨**u-**⟩ *(-ię) lit* tun, machen; **~ odpowiedzialnym** verantwortlich machen; **~ przygotowania** Vorbereitungen treffen; **~ postępy** Fortschritte machen; **~ cuda** Wunder vollbringen; **~ krzywdę k-u** j-m unrecht tun; **~ zadość** Genüge tun; **czynić dobrze** Gutes tun
czynien|ie: **~ie dobra** gute Taten *pl*; **mieć do ~ia** (es) zu tun haben (**z** *inst* mit *dat*)
czyn|nik M *(-a; -i)* Faktor *m*; **~ność** F *(-ści) (zajęcie)* Tätigkeit *f*; *serca, nerek* Funktion *f*; **zawiesić** *pf* **w ~nościach** vom Dienst suspendieren
czyn|ny aktiv; *mechanizm* in Betrieb; *sklep* offen; **~ny zawodowo** berufstätig;

substancja *f* **~na** Wirkstoff *m*; **strona** *f* **~na** GRAM Aktiv *n*

czynsz M (-u; -e) Miete *f*

czyrak M (-a; -i) Furunkel *m od n*

czyst|a F (-ej; -e) Wodka *m*, Korn *m*; **~ka** F (-i; *gen* -tek) Säuberung *f*, Säuberungsaktion *f*; **~ka etniczna** ethnische Säuberungen *pl*

czysto ADV → czysty

czystość F (-ści; *bpl*) (*porządek*) Sauberkeit *f*; *fig* Klarheit *f*

czys|ty (*persf* -ści) **(-to)** sauber; *złoto, wełna* pur, rein (*a. fig*); *niebo, woda* klar; *dochód* Netto-; **do ~ta** gänzlich, völlig; **~tej krwi** reinrassig; **przepisać na ~to** ins Reine schreiben; **wyjść** *pf* **na ~to** auf seine Kosten kommen

czyszczący Reinigungs-; MED abführend

czyszczenie N (-a) Reinigung *f*

czyścibut M (-a; -y) Schuhputzer *m*

czyścić ⟨**wy-**⟩ (-szczę) reinigen, säubern, putzen; *zęby* putzen; **~ szczotką** bürsten

czyści *persf* → czysty

czyściej *komp* ADV sauberer; → czysto

czyściejszy *komp* ADJ sauberer; → czysty

czyściec M (-śca; *bpl*) REL Fegefeuer *n*

czyści|och M (-a; -y), **~ocha** F (-y) *umg* Putzteufel *m*

czyściutki **(-ko)** *dim* pieksauber, blitzsauber

czytać (-am) lesen (*a.* EDV); **~ k-u** j-m vorlesen; **~ na głos** laut vorlesen; **~ między wierszami** zwischen den Zeilen lesen

czyta|dło N (-a; -deł) leichte Lektüre *f*; **~nie** N (-a) Lesen *n*; POL, REL Lesung *f*; **~nie na głos** Vorlesen *n*; **do ~nia** zum Lesen, Lese-

czyt|anka F (-i; *gen* -nek) Lesebuch *n*; **pierwsza ~anka** Fibel *f*; **~elnia** F (-i; -e) Lesesaal *m*; (*wypożyczalnia*) Leihbücherei *f*

czytel|nik M (-a; -cy), **~niczka** F (-i; *gen* -czek) Leser(in) *m(f)*, Bibliotheksbenutzer(in) *m(f)*

czytelni|czy: **karta** *f* **~cza** Bibliotheksausweis *m*

czytelny leserlich, (gut) lesbar; deutlich

czytnik M (-a; -i) Lesegerät *n*

czytywać (-uję) hin und wieder lesen; gewöhnlich lesen

czyż *lit* → czy

czyżyk M (-a; -i) Zeisig *m*

Ć

ćma F (ćmy; *gen* ciem) Nachtfalter *m*

ćmić (-ię, ćmij!) *umg* paffen, schmauchen; **~ się** *v/i* glimmen, schwach leuchten

ćpać (-am) *pop* fixen

ćpun M (-a; -y), **~ka** F (-i; *gen* -nek) *umg* Junkie *m*, Fixer *m*

ćw. (ćwiczenie) Übung *f*

ćwiartk|a F (-i; *gen* -tek) Viertel *n*; Viertelkilo *n*; **~a wódki** *umg* eine Flasche Wodka

ćwiartować ⟨**po-**⟩ (-uję) vierteln, vierteilen; *mięso* zerhacken

ćwicze|bny *skok* Übungs-; *teren* Trainings-; **~nie** N (-a) Übung *f*; **~nia** *pl* (*zajęcia*) Seminar *n*; **~nia** *pl* **polowe** MIL Manöver *n*

ćwiczyć ⟨**wy-**⟩ (-ę) *v/t* üben; **ćwiczyć** (*uprawiać* SPORT) trainieren; **~ się** (**w** *lok*) (ein)üben (*akk*)

ćwiek M (-a; -i) Nagel *m*, Stift *m*; Niete *f*; **zabić ~a k-u** j-m e-n Floh ins Ohr setzen

ćwier|ć F (-ci; -ci) Viertel *n*; **na ~ci** in Stücke

ćwierćfinałowy: **mecz** *m* **~** Viertelfinalspiel *n*

ćwierć|litrowy Viertelliter-; **~nuta** F (-y) Viertelnote *f*; **~wiecze** N (-a) Vierteljahrhundert *n*

ćwierkać (-am) *wróbel* (t)schilpen

ćwikła F (-y; *bpl*) *gekochte und geriebene Rote Bete mit Meerrettich*

ćwikłowy: **burak** *m* **~** Rote Bete *f*

ćwok M (-a; -i) *umg* pej Trottel *m*, Tölpel *m*

D

dach M (-u; -y) Dach *n*; **mieć ~ nad głową** ein Dach über dem Kopf haben; **bez ~u nad głową** obdachlos

D

dachować (*3. Pers -uje*) *samochód* sich überschlagen

dach|owy Dach-; **~ówka** F (*-i; gen -wek*) Dachziegel *m*

dacza F (*-y; -e*) Wochenendhaus *n*

dać PF (*dam; daj!*) geben; **dajmy na to** angenommen (dass); **(jak) Bóg da** so Gott will; **nie dane mu było** es war ihm nicht beschieden; **~ się** (+ *inf*) (*być możliwym*) (*inf* +) lassen; **da się zrobić** es geht, es lässt sich machen, es ist machbar; **co się da** was nur (irgendwie) geht *od* möglich ist; **gdzie się da** irgendwo; **skąd się dało** wo es nur ging; **jak się tylko da** wenn es überhaupt geht; sobald es möglich ist; irgendwie; **nie daj się!** lass dich nicht unterkriegen; → dawać

daktyl M (*-a; -e*) Dattel *f*; **~owiec** M (*-wca; -wce*) Dattelpalme *f*

dal F (*-i; -e*) Ferne *f*, Weite *f*; **w ~i** in der Ferne; **z ~a** aus der Ferne, von Weitem; **z ~a od** (*gen*) fern von (*dat*); **trzymać się z ~a** sich fernhalten (**od** *gen* von *dat*)

dalece ADV: **tak ~** dermaßen, derart; **jak ~** inwieweit

dalej *komp* ADV weiter; **i tak ~** und so weiter; **nie ~ jak tydzień temu** gerade mal vor einer Woche; **~!** los!, weiter!

dale|ki (*persf -cy*) (**-ko**) weit, fern; *krewny, podobieństwo* entfernt; **z ~ka** von Weitem

Daleki Wschód M (*Dalekiego Wschodu; bpl*) der Ferne Osten

daleko ADV weit; **~ idący** *fig* weitreichend; **~ lepiej** viel *od* bei Weitem besser; **~ więcej** viel mehr; **do tego jeszcze ~** das liegt noch in weiter Ferne; **jak ~** *przestrzeń* wie weit; *czas* wie lange dauert es

dalekobieżny KOLEJ Fern-; **~morski** Hochsee-; **~pis** M (*-u; -y*) Fernschreiber *m*; (*wiadomość*) Fernschreiben *n*; **~siężny** *fig* weitreichend

dalekowidz M (*-a; -e*): **być ~em** MED weitsichtig sein

dalekowzroczność F (*-ści; bpl*) MED Weitsichtigkeit *f*; *fig* Weitsicht *f*

dalia F (*gen dat lok -ii; -e*) Dahlie *f*

dal|matyńczyk M (*-a; -i*) (*pies*) Dalmatiner *m*; **~mierz** M (*-a; -e*) Entfernungsmesser *m*

dal|szy *komp* ADJ weiter; **~szy plan** *m* Hintergrund *m*; **~szy rozwój** *m* Weiterentwicklung *f*; **~sze kształcenie** *n* Weiterbildung *f*, Fortbildung *f*; **~sze trwanie** *n* Fortdauer *f*; **~szy ciąg** *m* Fortsetzung *f*; → daleki

daltonis|ta M (*-y; -ści*): **być ~tą** MED farbenblind sein

daltonizm M (*-u; bpl*) MED Farbenblindheit *f*

dama F (*-y*) Dame *f*

dam|ka F (*-i; gen -mek*) *warcaby* Dame *f*; (*rower*) *umg* Damen(fahr)rad *n*; **~ski** Damen-

da|ne PL (*gen -ych*) Angaben *pl*; EDV Daten *pl*; **baza** *f* **~nych** EDV Datenbank *f*; **~ne osobowe** Personalien *pl*; **ochrona** *f* **~nych osobowych** Datenschutz *m*; **przetwarzanie** *n* **~nych** EDV Datenverarbeitung *f*; **wprowadzenie** *n* **~nych** EDV Dateneingabe *f*; **mieć wszelkie ~ne po temu, aby ...** alle Voraussetzungen dafür erfüllen, um ...

danie[1] N (*-a; gen -ań*) KULIN Gericht *n*; **drugie ~** zweiter Gang *m*; **~ jarskie** vegetarisches Gericht *n*

dan|ie[2] N (*-a; bpl*) Geben *n*; **bez ~ia racji** ohne jeden Grund, ohne eine Erklärung

Dania F (*gen dat lok -ii; bpl*) Dänemark *n*

daniel M (*-a; -e*) Damhirsch *m*

dani|na F (*-y*) HIST Tribut *m*; **złożyć** *pf* **~nę** Tribut zollen

dansing M (*-u; -i*) Tanz *m*; Tanzlokal *n*

dany gegeben; **w ~m wypadku** in diesem Fall; **w ~ch warunkach** unter den gegebenen Umständen

da|r M (*-u; -y*) *lit* Gabe *f*; **otrzymać w ~rze** als Geschenk erhalten; **~r słowa** Rednergabe *f*; **~ry** *pl* **ziemi** Bodenschätze *pl*

darem|ność F (*-ści; bpl*) Vergeblichkeit *f*; **~ny** vergeblich

darmo ADV umsonst; **~** *od* **za ~** (*bezpłatnie*) umsonst, gratis; **~** *od* **na ~** (*daremnie*) vergebens; **za pół ~** halb geschenkt

darmo|cha (*-y; bpl*): **za ~chę** *umg* umsonst, gratis

darmo|wy kostenlos, Frei-; **~zjad** M (*-a; -y*) *umg pej* Nassauer *m*, Schmarotzer *m*

dar|nina F (*-y*), **~ń** *f* (*-ni; -nie*) Rasen *m*

darować (*-uję*) schenken; *karę* erlassen; *urazę, winę* verzeihen; **nie móc sobie ~** (*gen*) sich nicht verzeihen können (*akk*); **możesz to sobie ~** das kannst du dir sparen

darowiz|na F (*-y*) Schenkung *f*; **akt** *m* **~ny** Schenkungsurkunde *f*

darzyć (-ę): **~ zaufaniem k-o** j-m Vertrauen schenken; **~ szacunkiem k-o** j-m Achtung entgegenbringen; **~ życzliwością k-o** j-m wohlgesinnt sein

daszek M (*-szka od -szku; -szki*) kleines Schutzdach *n*; Mützenschirm *m*; GRAM Zirkumflex *m*

da|ta F (*-y*) Datum *n*; **starej ~ty** alten Schlages; **świeżej ~ty** aktuell, fortschrittlich

datek M (*-tku; -tki*) Spende *f*, Gabe *f*

datować (*-uję*) datieren; **~ się** stammen, datieren

datownik M (*-a; -i*) Datum(s)stempel *m*; **~ okolicznościowy** Sonderstempel *m*

dawać (*daję*) ⟨**dać**⟩ (*dam*) geben; hergeben; *dowód* liefern; *okazję* bieten; *zysk* abwerfen; *lekcje*, *informacje* erteilen; *wyraz* verleihen; *cień*, *ofiarę* spenden; *koncesję*, *zezwolenie* erteilen; *kredyt*, *ochronę* gewähren; *ogłoszenie* aufgeben; **~ do naprawy** reparieren lassen; **~ spokój k-u** j-n in Ruhe lassen; **~ do zrozumienia** zu verstehen geben; **~ sobie spokój** sich zufriedengeben (**z** *inst* mit *dat*); **nie ~ spokoju** keine Ruhe geben; **~ sobie radę** zurechtkommen (**z** *inst* mit *dat*); **~ za wygraną** sich geschlagen geben; **~ popalić k-u** *umg* j-n zusammenstauchen; **~ znać** Bescheid sagen; **~ znać o sobie** von sich hören lassen; **~ się** (*być możliwym*) (*inf* +) lassen; (**nie**) **~ się otworzyć** sich (nicht) öffnen lassen; **~ się słyszeć** zu hören sein; **~ się we znaki k-u** j-m zusetzen; **nie ~ się** sich nicht unterkriegen lassen

daw|ca M (*-y; gen -ów*), **~czyni** F (*-i; -e*) Spender(in) *m(f)*; MED Organspender(in) *m(f)*; (**honorowy**) **~ca krwi** Blutspender *m*

dawka F (*-i; gen -wek*) Dosis *f*; **~ uderzeniowa** MED starke Dosis *f*

dawkować (*-uję*) dosieren

dawkowanie N (*-a*) Dosierung *f*

daw|niej *komp* ADV früher; **~no** ADV vor Langem, längst, schon lange (her); **jak ~no** wie lange; **od ~na** seit Langem; **po ~nemu** wie eh und je; **z dawien ~na** *lit* von alters her

dawny (*były*) ehemalig, früher; (*stary*) alt; **~mi czasy** in alten Zeiten; **z ~ch lat** von damals

dawstwo N (*-a; bpl*): (**honorowe**) **~ krwi** Blutspende *f*

dąb M (*dębu; dęby*) Eiche *f*; **chłop** *m* **jak ~** starker Kerl *m*; **koń stanął dęba** das Pferd bäumte sich auf; **włosy stanęły mi dęba** mir standen die Haare zu Berge; **~rowa** F (*-y; gen -rów*) Eichenwald *m*

dąć ⟨**za-**⟩ (*dmę*) MUS blasen; *wiatr* wehen

dąsać się (*-am*) schmollen (**na** *akk* mit *dat*), *umg* e-e Schnute ziehen

dąsy PL (*gen -ów*) schlechte Laune *f*, Schmollen *n*; **stroić ~** in der Schmollecke sitzen

dąż|enie N (*-a*) Streben *n*; **~enie do władzy** Machtstreben *n*; **~enia** *pl* Bestrebungen *pl*; **~ność** F (*-ści*) *lit* Bestreben *n*, Bemühen *n*

dążyć (*-ę*) (**do** *gen*) streben (nach *dat*), anstreben, verfolgen (*akk*)

dbać ⟨**za-**⟩ (*-am*) (**o** *akk*) sorgen (für *akk*), sich kümmern (um *akk*); **~ o wygląd** sich pflegen, auf sein Äußeres achten; **nie dbać o** (*akk*) vernachlässigen (*akk*); **nie dbam o to** ich mache mir nichts daraus; **~ o linię** auf seine Figur achten

dbałość F (*-ści; bpl*) Sorge *f* (**o** *akk* um *akk*); Sorgfalt *f*; **~ o szczegół** Liebe *f* zum Detail

dbały (*persf -li*) (**-le**) fürsorglich, besorgt; sorgsam, sorgfältig

dealer M (*-a; -rzy*) Händler *m*, Handelsvertreter *m*; *narkotyków* Dealer *m*; **~ autoryzowany** Vertragshändler *m*

debata F (*-y*) Debatte *f*

debatować (*-uję*) debattieren (**nad** *inst* über *akk*)

deb|el M (*-bla; -ble*) SPORT Doppel *n*; (*łódź*) Doppelzweier *m*; **~et** M (*-u; bpl*) BANK Soll *n*, Debet *n*

debil M (*-a; -e*), **~ka** F (*-i; gen -lek*) *umg pej* Idiot(in) *m(f)*

debilny *umg pej* schwachsinnig, idiotisch

debiut M (*-u; -y*) Debüt *n*

debiutować ⟨**za-**⟩ (*-uję*) debütieren

debiutant M (*-a; -ci*), **~ka** (*-i; gen -tek*) Debütant(in) *m(f)*

decentralizacja F (*-i; -e*) Dezentralisierung *f*

decentralizować ⟨**z-**⟩ (*-uję*) dezentralisieren

dech M (*tchu; bpl*) Atem *m*, Atemzug *m*; **nabrać tchu** Luft holen; **bez tchu** außer Atem, atemlos; **co** *od* **ile tchu** *umg* was das Zeug hält; **jednym tchem** in e-m Zug; **z zapartym tchem** mit angehaltenem Atem; voller Spannung; **brak mi tchu** ich

D

bekomme keine Luft
de|cha F (-y): **w ~chę** *umg* prima, toll; **pijany w ~chę** *umg* stockbesoffen; **wieś** *f* **zabita ~chami** Kuhdorf *n*, Kaff *n*; **naciskać gaz do ~chy** das Gaspedal durchtreten
decydent M (-a; -ci) Entscheidungsträger *m*
decydować ⟨**z-**⟩ (-*uję*) (**o** *lok*) entscheiden (über *akk*); **~ się** (**na** *akk*) sich entschließen (zu *dat*), sich entscheiden (für *akk*)
decydujący (**-co**) entscheidend
decyz|ja F (-i; -e) Entscheidung *f*; Entschluss *m*; (*orzeczenie*) Bescheid *m*; **powziąć** *pf* **~ję** eine Entscheidung treffen; zu einem Entschluss kommen
dedykacja F (-i; -e) Widmung *f*
dedykować ⟨**za-**⟩ (-*uję*) widmen
defekt M (-u; -y) Defekt *m*, Mängel *m/pl*; (*usterka*) Störung *f*, Panne *f*; (*ułomność*) Fehler *m*; **~ wymowy** Sprachfehler *m*; **z ~em** fehlerhaft
defensy|wa F (-y) Defensive *f*; **~wny** defensiv
defetyzm M (-u; *bpl*) *lit* Pessimismus *m*
deficyt M (-u; -y) Defizit *n*; *kasowy* Fehlbetrag *m*; *wodny, żywnościowy* Mangel *m*; **~owość** F (-ści; *bpl*) Unrentabilität *f*
deficyto|wy Verlust bringend, defizitär; **towar** *m* **~wy** Mangelware *f*; **przedsiębiorstwo** *n* **~we** Zuschussbetrieb *m*
defilada F (-y) Vorbeimarsch *m*; MIL Parade *f*
defilować ⟨**prze-**⟩ (-*uję*) vorbeimarschieren, defilieren
definicja F (-i; -e) Definition *f*
definiować ⟨**z-**⟩ (-*uję*) definieren
definitywny definitiv, endgültig
deflacja F (-i; *bpl*) EKON Deflation *f*
deformować ⟨**z-**⟩ (-*uję*) deformieren, verformen; **~się** sich verformen
defraud|acja F (-i; -e) Veruntreuung *f*, Unterschlagung *f*; **~ant** M (-a; -ci) Betrüger *m*
defraudować ⟨**z-**⟩ (-*uję*) unterschlagen
degener|acja F (-i; *bpl*) Degeneration *f* (*a.* BIOL); **~at** (-a; -ci) verwahrloster Mensch *m*; Asoziale(r) *m*
degenerować się (-*uję*) BIOL degenerieren; moralisch verwahrlosen, verkommen
degradacja F (-i; *bpl*) Degradierung *f*; *fig* Abstieg *m*; **~ środowiska** Umweltzerstörung *f*
degradować ⟨**z-**⟩ (-*uję*) degradieren
degustacja F Verkostung *f*; *wina* Weinprobe *f*
deka N (*unv*) *umg* Dekagramm *n*; **~da** F (-y) Dekade *f*; **~dencki** dekadent
deka|gram M (-u; -y) Dekagramm *n*; **~log** M (-u; -i) Dekalog *m*, Zehn Gebote *pl*
dekapitalizacja F (-i; *bpl*) Wertminderung *f*
dekarz M (-a; -e) Dachdecker *m*
dekiel M (-kla; -kle, -kli *od* -klów) TECH Deckel *m*
deklam|acja F (-i; -e) Deklamation *f*, Vortragen *n*; **~ator** M (-a; -rzy) Vortragskünstler *m*; *pej* Phrasendrescher *m*
deklamować ⟨**za-**⟩ (-*uję*) deklamieren; *wiersz* vortragen
deklarac|ja F (-i; -e) Erklärung *f*; **~ja celna** Zollerklärung *f*; **~ja podatkowa** Steuererklärung *f*; **złożyć** *pf* **~ję** eine Erklärung abgeben; **℘ja Praw Człowieka** die Deklaration der Menschenrechte
deklarować ⟨**za-**⟩ (-*uję*) deklarieren, angeben; erklären, bekannt geben; **~ pomoc** Hilfe anbieten; **~ się** sich erklären (**za** *inst* für *akk*; **przeciw** *dat* gegen *akk*)
deklinacja F (-i; -e) GRAM Deklination *f*
dekod|er M (-a; -y) Dechiffriergerät *n*; **~owanie** N (-a) Decodierung *f*
dekolt M (-u; -y) Dekolleté *n*, Halsausschnitt *m*
dekoltować się ⟨**wydekoltować się**⟩ (-*uję*) tief ausgeschnittene Kleider tragen
dekomunizacja F (-i; *bpl*) Abbau *m* kommunistischer Strukturen
dekoniunktura F (-y; *bpl*) EKON Konjunkturabschwung *f*, Rezession *f*
dekonspirować ⟨**z-**⟩ (-*uję*) (*wydać*) verraten; *szpiega* enttarnen; *zamiary* entlarven; **~ się** sich verraten
dekorac|ja F (-i; -e) Dekoration *f*, Ausschmückung *f*; FILM Kulisse *f*; **~ja teatralna** Bühnenausstattung *f*; **~ja orderem** Ordensverleihung *f*; **zmiana** *f* **~ji** *umg fig* Tapetenwechsel *m*
dekoracyj|ny dekorativ; Dekorations-; **rośliny** *f/pl* **~ne** Zierpflanzen *f/pl*
dekorator M (-a; -rzy), **~ka** F (-i; *gen* -rek) Dekorateur(in) *m(f)*
dekorować ⟨**u-**⟩ (-*uję*) dekorieren, (aus)schmücken; auszeichnen (*inst* mit *dat*)

D

dekować (-uję) *umg* decken, verstecken; **~ się** sich verstecken
dekownik M (-a; -cy) *umg* Drückeberger *m*
dekret M (-u; -y) Dekret *n*; **wydać ~** ein Dekret erlassen; **ogłosić** *pf* **~** ein Dekret verlesen
delega|cja F (-i; -e) Delegation *f*; (*wyjazd*) *umg* Dienstreise *f*; **~lizacja** F (-i; *bpl*) *organizacji* Verbot *n*
delegalizować ⟨**z-**⟩ (-uję) *organizację* verbieten
delegat M (-a; -ci), **~tka** F (-i; *gen* -tek) Delegierte(r) *m*, *f*; Vertreter(in) *m(f)*, Beauftragte(r) *m*, *f*; **~tura** F (-y) Vertretung *f*; Mission *f*
delegować ⟨**wy-**⟩ (-uję) delegieren, (ab)senden
delektować się (-uję) (*inst*) sich gütlich tun (an *dat*), genießen (*akk*); **~ widokiem** die Aussicht genießen
delfin M (-a; -y) Delfin *m*; SPORT Delfin (schwimmen) *n*
delicje PL (*gen* -cji) Leckerbissen *pl*
delikatesy PL (*gen* -ów) Delikatessen *pl*; (*sklep*) *umg* Delikatessgeschäft *n*, Feinkostgeschäft *n*
delikatność F (-ści; *bpl*) Zartheit *f*; (*takt*) Feingefühl *n*, Taktgefühl *n*
delikatny *rysy*, *porcelana* zart, fein; *człowiek*, *zachowanie*, feinfühlig, rücksichtsvoll; *światło*, *ruch* sanft; *towar* empfindlich, zerbrechlich; *potrawa*, *misja* delikat
delikwent M (-a; -ci), **~ka** F (-i; *gen* -tek) Delinquent(in) *m(f)*; (*facet*) *umg* Typ *m*
delta F (-y) GEOG Delta *n*
demagogiczny demagogisch
demarkacyj|ny: **linia** *f* **~na** Demarkationslinie *f*
demaskować ⟨**z-**⟩ (-uję) entlarven; enttarnen; **~ się** sich verraten
dementować ⟨**z-**⟩ (-uję) dementieren
demilitaryzacja F (-i; *bpl*) Entmilitarisierung *f*
demobil: **z ~u** aus Heeresbeständen
demobilizować ⟨**z-**⟩ (-uję) *żołnierzy* demobilisieren; *pracowników* demotivieren, entmutigen
demograficzny demografisch; **niż** *m* **~** geburtenschwacher Jahrgang *m*; **wyż** *m* **~** geburtenstarker Jahrgang *m*
demokracja F (-i; -e) Demokratie *f*
demokrat|a M (-y; -ci), **~ka** F (-i; *gen* -tek) Demokrat(in) *m(f)*
demokratyczny demokratisch
demokratyzować ⟨**z-**⟩ (-uję) demokratisieren
demol|ka F: **zrobić** *pf* **~kę** *umg* Randale machen
demolować ⟨**z-**⟩ (-uję) demolieren, zerstören
demoludy PL (*gen* -ów) *umg iron* Ostblock *m*
demon M (-a; -y) Dämon *m*; **~iczny** dämonisch
demonstra|cja F (-i; -e) Demonstration *f*; (*manifestacja*) Demonstration *f*, *umg* Demo *f*; **~cja siły** Machtdemonstration *f*; **~cyjny** demonstrativ
demonstrant M (-a; -ci), **~ka** F (-i; *gen* -tek) Demonstrant(in) *m(f)*
demonstrować ⟨**za-**⟩ (-uję) demonstrieren; zeigen, vorführen
demontaż M (-u; -e) Demontage *f*, Abbau *m*
demontować ⟨**z-**⟩ (-uję) demontieren, zerlegen
demoralizacja F (-i; *bpl*) Werteverfall *m*, Werteverlust *m*
demoralizować ⟨**z-**⟩ (-uję) moralisch verderben; **~ się** moralisch verkommen
demoralizujący (**-co**) verderblich
dena|cjonalizacja F (-i; *bpl*) EKON Reprivatisierung *f*; **~zyfikacja** F (-i; *bpl*) HIST Entnazifizierung *f*
denat M (-a; -ci), **~ka** F (-i; *gen* -tek) Opfer *n*; (*samobójca*) Selbstmörder(in) *m(f)*
denatur|alizacja F (-i; *bpl*) JUR Ausbürgerung *f*; **~at** M (-u; *bpl*) Brennspiritus *m*
denerwować ⟨**z-**⟩ (-uję) nervös machen, irritieren; **~ się** sich aufregen, nervös werden
denerwująco ADV: **działać ~ na k-o** j-m auf die Nerven gehen
denerwujący irritierend, lästig
den|ko N (-a) Boden *m*; **~ny** Grund-; *umg* (*bezwartościowy*) sauschlecht
denominacja F (-i; -e) EKON Abwertung *f*
dentyst|a M (-y; -ci) Zahnarzt *m*; **~ka** F (-i; *gen* -tek) Zahnärztin *f*
dentysty|czny zahnärztlich, Zahnarzt-; **technik** *m* **~czny** Zahntechniker *m*; **~yka** F (-i; *bpl*) Zahnmedizin *f*
denuncjator M (-a; -rzy), **~rka** F (-i; *gen* -rek) Denunziant(in) *m(f)*

denuncjować ⟨**za-**⟩ (*-uję*) denunzieren
departament M (*-u; -y*) Ministerialabteilung *f*; ≈ **stanu** *w USA* Außenministerium *n*
depesza F (*-y; -e*) (*telegram*) Telegramm *n*; *agencyjna* Agenturmeldung *f*
depeszować ⟨**za-**⟩ (*-uję*) telegrafieren
depila|cja F (*-i; bpl*) Epilation *f*, Haarentfernung *f*; **~tor** M (*-a; -y*) *chemiczny* Enthaarungsmittel *n*; *elektryczny* Epiliergerät *n*
depilować ⟨**wy-**⟩ (*-uje*) *nogi* enthaaren *brwi* zupfen
deponować ⟨**z-**⟩ (*-uję*) *kosztowności* deponieren; *pieniądze* hinterlegen, deponieren
deportacja F (*-i; -e*) Deportation *f*
deportować (*-uję*) deportieren
depozyt M (*-u; -y*) Deponierung *f*; **~ bankowy** Depot *n*; **oddać** *pf* **do ~u** deponieren
deprawacja F (*-i; bpl*) moralische Zersetzung *f*, Verkommenheit *f*
deprawować ⟨**z-**⟩ (*-uję*) sittlich verderben, die Moral zersetzen
depre|cjacja F (*-i; bpl*) *pieniądza* Entwertung *f*; *zasług* Herabsetzung *f*; **~sja** F (*-i; -e*) Depression *f*
deprymować ⟨**z-**⟩ (*-uję*) deprimieren
deprymujący (**-co**) deprimierend
deptać ⟨**po-**⟩ (*-czę*) zertrampeln, zertreten; *fig* mit Füßen treten; ⟨**za-**⟩ *podłogę, dywan* beschmutzen; **deptać po piętach k-u** j-m auf den Fersen bleiben, j-m auf die Pelle rücken; **deptać koło k-o** sich um j-n kümmern; sich bei j-m einschmeicheln
dep|tak M (*-a; -i*) *umg* Promenade *f*; **~utat** M (*-u; -y*) Deputat *n*
deputowa|ny M (*-ego; -ni*), **~na** F (*-ej; -ne*) Deputierte(r) *m, f*
der|atyzacja F (*-i; bpl*) Rattenbekämpfung *f*; **~by** N (*unv*) Derby(rennen) *n*; **~esz** M (*-sza; -sze*) (*koń*) Rotschimmel *m*
derka F (*-i; gen -rek*) (Pferde)Decke *f*
dermatolog M (*-a; -dzy*) Dermatologe *m*, Hautarzt *m*; (*kobieta*) Dermatologin *f*, Hautärztin *f*
desant M (*-u; -y*) Truppenlandung *f*; **~ powietrzny** Luftlandung *f*
desanto|wiec M (*-wca; -wce*) Landungsfahrzeug *n*; **~wy** Desant-
deseczka F (*-i; gen -czek*) *dim* Brettchen *n*
deseń M (*-niu od -nia; -nie*) Muster *n*; **w ten ~** *umg* auf diese Weise, so
deser M (*-u; -y*) Dessert *n*, Nachtisch; **na ~** als *od* zum Nachtisch; **~owy** Dessert-; **łyżeczka** *f* **~owa** Dessertlöffel *m*
des|ka F (*-i; gen -sek*) Brett *n*; **~ka surfingowa** Surfbrett *n*; **~ka do prasowania** Bügelbrett *n*; **ostatnia ~ka ratunku** die letzte Hoffnung; **do grobowej ~ki** bis ins Grab; **przeczytać od ~ki do ~ki** von A bis Z lesen; **~ki** *pl* (*narty*) Bretter *pl*; *sceniczne* Bühne *f*, Bretter *pl*
deskorolka F (*-i; gen -lek*) Skateboard *n*
desperac|ki (**-ko**) verzweifelt, desperat; **~ja** F (*gen dat lok -ii; bpl*) Verzweiflung *f*; **z ~ją** mit dem Mut der Verzweiflung
desperat M (*-a; -ci*) verzweifelter Mensch *m*, zu allem entschlossener Mensch *m*
des|potyczny despotisch; **~trukcyjny** destruktiv
destylacja F (*-i; -e*) CHEM Destillation *f*
destylować ⟨**prze-**⟩ (*-uję*) destillieren
desygnować (*-uję*) designieren (**na** *akk* zu *dat*)
deszcz M (*-u; -e*) Regen *m*; **drobny ~** Sprühregen *m*; **ulewny ~** Platzregen *m*; **pada ~** es regnet; **w ~** *od* **po ~u** im Regen; **złapał nas ~** wir sind in den Regen gekommen; **kwaśne ~e** *pl* saurer Regen *m*; **z ~u pod rynnę** vom Regen in die Traufe; **rosnąć jak grzyby po ~u** wie Pilze aus dem Boden schießen
deszczownia F (*-i; -e*) Bewässerungsanlage *f*
deszczo|wy (**-wo**) regnerisch, Regen-; **pora** *f* **~wa** Regenzeit *f*
deszcz|ówka F (*-i; bpl*) *umg* Regenwasser *n*; **~ułka** F (*-i; gen -łek*) Brettchen *n*; **~yk** M (*-u; -i*) leichter Regen *m*
detal M (*-u; -e*) Einzelheit *f*, Detail *n*; (*handel detaliczny*) *umg* Einzelhandel *m*; **nie wchodząc w ~e** ohne ins Detail zu gehen; **z ~ami** mit allen Einzelheiten, in allen Details
detalicz|ny detailliert; **cena** *f* **~na** Ladenpreis *m*; **handel** *m* **~ny** Kleinhandel *m*; **~nie** *adv* im Einzelhandel
detektor M (*-a; -y*) FIZ Geigerzähler *m*
detektyw M (*-a; -i*) Detektiv *m*; **~istyczny** detektivisch; *książka* Detektiv-
detergent M (*-u; -y*) Detergens *n*
determinac|ja F (*-i; bpl*) (*stanowczość*) Entschlossenheit *f*; (*rezygnacja*) Gleich-

mütigkeit *f*, Resigniertheit *f*; **z ~ją** entschlossen; resigniert
detona|cja F (-*i*; *bpl*) Detonation *f*; **~tor** M (-*a*; -*y*) Sprengkapsel *f*;
detonować ⟨**z-**⟩ (-*uję*) detonieren
detronizować ⟨**z-**⟩ (-*uję*) entthronen
dewaluacja F (-*i*; -*e*) EKON Abwertung *f*; *fig* Herabsetzung *f*
dewastacja F (-*i*; -*e*) Zerstörung *f*, Verwüstung *f*; Verfall *m*
dewastować ⟨**z-**⟩ (-*uję*) verwüsten, zerstören; verkommen lassen
dewiacja F (-*i*; -*e*): **~ seksualna** gestörtes sexuelles Verhalten *n*
dewi|za F (-*y*) Devise *f*; Motto *n*; **~zowy** Devisen-; **~zy** PL (*gen* -) Devisen *pl*; **kurs** *m* **dewiz** Devisenkurs *m*
dewo|cja F (-*i*; *bpl*) *pej* Frömmelei *f*; **~cjonalia** PL (*gen* -*ów*) Devotionalien *pl*; **~tka** F (-*i*; *gen* -*tek*) *pej* Frömmlerin *f*
dezaktualizować się ⟨**zdezaktualizować się**⟩ (-*uję*) an Aktualität verlieren, nicht mehr aktuell sein
dezaproba|ta F (-*y*; *bpl*) Missbilligung *f*; **z ~tą** missbilligend
dezer|cja F (-*i*; -*e*) Fahnenflucht *f*; **~ter** M (-*a*; -*rzy*) Deserteur *m*
dezerterować ⟨**z-**⟩ (-*uję*) desertieren
dezinformacja F (-*i*; *bpl*) Desinformation *f*, Irreführung *f*
dezinformować (-*uję*) irreführen
dezodorant M (-*u*; -*y*) Deo(dorant) *n*; **~ w szpreju** Deospray *m od n*; **~ w sztyfcie** Deostift *m*
dezorganizacja F (-*i*, *bpl*) Desorganisation *f*, Chaos *n*
dezorganizować ⟨**z-**⟩ (-*uję*) durcheinanderbringen
dezorientować ⟨**z-**⟩ (-*uję*) verwirren; **~ się** desorientiert sein, durcheinander sein
dezynfek|cja F (-*i*; *bpl*) Desinfektion *f*; **~cyjny** Desinfektions-, desinfizierend
dezynfekować ⟨**z-**⟩ (-*uję*) desinfizieren
dezynsekcja F (-*i*; *bpl*) Ungezieferbekämpfung *f*
dębieć ⟨**z-**⟩ (-*eję*) hart werden; *fig* stutzen, verblüfft sein
dęb|ina F (-*y*) (*drewno*) Eichenholz *n*; **~owy** Eichen-
dęby PL → dąb
dę|tka F (-*i*; *gen* -*tek*) AUTO Schlauch *m*; (*człowiek*) *umg* Niete *f*; **~ty** MUS Blas-; *frazesy* hohl; **orkiestra** *f* **~ta** Blaskapelle *f*
diabel|ny *umg* verdammt, höllisch; **~ski (-ko)** teuflisch, Teufels-; **~ski młyn** *m* Riesenrad *n*
diab|eł M (-*bła*; -*bły*; *gen* -*ów*) Teufel *m*; **do ~ła** *od* **niech to wszyscy ~li!** zum Teufel!, verflixt und zugenäht!; **jeden ~eł** gehupft wie gesprungen; **na** *od* **po jakiego ~ła** wozu zum Teufel; **~li mnie biorą** ich könnte wütend werden, *umg* ich kriege die Krise; **~li go wzięli** er ist verschwunden, er ist weg; **~li go nadali** er kommt recht ungelegen, muss er denn ausgerechnet jetzt kommen; **gdzie go ~li ponieśli** wo bleibt er denn so lange, wo steckt er denn; **~li wiedzą** weiß der Teufel *od* Kuckuck; **~ła wart** keinen Pfennig wert; **idź do ~ła!** geh zum Teufel!, scher dich zum Teufel!; **do ~ła (i trochę)** jede Menge, verdammt viel; **jak wszyscy ~li** verdammt, höllisch; **gdzie ~eł mówi dobranoc** wo sich Fuchs und Hase gute Nacht sagen; **co nagle, to po ~le** wir sollten nichts überstürzen
diab|ełek M (-*łka*; -*łki*) Teufelchen *n*; **~lica** F (-*y*; -*e*) *pej* Teufelin *f*; **~oliczny** diabolisch
diagnoza F (-*y*) Diagnose *f*
diagnozować ⟨**z-**⟩ (-*uję*) diagnostizieren
diag|onalny diagonal; **~ram** M (-*u*; -*y*) Diagramm *n*
diakon M (-*a*; -*i*) Diakon *m*; **~isa** F (-*y*) Diakonisse *f*
dialekt M (-*u*; -*y*) Dialekt *m*; **~yczny** dialektisch
diakrytycz|ny: **znaki** *m/pl* **~ne** diakritische Zeichen *n/pl*
dializa F (-*y*) Dialyse *f*; **~cyjny** Dialyse-; **ośrodek** *m* **~cyjny** Dialysezentrum *n*
dialog M (-*u*; -*i*) Dialog *m*
diament M (-*u*; -*y*) Diamant *m*; **~owy** Diamant-
didżej M (-*a*; -*e*; *dat* -*ów od* -*dżei*) *umg* Discjockey *m*
diecezja F (-*i*; -*e*) Diözese *f*
die|ta F (-*y*) Diät *f*, Schonkost *f*; **być na ~cie** Diät halten; **ścisła ~ta** Rohkostdiät *f*
diete|tyczka F (-*i*; *gen* -*czek*) Diätassistentin *f*; **~tyczny** diätetisch; **kuchnia** *f* **~tyczna** Diätküche *f*; **~tyk** M (-*a*; -*cy*) Diätassistent *m*
diety F/PL (*gen* -) Diäten *pl*; Spesen *pl*
dinozaur M (-*a*; -*y*) Dinosaurier *m*; *umg*

D

Rockveteran *m*
disc jockey M (*disc -a; disc -e*) Discjockey *m*
disco N (*unv*) Discomusik *f*; Disco *f*, Diskothek *f*; ~ **polo** (*unv*) *polnischer Dancefloor*
dla PRÄP (*gen*) für (*akk*); zu (*dat*); um zu (+ *inf*); ~ **dorosłych** für Erwachsene; **przyjazny ~ zwierząt** tierlieb; ~ **nabrania tchu** um Luft zu schöpfen; ~ **niepalących** für Nichtraucher; ~ **niepełnosprawnych** behindertengerecht; ~ **jaj** *umg* aus Jux, zum Spaß; ~ **mnie** für mich; meinetwegen, mir zuliebe
dlaczego warum, weshalb
dlatego darum, deshalb, deswegen; **~, że** ... weil, da, denn ...
dł. (długość) Länge *f*
dławić ⟨z-⟩ (*-ię*) *fig* unterdrücken, ersticken; **dławić k-o** j-n würgen; **dławić się** sich verschlucken (*inst* an *dat*)
dło|ń F (*-ni; -nie*) Handfläche *f*; (flache) Hand *f*; **jasne jak na ~ni** es liegt klar auf der Hand
dłubacz M (*-a; -e*) *umg* Trödelfritze *m*
dłubać (*-ię*) (aus)höhlen; stochern (**w** *lok* in *dat*); *fig* tüfteln, basteln (**przy** *lok* an *dat*); ~ **w nosie** in der Nase bohren
dług M (*-u; -i*) Schulden *f/pl*; ~ **publiczny** EKON Staatsschuld *f*; **siedzieć w ~ach** in Schulden stecken; **wpaść w ~i** sich in Schulden stürzen; **mieć ~ wdzięczności** (**wobec** *gen*) in j-s Schuld stehen
długawy (-wo) etwas zu lang; *film* langatmig
długi (-go) lang, Lang-; *choroba* langwierig; **upaść jak ~** lang hinschlagen; **~ do kolan** knielang; **~ do ziemi** bodenlang; **jak dzień ~** den lieben langen Tag; **mieć ~e ręce** *fig* lange Finger machen; **mieć ~ język** *fig* eine lose Zunge haben
długo ADV lang; *o czasie* lange; **jak ~?** wie lange?; **na ~** für lange Zeit; **tak ~ aż** so lange bis
długodystansowiec M (*-wca; -wcy*) Langstreckenläufer *m*
długofalo|wo ADV auf lange Sicht; **~wy** *fig* langfristig; FIZ Langwellen-
długograją|cy: **płyta** *f* **~ca** Langspielplatte *f*
długo|letni langjährig; **~metrażowy** *film* abendfüllend; **~nogi** langbeinig
długo|pis M (*-u; -y*) Kugelschreiber *m*; **~ść** F (*-ści*) Länge *f*; (*okres*) Dauer *f*; **~terminowy** (-wo) langfristig
długotrwały *susza* lang anhaltend; *choroba* langwierig; *stosunki, pokój* dauerhaft; ~ **deszcz** *m* Dauerregen *m*, Landregen *m*
długo|wieczny langlebig; **~włosy** langhaarig
dłu|to N (*-a*) Meißel *m*; Beitel *m*; **~ta Michała Anioła** geschaffen von Michelangelo
dłutować (*-uję*) meißeln
dłużej *komp* ADV länger; ~ **nie** nicht mehr länger; → długo
dłużni|k M (*-a; -cy*), **~iczka** F (*-i; gen -czek*) Schuldner(in) *m(f)*
dłużny: **być ~m k-u** j-m schulden, bei j-m Schulden haben
dłuż|szy *komp* ADJ länger; **na ~szy czas** für längere Zeit; **od ~szego czasu** seit längerer Zeit; **na ~szą metę** auf längere Sicht; auf die Dauer; → długi
dłużyć się (*3. Pers -y*) sich in die Länge ziehen; *czas* langsam vergehen
dłużyzny F/PL (*gen -*) *w filmie, w tekście umg* Längen *pl*
dmuchać (*-am*)⟨**-nąć**⟩ (*-nę*) blasen; **nie dam sobie w kaszę ~** *fig* das lasse ich mir nicht bieten
dmuchany aufblasbar; **materac** *m* **~** Luftmatratze *f*
dmucha|wa F (*-y*) TECH Gebläse *n*; *umg* Heizlüfter *m*; **~wiec** M (*-wca; -wce*) *umg* Pusteblume *f*
dmuchnąć (-NĘ) *umg* (*ukraść*) stibitzen; → dmuchać
dn. (dnia) (*data*) von, am
dni PL → dzień
dnia *gen* → dzień
dnieć (*3. Pers -eje*): **dnieje** es dämmert; **dniało** der Morgen dämmerte, es dämmerte
dniów|ka F (*-i; gen -wek*) Arbeitstag *m*; (*płaca*) Tagelohn *m*; **pracować na ~kę** als Tagelöhner arbeiten
dniu *lok* → dzień
dno N (*dna; gen den*) Grund *m*; (*spód*) Boden *m*; *fig* Kitsch *m*; **pójść na ~** untergehen; **do góry dnem** gekentert; umgestülpt; **wypić** *pf* **do dna** leer trinken, ex trinken
do PRÄP (*gen*) bis zu (*dat*), (bis) an (*akk*); in (*akk*), nach (*dat*); zu (*dat*); **od ... ~**

(*odległość*) von ... nach, von ... bis zu *od* an; (*wartość przybliżona*) etwa ... bis ...; **~ piątku** bis Freitag; (**aż**) **~ rana** bis zum Morgen; **~ szkoły** in die *od* zur Schule; **~ domu** nach Hause; **~ Berlina** nach Berlin; **~ kina** ins Kino; **~ lekarza** zum Arzt; **~ tysiąca mieszkańców** bis zu tausend Einwohnern; **młodzież ~ lat osiemnastu** Jugendliche *pl* bis zu achtzehn Jahren; **telefon ~ ciebie!** Telefon für dich!; **klucz** *m* **~ drzwi** Türschlüssel *m*; **beczka** *f* **~ wina** Weinfass *n*; **szczoteczka** *f* **~ zębów** Zahnbürste *f*; **skłonny ~ kompromisu** kompromissbereit; **dwa razy ~ roku** zweimal im Jahr; **tankować ~ pełna** volltanken; **pół ~ drugiej** halb zwei; **~ roboty!** an die Arbeit! **~ zobaczenia!** bis bald!

do|ba F (*-y; gen dób*) Tag und Nacht, 24 Stunden; *fig* Epoche *f*, Zeitalter *n*; **przez całą ~bę** rund um die Uhr; **~ba dzisiejsza** Gegenwart *f*; **w ciągu ~by** binnen 24 Stunden

doberman M (*-a; -y*) Dobermann *m*

dobić PF → dobijać

dobiec PF → dobiegać

dobieg M (*-u; bpl*) SPORT Endspurt *m*

dobiegać (*-am*)⟨**dobiec** *od* **-gnąć**⟩ (*-nę*) (**do** *gen*) laufen (bis an *akk*, zu *dat*); **~ do celu** das Ziel erreichen; **~ do mety** SPORT ins Ziel kommen; *o dźwiękach* zu hören sein, dringen; **dobiega godzina trzecia** es geht auf drei zu; **dobiega północ** es geht auf Mitternacht; **dobiegać trzydziestki** auf die dreißig zugehen; **~ końca** sich dem Ende nähern

dobierać (*-am*)⟨**dobrać**⟩ (*dobiorę*) dazunehmen, noch mehr nehmen; (*wybierać*) aussuchen; **dobierać słowa** jedes Wort auf die Goldwaage legen; **~ się do k-o** (*molestować seksualnie*) *umg* sich an j-n ranmachen, j-n belästigen; (*ścigać*) j-m hinterher sein; **~ się k-u do skóry** *umg* j-m auf die Pelle rücken

dobijać (*-am*) ⟨**dobić**⟩ (*-ję*) *v/t* den Gnadenstoß geben (*dat*); **~ k-o** *umg* j-n krank machen, j-m den Rest geben; V/I *umg* (*przyłączyć się*) (**do** *gen*) sich anschließen (an *akk*), zustoßen (zu *dat*); **~ do celu** das Ziel erreichen; **~ do brzegu** anlegen; **~ się** erlangen; **dobijać się do drzwi** an die Tür hämmern

dobitek: **na ~** *umg* obendrein, dazu noch, zu allem Übel

dobit|ka: **na ~kę** → dobitek

dobitny *głos* kräftig, laut; *żądanie* nachdrücklich, unmissverständlich

dob|orowy erstklassig, vorzüglich, Elite-; **~osz** M (*-a; -e*) Trommler *m*; Paukist *m*

dobowy Tages-

dobór M (*-oru; bpl*) Auswahl *f*, Wahl *f*; Auslese *f*; **~ naturalny** BIOL natürliche Auslese *f*, Selektion *f*

dobrać się* PF sich finden, gut zusammenpassen; → dobierać się

dobranoc (*unv*) gute Nacht; **bajka** *f* **na ~** Gutenachtgeschichte *f*; **~ka** F (*-i; gen -cek*) *umg* Abendprogramm *n* für Kinder

dobrany ADJ gut zueinanderpassend, harmonisch

dobre N (*-ego; bpl*) Gute(s) *n*; **na ~** richtig, ernsthaft; **po ~mu** im Guten; **wszystkiego ~go!** alles Gute!; **zmienić się na ~** sich zum Guten wenden

dobrnąć PF (*-nę*) (**do** *gen*) mit Mühe und Not erreichen (*akk*), mit letzter Kraft ankommen; *fig* es schaffen (bis zu *dat*)

dob|ro N (*-a; gen dóbr*) Gutes, das Gute; **~ro społeczne** Gemeinwohl *n*; **czynić wiele ~ra** viel Gutes tun; **wierzyć w ~ro człowieka** an das Gute im Menschen glauben; **dla ~ra** zum Wohle, zum Besten; **zapisać** *pf* **na ~ro** FIN gutschreiben; **~ra** PL (*posiadłość*) Gut *n*, Landgut *n*; **~ra** *pl* **kulturalne** Kulturgüter *pl*; **~ra** *pl* **konsumpcyjne** Konsumgüter *pl*

dobro|byt M (*-u; bpl*) Wohlstand *m*; **~czynność** F (*-ści; bpl*) Wohltätigkeit *f*; **~czynny** *kąpiel, wpływ* wohltuend; *akcja, cel* wohltätig, Wohltätigkeits-

dobr|oczyńca M (*-y*) Wohltäter *m*, Gönner *m*; **~oć** F (*-ci; bpl*) Güte *f*; **po ~oci** *umg* im Guten, friedlich

dobro|duszność (*-ści; bpl*) Gutmütigkeit *f*; **~duszny** gutmütig; **~dziejstwo** N (*-a*) Wohltat *f*; PL Segen *m*

dobrosąsiedzki gutnachbarlich

dobrotliwie ADV → dobrotliwy

dobrotliwość F (*-ści; bpl*) (Herzens)Güte *f*

dobro|tliwy (*-wie*) gütig, herzensgut; **~wolny** freiwillig

dob|ry (*persf -rzy*) gut; **~ry na** (*akk*) *od* **do** (*gen*) gut für (*akk*); passend zu (*dat*); **~ra!** *umg* fein!; **być ~rej myśli** zuversichtlich sein; **a to ~re!** das ist ja ein Ding!; **~re sobie!** *iron* du bist ja gut!; **na ~rą sprawę**

D

eigentlich; **na ~rej drodze** auf dem richtigen Weg; **przez ~re dwie godziny** gute zwei Stunden, geschlagene zwei Stunden

dobrze ADV gut; **~ ubrany** gut gekleidet; **~ wychowany** wohlerzogen; **~ płatny** gut bezahlt; **~ widziany** gut angesehen; **czuć się ~** sich wohlfühlen; **wyglądać ~** gut aussehen; *iron* mollig sein; **życzyć ~ k-u** es gut mit j-m meinen, j-m wohlgesinnt sein; **to ~ robi** es tut gut; **~ ci tak mówić** du hast leicht reden; **on ma się ~** es geht ihm gut; **~ ci tak!** geschieht dir recht!; **równie ~** genauso gut

dobudowywać *(-wuję)* ⟨**dobudować**⟩ *(-duję) dom* fertigstellen; *skrzydło* anbauen

dobudówka F *(-i; gen -wek)* Anbau *m*

dobudzić PF *(-dzę)* wachrufen, wachrütteln

dobyć* PF: **nie móc ~ głosu** *lit* keinen Laut hervorbringen können; → dobywać

dobytek M *(-tku; bpl) lit* Habe *f*, Hab und Gut *n*

dobywać *(-am)* ⟨**dobyć**⟩ *(dobędę)*: **~ resztek sił** *lit* alle Kräfte aufbieten; **~ się** *głos, dźwięk lit* hervordringen

docelowy Ziel-; **port** *m* **~** Zielhafen *m*

doceniać *(-am)* ⟨**-ić**⟩ *(-nię)* richtig einschätzen, würdigen; **nie ~** unterschätzen

docent M *(-a; -ci)* Dozent *m*

dochodo|wość F *(-ści; bpl)* Rentabilität *f*; **~wy** gewinnbringend, rentabel; **podatek** *m* **~wy** Einnahmesteuer *f*

dochody PL *(gen -ów)* Einkünfte *pl*

dochodzenie N *(-a)* Untersuchung *f*, Ermittlungen *pl*; **~ sądowe** Ermittlungsverfahren *n*

dochodzić *(-dzę)* ⟨**dojść**⟩ *(-dę)* (**do** *gen*) *(dotrzeć)* kommen (zu *dat*), erreichen (*akk*); *(osiągać)* erreichen (*akk*); *(wydarzyć się)* kommen (zu *dat*); *(sięgać)* reichen (bis zu *dat*); *dźwięki* zu hören sein; *zapachy* hervordringen; *list, paczka* kommen, eintreffen; KULIN gar werden; *owoce* (nach)reifen; **dochodzić do** *(gen) (zbliżać się)* sich nähern (*dat*); *droga, ulica* enden (an *dat*), laufen (bis zu *dat*); *pociąg, autobus* fahren (bis zu *dat*); **~ swego** sein Recht suchen; **~ do głosu** zu Wort kommen; **~ do zdrowia** gesund werden; **~ do skutku** zustande kommen; **~ do siebie** zu sich kommen; **~ do świadomości** zu Bewusstsein kommen; **~ do władzy** an die Macht kommen; **~ do porozumienia** sich einigen; **~ prawdy** die Wahrheit erfahren; **~ do wniosku, że …** zu dem Schluss kommen, dass …; **~ do przekonania, że …** zu der Überzeugung kommen, dass …; **~ do ładu** (**z** *inst*) *umg* klarkommen (mit *dat*); **~ swoich praw** seine Rechte geltend machen; **dochodzi ósma** es ist gleich acht; **doszło do kłótni** es kam zu einem Streit; **jak do tego doszło?** wie ist es dazu gekommen?; **do tego dochodzi jeszcze …** hinzu kommt noch …

dochować się PF *(-am) (gen)* großziehen (*akk*); *(zachować się)* erhalten bleiben

dochowywać *(-wuję)* ⟨**dochować**⟩ *(-am) (gen)* bewahren (*akk*); **~ słowa** sein Wort halten; **~ wierności** treu bleiben

dochód M *(-odu; -ody)* Einkommen *n*; **czysty ~** Reinertrag *m*; **~ narodowy** EKON Volkseinkommen *n*

dociąć* PF → docinać

dociągać *(-am)* ⟨**-nąć**⟩ *(-nę)* ziehen, schleppen (**do** *gen* bis zu *dat*); *pas, śrubę* festziehen; **dociągnąć** *pf umg* über die Runden kommen; *(przeżyć)* überleben

dociekać *(-am)* ⟨**dociec***⟩ *(docieknę)* *(gen)* ergründen, herausbekommen (wollen) *(akk)*

dociekania N/PL *(gen -ań) (rozważania)* Überlegungen *f/pl*

dociek|liwy **(-wie)** wissbegierig, um Erkenntnis bemüht; **~liwy umysł** *m* Forschergeist *m*

docierać *(-am)* ⟨**dotrzeć**⟩ *(dotrę) v/i* (**do** *gen*) gelangen, vordringen (bis zu *dat*); erreichen (*akk*); V/T AUTO einfahren; **dotarło do mnie …** es wurde mir klar …; **te argumenty do niego nie docierają** er ist taub für diese Argumente; **~ się** *umg osoby* sich aneinander anpassen

docinać *(-am)* ⟨**dociąć**⟩ *(dotnę)*: **~ k-u** j-n hänseln, gegen j-n sticheln

docinek M *(-nka; -nki)* Stichelei *f*, Spitze *f*

dociskać *(-am)* ⟨**-nąć**⟩ *(-nę)* fest (an)drücken; **docisnąć się** *pf* sich durchdrängen (**do** *gen* zu *dat*)

docucić PF *(-cę)* (mit Mühe) zu Bewusstsein bringen

do cna völlig, *umg* total

doczekać PF *(-am) (gen) (dożyć)* erleben (dürfen) *(akk)*; **nie ~** *(nie dożyć)* nicht mehr erleben (dürfen) *akk*); **~ końca** *(gen)* bis zum Ende *(gen)* ausharren; **~ się** *(gen)* endlich bekommen *(akk)*; **nie móc się ~**

(*gen*) kaum erwarten können (*akk*); **~ się odpowiedzi** endlich eine Antwort bekommen, die lang ersehnte Antwort bekommen; **~ się wyjazdu** endlich verreisen dürfen
doczepiać (*-am*) ⟨**-ić**⟩ (*-ię*) anhängen, ankoppeln
doczep|ka F: **jechać na ~kę** *umg* mitfahren, sich (einer Fahrt) anschließen
doczesny vergänglich; *życie* irdisch
doczytywać (*-uję*) ⟨**doczytać**⟩ (*-am*) (*czytać do końca*) zu Ende lesen; (*czytać dodatkowo*) dazu lesen; **~ się** (*gen*) herauslesen (*akk*)
dodać PF → dodawać
doda|tek M (*-tku*; *-tki*; *gen -ów*) *do pensji* Zulage *f*, Zuschlag *m*; *do gazety* Beilage *f*; (*uzupełnienie*) Ergänzung *f*; **~tki** *pl* Accessoires *pl*; **~tek mieszkaniowy** Wohngeld *n*; **~tek nadzwyczajny** Extrablatt *n*; **~tek za pracę niebezpieczną** Gefahrenzulage *f*; **z ~tkiem** (*gen*) unter Zusatz (von *dat*), mit (*dat*); **na ~tek** *od* **w ~tku** obendrein, dazu noch
dodatko|wy (**-wo**) zusätzlich, Zusatz-; **wartość** *f* **~wa** Mehrwert *m*; **koszty** *pl* **~we** Nebenkosten *pl*; **praca** *f* **~wa** Nebenbeschäftigung *f*; **zarobić ~wo** hinzuverdienen
dodat|ni (**-nio**) positiv (*a.* MED, FIZ); **temperatury** *pl* **~nie** Plusgrade *pl*
dodawać (*-aję*) ⟨**dodać**⟩ (*-am*) (**do** *gen*) (hin)zufügen (*dat*); (*dołożyć*) (da)zugeben; *siły*, *piękna* verleihen; MAT addieren; **~ otuchy** *od* **odwagi k-u** j-n ermuntern *od* ermutigen, j-m Mut machen; **~ gazu** *umg* e-n Zahn zulegen; **~ do koloru** *w kartach* bedienen
dod|awanie N (*-a*; *bpl*) MAT Addition *f*; **~ruk** M (*-u*; *-i*) Nachdruck *m*, Nachauflage *f*
dodrukować PF (*-uję*) nachdrucken
dodzwonić się PF (*-nię*) (**do** *gen*) (telefonisch) erreichen (*akk*); **nie móc ~** nicht erreichen können, keinen Anschluss bekommen
dofinansowywać (*-uję*) ⟨**-ować**⟩ (*-uję*) EKON fördern
dog M (*-a*; *-i*) Dogge *f*
dogadywać (*-uję*) ⟨**dogadać**⟩ (*-am*): **~ k-u** j-n hänseln; **~ się** sich verständigen, einig werden (**z** *inst* mit *dat*)
dogadzać (*-am*) ⟨**dogodzić**⟩ (*-dzę*): **~ k-u** j-n zufriedenstellen, es j-m recht machen; **~ zachciankom syna** alle Wünsche des Sohnes erfüllen; **dogadzać sobie** schlemmen, sich gut gehen lassen
doganiać (*-am*) ⟨**dogonić**⟩ (*-nię*) einholen
dogasać (3. *Pers -a*) ⟨**-nąć**⟩ (*dogaśnie*) erlöschen, verglimmen; **dzień dogasa** *lit* der Tag neigt sich dem Ende zu
dogląd M (*-u*; *bpl*) Aufsicht *f*; Betreuung *f*
doglądać (*-am*) (*gen*) beaufsichtigen (*akk*), aufpassen (auf *akk*); **~ k-o** j-n pflegen, sich um j-n kümmern
dog|łębny gründlich; **~mat** M (*-u*; *-y*) REL, FILOZ Dogma *n*
dognać PF (*-am*) *umg* einholen
dogod|ność F (*-ści*; *bpl*) Vorteil *m*; **~ny** *okazja*, *połączenie* günstig; *czas* passend; **na ~nych warunkach** zu günstigen Bedingungen
dogodzić PF → dogadzać
dogonić PF → doganiać
dogorywać (*-am*) in den letzten Zügen liegen
dogotowywać się (3. *Pers -wuje*) ⟨**dogotować się**⟩ (*-uje*) gar werden
dogrywać (*-am*) ⟨**dograć**⟩ (*-am*) zu Ende spielen
dogrywka F (*-i*; *gen -wek*) SPORT Verlängerung *f*
dogryzać (*-am*) ⟨**dogryźć***⟩ (*dogryzę*): **~ k-u** j-n hänseln, gegen j-n sticheln
dogrzewać (*-am*) ⟨**dogrzać**⟩ (*-eję*) *pomieszczenie* zusätzlich heizen
doić ⟨**wy-**⟩ (*-ję*, *dój!*) melken; (*pić*) *umg* (weg)saufen, in sich hineinschütten; **doić k-o** j-m das Geld aus der Tasche ziehen
doigrać się PF (*-am*): **~ choroby** sich eine Krankheit zuziehen; **doigrasz się!** du wirst das noch bereuen!, das dicke Ende kommt noch!
dojadać (*-am*) ⟨**dojeść**⟩ (*dojem*) zu Ende essen, aufessen; *resztki* aufzehren; **nie dojadać** nicht genug zu essen haben, darben
doja|rka F (*-i*; *gen -rek*) Melkerin *f*; **~rka mechaniczna** Melkmaschine *f*; **~zd** M (*-u*; *-y*) Anfahrt *f*, Anreise *f*; (*droga*) Zufahrt *f*; Fahrt *f*; **jest dogodny ~zd** man kommt bequem hin
dojazdo|wy Zufahrts-; **kolejka** *f* **~wa** Lokalbahn *f*; **droga** *f* **~wa** Zubringerstraße *f*

D

dojąć PF → dojmować
dojechać˙ PF (**do** *gen*) ankommen (in *dat* *od* an *dat*), erreichen (*akk*); **~ do Berlina** in Berlin ankommen; **~ k-u** *umg* spitze Bemerkungen machen; → dojeżdżać
dojeść˙ PF → dojadać
dojeżdżać (-*am*) ⟨**dojechać**⟩ (*dojadę*) fahren (**do** *gen* zu *dat*); **dojeżdżać do** (*gen*) sich nähern (*dat*); **dojeżdżać do pracy** pendeln
dojeżdżają|cy M (-*ego*; -), **~ca** F (-*ej*; -*e*) Pendler(in) *m*(*f*)
dojmujący durchdringend, schneidend
doj|ny: **krowa** *f* **~na** Milchkuh *f*; **~na krowa** *f fig żart* Goldesel *m*
dojrzale ADV → dojrzały
dojrzali *persf* → dojrzały
dojrzał|ość F (-*ści*; *bpl*) Reife *f*; **~ość płciowa** Zeugungsfähigkeit *f*, Geschlechtsreife *f*
dojrza|ły (*persf* -*li*) (**-le**) reif; **~ły płciowo** geschlechtsreif, zeugungsfähig; **przedwcześnie ~ły** frühreif
dojrzeć¹ PF (-*ę*) (*ujrzeć*) erblicken
dojrzewać (-*am*) ⟨**dojrzeć**²⟩ (-*eję*) *owoce* reifen, reif werden; **~ do** (*gen*) *fig* reif werden (für *akk*)
dojrzewanie N (-*a*; *bpl*) Reifen *n*, Reifungsprozess *m*; (*dorastanie*) Pubertät *f*
dojś|cie N (-*a*) Weg *m* (**do** *gen* in *akk*, zu *dat*); Zugang *m*; **mieć ~cia** *pl umg* Beziehungen haben
dojść˙ PF (**do** *gen*) kommen (zu *dat*), erreichen (*akk*); **jak ~ do dworca?** wie komme ich zum Bahnhof?; → dochodzić
dok M (-*u*; -*i*) Dock *n*
dokańczać (-*am*) ⟨**dokończyć**⟩ (-*czę*) abschließen, zu Ende bringen
dokazać PF: **~ swego** sich durchsetzen; → dokazywać²
dokazywać¹ (-*uję*) *umg* herumtollen, Unfug treiben
dokazywać² (-*uję*) ⟨**dokazać**⟩ (-*żę*) (*gen*) erreichen, vollbringen (*akk*)
dokąd wohin; **~ bądź** irgendwohin, gleich wohin
doką|dkolwiek, **~dś** irgendwohin
doker M (-*a*; -*rzy*) Hafenarbeiter *m*
dokładać (-*am*) ⟨**dołożyć**⟩ (-*ę*) hinzutun, hinzufügen; *pieniądze* zuschießen, beisteuern; **~ starań** sich Mühe geben; **~ się** (**do** *gen*) beisteuern (zu *dat*)
dokład|ka F (-*i*; *gen* -*dek*) Nachschlag *m*; **na ~kę** *umg* noch dazu, obendrein
dokład|ność F (-*ści*; *bpl*) Genauigkeit *f*; (*staranność*) Sorgfalt *f*; **~ny** genau, exakt, präzise; (*staranny*) sorgfältig
dokoła ADV ringsum(her); PRÄP (*gen*) um (*akk*) herum; **~ siebie** um sich (herum); **~ Wojtek** *umg* immer die alte Leier
dokonać PF → dokonywać
dokonania N/PL (*gen* -*ań*) Leistungen *f/pl*, Erfolge *m/pl*
dokonany: **czasownik** *m* **~** JĘZ vollendetes Verb *n*; **postawić** *fig* **przed faktem ~m** vor vollendete Tatsachen stellen
dokonywać (-*uję*) ⟨**dokonać**⟩ (-*am*) *czynów, cudów* vollbringen (*akk*); *zbrodni* begehen, verüben (*akk*); *wyboru* treffen (*akk*); **~ się** stattfinden, vollzogen werden
dokończenie N (-*a*) Abschluss *m*, Beendigung *f*
dokończyć PF → dokańczać
dokopywać się (-*uję*) ⟨**dokopać się**⟩ (-*ię*) (*gen*) (beim Graben) stoßen (auf *akk*) (*a. fig*)
dokształcać (-*am*) fortbilden; **~ się** sich fortbilden
dokształcający Fortbildungs-
dokt|or M (-*a*; -*rzy od* -*owie*) Doktor *m*; *umg* Arzt *m*; **panie ~orze** Herr Doktor; **~orat** M (-*u*; -*y*) Doktortitel *m*; (*praca*) Doktorarbeit *f*, Dissertation *f*
doktor|ski *egzamin, tytuł* Doktor-; **praca** *f* **~ska** Dissertation *f*, Doktorarbeit *f*
doktoryzować się (-*uję*) promovieren (**z** *gen* in *dat*)
doktryn|a F (-*y*) Doktrin *f*; **~erski** doktrinär
dokuczać (-*am*) ⟨**-yć**⟩ (-*ę*): **~ k-u** j-n ärgern, j-n belästigen; *ból, głód, samotność* plagen, zusetzen; **dokuczać** *stawy, serce* wehtun
dokuczliwy (**-wie**) lästig, zudringlich; *ból* quälend
dokuczyć PF → dokuczać
dokument M (-*u*; -*y*) Urkunde *f*, Dokument *n* (*a.* EDV); *przeszłości* Zeugnis *n*
dokument|y PL (*gen* -*ów*) Ausweis *m*, *umg* Papiere *pl*; (*załącznik*) Unterlagen *pl*; **~acja** F (-*i*; -*e*) Dokumentation *f*
dokumental|ista M (-*y*; -*ści*) FILM Dokumentarist *m*; *w archiwum* Dokumentar *m*; **~ny** dokumentarisch, Dokumentar-; **film** *m* **~ny** Dokumentarfilm *m*
dokumentować ⟨**u-**⟩ (-*uję*) dokumen-

tieren, belegen

dokupywać *(-uję)* **⟨dokupić⟩** *(-ię)* dazukaufen, zusätzlich kaufen

dokwaterować PF *(-uję)* zustellen, einquartieren

do|la F *(-i; bpl)* Los *n*, Schicksal *n*; **~le** *pl* **i niedole** *pl* Freud und Leid

dolać PF → dolewać

dolatywać *(-uję)* **⟨dolecieć⟩** *(-cę)* (**do** *gen*) *samolot, ptak* fliegen (nach *dat*), ankommen (in *dat*); *zapach, dźwięk* vordringen (**z** *gen* aus *dat*); **dolatywać** (**do** *gen*) *samolot, ptak* sich nähern (*dat*)

dolegać *(3. Pers -a)*: **dolega mi żołądek** ich habe Magenschmerzen, mein Magen tut mir weh; **co panu dolega?** was fehlt Ihnen?; **nic mu nie dolega** er hat keine Beschwerden

dolegli|wość F *(-ści)* Leiden *n*; *(uciążliwość)* Beschwerlichkeit *f*; **~wości** *pl* **żołądkowe** Magenbeschwerden *pl*; **~wy** *ból* heftig, anhaltend

dolewać *(-am)* **⟨dolać⟩** *(-eję)* *(gen)* dazuzugießen *(akk)*; *wina, soku* nachschenken

dolewka F *(-i; gen -wek)* *zupy, soku* Nachschlag *m*

doliczać *(-am)* **⟨-yć⟩** *(-czę)* (**do** *gen*) (hin)zuzählen, dazurechnen (zu *dat*); zählen (bis *akk*); **~ odsetki** aufzinsen

doliczając *(akk)* zuzüglich *(gen)*

doliczyć PF → doliczać

doliczyć się PF *(-czę)* *(gen)* zählen *(akk)*; **nie ~** *(gen)* nicht mitzählen *(akk)*

dolina F *(-y)* Tal *n*

dolno- *in zssgn* GEOG Nieder-, Unter-

dolnoniemiecki niederdeutsch

dol|ny *granica, warstwa* untere(r); GEOG Nieder-, Unter-; **~na część** *f* Unterteil *m od n*; **~ny bieg** *m* **rzeki** Unterlauf *m*

dolutowywać *(-wuję)* **⟨dolutować⟩** *(-uję)* anlöten

doładowywać *(-wuję)* **⟨doładować⟩** *(-uję)* dazuladen

dołączać *(-am)* **⟨-yć⟩** *(-czę)* (**do** *gen*) beifügen, beilegen *(dat)*; anschließen; **~ się** (**do** *gen*) sich anschließen *(dat)*

doł|ek M *(-łka; -łki)* Erdloch *n*, Vertiefung *f*; *na twarzy* Grübchen *n*; **być w ~ku** *umg fig* in e-r Krise stecken; **~em** unten entlang

dołożyć PF → dokładać

doły PL → dół

dom M *(-u; -y)* Haus *n*; *fig* Zuhause *n*; **~ mieszkalny** Wohnhaus *n*; **~ handlowy** *od* **towarowy** Warenhaus *n*; **~ dziecka** Kinderheim *n*; **~ starców** *od* **pogodnej jesieni** Altersheim *n*, Altenheim *n*; **~ poprawczy** Erziehungsanstalt *f*; **~ kultury** Kulturhaus *n*; **~ akademicki** Studentenwohnheim *n*; **~ publiczny** Bordell *n*; **~ wariatów** *umg* Klapsmühle *f*; **do ~u** nach Hause; **w ~u** zu Hause; im Haus; **z ~u** *kobieta* geborene; **na po ~u** *umg* für zu Hause, für den Alltag; **czuć się jak u siebie w ~u** sich wie zu Hause fühlen; **zajmować się ~em** den Haushalt führen; **pani ~u** Gastgeberin *f*; **głowa** *f* **domu** Familienoberhaupt *n*

domaciczny: **~ środek** *m* **antykoncepcyjny** MED Intrauterinpessar *n*

domagać się *(-am)* *(gen)* verlangen *(akk)*

domalowywać *(-wuję)* **⟨domalować⟩** *(-uję)* dazumalen

domator M *(-a; -rzy)* häuslicher Mann *m*, *umg* Stubenhocker *m*; **~ka** F *(-i; gen -rek)* häusliche Frau *f*

domek M *(-mku; -mki)* kleines Haus *n*; **~ letniskowy** Sommerhaus *n*; **~ jednorodzinny** Einfamilienhaus *n*; **~ z kart** Kartenhaus *n*

domena F: **~ internetowa** EDV Domain *f*

domiar M *(-u; -y)* FIN Steuernachzahlung *f*; **na ~ złego** zu allem Übel, zu allem Unglück

domierzać *(-am)* **⟨-yć⟩** *(-ę)* *podatek* neu veranlagen; **nie ~** zu knapp messen

domieszać PF *(-am)* (**do** *gen*) beimischen, beimengen *(dat)*

domieszka F *(-i; gen -szek)* Beimischung *f*, Zusatz *m*; Fremdstoff *m*

domięśniowy (-wo) MED intramuskulär

dominika|nin M *(-a; -anie; gen -ów)* *(mnich)* Dominikaner *m*; **~ński** Dominikaner-

domino N *(-a)* Domino *n*, Dominospiel *n*

dominować *(-uję)* (**nad** *inst*) dominieren, beherrschen *(akk)*; (**w** *lok*) vorherrschen, dominieren (in *dat*); stärker vertreten sein, in der Mehrzahl sein

dominujący *rola, znaczenie* dominierend, herausragend; *charakter* dominierend, bestimmend

domknąć PF → domykać

domniemany mutmaßlich, vermeintlich

D

domo|fon M (-u; -y) Haussprechanlage *f*; **~krążca** M (-y; *gen* -ów) Hausierer *m*
domo|rosły dilettantisch; **~stwo** N (-a) Gehöft *n*; **~wnik** M (-a; -cy) Mitbewohner *m*, Hausbewohner *m*; **~wnicy** *pl* Hausgemeinschaft *f*
domo|wy häuslich, Haus-; *telefon, adres* Privat-; **porządki** *pl* **~we** Hausputz *m*; **~wej roboty** selbst gemacht; **zadanie** *n* **~we** Hausaufgabe *f*; **pomoc** *f* **~wa** Haushaltshilfe *f*; **po ~wemu** *adv* wie zu Hause; **wojna** *f* **~wa** Bürgerkrieg *m*; **areszt** *m* **~wy** Hausarrest *m*; **kura** *f* **~wa** *umg* Hausmütterchen *n*
domyć PF (-yję): **nie móc ~ naczyń** das Geschirr nicht sauber bekommen (können)
domykać (-am) ⟨**domknąć**⟩ (-nę) *okno, drzwi* fest schließen, zuschließen; **nie ~ się** *v/i* schlecht schließen
domysł M (-u; -y) Vermutung *f*, Spekulation *f*
domyślać się (-am) (*gen*) vermuten, ahnen (*akk*); **domyślam się, że …** ich vermute, dass …
domyślić się PF (-lę) (*gen*) erraten (*akk*), dahinterkommen; → domyślać się
domyśl|ność F (-ści; *bpl*) Scharfsinn *m*; **~ny** findig, scharfsinnig
doni|ca F (-y; -e) Blumenkübel *m*; **~czka** F (-i; *gen* -czek) Blumentopf *m*
doniczko|wy: **kwiaty** *m/pl* **~we** Topfblumen *f/pl*
doniesie|nie N (-a; *gen* -eń) Denunziation *f*, Anzeige *f*; **~nia** *f/pl* RADIO Meldungen *f/pl*
donieść* PF → donosić
donikąd ADV nirgendwohin; **to prowadzi ~** das führt zu nichts
donios|łość F (-ści; *bpl*) Bedeutung *f*, Tragweite *f*; **~ły (-śle)** bedeutsam, bedeutend
donos M (-u; -y) Denunziation *f*, Anzeige *f*
donosiciel M (-a; -e), **~ka** F (-i; *gen* -lek) Denunziant(in) *m(f)*
donosić (*donoszę*) ⟨**donieść**⟩ (*doniosę*) (**o** *lok*) melden (*akk*); **~ na k-o** j-n denunzieren; **donosić** *ciążę* austragen; *ubranie* abtragen
donośny laut, vernehmlich
dookoła → dokoła
dopadać (-am) ⟨**dopaść**⟩ (*dopadnę*) (**do** *gen od gen*) erreichen (*akk*), sich hineinstürzen (in *akk*)
dopalać (-am) ⟨**-ić**⟩ (-lę) *cygaro* aufrauchen; **~ się** *v/i* niederbrennen, erlöschen
dopasowany zusammenpassend; *ubranie* eng anliegend; **~ do ciała** hauteng
dopasowywać (-wuję) ⟨**dopasować**⟩ (-uję) anpassen; *dodatki* zusammenstellen; **~ się** sich anpassen (**do** *gen* an *akk*)
dopaść* PF (*gen*) erwischen, bekommen (*akk*); → dopadać
dopatrywać (-uję) ⟨**dopatrzyć**⟩ (-ę): **nie dopatrzyć** *pf* (*gen*) versäumen (*akk*); **nie dopatrzyć** *pf* **sprawy** *fig* verschlafen; **~ się** (*gen*) entdecken, sehen (*akk*); zu erkennen glauben (*akk*); **~ się podobieństwa** eine Ähnlichkeit entdecken (**w** *lok* in *dat*)
dopch|ać, **~nąć** PF → dopychać
dopełniacz M (-a; -e) GRAM Genitiv *m*
dopełniać (-am) ⟨**-ić**⟩ (-nię) nachfüllen, auffüllen; (*uzupełniać*) ergänzen, vervollkommnen; **~ obowiązku** *lit* seine Pflicht erfüllen, seiner Pflicht nachkommen; **~ formalności** *lit* Formalitäten erledigen; **dopełnić** *pf* **miary** das Maß vollmachen
dopełnienie N (-a) Ergänzung *f*, Vervollkommnung *f*; GRAM Objekt *n*
dopędzać (-am) ⟨**-ić**⟩ (-dzę) einholen
dopiąć PF *fig* (*gen*) erreichen (*akk*); **~ swego** sein Ziel erreichen, seinen Willen durchsetzen; **~ na ostatni guzik** letzte Hand anlegen; → dopinać
dopić PF → dopijać
dopiekać (-am) ⟨**dopiec***⟩ (*dopiekę*) *v/i słońce* stechen, brennen; **~ k-u** j-m zusetzen, j-n quälen
dopieprzać (-am) ⟨**-yć**⟩ (-ę) KULIN pfeffern, Pfeffer hinzugeben; **~ k-u** *pop* j-m eine hauen; **~ się do k-o** *pop* auf j-m herumhacken, auf j-m herumreiten
dopiero erst; **~ co** gerade eben; **co ~** geschweige denn; **a to ~ !** das ist ja ein Ding!
dopieszczać (-am) ⟨**dopieścić**⟩ (*dopieszczę*) *umg* (*dokończyć*) ausfeilen
dopijać (-am) ⟨**dopić**⟩ (*dopiję*) austrinken
dopilnować PF (-uję) (*gen*) aufpassen (auf *akk*)
dopinać (-am) ⟨**dopiąć**⟩ (*dopnę*) zuknöpfen
doping M (-u) Ansporn *m*, Motivation *f*; Doping *n*
dopingować (-uję) anspornen, motivieren

dopi|ngowy *kontrola, środek* Doping-; **~sek** M (-*sku;* -*ski*) Notiz *f*, Anmerkung *f*; *na marginesie* Randbemerkung *f*
dopisywać (-*uję*) ⟨-**ać**⟩ *v/t* zu Ende schreiben; dazuschreiben; **pogoda dopisuje** das Wetter ist sehr gut; **zdrowie mu nie dopisuje** mit seiner Gesundheit sieht es nicht gut aus; **szczęście mu nie dopisało** er hatte Pech, er hatte kein Glück
dopłacać (-*am*) ⟨-**ić**⟩ (-*cę*) (**do** *gen*) zuzahlen (zu *dat*); *porto* nachzahlen
dopłata F (-*y*) Zuzahlung *f*; Nachzahlung *f*; *do biletu* Zuschlag *m*; *do listu* Strafporto *n*
dopłynąć PF (**do** *gen*) *pływak, ryba* schwimmen (bis zu *dat*), erreichen (*akk*); *statek, łódź* fahren (bis zu *dat od* bis nach *dat*), erreichen (*akk*); anlegen (in *dat*); **~ do brzegu** das Ufer erreichen; → dopływać
dopływ M (-*u; bpl*) *gazu, wody* Zuleitung *f*; Zufuhr *f*; *fig* Zufluss *m*; (*rzeka*) (*pl* -*y*); Nebenfluss *m*
dopływać (-*am*) ⟨**dopłynąć**⟩ (-*nę*) *pływak, ryba* schwimmen (**do** *gen* bis zu *dat*); *statek, łódź* fahren (**do** *gen* bis zu *dat od* bis nach *dat*); *prąd, gaz, woda* fließen; **dopływać** (**do** *gen*) (*zbliżać się*) *pływak, łódź* sich nähern (*dat*); *informacje* ankommen; **dopływać do brzegu** sich dem Ufer nähern
dopomagać (-*am*) ⟨**dopomóc**⟩ (*dopomogę*) aushelfen, behilflich sein (**w** *lok* bei *dat*)
dopominać się (-*am*) (*gen od* **o** *akk*) fordern (*akk*); (*gen*) verlangen (nach *dat*)
dopomóc PF → dopomagać
dopowiadać (-*am*) ⟨**dopowiedzieć**⟩ (*dopowiem*) hinzufügen, ergänzen; **nie ~ do końca** nicht zu Ende aussprechen
dopowiedzenie N (-*a*) GRAM Appsition *f*
dopowiedzieć PF → dopowiadać
dopó|ki *konj* solange; **~ki (nie) … ~ty …** so lange (nicht) …so lange …
dopracowywać (-*wuję*) ⟨**dopracować**⟩ (-*uję*) ausarbeiten, ausfeilen; **~ się** (*gen*) sich erarbeiten (*akk*)
dopraszać się (-*am*) ⟨**doprosić się**⟩ (*doproszę*) (*gen*) lange bitten (um *akk*)
doprawdy ADV wirklich; **~?** ist das wahr?
doprawiać (-*am*) ⟨-**ić**⟩ (-*ię*) KULIN abschmecken, würzen
doprosić PF: **nie móc się ~, żeby …** mit seinen Bitten nicht erreichen können, dass …; → dopraszać się
doprowadzać (-*am*) ⟨-**ić**⟩ (-*dzę*) (**do** *gen*) führen (bis zu *dat*); *fig* bringen (zu *dat*); TECH zuführen, zuleiten; verlegen; *prąd, gaz* anschließen; **~ do rozpaczy** zur Verzweiflung bringen; **~ do ruiny** zugrunde richten; **~ do końca** zu Ende führen
doprowadzenie N (-*a; bpl*) Zuleitung *f*; Verlegung *f*; *prądu, gazu* Anschluss *m*
dopust M (-*u, bpl*): **~ boży** Strafe *f* Gottes
dopuszczać (-*am*) ⟨**dopuścić**⟩ (*dopuszczę*) (**do** *gen*) zulassen (*akk*); **~ do świadomości** sich bewusst machen; **~ do głosu** zu Wort kommen lassen; **~ się** (*gen*) begehen, verüben (*akk*)
dopuszcz|alny zulässig; maximal; *waga, prędkość* Höchst-; **~enie** N (-*a*) Zulassung *f* (**do** *gen* zu *dat*)
dopuścić PF: **do tego nie można ~** das darf man nicht zulassen; → dopuszczać
dopychać (-*am*) ⟨**dopchać**⟩ (-*am*) *od* ⟨**dopchnąć**⟩ (-*nę*) schieben (**do** *gen* an *akk*); *plecak, walizkę umg* (voll)stopfen; **~ się** (**do** *gen*) sich durchdrängen, sich den Weg bahnen (zu *dat*)
dopytywać się (-*uję*) (**o** *akk*) sich erkundigen, fragen (nach *dat*)
dorabiać (-*am*) ⟨**dorobić**⟩ (-*ię*) anfertigen, machen; *klucz* nachmachen (lassen); **~ sobie** (*inst*) sich etwas dazuverdienen (mit *dat*); **~ się** Vermögen bilden; (*gen*) *majątku, domu* erwerben (*akk*); *samochodu, mieszkania* sich leisten (*akk*); *pozycji, uznania* sich erarbeiten, erlangen (*akk*)
dorad|ca M (-*y*), **~czyni** *f* (-*i*; -*e*, -*ń*) Berater(in) *m(f)*; Ratgeber(in) *m(f)*; **~ca prawny** Rechtsberater *m*; **~czy** beratend, Berater-
doradzać (-*am*) ⟨-**ić**⟩ (-*ę*) (an)raten, beraten
doradztwo N (-*a; bpl*) Beratungsstelle *f*
dorastać (-*am*) ⟨**dorosnąć**⟩ (*dorosnę*) groß werden, erwachsen werden, heranwachsen; **~ do** (*gen*) heranreichen an (*akk*), die Größe erreichen von (*dat*); alt genug sein für (*akk*); *fig* gewachsen sein (*dat*); **nie dorastać do pięt k-u** j-m nicht das Wasser reichen können
dorastający heranwachsend
doraź|ny vorläufig, vorübergehend; behelfsmäßig; *cel, potrzeba* derzeitig, augen-

D

blicklich; **pomoc** *f* **~na** Soforthilfe *f*; **środek** *m* **~ny** Notmaßnahme *f*; **rozwiązanie** *n* **~ne** Notlösung *f*, Übergangslösung *f*; **~ny sukces** *m* Augenblickserfolg *m*; **sąd** *m* **~ny** Schnellgericht *n*

doręczać (*-am*) ⟨**-yć**⟩ (*-czę*) aushändigen, überbringen; *list* zustellen

doręcz|enie N (*-a*) Zustellung *f*; **~yciel** M (*-a*; *-e*, *gen* *-i*) Überbringer *m*; *poczty* Zusteller *m*

dorob|ek M (*-bku*; *bpl*) Vermögen *n*, Hab und Gut; *artystyczny*, *naukowy* Werk *n*, Schaffen *n*; **~ek kulturalny** Kulturgut *n*; **być na ~ku** *umg* Vermögen bilden, sich einrichten

dorobić PF → dorabiać

doro|bkiewicz M (*-a*; *-e*) Neureiche(r) *m*; **~czny** alljährlich; **~dny** stattlich, gut gebaut; *zboże* gut geraten

doros|ły[1] (*persf* *-śli*) (**-śle**) erwachsen; (*pełnoletni*) volljährig

doros|ły[2] M (*-ego*; *-śli*), **~ła** F (*-ej*; *-e*) Erwachsene(r) *m*, *f*

dorosnąć PF → dorastać

dorośle ADV → dorosły[1]

dorośleć ⟨**wy-**⟩ (*-eję*) erwachsen werden

dorośli *persf* → dorosły[1]

dorośli *persf* → dorosły[2]

dorożka F (*-i*; *gen* *-żek*) Droschke *f*

dorównywać (*-uję*) ⟨**dorównać**⟩ (*-am*) (*dat*) ebenbürtig sein, gleichkommen (*dat*), heranreichen (an *akk*)

dorsz M (*-a*; *-e*) Kabeljau *m*, Dorsch *m*

dorwać się PF (*-ę*) (**do** *gen*) sich stürzen (auf *akk*), herfallen (über *akk*); **~ do władzy** an die Macht kommen

dorysowywać (*-wuję*) ⟨**dorysować**⟩ (*-uję*) nachträglich zeichnen, dazuzeichnen

doryw|czo ADV gelegentlich, hin und wieder; **~czy** zeitweilig, gelegentlich; *znajomość* zufällig; **praca** *f* **~cza** Gelegenheitsarbeit *f*

dorzecz|e N (*-a*) Stromgebiet *n*; **~ny** vernünftig, gescheit

dorznąć PF → dorzynać

dorzucać (*-am*) ⟨**-ić**⟩ (*-cę*) (**do** *gen*) werfen (bis zu *dat*); (*gen*) dazutun (*akk*); *węgla* nachlegen (*akk*); *fig* hinzufügen, einwerfen; **~ się** *umg* zusammenlegen (**do** *gen* für *akk*)

dorzynać (*-am*) ⟨**dorznąć**⟩ (*-nę*) notschlachten

dosad|nie ADV deutlich, direkt; **~ny** *język* kräftig, direkt; **~ne słowo** *n* Kraftausdruck *m*

dosalać (*-am*)⟨**dosolić**⟩ (*-lę*) nachsalzen; **~ k-u** gegen j-n sticheln

dosercowy MED Herz-

dosiadać (*-am*) ⟨**dosiąść**⟩ (*dosiądę*) *pasażer* zusteigen; **~ konia** aufs Pferd steigen; **~ swego konika** sein Steckenpferd reiten; **~ się** (**do** *gen*) sich dazusetzen (zu *dat*)

dosiadywać (*-uję*)⟨**dosiedzieć**⟩ (*dosiedzę*) *karę* bis zum Ende absitzen; **~ do końca** (*gen*) bis zum Schluss (*gen*) sitzen bleiben

dosiąść PF → dosiadać

do siego: **~ roku!** prost Neujahr!

dosięgać (*-am*)⟨**-nąć**⟩ (*-nę*) (*gen od* **do** *gen*) reichen (bis zu *dat*); *fig* erreichen (*akk*)

doskakiwać (*-uję*)⟨**doskoczyć**⟩ (*-ę*) (**do** *gen*) hoch springen (bis zu *dat od* an *akk*); *pies* hochspringen (an *akk*)

doskonale ADV → doskonały

doskonalenie N (*-a*; *bpl*): **~ zawodowe** Fortbildung *f*

doskonalić ⟨**u-**⟩ (*-lę*) vervollkommnen; *język* verbessern; **~ się** besser werden; **doskonalić się zawodowo** sich fortbilden

doskonali *persf* → doskonały

doskonałość F (*-ści*; *bpl*) Vollkommenheit *f*

doskona|ły (*persf* *-li*) (**-le**) hervorragend, ausgezeichnet, exzellent; (*idealny*) vollkommen; **zbrodnia** *f* **~ła** perfektes Verbrechen *n*; **~le poinformowany** bestens informiert; **~le!** ausgezeichnet!, wunderbar!

doskwierać (*-am*): **~ k-u** j-m zusetzen; j-n plagen, j-n quälen

dosłać PF → dosyłać

dosłow|nie ADV buchstäblich; **~ny** wörtlich; **w ~nym tego słowa znaczeniu** im wörtlichen Sinn(e)

dosłyszeć PF: **nie ~** nicht mitbekommen, nicht gehört haben; schwerhörig sein

dosolić PF → dosalać

dospać PF → dosypiać

dostać PF: **~ promocję** *w szkole* versetzt werden; **~ za swoje** bestraft werden; **~ się do niewoli** in Gefangenschaft geraten; **~ się w ręce** in die Hände fallen; **~ się na języki** *umg* ins Gerede kommen; → dostawać

dostarczać *(-am)*〈**-yć**〉*(-ę)* *(akk)* liefern, bringen *(akk)*; *dowody* beschaffen; *świadka* stellen; *pocztę* zustellen; *pracę* verschaffen; *podanie* einreichen; *(gen) fig* bieten, bereiten *(akk)*; **dostarczać** *(gen)* beliefern, versorgen (mit *dat*)

dostarcz|anie N *(-a; bpl)* Versorgung *f*; **~enie** N *(-a; bpl)* Lieferung *f*, Beschaffung *f*

dostatecz|nie ADV genug; **~ny** genügend, *ocena* ausreichend

dostat|ek M *(-tku; bpl)* Wohlstand *m*; **pod ~kiem** im Überfluss, in Hülle und Fülle; **opływać w ~ki** wohlhabend sein; **~ni (-nio)** wohlhabend, begütert

dosta|wa F *(-y)* Lieferung *f*; **termin** *m* **~wy** Lieferfrist *f*

dostawać *(dostaję)*〈**dostać**〉*(dostanę)* bekommen, erhalten, *umg* kriegen; (**do** *gen*) *(dosięgać)* reichen (bis zu *dat*); *(gen) kaszlu, temperatury* bekommen *(akk)*; *(zostać zbitym)* geprügelt werden (**od** *gen* von *dat*); **~ lanie** *od* **w skórę** Prügel bekommen; **~ wypieków** rot werden im Gesicht; **~ w łapę** Schmiergeld bekommen; **~ po kieszeni** *umg* blechen müssen; **~ bzika** *od* **świra** *umg* verrückt werden; **~ się** (**do** *gen*) gelangen, kommen (nach *dat*, in *akk*)

dostaw|ca M *(-y; gen -ów)* Lieferant *m*; **~ca Internetu** EDV Internetprovider *m*, Internetanbieter *m*; **~czy** Liefer-

dostawiać *(-am)*〈**-ić**〉*(-ię)* *stół, krzesło* dazustellen; *więźnia* vorführen, bringen

dostąpić PF *(-ię)* *(gen) fig* erlangen, finden *(akk)*

dostęp M *(-u; bpl)* Zutritt *m*; *fig* Zugang *m*; **~ do Internetu** Internetzugang *m*; **~ny** zugänglich; *cena* erschwinglich; *tekst* allgemein verständlich; **po ~nych cenach** bezahlbar

dostoj|eństwo N *(-a)* Würde *f*; **~nik** M *(-a; -cy)* Würdenträger *m*; **~ny** würdevoll, würdig; *(czcigodny)* ehrwürdig, hochgeehrt

dostosowa|nie N *(-a; bpl)* Anpassung *f*; **~wczy** Anpassungs-

dostosowywać się *(-wuję)*〈**dostosować się**〉*(-uję)* sich anpassen (**do** *gen* an *akk*)

dostrajać *(-am)*〈**dostroić**〉*(-ję)* MUS nachstimmen; RADIO abstimmen; *fig* anpassen; **~ się** *fig* sich anpassen (**do** *gen* an *dat*)

dostrzegać *(-am)*〈**dostrzec**〉*(dostrzegę)* bemerken, erblicken; *fig* erkennen

dostrzegalny: **ledwo** *od* **ledwie ~** kaum sichtbar; kaum merkbar

dosunąć PF → dosuwać

dosuszać *(-am)*〈**-yć**〉*(-szę)* abtrocknen, vollends trocknen

dosuwać *(-am)*〈**-nąć**〉*(-nę)* heranrücken, heranschieben (**do** *gen* an *akk od* bis zu *akk*)

dosychać *(-am)*〈**doschnąć**〉*(-nę)* ganz trocken werden

dosyć → dość

dosyłać *(-am)*〈**dosłać**〉*(doślę)* nachsenden, nachreichen

dosypać PF → dosypywać

dosypiać *(-am)*〈**dospać**〉*(dośpię)* schlafen (**do** *gen* bis zu *dat*); **nie dosypiać** zu wenig schlafen, nicht ausschlafen (können)

dosypywać *(-uję)*〈**dosypać**〉*(-ię)* *(gen)* nachschütten *(akk)*; auffüllen (mit *dat*)

doszczętny restlos, völlig

doszkalać *(-am)*〈**doszkolić**〉*(-lę)* fortbilden

doszlifowywać *(-wuję)*〈**doszlifować**〉*(-uję)* TECH einschleifen; *fig* ausfeilen, verbessern

dosztukowywać *(-wuję)*〈**dosztukować**〉*(-uję)* anstückeln (**do** *gen* an *akk*)

doszukać się PF *(-am)* *(gen)* (endlich) finden *(akk)*; → doszukać się

doszukiwać się *(-uję)* *(gen) fig* suchen (nach *dat*); **~ podobieństwa** nach einer Ähnlichkeit suchen (**w** *lok* in *dat*)

doścignąć *(-am)*〈**-nąć**〉*(-nę)* einholen, erreichen

dość ADV genug; *(stosunkowo)* ziemlich; **~ dobrze** ziemlich *od* ganz gut; **~ tego!** jetzt reichts mir aber!; **nie ~, że ... , to ...** nicht nur ..., sondern auch ...; **nie ~ na tym** das ist aber nicht alles; **~, że** jedenfalls; **~ na tym, że ...** kurz und gut ...; **od ~ dawna** seit geraumer Zeit

dośpiewać PF *(-am)* zu Ende singen; **~ sobie** *fig* sich zusammendichten

dośrodkowanie N *(-a)* SPORT Flanke *f*

dośrodkowy (-wo) FIZ, MED zentripetal

doświadczać *(-am)*〈**doświadczyć**〉*(-ę)* *(gen)* erfahren *(akk)*; *bólu, przykrości* erleiden, erdulden *(akk)*; **los go ciężko doświadczył** das Schicksal hat ihn hart

D

geprüft; ~ **na własnej skórze** am eigenen Leib erfahren

doświadczal|ny experimentell, empirisch; Versuchs-, Test-; **fizyka** *f* **~na** Experimentalphysik *f*; **królik** *m* **~ny** Versuchskaninchen *n* (*a. fig*)

doświadcze|nie N (*-a; -eń*) Erfahrung *f*, Erlebnis *n*; (*eksperyment*) Experiment *n*, Versuch *m*; **~nia** *m/pl* **na zwierzętach** Tierversuche *m/pl*; **brak** *m* **~nia** Unerfahrenheit *f*; **z ~nia** aus Erfahrung; **~nie uczy, że ...** die Erfahrung lehrt, dass ...; **znając z ~nia** erfahrungsgemäß

doświadcz|ony erfahren, bewandert; (*wypróbowany*) erprobt

doświadczyć PF → doświadczać

dot. (dotyczy) betrifft

dotacja F (*-i; -e*) Subvention *f*

dotar|cie N (*-a; bpl*) TECH Einlaufen *n*; **~ty** AUTO eingefahren; TECH eingelaufen

dotąd bis hierher; (*do tej chwili*) bis jetzt, bisher

dotkliwy (-wie) empfindlich, schmerzlich; *chłód* durchdringend

dotknąć PF → dotykać

dotknięci → dotknięty

dotknię|cie N (*-a*) Berührung *f*; **~ty** (*persf -ci*) (*inst*) betroffen (von *dat*); (*urażony*) verletzt, gekränkt

dotleniać się (*-am*) ⟨**-ić się**⟩ (*-nię*) frische Luft schnappen

dotować (*-uję*) subventionieren

dotrwać PF (*-am*) (**do** *gen*) ausharren, aushalten (bis zu *dat*); (*dochować się*) erhalten bleiben (bis zu *dat*)

dotrzeć PF → docierać

dotrzymywać (*-uję*) ⟨**dotrzymać**⟩ (*-am*) *słowa, kroku* halten; *tajemnicy* bewahren; *towarzystwa* leisten; *umowy, terminu* einhalten

dotychczas ADV bisher; **~owy** bisherig

dotyczyć (*-czę*) (*gen*) betreffen, anbelangen (*akk*), gelten (für *akk*); **co dotyczy ...** was ... betrifft; **to mnie nie dotyczy** das geht mich nichts an

dotyczący betreffend; ~ **ciebie** dich betreffend

dotyk M (*-u; -i*) Berührung *f*; **na ~** so wie sich das anfühlt; **być szorstkim w ~u** sich rau anfühlen; **być miękkim w ~u** sich weich anfühlen; **zmysł** *m* **~u** Tastsinn *m*

dotykać (*-am*) ⟨**dotknąć**⟩ (*-nę*) (*gen*) berühren, anfassen (*akk*); (*sięgać*) reichen (an *akk*); ~ **k-o** (*urażać*) j-n verletzen, j-n kränken; *choroba, kryzys* j-n heimsuchen; *nieszczęście* j-m zustoßen; **dotykać** (*graniczyć*) (**do** *gen*) anstoßen (an *akk*), grenzen (an *akk*); **nie dotykać!** nicht berühren!; **~ się** sich berühren *od* einander berühren, sich anfassen *od* einander anfassen; **niczego się nie dotykać** nichts tun, keinen Finger rühren

dotyk|alny fühlbar, tastbar; **~owy** Tast-

douczać (*-am*) ⟨**-yć**⟩ (*-ę*) weiterbilden; **douczać się** sich weiterbilden; **nie douczyć się** *pf* nicht ausreichend gelernt haben, Lücken haben

doustny MED oral, Schluck-

dowalać się (*-am*): ~ **do k-o** *umg* j-n anmachen, j-n belästigen

dowartościowywać (*-wuję*) ⟨**dowartościować**⟩ (*-uję*): **~ k-o** j-s Selbstbewusstsein stärken; **~ się** selbstbewusster werden

doważać (*-am*) ⟨**doważyć**⟩ (*-żę*): **nie ~** zu knapp (ab)wiegen

dowcip M (*-u; -y*) Witz *m*; (*bpl*) Humor *m*, Witz *m*; **w tym cały ~** das ist der ganze Witz; **~ polega na tym, że ...** der Witz ist nämlich, dass ...

dowcipkować (*-uję*) witzeln, Witze reißen

dowcip|niś M (*-sia; -sie gen -siów*) *umg* Witzbold *m*, Spaßvogel *m*; **~ny** witzig, humorvoll

dowiadywać się (*-uję*) ⟨**dowiedzieć się**⟩ (*dowiem*) (*gen od* **o** *lok*) erfahren (*akk*); **dowiadywać się** (**o** *akk*) sich erkundigen, fragen (nach *dat*)

dowiedziony erwiesen

dowierzać (*-am*): **nie ~** misstrauen; **nie ~ własnym oczom** seinen Augen nicht trauen

dowieść PF → dowodzić

dowieźć PF → dowozić

dowlec PF (*dowlokę*) (hin)schleppen; **~ się** sich (hin)schleppen

dowodo|wy: **wartość** *f* **~wa** Beweiskraft *f*; **postępowanie** *n* **~we** Beweisaufnahme *f*

dowodzenie N (*-a; bpl*) Beweisführung *f*; (*inst*) Befehl *m* (über *akk*)

dowodzić (*dowodzę*) ⟨**dowieść**⟩ (*dowiodę*) (*gen*) beweisen (*akk*); **dowodzić** (*inst*) befehligen, kommandieren (*akk*)

dowolność F (*-ści; bpl*) (*swoboda*) Freiheit *f*

dowol|ny (*swobodny*) frei, nach Wahl;

(*jakikolwiek*) beliebig; **jazda** *f* **~na** SPORT Kür *f*
dowozić (*dowożę*) ⟨**dowieźć**⟩ (*dowiozę*) *v/t* fahren, bringen (**do** *gen* zu *dat*); **~ k-u** (*akk*) j-n beliefern (mit *dat*)
dowód M (*-odu; -ody*) Beweis *m*; (*dokument*) Beleg *m*, Nachweis *m*; **~ osobisty** Personalausweis *m*; **~ rejestracyjny** AUTO Fahrzeugschein *m*; **~ nadania** Einlieferungsschein *m*; **~ rzeczowy** Beweisstück *n*; **na ~** (*gen*) als Beweis (für *akk*); **w ~** (*gen*) als Zeichen (*gen*)
dowó|dca M (*-y; gen -ów*) Kommandeur *m*, Befehlshaber *m*; **~ plutonu** Zugführer *m*; **~dztwo** N (*-a*) Kommando *n*; Befehlsgewalt *f*; (*sztab*) Kommandostelle *f*, Stab *m*
do|wóz M (*-ozu; bpl*) Zufuhr *f*, Anlieferung *f*; **~za** F (*-y*) Dosis *f*
dozbrajać (*-am*) ⟨**dozbroić**⟩ (*-ję*) nachrüsten
dozgonny ewig, bis ans Grab
doznawać (*doznaję*) ⟨**doznać**⟩ (*doznam*) (*gen*) empfinden, spüren (*akk*); *dobrego, złego* erfahren (*akk*); *straty, kontuzji* erleiden (*akk*); **~ zawodu** e-e Enttäuschung erleben
doznania N/PL (*gen -ań*) *estetyczne, religijne* Erfahrungen *f/pl*, Erlebnisse *n/pl*
dozor|ca M (*-y; gen -ów*), **~czyni** F (*-i; -e; gen -yń*) Aufseher(in) *m(f)*; Wärter(in) *m(f)*; *domu* Hausmeister(in) *m(f)*
dozorować (*-uję*) (*gen*) beaufsichtigen, überwachen (*akk*)
dozować (*-uję*) dosieren
dozór M (*-oru; bpl*) Aufsicht *f*; **~ techniczny** technische Überwachung *f*; **oddać pod ~** unter Aufsicht stellen
dozwolony erlaubt, gestattet; **~ dla młodzieży** jugendfrei
dożyć PF (*gen*) (*doczekać*) erleben (*akk*); **~ końca wojny** das Ende des Krieges erleben; **~ stu lat** hundert Jahre alt werden; **~ późnego wieku** ein hohes Alter erreichen; **jeśli dożyję** wenn ich noch lebe; → dożywać
dożyl|ny intravenös; **~nki** PL (*-nek*) Erntedankfest *n*
dożywać (*-am*) ⟨**dożyć**⟩ (*-ję*) (*gen*) leben (bis zu *dat*); **dożywać swoich dni** seinen Lebensabend verbringen; **dożywać późnej starości** langlebig sein
dożywiać (*-am*) *zwierzęta* füttern; *osoby* verpflegen
dożywo|cie N (*-a*) Leibrente *f*; **dostać ~cie** JUR „lebenslänglich" bekommen; **~tni (-nio)** lebenslang; JUR lebenslänglich
dół M (*dołu; doły*) Grube *f*, Loch *n*; (*dolna część*) Unterteil *m od n*; unteres Ende *n*; (*część mieszkalna*) untere Etage *f*; **w** *od* **na ~** nach unten, abwärts, hinunter; **w ~ rzeki** flussabwärts; **z** *od* **od dołu** von unten; **w** *od* **na dole**, **u dołu** unten; **płatny z dołu** zahlbar nach Lieferung *od* erbrachter Leistung; **doły** *pl* **społeczne** *pl* untere Gesellschaftsschichten *pl*
dr (**doktor**) Dr. (Doktor)
dr hab. (**doktor habilitowany**) Dr. habil. (Doktor habilitatus)
drab M (*-a; -y*) *pej* Kerl *m*, Strolch *m*
drabi|n|a F (*-y*) Leiter *f*; **~na społeczna** *fig* soziale Leiter *f*
drabiniasty: **wóz** *m* **~** Leiterwagen *m*
drabinka F (*-i; gen -nek*) SPORT Sprossenwand *f*; **~ linowa** Strickleiter *f*
dragi PL (*gen -ów*) *sl* (*narkotyki*) Stoff *m*
dra|ka F (*-i*) *umg* Stunk *m*, Rauferei *f*: **dla ~ki** zum Spaß; **~koński** drakonisch
drałować (*-uję*) *umg* gurken, laufen
dramat M (*-u; -y*) Drama *n* (*a. fig*)
dramatopisa|rz M (*-a; -e*) **~rka** F (*-i; gen -rek*) Dramatiker(in) *m(f)*, Bühnenautor(in) *m(f)*
dramat|urgiczny dramaturgisch; **~yczny** dramatisch (*a. fig*); Theater-
dramatyzować (*-uję*) dramatisieren, übertreiben
drań M (*-nia; -nie, -ni*) Schuft *m*, Lump *m*; **zimny ~** gemeiner Schurke *m*; **~stwo** N (*-a; bpl*) (*postępek*) Gemeinheit *f*, Schweinerei *f*; *koll* Gesindel *n*
drapacz M (*-a; -e*): **~ chmur** Wolkenkratzer *m*
drapać (*-ię*) ⟨**drapnąć**⟩ (*-nę*) kratzen (**w** *akk* an *dat*); **~ się** sich kratzen; **drapać się pod górę** bergauf klettern
drapa|k M (*-a; -i*) alter Besen *m*; alte Bürste *f*; **dać ~ka** Reißaus nehmen; **~nie** N (*-a*) (*dźwięk*) Kratzgeräusch *n*
draperia F (*gen dat lok -ii; -e*) Drapierung, Drapieren *n*
drapieżnik M (*-a; -i*) ZOOL Raubtier *n*; **~ność** F (*-ści; bpl*) Raubgier *f*, Aggressivität *f*; **~ny** raubgierig, aggressiv; **ptak** *m* **~ny** Greifvogel *m*; **ryba** *f* **~na** Raubfisch *m*
drapnąć PF → drapać

drapować ⟨u-⟩ (*-uję*) drapieren
drasnąć PF ⟨za-⟩ (*-nę*) kratzen; *kula* streifen
drastyczny drastisch, brutal; radikal, einschneidend
draśnięcie N (*-a; gen -ć*) Kratzer *m*, Schramme *f*
Drawsko Pomorskie N (*gen Drawska Pomorskiego*) Dramburg *n*
drażetka F (*-i; gen -tek*) Dragee *n*
drażliw|ość F (*-ści; bpl*) Überempfindlichkeit *f*, Gereiztheit *f*; **~wy** überempfindlich, gereizt; *pytanie, sytuacja* heikel; *misja* delikat
drażniąco ADV: **działać ~** MED reizen, Reizreaktionen hervorrufen; **działać ~ na k-o** j-n irritieren, j-n ärgern
drażnić (*-ię; -nij*) irritieren, ärgern
drąg M (*-a; -i*) Knüppel *m*; **~ stalowy** Brechstange *f*; **~al** M (*-a; -e*) *umg* Schlaks *m*
drążek M (*-żka; -żki*) Stab *m*; Stange *f*; SPORT Reck *n*; **na ~kach** am Reck
drążyć ⟨wy-⟩ (*-żę*) aushöhlen; *tunel* graben; *owoce* entsteinen; GÓRN vortreiben
drelich M (*-u; -y*) Drillich *m*; (*ubranie*) Drillichzeug *n*
dren M (*-u; -y*) Dränrohr *n*; MED Drain *n*; **~aż** F (*-u; -e*) Dränage *f*
drenować (*-uję*) dränieren; MED drainieren
dreptać (*drepczę*) trippeln; **~ w miejscu** *fig* auf der Stelle treten
dreptanina F (*-y; bpl*) *umg* Lauferei *f*
dre|s M (*-u; -y*) Trainingsanzug *m*; **~siarz** M (*-a; -e*) *umg* Halbstarke(r) *m*; **~szcz** M (*-u; -e*) Schauder *m*; **~szcze** *pl* Schüttelfrost *m*; **to przyprawia mnie o ~szcze** es schaudert mich davor
dreszcz|yk M (*-u; -i*) Frösteln *n*; *fig* Prickelgefühl *n*; **~yk emocji** Nervenkitzel *m*; **opowieść** *f* **z ~ykiem** Schauergeschichte *f*; **~owiec** M (*-wca; gen -wców*) Horrorfilm *m*
drew|niak M (*-a; -i*) Holzhaus *n*; (*but*) Holzschuh *m*; **~niany** hölzern, Holz-; *fig* steif
drewnieć ⟨z-⟩ (*-eję*) holzig werden
drewno N (*-a; bpl*) Holz *n*; (*kawałek*) Holzscheit *n*, Brennholz *n*; **jak ~** *fig* wie ein Klotz
drezdeński ADJ Dresd(e)ner
Drezno N (*-a; bpl*) Dresden *n*
dręcz|ący quälend; **~yciel** M (*-a; -e*) Peiniger *m*; **~yciel zwierząt** Tierquäler *m*
dręczyć (*-ę*) quälen, plagen; **~ się** sich quälen (*inst* mit *dat*)
drętwieć ⟨z-⟩ (*-eję*) *z zimna* steif werden; *noga, ręka* taub werden, *umg* einschlafen; **~ na myśl o** (*lok*) bei dem Gedanken an (*akk*) erstarren
dręt|wy (**-wo**) taub; *fig* fad(e), steif, *umg* lahm; **~wa mowa** *f* Geschwafel *n*
drgać (*-am*) ⟨**-nąć**⟩ (*-nę*) zittern, beben; vibrieren, schwingen; *nerwowo* zucken
drga|nia N/PL (*gen -ań*) FIZ Schwingungen *f/pl*; **~wki** F/PL (*gen -wek*) Krämpfe *m/pl*, Zuckungen *f/pl*
drgnąć PF: **ani (nie) ~** sich nicht von der Stelle rühren; → drgać
drgnie|nie: **bez ~nia powiek** ohne mit der Wimper zu zucken
drink M (*-a; -i*) Drink *m*; *umg* Schnaps *m*
drinkować (*-uję*) *umg* bechern
drobiarstwo N (*-a; bpl*) Geflügelzucht *f*
drobiazg M (*-u; -i*) Kleinigkeit *f*; (*błahostka*) Lappalie *f*, Belanglosigkeit *f*; **~!** nichts zu danken!, gern geschehen!
drobiazgo|wość F (*-ści; bpl*) *pej* Pedanterie *f*, Kleinlichkeit *f*; **~wy** (**-wo**) *pej* peinlich genau, kleinlich
drobić ⟨po-⟩ (*-ię*) zerkleinern, zerkrümeln; **drobić kroki** trippeln
drobi|ny F/PL *soli, piasku* Körnchen *n/pl*; **~owy** Geflügel-
drobne PL (*gen -ych*) Kleingeld *n*, Wechselgeld *n*
drobni|ca F (*-y; bpl*) HANDEL Stückgut *n*; **~utki** *dim* winzig, sehr fein
drobno ADV → drobny
drobnomieszczański kleinbürgerlich; *pej* spießbürgerlich
drobnostka F (*-i; gen -tek*) → drobiazg
drobno|stkowy *pej* kleinlich, pedantisch; **~ustrój** M (*-oju; -oje*) Mikroorganismus *m*; **~ziarnisty** feinkörnig
drob|ny (**-no**) klein, Klein-; *wydatek, suma* gering; (*miałki*) fein, Fein-; (*błahy*) gering, geringfügig; (*delikatny*) zierlich; **~ny deszcz** *m* Sprühregen *m*; **~ny handel** *m* Kleinhandel *m*, Einzelhandel *m*; **~ny druk** *m* das Kleingedruckte; **pisać ~nym maczkiem** e-e kleine Handschrift haben; **~no pokrojony** klein geschnitten; **~no zmielony** fein gemahlen; **~no zapisany** eng beschrieben

Jak dojść do...?

Gdzie jest dworzec?	Wo ist der Bahnhof?
Przepraszam, jak dojść do dworca?	Entschuldigung, wie komme ich zum Bahnhof?
Przepraszam, czy mógłby/mogłaby mi pan/pani powiedzieć, jak dojść do dworca?	Entschuldigung, könnten Sie mir sagen, wie ich zum Bahnhof komme?
Czy mógłby/mogłaby mi pan/pani wskazać najkrótszą drogę do dworca?	Entschuldigung, könnten Sie mir bitte den kürzesten Weg zum Bahnhof zeigen?
Niech pan/pani będzie tak miły/miła i powie mi, jak dojść do dworca.	Seien Sie bitte so nett und sagen Sie mir, wie ich zum Bahnhof komme.
Czy wie pan/pani może, jak dojść do dworca?	Wissen Sie vielleicht, wie ich zum Bahnhof komme?

droczyć się (-ę) (**z** *inst*) necken (*akk*)

dro|ga[1] F (-i; *gen* *dróg*) Weg *m* (*a. fig*), Straße *f*; (*podróż*) Reise *f*; **~gi** *pl* **oddechowe** Atemwege *pl*; **~ga startowa** Startbahn *f*; **~ga gruntowa** unbefestigte Straße *f*; **~ga okrężna** Umweg *m*; **~ga wylotowa** Ausfahrtsstraße *f*; **2ga Mleczna** ASTRON Milchstraße *f*; **2ga Krzyżowa** REL Passion *f*; **wybrać się w ~gę** sich auf den Weg machen; **zejść** *pf* **z ~gi** den Weg frei machen; **w pół ~gi** auf halbem Wege; **~gą urzędową** auf dem Dienstweg; **swoją ~gą** ander(er)seits; **w ~dze** unterwegs; **po ~dze** bei der Gelegenheit; **w ~dze wyjątku** ausnahmsweise; **~ga wolna!** Bahn frei!; **szczęśliwej ~gi!** gute Reise!; **chodzić swoimi ~gami** eigene Wege gehen

droga[2] → drogi[2]

drogeria F (*gen dat lok* -*ii*; -*e*) Drogerie *f*

drogi[1] (*persf* -*dzy*) (**go-**) teuer; *fig* lieb, kostbar

dro|gi[2] M (-*ego*; -*dzy*), **~ga**[2] F (-*iej*; -*ie*) Liebe(r) *m, f*; **mój ~gi!** mein Lieber!; **~ga Alicjo!** liebe Alicja!

drogo ADV → drogi[1]

drogo|cenny kostbar, Edel-; **~wiec** M (-*wca*; -*wcy*) *umg* Straßen(bau)arbeiter *m*; **~wskaz** M (-*u*; -*y*) Wegweiser *m*

drogo|wy Straßen-; Verkehrs-; **kodeks** *m* **~wy** Straßenverkehrsordnung *f*; **wypadek** *m* **~wy** Verkehrsunfall *m*; **ruch** *m* **~wy** Straßenverkehr *m*; **pomoc** *f* **~wa** Pannendienst *m*; **prace** *pl* **~we** Straßen(bau)arbeiten *pl*; **znaki** *m/pl* **~we** Verkehrsschilder *n/pl*; **opłata** *f* **~wa** Straßenbenutzungsgebühr *f*

dro|gówka F (-*i*; *bpl*) *umg* Verkehrspolizei *f*; **~ps** M (-*a*; -*y*) Drops *m*; **~zd** M (-*a*; -*y*) ZOOL Drossel *f*

drożdż|e PF (*gen* -*y*) Hefe *f*; **~owy** Hefe-; **~ówka** F (-*i*; *gen* -*wek*) Hefegebäck *n*, Hefestückchen *n*

drożeć ⟨**po-**, **z-**⟩ (-*eję*) teurer werden, sich verteuern

drożej *komp* ADV teurer; → drogi[1]

droższy *komp* ADJ teurer; → drogi[1]

drożyzna F (-*y*; *bpl*) *umg* gesalzene Preise *pl*, stolze Preise *pl*; **~ coraz większa** es wird alles noch teurer

drób M (*drobiu*; *bpl*) Geflügel *n*

dróż|ka F (-*i*; *gen* -*żek*) Pfad *m*; **~nik** M (-*a*; -*cy*) Bahnwärter *m*

dru|ciak M (-*a*; -*i*) Topfreiniger *m*; **~ciany** Draht-; **~cik** M (-*a*; -*i*) dünner Draht *m*, Metallfaden *m*

druczek M (-*czka*; -*czki*) Vordruck *m*

dru|gi zweite(r); Zweit-; (*inny*) andere(r); **~ga (godzina)** zwei (Uhr); **o ~giej (godzinie)** um zwei (Uhr); **~gie danie** *n* Hauptgericht *n*; **na ~gie** als Hauptgang, als Hauptgericht; **~gi plan** *m* Hintergrund *m*; **~ga potęga** *f* MAT zweite Potenz *f*; **~gi gatunek** *m* zweite Wahl *f*; **co ~gi** jeder zweite; **po ~gie** zweitens; **~gie tyle** nochmal so viel; **jeden po** *od* **za ~gim** einer nach dem anderen; hintereinander, nacheinander; **po ~giej stronie** auf der anderen Seite; **z ~giej strony** *fig* andererseits; **~gie dobrze** auch gut; **z ~giej ręki** aus zweiter Hand; **na ~gim końcu świata** am anderen Ende der Welt; **zostać na ~gi rok** sitzen bleiben *umg*, nicht versetzt werden

D

drugoligowy Zweitliga-
drugoplano|wy: **rola** *f* **~wa** FILM Nebenrolle *f*
drugorzędny zweitrangig; zweitklassig, mittelmäßig
druh M (-*a*; -*owie od* -*y*) Kamerad *m*; (*harcerz*) Pfadfinder *m*; **~na** F (-*y*; *gen* -*hen*) Brautjungfer *f*; (*harcerka*) Pfadfinderin *f*
druk M (-*u*; *bpl*) Druck *m*; (*krój liter*) Druckschrift *f*; (*formularz*) Vordruck *m*, Formular *n*; **~i** *pl* **reklamowe** Werbematerial *n*; **wyjść** *pf* **~iem** im Druck erscheinen; **wydać** *pf* **~iem** veröffentlichen; **oddać** *pf* **do ~u** in Druck geben; **gotowy do ~u** druckfertig
drukar|ka F (-*i*; *gen* -*rek*) Druckmaschine *f*; **~ka atramentowa** EDV Tintenstrahldrucker *m*; **~ka laserowa** EDV Laserdrucker *m*; **~nia** F (-*i*; -*e*) Druckerei *f*
drukarski Druck-; **błąd** *m* **~** Druckfehler *m*; **chochlik** *m* **~** *żart* Druckfehlerteufel *m*
druk|arstwo N (-*a*; *bpl*) Druckindustrie *f*; **~arz** M (-*a*; -*e*) Drucker *m*
drukować ⟨**wy-**⟩ (-*uję*) (aus)drucken; veröffentlichen
drukowany Druck-, gedruckt
drut M (-*u*; -*y*; *gen* -*ów*) Draht *m*; **~ kolczasty** Stacheldraht *m*; **~y** Stricknadeln *pl*; ELEK Leitung *f*; **robić na ~ach** stricken; **to proste jak ~** *umg* es ist kinderleicht; **pogoda jak ~** schönes Wetter *n*
druzgocący *krytyka* vernichtend; *zwycięstwo* verheerend
druzgotać ⟨**z-**⟩ (-*czę od* -*cę*) zerschmettern, zertrümmern
drużba M (-*y*; -*owie*) Brautführer *m*
drużyna F (-*y*) Mannschaft *f*; HIST Kriegsgefolge *n*; **~ harcerska** Pfadfindergruppe *f*
drużynowo ADV als Mannschaft
drużynowy¹ Mannschafts-
drużyno|wy² M (-*ego*; -*i*), **~wa** F (-*ej*; -*e*) Gruppenleiter(in) *m(f)*
drw|a PL (*drew*) *lit* Brennholz *n*; **~al** M (-*a*; -*e*) Holzfäller *m*; **~alnia** F (-*i*; -*e*) Holzschuppen *m*
drwiący (**-co**) spöttisch, höhnisch
drwić (-*ę*, -*ij!*) (**z** *gen*) verspotten (*akk*), sich lustig machen (über *akk*)
drwiny F/PL (*gen* -) Spott *m*
dryblas M (-*a*; -*y*) *umg* Lulatsch *m*, Schlaks *m*
dryblować (-*uję*) SPORT dribbeln
dryf M (-*u*; *bpl*) GEOG Drift *f*; MAR Abdrift *f*
dryfować (-*uję*) driften, treiben
dryg: **mieć ~** *umg* das Zeug haben (**do** *gen* zu *dat*)
dryl M (-*u*; *bpl*) MIL Drill *m*
drylować (-*uję*) *owoce* entkernen
drzaz|ga F (-*i*) Splitter *m*; Holzspan *m*; **rozbić w ~gi** kurz und klein schlagen
drzeć* ⟨**po-**⟩ (*drę*) *v/t* zerreißen; *ubranie* abtragen; *buty* ablaufen; **~ na kawałki** in Stücke reißen; **~ na strzępy** in Fetzen reißen; **~ się** *v/i* reißen; (*zużywać się*) verschleißen; ⟨**ze-**⟩ *tapety* abreißen; **~ z k-o skórę** j-n ausnehmen; **drzeć za włosy** an den Haaren zerren; **drzeć pierze** Federn schleißen; **drzeć koty z** (*inst*) in der Wolle liegen (mit *dat*); **drzeć gardło** *umg* herumbrüllen; **drzeć gębę na k-o** *umg* j-n anbrüllen; **drze mnie w kościach** *umg* es reißt mich in den Knochen; **drzeć się** *umg* (*krzyczeć*) brüllen
drzemać (-*ię*) schlummern (*a. fig*)
drzem|ka F (-*i*; *gen* -*mek*) Schlummer *m*; **~ka poobiednia** Mittagsschlaf *m*; **zapaść** *pf* **w ~kę** einnicken; **uciąć** *pf* **sobie ~kę** ein Nickerchen machen
drzew|ce N (-*a*) Schaft *m*, Stiel *m*; **~ko** N (-*a*; *gen* -*wek*) *dim* Bäumchen *n*; **~ny** Baum-; *przemysł, węgiel* Holz-
drzewo N (-*a*) Baum *m*; (*materiał*) Holz *n*; **~ iglaste** Nadelbaum *m*; **~ owocowe** Obstbaum *m*; **~ liściaste** Laubbaum *m*; **~ genealogiczne** Stammbaum *m*
drzewo|ryt M (-*u*; -*y*) Holzschnitt *m*; **~stan** M (-*u*; -*y*) Baumbestand *m*
drzwi PL (*gen* -) Tür *f*; **~ wejściowe** Eingangstür *f*; **~ do pokoju** Zimmertür *f*; **~ na balkon** Balkontür *f*; **~ (od) szafy** Schranktür *f*; **~ rozsuwane** Schiebetür *f*; **~ obrotowe** Drehtür *f*; **~ami** durch die Tür; **przy ~ach zamkniętych** nicht öffentlich; **wyrzucić za ~ k-o** j-n vor die Tür setzen, hinauswerfen; **~ się nie zamykają** man gibt sich die Klinke in die Hand; **~ stoją otworem** alle Türen stehen offen (**przed** *inst* vor *dat*); **za ~!** raus!
drzwi|czki PL (*gen* -*czek*) Tür *f*, Türchen *n*; **~owy** Tür-
drżący (**-co**) zitternd, zittrig
drżeć (-*ę*) zittern (**z** *gen* vor *dat*); (*bać się*) zittern, bangen (**o** *akk* um *akk*); **drżę na samą myśl o tym** es graut mir schon beim bloßen Gedanken daran

drżenie N (-a; bpl) Zittern *n*
ds. **(do spraw)** zuständig für
dst. **(dostateczny)** (*ocena*) ausreichend
dubbing M (-u; bpl) Synchronisation *f*
dubingować (-uję) synchronisieren
dubelto|wy: **~we okna** *pl* Doppelfenster *pl*
dubeltówka F (-i; *gen* -wek) Doppelflinte *f*
dubl|er M (-a; -rzy), **~erka** F (-i; *gen* -rek) Double *n*; **~et** M (-u; -y) Dublette *f*
dublować ⟨z-⟩ (-uję) verdoppeln; *rolę* doubeln; SPORT überrunden
duby: **pleść ~ smalone** Unsinn reden
duch M (-a; -y) (*niematerialna istota*) Geist *m*; (*zjawa*) Gespenst *n*; (*bpl*) (*umysł*) Geist *m*; (*usposobienie*) Gemüt *n*, Geist *m*; (*atmosfera*) Geist *m*, Atmosphäre *f*; **♀ Święty** REL der Heilige Geist; **~ czasu** Zeitgeist *m*; **~ walki** Kampfgeist *m*; **niespokojny ~** unruhiger Geist *m*; **dobry ~** guter Geist *m*; **wiara** *f* **w ~y** Geisterglaube *m*; **w głębi ~a** im Inneren; **podnieść** *pf* **na ~u k-o** j-m Mut machen; **upaść** *pf* **na ~u** den Mut verlieren; **wyzionąć** *pf* **~a** seinen Geist aushauchen; **nie było widać żywego ~a** keine Menschenseele war zu sehen
ducho|ta F (-y; bpl) Schwüle *f*; **~wieństwo** N (-a; bpl) Geistlichkeit *f*, Klerus *m*
duchow|ny[1] geistlich; **seminarium** *n* **~ne** Priesterseminar *n*; **osoba** *f* **~na** Geistlicher(r) *m*
duchowny[2] M (-ego; -i) Geistliche(r) *m*
duchowy **(-wo)** Geistes-, geistig; *dobra* immateriell
dud|ek M (-dka; -dki) ZOOL Wiedehopf *m*; **wystrychnąć** *pf* **na ~ka** zum Narren halten, für dumm verkaufen
dudnić (-ię) dröhnen; *deszcz* trommeln
dudy PL (*gen* -ów) Dudelsack *m*
duet M (-u; -y) Duett *n*
dufny eingebildet
dukać (-am) stammeln
dukat M (-a; -y) HIST Dukaten *m*
dukt M (-u; -y) Schneise *f*
duma F (-y; bpl) Stolz *m*
dumać (-am) sinnen, grübeln
dumny stolz (**z** *gen* auf *akk*); (*zarozumiały*) hochmütig
dumping M (-u; bpl) Dumping *n*; **~owy** Dumping-
Dunaj M (-u; bpl) Donau *f*
Dunka F (-i; *gen* -nek) Dänin *f*
Dunkierka F (-i; bpl) Dünkirchen *n*
Duńczyk M (-a; -cy) Däne *m*
duński **(po -ku)** dänisch
du|pa F (-y) *vulg* Arsch *m*; (*kobieta*) heiße Braut *f*; (*niezdara*) Schlappschwanz *m*, Niete *f*; **do ~py** *pop* beschissen; **mieć w ~pie** (*akk*) *pop* scheißen (auf *akk*); **pocałuj mnie w ~pę!** *vulg* leck mich am Arsch!; **włazić do ~py k-u** *vulg* j-m in den Arsch kriechen; **dawać ~py** *vulg* die Beine breit machen
dupek M (-pka; -pki) *pop* Schlappschwanz *m*, Niete *f*
duperele PL (*gen* -li) *umg* Firlefanz *m*, Scheiß *m*
dur[1] M (-u; bpl): **~ brzuszny** Typhus *m*; **~ plamisty** Fleckfieber *n*; **~ rzekomy** Paratyphus *m*
dur[2] (*unv*) MUS Dur *n*
dur|eń M (-rnia; -rnie; *gen* -ów) *umg pej* Dummkopf *m*, Depp *m*; **zrobić ~nia z k-o** j-n für dumm verkaufen
durnieć (-eję) *umg* dumm werden, närrisch werden
dur|nowaty *umg* dümmlich; **~ny** *umg* dumm, blöd(e)
durszlak M (-a; -i) Durchschlag *m*
durzyć się (-ę) *umg* verknallt sein (**w** *lok* in *akk*)
dusiciel M (-a; -e) ZOOL Riesenschlange *f*
dusić (-szę) würgen; *łzy, śmiech* unterdrücken; **~ się** zu ersticken drohen; *fig* ersticken, keine Luft kriegen; ⟨z-⟩ *fig* ersticken; ⟨u-⟩ KULIN dünsten; **~ się** KULIN schmoren
dusigrosz M (-a; -e) *umg* Knauser *m*, Geizhals *m*
du|sza F (-y; -e) Seele *f*; **lekko na ~szy** leicht ums Herz; **~sza towarzystwa** die Seele der Gesellschaft; **~szą i ciałem** mit Leib und Seele; **czego ~sza zapragnie** alles, was das Herz begehrt; **z całej ~szy** *od* **całą ~szą** mit ganzer Seele; **mieć ~szę na ramieniu** eine Heidenangst haben; **oczyma ~szy** im Geiste; **nie ma żywej ~szy** es ist kein Mensch da; **martwa ~sza** Karteileiche *f*; **z ~szą na ramieniu** in großer Angst
dusz|ący *zapach* schwer; **~ek** M (-a; -i) Elfe *f*
duszkiem: **wypić** *pf* **~** in e-m Zug austrinken

D

dusznoś|ć F (-ści) Atemnot *f*
Duszniki Zdrój PL (*Dusznik Zdroju*) Bad Reinerz *n*
dusz|ny (-no) *dzień* schwül; *powietrze, pokój* stickig; **~na atmosfera** *f fig* dicke Luft *f*; **~ony** KULIN gedünstet
duszpast|erski seelsorgerisch; **~erz** M (-a; -e) Seelsorger *m*
duzi *persf* → duży
dużo ADV viel; **to za ~ powiedziane** das ist etwas übertrieben, das ist zu viel gesagt
du|ży (*persf -zi*) groß; *mróz, zachmurzenie* stark; *gorączka* hoch; **~ży palec** *m u. ręki* Daumen *m*; *u. nogi* Zeh *m*; **~ża litera** *f* Großbuchstabe *m*; **pisać ~żą literą** großschreiben; **w ~żej mierze** größtenteils; **~ża buźka!** dicker Kuss!
dw. (dworzec) Bahnhof *m*
dwa *num* (*persf dwaj od dwóch*) zwei; **~ lata** zwei Jahre; **~ słowniki** zwei Wörterbücher; **~ kroki stąd** hier um die Ecke; **~ razy** zweimal; **~ grzyby w barszcz** zu viel des Guten; **~ słowa** ein paar Worte
dwadzieścia *num* (*persf dwudziestu*) zwanzig
dwadzieścioro *num koll* zwanzig
dwaj *num persf* zwei; **~ mężczyźni** zwei Männer
dwanaście *num* (*persf dwunastu*) zwölf
dwanaścioro *num koll* zwölf
dwie *num sachf* zwei; **~ przyjaciółki** zwei Freundinnen; **~ książki** zwei Bücher
dwieście *num* (*persf dwustu*) zweihundert
dwoi|ć się (-ję): **~ć się i troić** *umg* am Rotieren sein; **~ mi się w oczach** *umg* ich sehe alles doppelt
dwo|isty doppelt; dualistisch; **~jaczki** PL (-ów) Zwillinge *m/pl*; **~jaki** zweierlei; **~jako** ADV auf zweierlei Weise
dwo|je *num koll* zwei; **~ dzieci** zwei Kinder; **~ drzwi** zwei Türen; **jedno z ~jga** eins von beiden; **złożyć** *pf* **we ~je** doppelt zusammenfalten; **na ~je** (*na pół*) in zwei Hälften; **wieczór we ~je** ein Abend zu zweit; **na ~je babka wróżyła** es kann so oder so ausgehen
dworco|wy Bahnhofs-; **poczekalnia** *f* **~wa** Wartehalle *f*
dwo|rek M (-rku; -rki) Gutshaus *n*, Herrenhaus *n*; **~rski** höfisch, Hof-; (*ziemiański*) Guts-
dworze *lok* → dwór
dworz|anin M (-a; -anie) Höfling *m*; **~ec** M (-rca; -rce) Bahnhof *m*; **~ec lotniczy** Flughafen *m*
dwóch *num persf* zwei; **~ mężczyzn** zwei Männer
dwóchsetlecie N (-a) zweihundertjähriges Jubiläum *n*; (*okres*) zweihundert Jahre
dwój|ka F (-i; *gen* -jek) Zwei *f*; (*pokój*) *umg* Doppelzimmer *n*; (*ocena*) ungenügend; (*łódź*) Zweier *m*; **we ~kę** zu zweit; **~kami** zu zweien
dwójnasób: **w ~** doppelt, zweifach
dwór M (-oru; -ory) Gutshaus *n*, Gutshof *m*; *królewski* Hof *m*; **na ~** hinaus, nach draußen; **na dworze** draußen; **z dworu** von draußen
dwu *zssgn* zwei-, Zwei-; doppel-, Doppel-
dwu|aktówka F (-i; *gen* -wek) TEATR Zweiakter *m*; **~barwny** zweifarbig; **~bój** M (-boju; -boje) Biathlon *n*
dwu|cyfrowy *liczba* zweistellig; **~częściowy** zweiteilig
dwu|daniowy *obiad* aus zwei Gängen; **~dniowy** zweitägig; **~drzwiowy** mit Doppeltür
dwudziestka F (-i; *gen* -tek) Zwanzig *f*
dwudziesto- *in zssgn* zwanzig-
dwudziestoczterogodzinny vierundzwanzigstündig, 24-Stunden-
dwudziestolat|ek M (-tka; -tki), **~ka** F (-i; *gen* -tek) Zwanzigjährige(r) *m, f*
dwudziestolecie N (-a) zwanzigjähriges Jubiläum *n*; (*okres*) zwanzig Jahre *pl*; **~ międzywojenne** *historische und literarische Periode in Polen zwischen beiden Weltkriegen*
dwudziesto|letni zwanzigjährig; **~wieczny** aus dem 20. Jahrhundert
dwudziestu *persf* zwanzig
dwudzies|ty zwanzigste(r); **lata** *pl* **~te** Zwanzigerjahre *pl*, Zwanziger *pl*; **~ta (godzina)** zwanzig Uhr; **o ~tej (godzinie)** um zwanzig Uhr
dwuetapowy in zwei Etappen
dwugarbny: **wielbłąd** *m* **~** zweihöck(e)riges Kamel *n*
dwu|głoska F (-i) JĘZ Diphthong *m*; **~godzinny** zweistündig
dwuizbowy: **parlament** *m* **~** POL Zweikammerparlament *n*
dwujajo|wy: **bliźnięta** *pl* **~we** zweieiige Zwillinge *pl*
dwujęzyczi|ność F (-ści) Zweisprachig-

keit *f*; **~ny** zweisprachig
dwu|kierunkowy in beiden Richtungen; **~kropek** M (*-pka; -pki*) Doppelpunkt *m*
dwukrot|nie ADV zweimal; **wzrosnąć** *pf* **~nie** auf das Doppelte steigen; **~ny** zweifach
dwu|letni zweijährig; **~licowość** F (*-ści; bpl*) Heuchlerei *f*; **~licowy** heuchlerisch
dwu|masztowiec M (*-wca; -wce*) Zweimaster *m*; **~miesięcznik** M (*-a; -i*) Zweimonatsschrift *f*; **~miesięczny** zweimonatig
dwunast|ka F (*-i; gen -tek*) Zwölf *f*; **~nica** F (*-y; -e*) ANAT Zwölffingerdarm *m*
dwunasto|- *zssgn* zwölf-, Zwölf-
dwunasto|godzinny zwölfstündig; **~letni** zwölfjährig; **~miesięczny** zwölfmonatig
dwunastu *persf* zwölf
dwunas|ty zwölfte(r); **~ta (godzina)** zwölf Uhr; **o ~tej (godzinie)** um zwölf Uhr
dwu|nożny zweibeinig; **~odcinkowy** *film* zweiteilig
dwuosobowy Zweipersonen-; **pokój** *m* **~** Doppelzimmer *n*
dwu|pasmowy zweispurig; **~piętrowy** zweistöckig; **~płatowiec** M (*-wca; -wce*) Doppeldecker *m*
dwu|płciowy zweigeschlechtlich; **~pokojowy** Zweizimmer-; **~polówka** F (*-i; bpl*) Zweifelderwirtschaft *f*
dwupoziomo|wy: **~we skrzyżowanie** *n* Brücke *f*, Unterführung *f*
dwu|ramienny zweiarmig; **~roczny** zweijährig; **~rodzinny** Zweifamilien-
dwu|rzędowy zweireihig; **~setny** zweihundertste(r); **~silnikowy** zweimotorig
dwuskrzydło|wy: **drzwi** *pl* **~we** Flügeltür *f*
dwu|stopniowy **(-wo)** zweistufig; **~stronny** zweiseitig; POL bilateral; MED doppelseitig
dwustu *persf* zweihundert
dwustuletni zweihundertjährig
dwusuwowy: **silnik** *m* **~** Zweitaktmotor *m*
dwu|sylabowy zweisilbig; **~szereg** M (*-u; -i*) Zweierreihe *f*
dwutlenek M (*-nku; bpl*): **~ węgla** Kohlendioxid *n*
dwu|tomowy zweibändig; **~torowy** zweigleisig; **~tygodnik** M (*-a; -i*) Halbmonatsschrift *f*
dwu|tygodniowy zweiwöchig; **~tysięczny** zweitausendste(r); **rok** *m* **~tysięczny** das Jahr zweitausend
dwu|warstwowy doppelschichtig, zweischichtig; **~wiekowy** zweihundertjährig; **~wiersz** M (*-a; -e*) Doppelzeiler *m*; **~złotówka** F (*-i; -wek*) Zweizlotystück *n*
dwuzmiano|wy: **praca** *f* **~wa** Zweischichtarbeit *f*
dwu|znaczność F (*-ści; bpl*) Doppeldeutigkeit *f*, **~znaczny** zweideutig, doppelsinnig
dybać (*-ię*) *umg* lauern (**na** *akk* auf *akk*); **~ na czyjeś pieniądze** nach j-s Geld schielen; **~ na czyjeś życie** j-n abmurksen wollen
dyby PL (*gen -ów*) HIST Stock *m*; **zakuć w ~** HIST in den Stock legen
dycha F (*-y*) *umg* Zehner *m*
dychawi|ca F (*-y; bpl*) Asthma *n*; **~czny** asthmatisch
dydaktyczny didaktisch
dyf|teryt M (*-u; bpl*) Diphtherie *f*; **~tong** M (*-u; -i*) JĘZ Diphthong *m*
dygać (*-am*) ⟨**-nąć**⟩ (*-nę*) e-n Knicks machen, knicksen
dyg|nitarz M (*-a; -e*) Würdenträger *m*; **~ot** M (*-u; bpl*) Zittern *n*;
dygotać (*-czę od -cę*) zittern (**z** *gen* vor *dat*)
dygresja F (*-i; -e*) Abschweifung *f*, Exkurs *m*; Bemerkung *f*; **mała ~** Nebenbemerkung *f*
dyk|cja F (*-i; bpl*) Aussprache *f*; **~ta** F (*-y*) Sperrholz *n*; **~tafon** M (*-u; -y*) Diktiergerät *n*
dyktando N (*-a; gen -*) (*ćwiczenie*) Diktat *n*; **pod czyjeś ~** nach j-s Vorgaben
dyktat|or M (*-a; -rzy*) Diktator *m*; **~ mody** Modeschöpfer *m*, Modezar *m*; **~ura** F (*-y*) Diktatur *f*
dykteryjka F (*-i*) Anekdote *f*
dyktować (*-uję*) diktieren (*a. fig*)
dyl M (*-a; -e, -i od ów*) Bohle *f*; **dać ~a** *umg* Reißaus nehmen; **~emat** N (*-u; -y*) Dilemma *n*
dyletancki **(po -ku)** dilettantisch, laienhaft
dyletant M (*-a; -ci*), **~ka** F (*-i; gen -tek*) Dilettant(in) *m(f)*

D

dyliżans M (-u; -e) HIST (Post)Kutsche *f*
dym M (-u; -y) Rauch *m*, Qualm *m*; **~ z papierosa** Zigarettenrauch *m*; **pójść** *pf* **z ~em** in Rauch und Flammen aufgehen; **puścić** *pf* **z ~em** in Schutt und Asche legen; **rozwiać się jak ~** sich in Rauch auflösen
dymek M (-mku; -mki) (*tekst*) Sprechblase *f*
dymić (-ię) V/I *piec* rauchen, qualmen; *zupa* dampfen; **~ się** *unpers* rauchen
dymis|ja F (-i; -e) Rücktritt *m*; **udzielić ~ji** (*dat*) des Amtes entheben (*akk*); **podać się** *pf* **do ~ji** zurücktreten
dymisjonować (-uję) des Amtes entheben, entlassen
dymisjonowany im Ruhestand
dym|ka F (-i) Frühlingszwiebel *f*; Steckzwiebel *f*; **~nik** M (-a; -i) Dachluke *f*; **~ny** Rauch-; **szkła** *pl* **~ne** Rauchglas *n*; **świeca** *f* **~na** MIL Nebelkerze *f*
dynam|iczny dynamisch; **~ika** F (-i; *bpl*) Dynamik *f*; **~it** M (-u; *bpl*) Dynamit *n*
dyna|mo N (*unv*) *umg* Dynamo *m*; **~stia** F (*gen dat lok* -ii; -e) Dynastie *f*
dyndać (-am) baumeln
dynia F (-i; -e) Kürbis *m*
dypl. (dyplomowany) Dipl.-
dyplom M (-u; -y) Diplom *n*; **~ wyższej uczelni** Hochschulabschluss *m*; **~acja** F (-i; *bpl*) Diplomatie *f*
dyplomat|a M (-y; -ci), **~ka¹** F (-i; *gen* -tek) Diplomat(in) *m(f)*
dyplomatka² F (-i) (*torba*) Aktentasche *f*
dyplomatyczny diplomatisch
dyplomo|wany diplomiert, Diplom-; gelernt; **pielęgniarka** *f* **~wana** gelernte Krankenschwester *f*; **~wy** Diplom-
dyr. (dyrektor) Direktor *m*
dyrdymałki PL (*gen* -łek) *umg* Firlefanz *m*, Quatsch *m*
dyrek|cja F (-i; -e) Direktion *f*, Leitung *f*; **pod ~cją** (*gen*) unter der Leitung (von *dat*)
dyrektor M (-a; -rzy) Direktor *m*, Leiter *m*; (*kobieta*) Direktorin *f*, Leiterin *f*; **~ szkoły** Schuldirektor *m*, Schulleiter *m*; **~ka** F (-i) *umg* Schulleiterin *f*
dyrekt|orski Direktor-; **~ywa** F (-y) Direktive *f*, Richtlinie *f*
dyrygent M (-a; -ci) Dirigent *m*; (*kobieta*) Dirigentin *f*
dyrygować (-uję) (*inst*) dirigieren (*akk*)
dyscyplina F (-y) Disziplin *f*; **~ naukowa** Wissenschaftszweig *m*, Disziplin *f*; **~ sportowa** Sportart *f*, Disziplin *f*
dyscyplinar|ka F (-i; -rek) *umg* Disziplinarverfahren *n*; **~ny** Disziplinar-, disziplinarisch
dysertacja F (-i; -e) *ofic* Dissertation *f*, Doktorarbeit *f*
dysfunkcja F (-i; -e) MED Funktionsstörung *f*
dysgrafia F (*gen dat lok* -ii; *bpl*) Legasthenie *f*
dys|harmonia F (*gen dat lok* -ii; *bpl*) Disharmonie *f*, Missklang *m*; **~honor** (-u; *bpl*) Kränkung *f*, Beleidignug *f*
dysk M (-u; -i) SPORT Diskus *m*; MED Bandscheibe *f*; **~ (twardy)** EDV Festplatte *f*; **rzut** *m* **~iem** Diskuswerfen *n*
dyskietka F (-i; *gen* -tek) EDV Diskette *f*
dyskobol M (-a; -e), **~ka** F (-i; *gen* -lek) Diskuswerfer(in) *m(f)*
dyskomfort M (-u; *bpl*) *lit* Unbehagen *n*; **odczuwać ~** sich unwohl fühlen
dyskonto N (-a) BANK Diskont(o) *m*
dyskoteka F (-i) Diskothek *f*, *umg* Disco *f*
dyskoteko|wy: **muzyka** *f* **~wa** Discomusik *f*
dyskre|cja F (-i; *bpl*) Diskretion *f*, Vertraulichkeit *f*; (*delikatność*) Taktgefühl *n*, Feingefühl *n*
dyskredytować ⟨**z-**⟩ (-uję) diskreditieren, in Verruf bringen
dys|kretny diskret; *makijaż, światło* dezent; **~kryminacja** F (-i; *bpl*) Diskriminierung *f*
dyskryminować (-uję) diskriminieren
dyskus|ja F (-i; -e) Diskussion *f*; **poddać** *pf* **pod ~ję** zur Diskussion stellen; **to nie podlega ~ji** das steht außer Frage; **~yjny** *forum* Diskussions-; *pogląd* umstritten
dyskutant M (-a; -ci), **~ka** F (-i; *gen* -tek) Diskutant(in) *m(f)*, Diskussionsteilnehmer(in) *m(f)*
dyskutować (-uję) diskutieren (**o** *lok* über *akk*)
dyskwalifikacja F (-i; -e) Disqualifikation *f*
dyskwalifikować ⟨**z-**⟩ (-uję) disqualifizieren
dys|leksja F (-i; *bpl*) Legasthenie *f*; **~onans** M (-u; -e) Dissonanz *f*, Unstimmigkeit *f*; **~pensa** F (-y) Dispens *m*
dysponować (-uję) (*inst*) verfügen (über *akk*)
dyspozyc|ja F (-i; -e) Anordnung *f*,

Anweisung *f*; MED Veranlagung *f*; **mieć do ~ji** zur Verfügung haben; **być do ~ji** zur Verfügung stehen
dyspozycyj|ność F (*-ści; bpl*) Flexibilität *f*, Einsatzbereitschaft *f*; **~ny** *pracownik* flexibel, einsatzbereit; *fundusz* Dispositions-
dyspozytor M (*-a; -rzy*) KOLEJ Fahrdienstleiter *m*
dyspozytors|ki: **służba** *f* **~ka** Fahrdienst *m*
dysproporcja F (*-i; -e*) Missverhältnis *n*, Disproportion *f*
dysputa F (*-y*) Disput *m*, Streitgespräch *n*
dystans M (*-u; -e*) (*odległość*) Distanz *f* (*a.* SPORT), Entfernung *f*, Abstand *m*; (*różnica*) Unterschied *m*; (*rezerwa*) Distanz *f*, Reserviertheit *f*; **trzymać na ~** fernhalten, auf Distanz halten; **trzymać się na ~** auf Distanz bleiben; **zachować ~** Distanz wahren; **nabrać ~u** *fig* Distanz *od* Abstand gewinnen (**do** *gen* zu *dat*); **z ~em** distanziert, reserviert
dystansować ⟨**z-**⟩ (*-uję*) SPORT distanzieren; **~ się** sich distanzieren (**od** *gen* von *dat*)
dystrybucja F (*-i; bpl*) HANDEL Vertrieb *m*; **~ filmów** Filmverleih *m*
dystrybutor M (*-a; -rzy*) Vertreiber *m*; (*-a; -y*) *paliwa* Zapfsäule *f*, Tanksäule *f*
dystyn|gowany distinguiert, vornehm; **~kcja** F (*-i; -e*) Vornehmheit *f*, Eleganz *f*
dystynkcje PL (*gen -i*) Rangabzeichen *n*
dysydent M (*-a; -ci*), **~ka** F (*-i; gen -tek*) Dissident(in) *m(f)*
dysza F (*-y; -e*) TECH Düse *f*
dyszeć (*-ę, -y*) schnaufen, keuchen; **ciężko ~** schwer atmen; **ledwo** *od* **ledwie ~** außer Atem sein; *fig* auf dem letzen Loch pfeifen
dyszel M (*-szla; -szle*) Deichsel *f*
dywagacje F/PL (*gen -ji*) *lit pej* weitschweifige Bemerkungen *pl*, vom Thema abweichende Überlegungen *pl*
dywan M (*-u; -y*) Teppich *m*
dywano|wy: **wykładzina** *f* **~wa** Teppichboden *m*
dywer|sant M (*-a; -ci*) Saboteur *m*; **~sja** F (*-i; bpl*) Subversion *f*
dywidenda F (*-y*) Dividende *f*
dywizj|a F (*-i; -e*) MIL Division *f*; **~on** M (*-u; -y*) MIL Geschwader *n*
dyżur M (*-u; -y*) Bereitschaftsdienst *m*; *w szkole* Aufsicht *f*; **~ nocny** Nachtdienst *m*, Nachtwache *f*; **ostry ~** Notdienst *m*
dyżur|ny[1] diensthabend; **lekarz** *m* **~ny** diensthabende(r) Arzt *m*; **~ny ruchu** Fahrdienstleiter *m*; **~ny temat** *m umg iron* Standardthema *n*
dyżur|ny[2] M (*-ego; -ni*), **~na** F (*-ej; -e*) Diensthabende(r) *m(f)*
dyżurować (*-uję*) Bereitschaftsdienst haben
dzban M (*-a; -y*) Krug *m*; **~ek** M (*-nka; -nki*) Kanne *f*; **~ek do mleka** Milchkanne *f*; **~ek do kawy** Kaffeekanne *f*
dziać się (*3. Pers dzieje*) vor sich gehen, sich abspielen; **co tu się dzieje?** was ist hier los?, was geht hier vor?; **co się z tobą dzieje?** was ist mit dir los?; **dzieje mu się krzywda** es geschieht ihm Unrecht; **niech się dzieje, co chce!** komme, was wolle!
dziad M (*-a, -dzie od -du!; -y*) (*mężczyzna*) *umg pej* alter Knacker *m*; (*żebrak*) *umg* Bettler *m*; Penner *m*; (*dziadek*) (*pl -owie*) *lit* Großvater *m*; **~owie** *pl lit* (*przodkowie*) Ahnen *pl*; **z ~a pradziada** von alters her; **zejść** *pf* **na ~y** an den Bettelstab kommen; **~a z babą (tu) tylko brakuje** *umg* es ist hier ein totales Durcheinander
dziad|ek M (*-dka; -dkowie*) Großvater *m*, *umg* Opa *m*; (*mężczyzna*) *umg* Opa *m*; **~kowie** *pl* Großeltern *pl*; **~ek do orzechów** Nussknacker *m*
dziadostwo N (*-a*) (*rzeczy*) *umg* alter Plunder *m*, Tand *m*; (*życie*) *umg* Armut *f*; *koll umg* Penner *pl*
dziadować (*uję*) (*żebrać*) betteln
dziadows|ki Bettel-, Bettler-; (*nędzny*) ärmlich, schäbig; **po ~ku** *adv* (*nędznie*) ärmlich; (*byle jak*) schluderig; **rozpuszczony jak ~ki bicz** verzogen, außer Rand und Band
dziad|ówka F (*-i*) *pej* Bettlerin *f*; **~yga** F (*-i*) *pej* alter Knacker *m*
dziadzieć ⟨**z-**⟩ (*-eję*) *umg* alt und klapprig werden; (*biednieć*) herunterkommen
dziadziuś M (*-a; -owie*) *dim* Opa *m*
dział M (*-u; -y*) (*dziedzina*) Teilbereich *m*, Zweig *m*; (*część zakładu pracy*) Abteilung *f*; (*część czasopisma*) Teil *m od n*; (*część własności*) Anteil *m*; **~ kadr** Personalabteilung *f*; **~ wodny** GEOL Wasserscheide *f*
działacz M (*-a; -e*), **~ka** F (*-czki; gen -czek*) Aktivist(in) *m(f)*, aktives Mitglied *n*; **~**

D

sportowy Sportfunktionär *m*; ~ **partyjny** Parteifunktionär *m*; ~ **związku zawodowego** Gewerkschafter *m*; ~ **podziemia** Untergrundkämpfer *m*; **być ~em społecznym** ehrenamtlich arbeiten, sozial engagiert sein

działać (*-am*) (*postępować*) handeln; (*prowadzić działalność*) wirken, tätig sein; *lekarstwo, muzyka* wirken; *telefon, pralka* funktionieren; JUR in Kraft sein, gültig sein; ~ **na nerwy k-u** *umg* j-m auf die Nerven gehen; ~ **cuda** Wunder wirken; ~ **na własną rękę** eigenverantwortlich handeln; ~ **wstecz** JUR rückwirkend in Kraft treten; **nie** ~ TECH außer Betrieb sein

działalność F (*-ści; bpl*) Tätigkeit *f*, Wirken *n*

działa|nie N (*-a; bpl*) (*postępowanie*) Handeln *n*, Tun *n*; *lekarstwa, muzyki* Wirkung *f*; (*funkcjonowanie*) Funktionieren *n*; **~nia** *pl* **wojenne** *pl* Kriegshandlungen *pl*; **~nie arytmetyczne** Rechenart *f*, Rechenoperation *f*; **~nie uboczne** Nebenwirkung *f*

Działdowo N (*-a; bpl*) Soldau *n*

działka F (*-i; gen -łek*) Gemüsegarten *m*; (*kawałek gruntu*) Parzelle *f*; (*ogródek działkowy*) Kleingarten *m*, Schrebergarten *m*; TECH Skalenstrich *m*; ~ **budowlana** Baugrundstück *n*

działkowicz M (*-a; -e*) Kleingärtner *m*, Schrebergärtner *m*

działko|wy: **ogródek** *m* **~wy** Schrebergarten *m*; **ogródki** *pl* **~we** Kleingartenkolonie *f*

działo N (*-a*) Geschütz *n*, Kanone *f*

działo|wy: **ścianka** *f* **~wa** Trennwand *f*

dziani|na F (*-y*) Strickware *f*; **z ~ny** Strick-

dziar|ski rüstig; **~sko** ADV forsch, munter

dziąsło N (*-a; gen -seł*) Zahnfleisch *n*

dzicz F (*-y; bpl*) Wildnis *f*; *umg* Mob *m*

dziczeć ⟨**z-**⟩ (*-eję*) verwildern; *fig* verrohen

dzicz|ka F (*-i; gen -czek*) AGR Wildling *m*; **~yzna** F (*-y; bpl*) KULIN Wild(bret) *n*

dzida F (*-y*) Speer *m*, Spieß *m*

dzidzi|a F (*-i, -iu; -e*) *dim* Baby *n*, kleines Würmchen *n*; **~uś** M (*-a; -e*) *umg* Baby *n*, Kindchen *n*

dzieci PL → dziecko

dzieci|ak M (*-a; -i*) *żart od pej* Lausbub *m*; **nieznośny ~ak** freches Balg *n*; **~arnia** F (*-i; bpl*) *koll żart* Kinder *pl*

dzieciątko N (*-a; gen -tek*) *dim* Baby *n*, Kindchen *n*; ≈ **Jezus** Christkind *n*

dziecięcy (**-co**) kindlich; *wózek, choroba, literatura* Kinder-

dziecinada F (*-y*) Kinderei *f*, Albernheit *f*

dziecin|ny kindisch, naiv; **~na igraszka** *f fig* Kinderspiel *n*; **~nie prosty** kinderleicht

dziecińst|wo N (*-a; bpl*) Kindheit *f*; **od ~wa** von Kindheit an

dzieci|obójstwo N (*-a; bpl*) JUR Kindesmord *m*; **~uch** M (*-a; -y*) *fig* Kindskopf *m*

dziec|ko N (*-a; dzieci, inst dziećmi*) Kind *n*; **mieć ~ko** ein Kind haben; **dom** *m* **~ka** Kinderheim *n*; **~ko szczęścia** Glückskind *n*; **cudowne ~ko** Wunderkind *n*; **~ko z probówki** Retortenbaby *n*; **od ~ka** von Kind an, von Kindesbeinen an

dziedzi|c M (*-a; -e*) (*sukcesor*) Erbe *m*; HIST Gutsherr *m*; **~ctwo** N (*-a*) Erbe *n*; **~czka** F (*-i; gen -czek*) (*sukcesorka*) Erbin *f*; HIST Gutsherrin *f*

dziedzicz|ność F (*-ści; bpl*) BIOL Vererbung *f*; **~ność tronu** Thronfolge *f*; **~ny** erblich, Erb-; **choroba** *f* **~na** Erbkrankheit *f*; **być przekazywanym ~nie** BIOL vererbt werden

dziedziczyć ⟨**o-**⟩ (*-ę*) (**po** *lok*) JUR erben (von *dat*); BIOL vererben (von *dat*)

dziedzi|na F (*-y*) Gebiet *n*, Bereich *m*; **~niec** M (*-ńca; -ńce*) Hof *m*

dziegieć M (*-gciu; bpl*) Teer *m*

dzie|je PL (*gen -ów*) (*historia*) Geschichte *f*; **stare ~je** *umg* alte Geschichten *pl*; **od zarania ~jów** seit Urzeiten

dziejo|pisarstwo N (*-a; bpl*) Geschichtsschreibung *f*; **~wy** historisch

dziekan M (*-a; -i*) Dekan *m*; (*kobieta*) Dekanin *f*; (*duchowny*) Dechant *m*; JUR Vorsteher *m*; **~at** M (*-u; -y*) Dekanat *n*

dziekański Dekan-; **urlop** *m* ~ Semesterurlaub *m*

dzielen|ie N (*-a; bpl*) Teilung *f*; MAT Division *f*; **znak** *m* **~ia** MAT Bruchstrich *m*

dzielić ⟨**po-**⟩ (*-lę*) teilen (*a.* MAT); ~ **między** (*akk*) aufteilen (unter *akk*); ~ **na** (*akk*) einteilen in (*akk*); **dzielić** (*rozdzielać*) trennen (**od** *gen* von *dat*); **dzielić z** (*inst*) *fig* mit j-m teilen; **od granicy dzielą nas dwa kilometry** von der Grenze trennen uns zwei Kilometer; **od wyjazdu dzieli nas tydzień** von der Abreise trennt uns eine Woche; **dzieli z nią radość** er teilt mit ihr seine Freude; **dzielić los** das Schickal teilen; **dzielić pokój** ein Zimmer teilen; **~ się** sich teilen; MAT teilbar sein; **~ się** *(inst)* teilen *(akk)*; *fig* mitteilen *(akk)*; **~ się na** *(akk)* *(rozdzielać się)* sich aufteilen (in *akk*); **dzielić się na** *(akk)* *(składać się)* sich zusammensetzen aus *(dat)*; **~ się wrażeniami** sich über Eindrücke austauschen; **~ się doświadczeniami** Erfahrungen austauschen; **~ się opłatkiem** zu Weihnachten die Oblate miteinander teilen; **~ się jajkiem** das Osterei miteinander teilen

dzielni|ca F *(-y; -e)* *miasta* Bezirk *m*, Stadtviertel *n*; *kraju* Region *f*; **~ca mieszkaniowa** Wohnviertel *n*; **~ca podmiejska** Außenbezirk *m*; **~ca willowa** Villenviertel *n*

dzielnicowy[1] Bezirks-; Region-

dzielnicowy[2] *(-ego; -owi)* Kontakt(bereichs)beamte(r) *m*

dziel|ność F *(-ści; bpl)* Tapferkeit *f*; **~ny** tapfer, mutig

dzie|ło N *(-a)* Werk *n*; **~ło sztuki** Kunstwerk *n*; **przystąpić** *pf* **do ~ła** ans Werk gehen

dziennie ADV täglich

dziennik M *(-a; -i)* Tageszeitung *f*, RADIO Tagesschau *f*; **~ podróży** Reisetagebuch *n*; **~ urzędowy** Amtsblatt *n*; **~ pokładowy** Logbuch *n*

dziennikarka F *(-i; gen -rek)* Journalistin *f*

dziennikars|ki journalistisch; **kaczka** *f* **~ka** *żart* Ente *f*; **~two** N *(-a; bpl)* Journalismus *m*

dzien|nikarz M *(-a; -e)*, Journalist *m*; **~ny** Tages-; **być na porządku ~nym** an der Tagesordnung sein; **wyjść** *pf* **na światło ~ne** ans Licht kommen

dzień M *(dnia; dni od dnie, gen dni)* Tag *m*; **~ świąteczny** Feiertag *m*; **~ powszedni** Werktag *m*; **~ roboczy** Arbeitstag *m*; **~ tygodnia** Wochentag *m*; **~ urodzin** Geburtstag *m*; **~ dobry!** guten Tag!; **~ w ~**, **~ po dniu** Tag für Tag, tagaus, tagein; **za dnia** bei Tageslicht; **z dnia na ~** von einem Tag auf den anderen; von Tag zu Tag; **w ciągu dnia** im Laufe des Tages; tagsüber; **co (drugi) ~** jeden (zweiten) Tag; **na drugi ~** am nächsten Tag; **do dziś dnia** bis zum heutigen Tag; **w biały ~** am helllichten Tage; **lada ~** jeden Tag, absehbar; **dni otwarte** Tag der offenen Tür; **żyć z dnia na ~** in den Tag hinein leben

dziergać *(-am)* *umg* stricken; häkeln

dzierża|wa F *(-y)* Pacht *f*; **~wa wieczysta** Erbpacht *f*; **oddać** *pf* **w ~wę** verpachten; **wziąć** *pf* **w ~wę** in Pacht nehmen, pachten; **~wca** M *(-y; gen -ów)* Pächter *m*

dzierżawczy: **zaimek** *m* **~** GRAM Possessivpronomen *n*

dzierżawić *(-ię)* pachten; verpachten

Dzierżoniów M *(-owa; bpl)* Reichenbach *n*

dzierżyć *(-ę)* *lit od żart* halten; innehaben

dziesią|tek M *(-tka; -tki)* Jahrzehnt *n*; **~tka** F *(-tki; gen -tek)* Zehn *f*; *(pieniądze)* *F* + Zehner *m*; **trafić w ~tkę** ins Schwarze treffen

dziesiątkować ⟨**z-**⟩ *(-uję)* dezimieren

dziesią|ty zehnte(r); **jedna ~ta** ein Zehntel; **~ta (godzina)** *f* zehn Uhr; **o ~tej (godzinie)** um zehn (Uhr)

dziesięcio- *in zssgn* Zehn-, zehn-

dziesięcio|boista M *(-y; -ści)* Zehnkämpfer *m*; **~bój** M *(-boju; bpl)* Zehnkampf *m*

dziesięcio|dniowy zehntägig; **~krotny** zehnfach; **~lecie** N *(-a; gen -i)* Jahrzehnt *n*; *(jubileusz)* zehnter Jahrestag *m*, zehnjähriges Jubiläum *n*; **~letni** zehnjährig

dziesięcio|miesięczny zehnmonatig; **~minutowy** zehnminütig; **~piętrowy** zehnstöckig; **~ro** *num koll* zehn

dziesięć *num* *(persf dziesięciu)* zehn;

dziesiętny dezimal, Dezimal-

dziewanna F *(-y)* Wollkraut *n*

dziewczęcy **(-co)** mädchenhaft

dziewczy|na F *(-y)* Mädchen *n*, junge Frau *f*; **to moja ~na** das ist meine Freundin; **~nka** F *(-i; gen -nek)* kleines Mädchen *n*; *(prostytutka)* *umg* Nutte *f*

dziewiarski Wirk-

dziewią|tka F *(-i; gen -tek)* Neun *f* **~ty** neunte(r); **~ta (godzina)** neun Uhr; **o ~tej (godzinie)** um neun (Uhr)

dziewic|a F *(-y; -e)* Jungfrau *f*; **~two** N *(-a; bpl)* Jungfräulichkeit *f*

dziewi|czy **(-czo)** *fig* jungfräulich; **błona** *f* **~cza** ANAT Jungfernhäutchen *n*; **rejs ~czy** MAR Jungfernfahrt *f*

dziewięcio- *in zssgn* Neun-, neun-

dziewięcio|krotny neunfach; **~letni** neunjährig

dziewięcioro *num koll* neun

dziewięć *num* (*persf dziewięciu*) neun
dziewięćdziesiąt *num* (*persf dziewięćdziesięciu*) neunzig
dziewięćset *num* (*persf dziewięciuset*) neunhundert
dziewiętnasto- *in zssgn* neunzehn-
dziewiętnas|ty neunzehnte(r); **~ta (godzina)** neunzehn Uhr; **o ~tej (godzinie)** um neunzehn Uhr
dziewiętnaście *num* (*persf dziewiętnastu*) neunzehn
dziewiętnaścioro *num koll* neunzehn
dzieworództwo N (*-a; bpl*) BIOL Jungfernzeugung *f*
dziewuszysko N (*-a*) *żart od pej* Mädel *n*, Göre *f*
dzięcioł M (*-a; -y*) Specht *m*
dziękczynny Dank(es)-; **list** *m* **~** Dankschreiben *n*
dzięki PRÄP (*gen*) dank (*dat*); **~ki Bogu!** Gott sei Dank!; **~ki!** *int umg* danke!; **serdeczne ~ki!** vielen Dank!
dziękować ⟨**po-**⟩ (*-uję*) danken (**za** *akk* für); **~ k-u** sich bei j-m bedanken
dzik M (*-a; -i*) Wildschwein *n*; (*odyniec*) Keiler *m*
dzi|ki[1] (**-ko**) wild; (*nieudomowiony*) Wild-; (*nietowarzyski*) menschenscheu, ungesellig; *umg* (*dziwny*) sonderbar, seltsam; (*nielegalny*) illegal; **~ka plaża** *f* Strand *m* mit Badeverbot; **~kie wino** *n* wilder Wein *m*; **~kie wysypisko** *n* wilde Deponie *f*; **na ~ko** illegal
dzi|ki[2] (*-ego; -cy*), **~ka** F (*-ej; -e*) Wilde(r) *m, f*
dzikus M (*-a; -i*), **~ka** F (*-i; gen -sek*) menschenscheue Person *f*, Kauz *m*
dziobać (*-ię*) ⟨**-nąć**⟩ (*-nę*) picken
dzio|bak M (*-a; -i*) ZOOL Schnabeltier *n*; **~baty** pockennarbig
dzioby PL (*gen -ów*) *umg* Pockennarben *pl*
dziób M (*-oba; -oby*) Schnabel *m*; (*zakończenie*) Spitze *f*; *statku* Bug *m*; **~ek** M (*-bka; -bki*) *dzbanka, czajnika* Schnabel *m*
dzisiaj heute; **~ rano** heute Morgen; **od ~** von heute an; **na ~** für heute; **nie od ~** nicht seit heute
dzisiejszy heutig, von heute; **po dzień ~** bis zum heutigen Tage, bis heute
dziś → dzisiaj
dziupla F (*-i; -e*) Baumhöhle *f*; (*gniazdo*) Nisthöhle *f*
dziu|ra F (*-y*) Loch *n*; (*miejscowość*) *umg* Kaff *n*; **~ra w zębie** Zahnloch *n*; **czarna ~ra** ASTRON schwarzes Loch *n*; **~ra budżetowa** Budgetloch *n*; **szukać ~ry w całym** ein Haar in der Suppe finden; **potrzebny jak ~ra w moście** überflüssig wie ein Kropf; **wiercić ~rę w brzuchu k-u** j-m in den Ohren liegen
dziurawić ⟨**prze-**⟩ (*-ię*) (durch)löchern
dziurawiec M (*-wca; -wce*) Johanniskraut *n*
dziura|wy löch(e)rig; **~wy worek** *m fig* ein Faß ohne Boden; **mieć ~we ręce** tollpatschig sein
dziur|ka F (*-i; gen -rek*) kleines Loch *n*; **~ka od klucza** Schlüsselloch *n*; *w klapie* Knopfloch *n*; **mieć po ~ki w nosie** (*gen*) die Nase voll haben (von *dat*)
dziurkacz M (*-a; -e*) Locher *m*
dziurkować (*-uję*) lochen
dziw: **nie ~, że …** kein Wunder, dass …; **aż ~ bierze, że …** es ist verwunderlich, dass …
dziwactwo N (*-a*) (*cecha*) Marotte *f*, Schrulle *f*; (*cudactwo*) Kuriosität *f*
dziwaczeć ⟨**z-**⟩ (*-eję*) wunderlich werden, Schrullen haben
dziwacz|ka F (*-i; gen -czek*) *umg* Schrulle *f*, Sonderling *m*; **~ny** seltsam, *umg* schrullig; kurios
dziwak M (*-a; -cy*) Sonderling *m*, (komischer) Kauz *m*, Eigenbrötler *m*
dziwić ⟨**z-**⟩ (*-ię*) verwundern, erstaunen; **~ się** (*dat*) sich wundern (über *akk*)
dziwka F (*-i; gen -wek*) *vulg pej* Nutte *f*; **~rz** M (*-a; -e*) *pop pej* Hurenbock *m*
dziw|ny seltsam, merkwürdig; **nic ~nego, że** es ist nicht erstaunlich, dass …; **nic ~nego!** kein Wunder!; **~nym trafem** durch einen seltsamen Zufall; **to ~ne, że …** es ist merkwürdig, dass …
dziwo: **o ~** erstaunlicherweise
dziwoląg M (*-a; -i*) Sonderling *m*, komischer Kauz *m*; Kuriosität *f*
dziwota: **nie ~, że …** *umg* kein Wunder, dass …
DzURP (Dziennik Ustaw Rzeczypospolitej Polskiej) Gesetzesblatt *n* der Republik Polen
dzwon M (*-u; -y*) Glocke *f*; **bić w ~y** die Glocken läuten; **od wielkiego ~u** alle Jubeljahre; **~eczek** M (*-czka; -czki*) *dim* Glöckchen *n*
dzwonek M (*-nka; -nki*) Glocke *f*; (*urzą-*

dzenie) Klingel *f;* BOT Glockenblume *f;* **~ do drzwi** Türklingel *f;* **usłyszałem ~ do drzwi** es hat geklingelt; **~ na przerwę** Pausenklingel *f;* **ostatni ~** *fig* höchste Zeit *f*, *umg* höchste Eisenbahn *f*

dzwonić **⟨za-⟩** *(-ię)* **(do** *gen)* anrufen *(akk);* **~ do drzwi** klingeln; *dzwony* läuten; *(inst)* klimpern (mit *dat);* **zadzwonię do ciebie** ich rufe dich an; **dzwonić zębami** mit den Zähnen klappern; **dzwoni mi w uchu** ich habe Ohrensausen

dzwonko N *(-a; gen -nek):* **~ śledzia** Heringshappen *m*

dzwon|nica F *(-y; -e)* Glockenturm *m;* **~nik** M *(-a; -cy)* Glöckner *m*

dzwony PL *(gen -ów)* Schlaghose *f*

dzyń: **~, ~!** klingeling!

dźgać *(-am)* **⟨-nąć⟩** *(-nę) nożem* stechen

dźwięczeć *(3. Pers -y)* klingen

dźwięczny klangvoll; GRAM stimmhaft

dźwięk M *(-u; -i)* Klang *m;* MUS Ton *m;* JĘZ Laut *m;* FIZ Schall *m;* **barwa** *f* **~u** Klangfarbe *f;* **zapis** *m* **~u** Tonaufzeichnung *f*

dźwięko|naśladowczy JĘZ lautmalend, onomatopoetisch; **~szczelny** schalldicht; **~wy** *film, nagranie* Ton-

dźwig M *(-u; -i)* Kran *m;* **operator** *m* **~u** Kranführer *m*

dźwigać *(-am)***⟨-nąć⟩** *(-nę)* (hoch)heben; **~ z gruzów** wieder aufbauen; **dźwigać** *(nosić)* tragen; **~ się** sich erheben, sich aufrichten

dźwig|ar M *(-a; -y)* BUD Träger *m;* **~nia** F *(-i; -e)* TECH Hebel *m; fig* treibende Kraft *f*

dźwigowy[1] Kran-

dźwigowy[2] M *(-ego; -owi)* Kranführer *m*

dżdżownica F *(-y; -e)* Regenwurm *m*

dżdżysty (-to) regnerisch

dżem M *(-u; -y)* Marmelade *f*

dżentelmen M *(-a; -i)* Gentleman *m*

dżentelmeń|ski: **po ~sku** wie ein Gentleman

dże|rsej M *(-u; -e)* Jersey *m;* **~ty** M/PL *(gen -ów)* Gagatperlen *f/pl*

dżez → jazz

dżezmen → jazzman

dżezowy → jazzowy

dżin|sowy Jeans-; **~sy** PL *(gen -ów)* Jeanshose *f*

dżip → jepp

dżokej M *(-a; -e; gen -ów)* Jockey *m*

dżudo → judo

dżudoczka F *(-i) (kobieta)* Judoka *f*

dżudok| ~a → judok

dżul M *(-a; -e)* FIZ Joule *n*

dżuma F *(-y; bpl)* MED Pest *f*

dżungl|a F *(-i; -e)* Dschungel *m (a. fig);* **~a przepisów** Paragrafendschungel *m;* **prawo** *n* **~i** das Gesetz des Dschungels

E

e! INT ach!; he!

ebonit M *(-u; bpl)* Ebonit *n*, Hartgummi *m*

ech! INT ach!

e|cho N *(-a)* Echo *n*, Widerhall *m; fig* Resonanz *f*, Reaktion *f;* **odbić się** *pf* **~chem** Anklang *od* Widerhall finden, auf Resonanz stoßen; **pozostać bez ~cha** keinen Anklang finden, keine Resonanz hervorrufen; **~cha** *pl* **wojny** Kriegsgerüchte *pl*

echo|lokacja F *(-i; bpl)* TECH Echolotung *f;* **~sonda** F *(-y)* Echolot *n*

ecu N *(unv)* Ecu *m od f*

edukac|ja F *(-i; bpl) lit (kształcenie)* Ausbildung *f;* **~yjny** Bildungs-

edy|cja F *(-i; -e) lit* Ausgabe *f*; Edition *f*, Herausgabe *f; (nakład)* Auflage *f;* **~cja kieszonkowa** Taschenbuchausgabe *f;* **~kt** M *(-u; -y)* HIST Edikt *n*

edytor M *(-a; -orzy)* Herausgeber *m*, Editor *m; (-a; -ory)* EDV Textprogramm *n;* **~ski (-ko)** editorisch, verlegerisch

efe|kciarstwo N *(-a; bpl)* Effekthascherei *f;* **~kt** M *(-u; -y)* Effekt *m; (skutek)* Ergebnis *n*, Wirkung *f;* **w ~kcie** *(gen)* als Ergebnis *(gen);* **~ktowny** effektvoll

efektyw|ność F *(-ści; bpl)* Wirksamkeit *f;* **~ny** effektiv, effizient, wirksam; *(rzeczywisty)* effektiv, tatsächlich

efemeryczny flüchtig, *lit* ephemer

egalitarny egalitär

Egejski: **Morze** *n* **~e** Ägäisches Meer *n*

egi|da: **pod ~dą** *(gen)* unter der Schirmherrschaft (von *dat)*

Egipcjan|in M *(-a; -nie; gen -)*, **~ka** F *(-i; gen -nek)* Ägypter(in) *m(f)*

Egipt M (-u; bpl) Ägypten *n*
egipski (po -ku) ägyptisch; **~e ciemności** *pl fig* tiefe Dunkelheit *f*
ego N (unv) PSYCH Ego *n*, Ich *n*; **~centryczny** egozentrisch, ichbezogen
egoist|a M (-y; -ści), **~ka** F (-i; *gen* -tek) Egoist(in) *m(f)*; **~yczny** egoistisch, selbstsüchtig
egoizm M (-u; bpl) Egoismus *m*
egz. (egzemplarz) Exemplar *n*
egzaltowany exaltiert, überspannt
egzamin M (-u; -y) Prüfung *f*; **~ z fizyki** e-e Prüfung in Physik; **~ na prawo jazdy** Fahrprüfung *f*; **~ na kartę pływacką** Schwimmprüfung *f*; **wstępny** Aufnahmeprüfung *f*; **~ końcowy** Examen *n*; **~ dyplomowy** Diplomprüfung *f*; **~ państwowy** Staatsexamen *n*; **~ dojrzałości** Reifeprüfung *f*
egzamina|cyjny Prüfungs-; **sesja** *f* **~cyjna** Prüfungszeit *f*; **~tor** M (-a; -rzy) Prüfer *m*
egzaminować ⟨prze-⟩ (-uję) prüfen
egzekuc|ja F (-i; -e) Exekution *f*, Hinrichtung *f*; JUR Vollstreckung *f*; **~yjny** JUR Vollstreckungs-; **pluton** *m* **~yjny** Erschießungskommando *n*
egzekut|or M (-a; -orzy) Vollstreckungsbeamte(r) *m*, Vollstrecker *m*; **~or sądowy** Gerichtsvollzieher *m*; **~ywa** F (-y) Exekutive *f*
egzekwować ⟨wy-⟩ (-uję) (*wymagać*) fordern; JUR eintreiben; *wyrok* vollstrecken
egzema F (-y; bpl) MED Ekzem *n*
egzemplarz M (-a; -e) Exemplar *n*; **w trzech ~ach** in dreifacher Ausfertigung; **~ autorski** Freiexemplar *n*
egzorcyzmy PL (*gen* -ów) REL Exorzismus *m*, Teufelsaustreibung *f*
egzotyczny exotisch
egzystenc|ja F (-i; -e) *lit* Existenz *f*; **minimum** *n* **~ji** Existenzminimum *n*; **środki** *pl* **~ji** Lebensunterhalt *m*; **warunki** *pl* **~ji** Existenzgrundlage *f*
egzystencjalizm M (-u; bpl) FILOZ Existenzialismus *m*
egzystencjal|ny *lęk* existenziell; **filozofia** *f* **~na** Existenzphilosophie *f*
egzystować (-uję) existieren
ej! INT hey!
ejże! INT na!
EKG (elektrokardiogram) EKG *n*
eki|erka F (-i; *gen* -rek) Winkelmaß *n*; **~pa** F (-y) *sportowa* Mannschaft *f*; *naukowa*, *filmowa* Team *n*; **~pa rządowa** Regierungskabinett *n*
eklerka F (-i; -rek) KULIN Eclair *n*
ekologi|a F (*gen dat lok* -ii; bpl) Ökologie *f*; **~czny** ökologisch, Umwelt-; (*naturalny*) Öko-, Bio-; (*bezpieczny dla środowiska*) umweltfreundlich; **żywność** *f* **~czna** Bioprodukte *pl*; **z upraw ~cznych** aus ökologischem *od* biologischem Anbau; **katastrofa** *f* **~czny** Umweltkatastrophe *f*; **ruch** *m* **~czny** Ökobewegung *f*
ekonomi|a F (*gen dat lok* -ii; bpl) Wirtschaftswissenschaft *f*, Ökonomie *f* (*a. fig*); **~a polityczna** Volkswirtschaftslehre *f*; **~czny** wirtschaftlich, ökonomisch (*a. fig*); **studia** *pl* **~czne** Wirtschaftswissenschaft *f*, Ökonomie *f*
ekonomika F (-i; bpl) Wirtschaft *f*; **przedsiębiorstwa** Betriebswirtschaft *f*; **~ rolna** Landwirtschaft *f*
ekonomist|a M (-y; -ści), **~ka** F (-i; *gen* -tek) Wirtschaftswissenschaftler(in) *m(f)*, Volkswirt(in) *m(f)*; *przedsiębiorstwa* Betriebswirt(in) *m(f)*
eko|system M (-u; -y) Ökosystem *n*; **~turystyka** F (-i; bpl) sanfter Tourismus *m*
ekran M (-u; -y) RADIO Bildschirm *m*; **~ kinowy** Leinwand *f*; **szeroki ~** Breitwand *f*; **wejść** *pf* **na ~y** in die Kinos kommen, anlaufen; **~izacja** F (-i; -e) Verfilmung *f*; **~izacja powieści** Romanverfilmung *f*
ekranizować ⟨z-⟩ (-uję) verfilmen
eks- *zssgn* ex-, Ex-
eks|celencja F (-i; -e) Exzellenz *f*; **~centryczny** exzentrisch; **~cesy** M/PL (*gen* -ów) Exzesse *m/pl*, Ausschreitungen *f/pl*
ekscyt|acja F (-i; bpl) Aufregung *f*, Enthusiasmus *m*; **~ujący** (-co) aufregend, reizend, spannend
eks|hibicjonizm M (-u; bpl) Exhibitionismus *m*; **~humacja** F (-i; -e) Exhumierung *f*; **~kluzywny** exklusiv
ekskomunikować (-uję) REL exkommunizieren
eksmis|ja F (-i; -e) Exmittierung *f*, Zwangsräumung *f*; **nakaz** *m* **~ji** Räumungsbefehl *m*
eksmitować ⟨wy-⟩ (-uję) exmittieren, zwangsräumen

eks|pansja F (-i; bpl) Expansion f; **~patriacja** F (-i; bpl) Ausbürgerung f
ekspedient M (-a; -ci), **~ka** F (-i; gen -tek) Verkäufer(in) m(f)
ekspedy|cja F (-i; -e) (*wyprawa*) Expedition f; (*dział*) Versandabteilung f; **~cja naukowa** Forschungsreise f; **~ bagażowa** Gepäckabfertigung f; **~cyjny** Expeditions-; Versand-
ekspert M (-a; -ci) Experte m, Sachverständige(r) m; (*biegły*) Gutachter m; **~yza** F (-y) Expertise f, Gutachten n
eksperyment M (-u; -y) Experiment n, Versuch m; **~ na zwierzętach** Tierversuch m; **~alny** experimentell, Versuchs-
eksperymentować (-*uję*) experimentieren
eksploatac|ja F (-i; bpl) (*wydobywanie*) Abbau m, Förderung f; (*wyzysk*) Ausbeutung f; (*użytkowanie*) Benutzung f; **~ja rabunkowa** Raubbau m; **być w ~ji** in Betrieb sein; **oddać do ~ji** in Betrieb nehmen
eksploatować (-*uję*) (*używać*) benutzen; (*wydobywać*) abbauen, fördern; (*wykorzystywać*) ausbeuten
eksplodować (*3. Pers -uje*) explodieren
eks|plozja F (-i; -e) Explosion f; **~ponat** M (-u; -y) Ausstellungsstück n, Exponat n
eksponować ⟨**wy-**⟩ (-*uję*) ausstellen, zeigen; *fig* betonen, unterstreichen
eksponowany exponiert
eksport M (-u; bpl) Export m, Ausfuhr f; **na ~** für den Export; **~er** M (-a; -rzy) Exporteur m
eksportować ⟨**wy-**⟩ (-*uję*) exportieren
eksportowy Export-
ekspozy|cja F (-i; -e) (*wystawa*) Ausstellung f; **czas** m **~cji** FOTO Belichtungszeit f; **~tura** F (-y) Nebenstelle f, Filiale f; Zweiggeschäft n
ekspres M (-u; -y) (*list*) Eilbrief m; (*pociąg*) Express(zug) m, Schnellzug m; **~ do kawy** Kaffeemaschine f; **~owy** Express-, Schnell-; **herbata** f **~owa** Tee in Teebeuteln m
ekspres|ja F (-i; bpl) Ausdruck m, Ausdruckskraft f; **~jonizm** M (-u; bpl) Expressionismus m
ekstaza F (-y; bpl) Extase f
ekster|minacja F (-i; bpl) *ludności* Ausrottung f, (ethnische) Säuberung f; Massenmord m; **~ytorialny** exterritorial
ekstra ADV *umg* extra, zusätzlich; ADJ, *adv* toll, super
ekstra|dycja F (-i; -e) JUR Auslieferung f; **~klasa** F (-y) SPORT Extraklasse f; **~kt** M (-u; -y) Extrakt m, Auszug m
ekstrawagancki (*persf -ccy*) (**-ko**) extravagant
ekstremalny extrem
ekstremist|a M (-y; -ści), **~ka** F (-i; gen -tek) Extremist(in) m(f)
ekstremistyczny extremistisch
ekumeniczny REL ökumenisch
ekwi|punek M (-nku; bpl) Ausrüstung f, Ausstattung f; **~walent** M (-u; -y) Äquivalent n
elastycz|ność F (-ści; bpl) Elastizität f; **~ny** elastisch; *fig* flexibel
Elbląg M (-a; bpl) Elbing n
elegan|cja F (-i; bpl) Eleganz f; **~cki** (**-ko**) elegant
elegant M (-a; -ci) modisch gekleideter Mann m; *iron* Geck m; **~ka** F (-i; gen -tek) modisch gekleidete Frau f
elegijny elegisch
elekcyj|ny: **monarchia** f **~na** HIST Wahlmonarchie f
elektor M (-a; -rzy) Wahlmann m; HIST Kurfürst m; **~at** M (-u; bpl) Wählerschaft f, Wähler pl; **~ski** Wahl-
elektro- *zssgn* elektro-, Elektro-
elektro|ciepłownia F (-i; -e) Heizkraftwerk n; **~da** F (-y) Elektrode f; **~kardiogram** M (-u; -y) Elektrokardiogramm n
elektro|liza F (-y; bpl) Elektrolyse f; **~magnes** M (-u; -y) Elektromagnet m; **~mechanik** M (-a; -cy) Elektromechaniker m
elektro|monter M (-a; -rzy) Elektriker m; **~niczny** elektronisch; **poczta** f **~niczna** E-Mail f; **pocztą** f **~niczną** per E-Mail
elektro|nowy Elektronen-; **~technika** F (-i; bpl) Elektrotechnik f
elektrownia F (-i; -e) Kraftwerk n; **~ cieplna** Wärmekraftwerk n; **~ wodna** Wasserkraftwerk n; **~ atomowa** Atomkraftwerk n, Kernkraftwerk n; **~ wiatrowa** Windkraftanlage f
elektrow|strząs M (-u; -y) MED Elektroschock m; **~óz** M (-wozu; -wozy) Elektrolok f
elektry|czność F (-ści; bpl) Elektrizität f; *umg* Strom m, elektrisches Licht n
elektrycz|ny elektrisch, Elektro-; **piecyk**

E

emocje

budzić gniew	Ärger hervorrufen
odczuwać niepokój	Unruhe empfinden
tłumić strach	seine Angst unterdrücken
odreagować złość	seine Wut abreagieren
wyładować na kimś złość	seinen Ärger an jemandem auslassen
bać się	Angst haben
żyć w niepokoju/lęku	in Unruhe/Angst leben

m **~ny** Elektroherd *m*; **sieć** *f* **~na** Stromnetz *n*; **gitara** *f* **~na** elektrische Gitarre *f*, E-Gitarre *f*; **krzesło** *n* **~ne** elektrischer Stuhl *m*
elektr|yfikacja F (*-i; bpl*) Elektrifizierung *f*; **~yk** M (*-a; -cy*) Elektriker *m*; **inżynier** *m* **~yk** Elektroingenieur *m*
elektryzować ⟨**na-**⟩ (*-uję*) elektrisieren
element M (*-u; -y; gen -ów*) Element *n*, Bestandteil *m*; Komponente *f*; **~y** PL (*podstawy*) Grundlagen *pl*; (*osoby*) *pej* Elemente *pl*; **~arz** M (*-a; -e, -y*) Fibel *f*
elewa|cja F (*-i; -e*) *budynku* Fassade *f*; **~tor** M (*-a; -y*) Getreidesilo *m od n*
eliminac|ja F (*-i; -e*) Eliminierung *f*; **~je** *pl* SPORT Ausscheidungskampf *m*, Vorrunde *f*; **~yjny** *mecz* Ausscheidungs-, Vor-
eliminować ⟨**wy-**⟩ (*-uję*) eliminieren, beseitigen; (*wyłączać*) ausschalten
eli|psa F (*-y*) Ellipse *f*; **~ta** F (*-y*) Elite *f*; **~tarny** elitär, Elite-
elka F (*-i*) *umg* Konfektionsgröße *f* L
Ełk M (*-u; bpl*) Lyck *n*
e-mail M (*-u; -e; gen -i od -ów*) E-Mail *f*; **~em** per E-Mail
e-mailować (*-uję*) mailen
e-mailowy: **adres** *m* **~** E-Mailadresse *f*
emali|a F (*gen dat lok -ii; -e*) Emaille *f*, Email *n*; (*farba*) Emailfarbe *f*; **~owany** Email-
emancyp|acja F (*-i; bpl*) Emanzipation *f*; **~acja kobiet** Frauenemanzipation *f*; **~antka** F (*-i; gen -tek*) Frauenrechtlerin *f*
emancypować się ⟨**wy-**⟩ (*-uję*) sich emanzipieren
emanować (*-uję*) *ciepło, energię* ausströmen, ausstrahlen (*a. fig*); **emanuje z niego spokój** er strahlt Ruhe aus
emblemat M (*-u; -y*) Emblem *n*
embrion M (*-u; -y*) Embryo *m*; **~alny** embryonal
emeryt (*-a; -ci*), **~ka** F (*-i; gen -tek*) Rentner(in) *m(f)*
emeryt|alny Renten-; **~owany** im Ruhestand, pensioniert
emerytu|ra F (*-y*) Rente *f*; **~ra urzędnicza** Pension *f*; **wcześniejsza ~ra** Vorruhestand *m*; **przejść** *pf* **na ~rę** in Rente gehen; **pobierać ~rę** Rente bekommen
emfatyczny emphatisch
emigrac|ja F (*-i; -e*) Emigration *f*, Auswanderung *f*; **na ~ji** im Exil; **~ja zarobkowa** Wirtschaftsemigration *f*; **~ja wewnętrzna** innere Emigration *f*
emigracyj|ny Emigrations-, Exil-; **literatura** *f* **~na** Exilliteratur *f*; **rząd** *m* **~ny** Exilregierung *f*
emigrant M (*-a; -ci*), **~ka** F (*-i; gen -tek*) Emigrant(in) *m(f)*, Auswanderer *m*, Auswanderin *f*
emigrować ⟨**wy-**⟩ (*-uję*) emigrieren, auswandern, ins Exil gehen
eminencja F (*-i; bpl*) Eminenz *f*
emisja F (*-i; -e*) FIN, CHEM Emission *f*; RADIO Übertragung *f*, Sendung *f*; **~ na żywo** RADIO Liveübertragung *f*; **~ gazów** CHEM Gasemission *f*
emitować ⟨**wy-**⟩ (*-uję*) emittieren; RADIO übertragen, senden
emka F (*-i*) *umg* Konfektionsgröße *f* M
emocje F/PL (*gen -i*) Emotionen *f/pl*
emocjonalny emotional, gefühlsmäßig; gefühlsbetont
emocjonować się (*-uję*) (*inst*) mit Interesse verfolgen (*akk*), sich begeistern (für *akk*)
emocjonujący (**-co**) aufregend, spannend
emotikon M (*-a; -y, -ów*) Emoticon *n*
empiryczny empirisch
emulsja F (*-i; -e*) Emulsion *f*
encefalogr|afia F (*gen dat lok -ii; bpl*)

MED Elektroenzephalografie *f*; **~am** M (*-u; -y*) MED Elektroenzephalogramm *n*
encyklika F (*-i*) Enzyklika *f*
encykloped|ia F (*gen dat lok -ii; -e*) Enzyklopädie *f*; **chodząca ~ia** *żart* wandelndes Lexikon *n*; **~yczny** enzyklopädisch
endokrynologia F (*gen dat lok -ii; bpl*) Endokrinologie *f*
energety|czny Energie-; **surowce** *m/pl* **~czne** Energieträger *m/pl*; **~ka** F (*-i; bpl*) Energiewirtschaft *f*
energ|ia F (*gen dat lok -ii; bpl*) Energie *f*; **bez ~ii** *fig* energielos; **~iczny** energisch, entschlossen
energo|chłonny energieintensiv; **~oszczędny** stromsparend
en|igmatyczny rätselhaft, enigmatisch; **~klawa** F (*-y*) Enklave *f*
entuzja|styczny enthusiastisch, begeistert; **~zm** M (*-u; bpl*) Enthusiasmus *m*, Begeisterung *f*
entuzjazmować się (*-uję*) (*inst*) sich begeistern (für *akk*)
enzym M (*-u; -y*) Enzym *n*
epatować (*-uję*) (*inst*) *lit* in Erstaunen versetzen, schockieren (mit *dat*)
epi|cki episch; **~demia** F (*gen dat lok -ii; -e*) Epidemie *f*, Seuche *f*; **~demiczny** epidemisch
epi|gon M (*-a; -i*) *lit pej* Epigone *m*; **~ka** F (*-i; bpl*) LIT Epik *f*; **~lacja** F (*-i; bpl*) Haarentfernung *f*
epilep|sja F (*-i; bpl*) Epilepsie *f*, Fallsucht *f*; **~tyczny** epileptisch
epilepty|k M (*-a; -cy*), **~czka** F (*-i; gen -czek*) Epileptiker(in) *m(f)*
epi|log M (*-u; -i*) Epilog *m*; **~skopat** M (*-u; -y*) Episkopat *n*
epitafium N (*unv; -fia; gen -fiów*) *na grobie* Grabinschrift *f*; (*utwór*) Epitaph *n*
epitety M/PL (*gen -ów*) *umg* Schimpfwörter *n/pl*
epizo|d M (*-u; -y*) LIT Episode *f* (*a. fig*); TEATR, RADIO Nebenrolle *f*; **~dyczny** episodenhaft, flüchtig; episodisch; **~dzik** M (*-u; i*) *żart fig* kleine Episode *f*
epoka F (*-i*) Epoche *f*, Zeitalter *n*; **~ kamienna** Steinzeit *f*; **~ lodowcowa** GEOL Eiszeit *f*
epo|kowy (**-wo**) epochal, epochemachend; **~peja** F (*-ei; -e*) LIT Epos *n*
e|ra F (*-y*) Ära *f*, Zeitalter *n*; GEOL Erdzeitalter *n*; **~ra nowożytna** Neuzeit *f*; **przed naszą ~rą** vor unserer Zeitrechnung
erekcja F (*-i; -e*) BIOL Erektion *f*; *budowli* Gründung *f*
erekcyjny: **akt** *m* **~** Gründungsurkunde *f*
er|emita M (*-y; -ci*) Einsiedler *m*; **~ka** F (*-i; gen -erek*) *umg* Rettungswagen *m*; **~kaem** M (*-u; -y*) *umg* Maschinenpistole *f*
ero|genny erogen; **~toman** M (*-a; -i*) PSYCH Erotomane *m*; **~toman gawędziarz** *żart* Möchtegernecasanova *m*
eroty|ka F (*-i; bpl*) Erotik *f*; **~czny** erotisch; **film** *m* **~czny** Erotikfilm *m*; **~zm** M (*-u; bpl*) Sinnlichkeit *f*, Erotik *f*
er|ozja F (*i; -e*) Erosion *f*; **~ozyjny** Erosions-; **~rata** F (*-y*) Errata *pl*
erudy|cja F (*-i; bpl*) Gelehrsamkeit *f*, Belesenheit *f*; **~ta** M (*-y; -ci*) Gelehrte(r) *m*
er|upcja F (*-i; -e*) Eruption *f*, Ausbruch *m*; **~ytrocyt** M (*-u; -y*) BIOL Erythrozyt *m*, rotes Blutkörperchen *n*
esb|ecja F (*-i; bpl*) HIST *umg pej* Staatssicherheitsdienst *m*; **~ek** M (*-a; -cy*) HIST *umg pej* Spitzel *m*, Mitarbeiter *m* der Staatsicherheit
es|eista M (*-y; -ści*) Essayist *m*; **~ej** M (*-u; -e; gen -ów*) Essay *m od n*; **~encja** F (*-i; -e*) Essenz *f*; *umg* Teeaufguss *m*
esesma|n M (*-a; -i*) HIST SS-Mann *m*; **~nka** F (*-i; gen -nek*) HIST SS-Frau *f*; **~ński** HIST SS-
eska F (*-i*) *umg* Konfektionsgröße S *f*; **~dra** F (*-y*) LOT Staffel *f*; MAR Geschwader *n*
eska|lacja F (*-i; bpl*) Eskalation *f*; **~pada** F (*-y*) (*wycieczka*) riskante Unternehmung *f*, Abenteuer *n*
Eskimos M (*-a; -i*) Eskimo *m*; **~ka** F (*-i; gen -sek*) Eskimofrau *f*; **♀ki** Eskimo-
eskor|ta F (*-y*) Eskorte *f*, Geleit *n*; **pod ~tą** unter Bewachung
eskortować (*-uję*) eskortieren
esowaty s-förmig
es|peranto N (*unv od -a; bpl*) Esperanto *n*; **~takada** F (*-y*) AUTO Rampenbrücke *f*
estet|a M (*-y; -ci*), **~ka** F (*-i; gen -tek*) Ästhet(in) *m(f)*
estetyczny ästhetisch
Estonia F (*gen dat lok -ii; bpl*) Estland *n*
Esto|nka F (*-i; gen -nek*) Estin *f*; **~ńczyk** M (*-a; -cy*) Este *m*; **♀ński** (**po -ku**) estnisch
estrad|a F (*-y*) Podium *n*, Bühne *f*; **~owy** Unterhaltungs-
estr|agon M (*-u; bpl*) BIOL, KULIN Estragon

m; **~ogen** M (-u; -y) BIOL Östrogen *n*
estyma F (-y; bpl) *lit* Hochachtung *f*, Respekt *m*
esy-floresy PL (*esów-floresów*) *umg* Schnörkel *pl*, Kringel *pl*
e tam *partikel umg* ach was; nee
etap M (-u; -y) *drogi* Etappe *f*, Teilstrecke *f*; Stadium *n*, Phase *f*; **~ami** etappenweise; **na tym ~ie** in diesem Stadium; **~owy** stufenweise, allmählich; SPORT Etappen-
et|at M (-u; -y) Festanstellung *f*, Vollzeitstelle *f*; **na pół ~atu** als Halbtagskraft, halbtags; **wolny ~at** freie Arbeitsstelle *f*; **być na ~acie** fest angestellt sein; **~atowy** *pracownik* fest angestellt
etażerka F (-i; *gen -rek*) Regal *n*, Gestell *n*
eter M (-u; bpl) Äther *m*; **na falach ~u** im Radio; **~yczny** ätherisch; *fig* zart, fein
etiuda F (-y) MUS Etüde *f*
et|niczny ethnisch; **~nografia** F (*gen dat lok -ii; bpl*) Ethnografie *f*; **~yczny** ethisch; **~yka** F (-i; bpl) Ethik *f*
etykiet|a F (-y) Etikett *n*, Aufkleber *m*; (*zachowanie*) Etikette *f*; **~ka** F (-i; *gen -tek*) Etikett *n*, Aufkleber *m*; **przyczepić** *pf* **~kę k-o** *fig* j-m e-n Stempel aufdrücken
ety|lina F (-y) verbleites Benzin *n*; **~mologiczny** ethymologisch
eu|charystia F (*gen dat lok -ii; bpl*) REL Eucharistie *f*; **~femistyczny** JĘZ euphemistisch, verhüllend; **~foria** F (*gen dat lok -ii; bpl*) Euphorie *f*
eukaliptusowy Eukalyptus-
eu|nuch M (-a; -y *od* -owie) Eunuche *m*; **~roczek** M (-u; -i) Euroscheck *m*
Europa F (-y; bpl) Europa *n*; **~ Zachodnia** Westeuropa *n*; **~ Wschodnia** Osteuropa *n*
Europej|czyk M (-a; -cy), **~ka** F (-i; *gen -jek*) Europäer(in) *m(f)*
europejsk|i (**po -ku**) europäisch; **~ość** F (-ści; bpl) europäischer Charakter *m*
eutanazja F (-i; bpl) Sterbehilfe *f*; HIST Euthanasie *f*
ew. (**ewentualnie**) evtl. (eventuell)
ewakuac|ja F (-i; -e) Evakuierung *f*; **~yjny** Evakuierungs-; **wyjście** *n* **~yjne** Notausgang *m*
ewakuować (-*uję*) evakuieren
Ewangeli|a F (*gen dat lok -ii; -e*) REL Evangelium *n*; **~ według św. Jana** Johannesevangelium *n*, das Evangelium des Johannes
ewangelicki evangelisch, protestantisch
ewangeli|k M (-a; -cy), **~czka** F (-i; *gen -czek*) Protestant(in) *m(f)*
ewenement M (-u; -y) *lit* Besonderheit *f*
ewentual|ność F (-ści) Eventualität *f*; **~ny** eventuell
EWG F *od n* (*unv*) (**Europejska Wspólnota Gospodarcza**) HIST EWG *f*
ewidencja F (-i; -e) *ludności* Registrierung *f*, Erfassung *f*; (*wykaz*) Verzeichnis *n*, Liste *f*
ewidenc|jonować (-*uję*) registrieren, Buch führen (über *akk*); **~yjny** Dokumentations-
ewidentny evident, offenkundig
ewoluc|ja F (-i; -e) BIOL Evolution *f*; SPORT akrobatische Figur *f*; **teoria** *f* **~ji** Evolutionstheorie *f*; **~yjny** Evolutions-
exposé N (*unv*) Regierungserklärung *f*
ezoteryczny esoterisch

F

fabry|cznie ADV serienmäßig; **~czny** Fabrik-; **~ka** F (-i) Fabrik *f*
fabrykować (-*uję*) *dokument, informacje* fälschen
fabularny: **film** *m* **~** Spielfilm *m*
fabuła F (-y; bpl) *filmu, powieści* Handlung *f*
facet M (-a; -ci) *umg* Kerl *m*, Typ *m*; **~ka** F (-i; *gen -tek*) *umg* Type *f*
fach M (-u; -y) Fach *n*, Fachausbildung *f*; **kolega** *m* **po ~u** Kollege *m* vom Fach; **znać swój ~** sein Fach verstehen; **mieć ~ w ręku** e-e Fachausbildung haben
fachowiec M (-wca; -wcy) Fachmann *m*
fachowo → fachowy
facho|wość F (-ści; bpl) Fachkenntnisse *pl*, Professionalität *f*; **~wy** (**-wo**) fachmännisch, professionell; Fach-
facjata F (-y) Mansarde *f*, Dachwohnung *f*; (*twarz*) *umg* Visage *f*
fag|as M (-a; -y) *umg pej* Arschkriecher *m*, Schleimer *m*; (*kochanek*) Macker *m*, Lover *m*; **~ot** M (-u; -y) Fagott *n*
fajans M (-u; bpl) Fayence *f*, Steingut *n*;

~owy Fayence-
fajer|ka F (-i; -rek) Herdring *m*; **~werki** PL (*gen -ów*) Feuerwerk *n*
faj|ka F (-i; *gen -jek*) Pfeife *f*; **~ki** *f/pl* (*papierosy*) *umg* Kippen *f/pl*; (*znak*) Häkchen *n*; **~ka pokoju** Friedenspfeife *f*
faj|ny *umg* toll; **~rant** M (-u; *y*) *umg* Feierabend *m*; **~tłapa** M (-y; *gen -ów*) *umg* Tollpatsch *m*, Schlafmütze *f*
faks M (-u; -y) Fax *n*; Faxgerät *n*; **przesłać** *pf* **~em** faxen
faksować (-uję) faxen
fa|kt M (-u; -y) Tatsache *f*; **~kt dokonany** vollendete Tatsache *f*; **~kt ~tem** tatsächlich; **po ~kcie** nachträglich
fakt|ura F (-y) Rechnung *f*, Lieferschein *m*; *tkaniny* Struktur *f*; **~tyczny** tatsächlich, faktisch; **stan** *m* **~tyczny** Tatbestand *m*, tatsächlicher Sachverhalt *m*
fakult|atywny fakultativ; **~et** M (-u; -y) Fakultät *f*
fa|la F (-i; -e) Welle *f* (*a. fig*); **~le** *f/pl* **morskie** Wogen *f/pl*, Wellen *f/pl*; **~le** *pl* **radiowe** Radiowellen *pl*; **~le średnie** RADIO Mittelwellen *f/pl*; **~le** *pl* **dźwiękowe** FIZ Schallwellen *pl*; **~la powodziowa** Flutwelle *f*; **~la czołowa** MAR Bugwelle *f*; **~la zimna** METEO Kältewelle *f*; **~la upałów** Hitzewelle *f*; **~la strajków** Streikwelle *f*; **~la uderzeniowa** Stoßwelle *f*
falban|a F (-y), **~ka** *f* (-i; *gen -nek*) Rüsche *f*
falis|ty(-ście *od* **-to)** Wellen-; wellenförmig; wellenartig; *włosy* gewellt; *teren* hügelig; **blacha** *f* **~ta** Wellblech *n*
falochron M (-u; -y) Wellenbrecher *m*
falować (-uję) *woda* wogen, Wellen schlagen
fal|set M (-u; -y) Falsett *n*; **~start** M (-u; -y) SPORT Fehlstart *m*; **~syfikat** M (-u; -y) Fälschung *f*
fałd M (-u; -y), **~a** F (-y) Falte *f*; **w ~y** Falten-; **przysiąść ~ów** sich auf den Hosenboden setzen
fałdować ⟨s-⟩ (-uję) falten, in Falten legen; **~ się** Falten werfen
fałdzisty Falten-
fałsz M (-u; -e) (*kłamstwo*) Lüge *f*; (*obłuda*) Falschheit *f*; **~erka** F (-i; *gen -rek*) Fälscherin *f*; **~erstwo** N (-a) Fälschung *f*, Fälschen *n*; **~erz** M (-a; -e) Fälscher *m*; **~erz pieniędzy** Falschmünzer *m*
fałszować ⟨s-⟩ (-uję) *v/t* fälschen; V/I falsch singen; falsch spielen
fałszowany gefälscht
fałszywiec M (-wca; -wcy) Heuchler *m*
fałszy|wość F (-ści; *bpl*) Falschheit *f*; **~wy (-wie)** falsch; (*podrobiony*) gefälscht; (*obłudny*) falsch, heuchlerisch, unaufrichtig; *krok, decyzja* Fehl-, falsch
fam|a F (-y; *bpl*) Gerücht *n*; **~iliarny** familiär; **~ilijny** familiär; Familien-
fan M (-a; -i), **~ka** F (-i; *gen -nek*) *umg* Fan *m*; **~aberie** PL (-ii) Launen *pl*; **~atyczny** fanatisch
fanaty|k M (-a; -cy), **~czka** F (-i; *gen -czek*), Fanatiker(in) *m(f)*
fanatyzm M (-u; *bpl*) Fanatismus *m*
fanfar|a F (-y) Fanfare *f*; **~onada** F (-y; *bpl*) *pej* Aufschneiderei *f*, Wichtigtuerei *f*
fant M (-u, -y) Pfand *n*; **gra** *f* **w ~y** Pfänderspiel *n*; **co z tym ~em zrobić?** was soll man nun jetzt tun?
fantast|a M (-y; -ści), **~ka** F (-i; *gen -tek*) Schwärmer(in) *m(f)*, Tagträumer(in) *m(f)*
fantastyczn|y fantastisch; **~onaukowy** Science-Fiction-
fantazja F (-i; *bpl*) Fantasie *f* (*a.* MUS)
fantazjować (-uję) fantasieren
fantazyjny fantasievoll
fanto|wy: **loteria** *f* **~wa** Sachlotterie *f*
far|aon M (-a; -owie) Pharao *m*; **~ba** F (-y) Farbe *f*; ŁOW Schweiß *m*; **~ba kryjąca** Deckfarbe *f*; **~ba olejna** Ölfarbe *f*
far|biarnia F (-i; -e) Färberei *f*; **~bka** F (-i) *umg* Waschblau *n*
farbować ⟨u-⟩ (-uję) *v/t* färben; ⟨za-⟩ *v/i* färben
far|focel M (-la; -le; *gen -li od -lów*) Fussel *f*; **~ma** F (-y) Farm *f*
farmaceut|a M (-y; -ci), **ka** F (-i; *gen -tek*) Pharmazeut(in) *m(f)*
farma|ceutyczny pharmazeutisch; **~cja** F (-i; *bpl*) Pharmazie *f*; **~kologia** F (*gen dat lok -ii*; *bpl*) Pharmakologie *f*; **~kologiczny** pharmakologisch
far|mazony PL (*gen -ów*) *lit* Unsinn *m*; **~merki** PL (*gen -rek*) Latzhose *f*
far|sa F (-y) Farce *f*, Posse *f*; **~sz** M (-u; -e; *gen -ów*) KULIN Füllung *f*
fart: **mieć ~** *od* **~a** *umg* Schwein haben
fartu|ch M (-a; -y) Schürze *f*; **~szek** M (-szka; -szki) *dim* Schürze *f*
fa|ryzeusz M (-a; -e) Pharisäer *m*; **~sada** F (-y) Fassade *f* (*a. fig pej*)
fascynować ⟨za-⟩ (-uję) faszinieren

F

fascynujący (-co) faszinierend
faso|la F (-i; -e) *koll* Bohnen *pl*; **~ka** (-i) KULIN grüne Bohnen *pl*; **~ka szparagowa** Brechbohnen *pl*
fasolo|wy Bohnen-; **zupa** *f* **~wa** Bohnensuppe *f*
fason M (-u; -y) *ubrania* Schnitt *m*; **z ~em** *fig* mit Schneid; **trzymać ~** *umg* nicht aufgeben, sich nicht klein kriegen lassen
fastryga F (-i) Heftfaden *m*, Heftnaht *f*
fastrygować ⟨s-⟩ (-uję) heften
faszerować ⟨na-⟩ (-uję) (*inst*) KULIN füllen; *umg fig* vollpumpen (mit *dat*)
faszerowany KULIN gefüllt
faszy|stowski HIST faschistisch; **~zm** M (-u; *bpl*) HIST Faschismus *m*
fatal|istyczny fatalistisch; **~ny** schlecht, katastrophal; fatal, verhängnisvoll; **czuję się ~nie** es geht mir schlecht
fatałaszki PL (*gen* -ów) Klamotten *pl*, Firlefanz *m*
faty|ga F (-i) Mühe *f*; **nie żałować ~gi** keine Mühe scheuen; **szkoda ~gi** das ist die Mühe nicht wert
fatygować ⟨po-⟩ (-uję) bemühen; **~ się** sich bemühen, sich die Mühe machen
faul M (-u *od* -a; -e; *gen* -i *od* -ów) SPORT Foul *n*
faulować ⟨s-⟩ (-uję) foulen
faworki PL (*gen* -ów) Schürzkuchen *pl*, Schleifkuchen *pl*
faworyt M (-a; -ci), **~tka** F (-i; *gen* -tek) Liebling *m*; SPORT Favorit(in) *m(f)*
faworyzować (-uję) bevorzugen
faza F (-y) Phase *f* (*a.* ASTRON)
fe! INT fui!, igitt!
febra F (-y; *bpl*) *umg* Malaria *f*; (*gorączka*) Fieber *n*, Schüttelfrost *m*
federa|cja F (-i; -e) Föderation *f*, Bund *m*; **~cyjny** föderativ; **~lny** Bundes-
feldmarszałek M (-łka; -łkowie) MIL Feldmarschall *m*
fekalia PL (*gen* -ów) Fäkalien *pl*
feler M (-u; -y) *umg* Fehler *m*, Macke *f*; **~ny** *umg* fehlerhaft, mit Macken
felieton M (-u; -y) Feuilleton *n*
felietonist|a M (-y; -ści), **~ka** F (-i; *gen* -tek) Feuilletonist(in) *m(f)*
femini|stka F (-i; *gen* -tek) Feministin *f*; **~styczny** feministisch; **~zm** M (-u; *bpl*) Fenimismus *m*
fenicki HIST phönizisch
Feniks M (-a; *bpl*) MITOL Phönix *m*
feno|l M (-u; -e) CHEM Phenol *n*; **~men** M (-u; -y) Phänomen *n*; **~menalny** phänomenal
fera|jna F (-y) *umg* Clique *f*; **~lny** Pech-, Unglücks-
ferie PL (*gen* -ii) Winterferien *pl*; **~ świąteczne** *wielkanocne* Osterferien *pl*; *na Boże Narodzenie* Weihnachtsferien *pl*
fer|ma F (-y) Farm *f*; **kurza ~** Hühnerfarm *f*; **~ment** M (-u; -y) Unruhe *f*, Aufruhr *m*; **~mentacja** F (-i; -e) Gärung *f*
fermentować ⟨s-⟩ (*3. Pers* -uje) gären
ferować (-uję): **~ wyroki** Urteil fällen
ferwor M (-u; *bpl*) Eifer *m*
fes|tiwal M (-u; -e, -i) Festival *n*; **~tyn** M (-u; -y) Volksfest *n*
fetor M (-u; -y) übler Geruch *m*, Gestank *m*
fetować (-uję) *umg* feiern
fetysz M (-a; -e; *gen* -y *od* -ów) Fetisch *m*; **~ysta** M (-y; -ści) Fetischist *m*
feudal|izm M (-u; *bpl*) HIST Feudalsystem *n*, Feudalismus *m*; **~ny** HIST feudal, Feudal-
feudał (-a; -owie) HIST Feudalherr *m*
fiasko N (-a) Fiasko *n*, Misserfolg *m*
fidrygałki PL (*gen* -łek) *umg* Firlefanz *m*, Kleinkram *m*
fi|fka F (-i) *umg* Zigarettenspitze *f*; **~ga** F (-i) BOT Feige *f*; **~ga z makiem** Pustekuchen *m*; **~ga!** *int* nichts da!
figi PL (*gen* -) Slip *m*
fig|iel M (-gla; -gle) Streich *m*, Schabernack *m*; **o mały ~iel** beinahe, um ein Haar; **spłatać ~la** e-n Streich spielen
figlarny verspielt, kokett
figlować (-uję) herumtollen
figo|wiec M (-wca; -wce) Feigenbaum *m*; **~wy** Feigen-; **listek** *m* **~wy** Feigenblatt *n*
figu|ra F (-y) Figur *f*; (*kapliczka*) Herrgottsstöckle *n*, Waldkapelle *f*; **~ra myślowa** Denkmodell *n*; **do ~ry** *umg ubranie* nach Maß; **~rant** M (-a; -ci) *pej fig* Marionette *f*
figurować (-uję) *w spisie* verzeichnet sein
figuro|wy: **jazda** *f* **~wa na lodzie** Eiskunstlauf *m*
figurówki PL (*gen* -wek) (*łyżwy do jazdy figurowej*) Schlittschuhe *pl*
fikać (-am): **~ koziołki** Purzelbäume schlagen
fikc|ja F (-i; -e) Fiktion *f*; **~yjny** fiktiv; **~yjny świat** *m* Scheinwelt *f*
fik|ołek M (-łka; łki) *umg* Purzelbaum *m*; **~sacja** F (-i; -e) PSYCH Fixierung *f*

fiksować ⟨s-⟩ (-uję) umg ausflippen
fikus M (-a; -y) Gummibaum m; **~śny** umg drollig, ulkig
filantrop M (-a; -i) Wohltäter m; **~ijny** wohltätig; **~ka** F (-i; gen -pek) Wohltäterin f
filar M (-u od -a; -y) Pfeiler m; fig Stütze f
filatelist|a M (-y; -ści), **~ka** F (-i; gen -tek) Briefmarkensammler(in) m(f)
filatelistyka F (-i; bpl) Philatelie f, Briefmarkenkunde f
filc M (-u; -e) Filz m
filcować się ⟨s-⟩ (3. Pers -uje) verfilzen
fil|cowy Filz-; **~et** M (-u; -y) Filet n
filharmoni|a (gen dat lok -ii; -e) Philharmonie f; **~czny** philharmonisch
fili|a F (gen dat lok -ii; -e) Filiale f, Zweigstelle f; **~granowy** zierlich, fein
filister M (-tra; -trzy) Spießbürger m; **~ski** spießbürgerlich
filiżanka F (-i; gen -nek) Tasse f; **~ do herbaty** Teetasse f; **~ do kawy** Kaffeetasse f
film M (-u; -y) Film m; **~ mi się urwał** umg ich hatte e-n Filmriss; **~oteka** F (-i) Filmarchiv n
filmować ⟨s-⟩ (-uję) filmen
filmo|wiec M (-wca; -wcy) Filmemacher m; **~wy** Film-
filolog|ia F (gen dat lok -ii; -e) Philologie f, Sprach- und Literaturwissenschaft f; **~ia polska** Polonistik f, polnische Philologie f; **~iczny** philologisch
filować (-uję) lampa rußen; umg gucken; schielen
filozof M (-a; -owie) Philosoph m; **~ia** F (gen dat lok -ii; -e) Philosophie f; **to żadna ~ia** umg das ist keine große Sache; **~iczny** philosophisch
filozofować (-uję) umg philosophieren
filtr M (-u od -a; -y) Filter n od m (a. FOTO); **~ do kawy** Kaffeefilter n od m
filtrować (-uję) filtern
filuterny schalkhaft, neckisch
Fin M (-a; -owie) Finne m
finalist|a M (-y; -ści), **~ka** F (-i; gen -tek) Finalist(in) m(f)
finalizować ⟨s-⟩ (-uję) interes abschließen
finał M (-u; -y) Abschluss m, Ende n; MUS Finale n; SPORT Endspiel n, Finale n; **~owy** SPORT End-; scena Schluss-
finans|e PL (gen -ów) Finanzen pl, Gelder pl; **Ministerstwo** n **~ów** Finanzministerium n
finans|ista M (-y; -ści) Finanzier m; Finanzexperte m; **~jera** F (-y; bpl) Finanzoligarchie f
finansować ⟨s-⟩ (-uję) finanzieren
finanso|wy (-wo) finanziell, Finanz-; **kłopoty** pl **~we** Geldsorgen pl
finez|ja F (-i; bpl) Finesse f; **~yjny** subtil, fein
fingować ⟨s-⟩ (-uję) fingieren, vortäuschen
finisz M (-u; -e) SPORT Endspurt m, Finish n; Abschluss m, Beendigung f
finiszować (-uję) SPORT spurten
Finka[1] F (-i; gen -nek) Finnin f
finka[2] F (-i; gen -nek) (NÓŻ) Finnendolch m
Finlandia F (-i; bpl) Finnland n
fiński (po -ku) finnisch; **domek** m **~** Holzgartenhaus n; **nóż** m **~** Finnendolch m
fio|let M (-u; -y) Violett n; **~etowy** (-wo) violett; **~ka** F (-i; gen -lek) Ampulle f, Phiole f
fioł: **mieć ~a** umg e-n Vogel haben, nicht alle Tassen im Schrank haben
fioł|ek M (-łka; -łki) Veilchen n; **~kowy** (-wo) veilchenblau
firanka F (-i; gen -nek) Gardine f
firm|a F (-y) Firma f; **~owy** Firmen-; (znany) Marken-; **danie** n **~owe** Spezialität f des Hauses; **znak** m **~owy** Warenzeichen n
firmować (-uję) firmieren
fis|harmonia F (gen dat lok -ii; -e) Harmonium n; **~kalny** fiskal, Fiskus-; **~kus** M (-a; bpl) umg Fiskus m, Staatskasse f
fistaszki PL (gen -ów) Erdnüsse pl
fiut M (-a; -y) vulg (penis) Schwanz m
fizjologi|a F (gen dat lok -ii; bpl) Physiologie f; **~czny** physiologisch
fizjonomia F (gen dat lok -ii; -e) lit Gesicht n; Gesichtsausdruck m
fizycz|ny physikalisch; (cielesny) physisch, körperlich; **praca** f **~na** Körperarbeit f, körperliche Arbeit f; **zbliżenie** n **~ne** Geschlechtsakt m; **wychowanie** n **~ne** Sportunterricht m
fizyk M (-a; -cy) Physiker m; (kobieta) Physikerin f; **~a** F (-i; bpl) Physik f; **~oterapia** F (gen dat lok -ii; bpl) Physiotherapie f
flacha F (-y) pop Pulle f

flaczeć ⟨s-⟩ (*3. Pers -eje*) *umg skóra* schlaff werden
flaczki PL (*gen -ów*) KULIN Kuttelsuppe *f*
flaga F (*-i*) Flagge *f*
flaki PL (*gen -ów*) KULIN Kuttelsuppe *f*; (*wnętrzności*) Gedärme *n*, Innereien *pl*; **nudny jak ~ z olejem** *umg* stinklangweilig
flakon M (*-u*; *-y*) Blumenvase *f*; **~ik** M (*-a*; *-i*) Fläschchen *n*
flamandzki flämisch
flam|aster M (*-tra*; *-try*) Filzschreiber *m*; **~ing** M (*-a*; *-i*) Flamingo *m*
flance F/PL (*gen -*) AGR Setzlinge *m/pl*
flancować (*-uję*) auspflanzen, verpflanzen
fla|nelowy Flanell-; **~nka** F (*-i*; *gen -*) MIL, SPORT Flanke *f*; **~szka** F (*-i*; *gen -szek*) *umg* Pulle *f*
flądra F (*-y*; *gen -der*) ZOOL Flunder *f*; *fig pej* Schlampe *f*
flecist|a M (*-y*; *-ści*), **~ka** F (*-i*; *gen -tek*) Flötenspieler(in) *m(f)*
flegma F (*-y*; *bpl*) MED Schleim *m*, Auswurf *m*; **~tyczny** phlegmatisch
flejtuch M (*-a*; *-y*) *umg pej* Schmutzfink *m*, Schlampe *f*; **~owaty** (**-to**) *umg* schmud-d(e)lig
flek M (*-a*; *-i*) Absatzfleck *m*; **~sja** F (*-i*; *bpl*) GRAM Flexion *f*
flesz M (*-a*; *-e*) FOTO Blitzlicht *n*
flet M (*-u*; *-y*) Flöte *f*
fli|rciarz M (*-a*; *-e*) Charmeur *m*, Schwerenöter *m*; **~rt** M (*-u*; *-y*) Flirt *m*
flirtować (*-uję*) flirten
flisak M (*-a*; *-cy*) (Holz)Flößer *m*
floksy M (*gen -ów*) BOT Phloxe *m/pl*
flop M (*-a*; *-y*) *umg* EDV Laufwerk *n*
flora F (*-y*; *bpl*) Flora *f*
florecist|a M (*-y*; *-ści*), **~ka** F (*-i*; *gen -tek*) Florettfechter(in) *m(f)*
Florencja F (*-i*; *bpl*) Florenz *n*
flo|ta F (*-y*) Flotte *f*; **~ta morska** Hochseeflotte *f*; **~tylla** F (*-i*; *-e*) Flotille *f*
flu|id M (*-u*; *-y*) (*kosmetyk*) flüssiges Make-up *n*; **~idy** *pl pl* Aura *f*, Ausstrahlung *f*; **~ktuacja** F (*-i*; *-e*) Fluktuation *f*, Schwankung *f*
fluor M (*-u*; *bpl*) CHEM Fluor *n*; **~escencja** F (*-i*; *-e*) FIZ Fluoreszenz *f*
fobia F (*gen dat lok -ii*; *-e*) PSYCH Phobie *f*
fochy PL (*gen -ów*) Launen *pl*, Mucken *pl*
fo|czy Robben-; **~ka** F (*-i*) ZOOL Seehund *m*, Robbe *f*; **~ki** *pl* (*futro*) Seal *m od n*
fokst|erier M (*-a*; *-y*) Foxterrier *m*; **~rot** M (*-a*; *-y*) Foxtrott *m*
folder M (*-u*; *-y*) Prospekt *m*; EDV Verzeichnis *n*
foli|a F (*gen dat lok -ii*; *-e*) Folie *f*; **~ał** M (*-u*; *-y*) Foliant *m*; **~owy** Folien-; **kwas** *m* **~owy** BIOL Folsäure *f*
folk M (*-u*; *bpl*) MUS Folk *m*; **~lor** M (*-u*; *bpl*) Folklore *f*
folwark M (*-u*; *-i*) HIST Gut *n*, Gutshof *m*
fonety|czny phonetisch; **~ka** F (*-i*; *bpl*) JĘZ Phonetik *f*
fono- *zssgn* phono-, Phono-
fon|oteka F (*-i*) Tonarchiv *n*; **~tanna** F (*-y*) Springbrunnen *m*
forem|ka F (*-i*; *gen -mek*) *dim* kleine Backform *f*; **~ny** wohlgeformt, ebenmäßig
for|ma F (*-y*; *gen form*) Form *f*, Gestalt *f*; (*bpl*) (*kondycja*) Form *f*, Kondition *f*; **(nie) być w ~mie** (nicht) in Form sein; **~ma do ciasta** Backform *f*
forma|cja F (*-i*; *-e*) Formation *f*; **~lina** F (*-y*; *bpl*) Formalin *n*
formal|ista M (*-y*; *-ści*), **~istka** (*-i*; *gen -tek*) Formalist(in) *m(f)*
formal|istyczny formalistisch; **~ność** F (*-ści*) Formalität *f*; **~ności** *pl* Formalitäten *pl*; **~ny** formell, förmlich
format M (*-u*; *-y*) Format *n*
formatować ⟨s-⟩ (*-uję*) EDV formatieren
formować ⟨u-⟩ (*-uję*) *charakter* formen, prägen; ⟨s-⟩ *rząd* bilden; **~ się** sich bilden
formu|larz M (*-a*; *-e*) Formular *n*, Vordruck *m*; **~ła** F (*-y*) Formel *f*
formułka F (*-i*; *gen -łek*) *iron* Formel *f*; **~ grzecznościowa** Höflichkeitsformel *f*
formułować ⟨s-⟩ (*-uję*) formulieren
formy PL (*gen -*) Normen *pl*, Formen *pl*; **~ towarzyskie** Umgangsformen *pl*
fornir M (*-u*; *-y*) Furnier *n*
for|sa F (*-y*; *bpl*) *umg* Kohle *f*, Knete *f*; **być przy ~sie** bei Kasse sein; **gruba ~sa** e-e Menge Kohle; **mieć ~sy jak lodu** Geld wie Heu haben; **~siasty** *umg* stinkreich
forsować ⟨prze-⟩ (*-uję*) durchsetzen; **forsować** MIL forcieren; **~ się** sich übernehmen (*inst* mit *dat*)
forsowny *marsz* anstrengend
for|sycja F (*-i*; *-e*) Forsythie *f*; **~teca** F (*-y*) Festung *f*; **~tel** M (*-u*; *-e*) List *f*, Trick *m*
fortepian M (*-u*; *-y*) Klavier *n*, Flügel *m*; **na ~** für Klavier; **~owy** Klavier-

fortu|na F (-y; bpl) Glück n; (majątek) Vermögen n; **koło** n **~ny** Glücksrad n
fortyfikac|ja F (-i; -e) MIL Befestigung f; **~yjny** Befestigungs-
forum N (unv; PL -ra; gen -rów) (spotkanie) Forum n
fory: **mieć ~ u k-o** j-s Protektion genießen
fosa F (-y): **~ zamkowa** HIST Burggraben m
fosfor M (-u; bpl) Phosphor m
fosforyzować (-uję) phosphoreszieren
fot. (fotografia) Fotografie f, Foto n
fot|el M (-a; -e) Sessel m; **~el bujany** Schaukelstuhl m; **~el ministra** fig Ministeramt n; **~ka** F (-i; gen -tek) umg Schnappschuss m, Foto n
foto|amator M (-a; -rzy) Amateurfotograf m; **~geniczny** fotogen
fotograf M (-a; -owie) Fotograf m; (kobieta) Fotografin f; **~ia** F (gen dat lok -ii; -e) Fotografie f; **~iczny** Foto-
fotografować ⟨s-⟩ (-uję) fotografieren; **~ się** sich fotografieren lassen
foto|komórka F (-i; -rek) Fotozelle f; **~kopia** F (gen dat lok -ii; -e) Fotokopie f; **~kopiarka** F (-i; gen -rek) Fotokopiergerät n, umg Fotokopierer m
foto|modelka F (-i; gen -lek) Fotomodell n; **~montaż** M (-u; -e) Fotomontage f; **~reportaż** M (-u; -e) Bildreportage f
fotoreporter M (-a; -rzy), **~ka** F (-i; gen -rek) Fotoreporter(in) m(f)
fotos M (-u; -y) FILM Poster m od n; **~synteza** F (-y; bpl) BIOL Fotosynthese f
fracht M (-u; -y) Fracht f; **~owiec** M (-wca; -wce) Frachtschiff n, Frachter m; **~owy** Fracht-
fragment M (-u; -y) Fragment n; **~aryczny** fragmentarisch; wiedza lückenhaft
frajda F (-y; bpl) umg Spaß m, Freude f; **wielka ~** umg Heidenfreude f
frajer M (-a; -rzy) umg Einfaltspinsel m; **ciężki ~** Depp m; **za ~** (za darmo) umsonst, kostenlos; **zrobić** pf **~a z k-o** j-n hereinlegen; **znaleźć** pf **~a** e-n Dummen finden; **~ka** F (-i; gen -rek) dumme Gans f, Dummchen n; **~ski** umg dumm, naiv
frak M (-a; -i) Frack m; **~cja** F (-i; -e) POL Fraktion f; **~cyjny** POL Fraktions-
framuga F (-i): **~ okienna** Fensterrahmen m; **~ drzwiowa** Türrahmen m
franciszka|nin M (-a; -anie) Franziskaner m; **~ński** Franziskaner-
Francja F (-i; bpl) Frankreich n
francus|ki (po -ku) französisch; **ciasto** n **~kie** Blätterteig m
Francuz M (-a; -i) Franzose m; **~ka** F (-i; gen -zek) Französin f
Frankfurt M (-u; bpl) Frankfurt n; **~ nad Odrą** Frankfurt an der Oder; **~ nad Menem** Frankfurt am Main
frant: **z głupia ~** adv naiv
frapujący (-co) frappierend
fraszka F (-i; gen -szek) Kleinigkeit f, Lappalie f; (wiersz) Scherzgedicht n, Limerick m
fraz|eologia F (gen dat lok -ii; bpl) JĘZ Phraseologie f; **~es** M (-u; -y) pej Phrase f, Floskel f
fregata F (-y) Fregatte f
frekwenc|ja F (-i; bpl) Besucherzahl f, Frequenz f; **cieszyć się ~ją** gut besucht sein, Zulauf haben
fre|on M (-u; bpl) CHEM Freon® n; **~sk** M (-u; -i) Fresko n; **~tka** F (-i; gen -tek) ZOOL Frettchen n
frez|arka F (-i; gen -rek) Fräsmaschine f; **~ja** (-i; -e) Freesie f
frezować (-uję) fräsen
frędz|el M (-a; -le) Franse f; **~lowaty** fransig
friko: **za ~** (za darmo) umg umsonst, kostenlos
Frombork (-u; bpl) Frauenburg n
fron|t M (-u; -y) a. MIL, METEO Front f; **na ~cie** an der Front
front|wiec M (-wca; -wcy) Frontsoldat m; **~wy** Front-; BUD Vorder-, Front-
froterka F (-i; gen -rek) Bohner m
froterować ⟨wy-⟩ (-uję) bohnern
frotté (unv) Frottee n; ADJ Frottier-, umg Frottee-
frustracja F (-i; -e) Frustration f
frustrować ⟨s-⟩ (-uję) frustrieren; **~ się** frustriert sein
fruwać (-am) fliegen
Fryburg M (-u; bpl) Freiburg n
fry|cowe N (-ego; bpl) umg Lehrgeld n; **~kasy** PL (gen -ów) Leckereien pl, Leckerbissen pl
frytk|i PL (gen -tek) Pommes (frites) pl; **~ownica** F (-y; -e) Fritteuse f
fr|ywolny frivol; **~yz** M (-u; -y) ARCH Fries m
fryzjer M (-a; -rzy) Friseur m, Frisör m;

F

~ka F (-i; *gen -rek*) Friseuse *f*, Frisörin *f*; **~ski** Friseur-; **zakład** *m* **~ski** Friseursalon *m*
fryzura F (-y) Frisur *f*, Haarschnitt *m*
FSO F *od n* (*unv*) (Fabryka Samochodów Osobowych) *Autohersteller in Polen*
fu|cha M (-y) *umg* Nebenjob *m*; (*fuszerka*) Pfuscherei *f*; **~ga** F (-i) BUD, MUS Fuge *f*
fujar|a F (-y) *umg* Trottel *m*, Flasche *f*; **~ka** F (-i; *gen -rek*) Hirtenflöte *f*
fukać (-am) ⟨**-nąć**⟩ (-*nę*) (**na** *akk*) anfauchen, anfahren (*akk*)
fuks M (-a; *bpl*) *umg* Glück *n*; **mieć ~a** *umg* Schwein haben; **~em** *umg adv* durch Zufall, unvermutet
fuksja F (-i; -e) Fuchsie *f*
ful ADV *umg* e-e Menge; **na ~** *umg* volle Pulle
fumy PL (*gen -ów*) *lit* Launen *pl*
funda|cja F (-i; -e) Stiftung *f*; **~ment** M (-u; -y) Fundament *n*
fundamentalist|a M (-y; -ści), **~ka** F (-i) Fundamentalist(in) *m(f)*
fundamental|izm M (-u; *bpl*) Fundamentalismus *m*; **~istyczny** fundamentalistisch; **~ny** fundamental
fundator M (-a; -rzy), **~ka** F (-i; *gen -rek*) Stifter(in) *m(f)*
fundnąć PF (-*nę*) *umg* spendieren
fundować ⟨**u-**⟩ (-*uję*) stiften, spenden; ⟨**za-**⟩ *umg* spendieren; **~ sobie** *umg* sich gönnen
fundusz M (-u; -e; *gen -szy od -szów*) Fonds *m*; **~e** *pl umg* Geldmittel *pl*, Gelder *pl*; **~ powierniczy** EKON Investitionsfonds *m*
funkc|ja F (-i; -e) Funktion *f* (*a.* MAT, TECH); (*urząd*) Amt *n*; **objąć ~ję** ein Amt antreten; **pokój pełni ~ję biura** das Zimmer wird als Büro genutzt; **~jonalny** praktisch
funkcjonariusz M (-a; -e; *gen -y*) Amtsträger *m*, Beamte(r) *m*; **~ policji** Polizeibeamte(r) *m*
funkcjonować (-*uję*) funktionieren
funkcyjny Funktions-; **dodatek** *m* **~** Dienstzulage *f*
funt M (-a; -y) Pfund *n*
fura F (-y) Fuhrwerk *n*, Fuhre *f*; (*gen*) *umg* ein Haufen (*gen*); **~żerka** F (-i; *gen -rek*) (*czapka*) Schiffchen *n*
furgonetka F (-i; *gen -tek*) Kleinlaster *m*
fur|ia F (*gen dat lok -ii*; *bpl*) Raserei *f*, Wut *f*; **wpaść w ~ię** in Rage geraten; **z ~ią** rasend, wild
furiat M (-a; -ci), **~ka** F (-i; *gen -tek*) Choleriker(in) *m(f)*
furkotać (*3. Pers -cze*) surren, schwirren; *żagiel, chorągiew* flattern
furman M (-a; -i) Kutscher *m*; **~ka** F (-i; *gen -nek*) (Pferde)Fuhrwerk *n*
furo|ra: **zrobić ~rę** Furore machen
furt|ka F (-i; *gen -tek*) Pforte *f*; *fig* Hintertür *f*, Hintertürchen *n*; **zostawić sobie ~kę** sich e-e Hintertür offen lassen
fusy PL (*gen -ów*): **~ po kawie** Kaffeesatz *m*; **~ po herbacie** Teeblätter nach dem Aufguss
fuszer M (-a; -rzy) Pfuscher *m*; **~ka** F (-i; *gen -rek*) *umg* Pfuscherei *f*; **odwalić** *pf* **~kę** *umg* schlampig arbeiten
futerał M (-u; -y) Futteral *n*, Etui *n*
futerko|wy Pelz-; **zwierzę** *n* **~we** Pelztier *n*
futro N (-a; *gen -ter*) *zwierzęcia* Fell *n*; (*okrycie*) Pelz *m*
futryna F (-y): **~ okienna** Fensterrahmen *m*; **~ drzwiowa** Türrahmen *m*, Zarge *f*
futrza|ny Pelz-; **~rski** Pelzwaren-
futurystyczny futuristisch
fuzja[1] F (-i; -e) (*strzelba*) Büchse *f*, Flinte *f*
fuzja[2] F (-i; -e) EKON Fusion *f*

G

g. (godzina) (*pora dnia*) Uhr *f*
gabar|dyna F (-y) Gabradine *f*; **~yty** M/PL (*gen -ów*) Baumaße *n/pl*
gabinet M (-u; -y) Arbeitszimmer *n*; POL Kabinett *n*; **~ lekarski** Sprechzimmer *n*; **~ kosmetyczny** Schönheitssalon *m*; **~owy** POL Kabinetts-
gablota F (-i; *gen -tek*) Vitrine *f*; (*samochód*) *umg* Schlitten *m*
ga|cek M (-a; -i) *umg* Fledermaus *f*; **~ch** M (-a; -y) *umg pej* Macker *m*, Lover *m*
gacie PL (*gen -*) *umg* Unterhose *f*
gad M (-a; -y; *gen -ów*) ZOOL Reptil *n*, Kriechtier *n*; *fig pej* Ratte *f*; **~y** *pl* ZOOL Reptilien *pl*

gadać (*-am*) *umg* schwatzen, quatschen; **~ od rzeczy** Unsinn reden; **~ jak najęty** wie ein Wasserfall reden

gada|ne: **mieć ~ne** *umg* nicht auf den Mund gefallen sein; **~nie** N (*-a; bpl*) *umg* Geschwätz *n*; **bez ~nia!** keine Widerrede!

gada|nina F (*-y; bpl*) *umg* Gerede *n*, Palaver *n*; **~tliwy (-wie)** geschwätzig

gadka F (*-i; gen -dek*) *umg* Plauderei *f*; (*podanie*) Sage *f*; **~ szmatka** *umg* Blabla *n*

gadu-gadu: **my tu ~** da haben wir uns verplauscht

gadu|lstwo N (*-a; bpl*) *umg* Geschwätzigkeit *f*; **~ła** F *od* M (*-y; -y*) *umg* Schwätzer(in) *m(f)*, Plappertasche *f*

gadzin|a F (*-y*) *fig pej* Schlange *f*, Ratte *f*; **~ówka** F (*-i; -wek*) *umg* Hetzblatt *n*

gadżety M/PL (*gen -ów*) Gadget *n*

ga|fa F (*-y*) Fauxpas *m*, Schnitzer *m*; **popełnić** *pf* **~fę** ins Fettnäpfchen treten, e-n Schnitzer machen

gagatek M (*-ka; -ki*) Früchtchen *n*

gaj M (*-u; -e; gen -ów*) Hain *m*, Wäldchen *n*

gaj|owy M (*-ego; -i*) Förster *m*; **~ówka** F (*-i; gen -wek*) Försterei *f*

gala F (*-i; -e*) Galaempfang *m*; (*strój*) Festkleidung *f*, Gala *f*; **~ktyka** F (*-i*) Galaxie *f*

galanteria F (*gen dat lok -ii; bpl*) Accessoires *pl*; **~ skórzana** Lederaccessoires *pl*

galare|ta F (*-y*) Gallert *n*, Aspik *m*; **nóżki** *pl* **w ~cie** KULIN Sülze *f*; **~tka** F (*-i; gen -tek*) Gelee *n*

galera F (*-y*) HIST Galeere *f*

galer|ia F (*gen dat lok -ii; -e*) Galerie *f* (*a.* ARCH); (*pasaż handlowy*) Einkaufspassage *f*, großes Kaufhaus *n*; *w teatrze* oberster Rang *m*; **~ia obrazów** Gemäldegalerie *f*; **~ia sztuki** Kunstgalerie *f*

galimatias M (*-u; bpl*) *umg* Durcheinander *n*

galop M (*-u; -y*) Galopp *m*; **~em** im Galopp

galopować (*-uję*) galoppieren

galowy Gala-

galwaniz|acja F (*-i; bpl*) Galvanisierung *f*

galwanizować (*-uję*) galvanisieren

gałązka F (*-i; gen -zek*) Zweig *m*, Reis *n*

gałąź F (*gałęzi;* PL *gałęzie, inst gałęziami*) Ast *m*; *fig* Zweig *m*

gałgan M (*-a; -y*) (*szmata*) Lappen *m*; (*urwis*) Lausebengel *m*, Schlingel *m*; **~y** *pl umg pej* (*łachmany*) Lumpen *pl*; **~ki** *pl umg* Klamotten *pl*, Fummel *m*

gałka F (*-i; gen -łek*) Kugel *f*, Knauf *m*; (*pokrętło*) (Dreh)Knopf *m*; **~ oczna** ANAT Augapfel *m*; **~ muszkatołowa** Muskatnuss *f*; **~ lodów** Eiskugel *f*

gały PL (*gen -*) *pop* Glotzaugen *pl*; **wytrzeszczać ~** *umg* glotzen

gama F (*-y*) Vielfalt *f*; MUS Tonleiter *f*

gamoń M (*-nia; -nie*) *umg* Tölpel *m*, Depp *m*

ganek M (*-nku; -nki*) Windfang *m*

gang M (*-u; -i*) Gang *f*, Verbrecherbande *f*; **~ samochodowy** Autoschieberbande *f*; **~rena** F (*-y; bpl*) Gangrän *n*, Brand *m*; **~sterski** Gangster-

ganiać (*-am*) *umg* (herum)rennen; (**za** *inst*) hinterherrennen (*dat*)

ganić ⟨**z-**⟩ (*-ię*) tadeln, rügen (**za** *akk* wegen *gen*)

gap M (*gapia; -pie; gen -piów*) Gaffer *m*, Schaulustige(r) *m*; **~a** F (*-y*) *umg* Schussel *m*, Trottel *m*; **jechać na ~ę** *umg* schwarzfahren; **pasażer** *m* **na ~ę** blinder Passagier *m*

gapić się ⟨**za-**⟩ (*-ię*) gaffen; (**na** *akk*) angaffen (*akk*); **gapić się jak sroka w kość** starren

gapio|stwo M (*-a; bpl*) Zerstreutheit *f*, Gedankenlosigkeit *f*; **~waty (-to)** dümmlich, dusselig

gapowicz M (*-a; -e*), **~ka** F (*-i; gen -czek*) *umg* Schwarzfahrer(in) *m(f)*

gar M (*-a; -y*) großer Topf *m*; **myć ~y** *pej* den Abwasch machen; **stać przy ~ach** *pej* am Herd stehen

garaż M (*-u; -e*) Garage *f*; Parkhaus *n*; **~ podziemny** Tiefgarage *f*

garb M (*-u; -y*) Buckel *m*; *wielbłąda* Höcker *m*

garba|rnia F (*-i; -e*) Gerberei *f*; **~arz** M (*-a; -e*) Gerber *m*

garb|aty buck(e)lig; (*krzywy*) krumm, schief; **~ić się** (*-ię*) e-e krumme Haltung haben

garbować ⟨**wy-**⟩ (*-uję*) gerben; **~ skórę k-o** *fig* j-m den Hintern versohlen

garbus M (*-a; -i od -y*) *umg* Bucklige(r) *m*; (PL *-y*) (*auto*) *umg* Käfer *m*; **~ka** F (*-i; gen -sek*) Bucklige *f*

garderoba F (*-y*) Garderobe *f*

gard|ło N (*-a; gen* PL *-deł*) Hals *m*; Kehle *f*; (*przejście*) Schlucht *f*; **zapalenie** *n* **~ła** Halsentzündung *f*; **ból** *m* **~ła** Halsschmer-

G

zen *pl*; **mieć sucho w ~le** einen trockenen Hals haben; **na całe ~ło** aus vollem Halse; **wąskie ~ło** Engpass *m*; **jak psu z ~ła wyjął** *umg* fürchterlich zerknittert *od* zerknautscht

gardłować (*-uję*) laut reden, krakeelen

gardłowy *głos* kehlig, tief

gardzić ⟨**po-**⟩ (*-dzę*) (*inst*) verachten (*akk*); (*odrzucać*) verschmähen (*akk*); **~ zdrajcami** Verräter verachten; **~ czyjąś pomocą** j-s Hilfe verschmähen; **~ niebezpieczeństwem** die Gefahr verachten

gar|dziel F (*-i*; *-e*) Rachen *m*; *fig* Engpass *m*, Schlund *m*; **~kuchnia** F (*-i*; *-e*) (billige) Suppenküche *f*

garmażeryj|ny: **wyroby** *m/pl* **~ne** Fertiggerichte *n/pl*, Halbfertigware *f*

garnąć się (-NĘ) (**do** *gen*) sich schmiegen, sich kuscheln (an *akk*); *fig* sich scharen (um *akk*); **~ do nauki** lernbegierig sein; **~ do pracy** arbeitsam sein

garnca|rnia F (*-i*; *-e*) Töpferwerkstatt *f*, Töpferei *f*; **~rstwo** N (*-a*; *bpl*) Töpferhandwerk *n*, Töpferei *f*; **~rz** M (*-a*; *-e*; *gen -y*) Töpfer *m*

garnek M (*-nka*; *-nki*) Topf *m*; **nie mieć co do garnka włożyć** *umg* am Hungertuch nagen

garnitur M (*-u*; *-y*) Anzug *m*; (*komplet*) Satz *m*, Set *n*

garnizon M (*-u*; *-y*) Garnison *f*

garnusz|ek M (*-szka*; *-szki*) Becher *m*; **być na ~ku u k-o** *umg* sich von j-m durchfüttern lassen, j-m auf der Tasche liegen

garsonka F (*-i*; *gen -nek*) Kostüm *n*

gar|stka F (*-i*; *gen -tek*) *fig* Handvoll *f*; **~ść** F (*-ści*; *-ście*) Hand *f*; Handvoll *f*; **wziąć się** *pf* **w ~ść** sich am Riemen reißen; **trzymać w ~ści** in der Hand halten; **mieć w ~ści** *fig* in der Hand haben; **czerpać pełną ~ścią** aus dem Vollen schöpfen

gasić ⟨**z-**⟩ (*-szę*) löschen; *światło* ausmachen; *silnik* abstellen; *pragnienie* stillen; *zapał* dämpfen

gasnąć ⟨**z-**⟩ (*-nę*) *ogień, świeca* erlöschen, *umg* ausgehen; *silnik* stehen bleiben; *nadzieja* schwinden

gastronomi|a F (*gen dat lok -ii*; *bpl*) Gastronomie *f*; **~czny** gastronomisch

gaszenie N (*-a*; *bpl*) Löschen *n*

gaśnica F (*-y*; *-e*) Feuerlöscher *m*

gat. (**gatunek**) Wahl *f*, Qualität *f*

gatunek M (*-nku*; *-nki*) Sorte *f*; BIOL Gattung *f*, Art *f*; Spezies *f*; (*jakość*) Qualität *f*; **pierwszy ~** erste Wahl *f*; **drugi ~** zweite Wahl *f*; **~ literacki** literarische Gattung *f*

gatunko|wy BIOL artspezifisch; (*jakościowy*) Qualitäts-, Marken-; **ciężar** *m* **~wy** *fig* Bedeutung *f*, Gewicht *n*; **wino** *n* **~we** Qualitätswein *m*

gawęda F (*-y*) Unterhaltung *f*, Plauderei *f*

gawędz|iarz M (*-a*; *-e*), **~arka** F (*-i*; *gen -rek*) leidenschaftliche(r) Erzähler(in) *m(f)*

gawędzić ⟨**po-**⟩ (*-dzę*) plaudern

gaworzyć (*-ę*) *dziecko* brabbeln

gawiedź F (*-dzi*; *bpl*) *koll* Schaulustige(n) *pl*

gawron M (*-a*; *-y*) Saatkrähe *f*

gaz M (*-u*; *-y*) Gas *n*; *umg* Gaspedal *n*; **~ łzawiący** Tränengas *n*; **~ ziemny** Erdgas *n*; **~y** *pl* **spalinowe** Abgase *pl*; **na pełnym ~ie** mit Vollgas; **przyciskać ~ do dechy** in die Pedale treten; **być na ~ie** *umg* angesäuselt sein; **~y** *pl umg* Blähungen *pl*

gaza F (*-y*; *-e*) Gaze *f*, Mull *m*; **~ opatrunkowa** Verbandsmull *m*

gazda M (*-y*; *-owie*) Bergbauer *m* in der Tatra

gaze|ciarz M (*-a*; *-e*) Zeitungsverkäufer *m*; **~ta** F (*-y*) Zeitung *f*; **~tka** F (*-i*; *gen -tek*) *szkolna, świetlicowa* Wandzeitung *f*; **~towy** Zeitungs-

gazik M (*-a*; *-i*) Geländewagen *m*

gaz|ociąg M (*-u*; *-i*) Gasleitung *f*, Pipeline *f*; **~omierz** M (*-a*; *-e*) Gaszähler *m*; **~on** (*-u*; *-y*) Blumenrabatte *f*

gazować (*-uję*) *wodę* mit Kohlensäure versetzen; *umg* picheln

gazo|wany *woda* mit Kohlensäure; **~wnia** F (*-i*; *-e*) Gaswerk *n*; **~wy** *piecyk, ogrzewanie* Gas-; **komora** *f* **~wa** HIST Gaskammer *f*

gaździna F (*-y*) Bergbäuerin *f* in der Tatra

gaźnik M (*-a*; *-i*) AUTO Vergaser *m*

gaża F (*-y*; *-e*) Gage *f*

gąb|czasty (**-to**) schwammartig; **~ka** F (*-i*; *gen -bek*) Schwamm *m*

gąsienica F (*-y*) BIOL Raupe *f*; TECH Raupenkette *f*

gąsienicowy: **pojazd** *m* **~** Raupenfahrzeug *n*

gąsior M (*-a*; *-y*) Gänserich *m*; (*butla*) Korbflasche *f*, Ballon *m*

gąska F (*-i*; *gen -sek*) kleine Gans *f*; (*grzyb*) Ritterling *m*; (*kobieta*) *pej* dumme Gans *f*, Tussi *f*

gąszcz M (*-u*; *-e*) Dickicht *n*; *fig* Gewirr *n*

gbur M (-a; -y) *umg pej* Flegel *m*, Rüpel *m*; **~owaty (-to)** flegelhaft, rüpelhaft, ordinär
gdakać (*-czę*) *kura* gackern
Gdańsk M (*-a; bpl*) Danzig *n*
gdański ADJ Danziger
gderać (*-am*) nörgeln, *umg* meckern
gderanina F (*-y*) *umg* Nörgeln *n*, Meckern *n*
gderliwy (-wie) mürrisch, nörgelig
gdy *konj* wenn; als; **~ tylko** sobald; **podczas ~** während
gdybanie N (*-a; bpl*) vage Vermutungen *pl*
gdyby *konj* wenn; **jak ~ nigdy nic** als wäre nichts passiert; **jak ~** als ob
Gdynia F (*-; bpl*) Gdingen *n*
gdyż *konj ofic* weil, denn, da
gdzie ADV wo; (*dokąd*) wohin; *partikel* wie; **~ indziej** woanders; **~ tam** *partikel* ach, wo; **~ okiem sięgnąć** so weit das Auge reicht
gdzie: ~ bądź *adv* irgendwo(hin); **~kolwiek** irgendwo(hin); wo auch immer; **~niegdzie** hie(r) und da, da und dort
gdzi|eś ADV irgendwo; *partikel* irgendwo; *umg* so etwa; **~eś koło tego** *umg* so um den Dreh; **~eż** ADV *lit* wo (denn); wohin (denn); *partikel* wie
gehenna F (*-y; bpl*) Hölle *f*, Leidensweg *m*, Qualen *pl*
gej M (*-a; -e*) *umg* Schwule(r) *m*; **~owski** *umg* schwul, Schwulen-; **~zer** M (*-a; -y*) Geysir *m*
gem M (*-a; -y*) *tenis* Game *n*
gen M (*-u; -y*) Gen *n*
gen. (**generał**) General *m*
gencjana F (*-y*) Enzian *m*
genealogiczn|ny: **drzewo** *n* **~ne** Stammbaum *m*
genera|cja F (*-i; -e*) Generation *f*; **~licja** F (*-i; bpl*) Generalität *f*
generalizować (*-uję*) verallgemeinern
general|ny (*zasadniczy*) generell; *strajk, próba* General-, (*naczelny*) Haupt-; **~ne porządki** *pl* Großreinemachen *n*
genera|ł M (*-a; -owie*) General *m*; **~tor** M (*-a; -y*) TECH Generator *m*
gene|tyczny genetisch; **~tyk** M (*-a; -cy*) Genetiker *m*; (*kobieta*) Genetikerin *f*; **~tyka** F (*-i; bpl*) Genetik *f*
Genewa F (*-y; bpl*) Genf *n*
geneza F (*-y; bpl*) Genese *f*, Entstehungsgeschichte *f*
geni|alny genial; **~talia** PL (*gen -ów*) Genitalien *pl*, Geschlechtsorgane *pl*; **~usz** M (*-a; -e*) Genie *n*
geno|m M (*-u; -y*) Genom *n*; **~typ** M (*-u; -y*) Genotyp *m*
geode|ta M (*-y; -ci*) Vermessungsingenieur *m*, Geometer *m*; (*kobieta*) Vermessungsingenieurin *f*; **~zja** F (*-i; bpl*) Geodäsie *f*; **~zyjny** geodätisch
geograf M (*-a; -owie*) Geograf *m*; (*kobieta*) Geografin *f*; (*nauczyciel*) *umg* Erdkundelehrer *m*; **~ia** F (*gen dat lok -ii; bpl*) Geografie *f*; **~iczny** geografisch
geolog M (*-a; -dzy*) Geologe *m*; (*kobieta*) Geologin *f*; **~ia** F (*gen dat lok -ii; bpl*) Geologie *f*; **~iczny** geologisch
geometr|ia F (*gen dat lok -ii; bpl*) Geometrie *f*; **~yczny** geometrisch
ge|orginia F (*gen dat lok -ii; -e*) Dahlie *f*, Georgine *f*; **~pard** M (*-a; -y*) Gepard *m*; **~ranium** N (*unv; bpl*) BOT Storchschnabel *m*; **~rbera** F (*-y*) Gerbera *f*
germanistyka F (*-i; bpl*) Germanistik *f*
germanist|a M (*-y; -ści*), **~ka** F (*-i; gen -tek*) Germanist(in) *m(f)*; (*student*) Germanistikstudent(in) *m(f)*
germanizować (*-uję*) germanisieren
germański germanisch
gest M (*-u; -y*) Geste *f*, Handbewegung *f*; **mieć (szeroki) ~** großzügig sein, e-e offene Hand haben
gestapo N (*unv*) HIST Gestapo *f*; **~wiec** M (*-wca; -wcy*) HIST Gestapomann *m*
gest|ia: **w ~ii** im Kompetenzbereich
gestykulacja F (*-i; bpl*) Gestik *f*
gestykulować (*-uje*) gestikulieren
gesze|fciarz M (*-a; -e*) *umg* Spekulant *m*, Geschäftemacher *m*; **~ft** M (*-u; -y*) *umg* krumme Geschäfte *pl*, Spekulation *f*
getto N (*-a*) G(h)etto *n*
getry PL (*gen -ów*) Stulpen *pl*
Getynga F (*-i; bpl*) Göttingen *n*
gę|ba F (*-y; gen gąb od gęb*) (*pysk zwierzęcia*) Maul *n*; *umg* Visage *f*; **być mocnym w ~bie** nicht auf den Mund gefallen sein; **dać ~by** ein Küsschen geben; **zamknij ~bę!** halt die Klappe!; **dać w ~bę k-u** j-n auf die Schnauze hauen; **nie mieć co do ~by włożyć** am Hungertuch nagen; **jest panią domu całą ~bą** sie ist eine Gastgeberin, wie sie im Buche steht; **mieć niewyparzoną ~bę** ein

freches Mundwerk haben; **mieć cztery ~by do wyżywienia** vier hungrige Mäuler zu stopfen haben
gębo|wy jama *f* **~wa** ANAT Mundhöhle *f*
gę|gać (*-am*) *gęś* schnattern; **~si** Gänse-; **dostać ~siej skórki** e-e Gänsehaut bekommen; **~siego** *adv* im Gänsemarsch
gęstnieć ⟨**z-**⟩ (*3. Pers -eje*) dichter werden, sich verdichten; *ciecz* dick(flüssig)er werden, eindicken
gęstość F (*-ści; bpl*) Dichte *f*; *cieczy* Dickflüssigkeit *f*, Zähflüssigkeit *f*; **~ zaludnienia** Bevölkerungsdichte *f*;
gęs|twina F (*-y*) Dickicht *n*; **~ty** (**-to**) dicht; *ciecz* dick(flüssig), zähflüssig; *włosy* voll; **~to się tłumaczyć** *umg* sich eifrig entschuldigen
gęś F (*-si; -si*) ZOOL Gans *f*; **głupia ~** *umg* dumme Gans *f*; **~le** PL (*gen -li*) Gusla *f*
giąć ⟨**z-, wy-**⟩ (*gnę*) (ver)biegen; **~ się** sich (ver)biegen
gibki (**-ko**) biegsam, geschmeidig
gieł|da F (*-y*) FIN Börse *f*; (*targi*) Messe *f*; **na ~dzie** FIN an der Börse; **~da papierów wartościowych** Wertpapierbörse *f*; **~da komputerowa** Computermesse *f*; **~da samochodowa** Automarkt *m*; **~da pracy** Jobbörse *f*; **~dowy** Börsen-; **~dziarz** M (*-a; -e*) *umg* Börsianer *m*
gier|ki PL (*gen -rek*) *umg fig* Spielchen *pl*; **~mek** M (*-mka; -mkowie*) HIST (Schild)-Knappe *m*
giez M (*gza; gzy*) Dasselfliege *f*
giętki (*persf -cy*) (**-ko**) biegsam; *fig* flexibel, anpassungsfähig
giętkość F (*-ści; bpl*) Biegsamkeit *f*; *fig* Flexibilität *f*, Anpassungsfähigkeit *f*
gigant M (*-a; -y od -ci*) MITOL Titan(e) *m*; *fig* Riese *m*; **slalom** *m* **~** SPORT Riesenslalom *m*; **~yczny** gigantisch, Riesen-
gil M (*-a; -e*) ZOOL Gimpel *m*; *umg* Schnotter *m*; **~dia** F (*gen dat lok -ii; -e*) HIST Gilde *f*; **~otyna** F (*-y*) HIST Guillotine *f*, Fallbeil *n*; TECH Tafelschere *f*
gimnastycz|ka F (*-i; gen -czek*) Turnerin *f*; (*nauczycielka*) Turnlehrerin *f*; **~ny** gymnastisch, Turn-; **sala** *f* **~na** Turnhalle *f*
gimnasty|k M (*-a; -cy*) Turner *m*; (*nauczyciel*) Turnlehrer *m*; **~ka** F (*-i; bpl*) Gymnastik *f*, Turnen *n*; **~ka poranna** morgendliche Gymnastik *f*; **~ka korekcyjna** Krankengymnastik *f*
gimnastykować się (*-uję*) turnen, Gymnastik machen
gimnazjalist|a M (*-y; -ści*), **~ka** F (*-i; gen -tek*) Gymnasiast(in) *m(f)*
gimna|zjalny Gymnasial-, gymnasial; **~zjum** N (*unv; PL -a; -ów*) Gymnasium *n*
ginący *gatunek, rasa* aussterbend
ginąć ⟨**z-**⟩ (*-nę*) umkommen, ums Leben kommen; *na wojnie* fallen; *gatunek* aussterben; (*niknąć*) verschwinden; *rzeczy* abhandenkommen, verloren gehen, verschwinden
ginekolog M (*-a; -dzy*) Gynäkologe *m*, Frauenarzt *m*; (*kobieta*) Frauenärztin *f*, Gynäkologin *f*; **~iczny** gynäkologisch
gips M (*-u; -y*) Gips *m*; (*opatrunek*) Gips (verband) *m*; **w ~ie** in Gips
gipsować (*-uję*) gipsen; *nogę* eingipsen
gipsowy Gips-
gi|rlanda F (*-y*) Girlande *f*; **~ry** F/PL (*gen -ów*) (*nogi*) *umg* Quanten *f/pl*
gitar|a F (*-y*) Gitarre *f*; **~owy** Gitarren-
gitarzyst|a M (*-y; -ści*), **~tka** F (*-i; gen -tek*) Gitarrist(in) *m(f)*
Giżycko N (*-a; bpl*) Lötzen *n*
glanc: **na ~** *umg* blank
glancować ⟨**wy-**⟩ (*-uje*) *umg* blank polieren
glazur|a F (*-y*) (*kafelki*) Fliesen *pl*; Glasur *f*; **~nik** M (*-a; -cy*) Fliesenleger *m*
glazurnik M (*-a; -cy*) Fliesenleger *m*
glazurować ⟨**po-**⟩ (*-uję*) Fliesen legen
gleba F (*-y*) Erdboden *m*, Krume *f*
glejt M (*-u; -y*) HIST Geleitbrief *m*
ględ|a F *od m* (*-y*) *umg* Quasseltante *f*, Quatschkopf *m*; **~zenie** N (*-a; bpl*) *umg* Gequassel *n*, Geschwafel *n*
ględzić (*-dzę*) *umg* quasseln, schwafeln
gliceryna F (*-y; bpl*) Glyzerin *n*
glina F (*-y*) Lehm *m*, Ton *m*; (*policjant*) *umg* Bulle *m*
glinia|nka F (*-i; gen -nek*) Lehmgrube *f*, Tongrube *f*; **~ny** Ton-
glinia|rz M (*-a; -e*) (*policjant*) *umg* Bulle *m*; **~sty** lehmig; *chleb* klitschig
glinka F (*-i; gen -nek*) Töpferton *m*, Tonerde *f*
glista F (*-y*) (*pasożyt*) Spulwurm *m*; *umg* (*dżdżownica*) Regenwurm *m*
Gliwice PL (*Gliwic*) Gleiwitz *n*
gliwieć ⟨**z-**⟩ (*-eję*) *ser* ranzig werden
glob M (*-u; -y*) Erdkugel *f*; **~alny** global; *dochód, suma* gesamt, Gesamt-; **~troter** M (*-a; -rzy*) Globetrotter *m*, Weltenbumm-

ler *m*
globulka (-i; -lek) (*tabletka*) Pille *f*; **~us** M (-a; -y) Globus *m*
glon M (-u; -y) Alge *f*
gloryfikować (-uję) glorifizieren, verherrlichen
glukoza F (-y; *bpl*) Glukose *f*, Traubenzucker *m*; **~ten** M (-u; *bpl*) Gluten *n*
gładki (-ko) (*równy*) glatt, eben; *włosy, skóra* glatt; (*prosty*) einfach; (*jednobarwny*) uni, ungemustert; **~ko ogolony** glatt rasiert; **~ko poszło** es ist glattgelaufen
gładkość F (-ści; *bpl*) Glattheit *f*, Ebenheit *f*; *skóry* Glattheit *f*, Weichheit *f*
gładzić ⟨**wy-**⟩ (-dzę) glätten, glatt streichen; ⟨**po-**⟩ streicheln
gładziutki *dim* spiegelglatt
głaskać ⟨**po-**⟩ (-szczę) streicheln; **~ się** sich streicheln
głaz M (-u; -y) Fels(block) *m*, Stein *m*; **~ narzutowy** Findling *m*
głąb[1] M (-a; -y) *kapusty* Strunk *m*; *umg* Dummkopf *m*
głąb[2] F (*głębi*; *głębie*) Tiefe *f*; **~ kraju** Landesinnere(s) *n*
głębia F (-i; -e) Tiefe *f*; **~bia ostrości** FOTO Tiefenschärfe *f*; **w ~bi** im Hintergrund; **w ~bi duszy** im Inneren; **do ~bi** zutiefst; **z ~bi serca** aus tiefstem Herzen
głębiej ADV *komp* tiefer; → głęboki
głębina F (-y) (Meeres-)Tiefe *f*; **~owy** Tiefsee-
głęboki (-ko) tief; *analiza* tiefgründig; **~ki talerz** *m* tiefer Teller *m*; **~ki sen** *m* Tiefschlaf *m*; **~kie spojrzenie** *n* vielsagender Blick *m*; **z ~kim dekoltem** tief ausgeschnitten; **~ko** *adv fig* zutiefst
głębokość F (-ści) Tiefe *f*; *uczuć* Intensität *f*; **~ zanurzenia** MAR Tauchtiefe *f*, Tiefgang *m*
głębszy[1] *komp* ADJ tiefer; → głęboki
głębszy[2] M (-ego; -sze): **po kilku ~szych** *umg* nach ein paar Gläsern Schnaps
głodniak: **na ~a** *umg* ohne gegessen zu haben, mit nüchternem Magen
głodnieć ⟨**z-**⟩ (-eję) Hunger bekommen, hungrig werden
głodny[1] (-no) hungrig
głodny[2] M (-ego; -ni), **~na** F (-ej; -e) Hungrige(r) *m*, *f*, Bedürftige(r) *m*, *f*
głodomór M (-ora; -ory) *umg* Nimmersatt *m*
głodować (-uję) hungern, Hunger leiden
głodwy Hunger-; **umrzeć śmiercią ~wą** verhungern
głodówka F (-i; *gen* -wek) Hungerstreik *m*; MED Fastenkur *f*
głodzić (-dzę) hungern lassen; **~ się** hungern, fasten
głogowy Weißdorn-
Głogów M (-owa; *bpl*) Glogau *n*
głos M (-u; -y) Stimme *f* (*a.* MUS, POL); **prosić o ~** um das Wort bitten, sich zu Wort melden; **zabrać ~** das Wort ergreifen; **na ~** laut; **na cały ~** aus vollem Halse; **poznać po ~ie** an der Stimme erkennen; **mieć ~** das Wort haben; **oddać ~** seine Stimme abgeben; **na dwa ~y** zweistimmig
głosiciel M (-a; -e), **~ka** F (-i; *gen* -lek) Verfechter(in) *m(f)*
głosić (-szę) (ver)künden
głoska F (-i; *gen* -sek) JĘZ Laut *m*
głosować ⟨**za-**⟩ (-uję) abstimmen (**nad** *inst* über *akk*); stimmen (**za** *inst*, **na** *akk* für *akk*; **przeciwko** *dat* gegen *akk*)
głosowanie N (-a) Abstimmung *f*; Stimmabgabe *f*
głosowy: **struny** *pl* **~we** ANAT Stimmbänder *pl*
głośnik M (-a; -i) Lautsprecher *m*; **~ność** F (-ści; *bpl*) Lautstärke *f*; **~ny** (-no) laut; (*sławny*) bekannt, berühmt
głowa F (-y; *gen* głów) Kopf *m*; **~wa państwa** Staatsoberhaupt *n*; **~wa rodziny** Familienoberhaupt *n*; **ból** *m* **~wy** Kopfschmerzen *pl*; **bez ~wy** kopflos; **na ~wę** *od* **od ~wy** pro Kopf; **uderzyć** *pf* **do ~wy** zu Kopf steigen; **strzelić** *pf* **do ~wy** (plötzlich) durch den Kopf schießen; **nie wychodzić z ~wy** nicht aus dem Kopf wollen; **łamać ~wę** *od* **zachodzić w ~wę** sich den Kopf zerbrechen; **wbić** *pf* **sobie w ~wę** sich in den Kopf setzen; **mieć ~wę na karku** nicht auf den Kopf gefallen sein; **włos z ~wy ci nie spadnie** dir wird kein Haar gekrümmt; **wszystko stoi na ~wie** alles steht Kopf; **~wą w dół** kopfüber; **~wa do góry!** Kopf hoch!; **od stóp do głów** von Kopf bis Fuß; **~wa mi puchnie** ich habe viel um die Ohren; **mieć z ~wy** vom Tisch haben; **spokojna ~wa!** *umg* ruhig Blut!
głowiasty: **sałata** *f* **~ta** Kopfsalat *m*
głowica F (-y; -e) TECH Kopf *m*; ARCH Kapitell *n*

głowa

broda	das Kinn
brwi *pl*	die Augenbrauen
buzia	der Mund
czoło	die Stirn
dziurka w nosie	das Nasenloch
dolna szczęka	der Unterkiefer
górna szczęka	der Oberkiefer
nos	die Nase
oko (*Plural*: oczy)	das Auge
policzek	die Backe
rzęsy *pl*	die Wimpern
szyja	der Hals
ucho (*Plural*: uszy)	das Ohr
usta *pl*	die Lippen
włosy *pl*	das Haar

głowić się (*-ię, -ów!*) grübeln, sich den Kopf zerbrechen (**nad** *inst* über *dat*)
głód M (*-odu; bpl*) Hunger *m*; **~ mieszkaniowy** Wohnungsnot *f*; **~ miłości** Liebeshunger *m*; **~ wiedzy** Wissensdurst *m*; **~ kofeinowy** Entzugserscheinung *f*
głóg M (*głogu; głogi*) BOT Weißdorn *m*, Hagebutte *f*; **herbata** *f* **z głogu** Hagebuttentee *m*
główka F (*-i; gen -wek*) *dim* Köpfchen *n*; **~ szpilki** Nadelkopf *m*; SPORT Kopfball *m*; **~ maku** Mohnkapsel *f*; **~ czosnku** Knoblauchzehe *f*; **~ pracuje** *żart* Köpfchen muss man haben
główkować (*-uję*) *umg* überlegen, nachdenken (**nad** *inst* über *dat*); SPORT köpfen
głów|nodowodzący M (*-ego; -y*) Oberbefehlshaber *m*; **~ny** (*ważny*) hauptsächlich, Haupt-; *wejście, dworzec, danie* Haupt-
głuchawy schwerhörig
głuchnąć ⟨**o-**⟩ (*-nę*) taub werden; **głuchnąć** (*cichnąć*) verhallen, verstummen
głucho ADV → głuchy
głuchoniemy[1] taubstumm
głuchonie|my[2] M (*-ego; -mi*), **~ma** F (*-ej; -e*) Taubstumme(r) *m*, *f*
głuchota F (*-y; bpl*) Gehörlosigkeit *f*, Taubheit *f*
głu|chy[1] (*persf -si*) (**-cho**) taub, gehörlos; *dźwięk* hohl, dumpf; *cisza, prowincja* tief; **~chy na** (*akk*) *fig* taub (für *akk*); **~ jak pień** stocktaub; **zamknięty na ~cho** fest verschlossen, *umg* dichtgemacht; **zrobiło się ~cho** (**o** *lok*) es ist still geworden (um *akk*)
głu|chy M (*-ego; -si*), **~cha** F (*-ej; -e*) Gehörlose(r) *m*, *f*
głup|awy blöd, dämlich; **~ek** M (*-ka; -ki*) Blödian *m*
głu|pi[1] (**-io**) dumm, blöd(e); (*błahy*) dumm, lächerlich; (*naiwny*) dumm, *umg* doof; (*żenujący*) peinlich; **~pi jak but z lewej nogi** strohdumm; **jest mi ~pio** mir ist peinlich
głu|pi[2] M (*-ego; -*), **~pia** F (*-ej; -e*) Dumme(r) *m*, *f*; **udawać ~piego** sich dumm anstellen, den Dummen spielen
głupiec M (*-pca; -pcy*) Dummkopf *m*, Narr *m*
głupieć ⟨**z-**⟩ (*-eję*) verdummen, verblöden; (*tracić głowę*) den Kopf verlieren
głupio ADV → głupi
głup|iutki (*persf -cy*) naiv, dümmlich; **~kowaty** (*persf-ci*) dämlich, albern
głup|ol M (*-a; -e*) *umg* Dummkopf *m*; **~ota** F (*-y; bpl*) Dummheit *f*; **~oty** *pl umg* Blödsinn *m*
głup|stwo N (*-a*) Dummheit *f*, *umg* Quatsch *m*; (*błahostka*) Lappalie *f*, Kleinigkeit *f*; **~tas** M (*-a; -y*) Kindskopf *m*, Dummerchen *n*
głusi[1] *persf* → głuchy[1]
głusi[2] *persf* → głuchy[2]
głusza F (*-y*) Einöde *f*, Wildnis *f*; **~ leśna** Walddickicht *n*; **nocna ~** tiefe Nachtstille *f*
głuszec M (*-szca; -szce*) Auerhahn *m*
głuszyć (*3. Pers -y*) *hałas, kroki* dämpfen; *dźwięk* übertönen; *zwierzę* betäuben; BOT überwuchern
gm. (**gmina**) Gemeinde *f*
gmach M (*-u; -y*) Gebäude *n*, Bau *m*
gmatwać ⟨**za-**⟩ (*-am*) durcheinanderbringen, komplizierter machen; **~ się** durcheinanderkommen, komplizierter werden; **gmatwać się** sich verstricken, sich verlieren (**w** *lok* in *dat*)
gmatwanina F (*-y*) Gewirr *n*, Wirrwarr *m*
gmerać (*-am*) kramen, wühlen; **~ się** trödeln, nicht vom Fleck kommen
gmin|a F (*-y*) Gemeinde *f*; **~ny** Gemeinde-, kommunal
gnać (*-am*) V/T treiben; V/I rennen
gnat M (*-y*) *umg* Knochen *m*
gnębiciel M (*-a; -e*) Unterdrücker *m*
gnębić (*-ę*) unterdrücken; *fig* bedrücken,

quälen
gnia|dy *koń* braun; **~zdko** N (*-a; gen -dek*) kleines Nest *n*; ELEK Steckdose *f*; *fig* gemütliches Plätzchen *n*; Liebesnest *n*
gniazdo N (*-a*) Nest *n*; ELEK Steckdose *f*; **~ bocianie** Storchennest *n*; **~ os** Wespennest *n*
gniazdować (*3. Pers -uje*) nisten
gnicie N (*-a; bpl*) Fäulnis *f*, Verwesung *f*
gnić ⟨z-⟩ (*-ję*) (ver)faulen, verwesen
gnida F (*-y*) Nisse *f*; *pej* Giftzwerg *m*
gnieść* (*gniotę*) (*miąć*) zerknittern, zerknüllen; *ciasto* kneten; **gniotą mnie buty** meine Schuhe drücken; **~ się** (*tłoczyć się*) sich zusammendrängen; *umg* aufeinanderhocken; *materiał* knittern; **łatwo się ~** leicht knittern
gniew M (*-u; bpl*) Zorn *m*; **wpaść w ~** in Zorn geraten
gniewać (*-am*) ärgern; **~ się** zerstritten sein, im Streit liegen (**z** *inst* mit *dat*); sich ärgern, *umg* böse sein; **~ się na k-o** *umg* j-m böse sein (**o** *akk* wegen *gen*)
gniew|ny erbost, erzürnt; *gest, wzrok* zornig, böse; **~osz** M (*-a; -e*) Schlingnatter *f*, Glattnatter *f*
Gniezno N (*-a; bpl*) Gnesen *n*
gnieździć się (*gnieżdżę*) nisten; *fig* aufeinanderhocken, hausen
gnilny Fäulnis-
gniot M (*-a; -y*) (*zakalec*) *umg* Klitsch *m*; (*utwór*) *umg* Schinken *m*, Kitsch *m*
gnoić ⟨z-⟩ (*-ję*): **~ k-o** *umg* j-n fertigmachen; **gnoić się** *rana* eitern
gnoj|ek M (*-jka; -jki*) *umg* Schnösel *m*, Mistkerl *m*; **~ówka** F (*-i; gen -wek*) Jauche *f*
gnój M (*-oju; bpl*) Dünger *m*, Mist *m*; (*gówniarz*) (*pl gnoje*) *pop* Mistkerl *m*, Schnösel *m*
gnuśnieć ⟨z-⟩ (*-eję*) träge werden, dahinvegetieren
gnuśny träge, schwunglos, einfallslos
go PRON *akk* ihn; *gen* seiner; **pozdrów ~ ode mnie!** grüß ihn von mir!; **nie ma ~** er ist nicht da; → on
godło N (*-a; gen -deł*) Emblem *n*; **~ państwowe** Staatswappen *n*
god|nie ADV gebührend, wie es sich gehört; (*z godnością*) mit Würde; **~ność** F (*-ści; bpl*) Würde *f*; (PL *-ści*) Würden *pl*, hohes Amt *n*; **jak pana ~ność?** *lit ofic* wie ist Ihr Name?
god|ny würdig; würdevoll; (*przeciwnik*) ebenbürtig; **~ny podziwu** bewundernswert; **~ny zaufania** vertrauenswürdig; **~ny polecenia** empfehlenswert; **~ny uwagi** beachtenswert, interessant; **~ny pochwały** lobenswert; **~ny pozazdroszczenia** beneidenswert; **~ny pożałowania** jämmerlich, miserabel; **nic ~nego uwagi** nichts von Interesse
godowy: **okres** *m* **~** Brunstzeit *f*
gody PL (*gen -ów*) BIOL Brunst *f*, Brunstzeit *f*; **złote ~** goldene Hochzeit *f*
godz. (**godzina**) Uhr *f*
godzić[1] ⟨po-⟩ (*-dzę, gódź!*) *v/t* aussöhnen, versöhnen; (*łączyć*) vereinbaren, verbinden; **~ się** sich versöhnen; (*oswoić się*) sich anfreunden, sich abfinden (**z** *inst* mit *dat*); **~ się** ⟨z-⟩ (**na** *akk od* **z** *inst*) einverstanden sein (mit *dat*), hinnehmen (*akk*); sich gefallen lassen (*akk*)
godzić[2] ⟨u-⟩ (*-dzę, gódź!*) *lit* (*ranić*) treffen, stechen; **godzić** (**w** *akk*) schaden (*dat*)
godzić się (*3. Pers godzi się*): **(nie) godzi się** *lit* es ziemt sich (nicht)
godzi|na F (*-y*) Stunde *f*; Uhrzeit *f*; **~na lekcyjna** Unterrichtsstunde *f*; **~ny** *pl* **otwarcia** Öffnungszeiten *pl*; **~ny** *pl* **przyjęć** Sprechstunde *f*; **~ny** *f/pl* **nadliczbowe** Überstunden *f/pl*; **~ny** *pl* **szczytu** Stoßzeit *f*; **~na odjazdu** Abfahrtszeit *f*; **~na przyjazdu** Ankunfszeit *f*; **~na policyjna** Sperrstunde *f*; **która ~na?** wie spät (ist es)?; **o której ~nie?** um wie viel Uhr?; **za ~nę** in e-r Stunde; **z ~ny na ~nę** von Stunde zu Stunde; **o umówionej ~nie** zur vereinbarten Zeit; **~nami** stundenlang; **nie znać dnia ani ~ny** in steter Unsicherheit leben; **wybiła jego ostatnia ~na** seine letzte Stunde hat geschlagen
godzin|ka F (*-i*) *dim* Stündlein *n*; **~ki** PL (*gen -nek*) REL Stundengebet *n*; **~ny** einstündig
godzino|wy: **stawka** *f* **~wa** Stundenlohn *m*; **wskazówka** *f* **~wa** Stundenzeiger *m*
godziwy (**-wie**) gerecht, angemessen
gofr M (*-a; -y*) Waffel *f*; **~ownica** F (*-y; -e*) Waffeleisen *n*
gog|le PL (*-i*) Schneebrille *f*; **~uś** M (*-sia; -sie*) *pej* Geck *m*, Lackaffe *m*
goić ⟨za-⟩ (*-ję, gój!*) heilen; **~ się** abheilen, vernarben
gol M (*-a; -e*) SPORT Tor *n*, Treffer *m*;

~arka F (-i; gen -rek) umg Rasierer m
golas M (-a; -y), **~ek** M (-a; -i) umg Nackedei m, Nacktfrosch m; **na ~a** umg nackt, nackig
golec M (-a; -e) umg pej Habenichts m
golen|ie N (-a) Rasieren n, Rasur f; **maszynka** f **do ~ia** Rasierapparat m; **krem** m **do ~ia** Rasiercreme f; **płyn** m **po ~iu** Rasierwasser n
golenio|wy: **kość** f **~wa** ANAT Schienbein n

G

golf[1] M (-a; bpl) SPORT Golf n
golf[2] M (-a od -u; -y) Rollkragen m; (sweter) Rollkragenpullover m
golfowy SPORT Golf-
goli persf → goły
golibroda M (-y) żart Barbier m
golić ⟨o-⟩ (-lę) rasieren; **~ do gołej skóry** kahl rasieren; **~ się** sich rasieren
golizna F (-y; bpl) umg Nacktheit f
golnąć (-Nę): **~ sobie** umg e-n kippen
golonka F (-i; gen -nek) KULIN Eisbein n
golut|eńki, **~ki** dim splitternackt; (bez pieniędzy) blank
gołąb M (-ębia; -ębie; gen -ębi) Taube f; **~ pocztowy** Brieftaube f; **siwy jak ~** weißhaarig; **~ek** M (-bka; -bki) dim Täubchen n; (grzyb) Täubling m; **~ek pokoju** Friedenstaube f
gołąbki M/PL (gen -ków) KULIN Kohlroulade f
gołębi Tauben-; charakter friedlich, sanft; **~e serce** n gutes Herz n; **~ego koloru** taubengrau, taubenblau
gołębi|arz M (-a; -e) Taubenzüchter m; **~ca** F (-y; -e) (samiczka) Taube f
gołębie PL → gołąb
gołębnik M (-a; -i) Taubenschlag m
goło ADV → goły
goło|ledź F (-dzi; bpl) Eisglätte f, Glatteis n; **~słowny** unbegründet, haltlos; **~wąs** M (-a; -y) umg Milchbart m
go|ły (persf -li) (**-ło**) nackt; pisklę, drzewo kahl; (pusty) leer, kahl; (bez pieniędzy) umg abgebrannt, blank; **pod ~łym niebem** unter freiem Himmel; **~łymi rękoma** mit bloßen Händen; **z ~łymi rękami** mit leeren Händen; **~łym okiem** mit bloßem Auge; **z ~łą głową** barhäuptig, mit bloßem Kopf; **z ~łymi nogami** barfuß; **~ły jak święty turecki** arm wie e-e Kirchenmaus
go|nada F (-y) BIOL Keimdrüse f, Gonade f; **~ndola** F (-i; -e) Gondel f; **~ng** M (-u; -i) Gong(schlag) m
gonić (-ię) V/T (akk) verfolgen (akk), nachsetzen (dat); V/I eilen, rennen; (**za** inst) nachjagen, hinterherrennen (dat), haschen (nach dat); (poganiać) treiben; **~ resztkami sił** auf dem letzten Loch pfeifen; **~ za sensacją** sensationssüchtig sein
goni|ec M (-ńca; -ńcy, -ńców) (Eil)Bote m; w szachach (pl -ńce) Läufer m; **~twa** F (-y; gen -) SPORT Wettrennen n, Wettlauf m; fig Jagd f; **~twa za pieniędzmi** Jagd f nach Geld; **~twa myśli** PSYCH Ideenflucht f
gont M (-u; -y) Dachschindel f
gończy: **list** m **~** Steckbrief m; **pies** m **~** Jagdhund m
GOPR M (-u; bpl) (**Górskie Ochotnicze Pogotowie Ratunkowe**) Bergrettungsdienst m
gorąco[1] N (-a; bpl) Hitze f
gorą|cy (**-co**)[2] heiß; powitanie herzlich; prośba inständig; miłość leidenschaftlich; **w ~cej wodzie kąpany** impulsiv, hitzköpfig; **~cy okres** m Hochbetrieb m; **przyłapać** pf **na ~cym uczynku** auf frischer Tat ertappen; **~co przepraszam** ich bitte vielmals um Entschuldigung; **na ~co** fig sofort, gleich; **kiełbaski** pl **na ~co** heiße Würstchen pl
gorączk|a F (-i; bpl) MED Fieber n; fig Aufregung f; (człowiek) umg Hitzkopf m; **doprowadzić k-o do białej ~i** j-n zur Weißglut bringen
gorączkować (-uję) fiebern, Fieber haben; **~ się** sich ereifern
gorączkowy (**-wo**) MED Fieber-, fiebrig; fig fieberhaft
gorczyca F (-y; -e) BOT Senf m
goręcej komp ADV heißer; → gorąco[2]
gorętszy komp ADJ heißer; → gorący
gorli|wiec M (-wca; -wcy) Eiferer m; **~wość** F (-ści; bpl) Eifer m; **~wy** (**-wie**) eifrig
gorset M (-u; -y) Korsett n, Mieder n; MED (Stütz)Korsett n
gorsi persf komp ADJ schlechter; schlimmer; → zły
gorszący (**-co**) anstößig, skandalös
gorsze: **zmiana** f **na ~** Verschlechterung f; **nic ~go** nichts Schlimmeres
gor|szy komp ADJ schlechter; schlimmer; **co ~sza** was noch schlimmer ist; → zły

gorszyć ⟨**z-**⟩ (*-ę*): **~ k-o** (*inst*) bei j-m Anstoß erregen, j-n schockieren (mit *dat*); **~ się** (*inst*) Anstoß nehmen (an *dat*)
gorycz F (*-y*; *bpl*) Bitterkeit *f*, bitterer Geschmack *m*; *fig* bitterer Beigeschmack *m*, Bitterkeit *f*; *lit* Bitternis *f*; **~ka** F (*-i*; *gen -czek*) BOT Enzian *m*
goryl M (*-a*; *-e*) ZOOL Gorilla *m*; (*ochroniarz*) *umg* Bodygard *m*, Leibwächter *m*
gorzałka F (*-i*; *bpl*) *umg* Schnaps *m*
gorzej *komp* ADV schlechter; schlimmer; → źle
gorzelnia F (*-i*; *-e*) Brennerei *f*
gorzkawy (**-wo**) leicht bitter, bitterlich
gorz|ki (**-ko**) bitter (*a. fig*); **~ki jak piołun** gallebitter; **~kie żale** *pl* REL Passionsandacht *f*; **~ko płakać** bitterlich weinen
gorzknieć ⟨**z-**⟩ (*-eję*) bitter werden; *fig* verbittern
gorzko ADV → gorzki
Gorzów Wielkopolski PL (*Gorzowa Wielkopolskiego*; *bpl*) Landsberg *n*
gospoda F (*-y*) Wirtshaus *n*, Gaststätte, Gasthof *m*
gospodar|czy (**-czo**) landwirtschaftlich; (*ekonomiczny*) wirtschaftlich, Wirtschafts-; **zabudowania** *pl* **~cze** Wirtschaftsgebäude *pl*
gospodarka F (*-i*; *gen -rek*) Wirtschaft *f*; (*gospodarstwo*) Bauernhof *m*; Acker *m*; **~ narodowa** Volkswirtschaft *f*; **~ rolna** Landwirtschaft *f*; **~ rynkowa** Marktwirtschaft *f*; **zła ~** Misswirtschaft *f*
gospodar|ność (*-ści*; *bpl*) Sparsamkeit *f*, Wirtschaftlichkeit *f*; **~ny** sparsam, wirtschaftlich
gospodarować (*-uję*) (*inst*) wirtschaften (mit *dat*); verwalten; (**na** *lok*) AGR bewirtschaften, bestellen (*akk*)
gospodarstwo N (*-a*) Landgut *n*, landwirtschaftlicher Betrieb *m*; **~ domowe** Haushalt *m*
gospodarz M (*-a*; *-e*) (*rolnik*) Landwirt *m*, Bauer *m*; (*pan domu*) Hausherr *m*, Gastgeber *m*; *mieszkania, kamienicy* Hauseigentümer *m*; *pensjonatu* Betreiber *m*, Inhaber *m*; *imprezy, programu* Gastgeber *m*; **~ klasy** Klassensprecher *m*; **~ schroniska** Herbergsvater *m*; **~e** *pl* SPORT Gastgeber *pl*
gospodyni F (*-i*; *-e*, *-ń*) *wiejska* Landwirtin *f*, Bäuerin *f*; (*pani domu*) Gastgeberin *f*, Hausherrin *f*; *mieszkania, kamienicy* Hauseigentümerin *f*; **~ domowa** Hausfrau *f*; **~ schroniska** Herbergsmutter *f*; **~ klasy** Klassensprecherin *f*
gosposia F (*-i*; *-e*) Haushälterin *f*
gościć (*-szczę*) V/T zu Gast haben, bewirten; V/I zu Besuch sein, Gast sein (**u** *gen* bei *dat*)
goście PL → gość
gościec M (*-śćca*; *bpl*) Rheuma *n*
gości|na F (*-y*; *bpl*) gastliche Aufnahme *f*, Gastfreundschaft *f*; **być w ~nie u k-o** bei j-m zu Gast sein; **przyjechać** *pf* **w ~nę** zu Besuch kommen; **zaprosić pf w ~nę** zu Gast einladen; **podziękować** *pf* **za ~nę** sich für die Gastfreundschaft bedanken, sich für die Einladung bedanken; **udzielić** *pf* **~ny** Gastfreundschaft gewähren
gościn|iec M (*-ńca*; *-ńce*) Landstraße *f*; **~ność** F (*-ści*; *bpl*) Gastfreundschaft *f*; **~ny** gastfreundlich, gastlich; *występ, wykład* Gast-; **pokój** *n* **~ny** Gästezimmer *n*
go|ść M (*-ścia*; *-ście*; *gen -ści*, *inst -śćmi*) Gast *m*; (*facet*) *umg* Typ *m*; **mieć ~ści** Besuch haben, Gäste haben; **jechać w ~ści** zu Besuch fahren; **~ście** *m/pl* **weselni** Hochzeitsgäste *m/pl*; **stały ~ść** Stammgast *m*; **nieproszony ~ść** ungebetener Gast *m*
gotować ⟨**u-**⟩ (*-uję*) kochen; **~ się** *v/i* kochen; ⟨**z-**⟩ *lit* bereiten; **gotować się do** (*gen*) *lit* sich bereiten auf (*akk*); **gotować się do drogi** sich auf den Weg machen, aufbrechen
gotow|anie N (*-a*; *bpl*) Kochen *n*; **~any** gekocht; **~ana szynka** *f* Kochschinken *m*; **~ość** F (*-ści*; *bpl*) Bereitschaft *f*; **~ość bojowa** Kampfbereitschaft *f*
goto|wy fertig; *budynek* fertig gebaut; *produkty* Fertig-; *ubranie umg* von der Stange; **~wy do** (*gen*) bereit zu (*dat*); **~wy na** (*akk*) vorbereitet auf (*akk*); **~wy do użycia** gebrauchsfertig; **~wy do drogi** reisefertig; **~wy na wszystko** zu allem bereit; **być ~wym** (+ *inf*) bereit sein zu (+ *inf*); **przyjść** *pf* **na ~we** sich ins gemachte Nest setzen; **~we!** *int* fertig!
gotów *präd* → gotowy
gotów|ka F (*-i*; *bpl*) Bargeld *n*; **~ką** (in) bar, cash; **za ~kę** gegen bar; **~kowy** Bar(geld)-
got|ycki gotisch; **~yk** M (*-u*; *bpl*) Gotik *f*
goździk M (*-a*; *-i*) Nelke *f*; KULIN Gewürznelke *f*
gó|ra F (*-y*) Berg *m*; *sukni* Oberteil *n od m*;

Jak gotować?

gotować we wrzącej wodzie	in siedendem Wasser kochen
coś odcedzać	etwas abgießen
gotować na wolnym ogniu	auf kleiner Flamme garen
zrumienić	kurz anbraten
dusić na wolnym ogniu	auf kleiner Flamme schmoren
smażyć na oleju	in Öl braten
frytować w gorącym tłuszczu	in heißem Fett frittieren
piec/grilować na ruszcie	auf dem Grill rösten
piec w piekarniku	im Backofen backen

budynku oberes Stockwerk *n*; Dachboden *m*; *partikel* höchstens; **~ry** *pl* Gebirge *n*, Berge *pl*; **jechać w ~** ins Gebirge fahren, in die Berge fahren; (*władza*) *umg* die da oben, Machthaber *pl*; **~ra lodowa** Eisberg *m*; **do ~ry** *od* **w ~rę** nach oben, hoch; **na górze** oben; **od ~ry do dołu** von oben bis unten; **pod ~rę** bergauf; **u ~ry** oben(an); **z ~ry** von oben; *fig* von oben herab; **wiedzieć z ~ry** von vornherein wissen; **w ~rę rzeki** flussaufwärts; **płacić z ~ry** im Voraus zahlen; **z ~rą** (*ponad*) mehr als, reichlich; **iść w ~rę** *fig* steigen; **brać ~rę** die Oberhand gewinnen; **do ~ry nogami** auf den Kopf gestellt; **ręce do ~ry!** Hände hoch!; **~rą nasi!** SPORT wir haben gewonnen!

góral M (*-a; -e, -i*), **~ka** F (*-i; gen -lek*) Gebirgsbewohner(in) *m(f)*

górka F (*-i; gen -rek*) Hügel *m*; **~ rozrządowa** KOLEJ Ablaufberg *m*

górn|ictwo N (*-a; bpl*) Bergbau *m*; (*nauka*) Bergbaukunde *f*; **~ictwo naftowe** Erdölgewinnung *f*; **~iczy** *transport* Bergbau-; *strój* bergmännisch, Bergmanns-; **przemysł** *m* **~iczy** Montanindustrie *f*; **~ik** M (*-a; -cy*) Bergmann *m*, Bergarbeiter *m*

gór|nolotny hochtrabend; **~nioniemiecki** oberdeutsch

gór|ny obere(r), Ober-; MUS hoch; GEOL Hoch-; GEOG Ober-; **~ne piętro** *n* Obergeschoss *n*; **~na część** *f* Oberteil *m od n*; **~na granica** *f* Obergrenze *f*; **~na szczęka** *f* Oberkiefer *m*; **~na warga** *f* Oberlippe *f*; **~ny bieg** *m* **rzeki** Oberlauf *m*; **~ny Śląsk** *m* Oberschlesien *n*

górować (*-uję*): **~ nad** (*inst*) überragen (*akk*); (*wyróżniać się*) übertreffen (*inst* an *dat*)

górs|ki Berg-; **pasmo** *n* **~kie** Bergkette *f*; **choroba** *f* **~ka** Höhenkrankheit *f*; **rower** *m* **~ki** Mountainbike *n*; **ratownictwo** *n* **~kie** Bergrettung *f*

górzysty bergig, gebirgig

gówniarz M (*-a; -e*) *pop pej* Schnösel *m*

gówno N (*-a; gen -wien*) (*kał*) *vulg* Scheiße *f*, Kacke *f*; (*byle co*) *vulg* Scheiße *f*, Scheißdreck *m*; **~ mnie to obchodzi** *vulg* das geht mich einen Scheißdreck an; **~!** *int pop* nix da!

gr. (grosz) *Untereinheit des Zloty* (*100 gr. = 1 Zloty*)

gra F (*-y; gen gier*) Spiel *n*; **~ podwójna** Doppel *n*; **~ na fortepianie** Klavierspiel *n*; **~ na skrzypcach** Geigenspiel *n*; **~ w karty** Kartenspiel *n*; **~ w piłkę nożną** Fußballspiel *n*; **~ w chowanego** Versteckspiel *n*; **~ w ciuciubabkę** blinde Kuh *f*; **~ na pieniądze** Spielen *n* um Geld; **~ hazardowa** Glücksspiel *n*; **~ barw** Farbenspiel *n*; **~ słów** Wortspiel *n*; **nie wchodzić** *pf* **w grę** nicht infrage kommen; **robić dobrą minę do złej gry** gute Miene zum bösen Spiel machen; **to ~ nie warta świeczki** das ist die Mühe nicht wert

gra|b M (*-u od -a; -y*) Weißbuche *f*; **~ba** F (*-y*) *umg żart* Pfote *f*

grabarz M (*-a; -e*) Totengräber *m*

grabić ⟨**za-**⟩ (*-ię*) *działkę* harken; ⟨**z-**⟩ *liście* zusammenkehren, harken; *siano* zusammenrechen; ⟨**o-**⟩ (*łupić*) (be)rauben, (aus)plündern

grabie PL (*gen -*) Harke *f*, Rechen *m*

grabieć ⟨**z-**⟩ (*-eję*) steif werden, erstarren; **~ z zimna** vor Kälte erstarren

grabież F (*-y; -e*) Raub *m*, Plünderung *f*; **~ca** M (*-y; gen -ów*) Plünderer *m*; **~czy** Raub-

grab|ina F (*-y*) Buchenholz *n*; **~owy** Buchen-

gracla F (-y) AGR Hacke f; **~iarnia** F (-; -e) Rumpelkammer f
gracl|ja F (-i; -e) Grazie f; **z ~ją** graziös
gracz M (-a; -e) Spieler m
grać ⟨**za-**⟩ (-am) spielen; **~ w** (akk) spielen (akk); **~ na** (lok) MUS spielen (akk); **~ w karty** Karten spielen; **~ na gitarze** Gitarre spielen; **~ na zwłokę** verzögern; **~ na giełdzie** an der Börse spekulieren; **to nie gra roli** das spielt keine Rolle; **gdzie grają ten film?** wo wird der Film gezeigt?, wo läuft der Film?; **~ w otwarte karty** mit offenen Karten spielen; **grać na nerwach k-u** j-m auf die Nerven gehen, j-m auf den Wecker gehen; **grać zucha** den Helden spielen; **wszystko gra** alles in Ordnung; **coś tu nie gra** hier stimmt etwas nicht; **co jest grane?** was ist los?; **w to mu graj** umg das passt ihm
grad M (-u; bpl) Hagel m; **~ pocisków** ein Hagel von Geschossen; **~ oklasków** Beifallssturm m; **pada ~** es hagelt; **~obicie** N (-a) Hagelschlag m; **~owy** Hagel-
graffi|ciarz M (-a; -e) Graffitisprayer m; **~ti** N (unv) Graffiti n
graficz|ny grafisch; **karta** f **~na** EDV Grafikkarte f
grafik[1] M (-a; -cy) Grafiker m; (kobieta) Grafikerin f; **~ik komputerowy** Computergrafik f
grafik[2] M (-u; -i): **~ dyżurów** Dienstplan m
grafika F (-i) Grafik f
grafit M (-u; -y) Grafit m
grafo|logia F (gen dat lok -ii; bpl) Grafologie f; **~logiczny** grafologisch
grafoman M (-a; -i), **~ka** F (-i; gen -nek) pej Möchtegernschriftsteller(in) m(f)
graham M (-a; -y) Grahambrot n; **~ka** F (-i; gen -mek) Vollkornbrötchen n
graj|dołek M (-a; -i) umg Provinznest n; **~ek** M (-jka; -jkowie) Musikant m
gram M (-a; -y) Gramm n
gramaty|czny grammati(kal)isch; **~ka** F (-i; bpl) Grammatik f
gramofon M (-u; -y) Plattenspieler m
gramofono|wy: **płyta** f **~wa** Schallplatte f
gramolić się ⟨**wgramolić się**⟩ (-lę) umg sich hinaufschleppen (**na** akk auf akk); sich hineinquetschen (**do** gen in akk)
granat M (-u; -y) MIL Granate f; BOT Granatapfel m; (kolor) Nachtblau n, Marineblau n; **~ ręczny** Handgranate f; **~owy (-wo)** nachtblau, marineblau
gran|da F (-y) umg Randale f, Rabatz m; (oszustwo) Beschiss m, Skandal m; (gromada) Bande f; **na ~dę** mit Gewalt
graniastosłup M (-a; -y) Prisma n
graniasty krowa schwarzbunt, scheckig; (kanciasty) kantig
grani|ca F (-y; -e) Grenze f (a. fig); **~ca wieku** Altersgrenze f; **za ~cą** im Ausland; **za ~cę** ins Ausland; **na ~cy** an der Grenze
granicz|ny Grenz-; **słup** m **~ny** Grenzstein m; **straż** f **~na** Grenzschutz m; **przejście** n **~ne** Grenzübergang m
graniczyć (-ę) grenzen (**z** inst an akk) (a. fig)
granit M (-u; -y) Granit m; **~owy** Granit-
grant M (-u; -y) Forschungsgelder pl, Forschungsmittel pl
granulowany granuliert
grań F (-ni; -nie, -ni) Grat m, (scharfe) Kammlinie f
grasica F (-y; -e) ANAT Thymusdrüse f
grasować (-uję) sein Unwesen treiben; myszy Schäden anrichten; choroba grassieren, um sich greifen
grat M (-a; -y) umg Schrott m, Gerümpel n; (auto) Klapperkiste f; **~y** pl Gerümpel n
gratis ADV umg gratis, kostenlos; **~owy** Frei-
gratka F (-i; gen -tek) umg günstige Gelegenheit f; (zakup) umg Schnäppchen n; **to ci ~!** das nenne ich Glück!
gratulacje PL (gen -i) Glückwünsche pl; **moje ~!** herzlichen Glückwunsch!
gratulować ⟨**po-**⟩ (-uję): **~ k-u** (gen) j-m gratulieren, j-n beglückwünschen (zu dat)
gratyfikacja F (-i; -e) Gratifikation f
grawerować ⟨**wy-**⟩ (-uję) (ein)gravieren
grawerunek M (-u; -i) Gravur f
grawitacje F (-i; bpl) FIZ Gravitation f, Schwerkraft f
grawitować (-uję) FIZ gravitieren
grążel M (-a; -e) Teichrose f
grdyka F (-i) Adamsapfel m
Grecja F (-i; bpl) Griechenland n
grecki (po -ku) griechisch
greckokatolicki griechisch-katholisch
Greczynka F (-i; gen -nek) Griechin f
Grek M (-a; -cy) Grieche m; **udawać ~a** den Dummen spielen
greka F (-i; bpl) Altgriechisch n
gregoriański: **chorał** m **~** gregoriani-

G

scher Gesang *m*; **kalendarz** *m* ~ der gregorianische Kalender *m*
grejpfrut M (*-a; -y*) Grapefruit *f*; **~owy** Grapefruit-
gremial|nie ADV (alle) zusammen, geschlossen; **~ny** gemeinsam
gremium N (*unv;* PL *-mia; gen -miów*) Gremium *n*, Ausschuss *m*
grenadier M (*-a; -rzy*) Grenadier *m*
Grenlandia F (*gen dat lok -ii; bpl*) Grönland *n*
grenlandzki grönländisch
grill M (*-a; -e*) Grill *m*
grilować (*-uję*) grillen
grobla F (*-i; -e; gen -i*) Damm *m*
grobo|wiec M (*-wca; -wce*) Grabmal *n*; **~wiec rodzinny** Familiengruft *f*; **~wy** Grab-; (*posępny*) düster; **do ~wej deski** bis in den Tod; **~wa cisza** *f* Totenstille *f*
groch M (*-u; bpl*) BOT Erbse *f*; KULIN Erbsen *pl*; Bohnen *pl*; **ziarnko** *n* **~u** Erbse *f*; **zbierać ~** Erbsen pflücken; **~ z kapustą** *umg fig* Kraut und Rüben; **sukienka** *f* **w ~y** getupftes Kleid *n*; **~ówka** F (*-i; gen -wek*) Bohnensuppe *f*
grodzić ⟨**o-**⟩ (*-dzę*) umzäunen
grodzki HIST städtisch, Stadt-; Burg-
grom M (*-u; -y*) Donner(schlag) *m*; **jak ~ z jasnego nieba** wie ein Blitz aus heiterem Himmel; **od ~a** *adv umg* eine ganze Menge
gromad|a F (*-y*) Schar *f*; BIOL Klasse *f*; **~ka** F (*-i*) Gruppe *f*; **~nie** ADV zahlreich, in großen Scharen; **~ny** gemeinsam, Massen-
gromadzić ⟨**z-**⟩ (*-dzę*) anhäufen, (an)sammeln, zusammentragen; **~ zapasy** Vorräte machen; **~ się** sich versammeln
gromić ⟨**z-**⟩ (*-ię*) schelten, rügen; ⟨**roz-**⟩ *wojsko* schlagen, besiegen
grom|ki (**-ko**) laut, dröhned; **~kie brawa** *pl* brausender Beifall *m*
gromnica F (*-y*) REL Sterbekerze *f*
gromnicz|ny: **Matki Boskiej** ⁓**cznej** REL Mariä Lichtmess
gro|nkowce PL (*gen -ów*) MED Staphylokokken *pl*; **~no** N (*-a*) BOT Traube *f*; (*grupa*) Kreis *m*; **~no znajomych** Bekanntenkreis *m*; **~no rodzinne** Familienkreis *m*; **~no nauczycielskie** Lehrkörper *m*
gronostaj M (*-a; -e; gen -ajów*) ZOOL Hermelin *n*; **~e** *pl* (*futro*) Hermelin *m*
gronowy KULIN Trauben-
gros *unv* Gros *n*, Großteil *m*
grosz M (*-a; -e*) *Untereinheit des Zloty*; (*pieniądze*) *umg* ein paar Groschen *pl*; **bez ~a** ohne einen Pfennig; **co do ~a** auf Heller und Pfennig; **nie dać złamanego ~a** keine müde Mark ausgeben; **nie mieć za ~ rozumu** nicht fürn Groschen Verstand haben; **nie mieć za ~ szczęścia** kein bisschen Glück haben; **nie śmierdzieć ~em** knapp bei Kasse sein; **za ~e** spottbillig; **kosztować ~e** ein paar Pfennige kosten
grosz|ek M (*-szku; -szki*) KULIN (grüne) Erbsen *pl*; **~ek pachnący** BOT Wicke *f*; **~ki** *pl* (*cukierki*) Schokolinsen *pl*; **w ~ki** getupft
grosz|kowy *kolor* hellgrün; **~orób** M (*-roba; -roby*) *pej* Pfennigfuchser *m*; **~owy** *zarobki, straty* gering; *zakupy* billig; **~owe wydatki** *pl* Pfennigbeträge *pl*
grot M (*-u; -y*) Spitze *f*; **~ strzały** Pfeilspitze *f*; MAR Großsegel *n*
grota F (*-y*) Grotte *f*
groteskowy (**-wo**) grotesk
grotołaz M (*-a; -i*) Höhlenforscher *m*
gro|za F (*-y; bpl*) Grauen *n*, Entsetzen *n*; **zdjęty ~zą** von Entsetzen gepackt; **~za sytuacji** der Ernst der Lage; **wzbudzający ~zę** grauenerregend; **~za wojny** das Grauen *n* des Krieges; **film** *m* **~zy** Gruselfilm *m*
grozić (*grożę*) drohen; **~ k-u** (*inst*) j-m drohen (mit *dat*); j-n bedrohen (mit *dat*); **za to grozi kara więzienia** darauf steht Gefängnisstrafe
groź|ba F (*-y; gen gróźb*) Drohung *f*; (*bpl*) Gefahr *f*; **~ba pożaru** Brandgefahr *f*; **~ba wojny** Kriegsgefahr *f*; **~ba zawalenia** Einsturzgefahr *f*; **~ba użycia siły** Gewaltandrohung *f*; **pod ~bą** (*gen*) unter Androhung (*gen*, von *dat*)
groźny *spojrzenie* drohend; *nauczyciel* streng; *sytuacja* bedrohlich, gefährlich; *choroba* gefährlich, ernst
grożący: **~ śmiercią** todbringend, tödlich; **~ zawaleniem** einsturzgefährdet
grób M (*-obu; -oby*) Grab *n*, Grabstätte *f*; **zza grobu** aus dem Jenseits; **po (sam) ~** bis ins Grab; **milczeć jak ~** schweigen wie ein Grab; ⁓ **Nieznanego Żołnierza** das Grab des Unbekannten Soldaten
gród M (*-odu; -ody*) HIST Burg *f*, Stadt *f*
grubas M (*-a; -y*) Dicke(r) *m*, *pop* Fettsack *m*; **~ek** M (*-ska; -ski*) Pummelchen *n*,

Dickerchen *n*; **~ka** F (*-i; gen -sek*) Dicke *f*, *umg* Tonne *f*

grubiańs|ki (*persf -cy*) **(-ko)** grob, rüpelhaft; **~two** N (*-a; bpl*) Grobheit *f*, Rüpelhaftigkeit *f*

grubieć ⟨**z-**⟩ (*-eję*) dick(er) werden, zunehmen; *skóra* hart werden; *głos* tief(er) werden

grubo ADV *umg* (*bardzo*) arg, ziemlich; **~ się mylić** sich gewaltig irren; **~ przesadzać** maßlos übertreiben; **~ ciosany** *fig* ungehobelt; → gruby

grubo|kościsty untersetzt, massiv, von starkem Knochenbau; **~skórny** *pej* grob, dickfellig; **~ść** F (*-ści; bpl*) Dicke *f*; **~ziarnisty** grobkörnig

gru|by dick; *głos* tief; *rysy, żarty* grob; *sól* grobkörnig; **jelito** *n* **~be** ANAT Dickdarm *m*; **~be pieniądze** *pl umg* ein Batzen Geld; **zarabiać ~be pieniądze** *umg* ein fettes Gehalt haben; **~by błąd** *m* dicker Fehler *m*; **~ba ryba** *f fig* hohes Tier *n*; **~ba kreska** *f fig* Schlussstrich *m*

gruchać (*-am*) *gołąb* gurren; *fig* turteln

gruchnąć PF (*-nę*) ertönen; *wieść* sich plötzlich verbreiten; **~** (*inst*) (*uderzyć*) *umg* knallen (mit *dat*); **~ się** *umg* sich knallen

gruchot M (*-u; -y*) Gepolter *n*, Krachen *n*; *umg* (AUTO) Klapperkiste *f*; *pej* Tattergreis *m*; (*kobieta*) tatterige Alte *f*

gruchotać ⟨**z-**⟩ (*-czę od -cę*) zertrümmern; **gruchotać** *v/i* rasseln, poltern

gruczoł M (*-u; -y*) ANAT Drüse *f*; **~owy** Drüsen-

gru|da F (*-y*) (*bryła*) Klumpen *m*; hartgefrorener Boden *m*; **~da ziemi** Erdscholle *f*; **idzie jak po ~dzie** es geht nur schleppend voran

grudk|a F (*-i; gen -dek*) Klümpchen *n*; **~owaty** klumpig

grudniowy Dezember-

Grudziądz M (*-a; bpl*) Graudenz *n*

grudzień M (*-dnia; -dnie*) Dezember *m*

grunt M (*-u; -y*) (*gleba*) Boden *m*; (*powierzchnia ziemi*) Grund *m*, (Erd)Boden *m*; (*obszar*) Grundstück *n*; (*dno*) Grund *m*; (*podkład*) Grundierung *f*, Grundanstrich *m*; **~ to** ... *umg* Hauptsache ...; **do ~u** ganz und gar; **z ~u** von Grund aus; **w gruncie rzeczy** im Grunde genommen, eigentlich; **~ chwieje się pod nogami** der Untergrund gerät ins Wanken

gruntować ⟨**za-**⟩ (*-uję*) MAL grundieren; *w wodzie* die Wassertiefe messen

grunto|wny gründlich, solide; *zmiany* grundlegend; *remont* Grund-; **~wne porządki** *pl* Großputz *m*; **~wy** Grund-; *jarzyny* Freiland-

gru|pa F (*-y*) Gruppe *f*; **~pa krwi** Blutgruppe *f*; **~pka** F (*-i; gen -pek*) kleine Gruppe *f*

grupować ⟨**z-**⟩ (*-uję*) gruppieren, versammeln; **~ się** sich gruppieren, sich versammeln

grupo|wo ADV gruppenweise, in Gruppen; **~wy**[1] Gruppen-

grupo|wy[2] M (*-ego; -owi*), **~wa** F (*-ej; -e*) Gruppenleiter(in) *m(f)*

grusza F (*-y; -e*) Birnbaum *m*

grusz|ka F (*-i; gen -szek*) BOT Birne *f*; **~ka treningowa** SPORT Punchingball *m*; **~ka do lewatywy** MED Klistierspritze *f*; **ni z ~ki, ni z pietruszki** völlig unerwartet, urplötzlich; **nie zasypiać ~ek w popiele** die Gelegenheit beim Schopfe packen; **~kowaty** birnenförmig; **~kowy** Birnen-

gruz M (*-u; -y*) Schutt *m*; **~y** *pl* (*gen -ów*) Trümmer *pl*

gruzeł M (*-zła; -zły*) Klumpen *m*; MED Knoten *m*; **~ek** M (*-łka; -łki*) *dim* Klümpchen *n*; **~kowaty** *ciasto* klümprig; *materiał* rau, knotig

gruzowisko N (*-a*) Schutthaufen *m*

gruźli|ca F (*-y; bpl*) Tuberkulose *f*; **~czka** F (*-i; gen -czek*) Tuberkulosekranke *f*; **~czy** tuberkulös

gruźlik M (*-a; -cy*) Tuberkulosekranke(r) *m*

gryczа|ny Buchweizen-; **kasza** *f* **~na** Buchweizengrütze *f*

gryf M (*-u; -y*) MUS Griffbrett *n*; (*-a; -y*) MITOL, MAL Greif *m*

Gryfice PL (*Gryfic*) Greifenberg *n*

gryka F (*-i; bpl*) Buchweizen *m*

grylaż M (*-u; bpl*) gebrannte Mandeln *pl*

grymas M (*-u; -y*) Grimasse *f*

grymasić (*-szę*) quengeln, nörgeln; *dziecko* quengeln

gryma|sy PL (*gen -ów*) Launen *pl*; **~śny** nörgelig, mäkelig; *dziecko* quengelig

grynszpan M (*-u; bpl*) Grünspan *m*

gryp|a F (*-y; bpl*) Grippe *f*; **~owy** Grippen-

gryps M (*-u; -y*) *sl* Kassiber *m*

grysik M (*-u; bpl*) Grieß(brei) *m*

grywać (*-am*) ab und zu spielen

gryz M (*-a; -y*) *umg* Biss *m*, Happen *m*; **~ak** M (*-a; -i*) Beißring *m*; **~ący** beißend

(*a. fig*)
gryzipiórek M (*-rka; -rki*) *pej* Federfuchser *m*, Schreiberling *m*
gryzmolić (*-lę*) kritzeln, schmieren
gryzmoły PL (*gen -ów*) Gekritzel *n*
gryzoń M (*-nia; -nie*) Nagetier *n*
gryźć˙ (*gryzę*) kauen; *orzechy* knacken, knabbern; *pchły, pies, dym* beißen; *komary, osy* stechen; *sumienie* plagen; *sweter* kratzen; **~ paznokcie** Fingernägel kauen; **~ kość** am Knochen nagen; **~ się** sich beißen; (*martwić się*) sich grämen (*inst* über *akk*); (*kłócić się*) *umg* sich in den Haaren liegen (**z** *inst* mit *dat*)
grzać ⟨**o-**⟩ (*-eję*) (er)wärmen; *mieszkanie* heizen; **~ się** sich (auf)wärmen; ⟨**za-**⟩ *wodę* erwärmen; ⟨**na-**⟩ warm machen, erwärmen; **~ się** *woda* warm werden, sich erwärmen; TECH heiß laufen; **grzać** *v/i słońce, ubranie* wärmen; *kaloryfery* warm sein; **grzać** (*jechać*) flitzen
grza|łka F (*-i; gen -łek*) Tauchsieder *m*; **~niec** M (*-ńca; -ńce*) Glühwein *m*; **~nka** F (*-i; gen -nek*) (*chleb*) Toast *m*
grza|ny: **~ne wino** *n* Glühwein *m*; **~ne piwo** *n Getränk aus warmem Bier mit Gewürzen*
grządka F (*-i; gen -dek*) Beet *n*
grząski (**-ko**) sumpfig, morastig; *fig* heikel
grzbiet M (*-u; -y*) *kota, góry, książki* Rücken *m*; *umg* (*plecy*) Rücken *m*
grzebać ⟨**po-**⟩ (*-ię*) (*chować zmarłych*) bestatten, begraben; (*zasypać*) unter sich begraben; **grzebać** wühlen, kramen (**w** *lok* in *dat*); *kury* scharren; **grzebać w cudzych rzeczach** schnüffeln; **grzebać się** *umg* trödeln (**z** *inst* mit *dat*)
grzebanina F (*-y; bpl*) *umg* Trödelei *f*
grzebień M (*-nia; -nie*) Kamm *m*
grzebyk M (*-a; -i*) *dim* kleiner Kamm *m*
grzech M (*-u; -y*) Sünde *f*; **~ pierworodny** REL Erbsünde *f*; **~ śmiertelny** REL Todsünde *f*; **~ młodości** Jugendsünde *f*
grzechotać (*-czę*) rasseln
grzechot|ka F (*-i; gen -tek*) (*zabawka*) Klapper *f*, Rassel *f*; MUS Rassel *f*; **~nik** M (*-a; -i*) Klapperschlange *f*
grzecznościo|wy Höflichkeits-; **forma** *f* **~wa** Höflichkeitsform *f*
grzeczn|ość F (*-ści*) Höflichkeit *f*; (*przysługa*) Gefallen *m*; **z ~ości** *od* **przez ~ość** aus Gefälligkeit, aus Höflichkeit; **~ny** höflich; *dziecko* brav
grzej|nik M (*-a; -i*) Heizkörper *m*; Heizgerät *n*; **~ny** Heiz-
grzeszni|k M (*-a; -cy*), **~ca** F (*-y; -e*), Sünder(in) *m(f)*
grzeszny sündig, sündhaft
grzeszyć ⟨**z-**⟩ (*-ę*) sündigen, sich versündigen; **nie ~ talentem** *iron* nicht gerade mit Talenten gesegnet sein
grzewczy Heiz-
grzę|da F (*-y*) Beet *n*; *dla kur* Hühnerstange *f*; **~zawisko** N (*-a*) Moor *n*, Sumpf *m*
grzęznąć ⟨**u-**⟩ (*-nę, grzązł*) einsinken, stecken bleiben; **grzęznąć w długach** in Schulden stecken
grzmiąco ADV dröhnend
grzmieć (*-ę, -mij!*) donnern; *głos* dröhnen; **grzmi** *unpers* es donnert
grzmocić (*-cę*) ⟨**grzmotnąć**⟩ (*-nę*) *umg* hauen; ⟨**wy-**⟩ (ver)prügeln, verhauen
grzmot M (*-u; -y*) Donner *m*
grzmotnąć PF V/T (*rzucić*) schleudern; V/I *umg* lang hinschlagen
grzyb M (*-a; -y*) Pilz *m*; (*bpl*) (*pleśń*) Schimmel(Pilz) *m*; (*pryk*) *umg pej* Greis *m*, alter Knacker *m*; **zbierać ~y** Pilze sammeln; **~iarz** M (*-a; -e*) Pilzsammler *m*
grzybica F (*-y; -e*) Pilzkrankheit *f*
grzybieć ⟨**z-**⟩ *umg* tatterig werden
grzybień M (*-nia; -nie*) weiße Seerose *f*
grzyb|nia F (*-; -nie*) BOT Myzelium *n*; **~obójczy** fungizid; **~obranie** N (*-a*) Pilzesammeln *n*; **~owy** Pilz-
grzyw|a F (*-y*) Mähne *f*; **~a fali** Wellenkamm *m*; **~ka** F (*-i*) Pony *m*
grzywna F (*-y; gen -wien*) Geldstrafe *f*
gubern|ator M (*-a; -rzy*) *w USA* Gouverneur *m*; **~ia** F (*-i; -e*) Gouvernement *n*
gubić ⟨**z-**⟩ (*-ię*) verlieren; *pogoń* loswerden; (*niszczyć*) zugrunde richten; **~ wątek** den Faden verlieren; **~ się** *rzeczy* verloren gehen, abhandenkommen; (*błądzić*) sich verirren, sich verlaufen; (*tracić orientację*) sich verlieren (**w** *lok* in *dat*); (*tracić się z oczu*) sich aus den Augen verlieren
Gubin M (*-a; bpl*) Guben *n*
GUC M (*-u; bpl*) (Główny Urząd Ceł) Hauptzollamt *n*
gula F (*-i; -e*) Beule *f*; **~sz** M (*-u; -e*) Gulasch *m od n*
gułag M (*-u; -i*) HIST Gulag *m*
gu|ma F (*-y*) Gummi *m od n*; *umg* Reifen

m; (*prezerwatywa*) *umg* Gummi *m od n*; **~ma do majtek** Gummiband *n*; **~ma do żucia** Kaugummi *m od n*; **złapać ~mę** *umg* einen Platten haben
gum|iak M (*-a*; *-i*) *umg* Gummistiefel *m*; **~iś** M (*-sia*; *-sie*) *umg* Gummibärchen *n*
gum|ka F (*-i*; *gen -mek*) *do ścierania* Radiergummi *m*; *do majtek* Gummi(band) *n*; **na ~kę** mit einem Gummizug
gumo|wiec M (*-wca*; *-wce*) Gummistiefel *m*; **~wy** Gummi-
gupik M (*-a*; *-i*) Guppy *m*
guru M *unv* REL Guru *m* (*a. fig*)
GUS M (*-u*; *bpl*) (**Główny Urząd Statystyczny**) Statistisches Hauptamt *n*
gusła PL (*gen -seł*) Zauberei *f*
gust M (*-u*; *-y od -a*) Geschmack *m*; **w tym guście** (in) dieser Art; **sprawa ~u** Geschmackssache *f*; **w złym guście** geschmacklos, ohne Geschmack; **z ~em** mit Geschmack, geschmackvoll
gustować (*-uję*) (**w** *lok*) mögen (*akk*), Gefallen finden (an *dat*)
gustowny geschmackvoll
gutaperka F (*-i*; *bpl*) Guttapercha *f od n*
guwern|antka F (*-i*; *gen -tek*) HIST Hauslehrerin *f*, Gouvernante *f*; **~er** M (*-a*; *-rzy*) HIST Hauslehrer *m*
guz M (*-a*; *-y*) (*stłuczenie*) Beule *f*; MED Knoten *m*; Tumor *m*
guzdrać się (*-am*) *umg* trödeln
guzdrała F *od m* (*-y*) Trödelfritze *m*; (*kobieta*) Trödeltante *f*
guz|ek M (*-zka*; *-zki*) kleine Beule *f*; MED kleiner Knoten *m*; **~ik** M (*-a*; *-i*) Knopf *m*; **~ik!** *umg* nix da!; **~ik z pętelką!** Pustekuchen!; **~kowaty** knotig
gwałciciel M (*-a*; *-e*) Vergewaltiger *m*
gwałcić ⟨**z-**⟩ (*-cę*) *kobietę* vergewaltigen; ⟨**po-**⟩ *prawo* verletzen, missachten
gwałt M (*-u*; *-y*) Vergewaltigung *f*; (*przemoc*) Gewalt *f*, Gewalttat *f*; (*bpl*) (*hałas*) Radau *m*, Lärm *m*; **zadać ~** Gewalt antun; **~tem** *adv* gewaltsam, mit Gewalt; **na ~** *umg* sofort, auf Teufel komm raus
gwałtow|ność F (*-ści*; *bpl*) Heftigkeit *f*; *zmian* Plötzlichkeit *f*; **~ny** impulsiv, ungestüm; (*burzliwy*) heftig, stark; (*nagły*) plötzlich
gwar M (*-u*; *bpl*) Lärm *m*; **~ rozmów** Stimmengewirr *n*; **~ ulicy** Straßenlärm *m*
gwara F (*-y*) Mundart *f*; Jargon *m*; **~ zawodowa** Fachjargon *m*; **~ przestępcza** Gaunersprache *f*
gwara|ncja F (*-i*; *-e*) Garantie *f*; EKON Bürgschaft *f*; **~ncyjny** Garantie-; **~nt** M (*-a*; *-ci*) Bürge *m*
gwarantować ⟨**za-**⟩ (*-uję*) garantieren, zusichern (*akk*); bürgen (für *akk*)
gwardia F (*gen dat lok -ii*; *-e*) Garde *f*; **~ honorowa** Ehrengarde *f*; **stara ~** *fig* alte Garde *f*
gwardzista M (*-y*; *-ści*) Gardesoldat *m*
gwarny (**-no**) geräuschvoll, laut; *ulica* belebt
gwarowy mundartlich
gwarzyć (*-ę*) plaudern
gwiazda F (*-y*) ASTRON Stern *m*; *fig* Star *m*; **spadająca ~** Sternschnuppe *f*; **jego ~ gaśnie** sein Stern sinkt, sein Stern ist im Sinken; **szczęśliwa ~** glücklicher Stern *m*
gwiazd|ka F (*-i*; *gen -dek*) *fig* Starlet *n*; Heiligabend *m*; Weihnachtsbescherung *f*; **dostać na ~kę** zu Weihnachten bekommen, als Weihnachtsgeschenk bekommen
gwiazdkowy Weihnachts-
gwiazdo|r M (*-a*; *-rzy*) (Film)Star *m*; **~zbiór** M (*-oru*; *-ory*) Sternbild *n*
gwiaździs|ty (**-ście**) sternförmig; *niebo* sternenübersät, gestirnt; *noc* sternenklar; **~te niebo** *n* Sternhimmel *m*
gwiezdny Stern-, stellar
gwint M (*-u*; *-y*) Gewinde *n*; **jasny ~!** verdammt noch mal!
gwizd M (*-u*; *-y*) Pfeifen *n*, Pfiff *m*
gwizdać (*gwiżdżę*) ⟨**-nąć**⟩ (*-nę*) pfeifen; **gwizdać** (**na** *akk*) (*lekceważyć*) *umg* pfeifen (auf *akk*)
gwizd|ek M (*-dka*; *-dki*) Pfeife *f*; (*gwizd*) Pfiff *m*; **~ek sędziego** SPORT Abpfiff *m*; **na pół ~ka** halbherzig
gwizdnąć PF *umg* klauen; → gwizdać
gwoździk M (*-a*; *-i*) TECH kleiner Nagel *m*
gwóźdź M (*gwoździa*, *gwoździe*; *inst gwoździami*) TECH Nagel *m*; **~ programu** Höhepunkt *m* des Programms, Hauptattraktion *f*, Highlight *n*; **być gwoździem do trumny** *fig* ein Nagel zum Sarg sein
gzyms M (*-u*; *-y*) Sims *m*

G

H

habilitacja F (-i; -e) Habilitation *f*
habit M (-u; -y) Kutte *f*
hacker → haker
haczyk M (-a; -i) Haken *m* (*a. fig*), Häkchen *n*; *do łowienia* Angelhaken *m*; **~owaty** hakenförmig; **~owaty nos** *m* Hakennase *f*
hafciar|ka F (-i; *gen* -rek) Stickerin *f*; **~stwo** N (-a; *bpl*) Stickerei *f*
hafcik M (-u; -i) kleine Stickerei *f*
haft M (-u; -y) Stickerei *f*; **~ka** F (-i; *gen* -tek) Häckchenverschluss *m*
haftować ⟨**wy-**⟩ (-*uję*) (be)sticken; **haftować** *pop* kotzen, reihern
Haga F (-i; *bpl*) Den Haag *n*
haj: **być na ~u** *umg* high sein
hajda INT los!
hak M (-a; -i) Haken *m* (*a.* SPORT); **~ holowniczy** Anschlepphaken *m*; **z ~iem** *adv* über, mehr als; **~er** M (-a; -erzy) EDV Hacker *m*; **~owaty** Haken-, hakenförmig; **~owy** Haken-
hala[1] F (-i; -e) (*pomieszczenie*) Halle *f*
hala[2] F (-i; -e) (*łąka*) Alm *f*
halibut M (-a; -y) Heilbutt *m*
halka F (-i; *gen* -lek) Unterrock *m*
hall → hol
halny M (-ego; *bpl*) *Fallwind in der Tatra*
halo INT TEL hallo; **~, proszę zaczekać!** hallo, warten Sie bitte!; **wielkie ~** *umg* viel Aufhebens, viel Gedöns
halogenowy Halogen-
halowy Hallen-
halucyn|acja F (-i; -e) Halluzination *f*; **~ogenny** halluzinogen
hałas M (-u; -y) (*zgiełk*) Lärm *m*; (*łomot*) Krach *m*, Gepolter *n*, Rumoren *n*; (*rozgłos*) Aufsehen *n*; **narobić ~u** Aufsehen erregen, viel Staub aufwirbeln
hałasować (-*uję*) Lärm machen, laut sein; *umg* rumoren, Krach machen
hałastra M (-y) *umg pej* Gesindel *n*, Bande *f*
hałaśliwy (-**wie**) laut, lärmend
hałda F (-y) Halde *f*
hamak M (-u; -i) Hängematte *f*
hamburger M (-a; -y) Hamburger *m*
hamować ⟨**za-**⟩ (-*uję*) (ab)bremsen; *fig* hemmen; *ruch* behindern; ⟨**po-**⟩ *łzy, wzruszenie* unterdrücken; *gniew* zügeln; **~ się** sich mäßigen, sich beherrschen
hamujący (**-co**) hemmend
hamul|cowy Brems-; **~ec** M (-*lca*; -*lce*; *gen* -*ów*) Bremse *f*; *fig* Hemmung *f*; **~ec bezpieczeństwa** Notbremse *f*; **~ec ręczny** Handbremse *f*; **~ec wsteczny** Rücktrittbremse *f*
handel M (-*dlu*; *bpl*) Handel *m*; **prowadzić** Handel treiben; **~ wymienny** Tauschhandel *m*; **~ danymi osobowymi** WIRTSCH Datenhandel *m*; **~ detaliczny** Einzelhandel *m*; **~ hurtowy** Großhandel *m*; **~ zagraniczny** Außenhandel *m*
handla|rz M (-a; -e), **~rka** F (-i; *gen* -rek) Kleinhändler(in) *m(f)*; **~rz narkotyków** Rauschgifthändler *m*; **~rz sztuką** Kunsthändler *m*
handlować (-*uję*) Handel treiben, handeln (*inst* mit *dat*)
handlowiec M (-*wca*; -*wcy*) Kaufmann *m*; (*kobieta*) Kauffrau *f*
handlo|wość F (-*ści*; *bpl*) Handelswesen *n*; **~wy** *centrum, spółka* Handels-; *korespondencja, dzielnica* Geschäfts-
handryczyć się (-*ę*) *umg* streiten, zanken
hangar M (-u; -y) Flugzeughalle *f*
haniebny schändlich, niederträchtig
hantle PL (*gen* -*li*) SPORT Hanteln *pl*
hańb|a F (-y; *bpl*) Schande *f*, Schmach *f*
hańbić ⟨**z-**⟩ (-*ię*) entehren, schänden; **~ się** seinen Ruf ruinieren; sich schändlich verhalten, würdelos handeln
haracz M (-u; -e) Schutzgeld *n*; (*okup*) Lösegeld *n*
haratać ⟨**po-**⟩ (-*am*) (*kaleczyć*) *umg* übel zurichten
harce PL: **wyczniać ~** herumtollen, herumtoben
harce|rz M (-a; -e, -y), **~rka** F (-i; *gen* -rek) Pfadfinder(in) *m(f)*
harcers|ki Pfadfinder-; **~two** N (-a; *bpl*) Pfadfinderbewegung *f*
har|dość F (-*ści*; *bpl*) Hochmut *m*; **~dware** M (*unv*) EDV Hardware *f*; **~dy** (*persf* -*dzi*) (**-do**) hochmütig, stolz; (*zuchwały*) trotzig, frech
hardzieć ⟨**z-**⟩ aufmümpfig werden, sich widersetzen
har|em M (-u; -y) Harem *m*; **~fa** F (-y)

Harfe *f*
harfia|rz M (-a; -e), **~rka** F (-i; gen -rek) Harfenist(in) *m(f)*
harmider M (-u od -dru; -bpl) Lärm *m*, Tumult *m*
harmo|nia F (gen dat lok -ii; bpl) Harmonie *f*; MUS (PL -e) Ziehharmonika *f*; **~nijka** F (-i; gen -jek) Mundharmonika *f*; **~nijny** harmonisch
harmonizować ⟨z-⟩ (-uję) v/t in Einklang bringen, aufeinander abstimmen; **harmonizować** (z inst) harmonieren (mit *dat*), passen (zu *dat*)
harmonogram M (-u; -y) Zeitplan *m*
harować (-uję) umg schuften, rackern
harówka F (-i; gen -wek) umg Plackerei *f*, Schinderei *f*
harpun M (-a; -y) Harpune *f*
hart M (-u; bpl): **~ ducha** Zähigkeit *f*; **~ woli** Willenskraft *f*; **~ fizyczny** körperliche Ausdauer *f*, Zähigkeit *f*
hartować ⟨za-⟩ (-uję) TECH härten; *fig* abhärten; **~ się** sich abhärten
hasać (-am) herumtoben, herumtollen
haski *asj* Haager
hasło N (-a; gen -seł) MIL Losung *f*, Parole *f*; *w słowniku* Stichwort *n*; *(sygnał)* Signal *n*, Zeichen *n*; *(kod)* Kennwort *n*, Passwort *n*
haszysz M (-u; bpl) Haschisch *m*
haust M (-u; -y) Schluck *m*; **jednym ~em** in einem Zug; **~ powietrza** Atemzug *m*
Hawana F (-y; bpl) Havanna *n*
Hawela F (-i; bpl) Havel *f*
hazard M (-u; bpl) *(brawura)* Risikofreudigkeit *f*, Hasardspiel *n*; *(gry hazardowe)* Glücksspiel *n*, Hasardspiel *n*; **~owy (-wo)** halsbrecherisch, riskant; **gra** *f* **~owa** Glücksspiel *n*; **grać ~owo w karty** um Geld spielen, *umg* zocken
hazardzista M (-y; -ści) Glücksspieler *m*, *umg* Zocker *m*
heban M (-u; bpl) Ebenholz *n*
heb|el M (-bla; -ble) Hobel *m*; **~larka** F (-i; gen -rek) Hobelmaschine *f*
heblować ⟨o-⟩ (-uję) hobeln
hebrajski (po -ku) hebräisch
he|ca F (-y; -e) *umg fig* Theater *n*; **dla ~cy** aus Jux; **urządzić** *pf* **~cę** e-e Schau abziehen; **to ci ~ca!** das ist ja ein Ding!
hegemonia F (gen dat lok -ii; bpl) Vorherrschaft *f*
heinemedina F (-y; bpl) MED Kinderlähmung *f*
hejnał M (-u; -y) Trompetensignal *n*, Turmblasen *n*
hektar M (-a; -y) Hektar *n*
hel M (-u; bpl) CHEM Helium *n*
hellenizować ⟨z-⟩ (-uję) hellenisieren
helikopter M (-a; -y) Hubschrauber *m*
hełm M (-u; -y) Helm *m*; **~ ochronny** Schutzhelm *m*; **~ofon** M (-u; -y) Fliegerkappe *f*
hemo|filia F (gen dat lok -ii; bpl) Bluterkrankheit *f*, Hämophylie *f*; **~roidy** PL (gen -ów) Hämorrhoiden *pl*
hen ADV: **~ daleko** weit weg, in der Ferne
henna F (-y; bpl) Henna *n*
hera F (-y; bpl) umg Heroin *n*, umg Stoff *m*
heraldyka F (-i; bpl) Wappenkunde *f*, Heraldik *f*
herb M (-u; -y) Wappen *n*; **~ rodowy** Familienwappen *n*
herba|ciany Tee-; **~ciarnia** F (-i; -e) Teestube *f*; **~ta** F (-y) Tee *m*; **czarna ~ta** schwarzer Tee *m*; **~ta ekspresowa** Tee *m* in Teebeuteln; **przyjść** *pf* **na ~tę** zum Tee kommen; **~tniki** M/PL (gen -ów) Teegebäck *n*, Kekse *pl*
herbicydy PL (gen -ów) Unkrautbekämpfungsmittel *n*
herbowy Wappen-
herc M (-a; -e) FIZ Hertz *n*
here|tycki REL ketzerisch *(afig)*; **~tyk** M (-a; -cy) REL Ketzer *m (a. fig)*; **~zja** F (-i; -e) REL Ketzerei *f (a. fig)*
hermafrodyta M (-y; -ci) MED Zwitter *m*, Zwitterwesen *n*
hermetyczny hermetisch, luftdicht; *fig* geschlossen
herod-baba F (-y) umg Hausdrachen *m*
heroi|czny heroisch; **~na** F (-y; bpl) Heroin *n*; **~nowy** Heroin-
heros (-a; -owie) *lit* Held *m (a.* MITOL)
herszt M (-a; -ci od -ty) Anführer *m*, Boss *m*
Hesja F (-i; bpl) Hessen *n*
heski hessisch, Hessen-
heteroseksualny heterosexuell
hetman M (-a; -i) HIST Hetman *m*; *w szachach (pl -y)* Königin *f*; **~ koronny** *od* **wielki** HIST Kronfeldherr *m*
hiacynt M (-u od -a; -y) BOT Hyazinthe *f*
hibernacja F (-i; bpl) BIOL Winterschlaf *m*
hiena F (-y) Hyäne *f*; **~ cmentarna** *pej fig* Grabplünderer *m*
hieroglif M (-u; -y) Hieroglyphe *f*
higiena F (-y; bpl) Hygiene *f*; **~ osobista**

od ~ **ciała** Körperpflege *f*; ~ **jamy ustnej** Zahnpflege *f*, Mundpflege *f*
higienicz|ny hygienisch; **podpaska** *f* **~na** Damenbinde *f*; **chusteczka** *f* **~na** Taschentuch *n*
higienistka F (*-i; gen -tek*) Krankenschwester *f* an einer Schule
higroskopijny hygroskopisch
Hindus M (*-a; -i*), **~ka** F (*-i; gen -sek*) Inder(in) *m(f)*; **≈(ka)** REL Hindu *m(f)*
hiobo|wy: **~we wieści** *pl* Hiobsbotschaft *f*
hiper *zssgn* hyper-, Hyper-
hipermarket M (*-u; -y*) großes Warenhaus *n*
hipis M (*-a; -i*), **~ka** F (*-i; gen -sek*) Hippie *m*; **~owski** Hippie-
hipnotyzer M (*-a; -rzy*), **~ka** F (*-i; gen -rek*) Hypnotiseur(in) *m(f)*
hipnotyzować ⟨**za-**⟩ (*-uję*) hypnotisieren
hipnoza F (*-y; bpl*) Hypnose *f*
hipochondry|k M (*-a; cy*), **~czka** F (*-i; gen -czek*) Hypochonder(in) *m(f)*
hipo|drom M (*-u; -y*) (Pferde)Rennbahn *f*; **~kryta** M (*-y; -ci*) Heuchler *m*; **~potam** M (*-a; -y*) Nilpferd *n*
hipo|teczny hypothekarisch, Hypotheken-; **kredyt** *m* **~teczny** Hypothekarkredit *m*; **~teka** F (*-i*) Hypothek *f*; **~tetyczny** hypothetisch; **~teza** F (*-y*) Hypothese *f*
histerl|ia F (*gen dat lok -ii; bpl*) Hysterie *f*; **zbiorowa ~ia** Massenhysterie *f*; **wpaść** *pf* **w ~ię** hysterisch werden; **~yczny** hysterisch
histor|ia F (*gen dat lok -ii; -e*) (*wydarzenie*) Geschichte *f*; (*dzieje*) Geschichte *f*; Historie *f*; (*nauka*) Geschichte *f*, Geschichtswissenschaft *f*; **~ia świata** Weltgeschichte *f*; **~ia literatury** Literaturgeschichte *f*; **~ia choroby** Krankheitsgeschichte *f*, Anamnese *f*; **opowiadać niestworzone ~ie** dummes Zeug reden
historyczka F (*-i; gen -czek*) *umg* Geschichtslehrerin *f*
histor|yjka F (*-i; gen -jek*) kleine Geschichte *f*, Anekdote *f*; **~yk** M (*-a; -cy*) Historiker *m*; (*kobieta*) Historikerin *f*; **~yczny** historisch; (*doniosły*) historisch, geschichtsträchtig
Hiszpan M (*-a; -ie*) Spanier *m*
Hiszpania F (*gen dat lok -ii; bpl*) Spanien *n*
Hiszpanka F (*-i; gen -nek*) Spanierin *f*
hiszpański (**po -ku**) spanisch
hit M (*-u; -y*) Hit *m*, Schlager *m*
hitlerow|iec M (*-a; -cy*) HIST Nationalsozialist *m*; **~ski** HIST nationalsozialistisch
hob|bi, **~by** N (*unv*) Hobby *n*
hobbyst|a M (*-y; -ści*), **~ka** F (*-i; gen -tek*) Hobbyist(in) *m(f)*
hochsztapler M (*-a; -rzy*), **~ka** F (*-i; gen -rek*) Hochstapler(in) *m(f)*, Betrüger(in) *m(f)*
hodować (*-uję*) *zwierzęta* züchten; halten; *rośliny* anbauen; züchten; **~ się** wachsen, sich entwickeln; ⟨**wy-**⟩ (*krzyżować*) züchten
hodowca M (*-y; -ów*) *roślin* Züchter *m*; Gärtner *m*; *warzyw* Gemüsebauer *m*; *świń, gęsi* Züchter *m*; Mäster *m*
hodowla F (*-i; -e*) *roślin* Anbau *m*, Zucht *f*; *zwierząt* (Auf)Zucht *f*; Tierhaltung *f*; *świń, gęsi* Mast *f*; (*krzyżowanie*) Zucht *f*; **~ jedwabników** Seidenbau *m*, Seidenraupenzucht *f*; **~ bakterii** Bakterienkultur *f*; **~ny** *rasa* Zucht-
hoj|ność F (*-ści; bpl*) Freigebigkeit *f*, Großzügigkeit *f*; **~ny** freigebig, großzügig, spendabel; **~ną ręką** *adv* großzügig
hok|eista M (*-y; -ści*) Hockeyspieler *m*; **~ej** M (*-a; bpl*) Hockey *n*; **~ej na lodzie** Eishockey *n*; **~ej na trawie** Feldhockey *n*; **~ejki** F/PL (*gen -jek*) Hockeyschlittschuhe *m/pl*
hol[1] M (*-u; -e; gen -ów od -li*) Vorhalle *f*; *w teatrze* Foyer *n*; *w banku* Schalterhalle *f*
hol[2] M (*-u; -e; gen -ów*) (Ab)Schleppseil *n*; MAR Schlepptau *n*; **brać na ~** abschleppen; **na ~u** im Schlepp
Holandia F (*gen dat lok -ii; bpl*) Holland *n*
holding M (*-u; -i*) EKON Holding *f*
Holender M (*-dra; -drzy*), **~ka** F (*-i; gen -rek*) Holländer(in) *m(f)*; **latający ~** der Fliegende Holländer; **≈!** *int* verdammt noch mal!, schiet!; **≈ski** (**po -ku**) holländisch
holować (*-uję*) ⟨**od-**⟩ (ab)schleppen, im Schlepp haben
holowni|czy Schlepp-; **lina** *f* **~cza** (Ab)Schleppseil *n*; **służba ~cza** Abschleppdienst *m*
holownik M (*-a; -i*) MAR Schlepper *m*
Holsztyn M (*-u; bpl*) Holstein *n*
hołd M (*-u; -y*) Ehrerbietung *f*; HIST Huldigung *f*; **złożyć ~ pamięci** (*gen*) gedenken (*gen*)

hołdować (*-uję*) (*dat*) HIST huldigen; *iron* huldigen, frönen (*dat*)
hołota F (*-y; bpl*) *pej* Pack *n*, Mob *m*
hołubić (*-ę*) verwöhnen, hegen und pflegen
homar M (*-a; -y*) Hummer *m*
homeopat|ia F (*gen dat lok -ii; bpl*) Homöopathie *f*; **~yczny** homöopathisch
homogeniczny homogen
homogenizowa|ny: **mleko** *n* **~ne** H-Milch *f*; **serek** *m* **~ny** Quark *m*
homologacja F (*-i; bpl*) (*zezwolenie*) HANDEL Zulassung *f*
homonim M (*-u; -y*) JĘZ Homonym *n*
homoseksual|ista M (*-y; -ści*) Homosexuelle(r) *m*; **~ny** homosexuell, *umg* schwul
honor M (*-u; bpl*) (*duma*) Ehrgefühl *n*, Stolz *m*, Würde *f*; (*zaszczyt*) Ehre *f*; **~y** *pl* (*gen -ów*) Ehrerbietung *f*; Hochachtung *f*; (*dostojeństwa*) Würden *pl*; **słowo** *n* **~u** Ehrenwort *n*; **punkt** *m* **~u** Ehrensache *f*; **z ~ami** mit Ehren
honorarium N (*unv; -ia; gen -iów*) Honorar *n*
honorować (*-uję*) *weksel* honorieren, annehmen; *kartę kredytową* akzeptieren; *reklamacje* berücksichtigen; *wizę* anerkennen
honorowy (-wo) ehrenhaft; *członek, salwa, tytuł* Ehren-; *urząd* ehrenamtlich; **~ dawca** *m* **krwi** Blutspender *m*
hop INT; hopp, hoppla!; **~, ~!** *w lesie* huhu!
horda F (*-y*) Horde *f*, Bande *f*
hormon M (*-u; -y*) Hormon *n*; **~alny** *równowaga* hormonell; *lek* Hormon-; **kuracja** *f* **~alna** Hormonbehandlung *f*; **gospodarka** *f* **~alna** Hormonhaushalt *m*; **~owy** Hormon-
horoskop M (*-u; -y*) Horoskop *n*
horrendalny horrend
horror M (*-u; -y*) (*film*) Horrorfilm *m*, Gruselfilm *m*; (*książka*) Horrorgeschichte *f*, Gruselgeschichte *f*; (*bpl*) Grauen *n*
horyzon|t M (*-u; -y*) Horizont *m* (*a. fig*); **na ~cie** am Horizont; **~ty** *pl* (*-ów*) Perspektiven *pl*, Aussichten *pl*
hossa F (*-y*) FIN Hausse *f*
hostessa F (*-y*) Hostess *f*
hostia F (*gen dat lok -ii; -e*) REL Hostie *f*
hot-dog M (*-a; -i*) Hotdog *m od n*
hotel M (*-u; -e*) Hotel *n*; **~ robotniczy** Arbeiterwohnheim *n*; **~arstwo** N (*-a; bpl*) Hotelgewerbe *n*; **~owy** Hotel-; **służba** *f* **~owa** Hotelpersonal *n*
hoży drall
hrabi|a M (*gen -iego; -iowie; gen -iów*) Graf *m*; **~anka** F (*-i; gen -nek*) Komtesse *f*; **~na** F (*-y*) Gräfin *f*; **~owski** gräflich, Grafen-
hrabstwo N (*-a*) Grafschaft *f*
huba F (*-y*) Zunderschwamm *m*, Zunderpilz *m*
huczeć (*-ę*) dröhnen; *wodospad, morze* tosen, brausen; *wiatr* sausen; *ogień* prasseln; **huczy mi w głowie** mir dröhnt der Kopf
hucznie ADV großzügig, im großen Stil; **~czny** *bal* rauschend; *oklaski* tosend
huf|iec M (*-fca; -fce; gen -fców*) (*jednostka*) Einheit *f*; **~iec harcerski** Pfadfinderstamm *m*; **~ce** *pl* HIST Heerscharen *pl*
huk M (*-u; -i*) *maszyn, motoru* Dröhnen *n*; *fal* Getöse *n*, Brausen *n*; **~ pioruna** Donner *m*; **z ~iem** mit lautem Krach; (*zamieszanie*) (*bpl*) Trubel *m*, Aufregung *f*
hukać (*-am*) ⟨**-nąć**⟩ (*-nę*) *sowa* rufen; **huknąć** *umg* hauen, knallen; **huknąć na k-o** *umg* j-n anbrüllen, j-n anfahren
hulać (*-am*) feiern, auf den Putz hauen; *wiatr* blasen, sausen; **~ po nocach** die Nächte durchmachen; **hulaj dusza!** lass uns feiern!, die Party kann steigen!
hulajnoga F (*-i*) (Kinder)Roller *m*
hula|nka F (*-i; gen -nek*) Sause *f*; **~szczy** ausschweifend
hultaj M (*-a; -e*) *żart* Schlingel *m*
humanist|a M (*-y; -ści*), **~ka** F (*-i; -tek*) Humanist(in) *m(f)*
humanistycz|ny humanistisch; **nauki** *pl* **~ne** Geisteswissenschaften *pl*
humanitarny *pomoc* humanitär; *traktowanie* human
humanizm M (*-u; bpl*) Humanismus *m*
hum|or M (*-u; bpl*) Humor *m*; (*nastrój*) Laune *f*; **~ory** *pl* (*gen -ów*) Launen *pl* **mieć poczucie ~oru** Humor haben; **w złym ~orze** schlecht gelaunt, nicht in Stimmung; **w dobrym ~orze** gut gelaunt, in Stimmung; **czarny ~or** schwarzer Humor *m*
humorystycz|ny humoristisch; **pismo** *n* **~ne** Witzblatt *n*
humorzasty *umg* launisch
hura INT hurra; **na ~** Hals über Kopf
huragan M (*-u; -y*) METEO Hurrikan *m*;

H

~owy orkanartig
hurkot M (-u; bpl) Rattern *n*
hurkotać (*hurkoczę*) rattern
hurmem ADV scharenweise, in Scharen
hurt M (-u; bpl) Großhandel *m*; **~em** im Großhandel
hurto|wnia F (-i; -e, -i) Großhandlung *f*; (*magazyn*) Lager *m*; **~wnik** M (-a; -cy) Großhändler *m*; **~wo** ADV im Großhandel; **~wy** Großhandels-
husarz M (-a; -e) HIST Husar *m*
husycki HIST hussitisch, Hussiten-
huśtać ⟨po-⟩ (-*am*) schaukeln; **~ się** sich schaukeln; **huśta** *unpers* es schaukelt
huśtawka F (-i; *gen* -*wek*) Schaukel *f*; *pozioma* Wippe *f*
hu|ta F (-y) Hüttenwerk *n*; **~ta stali** Stahlwerk *n*; **~ta szkła** Glashütte *f*; **~ta żelaza** Eisenhütte *f*; **~tnictwo** N (-a; bpl) Hüttenindustrie *f*
hutn|iczy Hütten-; **piec** *m* **~czy** Hochofen *m*; **~ik** M (-a; -cy) Hüttenarbeiter *m*
hycać (-*am*) ⟨-**nąć**⟩ (-*nę*) hopsen
hycel M (-*cla*; -*cle*) Hundefänger *m*; *pej* Schurke *m*, Schuft *m*
hydraul|iczny *hamulec* hydraulisch; *roboty* Klempner-; **~ik** M (-a; -cy) Rohrinstallateur *m*, Klempner *m*
hydro *zssgn* hydro-, Hydro-, Wasser-
hydro|elektrownia F (-; e) Wasserkraftwerk *n*; **~energia** F (*gen dat lok* -*ii*; *bpl*) Wasserkraft *f*; **~for** M (-u; -y) TECH Wasserversorgungsanlage *f*; **~plan** M (-u; -y) Wasserflugzeug *n*; **~terapia** F (*gen dat lok* -*ii*; *bpl*) Hydrotherapie *f*, Wasserheilkunde *f*
hymn M (-u; -y) Hymne *f*; **~ państwowy** Nationalhymne *f*
hyś: **mieć hysia** *umg* einen Dachschaden haben

I

i *konj* und; *partikel* auch; sogar; **~ tak** ohnehin; **~ już!** und basta!
iberystyka F (-i; *bpl*) (*kierunek studiów*) Spanisch *n* und Portugiesisch *n*
ich PRON *akk persf* sie; *gen persf, sachf* ihrer; PRON *poss* ihr; ihre; **nie znam ~** ich kenne sie nicht; **pozdrów ~ ode mnie!** grüße sie von mir!; **~ rzeczy** ihre Sachen; **~ dom** ihr Haus; **~ dziecko** ihr Kind; **~ córka** ihre Tochter; → one; oni
ichtiologia F (*gen dat lok* -*ii*; *bpl*) Fischkunde *f*, Ichthyologie *f*
ichtiolo|wy: **maść ~wa** Ichthyolsalbe *f*
idea F (*gen dat lok idei*; -*ee*; *gen idei*) Idee *f*
idealist|a M (-y; -*ści*), **~ka** F (-i; *gen* -*tek*) Idealist(in) *m(f)*, Schwärmer(in) *m(f)*
idealistyczny idealistisch
idealizować (-*uję*) idealisieren
ide|alny ideal; **~ał** M (-u; -y) Ideal *n*; (*osoba*) Vorbild *n*; **~ał piękna** Schönheitsideal *n*; **~ał kobiety** Traumfrau *f*
identyczny identisch
identyfikacyjny: **znak** *m* **~** Kennzeichen *n*
identyfikator M (-a; -y) Namensschild *n*
identyfikować ⟨**z-**⟩ (-*uję*) identifizieren; **~ się** sich identifizieren (**z** *inst* mit *dat*)
ideolog M (-a; -*dzy*) Ideologe *m*; **~ia** F (*gen dat lok* -*ii*; *bpl*) Ideologie *f*; **~iczny** ideologisch
ideowy (**-wo**) ideologisch; *wsparcie* ideell
idiocieć ⟨**z-**⟩ (-*eję*) verblöden
idiom M (-u; -y) JĘZ Idiom *n*
idiot|a M (-y; -*ci*), **~ka** F (-i; *gen* -*tek*) *umg pej* Idiot(in) *m(f)*; **słodka ~ka** *umg* Tussi *f*
idioty|czny *pej* idiotisch, dämlich; **~zm** M (-u; -y) *pej* Schwachsinn *m*
idol M (-a; -e) REL Götze *m*; *fig* Idol *n*, Abgott *m*
idyll|a F (-i; -e) Idylle *f*, Idyll *n*; **~iczny** idyllisch
iglasto-liściasty: **las** *m* **~** Mischwald *m*
iglas|ty: **drzewo** *n* **~te** Nadelbaum *m*
ig|lica F (-y; -e) ARCH Spitze *f*; **~liwie** N (-a; *bpl*) Fichtennadeln *pl*
igloo N (*unv*) Iglu *m od n*
ig|ła F (-y; *gen* -*gieł*) Nadel *f*; **~ła do szycia** Nähnadel *f*; **~ła do strzykawki** Injektionsnadel *f*, Kanüle *f*; **~ła gramofonowa** Grammofonnadel *f*; **jak spod ~ły** nagelneu; **szukać ~ły w stogu siana** eine Stecknadel im Heuhaufen suchen
ignorant M (-a; -*ci*), **~ka** F (-i; *gen* -*tek*) Ignorant(in) *m(f)*
ignorować ⟨**z-**⟩ (-*uję*) ignorieren

igrać (*-am*) spielen, ein Spiel treiben (**z** *inst* mit *dat*); **~ z ogniem** mit dem Feuer spielen; **~ ze śmiercią** mit dem Tod spielen
igraszka F (*-i; gen -szek*) Spiel *n*; (*drobnostka*) Kinderspiel *n*; *fig* Spielball *m*
igrzyska PL (*gen -*): **~ olimpijskie** SPORT die Olympischen Spiele; **~ zimowe** SPORT Winterspiele *pl*; **~ letnie** SPORT Sommerspiele *pl*
i in. (**i inni** *od* **inne**) u.a (und andere)
ikona F (*-y*) MAL Ikone *f*; EDV Schaltfläche *f*
ik|ra F (*-y; bpl*) (Fisch)Rogen *m*; *w wodzie* Laich *m*; **składać ~rę** laichen; **z ~rą** *fig* vital, energisch; **mieć ~rę** *umg* Pep haben
ile PRON *interrog* (*persf ilu*) wie viel; **~ to kosztuje?** wie viel kostet das?; **~ masz lat?** wie alt bist du?; **~ razy?** wie viele Male?, wie oft?; **tyle ... ~ ...** so viel ... wie viel ...; **~ sił** *adv* so schnell wie möglich; **~ dusza zapragnie** in Fülle und Hülle; **o tyle o ~** *umg* so lala; **o ~ wiem** soviel ich weiß; **o ~ pamiętam** soweit ich mich erinnere; **o ~ ... o tyle ...** je ... umso ...
ile|kolwiek PRON wie viel(e) auch immer, gleich wie viel(e); ein paar; **~kroć** *konj* sooft; jedes Mal wenn, immer wenn
ileś PRON (*persf iluś*) mehrere, viele; **~ lat temu** vor Jahren
ileż PRON *interrog lit* wie viel denn
ilo|czyn M (*-u; -y*) MAT Produkt *n*; **~raz** M (*-u; -y*) MAT Quotient *m*; **~raz inteligencji** Intelligenzquotient *m*
ilo|ściowy (**-wo**) mengenmäßig, quantitativ; **~ść** F (*-ści*) (An)Zahl *f*, Menge *f*; **~ść stron** Seitenzahl *f*; **~ść sztuk** Stückzahl *f*
ilu *persf* → ile
iluś *persf* → ileś
ilumin|acja F (*-i; -e*) Illumination *f*, Festbeleuchtung *f*; **~ator** M (*-a; -y*) MAR Bullauge *n*
iluminować (*-uję*) illuminieren, beleuchten
ilustrac|ja F (*-i; -e*) Illustration *f*, Bild *n*; (*prezentacja*) Veranschaulichung *f*; **~yjny** anschaulich
ilustrować ⟨**z-**⟩ (*-uję*) illustrieren, bebildern; (*prezentować*) veranschaulichen, erläutern
ilustrowany illustriert, bebildert; **magazyn** *m* **~** Illustrierte *f*
iluzja F (*-i; -e*) Illusion *f*, Selbsttäuschung *f*
iluzjonist|a M (*-y; -ści*), **~ka** F (*-i; gen -tek*) Zauberkünstler(in) *m(f)*
iluzoryczny illusorisch
ił M (*-u; -y*) MINER Ton *m*; **~ łupkowy** Schieferton *m*; **~owaty** tonig
im. (**imię**) Vorname *m*; (**imienia**) **Liceum im. Paderewskiego** Paderewski-Gymnasium *n*
im[1] PRON PL *dat* ihnen; **co ~ dasz?** was gibst du ihnen?; **jestem ~ wdzięczny** ich bin ihnen dankbar; → one; oni
im[2] ADV je; **~ prędzej tym lepiej** je eher desto besser
imać się (*-am*) (*gen*) *lit* beginnen (mit *dat*), ergreifen (*akk*)
imadło N (*-a; gen -deł*) Schraubstock *m*
imaginac|ja F (*-i; bpl*) Einbildungskraft *f*, Vorstellungskraft *f*; **~yjny** imaginär
imbecyl M (*-a; -e*) *pej* Schwachkopf *m*
imbir M (*-u; bpl*) Ingwer *m*; **~owy** Ingwer-
imbryk M (*-a; -i*) Teekessel *m*
imien|iny PL (*gen -*) Namenstag *m*; **~inowy** Namenstags-; **~nie** ADV namentlich **~nik** M (*-a; -cy*) Namensvetter *m*; **~ny** Namens-; JĘZ nominal
imiesłów M (*-owu; -owy*) JĘZ Partizip *n*; **~ czynny** Partizip *n* Präsens; **~ bierny** Partizip *n* Perfekt
imię N (*imienia; imiona*) Vorname *m*; (*nazwa*) Name *m*; **jak ci na ~?** wie heißt du mit Vornamen?, wie ist dein Vorname?; **mieć na ~ Alicja** Alicja heißen; **mówić do k-o po imieniu** j-n duzen; **w imieniu** (*gen*) im Namen (*gen*); **mieć dobre ~** e-n guten Ruf haben; **szkoła** *f* **imienia A. Mickiewicza** Mickiewicz-Schule *f*
imigra|cja F (*-i; -e*) Einwanderung *f*, Immigration *f*; **~cyjny** Einwanderungs-
imigrant M (*-a; -ci*), **~ka** F (*-i; gen -tek*) Einwanderer(in) *m(f)*, Immigrant(in) *m(f)*
imigrować (*-uję*) immigrieren, einwandern
imiona PL → imię
imit|acja F (*-i; -e*) Imitation *f*; *fig* Nachahmung *f*
imitować (*-uję*) imitieren, nachahmen
imitowany imitiert, unecht
immatrykul|acja F (*-i; -e*) Immatrikulation *f*, Einschreibung *f*
immatrykulować (*-uję*) einschreiben, immatrikulieren; **~ się** sich einschreiben lassen, sich immatrikulieren lassen
immunitet M (*-u; -y*) Immunität *f*
impas M (*-u; -y*) *fig* Sackgasse *f*, Klemme *f*

immunologiczny Immun-
imperiali|styczny imperialistisch; **~zm** M (-u; bpl) Imperialismus m
imperium N (unv; -ia; gen -iów) Imperium n; **≈ Rzymskie** HIST das Römische Reich
impertynenc|ja F (-i; -e) Unverschämtheit f; **~ki (-ko)** unverschämt, frech
impertynent M (-a; -ci) pej Flegel m, Schnösel m; **~ka** F (-i; gen -tek) pej freche Göre f
impet M (-u; bpl) Schwung m, Schwungkraft f; **z ~em** mit Schwung
implant M (-u; -y) MED Implantat n
imponować ⟨**za-**⟩ (-uję) imponieren, beeindrucken
imponujący (-co) imponierend, beeindruckend; (*ogromny*) imposant
import M (-u; bpl) Import m, Einfuhr f; **towar** m **z ~u** Importartikel m
importować (-uję) importieren, einführen
importowy Import-
impotenc|ja F (-i; bpl) Impotenz f; **cierpieć na ~ję** impotent sein
impregn|acja F (-i; bpl) Imprägnierung f
impregnować (-uję) imprägnieren
impregnowany imprägniert
impres|ariat M (-u; -y) Veranstaltungsagentur f; **~jonizm** M (-u; bpl) MAL Impressionismus m
impre|za F (-y) Veranstaltung f; umg Party f, Fete f; **~za sportowa** Sportveranstaltung f
imprezować (-uję) umg auf Partys gehen
improwizacja F (i; -e) Improvisation f
improwizować (-uję) improvisieren
impuls M (-u; -y) Impuls m; **~ywny** impulsiv
in. (*inaczej*) anders
inaczej anders; (*w przeciwnym razie*) sonst, andernfalls; **tak czy ~** so oder so; **jakże ~** wie denn sonst; **~ niż** anders als
inaugurac|ja F (-i; -e) feierliche Eröffnung f; **~yjny** Eröffnungs-
inaugurować ⟨**za-**⟩ (-uję) (feierlich) eröffnen
incydent M (-u; -y) Zwischenfall m
indagować (-uję) ausfragen (**o** akk über akk)
indeks M (-u; -y) Index m, Verzeichnis n; *studenta* Studienbuch n; **~ rzeczowy** Sachregister n; **~ giełdowy** Börsenindex m
indeksacja F (-i; -e) EKON Indexierung f
India|nin M (-a; -anie), **~nka** F (-i; gen -nek) Indianer(in) m(f); **≈ński** indianisch, Indianer-, Indio-
Indie PL (-ii; bpl) Indien pl
indoeuropejski indoeuropäisch
Indonezja F (-i; bpl) Indonesien n
indonezyjski (po -ku) indonesisch
indor M (-a; -y) Truthahn m, Puter m
indukc|ja F (-i; -e) FIZ, FILOZ Induktion f; **~yjny** Induktions-
indy|czka F (-i; gen -czek) Truthenne f, Pute f; **~czy** Puten-
indyczyć się (-ę) umg sich aufblasen, aufbrausen
indygo N (unv) Indigoblau n
indyjski (po -ku) indisch; **Ocean** m **≈** der Indische Ozean
indyk M (-a; -i) Truthahn, Puter
indywidualist|a M (-y; -ści), **~ka** F (-i; gen -tek) Individualist(in) m(f)
indywidu|alność F (-ści; bpl) Individualität f; (*osoba*) Persönlichkeit f; **~alny** individuell; *odpowiedzialność* individuell, eigen; *wyjazd* privat
indywiduum N (unv; -dua; gen -duów) Individuum n
inerc|ja F (-i; bpl) lit Apathie f, Trägheit f; **siła** f **~ji** FIZ Trägheitskraft f
infantylny infantil
infek|cja F (-i; -e) Infektion f; **~cyjny** Infektions-
infektować (-uję) lit infizieren, anstecken
infiltracja F (-i; bpl) Infiltration f; fig Unterwanderung f
inflacja F (-i; -e) Inflation f
Inflanty PL (*Inflant*) HIST Livland n
informa|cja F (-i; -e) Information f; (*biuro*) Auskunft f; (*dane*) Daten pl; **~cja turystyczny** Touristeninformation f; **~cja telefoniczna** Telefonauskunft f; **~cja z ostatniej chwili** die jüngste Nachricht f; **~cyjny** Informations-, Auskunfts-
informator M (-a; -y) (*książka*) Führer m; (*osoba*) (pl -rzy) Informant m **~ wydawniczy** Verlagsprogramm n; **~ o studiach** Vorlesungsverzeichnis n
informatyk M (-a; -cy) Informatiker m; (*kobieta*) Informatikerin f
informatyka F (-i; bpl) Informatik f
informować ⟨**po-**⟩ (-uję) informieren, in Kenntnis setzen, Bescheid geben; (*wyjaśnić*) unterrichten; **~ się** (**o** lok) sich

erkundigen (nach *dat*), sich informieren (über *akk*)

infuła F (-y) Bischofshut *m*

ingerencja F (-i; *bpl*) Eingriff *m*, Einmischung *f*

ingerować ⟨za-⟩ (-*uję*) sich einmischen, eingreifen

inhalator M (-*a*; -*y*) Inhalator *m*, Inhalationsapparat *m*

inhalować (-*uję*) inhalieren

inicjacja F (-i; -e) Initiation *f*

inicjator M (-*a*; -*rzy*), **~ka** F (-i; *gen* -*rek*) Initiator(in) *m(f)*, Urheber(in) *m(f)*; *bójki* Anstifter(in) *m(f)*

inicjaty|wa F (-y) Initiative *f*; **z ~wy** (*gen*) auf Anregung (von *dat*, *gen*); **z własnej ~wy** aus eigenem Antrieb; **~wa społeczna** Bürgerinitiative *f*

inicjować ⟨za-⟩ (-*uję*) initiieren, den Anstoß geben, anregen

iniekcja F (-i; -e) Injektion *f*

inka|sent M (-*a*; -*ci*) Kassierer *m*; **~sent gazowni** Gasableser *m*; **~so** N (-*a*) BANK Inkasso *n*

inkasować (-*uję*) *ofic* einziehen, kassieren

inklinacja F (-i; -e) *lit* Neigung *f*, Vorliebe *f*

Inkowie PL (*gen* -*ów*) Inkas *pl*

inkrust|acja F (-i; -e) Einlegearbeit *f*, Inkrustation *f*; **~owany** inkrustiert

inkubacyjny: **okres** *m* **~** MED Inkubationszeit *f*

inkubator M (-*a*; -*y*) AGR Brutapparat *m*; MED Brutkasten *m*, Inkubator *m*

inkwizyc|ja F (-i; *bpl*) HIST Inquisition *f*; **~yjny** HIST Inquisitions-

inno- *zssgn* anders-, Anders-

innojęzyczny anderssprachig

inność F (-*ści*; *bpl*) Andersartigkeit *f*

innow|acja F (-i; -e) Innovation *f*; Neuerung *f*; **~ierca** M (-y) Andersgläubige(r) *m*

in|ny[1] andere(r); **co ~nego** etwas Anderes; **kto ~ny** ein anderer, jemand anders; **~nym razem** ein andermal; **~nnymi słowy** mit anderen Worten; **nikt ~ny** niemand anders; **to ~na para kaloszy** *fig* das sind zwei Paar Stiefel

in|ny[2] M (-*ego*; -*i*), **~na** F (-*ej*; -e) Andere(r) *m*, *f*

insceniza|cja F (-i; -e) Bühnenbearbeitung *f*, Inszenierung *f*; **~tor** M (-*a*; -*rzy*) TEATR Regisseur *m*

insektobójczy: **środek** *m* **~** Insektenbekämpfungsmittel *n*, Insektengift *n*

insekty M/PL (*gen* -*ów*) Insekten *n/pl*

inseminacja F (-i; -e) Insemination *f*, künstliche Befruchtung *f*

inskrypcja F (-i; -e) Inschrift *f*

insp. (inspektor) Inspektor *m*

inspek|cja F (-i; -e) Inspektion *f*, Überprüfung *f*; **~tor** M (-*a*; -*rzy*) Inspektor *m*, Prüfer *m*; (*kobieta*) Inspektorin *f*, Prüferin *f*; **~tor szkolny** Schulrat *m*

inspektorat M (-*u*; -*y*) Aufsichtsbehörde *f*, Aufsichtsamt *n*; **~ oświaty i wychowania** Schulamt *n*

inspekt|owy Treibhaus-; **~ty** M/PL (*gen* -*ów*) Frühbeet *n*

inspir|acja F (-i; -e) Inspiration *f*, Eingebung *f*; **~ator** M (-*a*; -*rzy*), **~atorka** F (-i; *gen* -*rek*) Urheber(in) *m(f)*, treibende Kraft *f*

inspirować ⟨za⟩ (-*uję*) inspirieren, anregen (**do** *gen* zu *dat*)

inspirujący (-co) inspirierend, anregend

instal|acja F (-i; -e) Installation *f* (*a.* MAL); (*zespół urządzeń*) Anlage *f*; (*zakładanie*) Verlegung *f*, Installierung *f*; **~ator** M (-*a*; -*rzy*) Installateur *m*

instalować ⟨za-⟩ (-*uję*) installieren, verlegen; (*urządzać*) einrichten

instanc|ja F (-i; -e) Instanz *f*; **sąd** *m* **pierwszej ~ji** Gericht *n* erster Instanz; **najwyższa ~ja** die oberste Instanz

instrukc|ja F (-i; -e) Instruktion *f*, Anleitung *f*; **~ja obsługi** Bedienungsanleitung *f*; **~ja przeciwpożarowa** Brandschutzmaßnahmen *pl*; **~yjny** Anleitungs-

instruktaż M (-*u*; -e) (*szkolenie*) Schulung *f*; Anweisung *f*; **~owy** Schulungs-

instruktor M (-*a*; -*rzy*) Lehrer *m*; **~ jazdy** Fahrlehrer *m*; **~ pilotażu** Fluglehrer *m*; **~ tańca** Tanzlehrer *m*

instrument M (-*u*; -*y*) MUS Instrument *n* (*a. fig*); **~ dęty** Blasinstrument *n*; **~y pomiarowe** Messinstrumente *pl*; **~alny** instrumental

instrumentariusz M (-*a*; -e) Operationsassistent *m*; **~ka** F (-i; -*szek*) Operationsschwester *f*, Operationsassistentin *f*

instruować ⟨po-⟩ (-*uję*) einweisen

instynkt M (-*u*; -*y*) Instinkt *m*; **~ samozachowawczy** Selbsterhaltungstrieb *m*, Überlebensinstinkt *m*; **~ macierzyński** Mutterinstinkt *m*; **~owny** instinktiv

instytucja F (-i; -e) Institution *f*, Ein-

richtung *f*; ~ **małżeństwa** JUR Institution *f* der Ehe
instytut M (-*u*; -*y*) Institut *n*; ~ **naukowo-badawczy** Forschungsinstitut *n*
insulina F (-*y*; *bpl*) Insulin *n*
insygnia PL: ~ **królewskie** königliche Insygnien *pl*
insynuacja F (-*i*; -*e*) Unterstellung *f*
insynuować (-*uję*): ~ **k-u** (*akk*) j-m unterstellen (*akk*)
integra|cja F (-*i*; *bpl*) Integration *f*; **~lny** integral, integrierend
integrować ⟨**z-**⟩ (-*uję*) integrieren
intelektual|ista M (-*y*; -*ści*), **~istka** F (-*i*; *gen* -*tek*) Intellektuelle(r) *m*, *f*; **~ny** intellektuell
inteligenc|ja F (-*i*; *bpl*) Intelligenz *f*; (*grupa*) Elite *f*; **~ki** intelektuell
inteligent M (-*a*; -*ci*), **~ka** F (-*i*; *gen* -*tek*) Intellektuell(r) *m*, *f*
inteligentny intelligent
intenc|ja F (-*i*; -*e*) Absicht *f*, Intention *f*; **na ~ję** (*gen*) zugunsten (von *dat*), für (*akk*); **msza** *f* **na ~ję zmarłych** Seelenmesse *f*
intendent M (-*a*; -*ci*) Intendant *m*
intencyjny: **list** *m* ~ Absichtserklärung *f*
intensyfikować ⟨**z-**⟩ (-*uję*) intensivieren
intensyw|ność F (-*ści*; *bpl*) Intensität *f*; **~ny** intensiv; **oddział** *m* **~nej opieki** MED Intensivstation *f*
inter|aktywny interaktiv; **~dyscyplinarny** interdisziplinär
interes M (-*u*; -*y*) (*sprawa*) Angelegenheit *f*, Anliegen *n*; (*dobro*) Interesse *n*; (*zakład*) *umg* Laden *m*, Geschäft *n*; **~y** *pl* HANDEL Geschäfte *pl*; **nie twój ~!** *umg* das ist nicht deine Sache!, das ist nicht dein Bier!; **ładny ~!** *umg* e-e schöne Bescherung!; **człowiek** *m* **~u** Geschäftsmann *m*; **w ~ie** im Interesse; **złoty** ~ *umg* Bombengeschäft *n*; **mieć** ~ (**do** *gen*) ein Anliegen haben; **mieć** ~ (**w** *lok*) Interesse haben (an *dat*)
interesant M (-*a*; -*ci*) Interessent *m*, Kunde *m*; **~ka** F (-*i*; *gen* -*tek*) Interessentin *f*, Kundin *f*
interesować ⟨**za-**⟩ (-*uję*) interessieren; ~ **się** (*inst*) sich interessieren (für *akk*)
interesowny eigennützig, berechnend
interesujący (**-co**) interessant, spannend
interna F (-*y*; *bpl*) *umg* innere Medizin *f*
internat M (-*u*; -*y*) Internat *n*; **szkoła** *f* **z ~em** Internatsschule *f*
Internet M (-*u*; *bpl*) Internet *n*
internauta M (-*y*; -*ci*) EDV Internetnutzer *m*
internist|a M (-*y*; -*ści*), **~ka** F (-*i*) Internist(in) *m*(*f*)
internować (-*uję*) internieren
interpretacja F (-*i*; -*e*) Interpretation *f*, Auslegung *f*
interpretator M (-*a*; -*rzy*), **~ka** F (-*i*; *gen* -*rek*) Interpret(in) *m*(*f*)
interpretować (-*uję*) interpretieren, auslegen
interpunkc|ja F (-*i*; *bpl*) Interpunktion *f*, Zeichensetzung *f*; **~yjny** Interpunktions-
interwencja F (-*i*; -*e*) Intervention *f*, Eingreifen *n*
interwencyj|ny: **prace** *f*/*pl* **~ne** Arbeitsbeschaffungsmaßnahmen *f*/*pl*
interweniować (-*uję*) intervenieren, eingreifen
intonacja F (-*i*; *bpl*) Intonation *f*
intonować ⟨**za-**⟩ (-*uję*) *pieśń* anstimmen
intratny einträglich, lukrativ, gewinnbringend
introligator M (-*a*; -*rzy*) Buchbinder *m*; **~nia** F (-*i*; -*e*) Buchbinderei *f*
intruz M (-*y*; -*i*) Eindringling *m*
intryga F (-*i*) Intrige *f*, Intrigenspiel *n*; **~ncki** intrigant
intrygant M (-*a*; -*ci*), **~ka** F (-*i*; *gen* -*tek*) Intrigant(in) *m*(*f*)
intrygować ⟨**za-**⟩ (-*uję*) neugierig machen, fesseln; **intrygować** intrigieren, Intrigen spinnen
intrygujący (**-co**) spannend, fesselnd
intuicja F (-*i*; *bpl*) Intuition *f*, Vorahnung *f*
intym|ność F (-*ści*; *bpl*) Intimität *f*; **~ny** intim
inwali|da M (-*y*; -*dzi*), **~dka** F (-*i*; *gen* -*dek*) Invalide *m*, *f*; **~da wojenny** Kriegsinvalide *m*, Kriegsversehrte(r) *m*
inwalidz|ki Invaliden-; **wózek** *m* **~ki** Rollstuhl *m*; **~two** N (-*a*; *bpl*) Invalidität *f*; **~two pracy** Arbeitsunfähigkeit *f*
in|wazja F (-*i*; -*e*) Invasion *f*; **~wencja** F (-*i*; *bpl*) Findigkeit *f*; **~wencja** *f* **twórcza** Kreativität *f*
inwenta|ryzacja F (-*i*; -*e*) Inventur *f*; **~rz** M (-*a*; -*e*) (*dobytek*) Inventar *n*; (*spis*) Verzeichnis *n*, Aufstellung *f*; **drobny ~rz** Kleinvieh *n*

I

inwestor M (*-a; -rzy*) Investor *m*, Kapitalanleger *m*
inwestować ⟨**za-**⟩ (*-uję*) investieren, Kapital anlegen
inwestyc|ja F (*-i; -e*) Investition *f*, Kapitalanlage *f*; **~yjny** Investitions-, Anlage-
inwigilacja F (*-i; -e*) *ofic* Überwachung *f*
inż. (inżynier) Ing. (Ingenieur)
inżynier M (*-a; -owie*) Ingenieur *m*; (*kobieta*) Ingenieurin *f*; **~ budowlany** Bauingenieur *m*; **~ elektryk** Elektroingenieur *m*; **~ chemii** Chemieingenieur *m*; **~ mechanik** Maschinenbauingenieur *m*
inżynieria F (*gen dat lok -ii; bpl*): **~ genetyczna** Gentechnologie *f*; **~ lądowa** Hoch- und Tiefbau *m*
iracki irakisch
Irak M (*-u; bpl*) Irak *m*
Iran M (*-u; bpl*) Iran *m*
irański iranisch
ircha F (*-y; bpl*) Sämischleder *n*
Irland|czyk M (*-a; -cy*) Ire *m*; **~ia** F (*gen dat lok -ii; bpl*) Irland *n*
Irlan|dka F (*-i; gen -dek*) Irin *f*; **≗dzki** irisch
iron|ia F (*gen dat lok -ii; bpl*) Ironie *f*; **~ia losu** Ironie *f* des Schicksals; **jak na ~ię** zu allem Übel, *umg* blöderweise; **~iczny** ironisch
irygac|ja F (*-i; bpl*) Bewässerung *f*; MED Spülung *f*; **~yjny** Bewässerungs-
irys M (*-a; -y*) BOT Schwertlilie *f*; (*cukierek*) Toffee *n*, Sahnebonbon *m od n*
iryt|acja F (*-i; bpl*) Verärgerung *f*, Gereiztheit *f*; **z ~acją** verärgert, gereizt
irytować ⟨**z-**⟩ (*-uję*) ärgern, irritieren; **~ się** sich ärgern
iskierka F (*-i; gen -rek*) *dim* kleiner Funken *m*; **~ nadziei** Hoffnungsschimmer *m*
iskra F (*-y; gen -kier*) Funke(n) *m*
iskrzyć (*-ę*) Funken sprühen; **~ się** funkeln
islamski islamisch, Islam-
Island|czyk M (*-a; -cy*) Isländer *m*; **~ia** F (*gen dat lok -ii; bpl*) Island *n*
Islan|dka F (*-i; gen -dek*) Isländerin *f*; **≗dzki** isländisch
Istambuł M (*-u; bpl*) Istanbul *n*
istnieć (*-eję*) existieren; *nadzieja, możliwość* bestehen
istnienie N (*-a*) Existenz *f*, Dasein *n*; Vorhandensein *n*
ist|ny wahr, richtig, echt; **~ne szaleństwo** *n* heller Wahnsinn *m*; **~ne cudo** *n* wahres Wunder *n*
isto|ta F (*-y*) Wesen *n*, Geschöpf *n*; *problemu, zagadnienia* Kern *m*; (*sens*) Sinn *m*; **~ta żywa** Lebewesen *n*; **~ta ludzka** menschliches Wesen *n* **~ta rzeczy** der Kern der Sache, Wesentliche(s) *n*; **~ta życia** Lebensinhalt *m*, Sinn *m* des Lebens; **w ~cie** in Wirklichkeit; in der Tat
istot|ny (*widoczny*) wesentlich, sichtbar; (*rzeczywisty*) tatsächlich; **~nie** *partikel* in der Tat, tatsächlich
iść* (*idę*) ⟨**pójść**⟩ (*pójdę*) gehen; **~ pieszo** zu Fuß gehen; **~ po** (*akk*) holen gehen (*akk*); **~ za** (*inst*) folgen (*dat*); **~ dalej** weitergehen; **idzie zima** der Winter kommt; **idzie burza** das Gewitter zieht herauf; **jak idzie?** wie geht es?; **~ spać** schlafen gehen; **~ do pracy** zur Arbeit gehen; **~ na spacer** spazieren gehen; **~ na koncert** ins Konzert gehen; **~ do lekarza** zum Arzt gehen; **~ na lody** Eis essen gehen; **~ na grzyby** Pilze sammeln; **~ na studia** anfangen zu studieren; **~ na medycynę** Medizin studieren; **~ sobie** fortgehen; **~ na ustępstwa** Zugeständnisse machen; **~ w górę** steigen; **~ w dół** sinken; **~ na zakupy** einkaufen gehen; **iść ulicą** die Straße entlanggehen; **~ na dno** untergehen; **~ na marne** umsonst *od* vergeblich sein; **iść w parze** *fig* einhergehen; **~ na całość** *umg* aufs Ganze gehen; **~ w zapomnienie** in Vergessenheit geraten; **~ na rękę k-u** j-m entgegenkommen; **iść jak woda** *umg* wie warme Semmeln weggehen; **idzie o** (*akk*) ... es geht um (*akk*) ...; **co za tym idzie** daraus folgt
itd. (i tak dalej) usw. (und so weiter)
itp. (i tym podobne) u. Ä. (und Ähnliches)
Izara F (*-y; bpl*) Isar *f*
izba F (*-y*) POL Kammer *f*, Haus *n*; Amt *n*, Ausschuss *m*; **~ lekarska** Ärztekammer *f*; **~ handlowa** Handelskammer *f*; **≗ Gmin** POL Unterhaus *n*; **~ przyjęć** *w szpitalu* Aufnahmestation *f*
izola|cja F (*-i; -e*) Isolation *f*, Isoliermaterial *m*; FIZ, TECH Isolierung *f*, Abdichtung *f*; **~cyjny** Isolier-
izolat|ka F (*-i; gen -tek*) Einzelzelle *f*; *w szpitalu* Isolierstation *f*; **~or** M (*-a; -y*) Isolator *m*

izolować ‹**od-**› (*-uję*) isolieren, absondern; ~ **się** sich isolieren; **izolować** TECH isolieren, abdichten
Izrael|czyk M (*-a; -cy*), **~ka** F (*-i; gen -lek*) Israeli *m(f)*; **&ski** israelisch, Israel-
iż *konj lit* dass; → że

J

j. (**język**) Sprache *f*; **j. niemiecki** Deutsch *n*
ja PRON (*gen akk mnie, dat mi, inst mną, lok mnie*) ich; (**~**) **nazywam się** ich heiße; (**~**) **jestem** ich bin; **to ~!** ich bin's! **własne ~** das eigene Ich *n*
jabcok M (*-a; -i*) *pop* Billigwein *m*
jabłecz|nik M (*-a; -i*) Apfelkuchen *m*; (*wino*) Apfelwein *m*; **~ny** Apfel-
jabłko N (*-a; gen -łek*) Apfel *m*; (*symbol władzy*) Reichsapfel *m*; **~ niezgody** *fig* Zankapfel *m*; **~ Adama** *umg żart* Adamsapfel *m*
jabłon|iowy Apfelbaum-; **~ka** F (*-i; gen -nek*) (kleiner) Apfelbaum *m*
jabł|oń F (*-ni; -nie; gen -ni*) Apfelbaum *m*; **kwiat** *m* **~oni** Apfelblüte *f*; **~uszko** N (*-a; gen -szek*) *dim* Äpfelchen *n*
jacht M (*-u; -y*) *żaglowy* Segeljacht *f*, Jolle *f*; **~ing** M (*-u; bpl*) Segelsport *m*
jacy *persf* → jaki
jacyś *persf* → jakiś
jad M (*-u; -y*) Gift *n* (*a. fig*); BIOL Toxin *n*; **~ kiełbasiany** Botulin *n*; **~ żmiji** Schlangengift *n*; **~ trupi** Leichengift *n*
jadaczka F (*-i*) *pop pej* Maul *n*, Fresse *f*
jadać (*-am*) (gewöhnlich) essen, zu essen pflegen; *lit* speisen
jadal|nia F (*-i; -e, -i*) *w domu* Esszimmer *n*; *w pensjonacie* Speisesaal *m*; **~ny** essbar; **pokój** *m* **~ny** Esszimmer *n*
jadło|dajnia F (*-i; -e; gen -i*) Gaststätte *f*, Esslokal *n*; **~spis** M (*-u; -y*) Speisekarte *f*, Menü *n*; **~wstręt** M (*-u; bpl*) MED Magersucht *f*
jadowici *persf* → jadowity
jadowicie ADV → jadowity
jado|witość F (*-ści; bpl*) Giftigkeit *f*; *fig* Boshaftigkeit *f*, Gehässigkeit *f*; **~wity** (*persf -ci*) (**-cie**) giftig; *fig* boshaft, gehässig; **~wy** ANAT Gift-; **gruczoł** *m* **~wy** Giftdrüse *f*
jagla|ny: **kasza** *f* **~na** Hirse *f*; KULIN Hirsebrei *m*
jagni|ątko N (*-a; -tek*) *dim* Lämmchen *n*; **~ę** N (*-ęcia; -ęta; gen -ąt*) Lamm *n*
jagnię|cy Lamm-; **pieczeń** *f* **~ca** Lammbraten *m*; **skóra** *f* **~ca** Lammfell *n*
jago|da F (*-y; gen -gód*) Beere *f*; (*czarna jagoda*) Blaubeere *f*, Heidelbeere *f*; **wilcza ~da** Tollkirsche *f*; **~dy** *pl* Beerenobst *n*; **~dowy** Beeren-; (*z czarnych jagód*) Blaubeer-, Heidelbeer-
jagodzianka F (*-i; gen -nek*) *Hefebrötchen mit Blaubeerfüllung*
jagódka F (*-i; gen -dek*) *dim* kleine Blaubeere *f*; *fig* Herzchen *n*, Liebchen *n*
jaguar M (*-a; -y*) ZOOL Jaguar *m*
jajca|rski *umg* flippig; **~rz** M (*-a; -e*) *umg* Witzbold *m*
jajczars|ki produkcja, *przemysł* Eier-; **~ko-drobiarski** Eier- und Geflügel-; **~two** N (*-a; bpl*) Eierhandel *m*, Eierproduktion *f*
jajeczkowanie N (*-a*) BIOL Eisprung *m*
jajecznica F (*-y; -e*) Rührei *n*
jaj|ko N (*-a; gen -jek*) KULIN, BIOL Ei *n*; **~ko na twardo** hart gekochtes Ei *n*; **~ko na miękko** weich gekochtes Ei *n*; **~ko sadzone** Spiegelei *n*; **~ko święcone** Osterei *n*; **~ko czekoladowe** Schokoladenei *n*; **~ko z niespodzianką** Überraschungsei *n*; **~ka w proszku** Eipulver *n*; **~ko mądrzejsze od kury** das Ei will klüger sein als die Henne
jajnik M (*-a; -i*) ANAT Eierstock *m*
jaj|o N (*-a; gen jaj*) BIOL, KULIN Ei *n*; **~a** *pl* (*jądra*) *vulg* Eier *pl*; **z ~ami** *pop* mit Pep; **ale ~a!** P + das ist ja ein Ding!; **~a sobie robić** (**z** *gen*) *pop* verarschen (*akk*)
jajogłowy M (*-ego; -owi*) *pej* Eierkopf *m*
jajo|rodny ZOOL Eier legend; **~waty** eiförmig, oval
jajo|wy: **komórka** *f* **~wa** ANAT Eizelle *f*
jak PRON *interrog, konj* wie; *konj umg* als; wenn; seit; **~** (*+ sup*) *partikel* aller-, größt-; möglichst (*+ adj*); **~ długo to potrwa?** wie lange dauert das noch?; **~ się umówimy?** wie wollen wir uns verabreden?; **~ się masz?** wie geht es dir?; **~ leci?** *umg* wie

geht's?; **~ to?** wie denn?, wie jetzt?; **czy wiesz, ~ on się nazywa?** weißt du, wie er heißt?; **traktował go ~ syna** er behandelte ihn wie seinen Sohn; **~ go spotkasz, pozdrów go ode mnie!** *umg* wenn du ihn siehst, grüße ihn von mir!; **minęły już dwa lata, ~ wyjechali** *umg* es sind zwei Jahre vergangen, seit sie weg sind; **~ tylko** sobald; **~ najwięcej** möglichst viel; **~ najszybciej** möglichst schnell, so schnell wie möglich; **~ najlepszy** allerbeste(r); **~ najlepiej** bestens; **~ i** *od* **~ również** sowie, wie auch; **nic innego ~** nichts anderes als; **~ gdyby nigdy nic** als ob nichts passiert wäre; **~ najbardziej!** *umg* na klar!, logisch!; **~ na owe czasy** für die damalige Zeit; **~ sobie chcesz** wie du willst; **~ znalazł** (**dla** *gen*) *umg* wie gemacht (für *akk*); **~ cię mogę** *umg* eher schlecht als recht; **~ nigdy** wie lange nicht; **~ podleci** *adv umg* wahllos; **~ przyjdzie co do czego** *umg* wenn es so weit ist

jakby *konj* als ob; *(gdyby)* wenn; *partikel* so etwas wie, eine Art; **był sztywny, ~ kij połknął** er war steif, als ob er einen Stock verschluckt hätte

jaki PRON *(persf jacy)* welch(er); was für ein(er); welch ein(er), wie; **w ~ sposób** auf welche Weise; **~ch wielu** *od* **wiele** wie viele andere; **~m prawem** mit welchem Recht; **~m cudem** wie um alles in der Welt; **~ smaczny!** wie schmackhaft!

jakikolwiek PRON *indef* irgendein(er), irgendwelche(r)

jaki|ś PRON *indef* irgendein(er), ein(er); *(około)* ungefähr, etwa; **~ś** (+ *adj*) irgendwie (+ *adj*); **~ś dziwny** *umg* irgendwie komisch; **~eś trzy metry** *umg* etwa drei Meter; **przez ~ś czas** eine Zeit lang

jakkolwiek *konj lit* obschon, wenn auch; PRON irgendwie, wie auch immer

jako PRÄP als; **~ szef był surowy** als Chef war er streng; **~ dziecko** als Kind; **~ taki** als solcher; **~ tako** *umg* so lala; **~ że** *lit* weil, denn

jakoby *konj, partikel* angeblich; **mówiono, ~ powtórnie wyszła za mąż** man sagte, sie soll zum zweiten Mal geheiratet haben

jakoś PRON irgendwie; **~ to będzie!** es wird schon werden!

jakościowy **(-wo)** qualitativ; Qualitäts-, Güte-

jakoś|ć F *(-ści; bpl)* Qualität *f*, Güte *f*; **dobrej ~ci** von guter Qualität; **produkt** *m* **wysokiej ~ci** Qualitätsware *f*

jakże *lit* PRON, *konj* wie (denn); **a ~!** aber sicher!; **~ się ciszył!** wie er sich freute!

jałmużna F *(-y; zw bpl)* Almosen *n*

jałowieć **⟨wy-⟩** *(-eję) ziemia* zu Ödland werden

jałow|cowy Wacholder-; **~cówka** F *(-i; gen -wek)* Wachholderschnaps *m*; **~iec** M *(-; -wce)* Wacholder *m*

jało|wość F *(-ści; bpl) ziemi* Unfruchtbarkeit *f*; *opatrunku* Sterilität *f*; *rozmowy* Unergiebigkeit *f*, Gehaltlosigkeit *f*; **~wy** *ziemia* unfruchtbar; *dyskusja* gehaltlos, unergiebig; *opatrunek* keimfrei, steril; *krowa* güst, nicht tragend; **bieg** *m* **~wy** Leerlauf *m*

jałówka F *(-i; gen -wek)* Färse *f*, Sterke *f*

jama F *(-y)* Grube *f*, Loch *n*; *wilcza, lisia* Bau *m*; **~ brzuszna** ANAT Bauchhöhle *f*

jam|ka F *(-i; gen -mek) dim* kleines Erdloch *n*; kleiner Bau *m*; **~nik** M *(-a; -i)* Dackel *m*; **~ochłon** M *(-a; -y)* ZOOL Hohltier *n*

jankes M *(-a; -i) umg żart od neg!* Ami *m*

jan|owiec M *(-wca; -wce)* Ginster *m*; **~tar** M *(-u; -y) lit* Bernstein *m*

japa F *(-y) pop pej* Maul *n*, Fresse *f*

Japonia F *(gen dat lok -ii; bpl)* Japan *n*

Japonka F *(-i; gen -nek)* Japanerin *f*

japonki PL *(gen -nek)* Stegsandalen *pl*

Japoń|czyk M *(-a; -cy)* Japaner *m*; **⚲ski** **(po -ku)** japanisch

jar M *(-u; -y)* Hohlweg *m*

jarać *(-am) (palić papierosy) umg* qualmen

jarma|rczny Jahrmarkts-; *fig* wertlos, billig; **~rk** M *(-u; -i)* Jahrmarkt *m*

jarmuż M *(-u; -e)* Grünkohl *m*

jarosz M *(-a; -e)* Vegetarier *m*; *(kobieta)* Vegetarierin *f*

jarski vegetarisch; **potrawy** *f/pl* **~e** vegetarische Gerichte *n/pl*

ja|ry: zboża *pl* **~re** Sommergetreide *n*

jarząb M *(-rzębu; -rzęby)* Eberesche *f*

jarzeni|owy: **lampa** *f* **~owa** Leuchtröhre *f*; **~ówka** F *(-i; gen -wek) umg* Leuchtröhre *f*

jarzębi|ak M *(-u; -i) Schnaps aus Vogelbeeren*; **~na** F *(-y) (drzewo)* Vogelbeerbaum *m*; *(owoce)* Vogelbeere *f*

jarzmo M *(-a; gen - od -rzem) fig* Joch *n*

jarzyć się *(3. Pers -y) papieros, węgiel* glimmen, glühen; *(lśnić)* leuchten; **w**

oknie jarzy się światło das Fenster ist hell erleuchtet
jarzy|niak M (-a; -i) *umg* Gemüseladen *m*; **~nowy** Gemüse-
jarzyn|y F/PL (*gen* -) BOT Gemüse *n*, Gemüsepflanzen *f/pl*; KULIN Gemüse *n*, Gemüsebeilage *f*; **z ~ami** mit Gemüse
jasełka PL (*gen* -łek) (*szopka*) Krippenspiel *n*
jasiek M (-śka; -śki) BOT, KULIN dicke Bohnen *pl*; (*poduszka*) *kleines Kopfkissen*
jaski|er M (-kra; -kry) Hahnenfuß *m*; **~nia** F (-i; -e) (Felsen)Höhle *f*; **~niowiec** M (-wca; -wcy) Höhlenmensch *m*; **~niowy** Höhlen-
jaskół|czy Schwalben-; **~ka** F (-i; *gen* -łek) Schwalbe *f*; SPORT Standwaage *f*; **pierwsza ~ka** *fig* Vorbote *m*, Vorzeichen *n*
jaskra F (-y; *bpl*) MED Glaukom *m*, grüner Star *m*
jaskrawoczerwony **(-no)** grellrot, *umg* knallrot
jaskrawozielony **(-no)** giftgrün, *umg* knallgrün
jaskrawożółty **(-to)** *umg* knallgelb
jaskrawy **(-wo)** *kolor* grell, *umg* knall; *światło* grell, blendend; *fig* krass
jasno- *zssgn kolor* hell-
jasno ADV → jasny
jasno|blond (*unv*) hellblond; **~czerwony** **(-no)** hellrot; **~niebieski** **(-no)** hellblau; **~zielony** **(-no)** hellgrün
jasność F (-ści; *bpl*) Helligkeit *f*, Helle *f*; *fig* Klarheit *f*
jasnowidz M (-a; -e) Hellseher *m*; (*kobieta*) Hellseherin *f*; **~ący** hellseherisch
jasnowłosy hellhaarig, blond
jas|ny hell; (*oczywisty*) klar; **~ne piwo** *n* helles Bier *n*; **~na sprawa, że...** *umg* es ist klar, dass ...; **~ne!** *int* na klar!
jastrych M (-u; -y) BUD Estrich *m*
jastrząb M (-rzębia; -ębie; *gen* -ębi) Habicht *m*
jastrzębi Habichts-; **~ nos** Habichtsnase *f*; **~ wzrok** *m* Falkenblick *m*
jasyr M (-u; *bpl*) HIST *Gefangenschaft bei Türken od Tataren*
jaszczur M (-a; -y) Echse *f*, Saurier *m*; *umg* Salamander *m*; **~czy** Eidechsen-; *fig pej* boshaft, tückisch; **~ka** F (-i; *gen* -rek) Eidechse *f*
jaśmin M (-u; -y) Jasmin *m*
jaśnieć ⟨**po-**⟩ (-eję) *włosy, kolor* heller werden; **jaśnieje** es dämmert; **jaśnieć** leuchten
jaśniej *komp* ADV heller; → jasno
jaśniejszy *komp* ADJ heller; → jasny
jatka F (-i; *gen* -tek) *fig* Blutbad *n*, Massaker *n*
jaw: **wyjść** *pf* **na ~** an den Tag kommen, ans Licht kommen; **wydobyć** *pf* **na ~** ans Licht bringen, zutage fördern
jaw|a F (-y; *bpl*) Wachzustand *m*, Wirklichkeit *f*; **na ~ie** im Wachzustand; in Wirklichkeit, tatsächlich; **sen** *m* **na ~ie** Tagtraum *m*
jawić się (-ię) *lit* erscheinen
jawny offenkundig, offensichtlich; (*publiczny*) öffentlich
jawor M (-u; -y) Bergahorn *m*
jazda F (-y) Fahrt *f*; **~ koleją** Bahnfahrt *f*; **~ na rowerze** Radfahren *n*; **~ na nartach** Skilaufen *n*; **~ konna** Reiten *n*; **~ figurowa na lodzie** Eiskunstlauf *m*; **~ szybka ny łyżwach** Eisschnelllauf *m*; **~ samochodem** Autofahren *n*; **~!** *int* los!; **~ stąd!** zieh Leine!
jazgot M (-u; *bpl*) Lärm *m*, Gekreische *n*; *psów* Gejaule *n*
jazgotać (-oczę-) lärmen, kreischen; *psy* jaulen
jazgotliwy schrill, laut
jazz M (-u; *bpl*) Jazz *m*; **~men** M (-a; -i) Jazzmusiker *m*; **~owy** Jazz-
jaź|ń F (-ni; -nie) das Ich, Bewusstsein *n*; **rozdwojenie** *n* **~ni** Persönlichkeitsspaltung *f*
ją PRON *akk* sie; **lubię ~** ich mag sie; → ona
jąd|ro N (-a; *gen* -der) BIOL, FIZ Kern *m* (*a. fig*); **~ra** *n/pl* ANAT Hoden *m/pl*; **~ro komórkowe** BIOL Zellkern *m*; **~ro atomowe** Atomkern *m*; **~rowy** *energia, fizyka, elektrownia* Kern-, Atom-, Nuklear-; BIOL Kern-
jąkać ⟨**wy-**⟩ (-am) stammeln; **jąkać się** stottern
jąka|ła M (-y) Stotterer *m*; **~nie się** N (-a; *bpl*) Stottern *n*
jątrzyć (-ę) *ranę* reizen, aufreißen; *fig* Unruhe stiften; **~ się** *rana* eitern, *lit* schwären; *fig* sich verschärfen
je PRON *sachf akk* sie; PRON N *akk* es; **pozdrów ~ ode mnie!** grüße sie von mir!; **karmi ~ jeszcze piersią** sie stillt noch; → one; ono
jechać[1*] ⟨**po-**⟩ (*jadę*) fahren; **~** (*inst*)

fahren mit *(dat)*; ~ **pociągiem** mit dem Zug fahren; ~ **rowerem** *od* **na rowerze** mit dem Fahrrad fahren; ~ **do Niemiec** nach Deutschland fahren; ~ **na urlop** in den Urlaub fahren; ~ **na gapę** *umg* schwarzfahren; ~ **po k-o** j-n abholen; ~ **konno** reiten; ~ **na tym samym wózku** *fig* in einem Boot sitzen

jechać[2] *unpers (3. Pers jedzie)*: **jedzie od niego czosnkiem** er riecht nach Knoblauch; **jedzie od niego wódką** *umg* er hat eine Schnapsfahne; **jechało od niego piwem** *umg* er hatte eine Bierfahne

jed|en *num (persf jedni)* ein(er); *(jakiś)* irgendeine(er); **~en raz** einmal; **~en jedyny raz** ein einziges Mal *n*; **~nym tchem** in einem Atemzug; **wchodzić ~en po drugim** nacheinander (hinein)kommen; **siedzieć ~en przy drugim** nebeneinandersitzen; **mówić ~en przez drugiego** alle durcheinanderreden; **~en z drugim** *umg* Bande *f*; **~nego dnia** eines Tages; **~en do zera** SPORT eins zu null; **ani ~en** kein Einziger; **sam ~en** ganz allein; **~en i ten sam** ein und derselbe; **co to za ~en?** *umg* was ist das für einer?; **pójść na ~nego** *umg* e-n trinken gehen

jedenastka F *(-i; gen -tek)* Elf *f*; *(drużyna)* SPORT Elf *f*

jedenasto- *in zssgn* elf-, Elf-

jedenastoletni elfjährig

jedenas|ty ADJ elfte(r); **(godzina) ~ta** elf Uhr; **o (godzinie) ~tej** um elf (Uhr)

jedenaście *num (persf jedenastu)* elf

jedenaścioro *num koll* elf

jedlina F *(-y)* *(dekoracja)* Tannengrün *n*, Tannenzweige *m/pl*; *(drewno)* Tannenholz *n*; *(las)* Tannenwald *m*

jedn|a *num* F eine; **~a trzecia** ein Drittel; **z ~ej strony** einerseits

jednać ⟨**z-**⟩ *(-am)*: ~ **sobie** für sich gewinnen, einnehmen; ⟨**po-**⟩ versöhnen; ~ **się** sich versöhnen

jednak *konj* (je)doch, dennoch; *partikel* doch

jednak|owo ADV *(tak samo)* gleich, identisch; *(niezmiennie)* genauso wie früher, wie immer; **~owy** gleich, identisch; *(niezmienny)* derselbe, unverändert; **~że** *lit* jedoch

jedni *num persf* die einen, einige; → jeden

jed|no *num* N eins; **wszystko ~no** ganz gleich, völlig egal; **~nym słowem** mit einem Wort; **to na ~no wychodzi** es kommt auf dasselbe hinaus; **to jest ~no i to samo** das ist ein und dasselbe

jedno- *in zssgn* ein-, Ein-

jedno|aktówka F *(-i; gen -wek)* Einakter *m*; **~brzmiący** gleichlautend

jedno|cyfrowy einstellig; **~czesny (-śnie)** gleichzeitig

jednoczyć ⟨**z-**⟩ *(-ę)* vereinen; ~ **się** sich vereinen

jedno|daniowy KULIN aus einem Gang (bestehend); **~dniowy** eintägig; **wycieczka** *f* **~dniowa** Tagesausflug *m*

jedno|głośny einstimmig, einmütig; **~godzinny** einstündig; **~imienny** gleichnamig; **~izbowy** POL Einkammer-

jednojajo|wy: **bliźnięta** *pl* **~we** eineiige Zwillinge *pl*

jednojęzyczny einsprachig

jednokierunko|wy: **ruch** *m* **~wy** Einbahnverkehr *m*; **ulica** *f* **~wa** Einbahnstraße *f*

jedno|klasówka F *(-i; gen -wek)* *umg* Zwergschule *f*, Einklassenschule *f*; **~kolorowy** einfarbig, uni

jedno|komórkowce M/PL *(gen -ów)* BIOL Einzeller *m/pl*; **~letni** einjährig

jednolicie ADV → jednolity

jednoli|tość F *(-ści; bpl)* Einheitlichkeit *f*, Homogenität *f*; **~ty (-cie)** einheitlich; *(zwarty)* homogen; **~ty front** *m* Einheitsfront *f*

jednomandatowy: **okręg** *m* ~ POL Wahlkreis mit einem Mandat

jedno|miesięczny einmonatig; **~myślny (-ślnie)** einmütig, einhellig; **~narodowościowy** ethnisch homogen; **~nogi** einbeinig; **~oki** einäugig

jedno|osobowy *zarząd, spółka* Einmann-; *pokój, zaproszenie, kabina* Einzel-; **~partyjny** Einparteien-; **~piętrowy** einstöckig; **~płatowiec** M *(-wca; -wce)* LOT Eindecker *m*

jednopokojo|wy: **mieszkanie** *n* **~we** Einzimmerwohnung *f*

jednoraz|owy (-owo) einmalig; *strzykawka, opakowanie* Einweg-; **~ówka** F *(-i; gen -wek)* *umg* Einwegspritze *f*

jedno|ręki einarmig; **~roczny** einjährig; **~rodny** gleichartig, homogen

jednorodzinny: **domek** *m* ~ Einfamilienhaus *n*

J

jednorzędowy *marynarka* einreihig
jednospadowy: **dach** *m* ~ BUD Pultdach *n*
jednostajny eintönig, monoton
jednostka F (-*i*; *gen* -*tek*) Einheit *f* (*a.* MIL) (*osoba*) Individuum *n*, Einzelne(r) *m*; ~ **miary** Maßeinheit *f*; ~ **wojskowa** Militäreinheit *f*
jednostko|wy (**-owo**) *doświadczenie* individuell; (*sporadyczny*) einzeln, einmalig, vereinzelt; **cena** *f* **~wa** Stückpreis *m*
jedno|stronnicowy *tekst, protokół* einseitig; **~stronny** *wydruk, paraliż* einseitig (*a. fig*); *ruch* einbahnig; POL unilateral; **~sylabowy** einsilbig
jedność F (-*ści*; *bpl*) (*wspólnota*) Gemeinschaft *f*; (*zgoda*) Einigkeit *f*, Einheit *f*; *przekonań, myśli* Übereinstimmung *f*; (*jednolitość*) Einheitlichkeit *f*, Homogenität *f*
jedno|ślad M (-*u*; -*y*) einspuriges Fahrzeug *n*; **~śladowy** einspurig; **~tomowy** einbändig; **~torowy** eingleisig
jedno|tygodniowy einwöchig; **~wymiarowy** eindimensional; **~zgłoskowy** einsilbig; **~zmianowy** *praca* einschichtig; **~znaczny** eindeutig, unmissverständlich, klar
jedwab M (-*biu*; -*bie*, *gen* -*bi*) Seide *f*; **~isty** (**-ście**) seidig, seidenweich
jedwabni|ctwo N (-*a*; *bpl*) (*hodowla*) Seidenraupenzucht *f*; Seidenherstellung *f*, Seidenindustrie *f*; **~czy** *przemysł* Seiden-
jedwab|nik M (-*a*; -*i*) ZOOL Seidenspinner *m*; **~ny** seiden, Seiden-
jedyn|aczka F (-*i*; *gen* -*czek*) einzige Tochter *f*, Einzelkind *n*; **~ak** M (-*a*; -*cy*) einziger Sohn *m*, Einzelkind *n*
jedyn|ie ADV einzig, lediglich; **~ka** F (-*i*; *gen* -*nek*) (*liczba*) Eins *f*; (*ocena*) Fünf *f*
jedyny einzig; ~ **w swoim rodzaju** einzigartig, einmalig, unnachahmlich; ~ (**do** *gen*) unübertroffen (in *dat*)
jedzenie N (-*a*) Essen *n*
jeep M (-*a*; -*y*) Jeep® *m*, Geländewagen *m*
jego PRON M *akk* ihn; PRON M, *n gen* seiner; PRON *poss* sein; seine; ~ **tam nie ma** er ist nicht da; ~ **na pewno nie zaproszą** ihn laden sie bestimmt nicht ein; ~ **rower** sein Fahrhrad; ~ **siostra** seine Schwester; ~ **dziecko** sein Kind; ~ **rzeczy** seine Sachen; ~ **wysokość** seine Majestät *f*; → on; ono
jegomość M (-*ścia*; -*ście od* -*ściowie*) *lit* Herr *m*, Mann *m*
jej PRON F *dat* ihr; *gen* ihrer; PRON *poss* ihr; ihre; **dam to** ~ ich gebe es ihr; **nie ma tu** ~ sie ist nicht da; ~ **brat** ihr Bruder; ~ **siostra** ihre Schwester; ~ **dziecko** ihr Kind; ~ **rzeczy** ihre Sachen; → ona
jeleni Hirsch-
Jelenia Góra F (*Jeleniej Góry*; *bpl*) Hirschberg *m*
jele|ń M (-*nia*; -*nie*; *gen* -*ni*) ZOOL Hirsch *m*; **szukać ~nia** *fig umg* e-n Dummen suchen
jelito N (-*a*) ANAT Darm *m*; ~ **grube** Dickdarm *m*; ~ **cienkie** Dünndarm *m*; ~ **ślepe** Blinddarm *m*; **~wy** Darm-
jelonek M (-*nka*; -*nki*) Hirschkalb *n*; (*chrząszcz*) Hirschkäfer *m*
jełczeć ⟨**z-**⟩ (*3. Pers* -*eje*) ranzig werden
jeło|p M (-*a*; -*y*), **~pa** M *od f* (-*y*) *pop pej* Depp *m*, Schwachkopf *m*
jemioła F (-*y*) Mistel *f*
jemu PRON M, *n dat* ihm; **dam to** ~ ich gebe es ihm; → on; ono
jeniec M (-*ńca*; -*ńcy*) Kriegsgefangene(r) *m*; **~ki** (Kriegs)Gefangenen-; **obóz** *m* **~ki** Gefangenenlager *n*
jenot M (-*a*; -*y*) Marderhund *m*
Jerozolima F (-*y*; *bpl*) Jerusalem *n*
jesi|enny herbstlich, Herbst-; **~eń** F (-*ni*; -*nie*) Herbst *m*; **~enią** im Herbst
jesion M (-*u*; -*y*) Esche *f*
jesion|ka F (-*i*; *gen* -*nek*) (Woll)Mantel *m*; **~owy** Esche-
jesiotr M (-*a*; -*y*) Stör *m*
jest *3. Pers* SG er ist; sie ist; es ist; → być¹*; być²*
jestem *1. Pers sg* ich bin; → być¹*; być²*
jesteś *2. Pers* SG du bist; → być¹*; być²*
jesteśmy *1. Pers* PL wir sind; → być¹*; być²*
jesteście *2. Pers* PL ihr seid; → być¹*; być²*
jeszcze noch; ~ **jak!** *umg* und ob!; ~ **czego!** nix da!
jeść* ⟨**z-**⟩ (*jem*) essen; ~ **śniadanie** frühstücken; ~ **obiad** zu Mittag essen; ~ **kolację** zu Abend essen, Abendbrot essen; **chce mi się** ~ ich habe Hunger, ich bin hungrig; ~ **nożem i widelcem** mit Messer und Gabel essen; **dać** ~ **k-u** j-m zu essen geben; ~ **aż się uszy trzęsą** mit großem Appetit essen, *umg* kräftig zulangen; ~ **z ręki k-u** *fig* j-m aus der Hand fressen; **z niejednego pieca** ~ **chleb** mit allen

▶ ⚠ język

Szybciej bo odgryzę sobie język.	Ich würde mir lieber die Zunge abbeißen.
Jaki język jest twoim językiem ojczystym?	Was ist deine Muttersprache?

Wassern gewaschen sein

jeśli *konj* wenn; ~ **chodzi o** (*akk*) was (*akk*) betrifft, was (*akk*) anbelangt; ~ **chodzi o mnie** was mich betrifft

jez. (jezioro) See *m*

jezd|nia F (-*i*; -*e*; *gen* -*i*) Straße *f*, Fahrbahn *f*; **~nia jednokierunkowa** Einbahnstraße *f*; **~nia czteropasmowa** vierspurige Straße *f*; **~ny** fahrbar

jezioro N (-*a*) See *m*; **sztuczne ~** Stausee *m*

jezui|cki jesuitisch, Jesuiten-; **~ta** M (-*y*; -*ci*) Jesuit *m*

jeździć (*jeżdżę*) (gewöhnlich) fahren; unterwegs sein; *pojazdy* fahren, verkehren; ~ (*inst*) fahren (mit *dat*); (*przesuwać się*) rutschen; ~ **samochodem** mit dem Auto fahren; ~ **na łyżwach** Schlittschuh laufen; ~ **konno** reiten; ~ **na rowerze** Rad fahren; **umiesz ~ na nartach?** kannst du Ski laufen?; **jeździmy na urlop do Grecji** wir fahren gewöhnlich in den Urlaub nach Griechenland; ~ **po świecie** viel auf Reisen sein; ~ **często w delegacje** viel auf Dienstreisen sein; ~ **na kimś jak na łysej kobyle** *umg* auf j-m herumreiten

jeździec M (-*dźca*, -*dźcze!*; -*dźcy*) Reiter *m*; **~ki** Reit-; **~two** N (-*a*; *bpl*) Reiten *n*, Reitsport *m*

jeż M (-*a*; -*e*, -*y*) Igel *m*; **mieć włosy na ~a** einen Bürstenhaarschnitt haben

jeżdżenie N (-*a*; *bpl*) Fahren *n*

jeżeli *konj* → jeśli

jeżo|wiec M (-*wca*; -*wce*) Seeigel *m*; **~zwierz** M (-*a*; -*e*) Stachelschwein *n*

jeżyć ⟨na-⟩ (-*ę*) *włosy* aufrichten; ~ **się** *zwierzę* die Haare aufrichten; *fig* sich sträuben, sich widersetzen; *trudności* sich türmen

jeżyna F (-*y*) Brombeere *f*

jęczeć (-*ę*) *z bólu* stöhnen; (*narzekać*) jammern

jęczmi|enny Gersten-; **~eń** M (-*nia*; -*nie*) Gerste *f*; MED Gerstenkorn *n*

jędrny fest; *skóra* straff; *pośladki* knackig, straff; *język, styl* deftig, kräftig; bildhaft

jędz|a F (-*y*; -*e*) *w bajce* Hexe *f*; (*kobieta*) *umg* Hausdrachen *m*; **~owaty** zänkisch, grimmig

jęk M (-*u*; -*i*) *z bólu* Stöhnen *n*; **~liwy** (-wie) wehleidig, klagend

jęknąć PF (-*nę*) aufstöhnen

jęzor M (-*a*; -*y*) Zunge *f*

języcz|ek M (-*czka*; -*czki*) *dim* Zunge *f*; ANAT Zäpfchen *n*; **być ~kiem u wagi** *fig* das Zünglein an der Waage sein

język M (-*a*; -*i*) ANAT Zunge *f*; (*mowa*) Sprache *f*; *u. buta* Zunge *f*; ~ **ojczysty** Muttersprache *f*; ~ **literacki** Hochsprache *f*; ~ **polski** Polnisch *n*, polnische Sprache *f*; **uczyć się ~a niemieckiego** Deutsch lernen; **kaleczyć ~** radebrechen; **mleć ~iem** *umg* schwafeln; **mieć długi ~** *umg* alles ausplaudern; ~ **stanął mu kołkiem** es verschlug ihm die Sprache; ~ **mnie świerzbi** es brennt mir auf der Zunge; **mam na końcu ~a** es liegt mir auf der Zunge; ~ **mu się plącze** er lallt

językoznawstwo: **języko|wy** Sprach(en)-; ANAT Zungen-; **~znawstwo** N (-*a*; *bpl*) Sprachwissenschaft *f*

jidysz M (-*u*; *bpl*) Jiddisch *n*

jn. (jak niżej) s. u. (siehe unten)

jod M (-*u*; *bpl*) CHEM Jod *n*

jodeł|ka F (-*i*; *gen* -*łek*): **w ~kę** im Fischgrätenmuster

jodła F (-*y*; *gen* -*deł*) Tanne *f*

jodłować (-*uję*) jodeln

jodłowy Tannen-

jodowa|ny: **sól** *f* **~na** Jodsalz *n*

jodyna F (-*y*; *bpl*) Jodtinktur *f*

jodynować (-*uję*) mit Jodinktur behandeln

jog|a F (-*i*; *bpl*) Joga *n*; **~ging** M (-*u*; *bpl*) Joggen *n*; **uprawiać ~ging** joggen; **~urt** M (-*u*; -*y*) Jogurt *m*

jon M (-*u*; -*y*) FIZ, CHEM Ion *n*

joński MAL ionisch; **Morze** *n* **≈e** Ionisches Meer *n*

Jordania F (*gen dat lok* -*ii*; *bpl*) Jordanien *n*

jo|ta: **co do ~ty** bis ins Kleinste; **~ta w ~tę** aufs Haar

jowialny jovial

Jowisz M (*-a; bpl*) ASTRON Jupiter *m*
joystick M (*-a; -i*) EDV Joystick *m*
jubilat M (*-a; -ci*), **~ka** F (*-i; gen -tek*) Jubilar(in) *m(f)*; Geburtstagskind *n*
jubiler M (*-a; -rzy*) Juwelier *m*, Goldschmied *m*; **~ski** Juwelier-; **~stwo** N (*-a; bpl*) Juwelierhandwerk *n*, Goldschmiedehandwerk *n*
jubileusz M (*-u; -e*) Jubiläum *n*; **~owy** Jubiläum-
ju|cha F (*-y; bpl*) (*krew zwierząt*) Blut *n*; **~czny** *zwierzę* Pack-, Last-
judaizm M (*-u; bpl*) REL Judaismus *m*; Judentum *n*
judasz M (*-a; -e*) *pej* Judas *m*; *w drzwiach* Türspion *m*; **~owy** verräterisch, falsch; **~owy pocałunek** *m* Judaskuss *m*; **~owe srebrniki** *pl* Judaslohn *m*

J

judo N (*unv*) Judo *n*
judok M (*-i; -cy*), **~a** M (*-i; -cy*) Judoka *m(f)*
judzić ⟨**pod-**⟩ (*-dzę*) (auf)hetzen
Jugosławia F (*gen dat lok -ii; bpl*) HIST Jugoslawien *n*
juhas M (*-a; -i*) Schäfergehilfe *m*
jun|acki (**-ko**) *lit* verwegen, wagemutig; **~ak** M (*-a; -cy*) *lit* Bursche *m* mit Schneid
junior M (*-a; -rzy*), **~ka** F (*-i; gen -rek*) Junior(in) *m(f)*
jurajski GEOL Jura-
jurny *lit* potent, leidenschaftlich
juror M (*-a; -rzy*), **~ka** F (*-i; gen -rek*) Mitglied *n* der Jury, Preisrichter(in) *m(f)*
jurta F (*-y*) Jurte *f*
jurysdykcja F (*-i; bpl*) Jurisdiktion *f*, Gerichtsbarkeit *f*;
justować ⟨**wy-**⟩ (*-uję*) TYPO, TECH justieren
juta F (*-y*) BIOL Jute *f*; (*włókno*) Jute(faser) *f*
Jutlandia F (*gen dat lok -ii; bpl*) Jütland *n*
jutowy Jute-
jutro[1] ADV morgen; **~ rano** morgen früh
jutr|o[2] N (*-a; bpl*) Morgen *m*; **od ~a** ab morgen; **do ~a!** bis morgen!; **lepsze ~o** bessere Zukunft *f*
jutrze|jszy morgig; **~nka** F (*-i; gen -nek*) Morgenröte *f*
jutrznia F (*-i; -e*) REL Frühmette *f*
juwenalia PL (*gen -ów*) Studententage *pl*
już schon; bereits; **~ nie** nicht mehr; **~ nigdy** nie mehr; **~ nic** nichts mehr; **i ~!** und basta!, und damit Schluss!; **~ po wszystkim** es ist vorbei; **~ cię nie ma!** raus mit dir!; **~ ja cię nauczę!** ich zeigs dir noch!
jw. (**jak wyżej**) s. o. (siehe oben)

K

k. (**koło**) b. (bei)
kaba|ła F (*-y; gen -*) REL Kabbala *f*; **stawiać ~łę** Karten legen; **wpaść** *pf* **w ~łę** *umg* im Schlamassel stecken
kabanos M (*-a; -y*) Kabanossi *f*
kabareciarz M (*-a; -e*) Kabarettist *m*
kabaret M (*-u; -y*) Kabarett *n*; **~owy** Kabarett-
kabaretki PL (*gen -tek*) Netzstrumpfhose *f*
kabel M (*-bla; -ble; gen -bli*) ELEK Kabel *n*; (*osoba*) *umg* Denunziant *m*, Spion *m*
kabina F (*-y*) Kabine *f*; (*przymierzalnia*) Anprobe *f*, Umkleidekabine *f*; **~ pilota** Cockpit *n*; **~ kierowcy** Fahrerhaus *n*
kablować (*-uję*) *umg* denunzieren, petzen
kablo|wy: **telewizja** *f* **~wa** Kabelfernsehen *n*
kabłąk M: **zgięty w ~** krumm, gekrümmt
kabotażowy: **statek** *m* **~** Küstenfrachter *m*
kaboty|n M (*-a; -ni*) *pej* Komödiant *m*, Poseur *m*; **~ństwo** N (*-a; bpl*) *pej* Schauspielerei *f*, Effekthaschrei *f*
kabriolet M (*-u; -y*) Kabriolett *n*
kabura F (*-y*) Halfter *n*
kab|za: **nabijać ~zę** *umg* den Säckel füllen
kac: **mieć ~a** *umg* e-n Kater haben
kacet M (*-u; -y*) *umg* HIST KZ *n*
kacyk M (*-a; -i od -owie*) (*naczelnik*) Häuptling *m*; *pej* Provinzpolitiker *m*
kaczan M (*-u; -y*) Maiskolben *m*
kaczątko N (*-a*) Entlein *n*; **brzydkie ~** *fig* hässliches Entlein *n*
kaczeniec M (*-ńca; -ńce*) Sumpfdotterblume *f*
ka|czka F (*-i; gen -czek*) Ente *f*; **~czka pieczona** Entenbraten *m*; **~czka dziennikarska** *fig* Zeitungsente *f*; **puszczać ~czki** Springsteine werfen; **~czor** M (*-a; -y*)

Enterich *m*; **~czy** Enten-
kadencja F (-i; -e) Amtszeit *f*; (*parlamentu*) Legislaturperiode *f*; MUS Kadenz *f*
kadłub M (-u; -y) *statku, samolotu* Rumpf *m*
kadr M (-u; -y) Filmausschnitt *m*
ka|dra F (-y; *gen* -) Personal *n*, Mitarbeiter *pl*; MIL Kader *m*; **~dry** *pl umg* Personalabteilung *f*; **~dry** *pl* **kierownicze** Führungskräfte *pl*; **~dra narodowa** SPORT Nationalmannschaft *f*, Nationalspieler *pl*; **dział** *m* **~dr** Personalabteilung *f*, Personalbüro *n*
kadro|wicz M (-a; -e) SPORT Nationalspieler *m*
kadrowy[1] Personal-; MIL Berufs-
kadro|wy[2] M (-ego; -i), **~wa** F (-ej; -e) Personalleiter(in) *m(f)*
kaduk: **do ~a!** zum Teufel!
kadzić (-dzę) Weihrauch abbrennen; *fig* beweihräuchern
kadzi|dło N (-a; *gen* -deł) Weihrauch *m*; **~elnica** F (-y; -e) Weihrauchfass *n*
kadź F (-dzi; -dzie) Bottich *m*, Kübel *m*
kaf|ejka F (-i; *gen* -jek) *umg* Café *n*; **~el** M (-fla; -fle; *gen* -fli) Kachel *f*
kafeteria F (*gen dat lok* -ii; -ie) Cafeteria *f*
kaflowy Kachel-; gekachelt; **piec** *m* **~** Kachelofen *m*
kaftan M (-u; -y): **~ bezpieczeństwa** Zwangsjacke *f*; **~ roboczy** Arbeitskittel *m*
kaftanik M (-a; -i) Babyjäckchen *n*
kagan|ek M (-nka; -nki) HIST Öllampe *f*; **~iec** M (-ńca; -ńce) Maulkorb *m*
Kair M (-u; *bpl*) Kairo *n*
kajać się ⟨**pokajać się**⟩ (-am) *lit* bereuen
kajak M (-u; -i) Kajak *m od n*, Paddelboot *n*; **~ składany** Faltboot *n*; **~arstwo** N (-a; *bpl*) Kanusport *m*
kajakarz M (-a; -e) Kanute *m*; **~owy** Kanu-; **spływ** *m* **~owy** Kanuwandertour *f*
kajda|nki PL (-nek *od* -ów) Handschellen *pl*; **~ny** PL (*gen* -) Fesseln *pl* (*a. fig*), Ketten *pl*
kaj|tek M (-ka; -ki) *żart* Lausbub *m*; **~uta** F (-y) Kajüte *f*; **~zerka** F (-i; *gen* -rek) Kaiserbrötchen *n*, Semmel *f*
kakao N (*unv*) Kakao *m*; **~wiec** M (-wca; -wce) Kakaobaum *m*; **~wy** Kakao-
kaktus M (-a; -y) Kaktee *f*, Kaktus *m*
kalać ⟨**s-**⟩ (-am) *lit* besudeln
kalafior M (-a; -y) Blumenkohl *m*; **~owy** Blumenkohl-
kalambur M (-u; -y) Kalauer *m*
kalarepa F (-y) Kohlrabi *m*
kalectw|o N (-a) Körperbehinderung *f*, Gebrechen *n*; **dotknięty ~em** körperbehindert
kalecy *persf* → kaleki
kaleczyć ⟨**s-**⟩ (-ę) verletzen; **~ sobie rękę** sich die Hand verletzen; **~ się** sich verletzen
kalejdoskop M (-u; -y) Kaleidoskop *n*
kale|ka M (-i; -cy *od* -ki, *gen* -ów) Krüppel *m*, Körperbehinderte(r) *m*; (-i; *gen* -) (*kobieta*) F Körperbehinderte *f*; **~ka życiowy** *umg* Versager *m*, Niete *f*
kaleki (*persf* -cy) *osoba* körperbehindert; *noga* verkrüppelt
kalendarz M (-a; -e) Kalender *m*; Terminkalender *m*, Terminplaner *m*; **~ ścienny** Wandkalender *m*; **~owy** Kalender-; **wiosna** *f* **~owa** Frühlingsanfang *m*
kalendarzyk M (-a; -i) Taschenkalender *m*; **~ małżeński** Knaus-Ogino-Methode *f*
kalenica F (-y) (Dach)First *m*
kaletn|ictwo N (-a; *bpl*) Täschnerhandwerk *n*, Täschnerei *f*; **~ik** M (-a; -cy) Täschner *m*
kalesony PL (*gen* -ów) lange Unterhose *f*
kalib|er M (-bru; -bry) MIL Kaliber *n*; **dużego ~ru** *fig* von großer Bedeutung; **człowiek** *m* **wielkiego ~ru** ein Mensch von Format
kali|grafia F (*gen dat lok* -ii; *bpl*) Schönschrift *f*, Kalligrafie *f*
kaligrafować ⟨**wy-**⟩ (-uję) schönschreiben
kalina F (-y) BOT Schneeball *m*
kal|ka F (-i; *gen* - *od* -lek) Pauspapier *n*, Blaupapier *n*; JĘZ Lehnübersetzung *f*; **~ka maszynowa** Kohlepapier *n*; **~komania** F (*gen dat lok* -ii; -e) (*obrazek*) Abziehbild *n*
kalkować ⟨**prze-**⟩ (durch)pausen, durchzeichnen
kalkula|cja F (-i; -e) FIN Kalkulation *f*; **~cja wstępna** Vorkalkulation *f*; **~cje** *pl fig* Kalkulation *f*, Überlegung *f*
kalkulator M (-a; -y) Taschenrechner *m*
kalkulować ⟨**s-**⟩ (-uję) FIN kalkulieren, veranschlagen; ⟨**wy-**⟩ überlegen; **kalkulować się** *umg* sich auszahlen, sich lohnen
kalor|ia F (*gen dat lok* -ii; -e) Kalorie *f*; **~yczność** F (-ści; *bpl*) Kaloriengehalt *m*; **~yczny** kalorienreich
kaloryfer M (-a; -y) Heizkörper *m*

kalosz M (-a; -e) Gummistiefel *m*
kalumnia F (*gen dat lok -ii; -e*) *lit* Verleumdung *f*
kalwinizm M (-u; *bpl*) Calvinismus *m*, Kalvinismus *m*
kalwiński kalvini(sti)sch
kał M (-u; *bpl*) Kot *m*, Exkremente *pl*; MED Stuhl *m*
kałama|rnica F (-y; -e) Kalmar *m*; **~rz** M (-a; -e) Tintenfass *n*
kałdun M (-a; -y) *pop* Wanst *m*
kałuża F (-y; -e) Pfütze *f*, Tümpel *m*; **~ krwi** Blutlache *f*; **~ oleju** Öllache *f*
kamb|r M (-u; *bpl*) GEOL Kambrium *n*; **~uz** M (-a; -y) MAR Kombüse *f*
kame|a F (-ei; -ee) Kamee *f*; **~leon** M (-a; -y) ZOOL, *fig* Chamäleon *n*
kamera F (-y) Kamera *f*; **~ wideo** Videokamera *f*; **~ do zdjęć podwodnych** Unterwasserkamera *f*
kamer|alny MUS Kammer-; *nastrój* gemütlich; *grono* intim, eng; **teatr** *m* **~alny** Kammertheater *n*
kamer|dyner M (-a; -rzy) HIST Kammerdiener *m*; **~ton** M (-u; -y) Stimmgabel *f*
kamerzyst|a M (-y; -ści) Kameramann *m*; **~ka** F (-i; *gen -tek*) Kammerafrau *f*
kamfora F (-y; *bpl*) Kampfer *m*; **zniknąć jak ~** spurlos verschwinden
kamforowy: **olejek** *m* **~** Kampferöl *n*
kamica F (-y; *bpl*): **~ nerkowa** MED Nierensteinleiden *n*; **~ żółciowa** Gallensteinleiden *n*
kamienia|rski Stein(metz)-; **~rz** M (-a; -e) Steinmetz *m*
kamienica F (-y) Mietshaus *n*
kamienieć ⟨s-⟩ (-*eję*) versteinern; *fig* erstarren
kamieni|ołom M (-u; -y) Steinbruch *m*; **~sty (-ście)** steinig
kamien|ny Stein-, steinern; *mina, serce* steinern; **~na posadzka** *f* Stein(fuß)boden *m*; **~ny spokój** *m* Seelenruhe *f*; **z ~nym spokojem** in aller Seelenruhe, seelenruhig; **~na cisza** *f* Totenstille *f*; **węgiel** *m* **~ny** Steinkohle *f*; **epoka** *f* **~na** GEOL Karbon *n*
kamienować ⟨u-⟩ (-*uję*) steinigen
kami|eń M (-*nia*; -*nie*) Stein *m*; **~eń szlachetny** Edelstein *m*; **~eń nagrobny** Grabstein *m*; **~eń młyński** Mühlstein *m*; **~eń węgielny** *fig* Grundstein *m*; **~eń milowy** *fig* Meilenstein *m*; **~enie** *pl* **nerkowe** MED Nierensteine *pl*; **~eń nazębny** MED Zahnstein *m*; **~eń filozoficzny** der Stein der Weisen; **twardy jak ~eń** steinhart; **spać jak ~eń** wie ein Stein schlafen; **~eń spadł mi z serca** mir ist ein Stein vom Herzen gefallen; **mieć serce z ~nia** ein Herz aus Stein haben; **być k-u ~eniem u szyi** *umg* j-m ein Klotz am Bein sein; **przepaść** *pf* **jak ~eń w wodę** wie vom Erdboden verschluckt sein; spurlos verschwinden; **praca idzie jak z ~enia** *umg* die Arbeit kommt nur schleppend voran
Kamień Pomorski M (*Kamienia Pomorskiego*; *bpl*) Cammin *n*
kamikadze M (*unv*) Kamikaze *m*
kamionk|a F (-i; *bpl*) Steinzeug *n*; **~owy** Steinzeug-
kamizelka F (-i; *gen -lek*) Weste *f*; **~ ratunkowa** Schwimmweste *f*; **~ kuloodporna** kugelsichere Weste *f*
kampania F (*gen dat lok -ii; -e*) Kampagne *f*; **~ promocyjna** Werbekampagne *f*; **~ prasowa** Pressekampagne *f*; **~ wyborcza** Wahlkampf *m*
kamrat M (-a; -ci) Kumpan *m*
kamuflaż M (-u; -e) Tarnung *f*
kamuflować ⟨za-⟩ (-*uję*) tarnen; **~ się** sich tarnen
kam|yczek M (-*czka*; -*czki*) *dim* Steinchen *n*; **~yk** M (-a; -i) Stein *m*, Kiesel *m*; Edelstein *m*; **~yk do zapalniczki** Feuerzeugstein *m*
Kanadyj|czyk M (-a; -cy), **~ka**[1] F (-i; *gen -jek*) Kanadier(in) *m(f)*
kanadyj|ka[2] F (-i) (*łódź*) Kanadier *m*; **~ski** kanadisch
kanal|ia F *od m* (*gen dat lok -ii; -e*) *pej* Kanaille *f*; **~ik** M (-a; -i) Rille *f*, Kanälchen *n*
kanaliza|cja F (-i; *bpl*) Kanalisation *f*; **~cyjny** Kanalisations-
kanalizować ⟨s-⟩ (-*uję*) kanalisieren
kanał M (-u; -y) Kanal *m*; **~ żeglowny** Schifffahrtskanal *m*; **~ ściekowy** Abwasserkanal *m*; **~ melioracyjny** Bewässerungskanal *m*; **~ remontowy** AUTO Reparaturgrube *f*; **~owy** Kanal-; **leczenie** *n* **~owe** Wurzelbehandlung *f*
kanap|a F (-y) Sofa *n*, Couch *f*; **~ka** F (-i; *gen -pek*) belegtes Brötchen *n*, Sandwich *n*; *do pracy, do szkoły* Frühstücksbrot *n*; Pausenbrot *n*
kanar M (-a; -y) *umg* Kontrolleur *m*; **~ek**

K

M (-rka; -rki) Kanarienvogel m; **~kowy** *kolor* kanariengelb
Kanaryjski: **Wyspy** *pl* **~e** Kanarische Inseln *pl*
kancela|ria F (*gen dat lok -ii; -e*) Kanzlei f; **~ria adwokacka** Anwaltskanzlei f; **~ria prezydenta** Präsidialamt n; **~ryjny** Kanzlei-, Büro-
kanciapa F (-y) *umg* kleiner Dienstraum m, Abstellkammer f
kancia|rstwo N (-a) *umg* Schwindelei f; **~rz** M (-a; -e) *umg mpej* Gauner m, Schwindler m
kanciasty **(-to)** (scharf)kantig, eckig; *twarz* kantig
kanc|lerski Kanzler-; **~lerz** M (-a; -e) Kanzler m; **~lerz federalny** Bundeskanzler m
kandelabr M (-u; -y) Kandelaber m, Armleuchter m
kandydat M (-a; -ci), **~ka** F (-i; *gen -tek*) Bewerber(in) m(f), Kandidat(in) m(f) (a. POL); *do nagrody* Anwärter(in) m(f), Kandidat(in) m(f); **~ na studia** Studienbewerber m; **~ do tronu** Thronprätendent m
kandydatura F (-y) Kandidatur f
kandydować (-uję) (**do** *gen od* **na** *akk*) kandidieren (für *akk*), sich bewerben (um *akk*)
kandyzowany kandiert
kangur M (-a; -y) Känguru n
kania F (-; -e) BOT Parasolpilz m
kanibal M (-a; -e) Kannibale m; **~izm** M (-u; *bpl*) Kannibalismus m
kan|ister M (-tra; -try) Kanister m; **~ister na benzynę** Benzinkanister m; **~ka** F (-i) *umg* kleine (Milch)Kanne f
kanon M (-u; -y) Kanon m; **~ada** F (-y) MIL Geschützfeuer n, Kanonade f (a. *fig*)
kanonicz|ny kanonisch; **prawo** n **~ne** REL kanonisches Recht n
kanonik M (-a; -cy) Kanoniker m, Domherr m
kanonizować (-uję) heiligsprechen
kant M (-u; -y) Kante f; *spodni* Bügelfalte f; *umg* Schwindel m, Schummelei f
kantor[1] M (-u; -y): **~ (wymiany walut)** Wechselstube f
kantor[2] M (-a; -rzy) (*śpiewak*) Kantor m
kantorek M (-rka; -rki) *umg* kleiner Lagerraum m
kantować ⟨**o-**⟩ (-uję) *umg* reinlegen, schummeln
kantyna F (-y) Kantine f
kan|wa F (-y): **powstać na ~wie** (*gen*) *lit, film* in Anlehnung an (*akk*) entstehen
kaowiec M (-wca; -wcy) *umg* Animateur m
kapa F (-y) Tagesdecke f
kapać (-ię) ⟨**-nąć**⟩ (-nę) tropfen, triefen; **kapie** (*pada deszcz*) es tröpfelt
kapary PL (*gen -ów*) KULIN Kapern *pl*
kapcanieć ⟨**s-**⟩ (-eję) *umg* herunterkommen, träge werden
kapeć M (-pcia; -pcie; *gen -pci*) Hausschuh m
kapela F (-i; -e) MUS Kapelle f; *sl* Rockband f
kapelan M (-a; -i): **~ wojskowy** Militärgeistliche(r) m; **~ więzienny** Gefängnisgeistliche(r) m
kapelmistrz M (-a; -e *od* -owie) Kapellmeister m
kapelusik M (-a; -i) *dim* Hütchen n
kapelusz M (-a; -e) Hut m; *grzyba* (Pilz)Hut m; **~nik** M (-a; -cy) Hutmacher m
kaperski: **statek** m **~** HIST Kaperschiff n
kapiszon M (-a; -y) Zündblättchen n
kapitalik M (-u; -i) *umg* ein hübsches Sümmchen
kapitalist|a M (-y; -ści), **~ka** F (-i; *gen -tek*) Kapitalist(in) m(f)
kapitalistyczny kapitalistisch
kapit|alny *umg* toll; **remont** m **~alny** Generalüberholung f; BUD Instandsetzung f; **~ał** M (-u; -y) EKON Kapital n; **~ał stały** *od* **zainwestowany** Finanzkapital n; **~ał zakładowy** Stammkapital n
kapitałowy Kapital-
kapitan M (-a; -owie) MIL Hauptmann m; MAR, SPORT Kapitän m; **~at** M (-u; -y) MAR Hafenamt n
kapitański Kapitäns-; **mostek** m **~** MAR Kommandobrücke f
kapitu|lacja F (-i; -e) MIL Kapitulation f (a. *fig*); **~lant** M (-a; -ci) MIL Kapitulant m; **~larz** M (-a; -e) REL Kapitelsaal m
kapitulować ⟨**s-**⟩ (-uję) kapitulieren (a. *fig*)
kapituła F (-y) REL (Dom)Kapitel n
kap|ka F (-i; *gen -pek*) Tröpfchen n; **~kę** *umg* ein bisschen
kapli|ca F (-y; -e) REL Kapelle f; **~czka** F (-i; *gen -czek*) *przydrożna* Waldkapelle f, Herrgottsstöckle n
kapła|n M (-a; -i) Priester m, Pfarrer m;

pogański Priester *m*; **~nka** F (-*i*; *gen* -*nek*) Priesterin *f*; **~ński** priesterlich, Priester-; **święcenia** *pl* **~ ńskie** Priesterweihe *f*
kapnąć PF: **~ się** *umg* checken, schnallen; → kapać
kapok M (-*a*; -*i*) Schwimmweste *f*
kapota F (-*y*) *umg* abgetragene Jacke *f*
kapować ⟨**s-**⟩ (-*uję*) *umg* kapieren, raffen; ⟨**za-**⟩ *umg* petzen
kapra|l M (-*a*; -*e*) Korporal *m*, Unteroffizier *m*; **~wy** *oczy* eitrig; triefäugig
kaprys M (-*u*; -*y*) Laune *f*, Grille *f*; MUS Capriccio *n*
kaprysić (-*szę*) Launen haben; *umg* die Nase rümpfen
kapryśny launisch, sprunghaft; *dziecko* bockig, quengelig
kapsel M (-*sla*; -*sle*) Kronenkorken *m*; (*kapiszon*) Zündblättchen *n*
kapsułka F (-*i*; *gen* -*łek*) Kapsel *f*
kaptować ⟨**s-**⟩ (-*uję*) (ab)werben
kaptur M (-*a*; -*y*) *w ubraniu* Kapuze *f*; Haube *f*, Kappe *f*; **płaszcz** *m* **z ~em** Kapuzenmantel *m*; **~ek** M (-*rka*; -*rki*) *dim* kleine Kapuze *f*; (*osłona*) Kappe *f*, Haube *f*; **~ek dopochwowy** MED Diaphragma *n*; **Czerwony ℒek** Rotkäppchen *n*
kapucyn M (-*a*; -*i*) Kapuziner(mönch) *m*
kapusta F (-*y*) Kohl *m*; **biała ~** Weißkohl *m*; **kiszona ~** Sauerkraut *m* **~ głowiasta** Kopfsalat *m*; **~ włoska** Wirsingkohl *m*
kapuś M (-*sia*; -*sie*) *umg* Spitzel *m*; **~ciany** Kohl-; **~niaczek** M (-*a*; *bpl*) *umg* Sprühregen *m*, Nieselregen *m*; **~niak** M (-*a*; -*i*) Sauerkrautsuppe *f*
ka|ra F (-*y*) Strafe *f* (**za** *akk* für *akk*); **~ra pozbawienia wolności** Freiheitsstrafe *f*; **~ra więzienia** Gefängnisstrafe *f*; **~ra śmierci** Todesstrafe *f*; **~ra grzywny** Bußgeld *n*; **pod ~rą sądową** bei Strafe; **za ~rę** zur Strafe
karabin M (-*u*; -*y*) Gewehr *n*; **~ maszynowy** Maschinengewehr *n*
karać ⟨**u-**⟩ (*karzę*) (be)strafen (**za** *akk* für *akk*)
karafka F (-*i*; *gen* -*fek*) Karaffe *f*
Karaibski: **Morze** *n* **~e** Karibisches Meer *n*
karakuły PL (*gen* -*ów*) (*futro*) Persianermantel *m*, Persianerpelz *m*
karal|ność F (-*ści*; *bpl*) Strafbarkeit *f*; **~ny** strafbar; **czyn** *m* **~ny** Straftat *f*
karaluch M (-*a*; -*y*) Kakerlak *m*, Küchenschabe *f*
karambol M (-*u*; -*e*) AUTO Karambolage *f*, Zusammenstoss *m*
karany[1] vorbestraft
karany[2] M (-*ego*; -*ni*), **~na** F (-*ej*; *e*) Vorbestrafte(r) *m*, *f*
karaś M (-*sia*; -*sie*) Karausche *f*
karawan M (-*u*; -*y*) Leichenwagen *m*; **~a** F (-*y*) Karawane *f*
karb M (-*u*; -*y*) Kerbe *f*, Einkerbung *f*, Riefe *f*; **kłaść na ~** (*gen*) zuschreiben (*dat*), entschuldigen (mit *dat*); **trzymać w ~ach** in Zucht halten
karb|id M (-*u*; *bpl*) Karbid *n*; **~idówka** F (-*i*; *gen* -*wek*) Karbidlampe *f*; **~on** M (-*u*; *bpl*) GEOL Karbon *n*
karbowany gekerbt, geriffelt; *włosy* gewellt
karcący (**-co**) mahnend, tadelnd
karcia|ny Karten-; **~rz** M (-*a*; -*e*) Kartenspieler *m*
karcić ⟨**s-**⟩ (-*cę*) tadeln, ausschelten; (er)mahnen
karcz|ek M (-*czku*; -*czki*) Passe *f*; **~emny** *awantura* ordinär; **~ma** F (-*y*; *gen* -*czem*) HIST Wirtshaus *n*; **~marz** M (-*a*; -*e*) HIST (Wirtshaus)Wirt *m*
karczoch M (-*a*; -*y*) Artischocke *f*
karczować ⟨**wy-**⟩ (-*uję*) roden
karczowisko N (-*a*) Rodung *f*, Rodeland *n*
kardiochirurg M (-*a*; -*dzy*) Herzchirurg *m*
kardio|gram M (-*u*; -*y*) Kardiogramm *n*; **~log** M (-*a*; -*dzy*) Kardiologe *m*
kardynalny grundsätzlich, Haupt-, kardinal; **~ błąd** *m* Kardinalfehler *m*
kardynał M (-*a*; -*owie*) REL Kardinal *m*
karencja F (-*i*; *bpl*) Karenz(zeit) *f*
kareta F (-*y*) HIST Kutsche *f*
karetka F (-*i*; *gen* -*tek*): **~ pogotowia (ratunkowego)** Rettungswagen *m*; **~ więzienna** Gefangenenwagen *m*
kariatyda F (-*y*) ARCH Karyatide *f*
kariera F (-*y*) Laufbahn *f*; (*sukces*) Karriere *f*
karierowicz M (-*a*; -*e*), **~ka** F (-*i*; *gen* -*czek*) *pej* Karrieremacher(in) *m*(*f*), Karrierist(in) *m*(*f*)
karimata F (-*y*) Iso(lier)matte *f*
kark M (-*u*; -*i*) Nacken *m*, Genick *n*; **zima na ~u** der Winter steht vor der Tür; **mieć na ~u** *fig* am Hals haben; **mieć głowę na ~u**

nicht auf dem Kopf gefallen sein; **na złamanie ~u** Hals über Kopf; **~ołomny** halsbrecherisch

Karkonosze PL (*gen -y*) Riesengebirge *n*

karkówka F (*-i*): **~ wieprzowa** KULIN Schweinekamm *m*

karli zwergenhaft, kleinwüchsig; **~ wzrost** *m* Zwergwuchs *m*; **~ca** F (*-y; -e*) Zwergin *f*

karłowacieć ⟨s-⟩ (*-eję*) BOT, ZOOL verkümmern

karłowaty kleinwüchsig, zwergenhaft; **drzewo** *n* **~te** Zwergbaum *m*

karły PL → karzeł

karma F (*-y; bpl*) (*pasza*) Tierfutter *n*; REL Karma(n) *n*

karmazyn M (*-u; -y*) ZOOL Rotbarsch *m*; (*bpl*) (*kolor*) Karmesinrot *n*; **~owy** karmesinrot

karmel M (*-u; bpl*) Karamell *m*; **~ek** M (*-lka; -lki*) Karamellbonbon *m od n*

karmeli|cki Karmeliter-; **~ta** M (*-y; -ci*), **~tanka** F (*-i; gen -nek*) Karmelit(in) *m(f)*

karmelkowy Karamell-

karmią|cy: **~ca matka** *f* stillende Mutter *f*

karmicielka F (*-i*) Ernährerin *f*

karmić ⟨na-⟩ (*-ię*) füttern; **karmić piersią** stillen

karmienie N (*-a*) Füttern *n*; **~ piersią** Stillen *n*

karmin M (*-u; bpl*) Karminrot *n*; **~owy** karminrot

karmnik M (*-a; -i*) Vogelhäuschen *n*

karnacja F (*-i; bpl*) Teint *m*, Gesichtsfarbe *f*

karnawał M (*-u; -y*) Karneval *m*, Fasching *m*; **~owy** Faschings-, Karneval-

karnet M (*-u; -y*) (*bilet wstępu*) Abonnement *n*, Jahreskarte *f*; (*bilet na przejazd*) Monatskarte *f*; Jahreskarte *f*

karniak M (*-a; -i*) *umg ein Glas Schnaps für zu spät kommende Partygäste*

karni|e ADV disziplinarisch; **~sz** M (*-a; -e*) Gardinenstange *f*

karno|ść F (*-ści; bpl*) Disziplin *f*, Gehorsam *m*, *lit* Zucht *f*; **nauczyć** *pf* **~ści** an Zucht und Ordnung gewöhnen

karny[1] *proces, obóz* Straf-; *odpowiedzialność* strafrechtlich; (*posłuszny*) diszipliniert, gehorsam; **rzut** *m* **~** SPORT Elfmeter *m*

karny[2] M (*-ego; -e*) SPORT Elfmeter *m*

karo N (*-a*) Karo *n*, Eckstein *m*; **as** *m* **~** Karoass *n*

karoca F (*-y; -e*) HIST Karosse *f*

karoser|ia F (*gen dat lok -ii; -e*) Karosserie *f*; **~yjny** Karosserie-

karoten M (*-u; bpl*) Karotin *n*

karp M (*-pia; -pie*) Karpfen *m*

Karpacz M (*-a; bpl*) Krummhübel *n*

kar|ta F (*-y*) Karte *f*; *do gry* Spielkarte *f*; (*menu*) Speisekarte *f*; JUR Charta *f*; **~ty** *pl* Kartenspiel *n*; **~ta telefoniczna** Telefonkarte *f*; **~ta wstępu** Eintrittskarte *f*; **~ta członkowska** Mitgliedskarte *f*; **~ta wizytowa** Visitenkarte *f*; **~ta rejestracyjna** AUTO Fahrzeugschein *m*; HANDEL Gewerbeschein *m*; **~ta biblioteczna** Bibliotheksausweis *m*; **~ta choroby** Krankenkarte *f*; **~ta łowiecka** Jagdschein *m*; **~ta pływacka** Schwimmschein *m*; **~ta żeglarska** Segelschein *m*; **~ta wyborcza** Wahlzettel *m*; **&ta ONZ** UNO-Charta *f*; **grać w ~ty** Karten spielen; **z ~ty** KULIN à la carte; **~ta mi nie idzie** *umg* ich habe kein Glück beim Kartenspielen

karteczka F (*-i; gen -czek*) *dim* Kärtchen *n*, Zettelchen *n*

kartel M (*-u; -e*) EKON Kartell *n*; **~owy** EKON Kartell-; **~uszek** M (*-szka; -szki*) *dim* Zettelchen *n*

kartka F (*-i; gen -tek*) Blatt *n*; *na notatki* (Notiz)Zettel *m*; **~ z urlopu** Urlaubskarte *f*; **~ papieru** ein Blatt Papier, Papierblatt *n*; **~ urodzinowa** Geburtstagskarte *f*; **~ z życzeniami** Glückwünschkarte *f*; **luźna ~** loses Blatt *n*; **~ kalendarza** Kalenderblatt *n*; **~ żywnościowa** Lebensmittelmarke *f*; **czerwona ~** SPORT Rote Karte *f*; **żółta ~** SPORT Gelbe Karte *f*

kartkować ⟨prze-⟩ (*-uję*) (durch)blättern

kartof|el M (*-fla; -fle*) BOT, KULIN Kartoffel *f*; **~le** *pl* **w mundurkach** KULIN Pellkartoffeln *pl*; **~le** *pl* **z wody** KULIN Salzkartoffeln *pl*; **~le** *pl* **tłuczone** Stampfkartoffeln *pl*

kartofl|anka F (*-i; gen -nek*) *umg* Kartoffelsuppe *f*; **~any** Kartoffel-; **placki** *m/pl* **~ane** Kartoffelpuffer *m/pl*; **~isko** N (*-a*) abgeerntetes Kartoffelfeld *n*

kartograf M (*-a; -owie*) Kartograf *m*; **~ia** F (*gen dat lok -ii; bpl*) Kartografie *f*; **~iczny** kartografisch

karton M (*-u; -y*) (*pudełko*) Karton *m*; (*materiał*) Pappe *f*; **~ papierosów** Stange *f* Zigaretten; **~owy** Papp-

kartoteka F (*-i*) Kartothek *f*, Kartei *f*

karuzela F (*-i; -e*) Karussell *n*

K

kary: ~ **koń** *m* Rappe *m*
karygodny sträflich, skandalös
karykatura F (-y) Karikatur *f*
karykaturować ⟨s-⟩ (-*uję*) karikieren
karykaturzyst|a M (-y; -ści), **~ka** F (-i; *gen -tek*) Karikaturist(in) *m(f)*
Karyntia F (*gen dat lok -ii; bpl*) Kärnten *n*
karzeł M (-*rła; -rły*) Zwerg *m*
ka|sa F (-y) Kasse *f*; (*okienko*) Schalter *m*; (*bpl*) FIN Kasse *f*, Kassenbestand *m*; (*pieniądze*) *umg* Kohle *f* **~sa biletowa** Fahrkartenschalter *m*; **płacić w ~sie** an der Kasse zahlen; **~sa pancerna** Geldschrank *m*, Safe *m*; **~sa oszczędności** Sparkasse *f*; **~sa chorych** Krankenkasse *f*; **nie mieć ~sy** *umg* knapp bei Kasse sein
kasacja F (-i; -e) (*rozwiązanie*) Auflösung *f*; (*wycofanie z użytku*) Verschrottung *f*; MAR Abwracken *n*; JUR Kassation *f*
kase|ta F (-y) Kassette *f*; **~ta wideo** Videokassette *f*; **~tka** F (-i; *gen -tek*) (*pudełeczko*) Kassette *f*, Kästchen *n*; **~ton** M (-u; -y) ARCH Kassette *f*; **~towy** Kassetten-; **magnetofon** *m* **~towy** Kassettenrekorder *m*
kasiarz M (-a; -e) *umg* Tresorknacker *m*
kasjer M (-a; -rzy), **~ka** F (-i; *gen -rek*) Kassierer(in) *m(f)*
kask M (-u; -i) (Schutz)Helm *m*; **~ada** F (-y) Kaskade *f*
kaskader M (-a; -rzy) FILM Stuntman *m*; **~ka** F (-i; *gen -rek*) FILM Stuntwoman *f*
kasłać (-*am*) husten
kasować ⟨s-⟩ (-*uję*) *bilet* entwerten; *zapis* löschen; *wyrok* aufheben; ~ **samochód** *umg* das Auto kaputt fahren
kasownik M (-a; -i) Entwerter *m*
kaso|wość F (-*ści; bpl*) Rentabilität *f*; **~wy** Kassen-; **~wy film** *m* Kassenhit *m*, Kassenschlager *m*
Kaspijski: **Morze** *n* **~e** Kaspisches Meer *n*
kasta F (-y) Kaste *f*; **~niety** PL (*gen -ów*) Kastagnetten *pl*
kast|et M (-u; -y) Schlagring *m*; **~owy** Kasten-
kastracja F (-i; *bpl*) Kastration *f*
kastrować ⟨wy-⟩ (-*uję*) kastrieren; kastrieren lassen
kasyno N (-a; *gen* -) Kasino *n*; ~ **gry** Spielkasino *n*
kasza F (-y; -e) Grütze *f*; ~ **gryczana** Buchweizengrütze *f*; ~ **perłowa** Graupen *pl*; ~ **manna** Grieß *m*; ~ **na mleku** KULIN Grießbrei *m*
kasza|k M (-a; -i) Grützbeutel *m*, Balggeschwulst *f*; **~lot** M (-a; -y) Pottwal *m*; **~nka** F (-i; *gen -nek*) Grützwurst *f*
kaszel M (-*szlu; bpl*) Husten *m*; ~ **napadowy** Reizhusten *m*
kaszka F (-i; *gen -szek*) *dim* Grießbrei *m*; ~ **z mlekiem** *fig* Kinderspiel *n*
kaszkiet M (-u; -y) Schirmmütze *f*
kaszleć (-*ę*) ⟨-**nąć**⟩ (-*nę*) husten
kaszmirowy Kaschmir-
kasztan M (-u; -y) Kastanie *f*; (*drzewo*) Kastanie *f*, Kastanienbaum *m*; (*koń*) Braune *m*, Fuchs *m*; ~ **jadalny** Esskastanie *f*, Edelkastanie *f*; **~owy** *aleja* Kastanien-; *kolor* kastanienbraun
kat M (-a; -ci) Henker *m*; **tam do ~a!** hol's der Henker!
kata|klizm M (-u; -y) (Natur)Katastrophe *f*; **~kumby** PL (*gen* -) Katakomben *pl*; **~lizator** M (-a; -y) Katalysator *m*
katalog M (-u; -i) Katalog *m*; ~ **rzeczowy** Sachkatalog *m*
katalogować ⟨s-⟩ (-*uję*) katalogisieren
katana F (-y) *umg* Jacke *f*
katapulta F (-y; *bpl*) LOT Schleudersitz *m*
katapultować się (-*uję*) LOT sich katapultieren
katar M (-u; -y) Schnupfen *m*; ~ **sienny** Heuschnupfen *m*
katarakta F (-y) Katarakt *m*; MED grauer Star *m*
katarynka F (-i; *gen -nek*) Drehorgel *f*, Leierkasten *m*; **mówić jak** ~ wie ein Wasserfall reden
kataster M (-*tru; -try*) Kataster *m*, Grundbuch *n*
katastrofa F (-y) Katastrophe *f*; ~ **kolejowa** Eisenbahnunglück *n*; ~ **lotnicza** Flugzeugabsturz *m*; ~ **samochodowa** Autounfall *m*, Verkehrsunfall *m*; ~ **ekologiczna** Umweltkatastrophe *f*; **~lny** katastrophal
katech|eta M (-y; -ci) Katechet *m*; **~eza** F (-y) Katechese *f*, Religionsunterricht *m*; **~izm** M (-u; -y) Katechismus *m*
katedra F (-y; *gen* -) REL Kathedrale *f*, Dom *m*, Münster *n*; (*podium*) Katheder *n*, Pult *n*; ~ (*gen*) *na uczelni* Lehrstuhl *m* (für *akk*); ~ **historii** Lehrstuhl *m* für Geschichte; **~lny** Kathedral-, Dom-
kategor|ia F (*gen dat lok -ii; -e*) Kategorie *f*; **pierwszej ~ii** *fig* erster Klasse; **~yczny**

K

kategorisch, entschieden
katharsis N (*unv*) LIT, PSYCH Katharsis *f*
katiusza F (*-y; -e*) HIST Stalinorgel *f*
katoda F (*-y*) Kathode *f*
katolic|ki **(po -ku)** katholisch; **~yzm** M (*-u; bpl*) Katholizismus *m*
katoli|k M (*-a; -cy*), **~czka** F (*-i; gen -czek*), Katholik(in) *m(f)*
katorga F (*-i; bpl*) Qual *f*; Schinderei *f*; HIST Zwangsarbeit *f*
katować (*-uję*) foltern; (*męczyć*) schinden, quälen
Katowice PL (*Katowic; bpl*) Kattowitz *n*
katownia F (*-i; -e*) Folterkammer *f*
katusze PL (*gen -y*) *lit* Qualen *pl*, Pein *f*
kauc|ja F (*-i; -e*) Kaution *f*; *za butelkę* Pfand *n*; **za ~ją** gegen Kaution
kauczuk M (*-u; bpl*) Kautschuk *m*; **~owy** Kautschuk-
Kaukaz M (*-u; bpl*) Kaukasus *m*
kaukaski kaukasisch, Kaukasus-
kawa F (*-y*) Kaffee *m*; **~ naturalna** *od* **ziarnista** Bohnenkaffee *m*; **~ zbożowa** Malzkaffee *m*; **~ rozpuszczalna** Instantkaffee *m*; **~ po turecku** türkischer Kaffee *m*
kawalarz M (*-a; -e*) Witzbold *m*
kawaler M (*-a; -owie*) (*nieżonaty*) Junggeselle *m*, Single *m*; (*amant*) *żart* Freund *m*, Verehrer *m*; **stary ~** ewiger Junggeselle *m*; **≈ Orderu** Ritter *m* des Ordens; **~ia** F (*gen dat lok -ii; bpl*) Kavallerie *f*
kawaler|ka F (*-i; gen -rek*) Einzimmerwohnung *f*; (*bpl*) Junggesellenleben *n*, Singleleben *n*; **~ski** Junggesellen-; *fig* verwegen, tollkühn; **wieczór** *m* **~ski** Polterabend *m*; **Krzyż** *m* **≈ski** Ritterkreuz *n*; **~yjski** Kavallerie-
kawalerzysta M (*-y; -ści*) Kavallerist *m*
kawał M (*-u; -y*) (großes) Stück *n*; (*dowcip*) *umg* Witz *m*; (*psikus*) Streich *m*, Jux *m*; **zrobiliśmy ~ drogi** *umg* wir sind ganz schön weit gefahren; *umg* wir sind ganz schön weit gelaufen; **~ chłopa** Riesenkerl *m*; **~ drania** gemeiner Schurke *m*; **~ życia** ein halbes Leben; **~ świata** die halbe Welt; **zrobić k-u ~** j-m e-n Streich spielen, j-n verulken; **tylko bez ~ów!** nur keine Witze!
kawałeczek M (*-czka; -czki*) *dim* Stückchen *n*
kawał|ek M (*-łka; -łki*) Stück *n*; *umg* (*utwór muzyczny*) Musikstück *n*; **w jednym ~ku** im Stück; **na ~ki** in Stücke; **~ek ziemi** ein Stück Land; **pracować na ~ek chleba** sich sein Brot verdienen
kawałkować ⟨**po-**⟩ (*-uję*) zerstückeln
kawiar|enka F (*-i; gen -nek*) *dim* kleines Café *n*; **~nia** F (*-i; -e; gen - od -rń*) Café *n*; **~nia na świeżym powietrzu** Straßencafé *n*; **~niany** Café-
kawior M (*-u; bpl*) Kaviar *m*
kawka F (*-i; gen -wek*) ZOOL Dohle *f*; *dim* Käffchen *n*
kawowy Kaffee-; *kolor* kaffeebraun
kawusia F (*-; -e*) *dim* Käffchen *n*
kazać (*każę, każ!*): **~ k-u** (+ *inf*) j-n anweisen zu (+ *inf*), j-n (+ *inf*) lassen; **co kazał nam zrobić?** was sollen wir machen?, was hat er uns machen lassen?; **kazał nam milczeć** er hat uns angewiesen zu schweigen; **kazał mi podlewać kwiaty** (er sagte,) ich soll die Blumen gießen; **kazał nam kupić chleb** er hat uns Brot kaufen lassen; (er sagte,) wir sollen Brot kaufen; **co ci kazał lekarz?** was hat dir der Arzt verordnet?; **kazał na siebie czekać** er ließ auf sich warten; **nie kazał się długo prosić** er ließ sich nicht lange bitten; **rób, co ci każę!** mach, was ich dir sage!; **kazała podać sobie herbatę** sie ließ sich einen Tee geben; **jak zwyczaj każe** nach altem Brauch
kaza|lnica F (*-y; -e*) REL Kanzel *f*; **~nie** N (*-a*) REL Predigt *f*; *fig* Strafpredigt *f*; **wygłosić** *pf* **~nie** REL predigen, e-e Predigt halten; **prawić ~nie** *fig* e-e Strafpredigt halten
kazeina F (*-y; bpl*) Kasein *n*
kaziro|dczy inzestös; **~dztwo** N (*-a; bpl*) Inzest *m*
kaznodzieja M (*-ei; -e; G-ów*) Prediger *m*
kaźń F (*-ni; bpl*) Folter *f*, Qual *f*, Tortur *f*
każdorazo|wo ADV jedes Mal; **~wy** jeder, jeweilig
każd|a jede; **w ~ej chwili** jeden Moment, jeden Augenblick; **o ~ej porze** zu jeder Zeit, jederzeit
każde jede(s)
każ|dy jeder; **~dy z nas** jeder von uns; **~dy człowiek** *m* jedermann; **~dego roku** jedes Jahr; **za ~dym razem** jedes Mal; **w ~dym razie** jedenfalls; **na ~dym kroku** auf Schritt und Tritt
kącik M (*-a; -i*) *dim* Ecke *f*; (*rubryka*) Rubrik *f*; **~ ust** Mundwinkel *m*
kądziel: **po ~i** *żart* mütterlicherseits

kąkol M (-a; -e) Kornrade *f*
kąpać ⟨**wy-**⟩ (-ię) baden; ~ **się** *v/i* baden; sich baden
kąpiel F (-i; -e; *gen* -i) Bad *n*; ~ **lecznicza** Heilbad *n*; ~ **parowa** Dampfbad *n*; ~ **słoneczna** Sonnenbad *n*
kąpielisko N (-a) Badestelle *f*, Strandbad *n*; (*miejscowość*) Badeort *m*; ~ **morskie** Seebad *n*
kąpiel|owy Bade-; **kostium** *n* **~owy** Badeanzug *m*; **~ówki** PL (*gen* -wek) Badehose *f*
kąsać (3. *Pers* -a) *komar* stechen
kąsek M (-ska; -ski) Bissen *m*, Stück *n*; **łakomy** *od* **smaczny** ~ *fig* Leckerbissen *m*
kąśliwy (-wie) *fig* bissig
kąt M (-a; -y) *pomieszczenia* Ecke *f*; MAT Winkel *m*; (*mieszkanie*) Bleibe *f*; Zuhause *n*; ~ **pokoju** Zimmerecke *f*; **własny** ~ die eigenen vier Wände; **chodzić z ~a w ~** (im Zimmer) auf und ab gehen; mit sich nichts anzufangen wissen; **przeszukać wszystkie ~y** das ganze Haus auf den Kopf stellen; **zapadły** ~ gottverlassenes Nest *n*; **pod ostrym ~em** im spitzen Winkel; **pod ~em** (*gen*) unter dem Aspekt, unter dem Gesichtspunkt (*gen*); **po ~ach** *adv* heimlich; **~em oka** aus dem Augenwinkel; **stać w kącie** (zur Strafe) in der Ecke stehen; ~ **prosty** MAT rechter Winkel *m*
kąto|mierz M (-a; -e) Winkelmesser *m*; **~wnik** M (-a; -i) Winkelmaß *n*
KBWE F *od* *n* (*unv*) **(Konferencja Bezpieczeństwa i Współpracy w Europie)** KSZE *f* (Konferenz über Sicherheit und Zusammenarbeit in Europa)
k.c. (kodeks cywilny) BGB (Bürgerliches Gesetzbuch)
kciuk M (-a; -i) Daumen *m*
kebab (-u; -y) Döner *m*, Dönerkebab *m*
keczup M (-u; *bpl*) Ketschup *m od n*
kefir M (-u; -y) Kefir *m*
keks M (-u; -y) *Kuchen mit Backobst, Nüssen und Rosinen*
kelner M (-a; -rzy), **~ka** F (-i; *gen* -rek) Kellner(in) *m(f)*
kemping M (-u; -i) Campingplatz *m*; **~owy** Camping-; **przyczepa** *f* **~owa** Wohnwagen *m*
keratyna F (-y; *bpl*) Keratin *n*
keyboard M (-u; -y) Keyboard *n*
kędzierzawy kraushaarig; *włosy* kraus
kędzior M (-a; -y) (schwere) Locke *f*
kęp|a F (-y) *drzew* Gruppe *f*; *krzewów* Gebüsch *n*; (*wysepka*) Werder *m*; (*wyniosłość*) Höcker *m*; **~ka** F (-i; *gen* -pek) Büschel *n*; **~ka włosów** Haarbüschel *n*
kęs M (-a; -y) Bissen *m*, Stück *n*
kibel M (-bla; -ble) *pop* Klo *n*
kibic M (-a; -e) *sportowy* Fan *m*; ~ **piłki nożnej** Fußballfan *m*
kibicować (-uję): ~ **swojej drużynie** SPORT für seine Mannschaft sein, seine Mannschaft anfeuern
kiblować (-uję) (*powtarzać rok*) *umg* sitzen bleiben
kicać (-am) ⟨**-nąć**⟩ (-nę) hoppeln
kichać (-am) ⟨**-nąć**⟩ (-nę) niesen; (*lekceważyć*) *umg* pfeifen (**na** *akk* auf *akk*)
kichnięcie N (-a) Niesen *n*
kicia F (-; -e) *dim* Kätzchen *n*
kicnąć PF → kicać
kicz M (-u; *bpl*) Kitsch *m*; **filmowy** ~ Schnulze *f*; **~owaty (-to)** kitschig
kić M (-cia; -cie; -ciów) *umg* Kittchen *n*
kidnap|er M (-a; -rzy) Kidnapper *m*, Entführer *m*; **~ing** M (-u; *bpl*) Kidnapping *n*, Entführung *f*
kiec|ka F (-i; *gen* -cek) *umg* Fummel *m*; **~ki** *pl* Klamotten *pl*
kiedy PRON wann; *konj* wenn, als; ~ **masz czas?** wann hast du Zeit?; **od ~?** seit wann?; ~ **indziej** ein andermal; ~ **bądź** *umg* wann auch immer; ~ **wstał, było już późno** es war schon spät, als er aufgestanden ist
kiedykolwiek PRON irgendwann; (*kiedyś*) je
kied|yś früher; einmal, einst; **~yż** PRON *lit* wann (denn)
kielich M (-a; -y) Kelch *m* (*a.* BOT), Trinkglas *n*; **iść na ~a** *umg* e-n trinken gehen; **~owaty** kelchförmig
kieliszek M (-szka; -szki) Glas *n*; ~ **do wódki** Schnapsglas *n*; ~ **do wina** Weinglas *n*; ~ **do koniaku** Kognakschwenker *m*; ~ **do jaj** Eierbecher *m*; ~ **wódki** ein Glas Wodka; ~ **koniaku** ein Glas Kognak
kielnia F (-i; -e) BUD Kelle *f*
kiełb M (-a; -ie) Gründling *m*; **mieć ~ie we łbie** *umg* Grillen im Kopf haben
kiełbas|a F (-y) Wurst *f*; **~iany** Wurst-; **jad** *m* **~iany** Botulin *n*; **~ka** F (-i; *gen* -sek) Würstchen *n*; **~ka z rożna** Grillwurst *f*
kiełbasić się ⟨**pokiełbasić się**⟩ (3. *Pers* -si) durcheinanderkommen; **wszystko mi**

miejsce i kierunek

– Gdzie jesteś?	– Wo bist du?
– W pociągu.	– Im Zug.
– Gdzie jedziesz?	– Wohin fährst du?
– Jadę tam, ale nie zabawię tam długo, wkrótce tu wrócę i wtedy już tu zostanę.	– Ich fahre dorthin, aber ich werde mich dort nicht lange aufhalten, bald komme ich hierher zurück und dann werde ich hier bleiben.

się pokiełbasiło ich bin ganz durcheinandergekommen

kiełek M (*-ka; -ki*) Keim(ling) *m*

kiełkować ⟨**wy-**⟩ (*-uję*) keimen; **kiełkować** *fig* keimen

kiełznać ⟨**o-**⟩ (*-am*) *fig* (be)zähmen, zügeln

kiep M (*-a; -y*) Schwachkopf *m*; **~ski (-ko)** *umg* miserabel, schlecht; **~sko z nim** es steht schlecht um ihn

kier. (**kierownik**) Leiter *m*

kier M (*-a; -y*) *w kartach* Herz *n*; **as** *m* **~** Herzass *n*

kierat M (*-u; -y*) Göpel *m*; *fig* Plackerei *f*

kiermasz M (*-u; -e*) Markt *m*; **~ książki** Buchmesse *f*; **~ majowy** Maimarkt *m*; **~ wielkanocny** Ostermarkt *m*

kierować ⟨**s-**⟩ (*-uję*) *list, prośbę, słowa* richten (**do** *gen* an *akk*); *protest, klienta, pacjenta* verweisen (**do** *gen* an *akk*); *broń, wzrok* richten (**na** *akk* auf *akk*); *uwagę, kroki* lenken (**na** *akk* auf *akk*); **~ się** sich begeben; ⟨**po-**⟩ *zakładem* leiten (*akk*); **kierować samochodem** ein Auto steuern; **kierować się** (*inst*) sich leiten lassen (von *dat*)

kierow|ca M (*-y; gen -ów*) Fahrer *m*; (*kobieta*) Fahrerin *f*; **~ca autobusu** Busfahrer *m*; **~ca taksówki** Taxifahrer *m*; **~ca ciężarówki** Lastwagenfahrer *m*; **~ca zawodowy** Berufsfahrer *m*; **~nica** F (*-y*) Lenkrad *n*, *umg* Lenker *m*; *roweru* Lenkstange *f*

kierownict|wo N (*-a; bpl*) (*kierowanie*) Leitung *f*, Führung *f*; (*zarząd*) Vorstand *m*, Geschäftsführung *f*; **~wo szkoły** Schulleitung *f*; **~wo budowy** Bauleitung *f*; **pod ~wem** (*gen*) unter der Leitung (*gen*)

kierowniczka F (*-i; gen -czek*) *umg* Leiterin *f*; **~ szkoły** *umg* Schulleiterin *f*

kierown|iczy leitend, führend, Führungs-; **~ik** M (*-a; -cy*) Leiter *m*, Geschäftsführer *m*; (*kobieta*) Leiterin *f*, Geschäftsführerin *f*; **~ik szkoły** Schulleiter *m*; **~ik wydziału** Abteilungsleiter *m*; **~ik budowy** Bauleiter *m*

kierun|ek M (*-nku; -nki*) Richtung *f*; **pod ~kiem** (*gen*) unter der Leitung (von *dat*); **~kowskaz** M (*-u; -y*) Wegweiser *m*; AUTO Blinker *m*; **~kowy** Richt-; **numer** *m* **~kowy** TEL Vorwahl(nummer) *f*

kieszeń F (*-ni; -nie*) Tasche *f*; **~ spodni** Hosentasche *f*; **~ wewnętrzna** Innentasche *f*; **~ boczna** Seitentasche *f*; **tylna ~** Gesäßtasche *f*; **zapłacić** *pf* **z własnej kieszeni** aus eigener Tasche bezahlen; **mieć w kieszeni** *fig* in der Tasche haben; **to nie na moją ~** das kann ich mir nicht leisten; das ist nicht meine Kragenweite; **dostępne dla kieszeni** bezahlbar

kieszonka F (*-i*) *dim* kleine Tasche *f*, Täschchen *n*

kieszonko|we N (*-ego; bpl*) Taschengeld *n*; **~wiec** M (*-wca; -wcy*) *umg* Taschendieb *m*; **~wy** Taschen-

kij M (*-a; -e; gen -ów*) Stock *m*, Stab *m*; *do szczotki* Stiel *m*; **~ golfowy** Golfschläger *m*; **~ bilardowy** Queue *n*; **dostać ~e** *umg* Prügel bekommen

kij|anka F (*-i; gen -nek*) ZOOL Kaulquappe *f*; **~ek** M (*-jka; -jki*) *dim* Stöckchen *n*; **~ek narciarski** Skistock *m*

Kijów M (*-owa; bpl*) Kiew *n*

kikut M (*-a; -y*) Stumpf *m*

kilim M (*-u; -y*) Kelim *m*, Wandteppich *m*

kilka (*persf kilku*) einige, ein paar, mehrere; **~ razy** mehrere Male; **~dziesiąt** (*persf kilkudziesięciu*) Dutzende *pl*, **~dziesiąt tysięcy** Zigtausend

kilkakrot|nie ADV mehrmals; **~ny** mehrmalig; *zwycięzca* mehrfach

kilka|naście (*persf kilkunastu*) über ein Dutzend, mehrere; **~set** (*persf kilkuset*) einige Hundert, ein paar Hundert

kilkoro *num koll* ein paar, einige
kilku *persf* → kilka
kilku- *in zssgn* mehr-
kilkudniowy mehrtägig; *dziecko* ein paar Tage alt
kilkudziesięciu *persf* → kilkadziesiąt
kilku|godzinny mehrstündig; **~letni** mehrjährig; einige Jahre alt; **~miesięczny** mehrmonatig; *dziecko* ein paar Monate alt; **~minutowy** mehrminütig
kilkunasto|dniowy *wyjazd, pobyt* ein- bis zweiwöchig, mehrtägig; **~letni** mehrjährig; *dziewczynka, chłopiec* Teenager *m*
kilkunastu *persf* → kilkanaście
kilku|osobowy Mehrpersonen-; **~piętrowy** mehrere Stockwerke hoch; **~rodzinny** Mehrfamilien-
kilkuset *persf* → kilkaset
kilku|setletni jahrhundertealt; **~stopniowy** *eliminacje* mehrstufig; **~stronicowy** einige Seiten lang, mehrseitig
kilku|tomowy mehrbändig; **~tysięczny** mehrere Tausend zählend
kilof M (-a; -y) Spitzhacke *f*
kilo|gram M (-a; -y) Kilogramm *n*; **~metr** M (-u; -y) Kilometer *m*; **~metr na godzinę** Stundenkilometer *m*; **~metraż** F (-u; *bpl*) AUTO Kilometerleistung *f*
Kilonia F (*gen dat lok -ii; bpl*) Kiel *n*
kilowat M (-a; -y) Kilowatt *n*
kiła F (-y; *bpl*) Syphilis *f*
kim PRON *inst lok*: **z ~?** mit wem?; **o ~?** über wen, von wem?; **~ jesteś (z zawodu)?** was machst du (beruflich)?; **~ jesteś dla niego?** was bist du für ihn?; → kto
kimać (-am) *umg* pennen
kimono N (-a) Kimono *m*; **rękaw** *m* **~** Kimonoärmel *m*; **~wy** Kimono-
kimś PRON *inst, lok*: **z ~** mit jemandem; **o ~** über jemanden; → ktoś
kinematografia F (*gen dat lok -ii; bpl*) Kinematografie *f*, Filmkunst *f*, Kino *n*
kineskop M (-u; -y) Bildröhre *f*
kinkiet M (-u; -y) Wandleuchte *f*
kin|o N (-a) Kino *n*; (*bpl*) Kino *n*, Filmkunst *f*; **iść do ~a** ins Kino gehen
kinoman M (-a; -i), **~ka** F (-i; *gen -nek*) Kinogänger(in) *m(f)*, Cineast(in) *m(f)*
kinowy Kino-
kiosk M (-u; *i*) Kiosk *m*
kiosk|arz M (-a; -e), **~arka** F (-i; *gen -rek*) Kioskverkäufer(in) *m(f)*
kipiący brodelnd, kochend
kipieć (-ę, -i) kochen, brodeln; *mleko* hochkochen; **~ (z** *gen*) *fig* kochen (vor *dat*)
kipiel F (-i; -e) Brandung *f*
kirkut M (-u; -y) jüdischer Friedhof *m*
kisić ⟨**u-**⟩ (-szę, -ś!) *ogórki* einlegen; *kapustę* säuern; **~ się** sauer werden; **kisić się** *fig* in eigenem Saft schmoren, Stubenhocker sein
kisiel M (-u; -e) Fruchtgelee *n*, Rote Grütze *f*; **dziesiąta woda po ~u** um sieben Ecken verwandt
kisnąć ⟨**s-**⟩ (-nę, -nął od -ł) (*fermentować*) gären; *mleko* sauer werden; *fig* träge sein, vergammeln
kisz|ka F (-i; *gen -szek*): **ślepa ~ka** ANAT *umg* Blinddarm *m*; (*pomieszczenie*) *umg* Schlauch *m*; **~ki** *pl umg* Darm *m*; **~ka pasztetowa** Leberwurst *f*; **~ki mi marsza grają** mir knurrt der Magen; **~ki mi się przewracają** mein Magen dreht sich; **~kowaty** schlauchförmig
kiszonka F (-i; *gen -nek*) Gärfutter *n*
kiszo|ny: **~na kapusta** *f* Sauerkraut *n*; **~ny ogórek** *m* Salzgurke *f*
kiść F (-ści; -ście) Traube *f*, Rispe *f*; **~ winogron** Weintraube *f*
kit M (-u; *bpl*) Kitt *m*; **~ pszczeli** Bienenwachs *n*; **do ~u** *umg* grottenschlecht
kita F (-y) *lisa, wiewiórki* Schwanz *m*; ŁOW Lunte *f*
kitel M (-tla; -tle) Kittel *m*
kitować ⟨**za-**⟩ (-uję) (ver)kitten
kiwać (-am) ⟨**-nąć**⟩ (-nę) *głową* nicken; *ręką* winken; SPORT dribbeln; **~ na pożegnanie** zum Abschied winken; **~ na k-o** j-n herbeiwinken; **kiwać głową (nad** *inst*) den Kopf schütteln (über *akk*); **kiwać się** (*chwiać się*) wackeln; (*kołysać się*) sich wiegen; ⟨**wy-**⟩ *umg* hereinlegen
kiwi N (*unv*) ZOOL Kiwi *m*; BOT Kiwi *f*
kiwnąć PF **nie ~ palcem (w bucie)** keinen Finger krumm machen; → kiwać
k.k. (**kodeks karny**) StGB *n* (Strafgesetzbuch)
kl. (**klasa**) Klasse *f*
klacz F (-y; -e) Stute *f*
klajstrować ⟨**za-**⟩ (-uję) *umg* (ver)kleistern
klakson M (-u; -y) Hupe *f*
klamerka F (-i) *dim* Klammer *f*; *przy pasku* Schnalle *f*; *do bielizny* Wäscheklammer *f*
klam|ka F (-i; *gen -mek*) (Tür)Klinke *f*; **~ka zapadła** es gibt kein Zurück mehr; **~ra** F

(*-y; gen -mer*) Klammer *f*; *przy pasku* Schnalle *f*
kla|pa F (*-y*) Klappe *f*, Deckel *m*; **~py** *pl* (*wyłogi*) Revers *pl*; (*fiasko*) *umg* Flop *m*; **~pa bezpieczeństwa** Sicherheitsventil *n*; **zrobić** *pf* **~pę** *umg* Pleite machen
klapać (*-ię*) klappern (*inst* mit *dat*)
klapki[1] F/PL (*gen -pek*) Revers *n/pl*; **mieć ~ na oczach** *fig* Scheuklappen haben
klapki[2] M/PL (*gen -ów*) Pantoletten *f/pl*
klapnąć PF (*-nę*) sich fallen lassen, plumpsen
klaps M (*-a; -y*) Klaps *m*; **dać ~a** e-n Klaps geben
klarnecist|a M (*-y; -ści*), **~ka** F (*-i; gen -tek*) Klarinettist(in) *m(f)*
klarnet M (*-u; -y*) Klarinette *f*
klarować ⟨**wy-**⟩ (*-uję*) *sok* läutern, klären; (*wyjaśniać*) auseinandersetzen, erklären; **~ się** *sok, sytuacja* sich klären, klar werden; *pogoda* sich aufklären; *opinia* sich herauskristallisieren
klarowny *sok* klar; *sytuacja* eindeutig, klar
kla|sa F (*-y*) Klasse *f*; *szkolna* Schulklasse *f*; *społeczna* Klasse *f*, Schicht *f*; (*sala lekcyjna*) Klassenzimmer *n*, Klassenraum *m*; **pierwsza ~sa** erste Klasse *f*; **druga ~sa** zweite Klasse *f*; **~sa fortepianu** Klavierklasse *f*; **~sa robotnicza** Arbeiterklasse *f*; **~sa średnia** Mittelschicht *f*, Mittelstand *m*; **pierwszej ~sy** erstklassig
kla|ser M (*-a; -y*) Briefmarkenalbum *n*
klaskać (*klaszczę*) ⟨**-nąć**⟩ (*-nę*) (Beifall) klatschen; **~ w dłonie** in die Hände klatschen
klas|owy Klassen-; **~ówka** F (*-i; gen -wek*) Klassenarbeit *f*, Klausur *f*
klasy PL: **grać w ~** Himmel und Hölle spielen
klasy|cyzm M (*-u; bpl*) Klassizismus *m*; **~czny** klassisch; **styl** *m* **~czny** SPORT Brustschwimmen *n*
klasyfikować ⟨**za-**⟩ (*-uję*) klassifizieren; **~ się** sich klassifizieren
klasy|k M (*-a; -cy*) Klassiker *m*; **~ka** F (*-i; bpl*) Klassik *f*
klasztor M (*-u; -y*) Kloster *n*; **~ny** klösterlich, Kloster-
klaśnięcie N (*-a*) (Hände)Klatschen *n*
klatka F (*-i; gen -tek*) Käfig *m*; *dla ptaków* Bauer *n*, Vogelkäfig *m*; **~ schodowa** Treppenhaus *n*; **~ piersiowa** ANAT Brustkorb *m*; **~ filmowa** *umg* Bildausschnitt *m*
klaustrofobia F (*-i; bpl*) Klaustrophobie *f*
kla|uzula F (*-i; -e*) Klausel *f*; **~wesyn** M (*-u; -y*) Cembalo *n*
klawiatura F (*-y*) *fortepianu* Klaviatur *f*; *komputera* Tastatur *f*
klawisz M (*-a; -e*) Taste *f*; (*strażnik*) *umg* Aufseher *m*; **~owy** Tasten-
kląć (-NĘ) fluchen; **~** (**na** *akk*) schimpfen (über *akk*); **~ jak szewc** fluchen wie ein Bierkutscher; **~ na czym świat stoi** fluchen was das Zeug hält; **~ się** schwören (**na** *akk* bei *dat*)
kląskać (*-am*) *słowik* schlagen
klątwa F (*-y; gen -*) Fluch *m*, Verwünschung *f*; REL Bannfluch *m*, Kirchenbann *m*
klech|a F (*-y; gen - od -ów*) *pej* Pfaffe *m*; **~da** F (*-y; gen -*) Sage *f*
klecić ⟨**s-**⟩ (*-cę*) (*budować*) *umg* zusammenzimmern, zusammenbasteln; *tekst* zusammenstoppeln
kleić ⟨**s-**⟩ (*-ję*) (zusammen)kleben; *drewno* leimen; **~ się** kleben; **oczy mu się kleją** *umg* die Augen fallen ihm zu; **nie kleić się** *fig umg* nicht klappen
klei|k M (*-u; -i*) Brei *m*; **~sty** klebrig, schleimig; dickflüssig
klej M (*-u; -e*) Kleber *m*, Klebstoff *m*; *do drewna* Leim *m*
klejnot M (*-u; -y*) Juwel *n* (*a. fig*)
klekot M (*-u; bpl*) *bociana* Klappern *n*; *maszyny* Knattern *n*, Rattern *n*; (*grat*) *umg* Klapperkasten *m*
klekotać (*3. Pers -ce od -cze*) *bocian* klappern; *maszyna* rattern, knattern
kleks M (*-a; -y*) Kleks *m*, Tintenfleck *m*
klepać (*-ię*)⟨**-nąć**⟩: **~ po plecach k-o** j-m auf die Schultern klopfen; ⟨**wy-**⟩ *pacierz, wiersz umg* herunterleiern; **klepać biedę** Not leiden; **klepać trzy po trzy** *umg* dummes Zeug reden
klep|isko N (*-a*) Tenne *f*; **~ka** F (*-i; gen -pek*) *podłogowa* Parkettstab *m*; *koll* Parkett *n*; **brak mu piątej ~ki** *umg* bei ihm ist e-e Schraube locker, er hat nicht alle Tassen im Schrank
klepnąć PF → klepać
klepsydra F (*-y*) Sanduhr *f*; (*nekrolog*) Todesanzeige *f*
kleptomania F (*gen dat lok -ii; bpl*) Kleptomanie *f*
kler M (*-u; bpl*) Klerus *m*, Geistlichkeit *f*;

~yk M (-a; -cy) Vikar m; **~ykalny** klerikal
kleszcz M (-a; -e) Zecke f
kleszcze PL (gen -y) Zange f; ZOOL Schere f; **~ porodowe** Geburtszange f
kleszczowy: **poród** m **~** Zangengeburt f
klęczeć (-ę) knien
klęczk|i PL: **na ~ach** auf den Knien, knieend
klęcznik M (-a; -i) Betbank f
klękać (-am) ⟨**-nąć**⟩ (-nę) (sich) niederknien
klępa F (-y) Elchkuh f
klęska F (-i; gen -) Niederlage f; **~ pożaru** Brandkatastrophe f; **~ głodu** Hungersnot f; **~ suszy** Dürrekatastrophe f; **~ powodzi** Hochwasserkatastrophe f; **~ żywiołowa** Naturkatastrophe f; **ponieść** pf **klęskę** e-e Niederlage erleiden
klient M (-a; -ci) Kunde m; JUR Mandant m; **stały ~** Stammkunde m; **~ela** F (-i; bpl) Kundschaft f; **~ka** F (-i; gen -tek) Kundin f; JUR Mandantin f; **stała ~ka** Stammkundin f
klif M (-u; -y) Kliff m, Klippe f
klika F (-i) (paczka) Clique f; pej Klüngel m
klikać (-am) ⟨**-nąć**⟩ (-nę) EDV klicken
klimakterium N (unv) MED Klimakterium n, Wechseljahre pl
klimat M (-u; -y) Klima n (a. fig); **~yczny** klimatisch, Klima-; **~yzator** M (-a; -y) Klimaanlage f; **~yzowany** pomieszczenie mit einer Klimaanlage ausgestattet
klin M (-a; -y) Keil m
klincz M (-u; -e) SPORT Clinch m
klini|czny klinisch; **~ka** F (-i) Klinik f; Klinikum n
klinować (-uję) (ver)keilen
klino|waty keilförmig
klino|wy: **pismo** n **~we** Keilschrift f
klip M (-u; -y) umg (wideoklip) Videoclip m
klips M (-a; -y) Klipp m, Klips m
klisza F (-y; -e) FOTO Film m
klit|ka F (-i) (pomieszczenie) umg Loch n, Schlauch m; **~uś-bajduś** M (unv) Schwätzer m
kloc M (-a; -e) Klotz m; **~ek** M (-cka; -cki) kleiner Klotz m; (zabawka) Bauklotz m, Baustein m; **~ki** m/pl **lego** Legosteine m/pl
klomb M (-u; -y) Blumenbeet n
klon M (-u; -y) (drzewo) Ahorn m; BIOL Klon m
klonować (-uję) BIOL klonen
klono|wanie N (-a; bpl) BIOL Klonen n; **~wanie człowieka** BIOL Menschenklonen n; **~owy** Ahorn-
klop M (-a; -y) umg Klo n
klops M (-a; -y) Hackbraten m; umg Flop m, Fiasko n; **~ik** M (-a; -i) Fleischklößchen n, Frikadelle f
klosz M (-a; -e) Lampenschirm m; **spódnica** f **w ~** Glockenrock m; **~owy** ausgestellt, Glocken-
klown M (-a; -i od -y) Clown m
klozet M (-u; -y) Klosett n, Toilette f; **~owy** Klosett-, Toiletten-; **muszla** f **~owa** Toilettenbecken n, umg Kloschüssel f; **babcia** f **~owa** umg Klofrau f
klub M (-u; -y) Klub m; **~ sportowy** Sportverein m, Sportklub m; **~ młodzieżowy** Jugendzentrum n; **~ nocny** Nachtklub m **~ poselski** POL Parlamentsfraktion f; **~owy** Klub-; Vereins-; **fotel** m **~owy** Klubsessel m
kluchowaty ciasto, chleb klitschig
klucz M (-a; -e, -y) Schlüssel m; MUS (Noten)Schlüssel m; LOT Kette f; **~ ptaków** Vogelzug m; **~ do mieszkania** Wohnungsschlüssel m; **pod ~em** unter Verschluss; **~owy** fig Schlüssel-
kluczyć (-czę) herumirren
klucz|yk M (-a; -i) dim kleiner Schlüssel m; **~yki** pl **do samochodu** Autoschlüssel m
kluć się ⟨**wy-**⟩ (-ję) pisklęta schlüpfen
kluski F od m/pl (gen -sek od sków) Nudeln f/pl; **ciepłe ~** (osoba) umg Schlappschwanz m, Warmduscher m
kłacz|asty zottig; **~ek** M (-czka; -czki) dim Bausch m
kłaczkowaty flockig
kładka F (-i; gen -dek) Steg m
kłak M (-a; -i) Haarbüschel n; waty Bausch m; **~i** pl Zotteln pl
kłam M (-u; bpl): **zadać ~** (dat) lit Lügen strafen (akk)
kłamać ⟨**s-**⟩ (-ię) lügen; **kłamać jak z nut** lügen wie gedruckt
kłamca M (-y; gen -ów) Lügner m
kłamczuch M (-a; -y), **~a** F (-y) umg Lügner(in) m(f)
kłam|liwy (**-wie**) lügnerisch, lügenhaft; **~stewko** N (-a; gen -wek) harmlose Lüge f; **~stwo** N (-a) Lüge f
kłaniać się (-am) ⟨**ukłonić się**⟩ (-nię) sich verbeugen, sich verneigen; (przywitać się) grüßen; **kłaniam się** ich grüße Sie!
kłapać (-ię) ⟨**-nąć**⟩ (-nę) klappern
kłaść* (kładę) ⟨**położyć**⟩ (położę) hinlegen,

K

▶ kłamstwo

Ale ci naopowiadał bredni.	Da hat er dir einen Bären aufgebunden!
Kłamał ci w żywe oczy!	Er hat dir ins Gesicht gelogen!
Łże jak najęty!	Er lügt wie gedruckt!

hinstellen; *płytki* verlegen; *rękę* auflegen; **~ kamień węgielny** den Grundstein legen; **~ spać** zu Bett bringen; **~ kres** *pf* (*dat*) Einhalt gebieten (*dat*), beenden (*akk*); **~ się** sich hinlegen; **~ się spać** sich schlafen legen

kłąb M (*kłębu; kłęby*) Knäuel *n*; BOT Knolle *f*; **kłęby** *pl* **dymu** Rauchschwaden *pl*; **kłęby** *pl* **kurzu** Staubwolken *pl*

kłącze N (*-a*) Wurzelstock *m*

kłęb|ek M (*-bka; -bki*) Knäuel *n*; **być ~kiem nerwów** *fig* ein Nervenbündel sein; **zwinąć się** *pf* **w ~ek** sich zusammenrollen; **~iasty** dicht; **chmura** *f* **~iasta** Kumuluswolke *f*

kłębić się (*3. Pers -i*) *chmury* sich zusammenballen

kłębowisko N (*-a*) *fig* Knäuel *n*; **~ dymu** Rauchwolke *f*

kłoda F (*-y*) Baumklotz *m*, Sägeklotz *m*, Rundholz *n*

kłop|ot M (*-u; -y*) Sorge *f*, Problem *n*; **mieć ~ot** ein Problem haben; **być w ~ocie** in Verlegenheit sein; **~oty** *pl* **ze zdrowiem** Gesundheitsprobleme *pl*; **~oty** *pl* **pieniężne** Geldprobleme *pl*; **~oty** *pl* **sercowe** *fig* Liebeskummer *m*; **wprawić** *pf* **w ~ot** in Verlegenheit bringen; **wpaść** *pf* **w ~oty** in Schwierigkeiten geraten; **sprawić** *pf* **~ot** Probleme bereiten; **proszę nie robić sobie ~otu!** machen Sie sich keine Umstände!

kłopotać się (*-czę*) (**o** *akk*) *lit* sich sorgen (um *akk*)

kłopotliwy *pytanie* heikel; *sytuacja* peinlich, schwierig; *gość* ungelegen

kłos M (*-a; -y*) Ähre *f*

kłócić się (*-cę*) streiten, sich zanken (**o** *akk* um *akk*); *kolory umg* sich beißen

kłódka F (*-i; gen -dek*) Vorhängeschloss *n*

kłót|liwy (**-wie**) streitsüchtig, zänkisch; **~nia** N (*-i; -e*) Streit *m*, Krach *m*; **~nia małżeńska** Ehekrach *m*, Ehestreit *m*

kłucie N (*-a*) Stechen *n*; **~ w boku** Seitenstechen *n*

kłuć ⟨**u-**⟩ (*kłuję*) stechen, *umg* pieken; **kłuje mnie w boku** ich habe Seitenstechen

kłujący spitz, scharf, *ból* stechend; *roślina* stachelig

kłus M (*-a; bpl*) Trab *m*; **~em** im Trab

kłusować¹ (*-uję*) *koń* traben

kłusować² (*-uję*) *kłusownik* wildern

kłusow|nictwo N (*-a; bpl*) Wildern *n*; **~nik** M (*-a; -cy*) Wilderer *m*

kłuty *rana* Stech-

kły M/PL (*gen -ów*) Eckzähne *m/pl*; *psa, wilka* Fangzähne *m/pl*; *dzika* Hauer *m/pl*; *słonia* Stoßzähne *m/pl*

KM (**koń mechaniczny**) PS *f* (Pferdestärke)

kmi|nek M (*-nku; bpl*) Kümmel *m*; **~otek** M (*-tka; -tki*) *iron* Bauer *m*

knajpa F (*-y*) *umg* Kneipe *f*

knebel M (*-bla; -ble*) Knebel *m*

kneblować ⟨**za-**⟩ (*-uję*) knebeln

knedle M/PL (*gen -i*) Klöße mit Pflaumenfüllung

knieja F (*-i; -e*) tiefer Wald *m*, Walddickicht *n*

knocić ⟨**s-**⟩ (*-cę*) *umg* verhunzen, verpfuschen, Mist bauen

knot M (*-a; -y*) Docht *m*; *umg* (*bubel*) Kitsch *m*

knowania PL (*gen -ań*) Umtriebe *pl*, Intrigen *f/pl*

knuć ⟨**u-**⟩ (*-ję*) aushecken, im Schilde führen; **~ zemstę** Rache schmieden

knur M (*-a; -y*) Eber *m*

knykieć M (*-kcia; -kcie*) Fingerknöchel *m*

koalic|ja F (*-i; -e*) Koalition *f*; **~yjny** Koalitions-

kobalt M (*-u; bpl*) Kobalt *m*; **~owy** Kobalt-

kobiałka F (*-i gen -łek*) Korb *m*

kobieciarz M (*-a; -e*) *umg* Frauenheld *m*, Schürzenjäger *m*

kobieco ADV → kobiecy

kobie|cość F (*-ści; bpl*) Weiblichkeit *f*, feminine Ausstrahlung *f*; **~cy** (**-co**) *wygląd* weiblich, feminin; *czasopismo, choroby* Frauen-

kobie|rzec M (*-rca; -rce*) Teppich *m*,

Kelim *m*; **~ta** F (-*y*) Frau *f*; **~ lekkich obyczajów** leichtes Mädchen *n*
Koblencja F (-*i*; *bpl*) Koblenz *n*
kobra F (-*y*) ZOOL Kobra *f*
kobuz M (-*a*; -*y*) Baumfalke *m*
kobyła F (-*y*) Stute *f*
koc M (-*a*; -*e*) (Woll)Decke *f*; **~anka** F (-*i*; *gen* -*nek*) Strohblume *f*
kochać (-*am*) lieben; **~ się** sich lieben; (*mieć stosunek*) Liebe machen, sich lieben; **~ się w** (*inst*) verliebt sein (in *akk*); **kocham cię** ich liebe dich
kocha|nek M (-*nka*; -*nkowie*), **~nka** F (-*i*; *gen* -*nek*) Liebhaber(in) *m*(*f*), Geliebte(r) *m*, *f*
kochany[1] lieb
kocha|ny[2] M (-*ego*; -*ni*), **~na** F (-*ej*; -*e*) Liebe(r) *m*, *f*; **mój ~ny!** mein Lieber!, Liebling!
kocher M (-*a*; -*y*) Kocher *m*
kochliwy: **być ~m** sich leicht verlieben
koci Katzen-; **na ~ą łapę** ohne Trauschein; **~e łby** *pl fig* Kopfsteinpflaster *n*; **~a muzyka** *f umg pej* Geklimper *n*; **~ak** M (-*a*; -*i*) Kätzchen *n*; *umg fig* Mieze *f*, Häschen *n*
kocica F (-*y*; -*e*) Katze *f*
kocić się ⟨**okocić się**⟩ (*3. Pers* -*ci*) *kocica* werfen; *owca* lammen
kocię N (-*ęcia*; -*ęta*) Katzenjunge(s) *n*
kocioł M (*kotła*; -*tły*) Kessel *m* (*a.* MIL); **~ek** M (-*łka*; -*łki*) kleiner Kessel *m*, Topf *m*
kocisko N (-*a*) Riesenkater *m*
kocmołuch M (-*a*; -*y*) Schmutzfink *m*
kocur M (-*a*; -*y*) ZOOL Kater *m*
kocyk M (-*a*; -*i*) *dim* Deckchen *n*
koczkodan M (-*a*; -*y*) *umg fig* Vogelscheuche *f*
koczować (-*uję*) nomadisieren; *umg fig* kampieren
koczow|niczy (-**czo**) Nomaden-, nomadisierend; **~nik** M (-*a*; -*cy*) Nomade *m*
kod M (-*u*; -*y*) Code *m*; (*liczba*) Geheimzahl *f*; **~ banku** Bankleitzahl *f*; **~ pocztowy** Postleitzahl *f*
kodeks M (-*u*; -*y*) Kodex *m*; **~ karny** JUR Strafgesetzbuch *n*; **~ postępowania cywilnego** JUR Zivilprozessordnung *f*; **~ drogowy** Straßenverkehrsordnung *f*
kodować ⟨**za-**⟩ (-*uję*) verschlüsseln, codieren
kodyfikować (-*uję*) kodifizieren
ko|edukacyjny *szkoła* für beide Geschlechter-; **~egzystencja** F (-*i*; *bpl*) Koexistenz *f*
kofeina F (-*y*; *bpl*) Koffein *n*
kogel-mogel M (*kogla-mogla*; *kogle-mogle*) *Nachspeise aus Eigelb und Zucker*
kogo PRON *akk* wen; *gen* wessen; **~ zaprosiłeś?** wen hast du eingeladen?; **~ nie ma?** wer ist nicht da?; **do ~** zu wem; **od ~** von wem → kto
kogoś PRON *akk* jemanden; *gen* jemandes; **widzę ~** ich sehe jemanden; **~ brakuje** da fehlt jemand; → ktoś
kog|uci Hahn(en)-; **waga** *f* **~ucia** SPORT Bantamgewicht *n*; **~ucik** M (-*a*; -*i*) *dim* Hähnchen *n*, kleiner Hahn *m*; **~ut** M (-*a*; -*y*) Hahn *m*; **on ma ~uta** *fig umg* seine Haare stehen ab
koić ⟨**u-**⟩ (-*ję*) lindern; beruhigen
koja F (*koi*; -*e*) Schlafkoje *f*
kojarzyć ⟨**s-**⟩ (-*ę*) verbinden, assoziieren (**z** *inst* mit *dat*); *pary* vermitteln; **kojarzyć** verstehen, begreifen; **~ się** ZOOL sich paaren; **kojarzę z tym...** ich verbinde *od* assoziiere damit ...
kojący (-**co**) beruhigend, lindernd; *lek* schmerzlindernd
kojec M (-*jca*; -*jce*) *dla zwierząt* Verschlag *m*, Bucht *f*; *dla świń* Koben *m*; *dla dziecka* Laufstall *m*
kok M (-*a*; -*i*) Haarknoten, Dutt *m*; **włosy** *pl* **upięte w ~** hochgesteckte Haare *pl*
kokai|na F (-*y*; *bpl*) Kokain *n*; **zażywać ~nę** Kokain schnupfen
kokarda F (-*y*) (Band)Schleife *f*
kokiet|eria F (*gen dat lok* -*ii*; *bpl*) Koketterie *f*; **~eryjny** kokett; **~ka** F (-*i*; *gen* -*tek*) kokette Frau *f*
kokietować (-*uję*) kokettieren (*inst* mit *dat*)
koklusz M (-*u*; *bpl*) Keuchhusten *m*
kokos M (-*u*; -*y*) Kokosnuss *f*; **~owy** Kokos-; **~owy interes** *m umg* Bombengeschäft *n*
kokoszka F (-*i*; *gen* -*szek*) Huhn *n*, Glucke *f*
kokota F (-*y*) Kokotte *f*
koks M (-*u*; *bpl*) Koks *m*; **na ~ie** *umg* gedopt
koksowni|a F (-*i*; -*e*) Kokerei *f*; **~czy** Koks-
koktajl M (-*u*; -*e*) Cocktail *m*; **~ mleczny** Milchshake *m*
kol. (**kolega** *od* **koleżanka**) Kollege *m od* Kollegin *f*
kolaboracja F (-*i*; *bpl*) Kollaboration *f*

⚠ kolega

Dzień dobry, panie kolego!	Guten Tag, Herr Kollege!
To mój kolega z klasy.	Das ist mein Schulfreund.

kolaborant M (*-a; -ci*), **~ka** F (*-i; gen -tek*) Kollaborateur(in) *m(f)*
kolac|ja F (*-i; -e*) Abendessen *n*, Abendbrot *n*; **jeść ~ję** zu Abend essen
kolank|o N (*-a; gen -nek*) TECH Winkelstück *n*; BOT Knoten *m*; **~a** (*makaron*) Hörnchen *pl*
kol|ano N (*-a*) Knie *n*; **po ~ana** *od* **do ~an** knietief, kniehoch; **wziąć** *pf* **na ~ana** auf den Schoß nehmen; **~anowy** Knie-
kola|rski Rad(sport)-; **~rstwo** N (*-a; bpl*) Radsport *m*; **~rz** M (*-a; -e*) Radsportler *m*
kolaż M (*-u; -e*) Collage *f*
kolba F (*-y*) Kolben *m*; **~ lutownicza** Lötkolben *m*
kol|ce PL (*gen -ów*) BOT Dornen *m/pl*; ZOOL Stachel *m/pl*; SPORT Spikes *pl*; **~czatka** F (*-i*) (*obroża*) Stachelhalsband *n*; **~czasty (-to)** stach(e)lig, Stachel-
kol|czuga F (*-i*) HIST Kettenhemd *n*; **~czyk** M (*-a; -i*) Ohrring *m*; **~czyk w nosie** Nasenring *m*; AGR Ohrmarke *f*
kolebka F (*-i; gen -bek*) Wiege *f* (*a. fig*)
kolega M (*-i; -dzy; gen -gów*) Kumpel *m*; Freund *m*; **~ z pracy** (Arbeits)Kollege *m*; **~ szkolny** Schulkamerad *m*, Schulfreund *m*; **~ ze studiów** Kommilitone *m*, Studienkollege *m*; **~ po fachu** Kollege *m* vom Fach
kole|gialny kollegial; **~giata** F (*-y*) Stiftskirche *f*
kolegować się (*-uję*) *umg* befreundet sein
koleina F (*-y*) (tiefe) Radspur *f*
kol|ej F (*gen dat lok -ei; -e*) (Eisen)Bahn *f*; (*następstwo*) (*bpl*) Reihenfolge *f*; **jechać ~eją** mit der Bahn fahren; **pracować na ~ei** bei der Bahn arbeiten; **~ej rzeczy** Lauf *m* der Dinge, Lauf *m* der Welt; **po ~ei** der Reihe nach; **~ej na mnie** ich bin an der Reihe; **z ~ei** *partikel* wiederum; **mieć nie po ~ei (w głowie)** nicht alle Tassen im Schrank haben; **~eje** *pl* **życia** Wechselfälle *pl* des Lebens
kolejarz M (*-a; -e, -y*) Eisenbahner *m*
kolej|ka F (*-i; gen -jek*) *podmiejska* Regionalbahn *f*; *podziemna* Untergrundbahn *f*, U-Bahn *f*; *linowa* Seilbahn *f*; (*ogonek*) Schlange *f*; (*zabawka*) elektrische Eisenbahn *f*; **~ka górska** Berg- und Talbahn *f*; **stać w ~ce** anstehen (**po** *akk* nach *dat*); **stanąć w ~ce** sich anstellen; **zająć ~kę k-u** j-m in der Schlange den Platz halten; **poza ~ką** außer der Reihe; **stawiać ~kę** *umg* e-e Runde schmeißen
kolej|nictwo N (*-a; bpl*) Eisenbahnwesen *n*; **~no** ADV nacheinander; **~ność** F (*-ści; bpl*) Reihenfolge *f*; **według ~ności** der Reihe nach; **~ny** folgende(r), nächste(r); *numer* laufend
kolejo|wy (Eisen)Bahn-, Zug-; **dworzec** *m* **~wy** Bahnhof *m*; **katastrofa** *f* **~wa** Zugunglück *n*; **transport** *m* **~wy** Schienenverkehr *m*
kolekc|ja F (*-i; -e*) Sammlung *f*, Kollektion *f*; **~ja letnia** Sommerkollektion *f*
kolekcjoner M (*-a; -rzy*), **~ka** F (*-i; gen -rek*) Sammler(in) *m(f)*
kolekcjonować (*-uję*) sammeln
kolektura F (*-y*) Lotterieannahmestelle *f*
kolektyw M (*-u; -y*) Kollektiv *n*; **praca** *f* **w ~ie** Kollektivarbeit *f*; **~ny** kollektiv, Gemeinschafts-
kolendra F (*-y; bpl*) Koriander *m*
koleś M (*-sia; -sie*) *umg* Kumpel *m*; Typ *m*
koleżanka F (*-i; gen -nek*) Freundin *f*; **~ ze szkoły** Schulfreundin *f*, Schulkameradin *f*; **~ ze studiów** Kommilitonin *f*, Studienkollegin *f*; **~ z pracy** (Arbeits)Kollegin *f*
koleżeń|ski (po ~sku) kollegial, kameradschaftlich; **~stwo** N (*-a; bpl*) Kameradschaft *f*; **duch** *m* **~stwa** Kameradschaftsgeist *m*
koleżka M (*-i; -owie od -i*) *umg* Kumpan *m*
kolęda F (*-y*) Weihnachtslied *n*; (*chodzenie z kolędą*) Sternsingen *n*; (*wizyta*) *Hausbesuch e-s Priesters in der Weihnachtszeit*
kolędnik M (*-a; -cy*) Sternsinger *m*
kolędować (*-uję*) Weihnachtslieder singen
koli|a F (*gen dat lok -ii; -e*) Kollier *n*; **~ber** M (*-bra; -bry*) Kolibri *m*
kolidować (*-uję*) kollidieren (**z** *inst* mit *dat*)

K

koligacje F/PL (*gen* -i) *lit* verwandschaftliche Beziehungen *pl*, Familienbande *pl*
kolisty (kreis)rund, kreisförmig
koliście ADV im Kreis
kolizja F (-i; -e) Kollision *f*, Zusammenstoß *m*
kolka F (-i; *gen* -lek) MED Kolik *f*
kolokwium N (*unv*; PL -wia; *gen* wiów) Kolloquium *n*
Kolonia[1] F (*gen dat lok* -ii; *bpl*) Köln *n*
kolon|ia[2] F (*gen dat lok* -ii; -e) Kolonie *f*; **~ia karna** Strafkolonie *f*; **~ie (letnie)** Ferienlager *n*; **jechać na ~nie** in die Ferien fahren; **~ializm** M (-u; *bpl*) Kolonialismus *m*; **~ijny** Kolonie-; *ośrodek* Ferien-
kolonizować ⟨**s-**⟩ (-uję) kolonisieren
koloński|ki: **woda** *f* **~ka** Kölnischwasser *n*
kolor M (-u; -y) Farbe *f*; **pod ~** farblich passend
kolorować ⟨**po-**⟩ (-uję) kolorieren; *obrazki* ausmalen
kolorowy (-wo) farbig, bunt; farbenfroh; *telewizja, film* Farb-; *ludność* farbig
kolor|y PL (*gen* -ów) Buntwäsche *f*; (*rumieńce*) Röte *f*; **dostać ~ów** Farbe im Gesicht bekommen; **~ystyczny** farblich; **~yt** M (-u; *bpl*) Kolorit *n*
koloryzować (-uję) schönfärben, ausschmücken
kolos M (-a; -y) Koloss *m*, Riese *m*; **~alny** kolossal
kolportaż M (-u; *bpl*) Vertrieb *m*, Versand *m*
kolporter M (-a; -rzy), **~ka** F (-i; *gen* -rek) (Zeitungs)Austräger(in) *m(f)*, Straßenverkäufer(in) *m(f)*
kolportować (-uję) *pisma, reklamy* austragen, verschicken, verkaufen; *pogłoski* kolportieren
Kolumbia F (*gen dat lok* -ii; *bpl*) Kolumbien *n*
kolum|na F (-y) Kolonne *f*; ARCH Säule *f*; TYPO Kolumne *f*, Spalte *f*; **~ny** *pl* (*głośniki*) Boxen *pl*
kolumn|ada F (-y) Kolonnade *f*, Säulengang *m*; **~owy** Kolonnen-; ARCH Säulen-
kołatać (-czę) klopfen; *serce* pochen; **~ do drzwi** an der Tür rütteln; **~ się** *fig* herumirren
kołatka F (-i; *gen* -tek) Türklopfer *m*
kołłchoz M (-u; -y) HIST Kolchose *f*; **~czan** M (-u; -y) Köcher *m*
kołdra F (-y; *gen* -der) Bettdecke *f*

kołduny M/PL (*gen* -ów) Teigtaschen *f/pl* mit Fleischfüllung
koł|ek M (-łka; -łki) Pflock *m*, Pfahl *m*; *w płocie* Zaunpfahl *m*; (*bolec*) Holzstift *m*; **~ek rozporowy** Dübel *m*; **sukienka wisi jak na ~ku** das Kleid hängt wie ein Sack; **~em** ADV im Kreis
kołnierz M (-a; -e; *gen* -y) Kragen *m*; **~ koszuli** *od* **od koszuli** Hemdkragen *m*; **~ płaszcza** Mantelkragen *m*; **~ marynarski** Matrosenkragen *m*; **~yk** M (-a; -i) *dim* (kleiner) Kragen *m*
ko|ło[1] N (-a; *gen* kół) Kreis *m* (*a.* MAT); *pojazdu* Rad *n*; (*krąg*) Ring *m*, Kreis *m*; (*grono*) Zirkel *m*, Kreis *m*; **w ~ło** (*gen*) im Kreis (um *akk*), um (*akk*) herum; (*ciągle*) unablässig, die ganze Zeit; **~ło ratunkowe** Rettungsring *m*; **~ło polarne** Polarkreis *m*; **młyńskie ~ło** Mühlrad *n*; **~ło garncarskie** Töpferscheibe *f*; **~ło zębate** Zahnrad *n*; **błędne ~ło** *fig* Teufelskreis *m*; **~ło fortuny** Glücksrad *n*; **~ła** *pl* **polityczne** politische Kreise *pl*; **piąte ~ło u wozu** *fig* das fünfte Rad am Wagen; **w ~ło Macieju** immer dieselbe Leier
koło[2] PRÄP (*gen*) *przestrzennie* neben (*gen*), an (*dat*); *czasowo* um (*akk*), gegen (*akk*); (*około*) etwa, ungefähr; *w pobliżu miejscowości* bei; **przejść ~** (*gen*) vorbeigehen (an *dat*); **~ Berlina** bei Berlin; **~ południa** gegen Mittag; **~ pierwszej** gegen eins
Kołobrzeg M (-u; *bpl*) Kolberg *n*
kołonotatnik M (-a; -i) Ringhefter *m*
kołowacieć ⟨**s-**⟩ (-eję) *umg* den Kopf verlieren
kołowaciz|na F (-y; *bpl*) *umg fig* Durcheinander *n*, Chaos *n*; **dostać ~ny** *umg* verrückt werden
kołować (-uję) kreisen, Kreise ziehen; LOT rollen; (*mówić mętnie*) herumdrucksen, drum herumreden; ⟨**wy-**⟩ *v/t umg* beschummeln
koło|wrotek M (-tka; -tki) HIST Spinnrad *n*; **~wrót** M (-rotu; -roty) (Seil)Winde *f*; (*barierka*) Drehkreuz *n*; (*bpl*) *fig* Chaos *n*
koło|wy Kreis-; **droga** *f* **~wa** Fahrweg *m*; **ruch** *m* **~wy** Fahrverkehr *m*
kołpak M (-a; -i) AUTO Radkappe *f*
kołtun M (-a; -y) *pej* Spießbürger *m*, Banause *m*; **~eria** F (*gen dat lok* -ii; *bpl*) *pej* Spießbürgertum *n*, Philistertum *n*; **~iasty** *włosy* zottig, verfilzt
kołtunieć ⟨**s-**⟩ (-nię) *włosy* zottig wer-

den; *fig* hinterwäldlerisch werden, weltfremd werden
kołtuny PL (*gen -ów*) *umg pej* zottige Haare *n/pl*
kołtuński spießerhaft, weltfremd, rückständig
kołysać (*kołyszę*) wiegen; **~ do snu** in den Schlaf wiegen; **~ się** sich wiegen
kołys|anka F (*-i; gen -nek*) Wiegenlied *n*; **~ka** F (*-i; gen -sek*) Wiege *f*; **od ~ki** *fig* von der Wiege an
koman|do N (*-a*) MIL Spezialeinheit *f*, Sondereinsatzkommando *n*; **~do antyterrorystyczne** Antiterroreinheit *f*; **~dor** M (*-a; -rzy*) Kapitän *m* zur See; HIST Komtur *m*
komandos M (*-a; -i*) Elitesoldat *m*; Fallschirmjäger *m*
koma|r M (*-a; -y*) (Stech)Mücke *f*; **~sacja** F (*-i; bpl*) *urzędów* Zusammenlegung *f*; *gruntów* Flurbereinigung *f*
kombajn M (*-u; -y*) Erntemaschine *f*; **~ zbożowy** Mähdrescher *m*
kombatant M (*-a; -ci*) Kriegsveteran *m*
kombi N (*unv*) Kombi(wagen) *m*
kombinac|ja F (*-i; -e*) Kombination *f*; **~je** *pl* Machenschaften *pl*, krumme Geschäfte *pl*; **~ja norweska** SPORT nordische Kombination *f*
kombinat M (*-u; -y*) Kombinat *n*
kombinator M (*-a; -rzy*), **~ka** F (*-i; gen -rek*) *umg pej* Spekulant(in) *m(f)*, Schwindler(in) *m(f)*
kombi|nerki PL (*gen -rek*) Kombizange *f*; **~nezon** M (*-u; -y*) Overall *m*; **~nezon ochronny** Schutzanzug *m*, *umg* Blaumann *m*; **~nezon narciarski** Skianzug *m*
kombinować ⟨**wy-**⟩ (*-uję*) (*zastanawiać się*) *umg* aushecken; austüfteln; (*załatwiać*) *umg* auftreiben; **kombinować** (*zestawiać*) kombinieren, zusammenstellen; (*spekulować*) *umg* krumme Geschäfte machen, spekulieren; tricksen
komedi|a F (*gen dat lok -ii; -e*) Komödie *f* (*a. fig pej*); **grać ~ę** *fig* Komödie spielen; **~ancki** *pej* komödiantenhaft
komediant M (*-a; -ci*), **~ka** F (*-i; gen -tek*) *pej* Komödiant(in) *m(f)*
komediopis|arz M (*-a; -e*), **~arka** F (*-i; gen -rek*) Komödiendichter(in) *m(f)*
komediowy *lit* Komödien-, Lustspiel-
komen|da F (*-y*) Kommando *n*; EDV Befehl *m*; **~da policji** Polizeidirektion *f*, Polizeipräsidium *n*; **~da straży pożarnej** Feuerwehrzentrale *f*; **jak na ~dę** wie auf Kommando; **~dant** M (*-a; -ci*) Kommandant *m*; **~dant policji** Polzeipräsident *m*; **~dant straży pożarnej** Feuerwehrhauptmann *m*
komentadura F (*-y*) Kommandantur *f*
komenderować (*-uję*) kommandieren (*a. fig*)
komentarz M (*-a; -e, -y*) Kommentar *m*; **bez ~a** kein Kommentar
komentator M (*-a; -rzy*), **~ka** F (*-i; gen -rek*) Kommentator(in) *m(f)*
komentować ⟨**s-**⟩ (*-uję*) kommentieren
komerc|jalizacja F (*-i; bpl*) Kommerzialisierung *f*; **~yjny** kommerziell
komet|a F (*-y*) ASTRON Komet *m*; **~ka** F (*-i; gen -tek*) Federball *m*; (*gra*) Federballspiel *n*
komfortowy (-wo) komfortabel
komicz|ność F (*-ści; bpl*) Komik *f*; **~ny** komisch
komik M (*-a; -cy*) Komiker *m*; **~sy** M/PL (*gen -ów*) Comics *pl*
komin M (*-a; -y*) Schornstein *m*; **palić jak ~** *umg* qualmen wie ein Schlot; **~ek** M (*-nka; -nki*) Kamin *m*; **przy ~ku** am Kamin
komini|arka F (*-i, gen -rek*) Strickmütze *f* mit Nackenschutz; (*maska terrorysty*) Strumpfmaske *f*; **~arz** M (*-a; -e*) Schornsteinfeger *m*
kom|inkowy Kamin-; **~is** M (*-u; -y*) Pfandhaus *n*
komi|sariat M (*-u; -y*) Polizeidienststelle *f*; **~saryczny** kommissarisch; **~sarz** M (*-a; -e*) *policji* Kommissar *m*
komisja F (*-i; -e*) Kommission *f*, Ausschuss *m*; **~ śledcza** Untersuchungskommission *f*, Untersuchungsausschuss *m*; **~ do spraw** (*gen*) Kommission für (*akk*); ♀ **Planowania** Zentraler Planungsausschuss *m*
komisyjny: **egzamin** *m* **~** *Prüfung vor e-r Verifizierungskommission*
komitet M (*-u; -y*) Komitee *n*; **~ rodzicielski** Elternbeirat *m*
komity|wa F (*-y; bpl*) Vertrautheit *f*, Freundschaft *f*; **żyć w ~wie** eng befreundet sein (**z** *inst* mit *dat*); **wejść** *pf* **w ~wę** Freundschaft schließen (**z** *inst* mit *dat*)
komiwojażer M (*-a; -owie*) Handlungsreisende(r) *m*, Vertreter *m*
komizm M (*-u; bpl*) Komik *f*; **~ sytuacyjny** Situationskomik *f*

K

kom|nata F (-y) HIST Gemach *n*; **~oda** F (-y; *gen* -mód) Kommode *f*
komo|ra F (-y) TECH, ANAT Kammer *f*; **~ra gazowa** HIST Gaskammer *f*; **~ra celna** Zollamt *n*
komorn|e N (-*ego*; *bpl*) Miete *f*; **~ik** M (-*a*; -*cy*) Gerichtsvollzieher *m*
komór|ka F (-*i*; *gen* -*rek*) Schuppen *m*; Abstellraum *m*; BIOL Zelle *f* (*a. fig*); (*telefon*) *umg* Handy *n*; **~ka jajowa** BIOL Eizelle *f*; **zadzwonić** *pf* **na ~kę** auf dem Handy anrufen; **~kowy** Zell(en)-, zellular; **telefon** *m* **~kowy** Mobiltelefon *n*
kompakt M (-*u*; -*y*) *umg* CD *f*, CD-Platte *f*
kompakto|wy: **płyta** *f* **~wa** CD-Platte *f*; **odtwarzacz** *m* **~wy** CD-Player *m*, CD-Spieler *m*
kompan M (-*a*; -*i*) Kumpel *m*, Kumpan *m*
kompania F (*gen dat lok* -*ii*; -*e*) MIL Kompanie *f*; (*towarzystwo*) Gesellschaft *f*, Runde *f*; **~ honorowa** MIL Ehrenkompanie *f*
kompa|s M (-*u*; -*y*) Kompass *m*; **~tybilny** EDV kompatibel
kompensac|ja F (-*i*; *bpl*) PSYCH Kompensation *f*; **~yjny** Ausgleichs-
kompensata F (-*y*; *bpl*) Entschädigung *f*, Kompensation *f*
kompensować (-*uję*) ausgleichen; PSYCH kompensieren
kompetenc|je F/PL (*gen* -*i*) Kompetenzen *f/pl*, Sachverstand *m*; (*uprawnienia*) Kompetenzen *f/pl*, Zuständigkeit *f*; **zakres** *m* **~ji** Kompetenzbereich *m*, Zuständigkeitsbereich *m*; **przekroczyć** *pf* **~je** s-e Kompetenzen überschreiten
kompetentny kompetent, sachkundig; (*uprawniony*) zuständig, befugt
kompleks M (-*u*; -*y*) Komplex *m*; **~ budynków** Gebäudekomplex *m*; **~ Edypa** PSYCH Ödipuskomplex *m*; **~ niższości** Minderwertigkeitskomplex *m*; **bez ~ów** *adv* selbstbewusst
kompleksowy (-**wo**) komplex, umfassend
komple|menciarz M (-*a*; -*e*) *umg* Schmeichler *m*; **~ment** M (-*u*; -*y*) Kompliment *n*; **prawić ~menty** Komplimente machen
komplementarny komplementär, ergänzend
kompl|et M (-*u*; -*y*) *narzędzi, naczyń* Satz *m*; *mebli, bielizny* Garnitur *f*; *osób* volle Anzahl *f*; **~et do kawy** Kaffeeset*n*; **~et wypoczynkowy** Sitzgruppe *f*; **~et widzów** voll besetzter Saal *m*; **być w ~ecie** komplett *od* vollzählig sein; **mieć ~et pasażerów** ausgebucht sein
komplet|ny (*pełny*) komplett, vollständig; (*zupełny*) völlig; **~ne wyposażenie** *n* komplette Einrichtung *f*; **~ny idiota** *m* Vollidiot *m*
kompletować ⟨**s-**⟩ (-*uję*) komplettieren, vervollständigen
komplikac|ja F (-*i*; -*e*) Schwierigkeit *f*, Komplikation *f*; **~je** *pl* MED Komplikationen *pl*; **ciąża** *f* **z ~jami** Risikoschwangerschaft *f*
komplikować ⟨**s-**⟩ (-*uję*) komplizieren, kompliziert machen; **~ się** kompliziert werden, sich verkomplizieren
komponent M (-*u*; -*y*) Komponente *f*, Bestandteil *m*
komponować ⟨**s-**⟩ (-*uję*) MUS komponieren (*a. fig*)
kompost M (-*u*; -*y*) Kompost
kompot M (-*u*; -*y*) Kompott *n*; *umg Droge aus Mohnstroh*
kompo|tierka F (-*i*; *gen* -*rek*) Kompottschale *f*, Dessertschale *f*; **~zycja** F (-*i*; -*e*) MUS Komposition *f* (*a. fig*)
kompozytor M (-*a*; -*rzy*), **~ka** F (-*i*; *gen* -*rek*) Komponist(in) *m(f)*
kompres M (-*u*; -*y*) Kompresse *f*, Umschlag *m*; **~ja** F (-*i*; -*e*) TECH Verdichtung *f*
kompro|mis M (-*u*; -*y*) Kompromiss *m*; **pójść** *pf* **na ~mis** e-n Kompromiss schließen; **~mitacja** F (-*i*; -*e*) Blamage *f*, Bloßstellung *f*
kompromitować ⟨**s-**⟩ (-*uję*) kompromittieren, blamieren, bloßstellen; **~ się** sich kompromittieren, sich blamieren
kompromitujący (-**co**) kompromittierend, blamabel
komputer M (-*a*; -*y*) Computer *m*, Rechner *m*; **~ osobisty** Personalcomputer *m*, PC *m*; **~owy** Computer-; **~owiec** M (-*wca*; -*wcy*) *umg* Computerfreak *m*
komputeryzować ⟨**s-**⟩ (-*uję*) computerisieren
komu PRON *dat* wem; **~ to dasz?** wem gibst du das?; **~ ufasz?** wem vertraust du?; → kto
komuch M (-*a*; -*y*) *umg pej* rote Socke *f*
komu|na F (-*y*) Kommune *f*; *umg pej* Kommunistenregime *n*, Kommunistenpack *n*; **za ~ny** *umg* im Kommunismus;

świat komputerów i internetu

anulować	abbrechen
CD-ROM	die CD-ROM
dyskietka	die Diskette
ekran	der Bildschirm
folder	der Ordner
głośnik	der Lautsprecher
hasło	das Passwort
interfejs	die Schnittstelle
karta dźwiękowa	die Soundkarte
kawiarenka internetowa	das Internetcafé
kieszeń na CD-ROM	das CD-ROM-Laufwerk
kieszeń na dyskietkę	das Diskettenlaufwerk
klawiatura	die Tastatur
monitor	der Monitor
myszka	die Maus
pamięć	der Speicher
pasek narzędzi	die Symbolleiste
plik	die Datei
schowek	die Zwischenablage
sterownik/drajwer	der Druckertreiber
strona domowa	die Homepage
strona www/witryna internetowa	die Website
ściągnąć/pobrać	herunterladen
ścieżka dostępu	der Pfad
twardy dysk	die Festplatte
usunąć	entfernen
zapisać	abspeichern

ℒna Paryska HIST die Pariser Kommune

komu|nalny kommunal, Kommunal-, Gemeinde-; **~nał** M (*-u; -y*) Gemeinplatz *m*, Floskel *f*

komunia F (*gen dat lok -ii; -e*) Kommunion *f*; *w kościele ewangelickim* Abendmahl *n*; (*pierwsza komunia*) Erstkommunion *f*

komunikac|ja F (*-i; bpl*) *miejska, powietrzna* Verkehr *m*; (*porozumienie*) Kommunikation *f*; **~ja publiczna** öffentlicher Verkehr *m*, öffentliche Verkersmittel *pl*; **~yjny** *sytuacja* Kommunikations-; *drogi, utrudnienia* Verkehrs-; **węzeł** *m* **~yjny** Verkehrsknoten *m*

komunikat M (*-u; -y*) Meldung *f*, Bericht *m*; **~ o pogodzie** Wetterbericht *m*; **~ prasowy** Pressemeldung *f*, Pressebericht *m*; **podać** *pf* **~** bekannt geben; **~ywny** offen, kommunikativ; (*jasny*) verständlich, klar

komunikować ⟨**za-**⟩ (*-uję*) mitteilen, bekannt geben; **komunikować się** kommunizieren, in Verbindung sein

komunist|a M (*-y; -ści*), **~ka** F (*-i; gen -tek*) Kommunist(in) *m(f)*

komuni|styczny kommunistisch; **~zm** M (*-u; bpl*) Kommunismus *m*

komuś PRON *dat* jemandem; **daj to ~!** gib das jemandem!; → ktoś

komża F (*-y; -e, -y*) Messhemd *n*

konać (*-am*) im Sterben liegen; **~ ze śmiechu** sich totlachen, sich vor Lachen biegen

konają|cy M (*-ego; -*), **~ca** F (*-cej; -ce*) Sterbende(r) *m, f*

konar M (*-u; -y*) Ast *m*

koncentracja F (*-i; -e*) Konzentration *f*

koncentracyjny: **obóz** *m* **~** Konzentrationslager *n*

koncentrat M (*-u; -y*) Konzentrat *n*, Auszug *m*; **~ pomidorowy** Tomatenmark *n*

koncentrować ⟨s-⟩ (*-uję*) konzentrieren; ~ **się** sich konzentrieren (**na** *lok* auf *akk*)
konce|pcja F (*-i; -e*) Konzept *n*, Entwurf *m*; **~pt** M (*-u; -y*) *lit* Einfall *m*, Idee *f*
koncern M (*-u; -y*) Konzern *m*
koncert M (*-u; -y*) Konzert *n*; ~ **na fortepian** Klavierkonzert *n*; ~ **życzeń** Wunschkonzert *n*
koncertować (*-uję*) konzertieren, ein Konzert geben
koncertowy *sala* Konzert-; *utwór* konzertant
koncesja F (*-i; -e*) Konzession *f*
koncesjonować (*-uję*) konzessionieren, zulassen
koncesjonowany *towar* zugelassen
koncha F (*-y*) ARCH Konche *f*; muschelförmige Schale *f*
kondensować (*-uję*) kondensieren
kondensowa|ny: **mleko** *n* **~ne** Kondensmilch *f*
kondolencj|e PL (*gen -i*): **składać ~je** sein Beileid aussprechen; **moje ~je!** *int* mein aufrichtiges Beileid!; **~yjny** Beileids-, Kondolenz-; **list** *m* **~yjny** Kondolenzschreiben *n*, Kondolenzbrief *m*
kondukt M (*-u; -y*): ~ **żałobny** Trauerzug *m*
konduktor M (*-a; -rzy*), **~ka**[1] F (*-i; gen -rek*) *umg* Schaffner(in) *m(f)*
konduktorka[2] F (*-i; gen -rek*) (*torebka*) Schultertasche *f*
kondyc|ja F (*-i; -bpl*) Kondition *f*; **być w dobrej ~ji** gut in Form sein; **~yjny** *trening, ćwiczenia* Konditions-, Ausdauer-
kondygnacja F (*-i; -e*) Stockwerk *n*, Geschoss *n*
koneksje F/PL (*gen -i*) *lit* Beziehungen *f/pl*, Kontakte *m/pl*
kone|ser M (*-a; -rzy*) Kenner *m*; **~wka** F (*-i; gen -wek*) Gießkanne *f*
konfederacja F (*-i; -e*) Konföderation *f*
konfekc|ja F (*-i; bpl*) Konfektion *f*, Bekleidung *f*; **~yjny** Konfektions-
konferansjer M (*-a; -rzy*) Conferéncier *m*; **~ka** F (*-i; bpl*) (*zapowiadanie*) Conferénce *f*, Ansage *f*
konferencja F (*-i; -e*) Konferenz *f*; ~ **na szczycie** Gipfelkonferenz *f*
konferować (*-uję*) konferieren, beraten
konfesjonał M (*-u; -y*) Beichtstuhl *m*
konfidencjonalny *lit* vertraulich
konfident M (*-a; -ci*), **~ka** F (*-i; gen -tek*) Informant(in) *m(f)*, Agent(in) *m(f)*, Spitzel *m*
konfigurować ⟨s-⟩ (*-uję*) EDV konfigurieren
konfirmacja F (*-i; -e*) REL Konfirmation *f*
konfirmant M (*-a; -ci*), **~ka** F (*-i; gen -tek*) Konfirmand(in) *m(f)*
konfiskata F (*-y*) Beschlagnahme *f*, Einziehung *f*
konfiskować ⟨s-⟩ (*-uję*) konfiszieren, beschlagnahmen, einziehen
konfitury F/PL (*gen -*) Konfitüre *f*
konflikt M (*-u; -y*) Konflikt *m*; **wejść** *pf* **w ~ z prawem** mit dem Gesetz in Konflikt geraten; ~ **serologiczny** MED Rhesus-Unverträglichkeit *f*; **~owy** konfliktgeladen; **sytuacja** *f* **~owa** Konfliktsituation *f*; **być ~owym** Konfliktsituationen schaffen, zu Konfliktsituationen neigen
konformizm M (*-u; bpl*) Konformismus *m*
konfrontacja F (*-i; -e*) (*konflikt*) Konfrontation *f*, Auseinandersetzung *f*; (*porównanie*) Gegenüberstellung *f*, Vergleich *m*; ~ **z rzeczywistością** Konfrontation *f* mit der Realität
konfrontować ⟨s-⟩ (*-uję*) (**z** *inst*) gegenüberstellen (*dat*), vergleichen (mit *dat*)
kon|frontowany verglichen, konfrontiert (**z** *inst* mit *dat*); **~gres** M (*-u; -y*) Kongress *m*
koniak M (*-u; -i*) Kognak *m*
koniczyna F (*-y*) Klee *m*; **czterolistna ~** vierblättriges Kleeblatt *n*
koniec M (*-ńca; -ńce*) *sznurka, ulicy, filmu* Ende *n*; *sprawy, prozesu* Ausgang *m*; ~ **roku** Jahresende *n*; ~ **miesiąca** Monatsende *n*; ~ **języka** Zungenspitze *f*; ~ **świata** Weltuntergang *m*; **na końcu świata** am Ende der Welt; **na ~ świata** ans Ende der Welt; **być na szarym końcu** *fig* das Schlusslicht bilden; **bez końca** ohne Ende, endlos; **do (samego) końca** bis zum Schluss; **na ~** *od* **w końcu** am Ende, schließlich; **od końca** von hinten; **pod ~** gegen Ende; **na ~** zum Schluss; **nie widać końca** es ist kein Ende abzusehen; ~ **końców** letzten Endes; **i ~!** und basta!; **z nami ~** es ist aus mit uns; **~ z tym!** Schluss jetzt!; **na dzisiaj ~!** Schluss für heute!
konieczn|ie ADV unbedingt; **~ość** F (*-ści*) Notwendigkeit *f*; **z ~ości** notge-

drungen; **~ny** notwendig, unerlässlich
konik M (-a; -i) *dim* Pferdchen *n*; *fig* Steckenpferd *n*, Hobby *n*; (*figura szachowa*) Springer *m*; *umg* *illegaler Verkäufer von Eintrittskarten*; **~ polny** ZOOL Grashüpfer *m*
koniugacja F (-i; -e) GRAM Konjugation *f*
koniugować (-uję) GRAM konjugieren, beugen
koniunktura F (-y; *bpl*) Konjunktur *f*
koniuszek M (-szka; -szki) *nosa, języka* Spitze *f*; **~ palca** Fingerkuppe *f*
kon|kluzja F (-i; -e) Schlussfolgerung *f*; **~kretny** konkret
konkret|y M/PL (*gen* -ów) Tatsachen *f/pl*, Fakten *m/pl*; **przejść** *pf* **do ~ów** zur Sache kommen
konkretyzować ⟨s-⟩ (-uję) konkretisieren, präzisieren
konkub|ent M (-a; -i) Lebensgefährte *m*; **~ina** F (-y) Lebensgefährtin *f*
konkubinat M (-u; *bpl*) Lebensgemeinschaft *f*
konkurencja F (-i; *bpl*) EKON Konkurrenz *f*, Wettbewerb *m*; SPORT (-i; -e) Disziplin *f*, Konkurrenz *f*
konkurencyj|ność F (-ści; *bpl*) Konkurrenzfähigkeit *f*, Wettbewerbsfähigkeit *f*; **~ny** Konkurrenz-
konkurent M (-a; -ci) (*osoba*) Konkurrent *m*; (*firma*) Konkurrenz *f*, Konkurrenzunternehmen *n*; **~ka** F (-i; *gen* -tek) Konkurrentin *f*
konkurować (-uję) konkurrieren; wetteifern (**o** *akk* um *akk*)
konkurs M (-u; -y) Wettbewerb *m*; (*oferta*) Ausschreibung *f* (**na** *akk* für *akk*); **~ piękności** Misswahl *f*, Schönheitswettbewerb *m*; **poza ~em** außer Konkurrenz; **~owy** Wettbewerbs-
konno: **jechać ~** reiten
kon|ny Pferde-; **jazda** *f* **~na** Reiten *n*; **policja** *f* **~na** berittene Polizei *f*; **wyścigi** *pl* **~ne** Pferderennen *n*
kono|pie PL (*gen* -) Hanf *m*; **~pie indyjskie** Cannabis *m*; **~wał** M (-a; -y) *pej* Kurpfuscher *m*
konsekwen|cja F (-i; -e) Konsequenz *f*; **~tny** konsequent
konserw|a F (-y) Konserve *f*, Dose *f*; **otwieracz** *m* **do ~** Dosenöffner *m*
konserwac|ja F (-i; *bpl*) Konservierung *f*, Erhaltung *f*; *dróg* Instandhaltung *f*; TECH Instandhaltung *f*, Wartung *f*; **~ zabytków** Denkmal(s)pflege *f*; **~yjny** konservatorisch, Schutz-
konserwant M (-u; -y) Konservierungsstoff *m*; **bez ~ów** ohne Konservierungsstoffe
konserwator M (-a; -rzy) Konservator *m*; **~ zabytków** Denkmal(s)pfleger *m*
konserwatorium N (*unv*; -ia; *gen* -iów) Konservatorium *n*
konserwatyst|a M (-y; -ści-ów), **~ka** F (-i; *gen* -tek) Konservative(r) *m*, *f*
konserwatywny konservativ
konserwować ⟨za-⟩ (-uję) konservieren; TECH warten
konserwo|wy Konserven-, Dosen-; **ogórki** *m/pl* **~we** Gewürzgurken *f/pl*
konserwujący: **środek** *m* **~** Konservierungsstoff *m*, Konservierungsmittel *n*
kon|solidacja F (-i; -e) Konsolidierung *f*, Festigung *f*; **~sorcjum** N (*unv*; -ja; *gen* -jów) EKON Konsortium *n*; **~spekt** M (-u; -y) Entwurf *m*, Konzept *n*
konspira|cja F (-i; -bpl) POL Untergrund *m*, Untergrundorganisation *f*; (*tajemnica*) Geheimhaltung *f*; **~cyjny** POL Untergrund-; *żart* geheimnisvoll, verschwörerisch; **działalność** *f* **~cyjna** Untergrundbewegung *f*
konspirator M (-a; -rzy) Untergrundkämpfer *m*
konspirować (-uję) POL im Untergrund tätig sein
Konstancja F (-i; *bpl*) Konstanz *n*
konstatować ⟨s-⟩ (-uję) feststellen, konstatieren
konstelacja F (-i; -e) ASTRON Konstellation *f* (*a. fig*)
konsternac|ja F (-i; *bpl*) Befremdung *f*, Verlegenheit *f*; **wprawić** *pf* **w ~ję** in Verlegenheit bringen, befremden
konstru|kcja F (-i; -e) Konstruktion *f*, Aufbau *m*; BUD Bauweise *f*, Konstruktion *f*; **~kcyjny** Konstruktions-
konstruktor M (-a; -rzy), **~ka** F (-i; *gen* -rek) Konstrukteur(in) *m(f)*
konstruktywny konstruktiv
konstruować ⟨s-⟩ (-uję) konstruieren, bauen
konstytuc|ja F (-i; -e) POL Konstitution *f* (*a. fig*), Verfassung *f*; **~yjny** POL konstitutionell, Verfassungs-
konstytuować ⟨u-⟩ (-uję) konstituie-

K

ren, bilden; ~ **się** sich konstituieren, sich bilden

konsul M (-a; -owie; gen -ów) Konsul m; **~arny** konsularisch; **~at** M (-u; -y) Konsulat n

konsultac|ja F (-i; -e) Konsultation f, Beratung f; **~yjny** Beratungs-

konsult|ant M (-a; -ci) Berater m; **~ing** M (-u; bpl) Unternehmensberatung f

konsultować ⟨s-⟩ (-uję) (**z** inst) konsultieren (akk), besprechen (mit dat); ~ **się** konsultieren (akk), sich beraten lassen (bei dat)

konsumencki Verbraucher-

konsument M (-a; -ci), **~ka** F (-i; -tek) Konsument(in) m(f), Verbraucher(in) m(f); **ochrona** f **~ów** Verbraucherschutz m

konsumować ⟨s-⟩ (-uję) (jeść) konsumieren, verzehren; verbrauchen

konsumpc|ja F (-i; bpl) Konsum m, Verbrauch m; **~yjny** Konsum-; **artykuły** pl **~yjne** Konsumgüter pl; **społeczeństwo** n **~yjne** Konsumgesellschaft f

konsy|lium N (unv; -ia; gen -iów) Konsilium n; **~stencja** F (-i; bpl) Konsistenz f

konszachty PL (gen -ów) pej Machenschaften pl, Kungeleien pl

kontak|t M (-u; -y) Kontakt m; wtykowy Steckdose f; (wyłącznik) umg Schalter m; **pozostawać w ~cie** in Kontakt bleiben

kontaktować ⟨s-⟩ (-uję): ~ **k-o** (**z** inst) j-n zusammenbringen (mit dat); (pośredniczyć) verweisen, vermitteln (**z** inst an akk); **nie kontaktować** umg ELEK keinen Kontakt haben; fig umg nichts kapieren; ~ **się** den Kontakt aufnehmen (**z** inst mit dat); **kontaktować się** Kontakt haben, in Kontakt stehen (**z** inst mit dat)

kontakto|wy Kontakt-; umg osoba kontaktfreudig; **szkła** n/pl **~we** Kontaktlinsen f/pl, Kontaktgläser n/pl

kontekst M (-u; -y) Kontext m; **wyrwany z ~u** aus dem Zusammenhang gerissen

kontener M (-u; -y) Container m; **~owiec** M (-wca; -wce) Containerschiff n

kontestacja F (-i; bpl) lit Protestbewegung f

kontestator M (-a; -rzy), **~ka** F (-i; gen -rek) lit Anhänger(in) m(f) einer Protestbewegung

konto N (-a; gen -) Konto n; **na** ~ (gen) fig auf das Konto (gen); ~ **użytkownika** EDV Benutzerkonto n

kontra[1] F (-y) Gegenargument n; w brydżu Kontra n; w boksie Konter(schlag) m

kontra[2] PRÄP (nom) gegen, versus (akk)

kontra|banda F (-y; bpl) Schmuggel m; (towar) Schmuggelware f; **~bas** M (-u; -y) Kontrabass m

kontrahent M (-a; -ci), **~ka** F (-i; gen -tek) Vertragspartner(in) m(f), Kontrahent(in) m(f)

kontrak|t M (-u; -y) Kontrakt m, Vertrag m; **być na ~cie** von seiner Firma ins Ausland entsandt sein; **~towy** vertraglich, Vertrags-

kontrargument M (-u; -y) Gegenargument n

kontrast M (-u; -y) Kontrast m (a. FOTO), Gegensatz m

kontrastować (-uję) kontrastieren

kontrastowy (-wo) kontrastreich

kontrasygnować (-uję) gegenzeichnen

kontratak M (-u; -i) Gegenangriff m

kontrkandydat M (-a; -ci), **~ka** F (-i; gen -tek) Gegenkandidat(in) m(f)

kontrofensywa F (-y) Gegenoffensive f

kontrola F (-i; -e) (sprawdzenie) Kontrolle f, (Über)Prüfung f; (nadzór) Aufsicht f, Kontrolle f; ~ **biletów** Fahrscheinkontrolle f; ~ **paszportowa** Passkontrolle f; ~ **jakości** Qualitätsprüfung f, Qualitätskontrolle f; ~ **wyrywkowa** Stichprobe f; ~ **urodzeń** Geburtenkontrolle f

kontroler M (-a; -rzy), **~ka** F (-i; gen -rek) Prüfer(in) m(f); biletów Kontrolleur(in) m(f); ~ **instalacji gazowej** Gasableser m; ~ **ruchu lotniczego** Lotse m

kontrolka F (-i; gen -lek) Kontrollleuchte f

kontrol|ny Kontroll-; **badanie** n **~ne** Vorsorgeuntersuchung f

kontrolować ⟨s-⟩ (-uję) kontrollieren, (über)prüfen

kontrować ⟨s-⟩ (-uję) kontern; w kartach Kontra spielen

kontrowersyjny kontrovers, strittig

kontr|reformacja F (-i; bpl) REL Gegenreformation f; **~rewolucja** F (-i; bpl) Gegenrevolution f

kontr|uderzenie N (-a, bpl) MIL Gegenangriff m; **~wywiad** M (-u; -y) Gegenspionage f

kon|tuar M (-u; -y) Ladentisch m, Theke f; **~tur** M (-u; -y) Kontur f, Umriss m;

K

~turówka F (-i; *gen -wek*) Konturenstift *m*
kontuzja F (-i; -e) Verletzung *f*
kontynent M (-u; -y) Kontinent *n*; **~alny** kontinental
konty|ngent M (-u; -y) Kontingent *n*; **~nuacja** F (-i; -e) Fortsetzung *f*
kontynuować (-uję) V/T fortsetzen, fortführen; V/I fortfahren
konwalia F (*gen dat lok -ii; -e*) Maiglöckchen *n*
konwen|anse M/PL (*gen -ów*) Umgangsformen *f/pl*, Konventionen *f/pl*; **~cja** F (-i; -e) Konvention *f*; **~cjonalny** konventionell; **medycyna** *f* **~cjonalna** Schulmedizin *f*
konwersac|ja F (-i; -e) Konversation *f*; **lekcja** *f* **~ji** Konversationsunterricht *m*; **~yjny** Konversations-
konwersja F (-i; *bpl*) EDV, REL Konvertieren *n*
konwojować (-uję) eskortieren
kon|wojent M (-a; -ci) bewaffneter Begleiter *m*; **~wój** M (-oju; -oje; *gen -ów*) Eskorte *f*, Konvoi *m*, Geleitschutz *m*
konwuls|je F/PL (*gen -i*) Krämpfe *m/pl*, Zuckungen *f/pl*; **~yjny** krampfhaft
koń M (-nia; -nie; *inst -ńmi*) Pferd *n*; (*skoczek*) Springer *m*; **~ pełnej krwi** Vollblut *n*; **~ mechaniczny** Pferdestärke *f*; **~ na biegunach** Schaukelpferd *n*; **jechać na koniu** reiten; **~ by się uśmiał!** da lachen ja die Hühner!; **zdrowy jak ~** kerngesund; **harować jak ~** wie ein Pferd arbeiten; **można z nim konie kraść** mit ihm kann man Pferde stehlen
końce PL → koniec
końcowy End-; Schluss-; **przystanek** *m* **~** Endstation *f*
końcówka F (-i; *gen -wek*) Ende *n*, Endstück *n*; GRAM Endung *f*; SPORT Endspiel *n*; TECH Aufsatz *m*; *materiału* Stoffrest *m*
kończyć ⟨s-⟩ (-ę) beenden, abschließen; **~ z** (*inst*) aufhören, Schluss machen mit (*dat*); **~ trzydzieści lat** dreißig werden; **~ w więzieniu** *umg* im Knast landen; **~ na ulicy** *umg* auf der Straße landen; **~ się** zu Ende gehen; (*wyczerpać się*) ausgehen, *lit* zur Neige gehen; **~ się** enden (*inst* mit *dat*); **~ się dobrze** gut enden, ein gutes Ende haben
kończyny F/PL (-) ANAT Extremitäten *f/pl*, Gliedmaßen *f/pl*
końs|ki Pferde-; **~ki ogon** *m* Pferdeschwanz *m*; **~kie zdrowie** *n* eiserne Gesundheit *f*, Pferdenatur *f*; **~ka dawka** *f* vielfache Dosis *f*; **~ie zęby** *pl fig* Pferdegebiss *n*
kooper|acja F (-i; -e) Kooperation *f*, Zusammenarbeit *f*; **~ant** M (-a; -ci) Kooperationspartner *m*
kooperować (-uję) kooperieren, zusammenarbeiten
koordynować ⟨s-⟩ (-uję) koordinieren
ko|p M (-a; -y) *umg* Fußtritt *m*; **~pa** F (-y) *siana* Heuschober *m*; **nie widzieliśmy się ~pę lat** *umg* wir haben uns eine Ewigkeit nicht gesehen
kopać (-ię) ⟨**-nąć**⟩ (-ę) treten; *koń* ausschlagen; **kopać dół** ein Loch graben, einen Graben ausheben; **kopać ziemniaki** Kartoffeln ernten; **kopać piłkę** *umg* kicken; **kopać się** sich (gegenseitig) treten
kopalnia F (-i; -e; *gen - od -lń*) Bergwerk *n*, Grube *f*; *fig* Fundgrube *f*; **~ węgla** Kohlenbergwerk *n*, Kohlengrube *f*; **~ soli** Salzbergwerk *n*, Salzgrube *f*; **~ odkrywkowa** Tagebau *m*; **~ny** Gruben-, Bergwerk-
kopal|nictwo N (-a; *bpl*) Bergbau *m*; **~ny** fossil
koparka F (-i; *gen -rek*) Bagger *m*
kopcić (-cę, -ć!) qualmen, rauchen; *lampa* rußen
Kopciuszek M (-szka; *bpl*) Aschenputtel *n*
Kopenhaga F (-i; *bpl*) Kopenhagen *n*
koper M (-pru; -pry) Dill *m*; **~kowy** Dill-; **~ta** F (-y) Briefumschlag *m*; *płyty* Hülle *f*
kopia F (*gen dat lok -ii; -e*) Kopie *f* (*a.* MAL); FOTO Abzug *m*; *rzeźby* Nachbildung *f*; (*broń*) Lanze *f*; **~rka** F (-i; *gen -rek*) Kopiergerät *n*, Kopierer *m*
kopiasty (-to) *talerz* randvoll; *łyżka* gehäuft
kopiec M (-pca; -pce) Erdhügel *m*, Haufen *m*; *mogiła* Grabhügel *m*; AGR Miete *f*; **~ mrowiska** Ameisenhaufen *m*
kopiować ⟨s-⟩ (-uję) kopieren (*a. fig*)
kopnąć PF: **prąd go kopnął** *umg* er hat e-n Schlag bekommen; **~ w kalendarz** *pop* abkratzen; **~ się** sich stoßen; → kopać
kopni|ak M (-a; -i) *umg* (Fuß)Tritt *m*; **~ęty** *umg* bescheuert, bekloppt
kopula|cja F (-i; *bpl*) BIOL Kopulation *f*; **~sty** (-to) kuppelförmig

kopuła F (-y) Kuppel *f*
kopytka PL (*gen -tek*) Kartoffelklöße *pl*
kopyt|ny: **zwierzęta** *n/pl* **~ne** Huftiere *n/pl*
kopy|to N (-*a*) Huf *m*; **przerobić** *pf* **na swoje ~to k-o** *umg* j-n umkrempeln; **na jedno ~to** *adv pej* schematisch; **z ~ta** *adv* mit Volldampf
kora F (-*y*) (Baum)Rinde *f*, Borke *f*; **~ mózgowa** ANAT Hirnrinde *f*
koral M (-*a*; -*e*; *gen* -*i*) Koralle *f*; **~e** PL Halskette *f*; **~e z bursztynu** Bernsteinkette *f*; **~ik** M (-*a*; -*i*) Glasperle *f*
koralo|wiec M (-*wca*; -*wce*) BIOL Koralle *f*, Korallentier *n*; **~wy** Korallen-; *kolor* korallenrot; **rafa** *f* **~wa** Korallenriff *n*, Korallenbank *f*
korb|a F (-*y*) Kurbel*f*; **~owy** Kurbel-
korcić (*3. Pers -ci*): **~ k-o** j-n reizen, j-m keine Ruhe lassen; **korciło go, żeby to powiedzieć** es reizte ihn, das zu sagen, er konnte kaum widerstehen, das zu sagen
kordon M (-*u*; -*y*) Postenkette *f*, Kordon *m*, Absperrung *f*; **~ graniczny** Grenzkordon *m*; **~ek** M (-*nku od -nka*; -*nki*) Kordonettseide *f*
Korea F (*gen dat lok -i*; *bpl*) Korea *n*; **~ Północna** Nordkorea *n*; **~ Południowa** Südkorea *n*
kor|ek M (-*rka*; -*rki*; *gen* -*ów*) *butelki* Korken *m*; *wanny* Stöpsel *m*; *umg* Stau *m*; **~ki**[1] *m/pl umg* ELEK Sicherung *f*; (*bpl*) BOT Korkrinde *f*, Kork *m*; Korkabsätze *pl*
korekt|a F (-*y*) *tekstu* Korrektur *f*, Redaktion *f*; **~or**[1] M (-*a*; -*rzy*) Korrektor *m*; (*kobieta*) Korrektorin *f*
korektor[2] (-*a*; -*ry*) Tipp-Ex® *n*; **~ uzębienia** Zahnspange *f*; **~ w sztyfcie** Abdeckstift *m*
korektura F (-*y*) Änderung *f*, Korrektur *f*
korepetycje F/PL (*gen* -*i*) Nachhilfestunden *f/pl*
korespondenc|ja F (-*i*; *bpl*) Korrespondenz *f*, Briefwechsel *m*; *biurowa* Schriftverkehr *m*; **~yjny** *kontakt* Schrift-, Brief-; **studia** *pl* **~yjne** Fernstudium *n*
korespondent M (-*a*; -*ci*), **~ka** F (-*i*; *gen* -*tek*) Korrespondent(in) *m(f)*, Berichterstatter(in) *m(f)*; **~ wojenny** Kriegskorrespondent *m*
korespondować (-*uję*) korrespondieren, im Briefwechsel stehen
korki[2] PL (*gen -ów*) (*korepetycje*) *umg* Nachhilfe *f*, Nachhilfeunterricht *m*
korkociąg M (-*u*; -*i*) Korkenzieher *m*; LOT Trudel *m*
korkować ⟨**za-**⟩ (-*uję*) verkorken; *ulicę* versperren
korkowy Kork-
kormoran M (-*a*; -*y*) Kormoran *m*
kornet M (-*u*; -*y*) MUS Kornett *n*; Nonnenhaube *f*
kornik M (-*a*; -*i*) Borkenkäfer *m*
korniszon M (-*a*; -*y*) Cornichon *n*
korodować ⟨**-s-**⟩ (*3. Pers -uje*) korrodieren
korona F (-*y*) Krone *f*; **~ cierniowa** Dornenkrone *f*; **~ ci z głowy nie spadnie** du brichst dir kein Zacken aus der Krone; **~cja** F (-*i*; -*e*) Krönung *f*
koronk|a F (-*i*; *gen* -*nek*) MED Krone *f*; (*tkanina*) Spitze *f*; **~owy** Spitzen-; **~owa robota** *f fig* Meisterleistung *f*
koronny *fig* Haupt-; **świadek** *m* **~** JUR Kronzeuge *m*
koronować ⟨**u-**⟩ (-*uję*) krönen (**na** *akk* zu *dat*); **~ się** sich krönen lassen
korowod|y PL (*gen -ów*) Scherereien *pl*, Umstände *pl*; **po wielu ~ach** nach langem Hin und Her
korowód M (-*odu*; -*ody*) Reigen *m*
korporacja F (-*i*; -*e*) Körperschaft *f*
korp|ulentny vollschlank, korpulent; **~us** M (-*u*; -*y*) Rumpf *m*; MIL Korps *n*; **~us dyplomatyczny** das diplomatische Korps
korsarz M (-*a*; -*e*) Seeräuber *m*, Kaper *m*
Korsyka F (-*i*; *bpl*) Korsika *n*
korsykański korsisch
kort M (-*u*; -*y*) Tennisplatz *m*
korumpować ⟨**s-**⟩ (-*uję*) korrumpieren
korup|cja F (-*i*; *bpl*) Korruption *f*; **~cyjny** Korruptions-
korygować ⟨**s-**⟩ (-*uję*) korrigieren
Koryncka: **Zatoka** *f* **~** der Golf von Korinth
kory|tarz M (-*a*; -*e*) Korridor *m*, Flur *m*; **~tarz podziemny** unterirdischer Gang *m*; **~to** N (-*a*) Trog *m*; **~to rzeki** Flussbett *n*
korzenić się (*3. Pers -ni*) BOT wurzeln, Wurzeln schlagen
korzeniowy Wurzel-
korz|enny würzig, Würz-; **~eń** M (-*nia*; -*nie*) BIOL, ANAT Wurzel *f*; **~enie** *pl fig* Wurzeln *pl*; KULIN Gewürze *n/pl*
korzonek M (-*nka*; -*nki*) *dim* Wurzel *f*

K

korzyć się ⟨-u-⟩ (-ę) sich demütigen, sich erniedrigen
korzystać ⟨s-⟩ (-am) (**z** gen) nutzen (akk); in Anspruch nehmen; (zyskać) profitieren (**na** lok von dat); **~ z usług** eine Leistung in Anspruch nehmen; **~ z praw** (seine) Rechte in Anspruch nehmen; **~ z zaproszenia** eine Einladung annehmen; **~ z okazji** die Gelegenheit nutzen; **~ z łazienki** das Bad benutzen; **~ z telefonu** das Telefon benutzen
korzyst|ny günstig; **zrobić** pf **~ne wrażenie** e-n guten Eindruck machen; **po ~nych cenach** adv zu günstigen Preisen, preiswert
korzy|ść F (-ści) Nutzen m, Vorteil m; (zysk) Gewinn m, Nutzen m; **na ~ść** (gen) zugunsten (von dat); **ciągnąć ~ści** (**z** gen) Nutzen ziehen (aus dat), profitieren (von dat); **wyjść** pf **na ~ść** (gen) zugutekommen, zum Vorteil gereichen; **zmienić się** pf **na ~ść** sich verbessern
ko|s M (-a; -y) Amsel f; **~sa** F (-y) Sense f; **trafiła ~sa na kamień** in j-m seinen Meister finden; **~siarka** F (-i; gen -rek) do zboża Mähmaschine f; do trawy Rasenmäher m
kosić ⟨s-⟩ (-szę) mähen
kosmaty zott(el)ig
kosmetycz|ka F (-i; gen -czek) Kosmetikerin f; (torebka) Kulturbeutel m, Kosmetiktasche f; **~ny** kosmetisch, Schönheits-; **gabinet** m **~ny** Kosmetiksalon m, Schönheitssalon m; **mleczko** n **~ne** Gesichtsmilch f
kosmet|yk M (-u; -i) Schönheitsmittel n, Kosmetikum n; **~yki** pl Kosmetika pl; do makijażu Make-up n, Schminke f; **~yka** F (-i; bpl) Kosmetik f, Schönheitspflege f
kosmicz|ny kosmisch, (Welt)Raum-; **przestrzeń** f **~na** Weltraum m, Weltall n; **podróż** f **~na** Raumfahrt f; **statek** m **~ny** Raumschiff n; **promieniowanie** n **~ne** kosmische Strahlung f
kos|mita M (-y; -ci) Außerirdische(r) m; **~monauta** M (-y; -ci) Raumfahrer m
kosmopolit|a M (-y; -ci), **~ka** F (-i; -i) Kosmopolit(in) m(f)
kosm|os M (-u; bpl) Kosmos m, Weltall n; **~yk** M (-a; -i) (Haar)Strähne f
kosodrzewina F (-y) Bergkiefer f
Kosowo N (-a; bpl) Kosovo n
Kostaryka F (-i; bpl) Costa Rica n
kostium M (-u; -y) Kostüm n (a. TEATR); **~ kąpielowy** Badeanzug m; **~owy** bal, film Kostüm-
kost|ka F (-i; gen -tek) Knochen m; do gry Würfel m; ANAT Knöchel m; **~ka lodu** Eiswürfel m; **~ka cukru** Zuckerwürfel m; **~ka bulionowa** Brühwürfel m; **~ka masła** ein Stück Butter; **kroić w ~kę** KULIN würfeln; **sukienka po ~ki** knöchellanges Kleid n; **stać w wodzie po ~ki** knöcheltief im Wasser stehen
kostnica F (-y; -e) Leichenhalle f
kostnieć ⟨s-⟩ (-eję) hart werden; palce erstarren, steif werden; **~ z zimna** vor Kälte erstarren
kost|ny Knochen-; **~ropaty** rau
Kostrzyn M (-a; bpl) Küstrin n
kost|ucha F (-y; bpl) Sensenmann m; **~ur** M (-a; -y) Gehstock m
kosz M (-a; -e) Korb m; **~ na śmieci** Mülleimer m; **~ plażowy** Strandkorb m; **~ na bieliznę** Wäschekorb m; **dostać** pf **~a** fig e-n Korb bekommen
Koszalin M (-a; bpl) Köslin n
koszałki-opałki: **opowiadać ~** Unsinn reden
koszа|rowy Kasernen-; **~ry** PL (gen -) Kaserne f
koszerny koscher
koszmar M (-u; -y) Albtraum m; **~ wojny** das Grauen des Krieges; **~ny** grauenhaft, entsetzlich
kosz|ty M/PL (gen -ów) Kosten pl; **~ty** m/pl **dodatkowe** Unkosten pl; **~ty** m/pl **podróży** Reisekosten pl; **~ty** m/pl **utrzymania** Unterhaltskosten pl; TECH Betriebskosten pl; **~ty** m/pl **przesyłki** Versandkosten pl; **~tem** (gen) auf Kosten (von dat od gen); **tanim ~tem** mit geringem Aufwand; **narazić** pf **na ~ty k-o** j-m Kosten verursachen
kosztorys M (-u; -y) Kostenvoranschlag m
kosztować (-uję) kosten; **ile to kosztuje?** wie viel kostet das?; **drogo ~ k-o** fig j-n teuer zu stehen kommen; **~ wiele wysiłku** viel Mühe kosten; ⟨-s-⟩ (gen) lit kosten, probieren (akk); ⟨za-⟩ (gen) lit (aus)kosten (akk)
kosztow|ności F/PL (gen -) Kostbarkeiten f/pl, Juwelen n/pl; **~ny** (cenny) kostbar; (drogi) kostspielig
koszu|la F (-i; -e) Hemd n; **~la nocna** Nachthemd n; **~lka** F (-i; gen -lek) dim

K

Hemdchen *n*; SPORT Trikot *n*; TECH Mantel *m*
koszyk M (-*a*; -*i*) Korb *m*
koszyk|arz M (-*a*; -*e*), **~arka** F (-*i*; *gen* -*rek*) Basketballspieler(in) *m*(*f*)
koszykówka F (-*i*; *bpl*) Basketball *m*
kości PL (*gen* -): **grać w ~** Würfel spielen
kości|any Knochen-; **~ec** M (-*śćca*; -*śćce*) Knochenbau *m*, Knochengerüst *n*, Skelett *n*
kościelny[1] kirchlich, Kirchen-
kościelny[2] M (-*ego*; -*ni*) Küster *m*
kościotrup M (-*a*; -*y*) Gerippe *n*, Skelett *n*
kości|ół M (-*oła*; -*oły*) Kirche *f*; **chodzić do ~oła** in die Kirche gehen; **Ꝍół rzymskokatolicki** die römisch-katholische Kirche; **Ꝍół ewangelicki** die evangelische Kirche
kościsty knochig
ko|ść F (-*ści*; -*ści*; *inst* -*śćmi*) Knochen *m*; *do gry* Würfel *m*; **~ści** *pl lit* Gebeine *pl*; **~ść ogonowa** ANAT Steißbein *n*; **~ść piszczelowa** ANAT Schienbein *n*; **~ść słoniowa** Elfenbein *n*; **~ść niezgody** *fig* Zankapfel *m*; **do szpiku ~ści** bis auf die Knochen, bis ins Mark; **być przy ~ści** *umg* mollig sein; **zmarznąć** *pf* **na ~ść** durchgefroren sein; **rozejść** *pf* **się po ~ściach** im Sand(e) verlaufen; **dać** *pf* **w ~ść k-u** *umg* j-n schlauchen; **rozprostować** *pf* **~ści** sich die Beine vertreten; **nie czuć ~ści** seine Beine nicht spüren
koślawić (-*ię*): **~ buty** die Schuhe schief treten *od* laufen; **~ język** radebrechen
koślawy (-**wo**) schief, krumm; *stół* wack(e)lig; *styl* holprig, unbeholfen; *pismo* krakelig
kot M (-*a*; -*y*) Katze *f*, (*samiec*) Kater *m*; ŁOW Rammler *m*; **tyle co ~ napłakał** herzlich wenig; **biegać jak ~ z pęcherzem** wie ein aufgescheuchtes Huhn herumlaufen
kot|ara F (-*y*) Vorhang *m*, Portiere *f*; **~ek** M (-*tka*; -*tki*) *dim* Kätzchen *n* (*a. fig*), Katzenjunge(s) *n*
koteria F (*gen dat lok* -*ii*; -*e*) Klüngel *m*
kot|ew F (-*twi*; -*twie*) BUD Anker *m*; **~ka** F (-*i*; *gen* -*tek*) Katze *f*; **~ki** PL (*gen* -*tek*) BOT Kätzchen *n*
kotlet M (-*a*; -*y*) Kotelett *n*; **~ mielony** Frikadelle *f*, Bulette *f*; **~ schabowy** Schnitzel *n*
kotlina F (-*y*) Mulde *f*; GEOL Talkessel *m*
kotłować (-*uję*) *umg* wühlen, durcheinanderbringen; **~ się** *ciecz* brodeln, (auf)wallen; *chmury* sich ballen

kotłowanina F (-*y*; *bpl*) Durcheinander *n*, Gemenge *n*
kotłownia F (-*i*; -*e*) Kesselhaus *n*, Kesselraum *m*
kotły PL → kocioł
kotna ZOOL trächtig
koturn M (-*u od* -*a*; -*y*) Korkabsatz *m*
kotwi|ca F (-*y*) Anker *m*; **rzucić** *pf* **~cę** vor Anker gehen, Anker werfen
kotwiczyć (-*czę*) ankern, vor Anker liegen
kotylion M (-*a*; -*y*) Kotillon *m*
kow|adło N (-*a*; *gen* -*deł*) Amboss *m*; **~al** M (-*a*; -*e*) Schmied *m*; **~alski** Schmiede-; **~alstwo** N (-*a*; *bpl*) Schmiedehandwerk *n*; **~alstwo artystyczne** Schmiedekunst *f*
Kowary PL (*gen* -) Schmiedeberg *m*
kowbojski Cowboy-
ko|za F (-*y*; *gen kóz*) Ziege *f*; *umg* Popel *m*; ŁOW Geiß *f*; **siedzieć w ~zie** *umg* im Knast sitzen; **mleko** *n* **od ~zy** Ziegenmilch *f*; **raz ~zie śmierć!** man lebt nur einmal!
kozak M (-*a*; -*i*) Stiefel *m*; (*grzyb*) Birkenröhrling *m*
Kozak M (-*a*; -*cy*) HIST Kosak *m*
koze|ra: **nie bez ~ry** nicht ohne Grund
kozetka F (-*i*; *gen* -*tek*) Couch *f*, Liege *f*
kozi *mleko*, *ser* Ziegen-; **~a bródka** *f* Spitzbart *m*; **zapędzić** *pf* **w ~ róg k-o** j-n ins Bockshorn jagen; **~ca** F (-*y*; -*e*) Gämse *f*
koz|ioł M (*kozła*; *kozły*) ZOOL, SPORT Bock *m*; (*stojak*) Gestell *n*, Bock *m*; **stół** *m* **na ~łach** Tisch *m* auf Böcken; **~ioł ofiarny** *fig* Sündenbock *m*
koziołkować ⟨**prze-**⟩ (-*uję*) sich überschlagen
koziorożec M (-*żca*; -*żce*) ZOOL Steinbock *m*; **Ꝍec** ASTRON Steinbock *m*; **jestem spod znaku Ꝍca** ich bin Steinbock
kozłek M (-*ka*; -*ki*): **~ lekarski** BOT Baldrian *m*
kozłować (-*uję*) *piłkę* prellen
koźl|ak M (-*a*; -*i*) Birkenröhrling *m*; **~ątko** N (-*tka*; *gen* -*tek*) *dim* Zicklein *n*; **~ę** N (-*ęcia*; -*ęta*; *gen* -*ąt*) Kitz *n*
koźlę|cy: **~ca skóra** *f* Ziegenleder *n*
Koźle N (-*a*; *bpl*) Cosel *n*
kożu|ch M (-*a*; -*y*) Schafpelz *m*; *na mleku* Haut *f*; **~szek** M (-*szka*; -*szki*) *dim* (kurzer) Schafpelz *m*; *na mleku* Haut *f*
kół *gen* PL → koło
kół|ko N (-*a*; *gen* -*łek*) (kleiner) Kreis *m*; TECH Rad *n*, Rolle *f*; *zainteresowań* Zirkel

m; **w ~ko** (*stale*) immerfort, die ganze Zeit; **siedzieć za ~kiem** *umg* am Steuer sitzen; **kręcić się w ~ko** sich im Kreis drehen
kózka F (-i; *gen* -zek) *dim* kleine Ziege *f*
kpia|rski (-ko) spöttisch; **~rz** M (-a; -e) Spötter *m*
kpiący (-co) spöttisch, verächtlich
kpić (-ię, kpij!): **~ z** (*gen*) verspotten (*akk*), sich lustig machen (über *akk*)
kpina F (-y) Spott *m*, Schikane *f*
kpr. (kapral) Unteroffizier *m*
kpt. (kapitan) Hauptmann *m*
kra F (-y; *gen* kier) Eisscholle *f*; *koll* Treibeis *n*
krab M (-a; -y) ZOOL Krabbe *f*; **~y** KULIN Krabben *pl*
krach M (-u; -y) Fiasko *n*, Scheitern *n*; EKON Zusammenbruch *m*, Pleite *f*; **~ na giełdzie** Börsensturz *m*
kraciasty kariert, Karo-
kradzi|eż F (-y; -e) Diebstahl *m*; **~eż z włamaniem** Einbruch(s)diebstahl *m*; **~eż samochodów** Autodiebstahl *m*; **~ony** gestohlen
kraina F (-y) *lit* Reich *n*; **~ snów** das Reich der Träume; **~ baśni** Märchenland *n*; **~ cieni** MITOL Schattenreich *n*
kraj M (-u; -e) Land *n*; **~ rodzinny** Heimat *f*; **~ związkowy** Bundesland *n*; **~ rozwijający się** Entwicklungsland *n*; **ciepłe ~e** *pl* der Süden; **tęsknota** *f* **za ~em** Heimweh *n*; **w ~u** im Lande; **wyjechać** *pf* **z ~u** ins Ausland fahren; emigrieren; **wiadomości** *pl* **z ~u** RADIO Inlandsnachrichten *pl*
krajać ⟨po-⟩ (-ę) schneiden
krajalnica F (-y) Schneidemaschine *f*
krajan M (-a; -nie) Landsmann *m*; **~ka** F (-i; *gen* -nek) Landsmännin *f*
krajo|braz M (-u; -y) Landschaft *f*; **~wiec** M (-wca; -wcy) Eingeborene(r) *m*
krajo|wy *rynek, produkt* Inlands-; *rozgrywki* Landes-; **~znawczy** landeskundlich, Heimat-; **~znawstwo** N (-a; *bpl*) Landeskunde *f*
krakać (-czę) krächzen; *fig* unken
krakowski ADJ Krakauer
Kraków M (-owa; *dat* -owowi; *bpl*) Krakau *n*
kraksa F (-y) Verkehrsunfall *m*, Zusammenstoß *m*; LOT Bruchlandung *f*
kram M (-u; -y) Verkaufsstand *m*, Marktbude *f*; (*rzeczy*) *umg* Kleinkram *m*; (*kłopot*) Problem *n*
kran M (-u; -y) *umg* Wasserhahn *m*; **woda** *f* **z ~u** Leitungswasser *n*
kra|niec M (-ńca; -ńce) *lit* Ende *n*, Rand *m*; **na ~ńcu** am Ende; **~nówka** F (-i; *bpl*) *umg* Leitungswasser *n*
krańcowy (-wo) äußerst, extrem; *stacja, przystanek* End-
Krapkowice PL (*gen* -) Krappitz *n*
krasić ⟨o-⟩ (-szę) KULIN mit Fett übergießen (*inst* mit *dat*)
krasn|al M (-a; -e), **~oludek** M (-dka; -dki) *w bajce* Zwerg *m*, Heinzelmännchen *n*; *ogrodowy* Gartenzwerg *m*
krasomów|ca M (-y; *gen* -ów) Rhetoriker *m*, Redekünstler *m*; **~czy** rhetorisch; **talent** *m* **~czy** Rednergabe *f*
kraść˙ ⟨u-⟩ (*kradnę*) stehlen
kra|ta F (-y) Gitter *n*; (*deseń*) Karomuster *n*; **w ~tę** kariert
krater M (-u; -y) Krater *m*
krat|ka F (-i; *gen* -tek) (feines) Gitter *n*; (*kwadrat*) Feld *n*; **za ~kami** *umg* hinter Gittern, im Knast; **w ~kę** *umg adv* dann und wann; **pogoda** *f* **w ~kę** *umg* Aprilwetter *n*; **koszula** *f* **w ~kę** kariertes Hemd *n*
kratkowany *zeszyt* kariert
kratować ⟨za-⟩ (-uję) vergittern
kraul M (-a; *bpl*) Kraul *n*; **pływać ~em** kraulen, Kraul schwimmen
krawat M (-a *od* -u; -y) Krawatte *f*, Schlips *m*
kraw|cowa F (-wej, -wo!; -we) Schneiderin *f*; **~ędź** F (-dzi; -dzie) *biurka, łóżka* Kante *f*; *wanny* Rand *m*; **na ~ędzi** (*gen*) *fig* am Rande (*gen*)
kraw|ężnik M (-a; -i) Bordkante *f*, Randstein *m*; **~iec** M (-wca, -wcze!; -wcy) Schneider *m*; **~iecki** Schneider-; **~iectwo** N (-a; *bpl*) Schneiderhandwerk *n*
krąg M (*kręgu*; *kręgi*) Kreis *m*; **~ światła** Lichtkegel *m*; **~ polarny** Polarkreis *m*; **w kręgu znajomych** im Bekanntenkreis; **~ zainteresowań** Interessenbereich *m*; **kręgi** *pl* **pod oczami** Augenringe *pl*; **w ~** *adv* im Kreis, ringsum; **~ły** rund
krąże|k M (-żka; -żki) *cebuli* Ring *m*; SPORT Puck *m*; **~nie** N (-a; *bpl*) MED Kreislauf *m*; *powietrza* Zirkulation *f*
krążownik M (-a; -i) MAR Kreuzer *m*
krążyć (-ę) kreisen (**dokoła** *gen* um *akk*); *woda, powietrze* zirkulieren; *towar, anegdota* im Umlauf sein; **~ po** (*lok*) herumirren, herumgehen in (*dat*); **krążą plotki, że ...** es geht das Gerücht, dass ...; **~ z rąk**

do rąk herumgereicht werden

kreacja F (-i; -e) Robe f; TEATR Rolle f; (*tworzenie*) Schöpfung f; **~ wieczorowa** Abendrobe f

kreator M (-a; -rzy), **~ka** F (-i; gen -rek) lit Schöpfer(in) m(f); **~ mody** Modeschöpfer m

kreat|ura F (-y) pej Kreatur f; **~ywny** kreativ, schöpferisch

kre|cha F (-y) dicker Strich m; **mieć ~chę u k-o** umg bei j-m unten durch sein

kreci Maulwurfs-; **~a robota** f pej Wühlarbeit f

kreda F (-y) Kreide f (a. GEOL); **biały jak ~** kreidebleich

kredens M (-u; -y) Büfett n, Anrichte f

kredka F (-i; gen -dek) Buntstift m; **~ do ust** Lippenstift m; **~ do brwi** Augenbrauenstift m

kredowy Kreide- (a. GEOL)

kredyt M (-u; -y) Kredit m; **na ~** auf Kredit; **~obiorca** M (-y; gen -ów) Kreditnehmer m; **~odawca** M (-y; gen -ów) Kreditgeber f

kredytować ⟨-s-⟩ (-uję) einen Kredit gewähren

kredyto|wy Kredit-; **karta** f **~wa** Kreditkarte f

krem M (-u; -y) Creme f; **~ do golenia** Rasiercreme f; **~ do rąk** Handcreme f; **~ nawilżający** Feuchtigkeitscreme f; **~ na dzień** Tagescreme f; **~ na noc** Nachtcreme f; **~ do opalania** Sonnencreme f

krema|cja F (-i; -e) Einäscherung f; **~torium** N (unv; -ia; gen -iów) Krematorium n

kremować ⟨-na-⟩ (-uję) eincremen; **~ się** sich eincremen

kremowy (-wo) *kolor* cremefarben; KULIN Creme-

kreować ⟨wy-⟩ (-uję) kreieren, schaffen

krepa F (-y) Krepp m

kres M (-u; bpl) Ende n; **być u ~u sił** am Ende seiner Kräfte sein; **2y** pl (gen -ów) HIST östliches Grenzgebiet Polens; Galizien n

kreska F (-i; gen -sek) Strich m

kreskować (-uję) stricheln

kreskowa|ny: **„o" od „ó" ~ne „o"** mit Strich

kresk|owy Strich-; **~ówka** F (-i; gen -wek) Zeichentrickfilm m

kreśl|arz M (-a; -e), **~arka** F (-i; gen -rek) technische(r) Zeichner(in) m(f)

kreśl|arski Zeichen-; **~enie** N (-a; bpl) (technisches) Zeichnen n

kreślić (-lę) (*rysować*) zeichnen; ⟨**prze-**⟩ (durch)streichen; ⟨**na-**⟩ schildern, zeichnen

kret M (-a; -y) Maulwurf m

Kreta F (-y; bpl) Kreta n

kretes: **przegrać** pf **z ~em** adv mit Pauken und Trompeten untergehen, mit wehenden Fahnen untergehen

kret|owisko N (-a) Maulwurfshügel m; **~yn** M (-a; -i) pej Schwachkopf m

krew F (*krwi*; bpl) Blut n; **z krwi i kości** aus Fleisch und Blut; **czystej krwi** vollblütig; **błękitna ~** blaues Blut n; **z zimną krwią** kaltblütig; **bez rozlewu krwi** ohne Blutvergießen; **napsuć** pf **krwi** böses Blut machen; **wejść** pf **w ~** in Fleisch und Blut übergehen; **zmroziło mi ~ w żyłach** mir stockte das Blut in den Adern; **zbić** pf **do krwi** blutig schlagen; **on ma ręce splamione krwią** an seinen Händen klebt Blut; **on ma to we krwi** das liegt ihm im Blut; **zachować** pf **zimną ~** einen kühlen Kopf bewahren; **~ mnie zalewa** umg ich werde wütend; **idzie jak ~ z nosa** umg es geht nur schleppend voran; **nabiegły krwią** blutunterlaufen

krewcy persf → krewki

krew|etka F (-i; gen -tek) Garnele f; **~ki** (persf -cy) heißblütig, hitzig, temperamentvoll

krew|ny M (-ego; -i), **~na** F (-ej; -e), Verwandte(r) m, f

kręcić (-cę) drehen; *włosy* eindrehen, wickeln; (*kłamać*) umg schwindeln; **~ głową** fig den Kopf schütteln; **~ nosem** die Nase rümpfen; **~ wąsa** den Bart zwirbeln; **~ się** sich drehen; *włosy* sich wellen; (*wiercić się*) umg herumzappeln; **~ się koło** (gen) sich sehr interessieren für (akk); **~ się po** (lok) herumscharwenzeln in (dat); **kręci mi się w głowie** mir ist schwindelig

kręc|ciek: **dostać** pf **~ćka** umg verrückt werden

kręco|ny *włosy* lockig; **krzesło** m **~ne** Drehstuhl m; **~ne schody** pl Wendeltreppe f

kręg M (-u; -i) ANAT Wirbel m; **~i** m/pl **szyjne** Halswirbel m/pl; **~iel** M (-gla; -gle) Kegel f; **grać w ~le** kegeln

kręgi|elnia F (-i; -e) Kegelbahn f; **~em** ADV im Kreis

kręgo|słup M (-a; -y) Wirbelsäule f; **~wiec** M (-wca; -wce-) Wirbeltier n
kręgowy: **rdzeń** m ~ ANAT Rückenmark n
krępować ⟨s-⟩ (-uję) nogi, ręce fesseln; fig einschränken; **krępować** (żenować) in Verlegenheit bringen, verlegen machen; **krępować się** sich genieren
krępujący (-co) sytuacja, pytanie peinlich; cisza betreten; gość lastig
krępy stämmig, untersetzt
krętact|wo N (-a) Betrügerei f, Schwindel m; **~wa** pl Ausflüchte pl, faule Ausreden pl
krętacz M (-a; -e), **~ka** F (-i; gen -czek) Lügner(in) m(f), Schwindler(in) m(f), Gauner m
kręty (-to) gewunden; uliczka wink(e)lig, verwinkelt
krnąbr|ność F (-ści; bpl) Trotz m, Widerspenstigkeit f; **~ny** widerspenstig, aufsässig; störrisch
krochmal M (-u; bpl) umg Stärke f
krochmalić ⟨wy-⟩ (-lę) bieliznę stärken
krocie PL (gen -) (pieniądze) Hunderttausende pl
krocz|e F (-a) ANAT Damm m; **~ek** M (-czka; -czki) kleiner Schritt m; **iść małymi ~kami** trippeln
kroczyć (-ę) schreiten (a. fig)
kroić ⟨po-⟩ (-ję, krój!) schneiden; ⟨s-⟩ zuschneiden
krok M (-u; -i) Schritt m (a. fig); **~ taneczny** Tanzschritt m; **~ wstecz** od **w tył** fig Rückschritt m; **~ za ~iem** Schritt für Schritt; **na każdym ~u** auf Schritt und Tritt; **żółwim ~iem** adv im Schneckentempo; **te spodnie są ciasne w ~u** die Hose ist eng im Schritt, **dotrzymywać ~u k-u** mit j-m Schritt halten (a. fig)
kroki|et M (-a; -y) KULIN Krokette f; **~ew** F (-kwi; -kwie) Dachsparren m
krokodyl M (-a; -e) ZOOL Krokodil n; **~i** Krokodil-; **wylewać ~e łzy** Krokodilstränen vergießen
krokowy: **gruczoł** m ~ ANAT Prostata f
krokus M (-a; -y) Krokus m
kromka F (-i; gen -mek): **~ chleba** Brotscheibe f
kronika F (-i) Chronik f, RADIO Wochenschau f; **~ sportowa** Sportschau f; **~rz** M (-a; -e) Chronist m
kropelka F (-i; gen -lek) Tröpfchen n
kropelko|wy: **zakażenie** n **~we** MED Tröpfcheninfektion f
kropić ⟨po-⟩ (-ię) (bespritzen, befeuchten; **kropi** es tröpfelt, es nieselt
kropi|dło N (-a; gen -deł) Weihwedel m; **~elnica** F (-y; -e) Weihwasserbecken n
krop|ka F (-i; gen -pek) (znak interpunkcyjny) Punkt m; (plamka) Punkt m, Tupfen m; **w ~ki** getupft, getüpfelt; **~ka w ~kę** aufs Haar genau; **być w ~ce** ein Dilemma haben, nicht weiter wissen; **~kowany** linia gepunktet
krop|la F (-i; -e; gen -li od -pel) Tropfen m; **~le** pl MED Tropfen pl; **~la deszczu** Regentropfen m; **~la potu** Schweißtropfen m; **~le** pf **do nosa** Nasentropfen pl; **~le** pl **dżdżu** lit Regentropfen pl; **po ~li** od **~lami** tropfenweise; **~la goryczy** fig Wermutstropfen m; **~la w morzu** fig ein Tropfen auf den heißen Stein; **podobni jak dwie ~le wody** zum Verwechseln ähnlich
kroplisty: **~ pot** m Schweißperlen pl
kroplówka F (-i; gen -wek) MED Tropf m
kropnąć PF (-ę) umg hauen; (zabić) abknallen; **~ sobie** sich einen genehmigen
krosno N (-a; gen -sien) Webstuhl m
Krosno N (-a; bpl) Crossen n
krost|a F (-y) Pustel f, Pickel m; **~owaty** pick(e)lig
kro|wa F (-y; gen krów) Kuh f; **choroba** f **szalonych krów** BSE f; **~wi** Kuh-
krócej komp ADV kürzer; → **krótki**
króciutki (-ko) dim ganz kurz
krój M (-oju; -oje; gen -ojów) Schnitt m; **~ liter** Schriftart f
król M (-a; -owie; gen -ów) König m; (PL -e) (figura) König m; **~ elekcyjny** Wahlkönig m; (**Święto** n) **Trzech** **Ꝕi** Dreikönigsfest n
królestwo N (-a) Königreich n; BIOL Reich n (a. fig); **~ niebieskie** REL Himmelreich n; **oboje ~** das Königspaar
królewicz M (-a; -e) Königssohn m, Prinz m
Królewiec M (-wca; bpl) Königsberg m
królewna F (-y; gen -wien) Königstochter f, Prinzessin f; **Ꝕ Śnieżka** Schneewittchen n; **Śpiąca Ꝕ** Dornröschen n
królewski (po -ku) Königs-, königlich (a. fig)
król|iczy Kaninchen-; **~ik** M (-a; -i) Kaninchen n; **~ik doświadczalny** Versuchskaninchen n (a. fig); **~ikarnia** F (-i; -e) Kaninchenstall m
królo|bójstwo N (-a) Königsmord m;

K

~wa F (-ej, -wo!; -e) Königin f (a. fig); **~wa pszczół** Bienenkönigin f, Weisel f
królować (-uję) herrschen, regieren; fig vorherrschen
krót|ki (-ko) kurz; **fale** f/pl **~kie** RADIO Kurzwellen f/pl; **~ki bieg** SPORT Kurzstreckenlauf m; **na ~ką metę** adv kurzfristig; **~ko mówiąc** kurz gesagt; **~ko i węzłowato** kurz und bündig
krótko|dystansowiec M (-wca; -wcy) Kurzstreckenläufer m; **~falowy** kurzwellig, Kurzwellen-; fig kurzfristig; **~falówka** F (-i; gen -wek) umg Funkgerät n
krótkometrażowy: **film** m **~** Kurzfilm m
krótko|ść F (-ści; bpl) Kürze f; **~terminowy** (-wo) kurzfristig; **~trwały** kurz, von kurzer Dauer
krótko|widz M (-a; -e) Kurzsichtige(r) m; (kobieta) Kurzsichtige f; **~włosy** kurzhaarig; **~wzroczność** F (-ści; bpl) Kurzsichtigkeit f; **~wzroczny** kurzsichtig (a. fig)
krótszy komp ADJ kürzer; **~ od** (gen) kürzer als (nom); → krótki
krówka F (-i; gen -wek) (kleine) Kuh f; (cukierek) Sahnebonbon m od n; **boża ~** Marienkäfer m
krtań F (-ni; -nie) Kehlkopf m
krucho ADV: **~ z nim** umg es steht schlecht um ihn; **~ z czasem** umg es ist knapp mit der Zeit; **u nas ~ z forsą** umg wir sind knapp bei Kasse
kruchta F (-y) Kirchenvorhalle f
kru|chy skała, lód brüchig; włosy spröde; mięso mürbe, zart; (nietrwały) zerbrechlich, schwach; (delikatny) zart; **~che ciasto** n Mürbeteig m
krucjata F (-y) HIST Kreuzzug m
krucyfiks M (-u; -y) Kruzifix n
kruczek M (-czka; -czki) Trick m, Kniff m
kr|uczy ZOOL Raben-; (czarny) rabenschwarz; **~uk** M (-a; -i) Rabe m
krup|y PL (gen -) KULIN Graupen pl; METEO Graupeln pl; **~nik** M (-a; -i) Graupensuppe f
Kruszco|wy: **Góry** pl **~we** Erzgebirge n
kruszec M (-szcu; -szce) Erz n
kruszeć ⟨s-⟩ (-eję) brüchig werden; mięso mürbe werden
kruszon M (-u; -y) Bowle f; **~ka** F (-i; gen -nek) KULIN Streusel m/pl
kruszyć ⟨po-⟩ (-ę) v/t chleb zerkrümeln, zerbröseln; **~ się** v/i chleb (zer)bröseln; ⟨s-⟩ skałę, lód brechen; **~ się** skała, mur zerbröckeln; ⟨na-⟩ krümeln; **nie krusz!** krümele nicht!
kruszy|na F (-y) Krümel m, Brösel m; **~wo** N (-a) BUD Zuschlag(stoff) m
krużganek M (-nka od -nku; -nki) ARCH Kreuzgang m
krwaw|iący blutend; **~ica** F (-y; -bpl) Knochenarbeit f; sauer verdientes Geld n
krwawić (-ię) bluten
krwaw|nik M (-a; -i) BOT Schafgarbe f; **~oczerwony** blutrot; **~wy** (-wo) blutig; praca hart, schwer; kolor blutrot; **~wo zapracowany** sauer verdient
krwi gen → krew
krwi|ak M (-a; -i) Bluterguss m; **~nki** F/PL (gen -nek) Blutkörperchen n/pl
krwiobieg M (-u; -i) Blutkreislauf m
krwiodaw|ca M (-y; gen -ów), **~czyni** F (-i; -e; -czyń) Blutspender(in) m (f)
krwiodawstwo N (-a; bpl) Blutspenden n
krwionoś|ny: **naczynie** n **~ne** Blutgefäß n; **układ** m **~ny** Blutgefäßsystem n
krwio|pijca M (-y; gen -ów) pej od żart Blutsauger m; **~żerczy** (-czo) fig pej blutrünstig, blutdürstig
krwisty kolor blutrot; KULIN medium
krwotok M (-u; -i) Blutung f; **~ z nosa** Nasenbluten n
kryć (-ję) verstecken, verbergen (a. fig); dach decken; (zawierać) beherbergen; **~ k-o** (nie zdradzać) umg j-n decken; **farba dobrze kryje** die Farbe deckt gut; **~ się** sich verstecken; **~ się z** (inst) verbergen, verheimlichen (akk); **co się za tym kryje?** was steckt dahinter?
krygować się (-uję) sich zieren
kryjówka F (-i; gen -wek) Versteck n
Krym M (-u; bpl) Krim f
kryminalist|a M (-y; -ści), **~ka** F (-i; gen -tek) Kriminelle(r) m, f
kryminal|ny kriminell; **policja** f **~na** Kriminalpolizei f
kryminał M (-u; -y) (utwór) umg Krimi m; (czyn) umg kriminelle Sache f; (więzienie) umg Knast m
krynica F (-y; -e) lit Wasserquelle f
krypt|a F (-y) Grabkammer f, Krypta f; **~onim** M (-u; -y) Deckname m
krystaliczny GEOL kristallin; fig kristallklar
krystalizować się ⟨skrystalizować

się〉 (*3. Pers -uje*) sich herauskristallisieren
kryształ M (*-u; -y*) MINER Kristall *m*; (*bpl*) (*szkło*) Kristall *n*; (*cukier*) Kristallzucker *m*; **~ górski** Bergkristall *m*; **~owy (-owo)** Kristall-; *fig* kristallklar
kry|terium N (*unv; -ia; gen -iów*) Kriterium *n*; **~ty** *dach* gedeckt; *kort* überdacht; **~ty basen** *m* Schwimmhalle *f*
kryt|yczny kritisch; **~yk** M (*-a; -cy*) Kritiker *m*; **~yk literacki** Literaturkritiker *m*; **~yk filmowy** Filmkritiker *m*; **~ka** F (*-i*) Kritik *f*; **poniżej wszelkiej ~ki** unter aller Kritik
krytykanctwo N (*-a; bpl*) Krittelei *f*, Nörgelei *f*
krytykować 〈**s-**〉 (*-uję*) kritisieren (**za** *akk* für *akk*)
kryz|a F (*-y*) TECH Blende *f*; (*kołnierz*) Krause *f*; **~ys** M (*-u; -y*) Krise *f*; **gwałtowny ~ys** Notstand *m*; **~ys rządowy** POL Regierungskrise *f*; **~ysowy** Krisen-
krz|aczasty buschig; **~ak** M (*-a; -i*) *umg* Strauch *m*; **~aki** *pl* Gebüsch *n*
krzątać się (*-am*) wirtschaften, geschäftig hantieren; **~ w kuchni** in der Küche hantieren; **~ koło** (*gen*) beschäftigt sein mit (*dat*), sich kümmern um (*akk*)
krzątanina F (*-y; bpl*) *umg* Geschäftigkeit *f*, Hantieren *n*
krzem M (*-u; bpl*) CHEM Silizium *n*; **~ień** M (*-nia; -nie*) Feuerstein *m*; **~ionka** F (*-i; bpl*) Kieselerde *f*
krzepa F (*-y; bpl*) *umg* körperliche Kraft *f*
krzepcy *persf* → krzepki
krzepiący (-co) *sen* kräftigend; *słowa* ermutigend
krzepić (*-ię*) *sen, kawa* stärken, erfrischen; *słowa* ermuntern, ermutigen; **~ się** sich stärken (*inst* mit *dat*)
krzepki (*persf -cy*) **(-ko)** kräftig, stark; (*osoba*) rüstig, vital
krzepliwość F (*-ści; bpl*): **~ krwi** Blutgerinnung *f*
krzepnąć 〈**s-**〉 (*-ę*) hart werden, fest werden; *krew* gerinnen; 〈**o-**〉 erstarken, kräftig werden
krzesać 〈**wy-**〉 (*-szę*): **~ ogień** Feuer schlagen
krzesełkowy: **wyciąg** *m* **~** Sessellift *m*
krzesło N (*-a; gen -seł*) Stuhl *m*; **~ składane** Klappstuhl *m*; **~ elektryczne** elektrischer Stuhl *m*
krzew M (*-u; -y*) Strauch *m*
krzewić (*-ię*) verbreiten; **~ oświatę** *lit* aufklären; **~ się** sich ausbreiten, sich verbreiten; *rośliny* wuchern
krztusić się 〈**zakrztusić się**〉 (*-szę*) sich verschlucken (*inst* an *dat*)
krztusiec M (*-śca; bpl*) Keuchhusten *m*
krzty|na: **~nę** *umg* ein bisschen
krzyczący (-co) schreiend (*a. fig*)
krzyczeć (*-czę*)〈**krzyknąć**〉 (*-nę*) schreien (**z** *gen* vor *dat*); **~ na k-o** j-n anschreien
krzyk M (*-u; -i*) Schrei *m*; (*niezadowolenie*) *umg* Geschrei *n*; **ostatni ~ mody** der letzte Schrei; **narobić** *pf* **~u** *umg* Staub aufwirbeln; **podnieść** *pf* **~** *umg* ein großes Geschrei erheben; **i po ~u** *umg* das war's, es ist vorbei
krzykliwy (-wie) laut, lärmend; *kolor* grell, schreiend; *głos* kreischend, schrill; **~ dzieciak** *m* Schreihals *m*
krzyknąć PF: **~ na k-o** j-n (herbei)rufen; → krzyczeć
krzywa F (*-ej; -e*) MAT Kurve *f*
krzyw|da F (*-y*) Unrecht *n*, Leid *n*; **wyrządzić** *pf* **~dę k-u** j-m Leid antun; **naprawić** *pf* **~dę** ein Unrecht wiedergutmachen; **dzieje się ~da k-u** j-m geschieht Unrecht; **nie stanie ci się ~da** es wird dir nichts passieren
krzywdzić 〈**s-**〉 (*-dzę*): **~ k-o** *fizycznie* j-m ein Leid antun; *moralnie* j-m unrecht tun, j-n ungerecht behandeln
krzywica F (*-y; bpl*) Rachitis *f*
krzywić 〈**s-**〉 (*-ę*) verbiegen, krümmen; **~ usta** den Mund verziehen; **~ się** *deska* sich verbiegen, krumm werden; (*dąsać się*) das Gesicht verziehen
krzywizna F (*-y*) Krümmung *f*
krzywo ADV → krzywy
krzywoprzysięgać (*-am*) 〈**krzywoprzysiąc**〉 (*krzywoprzysięgnę*) einen Meineid schwören
krzywoprzysięstwo N (*-a; bpl*) Meineid *m*
krzy|wy (-wo) krumm, schief; verbogen; **w wy~m zwierciadle** verzerrt; **spojrzeć** *pf* **~wo na k-o** j-n schief ansehen
krzyż M (*-a; -e*) REL Kreuz *n*; *umg* (*kręgosłup*) Kreuz *n*; **Czerwony** ♀ das Rote Kreuz; **bóle** *m/pl* **w ~u** Kreuzschmerzen *m/pl*; **na ~** über Kreuz, gekreuzt; **mieć ~ pański** (**z** *inst*) *umg* mit j-m sein Kreuz haben; **parę osób na ~** *umg* e-e Handvoll Leute; **jak z ~a zdjęty** gerädert

K

krzyżak M (-a; -i) do choinki Ständer m; ZOOL Kreuzspinne f
Krzyżak M (-a; -cy) HIST Kreuzritter m
krzyżować ⟨s-⟩ (-uję) kreuzen (a. BIOL); **~ się** sich kreuzen (a. BIOL); ⟨u-⟩ kreuzigen; ⟨po-⟩ plany durchkreuzen
krzyżo|wy kreuzförmig, Kreuz-; **wyprawy** f/pl **~we** HIST Kreuzzüge m/pl; **wziąć** pf **w ~wy ogień pytań** ins Kreuzverhör nehmen; **Droga** f **℞wa** REL Kreuzweg m
krzyż|ówka F (-i; gen -wek) Kreuzworträtsel n; (skrzyżowanie) umg Kreuzung f (a. BIOL); **~yk** M (-a; -i) (kleines) Kreuz n; **zaznaczyć** pf **~ykiem** ankreuzen
ks. (ksiądz) Priester m; (książę) Fürst m, Herzog m, Prinz m
ksenofobi|a F (gen dat lok -ii; bpl) Fremdenfeindlichkeit f; **~czny** fremdenfeindlich
ksero N (unv) (odbitka) Fotokopie f; (urządzenie) Kopierer m; (punkt) Copyshop m; **~graf** M (-u; -y) Fotokopiergerät n; **~kopia** F (gen dat lok -ii; -e) Fotokopie f; **~kopiarka** F (-i) Fotokopiergerät n, Fotokopierer m
kserować ⟨s-⟩ (-uję) kopieren, ablichten
ksiądz M (-ędza, -ęże!; -ęża; gen -ęży) Priester m
książeczka F (-i; gen -czek) dim Büchlein n; **~ oszczędnościowa** Sparbuch n; **~ zdrowia** Gesundheitspass m; **~ do nabożeństwa** Gebetbuch n
książę M (gen księcia; książęta; gen -żąt) Fürst m, Herzog m; (syn króla) Prinz m; **~cy** fürstlich, herzoglich; Prinzen-
książka F (-i; gen -żek) Buch n; **~ dla dzieci** Kinderbuch n; **~ kucharska** Kochbuch n; **~ w twardej oprawie** gebundenes Buch n; **~ telefoniczna** Telefonbuch n; **~ życzeń i zażaleń** Beschwerdebuch n
książkowy Buch-; styl, wyrażenie schriftsprachlich; **mól** m **~** fig Bücherwurm m
księdza gen → ksiądz
księ|ga F (-i; gen ksiąg) Buch n; **~gi wieczyste** n/pl JUR Grundbücher n/pl; **~ga pamiątkowa** Gästebuch n
księgar|nia F (-i; -e) Buchhandlung f; **~nia akademicka** Universitätsbuchhandlung f; **~nia wysyłkowa** Versandbuchhandel m; **~rski** buchhändlerisch, Buchhandels-
księga|rstwo N (-a; bpl) Buchhandel m; **~rz** M (-a; -e) Buchhändler m; (kobieta) Buchhändlerin f
księgowa F (-ej; -e) Buchhalterin f
księgować ⟨za-⟩ (-uję) (ver)buchen
księgowość F (-ści; bpl) Buchführung f
księgowy[1] Buch-, buchhalterisch
księgowy[2] M (-ego; -i) Buchhalter m
księgozbiór M (-oru; -ory) Bibliothek f, Büchersammlung f, Buchbestand m
księ|stwo N (-a; gen -) Fürstentum n, Herzogtum n; **~żna** F (-nej; -ne; gen -nych) Fürstin f, Herzogin f; **~żniczka** F (-i; gen -czek) Prinzessin f; **~ży** Priester-
księżyc M (-a; -e) Mond m; **℞** ASTRON (bpl) Mond m; **~ w pełni** Vollmond m; **przy świetle ~a** im Mondschein; **lot** m **na ℞** Mondflug m; **spaść** pf **z ~a** umg hinter dem Mond leben, keine Ahnung haben; **~owy** Mond-; noc mondhell
ksylofon M (-u; -y) Xylofon n
ksywa F (-y) umg Spitzname m; (gwara więzienna) Gaunersprache f
kształc|ący (-co) bildend; **~enie** N (-a; bpl) (Aus)Bildung f
kształcić ⟨wy-⟩ (-cę) ausbilden (lassen); **kształcić** talent weiterentwickeln; głos, smak schulen; **~ się** sich ausbilden lassen, e-e Ausbildung bekommen; **kształcić się** sich bilden
kszta|łt M (-u; -y) Form f; **~łty** pl Figur f, Rundungen pl; **coś na ~łt** (gen) etwas wie (nom), in der Art (von dat); **w ~łcie** (gen) in Form (von dat); **w ~łcie serca** herzförmig; **w ~łcie kuli** kugelförmig
kształtny wohlgeformt, wohlgestaltet
kształtować ⟨u-⟩ (-uję) gestalten, formen; **~ się** sich gestalten, sich (heraus)bilden
kto PRON (gen akk kogo, dat komu, inst lok kim) wer; **~ to?** wer ist das?; **~ tam?** wer ist da?; **~ dzwonił?** wer hat angerufen?; **~ by się spodziewał?** wer hätte das gedacht?; **mało ~** kaum jemand; **~ chce, może przyjść** wer möchte, kann kommen
ktokolwiek PRON indef (gen akk kogokolwiek, dat komukolwiek, inst lok kimkolwiek) irgendjemand; wer auch immer
ktoś PRON indef (gen akk kogoś, dat komuś, inst lok kimś) jemand; **~ inny** jemand anders
którędy wo (entlang), welchen Weg; **~ dojść** pf **do dworca?** wie kommt man zum Bahnhof?
któ|ra (gen dat lok której, akk inst którą)

K

PRON *interrog f* welche; PRON *rel f* die; **~rą kurtkę wybrałeś?** welche Jacke hast du dir ausgesucht?; **to przyjaciółka, ~rą poznałeś** das ist die Freundin, die du kennengelernt hast; **~ra godzina?** wie spät ist es?; **o ~rej (godzinie)?** um wie viel Uhr?

które¹ (*gen którego, dat któremu, akk które, inst lok którym*) PRON *interrog n* welches; PRON *rel n* das; **~ dziecko ma na imię Jan?** welches Kind heißt Jan?; **okno, ~ wychodzi na ulicę** das Fenster, das auf die Straße geht

które² (*gen lok których, dat którym, akk które, inst którymi*) PRON *interrog sachf* welche; PRON *rel sachf* die; **~ przyjaciółki zaprosiłaś?** welche Freundinnen hast du eingeladen?; **książki, ~ lubię** Bücher, die ich mag

któr|y (*gen akk którego, dat któremu, inst lok którym*) PRON *interrog m* welcher; PRON *rel m* der; **~y sok chcesz?** welchen Saft möchtest du?; **dom, w ~ym mieszkam** das Haus, in dem ich wohne; **~ego dziś mamy?** der Wievielte ist heute?, welches Datum haben wir heute?

którykolwiek PRON *indef* (*persf którzykolwiek*) irgendein(er), irgendwelch(er)

któr|yś PRON *indef* (*persf którzyś*) irgendeine(r), irgendwelche(r); **~yś z was** einer von euch; **~egoś dnia** eines Tages

któ|rzy (*gen akk lok których, dat którym, inst którymi*) PRON *interrog persf* welche; PRON *rel persf* die; **~rzy goście już przyjechali?** welche Gäste sind schon gekommen?; **to ludzie, ~rym ufam** das sind Leute, denen ich vertraue

któż PRON *lit* (*gen akk kogoż od kogóż, dat komuż, inst lok kimże*) wer denn; **kogóż ja widzę?** wen sehe ich denn da?; → kto

ku PRÄP (*dat*) *lit* zu (*dat*); **zbliżać się ~ końcowi** sich dem Ende zuneigen; **~ czci** zu Ehren; **~ mojemu zdziwieniu** zu meiner Verwunderung; **~ górze** nach oben

Kuba F (*-y; bpl*) Kuba *n*

kub|ek M (*-bka; -bki*) Becher *m*; **~ki** *pl* **smakowe** ANAT Geschmacksknospen *f/pl*; **być ~ek w ~ek podobnym** einander gleichen wie ein Ei dem anderen

kubeł M (*-bła; -bły*) Eimer *m*, Kübel *m*; **~ na śmieci** Mülleimer *m*

kubi|styczny kubistisch; **~zm** M (*-u; bpl*) Kubismus *m*

kucać (*-am*) ⟨**kucnąć**⟩ (*-nę*) sich hinhocken, in die Hocke gehen

kucha|rka F (*-i; gen -rek*) Köchin *f*; **~rski** Koch-, kulinarisch; **~rz** M (*-a; -e; gen -y*) Koch *m*

kuchen|ka F (*-i; gen -nek*) *dim* kleine Küche *f*; Herd *m*; **~ka mikrofalowa** Mikrowelle *f*; **~ka turystyczna** Campingkocher *m*; **~ny** Küchen-; **płyta** *f* **~na** Kochplatte *f*

kuchmistrz M (*-a; -e*) Meisterkoch *m*; (*szef kuchni*) Küchenchef; **~yni** F (*-i; -e*) Chefköchin *f*; Meisterköchin *f*

kuch|nia F (*-i; -e; gen -i*) Küche *f*; *gazowa, elektryczna* Herd *m*; **ślepa ~nia** Kochnische *f*; **~nia polowa** Feldküche *f*; **~nia jarska** vegetarische Küche *f*; **znać coś od ~ni** *umg* etwas als Insider kennen

kuc|ki PL (*gen -cek*) Hocke *f*; **siedzieć w ~ki** hocken, kauern

kucnąć PF → kucać

kucyk M (*-a; -i*) Pony *n*; (*fryzura*) Zopf *m*

kuć (*kuję, kuj!, kuł*) schmieden; *skałę* behauen; (*uczyć się*) *umg* pauken

kudłacić ⟨**s-**⟩ (*-cę*) zerzausen; **~ się** zottig werden; *wełna* fusseln

kud|łaty zottig; *sweter* fusselig; **~ły** PL (*gen -ów*) *umg* Zotten *f/pl*, zottiges Fell *n*; *pej* Zottelhaar *n*, Zotteln *pl*

kufel M (*-fla; -fle; gen -fli*) Bierkrug *m*, Seidel *n*

kufer M (*-fra; -fry*) Truhe *f*

kuflo|wy: **piwo** *n* **~we** Bier *n* vom Fass, Fassbier *n*

kuglarz M (*-a; -e*) Gaukler *m*

kujon M (*-a; -y*) *pej* Streber *m*

kukać (*-am*) ⟨**kuknąć**⟩ (*-nę*) Kuckuck rufen

kukanie N (*-a*) Kuckucksruf *m*

kuk|iełka F (*-i; gen -łek*) Marionette *f*; **~iełkowy** Puppen-, Marionetten-; **~ła** F (*-y; gen -kieł*) Puppe *f*; *fig pej* Marionette *f*

kuksaniec M (*-ńca; -ńce*) Knuff *m*, Schubs *m*

kuku INT: **a ~!** kuckuck!

kukuł|czy Kuckucks-; **~ka** F (*-i; gen -łek*) Kuckuck *m*

kukury|dza F (*-y; -e*) Mais *m*; **prażona ~dza** Popcorn *n*; **~dziany** Mais-; **płatki** *pl* **~dziane** Cornflakes *pl*

kukuryku N (*unv*) abstehende Haare *n/pl*; **~!** *int* kikeriki!

ku|la F (*-i; -e*) Kugel *f*; **~le** *f/pl* Krücken *f/pl*; **~la śniegowa** Schneeball *m*; **chodzić o**

~lach an Krücken gehen; **~la ziemska** Erdkugel *f*; **być ~lą u nogi** *fig* ein Klotz am Bein sein
kulawo ADV *fig* schleppend
kula|wy *osoba* lahm, hinkend; *mebel* wack(e)lig; **nawet pies z ~wą nogą tu nie przyjdzie** *umg* kein Schwein kommt hierher
kuleczka F (-i; *gen -czek*) Kügelchen *n*
kuleć (-eję) hinken (*a. fig*)
kulfon M (-a; -y) (*nos*) *umg* Zinken *m*; **~y** *m/pl* Krakelfüße *m/pl*; **~iasty** *umg* unförmig; *pismo* krakelig
kulić ⟨s-⟩ (-lę) *głowę, nogi* einziehen; *plecy* krümmen; **~ się** sich zusammenkrümmen
kuli|g M (-u; -i) Schlittenfahrt *f*; **~narny** kulinarisch, Koch-
kuli|sa F (-y) Kulisse *f*; **~sy** *pl fig* Hintergründe *pl*, Kulissen *pl*; **~sty** kugelförmig
kulk|a F (-i; *gen -lek*) Kügelchen *n*, kleine Kugel *f*; *szklana* Glasmurmel *f*; TECH Kugel *f*; **~owy** TECH Kugel-
kulminacyjny: **punkt** *m* **~** Höhepunkt *m*
kuloodporny kugelsicher
kulszo|wy: **rwa** *f* **~wa** Ischias *m*
kult M (-u; -y) Kult *m* (*a. fig*); **~ jednostki** Personenkult *m*; **~ świętych** Heiligenverehrung *f*; **miejsce** *n* **~u** Kultstätte *f*; **~owy** REL kultisch, Kult- (*a. fig*); **~owa książka** Kultbuch *n*
kultu|ra F (-y) Kultur *f* (*a.* AGR); **~ra masowa** Massenkultur *f*; **~ra osobista** Kultur *f*, Kultiviertheit *f*, Taktgefühl *n*; **dom** *m* **~ry** Kulturhaus *n*; **~ralny** kulturell, Kultur-; (*obyty*) kultiviert
kultur|owy Kultur-; **~oznawstwo** N (-a; *bpl*) Kulturwissenschaft *f*; **~ysta** M (-y; -ści) Bodybuilder *m*; **~ystyka** F (-i; *bpl*) Bodybuilding *n*
kultywować (-uję) kultivieren, pflegen
kuluarowy *fig* inoffiziell
kułak: **śmiać się w ~** sich ins Fäustchen lachen
kumać (-am) *umg* kapieren
kumać się ⟨s-⟩ (-am) *umg* Freundschaft schließen (**z** *inst* mit *dat*)
kumkać (*3. Pers -a*) quaken
kumo|szka F (-i; *gen -szek*) Klatschtante *f*; **~terstwo** N (-a; *bpl*) *pej* Vetternwirtschaft *f*, Clique *f*
kumpel M (-pla; -ple), **~ka** F (-i; *gen -lek*) *umg* Kumpel *m*
kumplować się (-uję) *umg* Freunde sein
kumplowski kumpelhaft
kumulacja F (-i; *bpl*) *lit* (*toksyn*) Kumulation *f*; *ciepła* Speicherung *f*; *fig* Ansammlung *f*, Anhäufung *f*
kuna F (-y) Marder *m*
kundel M (-dla; -dle) (*pies*) *umg* Mischling *m*
kunszt M (-u; *bpl*) Kunstfertigkeit *f*, Können *n*; **~owny** kunstvoll
ku|pa F (-y) (*kał*) *umg* Kacke *f*; **~pa** (*gen*) eine Menge, ein Haufen (*gen od* von *dat*); **zebrać** *pf* **do ~py** *umg* zusammenordnen; **siedzieć na ~pie** *umg* zusammengedrängt sitzen; **trzymać się ~py** *umg* zusammenhalten, beieinanderbleiben; **to nie trzyma się ~py** *umg* das stimmt hinten und vorne nicht
kuper M (-pra; -pry) *ptaka* Bürzel *m*; *pop* Hintern *m*
kupić PF → kupować
kupiec M (-pca, -pcze-!; -pcy) Kaufmann *m*, Händler *m*; (*nabywca*) Käufer *m*; (*kobieta*) Käuferin *f*; **~ki (po -ku)** kaufmännisch; **~two** N (-a; *bpl*) Handel *m*
kupka F (-i; *gen -pek*) Häufchen *n*
kup|no N (-a; *bpl*) Kauf *m*; **~ny** *umg* industriell
kupon M (-u; -y) *rabatowy* Gutschein *m*, Bon *m*; *toto-lotka* Lottoschein *m*; *konkursowy* Spielschein *m*
kupować (-uję) ⟨**kupić**⟩ (-ię) kaufen (**za** *akk* für *akk*); **~ za gotówkę** bar kaufen; **~ na wagę** an der Theke kaufen, frisch kaufen; **~ kota w worku** e-e Katze im Sack kaufen
kupują|ca F (-ej; -e) Käuferin *f*, Kundin *f*; **~cy** M (-ego; -y) Käufer *m*, Kunde *m*
kura F (-y) Huhn *n*, Henne *f*; **~ domowa** *pej* Mutti *f*; **chodzić spać z ~mi** mit den Hühnern schlafen gehen; **wyglądać jak zmokła ~** wie ein Häufchen Elend aussehen; **pisać jak ~ pazurem** e-e Klaue haben
kurac|ja F (-i; -e) Kur *f*; **~ja odchudzająca** Schlankheitskur *f*; **~ja odwykowa** Entziehungskur *f*; **~ja wstrząsowa** Schocktherapie *f* (*a. fig*); **wysłać** *pf* **na ~ję** zur Kur schicken
kuracjusz M (-a; -e), **~ka** F (-i; *gen -szek*) Kurgast *m*
kuracyj|ny Kur-; **miejscowość** *f* **~na** Kurort *m*

kuratela F (-i; -bpl) JUR Vormundschaft *f*, Pflegschaft *f*; *fig* Kontrolle *f*, Obhut *f*
kurator M (-a; -rzy-), **~ka** F (-i; *gen* -rek) JUR Pfleger(in) *m(f)*, Vormund *m*; Bewährungshelfer(in) *m(f)*; **~ oświaty** Kultusminister *m*
kuratorium N (*unv*; -ia; *gen* -iów) Schulamt *n*
kurcz M (-u; -e; *gen* -y *od* -ów) Krampf *m*; **~ mięśni** Muskelkrampf *m*; **chwycił mnie ~** ich habe e-n Krampf bekommen
kurcz|ak M (-a; -i) KULIN (Brat)Hähnchen *n*; **~ak z rusztu** Grillhähnchen *n*; **~ątko** N (-a; *gen* -tek) Küken *n*
kurczę N (-ęcia; -ęta; *gen* -ąt) Küken *n*; **~!** *int* verdammt!
kurczowy (-wo) krampfhaft
kurczyć ⟨s-⟩ (-ę) *ramiona, nogi* einziehen; **~ się** *twarz* sich verkrampfen; *materiał* einlaufen; *zapasy* zusammenschrumpfen
kurde INT: **~!** *pop* verdammt!
kurdupel M (-pla; -ple) *umg* Zwerg *m*
kurdyjski Kurden-, kurdisch
kurek M (-rka; -rki) TECH Hahn *m*; *na kościele* Wetterhahn *m*
kurewski *vulg* Scheiß-, beschissen
kurhan M (-u; -y) HIST Hügelgrab *n*
kuria F (*gen dat lok* -ii; -e) Kurie *f*
kurier M (-a; -rzy) Kurier *m*, Bote *m*; **~ski** Kurier-
kur|ka F (-i; *gen* -rek) *dim* Hühnchen *n*; (*grzyb*) Pfifferling *m*; **~nik** M (-a; -i) Hühnerstall *m*
kuropatwa F (-y) Rebhuhn *n*
kurować (-uję) kurieren; **~ się** sich kurieren
kurs M (-u; -y) Kurs *m* (*a.* FIN); *autobusu, pociągu* Strecke *f*; Fahrt *f*; (*obieg*) Umlauf *m*; **~ językowy** Sprachkurs *m*; **~ samochodowy** *od* **na prawo jazdy** Fahrschule *f*; **~ przygotowawczy** Vorbereitungskurs *m*; **~ dalekobieżny** Fernstrecke *f*; **zboczyć** *pf* **z ~u** vom Kurs abweichen
kursant M (-a; -ci), **~ka** F (-i; *gen* -tek) Kursteilnehmer(in) *m(f)*
kursor M (-a; -y) EDV Cursor *m*
kursować (-uję) *pociąg, autobus* verkehren; *fig* im Umlauf sein, kursieren
kur|sywa F (-y; *bpl*) Kursivschrift *f*; **~tka** F (-i; *gen* -tek) Jacke *f*
kurt|uazyjny Höflichkeits-; **~yna** F (-y) Vorhang *m*

kurwa F (-y) *vulg* Hure *f*, Nutte *f*; **~ (mać)!** verdammte Scheiße!
kurz M (-u; -e) Staub *m*; **~ajka** F (-i; *gen* -jek) Warze *f*
kurzawa F (-y): **~ pyłu** *lit* Staubwolken *pl*; **śnieżna ~** Schneegestöber *n*
ku|rzy Hühner-; **~rze łapki** *pl fig* Krähenfüße *pl*; **~rzy móżdżek** *m* Spatzenhirn *n*
kurzyć (-ę) stauben, Staub aufwirbeln; (*palić*) *umg* qualmen; **kurzy się** es staubt; **kurzy się z** (*gen*) es raucht aus (*dat*); **aż się kurzy** *fig umg* dass es nur so raucht; **~ się** ⟨za-⟩ verstaubt sein, stauben
kusiciel M (-a; -e-), **~ka** F (-i; *gen* -lek) Verführer(in) *m(f)*
kusicielski (-ko) verführerisch
kusić ⟨s-⟩ (-szę) verlocken, verführen (**do** *gen* zu *dat*); **~ do złego** in Versuchung führen; **kusi mnie** es reizt mich; **kusić los** das Schicksal herausfordern
ku|stosz M (-a; -e; *gen* -y *od* -ów) *muzeum* Kustos *m*, Kustode *m*; **~sy** (-so) kurz, knapp; *ogon* gestutzt
kusza F (-y; -e) Armbrust *f*
kuszący (-co) verführerisch, verlockend
ku|szetka F (-i; *gen* -tek) Liegewagen *m*; **~śnierz** M (-a; -e) Kürschner *m*
kuśtykać (-am) hinken, humpeln
ku|tas M (-a; -y) (*penis*) *vulg* Schwanz *m*; **~ter** M (-tra; -try) *rybacki* Kutter *m*; **~twa** F (-y) *umg pej* Geizkragen *m*, Knauser *m*
kuty geschmiedet, Schmiede-; *koń* beschlagen; **~ na cztery nogi** *umg* mit allen Wassern gewaschen
Kuwejt M (-u; *bpl*) Kuwait *n*
kuweta F (-y) FOTO Entwicklungsschale *f*; Katzenklo *n*
kuzyn M (-a; -i), **~ka** F (-i; *gen* -nek) Cousin(e) *m(f)*
kuźnia F (-i; -e, -i) Schmiede *f* (*a. fig*)
kwadra F (-y) ASTRON Mondwechsel *m*
kwadrans M (-a; -e) Viertelstunde *f*; **za ~ druga** Viertel vor zwei; **~ po drugiej** Viertel nach zwei, Viertel drei; **~ akademicki** das akademische Viertel
kwadrat M (-u; -y) Quadrat *n*; **do ~u** MAT zum Quadrat, hoch; **głupiec** *m* **do ~u** *umg* Vollidiot *m*
kwadratura F (-y): **~ koła** *fig* die Quadratur des Kreises
kwadratowy (-wo) quadratisch; *nawias* eckig; **metr** *m* **~** Quadratmeter *m od n*
kwakać (3. *Pers* -cze) *kaczka* schnattern

K

kwalifikac|ja F (-i; -e) Qualifikation *f* (*a.* SPORT); **~je** *pl* **zawodowe** Berufsqualifikationen *pl*; **mieć wysokie ~je** hoch qualifiziert sein
kwalifikacyj|ny: **rozmowa** *f* **~na** Vorstellungsgespräch *n*
kwalifikować ⟨**za-**⟩ (*-uję*) qualifizieren; **~ się** sich qualifizieren, sich eignen (**na** *akk* für *akk*)
kwalifikowany *pracownik* qualifiziert
kwapić się (*-ię*): **nie ~** (**do** *gen*) es nicht so eilig haben (mit *dat*); **nie ~ z odpowiedzią** mit der Antwort zögern
kwarantanna F (*-y-*) Quarantäne *f*
kwarc M (*-u*; *-e*) Quarz *m*; **~ówka** F (*-i*; *gen -wek*) Heimsonne *f*, Höhensonne® *f*
kwartal|nik M (*-a*; *-i*) Vierteljahresschrift *f*; **~ny** vierteljählich, Quartals-
kwartał M (*-u*; *-y*) Vierteljahr *n*, Quartal *n*
kwartet M (*-u*; *-y*) Quartett *n*
kwas M (*-u*; *-y*; *gen -ów*) Säure *f*; (*zaczyn*) Sauerteig *m*; **~ nukleinowy** BIOL Nukleinsäure *f*; **~y** *pl fig* böses Blut *n*, Unstimmigkeiten *pl*
kwasek M (*-sku*; *bpl*) saurer Geschmack *m*, Säure *f*; **~ cytrynowy** KULIN Zitronensäure *f*
kwasić (*-szę*) → kisić
kwaskow(at)y (**-to**) säuerlich
kwaso|odporny säurebeständig; **~wy** Säure-
kwaszony → kiszony
kwaśnieć ⟨**s-**⟩ (*3. Pers -eje*) *mleko, zupa* sauer werden
kwaśn|awy (**-wo**) säuerlich; **~osłodki** süßsauer
kwaś|ny (**-no**) sauer (*a. fig*); **~ne mleko** *n* saure Milch *f*; **~ne deszcze** *pl* saurer Regen *m*; **zbić** *pf* **na ~ne jabłko** *umg* grün und blau schlagen
kwate|ra F (*-y*) Quartier *n*; **~ra prywatna** Unterkunft *f*, Zimmer *n*; **mieszkać na ~rze** ein Zimmer mieten; **~ra główna** MIL Hauptquartier *n*; **~runkowy** *urząd* Wohnungs-
kwesta F (*-y*) Geldsammlung *f*, Spendenaktion *f*
kwesti|a F (*gen dat lok -ii*; *-e*) Frage *f*, Problem *n*; **~a czasu** eine Frage der Zeit; **~onariusz** M (*-a*; *-e*) Fragebogen *m*
kwestionować ⟨**za-**⟩ (*-uję*) infrage stellen, beanstanden
kwestować (*-uję*) Spenden sammeln
kwękać (*-am*) *umg* stänkern, jammern

kwiaciar|ka F (*-i*; *gen -rek*) Blumenverkäuferin *f*; **~nia** F (*-i*; *-e*) Blumengeschäft *n*; **~stwo** N (*-a*; *bpl*) Blumenzucht *f*
kwiaciasty geblümt, mit Blumenmuster
kwiat M (*-u*; *-y*) Blume *f*; (*część rośliny*) Blüte *f*; *fig* Elite *f*; **~ doniczkowy** Topfblume *f*; **~y cięte** *f/pl* Schnittblumen *f/pl*; **~ polny** Feldblume *f*, Wiesenblume *f*; **w kwiecie wieku** *lit* in der Blüte seiner Jahre; **w ~y** geblümt, mit Blumenmuster
kwiat|ek M (*-tka*; *-tki*) Blume *f*; **ładne ~ki!** *iron* e-e schöne Geschichte!; **~ostan** M (*-u*; *-y*) Blütenstand *m*; **~owy** Blumen-; **pyłek** *m* **~owy** Blütenstaub *m*
kwiczeć (*-ę*, *-y*) quieken
kwie|cie N (*-a*; *bpl*) *lit* Blüten *pl*; **~cień** M (*kwietnia*; *-tnie*; *gen -tni od -tniów*) April *m*; **~cień plecień** *żart* Aprilwetter *n*
kwiecisty (**-ście**) *łąka* voller Blumen; *sukienka* geblümt; *styl* blumig
kwietni|k M (*-a*; *-i*) Blumenbeet *n*; (*mebel*) Blumenständer *m*; **~owy** April-
kwik M (*-u*; *-i*) Quieken *n*
kwilić (*-lę*) wimmern
kwin|ta: **spuścić** *pf* **nos na ~tę** *umg* Trübsal blasen
kwint|al M (*-a*; *-e*) Doppelzentner *m*; **~et** M (*-u*; *-y*) Quintett *n*
kwit M (*-u*; *-y*) Quittung *f*, Schein *m*; **~ bagażowy** Gepäckschein *m*
kwita (*unv*): **być ~** (**z** *inst*) quitt sein (mit *dat*)
kwit|ek M (*-tka*; *-tki*) Quittung *f* Schein *m*; **odejść** *pf* **z ~kiem** unverrichteter Dinge wieder gehen; **odprawić** *pf* **k-o z ~kiem** *umg* j-n abwimmeln
kwitnący (**-co**) blühend (*a. fig*)
kwitnąć (*-nę*) blühen; *interes, handel* florieren; *miłość, przyjaźń* gedeihen; *życie nocne* pulsieren
kwitować ⟨**po-**⟩ (*-uję*) quittieren; ⟨**s-**⟩ (*inst*) quittieren, reagieren (mit *dat*)
kwoka F (*-i*) Gluckhenne *f* (*a. fig*)
kwo|ta F (*-y*) Betrag *m*; **w ~cie** (*gen*) im Betrag (von *dat*)

L

labiedzić (*-dzę*) jammern
labirynt M (*-u; -y*) Labyrinth *n* (*a. fig*)
laborant M (*-a; -ci*), **~ka** F (*-i; gen -tc*
Laborant(in) *m(f)*
laborato|rium N (*unv; -ia; gen -iów*
Labor(atorium) *n*; **~ryjny** Labor-
lać (*-eję*) gießen; **~ łzy** Tränen vergieß-
~ wodę *umg* ohne Punkt und Komma reden; **leje deszcz** es gießt in Strömen; **leje jak z cebra** es gießt wie aus Kübeln; **~ się** *ciecz* laufen, fließen; *umg* sich prügeln; **pot się ze mnie leje** der Schweiß läuft mir den Rücken hinunter; ⟨**z-**⟩ *umg* (ver)prügeln
lada[1] F (*-y*) Ladentisch *m*; **~ chłodnicza** Kühlvitrine *f*
lada[2] *partikel*: **~** (*+ subst*) jede(r) kleinste (*+ subst*); **~ trudność** jede kleinste Schwierigkeit *f*; **z ~ powodu** aus jedem kleinsten Grund; **~ moment** jeden Moment, jeden Augenblick; **nie ~** (*+ subst*) erstklassig, hervorragend; **nie ~ sukces** glänzender Erfolg *m*
ladaco M (*unv*) *żart* Taugenichts *m*
lafirynda F (*-y*) *umg pej* Flittchen *n*
laic|ki laienhaft; (*świecki*) weltlich, säkular; **~yzacja** F (*-i; bpl*) Säkularisierung *f*
laik M (*-a; -cy*) Laie *m*
lak M (*-u; -i*) Siegellack *m*
lakier M (*-u; -y*) Lack *m*; **~ samochodowy** Autolack *m*; **~ do paznokci** Nagellack *m*; **~ do włosów** Haarlack *m*; **~ki** M/PL (*-ów*) Lackschuhe *m/pl*
lakier|nia F (*-; -e*) Lackierwerkstatt *f*, Lackiererei *f*
lakierować ⟨**po-**⟩ (*-uję*) lackieren
lakmusowy: **papierek** *m* **~** Lackmuspapier *n*
lakoniczny lakonisch
lakować ⟨**za-**⟩ (*-uję*) versiegeln
lal|ka F (*-i; gen -lek*) Puppe *f* (*a. fig pej*); **~uś** M (*-sia; -sie*) *pej* Lackaffe *m*
lama[1] F (*-y*) ZOOL Lama *n*
lama[2] M (*-y; -owie*) REL Lama *m*
lama[3] F (*-y; bpl*) Lamee *n*
lamentować (*-uję*) jammern, lamentieren (**nad** *inst* über *akk*)
lameta F (*-y*) Lametta *n*
laminat M (*-u; -y*) Laminat *n*
lamówka F (*-i; gen -wek*) Besatz *m*, Borte *f*
lampa F (*-y*) Lampe *f*, Leuchte *f*; **~ stojąca** Stehlampe *f*; **~ wisząca** *od* **ścienna** Wandlampe *f*; **~ kwarcowa** Höhensonne® *f*; **~ jarzeniowa** Neonröhre *f*, Neonlampe *f*; **~ błyskowa** FOTO Blitzlicht *n*; **~ kineskopowa** TECH Bildröhre *f*
lampart M (*-a; -y*) Leopard *m*
lampion M (*-u; -y*) Lampion *m*
lampka F (*-i; gen -pek*) (kleine) Lampe *f*; **~ nocna** Nachttischlampe *f*; **~ kontrolna** Kontrolllampe *f*; **~ nagrobkowa** Grablicht *n*; **~ wina** ein Glas Wein
lamus: **odłożyć** *pf* **do ~a** *lit* ad acta legen
landrynk|a F (*-i; gen -nek*) Lutschbonbon *m od n*; **~owy** *kolor* bonbonrosa
la|nie N (*-a; bpl*) *umg* e-e Tracht Prügel; **~nie wody** *umg fig* Blabla *n*; **~ny** Guss-; **~ny poniedziałek** *m* Ostermontag *m*
lansować ⟨**wy-**⟩ (*-uję*) (*akk*) bekannt machen, populär machen (*akk*); werben, Werbung machen (für *akk*); *artystę* (groß) herausbringen, managen; fördern
lap|idarny lapidar; **~is-lazuli** M (*unv*) MINER Lapislazuli *m*
Laponia F (*gen dat lok -ii; bpl*) Lappland *n*
lapoński lapp(länd)isch
laptop M (*-a; -y*) Laptop *m*
larwa F (*-y*) ZOOL Larve *f*
laryngolog M (*-a; -dzy*) HNO-Arzt *m*, Laryngologe *f*; (*kobieta*) HNO-Ärztin *f*, Laryngologin *f*
las M (*-u; -y*) Wald *m*; **~ mieszany** Mischwald *m*; **~ iglasty** Nadelwald *m*; **~ liściasty** Laubwald *m*; **w lesie** im Wald
lasek M (*-sku; -ski*) Wäldchen *n*, Gehölz *n*
laser M (*-a; -y*) Laser *m*; **~owy** Laser-
las|ka F (*-i; gen -sek*) (Spazier)Stock *m*; (*dziewczyna*) *umg* Mädel *n*, Braut *f*; **~ka wanilii** Vanillestange *f*; **~ka cynamonu** Zimtstange *f*; **~ka marszałkowska** POL das Büro des Sejmpräsidenten; **chodzić o ~sce** am Stock gehen
laskowy: **orzech** *m* **~** Haselnuss *f*
lasować (*-uję*) *wapno* löschen
lastryko N (*-a od unv; bpl*) BUD Terrazzo *m*
lat|a PL (*gen -*) Jahre *pl*; **~a młodzieńcze** Jugendjahre *pl*; **~a sześćdziesiąte** Sechzigerjahre *pl*, Sechziger *pl*; **ile masz ~?** wie alt bist du?; **sto ~!** hoch soll … leben!,

happy birthday!; **na stare ~a** auf die alten Tage; **z biegiem ~** mit der Zeit; **przed ~~y** vor vielen Jahren; **przez (długie) ~a** jahrelang; **mieć swoje ~a** erwachsen sein, alt genug sein; → rok

latać (-*am*) fliegen; (*biegać*) *umg* rennen; **~ za** (*inst*) *umg* hinterherlaufen (*dat*); **~ po sklepach** *umg* die Geschäfte abklappern; **~ z językiem** *umg* herumtratschen; **~ z wywieszonym językiem** *umg* hetzen; **ręce mu latają** *umg* seine Hände zittern

lata|mi ADV jahrelang; **~nina** *umg* F (-*y*; *bpl*) Gerenne *n*, Hin und Her *n*

latar|ka F (-*i*; *gen* -*rek*) Taschenlampe *f*; **~nia** F (-*i*; -*e*) (Straßen)Laterne *f*; **~nia morska** Leuchtturm *m*

latawi|ca F (-*y*; -*e*) *umg* Lebefrau *f*; **~ec** M (-*wca*; -*wce*) Drachen *m*; *umg* Lebemann *m*

la|to N (-*a*, -*a*) Sommer *m*; **~tem** *od* **w lecie** im Sommer; **na ~to** für den Sommer; **pełnia** *f* **~ta** Hochsommer *m*; **babie ~to** Altweibersommer *m*

L

latorośl F (-*i*; -*e*, -*i*) Sprössling *m* (*a. fig*); **winna ~** Weinrebe *f*

latyno|amerykański, **~ski** lateinamerikanisch

latryna F (-*y*) Latrine *f*

laufer M (-*fra*; -*fry*) *w szachach* Läufer *m*

laur M (-*u*; -*y*) Lorbeer *m*

laureat M (-*a*; -*ci*), **~ka** F (-*i*; *gen* -*tek*) Preisträger(in) *m*(*f*); **~ Nagrody Nobla** Nobelpreisträger *m*

laurka F (-*i*; *gen* -*rek*) *selbst gebastelte Glückwunschkarte*

laurowy: **listek** *m* *od* **liść** *m* **~** KULIN Lorbeerblatt *n*; **wieniec** *m* **~** Lorbeerkranz *m*

lawa F (-*y*; *bpl*) Lava *f*

lawend|a F (-*y*) Lavendel *m*; **~owy** Lavendel-

lawin|a F (-*y*) Lawine *f*; **~owy** (**-owo**) Lawinen-; *fig* lawinenartig

lawirant M (-*a*; -*ci*), **~ka** F (-*i*; *G*-*tek*) *umg* Opportunist(in) *m*(*f*)

lawirować (-*uję*) lavieren

ląd M (-*u*; -*y*) Land *n*; **~ stały** Festland *n*; **wyjść** *pf* **na ~** an Land gehen

Lądek Zdrój M (*Lądka Zdroju*) Bad Landeck *n*

lądować ⟨**wy-**⟩ (-*uję*) landen (**na** *lok* auf *dat*); *umg fig* landen; **~ przymusowo** notlanden

lądo|wanie N (-*a*) Landung *f*; **~wanie przymusowe** Notlandung *f*; **~wisko** N (-*a*) Landeplatz *m*; **~wy** Land-

lebi|ega F *od* *m* (-*i*) *umg* Tollpatsch *m*; **~odka** F (-*i*; *gen* -*dek*) BOT Dost *m*

lec (*legnę*) *lit* sich hinlegen; *w walce* fallen; **~ u podstaw** zugrunde liegen; **~ w gruzach** in Schutt und Asche sinken

lecieć (-*cę*, *leć!*) fliegen; (*spadać*) herunterfallen; *woda, krew* fließen; (*biec*) *umg* rennen, laufen; *lata, czas* vergehen; *film, piosenka* laufen; **~ na** (*akk*) *umg* fliegen auf (*akk*); **jak leci?** wie geht es?; **jak leci** *umg* wie es kommt, wahllos

leciut|ki (**-ko**) ganz leicht; (*nie ciężki*) federleicht

leciwy (**-wie**) *lit* betagt

lecz *konj lit* (je)doch; **nie tylko ..., ~ także** nicht nur ..., sondern auch

leczenie N (-*a*) Behandlung *f*; Therapie *f*

lecznica F (-*y*; -*e*): **~ dla zwierząt** Tierklinik *f*

leczni|ctwo N (-*a*; *bpl*) Gesundheitswesen *n*; **~czy** (**-czo**) heilend, Heil-

leczyć (-*ę*) behandeln; **~ się** sich behandeln lassen, in Behandlung sein

led|wie, **~wo** *konj* kaum; *partikel* gerade, kaum; **~wie** *od* **~wo nie** beinahe, fast; **~wie żywy** todmüde; **~wo co** gerade eben; **~wie wyczuwalny** kaum spürbar; **~wo zdążyć** *pf* **na pociąg** den Zug gerade noch erreichen; **znać się ~wie tydzień** sich gerade e-e Woche lang kennen

legaliz|acja F (-*i*; *bpl*) Legalisierung *f*

legalizować ⟨**za-**⟩ (-*uję*) legalisieren

legalizowany *waga* geeicht

legalny legal

legenda F (-*y*) Sage *f*; *mapy* Legende *f*; **~rny** *władca* sagenhaft; (*słynny*) legendär

leg|ia F (*gen dat lok* -*ii*; -*e*) Legion *f*; **~ia cudzoziemska** Fremdenlegion *f*; **~ionista** M (-*y*; -*ści*) Legionär *m*

legislatywa F (-*y*) Legislative *f*

legitymacja F (-*i*; -*e*) Ausweis *m*

legitymować ⟨**wy-**⟩ (-*uję*) Ausweispapiere verlangen; **legitymować** legitimieren, begründen (*inst* mit *dat*); **~ się** sich ausweisen (*inst* mit *dat*)

Legnica F (-*y*; *bpl*) Liegnitz *n*

legowisko N (-*a*) Schlafstätte *f*; *niedźwiedzia* Lager *n*

legumina F (-*y*) Süßspeise *f*

lej M (-*a*; -*e*) Trichter *m*; **~ po bombie** Bombentrichter *m*

lejący się *tkanina* fallend, glatt
lejce PL (*gen -ów*) Zügel *pl*
Lejda F (*-y; bpl*) Leiden *n*
lej|ek M (*-jka; -jki*) Trichter *m*; **~kowaty** trichterförmig
lek M (*-u; -i*) Arzneimittel *n*, Medikament *n*
lek. med. (lekarz medycyny) Dr. med.
lekar|ka F (*-i; gen -rek*) *umg* Ärztin *f*; **~ski** ärztlich, Arzt-; **gabinet** *m* **~ski** Sprechzimmer *n*; **zwolnienie** *n* **~skie** Krankschreibung *f*
lekarstwo N (*-a*) Arzneimittel *n*, Medikament *n*; **jak na ~** herzlich wenig
lekarz M (*-a; -e*) Arzt *m*; **~ naczelny** Chefarzt *m*; **~ specjalista** Facharzt *m*; **~ weterynarii** Tierarzt *m*; **~ pogotowia** Notarzt *m*
lekceważ|ący (**-co**) missachtend, abschätzig, geringschätzig; **~enie** N (*-a; bpl*) Missachtung *f*; Geringschätzung *f*; (*bagatelizacja*) Unterschätzung *f*
lekceważyć ⟨**z-**⟩ (*-żę*) gering schätzen, missachten; (*bagatelizować*) unterschätzen, nicht ernst nehmen
lekc|ja F (*-i; -e*) Unterricht *m*; (*nauczka*) Lektion *f*, Lehre *f*; **~je** *pl* (*praca domowa*) Hausaufgaben *f/pl*; **~ja gry na fortepianie** Klavierunterricht *m*, Klavierstunde *f*; **~ja języka niemieckiego** Deutschunterricht *m*, Deutschstunde *f*; **~ja jazdy konnej** Reitunterricht *m*, Reitstunde *f*; **~ja gry w tenisa** Tennisunterricht *m*, Tennisstunde *f*; **prowadzić ~ję** unterrichten
lekcyj|ny: **godzina** *f* **~na** Unterrichtsstunde *f*; **sala** *f* **~na** Unterrichtsraum *m*
lek|ki (*persf -cy*) (**-ko**) leicht; *makijaż, zapach* dezent; **~ki jak piórko** federleicht; **z ~ka** *adv* leicht; **~ko ubrany** leicht angezogen
lekkoatlet|a M (*-y; -ci*), **~ka** F (*-i; -tek*) Leichtathlet(in) *m(f)*; **~yka** F (*-i; bpl*) Leichtathletik *f*; **~yczny** Leichtathletik-
lekkoduch M (*-a; -y*) Leichtfuß *m*
lekkomyśln|y leichtsinnig, leichtfertig; **~ość** F (*-ści; bpl*) Leichtsinn *m*, Leichtfertigkeit *f*
lekko|strawny leicht verdaulich; **~ść** F (*-ści; bpl*) Leichtigkeit *f*
lekomania F (*gen dat lok -ii; bpl*) Tablettensucht *f*
leksyka F (*-i; bpl*) JĘZ Lexik *f*, Wortschatz *m*; **~lny** JĘZ lexikalisch
leksykografia F (*gen dat lok -ii; bpl*) Lexikografie *f*
leksykon M (*-u; -y*) Lexikon *n*
lektor M (*-a; -rzy*) Lektor *m*, Dozent *m*; (*kobieta*) Lektorin *f*, Dozentin *f*; RADIO Sprecher *m*; (*kobieta*) Sprecherin *f*
lektorka F (*-i; gen -rek*) *umg* Dozentin *f*, Lektorin *f*; RADIO Sprecherin *f*
lektura F (*-y*) Lektüre *f*; **~ do poduszki** Bettlektüre *f*
lemoniada F (*-y*) Limonade *f*
len M (*lnu; lny*) BOT Flachs *m*; (*materiał*) Leinen *n*; **z lnu** aus Leinen
lenić się (*-ę*) faul sein, träge sein; sich vor der Arbeit drücken
lenistwo N (*-a; bpl*) Faulheit *f*, Trägheit *f*
leniuch M (*-a; -y*) Faulenzer *m*, Faulpelz *m*
leniuchować (*-uję*) lümmeln, faulenzen
leni|wiec M (*-wca; -wce*) ZOOL Faultier *n*; **~wy** (**-wie**) faul, träge
len|nik M (*-a; -cy*) HIST Lehnsmann *m*; **~no** N (*-a*) HIST Lehen *n*
leń M (*-nia; -nie; gen -ni od -niów*) *pej* Faulenzer *m*
lep M (*-u; -y*): **~ na muchy** Fliegenfänger *m*; **złapać się** *pf* **na ~** j-m auf den Leim gehen
lepić ⟨**u-**⟩ (*-ię*) formen, kneten; *bałwana* bauen; **lepić** zusammenkleben; **lepić się** kleben, haften (**do** *gen* an *dat*)
lepiej *komp* ADV besser; **coraz ~** immer besser; **tym ~** umso besser; → dobrze
lepik M (*-u; bpl*) Leim *m*
lepki (**-ko**) klebrig
lep|szy *komp* ADJ (*persf lepsi*) bessere(r); **pierwszy ~szy** der Erstbeste; **zmienić się** *pf* **na ~sze** sich zum Besseren wenden; **nie ma nic ~szego od** (*gen*) es gibt nichts Besseres als (*akk*), es geht nichts über (*akk*); → dobry
lesbij|ka F (*-i; gen -jek*) Lesbierin *f*, *umg* Lesbe *f*; **~ski** lesbisch
leser M (*-a; -rzy*) *umg* Drückeberger *m*
lesso|wy: **gleby** *f/pl* **~we** GEOL Lössboden *m*
lesisty waldreich
Leszno N (*-a; bpl*) Lissa *n*
leszcz M (*-a; -e*) ZOOL Blei *m*; **~yna** F (*-y*) Haselnussstrauch *m*
leśni|ctwo N (*-a; bpl*) Forstwirtschaft *f*, Forstwesen *n*; (*nauka*) Forstwissenschaft *f*; (PL *-a*) (*okręg*) Forstrevier *n*; **~czówka** F (*-i; gen -wek*) Forsthaus *n*
leś|niczy M (*-ego; -owie*) Förster *m*; **~nik**

M (-a; -cy) Forstgehilfe *m*; (*inżynier*) Forstwirt *m*; **~ny** Wald-; *gospodarka* Forst-
letarg M (-u; *bpl*) Lethargie *f* (*a.* MED)
letni (-nio) Sommer-, sommerlich; (*ciepławy*) lauwarm; **czas** *m* **~** Sommerzeit *f*; **~o ubrany** leicht bekleidet
letn|iczka F (-i; *gen* -czek), **~ik** M (-a; -cy) Feriengast *m*, Sommergast *m*
letnio ADV → letni
letnisko N (-a) Ferienort *m*, Urlaubsort *m*; **~wy** Ferien-
leukocyt M (-u; -y) BIOL Leukozyt *m*, weißes Blutkörperchen *n*
lew M (*lwa*; *lwy*) Löwe *m*
lew|a F (-ej; -e) *w kartach* Stich *m*; (*strona*) linke Seite *f*; **po ~ej** zur Linken; **od ~ej** von links, von der linken Seite
lewa|cki linksradikal; **~rek** M (-rka; -rki) TECH Wagenheber *m*
lewatywa F (-y) MED Klistier *n*
lewic|a F (-y) POL Linke *f*; **~owiec** M (-wca; -wcy) POL Linke(r) *m*; **~owy** linksgerichtet, Links-
lewkonia F (*gen dat lok* -ii; -e) BOT Levkoje *f*
lewo: **na ~** *od* **w ~** nach links; **na ~ od** (*gen*) links von (*gen*); **na ~** (*nielegalnie*) *umg* schwarz; **sprzedawać na ~** *umg* unter der Hand verkaufen; **założyć** *pf* **na ~** linksherum anziehen
lewo|brzeżny am linken Ufer gelegen; **~ręczny** linkshändig
lewostronny: **ruch** *m* **~** Linksverkehr *m*
le|wy linke(r); *umg fig* falsch, gefälscht; **~wa ręka** *f* linke Hand *f*; **~wy pas** *m* AUTO linke (Fahr)Spur *f*
leźć* (*lezę*) *owad, robak* kriechen, krabbeln; (*iść*) *umg* latschen
leż|ak M (-a; -i) Liegestuhl *m*; **~anka** F (-i; *gen* -nek) Liege *f*
leżakować (-*uję*) *wino* lagern; *w przedszkolu* e-n Mittagsschlaf machen
leżąco: **na ~** im Liegen, liegend
leżą|cy: **miejsce** *m* **~ce** Liegeplatz *m*
leżeć (-ę, -y) liegen; **spodnie dobrze leżą** die Hose sitzt gut; **marynarka źle leży** der Anzug sitzt nicht gut; **~ w gruzach** in Schutt und Asche liegen; **~ do góry brzuchem** *umg* auf der faulen Haut liegen; **~ na plaży** sich am Strand aalen; **~ u podstaw** (*gen*) zugrunde liegen (*dat*); **~ na słońcu** in der Sonne liegen; **~ odłogiem** AGR brachliegen

Lębork M (-a; *bpl*) Lauenburg *n*
lędźwie PL (*gen* -) ANAT Lenden *pl*
lęg M (-u; -i) ZOOL Brut *f*
lęgnąć się (3. *Pers* -nie) (aus dem Ei) schlüpfen
lęgowisko N (-a) Nistplatz *m*
lęgowy: **okres** *m* **~** Brutzeit *f*
lęk M (-u; -i) Angst *f*, Furcht *f*; **~ wysokości** Höhenangst *f*
lękać się (-am) *lit* (*gen*) sich fürchten (vor *dat*); **~ o** (*akk*) bangen um (*akk*)
lękliwy (-wie) ängstlich
lgnąć (-nę) (*przyklejać się*) haften, kleben (**do** *gen* an *dat*); **~ do k-o** j-n mögen, sich zu j-m hingezogen fühlen; **~ do nauki** lernbegierig sein
liana F (-y) BOT Liane *f*
libacja F (-i; -e) Saufgelage *n*
Liban M (-u; *bpl*) Libanon *m*
libański libanesisch
liberalizować (-*uję*) liberalisieren
liber|alny liberal; **~ał** M (-a; -owie) Liberale(r) *m*
liberia F (*gen dat lok* -ii; -e) Livree *f*
licealist|a M (-y; -ści-), **~ka** F (-i; *gen* -tek) Oberschüler(in) *m(f)*
licencja F (-i; -e) Lizenz *f*
licencjat M (-u; -y) (*stopień*) Bakkalaureat *n*; (-a; -ci) (*osoba*) Bakkalaureus *m*
liceum N (*unv*; -ea; *gen* -ów) Gymnasium *n*; **~ zawodowe** Berufsfachschule *f*
li|cho N: **~cho wie** weiß der Teufel, weiß der Kuckuck; **do ~cha!** zum Teufel!; **mieć do ~cha** (*gen*) in Hülle und Fülle haben (*akk*); **~cho mnie bierze** ich kriege die Krise; **~cho nie śpi** man kann sich nie sicher sein
lichtarz M (-a; -e) Kerzenleuchter *m*
lichw|a F (-y; *bpl*) *pej* Wucher *m*; **~iarz** M (-a; -e) *pej* Wucherer *m*
lichy (-cho) *ubranie* schäbig; *zdrowie, film* schlecht, miserabel
licować (3. *Pers* -uje): **nie ~** (**z** *inst*) *lit* unangemessen sein, sich nicht ziemen (für *akk*), nicht entsprechen (*dat*)
licyt|acja F (-i; -e) Versteigerung *f*, Auktion *f*; **~ator** M (-a; -rzy) Auktionator *m*, Versteigerer *m*
licytować (-*uję*) versteigern; *w kartach* bieten, reizen; **~ się** einander überbieten (wollen)
liczba F (-y) Zahl *f*; (*bpl*) (*ilość*) Anzahl *f*; **~ pojedyncza** JĘZ Einzahl *f*, Singular *m*; **~**

mnoga JĘZ Mehrzahl *f*, Plural *m*; **~ parzysta** gerade Zahl *f*; **~ nieparzysta** ungerade Zahl *f*

liczbo|wo ADV zahlenmäßig; **przeważać ~wo** in der Überzahl sein; **~wy** Zahlen-; **dane** *pl* **~we** Zahlenangaben *pl*

licze|bnik M *(-a; -i)* JĘZ Zahlwort *n*, Numerus *m*; **~bny** zahlenmäßig; **stan** *m* **~bny** Anzahl *f*, Stärke *f*; **~nie** N *(-a; bpl)* Zählen *n*; Rechnen *n*

licz|nik M *(-a; -i)* MAT, TECH Zähler *m*; **~nik gazowy** Gasuhr *f*, Gaszähler *m*; *w samochodzie* Kilometerzähler *m*; **~ny** zahlreich

liczyć ⟨**po-**⟩ *(-ę) v/t* zählen; **umieć liczyć** rechnen können; **liczyć na** *(akk)* zählen auf *(akk)*; **liczyć sobie trzydzieści lat** dreißig Jahre alt sein; **liczyć się** *(mieć wartość)* zählen; **liczyć się z** *(inst) (szanować)* hoch schätzen, achten *(akk)*; *(brać pod uwagę)* rechnen (mit *dat*); **to się nie liczy** das zählt nicht; **liczyć się ze słowami** auf seine Worte achten; **liczyć się z każdym groszem** mit jedem Pfennig rechnen müssen

liczydło N *(-dła; gen -deł)* Rechenschieber *m*

liczykrupa M *od f (-y) umg* Geizkragen *m*

lider M *(-a; -rzy)* Spitzenpolitiker *m*, Parteiführer *m*; SPORT Spitzenreiter *m*, Tabellenführer *m*, Leader *m*

Lidzbark M *(-u; bpl)*: **~ Warmiński** Heilsberg *n*

liga F *(-i)* SPORT Liga *f*

lignina F *(-y; bpl)* MED Zellstoff *m*

ligo|wiec M *(-wca; -wcy)* SPORT Ligaspieler *m*; **~wy** SPORT Liga-

likier M *(-u; -y)* Likör *m*

likwidacja F *(-i; -e)* EKON Liquidierung *f*, Auflösung *f*

likwidować ⟨**z-**⟩ *(-uję)* EKON liquidieren, auflösen; *(usuwać)* beseitigen

lila lila(farben)

lilia F *(gen dat lok -ii; -e)* Lilie *f*

liliowy Lilien-; *kolor* lila(farben)

liliowy (-wo) lila(farben)

liliput M *(-a; -ci)* Liliputaner *m*

limba F *(-y)* Zirbelkiefer *f*

limfatycz|ny Lymph-; **węzły** *m/pl* **~ne** Lymphknoten *m/pl*

limit M *(-u; -y)* Limit *n*, Begrenzung *f*

limitować *(-uję)* limitieren, begrenzen

limuzyna F *(-y)* Limousine *f*

lin M *(-a; -y)* ZOOL Schleie *f*

li|na F *(-y)* Seil *n*; MAR Tau *n*, Trosse *f*; **~na holownicza** Abschlepptau *n*; **spuścić się** *pf* **po ~nie** sich abseilen

linczować ⟨**z-**⟩ *(-uję)* lynchen

lingwistyka F *(-i; bpl)* JĘZ Linguistik *f*, Sprachwissenschaft *f*

lin|ia F *(gen dat lok -ii; -e)* Linie *f*; *autobusowa, tramwajowa* Strecke *f*; **~ia telefoniczna** Telefonleitung *f*; **~ie papilarne** ANAT Papillarlinien *f/pl*; **dbać o ~ię** auf die Figur achten; **w ~ii męskiej** väterlicherseits

linieć *(3. Pers -eje) ssaki* (sich) haaren; *ptaki* mausern; *owady, węże* sich häuten

lini|jka F *(-i; gen -jek)* Zeile *f*; *(przyrząd)* Lineal *n*; **~owany** lini(i)ert; **~owy (-owo)** linear; Linien-

linka F *(-i; gen -nek)* Leine *f*, Seil *n*

lino|leum N *(unv; bpl)* Linoleum *n*; **~skoczek** M *(-czka; -czkowie od -czki)* Seiltänzer *m*; *(kobieta)* Seiltänzerin *f*

lino|wy Seil-; **kolejka** *f* **~wa** Seilbahn *f*

lip|a F *(-y)* Linde *f*; *(bpl) umg* Schwindel *m*; *(tandeta) umg* Ramsch *m*, Plunder *m*; **~cowy** Juli-

lip|iec M *(-pca; -pce)* Juli *m*; **w ~cu** im Juli; **~ny** *umg* gefälscht, frisiert; **~owy** Linden-; **miód** *m* **~owy** Lindenhonig *m*

Lipsk M *(-a; bpl)* Leipzig *n*

lipski ADJ Leipziger

liry|czny lyrisch; **~ka** F *(-i; bpl)* Lyrik *f*

lis M *(-a; -y; gen -ów)* ZOOL Fuchs *m*; **~y** *pl (futro)* Fuchspelz *m*; **szczwany** *od* **chytry ~** *pej* schlauer Fuchs *m*; **farbowany ~** *fig pej* Ratte *f*

lisi Fuchs-; **~a czapa** *f wokół księżyca* Hof *m*; **~ca** F *(-y; -e)* ZOOL Füchsin *f*

list M *(-u; -y)* Brief *m*; *urzędowy* Schreiben *n*; **~ polecony** Einschreibebrief *m*; **~ lotniczy** Luftpostbrief *m*; **~ gończy** Steckbrief *m*; **~ motywacyjny** Bewerbungsschreiben *n*; **~y** *pl* **uwierzytelniające** Beglaubigungsschreiben *n*; **~a** F *(-y)* Liste *f*; **~a obecności** Anwesenheitsliste *f*; **być na liście** auf der Liste stehen

listek M *(-tka; -tki)* kleines Blatt *n*, Blättchen *n*; **~ bobkowy** Loorbeerblatt *n*

listonosz M *(-a; -e)* Briefträger(in) *m(f)*, Postbote *m*; **~ka** F *(-i; gen -szek)* Briefträgerin *f*, Postbotin *f*

listo|pad M *(-a; -y)* November *m*; **w ~padzie** im November; **~padowy** November-; **~wie** N *(-a; bpl)* Laub *n*

listo|wny schriftlich; **znajomość** *f* **~wna** Brieffreundschaft *f*; **~wy** Brief-
listwa F (*-y; gen -tew*) Leiste *f*; *tkaniny* Borte *f*
liszaj M (*-a; -e*) MED Flechte *f*
liszka F (*-i; gen -szek*) Raupe *f*
liści|asty BOT Laub-; *wzór* Blatt-; **~owy** BOT Blatt-
li|ść M (*-ścia; -ście, inst -ćmi*) BOT Blatt *n*; **~ść kasztana** Kastanienblatt *n*; **~ść dębu** Eichenblatt *n*; **~ście** *koll* Laub *n*
litania F (*gen dat lok -ii; -e*) REL Litanei *f* (*a. fig*)
lite|ra F (*-y*) Buchstabe *m*; **duża** *od* **wielka ~ra** Großbuchstabe *m*; **usiąść** *pf* **na czterech ~rach** *umg fig* vier Buchstaben *pl*; **według ~ry prawa** nach dem Buchstaben des Gesetzes
literacki (-ko po -ku) literarisch; *krytyk, epoka* Literatur-; **język** *m* **~** Hochsprache *f*, Schriftsprache *f*; **miesięcznik** *m* **~** Literaturzeitschrift *f*
literat M (*-a; -ci*) Schriftsteller *m*, Literat *m*
literatka F (*-i; gen -tek*) Schriftstellerin *f*, Literatin *f*; *umg* (*kieliszek*) Schnapsglas *n*
literatura F (*-y*) Literatur *f*; **~ piękna** Belletristik *f*; **~ fachowa** Fachliteratur *f*; **~ faktu** Reportagen *pl*; **~ przedmiotu** Sachbücher *pl*
literaturoznawstwo N (*-a; bpl*) Literaturwissenschaft *f*
literować ⟨**prze-**⟩ (*-uję*) buchstabieren
liter|owy Buchstaben-; **~ówka** F (*-i; gen -wek*) Flüchtigkeitsfehler *m*
litewski (po -ku) litauisch
lito|ściwy (-wie) *osoba* barmherzig; *spojrzenie, gest* mitleidig, mitleidvoll; **~ść** F (*-ści; bpl*) Mitleid *n*; **z ~ści** aus Mitleid; **bez ~ści** mitleid(s)los, ohne Mitleid
litować się (*-uję*) Mitleid haben (**nad** *inst* mit *dat*)
litr M (*-a; -y*) Liter *m od n*; **~aż** M (*-u; bpl*) AUTO Hubraum *m*; **~owy** Liter-; **~ówka** F (*-i; gen -wek*) *umg* Literflasche *f* Schnaps
liturgia F (*gen dat lok -ii; -e*) REL Liturgie *f*
Litw|a F (*-y; bpl*) Litauen *n*; **~in** M (*-a; -i*), **~inka** F (*-i; gen -nek*) Litauer(in) *m(f)*
lity *drewno, złoto* massiv
lizać (*-żę, liż!*) ⟨**liznąć**⟩ (*-nę*) *v/t* lecken
lizak M (*-a; -i*) Lutscher *m*; *umg policyjny* Kelle *f*
liznąć PF (*gen*) *fig umg* reinschnuppern (in *akk*); → lizać
Lizbona F (*-y; bpl*) Lissabon *n*
lizus M (*-a; -y*) *umg pej* Kriecher *m*, Schleimer *m*; **~owski** kriecherisch, schleimig
lm (liczba mnoga) Pl. (Plural)
lnia|ny *olej* Lein-; *obrus, spodnie* leinen, Leinen-; *włosy* flachsblond, hellblond; **siemię** *n* **~ne** Leinsamen *m*
LO (Liceum Ogólnokształcące) Gymnasium *n*
Loara F (*-y; bpl*) Loire *f*
loch M (*-u; -y*) unterirdischer Gang *m*, Keller *m*; (*więzienie*) Burgverlies *n*, Kerker *m*
lo|cha F (*-y*) ZOOL Sau *f*; ŁOW Bache *f*; **~czek** M (*-czka; -czki*) *dim* Löckchen *n*
lodołamacz M (*-a; -e*) MAR Eisbrecher *m*
lodowacieć ⟨**z-**⟩ (*-eję*) zu Eis werden, gefrieren; *ręce* eiskalt werden, steif werden
lodowaty (-to) eiskalt, eisig; *fig* kalt; unnahbar
lodow|cowy GEOL Eis-; **~iec** M (*-wca; -wce*) Gletscher *m*; **~isko** N (*-a*) (*hala*) Eishalle *f*
lo|dowy Eis-; **~dówka** F (*-i; gen -wek*) Kühlschrank *m*
lody PL → lód
lodzia|rnia F (*-i; -e*) Eisdiele *f*; **~rz** M (*-a; -e*), **~rka** F (*-i; gen -rek*), Eisverkäufer(in) *m(f)*
logarytm M (*-u; -y*) Logarithmus *m*
loggia F (*gen dat lok -ii; -e*) (*balkon*) Loggia *f*
logi|czny logisch; **~ka** F (*-i; bpl*) Logik *f*; **~styka** F (*-i; bpl*) MIL Logistik *f*
logo N (*unv*) Firmenlogo *m od n*, Firmenzeichen *n*; **~peda** M (*-y; -dzi*) Logopäde *m*; (*kobieta*) Logopädin *f*
logować się ⟨**za-**⟩ (*-uję*) EDV sich einloggen
lojal|ność F (*-ści; bpl*) Loyalität *f*; **~ny** loyal
lok M (*-a; -i*) (Haar)Locke *f*; **w ~i** gelockt
lokaj M (*-a; -e*) Lakai *m* (*a. pej*)
lokal M (*-u; -e*) Lokal *n*; *ofic* Wohnung *f*, Wohnraum*m*; **~ gospodarczy** Gewerberaum *m*; **~ biurowy** Büroraum *m*; **~ nocny** Nachtlokal *n*; **~ wyborczy** Wahllokal *n*
lokalizować ⟨**z-**⟩ (*-uję*) unterbringen; orten, lokalisieren
lokal|ny lokal, Lokal-, örtlich; **~owy**

prawo, podatek Wohn-
lokata F (-y) EKON (Kapital)Anlage *f*; SPORT Platz *m*
lokator M (-a; -rzy), **~ka** F (-i; *gen* -rek) Mieter(in) *m(f)*
lokomocj|a F: **środek** *m* **~i** Verkehrsmittel *n*
lokomotywa F (-y) Lok(omotive) *f*
lokować ⟨u-⟩ (-uję) platzieren, hinstellen; *gości* unterbringen; FIN anlegen; **~ się** SPORT sich platzieren, sich qualifizieren
lokówka F (-i; *gen* -wek) Lockenwickler *m*
lombard M (-u; -y) Leihhaus *n*
Londyn M (-u; *bpl*) London *n*
lont M (-u; -y) Zündschnur *f*, Lunte *f*
lornetka F (-i; *gen* -tek) Fernglas *n*; **~ teatralna** Opernglas *n*
los M (-u; -y) Los *n*, Schicksal *n*; *na loterii* Los *n*; **~ pełny** Gewinnlos *n*; **ofiara** *f* **~u** Niete *f*; **ciągnąć ~y** knobeln; **na ~ szczęścia** auf gut Glück; **masz ci ~!** *umg* so ein Pech!
losowa|ć (-uję) (*ciągnąć los*) losen, ein Los ziehen; (*ustalać*) auslosen; **~nie** N (-a) Ziehung *f*; **drogą ~nia** durch Auslosung
loso|wy (-wo) Schicksals-, schicksalhaft; *czynnik* Zufalls-; *gra* Glück-; **wybrany ~wo** ausgelost
LOT (Polskie Linie Lotnicze LOT) Polnische Fluglinien *pl* LOT
lot M (-u; -y) Flug *m*; **w ~** schnell, sofort; **z ~u ptaka** aus der Vogelperspektive; **~em błyskawicy** *adv* blitzschnell, wie ein Lauffeuer
Lotaryngia F (*gen dat lok* -ii; *bpl*) Lothringen *n*
loter|ia F (*gen dat lok* -ii; -e) Lotterie *f*; **wygrać** *pf* **na ~ii** in der Lotterie gewinnen
lotka F (-i; *gen* -tek) SPORT Federball *m*; *ptaka* Schwungfeder *f*
lotnia F (-i; -e) SPORT Drachen *m*; **~rstwo** N (-a; *bpl*) Drachenfliegen *n*; **~rz** M (-a; -e) Drachenflieger *m*
lotni|ctwo N (-a) Luftfahrt *f*, Luftwesen *n*; MIL Luftwaffe *f*; **~czy** Flug-; *poczta, alarm* Luft-; **linie** *f/pl* **~cze** Luftfahrtgesellschaft *f*, Fluglinie *f*; **komunikacja** *f* **~cza** Luftverkehr *m*, Flugverkehr *m*; **katastrofa** *f* **~cza** Flugzeugunglück *n*, Flugzeugabsturz *m*; **port** *m* **~czy** Flughafen *m*
lotni|k M (-a; -cy) Flieger *m*; **~nisko** N (-a) Flughafen *m*; **~skowiec** M (-wca; -wce) MIL Flugzeugträger *m*; **~skowy** Flughafen-
lotny CHEM flüchtig; *umysł* wach, beweglich; **~ piasek** *m* Flugsand *m*
loża F (-y; -e) Loge *f*
lód M (lodu; lody; *gen* -ów) Eis *n*; **lody** *pl* (Speise)Eis *n*; **lody** *pl* **na patyku** Eis *n* am Stiel; **lody** *pl* **w gałkach** Eis *n* in der Waffel; **chcesz loda?** *umg* willst du ein Eis?; **skuty lodem** zugefroren; **mieć forsy jak lodu** *umg* Geld wie Heu haben; **zostawić** *pf* **na lodzie k-o** *umg* j-n im Stich lassen
lp (liczba pojedyńcza) Sg. (Singular)
l.p. (liczba porządkowa) laufende Nummer *f*
lśniący glänzen
lśnić (się) (3. *Pers lśni*) glänzen
lub *konj ofic* oder
luba F (-ej; -e) *żart* Liebste *f*
Lubań M (*Lubania*) Lauban *n*
lubczyk M (-u; -i) BOT Liebstöckel *n od m*
Lubeka F (-i; *bpl*) Lübeck *n*
lubiany beliebt
lubić (-ię) gernhaben, mögen
lubieżnik M (-a; -cy) *pej* Lüstling *m*; **~ny** *pej* lüstern; **czyn** *m* **~ny** JUR unzüchtige Handlung *f*
Lubin M (-a; *bpl*) Lüben *n*
lubować się (-uję) *lit* (**w** *lok*) Gefallen haben (an *dat*), mit Vorliebe genießen (*akk*)
luby M (-ego; -i) *żart* Liebste(r) *m*
Lu|bsko N (-a; *bpl*) Sommerfeld *n*; **~cerna** F (-y; *bpl*) Luzern *n*
lud M (-u, -u!; -y) Volk *n*; **~ek** M (-dka; -dki) Männchen *n*; **~ność** F (-ści; *bpl*) Bevölkerung *f*; **~ny** belebt, bevölkert
ludobój|ca M (-y; *gen* -ów) Massenmörder *m*; **~stwo** N (-a; *bpl*) Völkermord *m*
ludo|wy Volks-; **~znawstwo** N (-a; *bpl*) Volkskunde *f*; **~żerca** M (-y; *gen* -ów) Kannibale *m*; **~żerstwo** N (-a; *bpl*) Kannibalismus *m*
lu|dzie PL (*gen* -, *inst* -dźmi) Leute *pl*, Menschen *pl*; **przy ~dziach** vor anderen, vor aller Augen; **wyjść** *pf* **na ~dzi** es zu etwas bringen; **~dzik** M (-a; -i) Männchen *n*
ludz|ki *ciało, życie* menschlich, Menschen-; (*humanitarny*) human, menschenwürdig; (*życzliwy*) menschlich, freundlich; (*przyzwoity*) ordentlich, anständig; **istota** *f* **~ka** menschliches Wesen *n*; **to przechodzi ~kie pojęcie** *umg* das ist nicht zu fassen; **po ~ku** *adv* (*życzliwie*) menschlich,

L

freundlich; *(przyzwoicie)* normal, anständig
ludzkość F *(-ści; bpl)* Menschheit *f*
lufa F *(-y)* MIL Lauf *m*
lufcik M *(-a; -i)* Lüftungsklappe *f*
luft: **do ~u** *umg* unter aller Kanone
luk M *(-u; -i)* MAR Luke *f*; **~a** F *(-i)* Lücke *f*
lukier M *(-kru; -kry)* Zuckerguss *m*
lukr|atywny lukrativ, einträglich; **~ecja** F *(-i; bpl)* Lakritze *f*
lukrować ⟨**po-**⟩ *(-uję)* mit Zuckerguss überziehen
Luksemburg M *(-a; bpl)* Luxemburg *n*
luksus M *(-u; bpl)* Luxus *m*; **~owy (-wo)** luxuriös, Luxus-
lulać *(-am)* *umg* (in den Schlaf) lullen
lumbago N *(unv)* MED Hexenschuss *m*, Lumbago *f*
lump M *(-a; -y)* *umg pej* Penner *m*
lumpeks M *(-u)* *umg* Secondhandladen *m*
lunapark M *(-u; -i)* Vergnügungspark *m*
lunaty|k M *(-a; -cy)*, **~czka** F *(-i; gen -czek)* Mondsüchtige(r) *m*, *f*, Schlafwandler(in) *m(f)*
lunąć PF *(-nę, nie, -ń!)* *deszcz* niedergehen, niederprasseln; **~ wodą** Wasser ausgießen
Lüneburska Pustać F *(Lüneburskiej Pustaci; bpl)* Lüneburger Heide *f*
lu|neta F *(-y)* Fernrohr *n*; **~pa** F *(-y)* Lupe *f*; **~ra** F *(-y)* *umg* Plörre *f*; **~rowaty** *umg* *kawa, zupa* dünn
lusterko N *(-a; gen -rek)* (kleiner) Spiegel *m*, Handspiegel *m*; **~ boczne** AUTO Seitenspiegel *m*
lustrac|ja F *(-i; -e)* Inspektion *f*, (Über-)Prüfung *f*, Kontrolle *f*; POL Lustration *f*; **~yjny** Prüfungs-, Inspektions-; POL Lustrations-
lustro N *(-a; gen -ter)* Spiegel *m*; **~ wody** Wasserspiegel *m*
lustrować ⟨**z-**⟩ *(-uję)* inspizieren, (über-)prüfen; **~ się** *(patrzeć)* sich mustern
lustrza|nka F *(-i; gen -nek)* Spiegelreflexkamera *f*; **~ny** Spiegel-; *powierzchnia* spiegelglatt
lut M *(-u; -y)* Lot *n*, Lötmetall *n*
luterański evangelisch-lutherisch
lutnia F *(-i; -e)* MUS Laute *f*
lutować ⟨**z-**⟩ *(-uję)* (ver)löten
lutowni|ca F *(-y; -e)* Lötkolben *m*; **~czy** Löt-
lu|towy Februar-; **~ty** M *(-ego; -e)* Februar *m*; **w ~tym** im Februar
luz M *(-u; -y)* *(miejsce)* (freier) Platz *m*; *(wolny czas)* *umg* Freizeit *f*; *(swoboda)* Lockerheit *f*, Entspanntheit *f*; TECH Spiel *n*; **na (pełnym) ~ie** *umg* (ganz) locker, entspannt
luzak M *(-a; -cy)*: **być ~iem** *umg* locker drauf sein
luzem ADV *umg* lose, unverpackt
luzować ⟨**z-**⟩ *(-uję)* *(zastępować)* ablösen; ⟨**po-**⟩ *nakrętkę, opaskę* lockern
luźny (-no) *ubranie* weit; *pomieszczenie* frei, leer; *kartki, notatki* lose; *kontakt, znajomość* locker
lwi Löwen- *(a. fig)*; **~ca** F *(-y; -e)* Löwin *f*
Lwów M *(Lwowa, Lwowowi; bpl)* Lemberg *n*; **ze Lwowa** aus Lemberg; **we Lwowie** in Lemberg
Lwówek Śląski M *(Lwówka Śląskiego; bpl)* Löwenberg *m*
lwy PL → lew
lżej *komp* ADV leichter; → lekki
lżejsi *komp* ADJ *persf* leichter; → lekki
lżejszy *komp* ADJ leichter; → lekki
lżyć ⟨**ze-**⟩ *(-ę, lżyj!)* *lit* schmähen

Ł

Łaba F *(-y; bpl)* Elbe *f*
łabę|dzi Schwanen- *(a. fig)*; **~dzi śpiew** *m fig* Schwanengesang *m*; **~dź** M *(-dzia; -dzie; gen -dzi)* Schwan *m*
łacha F *(-y)* Nebenarm *m*, Altwasser *n*; *(mielizna)* Sandbank *f*
łachmany M/PL *(gen -ów)* *umg* Lumpen *m/pl*, alte Klamotten *pl*
łach|myta M od F *(-y)* *pej* Penner *m*; **~udra** F *(-y; gen -der)* *umg pej* Schurke *m*
łachy M/PL *(gen -ów)* → łachmany
łaciasty scheckig, gescheckt
łaci|na F *(-y; bpl)* Latein *n*; *(przekleństwa)* *umg* Kraftausdrücke *m/pl*, Flüche *m/pl*; **~ński** Latein-
ład M *(-u; bpl)* Ordnung *f*; **dojść do ~u** zurechtkommen (**z** *inst* mit *dat*); **bez ~u i składu** völlig durcheinander
ładnieć ⟨**wy-**⟩ *(-eję)* hübsch(er) werden

ład|ny hübsch; *iron* schön; **~ny wiek** *m* hohes Alter *n*; **~na pogoda** schönes Wetter *n*; **minęło ~nych parę lat** ein paar Jahre sind schon vergangen; **~na historia!** *iron* e-e schöne Geschichte!

ładować (*-uję*) (auf)laden (*a.* ELEK); MIL laden; **~ się** ELEK geladen werden; *umg* sich vordrängen

ładow|nia F (*-; -e*) Laderaum *m*, Frachtraum *m*; **~ność** F (*-ści; bpl*) Ladegewicht *n*; **~ny** groß, geräumig

ładunek M (*-nku; -nki*) Ladung *f*; **~ wybuchowy** Sprengsatz *m*, Sprengstoff *m*

łagodnieć ⟨**z-**⟩ (*-eję*) sanft(er) werden; *ból, wiatr* nachlassen

łagodność F (*-ści; bpl*) *charakteru* Sanftmut *m*

łagodny *osoba, głos* sanft; *klimat, smak, mydło* mild; *spadek, zakręt* leicht; *traktowanie* nachsichtig

łagodzą|cy (**-co**) lindernd; **okoliczności** *f/pl* **~ce** JUR mildernde Umstände *m/pl*

łagodzić ⟨**z-**⟩ (*-dzę*) lindern, mildern; ⟨**za-**⟩ *konflikt* beilegen

łajać ⟨**z-**⟩ (*-am*) ausschelten, rügen

łajba F (*-y*) (*łódź*) *umg* Pott *m*

łajda|cki (**-ko, po -ku**) *umg pej* gemein, mies; **~ctwo** N (*-a*) Gemeinheit *f*; **~czka** F (*-i; gen -czek*) *umg pej* Flittchen *n*

łajdaczyć się (*-czę*) *umg pej* herumhuren, sich herumtreiben

łajdak M (*-a; -cy*) *pej* Schuft *m*, Schurke *m*

łajno N (*-a; - bpl*) *krowie* Kuhfladen *m*; *końskie* Pferdeäpfel *m/pl*

łaknąć PF (*-nę*) *lit* dürsten (*gen* nach *dat*)

łaknien|ie N (*-a; bpl*) MED Appetit *m*; **brak ~ia** MED Appetitlosigkeit *f*

łako|cie PL (*gen -*) Leckereien *f/pl*, Süßigkeiten *f/pl*; **~mczuch** M (*-a; -y*) Naschkatze *f*

łakomić się ⟨**połakomić się**⟩ (*-ię*) (**na** *akk*) es abgesehen haben auf (*akk*), erpicht sein auf (*akk*)

łakomstwo N (*-a; bpl*) Nascherei *f*, Naschhaftigkeit *f*

łakomy (**-mie**) naschhaft, gierig; *fig* erpicht (**na** *akk* auf *akk*); **~ na pieniądze** geldgierig; **~ kąsek** *m fig* Leckerbissen *m*

łam M (*-u; -y*) TYPO Spalte *f*; **na ~ach gazet** in der Presse; **~acz** M (*-a; -e*) TECH Brecher *m*

łamać ⟨**z-**⟩ (*-ię*) *v/t* brechen (*a. fig*); **~ przepisy** gegen Gesetze verstoßen; **łamać sobie głowę** sich den Kopf zerbrechen (**nad** *inst* über *akk*); **łamać sobie język** radebrechen; **łamać ręce** *fig* die Hände ringen; **łamie mnie w kościach** *umg* es reißt mich in allen Gliedern; **~ się** *v/i* brechen; **łamać się** *fala, promienie* sich brechen; *osoba* aufgeben, sich unterkriegen lassen; **łamać się opłatkiem** die Oblate teilen

łamaga M *od f* (*-i*) *umg* Tollpatsch *m*

łama|ny: **mówić ~ną polszczyzną** Polnisch radebrechen; **dziewięć ~ne przez dwa** neun Strich zwei

łami|główka F (*-i; gen -wek*) Puzzle *n*, Rätsel *n*; *fig* Denkaufgabe *f*, harte Nuss *f*; **~strajk** M (*-a; -i*) Streikbrecher *m*

łamliwy spröde, brüchig

łan M (*-u; -y*) *lit* Flur *f*, Getreidefeld *n*

łania F (*-i; -e*) Hirschkuh *f*

łańcu|ch M (*-a; -y*) Kette *f*; **na ~chu** an der Kette; **~chowy** Ketten-; **reakcja** *f* **~chowa** Kettenreaktion *f*; **~szek** M (*-szka; -szki*) Halskette *f*, Kettchen *n*

ła|pa F (*-y*) *kota, psa* Pfote *f*; *niedźwiedzia* Tatze *f*; *lwa* Pranke *f*; (*ręka*) *umg* Pfote *f*; **~py przy sobie!** Finger weg!

łapać ⟨**z-**⟩ (*-ię*) fangen; **~ za** (*akk*) fassen, greifen an (*akk*); **~ w powietrzu** auffangen; **~ (pośpiesznie)** (*akk*) greifen (nach *dat*); **~ pociąg** *umg* den Zug erwischen; **nie mogę go złapać** *umg* ich kriege ihn nicht an die Strippe; **złapał go kurcz** er hat einen Krampf bekommen; **złapał mnie katar** ich habe Schnupfen bekommen; **~ oddech** nach Luft schnappen; **~ gumę** *umg* einen Platten haben; **~ męża** *umg* sich e-n Ehemann angeln; **~ na dziecko k-o** *umg* j-m einen Balg aufhängen; **~ się** *mysz* sich fangen; **~ się za** (*akk*) sich fassen, sich greifen an (*akk*); **~ się na** (*lok*) (*dać się oszukać*) *umg* reinfallen (auf *akk*); ⟨**z-, przy-**⟩ ertappen (**na** *lok* bei *dat*); **~ się na** (*lok*) sich ertappen (bei *dat*); **łapać** (*rozumieć*) *umg* kapieren; **łapać ~ dwie sroki za ogon** auf zwei Hochzeiten tanzen; **łapać za słówka k-o** j-m das Wort im Mund umdrehen

łap|anka F (*-i; gen -nek*) HIST Verhaftungsaktion *f*; **~czywy** (**-wie**) gierig

łapka F (*-i; gen -pek*) *dim* Pfötchen *n*; *na myszy* Mausefalle *f*; *na muchy* Fliegenklatsche *f*

łap|ownictwo N (*-a; bpl*) Bestechlichkeit

Ł

f, Käuflichkeit *f*; **~owniczy** Bestechungs-; **~ówka** F (*-i*; *gen* *-wek*) Bestechungsgeld *n*

łap|ówkarz M (*-a*; *-e*) bestechlicher Mensch *m*; **~serdak** M (*-a*; *-cy*) Taugenichts *m*

łapu-capu: **na ~** *umg* holterdiepolter

łasica F (*-y*; *-e*) Wiesel *n*

łasić się (*-szę*) *kot* sich anschmiegen (**do** *dat* an *akk*)

łas|ka F (*-i-*) Gunst *f*; JUR Begnadigung *f*; REL Gnade *f*; **prawo** *n* **~ki** Begnadigungsrecht *n*; **na ~kę i niełaskę** auf Gnade und Ungnade; **być zdanym na ~kę losu** dem Schicksal ausgeliefert sein; **niech pan z ~ki swojej** *ofic* ... seien Sie so gut und ...; **bez ~ki!** *umg* na, dann nicht!; **jak z ~ki** *iron* gnädig

łaska|wy (**-wie**) wohlwollend, großzügig; *iron* gnädig; **bądź ~w(y) i ...** *ofic* sei so gut und ...; **~wy chleb** *m* Gnadenbrot *n*

łaskotać ⟨**po-**⟩ (*-czę*) kitzeln

łaskotki PL (*gen* *-tek*): **mieć ~** kitz(e)lig sein

łaskotliwy kitz(e)lig

łasować (*-uję*) naschen

łasy gierig (**na** *akk* nach *dat*); **~ na słodycze** naschhaft; **~ na pieniądze** geldgierig; **~ na pochwały** eitel

łaszczyć się ⟨**połaszczyć się**⟩ (*-ę*) *pej* (**na** *akk*) es abgesehen haben auf (*akk*), spekulieren auf (*akk*)

łaszki M/PL (*gen* *-ów*) *umg* Klamotten *pl*, Fummel *m*

łata F (*-y*) *na sierści* Fleck *m*; *na ubraniu* Flicken *m*

łatać ⟨**za-**⟩ (*-am*) flicken

łatwizna F (*-y*; *bpl*) *umg* simple Aufgabe *f*; **iść na ~nę** *pej* den Weg des geringsten Widerstands gehen

łatwo ADV → łatwy

łatwopalny leicht entzündlich

łatwo|ść F (*-ści*; *bpl*) Leichtigkeit *f*; **z ~ścią** *adv* ohne Probleme, mühelos; **~wierny** leichtgläubig

łat|wy (**-wo**) leicht, einfach; **~wy w obsłudze** leicht zu bedienen; **~wy w obejściu** umgänglich; (**nie**) **mieć ~wo** es (nicht) leicht haben; **~wo psujący się** leicht verderblich; **to ~wo mu przychodzi** es fällt ihm leicht

ła|wa F (*-y*) Beistelltisch *m*; **~wa oskarżonych** Anklagebank *f*; **wyłożyć** *pf* **kawę na ~wę** *fig* Tacheles reden; **~wą** ADV dicht gedrängt, alle zusammen

ławica F (*-y*; *-e*) *piasku* Sandbank *f*; *ryb* Fischschwarm *m*; **~ka** F (*-i*; *gen* *-wek*) Bank *f*; *w szkole* Schulbank *f*

ławnik M (*-a*; *-cy*) Schöffe *m*; (*kobieta*) Schöffin *f*

łazęga M *od f* (*-i*) *umg* Herumtreiber *m*

łazić (*-żę*) *umg* schlendern, umherstreifen; (*wspinać się*) klettern

łazienk|a F (*-i*; *gen* *-nek*) Bad *n*, Badezimmer *n*; **~owy** Bade-

łazik M (*-a*; *-i*) *umg* (*samochód*) Jeep® *m*; *pej* Herumtreiber *m*

łaźnia F (*-i*; *-e*) Badeanstalt *f*

łą|czący verbindend; **~cze** N (*-a*) RADIO Leitung *f*, Richtfunk *m*; **~czniczka** F (*-i*; *gen* *-czek*) Kurier *m*

łącznie ADV (**z** *inst*) einschließlich (*gen*), zusammen (mit *dat*); **to pisze się ~** das wird zusammengeschrieben

łącz|nik M (*-a*; *-cy*) Kurier *m*; PL *-i*) JĘZ Bindestrich *m*; *fig* Bindeglied *n*; TECH Verbindungsstück *n*; **~ność** F (*-ści*; *bpl*) Verbindung *f*, Kontakt *m*; RADIO Verbindung *f*, Funkkontakt *m*; **~ny** gesamt, Gesamt-; **pisownia** *f* **~na** Zusammenschreibung *f*; **tkanka** *f* **~na** ANAT Bindegewebe *n*

łączyć ⟨**po-**⟩ (*-ę*) verbinden (**z** *inst* mit *dat*) (*a.* TEL); *klasy, urzędy* zusammenlegen; *części* zusammensetzen, verbinden; (*kojarzyć*) in Zusammenhang bringen; **~ ze sobą** miteinander verbinden; **łączyć w sobie** vereinen; **łączę pozdrowienia** *ofic* mit freundlichen Grüßen; **~ się** sich verbinden (**z** *inst* mit *dat*) (*a.* CHEM); TEL verbunden werden, e-e Verbindung haben; **łączymy się z ...** RADIO wir schalten um nach ...

łąk|a F (*-i*) Wiese *f*; **~owy** Wiesen-

łeb M (*łba*; *łby*) *psa, konia* Kopf *m*; *umg* Birne *f*; **na ~, na szyję** *umg* Hals über Kopf; **patrzeć spode łba** finster dreinschauen; **~ w ~** Kopf an Kopf

łeb|ek M (*-bka*; *-bki*) *dim* Köpfchen *n*; *gwoździa, szpilki* Kopf *m*; (*osoba*) *umg* Typ *m*; **od ~ka** *od* **na ~ka** *umg* pro Nase; **po ~kach** *umg* flüchtig, oberflächlich

łechtaczka F (*-i*; *gen* *-czek*) ANAT Klitoris *f*

łechtać ⟨**po-**⟩ (*-czę*) (angenehm) kitzeln; **mile ~ k-o** *fig* j-m schmeicheln

łepek → łebek

Ł

łez|ka F (-i; *gen -zek*) *dim* Träne *f*; **z ~ką w oku** *fig* gerührt, mit feuchten Augen
łęg M (-u; -i) Niederung *f*
łgać* (*łżę*) *lit* lügen
łg|arstwo N (-a) gemeine Lüge *f*; **~arz** M (-a; -e) Lügner *m*
łkać (-*am*) *lit* schluchzen
łobuz M (-a; -y) Schlingel *m*, Strolch *m*; (*chuligan*) *pej* Rowdy *m*; **~eria** F (*gen dat lok -ii; bpl*) *koll* Rowdys *pl*, Halbstarke *pl*
łobuzer|ski (**-ko**, **po -ku**) schelmisch, frech; *uśmiech* verschmitzt; *pej* rowdyhaft; **~stwo** N (-a, *bpl*) *pej* Rowdytum *n*
łobuziak M (-a; -i) *umg żart* Frechdachs *m*, Lausbub *m*
łobuzować (-*uję*) *umg* Unfug treiben, herumtoben
łodyga F (-i) Stängel *m*, Stiel *m*
łoić ⟨**z-**⟩ (-*ę*): **~ skórę k-u** *umg* j-m den Hintern versohlen
łojotok M (-u; *bpl*) MED Seborrhöe *f*, Schmerfluss *m*
łojo|wy: **gruczoły** *m/pl* **~we** Talgdrüsen *f/pl*
łokieć M (-*kcia*; -*kcie*, -*kci*) Ell(en)bogen *m*
łom M (-u; -y) Brechstange *f*; **~ot** M (-u; -y) Krach *m*, Gepolter *n*; *serca* Pochen *n*
łomotać (-*czę*) poltern, Krach machen; *serce* pochen; **~ do drzwi** gegen die Tür hämmern
łon|o N (-a) *lit* Schoß *m*; **w ~ie matki** im Mutterleib; **w ~ie** (*gen*) innerhalb (*gen*); **na ~ie przyrody** im Grünen, im Freien; **~owy** ANAT Scham-
łopat|a F (-y) Schaufel *f*; **~ka** F (-*i*; *gen -tek*) (kleine) Schippe *f*; ANAT Schulterblatt *n*; KULIN Bug *m*; **~ologia** F (*gen dat lok -ii*; *bpl*) *umg żart* Holzhammermethode *f*
łopian M (-u; -y) BOT Klette *f*
łopot M (-u; *bpl*) *flag* Flattern *n*; **~ skrzydeł** Flügelschlag *m*
łopotać (*3. Pers -cze od -ce*) *chorągiew* flattern; **~ skrzydłami** mit den Flügeln schlagen
łoskot M (-u; -y) Krachen *n*, Getöse *n*; *kół* Rattern *n*; **z ~em** *adv* mit e-m Krach
łoskotać (-*czę od -cę*) krachen, poltern; *koła* rattern
łos|osiowy Lachs-; *kolor* lachsfarben; **~oś** M (-*sia*; -*sie*) Lachs *m*
łosza (-y; -e) Elchkuh *f* **łoś** M (-*sia*; -*sie*, -*si*) Elch *m*
łotewski (**po -ku**) lettisch
łotr M (-a; -y *od -rzy*) *pej* Schuft *m*, Schurke *m*
Łot|wa F (-y; *bpl*) Lettland *n*; **~ysz** M (-a; -e) Lette *m*; **~yszka** F (-*i*; *gen -szek*) Lettin *f*
łow|ca M (-y; *gen -ów*) Jäger *m*; **~czy** M (-*ego*; -y) Jägermeister *m*
łowić ⟨**z-**⟩ (-*ię*) fangen; **łowić ryby** fischen, angeln; **łowić uchem** lauschen
łowiec|ki *klub, prawo* Jagd-; **sezon** *m* **~ki** Jagdzeit *f*; **język** *m* **~ki** Jägersprache *f*; **~two** N (-a; *bpl*) Jagdwesen *n*
ło|wisko N (-a) Fanggrund *m*; **~wny** jagdbar; **zwierzyna** *f* **~na** Wild *n*; **~wy** PL (*gen -ów*) (hohe) Jagd *f*
łoza F (-y; *gen łóz*) Weidengebüsch *n*; (*witka*) Weidenzweig *m*
łoże N (-a; *gen łóż*) *lit* Bett *n*; **~ małżeńskie** Ehebett *n*; **na ~u śmierci** auf dem Sterbebett
łożyć (-*ę*): **~ na** (*akk*) aufkommen (für *akk*), finanzieren (*akk*)
łożysko N (-a) ANAT Mutterkuchen *m*, Plazenta *f*; TECH Lager *n*; **~ rzeki** Flussbett *n*; **~ kulkowe** TECH Kugellager *n*
łódka F (-*i*; *gen -dek*) Boot *n*, Kahn *m*
łódź F (*łodzi*; *łodzie*; *gen -łodzi*) Boot *n*; **~ żaglowa** Segelboot *n* **~ motorowa** Motorboot *n*; **~ rybacka** Fischerboot *n*; **~ ratunkowa** Rettungsboot *n*; **~ podwodna** Unterseeboot *n*, U-Boot *n*
Łódź F (*Łodzi*; *bpl*) Lodz *n*
łój M (*łoju*; *bpl*) Talg *m*
łóż|eczko N (-a; *gen -czek*) *dim* Bettchen *n*; **~ko** N (-a; *gen -żek*) Bett *n*; **~ko piętrowe** Hochbett *n*; **iść do ~ka** ins *od* zu Bett gehen; **w ~ku** im Bett; **iść do ~ka z** (*inst*) *umg* mit j-m ins Bett gehen; **~kowy** Bett-
łub|ianka F (-*i*; -*nek*) Spankorb *m*; **~in** M (-u; -y) Lupine *f*
łucznictwo N (-a; *bpl*) SPORT Bogenschießen *n*
łuczni|k M (-a; -*cy*), **~czka** F (-*i*; *gen -czek*) Bogenschütze *m*, Bogenschützin *f*
łudzą|cy (**-co**) täuschend; **~co podobny** zum Verwechseln ähnlich
łudzić (-*dzę*) (*inst*) falsche Hoffnungen wecken (auf *akk*), vorgaukeln (*akk*); **~ się** sich Illusionen machen, sich etwas vormachen; **~ się nadzieją** sich der Hoffnung hingeben; **nie łudź się!** mach dir nichts vor!
ług M (-u; *bpl*) Lauge *f*

łuk M (-u; -i) Bogen *m* (*a.* ARCH); **~owaty** (**-to**) bogenförmig; **~owy** Bogen-
łuna F (-y) *pożaru* Feuerschein *m*; *nad miastem* Lichtschein *m*
łup M (-u; -y) Beute *f*, Diebesgut *n*; **paść** *pf* **~em** (*gen*) zum Opfer fallen (*dat*), Beute werden (von *dat*)
łupać (-ię) *drewno* spalten; *orzech* knacken
łupek M (-pku; -pki) MINER Schiefer *m*
łupić ⟨**z-**⟩ (-ię) plündern, ausrauben
łupień: **dać** *pf* **k-u łupnia** *umg* j-m eine Tracht Prügel verabreichen
łupież F (-y; *bpl*) MED Schuppen *pl*; **~ca** M (-y; *gen* -ów) *lit* Plünderer *m*
łupina F (-y) *orzecha, ziemniaka* Schale *f*
łuska F (-i; *gen* -sek) *ryby* Schuppe *f*; *grochu* Hülse *f* (*a.* MIL)
łuskać (-am) *orzechy, słoneczniki* knacken; *groch* enthülsen
łuszczyca F (-y; *bpl*) MED Schuppenflechte *f*
łuszczyć się (*3. Pers* -y) *skóra* (sich) schuppen; *farba* abblättern
łut: **~ szczęścia** ein Quäntchen Glück
Łużyce PL (*gen* -) Lausitz *f*
łużycki (**po -ku**) sorbisch
łydk|a F (-i; *gen* -dek) Wade *f*; **~owy** Waden-
łyk M (-u; -i) Schluck *m*
łykać (-am) ⟨**łyknąć**⟩ (-nę) schlucken; **łykać ślinkę** Appetit bekommen
łyko N (-a) Bast *m*; **~waty** KULIN zäh(e), sehnig
łypać (-ię) ⟨**łypnąć**⟩ (-nę) schielen, e-n Blick werfen
łysawy mit schütterem Haar, mit einer kleinen Glatze
łysieć ⟨**wy-**⟩ (-eję) Haare verlieren, e-e Glatze bekommen
łysi|enie N (-a; *bpl*) Haarausfall *m*; **~na** F (-y) Glatze *f*, kahle Stelle *f*
łyso ADV: **ogolony na ~** kahl geschoren; **jest mi ~** *umg* es ist mir peinlich, ich komme mir blöd vor
łysy[1] kahl
łysy[2] M (-ego; -si) Glatzkopf *m*
łyżeczk|a F (-i; *gen* -czek) *dim* Löffelchen *n*; **~ do herbaty** Teelöffel *m*; **dwie ~i cukru** zwei Löffel Zucker
łyżka F (-i; *gen* -żek) Löffel *m*; **~ stołowa** Esslöffel *m*; **~ wazowa** Kelle *f*; **~ do butów** Schuhlöffel *m*
łyżwa F (-y; *gen* -żew) Schlittschuh *m*
łyżwiarstwo N (-a; *bpl*) Eis(kunst)lauf *m*
łyżwia|rz M (-a; -e), **~rka** F (-i; *gen* -rek) Eis(kunst)läufer(in) *m*(*f*)
łyżworolki PL (-ek) Inlineskater *pl*
łza F (łzy; *gen* łez) Träne *f*; **przez łzy** unter Tränen; **na otarcie łez** als Trost; **łzy kręcą mu się w oczach** er ist dem Weinen nahe
łzawiący: **gaz** *m* **~** Tränengas *m*
łzawić (-ię) tränen
łz|awy *film, historia* rührselig; **~owy** ANAT Tränen-
łzy PL → łza

M

m (**metr**) m
m. (**mieszkania**) App. (Appartement); **ul. Mokotowska 5 m. 45** Mokotowska Str. 5 App. 45
M-2 (**em dwa**) 2-Zi.-Whg. (Zweizimmerwohnung)
ma[1] *3. Pers* SG er hat; sie hat; es hat; → mieć
ma[2] PRON F *lit* meine; → moja
macać ⟨**wy-**⟩ (-am) (be)tasten, (be)fühlen; **macać** *pop* betatschen, befummeln
Macedonia F (*gen dat lok* -ii; *bpl*) Mazedonien *n*
Macedo|ńczyk M (-a; -cy), **~nka** F (-i; *gen* -nek) Mazedonier(in) *m*(*f*)
macedoński mazedonisch
machać (-am) ⟨**machnąć**⟩ (-nę) (*inst*) schwingen, schwenken (*akk*); **~ ręką** mit der Hand winken; **~ nogami** mit den Beinen baumeln; **~ ogonem** mit dem Schwanz wedeln
machina F (-y) (Riesen)Maschine *f*; *fig* Maschinerie *f*; **~cje** F/PL (*gen* -i) Intrigen *f*/*pl*, Machenschaften *f*/*pl*
machinalny automatisch, mechanisch; unbewusst
machlojki F/PL (*gen* -jek) *umg* krumme Geschäfte *pl*, Betrügereien *f*/*pl*
machnąć PF *umg* erledigen, schaffen; **~ ręką** (**na** *akk*) *fig* aufgeben (*akk*); → machać

Ł

maci|ca F (-y; -e) ANAT Gebärmutter *f*; **~ca perłowa** Perlmutt *n*; **~czny** Gebärmutter-
macie *2. Pers* PL ihr habt; → mieć
maciejka F (-i; *gen* -jek) Sommerlevkoje *f*
macierz F (-y; -e) MAT Matrix *f*
macierzanka F (-i; *gen* -nek) Thymian *m*
macierzyńs|ki mütterlich; *instynkt* Mutter-; **urlop** *m* **~ki** Mutterschaftsurlaub *m*; **~two** N (-a; *bpl*) Mutterschaft *f*
macierzys|ty *zakład, firma* Mutter-; **komórka** *f* **~ta** BIOL Stammzelle *f*; **port** *m* **~ty** Heimathafen *m*
maciora F (-y) ZOOL Sau *f*
mac|ki F/PL (*gen* -cek) ZOOL Tentakel *m/pl od n/pl*, Fangarme *m/pl*; *mafii* Einflussbereich *m*, Kontakte *pl*; **~ocha** F (-y) Stiefmutter *f*
macoszy (po -szemu) stiefmütterlich (*a. fig*)
maczać (-am) (ein)tunken, (ein)tauchen; **on maczał w tym palce** *fig* er hatte seine Finger im Spiel
maczuga F (-i) Keule *f*
mać: **kurwa ~!** *vulg* verdammte Scheiße!
Madryt M (-u; *bpl*) Madrid *n*
mafi|a F (*gen dat lok* -ii; -e) Mafia *f*; **~jny** Mafia-
mag M (-a; -owie) Magier *m*
magazyn M (-u; -y) Lager(haus) *n*; *żywnościowy* Vorratsraum *m*; (*pismo*) Magazin *n* (*a.* RADIO); **~ek** M (-nka; -nki) MIL Magazin *n*
magazynier M (-a; -rzy), **~ka** F (-i; *gen* -rek) Lagerist(in) *m(f)*, Lagerverwalter(in) *m(f)*
magazynować ⟨**z-**⟩ (-uję) lagern; BIOL speichern
magazynowy Lager-
magi|a F (*gen dat lok* -ii; -*bpl*) Magie *f*; **czarna ~a** Schwarze Magie *f*; **~czny** magisch
mag|iel M (-gla; -gle) Mangel *f*, Wäscherolle *f*; **~ik** M (-a; -cy) Zauberkünstler *m*
magister M (-tra; -trzy) Magister *m*; *umg* (*aptekarka*) Apothekerin *f*; **~ski** Magister-
magistrala F (-i; -e) Hauptverkehrsstraße *f*, Verkehrsader *f*; *kolejowa* Hauptstrecke *f*; *cieplna, gazowa* Haupt(rohr)leitung *f*
maglować ⟨**wy-**⟩ (-uję) mangeln; *fig umg* durch die Mangel drehen; **maglować temat** ein Thema durchkauen
magma F (-y) GEOL Magma *n*
magnat M (-a; -ci) HIST Magnat *m*, hoher Adeliger *m*; **~eria** F (*gen dat lok* -ii; *bpl*) HIST Hochadel *m*
magnes M (-u; -y) Magnet *m* (*a. fig*)
magnetofon M (-u; -y) Tonbandgerät *n*; **~ kasetowy** Kassettenrekorder *m*; **~owy** Tonband-; **taśma** *f* **~owa** Tonband *n*
magnet|owid M (-u; -y) Videorekorder *m*; **~yczny** magnetisch, Magnet-
magn|ez M (-u; *bpl*) Magnesium *n*; **~olia** F (*gen dat lok* -ii; -e) Magnolie *f*
mahometa|nin M (-a; -anie; -tan), **~nka** F (-i; -tek) Muslim(in) *m(f)*; **~ński** mohammedanisch, islamisch
mahoniowy Mahagoni-; *kolor* mahagonibraun
maj M (-a; -e) Mai *m*; **1 ≗a** der Erste Mai
majaczenie N (-a) MED Fieberfantasie *f*
majaczyć (-ę) *we śnie* im Traum sprechen; *w gorączce* Fieberfantasien haben, im Fieber sprechen; *kształt* sich schattenhaft abzeichnen, umrisshaft zu sehen sein
majaki M/PL (*gen* -ów) *senne, nocne* Alpträume *m/pl*
mają *3. Pers* PL sie haben; → mieć
majat|ek M (-tku; -tki) Vermögen *n*; (*dobra ziemskie*) Landgut *n*; **~tkowy** Vermögens-
maj|dan M (-u; *bpl*) *umg* Kram *m*, Zeug *n*; **~eranek** M (-nku; -nki) Majoran *m*
majesta|t M (-u; *bpl*) *lit* Majestät *f*, Erhabenheit *f*; **w ~cie prawa** im Namen des Gesetzes; **~tyczny** *lit* majestätisch, erhaben
majętny *lit* vermögend, wohlhabend
majo|likowy Majolika-; **~nez** M (-u; -y) Majonäse *f*, Mayonnaise *f*
major M (-a; -rzy *od* -owie) Major *m*
Majorka F (-i; -*bpl*) Mallorca *n*
maj|owy Mai-; **~ówka** F (-i; *gen* -wek) Picknick *n*, Ausflug *m* ins Grüne
majster M (-tra; -trowie) *budowlany, szewski* Meister *m*; **~-klepka** M (-i; *gen* -ów) *umg żart* Bastler *m*, Heimwerker *m*
majsterkować (-uję) *umg* basteln, werkeln
majsterkowicz M (-a; -e) *umg* Heimwerker *m*, Bastler *m*
majstrować ⟨**z-**⟩ (-uję) *umg* basteln, bauen; **majstrować** (**przy** *lok*) hantieren (an *dat*)
majtać (-am) *umg* baumeln (*inst* mit *dat*)
majt|eczki PL (*gen* -czek) (Kinder)Höschen

n; **~ek** M (*-tka; -tkowie*) Matrose *m*; **~ki** PL (*gen -tek*) Schlüpfer *m*, Unterhose *f*, Slip *m*
mak M (*-u; -i*) BOT (Klatsch)Mohn *m*; KULIN (*bpl*) Mohn *m*; **bułka** *f* **z ~iem** Mohnbrötchen *n*; **rozbić się w drobny ~** in kleine Stücke zerbrechen; **cicho jak ~iem zasiał** mucksmäuschenstill
makabryczny makaber, grausam
makaron M (*-u; -y*) Nudeln *pl*; **z ~em** mit Nudeln; **~ nitki** Fadennudeln *pl*
makaroniarz M (*-a; -e*) *umg neg!* Spaghettifresser *m*, Makkaronifresser *m*
mak|ata F (*-y*) Wandteppich *m*; **~ieta** F (*-y*) Baumodell *n*
mak|ijaż M (*-u; -e*) Make-up *n*; **~ler** M (*-a; -rzy*) FIN Börsenmakler *m*, Broker *m*
mako|wiec M (*-wca; -wce*) Mohnkuchen *m*; **~wy** Mohn-
mak|ówka F (*-i; gen -wek*) Mohnkapsel *f*; **~rela** F (*-i; -e*) Makrele *f*
makro *in zssgn* makro-, Makro-
makrocząsteczka F (*-i; gen -czek*) FIZ Makromolekül *n*
maksi maxi; **sukienka** *f* **~** Maxikleid *n*; **~mum** N (*unv; -a; gen ów*) (*gen*) Höchstmaß *n*, Maximum *n* (an *dat*)
maksyma F (*-y*) Maxime *f*, Leitsatz *m*; **~lny** maximal, Maximal-, Höchst-
makulatura F (*-y; bpl*) Altpapier *n*
malachitowy Malachit-
malaria F (*gen dat lok -ii; bpl*) Malaria *f*
malar|ka F (*-i; gen -rek*) Malerin *f*; **~ski** Mal-; **sztuka** *f* **~ska** Malkunst *f*; **~stwo** N (*-a; bpl*) Malerei *f*; **~stwo na szkle** Glasmalerei *f*
malarz M (*-a; -e*) (*artysta*) (Kunst)Maler *m*; *pokojowy* Maler *m*
Malbork M (*-a; bpl*) Marienburg *n*
malec M (*-lca; -lce*) Knirps *m*
maleć ⟨**z-**⟩ (*-eję*) kleiner werden; geringer werden, sich verringern, abnehmen; *siły, mróz, ból* nachlassen; *gorączka* sinken
maleń|ki *dim* winzig klein, klitzeklein; **~ństwo** N (*-a*) Baby *n*, Würmchen *n*
mali *persf* → mały
malign|a F (*-y; bpl*) hohes Fieber *n*; **w ~ie** im Fieber
malin|a F (*-y*) Himbeere *f*; **~ka** F (*-i*) *fig* Knutschfleck *m*; **~owy** Himbeer-; *kolor* himbeerrot
malkonte|nctwo N (*-a; bpl*) *pej* Nörgelei *f*, Schwarzmalerei *f*; **~nt** M (*-a; -ci*) *pej* Nörgler *m*
malować ⟨**na-**⟩ (*-uję*) *obraz* malen; ⟨**po-**⟩ *pokój* streichen; **~ na czerwono** rot streichen; ⟨**u-**⟩ *usta, powieki* schminken; *paznokcie* lackieren; **~ się** sich schminken, sich ein Make-up machen; **malować** (*tworzyć*) malen; **malować się** *uczucia* sich malen, sich widerspiegeln; *zarysy* sich abzeichnen
malowanki PL (*gen -nek*) Malbuch *n*
malowa|ny: **ręcznie ~ny** handgemalt; **świeżo ~ne!** frisch gestrichen!
malow|idło N (*-a; gen -deł*) Gemälde *n*; **~niczy** (**-czo**) malerisch
maltański maltesisch, Malta-
maltretować (*-uję*) malträtieren, quälen
malu|ch M (*-a; -y*) Knirps *m*; **~tki** (*-ko*) *dim* winzig (klein)
malwa F (*-y*) Malve *f*
malwersacja F (*-i; -e*) Unterschlagung *f*, Veruntreuung *f*
mało ADV wenig; **~ kto** kaum jemand; **o ~ co** *od* **o ~ nie** fast, beinahe; **~ kiedy** (sehr) selten, fast nie; **~ tego** nicht nur das, mehr noch; **~ ważny** nicht wichtig; **~ brakowało, a ...** es fehlte nicht viel und ...
mało|duszny kleinmütig; **~kalibrowy** MIL Kleinkaliber-
małolat M (*-a; -y*), **~a** F (*-y-*) *umg* Teenager *m*, Teenie *m*
małoletni[1] minderjährig
małoletni[2] M (*-ego; -*), **~a** F (*-ej; -e*) Minderjährige(r) *m,f*
małolitrażowy: **samochód** *m* **~** Kleinwagen *m*
mało|miasteczkowy kleinstädtisch, provinziell; **~mówny** schweigsam, wortkarg; **~obrazkowy** FOTO Kleinbild-
Małopolska F (*-i; bpl*) Kleinpolen *n*
małorolny: **chłop** *m* **~** Kleinbauer *m*
mało|stkowy (**-wo**) kleinlich; **~wartościowy** minderwertig, von geringem Wert
mał|pa F (*-y*) Affe *m*; *umg pej* blöde Kuh *f*; **~py** *pl* **człekokształtne** Menschenaffen *pl*; **~pi** Affen- (*a. fig*); **~polud** M (*-a; -dy*) Affenmensch *m*
małpować ⟨**z-**⟩ (*-uję*) *pej* nachäffen, nachahmen
mał|y[1] (*persf -li*) klein; *prędkość* gering; **dla ~łych dzieci** für Kleinkinder; **~ły palec** *m* ANAT der kleine Finger; **bez ~ła** fast; **od ~łego** von klein auf; **o ~ły włos** beinahe, fast; **człowiek ~łego serca** Kleingeist *m*,

kleinmütiger Mensch *m*; **to ~łe piwo!** *fig umg* das ist ein Kinderspiel!
ma|ły² M (*-ego; -li*), **~ła** F (*-ej; -e*), Kleine(r) *m, f*; **~łe** *pl* (*-ych*) ZOOL Junge *pl*
małż M (*-a; -e*) ZOOL Miesmuschel *f*
małżeńs|ki ehelich, Ehe-; **trójkąt** *m* **~ki** Dreieck *n*; **~two** N (*-a*) Ehe *f*; (*para małżeńska*) Ehepaar *n*, Eheleute *pl*
małżon|ek M (*-nka; -nkowie*) *ofic* Ehemann *m*, Gatte *m*; **~ka** F (*-i; gen -nek*) *ofic* Ehefrau *f*, Gattin *f*; **~kowie** PL (*gen -ów*) *ofic* Eheleute *pl*
małżowina F (*-y*) ANAT Ohrmuschel *f*
mam *1. Pers* SG ich habe; → mieć
mama F (*-y*) Mama *f*
mamer M (*-mra; -mry*) *umg* Knast *m*
mamić ⟨**z-**⟩ (*-ę*) (*inst*) vorgaukeln (*akk*); (*kusić*) locken (mit *dat*)
mamidło N (*-a; gen -deł*) Fantasiebild *n*, Trugbild *n*
mam|insynek M (*-nka; -nkowie*) Muttersöhnchen *n*; **~ka** F (*-i; gen -mek*) Amme *f*
mamleć (*-ę*) lange kauen
mammografia F (*gen dat lok -ii; bpl*) MED Mammografie *f*
mamrotać ⟨**wy-**⟩ (*-czę*) murmeln, nuscheln
Mamry PL (*-*) Mauersee *m*
mamuci Mammut-
mamusia F (*-i, -siu!; -e*) *dim* Mami *f*, Mama *f*, Mutti *f*
mamut M (*-a; -y*) ZOOL Mammut *n*
mamy *1. Pers.* PL wir haben; → mieć
manatki PL (*gen -ów*) *umg* Kram *m*, Zeug *n*; **zbieraj ~!** pack deine Siebensachen!
mandarynka F (*-i; gen -nek*) Mandarine *f*
mandat M (*-u; -y*) POL Mandat *n*; **~ karny** Strafmandat *n*, *umg* Strafzettel *m*
mandolina F (*-y*) Mandoline *f*
manekin M (*-a; -y*) Schaufensterpuppe *f*; *krawiecki* Schneiderpuppe *f*
manele PL (*gen -li*) *umg* Kram *m*, Zeug *n*, Sachen *pl*
manewr M (*-u; -y*) Manöver *n* (*a. fig pej*)
manewrować (*-uję*) manövrieren (*a. fig*)
manewry PL (*gen -ów*) MIL Manöver *n*
mangan M (*-u; bpl*) Mangan *n*
mania F (*gen dat lok -ii; -e*) Manie *f* (*a.* MED); **~ wielkości** Größenwahn *m*; **~ prześladowcza** MED Verfolgungswahn *m*
mania|k M (*-a; -cy*), **~czka** F (*-i; gen -czek*) Fanatiker(in) *m(f)*; **z uporem ~ka** wie besessen, hartnäckig; **~kalny** manisch (*a.* MED)
manicure M (*-u; bpl*) Maniküre *f*
manie|ra F (*-y*) Manier *f*, Art *f* (*a. pej*); **~ry** *pl* Manieren *pl*, Umgangsformen *pl*
manierka F (*-i; gen -rek*) Feldflasche *f*
manifest M (*-u; -y*) Manifest *n*; **~acja** F (*-i; -e*) Demonstration *f*, *umg* Demo *f*; *lit* Manifestation *f*, Bekundung *f*; **~acyjny** demonstrativ
manifestant M (*-a; -ci*), **~ka** F (*-i; -tek*) Demonstrant(in) *m(f)*
manifestować (*-uję*) demonstrieren; ⟨**za-**⟩ (*okazać*) manifestieren, bekunden; **~ się** sich manifestieren, sich offenbaren
manikiurzystka F (*-i; gen -tek*) Maniküre *f*
manipul|acja F (*-i; -e*) *pej* Manipulation *f*; **~acje** *pl* Handhabung *f*, Vorgehen *n*
manipulować (*-uję*) (*inst*) *pej* manipulieren (*akk*); **~ przy** (*inst*) hantieren (an *dat*)
mankament M (*-u; -y*) Mangel *m*
man|kiet M (*-u; -y*) Manschette *f*; *u. spodni* Hosenumschlag *m*; **~ko** N (*-a; bpl*) FIN Manko *n*, Fehlbetrag *m*
manna F (*-y; bpl*) KULIN Grieß *m*; **~ na mleku** Grießbrei *m*; **~ z nieba** REL Himmelsbrot *n*, Manna *n*
manowce PL (*gen -ów*) Umwege *pl*; **zejść** *pf* **na ~** *fig* auf Abwege geraten
mansarda F (*-y*) Mansarde *f*, Dachwohnung *f*
man|to N (*-a; bpl*) *umg* Prügel *pl*; **~ualny** manuell; **~uskrypt** M (*-u; -y*) Manuskript *n*
mańkut M (*-a; -ci od -y*) Linkshänder(in) *m(f)*
mapa F (*-y*) Karte *f*; **~ Niemiec** Deutschlandkarte *f*; **~ Polski** Karte *f* von Polen; **~ turystyczna** Landkarte *f*; **~ samochodowa** Autokarte *f*
mara F (*-y*) *nocna* Alptraum *m*
maraton M (*-u; -y*) SPORT Marathon(lauf) *m*; **~on filmowy** Filmmarathon *m*
maratończyk M (*-a; -cy*) Marathonläufer *m*; (*kobieta*) Marathonläuferin *f*
marazm M (*-u; bpl*) Stillstand *m*, Stagnation *f*
maratoński bieg *m* **~** Marathonlauf *m*
marca *gen* → marzec
marcepan M (*-u; -y*) Marzipan *n*
marchew F (*-chwi; -chwie*), **~ka** F (*-i; gen -wek*) Möhre *f*, Mohrrübe *f*

marchia F (*gen dat lok -ii; -e*) HIST Mark *f*
marco|wy März-; **~wa pogoda** *f* Aprilwetter *n*
marek: **nocny ~** *żart* Nachteule *f*, Nachtschwärmer *m*
marg|aryna F (*-y*) Margarine *f*; **~erytka** F (*-i; gen -tek*) BOT Margerite *f*
margin|alny marginal, nebensächlich; **~es** M (*-u; -y*) *kartki* Rand *m*; **~es społeczny** Randgruppe *f*; Asoziale *pl*; **notatka** *f* **na ~esie** Randbemerkung *f*, Randnotitz *f*; **na ~esie** *adv* am Rande, nebenbei
marginesowy zweitrangig, nebensächlich
mari|acki REL Marien-; **kościół** *m* **~acki** Marienkirche *f*; **~huana** F (*-y; bpl*) Marihuana *n*
marionetka F (*-i; gen -tek*) Marionette *f* (*a. fig*)
mar|ka F (*-i; gen -rek*) (*znak firmowy*) Marke *f*; (*uznanie*) guter Ruf *m*, Anerkennung *f*; **dobrej ~ki** von guter Qualität
marke|r M (*-a; -y*) Textmarker *m*; **~tingowy** Marketing-
marki|za F (*-y*) Markise *f*; **~zy** PL Doppelkekse *pl*
markotnieć ⟨**z-**⟩ (*-eję*) betrübt werden
markotny betrübt, missmutig
markować (*-uję*) vortäuschen
markowy *produkt* Marken-
marksistowski marxisitisch
marmolada F (*-y*) Marmelade *f*
marmur M (*-u; -y*) Marmor *m*; **~owy** Marmor-
marnieć ⟨**z-**⟩ (*-eję*) *osoba* abmagern, abbauen; *rzecz* verkommen; *rośliny* verkümmern, eingehen
marność F (*-ści; bpl*) *lit* Nichtigkeit *f*
marnotrawca M (*-y; gen -ów*) Verschwender *m*
marnotrawić ⟨**z-**⟩ (*-ię*) verschwenden, vergeuden
marnotrawny: **syn** *m* **~** REL der verlorene Sohn (*a. fig*)
marnotrawstwo N (*-a; bpl*) Verschwendung *f*, Vergeudung *f*
marnować ⟨**z-**⟩ (*-uję*) verkommen lassen; *czas* vergeuden; *okazję* verpassen; **~ się** verkümmern
mar|ny erbärmlich, miserabel; **pójść** *pf* **na ~ne** umsonst sein; **~ne widoki** *pl* schlechte Aussichten *pl*; **~ny koniec** *m* jämmerliches Ende *n*; **za ~ne pieniądze** spottbillig
Mars M (*-a; bpl*) ASTRON, MITOL Mars *m*; **~janie** M/PL (*gen -*) Außerirdische *m/pl*
marskość F (*-ści; bpl*) MED Zirrhose *f*
marsz M (*-u; -e*) Marsch *m*; (*-a*) MUS Marsch *m*; **~ żałobny** Trauermarsch *m*; **~ protestacyjny** Protestmarsch *m*; **z ~u** *umg* sofort, auf der Stelle; aus dem Stegreif; **biegiem ~!** MIL im Gleichschritt, marsch!; **~ do łóżka!** *umg* marsch ins Bett!, ab ins Bett!
marszałek M (*-łka; -łkowie*) MIL Marschall *m*; **~ sejmu** POL Sejmpräsident *m*
marszczony gefaltet
marszczyć ⟨**z-**⟩ (*-ę*) in Falten legen; *czoło* runzeln; **~ się** *materiał* Falten werfen; *skóra* faltig werden
marszruta F (*-y*) Route *f*
martwica F (*-y; bpl*) MED Nekrose *f*
martwić ⟨**z-**⟩ (*-ię*) Sorgen bereiten, bekümmern; **~ się** sich Sorgen machen (**o** *akk* um *akk*)
martwieć ⟨**z-**⟩ (*-eję*) erstarren (**z** *gen* vor *dat*) (*a. fig*)
martwota F (*-y; bpl*) Stillstand *m*, Stagnation *f*
mart|wy[1] (**-wo**) tot; *wzrok* leblos, starr; **~wa cisza** *f* Totenstille *f*; **~wa natura** MAL Stillleben *n*; **~wa dusza** *f* Karteileiche *f*; **~wy punkt** *m* toter Punkt *m*; **~wy sezon** *m* Sommerloch *n*, Saure-Gurken-Zeit *f*
mart|wy[2] M (*-ego; -wi*), **~wa** F (*-ej; -e*) Tote(r) *m, f*
martyrologia F (*gen dat lok -ii; -e*) *lit* Märtyrertum *n*, Leidensgeschichte *f*
marud|a F (*-y*) *umg* Trödler *m*; **~er** M (*-a; -rzy*) Nachzügler *m*; **~ny** queng(e)lig
marudzić (*-dzę*) *umg* quengeln; (*guzdrać się*) trödeln
marycha F (*-y; bpl*) *sl* Marihuana *n*
maryjny REL Marien-; **kult** *m* **~** Marienkult *m*
marynarka F (*-i; gen -rek*) Jacke *f*, Sakko *m od n*; MIL (*-i; bpl*) Marine *f*
maryn|arski *mundur* Matrosen-; *zwyczaj* Seemanns-, seemännisch; MIL Marine-; **~arz** M (*-a; -e*) Seemann *m*, Matrose *m*
marynata F (*-y*) Marinade *f*
marynować ⟨**za-**⟩ (*-uję*) marinieren
ma|rzec M (*-rca; -rce*) März *m*; **w ~rcu** im März
marzenie N (*-a*) Traum *m*; **to ~ ściętej głowy!** *umg* davon kannst du nur träu-

M

men!, das kannst du gleich vergessen!
marznąć [-r-z-] ⟨z-⟩ (-nę, -ń) frieren
marzyciel M (-a; -e), **~ka** F (-i; gen -lek) Träumer(in) m(f)
marzyciel|ski (-ko) träumerisch, schwärmerisch; **~stwo** N (-a; bpl) Träumerei f
marzyć (-ę) träumen (**o** lok von dat); **szkoda ~** es ist nicht daran zu denken; **~ się k-u** j-m vorschweben
marża F (-y; -e) HANDEL Handelsspanne f, Marge f
ma|sa F (-y) Masse f (a. FIZ); (duża ilość) Menge f; **~sy** pl (breite) Masse f; **~sa orzechowa** Nussfüllung f; **ciemna ~sa** umg Schwachkopf m
masakra F (-y-) Massaker n, Gemetzel n
masakrować ⟨z-⟩ (-uję) massakrieren, verstümmeln
masami ADV massenhaft
masarnia F (-i; -e) Metzgerei f, Fleischerei f
masarski: **wyroby** m/pl **~e** Wurstwaren f/pl
masarz M (-a; -e) Fleischer m, Metzger m
masaż M (-u; -e) Massage f
masażyst|a M (-y; -ści), **~ka** F (-i; gen -tek) Masseur(in) m(f)
mase|czka F (-i; gen -czek) Gesichtsmaske f; **~lniczka** F (-i; gen -czek) Butterdose f
mas|ka F (-i; gen -sek) Maske f; dentysty, chirurga Mundschutz m; terrorysty Strumpfmaske f; samochodu Motorhaube f; **~ka przeciwgazowa** Gasmaske f; **~ka pośmiertna** Totenmaske f; **pod ~ką** fig unter dem Deckmantel
mask|arada F (-y) Maskenfest n; **~otka** F (-i; gen -tek) Maskottchen n
maskować ⟨za-⟩ (-uję) tarnen (a. fig); **~ się** sich tarnen
maskowy: **bal** m **~** Maskenball m
mas|ło N (-a; bpl) Butter f; **smarować chleb ~łem** Butter aufs Brot streichen; **idzie jak po maśle** fig es läuft wie geschmiert; **~ło maślane** umg doppelt gemoppelt
masochist|a M (-y; -ści), **~ka** F (-i; gen -tek) Masochist(in) m(f); **~yczny** masochistisch
masoneria F (gen dat lok -ii; bpl) HIST Freimaurerei f
masować ⟨wy-⟩ (-uję) massieren
maso|wo ADV in Massen, zahlreich; **~wy** Massen-; **turystyka** f **~wa** Massentouristik f; **~we groby** pl Massengräber pl
mass media PL (gen -ów) Massenmedien n/pl
masturbacja F (-i; bpl) Selbstbefriedigung f, Onanieren n
masturbować się (-uję) onanieren, sich selbst befriedigen
masyw M (-u; -y) Massiv n; **~ny** massiv
masz 2. Pers SG du hast; → **mieć**
maszerować (-uję) marschieren
maszkara F (-y) Schreckgespenst n
maszt M (-u; -y) Mast m (a. MAR)
maszyna F (-y) Maschine f; **~ do pisania** Schreibmaschine f; **~ do szycia** Nähmaschine f
maszynista M (-y; -ści) dźwigu Kranführer m; kolejowy Lokführer m
maszynka F (-i; -nek) spirytusowa Kocher m; **~ do golenia** Rasierapparat m; **~ do mięsa** Fleischwolf m
maszyno|pis M (-u; -y) Typoskript n; **~wy** (-wo) Maschinen-; maschinell; **pistolet** m **~wy** Maschinenpistole f
maś|ć F (-ści; -ście) Salbe f; konia Farbe f; **wszelkiej ~ci** aller Art
maśla|k M (-a; -i) Butterpilz m; **~nka** F (-i; gen -nek) Buttermilch f
mat M (-a) w szachach Matt n; (-u; bpl) (brak połysku) Mattigkeit f; **dać** pf **~a** matt setzen
mata F (-y) Matte f
matactwo N (-a) pej Betrug m, Schwindel m
matczyny Mutter-, mütterlich
matecznik M (-a; -i) Walddickicht n; niedźwiedzia Lager n
matematycz|ka F (-i) umg Mathelehrerin f; **~ny** mathematisch
matematyk M (-a; -cy) Mathematiker m; (kobieta) Mathematikerin f; (nauczyciel) umg Mathelehrer m; **~a** F (-i; bpl) Mathematik f
materac M (-a; -e) Matratze f
materia F (gen dat lok -ii; bpl) Materie f (a. FIZ, FILOZ); **~listyczny** materialistisch; **~lny** materiell
materi|ał M (-u; -y) Material n; (tkanina) Stoff m; **~ał wybuchowy** Sprengstoff m; **~ały** pl **biurowe** Büromaterial n; **~ały** m/pl **opatrunkowe** Verband(s)material n; **~ał dowodowy** JUR Beweismaterial n; **powtórzyć** pf **~ał** den Stoff wiederholen

znaki matematyczne

+	plus/dodać	und/plus
−	minus/odjąć	weniger/minus
×, ·	razy	mal/multipliziert mit
:	dzielone przez	geteilt durch/dividiert durch
=	równa się	(ist) gleich/ist
≠	różne od	(ist) ungleich
>	większy od	größer als
<	mniejszy od	kleiner als
≥	większy równy	größer gleich
≤	mniejszy równy	kleiner gleich
∞	nieskonczoność	unendlich
2^3	dwa do sześcianu/dwa do trzeciej potęgi	zwei hoch drei/dritte Potenz von zwei
√	pierwiastek kwadratowy z...	Wurzel aus ...
%	procent	Prozent
‰	promil	Promille

materiałoznawstwo N (-a; bpl) Werkstoffkunde f

matka F (-i; gen -tek) Mutter f; ♀ **Boska** Muttergottes f; ~ **chrzestna** Patentante f, Taufpatin f; ~ **zastępcza** Leihmutter f; **spółka-~** f Muttergesellschaft f; **samotna ~** alleinerziehende Mutter f

matkować (-uję): ~ **k-u** j-n bemuttern

mat|ma F (-y; bpl) umg Mathe f; **~nia** F (-i; -e) fig Falle f

M

matoł M (-a; -y) umg pej Schwachkopf m, Depp m

matowieć ⟨z-⟩(3. Pers -eje) matt werden

matowy (-wo) matt

matr|iarchalny matriarchalisch; **~yca** F (-y; -e) TECH, TYPO Matrize f

matrymonial|ny Ehe-, Heirats-; **biuro** n **~ne** Heiratsvermittlung f, Partnervermittlung f; **ogłoszenie** n **~ne** Heiratsanzeige f, Kontaktanzeige f; **oszust** m **~ny** Heiratsschwindler m; **w celach ~nych** zwecks Eheschließung

matura F (-y) Abitur n, Reifeprüfung f; austr Matura f; (świadectwo) Abiturzeugnis n; **~lny** Abitur-

maturzyst|a M (-y; -ści), **~ka** F (-i; gen -tek) Abiturient(in) m(f)

mawiać (-am) zu sagen pflegen

mazać ⟨po-⟩ (mażę) (be)schmieren (inst mit dat); ~ **się** sich beschmieren; **mazać się** umg heulen

mazak M (-a; -i) Filzstift m

mazgaić się (-ję) umg pej heulen; jammern, sich bemitleiden

mazgaj M (-a; -e, -ów od -ai) umg pej (chłopiec) Heulpeter m; (dziewczynka) Heulsuse f; **~stwo** N (-a; bpl) umg pej Geheule n; Selbstmitleid n, Gejammer n

mazisty schmierig

Mazowsze N (-a; bpl) Masowien n

mazurek M (-rka; -rki) MUS Masurka f; KULIN Osterkuchen m

Mazursk|i Pojezierze n **~ie** die Masurischen Seen pl

Mazury PL (-) Masuren pl

maź F (-zi; -zie) Schmiere f

mąciciel M (-a; -e) Unruhestifter m

mącić ⟨z-⟩(-cę) wodę trüben; spokój, ciszę stören; **mącić w głowie k-u** j-n verwirren; **mącić wodę** fig im Trüben fischen; ~ **się** trübe werden

mączka F (-i; gen -czek): ~ **ziemniaczana** KULIN Stärke f; ~ **rybna** Fischmehl n

mącz|ny Mehl-; **~ysty** (-to) mehlig

mądr|ala M od f (-i; -e) umg pej Besserwisser m, Schlauberger m; **~ość** F (-ści; bpl) Klugheit f, Weisheit f

mądry (persf -rzy) (**-rze**) klug, gescheit; **bądź tu teraz ~!** jetzt ist guter Rat teuer!

mądrzeć ⟨z-⟩ (-eję) klüger werden, vernünftiger werden

mądrzy persf → mądry

mądrzyć się (-ę) umg klug daherreden, pop klugscheißen

mąka F (-i; bpl) Mehl n; **~ka pszenna** Weizenmehl n; **~ka ziemniaczana** Kartoffelmehl n; **z tej ~ki chleba nie będzie** daraus wird nichts

mątwa F (-y-) Tintenfisch m

mąż M (męża; mężowie; gen mężów) Ehemann *m*; ~ **stanu** Staatsmann *m*; **(wszyscy) jak jeden** ~ *adv* einhellig, wie ein Mann; **wyjść** *pf* **za** ~ **(za** *akk*) heiraten (*akk*)

m.b. (metr bieżący) lfd.m. (laufender Meter)

mdleć ⟨**ze-**⟩ (*-eję*) ohnmächtig werden, in Ohnmacht fallen

mdlić (*3. Pers -i*): **mdli mnie** mir wird übel

md|łości PL (*gen -*) Brechreiz *m*, Übelkeit *f*; **~ły (-ło)** *zapach* übelerregend; *światło* fahl; *smak* fad(e) (*a. fig*)

me PRON *sachf lit* meine; PRON N *lit* mein; → moje[1]; moje[2]

meb|el M (*-bla; -ble; gen -bli*) Möbelstück *n*; **~le** *pl* **kuchenne** Küchenmöbel *pl*; **~le** *pl* **biurowe** Büromöbel *pl*

meblościanka F (*-i; gen -nek*) Wandschrank *m*, Wohnwand *f*

meblować ⟨**u-**⟩ (*-uję*) möblieren, einrichten; ~ **się** sich einrichten

meblo|wóz M (*-ozu; -ozy*) Möbelwagen *m*, Umzugswagen *m*; **~wy** Möbel-

mecen|as M (*-a; -i*) Mäzen *m*, Gönner *m*; **panie ~asie** *Anrede für einen Anwalt*; **~at** M (*-u; -y*) Schirmherrschaft *f*, Gönnerschaft *f*

mech M (*mchu; mchy*) Moos *n*

mechacić się ⟨**z-**⟩ (*3. Pers -i*) fussseln

mechan|iczny mechanisch (*a. fig*); **koń** *m* **~iczny** FIZ Pferdestärke *f*; **~ik** M (*-a; -cy*) Mechaniker *m*; **~ik samochodowy** Automechaniker *m*; **~ika** F (*-i; bpl*) Mechanik *f*

mechani|zm M (*-u; -y*) Mechanismus *m* (*a.* PSYCH); *zegara* Uhrwerk *n*; **~zm obronny** PSYCH Abwehrmechanismus *m*; **~zm różnicowy** AUTO Differenzialgetriebe *n*

mechanizować ⟨**z-**⟩ (*-uję*) mechanisieren

mechaty kuschelig, weich

mecz M (*-u; -e*) Wettkampf *m*; ~ **piłkarski** Fussballspiel *n*; ~ **bokserski** Boxkampf *m*; ~ **tenisa** Match *n*

meczeć (*3. Pers -y*) *koza* meckern

meczet M (*-u; -y*) Moschee *f*

medal M (*-u; -e*) Medaille *f*; **na** ~ großartig, prima; **to druga strona ~u** *fig* das ist die Kehrseite der Medaille; **~ik** M (*-a; -i*) Medaillon *n*

medalist|a M (*-y; -ści*), **~ka** F (*-i; gen -tek*) Medaillengewinner(in) *m(f)*

media PL (*gen -ów*) Medien *pl*

mediac|ja F (*-i; -e*) POL Vermittlung *f*; **~yjny** POL Vermittlungs-

mediator M (*-a; -rzy*) POL Vermittler *m*

Mediolan M (*-u; bpl*) Mailand *n*

meduza F (*-y*) ZOOL Qualle *f*

med|ycyna F (*-y; bpl*) Medizin *f*; **~yczny** medizinisch

medytacje F/PL (*-i*) Meditationen *f/pl* (*a.* REL)

medytować (*-uję*) meditieren (*a.* REL)

mega|bajt M (*-a; -y*) EDV Megabyte *n*; **~fon** M (*-u; -y*) Lautsprecher *m*

megaloma|n M (*-a; -i*) größenwahnsinniger Mensch *m*; **~nia** F (*gen dat lok -ii; bpl*) Größenwahn *m*; **~ński** größenwahnsinnig

Meklemburgia F (*gen dat lok -ii; bpl*) Mecklenburg *n*

Meksyk M (*-u; bpl*) Mexiko *n*

meksykański mexikanisch

melancholi|a F (*gen dat lok -ii; bpl*) Melancholie *f*, Schwermut *f*; **~jny** melancholisch, schwermütig

mela|nż M (*-u; bpl*) (*materiał*) Melange *f*; **~sa** F (*-y; bpl*) Melasse *f*

meldować ⟨**za-**⟩ (*-uję*) *kradzież, włamanie* melden; *w biurze meldunkowym* polizeilich melden, anmelden; ~ **się** sich polizeilich melden, sich anmelden; MIL Meldung machen

meldun|ek M (*-nku; -nki*) *kradzieży* Meldung *f*; *w biurze meldunkowym* Anmeldung *f*; **~kowy** Anmelde-; **biuro** *n* **~kowe** Einwohnermeldeamt *n*

meli|na F (*-y*) *pop* Schlupfwinkel *m*; **~na złodziejska** Diebesnest *n*

meli|oracja F (*-i; -e*) AGR Melioration *f*; **~sa** F (*-y*) Melisse *f*

melodia F (*gen dat lok -ii; -e*) Melodie *f*

melod|ramatyczny melodramatisch; **~yjność** F (*-ści; bpl*) Wohlklang *m*; **~yjny** melodisch, wohlklingend

meloman M (*-a; -i*), **~ka** F (*-i; gen -nek*) Musikliebhaber(in) *m(f)*

melon M (*-a; -y*) BOT Melone *f*

membrana F (*-y*) Membran *f*

memoriał M (*-u; -y*) Denkschrift *f*

MEN (Ministerstwo Edukacji Narodowej) Bildungsministerium *n* (*in Polen*)

Men M (*-u; bpl*) Main *m*; **Frankfurt nad ~em** Frankfurt am Main

menaż|er M (*-a; -owie*) (*impresario*) Manager *m*; **~ka** F (*-i; gen -żek*) Blechge-

schirr *n*
menedżer M (*-a; -owie*) EKON Manager *m*; **~ski** Manager-, Führungs-
menel M (*-a; -e*) *pop* Asoziale(r) *m*, Penner *m*
mennica F (*-y; -e*) Münzstätte *f*
menopauza F (*-y; bpl*) Menopause *f*, Wechseljahre *pl*
menstruac|ja F (*-i; -e*) Menstruation *f*, Regel(blutung) *f*; **~yjny** Menstruations-, Regel-
mental|ność F (*-ści; bpl*) Mentalität *f*; **~ny** mental, geistig
ment|olowy Menthol-; **~or** M (*-a; -rzy*) *pej* Schulmeister *m*, Moralprediger *m*; **~orski** *pej* schulmeisterlich, belehrend
menu N (*unv*) Menü *n*, Speisekarte *f*; EDV Menüleiste *f*
menzurka F (*-i; gen -rek*) Messzylinder *m*
merdać (*3. Pers -a*): **~ ogonem** mit dem Schwanz wedeln
meritum N (*unv*): **~ sprawy** *lit* der Kern der Sache, Wesentliche(s) *n*
merynos M (*-a; -y*) Merinoschaf *n*
merytoryczny inhaltlich
mesa F (*-y*) MAR Messe *f*
Mesjasz M (*-a; bpl*) REL Messias *m* (*a. fig*)
meszek M (*-szku; bpl*) Flaum *m*
me|ta F (*-y*) SPORT Ziel *n*; **na dłuższą ~tę** auf lange Sicht; **na krótką ~tę** auf kurze Sicht; **z ~ty** *umg* sofort, auf der Stelle
meta|bolizm M (*-u; bpl*) BIOL Stoffwechsel *m*; **~fizyczny** metaphysisch; **~fora** F (*-y*) Metapher *f*; **~język** M (*-a; bpl*) Metasprache *f*
metal M (*-u; -e*) Metall *n*; *umg* Hard Rock *m*; **~ szlachetny** Edelmetall *n*; **~iczny** metallisch; **~ik** metallic
metalo|plastyka F (*-i; bpl*) Goldschmiede *f*, Silberschmiede *f*; **~wiec** M (*-wca; -wcy*) Metallarbeiter *m*; *umg* Hard Rock-Fan *m*; **~wy** Metall-
metal|oznawstwo N (*-a; bpl*) Metallkunde *f*; **~urgia** F (*gen dat lok -ii; bpl*) Metallurgie *f*
metan M (*-u; bpl*) Methan(gas) *n*
meteor M (*-u; -y*) Meteor *m*; **~olog** M (*-a; -dzy od -owie*) Meteorologe *m*; **~ologia** F (*gen dat lok -ii; bpl*) Meteorologie *f*
meteorologicz|ny *stacja* meteorologisch, Wetter-; **komunikat** *m* **~ny** Wetterbericht *m*, Wetterprognose *f*; **warunki** *pl* **~ne** Wetterlage *f*
meteoryt M (*-u; -y*) Meteorit *m*
metka[1] F (*-i; gen -tek*) Mettwurst *f*
metka[2] F (*-i; gen -tek*) Etikett *n*, Label *n*, Preisschild *n*
metod|a F (*-y*) Methode *f*, Verfahren *n*; **~ologiczny** methodologisch; **~yczny** methodisch
metr M (*-a; -y*) Meter *m od n*; **~ kwadratowy** Quadratmeter *m od n*; **~ sześcienny** Kubikmeter *m od n*; **~ bieżący** laufender Meter *m*
metraż M (*-u; -e*) *mieszkania* Wohnfläche *f*
metro N (*-a; bpl*) U-Bahn *f*, Untergrundbahn *f*; **~polia** F (*gen dat lok -ii; -e*) Metropole *f*, Großstadt *f*; **~wy** meterlang
metryczny *system* metrisch
metryka[1] F (*-i*): **~ ślubu** Heiratsurkunde *f*; **~ urodzenia** Geburtsurkunde *f*; **~ zgonu** Sterbeurkunde *f*; **~ chrztu** Taufschein *m*; *konia, psa* Abstammungsnachweis *m*
metryka[2] F (*-i; bpl*) JĘZ Metrik *f*
metylowy CHEM Methyl-
me|wa F (*-y*) Möwe *f*; **~wi** Möwen-
męcz|arnia F (*-i; -e*) Qual *f*, Pein *f*; **~ący** (**-co**) anstrengend, ermüdend
męczenni|k M (*-a; -cy*), **~ca** F (*-y; -e*) Märtyrer(in) *m(f)*; *iron* Opfer *n*
męczeńs|ki: **~ka śmierć** *f* Märtyrertod *m*
męczyć ⟨**z-**⟩ (*-ę*) anstrengen, ermüden, müde machen; **męczyć** *zwierzęta, ofiarę* quälen; **~ k-o** (*naprzykrzać się*) j-n belästigen, sich j-m aufdrängen; **męczy mnie kaszel** ich habe einen hartnäckigen Husten; **~ się** (*inst*) müde werden (von *dat*); **męczyć się** sich quälen, leiden; **męczyć się** (**nad** *inst*) *umg* sich abplagen (mit *dat*); **łatwo się męczę** ich werde schnell müde
męczydusza F (*-y; -e*) *umg żart* Quälgeist *m*
mędrek M (*-rka; -rki od -rkowie*) *umg* Besserwisser *m*, Wichtigtuer *m*
mędrkować (*-uję*) *pej* klug daherreden
mędrzec M (*-drca, -drcze!; -drcy*) Weise(r) *m*
mę|ka F (*-i; mąk*) Qual *f*; **~ki** *pl* Folter *f*; **wziąć** *pf* **na ~ki** foltern
męs|ki Männer-; *płeć, wygląd* männlich (*a.* BIOL); *obuwie, konfekcja* Herren-; GRAM männlich, maskulin; **po ~ku** *adv* wie ein Mann, männlich

mężczyźni i kobiety

nauczyciel – nauczycielka	der Lehrer – die Lehrerin
lekarz – lekarka	der Arzt – die Ärztin
księgowy – księgowa	der Buchhalter – die Buchhalterin
palacz – palaczka	der Raucher – die Raucherin
chrzestny – chrzestna	der Pate – die Patin
znajomy – znajoma	der Bekannte – die Bekannte
pielęgniarz – pielęgniarka	der Krankenpfleger – die Krankenpflegerin

męskoosobo|wy: **forma** *f* **~wa** GRAM Personalform *f*
męskość F (*-ści; bpl*) Männlichkeit *f*
męstwo N (*-a; bpl*) Mut *m*, Tapferkeit *f*
mętlik M (*-u; bpl*) *umg* Durcheinander *n*
mętnieć ⟨**z-**⟩ (*3. Pers -eje*) sich trüben, trübe werden
męt|ny trübe; *fig* wirr, chaotisch; **~ty** PL (*gen -ów*) Bodensatz *m*; **~ty społeczne** *pej* Abschaum *m*, Asoziale *pl*
mężatk|a F (*-i; gen -tek*) verheiratete Frau *f*; **ona jest ~ą** sie ist verheiratet
mężczyzna M (*-y; -źni; gen -zn*) Mann *m*
mężnieć ⟨**z-**⟩ (*-eję*) zum Mann heranwachsen
mężny mutig, tapfer
MFW (Międzynarodowy Fundusz Walut) IWF (Internationaler Währungsfonds)
mgiełka F (*-i; gen -łek*) *dim* feiner Nebel *m*, Nebelschleier *m*; feiner Dunst *m*
mglisty (**-ście** *od* **-to**) neblig, dunstig; *fig* unklar, wirr; *wspomnienie* vage
mg|ła F (*-y; gen mgieł*) Nebel *m*, Dunst *m*; **we ~le** im Nebel; **zajść** *pf* **~łą** *v/i* beschlagen; **pamiętać jak przez ~ę** sich vage erinnern; **~ławica** F (*-y; -e*) ASTRON Nebel *m*
mgnien|ie N: **na ~ie** für e-n Augenblick; **w ~iu oka** im Nu, blitzschnell
mgr (magister) M.A. (Magister Artium)
MHZ (Ministerstwo Handlu Zagranicznego) Außenhandelsministerium *n*
mi PRON *dat* mir; **daj ~ to!** gib mir das!; **podoba ~ się** es gefällt mir; → ja
miał M (*-u; -y*) *węglowy* Grus *m*; **~ki** (**-ko**) fein (gemahlen); *fig* seicht
miano N (*-a*) *lit* Name *m*
mianować (*-uję*) ernennen (*inst* zu *dat*)
miano|wany ernannt (*inst* zu *dat*); **~wany na stanowisko** auf e-e Position berufen; **~wicie** nämlich; **a ~wicie** und zwar
mianownik M (*-a; -i*) GRAM Nominativ *m*; **wspólny ~** *fig* gemeinsamer Nenner *m*
mia|ra F (*-y; gen -*) Maß *n*; (*przyrząd*) Bandmaß *n*, Zentimetermaß *n*; (*przymiarka*) Anprobe *f*; (*kryterium*) Maßstab *m*; **~ra długości** Längenmaß *n*; **~ra pojemności** Hohlmaß *n*; **bez ~ry** maßlos; **ponad ~rę** übermäßig; **szyty na ~rę** maßgeschneidert; **w ~rę możliwości** nach Möglichkeit, soweit möglich; **w pewnej mierze** gewissermaßen; **w dużej mierze** in hohem Maße; **żadną ~rą** auf keinen Fall; **wielkiej ~ry** *fig* von Format
miar|ka F (*-i; gen -rek*) Messlatte *f*, Messband *n*; Messgefäß *n*; **przebrała się ~ka** das Maß ist voll; **mierzyć wszystko jedną ~ką** für alles denselben Maßstab anlegen
miaro|dajny maßgebend; *źródło* glaubwürdig; **~wy** (**-wo**) gleichmäßig; *ubranie* maßgeschneidert
miasteczko N (*-a; gen -czek*) Städtchen *n*; **~ studenckie** Studentendorf *n*; **wesołe ~** Rummelplatz *m*
Miastko N (*-u; bpl*) Rummelsburg *n*
miasto N (*-a*) Stadt *f*; **~ rodzinne** Heimatstadt *f*; **w mieście** in der Stadt
miauczeć (*3. Pers -y*) *kot* miauen
miaz|ga F (*-i*) (weiche) Masse *f*, Brei *m*; **~ga zębowa** ANAT Zahnmark *f*, Pulpa *f*; **zetrzeć** *pf* **na ~gę** zermalmen
miażdżący (**-co**) *fig* vernichtend, niederschmetternd
miażdż|yca F (*-y; bpl*) MED (Arterio)-Sklerose *f*; **~ycowy** MED sklerotisch
miażdżyć ⟨**z-**⟩ (*-ę*) zerquetschen, zermalmen; *fig* vernichten
miąć ⟨**z-**⟩ (*mnę*) *ubranie* (zer)knittern; *papier* zerknüllen; **~ się** zerknittert sein;

miąć się knittern; **nie mnący się** knitterfest

miąższ M (-u; bpl) *owocu* Fruchtfleisch *n*

miech M (-u; -y) (Blase)Balg *m*

miecz M (-a; -e) Schwert *n*; **~yk** M (-a; -i) BOT Gladiole *f*; ZOOL Schwertfisch *m*

mieć˙ (*mam*) haben; **~** (+ *inf*) haben zu (+ *inf*), sollen; **~ na sobie** anhaben; **nie ma już gazet** es gibt keine Zeitungen mehr; **nie mam rodzeństwa** ich habe keine Geschwister; **~ miejsce** stattfinden; **~ za złe** übelnehmen; **masz ci los!** da haben wir's!; **ja miałbym to zrobić?** ich soll das gemacht haben?; **to miał być dobry plan** es soll ein guter Plan gewesen sein; **miano budować dom** es sollte ein Haus gebaut werden; **nie ma jak świeża woda** es geht nichts über frisches Wasser; **jak się masz?** wie geht es dir?; **ile masz lat?** wie alt bist du?; **nie masz się czego wstydzić** du brauchst dich (dessen) nicht zu schämen; **~ za nic** (*akk*) nicht viel halten von (*dat*); **~ za sobą** *fig* hinter sich haben; **~ się za** (*akk*) sich halten für (*akk*); **~ się dobrze** sich gut fühlen; **ma się na deszcz** es sieht nach Regen aus; **ma się rozumieć!** *umg* na klar!

miednica F (-y; -e) Waschschüssel *f*; ANAT Becken *n*

M

miedza F (-y; -e) Feldrain *m*

miedziany Kupfer-, kupfern; *kolor* kupferrot

miedzioryt M (-u; -y) Kupferstich *m*

miedź F (-dzi; bpl) Kupfer *n*

miejscami ADV stellenweise

miejs|ce N (-a) Platz *m* (*a. fig*); Stelle *f*; **~ce do spania** Schlafplatz *m*; **wrażliwe ~ce** empfindliche Stelle *f*; **~ce na** (*akk*) Platz für (*akk*); **~ce pracy** Arbeitsstelle *f*; **~ce zamieszkania** Wohnort *m*; **~ce urodzenia** Geburtsort *m*; **~ce spotkania** Treffpunkt *m*; **~ce przeznaczenia** Bestimmungsort *m*; **~ce wypadku** Unglücksstelle *f*; **w którym ~cu cię boli?** welche Stelle tut dir weh?; **~ce siedzące** Sitzplatz *m*; **~ce przy oknie** Fensterplatz *m*; **pierwsze ~ce** SPORT erster Platz *m*; **wolne ~ce** freier Platz *m*; **być na ~cu** an Ort und Stelle sein; **na twoim ~cu** an deiner Stelle; **w ~ce** *od* **na ~ce** (*gen*) anstelle (*gen od* von *dat*); **w tym ~cu** an dieser Stelle; **z ~ca** *fig* auf der Stelle, sofort; **nie na ~cu** *fig* unangebracht, unpassend; **mieć ~ce** geschehen, sich ereignen; **na ~cu** KULIN zum hier Essen

miejscownik M (-a; -i) GRAM Lokativ *m*

miejscowość F (-ści) Ortschaft *f*, Ort *m*; **~ wypoczynkowa** Ferienort *m*

miejsco|wy[1] örtlich, Orts-, lokal; *ludność* einheimisch, ortsansässig; **znieczulenie** *n* **~we** lokale *od* örtliche Betäubung *f*

miejsco|wy[2] M (-ego; -i), **~wa** F (-ej; -e) Einheimische(r) *m*, *f*, Ortsbewohner(in) *m(f)*

miejs|cówka F (-i; *gen* -wek) Platzkarte *f*; **~ki (po -ku)** städtisch; **rada** *f* **~ka** Stadtrat *m*

miel|izna F (-y) Sandbank *f*; **osiąść** *pf* **na ~źnie** stranden, auf e-e Sandbank auflaufen

Mielno N (-a; bpl) Großmöllen *n*

mielo|ny gemahlen; **mięso** *n* **~ne** Hackfleisch *n*; **kotlet** *m* **~ny** Bulette *f*

mienić się (-ię) schillern, schimmern; **~ na twarzy** abwechselnd rot und blass werden

mienie N (-a; bpl) *lit* Hab und Gut *n*; **~ społeczne** Gemeineigentum *n*; **~ prywatne** Privateigentum *n*

mierniczy[1] Mess-, Vermessungs-

mierniczy[2] M (-ego; -owie) Land(ver)messer *m*

mier|nik M (-a; -i) Messgerät *n*, Anzeiger *m*; *fig* Kriterium *n*, Maßstab *m*; **~nik wartości** Wertmaßstab *m*; **~nota** F (-y) *pej* Mittelmaß *n*; **~ność** F (-ści; bpl) *pej* Mittelmäßigkeit *f*; **~ny** *pej* mittelmäßig; *ocena* genügend

mierzeja F (-ei; -eje; *gen* -ei) Nehrung *f*

mierzić [-r-] (*3. Pers* -i): **~ k-o** *lit* j-n anwidern, j-m zuwider sein; **mierzi mnie to** das ist mir zuwider

mierznąć [-r-] ⟨**ob-**⟩ (*3. Pers* -ie): **obmierzło mi to** ich bin dessen überdrüssig geworden

mierzwić ⟨**z-**⟩ (-ię) zerzausen

mierzyć ⟨**z-**⟩ (-ę) (aus)messen; *suknię, buty* anprobieren; **~ wzrokiem** mustern; **mierzyć** (**do** *gen od* **w** *akk*) (*celować*) zielen (auf *akk*); **mierzyć** (*gen*) (*oceniać*) messen (an *dat*); **wysoko mierzyć** hoch hinauswollen; **~ się** seine Größe messen; **~ się z trudnościami** sich den Schwierigkeiten stellen; **móc się ~ z** (*inst*) es aufnehmen können mit (*dat*); **nie móc się mierzyć** *fig* sich nicht messen können (**z** *inst* mit *dat*)

mies. (miesiąc) Monat *m*; monatlich
miesiąc M (*-a; -e; gen -sięcy*) Monat *m*; **raz na ~** einmal im Monat; **za ~** in e-m Monat; **miodowy ~** Flitterwochen *pl*; **~ami** monatelang
miesiączk|a F (*-i; gen -czek*) Regelblutung *f*, Periode *f*
miesiączkować (*-uję*) die Periode haben
miesięcz|nik M (*-a; -i*) Monatsschrift *f*; **~ny** monatlich; *czynsz, bilet* Monats-; *niemowlę* e-n Monat alt
mieszać ⟨**wy-**⟩ (*-am*) *zupę* (um)rühren; ⟨**z-**⟩ *farby* (ver)mischen; *fig* verlegen machen; **~ z błotem** *fig* mit Schmutz bewerfen; **~ się** sich vermischen; *fig* verlegen werden; ⟨**po-**⟩ (*mylić*) verwechseln, durcheinanderbringen; **~ się** durcheinanderkommen, durcheinandergeraten; ⟨**w-**⟩ *fig* hineinziehen, verwickeln (**do** *gen* in *akk*); **~ się** sich einmischen (**do** *gen* in *akk*); **~ się do rozmowy** sich in ein Gespräch einmischen; ⟨**na-**⟩ *umg* ein Chaos anrichten; **~ w głowie k-u** j-n verwirren
miesza|dło N (*-a; gen -deł*) Mischer *m*; **~niec** M (*-ńca; -ńce*) BOT, ZOOL Mischling *m*; (*człowiek*) (*-ńcy*) *neg!* Mischling *m*
miesza|nina F (*-y*) *umg* Mischmasch *m*; **~nka** F (*-i; gen -nek*) Mischung *f*, Gemisch *n*; **~ny** gemischt; **las** *m* **~ny** Mischwald *m*
mieszczań|ski bürgerlich; **~stwo** N (*-a; bpl*) HIST Bürgertum *n*, Bürgerstand *m*
mieszczuch M (*-a; -y*) *pej* Städter *m*
mieszkać (*-am*) wohnen; **~ przez ścianę** im Nachbarzimmer wohnen; **~ kątem u k-o** *umg* vorübergehend bei j-m wohnen
mieszka|lny Wohn-; **~nie** N (*-a*) Wohnung *f*
mieszka|niec (*-ńca; -ńcy*), **~nka** F (*-i; gen -nek*) *domu* Bewohner(in) *m(f)*; *kraju, miasta* Einwohner(in) *m(f)*
mieszkaniowy Wohnungs-
mieścić ⟨**z-**⟩ (*mieszczę, mieści*) (*akk*) Platz bieten (für *akk*); **sala mieści tysiąc widzów** der Saal bietet Platz für tausend Zuschauer; **~ się** hineinpassen, Platz finden; **czy zmieści się jeszcze mój bagaż?** passt mein Gepäck noch hinein?; **mieścić się** (*znajdować się*) sich befinden; **w budynku mieści się biuro** in dem Gebäude befindet sich ein Büro; **mieścić się w** (*lok*) enthalten sein (in *dat*); **mieścić w sobie** umfassen, beinhalten; **to nie mieści się w głowie!** das ist nicht zu fassen!, das gibt es nicht!
mieścina F (*-y*) Provinzstädtchen *n*, Provinznest *n*
miewać (*-am*) ab und zu haben; **jak się pan ~?** wie geht es Ihnen?
mię|ciutki (**-ko**) ganz weich; **~czak** M (*-a; -i*) *umg* Schlappschwanz *m*, Weichling *m*; **~czaki** *m/pl* (*gen -ów*) BIOL Weichtiere *n/pl*
międlić (*-lę*) zerknüllen
między PRÄP (*inst*) zwischen (*dat*); **~ innymi** unter anderem; **~ sobą** untereinander; **~ nami mówiąc** unter uns gesagt
między|kontynentalny interkontinental; **~lądowanie** N (*-a*) LOT Zwischenlandung *f*; **~ludzki** zwischenmenschlich; **~miastowy** TEL Fern-; **~narodowy** international
między|narodówka F (*-i; bpl*) Internationale *f*; **~państwowy** zwischenstaatlich; **~pokoleniowy** zwischen den Generationen, Generationen-
Międzyrzecz M (*-a; bpl*) Meseritz *n*
międzysemestral|ny: **przerwa** *f* **~na** Semesterferien *pl*, vorlesungsfreie Zeit *f*
międzyszkol|ny: **wymiana** *f* **~na** Schüleraustausch *m*
międzywojen|ny: **lata** *pl* **~ne** Zwischenkriegszeit *f*
Międzyzdroje PL (*-ów*) Misdroy *n*
międzyzwrotnikowy subtropisch
miękcy *persf* → miękki
miękczyć ⟨**z-**⟩ (*-ę*) JĘZ palatalisieren
miękk|ki (*persf -cy*) (**-ko**) weich; JĘZ palatalisiert; **jajko** *n* **na ~ko** weich gekochtes Ei *n*
miękkość F (*-ści; bpl*) Weichheit *f*
mięknąć ⟨**z-**⟩ (*-nę*) weich werden (*a. fig*)
mię|sień M (*-śnia; -śnie*) Muskel *m*; **~śnie** *m/pl* **brzucha** Bauchmuskeln *m/pl*
mię|sisty fleischig; **~sny** Fleisch-; **~so** N (*-a*) Fleisch *n*; **~so armatnie** *fig* Kanonenfutter *n*
mięsożer|ny fleischfressend; **zwierzęta** *n/pl* **~ne** Fleischfresser *m/pl*
mięśniowy Muskel-
mięta F (*-y*) (Pfeffer)Minze *f*
miętosić ⟨**z-**⟩ (*-szę*) zerknüllen
miętowy Pfefferminz-
miętus M (*-a; -y*) *umg* Pfefferminzbonbon *m od n*
mig: **na ~i** durch Zeichen, in Zeichen-

M

sprache; **w ~** *umg* im Nu, in null Komma nichts

migacz M (*-a; -e*) Blinker *m*, Blinkleuchte *f*

migać (*-am*) ⟨**-nąć**⟩ (*-nę*) blinken; (*przemykać*) vorbeifliegen, vorbeihuschen; **migać się** *umg* sich drücken (**od** *gen* von *dat*)

migaw|ka F (*-i; gen -wek*) FOTO Verschluss *m*; **~ki** *pl* Kurzreportagen *pl*; **~kowy** *fig* flüchtig, fragmentarisch

migdalić się (*-lę*) *umg* sich abknutschen

migdał M (*-u; -y*) KULIN, ANAT Mandel *f*; **~ek** M (*-łka; -łki*) ANAT Mandel *f*

migdało|wiec M (*-wca; -wce*) Mandelbaum *m*; **~wy** Mandel-; *kształt* mandelförmig

migiem ADV sofort, sehr schnell

mignąć PF → migać

migotać (*3. Pers -ce*) flimmern; *świeca, płomień* flackern

migotanie N (*-a; bpl*): **~ serca** MED Herzflimmern *n*

migotliwy (**-wie**) flimmernd, flackernd

migowy *sygnalizacja* Blink-; **język** *m* **~** Zeichensprache *f*, Gebärdensprache *f*

migrac|ja F (*-i; -e*) Migration *f*, Auswanderung *f*; **~yjny** Migrations-

migrena F (*-y*) Migräne *f*

migrować (*-uję*) migrieren, auswandern

mijać (*-am*) ⟨**minąć**⟩ (*-nę*) *v/t idąc* vorbeigehen (*akk* an *dat*), *jadąc* vorbeifahren (*akk* an *dat*); *granicę* passieren; V/I *czas, rok, ból* vergehen; *termin* ablaufen; *stres, trudności* vorbei sein, vorüber sein; **kara go nie minie** er wird der Strafe nicht entgehen; **~ się** *idąc* aneinander vorbeigehen; *jadąc* aneinander vorbeifahren; (*nie spotkać się*) sich verpassen; *listy* sich kreuzen; **~ się z celem** am Ziel vorbeigehen; **~ się z powołaniem** den Beruf verfehlen; **to mija się z prawdą** das entspricht nicht der Wahrheit

mika F (*-i; bpl*) MINER Glimmer *m*

mikołaj M (*-a; -e*) Nikolaus *m*; **~ki** *pl* Nikolaus(tag) *m*; **na ~a** zum Nikolaus; **~kowy** Nikolaus-

mikro *in Zsgg(n)* Mikro-, mikro-

mikro|bus M (*-u; -y*) Kleinbus *m*; **~by** M/PL (*gen -ów*) Mikroben *m/pl*; **~elementy** M/PL (*gen -ów*) Spurenelemente *n/pl*

mikrofalo|wy: **kuchenka** *f* **~wa** Mikrowelle *f*, Mikrowellenherd *m*

mikro|faza F (*-y; bpl*) Mikrofaser *f*; **~film** M (*-u; -y*) Mikrofiche *n od m*; **~fon** M (*-u; -y*) Mikrofon *n*; **mówić do ~fonu** ins Mikrofon sprechen

mikroskop M (*-u; -y*) Mikroskop *n*; **~ijny** mikroskopisch (*a. fig*); **~owy** Mikroskop-

mik|rus M (*-a; -y*) *umg* Zwerg *m*; **~ry** *umg* schwächlich, schmächtig

mikser M (*-a; -y*) *kuchenny* (Küchen)Mixer *m*; *do koktajli* Mixbecher *m*, Shaker *m*; RADIO Mischpult *n*; (PL *-rzy*) RADIO Tonmischer *m*; **~ski** RADIO Ton-, Misch-

miksować ⟨**z-**⟩ mixen (*a.* RADIO)

mikstura F (*-y*) Mixtur *f*

mila F (*-i; -e-*) Meile *f*; **~ morska** Seemeile *f*

milczą|cy (**-co**) schweigend; (*małomówny*) schweigsam; **~ca zgoda** *f* stillschweigende Übereinkunft *f*; **~cy protest** *m* Schweigemarsch *m*

milczeć (*-ę*) schweigen; **~ jak zaklęty** beharrlich schweigen

milczen|ie N (*-a*) Schweigen *n*; **w ~iu** schweigend

milcz|ek M (*-czka; -czki*) schweigsame Person *f*; **~kiem** ADV leise, still, heimlich

mile ADV angenehm, nett; **jest ~ widziane** … es wird gern gesehen …; **~ zaskoczony** angenehm überrascht; **~ widziany gość** *m* willkommener Gast *m*; **~ połechtany** gebauchpinselt

milej *komp* ADV angenehmer; → miło

mili *persf* → miły[1]

mili *persf* → miły[2]

mili- *in Zsgg(n)* Milli-, milli-

miliard M (*-a; -y*) Milliarde *f*; **~owy** Milliarden-

milicja F (*-i; -e*) HIST Miliz *f*; **~nt** M (*-a; -ci*) HIST Milizionär *m*

mili|gram M (*-u; -y*) Milligramm *n*; **~metr** M (*-u; -y*) Millimeter *m od n*

milion M (*-a; -y*) Million *f*

milioner M (*-a; -rzy*), **~ka** F (*-i; gen -rek*) Millionär(in) *m(f)*

milionowy Millionen-

militarny Militär-, militärisch; **~ystyczny** *pej* militaristisch, militant

militaryzować ⟨**z-**⟩ militarisieren; **~ się** sich aufrüsten

milkliwy schweigsam, verschlossen

milknąć ⟨**za-**⟩ (*-nę, -ł*) verstummen

milowy Meilen-; **kamień** *m* **~** *fig* Meilenstein *m*; **być krokiem ~m** bahnbrechend sein, e-n Meilenstein darstellen

milsi *komp* ADJ *persf* netter; → miły

milszy *komp* ADJ netter; → miły

M

milusieńki (-ko) *dim* niedlich, süß
milusińscy PL (*-skich*) *umg* Kinderchen *pl*, Kleine *pl*
milutki (-ko) *dim* → milusieńki
miło ADV angenehm, nett; **~ mi** es freut mich; **to ~ z pana strony** es ist lieb von Ihnen; **~ wspominać** (*akk*) sich gerne erinnern, gerne zurückdenken (an *akk*); **kłamać, aż ~** *iron* lügen, dass sich die Balken biegen
miłosier|dzie N (*-a; bpl*) Barmherzigkeit *f*; **~ny** barmherzig
miłos|ny Liebes-; **~tka** F (*-i; gen -tek*) Liebschaft *f*, Affäre *f*
miłość F (*-ści; bpl*) Liebe *f*; **~ bliźniego** Nächstenliebe *f*; **~ własna** Eigenliebe *f*; **z miłością** *adv* liebevoll; **na ~ boską!** um Gottes willen!
miłośn|ik M (*-a; -cy*), **~iczka** F (*-i; gen -czek*): **~ik sztuki** Kunstliebhaber(in) *m(f)*; **~ik sportu** Sportfan *m*; **~ik przyrody** Naturfreund *m*; **~ik zwierząt** Tierfreund *m*
miłować (*-uję*) *lit pokój, prawdę* lieben
mi|ły[1] (*persf -li*) (**-le, -ło**) nett, angenehm; (*drogi*) lieb; **bądź tak ~ły i ...!** sei so lieb und ...!; **z ~łą chęcią** sehr gern; **~ły sercu** lieb
mi|ły[2] M (*-ego; -li*), **~ła** F (*-ej; -e*) Liebe(r) *m, f*; **mój ~ły!** mein Lieber!; **moi ~li!** meine Lieben!
mim M (*-a; -owie*) Mime *m*; **~iczny** mimisch; **zmarszczki** *pl* **~iczne** Lachfalten *pl*; **~ika** F (*-i; bpl*) Mimik *f*
mimo PRÄP (*gen*) trotz (*gen*); **~ wszystko** trotz allem; **~ woli** unwillkürlich, unbeabsichtigt; **~ to** *konj* trotzdem; **~ że** *konj* obwohl
mimo|chodem ADV beiläufig; **~wolny** unwillkürlich, unbewusst, unbeabsichtigt; *świadek, sprawca* wider Willen
mimoza F (*-y*) BOT Mimose *f* (*a. fig*)
min (minuta) Min. *od* min. (Minute)
min. (minister) Minister *m*
m.in. (między innymi) u.a. (unter anderem)
mi|na[1] F (*-y*) Miene *f*, Gesicht *n*; **stroić ~ny** Grimassen schneiden; **robić dobrą ~nę do złej gry** gute Miene zum bösen Spiel machen; **~na mu zrzedła** er machte ein langes Gesicht
mina[2] F (*-y*) MIL Mine *f*
minaret M (*-u; -y*) Minarett *n*
minąć PF → mijać
miner|alny Mineral-; **sole** *pl* **~alne** Mineralstoffe *m/pl*; **woda** *f* **~alna** Mineralwasser *n*; **~ał** M (*-u; -y*) Mineral *n*
mini mini; **spódniczka** *f* **~** Minirock *m*
minia F (*gen dat lok -ii; bpl*) Mennige *f*
miniatur|a F (*-y*) MAL Miniatur *f*; (*model*) Baumodell *n*; (*film*) Kurzfilm *m*; **w ~ze** im Kleinformat; **~owy** MAL Miniatur-; (*mały*) winzig; **wydanie** *n* **~owe** Miniaturausgabe *f*
minimal|istyczny *program, wymagania* Minimal-; **~ny** minimal, gering
minimum[1] N (*unv; -ima; gen -imów*) Minimum *n*, Mindestmaß *n* (*gen* an *dat*); **zredukować** *pf* **do ~** auf ein Minimum reduzieren; **~ socjalne** Existenzminimum *n*
minimum[2] *partikel* mindestens
miniony vergangen
minispódniczka F (*-i; gen -czek*) Minirock *m*
minister M (*-tra; -trowie*) Minister *m*; (*kobieta*) Ministerin *f*; **~ edukacji narodowej** Bildungsminister *m*; **~ spraw wewnętrznych** Innenminister *m*; **~ spraw zagranicznych** Außenminister *m*; **~ obrony narodowej** Verteidigungsminister *m*; **~ sprawiedliwości** Justizminister *m*; **~ialny** ministerial, Ministerial-
ministerstwo N (*-a*) Ministerium *n*; **~ spraw zagranicznych** Außenministerium *n*
ministrant M (*-a; -ci*) Ministrant *m*
minorowy (-wo) MUS Moll-, in Moll; *fig* traurig, melancholisch
minować ⟨za-⟩ (*-uję*) verminen
minowy MIL Minen-
mintaj M (*-a; -e*) Seelachs *m*
minus M (*-a; -y*) MAT Minus(zeichen) *n*; *fig* Minus *n*; **~owy** Minus-
minu|ta F (*-y*) Minute *f*; **za ~tę** in e-r Minute; **co do ~ty** auf die Minute; **~ta ciszy** Schweigeminute *f*
minut|ka F (*-i; gen -tek*) *dim* Minütchen *n*, ein paar Minuten; **~owy** Minuten-
miodowy Honig-; *kolor* honigfarben, honiggelb; **~ miesiąc** *m* Flitterwochen *pl*
miot M (*-u; -y*) ZOOL Wurf *m*
miotacz M (*-a; -e*) SPORT Werfer *m*; **~ kulą** Kugelstoßer *m*; **~ ognia** MIL Flammenwerfer *m*; **~ka** F (*-i; gen -czek*) SPORT Werferin *f*
miotać (*-am*) werfen, schleudern; **~ się** nervös auf und ab gehen; *fig* hin und her gerissen sein

M

miotany: ~ **gniewem** wutentbrannt; ~ **nienawiścią** hasserfüllt; ~ **sprzecznymi uczuciami** hin und her gerissen; ~ **zazdrością** blind vor Eifersucht
miotła F (-y; *gen* -*teł*) Besen *m*
miód M (-*odu*; -*ody*) Honig *m*; ~ **pitny** Met *m*, Honigwein *m*
mir|abelka F (-*i*; *gen* -*lek*) Mirabelle *f*; **~aż** M (-*u*; -*e*) Fata Morgana *f*; *fig* Trugbild *n*
mirt M (-*u*; -*y*) BOT Myrte *f*
mis|a F (-*y*) (große) Schüssel *f*; GEOL Becken *n*; **~eczka** F (-*i*; *gen* -*czek*) Schälchen *n*; *dla kota* Napf *m*; *biustonosza* Körbchen *n*, Cup *m*
misiek M (-*śka*; -*śki*) *umg* (*zabawka*) Teddybär *m*; (*futro*) Kunstpelz *n*
misja F (-*i*; -*e*) POL, REL Mission *f*; ~ **specjalna** POL Sondermission *f*; ~ **dyplomatyczna** diplomatische Vertretung *f*
misjona|rz M (-*a*; -*e*), **~rka** F (-*i*; *gen* -*rek*) Missionar(in) *m*(*f*)
miska F (-*i*; *gen* -*sek*) Schüssel *f*; ~ **klozetowa** Klosettbecken *n*
misterny kunstvoll, künstlerisch
mistrz M (-*a*; -*owie*) Meister *m* (*a*. SPORT); ~ **murarski** Maurermeister *m*; ~ **malarski** Malermeister *m*; ~ **Europy** SPORT Europameister *m*
mistrzost|wo N (-*a*) Meisterschaft *f* (*a*. SPORT); **~wa** *pl* **Europy** Europameisterschaft *f*; **~wa** *pl* **świata** Weltmeisterschaft *f*; **~wa** *pl* **świata w piłce nożnej** Fußballweltmeisterschaft *f*; **zdobyć** *pf* **~wo świata** Weltmeister werden
mistrzowski (**-ko**, **po -ku**) meisterhaft; **dyplom** *m* ~ Meisterprüfung *f*
mistrzyni F (-*i*; -*e*, -*ń*) Meisterin *f* (*a*. SPORT)
mistyczny mystisch
mistyfikacja F (-*i*; -*e*) Täuschung *f*, Irreführung *f*; Zerrbild *n*
mistyfikować (-*uję*) verzerren, verbrämen
misty|k M (-*a*; -*cy*), **~czka** F (-*i*; *gen* -*czek*) Mystiker(in) *m*(*f*); **~ka** F (-*i*; *bpl*) Mystik *f*
misyjny Missions-
miś M (-*sia*; -*sie*) *umg* kleiner Bär *m*, Bärchen *n*; (*zabawka*) Teddybär *m*; (*futro*) Kunstpelz *m*
miśnieńs|ki: **~ka porcelana** *f* Meißner Porzellan *n*
mit M (-*u*; -*y*) Mythos *m* (*a*. *fig*); **~ologia** F (*gen dat lok* -*ii*; -*e*) Mythologie *f*; **~ologiczny** mythologisch
mitoman M (-*a*; -*i*), **~ka** F (-*i*; *gen* -*nek*) *pej* Angeber(in) *m*(*f*)
mitręga F (-*i*) Zeitverschwendung *f*
mityczny mythisch, Sagen-
mitygować ⟨**z-**⟩ (-*uję*) zurechtweisen, mahnen; ~ **się** sich zusammennehmen, sich beherrrschen
mizdrzyć się (-*ę*): ~ **do k-o** j-m schöne Augen machen, mit j-m kokettieren
mizeria F (*gen dat lok* -*ii*; -*e*) Gurkensalat *m*
mizernieć ⟨**z-**⟩ (-*eję*) schwach werden, dünn werden; krank aussehen
mizerny (*chory*) schwächlich, dünn; kränklich; (*lichy*) miserabel, kümmerlich
mjr (**major**) Mjr., Maj. (Major)
mknąć (-*nę*) (dahin)eilen
MKOl (**Międzynarodowy Komitet Olimpijski**) IOC (International Olympic Committee)
mlaskać (-*am*) ⟨**mlasnąć**⟩ (-*nę*) schmatzen
mlecz M (-*u od* -*a*; -*e*; *gen* -*y*) BOT Löwenzahn *m*; ZOOL Fischmilch *f*; **~arnia** F (-*i*; -*e*) Molkerei *f*, Meierei *f*; **~arski** *wyrób* Molkerei-, Milch-
mlecza|rstwo N (-*a*; *bpl*) Milchwirtschaft *f*; **~rz** M (-*a*; -*e*) Molkereiarbeiter *m*; (*roznoszący mleko*) Milchmann *m*
mleczko N (-*a*; *gen* -*czek*) *dim* Milch *f*; ~ **kosmetyczne** Gesichtsmilch *f*; ~ **kokosowe** Kokosmilch *f*; **ptasie** ~ *Pralinen mit schaumiger Füllung*
mlecznobiały milchweiß
mlecz|ny Milch-; *światło* milchig; *żarówka* matt; **gruczoły** *m/pl* **~ne** ANAT Milchdrüsen *f/pl*; **ząb** *m* **~ny** ANAT Milchzahn *m*; **~ne szkło** *n* Milchglas *n*; **krowa** *f* **~na** Milchkuh *f*; **bar** *m* **~ny** Bistro *n*; **Droga** *f* **≈na** ASTRON Milchstraße *f*
mleć° ⟨**ze-**⟩ (*mielę*, *miele*) mahlen; **mleć językiem** *umg* quasseln, schnattern
mleko N (-*a*; *bpl*) Milch *f*; **pełne** ~ Vollmilch *f*; **chude** ~ Magermilch *f*; ~ **w proszku** Milchpulver *n*; **zsiadłe** *od* **kwaśne** ~ saure Milch *f*; **krowie** ~ Kuhmilch *f*; ~ **matki** Muttermilch *f*; **na mleku** KULIN Milch-; **wyssać** *pf* **z mlekiem matki** mit der Muttermilch einsaugen
mln (**milion**) Mio., Mill. (Million)
młocarnia F (-*i*; -*e*) Dreschmaschine *f*

M

młocka F (-i; bpl) Drusch m
młockarnia F (-i; -e) → młocarnia
młode N (-ego; -e; gen -ych) Junge(s) n, Jungtier n
młodnieć ⟨od-⟩ (-eję) sich jünger fühlen; jünger aussehen od wirken
młodo ADV → młody
młodociany[1] JUR jugendlich
młodocia|ny[2] M (-ego; -i), **~na** F (-ej; -e) JUR Jugendliche(r) m, f
młodo|ść F (-ści; bpl) Jugend f, Jugendzeit f; **nie pierwszej ~ści** nicht mehr ganz jung
młodsi komp ADJ persf jünger; → młody
młodszy komp ADJ jünger; oficer Unter-; → młody
mło|dy (persf -dzi) (**-do**) jung; **pan** m **~dy** Bräutigam m; **panna** f **~da** Braut f; **państwo** n **młodzi** Brautpaar n; **za ~du** in jungen Jahren; **~dy człowiek** m junger Mann m
młodzi PL (gen młodych) (państwo młodzi) Brautpaar n
młodziej komp ADV jünger; → młodo
młodzieni|aszek M (-szka; -szki od -szkowie) żart, iron Jüngelchen n, Jüngling m; **~ec** M (-ńca; -ńca) lit Jüngling m
młodzieńczy (**-czo**) jugendlich
młodzież F (-y; bpl) Jugend f, Jugendliche pl; **~ szkolna** Schuljugend f; **~ akademicka** Studentenschaft f; **trudna ~** schwer erziehbare Jugendliche pl; **~owy** Jugend-
młodzik M (-a; -i) iron Bursche m, Junge m; SPORT Jungstar m, Youngster m
młodziutki (**-ko**) blutjung
młokos M (-a; -y) Grünschnabel m, Milchbart m
młot M (-a; -y) Hammer m (a. SPORT); **~ pneumatyczny** Presslufthammer m; **ryba** f **~** ZOOL Hammerhai m; **między ~em a kowadłem** fig zwischen zwei Stühlen; **serce wali mi jak ~** mein Herz hämmert
młotek M (-tka; -tki) Hammer m (a. MUS, TECH); **iść pod ~** unter den Hammer kommen
młócić ⟨**o-**, **wy-**⟩ (-cę) dreschen
młyn M (-a; -y) Mühle f; **diabelski ~** Riesenrad n; **~arz** M (-a; -e) Müller m
młynek M (-nka; -nki): **~ do kawy** Kaffeemühle f; **~ do pieprzu** Pfeffermühle f
młyński Mühl-; **koło** n **~e** Mühlrad n
mną PRON inst: **ze ~** mit mir; → ja
mniam INT: **~, ~!** lecker, lecker!
mnich M (-a; -si) Mönch m
mnie PRON gen meiner; dat mir; akk mich; lok; **o ~** über mich; **u ~** bei mir; **ode ~** von mir; **beze ~** ohne mich; **nie ma ~ w domu** ich bin nicht zu Hause; → ja
mniej ADV weniger; **~ więcej** ungefähr, etwa; **ni ~, ni więcej, tylko ...** nichts Geringeres als ...; → mało
mniejsi komp ADJ persf kleiner; → mały[1]
mniejszość F (-ści) Minderheit f; **~ściowy** Minderheiten-
mniej|szy komp ADJ kleiner (**od** gen als akk); geringer; **~sza o to** od **z tym** (es ist) unwichtig, darauf kommt es nicht an; → mały[1]
mniemać (-am) lit meinen, denken
mniemani|e N (-a) Meinung f, Ansicht f, Anschauung f; **mieć wysokie ~e o sobie** viel von sich halten; **w jego ~u** seiner Ansicht nach
mnisi Mönchs-
mnisi PL → mnich
mnisz|ek M (-szka; -szki) BOT Löwenzahn m; **~ka** F (-i; gen -szek) Nonne f
mno|gi zahlreich; **liczba** f **~ga** GRAM Plural m, Mehrzahl f; **~gość** F (-ści; bpl) Vielzahl f, Vielfalt f
mnożenie N (-a) MAT Multiplikation f
mnożyć ⟨**po-**⟩ (-ę) MAT multiplizieren, malnehmen; **mnożyć** vermehren; **mnożyć się** sich vermehren (a. BIOL)
mnóstwo N (-a) Menge f
mobilizacja F (-i; -e) Mobilisierung f; MIL Mobilmachung f
mobilizować ⟨**z-**⟩ (-uję) mobilisieren, anspornen (**do** gen zu dat); MIL mobil machen; **~ się** sich überwinden, sich aufraffen
mobil|izujący (**-co**) mobilisierend, anregend; **~ność** F (-ści; bpl) Mobilität f; **~ny** mobil
moc F (-y; -e) Kraft f; wiatru, alkoholu Stärke f; FIZ, TECH Leistung f; **~ prawna** Rechtskraft f; **~ obliczeniowa** EDV Rechnungskapazität f; **~ produkcyjna** Produktionskapazität f; **na ~y** (gen) JUR kraft (gen); **pozostawać w ~y** JUR in Kraft bleiben; **o własnej ~y** aus eigener Kraft; **to nie leży w mojej ~y** das steht nicht in meiner Macht; **z całej ~y** mit aller Kraft; **przesyłam ~ życzeń** mit besten Wünschen
mocarstwo N (-a) POL Großmacht f

M

mocniejszly: **coś ~ego** *umg* etwas Stärkeres

mocno ADV stark, kräftig; *przykręcić, zawiązać* fest; *(bardzo)* sehr, ziemlich; *umalowany* stark; *zbudowany* kräftig; *przekonany* tief; *przesadzać* maßlos; *spać* fest; **~ stąpać po ziemi** mit beiden Beinen auf der Erde stehen

moc|ny kräftig, stark; *buty, materiał* fest; *kawa, perfumy, środki przeciwbólowe* stark; **~na strona** *f fig* starke Seite *f*; **~ny charakter** *m* starker Charakter *m*; **mieć ~ną głowę** trinkfest sein; **mieć ~ny sen** einen festen Schlaf haben; **mieć ~ne nerwy** starke Nerven haben; **~ne słowa** *pl* unmissverständliche Worte *pl*; *(przekleństwa)* Kraftausdrücke *pl*

mocodawca M (-y; *gen* -ów) Auftraggeber *m*, Vollmachtgeber *m*

mocować ⟨**przy-**⟩ (-uję) befestigen, anbringen (**do** *gen* an *akk*); **mocować się** (**z** *inst*) ringen (mit *dat*) (*a. fig*); **mocować się z zamkiem** am Schloss hantieren

mocz M (-u; *bpl*) Urin *m*, Harn *m*; **oddawać ~** urinieren; **badać ~** den Urin untersuchen

moczary PL (*gen* -ów) Moor *n*, Sümpfe *pl*

mocz|arowy Sumpf-, Moor-; **~nik** M (-a; *bpl*) Harnstoff *m*

moczo|pędny harntreibend; **~wód** M (-odu; -ody) Harnleiter *m*

moczowy: **pęcherz** *m* **~** ANAT Harnblase *f*

moczyć (-ę) ⟨**z-**⟩ nass machen; **moczyć bieliznę** Wäsche einweichen; **~ się** nass werden; **moczyć się** *dziecko* das Bett nässen; *bielizna* eingeweicht werden

moczymorda M (-y; *gen* -ów *od* -) *pop* Saufbold *m*

moda F (-y; *gen* mód) Mode *f*; **być w modzie** in (Mode) sein

model[1] M (-u; -e) Modell *n*

model[2] M (-a; -e) Model *n*, Dressmann *m*

model|arstwo N (-a; *bpl*) Modellbau *m*; **~ka** F (-i; *gen* -lek) (Foto)Modell *n*, Model *n*

modelować (-uję) modellieren

modelowy Modell-

modem M (-u; -y) EDV Modem *n*

moderni|styczny modernistisch; **~zm** M (-u; *bpl*) Modernismus *m*

moderni|zacyjny Modernisierungs-

modernizować ⟨**z-**⟩ (-uję) modernisieren

modlić się ⟨**pomodlić się**⟩ (-ę, *módl!*) (**o** *akk*, **za** *akk*) beten (für *akk*, um *akk*); **~ o pokój** für den Frieden beten; **~ za zmarłych** für die Verstorbenen beten

modli|szka F (-i; *gen* -szek) ZOOL Gottesanbeterin *f*; **~tewnik** M (-ka; -ki) Gebetbuch *n*; **~twa** F (-y) Gebet *n*

mod|ła: **na ~łę** (*gen*) nach dem Vorbild, in der Art (von *dat*); **przerobić** *pf* **na swoją ~łę k-o** j-n umkrempeln

modły PL (*gen* -ów) *lit* Gebet *n*; **zanosić ~** ein Gebet sprechen

mod|nisia F (-si; -sie) *iron* Modepuppe *f*; **~ny** modebewusst, modisch; *słowo, zawód* Mode-

modry kornblumenblau, leuchtend blau

modrzew M (-wia; -wie; *gen* -wi) BOT Lärche *f*; **~iowy** Lärchen-

modulacja F (-i; -e) Modulation *f*

modulować (-uję) modulieren

moduł M (-u; -y) MAT Modul *m*; EDV Modul *n*

modyfikować ⟨**z-**⟩ (-uję) modifizieren, verändern

modystka F (-i; *gen* -tek) Modistin *f*

modzel M (-a; -e) Schwiele *f*

mogiła F (-y) Grabhügel *m*; **wspólna ~** Massengrab *n*

Moguncja F (-i; *bpl*) Mainz *n*

moher M (-u; *bpl*) Mohär *m*, Mohair *m*; **~owy** Mohär-, Mohair-

moi *persf* → mój

moja PRON *poss f* meine

moje[1] PRON *poss n* mein

moje[2] PRON *poss sachf* meine

Mojżesz M (-a; *bpl*) Moses *m*

mokasyny M/PL (*gen* -ów) Mokassins *m/pl*

moknąć ⟨**z-**⟩ (-nę, -mókł) nass werden

mokradła N/PL (*gen* -deł) Sümpfe *m/pl*, Moor *n*

mokrawy (**-wo**) feucht

mok|ry (-rzy) (**-ro**) nass; **wytrzeć** *pf* **na ~ro** nass wischen; **~ra robota** *f umg* Killen *n*

mokrzuteńki klitsch(e)nass

mokrzy *persf* → mokry

molekularny Molekular-

molestować (-uję) bedrängen; **~ seksualnie** sexuell belästigen

molo N (-a *od* unv; *gen* mol) Mole *f*, Pier *m*

moloch M (-a; -y) *pej fig* Monster *n*; **~ wielkomiejski** Großstadtdschungel *m*

Mołdawia F (*gen dat lok -ii; bpl*) Moldawien *n*
MON (Ministerstwo Obrony Narodowej) Verteidigungsministerium *n*
momencik M (*-u; -i*) *dim* Augenblick *m*; **(za) ~!** e-n kleinen Moment!, Sekunde!
moment M (*-u; -y*) Moment *m*; (*element*) Moment *n* (*a.* FIZ); **~ bezwładności** FIZ Trägheitsmoment *m*; **~y** *pl żart* erotische Szenen *pl*
momental|nie ADV sofort, augenblicklich; **~ny** sofortig
monachijski ADJ Münch(e)ner
Monachium N (*unv*) München *n*
monarcha M (*-y; -owie*) Monarch *m*
monarchi|a F (*gen dat lok -ii; -e*) Monarchie *f*; **~czny** monarchisch; **~ni** F (*-; -e*) Monarchin *f*; **~styczny** monarchistisch
mone|ta F (*-y*) Münze *f*, Geldstück *n*; **brać za dobrą ~tę** für bare Münze nehmen; **~tarny** Währungs-
mongolizm M (*-u; bpl*) MED Mongolismus *m*
mongolski mongolisch, Mongolen-
monit M (*-u; -y*) Mahnung *f*, Mahnschreiben *n*; **~or** M (*-a; -y*) Monitor *m*, Bildschirm *m*; (*pismo*) Amtsblatt *n*
monitoring M (*-u; -i*) Kontrolle *f*, Überwachung *f*
monitorować (*-uję*) (an)mahnen
mono *in zssgn* mono-, Mono-, ein-, Ein-
mono|gamia F (*gen dat lok -ii; bpl*) Monogamie *f*, Einehe *f*; **~grafia** F (*gen dat lok -ii; -e*) Monografie *f*; **~gram** M (*-u; -y*) Monogramm *n*; **~log** M (*-u; -i*) Monolog *m* (*a.* LIT); **~log wewnętrzny** LIT innerer Monolog *m*
monopol M (*-u; -e*) EKON Monopol *n* (*a. fig*); **~owy** Monopol-; **sklep** *m* **~owy** Spirituosengeschäft *n*; **wyroby** *pl* **~owe** Spirituosen *pl*
monote|izm M (*-u; bpl*) Monotheismus *m*; **~matyczny** einseitig, eintönig; *osoba* einseitig
monoton|ia F (*gen dat lok -ii; bpl*) Monotonie *f*, Eintönigkeit *f*; **~ny** monoton, eintönig
monstr|ancja F (*-i; -e*) Monstranz *f*; **~ualny** monströs
montaż M (*-u; -e*) Montage *f*, Zusammenbauen *n*; *instalacji* Verlegung *f*; Schneiden *n*, Cutten *n*
montażo|wnia F (*-i; -e*) RADIO Schneideraum *m*; **~wy** Montage-; **stół** *m* **~wy** Schneidetisch *m*
montażyst|a M (*-y; -ści*), **~ka** F (*-i; gen -tek*) RADIO Cutter(in) *m(f)*; Monteurer(in) *m(f)*
monter M (*-a; -rzy*) Monteur *m*; **~ instalator** Installateur *m*; **~ instalacji wodociągowych** Rohrleger *m*
montować ⟨**z-**⟩ (*-uję*) montieren, zusammenbauen; RADIO schneiden, montieren; ⟨**za-**⟩ (*zakładać*) installieren, anschließen
montownia F (*gen dat lok -ii; -e*) Montagebetrieb *m*, Montagehalle *f*
monumentalny monumental; (*pomnikowy*) epochal, großartig
mops: **nudzić się jak ~** *umg* sich zu Tode langweilen
morale N (*unv*) *żołnierzy* Kampfgeist *m*; *pracowników* Arbeitsmoral *f*
moralizator M (*-a; -rzy*), **~ka** F (*-i; gen -rek*) *pej* Moralprediger *m*
moralizować (*-uję*) *pej* moralisieren, Moral predigen
mor|alność F (*-ści; bpl*) Moral *f*, Sittlichkeit *f*; **~alny** moralisch; **~ał** M (*-u; -y*) *bajki* Moral *f*; **prawić ~ały** *pej* Moral predigen
Morawy PL (-) Mähren *pl*
mord M (*-u; -y*) Mord *m*, Bluttat *f*
mor|da F (*-y*) *zwierzęcia* Maul *n*, Schnauze *f*; *pop pej* Fresse *f*; **dostać** *pf* **po ~dzie** *pop* eins auf die Fresse kriegen
moder|ca M (*-y; gen -ów*) Mörder *m*; **~czy (-czo)** mörderisch; **~czyni** F (*-; -e*) Mörderin *f*
morderstwo N (*-a*) Mord *m*; **~ na tle rabunkowym** Raubmord *m*; **~ na tle seksualnym** Sexualmord *m*; **~ w afekcie** Mord *m* im Affekt
mordęga F (*-i; bpl*) *umg* Schinderei *f*, Plackerei *f*
mordobicie N (*-a*) *pop* Schlägerei *f*
mordować (*-uję*) morden, töten; **~ się** sich gegenseitig umbringen, sich töten; (*męczyć się*) *umg* sich abplagen (**z** *inst* mit *dat*)
mordownia F (*-i; -e*) *pop* Spelunke *f*
morel|a F (*-i; -e, -i*) Aprikose *f*; *austr* Marille *f*; **~owy** Aprikosen-, Marillen-
mor|ena F (*-y*) GEOL Moräne *f*; **~es** M (*-u; bpl*) Disziplin *f*, Gehorsam *m*

M

morf|em M (-u; -y) JĘZ Morphem *n;* **~ina** F (-y; bpl) Morphium *n*
morfologia F (gen dat lok -ii; bpl) Morphologie *f; umg* Blutbild *n*
moro MIL Tarn-
morowy (-wo) *umg* prima, klasse
mors M (-a; -y) Walross *m*
mors|ki *port, handel* See-; *woda, zwierzęta, sól* Meer(es)-; *kolor* meerblau; **latarnia** *f* **~ka** Leuchtturm *m;* **choroba** *f* **~ka** Seekrankheit *f;* **mila** *f* **~ka** Seemeile *f;* **żegluga** *f* **~ka** Seefahrt *f;* **świnka** *f* **~ka** ZOOL Meerschweinchen *n;* **drogą ~ką** auf dem Seeweg(e)
morszcz|uk M (-a; -i) Seehecht *m;* **~yn** M (-u; -y) Blasentang *m*
mo|rświn M (-a; -y) *(delfin)* Tümmler *m;* **~rus** M (-a; -y) *umg* Schmutzfink *m;* **~rwa** F (-y) Maulbeerbaum *m*
mo|rze N (-a; gen mórz) Meer *n,* See *f;* **nad ~rzem** an der See, am Meer; **pełne ~rze** Hochsee *f;* **na pełnym ~rzu** auf hoher See; **wyjść** *pf* **w ~rze** in See stechen
morzyć (-ę) hungern lassen; ⟨**z-**⟩ *sen* übermannen
mosiądz M (-u; -bpl) Messing *n*
mosiężny Messing-, aus Messing
moski|tiera F (-y) Moskitonetz *n;* **~ty** M/PL (gen -ów) Moskitos *m/pl*
Moskwa F (-y; bpl) Moskau *n*
most M (-u; -y) Brücke *f;* **~ zwodzony** Zugbrücke *f;* **~ wiszący** Hängebrücke *f;* **~ powietrzny** LOT Luftbrücke *f*
mostek M (-tka; -tki) Steg *m,* kleine Brücke *f;* ANAT Brustbein *n;* MED (Zahn)Brücke *f;* KULIN Bruststück *n;* SPORT Brücke *f;* **~ kapitański** MAR Kommandobrücke *f*
moszcz M (-u; bpl) *(sok)* Most *m; (wino)* junger Wein *m,* Federweiße(r) *m*
moszna F (-y) ANAT Hodensack *m*
mościć ⟨**wy-**⟩ (-szczę) *gniazdo* ausstopfen; **~ się** ⟨**u-**⟩ es sich bequem machen
motać (-am) V/T *wełnę* (auf)wickeln; V/I *pej* intrigieren; **~ się** sich verwickeln
motek M (-tka; -tki) *wełny* Knäuel *m od n*
motel M (-u; -e) Motel *n*
motłoch M (-u; bpl) *pej* Gesindel *n,* Pack *n*
motocykl M (-a; -e) Motorrad *n*
motocyklist|a M (-y; -ści), **~ka** F (-i; gen -tek) Motorradfahrer(in) *m(f)*
motocyklowy Motorrad-
motor M (-u; -y) Motor *m (a. fig); umg* Motorrad *n;* **~niczy** M (-ego; -owie) Wagenführer *m*
motorow|er M (-u; -y) Mofa *n;* **~iec** M (-wca; -wce) Motorschiff *n*
motor|owodny Motorboot-; **~owy** Motor-, Trieb-; **~ówka** F (-i; gen -wek) Motorboot *n*
motorynka F (-i; gen -nek) Moped *n*
motoryzac|ja F (-i; bpl) Motorisierung *f;* **~yjny** *sklep, magazyn* Auto-; *przemysł* Kraftfahrzeug-
motoryzować ⟨**z-**⟩ (-uję) motorisieren
motto N (-a) Motto *n,* Leitsatz *m*
motyka F (-i) AGR Hacke *f*
motyl M (-a; -e) Schmetterling *m;* **~ek** M (-lka; -lki) *dim* kleiner Schmetterling *m;* SPORT Schmetterling *m;* TECH Flügelmutter *f;* **~i** Schmetterlings-
motyw M (-u; -y) Motiv *n (a.* MAL, MUS*);* **~y** *m/pl* Beweggründe *m/pl;* **~ zbrodni** Mordmotiv *n;* **na ~ach** *(gen)* in Anlehnung an *(dat)*
motywacja F (-i; -e) Motivation *f*
motywacyjny: **list** *m* **~** Bewerbungsschreiben *n*
motywować ⟨**u-**⟩ (-uję) *prośbę, wniosek* begründen *(inst* mit *dat);* ⟨**z-**⟩ *(zachęcać)* motivieren (**do** *gen* zu *dat)*
mo|wa F (-y; gen mów) *(wypowiedź)* Rede *f; (bpl) (język)* Sprache *f;* **~wa ciała** Körpersprache *f;* **~wa obrończa** JUR Verteidigungsrede *f;* **~wa pogrzebowa** Trauerrede *f;* **zaburzenie** *n* **~wy** Sprachstörung *f;* **ośrodek** *m* **~wy** ANAT Sprachzentrum *n;* **wygłosić** *pf* **~wę** e-e Rede halten; **w ~wie i piśmie** in Wort und Schrift; **odebrało mu ~wę** es verschlug ihm die Sprache; **nie ma ~wy!** das kommt nicht infrage!; **~wa!** *umg* na klar!; **~wa-trawa** F *umg* Blabla *n*
mozaika F (-i) Mosaik *n*
Mozela F (-i; bpl) Mosel *f*
mozelski: **wino** *n* **~e** Moselwein *m*
mozolić się (-lę, -zól!) sich abmühen, sich plagen (**nad** *inst* mit *dat)*
mozolny mühselig, anstrengend
moz|ół M (-u; bpl) Mühe *f;* **z ~ołem** mit Mühe
moździerz M (-a; -e, -y) Mörser *m*
może ADV vielleicht
możliw|ie ADV möglichst; *umg* nicht so übel; **~ie jak najszybciej** möglichst schnell; **~ość** F (-ści) Möglichkeit *f;* **mieć dużo ~ości** viele Möglichkeiten haben

M

▶ można, trzeba, wolno i należy

Na nim można polegać.	Auf ihn kann man sich verlassen.
Jesteś zadowolony? – Można wytrzymać.	Bist du zufrieden? – Es geht.
Pomóc ci? – Nie trzeba.	Soll ich dir helfen? – Nicht nötig.
Trzeba było iść z gryp do lekarza.	Mit einer Grippe sollte man zum Arzt gehen.
Tego nie wolno tak zrobić.	Man darf das so nicht machen.
Tobie nie wolno wychodzić.	Du darfst nicht rausgehen.
Każdego dnia należy myć zęby.	Man sollte jeden Tag die Zähne putzen.
Nie należy mówić czegoś takiego.	Es gehört sich nicht, so etwas zu sagen.

możli|wy möglich; *umg* nicht schlecht; **~wy do zrobienia** machbar; **~we, że ...** es ist möglich, dass ..., es kann gut sein, dass ...; **robić wszystko, co ~we** alles Mögliche tun

można man kann; (*wolno*) man darf; **nie ~** man kann nicht; man darf nicht; **~ by** man könnte; **czy ~ tu palić?** darf man hier rauchen?; **jak ~!** wie kann man nur!; **jak ~ najlepiej** so gut wie möglich; **tak nie ~!** das darf man nicht!, das geht so nicht!; **~ policzyć na palcach jednej ręki** das kann man an einer Hand abzählen; **~ sobie język połamać** das ist ein wahrer Zungenbrecher; **~ wytrzymać** *umg* es geht gerade so, es lässt sich aushalten

możnoś|ć F (*-ści*) *lit* Möglichkeit *f*; **w miarę ~ci** nach Möglichkeit

możnowładztwo N (*-a; bpl*) HIST Hochadel *m*

możny mächtig

móc* (*mogę*) können; (*mieć prawo*) dürfen; **czy mogę zapalić?** darf ich rauchen?; **mogę ci pomóc** ich kann dir helfen; **już nie mogę** ich kann nicht mehr; **być może** (es) kann sein, es mag sein; **mógłbym zjeść konia z kopytami** ich habe e-n Bärenhunger; **nie ~ się nadziwić** aus dem Staunen nicht herauskommen; **nie ~ oderwać oczu** seinen Blick nicht abwenden können (**od** *gen* von *dat*)

mój PRON *poss m* mein; **moja w tym głowa** ich kümmere mich darum; **~ drogi** mein Lieber; **z mojej strony** meinerseits

mól M (*mola; mole*) Motte *f*; **~ książkowy** *fig* Bücherwurm *m*

mów|ca M (*-y; gen -ów*), **~czyni** F (*-i; -e*) Redner(in) *m(f)*

mówiąc: **szczerze ~** offen gesagt *od* gestanden; **między nami ~** unter uns gesagt; **wiele ~y** vielsagend

mówić (*-ę*) sprechen (**o** *lok* über *akk*); **~ po polsku** Polnisch sprechen; **~ prawdę** die Wahrheit sagen; **szkoda ~** (es ist) schade um jedes Wort; **nie ma o czym ~** (es ist) nicht der Rede wert; **to mówi samo za siebie** das spricht für sich; **~ serio** es ernst meinen; **nic mi to nie mówi** das sagt mir nichts; **~ od rzeczy** Unsinn reden; **mówią** man sagt; **~ do rzeczy** vernünftig reden; **~ co ślina na język przyniesie** *umg* plappern; **~ jak do ściany** gegen e-e Wand reden; **mówił jak nakręcony** er redete wie ein Wasserschwall; **~ przez nos** nuscheln, durch die Nase sprechen; **mówię ci** *umg* ich sag dir

mów|ienie N (*-a; bpl*) Sprechen *n*; **~nica** F (*-y; -e*) Rednertribüne *f*

mózg M (*-u; -i*) ANAT Gehirn *n*; **wstrząs** *m* **~u** Gehirnerschütterung *f*; **~ownica** F (*-y; -e*) *umg* Hirn *n*, Köpfchen *n*

mózgo|wy ANAT (Ge)Hirn-; **kora** *f* **~wa** Hirnrinde *f*; **opony** *pl* **~we** Hirnhaut *f*; **półkula** *f* **~wa** Hirnhälfte *f*

móżdżek M (*-u od -a; -i*) ANAT Kleinhirn *n*; KULIN Hirn *n*; **mieć ptasi ~** *fig* ein Spatzenhirn haben

Mrągowo N (*-a; bpl*) Sensburg *n*

mr|oczny (*-no*) düster (*a. fig*); **~ok** M (*-u; -i*) Abenddämmerung *f*, Dunkel *n*; **zapada ~ok** es wird dunkel, es dämmert

mrowić się (*3. Pers -i*): **mrowi się od** (*gen*) es wimmelt von (*dat*)

mrowie N (*-a; bpl*) Menge *f*, Gewimmel *n*; (*uczucie*) Frösteln *n*, Schauer *m*

mrowi|enie N (*-a; bpl*) Kribbeln *n*; **~sko** N (*-a*) Ameisenhaufen *m*; **wsadzić** *pf* **kij w ~sko** *fig* in ein Wespennest stechen

mrozić ⟨**z-**⟩ (*-żę*) *fig* erschaudern lassen; ⟨**za-**⟩ einfrieren; **lodówka dobrze mrozi**

der Kühlschrank kühlt gut
mrozik M (-u; bpl) leichter Frost m
mrozoodporny frostbeständig
mroź|ny (-no) frostig, eisig; **jest ~no** es friert
mrożon|ki F/PL (gen -nek) Tiefkühlkost f; **~ka warzywna** Gefriergemüse n
mrożo|ny tiefgefroren; **~na kawa** f Eiskaffee m
mrów|czy ZOOL Ameisen-; fig emsig; **~ka** F (-i; gen -wek) Ameise f; **~ki** pl um Kribbeln n
mrówko|jad M (-a; -y) Ameisenbär m; **~wiec** M (-wca; -wce) umg Wohnsilo m od n, Plattenbau m
mróz M (-ozu; -ozy) Frost m; **trzaskający ~** klirrender Frost m
mruczeć (-ę, -y) ⟨**mruknąć**⟩ (-nę) brummen, murmeln; kot schnurren; **~ pod nosem** vor sich hin murmeln
mrugać (-am) ⟨**mrugnąć**⟩ (-nę) blinzeln, zwinkern; gwiazdy flimmern; **~ do k-o** j-m zuzwinkern
mrugnię|cie N: **bez ~cia (okiem)** ohne mit der Wimper zu zucken
mruk M (-a; -i) Griesgram m, Muffel m; **~liwy** (**-wie**) mürrisch, muffelig
mruknąć PF: **ani nie ~** ohne Murren, ohne zu murren; → mruczeć
mrużyć ⟨**z-**⟩ (-ę): **~ oczy** die Augen zusammenkneifen
mrzonka F (-i; gen -nek) Hirngespinst n
MSW (Ministerstwo Spraw Wewnętrznych) Innenministerium n
MSZ (Ministerstwo Spraw Zewnętrznych) Außenministerium n
m|sza F (-y; -e; gen -y) REL Messe f (a. MUS); **odprawiać ~szę** e-e Messe halten; **służyć do ~szy** ministrieren; **dać** pf **na ~szę** e-e Messe lesen lassen
mszal|ny: **wino** n **~ne** Messwein m
mszał M (-u; -y) Messbuch n
mszyca F (-y; -e) Blattlaus f
mściciel M (-a; -e-), **~ka** F (-i; gen -lek) Rächer(in) m(f)
mścić* ⟨**po-**⟩ (mszczę) rächen; **~ się** ⟨**zemścić się**⟩ sich rächen (**za** akk für akk)
mści|wość F (-ści; bpl) Rachsucht f; **~wy** (**-wie**) rachsüchtig
MTP (Międzynarodowe Targi Poznańskie) Internationale Posener Messe f
mu PRON dat m, n ihm; **daj mu mój adres!** gib ihm meine Adresse!; → on; ono

mu|cha F (-y) Fliege f; **padać jak ~chy** wie die Fliegen sterben; **on nawet ~chy by nie skrzywdził** od **zabił** er kann keiner Fliege etwas zuleide tun; **~cha nie siada** umg tipptopp
mucho|łapka F (-i; gen -pek) Fliegenfänger m; **~mór** M (-ora; -ory) Fliegenpilz m
muczeć (3. Pers -y) krowa muhen
mufka F (-i; gen -fek) Muff m
Mulat M (-a; -ci) Mulatte m; **~ka** F (-i; -tek) Mulattin f
muli|na F (-y) Stickseide f; **~sty** schlammig, morastig
multi in Zsgg(n) Multi-, mu
multi|media PL (gen -ów) Multimedia n; **~pleks** M (-u; -y) Multiplex n, Kinozentrum n; **~witamina** F (-y; bpl) Multivitamine f/pl
multum N (unv) Menge f, Haufen m
muł¹ M (-a; -y) Maultier n
muł² M (-u; -y) Schlamm m
mumia F (gen dat lok -ii; -e) Mumie f
mumifikować ⟨**z-**⟩ (-uję) mumifizieren, einbalsamieren
mundial M (-u; -e) Fußballweltmeisterschaft f
mundur M (-u; -y) Uniform f; **~ek** M (-rka; -rki) szkolny Schuluniform f; **~owy** Uniform-
munsztuk M (-a; -i) dla konia Mundstück n
mur M (-u; -y) Mauer f; **~y** pl Gemäuer n, Mauerwerk n; **~y** m/pl **ochronne** Schutzmauer f; **~ pruski** ARCH Fachwerk n; **~ berliński** HIST die Berliner Mauer; **na ~-beton** umg todsicher; **przyparty do ~u** in die Enge getrieben; **walić głową w ~** mit dem Kopf durch die Wand wollen; **stanąć** pf **~em za** (inst) fig sich gemeinsam hinter (akk) stellen
murar|ski Maurer-; **~stwo** N (-a; bpl) Maurerhandwerk n
mur|arz M (-a; -e) Maurer m; **~awa** F (-y) Rasen m; **~ek** M (-rka od -rku; -rki) niedrige Mauer f; **~ena** F (-y) ZOOL Muräne f
murować ⟨**wy-**⟩ (-uję) bauen
murowany Backstein-, aus Ziegelstein gemauert; umg fig bombenfest, todsicher
murszeć ⟨**z-**⟩ (3. Pers -eje) morsch werden
Murzy|n M (-a; -i), **~nka** F (-i; gen -nek)

Schwarze(r) *m*, *f*, Farbige(r) *m*, *f*; ≈n *fig* Ghostwriter *m*
Murzynek[1] M (*-nka; -nki*) farbiges Baby *od* Kind *n*
murzynek[2] (*-a; -i*) KULIN Kakaokuchen *m*
murzyński *getto* Schwarzen-; *plemiona* schwarzafrikanisch; *muzyka* schwarz
mus[1] M (*-u; -y*) KULIN Mousse *f*
mus[2] M (*-u; bpl*) *umg* Muss *n*; **z ~u** gezwungenermaßen
musieć (*muszę*) müssen; **muszę się pospieszyć** ich muss mich beeilen
muskać ⟨**musnąć**⟩ (*-nę*) (leicht) berühren, streifen
muskularny muskulös, durchtrainiert
muskuły M/PL (*gen -ów*) (durchtrainierte) Muskeln *m/pl*
musnąć PF → muskać
musować (*3. Pers -uje*) perlen, sprudeln
musują|cy: **wino** *n* **~ce** Perlwein *m*, Schaumwein *m*; **tabletka** *f* **~ca** Brausetablette *f*
muszl|elka F (*-i; gen -lek*) (kleine) Muschel *f*; **~ka** F (*-i; gen -szek*) kleine Fliege *f*; MIL Korn *n*; **wziąć** *pf* **na ~kę** aufs Korn nehmen
muszkatoło|wy: **gałka** *f* **~wa** Muskatnuss *f*
muszla F (*-i; -e; gen -i*) Muschel *f*; **~ klozetowa** Klo(sett)schüssel *f*, Klo(sett)becken *n*; **~ koncertowa** Freilichtbühne *f*
musztar|da F (*-y*) Senf *m*; **to ~da po obiedzie** *fig* das ist zu spät; **~dowy** Senf-; **~dówka** F (*-i; gen -wek*) *umg* Senfglas *n*
musztra F (*-y*) MIL Exerzieren *n*, Drill *m*
musztrować (*-uję*) MIL exerzieren, drillen
mu|szy ZOOL Fliegen-; **~sze ślady** *m/pl* Fliegendreck *m*; **waga** *f* **~sza** SPORT Fliegengewicht *n*
muś|lin M (*-u; -y*) Musselin *m*; **~nięcie** N (*-a*) leichte Berührung *f*
mutac|ja F (*-i; -e*) BIOL Mutation *f*; **~ja głosu** Stimmbruch *m*; **~yjny** BIOL Mutations-
muza F (*-y*) MITOL Muse *f* (*a. fig*)
muze|alny museal; **~um** N (*unv; -ea; gen -eów*) Museum *n*
muzułma|nin M (*-a; -anie; gen -ów*) Moslem *m*; **~nka** F (*-i; gen -nek*) Moslemin *f*; **~ński** moslemisch, muslimisch
muzyczny Musik-; *talent* musikalisch
muzyk M (*-a; -cy*) Musiker *m*; (*kobieta*) Musikerin *f*; **~a** F (*-i; bpl*) Musik *f*; **~a poważna** klassische Musik *f*; **~a rozrywkowa** Unterhaltungsmusik *f*; **~a do filmu** Filmmusik *f*
muzyk|alny musikalisch; **~ant** M (*-a; -ci*) *umg* Musikant *m*
muzykologia F (*gen dat lok -ii; bpl*) Musikwissenschaft *f*
muzykować (*-uję*) musizieren
my PRON (*gen akk lok nas, dat nam, inst nami*) wir
myć ⟨**u-**⟩ (*-ję*) *ręce* waschen; *okna, zęby* putzen; *naczynia* abwaschen; **~ się** sich waschen
myd|elniczka F (*-i; gen -czek*) Seifenschale *f*; **~lany** Seifen-
mydlić ⟨**na-**⟩ (*-lę*) einseifen; **mydlić oczy** *fig* ein X für ein U vormachen, Sand in die Augen streuen; **~ się** sich einseifen; **mydlić się** *mydło* schäumen
myd|liny PL (*gen -*) Seifenwasser *n*; **~ło** N (*-a; gen -deł*) Seife *f*; **~ło w płynie** flüssige Seife *f*
myj|ka F (*-i; gen -jek*) Waschlappen *m*; **~nia** F (*-i; -e, -i*) *samochodowa* Waschanlage
mylić ⟨**po-**⟩ (*-lę*) verwechseln, durcheinanderbringen; **~ krok** den Tanzschritt nicht einhalten; **~ się** sich irren; (*zrobić błąd*) Fehler machen; **mylą mi się nazwiska** ich bringe die Nachnamen durcheinander; **pozory** *pl* **mylą** der Schein trügt; **o ile się nie mylę ...** wenn ich mich nicht irre ...; ⟨**z-**⟩ (*powodować pomyłkę*) irreführen, täuschen; **~ ślady** die Spuren verwischen
myl|nie ADV irrtümlicherweise, falsch; **~ny** irrig, falsch
mysi Mause-; *kolor* grau; **~królik** M (*-a; -i*) ZOOL Goldhähnchen *n*
mysz F (*-y; -y*) Maus *f* (*a.* EDV); **siedzieć jak ~ pod miotłą** mucksmäuschenstill sein; ängstlich sein
myszka F (*-i; gen -szek*) Mäuschen *n*; (*plamka*) Muttermal *n*; **trącić ~ką** altmodisch wirken
myszkować (*-uję*) (herum)schnüffeln, stöbern
myszołów M (*-owa; -owy*) Mäusebussard *m*
myśl F (*-i; gen -i*) Gedanke *m*; **mieć na ~i** meinen; **w ~ach** im Geiste; **przyjść** *pf* **na ~**

M

Myślę, że...

Co o tym myślisz?	Was denkst du darüber?
Jak to widzisz?	Wie findest du das?
Co o tym sądzisz?	Was hältst du davon?
Jakie jest twoje zdanie?	Wie ist deine Meinung dazu?
Co na to powiesz?	Was sagst du dazu?
Myślę/sadzę, że...	Ich denke/finde, dass ...
Uważam/jestem zdania, że...	Ich glaube/meine, dass ...
Moim zdaniem...	Meiner Meinung nach ...
Z mojego punktu widzenia...	Aus meiner Sicht ...
W moim przekonaniu...	Nach meinem Dafürhalten ...
W mojej opinii...	Meiner Ansicht nach ...

in den Sinn kommen; **być dobrej ~i** guter Dinge sein; **po mojej ~i** in meinem Sinne; **być ~ami w domu** in Gedanken zu Hause sein; **w ~** (*gen*) gemäß, entsprechend (*dat*); **na ~ o** (*lok*) bei dem Gedanken an (*akk*); **to jest ~!** das ist eine Idee!

myślący klug

myśleć (-ę, -i) denken (**o** *lok* an *akk*); (*mieć zdanie*) denken, meinen (**o** *lok* über *akk*); **~ nad** (*inst*) nachdenken (über *akk*); **o czym myślisz?** woran denkst du?; **myślę, że ...** ich denke, dass ...; **niewiele myśląc** ohne lange zu überlegen; **~ o niebieskich migdałach** verträumt sein, in den Tag hinein träumen; **co o tym myślisz?** was denkst du darüber?, was sagst du dazu?

myślen|ie N (*-a; bpl*) Denken *n*; **sposób ~ia** Denkweise *f*; **dawać do ~ia** zu denken geben

Myślibórz M (*Myśliborza; bpl*) Soldin *n*

myśliciel M (*-a; -e*) Denker *m*

myśli|stwo N (*-a; bpl*) Jagdwesen *n*, Weidwerk *n*; **~wiec** M (*-wca; -wce*) MIL Jagdflugzeug *n*

myśli|wski Jagd-; Jäger-; **~wy** M (*-ego; -wi*) Jäger *m*

myśl|nik M (*-a; -i*) Gedankenstrich *m*; **~owo** ADV gedanklich; **~owy** Denk-

mżawka F (*-i; gen -wek*) Sprühregen *m*

mżyć (*3. Pers -y*): **mży** es nieselt

mżysty diesig

N

n. (*nad*) *w nazwach miejscowości* a. (an)

na PRÄP (*akk*) auf (*akk*); (*lok*) an, auf (*dat*); (*na jak długo; na jaki cel*) (*akk*) für (*akk*); (*na okazję*) (*akk*) zu (*dat*); **~ południu** im Süden; **~ zebranie** zur Versammlung; **~ obiad** zum Mittagessen; **~ urlopie** im Urlaub; **~ urlop** in Urlaub; **~ koncert** ins Konzert; **~ słońcu** in der Sonne; **~ uniwersytecie** an der Universität; **~ korytarzu** im Flur; **sto kilometrów ~ godzinę** hundert Kilometer pro Stunde; **~ kiedy** für wann; **~ razie** noch, vorläufig, im Moment; **~ razie!** *umg* tschüs!, bis dann!; **~ życzenie** auf Wunsch; **~ czczo** auf nüchternen Magen; **~ leżąco** liegend; **~ oślep** *adv* blindlings, überstürzt; **~ opak** falsch, verkehrt; **~ przekór** zum Trotz; **~ przemian** abwechselnd; **~ wznak** auf dem Rücken; **~ poczekaniu** *adv* sofort; **~ wynos** zum Mitnehmen, außer Haus; **~ zewnątrz** draußen; **~ chybcika** *umg* auf die Schnelle; **~ dole** unten; **~ lewo** (nach) links; **~ drugi dzień** am nächsten Tag; **~ Węgry** nach Ungarn; **~ czworakach** auf allen vieren

nabawiać się (*-am*) ⟨**-ić się**⟩ (*-ię*): **~** (*gen*) MED sich zuziehen (*akk*); **~ przeziębienia** sich eine Erkältung zuziehen; **nabawić się** *pf* lange genug gespielt haben

nabazgrać → bazgrać

nabazgrolić → bazgrolić
nabiał M (-u; bpl) *koll* Milchprodukte *pl*
nabić PF: ~ **sobie guza** sich e-e Beule holen; → nabijać
nabiec PF → nabiegać
nabiedzić się (*-dzę*) sich plagen (**nad** *inst* mit *dat*)
nabiegać (*3. Pers -a*) ⟨**nabiec**⟩ (*nabiegnie, nabiegł*): **łzy nabiegły mu do oczu** seine Augen füllten sich mit Tränen; **krew nabiegła mu do twarzy** das Blut schoss ihm ins Gesicht; **nabiegać się** *pf* sich die Beine wund laufen
nabierać (*-am*) ⟨**nabrać**⟩ (*nabiorę*) (*gen*) nehmen, schöpfen (*akk*); *apetytu, ochoty* bekommen (*akk*); *znaczenia, wartości, szybkości* gewinnen (an *dat*); ~ **k-o** *umg* j-n anschwindeln, j-n reinlegen; ~ **powietrza** Atem holen; ~ **wody** Wasser schöpfen; *łódź* leck sein; ~ **sił** zu Kräften kommen; ~ **doświadczenia** Erfahrungen sammeln; ~ **zwyczaju** (*gen*) sich angewöhnen (*akk*); ~ **pewności siebie** selbstbewusster werden; ~ **rumieńców** Farbe ins Gesicht bekommen; ~ **ciała** kräftiger werden, fülliger werden; ~ **na pieniądze** *umg* prellen, neppen; ~ **przekonania, że** ... zu der Überzeugung gelangen, dass ...
nabijać (*-am*) ⟨**nabić**⟩ (*-ję*) *butlę* füllen; *broń* laden; *fajkę* stopfen; ~ **na** (*akk*) aufspießen auf (*akk*); ~ **gwoździami** mit Nägeln beschlagen; ~ **sobie głowę** sich zu Herzen nehmen; ~ **sobie kieszeń** *fig* sich die Taschen füllen; ~ **w butelkę k-o** j-n zum Narren halten; ~ **się** sich aufspießen (**na** *akk* auf *akk*); **nabijać się z k-o** *umg* j-n auf den Arm nehmen, j-n necken
nabity *broń* geladen; *umg sala* gepropft voll, gerammelt voll; *ciało* kompakt
nabluzgać PF → bluzgać
nabłonek M (*-a; -i*) BIOL Epithel *n*
nabożeństw|o N (*-a*) Gottesdienst *m*, Andacht *f*; **z ~em** *fig* andächtig
nabożny fromm; *fig* andächtig
nabój M (*-boju; -boje; -boi od -bojów*) MIL Patrone *f*; **naboje** *pl* MIL Munition *f*; ~ **z tuszem** Tintenpatrone *f*; **ślepy** ~ MIL Platzpatrone *f*
nabór M (*-oru; -ory*) *do szkół* Aufnahme *f*; **ogłosić** *pf* ~ freie Plätze anbieten
nabrać* PF: **dać się** *pf* ~ *umg* reinfallen (**na** *akk* auf *akk*); → nabierać
nabroić PF → broić
nabrudzić PF → brudzić
nabrzeż|e N (*-a*) MAR Kai *m*; **~ny** Ufer-
nabrzmiały geschwollen; *fig* akut
nabrzmieć PF → nabrzmiewać
nabrzmienie N (*-a*) MED Schwellung *f*
nabrzmiewać (*3. Pers -a*) ⟨**nabrzmieć**⟩ (*-eje*) MED anschwellen; **nabrzmiewać** *fig* sich verschärfen
nabujać PF → bujać
naburmuszony griesgrämig, mürrig
naburmuszyć się (*-ę*) griesgrämig dreinschauen
nabuzowany *umg* besoffen, blau
nabyć PF → nabywać
nabytek M (*-tku; -tki*) Erwerb *m*, Anschaffung *f*
nabywać (*-am*) ⟨**nabyć***⟩ (*nabędę*) erwerben, anschaffen; ~ **wprawy** geübter werden; ~ **doświadczenia** Erfahrungen sammeln
nabywca M (*-y; gen -ów*) Käufer *m*, Abnehmer *m*
nabyw|czy: **siła** *f* **~cza** Kaufkraft *f*
nacechowany: **być ~m** (*inst*) sich auszeichnen (durch *akk*)
nachalny|y *pej* aufdringlich; **~ość** F (*-ści; bpl*) *pej* Aufdringlichkeit *f*
nachlapać PF → chlapać
nachmurzony grimmig, finster
nachmurzyć PF → chmurzyć
nachodzić (*nachodzę, nachodzi*) ⟨**najść**⟩ (*najdę, najdzie*) überkommen, überfallen; (*przychodzić*) belästigen, *umg* überfallen; **nachodzić na siebie** sich überlappen; **nachodzić się** *pf* sich die Füße wund laufen
nachorować się PF (*-uję*) lange krank (gewesen) sein
nachylać (*-am*) ⟨**-ić**⟩ (*-ę*) beugen, neigen; ~ **się** sich beugen, sich neigen
nachylenie N (*-a; bpl*) Gefälle *n*
nachylić PF → nachylać
nachylony geneigt, gebeugt
naciąć* PF → nacinać
naciąg M (*-u; bpl*) *lin* Spannung *f*; MUS Saitenhalter *m*; **~acz** M (*-a; -e*) *umg pej* Gauner *m*, Schwindler *m*; Nepper *m*
naciągać (*-am*) ⟨**-nąć**⟩ (*-ę*) V/T spannen; *strunę* aufziehen; *pończochy, rękawiczki* anziehen; *pokrowiec* überziehen, stülpen; *mięsień* zerren; (*nabierać*) *umg* neppen, prellen; hereinlegen; *fakty, dowody* an den Haaren herbeiziehen, verdrehen; V/I *her-*

bata ziehen; **~ na rozmowę** in ein Gespräch verwickeln

naciągany *argument* weit hergeholt

naciec PF → naciekać

naciek M (-u; -i) *żywicy* Tropfen *m*; MED Ödem *n*; **~i** *pl* Tropfsteine *m/pl*;

naciekać (3. *Pers -a*) ⟨**naciec*** *od* **-nąć**⟩ (*nacieknie*) (hin)einfließen, (hin)einsickern, einlaufen

nacierać (-*am*) ⟨**natrzeć**⟩ (*natrę*) *v/t* einreiben (*inst* mit *dat*); *v/i* (**na** *akk*) angreifen (*akk*); **~ się** sich einreiben (*inst* mit *dat*)

nacierpieć się PF (-*ę*) lange gelitten haben

nacieszyć się PF (-*ę*) (*inst*) sich lange erfreuen, Freude haben (an *dat*); **~ sobą** aneinander Freude haben; **nie móc ~** sich nicht genug freuen können

nacięcie N (-*a*) Kerbe *f*; MED (Ein)Schnitt *m*

nacinać (-*am*) ⟨**naciąć**⟩ (*natnę*) (*gen*) abschneiden; (*akk*) anschneiden; **~ się** *umg* hereinfallen (**na** *akk* auf *akk*)

nacisk M (-*u*; -*i*) Druck *m* (*a. fig*); **z ~iem** *fig* mit Nachdruck

naciskać (-*am*) ⟨**-nąć**⟩ (-*ę*) drücken; **~ gaz do dechy** *umg* das Pedal durchtreten; **naciskać na k-o** j-n unter Druck setzen, auf j-n Druck ausüben

nacja F (-*i*; -*e*) Nation *f*

N

nacjonalist|a M (-*y*; -*ści*), **~ka** F (-*i*; *gen* -*tek*) Nationalist(in) *m(f)*

nacjonalistyczny nationalistisch

nacjonalizować (-*uję*) nationalisieren

naczekać się PF (-*am*) lange warten (müssen)

naczelne PL (*gen* -*ych*) ZOOL Primaten *pl*

naczelnik M (-*a*; -*cy*) *wydziału* Leiter *m*; *więzienia* Gefängnisleiter *m*; *poczty* Amtsvorsteher *m*

naczelny Ober-, Haupt-; **redaktor** *m* **~** Chefredakteur *m*

naczyn|ie N (-*a*; *gen* -*yń*) Gefäß *n*, Behälter *m*; **~ia** *pl* Geschirr *n*; ANAT Gefäße *pl*; **~ia** *pl* **krwionośne** Blutgefäße *pl*; **~ia** *pl* **chłonne** ANAT Lymphgefäße *pl*; **zmywać ~ia** abwaschen

naczynko N (-*a*; *gen* -*nek*) ANAT Gefäß *n*

naczytać się PF (-*am*) (*gen*) viel gelesen haben (*akk*)

nać F (-*ci*; *bpl*) *pietruszki*, *marchwi* Kraut *n*; **~pany** *umg* bekifft

nad. (nadawca) Abs. (Absender)

nad PRÄP (*akk*) (*ponad*) über (*akk*); an (*akk*); (*lok*) (*ponad*) über (*dat*); an (*dat*); **~ ranem** gegen Morgen; **~ morze** ans Meer; **~ morzem** am Meer; **~e mną** über mir

nadać PF → nadawać

nadajnik M (-*a*; -*i*) Sender *m*

nada|l ADV weiter(hin), nach wie vor; **~nie** N (-*a*; *bpl*) *tytułu* Verleihung *f*; **~nie obywatelstwa** Einbürgerung *f*

nadarem|nie ADV umsonst, vergebens; **~ny** vergeblich

nadarzać się (3. *Pers -a*) ⟨**-yć się**⟩ (-*y*) *okazja*, *szansa* sich bieten

nadawać (*nadaję*) ⟨**nadać**⟩ (*nadam*) *list*, *bagaż* aufgeben; *imię* geben; *wygląd*, *tytuł* verleihen; *prawo* gewähren; RADIO senden, übertragen; **nadawać** *umg* labern; **~ się** (**do** *gen*, **na** *akk*) sich eignen (für *akk*), taugen (zu *dat*); **nie nadający się** untauglich, ungeeignet

nadawanie N (-*a*) RADIO Senden *n*, Übertragung *f*

nadaw|ca M (-*y*; *gen* -*ów*), **~czyni** F (-*i*; -*e*) Absender(in) *m(f)*; **~czy** RADIO Sende-

nadąć PF → nadymać

nadąsany schmollend, beleidigt

nadsać się (-*am*) schmollen, in der Schmollecke sitzen

nadążać (-*am*) ⟨**-yć**⟩ (-*ę*): **nie ~ za** (*inst*) nicht Schritt halten (können) (mit *dat*); (*nie rozumieć*) nicht folgen können (*dat*); **nie ~ z** (*inst*) zeitlich nicht hinbekommen (*akk*), nicht fertig werden (mit *dat*)

nad|bagaż M (-*u*; -*e*) Übergepäck *n*; **~bałtycki** Ostsee-, baltisch

nadbiegać (-*am*) ⟨**nadbiec**⟩ (*nadbiegnę*) angelaufen kommen, herbeieilen

nadbity *talerz* angeschlagen

nadbrzeż|e N (-*a*) Ufer(gebiet) *n*; *morskie* Küste *f*, Küstengebiet *n*; **~ny** Ufer-; Küsten-

nadbudowa F (-*y*) BUD Aufstockung *f*; FILOZ Überbau *m*

nadbudowywać (-*owuję*) ⟨**nadbudować**⟩ (-*uję*) BUD aufstocken

nadbudówka F (-*i*; *gen* -*wek*) BUD aufgestockter Teil *m*; MAR Aufbauten *pl*

nadburmistrz M (-*a*; -*e*) Oberbürgermeister *m*

nadchodzący kommend, bevorstehend

nadchodzić (*nadchodzę*) ⟨**nadejść**⟩ (*nadejdę*) ankommen, eintreffen; *burza* heraufziehen; *wieczór*, *noc* anbrechen; *fig*

(heran)nahen, kommen; *zima* beginnen
nadciągać (*-am*) ⟨**-nąć**⟩ (*-ę*) heranrücken, sich nähern; *burza* heraufziehen; *fig* (heran)nahen
nadciśnie|nie N (*-a; bpl*) MED hoher Blutdruck *m*, Bluthochdruck *m*; FIZ Überdruck *m*; **~niowiec** M (*-wca; -wcy*) *umg* Person *f* mit hohem Blutdruck
nadczłowiek M (*-a; nadludzie*) FILOZ Übermensch *m*
nad|czynność F (*-ści; bpl*) MED Überfunktion *f*; **~darty** angerissen; **~datek** M (*-tku; -tki*) Überschuss *m*
nade: **~ mną** über mir; → nad
nadejście N (*-a*) Ankunft *f*, Eintreffen *n*; *fig* Herannahen *n*, Kommen *n*; **~ lata** Sommeranfang *m*
nadejść* PF → nadchodzić
nadepnąć PF (*-nę*) treten (**na** *akk* auf *akk*); **~ na odcisk k-u** *fig* j-m auf den Schlips treten
nadeptać PF (*-czę*) den Boden schmutzig machen; **~ się** *umg* herumrennen, sich die Füße wund laufen
nader ADV *lit* überaus, äußerst
naderwać PF → nadrywać
naderwany angerissen
nadesłać* PF → nadsyłać
nadęty *umg pej* aufgeblasen
nadfioletowy ultraviolett
nadganiać (*-am*) ⟨**nadgonić**⟩ (*-ię*) *fig* aufholen
nadgarstek M (*-tka; -tki*) Handgelenk *n*
nadgnić PF (*3. Pers -je*) anfaulen
nadgniły angefault, gammelig
nadgodziny F/PL (*gen -*) Überstunden *f/pl*
nadgonić → nadganiać
nadgorli|wość F (*-ści; bpl*) Übereifer *m*; **~wy** (**-wie**) übereifrig
nadgraniczny grenznah, Grenz-
nadgryzać (*-am*) ⟨**nadgryźć***⟩ (*nadgryzę*) anbeißen
nadjeżdżać (*-am*) ⟨**nadjechać***⟩ (*nadjadę*) *pociąg, samochód* ankommen
nadkładać (*-am*) ⟨**nadłożyć**⟩ (*-ę*): **~ drogi** e-n Umweg machen
nadkomplet M (*-u; bpl*) Überzahl *f*
nadkrawać (*-am*) ⟨**nadkroić**⟩ (*-ję*) anschneiden
nadkrojony angeschnitten
nadkwasota F (*-y; bpl*) MED Säureüberschuss *m*
nadlatywać (*3. Pers -uje*) ⟨**nadlecieć**⟩ (*nadleci*) angeflogen kommen; *dźwięk* herüberkommen; LOT vorüberfliegen
nadleśni|ctwo N (*-a*) Forstamt *n*; **~czy** M (*-ego; -czy*) Forstmeister *m*
nadliczbo|wy überzählig; **godziny** *f/pl* **~we** Überstunden *f/pl*
nadludzki (**-ko**) übermenschlich
nadłamany angebrochen
nadłamywać (*-uję*) ⟨**nadłamać**⟩ (*nadłamię*) *v/t* anbrechen
nadłożyć PF → nadkładać
nadmia|r M (*-u; bpl*) (*gen*) Übermaß *n* (an *dat*); **w ~rze** im Überfluss
nadmieniać (*-am*) ⟨**-ić**⟩ (*-ię*) erwähnen, bemerken
nadmier|nie ADV allzu sehr; **~ny** übermäßig
nadmors|ki Küsten-; **plaża** *f* **~ka** Meeresstrand *m*
nadmuchiwać (*-uję*) ⟨**nadmuchać**⟩ (*-am*) aufblasen
nadmuchiwany aufblasbar
nad|naturalny übernatürlich; **~nercze** N (*-a*) ANAT Nebenniere *f*
nadobowiązkowy (**-wo**) fakultativ, wahlfrei; **przedmiot** *m* **~** Wahlfach *n*
nadopiekuńczy bemutternd, allzu fürsorglich
nadpalać (*-am*) ⟨**-ić**⟩ (*-ę*) ansengen, anbrennen
nadpalony angebrannt, angesengt
nadpijać (*-am*) ⟨**nadpić**⟩ (*nadpiję*) (*gen*) ein wenig trinken von (*dat*), antrinken (*akk*)
nadpity *butelka* angetrunken
nadpleśniały angeschimmelt
nadpłacać (*-am*) ⟨**-ić**⟩ (*-ę*) überbezahlen
nadpłata F (*-y*) Überzahlung *f*, Mehrbetrag *m*
nadpływać (*-am*) ⟨**-nąć**⟩ *statek* ankommen, sich nähern
nad|pobudliwy *ruchowo* hyperaktiv; **~produkcja** F (*-i; bpl*) Überproduktion *f*
nadprogramowy (**-wo**) zusätzlich, im Programm nicht vorgesehen
nad|próchniały etwas morsch; **~przyrodzony** übernatürlich; **~psuty** angefault
nadrabiać (*-am*) ⟨**-ić**⟩ (*-ię*) *czas* aufholen; *zaległości* aufarbeiten, nachholen; *braki* kompensieren; **~ drogi** e-n Umweg machen; **~ miną** sich nichts anmerken lassen

nadrealizm M (-u; *bpl*) MAL Surrealismus *m*
Nadrenia-Palatynat F (*Nadrenii-Palatynatu; bpl*) Rheinland-Pfalz *n*
Nadrenia Północna-Westfalia F (*Nadrenii Północnej-Westfalii; bpl*) Nordrhein-Westfalen *n*
nadrobić PF zerbröseln; → nadrabiać
nadruk M (-u; -i) Aufdruck *m*; *na tkaninie* Druckmuster *n*
nadrywać (-am) ⟨**naderwać**⟩ (-ę) *v/t* einreißen, anreißen; **~ się** *v/i* einreißen
nad|rzeczny *tereny* Fluss-; *ptaki* Wasser-; **~rzewny** Baum-; **~rzędny** übergeordnet
nadskakiwać (-uję): **~ k-u** j-m schmeicheln, j-n hofieren
nadsłuchiwać (-uję) horchen, lauschen
nadspodziewany unverhofft, überraschend gut
nadstawiać (-am) ⟨**-ić**⟩ (-ię) hinhalten; **~ głowy** *fig* den Kopf hinhalten; **nadstawiać uszu** die Ohren spitzen
nadstawka F (-i; *gen -wek*) TECH Aufsatz *m*
nadsyłać (-am) ⟨**nadesłać**⟩ (*nadeślę*) einsenden, zusenden
nadszarpnąć PF (-nę, *nął*) *nerwy* strapazieren; *zdrowie* angreifen; *oszczędności* antasten; **~ sobie opinię** seinem Ruf schaden
nadszarpnięty *zdrowie* angegriffen; *nerwy* strapaziert; *opinia* beschädigt
nadtłuczony *talerz* angeschlagen
nad|to ADV *lit* überdies, außerdem; **~tytuł** M (-u; -y) Überschrift *f*
nadużycie N (-a) Missbrauch *m*; JUR Unterschlagung *f*; **~ podatkowe** Steuerhinterziehung *f*
nadużywać (-am) ⟨**-yć**⟩ (-yję) (*gen*) missbrauchen (*akk*); strapazieren; **~ alkoholu** Alkohol missbrauchen
nad|waga F (-i; *bpl*) Übergewicht *n*; **~wątlony** *zdrowie* angegriffen
nadwerężać (-am) ⟨**-yć**⟩ (-ę) überstrapazieren, überbeanspruchen; **~ się** sich übernehmen, sich überfordern
nad|wodny Ufer-, Wasser-; **~worny** höfisch, Hof-
nadwozie N (-a; *gen -i*) AUTO Karosserie *f*
nad|wrażliwy überempfindlich; **~wyżka** F (-i; *gen -żek*) Überschuss *m*; EKON Mehreinnahme *f*, Mehrertrag *m*

N

nadymać (-am) ⟨**nadąć**⟩ (*nadmę*) *policzki* aufblasen; **~ się** *żagiel* sich aufblähen
nadymić (-ę) vollrauchen
nadziać PF: **~ się** sich aufspießen (**na** *akk* auf *akk*); **~ się na k-o** *umg* j-m in die Arme laufen; → nadziewać
nadziany *umg* steinreich
nadzi|eja F (-ei; -e; *gen -ei*) Hoffnung *f*; **mieć ~eję** hoffen; **pełen ~ei** hoffnungsvoll; **w ~ei** *od* **z ~eją, że ...** in der Hoffnung, dass ...
nadziemny [-d-·-] oberirdisch
nadziemski [d-·-] überirdisch
nadzienie N (-a) KULIN Füllung *f*
nadziewać (-am) ⟨**nadziać**⟩ (-eję) KULIN füllen (*inst* mit *dat*); aufspießen (**na** *akk* auf *akk*)
nadziewany KULIN gefüllt, mit Füllung
nadzor|ca [-d-z-] M (-y; *gen -ów*), **~czyni** F (-i; -e) Aufseher(in) *m(f)*
nadzorczy [-d-z-] Aufsichts-
nadzorować [-d-z-] (-uję) beaufsichtigen, überwachen
nadzór [-d-z-] M (-oru; *bpl*) Aufsicht *f*, Überwachung *f*
nadzwyczaj [-d-z-] ADV außergewöhnlich, besonders; **~ny** [-d-z-] außergewöhnlich, außerordentlich; (*specjalny*) Sonder-; **profesor** *m* **~ny** außerordentlicher Professor *m*
nadzy *persf* → nagi
nadżerka F (-i; *gen -rek*) MED Erosion *f*
naelektryzować PF → elektryzować
naelektryzowany ELEK geladen
nafaszerować PF → faszerować
nafta F (-y; *bpl*) Petroleum *n*; **~lina** F (-y; *bpl*) Mottenkugeln *pl*
nafto|ciąg M (-u; -i) Pipeline *f*; **~wy** *lampa* Petroleum-; *pola* Erdöl-; **ropa** *f* **~wa** Erdöl *n*
nagabywać (-uję) belästigen, behelligen (**o** *akk* wegen *gen*)
nagadać PF (-am): **~ k-u** (*nawymyślać*) *umg* j-n zusammenstauchen; **~ na k-o** j-n anschwärzen; **~ bzdur** Schwachsinn erzählen; **~ się** nach Herzenslust plaudern
nagana F (-y) Tadel *m*, Rüge *f*
naganiać (-am) ⟨**nagonić**⟩ (-ę) *krowy* treiben; *umg fig* antreiben
naganny tadelnswert
na|gi (*persf -dzy*) (**-go**) nackt; *drzewo, skała* kahl; **rozebrać się** *pf* **do ~ga** sich ganz ausziehen

nagiąć PF → naginać
nagietek M (*-tka; -tki*) Ringelblume *f*
nagimnastykować się PF (*-uję*) *umg* sich herumschlagen, sich abplagen (**nad** *inst* mit *dat*)
naginać (*-am*) ⟨**nagiąć**⟩ (*nagnę*) niederbeugen, niederbiegen; **naginać** (**do** *gen*) *fig* auf Biegen und Brechen anpassen (an *akk*); nötigen (zu *dat*)
naglący dringend, eilig
nagle ADV → nagły
naglić: **czas nagli** die Zeit drängt
nagłaśniać (*-am*) ⟨**nagłośnić**⟩ (*-ię, -nij!*) beschallen; *fig* publik machen
nagłośnienio|wy: **aparatura** *f* **~wa** Verstärkeranlage *f*
nagłów|ek M (*-wka; -wki*) Überschrift *f*; *listu* Briefkopf *m*; **~ki** *pl* **gazet** Schlagzeilen *pl*
nagłowić się PF (*-ię*) sich den Kopf zerbrechen (**nad** *inst* über *akk*)
nagły plötzlich; (*pilny*) dringend; **w ~ch wypadkach** in dringenden Fällen
nagminny weit verbreitet, allgemein
nago ADV → nagi
nagonić PF → naganiać
nagonka F (*-i; gen -nek*) ŁOW Treibjagd *f*; *fig* Hetzkampagne *f*, Kesseltreiben *n*
nagość F (*-ści; bpl*) Nacktheit *f*
nagotować PF (*-uję*) (*gen*) viel kochen (von *dat*), auf Vorrat kochen
nagrać PF → nagrywać
nagradzać (*-am*) ⟨**nagrodzić**⟩ (*-ę*) (*inst*) belohnen (mit *dat*); (*wręczać nagrodę*) auszeichnen (mit *dat*)
nagranie N (*-a*) Tonbandaufnahme *f*
nagrobek M (*-bka; -bki*) Grabmal *n*, Grabstein *m*
nagrobko|wy Grab-; **płyta** *f* **~wa** Grabplatte *f*
nagrobny Grab-; **napis** *m* **~** Grabinschrift *f*
nagro|da F (*-y*) Belohnung *f*; *w zawodach, w konkursie* Preis *m*; *dla znalazcy* Finderlohn *m*; **~da pocieszenia** Trostpreis *m*; **~da pieniężna** Geldpreis *m*; **~da Nobla** Nobelpreis *m*; **w ~dę** zur Belohnung (**za** *akk* für *akk*)
nagrodzić PF → nagradzać
nagrodzony preisgekrönt
nagromadzenie N (*-a*) Anhäufung *f*, Ansammlung *f*; Ballung *f*
nagromadzić (*-ę*) → gromadzić
nagrywać (*-am*) ⟨**nagrać**⟩ (*-am*) *płytę* aufnehmen; *fig umg* in die Wege leiten; **~ na taśmę** auf Band aufnehmen; **~ się** sich aufnehmen; **~ się na sekretarkę** auf den Anrufbeantworter sprechen
nagrzewać (*-am*) ⟨**nagrzać**⟩ (*-eję*) erwärmen; *mocno* erhitzen; **~ wody do kąpieli** das Wasser fürs Bad warm machen; **~ się** warm werden, sich erwärmen; *żelazko* heiß werden
nagus M (*-a; -y*) *umg* Nackte(r) *m, f*; **~ek** M (*-ska; -ski*) *umg* Nackedei *m*, Nacktfrosch *m*
nagusieńki (**-ko**) *dim* splitternackt
naharować się PF (*-uję*) *umg* sich abrackern
naigrawać się (*-am*) sich lustig machen, spotten (**z** *inst* über *akk*)
naindyczyć się PF (*-ę*) *umg* sich aufplustern
naiwnia|k M (*-a; -cy*), **~czka** F (*-i; gen -czek*) *umg pej* Naivling *m*
naiw|ność F (*-ści; bpl*) Naivität *f*, Blauäugigkeit *f*; (*prostota*) Einfalt *f*, Unbedarftheit *f*; **~ny** naiv, blauäugig; (*prosty*) einfältig, banal
najadać się (*-am*) ⟨**najeść się**⟩ (*najem*) (*inst*) satt werden (von *dat*); (*gen*) viel essen (von *dat*); **~ do syta** sich satt essen
najazd M (*-u; -y*) Einfall *m*, Überfall *m*
nająć PF → najmować
najbardziej *sup* ADV am meisten; **~** (+ *adj*) meist-
najbliż|ej *sup* ADV am nächsten; **~ej położony** nächstgelegen; **~szy** *sup* ADJ nächste(r); **~sza rodzina** *f* die engste Familie *f*
najczęściej *sup* ADV am häufigsten
najdal|ej *sup* ADV am weitesten; (*najpóźniej*) spätestens; **~szy** am weitesten gelegen *od* entfernt, äußerste(r)
najdłużej *sup* ADV am längsten
najdłuższy *sup* ADJ längste(r)
najechać[1] PF: **najechało dużo gości** es sind viele Gäste gekommen; → najeżdżać
najedzony gesättigt
najem M (*-jmu; bpl*) *ofic* Vermietung *f*; **umowa** *f* **o ~** Mietvertrag *m*
najemca M (*-y; gen -ów*) *ofic* Mieter *m*
najemn|ik M (*-a; -cy*) (*żołnierz*) Söldner *m*; (*morderca*) Auftragsmörder *m*, gedungener Mörder *m*

najem|ny *robotnik, praca* Lohn-; *morderca* gedungen; **~ny żołnierz** *m* Söldner *m*; **wojsko** *n* **~ne** Söldnertruppe *f*

najeść* się PF: **~ wstydu** sich in Grund und Boden schämen; **~ strachu** es mit der Angst zu tun bekommen; → najadać się

najeździć się (*najeżdżę*) viel herumgefahren sein; **~ po świecie** viel in der Welt herumkommen

najeźdźca (-y; *gen* -ów) Angreifer *m*, Aggressor *m*

najeżać (-am) ⟨**-yć**⟩ (-ę): **~ sierść** das Fell sträuben; **~ się** *fig* misstrauisch werden

najeżdżać (-am) ⟨**najechać**⟩ (*najadę*): **~ na** (*akk*) fahren gegen (*akk*); **~ na k-o** j-n anfahren (*a. fig umg*); **~ na kraj** ein Land überfallen

najeżony *sierść* aufgestellt; **~** (*inst*) *fig* gespickt (mit *dat*), voller (*gen*)

najeżyć PF → najeżać

najęty: **kłamać jak ~** lügen, dass sich die Balken biegen

najgorsze N (-ego; *bpl*) das Schlimmste

naj|gorszy *sup* ADJ schlechteste(r), schlimmste(r); **w ~gorszym razie** schlimmstenfalls; **~gorzej** *sup* ADV am schlechtesten, am schlimmsten; **~lepiej** *sup* ADV am besten

najlep|szy *sup* ADJ beste(r); **w ~szym razie** bestenfalls; **w ~sze** als ob nichts geschehen wäre; **wszystkiego ~szego!** herzlichen Glückwunsch!, alles Gute!

najmniej *sup* ADV am wenigsten; **(co) ~** *partikel* mindestens; **jak ~** so wenig wie möglich; **~szy** *sup* ADJ *wzrost, wielkość* kleinste(r); geringste(r); **~szy** (+ *subst*) Mindest-

najmocniej *sup* ADV am stärksten; **~ przepraszam** ich bitte vielmals um Entschuldigung

najmować (-uję) ⟨**nająć**⟩ (*najmę*) mieten; (*zatrudniać*) Saisonarbeiter beschäftigen; **~ się** als Saisonarbeiter arbeiten

naj|niżej *sup* ADV ganz unten, zuunterst; **~niższy** *sup* ADJ niedrigste(r)

naj|nowszy *sup* ADJ (aller)neueste(r); *wiadomość* jüngste(r), letzte(r); **~pewniej** *sup* ADV am sichersten; **~pierw** ADV zuerst; **~później** *sup* ADV am spätesten; (aller)spätestens

naj|prawdopodobniej *sup* ADV am wahrscheinlichsten; **~prędzej** *sup* ADV am schnellsten; **jak ~prędzej** so schnell *od* so bald wie möglich

najspokojniej: **~ w świecie** in aller Seelenruhe, seelenruhig

najstarszy *sup* ADJ älteste(r)

najście N (-a) (*wizyta*) *fig umg* Überfall *m*

najść* PF → nachodzić

najświeższy *sup* ADJ frischeste(r); *wiadomość* jüngste(r), letzte(r)

naj|ważniejszy *sup* ADJ wichtigste(r); **~wcześniej** *sup* ADV am frühesten; frühestens; **~więcej** *sup* ADV am meisten; **~większy** *sup* ADJ größte(r), größ-

naj|widoczniej *partikel* offensichtlich; **~wyraźniej** *sup* ADV am deutlichsten; (*widocznie*) offensichtlich

najwyż|ej ADV am höchsten, höchst-; **(co) ~ej** *partikel* höchstens; **~szy** *sup* ADJ höchste(r); **~szy** (+ *subst*) Höchst-; **~szy czas** *od* **~sza pora** (die) höchste Zeit

najzupełniej ADV ganz und gar

nakarmić PF → karmić

nakaz M (-u; -y) Befehl *m*, Anordnung *f*; *fig* Gebot *n*; **~ rewizji** Durchsuchungsbefehl *m*; **~ eksmisji** Räumungsbefehl *m*; **~ chwili** das Gebot der Stunde

nakazywać (-uję) ⟨**nakazać**⟩ (*nakażę*) befehlen, anordnen; verlangen, gebieten; **~ milczenie** Schweigen gebieten

naklejać (-am) ⟨**-ić**⟩ (-ję) aufkleben; **~ znaczek na kopertę** e-n Brief frankieren

naklejka F (-i; *gen* -jek) Aufkleber *m*

nakład M (-u; -y) Aufwand *m*; TYPO Auflage *f*; **~ pracy** Arbeitsaufwand *m*; **~y** Aufwendungen *pl*; **~y** *pl* **inwestycyjne** Investitionskosten *pl*; **~y finansowe** Kostenaufwand *m*; **~em** (*gen*) im Verlag …

nakładać (-am) ⟨**nałożyć**⟩ (-ę) auflegen; *sweter* anziehen; *opatrunek* anlegen; *obowiązek, podatek* auferlegen; *karę* verhängen; **~ się** *w czasie* sich überschneiden, zusammenfallen

nakład|any *kieszeń* aufgesetzt, aufgenäht; **~ka** F (-i; *gen* -dek) Lasche *f*

nakłamać PF (-ię): **~ k-u** j-n anlügen

nakłaniać (-am) ⟨**nakłonić**⟩ (-ię) bewegen, bringen (**do** *gen* zu *dat*)

nakłaść PF (*nakładę*): **~ sobie kartofli** sich viel Kartoffeln nehmen; **~ k-u** *umg* j-n verprügeln

nakłonić PF → nakłaniać

nakłucie N (-a) Einstich *m*; MED Punktur *f*

nakłuwać (-am) ⟨**nakłuć**⟩ (-uję) einstechen, anstechen; **~ na** (*akk*) aufspießen

N

auf (*akk*)
nakolanniki M/PL (*gen -ów*) Knieschützer *m/pl*
nakopcić (*-cę*): **~ w pokoju** *umg* das Zimmer vollqualmen
nakrapiać (*-am*) 〈**nakropić**〉 (*-ię*) besprühen, befeuchten
nakrapiany *fig* gesprenkelt
nakraść PF (*nakradnę*) (*gen*) viel gestohlen haben (von *dat*)
nakremować PF → kremować
nakreślać (*-am*) 〈**-ić**〉 (*-ę*) aufzeichnen, skizzieren; *fig* entwerfen
nakręcać (*-am*) 〈**nakręcić**〉 (*-ę*) *zegarek* aufziehen; *film* drehen
nakrętka F (*-i; gen -tek*) TECH Mutter *f*; *na butelkę* Schraubverschluss *m*
nakroić PF (*nakroję*) (*gen*) viel geschnitten haben (von *dat*)
nakropić PF → nakrapiać
nakruszyć PF (*-szę*): **~** (**na** *lok*) vollkrümeln (*akk*)
nakrycie N (*-a*) Gedeck *n*; **~ głowy** Kopfbedeckung *f*
nakrywać (*-am*) 〈**nakryć**〉 (*nakryję*) bedecken, zudecken; **~ stół** *od* **do stołu** den Tisch decken; **nakryć** *pf* **k-o** j-n ertappen (**na** *lok* bei *dat*); **~ się** sich zudecken
nakrzyczeć PF → krzyczeć
nakupić PF (*-ę*) (*gen*) viel gekauft haben (*akk*)
nakurzyć PF (*-ę*) viel Staub gemacht haben
nalać PF → nalewać
nalany *twarz* dick, aufgedunsen
nalatać się PF (*-am*) *umg* sich die Füße wund laufen
naleciałości F/PL (*gen -*) fremde Elemente *n/pl*, fremde Einflüsse *m/pl*
nalecieć PF (*-ę*) *komary, muchy* hineinfliegen, hineinkomen; **~ na k-o** *umg* j-n anfahren
nalegać (*-am*) drängen; **~ na** (*akk*) bestehen auf (*dat*)
nalepiać (*-am*) 〈**-ić**〉 (*-ię*) aufkleben
nalepka F (*-i; gen -pek*) Aufkleber *m*
naleśnik M (*-a; -i*) Eierkuchen *m*, Palatschinke *f*
nalewać (*-am*) 〈**nalać**〉 (*naleję*) eingießen; *wina, soku* einschenken
nalewka F (*-i; gen -wek*) Obstler *m*
należeć (*-ę, -y*): **~ do** (*gen*) (*zaliczać się*) gehören (zu *dat*); (*być członkiem*) angehören (*dat*); **~ do k-o** (*być własnością*) j-m gehören; **należy** (+ *inf*) man muss, man soll (+ *inf*); **należałoby** (+ *inf*) man müsste, man sollte (+ *inf*); **jak należy** wie es sich gehört; **~ się k-u** j-m zustehen; j-m gebühren; **należy mu się dodatek mieszkaniowy** er hat Anspruch auf Wohngeld; **należy mu się uznanie** ihm gebührt Anerkennung; **ile się panu należy?** wie viel bekommen Sie?; **należy nam się wypoczynek** wir haben Erholung verdient
należność F (*-ści*) (fälliger) Betrag *m*, Außenstände *m/pl*
należ|ny zustehend; *szacunek* gebührend; **~ycie** ADV angemessen; **~yty** nötig; angemessen
naliczać (*-am*) 〈**-yć**〉 (*-ę*) *odsetki* berechnen
nalot M (*-u; -y*) MIL Luftangriff *m*; MED Belag *m*; (*warstwa*) Schicht *f*; (*kontrola*) *umg* Überfall *m*, Kontrolle *f*; *fig* Anflug *m*; **~ dywanowy** MIL Flächenbombardement *n*
naładować PF (*-uję*) MIL, ELEK laden; **~** (*gen*) vollladen (mit *dat*)
naładowany (voll)geladen; ELEK, MIL geladen
nałogowiec M (*-wca; -wcy*) Süchtige(r) *m*
nałogo|wo süchtig, gewohnheitsmäßig; *fig* passioniert; **~wy** süchtig; *fig* passioniert; **~wy alkoholik** *m* Gewohnheitstrinker *m*; **~wy palacz** *m* Kettenraucher *m*; **~wy gracz** *m* Spielsüchtige(r) *m*
nałożyć PF → nakładać
nałóg M (*-ogu; -ogi*) Sucht *f*; *fig* Hang *m*, (üble) Gewohnheit *f*; **wejść** *pf* **w ~** zur Gewohnheit werden
nam PRON *dat* uns; **pokazał ~ swoje zdjęcia** er zeigte uns seine Fotos; → my
namacać PF (*-am*) ertasten
namacalny tastbar; *fig* greifbar
namalować PF → malować
namaszczać (*-am*) 〈**namaścić**〉 (*-szczę*) REL salben
namaszczenie N (*-a*) REL Salbung *f*; **z ~m** *fig* andächtig
namaścić PF → namaszczać
namawiać (*-am*) 〈**namówić**〉 (*namówię*) überreden (**na** *akk od* **do** *gen* zu *dat*); *do kradzieży, do zdrady* anstiften (zu *dat*); **~ się** sich bereden
namącić PF (*-ę*) *umg* Verwirrung stiften; **~ w głowie k-u** j-n verwirren
namęczyć się PF (*-ę*) viel erleiden

müssen; ~ **nad** (*inst*) *umg* sich abplagen (mit *dat*)
nami PRON *inst*: **z ~** mit uns; **interesują się ~** sie interessieren sich für uns; **między ~** zwischen uns; → my
namiar M (*-u*; *-y*) MAR Peilung *f*; LOT Positionsbestimmung *f*; **~y** *pl umg* Adresse *f*
namiastka F (*-i*; *gen -tek*) Ersatz *m*
namierzać (*-am*) ⟨**-yć**⟩ (*-ę*) MAR anpeilen; LOT orten
namiestnik M (*-a*; *-cy*) HIST Statthalter *m*
namieszać PF → mieszać
namiękać (*3. Pers -a*) ⟨**-nąć**⟩ (*-nie*) *v/i* aufweichen, weich werden
namiętl|ność F (*-ści*) Leidenschaft *f*; **~ny** leidenschaftlich
namiot M (*-u*; *-y*) Zelt *n*
namoczyć PF (*-ę*) *v/t* einweichen; **~ się** *v/i* eingeweicht werden
namokły nass, durchnässt
namoknąć PF (*3. Pers -nie, -mókł*) durchnässt sein, durchweichen
namolny aufdringlich, penetrant
namordować się PF (*-uję*) *umg* sich abrackern
namo|wa F (*-y*) Überredung *f*; **do** *kradzieży, do zdrady* Anstiftung *f*; **za jego ~wą** auf seine Anregung; von ihm angestiftet
namówić PF: **dać się** *pf* **~** sich überreden lassen; → namawiać
namydlać (*-am*) ⟨**-ić**⟩ (*-ę*) einseifen
namy|sł M (*-u*; *bpl*) Nachdenken *n*; **bez ~słu** ohne zu überlegen; **po ~śle** nach einiger Überlegung; **czas** *m* **do ~słu** Bedenkzeit *f*
Namysłów M (*-owa*; *bpl*) Namslau *n*
namyślać się (*-am*) ⟨**-ić się**⟩ (*-ę*): **~ (nad** *inst*) überlegen (*akk*), nachdenken (über *akk*)
nanieść PF (*gen*) *błota* hereintragen, hereinschleppen; *wiatr* anwehen, anhäufen; *woda* anschwemmen; → nanosić
nanizać PF (*nanizę*) aufreihen, auffädeln
nanosić (*nanoszę*) ⟨**nanieść***⟩ (*naniosę*) *poprawki* eintragen
naobiecywać PF (*-uję*) (*gen*) viele Versprechungen machen
naocz|nie ADV mit eigenen Augen; **~ny** sichtbar, handfest; **~ny świadek** *m* Augenzeuge *m*
naokoło PRÄP (*gen*) (rings) um (*akk*); ADV rings(her)um, rundherum
naoliwiać (*-am*) ⟨**-ić**⟩ (*-ię*) einölen
naopowiadać PF (*-am*) *umg* e-e Menge erzählt haben
naówczas *lit* damals, zu jener Zeit
napad M (*-u*; *-y*) MIL Überfall *m*; MED Anfall *m* (*a. fig*); **~ kaszlu** Hustenanfall *m*; **~ na bank** Banküberfall *m*
napadać (*-am*) ⟨**napaść**[1]⟩ (*napadnę*): **~** (**na** *akk*) überfallen (*akk*) (*a.* MIL); **~ na k-o** (*krytykować*) j-n angreifen, j-n attackieren; **~ na bank** eine Bank überfallen; **co cię napadło?** *umg* was ist denn in dich gefahren?; **napadało śniegu** es ist viel Schnee gefallen
napakować PF (*-uję*) (*gen*) vollpacken, vollstopfen (mit *akk*)
napakowany vollgepackt; (*osoba*) *umg* durchtrainiert
napaleni *persf* → napalony
napalić PF (*-ę*): **~ w piecu** den Ofen heizen; **~ w pokoju** das Zimmer vollrauchen; **~ się** *umg* scharf sein (**na** *akk* auf *akk*)
napal|mowy Napalm-; **~ony** (*persf -eni*) *fig umg* scharf (**na** *akk* auf *akk*)
napar M (*-u*; *-y*) Aufguss *m*; **~stek** M (*-tka*; *-tki*) Fingerhut *m*
naparzo|ny: **świeżo ~na kawa** *f* frisch aufgebrühter Kaffee *m*
napaskudzić PF (*-dzę*) *pop* vollscheißen, verdrecken
napast|liwy (**-wie**) aggressiv; *krytyka, ton* boshaft, gehässig; **~niczy** MIL Angriffs-
napastnik M (*-a*; *-cy*) Angreifer *m*; SPORT Stürmer *m*
napastować (*-uję*) angreifen; (*zaczepiać*) belästigen; *buty* mit Schuhcreme einreiben; *podłogę* bohnern
napaść[1] PF → napadać
napaść[2] F (*-ści-*) MIL Attacke *f*, Angriff *m* (*a. fig*)
napaść[3] PF (*napasę*) *świnie* füttern
napatoczyć się PF (*-ę*): **~ na k-o** j-m über den Weg laufen
napatrzeć się PF (*-ę*): **nie móc ~** sich nicht sattsehen können (**na** *akk* an *dat*)
napawać (*-am*) *lit* erfüllen (*inst* mit *dat*); **~ się** (*inst*) *lit* sich ergötzen, sich weiden (an *dat*), genießen (*akk*)
napchać PF: **napchało się dużo ludzi do sali** *umg* der Saal war gerammelt voll von Leuten; → napychać

napełniać (-am) ⟨-ić⟩ (-ię) (auf)füllen (*inst* mit *dat*); *fig* erfüllen (*inst* mit *dat*)
napęcznieć PF → pęcznieć
napęczniały voll, dick; KULIN gequellt
napęd M (-u; -y) TECH Antrieb *m*; EDV Laufwerk *n*; ~ **na cztery koła** TECH Allradantrieb *m*; **~owy** Antriebs-; **olej** *m* **~owy** Treiböl *n*
napędzać (-am) ⟨-ić⟩ (-ę) zusammentreiben; **napędzać** TECH antreiben; ~ **strachu** *od* **stracha k-u** j-m Angst einjagen
napędzany TECH angetrieben
napiąć PF → napinać
napić się PF (*napiję*) (*gen*) trinken (*akk*)
napiec* PF (*napiekę*) (*gen*) viel gebraten haben; viel gebacken haben
napierać (-am) ⟨**naprzeć**⟩ (*naprę*) MIL angreifen, anrücken; ~ (**na** *akk*) pressen, drücken (auf *akk*), sich stemmen (gegen *akk*); ~ **na k-o** j-n bedrängen
napięcie N (-a) ELEK Spannung *f* (*a. fig*)
napiętnować PF → piętnować
napięty gespannt; *plan, program* voll; *fig* angespannt
napinać (-am) ⟨**napiąć**⟩ (*napnę*) (an)spannen; ~ **się** sich (an)spannen
napis M (-u; -y) Aufschrift *f*; *wyryty* Inschrift *f*
napisać PF → pisać
napiwek M (-wku; -wki) Trinkgeld *n*
napleść PF (*naplotę*): ~ **głupot** *od* **bzdur** *umg* Quatsch erzählen
napletek M (-tka; -tki) ANAT Vorhaut *f*
napłynąć → napływać
napływ M (-u; -bpl) *powietrza, uchodźców* Zustrom *m*; *informacji, kapitału* Zufluss *m*; *fig* Welle *f*; ~ **energii** Energieschub *m*
napływać (-am) ⟨**napłynąć**⟩ (-nę) hineinfließen; *ludzie* (herbei)strömen; *listy* eintreffen; *myśli* kommen; **jego oczy napłynęły łzami** seine Augen füllten sich mit Tränen, Tränen traten ihm in die Augen; **jego twarz napłynęła krwią** das Blut schoss ihm ins Gesicht
napływowy *ludność* zugewandert
napocić się PF (-ę) *umg* sich herumschlagen (**nad** *inst* mit *dat*)
napoczynać (-am) ⟨**napocząć**⟩ (*napocznę*) *butelkę* anbrechen; *chleb* anschneiden
napoić PF → poić
napoleonka F (-i; *gen* -nek) *Kuchen aus Blätterteig mit Cremefüllung*
napominać (-am) ⟨**napomnieć**⟩ (*napomnę, -nij!*) ermahnen
napomknąć PF → napomykać
napomknienie N (-a) Andeutung *f*; (*wzmianka*) Erwähnung *f*, Bemerkung *f*
napomnieć PF → napominać
napomnienie N (-a) Ermahnung *f*
napomykać (-am) ⟨**napomknąć**⟩ (-ę): ~ (**o** *lok*) (beiläufig) erwähnen, andeuten (*akk*)
napotkać PF → napotykać
napotny schweißtreibend
napotykać (-am) ⟨**napotkać**⟩ (-am): ~ **k-o** j-m begegnen; ~ (*akk*) *fig* stoßen (auf *akk*)
napowietrz|ny oberirdisch, Ober-; **kolej** *f* **~na** Hochbahn *f*
napożyczać PF (-am) (*gen*) sich e-e Menge (aus)leihen; j-m e-e Menge (aus)leihen
nap|ój M (-oju; -oje) Getränk *n*; **~ój chłodzący** Erfrischungsgetränk *n*; **~oje wyskokowe** *n/pl* Spirituosen *pl*; **~ór** M (-oru; *bpl*) Druck *m* (*a. fig*); *tłumu* Andrang *m*; **pod ~orem** unter dem Druck
napracować się PF (-uję) sich abarbeiten, sich müde arbeiten
napraszać się PF (-am): ~ **k-u** (**z** *inst*) sich j-m aufdrängen (mit *dat*)
napra|wa F (-y) Reparatur *f*, Ausbesserung *f*; Instandsetzung *f*; *zła, krzywdy* Wiedergutmachung *f*; **dać** *pf* **do ~wy** reparieren lassen; **być w ~wie** in Reparatur sein; **~wczy** Reparatur-
naprawdę ADV wirklich, tatsächlich
naprawiać (-am) ⟨-ić⟩ (-ię) reparieren, ausbessern; *zło, krzywdę* wiedergutmachen
naprędce ADV schnell, eilig
naprężać (-am) ⟨**~yć**⟩ (-ę) (an)spannen; ~ **się** sich (an)spannen
napręż|enie N (-a) *fig* angespannte Atmosphäre *f*; **~ony** *fig* angespannt
napromieniować PF → napromieniowywać
napromieniowa|nie N (-a) Bestrahlung *f*; **~ny** bestrahlt
napromieniowywać (-owuję) ⟨**napromieniować**⟩ (-uję) bestrahlen
naprosić się PF (*naproszę*): ~ **k-o** j-n lange bitten (müssen) (**o** *akk* um *akk*)
naprostowywać (-owuję) ⟨**naprostować**⟩ (-uję) gerade machen, gerade

N

biegen
naprowadzać (-am) ⟨**naprowadzić**⟩ (*naprowadzę*) lenken; *fig* bringen; **~ na trop** *od* **ślad** auf die Spur bringen; **~ na myśl** auf den Gedanken bringen; **~ rozmowę na temat** (*gen*) das Gespräch auf das Thema (*nom*) lenken
naprzeciw PRÄP (*gen*) gegenüber (*dat*); ADV entgegen; **wyjść** *pf* **~ k-u** j-m entgegenkommen (*a. fig*); **~ko** PRÄP (*gen*) gegenüber (*dat*); **nadjechać** *pf* **z ~ka** entgegenkommen; **~legły** gegenüberliegend
naprzeć* PF → napierać
naprzód ADV nach vorn, vor-; *fig* vorwärts; (*wcześniej*) früher, im Voraus; **iść ~** *fig* vorangehen; **posuwać ~** *fig* voranbringen; **~!** vorwärts!
naprzykrzać się (-am): **~ k-u** j-n belästigen, sich j-m aufdrängen
naprzykrzony (*persf -eni*) lästig, zudringlich
naprzynosić PF (-szę) (*gen*) e-e Menge (*nom od gen*) (mit)bringen, viel zusammentragen
napsocić PF (-cę) Unfug treiben; **co znowu napsociłeś?** was hast du denn wieder angestellt?
napuchnąć PF (-nę) anschwellen
napuchnięty geschwollen
napuszać się (-am) ⟨**-yć**⟩ (-ę) sich aufplustern; *fig* wichtigtun
napuszczać (-am) ⟨**napuścić**⟩ (*-szczę*) *komarów, zimna* hineinlassen (*akk*); **~ na k-o** gegen j-n aufbringen, gegen j-n einstellen; *umg* j-m auf den Hals schicken; **~ k-o** j-n anstacheln; **~ na k-o policję** j-m die Polizei auf den Hals schicken; **~ wody do wanny** die Badewanne volllaufen lassen
napuszony *osoba* aufgeblasen; *styl* bombastisch, schwülstig
napuszyć się PF → napuszać się
napuścić PF → napuszczać
napychać (-am) ⟨**napchać**⟩ (-am) vollstopfen; **~ się** *umg* sich vollfressen, sich den Bauch vollschlagen
narada F (-y) Besprechung *f*, Beratung *f*; **~ wojenna** Kriegsrat *m*
naradzać się (-am) ⟨**-ić się**⟩ (-ę): **~ (nad** *inst*) beraten (über *akk*), besprechen (*akk*)
naramien|niki M/PL (*gen -ów*) MIL Schulterklappen *f/pl*; **~ny** Schulter-
narastać (*3. Pers -a*) ⟨**narosnąć**⟩ (*narośnie*) *tkanka* anwachsen; *osad* sich bilden; *fig* sich verstärken, zunehmen
narastający zunehmend
naraz ADV plötzlich, auf einmal; (*jednocześnie*) gleichzeitig
narażać (-am) ⟨**narazić**⟩ (*narażę*) riskieren, aufs Spiel setzen; **~ k-o na koszty** j-m Kosten verursachen; **~ k-o na śmieszność** j-n der Lächerlichkeit preisgeben; **~ na niebezpieczeństwo** gefährden; **~ życie** sein Leben riskieren; **narażać swoją skórę** seinen Kopf riskieren; **~ się na śmieszność** sich lächerlich machen; **~ się k-u** bei j-m Missfallen erregen
narażenie N (*-a; bpl*): **z ~m życia** unter Lebensgefahr
narciar|ka F (*-i; gen -rek*) Skiläuferin *f*, Skifahrerin *f*; (*czapka*) Wollmütze *f*; **~ski** Ski-, Schi-
narcia|rstwo N (*-a; bpl*) Skisport *m*; **~rz** M (*-a; -e*) Skiläufer *m*, Skifahrer *m*
narcyz M (*-a; -y*) Narzisse *f*; **~m** M (*-u; bpl*) Narzissmus *m*
nareszcie ADV endlich
naręcze N (*-a; gen -y*) (*gen*) Armvoll; **~ kwiatów** ein Armvoll Blumen
narkoman M (*-a; -i*), **~ka** F (*-i; gen -nek*) Drogensüchtige(r) *m, f*
narko|mania F (*gen dat lok -ii; bpl*) Drogensucht *f*; **~tyk** M (*-u; -i*) Rauschgift *n*, Droge *f*; **miękkie ~tyki** *pl* weiche Drogen *f/pl*
narkotyzować się (*-uję*) Drogen nehmen
narkoza F (*-y; bpl*) Narkose *f*
narobić PF (*-ię*) (*gen*) *wstydu, kłopotu* bereiten (*akk*); **~ się** *umg* sich abrackern
narodowoś|ć F (*-ści*) Nationalität *f*; **~ciowy (-wo)** ethnisch
narodowowyzwoleń|czy: **walka** *f* **~cza** Freiheitskampf *m*, Volksbefreiungskampf *m*
narodowy (-wo) national, National-
narodzić się (*-ę, -i*) *lit* zur Welt kommen; *fig* entstehen
narodziny PL (*gen -*) *lit* Geburt *f* (*a. fig*)
narosnąć PF → narastać
naro|śl F (*-i; -e*) Beule *f*, Knoten *m*, Wucherung *f*; **~wisty** *koń* störrisch
naroż|nik M (*-a; -i*) Ecke *f*; ARCH Eckstein *m*; (*kanapa*) Ecksofa *n*; **~ny** Eck-
naród M (*-odu; -ody*) Volk *n*, Nation *f*;

narzędnik w języku polskim = mit + celownik w języku niemieckim

jechać samochodem	mit dem Auto fahren
kroić nożem	mit dem Messer schneiden
jeść widelcem	mit der Gabel essen
uderzać ręką	mit der Hand schlagen
pokazywać palcem	mit dem Finger zeigen
wzruszać ramionami	mit den Schultern zucken

(ludzie) umg Leute *pl*, Volk *n*

narra|cja F *(-i; -e) książki* Erzählung *f*; **~tor** M *(-a; -rzy) książki* Erzähler *m*

nar|ta F *(-y)* Ski *m*, Schi *m*; **~ty biegowe** Langlaufskier *m/pl*; **jeździć na ~tach** Ski laufen *od* fahren; **~tostrada** F *(-y)* Skipiste *f*

naruszać *(-am)* ⟨**-yć**⟩ *(-ę) przepisy, normy* verstoßen (gegen *akk*), verletzen; *umowę* brechen; *równowagę* stören; *zapasy, kapitał* angreifen; *tajemnicę* verraten; **~ prawo** gegen das Recht verstoßen, das Recht verletzen; **~ granicę** die Grenze verletzen

naruszenie N *(-a) (gen)* Verstoß *m* (gegen *akk*), Verletzung *f (gen)*; **~ umowy** Vertragsbruch *m*; **~ prawa** Rechtsverletzung *f*; **~ porządku publicznego** öffentliche Ruhestörung *f*; **~ równowagi** Störung *f* des Gleichgewichts

naruszyć PF → naruszać

narwać *(-ę) (gen)* viel von *(dat)* pflücken

narwa|niec M *(-ńca; -ńcy) umg* Hitzkopf *m*; **~ny** *umg* hitzköpfig, aufbrausend

narybek M *(-bku; bpl)* ZOOL Fischbrut *f*; *fig* Nachwuchs *m*

narysować PF → rysować

narząd M *(-u; -y)* ANAT Organ *n*

narzecze N *(-a; gen -y)* Dialekt *m*; **~ni** PL *(gen narzeczonych)* Verlobte *pl*

narzeczo|na F *(-ej; -e)* Verlobte *f*, Braut *f*; **~ny** M *(-ego; -czeni)* Verlobte(r) *m*, Bräutigam *m*

narzekać *(-am)* sich beklagen, klagen (**na** *akk* über *akk*)

narzę|dnik M *(-a; -i)* GRAM Instrumental *m*; **~dzie** N *(-a; gen -i)* Werkzeug *n (a. fig)*

narzucać *(-am)* ⟨**-ić**⟩ *(-ę)* aufzwingen; **narzucić płaszcz** e-n Mantel überwerfen; **narzucać się k-u** sich j-m aufdrängen

narzut M *(-u; -y)* HANDEL Aufschlag *m*; **~a** F *(-y)* Tagesdecke *f*; **~tka** F *(-i; gen -tek)* Umhang *m*

nas PRON *lok; akk* uns; *gen* unserer; **o ~** über *od* von uns; **bez ~** ohne uns; → my

nasa|da F *(-y)* Stiel *m*, Griff *m*; **~da włosa** Haaransatz *m*; **~da nosa** Nasenwurzel *f*; **~da liścia** Blattgrund *m*; **~dka** F *(-i; gen -dek) pióra* Kappe *f*; TECH Ansatzstück *n*

nasadzać *(-am)* ⟨**-ić**⟩ *(-ę)* aufsetzen, aufstecken; **nasadzić** *pf (gen)* anpflanzen *(akk)*

nasączać *(-am)* ⟨**-yć**⟩ *(-ę)* durchtränken; **~ się** sich vollsaugen

nasenny: **środek** *m* **~** Schlafmittel *n*

nasercowy: **środek** *m* **~** Herzmittel *n*

nasi PRON *persf* unsere; → nasz

nasiadówka F *(-i; gen -wek)* MED Sitzbad *n*

nasiąkać *(-am)* ⟨**-nąć**⟩ *(-nę) (inst)* sich vollsaugen, durchtränkt sein (mit *dat*); **~ zapachem papierosów** Zigarettengeruch annehmen

nasiedzieć się PF *(nasiedzę)* lange genug gesessen haben

nasi|enie N *(-a; -siona; gen -sion)* BOT Samen *m*; *koll* Saat *f*; *(bpl) (sperma)* Samen *m*; **~ona** *pl* Samenkörner *pl*

nasieniowód M *(-odu; -ody)* ANAT Samenleiter *m*

nasien|nictwo N *(-a; bpl)* Samenzucht *f*; **~ny** BOT, BIOL Samen-

nasilać się *(3. Pers -a)* ⟨**-ić się**⟩ *(-i)* sich verstärken, zunehmen, *choroba* sich verschlimmern

nasilenie N *(-a; bpl)* Verstärkung *f*, Intensivierung *f*, Zunahme *f*; *choroby* Verschlimmerung *f*

nasilić się PF → nasilać się

nasiona PL → nasienie

nasionko N *(-a)* Samenkorn *n*, Samenkörnchen *n*

naskakiwać *(naskakuję)* ⟨**naskoczyć**⟩ *(-ę)*: **~ na k-o** *umg* j-n anfahren

naskarżyć → skarżyć

naskoczyć PF → naskakiwać

naskórek M *(-rka; bpl)* (Ober)Haut *f*

N

nasłać* PF → nasyłać
nasłoneczni|enie N (*-a; bpl*) Sonnenbestrahlung *f*; **~ony** sonnenbeschienen
nasłuch M (*-u; -y*) Abhören *n*; **prowadzić ~** abhören
nasłuchać się PF (*-am*) (*gen*) sich satthören; sich viel anhören müssen; viel gehört haben (über *akk*)
nasłuchiwać (*-uję*) (*gen*) horchen, lauschen (*dat*)
nasłuchowy Abhör-
nasmarować PF → smarować
nasmarowany geschmiert, gefettet
nasolić PF (*-ę*) einsalzen
nasrożony böse, grimmig
nasrożyć się PF (*-ę*) ein grimmiges Gesicht machen
nastać* PF: **~ się** lange stehen müssen; → nastawać
nastanie: **z ~m nocy** bei Einbruch der Nacht; **z ~m wiosny** mit Frühlingsbeginn
nastarczać (*-am*) ⟨**-yć**⟩ (*-ę*): **nie ~** nicht *od* kaum nachkommen (**z** *inst* mit *dat*)
nastawać (*nastaję*) ⟨**nastać**⟩ (*nastanę*) *wiosna* kommen, beginnen; *noc* einbrechen; *cisza* eintreten; (*rządzić*) regieren, an die Macht kommen; **nastawać** (**na** *akk*) bestehen (auf *akk*); **nastawać na k-o** auf j-n Druck ausüben; **nastała moda na szpilki** Pfennigabsätze sind in Mode; **nastawać na czyjeś życie** nach j-s Leben trachten
nastawiać (*-am*) ⟨**-ić**⟩ (*-ię*) *budzik* stellen; *wodę* aufsetzen; *płytę* auflegen; *ostrość* einstellen; *kołnierz* aufschlagen, hochschlagen; MED richten; (**przeciw** *dat*) einstellen (gegen *akk*); **nastawić** *pf* **uszu** die Ohren spitzen; **~ się** sich einstellen (**na** *akk* auf *akk*)
nastawienie N (*-a*) Einstellung *f*; MED Richten *n*
nastawiony: **~ na** (*akk*) eingestellt (auf *akk*), ausgerichtet (auf *akk*); **~ życzliwie** *od* **przychylnie** wohl gesinnt
nastawnia F (*-i; -e*) KOLEJ Stellwerk *n*
nastąpić PF → następować
następ|ca M (*-y; gen -ów*), **~czyni** F (*-i; -e-*) Nachfolger(in) *m(f)*; **~ca tronu** Thronfolger *m*
następn|ie ADV dann, ferner(hin), anschließend
następn|y[1] nächste(r); kommende(r), folgende(r); **~ego dnia** am nächsten Tag
następ|ny[2] M (*-ego; -ni*), **~na** F (*-ej; -ne*) Nächste(r) *m, f*
następować (*-uję*) ⟨**nastąpić**⟩ (*-ię*) *zmiana, śmierć* eintreten; **~ na** (*akk*) treten auf (*akk*); **~ po** (*lok*) folgen (auf *akk*); **~ po sobie** aufeinanderfolgen; **jak następuje** wie folgt
następ|stwo N (*-a*) Folge *f*, Konsequenz *f*; **~stwo tronu** Thronfolge *f*; **~ująco** ADV folgendermaßen; **~ujący** folgend
nasto|latek M (*-tka; -tki*), **~latka** F (*-i; gen -tek*) Jugendliche(r) *m, f*, Teenager *m*
nastrajać (*-am*) ⟨**nastroić**⟩ (*-ję*) MUS stimmen (*a. fig*); **~ się** *fig* gestimmt sein
nastraszyć PF (*-ę*) erschrecken, Angst einjagen
nastręczać (*-am*) ⟨**-yć**⟩ (*-ę*) *trudności* bereiten; (*polecać*) vermitteln, empfehlen; **~ się** *okazja* sich bieten
nastroić PF → nastrajać
nastro|jowy (**-wo**) stimmungsvoll; **~szony** *pióra* aufgeplustert; *włosy* abstehend
nastroszyć PF (*-ę*) *pióra* aufplustern; **~ się** sich aufplustern; *fig* misstrauisch werden
nastr|ój M (*-oju; -oje, -ojów*) Stimmung *f*; **w dobrym ~oju** gut gelaunt, guter Laune
nasturcja F (*-i; -e*) Kapuzinerkresse *f*
nasuwać (*-am*) ⟨**-nąć**⟩ (*-nę*) schieben (**na** *akk* auf *akk*); **~ na czoło** in die Stirn ziehen; *wątpliwości, podejrzenia* aufkommen lassen; *skojarzenia* hervorrufen; **~ myśl k-u** j-n auf den Gedanken bringen; **~ się** *wątpliwości* aufkommen; *myśl* naheliegen; *pytanie* sich stellen, sich aufdrängen
nasycać (*-am*) ⟨**nasycić**⟩ (*-ę*) *ciekawość, ambicję* befriedigen; **~** (*inst*) durchtränken (mit *dat*); **~ się widokiem** (*gen*) den Anblick (von *dat*) genießen
nasyceni *persf* → nasycony
nasycenie N (*-a; bpl*) Sättigung *f* (*a. fig*)
nasycić PF: **~ głód** den Hunger stillen; **~ wzrok** *od* **oczy** (*inst*) sich sattsehen (an *dat*); **~ się** (*inst*) gesättigt sein, satt werden (von *dat*); → nasycać
nasycony (*persf -eni*) *kolor* satt; *rynek* gesättigt; **~** (*inst*) gesättigt (von *dat*); *fig* durchdrungen (von *dat*); **~ wodą** durchtränkt mit Wasser; **~ zapachem kwiatów** von Blumenduft durchtränkt
nasyłać (*-am*) ⟨**nasłać**⟩ (*naślę*): **~ na k-o** auf j-n ansetzen, j-m auf den Hals schicken
nasyp M (*-u; -y*) Damm *m*, Aufschüttung *f*
nasypywać (*-uję*) ⟨**nasypać**⟩ (*-ię*) (*gen*)

N

streuen *(akk)*; ~ **(do** *gen)* hineinschütten (in *akk)*
nasz PRON *poss* M *(persf nasi)* unser
nasz|a PRON *poss* F unsere; **z ~ej strony** unsererseits; **~a era** *f* unsere Zeitrechnung *f*
nasze PRON *poss* N unser; PRON *poss sachf* unsere; **po ~emu** *umg* wie bei uns üblich; in unserer Sprache
naszkicować PF → szkicować
naszpikować *(-uję) (inst)* KULIN spicken *(a. fig)*; **~ać proszkami** *umg* mit Tabletten vollpumpen
naszpikowany gespickt *(inst* mit *dat)*
naszukać się PF *(-am) (gen)* lange suchen (müssen) *(akk)*
naszyć PF → naszywać
naszyjnik M *(-a; -i)* Halskette *f*
naszywać *(-am)* ⟨**naszyć**⟩ *(naszyję)* aufnähen
naszywka F *(-i; gen -wek)* MIL Streifen *m*
naśladować *(-uję)* nachahmen
naśladow|ca M *(-y; gen -ów)*, **~czyni** F *(-i; -e)* Nachahmer(in) *m(f)*
naśladow|czy Nachahmungs-; **~nictwo** N *(-a; bpl)* Nachahmung *f*
naśmiecić PF *(-cę)* Müll hinterlassen, Unordnung hinterlassen
naśmiewać się *(-am)*: ~ **(z** *gen)* verspotten, auslachen *(akk)*
naświetlać *(-am)* ⟨**naświetlić**⟩ *(-lę)* bestrahlen; FOTO belichten; *fig* darlegen, beleuchten
naświetlanie N *(-a)* Bestrahlung *f*; FOTO Belichtung *f*
natar|cie N *(-a)* MIL, SPORT Angriff *m*; **~czywy (-wie)** aufdringlich, hartnäckig
natchnąć PF *(-nę)* inspirieren, anregen **(do** *gen* zu *dat)*; ~ *(inst)* erfüllen (mit *dat)*
natchnieni *persf* → natchniony
natchni|enie N *(-a; bpl)* Inspiration *f*; **~ony** *(-eni)* beseelt, visionär
natężać *(-am)* ⟨**-yć**⟩ *(-ę) mięśnie* anspannen; *wzrok, pamięć* anstrengen; *uwagę* konzentrieren; ~ **się** sich anstrengen; *hałas* sich verstärken
natężenie N *(-a)* Intensität *f*, Stärke *f (a.* FIZ); ~ **ruchu** Verkehrsdichte *f*; ~ **uwagi** Konzentration *f*; **z ~m** *fig* konzentriert
natka F *(-i; gen -tek)*: ~ **pietruszki** Petersiliengrün *n*
natknąć się PF → natykać się
natłuszczać *(-am)* ⟨**natłuścić**⟩ *(-szczę)* einfetten
natomiast dagegen, hingegen
natrafiać *(-am)* ⟨**-ić**⟩ *(-ię)*: ~ **na** *(akk)* stoßen auf *(akk)*, finden *(akk)*
natręctwo N *(-a; bpl)* Zudringlichkeit *f*; ~ **myślowe** MED Zwangsvorstellungen *f/pl*
natręt M *(-a; -ci)* aufdringliche Person *f*; **~ny** aufdringlich, zudringlich, lästig; **~na myśl** *f* fixe Idee *f*
natrysk M *(-u; -i)* Dusche *f*
natryskiwać *(-uję)* TECH aufspritzen, aufsprühen
natrząsać się *(-am)*: ~ **(z** *gen)* verspotten *(akk)*
natrzeć* PF: ~ **uszu k-u** j-n zurechtweisen; → nacierać
natu|ra F *(-y)* Natur *f*; *(charakter)* Wesen *n*, Naturell *n*, Natur *f*; **być z ~ry** ... von Natur aus ... sein; **malować z natury** nach der Natur zeichnen; **w ~rze** in natura; **martwa ~ra** MAL Stillleben *n*
naturali|zacja F *(-i; -e)* Einbürgerung *f*; **~zm** M *(-u; bpl)* MAL Naturalismus *m*
natural|ny natürlich; **~na wielkość** *f* Lebensgröße *f*; **przyrost** *m* **~ny** Geburtenzahl *f*
natychmiast ADV sofort, auf der Stelle, umgehend; **~owy** sofortig, unverzüglich
natykać się *(-am)* ⟨**natknąć się**⟩ *(-ę)*: ~ **na** *(akk)* stoßen (auf *akk)*
na|tyrać się PF *(-am) umg* sich abrackern; **~ubliżać** PF *(-am)* **k-u** j-n beschimpfen
nauczać *(-am)*: ~ **k-o** *(gen)* j-n lehren *(akk)*
nauczan|ie N *(-a)*: **program** *m* **~ia** Lehrplan *m*; **~ie początkowe** Grundschulpädagogik *f*
naucz|ka F *(-i; gen -czek) fig* Lehre *f*; **dać** *pf* **~kę** e-e Lehre erteilen
nauczyciel M *(-a; -e-)*, **~ka** F *(-i; gen -lek)* Lehrer(in) *m(f)*; **~ski** Lehrer-
nauczyć PF: ~ **rozumu k-o** j-n zur Vernunft bringen; → uczyć
nau|ka F *(-i)* Wissenschaft *f*; *(uczenie się)* Lernen *n*; *(doktryna)* Lehre *f (a. fig)*; **~ka szkolna** Schulausbildung *f*; **~ka zawodu** Berufsausbildung *f*, Lehre *f*; **~ka języków obcych** Fremdsprachenunterricht *m*; **~ka gry na fortepianie** Klavierunterricht *m*; **~ka jazdy** Fahrschule *f*; **~ki** *f/pl* **ścisłe** Naturwissenschaften *f/pl*; **~ki** *f/pl* **humanistyczne** Geisteswissenschaften *f/pl*; **~ka Lutra** die Lehre Luthers

N

naukowiec M (*-wca; -wcy*) Wissenschaftler *m*; (*kobieta*) Wissenschaftlerin *f*; **~wy (-wo)** wissenschaftlich; *stopień, tytuł* akademisch; *ekspedycja, zespół* Forschungs-; **pomoce** *pl* **~we** Lehrmittel *pl*
naumyślnie ADV absichtlich
nauszniki M/PL (*gen -ów*) *u. czapki* Ohrenklappen *f/pl*; Ohrenschützer *pl*
nawa F (*-y*) ARCH Schiff *n*: **~ główna** Mittelschiff *n*; **~ boczna** Seitenschiff *n*
nawadniać (*-am*) ⟨**nawodnić**⟩ (*-ię*) bewässern
nawadniający Bewässerungs-; **~nie** N (*-a*) Bewässerung *f*
nawalać (*-am*) ⟨**-ić**⟩ (*-lę*) *umg* kaputtgehen, nicht funktionieren; *osoba* Mist bauen; **nawalić się** *pf pop* sich besaufen; **nawaliło się dużo osób** *umg* es kam *od* kamen eine ganze Menge Leute zusammen
nawalony *pop* besoffen
nawał M (*-u; bpl*): **mieć ~ pracy** viel *od* eine Menge Arbeit haben; **mieć ~ obowiązków** viele *od* eine Menge Pflichten haben
nawałnica F (*-y; -e*) Gewittersturm *m*, Unwetter *n*; **~ śnieżna** heftiger Schneesturm *m*
nawarstwiać się (*3. Pers -a*) ⟨**-ić się**⟩ (*-i*) sich ablagern; *fig* sich (an)häufen
nawet sogar, selbst; **~ gdyby** selbst wenn; **~ nie** nicht (ein)mal; **~, ~** gar nicht so schlecht
nawiać PF → nawiewać
nawiany angeweht
nawias M (*-u; -y*) (*znak*) Klammer *f* (*a.* MAT); **~ kwadratowy** eckige Klammer *f*; **wziąć** *pf* **w ~** einklammern, in Klammern setzen; **w ~ie** in Klammern; **~em mówiąc** nebenbei gesagt; **wyrzucić** *pf* **poza ~** *fig* ausgrenzen; **poza ~em** *fig* außerhalb, ausgegrenzt
nawiązać PF → nawiązywać
nawiązanie N (*-a*) *kontaktu* Herstellung *f*, Aufnahme *f*; **~ do** (*gen*) Anknüpfung *f* (an *akk*), Bezug *m* (auf *akk*); **w ~iu do** (*gen*) in Bezug auf (*akk*)
nawiązka F: **odpłacić** *pf* **k-u z ~ką** j-m mit Zins und Zinseszins zurückzahlen; **zwrócić** *pf* **się z ~ką** sich auszahlen, sich rentieren
nawiązywać (*-uję*) ⟨**nawiązać**⟩ (*nawiążę*) *kontakt* knüpfen; *łączność* herstellen; *współpracę* aufnehmen; **~ do** (*gen*) anknüpfen (an *akk*), sich beziehen (auf *akk*); **~ rozmowę** ins Gespräch kommen; **~ znajomość** eine Bekanntschaft machen; **nawiązując do** (*gen*) mit Bezug auf (*akk*); **~ się** *rozmowa, znajomość* sich entwickeln
nawiedzać (*-am*) ⟨**-ić**⟩ (*-dzę*) *lit* heimsuchen
nawiedzony (*persf -eni*) *pej* fanatisch, bessesen
nawierzchnia F (*-i; -e; gen -i*) Straßendecke *f*, Belag *m*; **o twardej ~** befestigt
nawietrzny: **strona** *f* **~na** MAR Luv *f*, Windseite *f*
nawiew M (*-u; -y*) TECH Gebläse *n*
nawiewać (*-am*) ⟨**nawiać**⟩ (*nawieję*) anwehen; *powietrze* blasen; *fig umg* abhauen (**z** *inst* aus *dat*); **~ z lekcji** *umg* die Schule schwänzen
nawieźć PF → nawozić
nawigacja F (*-i; bpl*) Navigation *f*; **~cyjny** Navigations-; **~tor** M (*-a; -rzy*) Navigator *m*
nawigować (*-uję*) navigieren
nawijać (*-am*) ⟨**nawinąć**⟩ (*-nę, -ń!*) aufwickeln, aufrollen; **nawijać** *umg* quasseln
nawilgać (*-am*) ⟨**-nąć**⟩ (*-nę*) feucht werden
nawilgły feucht
nawilżacz M (*-a; -e*) Luftbefeuchter *m*; **żelazko** *n* **z ~em** Dampfbügeleisen *n*
nawilżać (*-am*) ⟨**-yć**⟩ (*-ę*) befeuchten
nawilżający Feuchtigkeits-
nawinąć PF: **~ się** *umg* über den Weg laufen; *okazja* sich bieten; **~ się k-u pod rękę** (*rzecz*) j-m in die Hände fallen; (*osoba*) *umg* über den Weg laufen; → nawijać
nawis M (*-u; -y*) Überhang *m*, Vorsprung *m*
nawlekać (*-am*) ⟨**nawlec***⟩ (*nawlokę*) *igłę* einfädeln; *paciorki* auffädeln; **~ poszewkę na poduszkę** das Kopfkissen beziehen
nawodnić PF → nawadniać
nawodny Wasser-; **budowla** *f* **~na** Pfahlbau *m*
nawoływać (*-uję*) rufen; **~ do** (*gen*) *fig* aufrufen, auffordern (zu *dat*)
nawoływanie N (*-a*) *fig* Aufruf *m*, Aufforderung *f*
nawozić (*nawożę*) ⟨**nawieźć**⟩ (*nawiozę*) düngen
nawożenie N (*-a; bpl*) Düngen *n*, Dün

N

gung *f*; **~wóz** M (*-ozu*; *-ozy*) Dung *m*, Dünger *m*; **~wóz sztuczny** Kunstdünger *m*

nawracać (*-am*) ⟨**nawrócić**⟩ (*-ę*) bekehren (**na** *akk* zu *dat*); **~ się** sich bekehren

nawr|ócenie N (*-a*) Bekehrung *f*; **~ót** M (*-otu*; *-oty*) Wiederkehr *f*, Wiederkommen *n*; *choroby* Rückfall *m*

nawyk M (*-u*; *-i*) (An)Gewohnheit *f*

nawykać (*-am*) ⟨**-nąć**⟩ (*-nę*): **~** (**do** *gen*) (*przyzwyczajać się*) sich gewöhnen (an *akk*); (*nabrać nawyku*) sich angewöhnen (*akk*)

nawymyślać PF (*-am*): **~ k-u** j-n beschimpfen

nawzajem gegenseitig; einander; **dziękuję, ~!** danke, gleichfalls!

naz|ajutrz ADV *lit* am nächsten Tag, morgen; **~byt** ADV allzu

nazbierać PF (*-am*) (*gen*) sammeln, anhäufen (*akk*); **~ się** sich ansammeln, sich anhäufen

nazębny: **kamień** *m* **~** Zahnstein *m*

naziemny oberirdisch; LOT Boden-

nazistowski HIST nationalsozialistisch, Nazi-

naznaczać (*-am*) ⟨**-yć**⟩ (*-ę*) kennzeichnen; *termin* festlegen, festsetzen

naznaczony *fig* gezeichnet (*inst* von *dat*)

nazwa F (*-y*) Name *m*, Bezeichnung *f*; **~ użytkownika** EDV Benutzername *m*

nazwać* PF → nazywać

nazwis|ko N (*-a*) (Familien)Name *m*; **~ko panieńskie** Geburtsname *m*, Mädchenname *m*; **mieć na ~ko ...** mit Nachnamen ... heißen; **znać z ~ka** vom Namen her kennen

nazywać (*-am*) ⟨**nazwać**⟩ (*-ę*) nennen; **~ po imieniu** duzen, beim Vornamen nennen; *fig* beim Namen nennen; **nazywać się** heißen; **nazywam się ...** ich heiße ...; **jak to się nazywa?** wie heißt das?; **to się nazywa odwaga!** das nenne ich Mut!

nażłopać się PF (*-ię*) *pop* sich volllaufen lassen

nażreć się PF (*-ę*) *pop* sich vollfressen

neandertalczyk M (*-a*; *-cy*) Neandertaler *m*

ndst. (**niedostateczny**) ung. (ungenügend)

n.e. (**naszej ery**) u.Z. (unserer Zeitrechnung)

nefryt M (*-u*; *-y*) Nephrit *m*, Jade *m od f*

negacja F (*-i*; *-e*) Negierung *f*, Ablehnung *f*

negat|yw M (*-u*; *-y*) FOTO Negativ *n*; **~ywy** *pl fig* negative Seiten *pl*; **~ywny** negativ (*a.* MED)

negliż M (*-u*; *-e*, *-y*) Negligee *n*

negocja|cje F/PL (*-i*) Verhandlungen *f/pl*; **~tor** M (*-a*; *-rzy*) Verhandlungspartner *m*

negocjować (*-uję*) verhandeln

negować (*-uję*) verneinen, bestreiten

nekrolog M (*-u*; *-i*) Todesanzeige *f*; (*artykuł*) Nachruf *m*

ne|ktar M (*-u*; *-y*) BOT, MITOL Nektar *m*; **~nufar** M (*-u od -a*; *-y*) Teichrose *f*

neo- *in zssgn* neo-, Neo-

neo|lit M (*-u*; *bpl*) Neolithikum *n*, Jungsteinzeit *f*; **~logizm** M (*-u*; *-y*) JĘZ Neologismus *m*

neon M (*-u*; *-y*) Leuchtreklame *f*

neonazista M (*-y*; *-ści*) Neonazi *m*

neon|owy Neon-; **~ówka** F (*-i*; *gen -wek*) Neonröhre *f*

ner|ka F (*-i*; *gen -rek*) Niere *f*; **chory na ~ki** nierenkrank; **~kowaty** nierenförmig; **~kowy** Nieren-

ner|w M (*-u*; *-y*) ANAT Nerv *m*; **~wy** *fig* Nerven *pl*; **działać na ~wy k-u** j-m auf die Nerven gehen; **tylko bez ~wów!** nur keine Panik!, ruhig Blut!; **mieć zszarpane ~wy** ein Nervenbündel sein; (**cały**) **w ~wach** angespannt, aufgeregt; **~wy k-u puściły** j-m gehen die Nerven durch

nerwi|ca F (*-y*) Nervenkrankheit *f*, Neurose *f*; **~ca lękowa** Angstneurose *f*; **~cowy** neurotisch, Nerven-

nerwoból M (*-u*; *gen -i od -ów*) Nervenschmerz *m*, Neuralgie *f*

nerwowość F (*-ści*; *bpl*) Nervosität *f*

nerwo|wy (**-wo**) nervös; ANAT, MED Nerven-; **~wo chory** nervenkrank

nerwówka F (*-i*; *gen -wek*) *umg* nervöse Atmosphäre *f*

nerwus M (*-a*; *-y*) *umg* Hitzkopf *m*, Choleriker *m*

neseser M (*-u od -a*; *-y*) Necessaire *n*

neska F (*-i*; *bpl*) *umg* Instantkaffee *m*

netto netto; **waga** *f* **~** Nettogewicht *n*; **cena** *f* **~** Nettopreis *m*; **dochód** *m* **~** Nettoeinkommen *n*; **pensja** *f* **~** Nettogehalt *n*

neuro- *in zssgn* neuro-, Neuro-

neuro|chirurg M (*-a*; *-dzy*) Neurochirurg *m*; **~log** M (*-a*; *-dzy*) Neurologe *m*

neuro|n M (-u; -y) ANAT Neuron *n*; **~tyk** M (-a; -cy) Neurotiker *m*
neutralizować ⟨z-⟩ (-uję) neutralisieren
neutralny neutral (*a.* POL)
newralgiczny neuralgisch
nęcący (-co) verlockend, verführerisch
nęcić ⟨z-⟩ (-cę) (ver)locken; **nęci mnie ta oferta** das Angebot reizt mich
nędza F (-y; *bpl*) Elend *n*, Not *f*
nędz|arz M (-a; -e), **~arka** F (-i; *gen -rek*) Notleidende(r) *m, f*, Arme(r) *m, f*
nędzny arm, dürftig; (*kiepski*) *umg* miserabel, schlecht
nękać (-am) plagen, quälen; **~ się** sich plagen, sich grämen
ni *konj*: **~ stąd, ~ zowąd** *od* **~ z gruszki, ~ z pietruszki** mir nichts, dir nichts; **~ to, ~ owo** *od* **~ pies, ~ wydra** weder Fisch, noch Fleisch; **~ w pięć, ~ w dziewięć** völlig unvermittelt; merkwürdig; **~ przypiął, ~ przyłatał** nichts Halbes und nichts Ganzes; **~ to ..., ~ to ...** nicht ... und auch nicht ...; **~ mniej, ~ więcej, tylko ...** nichts weniger als ...; → *lit* ani
niańczyć (-ę) versorgen, pflegen; auf dem Arm tragen; *fig umg* bemuttern
niańka F (-i; *gen -niek*) Kindermädchen *n*
nią PRON *inst*; PRON *akk* sie; **z ~** mit ihr; **on interesuje się ~** er interessiert sich für sie; → ona
niby ADV wie, gleich (*dat*); *partikel* anscheinend; eigentlich; **na ~** zum Schein; **~ przypadkiem** wie zufällig; **~ nic, ale ...** eigentlich nichts, aber ...; **~ dlaczego?** wieso eigentlich?; **małżeństwo** *n* **na ~** Scheinehe *f*
nic PRON (*gen niczego, dat niczemu, akk nic, inst lok niczym*) nichts; **~ nie słyszę** ich höre nichts; **~ nie mam** ich habe nichts; **~ a ~** rein gar nichts; **to ~** das macht nichts; **~ takiego** nichts Schlimmes; nichts Besonderes; **za ~** auf keinen Fall; **~ z tego (nie będzie)** daraus wird nichts; **tyle co ~** so gut wie gar nichts; **~ ci do tego** das geht dich nichts an; **za ~ w świecie** um nichts in der Welt; **niczego tu nie brakuje** es fehlt hier an nichts; **być do niczego** *umg* nicht zu gebrauchen sein, nichts taugen; **na ~** *umg* für die Katz; **zostać** *pf* **bez niczego** vor dem Nichts stehen; **na niczym mu nie zależy** es liegt ihm an gar nichts; **skończyć** *pf* **się na niczym** sich zerschlagen, sich verlaufen; zu nichts führen; **w niczym nie przypominać** (*gen*) in keiner Weise erinnern an (*akk*); **niczego sobie** *umg* gar nicht übel, passabel; **jak ~** *umg* todsicher; **~ mi po tym** das bringt mir nichts, davon habe ich nichts; **~ tu po nas** wir haben hier nichts verloren
nich PRON *persf akk* sie; PRON PL *gen* ihrer; PRON PL *lok*; **o ~** über sie, von ihnen; **bez ~** ohne sie; **do ~** zu ihnen; **przy ~** bei ihnen; → oni; one
nici PL → nić
niciany Strick-, gestrickt
nicość F (-ści; *bpl*) *lit* Leere *f*, Nichts *n*; *moralna* Nichtigkeit *f*
nicpoń M (-nia; -nie; *gen -i od -ów*) Taugenichts *m*, Schlingel *m*
niczego PRON *gen* nichts; → nic
niczemu PRON *dat* nichts; *dat* → nic
niczy|j niemandes, niemandem gehörend; *pies* herrenlos; **ziemia** *f* **~ja** Niemandsland *n*; **bez ~jej pomocy** ohne fremde Hilfe
niczym[1] PRÄP *lit* (*nom*) gleich (*dat*)
niczym[2] PRON *inst lok* nichts; → nic
nić F (*nici; nici, inst -ćmi*) Faden *m*; **to jest grubymi ~mi szyte** das ist fadenscheinig, das ist leicht zu durchschauen; **nici z urlopu** *umg* aus dem Urlaub wird nichts
niderlandzki niederländisch
Niderlandy PL (*gen -ów*) die Niederlande *pl*
Nidzica F (-y; *bpl*) Neidenburg *n*
nie[1] *partikel* nein; nicht; doch; **~** (+ *p präs*) ohne zu (+ *inf*); **~ do** (+ *gen*) nicht zu (+ *inf*); **~!** nein!; **~ można** (+ *inf*) man kann nicht (+ *inf*); man darf nicht (+ *inf*); **~ rozumiem cię** ich verstehe dich nicht; **~ zawsze** nicht immer; **~ ma go tutaj** er ist nicht da; **~ ma już bułek** es gibt keine Brötchen mehr; **~, ~ chcę już czekać** nein, ich will nicht mehr warten; **~ szkodzi!** macht nichts!; **już ~** nicht mehr; **to ~ jest rozwiązanie** das ist keine Lösung; **on nic ~ robi** er macht nichts; **nic mu się nie podoba** es gefällt ihm nichts; **~ bez powodu** nicht ohne Grund; **~ do wytrzymania** nicht auszuhalten, unerträglich; **~ płacąc** ohne zu bezahlen; **no ~?** ist es nicht so?; **czemu ~?** warum nicht?
nie[2] PRON *sachf akk* sie; PRON N *akk* es; → one; ono

N

nie- *in zssgn* un-, nicht; Un-, Nicht-
nie|aktualny nicht aktuell; **~apetyczny** unappetitlich; **~atrakcyjny** nicht attraktiv, unattraktiv
nie|baczny *lit* unbedacht, unüberlegt; **~baczny na** (*akk*) ohne zu achten auf (*akk*); **~bawem** *lit* bald, in Kürze
niebezpieczeństwo N (*-a*) Gefahr *f*; **śmiertelne ~** *od* **~ dla życia** Lebensgefahr *f*; **~ wybuchu** Explosionsgefahr *f*; **~ zawalenia (się)** Einsturzgefahr *f*; **~ wojny** Kriegsgefahr *f*; **~ zarażenia (się)** Ansteckungsgefahr *f*; **pełen niebezpieczeństw** gefahrvoll
niebezpieczny gefährlich; **~ dla życia** lebensgefährlich; **~ dla środowiska** umweltschädlich
nie|bieskawy (-wo) bläulich; **~biański** himmlisch
niebies|ki (-ko) blau; **sklepienie** *n* **~kie** Himmelsgewölbe *n*, Firmament *n*; **ciało** *n* **~kie** ASTRON Himmelskörper *m*, Gestirn *n*; **królestwo** *n* **~kie** REL Himmelreich *n*; **~ki ptak** *m fig* Schmarotzer *m*
niebieskooki (*persf -cy*) blauäugig
niebiosa PL (*gen -*) *lit* Himmel *m*; **wychwalać pod ~** über den grünen Klee loben
nie|bo N (*-a*; *bpl*) Himmel *m* (*a.* REL); **na ~bie** am Himmel; **rozgwieżdżone ~bo** Sternenhimmel *m*; **w ~bie** REL im Himmel; **to woła o pomstę do ~ba** das schreit zum Himmel; **o ~bo lepszy** um ein Vielfaches besser; **~bo w gębie!** lecker!
niebora|k M (*-a*; *-cy od -i*), **~czka** F (*-i*; *gen -czek*) armes Ding *n*, armer Schlucker *m*
nieboskłon M (*-u*; *bpl*) *lit* Himmel *m*, Horizont *m*
nieboszcz|yk M (*-a*; *-cy*), **~ka** F (*-i*; *gen -czek*) Verstorbene(r) *m*, *f*; **~yk** (+ *subst*) selig; **moja babka ~ka** meine selige Großmutter
niebotyczny *lit* (*wysoki*) himmelhoch; riesig
nie|brzydki (-ko) ganz hübsch; **~byt** M (*-u*; *bpl*) Nichtsein *n*
niebywa|le ADV außerordentlich, außergewöhnlich; ohnegleichen; **~ły** einmalig, außergewöhnlich; ohnegleichen; *sukces* noch nie da gewesen
nieca|łkowity (-cie) unvollständig; teilweise; **~ły** nicht ganz, knapp; **znam ich ~ły tydzień** ich kenne sie e-e knappe Woche
nie|celny ungenau, verfehlt; **~cenzuralny** *słowa, żarty* unanständig, unflätig
niech *partikel* sollen, mögen; *konj* wenn (nur); **~ zaczeka** er *od* sie soll warten; **~ zadzwoni** er *od* sie soll anrufen; **~ przyjadą** sie sollen kommen; **~ zobaczę** lass mich sehen; **~ pomyślę** lass mich nachdenken; **~ pan usiądzie** setzen Sie sich, bitte; **~ sobie jadą** sie sollen nur fahren, lass sie doch fahren; **~ sobie śpi** er *od* sie soll schlafen, lass ihn *od* sie doch schlafen; **~ pan pozwoli** erlauben Sie; **~ to pozostanie między nami** das bleibt aber unter uns; **~ (ci) będzie!** meinetwegen!; **~ tam!** was solls!, egal!; **~by** wenn doch
niechcący ADV unabsichtlich, ungewollt
niechce|nie N: **od ~nia** lustlos, ungern; beiläufig, mühelos
niechę|ć F (*-ci*; *bpl*) Unlust *f*; **~ do** (*gen*) Abneigung gegen (*akk*); **~tnie** ADV ungern, widerwillig; **~tny** (*nieprzyjazny*) unfreundlich; **~tny do** (*gen*) abgeneigt (*dat*); **~tny do nauki** lernfaul
niechlubny *lit* unrühmlich
niechluj M (*-a*; *-e*) *umg* Schlampe *f*, Schludrian *m*; **~ny** *osoba umg* schlampig; *ubranie, praca, wykonanie umg* schluderig; **~stwo** N (*-a*; *bpl*) *umg* Schlampigkeit *f*; Schludrigkeit *f*
niechodliwy: **~ towar** *m umg* Ladenhüter *m*
nie|chybnie ADV *lit* sicher; **~chybny** *lit* unweigerlich, unvermeidlich; **~ciekawy (-wie)** uninteressant; **~ciekawy** (*gen*) nicht interessiert (an *dat*), nicht neugierig (auf *akk*)
niecierpliwić ⟨**z-**⟩ (*-ię*) ungeduldig machen, j-s Geduld strapazieren; **~ się** ungeduldig sein
niecierpli|wość F (*-ści*; *bpl*) Ungeduld *f*; **~wy (-wie)** ungeduldig
niecka F (*-i*; *gen -cek*) GEOL Mulde *f*
niecny *lit* niederträchtig, ruchlos
nieco ein wenig, etwas; **~dzienny** nicht alltäglich, außergewöhnlich
nie|często ADV nicht oft; **~częsty** selten; **~czuły** (*persf -li*) **(-le)** gefühllos; **~czuły na** (*akk*) unempfindlich gegen (*akk*)
nieczynny *sklep, bank* geschlossen;

winda außer Betrieb; *zakład* stillgelegt; *wulkan* untätig, erloschen; CHEM inaktiv

nieczystości PL (*gen* -) Abfall *m*, Müll *m*, Unrat *m*; Abwässer *n/pl*

nieczysty (-to) *powietrze* verschmutzt; *zamiary* unlauter; *diament* unrein (*a.* REL); *interes, sprawa* unsauber (*a.* SPORT); **~te sumienie** *n* schlechtes Gewissen *n*; **moce** *f/pl* **~te** der Leibhaftige

nieczytelny unleserlich

niedale|ki *w przstrzeni* unweit; *w czasie* nah(e); **~ko** ADV unweit, nicht weit entfernt (*gen od* **od** *gen* von *dat*); **~ do** (*gen*) nicht weit bis zu (*dat*)

niedaw|no ADV kürzlich, neulich; **~no temu** vor Kurzem; **~ny** *wydarzenie* jüngste(r), letzte(r); *znajomość* neu; (*były*) gewesen; **od ~na** seit Kurzem; **do ~na** bis vor Kurzem

niedbali *persf* → niedbały

niedba|lstwo N (*-a; bpl*) Nachlässigkeit *f*, *umg* Schlampigkeit *f*; **~łość** (*-ści; bpl*) *stroju, zachowania* Lässigkeit *f*

niedbały (*persf-li*) **(-le)** (*niestaranny*) nachlässig, nicht sorgfältig; *styl, poza, gest* lässig; JUR fahrlässig

nie|delikatny *osoba, uwaga, traktowanie* taktlos, grob; **~długo** ADV nicht lange; (*wkrótce*) bald

niedobitki M/PL (*gen -ów*) versprengte Soldaten *m/pl*

niedo|bór M (*-oru; -ory*) Mangel *m* (*gen* an *dat*); FIN Defizit *n*; **~bór żelaza** Eisenmangel *m*; **~brany** nicht zusammenpassend, unharmonisch

niedob|ry (*persf -rzy*) schlecht; *potrawa* ungenießbar; *dziecko* ungezogen, anstrengend; **~re przeczucie** *n* ungutes Gefühl *n*; **~re samopoczucie** *n* Unwohlsein *n*

niedobrze ADV schlecht; **czuć się ~** sich unwohl fühlen; **jest mi ~** mir ist übel *od* schlecht; **~ ci w tej sukience** dieses Kleid steht dir nicht; **jest ~ z** (*inst*) es steht schlecht um (*akk*); **~, że** ... es ist nicht gut, dass ...

niedochodowy unrentabel, Verlust bringend

niedoci|ągnięcie N (*-a*) Unzulänglichkeit *f*; Mangel *m*, Missstand *m*; **~śnienie** N (*-a; bpl*) niedriger Blutdruck *m*

niedoczekanie N (*-a*): **~!** *umg* niemals!

niedoczynność F (*-ści; bpl*) MED Unterfunktion *f*

niedogod|ność F (*-ści*) Unbequemlichkeit *f*, Ungelegenheit *f*; **~ny** ungünstig

niedogotowany nicht (ganz) gar

niedojrza|łość F (*-ści; bpl*) Unreife *f*; **~ły** (*persf -li*) **(-le)** unreif

niedokład|ność F (*-ści; bpl*) Ungenauigkeit *f*; **~ny** ungenau, unpräzise

niedo|konany GRAM unvollendet, imperfektiv; **~kończony** unvollendet, nicht beendet; **~krwistość** F (*-ści; bpl*) MED Blutarmut *f*

niedo|kształcony (*persf -eni*) mangelhaft ausgebildet; mit lückenhaftem Wissen; **~kwasota** F (*-y; bpl*) MED Säuremangel *m*, Hypochlorhydrie *f*

niedola F (*-i; -e*) schweres Los *n*, Not *f*

niedołę|ga F/M (*-i; gen - od -ów*) *umg* Niete *f*, Tollpatsch *m*; **~stwo** N (*-a; bpl*) *fizyczne* Gebrechlichkeit *f*; *fig* Unfähigkeit *f*, Inkompetenz *f*

niedołężnieć ⟨**z-**⟩ (*-ję*) gebrechlich werden

niedołężny *fizycznie* gebrechlich; (*nieudolny*) unfähig, uneffektiv

niedomagać (*-am*) Beschwerden haben, kränkeln; *fig* nicht richtig funktionieren

niedomaga|nie N (*-a*) (*dolegliwość*) Beschwerden *pl*; *organu* Funktionsstörungen *f/pl*; **~nia** *n/pl fig* Mängel *m/pl*, Unzulänglichkeiten *f/pl*

niedo|mogi PL (*gen -ów*) Unzulänglichkeiten *f/pl*; **~mówienie** N (*-a*) Andeutung *f*; (*nieporozumienie*) Missverständnis *n*

niedonoszony *ciąża* nicht ausgetragen

niedo|myślny begriffsstutzig; **~pałek** M (*-łka; -łki*) Stummel *m*; **~patrzenie** N (*-a*) Unachtsamkeit *f*, Versäumnis *n*; JUR Unterlassung *f*; **przez ~patrzenie** aus Versehen

niedopowiedzenie N (*-a*) → niedomówienie

niedopuszcz|alny *szybkość* unzulässig; *błąd, zaniedbanie* krass, sträflich; **~enie** N (*-a*) Nichtzulassung *f*

niedorajda F, ; *gen - od -ów*) *umg* Tölpel *m*, Trampeltier *n*

niedoręcze|nie N (*-a*): **w razie ~nia** falls unzustellbar

niedoro|sły (*persf -śli*) *osoba* minderjährig; *zwierzę* nicht ausgewachsen; **~stek** M (*-tka; -tki*) Halbwüchsige(r) *m*

N

niedorośli *persf* → niedorosły
niedoroz|winięty unterentwickelt; **~winięty umysłowo** geistig zurückgeblieben, geistig behindert; **~wój** M (-oju; bpl) Unterentwicklung *f*; **~wój umysłowy** geistige Behinderung *f*
niedo|rzeczny unsinnig, absurd; **~rzeczny pomysł** *m* Schnapsidee *f*; **~sięgły** *lit* unerreichbar
niedo|skonały unvollkommen; **~słyszalny** unhörbar
niedosłyszeć (-ę) schwer hören, schwerhörig sein
niedo|smażony nicht (ganz) durchgebraten; **~solony** zu wenig gesalzen; **~stateczny** ungenügend, unzulänglich; *stopień* mangelhaft
niedo|statek M (-tku; -tki) Dürftigkeit *f*, materielle Knappheit *f*; **~** (*gen*) Mangel *m* (an *dat*); **~stępny** unzugänglich; (*wyniosły*) unnahbar; **~strzegalny** unsichtbar; *fig* unmerklich
niedosyt M (-u; bpl) (*gen*) *lit* Mangel *m* (an *dat*); unbefriedigtes Verlangen *n* (nach *dat*); **odczuwać ~** (*gen*) einen Mangel verspüren (an *dat*)
niedoszły (*persf -li*) nicht zustande gekommen, nicht realisiert; *artysta* verhindert
niedościg|ły (*persf -li*) (**-le**), **~niony** (*persf -eni*) *lit* unübertroffen
niedo|świadczony (*persf -eni*) unerfahren; **~tarty** AUTO nicht eingefahren; **~tlenienie** N (-a; bpl) Sauerstoffmangel *m*
niedo|trzymanie N (-a) Nichteinhaltung *f*; **~trzymanie umowy** Vertragsbruch *m*; **~tykalny** REL unberührbar; **~uczony** (*persf -eni*) halbgebildet, ignorant
niedowa|ga F (i; bpl) Untergewicht *n*; **~rzony** *fig* unausgegoren
niedowiarek M (-rka; -rki od -owie) Zweifler *m*, Skeptiker *m*
niedowidzieć PF (*niedowidzę*) schlecht sehen (können), schlechte Augen haben
niedowierzający (**-co**) ungläubig
niedowierza|nie N (-a): **z ~niem** *adv* misstrauisch, skeptisch; zweifelnd
niedo|wład M (-u; -y) MED leichte Lähmung *f*, Parese *f*; **~zwolony** unerlaubt, verboten
niedożywieni *persf* → niedożywiony
niedożywi|enie N (-a; bpl) Unterernährung *f*; **~ony** (*persf -eni*) unterernährt
nie|drogi (**-go**) nicht teuer, preiswert; **~drożność** F (-ści; bpl) MED Verschluss *m*; **~dużo** ADV nicht viel
nie|duży nicht groß; **~dwuznaczny** unmissverständlich; **~dyskrecja** F (-i; -e) Indiskretion *f*
niedys|kretny indiskret; **~ponowany** unpässlich, nicht in Form; **~pozycja** F (-i; -e) Unpässlichkeit *f*, Unwohlsein *n*
niedziel|a F (-i; -e) Sonntag *m*; **Wielka ≈a** Ostersonntag *m*; **≈a Palmowa** Palmsonntag *m*, Palmarum *n*; **~ny** sonntäglich, Sonntags-
niedzisiejszy *bułki* vom Vortag; *fig* altmodisch
niedźwiadek M (-dka; -dki) Jungbär *m*, Bärchen *n*
niedźwie|dzi Bären-; **~dzia przysługa** *f* Bärendienst *m*; **~dzica** F (-y; -e) Bärin *f*; **Wielka ≈dzica** ASTRON Großer Bär *m*; **~dziowaty** (**-to**) bärenhaft
niedźwiedź M (-dzia; -dzie; gen -dzi) ZOOL Bär *m* (*a. fig*); **~ biały** Eisbär *m*; **~ brunatny** Braunbär *m*
nie|efektowny unauffälig, langweilig; **~ekonomiczny** unwirtschaftlich; **~elegancki** (**-ko**) nicht elegant; (*nieuprzejmy*) unhöflich, grob; **~estetyczny** unästhetisch
nieetato|wy: **pracownik** *m* **~wy** freier Mitarbeiter *m*; **praca** *f* **~wa** freie Mitarbeit *f*
nie|fachowość F (-ści; bpl) mangelnde Sachkenntnis *f*, Laienhaftigkeit *f*; **~fachowy** (**-wo**) unfachmännisch, laienhaft; **~fart** M (-u; -y) *umg* Pech *n*
nie|foremny unförmig, ungestalt; **~formalny** inoffiziell; *wniosek* formlos; *małżeństwo* illegal
nie|fortunny *wybór, sformułowanie* unglücklich; **~frasobliwy** (**-wie**) *lit* unbekümmert; **~funkcjonalny** nicht funktional, unpraktisch
nie|gazowany ohne Kohlensäure; **~gdyś** einst, früher
nie|głęboki (**-ko**) nicht tief; *woda* seicht; **~głupi** (**-pio**) ganz clever, nicht dumm
niego PRON M *akk* ihn; PRON *gen m, n* seiner; **dla ~** für ihn; **od ~** von ihm; **do ~** zu ihm; **u ~** bei ihm; **bez ~** ohne ihn; → on; ono
Niegocin M (-a; bpl) Löwentinsee *m*
niego|dny *lit* niederträchtig, unwürdig;

~dny *(gen)* nicht würdig *(gen)*; **~dny zaufania** nicht vertrauenswürdig

niegodzi|wiec M *(-wca; -wcze!; -wcy) lit* Schuft *m*; **~wy (-wie)** niederträchtig, gemein

nie|gospodarny schlecht wirtschaftend, nicht sparsam; **~gościnny** ungastlich, unfreundlich; **~gotowy** unfertig, nicht fertig

niegotów *präd* → niegotowy

nie|gramatyczny grammatikalisch falsch; **~groźny** harmlos, ungefährlich

nie|grzeczny unhöflich; *dziecko* ungezogen; **~gustowny** geschmacklos; **~higieniczny** unhygienisch; **~honorowy** unehrenhaft

nie|inteligentny unintelligent; **~interesujący (-co)** uninteressant; **~ingerencja** F *(-i; -e)* POL Nichteinmischung *f*; **~istotny** unwichtig, unerheblich

niej PRON F *lok; dat* ihr; *gen* ihrer; **od ~** von ihr; **do ~** zu ihr; **u ~** bei ihr; **dla ~** für sie; **bez ~** ohne sie; → ona

nieja|dalny *grzyby* nicht essbar; *iron* ungenießbar; **~dowity** *wąż* ungiftig

nieja|ki gewisse(r); **od ~kiego czasu** seit einiger Zeit; **~ki pan ...** ein gewisser Herr ...; **~ko** *partikel* gewissermaßen

niejasny (-no) unklar

niejeden PRON M *(persf niejedni)* mancher, manch eine(er)

niejedna PRON F manche, manch eine

niejedne PRON *sachf* manche

niejedni PRON *persf* manche

niejedno PRON N manches, manch ein(s) *(wiele)* allerlei, viel; **przeżył ~** er hat schon manches erlebt

niejed|nakowy (-wo) ungleich, verschieden; **~nokrotnie** ADV mehrmals; **~nokrotny** mehrmalig, wiederholt

niejedno|lity (-cie) uneinheitlich; **~rodny** verschiedenartig; **~znaczny** vieldeutig

nie|karalny JUR nicht strafbar; **~kiedy** manchmal, bisweilen; **kiedy ~kiedy** dann und wann; **~klarowny** trüb; **~kłamany** aufrichtig, echt

nie|kłopotliwy unkompliziert; **~kobiecy** nicht feminin; **~koleżeński** unkollegial

niekom|petentny inkompetent; **~pletny** unvollständig

niekonieczn|nie ADV nicht unbedingt; **~ny** nicht notwendig

nie|konsekwentny inkonsequent; **~kończący się** nicht enden wollend; **~koronowany** *fig* inoffiziell

niekorzystny ungünstig; *wrażenie, wpływ* schlecht; **na ~ch warunkach** zu ungünstigen Konditionen

niekorzyść F: **na ~** *(gen)* zu Ungunsten, zum Nachteil *(gen od* von *dat)*; **na twoją ~** zu deinen Ungunsten, zu deinem Nachteil

niekrępują|cy *obecność* nicht störend; **~ce mieszkanie** *n Wohnung mit separatem Eingang; Wohnung ohne Durchgangszimmer*

nie|kształtny unförmig; *ręce* ungeschlacht; **~które** PL *(persf -rzy)* manche, einige; **~kulturalny** unkultiviert

nie|kwestionowany unumstritten; **~legalny** illegal; **~legalny handel** *m* Schwarzhandel *m*

nieletni[1] minderjährig

nielet|ni[2] M *(-ego; -)*, **~nia** F *(-ej; -nie)* Minderjährige(r) *m, f*

nie|lichy *umg* nicht schlecht; **~liczny** *wyjątki* wenig; *przypadki, przechodnie* vereinzelt; *grupa*, nicht zahlreich; **~liczne** *(persf -ni)* einige (wenige)

nie|literacki nicht literarisch; **~litościwy (-wie)** unbarmherzig; **~logiczny** unlogisch

nie|lojalny nicht loyal; **~ludzki** *(persf -ccy)* **(-ko)** unmenschlich; **~ludzko zmęczony** *umg* hundemüde; **~ład** M *(-u; bpl)* Unordnung *f*, *umg* Durcheinander *n*; **w ~ładzie** ungeordnet

nie|ładny nicht schön, unschön; **~łamliwy** unzerbrechlich

niełas|ka F *(-i; bpl)*: **popaść** *pf* **w ~kę** in Ungnade fallen

niełat|wy (-wo) nicht leicht, nicht einfach; **~we zadanie** *n* keine leichte Aufgabe *f*; **~wy w pożyciu** schwierig im Umgang

nie ma *(gen)* es gibt nicht *(akk)*, es gibt keine(n); **~ za co!** gern geschehen, keine Ursache; **~ co** *umg* es hilft nichts; **~ co** *(+ inf) umg* es hat keinen Sinn zu *(+ inf)*, es bringt nichts zu *(+ inf)*; **~ co narzekać** es hat keinen Sinn zu klagen, es bringt nichts zu klagen; → być[1*]

nie|mal ADV fast, beinahe; **~mało** ADV nicht wenig; **~mały** nicht gering, ziemlich groß, beträchtlich

nie|materialny nicht materiell; **~mądry** (*persf -rzy*) (**-rze**) unklug
Nie|mcy PL (*gen Niemiec*) Deutschland *n*; **do ~miec** nach Deutschland; **w ~mczech** in Deutschland; **Republika** *f* **Federalna Niemiec** Bundesrepublik Deutschland *f*
niemczyzna F (*-y; bpl*) Deutsch *n*
Niemen M (*Niemna; bpl*) Memel *f*
niemęski (*persf -cy*) unmännlich
niemęskoosobowy: **rodzaj** *m* **~** GRAM Sachform *f*
Niemiec M (*-mca; -mcy; gen -ów*) Deutsche(r) *m*
niemiec|ki deutsch; **język ~ki** Deutsch *n*; **owczarek** *m* **~ki** Schäferhund *m*; **mówić po ~ku** Deutsch sprechen; **co to znaczy po ~ku?** was heißt das auf Deutsch?
niemiecki M (*-ego; bpl*) *umg* (*język, lekcja*) Deutsch *n*; **lekcja ~ego** Deutschunterricht *m*; **kurs języka ~ego** Deutschkurs *m*
niemieszkalny *budynek* Gewerbe-
niemile ADV → niemiły
niemilknący unaufhörlich; *brawa* anhaltend
niemiło ADV → niemiły
niemiłosierny unbarmherzig; (*bardzo*) *umg* fürchterlich
niemi|ły (*persf -li*) (**-ło** *od* **-le**) unangenehm, unerfreulich; (*nieuprzejmy*) unhöflich; **~le zaskoczony** unangenehm überrascht; **~ło przywitać** *pf* unfreundlich begrüßen
Niemka F (*-i; gen -mek*) Deutsche *f*
nie|młody (*persf -dzi*) (**-do**) nicht mehr jung; **~mnący** knitterfest, knitterfrei
niemniej dennoch, nichtsdestoweniger
niemo ADV stumm, schweigend
niemoc F (*-y; bpl*) *lit* Schwäche *f*, Kraftlosigkeit *f* (*a. fig*); **~ płciowa** MED Impotenz *f*; **~ny** (**-no**) schwach, leicht
nie|modny unmodern, nicht modisch; **~moralny** unmoralisch, unsittlich; **~mowa** F (*-y; gen -mów*) Taubstumme(r) *m, f*
niemowlę N (*-ęcia; -ęta; gen -ąt*) Säugling *m*, Baby *n*; **~ctwo** N (*-a; bpl*) Säuglingsalter *n*; **~cy** Säuglings-, Baby-
niemożli|wie ADV *umg* furchtbar, schrecklich; **~wość** F (*-ści; bpl*) Unmöglichkeit *f*; **do ~wości** bis zum Gehtnichtmehr
niemożliwy unmöglich, nicht möglich; *umg* furchtbar, unmöglich; **to ~** es ist unmöglich, es ist unvorstellbar; **~ do** (*gen*) nicht zu (+ *inf*); **~ do wymówienia** nicht auszusprechen; **~ do opisania** unbeschreiblich, nicht zu beschreiben; **~ do zdobycia** unerreichbar; MIL uneinnehmbar
niemożność F (*-ści; bpl*) *lit* Unmöglichkeit *f*, Unfähigkeit *f*
niemrawy (**-wo**) langsam, träge
niemu PRON M, *n dat* ihm; → on; ono
niemuzykalny unmusikalisch
niemy[1] taubstumm; *fig* stumm; **film** *m* **~** Stummfilm *m*
nie|my[2] M (*-ego; -i*), **~ma** F (*-ej; -e*) Taubstumme(r) *m, f*
niena|dzwyczajny nicht besonders, mäßig; **~ganny** tadellos; **~prawialny** irreparabel
niena|ruszalny unantastbar; **~ruszony** unberührt; *pieczęć* unversehrt; **~sycony** unersättlich; CHEM ungesättigt
niena|świetlony FOTO unbelichtet; **~turalny** unnatürlich; **~ukowy** unwissenschaftlich; **~umyślnie** ADV unabsichtlich
nienawidzić (*-dzę*) hassen; **~ się** sich hassen
nienawi|stny verhasst; *spojrzenie* hasserfüllt; **~ść** F (*-ści; bpl*) Hass *m*
nienawykły: **~ do** (*gen*) *lit* nicht gewohnt an (*akk*) *od* (+ *inf*); **~ do ciężkiej pracy** an harte Arbeit nicht gewohnt, nicht gewohnt, hart zu arbeiten; **~ do wczesnego wstawania** nicht gewohnt, früh aufzustehen
nie|normalny nicht normal, anormal; *umg* verrückt; **~nowy** nicht (mehr) neu; **~obciążony** (*persf -eni*) unbelastet; **~obcy** nicht fremd
nieobec|ność F (*-ści; bpl*) Abwesenheit *f*; **pod ~ność** während der Abwesenheit; **~ny** abwesend; **~ny duchem** geistesabwesend; **być ~nym** (**na** *lok*) *ofic* fernbleiben (*dat*)
nie|obliczalny unermesslich; *fig* unberechenbar; **~obojętny** nicht unwichtig; **~ na** (*akk*) nicht gleichgültig gegen (*akk*); **~ dla** (*gen*) nicht unschädlich für (*akk*); **~ dla środowiska** nicht unschädlich für die Umwelt
nieob|owiązkowy *osoba* pflichtvergessen, nachlässig; *zajęcia* fakultativ; **~ro-**

biony unbearbeitet; **~rotny** unbeholfen, nicht geschäftstüchtig
nie|obsadzony unbesetzt, frei; **~obycie** N (-a; bpl) Ungeschliffenheit *f*, Ungewandtheit *f*; Unerfahrenheit *f* (**z** *inst* mit *dat*)
nieobyty (*persf -ci*) ungeschliffen, ungewandt; **~ z** (*inst*) nicht vertraut mit (*dat*)
nie|oceniony (*persf -eni*) unschätzbar; **~oczekiwany** unerwartet; **~odczuwalny** nicht spürbar, unmerklich
nieod|gadniony unergründlich; **~łączny** unzertrennlich; *iron* obligat; **~mienny** unveränderlich; GRAM indeklinabel
nieod|party (**-cie**) *chęć, urok* unwiderstehlich; *argument* unwiderlegbar; **~płatny** kostenlos, frei
nieod|porny anfällig (**na** *akk* für *akk*); **~powiedni** (**-nio**) *metoda, osoba* ungeeignet; *strój, moment* unpassend; *towarzystwo* schlecht; **~powiedzialny** unverantwortlich, verantwortungslos
nieodrodny: **jest ~m synem swojego ojca** er ist ganz nach seinem Vater geraten, er ist ganz sein Vater
nieod|stępny unzertrennlich; *iron* obligat **~wołalny** unwiderruflich; **~wracalny** unumkehrbar, unabwendbar; *decyzja* unumstößlich
nie|odzowny unerlässlich, unabdingbar; **~odżałowany** *strata* unersetzlich; **~odżałowanej pamięci** *zmarły* unvergessen
nie|oficjalny inoffiziell; **~oględny** unverblümt, direkt; **~ograniczony** (**-czenie**) unbegrenzt, unbeschränkt
nie|okiełznany ungezähmt, ungezügelt; **~określony** unbestimmt; GRAM indefinit; **~okrzesany** *fig* ungehobelt, grob
nieomal → niemal
nie|omylny unfehlbar; *instynkt, przeczucie* untrüglich; **~opanowany** unbeherrscht; *gniew* unbändig; **~opatrzny** unbedacht; **~opisany** unbeschreiblich
nie|opłacalny unrentabel; **~oprawny** TYPO ungebunden; **~organiczny** anorganisch
nie|osiągalny unerreichbar; **~osobowy** (**-wo**) GRAM unpersönlich
nieo|strożność F (*-ści; bpl*) Unvorsichtigkeit *f*; **~strożny** unvorsichtig; **~stry** nicht scharf, stumpf; FOTO unscharf (*a. fig*); *zima* mild
nieo|swojony *zwierzę* nicht domestiziert, wild; **~szacowany** unschätzbar
nieo|znakowany nicht beschildert; **~żywiony** unbelebt (*a.* GRAM); **~pakowny** *torba* wenig Platz bietend
niepalą|cy M (*-ego; -*), **~ca** F (*-ej; -e*) Nichtraucher(in) *m(f)*; **przedział dla ~cych** Nichtraucherabteil *n*
niepalny nicht brennbar
niepami|ęć F (*-ści; bpl*) Vergessenheit *f*; **puścić** *pf* **w ~ęć** vergeben und vergessen; **pójść** *pf* **w ~ęć** in Vergessenheit geraten; **uratować** *pf* **od ~ęci** der Vergessenheit entreißen; **~ętliwy** nicht nachtragend
niepamiętny: **od ~ch czasów** seit Menschengedenken
nieparzysty *liczba* ungerade; *organ* Einzel-
niepełnoletni[1] minderjährig
niepełnolet|ni[2] M (*-ego; -*), **~nia** F (*-ej; -e*) Minderjährige(r) *m, f*
nieprawny unrechtmäßig, rechtswidrig
niepełnosprawny behindert
niepełnospraw|ny M (*-ego; -ni*), **~na** F (*-ej; -e*) Behinderte(r) *m, f*; **dla ~nych** behindertengerecht
niepeł|nowartościowy minderwertig, nicht vollwertig; **~ny** nicht (ganz) voll; *fig* unvollständig, halb; **~ny wymiar** *m* **godzin** Halbzeit *f*
niepewno|ść F (*-ści; bpl*) Unsicherheit *f*; *losu* Ungewissheit *f*, Ungewisse(s) *n*; **trzymać w ~ści** im Ungewissen lassen
niepewny unsicher; *los* ungewiss; *sojusznik* unzuverlässig
niepijący: **być ~m** keinen Alkohol trinken
niepisa|ny: **~ne prawo** *n* ungeschriebenes Gesetz *n*
nie|piśmienny analphabetisch, des Schreibens und des Lesens unkundig; **~planowy** (**-wo**) außerplanmäßig, nicht eingeplant
nie|płatny unentgeltlich; **~płodność** F (*-ści; bpl*) Unfruchtbarkeit *f*; **~płodny** unfruchtbar
niepo|chlebny wenig schmeichelhaft; **~cieszony** (*persf -eni*) untröstlich
niepoczyt|alny unzurechnungsfähig; **~ny** wenig gelesen, mit kleiner Leserschaft

niepodleg|łościowy Unabhängigkeits-, Freiheits-; **~łość** F (-ści; bpl) POL Unabhängigkeit *f*; **~ły** (*persf -li*) unabhängig, souverän

niepodobieństwo N (-a; bpl) Unmögliche(s) *n*, ein Ding der Unmöglichkeit

niepodobna *unpers lit*: **~, żeby ...** es ist unmöglich *od* undenkbar, dass ...; **~ było ...** es war unmöglich *od* undenkbar ...

niepodobny nicht ähnlich; **~ do k-o** j-m nicht ähnlich; (*nietypowy*) für j-n untypisch, für j-n unüblich; **być ~m do siebie** einander nicht ähnlich sein, nicht ähnlich aussehen

niepod|pisany nicht unterschrieben; **~ważalny** *decyzja* unumstößlich, unanfechtbar; *prawo, autorytet* unbestritten; *dowód* unwiderlegbar

niepo|dzielny unteilbar (*a.* MAT); *władza* uneingeschränkt; **~goda** F (-y; bpl) schlechtes Wetter *n*, Regenwetter *n*

niepo|hamowany unbändig, ungezügelt, ungehemmt; **~jętny** begriffsstutzig; **~jęty** unbegreiflich, unerklärlich

niepo|kalany *lit* makellos; **~kalane poczęcie** *n* REL die Unbefleckte Empfängnis; **~kaźny** unscheinbar

niepokoić ⟨za-⟩ (-ję): **~ k-o** j-m Sorgen machen, j-n beunruhigen; (*nie dawać spokoju*) j-n belästigen; **niepokoi mnie, że ...** es beunruhigt mich, dass ...; **~ się** sich Sorgen machen (**o** *akk* um *akk*)

niepo|kojący (-co) besorgniserregend, beängstigend, beunruhigend; **~konany** unbesiegbar; *fig* unüberwindlich

niepok|ój M (-oju; -oje) Unruhe *f*; **~ój o** (*akk*) Sorge *f* (um *akk*); **~oje** *pl* POL Unruhen *pl*

niepomier|nie ADV *lit* überaus; (+ *komp*) vielmehr, deutlich (+ *komp*); **~ny** *lit* übermäßig, übergroß

niepo|mny *lit* (*gen*) ungeachtet (*gen*); **~myślny** ungünstig, schlecht; *okoliczności* widrig

niepo|płatny finanziell nicht lohnend; **~prawny** unkorrekt; (*zatwardziały*) unverbesserlich; **~pularny** unpopulär

niepo|radny unbeholfen, unbedarft; **~ręczny** unhandlich; sperrig

nieporozumie|nie N (-a) Missverständnis *n*; **~nia** *pl* (*spory*) Unstimmigkeiten *pl*

nieporów|nanie ADV *lit* unvergleichlich; **~nany** *lit* unvergleichlich, unübertroffen, einzigartig; **~nywalny** unvergleichbar, nicht vergleichbar

niepo|ruszony reglos, bewegungslos; *fig* unberührt; **~rządek** M (-dku; -dki) Unordnung *f*; **~rządny** unordentlich; **~skromiony** unbändig, ungezügelt, ungehemmt

nieposłusz|eństwo N (-a; bpl) Ungehorsam *m*; **~ny** ungehorsam, widerspenstig

niepo|spolity (-cie) außergewöhnlich, besondere(r); **~strzeżenie** ADV unbemerkt

niepo|szanowanie N (-a; bpl) (*gen*) Missachtung *f* (*gen od* von *dat*); **~szlakowany** *opinia* untadelig; **~trzebny** unnötig

niepo|ważny nicht ernst, unseriös; **~wetowany** *szkoda, strata* unersetzlich; *krzywda* nicht wiedergutzumachen

niepowo|dzenie N (-a) Misserfolg *m*; **doznać** *pf* **~dzenia** einen Misserfolg erleben; **~łany** unbefugt; **dostać się** *pf* **w ~wołane ręce** in falsche Hände geraten

niepo|wstrzymanie ADV unaufhaltsam; **~wstrzymany** ungestüm, unbändig; **~wszedni** *okazja* rar; *talent* selten

niepo|wtarzalny *przeżycie, urok* einmalig, einzigartig; *okazja, szansa* einmalig; **~znawalny** unergründlich, unerforschlich

nie|pozorny unscheinbar; **~pożądany** unerwünscht; **~praktyczny** unpraktisch

niepraw|da F (-y; bpl) Unwahrheit *f*; **to ~da** das ist nicht wahr; **~da?** nicht wahr?; **~dopodobny** unwahrscheinlich; (*niesamowity*) unglaublich; **~dziwy** (-wie) unwahr; (*sztuczny*) unecht, imitiert

nieprawidło|wości F/PL (*gen* -) Unregelmäßigkeiten *f/pl*; **~wości rozwoju** Entwicklungsstörungen *f/pl*; **~wy** (-wo) nicht richtig, falsch, regelwidrig, den Normen nicht entsprechend; **~wo rozwinięty** missgebildet

niepra|wny rechtswidrig, ungesetzlich; **~womocny** JUR nicht rechtskräftig

nieprawo|myślny illoyal; **~ści** F/PL (*gen* -) *lit* Unrecht *n*; **~wity** unrechtmäßig

nie|prędko ADV nicht so bald; **~produktywny** unproduktiv, ineffektiv; **~profesjonalny** unprofessionell, laienhaft

N

niepro|porcjonalny *budowa, kształy* schlecht proportioniert, unproportioniert; **~porcjonalny do** *(gen) fig* nicht angemessen *(dat)*, unverhältnismäßig zu *(dat)*; **~szony** unaufgefordert; *gość* ungebeten
nieprze|błagany unnachgiebig; **~brany** *lit* unermesslich, unerschöpflich; **~byty** *lit gąszcz* undurchdringlich
nieprze|chodni GRAM intransitiv; **~ciętny** überdurchschnittlich; **~jednany** unversöhnlich; **~jezdny** unbefahrbar, unpassierbar
nieprze|jrzany *lit pustkowie* unermesslich, endlos; *mrok* undurchdringlich; **~jrzysty** (-ście) unklar, unverständlich; **~kładalny** unübersetzbar
nieprzekonujący (-co) nicht überzeugend
nieprzekraczalny: **~ termin** *m* (letzte) Frist *f*
nieprze|kupny unbestechlich; **~makalny** wasserdicht; **~mijający** unvergänglich; **~myślany** unüberlegt, unbedacht
nieprze|nikniony undurchdringlich; **~party** unwiderstehlich
nieprze|pisowy (-wo) unvorschriftsmäßig; regelwidrig; **~puszczalny** undurchlässig; **~rwany** ununterbrochen
nieprze|ścigniony unübertroffen; **~tłumaczalny** unübersetzbar
nieprze|widywalny unvorhersehbar; **~widziany** unerwartet; **~zwyciężony** unüberwindlich
nieprzy|chylny *osoba* nicht wohlwollend, nicht wohlgesinnt, abweisend; *opinia, nastawienie* negativ; *okoliczności* widrig; **~datny** unbrauchbar, nutzlos; **~datny do** *(gen) od* **na** *(akk)* ungeeignet für *(akk) od* zu *(dat)*
nieprzyjaciel M (-a; -e; -ciół) Feind *m* (a. MIL); **~ski** MIL feindlich
mieprzy|jazny (-źnie) feindselig; *okolica* unwirtlich; **~jemność** F (-ści) Unannehmlichkeit *f*; **~jemny** unangenehm
nieprzy|padkowy (-wo) nicht zufällig; **~stępny** unzugänglich; *(wyniosły)* unnahbar
nieprzytom|ność F (-ści; *bpl*) Bewusstlosigkeit *f*; **do ~tomności** bis zur Bewusstlosigkeit; **~ny** bewusstlos; *wzrok* geistesabwesend, wirr; **~ny ze strachu** (wie) von Sinnen vor Angst; **~nie zakochany** unsterblich verliebt
nieprzy|tulny ungemütlich; **~zwoity** (-cie) unanständig, anstößig; *wyrazy* unflätig
niepunktualny unpünktlich
niepyszny: **jak ~** wie ein begossener Pudel
nieracjonalny irrational; *(nieekonomiczny)* unökonomisch; *odżywianie* ungesund, unausgewogen
nierad *(persf -dzi) lit* abgeneigt; (**z** *inst*) nicht froh (über *akk*), nicht zufrieden (mit *dat*); **rad ~** wohl oder übel
nieraz ADV mehrmals, oft(mals)
nie|rdzewny rostbeständig; **~realny** unwirklich; *plan* unrealistisch; **~regularny** unregelmäßig; **~rentowny** unrentabel
niero|gacizna F (-y; *bpl*) *koll* ZOOL Schweine *pl*; **~zdzielny** unzertrennlich; **~zerwalny** untrennbar; **~zgarnięty** *(persf -ci)* beschränkt, dumm
nieroz|łączny unzertrennlich; **~poznawalny** nicht erkennbar; **~puszczalny** unlöslich; **~sądny** unvernünftig
nieroz|strzygalny *problem, spór* unlösbar; **~tropny** *lit* unklug, unbedacht; **~umny** unvernünftig, unbesonnen; *zwierzę* nicht vernunftbegabt
nierozwa|ga F (-i; *bpl*) Unbesonnenheit *f*; **~żny** unbesonnen; *czyn* unüberlegt, übereilt
nieroz|wiązalny un(auf)lösbar; **~winięty** unterentwickelt; *pąk* nicht aufgegangen
nierób M (-oba; -oby) *umg pej* Drückeberger *m*, Schmarotzer *m*; **~stwo** N (-a; *bpl*) *pej* Drückebergerei *f*, Schmarotzertum *n*; **słodkie ~stwo** süßes Nichtstun *n*
nierówno ADV → nierówny
nierównomier|ność F (-ści) Unebenheit *f*; *fig* Ungleichheit *f*; **~ny** ungleichmäßig
nierówny (-no) *powierzchnia* uneben; *(krzywy)* schief, ungerade; *(różniący się)* ungleich; *puls* unregelmäßig
nieruchawy (-wo) träge
nieruchomieć ⟨z-⟩ (-eję) erstarren, sich nicht bewegen
nieruchomo ADV → nieruchomy
nierucho|mość F (-ści; *bpl*) Unbeweglichkeit *f*; **~mości** *pl* Immobilien *pl*; **~my** (-mo) unbeweglich

N

nierzad|ki häufig, nicht selten; **~ko** ADV öfter
nierząd M (-u; bpl) *lit* Prostitution *f*
nierządny: **czyn** *m* **~** JUR Sexualstraftat *f*
nierze|czowy (-wo) unsachlich; **~czywisty** unwirklich; **~telny** *osoba, informacja* unzuverlässig
niesamo|dzielność F (-ści; bpl) Unselbstständigkeit *f*; **~dzielny** unselbstständig; **~wity** (-cie) unheimlich; (*niezwykły*) ungeheuer
nies|forny widerspenstig; **~kalany** *kolor* rein, strahlend; *fig* makellos, untadelig
nies|kazitelny *piękność* makellos, vollkommen; *maniery* tadellos; *opinia* untadelig; **~kładny** chaotisch, wirr
nieskończ|enie ADV unendlich; **~oność** F (-ści; bpl) Unendlichkeit *f* (*a. fig*); **w ~oność** *fig* bis ins Unendliche; **~ony** endlos, unendlich (*a.* MAT)
nieskory: **~ do** (*gen*) nicht aufgelegt, nicht gern bereit zu (*dat*); **~ do rozmowy** nicht gesprächig
nie|skromny unanständig; (*chełpliwy*) überheblich; **~skuteczny** *starania, działanie* erfolglos, nicht effektiv; *metoda, lek* unwirksam
nie|sława F (-y; bpl) *lit* Schande *f*; Verruf *m*; **~sławny** *lit* ruhmlos, unrühmlich; **~słodki** (-ko) *fig* schwer, mühselig
niesło|ny (-no) nicht salzig; **~wny** wortbrüchig, unzuverlässig
niesłusz|nie ADV zu Unrecht; (*niewłaściwie*) falsch, nicht richtig; **~ny** (*bezpodstawny*) unbegründet, ungerechtfertigt; (*niewłaściwy*) nicht richtig, falsch
nie|słychany unerhört, ungeheuer; **~smaczny** nicht schmackhaft; *fig* geschmacklos
niesmak M (-u; bpl) Nachgeschmack *m*; *fig* Widerwille *m*, bitterer Nachgeschmack *m*; **z ~iem** widerwillig, angewidert
niesnaski F/PL (*gen -sek*) Unstimmigkeiten *f/pl*, Streiterei *f*
nie|solidny unsolide; **~specjalnie** ADV nicht besonders; **~specjalny** nicht besondere(r), mäßig
niespełna *partikel* nicht ganz, fast, knapp; **być ~ rozumu** nicht ganz bei Verstand sein
niespiesznie → nieśpiesznie
niespieszny → nieśpieszny
niespodzi|anka F (-i; *gen -nek*) Überraschung *f*; **~ewany** unerwartet, überraschend
niespo|kojny unruhig; (*niestały*) unstet, rastlos; **~tykany** selten, nie da gewesen, nie gesehen; **~żyty** unverwüstlich, unerschöpflich
niesprawiedli|wie ADV ungerecht, zu Unrecht; **~wość** F (-ści) Ungerechtigkeit *f*, Unrecht *n*; **~wy** ungerecht (**wobec** *od* **dla** *gen* gegenüber *dat*)
niesprawny *osoba* unfähig, inkompetent; *urządzenie* nicht funktionsfähig; (*upośledzony*) (geh)behindert
niesta|ły unbeständig, unstet, labil; *pogoda* wechselhaft; **~ranny** nachlässig, nicht sorgfältig, ungenau; **~ry** nicht alt, noch jung
nie|stawiennictwo N (-a; bpl) JUR Nichterscheinen *n*; **~stety** *partikel* leider, bedauerlicherweise
nie|stosowny unpassend, unangemessen; **~strawność** F (-ści; bpl) Verdauungsstörung *f*; **~strawny** unverdaulich, schwer verdaulich (*a. fig*)
niestrudzony (*persf -eni*) (-dzenie) unermüdlich
nie|stworzony ungeheuer, *umg* unglaublich; **~sumienny** nachlässig; nicht gewissenhaft
nie|swojo ADV unwohl, unbehaglich; **~swój** (*persf -swoi*) verdrießlich; **był jakiś ~swój** er wirkte anders als sonst
niesy|metryczny asymmetrisch; **~mpatyczny** unsympathisch; **~stematyczny** unsystematisch
nie|syty *fig* (*gen*) begierig (auf *akk*); **~szablonowy** (-owo) originell, nicht gewöhnlich
nieszczegól|nie ADV nicht besonders, mäßig; **~ny** nicht besondere(r), mäßig
nieszcz|elny undicht; **~ery** (*persf -rzy*) (-rze) unaufrichtig, unehrlich, heuchlerisch; **~ęsny** *osoba* unglückselig; *przypadek, okres* verhängnisvoll, unglückselig
nieszczęś|cie N (-a) Unglück *n*; **na ~cie** unglücklicherweise; **jak na ~cie** zu allem Unglück; **~cia chodzą parami** ein Unglück kommt selten allein; **wyglądać jak półtora ~cia** *umg* wie ein Häufchen Elend aussehen
nieszczęśli|wiec M (-wca; -wcy) Unglückselige(r) *m*, Unglückliche(r); **~wy**

(-wie) unglücklich
nieszkodliwy (-wie) unschädlich, harmlos; ~ **dla środowiska** umweltfreundlich
nieszpory PL (*gen -ów*) REL Vesper *f*
nieścieralny abriebfest, widerstandsfähig
nieścis|łość F (*-ści*) Ungenauigkeit *f*, ungenaue Angabe *f*; **~ły** (-śle) ungenau, unpräzise
nieść* (*niosę, niesie*) V/T tragen; (*sprawiać*) bringen; ~ **w ręku** in der Hand tragen; ~ **na barana** huckepack tragen; ~ **pomoc** Hilfe leisten; ~ **za sobą** *fig* mit sich bringen; ~ **zniszczenie** Zerstörung bringen; ~ **jaja** *kura* Eier legen; **fama niesie, że ...** es geht das Gerücht um, dass ...; **broń niesie daleko** die Waffe hat eine große Reichweite; ~ **się** *woń* dringen, sich verbreiten; *dźwięki* zu hören sein; *kura* Eier legen
nie|ślubny *dziecko* unehelich; **~śmiałość** F (*-ści; bpl*) Schüchternheit *f*; **~śmiały** (-ło) schüchtern, scheu; *próba, pytanie* zaghaft
nieśmiertel|nik M (*-a; -i*) Strohblume *f*; **~ność** F (*-ści; bpl*) Unsterblichkeit *f*; **~ny** unsterblich
nieśpieszno: ~ **mi** ich habe es nicht eilig
nieśpieszny gemächlich; **~m krokiem** gemächlichen Schrittes
nieświado|mość F (*-ści; bpl*) Ahnungslosigkeit *f*; (*niewiedza*) Unkenntnis *f*, Unwissen *n*; **trzymać w ~mości** in Unkenntnis lassen
nieświadom *präd* → nieświadomy
nieświadomy (-mie) ahnungslos; unbewusst (*a.* PSYCH); **być ~m** (*gen*) sich nicht bewusst sein (*gen*), in Unkenntnis sein über (*akk*)
nie|świeży (-żo) nicht (mehr) frisch; **~świeży oddech** *m* Mundgeruch *m*; **~takt** M (*-u; bpl*) Taktlosigkeit *f*; **~taktowny** taktlos;
nie|terminowy (-wo) nicht fristgerecht; **~tęgi** (-go) *umg* schwach, miserabel; **~tknięty** unberührt; (*zdrowy, nieuszkodzony*) unversehrt
nie|tłukący unzerbrechlich; **~tolerancja** F (*-i; bpl*) Intoleranz *f* (*a.* MED); **~tolerancyjny** intolerant
nietoperz M (*-a; -e; gen -y*) Fledermaus *f*
nie|towarzyski ungesellig; **~trafny** *strzał* verfehlt; *odpowiedź, uwaga* falsch, unzutreffend; *decyzja, inwestycja* Fehl-, missglückt
nietr|udny (-no) unschwer, nicht schwer; **~wały** (-le) kurzlebig, unbeständig; *żywność* verderblich
nietrzeź|wość F (*-ści; bpl*) Betrunkenheit *f*; **w stanie ~wości** im Alkoholrausch, in betrunkenem Zustand; **~wy** betrunken
nietutejszy *osoba* (orts)fremd, nicht einheimisch; *zwyczaj* nicht hiesig
nietuzinkowy originell, nicht gewöhnlich
nietykal|ność F (*-ści; bpl*) Unantastbarkeit *f*; POL Immunität *f*; **~ny** unantastbar; POL Immunität genießend
nie|typowy (-wo) untypisch; **~ubłagany** unerbittlich; *los* unabwendbar; **~uchronny** unvermeidlich, unabwendbar
nieuchwytny unerreichbar; *przestępca* flüchtig; *zjawisko* nicht fassbar, unerklärlich; *zapach, dźwięk* kaum wahrnehmbar, fein; ~ **dla ucha** unhörbar
nie|uctwo N (*-a; bpl*) Ignoranz *f*, Unwissenheit *f*; **~uczciwy** (-wie) unehrlich, unredlich; *konkurencja lit* unlauter
nieu|czynny nicht hilfsbereit; **~dany** misslungen, missglückt; *dziecko* missraten
nieudol|ność F (*-ści; bpl*) Unfähigkeit *f*, Inkompetenz *f*; *stylu* Unbeholfenheit *f*; **~ny** *pracownik* unfähig, inkompetent; *rysunek* misslungen; *styl* unbeholfen
nieuf|ność F (*-ści; bpl*) Misstrauen *n*; **~ny** misstrauisch
nieu|gaszony unstillbar; **~gięty** (-cie) unbeugsam; **~jarzmiony** unbezähmbar
nieuk M (*-a; -cy*) *pej* ungebildeter Mensch *m*, Banause *m*
nie|ukojony *lit żal, ból* tief; *tęsknota* unstillbar; **~ukojony w żalu** untröstlich; **~uleczalny** unheilbar; **~ulękły** furchtlos
nie|umiarkowany maßlos, hemmungslos; **~umiejętny** ungeschickt; (*niefachowy*) unsachgemäß, inkompetent; **~umyślny** unbeabsichtigt
nie|uniknioy unvermeidlich; **~uprzedzony** unvoreingenommen; **~uprzejmy** unfreundlich, unhöflich
nieurodzaj M (*-u; -e*) Missernte *f*; **~ny** *ziemia* unfruchtbar; **~ny rok** *m* AGR schlechtes Jahr *n*

nieusta|jący ständig, ununterbrochen; **~nny** unaufhörlich
nie|ustawny *pomieszczenie* ungünstig geschnitten; **~ustępliwy** (**-wie**) unnachgiebig
nieu|straszony (**-enie**) unerschrocken; **~suwalny** *osoba* unkündbar
nieutulony (*persf -eni*) → nieukojony
nieuwa|ga F (*-i; bpl*) Unaufmerksamkeit *f*; **przez ~gę** aus Unachtsamkeit; **~żny** unaufmerksam, zerstreut
nieu|zasadniony unbegründet; **~żyteczny** unbrauchbar, unnütz; **~żytki** M/PL (*gen -ów*) AGR Brachland *n*, Ödland *n*
niewart (*persf -ci*) *präd* (*gen*) nicht wert (*gen*); **nic ~** nichts wert; **~ złamanego grosza** keinen Pfifferling wert
nieważ|kość F (*-ści; bpl*) FIZ Schwerelosigkeit *f*; **~ny** unwichtig; JUR ungültig
niewątpli|wie ADV zweifellos; **~wy** unzweifelhaft, unbestritten
niewczas M: **po ~ie** im Nachhinein, hinterher
nie|wdzięczny undankbar; **~wesoły** (**-ło**) *mina, rzeczywistość* traurig; *sytuacja* nicht erfreulich; *myśli* trüb; **jest ~wesoło z** (*inst*) es steht nicht gut um (*akk*)
niewiado|ma F (*-ej; -e*) MAT Unbekannte *f*; **~me** N (*-ego; bpl*) Ungewisse(s) *n*; **~my** unbekannt
niewiar|a F (*-y; bpl*) Unglaube *m*, Misstrauen *n*; **~a w Boga** Ungläubigkeit *f*; **~ygodny** unglaubhaft; *świadek* unglaubwürdig; (*nadzwyczajny*) unglaublich
niewidoczny unsichtbar
niewidomy[1] blind, sehbehindert
niewido|my[2] M (*-ego; -i*), **~ma** F (*-ej; -e*) Blinde(r) *m, f*, Sehbehinderte(r) *m, f*
nie|widzialny unsichtbar; **~wiedza** F (*-y; bpl*) Unwissen *n*, Unkenntnis *f*
niewiele (*persf -lu*) wenig(e); ADV nicht viel; **~ brakowało** es fehlte nicht viel; **~ wspólnego** nicht viel Gemeinsames; **~ sobie robić z** (*inst*) sich nicht viel machen aus (*dat*); **~ myśląc** ohne viel zu überlegen
niewielki nicht groß, ziemlich klein; gering
niewielu *persf* → niewiele
niewie|rność F (*-ści; bpl*) *małżeńska* Untreue *f*; (*nielojalność*) Treulosigkeit *f*; **~rny** *mąż* untreu; (*nielojalny*) treulos
niewierzący[1] ungläubig
niewierzą|cy[2] M (*-ego; -*), **~ca** F (*-ej; -e*) Ungläubige(r) *m(f)*
niewin|iątko N (*-a; gen -tek*) *iron* Unschuldsengel *m*; **~ność** F (*-ści; bpl*) Unschuld *f* (*a.* JUR); (*błahość*) Harmlosigkeit *f*; **~ny** unschuldig (*a.* JUR); (*błahy*) harmlos
niewłaściwy (**-wie**) falsch, nicht richtig; *moment, strój* unpassend
niewol|a F (*-i; bpl*) Gefangenschaft *f*; **~nica** F (*-y; -e*) Sklavin *f*; **~nictwo** N (*-a; bpl*) Sklaverei *f*
niewol|niczy (**-czo**) Sklaven-; *fig* sklavisch; **~nik** M (*-a; -cy*) Sklave *m*; **handel** *m* **~nikami** Sklavenhandel *m*
niewód M (*-odu; -ody*) Schleppnetz *n*
nie|wprawny ungeübt; **~wrażliwy** unsensibel; **~wrażliwy na** (*akk*) unempfänglich für (*akk*), gleichgültig (gegenüber *dat*); (*odporny*) unempfindlich (gegen *akk*); **~wskazany** nicht ratsam, nicht empfehlenswert
nie|współmierny unverhältnismäßig (**do** *gen* zu *dat*); **~wybaczalny** unverzeihlich; **~wybredny** nicht wählerisch, anspruchslos; (*prostacki*) primitiv, grob
niewy|buch M (*-u; -y*) MIL Blindgänger *m*; **~chowany** schlecht erzogen, flegelhaft; *dziecko* ungezogen; **~czerpany** unerschöpflich
nie|wyczuwalny *puls, ucisk* kaum spürbar; **~wydajny** *praca, szampon* unergiebig; *pracownik* nicht leistungsfähig, ineffizient
niewy|darzony misslungen; *dziecko* missraten; **~dolny** MED insuffizient, nicht voll leistungsfähig; **~gasły** *konflikt, miłość* alt
niewy|goda F (*-y; gen -ód*) (*brak wygody*) Unbequemlichkeit *f*; **~gody** *f/pl* (*uciążliwe warunki*) Strapazen *f/pl*, Beschwerlichkeiten *pl*; **~gody** *f/pl* **podróży** Reisestrapazen *f/pl*; **~godny** unbequem (*a. fig*); **~konalny** unerfüllbar, nicht machbar, unrealistisch
nie|wykształcony nicht ausgebildet; **~wykwalifikowany** *robotnik* unqualifiziert, ungelernt
niewymagający: **być ~m wobec k-o** an j-n keine hohen Ansprüche stellen, j-n nicht besonders fordern
niewymierny nicht messbar; MAT irrational; **~wymowny** unaussprechlich, unsagbar; **~wymuszony** ungezwungen; **~wymyślny** simpel, einfach

N

Nie zgadzam się.

Nie, raczej nie.	Nein, lieber nicht.
Przykro mi, ale nie mogę.	Tut mir leid, aber ich kann nicht.
Nie, zrobiłbym/zrobiłabym to inaczej.	Nein, das würde ich anders machen.
Nie, nie mogę.	Nein, ich kann nicht.
Nie, tego nie zrobię.	Nein, das mache ich nicht.
W żadnym wypadku!	Auf (gar) keinen Fall!
Pod żadnym pozorem!	Unter keinen Umständen!
To nie przejdzie!	Das geht nicht!
To nie wchodzi w rachubę.	Das kommt nicht infrage.

niewy|pał M (*-u; -y*) MIL Blindgänger *m*; *fig* Flop *m*, Reinfall *m*; **~płacalny** zahlungsunfähig; **~powiedziany** *lit* unsagbar, unsäglich

niewy|raźny undeutlich, verschwommen; (*markotny*) seltsam, merkwürdig; (*podejrzany*) verdächtig, nicht geheuer; **~robiony** ungeübt; *osoba* unerfahren; **~robiony towarzysko** ungeschliffen

niewy|rozumiały intolerant, streng; **~słowiony** unsagbar, unbeschreiblich; **~soki** (-ko) nicht groß, ziemlich klein; gering

niewy|spany unausgeschlafen; **~starczający** (-co) nicht genug, ungenügend; **~szukany** schlicht, einfach; *pej* grob

niewy|trzymały nicht ausdauernd; *materiał* nicht haltbar; **~trzymały na** (*akk*) empfindlich gegen (*akk*); **~żyty** ungestillt, unerfüllt, nicht ausgelebt

nie|wzruszony (-szenie) unerschütterlich, standhaft; *twarz* unbewegt; **~zaangażowany** nicht engagiert, nicht beteiligt; POL blockfrei

nieza|budowany unbebaut; **~chwiany** unerschütterlich, unbeirrbar

nieza|długo ADV in Kürze; **~dowolenie** N (*-a; bpl*) (**z** *gen*) Unzufriedenheit *f* (mit *dat*), Missfallen *n* (an *dat*); **~dowolony** (*persf -eni*) unzufrieden (**z** *gen* mit *dat*)

niezakłócony ungestört; *spokój* ungetrübt; RADIO störungsfrei

niezależ|ność F (*-ści; bpl*) Unabhängigkeit *f*; **~ny** unabhängig (**od** *gen* von *dat*); **mowa** *f* **~na** JĘZ direkte Rede *f*

nieza|mężna *kobieta* unverheiratet; **~mieszkały** unbewohnt; **~możny** nicht wohlhabend, ziemlich arm

niezapo|minajka F (*-i; gen -jek*) Vergissmeinnicht *n*; **~mniany** *przeżycie, widok* unvergesslich; *przyjaciel* unvergessen

nieza|przeczalny unbestreitbar, unbestritten; **~pytany** ungefragt; **~radny** unbeholfen; hilflos

niezasłuż|enie ADV unverdientermaßen, unverdient; **~ony** unverdient

nieza|stąpiony unersetzbar; **~tarty** unvergesslich, unauslöschlich; **~uważalny** unmerklich; **~uważony** (-enie) unbemerkt

niezawis|łość F (*-ści; bpl*) Unabhängigkeit *f*; *kraju* Souveränität *f*; **~ły** (-śle) unabhängig; *kraj* souverän

niezawod|ność F (*-ści; bpl*) Zuverlässigkeit *f*; TECH Betriebssicherheit *f*; **~ny** zuverlässig; (*pewny*) sicher; TECH betriebssicher, einwandfrei

nie|zbadany unerforscht; **~zbędny** unentbehrlich, unerlässlich; **~zbity** (-cie) *dowód* handfest; *fakt, argument* unwiderlegbar, unumstößlich

niez|borność F (*-ści; bpl*) MED Astigmatismus *m*; **~byt** *partikel* nicht allzu, nicht besonders

niezda|ra M *od* F (*-y*) *umg* Tollpatsch *m*; **~rny** *osoba, pismo* ungelenk; **~tny** ungeeignet (**do** *gen* für *akk*, zu *dat*); **woda** *f* **~tna do picia** kein Trinkwasser

niezdecydowa|nie N (*-a*) Unschlüssigkeit *f*, Unentschlossenheit *f*; **~ny** unschlüssig, unentschlossen; *kolor* unbestimmt

niezdol|ność F (*-ści; bpl*) Unfähigkeit *f*, Unvermögen *n*; **~ność do pracy** Arbeitsunfähigkeit *f*; **~ny** unbegabt; **~ny do** (*gen*) unfähig zu (*dat*); **~ny do służby wojskowej** wehrdienstuntauglich; **~ny do pracy** arbeitsunfähig

niezdrowy (-wo) ungesund (*a. fig*)
niezdrów *präd* → niezdrowy
nie|zdyscyplinowany undiszipliniert; **~zgłębiony** *morze* unendlich; *przepaść* gähnend; *noc* undurchdringlich; *zagadka* unergründlich
niezgod|a F (-y; *bpl*) Zwietracht *f*, Zwist *m*; **~ność** F (-ści; *bpl*) Widersprüchlichkeit *f*, **~ność charakterów** Unverträglichkeit *f* der Charaktere; **~ny** *osoba* unverträglich; (*rozbieżny*) widersprüchlich; **~ny z** (*inst*) nicht übereinstimmend mit (*dat*); **~ny z przepisami** vorschriftswidrig; **~ny z prawem** rechtswidrig
nie|zgorszy (niezgorzej) *umg* nicht schlecht, nicht übel; **~zgrabny** *nogi, figura* unförmig; *ruchy* ungelenk, ungeschickt; *styl* unbeholfen; **~ziemski** überirdisch, himmlisch
nie|ziszczalny unerfüllbar; **~zliczony** unzählig; **~złomny** *postanowienie, wiara* unerschütterlich, ungebrochen, *obrońca* standhaft
nie|złośliwy MED gutartig; **~zły** (*persf -źli*) (-źle) ganz gut, ziemlich gut; **~zmącony** *spokój* ungetrübt
nie|zmienny unveränderbar, gleichbleibend; **~zmiernie** ADV äußerst, überaus; **~zmierny** *osiągnięcie, siła, wiedza* ungeheuer, enorm; *rozpacz, tęsknota* grenzenlos
nie|zmordowany unermüdlich; **~zmywalny** nicht abwaschbar, wasserfest
nieznalczny unbedeutend, gering(fügig); (*niezauważalny*) unmerklich; **~jomość** F (-ści; *bpl*) Unkenntnis *f*
nieznajomy[1] unbekannt, fremd
nieznajo|my[2] M (-ego; -i), **~ma** F (-ej; -e) Unbekannte(r) *m, f*, Fremde(r) *m, f*
nie|znany unbekannt; **~zniszczalny** unverwüstlich, unzerstörbar; **~znośny** unerträglich; *osoba* unausstehlich
nie|zobowiązujący (-co) unverbindlich; **~zręczny** ungeschickt, linkisch; *pytanie, milczenie* peinlich
nie|zrozumiały (-le) unverständlich; **~zrozumienie** N (-a; *bpl*) Unverständnis *n*; **~zrównany** unvergleichlich, unübertroffen
nie|zrównoważony (*persf -eni*) labil; **~zupełnie** ADV nicht ganz; **~zupełny** unvollständig; **~zwłoczny** unverzüglich
niezwrotny *samochód* schwerfällig
nie|zwyciężony (*persf -eni*) unbesiegbar; **~zwykle** ADV äußerst, außerordentlich; **~zwykły** außergewöhnlich
nieźle ADV ganz gut, passabel
nie|żonaty *mężczyzna* ledig, unverheiratet; **~życiowy** (-wo) realitätsfern, weltfremd
nie|życzliwy (-wie) unfreundlich; **~żyjący** verstorben
nieżyt M (-u; -y): **~ żołądka** MED Gastritis *f*
nieży|wotny JĘZ unbelebt; **~wy** tot
nigdy nie(mals); **~ więcej** nie mehr; **jak ~** wie noch nie (zuvor)
nigdzie nirgends, nirgendwo(hin); **~ indziej** nirgendwo sonst; **nie móc ~ zagrzać miejsca** nirgendwo länger bleiben (können), nirgendwo heimisch werden
nijacy *persf* → nijaki
nijak: **~ nie** überhaupt nicht, gar nicht; **mieć się ~ do** (*gen*) in keinem Verhältnis stehen zu (*dat*)
nijaki (*persf -cy*) fade, ausdruckslos, farblos; GRAM neutral, sächlich
nijako ADV: **czuć się ~** *umg* sich komisch fühlen
NIK (Najwyższa Izba Kontroli) Oberster Rechnungshof *m*
nikczemny niederträchtig, gemein
nikiel M (-klu; *bpl*) Nickel *n*
nikim PRON *inst lok*: **z ~** mit niemandem; **o ~** über niemanden; → nikt
niklować ⟨po-⟩ (-uję) vernickeln
niklowany vernickelt, Nickel-
nikły (-le *od* -ło) *światło* spärlich; *szansa, możliwość* gering; *uśmiech* schwach
niknąć ⟨z-⟩ (-nę) (*znikać*) verschwinden; (*przemijać*) schwinden, vergehen
nikogo PRON *akk* niemanden, keinen; *gen* niemandes; **~ tu nie ma** es ist niemand da; → nikt
nikomu PRON *dat* niemandem, keinem; → nikt
nikotyna F (-y; *bpl*) Nikotin *n*
nikt PRON (*gen akk nikogo, dat nikomu, inst lok nikim*) niemand, keiner
nim[1] *konj* bevor, ehe; bis
nim[2] PRON M, N *inst lok*; PRON PL *dat* ihnen; **z ~** mit ihm; **o ~** über ihn; → on; ono; one; oni
nimb M (-u; *bpl*) Nimbus *m*
nimf|a F (-y) MITOL Nymphe *f*; **~omanka**

N

F (-i; gen -nek) PSYCH Nymphomanin f
nimi PRON PL inst: **z ~** mit ihnen; **interesuję się ~** ich interessiere mich für sie; → oni; one
niniejszy ofic vorliegend; **~m** adv ofic hiermit
nioska F (-i; gen -sek) Legehenne f
NIP (numer identyfikacji podatkowej) Steuernummer f
nirwana F (-y; bpl) REL Nirwana n
nis|ki (persf -cy) (**-ko**) osoba, wzrost klein; budynek, pensja niedrig; ukłon, ton, LOT tief; **upaść ~ko** fig tief fallen
nisko|alkoholowy mit niedrigem Alkoholgehalt; **~gatunkowy** minderwertig; **~kaloryczny** kalorienarm
nisko|pienny niedrigstämmig, kleinstämmig; **~procentowy** roztwór nicht hochprozentig; pożyczka niedrig verzinst
nisza F (-y; -e) Nische f (a. fig); **~ kuchenna** Kochnische f
niszczarka F (-i; gen -rek) Reißwolf m
niszczący (**-co**) zerstörerisch, destruktiv; schädlich
niszczeć ⟨z-⟩ (3. Pers -eje) verkommen, verfallen
niszczyciel M (-a; -e) Zerstörer m (a. MAR); **~ski** zerstörerisch, verheerend
niszczyć ⟨z-⟩ (-ę) zerstören, zugrunde richten; zdrowie, pozycję ruinieren; chwasty, szkodniki vernichten; ubranie abtragen; buty ablaufen; **~ się** sich ruinieren, sich zugrunde richten; rzeczy sich abnutzen
nit M (-u; -y) Niet m; **~ka** F (-i; gen -tek) Faden m; **~ka dentystyczna** Zahnseide f; **dochodzić po ~ce do kłębka** allmählich den Zusammenhang erkennen; **~kowaty** fadenförmig
nitować ⟨z-⟩ (-uję) (ver)nieten
nitrogliceryna F (-y) Nitroglyzerin n
niuans M (-u; -e) Nuance f
niuch: **mieć ~a** umg den richtigen Riecher haben
niuchać (-am) umg schnüffeln
niwa F (-y) lit Flur f
niweczyć ⟨z-⟩ (-ę) lit zunichtemachen
niwelować ⟨z-⟩ (-uję) GEOL nivellieren (a. fig); teren planieren
nizin|a F (-y) Niederung f, Tiefebene f; **~ny** flach, eben; krajobraz Tiefland-
niziutki (**-ko**) dim ganz niedrig
niż[1] konj als, denn; **więcej ~** mehr als
niż[2] M (-u; -e) METEO Tief(druckgebiet) n; (nizina) Tiefland n; fig Tief n; **~ demograficzny** geburtenschwache Jahrgänge m/pl
niżej ADV komp niedriger; tiefer; **~ podpisany** Unterzeichnete(r) m; → niski
niżo|wy Tiefland-; **zatoka** f **~wa** METEO Tiefausläufer m
niższo|ść F (-ści; bpl) Unterlegenheit f; **kompleks** m **~ści** Minderwertigkeitskomplex m
niższy komp ADJ niedriger; kleiner; tiefer; → niski
no partikel nun; na; los; **~ proszę!** na bitte!; **~ dobrze** nun gut; **~, dawaj!** los, gib her!; **~ to co?** na und?; **~ wiesz** na weißt du; **~ to** na dann; **~ więc** nun; **patrz ~!** sieh mal an!; **~, ~!** nanu!; aber, aber!
nobilitować (-uję) lit adeln (a. HIST)
noc F (-y; -e) Nacht f; **~ą** od **w ~y** in der Nacht; **~ w ~** Nacht für Nacht; **całymi ~ami** nächtelang; **pracować długo w ~y** od **do późna w ~y** bis tief in die Nacht (hinein) arbeiten; **dniami i ~ami** Tag und Nacht; **~ świętojańska** Johannisnacht f
nochal M (-a; -e) (nos) umg Zinken m
nocka F (-i; gen -cek) umg Nachtschicht f
nocleg M (-u; -i) Übernachtung f, Übernachtungsmöglichkeit f
noclegownia F (gen dat lok -i; -e): **~ dla bezdomnych** Obdachlosenheim n
nocleg|owy: **miejsce** n **~owe** Schlafplatz m, Übernachtungsmöglichkeit f
noc|nik M (-a; -i) Nachttopf m; **~ny** nächtlich; program, dyżur Nacht-; **lampka** f **~na** Nachttischlampe f; **szafka** f **~na** Nachttisch m; **koszula** f **~na** Nachthemd n; **~ne życie** n Nachtleben n; **cisza** f **~na** Nachtruhe f; **~ny marek** m fig Nachteule f, Nachtschwärmer m
nocować ⟨prze-⟩ (-uję) übernachten; **~ k-o** j-n übernachten lassen, j-n beherbergen
no|ga F (-i; gen nóg) Bein n; (stopa) Fuß m; umg Niete f; **zerwać się** pf **na równe ~gi** aufspringen; **do góry ~gami** umgekehrt, auf dem Kopf; **przewrócić** pf **(wszystko) do góry ~gami** das Unterste zuoberst kehren; **do ~gi!** bei Fuß!; **w ~gi!** umg nichts wie weg!; **dać** pf **~gę** umg Reißaus nehmen, verduften; **iść ~ga za ~gą** gemächlich gehen; **na jednej ~dze** umg schnell, im Handumdrehen; **~gi w iks** X-Beine pl

nogawka F (-i; *gen* -wek) Hosenbein *n*
nokaut M (-u; -y) SPORT Knock-out *m*
nokautować ⟨**z-**⟩ (-uję) SPORT k.o. schlagen
nokturn M (-u; -y) MUS Nocturne *f*
nomenklatura F (-y) Nomenklatura *f*
nomin|acja F (-i; -e) Ernennung *f*, Nominierung *f*; **~acyjny** Ernennungs-; **~lny** nominell; **~ał** M (-u; -y) EKON Nennwert *m*
nonsens M (-u; -y) Unsinn *m*
nonszalancki (*persf* -cy) nonchalant, unbekümmert
nora F (-y) *zwierzęcia* Bau *m*, Höhle *f*; (*mieszkanie*) *umg* Loch *n*; **lisia ~** Fuchsbau *m*; **mysia ~** Mauseloch *n*
norka F (-i; *gen* -rek) ZOOL Nerz *m*
norma F (-y) Norm *f*; **~ prawna** Rechtsnorm *f*
normalizować ⟨**z-**⟩ (-uję) *wymiary* normieren; *stosunki* normalisieren; **~ się** sich normalisieren
normal|ka F (-i; *bpl*) *umg* das Normalste von der Welt; **to ~ka** *umg* das ist gang und gäbe; **~ny** normal
normować ⟨**u-**⟩ (-uję) regeln; **~ się** sich normalisieren
nornik M (-a; -i) ZOOL Wühlmaus *f*
Norwe|g M (-a; -owie) Norweger *m*; **~gia** F (*gen dat lok* -ii; *bpl*) Norwegen *n*; **~żka** F (-i; *gen* -żek) Norwegerin *f*
norweski (**po -ku**) norwegisch
Norymberga F (-i; *bpl*) Nürnberg *n*
nos M (-a; -y) Nase *f*; *buta* Spitze *f*; **przez ~** durch die Nase; **mieć dobrego ~a** einen guten Riecher haben; **to jest pod ~em** das ist nur ein Katzensprung, das ist gleich um die Ecke; **mieć w ~ie** *umg* (*akk*) pfeifen auf (*akk*)
nos|acizna F (-y; *bpl*) MED Rotz *m*; **~ek** M (-ska; -ski) Näschen *n*; **~ek buta** *umg* Schuhspitze *f*
nosiciel M (-a; -e), **~ka** F (-i; *gen* -lek) Träger(in) *m(f)*; MED Überträger(in) *m(f)*
nosić (*noszę*) tragen; **~ przy sobie** bei sich tragen; **~ na barana** huckepack tragen; **~ się** sich kleiden; **~ się z myślą** sich mit dem Gedanken tragen
nosid|ełka N/PL (*gen* -ek) Babyrucksack *m*; **~ła** N/PL (-deł) Schultertrage *f*
noso|rożec M (-żca; -żce, -żców) Nashorn *n*; **~wy** ANAT Nasen-; JĘZ nasal
nosówka F (-i; *gen* -wek) JĘZ Nasalvokal *m*; (*bpl*) MED Staupe *f*
nostal|gia F (*gen dat lok* -ii; *bpl*) Nostalgie *f*; **~gia za krajem** Heimweh *n*; **~giczny** nostalgisch
nostryfikacja F (-i; -e) *dyplomu* Anerkennung *f*
nostryfikować (-uję) *dyplom* anerkennen lassen
nosze PL (*gen* -y) Trage *f*, Tragbahre *f*; **~nie** N (-a; *bpl*) Tragen *n*
nośnik M (-a; -i): **~ informacji** EDV Datenträger *m*
noś|ność F (-ści; *bpl*) Tragfähigkeit *f*; *broni* Reichweite *f*; **~ny** tragend, Trag-; **kura** *f* **~na** Legehenne *f*; **siła** *f* **~na** Auftriebskraft *f*; **rakieta** *f* **~na** Trägerrakete *f*
nota F (-y) POL, SPORT Note *f*; **~ redakcyjna** Anmerkung *f* der Redaktion; **~bene** *lit* notabene, wohlgemerkt
notari|alny notariell; **~at** M (-u; -y) Notariat *n*; **~usz** M (-a; -e) Notar *m*
notat|ka F (-i; *gen* -tek) Notiz *f*; **~ka prasowa** Pressenotiz *f*; **~nik** M (-a; -i) Notizblock *m*, Notizbuch *n*; **~ki** *pl* LIT Aufzeichnungen *pl*
Noteć F (-ci; *bpl*) Netze *f*
not|es M (-u; -y) Notizbuch *n*, Terminkalender *m*; **~ka** F (-i; *gen* -tek) *w prasie* Notiz *f*; (*przypis*) Verweis *m*, Fußnote *f*; **~ka biograficzna** Klappentext *m*, Kurzbiografie *f*;
notoryczny notorisch, unverbesserlich; **~ przestępca** *m* JUR Wiederholungstäter *m*; **~ pijak** *m* Alkoholiker *m*, Gewohnheitstrinker *m*
notować ⟨**za-**⟩ (-uję) *v/t* notieren (*a.* EKON), aufschreiben; (*rejestrować*) registrieren; V/I Notizen machen
notowa|nia N/PL (*gen* -ań) EKON Notierung *f*; *fig* Ansehen *n*; **~ny** JUR registriert, vorbestraft; **wysoko ~ny** hoch geschätzt, gefragt
nowalijki PL (*gen* -jek) Frühgemüse *n*
nowator M (-a; -rzy) Neuerer *m*, Wegbereiter *m*; **~ski** (**-ko**) innovativ, Innovations-
nowela F (-i; -e) LIT, JUR Novelle *f*
nowelizacja F (-i; -e) JUR Novellierung *f*
nowicjusz M (-a; -e) Neuling *m*; *w zawodzie* Berufsanfänger *m*; REL Novize *m*; **~ka** F (-i; *gen* -szek) Neuling *m*; *w zawodzie* Berufsanfängerin *f*; REL Novizin *f*
nowi|na F (-y) Neuigkeit *f*, Nachricht *f*;

dobra ~na REL frohe Botschaft *f*; **to nie ~na** das ist nichts Neues; **~nka** F (*-i; gen -nek*) Neuigkeit *f*, Klatsch *m*
nowiut|eńki, ~ki *dim* nagelneu
nowo ADV → nowy
nowobogacki[1] (*persf -ccy*) neureich
nowobogac|ki[2] M (*-ego; -ccy*), **~ka** F (*-iej; -ie*) Neureiche(r) *m*, *f*
nowo|czesny (-śnie) modern; **~fundlandczyk** M (*-a; -i*) ZOOL Neufundländer *m*; **~modny** *pej* neumodisch
nowomowa F (*-y; bpl*) *Mediensprache eines totalitären Staates, Propagandasprache*
noworoczny Neujahrs-
nowo|rodek M (*-dka; -dki*) Neugeborene(s) *n*; **~ść** F (*-ści*) Neuheit *f*; (*wiadomość*) Neuigkeit *f*; **~ści wydawnicze** Neuerscheinungen *f/pl*
nowo|tworowy *komórka* Krebs-, Tumor-; **choroba** *f* **~tworowa** Krebserkrankung *f*; **~twór** M (*-oru: -ory*) MED Geschwulst *f*, Tumor *m*; **~ złośliwy** Krebs *m*, Karzinom *n*
nowo|żeńcy PL (*gen -ców*) Neuvermählte *pl*; **~żytny** neuzeitlich
nowe N (*-ego; bpl*) Neue(s) *n*; **co ~go?** was gibt es Neues?
Nowogard M (*-u; bpl*) Naugard *n*
no|wy (-wo) neu, Neu-; neuartig; **Ꙃwy Rok** *m* Neujahr *n*; **od ~wa** *od* **na ~wo** von Neuem, aufs Neue; **po ~wemu** auf neue Art (und Weise); **~ ~wo narodzony** wie neu geboren
Nowy Jork M (*Nowego Jorku; bpl*) New York *n*
nozdrza N/PL (*gen -y*) Nasenlöcher *n/pl*; ZOOL Nüstern *f/pl*
noże PL → nóż
noż|ny Fuß-; **piłka** *f* **~na** Fußball *m*; **~ownik** M (*-a; -cy*) *pej* Messerstecher *m*
noż|yce PL (*gen -*) Schere *f* (*a.* SPORT); **~yczki** PL (*gen -czek*) (kleine) Schere *f*; **~yczki do paznokci** Nagelschere *f*; **~yk** M (*-a; -i*) kleines Messer *n*
nów M (*gen nowiu; bpl*) Neumond *m*
nóż M (*noża; noże; gen noży*) Messer *n*; **~ składany** Klappmesser *n*; **~ sprężynowy** Springmesser *n*; **być na noże** (**z** *inst*) *umg* sich in den Haaren liegen (mit *dat*); **jak nożem uciął** wie abgeschnitten; **on ma ~ na gardle** ihm steht das Wasser bis zum Hals

nóż|ka F (*-i; gen -żek*) *dim* Beinchen *n*; Füßchen *n*; *kieliszka* Stiel *m*; **~ki** *pl* **w galarecie** KULIN Sülze *f*
np. (na przykład) z.B. (zum Beispiel)
n.p.m. (nad poziomem morza) ü.M. (über dem Meerspiegel)
nr (numer) Nr. (Nummer)
nucić ⟨za-⟩ (*-cę*) summen, trällern
nud|a F (*-y; -y; gen -ów*) Langeweile *f*; **z ~ów** aus Langeweile; **~nawy** etwas langweilig; **~ności** PL (*gen -*) Übelkeit *f*, Brechreiz *m*; **~ny** (-no) langweilig, öde
nudyst|a M (*-y; -ści*), **~ka** (*-i; gen -tek*) Nudist(in) *m(f)*; **plaża** *f* **dla ~ów** FKK-Strand *m*
nudzia|rz M (*-a; -e*), **~ra** F (*-y*) Langweiler(in) *m(f)*, *umg* Trantüte *f*
nudzić ⟨z-⟩ (*-dzę*) langweilen, anöden; **nudzić** *v/i umg* faseln; **nudzi mnie** (*mdli mnie*) mir ist schlecht, mir ist übel; **~ się** sich langweilen; **nudzi mi się** mir ist langweilig
nu|gat M (*-u; bpl*) Nougat *m*; **~klearny** nuklear
numer M (*-u; -y*) Nummer *f*; *ubrania, butów* Größe *f*; **~ rejestracyjny** AUTO Kennzeichen *n*; **~ telefonu** Telefonnummer *f*; **~ kierunkowy** Vorwahlnummer *f*; **zrobić** *pf* **~ k-u** *umg* j-m übel mitspielen
numeracja F (*-i; -e*) Nummerierung *f*
numerek M (*-rka; -rki*) *w szatni* Garderobenmarke *f*; *w poczekalni* Wartenummer *f*
numerować ⟨po-⟩ (*-uję*) nummerieren
nuncjusz M (*-a; -e*) REL Nuntius *m*
nur: **dać** *pf* **~a** (unter)tauchen (*a. fig*)
nurek M (*-rka; -rkowie*) Taucher *m*; (*kobieta*) Taucherin *f*
nurkować (*-uję*) tauchen
nurkowanie N (*-a; bpl*) Tauchen *n*; Tauchsport *m*
nurkowy: **lot** *m* **~** Sturzflug *m*
nurt M (*-u; -y*) Strömung *f* (*a. fig*); **~y** *pl* Fluten *pl*
nurtować (*3. Pers -uje*): **~ k-o** j-n beschäftigen, j-m keine Ruhe lassen; (*dręczyć*) j-n plagen, an j-m nagen
nurzać (*-am*) *lit* (ein)tunken; (ein)tauchen; **~ się** eintauchen; *fig* sich suhlen (**w** *lok* in *dat*)
nu|ta F (*-y*) MUS Note *f*; *fig* Anklang *m*; **~ty** *pl* MUS Noten *pl*; Notentext *m*
nut|ka F (*-i; gen -tek*): **~ka** (*gen*) *fig*

Anklang *m* (von *dat*); **~ka ironii** leise Ironie *f*
nut|owy Noten-; **~ria** F (*gen dat lok -ii; -e*) ZOOL Nutria *f*
nuż **a ~** und wenn doch, wenn aber
nużący **(-co)** ermüdend, öde
nużyć ⟨**z-**⟩ (*-ę*) ermüden, erschöpfen; (*nudzić*) anöden
nygus M (*-a; -y*) *umg pej* Drückeberger *m*, Schmarotzer *m*
nylonowy Nylon-
Nysa F (*-y; bpl*) Neiße *f*
o[1] PRÄP (*akk*) um (*akk*); über (*akk*); gegen (*akk*); (*lok*) über (*akk*); von (*dat*); **starszy ~ dwa lata** (um) zwei Jahre älter; **krótszy ~ trzy centymetry** (um) drei Zentimeter kürzer; **mówił ~ tobie** er sprach über dich *od* von dir; **~ której godzinie?** um wie viel Uhr?; **~ trzeciej** um drei (Uhr); **chodzić ~ lasce** am Stock gehen; **oprzeć ~ ścianę** gegen *od* an die Wand lehnen; **~ jasnych włosach** mit blondem Haar; **~ świcie** bei Tagesanbruch; **~ własnych siłach** aus eigener Kraft; **~ szybkim działaniu** schnell wirkend

O

o[2] INT o, oh, ah; **~ tak!** o ja!
oaza F (*-y*) Oase *f* (*a. fig*); *Jugendbewegung in der katholischen Kirche*
ob. (**obywatel**) *ofic* Herr *m*; (**obywatelka**) Frau *f*
oba (*persf obaj*) *num* beide; **~ domy** *pl* beide Häuser; **~ koty** *pl* beide Katzen; **~ teksty** *pl* beide Texte *pl*; **~j sportowcy** *pl* beide Sportler *pl*; **~j dziennikarze** *pl* beide Journalisten *pl*
obalać (*-am*) ⟨**-ić**⟩ (*-lę*) *rząd, drzewo* (um)stürzen; *tezę* widerlegen, umstoßen; *testament* anfechten; **~ butelkę** *umg* e-e Flasche köpfen
obalenie N (*-a*) *rządu* Sturz *m*; JUR Aufhebung *f*
obandażowany MED verbunden
obarczać (*-am*) ⟨**-yć**⟩ (*-ę*): **~ k-o** (*inst*) *fig* j-m aufbürden, j-m auferlegen (*akk*); j-m zur Last legen (*akk*); **~ się** *fig* (*inst*) sich verantwortlich fühlen (für *akk*)
obarczony *fig* belastet (*inst* mit *dat*); **~ winą** schuldbeladen
oba|wa F (*-y*) Befürchtung *f*; **z ~wy przed** (*inst*) aus Angst vor (*dat*); **mieć ~wy** Bedenken haben, befürchten; **zachodzi ~wa** es besteht die Gefahr; **budzący ~wę** besorgniserregend; **nie ma ~wy!** keine Angst!
obawiać się (*-am*) sich fürchten (*gen* vor *dat*); **~ o** (*akk*) Angst haben, bangen (um *akk*); **obawiam się, że …** ich befürchte, dass …
obcałowywać (*-wuję*) ⟨**obcałować**⟩ (*-uję*) abküssen
obcas M (*-a; -y*) (Schuh)Absatz *m*; **na wysokich ~ach** mit hohen Absätzen, hochhakig
obcesowy **(-wo)** *osoba* dreist, frech; *odpowiedź* brüsk, barsch
obcęgi PL (*gen -ów*) Beißzange *f*, Kneifzange *f*
obchodzenie się N (*-a; bpl*): **~ z** (*inst*) Behandlung *f* (*gen*), Umgang *m* mit (*dat*)
obchodzić (*obchodzę*) ⟨**obejść**⟩ (*obejdę*) herumgehen; *przeszkodę, przepisy* umgehen; (*poruszać*) interessieren, angehen; **obchodzić** *rocznicę, święto* begehen; **~ się** (**z** *inst*) behandeln (*akk*); (*posługiwać się*) umgehen (mit *dat*); handhaben (*akk*); **~ się bez** (*gen*) auskommen ohne (*akk*)
obchód M (*-odu; -ody*) MED Visite *f*; **obchody** *pl* (*gen -ów*) Feierlichkeiten *pl*, *lit* Begehung *f*
obciach M (*-u; -y*) *umg* Peinlichkeit *f*; **~owy** *umg* peinlich
obciąć* PF → obcinać
obciągać (*-am*) ⟨**-nąć**⟩ (*-ę*) (*inst*) beziehen, überziehen (mit *dat*); *suknię* glatt streichen; *vulg* blasen; **~ butelkę** *umg* e-e Flasche köpfen
obciążać (*-am*) ⟨**-yć**⟩ (*-ę*) (*inst*) beschweren (mit *dat*); *fig* belasten (*a.* JUR, FIN); **~ się** *fig* sich belasten (*a.* JUR)
obciążający belastend (*a.* JUR)
obciążenie N (*-a*) TECH Last *f*, Belastung *f* (*a. fig*); **~ dziedziczne** MED Erbkrankheit *f*
obcierać (*-am*) ⟨**obetrzeć**⟩ (*obetrę*) abwischen, abtrocknen; *skórę* abreiben; **~ się** sich abtrocknen
obcięcie N (*-a*) Abschneiden *n*; *fig*

Kürzung *f*
obcinać (-am) ⟨**obciąć**⟩ (*obetnę*) abschneiden; *fig* kürzen; *na egzaminie* durchfallen lassen
obcinacz M (-a; -e) Nagelknipser *m*
obcisły (-**ło** *od* -**śle**) hauteng, eng anliegend
obco ADV → obcy[1]
obco|języczny fremdsprachig; **~krajowiec** M (-wca; -wcy) Ausländer *m*; (*kobieta*) Ausländerin *f*
obcość F (-ści; bpl) Fremdheit *f*, Fremdartigkeit *f*
obcować (-uję): **~ z** (*inst*) verkehren mit (*dat*), Kontakt pflegen zu (*dat*); **~ z naturą** viel in der Natur sein
obcowanie N (-a; bpl): **~ z** (*inst*) (enger) Kontakt *m* mit (*dat*), (enge) Beziehung *f* zu (*dat*); **~ z naturą** Naturgenuss *m*, Naturverbundenheit *f*
ob|cy[1] fremd; **~ce ciało** *n* BIOL Fremdkörper *m*
ob|cy[2] M (-ego; -cy), **~ca** F (-ej; -ce) Fremde(r) *m*, *f*, Fremdling *m*
obczy|zna F (-y; bpl) Fremde *f*; **na ~źnie** in der Fremde
obdarowywać (-wuję) ⟨**obdarować**⟩ (-uję) beschenken
obdar|tus M (-a; -y) *umg pej* Penner *m*; **~ty** zerlumpt, schäbig
obdarzać (-am) ⟨**-yć**⟩ (-ę) (*inst*) schenken, entgegenbringen (*akk*)
obdrapany zerkratzt
obdrapywać (-uję) ⟨**obdrapać**⟩ (-ię) abkratzen
obdukcja F (-i; -e) Obduktion *f*
obdzielać (-am) ⟨**-ić**⟩ (-ę): **~ k-o** (*inst*) an j-n verteilen (*akk*)
obdzierać (-am) ⟨**obedrzeć**⟩ (*obedrę*) *skórę* abziehen; **~ k-o ze złudzeń** j-m seine Illusionen rauben; **~ k-o ze skóry** j-n schröpfen, j-n ausnehmen
obecn|ie ADV *ofic* gegenwärtig, zurzeit; **~ość** F (-ści; bpl) Anwesenheit *f*; **lista** *f* **~ości** Anwesenheitsliste *f*; **w jego ~ości** in seiner Gegenwart
obec|ny anwesend; (*teraźniejszy*) derzeitig, jetzig; **być ~nym** anwesend sein; **~ni** *pl* Anwesende *pl*
obedrzeć* PF → obdzierać
obejma F (-y) TECH Schelle *f*
obejmować (-uję) ⟨**objąć**⟩ (*obejmę*) umarmen; *urząd* antreten; *rządy*, *władzę* übernehmen; (*zawierać*) umfassen; (*rozprzestrzeniać się*) erfassen; **~ wzrokiem** überblicken; **~ rozumem** fassen, erfassen; **cena nie obejmuje ubezpieczenia** im Preis ist die Versicherung nicht enthalten *od* inbegriffen; **~ się** sich umarmen
obejrzeć PF → oglądać
obejrzen|ie N (-a) Besichtigung *f*; **do ~ia** zum Ansehen
obejśc|ie N (-a) (*gospodarstwo*) Gehöft *n*, Bauernhof *m*; (*bpl*) Art *f*, Verhalten *n*; **niemiły w ~iu** barsch; **miły w ~iu** umgänglich
obejść* PF: **~ się smakiem** leer ausgehen; → obchodzić
obel|ga F (-i) Beleidigung *f*, Kränkung *f*; **~gi** *pl* Beschimpfungen *f/pl*; **~żywy** (**-wie**) beleidigend, verletzend
oberwać* PF: **~ guza** *umg* einen drauf kriegen; → obrywać
oberwanie N: **~ (się) chmury** Wolkenbruch *m*
oberwaniec M (-ńca; -ńcy) *umg pej* Penner *m*
oberwany schäbig, abgerissen
oberżnąć PF → obrzynać
oberżyna F (-y) Aubergine *f*
obeschnąć PF → obsychać
obetrzeć* PF → obcierać
obezna|nie N (-a; bpl) Sachkenntnis *f*, Vertrautheit *f*; **~ny** (**z** *inst*) vertraut (mit *dat*), bewandert (in *dat*)
obezwładniać (-am) ⟨**-ić**⟩ (-ię, -nij!) überwältigen; *fig* lähmen, alle Kraft rauben
obeżreć* PF → obżerać
obficie ADV → obfity
obfito|ść F (-ści; bpl) Überfluss *m*, Fülle *f*; **róg** *m* **~ści** Füllhorn *n*
obfitować (*3. Pers -uje*) reich sein (**w** *akk* an *dat*)
obfity (**-cie**) reich(lich), ausgiebig; (*bujny*) üppig; *deszcz* stark
obgadywać (-uję) ⟨**obgadać**⟩ (-am) *umg* anschwärzen, ins Gerede bringen; (*omawiać*) bereden
obgryzać (-am) ⟨**obgryźć***⟩ (*obgryzę*) *kość* abnagen, benagen; **~ paznokcie** an den Fingernägeln kauen; **~ ołówek** am Bleistift kauen
obiad M (-u; -y) Mittagessen *n*; **jeść ~** zu Mittag essen; **co jest na ~?** was gibt es zum Mittagessen?; **~owy** Mittags-

obi|bok M (-a; -i) *umg* Drückeberger *m*; **~cie** N (-a) *(materiał)* Bezug *m*
obić PF: **~ się o uszy** zu Ohren kommen; → obijać
obie *num sachf* beide; **~ książki** beide Bücher; **~ siostry** beide Schwestern
obiec PF → obiegać
obiecać PF (-am) → obiecywać
obiec|anka F (-i; *gen* -nek) leere Versprechung *f*; **~ujący (-co)** *pisarz, prognoza* vielversprechend; *początek* verheißungsvoll; *kariera, metoda* aussichtsreich
obiecywać (-uję) ⟨**obiecać**⟩ (-am) versprechen; **~ sobie po** (*lok*) sich viel versprechen von (*dat*); **~ złote góry k-u** j-m das Blaue vom Himmel versprechen
obieg M (-u; *bpl*) Umlauf *m* (*a.* FIN, ASTRON); **~ krwi** (Blut)Kreislauf *m*; **czas** *m* **~u** Umlaufzeit *f*; **puścić** *pf* **w ~** in Umlauf bringen; **wycofać** *pf* **z ~u** aus dem Verkehr ziehen; **drugi ~** TYPO Samisdat *m*
obiegać (-am) ⟨**obiec** *od* **-nąć**⟩ (*obiegnę*) herumlaufen (*akk* um *akk*); ASTRON umkreisen; *sklepy* ablaufen; *plotka* die Runde machen; **ta wiadomość obiegła prasę** die Nachricht machte Schlagzeilen
obiegowy *opinia* verbreitet, gängig; Umlauf(s)-; **ruch** *m* **~** ASTRON Umlaufbahn *f*; **pieniądz** *m* **~owy** gesetzliches Zahlungsmittel *n*
obiekcje F/PL (*gen* -i) Einwände *m/pl*, Bedenken *n/pl*
obiekt M (-u; -y) Gegenstand *m*; ARCH Anlage *f*; *fig* Objekt *m*; **niezidentyfikowany ~ latający** UFO *n*, unbekanntes Flugobjekt *n*; **~yw** M (-u; -y) Objektiv *n*; **~ywny** objektiv
obierać (-am) ⟨**obrać**⟩ (*obiorę*) *ziemniaki* schälen; *zawód, przedstawicieli* wählen
obieralny wählbar; Wahl-
obie|rki F/PL (*gen* -rek), **~rzyny** *f/pl* (*gen* -) *warzyw* Schalen *f/pl*, Abfälle *m/pl*; **~rki** *pl* **(z) kartofli** Kartoffelschalen *pl*
obietnica F (-y; -e) Versprechen *n*
obieżyświat M (-a; -y) Weltenbummler *m*, Globetrotter *m*; (*kobieta*) Weltenbummlerin *f*, Globetrotterin *f*
obijać (-am) ⟨**obić**⟩ (*obiję*) *talerz* abschlagen; *krzesło* beziehen; **obijać się** *umg* sich vor der Arbeit drücken; *umg* herumhängen, sich herumtreiben
objadać (-am) ⟨**objeść**⟩ (*objem*) abfressen; **objadać k-o** *umg* j-m die Haare vom Kopf fressen; **~ się** (*inst od gen*) sich überfressen, sich vollstopfen (mit *dat*)
objaśniać (-am) ⟨**-ić**⟩ (-ię, -nij!) erläutern, erklären
objaśnienie N (-a) Erläuterung *f*, Erklärung *f*
objaw M (-u; -y) Ausdruck *m*, Zeichen *n*; MED Symptom *n*
objawiać (-am) ⟨**-ić**⟩ (-ię) äußern, offenbaren; **~ się** sich äußern, sich offenbaren
objawienie N (-a) Offenbarung *f* (*a.* REL)
objawo|wy: **leczenie** *n* **~we** symptomatische Behandlung *f*
objazd M (-u; -y) Umleitung *f*; Umweg *m*; **w ~** TEATR auf Tournee; **~owy** *droga* Umleitungs-; **teatr** *m* **~owy** Wanderbühne *f*, Wandertruppe *f*; **cyrk** *m* **~owy** Wanderzirkus *m*
objąć PF → obejmować
objechać PF → objeżdżać
objeść* PF → objadać
objeżdżać (-am) ⟨**objechać***⟩ (*objadę*) *przeszkodę* umfahren; *kraj* bereisen; **~ k-o** *umg* j-n anfahren, j-n zusammenstauchen; ⟨**objeździć**⟩ (*objeżdżę*) besuchen; inspizieren
objęc|ie N (-a) *stanowiska* Antritt *m*, Übernahme *f*; **~ia** *pl* Umarmung *f*; **w ~iach** in den Armen; **w ~ia** in die Arme
objętość F (-ści) Volumen *n*, Rauminhalt *m*; *książki* Umfang *m*, Seitenzahl *f*; (*miara*) Maßeinheit *f*
objuczony beladen, bepackt
obkładać → okładać
obkuwać (-am) ⟨**obkuć**⟩ (-uję) behauen
oblać PF → oblewać
oblamowywać (-wuję) ⟨**oblamować**⟩ (-uję) umsäumen, besetzen
oblat|any *umg* (*obeznany*) schlau, fit; **~ywacz** M (-a; -e) Testpilot *m*
oblatywać (-uję) ⟨**oblecieć**⟩ (*oblecę*) umfliegen (*akk*), herumfliegen (um *akk*); *tynk, płatki* abfallen; **~ sklepy** *umg* die Geschäfte abklappern; **strach mnie obleciał** ich bekam es mit der Angst zu tun
oblegać (-am) ⟨**oblec***⟩ (*oblegnę*) MIL belagern (*a. umg*)
oblepiać (-am) ⟨**-ić**⟩ (-ię) bekleben
obleśny *pej lit* lüstern; widerlich
oblewać (-am) ⟨**oblać**⟩ (*obleję*) begießen (*inst* mit *dat*); *umg* (*świętować*) begießen, feiern; **~ nowe mieszkanie** *umg* e-e

Einweihungsparty machen; **~ egzamin** *umg* durchfallen; **~ na egzaminie k-o** *umg* j-n bei e-r Prüfung durchfallen lassen; **~ się** sich begießen (*inst* mit *dat*); **~ się potem** schweißgebadet sein; **~ się rumieńcem** erröten

obleźć˙ PF → obłazić

oblężeni *persf* → oblężony

oblęż|enie N (*-a*) MIL Belagerung *f* (*a. umg*); **~ony** (*persf -eni*) belagert

obliczać (*-am*) ⟨**-yć**⟩ (*-ę*) (er)rechnen; (*szacować*) berechnen, veranschlagen, schätzen

obliczalny berechenbar

obli|cze N (*-a*) *lit* Antlitz *n*; **w ~czu** (*gen*) angesichts (*gen*); **w ~czu prawa** juristisch gesehen; **w ~czu prawa wszyscy są równi** vor dem Gesetz sind alle gleich

oblicze|nia N/PL (*gen -eń*) Rechnung *f*, Schätzungen *f/pl*; **~nia kosztów** Kostenvoranschlag *m*; **~niowy** Rechen-

obliczony berechnet (**na** *akk* auf *akk*)

obliczyć PF → obliczać

obligacja F (*-i; -e*) FIN Obligation *f*, Anleihe *f*

oblizywać (*-uję*) ⟨**oblizać**⟩ (*obliżę*) (ab)lecken

ob|lodzony vereist, mit Eis bedeckt; **~luzowany** locker, lose, gelockert

obluzowywać (*-wuję*) ⟨**obluzować**⟩ (*-uję*) lockern, lösen; **~ się** sich lockern, sich lösen

obładowywać (*-wuję*) ⟨**obładować**⟩ (*-uję*) beladen

obłamywać (*-uję*) ⟨**obłamać**⟩ (*-ię*) *v/t* abbrechen; **~ się** *v/i* abbrechen

obłapiać (*-am*) ⟨**-ić**⟩ (*-ię*) *umg pej* begrapschen

obłaskawiać (*-am*) ⟨**-ić**⟩ (*-ię*) *lit* zähmen

obłaskawiony gezähmt

obława F (*-y*) Treibjagd *f*; *policyjna* Razzia *f*

obławiać się (*-am*) ⟨**obłowić się**⟩ (*-ię*) *umg* sein Schäfchen ins Trockene bringen, sich e-e goldene Nase verdienen

obłazić (*3. Pers -i*) ⟨**obleźć**⟩ (*oblezie*) *v/i* *farba* abblättern, abgehen; V/T *robaki* befallen, bedecken

obłąka|nie N (*-a; bpl*) MED Wahnsinn *m*; **~niec** M (*-ńca; -ńcy*) MED Wahnsinnige(r) *m*

obłąkany[1] wahnsinnig, geisteskrank

obłąka|ny[2] M (*-ego; -ni*), **~na** F (*-ej; -ne*) Wahnsinnige(r) *m, f*, Geisteskranke(r) *m, f*

obłąkań|czy (*-czo*) MED wahnsinnig (*a. fig*); **~czo** wie ein Irrer

obłęd M (*-u; -y*) MED Wahnsinn *m* (*a. fig*); **~ny** MED wahnsinnig (*a. fig*)

obłok M (*-u; -i*) Wolke *f*

obłowić się PF → obławiać się

obłożnie: **~ chory** bettläg(e)rig

obłoż|ny: **~na choroba** *f* schwere Krankheit *f*

obłożyć PF → obkładać

obłożony: **~ język** *m* belegte Zunge *f*

obłud|a F (*-y; bpl*) Heuchelei *f*, Falschheit *f*

obłud|nik M (*-a; -cy*), **~nica** F (*-y; -e*) Heuchler(in) *m(f)*

obłudny heuchlerisch, falsch

obłupywać (*-uję*) ⟨**obłupać**⟩ (*-ię*) abschälen; abtrennen; abhauen

obły eiförmig, oval

obmacywać (*-uję*) ⟨**obmacać**⟩ (*-am*) abtasten; *umg* begrapschen

obmarzać [-r·z-] (*-am*) ⟨**-nąć**⟩ sich mit Eis bedecken; abfrieren

obmawiać (*-am*) ⟨**obmówić**⟩ (*-ię*) verleumden, schlechtmachen

obmierzły [-r·z-] (**-źle**) widerlich

obmowa F (*-y*) Verleumdung *f*, üble Nachrede *f*

obmówić PF → obmawiać

obmurowanie N (*-a*) Ummauerung *f*, Zaun *m*

obmurowywać (*-wuję*) ⟨**obmurować**⟩ (*-uję*) ummauern

obmyć PF → obmywać

obmyślać (*-am*) ⟨**obmyślić**⟩ (*-lę*) überlegen, durchdenken

obmywać (*-am*) ⟨**obmyć**⟩ (*obmyję*) *twarz* abwaschen; *brzeg* umspülen

obnażać (*-am*) ⟨**-yć**⟩ (*-ę*) entblößen (*a. fig*); **~ się** sich entblößen

obnażony entblößt, nackt

obniżać (*-am*) ⟨**-yć**⟩ (*-ę*) senken; *ceny, koszty* herabsetzen, reduzieren; *płace* kürzen; **~ loty** nicht mehr erfolgreich sein, schlechter werden; **~ się** sich senken; *poziom, wiek* sinken

obniżka F (*-i; gen -żek*): **~ cen** Preissenkung *f*; **~ kosztów** Kostensenkung *f*; **~ płac** Lohnkürzung *f*

obnosić (*obnoszę*) ⟨**obnieść**⟩ (*obniosę*) herumtragen, herumreichen, herumzeigen; **obnosić się** (**z** *inst*) zur Schau tragen (*akk*)

obnośny: **handel** *m* **~** ambulanter

O

Handel *m*
oboczność F (-ści) JĘZ Alternation *f*
obojczyk M (-a; -i) ANAT Schlüsselbein *n*
oboje *num koll* beide; ~ **rodzeństwa** beide Geschwister; ~ **drzwi** beide Türen
obojętnieć ⟨**z-**⟩ (-eję) gleichgültig werden (**na** *akk* gegen *akk*)
obojęt|ność F (-ści; bpl) Gleichgültigkeit *f*; **~ny** gleichgültig, egal; (*neutralny*) neutral (*a.* CHEM); **jest mi ~ne** das ist mir egal
obojnak M (-a; -i) BIOL Zwitter *m*, Hermaphrodit *m*
obok PRÄP (*gen*) neben (*dat*); ADV daneben, nebenan; ~ **siebie** nebeneinander; **tuż** ~ gleich daneben, in unmittelbarer Nähe; **przejść** *pf* ~ (*gen*) vorbeigehen (an *dat*)
obolały schmerzend, wund
obopólny gegenseitig, beiderseitig
obor|a F (-y; *gen* obór) Kuhstall *m*; **~nik** M (-a; bpl) Mist *m*, Dung *m*
obosieczny zweischneidig
obostrzać (-am) ⟨**-yć**⟩ (-ę) *przepisy* verschärfen
obostrzenie N (-a) *przepisów* Verschärfung *f*
obowiąz|any verpflichtet; **~ek** M (-zku; -zki) Pflicht *f*; **~ki** *pl* Aufgaben *pl*, Pflichten *pl*; **pełniący ~ki** (*gen*) stellvertretender ...; **poczuwać się do ~ku** sich verpflichtet fühlen
obowiązkowo ADV unbedingt; → obowiązkowy
obowiązkowość F (-ści; bpl) Pflichtbewusstsein *n*, Pflichtgefühl *n*
obowiązkowy (**-owo**) *osoba* pflichtbewusst; *lektura, zajęcia* Pflicht-, obligatorisch
obowiązując|cy geltend, gültig; **nadać moc ~cą** in Kraft setzen
obowiązywać (3. *Pers* -uje) gelten, gültig sein; JUR in Kraft sein; **zacząć** ~ JUR in Kraft treten
obozować (-uję) lagern, kampieren; *pod namiotami* zelten
obozo|wisko N (-a) Lagerplatz *m*; *namiotowe* Zeltplatz *m*, Zeltlager *m*; **~wy** Lager-; Camping-
obój M (oboju; oboje) MUS Oboe *f*
obóz M (obozu; obozy) Lager *n* (*a.* POL); *pod namiotami* Zeltlager *n*; ~ **wypoczynkowy** Ferienlager *n*; ~ **językowy** Sprachferien *pl*; ~ **pracy** Arbeitslager *n*; ~ **dla uchodźców** Flüchtlingslager *n*; ~ **koncentracyjny** Konzentrationslager *n*; **stanąć obozem** das Lager aufschlagen
obrabiać (-am) ⟨**obrobić**⟩ (-ię) bearbeiten; *ziemię* bestellen; *materiał* (um)säumen; (*obmawiać*) *umg* anschwärzen; (*kraść*) *umg* beklauen
obrabiarka F (-i; *gen* -rek) Werkzeugmaschine *f*
obrabowywać (-wuję) ⟨**obrabować**⟩ (-uję) ausrauben, überfallen
obracać (-am) ⟨**obrócić**⟩ (-ę) (um)drehen, wenden; *wzrok* richten; *umg* hin und zurück fahren; **obracać pieniędzmi** Geld(er) zur Verfügung haben; ~ **w** (*akk*) verwandeln in (*akk*), machen zu (*dat*); ~ **w gruzy** *od* **perzynę** in Schutt und Asche legen; ~ **w żart** als Scherz hinstellen; ~ **się** sich (um)drehen, sich wenden; **obracać się** (*bywać*) verkehren; ~ **się przeciwko** (*dat*) sich wenden (gegen *akk*); ~ **się na dobre** sich zum Guten wenden; ~ **się wokół** (*gen*) kreisen um (*akk*)
obrachunek M (-nku; -nki) FIN Abrechnung *f* (*a. fig*)
obrać˙ PF → obierać
obradować (-uję) beraten (**nad** *inst* über *akk*)
obrady PL (*gen* -) Beratung *f*, Besprechung *f*
obradzać (3. *Pers* -a) ⟨**obrodzić**⟩ (-i) AGR hohen Ertrag bringen; *drzewo* viel tragen
obramowa|nie N (-a) Umrandung *f*; Einfassung *f*, Umrahmung *f*; **~ny** umrandet; eingefasst, umrahmt
obrastać (-am) ⟨**obrosnąć**⟩ (-ę) (*inst od* **w** *akk*) bewachsen sein (mit *dat*), bedeckt werden, überzogen werden (von *dat*); ~ **w piórka** *fig* sich mausern
obraz M (-u; -y) MAL Gemälde *n*, Bild *n* (*a. fig*); **święty** ~ Heiligenbild *n*; ~ **nędzy i rozpaczy** Jammergestalt *f*; jämmerlicher Zustand *m*
obraza F (-y; bpl) Beleidigung *f*, Kränkung *f*; *uczuć* Verletzung *f*; ~ **moralności publicznej** Erregung *f* öffentlichen Ärgernisses
obraz|ek M (-zka; -zki) *dim* Bildchen *n*, kleines Bild; *fig* Bild *n*; **książka** *f* **z ~kami** Bilderbuch *n*; **jak z ~ka** bildhübsch; **patrzeć w k-o jak w ~ek** j-n anhimmeln
obrazić PF → obrażać
obrazkowy Bilder-

O

obrazobur|czy ketzerisch; **~stwo** N (-a; bpl) Ketzerei *f*
obrazować ⟨z-⟩ (-uję) schildern, darstellen; wiedergeben
obrazowy (-wo) bildhaft, plastisch; anschaulich
obraźliwy (-wie) beleidigend, kränkend; *osoba* schnell beleidigt, empfindlich
obrażać (-am) ⟨**obrazić**⟩ (*obrażę*) beleidigen, kränken; *uczucia* verletzen; **~ się** beleidigt sein, sich gekränkt fühlen (**o** *akk* wegen *gen*); **~ się na k-o** (**za** *akk*) j-m übelnehmen (*akk*)
obrażająco ADV beleidigend, kränkend
obrażals|ka F (-kiej; -kie), **~ki** M (-kiego; -scy) *umg żart* beleidigte Leberwurst *f*
obrażen|ie N (-a) Beleidigung *f*; **~ia** *n/pl* MED Verletzungen *f/pl*; **~ia głowy** Kopfverletzungen *f/pl*; **~ia ciała** Körperverletzungen *f/pl*
obrażony beleidigt
obrąbek M (-bka; -bki) Saum *m*
obrąbywać (-uję) ⟨**obrąbać**⟩ (-ię) *gałęzie* abhauen
obrączka F (-i; *gen* -czek) Ring *m*; *ślubna* Trauring *m*
obręb M (-u; -y) Bereich *m* (*a. fig*); *materiału* Saum *m*; **w ~ie** innerhalb; im Umkreis; **poza ~em** außerhalb
obrębek M (-bka; -bki) → obrąbek
obrębiać (-am) ⟨**-ić**⟩ (-ię) (ein)säumen
obręcz F (-y; -e, -y) Reifen *m*; *koła* Felge *f*; *beczki* Band *n*
obrobić PF → obrabiać
obrodzić PF → obradzać
obrok M (-u; bpl) Pferdefutter *n*
obro|na F (-y; bpl) Verteidigung *f* (*a.* JUR); *idei, interesów* Wahrung *f*; MIL, SPORT Abwehr *f*; (*ochrona*) Schutz *m*; **~na konieczna** *od* **własna** JUR Notwehr *f*; **~na z urzędu** JUR Pflichtverteidigung *f*; **stawać w ~nie** (*gen*) sich einsetzen (für *akk*); **mieć na ~nę** zur Verteidigung haben; **wziąć** *pf* **w ~nę** in Schutz nehmen
obronić PF → bronić
obronny Verteidigungs-, Abwehr-
obroń|ca M (-y; *gen* -ów), **~czyni** F (-i; -e) Verteidiger(in) *m(f)* (*a.* JUR); SPORT Abwehrspieler(in) *m(f)*; *fig* Beschützer(in) *m(f)*
obroń|czy: **mowa** *f* **~cza** JUR Verteidigungsrede *f*, Plädoyer *n*
obrosnąć PF → obrastać
obrośnięty (*inst*) bewachsen (mit *dat*), überwuchert (von *dat*); *z zarostem* behaart, unrasiert
obrot|ność F (-ści; bpl) Geschäftstüchtigkeit *f*; **~ny** *przedsiębiorca* geschäftstüchtig; (*zaradny*) clever, lebenspraktisch
obroto|mierz M (-a; -e) Drehzahlmesser *n*; **~wy** Dreh-; **podatek** *m* **~wy** Umsatzsteuer *f*-; **środki** *m/pl* **~e** EKON Betriebsmittel *n/pl*
obroża F (-y; -e) *psa* Halsband *n*
obróbka F (-i; *gen* -bek) Bearbeitung *f*
obrócić PF → obracać
obr|ót M (-rotu; -roty) Drehung *f*; *fig* Wendung *f*; FIN Umsatz *m*; **~ót pieniędzmi** *od* **kapitałem** Geldverkehr *m*, Zahlungsverkehr *m*; **~ót towarami** Warenumlauf *m*; **wziąć** *pf* **k-o w ~oty** *umg* sich j-n vornehmen, j-n anheizen; **pracować na wysokich ~otach** auf Hochtouren arbeiten
obrumieniać (-am) ⟨**-ić**⟩ (-ię) KULIN anbräunen
obrus M (-u; -y) Tischtuch *n*
obruszać (-am) ⟨**-yć**⟩ (-ę) *belkę* lockern; *ziemię* ins Rutschen bringen; **~ się** sich lockern, locker werden; *ziemia* abrutschen; *osoba* sich empören
obrys M (-u; -y) Umriss *m*
obrysowywać (-wuję) ⟨**obrysować**⟩ (-uję) umreißen, skizzieren
obryw M (-u; -y) *ziemi* Erdrutsch *m*
obrywać (-am) ⟨**oberwać**⟩ (-ę) *v/t* abreißen; *owoce* pflücken; *umg* eins auf den Deckel kriegen; **~ się** *v/i* abreißen
obryzgiwać (-uję) ⟨**obryzgać**⟩ (-am) *błotem* bespritzen
obrządek M (-dku; -dki) *w gospodarstwie* Viehversorgung *f*, Fütterung *f*; Ritual *n*; REL Ritus *m*
obrządzać (-am) ⟨**-ić**⟩ (-ę) das Vieh versorgen, füttern
obrzezanie N (-a) REL Beschneidung *f*
obrzeże N (-a; *gen* -y) *lit* Rand *m*
obrzęd M (-u; -y) Ritual *n* (*a.* REL), Zeremonie *f*; **~owy** rituell (*a.* REL)
obrzęk M (-u; -i) MED Ödem *n*, Schwellung *f*
obrzękać (3. *Pers* -a) ⟨**-nąć**⟩ (-nie) MED anschwellen
obrzękły aufgedunsen, aufgeschwemmt; MED angeschwollen
obrzmiały → obrzękły
obrzmienie N (-a) MED Schwellung *f*

obrzmiewać (*3. Pers -a*) ⟨**obrzmieć**⟩ (*-eje*); → obrzękać
obrzucać (*-am*) ⟨**-ić**⟩ (*-ę*) (*inst*) bewerfen (mit *dat*); (*obszyć*) umnähen; **~ wzrokiem** *od* **spojrzeniem** (*akk*) e-n Blick werfen (auf *akk*), mustern (*akk*); **~ wyzwiskami** beschimpfen; **~ błotem** *fig* mit Schmutz bewerfen; **~ się** sich bewerfen (*inst* mit *dat*)
obrzyd|listwo N (*-a*) Abscheulichkeit *f*, Scheußlichkeit *f*; **~liwiec** M (*-wca; -wcy*) Scheusal *n*, Ekel *n*
obrzydliwy (**-wie**) abscheulich, widerlich, ekelhaft
obrzydły *obowiązek, czynność* widerwärtig
obrzydnąć PF → brzydnąć
obrzydzać (*-am*) ⟨**-ić**⟩ (*-ę*) verleiden, verekeln
obrzydze|nie N (*-a; bpl*) (*wstręt*) Ekel *m*; (*niechęć*) Widerwille *m*, Abscheu *m*; **do ~nia** bis zum Überdruss
obrzynać (*-am*) ⟨**oberżnąć**⟩ (*-ę*) abschneiden
obsa|da F (*-y*) Besetzung *f* (*a.* FILM, TEATR); (*załoga*) Besatzung *f*, Mannschaft *f*; TECH Fassung *f*, Halter *m*; **~dka** F (*-i; gen -dek*) Federhalter *m*
obsadzać (*-am*) ⟨**-ić**⟩ (*-ę*) *stanowiska* besetzen (*inst* mit *dat*) (*a.* FILM, TEATR); AGR bepflanzen (*inst* mit *dat*); TECH einsetzen
obserwa|cja F (*-i; -e*) Beobachtung *f*; **~cyjny** Beobachtungs-; **~tor** M (*-a; -rzy*) Beobachter *m* (*a.* POL)
obserwatorium N (*unv; -ia gen -iów*) Observatorium *n*; **~ astronomiczne** Sternwarte *f*; **~ meteorologiczne** Wetterwarte *f*
obserwować ⟨**za-**⟩ (*-uję*) beobachten
obses|ja F (*-i; -e*) fixe Idee *f*, Besessenheit *f*; PSYCH Zwangsneurose *f*, Obsession *f*; **mieć ~ję na punkcie** (*gen*) besessen sein (von *dat*); **~yjny** zwanghaft (*a.* MED)
obsiać PF → obsiewać
obsiadać (*-am*) ⟨**obsiąść**⟩ (*obsiądę*) *muchy, komary* umschwärmen; **~ k-o** sich um j-n scharen, j-n umringen; **~ stoliki** alle Tische besetzen; **ptaki obsiadły drzewo** die Vögel setzten sich in großer Zahl auf den Baum
obsiew M (*-u; -y*) Aussaat *f*
obsiewać (*-am*) ⟨**obsiać**⟩ (*obsieję*) besäen
obsikać PF (*-am*) *umg* bepinkeln
obskakiwać (*-uję*) ⟨**obskoczyć**⟩ (*-ę*) umringen; **obskakiwać k-o** j-n umschwärmen, j-m schmeicheln; **obskoczyć** *pf* **sklepy** *umg* die Geschäfte abklappern
obskubywać PF → oskubywać
obskurny *lokal* schmuddelig; *wygląd* ungepflegt
obsłu|ga F (*-i*) Bedienung *f*; (*personel*) Personal *n*; **~ga klientów** Kundendienst *m*, Kundenservice *n*; **~ga samochodów** Autoservice *m*; **~ga naziemna** LOT Bodenpersonal *n*
obsługiwać (*-uję*) ⟨**obsłużyć**⟩ (*-ę*) *klienta, gościa* bedienen (*a.* TECH); (*świadczyć usługi*) betreuen; **~ się** (**samemu**) sich selbst bedienen
obsmarowywać (*-wuję*) ⟨**obsmarować**⟩ (*-uję*) beschmieren; (*obgadywać*) *umg* anschwärzen
obsmażać (*-am*) ⟨**-yć**⟩ (*-ę*) (von beiden Seiten) anbraten
obstawa F (*-y*) *koll* Leibwächter *pl*, Bodyguards *pl*
obstawać (*obstaję*) beharren (**przy** *lok* auf *dat*)
obstawiać (*-am*) ⟨**-ić**⟩ (*-ię*) umringen, umzingeln; SPORT umstellen
obstępować (*-uję*) ⟨**obstąpić**⟩ (*-ię*) umringen
obstrukcja F (*-i; -e*) MED Stuhlverstopfung *f*; POL Obstruktion *f*, parlamentarische Verzögerungspolitik *f*
obstrzał M (*-u; -y*) Beschuss *m*, Beschießung *f*
obsunąć się PF → obsuwać się
obsuszać (*-am*) ⟨**-yć**⟩ (*-ę*) *v/t* trocknen
obsuwać się (*-am*) ⟨**obsunąć się**⟩ (*-nę*) (ab)rutschen; (*upaść*) fallen, abgleiten
obsychać (*-am*) ⟨**obeschnąć**⟩ (*-ę*) *v/i* trocknen, trocken werden
obsypywać (*-uję*) ⟨**obsypać**⟩ (*-ię*) (*inst*) bestreuen (mit *dat*); *fig* überhäufen, überschütten (mit *dat*); **~ pocałunkami** mit Küssen bedecken; **obsypywać się** (ab)bröckeln
obszar M (*-u; -y*) Gebiet *n* (*a. fig*); **~ powietrzny** Luftraum *m*; **~nik** M (*-a; -cy*) HIST Großgrundbesitzer *m*
obszarpa|niec M (*-ńca; -ńcy*) *umg* Lump *m*, Penner *m*; **~ny** zerlumpt, zerrissen
obszarpywać (*-uję*) ⟨**obszarpać**⟩ (*-ię*) zerreißen, abreißen
obszerny geräumig, groß; *ubranie* weit;

tekst ausführlich, umfassend
obszukiwać (*-uję*) ⟨**obszukać**⟩ (*-am*) durchsuchen
obszycie N (*-a*) Besatz *m*, Borte *f*
obszywać (*-am*) ⟨**obszyć**⟩ (*obszyję*) besetzen, einfassen (*inst* mit *dat*)
obtaczać (*-am*) ⟨**obtoczyć**⟩ (*-ę*) TECH (rund) drechseln; **~ w mące** KULIN in Mehl wälzen; **~ w bułce tartej** KULIN panieren
obtarcie N (*-a*) Schürfwunde *f*, Abschürfung *f*
obtłuczony *talerz* abgeschlagen
obtłukiwać (*obtłukuję*) ⟨**obtłuc**⟩ (*obtłukę*) *talerz* abschlagen
obtoczyć PF → obtaczać
obuch M (*-a*; *-y*): **~ siekiery** Beilrücken *m*
obudowa F (*-y*) Verkleidung *f*, Gehäuse *n*; BUD Bebauung *f*
obudowywać (*-wuję*) ⟨**obudować**⟩ (*-uję*) (*inst*) verkleiden (mit *dat*); BUD umbauen (mit *dat*)
obudzić się PF (*obudzę*) *fig umg* aufwachen; → budzić
obumarły abgestorben
obumierać (*-am*) ⟨**obumrzeć**⟩ (*obumrę*) absterben; *fig* verkümmern
oburącz ADV mit beiden Händen, beidhändig
oburzać (*-am*) ⟨**-yć**⟩ (*-ę*) empören, entrüsten; **~ się** sich empören (**na** *akk* über *akk*)
oburz|ający (**-co**) empörend; **~enie** N (*-a*; *bpl*) Empörung *f*, Entrüstung *f*; **ku ~eniu** zum Entsetzen; **~ony** empört, entsetzt
obustron|nie ADV beidseitig, beiderseits; **~ny** beiderseitig; *materiał* beidseitig; POL bilateral; MED doppelseitig
obu|wie N (*-a*; *bpl*) Schuhwerk *n*, Schuhe *pl*; **sklep** *m* **z ~wiem** Schuhgeschäft *n*; **~wniczy** Schuh-
obwałować PF → obwałowywać
obwałowanie N (*-a*) Erddeich *m*
obwałowywać (*-wuję*) ⟨**obwałować**⟩ (*-uję*) *rzekę* eindeichen
obwarowa|nie N (*-a*) MIL Festung *f*; **~nia** *pl prawne* rechtliche Einschränkungen *pl*; **~ny** MIL befestigt; *fig* (ab)gesichert (*inst* durch *akk*)
obwarowywać (*-wuję*) ⟨**obwarować**⟩ (*-uję*) MIL befestigen; **~ prawnie** rechtlich absichern
obwarzanek M (*-nka*; *-nki*) Brezel *f*
obwąchiwać (*-uję*) ⟨**obwąchać**⟩ (*-am*) beschnüffeln, beschnuppern
obwiązywać (*-uję*) ⟨**obwiązać**⟩ (*obwiążę*) umwickeln, umbinden (*inst* mit *dat*); **~ sznurem** verschnüren
obwiedziony umrahmt, umgeben (*inst* mit *dat*)
obwieszczać (*-am*) ⟨**obwieścić**⟩ (*obwieszczę*) verkünden, bekannt machen
obwieszczenie N (*-a*) Bekanntmachung *f*
obwieszony behängt (*inst* mit *dat*)
obwieścić PF → obwieszczać
obwieźć* PF → obwozić
obwiniać (*-am*) ⟨**-ić**⟩ (*-ię*): **~ k-o** (**o** *akk*) j-n beschuldigen (*gen*), j-m zur Last legen (*akk*)
obwiniony beschuldigt
obwisać (*3. Pers -a*) ⟨**obwisnąć**⟩ (*obwiśnie*) herabhängen
obwis|ły herabhängend; **~łe piersi** *pl* Hängebusen *m*
obwo|dnica F (*-y*; *-e*) Ringstraße *f*; **~dowy** Bezirks-; **droga** *f* **~dowa** Ringstraße *f*
obwoluta F (*-y*) Schutzumschlag *m*
obwoływać (*-uję*) ⟨**obwołać**⟩ (*-am*): **~ k-o zwycięzcą** j-n zum Sieger ausrufen; **~ k-o królem** j-n zum König ausrufen
obwozić (*obwożę*) ⟨**obwieźć**⟩ (*obwiozę*) *v/t* herumfahren; **~ po mieście** in der Stadt herumfahren
obwoźny: **prowadzić ~ handel** fahrender Händler sein
obwód M (*-odu*; *-ody*) Umfang *m*; (*rejon*) Bezirk *m*; MAT Umkreis *m*; ELEK Stromkreis *m*; **~ wyborczy** Wahlkreis *m*; **~ bioder** Hüftumfang *m*, Hüftweite *f*; **~ klatki piersiowej** Brustumfang *m*; **~ scalony** ELEK integrierter Schaltkreis *m*
obwód|ka F (*-i*; *gen -dek*) Rand *m*, Umrandung *f*; **ciemne ~ki** *pl* **wokół oczu** dunkle Augenringe *pl*
oby *partikel* möge(n) ..., wenn nur ...; **~ był szczęśliwy!** möge er glücklich sein!; **~ tak dalej!** nur weiter so!
obycie N (*-a*; *bpl*) (*maniery*) Gewandtheit *f*, Schliff *m*; **~ z** (*inst*) Vertrautheit *f*, Erfahrung *f* mit (*dat*)
obyczaj M (*-u*; *-e*; *gen -ów*) Brauch *m*, Sitten *f/pl*; **~e** *pl* (moralische) Normen *pl*, Sitten *pl*; **starym ~em** nach altem Brauch; **zepsucie** *n* **~ów** Sittenverfall *m*

obyczajo|wość F (-i; *bpl*) Brauchtum *n*, Kultur *f*; Lebensart *f*; (*moralność*) Sittlichkeit *f*, Moral *f*, (ethische) Normen *pl*; **~wy** moralisch, Sitten-; *scena, temat* Milieu-
obyczajówka F (-i; *gen* -wek) *umg* Sittenpolizei *f*
obyć* się PF: **~ się z** (*inst*) sich vertraut machen mit (*dat*), sich gewöhnen an (*akk*); → obywać się
obydwa *num* (*persf obydwaj*) → oba
obydwie *num sachf* → obie
obydwoje *num koll* → oboje
obyty: **~ z** (*inst*) vertraut mit (*dat*); **~ towarzysko** gewandt; **~ w świecie** weltgewandt; **mało ~** ungeschliffen
obywać się (-am) ⟨**obyć się**⟩ (*obejdę*): **~ bez** (*gen*) auskommen ohne (*akk*); **obyło się bez kłótni** es gab keinen Streit; **nie obyło się bez ofiar** es hat Opfer gegeben
obywatel M (-a; -e), **~ka** F (-i; *gen* -lek) (Staats)Bürger(in) *m(f)*; **honorowy ~** Ehrenbürger *m*
obywatel|ski Bürger-, bürgerlich; **~stwo** N (-a; *bpl*) Staatsangehörigkeit *f*, Staatsbürgerschaft *f*
obżar|stwo N (-a; *bpl*) Völlerei *f*, Verfressenheit *f*; **~tuch** M (-a; -y) *umg* Fresssack *m*, Vielfraß *m*
obżerać (-am) ⟨**obeżreć**⟩ (-ę) abfressen; **~ k-o** (**z** *gen*) *pop* j-m wegfressen (*akk*); **~ się** *pop* sich vollfressen, sich den Bauch vollstopfen
ocalać (-am) ⟨**-ić**⟩ (-lę) retten; **~ od** (*gen*) bewahren, retten vor (*dat*); **~ k-u życie** j-m das Leben retten
ocalały[1] (*persf* -eli) am Leben geblieben; *rzecz* unversehrt
ocala|ły[2] M (-ego; *ocaleli*), **~ła** F (-ej; -łe) Überlebende(r) *m*, *f*
ocaleć PF (-eję) überleben; *rzecz* unversehrt bleiben; **~ z** (*gen*) heil überstehen (*akk*), sich retten aus (*dat*); *rzecz* unversehrt bleiben bei (*dat*); **~ od śmierci** dem Tod entrinnen
ocale|nie N (-a) Rettung *f*; **nie do ~nia** unrettbar
ocaleli[1] → ocalały[1]
ocaleli[2] → ocalały[2]
ocalić PF → ocalać
ocean M (-u; -y) Ozean *m*; ♎ **Spokojny** der Stille Ozean, Pazifik *m*; **za ~em** in Übersee; **~iczny** Ozean-, ozeanisch; *statek* hochseetüchtig
oce|na F (-y) Bewertung *f*, Beurteilung *f*; *szkolna* Note *f*; (*wycena*) Schätzung *f*, Begutachtung *f*; **dać** *pf* **do ~ny** begutachten lassen
oceniać (-am) ⟨**-ić**⟩ (-ię) bewerten, beurteilen; (*szacować*) schätzen, begutachten; *w szkole* benoten
ocet M (*octu; octy*) Essig *m*; **w occie** KULIN Essig-
och INT ach
ochlapywać (-uję) ⟨**ochlapać**⟩ (-ię) bespritzen; **~ się** sich bespritzen; *umg* Katzenwäsche machen
ochładzać (-am) ⟨**ochłodzić**⟩ (-ę) (ab)kühlen, kalt stellen; **~ się** abkühlen, kühl werden (*a. fig*); *osoba* sich erfrischen; **ochłodziło się** es hat (sich) abgekühlt, es ist kühl geworden
ochłapy M/PL (*gen* -ów) *umg* Fleischreste *pl*; **~** (*gen*) *fig* Brocken *pl* (*gen*)
ochło|da F (-y; *bpl*) Erfrischung *f*; **dla ~dy** zur Erfrischung; **~dzenie** N (-a) METEO Abkühlung *f* (*a. fig*)
ochłodzić PF → ochładzać
ochłonąć PF (-nę) sich beruhigen, zu sich kommen (**po** *lok* nach *dat*); **ochłonął z gniewu** sein Zorn ist verraucht
ocho|czo ADV eifrig, bereitwillig; **~czy** eifrig; **~czy do rozmowy** gesprächig
ocho|ta F (-y; *bpl*) Lust *f* (**do** *gen* zu *dat*); **~ta do pracy** Arbeitslust *f*; **~ta do życia** Lebenslust *f*; **~ta na słodycze** Lust *f* auf Süßigkeiten; **masz ~tę na spacer?** hast du Lust auf einen Spaziergang?; **odeszła mnie ~ta** ich habe die Lust verloren; **z ~tą** mit Lust; eifrig, munter; **bez ~ty** lustlos
ochotn|iczka F (-i; *gen* -czek) Freiwillige *f*; **~iczo** ADV freiwillig; **~iczy** Freiwilligen-; **~ik** M (-a; -cy) Freiwillige(r) *m*; **na ~ika** freiwillig
ochra F (-y; *bpl*) Ocker *m od n*
ochraniacz M (-a; -e) Schoner *m*, Schützer *m*; **~ na kolana** Knieschützer *m*, Knieschoner *m*; **~ łańcucha** Schutzblech *n*, Kettenschutz *m*
ochraniać (-am) ⟨**ochronić**⟩ (-ię) (**przed** *inst od* **od** *gen*) schützen, bewahren (vor *dat*), sichern (gegen *akk*); **~ się** sich schützen
ochro|na F (-y) Schutz *m*; **~na środowiska** Umweltschutz *m*; **~na przeciwpożarowa** Brandschutz *m*; **~na przeciw-**

lotnicza Luftschutz *m*; **~na zabytków** Denkmalschutz *m*; **~na młodocianych** Jugendschutz *m*; **~na osobista** Leibwache *f*; **pracownik** *m* **~ny** Leibwächter *m*; **być pod ~ną** unter Naturschutz stehen

ochroniarz M (*-a*; *-e*) *umg* Leibwächter *m*, Bodyguard *m*

ochronić PF → ochraniać; chronić

ochron|ny Schutz-; **szczepienia** *n/pl* **~ne** Schutzimpfung *f*

ochrypły (-le) heiser, rau

ochrypnąć PF (*-ę*) heiser werden

ochrzan M (*-u*; *bpl*) *pop* Anschiss *m*

ochrzaniać (*-am*) ⟨**-ić**⟩ (*-ię*) *pop* anschnauzen, zusammenscheißen

ochrzcić PF → chrzcić

ociągać się (*-am*) zögern, zaudern (**z** *inst* mit *dat*); **ociągając się** zögernd, zögerlich

ociągan|ie N (*-a*; *bpl*): **bez ~ia** ohne zu zögern; **z ~iem** zögernd, zögerlich

ociekać (*-am*) ⟨**-nąć**⟩ (*ocieknę*) *woda* abfließen; **~ z wody** abtropfen; **ociekać wodą** triefend nass sein; **ociekać tłuszczem** vor *od* von Fett triefen; **ociekać krwią** von Blut triefen; **ociekać potem** von Schweiß triefen

ociekający (*inst*) triefend (von *dat*)

ocielić się PF → cielić się

ociemniały[1] (*persf -li*) blind, erblindet; sehbehindert

ociemnia|ły[2] M (*-ego*; *-li*), **~ła** F (*-ej*; *-e*) Blinde(r) *m*, *f*; Sehbehinderte(r) *m*, *f*; **zakład** *m* **dla ~łych** Blindenheim *n*

ocieniony beschattet

ocieplać (*-am*) ⟨**-ić**⟩ (*-lę*) isolieren, abdichten; **~ się** sich erwärmen, wärmer werden; **ociepliło się** es ist wärmer geworden

ocieplł|any *kurtka* gefüttert; **~enie** N (*-a*; *bpl*) Erwärmung *f*

ocierać (*-am*) ⟨**otrzeć**⟩ (*otrę*) abwischen; *skórę* abschürfen, aufscheuern; **~ się** sich reiben; **~ się o** (*akk*) (*mieć kontakt*) in Kontakt kommen, Erfahrungen machen (mit *dat*)

ociężały (-le) schwerfällig; **~ umysłowo** MED geistig unterentwickelt

ociosywać (*-uję*) ⟨**ociosać**⟩ (*-am*) behauen

ocipieć PF (*-eję*) *umg* verrückt werden

ociupinę *umg* ein bisschen

ocknąć się PF (*-nę*) aufwachen (*a. fig*)

oclen|ie N (*-a*; *bpl*) Verzollung *f*; **podlegający ~iu** zollpflichtig; **nie mieć nic do ~ia** nichts zu verzollen haben

oclić PF (*-lę*) verzollen

oc|lony verzollt; **~towy** Essig-

ocucić PF → cucić

ocyganić PF (*-ię*) *umg* hereinlegen, beschwindeln

ocynkować PF → cynkować

oczarowanie N (*-a*; *bpl*) Faszination *f*, Begeisterung *f* (*inst* für *akk*)

oczarowywać (*-wuję*) ⟨**oczarować**⟩ (*-uję*) bezaubern, beeindrucken

oczekiwać (*-uję*) (*gen od* **na** *akk*) erwarten (*akk*), warten (auf *akk*); **~ po kimś** (*gen*) von j-m erwarten (*akk*); **~ dziecka** ein Kind erwarten

oczekiwa|nia N/PL (*-ań*) Erwartungen *f/pl*; **wbrew ~niom** wider Erwarten; **zgodnie z ~niami** erwartungsgemäß; **~ny** erwartet

oczerniać (*-am*) ⟨**-ić**⟩ (*-ię*) anschwärzen, verleumden

oczęta PL (*-cząt*) *żart* Äuglein *pl*

ocz|ko N (*-a*; *gen oczek*) *dim* Äuglein *n*; *w pierścionku* Stein *m*; *na kostce do gry*, *w kartoflu* Auge *n*; *w pończosze* Laufmasche *f*; *przy robieniu na drutach* Masche *f*; (*gra*) Siebzehnundvier *n*; **~ka** *pl* KULIN (Fett-)Augen *pl*; **~ko sieci** Netzmasche *f*; **ona jest jego ~kiem w głowie** sie ist sein Liebling

oczny Augen-; **gałka** *f* **oczna** ANAT Augapfel *m*

oczodół M (*-dołu*; *-doły*) Augenhöhle *f*

oczy PL → oko

oczyszczać (*-am*) ⟨**oczyścić**⟩ (*oczyszczę*) (**z** *gen*) reinigen (von *dat*); *fig* reinwaschen (von *dat*)

oczyszcz|alnia F (*-i*; *-e*) Kläranlage *f*; **~anie** N (*-a*) Reinigung *f*

oczyścić PF → oczyszczać

oczyta|nie N (*-a*; *bpl*) Belesenheit *f*; **~ny** belesen

oczywi|sty offensichtlich, augenfällig; **to ~ste, że ...** es ist klar, dass ...; **rzecz** *f* **~sta** Selbstverständlichkeit *f*; **~ście** ADV natürlich, selbstverständlich

od PRÄP (*gen*) von (*dat*); *w czasie* seit (*dat*); (*przeciw*) gegen (*akk*); als; **to prezent ~ mamy** das ist ein Geschenk (von) meiner Mutter; **nie widziałam go ~ roku** ich habe ihn seit einem Jahr nicht gesehen; **~ rana** seit dem Morgen; **starszy ~e mnie** älter als ich; **niższy ~ ciebie** kleiner als du; **~ kaszlu** gegen Husten; **klucze** *pl* **~ mieszkania** Wohnungsschlüssel *m*; **dziurka** *f* **~ klucza** Schlüsselloch *n*; **ubezpieczenie** *n* **~ kradzieży** Diebstahlversicherung *f*; **płaca** *f* **~ godziny** Stundenlohn *n*; **~ ręki** *adv* sofort; **~ sztuki** pro Stück; **~ zaraz** ab sofort; **~ stu złotych w górę** von hundert Zloty aufwärts

oda F (*-y; gen ód*) LIT Ode *f*

odautorski vom Autor, Autoren-

odąć PF → odymać

odb. (odbiorca) *listu* Empfänger *m*

odbarwiać (*-am*) ⟨**-ić**⟩ (*-ię*) bleichen

odbezpieczać (*-am*) ⟨**-yć**⟩ (*-ę*) MIL entsichern

odbębniać (*-am*) ⟨**-ić**⟩ (*-ię*) *umg pej zajęcia* abhacken; *utwór* klimpern; *wiersz* herunterleiern; **~ godziny pracy** seine Arbeitsstunden absitzen

odbic|ie N (*-a*) *w lustrze* Spiegelbild *n*; (*odzwierciedlenie*) Widerspiegelung *f*; (*odcisk*) Abdruck *m*, Spur *f*; **~ie światła** Lichtreflex *m*; **mieć ~ia** *umg* durchdrehen

odbić PF → odbijać

odbiegać (*-am*) ⟨**odbiec**⟩ (*odbiegnę*) weglaufen (**od** *gen* von *dat*); **odbiegać od** (*gen*) abweichen von (*dat*); **odbiegać od normy** von der Norm abweichen; **~ od tematu** vom Thema abkommen

odbierać (*-am*) ⟨**odebrać**⟩ (*odbiorę*) (*zabierać*) wegnehmen; *towar, poród* abnehmen; *nagrodę, pocztę* in Empfang nehmen, entgegennehmen; *bagaż* abholen; *prawo, przywilej* aberkennen; *apetyt* verderben; RADIO empfangen; (*reagować*) empfinden, aufnehmen; wahrnehmen; **~ jako** empfinden als, aufnehmen als; **~ telefon** ans Telefon gehen; **~ z lotniska** vom Flughafen abholen; **~ dziecko z przedszkola** ein Kind vom Kindergarten abholen; **~ sobie życie** sich das Leben nehmen

odbijać (*-am*) ⟨**odbić**⟩ (*odbiję*) *v/t światło* reflektieren, zurückwerfen; *piłkę* zurückschlagen; *zakładników* befreien; *umg dziewczynę* ausspannen; *pieczęć* aufdrücken; *deseń* aufdrucken; V/I MAR ablegen; **odbija mu** *umg* er flippt aus, er dreht durch; **~ się** *w lustrze* sich widerspiegeln; *głos* widerhallen; *piłka* zurückprallen, abprallen; *ślad* sich abdrücken; **~ się rękami** sich mit den Händen abstoßen; **~ się** *fig* sich auswirken (**na** *lok* auf *akk*); **~ się pozytywnie** sich positiv auswirken; **odbiło mu się** er hat aufgestoßen; **~ się od dna** das Schlimmste überstehen

odbior|ca M (*-y; gen -ów*), **~czyni** F (*-i; -e*) *listu* Empfänger(in) *m(f)*; *towaru* Abnehmer(in) *m(f)*; *gazu* Verbraucher(in) *m(f)*; **~cy** Zielgruppe *f*

odbior|czy RADIO Empfangs-; **~nik** M (*-a; -i*) RADIO Empfangsgerät *n*

odbiór M (*-oru; bpl*) RADIO Empfang *m*; *nagrody, przesyłki* Entgegennahme *f*; *obiektu* Abnahme *f*; *utworu* Aufnahme *f*, Rezeption *f*; **~ bagażu** Gepäckabholung *f*

od|bitka F (*-i; gen -tek*) FOTO, TYPO Abzug *m*; **~bitka ksero** Fotokopie *f*; **~bity** *światło* reflektiert; **~blask** M (*-u; bpl*) Widerschein *m*

odblasko|wy reflektierend; **światła** *n/pl* **~we** AUTO Reflektoren *m/pl*; **trójkąt** *m* **~wy** AUTO Warndreieck *n*

odblokowywać (*-uję*) ⟨**odblokować**⟩ (*-uję*) *drogę* befahrbar machen; *granicę* wieder öffnen; **~ konto** die Kontosperre aufheben; **~ kierownicę** die Lenkradsperre lösen

odbudo|wa F (*-y*) BUD (Wieder)Aufbau *m* (*a. fig*); **być w ~wie** restauriert werden

odbudowywać (*-wuję*) ⟨**odbudować**⟩ (*-uję*) BUD (wieder) aufbauen, restaurieren; *fig* wiederherstellen, aufbauen

odburkiwać (*-uję*) ⟨**odburknąć**⟩ (*-nę*) barsch antworten, mürrisch antworten

odbycie N (*-a; bpl*): **~ kary** Strafverbüßung *f*

odbyć* PF → odbywać

odbyt M (*-u; -y*) ANAT After *m*; **~nica** F (*-y; -e*) ANAT Mastdarm *m*

odbywać (*-am*) ⟨**odbyć**⟩ (*odbędę*) *rozmowę* führen; *zebranie* abhalten; *studia* absolvieren; *służbę* ableisten; *karę* verbüßen; *podróż* unternehmen, machen; **~ się** stattfinden, erfolgen

odc. (odcinek) Abschnitt *m*, Folge *f*

odcedzać (*-am*) ⟨**-ić**⟩ (*-ę*) *kartofle, kluski* abgießen

odchodne: **na ~** beim Weggehen, zum Abschied

odchody PL (*gen -ów*) Exkremente *n/pl*

odchodzić (*-ę*) ⟨**odejść**⟩ (*odejdę*) fortgehen, weggehen; *pociąg* abfahren; *farba* abblättern; *podeszwa* abgehen; **~ od k-o** (*opuszczać*) j-n verlassen; **~ od** (*gen*) *fig*

O

abkommen von (*dat*); **odchodzić** *ulica, droga* abgehen; **~ na emeryturę** in Rente gehen; **~ od tematu** vom Thema abkommen; **odchodzić od zmysłów** den Verstand verlieren

odchorowywać (*-wuję*) ⟨**odchorować**⟩ (*-uję*) mit Krankheit bezahlen

odchować PF (*-am*) großziehen

odchrząkiwać (*-uję*) ⟨**odchrząknąć**⟩ (*-nę*) *v/t* abhusten; V/I sich räuspern

odchudzać się (*-am*) eine Schlankheitskur machen, abnehmen wollen

odchudza|jący Schlankheits-; **~nie (się)** N (*-a; bpl*) Schlankheitskur *f*

odchudzić się PF (*-ę*) abnehmen; → odchudzać się

odchwaszczać (*-am*) ⟨**odchwaścić**⟩ (*odchwaszczę*) jäten, von Unkraut befreien

odchylać (*-am*) ⟨**-ić**⟩ (*-lę*) *głowę* zurückbeugen; *firankę* zurückschieben, beiseiteschieben; **~ się** sich nach hinten beugen, sich zurückbeugen

odchylenie N (*-a*) Abweichung *f*

odciąć* PF: **~ od świata** von der Außenwelt abschneiden; → odcinać

odciągać (*-am*) ⟨**-nąć**⟩ (*-nę*) *v/t* fortziehen, wegziehen; *płyn* absaugen; (*odwlekać*) hinauszögern; **~ k-o od** (*gen*) j-n abbringen von (*dat*); **~ uwagę** die Aufmerksamkeit ablenken; **~ śmietanę z mleka** Milch entrahmen

odciążać (*-am*) ⟨**-yć**⟩ (*-ę*) entlasten (*a. fig*)

O

odciekać (*3. Pers -a*) ⟨**odciec*** *od* **odcieknąć**⟩ (*odcieknie*) *v/i* abtropfen

odcień M (*-nia; -nie*) Farbton *m*, Farbnuance *f*; Schattierung *f* (*a. fig*); **~ niebieskawy** Blaustich *m*

odcierpieć PF (*-ę*) *v/t* überstehen, durchstehen; **~ za** (*akk*) büßen für (A); **~ za swoje** *umg* viel durchmachen müssen

odcięty abgeschnitten

odcinać (*-am*) ⟨**odciąć**⟩ (*odetnę*) abschneiden (*a. fig*); **~ się** kontern, schlagfertig antworten; **~ się od** (*gen*) sich trennen von (*dat*), brechen mit (*dat*); **~ od tradycji** mit der Tradition brechen; **odcinać się na tle** sich vom Hintergrund abheben

odcin|ek M (*-nka; -nki*) Abschnitt *m*; *filmu, powieści* Folge *f*; **~ek czasu** Zeitspanne *f*; **powieść** *f* **w ~kach** Fortsetzungsroman *m*

odcisk M (*-u; -i*) Abdruck *m*; MED Hühnerauge *n*, Blase *f*; **~i** *pl* **palców** Fingerabdrücke *pl*; **nadepnąć** *pf* **na ~ k-u** *fig* j-m auf den Schlips treten

odciskać (*-am*) ⟨**-nąć**⟩ (*-nę*) *ślad* eindrücken; *sok* ausdrücken; *pieczęć* aufdrücken; **~ się** sich abdrücken; *fig* Spuren hinterlassen

odcumowywać (*-wuję*) ⟨**odcumować**⟩ (*-uję*) MAR losmachen

odcyfrowywać (*-wuję*) ⟨**odcyfrować**⟩ (*-uję*) entziffern

odczekać PF (*-am*) abwarten

odczepiać (*-am*) ⟨**-ić**⟩ (*-ię*) abhängen, abkoppeln; **~ się** sich loslösen, sich loskoppeln; **odczepić się** *pf* **od k-o** *umg* j-n in Ruhe lassen

odczepn|y: **na ~ego** *umg* um des lieben Friedens willen

odczuc|ie N (*-a*) Gefühl *n*; **~ia** *pl* **zmysłowe** Sinneseindrücke *pl*

odczuwać (*-am*) ⟨**odczuć**⟩ (*-uję*) empfinden, (ver)spüren; **~ jako** empfinden als; **dać** *pf* **~ k-u** j-n spüren lassen; **dać się** *pf* **~** zu spüren sein; **dał jej odczuć przewagę** er hat sie seine Überlegenheit spüren lassen; **daje się odczuć niechęć** man spürt die Abneigung

odczuwalny spürbar

odczyn M (*-u; -y*) CHEM pH-Wert *m*; **~nik** M (*-a; -i*) CHEM Reagens *n*

odczyt M (*-u; -y*) Vortrag *m*; TECH Ablesung *f*

odczytywać (*-uję*) ⟨**odczytać**⟩ (*-am*) entziffern; *licznik* ablesen; (*interpretować*) auffassen; EDV lesen; **~ na głos** laut vorlesen

oddać PF → oddawać

oddalać (*-am*) ⟨**-ić**⟩ (*-lę*) entfernen; (*odwlekać*) hinauszögern; *wniosek* ablehnen; **~ się** sich entfernen (*a. fig*) (**od** *gen* von *dat*)

oddal|enie N (*-a*) Entfernung *f* (*a. fig*); *wniosku* Ablehnung *f*; **~ony** entfernt (**od** *gen* von *dat*); **~ony o dwa kilometry** zwei Kilometer entfernt

odda|nie N (*-a; bpl*) Rückgabe *f*; *fig* Hingabe *f*; **~nie do eksploatacji** Inbetriebnahme *f*; **z ~niem** hingebungsvoll, mit Hingabe; **~ny** ergeben, treu; (*pochłonięty*) vertieft, versunken (in *akk*)

oddawać (*oddaję*) ⟨**oddać**⟩ (*-am*) abgeben; (*zwracać*) zurückgeben; (*ofiarowywać*) übergeben, überlassen; *usługę, cześć* erweisen; *pocałunki* erwidern; *sens, nastrój* wiedergeben; ~ **głos** (**na** *akk*) POL seine Stimme geben (*dat*); ~ **mocz** harnen; ~ **pod sąd** vor Gericht bringen; ~ **pod opiekę** in Obhut geben; ~ **przysługę** e-n Gefallen tun; ~ **życie** sein Leben opfern; ~ **krew** Blut spenden; ~ **do użytku** in Betrieb nehmen; ~ **do dyspozycji** zur Verfügung stellen; ~ **do naprawy** reparieren lassen; ~ **kliszę do wywołania** den Film entwickeln lassen; ~ **się** sich widmen, sich hingeben; sich überlassen; ~ **się lekturze** sich der Lektüre widmen; ~ **się marzeniom** sich seinen Träumen überlassen; ~ **się lenistwu** *umg* sich lümmeln; ~ **się w ręce policji** sich der Polizei stellen

oddaw|ca M (*-y; gen -ów*), **~czyni** F (*-i; -e*) Überbringer(in) *m(f)*

oddech M (*-u; -y*) Atmung *f*; Atem(zug) *m*; **świeży** ~ frischer Atem *m*; **nieświeży** *od* **przykry** ~ Mundgeruch *m*; **~owy** Atem-, Atmungs-

oddelegowywać (*-wuję*) ⟨**oddelegować**⟩ (*-uję*) *pracownika* versetzen

oddłużenie N (*-a*) Schuldenerlass *m*

oddolny POL von unten, von der Basis (her)

oddychać (*-am*) atmen; ~ **głęboko** tief einatmen; ~ **świeżym powietrzem** frische Luft einatmen

oddychanie N (*-a; bpl*) Atmung *f*, Atmen *n*; **sztuczne** ~ künstliche Beatmung *f*

oddział M (*-u; -y*) Abteilung *f*; (*filia*) Zweigstelle *f*, Filiale *f*; *w szpitalu* Station *f*; MIL Einheit *f*; ~ **intensywnej opieki** Intensivstation *f*; ~ **karny** JUR Strafkammer *f*

oddziałowa F (*-ej; -e*) Oberschwester *f*, Stationsschwester *f*

oddziałowy Abteilungs-; *w szpitalu* Stations-

oddziaływać (*-uję*) ⟨**oddziałać**⟩ (*-am*) sich auswirken (**na** *akk* auf *akk*); CHEM reagieren

oddzielać (*-am*) ⟨**-ić**⟩ (*-lę*) (ab)trennen; ~ **się** sich entfernen; *rzecz* sich lösen

oddzielny einzeln, getrennt; (*szczególny*) besondere(r); *pokój, wejście* separat

oddzierać (*-am*) ⟨**odedrzeć**⟩ (*odedrę*) abreißen

oddzwaniać (*-am*) ⟨**oddzwonić**⟩ (*-ię*) zurückrufen

oddźwięk M (*-u; -i*) *fig* Anklang *m*, Echo *n*

ode PRÄP: ~ **mnie** von mir

odebrać* PF → odbierać

odechciewać się (*3. Pers -a*) ⟨**odechcieć się**⟩ (*odechce*): **odechciewa mi się** (*gen od + inf*) ich habe keine Lust mehr (auf *akk od* zu + *inf*); **odechciało mu się** er hat die Lust verloren (auf *akk od* zu + *inf*)

odedrzeć PF → oddzierać

odegnać PF → odganiać

odegrać PF → odgrywać

odejmować (*-uję*) ⟨**odjąć**⟩ (*odejmę*) (*odłączać*) abnehmen (*a.* MED); MAT subtrahieren, abziehen; ~ **sobie lat** sich jünger machen; **odejmować sobie od ust** sich vom Munde absparen

odejmowanie N (*-a; bpl*) MAT Subtraktion *f*

odejście N (*-a*) Weggang *m*; Weggehen *n*, Fortgehen *n*

odejść* PF: ~ **z kwitkiem** nichts erledigen, nichts erreichen; → odchodzić

odemknąć PF → odmykać

odepchnąć PF → odpychać

odeprzeć* PF V/I entgegnen, erwidern; → odpierać

oderwać* PF → odrywać

oderwan|ie N (*-a; bpl*) Abreißen *n*; Loslösung *f*; **w ~iu od** (*gen*) losgelöst, isoliert von (*dat*); **~ie od rzeczywistości** Realitätsferne *f*; **w ~iu od rzeczywistości** weltfremd, realitätsfern

oderwany abgerissen; *fig* zusammenhangslos, einzeln; ~ **od** (*dat*) isoliert, losgelöst von (*dat*); ~ **od rzeczywistości** weltfremd, realitätsfern

oderznąć PF → odrzynać

odesłać* PF → odsyłać

odespać PF → odsypiać

odetchnąć PF (*-nę*) aufatmen (*a. fig*); ~ **świeżym powietrzem** an die frische Luft gehen; ~ **z ulgą** erleichtert aufatmen

odetkać PF → odtykać

odezwa F (*-y*) Aufruf *m*, Appell *m*

odezwać się PF → odzywać się

odęty aufgedunsen; *fig* mürrisch

odfajkowywać (*-wuję*) ⟨**odfajkować**⟩ (*-uję*) *umg* abhaken

odfruwać (*-am*) ⟨**odfrunąć**⟩ (*-nę*) wegfliegen

odgadywać (*-uję*) ⟨**odgadnąć**⟩ (*-nę*) erraten; ~ **zagadkę** ein Rätsel lösen

odgałęziać się (*3. Pers -a*) ⟨**-ić**⟩ (*-zi*) sich abzweigen

odgałęzienie N (*-a*) Abzweigung *f*
odganiać (*-am*) ⟨**odgonić**⟩ (*-ię*) *od* ⟨**odegnać**⟩ (*-am*) verjagen (*a. fig*); *muchy, komary* verscheuchen
odgarniać (*-am*) ⟨**-nąć**⟩ (*-nę*) beiseiteschieben, zurückschieben; *śnieg* räumen; *włosy* zurückstreichen
odginać (*-am*) ⟨**odgiąć**⟩ (*odegnę*) aufbiegen, zurückbiegen
odgłos M (*-u; -y*) Widerhall *m*, Nachhall *m*; **~y** *pl* Geräusche *pl*
odgniatać (*-am*) ⟨**odgnieść***⟩ (*odgniotę*) abdrücken; **~ sobie stopy** Blasen an den Füßen bekommen; **~ się** sich abdrücken
odgonić PF → odganiać
odgórny POL von oben
odgradzać (*-am*) ⟨**odgrodzić**⟩ (*-ę*) abtrennen; **~ płotem** abzäunen; **~ się** sich abgrenzen (*a. fig*) (**od** *gen* von *dat*)
odgraniczać (*-am*) ⟨**-yć**⟩ (*-ę*) abgrenzen (*a. fig*); **~ się** sich abgrenzen (*a. fig*)
odgrażać się (*-am*) drohen
odgrodzić PF → odgradzać
odgruzowywać (*-wuję*) ⟨**odgruzować**⟩ (*-uję*) enttrümmern, Schutt beseitigen
odgrywać (*-am*) ⟨**odegrać**⟩ (*-am*) *sztukę, utwór* spielen; **~ ważną rolę** e-e wichtige Rolle spielen; **~ się** *umg* sich revanchieren, heimzahlen (**za** *akk* für *akk*)
odgryzać (*-am*) ⟨**odgryźć***⟩ (*odgryzę*) abbeißen, abknabbern; **~ się** schlagfertig antworten
odgrzać PF → odgrzewać
odgrzebywać (*-uję*) ⟨**odgrzebać**⟩ (*-ię*) ausgraben (*a. fig*); **~ zasypanych** Verschüttete bergen
odgrzewać (*-am*) ⟨**odgrzać**⟩ (*-eję*) aufwärmen
odgwizdywać (*-uję*) ⟨**odgwizdać**⟩ (*odgwiżdżę*) SPORT abpfeifen; *piosenkę* pfeifen
odhaczać (*-am*) ⟨**-yć**⟩ (*-ę*) *umg* abhaken
odholować PF (*-uję*) abschleppen
odizolować PF → izolować
odjazd M (*-u; -y*) Abreise *f*; *pociągu, autobusu* Abfahrt *f*; **~owy (-owo)** *umg* abgefahren, cool
odjąć PF: **odjęło mu mowę** es hat ihm die Sprache verschlagen; **odjęło mu rozum** er hat den Verstand verloren; **cztery ~ dwa** vier minus zwei; → odejmować
odjechać PF → odjeżdżać
odjezdne: **na ~** beim Wegfahren, zum Abschied

O

odjeżdżać (*-am*) ⟨**odjechać***⟩ (*odjadę*) wegfahren, abreisen; *autobus, pociąg* abfahren
odkarmiać (*-am*) ⟨**-ić**⟩ (*-ię*) *umg* aufpäppeln
odkarmiony wohlgenährt
odkażać (*-am*) ⟨**odkazić**⟩ (*odkażę*) desinfizieren; *teren* entgiften, sanieren
odkażający desinfizierend, antiseptisch
odkąd PRON seit; seit wann; (*od miejsca*) von wo
odklejać (*-am*) ⟨**-ić**⟩ (*-ię*) *znaczek* lösen; **~ się** sich lösen
odklepywać (*-uję*) ⟨**odklepać**⟩ (*-ię*) *umg* herunterleiern
odkładać (*-am*) ⟨**odłożyć**⟩ (*-ę*) beiseitelegen, hinlegen; (*oszczędzać*) zurücklegen; (*odraczać*) verschieben; *zebranie* vertagen; **~ słuchawkę** (den Hörer) auflegen; **~ na czarną godzinę** für den Notfall zurücklegen; auf die hohe Kante legen; **~ się** sich ablagern
odkłaniać się (*-am*) ⟨**odkłonić się**⟩ (*-ię*): **~ k-u** j-n zurückgrüßen
odkochiwać się (*-uję*) ⟨**odkochać się**⟩ (*-am*) nicht mehr verliebt sein
odkomenderować PF (*-uję*) abkommandieren
odkopywać (*-uję*) ⟨**odkopać**⟩ (*-ię*) ausgraben; **~ zasypanych** Verschüttete bergen; ⟨**odkopnąć**⟩ (*-nę*) *piłkę* zurückschlagen
odkorkowywać (*-wuję*) ⟨**odkorkować**⟩ (*-uję*) entkorken, öffnen
odkrajać, odkrawać (*-am*) ⟨**odkroić**⟩ (*-ję*) abschneiden
odkręcać (*-am*) ⟨**odkręcić**⟩ (*-ę*) abschrauben, abdrehen; *kurek* aufdrehen; *fig umg* widerrufen; **~ się** sich umdrehen
odkroić PF → odkrajać
odkrycie N (*-a*) Entdeckung *f*; *tajemnicy* Enthüllung *f*; *spisku* Aufdeckung *f*
odkry|ty offen, frei; **z ~tą głową** barhäuptig
odkrywać (*-am*) ⟨**odkryć**⟩ (*-yję*) entdecken; *tajemnicę* enthüllen; *spisek* aufdecken; *ramiona* entblößen; **~ na nowo Amerykę** das Rad neu erfinden; **~ się** sich aufdecken
odkrywca M (*-y; gen -ów*) Entdecker *m*
odkryw|czy Entdeckungs-, bahnbrechend; originell; **~cza wyprawa** *f* Entdeckungsreise *f*; **~czy umysł** *m* Forscher-

geist *m*; **~czyni** F (*-i*; *-e*) Entdeckerin *f*; **~ka** F (*-i*; *gen -wek*) GÓRN Tagebau *m*

odkrztuszać (*-am*) ⟨**odkrzsztusić**⟩ (*odkrztuszę*) abhusten

odkrzykiwać (*-uję*) ⟨**odkrzyknąć**⟩ (*-nę*) zurückrufen, auf e-n Ruf antworten

odkształcać (*-am*)⟨**-ić**⟩ (*-cę*) verformen; **~ się** sich verformen

odkuć PF → odkuwać

odkup M (*-u*; *bpl*) Rückkauf *m*; **prawo** *n* **~u** Rückkaufrecht *n*

odkupiciel M (*-a*; *bpl*) REL Erlöser *m*

odkupić PF → odkupywać

odkupienie N (*-a*; *bpl*) REL Erlösung *f*

odkupywać (*-uję*) ⟨**-ić**⟩ (*-ię*) zurückkaufen (**od** *gen* von *dat*); *stratę* ersetzen; *winę* sühnen, abbüßen

odkurzacz M (*-a*; *-e*) Staubsauger *m*

odkurzać (*-am*) ⟨**-yć**⟩ (*-ę*) staubsaugen; *fig* ausgraben

odkuwać (*-am*) ⟨**odkuć**⟩ (*-uję*) abmeißeln; abhauen, abschlagen; **~ się** *umg* finanziell auf die Beine kommen

odlać PF → odlewać

odlatywać (*-uję*) ⟨**odlecieć**⟩ (*odlecę*) wegfliegen, abfliegen; (*odpadać*) abfallen, abblättern; **nasz samolot odlatuje o drugiej** unser Flugzeug fliegt um zwei

odleg|łość F (*-ści*) Entfernung *f*, Abstand *m*; **~ły** entlegen, entfernt; *w czasie* fern, (längst) vergangen; **~ły o pięć kilometrów** fünf Kilometer entfernt; **~ła przeszłość** ferne Vergangenheit *f*

odlepiać (*-am*) ⟨**-ić**⟩ (*-ię*) ablösen

odlew[1] M (*-u*; *-y*) Abguss *m*, Gussstück *n*

odlew[2]: **uderzyć na ~** *umg* mit aller Kraft schlagen

odlewać (*-am*) ⟨**odlać**⟩ (*odleję*) abgießen; TECH gießen; **~ się** *pop* pissen

odlew|nia F (*-i*; *-e*) Gießerei *f*; **~niczy** Guss-

odleżeć PF (*-ę*): **~ chorobę** eine Krankheit im Bett auskurieren; **~ sobie plecy** sich den Rücken wund liegen; **~ się** *owoce* nachreifen

odleżyny F/PL (*gen -*) MED wund gelegene Stellen *f/pl*

odliczać (*-am*) ⟨**-yć**⟩ (*-ę*) abzählen; FIN abrechnen, abziehen

odlicze|nie N (*-a*) FIN Abzug *m*; **po ~niu** (*gen*) abzüglich (*gen*)

odlot M (*-u*; *-y*) Abflug *m*; **czas** *m* **~u** Abflugzeit *f*; **~owy** *umg* abgefahren

odlu|dek M (*-dka*; *-dki*) Eigenbrötler *m*, Kauz *m*; **~dny** abgelegen, abgeschieden, menschenleer; **~dzie** N (*-a*) Einöde *f*; **na ~dziu** in der Einöde, abgeschieden

odłam M (*-u*; *-y*) POL Splittergruppe *f*, Splitterpartei *f*; **~ek** M (*-mka*; *-mki*) Bruchstück *n*; *ostry* Splitter *m* (*a.* MIL); **~ek szkła** Glassplitter *m*; **~ek granatu** Granatsplitter *m*

odłamywać (*-uję*) ⟨**odłamać**⟩ (*-ię*) *v/t* abbrechen; **~ się** *v/i* abbrechen

odłączać (*-am*) ⟨**-yć**⟩ (*-ę*) abkoppeln, abhängen; loslösen; (ab)trennen; *osoby* (voneinander) trennen; *dopływ* unterbrechen; ELEK, MED abschalten; **~ się** sich abkoppeln; sich loslösen; *osoby* sich entfernen, sich absondern

odłożyć PF → odkładać

odłogi M/PL (*gen -ów*) Brache *f*, Brachfeld *n*; **leżeć ~em** brachliegen (*a. fig*)

odłupywać (*-uję*) ⟨**odłupać**⟩ (*-ię*) absplittern; abschlagen, abspalten; **~ się** *v/i* abbröckeln; absplittern; abplatzen

odma F (*-y*) MED Pneumothorax *m*

odmachiwać (*-uję*) ⟨**odmachać**⟩ (*-am*) *od* ⟨**odmachnąć**⟩ (*-nę*) zurückwinken

odmaczać (*-am*) ⟨**odmoczyć**⟩ (*-ę*) *v/t* einweichen; **~ się** *v/t* einweichen

odmalowywać (*-wuję*) ⟨**odmalować**⟩ (*-uję*) neu streichen; *fig* zeichnen; **~ się** *fig* sich malen

odmarzać [-r-z-] (*-am*) ⟨**odmarznąć**⟩ (*-nę*) *v/i* auftauen

odmaszerowywać (*-wuję*) ⟨**odmaszerować**⟩ (*-uję*) MIL abmarschieren

odmawiać (*-am*) ⟨**odmówić**⟩ (*-ię*) (*gen*) ablehnen, nicht annehmen (*akk*); *termin, wizytę* absagen; **~ k-u prawa** j-m ein Recht absprechen; **~ k-u talentu** j-m ein Talent absprechen; **~ sobie** (*gen*) sich versagen, sich nicht gönnen (*akk*); **~ modlitwę** *od* **pacierz** ein Gebet sprechen, beten; **~ służby wojskowej** den Wehrdienst verweigern; **~ pomocy k-u** j-m seine Hilfe versagen *od* verweigern; **~ posłuszeństwa k-u** j-m den Gehorsam verweigern; **~ posłuszeństwa** TECH versagen

odmeldowywać się (*-wuję*) ⟨**odmeldować**⟩ (*-uję*) MIL sich abmelden

odmęt M (*-u*; *-y*) Fluten *f/pl*, Tiefe *f*

odmia|na F (*-y*) (*rodzaj*) Variante *f*, Spielart *f*; AGR Sorte *f*; GRAM Flexion *f*; (*zmiana*) Abwechslung *f*; Wechsel *m*; **~na**

odnieść, ponieść, doznać

odnieść zasłużone zwycięstwo	den verdienten Sieg davontragen
odnieść wrażenie	den Eindruck haben
ponieść osobistą klęskę	eine persönliche Niederlage erleiden
ponieść konsekwencje	die Folgen tragen
ponieść koszty	die Kosten tragen
doznać przykrości	Unannehmlichkeiten bekommen

rzeczownika Deklination *f*; **~na czasownika** Konjugation *f*; **dla ~ny** zur Abwechslung

odmieniać (*-am*) ⟨**-ić**⟩ (*-ię*) (ver)ändern, verwandeln; GRAM flektieren, beugen; *rzeczownik* deklinieren; *czasownik* konjugieren; **~ się** sich (ver)ändern, sich verwandeln; GRAM flektiert werden, gebeugt werden; *rzeczownik* dekliniert werden; *czasownik* konjugiert werden

odmieniec M (*-ńca; -ńcy*) Kauz *m*

odmien|ność F (*-ści; bpl*) Verschiedenheit *f*, Andersartigkeit *f*; **~ność poglądów** Meinungsverschiedenheit *f*; **~ny** anders(artig), verschieden; GRAM flektierbar

odmierzać (*-am*) ⟨**-yć**⟩ (*-ę*) abmessen, ausmessen; *godziny* zählen

odmładzać (*-am*) ⟨**odmłodzić**⟩ (*-dzę*) jünger machen, jünger erscheinen lassen; *zespół* verjüngen

odmładzający Verjüngungs-

odmłodnieć PF → młodnieć

odmłodzić PF → odmładzać

odmoczyć PF → odmaczać

odmo|wa F (*-y*) Absage *f*, Ablehnung *f*; **~wa pomocy** JUR unterlassene Hilfeleistung *f*; **~wny** ablehnend, negativ; *ofic* abschlägig

odmówić PF → odmawiać

odmrażacz M (*-a; -e*) Entfroster *m*

odmrażać (*-am*) ⟨**odmrozić**⟩ (*odmrożę*) *szybę* entfrosten, enteisen; *lodówkę* abtauen; *mrożonkę* auftauen; **~ sobie palce** an den Füßen *od* Händen Erfrierungen erleiden

odmrożenie N (*-a*) MED Erfrierung *f*

odmrukiwać (*-uję*) ⟨**-nąć**⟩ (*-nę*) mürrisch antworten

odmyć PF → odmywać

odmykać (*-am*) ⟨**odemknąć**⟩ (*-nę*) öffnen, aufmachen; *zamek* aufschließen

odnająć PF → odnajmować

odnajdywać (*-uję*) ⟨**odnaleźć**⟩ (*odnajdę*) wiederfinden, auffinden; **~ się** sich wieder finden; *fig* zurecht kommen

odnajmować (*-uję*) ⟨**odnająć**⟩ (*odnajmę*): **~ k-u** an j-n vermieten; **~ od k-o** von j-m mieten

odnalezienie N (*-a; bpl*) Wiederfindung *f*, Auffindung *f*

odnaleźć˙ PF → odnajdywać

odnawiać (*-am*) ⟨**odnowić**⟩ (*-ię, -nów!*) erneuern; *mieszkanie* renovieren; *kontakty* wieder aufnehmen, wiederherstellen; **~ się** sich erneuern; *kontakty* wieder aufgenommen werden; *choroba* wieder aufbrechen; *rana* aufreißen

odniesien|ie N (*-a*): **w ~iu do** (*gen*) in Bezug auf (*akk*), bezüglich (*gen*); **punkt** *m* **~ia** Bezugspunkt *m*

odnieść˙ PF → odnosić

odnoga F (*-i; gen -nóg*) *rzeki* Flussarm *m*; *górska* Bergausläufer *m*

odnosić (*odnoszę*) ⟨**odnieść**⟩ (*odniosę*) (*zanosić*) (hin)bringen; **~ (z powrotem)** zurückbringen; *sukces* erzielen; *korzyść* ziehen; *zwycięstwo* davontragen, erringen; *szkodę, rany* erleiden; **~ do** (*gen*) beziehen auf (*akk*); **odnoszę wrażenie, że …** ich habe den Eindruck, dass …; **~ się dobrze do k-o** j-n gut behandeln; **~ się do k-o z dystansem** sich j-m gegenüber distanziert verhalten; **odnosić się do** (*gen*) (*dotyczyć*) sich beziehen auf (*akk*), betreffen (*akk*)

odnośnie: **~ do** (*gen*) in Hinsicht auf (*akk*), hinsichtlich (*gen*)

odnośnik M (*-a; -i*) Verweis *m*, Fußnote *f*; (*znak*) Verweiszeichen *n*

odnośny betreffend, entsprechend

odnotowywać (*-wuję*) ⟨**odnotować**⟩ (*-uję*) vermerken, notieren

odnowić PF → odnawiać

odnowienie N (*-a*) Erneuerung *f*; *mieszkania* Renovierung *f*; *kontaktów* Wiederaufnahme *f*

odnóża N/PL (*gen -y*) ZOOL Beine *n/pl*

odosabniać (-am) 〈**odosobnić**〉 (-ię, -nij!) isolieren, absondern; **~ się** sich isolieren, sich absondern
odosob|nienie N (-a; bpl) Zurückgezogenheit f, Isolation f; (*miejsce*) Abgeschiedenheit f; **~niony** *miejsce* abgeschieden; *przypadek* vereinzelt; *życie* zurückgezogen
odór M (-oru; -ory) Gestank m, übler Geruch m
odpadać (-am) 〈**odpaść**〉 (*odpadnę*) abfallen; *tynk* abbröckeln; SPORT ausscheiden; **odpada!** das kommt nicht infrage!
odpad|ki M/PL (*gen -ów*) Abfälle m/pl; **~ki kuchenne** Küchenabfälle m/pl; **~kowy** Abfall-, Recycling-
odpady M/PL (*gen -ów*) Abfall m, Abfallprodukt n; *drewna* Restholz n, Abfallholz n; **~ radioaktywne** Atommüll m, radioaktiver Abfall m
odpalać (-am) 〈**-ić**〉 (-lę) MIL zünden; *papierosa* anzünden (**od** *gen* von *dat*); v/i *umg* schlagfertig antworten; (*dać*) *umg* springen lassen
odparc|ie N (-a; bpl) *ataku* Zurückschlagen n; *zarzutu* Widerlegung f; **argument nie do ~ia** unwiderlegbares Argument n, stichhaltiges Argument n
odparowywać (-wuję) 〈**odparować**〉 (-uję) *kartofle* abschütten; v/i *umg* schlagfertig antworten
odparzać (-am) 〈**-yć**〉 (-ę) wund reiben; **~ sobie stopy** sich die Füße wund laufen
odparzenie N (-a) MED Hautwolf m
odpaść* PF → odpadać
odpędzać (-am) 〈**odpędzić**〉 (-dzę) verjagen, vertreiben (a. *fig*); *owady* wegscheuchen
odpiąć PF → odpinać
odpieczętowywać (-wuję) 〈**odpieczętować**〉 (-uję) das Siegel aufbrechen, entsiegeln
odpierać (-am) 〈**odeprzeć**〉 (*odeprę*) *wroga* zurückdrängen; *cios* parieren; *zarzut* zurückweisen; *argument* widerlegen; **~ atak** zurückschlagen
odpiłowywać (-wuję) 〈**odpiłować**〉 (-uję) absägen
odpinać (-am) 〈**odpiąć**〉 (*odepnę*) *kaptur* abknöpfen; *guzik, kurtkę* aufknöpfen; **~ się** *agrafka* sich lösen, aufgehen
odpis M (-u; -y) *dokumentu* Abschrift f; FIN Abbuchung f, Abrechnung f
odpisywać (-uję) 〈**odpisać**〉 (*odpiszę*) FIN abrechnen, abbuchen; *własność* übertragen; **~ k-u** an j-n zurückschreiben; **~ od k-o** von j-m abschreiben; **~ od podatku** von der Steuer absetzen
odplamiacz M (-a; -e) Fleckenentferner m
odpłacać (-am) 〈**-ić**〉 (-ę) (**za** *akk*) heimzahlen, vergelten (*akk*); (*być wdzięcznym*) sich revanchieren (für *akk*); **~ pięknym za nadobne k-u** j-m mit gleicher Münze heimzahlen; **~ się** sich revanchieren
odpłatny kostenpflichtig
odpłynąć PF → odpływać
odpływ M (-u; -y) Abfluss m; GEOG Ebbe f; **~ kapitału** Kapitalabfluss m
odpływać (-am) 〈**odpłynąć**〉 (-nę) wegschwimmen; *statek* in See stechen, auslaufen; *ciecz* abfließen
odpływowy Abfluss-; GEOG Ebbe-
odpocząć PF → odpoczywać
odpoczyn|ek M (-nku; -nki) Erholung f; **chwila** f **~ku** Ruhepause f, Rast f
odpoczywać (-am) 〈**odpocząć**〉 (-nę) sich erholen, sich ausruhen
odpokutowywać (-wuję) 〈**odpokutować**〉 (-uję) büßen
odpompowywać (-wuję) 〈**odpompować**〉 (-uję) abpumpen
odporn|ość F (-ści; bpl) Widerstandsfähigkeit f (a. TECH); MED Immunität f; BIOL Resistenz f
odpornościowy: **układ** m **~** Immunsystem n
odporny widerstandsfähig (a. TECH); **~ na** (*akk*) unempfindlich gegen (*akk*); MED immun; BIOL resistent; **~ na wpływy atmosferyczne** wetterfest; **~ na zimno** kälteunempfindlich; **~ na wstrząsy** stoßfest
odpowiadać (-am) 〈**odpowiedzieć**〉 (*odpowiem*) antworten; **~ na** (*akk*) beantworten (*akk*); **odpowiadać za** (*akk*) verantwortlich sein für (*akk*), verantworten (*akk*); haften für (*akk*); **odpowiadać** (*dat*) (*zgadzać się*) entsprechen (*dat*), übereinstimmen (mit *dat*); (*pasować*) zusagen; **~ na listy** Briefe beantworten; **czy to ci odpowiada?** sagt dir das zu?, bist du damit zufrieden?; **to nie odpowiada prawdzie** das entspricht nicht der Wahrheit; **telefon nie odpowiada** es geht niemand ran; **odpowiadać przed sądem**

O

sich vor Gericht verantworten

odpowiedni **(-nio)** *osoba* geeignet; *wyraz, dieta* richtig; *strój* angemessen, passend; *kwalifikacje* erforderlich; (*odpowiadający*) entsprechend; **~ do** (*gen*) angemessen (*dat*), passend zu (*dat*); entsprechend (*dat*); **~ na** (*akk*) geeignet für (*akk*); **~ dla k-o** für j-n geeignet; j-m angemessen

odpowiednik M (*-a; -i*) Entsprechung *f*, Äquivalent *n*

odpowiedzialno|ść F (*-ści; bpl*) Verantwortung *f*; **~ść cywilna** JUR Haftpflicht *f*; **~ść karna** JUR strafrechtliche Verantwortung *f*; **pociągnąć** *pf* **k-o do ~ści** j-n veranwortlich machen (**za** *akk* für *akk*)

odpowiedzialny verantwortungsvoll, verantwortungsbewusst; **~ za** (*akk*) verantwortlich, zuständig für (*akk*); (*winny*) verantwortlich

odpowiedzieć PF → odpowiadać

odpowiedź F (*-dzi*) Antwort *f*

odpowietrzać (*-am*) ⟨**-yć**⟩ (*-ę*) entlüften

odpowietrznik M (*-a; -i*) Entlüfter *m*

odpowietrzyć PF → odpowietrzać

odpór M (*-oru; bpl*) Widerstand *m*

odpracowywać (*-wuję*) ⟨**odpracować**⟩ (*-uję*) abarbeiten

odprawa F (*-y*) Besprechung *f*; (*replika*) Abfuhr *f*; (*zapłata*) Abfindung *f*; (*załatwianie formalności*) Abfertigung *f*; **~ bagażu** Gepäckabfertigung *f*; **~ celna** Zollabfertigung *f*

odprawiać (*-am*) ⟨**-ić**⟩ (*-ię*) *osobę* wegschicken; *towar* abfertigen; **~ mszę** *w kościele katolickim* die Messe lesen; *w kościele ewangelickim* den Gottesdienst abhalten; **odprawić** *pf* **z kwitkiem k-o** *umg* j-n abwimmeln, j-n abblitzen lassen

odprężać (*-am*) ⟨**-yć**⟩ (*-ę*) entspannen; **~ się** sich entspannen

odprężenie N (*-a; bpl*) Entspannung *f*

odprowadzać (*-am*) ⟨**-ić**⟩ (*-ę*) bringen, begleiten; *gaz, wodę* ableiten; *więźnia, towar* abführen; **~ na dworzec** zum Bahnhof bringen; **~ do domu** nach Hause bringen; **~ wzrokiem** (*akk*) nachblicken, nachschauen (*dat*)

odpruwać (*-am*) ⟨**odpruć**⟩ (*odpruję*) *kieszeń* abtrennen; **~ się** abreißen

odprysk M (*-u; -i*) *szkła* Splitter *m*; **~i** *pl* **farby** abgeblätterte Farbe *f*

odpryskiwać (*3. Pers -uje*) ⟨**odprysnąć**⟩ (*odpryśnie*) absplittern, abplatzen

odpukiwać (*-uję*) ⟨**odpukać**⟩ (*-am*) zurückklopfen, Klopfzeichen erwidern; **odpukać** *pf* **(w niemalowane)!** *umg* toi, toi, toi!

odpust M (*-u; -y*) Kirchweih *f*, Kirmes *f*; REL Ablass *m*; **~owy** *fig* kitschig

odpuszczać (*-am*) ⟨**odpuścić**⟩ (*odpuszczę*) *winy* vergeben; **~ sobie** *umg* sausen lassen

odpychać (*-am*) ⟨**odepchnąć**⟩ (*-nę*) wegstoßen; **odpychać** *fig* abstoßen, abstoßend sein; **~ się** sich wegstoßen, sich zurückstoßen

odpychający **(-co)** abstoßend

odpytywać (*-uję*) ⟨**odpytać**⟩ (*-am*) *ucznia* abfragen

odra F (*-y; bpl*) MED Masern *pl*

Odra F (*-y; bpl*) Oder *f*

odrabiać (*-am*) ⟨**odrobić**⟩ (*-ię*) *zaległości* nachholen; *błędy* wiedergutmachen; *dług* abarbeiten; **~ lekcje** s-e Hausaufgaben machen

odraczać (*-am*) ⟨**odroczyć**⟩ (*-ę*) aufschieben, verlegen; *zebranie, posiedzenie* vertagen; *wyrok* aussetzen

odradzać (*-am*) ⟨**-ić**⟩ (*-ę*) abraten (*gen* von *dat*)

odradzać się (*-am*) ⟨**odrodzić się**⟩ (*-ę*) wieder aufleben, zu neuem Leben erwachen

odrapany *budynek* heruntergekommen, schäbig

odrapywać (*-uję*) ⟨**odrapać**⟩ (*-ię*) abkratzen, abschaben

odrastać (*3. Pers -a*) ⟨**odrosnąć**⟩ (*odrośnie*) nachwachsen

odratowywać (*-wuję*) ⟨**odratować**⟩ (*-uję*) retten, wiederbeleben

odra|za F (*-y; bpl*) Abscheu *m*, Widerwille *m*; **~żający** **(-co)** abstoßend, widerlich

odrąbywać (*-uję*) ⟨**odrąbać**⟩ (*-ię*) abhacken, abhauen

odreagowywać (*-wuję*) ⟨**odreagować**⟩ (*-uję*) abreagieren

odredakcyjny von der Redaktion

odremontowany frisch renoviert

odrestaurowywać (*-wuję*) ⟨**odrestaurować**⟩ (*-uję*) restaurieren

odrębność F (*-ści*) Eigenart *f*

odrę|bny (*odmienny*) besondere(r), eigen; (*różny*) verschieden, andere(r); (*osob-*

O

ny) separat; **~czny** *podpis* handschriftlich; *rysunek* freihändig; *naprawa* sofortig, Sofort-

odrętwiały *(persf -li) ręce, nogi* steif, taub; *fig* abgestumpft, gelähmt

odrętwienie N *(-a)* Lähmung *f*, Apathie *f*

odrobić PF → odrabiać

odrobin|a F *(-y) (gen)* (ein) bisschen ...; *fig* Funken *m*

odrobinę ADV ein bisschen, ein wenig

odroczenie N *(-a)*: **~ kary** Strafaufschub *m*; **~ służby wojskowej** MIL Zurückstellung *f*

odroczyć PF → odraczać

odrodzenie N *(-a)* Aufleben *n*, Wiedergeburt *f*; ♀ MAL Renaissance *f*

odrodzić się PF → odradzać się

odrosnąć PF → odrastać

odrost M *(-u; -y)* BOT Ausläufer *m*, Seitentrieb *m*

odrosty PL *(gen -ów)* nachgewachsener Haaransatz in der natürlichen Farbe

odróżniać *(-am)* ⟨**-ić**⟩ *(-ię)* unterscheiden (**od** *gen* von *dat*); **odróżniać się** *(inst)* sich unterscheiden, sich abheben (durch *akk*); **odróżniać się od siebie** sich voneinander unterscheiden

odróżnie|nie N *(-a; bpl)* Unterscheidung *f*; **w ~niu** (**od** *gen*) im Gegensatz (zu *dat*); **nie do ~nia** nicht zu unterscheiden

odruch M *(-u; -y)* BIOL, MED Reflex *m*; *fig* Regung *f*, spontane Reaktion *f*; **~ wymiotny** MED Brechreiz *m*; **~ ssania** BIOL Saugreflex *m*; **~ warunkowy** PSYCH bedingter Reflex *m*; **~ bezwarunkowy** PSYCH unbedingter Reflex *m*

odruchowy **(-owo)** unwillkürlich, spontan; automatisch; BIOL Reflex-, reflexartig

odryglowywać *(-wuję)* ⟨**odryglować**⟩ *(-uję)* entriegeln

odrysowywać *(-wuję)* ⟨**odrysować**⟩ *(-uję)* abzeichnen

odrywać *(-am)* ⟨**oderwać**⟩ *(-ę)* abreißen; *wzrok* abwenden; **~ k-o** j-n abhalten, j-n ablenken (**od** *gen* von *dat*); **nie odrywaj go od pracy!** halte ihn nicht von der Arbeit ab!; **~ się** sich (ab)lösen, abreißen

odrzec* PF *(odrzeknę)* erwidern, entgegnen

odrzucać *(-am)* ⟨**-ić**⟩ *(-ę)* wegwerfen; zurückwerfen; *ofertę* zurückweisen, ausschlagen; *warunki, kandydaturę* ablehnen; *skargę* verwerfen

odrzut M *(-u; -y)* Rückstoß *m*; **~owiec** M *(-wca; -wce)* Düsenflugzeug *n*

odrzynać *(-am)* ⟨**oderżnąć**⟩ *(-nę)* abschneiden; *piłą* absägen

odsalanie N *(-a; bpl)* Entsalzung *f*

odsapka F *(-i; gen -pek) umg* Verschnaufpause *f*

odsapnąć PF *(-nę) umg* verschnaufen

odsączać *(-am)* ⟨**-yć**⟩ *(-ę)* filtern, abtropfen lassen

odsądzać *(-am)* ⟨**odsądzić**⟩ *(-ę)*: **~ k-o czci i wiary** j-n in Verruf bringen

odseparować → separować

odseparowywać *(-wuję)* ⟨**odseparować**⟩ *(-uję)* isolieren, absondern; **~ się** sich isolieren, sich absondern

odset|ek M *(-tka; -tki)* Prozent *n*; **~ki** *pl* FIN Zinsen *m/pl*; **~ki** *pl* **za zwłokę** Verzugszinsen *m/pl*

odsiać PF → odsiewać

odsiadywać *(-uję)* ⟨**odsiedzieć**⟩ *(odsiedzę) umg godziny* absitzen; *karę* abbrummen

odsiecz F *(-y; -e)* MIL Entsatz *m*

odsiedzieć PF → odsiadywać

odsiewać *(-am)* ⟨**odsiać**⟩ *(odsieję) mąkę* durchsieben; *fig* aussieben

odskakiwać *(-uję)* ⟨**odskoczyć**⟩ wegspringen (**od** *gen* von *dat*); *piłka* abprallen

odskocznia F *(-i; -e)* Sprungbrett *n* (*a. fig*); *(odpoczynek)* Entspannung *f*, Abwechslung *f*

odsłaniać *(-am)* ⟨**odsłonić**⟩ *(-ię)* aufdecken; *firankę* zurückziehen; *pomnik, prawdę* enthüllen; *piersi* entblößen; **~ się** *fig* sich offenbaren

odsłona F *(-y)* TEATR Aufzug *m*

odsłonić PF → odsłaniać

odsłonięcie N *(-a) pomnika* Enthüllung *f*

odsłonięty *miejsce* offen, frei; *piersi* entblößt

odsługiwać *(-uję)* ⟨**odsłużyć**⟩ *(-ę)*: **~ wojsko** s-n Wehrdienst ableisten

odsmażać *(-am)* ⟨**-yć**⟩ *(-ę) kotlety* aufwärmen

odsprzedawać *(odsprzedaję)* ⟨**odsprzedać**⟩ *(-am)* weiterverkaufen, abtreten

odstają|cy abstehend; **~ce uszy** *pl* abstehende Ohren *pl*, *umg* Segelohren *pl*

odstać PF *(odstoję) płyn* sich klären; *(stać) umg* abstehen

odstawać *(odstaję) kołnierz, uszy* abstehen; *fig* abweichen, auffallen

O

odstawiać (*-am*) ⟨**-ić**⟩ (*-ię*) wegstellen, beiseitestellen; *lek* absetzen; *towar* abliefern; **~ niemowlę (od piersi)** e-n Säugling entwöhnen; **~ numer** *umg* Mist bauen, Quatsch machen; **~ ważniaka** *umg* sich aufspielen
odstąpić PF → odstępować
odstąpienie N (*-a*) Abtretung *f*; Verzicht *m* (**od** *gen* auf *akk*); **~ od umowy** Rücktritt *m* vom Vertrag
odstęp M (*-u*; *-y*) Abstand *m*, Zwischenraum *m*; *w czasie* Zeitspanne *f*; (*klawisz*) Leertaste *f*
odstęp|ca M (*-y*; *gen -ów*) Abtrünnige(r) *m*; **~ne** N (*-ego*; *-e*) Abstandssumme *f*, Abstand *m*
odstępować (*-uję*) ⟨**odstąpić**⟩ (*-ię*) *v/t* abtreten, überlassen; V/I zurücktreten (**od** *gen* von *dat*); **odstępować od zasad** von seinen Grundsätzen abweichen *od* abgehen; **nie ~ k-o na krok** j-m nicht von der Seite weichen; **~ od umowy** vom Vertrag zurücktreten
odstępstwo N (*-a*) *od normy* Abweichung *f*; *od idei* Abtrünnigkeit *f*
odstraszać (*-am*) ⟨**-yć**⟩ (*-ę*) abschrecken (**od** *gen* von)
odstraszający (**-co**) abschreckend
odstręczać (*-am*) ⟨**-yć**⟩ (*-ę*) (*odstraszać*) abstoßen, abschrecken; (*zniechęcać*) abspenstig machen
odstrzał M (*-u*; *-y*) ŁOW Abschuss *m*
odsuwać (*-am*) ⟨**odsunąć**⟩ (*-nę*) wegschieben; beiseiteschieben; *zasuwkę, firankę* zurückschieben; **~ k-o** *fig* j-n fernhalten (**od** *gen* von *dat*); **~ od władzy** entmachten; **~ się** *v/i* abrücken, zur Seite rücken; *fig* sich zurückziehen, in den Hintergrund treten
odsyłacz M (*-a*; *-e*) Verweis *m*; Fußnote *f*
odsyłać (*-am*) ⟨**odesłać**⟩ (*odeślę*) *list* zurückschicken, zurücksenden; *w tekście* verweisen (**do** *gen* an *akk*)
odsypać PF → odsypywać
odsypiać (*-am*) ⟨**odespać**⟩ (*odeśpię*) ausschlafen, Schlaf nachholen
odsypywać (*-uję*) ⟨**odsypać**⟩ (*-ię*) abschütten
odszczepieniec M (*-ńca*; *-ńcy*) Abtrünnige(r) *m*
odszczurzać (*-am*) ⟨**-yć**⟩ (*-ę*) Ratten bekämpfen, Rattengift auslegen
odszkodowan|ie N (*-a*) Entschädigung *f*; Schadenersatz *m*; Schmerzensgeld *n*; **~ie za przymusowe roboty** Entschädigung *f* für Zwangsarbeit; **~ia wojenne** Reparationen *f/pl*
odszukiwać (*-uję*) ⟨**odszukać**⟩ (*-am*) wiederfinden, auffinden; **~ się** sich wieder finden
odszyfrowywać (*-wuję*) ⟨**odszyfrować**⟩ (*-uję*) entschlüsseln
odszykowywać (*-wuję*) ⟨**odszykować**⟩ (*odszykuję*) *umg* hübsch machen, herausputzen
odśnieżać (*-am*) ⟨**-yć**⟩ (*-ę*) Schnee räumen
odśnież|anie N (*-a*; *bpl*) Schneeräumung *f*, Schneedienst *m*; **~arka** F (*-i*; *gen -rek*) Schneeräumfahrzeug *n*
odśpiewać PF (*-am*) (ab)singen
odśrodkowy zentrifugal
odświeżać (*-am*) ⟨**-yć**⟩ (*-ę*) erfrischen; *fig* auffrischen; **~ się** sich erfrischen, sich frisch machen
odświeżacz M (*-a*; *-e*): **~ powietrza** Lufterfrischer *m*; **~ do ust** Mundspray *m od n*
odświeżyć PF → odświażać
odświętny festlich
odtajać PF (*odtaję*) auftauen
odtajniony öffentlich zugänglich
odtąd ADV seitdem; von nun an; *w przestrzeni* von hier ab
odtłuszczo|ny entfettet; **mleko** *n* **~ne** Magermilch *f*
odtransportować PF (*-uję*) abtransportieren, wegschaffen
odtrącać (*-am*) ⟨**odtrącić**⟩ (*-ę*) wegstoßen; *uszko* abschlagen; *fig* zurückweisen, abweisen
odtrutka F (*-i*; *gen -tek*) Gegengift *n*
odtwarzacz M (*-a*; *-e*): **~ płyt kompaktowych** CD-Player *m*; **~ wideo** Videorecorder *m*
odtwarzać (*-am*) ⟨**odtworzyć**⟩ (*-ę*) wiederherstellen, rekonstruieren; *nastrój* wiedergeben; *rolę* interpretieren, spielen; *z kasety* vorspielen; **~ się** BIOL sich regenerieren
odtwórca M (*-y*; *gen -ów*) Interpret *m*, Darsteller *m*; **~ głównej roli** Hauptdarsteller *m*
odtwórczy *pej* reproduktiv; **~ni** F (*-i*; *-e*) Interpretin *f*, Darstellerin *f*; **~ni głównej roli** Hauptdarstellerin *f*

odtykać (-*am*) ⟨**odetkać**⟩ (-*am*) entkorken, aufmachen
oduczać (-*am*)⟨**-yć**⟩ (-*ę*): **~ k-o** (*gen*) j-m abgewöhnen (*akk*); **~ się** sich abgewöhnen; (*zapomnieć*) verlernen; **~ się palić** sich das Rauchen abgewöhnen
odurzać (-*am*) ⟨**-yć**⟩ (-*ę*) berauschen; *gazem* betäuben; **~ się** sich berauschen (*inst* an *dat*)
odurz|ający berauschend; **środki ~ające** *m/pl* Rauschmittel *n/pl*; **~enie** N (-*a*) Rausch *m*, Rauschzustand *m*
odurzyć PF → odurzać
odwadniać (-*am*)⟨**odwodnić**⟩ (-*ię*, -*nij!*) entwässern; MED dehydrieren, Wasser entziehen
odwa|ga F (-*i*; *bpl*) Mut *m*; **~ga cywilna** Zivilcourage *f*; **nabrać** *pf* **~gi** *od* **zebrać się** *pf* **na ~gę** Mut fassen
odwalać (-*am*) ⟨**-ić**⟩ (-*lę*) wegräumen, wegwälzen; *pracę, zadanie umg pej* hinter sich bringen, abhaken; **~ kawał roboty** *umg* hart arbeiten, ackern; **~ fuchę** *od* **robotę** *umg pej* pfuschen, sich von der Arbeit drücken; **odwal się!** *pop* hau ab!, zieh die Leine!
odwar M (-*u*; -*y*) Auszug *m*, Sud *m*
odważać (-*am*) ⟨**-yć**⟩ (-*ę*) abwiegen
odważać się (-*am*)⟨**-yć się**⟩ (-*ę*) (**na** *akk*) wagen (*akk*), den Mut haben (zu *dat*)
odważ|nik M (-*a*; -*i*) Gewicht *n*; **~ny** mutig
odważyć PF → odważać
odważyć się PF → odważać się
odwdzięczać się (-*am*) ⟨**-yć się**⟩ (-*ę*) sich dankbar zeigen, sich revanchieren (**za** *akk* für *akk*)
odwet M (-*u*; *bpl*) Vergeltung *f*, Revanche *f*; **w ~** (**za** *akk*) als Rache (für *akk*); **~owiec** M (-*wca*; -*wcy*) Revanchist *m*; **~owy** Vergeltungs-, revanchistisch
odwiązywać (-*uję*)⟨**odwiązać**⟩ (*odwiążę*) losbinden; **~ się** sich losbinden
odwidzieć się PF (*3. Pers odwidzi*): **odwidziało mu się** *umg* er hat plötzlich keine Lust mehr
odwieczny uralt
odwiedzać (-*am*)⟨**-ić**⟩ (-*dzę*) besuchen; **~ przyjaciół** Freunde besuchen
odwiedziny PL (*gen* -) Besuch *m*; *w szpitalu, w więzieniu* Besuchszeit *f*; **przyjść** *pf* **w ~** zu Besuch kommen (**do** *gen* zu *dat*)
odwiert M (-*u*; -*y*) GÓRN Bohrloch *n*
odwieść* PF → odwodzić
odwieźć* PF → odwozić
odwijać (-*am*) ⟨**odwinąć**⟩ (-*nę*, -*ń!*) *prezent* auswickeln; *sznurek, nić* abwickeln, abrollen; **~ się** sich abwickeln
odwilż F (-*y*; -*e*) Tauwetter *n* (*a. fig*)
odwinąć PF → odwijać
odwirowywać (-*wuję*) ⟨**odwirować**⟩ (-*uję*) *pranie* schleudern
odwlekać (-*am*) ⟨**odwlec***⟩ (*odwlokę*) wegziehen, wegschleppen; *fig* hinauszögern, hinausschieben; **~ się** sich hinauszögern, sich hinausschieben
odwłok M (-*a od* -*u*; -*i*) ZOOL Hinterleib *m*
odwodnić PF → odwadniać
odwodzić (*odwodzę*)⟨**odwieść**⟩ (*odwiodę*) abbringen (**od** *gen* von *dat*); **~ od zamiaru** von e-r Absicht abbringen; **~ na stronę** beiseitenehmen
odwołać PF → odwoływać
odwołan|ie N (-*a*) (*zwolnienie*) Abberufung *f*; JUR Berufung *f*; **~ie od decyzji** Widerspruch *m*; **aż do ~ia** bis auf Widerruf; **~ie alarmu** Entwarnung *f*
odwoławczy *pismo* Widerspruchs-; JUR Berufungs-
odwoływać (-*uję*) ⟨**odwołać**⟩ (-*am*) beiseiterufen; *spektakl, spotkanie* absagen; *zarzut* widerrufen, zurücknehmen; **~ ze stanowiska** abberufen; **~ alarm** entwarnen; **~ zamówienie** abbestellen; **~ się** sich berufen (**do** *gen* auf *akk*); JUR Berufung einlegen; **~ się do czyichś uczuć** an j-s Gefühle appelieren; **~ się od decyzji** JUR Widerspruch einlegen
odwozić (*odwożę*) ⟨**odwieźć**⟩ (*odwiozę*) hinfahren, hinbringen
odwód M (-*odu*; -*ody*) MIL Reserve *f*
odwracać (-*am*) ⟨**odwrócić**⟩ (-*cę*) (um)wenden, (um)drehen; *kartkę* umblättern; *głowę* umdrehen; *wzrok, katastrofę* abwenden; **~ uwagę** ablenken; **~ kota ogonem** *umg fig* die Tatsachen verdrehen; **~ sweter na lewą stronę** einen Pulli auf die linke Seite umdrehen; **~ się** sich umdrehen; *fig* sich abwenden (**od** *gen* von *dat*); **~ się plecami od k-o** *fig* j-m die kalte Schulter zeigen
odwracalny umkehrbar, reversibel
odwrotnie ADV umgekehrt; (*przeciwnie*) im Gegenteil; **założyć** *pf* **~ sweter** den Pullover verkehrt herum anziehen; **wręcz ~** ganz im Gegenteil; **~ proporcjonalny**

O

MAT umgekehrt proportional (*a. fig*)
odwrot|ny umgekehrt, gegenteilig; **~na strona** *f* Rückseite *f*, Kehrseite *f*; **~ny kierunek** *m* Gegenrichtung *f*; **~na strona medalu** *fig* die Kehrseite der Medaille
odwrócić PF → odwracać
odwrócony abgewandt, umgedreht; **~ do góry dnem** umgekehrt hingestellt
odwr|ót M (*-otu; -oty*) MIL Rückzug *m* (*a. fig*); **na ~ocie** auf der Rückseite; **na ~ót** *adv* umgekehrt; (*przeciwnie*) im Gegenteil; **nie ma ~otu** es gibt kein Zurück mehr
odwykać (*-am*) ⟨**-nąć**⟩ (*-nę, -ł*): **~ od** (*gen*) (*odzwyczaić się*) es nicht mehr gewohnt sein zu (+ *inf*), nicht mehr gewöhnt sein (*akk*); (*nie żałować*) nicht mehr vermissen (*akk*); (*oduczyć się*) verlernen (*akk*)
odwykły (*persf -li*) (**od** *gen*) nicht mehr gewöhnt (*akk*)
odwyko|wy: **kuracja** *f* **~wa** Entziehungskur *f*; **poradnia** *f* **~wa** Beratungsstelle *f* für Alkohol- und Drogensüchtige
odwzajemniać (*-am*) ⟨**-ić**⟩ (*-ię, -nij!*) *uczucia* erwidern; **~ się k-u** sich bei j-m revanchieren (**za** *akk* für *akk*)
odwzajemnio|ny erwidert; **nie ~na miłość** unerwiderte Liebe *f*
odymać (*-am*) ⟨**odąć**⟩ (*odmę*): **~ usta** schmollen, e-e Schnute ziehen
odyniec M (*-ńca; -ńce*) Keiler *m*, Wildeber *m*
odzew [-d·z-] M (*-u; -y*) MIL Losung *f*; *fig* Reaktion *f*, Echo *n*
odziedziczony JUR geerbt, Erb-; vererbt (*a.* BIOL)
odziedziczyć PF → dziedziczyć
odzież F (*-y; bpl*) (Be)Kleidung *f*, Konfektion *f*; **~ robocza** Arbeitskleidung *f*; **~ damska** Damenkleidung *f*, Damenkonfektion *f*; **~owy** Bekleidungs-, Konfektions-
odznaczać [-d·z-] (*-am*) ⟨**-yć**⟩ (*-ę*) auszeichnen; **~ się** sich abzeichnen; **odznaczać się** (*inst*) sich auszeichnen (durch *akk*)
odznaczenie N (*-a*) Auszeichnung *f*; **~ bojowe** Kriegsauszeichnung *f*
odznaczyć PF: **~ się** (*inst*) sich hervortun (durch *akk*); → odznaczać
odznaka F (*-i*) Abzeichen *n*
odzwierciedlać [-d·z-] (*-am*) ⟨**-ić**⟩ (*-lę, -lij!*) widerspiegeln; **~ się** sich widerspiegeln
odzwierciedlenie N (*-a*) Widerspiegelung *f*
odzwyczajać [-d·z-] (*-am*) ⟨**-ić**⟩ (*-ję, -j!*): **~ k-o od** (*gen*) j-m abgewöhnen (*akk*); **~ się** (**od** *gen*) sich abgewöhnen (*akk*); nicht mehr gewohnt sein zu (+ *inf*)
odzyskanie [-d·z-] N (*-a; bpl*) Rückgewinnung *f*; Wiedererlangen *n*
odzyskiwać (*-uję*) ⟨**odzyskać**⟩ (*-am*) wiederbekommen, zurückbekommen; *fig* zurückgewinnen, wiedererlangen; TECH wiederverwerten, wiedergewinnen; **~ zdrowie** wieder gesund werden, genesen; **~ przytomność** wieder zu sich kommen, zu Bewusstsein kommen; **~ siły** zu Kräften kommen; **~ panowanie nad sobą** die Fassung wiedergewinnen, wieder Herr seiner selbst sein
odzywać się [-d·z-] (*-am*) ⟨**odezwać się**⟩ (*-ę, -ie, -wij!*) antworten; sich melden; *w kartach* ansagen; *dzwonek* ertönen; *uczucia, doznania* sich melden; **~ z urlopu** sich aus dem Urlaub melden; **odezwij się kiedyś!** melde dich mal!, lass von dir hören!; **nie ~ się** nichts von sich hören lassen, sich nicht melden; **nie odzywać się do siebie** nicht miteinander sprechen
odzywka F (*-i; gen -wek*) *umg* freche Antwort *f*
odżałować [-d·ʒ-] PF (*-uję*) *stratę* verschmerzen, verwinden; (*poświęcić*) opfern
odżegnywać (*-uję*) ⟨**odżegnać**⟩ (*-am*) *niebezpieczeństwo* abwenden; **~ się** sich lossagen, sich distanzieren (**od** *gen* von *dat*)
odżywać [-d·ʒ-] (*-am*) ⟨**odżyć**⟩ (*-ję*) *osoba* aufleben, aufblühen; *nadzieja, wspomnienia* erwachen, aufleben
odżyw|czo ADV nahrhaft; **~czy** Nähr-
odżywiać (*-am*) ⟨**-ić**⟩ (*-ię*) ernähren, füttern; **~ sztucznie** künstlich ernähren; **~ się** sich ernähren; **~ się zdrowo** sich gesund ernähren
odżywianie (się) N (*-a; bpl*) Ernährung *f*
odżywka F (*-i; gen -wek*): **~ do włosów** Haarspülung *f*, Haarbalsam *m*; **~ dla niemowląt** Babynahrung *f*
ofensyw|a F (*-y*) MIL Offensive *f*; SPORT Angriff *m*; **~ny** offensiv; SPORT Angriffs-
oferent M (*-a; -ci*) Anbieter *m*
oferma F (*-y*) *umg* Tollpatsch *m*, Niete *f*
oferować ⟨**za-**⟩ (*-uję*) anbieten
ofer|ta F (*-y*) Angebot *n*; **złożyć** *pf* **~tę** ein Angebot machen; **~ta kupna** Kaufange-

O

bot *n*; **~ta sprzedaży** Verkaufsangebot *n*
offsetowy Offset-
ofia|ra F (*-y; gen -*) (*osoba*) Opfer *n*; (*datek*) Spende *f*, Gabe *f*; REL Opfer *n*, Opfergabe *f*; (*niezdara*) *umg* Tollpatsch *m*; **~ra wypadku** Unfallopfer *n*; **~ra powodzi** Flutopfer *n*; **paść** *pf* **~rą** (*gen*) zum Opfer fallen (*dat*)
ofiar|ność F (*-ści; bpl*) Opferbereitschaft *f*, Aufopferung *f*; **~ny** aufopfernd; REL Opfer-; **kozioł** *m* **~ny** *fig* Sündenbock *m*
ofiarodaw|ca M (*-y; gen -ów*), **~czyni** F (*-i; -e*) Spender(in) *m(f)*, Stifter(in) *m(f)*
ofiarowywać (*-wuję*) ⟨**ofiarować**⟩ (*-uję*) spenden, stiften; (*dać*) schenken; REL opfern; **~ życie** sein Leben opfern; **~ pomoc** seine Hilfe anbieten; **~ się** (**z** *inst*) anbieten (*akk*)
ofi|cer M (*-a; -owie*) Offizier *m*; **~cerki** PL (*gen -ek*) Schaftstiefel *pl*; **~cerski** Offiziers-; **~cjalny** offiziell
oficyna F (*-y*) Seitenflügel *m*; Hinterhaus *n*; *lit* (*wydawnictwo*) Verlagshaus *n*
ofsajd M (*-u; -y*) SPORT Abseits *n*
ofuknąć PF (*-nę*) zurechtweisen
oganiać (*-am*) *muchy, osy* verscheuchen
ogar M (*-a; -y*) Jagdhund *m*; **~ek** M (*-rka; -rki*) Kerzenstummel *m*
ogarniać (*-am*) ⟨**ogarnąć**⟩ (*-nę*) umfassen; *ogień, epidemia* erfassen, sich ausbreiten; *uczucie* ergreifen, überkommen; (*pojąć*) erfassen, begreifen; *umg* aufräumen; **~ ramieniem** umarmen; **~ wzrokiem** überblicken
ogarnięty (*inst*) ergriffen (von *dat*)
og|ień M (*ognia; ognie; gen -ni*) Feuer *n* (*a.* MIL); **stać w ~niu** in Flammen stehen; **sztuczne ~nie** *pl* Feuerwerk *n*; **zimne ~nie** *pl* Wunderkerzen *f/pl*; **gotować na wolnym ~niu** auf kleiner Flamme kochen; **w krzyżowym ~niu pytań** im Kreuzverhör; **słomiany ~ień** *fig* Strohfeuer *n*; **na pierwszy ~ień** als Allererste(r)
ogier M (*-a; -y*) ZOOL Hengst *m* (*a. fig*)
oglądać (*-am*) ⟨**obejrzeć**⟩ (*-ę*) *film, mecz* sehen, sich ansehen; *wystawę* besuchen; *zabytki, mieszkanie* besichtigen; **~ telewizję** fernsehen, *umg* Fernseh gucken; **~ zdjęcia** sich Fotos anschauen, *umg* sich Fotos angucken; **~ dokładnie** sich genau anschauen, betrachten; **~ się w lustrze** sich im Spiegel betrachten; **~ się do tyłu** sich umsehen, zurückschauen; **nie oglądać się na** (*akk*) *fig* keine Rücksicht nehmen auf (*akk*)
oglądalność F (*-ści; bpl*) RADIO Einschaltquote *f*
ogląd|ność F (*-ści; bpl*) Umsicht *f*; **~ny** umsichtig, vorsichtig; **~nie mówiąc** milde gesagt
oględziny PL (*gen -*) JUR Besichtigung *f*; **~ zwłok** Leichenschau *f*
ogła|da F (*-y; bpl*) Schliff *m*, gute Manieren *pl*; **bez ~dy** ungehobelt, ungeschliffen
ogłaszać (*-am*) ⟨**ogłosić**⟩ (*ogłoszę*) *wyniki* bekannt geben; *konkurs* ausschreiben; *wyrok* verkünden; **~ drukiem** veröffentlichen; **~ stan wojenny** das Kriegsrecht verhängen; **~ się** *v/i* inserieren, e-e Anzeige aufgeben
ogłoszen|ie N (*-a*) Bekanntmachung *f*, Bekanntgabe *f*; *na tablicy* Anschlag *m*, Aushang *m*; *w gazecie* Anzeige *f*, Inserat *n*; **~ie matrymonialne** Heiratsanzeige *f*; **~ie o pracy** Stellenangebot *n*
ogłoszenio|wy: **tablica** *f* **~wa** Anschlagbrett *n*, Schwarzes Brett *n*; **dział** *m* **~wy** Anzeigenteil *m*; **słup** *m* **~wy** Litfaßsäule *f*
ogłuchnąć PF (*-nę*) taub werden
ogłupiać (*-am*) ⟨**-ić**⟩ (*-ię*) verblöden, verdummen; stumpfsinnig machen; (*otumaniać*) verwirren
ogłupi|ający verdummend, verblödend; **~ały** verwirrt; verblödet, stumpfsinnig; **~ały ze szczęścia** verrückt vor Glück
ogłupieć PF (*-eję*) *fig* den Verstand verlieren; **~ ze szczętem** *umg* total verblöden
ogłuszać (*-am*) ⟨**-yć**⟩ (*-ę*) taub machen; *ofiarę* betäuben
ogłuszający (**-co**) lautstark, ohrenbetäubend
ogłuszyć PF → ogłuszać
ognie PL → ogień
ognik M (*-a; -i*) *świecy* Flämmchen *n*; **~ papierosa** Zigarettenglut *f*; **błędny ~** Irrlicht *n*
ogniomistrz M (*-a; -e*) MIL Feldwebel *m*
ognio|odporny, **~trwały** feuerfest, feuerbeständig
ognio|wy Feuer- (*a.* MIL); **straż** *f* **~wa** Feuerwehr *f*; **próba** *f* **~wa** *fig* Feuertaufe *f*
ognis|ko N (*-a*) Lagerfeuer *n*; (*kółko zainteresowań*) Zirkel *m*; FIZ Brennpunkt *m*; **zrobić** *pf* **~ko** ein Lagerfeuer machen;

O

przy **~ku** am Lagerfeuer; **~ko zapalne** MED Entzündungsherd *m*; **~ko niepokoju** *fig* Unruheherd *m*; **~ko domowe** trautes Heim *n*, Zuhause *n*
ogniskowa F (-*ej*; -*e*) FIZ Brennweite *f*
ogniskować ⟨**z-**⟩ (-*uję*) fokussieren, konzentrieren; *światło* bündeln; **~ się** sich konzentrieren
ognis|toczerwony feuerrot; **~ty** (**-ście**) feuerrot, glühend; *fig* feurig
ogniwo N (-*a*) *łańcucha* Kettenglied *n*; *organizacji* Zelle *f*; *fig* Bindeglied *n*; ELEK Element *n*
ogołacać (-*am*) ⟨**ogołocić**⟩ (-*cę*) (aus)plündern; **~ k-o z pieniędzy** j-m das ganze Geld wegnehmen
ogołocony: **~ z wartości** der Werte beraubt; **~ z liści** völlig kahl, unbelaubt
ogon M (-*a*; -*y*) ZOOL Schwanz *m*; *komety* Schweif *m*; *samolotu* Heck *n*; ŁOW Rute *f*; **koński ~** *fig* Pferdeschwanz *m*; **pawi ~** Pfauenrad *n*; **wlec się w ~ie** das Schlusslicht machen *od* bilden; **~ek** M (-*nka*; -*nki*) ZOOL Schwänzchen *n*; *liścia* Stiel *m*; *umg* (*kolejka*) Schlange *f*; **stać w ~ku** Schlange stehen
ogono|wy: **płetwa** *f* **~wa** Schwanzflosse *f*; **kość** *f* **~wa** ANAT Steißbein *n*; **zupa** *f* **~wa** Ochsenschwanzsuppe *f*
ogorzały sonnengebräunt
ogólnie ADV allgemein; **~ biorąc** im Großen und Ganzen; **~ mówiąc** im Allgemeinen
ogólniki M/PL (*gen* -*ów*) *pej* Gemeinplätze *m/pl*, Floskeln *f/pl*
ogólnikowy (**-wo**) allgemein, nichtssagend, vage; floskelhaft
ogólno- *in zssgn* gesamt-, allgemein
ogólno|dostępny allgemein zugänglich; **~europejski** gesamteuropäisch
ogólno|kształcący *szkoła* allgemein bildend; **~polski** gesamtpolnisch; **~rozwojowy** Ganzkörper-; **~społeczny** gesamtgesellschaftlich; **~światowy** global, weltweit
ogól|ny (*całościowy*) Gesamt-, gesamt; (*powszechny*) allgemein; **wykształcenie** *n* **~ne** Allgemeinbildung *f*; **~ne wrażenie** *n* Gesamteindruck *m*; **zebranie** *n* **~ne** Vollversamlung *f*, Generalversammlung *f*
ogół M (-*u*; *bpl*) Gesamtheit *f*, Allgemeinheit *f* **dobro** *n* **~u** Allgemeinwohl *n*; **~em** im Ganzen, zusammen; **na ~** im Allgemeinen, generell; **w ogóle nie** überhaupt nicht
ogór|ek M (-*rka*; -*rki*) Gurke *f*; **~ek kiszony** saure Gurke *f*; **~ek konserwowy** Gewürzgurke *f*; **~kowy** Gurken-; **sezon** *m* **~kowy** *fig* Sauregurkenzeit *f*
ograbiać (-*am*) ⟨**-ić**⟩ (-*ię*) ausrauben
ograć PF → ogrywać
ogradzać (-*am*) ⟨**ogrodzić**⟩ (-*ę*) umzäunen; **~ murem** ummauern
ograniczać (-*am*) ⟨**-yć**⟩ (-*ę*) *prędkość*, *wydatki* einschränken, beschränken (**do** *gen* auf *akk*); *teren* begrenzen; **~ się** sich einschränken, sich beschränken
ogranicz|enie N (-*a*) Einschränkung *f*, Beschränkung *f*; (*tępota*) Beschränktheit *f*; **~enie prędkości** Geschwindigkeitsbeschränkung *f*, Geschwindigkeitsbegrenzung *f*; **bez ~eń** unbeschränkt; **~ony** begrenzt, beschränkt; (*tępy*) beschränkt
ograniczyć PF → ograniczać
ograny *kawał*, *temat* abgedroschen
ogrodnictwo N (-*a*; *bpl*) Gartenbau *m*, Gärtnerei *f*
ogrodniczki PL (*gen* -*ek*) Latzhose *f*
ogrodni|k M (-*a*; -*cy*), **~czka** F (-*i*; *gen* -*czek*) Gärtner(in) *m(f)*
ogrodni|czy Garten-; **szkoła** *f* **~cza** Gartenbauschule *f*; **zakład** *m* **~czy** Gärtnerei *f*; **sklep** *m* **~czy** Gartencenter *n*
ogro|dowy Garten-; **~dzenie** N (-*a*) Umzäunung *f*, Zaun *m*
ogrodzić PF → ogradzać; grodzić
ogrom M (-*u*; *bpl*) (*gen*) (*wielkość*) ungeheure Größe *f*; riesige Ausmaße *n/pl*; (*ilość*) ungeheure Zahl *f*, riesige Menge *f* (an *dat*); *nieszczęść*, *pracy* Übermaß *n* (an *dat*); **~ny** riesig (*a. fig*)
ogród M (-*odu*; -*ody*) Garten *m*; **~ owocowy** Obstgarten *m*; **~ warzywny** Gemüsegarten *m*; **~ botaniczny** botanischer Garten *m*; **~ zoologiczny** zoologischer Garten *m*
ogródek M (-*dka*; -*dki*) (kleiner) Garten *m*; *przydomowy* Vorgarten *m*; *kawiarniany* Biergarten *m*; **~ek działkowy** Kleingarten *m*, Schrebergarten *m*; **~ki** *pl* **działkowe** Kleingartenkolonie *f*; **~ek jordanowski** Spielplatz *m*
ogrywać (-*am*) ⟨**ograć**⟩ (-*am*) *w karty* gewinnen
ogryzać (-*am*) ⟨**ogryźć***⟩ (*ogryzę*) abna-

O

gen, benagen

ogryzek M (-zka; -zki) *jabłka* Kerngehäuse *n*

ogryźć PF → ogryzać

ogrzewacz M (-a; -e): ~ **szyb samochodowych** Lüfter *m*

ogrzewać (-am) ⟨**ogrzać**⟩ (-eję) (auf)wärmen, erhitzen; *ręce* (er)wärmen; *mieszkanie* beheizen; ~ **się** sich (auf)wärmen; *osoba* sich (er)wärmen

ogrzew|anie N (-a) Heizung *f*; **centralne ~anie** Zentralheizung *f*; **~czy** Heiz-, Heizungs-

ogumienie N (-a) AUTO Bereifung *f*

oheblować PF → heblować

ohy|da F (-y; *bpl*) Scheußlichkeit *f*, Grässlichkeit *f*; **~da!** ekelhaft!; **~dny** *pogoda, wygląd* scheußlich; *czyn, zapach* widerlich, abscheulich

oj INT oh, ach; hei; **~!** *z bólu* au!

oj|ciec M (*ojca, dat ojcu, ojcze!, ojcowie; gen -ców*) Vater *m* (*a. fig*); **~ciec chrzestny** Taufpate *m*; **℞ciec Święty** der Heilige Vater; **po ~cu** väterlicherseits; **Bóg ℞ciec** Gottvater; **~cowie** *pl* (*przodkowie*) *lit* Väter *pl*, Vorfahren *pl*; **~cowie** *pl* **miasta** Stadtväter *pl*

ojco|bójstwo N (-a) Vatermord *m*; **~stwo** N (-a) Vaterschaft *f*; **ustalenie** *n* **~stwa** JUR Vaterschaftsbestimmung *f*; **powództwo** *n* **o ustalenie ~stwa** JUR Vaterschaftsklage *f*

ojcowski (**po -sku**) väterlich

ojczy|m M (*-a; -owie od -i*) Stiefvater *m*; **~sty** Heimat-, heimatlich; (*narodowy*) national; **język** *m* **~sty** Muttersprache *f*; **~ste strony** *pl* Heimat *f*; **kraj** *m* **~sty** Heimatland *n*

ojczyzna F (-y) (*strony rodzinne*) Heimat *f* (*a. fig*); (*kraj pochodzenia*) Heimatland *n*, *lit* Vaterland *n* (*a.* POL)

ok. (**około**) ca. (circa)

okalać (*3. Pers -a*) umgeben, umfassen

okalający umgebend

okaleczenie N (-a) Körperverletzung *f*; **trwałe ~** Verstümmelung *f*

okaleczać (-am) ⟨**-yć**⟩ (-ę) verletzen; **~ trwale** verstümmeln, zum Krüppel machen

okaleczony verletzt; ~ **trwale** verstümmelt; ~ **psychicznie** psychisch geschädigt, traumatisiert

okamgnienl|ie: **w ~iu** im Nu, im Handumdrehen; **przez ~ie** e-n Augenblick (lang); **na ~ie** für e-n Augenblick

okap M (-u; -y) (Dach)Traufe *f*; *w kuchni* Abzugshaube *f*, Rauchfang *m*

okaz M (-u; -y) Exemplar *n*; *muzealny* Ausstellungsstück *n*; **prawdziwy ~** Prachtexemplar *n*, Prachtstück *n*; **być ~em zdrowia** kerngesund sein

okazać się PF → okazywać się

okaza|łość F (*-ści; bpl*) Pracht *f*; *przyjęcia* Großzügigkeit *f*; **~ły** (**-le**) (*duży*) stattlich; (*imponujący*) prächtig, herrlich; *przyjęcie* großzügig

okazanie N (*-a; bpl*): ~ **pomocy** Hilfeleistung *f*; **za ~m** bei Vorlage

okaziciel M (*-a; -e*) *dokumentu* Inhaber *m*; **na ~a** Inhaber-; **czek na ~a** Inhaberscheck *m*

okaz|ja F (*-i; -e*) (*możliwość*) Gelegenheit *f*; (*powód*) Anlass *m*; (*kupno*) Sonderangebot *n*, *umg* Schnäppchen *n*; *umg* (*jazda*) Mitfahrgelegenheit *f*; **przy ~ji** bei Gelegenheit; **z ~ji** (*gen*) anlässlich, aus Anlass (*gen*); **życzenia** *pl* **z ~ji urodzin** Geburtstagswünsche *pl*

okaz|jonalny gelegentlich; **~owy** Muster-; **~yjny** *kupno, cena* Sonder-; **po ~yjnej cenie** zum Sonderpreis

okazywać (-uję) ⟨**okazać**⟩ (*okażę*) *dokumenty* (vor)zeigen; *zainteresowanie* bekunden; *zrozumienie, współczucie* entgegenbringen; *pomoc* erweisen, leisten; *odwagę* beweisen; *zdumienie, niepokój* zeigen; ~ **się** sich herausstellen; sich erweisen (als *nom*); ~ **się** (*inst*) *pej* sich entpuppen als (*nom*); **jak się okazało** wie es sich herausstellte; **okazuje się, że ...** es stellt sich heraus, dass ...; **to się dopiero okaże** das wird sich erst zeigen; **okazał się pożyteczny** er erwies sich als nützlich; **okazał się kłamcą** er entpuppte sich als Lügner

okiełznywać (-uję) ⟨**okiełznać**⟩ (-am) *konia* zäumen; *fig* bändigen, zähmen

okien|ko N (*-a; gen -nek*) (kleines) Fenster *n*; *w urzędzie, na dworcu* Schalter *m*; *umg* Pause *f* zwischen zwei Unterrichtsstunden; Pause *f* zwischen zwei Vorlesungen; **~nica** F (-y; -e) Fensterladen *m*; **~ny** Fenster-

oklapnąć PF (*-nę*) *umg* schlaff werden; *fig* schlapp sein

oklap|ły, **~nięty** *umg* schlaff, welk; *fig*

schlapp
oklaski PL (*gen* -*ów*) Beifall *m*, Applaus *m*; **burzliwe ~** Beifallssturm *m*
oklaskiwać (-*uję*): **~ k-o** j-m Beifall klatschen, j-m applaudieren
okleić PF → oklejać
okleina F (-*y*) Furnier *n*
oklejać (-*am*) ⟨**-ić**⟩ (-*ję*) bekleben (*inst* mit *dat*)
oklep: **na ~** ohne Sattel
oklepany *umg* abgedroschen
okład M (-*u*; -*y*) MED Umschlag *m*; **z ~em** *umg* mehr als, über
okładać (-*am*) ⟨**obłożyć**⟩ (-*ę*) (*inst*) belegen (mit *dat*), umlegen (*akk*); *zeszyty* einschlagen; **okładać** (*bić*) *umg* bearbeiten (*inst* mit *dat*)
okład|ka F (-*i*; *gen* -*dek*) *książki* Umschlag *m*, Deckel *m*; *na zeszyt* Umschlag *m*, Hülle *f*; **książka** *f* **w miękkich ~kach** Taschenbuch *n*; **książka** *f* **w twardych ~kach** gebundenes Buch *n*; **na ~ce** auf dem Umschlag
okładzina F (-*y*) Belag *m*; Verkleidung *f*
okłamywać (-*uję*) ⟨**okłamać**⟩ (-*ię*) belügen; **~ się** einander belügen; sich (selbst) belügen, sich etwas vormachen
ok|no N (-*a*; *gen* *okien*) Fenster *n* (*a.* EDV); **~no wystawowe** Schaufenster *n*; **~no od ulicy** Fenster *n* zur Straße; **wyglądać przez ~no** *od* **z ~na** aus dem Fenster schauen; **stać w ~nie** am Fenster stehen
o|ko N (-*a*; *oczy*, *oczu*, *oczom*, *oczami od oczyma*, *oczach*) Auge *n*; (*pl* *oka*, *ok*, *okom*, *okami*) *tłuszczu* Fettauge *n*; *sieci* Netzmasche *f*; **mieć zielone ~czy** grüne Augen haben; **mieć dobre ~czy** gute Augen haben; **zamknąć** *pf* **~czy** die Augen schließen; **mieć ~ko na** (*akk*) ein Auge haben auf (*akk*); **~ko za ~ko** Auge um Auge; **na ~ko** schätzungsweise, nach Augenmaß; **na ~czach wszystkich** vor allen Augen; **w cztery ~czy** unter vier Augen; **widzieć na własne ~czy** mit eigenen Augen sehen; **rosnąć w ~czach** zusehends wachsen; **dla ~ka** zum Schein, fürs Auge; **mieć na ~ku** im Auge behalten; **na piękne ~czy** um j-s schöner *od* blauer Augen willen; **kłamać w żywe oczy** ins Gesicht lügen; **z przymrużeniem ~ka** mit Augenzwinckern; nachsichtig; **na pierwszy rzut ~ka** auf den ersten Blick; **~ko w ~ko** Auge in Auge
okocić się (*3. Pers* -*i*) *kotka* Junge werfen, Junge bekommen
okoli|ca F (-*y*) Umgebung *f*; Gegend *f* (*a.* ANAT); **mieszkać w ładnej ~cy** in einer schönen Gegend wohnen; **w ~cy trzech kilometrów** im Umkreis von drei Kilometern; **górzysta ~ca** bergige Gegend *f*; **w ~cy serca** ANAT in der Herzgegend
okolicznik M (-*a*; -*i*) GRAM adverbiale Bestimmung *f*
okolicznościo|wy: **mowa ~wa** Rede *f* anlässlich (*gen*) *od* aus Anlass (*gen*); **moneta** *f* **~wa** Sonderprägung *f*
okolicznoś|ć F (-*ści*) Umstand *m*, Tatsache *f*; **~ci** *pl* Umstände *pl*; **w tych ~ciach** unter diesen Umständen; **~ci** *pl* **śmierci** Todesumstände *pl*; **sprzyjające ~ci** *pl* günstige Umstände *pl*; **~ci** *pl* **łagodzące** JUR mildernde Umstände *pl*; **w niewyjaśnionych ~ciach** unter ungeklärten Umständen
okoliczny umliegend; *ludność* hiesig, einheimisch
oko|lony (*inst*) umgeben (von *dat*); **~ło** PRÄP (*gen*) (*w przybliżeniu*) etwa, ungefähr, zirka
okołobiegunowy GEOG Polar-
okołoziems|ki: **orbita** *f* **~ka** Erdumlaufbahn *f*
okoń M (-*nia*; -*nie*; *gen* -*ni*) ZOOL Barsch *m*
okop M (-*u*; -*y*) MIL Schützengraben *m*
okopo|wy: **rośliny** *f/pl* **~we** AGR Hackfrüchte *f/pl*
okopywać (-*uję*) ⟨**okopać**⟩ (-*ię*) AGR häufeln; **~ się** MIL e-n Schützengraben bauen
oko|stna F (-*ej*; *bpl*) ANAT Knochenhaut *f*; **~wy** PL (*gen* *oków*) *lit* Fesseln *pl*, Ketten *pl*; **w ~wach lodu** fest zugefroren
okólnik M (-*a*; -*i*) Rundschreiben *n*; (*zagroda*) Auslauf *m*
okpiwać (-*am*) ⟨**okpić**⟩ (-*ię*) *umg* reinlegen, lächerlich machen
okradać (-*am*) ⟨**okraść**⟩ (*okradnę*) bestehlen, ausrauben
okrakiem ADV rittlings; breitbeinig
okraszać (-*am*) ⟨**okrasić**⟩ (*okraszę*) KULIN zerlassenes Fett hinzugeben; *fig* schmücken, verschönern
okraść* PF → okradać
okratować (-*uję*) vergittern
okratowany vergittert
okrawać (-*am*) ⟨**okroić**⟩ (-*ję*) (rundum)

abschneiden; *fig* beschneiden, kürzen
okrawki M/PL (*-ów*): ~ **mięsa** abgeschnittene Fleischstückchen *pl*
okrąg M (*okręgu; okręgi*) Kreis *m* (*a.* MAT); **~lak** M (*-a; -i*) Rundholz *n*; **~lutki** *dim* hübsch rund(lich)
okrągl|ły (**-ło**) rund; **~ły stół** POL runder Tisch *m*; **na ~ło** *adv* die ganze Zeit
okrążać (*-am*) ⟨**-yć**⟩ (*-ę*) umkreisen; MIL umzingeln, einkreisen *przeszkodę* umgehen
okrążenie N (*-a*) MIL Umzingelung *f*; SPORT (Bahn)Runde *f*
okrążyć PF → okrążać
okres M (*-u; -y*) Zeit *f*, Zeitraum *m*; GEOL Zeitalter *n*; *szkolny* Quartal *n*; (*miesiączka*) *umg* Periode *f*, Regel *f*; ~ **próbny** Probezeit *f*; ~ **przygotowawczy** Vorbereitungszeit *f*; ~ **ochronny** Schonzeit *f*; ~ **gwarancji** Garantiezeit *f*, Laufzeit *f*; ~ **studiów** Studienzeit *f*; ~ **świąteczny** Feiertage *pl*; Weihnachtszeit *f*; Osterzeit *f*; ~ **lodowcowy** GEOL Eiszeit *f*; ~ **średniowiecza** Mittelalter *n*; **przez pewien** ~ e-e Zeit lang; **dostałam** ~ *umg* ich habe meine Tage bekommen
okreso|wo ADV zeitweise; **~wy** periodisch, zyklisch; (*tymczasowy*) vorübergehend, vorläufig; **bilet** *m* **~wy** Zeit(fahr)-karte *f*; **układ** *m* **~wy pierwiastków** CHEM Periodensystem *n*
określać (*-am*) ⟨**-ić**⟩ (*-ę*) bestimmen; (*nazywać*) bezeichnen
określ|enie N (*-a*) Bestimmung *f*; (*nazwa*) Bezeichnung *f*; GRAM Attribut *n*; **~ony** bestimmt
okręcać (*-am*) ⟨**-ić**⟩ (*-ę*) (*inst*) umwickeln (mit *dat*), einwickeln (in *akk*); (*obracać*) herumdrehen; ~ **się** sich herumdrehen; ~ **się** (*inst*) sich einwickeln (in *akk*), sich umwickeln (*akk*); ~ **się wokół** (*gen*) sich wickeln um (*akk*);
okręg M (*-u; -i*): ~ **administracyjny** Verwaltungsbezirk *m*; ~ **przemysłowy** Industriegebiet *n*; ~ **wyborczy** POL Wahlbezirk *m*; **~owy** Bezirks-
okręt M (*-u; -y*) Schiff *n*; ~ **dalekomorski** hochseetüchtiges Schiff *n*; ~ **towarowy** Frachtschiff *n*, Frachter *m*; ~ **handlowy** Handelsschiff *n*; ~ **wojenny** MIL Kriegsschiff *n*; ~ **podwodny** MIL Unterseeboot *n*, U-Boot *n*
okręto|wy Schiffs-; **linia** *f* **~wa** Schifffahrtslinie *f*; **dziennik** *m* **~wy** Logbuch *n*
okręż|ny Kreis-, Ring-; **ruch** *m* **~ny** Kreisverkehr *m*; **droga ~na** Umweg *m*; **ulica** *f* **~a** Ringstraße *f*
okroić PF → okrawać
okropieńst|wo (*-a*) *umg* hässliche Dinge *n/pl*; **~wa** *pl* **wojny** Grauen *pl* des Krieges, Schrecken *pl* des Krieges
okropno|ść F (*-ści*) Grauen *n*, Ungeheuerlichkeit *f*; **~ści** *f/pl* Gräueltaten *f/pl*; **~ść!** *umg* schrecklich!
okropny schrecklich, furchtbar, grässlich; (*przerażający*) grauenvoll, grauenerregend, grauenhaft
okruchy M/PL (*gen -ów*): ~ **chleba** Brotkrümel *m/pl*; *fig* Bruchstücke *pl*; ~ **wspomnień** Erinnerungsfetzen *pl*
okrucieńst|wo N (*-a*) Grausamkeit *f*; **~wa** *pl* Gräueltaten *pl*
ok|rutny grausam; **~rycie** N (*-a*) Bedeckung *f*, Decke *f*; (*ubranie*) (warme) (Be)Kleidung *f*
okrywać (*-am*) ⟨**okryć**⟩ (*okryję*) (*inst*) bedecken (mit *dat*); zudecken (mit *dat*); ~ **kocem** mit einer Decke zudecken; ~ **się** (*inst*) sich bedecken (mit *dat*); sich zudecken (mit *dat*); ~ **się kocem** sich mit einer Decke zudecken; ~ **się hańbą** *lit* zur Schande gereichen; ~ **się żałobą** *lit* in Trauer versinken; ~ **się sławą** *lit* sich mit Ruhm bedecken
okrzepły erstarkt, gefestigt
okrzepnąć PF (*-nę*) *fig* erstarken, sich festigen
okrzesanie N (*-a; bpl*) Schliff *m*, Gewandtheit *f*
okrzyczany berühmt, in aller Munde
okrzyczeć (*-ę*) ⟨**okrzyknąć**⟩ (*-nę*) (*inst*) erklären (zu *dat*); (*wybierać*) ausrufen (zu *dat*); ~ **k-o zwycięzcą** j-n zum Sieger erklären
okrzyk M (*-u; -i*) (Aus)Ruf *m*; ~ **bólu** Schmerzensschrei *m*; **~i** *pl* **radości** Freudenschreie *n/pl*, Freudenrufe *m/pl*
ok|tawa F (*-y*) MUS Oktave *f*; **~ucie** N (*-a; gen -ć*) Beschlag *m*
okuć PF → okuwać
okular M (*-u; -y*) Okular *n*; **~nica** F (*-y; -e*) *umg* Brillenschlange *f*; **~nik** M (*-a; -i*) ZOOL Kobra *f*, Brillenschlange *f*; *umg* Brillenträger *m*
okulary PL (*gen -ów*) Brille *f*; *końskie* Scheuklappen *pl*; **nosić** ~ eine Brille

tragen; ~ **przeciwsłoneczne** Sonnenbrille *f*; ~ **ochronne** Schutzbrille *f*
okulbaczyć PF → kulbaczyć
okuleć PF (*-eję*) zu hinken beginnen
okulist|a M (*-y*; *-ści*) Augenarzt *m*; **~ka** F (*-i*; *gen -tek*) Augenärztin *f*
okulist|yczny *badania* Augen-; *gabinet* Augenarzt-; **~yka** F (*-i*; *bpl*) Augenheilkunde *f*
okup M (*-u*; *-y*) Lösegeld *n*; **~acja** F (*-i*; *-e*) MIL Okkupation *f*, Besatzung *f*; POL Besetzung *f*; **~acyjny** *wojsko* Besatzungs-; **~ant** M (*-a*; *-ci*) Besatzer *m*, Okkupant *m*
okupować (*-uję*) MIL besetzen (*a. fig*); ~ **telefon** *umg* die Leitung blockieren, an der Strippe hängen
okupywać (*-uję*) ⟨**okupić**⟩ (*-ię*) *fig* bezahlen (*inst* mit *dat*); *krzywdę, błędy* wiedergutmachen; ~ **życiem** mit dem Leben bezahlen; ~ **się** sich loskaufen
okuwać (*-am*) ⟨**okuć**⟩ (*okuję*) beschlagen (*inst* mit *dat*)
okwiat M (*-u*; *-y*) BOT Blütenhülle *f*
olać PF → olewać
olbrzym M (*-a*; *-i od -y*) Riese *m*; **~i** riesenhaft, riesig; **~ka** F (*-i*; *gen -mek*) Riesin *f*
olch|a F (*-y*) Erle *f*; **~owy** Erlen-
Olecko N (*-a*; *bpl*) Treuburg *n*
oleis|ty *ziarna* ölhaltig; *konsystencja* ölig; **roślina** *f* **~ta** BOT Ölpflanze *f*
olej M (*-u*; *-e*) KULIN Öl *n*; TECH Schmieröl *n*; (*obraz*) Ölgemälde *n*; ~ **jadalny** Speiseöl *n*; ~ **słonecznikowy** Sonnenblumenöl *n*; **nie mieć ~u w głowie** *umg* nicht ganz bei Trost sein
olejarka F (*-i*; *gen -rek*) Öler *m*, Ölkanne *f*
olej|ek M (*-jku*; *-jki*): **~ek do opalania** Sonnenöl *n*; **~ek różany** Rosenöl *n*; **~ki** *pl* **eteryczne** ätherische Öle *pl*; **~ek do ciast** Backaroma *n*
olej|ny *farba, obraz* Öl-; **~owy** TECH Öl-; **miska** *f* **~owa** AUTO Ölwanne *f*
oleodruk M (*-u*; *-i*) Öldruck *m*
Olesno N (*-a*; *bpl*) Rosenberg *n*
Oleśnica F (*-y*; *bpl*) Oels *n*
olewać (*-am*) ⟨**olać**⟩ (*oleję*) (*akk*) *umg* pfeifen (auf *akk*), sich e-n Dreck scheren (um *akk*)
olimpiada F (*-y*) SPORT Olympiade *f*, Olympische Spiele *pl*; (*konkurs*) Wettbewerb *m*; ~ **letnia** SPORT olympische Sommerspiele *pl*; ~ **zimowa** SPORT olympische Winterspiele *pl*
olimpij|czyk M (*-a*; *-cy*) SPORT Olympionike *m*, Olympiateilnehmer *m*; **~ka** F (*-i*; *gen -jek*) Olympionikin *f*, Olympiateilnehmerin *f*
olimpijs|ki olympisch, Olympia-; **znicz** *m* **~ki** olympisches Feuer *n*; **wioska** *f* **~ka** olympisches Dorf *n*, Olympiadorf *n*; **rekordzista** *m* **~ki** Olympiasieger *m*
olinowanie N (*-a*; *bpl*) MAR Takelwerk *n*
oliwa F (*-y*; *bpl*) Olivenöl *n*; TECH Schmieröl *n*
oliwić (*-ię*) ölen
oliw|ka F (*-i*; *gen -wek*) Olive *f*; (*drzewo*) Olivenbaum *m*; (*kosmetyk*) (Baby)Öl *n*; **~kowy** Oliven-; *kolor* olivgrün, olivenfarben
oliw|ny Oliven-; **gałązka** *f* **~na** Ölzweig *m*
Olsztyn M (*-a*; *bpl*) Allenstein *n*
olszyna F (*-y*) Erlengehölz *n*; (*drewno*) Erlenholz *n*
olśnić PF → olśniewać
olśnien|ie N (*-a*) *fig* (plötzliche) Erleuchtung *f*, Erkenntnis *f*, Offenbarung *f*; **doznać** *pf* **~ia** *umg* einen Geistesblitz haben
olśniewać (*-am*) ⟨**olśnić**⟩ (*-ię*) blenden; *fig* bezaubern; **olśniła mnie myśl, że ...** mir wurde auf einmal klar, dass ...
olśniewający (**-co**) blendend; *fig* bezaubernd, entzückend
ołowi|any Blei-, bleiern; *fig* bleiern, wie aus Blei; **~any żołnierzyk** *m* Zinnsoldat *m*; **~ca** F (*-y*; *bpl*) Bleivergiftung *f*
ołów M (*ołowiu*; *bpl*) Blei *n*; **~ek** M (*-wka*; *-wki*) Bleistift *m*; **~ek do brwi** Augenbrauenstift *m*; **~ek kolorowy** Farbstift *m*; **żyć z ~kiem w ręku** mit dem Pfennig rechnen müssen
ołtarz M (*-a*; *-e*) Altar *m*; **~yk** M (*-a*; *-i*) Hausaltar *m*
omal, **~że** *partikel* beinahe, fast, nahezu
omamy M/PL (*gen -ów*) Halluzinationen *f/pl*, Wahnvorstellungen *f/pl*
omamiać (*-am*) ⟨**-ić**⟩ (*-ię*) irreführen, täuschen; betören
omasztowanie N (*-a*; *bpl*) MAR Bemastung *f*
omawiać (*-am*) ⟨**omówić**⟩ (*-ię*) besprechen, behandeln
omdl|ały ohnmächtig; *głos* matt, müde; **~enie** N (*-a*) Ohnmacht *f*

omdlewać (*-am*) 〈**omdleć**〉 (*-eję*) ohnmächtig werden; *ręce* ermatten, schwach werden

omen M (*-u; bpl*) Omen *n*, Vorzeichen *n*

omiatać (*-am*) 〈**omieść**〉 (*omiotę*) zusammenfegen; **~ wzrokiem k-o** j-n mit einem Blick streifen

omieszkać PF (*-am*): **nie ~** (+ *inf*) es sich nicht entgehen lassen (zu + *inf*); **nie omieszkał nam o tym przypomnieć** er hat es sich nicht entgehen lassen, uns daran zu erinnern

omieść* PF → omiatać

omijać (*-am*) 〈**ominąć**〉 (*-nę*) umgehen (*a. fig*); *samochodem, rowerem* umfahren; *kula* verfehlen; **~ przeszkody** Hindernissen ausweichen; *niebezpieczeństwa, trudności* vermeiden; **omijać k-o** j-n meiden; **nie omijać** (*gen*) nicht ungenutzt lassen (*akk*); **nie ominie go kara** er wird s-r Strafe nicht entgehen; **ominął ją awans** sie wurde bei der Beförderung übergangen

omlet M (*-u; -y*) Omelett *n*, Eierkuchen *m*

omnibus M (*-a; -y*) *umg żart* wandelndes Lexikon *n*

omotywać (*-uję*) 〈**omotać**〉 (*-am*) umwickeln (*inst* mit *dat*); *fig* einwickeln, umgarnen; **~ się** sich einhüllen, sich einwickeln (**w** *akk* in *akk*)

omówić PF → omawiać

omówi|enie N (*-a*) (*krytyka*) Besprechung *f*; Umschreibung *f*; **bez ~eń** unverblümt, direkt

omszony moosbewachsen, bemoost

omułek M (*-łka; -łki*) Miesmuschel *f*

omyć PF → omywać

omylić PF → mylić

omy|lny fehlbar; **~łka** F (*-i; gen -łek*) Irrtum *m*; (*błąd*) Fehler *m*; **~łkowo** ADV irrtümlich(erweise), aus Versehen; **~łkowy** irrtümlich, falsch

omywać → obmywać

on PRON (*gen go od jego od niego, dat jemu od mu od niemu, akk go od jego, inst lok nim*) er

ona PRON (*GD jej od niej, akk ją od nią, inst nią, lok niej*) sie

onanizm M (*-u; bpl*) Onanie *f*, Selbstbefriedigung *f*

onanizować się (*-uję*) onanieren, sich selbst befriedigen

ondulacja F (*-i; -e*): **trwała ~** Dauerwelle *f*

ondulować (*-uję*) e-e Dauerwelle machen

one PRON *sachf* (*gen ich od nich, dat im od nim, akk je od nie, inst nimi, lok nich*) sie

onegdaj, **ongiś** *lit* einst

oni PRON *persf* (*gen akk ich od nich, dat im od nim, inst nimi, lok nich*) sie

oniemiały (*persf*) (**z** *gen*) sprachlos, stumm (vor *dat*)

onieśmielać (*-am*) 〈**-ić**〉 (*-lę*) verlegen machen, verunsichern

onieśmielenie N (*-a; bpl*) Verunsicherung *f*, Verlegenheit *f*; **z ~m** verunsichert, zaghaft

onkologia F (*gen dat lok -ii; bpl*) Onkologie *f*

ono PRON (*gen jego od niego, dat jemu od mu od niemu, akk je, inst lok nim*) es

ONZ (Organizacja Narodów Zjednoczonych) UNO *f*

opactwo N (*-a*) Abtei *f*

opaczny verkehrt, falsch

opad M (*-u; -y*) MED Blutsenkung *f*; **~y** METEO Niederschläge *m/pl*; **~y śniegu** Schneefall *m*; **~y radioaktywne** Fall-out *m*

opadać (*-am*) 〈**opaść**〉 (*opadnę*) niedersinken; *liście* fallen; *woda, temperatura* sinken; *teren* abfallen; *ciasto* (in sich) zusammenfallen; **opadać** *włosy* fallen; V/T (*otaczać*) umringen, sich scharen (um *akk*); *senność, zmęczenie* überfallen, überkommen; **~ z ciała** abnehmen, abmagern; **on opada z sił** s-e Kräfte lassen nach; **ręce mi opadają** ich weiß keinen Rat mehr

opadowy METEO Niederschlags-

opak: **na ~** verkehrt, andersherum

opakowan|ie N (*-a*) Verpackung *f* (*a. fig*); (*sztuka*) Packung *f*; Schachtel *f*; **~ie papierosów** eine Packung Zigaretten; **w ładnym ~iu** in schöner Aufmachung; **w próżniowym ~iu** vakuumverpackt; **w oryginalnym ~iu** originalverpackt

opakowywać (*-wuję*) 〈**opakować**〉 (*-uję*) verpacken (*a. fig*)

opalacz M (*-a; -e*) Badeanzug *m*

opalać (*-am*) 〈**-ić**〉 (*-lę*) *pokój* beheizen; *nogi, plecy* bräunen; *włosy, brwi* absengen; **~ się** sich sonnen, sich von der Sonne bräunen lassen

opalenizna F (*-y*) Sonnenbräune *f*

opalić PF → opalać

opalizować (*3. Pers -uje*) opalisieren

opalony braun gebrannt, sonnenge-

O

bräunt; *pokój* beheizt; *brwi* abgesengt
opał M (-u; bpl) Heizmaterial *n*, Brennmaterial *n*; **~y** PL (*gen* -ów) *umg* Schwulitäten *pl*, Schwierigkeiten *pl*
opało|wy: **drewno** *n* **~we** Brennholz *n*; **skład** *m* **~wy** Kohlenhandlung *f*
opamiętać się PF → opamiętywać się
opamiętan|ie N (-a; bpl) Besinnung *f*, Vernunft *f*; **bez ~ia** besinnungslos, hemmungslos
opamiętywać się (-uję) ⟨**opamiętać się**⟩ (-am) (wieder) zur Besinnung *od* Vernunft kommen
opancerzony gepanzert
opanowa|nie N (-a; bpl) Beherrschung *f*, Gelassenheit *f*; **~ny** beherrscht, gelassen
opanowywać (-wuję) ⟨**opanować**⟩ (-uję) beherrschen (*a.* MIL); *emocje* bändigen, zügeln; *sytuację* meistern, in Griff bekommen; *temat* bewältigen; *strach* besiegen; *pożar* eindämmen, unter Kontrolle bekommen; *uczucia* erfassen, ergreifen; übermannen, überfallen; **~ się** sich beherrschen
opar M (-u; -y) Dunst *m*, Dunstschleier *m*; **~y** *pl* Dämpfe *m/pl*; (*wyziewy*) Schwaden *m/pl*, Ausdünstungen *f/pl*
oparc|ie N (-a) Rückenlehne *f*; *fig* (*bpl*) Rückhalt *m*, Stütze *f*; **punkt** *m* **~ia** Anhaltspunkt *m*; **~ie dla głowy** Kopfstütze *f*; **w ~iu o** (*akk*) in Anlehnung an (*akk*)
oparty *fig* (**na** *lok*) fußend (auf *dat*), gestützt (auf *akk*); *film, lit* angelehnt (an *akk*)
oparzenie N (-a) MED Verbrennung *f*, Verbrühung *f*
oparzony MED verbrannt; **jak ~** *fig* wie von der Tarantel gestochen
oparzyć PF (-ę) verbrennen; **~ się** sich verbrennen
opasać PF → opasywać
opaska F (-i; *gen* -sek) Band *n*; **~ na czoło** Stirnband *n*; **~ żałobna** Trauerflor *m*; **~ uciskowa** MED Druckverband *m*
opasły feist, fett; *tom* dick
opasywać (-uję) ⟨**opasać**⟩ (*opaszę*) (*inst*) umbinden (*akk*); **~ się** (*inst*) sich umbinden (*akk*)
opaść* PF → opadać
opat M (-a; -ci) Abt *m*
opatentować PF (-uję) patentieren
opatrun|ek M (-u; -i) MED Verband *m*; (*zmiana opatrunku*) Verband(s)wechsel *m*; **~kowy** Verband(s)-
opatrywać (-uję) ⟨**opatrzyć**⟩ (-ę) *ranę* verbinden, behandeln; **~** (*inst*) versehen, ausstatten (mit *dat*)
opatrzno|ściowy rettend, vom Himmel gesandt; **~ść** F (-i; bpl) Vorsehung *f*
opatrzyć PF → opatrywać
opatulać (-am) ⟨**-ić**⟩ (-lę) einwickeln, einpacken, einmummen; **~ się** sich einwickeln, sich einpacken (**w** *akk* in *akk*)
opchać się PF → opychać się
opchnąć PF (-nę) *umg* verkloppen, verramschen
opcja F (-i; -e) Möglichkeit *f*, Alternative *f*; (*wybór*) Wahl *f*, Entscheidung *f*; JUR Option *f*
opera F (-y) Oper *f*; (*budynek*) Opernhaus *n*
opera|cja F (-i; -e) Operation *f*; MIL Einsatz *m*; **~cyjny** MED Operations-, operativ; MIL Einsatz-; **sala** *f* **~cyjna** Operationssaal *m*
operator M (-a; -rzy) Kameramann *m*; **~ dźwięku** Tontechniker *m*; **~ dźwigu** Kranführer *m*; **~ka** F (-i; *gen* -rek) Kamerafrau *f*
operatyw|ność F (-ści; bpl) Effektivität *f*, Leistungsfähigkeit *f*; **~ny** *osoba* leistungsfähig; *działanie* wirksam, effektiv
operetk|a F (-i; *gen* -tek) Operette *f*; **~owy** Operetten-; operettenhaft
operować (-uję) (*działać*) tätig sein; *słońce* Wirkung zeigen, brennen; **~** (*inst*) einsetzen, verwenden (*akk*), arbeiten mit (*dat*); FIN verfügen über (*akk*), operieren mit (*dat*); ⟨**z-**⟩ MED operieren
operowy Opern-
opędzać (-am) ⟨**-ić**⟩ (-ę) *muchy, komary* verscheuchen; **nie móc się opędzić** *pf* **od** (*gen*) *fig* nicht loswerden können (*akk*)
opętać PF → opętywać
opęt|anie N (-a) Besessenheit *f* (*a.* REL); **~any** (*inst*) bessesen (von *dat*); **~aniec** M (-ńca; -ńcy) *umg* Bessesene(r) *m*; **~ańczy** (**-czo**) wild, besinnungslos
opętywać (-uję) ⟨**opętać**⟩ (-am) *żądza, idea* beherrschen (*akk*), Besitz ergreifen (von *dat*); *gniew, strach* packen
opić PF → opijać
opiec* PF → opiekać
opieczętować PF → pieczętować
opie|ka F (-i; bpl) Betreuung *f*, Fürsorge *f*; JUR Vormundschaft *f*; **~ka społeczna** Sozialleistung *f*; (*instytucja*) Sozialamt *n*;

O

~ka lekarska ärztliche Betreuung *f*; **~ka nad chorymi** Krankenpflege *f*; **~ka nad zabytkami** Denkmal(s)pflege *f*; **pod ~ką** (*gen*) unter j-s Obhut; **wymagać ~ki** pflegebedürftig sein; **pod ~kę** in Obhut
opiekacz M (*-a; -e*) Toaster *m*
opiekać (*-am*) ⟨**opiec**⟩ (*opiekę*) anbraten, anrösten; *grzanki* toasten
opiekować się ⟨**zaopiekować się**⟩ (*-uję*) (*inst*) sich kümmern (um *akk*), sorgen (für *akk*); **~ chorymi** Kranke pflegen; **~ zabytkami** Denkmäler pflegen; **~ domem** auf ein Haus aufpassen; **~ dzieckiem** auf ein Kind aufpassen, babysitten
opiekun M (*-a; -i*), **~ka** F (*-i; gen -nek*) *grupy, roku* Betreuer(in) *m(f)*; JUR Vormund *m*; Bewährungshelfer(in) *m(f)*; *fig* Beschützer(in) *m(f)*, Betreuer(in) *m(f)*; **~ka do dziecka** Babysitterin *f*, Tagesmutter *f*
opiekuńczy (**-czo**) fürsorglich; *funkcje* Betreuer-; JUR Vormundschafts-; **instynkt** *m* **~** Beschützerinstinkt *m*; **zasiłek** *m* **~** Pflegegeld *n*
opielacz M (*-a; -e*) AGR Hacke *f*
opielać (*-am*) ⟨**opleć**⟩ (*opielę*) jäten
opieńka F (*-i; gen -niek*) BOT Hallimasch *m*
opieprz: **dostać ~** *vulg* e-n Anschiss kriegen
opieprzać (*-am*) ⟨**-yć**⟩ (*-ę*) *vulg* zusammenscheißen; **opieprzać się** *vulg* sich von der Arbeit drücken, rumhängen
opierać (*-am*) ⟨**oprzeć**⟩ (*oprę*) (**o** *akk*) (an)lehnen (gegen *akk od* an *akk*); **~ na** (*lok*) *fig* stützen auf (*akk*); **~ się** (**o** *akk*) sich lehnen (gegen *akk od* an *akk*); **~ się na** (*lok*) *fig* fußen, gründen auf (*dat*); **~ się** (*dat*) widerstehen (können), standhalten (*dat*); sich widersetzen (*dat*)
opierzać się (*3. Pers -a*) ⟨**-yć się**⟩ (*-y*) ZOOL Federn bekommen, sich mausern
opierzony gefiedert
opieszali *persf* → opieszały
opiesza|łość F (*-ści; bpl*) Trägheit *f*, Langsamkeit *f*, *lit* Saumseligkeit *f*; **~ły** (*persf -li*) (**-le**) langsam, träge; nachlässig, *lit* saumselig; *dłużnik* säumig
opiewać (*-am*) besingen; **rachunek opiewa na** (*akk*) die Rechnung beträgt (*akk*), die Rechnung beläuft sich auf (*akk*)
opięty straff, eng anliegend
opijać (*-am*) ⟨**opić**⟩ (*opiję*) *awans, egzamin* begießen (*akk*), anstoßen (auf *akk*); **~ się** (*gen od inst*) zu viel trinken (von *dat*)
opilst|wo N (*-a; bpl*) Trunksucht *f*; **w stanie ~wa** im Vollrausch
opiłki M/PL (*gen -ów*) Feilspäne *m/pl*
opiłowywać (*-wuję*) ⟨**opiłować**⟩ (*-uję*) feilen
opinać (*3. Pers -a*) ⟨**opiąć**⟩ (*opnie*) eng anliegen
opinia F (*gen dat lok -ii; -e*) Meinung *f*; (*reputacja*) Ruf *m*; (*ekspertyza*) Gutachten *n*; **~ publiczna** öffentliche Meinung *f*, Öffentlichkeit *f*; **~ o pracowniku** Referenzen *f/pl*
opiniodaw|ca M (*-y; gen -ów*) (Be)Gutachter *m*; **~czy** beratend, Beratungs-; Gutachter-
opiniować ⟨**za-**⟩ (*-uję*) begutachten, ein Gutachten abgeben
opis M (*-u; -y*) Beschreibung *f*; **~ podróży** Reisebeschreibung *f*; **~owy** (**-owo**) beschreibend, deskriptiv
opisywać (*-uję*) ⟨**opisać**⟩ (*opiszę*) beschreiben
opium N (*unv*) Opium *n*
oplatać (*-am*) ⟨**opleść**⟩ (*oplotę*) umwickeln, umflechten; *bluszcz* umschlingen, umranken
oplątywać (*-uję*) ⟨**oplątać**⟩ (*oplącze*) umschlingen; BOT umranken
opleć PF → opielać
opleść* PF → oplatać
opluwać (*-am*) ⟨**opluć**⟩ (*-uję*) bespucken
opłacać (*-am*) ⟨**-ić**⟩ (*-ę*) bezahlen (*inst* mit *dat*) (*a. fig*); *list* frankieren; **~ się** sich lohnen, sich auszahlen
opłacal|ność F (*-ści; bpl*) Einträglichkeit *f*, Rentabilität *f*; **~ny** einträglich, rentabel
opłacić PF → opłacać
opłacony bezahlt; *list* frankiert
opłakany beklagenswert, kläglich; **w ~m stanie** in beklagenswertem Zustand
opłakiwać (*-uję*) beweinen, beklagen; **~ k-o** um j-n trauern
opła|ta F (*-y*) Gebühr *f*; Abrechnung *f*, fälliger Betrag *m*; **~ty** *f/pl* Abschlagszahlungen *f/pl*; (*opłacenie*) Bezahlung *f*, Begleichung *f*; **za ~tą** gegen Entgelt; **~ta za list** Briefporto *n*; **~ty** *m/pl* **za gaz** Abschlagszahlungen *f/pl* für Gas; **~ta za przejazd** Fahrgeld *n*; **~ta za doręczenie** Zustellgebühr *f*
opłatek M (*-tka; -tki*) REL Oblate *f*; (*spotkanie*) Weihnachtsfeier *f*
opłotki M/PL (*gen -ów*) Zaun *m*

opłucna F (-ej; -e) ANAT Rippenfell *n*
opłukiwać (-uję) ⟨**opłukać**⟩ (*opłuczę*) (ab)spülen
opływać (-am) ⟨**-nąć**⟩ (-nę) umschwimmen; *statkiem* umschiffen; *żaglówką* umsegeln; **opływać w dostatki** im Überfluss leben
opływowy: ~ **kształt** *m* ~ Stromlinienform *f*
opodal ADV (*gen*) in einiger Entfernung (von *dat*); *präp* (*gen*) unweit (*gen*), nahe (*gen*)
opodatkowanie N (-a; *bpl*) Besteuerung *f*
opodatkowywać (-wuję) ⟨**opodatkować**⟩ (-uję) besteuern, mit Steuern belegen
opoka F (-i; *bpl*) *lit* Stütze *f*, Fels *m* in der Brandung
Opole N (-a; *bpl*) Oppeln *n*
opo|na F (-y) AUTO Reifen *m*; **~ny** *pl* **mózgowe** ANAT Hirnhaut *f*
oponent M (-a; -ci), **~ka** F (-i; *gen* -tek) Opponent(in) *m(f)*, Widersacher(in) *m(f)*
oponować ⟨**za-**⟩ (-uję): ~ (**przeciw** *dat*) opponieren (gegen *akk*), sich widersetzen (*dat*)
opończa F (-y) *lit* Umhang *m*
opor|nie ADV (*ciężko*) schwer, mühsam; (*niechętnie*) widerstrebend; **~nik** M (-a; -i) ELEK Widerstand *m*; **~ność** F (-ści; *bpl*) Widerspenstigkeit *f*, Widersetzlichkeit *f*
oporny widerspenstig, widersetzlich; *dłużnik* säumig
oportunist|a M (-y; -ści), **~ka** F (-i; *gen* -tek) Oportunist(in) *m(f)*
oportunistyczny opportunistisch
oporządzenie N (-a; *bpl*) MIL Ausrüstung *f*
opowiadać (-am) ⟨**opowiedzieć**⟩ (*opowiem*) erzählen; ~ **się** sich aussprechen (**za** *inst* für *akk*, **przeciw** *dat* gegen *akk*)
opowiadanie N (-a) Erzählung *f* (*a.* LIT)
opowiedzieć PF → opowiadać
opowieść F (-ści) Erzählung *f*, Geschichte *f*
opozyc|ja F (-i; -e) POL Opposition *f* (*a. fig*); **~jonista** M (-y; -ści) Oppositionelle(r) *m*; **~yjny** oppositionell, Oppositions-
op|ój M (*opoja; opoje*) Trunkenbold *m*; **~ór** M (-oru; -ory) POL, FIZ Widerstand *m* (*a. fig*); **ruch** *m* **~oru** POL Widerstandsbewegung *f*; **bez ~oru** widerstandslos; **z ~orem** *adv* mühsam; **mieć ~ory** Hemmungen haben; **do ~oru** *umg* bis zum Gehtnichtmehr
opóźniać (-am) ⟨**-ić**⟩ (-ię) verzögern; ~ **się** sich verzögern; *pociąg* sich verspäten; ~ **się z** (*inst*) in Verzug kommen, im Rückstand sein mit (*dat*)
opóźnieni *persf* → opóźniony
opóźni|enie N (-a) Verzögerung *f*; *pociągu* Verspätung *f*; **~ony** (*persf* -eni) *pociąg* verspätet; *kraj* rückständig; **~ony w rozwoju** geistig zurückgeblieben
opracować PF → opracowywać
opracowanie N (-a) *tematu* Ausarbeitung *f*; *dzieła* Bearbeitung *f*; (*rozprawa*) Abhandlung *f*
opracowywać (-wuję) ⟨**opracować**⟩ (-uję) *plan, temat* ausarbeiten; *dzieło* bearbeiten
opra|wa F (-y) TYPO Umschlag *m*, Einband *m*; *fig* Rahmen *m*; *lustra* Fassung *f*; **w ~wie** TYPO gebunden; **dać do ~wy** TYPO binden lassen; **~wca** M (-y; *gen* -ów) Peiniger *m*, Schinder *m*; *fig* Henkersknecht *m*
oprawiać (-am) ⟨**-ić**⟩ (-ię) TYPO (ein)binden; *obraz* einrahmen; *oczko* (ein)fassen; *rybę* zurichten; *siekierę* bestielen; *dzika* zerlegen
opraw|ka F (-i; *gen* -wek) *oczka* Fassung *f*; *okularów* Gestell *n*, Fassung *f*; **~ny** *tom* gebunden; *oczko* gefasst
opresj|a F (-i; -e) Notlage *f*, Schwierigkeit *f*; **znaleźć się** *pf* **w ~i** sich in einer Notlage befinden, in Schwierigkeiten geraten sein; **wyjść** *pf* **cało z ~i** sich aus einer Notlage retten
oprocentować PF → oprocentowywać
oprocentowanie N (-a; *bpl*) Verzinsung *f*
oprocentowywać (-wuję) ⟨**oprocentować**⟩ (-uję) verzinsen
oprogramowanie N (-a; *bpl*) EDV Software *f*
opromieniony: ~ **sławą** ruhmbedeckt
oprowadzać (-am) ⟨**-ić**⟩ (-ę): ~ e-e Führung machen (**po** *lok* durch *akk*); **oprowadzać wycieczki** Reiseführer sein, Führungen machen
oprowadzanie N (-a) Führung *f* (**po** *lok* durch *akk*); ~ **wycieczek** Reiseleitung *f*
oprowadzić PF → oprowadzać
oprócz PRÄP (*gen*) außer (*dat*), ausgenommen (*akk*)

O

opróżniać (-am) ⟨**-ić**⟩ (-ię, -nij!) *kieliszek* leeren; *pokój* räumen; **~ się** leer werden, sich leeren
oprysk M (-u; -i) AGR Bespritzung *f*
opryskiwać (-uję) ⟨**opryskać**⟩ (-am) bespritzen (*a.* AGR)
opryskliwy (**-wie**) *odpowiedź* unwirsch, barsch; *osoba* ruppig
opryszczka F (-i; *gen* -czek) MED Herpes *m*
opryszek M (-szka; -szki) *umg* Ganove *m*, Rowdy *m*
oprzeć˙ PF → opierać
oprzyrządowanie N (-a; *bpl*) TECH Ausrüstung *f*
oprzytomnieć PF (-eję) wieder zu Bewusstsein kommen, wieder zu sich kommen; (*opamiętać się*) zur Vernunft kommen
optować (-uję) optieren, sich aussprechen (**za** *inst* für *akk*)
opt|yczny optisch; **~yk** M (-a; -ycy) Optiker *m*; **~yka** F (-i; *bpl*) Optik *f*
optymalizować ⟨**z-**⟩ (-uję) optimieren
optymalny optimal
optymist|a M (-y; -ści), **~ka** F (-i; *gen* -tek) Optimist(in) *m(f)*
optymistyczny optimistisch
opu|blikowanie N (-a; *bpl*) Veröffentlichung *f*; **~chlizna** F (-y) Schwellung *f*
opuch|ły, **~nięty** geschwollen
opukiwać (-uję) ⟨**opukać**⟩ (-am) abklopfen
opust M (-u; -y) Rabatt *m*
opustoszały menschenleer
opustoszeć PF (-eję) *ulica, park* leer werden
opuszczać (-am) ⟨**opuścić**⟩ (*opuszczę*) herunterlassen, senken; *cenę* herabsetzen; *wyraz* auslassen; *wykład* versäumen; *rodzinę* verlassen; **~ się** heruntergehen, sich senken; *w pracy* nachlässig werden
opuszczeni *persf* → opuszczony
opuszcz|enie N (-a; *bpl*) Verlassenheit *f*, Verlassensein *n*; (*zaniedbanie*) Verwahrlosung *f*; **~enia** *pl w tekście* Auslassungen *pl*; **~ony** (*persf* -eni) verlassen; (*zaniedbany*) vernachlässigt, verwahrlost
opuszka F (-i; *gen* -szek) Fingerkuppe *f*
opuścić PF → opuszczać
opychać się (-am) ⟨**opchać się**⟩ (-am) *umg* sich vollstopfen, sich den Bauch vollschlagen (*inst* mit *dat*)
opylać (-am) ⟨**-ić**⟩ (-lę) AGR bespritzen; *fig umg* verkloppen, verramschen
orać˙ ⟨**za-**⟩ (*orzę*) (um)pflügen; **orać** (*pracować*) *umg* ackern, schuften
oran|gutan M (-a; -y) Orang-Utan *m*; **~żada** F (-y) Limonade *f*; **~żeria** F (*gen dat lok* -ii; -e) Orangerie *f*
or|atorski rednerisch; **~az** *konj* und, sowie
orbita F (-y) ASTRON Umlaufbahn *f*
orchidea F (-i; -e) Orchidee *f*
orczykowy: **wyciąg** *m* **~** SPORT Schlepplift *m*
order M (-u; -y) Orden *m*
ordynacja F (-i; -e): **~ wyborcza** Wahlordnung *f*
ordy|narny ordinär; **~nator** M (-a; -rzy) Oberarzt *m*
ordynus M (-a; -y) Grobian *m*
orędowni|k M (-a; -cy), **~czka** F (-i; *gen* -czek) Fürsprecher(in) *m(f)*
orędzie N (-a) POL Ansprache *f*; **~ do narodu** Rede *f* an die Nation; **~ noworoczne** Neujahrsansprache *f*
oręż M (-a; *bpl*) *lit* Heer *n*, Streitkräfte *pl*; *fig* Waffe *f*
organ M (-u; -y) BIOL Organ *n* (*a. fig*); **~iczny** organisch
organist|a M (-y; -ści, -ów), **~ka** F (-i; *gen* -tek) Organist(in) *m(f)*
organiza|cja F (-i; -e) (*grupa*) Organisation *f*; (*bpl*) (*organizowanie*) Gestaltung *f*, Organisation *f*; **Ꝍcja Narodów Zjednoczonych** Organisation *f* der Vereinten Nationen; **~cyjny** organisatorisch; Organisations-
organizator M (-a; -rzy), **~ka** F (-i; *gen* -rek) Organisator(in) *m(f)*; *imprezy* Veranstalter(in) *m(f)*, Organisator(in) *m(f)*; **~ wycieczki** Reiseveranstalter *m*; **być świetnym ~em** ein Organisationstalent sein
organizm M (-u; -y) BIOL, POL Organismus *m*
organizować ⟨**z-**⟩ (-uję) *wycieczkę* organisieren, veranstalten; *czas wolny* gestalten, organisieren; (*załatwiać*) *umg* beschaffen, besorgen
orga|nki PL (*gen* -ów) Mundharmonika *f*; **~nowy** Orgel-; **~ny** PL (*gen* -ów) Orgel *f*
orgazm M (-u; -y) Orgasmus *m*, Höhepunkt *m*
orgia F (*gen dat lok* -ii; -e) Orgie *f*
orienta|cja F (-i; -e) Orientierung *f*; (*wiedza*) Überblick *m*, Kenntnisse *f/pl*;

POL Ausrichtung *f*; **zmysł** *m* **~cji** Orientierungssinn *f*; **stracić** *pf* **~cję** die Orientierung verlieren; **~cja seksualna** sexuelle Orientierung *f*

orienta|cyjny Orientierungs-; **cena** *f* **~cyjna** Richtpreis *m*; **~lny** orientalisch

orientować się ⟨**zorientować się**⟩ (*-uję*) (*zauważać*) merken; **~ w** (*lok*) sich auskennen in (*dat*), (gut) Bescheid wissen über (*akk*); **orientować się** *w terenie* sich orientieren; **orientować się w sytuacji** einen Überblick über die Lage haben

orka¹ F (*-i; bpl*) AGR Pflügen *n*; *fig* Plackerei *f*

orka² F (*-i; gen -rek*) ZOOL Schwertwal *m*

orkiestra F (*-y*) Orchester *n*; **~ jazzowa** Jazzkapelle *f*, Jazzband *f*; **~ dęta** Blaskapelle *f*; **~ wojskowa** Militärkapelle *f*

or|lę N (*-ęcia; -ęta; gen -ąt*) Adlerjunge(s) *n*; **~li** Adler-; **~le gniazdo** *n* Adlerhorst *m*; **~li nos** *m fig* Adlernase *f*; **~lica** F (*-y*) Adlerweibchen *n*

ornament M (*-u; -y*) Ornament *n*

ornat M (*-u; -y*) Messgewand *n*

ornitologicz|ny ornithologisch; **stacja** *f* **~na** Vogelwarte *f*

orny Acker-; **grunt** *m* **~** Ackerland *n*

orszak M (*-u; -i*) Gefolge *n*; **~ ślubny** Hochzeitszug *m*; **~ żałobny** Trauerzug *m*

ortodoksyjny REL orthodox (*a. fig*)

ortodontyczny kieferorthopädisch

ortografi|a F (*gen dat lok -ii; bpl*) Rechtschreibung *f*, Orthografie *f*; **~czny** orthografisch, Rechtschreib-; **błąd** *m* **~czny** Rechtschreibfehler *m*

ortopedyczny orthopädisch

oryginalny (*autentyczny*) original, Original-; (*niezwykły*) originell, eigen

oryginał M (*-u; -y*) Original *n*; (*-a*) (*osoba*) Sonderling *m*, Exzentriker *m*; **w ~le** im Original

orzec* PF → orzekać

orzech M (*-a; -y*) Nuss *f*; (*drzewo*) Nussbaum *m*; (*drewno*) Nussbaumholz *n*; **~ włoski** Walnuss *f*; **~ laskowy** Haselnuss *f*; **twardy ~ do zgryzienia** *fig* e-e harte Nuss zu knacken haben; **~owy** Nuss-; *drewno* Nussbaum-; *kolor* nussbraun

orzecz|enie N (*-a*) Entscheid *m*, Bescheid *m*; MED Befund *m*, Gutachten *n*; JUR Spruch *m*; GRAM Prädikat *n*; **~nictwo** N (*-a; bpl*) JUR Rechtsprechung *f*; **~nikowy** GRAM prädikativ

orzekać (*-am*) ⟨**orzec**⟩ (*orzeknę*) feststellen, befinden; JUR erkennen (auf *akk*), entscheiden

orzekający: **tryb** *m* **~** GRAM Indikativ *m*

orzeł M (*orła; orły*) Adler *m*; *umg fig* As *m*; **~ czy reszka?** Kopf oder Zahl?

orzesz|ek M (*-szka; -szki*) *dim* Nuss *f*; **~ki** *pl* **ziemne** Erdnüsse *pl*; **~ki** *pl* **pistacjowe** Pistazien *pl*

orzeźwiać (*-am*) ⟨**-ić**⟩ (*-ię*) erfrischen; **~ się** sich erfrischen

orzeźwiający (**-co**) erfrischend; **napój** *m* **~** Erfrischungsgetränk *n*

orzynać (*-am*) ⟨**orżnąć**⟩ *umg* übers Ohr hauen; *w karty* gewinnen

osa F (*osy; gen os*) Wespe *f*; **być *cienką (w pasie) jak ~** e-e Wespentaille haben; **zły jak ~** gereizt, schlecht gelaunt

osaczać (*-am*) ⟨**-yć**⟩ (*-ę*) umzingeln

osad M (*-u; -y*) Bodensatz *m*, Rückstände *pl*; GEOL Sediment *n*, Ablagerung *f*; **~a** F (*-y*) Siedlung *f*; *łodzi* Mannschaft *f*

osad|nik M (*-a; -cy*) Siedler *m*; PL (*-i*) Klärbecken *n*; **~owy** GEOL sedimentär, Sediment-

osadzać (*-am*) ⟨**-ić**⟩ (*-ę*) befestigen, aufsetzen; *kolonistów, akcję* ansiedeln; *muł* ablagern, anschwemmen; *łopatę* bestielen; *oczko* einfassen; **~ się** *osad* sich ablagern

osadzo|ny *oczko* eingefasst; *fabuła* angesiedelt; **głęboko ~ne oczy** *pl* tief liegende Augen *pl*; **~ny w areszcie** festgesetzt, eingesperrt

osamotnieć PF (*-eję*) vereinsamen

osamotnieni *persf* → osamotniony

osamotni|enie N (*-a; bpl*) Vereinsamung *f*, Einsamkeit *f*; **~ony** (*persf -eni*) vereinsamt, einsam

osączać (*-am*) ⟨**-yć**⟩ (*-ę*) abtropfen lassen

osąd M (*-u; -y*) Urteil *n*

osądzać (*-am*) ⟨**-ić**⟩ (*-ę*) *v/t* beurteilen; V/I urteilen; JUR verurteilen

oschle ADV → oschły

oschli *persf* → oschły

osch|łość F (*-ści; bpl*) Sprödigkeit *f*, Reserviertheit *f*; **~ły** (*persf -li*) (**-le**) *ton, przywitanie* trocken, abweisend; *osoba* spröde, reserviert

oscylować (*-uję*) FIZ oszillieren; *fig* schwanken

osełka F (*-i; gen -łek*) Abziehstein *m*, Schleifstein *m*

os|esek M (*-ska; -ski*) Säugling *m*; **~et** M

(*ostu; osty*) Distel *f*
osiadać (*-am*) 〈**osiąść**〉 (*osiądę*) sich ansiedeln, sich niederlassen; *osad* sich absetzen, sich ablagern; *mur* sich senken, absacken; **~ na** (*lok*) *pył, kurz* sich legen auf (*akk*), bedecken (*akk*); **~ na mieliźnie** stranden, auf e-e Sandbank laufen
osiadły sesshaft
osiągać (*-am*) 〈**-nąć**〉 (*-nę*) erzielen, erringen; *szczyt, rozmiary* erreichen; **~ cel** sein Ziel erreichen; **~ wszystko** alles erreichen
osią|galny erreichbar; **~gi** PL (*-ów*) TECH Leistungsfähigkeit *f*, Leistung *f*; **~gnięcie** N (*-a*) *techniki, medycyny, cywilizacji* Errungenschaft *f*; *osobiste* Erfolg *m*, Leistung *f*
osiąść* PF → osiadać
osie PL → oś
osiedlać (*-am*) 〈**osiedlić**〉 (*-ę*) ansiedeln; **~ się** sich niederlassen, s-n Wohnsitz nehmen
osiedle N (*-a*) Wohnviertel *n*; **~ willowe** Villenviertel *n*; **~ robotnicze** Arbeiterviertel *n*; **~niec** M (*-ńca; -ńcy*) Siedler *m*; **~ńczy** Siedlungs-
osiedlić PF → osiedlać
osiedlowy Bezirks-
osiem *num* (*persf ośmiu*) acht; **~dziesiąt** (*persf osiemdziesięciu*) achtzig; **~dziesięcioletni** achtzigjährig
osiemdziesięcioro *num koll* achtzig
osiemdziesięciu *num persf* achtzig
osiemnastka F (*-i; gen -tek*) Achtzehn *f*; (*dziewczyna*) *umg* achtzehnjähriges Mädchen *n*, Achtzehnjährige *f*
osiemnasto- *in zssgn* achtzehn-
osiemnanasto|letni achtzehnjährig; **~wieczny** aus dem achtzehnten Jahrhundert
osiemnas|ty achtzehnte(r); (**godzina**) **~ta** achtzehn (Uhr)
osiemnastu *num persf* achtzehn
osiem|naście (*persf osiemnastu*) achtzehn; **~naścioro** *num koll* achtzehn; **~set** (*persf ośmiuset*) achthundert
osierdzie N (*-a*) ANAT Herzbeutel *m*
osierocać (*-am*) 〈**-ić**〉 (*-ę*) zur Waise machen
osierocieć PF (*-eję*) zur Waise werden, verwaisen
osi|ka F (*-i*) Espe *f*; (*drewno*) Espenholz *n*; **~kowy** Espen-
osioł M (*osła; osły*) Esel *m* (*a. fig*)
osi|owy axial; Achs(en)-; **~wiały** (*persf -li*) ergraut
oskarżać (*-am*) 〈**-yć**〉 (*-ę*) (**o** *akk*) beschuldigen, anschuldigen (*gen*); **~ przed sądem** anklagen, verklagen
oskarżeni *persf* → oskarżony[2]; oskarżony[1]
oskarżenie N (*-a*) Anschuldigung *f*, Beschuldigung *f*; JUR Anklage *f*; **wnieść** *pf* **~** (**przeciw** *dat*) Anklage erheben (gegen *akk*)
oskarżony[1] (*persf -eni*) angeklagt
oskarżo|ny[2] M (*-ego; -eni*), **~na** F (*-ej; -e*) Angeklagte(r) *m, f*
oskarży|ciel M (*-a; -e*), **~ka** F (*-i; gen -lek*) Ankläger(in) *m(f)*
oskarżyć PF → oskarżać
oskrobywać (*-uję*) 〈**oskrobać**〉 (*-ię*) abkratzen; *marchew* abschaben; *rybę* entschuppen
oskrze|la N/PL (*gen -i*) ANAT Bronchien *f/pl*; **zapalenie** *n* **~li** MED Bronchitis *f*
oskubywać (*-uję*) 〈**oskubać**〉 (*-ię*) abzupfen; *kurę* rupfen (*a. fig*)
Oslo N (*unv*) Oslo *n*
osłabiać (*-am*) 〈**-ić**〉 (*-ię*) (ab)schwächen, entkräften (*a. fig*)
osłabieni *persf* → osłabiony
osłabi|enie N (*-a*) (Ab)Schwächung *f*; *organizmu* Schwäche *f*; **~ony** (*persf -eni*) geschwächt
osłabnąć PF → słabnąć
osładzać (*-am*) 〈**osłodzić**〉 (*-ę*) süßen; *fig* versüßen
osłaniać (*-am*) 〈**osłonić**〉 (*-ię*) verdecken, abschirmen; **~** (**przed** *inst od* **od** *gen*) schützen (vor *dat*); MIL, SPORT decken; **~ się** (**przed** *inst od* **od** *gen*) sich schützen (vor *dat*)
osłonięty: **~ od wiatru** windgeschützt
osławiony verrufen, berüchtigt
osło|da F (*-y; bpl*) Trost *m*; **na ~dę** zum Trost
osłodzić PF → osładzać
osło|na F (*-y*) Schutz *m*; MIL, SPORT Deckung *f*; **pod ~ną nocy** im Schutz der Dunkelheit
osłonić PF → osłaniać
osłon|ka: **bez ~ek** ohne Umschweife, geradeheraus
osłuchiwać (*-uję*) 〈**osłuchać**〉 (*-am*) MED abhorchen

O

osłupiały *(persf -li)* entgeistert, bestürzt
osłupieć PF *(-eję)* verblüfft sein, verdutzt sein
osłupienie N *(-a; bpl)* Bestürzung *f*; **wprawić** *pf* **w ~** verblüffen
osmalać *(-am)* ⟨**-ić**⟩ *(-lę)* absengen
osmarowywać → obsmarowywać
osnow|a F *(-y)* *w tkaninie* Kette *f*; **na ~ie** *(gen)* *fig* auf der Grundlage *(gen)*, in Anlehnug an *(akk)*
oso|ba F *(-y; gen osób)* Person *f* *(a.* GRAM*)*; **~ba fizyczna** JUR natürliche Person *f*; **~ba prawna** JUR juristische Person *f*; **~ba towarzysząca** Begleitung *f*; **na ~bę** *od* **od ~by** pro Person; **we własnej ~bie** (höchst)persönlich, in eigener Person; **~by** *pl* **trzecie** Dritte *pl*; **~bom nieupoważnionym wstęp wzbroniony** Unbefugten Zutritt verboten
osobis|tość F *(-ści)* Persönlichkeit *f*; **~ty (-ście)** persönlich; **dowód** *m* **~ty** Personalausweis *m*; **życie** *n* **~te** Privatleben *n*; **komputer** *m* **~ty** Personalcomputer *m*, PC *m*; **ochrona** *f* **~ta** Leibwache *f*; **rewizja** *f* **~ta** Leibesvisitation *f*
osobliwie ADV → osobliwy
osobli|wość F *(-ści)* Seltenheit *f*; **~ natury** Naturphänomen *n*; *(bpl)* *(cecha)* Eigenart *f*, Besonderheit *f*; **~wy (-wie)** merkwürdig, seltsam, eigenartig
osobnik M *(-a; -i)* BIOL Individuum *n*, Einzeltier *n*; *(*PL *-cy)* *(osoba)* Person *f*, Gestalt *f*; *pej* Typ *m*
osob|ny (-no) *(oddzielny)* getrennt; *(własny)* eigen; **~ne wejście** *n* separater Eingang *m*; **spać ~no** getrennt schlafen; **mieszkać ~no** getrennt wohnen; **z ~na** *adv* einzeln; **to ~ny problem** das ist ein Problem für sich
osobnoś|ć: **na ~ci** unter vier Augen
osobow|ość F *(-ści)* Persönlichkeit *f*; **~ość prawna** Rechtsfähigkeit *f*
osobo|wy[1] Personen-; *skład* personell; **akta** *pl* **~we** Personalakte *f*
osobowy[2] M *(-ego; -e)* Regionalbahn *f*
osocze N *(-a; bpl)* BIOL Blutplasma *n*
os|owiały *(persf -li)* **(-le)** niedergeschlagen, bedrückt; **~óbka** F *(-i; gen -bek)* *dim* Persönchen *n*
ospa F *(-y; bpl)* Pocken *pl*; **~ wietrzna** Windpocken *pl*
ospały *(persf -li)* **(-le)** träge, langsam
osp|owaty pockennarbig; **~rzęt** M *(-u; bpl)* Zubehör *n*, Ausrüstung *f*
ostać się PF *(ostoję)* *lit* erhalten bleiben, bestehen
ostateczn|ie ADV endgültig; *partikel* schließlich, letztlich; **~ość** F *(-ści; bpl)* äußerste Not *f*; zwingende Notwendigkeit *f*; **w ~ości** im Notfall, als Notlösung; **doprowadzić** *pf* **do ~ości** zum Äußersten bringen
ostatecz|ny endgültig, definitiv; **wersja** *f* **~na** Endfassung *f*; **~ny wynik** *m* Endergebnis *n*; **Sąd** *m* **Ꙭny** REL das Jüngste Gericht
ostat|ek M *(-tka; -tki)* Rest *m*; **do ~ka** bis zum Schluss; **na ~ek** am Ende; **~kiem sił** mit letzter Kraft; **~ki** PL *(gen -ów)* Fastnacht *f*
ostatni letzte(r); *(aktualny)* jüngste(r), neueste(r); **~mi czasy** *lit* in letzter Zeit; **~ głupiec** *m* Vollidiot *m*; **~ krzyk** *m* **mody** der letzte Schrei; **~a wieczerza** *f* REL, MAL das letzte Abendmahl
ostatnio ADV in letzter Zeit, neuerdings
ostentacyjny ostentativ, betont
ostępy M/PL *(gen -ów)* Dickicht *n*, tiefer Wald *m*, Wildnis *f*
ostoja F *(-oi; -e; gen -oi)* *fig* Stütze *f*; Bollwerk *n*; BIOL Refugialgebiet *m*
ostracyzm M *(-u; bpl)* Ostrazismus *m*, Scherbengericht *n* *(a.* HIST*)*
ostro ADV → ostry
ostro|ga F *(-i; gen -róg)* Sporn *m*; *na rzece* Buhne *f*; **~kątny** spitzwinklig; **~łuk** M *(-u; -i)* ARCH Spitzbogen *m*
ostro|słup M *(-a; -y)* MAT Pyramide *f*; **~ść** F *(-ści; bpl)* Schärfe *f* *(a. fig,* FOTO*)*
ostroż|ność F *(-ści; bpl)* Vorsicht *f*; **środki** *m/pl* **~ności** Vorsichtsmaßnahmen *f/pl*; **~ny** vorsichtig; *(delikatny)* behutsam
Ostróda F *(-y; bpl)* Osterode *n*
ostrużyny PL *(gen -)* Hobelspäne *pl*
ost|ry (-ro) scharf *(a. fig,* KULIN, FOTO*)*; *światło, kolor* grell; *zapach* streng; *ból* stechend; MED akut; **~ry dyżur** *m* MED Notdienst *m*, Bereitschaftsdienst *m*; **~ry zakręt** *m* scharfe Kurve *f*; **~ra amunicja** *f* MIL scharfe Munition *f*; **~ry makijaż** *m* kräftiges Make-up *n*; **~ra zima** *f* strenger Winter *m*; **~ry kąt** *m* MAT spitzer Winkel *m*; **~ry język** *m* *fig* scharfe Zunge *f*
ostryga F *(-i)* Auster *f*
ostrzał M *(-u; bpl)* MIL Beschuss *m*
ostrze N *(-a; gen -y)* Schneide *f*, Klinge *f*;

O

siekiery Blatt *n*
ostrzegać (*-am*) ⟨**ostrzec***⟩ (*ostrzegę*) warnen (**przed** *inst* vor *dat*)
ostrzegawczy Warn-
ostrzej *komp* ADV schärfer; → ostro
ostrzejszy *komp* ADJ schärfer; → ostry
ostrzeliwać (*-wuję*) ⟨**ostrzelać**⟩ (*-am*) beschießen; **~ się** sich beschießen
ostrzeżenie N (*-a*) Warnung *f*
ostrzyc* PF (*ostrzygę*) (kurz) schneiden; *owcę* scheren; **~ sobie włosy** sich die Haare kurz schneiden (lassen)
ostrzyć ⟨**na-**⟩ (*-ę*) schärfen, wetzen; *ołówek* (an)spitzen; **~ sobie zęby na** (*akk*) scharf sein, spekulieren auf (*akk*)
ostrzyżony (*persf -eni*) mit (kurz) geschnittenen Haaren
ostudzać (*-am*) ⟨**-ić**⟩ (*-ę*) *v/t* (ab)kühlen (*a. fig*); **~ się** *v/i* abkühlen
ostudzić PF → studzić
ostukiwać → opukiwać
ostygnąć PF (*-nę*) *v/i* abkühlen (*a. fig*); *gniew* verrauchen
osunąć się PF → osuwać
osuszać (*-am*) ⟨**-yć**⟩ (*-ę*) *v/t* (ab)trocknen; *bagno* trockenlegen; **~ butelkę** *umg* eine Flasche leeren
osuwać się (*-am*) ⟨**-nąć się**⟩ (*-nę*) (hin)abrutschen, (hin)abgleiten; *osoba* niedersinken
osuwisko N (*-a*) Erdrutsch *m*, Bergrutsch *m*
oswajać (*-am*) ⟨**oswoić**⟩ (*-ję*) *zwierzę* zähmen, zahm machen; **~ z** (*inst*) gewöhnen an (*akk*); **~ się** *zwierzę* zahm werden; **~ się z** (*inst*) sich gewöhnen an (*akk*)
oswobadzać (*-am*) ⟨**oswobodzić**⟩ (*-dzę, -bódź!*) befreien; **~ się** sich befreien (**od** *gen* von *dat*)
oswobo|dzenie N (*-a; bpl*) Befreiung *f*; **~dziciel** M (*-a; -e*) Befreier *m*
oswobodzić PF → oswobadzać
oswoić PF → oswajać
oswojony *zwierzę* zahm, gezähmt; **~ z** (*inst*) gewöhnt an (*akk*)
osypisko N (*-a*) Geröllhalde *f*
osypywać → obsypywać
oszachrować PF → szachrować
oszacować PF → szacować
oszalały (*persf -lali*) *fig* verrückt (**z** *gen* vor *dat*); **jak ~** wie von Sinnen
oszaleć PF (*-eję*) den Verstand verlieren, *umg* verrückt werden (*a. fig*); **~ na punkcie** (*gen*) verrückt werden wegen (*gen*)
oszałamiać (*-am*) ⟨**oszołomić**⟩ (*-ię*) *ofiarę* betäuben; *fig* berauschen, überwältigen
oszałamiający (**-co**) berauschend
oszczep M (*-u; -y*) Speer *m*
oszczepni|k M (*-a; -cy*), **~czka** F (*-i; gen -czek*) Speerwerfer(in) *m(f)*
oszczer|ca M (*-y; gen -ów*) Verleumder *m*; **~czy** (**-czo**) verleumderisch; **~stwo** N (*-a*) Verleumdung *f*
oszczędności PL (*gen -*) Ersparnisse *pl*, zurückgelegtes Geld *n*; **~owy** Spar-
oszczęd|ność F (*-ści; bpl*) Sparsamkeit *f*; **~ny** sparsam
oszczędzać (*-am*) ⟨**-ić**⟩ (*-ę*) sparen; **~ na** (*akk*) sparen für (*akk*); **~ na** (*lok*) sparen an (*dat*); **~ k-u** (*gen*) j-m ersparen (*akk*); **oszczędzić** *pf* **k-o** (*darować życie*) j-n am Leben lassen; **oszczędzać** *v/i* haushalten, mit dem Geld sparsam umgehen; **oszczędzać ubranie** die Kleidung schonen; **oszczędzać ~ się** sich schonen
oszkalować PF → szkalować
oszklony verglast, Glas-
oszołom M (*-a; -y*) *umg pej* Radikalinski *m*
oszołomić PF → oszałamiać
oszołomieni *persf* → oszołomiony
oszołomienie N (*-a; bpl*) Rausch *m*, Rauschzustand *m* (*a. fig*); (*szok*) Bestürzung *f*; Betäubung *f*; **~ alkoholem** Alkoholrausch *m*
oszołomiony (*persf -eni*) *ofiara* betäubt; *fig* berauscht; (*zaszokowany*) bestürzt, schockiert
oszpecać (*-am*) ⟨**-ić**⟩ (*-ę*) *twarz, osobę* entstellen; *krajobraz* verunstalten, verschandeln
oszroniony bereift, mit Reif bedeckt
oszukać PF: **~ się na** (*lok*) hereinfallen bei (*dat*), enttäuscht sein von (*dat*); → oszukiwać
oszukań|czy (**-czo**) betrügerisch; **~stwo** N (*-a*) Betrug *m*
oszukiwać (*-uję*) ⟨**oszukać**⟩ (*-am*) betrügen, belügen; hintergehen; **~ się** sich gegenseitig betrügen, sich gegenseitig belügen; **oszukiwać się** sich selbst belügen, sich etwas vormachen
oszust M (*-a; -ści*), **~ka** F (*-i; gen -tek*) Betrüger(in) *m(f)*; **~wo** N (*-a*) Betrug *m*;

O

~**wo podatkowe** Steuerhinterziehung *f*
oszwabiać (*-am*) ⟨**-ić**⟩ (*-ię*) *umg* beschwindeln, beschummeln
oś F (*osi; osie*) Achse *f* (*a.* MAT)
ościen|ny benachbart, angrenzend; **państwa** *m/pl* ~**ne** Nachbarstaaten *m/pl*
oścież: **na** ~ *adv* sperrangelweit
o|ścisty grätig, voller Gräten; ~**ść** F (*ości; ościе*) Gräte *f*
oślepiać (*-am*) ⟨**-ić**⟩ (*-ię*) blenden; *fig* verblenden, blind machen
oślepiający (**-co**) blendend
oślepnąć PF (*-nę*) erblinden, blind werden
oślepnięcie N (*-a*) Erblindung *f*
oś|li Esels-; ~**la łączka** *f umg* Idiotenhügel *m*; ~**le uszy** *pl fig* Eselsohren *n/pl*; ~**lica** F (*-y; -e*) Eselin *f*, Eselstute *f*
ośliniać (*-am*) ⟨**-ić**⟩ (*-ię*) besabbern
ośliz|gły, ~**ły** glitschig, schlüpfrig
ośmielać (*-am*) ⟨**-ić**⟩ (*-lę*) ermutigen; ~ **się** wagen; sich trauen, Mut fassen; (*mieć czelność*) sich erdreisten
ośmieszać (*-am*) ⟨**-yć**⟩ (*-ę*) lächerlich machen; ~ **się** sich lächerlich machen
ośmio- *in zssgn* acht-, Acht-
ośmio|bok M (*-u; -i*) MAT Achteck *n*, Oktagon *n*; ~**dniowy** achttägig; ~**godzinny** achtstündig, Achtstunden-; ~**kąt** M (*-a; -y*) → ośmiobok
ośmio|krotny achtfach; ~**letni** achtjährig
ośmiornica F (*-y*) Krake *m*
ośmioro *num koll* acht
ośmiu *num persf* acht; ~**set** *num persf* achthundert
ośnieżony schneebedeckt, verschneit
ośrodek M (*-dka; -dki*) Zentrum *n*; ~ **badawczy** Forschungszentrum *n*; ~ **zdrowia** Krankenstation *f*, Ambulanz *f*; ~ **szkoleniowy** Bildungszentrum *n*
oświadczać (*-am*) ⟨**-yć**⟩ (*-ę*) erklären, bekunden; ~ **się** e-n Heiratsantrag machen
oświadcz|enie N (*-a*) Erklärung *f*, Bekundung *f*; ~**yny** PL (*gen -*) Heiratsantrag *m*
oświat|a F (*-y; bpl*) Bildung *f*, Bildungswesen *n*; ~**owy** Bildungs-, Erziehungs-; **film** *m* ~**owy** Lehrfilm *m*
oświecenie N (*-a; bpl*) HIST, LIT Aufklärung *f*
oświetlać (*-am*) ⟨**-ić**⟩ (*-lę*) beleuchten
oświetleni|e N (*-a; bpl*) Beleuchtung *f*; ~**owy** Beleuchtungs-
Oświęcim M (*-ia; bpl*) Ausschwitz *n*
ot *partikel* nur, eben, na; ~ **tak sobie** nur so; ~ **co** so ist das
otaczać (*-am*) ⟨**otoczyć**⟩ (*-ę*) umgeben (*inst* mit *dat*) (*a. fig*); (*okrążyć*) umzingeln; ~ **ramieniem k-o** den Arm um j-n legen; ~ **się** (*inst*) sich umgeben (mit *dat*)
otaczający umgebend, umliegend
otarcie N (*-a*) MED Schürfung *f*, Schürfwunde *f*; **na** ~ **łez** als Trostpflaster
otchłań F (*-ni; -nie*) Abgrund *m*, Tiefe *f*, Schlund *m*
otępiały (*persf -li*) abgestumpft; *wzrok* stumpf
otępieć PF (*-eję*) abstumpfen
otępienie N (*-a; bpl*) Stumpfsinn *m*, Dumpfheit *f*; ~ **starcze** MED (senile) Demenz *f*
otłuszczenie N (*-a*) MED Verfettung *f*
oto *partikel* eben; nun; ~ **nasz dom** da ist unser Haus; ~ **oni** da sind sie; ~ **wszystko** das ist aber schon alles; **w taki** ~ **sposób** auf diese Weise; **tak** ~ und so
otocz|ak M (*-a; -i*) Kiesel(stein) *m*; ~**enie** N (*-a*) Umgebung *f* (*a. fig*); **w** ~**eniu** (*gen*) umgeben (von *dat*); **wpływ** *m* ~**enia** Umwelteinflüsse *pl*
otoczka F (*-i; -czek*) Umrandung *f*; Hülle *f*
otoczyć PF → otaczać
otok M (*-a od -u; -i*) *czapki* Rand *m*, Band *n*
otóż *partikel* und zwar, nämlich, also; ~ **to** das ist es eben; ~ **nie** eben nicht
otręby PL (*gen -rąb*) Kleie *f*
otruci *persf* → otruty
otrucie N (*-a*) Vergiftung *f*; ~ **gazem** Gasvergiftung *f*
otruć PF → truć
otruty (*persf -ci*) vergiftet
otrzaskać się PF (*-am*): ~ **towarzysko** *umg* Schliff bekommen; ~ **z** (*inst*) *umg* vertraut werden mit (*dat*)
otrzaskany *umg* (gut) beschlagen (**z** *inst* auf *dat*); *towarzysko* gewandt
otrząsać (*-am*) ⟨**-nąć**⟩ (*-nę*) abschütteln; ~ **się z** (*inst*) abschütteln (*akk*); *fig* sich schütteln vor (*dat*); ~ **się po** (*lok*) zu sich kommen nach (*dat*), sich erholen von (*dat*); **otrząsnął się na myśl o** (*lok*) es graute ihm schon bei dem Gedanken an (*akk*)
otrzeć* PF → ocierać
otrzepywać (*-uję*) ⟨**otrzepać**⟩ (*-ię*) ab-

O

klopfen, abschütteln
otrzewna F (-ej; -e) ANAT Bauchfell *n*
otrzeźwiać (-am) ⟨**-ić**⟩ (-ię, -wij!) *prysznic, mróz* erfrischen, munter machen; *fig* zur Vernunft bringen
otrzeźwieć PF → trzeźwieć
otrzymanie N (-a; *bpl*) Erhalt *m*, Empfang *m*
otrzymywać (-uję) ⟨**otrzymać**⟩ (-am) bekommen, erhalten; TECH gewinnen
otu|cha F (-y; *bpl*) Zuversicht *f*, Mut *m*; **pełen ~chy** zuversichtlich, frohen Mutes
otulać (-am) ⟨**-ić**⟩ (-ę) (*inst*) einhüllen, *umg* einkuscheln, einpacken (in *akk*); **~ się** (*inst*) sich einhüllen, *umg* sich einkuscheln, sich einpacken (in *akk*); **~ się kocem** sich in eine Decke (ein)kuscheln
otumaniać (-am) ⟨**-ić**⟩ (-ię) verwirren, übertölpeln; *narkotykiem* betäuben
otwarcie[1] ADV → otwarty
otwarc|ie[2] N (-a; *bpl*) Eröffnung *f*; **~ie na** (*akk*) *fig* Aufgeschlossenheit *f* für (*akk*); **godziny** *pl* **~ia** Öffnungszeiten *pl*
otwartość F (-ści; *bpl*) Offenheit *f*, Ehrlichkeit *f*
otwar|ty (*persf* -ci) (**-cie**) offen, geöffnet; (*szczery*) offen, ehrlich; (*chłonny*) aufgeschlossen, offen; (*publiczny*) öffentlich; *teren* frei; *książka* aufgeschlagen; **wypłynąć na ~te morze** aufs offene Meer *od* auf die offene See hinausfahren; **z ~tymi rękami** mit offenen Armen; **dni** *pl* **~te** Tag *m* der offenen Tür; **list** *m* **~ty** offener Brief *m*
otwieracz M (-a; -e) Öffner *m*; **~ do konserw** Büchsenöffner *m*; **~ do butelek** Flaschenöffner *m*
otwierać (-am) ⟨**otworzyć**⟩ (-ę, -órz!) *drzwi* öffnen, aufmachen; *firmę* gründen; *nowy sklep* eröffnen; *parasol* aufspannen; *zamek* aufschließen; *konto* einrichten, eröffnen; **~ dyskusję** e-e Disskussion eröffnen; **~ ogień** MIL das Feuer eröffnen; **~ granice** die Grenzen öffnen; **~ nawias** MAT Klammern auflösen; **~ oczy k-u** *fig* j-m die Augen öffnen; **~ usta** *fig* den Mund aufmachen; **~ się** *drzwi* aufgehen, sich öffnen; *rana* aufbrechen; *perspektywa* sich eröffnen
otwo|rek M (-rka; -rki) kleine Öffnung *f*, kleines Loch *n*
otworzyć PF → otwierać
otw|ór M (-oru; -ory) Öffnung *f*, Loch *n*; *wywiercony* Bohrloch *n*; **wszystko stoi przed tobą ~orem** *fig* dir stehen alle Türen offen
otyli *persf* → otyły
otyłość F (-ści; *bpl*) MED Fettsucht *f*
otyły (*persf*-li) beleibt, dick
owa PRON *dem f* jene; → ów
owac|ja F (-i; -e) Beifall *m*; **~cyjny** enthusiastisch, begeistert
owad M (-a; -y) Insekt *n*
owadobójczy: **środek** *m* **~** Insektenbekämpfungsmittel *n*, Insektengift *n*
owa|dożerny BIOL insektenfressend; **~dzi** Insekten-
owal M (-u; -e) Oval *n*; **~ny** oval
owca F (-y; -e, owiec) Schaf *n*; **czarna ~** *fig* schwarzes Schaf *n*; **chodzić jak błędna ~** *umg* benommen umhergehen
owcza|rek M (-rka; -rki) Schäferhund *m*; **~rnia** F (-i; -e; *gen* -i *od* -ń) Schafstall *m*; **~rz** M (-a; -e, -y) Schäfer *m*, Schafhirt *m*
owczy Schafs-; **~ ser** Schafskäse *m*; **~ pęd** *m pej* Herdentrieb *m*
Ow|czy: **Wyspy** *pl* **~cze** Färöer *pl*, Färöer Inseln *pl*
owdowiały (*persf* -li) verwitwet
owdowieć PF (-eję) *kobieta* Witwe werden; *mężczyzna* Witwer werden
owe PRON *dem sachf* jene; → ów
owi PRON *dem persf* jene; → ów
owiać PF → owiewać
owiany: **~ tajemnicą** *lit* geheimnisumwittert
owieczka F (-i; *gen* -czek) kleines Schaf *n*, Schäfchen *n*; **zbłąkana ~** *fig* verirrtes Schaf *n* (*a.* REL)
owies M (*owsa; owsy*) Hafer *m*
owiewać (-am) ⟨**owiać**⟩ (-eję) umwehen
owijać (-am) ⟨**-nąć**⟩ (-nę, -ń!) einwickeln (*inst* in *akk*); **~ bandażem** verbinden; **~ (sobie) wokół palca k-o** *fig* j-n um den kleinen Finger wickeln; **~ się** (*inst*) sich einwickeln (in *akk*); *bluszcz* sich ranken; **~ się wokół** (*gen*) sich wickeln um (*akk*)
owładnąć PF (3. *Pers* -nie) ergreifen, überkommen; **owładnęła mną radość** Freude ergriff mich
owładnięty (*inst*) ergriffen (von *dat*); **~ nienawiścią** hasserfüllt; **~ strachem** angsterfüllt
owłosiony behaart
owo PRON *dem n* jenes; → ów
owoc M (-u; -e) Frucht *f* (*a. fig*); **~e** *pl* Obst

n; **~e** *pl* **morza** Meeresfrüchte *pl*; **~e** *pl* **południowe** Südfrüchte *pl*; **zakazany ~** *fig* verbotene Frucht *f*

owoc|nia F (-i) BOT Fruchtgehäuse *n*; **~ny** *fig* fruchtbar, erfolgreich

owocować ⟨**za-**⟩ (*3. Pers -uje*) Früchte tragen (*a. fig*)

owocowy *drzewo* Obst-; *sok* Frucht-

owrzodz|enie N (-a) Geschwür *n*; **~ony** mit Geschwüren bedeckt, geschwürig

owsia|nka F (-i; *gen -nek*) Haferbrei *m*, **~ny** Hafer-; **płatki** *pl* **~ne** Haferflocken *pl*

owsiki M/PL (-ów) MED Madenwürmer *m/pl*

owszem ADV doch; im Gegenteil

ozdabiać (-am) ⟨**ozdobić**⟩ (-ię) verzieren, (aus)schmücken

ozdo|ba F (-y; *gen -dób*) Schmuck *m*, Verzierung *f*; *fig* Zierde *f*, Stolz *m*; **~by** *pl* **choinkowe** Christbaumschmuck *m*; **bez ozdób** schlicht, schmucklos

ozdobić PF → ozdabiać

ozdob|ny verziert; dekorativ; *styl* blumig; **rośliny** *f/pl* **~ne** Zierpflanzen *f/pl*; **papier** *m* **~ny** Geschenkpapier *n*

ozdóbka F (-i; *gen -bek*) Tand *m*, Nippes *pl*

ozdrowieńczy *proces* Genesungs-, Rekonvaleszenz-; EKON Sanierungs-

oziębiać (-am) ⟨**-ić**⟩ (-ię) abkühlen; **~ się** sich abkühlen, kalt werden

oziębienie N (-a; *bpl*) Abkühlung *f*

oziębły (*persf -li*) (**-le**) *fig* kühl, reserviert

oziębnąć PF (-nę) gleichgültig werden

ozi|mina F (-y) Wintersaat *f*, Wintergetreide *n*; **~my** AGR Winter-

oznaczać (-am) ⟨**-yć**⟩ (-ę) kennzeichnen, markieren; **oznaczać** bedeuten, heißen

oznaczenie N (-a) Kennzeichnung *f*, Markierung *f*; Zeichen *n*, Symbol *n*

oznajmiać (-am) ⟨**-ić**⟩ (-ię, -mij!) *lit* verkünden; ankündigen

oznajmienie N (-a) Ankündigung *f*; Bericht *m*

oznaka F (-i) Anzeichen *n*; *choroby* Symptom *m*; (*odznaka*) Abzeichen *n*

ozonowy Ozon-

ozór M (*ozora; ozory*) *zwierzęcia* Zunge *f* (*a.* KULIN)

ożaglowanie N (-a; *bpl*) MAR Takelwerk *n*, Segelwerk *nf*

oże|browanie N (-a; *bpl*) ARCH Rippenwerk *n*; **~nek** M (-nku; -nki) *lit* Mężczyzny Heirat *f*

ożywać (-am) ⟨**ożyć**⟩ (*ożyję*) zum Leben erwachen; *ulica* sich beleben, sich bevölkern; *wspomnienia* aufleben, lebendig werden

ożywczy (**-czo**) belebend, erfrischend

ożywiać (-am) ⟨**-ić**⟩ (-ię) wieder zum Leben erwecken; *fig* beleben; **~ się** *ulica* sich beleben; *osoba* aufleben

ożywi|enie N (-a; *bpl*) Begeisterung *f*, Aufregung *f*; **~enie gospodarcze** wirtschaftlicher Aufschwung *m*; **z ~eniem** lebhaft, mit Begeisterung; **~ony** *dyskusja* angeregt, lebhaft; *handel* rege; *osoba* begeistert, aufgeregt; *materia* belebt

Ó

ós|emka F (-i; *gen -mek*) Acht *f*; **~my** achte(r); **~ma (godzina)** acht Uhr; **o ~mej (godzinie)** um acht (Uhr); **~my cud** *m* **świata** *fig* das achte Weltwunder

ów PRON (*f owa*; N *owe*; *persf owi*, PL *owe*) *lit* jener; **w owych czasach** zu jener Zeit; **to i owo** dies und jenes; **ni z tego, ni z owego** mir nichts, dir nichts

ówczesny damalig

P

p. (**patrz**) s.; (**pan**) Hr.; (**pani**) Fr.

pa INT: **~!** tschüs!, bis dann!

pacać (-am) ⟨**-nąć**⟩ (-nę) (*uderzać*) klatschen

pa|cha F (-y) ANAT Achselhöhle *f*; *swetra* Ärmelausschnitt *m*, Ärmelansatz *m*; **pod ~chą** unter dem Arm

pach|nący (**-co**) duftend, wohlriechend; **~nieć** (-nę; -nij!) (*inst*) duften, riechen (nach *dat*)

pachołek M (-łka; -łki) *pej* Knecht *m* (*a.*

HIST); (*słupek*) Leitpfosten *m*; Leitplanke *f*; MAR Poller *m*
pachwina F (-y) ANAT Leiste *f*
pacierz M (-a; -e; gen -y) Gebet *n*
paciorek M (-rka; -rki) *dim* Gebet *n*
pacior|ki M/PL (gen -ów) Glasperlen *f/pl*; **~kowce** M/PL (gen -ów) MED, BIOL Streptokokken *f/pl od m/pl*
pacjent M (-a; -ci), **~ka** F (-i; gen -tek) Patient(in) *m(f)*
packa F (-i; gen -cek) Fliegenklatsche *f*
pacyfikacja F (-i; -e) *buntu* Niederschlagung *f*; *miejscowości* Einnahme *f*; *demonstracji* gewaltsame Auflösung *f*
pacyfist|a M (-y; -ści), **~ka** F (-i; gen -tek) Pazifist(in) *m(f)*
pacykować się ⟨**wypacykować się**⟩ (-uję) *umg* sich aufdonnern
pacynka F (-i; gen -nek) Handpuppe *f*
pacz|ka F (-i; gen -czek) (*przesyłka*) Paket *n*; *papierosów* Schachtel *f*, Packung *f*; *zapałek* Schachtel *f*; (*prezent*) Päckchen *n*; (*grupa*) *umg* Clique *f*; **~kowany** abgepackt
Paczków M (-owa; bpl) Patschkau *n*
paczuszka F (-i; gen -szek) *dim* Päckchen *n*
paczyć ⟨**s-**⟩ (-ę) *charakter* verderben; **~ się** *drewno* sich verziehen, sich aufwerfen
padaczka F (-i; bpl) MED Fallsucht *f*, Epilepsie *f*
padać (-am) ⟨**paść**⟩ (*padnę, -dnij!*) fallen (*a. fig*); *bydło* verenden; **pada deszcz** es regnet; **pada śnieg** es schneit; **~ ofiarą** (*gen*) zum Opfer fallen (*dat*); **~ sobie w ramiona** *od* **objęcia** sich in die Arme fallen; **~ na kolana** auf die Knie fallen; **padać z nóg** sich kaum noch auf den Beinen halten können; **padać na nos** *umg* hundemüde sein
pad|alec M (-lca; -lce) ZOOL Blindschleiche *f*; **~lina** F (-y) Tierkadaver *m*, Aas *n*
padnięty (*persf -ci*) *umg* hundemüde
padół M (-ołu; bpl): **~ ziemski** *od* **~ łez** *lit od żart* Jammertal *n*
paginacja F (-i; bpl) TYPO Seitennummerierung *f*, Paginierung *f*
pagór|ek M (-rka; -rki) Hügel *m*, Anhöhe *f*; **~kowaty** (**-to**) hüg(e)lig
pajac M (-a; -e) *pej* Clown *m*, Hampelmann *m*; **~yk** M (-a; -i) (*zabawka*) Hampelmann *m*; (*ubranko*) Spielanzug *m*
pa|jąk M (-a; -i) Spinne *f*; **~jda** F (-y) *umg* Brotscheibe *f*; **~jęczaki** M/PL (gen -ów) ZOOL Spinnentiere *n/pl*; **~jęczyna** F (-y) Spinngewebe *n*, Spinnennetz *n*
paka F (-i) Kiste *f*; (*paczka*) Riesenpaket *n*; (*więzienie*) *umg* Knast *m*
paki|ecik M (-a; -i) *dim* Päckchen *n*; **~et** M (-u; -y) (*stos*) Paket *n* (*a. fig*)
Pakistan M (-u; bpl) Pakistan *n*
Pakista|ńczyk M (-a; -cy), **~nka** F (-i; gen -nek) Pakistaner(in) *m(f)*
pakować ⟨**s-**⟩ (-uję) (ein)packen; **~ się** *v/i* packen; ⟨**o-**⟩ verpacken; ⟨**w-**⟩ *umg* stecken (**do** *gen* in *akk*); **~ pieniądze w** (*akk*) *fig umg* Geld hineinstecken in (*akk*); **~ się** *umg* sich hineindrängen (**do** *gen* in *akk*); *fig* sich hineinreiten (**w** *akk* in *akk*); **~ się w kłopoty** in die Bredouille kommen, sich etwas einbrocken; **pakować** *umg* Krafttraining machen
pakow|nia F (-i; -e) Packraum *m*; **~ny** geräumig; **być ~ym** viel Platz bieten, groß sein
pakowy: **papier** *m* **~** Packpapier *n*
pakt M (-u; -y) Pakt *m*; **~ o nieagresji** Nichtangriffspakt *m*
paktować (-uję) paktieren (*a. pej*)
paku|ły PL (gen -) Hede *f*, Werg *n*; **~nek** M (-nku; -nki) Paket *n*, Bündel *n*
pal M (-a; -e; gen -i) Pfahl *m*; **na ~ach** Pfahl-
palacz M (-a; -e), **~ka** F (-i; gen -czek) Raucher(in) *m(f)*; (*pracownik*) Heizer *m*; **~ nałogowy** Kettenraucher *m*
pala|nt M (-a; -y) *umg* Vollidiot *m*; **~rnia** F (-i; -e) Raucherzimmer *n*; **~rnia kawy** Rösterei *f*; **~rnia opium** Opiumhöhle *f*
pala|talizacja F (-i; bpl) GRAM Palatalisierung *f*; **~tynat** M (-u; -y) HIST Rheinpfalz *f*
palący[1] brennend (*a. fig*); *słońce* sengend, gleißend
pal|ący[2] M (-ego; -cy), **~ca** F (-ej; -ce) Raucher(in) *m(f)*; **dla ~cych** für Raucher; **przedział** *m* **dla ~cych** Raucherabteil *n*
pal|cówka F (-i; gen -wek) MUS Fingerübung *f*; **~czasty** *liść* handförmig
pal|ec M (-lca; -lce) Finger *m*; *u. nogi* Zehe *f*; **~ec wskazujący** Zeigefinger *m*; **~ec serdeczny** Ringfinger *m*; **na ~cach** auf Zehenspitzen; **sam jak ~ec** mutterseelenallein; **gruby na ~ec** fingerdick; **szeroki na ~ec** fingerbreit; **~ec boży** Gottes Fügung *f*, Strafe *f* Gottes; **mieć w jednym** *od* **małym ~cu** im kleinen Finger haben; **wyssany z ~ca** aus den Fingern gesogen;

wytykać ~cami k-o mit dem Finger auf j-n zeigen; ~ca nie da się wcisnąć es ist gerammelt voll; ~ce lizać! lecker!

pale|nie N (-a; bpl) *tytoniu* Rauchen *n*; *w piecu* Heizen *n*; *kawy* Rösten *n*; **~nisko** N (-a) Feuerstelle *f*, Feuerstätte *f*

palestra F (-y; bpl) Anwaltschaft *f*

Palestyna F (-y; bpl) Palästina *n*

Palesty|ńczyk M (-a; -cy), **~nka** F (-i; gen -nek) Palästinenser(in) *m(f)*

palestyński palästinesisch

paleta F (-y) Palette *f* (*a. fig*)

palić (-lę) V/T *papierosa* rauchen; *światło* brennen lassen, anlassen; *wapno, cegłę* brennen; *kawę* rösten; V/I *rana, pieprz* brennen; **~ w piecu** im Ofen heizen; **~ ognisko** ein Lagerfeuer machen; **~ się** *v/i* brennen; **~ się na** (*akk*) *fig* brennen auf (*akk*); **pali się (światło)** das Licht brennt; **pali się!** es brennt! **nie pali się** *fig* es hat keine Eile; ⟨s-⟩ *zwłoki* verbrennen; einäschern; *śmieci* verbrennen; (*wzniecać pożar*) in Brand stecken; **~ za sobą wszystkie mosty** alle Brücken hinter sich abbrechen; **~ się** *v/i* verbrennen

palik M (-a; -i) Pflock *m*

palikować (-uję) AGR anpflocken

palisada F (-y) Palisaden *f/pl*

paliwo N (-a) Brennstoff *m*; AUTO Kraftstoff *m*, Treibstoff *m*; **~mierz** M (-a; -e) Benzinuhr *f*, Kraftstoffanzeige *f*

pal|ma F (-y) Palme *f*; **~ma daktylowa** Dattelpalme *f*; **~ma pierwszeństwa** *fig* Siegespalme *f*; **~ma mu odbiła** *umg* er dreht völlig durch; **~owy** Palm(en)-; **Niedziela** *f* **&mowa** REL Palmsonntag *m*

palnąć PF (-nę) (*trzasnąć*) *umg* knallen, hauen; (*powiedzieć*) herausplatzen (mit *dat*); **~ sobie w łeb** sich e-e Kugel in den Kopf jagen; **~ głupstwo** sich danebenbenehmen, e-n Bock schießen

palnik M (-a; -i) TECH Schweißbrenner *m*; *kuchenki* Gasflamme *f*; **kuchenka** *f* **z czterema ~ami** vierflämmiger Gasherd *m*

pal|ny brennbar; **broń** *f* **~na** Schusswaffe *f*

pal|ony *kawa* geröstet; **~owy** Pfahl-; **~to** N (-a) Mantel *m*

palu|ch M (-a; -y) ANAT große Zehe *f*; **~szek** M (-szka; -szki) *dim* Fingerchen *n*; **słone ~szki** *pl* KULIN Salzstangen *pl*; **~szki rybne** KULIN Fischstäbchen *pl*

pała F (-y) Stock *m*, Knüppel *m*; (*głowa*) *umg* Birne *f*; **łysa ~** *umg* Glatzkopf *m*

pałac M (-u; -e) Palast *m*, Schloss *n*; **~owy** Schloss-; **~yk** M (-u; -i) Lustschloss *n*, Schlösschen *n*

pałać (-am) *lit twarz* glühen; **~ nienawiścią** von Hass erfüllt sein; **~ gniewem** in Zorn entbrennen; **~ miłością** in Liebe entbrennen, sich in Liebe verzehren; **~ zemstą** nach Rache lechzen

pałaszować ⟨s-⟩ (-uję) *umg* (*jeść*) verputzen

pałąk M (-a; -i) Bügel *m*; **wygięty w ~** gebogen, bogenförmig; *nogi* krumm

pałecz|ka F (-i; gen -czek) Stäbchen *n* (*a.* KULIN); SPORT Staffelstab *m*; **~ka dyrygencka** Taktstock *m*; **~ki** *pl* **nawozowe** AGR Düngestäbchen *n/pl*; **~ki** *pl* BIOL Stäbchenbakterien *pl*

pałętać się (-am) *umg* herumlungern

pałka F (-i; gen -łek) Stock *m*, Knüppel *m*; (*uderzenie*) Stockhieb *m*; BOT Rohrkolben *m*; **~ gumowa** Gummiknüppel *m*

pamflet M (-u; -y) Pamphlet *n*

pamiąt|ka F (-i; gen -tek) Andenken *n*, Erinnerungsstück *n*; **~ka z podróży** Souvenir *n*; **na ~kę** zur Erinnerung, als Andenken; **~ka po** (*lok*) Andenken *n* an (*akk*); **~karski** Souvenir-; **~kowy** Gedenk-

pami|ęć F (-ci; bpl) Gedächtnis *n*; (*wspomnienie*) Andenken *n*, Erinnerung *f*; EDV Speicher *m*; **~ęć zbiorowa** kollektives Gedächtnis *n*; **~ęć robocza** *od* **operacyjna** EDV Arbeitsspeicher *m*; **na ~ęć** *adv* auswendig; **liczyć w ~ęci** im Kopf rechnen; **świętej ~ęci** selig; **bez ~ęci** *adv* besinnungslos; **jeśli mnie ~ęć nie myli** wenn ich mich recht erinnere

pamiętać (-am) (*akk*) sich erinnern (an *akk*); **~ o** (*lok*) denken an (*akk*), nicht vergessen (*akk*)

pamięt|liwy nachtragend; **~nik** M (-a; -i) Tagebuch *n*; Poesiealbum *n*; **~niki** *pl* Memoiren *pl*, Erinnerungen *pl*; **~ny** denkwürdig

pampers M (-a; -y) Windel *f*, Windelhöschen *n*

pan M (-a, dat lok -u; -owie; gen -ów) Herr *m*, Mann *m*; *przed nazwiskiem, przed tytułem* Herr *m*; *forma grzecznościowa w stosunku do mężczyzny* Sie; (*właściciel psa*) Herrchen *n*; (*nauczyciel*) Lehrer *m*; (*władca*) Herr *m*; **~ Kowalski** Herr Kowalski; **jak się ~ nazywa?** wie heißen Sie?; **czy ma ~**

...? haben Sie ...? **dzień dobry ~u!** guten Tag!; **~ie doktorze** Herr Doktor; **proszę ~a, która jest godzina?** Entschuldigung, wie spät ist es?; **~ domu** Hausherr *m*; **~ młody** Bräutigam *m*; **~ od matematyki** *umg* Mathelehrer *m*; **Szanowny ℒie!** sehr geehrter Herr ...!; **ℒ Bóg** (Herr)Gott *m*; **być na ~ z** *(inst)* j-n siezen; **być ~em sytuacji** Herr der Lage sein; **być za ~ brat z** *(inst)* vertraut sein mit *(dat)*; **niech ~ będzie tak dobry i ...!** seien Sie so gut und ... !; **czuć się jak u ℒa Boga za piecem** sich sehr wohl fühlen, sich geborgen fühlen

PAN (Polska Akademia Nauk) Polnische Akademie *f* der Wissenschaften

pan|cernik M (-a; -i) *okręt* Panzerschiff *n*; **~cerny** gepanzert, Panzer-; **~cerz** M (-a; -e) Panzer *m* (*a.* ZOOL, HIST)

panczenist|a M (-y; -ści), **~ka** F (-i; *gen* -tek) SPORT Eisschnellläufer(in) *m(f)*

panel M (-u; -e) Podiumsdiskussion *f*

pani F (-, *akk inst* -ą, *vok* -!; -e; *gen* -ań) Frau *f*, Dame *f*; *przed nazwiskiem, przed tytułem* Frau *f*; *forma grzecznościowa w stosunku do kobiety* Sie; *(właścicielka psa)* Frauchen *n*; *umg (nauczycielka) umg* Lehrerin *f*; *(władczyni)* Herrin *f*; **~ Nowak** Frau Nowak; **jak się ~ nazywa?** wie heißen Sie?; **czy ma ~ ...?** haben Sie ...? **dzień dobry ~!** guten Tag!; **~ doktor** Frau Doktor; **~ minister** Frau Ministerin; **proszę ~, która jest godzina?** Entschuldigung, wie spät ist es?; **~ domu** Hausherrin *f*; **być na ~ z** *(inst)* j-n siezen; **~ od matematyki** *umg* Mathelehrerin *f*; **~e i panowie!** meine Damen und Herren!; **Szanowna ℒi!** sehr geehrte Frau ...!

pa|niczny panisch; **~nienka** F (-i; *gen* -nek) *umg pej* Tussi *f*; *(prostytutka)* Nutte *f*

panieński: **nazwisko** *n* **~e** Geburtsname *m*

panier M (-u; *bpl*) KULIN Paniermehl *n*

panierować ⟨za-⟩ (-uję) panieren

panika F (-i; *bpl*) Panik *f*; **~rski** *pej* panikartig, Panik verbreitend; **~rstwo** N (-a; *bpl*) *pej* Panikmache *f*; **~rz** M (-a; -e) *pej* Panikmacher *m*

pan|na F (-y) (junge) unverheiratete Frau *f*; *(stan cywilny)* ledig; **ℒna** ASTRON Jungfrau *f*; **być spod znaku ℒny** ASTRON Jungfrau sein; **~na młoda** Braut *f*; **stara ~na** *pej* alte Jungfer *f*; **być ~ną** unverheiratet sein; **~na z dzieckiem** Frau *f* mit unehelichem Kind; **Najświętsza Maria ℒna** REL (Heilige) Jungfrau *f* Maria

panorama F (-y) Panorama *n* (*a.* MAL)

panoszyć się (-ę) *pej osoba* herumkommandieren

panować (-uję) herrschen (*a. fig*), regieren; **~ nad** *(inst)* beherrschen, im Griff haben *(akk)*; **~ nad sobą** sich beherrschen; **panuje tam nieporządek** es herrscht dort Unordnung

panowanie N (-a; *bpl*) Herrschaft *f*; **~ nad sobą** Selbstbeherrschung *f*

panter|a F (-y) ZOOL Panther *m*; **~ka** F (-i; *gen* -rek) Tarnjacke *f*

pantof|el M (-fla; -fle) Halbschuh *m*; **~le** *pl* **damskie** Damenschuhe *pl*; **~le domowe** *pl* Hausschuhe *pl*; **być pod ~lem** *fig* unter dem Pantoffel stehen

pantof|elek M (-lka; -lki) ZOOL Pantoffeltierchen *n*; **~larz** M (-a; -e) *umg pej* Pantoffelheld *m*

pantoflo|wy: **poczta** *f* **~wa** Flüsterpropaganda *f*

pańs|ki herrschaftlich; *w zwrotach grzecznościowych w stosunku do* MĘŻCZYZNY Ihr; **~ki list** Ihr Brief; **po ~ku** *adv* (hoch)herrschaftlich

państewko N (-a; *gen* -wek) Kleinstaat *m*

państ|wo[1] N (-a; *gen* -) Staat *m*; **~wo policyjne** Polizeistaat *m*; **~wo opiekuńcze** Sozialstaat *m*; **w ~wie** im Staat

państw|o[2] N (-a, *lok* -stwu; *bpl*) ein Mann und eine Frau, Leute *pl*; *(małżeństwo)* Herr und Frau (+ *nazwisko*); *forma grzecznościowa w stosunku do osób różnej płci* Sie; **~o młodzi** Brautpaar *n* **~o Kowalscy** Herr Kowalski und Frau Kowalska; **~o Müller** Herr und Frau Müller, die Müllers; **witamy ~a serdecznie** wir begrüßen Sie herzlich; **czy obejrzeli już ~o wystawę?** haben Sie die Ausstellung schon besucht?; **dokąd ~o jadą?** wo fahren Sie hin?; **~o pozwolą, że ...** erlauben Sie bitte, dass ...; **Szanowni ~o!** sehr geehrte Damen und Herren!; **proszę ~a!** meine Damen und Herren!; **czy to jest ~a syn?** ist das Ihr Sohn?

państwo|wość F (-ści; *bpl*) Staatlichkeit *f*; **~wy** staatlich, Staats-

pańszczyzna F (-y; *bpl*) HIST Leibeigenschaft *f*, Fron *f*

pańszczyźniany: **chłop** *m* **~** HIST Leibeigene(r) *m*

PAP (Polska Agencja Prasowa) Polnische Presseagentur *f*

papa F (-*y*; *bpl*) Dachpappe *f*

papeteria F (*gen dat lok -ii*; *-e*) Briefpapier *n*

papier M (-*u*; -*y*) Papier *n*; **~ listowy** Briefpapier *n*; **~ gazetowy** Zeitungspapier *n*; **~ toaletowy** Toilettenpapier *n*; **~ ścierny** Schleifpapier *n*, Schmirgelpapier *n*; **~ maszynowy** Schreibmaschinenpapier *n*; **~ czerpany** Büttenpapier *n*; **~ pakowy** Packpapier *n*; **~y** *pl* (*dokumenty*) *umg* Papiere *pl*; **~y** *pl* **wartościowe** *pl* EKON Wertpapiere *pl*; **na ~ze** *fig umg* auf dem Papier

papier|ek M (-*rka*; -*rki*) Papierschnipsel *m*; **~ek po cukierku** Einwickelpapier *n*; **~ki** *pl pej umg* Papierkram *m*; **dla ~ka** *fig umg* um etwas in der Hand zu haben

papierko|wy: **robota** *f* **~wa** *umg pej* Papierkram *m*

papier|nia F (-*i*; -*e*) Papierfabrik *f*; **~nictwo** N (-*a*; *bpl*) Papierindustrie *f*; **~niczy** Papier-

papiero|s M (-*a*; -*y*) Zigarette *f*; **~sek** M (-*ska*; -*ski*) *dim* Zigarettchen *n*; **~śnica** F (-*y*; -*e*) Zigarettenetui *n*; **~sowy** Zigaretten-

papier|owy papieren (*a. fig*), Papier-; **~ówka** F (-*i*; *gen -wek*) BOT Goldparmäne *f*, Sauerapfel *m*

papi|eski päpstlich, Papst-; **~eż** M (-*a*; -*e*) Papst *m*

papla F *od m* (-*i*) *umg* Plappermaul *n*, Plaudertasche *f*; (*plotkarz*) Petzer *m*

paplać (-*lę od -am*) *umg* plappern, schnattern

paplanina F (-*y*; *bpl*) *umg* Geplapper *n*, Geschwätze *n*

papk|a F (-*i*; *gen -pek*) Brei *m*; **~owaty** (**-to**) brei(art)ig

paprać ⟨**s-**⟩ (*paprzę*) *robotę umg* schluderig machen; Mist bauen; ⟨**u-**⟩ beschmieren, beschmutzen; **~ się** *umg* sich beschmieren, sich schmutzig machen; **paprać się z** (*inst*) herumtrödeln mit (*dat*); **rana się paprze** die Wunde will nicht heilen

pap|ranina F (-*y*; *bpl*) *umg* Dreckarbeit *f*; Trödelei *f*; **~roć** F (-*i*; -*e*; *gen -i*) Farn *m*

papryka F (-*i*) BOT, KULIN Paprika *m*; (*owoc*) Paprikaschote *f*; **~rz** M (-*a*; -*e*) Paprikagulasch *m*

paprykować (-*uję*) mit Paprika würzen

papuć M (-*cia*; -*cie*) *umg* Hausschuh *m*, Filzpantoffel *m*

papuga F (-*i*) Papagei *m*

papugować (-*uję*) *umg* nachäffen, nachahmen

papuzi Papageien-; *fig* papageienhaft

papuż|ka F (-*i*; *gen -żek*): **~ka falista** Wellensittich *m*; **~ki nierozłączki** *f/pl* ZOOL Unzertrennliche *pl*, Liebesvögel *m/pl*; *fig* unzertrennliches Paar *n*

pa|ra[1] F (-*y*) Dampf *m*; **pełną ~lą** *fig* mit Volldampf

pa|ra[2] F (-*y*) Paar *n*; **~ra zakochanych** Liebespaar *n*; **młoda ~ra** Brautpaar *n*; **~ra butów** ein Paar Schuhe; **~rami** *adv* in Paaren; **nie do ~ry** nicht zueinanderpassend; **iść w ~rze** *fig* gepaart sein, einhergehen (**z** *inst* mit *dat*)

parabola F (-*i*; -*e*) Parabel *f*, Gleichnis *n*

parać się (-*am*) (*inst*) beruflich ausüben (*akk*); sich befassen (mit *dat*); **~ handlem** Handel treiben

para|da F (-*y*) Parade *f*; **wejść** *pf* **w ~dę k-u** *umg* j-m in die Quere kommen; **mieć głowę nie od ~dy** nicht auf den Kopf gefallen sein

para|dentoza F (-*y*; *bpl*) MED Parodontose *f*; **~dny** *mundur* Parade-; *umg fig* putzig, komisch; **~doksalny** paradox

paradować (-*uję*) stolzieren, sich zeigen

parafia F (*gen dat lok -ii*; -*e*) Gemeinde *f*; Pfarrbezirk *m*; **~lny** Pfarr-; Gemeinde-

parafian|in M (-*a*; -*anie*; *gen* -) **~ka** F (-*i*; *gen -nek*) (Pfarr)Gemeindemitglied *n*; **~ie** *pl* (Pfarr)Gemeinde *f*

para|fina F (-*y*; *bpl*) Paraffin *n*; **~fraza** F (-*y*) Paraphrase *f*

para|gon M (-*u*; -*y*) Kassenzettel *m*; **~graf** M (-*u*; -*y*) Paragraf *m*; **~lela** F (-*i*; -*e*) Parallele *f*

paralityk M (-*a*; -*cy*) Paralytiker *m*, Gelähmte(r) *m*

paraliż M (-*u*; *bpl*) MED Lähmung *f* (*a. fig*)

paraliżować ⟨**s-**⟩ (-*uję*) MED lähmen (*a. fig*)

paramilitarny paramilitärisch

parapet M (-*u*; -*y*) Fensterbank *f*, Fensterbrett *n*; **~ówka** F (-*i*; *G-wek*) *umg* Einweihungsparty *f*

para|sol M (-*a*; -*e*) Regenschirm *m*; *ogrodowy* Schirm *m*; **~sol od słońca** Sonnenschirm *m*; **~solka** F (-*i*; *gen -lek*) (kleiner) Regenschirm *m*; **~wan** M (-*u*; -*y*)

P

Wandschirm *m*
parcela F (-i; -e) Parzelle *f*, Grundstück *n*
parch M (-a; -y) BOT Schorf *m*
parciany sackleinen, Sackleinen-
parcie N (-a) FIZ Druck *m*; *fig* Drang *m*; **~ na stolec** MED Stuhldrang *m*; **~ na mocz** MED Harndrang *m*
parę (*gen dat lok -ru, inst -roma; prsf nom akk -ru*) ein paar, einige; **~ razy** ein paar Mal; **~set** (*persf paruset*) einige hundert
park M (-u; -i) Park *m*; **~ narodowy** Nationalpark *m*; **~ samochodowy** Fuhrpark *m*; **w ~u** im Park
parkan M (-u; -y) (Bretter)Zaun *m*
parkiet M (-u; -y) (*podłoga*) Parkett *n*; *do tańca* Tanzfläche *f*
park|ing M (-u; -i) Parkplatz *m*; (*budynek*) Parkhaus *n*; **~ing strzeżony** bewachter Parkplatz *m*; **~ometr** M (-u; -y) Parkuhr *f*
parkować ⟨**za-**⟩ (-*uję*) parken
parkowy Park-
parlament M (-u; -y) Parlament *n*; **~ariusz** M (-a; -e) Parlamentär *m*, Unterhändler *m*
parlamenta|rny parlamentarisch, Parlaments-; **~rzysta** M (-y; -ści) Parlamentarier *m*
parno ADV → parny
par|ność F (-ści; bpl) Schwüle *f*; **~ny** (**-no**) schwül
paro|bek M (-bka; -bcy od -bki) HIST Knecht *m* (*a. fig*); **~dia** F (*gen dat lok -ii; -e*) Parodie *f*
parodiować (-*uję*) parodieren
paro|dniowy mehrtägig, ein paar Tage dauernd; *dziecko* ein paar Tage alt; **~godzinny** mehrstündig, einige Stunden dauernd; **~krotnie** ADV mehrmals; **~krotny** mehrmalig
paroksyzm M (-u; -y) MED Anfall *m* (*a. fig*); **~ śmiechu** Lachanfall *m*
paro|letni mehrjährig, ein paar Jahre dauernd; *dziecko* ein paar Jahte alt; **~miesięczny** mehrmonatig, einige Monate dauernd; *dziecko* ein paar Monate alt; **~minutowy** mehrminutig, einige Minuten lang
parostopniowy: **dzisiaj jest ~ mróz** heute sind es ein paar Grad unter null
paro|tygodniowy mehrwöchig, einige Wochen dauernd *od* lang; *dziecko* ein paar Wochen alt; **~tysięczny** mehrere tausend groß
parować (-*uję*) *ciecz* verdampfen; *kartofle, kluski* dampfen
paro|wiec M (-wca; -wce) Dampfer *m*; **~wóz** M (-ozu; -ozy) Dampflok(omotive) *f*; **~wy** Dampf-
parów M (-owu; -owy) Schlucht *f*
parówka F (-i; *gen* -wek) Frankfurter Würstchen *n*; *umg* (*łaźnia*) Dampfbad *n*; *umg* (*pogoda*) Schwüle *f*
parskać (-*am*) ⟨**-nąć**⟩ (-*nę*) schnauben; **~ śmiechem** *pf* in Gelächter ausbrechen
parszywy *umg pies* räudig; *fig* mies
parta|cki (**po -ku**) *umg pej* schluderig, stümperhaft; **~ctwo** N (-a; bpl) *umg pej* Pfuscherei *f*, Schlamperei *f*; **~cz** M (-a; -e) *umg pej* Pfuscher *m*, Stümper *m*
partaczyć ⟨**s-**⟩ (-*ę*) *umg pej* pfuschen, schlampig arbeiten
part|er M (-u; -y) Erdgeschoss *n*, Parterre *n*; *w teatrze* Parkett *n*; **mieszkać na ~erze** im Erdgeschoss wohnen; **~erowy** *mieszkanie* Parterre-, Erdgeschoss-; *dom* einstöckig
partia F (*gen dat lok -ii; -e*) POL Partei *f*; (*część*) Partie *f*; MUS Part *m*; **~ szachów** Partie *f* Schach; **dobra ~** *fig* eine gute Partie *f*
partner M (-a; -rzy), **~ka** F (-i; *gen* -rek) Partner(in) *m(f)*; **~ w interesach** Geschäftspartner *m*; **~ do rozmowy** Gesprächspartner *m*; **~ seksualny** Sexualpartner *m*; **~ do gry** Mitspieler *m*; **~ do tańca** Tanzpartner *m*; **~ życiowy** Lebensgefährte *m*
partnerstwo N (-a; bpl) Partnerschaft *f*
partolić ⟨**s-**⟩ (-*lę*) *umg* → partaczyć
partyj|ka F (-i; *gen* -jek) *brydża* Partie *f*; **~ny** Partei-
party|kularny partikular; **~kuła** F (-y) GRAM Partikel *f*; **~tura** F (-y) MUS Partitur *f*
partyza|ncki Partisanen-; **~nt** M (-a; -ci) Partisan *m*; **~ntka** F (-i; *gen* -tek) Partisanenkampf *m*, Partisanenarmee *f*; (*kobieta partyzant*) Partisanin *f*
parujący dampfend
parys|ki ADJ Pariser; **bułka** *f* **~ka** Baguette *f od n*
parytet M (-u; -y) FIN Parität *f*
Paryż M (-a; bpl) Paris *n*
parzyć ⟨**s-**⟩ (-*ę*) *v/t palec* verbrühen, verbrennen; KULIN blanchieren; **~ się** sich verbrühen, sich verbrennen; **~ sobie usta** sich den Mund verbrennen; ⟨**za-**⟩ *herbatę*

aufgießen, ziehen lassen; *kawę* aufbrühen; **~ się** *herbata* ziehen; **parzyć** *v/i* (*być gorącym*) heiß sein; **piasek parzy** der Sand ist heiß; **parzyć się** ZOOL sich paaren

parzysty *liczba, numer* gerade; BIOL, ANAT paarig

pas[1] M (*-a; -y*) Gürtel *m*; *w samochodzie* Gurt *m*; (*talia*) Taille *f*; **~ bezpieczeństwa** Sicherheitsgurt *m*; **zapiąć ~y** sich anschnallen; **~ startowy** LOT Startbahn *f*; **~ ruchu** AUTO Fahrspur *f*; **~ graniczny** Grenzgebiet *n*; **~ zieleni** Grünstreifen *m*, Grünanlage *f*; **w ~y** gestreift; **po ~** bis zur Gürtellinie; **w ~ie** in der Taille; **być szczupłym w ~ie** e-e schlanke Taille haben; **rozebrać się** *pf* **do ~a** den Oberkörper frei machen; **zima za ~em** *fig* der Winter steht vor der Tür

pas[2] N (*unv*) Pas *m*, Tanzschritt *m*

pas[3] INT: **~!** ich passe!

pasaż M (*-u; -e*) Passage *f*; **~ handlowy** Einkaufspassage *f*

pasażer M (*-a; -owie*), **~ka** F (*-i; gen -rek*) Passagier *m*; *pociągu* Fahrgast *m*; *samolotu* Fluggast *m*; **~ na gapę** *umg* Schwarzfahrer *m*; **~ski** Passagier-

Pascha F (*-y; bpl*) REL Passah *n*

pasek M (*-ska; -ski*) Gürtel *m*; *torebki, plecaka* Gurt *m*; *materiału* Streifen *m*; **~ do zegarka** Uhr(arm)band *n*

paser M (*-a; -rzy*), **~ka** F (*-i; gen -rek*) Hehler(in) *m(f)*; **~stwo** N (*-a; bpl*) Hehlerei *f*

pasi|ak M (*-a; -i*) Sträflingsanzug *m*; **~asty** gestreift; **~eka** F (*-i*) Bienenhaus *n*

pasibrzuch M (*-a; -y*) *pej* Schmarotzer *m*

pasierb M (*-a; -owie*) Stiefsohn *m*; **~ica** F (*-y; -e*) Stieftochter *f*

pasikonik M (*-a; -i*) Grashüpfer *m*

pas|ja F (*-i; -e*) (*zamiłowanie*) Passion *f*, Leidenschaft *f*; (*gniew*) Wut *f*; REL, MAL, MUS Passion *f*; **wpaść** *pf* **w ~ję** in Wut geraten; **doprowadzić** *pf* **do ~ji** bis zum Äußersten bringen; **z ~ją** *adv* leidenschaftlich, mit Passion

pasj|ami ADV leidenschaftlich gern; **~ans** M (*-a; -e*) Patience *f*

pasjonat M (*-a; -ci*) passionierter Mensch *m*; **~ teatru** passionierter Theaterbesucher *m*, Theaterliebhaber *m*; **~ sportu** Sportliebhaber *m*

pasjonować (*-uję*) begeistern, faszinieren; **~ się** (*inst*) sich begeistern, e-e große Vorliebe haben (für *akk*)

pasjonujący (**-co**) hochinteressant, faszinierend

paskud|a F *od* M (*-y*) *umg* hässliche Person *f*; **~ny** *umg* scheußlich, mies

paskudzić ⟨**za-**⟩ (*-ę*) *umg* verschmutzen; **paskudzić** *umg* Dreck machen; **paskudzić się** *umg rana* eitern

paskudzt|wo N (*-a*) *umg* Scheußlichkeit *f*, Abscheulichkeit *f*; (*jedzenie*) *umg* Fraß *m*; **~wa** *pl* (*brudy*) Dreck *m*

pasmanteria F (*gen dat lok -ii; bpl*) Kurzwaren *f/pl*; (*sklep*) Kurzwarengeschäft *n*

pasmo N (*-a*) *włosów* Strähne *f*; *wełny* Strang *m*; *lasu* Streifen *m*; RADIO Band *n*; **~ górskie** Gebirgszug *m*, Gebirgskette *f*; **~ dymu** Rauchfahne *f*; **~ sukcesów** Glückssträhne *f*; **~ nieszczęść** e-e Kette von Unglücksfällen

pasować[1] (*-uję*) passen (**do** *gen* zu *dat*); **pasuje ci kolor czerwony** Rot steht dir gut; **ta kurtja pasuje na ciebie** die Jacke passt dir; **~ do siebie** zueinanderpassen, gut zusammenpassen; **coś mi tu nie pasuje** *umg* hier stimmt etwas nicht, da ist etwas faul; **~ jak ulał** wie angegossen passen; **pasuje ci ten termin?** *umg* passt dir dieser Termin?; **~ jak wół do karety** *od* **jak pięść do oka** überhaupt nicht zusammenpassen; **~ na rycerza** HIST zum Ritter schlagen

pasować[2] ⟨**s-**⟩ (*-uję*) *w kartach* passen (*a. fig*)

pasożyt M (*-a; -y*) BIOL Parasit *m*, Schmarotzer *m* (*a. fig pej*); **~niczy** BIOL schmarotzerhaft, parasitisch (*a. fig pej*); **roślina** *f* **~nicza** Schmarotzerpflanze *f*; **zwierzę** *n* **~nicze** Schmarotzertier *n*

pasożytować (*-uję*) BIOL schmarotzen (*a. fig pej*)

passa F (*-y; bpl*): **dobra ~** Glückssträhne *f*; **zła ~** Pechsträhne *f*

pasta F (*-y*) KULIN Paste *f*; **~ do zębów** Zahnpasta *f*, Zahncreme *f*; **~ do butów** Schuhcreme *f*; **~ do podłogi** Bohnerwachs *n*

paster|ka F (*-i; gen -rek*) REL Mitternachtsmette *f*; **~ski** Hirten-

pasteryzowany pasteurisiert

pasterz M (*-a; -e*) Hirte *m*, Schäfer *m*

pastewny AGR Futter-

pastor M (*-a; -orzy od -owie*) Pastor *m*; (*kobieta*) Pastorin *f*

pastorał M (*-u; -y*) Bischofsstab *m*; **~ka** F

(-i; *gen* -łek) Weihnachtslied *n*
pastować ⟨**wy-**⟩ (-*uję*) *buty* eincremen; *parkiet* bohnern
pastuch M (-*a*; -*y*) Kuhhirte *m*
past|wa: **paść** *pf* **~wą** (*gen*) zum Opfer fallen (*dat*); **wydany na ~wę losu** dem Schicksal überlassen
pastw|isko N (-*a*) Weide *f*
pastwić się (-*ię*) (**nad** *inst*) quälen, peinigen (*akk*)
pastylka F (-*i*; *gen* -*lek*) Dragee *n*
pasy|jny REL Passions-; **~wa** PL (*gen* -*ów*) FIN Passiva *pl*; **~wny** passiv
pasza F (-*y*; -*e*) AGR Futter *n*
pasz|cza F (-*y*; -*e*) Rachen *m*, Maul *n*; **lwia ~cza** BOT Löwenmaul *n*; **~kwil** M (-*u*; -*e*) Schmähschrift *f*
paszport M (-*u*; -*y*) (Reise)Pass *m*; **~owy** Pass-; **biuro** *n* **~owe** Passamt *n*
paszteciki M/PL (*gen* -*ów*) *kleine Teigtaschen mit Füllung*
pasztet M (-*u*; -*y*) KULIN Pastete *f*; *umg fig* Schlamassel *m*; **~ówka** F (-*i*; *gen* -*wek*) Leberwurst *f*
paść[1*] PF → padać
paść[2*] (*pasę*) V/T weiden; **~ się** *v/i* weiden, grasen; ⟨**u-**⟩ (*tuczyć*) mästen (*a. fig*); **~ się** *żart* dick und fett werden, Speck ansetzen
pat M (-*a*; -*y*) Patt *n*; **~ałach** M (-*a*; -*y*) *umg* Stümper *m*, Pfuscher *m*
patałaszyć ⟨**s-**⟩ (-*ę*) *umg* (ver)pfuschen, vermasseln
patelnia F (-*i*; -*e*) Bratpfanne *f*
patent M (-*u*; -*y*) Patent *n*
patentować ⟨**o-**⟩ (-*uję*) patentieren
patento|wany patentiert; **dureń** *m* **~wany** *umg* Vollidiot *m*; **leń** *m* **~wany** *umg* Oberfaulenzer *m*; **~wy** Patent-
patera F (-*y*) *Tortenplatte mit einem Fuß, eine Art Obstschale*
pat|etyczny pathetisch; **~ka** F (-*i*; -*tek*) Patte *f*; **~olog** M (-*a*; -*odzy od* -*owie*) Pathologe *m*; **~tologiczny** pathologisch
patos M (-*u*; *bpl*) Pathos *n*
patriarcha M (-*y*; -*owie*) Patriarch *m*; **~lny** patriarchalisch
patriot|a M (-*y*; -*ci*), **~ka** F (-*i*; *gen* -*tek*) Patriot(in) *m(f)*
patriotyczny patriotisch
patrol M (-*u*; -*e*) Patrouille *f*, Streife *f*; **~ wywiadowczy** Spähtrupp *m*, Spähpatrouille *f*
patrolować (-*uję*) patrouillieren
patrolowy Patrouille-
patron M (-*a*; -*i*) Schirmherr *m*; *szkoły* Namenspatron *m*; REL Schutzheilige(r) *m*; **~at** M (-*u*; -*y*) Schirmherrschaft *f*
patronka F (-*i*; *gen* -*nek*) Schirmherrin *f*; *szkoły* Namenspatronin *f*; REL Schutzheilige *f*
patronować (-*uję*) (*dat*) die Schirmherrschaft haben (über *dat*), Schirmherr sein (*gen*)
patroszyć ⟨**wy-**⟩ (-*ę*) KULIN ausnehmen, ausweiden
patrzeć, **patrzyć** (-*ę*) schauen, *umg* gucken; **~ na** (*akk*) sich anschauen, sich ansehen (*akk*); *fig* betrachten, sehen (*akk*); **~ za** (*inst*) nachsehen, nachblicken (*dat*); **~ w lustro** sich im Spiegel betrachten; **~ przez okno** aus dem Fenster sehen; **~ łaskawym** *od* **życzliwym okiem na** (*akk*) wohlwollend gegenüberstehen (*dat*); **~ krzywo na** (*akk*) schief ansehen (*akk*), missbilligen (*akk*); **jak się patrzy** wie es sich gehört; **tylko ~** jeden Augenblick; **~ na ręce k-u** *fig* j-m auf die Finger gucken; **~ przez palce** *fig* ein Auge zudrücken **~ w k-o jak w obraz** *od* **w tęczę** j-n vergöttern; **patrz!** *partikel* sieh!, guck!; **patrzcie go!** sieh mal einer an!
patyczkować się (-*uję*) *umg* zimperlich sein (**z** *inst* mit *dat*); **nie ~** nicht viel Federlesens machen
patyk M (-*a*; -*i*) Zweig *m*, Stock *m*, Rute *f*; **~owaty** (*persf* -*ci*) spindeldürr, lang und dünn
patyna F (-*y*; *bpl*) Patina *f*
pauza F (-*y*) Pause *f*
paw M (-*wia*; -*wie*; *gen* -*wi*) Pfau *m*; **~i** Pfauen-
pawilon M (-*u*; -*y*) Pavillon *m*; **~ handlowy** Kaufhalle *f*; **~ meblowy** Möbelhaus *n*; **~ wystawowy** Ausstellungshalle *f*
pawlacz M (-*a*; -*e*) Hängeboden *m*
pazerny habgierig
paznok|ieć M (-*kcia*; -*kcie*) *u. rąk* Fingernagel *m*; *u. nóg* Zehennagel *m*; **do ~ci** Nagel-
pazu|cha: **trzymać za ~chą** unter der Kleidung versteckt halten; **schować za ~chę** unter der Kleidung verstecken
pazur M (-*a*; -*y*) Kralle *f*
paź M (-*zia*; -*zie*): **~ królowej** ZOOL Schwalbenschwanz *m*; **fryzura** *f* **na pazia**

P

Pagenfrisur *f*
październik M (-a; -i) Oktober *m*; **w ~u** im Oktober; **~owy** Oktober-
pączek M (-czka; -czki) BOT Knospe *f*; KULIN Berliner *m*, Krapfen *m*; **czuć się jak ~ w maśle** sich sehr wohl fühlen
pączkować (3. *Pers -uje*) BOT knospen, Knospen treiben
pączkowanie N (-a; bpl) BOT, BIOL Knospung *f*
pączuszek M (-szka; -szki) *żart* Pummelchen *n*
pąk M (-a; -i) *nierozwinięty* Knospe *f*; **~ róży** Rosenblüte *f*; **wypuszczać ~i** Knospen treiben, knospen
pąsowieć ⟨s-⟩ (-eję) *lit* erröten
pą|sowy (-wo) hellrot, leuchtend rot; **~tnik** M (-a; -cy) *lit* Pilger *m*
PCK (Polski Czerwony Krzyż) Polnisches Rotes Kreuz *n*
PCW (polichlorek winylu) PVC (Polyvinylchlorid)
pchać (-am) ⟨-nąć⟩ (-nę) schieben; *drzwi* aufstoßen, aufdrücken; **~ do** (*gen*) *fig* treiben zu (*dat*); **to pchnęło go do ucieczki** das hat ihn zur Flucht getrieben; **pchać** (*wpychać*) hineinstopfen (**do** *gen* in *akk*); **pchać w siebie** *umg* in sich hineinstopfen, verschlingen; **pchać się** drängen; **pchać się do** (*gen*) sich hineindrängen, sich hineinzwängen in (*akk*); **pchać się do autobusu** sich in den Bus hineindrängen; **pchać się do wyjścia** sich zum Ausgang drängen; **proszę się nie pchać!** bitte nicht drängen!
pch|ełka F (-i; *gen -łek*) *dim* Floh *m*; **~ła** F (-y; *gen pcheł*) Floh *m*
pchli: **~ targ** *m* Flohmarkt *m*
pchnąć PF: vorantreiben; **~ nożem** mit dem Messer stechen; → pchać
pchnięcie N (-a) Stoß *m*; **~ kulą** SPORT Kugelstoßen *n*; **~ nożem** Messerstich *m*
pecet M (-a; -y) *umg* PC *m*
pech M (-a; bpl) Pech *n*; **~owiec** M (-wca; -wcy) Pechvogel *m*; **~owy** (-owo) unglücklich
pedagog M (-a; -dzy od -owie) Pädagoge *m*; (*kobieta*) Pädagogin *f*; **~iczny** pädagogisch; **ciało** *n* **~iczne** Lehrkörper *m*
pedagogika F (-i; bpl) Pädagogik *f*; **~ specjalna** Sonderpädagogik *f*
pedał[1] M (-u; -y) Pedal *n*; **~ gazu** Gaspedal *n*
pedał[2] M (-a; -y) *pop neg!* Schwule(r) *m*, Schwuchtel *f*
pedałować (-uję) radeln, in die Pedale treten; (*iść*) *umg* sprinten
pedant M (-a; -ci) Pedant *m*; **~yczny** pedantisch
pederasta M (-y; -ści) *neg!* Homosexuelle(r) *m*, Schwule(r) *m*
pediat|ra M (-y; -rzy) Kinderarzt *m*; (*kobieta*) Kinderärztin *f*; **~ria** F (*gen dat lok -ii*; bpl) Kinderheilkunde *f*, Pädiatrie *f*; *w szpitalu* Kinderstation *f*; **~ryczny** Kinder-, pädiatrisch
pedikiur M (-u; bpl) Pediküre *f*, Fußpflege *f*
pedzio M (-a; -e) *umg neg!* Schwuchtel *f*
pej|cz M (-a; -e) Reitpeitsche *f*; **~sy** M/PL (*gen -ów*) Schläfenlocken *f/pl*; *u. Żydów* Peies *pl*
pejzaż M (-u; -e) Landschaft *f* (*a.* MAL)
Pekin M (-u; bpl) Peking *n*
pekińczyk M (-a; -i) ZOOL Pekinese *m*
peklować ⟨za-⟩ (-uję) pökeln
peklowany gepökelt, Pökel-
pelargonia F (*gen dat lok -ii*; -e) BOT Pelargonie *f*
peleryna F (-y) Umhang *m*
pelikan M (-a; -y) Pelikan *m*
pełen *präd* → pełny
peł|nia F (-i; -e) Vollmond *m*; **w ~ni lata** im Hochsommer; **w ~ni sezonu** in der Hochsaison; **być w ~ni sił** im Vollbesitz seiner Kräfte sein; **~nia szczęścia** die Vollendung des Glücks; **w (całej) ~ni** *adv* voll und ganz, völlig; **dzisiaj jest ~nia** heute ist Vollmond
pełnić (-ię, -nij!) *rolę, funkcję* erfüllen; *wartę* stehen, halten; **~ służbę** Dienst haben; **~ obowiązki** (*gen*) amtieren (als *nom*); **~ obowiązki w zastępstwie k-o** j-n vertreten; **garaż pełni funkcję pracowni** die Garage wird als Atelier genutzt
pełno ADV → pełny
pełno|etatowy Vollzeit-; **~krwisty** vollblütig, Vollblut-; **~letni** volljährig; **~metrażowy** *film* abendfüllend
pełnomocn|ictwo N (-a) Vollmacht *f*; **~ik** M (-a; -cy) Bevollmächtigte(r) *m*; **~y** bevollmächtigt
pełno|morski Hochsee-; **~prawny** vollberechtigt
pełnotłus|ty: **mleko** *n* **~te** Vollmilch *f*; **ser** *m* **~ty** Vollfettkäse *m*

pełno|wartościowy vollwertig; **~ziarnisty** Vollkorn-
peł|ny (-no) (*wypełniony*) voll; (*całkowity*) völlig; (*kompletny*) vollständig; (*pulchny*) füllig, rundlich; ~ (*gen*) *fig* voller (*gen*), voll (von *dat*); erfüllt (von *dat*); **~ne mleko** *n* Vollmilch *f*; **na ~nym morzu** auf hoher See; **~ne zaufanie** *n* volles Vertrauen *n*; **~en nadziei** hoffnungsvoll; **~en energii** energievoll, energiegeladen; **~en podejrzeń** voller Misstrauen; **do ~na** randvoll, bis zum Rand; **w szafie jest już ~no** der Schrank ist schon voll; **w ~nym rozkwicie** in voller Blüte
pełzać (-*am*) ⟨-**nąć**⟩ (-*nę*) kriechen
pełzak M (-*a*; -*i*) ZOOL Amöbe *f*
penetracja F (-*i*; *bpl*) Erforschung *f*, Eindringen *n*
pe|nicylina F (-*y*) Penicillin *n*; **~nis** M (-*a*; -*y*) ANAT Penis *m*
pensj|a F (-*i*; -*e*) (*płaca*) Gehalt *n*; **~onat** M (-*u*; -*y*) Pension *f*, Gästehaus *n*
pensjonariusz M (-*a*; -*e*) Insasse *m*; **~ka** F (-*i*; *gen* -*szek*) Insassin *f*
pepit|ka: **w ~kę** Pepita-
pepsyna F (-*y*; *bpl*) BIOL Pepsin *n*
perełka F (-*i*; *gen* -*łek*) *dim* kleine Perle *f*; *fig* Kleinod *n*, Perle *f*
perfekc|ja F (-*i*; *bpl*) Perfektion *f*; **do ~ji** bis zur Perfektion
perfekcjonist|a M (-*y*; -*ści*), **~ka** F (-*i*; *gen* -*tek*) Perfektionist(in) *m(f)*
perfidny perfide, gemein
perforacja F (-*i*; -*e*) Perforation (*a.* MED); Reißlinie *f*, Trennlinie *f*
perfumeria F (*gen dat lok* -*ii*; -*e*) Parfümerie *f*
perfumować (-*uję*) parfümieren; **~ się** sich parfümieren
perfumy PL (*gen* -) Parfüm *n*
pergamin M (-*u*; -*y*) Pergament *n*; Pergamentpapier *n*; **~owy** Pergament-
period|yczny periodisch; **~yk** M (-*a*; -*i*) Zeitschrift *f*
perkaty: **~ nos** *m* Stupsnase *f*
perku|sista M (-*y*; -*ści*) Schlagzeuger *m*; **~sja** F (-*i*; *bpl*) MUS Schlagzeug *n*
perliczka F (-*i*; *gen* -*czek*) Perlhuhn *n*
perlić się (*3. Pers* -*li*) perlen
per|listy (-**ście**) perlend; **~ła** F (-*y*; *gen* -*reł*) Perle *f* (*a. fig*); **~łowy** Perlen-; *kolor* perlgrau; **masa** *f* **~łowa** Perlmutt *n*
peron M (-*u*; -*y*) Bahnsteig *m*
perorować (-*uję*) *iron* große Reden schwingen, predigen
perski persisch; **~ dywan** *m* Perser(teppich) *m*; **kot** *m* **~** ZOOL Perserkatze *f*
perso|nalia PL (*gen* -*ów*) Personalien *pl*; **~nalny** personal, personell; *dział, pracownik* Personal-; **ankieta** *f* **~nalna** Personalbogen *m*; **~nel** M (-*u*; *bpl*) Personal *n*
perspekty|wa F (-*y*) Perspektive *f* (*a.* MAL); **z ~wy** aus der Perspektive; **~wiczny** perspektivisch (*a.* MAL)
perswadować ⟨**wy-**⟩ (-*uję*): **~ k-u** (*akk*) j-n abbringen (von *dat*), j-m ausreden (*akk*); V/I j-m zureden, j-m auseinandersetzen
perswazja F (-*i*; -*e*) Zureden *n*, Argumentieren *n*; Überreden *n*
pertraktacje PL (*gen* -*i*) Verhandlungen *pl*
pertraktować (-*uję*) verhandeln (**o** *lok* über *akk*)
perturbacje F/PL (*gen* -*i*) Störungen *f/pl*, Turbulenzen *f/pl*
peruka F (-*i*) Perücke *f*
perwers|ja F (-*i*; -*e*) Perversion *f*; **~yjny** pervers, abartig
peryfer|ie PL (*gen* -*ii*) Peripherie *f*, Randgebiet *n*; **~ie miasta** Stadtrand *m*; **~yjny** peripher, Rand- (*a. fig*)
peryfraza F (-*y*) Periphrase *f*
perypetie PL (*gen* -*ii*) *lit* Turbulenzen *f/pl*, Abenteuer *n/pl*; Schwierigkeiten *f/pl*; **~ życiowe** Wechselfälle *pl* des Lebens
peryskop M (-*u*; -*y*) Sehrohr *n*
perz M (-*u*; *bpl*) BOT Quecke *f*
pestk|a F (-*i*; *gen* -*tek*) *wiśni, śliwki* Stein *m*; *dyni, słonecznika* Kern *m*; *umg fig* Klacks *m*; **to dla mnie ~a** *umg* das mache ich mit links
pestkow|y: **owoce** *m/pl* **~e** Steinfrüchte *f/pl*
pesymist|a M (-*y*; -*ści*), **~ka** F (-*i*; *gen* -*ek*) Pessimist(in) *m(f)*; **~yczny** pessimistisch
peszyć ⟨**s-**⟩ (-*ę*) verlegen machen, einschüchtern; **~ się** verlegen werden
pet M (-*a*; -*y*) *papierosa umg* Kippe *f*; **~arda** F (-*y*) Knallkörper *m*
petent M (-*a*; -*ci*), **~ka** F (-*i*; *gen* -*tek*) Besucher(in) *m(f)*; Antragsteller(in) *m(f)*
petrochemia F (*gen dat lok* -*ii*; *bpl*) Erdölchemie *f*, Petrolchemie *f*
pet|unia F (*gen dat lok* -*ii*; -*e*) BOT Petunie

f; **~ycja** F (-*i*; -*e*) Petition *f*

pew|ien¹ (*persf* -*wni*) (*niejaki*) gewisse(r); (*jakiś*) ein(er), bestimmte(r); **co ~ien czas** von Zeit zu Zeit; **~nego dnia** eines Tages; **~nego razu** einmal; **po ~nym czasie** nach einiger Zeit; **w ~nym sensie** in gewissem Sinne; **do ~nego stopnia** bis zu einem gewissen Grade

pewien² *präd* → pewny

pewna (*niejaka*) gewisse; (*jakaś*) eine, bestimmte; **~ kobieta** eine gewisse Frau; eine Frau; **~ ilość** eine gewisse Anzahl; eine gewisse Menge

pewne *sachf* (*niejakie*) gewisse; N (*niejaki*) gewisse(s); (*jakiś*) ein(es); **~ podobieństwo** *n* gewisse Ähnlichkeit *f*

pewni *persf* gewisse; **~ mężczyźni** gewisse Männer *pl*

pewniak M (-*a*; -*i*) *umg* (*osoba*) Favorit *m*; (*film*) hitverdächtiger Film *m*; **na ~a** *adv* bombensicher

pewnie *partikel* wahrscheinlich, wohl; **~!** *int* klar!; **no ~, że tak** na klar; ADV → pewny

pewnik M (-*a*; -*i*) unumstößliche Tatsache *f*, sichere Sache *f*; MAT; FILOZ Axiom *n*; **można przyjąć za ~nik, że ...** man kann davon sicher ausgehen, dass ..., man kann ohne Zweifel sagen, dass ...

pewno *partikel* wahrscheinlich, wohl; **na ~** ganz bestimmt, sicherlich; **a już na ~ nie ...** und schon gar nicht ...; **na ~!** *int* ganz sicher!

pewno|ść F (-*ści*; *bpl*) Gewissheit *f*, Sicherheit *f*; (*niezawodność*) Zuverlässigkeit *f*; **~ść siebie** Selbstsicherheit *f*; **z całą ~ścią** ganz gewiss, mit Sicherheit; **z ~ścią** sicherlich, gewiss; **dla ~ści** sicherheitshalber

pew|ny sicher; (*niezawodny*) zuverlässig; **~ny siebie** selbstsicher; **~ny zwycięstwa** siegessicher; **~nym głosem** mit fester Stimme; **być ~nym** (*gen*) überzeugt sein (von *dat*); **to ~ne, że ...** es steht fest, dass ..., es ist sicher, dass ...; **czuć się ~nie** sich sicher fühlen

pęcherz M (-*a*; -*e*): **~ moczowy** ANAT Harnblase *f*; **~ pławny** BIOL Schwimmblase *f*; **zapalenie** *n* **~a** MED Blasenentzündung *f*

pęcherzyk M (-*a*; -*i*) Bläschen *n* (*a.* MED); **~ żółciowy** ANAT Gallenblase *f*

pęczak M (-*u*; *bpl*) KULIN Graupen *pl*

pęcz|ek M (-*czka*; -*czki*) (*wiązka*) Bund *n*; **na ~ki** *adv umg* in rauen Mengen

pęcznieć ⟨**na-**⟩ (*3. Pers* -*eje*) (auf)quellen

pęd M (-*u*; -*y*) BOT Trieb *m*; (*bpl*) (hohes) Tempo *n*, (hohe) Geschwindigkeit *f*; **~ do wiedzy** Wissensdrang *m*; **~ powietrza** starker Luftzug *m*, Luftgeschwindigkeit *f*; **~em** *adv* in Windeseile, flugs; **w te ~y** *umg* auf der Stelle, sofort

pęd|ny TECH Trieb-, Treib-; **~rak** M (-*a*; -*i*) ZOOL Engerling *m*; *fig żart* Knirps *m*

pędzel M (-*dzla*; -*dzle*) Pinsel *m*; **~ do golenia** Rasierpinsel *m*; **~ek** M (-*lka*; -*lki*) kleiner Pinsel *m*; **~ek do pudru** Puderquaste *f*

pędzić (-*dzę*) V/I rasen, rennen; V/T treiben (*a.* AGR); **~ bimber** Schnaps brennen; **~ k-o do** (*gen*) j-n antreiben zu (*dat*); **~ spokojne życie** ein ruhiges Leben leben

pędziwiatr M (-*a*; -*y*) *umg pej* Luftikus *m*, Windhund *m*

pędzlować (-*uję*) pinseln

pęk M (-*u*; -*i*) Bund *n*, Bündel *n*; **~ kluczy** Schlüsselbund *n*

pękać (-*am*) ⟨**-nąć**⟩ (-*nę*) (zer)platzen, (zer)springen, bersten; *struna, lina* reißen; *wargi* aufspringen; *umg fig* weich werden; **~ ze śmiechu** sich vor Lachen biegen, sich totlachen; **pękać w szwach** *umg* gerammelt voll sein

pękaty (**-to**) bauchig

pęknąć PF → pękać

pęknięcie N (-*a*) (*szczelina*) Sprung *m*, Riss *m*; **~ rury** Rohrbruch *m*; **~ kości** Knochenbruch *m*

pęp|ek M (-*pka*; -*pki*) (Bauch)Nabel *m*; **~owina** F (-*y*) Nabelschnur *f*

pęta PL (*gen* -) Fesseln *pl* (*a. fig*)

pętać ⟨**s-**⟩ (-*am*) fesseln; **pętać się** *umg* herumlungern, herumhängen

pęt|ak M (-*a*; -*i*) *umg pej* Bengel *m*, Schnösel *m*; dahergelaufener Kerl *m*; **~elka** F (-*i*; *gen* -*lek*) Schlaufe *f*

pętla F (-*i*; -*e*; *gen* -*i*) Schlinge *f*; (*zakręt*) Schleife *f* (*a.* LOT); *tramwajowa, autobusowa* Endstation *f*, Endhaltestelle *f*

piach M (-*u*; -*y*) Sand *m*

piać (-*eję*) *kogut* krähen; **~ z radości** vor Freude jauchzen

pia|na F (-*y*) Schaum *m*; **~na z białek** KULIN Eischnee *m*; **piwo** *n* **z ~ną** Bier *n* mit Schaumkrone; **pokryty ~ną** schaumbedeckt

pianino N (-*a*) kleines Klavier *n*, Pianino *n*

pianist|a M (-y; -ści), **~ka** F (-i; gen -tek) Klavierspieler(in) m(f), Pianist(in) m(f)
pianka F (-i; gen -nek) Schaum m (a. KULIN); **~ do włosów** Schaumfestiger m; **~ do golenia** Rasierschaum m
piano|wy: **gaśnica** f **~wa** Schaumlöscher m
piarg M (-u; -i) Gröll n
pias|ek M (-sku; -ski) Sand m; **~ki** pl Sandboden m; **lotne ~ki** pl Wanderdünen pl; **~ki** pl **pustyni** Wüstensand m; **babka** f **z ~ku** Kuchen m aus Sand
pias|karka F (-i; gen -rek) Sandstreuwagen m; **~kowiec** M (-wca; -wce) Sandstein m
piasko|wnica F (-y; -e) Sandkasten m; **~wy** sandig, Sand-; *kolor* sandfarben; **babka** f **~wa** KULIN Sandkuchen m
piasta F (-y) Nabe f
piastować (-uję) *urząd* bekleiden
piaszczysty (**-to**) sandig
piąć się (*pnę, piął*) klimmen, hochklettern (**po** *lok* auf *akk*); BOT sich ranken, in die Höhe wachsen; *fig* aufsteigen, emporsteigen
piąt|ek M (-tku; -tki) Freitag m; **w ~ek** am Freitag; **Wielki ~ek** Karfreitag m; **~ka** F (-i; gen -tek) Fünf f; (*ocena*) Eins f; **~kowy** Freitags-
pią|ty fünfte(r); **~ta (godzina)** fünf Uhr; **o ~tej (godzinie)** um fünf (Uhr); **wiedzieć ~te przez dziesiąte** Lücken haben, nur ungenau wissen; **być ~tym kołem u wozu** *fig* das fünfte Rad am Wagen sein
pichcić ⟨**u-**⟩ (-ę) *umg* kochen
pi|cie N (-a) Getränk n; **woda** f **zdatna do ~cia** Trinkwasser n; **coś do ~cia** etwas zu trinken
pić (-ję) V/T, v/i trinken; **chce mi się ~** ich habe Durst; **~ (na) czyjeś zdrowie** auf j-s Gesundheit *od* Wohl trinken; **but mnie pije** mein Schuh drückt; **~ do** (*gen*) anspielen auf (*akk*), meinen (*akk*); **~ na umór** sich um den Verstand trinken; **~ do lustra** *umg* alleine trinken, ohne Gesellschaft trinken
piec[1] M (-a; -e) Ofen m; *kuchenny* (Küchen-)Herd m; *w obozie koncentracyjnym* Verbrennungsofen m; **prosto z ~a** ofenfrisch
piec[2*] ⟨**u-**⟩ *ciasto* backen; *kurczaka* braten; **piec** *słońce, oczy* brennen; **~ się** v/i *ciasto* backen; *kurczak* braten; **piec się na słońcu** in der Sonne schmoren
piecho|ta F (-y; bpl) MIL Infanterie f; **~tą** *od* **na ~tę** zu Fuß; **złotówka ~tą nie chodzi** Kleinvieh macht auch Mist
piechur M (-a; -rzy) MIL Infanterist m; (*wędrowiec*) Wanderer m
piec|uch M (-a; -y) Stubenhocker m; **~yk** M (-a; -i) (kleiner) Ofen m; (*grzejnik*) Heizgerät n; (*piekarnik*) Backofen m
pie|cza F (-y; bpl) *lit* Obhut f; **mieć w swojej ~czy** unter seiner Obhut haben; **pod ~czą** unter der Obhut
pieczar|a F (-y) Höhle f, Grotte f; **~ka** F (-i; gen -rek) Champignon m; **~kowy** Champignon-
pieczątka F (-i; gen -tek) Stempel m
pieczeń F (-ni; -nie) Braten m; **~ cielęca** Kalbsbraten m; **~ wołowa** Rinderbraten m
pieczęć F (-ci; -cie, -ci) Siegel n; Stempel m
pieczętować ⟨**o-**⟩ (-uję) abstempeln; *pokój* versiegeln
pieczołowici *persf* → pieczołowity
pieczołowicie ADV → pieczołowity
pieczołowi|tość F (-ści; bpl) Sorgfalt f; Fürsorge f; **~ty** (*persf -ci*) (**-cie**) fürsorglich, sorgsam; sorgfältig
piecz|ony *ciasto* gebacken; *mięso* gebraten, Brat-; **~yste** N (-ego; bpl) Braten m; **~ywo** N (-a; bpl) Brot und Brötchen, Backwaren f/pl
piedestał M (-u; -y) Sockel m
piegi|i M/PL (gen -ów) Sommersprossen f/pl; **~owaty** sommersprossig
piek|arnia F (-i; -e) Bäckerei f; **~arnik** M (-a; -i) Backofen m; **~arz** M (-a; -e) Bäcker m
piekący brennend (*a. fig*)
piekiel|nica F (-y; -e) (*jędza*) Hexe f; **~ny** Höllen-, höllisch
pieklić się (-ę) *umg* in Rage geraten, sich schrecklich aufregen
piek|ło N (-a; gen -kieł) REL Hölle f (*a. fig*); **z ~ła rodem** *umg* teuflisch, Teufels-
pielesze PL (gen -y): **domowe ~** *lit* Zuhause n
pielęgnacja F (-i; bpl) Pflege f; **~ ciała** Körperpflege f; **~ włosów** Haarpflege f; **~ chorych** Krankenpflege f
pielęgni|arka F (-i; gen -rek) Krankenschwester f; **~arka dla niemowląt** Säuglingsschwester f; **~arz** M (-a; -e; gen -y) Krankenpfleger m
pielęgnować (-uję) pflegen
pielgrzym M (-a; -i) Pilger m; **~ka** F (-i;

P

gen -mek) Pilgerfahrt *f*
pieluchomajtki PL *(gen -tek)* Windelhöschen *n*
pielu|cha F *(-y)*, **~szka** *f (-i; gen -szek)* Windel *f*
pieniacz M *(-a; -e) pej* Prozesshansel *m*
pienią|dze M/PL *(-ędzy, inst -iędzmi)* Geld *n*; **~dze na** *(akk)* Geld für *(akk)*; **wartość** *f* **~dza** EKON Geldwert *m*; **grube** *od* **ciężkie ~dze** *umg* viel Kohle, ein Batzen Geld; **zarabiać grube ~dze** *umg* ein fettes Gehalt haben
pieniąż|ek M *(-żka; -żki)* Geldstück *n*, Münze *f*; **~ki** *pl żart* das liebe Geld
pienić się *(-ię, -ń!)* schäumen *(a. fig)*
pienięż|ny Geld-; **kara** *f* **~na** Geldbuße *f*
pie|niek M *(-ńka; -ńki)* (Baum)Stumpf *m*; *(ząb)* Zahnrest *m*, Zahnwurzel *f*; **mieć na ~ńku z** *(inst)* mit j-m auf Kriegsfuß stehen
pienisty schäumend
pień M *(pnia; pnie; gen pni)* Stamm *m* *(a.* GRAM*)*; *ścięty* (Baum)Stumpf *m*
pieprz M *(-u; bpl)* KULIN Pfeffer *m (a. fig)*; BOT Pfefferstrauch *m*; **~ ziołowy** Gewürzmischung *f*; **suchy jak ~** *od* **wyschnięty na ~** knochentrocken; **zwiewać gdzie ~ rośnie** *umg* Reißaus nehmen
pieprznięty *pop* völlig durchgeknallt, völlig bekloppt
pieprz|niczka F *(-i; gen -czek)* Pfefferstreuer *m*; **~nik** M *(-u; bpl) pop* Durcheinander *n*, Chaos *n*; **~ny** pfeff(e)rig; *kawał umg* gepfeffert
pieprz|ony *pop* Scheiß-; **~ówka** F *(-i; gen -wek)* Wodka *m* mit Pfeffer
pieprzyć *(-ę)* V/I *pop* Scheiße reden; V/T *(odbywać stosunek)* vögeln, ficken; **~ się** *pop* vögeln, ficken; **~ się z** *(inst) pop* zimperlich sein mit *(dat)*; trödeln bei *(dat)*; ⟨**po-**⟩ KULIN pfeffern
pieprzyk M *(-a; -i)* Schönheitsfleck *m*, Leberfleck *m*; *fig* Pfeffer *m*, Pfiff *m*; **z ~iem** *fig* pikant
pierdzieć *(-dzę)* ⟨**pierdnąć**⟩ *(-nę) vulg* furzen; **pierdzieć w stołek** *pop* sich von der Arbeit drücken
piernaty PL *(gen -ów) lit od żart* Bett *n*
piernik M *(-a; -i)* Pfefferkuchen *m*, Lebkuchen *m*; **stary ~** *umg pej* alter Knacker *m*; **co ma ~ do wiatraka?** was hat das eine mit dem anderen zu tun?
pierogi M/PL *(gen -ów)* Teigtaschen *f/pl*; **~ *pl* z serem** Teigtaschen *pl* mit Quarkfüllung; **~ *pl* z kapustą** Teigtaschen *pl* mit Kohlfüllung; **ruskie ~** Teigtaschen *pl* mit Füllung aus Kartoffeln und Quark; **leniwe ~** Nudeln *pl* aus Teig mit Quark
pierożki M/PL *(gen -ów) dim* Teigtaschen *f/pl*
piersi|asty *umg* vollbusig, kurvenreich; **~owy** Brust-; **klatka** *f* **~owa** ANAT Brustkorb *m*; **~ówka** F *(-i; gen -wek) umg* Flachmann *m*
pie|rś F *(-si; -si)* Brust *f*; **~rsi** *pl (biust)* Busen *m*, Brüste *pl*; **~rś kurczaka** KULIN Hähnchenbrust *f*; **karmić ~rsią** stillen, die Brust geben; **pełną ~rsią** aus voller Brust; **co tchu w ~rsiach** *adv* so schnell wie möglich
pierści|eniowy Ring-, ringförmig; **~eń** M *(-nia; -nie; gen -ni)* Ring *m (a. fig)*
pier|ścionek M *(-nka; -nki)* Ring *m*; **~ścionek z bursztynem** Ring *m* mit einem Bernstein; **~wiastek** M *(-tka; -tki)* CHEM Element *n (a. fig)*; MAT Radikal *n*; **~wiastek kwadratowy** MAT Quadratwurzel *f*
pierwiastkować *(-uję)* MAT radizieren
pierwiosnek M *(-nka; -nki)* Primel *f*, Schlüsselblume *f*
pierwo- *in zssgn* erst-, Erst-
pierwokup M *(-u; bpl)*: **prawo** *n* **~u** JUR Vorkaufsrecht *n*
pierwo|rodny erstgeboren; **grzech** *m* **~rodny** REL Erbsünde *f*
pierwotniaki M/PL *(gen -ów)* BIOL Urtierchen *n/pl*, Protozoen *n/pl*
pierwotny *plan, zamiar* ursprünglich; *(prymitywny)* primitiv, Ur-; *(prehistoryczny)* prähistorisch, Ur-; **człowiek** *m* **~** Urmensch *m*; **~ las równikowy** Urwald *m*
pierwowzór M *(-wzoru; -wzory)* Prototyp *m*; *literacki* Original *n*
pierwszeństwo N *(-a; bpl)* Vorrang *m*, Priorität *f*; **~ przejazdu** AUTO Vorfahrt *f*; **dać** *pf* **~** den Vorzug geben
pierwszo- *in Zsgg(n)* erst-, Erst-
pierwszoklasist|a M *(-y; ści)*, **~ka** F *(-i; gen -tek)*, Erstklassler(in) *m(f)*, Erstklässler(in) *m(f)*
pierwszoligowy SPORT Erstliga-
pierwszomajowy: **pochód** *m* **~** Maikundgebung *f*
pierwszo|planowy (**-wo**) *rola* Haupt-; *fig* vordringlich, erstrangig; **~rzędny** erstklassig

pierw|szy erste(r); **~sza (godzina)** ein Uhr; **o ~szej (godzinie)** um eins, um ein Uhr; **~szego maja** am ersten Mai; **po ~e** erstens; **po raz ~szy** erstmalig, zum ersten Mal; **~sza pomoc** *f* Erste Hilfe *f*; **~sze potrzeby** *pl* Grundbedürfnisse *pl*; **~sze danie** *n* KULIN erster Gang *m*; **~szy lepszy** *od* **~szy z brzegu** der erste Beste; **na ~szy rzut oka** auf den ersten Blick; **z ~szej ręki** aus erster Hand; **~sza liga** *f* SPORT die erste Liga; **na ~szym planie** im Vordergrund; **~sza osoba** *f* GRAM erste Person *f*; **~sze kroki** *pl* Gehversuche *pl*

pierwszyzna F (*-y; bpl*): **to dla mnie nie ~** *umg* das ist nichts Neues für mich

pierzas|ty gefiedert; *fig* federartig, Feder-; **~te obłoki** *m/pl* Schäfchenwolken *f/pl*

pierzchać (*-am*) ⟨*-nąć*[1]⟩ (*-nę*) davonlaufen; *ptaki* davonfliegen; *nastrój* verfliegen, dahinschwinden

pierzchnąć[2] ⟨s-⟩ (*3. Pers -nie*) *skóra* rau werden, aufspringen

pierze N (*-a; bpl*) *ptaków* Gefieder *n*; *koll na poduszki* Federn *pl*

pierzyć się (*3. Pers -y*) sich mausern

pierzyna F (*-y*) Federbett *n*

pies M (*psa, dat psu, gen psów*) Hund *m*; **mieć psa** einen Hund haben; **~ służbowy** Diensthund *m*; **pod psem** *umg* miserabel, schlecht; **pogoda** *f* **pod psem** *umg* Sauwetter *n*; **~ z kulawą nogą tu nie przyjdzie** *umg* kein Schwanz *od* kein Schwein kommt hierher; **uwaga! zły ~** bissiger Hund *m*; **psu na budę** für die Katz

piesi PL → pieszy[2]

pieski *umg pej* Hunde-, hunde-; **~e życie** *n umg pej* Hundeleben *n*

pieszczoch M (*-a; -y*) Schmuser *m*, Liebling *m*; **~a** F (*-y*) Schmusekatze *f*

pieszczot|a F (*-y*) Liebkosung *f*, Zärtlichkeit *f*; zärtliche Berührung *f*; **~ka** F (*-i; gen -tek*) Schmusekatze *f*

pieszczotli|wy (*-wie*) zärtlich; **~we imię** *n* Kosename *m*

pieszo ADV zu Fuß

pie|szy[1] Fuß-; **~sza wycieczka** Wanderung *f*; **ruch** *m* **~szy** Fußgängerverkehr *m*

pieszy|y[2] M (*-ego; -si*), **~a** F (*-ej; -e*) Fußgänger(in) *m(f)*; **dla ~ych** Fußgänger-

pieścić (*pieszczę*) (*akk*) liebkosen (*akk*), schmusen (mit *dat*); **~ się** miteinander schmusen, liebkosen; **~ się z** (*inst*) *umg* zimperlich sein (mit *dat*); *umg* trödeln (bei *dat*)

pieśnia|rz M (*-a; -e, -y*), **~rka** F (*-i; gen -rek*) *ludowy* Lied(er)sänger(in) *m(f)*

pieś|ń F (*-ni*) Lied *n*; **koniec ~ni!** *umg* Schluss aus!

pietruszka F (*-i; gen -szek*) Petersilie *f*; (*korzeń*) Petersilienwurzel *f*

pietyzm M (*-u; bpl*) *lit* Hochachtung *f*, Ehrfurcht *f*; **z ~em** ehrfurchtsvoll, pietätvoll

piewca M (*-y; gen -ów*) *lit* Bewunderer *m*, Sänger *m*

pięcio- *in Zsgg(n)* fünf-, Fünf-; CHEM, MAT pent(a)-

pięcio|boista M (*-y; -ści*) SPORT Fünfkämpfer *m*; **~bok** M (*-u; -i*) MAT Fünfeck *n*; **~bój** M (*-oju; -oje*) SPORT Fünfkampf *m*

pięciodniowy fünftägig

pięciogwiazdkowy: **hotel** *m* **~** Fünfsternehotel *n*

pięcio|kąt M (*-a; -y*) MAT Fünfeck *n*; **~krotnie** ADV fünfmal; **~krotny** fünfmalig; **~ksiąg** M (*-księgu; bpl*) REL Pentateuch *m*

pięcio|lecie N (*-a*) fünfjähriges Jubiläum *n*, fünfter Jahrestag *m*; **~letni** fünfjährig; **~linia** F (*gen dat lok -ii; bpl*) MUS Notenlinien *pl*; **~piętrowy** fünfstöckig

pięcioro *num koll* fünf

pięciu *persf* fünf; **~set** *persf* fünfhundert

pięć fünf; **za ~ dwunasta** *fig* fünf vor zwölf; **~dziesiąt** (*pięćdziesięciu*) fünfzig; **~dziesiąty** fünfzigste(r); **lata** *pl* **~dziesiąte** Fünfzigerjahre *pl*

pięć|dziesięciolecie N (*-a*) fünzigjähriges Jubiläum *n*, halbes Jahrhundert *n*; **~dziesięciu** *persf* fünfzig; **~set** fünfhundert

piędź F (*-dzi; -dzie*): **~ ziemi** Fußbreit *m* Boden

pięknieć ⟨wy-⟩ (*-eję*) schön(er) werden

pięk|niś M (*-sia; -sie*) *pej* Geck *m*; **~no** N (*-a; bpl*) Schönheit *f*; **~noduch** M (*-a; -y*) *pej* Schöngeist *m*

pięk|ność F (*-ści*) Schönheit *f*; **~ny** schön

pięś|ciarstwo N (*-a; bpl*) Boxsport *m*, Boxen *n*; **~ciarz** M (*-a; -e*) Boxer *m*

pięść F (*-ci*) Faust *f*

pięta F (*-y*) Ferse *f*; **~ Achillesa** Achillesferse *f*

piętka F (*-i; gen -tek*) *chleba* Knust *m*

piętnasto- *in zssgn* fünfzehn-

⚠ pilot

pilot wycieczki	der Reiseführer
pilot do odtwarzacza CD	die Fernbedienung des CD-Players
pilot samolotu	der Pilot eines Flugzeugs

piętna|stoletni fünfzehnjährig; **~stu** *num persf* fünfzehn; **~sty** fünfzehnte(r); **~sta (godzina)** fünfzehn Uhr; **o ~stej** um fünfzehn (Uhr)
piętnaście (*persf piętnastu*) fünfzehn
piętnaścioro *num koll* fünfzehn
piętno N (*-a*) Brandmal *n*; *fig* Prägung *f*, Stempel *m*; **~ hańby** Schandmal *n*
piętnować ⟨na-⟩ (*-uję*) brandmarken
pięt|ro N (*-a*; *gen -ter*) Geschoss *n*, Stock *m*, Stockwerk *n*; **na drugim ~rze** im zweiten Stock
piętro|wy *dom* einstöckig; **łóżko** *n* **~we** Hochbett *n*; **autobus** *m* **~wy** Doppeldecker *m*
piętrzyć się (*3. Pers -y*) *papiery* sich türmen; *woda* stauen
piguł|a F (*-y*) *śniegowa* Schneeball *m*; **~ka** F (*-i*; *gen -łek*) Pille *f*; **~ka antykoncepcyjna** Antibabypille *f*
pigwa F (*-y*) Quitte *f*
pijacki *pej* Trinker-
pijaczyna M (*-y*) *umg pej* Säufer *m*, Saufbold *m*
pijać (*-am*) gewöhnlich trinken, regelmäßig trinken; selten trinken, gelegentlich trinken
pija|k M (*-a*; *-cy*), **~czka** F (*-i*; *gen -czek*) *pej* Trinker(in) *m(f)*, Alkoholiker(in) *m(f)*; **po ~ku** *umg* im Suff
pijalnia (*-i*) Trinkhalle *f*
pija|ny betrunken; **~ny ze szczęścia** trunken vor Glück; **po ~nemu** in betrunkenem Zustand, betrunken; **~ny jak bela** *od* **~ny w sztok** *umg* stockbesoffen, sturzbetrunken
pija|ństwo N (*-a*; *bpl*) Trunksucht *f*; *umg* Sauferei *f*, Trinkgelage *n*; **~tyka** F (*-i*) *umg* Trinkgelage *n*, Saufabend *m*
pijawka F (*-i*; *gen -wek*) Blutegel *m*
pijus M (*-a*; *-y*) *umg pej* Säufer *m*, Saufbold *m*
pik M (*-a*; *-i*) *w kartach* Pik *n*; **wyjść** *pf* **w ~i** Pik spielen; **as** *m* **~** Pik-As *n*
pikać (*3. Pers -a*) ⟨**-nąć**⟩ (*-nie*) *umg* pieken
pikant|eria F (*gen dat lok -ii*; *bpl*) Pikanterie *f*; **~ny** KULIN pikant (*a. fig*)
pikieta F (*-y*) POL (Sitz)Blockade *f*, Kundgebung *f*
pikle PL (*-i*) Mixedpickles *pl*
pikling M (*-a*; *-i*) Bückling *m*
piknąć PF → pikać
pikować (*-uję*) steppen; AGR pikieren
piko|wany Stepp-; **~wy** *w kartach* Pik-
pilić (*-ę*) *umg* drängeln
piln|iczek M (*-czka*; *-czki*) Nagelfeile *f*; **~ik** M (*-a*; *-i*) Feile *f*
pilno ADV: **jest mu ~** (**do** *gen*) er hat es eilig (zu + *inf*), er kann es kaum abwarten zu (+ *inf*)
pilność F (*-ści*; *bpl*) Fleiß *m*, Sorgfalt *f*; *sprawy* Dringlichkeit *f*
pilnować (*-uję*) (*gen*) bewachen (*akk*); (*dbać*) aufpassen (auf *akk*), sich kümmern (um *akk*); (*przestrzegać*) einhalten (*akk*); **~ dzieci** auf die Kinder aufpassen; **~ domu** das Haus hüten; **~ się** sich in Acht nehmen
pilny *osoba* fleißig, sorgfältig; *sprawa* dringend, eilig
pilot M (*-a*; *-ci*) LOT Pilot *m*; MAR Lotse *m*; AUTO Kopilot *m*; (*przewodnik*) Reiseführer *m*, Reiseleiter *m*; (PL *-y*) RADIO Fernbedienung *f*; (*film*) Pilotfilm *m*
pilotaż M (*-u*; *bpl*) Flugkunst *f*; MAR Lotse *m*; (*projekt*) Pilotprojekt *n*; **nauka** *f* **~u** Flugausbildung *f*; **~owy** Pilot-
pilotka F (*-i*; *gen -tek*) Fliegermütze *f*
pilotować (*-uję*) LOT steuern; MAR lotsen; **~ wycieczkę** die Reiseleitung machen, Reiseleiter sein
pilśniowy Filz-; BUD Hartfaser-
piła F (*-y*) Säge *f*
Piła F (*-y*; *bpl*) Schneidemühl *n*
piłeczka F (*-i*; *gen -czek*) *tenisowa* (Tennis-)Ball *m*
piłka[1] F (*-i*; *gen -łek*) Handsäge *f*
pił|ka[2] F (*-i*; *gen -łek*) Ball *m*; **~ nożna** Fußball *m*; **~ ręczna** Handball *m*; **~ siatkowa** Volleyball *m*; **~ koszykowa** Basketball *m*; **grać w ~kę nożną** Fußball spielen
piłk|arski Fußball-; **~arz** M (*-a*; *-e*)

P

Fußballspieler *m*
piłować (*-uję*) *piłą* sägen; *pilnikiem* feilen; (*grać*) *umg* klimpern
pin|ceta F (*-y*) Pinzette *f*; **~da** F (*-y*) *pop* Flittchen *n*
pinezka F (*-i*; *gen -zek*) Reißzwecke *f*
ping-pong M (*-a*; *bpl*) Tischtennis *n*
pingwin M (*-a*; *-y*) Pinguin *m*
piołun M (*-u*; *-y*) BOT Wermut *m*; **~owy** Wermuts-
pion M (*-u*; *-y*) Lot *n*, Senkblei *n*; *fig* Ressort *n*; *kanalizacyjny* Rohrstrang *m*
pionek M (*-nka*; *-nki*) *w szachach* Bauer *m*; *w grach* Stein *m*; *fig* Marionette *f*, Werkzeug *n*
pionier M (*-a*; *-rzy*) Pionier *m*
pionowy (-wo) senkrecht, vertikal
piorun M (*-a*; *-y*) Blitz *m*, Blitzschlag *m*; **uderzenie** *n* **~a** Donnerschlag *m*; **burza** *f* **z ~ami** Gewitter *n*; **~em** *adv* sofort, schnell; **jasny ~!** *umg* Donnerwetter!
piorunochron M (*-u*; *-y*) Blitzableiter *m*
piorunujący gewaltig, sofortig
piosenka F (*-i*; *gen -nek*) Lied *n*
piosenka|rz M (*-a*; *-e*), **~rka** F (*-i*; *gen -rek*) Sänger(in) *m(f)*
pió|rnik M (*-a*; *-i*) Federschale *f*; **~ro** N (*-a*) Feder *f* (*a. fig*); *wiosła* Blatt; **wieczne ~** Füll(feder)halter *m*; **mieć cięte ~ro** e-e spitze Feder schreiben *od* führen; **wyjść** *pf* **spod czyjegoś ~ra** aus j-s Feder stammen; **~pusz** M (*-a*; *-e*) Federbusch *m*
pipeta F (*-y*) Pipette *f*
pipidówka F (*-i*; *gen -wek*) *umg* Kaff *n*
pira|cki MAR Piraten-; *kopia, wydanie* illegal, Schwarz-; **~ctwo** N (*-a*; *bpl*) MAR Piraterie *f*; **~ctwo komputerowe** EDV Softwarepiraterie *f*
pir|amida F (*-y*) Pyramide *f*; **~at** M (*-a*; *-ci*) Pirat *m*; RADIO Piratensender *m*; **~at drogowy** *umg* Verkehrsrowdy *m*
Pireneje PL (*-ów*) Pyrenäen *pl*
pirs M (*-u*; *-y*) Pier *f*
pisać ⟨na-⟩ (*piszę*) *v/t* schreiben (**do** *gen* an *akk*); **~ list** einen Brief schreiben; **~ na maszynie** Schreibmaschine schreiben, tippen; **~ na kolanie** eilig hinkritzeln; **pisać** *v/i* schreiben, Schrifsteller sein; **uczyć się pisać** schreiben lernen; **jak się to pisze?** wie schreibt man das?
pisa|k M (*-a*; *-i*) Filzstift *m*; **~nina** F (*-y*) *pej* Geschreibsel *n*; **~nka** F (*-i*; *gen -nek*) bemaltes Osterei *n*
pisa|ny Schrift-; **nie było mu ~ne** (+ *inf*) es war ihm nicht beschieden (+ *inf*); **(to jest) palcem na wodzie ~ne** das steht in den Sternen (geschrieben)
pisarka F (*-i*; *gen -rek*) Schriftstellerin *f*
pisars|ki schriftstellerisch, Schriftsteller-; **~two** N (*-a*; *bpl*) Schriftstellerei *f*; **~two baroku** Literatur *f* des Barocks, Schrifttum *n* des Barocks
pisarz M (*-a*; *-e*) Schriftsteller *m*
pisem|ko N (*-a*; *gen -mek*) kurzes Schreiben *n*, Kurzbrief *m*; (*gazeta*) Blatt *n*; **~ny** schriftlich
pisk M (*-u*; *-i*) Schrei *m*; *opon* Quietschen *n*; *piskląt* Pieps *m*; **~lę** N (*-ęcia*; *-ęta*; *gen -ąt*) Nestling *m*; (*kurczę*) Küken *n*; **~liwy** (-wie) kreischend, schrill; **~liwy głos** *umg* piepsige Stimme *f*
piskorz M (*-a*; *-e*) ZOOL Schmerle *f*, Schlammbeißer *m*
pismak M (*-a*; *-i*) *pej* Schreiberling *m*
pismo N (*-a*) Schrift *f*; (*list z urzędu*) Schreiben *n*; (*czasopismo*) Blatt *n*, Zeitschrift *f*; **~ drukowane** Druckschrift *f*; **~ ręczne** Handschrift *f*; **~ klinowe** Keilschrift *f*; **2 Święte** die Heilige Schrift; **na piśmie** schriftlich; **w mowie i piśmie** in Wort und Schrift; **poczuć** *pf* **~ nosem** *umg* den Braten riechen
pisnąć PF: **nie ~ ani słówka** *umg* keinen Mucks von sich geben; → piszczeć
pisownia F (*-i*; *-e*) Rechtschreibung *f*
pist|acje F/PL (*gen -i*) Pistazien *f/pl*; **~acjowy** Pistazien-; **~olet** M (*-u*; *-y*) Pistole *f*
pisuar M (*-u*; *-y*) Urinal *n*
pisywać (*-uję*) ab und zu schreiben, gelegentlich schreiben; **~ do siebie** sich Briefe schreiben
Pisz M (*-a*; *bpl*) Johannisburg *n*
piszcz|ałka F (*-i*; *gen -łek*) (Block)Flöte *f*; *organowa* Orgelpfeife *f*
piszczeć (*-ę*, *-y*) *osoba* schreien, kreischen; *koła* quietschen; *pisklęta* piepsen
piszczel F (*-i*; *-e*) ANAT Schienbein *n*
piśmidło N (*-a*; *gen -deł*) *pej* Boulevardzeitung *f*; (*książka*) Schundroman *m*
piśmien|nictwo N (*-a*; *bpl*) Literatur *f*, Schrifttum *n*; **~ny** schriftkundig
pitny Trink-; **miód** *m* **~** Met *m*
pitrasić ⟨u-⟩ (*pitraszę*) *umg* kochen
piw|iarnia F (*-i*; *-e*) Bierkeller *m*, Bierlokal *n*; **~ko** N (*-a*; *gen -wek*) *dim* Bierchen *n*;

~nica F (-y; -e) Keller *m*; **~nica klubowa** Clubkeller *m*
piw|niczny Keller-; **~ny** Bier-; *oczy* hellbraun
pi|wo N (-a; *gen piw*) Bier *n*; **~wo z beczki** Fassbier *n*; **dać na ~wo** Trinkgeld geben; **nawarzyć** *pf* **sobie ~wa** sich etwas einbrocken
piwo|nia F (*gen dat lok -ii; -e*) Pfingstrose *f*; **~sz** M (-a; -e) Bierliebhaber *m*; **~warstwo** N (-a; *bpl*) Bierbrauerei *f*
pizda F (-y) *vulg* Fotze *f*
pizza F (*gen dat lok -zzy; -e*) Pizza *f*
piżama F (-y) Pyjama *m*, Schlafanzug *m*
piżmak M (-a; -i) Bisamratte *f*
piżmo N (-a; *bpl*) Moschus *m*
PKP (Polskie Koleje Państwowe) Polnische Staatsbahn *f*
PKS (Państwowa Komunikacja Samochodowa) Staatlicher Omnibusverkehr *m*
pkt (punkt) Pkt. (Punkt)
pl. (plac) Pl. (Platz)
plac M (-u; -e) Platz *m*; (*parcela*) Grundstück *n*; **~ zabaw** (Kinder)Spielplatz *m*; **~ targowy** Marktplatz *m*; **~ budowy** Baustelle *f*; **~ zamkowy** Burghof *m*; **~ bitwy** Schlachtfeld *n*
plac|ek M (-cka; -cki) Kuchen *m*; **~ek śliwkowy** Pflaumenkuchen *m*; **~ki** *m/pl* **ziemniaczane** Kartoffelpuffer *m/pl*, Reibekuchen *m/pl*; **masz babo ~ek!** *umg* das ist ja e-e schöne Bescherung!
placo|we N (-ego; *bpl*) Platzmiete *f*; **~wy** M (-ego; -wi) Platzwart *m*
placówka F (-i; *gen -wek*) (*filia*) Zweigstelle *f*, Filiale *f*; (*instytucja*) Einrichtung *f*; MIL Posten *m*; **~ dyplomatyczna** diplomatische Vertretung *f*
pla|ga F (-i) Plage *f*; **~giat** M (-u; -y) Plagiat *n*
plajtować ⟨s-⟩ (-uję) *umg* pleitegehen
plakacista M (-y; -ści) Grafiker *m*
plakat M (-u; -y) Plakat *n*, Poster *m od n*
plakietka F (-i; *gen -tek*) Plakette *f*
pla|ma F (-y) Fleck *m*; **~ma z tłuszczu** Fettfleck *m*; **~ma na honorze** Schandfleck *m*; **dać** *pf* **~mę** *umg* sich blamieren
plamić ⟨za-⟩ (-ię) (*akk*) e-n Fleck machen (auf *dat*), beflecken (*akk*); **~ się** (*inst*) sich beflecken (mit *dat*), sich e-n Fleck machen; *obrus* Flecken bekommen (von *dat*); ⟨s-⟩ *fig* besudeln, beflecken; **~ się** (*inst*) *fig* sich besudeln (mit *dat*)
plam|isty fleckig; **~ka** F (-i; *gen -mek*) kleiner Fleck *m*
plan M (-u; -y) Plan *m*; **~ miasta** Stadtplan *m*; **zgodnie z ~em** nach Plan, planmäßig; **na pierwszym ~ie** im Vordergrund (*a. fig*); **na drugim ~ie** im Hintergrund; **~deka** F (-i) Plane *f*
plan|eta F (-y) Planet *m*; **~ista** M (-y; -ści) Planer *m*; **~ista przedsiębiorstwa** Betriebswirt *m*; **~ista przestrzeni** Raumplaner *m*
plankton M (-u; *bpl*) Plankton *n*
planować ⟨za-⟩ (-uję) planen; **planować** TECH planieren
planowanie N (-a) Planung *f*; **~ przestrzenne** Raumordnung *f*
planowy planmäßig
plansza F (-y; -e) Schautafel *f*
planta|cja F (-i; -e) Plantage *f*; **~tor** M (-a; -rzy) Plantagenbesitzer *m*
planty PL (*gen -ów*) Stadtpark *m*, Grünanlage *f*
plaskać (-am) ⟨-nąć⟩ (-nę) (*uderzyć*) klatschen
plasować się ⟨**uplasować się**⟩ (-uję) sich platzieren
plast|elina F (-y; *bpl*) Knetmasse *f*; **~er** M (-tra; -try) MED Pflaster *n*; KULIN (große) Scheibe *f*; **~er miodu** Honigwabe *f*; **~erek** M (-rka; -rki) KULIN Scheibe *f*; **~erek kiełbasy** Wurstscheibe *f*
plast|ik M (-u; -i) Plastik *n*, Kunststoff *m*; **z ~iku** Plastik-, aus Plastik
plastikowy Plastik-, Kunststoff-
plastycz|ka F (-i; *gen -czek*) Plastikerin *f*, Bildhauerin *f*; **~ny** plastisch; **sztuki** *pl* **~ne** bildende Künste *pl*
plastyk[1] → plastik
plastyk[2] M (-a; -cy) Plastiker *m*, Bildhauer *m*
plastyka F (-i; *bpl*) Plastik *f*, Bildhauerkunst *f*; *fig* Bildhaftigkeit *f*, Plastizität *f*
plastykowy → plastikowy
plat|an M (-a; -y) Platane *f*; **~forma** F (-y) Plattform *f* (*a. fig*); **~oniczny** platonisch
platyn|a F (-y; *bpl*) Platin *n*; **~owy** Platin-, aus Platin; *kolor* platinblond
plazma F (-y; *bpl*) BIOL, FIZ Plasma *n*
pla|ża F (-y; -e) (Bade)Strand *m*; **na ~ży** am Strand
plażować (-uję) sich (am Strand) sonnen
plażowicz M (-a; -e), **~ka** F (-i; *gen -czek*) Badegast *m*, Sommergast *m*

plażowy Strand-
plądrować ⟨s-⟩ (*-uję*) (aus)plündern
pląsać (*-am*) *żart* tänzeln
pląsy PL (*gen -ów*) *żart* Tanz *m*; **w ~ach** *adv* tänzelnd, hüpfend
plątać ⟨po-⟩ (*-czę*) *nici, fakty* durcheinanderbringen; **~ się** *nici* sich verwickeln; *fig* durcheinandergeraten; **wszystko mu się plącze** er bringt alles durcheinander; **plątać się** (*chodzić*) *umg* herumlungern, stören; **plącze mu się język** er hat e-e schwere Zunge, er lallt; **plątać się pod nogami** im Weg sein; **plątać się w zeznaniach** sich in Widersprüche verwickeln
plątanina F (*-y*) Gewirr *n*, Wirrwarr *m*
ple|bania F (*gen dat lok -ii; -e*) Pfarrhaus *n*; **~bejski** *pej* plebejisch, grob
ple|biscyt M (*-u; -y*) Wettbewerb *m*; POL Volksabstimmung *f*; **~bs** M (*-u; bpl*) *pej* Plebs *m*, Masse *f*
plecak M (*-a; -i*) Rucksack *m*; *ucznia* Ranzen *m*; *żołnierza* Tornister *m*
plecio|nka F (*-i; gen -nek*) Flechtwerk *n*; KULIN Zopf *m*; **~ny** geflochten, Flecht-
pleciu|ch M (*-a; -y*), **~ga** F (*-i*) *umg pej* Plappertasche *f*, Quasseltante *f*
plec|y PL (*gen -ów*) Rücken *m*; *fig umg* Beziehungen *pl*, Kontakte *pl*; **za moimi ~ami** *fig* hinter meinem Rücken; **stać ~ami do drzwi** die Tür im Rücken haben; **szeroki w ~ach** breitschultrig
pleć˙ ⟨wy-⟩ (*pielę*) jäten
ple|d M (*-u; -y*) Wolldecke *f*; **~jada** F (*-y*) Elite *f*; **~jada gwiazd** FILM Stars *pl*
plem|ienny Stammes-; **~ię** N (*-ienia; -iona*) (Volks)Stamm *m*
plemniki M/PL (*gen -ów*) Spermien *n/pl*
plenarny Plenar-, Voll-
plen|er M (*-u; -y*): **w ~erze** im Freien, draußen; **koncert** *m* **w ~erze** Freilichtkonzert *n*; **zdjęcia** *pl* **w ~erze** FILM Außenaufnahmen *pl*; MAL Freilichtmalerei *f*; **~erowy** Freilicht-, im Freien
plenić się (*3. Pers -ni*) *pej* sich vermehren; *chwasty* wuchern
plenipotencja F (*-i; -e*) *lit* Vollmacht *f*
plenum N (*unv; -a; gen -ów*) Plenarsitzung *f*
pleść˙ ⟨u-⟩ (*plotę*) flechten; **pleść** *umg* Unsinn reden, Quatsch erzählen; quasseln; **pleść bzdury** *od* **pleść trzy po trzy** dummes Zeug reden
pleśniawki F/PL (*gen -wek*) MED Aphten *f/pl*
pleśnieć ⟨s-⟩ (*3. Pers -eje*) (ver)schimmeln
pleśniowy: **ser** *m* **~** Schimmelkäse *m*
pleśń F (*-ni; -nie*) BOT Schimmel *m*
plewy F/PL (*gen -*) Spreu *f*
plik M (*-u; -i*) Stapel *m*; EDV Datei *f*
plisowany Plissee-, Falten-
pliszka F (*-i; gen -szek*) Bachstelze *f*
PLL LOT (Polskie Linie Lotnicze LOT) Polnische Fluglinien *pl*, Polnische Fluggesellschaft *f*
plomba F (*-y*) Plombe *f*; *zęba* (Zahn)-Füllung *f*
plombować ⟨za-⟩ (*-uję*) verplomben; *ząb* e-e Füllung machen
plon M (*-u; -y*) Ernte *f*, Ertrag *m*; *fig* Früchte *pl*; **święto** *n* **~ów** Erntedankfest *n*
plot|ka F (*-i; gen -tek*) Klatschgeschichte *f*, Gerücht *n*; **~ki** *pl* Klatsch und Tratsch, Gerüchte *pl*; (*plotkowanie*) Plaudern *n*
plotkar|a, **~ka** F (*-i; gen -rek*) *pej* Klatschtante *f*
plotkar|ski Klatsch-; **~skie miasteczko** *n* Klatschnest *n*; **~stwo** N (*-a; bpl*) *pej* Klatschen *n*, Klatschsucht *f*
plotkarz M (*-a; -e*) *pej* Schwätzer *m*
plotkować (*-uję*) klatschen, Gerüchte verbreiten (**o** *lok* über *akk*); plaudern
plucha F (*-y*) Regenwetter *n*
pluć (*-ję*) ⟨-nąć⟩ (*-nę, -ń!*) spucken; *fig* speien; **pluć sobie w brodę** sich über sich selbst ärgern
plugastwo N (*-a*) *lit* Unflat *m*, Abscheulichkeit *f*; (*robaki*) Ungeziefer *n*
plugawić ⟨s-⟩ (*-ię*) *lit* besudeln
plugawy (-wo) abscheulich, widerwärtig; *język* unflätig, ordinär
plujka F (*-i; gen -jek*): **mucha** *f* **~** Fleischfliege *f*, Aasfliege *f*
plunąć PF → pluć
plus M (*-a; -y*) MAT Pluszeichen *n*; *fig* Plus *n*, Pluspunkt *m*; **~y** *pl* **i minusy** *pl* Vor- und Nachteile *pl*; **~ minus** ungefähr, etwa
plusk M (*-u; -i*) Plätschern *n*, Klatschen *n*; **z ~iem** mit e-m Plumps
pluskać (*-am od -szczę*) ⟨-nąć⟩ (*-nę*) platschen, schwappen; *fale* plätschern; *deszcz* klatschen; **pluskać się** plantschen
pluskiewka F (*-i; gen -wek*) *umg* Reißzwecke *f*
pluskwa F (*-y; gen -kiew*) ZOOL Wanze *f*

(*a. fig*)
plusnąć PF: ~ **do wody** ins Wasser plumpsen; → pluskać
plusz M (-*u*; -*e*) Plüsch *m*; **~owy** Plüsch-; **~owy miś** *m* Teddybär *m*; **~owe zabawki** *pl* Plüschtiere *pl*
pluton[1] M (-*u*; *bpl*) CHEM Plutonium *n*
pluton[2] M (-*u*; -*y*) MIL Zug *m*; ~ **egzekucyjny** Erschießungskommando *n*
plutonowy M (-*ego*; -*wi*) MIL Zugführer *m*
plwocina F (-*y*) MED Auswurf *m*; ~ **zabarwiona krwią** *od* **krwawa** ~ blutiger Auswurf *m*
pła|ca F (-*y*; -*e*) Lohn *m*; **~ca za godzinę** Stundenlohn *m*; **~ca za urlop** Urlaubsgeld *n*
płachta F (-*y*) Plane *f*; ~ **ratownicza** Sprungtuch *n*; **działać jak czerwona ~ na byka** wie ein rotes Tuch wirken (**na** *akk* auf *akk*)
płacić ⟨**za-**⟩(-*cę*; -*ć!*) (be)zahlen (**za** *akk* für *akk*); *fig* (be)zahlen (*inst* mit *dat*); ~ **gotówką** bar (be)zahlen; ~ **kartą kredytową** mit Kreditkarte (be)zahlen; ~ **wysoką cenę** *fig* e-n hohen Preis zahlen (**za** *akk* für *akk*)
płacowy Lohn-
płacz M (-*u*; -*e*) Weinen *n*; **~ący** weinend; **wierzba** *f* **~ąca** BOT Trauerweide *f*; **~ka** F (-*i*; *gen* -*czek*) Klageweib *n*; *umg* Heulsuse *f*
płaczliwy (**-wie**) weinerlich, wehleidig
płakać (*płaczę*; -*cz!*) weinen (**z** *gen* vor *dat*); ~ **nad** (*inst*) beweinen, beklagen (*akk*); ~ **ze złości** vor Wut weinen; ~ **ze szczęścia** vor Glück weinen
płaksa F (-*y*) *umg* Heulsuse *f*
płask: **na ~** *adv* flach
płaski (**-ko**) flach; *fig* platt
płasko|rzeźba F (-*y*) Flachrelief *n*; **~stopie** N (-*a*; *bpl*) MED Plattfüße *pl*; **~wyż** M (-*u*; -*e*) GEOG Hochebene *f*
płastuga F (-*i*) Plattfisch *m*, Scholle *f*
płaszcz M (-*a*; -*e*) Mantel *m*; TECH Ummantelung *f*; ~ **kąpielowy** Bademantel *m*
płaszczyć (-*ę*) platt drücken; ~ **się** *fig pej* kriechen
płaszczyk M (-*a*; -*i*) *dim* Mäntelchen *n*; **pod ~iem** *fig* unter dem Deckmantel
płaszczyzna F (-*y*) Fläche *f*; MAT Ebene *f* (*a. fig*)
płat M (-*a*; -*y*) (*kawał*) (großes) Stück *n*; LOT Tragwerk *n*; ~ **nośny** TECH Tragflügel *m*
płat|ek M (-*tka*; -*tki*) Blütenblatt *n*; **~ki** *m/pl* **śniegu** Schneeflocken *f/pl*; **~ki** *m/pl* **róży** Rosenblätter *m/pl*; **~ki** *pl* **owsiane** Haferflocken *pl*; **~ki** *pl* **kukurydziane** Cornflakes *pl*; **jak z ~ka** wie geschmiert, wie am Schnürchen; **~ek ucha** ANAT Ohrläppchen *n*
płat|niczy Zahlungs-; **~nik** M (-*a*; -*cy*) Zahler *m*; **~nik podatku** Steuerzahler *m*; **~ość** F (-*ści*) Zahlung *f*; **warunki** *m/pl* **~ności** Zahlungsbedingungen *f/pl*; **~ny** zahlbar; *urlop* bezahlt; *usługa* kostenpflichtig
pława F (-*y*) MAR Bake *f*
pławić się (-*ię*): ~ **w luksusie** in Luxus schwelgen
pławik M (-*a*; -*i*) (Angel)Schwimmer *m*
płaz M (-*a*; -*y*) ZOOL Lurch *m*
płcio|wy geschlechtlich, Geschlechts-; **dojrzałość** *f* **~wa** Geschlechtsreife *f*; **stosunek** *m* **~wy** Geschlechtsverkehr *m*; **narządy** *m/pl* **~we** Geschlechtsorgane *n/pl*; **popęd** *m* **~wy** Geschlechtstrieb *m*, Sexualtrieb *m*; **niemoc** *f* **~wa** Impotenz *f*
płd. (**południowy**) südlich, Süd-
płeć F (*płci*; *płcie*) Geschlecht *n*
płetwa F (-*y*) Flosse *f*; *nurka* Schwimmflosse *f*; *rekina* Finne *f*; ~ **grzbietowa** Rückenflosse *f*
płet|wal M (-*a*; -*e*) Blauwal *m*; **~wonurek** M (-*rka*; -*rkowie*) (Sport)Taucher *m*
płn. (**północny**) nördlich, Nord-
płochliwy (**-wie**) scheu, ängstlich
płoć F (-*ci*; -*cie*) ZOOL Plötze *f*
płodność F (-*ści*; *bpl*) Fruchtbarkeit *f*
płod|ny fruchtbar (*a. fig*); **~owy** fötal; **wody** *pl* **~owe** Fruchtwasser *n*; **~ozmian** M (-*u*; -*y*) AGR Fruchtfolge *f*
płody PL → płód
płodzić ⟨**s-**⟩ (-*dzę*, *płódź!*) *dziecko* zeugen
płomi|enny flammend; **~eń** M (-*nia*; -*nie*) Flamme *f*
płomy|k M (-*a*; -*i*) (kleine) Flamme *f*; **~czek** M (-*czka*; -*czki*) *dim* Flämmchen *n*
płonący brennend
płonąć (-NĘ, -*ń!*) *świeca* brennen; *dom* in Flammen stehen, brennen; *policzki* glühen; ~ **żądzą zemsty** nach Rache lechzen
płonny *lit nadzieje* vergeblich; *obawy* grundlos
płoszyć ⟨**s-**⟩ (-*ę*) *ptaki* aufscheuchen; *osobę* einschüchtern, verängstigen; ~ **się** *ptaki* aufgescheucht werden; *koń* scheuen;

P

osoba verlegen werden, ängstlich werden
płot M (-u; -y) Zaun *m;* **~ka** F (-i; *gen* -tek) ZOOL Plötze *f*
płotka|rz M (-a; -e), **~rka** F (-i; *gen* -rek) SPORT Hürdenläufer(in) *m(f)*
płowieć ⟨**s-**, **wy-**⟩ (3. *Pers* -eje) *v/i* *materiał* verschießen; *kolor, włosy* ausbleichen
płowy fahlgelb; *włosy* strohblond
płoza F (-y; *gen* płóz) *w saniach* Kufe *f*
płócienny leinen, Leinen-
płód M (-odu; -ody) MED Fötus *m*, Leibesfrucht *f;* **płody** *pl iron od lit* Früchte *pl;* **płody** *pl* **rolne** Agrarprodukte *pl;* **płody** *pl* **ziemi** Bodenerträge *m/pl;* **płody** *pl* **chorobliwej wyobraźni** Ausgeburten *pl* eines kranken Geistes
płótno N (-a; *gen* płócien) Leinen *n;* MAL Leinwand *f;* (*obraz*) Ölgemälde *n*
płuc|a N/PL (*gen* -) Lungen *f/pl;* **zapalenie** *n* **~** Lungenentzündung *f;* **~ny** Lungen-
pług M (-a; -i) AGR Pflug *m;* **~ śnieżny** Schneepflug *m*
płukać ⟨**wy-**⟩ (-czę) spülen; **~ gardło** gurgeln
płukanie N (-a; *bpl*): **~ żołądka** MED Magenspülung *f*
płukanka F (-i) *do włosów* Haarspülung *f;* *koloryzująca* Tönung *f;* *do ust* Mundwasser *n*
płycizna F (-y) seichte Stelle *f*, Sandbank *f*
płyn M (-u; -y) Flüssigkeit *f;* **w ~ie** flüssig; **~ do mycia naczyń** Spülmittel *n;* **~ do kąpieli** Schaumbad *n*
płynąć (-nę, -ń!) *woda, prąd, krew* fließen; *czas* vergehen; *człowiek, ryba* schwimmen; *statek* fahren; *jacht* segeln; **~ łódką** mit dem Boot fahren; **~ pod prąd** *fig* gegen den Strom schwimmen; **~ z prądem** *fig* mit dem Strom schwimmen
płynność F (-ści) *fig* Flüssigkeit *f;* **~ płatnicza** FIN Liquidität *f*
płynn|y flüssig (*a. fig*); *kształt, granica* fließend; **mówić ~ie po polsku** fließend Polnisch sprechen
płyta F (-y) BUD Platte *f;* *gramofonowa* Schallplatte *f;* *kuchenna* Kochplatte *f;* **~ kompaktowa** CD *f*, Compact Disc *f;* **~ pamiątkowa** Gedenktafel *f*
płyt|ka F (-i; *gen* -tek) kleine Platte *f;* **~ łazienkowa** Fliese *f;* **~ki** (**-ko**) flach, seicht (*a. fig*)
płytoteka F (-i) Schallplattensammlung *f*

pływa|cki *zawody* Schwimm-; *karta* Schwimmer-; **~czka** F (-i; *gen* -czek) Schwimmerin *f*
pływać (-am) schwimmen; *statek* fahren; *umg* drum herumreden; **~ statkiem** mit dem Schiff fahren; **~ żabką** brustschwimmen
pływa|k M (-a; -cy) Schwimmer *m;* TECH (PL -i) Schwimmer *m*, Schwimmkörper *m;* **~lnia** F (-i; -e) Schwimmbad *n*, Schwimmhalle *f;* *odkryta* Freibad *n;* **~nie** N (-a; *bpl*) Schwimmen *n*
pną|cy BOT Kletter-, Rank-; **~cze** N (-a) Kletterpflanze *f*, Rankengewächs *n*
pneumatyczny pneumatisch, Luft-; **młot** *m* **~** Presslufthammer *m*
p.n.e. (**przed naszą erą**) v.u.Z., v.Chr
pniak M (-a; -i) Baumstumpf *m;* *do rąbania* Hackklotz *m*
po PRÄP (*lok*) auf (*akk, dat*), in (*dat*); nach (*dat*); an (*dat*); von (*dat*); (*akk*) bis an (*akk*), bis zu (*dat*); je; **klepać ~ ramieniu** auf die Schulter klopfen; **poznać** *pf* **~ głosie** an der Stimme erkennen; **kufer ~ babce** e-e Truhe von der Großmutter (geerbt); **~ wojnie** nach dem Krieg; **już ~ piątej** es ist schon nach fünf; **~ kolana** bis zu den Knien, kniehoch; **iść ~ chleb** Brot holen (gehen); **iść ~ lekarza** den Arzt holen; **chodzić ~ parku** im Park spazieren; **~ lewej stronie** auf der linken Seite; **szukać ~ kieszeniach** in den Taschen suchen; **wypić** *pf* **~ piwie** ein Bier trinken; **~ pracy** nach der Arbeit; **~ ile są pomidory?** wie viel kosten die Tomaten?; **~ kolei** der Reihe nach; **jeden ~ drugim** nacheinander; **butelka** *f* **~ mleku** Milchflasche *f;* **puszka** *f* **~ piwie** Bierdose *f;* **~ bohatersku** heldenhaft; **~ części** *adv* teilweise; **mówić ~ niemiecku** Deutsch sprechen; **co to znaczy ~ niemiecku?** was heißt das auf Deutsch?; **~ co?** wozu?; **~ omacku** tastend; im Dunkeln; **już ~ wszystkim** es ist alles vorbei
p.o. (**pełniący obowiązki**) stellv. (stellvertretend)
pobawić PF (-ię) (*akk*) *v/t* e-e Weile spielen (mit *dat*); **~ dziecko** e-e Weile mit einem Kind spielen; **~ się** (*inst*) e-e Weile spielen (mit *dat*)
pobicie N (-a) JUR Körperverletzung *f*
pobić PF (*pobiję*) zusammenschlagen, (körperlich) verletzen; MIL besiegen, zer-

P

schlagen; ~ **rekord** e-n Rekord brechen; ~ **się** sich schlagen, sich prügeln
pobiec PF (*pobiegnę*) laufen
pobierać (*-am*) ⟨**pobrać**⟩ (*pobiorę*) *pensję* beziehen; *podatki* erheben; *próbki* entnehmen; ~ **się** heiraten
pobieżny flüchtig, oberflächlich
pobliski nahe (gelegen)
pobli|że: **w ~żu** (*gen*) in der Nähe (*gen*, von *dat*)
pobłażać (*-am*) (*dat*) (zu) nachsichtig sein (gegenüber *dat*), Nachsicht haben (mit *dat*); tolerieren (*akk*)
pobłażli|wość F (*-ści; bpl*) Nachsicht *f*; **~wy** (**-wie**) nachsichtig, tolerant
pobłogosławić PF (*-ię*) REL segnen (*a. fig*)
pobłyskiwać PF (*-uję*) (immer wieder) aufleuchten
poboczl|e N (*-a*) Straßenrand *m*, Randstreifen *m*; **~ny** Neben-, Rand-
pobojowisko N (*-a*) Schlachtfeld *n*; *fig* Chaos *n*
poborca M (*-y; gen -ów*) Steuereinnehmer *m*
poborowy[1] *komisja* Musterungs-
poborowy[2] M (*-ego; -i*) Wehrpflichtige(r) *m*
pobory PL → pobór
pobożni|ś M (*-sia; -sie*), **~sia** F (*-; -e*) *pej od iron* Frömmler(in) *m(f)*
po|bożność F (*-ści; bpl*) Frömmigkeit *f*; **~bożny** fromm
pobór M (*-oru; -ory; gen -ów*) *do wojska* Einberufung *f*; FIN Erhebung *f*; ~ **energii** Energieverbrauch *m*; ~ **wody** Wasserstelle *f*; **pobory** *pl* Gehalt *n*, Bezüge *pl*
pobrać* PF → pobierać
pobranie: **za ~m** per Nachnahme
pobratymiec M (*-mca; -mcy*) *lit* Landsmann *m*
pobrudzić PF (*-ę*) schmutzig machen
pobrzękiwać (*-uję*) immer wieder rasseln, immer wieder klimpern
pobud|ka F (*-i; gen -dek*) MIL Wecksignal *n*; **~ki** *m/pl* Beweggründe *m/pl*, Motive *n/pl*; **zrobić** *pf* **~kę k-u** j-n wecken; **~ka!** *int* Aufstehen!
pobudliwy (leicht) erregbar
pobudować się PF (*-uję*) sich ein Haus bauen
pobudzać (*-am*) ⟨**-ić**⟩ (*-dzę*) anregen (**do** *gen* zu *dat*)
pobudzający (**-co**) anregend; ~ **apetyt** appetitanregend; **środek** *m* ~ Aufputschmittel *n*
pobudzony: ~ **seksualnie** sexuell erregt
pobyć* PF (*pobędę*) bleiben, verweilen, sich (kurz) aufhalten
pobyt M (*-u; -y*) Aufenthalt *m*; ~ **za granicą** Auslandsaufenthalt *m*; **miejsce** *n* **stałego ~u** ständiger Wohnsitz *m*
pocałować PF → całować
pocałunek M (*-nku; -nki*) Kuss *m*
pochewka F (*-i; gen -wek*) (kleines) Etui *n*, (kleine) Hülle *f*
pochleb|ca M (*-y; gen -ów*), **~czyni** F (*-i; -e*) Schmeichler(in) *m(f)*
pochlebczy (**-czo**) schmeichlerisch
pochlebiać (*-am*) ⟨**-ić**⟩ (*-ię*) schmeicheln; ~ **sobie** sich zugutehalten
pochleb|ny schmeichelhaft; **~stwo** N (*-a*) Schmeichelei *f*
pochłaniacz M (*-a; -e*) TECH Absorptionsstoff *m*, Filter *n*; ~ **dymu** Rauchverzehrer *m*; ~ **zapachu** Dunstabzug *m*
pochłaniać (*-am*) ⟨**pochłonąć**⟩ (*-nę*) (*wciągać*) *fig* verschlingen; *ciepło* speichern, absorbieren; **praca go pochłania** seine Arbeit nimmt ihn ganz in Anspruch; ~ **wiele czasu** viel Zeit in Anspruch nehmen, viel Zeit kosten; ~ **życie wielu osób** viele Menschenleben fordern; ~ **ofiary** Opfer fordern; ~ **książki** *umg* Bücher verschlingen
pochłonięty (*inst*) beansprucht (von *dat*); *fig* vertieft, versunken (in *akk*), gefesselt (von *dat*)
pochmurnieć ⟨**s-**⟩ (*-eję*) *niebo* sich eintrüben, sich verdunkeln; *osoba* betrübt werden; **jego twarz spochmurniała** seine Miene hat sich verfinstert, sein Gesicht hat sich verdunkelt
pochmurny bewölkt, wolkig; *fig* düster
pochodna F (*-ej; -e*) Folge *f*, Ergebnis *n*; MAT Ableitung *f*; CHEM Derivat *n*
pochod|nia F (*-i; -e*) Fackel *f*; **~ny** abgeleitet; (*wtórny*) sekundär; **wyraz** *m* **~ny** JĘZ Ableitung *f*
pochodzen|ie N (*-a; bpl*) Herkunft *f*; **on jest z ~ia Polakiem** er ist nach seiner Herkunft Pole, er ist gebürtiger Pole; **wyspa** *f* **~ia wulkanicznego** e-e Insel vulkanischen Ursprungs
pochodzić[1] (*pochodzę*) (**z** *gen*) kommen (aus *dat*); ~ **od** (*gen*) *wyraz* sich herleiten

P

von (*dat*); BIOL abstammen von (*dat*); **~ z** (*gen*) stammen aus (*dat*); **~ z lat sześćdziesiątych** aus den sechziger Jahren stammen; **skąd pochodzisz?** woher kommst du?

pochodzić² PF (*pochodzę*) e-e Weile spazieren, wandeln; **~ w** (*lok*) (e-e Zeit lang) tragen (*akk*)

pochopny *wnioski, sąd* voreilig; *decyzja* überstürzt

pochować PF → chować

pochowany bestattet, beerdigt

poch|ód M (*-chodu; -chody*) (Fest)Umzug *m*; (*marsz*) Marsch *m*; **~ód protestacyjny** Protestmarsch *m*; **~ówek** M (*-wku; -wki*) *umg* Begräbnis *n*, Beerdigung *f*

pochrapywać (*-uję*) leise schnarchen

pochrząkiwać (*-uję*) sich räuspern

pochwa F (*-y*) ANAT Scheide *f* (*a.* MIL), Vagina *f*

pochwalać (*-am*) gutheißen; **nie ~** missbilligen

pochwalić się PF (*-lę*) (*inst*) vorweisen, vorzeigen (können) (*akk*); stolz sein (auf *akk*)

pochwa|lny Lob-, lobend; **~ła** F (*-y*) Lob *n*; **godny ~ły** lobenswert

pochwycić PF (*pochwycę*) *rękę* ergreifen; *sens* erfassen

pochylać (*-am*) ⟨**-ić**⟩ (*-lę*) *głowę* senken; *gałąź* neigen; **~ się** sich beugen, sich neigen (**nad** *inst* über *akk*)

pochyleni *persf* → pochylony

pochyl|nia F (*-i; -e*) Rampe *f*; **~ony** (*persf -eni*) gebeugt (**nad** *inst* über *dat*)

pochy|łość F (*-ści*) Neigung *f*, Gefälle *n*; **~ły** (**-ło**) *drzewo* schief; *grunt, powierzchnia* geneigt; **~łym drukiem** kursiv; **równia** *f* **~ła** FIZ schiefe Ebene *f*

pociąć PF (*potnę*) zerschneiden; *komary* zerstechen; *mole* zerfressen

pociąg¹ M (*-u; -i*) Zug *m*; **~iem** mit dem Zug; **~ pośpieszny** Schnellzug *m*; **~ dalekobieżny** Fernzug *m*; **~ osobowy** Regionalbahn *f*, Regionalzug *m*; **~ towarowy** Güterzug *m*

pociąg² M (*-u, bpl*) (*skłonność*) (**do** *gen*) Hang *m* (zu *dat*), Vorliebe *f* (für *akk*); **mieć ~ do** (*gen*) sich hingezogen fühlen zu (*dat*); einen Hang zu etw haben

pociągać (*-am*) ⟨**-nąć**⟩ (*-nę*) ziehen (**za** *akk* an *dat*); (*nęcić*) anziehen, verlocken; **~ za sobą** nach sich ziehen; **~ do odpowiedzialności** zur Verantwortung ziehen; **~ farbą** anstreichen; **pociągać nosem** die Nase hochziehen; **pociągać z butelki** *umg* picheln

pociągający (**-co**) anziehend, attraktiv; *myśl* verlockend

pociągły *twarz* oval

pociągnąć PF (*-nę*) losziehen, aufbrechen; **~ łyk** e-n Schluck nehmen; **on długo nie pociągnie** *umg* er macht es nicht mehr lange; → pociągać

pociągnięcie N (*-a*) (*posunięcie*) Zug *m*; **~ pędzla** Pinselstrich *m*; **za jednym ~m** mit e-m Schlag; **~ do odpowiedzialności karnej** JUR Strafanzeige *f*

pociągowy: **koń** *m* **~** Zugpferd *n*

po cichu ADV leise; *fig* stillschweigend

pocić się ⟨**spocić się**⟩ (*-cę*) schwitzen; *szkło* beschlagen sein, anlaufen; **~ nad** (*inst*) *umg* sich abmühen (mit *dat*)

pociec PF (*pociekne*) herunterfließen

pocie|cha F (*-y*) Trost *m*; *umg* (*dziecko*) Kleine(s) *n*, Sprössling *m*; **mieć ~chę z** (*gen*) Freude haben an (*dat*)

pociekną́ć PF (*-nę*) → pociec

pociemnieć PF (*-eję*) *niebo* sich verdunkeln; **pociemniało mi w oczach** mir wurde schwarz vor Augen

po ciemku ADV im Dunkeln

pocierać (*-am*) ⟨**potrzeć**⟩ (*potrę*) reiben (*inst* mit *dat*)

pocieszać (*-am*) ⟨**-yć**⟩ (*-ę*) trösten, Trost spenden; **~ się** sich trösten (*inst* mit *dat*)

pocieszający tröstend; tröstlich, erfreulich

pociesz|enie N (*-a*) Trost *m*; **na ~enie** zum Trost; **~ny** drollig, putzig, possierlich

pocieszyciel M(*-a; -e*), **~ka** F (*-i; gen -lek*) Tröster(in) *m(f)*

pocieszyć PF → pocieszać

pocisk M (*-u; -i*) Geschoss *n*, Granate *f*

pocukrzyć PF (*-ę*) zuckern, süßen

począć PF (*-nę*) *lit* tun; *dziecko* empfangen; **nie wiedzieć, co ze sobą ~ąć** nichts mit sich anzufangen wissen; → poczynać

począt|ek M (*-tku; -tki*) Anfang *m*, Beginn *m*; **~ki** *pl* (*podstawy*) Anfangsgründe *pl*; **na ~ku** *od* **z ~ku** am Anfang; **od ~ku** von Anfang an; **na ~ek** für den Anfang; **w ~kach listopada** Anfang November; **z ~kiem zimy** zu Winterbeginn; **brać ~ek** *lit* s-n Ursprung haben; **dać** *pf* **~ek** (*dat*) in Gang setzen (*akk*)

P

początko|wo ADV anfangs, zuerst; **~wy** anfänglich, Anfangs-;
początkujący¹ angehend
początkują|cy² M (*-ego; -y*), **~ca** F (*-ej; -e*) Anfänger(in) *m(f)*; **dla ~cych** für Anfänger
poczciwy (**-wie**) gutmütig, herzensgut
Poczdam M (*-u; -bpl*) Potsdam *n*
poczdams|ki: **konferencja** *f* **~ka** HIST Potsdamer Abkommen *n*
poczekać PF (*-am*) abwarten (**z** *inst* mit *dat*); e-e Weile warten; **poczekaj!** warte!
poczekalnia F (*-i; -e*) Warteraum *m*, Wartezimmer *n*
poczes|ny: **~ne miejsce** *lit* ehrenvoller Platz *m*; *fig* besonderer Stellenwert *m*
poczęcie N (*-a*) BIOL Empfängnis *f*; **Niepokalane ~ (Maryi)** REL die Unbefleckte Empfängnis (Marias *od* Mariens)
poczę|ty: **życie** *n* **~te** ungeborenes Leben *n*
poczet M (*-cztu; -czty*): **~ sztandarowy** Fahnenträger *pl*; **przyjąć w ~** (*gen*) *fig* in die Reihen (*gen*) aufnehmen
poczęstować PF (*-uję*): **~ k-o** (*inst*) j-m anbieten (*akk*), j-n bewirten mit (*dat*); **~ się** sich bedienen, zugreifen
poczęstunek M (*-nku; -nki*) Bewirtung *f*; (*przyjęcie*) kleiner Imbiss *m*, Empfang *m*
pocz|ta F (*-y*) (*instytucja*) Post® *f*; (*listy, paczki*) Post *f*; **~ta lotnicza** Luftpost *f*; **~ta elektroniczna** EDV E-Mail *f*; **~tą** mit der Post® *od* per Post®; **~tą elektroniczną** per Mail
poczt|owy Post-; **znaczek** *m* **~towy** Briefmarke *f*; **urząd** *m* **~towy** Postamt *n*; **~ówka** F (*-i; gen -wek*) Postkarte *f*
poczucie N (*-a; bpl*) (*gen*) Gefühl *n*, Sinn *m* (für *akk*); **~ obowiązku** Pflichtgefühl *n*; **~ czasu** Zeitgefühl *n*; **~ honoru** Ehrgefühl *n*; **~ winy** Schuldgefühl *n*; **~ własnej wartości** Selbstwertgefühl *n*; **~ bezpieczeństwa** Geborgenheit *f*, Gefühl *n* der Sicherheit *f*; **~ humoru** Sinn *m* für Humor
poczuć PF (*poczuję*) fühlen, spüren; *radość* empfinden; **~ się** sich fühlen
poczuwać się (*-am*): **~ do** (*gen*) sich bewusst sein (*gen*); sich bekennen zu (*dat*); **~ do obowiązku** sich verpflichtet fühlen; **~ do odpowiedzialności** sich verantwortlich fühlen; **~ do winy** sich seiner Schuld bewusst sein
poczwarka F (*-i; gen -rek*) ZOOL Puppe *f*
poczwórny vierfach
poczynania PL (*gen -ń*) Tun *n*, Handlungen *f/pl*, Taten *f/pl*; **śmiałe ~** kühnes Unterfangen *n*
poczytać PF e-e Weile lesen; **~ k-u** j-m e-e Weile vorlesen; → poczytywać
poczytal|ność F (*-ści; bpl*) JUR Zurechnungsfähigkeit *f*; **~ny** JUR zurechnungsfähig
poczyt|ność F (*-ści; bpl*) *gazety, książki* Popularität *f*, hohe Auflagen *pl*; **~ny** viel gelesen, populär, auflagenstark
poczytywać (*-uję*) ⟨**poczytać**⟩ (*-am*): **~ za** (*akk*) halten für (*akk*); **~ za złe k-u** j-m übelnehmen; **~ sobie za zaszczyt** sich als Ehre anrechnen
poćwiartować PF (*-uję*) *mięso* zerhacken, zerkleinern
poćwiczyć PF (*-ę*) (e-e Weile) üben, Übungen machen; (eine Weile) trainieren
pod PRÄP (*akk*) unter (*akk*); an (*akk*); gegen (*akk*); (*inst*) unter (*dat*); an, vor (*dat*); **~ warunkiem** unter der Bedingung; **~ karą** bei Strafe; **~ Warszawą** bei Warschau; **~ światło** gegen das Licht; **~ wieczór** gegen Abend; **„~ Baranami"** *restauracja* „Zu den Widdern"
podać PF: **móc sobie ~ ręce** *fig* sich die Hand reichen können; **~ pomocną dłoń k-u** *fig* j-m helfen; → podawać
podagra F (*-y; bpl*) MED Gicht *f*
podanie N (*-a*) (*wniosek*) Antrag *m*; *w piłce nożnej* Pass *m*; *w tenisie* Aufschlag *m*; *w siatkówce* Angabe *f*; (*legenda*) Überlieferung *f*; **złożyć** *pf* **~** e-n Antrag stellen; **~ do wiadomości** Bekanntgabe *f*; **~ adresu** Angabe *f* der Adresse *f*; **~ ręki** Händedruck *m*; **~ się do dymisji** Rücktritt *m*
podarun|ek M (*-nku; -nki*) Geschenk *n*; **w ~ku** als Geschenk
podarty zerrissen
podat|ek M (*-tku; -tki*) Steuer *f*; **~ek dochodowy** Einkommensteuer *f*; **~ek obrotowy** Umsatzsteuer *f*; **~ek od wynagrodzeń** Lohnsteuer *f*; **~ek od wartości dodanej** Mehrwertsteuer *f*; **~ek od spadku** Erbschaftssteuer *f*; **~ek od nieruchomości** Grundsteuer *f*; **wolny od ~ku** steuerfrei
podat|kowy steuerlich, Steuer-; **~nik** M (*-a; -cy*) Steuerzahler *m*
podatny: **~ na** (*akk*) empfänglich für (*akk*); **~ na choroby** anfällig für Krank-

heiten; **~ na korozję** korrosionsempfindlich; **trafić** *pf* **na ~ grunt** auf fruchtbaren Boden fallen

podawać *(podaję)* **⟨podać⟩** *(-am)* geben, (über)reichen; *lek* geben, verabreichen; *przykład* nennen, geben; *adres, termin* angeben; *szczegóły, warunki* nennen; *komunikat, wyniki* bekannt geben; *dania, napoje* servieren; *obiad* reichen; *piłkę* zuspielen; *skargę* einreichen; **~ rękę** die Hand geben; **~ ogień** Feuer geben; **~ do wiadomości** bekannt geben; **~ do sądu** verklagen *(akk)*; **~ do stołu** auftragen; **~ płaszcz** in den Mantel helfen; **~ dalej** weitergeben, weiterreichen; **~ jako powód** als Grund angeben; **~ się za** *(akk)* sich ausgeben (für *akk*); **~ się do dymisji** zurücktreten

podaż F *(-y; bpl)* EKON (Waren)Angebot *n*

podążać *(-am)* **⟨-yć⟩** *(-ę)* *lit* sich begeben; **~ za** *(inst)* folgen *(dat)*; **~ z pomocą** zu Hilfe eilen

podbarwiać *(-am)* **⟨-ić⟩** *(-ię)* leicht färben, leicht tönen

podbiał M *(-u; -y)* BOT Huflattich *m*

podbicie N *(-a)* ANAT Spann *m*; *ubrania* Futter *n*

podbić PF: **~ oko** ein Auge blau schlagen; → podbijać

podbiegać *(-am)* **⟨podbiec⟩** *(podbiegnę)* laufen (**do** *gen* zu *dat*); ein Stück laufen; **~ do drzwi** zur Tür laufen; **piwnica podbiegła wodą** es steht Wasser im Keller

podbiegły: **~ krwią** blutunterlaufen

podbieguno|wy GEOG polar, Polar-; **koło** *n* **~we** Polarkreis *m*

podbierać *(-am)* **⟨podebrać⟩** *(podbiorę)* *umg* klauen, stibitzen

podbijać *(-am)* **⟨podbić⟩** *(podbiję)* MIL erobern *(a. fig)*, unterwerfen; *piłkę* in die Höhe schlagen; *cenę* hochtreiben; *buty* besohlen; *kurtkę* füttern; *legitymację umg* abstempeln; **podbiła jego serce** sie hat sein Herz erobert

podbi|ty *kraj* unterworfen, erobert; **~te oko** blaues Auge *n*

podbój M *(-oju; -oje)* MIL Eroberung *f (a. fig)*, Unterwerfung *f*

podbramko|wy SPORT Tor-; **sytuacja** *f* **~wa** *fig* kritische Lage *f*

pod|bródek M *(-dka; -dki)* Kinn *n*; **~brzusze** N *(-a)* ANAT Unterleib *m*; **~budowa** F *(-y)* BUD Unterbau *m (a. fig)*

podbudowywać *(-wuję)* **⟨podbudować⟩** *(-uję)* BUD unterbauen; *fig* untermauern *(inst* mit *dat)*; **~ k-o** j-m Mut einflößen

podburzać *(-am)* **⟨-yć⟩** *(-ę)* aufwiegeln (**przeciw** *dat* gegen *akk*)

pod|chmielony *umg* angeheitert, angesäuselt; **~chody** PL *(gen -ów)* *(zabawa)* Schnitzeljagd *f*; *fig* Hinterhalt *m*; ŁOW Pirsch *f*

podchodzić *(-ę)* **⟨podejść⟩** *(podejdę)* näher kommen *od* treten, herankommen (**do** *gen* an *akk*); **~ pod** *(akk)* sich nähern *(dat)*; erreichen *(akk)*; **~ k-o** j-n hintergehen; **~ do** *(gen)* *(traktować)* behandeln *(akk)*, herangehen an *(akk)*; ŁOW anpirschen; *woda* hochsteigen, ansteigen (bis zu *dat*); **~ do lądowania** zur Landung ansetzen; **~ do egzaminu** e-e Prüfung machen *od* ablegen; **~ wilgocią** feucht werden, Feuchtigkeit bekommen; **~ pod górę** hinaufsteigen; **serce podeszło mi do gardła** das Herz rutschte mir in die Hose; **żołądek podchodzi mi do gardła** mir ist übel, mir kommt alles hoch

podchorąży M *(-ego; -owie)* Offiziersanwärter *m*, Fähnrich *m*

podchować PF *(-am)* *dziecko, zwierzę* großziehen

podchwycić PF → podchwytywać

podchwytli|wy: **~we pytanie** *n* Fangfrage *f*

podchwytywać *(-uję)* **⟨podchwycić⟩** *(-cę)* *temat* aufgreifen; *spojrzenie* auffangen; **~ śpiew** in den Gesang einstimmen

podciąć˙ PF → podcinać

podciągać *(-am)* **⟨-nąć⟩** *(-nę)* *kołdrę* hochziehen; **~ do** *(gen)* heranziehen an *(akk)*; **~ pod** *(akk)* *(zaliczać) fig umg* durchgehen lassen (als *nom*), einstufen (unter *akk*); *umg (polepszyć)* verbessern; V/I **~ się** sich hochziehen; *fig umg* sich verbessern

podcienie M/PL *(gen -i)* ARCH Säulengang *m*

podcierać *(-am)* **⟨podetrzeć⟩** *(podetrę)*: **~ pupę** *umg* den Po abwischen

podcinać˙ *(-am)* **⟨podciąć⟩** *(podetnę)* AGR beschneiden, stutzen; *piłkę* schneiden; **~ włosy** die Haare etwas abschneiden; **~ skrzydła k-u** j-m den Mut nehmen; **~ sobie żyły** sich die Pulsadern aufschneiden

podciśnienie N (*-a*) FIZ Unterdruck *m*
podczas PRÄP (*gen*) während (*gen*); **~ gdy** *konj* während, in der Zeit als
podczerwony infrarot
poddać PF → poddawać
poddа|ny M (*-ego; -ni*) HIST Untertan *m*; **~ńczy** *pej* untertänig
poddasze N (*-a*) Dachgeschoss *n*
poddawać (*poddaję*) ⟨**poddać**⟩ (*-am*) MIL übergeben; *myśl* eingeben; **~** (*dat*) unterziehen (*dat*); **~ próbie** testen; prüfen, e-r Prüfung unterziehen; **~ pod dyskusję** zur Diskussion stellen; **~ się** MIL sich ergeben; (*rezygnować*) aufgeben; **~ się** (*dat*) sich unterziehen (*dat*); **~ się leczeniu** sich (ärztlich) behandeln lassen
poddostawca M (*-y; gen -ów*) Zulieferer *m*
pode: **~ mną** unter mir; → pod
podebrać PF → podbierać
podejmować (*-uję*) ⟨**podjąć**⟩ (*podejmę*) aufheben; *pieniądze* abheben; *uchwałę* fassen; *walkę, pracę* aufnehmen; *temat* aufgreifen; *ryzyko* eingehen; *gości* empfangen, bewirten; **~ próbę** e-n Versuch unternehmen; **~ środki ostrożności** Vorsichtsmaßnamen ergreifen; **~ odpowiednie kroki** geeignete Schritte unternehmen; **~ decyzję** e-n Entschluss fassen; **~ się zadania** eine Aufgabe übernehmen
podejrzany[1] verdächtig, suspekt; (*dziwny*) verdächtig, merkwürdig; **być ~m** (**o** *akk*) verdächtigt werden (*gen*), in Verdacht geraten; **być ~m o szpiegostwo** im Verdacht der Spionage stehen; **być ~m o morderstwo** unter Mordverdacht stehen
podejrza|ny[2] M (*-ego; -ni*), **~na** F (*-ej; -ne*) Verdächtigte(r) *m, f*
podejrzeć PF → podglądać
podejrz|enie N (*-a*) Verdacht *m*; **~enie zapalenia płuc** Verdacht *m* auf Lungenentzündung; **wzbudzić** *pf* **~enie** Verdacht erregen; **nabrać** *pf* **~eń** Verdacht schöpfen, e-n Verdacht hegen; **nie mieć żadnych ~eń** nicht den leisesten Verdacht haben
podejrzewać (*-am*) (**o** *akk*) verdächtigen (*gen*); (*przypuszczać*) vermuten; **podejrzewam, że ...** ich vermute, dass ...
podejrzli|wość F (*-ści; bpl*) Misstrauen *n*; **~wy** (**-wie**) misstrauisch
podejś|cie N (*-a*) *pod górę* Aufstieg *m*; **~cie do** (*gen*) *fig* Umgang *m* (mit *dat*), Behandlung *f* (*gen*); **w pierwszym ~ciu** beim ersten Anlauf, beim ersten Versuch
podejść* PF → podchodzić
podekscytowany erregt, aufgeregt
podeprzeć PF → podpierać
poderwać PF → podrywać
poderżnąć PF (*-nę*): **~ gardło** die Kehle durchschneiden; **~ sobie żyły** sich die Pulsadern aufschneiden
podeschnąć PF → podsychać
podesłać*[1] PF → podsyłać
podesłać*[2] PF → podścielać
podest M (*-u; -y*) Podest *n*
podeszły *wiek, lata* fortgeschritten
podeszwa F (*-y; gen -szew*) *buta* (Schuh)-Sohle *f*; *stopy* (Fuß)Sohle *f*
podetk|ać, **~nąć** PF → podtykać
podetrzeć PF → podcierać
pod|fruwajka F (*-i; gen -jek*) *umg żart* Backfisch *m*; **~gardle** N (*-a*) Wamme *f*; *umg* Doppelkinn *n*
podgardla|ny: **kiszka** *f* **~na** KULIN Weißwurst *f*
podginać (*-am*) ⟨**podgiąć**⟩ (*podegnę*) *kolana* einziehen; **~ się** *sukienka* e-n Knick bekommen
podgl|ąd M (*-u; -y*) Überwachungskamera *f*; **być na ~ądzie** videoüberwacht sein; **~ąd strony** EDV Seitenansicht *f*
podglądacz M (*-a; -e*) *umg* Spanner *m*
podglądać (*-am*) ⟨**podejrzeć**⟩ (*-ę*) heimlich beobachten; **~ przez dziurkę od klucza** durch das Schlüsselloch beobachten
podgłówek M (*-wka; -wki*) Kopfstütze *f*
podgonić PF (*-ię*) *umg* Gas geben, aufholen
podgorączkowy: **stan** *m* **~** MED leicht erhöhte Temperatur *f*
podgó|rski Vorland-; im Vorland gelegen; **~rze** N (*-a*) Vorland *n*
podgrupa F (*-y*) Untergruppe *f*
podgryzać (*-am*) ⟨**podgryźć**⟩ (*podgryzę*) *korzenie* von unten anfressen
podgrzewacz M (*-a; -e*) Erhitzer *m*
podgrzewać (*-am*) ⟨**podgrzać**⟩ (*-eję*) aufwärmen, warm machen
podgrzybek M (*-bka; -bki*) Maronenpilz *m*
podhalański aus Podhale
podium N (*unv; -ia; gen -iów*) Podium *n*
podjadać (*-am*) ⟨**podjeść**⟩ (*podjem*) *korzenie* von unten anfressen; **podjadać**

P

⚠ podjąć, powziąć, przyjąć

podjąć decyzję	eine Entscheidung treffen
podjąć stosowne środki	geeignete Maßnahmen treffen
podjąć próbę	einen Versuch machen
powziąć przekonanie	die Überzeugung gewinnen
powziąć postanowienie	einen Entschluss fassen
przyjąć zobowiązanie	eine Verpflichtung übernehmen
przyjąć propozycję	einen Vorschlag annehmen

umg zwischendurch essen, naschen; ~ **k-u** j-m wegessen

podjadek M *(-dka; -dki)*: **turkuć** *m* ~ ZOOL Maulwurfsgrille *f*

podjazd M *(-u; -y)* Zufahrt *f*, Zufahrtssweg *m*

podjazdo|wy: **wojna** *f* **~wa** MIL Partisanenkrieg *m*, Guerillakrieg *m*; *fig pej* Wühlarbeit *f*

podjąć PF → podejmować

podjechać PF → podjeżdżać

podjeść PF sich stärken, etwas essen; → podjadać

podjeżdżać *(-am)* ⟨**podjechać***⟩ *(podjadę)* heranfahren (**do** *gen* an *akk*); ~ **pod górę** hinauffahren; ~ **pod dom** vor die Haustür fahren

podjęcie N *(-a; bpl)* *(gen)* Aufnahme *f* *(gen)*

podjudzać *(-am)* ⟨**-ić**⟩ *(-ę)* aufhetzen, aufwiegeln (**do** *gen* zu *dat*, **przeciw** *dat* gegen *akk*)

podklejać *(-am)* ⟨**podkleić**⟩ *(-eję)* *v/t* (von unten) kleben

podkład M *(-u; -y)* Untergrund *m*; *farby, lakieru* Grundierung *f*, Grundanstrich *m*; ~ **muzyczny** musikalischer Hintergrund *m*; Vertonung *f*; ~ **pod makijaż** Make-up *n*; **~y** *m/pl* **kolejowe** *m/pl* Bahnschwellen *f/pl*

podkładać *(-am)* ⟨**podłożyć**⟩ *(-ę)* unterlegen; *pej* unterschieben; *spodnie, spódnicę* einschlagen; *muzykę* vertonen; ~ **bombę** e-e Bombe legen; ~ **ogień** Feuer legen; ~ **do ogniska** das Feuer unterhalten; ~ **świnię k-u** *umg* j-m übel mitspielen

podkładka F *(-i; gen -dek)* Unterlage *f*; ~ **pod kufel do piwa** Bierdeckel *m*; ~ **pod mysz** EDV Mauspad *n*

podkochiwać się *(-uję)* (**w** *lok*) schwärmen (für *akk*), ein bisschen verliebt sein (in *akk*)

podkolanówki F/PL *(gen -wek)* Kniestrümpfe *m/pl*

pod|komendny M *(-ego; -ni)* MIL untergeordnet; **~komisja** F *(-i; -e)* Unterausschuss *m*; **~kop** M *(-u; -y)* unterirdischer Gang *m*, Tunnel *m*

podkopywać *(-uję)* ⟨**podkopać**⟩ *(-ię)* untergraben *(a. fig)*; ~ **się** (**do** *gen*) unterirdisch gelangen (zu *dat*), sich unterirdisch heranarbeiten (an *akk*)

podko|szulek M *(-lka; -lki)* Unterhemd *n*, T-Shirt *n*; **~wa** F *(-y; gen -ów)* Hufeisen *n*; **~wy** *pl* Augenringe *pl*; **w ~wę** *adv* hufeisenförmig

podkpiwać *(-am)* (**z** *gen*) sich lustig machen (über *akk*)

podkradać *(-am)* ⟨**podkraść***⟩ *(podkradnę)* klauen; ~ **się** sich heranschleichen

podkrążon|y: **~e oczy** *n/pl* Augenringe *pl*

podkreślać *(-am)* ⟨**-ić**⟩ *(-ę)* unterstreichen *(a. fig)*

podkręcać *(-am)* ⟨**-ić**⟩ *(-ę)* *włosy, radio* aufdrehen; ~ **k-o** j-m in den Hintern treten; j-n anstacheln (**do** *gen* zu *dat*); ~ **wąsa** den Bart zwirbeln

podkulać *(-am)* ⟨**-ić**⟩ *(-ę)* *ogon, nogi* einziehen

podkultura F *(-y)* Subkultur *f*

podkupywać *(-uję)* ⟨**podkupić**⟩ *(-ię)* *umg* abkaufen, abwerben

podkurczać *(-am)* ⟨**-yć**⟩ *(-ę)* *kolana, nogi* einziehen

podkusić PF *(podkuszę)* verleiten; **co cię podkusiło?** was ist in dich gefahren?

podkuty *koń* beschlagen

podkuwać *(-am)* ⟨**podkuć**⟩ *(-uję)* *konia* beschlagen

podlać PF → podlewać

podlatywać *(-uję)* ⟨**podlecieć**⟩ *(podlecę)* *ptaki* heranfliegen; *umg* angerannt kommen

P

podle ADV → podły
podlec M (-a; -y) *umg pej* Schuft *m*
podlecieć PF → podlatywać
podleczyć PF (-ę) *chorobę* teilweise auskurieren; ~ **się** sich teilweise auskurieren
podlegać (-am) *instytucji* unterstehen, unterstellt sein; ~ **karze** strafbar sein; ~ **ochronie** unter Naturschutz stehen; ~ **opłacie** gebührenpflichtig sein; ~ **opodatkowaniu** steuerpflichtig sein; ~ **ustawie** unter das Gesetz fallen; **to nie podlega dyskusji** das steht außer Frage
podległy unterstellt; *kraj* abhängig
podlewać (-am) ⟨**podlać**⟩ (-eję) *kwiaty* gießen; KULIN begießen
podleźć PF → podłazić
podli *persf* → podły
podliczać (-am) ⟨**-yć**⟩ (-ę) zusammenzählen, addieren
podlizywać się (-uję) ⟨**podlizać się**⟩ (*podliżę*): ~ **k-u** sich bei j-m einschmeicheln
podlotek M (-tka; -tki) Teenager *m*, Backfisch *m*
podłączać (-am) ⟨**podłączyć**⟩ (-ę) anschließen (**do** *gen* an *akk*); ~ **się** *umg* die Leitung anzapfen
podłączenie N (-a) Anschluss *m*
podłog|a F (-i; *gen* -óg) Fußboden *m*; **~owy** Fußboden-; **wykładzina** *f* **~owa** Auslegeware *f*
pod|łość F (-ści) *pej* Gemeinheit *f*, Niederträchtigkeit *f*; **~łoże** N (-a) Untergrund *m*; *fig* Hintergrund *m*; **choroba** *f* **o ~łożu nerwowym** e-e nervlich bedingte Krankheit
podłożyć PF → podkładać
podługowaty *lit* länglich
podłużać (-am) ⟨**-yć**⟩ (-ę) *ubranie* verlängern, länger machen
podłuż|nie ADV längs, der Länge nach; **~ny** länglich, Längs-; *flet* Quer-; *twarz* oval; **przekrój** *m* **~ny** Längsschnitt *m*
podłużyć PF → podłużać
podły (*persf* -li) (**-le**) *pej* gemein, niederträchtig; (*kiepski*) schlecht, miserabel
podmalowywać (-wuję) ⟨**podmalować**⟩ (-uję) leicht schminken; ~ **się** sich leicht schminken
podmiejs|ki Vorstadt-, vorstädtisch; **komunikacja** *f* **~ka** Nahverkehr *m*
podminowywać (-wuję) ⟨**podminować**⟩ (-uję) verminen
pod|minowany *umg atmosfera* geladen; **~miot** M (-u; -y) JĘZ Subjekt *n*; JUR Rechtssubjekt *n*; **~miot liryczny** LIT das lyrische Ich
podmokły *teren* feucht
podmorski unterseeisch, Untersee-
podmuch M (-u; -y) Windstoß *m*; **fala** *f* **~u** Druckwelle *f*
podmur|owany BUD untermauert; **~ówka** F (-i; *gen* -wek) BUD Untermauerung *f*
podmywać (-am) ⟨**podmyć**⟩ (*podmyję*) *brzeg* unterspülen; *chorego* den Intimbereich waschen; ~ **się** sich den Intimbereich waschen
podnająć PF → podnajmować
podnajem M (-jmu; -jmy) Untermiete *f*; **~ca** M (-y; *gen* -ów) Untermieter *m*
podnajmować (-uję) ⟨**podnająć**⟩ (*podnajmę*) untermieten; zur Untermiete wohnen
podniebien|ie N (-a) ANAT Gaumen *m* (*a. fig*); **rozkosze** *f/pl* **~ia** Gaumenfreuden *pl*
podniebny *lit* himmelhoch
podniecać (-am) ⟨**-ić**⟩ (-cę) *wyobraźnię* anregen; (*wzburzać*) erregen, aufregen; ~ **seksualnie** sexuell erregen; ~ **się** sich erregen, sich aufregen; ~ **się seksualnie** erregt sein
podniecający aufregend, reizend; *seksualnie* erregend
podnieceni *persf* → podniecony
podniec|enie N (-a) Erregung *f*, Erregtheit *f*; **~ony** (*persf* -eni) erregt
podnieść* PF → podnosić
podnieta F (-y) *lit* Ansporn *m*, Anregung *f*
podniesienie N (-a) REL Elevation *f*
podniosły (**-śle**) erhaben, gehoben
podniszczony *ubranie* etwas abgenutzt, etwas verschlissen
podnosić (*podnoszę*) ⟨**podnieść**⟩ (*podniosę*) (hoch)heben; *głowę* heben; *ceny, kwalifikacje* erhöhen; *słuchawkę* abnehmen; *flagę* hissen; *kołnierz* hochklappen; *problem* ansprechen; *kurtynę* hochziehen; *kurz* aufwirbeln; ~ **z podłogi** vom Boden aufheben; ~ **alarm** Alarm schlagen; ~ **na duchu** Mut machen; ~ **głos** die Stimme heben; ~ **oczy** die Augen heben; ~ **kotwicę** MAR den Anker lichten; ~ **do potęgi** MAT potenzieren; ~ **głos na k-o** j-n zurechtweisen; ~ **się** aufstehen, sich erhe-

P

ben; *ceny* sich erhöhen, ansteigen; *wiatr, krzyk* sich erheben
podnoszenie N (-a; bpl): ~ **ciężarów** SPORT Gewichtheben *n*
podnoś|nik M (-a; -i) AUTO Wagenheber *m*; **~ny** Hebe-, Hub-
podnó|że N (-a): **~że góry** Bergfuß *m*; **u ~ża** am Bergfuß
podnóżek M (-żka; -żki) Fußbank *f*
podobać się (-am) gefallen; **nie ~ się** missfallen; nicht gefallen; **jak ci się tu podoba?** wie gefällt es dir hier?; **podoba wam się ten film?** gefällt euch der Film?; **nie podoba mi się ten kolor** die Farbe gefällt mir nicht; **ile ci się (żywnie) podoba** *umg* so viel du Lust hast, so viel du magst
podobi|eństwo N (-a) Ähnlichkeit *f*; **~zna** F (-y) Bild(nis) *n*, Porträt *n*; Fotografie *f*
podobno *partikel* angeblich; **on ~ wyjechał** er soll abgereist sein
podob|ny ähnlich; **być ~nym** (**do** *gen*) ähnlich sein, ähneln (*dat*) (**w** *lok* in *dat*); **on jest ~ny do swojego ojca** er sieht seinem Vater ähnlich; **i tym ~ne** und Ähnliches; **~nie jak** ebenso wie; **do czego to ~ne?** was soll das?, was ist das für e-e Art?; **nic ~nego!** auf keinen Fall!; **coś ~nego!** *umg* na so was!
pod|ochocony angeheitert; **~oficer** M (-a; -owie) Unteroffizier *m*
podołać (-am) (*dat*) bewältigen (*akk*), schaffen (*akk*); gewachsen sein (*dat*); **~ zadaniu** eine Aufgabe bewältigen; einer Aufgabe gewachsen sein
podomka F (-i; gen -mek) Kittelkleid *n*, Kittelschürze *f*
podopieczn|na F (-ej; -ne), **~ny** M (-ego; -ni) Schützling *m*
podorę|dzie: **mieć na ~dziu** griffbereit haben
podówczas ADV *lit* damals
podpadać (-am) ⟨**podpaść**⟩ (*podpadnę*): **~ k-u** *umg* j-m unangenehm auffalen, bei j-m unten durch sein; **podpadać pod** (*akk*) fallen unter (*akk*); **podpadać pod kategorię ...** unter die Kategorie ... fallen
podpalacz M (-a; -e) Brandstifter *m*
podpalać (-am) ⟨**-ić**⟩ (-ę) *dom, las* in Brand stecken; *papierosa* anzünden; **~ w piecu** den Ofen anheizen; KULIN anbraten
podpal|any *sierść* braun (gefleckt); **~enie** N (-a) Brandstiftung *f*
podpalić PF → podpalać
podpał|ka F (-i; bpl) Brennholz *n*; **na ~kę** zum Anzünden
podpa|rcie N (-a) Stütze *f*; **~ska** F (-i; gen -sek) (Damen)Binde *f*
podpaść[*] PF → podpadać
podpatrywać (-uję) ⟨**podpatrzeć** *od* **podpatrzyć**⟩ (-ę) heimlich beobachten; abgucken
podpełzać (-am) ⟨**-nąć**⟩ (-nę) herankriechen; kriechen (**pod** *akk* unter *akk*)
podpiąć PF → podpinać
podpić PF (*podpiję*): **~ sobie** sich e-n Schwips antrinken
podpiekać (-am) ⟨**podpiec**⟩ (*podpiekę*) anbraten, leicht braten
podpierać (-am) ⟨**podeprzeć**⟩ (*podeprę*) abstützen (*inst* mit *dat*); **~** (*inst*) *fig* untermauern, stützen (mit *dat*); **podpierać ściany** keinen Tanzpartner haben, an der Wand stehen; **~ się** sich stützen (*inst* auf *akk*); **podpierać się nosem** *umg* hundemüde sein
podpinać (-am) ⟨**podpiąć**⟩ (*podepnę*) *włosy* feststecken
pod|pinka F (-i; gen -nek) *kurtki* Unterfutter *n*; *kołdry* Bettbezug *m*; **na ~pince** unterfuttert; **~pis** M (-u; -y) Unterschrift *f*; *pod ilustracją* Bildunterschrift *f*; **do ~pisu** zur Unterschrift
podpisywać (-uję) ⟨**podpisać**⟩ (*podpiszę*) *podanie, listę* unterschreiben; *ofic* unterzeichnen; **~ się** *v/i* unterschreiben; **proszę się podpisać!** unterschreiben Sie bitte!; **~ się (obiema rękami) pod** (*inst*) *fig* unterschreiben (*akk*)
podpi|lty angetrunken; **~wniczony** BUD unterkellert
podpływać (-am) ⟨**-nąć**⟩ (-nę) (**do** *gen*) *pływak, ryba* heranschwimmen (an *akk*); *łódź, statek* sich nähern, näher kommen (*dat*); heranfahren (an *akk*); **~ do brzegu** ans Ufer schwimmen
podpo|ra F (-y; gen -pór) Stütze *f* (*a. fig*); **~rucznik** M (-a; -cy) Leutnant *m*
podporządkować PF → podporządkowywać
podporządkowa|ny untergeordnet; **droga** *f* **~na** Nebenstraße *f*
podporządkowywać (-wuję) ⟨**podporządkować**⟩ (-uję) unterordnen; (*uzależniać*) unterwerfen; **~ sobie** unterwerfen; **~**

P

się sich unterordnen
podpowiadać (-am) ⟨**podpowiedzieć**⟩ (*podpowiem*) *w szkole* vorsagen; (*doradzać*) e-n Ratschlag geben, e-n Hinweis geben; *intuicja, rozsądek* sagen; **~ szeptem** zuflüstern
podpowiedź F (-dzi) *w szkole* vorgesagte Antwort *f*, Vorgesagte(s) *n*; (*wskazówka*) Hinweis *m*, Ratschlag *m*
podpórka F (-i; *gen* -rek) Stütze *f*, Stützpfahl *m*
podprowadzać (-am) ⟨**-ić**⟩ (-dzę) (heran)bringen (**do** *gen* an *akk*); **~ k-o** j-n ein Stück begleiten; **~ k-u** *umg* j-n beklauen
pod|pucha F (-y) *umg* Streich *m*; **~pułkownik** M (-a; -cy) Oberstleutnant *m*; **~punkt** M (-u; -y) Unterpunkt *m*
podpuszczać (-am) ⟨**podpuścić**⟩ (*podpuszczę*): **k-o** *umg* j-n reinlegen, j-m einen Streich spielen; **~ do** (*gen*) *umg* anstacheln zu (*dat*); **~ przeciw k-u** *umg* gegen j-n aufbringen
podpuszczka F (-i; *gen* -czek) Lab *n*
podpuścić PF → podpuszczać
podpytywać (-uję) ⟨**podpytać**⟩ (-am) *umg* aushorchen
podrabiacz M (-a; -e) *umg* Fälscher *m*
podrabiać (-am) ⟨**podrobić**⟩ (-ię) *umg podpis* fälschen; *klucze* nachmachen
podrapać PF (-ię) zerkratzen; **~ po plecach** am Rücken kratzen; **~ się** sich zerkratzen; **~ się po głowie** sich am Kopf kratzen
podrasowany *umg* aufgemotzt
podrastać (-am) ⟨**podrosnąć**⟩ (-nę) *dziecko* heranwachsen; *włosy* länger werden; *warzywa* größer wachsen
podratować PF (-uję): **~ k-o finansowo** j-m finanziell unter die Arme greifen, j-m finanziell auf die Beine helfen; **~ firmę** einer Firma auf die Beine helfen
podrażać (-am) ⟨**podrożyć**⟩ (-ę) verteuern
podrażniać (-am) ⟨**-ić**⟩ (-ię) reizen (*a.* MED)
podrażni|enie N (-a) MED Reizung *f*; Gereiztheit *f*; **~ony** gereizt (*a.* MED)
podreperować PF (-uję) *umg* ausbessern, einigermaßen in Ordnung bringen; *budżet* aufstocken; *opinię* aufpolieren; **~ zdrowie** *umg* sich aufrappeln
podręcz|nik M (-a; -i) Lehrbuch *n*; **~nik szkolny** Schulbuch *n*; **~ny** *bagaż* Hand-; *apteczka* Reise-
podrobić¹ PF → podrabiać
podrobić² PF → drobić
podro|biony gefälscht; *klucze* nachgemacht; **~by** PL (*gen* -ów) KULIN Innereien *pl*
podrosnąć PF → podrastać
pod|rostek M (-tka; -tki) Halbwüchsige(r) *m*; **~rozdział** M (-u; -y) Unterkapitel *n*
podrożeć PF → drożeć
podrożyć PF → podrażać
podróbka F (-i; *gen* -bek) *umg* billiges Imitat *n*
podrównikowy GEOG äquatorial
podróż F (-y; -e) Reise *f*; **~ zagraniczna** Auslandsreise *f*; **~ poślubna** Hochzeitsreise *f*; **~ służbowa** Dienstreise *f*; **~ koleją** Bahnfahrt *f*; **~ morska** Seereise *f*; **szczęśliwej ~y!** gute Reise!; **biuro** *n* **~y** Reisebüro *n*
podróżnik M (-a; -cy) Abenteurer *m*, Globetrotter *m*
podróżny¹ *torba, czek* Reise-
podróż|ny² M (-ego; -i), **~na** F (-ej; -e) Reisende(r) *m*, *f*, Fahrgast *m*
podróżować (-uję) reisen; **~ koleją** mit der Bahn reisen; **~ po** (*lok*) bereisen (*akk*)
podrumienić PF (-ię) (hellbraun) anbraten, knusprig anbraten
podrygi PL (*gen* -ów) *iron umg* Gehüpfe *n*; **ostatnie ~** verzweifelte Versuche *pl*
podrygiwać (-uję) *w tańcu* hüpfen
podryw M (-u; -y) *umg* Anmache *f*; **~acz** M (-a; -e) *umg* Schürzenjäger *m*
podrywać (-am) ⟨**poderwać**⟩ (-ę) hochreißen; *opinię, autorytet* untergraben; **~ k-o** *umg* j-n anmachen, j-n anbaggern; **~ się** aufspringen; *ptak* auffliegen
podrzeć˙ PF → drzeć
podrzęd|ny untergeordnet; (*mierny*) mäßig, schlecht; **zdanie** *n* **~ne** GRAM Nebensatz *m*
podrzucać (-am) ⟨**-ić**⟩ (-ę) hochwerfen; (*dostarczać*) *umg* vorbeibringen; *węgla, drewna* nachlegen; (*potajemnie podsuwać*) unterschieben; **~ k-o** *umg* j-n im Auto mitnehmen, j-n mit dem Auto (hin)fahren; **podrzucę cię do domu** *umg* ich fahre dich nach Hause; **podrzucę wam dzisiaj klucze** ich bringe euch den Schlüssel heute vorbei
podrzut M (-u; y) (*podrzucenie*) Wurf *m*; **~ek** M (-tka; -tki) Findelkind *n*

P

podsadzać (*-am*) ⟨**-ić**⟩ (*-ę*): **~ k-o** j-n hochheben; **~ k-o na konia** j-m auf das Pferd aufsteigen helfen
podsąd|ny M (*-ego; -i*), **~na** F (*-ej; -e*) JUR Angeklagte(r) *m, f*
podscenie N (*-a*) Unterbühne *f*
podsekretarz M (*-a; -e*): **~ stanu** Vizeminister *m*
podskakiwać (*-uję*) ⟨**podskoczyć**⟩ (*-ę*) springen, hüpfen; *samochód* holpern; *ceny* steigen; **~ z radości** vor Freude springen; **podskoczyć** *pf* (*zerwać się*) aufspringen; **podskoczę do sklepu** *umg* ich laufe mal schnell zum Geschäft; **podskoczę do niego** *umg* ich schaue mal bei ihm vorbei; **nie podskakuj!** *umg* sei nicht so frech!, du hast hier nichts zu melden!
podskok M (*-u; -i*) Sprung *m*, Hüpfer *m*; **w ~ach** *adv* hüpfend, tänzelnd; *fig umg* sofort
podskór|ny MED subkutan; *fig* untergründig; **wody** *pl* **~ne** Grundwasser *n*
podsłuch M (*-u; -y*) Lauschangriff *m*, Abhören *n*; **założyć** *pf* **~** e-e Abhöranlage installieren; **być na ~u** abgehört werden
podsłuchiwać (*-uję*) ⟨**podsłuchać**⟩ (*-am*) *v/i* horchen, lauschen; V/T belauschen; **~ przez telefon** abhören; **~ pod drzwiami** an der Tür lauschen
podsłuchowy Abhör-
podsmażać (*-am*) ⟨**-yć**⟩ (*-ę*) anbraten
podstarzały nicht mehr jung, älter, bei Jahren
podsta|wa F (*-y*) BUD Unterbau *m*; *pomnika* Sockel *m*; *lampy, statywu* Fuß *m*; *trójkąta* Grundfläche *f*; *fig* Grundlage *f*; **~wa czaszki** ANAT Schädelbasis *f*; **mieć ~wę do** (*gen*) e-n Grund haben zu (*dat*); **na ~wie** (*gen*) auf der Grundlage, aufgrund (von *dat, gen*); FILM, LIT in Anlehnung an (*akk*); **nie bez ~w** nicht ohne Grund; **od ~w** von Grund auf
podstawiać (*-am*)⟨**-ić**⟩ (*-ię*) unterstellen (**pod** *akk* unter *akk*); *pociąg* bereitstellen, einsetzen; **~ nogę** ein Bein stellen
podstawio|ny: **~na osoba** *f* Strohmann *m*
podstawka F (*-i; gen -wek*) Untersatz *m*; *do filiżanki* Untertasse *f*
podstawo|wy Grund-; **szkoła** *f* **~wa** Grundschule *f*; **~we wiadomości** *pl* Grundwissen *n*; **badania** *pl* **~we** Grundlagenforschung *f*
podstawówka F (*-i; gen -wek*) *umg* Grundschule *f*
podstemplowywać (*-wuję*) ⟨**podstemplować**⟩ (*-uję*) stempeln; stempeln lassen
podstęp M (*-u; -y*) List *f*; **~ny** hinterhältig, listig; *plan* heimtückisch
podstołeczny in der Nähe der Hauptstadt gelegen
podstrzygać (*-am*) ⟨**podstrzyc***⟩ (*podstrzygę*) *włosy* (etwas) kürzer schneiden; *trawę* mähen; *żywopłot* stutzen
podsumowywać (*-wuję*) ⟨**podsumować**⟩ (*-uję*) zusammenfassen, resümieren; MAT zusammenzählen
podsumowanie F (*-a*) *fig* Zusammenfassung *f*
podsunąć PF → podsuwać
podsuszać (*-am*)⟨**-yć**⟩ (*-ę*) vortrocknen, ein wenig trocknen
podsuwać (*-am*) ⟨**-nąć**⟩ (*-nę*) unterschieben (*a. fig*); *myśl* eingeben, nahelegen
podsycać (*-am*) ⟨**-ić**⟩ (*-ę*) *ogień* unterhalten; *nienawiść* schüren; *nadzieję* nähren
podsychać (*-am*) ⟨**podeschnąć**⟩ (*-nę*) teilweise trocken werden, ein wenig trocknen
podsyłać (*-am*) ⟨**podesłać**⟩ (*podeślę*) schicken, zukommen lassen
podszepnąć PF → podszeptywać
podszeptywać (*-uję*) ⟨**-nąć**⟩ (*-ę*) zuflüstern; *fig* einflüstern
podszew|ka F (*-i; gen -wek*) *palta, kurtki* Futter *n*; **na ~ce** unterfüttert; **znać od ~ki** in- und auswendig kennen
podszkolić PF (*-lę*): **~ k-o** j-m das Grundwissen beibringen; j-n anlernen; **~ się** mehr Übung bekommen (**w** *lok* in *dat*); sich das Grundwissen beibringen
podszywać (*-am*) ⟨**podszyć**⟩ (*podszyję*) unterfüttern (*inst* mit *dat*); *dół ubrania* säumen; **~ się** pod (*akk*) sich ausgeben als (*nom*)
podszy|ty unterfüttert; **~ty futrem** pelzgefüttert; **~ty tchórzem** feige; **kurtka** *f* **wiatrem ~ta** dünne Jacke *f*
podścielać (*-am*)⟨**podesłać**⟩ (*podścielę*) *koc* unterbreiten
podściółka F (*-i; gen -łek*) Unterlage *f*; (*słoma*) Streu *f*
podśmiewać się (*-am*) sich lustig machen, witzeln (**z** *gen* über *akk*)

podśpiewywać (-uję) vor sich hin singen, summen
podświadomy (-mie) unterbewusst, im Unterbewusstsein
podtekst M (-u; -y) Hintersinn *m*, Anspielung *f*
podtrzymywać (-uję) ⟨**podtrzymać**⟩ (-am) stützen, halten; *ogień* unterhalten; *żądania, stosunki* aufrechterhalten; *rozmowę* in Gang halten, aufrechterhalten; **~ na duchu** Mut machen
podtykać (-am) ⟨**podetknąć**⟩ (-nę) hinhalten, hinstellen; **~ pod nos** unter die Nase halten
pod|tytuł M (-u; -y) Untertitel *m*; **~ucha** F (-y) großes Kopfkissen *n*
poduczyć PF (-ę): **~ k-o do egzaminu** j-n ein wenig auf die Prüfung vorbereiten; **~ k-o do** (*gen*) j-m beibringen (*akk*); **~ się** (*gen*) sich beibringen (*akk*); **~ się języka** seine Sprachkenntnisse etwas verbessern
podudzie N (-a) ANAT Unterschenkel *m*
podupadać (-am) ⟨**podupaść***⟩ (*podupadnę*) herunterkommen; (*ubożeć*) verarmen; **~ na duchu** den Mut verlieren; **~ na zdrowiu** gesundheitlich abbauen; **~ na siłach** s-e Kräfte verlieren, hinfällig werden
podupadły heruntergekommen; (*zubożały*) verarmt
podusz|ka F (-i; *gen* -szek) (Kopf)Kissen *n*; *na meblach* Polster *n*; *do stempli* Stempelkissen *n*; **~ki** *pl* ANAT Ballen *m/pl*; **~ka elektryczna** Heizkissen *n*; **~ka powietrzna** AUTO Luftkissen *n*; **książka** *f* **do ~ki** Bettlektüre *f*; **~kowiec** M (-wca; -wce) Luftkissenfahrzeug *n*
podwajać (-am) ⟨**podwoić**⟩ (-ję) verdoppeln; **~ się** sich verdoppeln
podwaliny F/PL (*gen* -) BUD Schwelle *f*; *fig* Fundament *n*, Grundlagen *f/pl*; **kłaść ~** *fig* den Grundstein legen (**pod** *akk* zu *dat*)
podważać (-am) ⟨**-yć**⟩ (-ę) anheben; *fig* erschüttern, rütteln (an *dat*), infrage stellen (*akk*); **~ drzwi** e-e Tür aus den Angeln heben
podwędzać (-am) ⟨**-ić**⟩ (-ę) KULIN anräuchern, leicht räuchern; *fig umg* klauen
podwiać PF → podwiewać
podwiązać PF → podwiązywać
podwiązka F (-i; *gen* -zek) Strumpfband *n*
podwiązywać (-uję) ⟨**podwiązać**⟩ (*podwiążę*) AGR anbinden; *włosy* hochbinden; MED abbinden
podwieczorek M (-rku; -rki) Kaffee *m* und Kuchen *m*, Vesper *f od n*
podwiewać (3. *Pers* -a) ⟨**podwiać**⟩ (-eje) *wiatr* hochheben
podwieźć* PF → podwozić
podwijać (-am) ⟨**-nąć**⟩ (-nę, -ń!) *rękawy, spodnie* hochkrempeln; *nogi, ogon* einziehen
podwład|ny M (-ego; -ni), **~na** F (-ej; -ne) Mitarbeiter(in) *m(f)*
podwod|ny Unterwasser-; **łódź** *f* **~na** Unterseeboot *n*
podwoić PF → podwajać
podwoje PL (-i) *lit* Tor *n*, Flügeltür *f*; **zamknąć swoje ~** *fig* seine Pforten schließen
podwozić (*podwożę*) ⟨**podwieźć**⟩ (*podwiozę*) hinfahren, (im Auto) mitnehmen: **podwiozę cię na dworzec** ich fahre dich zum Bahnhof
podwozie N (-a; *gen* -zi) AUTO Fahrgestell *n*; LOT Fahrwerk *n*
podwój|ny *porcja* doppelt, Doppel-; *zwycięzca* zweifach; **~ne obywatelstwo** *n* doppelte Staatsangehörigkeit *f*; **~ne łóżko** *n* Doppelbett *n*; **~ny agent** *m* Doppelagent *m*; **gra** *f* **~na** SPORT Doppel *n*; **~na gra** *f fig* Doppelspiel *n*
podwó|rko N (-a; *gen* -rek), **~rze** N (-a) Hof *m*; **na ~rzu** draußen
podwyżka F (-i; *gen* -żek) Erhöhung *f*; **~ płac** Lohnerhöhung *f*; **~ cen** Preiserhöhung *f*
podwyższać (-am) ⟨**-yć**⟩ (-ę) erhöhen; **~ się** sich erhöhen
podwyższenie N (-a) Podium *n*
podwyższyć PF → podwyższać
podyktować PF → dyktować
podyplomo|wy: **studia** *pl* **~we** Aufbaustudium *n*
podyskutować PF (-uję) sich unterhalten, sprechen (**o** *inst* über *akk*)
podzelować [-d·z-] PF (-uję) besohlen; besohlen lassen
podziać PF: **nie wiem, gdzie ~ te stare rzeczy** ich weiß nicht, wohin mit den alten Sachen; **nie mieć gdzie się ~** keine Bleibe haben; → podziewać
podział M (-u; -y) Aufteilung *f*, Einteilung *f*; Verteilung *f*; **~ administracyjny** Verwaltungsstruktur *f*; **~ godzin** Stundenplan

P

m; ~ **komórki** BIOL Zellteilung f; **~y** pl **społeczne** soziale Gegensätze pl

podziałać PF (-am) sich auswirken, einwirken (**na** akk auf akk)

podziałka F (-i; gen -łek) Skala f, Maßstab m

podzielać (-am) zdanie, opinię teilen

podzielić PF → dzielić

podziel|ny teilbar; **mieć ~ną uwagę** sich auf mehrere Sachen gleichzeitig konzentrieren können

podziem|ie [-d·-] N (-a; gen -i) unterirdischer Gang m; POL Untergrund m; **~ny** unterirdisch; POL Untergrund-; **wody** pl **~ne** Grundwasser n

podziewać (-am) ⟨**podziać**⟩ (podzieję) umg verbummeln, verschlampen; **podziałem gdzieś notaki** ich habe die Notizen irgendwo verbummelt; ~ **się** umg rzecz wegkommen; osoba umg stecken, sich herumtreiben; **gdzie on się podziewa?** wo steckt er denn?

podzię|ka F (-i; bz PL) lit Dank m; **słowa** pl **~ki** Dankesworte pl; **w ~ce** adv zum od als Dank; **~kowanie** N (-a) Dank m, Dankesbezeigungen f/pl; pisemne Dankschreiben n; **słowa** pl **~kowania** Dankesworte pl

podziurawiony durchlöchert; löcherig

podziw M (-u; bpl) Bewunderung f; **nad ~** adv erstaunlich, überraschend; **godny ~u** bewundernswert

podziwiać (-am) bewundern

podzwrotnikowy [-d·z-] tropisch

podźwigać PF (-am) (eine Weile) tragen; ~ **się** umg sich verheben

podźwignąć PF (-nę) (mühsam) aufrichten, (mühsam) hochheben; fig wieder aufbauen; ~ **się** (mühsam) aufstehen, sich (mühsam) aufrichten; fig auf die Beine kommen

podżegacz M (-a; -e), **~ka** F (-i; gen -czek) pej Aufwiegler(in) m(f), Anstifter(in) m(f); ~ **wojenny** Kriegshetzer m

podżegać [-d·ʒ-] (-am) hetzen (**przeciw** dat gegen akk); anstiften, aufwiegeln (**do** gen zu dat); ~ **do wojny** zum Krieg hetzen

poemat M (-u; -y) Poem n

poet|a M (-y; -ci), **~ka** F (-i; gen -tek) Dichter(in) m(f)

poetycki (**-ko**) talent, proza dichterisch; nastrój poetisch, lyrisch; **wieczór** m ~ Dichterlesung f

poe|tyczny lit poetisch; **~zja** F (-i; bpl) Poesie f (a. fig), Lyrik f, Dichtkunst f; **~zje** pl Gedichte pl, Dichtung f

pofałdowany teren hügelig; skóra faltig

pofatygować się PF (-uję) sich hinbemühen; (postarać się) sich Mühe machen

pofrunąć PF (-nę) ptak wegfliegen

pogadać PF (-am) umg plaudern, quatschen

pogad|anka F (-i; gen -nek) populärwissenschaftlicher Vortrag m; **~uszki** F/PL (gen -szek) Plauderstündchen n, Plaudern n

poganiać (-am) ⟨**pogonić**⟩ (-ię) zur Eile (an)treiben, hetzen; zwierzę antreiben; ~ **do pracy** zur Arbeit antreiben

poga|nin M (-a; -anie, -) Heide m; **~nka** F (-i; gen -nek) Heidin f; **~ński** heidnisch; **~ństwo** N (-a; bpl) Heidentum n

pogar|da F (-y; bpl) Verachtung f; **godny ~dy** verachtenswert; **mieć w ~dzie** verachten

pogardliwy (**-wie**) verächtlich

pogardzać (-am) ⟨**-ić**⟩ (-ę) (inst) verachten (akk); (odrzucać) verschmähen (akk)

pogarszać (-am) ⟨**pogorszyć**⟩ (-ę) stosunki, położenie verschlechtern; chorobę verschlimmern; ~ **się** stan zdrowia, położenie, pogoda sich verschlechtern; **pogorszyło mu się** umg er wurde kränker

pogawędka F (-i; gen -dek) Unterhaltung f, Plauderstunde f

pogląd M (-u; -y) Ansicht f, Anschauung f; ~ **na świat** Weltanschauung f; **wymiana** f **~ów** Meinungsaustausch m

poglądowy (**-wo**) anschaulich

pogłębiać (-am) ⟨**-ić**⟩ (-ię) vertiefen (a. fig); pogłębiarką ausbaggern

pogłębi|arka F (-i; gen -rek) Saugbagger m, Schwimmkran m; **~enie** N (-a) Vertiefung f

pogłębić PF → pogłębiać

pogłos M (-u; -y) Nachhall m; **~ka** F (-i; gen -sek) Gerücht n

pogłowie N (-a; bpl): ~ **bydła** Viehbestand m

pogmatwany verwickelt, verworren (a. fig)

pognać PF (-am) v/i rennen, hetzen; V/T antreiben; ~ **do roboty** umg zur Arbeit antreiben

pogniewać się (-am) sich zerstreiten,

P

zerstritten sein (**z** *inst* mit *dat*); **~ na** (*akk*) böse sein (auf *akk*), verärgert sein (über *akk*)
pogniewany zerstritten
pogo|da F (-*y*) Wetter *n*; **mieć ~dę** schönes Wetter haben; **brzydka ~da** schlechtes Wetter *n*; **~da ducha** Frohsinn *m*, Heiterkeit *f*
pogod|ny *dzień* heiter; *fig* fröhlich, heiter, ausgeglichen; **w ~nym nastroju** frohgemut; **~owy** Wetter-
pogodynka F (-*i*; *gen -nek*) *umg* telefonischer Wetterdienst *m*
pogodzić PF → godzić
pogodzen|ie N (-*a*) Versöhnung *f*; **nie do ~ia** unvereinbar
pogonić PF (-*nię*) *v/i* rennen, laufen; V/T *umg* verjagen; → poganiać
pogoń F (-*ni*; -*nie*) Verfolgung *f*, Verfolgungsjagd *f*; *koll* Verfolger *pl*; **~** (**za** *inst*) *fig* Jagd *f* (nach *dat*)
pogorszenie (się) N (-*a*) Verschlechterung *f*
pogorszyć PF → pogarszać
pogorzel|ec M (-*lca*; -*lcy*) Brandopfer *n*; **~isko** N (-*a*) Brandstätte *f*
pogoto|wie N (-*a*; *bpl*) Rettungsdienst *m*; (*samochód*) Rettungswagen *m*; (*stan gotowości*) Bereitschaft *f*; **~wie drogowe** Pannenhilfe *f*; **~ie górskie** Bergwacht *f*; **~wie strajkowe** Streikbereitschaft *f*; **w ~wiu** (einsatz)bereit; **mieć w ~wiu** bereithalten
pogórze N (-*a*) Vorland *n*, Vorgebirge *n*
pograni|cze N (-*a*) Grenzgebiet *n* (*a. fig*); **na ~czu** *fig* an der Grenze; **~czny** Grenz-, grenznah
pogrążać (-*am*) ⟨**-yć**⟩ (-*ę*) *fig* stürzen, treiben (**w** *lok* in *akk*); **~ materialnie** ins Elend stürzen; **~ się** sich ins Unglück stürzen; **~ się** (**w** *lok*) versinken (in *akk*)
pogrążony *fig* versunken (**w** *lok* in *akk*); **~ w żalu** in tiefer Trauer
pogrążyć PF → pogrążać
pogrobowiec M (-*wca*; -*wcy*) Nachgeborene(r) *m*, *f*; *fig* Epigone *m*
pogrom M (-*u*; -*y*) totale Niederlage *f*; (*masowe mordowanie*) Pogrom *m od n*; **~ Żydów** HIST Judenpogrom *m*
pogrom|ca M (-*y*; *gen -ów*), **~czyni** F (-*i*; -*e*) Bezwinger(in) *m(f)*; **~ca zwierząt** Dompteur(in) *m(f)*, Tierbändiger(in) *m (f)*
pogróżka F (-*i*; *gen -żek*) Drohung *f*; **list** *m* **z ~mi** Drohbrief *m*
pogrubiać (-*am*) ⟨**-ić**⟩ (-*ię*) dicker machen; **ta sukienka cię pogrubia** das Kleid macht dich dicker
pogryziony: **~ przez psa** von einem Hund gebissen; **~ przez komary** von Mücken zerstochen; **~ przez mole** mottenzerfressen
pogryźć PF (*pogryzę*; *pogryź!*) *pies* beißen; *komary* zerstechen; **dobrze ~** gut kauen
pogrzeb M (-*u*; -*y*) Beerdigung *f*, Begräbnis *n*; (*kondukt*) Leichenzug *m*; **~acz** M (-*a*; -*e*) Schürhaken *m*
pogrzebać PF (*pogrzebię*) *zmarłych* bestatten, begraben; (*zasypać*) verschütten, unter sich begraben; (*pogmerać*) (herum)wühlen, (herum)suchen (**w** *lok* in *dat*); *fig* begraben; **~ nadzieje** die Hoffnung begraben
pogrzebo|wy Beerdigungs-, Bestattungs-; **zakład** *m* **~wy** Bestattungsinstitut *n*, Beerdigungsinstitut *n*; **uroczystości** *pl* **~we** Begräbnisfeierlichkeiten *pl*; **mowa** *f* **~wa** Trauerrede *f*; **~wa mina** *f* *umg* Trauermiene *f*
pogubić się PF (-*ię*) durcheinanderkommen, die Übersicht verlieren
pogwałcić PF → gwałcić
pogwałcenie N (-*a*; *bpl*) (*gen*) Verletzung *f* (*gen*), Verstoß *m* (gegen *akk*); **~ prawa** Rechtsverletzung *f*
pogwar M (-*u*; -*y*) *lit* Stimmengewirr *n*
pogwizdywać (-*uję*) vor sich hin pfeifen
pohamować PF → hamować
pohamowan|ie N: **brak** *m* **~ia** Unbeherrschtheit *f*
poić ⟨**na-**⟩ (-*ję*, -*isz*, *pój!*) *konie* tränken; **~ k-o** j-m zu trinken geben; ⟨**spoić**[2]⟩ zum Trinken verleiten, betrunken machen (*inst* mit *dat*)
poinformować PF → informować
poinstruować PF → instruować
poinformowany informiert, unterrichtet; **być ~m** informiert sein, im Bilde sein
poirytować PF (-*uję*) verärgern, reizen
poirytowany verärgert, gereizt
pojaśnieć PF → jaśnieć
pojawiać się (-*am*) ⟨**-ić**⟩ (-*ię*) *osoba, gwiazda* erscheinen; *zjawisko, symptom* zum Vorschein kommen
pojazd M (-*u*; -*y*) Fahrzeug *n*; **~ kosmiczny** Rumschiff *n*; **~ jednośladowy** Zweirad *n*
pojąć PF (-*mę*) → pojmować
pojechać PF (*pojadę*, *pojedź!*) fahren; **~ na**

urlop in Urlaub fahren; ~ **pociągiem** mit dem Zug fahren

pojednać się PF (*-am*) sich versöhnen, sich aussöhnen

pojedna|nie N (*-a*) Versöhnung *f*, Aussöhnung *f*; **~wczy (-czo)** versöhnlich

pojedyn|czy (-czo) einzeln; (*nie podwójny*) einfach; **gra** *f* **~cza** SPORT Einzel *n*; **liczba** *f* **~cza** GRAM Singular *m*, Einzahl *f*; **~czy przypadek** *m* Einzelfall *m*; **~ek** M (*-nku; -nki*) HIST Duell *n* (*a. fig*)

pojedyn|ka: **w ~kę** *adv* allein

pojedynkować się (*-uję*) sich duellieren

pojemnik M (*-a; -i*) Behälter *m*; Container *m*; ~ **na śmieci** Mülltonne *f*

pojemność F (*-ści; bpl*) *naczynia* Fassungsvermögen *n*, Volumen *n*; ~ **pamięci** EDV Speicherkapazität *f*; MAR Tonnage *f*; ~ **skokowa** AUTO Hubraum *m*

pojemny geräumig, groß

pojezierze N (*-a; gen -y*) Seenplatte *f*

poję|cie N (*-a*) Begriff *m*; **nie do ~cia** unbegreiflich, kaum zu fassen; **nie mam ~cia** ich habe keine Ahnung; **nie mieć zielonego ~cia** *umg* keinen blassen Schimmer haben; **~ciowy** Begriffs-, begrifflich

pojękiwać (*-uję*) leise stöhnen

pojęt|ność F (*-ści; bpl*) Auffassungsvermögen *n*; **~ny** aufgeweckt, gescheit

pojmować (*-uję*) ⟨**pojąć**⟩ (*pojmę*) begreifen

pojutrze übermorgen

pokaleczyć PF (*-ę*) verletzen; ~ **się** sich verletzen

pokarm M (*-u; -y*) Nahrung *f*; *dla zwierząt* Futter *n*; (*mleko matki*) Muttermilch *f*; **~owy** Nahrungs-; **przewód** *m* **~owy** ANAT Verdauungstrakt *m*; **zatrucie** *n* **~owe** Nahrungsmittelvergiftung *f*

pokaz M (*-u; -y*) Vorführung *f*; ~ **mody** Modenschau *f*; ~ **filmu** Filmvorführung *f*; **na** ~ zum Schein, zur Schau

pokazać PF: ~ **k-u drzwi** *fig* j-m die Tür weisen; ~ **k-u język** j-m die Zunge herausstrecken; ~ **k-u, gdzie raki zimują** j-m zeigen, was e-e Harke ist

pokazowy LOT Schau-; (*bardzo dobry*) mustergültig, Muster-

pokazywać (*-uję*) ⟨**pokazać**⟩ (*pokażę*) zeigen; TECH anzeigen; ~ **zdjęcie** ein Foto zeigen; ~ **drogę** einen Weg zeigen; ~ **szybkość** die Geschwindigkeit anzeigen; **nie ~ po sobie** (*gen*) sich nicht anmerken lassen (*akk*); ~ **pazurki** *fig* die Krallen zeigen; ~ **się** sich zeigen; (*odwiedzać*) sich sehen lassen; **nie ~ się na oczy** sich nicht blicken lassen

po|kaźny ansehnlich, beträchtlich; **~kątny** illegal, Schwarz-; (*potajemny*) heimlich

poke|r (*-a; -y*) Poker *m od n*; **~rzysta** M (*-y; -ści*) Pokerspieler *m*; **twarz** *f* **~rzysty** *fig* Pokergesicht *n*

pokiereszowany *umg* (schwer) verletzt, mit vielen Wunden; *rzecz* schwer beschädigt

pokierować PF (*-uję*) (*inst*) leiten, betreuen (*akk*); ~ **projektem** ein Projekt leiten *od* betreuen; ~ **rozmową** dem Gespräch e-e Richtung geben, das Gespräch lenken

pokiwać PF (*-am*): ~ **głową** den Kopf schütteln; ~ **ręką** winken

poklask M (*-u; bpl*) *fig* Beifall *m*, Popularität *f*; **szukać ~u** auf Popularität bedacht sein

poklepywać (*-uję*) ⟨**poklepać**⟩ (*-ię*): ~ **po ramieniu k-o** j-m auf die Schulter klopfen; ~ **po plecach k-o** j-m auf den Rücken klopfen

pokła|d M (*-u; -y*) MAR Deck *n*; GÓRN Flöz *n*; **~dy** *pl* (*warstwa*) Schichten *pl*; **na ~dzie** MAR an Deck; LOT, MAR an Bord

pokładać (*-am*): ~ **nadzieję** Hoffnung setzen (**w** *lok* auf *akk*); ~ **się** sich kurz hinlegen; sich immer wieder hinlegen; ~ **się ze śmiechu** sich totlachen, sich vor Lachen biegen

pokładowy Bord-; **dziennik** *m* ~ Logbuch *n*

pokłaść PF (*pokładę*) *rzeczy* (hin)einstellen; ~ **dzieci spać** Kinder ins Bett bringen; ~ **się** sich hinlegen

pokłon M (*-u; -y*) (tiefe) Verbeugung *f*

pokłosie N (*-a; gen -si*) *fig* Früchte *pl*

pokłócić PF (*-ę*) entzweien, auseinanderbringen; ~ **się** sich zerstreiten

pokłuć PF (*-uję*) zerstechen

pokochać PF (*-am*) *lit miasto, pracę* lieb gewinnen; ~ **k-o** j-n (von Anfang an) lieben; j-n lieben lernen; ~ **się** sich (von Anfang an) lieben

poko|ik M (*-u; -i*) *dim* kleines Zimmer, Zimmerchen *n*; **~ik dla dzieci** Kinderzimmer *n*

pokojo|wy[1] (**-wo**) POL Friedens-, friedlich; *atmosfera* friedlich; *osoba* friedfertig, friedlich; **misja** *f* **~wa** POL Friedensmission *f*

pokojo|wy[2] Zimmer-; **malarz** *m* **~y** Anstreicher *m*, Maler *m*; **temperatura** *f* **~a** Zimmertemperatur *f*

pokojówka F (*-i; gen -wek*) Zimmermädchen *n*

pokolenie N (*-a*) Generation *f*

pokona|nie N (*-a; bpl*) MIL, SPORT Sieg *m*; *fig* Überwindung *f*; **~nie trudności** Überwindung *f* der Schwierigkeiten; **nie do ~nia** unbesiegbar; *fig* unüberwindlich

pokonany[1] besiegt; *fig* überwunden

pokona|ny[2] M (*-ego; -ni*), **~na** F (*-ej; -ne*) Besiegte(r) *m, f* (*a.* MIL); **uznać się** *pf* **za ~nego** sich geschlagen geben

pokonywać (*-uję*) ⟨**pokonać**⟩ (*-am*) MIL, SPORT besiegen, schlagen; *trudności, przeszkody, opór* überwinden; *ciekawość* bezwingen; **~ odległość** e-e Strecke zurücklegen

poko|ra F (*-y; bpl*) Demut *f*; **z ~rą** demütig, demutsvoll; **~rny** demütig

pokornieć ⟨**s-**⟩ (*-eję*) demütig werden

poko|s M (*-u; -y*) AGR Schnitt *m*, Schwaden *m*; **~st** M (*-u; bpl*) Firnis *m*

pokostować (*-uję*) firnissen

pokój[1] M (*-oju; bpl*) POL Frieden *m*; (*umowa*) Friedensabkommen *n*; **zawrzeć** *pf* **~** Frieden schließen; **ruch** *m* **na rzecz pokoju** Friedensbewegung *f*; **~ ducha** *lit* innerer Frieden *m*; **~ z wami!** REL Friede sei mit euch!; **niech spoczywa w pokoju!** REL er ruhe in Frieden!

pokój[2] M (*-oju; -oje; gen -ów od -oi*) Zimmer *n*; **~ dzienny** Wohnzimmer *n*; **~ stołowy** Esszimmer *n*; **~ gościnny** Gästezimmer *n*; **~ dziecinny** Kinderzimmer *n*; **~ do pracy** Arbeitszimmer *n*; **~ sypialny** Schlafzimmer *n*; **~ hotelowy** Hotelzimmer *n*; **~ z widokiem na morze** Zimmer *n* mit Meeresblick; **~ nauczycielski** Lehrerzimmer *n*; **~ do wynajęcia** Zimmer *n* zum Vermieten

pokpić PF (*-ię*): **~ sprawę** alles vermasseln

pokpiwać (*-am*) sich lustig machen (**z** *gen* über *akk*)

pokra|czny unförmig; ungeschickt; **~ka** F *od m* (*-i*) *fig* Vogelscheuche *f*, *lit* Ungestalt *f*

P

pokrew|ieństwo N (*-a*) Verwandtschaft *f*; **~ny** verwandt (*dat* mit *dat*)

pokręcić PF (*-ę*) *nitki, fakty* durcheinanderbringen; **~ gałką** den Knopf kurz drehen; **~ się** sich verdrehen; durcheinanderkommen; **~ się na karuzeli** Karussell fahren

pokręt|ło N (*-a; gen -teł*) Drehknopf *m*; **~ny** *pej* verworren, kompliziert

pokroić PF → kroić

pokropić PF → kropić

pokrowiec M (*-wca; -wce*) (Schutz)Hülle *f*; *na meble* Schutzbezug *m*; **~ na gitarę** Gitarrenhülle *f*

pokr|ój M (*-oju; -oje*) BIOL Habitus *m*; **tego ~oju** *fig* dieser Art, dieses Schlages

pokrótce ADV in ein paar Worten, kurz und bündig

pokry|cie N (*-a*) *mebli* Bezug *m*; *dachu* Bedachung *f*; FIN (*bpl*) Deckung *f*; **czek** *m* **bez ~cia** ungedeckter Scheck *m*; *fig* leere Versprechungen *f/pl*

pokryć PF → pokrywać

po kryjomu ADV heimlich, insgeheim

pokrywa F (*-y*) Deckel *m*; TECH (Abdeck)-Haube *f*; **~ lodu** Eisdecke *f*

pokrywać (*-am*) ⟨**pokryć**⟩ (*-yję*) (*inst*) bedecken, überziehen (mit *dat*); *dach* decken; *koszty* tragen; *długi* begleichen; *kurz, lód* bedecken; BIOL decken; **~ materiałem** mit Stoff beziehen; **~ farbą** streichen; **~ się** sich bedecken (*inst* mit *dat*); *fig* sich decken, übereinstimmen (**z** *inst* mit *dat*)

pokrywka F (*-i; gen -wek*) *garnka* Deckel *m*

pokrzepiać (*-am*) ⟨**-ić**⟩ (*-ię*) stärken, erquicken; *fig* ermuntern, erquicken; **~ się** (*inst*) sich stärken (mit *dat*); **~ na duchu** Mut machen, trösten

pokrzepi|ający (**-co**) stärkend, kräftigend; *fig* ermunternd, tröstend; *sen* erquickend; **~enie** N (*-a; bpl*) Stärkung *f*, Kräftigung *f*; *fig* Ermunterung *f*, Trost *m*

pokrzyk M (*-u; -i*): **~ wilcza jagoda** BOT Tollkirsche *f*

pokrzykiwać (*-uję*) ab und zu rufen; **~ na k-o** j-n antreiben, j-n anschreien

pokrzywa F (*-y*) Brennnessel *f*

pokrzywdzony[1] (*persf -eni*) benachteiligt; JUR geschädigt

pokrzywdzo|ny[2] M (*-ego; -eni*), **~na** (*-nej; -ne*) JUR Geschädigte(r) *m, f*

pokrzyw|ka F (-i; bpl) MED Nesselausschlag *m*, Nesselsucht *f*; **~owy** Brennnessel-
pokrzyżować PF (-uję): **~ k-u plany** j-s Pläne durchkreuzen
pokupny *towar* gängig, gefragt
pokusa F (-y) Versuchung *f*, Verlockung *f*
pokusić się (*pokuszę*) (**o** *akk*) wagen, versuchen (*akk*); **~ o ocenę** eine Beurteilung wagen, eine Beurteilung versuchen
pokuszenie N (-a; bpl) REL Versuchung *f*
poku|ta F (-y) REL Buße *f* (*a. fig*); **odprawiać ~tę** Buße tun; **~tnik** M (-a; -cy) Büßer *m*
pokutować (-uję) REL büßen (**za** *akk* für *akk*) (*a. fig*); *opinia, pogląd* herumgeistern, sich (hartnäckig) halten
pokwapić się PF (-ię): **nie ~** (+ *inf*) *umg* es nicht so eilig haben, keine Lust haben zu (+ *inf*)
pokwit|anie N (-a; bpl) MED Pubertät *f*; **~owanie** N (-a) Quittung *f*; **za ~owaniem** gegen Quittung
polać PF: **polała się krew** *fig* es wurde Blut vergossen; → polewać
Polak M (-a; -cy) Pole *m*
polakierować PF → lakierować
polana F (-y) Waldlichtung *f*
Polanica Zdrój F (*Polanicy Zdroju; bpl*) Bad Altheide *n*
polano N (-a) Holzscheit *n*
polar|ny polar, Polar-; **zorza** *f* **~na** Nordlicht *n*; **noc** *f* **~na** Polarnacht *f*
pol|e N (-a; *gen pól*) Feld *n* (*a. fig*); MAT Fläche *f*; **~e namiotowe** Zeltplatz *m*; **~e karne** SPORT Strafraum *m*; **~e naftowe** Ölfeld *n*; **~e orne** Acker *m*; **~e bitwy** Schlachtfeld *n*; **~e widoczności** Gesichtsfeld *n*; **mieć ~e do popisu** e-e Chance haben, sich zu beweisen, eine Chance haben, sein Können unter Beweis zu stellen
polec* PF (*polegnę*) *na wojnie* fallen
polecać (-am) ⟨**-ić**⟩ (-cę) anordnen, veranlassen; *film, książkę* empfehlen; (*powierzać*) anvertrauen; **~ opiece** j-s Obhut anvertrauen *od* anempfehlen; **polecamy się na przyszłość!** *w reklamie* beehren Sie uns wieder!; **polecamy nasze usługi!** *w reklamie* besuchen Sie uns wieder!
polecający: **list** *m* **~** Empfehlungsschreiben *n*
polecony: **list** *m* **~** Einschreib(e)brief *m*
polecen|ie N (-a) (*zlecenie*) Anweisung *f*, Auftrag *m*; **z ~ia** auf Empfehlung
polecieć PF (-cę) fliegen; (*iść*) *F* + laufen; **~ z językiem** *umg* petzen; **oczko mi poleciało** ich habe e-e Laufmasche
polegać (-am) (**na** *lok*) sich verlassen (auf *akk*); (*zasadzać się*) bestehen (in *dat*)
poległy[1] (*persf -li*) *na wojnie* gefallen
poległy[2] M (-ego; -li) Gefallene(r) *m*
polemiczny polemisch
polemizować (-uję) polemisieren
polepszać (-am) ⟨**-yć**⟩ (-ę) (ver)bessern; **~ się** sich verbessern
polepszenie N (-a) (Ver)Besserung *f*
polerować ⟨**wy-**⟩ (-uję) polieren
poletko N (-a; *gen -tek*) *dim* kleines Feldstück *n*; **~ doświadczalne** Versuchsgelände *n*
polew|a F (-y) KULIN Glasur *f*; Email *n*; **~aczka** F (-i; *gen -czek*) Sprengwagen *m*
polewać (-am) ⟨**polać**⟩ (*poleję*) begießen; **~ się** (*inst*) sich begießen (mit *dat*)
poleżeć PF (-ę) e-e Weile liegen (bleiben)
polędwica F (-y; -e) Filet *n*; **~ wędzona** Lachsschinken *m*
policeal|ny: **studium** *n* **~ne** *Berufsschule für Gymnasiumsabsolventen*
polichlorek M (-rku; bpl): **~ winylu** Polyvinylchlorid *n*
polichromia F (*gen dat lok -ii; -e*) Wandmalerei *f*
polic|ja F (-i; bpl) Polizei *f*; **~ja drogowa** Verkehrspolizei *f*; **~ja śledcza** Kriminalpolizei *f*; **zadzwonić** *pf* **na ~ję** die Polizei rufen
policjant M (-a; -ci), **~ka** F (-i; *gen -tek*) Polizist(in) *m(f)*
policyjny Polizei-, polizeilich
policzek M (-czka; -czki) Wange *f*; (*uderzenie*) Ohrfeige *f* (*a. fig*)
policzkować ⟨**s-**⟩ (-uję) ohrfeigen
policzko|wy: **kość** *f* **~wa** ANAT Backenknochen *m*
policzyć PF (-ę) *uczestników* zählen; *koszty* berechnen; **~ kości k-u** j-m den Hintern versohlen; **~ się** ausrechnen; **~ się z** (*inst*) abrechnen (mit *dat*)
poli|ester M (-u; bpl) Polyester *m*; **~gamia** F (*gen dat lok -ii; bpl*) Polygamie *f*, Vielehe *f*
poligon M (-u; -y) MIL Übungsgelände *n*
poli|grafia F (*gen dat lok -ii; bpl*)

grafisches Gewerbe *n*, Druckindustrie *f*; **~klinika** F (*-i*) Poliklinik *f*
po|lip M (*-a; -y*) ZOOL, MED Polyp *m*; **~lisa** F (*-y*) Police *f*
poli|styren M (*-u; bpl*) Polystyrol *n*; **~technika** F (*-i*) technische Hochschule *f*
politologia F (*gen dat lok -ii; bpl*) Politologie *f*
politowa|nie N (*-a; bpl*) Mitleid *n*; **z ~niem** mitleidig, mitleidsvoll; **godny ~nia** jämmerlich, erbärmlich
politura F (*-y; bpl*) Politur *f*
politurować (*-uję*) mit Politur überziehen, Politur auftragen
polityczny politisch, Politik-
polity|k M (*-a; -cy*) Politiker *m*; (*kobieta*) Politikerin *f*; **~ka** F (*-i; bpl*) Politik *f*; **~ka zewnętrzna** Außenpolitik *f*; **~ka podatkowa** Steuerpolitik *f*; **~ka personalna** Personalpolitik *f*
politykier M (*-a; -rzy*) *pej* Politikaster *m*; **~stwo** N (*-a; bpl*) *pej* Politisieren *n*
politykować (*-uję*) über Politik sprechen, politisieren
polka F (*-i; gen -lek*) (*taniec*) Polka *f*
Polka F (*-i; gen -lek*) Polin *f*
polny Feld-; **konik** *m* ~ Grashüpfer *m*
polon M (*-u; bpl*) CHEM Polonium *n*; **~ez** M (*-a; -y*) Polonäse *f*
Polonia F (*gen dat lok -ii; -e*) polnische Emigranten *pl*, Auslandspolen *pl*
polonistyka F (*-i; bpl*) Polonistik *f*
polor M (*-u; bpl*) gute Manieren *pl*, Schliff *m*
polot M (*-u; bpl*) Elan *m*, Schwung *m*; schöpferische Fantasie *f*, Kreativität *f*; **bez ~u** fantasielos, fade, ausdruckslos; **z ~em** fantasievoll, voller Schwung, ausdrucksvoll
polować (*-uję*) (**na** *akk*) jagen (*akk*); *fig umg* hinterher sein (*dat*), erwischen wollen (*akk*); **~ na mężą** *żart* sich e-n Ehemann angeln wollen
polowanie N (*-a*) Jagd *f*; **~ z nagonką** Treibjagd *f*; **~ na lisa** Fuchsjagd *f*; **~ na grubego zwierza** hohe Jagd *f*; **~ na czarownice** POL Hexenjagd *f*
polo|wy AGR, MIL Feld-; **łóżko** *n* **~we** Feldbett *n*
Polska F (*-i; bpl*) Polen *n*
pols|ki (**po -sku**) polnisch, Polen-; **język** *m* **~ki** Polnisch *n*, polnische Sprache *f*; **mówić po ~ku** Polnisch sprechen; **co to znaczy po ~ku?** was heißt das auf Polnisch?
polskojęzyczny polnischsprachig
polskość F (*-ści; bpl*) Polentum *n*
polszczyć ⟨**s-**⟩ (*-ę*) *wyrazy, nazwiska* polonisieren, polnisch machen
polszczyzna F (*-y; bpl*) Polnisch *n*
polubić PF (*-ię*) lieb gewinnen
polubowny gütlich; **sąd** *m* ~ Schiedsgericht *n*
polucja F (*-i; -e*) MED Pollution *f*, unwillkürlicher Samenerguss *m*
poluzować → luzować
połać F (*-ci; -cie*) *lasu, pola* große Fläche *f*, großer Teil *m*
połajanki F/PL (*gen -nek*) Schelte *f*
połakomić się PF (*-ię*) (**na** *akk*) es abgesehen haben (auf *akk*), nicht widerstehen können (*dat*)
połamać PF (*-ię*) (*łamać*) brechen; **można sobie język ~** *fig* man kann sich die Zunge brechen; **~ sobie zęby na** (*lok*) *fig* sich die Zähne ausbeißen (an *dat*)
połama|niec M (*-ńca; -ńcy*) *pop* Krüppel *m*; **~ny** zerbrochen, an mehreren Stellen gebrochen
połapać się (*-ię*) *umg* kapieren, schnallen; **~ w** (*lok*) durchblicken
połaskotać PF → łaskotać
połaszczyć się PF → połakomić się
poławiacz M (*-a; -e*): **~ pereł** Perlentaucher *m*; **~ wielorybów** Walfänger *m*
poławiać (*-am*) fischen, Fischfanggebiete haben
połączeni *persf* → połączony
połączenie N (*-a*) Verbindung *f* (*a.* KOLEJ, TEL); *firm, instytucji* Zusammenschluss *m*; **mieć dogodne ~** eine günstige Verbindung haben
połączo|ny (*persf -eni*) (**z** *inst*) angeschlossen (an *akk*); TEL verbunden (mit *dat*); **~ne siły** *pl* vereinte Kräfte *pl*
połączyć PF → łączyć
połechtać PF (*połechcę*): **~ k-o** j-m schmeicheln
połechtany: **mile ~** gebauchpinselt
połeć F (*-łcia; -łcie*): **~ słoniny** Speckseite *f*
połogo|wy: **okres** *m* **~wy** Wochenbett *n*; **zakażenie** *n* **~we** MED Wochenbettfieber *n*
połowowy Fischfang-
połknąć PF: **~ haczyk** *fig* anbeißen; → połykać

połołwa F (-y) Hälfte f; **do ~wy** zur Hälfte, halb; **w ~wie maja** Mitte Mai; **w ~wie drogi** auf halbem Wege; **napełniony do ~wy** halbvoll; **~wa życia** das halbe Leben; **po ~wie** zu gleichen Teilen, halb und halb; **podzielić** *pf* **na ~wę** halbieren
połowica F (-y) *żart* die bessere Hälfte
połowicz|ny *pej* unzureichend, halbherzig; **~ne rozwiązanie** *n* Notlösung *f*, notdürftige Lösung *f*; **~ny sukces** *m* Teilerfolg *m*
położ|enie N (-a) Lage *f* (*a. fig*); **~na** F (-ej; -e) Hebamme *f*; **~nica** F (-y) Wöchnerin *f*
położni|ctwo N (-a; *bpl*) Geburtshilfe *f*; **~czy** Geburts-, Entbindungs-; **oddział** *m* **~czy** Entbindungsstation *f*
położnik M (-a; -cy) Geburtshelfer *m*
położyć PF → kłaść
połóg M (-ogu; -ogi) Wochenbett *n*
połów M (-owu; -owy): **~ ryb** Fischfang *m*; **~ wielorybów** Walfang *m*
połówka F (-i; *gen* -wek) Hälfte *f*; *umg* Halbliterflasche *f* Wodka
połud|nie N (-a) Mittag *m*; GEOG Süden *m*; **po ~niu** am Nachmittag, nachmittags; **przed ~niem** am Vormittag, vormittags; **w ~nie** am Mittag, mittags; **na ~nie** in den Süden; **na ~niu** im Süden; **na ~nie od** (*gen*) südlich von (*gen*)
południ|k M (-a; -i) GEOG Meridian *m*; **~owiec** M (-wca; -wcy) Südländer *m*
południowo-wschodni Südost-, südöstlich
południowo-zachodni Südwest-, südwestlich
południowy Mittags-; südländisch; GEOG, BOT Süd-, südlich
połykacz M (-a; -e): **~ ognia** Feuerschlucker *m*
połykać (-am) ⟨**połknąć**⟩ (-nę) (hinunter)schlucken; *litery, sylaby umg* verschlucken; **~ książki** Bücher verschlingen; **~ łzy** mit den Tränen kämpfen
połysk M (-u; *bpl*) Glanz *m*; **do ~u** auf Hochglanz; **meble** *pf* **na wysoki ~** polierte Möbel *pl*
połyskiwać (-uję) schimmern, funkeln
połyskliwy glitzernd, funkelnd
pomacać PF (-am) betasten, befühlen
pomachać PF (-am) (*inst*) schwingen, schwenken (*akk*); **~ ręką** winken; **~ ogonem** mit dem Schwanz wedeln

pomadka F (-i; *gen* -dek): **~ do ust** Lippenstift *m*; **~ korygująca** Abdeckstift *m*
pomagać (-am) ⟨**pomóc**⟩ (*pomogę; pomóż!*) helfen (**przy** *inst* **od w** *lok* bei *dat*); **pomogę ci w pracy** ich helfe dir bei der Arbeit; **~ sobie** sich gegenseitig helfen
pomagier M (-a; -rzy) *umg iron* Helfer *m*
pomalować PF → malować
pomal|eńku, ~lutku ADV *dim* (schön) langsam; *na pytanie „co słychać" umg* es geht, nichts Neues
pomału ADV langsam; *na pytanie „co słychać" umg* es geht, nichts Neues; **~!** langsam!, nicht so stürmisch!
pomarańcz|a F (-y; -e, -czy *od* -ańcz) Orange *f*; **~owy (-owo)** Orangen-; *kolor* orange(farben)
pomarszczony faltig, runz(e)lig
pomarznąć [-r·z-] PF (-nę) AGR erfrieren
pomatural|ny: **szkoła** *f* **~na** *Berufsschule für Abiturienten*
pomawiać (-am) ⟨**pomówić**⟩ (-ię): **~ k-o o** (*akk*) j-m unterstellen (*akk*), j-n bezichtigen (*gen*)
pomazać PF (*pomażę*) (*inst*) beschmieren (mit *dat*); **~ się** sich beschmieren (*inst* mit *dat*)
pomazaniec M (-ńca; -ńcy) Gesalbte(r) *m*
pomiar M (-u; -y) Messung *f*; **~ kartograficzny** Landvermessung *f*; **~ temperatury** Temperaturmessung *f*; **~owy** Mess-
pomiatać (-am) (*inst*) geringschätzig behandeln (*akk*); *osobą* verächtlich behandeln, missachten (*akk*)
pomiąć PF → miąć
pomidor M (-a; -y) Tomate *f*; **~owy** Tomaten-; *kolor* tomatenrot
pomieszać PF (-am) *zupę* umrühren; *plany* durchkreuzen; **~ zmysły** *od* **rozum k-u** j-n in den Wahnsinn treiben; **pomieszał mu się rozum** er wurde wahnsinnig
pomieszanie N (-a; *bpl*) Verwirrung *f*; **~ zmysłów** Wahnsinn *m*, geistige Verwirrung *f*
pomieszczenie N (-a) Raum *m*; **~ służbowe** Dienstraum *m*; **~ biurowe** Büroraum *m*
pomieszkać PF (-am) (e-e Zeit lang) wohnen
pomieścić PF (*pomieszczę*) (*akk*) unterbringen (*akk*); *kino, stadion* Platz bieten (für *akk*); **~ się** Platz finden, hineinpassen

P

pomiędzy → między
pomięty zerknittert
pomijać (-am) 〈-nąć〉 (-nę) *(opuścić)* auslassen; *(nie uwzględniać)* übergehen, nicht beachten; ignorieren; **pomijając** *od* **pominąwszy** *(akk)* abgesehen von *(dat)*; **~ milczeniem** mit Schweigen übergehen
pomimo PRÄP → mimo
pominąć PF → pomijać
pominięcie N *(-a)*: **z ~m** *(gen)* ohne Berücksichtigung *(gen)*
pomiot M *(-u; -y)* ZOOL Wurf *m*; **~ło** N *(-a; gen -teł) umg* Laufbursche *f*; Mädchen *n* für alles
pomknąć PF (-nę) laufen, rennen
pomnażać (-am) 〈-yć〉 (-ę) vergrößern, verdoppeln; *majątek* mehren
pomniejszać (-am) 〈-yć〉 (-ę) verkleinern; *fig* mindern, herabwürdigen
pomniejszy kleiner; *fig* unbedeutender, unwichtiger
pomnik M *(-a; -i)* Denkmal *n (a. fig)*; *(płyta nagrobna)* Grabplatte *f*, Grabmal *n*
pomnożyć PF → pomnażać
pomny *(gen) lit* eingedenk *(gen)*
pomoc F *(-y; bpl)* Hilfe *f*; PL *-e) (osoba)* Hilfskraft *f*; **pierwsza ~** Erste Hilfe *f*; **~ pieniężna** finanzielle Unterstützung *f*; **~ domowa** Haushaltshilfe *f*; **~ humanitarna** humanitäre Hilfe *f*; **~e** *pl* **naukowe** Lernhilfen *pl*, Lernmittel *pl*; **przyjść** *pf* **z ~ą** zu Hilfe kommen; **wzywać na ~** um Hilfe rufen; **służyć ~ą** behilflich sein; **przy ~y** *od* **za ~ą** *(gen)* mithilfe (von *dat*); **na ~!** Hilfe!
pomocnica F *(-y; -e)* Helferin *f*; *(zawód)* Hilfsarbeiterin *f*, Hilfskraft *f*; **~ lekarza** Arzthilfe *f*
pomocniczy *prace, pytanie* Hilfs-
pomocnik M *(-a; -cy)* Helfer *m*; *(zawód)* Hilfsarbeiter *m*, Hilfskraft *f*; **~ kucharza** Küchenhilfe *f*
pomocny hilfreich; **być ~m** (**w** *lok*) behilflich sein (bei *dat*)
pomodlić się PF (-lę) beten, ein Gebet sprechen
pomordować PF (-uję) (alle nacheinander) ermorden
Pomorze N *(-a; bpl)* Pommern *n*
pomost M *(-u; -y)* Steg *m*; TECH Plattform *f*, Bühne *f*; *fig* Brücke *f*; **~ do załadunku** Verladebrücke *f*
pomóc* PF → pomagać
pomór M *(-oru; bpl)*: **~ kur** Hühnerpest *f*
pomówić PF sich (kurz) unterhalten, (eine Weile) sprechen; → pomawiać
pomówienie N *(-a)* Unterstellung *f*, Bezichtigung *f*
pompa[1] F *(-y; -)* Pumpe *f*; **~ wodna** Wasserpumpe *f*
pompa[2] F *(-y; bpl)* Pomp *m*
pomp|atyczny pompös; *styl* bombastisch; **~ka** F *(-i; gen -pek)* Luftpumpe *f*, Fahrradpumpe *f*; **~ki** *f/pl* SPORT Liegestützen *f/pl*
pompon M *(-u; -y)* Pompon *m*
pompować (-uję) pumpen
pompownia F *(-i; -e)* Pumpwerk *n*
pomr|oka F *(-i; bpl) lit* Dunkelheit *f*, Finsternis *f*; **w ~oce dziejów** in der Dunkelheit der Geschichte; **~uk** M *(-u; -i) burzy, bitwy* Grollen *n*; **~uk niezadowolenia** Murren *n*
pomrukiwać (-uję) *kot* leise schnurren
pomstować (-uję) *umg* schimpfen (**na** *akk* über *akk*)
pomścić PF → mścić
pomyje PL *(gen -)* Abwaschwasser *n*
pomyleni *persf* → pomylony
pomyl|eniec M *(-ńca; -ńcy) umg* Wirrkopf *m*, Verrückte(r) *m*; **~ony** *(persf -eni) umg* bekloppt, übergeschnappt
pomylić PF → mylić
pomył|ka F *(-i; gen -łek)* Irrtum *m*, Fehler *m*; *(pomylenie)* Verwechslung *f*; **przez ~kę** aus Versehen; irrtümlicherweise; **~ka!** TEL falsch verbunden!
pomysł M *(-u; -y)* Idee *f*, Einfall *m*; **zwariowany ~** *umg* Schnapsidee *f*
pomysłowy (-owo) einfallsreich, ideenreich; kreativ
pomyślany gedacht, konzipiert
pomyśleć PF (-ę) *(zastanawiać się)* nachdenken (**nad** *inst* über *akk*); **~ o** *(lok)* denken an *(akk)*; **pomyśl nad tym!** denk darüber nach!; **kto by pomyślał!** wer hätte das gedacht!
pomyślen|ie: **nie do ~ia** undenkbar, unvorstellbar; nicht auszudenken
pomyśl|ność F *(-ści)* Wohlergehen *n*, Glück *n*; **~ności!** *toast* zum Wohl!; **życzyć wszelkiej ~ności** Glück und Segen wünschen; **~ny** günstig, erfreulich
pomywacz M *(-a; -e)*, **~ka** F *(-i; gen -czek)* Tellerwäscher(in) *m(f)*
pon. (poniedziałek) Mo. (Montag)

P

ponad PRÄP *(akk)* über *(akk)*; *(inst)* über *(dat)*; *partikel* über; **~ miarę** übermäßig; **to jest ~ moje siły** das übersteigt meine Kräfte; **~ wszelką wątpliwość** zweifellos
ponad- *in zssgn* Über-, über-
ponad|czasowy zeitlos; **~dźwiękowy** Überschall-; **~partyjny** überparteilich
ponadto ADV überdies, darüber hinaus
ponaglać *(-am)* ⟨**-ić**⟩ *(-lę)* drängen, zur Eile antreiben
ponaglenie N *(-a)* *(pismo)* Mahnschreiben *n*
ponaglić PF → ponaglać
ponawiać *(-am)* ⟨**ponowić**⟩ *(-ię)* *próbę, prośbę* wiederholen
poncz M *(-u; -e)* Punsch *m*
ponętny *propozycja* verlockend, reizvoll; *(erotyczny)* verführerisch, sinnlich
poniedział|ek M *(-łku; -łki)* Montag *m*; **w ~ek** am Montag; **~kowy** Montags-
poniekąd *partikel lit* gewissermaßen
poniemiecki ehemals deutsch
ponieść* PF *koń* durchgehen; **poniósł jej torbę** er hat ihr die Tasche abgenommen; **gdzie go poniosło?** *umg* wo steckt er nur?; **iść, gdzie oczy poniosą** ins Blaue hinein gehen; → ponosić
ponie|waż *konj* weil, denn, da; **~wczasie** ADV zu spät; hinterher
poniewierać *(-am)* *(inst)* schlecht behandeln, verachten *(akk)*; **~ się** *rzecz umg* herumliegen, herumstehen; *osoba* umherziehen, heimatlos sein
poniewierka F *(-i; bpl)* Heimatlosigkeit *f*, bitteres Los *n*
poniżać *(-am)* ⟨**-yć**⟩ *(-ę)* erniedrigen; **~ się** sich erniedrigen
poniżający **(-co)** erniedrigend
poniż|ej PRÄP *(gen)* unter *(dat)*, unterhalb *(gen)* *(a. fig)*; **~enie** N *(-a)* Erniedrigung *f*; **~szy** *cytat, tabela* folgende(r), (weiter) unten erwähnt
poniżyć PF → poniżać
ponosić[1] *(ponoszę)* ⟨**ponieść**⟩ *(poniosę)* *koszty, ryzyko, odpowiedzialność* tragen; *klęskę, straty* erleiden; *karę* bekommen; **~ śmierć** ums Leben kommen; **~ winę** Schuld haben (**za** *akk* an *dat*); **poniósł go temperament** sein Temperament ist mit ihm durchgegangen; **poniosło go** er ist außer sich geraten, er hat die Kontrolle verloren
ponosić[2] PF *(ponoszę)* *dziecko, buty* (e-e Weile) tragen
ponowić PF → ponawiać
ponow|nie ADV nochmals, wieder; **~ny** erneut, nochmalig
pont|on M *(-u; -y)* Ponton *m*; *(łódka)* Schlauchboot *n*; **~yfikat** M *(-u; -y)* REL Pontifikat *n*
ponumerować PF → numerować
ponur|acki *umg* griesgrämig, bierernst; **~ak** M *(-a; -cy)* *(osoba)* *umg* Griesgram *m*
ponuro ADV → ponury
ponurość F *(-ści; bpl)* Düsterheit *f*; *(nastrój)* Trübsinn *m*, düstere Stimmung; *okolicy* Trostlosigkeit *f*
ponury *(persf -rzy)* **(-ro)** *osoba* griesgrämig; *myśl* düster, finster; *okolica* trostlos
pończo|cha F *(-y)* Strumpf *m*; **~szniczy** Strumpf-
poobiedni Nachmittags-; **drzemka** *f* **~a** Nachmittagsschlaf *m*
pooperacyjny MED postoperativ
pop[1] M *(-a; -i)* REL Pope *m*
pop[2] M *(-u; bpl)* Pop *m*, Popmusik *f*
popadać[1] *(-am)* ⟨**popaść**⟩ *(popadnę)* geraten (**w** *akk* in *akk*); **~ w długi** in Schulden geraten; **~ w przesadę** (maßlos) übertreiben
popadać[2] PF *(3. Pers -a)*: **popadał śnieg** es fiel ein wenig Schnee; **popadało** es hat etwas genieselt; es hat ein wenig *od* kurz geschneit
popamiętać PF *(-am)* *karę* nicht vergessen; **jeszcze popamiętasz!** du wirst dich noch wundern!
popa|rcie N *(-a)* Unterstützung *f*; **~rzenie** N *(-a)* Verbrühung *f*, Verbrennung *f*
popaść* PF: **co popadnie** irgendwas, ganz gleich, was; **jak popadnie** irgendwie, ganz gleich, wie; **gdzie popadnie** irgendwohin, aufs Geratewohl; → popadać
popatrzeć PF *(-ę, popatrz!)* schauen, blicken; **~ na k-o** j-n ansehen, j-n anschauen; **~ w oczy k-u** j-m in die Augen schauen; **jest na co ~** es ist schön, das anzusehen; **popatrz!** schau (mal)!, *umg* guck mal!
popchnąć PF → popychać
popelinowy Popeline-
popełniać *(-am)* ⟨**-ić**⟩ *(-ię)* *błąd, samobójstwo* begehen; *wiersz, książkę umg żart* verbrechen

P

popęd M (-u; -y) BIOL, PSYCH Trieb *m*
popędliwy **(-wie)** jähzornig, aufbrausend
popędzać (-am) ⟨**-ić**⟩ (-ę) (zur Eile) antreiben, drängen; **popędzić** *v/i* losrennen
popękany rissig, geplatzt; *wargi* aufgesprungen, spröde
popić PF → popijać
popielaty **(-to)** (asch)grau
Popielec M (-lca; -lce) REL Aschermittwoch *m*
popiel|isko N (-a) Brandstätte *f*; **~nica** F (-y; -e) großer Aschenbecher *m*; ARCH Totenurne *f*
popieln|iczka F (-i; *gen* -czek) Aschenbecher *m*; **~ik** M (-a; -i) Aschekasten *m*
popierać (-am) ⟨**poprzeć**⟩ (*poprę*) unterstützen; *prośbę, zachowanie* befürworten; *artystów* fördern; (*uzasadniać*) untermauern (*inst* mit *dat*)
popiersie N (-a; *gen* -i) Büste *f*; **~ z marmuru** Marmorbüste *f*
popijać (-am) ⟨**popić**⟩ (-iję) *v/t* (langsam) trinken (*akk*), nippen (an *dat*); **~ lekarstwo wodą** ein Medikament mit Wasser einnehmen; *umg* zu tief ins Glas schauen
popijawa F (-y) *umg* Trinkgelage *n*
popi|ół M (-ołu, *lok* -ele; -oły) Asche *f* (*a.* GEOL); **~oły** *pl* Totenasche *f*
popis M (-u; -y) Vorführung *f*, Schau *f*
popisać się PF *iron* sich nicht gerade mit Ruhm bekleckert haben; **nie ~** enttäuschen, die erwartete Leistung nicht bringen; → popisywać się
popiso|wy **(-wo)** meisterhaft, Vorzeige-; *numer* Schau-; **rola** *f* **~wa** Glanzrolle *f*
popisywać się (-uję) ⟨**popisać się**⟩ (*popiszę*) (*inst*) glänzen, brillieren (mit *dat*); (*robić na pokaz*) sich aufspielen, angeben (mit *dat*)
poplątać PF → plątać
poplecz|nictwo N (-a; *bpl*) *pej* Vetternwirtschaft *f*, Beziehungen *pl*; **~nik** M (-a; -cy) *pej* Anhänger *m*, Parteigänger *m*
poplotkować PF (-uję) ein wenig plaudern, ein wenig klatschen
popłacać (3. *Pers* -a): **nie ~** nicht lohnen, sich nicht auszahlen; **kłamstwo nie popłaca** Lügen lohnt sicht nicht
po|płatny lohnend; **~płoch** M (-u; *bpl*) Panik *f*; **w ~płochu** in panischer Angst
popołudni|e N (-a) Nachmittag *m*; **~em** am Nachmittag, nachmittags; **~owy** Nachmittags-
popołudniówka F (-i; *gen* -wek) (*gazeta*) Abendblatt *n*; TEATR Nachmittagsvorstellung *f*
poporodowy MED postnatal, nachgeburtlich
popracować PF (-uję) (e-e Weile) arbeiten
poprawa F (-y) Besserung *f*; (*poprawienie*) Verbesserung *f*
poprawczy: **zakład** *m* *od* **dom** *m* **~** Erziehungsanstalt *f*
poprawiać (-am) ⟨**-ić**⟩ (-ię) verbessern; *błąd* korrigieren, berichtigen; *u. krawca* ändern lassen; *strój, włosy* in Ordnung bringen, ordnen; **~ tekst** Korrektur lesen; **~ się** sich verbessern; *stan, nastrój* sich bessern; (*tyć*) zunehmen
poprawiny PL (*gen* -) *wesela, chrzcin* Nachfeier *f*, zweite Feier *f*
popraw|ka F (-i; *gen* -wek) *w tekście* Korrektur *f*; *ubrania* Änderung *f*; *umg* (*egzamin*) Wiederholungsprüfung *f*; **~ka do ustawy** JUR Änderungsantrag *m*; **oddać** *pf* **do ~ki** in die Änderungsschneiderei geben; **brać ~kę na** (*akk*) berücksichtigen (*akk*)
popraw|ność F (-ści; *bpl*) Korrektheit *f*; **~ny** korrekt; *ocena* ausreichend
popręg M (-u; -i) Sattelgurt *m*
popromien|ny: **choroba** *f* **~na** MED Strahlenkrankheit *f*
poprosić PF → prosić
poprzecz|ka F (-i; *gen* -czek) Querbalken *m*; SPORT Latte *f*; *fig* Anforderungen *f/pl*; **~ny** quer, Quer-
poprzeć PF → popierać
poprzedni *tydzień, rok* vor(her)ig; (*były*) ehemalig; **~ego dnia** am Tag vorher
poprzedni|k M (-a; -cy), **~czka** F (-i; *gen* -czek) Vorgänger(in) *m(f)*
poprzednio ADV vorher
poprzedzać (-am) ⟨**-ić**⟩ (-dzę) *v/t* vorangehen (*dat*), einleiten (*akk*)
poprzek: **w ~** *adv* quer
poprzestawać (*poprzestaję*) ⟨**poprzestać**⟩ (*poprzestanę*) (**na** *lok*) sich begnügen (mit *dat*); **~ na małym** sich mit wenig begnügen; **poprzestać** *pf* **na tym** es dabei bewenden lassen
poprzez PRÄP (*akk*) durch, über (*akk*)
poprztykać się PF (-am) *umg* sich in die

Wolle kriegen
poprzyklejać PF (-am) nacheinander (an)kleben
poprzysięgać (-am) ⟨**poprzysiąc**⟩ (*poprzysięgnę*) *lit* schwören; ~ **sobie** sich schwören
popstrzony mit Fliegendreck beschmutzt
popsuć PF → psuć
popularnonaukowy populärwissenschaftlich
popular|ność F (-ści; bpl) Popularität *f*; **~ny** populär
popularyzować (-uję) popularisieren
populistyczny populistisch
popuszczać (-am) ⟨**popuścić**⟩ (*popuszczę*) (*luzować*) lockern (*akk*); ~ **k-u** j-m gegenüber nachsichtig sein; **nie** ~ nicht nachgeben; ~ **cugli** *fig* die Zügel lockern
popychać (-am) ⟨**popchnąć**⟩ (-nę) stoßen; *wózek* schieben; *pracę, projekt* vorantreiben; ~ **do** (*gen*) *fig* treiben zu (*dat*)
popychadło N (-a; gen -deł) *umg pej* Laufbursche *m*; (*kobieta*) Mädchen *n* für alles
popyt M (-u; bpl) EKON Nachfrage *f*; **cieszyć się ~em** gefragt sein, e-n guten Absatz haben
por[1] M (-u; -y) ANAT Pore *f*
por[2] M (-a; -y) BOT, KULIN Porree *m*
por. (**porównaj**) vgl. (vergleiche); (**porucznik**) Oblt. (Oberleutnant)
po|ra F (-y; gen pór) Zeit *f*; **~ra roku** Jahreszeit *f*; **~ra obiadowa** Mittagszeit *f*; **wieczorowa ~ra** Abendzeit *f*; **~ra odwiedzin** Besuchszeit *f*; **~ra na** (*akk*) es ist Zeit für (*akk*); **w** (**samą**) **~rę** (gerade) rechtzeitig; **nie w ~rę** ungelegen; **do tej ~ry** bis zu diesem Zeitpunkt; **o tej ~rze** um diese Zeit; **wczesną ~rą** zu früher Stunde; **o każdej ~rze** jederzeit
porabiać (-am): **co porabiasz?** was machst du so?, wie geht's?
porachunki PL (gen -ów) *fig* Abrechnung *f*; **mieć** ~ e-e Rechnung zu begleichen haben (**z** *inst* mit *dat*)
pora|da F (-y) (fachlicher) Rat *m*; **~da lekarska** ärztlicher Rat *m*; **~da prawna** Rechtsauskunft *f*; **za ~dą** (*gen*) auf Anraten (*gen* **od** von *dat*); **~dnia** F (-i; -e) Beratungsstelle *f*
poradnictwo N (-a; bpl) Beratung *f*; ~ **zawodowe** Berufsberatung *f*; ~ **małżeńskie** Eheberatung *f*
poradnik M (-a; -i) (*książka*) Ratgeber *m*
poradzić PF: **nic na to nie poradzę** ich kann nichts dafür; → radzić
poran|ek M (-nku; -nki) Morgen *m*; (*przedstawienie*) Frühvorstellung *f*, Matinee *f*; **~ny** morgendlich; *gazeta* Morgen-; *pociąg* Früh-
porastać (-am) ⟨**porosnąć**⟩ (-nę) zuwachsen, sich bedecken (*inst* mit *dat*); ~ **w piórka** *fig* sich mausern
porażać (-am) ⟨**porazić**⟩ (*porażę*) MED lähmen, paralysieren; **poraził go prąd** er hat einen Stromschlag bekommen
poraż|enie N (-a) MED Lähmung *f*; **~enie słoneczne** Sonnenstich *m*; **~enie prądem** Stromschlag *m*; **~ka** F (-i; gen -żek) MIL Niederlage *f* (*a. fig*)
porażony AGR befallen; **być ~m prądem** e-n Stromschlag bekommen
porąbać PF → rąbać
porcela|na F (-y) Porzellan *n*; **saska ~na** Meißner Porzellan *n*; **z ~ny** Porzellan-, aus Porzellan; **~nowy** Porzellan-
porc|ja F (-i; -e) Portion *f*; **~ja lodów** eine Portion Eis; **żelazna ~ja** eiserne Ration *f*; **na ~je** portionsweise
poreperować PF (-uję) alles reparieren; nacheinander reparieren
poręba F (-y) Kahlschlag *m*
poręcz F (-y; -e; gen -y) Geländer *n*; *fotela* (Arm)Lehne *f*
poręczać (-am) ⟨**-yć**⟩ (-ę) JUR bürgen (*a. fig*) (**za** *akk* für *akk*)
poręcz|enie N (-a) JUR Bürgschaft *f*; **~ny** handlich
poręczyciel M (-a; -e), **~ka** F (-i; gen -lek) JUR Bürge *m*
poręczyć PF → poręczać
porę|ka F (-i; bpl) *lit* Bürgschaft *f*; Gewähr *f*, Garantie *f*; **z ~ki** auf Empfehlung
porno *umg* pornografisch; **film** *m* ~ *umg* Porno(film) *m*
porn|ograficzny pornografisch; **~os** M (-a; -y) *umg* Pornoheft *n*; (*film*) Porno(film) *m*
porodo|wy: **sala** *f* **~wa** Kreißsaal *m*; **bóle** *pf* **~we** Wehen *pl*; **oddział** *m* **~wy** Entbindungsstation *f*; **izba** *f* **~wa** Entbindungsheim *n*
porodówka F (-i) *umg* Kreißsaal *m*; Entbindungsheim *n*
poronić PF (-nię) e-e Fehlgeburt haben

P

poroni|enie N (-a) Fehlgeburt *f*; **~ony** *fig* misslungen, Fehl-, verfehlt; **poroniony pomysł** *m* fehlgeleiteter Gedanke *m*
porosły (*inst*) bewachsen (mit *dat*)
porosnąć PF → porastać
porost M (-u; *bpl*) Wuchs *m*; **środek** *m* **na ~ włosów** Haarwuchsmittel *n*
porosty M/PL (*gen -ów*) BOT Flechten *f/pl*
porowaty porös; *skóra* porig
porozbiorowy HIST nach der Teilung Polens
porozmawiać PF (-*am*) sprechen, reden
porozumieć się PF → porozumiewać się
porozumie|nie N (-a) Verständigung *f*; POL Einigung *f*, Übereinkommen *n*; (*układ*) Abkommen *n*; **~nie o zawieszeniu broni** Waffenstillstandsabkommen *n*; **~nie o wymianie międzyszkolnej** ein Abkommen *n* über den Schüleraustausch; **dojść** *pf* **do ~nia** übereinkommen, sich einigen; **w ~niu z** (*inst*) im Einverständnis, in Rücksprache (mit *dat*)
porozumiewać się (-*am*) ⟨**porozumieć się**⟩ (*porozumiem*): **~ z** (*inst*) sich mit j-m verständigen (**co do** *gen* über *akk*); (*dojść do zgody*) übereinkommen
porozumiewaw|czy (**-czo**) *spojrzenie* vielsagend; **komisja** *f* **~cza** Schlichtungsausschuss *m*
poroże N (-a) *jelenia* (Hirsch)Geweih *n*
poród M (-*odu*; -*ody*) Geburt *f*, Entbindung *f*
porównać PF → porównywać
porówna|nie N (-a; *gen -ań*) Vergleich *m*; **w ~niu** im Vergleich (**z** *inst* zu *dat*); **nie do ~nia** nicht zu vergleichen; **bez ~nia** (+ *komp*) viel, weit (+ *komp*); **bez ~nia lepszy** viel besser, weit besser
porównawczy (**-czo**) vergleichend
porównywać (-*uję*) ⟨**porównać**⟩ (-*am*) vergleichen
porównywalny vergleichbar
poróżnić PF (-*ię*) entzweien; **~ się** sich entzweien
poróżniony (*persf -eni*) entzweit
port M (-u; -y) Hafen *m*; *fig* Zuflucht *f*; **w porcie** im Hafen; **zawinąć** *pf* **do ~u** im Hafen einlaufen; **~ rybacki** Fischerhafen *m*; **~ lotniczy** Flughafen *m*
portfel M (-a; -e) Brieftasche *f*; **~ zamówień** *od* **zleceń** Auftragspolster *n*
porti|er M (-a; -*rzy*) Portier *m*, Pförtner *m*; **~era** F (-y) Portiere *f*, Türvorhang *m*; **~ernia** F (-*i*; -e) Pförtnerloge *f*, Empfang *m*
port|ki PL (*gen -tek*) *umg* alte Hose *f*; **trząść ~kami** *od* **robić w ~ki** *umg* Schiss haben
portmonetka F (-*i*; *gen -tek*) Portmonee *n*, Geldbörse *f*, Geldbeutel *m*
porto[1] N (*unv bpl*) Portwein *m*
porto[2] N (*unv*; *bpl*) Briefporto *n*
porto|wiec M (-*wca*; -*wcy*) Hafenarbeiter *m*; **~wy** Hafen-
portrecista M (-y; -*ści*) MAL Porträtmaler *m*; FOTO Porträtfotograf *m*
portret M (-u; -y) Porträt *n*, Bildnis *n*; **~ pamięciowy** Phantombild *n*
portretować (-*uję*) porträtieren (*a. fig*)
Portugal|czyk M (-a; -*cy*) Portugiese *m*; **~ia** F (*gen dat lok -ii*; *bpl*) Portugal *n*; **~ka** F (-*i*; *gen -lek*) Portugiesin *f*
portugalski (**po -ku**) portugiesisch
portyk M (-u; -*i*) ARCH Säulengang *m*
porucznik M (-a; -*cy*) Oberleutnant *m*
poruszać[1] (-*am*) ⟨**-yć**⟩ (-*ę*) (*inst*) bewegen (*akk*); *temat, sprawę* berühren, ansprechen; *wyobraźnię* anregen; **~ k-o** j-n berühren, j-n betroffen machen; **~ opinię publiczną** die Öffentlichkeit bewegen; **poruszać** TECH antreiben; **~ się** sich bewegen; **poruszać się swobodnie** sich gut auskennen (**w** *lok* in *dat*)
poruszać[2]: **~ się** *pf* (-*am*) sich Bewegung verschaffen, sich die Beine vertreten
poruszeni *persf* → poruszony
porusz|enie N (-a) *fig* Aufregung *f*, Betroffenheit *f*; **~ony** (*persf -eni*) betroffen, ergriffen
poruszyć PF: **~ niebo i ziemię** alle Hebel in Bewegung setzen; → poruszać[1]
porwać PF zerreißen; **~ za** (*akk*) greifen nach (*dat*); → porywać
porwanie N (-a) Entführung *f*, Kidnapping *n*
porysować → rysować
por|yw M (-u; -y) plötzliche Regung *f*, Ausbruch *m*; **~yw wiatru** Windstoß *m*, Bö *f*; **w ~ywie gniewu** in e-m Wutausbruch, in e-m Wutanfall; **w pierwszym ~ywie** im ersten Moment
porywacz M (-a; -e) Entführer *m*, Kidnapper *m*
porywać (-*am*) ⟨**porwać**⟩ (-*ę*) *dziecko, turystów* entführen, kidnappen; (*unieść*

fortreißen; (*chwycić*) packen; (*ogarnąć*) *fig* ergreifen, überwältigen; (*pociągać*) *fig* fesseln, mitreißen; **~ w ramiona** in die Arme schließen; **~ się** *z miejsca* aufspringen; **~ się na** (*akk*) losgehen auf (*akk*); (*podjąć się*) wagen (*akk*)

poryw|ający (-co) hinreißend; **~czy** (-czo) impulsiv, aufbrausend; **~isty** *wiatr* stürmisch, böig

porząd|ek M (*-dku; bpl*) Ordnung *f*; **~ki** *pl* Aufräumungsarbeiten *pl*, Putzen *n*; **panuje tu ~ek** es herrscht hier Ordnung; **mieć ~ek w notatkach** in seinen Notizen Ordnung haben; **~ek chronologiczny** Zeitfolge *f*, chronologische Reihenfolge *f*; **~ek dzienny** *od* **~ek obrad** Tagesordnung *f*; **być w ~ku** in Ordnung sein; **robić ~ki** aufräumen, sauber machen; **wiosenne ~ki** *pl* Frühjahrsputz *m*; **być na ~ku dziennym** *fig* an der Tagesordnung sein; **w ~ku!** *umg* in Ordnung!; **przejść** *pf* **do ~ku nad** (*inst*) zur Tagesordnung übergehen (über *akk*); **przywoływać k-o do ~ku** j-n zur Ordnung rufen

porządkować ⟨u-⟩ (*-uję*) *papiery, myśli* ordnen; *mieszkanie* aufräumen

porządkowy[1] Ordnungs-; *numer* laufend

porządko|wy[2] M (*-ego; -i*), **~wa** F (*-ej; -e*) (*osoba*) Ordner *m*

porządny (*czysty*) ordnungsliebend, reinlich; (*uczciwy*) anständig, rechtschaffen; (*solidny*) solide; (*duży*) gehörig, ordentlich

porzeczk|a F (*-i; gen -czek*) Johannisbeere *f*; **~owy** Johannisbeer-

porzekadło N (*-a*) Sprichwort *n*

porzucać (*-am*) ⟨**-ić**⟩ (*-ę*) verlassen

posada F (*-y*) (An)Stellung *f*, Posten *m*; **drżeć** *od* **chwiać się w ~ch** *fig* in s-n Grundfesten erschüttert sein

posadzka F (*-i; gen -dzek*) *betonowa* Zementfußboden *m*; *kamienna* Steinfußboden *m*; **~ z płytek** Fliesenfußboden *m*; **~ z klepek drewnianych** Parkettfußboden *m*

posadzkarz M (*-a; -e*) Parkettleger *m*, Fliesenleger *m*

posadzko|wy: **płytka** *f* **~wa** Fliese *f*

posag M (*-u; -i*) Mitgift *f*, Aussteuer *f*

posapywać (*-uję*) leise schnaufen

posaż|ny: **~na panna** *f* e-e gute Partie *f*

posądzać (*-am*) ⟨**-ić**⟩ (*-ę*): **~ k-o** (**o** *akk*) j-n verdächtigen (*gen*), j-m unterstellen (*akk*)

posądzenie N (*-a*) Verdächtigung *f*, Unterstellung *f*

posądzić PF → posądzać

posą|g M (*-u; -i*) Statue *f*; **~żek** M (*-żka; -żki*) Statuette *f*

posel|ski Abgeordneten-; **klub** *m* **~ski** POL Parlamentsfraktion *f*; **immunitet** *m* **~ski** parlamentarische Immunität *f*; **~stwo** N (*-a*) (*placówka dyplomatyczna*) Gesandtschaft *f*; *fig* Mission *f*

poseł M (*-sła; -słowie*) Abgeordnete(r) *m*; (*dyplomata*) Gesandte(r) *m*; **~ do Sejmu** Sejmabgeordnete(r) *m*

posesja F (*-i; -e*) Anwesen *n*

posezono|wy: **wyprzedaż** *f* **~wa** Sommerschlussverkauf *m*; Winterschlussverkauf *m*

posępnieć ⟨s-⟩ (*-eję*) finster dreinblicken, bedrückt werden

posępny *myśli* finster, düster; *nastrój* bedrückt, düster

posiać PF (*posieję*) (*zapodziać*) *umg* verschlampen, verbummeln

posiadacz M (*-a; -e*), **~ka** F (*-i; gen -czek*) Besitzer(in) *m(f)*; **~ akcji** Aktieninhaber(in) *m(f)*; **~ czeku** Scheckinhaber(in) *m(f)*

posiadać (*-am*) besitzen; **nie ~ się z** (*gen*) außer sich sein (vor *dat*); **nie ~ się ze szczęścia** überglücklich sein, vor Glück außer sich sein

posiada|nie N (*-a; bpl*) Besitz *m*; **stan** *m* **~nia** Besitztum *n*; **być w ~niu** (*gen*) im Besitz von (*dat*) sein, im Besitz haben (*akk*); **wziąć** *pf* **w ~nie** (*akk*) in s-n Besitz bringen (*akk*), den Besitz ergreifen (von *dat*)

posiadło|ść F (*-ści*) Grundstück *n*, Anwesen *n*; JUR Liegenschaft *f*; **~ści** *pl* Kolonie *f*

posiąśćˑ PF (*posiądę*) in Besitz nehmen; *umiejętność* erwerben, sich aneignen

posiedzenie N (*-a*) Sitzung *f*

posiedzieć PF (*-dzę*) (eine Weile) sitzen (bleiben)

posiew (*-u; -y*) MED Abstrich *m*

posilać się (*-am*) ⟨**-ić**⟩ (*-ę*) sich stärken

posił|ek M (*-łku; -łki*) Mahlzeit *f*; **~ki** *pl* MIL Verstärkung *f*; **~kowy** Hilfs-; **czasownik** *m* **~kowy** GRAM Hilfsverb *n*

posiniaczony voller Blutergüsse, voller blauer Flecken

poskarżyć PF (*-ę*) *umg* petzen; **~ się** sich

P

beschweren (**na** *akk* über *akk*); **~ się k-u** sich j-m anvertrauen, sich bei j-m ausweinen

poskąpić PF (-ię) (*gen*) geizen (*a. fig*) (mit *dat*), nicht geben (*akk*); **nie ~** (*gen*) großzügig sein (mit *dat*)

poskramiacz M (-*a*; -*e*) Bändiger *m*, Dompteuer *m*

poskramiać (-*am*) ⟨**poskromić**⟩ (-*ię*) *gniew, namiętność* bändigen, zügeln; *ciekawość* bezähmen; *zwierzęta* bändigen

posłać˙ PF → posyłać

posłanie[1] N (-*a*; *bpl*) *filmu, książki* Botschaft *f*; (*misja*) Sendung *f*, Mission *f*; (*apel*) feierlicher Apell *m*

posłanie[2] N (-*a*) Bett *n*, Schlafplatz *m*

posłaniec M (-*ńca*; -*ńcy*) Bote *m*

posłanka F (-*i*; *gen* -*nek*) Abgeordnete *f*; **~ do Sejmu** Sejmabgeordnete *f*

posłannictwo N (-*a*) Sendung *f*, Mission *f*

posłodzić PF → słodzić

posłowie N (-*a*) Nachwort *n*

posłowie PL → poseł

posłuch M (-*u*; *bpl*) Gehorsam *m*, Disziplin *f*; **mieć ~** Autorität haben (**u** *gen* bei *dat*); **dawać ~** (*dat*) Gehör schenken (*dat*); **zdobyć ~** sich Gehör verschaffen

posłuchać PF (-*am*) (*gen*) sich anhören (*akk*); *rady, przyjaciela* hören (auf *akk*); **~ muzyki** Musik hören; **posłuchaj mnie!** hör mir zu!; **posłuchaj!** *umg* hör mal zu!

posłu|ga: **oddać** *pf* **ostatnią ~ę k-u** *lit* j-m die letzte Ehre erweisen

posługiwać się (-*uję*) ⟨**posłużyć**⟩ (-*ę*) (*inst*) sich bedienen (*gen*), benutzen (*akk*); **posługiwać się językiem obcym** e-e Fremdsprache sprechen, e-e Fremdsprache beherrschen

posłusz|eństwo N (-*a*; *bpl*) Gehorsam *m*; **odmówić** *pl* **~eństwa** (den Dienst) versagen; **~ny** gehorsam, folgsam

posłużyć PF (-*ę*) dienen (**do** *gen* zu *dat*); **~ za** (*akk*) *od* **jako** (*nom*) dienen als (*nom*); **~ k-u** j-m gut bekommen

posłużyć się PF → posługiwać się

posmak M (-*u*; *bpl*) Beigeschmack *m* (*a. fig*)

posmakować PF → smakować

posmarować PF → smarować

posmutnieć PF (-*eję*) traurig werden

posoka F (-*i*) ŁOW Schweiß *m*

posolić PF → solić

posortować → sortować

pospać PF (*pośpię*) (ein wenig) schlafen; **~ dłużej** (sich) ausschlafen

pospieszać PF → pośpieszać

pospieszny → pośpieszny

pospłacać PF (-*am*): **~ długi** alle Schulden bezahlen

pospolity (-**cie**) gewöhnlich, durchschnittlich; (*częsty*) häufig (vorkommend)

pospólstwo N (-*a*; *bpl*) *pej* Plebs *m*

posprzątać PF (-*am*) aufräumen

posprzeczać się PF (-*am*) sich überwerfen, sich streiten

posprzedawać PF (*posprzedaję*) (alles nacheinander) verkaufen

posrebrzać (-*am*) ⟨**-yć**⟩ (-*ę*) versilbern

posrebrzany versilbert

post M (-*u*; -*y*) Fasten *n*; **Wielki ~** REL Fastenzeit *f*, Passionszeit *f*; **zachowywać ~** fasten

post|ać F (-*ci*; -*cie od* -*ci*) Gestalt *f*, Form *f*; (*sylwetka*) Gestalt *f*, Figur *f*; (*osoba*) Person *f*, Persönlichkeit *f*; *w utworze* Figur *f*; **znana ~ać** bekannte Persönlichkeit *f*; **pod ~acią** (*gen*) in der Gestalt (von *dat*), in Form (*gen*); **to zmienia ~ać rzeczy** das ändert die Sache

postanawiać (-*am*) ⟨**postanowić**⟩ (-*ię*) beschließen

postanowienie N (-*a*) Entschluss *m*; (*uchwała*) Beschluss *m*, Entschließung *f*

postarzać (-*am*) älter machen, älter erscheinen lassen; **~ się** sich älter machen

postawa F (-*y*) Haltung *f* (*a. fig*); (*sylwetka*) Figur *f*, Gestalt *f*; **~ ciała** Körperhaltung *f*

postawić PF: **~ się w czyjejś sytuacji** sich in j-s Lage versetzen; → stawiać

postawny stattlich

postąpić PF → postępować

posterun|ek M (-*nku*; -*nki*) Wachdienst *m*, Wache *f*; MIL Wachposten *m*; (*miejsce*) Wache *f*; **~ek policji** Polizeiwache *f*, Polizeidienststelle *f*; **~ek straży pożarnej** Feuerwache *f*; **stać na ~ku** Wache stehen; **~kowy** M (-*ego*; -*wi*) Wachhabende(r) *m*

postękiwać (-*uję*) leise stöhnen

postęp M (-*u*; -*y*) Fortschritt *m*; **~y** *pl* Fortschritte *pl* (**w** *lok* in *dat*); **iść z ~em** mit der Zeit gehen; **robić ~y** *pl* Fortschritte machen; **~ek** M (-*pku*; -*pki*) (böse) Tat *f*

postępować (-*uję*) ⟨**postąpić**⟩ (-*ię*) handeln, sich verhalten; *praca* vorangehen, vorankommen; *choroba* sich ent-

P

wickeln, fortschreiten; **~ z** (*inst*) behandeln (*akk*), umgehen mit (*dat*)
postępowanie N (*-a*) Verhalten *n* (**w stosunku do** *gen* gegenüber *dat*); JUR Verfahren *n*; **~ sądowe** JUR Gerichtsverfahren *n*; **~ prawne** JUR Rechtsverfahren *n*; **~ karne** JUR Strafverfahren *n*; **~ arbitrażowe** JUR Schiedsverfahren *n*
postępow|iec M (*-wca; -wcy*) Mann *m* des Fortschritts; **być ~cem** fortschrittlich sein
postęp|owy (**-wo**) fortschrittlich; **~ujący** fortschreitend
postkomunistyczny postkommunistisch
post|ny REL Fast-; *zupa, posiłek* fleischlos, ohne (tierisches) Fett; **danie** *n* **~ne** REL Fastenspeise *f*
postojo|wy *miejsce* Halte-; **światła** *n/pl* **~we** AUTO Standlicht *n*
postój M (*-oju; -oje; gen -ojów*) Halt *m*; (*odpoczynek*) Rast *f*; *pociągu* Aufenthalt *m*; **~ taksówek** Taxistand *m*
postrach M (*-u; bpl*) Angst *f*, Furcht *f*; (*osoba*) Schrecken *m*; **trzymać w ~u** in Angst halten; **dla ~u** zur Abschreckung; **być ~em studentów** der Schrecken der Studenten sein
postradać PF (*-am*) *lit* verlieren; **~ zmysły** den Verstand verlieren
postraszyć PF (*-szę*): **~ k-o** j-m Angst einjagen; (*grozić*) j-m drohen (mit *dat*)
postron|ek M (*-nka; -nki*) Strick *m*; **mieć nerwy jak ~ki** *umg* die Ruhe weghaben
postron|ny *obserwator* außenstehend, unbeteiligt; **osoby** *f/pl* **~ne** Dritte *pl*
postrzał M (*-u; -y*) Schussverletzung *f*, Schusswunde *f*; MED Hexenschuss *m*; **~ w głowę** Kopfschuss *m*
postrzegać (*-am*) ⟨**postrzec***⟩ (*postrzegę*) (*odbierać*) wahrnehmen
postrze|galny wahrnehmbar; **~leniec** M (*-ńca; -ńcy*) *umg* Hitzkopf *m*, Verrückte(r) *m*
postrzelić PF (*-ę*) anschießen, verwunden
postrzelony angeschossen; *fig umg* übergeschnappt, verrückt
postrzeżenie N (*-a*) Wahrnehmung *f*
postrzępiony *materiał* ausgefranst; *skała* zerklüftet
postsynchronizacja F (*-i; -e*) Nachvertonung *f*
postukiwać (*-uję*) leise klopfen; ab und zu klopfen; *obcasy* klacken
postulat M (*-u; -y*) POL Forderung *f*, Postulat *n*
postulować (*-uję*) POL fordern, postulieren
postument M (*-u; -y*) Postament *n*
posucha F (*-y*) Dürre *f*, Trockenheit *f*; *fig* Mangel *m*
posunąć PF: **~ się w latach** älter werden, in die Jahre kommen; → posuwać
posunięcie N (*-a*) *w grze* Zug *m* (*a. fig*); **~ taktyczne** taktischer Zug *m*; **mądre ~** *fig* kluger Zug *m*
posunięty: **daleko ~** weit fortgeschritten
posuwać (*-am*) ⟨**-nąć**⟩ (*-nę*) (vor)schieben; *fig* voranbringen; **~ się** sich langsam fortbewegen, langsam vorrücken; *praca* vorankommen; *choroba* fortschreiten; (*zrobić miejsce*) Platz machen, zur Seite rücken; **proszę się posunąć!** machen Sie bitte Platz!, rücken Sie bitte zur Seite!; **~ się do** (*gen*) *fig* nicht zurückschrecken (vor *dat*); **~ się za daleko** *fig* zu weit gehen
posyłać (*-am*) ⟨**posłać**⟩ (*poślę*) *v/t* schicken, senden; **~ po** (*akk*) holen lassen (*akk*); **~ k-o do** (*gen*) j-n schicken (zu *dat*); **~ do szkoły** in die Schule schicken; **~ po zakupy** einkaufen schicken, zum Einkaufen schicken; **~ na kolonie** in ein Ferienlager schicken; **~ na śmierć** in den Tod schicken
posył|ka: **chłopiec** *m* **na ~ki** Laufbursche *m*
posypywać (*-uję*) ⟨**posypać**⟩ (*-ię*) *ulice* streuen; *ciasto* bestreuen (*inst* mit *dat*); **~ ulice solą** die Straßen mit Salz streuen; **~ ciasto cukrem** den Kuchen mit Zucker bestreuen; **posypać się** *pf tynk* abfallen; *iskry* sprühen; *liście* in großer Menge herabfallen; **posypały się zarzuty** es hagelte Vorwürfe; **posypały się oklaski** stürmischer Beifall brauste auf
poszaleć PF (*-eję*) sich amüsieren, sich austoben
posz|anowanie N (*-a; bpl*) Achtung *f*, Respekt *m*; **brak** *m* **~anowania** Respektlosigkeit *f*; **~arpany** zerrissen, zerfetzt
poszczególny einzelne(r)
poszczęścić się PF *unpers*: (**nie**) **poszczęściło mu się** er hatte (kein) Glück
poszept M (*-u; -y*) Geflüster *n*
poszerzać (*-am*) ⟨**-yć**⟩ (*-ę*) breiter

P

machen; *fig* erweitern; **~ się** sich erweitern (*a. fig*)
poszerzenie N (*-a*) Erweiterung *f* (*a. fig*)
poszerzyć PF → poszerzać
poszewka F (*-i; gen -wek*) Kissenbezug *m*
poszkodowany[1] geschädigt; **~ na zdrowiu** gesundheitsgeschädigt; **być ~m** Schaden erleiden
poszkodowa|ny[2] M (*-ego; -ni*), **~na** F (*-ej; -ne*) Geschädigte(r) *m, f*
poszlak|a F (*-i*) Indiz *n*; **~owy** Indizien-
poszukać PF (*-am*) (*gen*) (eine Weile) suchen (nach *dat*); **~ lepszej pracy** nach einer besseren Arbeit suchen; **~ sobie innych przyjaciół** sich andere Freunde suchen
poszukiwacz M (*-a; -e*), **~ka** F (*-i; gen -czek*): **~ złota** Goldgräber(in) *m(f)*; **~ pereł** Perlentaucher(in) *m(f)*; **~ skarbów** Schatzsucher(in) *m(f)*; **~ przygód** Abenteurer(in) *m(f)*
poszukiwać (*-uję*) suchen (*gen* nach *dat*); **~ złota** nach Gold schürfen
poszukiwa|nie N (*-a*) Suche *f*; (*akcja*) Suchaktion *f*; **~nia** *pl* **naukowe** Forschung *f*, wissenschaftliche Untersuchung *f*; **~nia** *pl* **artystyczne** künstlerische Suche *f*, Experimente *pl*; **w ~niu** (*gen*) auf der Suche (nach *dat*)
poszukiwany[1] *zbieg* gesucht; (*zaginiony*) vermisst; *towar* gefragt, begehrt
poszukiwan|y[2] M (*-ego; -ni*), **~a** F (*-ej; -ne*) (*zbieg*) Gesuchte(r) *m, f*; (*zaginiony*) Vermisste(r) *m, f*
poszukiwawczy *akcja* Such-; *ekspedycja* Forschungs-
posz|um M (*-u; bpl*) *lit* Rauschen *n*; **~wa** F (*-y*) Bettbezug *m*
poszycie N (*-a*) *dachu* Strohdach *n*; (*runo leśne*) Unterholz *n*; MAR Beplankung *f*
pościć (*poszczę, pość!*) fasten
pościel F (*-i; bpl*) Bettwäsche *f*; **zmienić** *pf* **~** das Bett neu beziehen; **leżeć w ~i** im Bett liegen
pościelić PF → ścielić
pościelowy Bett-
pościg M (*-u; -i*) Verfolgung *f*; *koll* Verfolger *pl*; *fig* Jagd *f* (**za** *inst* nach *dat*); **~owy** Verfolgungs-; **akcja** *f* **~owa** Verfolgungsjagd *f*; **samolot** *m* **~owy** Jagdflugzeug *n*
pośladek M (*-dka; -dki*) ANAT Gesäßhälfte *f*, *umg* Backe *f*; **~ki** *pl* Gesäß *n*, *umg* Po *m*

pośledni minderwertig
poślizg M (*-u; -i*) Rutschen *n*; *fig umg* Verzögerung *f*; **wpaść** *pf* **w ~** AUTO ins Schleudern geraten; **niebezpieczeństwo** *n* **~u** AUTO Schleudergefahr *f*
poślizgnąć się PF (*-nę*) ausrutschen
poślubiać (*-am*) ⟨**-ić**⟩ (*-ię*) *kobietę* zur Frau nehmen; *mężczyznę* heiraten
poślub|ny: **podróż** *f* **~na** Hochzeitsreise *f*; **noc** *f* **~na** Hochzeitsnacht *f*
pośmiać się PF (*-eję*) lachen (**z** *gen* über *akk*)
pośmiert|ny postum; LIT nachgelassen, postum; **maska** *f* **~na** Totenmaske *f*
pośmiewis|ko N (*-a; bpl*) Gespött *n*; **stać się** *pf* **~kiem** zum Gespött werden; **wystawić** *pf* **na ~ko k-o** j-n zum Gespött machen; **zrobić** *pf* **z siebie ~ko** sich lächerlich machen
pośpiech M (*-u; bpl*) Eile *f*, Hast *f*; **w ~u** in Eile; **nie ma ~u** es hat keine Eile; **w wielkim** *od* **zbytnim ~u** überstürzt
pośpieszać (*-am*) ⟨**-yć**⟩ (*-ę*) *v/t* drängen, zur Eile antreiben; V/I (*iść*) eilen; **~ na ratunek** zu Hilfe eilen
pośpieszny eilig, hastig; *pociąg, autobus* Schnell-; (*pochopny*) voreilig, vorschnell
pośpieszyć PF: **~ z** (*inst*) *fig* sich beeilen zu (+ *inf*); **~ się** sich beeilen; **~ się z** (*inst*) *fig* übereilig sein mit (*dat*); **pośpiesz się!** beeil dich!; → pośpieszać
pośredni (**-nio**) indirekt, mittelbar
pośredniak M (*-a; -i*) *umg* Arbeitsamt *n*
pośrednict|wo N (*-a*) Vermittlung *f*; **~wo handlowe** Zwischenhandel *m*; **za ~wem** (*gen*) durch Vermittlung (von *dat*); **za ~wem telewizji** übers Fernsehen; **biuro** *n* **~wa pracy** Stellenvermittlung *f*, Arbeitsamt *n*
pośredniczenie N (*-a; bpl*) Vermittlung *f*
pośredniczyć (*-ę*) vermitteln (**w** *lok* in *dat*); als Zwischenhändler tätig sein, als Makler tätig sein
pośredn|ik M (*-a; -cy*), **~iczka** F (*-i; gen -czek*) Vermittler(in) *m(f)*, Mittelsmann *m* (*a.* POL); **~ handlowy** Zwischenhändler *m*; POL Unterhändler *m*; **~ik handlu nieruchomościami** Immobilienmakler *m*
pośrednio ADV → pośredni
po|środku ADV in der Mitte; **~śród** PRÄP (*gen*) mitten in (*dat*), inmitten (*gen*); unter (*dat*)
poświadczać (*-am*) ⟨**-yć**⟩ (*-ę*) bestäti-

gen, bescheinigen; *podpis* beglaubigen
poświadczenie N (-a) (*dokument*) Bescheinigung *f*; *podpisu* Beglaubigung *f*; **znaleźć** *pf* **~** *fig* Bestätigung finden
poświadczyć PF → poświadczać
poświęcać (-am) ⟨-ić⟩ (-ę) *czas, wieczór* opfern (**na** *akk* für *akk*); (*dedykować*) widmen; REL weihen; **~ życie** sein Leben (auf)opfern (**dla** *gen* für *akk*); **~ wiele uwagi** viel Aufmerksamkeit schenken; **~ wiele czasu** (*dat*) sich viel Zeit nehmen (für *akk*); **~ się** *rodzinie, dzieciom* sich widmen (*dat*); sich (auf)opfern (für *akk*); *pracy, badaniom* sich widmen (*dat*)
poświęcenie N (-a) (*czyn*) Opfer *n*; (*postawa*) Aufopferung *f*, Hingabe *f*; REL Einweihung *f*; **~ życia** Aufopferung *f* des Lebens; **~ się** Selbstaufopferung *f*; **z ~m** aufopfernd, mit Hingabe
poświęcić PF → poświęcać
poświęcony gewidmet; REL geweiht
poświst M (-u; -y) Pfiff *m*, Pfeifen *n*
pot M (-u; -y) Schweiß *m*; **mokry od ~u** *od* **zlany ~em** schweißgebadet; **pokryty ~em** schweißbedeckt; **spływać ~em** vor Schweiß triefen; **na ~y** MED schweißtreibend; **w pocie czoła** *lit* im Schweiße seines Angesichts
potajemny geheim, heimlich
potakiwacz M (-a; -e; *gen* -y *od* -ów) *pej* Jasager *m*
potakiwać (-uję) (zustimmend) nicken, zustimmen
potakująco ADV zustimmend, kopfnickend
potanieć PF → tanieć
potańcówka F (-i; *gen* -wek) *umg* Tanzabend *m*
potargać PF (-am) *włosy* zerzausen
potas M (-u; *bpl*) CHEM Kalium *n*; **zawierający ~** kaliumhaltig
potasować PF → tasować
po|tąd bis hierher; **mam tego ~tąd!** ich habe es satt!; **~tem** danach, nachher; dann; **na ~tem** *umg* für später
potencja F (-i; *bpl*) Potenz *f* (*a. fig*)
potencj|alny potentiell; **~ał** M (-u; -y) Potenzial *n*
potę|ga F (-i; *bpl*) *miłości, pieniądza* Macht *f*; (*mocarstwo*) Großmacht *f*; MAT Potenz *f*; **~ga militarna** militärische Großmacht *f*; **podnieść** *pf* **do drugiej ~gi** MAT in die zweite Potenz erheben
potęgować ⟨s-⟩ (-uję) steigern, verstärken; **potęgować** MAT potenzieren; **~ się** sich verstärken, stärker werden
potępiać (-am) ⟨-ić⟩ (-ię) verurteilen, missbilligen; REL verdammen (*a. fig*); POL ächten (*a. fig*); **~ w czambuł** in Bausch und Bogen verurteilen
potępiający (-co) missbilligend
potępić PF → potępiać
potępie|nie N (-a) Verurteilung *f*, Missbilligung *f*; (*napiętnowanie*) Ächtung *f* (*a.* POL), Verdammung *f*; **wieczne ~nie** REL ewige Verdammnis *f*; **godny ~nia** verwerflich, verachtenswert
potępieni *persf* → potępiony
potępieniec M (-ńca; -ńcy) *lit* Verdammte(r) *m* (*a.* REL); **drzeć się jak ~** *umg* wie am Spieß schreien
potępieńczy *lit* schauerlich, höllisch
potępiony[1] (*persf* -eni) REL verdammt
potępio|ny[2] M (-ego; -ni), **~na** F (-ej; -e) REL Verdammte(r) *m*, *f*
potężnieć ⟨s-⟩ (-eję) stärker werden, an Stärke *od* Kraft gewinnen; (*osoba*) kräftiger werden
potężny mächtig, gewaltig; *cios* wuchtig
potknąć się PF → potykać się
potknię|cie N (-a) Stolpern *n*; **~cia** *pl fig* (kleine) Fehler *m/pl*, Ausrutscher *m*
potliwość F (-ści; *bpl*) MED übermäßiges Schwitzen *n*
potłuczenie N (-a) Quetschung *f*, Prellung *f*
potnieć ⟨s-⟩ (-eję) schwitzen; ⟨za-⟩ *szkło, metal* beschlagen
potoczny *wyraz, nazwa* umgangssprachlich; *wyobrażenie, opinia* üblich, verbreitet; **język** *m* **~** Umgangssprache *f*; **w ~m rozumieniu** im allgemeinen Verständnis; **w sensie ~m** im gewöhnlichen Sinne
potoczek M (-czka *od* -czku; -czki) *dim* Bächlein *n*
potoczysty (-ście) *język* flüssig, gewandt
potok M (-u; -i) Bach *m*; *fig* Strom *m*; **górski ~** Gebirgsbach *m*; **~ deszczu** Regenflut *f*; **~ słów** Wortschwall *m*; **~ łez** ein Strom von Tränen; **~ krwi** ein Strom von Blut; **rwący ~** Wildbach *m*, Gießbach *m*; **płynąć ~iem** *fig* in Strömen fließen, strömen
potom|ek M (-mka; -mkowie), **~kini** F (-i; -e; *gen* -ń) Nachkomme *m*, Nachfahre *m*; **~kowie** *pl* Nachkommenschaft *f*

P

ulubione polskie potrawy

żurek	*Suppe aus gegorenem Roggenmehl, mit Wurst und Sahne*
zrazy	*dünne, stark geklopfte, angebratene und dann mit Zwiebeln und Gewürzen geschmorte Scheiben Rindfleisch*
bigos	*Speise aus Sauerkraut, Schweinefleisch, Rindfleisch, durchwachsenem Räucherspeck und Wurst, unter Zugabe von getrockneten Pilzen, getrockneten Pflaumen und Gewürzen*

potomni PL (*gen -ych*) Nachwelt *f*, künftige Generationen *pl*
potom|ność F (*-ści; bpl*) Nachwelt *f*; **przejść** *pf* **do ~ności** in die Geschichte eingehen; **~stwo** N (*-a; bpl*) Nachkommen *pl*, Nachkommenschaft *f*; *zwierząt* Junge *pl*
potop M (*-u; bpl*) REL Sintflut *f*; **prawdziwy** *od* **istny ~** die reinste Sintflut
potowy: **gruczoł ~** ANAT Schweißdrüse *f*
potówki F/PL (*gen -wek*) Frieselausschlag *m*, Frieseln *m/pl*
potrafić PF (*-ię*) (*umieć*) können; **~** (+ *inf*) (*być zdolnym*) imstande sein; fähig sein zu (+ *inf*)
potrajać (*-am*) ⟨**potroić**⟩ (*-ję*) verdreifachen
potraktować PF → traktować
potrawa F (*-y*) Speise *f*, Gericht *n*; **spis** *m* **potraw** Speisekarte *f*; **~ z warzyw** Gemüsegericht *n*; **~ z mięsa** Fleischgericht *n*; **~ z ryżu** Reisgericht *n*
potraw|ka F (*-i; gen -wek*) Ragout *n*; **~ka cielęca** Kalbsfrikassee *n*; **kura** *f* **w ~ce** Hühnerfrikassee *f*
potrącać (*-am*) ⟨**-ić**⟩ (*-ę*) anstoßen; *samochodem* anfahren; FIN abziehen (**z** *gen* von *dat*); **~ z pensji** vom Gehalt abziehen
potrącenia N/PL (*gen -eń*) FIN Abzüge *m/pl*
potrącić PF → potrącać
potroić PF → potrajać
potrójny dreifach
potrzask M (*-u; -i*) Falle *f*; **znaleźć się** *pf* **w ~u** *fig* in der Falle sitzen
potrzaskać PF (*-am*) zerschlagen
potrząsać (*-am*) ⟨**-nąć**⟩ (*-nę*) (*inst*) schütteln (*akk*)

P

potrze|ba¹ F (*-y*) (*chęć*) Bedürfnis *n*; (*konieczność*) Notwendigkeit *f*; **nagła ~ba** Notfall *m*; **podstawowe ~by** *pl* Grundbedürfnisse *pl*; **~by** *pl* **materialne** materielle Bedürfnisse *pl*; **na własne ~by** für den Eigenbedarf; **bez ~by** unnötigerweise; **w razie ~by** falls nötig, notfalls; **w miarę ~by** bei Bedarf; **~by** *f/pl* **fizjologiczne** *od* **naturalne** Notdurft *f*; **~ba chwili** das Gebot der Stunde; **nie ma ~by** (+ *inf*) es gibt keinen Grund, es ist nicht nötig zu (+ *inf*); **w ~bie** in der Not; **iść za ~bą** *umg* austreten gehen
potrzeba² *präd*: **~ mi** (*gen*) ich brauche (*akk*); **do tego ~ doświadczenia** dafür braucht man Erfahrung, dafür ist Erfahrung nötig; **nie ~, żeby** ... es ist nicht nötig, dass ...; **więcej niż ~** mehr als nötig; **~ czasu, żeby** ... es braucht Zeit, damit ...; **~ mi czasu** ich brauche Zeit; **~ ci pieniędzy?** brauchst du Geld?
potrzeb|ny notwendig, nötig; **to jest mi ~ne** ich brauche es; **czy jestem ci jeszcze ~ny?** brauchst du mich noch?; **wszystko, co potrzebne** alles Nötige
potrzebować (*-uję*) (*gen*) brauchen; **nie ~** (+ *inf*) es nicht brauchen zu (+ *inf*)
potrzebujący PL (*gen -ych*) Bedürftige *pl*
potrzebujący: **~ pomocy** hilfsbedürftig
potrzeć* PF → pocierać
potrzymać PF (*-am*) (eine Weile) halten; *podejrzanego, zakładnika* (eine Weile) festhalten; **możesz ~ torbę?** kannst du die Tasche kurz halten?
potulny fügsam, demütig; **~ jak baranek** lammfromm
poturbować PF (*-uję*) verletzen, übel zurichten; **~ się** sich verletzen
potwarz F (*-y; -e*) Verleumdung *f*

potwierdzać (-am) ⟨-ić⟩ (-ę) bestätigen; **~ się** sich bestätigen
potwierdz|ająco ADV bejahend; **~enie** N (-a) Bestätigung *f*; **~enie odbioru** Empfangsbestätigung *f*
potwierdzić PF → potwierdzać
potwierdzony bestätigt
potwor|ność F (-ści) Scheußlichkeit *f*, Abscheulichkeit *f*; **~ności** *pl* (*czyny*) Gräuel *pl*; **~ny** *krzyk, ból* furchtbar; *zbrodnia* abscheulich; (*brzydki*) grässlich, scheußlich
potwór M (-ora; -ory) *baśniowy* Ungeheuer *n*, Monster *n*; (*osoba*) Scheusal *n*, Monstrum *n*; (*brzydka rzecz*) Monstrum *n*
potyczka F (-i; *gen* -czek) MIL Gefecht *n*; **~ słowna** Wortgefecht *n*
potykać się (-am) ⟨**potknąć**⟩ (-nę) stolpern (**o** *akk* über *akk*)
potyli|ca F (-y; -e) ANAT Hinterkopf *m*; **strzał** *m* **w ~cę** Genickschuss *m*
pouczać (-am) ⟨-yć⟩ (-ę) belehren; (*instruować*) anweisen, unterrichten
poucz|ający *lektura* lehrreich; *głos* belehrend; **~enie** N (-a) Belehrung *f*; (*instrukcja*) Anleitung *f*, Anweisung *f*
pouczyć PF → pouczać
pouczyć się PF (-ę) (e-e Weile) lernen
poufale ADV → poufały
poufa|łość F (-ści) Vertraulichkeit *f*; **zbytnia ~łość** Zudringlichkeit *f*
poufały (-le) vertraulich, familiär
poufny *rozmowa, informacja* vertraulich; *sprawa* diskret; *misja* geheim; *ton* vertraulich; *stosunek* vertraut, familiär
poukładać PF (-am) (alles) ordnen; nacheinander ordnen
pourazowy MED posttraumatisch; **wstrząs** *m* **~** Schleudertrauma *n*
pow. (**powierzchnia**) Fl. (Fläche); (**powiat**) ADMIN Kreis *m*
powab M (-u; -y) *osoby* Anmut *f*, Liebreiz *m*; *rzeczy* Charme *m*, Reiz *m*; **~y** *pl* **świata** Verlockungen *pl* der Welt; **~ny** anmutig, reizvoll
powa|ga F (-i; *bpl*) Ernst *m*; *instytucji* Ansehen *n*; **~ga sytuacji** der Ernst der Lage; **~ga chwili** der Ernst der Stunde; **zachować** *pf* **~gę** ernst bleiben
powalić PF (-lę) *drzewo* umstürzen; *zwierzę* niederstrecken; **~ na plecy** auf den Rücken werfen; **choroba go powaliła** *lit* die Krankheit warf ihn nieder
poważać (-am) achten, hochschätzen
poważanie N (-a; *bpl*) Achtung *f*, Respekt *m*; **cieszyć się ~m** Ansehen genießen (**u** *gen* bei *dat*); **z ~m** *ofic* hochachtungsvoll
poważnie ADV ernst, ernsthaft; **traktować ~** ernst nehmen; **~?** im Ernst?; **mówić ~** es im Ernst meinen
poważnieć ⟨**s-**⟩ (-eję) ernst werden; (*dorośleć*) erwachsener werden
poważ|ny *zagrożenie, zarzut, obrażenia* ernst; *problem* ernsthaft; (*poważany*) seriös, angesehen; (*znaczny*) beachtlich, beträchtlich; **muzyka** *f* **~na** klassische Musik *f*; **w ~nym wieku** in fortgeschrittenem Alter; **odegrać** *pf* **~ną rolę** e-e wichtige Rolle spielen; **mieć ~ne zamiary** Heiratsabsichten haben; **~na propozycja** *f* ernst zu nehmender Vorschlag *m*; **jego stan jest bardzo ~ny** sein Zustand ist sehr ernst, er schwebt in Lebensgefahr
powątpiewać (-am) (**w** *akk*) bezweifeln (*akk*)
powątpiewający (-co) skeptisch, zweifelnd
powątpiewanie N (-a) Zweifel *m*; **z ~m** *adv* zweifelnd, skeptisch
poweseleć PF (-eję) fröhlicher werden, wieder Laune bekommen
powetować PF (-uję): **~ sobie stratę** den Verlust wettmachen, den Verlust ersetzen; **~ stracony czas** die vertane Zeit nachholen
powędrować PF → wędrować
powiać PF → powiewać
powiadać (-am) *lit* sagen
powiadamiać (-am) ⟨**powiadomić**⟩ (-ię) benachrichtigen (**o** *lok* über *akk*)
powiadomienie N(-a) Benachrichtigung *f*
powiadomić PF → powiadamiać
powiastka F (-i; *gen* -tek) Fabel *f*, Geschichte *f*
powiat M (-u; -y) (Land)Kreis *m*; **~owy** Kreis-
powiązać PF (*powiążę*) zusammenbinden; *fig* verknüpfen, verbinden
powiąza|nia N/PL (-ań) *fig* Verbindungen *f*/*pl*, Beziehungen *pl*; **w ~niu z** (*inst*) in Verbindung (mit *dat*), im Zusammenhang (mit *dat*)
powiąza|ny: **być ~nym z** (*inst*) in Verbindung stehen (mit *dat*); (**nie**) **~ne**

P

ze sobą (nicht) zusammenhängend; **to jest ~ne z ryzykiem** es ist mit einem Risiko verbunden; **on jest ~ny z mafią** er steht in Verbindung mit der Mafia

powić PF (*powiję*): **~ dziecko** *lit* niederkommen, einem Kind das Leben schenken

powidła PL (*gen -deł*) Pflaumenmus *n*

powiedze|nie N (*-a*) (*aforyzm*) Sentenz *f*, Sinnspruch *m*; **mieć dużo do ~nia** viel zu sagen haben; **nie mieć nic do ~nia** nichts zu sagen haben, *umg* nichts zu melden haben

powiedzieć PF (*powiem*) sagen; **~ prawdę** die Wahrheit sagen; **powiem ci potem** ich sage es dir später; **powiedz mi, czy ...** sag mir, ob ...; **że tak powiem** sozusagen

powiedzonko N (*-a; gen -nek*) *umg* Spruch *m*

powi|eka F (*-i*) (Augen)Lid *n*; **bez drgnienia** *od* **bez zmrużenia ~ek** ohne mit der Wimper zu zucken; **spędzać sen z ~ek k-u** j-m den Schlaf rauben; **~eki mi się zamykają** mir fallen die Augen zu

powielacz M (*-a; -e*) Vervielfältigungsgerät *n*

powielać (*-am*) ⟨**-ić**⟩ (*-lę*) vervielfältigen; *fig* wiederholen, imitieren

powierni|ca F (*-y; -e*) Vertraute *f*; **~ctwo** N (*-a; bpl*) JUR Treuhandschaft *f*; POL Patronat *n*

powierni|czy JUR Treuhand-; **terytorium ~cze** POL Treuhandgebiet *n*

powiernik M (*-a; -cy*) Vertraute(r) *m*; JUR Treuhänder *m*

powierzać (*-am*) ⟨**-yć**⟩ (*-ę*) *tajemnicę* anvertrauen; **~ k-u** (*akk*) (*zlecić*) j-n betrauen, j-n beauftragen (mit *dat*); (*oddawać do dyspozycji*) übertragen; **~ czyjejś opiece** in j-s Obhut geben

powierzch|nia F (*-i; -e*) Oberfläche *f* (*a. fig*); (*obszar*) Fläche *f* (*a.* MAT); **~nia ziemi** Erdoberfläche *f*; **~nia wody** Wasseroberfläche *f*; **~nia użytkowa** Nutzfläche *f*; **~niowy** Oberflächen-

powierzchow|ność F (*-ści*) Äußere(s) *n*; *fig* Oberflächlichkeit *f*; **~ny** äußerlich; *fig* oberflächlich

powierzyć PF → powierzać

powiesić PF: **~ się** sich erhängen; → wieszać

powieszenie N (*-a; bpl*): **śmierć** *f* **przez ~** Tod *m* durch den Strang

powieścio|pisarz M (*-a; -e*), **~pisarka** F (*-i; gen -rek*) Romanschriftsteller(in) *m(f)*

powieściowy Roman-

powieść[1] F (*-ści*) Roman *m*; **czytać ~** einen Roman lesen; **~ z kluczem** Schlüsselroman *m*; **~ w odcinkach** Fortsetzungsroman *m*

powieść[2*] PF (*powiodę*) *lit* bringen, begleiten; **~ palcem po** (*lok*) mit dem Finger fahren (über *dat*); **~ wzrokiem po** (*lok*) mustern (*akk*), den Blick schweifen lassen

powieść się (*3. Pers powiedzie się*) gelingen, glücken; **nie ~** misslingen, missglücken; **powiodło mu się** es ist ihm gut ergangen, er hatte Glück; **nie powiodło mu się** es ist ihm schlecht ergangen, er hatte kein Glück

powiet|rze N (*-a; bpl*) Luft *f*; **na (świeżym) ~rzu** an der frischen Luft, draußen; **wyjść** *pf* **na (świeże) ~rze** an die frische Luft gehen; **na wolnym ~rzu** unter freiem Himmel, im Freien; **wisieć w ~rzu** *fig* in der Luft liegen; **traktować jak ~rze k-o** j-n wie Luft behandeln; **kino** *n* **na wolnym ~rzu** Freiluftkino *n*

powietrz|ny Luft-; **obszar** *m* **~ny** Luftraum *m*; **most** *m* **~ny** Luftbrücke *f*; **poduszka** *f* **~na** AUTO Airbag *m*; **korytarz** *m* **~ny** LOT Luftkorridor *m*; **prądy** *pl* **~ne** METEO Luftmassen *pl*; **trąba** *f* **~na** METEO Windhose *f*

powiew M (*-u; -y*) Lufthauch *m*, Luftbewegung *f*; **~ wiatru** Windhauch *m*; **~ od morza** (Meeres)Brise *f*

powiewać (*-am*) ⟨**powiać**⟩ (*-eję*) *wiatr* wehen; **~** (*inst*) (*machać*) schwenken (*akk*), winken (mit *dat*); **powiewać na wietrze** im Wind flattern; **wiatr powiewa firankami** der Wind bewegt die Gardinen; **powiało zimnem** es war ein kalter Lufthauch zu spüren; **powiało spalenizną** man hat den Brandgeruch wahrgenommen

powiewny luftig, leicht

powiększać (*-am*) ⟨**-yć**⟩ (*-ę*) vergrößern; **~ się** sich vergrößern

powiększają|cy: **szkło** *n* **~ce** Vergrößerungsglas *n*

powiększ|alnik M (*-a; -i*) FOTO Vergrößerer *m*; **~enie** N (*-a*) Vergrößerung *f* (*a.* FOTO)

powiększyć PF → powiększać

powijak|i: **być w ~ach** *fig* in den Kinderschuhen stecken

P

powikłania N/PL (*gen -ań*) Verwicklungen *f/pl*; MED Komplikationen *f/pl*
powikłany verworren, verwickelt
powinien (*persf powinni*): **~em** ich soll; ich sollte; **~em był** ... ich hätte ... sollen; **~eś** du sollst; du solltest; **~eś był** ... du hättest ... sollen; **~ zaraz wrócić** er müsste bald zurück sein
powinna sie sollte; sie soll; **~ była** ... sie hätte ... sollen; **~ zaraz wrócić** sie müsste bald zurück sein
powinni *persf*: sie sollen; sie sollten; **~ byli** ... sie hätten ... sollen
powinno es sollte; es soll; **~ się** man sollte
powinność F (*-ści*) *lit* Pflicht *f*, Schuldigkeit *f*
powinny *sachf*: sie sollen; sie sollten; **~ byli** ... sie hätten ... sollen
powinowa|ctwo N (*-a*) Verschwägerung *f*; *fig* Verwandtschaft *f*; **~ty** (*persf -ci*) verschwägert
powinszować PF → winszować
powinszowania N/PL (*gen -ań*) Glückwünsche *m/pl*
powitalny Begrüßungs-
powitanie N (*-a*) Begrüßung *f*; (*przyjęcie*) Empfang *m*; **na ~** zur Begrüßung
powitać PF → witać
powlec PF: **powlec się** (*iść*) *umg* sich schleppen; → powlekać
powleczony *pościel* frisch bezogen
powlekać (*-am*) ⟨**powlec***⟩ (*powlokę*) *poduszkę, kołdrę* (frisch) beziehen; **~** (*inst*) überziehen (mit *dat*); TECH beschichten (mit *dat*); **~ pościel** das Bett (frisch) beziehen; **~ farbą** (an)streichen, bestreichen; **~ się** (*inst*) überzogen werden, bedeckt werden (von *dat*); **niebo powleka się chmurami** der Himmel bezieht sich
powło|czka F (*-czki*; *gen -czek*) Kissenbezug *m*; **~ka** F (*-i*) Überzug *m*; (*warstwa*) Schicht *f*; (*osłona*) Hülle *f*, Haut *f*; (*poszwa*) Bettbezug *m*; **~ka lodowa** Eisdecke *f*; **~ka ozonowa** Ozonschicht *f*
powłóczyć (*-czę*) hinter sich schleppen, schleifen; **~ nogą** das Bein nachziehen; **ledwo ~ nogami** sich kaum auf den Beinen halten
powłóczysty *suknia* bodenlang; *spojrzenie* vielsagend, schmachtend
powodować ⟨**s-**⟩ (*-uję*) *wypadek* verursachen; *chorobę* hervorrufen; *zmianę* bewirken; (*mieć skutek*) zur Folge haben; **powodować się** (*inst*) handeln (aus *dat*), sich leiten lassen (von *dat*)
powodze|nie N (*-a*) (*sukces*) Erfolg *m*; (*pomyślność*) Gelingen *n*, Glück *n*; (*popularność*) Beliebtheit *f*; **cieszyć się ~niem** beliebt sein, sich großer Beliebtheit erfreuen; **mieć ~nie u k-o** j-m gefallen, bei j-m Erfolg haben; **bez ~nia** erfolglos, ohne Erfolg; **z ~niem** mit Erfolg, erfolgreich; **z (równym) ~niem** genauso gut; **cieszący się ~niem** beliebt; **~nia!** viel Glück!, viel Erfolg!
powodzianin M (*-a*; *-anie*, *-*) Flutopfer *n*
powodzić się (*unpers powodzi się*): **powodzi mu się (dobrze)** es geht ihm gut; *finansowo* er steht finanziell sehr gut da; **nie powodzi mu się** es geht ihm schlecht; *finansowo* er steht finanziell sehr schlecht da; **jak ci się powodzi?** wie geht es dir?
powodzio|wy Flut-, Hochwasser-; **klęska** *f* **~wa** Flutkatastrophe *f*; **alarm** *m* **~wy** Flutwarnung *f*; **fala** *f* **~wa** Flutwelle *f*
powojenny Nachkriegs-
powol|i ADV langsam; **~ny** *rozwój, ruch, osoba* langsam; **~nym krokiem** gemächlichen Schrittes; **~utku** ADV *dim* schön langsam
powołać PF → powoływać
powoła|nie N (*-a*) Berufung *f* (*a. fig*); **~nie do wojska** Einberufung *f*; **z ~nia** aus Berufung; **minąć się** *pf* **z ~niem** s-n Beruf verfehlen; **~ny** berufen (**do** *gen* zu *dat*)
powoływać (*-uję*) ⟨**powołać**⟩ (*-am*) berufen (**na** *akk* auf *akk*); *komisję, rząd* ernennen; **~ na stanowisko** auf e-n Posten berufen; **~ na ministra** zum Minister ernennen; **~ na świadka** JUR als Zeugen benennen; **~ do życia** ins Leben rufen; **~ do wojska** einberufen; **~ się** sich berufen (**na** *akk* auf *akk*); **powołując się na** (*akk*) unter Berufung auf (*akk*)
powonienie N (*-a*; *bpl*) Geruchssinn *m*
po|wód[1] M (*-odu*; *-ody*) Grund *m*, Anlass *m*; **z ~wodu** (*gen*) wegen (*gen*), aufgrund (*gen*); **z ~wodu choroby** wegen Krankheit, krankheitsbedingt; **dać** *pf* **k-u ~wód** (**do** *gen*) j-m Anlass geben (zu *dat*); **być ~wodem** (*gen*) die Ursache für (*akk*) sein; **z tego ~wodu** aus diesem Grunde, deshalb; **bez żadnego ~wodu** ohne jeden Grund; **nie ma ~wodu do** (*gen*) es besteht

kein Grund *od* es gibt keinen Grund zu (*dat*); **nie bez ~wodu** nicht ohne Grund

powód² M (*-oda; -owie*), **~ka** F (*-i; gen -dek*) JUR Kläger(in) *m(f)*

powództwo N (*-a*) JUR Klage *f*; **~ cywilne** Privatklage *f*

powódź F (*-odzi; -odzie*) Hochwasser *n*, Überschwemmung *f*; **klęska** *f* **powodzi** Flutkatastrophe *f*

pow|ój M (*-oju; -oje*) BOT Winde *f*; **~óz** M (*-ozu; -ozy*) Kutsche *f*, Gespann *n*

powracać (*-am*) ⟨**powrócić**⟩ (*-ę*) zurückkommen, wiederkommen, *lit* zurückkehren (*a. fig*); **~ do domu** heimkehren, heimkommen; **~ do zdrowia** wieder gesund werden, genesen; **~ do tematu** auf das Thema zurückkommen, das Thema wieder aufgreifen; **~ pamięcią** (**do** *gen*) zurückdenken (an *akk*), in Gedanken zurückkommen

powr|acający wiederkehrend; **~otny** Rück-; **w drodze ~otnej** auf dem Rückweg

powrócić PF → powracać

powrósło N (*-a; gen -seł*) Strohseil *n*

powr|ót M (*-otu; -oty*) Rückkehr *f*; **~ót do domu** Heimkehr *f*; **~ót do zdrowia** Genesung *f*; **~ót choroby** Rückfall *m*; **z ~otem** zurück; **tam i z ~otem** hin und zurück; **jechać z ~otem** zurückfahren; **życzyć ~otu do zdrowia** gute Besserung wünschen

powróz M (*-ozu; -ozy*) Strick *m*, Strang *m*

powróżyć PF → wróżyć

powsinoga F (*-i*) *Person, die nicht gerne zu Hause sitzt*

powstać¹ PF → powstawać

powsta|nie N (*-a*) Entstehung *f*, Entstehen *n*; MIL Aufstand *m*; **~niec** M (*-ńca; -ńcy*) Aufständische(r) *m*; **~ńczy** aufständisch

powstawać (*powstaję*) ⟨**powstać**⟩ (*powstanę*) (*tworzyć się*) entstehen; (*wstać*) sich erheben; **~ przeciw** (*dat*) *fig* sich erheben gegen (*akk*); **~ z miejsc** sich von den Plätzen erheben

powstrzymywać (*-uję*) ⟨**powstrzymać**⟩ (*-am*) aufhalten, zurückhalten; *śmiech, płacz* unterdrücken; *gniew* zurückhalten; *oddech* anhalten; **~ k-o** (**od** *gen od* **przed** *inst*) j-n zurückhalten, j-n abhalten (von *dat*); **~ się** sich beherrschen; **~ się od** (*gen*) (*hamować się*) sich zurückhalten mit (*dat*); (*rezygnować*) verzichten auf (*akk*); **~ się od alkoholu** auf Alkohol(konsum) verzichten; **nie móc powstrzymać się od śmiechu** sein Lachen nicht mehr unterdrücken können; **~ się z kupnem** mit dem Kauf warten, sich mit dem Kauf zurückhalten

powszechnie ADV allgemein; **~ znany** allgemein bekannt; **~ wiadomo, że ...** es ist allgemein bekannt, dass ...; **~ obowiązujący** allgemein gültig; **~ dostępny** allgemein zugänglich

powszech|ny (*ogólny*) allgemein; *prawo* allgemein gültig; (*rozpowszechniony*) verbreitet, üblich; **artykuły** *m/pl* **~nego użytku** Artikel *m/pl* des täglichen Gebrauchs; **historia** *f* **~na** Weltgeschichte *f*; **~ny spis** *m* **ludności** Volkszählung *f*

powszedni alltäglich; **dzień** *m* **~** Werktag *m*; **chleb** *m* **~** *fig* das tägliche Brot

powszednieć ⟨**s-**⟩ (*-eję*) alltäglich werden, s-n Reiz verlieren

powściągać (*-am*) ⟨**-nąć**⟩ (*-nę*) *gniew* zurückhalten; *ciekawość* bezähmen, zügeln; **~ k-o** j-n abhalten (**od** *gen* von *dat*); **~ się** sich beherrschen, sich mäßigen; **~ się od** (*gen*) sich zurückhalten mit (*dat*)

powściągli|wość F (*-ści; bpl*) Zurückhaltung *f*; **~wy (-wie)** zurückhaltend

powściągnąć PF → powściągać

powtarzać (*-am*) ⟨**powtórzyć**⟩ (*-ę*) *eksperyment, błąd* wiederholen; *plotki, sekret* weitersagen, weitererzählen; (*mówić wielokrotnie*) wiederholen, noch einmal sagen; immer wieder sagen; (*naśladować*) nachahmen; (*przekazać informację*) ausrichten; (*oddawać*) *fig* wiedergeben; **~ klasę** nicht versetzt werden, *umg* sitzen bleiben; **~ jak papuga** *umg* nachplappern; **~ bezkrytycznie** unkritisch nachsagen, unkritisch nachsprechen; **proszę powtórzyć bratu, że ...** bitte richten Sie Ihrem Bruder aus, dass ...; **powtarzał za nią ruch** er machte ihre Bewegung nach; **powtarzali za nim słowa przysięgi** sie sprachen ihm die Eidesformel nach; **~ materiał** den Stoff wiederholen; **~ się** *sytuacja, błąd* sich wiederholen; *atak bólu* wiederkehren; **powtarzać się** (*mówić to samo*) *pej* sich wiederholen

powtarza|jący się *ból* wiederkehrend; *błąd* sich wiederholend; **~lny** wiederholbar

powtórka F (*-i; gen -rek*) *umg* Wiederholung *f*; (*egzamin*) Wiederholungsprüfung *f*

powtórkowy: **egzamin ~** Wiederholungsprüfung *f*

powtórnie ADV wieder, nochmals

powtórny wiederholt, erneut

powtórzyć PF → powtarzać

powypadkowy Unfall-

powyginany verbogen

powyż|ej PRÄP (*gen*) über (*akk od dat*), oberhalb (*gen*); ADV weiter oben; **~szy** obig, oben genannt *od* oben erwähnt

powziąć* PF (*powezmę*) *lit decyzję, plan* fassen; *podejrzenie* schöpfen; *środki ostrożności* ergreifen

powzięcie N (*-a; bpl*): **~ decyzji** Entschluss *m*, Entscheidung *f*

poza[1] F (*-y; gen póz*) Pose *f* (*a. fig*)

poza[2] PRÄP (*inst*) hinter (*dat*); außerhalb (*gen*); außer (*dat*); **~ tym** außerdem, darüber hinaus; **nikt ~ tym** niemand sonst; **mieć ~ sobą** (*akk*) *fig* hinter sich haben (*akk*)

poza|biurowy außerhalb der Bürozeiten; **~galaktyczny** außergalaktisch

pozagrobo|wy nach dem Tode, jenseitig; **życie** *n* **~we** Jenseits *n*

poza|konkursowy außerhalb des Wettbewerbs; **~małżeński** außerehelich; **~parlamentrany** außerparlamentarisch

poza|służbowy außerdienstlich; **~szkolny** außerschulisch

poza|wałowy nach e-m Herzinfarkt (auftretend); **~zakładowy** außerbetrieblich

pozaziems|ki außerirdisch; **istota** *f* **~ka** Außerirdische(r) *m*, außerirdisches Wesen *n*

pozbawiać (*-am*) ⟨**-ić**⟩ (*-ię*): **~ k-o** (*gen*) j-m nehmen, j-m entziehen (*akk*); j-n bringen um (*akk*); **~ snu k-o** j-n um den Schlaf bringen, j-m den Schlaf rauben; **~ nadziei k-o** j-n seiner Hoffnungen berauben; **~ życia k-o** j-n ums Leben bringen; **~ dachu nad głową k-o** j-n obdachlos machen; **~ się** (*gen*) sich bringen um (*akk*); sich entgehen lassen (*akk*)

pozbawiony (*gen*) ohne (*akk*), beraubt (*gen*), bar (*gen*); **~ dachu nad głową** obdachlos; **~ środków do życia** mittellos

pozbierać PF (*-am*) *okruchy* einsammeln; *materiały* zusammenstellen; **~ się** *umg* sich sammeln

pozbywać się (*-am*) ⟨**pozbyć się**⟩ (*pozbędę*) (*gen*) loswerden (*akk*); **~ długów** sich seiner Schulden entledigen; **~ nieśmiałości** seine Scheu ablegen

pozdrawiać (*-am*) ⟨**pozdrowić**⟩ (*-ię, -rów!*) grüßen; (*witać*) begrüßen; (*przekazać pozdrowienia*) Grüße bestellen, Grüße ausrichten; **kazał cię pozdrowić** er lässt dich grüßen; **pozdrów go ode mnie!** grüße ihn von mir!, sag ihm herzliche Grüße von mir!; **serdecznie pozdrawiam** *w liście* viele liebe Grüße; **~ się** sich begrüßen

pozdrowie|nie N (*-a*) Gruß *m*, Begrüßung *f*; **~nia** *pl* Grüße *pl*; **przekazać** *pf* **~nia** Grüße ausrichten, Grüße bestellen; **serdeczne ~nia** herzliche Grüße *pl*, viele liebe Grüße *pl*; **łączę ~nia** *ofic* mit freundlichen Grüßen

pozer M (*-a; -rzy*) Poseur *m*, Wichtigtuer *m*; **~stwo** N (*-a; bpl*) Wichtigtuerei *f*

pozew M (*-zwu; -zwy*) JUR Klage(schrift) *f*; **~ sądowy** Vorladung *f*; **~ rozwodowy** Scheidungsklage *f*; **wnieść** *pf* **~** e-e Klage einreichen

poziom M (*-u; -y*) *fig* Niveau *n*, Stand *m*; (*piętro*) Stockwerk *n*; GÓRN Grubensohle *f*; **~ wody** Wasserspiegel *m*; Wasserstand *m*, Wasserpegel *m*; **~ morza** Meeresspiegel *m*; **~ cukru we krwi** MED (Blut)Zuckerspiegel *m*; **~ życia** Lebensstandard *m*; **na ~ie** niveauvoll

poziomica F (*-y; -e*) (*przyrząd*) Richtwaage *f*, Wasserwaage *f*

poziom|ka F (*-i; gen -mek*) wilde Erdbeere *f*; **~kowy** Waldbeeren-; *kolor* rosarot

poziomnica F (*-y; -e*) → poziomica

poziomy (**-mo**) waagerecht, horizontal

pozłacać (*-am*) ⟨**pozłocić**⟩ (*-ę*) vergolden

pozł|acany vergoldet; **~ota** F (*-y*) Vergoldung *f*

poznać PF: **~ k-o z** (*inst*) einander vorstellen; **dać** *pf* **~** zu erkennen geben; **nie dać** *pf* **po sobie ~** (*gen*) sich nicht anmerken lassen (*akk*); **~ się na** (*lok*) durchschauen, richtig einschätzen (*akk*); **nie ~ się na** (*lok*) verkennen, unterschätzen (*akk*); **dać się** *pf* **~ jako** sich zu erkennen geben als; → poznawać

pozna|nie N (*-a; bpl*) Kennenlernen *n*; FILOZ Erkenntnis *f*; **nie do ~nia** nicht

P

wiederzuerkennen
Poznań M (*-nia; bpl*) Posen *n*
poznawać (*-ję*) ⟨**poznać**⟩ (*-am*) kennenlernen; (*rozpoznać*) wiedererkennen; **~ po** (*lok*) erkennen an (*dat*); **nie poznawać** nicht wiedererkennen; **~ się** sich kennenlernen
poznaw|alny erkennbar; **~czy** Erkenntnis-
pozorny scheinbar, Schein-; *żal* vorgetäuscht
pozorować ⟨**u-**⟩ (*-uję*) vortäuschen, simulieren
pozorowany vorgetäuscht, simuliert
pozostać PF → pozostawać
pozosta|łość F (*-ści*) Überrest *m*; CHEM Rückstand *m*; *fig* Überbleibsel *n*
pozosta|ły übrig geblieben; *część* restlich; (*inny*) übrig; **~ły przy życiu** Überlebende(r) *m*; **~ły po** (*lok*) hinterlassen von (*dat*)
pozostawać (*pozostaję*) ⟨**pozostać**⟩ (*pozostanę*) bleiben (**przy** *lok* bei *dat*); *reszta, część* übrig bleiben (**po** *lok* von *dat*); **~ w tyle** zurückbleiben; **~ bez echa** keinen Anklang finden; **~ w cieniu** *fig* im Schatten bleiben; **nie pozostaje mi nic innego** es bleibt mir nichts anderes übrig
pozostawiać (*-am*) ⟨**-ić**⟩ (*-ię*) *dobytek, bagaż* zurücklassen; *rzecz* liegen lassen, stehen lassen; (*osierocić*) zurücklassen; (*opuścić*) verlassen; *w spadku* hinterlassen; *decyzję, wybór* überlassen; *ślad, bliznę* hinterlassen, zurücklassen; *wolne miejsce* lassen; **~ decyzję k-u** j-m die Entscheidung überlassen; **~ po sobie** hinterlassen; **~ za sobą** hinter sich lassen; **nie ~ wątpliwości** k-n Zweifel aufkommen lassen (**co do** *gen* über *akk*); **~ niezapomniane wrażenie** e-n bleibenden Eindruck hinterlassen; **~ otwarte drzwi** die Tür offen stehen lassen; **to pozostawia wiele do życzenia** das lässt viel zu wünschen übrig
pozostawiony: **~ samemu sobie** sich selbst überlassen
pozować (*-uję*) Modell stehen (**do** *gen* für *akk*); **~ na** (*akk*) sich aufspielen (als *nom*)
poz|ór M (*-oru; -ory*) (An)Schein *m*; **na ~ór** *od* **z ~oru** scheinbar; **pod ~orem** (*gen*) unter dem Vorwand (*gen*); **pod żadnym ~orem** unter keinen Umständen; **zachowywać ~ory** den Schein wahren; **stwarzać ~ory** den Anschein erwecken; **~ory** *pl* **mylą** der Schein trügt
pozwać PF → pozywać
pozwalać (*-am*) ⟨**pozwolić**⟩ (*-lę, -wól!*) (**na** *akk*) erlauben (*akk*); *ofic* genehmigen (*akk*); (*dopuszczać*) zulassen (*akk*); **~ na wszystko** alles erlauben; **~ sobie na** (*akk*) sich erlauben (*akk*); sich gönnen (*akk*); **móc sobie pozwolić na** (*akk*) sich leisten können (*akk*), es sich leisten können (*zu + inf*); **pozwolę sobie zapytać** ich erlaube mir zu fragen; **nie ~ sobie na odpoczynek** sich keine Erholung gönnen; **nie pozwolę, żeby …** ich lasse es nicht zu, dass …; **za dużo sobie ~** *umg* unverschämt sein, frech sein; **jeśli pogoda pozwoli** wenn das Wetter es zulässt
pozwa|ny M (*-ego; -ni*), **~na** F (*-ej; -e*) JUR Beklagte(r) *m, f*
pozwole|nie N (*-a*) Erlaubnis *f*; *ofic* Genehmigung *f*; **bez ~nia** ohne Erlaubnis; **~nie na budowę** Baugenehmigung *f*; **~nie na broń** Waffenschein *m*; **za ~niem!** mit Verlaub!
pozwolić PF: **pozwoli pan, że …** gestatten Sie, dass …; **proszę, pani pozwoli!** bitte, treten Sie ein!; kommen Sie bitte mit!; → pozwalać
pozyc|ja F (*-i; -e*) Position *f* (*a.* MAR, SPORT); *ciała* Haltung *f*; **~je** *pl* MIL Stellungen *pl*; **nowe ~je** *f/pl* TYPO Neuerscheinungen *f/pl*; **w ~ji leżącej** liegend; **mieć wysoką ~ję** e-e hohe Position *od* Stellung haben; **~ja społeczna** soziale Stellung *f*, soziale Position *f*; **bronić straconych ~ji** *fig* auf verlorenem Posten stehen
pozycyj|ny: **światła** *n/pl* **~ne** AUTO Standlichter *n/pl*; **wojna** *f* **~na** Stellungskrieg *m*
pozyskiwać (*pozyskuję*) ⟨**pozyskać**⟩ (*-am*) *zaufanie, sprzymierzeńca* gewinnen (**dla** *od* **do** *gen* für *akk*); **~ sobie k-o** j-n für sich gewinnen; **pozyskał sobie wszystkich** er nahm alle für sich ein
pozytyw M (*-u; -y*) FOTO Positiv *n*; **~ka** F (*-i; gen -wek*) Spieldose *f*, Spieluhr *f*; **~ny** positiv (*a.* MED)
pozywać (*-am*) ⟨**pozwać**⟩ (*-ę*): **~ do sądu k-o** gegen j-n vor Gericht klagen; **~ na świadka** als Zeugen vorladen
pożałowa|nie N: **godny ~nia** beklagenswert, bedauernswert

P

pożegnanie

Do zobaczenia!	Auf Wiedersehen!
Do usłyszenia!	Auf Wiederhören!
Dobranoc!	Gute Nacht!
Cześć!	Tschüs!
Trzymaj się!	Machs gut!
Na razie!	Bis dann!/Bis bald!/Bis nachher!
Do jutra!	Bis morgen!

pożar M (-u; -y) Brand *m*, Feuer *n*; **ryzyko** *n* **~u** Brandgefahr *f*; **~niczy** Feuerwehr-, Feuerlösch-

pożar|ny: **straż** *f* **~na** Feuerwehr *f*

pożaro|wy Brand-; **zagrożenie** *n* **~we** Brandgefahr *f*

pożądać (-am) (*gen*) sich sehnen (nach *dat*), sich sehnlichst wünschen (*akk*); **~ k-o** j-n begehren

pożąda|nie N (-a) Begierde *f*, Verlangen *n*; **~ny** *wynik, efekt* erwünscht, wünschenswert; *gość, pomoc* willkommen

pożądliwy (-wie) *spojrzenie* begehrlich, verlangend

pożegnać PF → żegnać

pożegna|lny Abschieds-; **~nie** N (-a) Abschied *m*; Verabschiedung *f*; **na ~nie** zum Abschied

pożeracz M (-a; -e) **~ prądu** *umg* Stromfresser *m*; **~ serc** *umg żart* Herzensbrecher *m*; **~ książek** *umg* Büchernarr *m*

pożerać (-am) ⟨**pożreć**⟩ (-ę) *umg* verschlingen, vertilgen; *zwierzę* auffressen; *pieniądze* verschlingen; *paliwo* schlucken; *prąd* fressen; **pożerać wzrokiem** mit Blicken verschlingen; **pożerać książki** Bücher verschlingen

pożoga F (-i; *gen* -żóg) *lit* Feuersbrunst *f*; **~ wojenna** Krieg *m*

pożółkły vergilbt

pożreć˙ PF → pożerać

poży|cie N (-a; *bpl*) Zusammenleben *n*; **~cie seksualne** Sexualleben *n*; **~cie małżeńskie** Eheleben *n*; **trudny w ~ciu** schwierig im Umgang

pożyczać (-am)⟨**-yć**⟩ (-ę): **~ k-u** (*akk*) j-m borgen, j-m leihen (*akk*); **~ od k-o** von j-m leihen (**na** *akk* für *akk*)

pożycz|ka F (-i; *gen* -czek) Darlehen *n*; geliehenes Geld *n*; JĘZ Lehnwort *n*; **dziękuję ci za ~kę** danke, dass du mir Geld geliehen hast; **~ka na zakup** Anschaffungsdarlehen *n*

pożyczko|biorca M (-y; *gen* -ów) Darlehensnehmer *m*; **~dawca** M (-y; *gen* -ów) Darlehensgeber *m*

pożyczyć PF → pożyczać

pożydowski ehemals jüdisch

pożyt|eczny nützlich; (*sensowny*) sinnvoll; **~ek** M (-tku; tki) Nutzen *m* (**z** *gen* aus *dat*); **z ~kiem** nützlich; **mieć ~ek z** (*gen*) Nutzen haben von (*dat*)

pożywiać się (-am) ⟨**-ić się**⟩ (-ię) sich stärken, etwas essen

pożyw|ienie N (-a; *bpl*) Nahrung *f*, Kost *f*; **~ka** F (-i; *gen* -wek) BIOL Nährboden *m* (*a. fig*); **~ny** nahrhaft

pójdźka F (-i; *gen* -dziek) Steinkauz *m*

pójść˙ PF → iść

póki *konj* solange; **~ ... , póty** solange ... bis

pół (*unv*) halb; **~ roku** halbes Jahr *n*; **~ chleba** halbes Brot *n*; **~ do drugiej** halb zwei; **na ~ uschły** halb vertrocknet; **w ~ drogi** auf halbem Wege; **za ~ ceny** zum halben Preis; **~ na ~** halb und halb; **dzielić** *pf* **na ~** halbieren; **~ biedy** *umg* halb so schlimm; **przerwać** *pf* **w ~ słowa** mitten im Satz unterbrechen

półanalfabe|ta M (-y; -ci) *pej fig* Analphabet *m*; **być ~tą** nicht schreiben können, nicht gelernt haben zu schreiben

pół|automatyczny halb automatisch; **~bóg** M (-a; -owie) MITOL Halbgott *m*

pół|buty M/PL (*gen* -ów) Halbschuhe *m/pl*; **~cień** M (-nia; -nie) Halbschatten *m*

półcięż|ki: **waga** *f* **~ka** SPORT Halbschwergewicht *n*

pół|dupek M (-a; -i) *pop* Pobacke *f*; **~dziki** verwildert; halb wild; **~eczka** F (-i; *gen* -czek) Ablage *f*, Bord *n*

pół|etap M (-u; -y) halbe Etappe *f*, halbe Strecke *f*; **~etatowy** Teilzeit-

pół|fabrykat M (-u; -y) Halbfabrikat *n*;

P

~finał M (*-u; -y*) Halbfinale *n*
półgębkiem: **mówić ~** vor sich hinmurmeln; **uśmiechać się ~** zaghaft lächeln
pół|głosem ADV halblaut, mit gedämpfter Stimme; **~główek** M (*-wka; -wki*) *pej* Dummkopf *m*, Schwachkopf *m*
półgodzi|na: **po ~nie** in einer halben Stunde; **przed ~ną** vor einer halben Stunde
pół|godzinny halbstündig; **~gotowy** halb fertig; **~gruby** TYPO halbfett
pół|ka F (*-i; gen -łek*) *w regale* Fach *n*, Einlegeboden *m*; *na ścianie* Bord *n*; **~ka na bagaż** Gepäckablage *f*; **~ka na książki** Bücherbrett *n*, Bücherbord *n*; **stać na ~ce** im Regal stehen; **położyć** *pf* **na ~kę** ins Regal stellen; **na ~kach księgarskch** *fig* im Buchhandel
pół|kilogramowy ein halbes Kilo schwer; **~kilometrowy** einen halben Kilometer lang; **~kole** N (*-a; gen -i*) Halbkreis *m*; **~kolem** im Halbkreis
pół|kolisty (**-ście**) halbkreisförmig; **~kożuszek** M (*-szka; -szki*) kurze Pelzjacke *f*
pół|krew: **on jest ~krwi Polakiem** er ist Halbpole; **koń** *m* **~krwi** Halbblut *n*
pół|księżyc M (*-a; -e*) Halbmond *m*; **~kula** F (*-i; -e*) GEOG Halbkugel *f*; **~kula mózgowa** ANAT Gehirnhälfte *f*; **~kulisty** halbkreisförmig
pół|litrowy Halbliter-; **~litrówka** F (*-i; gen -wek*) *umg* Halbliterflasche *f* Wodka
pół|martwy halb tot; **~metal** M (*-u; -e*) Halbmetall *n*; **~metek** M (*-tka; -tki*) SPORT halbe Strecke *f*; *fig* Halbzeit *f*; **~metrowy** halbmeterlang
pół|miesięczny *pensja* halbmonatlich; *dziecko* einen halben Monat alt; **~misek** M (*-ska; -ski*) KULIN Platte *f*; **~mrok** M (*-u; bpl*) Halbdunkel *n*; **w ~mroku** im Halbunkel
półnagi (*persf -dzy*) (**-go**) halb nackt
północ M (*-y; bpl*) Mitternacht *f*; GEOG Norden *m*; **o ~y** um Mitternacht; **na ~y** im Norden; **na ~** nach Norden; **na ~ od** (*gen*) nördlich von (*dat*); **na dalekiej ~y** im hohen Norden
północno- *in zssgn* Nord-, nord-; **~wschodni** nord-östlich; **~zachodni** nord-westlich
północny nördlich, Nord-
Północ|ny: **Morze** *n* **~ne** Nordsee *f*

pół|nuta F (*-y*) MUS halbe Note *f*; **~oficjalny** halboffiziell; **~okrąg** M (*-kręgu; -kręgi*) Halbkreis *m*; MAT Halbkreisbogen *m*
pół|okrągły (**-ło**) halbrund; **~otwarty** halb offen; **~pasiec** M (*-paśca; bpl*) MED Gürtelrose *f*
pół|piętro N (*-a; gen -ter*) Zwischengeschoss *m*; Treppenhaus *n*; **~prawda** F (*-y*) Halbwahrheit *f*; **~produkt** M (*-u; -y*) Halbprodukt *n*; **~przewodnik** M (*-a; -i*) FIZ Halbleiter *m*
pół|przymknięty *powieki* halb geschlossen; *drzwi* angelehnt; **~przytomny** besinnungslos, außer sich; *wzrok* benommen; **~przytomny z przerażenia** wie von Sinnen vor Angst, besinnungslos vor Angst; **~przytomny ze zmęczenia** völlig erschöpft
pół|rocze N (*-a*) Halbjahr *n*; **~roczny** halbjährig; halbjährlich; **~sen** M (*-snu; bpl*) Halbschlaf *m*; **w ~śnie** im Halbschlaf, halbwach
pół|sierota F *od m* (*-y; -ot*) Halbwaise *f*; **~słodki** *wino* halbtrocken
półsłówka PL (*gen -wek*) (*niedopowiedzenia*) Andeutungen *pl*; **zbywać ~mi** mit knappen Worten abspeisen, ein paar dürre Worte sagen; **mówić ~mi** Andeutungen machen, in Rätseln sprechen
półsurowy halb roh, halb gar
półszept M (*-u; -y*): **mówić ~em** halblaut sprechen, laut flüstern
półszlachetny: **kamień** *m* **~** Halbedelstein *m*; **metal** *m* **~** Halbedelmetall *n*
półśredni: **waga** *f* **~a** SPORT Halbmittelgewicht *n*
pół|środek M (*-dka; -dki*) (*środek*) Behelfsmittel *n*; (*rozwiązanie*) Notlösung *f*, *pej* Halbheit *f*; **~świadomie** ADV halbbewusst
pół|światek M (*-tka; bpl*) Halbwelt *f*; **~tłusty** *ser* halbfett (*a.* TYPO)
półtora- *in zssgn* anderthalb-
pół|tora *num* M *od n*, **~torej** *f* (*unv*) anderthalb, eineinhalb; **~tora roku** anderthalb Jahre; **~torej godziny** eineinhalb Stunden; **za ~torej godziny** in anderthalb Stunden; **przed ~tora rokiem** vor eineinhalb Jahren
półtora|godzinny anderthalbstündig; **~roczny** anderthalbjährig
półuchem: **słuchać ~** mit halbem Ohr

P

zuhören
półuśmiech M (-u; -y) verstecktes Lächeln *n*, Schmunzeln *n*
półwiecze N (-a) halbes Jahrhundert *n*
półwiek: **przed ~iem** vor einem halben Jahrhundert
półwy|sep M (-spu; -spy) Halbinsel *f*; **~trawny** *wino* halbtrocken
pół|żartem ADV halb im Scherz; **~żywy** halb tot
późnawo ADV *umg* ganz schön spät, ziemlich spät
późnić się (3. *Pers* późni się) *zegar* nachgehen
później *komp* ADV später; → późno
późniejszy *komp* ADJ später; → późny
późno ADV → późny
późno|gotycki spätgotisch; **~średniowieczny** spätmittelalterlich
póź|ny (-no) spät; **~no w nocy** spät in der Nacht
ppłk (podpułkownik) Oberstleutnant *m*
ppor. (podporucznik) Leutnant *m*
prababka F (-i; *gen* -bek) Urgroßmutter *f*
pra|ca F (-y; -e) Arbeit *f*; (*posada*) Stelle *f*, Arbeit *f*; *serca, nerek* Funktion *f*; **~ca zawodowa** Berufstätigkeit *f*; **~ca fizyczna** Körperarbeit *f*, körperliche Arbeit *f*; **~ca umysłowa** geistige Arbeit *f*; **~ca naukowa** wissenschaftliche Arbeit *f*; **~ca dodatkowa** Nebenjob *m*; **~ca dorywcza** Gelegenheitsjob *m*; **~ca sezonowa** Saisonarbeit *f*; **~ca na zlecenie** Auftragsarbeit *f*; **~ca zespołowa** Teamarbeit *f*; **~ca dyplomowa** Diplomarbeit *f*; **~ca w niepełnym wymiarze godzin** Teilzeitarbeit *f*, Teilzeitbeschäftigung *f*; **~ca w pełnym wymiarze godzin** Vollzeitbeschäftigung *f*; **~ca przy** *od* **na komputerze** Arbeit *f* am Computer; **~ca nad** (*inst*) Arbeit *f* an (*dat*); **~ce** *pl* **konserwatorskie** Restaurierungsarbeiten *pl*; **~ce** *pl* **budowlane** Bauarbeiten *pl*; **~ce** *pl* **wykopaliskowe** Ausgrabung *f*, Ausgrabungsarbeiten *pl*; **~ce** *pl* **badawcze** Forschungsarbeiten *pl*; **~ce** *pl* **fotograficzne** Fotoarbeiten *pl*; **zwolnić** *pf* **z ~cy** entlassen; **ubiegać się o ~cę** sich um e-e Stelle bewerben; **iść do ~cy** zur Arbeit gehen; **bez ~cy** arbeitslos
praco|biorca M (-y; *gen* -ów) Arbeitnehmer *m*; **~chłonny** arbeitsintensiv, arbeitsaufwändig
praco|dawca M (-y; *gen* -ów) Arbeitgeber *m*; **~holik** M (-a; -cy) Workaholic *m*
pracować (-uję) arbeiten; **~ dla k-o** für j-n arbeiten; **~ na** (*akk*) arbeiten für (*akk*); (*mieć posadę*) e-e Stelle haben, angestellt sein; **~ zawodowo** berufstätig sein; **~ na pół etatu** halbtags arbeiten; **~ naukowo** wissenschaftlich arbeiten; **~ fizycznie** körperlich arbeiten; **~ w biurze** im Büro arbeiten; **~ w firmie** in einer Firma arbeiten; **~ w fabryce** in einer Fabrik arbeiten; **~ na budowie** auf dem Bau arbeiten; **~ na kolei** bei der Bahn arbeiten; **~ na uczelni** an der Universität arbeiten; **~ nad** (*inst*) arbeiten an (*dat*); **~ jako nauczyciel** als Lehrer arbeiten; **~ z trudną młodzieżą** als Sozialpädagoge arbeiten
pracowicie ADV → pracowity
pracowi|tość F (-ści; *bpl*) Arbeitsamkeit *f*, Fleiß *m*; **~ty** (-cie) *osoba* arbeitsam, fleißig; *życie, okres* arbeitsreich; (*pracochłonny*) arbeitsaufwändig
pracownia F (-i; -e) *malarza* Atelier *n*; *fizyczna, chemiczna* Labor *n*; (*warsztat*) Werkstatt *f*; **~ krawiecka** Schneiderwerkstatt *f*
pracownica F (-y; -e) Beschäftigte *f*, Miarbeiterin *f*; **~ fabryki** Fabrikarbeiterin *f*; **~ poczty** Postangestellte *f*; **~ administracji** Verwaltungsangestellte *f*
pracowni|czy Arbeitnehmer-; für Beschäftigte; **stołówka** *f* **~cza** Cafeteria *f*
pracownik M (-a; -cy) Beschäftigte(r) *m*, Mitarbeiter *m*; **~ umysłowy** Angestellte(r) *m*; **~ fizyczny** Arbeiter *m*; **~ naukowy** wissenschaftlicher Mitarbeiter *m*; **~ banku** Bankangestellte(r) *m*; **~ poczty** Postangestellte(r) *m*, Postbeamte(r) *m*; **~ administracji** Verwaltungsangestellte(r) *m*; **długoletni ~** langjähriger Mitarbeiter *m*; **były ~** ehemaliger Mitarbeiter *m*
pracuś M (-sia; -sie) *umg* Arbeitsbiene *f*
pracujący[1] berufstätig
pracują|cy[2] M (-ego; -cy), **~ca** F (-ej; -e) Berufstätige(r) *m*, *f*; **dla ~cych** für Berufstätige
pra|czka F (-i; *gen* -czek) Wäscherin *f*, Waschfrau *f*; **~człowiek** (-a; *praludzie*) Urmensch *m*
prać* ⟨u-, wy-⟩ (*piorę*) *bieliznę* waschen; **~ chemicznie** chemisch reinigen; ⟨s-⟩ *umg* (ver)prügeln; **prać brudy** *fig* schmutzige Wäsche waschen; **prać brudne pieniądze**

Geld waschen
pra|dawny uralt; **~dziad** M (-a; -owie) *lit* Urgroßvater *m*; **~dziadek** M (-dka; -dkowie) Urgroßvater *m*; **~dziadkowie** *pl* Urgroßmutter *f* und Urgroßvater *m*
pradzieje PL (*gen* -ów) Urgeschichte *f*, Vorgeschichte *f*
Praga F (-i; *bpl*) Prag *n*
pragmatyczny pragmatisch
pragnąć (-nę) (*gen*) *wolności, zemsty* dürsten (nach *dat*); *miłości, szczęścia* sich sehnen (nach *dat*); (*życzyć sobie*) (sich) sehnlich wünschen; (*pożądać*) begehren (*akk*); **pragnę powiedzieć** ich möchte sagen
pragnienie N (-a) Durst *m*; (*potrzeba*) Bedürfnis *n*, Sehnsucht *f*; (*życzenie*) Wunsch *m*; **mieć ~** Durst haben, durstig sein; **gorące ~** sehnlichster Wunsch *m*; **~ miłości** Liebesbedürfnis *n*; **~ wiedzy** Wissensdurst *m*; **~ zemsty** Rachgier *f*; **~ śmierci** Todessehnsucht *f*; **moim wielkim ~m jest ...** mein großer Wunsch ist ...
praktyczny praktisch
prakty|k M (-a; -cy) Praktiker *m*; **~ka** F (-i) Praxis *f*; (*doświadczenie*) Erfahrung *f*; (*czas szkolenia*) Praktikum *n*; Lehre *f*; **~ki** *pl* **religijne** religiöse Praktiken *pl*; **w ~ce** in der Praxis; **~ka lekarska** Arztpraxis *f*
praktykant (-a; -ci), **~ka** F (-i; *gen* -tek) Praktikant(in) *m(f)*; Lehrling *m*
praktykować (-uję) praktizieren, verwirklichen; *lekarz* e-e Praxis haben; (*odbywać praktykę*) ein Praktikum absolvieren; in der Lehre sein; **nie praktykuje się** es ist nicht üblich
praktykujący *katolik* praktizierend
pralinka F (-i; *gen* -nek) Praline *f*
pral|ka F (-i; *gen* -lek) Waschmaschine *f*; **~nia** F (-i; -e) Waschküche *f*; (*zakład*) Waschsalon *m*; **~nia chemiczna** chemische Reinigung *f*
praludzie PL → praczłowiek
prałat M (-a; -ci) Prälat *m*
pranie N (-a) *bielizny* (Wäsche)Waschen *n*; (*bielizna*) Wäsche *f*; **~ wstępne** Vorwäsche *f*; **~ mózgu** Gehirnwäsche *f*
praojciec M (*praojca; praojcowie*) Urvater *m*
prapra- *in zssgn* Urur-, urur-
pra|premiera F (-y) Premiere *f*, Uraufführung *f*; **~przodek** M (-dka; -dkowie) Urahne *m*

pra|sa F (-y; *bpl*) Presse *f*; TECH (PL -y) Presse *f*; **na łamach ~sy** *od* **w ~sie** in der Presse; **~sa brukowa** Boulevardpresse *f*, Regenbogenpresse *f*
prasłowiański urslawisch
prasować ⟨u-⟩ (-uję) bügeln, plätten; ⟨s-⟩ TECH pressen
prasowa|czka F (-i; *gen* -czek) Büglerin *f*; **~lnica** F (-y) Bügelmaschine *f*; **~ny** TECH Press-, gepresst
prasowy *doniesienia, fotograf* Presse-; **rzecznik** *m* **~** Pressesprecher *m*
pra|stary uralt; **~szczur** M (-a; -owie) *lit* Urahne *m*
praw|da F (-y) Wahrheit *f*; **~da?** nicht wahr?; **czy to ~da?** ist das wahr?; **ani słowa ~dy** kein wahres Wort; **ach, ~da!** ach, ja!; **co ~da** allerdings; zwar; **okazać się** *pf* **~dą** sich als wahr erweisen; **~dę mówiąc** um ehrlich zu sein, um die Wahrheit zu sagen; **święta ~da!** das ist ein wahres Wort!
prawdomówny ehrlich, wahrheitsliebend
prawdopodobieńst|wo N (-a; *bpl*) Wahrscheinlichkeit *f*; **jakie jest ~wo, że ...** wie hoch ist die Wahrscheinlichkeit, dass ...; **według wszelkiego ~wa** aller Wahrscheinlichkeit nach
prawdopodob|nie ADV, *partikel* wahrscheinlich; **~ny** wahrscheinlich, realistisch; **mało ~ny** unwahrscheinlich
prawdziw|ek M (-wka; -wki) Steinpilz *m*; **~ie** ADV wahrhaftig, wirklich
prawdzi|wość F (-ści; *bpl*) Wahrhaftigkeit *f*, Wahrheitsgehalt *m*; **~wy** *przyjaciel, historia* wahr, wirklich; *diament, skóra, podpis* echt; (*istny*) wahr
prawi|ca F (-y; *bpl*) POL Rechte *f*; **po ~cy** *lit* zur Rechten; **~cowy** POL Rechts-, rechtsorientiert
prawić (-ię): **~ komplementy** Komplimente machen; **~ morały** e-e Moralpredigt halten
prawidło[1] N (-a; *gen* -deł) Regel *f*
prawidło[2] N (-a; *gen* -deł) *do butów* Schuhspanner *m*
prawidłowy (-wo) *użycie, odpowiedź* richtig; *rozwój, przemiana materii* normal; (*zgodny z przepisami*) ordnungsgemäß
prawie ADV fast, beinahe; **~ nie** kaum; **~ nikt** kaum jemand; **~ niemożliwy** nahezu unmöglich

P

prawieki PL (*gen -ów*) Urzeiten *pl*
prawni|czka F (*-i; gen -czek*) Juristin *f*; **~czy** juristisch; **studia** *pl* **~cze** Jurastudium *n*; **język** *m* **~czy** Rechtssprache *f*
praw|nie ADV rechtlich; **~nik** M (*-a; -cy*) Jurist *m*
prawno-karny strafrechtlich
prawn|uczek M (*-czka; -czki od -owie*), **~uk** M (*-ka; -owie od -ki*) Urenkel *m*
prawnuczka F (*-i; gen -czek*) Urenkelin *f*
praw|ny rechtlich; *właściciel, spadkobierca* rechtsmäßig; *biuro, kancelaria* Rechts-; **podstawa** *f* **~na** Rechtsgrundlage *f*, rechtliche Grundlage *f*; **środek** *m* **~ny** Rechtsmittel *n*; **osoba** *f* **~na** juristische Person *f*; **radca** *m* **~ny** Rechtsberater *m*; **moc** *f* **~na** Rechtskraft *f*
pra|wo[1] N (*-a*) Recht *n*; (*ustawa*) Gesetz *n*; (*studia*) Jurastudium *n*, Rechtswissenschaften *pl*; **~wo karne** Strafrecht *n*; **~wo budowlane** Baurecht *n*; **~wo lokalowe** Mietrecht *n*; **~wo wyborcze** POL Wahlrecht *n*; **~wo autorskie** Urheberrecht *n*; **~wo do głosowania** POL Stimmrecht *n*; **~wa** *n/pl* **natury** Naturgesetze *n/pl*; **~wo jazdy** Führerschein *m*; **~wo powszechnego ciążenia** FIZ Gravitationsgesetz *n*; **państwo** *n* **~wa** Rechtsstaat *m*; **mieć ~wo do** (*akk*) das Recht haben (auf *akk od* zu *dat*); **studiować ~wo** Jura studieren; **w imieniu ~wa** im Namen des Gesetzes; **jakim ~wem?** mit welchem Recht?; **zgodnie z ~wem** laut Gesetz; rechtmäßig
prawo[2]: **na ~** *od* **w ~** (nach) rechts
prawobrzeżny am rechten Ufer gelegen
prawodaw|ca M (*-y; gen -ów*) Gesetzgeber *m*; **~stwo** N (*-a; bpl*) Gesetzgebung *f*
prawo|mocny rechtskräftig; **~myślny** loyal; *pej* konformistisch, linientreu; **~ręczny** rechtshändig
praworząd|ność F (*-i; bpl*) Gesetzlichkeit *f*; Rechtssicherheit *f*; **~ny** rechtsstaatlich
prawo|skrętny *gwint* rechtsgängig; **~skrzydłowy** M (*-ego; -wi*) SPORT Rechtsaußen *m*; **~sławny** griechisch-orthodox
prawostronny: **ruch** *m* **~** Rechtsverkehr *m*
prawowicie ADV → prawowity
prawo|wierny strenggläubig; **~wity** (*-cie*) rechtmäßig; **~znawstwo** N (*-a; bpl*) Rechtskunde *f*
pra|wy rechte(r) (*a.* POL); *osoba* rechtschaffen; **po ~wej stronie** auf der rechten Seite, rechterseits; **z ~wa** von rechts
pra|wykonanie N (*-a*) Uraufführung *f*; **~wzór** M (*-oru; -ory*) Urbild *n*, Prototyp *m*
prażo|ny *migdały* geröstet; **~na kukurydza** Popcorn *n*
prażyć (*-ę*) V/T rösten; V/I *słońce* sengen, brennen; **~ się w słońcu** in der prallen Sonne liegen
prażynki PL (*gen -nek*): **~ ziemniaczane** Kartoffelchips *pl*
prącie N (*-a; gen -i*) ANAT Glied *n*
prąd M (*-u; -y*) ELEK Strom *m*; *wody, powietrza* Strömung *f* (*a. fig*); **~ stały** FIZ Gleichstrom *m*; **~ zmienny** FIZ Wechselstrom *m*; **z ~em** stromabwärts; **pod ~** stromaufwärts; **płynąć** *od* **iść pod ~** *fig* gegen den Strom schwimmen; **płynąć** *od* **iść z ~em** *fig* mit dem Strom schwimmen; **z ~em czasu** mit der Zeit
prądnica F (*-y; -e*) Stromgenerator *m*; AUTO Lichtmaschine *f*
prątki M/PL (*gen -ów*): **~ gruźlicy** MED Tuberkelbazillen *m/pl*
prątkować (*-uję*) offene Tuberkulose haben, mit Tuberkulose anstecken
prąż|ki M/PL (*gen -ów*) Streifen *m/pl*; **spodnie** *pl* **w ~ki** gestreifte Hose *f*; **~kowany** *materiał* gestreift
precedens M (*-u; -y*) Präzedenzfall *m*; **bez ~u** beispiellos, einmalig
precel M (*-la; -le*), **~ek** M (*-lka; -lki*) Brezel *f*
precyzja F (*-i; bpl*) Präzision *f*, Genauigkeit *f*
precyzować ⟨s-⟩ (*-uję*) präzisieren
precyzyjny präzise, genau
precz ADV: **wypędzić** *pf* **~** fortjagen; **pójść ~** fortgehen; **~ stąd!** raus!, hinaus!; **~ z drogi!** aus dem Weg!; **~ z wojną!** kein Krieg!; **~ z dyktatorem!** nieder mit dem Diktator!; **~ z rękami!** Hände weg!
predestynowany prädestiniert, geeignet (**do** *gen* für *akk*)
predysponować (*3. Pers -uje*) prädestinieren, geeignet machen (**do** *gen* für *akk*)
predyspozycje F/PL (*gen -i*) Fähigkeiten *f/pl*, Veranlagung *f*; **mieć ~** (**do** *gen*) geeignet sein (für *akk*)
prefabryk|at M (*-u; -y*) Fertig(bau)teil *n*; **dom** *m* **z ~atów** Fertighaus *n*; **~atowany** vorgefertigt, Fertig-

preferenc|ja F (*-i; -e*) Vorliebe *f*, Präferenzen *f/pl*; **~je** *pl* Vorrang *m*, Vorteil *m*
prehistor|ia F (*gen dat lok -ii; bpl*) (*okres, nauka*) Vorgeschichte *f*; **~yczny** prähistorisch, vorgeschichtlich
prekursor M (*-a; -rzy*), **~ka** F (*-i; gen -rek*) Wegbereiter(in) *m(f)*
prelegent (*-a; -ci*), **~ka** F (*-i; gen -tek*) Referent(in) *m(f)*
prelekcja F (*-i; -e*) Vortrag *m*
preliminarz M (*-a; -e*) Kostenvoranschlag *m*; **~ budżetowy** Haushalt(s)plan *m*
preliminować ⟨**za-**⟩ (*-uję*) im Haushaltsplan vorsehen
preludium N (*unv; -ia; gen -iów*) MUS Präludium *n* (*a. fig*)
premedytac|ja F (*-i; bpl*) JUR Vorsatz *m*; *fig* Kalkül *n*, Berechnung *f*; **z ~ją** JUR vorsätzlich; *fig* mit Kalkül
premi|a F (*gen dat lok -ii; -e*) Prämie *f*; **~er** M (*-a; -rzy*) Premierminister *m*; **~era** F (*-y*) Premiere *f*, Erstaufführung *f*
premiować (*-uję*) prämieren, auszeichnen
premiowy Prämien-
prenumerata F (*-y*) Abonnement *n*; (*kwota*) Abonnementpreis *m*
prenumerator M (*-a; -rzy*), **~ka** F (*-i; gen -rek*) Abonnent(in) *m(f)*
prenumerować ⟨**za-**⟩ (*-uję*) abonnieren, beziehen
preparat M (*-u; -y*) Präparat *n*
preparować ⟨**s-**⟩ (*-uję*) zubereiten, mischen; BIOL, MED präparieren; *fakty, dokumenty* (ver)fälschen
preria F (*gen dat lok -ii; -e*) Prärie *f*
prerogatywa F (*-y*) Vorrecht *n*
pres|ja F (*-i; -e*) *fig* Druck *m*; **pod ~ją czasu** unter Zeitdruck
prestiż M (*-u; bpl*) Prestige *n*, Ansehen *n*
pretekst M (*-u; -y*) Vorwand *m*; **pod ~em** unter dem Vorwand
pretendent M (*-a; -ci*), **~ka** F (*-i; gen -tek*) *lit* Anwärter(in) *m(f)*, Bewerber(in) *m(f)*; **~ do tronu** (Thron)Prätendent *m*
pretendować (*-uję*) *lit* (**do** *gen*) Anspruch erheben (auf *akk*), beanspruchen (*akk*); sich bewerben (um *akk*); **~ do roli przywódcy** eine Führungsrolle beanspruchen; **~ do stanowiska** sich um einen Posten bewerben; **~ do tronu** prätendieren
pretens|je F/PL (*gen -i*) (*roszczenia*) Ansprüche *m/pl*, Forderungen *f/pl*; (*uraza*) Groll *m*; (*zarzut*) Vorwürfe *m/pl*; **mieć ~je do k-o** (**o** *akk*) j-m übelnehmen (*akk*), j-m Vorwürfe machen (wegen *gen*); **nie mam do niej ~ji** ich trage ihr nichts nach; **wnosić ~je** Forderungen stellen, beanspruchen
pretensjonalny prätentiös; gekünstelt
prewencyjny präventiv, vorbeugend
prez|biterium N (*unv; -ia; gen -iów*) REL Presbyterium *n*; **~encja** F (*-i; bpl*) gepflegtes Äußeres *n*, sicheres Auftreten *n*; **mieć ~encję** Ausstrahlung haben, e-e elegante Erscheinung sein; sicher auftreten
preze|nt M (*-u; -y*) Geschenk *n*; **w ~ncie** als Geschenk; **~nt na urodziny** Geburtstagsgeschenk *n*; **~nt pod choinkę** Weihnachtsgeschenk *n*
prezenter M (*-a; -rzy*), **~ka** F (*-i; gen -rek*) RADIO Moderator(in) *m(f)*
prezentować ⟨**za-**⟩ (*-uję*) *kolekcję* zeigen, vorstellen; *film* zeigen, vorführen; *poziom* darstellen; *postawę* verkörpern; **~ k-o** j-n vorstellen; **~ broń** MIL das Gewehr präsentieren; **~ się (jako)** sich zeigen (als); **dobrze się prezentować** gut aussehen, sich gut präsentieren
prezerwatywa F (*-y*) Kondom *n*, Präservativ *n*
prezes M (*-a; -i*) Vorsitzende(r) *m*; Präsident *m*; (*kobieta*) Vorsitzende *f*; Präsidentin *f*; **~ rady ministrów** POL Ministerpräsident *m*
prezeska F (*-i; gen -sek*) *umg* (*przewodnicząca*) Leiterin *f*, Chefin *f*
prezes|ostwo N (*-a; bpl*), **~ura** F (*-y; bpl*) Vorsitz *m*
prezesować (*-uję*) (*dat*) den Vorsitz führen (bei *dat*)
prezydencki *system* präsidial, Präsidial-
prezydent M (*-a; -ci*) POL Präsident *m*; (*kobieta*) Präsidentin *f*; **~ miasta** Bürgermeister *m*; **wybory** *pl* **na ~a** Präsidentenwahl *f*; **~ura** F (*-y; bpl*) Präsidentschaft *f*
prezydium N (*unv; -ia; gen -iów*) Präsidium *n*
pręci|k M (*-a; -i*) *dim* Stäbchen *n*, Stöckchen *n*; (*gałązka*) Gerte *f*, Rute *f*; **~ki** *m/pl* BOT Staubblätter *n/pl*
pręd|ki (**-ko**) (*szybki*) schnell; *kariera, koniec* rasch; *umg osoba* hastig; *umg charakter* impulsiv; **~ko** (*wkrótce*) bald,

schnell; **~ko!** *umg* schnell!
prędkościomierz M *(-a; -e)* Tachometer *m od n*
prędkość F *(-ści) pojazdu* Geschwindigkeit *f; kroków, reakcji* Schnelligkeit *f; zmian* Tempo *n;* **~ jazdy** Fahrgeschwindigkeit *f;* **~ dźwięku** FIZ Schallgeschwindigkeit *f;* **~ światła** FIZ Lichtgeschwindigkeit *f*
prędszy schneller; rascher; → prędki
prędzej *komp* ADV schneller; *(raczej)* eher; **czym ~** so schnell *od* bald wie möglich; **~ czy później** früher oder später; **~!** *umg* schnell!; → prędki
prędziutko ADV *dim* (ganz) schnell
pręga F *(-i) na skórze* Striemen *m; światła* Streifen *m;* **krwawa ~** blutiger Striemen *m*
pręg|ierz M *(-a; -e)* HIST Pranger *m (a. fig);* **stawiać pod ~ierz** *od* **~ierzem** *fig* an den Pranger stellen; **~owany** *skóra* gestreift
pręt M *(-a; -y)* Stange *f; w ogrodzeniu* Stab *m; (rózga)* Gerte *f*, Rute *f;* **~ metalowy** Metallstab *m;* Metallstange *f;* **~y** *pl* **w oknie** Gitterstäbe *m/pl*
pręż|ność F *(-ści; bpl) skóry, mięśni* Spannkraft *f; rozwoju* Dynamik *f;* **~ny** *ciało, organizacja* straff; *osoba, firma, rozwój* dynamisch; *handel* schwunghaft; *krok* energisch, fest; *działania* effektiv, wirksam
prężyć *(-ę) mięśnie* spannen; **~ się do skoku** zum Sprung ansetzen
prima aprilis M *(unv) (żart)* Aprilscherz *m;* **zrobić** *pf* **kawał na ~ k-u** j-n in den April schicken; **~!** April, April!
priorytet M *(-u; -y)* Priorität *f*, Vorrang *m;* **~owy** vorrangig
PRiTV (Polskie Radio i Telewizja) Polnischer Rundfunk und Polnisches Fernsehen
PRL (Polska Rzeczpospolita Ludowa) HIST Volksrepublik *f* Polen
probierczy Prüf-; **urząd** *m* **~** Eichamt *n*
probierz M *(-a; -e) fig* Prüfstein *m*
problem M *(-u; -y)* Problem *n;* **~atyczny** problematisch, umstritten; **~atyka** F *(-i; bpl)* Problematik *f*
problemowy *dyskusja, grupa* Themen-; *umg charakter* kompliziert, schwierig
probostwo N *(-a) (parafia)* Pfarrgemeinde *f; (stanowisko)* Pfarramt *n*
proboszcz M *(-a; -owie)* Pfarrer *m*
probówk|a F *(-i; gen -wek)* Reagenzglas *n;* **dziecko** *n* **z ~ki** Retortenbaby *n*
proc. (procent) p.c. (Prozent)
pro|ca F *(-y)* Schleuder *f;* **wylecieć** *pf* **jak z ~cy** hinausstürzen
proce|der M *(-u; bpl)* Machenschaften *pl*, Treiben *n;* **~dura** F *(-y)* Prozedur *f*, Verfahren *n;* JUR Prozessordnung *f*
procent M *(-u; -y)* Prozent *n;* **~y** *pl* Zinsen *pl;* **w stu ~ach** *umg* hundertprozentig; **na sto ~** *adv umg* hundertprozentig, bombensicher
procentować ⟨**za-**⟩ *(-uję)* sich rentieren, sich lohnen; *fig* Früchte tragen
procento|wy (-wo) prozentual, Prozent-; *(jednoprocentowy)* einprozentig; **stopa** *f* **~wa** EKON Zinssatz *m*
proces M *(-u; -y)* Prozess *m (a.* JUR*);* **~ja** F *(-i; -e)* Prozession *f*
procesor M *(-a; -y)* EDV Prozessor *m*
procesować się *(-uję)* prozessieren, e-n Prozess führen (**z** *inst* gegen *akk*)
proch M *(-u; -y)* Schießpulver *n;* **~y** *pl lit* Gebeine *pl*, sterbliche Überreste *pl; (popioły)* Totenasche *f; umg (leki)* (Beruhigungs)Tabletten *pl;* **beczka** *f* **~u** *fig* Pulverfass *n;* **rozsypać się** *pf* **w ~** zu Staub zerfallen; **zetrzeć** *pf* **na ~** zermalmen
prochow|iec M *(-wca; -wce)* leichter Mantel *m;* **~nia** F *(--i; -e)* HIST Zeughaus *n*
producent M *(-a; -ci)* Hersteller *m*, Produzent *m*
produkcja F *(-i; bpl)* Produktion *f;* **~** *(gen)* Produktion *f*, Herstellung *f*, Fertigung *f* von *(dat);* **~ rolna** landwirtschaftliche Produktion *f;* **~ samochodów** Herstellung *f* von Autos, Produktion *f* von Autos; **~ prądu** Stromerzeugung *f*, Erzeugung *f* von Strom; **~ filmowa** Filmproduktion *f;* **~ hormonów** BIOL Hormonproduktion *f*
produkcyjność F *(-ści; bpl)* Produktivität *f*
produkcyjn|y *proces, metody* Produktions-, Herstellungs-; **zakład** *m* **~y** Produktionsbetrieb *m;* **zdolność** *f* **~a** Produktionskapazität *f;* **wiek** *m* **~y** arbeitsfähiges Alter *n*, produktionsfähiges Alter *n*
produkować ⟨**wy-**⟩ *(-uję) towary* produzieren, herstellen; *film* produzieren; *prąd* erzeugen; **produkować się** *umg* sich produzieren
produkt M *(-u; -y)* Produkt *n (a. fig)* Erzeugnis *n;* **~y** *m/pl* **rolne** landwirtschaftliche Erzeugnisse *n/pl*, Produkte *n/pl* der

Landwirtschaft; **to ~ jego wyobraźni** das ist ein Produkt seiner Fantasie; **~ krajowy brutto** EKON Bruttosozialprodukt *n*; **~ywny** produktiv
proekologiczny umweltfreundlich
prof. (profesor) Prof. (Professor)
profanacja F (-i; -e) Entweihung *f*, Schändung *f*
profanować ⟨s-⟩ (-uję) entweihen, entwürdigen; *groby* schänden
profesja F (-i; -e) *lit* Beruf *m*
profesjonal|ny (*fachowy*) professionell, fachmännisch; (*zawodowy*) Berufs-, Profi-; **~ny sportowiec** *m* Berufsspieler *m*, Profispieler *m*; **sprzęt** *m* **~ny** Ausrüstung *f* für Profis; **~nie** *adv* (*zawodowo*) berufsmäßig
profesor M (-a; -owie od -orzy) Professor *m*; (*kobieta*) Professorin *f*; (*nauczyciel gimnazjalny*) (Gymnasial)Lehrer *m*; *kobieta* (Gymnasial)Lehrerin *f*
profesorka F (-i; *gen* -rek) *umg* (*nauczycielka*) Lehrerin *f*
profesors|ki *tytuł* Professor(en)-; (*nauczycielski*) Lehrer-; *pej* professoral; **nominacja** *f* **~ka** Ruf *m*
profesura F (-y; *bpl*) Professur *f*; (*profesorowie*) Professorenschaft *f*, Professorenkollegium *n*
profil M (-u; -e; *gen* -ów od -li) *twarzy, czasopisma, opony* Profil *n*; *budynku* Umriss *m*; **z ~u** *adv* im Profil; **zdjęcie** *n* **z ~u** Profilbild *n*; **klasa o ~u humanistycznym** (Schul)Klasse *f* mit humanistischem Schwerpunkt
profilakty|czny prophylaktisch, vorbeugend; **badania** *n/pl* **~czne** Vorsorgeuntersuchung *f*; **obuwie** *n* **~czne** Gesundheitsschuhe *m/pl*, orthopädische Schuhe *m/pl*; **~ka** F (-i; *bpl*) MED Prophylaxe *f*, Vorbeugung *f*
progi PL → próg
prognoza F (-y) Prognose *f* (*a.* MED), Voraussage *f*; **~ pogody** Wettervorhersage *f*, Wetterbericht *m*
prognozować (-uję) prognostizieren, voraussagen
progowy *dawka* Grenz-
program M (-u; -y) Programm *n* (*a.* EDV); (*audycja*) Sendung *f*; **~ dla dzieci** RADIO Kindersendung *f*; **~ teatralny** Theaterprogramm *n*; (*broszura*) Programm(heft) *n*; **~ telewizyjny** Fernsehprogramm *n*; **~ wyborczy** POL Wahlprogramm *n*; **~ nauczania** Lehrplan *m*; **~ pracy** Arbeitsplan *m*; **być w ~ie** auf dem Programm stehen; **zmiany** *f/pl* **w ~ie** RADIO, TEATR Programmänderung *f*
programist|a M (-y; -ści), **~ka** F (-i; *gen* -tek) EDV Programmierer(in) *m(f)*
programować ⟨za-⟩ (-uję) planen; **programować** EDV programmieren
programowy (-wo) Programm-; *teza, artykuł* programmatisch
pro|gresywny progressiv, fortschrittlich; **~hibicja** F (-i; *bpl*) Prohibition *f*; **~jekcja** F (-i; -e) *filmu* Vorführung *f*; *slajdów* Projektion *f* (*a.* PSYCH)
projekcyjny: **aparat** *m* **~** Projektor *m*, Projektionsapparat *m*; **ekran** *m* **~** Projektionsfläche *f*
projekt M (-u; -y) (*zamierzenie*) Vorhaben *n*, Projekt *n*; ARCH, TECH Entwurf *m*; **~ budowlany** Bauplan *m*; **~ ustawy** POL Gesetzesvorlage *f*; **~y** *pl* **na przyszłość** Zukunftspläne *pl*
projektant M (-a; -ci), **~ka** F (-i; *gen* -tek): **~** Modedesigner(in) *m(f)*; **~ wnętrz** Innenarchitekt(in) *m(f)*; BUD Projektant(in) *m(f)*, Planer(in) *m(f)*
projektodaw|ca M (-y; *gen* -ów), **~czyni** F (-i; -e) Urheber(in) *m(f)*
projektor M (-a; -y) Projektor *m*, Projektionsapparat *m*
projektować ⟨za-⟩ (-uję) ARCH, TECH entwerfen; (*planować*) planen, beabsichtigen
projekto|wy *zespół* Projekt-; **biuro** *n* **~we** Architektenbüro *n*
proklamować (-uję) proklamieren, ausrufen
prokura|tor M (-a; -rzy) Staatsanwalt *m*; (*kobieta*) Staatsanwältin *f*; **~tura** F (-y) Staatsanwaltschaft *f*
proletari|acki proletarisch; **~at** M (-u; *bpl*) Proletariat *n*
proletariusz M (-a; -e), **~ka** F (-i; *gen* -szek) Proletarier(in) *m(f)*
prolongata F (-y) Fristverlängerung *f*; *zapłaty* Aufschub *m*; BANK Prolongation *f*
prolongować ⟨s-⟩ (-uję) *termin* verlängern; *zapłatę* aufschieben; BANK prolongieren, stunden
prom M (-u; -y) Fähre *f*; **płynąć ~em** mit der Fähre fahren; **~ kosmiczny** Raumfähre *f*; **~enada** F (-y) Promenade *f*

promienieć (*promienieję*) (*inst*) *lit fig* strahlen vor (*dat*)
promieniotwórczy radioaktiv
promieniować (-*uję*) V/T *ciepło* (aus)-strahlen; V/I *ból* ausstrahlen; **~** (*inst*) *fig* ausstrahlen (*akk*), strahlen vor (*dat*); **~ na** (*akk*) *fig* ausstrahlen, wirken (auf *akk*); **~ radością** vor Freude strahlen; **promieniuje z ciebie siła** du strahlst Kraft aus
promieniowanie N (-*a*) Strahlung *f*; **~ radioaktywne** radioaktive Strahlung *f*; **~ słoneczne** Sonnenstrahlung *f*; **~ cieplne** Wärmestrahlung *f*
promien|isty (**-ście**) *układ* strahlenförmig, sternförmig; **~ny** *słońce*, *wzrok* strahlend; FIZ Strahlungs-
promie|ń M (-*nia*; -*nie*) *światła* Strahl *m*; MAT Radius *m*; **~nie** *pl* **rentgenowskie** FIZ Röntgenstrahlen *pl*; **w ~niu** (*gen*) im Umkreis (von *dat*)
pro|mil M (-*a*; -*e*) Promille *n*; **~minentny** prominent
promoc|ja F (-*i*; -*e*) HANDEL Werbekampagne *f*; Einführung *f* auf den Markt; (*propagowanie*) Förderung *f*, Propagierung *f*; **dostać ~ję** *w szkole* versetzt werden; **~ja na doktora** Promotion *f* zum Doktor
promocyj|ny: **cena** *f* **~na** Einführungspreis *m*, Sonderpreis *m*; **kampania** *f* **~na** Werbekampagne *f*; **tekst** *m* **~ny** Werbetext *m*
promotor M (-*a*; -*rzy*) *doktoranta* Doktorvater *m*; Förderer *m*, Manager *m*
promować ⟨**wy-**⟩ (-*uję*) promovieren, die Doktorwürde verleihen; *ucznia* versetzen; *towar* bewerben, promoten; *osobę*, *projekt* promoten, Werbung machen (für *akk*)
promowany promoviert
promo|wy: **przystań** *f* **~wa** Fähranleger *m*
promyk M (-*a*; -*i*) *dim* (Sonnen)Strahl *m*; **~ nadziei** Hoffnungsschimmer *m*
proniemiecki deutschfreundlich, prodeutsch
propagand|a F (-*y*) Propaganda *f*; **~owy** Propaganda-
propagan|dysta M(-*y*; -*ści*), **~dzista** M (-*y*; -*ści*) Propagandist *m*; **naczelny ~dysta** Propagandachef *m*
propagator M (-*a*; -*rzy*), **~ka** F (-*i*; *gen* -*rek*) Befürworter(in) *m*(*f*)
propagować (-*uję*) propagieren, befürworten; werben (für *akk*)
propan M (-*u*; *bpl*) Propan(gas) *n*
proponować ⟨**za-**⟩ (-*uję*) *rozwiązanie*, *spotkanie* vorschlagen; *towar*, *zakąskę* anbieten; **~ pomoc** s-e Hilfe anbieten
proporcj|a F (-*i*; -*e*) Proportion *f*; **~onalny** proportional; *sylwetka* gut proportioniert; **odwrotnie ~onalny** MAT umgekehrt proportional; **~onalnie zbudowany** wohlgeformt
propo|rczyk M (-*a*; -*i*) Wimpel *m*, Standarte *f*; **~rczyk klubowy** Vereinsfahne *f*; **~rzec** M (-*rca*; -*rce*) HIST Fahne *f*, Standarte *f*
propozyc|ja F (-*i*; -*e*) (*pomysł*) Vorschlag *m*; (*oferta*) Angebot *n*; **~ja pracy** Arbeitsangebot *n*; **~ja kupna** Kaufangebot *n*; **~ja małżeństwa** Heiratsantrag *m*; **zgodzić się** *pf* **na ~ję** den Vorschlag akzeptieren
proroctwo N (-*a*) REL Prophezeiung *f* (*a. fig*)
proroczy (**-czo**) REL prophetisch; *fig* prophetisch, hellsichtig
prorok M (-*a*; -*cy*), **~ini** F (-*i*; -*e*) REL Prophet(in) *m*(*f*) (*a. fig*); **fałszywy prorok** *fig* falscher Prophet *m*
prorządowy POL regierungsnah, regierungsfreundlich
prosektorium N (*unv*; -*ia*; *gen* -*iów*) Leichenhalle *f*
proseminarium N (*unv*; -*ia*; *G*-*iów*) Proseminar *n*
prosi|aczek M (-*czka*; -*czki*) *dim* Ferkelchen *n*; **~ak** M (-*a*; -*i*) ZOOL Ferkel *n* (*a. fig pej*)
prosić ⟨**po-**⟩ (*proszę*) bitten (**o** *akk* um *akk*); (*zapraszać*) einladen, bitten (**na** *akk* zu *dat*); *urzędowo* ersuchen; **proszę bardzo** *od* **proszę uprzejmie!** bitte sehr *od* bitte schön!; **proszę?** bitte?; **proszę!** herein!; **~ do tańca** zum Tanzen auffordern; **~ na herbatę** zum Tee einladen, zum Tee bitten; **~ na wesele** zur Hochzeit einladen; **~ do stołu** zu Tisch bitten; **poproszę o kawę** ich möchte gerne Kaffee, ich nehme Kaffee; **~ do środka** hereinbitten; **dyrektor pana prosi** der Direktor lässt bitten, der Direktor möchte Sie sprechen; **proszę pana, która jest godzina?** Entschuldigung, wie spät ist es?, entschuldigen Sie, wie spät ist es?; **proszę usiąść!** setzen Sie sich bitte!; **proszę pani,**

P

chciałabym o coś zapytać ich möchte Sie etwas fragen; **czy mogę prosić panią Kowalską?** TEL kann ich Frau Kowalska sprechen?; **proszę mi wierzyć, ...** glauben Sie mir, ...; **co proszę?** wie bitte?; **prosimy nie palić** bitte nicht rauchen; **no proszę!** na, bitte!; **uprzejmie proszę o** (*akk*) *ofic* hiermit bitte ich um (*akk*); **prosić się** *umg* betteln, sich aufdrängen; **kwiaty aż proszą się o wodę** die Blumen brauchen unbedingt Wasser, die Blumen müssen gegossen werden

prosić się ⟨**oprosić się**⟩ (*3. Pers -i*) ZOOL ferkeln

prosię N (*-ięcia; -ięta; gen -iąt*) ZOOL Ferkel *n* (*a. fig pej*); **~ pieczone** KULIN Spanferkel *n*

pros|o N (*-a; bpl*) Hirse *f*; **~pekt** M (*-u; -y*) (*broszura*) Prospekt *m*

prosperować (*-uję*) prosperieren, florieren

prosta F (*-ej; -e*) MAT Gerade *f*

prostacki (**-ko**; **po -ku**) *żart, twarz* grob, ordinär; *zachowanie* proletenhaft

prostaczek M (*-czka; -czkowie od -czki*) Einfaltspinsel *m*

prostaczka F (*-i; gen -czek*) *pej* Proletin *f*

prosta|k M (*-a, -cy*) *pej* Grobian *m*, Prolet *m*, Primitivling *m*; **~ta** F (*-y*) ANAT Prostata *f*

pros|to ADV gerade(aus); (*niezawile*) einfach, unkompliziert; (*niewyszukanie*) schlicht; (*wprost*) direkt; **~to przed siebie** geradeaus; **siedzieć ~to** gerade sitzen; **~to do domu** direkt nach Hause; **~to jak strzelił** geradeaus; **~to spod igły** nagelneu; **mówić ~to z mostu** geradeheraus sagen, ohne Umschweife sagen; **mleko** *n* **~to od krowy** frisch gemolkene Milch; **po ~tu** einfach; ganz einfach, ohne Weiteres

prostoduszny treuherzig

prostokąt M (*-a; -y*) MAT Rechteck *n*; **~ny** rechteckig; MAT rechtwinklig

prosto|linijny gerade; *fig* geradlinig, geradsinnig; **~liniowy** (**-wo**) geradlinig

prostopad|łościan M (*-u; -y*) MAT Quader *m*; **~ły** (**-le**) senkrecht; (*liniowo*) rechtwinklig

prostota F (*-y; bpl*) *zachowania* Natürlichkeit *f*; *stylu, ozdób* Schlichtheit *f*; *konstrukcji, mechanizmu* Einfachheit *f*

prostować ⟨**wy-**⟩ (*-uję*) *drut* gerade biegen; *kartkę* glätten, glatt streichen; **się** sich gerade stellen; ⟨**s-**⟩ *błąd* berichtigen korrigieren; *wypowiedź* richtigstellen

prostownik M (*-a; -i*) ELEK Gleichrichter *m*

pros|ty[1] (*persf -ści*) (**-to**) (*nie wygięty*) gerade; (*zwykły*) einfach; (*skromny*) schlicht; **~te włosy** *pl* glatte Haare *pl*; **kąt** *m* **~ty** rechter Winkel *m*; **~ty jak świeca** kerzengerade; **sto kilometrów w linii ~tej** hundert Kilometer Luftlinie

prosty[2] M (*-ego; -e*) (*cios*) Gerade *f*

prostytu|cja F (*-i; bpl*) Prostitution *f*; **~tka** F (*-i; gen -tek*) Prostituierte *f*

prosz|ek M (*-szku; -szki*) Pulver *n*; (*lek*) Tablette *f*; **~ek do prania** Waschpulver *n*; **~ek do pieczenia** Backpulver *n*; **~ek przeciwbólowy** Schmerztablette *f*; **~ek nasenny** Schlaftablette *f*; **mleko** *n* **w ~ku** Milchpulver *n*; **utrzeć** *pf* **na ~ek** zu Pulver zerreiben; **być w ~ku** *fig umg* nicht fertig sein

proszkowy Pulver-

proszony *gość* eingeladen; **być ~m do telefonu** am Telefon verlangt werden

proś|ba F (*-y; gen próśb*) Bitte *f* (**o** *akk* um *akk*); (*podanie*) Ersuchen *n*; **na własną ~bę** auf eigene Bitte; **chodzić po ~bie** betteln

prości *persf* → prosty

prościej *komp* ADV → prosto

prościut|eńki, **~ki** (**-ko**) *dim* ganz gerade, schnurgerade; *fig* kinderleicht

prośny *maciora* trächtig

protegować ⟨**za-**⟩ (*-uję*) *lit* protegieren, empfehlen

protegowa|ny M (*-ego; -ni*), **~na** F (*-ej; -e*) Protegé *m*, Günstling *m*

protekcj|a F (*-i; -e*) Protektion *f*, Begünstigung *f*; Empfehlung *f*; **~onalny** gönnerhaft

protektor[1] M (*-a; -rzy*), **~ka** F (*-i; gen -rek*) Gönner(in) *m(f)*, einflussreiche Person *f*

protektor[2] M (*-a; -y*) *opony* Lauffläche *f*

protektorat M (*-u; bpl*) Schirmherrschaft *f*; POL Protektorat *n*

protest M (*-u; -y*) Protest *m*; **na znak ~u** aus Protest; **~acyjny** Protest-

protestancki protestantisch

protestant M (*-a; -ci*), **~ka** F (*-i; gen -tek*) Protestant(in) *m(f)*

protestować ⟨**za-**⟩ (*-uję*) protestieren (**przeciw** *dat* gegen *akk*)

protestują|cy M (*-ego; -cy*), **~ca** F (*-ej; -e*) Protestierende(r) *m, f*

protety|k M (*-a; -cy*), **~czka** M (*-i; gen -czek*) Zahntechniker(in) *m(f)*
proteza F (*-y*) Prothese *f*; **~ słuchowa** Hörgerät *n*
protokolant M (*-a; -ci*), **~ka** F (*-i; gen -tek*) Protokollführer(in) *m(f)*
protokolarny protokollarisch
protokołować 〈**za-**〉 (*-uję*) protokollieren
protokół M (*-ołu; -oły*) Protokoll *n* (*a.* POL); **~ z zebrania** Sitzungsprotokoll *n*; **~ zeznań świadków** JUR Protokoll *n* der Zeugenaussagen; **~ powypadkowy** Unfallprotokoll *n*; **~ szkód** Schadensprotokoll *n*; **sporządzić** *pf* **~** ein Protokoll aufnehmen
proto|plasta M (*-y; -ści*) *lit* Stammvater *m*; **~plazma** F (*-y; bpl*) BIOL Protoplasma *n*; **~typ** M (*-u; -y*) TECH Prototyp *m*; *fig* Vorbild *n*
prowadnica F (*-y; -e*) TECH Führungsschiene *f*
prowadzą|cy F (*-ej; -e*), **~ca** M (*-ego; -y*) RADIO Moderator(in) *m(f)*
prowadzenie N (*-a*) SPORT Führung *f*; *zakładu, firmy* Führung *f*, Leiten *n*; **~ samochodu** Autofahren *n*; **~ wojny** Kriegsführung *f*; **objąć** *pf* **~** SPORT in Führung gehen, die Führung übernehmen; **niemoralne ~ (się)** Lotterleben *n*, liederliches Leben *n*
prowadzić (*-dzę*) V/T *rozmowę, wojnę, restaurację* führen; *samochód, tramwaj* fahren; *audycję* moderieren; *samolot* fliegen, steuern; V/I *droga, drzwi, schody* führen; SPORT führen, in Führung liegen; **~ k-o** j-n führen, j-n geleiten; **~ za rękę** an der Hand führen; **~ dom** den Haushalt führen; **~ gospodarstwo** e-n Bauernhof bewirtschaften; **~ beztroskie życie** ein sorgloses Leben führen; **~ na smyczy** an der Leine führen; **~ w tańcu** beim Tanzen führen; **~ do** (*gen*) *fig* führen zu (*dat*); **to do niczego nie prowadzi** das führt zu nichts; **~ się źle** ein Lotterleben führen
prowiant M (*-u; -y*) Proviant *m*
prowinc|ja F (*-i; -e*) Provinz *f*; **głucha ~ja** tiefe Provinz *f*; **~onalny** *pej* provinziell; TEATR Provinz-; **miasteczko** *n* **~jonalne** Provinznest *n*
prowizja F (*-i; -e*) HANDEL Provision *f*;
prowizor|ka F (*-i; gen -rek*) *umg* Notbehelf *m* (*a. fig*); **~yczny** *urządzenie* provisorisch, behelfsmäßig; *rozwiązanie* vorläufig, Not-
prowodyr M (*-a; -rzy*) *bandy, szajki* Anführer *m*
prowokac|ja F (*-i; -e*) Provokation *f*; **~yjny** provokativ
prowokator M (*-a, -rzy*) Provokateur *m*
prowokować 〈**s-**〉 (*-uję*) provozieren
prowokujący (-co) provozierend, herausfordernd
pro|za F (*-y; bpl*) LIT Prosa *f* (*a. fig*); **pisać ~zą** Prosa schreiben
prozators|ki LIT Prosa-; **utwór** *m* **~ki** Prosatext *m*; **twórczość** *f* **~ka** Prosaschaffen *n*
prozaiczny *powód, zajęcie* prosaisch
prozaik M (*-a; -cy*) Prosaschriftsteller *m*
pró|ba F (*-y*) (*sprawdzenie*) Probe *f* (*a.* TEATR), Test *m*; (*usiłowanie*) Versuch *m*; *fig* Probe *f*, Prüfung *f*; *złota, srebra* Feingehalt *m*; **na ~bę** zur Probe, versuchsweise; auf Probe; **~ba generalna** TEATR Generalprobe *f* (*a. fig*); **~ba samobójcza** Selbstmordversuch *m*; **~ba ciążowa** Schwangerschaftstest *m*; **~ba losowa** Stichprobe *f*; **~ba krwi** MED Blutprobe *f*; **wystawić** *pf* **na ~bę** auf die Probe stellen
prób|ka F (*-i; gen -bek*) *do badań* Probe *f*; (*produkt*) Probe *f*, Werbegeschenk *n*; **~ka pracy** Arbeitsprobe *f*; **pobrać** *pf* **~kę** e-e Probe entnehmen; **~ki** *f/pl* **literackie** literarische Versuche *pl*; **dać** *pf* **~kę swoich umiejętności** e-e Probe seines Könnens geben
próbn|ie ADV probehalber, versuchsweise; **~ik** M (*-a; -i*) TECH Prüfgerät *n*; ASTRON Raumsonde *f*
prób|ny LOT, *wiercenia* Probe-, Test-; **okres** *m* **~ny** Probezeit *f*; **zdjęcia** *n/pl* **~ne** FILM Probeaufnahmen *f/pl*
próbować 〈**s-**〉 (*-uję*) (*sprawdzać*) probieren; testen; (*usiłować*) versuchen; (*smakować*) schmecken, probieren; **~ szczęścia** sein Glück versuchen; **spróbuj!** probier mal!; versuch mal!
próchnica F (*-y; bpl*) MED Karies *f*; AGR Humus *m*
próchnieć 〈**s-**〉 (*-eję*) *drewno* morsch werden, vermodern; *ząb* kariös werden
próchno N (*-a; bpl*) morsches Holz *n*; *fig umg* alter Knacker *m*, klappriger Alter *m*
prócz PRÄP (*gen*) außer (*dat*), ausgenommen (*akk*); **~ tego** außerdem, überdies

P

próg M (*-ogu; -ogi*) Schwelle *f*; *fig* Grenze *f*, Schwelle *f*; SPORT Schanzentisch *m*; **stać w progu** in der Tür stehen; **~ skalny** Klippe *f*; **~ bólu** Schmerzgrenze *f*, Schmerzschwelle *f*; **~ słyszalności** Hörschwelle *f*; **górny ~** *fig* obere Grenze *f*; **zima za progiem** der Winter steht vor der Tür; **u progu** (*gen*) *fig* an der Schwelle (zu *dat*); **progi** *pl* **rodzinne** *lit* Zuhause *n*, Heimat *f*

prószyć (*3. Pers -szy*): **śnieg prószy** *od* **prószy śniegiem** es schneit leicht, es fällt ein feiner Schnee

próż|nia F (*-i; -e*) FIZ Vakuum *n*; *fig* Leere *f*; **w ~nię** ins Leere; **zawisnąć** *pf* **w ~ni** in der Luft schweben *od* hängen

próżni|actwo N (*-a; bpl*) *pej* Müßiggang *m*, Nichtstun *n*; **~aczy** *pej życie* müßig, untätig; **~ak** M (*-a; -cy*) Nichtstuer *m*, Müßiggänger *m*

próżniowy Vakuum-

próżno ADV *lit*: **~** *od* **na ~** vergeblich

próżność F (*-ści; bpl*) Eitelkeit *f*

próżnować (*-uję*) nichts tun, faulenzen; lümmeln

próżny eitel, selbstgefällig; *nadzieja, wysiłki* vergeblich; *obietnica, słowa* leer

pruć ⟨s-⟩ (*pruję*) *sweter* aufräufeln; **pruć** *umg* flitzen, rasen; **pruć fale** die See durchpflügen; **pruć się** *sweter, szalik* e-e Laufmasche haben

pruderyjny prüde

Prudnik M (*-a; bpl*) Neustadt *n*

prusak M (*-a; -i*) ZOOL Küchenschabe *f*

Prusak M (*-a; -cy*) HIST Preuße *m*

pruski HIST preußisch (*a. fig*), Preußen-; **kwas** *m* **~** CHEM Blausäure *f*; **mur** *m* **~** ARCH Fachwerk *n*

Prusy PL (*gen* -) HIST Preußen *n*

prychać (*-am*) ⟨**-nąć**⟩ (*-nę*) *koń* schnauben; *osoba* prusten; **~ ze złości** *fig* vor Wut schnauben

prycza F (*-y; -e*) Pritsche *f*

pryk M (*-a; -i*) *pop* alter Knacker *m*

prym: **wieść ~** führen, den ersten Platz einnehmen

prym|as M (*-a; -i od -owie*) REL Primas *m*; **~at** M (*-u; bpl*) *lit* Primat *m od n*, Vorrang *m*; (*przewodzenie*) Führung *f*, führende Position *f*; **wojna** *f* **o ~at na morzu** ein Krieg um die Herrschaft auf dem Meer

prymityw M (*-a; -y*) *pej* Primitivling *m*

prymitywizm M (*-u; bpl*) Primitivität *f*; MAL Primitivismus *m*

prymitywność F (*-ści; bpl*) Primitivität *f*, Dürftigkeit *f*; *pej* Primitivität *f*, Grobheit *f*

prymitywny *warunki* primitiv, dürftig; *narzędzia, metody* primitiv (*a.* BIOL, MAL), simpel; *plemiona* primitiv; (*grubiański*) *pej* primitiv, grob

prymul|a F (*-i; -e*), **~ka** F (*-i; gen -lek*) Primel *f*

prymus[1] M (*-a; -i od -y*), **~ka** F (*-i; gen -sek*) Klassenbeste(r) *m, f*

prymus[2] M (*-a; -y*) Petroleumkocher *m*

pryskać (*-am*) ⟨**-nąć**⟩ (*-nę*) *woda, błoto* spritzen; *szkło* bersten, zerspringen; *nastrój, czar* verfliegen; (*uciekać*) *umg* abhauen; **~ wodą** mit Wasser spritzen; **pryskać** AGR bespritzen; **pryskać pomidory** AGR Tomaten spritzen

pryskany AGR gespritzt

prysnąć PF → pryskać

pryszcz M (*-a; -e*) Pickel *m*; MED Pustel *f*; **to dla mnie ~** *umg* das mache ich mit links; **~aty** *twarz* pick(e)lig

pryszczyca F (*-y; bpl*) MED Maul- und Klauenseuche *f*

prysznic M (*-a; -e*) Dusche *f*; (*kąpiel*) Dusche *f*, Duschbad *n*; **wziąć** *pf* **~** duschen; **wziąć** *pf* **gorący ~** heiß duschen, e-e heiße Dusche nehmen; **zimny ~** kalte Dusche *f* (*a. fig*)

prysznico|wy: **kabina** *f* **~wa** Duschkabine *f*

prywaciarz M (*-a; -e*) *umg* privater Händler *m*; privater Unternehmer *m*

prywat|a F (*-y; bpl*) *lit pej* Eigennutz *m*, Privatinteresse *n*; **~ka** F (*-i; gen -tek*) Party *f*

prywatność F (*-i; bpl*) Privatsphäre *f*

prywat|ny privat, Privat- (*a.* EKON); **sprawa** *f* **~na** Privatangelegenheit *f*, private Angelegenheit *f*; **życie** *n* **~ne** Privatleben *n*; **~ny detektyw** *m* Privatdetektiv *m*; **szkoła** *f* **~na** Privatschule *f*; **~ne lekcje** *pl* Privatunterricht *m*; **zbiory** *pl* **~ne** MAL Privatbesitz *m*; **osoba** *f* **~na** Privatperson *f*

prywatyzacja F (*-i; bpl*) Privatisierung *f*

prywatyzować ⟨s-⟩ (*-uję*) privatisieren

pryz|ma F (*-y*) *żwiru, buraków* Haufen *m*; **układać w ~my** zu einem Haufen aufschichten

pryzmat M (*-u; -y*) FIZ Prisma *n*; **przez ~** (*gen*) *fig* aus dem Blickwinkel, aus der Perspektive (*gen*)

przaśny *chleb* ungesäuert; *fig lit* natürlich, urwüchsig

prządka F (-i; *gen -dek*) Spinnerin *f*

prząść* (*przędę*) *wełnę* spinnen; **cienko ~** *fig* knapp bei Kasse sein

przebaczać (-*am*) ⟨**-yć**⟩ (-*ę*) vergeben, verzeihen

przebaczenie N (-*a*) Vergebung *f*, Verzeihung *f*

przebaczyć PF → przebaczać

przebadać PF (-*am*) *pacjenta, substancję* gründlich untersuchen

przebąkiwać PF (-*kuję*) munkeln (**o** *lok* über *akk*)

przebic|ie N (-*a*) ELEK, AUTO Durchschlag *m*; (*otwór*) Durchbruch *m*; **siła** *f* **~ia** *fig* Durchsetzungskraft *f*

przebić PF → przebijać

przebiec PF: **~ się** e-e Weile laufen; → przebiegać

przebieg M (-*u*; -*i*) *zdarzeń, trasy* Verlauf *m*; AUTO Kilometerzahl *f*

przebiegać (-*am*) ⟨**przebiec**⟩ (*przebiegnę*) *kilometr, metr* laufen; *praca, choroba* verlaufen; **~ przez** (*akk*) laufen über (*akk*); **~ myślą** Revue passieren lassen; **~ wzrokiem** überfliegen, flüchtig durchsehen; **~ przez jezdnię** über die Straße laufen; **~ obok** (*gen*) vorbeilaufen an (*dat*); **przebiegł mnie dreszcz** es überlief mich kalt; **przebiegać** *trasa, granica* verlaufen

przebiegły (*persf -li*) (**-le**) *osoba* listig, *pej* durchtrieben; *uśmiech, plan* listig

przebierać (-*am*) ⟨**przebrać**⟩ (*przebiorę*) *dziecko* umziehen, *lit* umkleiden; *owoce* auslesen; **~ k-o za** (*akk*) j-n verkleiden als (*akk*); **przebierać nogami** die Füße bewegen; **przebierać w** (*lok*) wählerisch sein bei (*dat*); **nie przebierać w środkach** keine Skrupel haben, keine Rücksicht nehmen; **nie przebierać w słowach** deutliche Worte finden; **~ się** sich umziehen, *lit* sich umkleiden; **~ się za** (*akk*) sich verkleiden als (*nom*)

przebieralnia F (-*i*; -*e*) Umkleideraum *m*

przebieraniec M (-*ńca*; -*ńcy*): **bal** *m* **~ańców** Kostümball *m*

przebijać (-*am*) ⟨**przebić**⟩ (*przebiję*) *v/t igłą, szpilką* durchstechen; *strzałą, gwoździem* durchbohren; (*wykuć*) durchbrechen; *tunel* (durch)graben, (durch)bohren; *w kartach* übertrumpfen; V/I **przebijać** *smutek, optymizm* mitschwingen, zum Ausdruck kommen; *światło, farba* durchscheinen, durchschimmern; **~ się** sich durchschlagen (**do** *gen* zu *dat*); (*mieć sukces*) sich durchsetzen; *słońce, głos* durchdringen; **~ się przez** (*akk*) sich den Weg bahnen, sich durchkämpfen durch (*akk*); **~ się do zasypanych** sich zu den Verschütteten durchgraben *od* durchschlagen

przebi|jak M (-*a*; -*i*) Locheisen *n*; **~śnieg** M (-*u*; -*i*) BOT Schneeglöckchen *n*; **~tka** F (-*i*; *gen -tek*) (*kopia*) Durchschlag *m*

przebłagać PF (-*am*) versöhnlich stimmen, um Vergebung bitten; **nie dać się** *pf* **~** unversöhnlich bleiben

przebłysk M (-*u*; -*i*) Schimmer *m*, Leuchten *n*; **mieć ~i świadomości** e-n lichten Augenblick haben; **~i** *pl* **szczęścia** kurze Augenblicke des Glücks

przebłyskiwać (*3. Pers -uje*) *światło* durchschimmern; *słońce* durchscheinen, durchleuchten

przebogaty überaus reich (*a. fig*)

przeboje PL → przebój

przebojo|wy *osoba* draufgängerisch, resolut; **~wa piosenka** *f* Schlager *m*; **~wy film** *m* Kinohit *m*

przeboleć PF (-*eję*) verschmerzen, verwinden

przeb|ój M (-*u*; *przeboje*; *gen -ów*) Schlager *m*, Hit *m*; **lista** *f* **~ojów** Hitliste *f*, Charts *pl*; **~ojem** *adv* resolut; **iść ~ojem** sich durchsetzen, sich durchschlagen

przebrać* PF → przebierać

przebra|nie N (-*a*) Verkleidung *f* **w ~niu** (*gen*) verkleidet als (*nom*); **~ny** verkleidet (**za** *akk* als *nom*)

przebrnąć PF (-*nę*) sich e-n Weg bahnen, sich durchkämpfen (**przez** *akk* durch *akk*); **~ przez fachowy tekst** sich durch e-n Fachtext durcharbeiten; **~ przez rozmowę kwalifikacyjną** ein Vorstellungsgespräch überstehen

przebrzmiewać (*3. Pers -wa*) ⟨**przebrzmieć**⟩ (-*eje*) *melodia* verklingen; *sława* vergehen

przebrz|miały *sława* vergangen; **~ydły** abscheulich, hässlich

przebudowa F (-*y*) *domu* Umbau *m*; *systemu* Umstrukturierung *f*, Umwandlung *f*

przebudowywać (-*wuję*) ⟨**przebudować**⟩ (-*uję*) *dom* umbauen; *system* umstrukturieren, umwandeln

P

przebudzenie (się) N (-a) Erwachen *n*
przebudzić PF → obudzić
przeby|cie: **nie do ~cia** unpassierbar; **trudny do ~cia** unwegsam
przebywać (-am) ⟨**przebyć**⟩ (*przebędę*) *drogę* zurücklegen; *rzekę* überqueren; *granicę* passieren, überschreiten; *czas* verbringen; *chorobę* durchstehen; *próbę* überstehen; **przebywać** sich aufhalten
przecedzać (-am) ⟨**-ić**⟩ (*-dzę*) durchsieben, durchseihen
przece|na F (-y) HANDEL Herabsetzung *f*, Preisreduzierung *f*; **z ~ny** herabgesetzt, reduziert; **~na posezonowa** Sommerschlussverkauf *m*; Winterschlussverkauf *m*
przeceniać (-am) ⟨**-ić**⟩ (*-ię*) HANDEL herabsetzen; *fig* überbewerten, überschätzen; **trudno przecenić** es ist kaum zu überschätzen; **~ się** sich überschätzen
przeceniony HANDEL herabgesetzt, reduziert
przechadzać się (-am) schlendern (**po** *lok* durch *akk*); **~ tam i z powrotem** auf und ab schlendern
przechadz|ka F (-i; *gen -dzek*) Spaziergang *m*; **iść na ~kę** spazieren gehen, e-n Spaziergang machen
przechładzać (-am) ⟨**przechłodzić**⟩ (*-ę*) *wodę* abkühlen; **~ się** *woda* (sich) abkühlen
przechodni: **czasownik** *m* **~** GRAM transitives Verb *n*; **pokój** *m* **~** Durchgangszimmer *n*; **puchar** *m* **~** Wanderpokal *m*
przechodzić[1] (*przechodzę*) ⟨**przejść**⟩ (*przejdę*) rübergehen (**do** *gen* in *akk*); *w konkursie* weiter kommen; *wyobraźnię* übersteigen; *oczekiwania* übertreffen; **~ przez** (*akk*) *światło, kula* durchdringen (*akk*); **~ do** (*gen*) *fig* übergehen zu (*dat*); **~ w czerwień** in Rot übergehen; **~ obok** (*gen*) vorbeigehen (an *dat*); *burza* vorüberziehen; *ból* nachlassen; **~ samego siebie** sich selbst übertreffen; **~ próbę** einer Probe unterzogen werden; **~ przez ulicę** über die Straße gehen, die Straße überqueren; **~ przez granicę** die Grenze passieren, die Grenze überschreiten; **~ przez dziurę** durch ein Loch durchgehen; **~ do następnej rundy** SPORT sich für die nächste Runde qualifizieren; **~ do następnego tematu** zum nächsten Thema übergehen; **~ do następnej klasy** versetzt werden; **ona wiele w życiu przeszła** sie musste in ihrem Leben viel durchstehen; **~ badania** untersucht werden; **~ wilgocią** Feuchtigkeit anziehen; **~ na dietę** e-e Diät machen; **~ na emeryturę** in Rente gehen; **~ na inny język** die Sprache wechseln; **~ na** (*akk*) REL übertreten zu (*dat*); **~ na katolicyzm** konvertieren; **przechodzić z rąk do rąk** von Hand zu Hand gehen; **to nie przejdzie** *umg* das kommt nicht durch; **przechodzić** *trasa, linia* verlaufen (**przez** *akk* durch *akk*)
przechodzić[2] PF (*przechodzę*) *biedę, chorobę* durchmachen, durchstehen; **~ w kurtce dwie zimy** zwei Winter lang e-n Mantel tragen; **~ grypę** e-e Grippe verschleppen; e-e Grippe durchmachen
przechodzień M (*-dnia; -dnie, -dniów*) Fußgänger *m*, Passant *m*
przechodzony *ubranie* abgetragen
przechorowywać (*-wuję*) ⟨**przechorować**⟩ (*-uję*) **~ całą zimę** den ganzen Winter über krank sein, während des ganzen Winters krank sein; **przechorował bardzo porażkę** sein Misserfolg hat ihn körperlich sehr mitgenommen
przechować PF → przechowywać
przechowanie N (*-a; bpl*) Aufbewahrung *f*; **na ~** zur Aufbewahrung
przechowalnia F (*-i; -e*): **~ bagażu** Gepäckaufbewahrung *f*
przechowywać (*-wuję*) ⟨**przechować**⟩ (*-am*) *pamiątki, dokumenty, zwyczaje* aufbewahren; *zbiega* verstecken; *żywność, drewno* lagern; **przechowywać w chłodnym i suchym miejscu** kühl und trocken lagern; **~ w pamięci** im Gedächtnis bewahren; **~ w sejfie** im Safe aufbewahren *od* verwahren; **~ się** *zwyczaj* sich erhalten, erhalten bleiben
przechowywanie N (*-a*) Aufbewahrung *f*; Lagerung *f*
przechrzcić PF (*przechrzczę*) REL umtaufen (*a. fig umg*); **~ k-o** *umg* j-m eins auf den Deckel geben; **~ się** REL übertreten (**na** *akk* zu *dat*); **~ się na katolicyzm** konvertieren
przechwalać się (*-am*) prahlen (*inst* mit *dat*)
przechwałki PL (*gen -łek*) *pej* Prahlerei *f*
przechwytywać (*-uję*) ⟨**przechwycić**⟩ (*-ę*) *informację* abfangen; *władzę* übernehmen, an sich reißen; *samolot* orten
przechylać (*-am*) ⟨**-ić**⟩ (*-lę*) *głowę, dzban*

neigen; ~ **się** *szafa, płot* schief stehen; *statek* sich zur Seite neigen; ~ **się przez poręcz** sich über das Geländer beugen; ~ **się na bok** sich zur Seite neigen; ~ **się do przodu** sich nach vorn beugen

przechył M (-u; -y) Neigung *f*, schräge Lage *f*; MAR Schräglage *f*, Krängung *f*

przechytrzać (-am)⟨-yć⟩ (-ę) überlisten

przeciąć* PF → przecinać

przeciąg M (-u; -i) (Luft)Zug *m*; **stać w ~u** im Zug stehen; **tu jest ~** hier zieht es; **w ~u** (*gen*) innerhalb, während (*gen*); **w ~u tygodnia** innerhalb einer Woche

przeciągać (-am) ⟨-nąć⟩ (-nę) *nitkę* (hin)durchziehen (**przez** *akk* durch *akk*); (*przesuwać*) (hin)überziehen (**przez** *akk* über *akk*); *kabel* verlegen; *konferencję, spotkanie* in die Länge ziehen; *sylaby* dehnen, lang ziehen; V/I *pochód* vorbeiziehen; ~ **po** (*lok*) streichen, fahren über (*akk*); ~ **ręką po** (*lok*) mit der Hand streichen über (*akk*); ~ **strunę** *fig* den Bogen überspannen; ~ **się** sich strecken; *konferencja, rozmowa* sich in die Länge ziehen; *pobyt* sich verlängern

przeciągły (-le) *dźwięk, krzyk* lang gezogen; *spojrzenie* schmachtend

przeciążać (-am) ⟨-yć⟩ (-ę) *pojazd* überladen, über(be)lasten; *pracownika, serce* über(be)lasten (*inst* mit *dat*); ~ **fizycznie** überanstrengen; ~ **się** sich über(be)lasten (*inst* mit *dat*); ~ **się fizycznie** sich überanstrengen; ~ **się pracą** sich mit der Arbeit überlasten

przeciążeni *persf* → przeciążony

przeciąż|enie N (-a) Über(be)lastung *f*; ~ **fizyczne** Überanstrengung *f*; **~ony** (*persf -eni*) über(be)lastet (*inst* mit *dat*)

przeciek M (-u; -i) Leck *n*; *fig* inofizielle Information *f*, durchgesickerte Information *f*; **z ~ów wiadomo, że ...** es ist inofiziell bekannt, dass ..., es sickerte durch, dass ...

przeciekać (3. *Pers -a*) ⟨**przeciec***⟩ (*przecieknie*) *od* ⟨**przecieknąć**⟩ (*-nie*) *zbiornik, kran* lecken; *woda* auslaufen; *krew, informacja* durchsickern; *łódź* leck sein; **woda przecieka przez dach** das Dach ist undicht; **woda przecieka do łódki** das Boot hat leckgeschlagen

przecier M (-u; -y): ~ **pomidorowy** passierte Tomaten *pl*; ~ **jabłkowy** Apfelmus *n*; **robić ~ z** (*gen*) KULIN passieren (*akk*)

przecierać (-am) ⟨**przetrzeć**⟩ (*przetrę*) *szklankę, okulary* darüberwischen; KULIN (durch)passieren; *spodnie* durchscheuern; ~ **oczy** sich die Augen reiben; ~ **szlak** *fig* den Weg ebnen; ~ **się** *spodnie* durchgescheuert sein; *niebo* sich klären

przecierpieć PF (-ię) *zniewagę* erdulden; *trudny okres* aushalten, durchstehen; **wiele ~** viel durchstehen (müssen)

przecież *partikel* doch

przecię|cie N (-a) Schnitt *m*; *ulic, dróg* Kreuzung *f*; **punkt** *m* **~cia** Schnittpunkt *m*

przeciętniak M (-a; -cy) *umg* Nullachtfünfzehn-Mensch *m*, Otto Normalverbraucher *m*

przeciętna F (-ej; -e) Durchschnitt *m*, Durchschnittswert *m*

przecięt|ny (*statystyczny*) durchschnittlich, Durchschnitts-; (*mierny*) mittelmäßig; **~na pensja** *f* Durchschnittseinkommen *n*; **~na długość** *f* **życia** durchschnittliche Lebenserwartung *f*

przecinać (-am) ⟨**przeciąć**⟩ (*przetnę*) durchschneiden; *drogę, odwrót* abschneiden; *rozmowę* abrupt beenden; ~ **się** sich überschneiden

przecin|ek M (-nka; -nki) (*znak*) Komma *n* (*a.* MAT); **~ka** F (-i; *gen -nek*) LEŚN Schneise *f*

przeciskać (-am) ⟨-nąć⟩ (-nę) durchdrücken, durchpressen; ~ **się** sich durchdrängen

przeciw PRÄP (*dat*) gegen (*akk*); *wykroczenie, oskarżenie* wider (*akk*); **być ~** (*dat*) gegen (*akk*) sein; **mieć ~ sobie** (*akk*) gegen sich haben (*akk*); **nie mam nic ~ temu** ich habe nichts dagegen

przeciw- *in zssgn* gegen-, anti-

przeciwalkoholo|wy: **poradnia** *f* **~wa** Beratungsstelle *f* für Alkoholkranke

przeciwbólowy (-wo) schmerzlindernd; **środek** *m* ~ Schmerzmittel *n*

przeciwciało N (-a) BIOL Antikörper *m*

przeciwdeszczowy: **płaszcz** *m* ~ Regenmantel *m*

przeciwdziałać (-am) (*dat*) entgegenwirken (*dat*), bekämpfen (*akk*)

przeciwgazo|wy: **maska** *f* **~wa** Gasmaske *f*

przeciwgorączkowy fiebersenkend

przeciwgruźliczy Tuberkulose-

przeciwieństw|o N (-a) Gegensatz *m*; **w**

P

~ie do *(gen)* im Gegensatz zu *(dat)*
przeciwjad M *(-u; -y)* Gegengift *n*
przeciw|ko PRÄP: **z ~ka** von gegenüber; → przeciw
przeciwległy (-le) gegenüberliegend
przeciwlotni|czy: **obrona** *f* **~cza** Flugabwehr *f*; **schron** *m* **~czy** Luftschutzbunker *m*
przeciwmgiel|ny: **światła** *pl* **~ne** AUTO Nebelscheinwerfer *pl*; **syrena** *f* **~na** MAR Nebelhorn *n*
przeciwmolowy Motten-
przeciwnatarcie N *(-a)* MIL Gegenangriff *m*
przeciwniczka F *(-i; gen -czek)* Gegnerin *f*
przeciwnie *partikel* im Gegenteil; **wręcz ~** ganz im Gegenteil; **~ niż** *adv* anders als, im Gegensatz zu *(dat)*; **~ do** *(gen)* entgegen *(dat)*
przeciwnik M *(-a; -cy)* Gegner *m* (*a.* SPORT, MIL); **~ globalizacji** Globalisierungsgegner *m*; **~ kary śmierci** Gegner *m* der Todesstrafe
przeciwności F/PL *(gen -)* Widrigkeiten *f/pl*; **~ losu** Tücken *pl* des Schicksals
przeciw|ny *strona* gegenüberliegend; *(odwrotny)* entgegengesetzt; **być ~nym** *(dat)* gegen *(akk)* sein; **~ny wiatr** *m* Gegenwind *m*; **w ~nym razie** andernfalls; **po ~nej stronie** auf der gegenüberliegenden Seite; **w ~nym kierunku** in die entgegengesetzte Richtung; **w kierunku ~nym do ruchu wskazówek zegara** gegen den Uhrzeigersinn
przeciw|odblaskowy Antireflex-; **~pancerny** MIL Panzerabwehr-
przeciwpowodzio|wy Hochwasser-; **pogotowie** *n* **~we** Hochwasseralarm *m*
przeciwpożaro|wy *sprzęt* Feuerlösch-; **ochrona** *f* **~wa** Brandschutz *m*; **przepisy** *pl* **~we** Brandschutzmaßnahmen *pl*
przeciwskurczowy (-wo) MED krampflösend
przeciwsłonecz|ny: **okulary** *pl* **~e** Sonnenbrille *f*
przeciwstawiać *(-am)* ⟨**-ić**⟩ *(-ię)* *(dat)* entgegensetzen, gegenüberstellen *(dat)*; **~ się** *(dat)* sich widersetzen, entgegentreten *(dat)*
przeciwstaw|ienie N *(-a)* Gegenüberstellung *f*; **~ny** gegensätzlich, entgegengesetzt
przeciwtężco|wy: **surowica** *f* **~wa** Tetanusserum *n*
przeciw|waga F *(-i)* *fig* Gegengewicht *n*; **~wskazanie** N *(-a; gen -zań)* MED Gegenanzeige *f*; **~zapalny** MED entzündungshemmend
przecud|owny, **~ny** wunderschön
przeczący (-co) verneinend; **odpowiedzieć** *pf* **przecząco** verneinen
przeczekać PF *(-am)* abwarten; **~ aż** ... so lange warten, bis ...
przeczenie N *(-a)* Verneinung *f* (*a.* GRAM)
przeczesywać *(-uję)* ⟨**przeczesać**⟩ *(przeczeszę)* *teren* durchkämmen; **~ włosy** die Haare ordnen
przecznica F *(-y; -e)* Querstraße *f*
przeczucie N *(-a)* Vorahnung *f*; **złe ~** böse Vorahnung *f*
przeczuć PF → przeczuwać
przeczul|enie N *(-a; bpl)* Überempfindlichkeit *f*; **~ony** *(persf -eni)* überempfindlich
przeczuwać *(-am)* ⟨**przeczuć**⟩ *(-uję)* *koniec, śmierć* ahnen
przeczyć *(-ę)* widersprechen; **~** *(dat)* *(być w sprzeczności)* im Widerspruch stehen zu *(dat)*; **~ samemu sobie** sich selbst widersprechen; **nie przeczę, że** ... ich bestreite nicht, dass ...
przeczyszczający: **środek** *m* **~** MED Abführmittel *n*
przeczyszczenie N *(-a; bpl)*: **środek** *m* **na ~** MED Abführmittel *n*
przeczytać PF: entziffern; → czytać
przeć* *(prę)* drängen; *rodząca* pressen
przed PRÄP *(akk)* vor *(akk)*; *(inst)* vor *(dat)*; **~ laty** vor Jahren; **~ czasem** vorzeitig; **żalić się ~** *(inst)* sich beklagen bei *(dat)*; **wyciągnąć ~ siebie rękę** die Hand ausstrecken; **~ naszą erą** vor unserer Zeitrechnung
przed- *in zssgn* vor-, Vor-
przed|alpejski GEOG Voralpen-; **~arty** durchgerissen, zerrissen
przedawkować PF *(-uję)* MED überdosieren; e-e Überdosis nehmen
przedawkowan|ie N *(-a)* MED Überdosis *f*; **umrzeć** *pf* **z ~ia środków nasennych** an einer Überdosis Schlaftabletten sterben
przedawniać się *(3. Pers -a)* ⟨**-ić się**⟩ *(-i)* JUR verjähren
przedawni|enie N *(-a)* JUR Verjährung *f*

P

~ony JUR verjährt

przedbieg M (-u; -i) SPORT Vorlauf *m*, Vorrunde *f*; **odpaść** *pf* **w ~ach** *fig* in der Vorrunde ausscheiden

przeddzień M: **w ~** *od* **w przededniu** (*gen*) am Vortag (*gen*) (*a. fig*)

przede PRÄP: **~ mną** vor mir; **~ wszystkim** vor allem

przedefilować PF → defilować

przedemerytalny: **wiek** *m* **~** Vorrentenalter *n*

przedestylować PF → destylować

przed|górze N (-a) GEOG Vorland *n*; **~gwiazdkowy** vorweihnachtlich

przedimek M (-mka; -mki) GRAM Artikel *m*

przedkładać (-am) ⟨**przedłożyć**⟩ (-ę) *dokumenty* vorlegen; *propozycję* unterbreiten; **przedkładać** (*woleć*) bevorzugen, vorziehen

przedłużacz M (-a; -e) ELEK Verlängerungsschnur *f*

przedłużać (-am) ⟨**-yć**⟩ (-ę) verlängern; *wizę* verlängern lassen; **~ się** *dyskusja* sich in die Länge ziehen

przedłużenie N (-a) Verlängerung *f*

przedłużyć PF → przedłużać

przed|małżeński vorehelich; **~miejski** vorstädtisch; **~mieście** N (-a) Vorstadt *f*

przedmiot M (-u; -y) (*rzecz*) Gegenstand *m*; *w szkole* (Lehr)Fach *n*; (*temat*) Thema *n*; **być ~em drwin** Zielscheibe des Spottes sein; **~ dyskusji** Gegenstand *m* der Diskussion

przed|miotowy (*tematyczny*) Sach-; *traktowanie* instrumentell; **~mowa** F (-y; *gen* -mów) Vorwort *n*

przedmów|ca M (-y; *gen* -ów), **~czyni** F (-i; -e) Vorredner(in) *m(f)*

przedmuchiwać (-uję) ⟨**przedmuchać**⟩ (-am) durchblasen, *umg* durchpusten

przedmurze N (-a) *fig* Bollwerk *n*

przedni vordere(r), Vorder-; MAR Bug-; *fig* vortrefflich, ausgezeichnet; **~a szyba** *f* AUTO Windschutzscheibe *f*; **~e zęby** *pl* Schneidezähne *pl*

przednów|ek M: **na ~ku** vor der neuen Ernte

przed|obiedni Vormittags-; **~ostatni** vorletzte(r)

przedobrzyć PF (-ę) *umg* übertreiben

przedostawać się (*przedostaję*) ⟨**przedostać się**⟩ (*przedostanę*) (*dojść*) gelangen, vordringen (**do** *gen* zu *dat*); *woda* eindringen (**do** *gen* in *akk*); *światło, zapach* durchdringen; *informacja* durchsickern

przed|płata F (-y) Anzahlung *f*; **~pokój** M (-u; -e; *gen* -i *od* ów) Flur *m*, Diele *f*; **~pole** N (-a) Vorfeld *n*

przedpołud|nie N (-a) Vormittag *m*; **~niowy** Vormittags-

przedpotopowy *żart* vorsintflutlich

przed|ramię N (-ramienia; -ramiona) ANAT Unterarm *m*; **~rostek** M (-tka; -tki) GRAM Vorsilbe *f*, Präfix *n*

przedrozbiorowy HIST *vor der Teilung Polens*

przedruk M (-u; -i) Nachdruck *m*, Reprint *m*

przedrukowywać (-wuję) ⟨**przedrukować**⟩ (-uję) nachdrucken

przedrzeć* PF → przedzierać

przedrzemać się PF (*przedrzemię*) schlummern, ein Nickerchen machen

przedrzeźniać (-am) nachahmen, nachäffen

przedsiębior|ca M (-y; *gen* -ów) Unternehmer *m*; **~czość** F (-ści; *bpl*) (*cecha*) Unternehmergeist *m*, Tatkraft *f*; *koll* Unternehmen *pl*; **~czy** agil, tatkräftig

przedsiębiorstwo N (-a) (*firma*) Unternehmen *n*

przedsiębrać* (*przedsiębiorę*) ⟨**przedsięwziąć***⟩ (*przedsięwezmę*) unternehmen; **~ środki ostrożności** Vorsichtsmaßnahmen ergreifen *od* treffen

przedsięwzięcie N (-a) Unternehmung *f*, Vorhaben *n*; **ryzykowne ~** kühnes Unterfangen *n*

przed|sionek M (-nka; -nki) Windfang *m*; ANAT Vorkammer *f*; **~smak** M (-u; *bpl*) Vorgeschmack *m*; **~sprzedaż** F (-y; -e) Vorverkauf *m*

przedstawiać (-am) ⟨**-ić**⟩ (-ię) *osobę, plan* vorstellen; *wniosek, projekt* vorlegen; *sprawę* darlegen, schildern; *dowód* vorweisen, vorzeigen; *kandydata* vorschlagen; TEATR aufführen, inszenieren; **~ sobie** sich vorstellen; **przedstawiać sobą** darstellen, sich präsentieren; **przedstawiać wysoką wartość** e-n hohen Wert darstellen; **~ się** (*zapoznać się*) sich (einander) vorstellen; *widok* sich bieten;

sprawa sich verhalten; *sytuacja* sich darstellen
przedstawiciel M (-*a*; -*e*; *gen* -*i*), **~ka** F (-*i*; *gen* -*lek*) Vertreter(in) *m*(*f*), Repräsentant(in) *m*(*f*); JUR Bevollmächtigte(r) *m*, *f*
przedstawicielstwo N (-*a*) Vertretung *f* (*a*. POL); (*filia*) Zweigstelle *f*
przedstawić PF → przedstawiać
przedstawienie N (-*a*) TEATR Vorstellung *f*; *fig umg* Theater *n*
przedszkol|ak M (-*a*; -*i*) *umg* Kindergartenkind *n*; **~anka** F (-*i*; *gen* -*nek*) *umg* Kindergärtnerin *f*
przedszko|le N (-*a*) Kindergarten *m*; Vorschule *f*; **chodzić do ~la** in den Kindergarten gehen; **~lny** vorschulisch, Vorschul-; Kindergarten-; **wiek** *m* **~lny** Vorschulalter *n*; **wychowanie** *n* **~lne** Vorschulerziehung *f*; **wychowawczyni** *f* **~lna** Kindergärtnerin *f*
przed|ślubny vorehelich; vor der Trauung (stattfindend); **~śmiertny** MED vor dem Tod auftretend, Todes-; **~śmiertny wywiad** *m* letztes Interview *n* vor dem Tod
przedświąteczn|ny (*przed Bożym Narodzeniem*) vorweihnachtlich; (*przed Wielkanocą*) vor Ostern; (*przed świętem*) vor einem Feiertag; vor den Feiertagen **okres** *m* **~ny** Vorweihnachtszeit *f*; **zakupy** *pl* **~ne** Weihnachtseinkäufe *pl*; **ruch** *m* **~ny** AUTO *przed Bożym Narodzeniem* Weihnachtsverkehr *m*; *przed Wielkanocą* Osterverkehr *m*
przedświt M (-*u*; -*y*) *lit* Tagesanbruch *m*, Morgengrauen *n*; *fig* Anbruch *m*, Beginn *m*
przedtem ADV (*najpierw*) vorher, zuvor; (*kiedyś*) früher, vormals; **przyjdę, ale ~ zadzwonię** ich komme, aber vorher rufe ich an; **~ był tu ogród** früher war hier ein Garten; **nigdy ~** nie zuvor
przedterminowy (**-wo**) vorfristig, vor Ablauf der Frist
przed|wczesny (**-śnie**) vorzeitig, verfrüht; **~wczesny poród** *m* Frühgeburt *f*; **~wczoraj** vorgestern
przed|wczorajszy vorgestrig; **~wieczorny** vorabendlich; **~wiośnie** N (-*a*) Vorfrühling *m*
przed|wojenny Vorkriegs-; **~wyborczy** POL Wahl-, vor den Wahlen (stattfindend); **spotkanie** *n* **~wyborcze** Wahlveranstaltung *f*

przedział M (-*u*; -*y*) *kolejowy* (Zug)Abteil *n*; *fig* Trennungslinie *f*; MAT Interval *n*; **~ czasu** Zeitraum *m*; **~ dla niepalących** Nichtraucherabteil *n*; **~ek** M (-*łka*; -*łki*) (Haar)Scheitel *m*; **zrobić** *pf* **~ek** e-n Scheitel ziehen, das Haar scheiteln; **nosić ~ek pośrodku głowy** den Scheitel in der Mitte tragen
przedzielać (-*am*) ⟨**-ić**⟩ (-*lę*) durchtrennen; *pomieszczenie* (in zwei Räume) teilen
przedzierać (-*am*) ⟨**przedrzeć**⟩ (*przedrę*) zerreißen, durchreißen; **~ się** *materiał* zerreißen; *dźwięk*, *światło* durchdringen; (*przedostawać się*) sich durchkämpfen, sich den Weg bahnen (**przez** *akk* durch *akk*); vordringen, vorstoßen; **~ się przez blokadę** die Blokade durchbrechen; **~ się przez tłum** sich durch die Menge durchdrängen
przedzierzgać się (-*am*) ⟨**-nąć się**⟩ (-*nę*) *lit* sich verwandeln (**w** *akk* in *akk*)
przedziurawiać (-*am*) ⟨**-ić**⟩ (-*ię*) durchstechen
przedziwny sonderbar, merkwürdig, seltsam
przedzwonić PF (-*ię*): **~ do k-o** *umg* j-n anrufen; **przedzwoń do mnie!** ruf mich mal an!
przeegzaminować PF → egzaminować
przefaksować PF (-*uję*) durchfaxen
przefarbować PF (-*uję*) umfärben; **~ się** *od* **~ włosy** sich die Haare anders färben (lassen)
przeflancowywać (-*wuję*) ⟨**przeflancować**⟩ (-*uję*) AGR verpflanzen
przeforsować PF → forsować
przegadać (-*am*) *umg* verplaudern; **~ k-o** *umg* j-n unter den Tisch reden
przeganiać (-*am*) ⟨**przegonić**⟩ (-*ię*) *od* ⟨**przegnać**⟩ (-*am*) verjagen; *owce* treiben; **wiatr przegania chmury** der Wind vertreibt die Wolken
przegapiać (-*am*) ⟨**-ić**⟩ (-*ię*) *umg* übersehen; *okazję*, *moment* verpassen
przegiąć PF → przeginać
przegięcie N (-*a*) *umg* Übertreibung *f*; **to (lekkie) ~!** *umg* das ist etwas übertrieben!
przeginać (-*am*) ⟨**przegiąć**⟩ (*przegnę*) *drut* (um)biegen; **~ pałę** *umg* den Bogen überspannen, zu weit gehen; **~ się** sich biegen; **~ się w tył** sich nach hinten

P

biegen
przegląd M (-u; -y) *dokumentów* Durchsicht *f*, Überprüfung *f*; (*kontrola*) Inspektion *f*, Kontrolle *f*; AUTO, TECH Wartung *f*; MED Kontrolluntersuchung *f*; MIL Truppenschau *f*; *fig* Übersicht *f*, Überblick *m*; ~ **prasy** Presseschau *f*; ~ **wiadomości** Nachrichtenüberblick *m*; ~ **filmów krótkometrażowych** Kurzfilmfestival *n*
przeglądać (-am) ⟨**przejrzeć**[1]⟩ (-ę) *dokumenty* durchsehen, überprüfen; *czasopismo* durchsehen, durchblättern; (*przeszukać*) durchsuchen; ~ **się w lustrze** sich im Spiegel betrachten
przeglądarka F (-i; *gen* -rek) EDV Suchmaschine *f*; ~ **do slajdów** Diabetrachter *m*
przeglądo|wy *charakter* Übersichts-; **badania** *n/pl* **~we** MED Kontrolluntersuchung *f*
przegłodzić się PF (-ę) fasten
przegłos M (-u; *bpl*) JĘZ Umlaut *m*
przegłosowywać (-wuję) ⟨**przegłosować**⟩ (-uję) POL überstimmen
przegnać PF → przeganiać
przegnić PF (3. *Pers przegnije*) durchfaulen, morsch werden
przegniły morsch, durchgefault
przegonić PF → przeganiać
przegotowywać (-wuję) ⟨**przegotować**⟩ (-uję) *wodę* abkochen; *ziemniaki* zerkochen, zu lange kochen; ~ **się** *v/i* zu lange kochen
przegrać PF: ~ **cały wieczór w karty** den ganzen Abend Karten spielen; → przegrywać
przegradzać (-am) ⟨**przegrodzić**⟩ (-ę) (ab)trennen, teilen
przegr|ana F (-ej; -e) SPORT (Spiel)Verlust *m*; (*porażka*) Niederlage *f*; **~oda** F (-y) Trennwand *f*, Zwischenwand *f*; (*zagroda*) Verschlag *m*
przegrodzić PF → przegradzać
przegródka F (-i; *gen* -dek) (*półka*) Zwischenwand *f*, (kleines) Fach *n*
przegrupowywać (-wuję) ⟨**przegrupować**⟩ (-uję) umgruppieren, umordnen; *wojsko* verlegen; ~ **się** sich umordnen, sich umschichten
przegrywać (-am) ⟨**przegrać**⟩ (-am) MIL, SPORT verlieren (*a.* JUR); *pieniądze* verspielen; *kasetę, dyskietkę* überspielen
przegryzać (-am) ⟨**przegryźć***⟩ (*przegryzę*) durchbeißen; *rdza umg* durchfressen; (*jeść*) e-e Kleinigkeit essen, e-n Imbiss nehmen; ~ **piwo orzeszkami** Erdnüsse zum Bier essen; ~ **wódkę ogórkiem** e-e Salzgurke zum Wodka essen; ~ **się przez tekst** *umg* sich durch e-n Text durchbeißen; **sałatka się przegryzła** *umg* der Salat ist durchgezogen
przegrzać PF → przegrzewać
przegrzany *mieszkanie* überheizt; *silnik* heiß gelaufen
przegrzewać (-am) ⟨**przegrzać**⟩ (-eję) *mieszkanie* überheizen; *silnik* überhitzen; *dziecko* zu warm anziehen; ~ **się** *silnik* (sich) heiß laufen, überhitzt werden; **przegrzał się w palcie** es wurde ihm zu heiß im Mantel
przegub M (-u; -y) Handgelenk *n*; TECH Gelenk *n*; **~owy** AUTO Gelenk-
przehandlować PF (-uję) *pej* verschachern
przeholowywać (-wuję) ⟨**przeholować**⟩ (-uję) MAR verholen; ~ (**z** *inst*) *umg* übertreiben (mit *dat*)
przehulać PF (-am): ~ **pieniądze** *umg* sein Geld verprassen; ~ **noc** *umg* die Nacht durchmachen
przeinaczać (-am) ⟨**-yć**⟩ (-ę) *fakty* verfälschen, verdrehen
przeistaczać (-am) ⟨**przeistoczyć**⟩ (-ę) *lit* verwandeln (**w** *akk* in *akk*); ~ **się** sich verwandeln
przeistoczenie N (-a) *lit* Verwandlung *f*
przeistoczyć PF → przeistaczać
przejadać (-am) ⟨**przejeść**⟩ (*przejem*) *pieniądze* fürs Essen ausgeben, *umg* verfuttern; *zapas* aufbrauchen; ~ **się** (*inst*) sich überessen (mit *dat*), zu viel essen (von *dat*); **przejadła mi się czekolada** ich habe mir Schokolade übergegessen; **przejadły mi się kryminały** ich habe genug von den Krimis, ich habe die Krimis satt
przejaskrawiać (-am) ⟨**-ić**⟩ (-ię) aufbauschen, übertreiben
przejaśniać się (-am) ⟨**-ić się**⟩ (3. *Pers -ni*): **przejaśnia się** es heitert sich auf, es hellt sich auf; **przejaśnia się horyzont** es wird hell am Horizont
przejaśnienie N (-a) METEO Aufheiterung *f*
przejaw M (-u; -y) Anzeichen *n*, Symptom *n*; (*wyraz*) Ausdruck *m*
przejawiać (-am) ⟨**-ić**⟩ (-ię) offenbaren, zeigen; ~ **się** sich offenbaren, zum Aus-

druck kommen
przejazd M (-u; -y) (Durch)Fahrt *f*; MAR Überfahrt *f*; **~ kolejowy** Bahnübergang *m*; **~ koleją** Bahnfahrt *f*; **~ taksówką** Taxifahrt *f*; **pierwszeństwo** *n* **~u** Vorfahrt *f*; **opłata** *f* **za ~** Fahrpreis *m*; **być ~em** auf der Durchreise sein (**w** *lok* in *dat*)
przejażdżka F (-i; *gen* -dżek) Spazierfahrt *f*; **~ konna** Spazierritt *m*
przejąć PF → przejmować
przejechać* PF: **~ k-o** j-n überfahren; **~ się** e-e Spazierfahrt machen; **~ się na** (*lok*) *umg* hereinfallen (bei *dat od* mit *dat*), enttäuscht werden (von *dat*); → przejeżdżać
przejeść* PF → przejadać
przejezdny[1] *droga* befahrbar
przejezd|ny[2] M (-ego; -ni), **~na** F (-ej; -e) Durchreisende(r) *m*, *f*
przejeździć PF (przejeżdżę): **~ całe popołudnie na rowerze** den ganzen Nachmittag Fahrrad fahren; **~ wszystkie pieniądze** das ganze Geld für Reisen ausgeben; **~ benzynę** das ganze Benzin verfahren
przejeżdżać (-am) ⟨**przejechać**⟩ (*przejadę*) *kilometr, odcinek drogi* durchfahren; **~ koło** (*gen*) vorbeifahren (an *dat*); **~ (przez)** fahren über (*akk*); **~** (*akk*) (*przeoczyć*) vorbeifahren an (*dat*), verpassen (*akk*); **~ (przez) skrzyżowanie** über e-e Kreuzung fahren; **~ (przez) most** über e-e Brücke fahren; **~ (przez) granicę** e-e Grenze passieren; **~ (przez) tunel** durch e-n Tunnel fahren; **~ przystanek** an einer Haltestelle vorbeifahren, e-e Haltestelle verpassen; **~ ręką po** (*lok*) mit der Hand fahren (über *akk*)
przejęci *persf* → przejęty
przejęcie N (-a) *firmy, zwyczaju* Übernahme *f*; (*wzruszenie*) Ergriffenheit *f*; **~ władzy** Machtübernahme *f*; **z ~m** ergriffen; voller Spannung
przejęty (*persf* -ci) aufgeregt; **~** (*inst*) ergriffen (von *dat*)
przejęzyczać się (-am) ⟨**-yć się**⟩ (-ę) sich versprechen
przejęzyczenie N (-a) JĘZ Versprechung *f*
przejęzyczyć się PF → przejęzyczać się
przejmować (-uję) ⟨**przejąć**⟩ (*przejmę*) *firmę, władzę, zwyczaj* übernehmen; *fig* verinnerlichen; *list* abfangen; **przejął go lęk** es ergriff ihn Angst, die Angst packte ihn; **ten widok przejmował go lękiem** dieser Anblick erfüllte ihn mit Angst; **~ się** (*inst*) sich zu Herzen nehmen (*akk*); **nie przejmuj się!** nimm dir das alles nicht so zu Herzen!, mach dir nicht so viel Sorgen!; **on się niczym nie przejmuje** ihn lässt alles kalt; er macht sich keine Gedanken
przejmujący (-co) *zimno* durchdringend, schneidend; *głos* schrill; *widok* ergreifend; *smutek* tief, groß; *ból* rasend
przejrzały *owoc* überreif
przejrzeć[1] PF (-ę, -y, -yj!) *zamiary* durchschauen; V/I *niewidomy* das Augenlicht zurückgewinnen; **~ (na oczy)** s-n Irrtum erkennen, sich seines Irrtums bewusst werden; → przeglądać
przejrzewać (*3. Pers* -a) ⟨**przejrzeć**[2]⟩ (-eje) AGR überreif werden
przejrzysty (-ście) *materiał* durchsichtig, transparent; *woda* kristallklar; *tekst* klar, verständlich
przejśc|ie N (-a) Durchgang *m*; *fig* Übergang *m*; **~ia** *n/pl* (*przeżycia*) schwere Erlebnisse *n/pl*, Schicksalsschlag *m*; **~ie graniczne** Grenzübergang *m*; **~ie dla pieszych** Fußgängerweg *m*; **~ie podziemne** Unterführung *f*; **~ie wzbronione!** Durchgang verboten!; **zrobić** *pf* **k-u ~ie** j-n durchlassen; **stać w ~iu** den Durchgang versperren
przejścio|wo ADV vorübergehend, zeitweilig; **~wy** vorübergehend; Übergangs-; **okres** *m* **~wy** Übergangszeit *f*; **pokój** *m* **~wy** Durchgangszimmer *n*; **obóz** *m* **~wy** Durchgangslager *n*
przejść* PF: **dużo ~** viel durchstehen (müssen); **ani by mi to przez myśl nie przeszło** nicht im Traum hätte ich daran gedacht; **~ do historii** in die Geschichte eingehen; **~ się** e-n Spaziergang machen (**po** *lok* durch *akk*); → przechodzić
przekabacać (-am) ⟨**-ić**⟩ (-cę) *umg* überreden, umkrempeln
przekarmiać (-am) ⟨**-ić**⟩ (-ię) überfüttern
przekaz M (-u; -y) BANK Überweisung *f*; (*blankiet*) Überweisungsschein *m*; *ludowy* Überlieferung *f*; *fig* Botschaft *f*; **~ pocztowy** Postanweisung *f*; **~ informacji** Informationsübermittlung *f*; **~em** *adv* durch Überweisung; **środki** *pl* **(masowe-**

P

go) **~u** (Massen)Medien *pl*
przekazać PF → przekazywać
przekazanie N (-*a*) *darów* Übergabe *f*
przekazywać (-*uję*) ⟨**przekazać**⟩ (*przekażę*) *dary* übergeben; *majątek, prawo, sygnał* übertragen; *informacje, polecenie* übermitteln; *pozdrowienia* ausrichten, bestellen; *wiadomość* ausrichten, weiterleiten; *tradycję* weitergeben; BANK überweisen; RADIO übertragen, senden; **~ na konto** auf ein Konto überweisen; **proszę mu przekazać, że ...** bitte richten Sie ihm aus, dass ...
przekaźnik M (-*a*; -*i*) TECH Relais *n*
przekąs: **z ~em** *adv* sarkastisch, bissig
przekąsić PF (-*szę*) e-n Imbiss nehmen, e-e Kleinigkeit essen; **~ wódkę śledziem** e-n Hering zum Wodka essen
przekąs|ka F (-*i*; *gen* -*sek*) Imbiss *m*, Zwischenmahlzeit *m*; **zimne ~ki** *f/pl* kalte Vorspeisen *f/pl*; **~ka do wódki** e-e Kleinigkeit zum Wodka
przekąt|na F (-*ej*; -*e*) MAT Diagonale *f*; **po ~nej** diagonal; **~ny** MAT diagonal
przekimać PF (-*am*) *umg* dösen, pennen; **~ się** *umg* ein Nickerchen machen
przekląć PF → przeklinać
przekleństw|wo N (-*a*) Fluch *m*; **~wa** *n/pl* Kraftausdrücke *m/pl*, Flüche *m/pl*
przeklęty verflucht, verdammt
przeklinać (-*am*) ⟨**przekląć**⟩ (*przeklnę*) *v/t* verfluchen, verdammen; (*używać przekleństw*) fluchen
przekła|d M (-*u*; -*y*) Übersetzung *f*, Übertragung *f*; **w niemieckim ~dzie** in deutscher Übersetzung *od* Übertragung
przekładać (-*am*) ⟨**przełożyć**⟩ (-*ę*) *rzecz* umlegen; *tekst* übersetzen, übertragen; *termin* verlegen, verschieben; **~** (*inst*) dazwischenlegen (*akk*); **~ tort** (*inst*) eine Torte füllen (mit *dat*); **~ nogę przez poręcz** das Bein über das Geländer schwingen
przekładaniec M (-*ńca*; -*ńce*) *Kuchen mit verschiedenen Füllungen*
przekładnia F (-*i*; -*e*) TECH Getriebe *n*, Übersetzung *f*
przekłuwać (-*am*) ⟨**przekłuć**⟩ (-*uję*) durchstechen
przekomarzać się (-*am*) sich necken
przekonać PF → przekonywać
przekonan|ie N (-*a*) Überzeugung *f*; **~ia** *pl* Anschauung *f*, Gesinnung *f*; **nie mieć ~ia do** (*gen*) nicht überzeugt sein von (*dat*); **dojść** *pf* **do ~ia** zu der Überzeugung kommen; **w moim ~iu** meiner Ansicht nach; **trafić** *pf* **do ~ia k-u** j-n überzeugen, j-m einleuchten
przekonany überzeugt
przekon|ujący, ~ywający (**-co**) überzeugend; *dowód* stichhaltig; *powód* triftig
przekonywać (-*uję*) ⟨**przekonać**⟩ (-*am*) überzeugen (**o** *lok* von *dat*); **~ się** sich überzeugen
przekop M (-*u*; -*y*) Graben *m*, unterirdischer Kanal *m*
przekopywać (-*uję*) ⟨**przekopać**⟩ (-*ię*) *grządkę* umgraben; *rów* ausheben; *tunel* graben
przeko|ra F (-*y*; *bpl*) Trotz *m*, Eigensinn *m*; **z ~ry** aus Trotz; **~rny** trotzig, eigensinnig; *uśmiech, mina* neckisch
przekór: **na ~** (*dat*) zum Trotz (*dat*); entgegen, wider (*akk*)
przekraczać (-*am*) ⟨**przekroczyć**⟩ (-*ę*) *granicę* überqueren, passieren; *prędkość, wiek* überschreiten; *prawo, normy* übertreten; **~ próg** über die Schwelle treten; **~ stan konta** das Konto überziehen
przekradać się (-*am*) ⟨**przekraść* się**⟩ (*przekradnę*) (sich) durchschleichen
przekrawać (-*am*) ⟨**przekroić**⟩ (*przekroję*) *chleb* durchschneiden
przekreślać (-*am*) ⟨**-ić**⟩ (-*lę*) *w tekście* durchstreichen; *marzenia, nadzieje* zunichtemachen; *plany* durchkreuzen; **to go przekreśliło w moich oczach** das hat ihn in meinen Augen disqualifiziert; **to przekreśliło naszą przyjaźń** unsere Freundschaft ist daran zerbrochen
przekręcać (-*am*) ⟨**-ić**⟩ (-*cę*) *głowę, klucz* umdrehen; *fakty, słowa* verdrehen; *sprężynę* überdrehen; **~ się** sich umdrehen; sich verdrehen; **~ się na bok** sich auf die Seite drehen; **przekręcać się z boku na bok** sich hin und her wälzen; **przekręcić się** *pf* (*umrzeć*) *umg* abkratzen
przekroczenie N (-*a*) JUR Ordnungswidrigkeit *f*; **~ prędkości** Geschwindigkeitsüberschreitung *f*; **~ kompetencji** Überschreitung *f* von Befugnissen
przekroczyć PF → przekraczać
przekroić PF → przekrawać
przekr|ój M (-*kroju*; -*kroje*; *gen* -*ów*): **~ój podłużny** Längsschnitt *m*; **~ój poprzeczny** Querschnitt *m* (*a. fig*); **~ój pionowy** BUD Aufriss *m*; **w ~oju** im Querschnitt

przekrwi|enie N (-a; bpl) MED Blutandrang m; **~ony** oczy blutunterlaufen
przekrzykiwać (-uję) ⟨**przekrzyczeć**⟩ (-ę) überschreien, übertönen; **~ się** durcheinanderschreien
przekrzywiać (-am) ⟨**-ić**⟩ (-ię) głowę zur Seite legen; lusterko zur Seite drehen, einstellen; **~ się** płot schief stehen; krawat schief hängen
przekrzywiony schief
przekształcać (-am) ⟨**-ić**⟩ (-cę) umwandeln, umgestalten; umstrukturieren; **~ na** (akk) umfunktionieren zu (dat); verwandeln; **~ się** sich verwandeln; umgebildet werden, umgewandelt werden zu (dat)
przekształcenie N (-a) Umwandlung f
przekształcić PF → przekształcać
przekuć PF → przekuwać
przekupić PF → przekupywać
przekup|ka F (-i; gen -pek) Marktfrau f, Händlerin f; **~ny** bestechlich, käuflich, korrupt; **~stwo** N (-a) Korruption f, Bestechlichkeit f
przekupywać (-uję) ⟨**przekupić**⟩ (-ię) bestechen
przekuwać (-am) ⟨**przekuć**⟩ (przekuję) tunel graben; ścianę durchbrechen
przekwalifikować PF (-uję) umschulen; **~ się** sich umschulen lassen
przekwalifikowanie N (-a) Umschulung f
przekwaterować PF (-uję) umquartieren
przekwitać (-am) ⟨**-nąć**⟩ (-nę) kwiat, uroda verblühen; **przekwitać** kobieta in die Wechseljahre kommen
przekwitanie N (-a; bpl) Wechseljahre pl, Klimakterium n
przelać PF: **~ na papier** zu Papier bringen; → przelewać
przelatywać (-uję) ⟨**przelecieć**⟩ (przelecę) fliegen (**z** gen **do** gen von dat nach dat); **~ nad** (inst) hinwegfliegen über (akk); **~ (przez) ocean** den Ozean überfliegen; **~ przez sitko** durch ein Sieb abtropfen; **przelecieć** pf **koło** (gen) fig vorbeirennen, vorbeiflitzen an (dat); **przelecieć** pf (czytać) umg überfliegen; (odbywać stosunek) pop durchvögeln; **te trzy tygodnie przeleciały szybko** die drei Wochen sind schnell vergangen
przelew M (-u; -y) BANK Überweisung f; **~em** adv per Überweisung; **dokonać** pf **~u od zrealizować** pf **~** überweisen; **~ krwi** Blutvergießen n
przelewać (-am) ⟨**przelać**⟩ (przeleję) umgießen, umfüllen; BANK überweisen; JUR übertragen; **~ krew** Blut vergießen; **~ się** woda überlaufen; **u nich nie przelewa się** sie leben von der Hand in den Mund
przelewki: **to nie ~** das ist ernst zu nehmen, das ist e-e ernste Sache
przelewowy BANK Überweisungs-
przeleźć* PF → przełazić
przeleżeć PF (-ę) osoba, przedmiot (eine Zeit lang) liegen bleiben; **~ chorobę** das Bett hüten (müssen); **~ całą niedzielę** den ganzen Sonntag im Bett liegen (bleiben)
przelękły (persf -li) erschrocken, verängstigt
przelęknąć się PF (-nę) erschrecken (gen vor dat)
przelicytowywać (-wuję) ⟨**przelicytować**⟩ (-uję) überbieten
przeliczać (-am) ⟨**-yć**⟩ (-ę) nachzählen; walutę umrechnen (**na** akk in A); **~ złote na euro** Zloty in Euro umrechnen; **~ się** sich verrechnen (a. fig); **~ się z siłami** seine Kraft überschätzen
przeliczen|ie N (-a) Umrechnung f; **w ~iu** umgerechnet; **~iowy** Umrechnungs-
przelicznik M (-a; -i) walut Wechselkurs m
przeliczyć PF → przeliczać
przeliterować PF (-uję) buchstabieren
przel|ot M (-u; -y) Flug m (**do** gen nach dat); rury Durchfluss m; **~ot nad Atlantykiem** Flug m über den Atlantik; **~ot ptaków** Vogelzug m; **być ~otem** auf der Durchreise sein (**w** lok in dat); **widzieć się w ~ocie** sich im Vorbeigehen sehen
przelot|ny znajomość, spojrzenie flüchtig; zjawisko, zainteresowanie kurzlebig; **~ny deszcz** m Regenschauer m; **ptaki** m/pl **~ne** Zugvögel m/pl
przeloto|wy: **trasa** f **~wa** Hauptstrecke f
przeludni|enie N (-a; bpl) Übervölkerung f; **~ony** übervölkert
przeładowany fig überladen
przeładowywać (-wuję) ⟨**przeładować**⟩ (-uję) towar umladen; umschlagen; wóz überladen (a. fig)
przeładun|ek M (-nku; -nki) Umladen n, Umschlag m; **~kowy** stacja Umlade-, Umschlag-; **port** m **~kowy** Umschlaghafen m; **punkt** m **~kowy** Umschlagplatz m;

zdolność *f* **~kowa** Umschlagsfähigkeit *f*

przełaj: **na ~** querfeldein, *umg* querbeet

przełajowy: **bieg** *m* **~** SPORT Querfeldeinlauf *m*

przełamywać (*-uję*) ⟨**przełamać**⟩ (*-ię*) *gałąź, czekoladę* (durch)brechen; *opór* brechen; *linię obrony* durchbrechen; *niechęć, strach* überwinden; **przełamaliśmy pierwsze lody** *fig* das Eis war gebrochen; **~ się** *v/i* (durch)brechen, entzweigehen; (*przemóc się*) sich überwinden; **~ się opłatkiem** *w Wigilię* die Oblate teilen (**z** *inst* mit *dat*)

przełaz M (*-u; -y*) Durchgang *m*

przełazić (*przełażę*) ⟨**przeleźć**⟩ (*przelezę*) *umg* (hinüber)klettern (**przez** *akk* über *akk*)

przełączać (*-am*) ⟨**-yć**⟩ (*-ę*) umschalten

przełącznik M (*-a; -i*) Umschalter *m*

przełączyć PF → przełączać

przełęcz F (*-y; -e*) GEOG Pass *m*

przełknąć PF: **nie móc nic ~** *umg* nichts hinunterbringen; → przełykać

przełom M (*-u; -y*) *polityczny* Umbruch *m*; *w życiu, w stosunkach* Wende *f*, Einschnitt *m*; GEOG Schlucht *f*; **na ~ie** (*gen*) an der Wende (*gen*); **na ~ie roku** um die Jahreswende; **na ~ie wieku** um die Jahrhundertwende; **~owy** *odkrycie* bahnbrechend; **~owe wydarzenia** *pl* umwälzende Ereignisse *pl*; **moment** *m* **~owy** Wendepunkt *m*, entscheidender Moment *m*

przełożo|ny M (*-ego; -eni*), **~na** F (*-ej; -e*) Vorgesetzte(r) *m*, *f*; **siostra** *f* **~na** Oberschwester *f*; **matka** *f* **~na** REL Oberin *f*

przełożyć PF → przekładać

przełyk M (*-u; -i*) Speiseröhre *f*

przełykać (*-am*) ⟨**przełknąć**⟩ (*-nę*) herunterschlucken; *fig* schlucken

przemaczać (*-am*) ⟨**przemoczyć**⟩ (*-ę*) *buty, ubranie* nass machen

przemagać (*-am*) ⟨**przemóc**⟩ (*przemogę*) *strach, niechęć* überwinden; **przemogła ciekawość** die Neugier siegte, die Neugier überwog; **~ się** sich überwinden, sich bezwingen

przemakać (*-am*) ⟨**przemoknąć**⟩ (*-nę*) *osoba, buty, namiot* völlig nass werden

przemalowywać (*-wuję*) ⟨**przemalować**⟩ (*-uję*) *pokój* überstreichen, anders streichen; *obraz* übermalen; **~ pokój na czerwono** das Zimmer rot überstreichen

przemarsz M (*-u; -e*) *wojska* Durchzug *m*

przemarzać [-r-z-] (*-am*) ⟨**-nąć**⟩ (*-nę*) *osoba* durchfrieren; *owoce* Frost bekommen

przemarznięty [-r-z-] *osoba* durchgefroren

przemaszerować PF (*-uję*) vorbeiziehen, vorbeimarschieren (**koło** *gen* an *dat*)

przemawiać (*-am*) ⟨**przemówić**⟩ (*-ię*) e-e Rede halten; e-e Ansprache halten (**do** *gen* an *akk*); **~ za** (*inst*) sprechen für (*akk*); **~ przeciw** (*dat*) sprechen gegen (*akk*); **ten argument do mnie nie przemawia** dieses Argument überzeugt mich nicht; **ten film do mnie nie przemawia** dieser Film spricht mich nicht an; **z twoich słów przemawia troska** aus deinen Worten spricht Sorge; **~ do rozsądku k-u** j-n zur Vernunft bringen; **~ do sumienia k-u** j-m ins Gewissen reden

przemądrzały (*persf -li*) (**-le**) *umg* altklug, besserwisserisch

przemeblowywać (*-wuję*) ⟨**przemeblować**⟩ (*-uję*): **~ mieszkanie** die Möbel in der Wohnung umstellen, die Wohnung anders einrichten

przemeldowywać (*-wuję*) ⟨**przemeldować**⟩ (*-uję*) ummelden; **~ się** sich ummelden

przemęczać (*-am*) ⟨**-yć**⟩ überanstrengen; **~ się** sich überarbeiten

przemęczeni *persf* → przemęczony

przemęcz|enie N (*-a; bpl*) Übermüdung *f*, Überarbeitung *f*; **~ony** (*persf -eni*) übermüdet; **~ony pracą** überarbeitet

przemęczyć PF: **~ się** (*wytrwać*) ausharren; → przemęczać

przemiał M (*-u; -y*) Mahlen *n*, Mahlgut *n*

przemian: **na ~** abwechselnd

przemia|na F (*-y*) Wandel *m*, Veränderung *f*; **~na materii** BIOL Stoffwechsel *m*; **~na w** (*akk*) Verwandlung *f* in (*akk*); FIZ Umwandlung *f*; **~nowanie** N (*-a*) Umbenennung *f*

przemianowywać (*-wuję*) ⟨**przemianować**⟩ (*-uję*) umbenennen

przemieniać (*-am*) ⟨**-ić**⟩ (*-ię*) verwandeln (**w** *akk* in *akk*); **~ się** sich verwandeln

przemienny (ab)wechselnd

przemierzać (*-am*) ⟨**-yć**⟩ (*-ę*) *pustynię, kontynent* durchqueren; *okolicę* durchwandern; *korytarz* durchschreiten; *szlak* ablaufen; **~ całą Afrykę** ganz Afrika bereisen, durch ganz Afrika reisen; **~ wzdłuż**

i wszerz durchqueren; **~ świat** die Welt bereisen
przemieszać PF (*-am*) durchmischen, vermischen; KULIN durchrühren
przemieszczać (*-am*) ⟨**przemieścić**⟩ (*przemieszczę*) verlagern; **~ się** sich verlagern (*a.* METEO); sich bewegen; *osoba* mobil sein
przemieszkiwać (*-uję*) ⟨**przemieszkać**⟩ (*-am*) (e-e Zeit lang) wohnen (**w** *lok* in *dat*)
przemieścić PF → przemieszczać
przemijać (*3. Pers -a*) ⟨**przeminąć**⟩ (*-nie*) *lato, młodość* vergehen
przemijający *sława* vergänglich; *ból* vorübergehend, nicht anhaltend
przemilczać (*-am*) ⟨**-eć**⟩ (*-ę*) *v/t informację* verschweigen; **przemilczeć** *pf v/i* beharrlich schweigen, in Schweigen verharren
przemiły (*persf -li*) (**-le**) *osoba* lieb, reizend; *wieczór* sehr nett, sehr angenehm
przeminąć PF → przemijać
przemknąć PF: **~ przez głowę** durch den Kopf schießen; → przemykać
przemnażać (*-am*) ⟨**przemnożyć**⟩ (*-ę*) durchmultiplizieren
przemoc F (*-y; bpl*) Gewalt *f*; **akt** *m* **~y** Gewaltakt *m*; **użycie** *n* **~y** Gewaltanwendung *f*; **~ą** *adv* gewaltsam, mit Gewalt
przemoczony *buty* durchnässt; *nogi* nass; **~ do suchej nitki** bis auf die Haut nass, *umg* klitschenass
przemoczyć PF → przemaczać
przemoknąć PF → przemakać
przemok|nięty (*persf -ci*), **~ły** (*persf -li*) *ubranie* durchnässt; *człowiek* nass
przemo|wa F (*-y; gen -ów*) Rede *f*; Ansprache *f*; **wygłosić** *pf* **~wę** e-e Ansprache halten; **~żny** *lęk, chęć* überwältigend, übermächtig
przemóc* PF → przemagać
przemówić PF etwas sagen, das Schweigen unterbrechen; → przemawiać
przemówienie N (*-a; gen -eń*) Ansprache *f*, Rede *f*
przemycać (*-am*) ⟨**-ić**⟩ (*-cę*) (durch)schmuggeln, einschmuggeln
przemyć PF → przemywać
przemykać (*-am*) ⟨**przemknąć**⟩ (*-nę*) *pociąg, samochód* vorbeirasen; *cień* vorbeihuschen; **~ się** sich durchschleichen
przemysł M (*-u; -y*) Industrie *f*; **~ ciężki** Schwerindustrie *f*; **~ górniczy** Montanindustrie *f*; **~ samochodowy** Autoindustrie *f*; **~ spożywczy** Nahrungsmittelindustrie *f*
przemysł|owiec M (*-wca; -wcy*) Industrielle(r) *m*; **~owy** (**-wo**) Industrie-, industriell; **miasto** *n* **~owe** Industriestadt *f*; **roślina** *f* **~owa** Nutzpflanze *f*
przemyślany *plan* wohldurchdacht; *działanie* wohlüberlegt, wohlbedacht
przemyśleć PF (*-ę*) überdenken
przemyśliwać (*-am od -wuję*) (**nad** *inst od* **o** *lok*) nachdenken, nachsinnen (über *akk*)
przemyślny *osoba* einfallsreich, schlau; *urządzenie* sinnreich, durchdacht
przemyt M (*-u; bpl*) Schmuggel *m*; **towar** *m* **z ~u** Schmuggelware *f*; **~niczy** Schmuggel-; **~nik** M (*-a; -cy*) Schmuggler *m*; **~nik narkotyków** Drogenschmuggler *m*
przemywać (*-am*) ⟨**przemyć**⟩ (*przemyję*) *ranę* auswaschen
przenajświętszy: ♀ **Sakrament** *m* REL Altar(s)sakrament *n*
przenicowywać (*-wuję*) ⟨**przenicować**⟩ (*-uję*) umkrempeln (*a. fig*)
przeniesienie N (*-a*) Verlegung *f*; *służbowe* Versetzung *f*
przenieść* PF → przenosić
przenigdy nie und nimmer
przenikać (*-am*) ⟨**-nąć**⟩ (*-nę*) *v/i światło, zapach* durchdringen; *informacja* durchsickern; *ciecz, gaz* eindringen; V/T durchdringen, ergründen; **~ do** (*gen*) *woda* eindringen in (*akk*); **~ się** *style* ineinandergehen, sich vermischen
przenikli|wość F (*-ści; bpl*) Scharfsinn *m*; **~wy** (**-wie**) *zimno, ból, umysł* durchdringend; *zapach* stechend, durchdringend; *głos* schrill; **patrzeć ~wym wzrokiem** (**na** *akk*) mit durchdringendem Blick ansehen (*akk*)
przeniknąć PF → przenikać
przenocować PF: **~ k-o** j-n übernachten lassen, j-m ein Nachtquartier geben; → V/I nocować
przenosić (*przenoszę*) ⟨**przenieść**⟩ (*przeniosę*) (hinüber)tragen; *zarazki, uczucia* übertragen; *służbowo* versetzen; *ciężar ciała* verlagern; *zakład* verlegen; *słowo* trennen; **~ na ekran** verfilmen; **~ spojrzenie** den Blick wenden (**na** *akk* auf *akk*)

~ się *osoba* umziehen; *epidemia* sich ausbreiten; **~ się myślą** seine Gedanken schweifen lassen

przenoś|nia F (-i; -e) Metapher *f*; **~nie** ADV im übertragenen Sinne; **~ny** *telewizor* tragbar; *znaczenie* metaphorisch, bildlich; **w znaczeniu ~nym** im übertragenen Sinne

przeobrażać (-am) ⟨**przeobrazić**⟩ (*przeobrażę*) verwandeln (**w** *akk* in *akk*); **~ się** sich verwandeln (**w** *akk* in *akk*); ZOOL sich entwickeln; **~ się w poczwarkę** ZOOL sich einpuppen

przeobrażenie N (-a) *duchowe* Verwandlung *f*; *gospodarcze, społeczne* Wandel *m*; ZOOL Metamorphose *f*, Entwicklung *f*

przeoczenie N (-a) Flüchtigkeitsfehler *m*; **przez ~** aus Versehen

przeoczyć PF (-ę) *błąd* übersehen; *szansę* verpassen

przeo|gromny *umg* riesengroß; **~kropny** *umg* schrecklich

przeor M (-a; -rzy od -owie) REL Prior *m*

przeorać* PF (*szukać*) *fig* durchpflügen; → przeorywać

przeorganizowywać (-wuję) ⟨**przeorganizować**⟩ (-uję) umorganisieren, umstrukturieren

przeorysza F (-y; -e) REL Priorin *f*

przeorywać (*przeoruję od przeorywam*) ⟨**przeorać**⟩ (*przeorzę*) AGR umpflügen, durchpflügen; *kule, pociski* zerfurchen

przepacać (-am) ⟨**przepocić**⟩ (-cę) durchschwitzen

przepadać (-am) ⟨**przepaść**⟩ (*przepadnę*) (*zginąć*) verloren gehen, abhandenkommen; (*zniknąć*) verschwinden; *lekcje, zajęcia* ausfallen; **przepadać za** (*inst*) über alles lieben (*akk*), *umg* verrückt sein nach (*dat*); **nie przepadać za** (*inst*) nicht besonders mögen (*akk*), getrost verzichten können auf (*akk*); **~ jak kamień w wodę** spurlos verschwinden; **~ bez wieści** verschollen sein, vermisst werden; **przepadły nam wszystkie oszczędności** wir haben all unsere Ersparnisse verloren; → przepaść[1]

przepadek M (-dku; bpl): **~ mienia** JUR Beschlagnahmung *f* des Vermögens

przepadły *pieniądze* verloren; *obraz* verschollen

przepakowywać (-wuję) ⟨**przepakować**⟩ (-uję) *plecak, walizkę* umpacken

przepalać (-am) ⟨**-ić**⟩ (-ę) *żelazkiem* ansengen; *kwas* verätzen; *słońce* verbrennen; **~ dziurę** ein Loch einbrennen (**w** *lok* in *dat*); **~ się** *żarówka, bezpiecznik* durchbrennen

przepalony ELEK durchgebrannt

przepasany (*inst*) umgebunden; **przepasany szarfą** einen Schal umgebunden

przepaska F (-i; *gen* -sek) *na włosy* (Haar)Band *n*; **~ na oczy** Augenbinde *f*; **~ na biodra** Lendenschurz *m*

przepasywać (-uję) ⟨**przepasać**⟩ (*przepaszę*): **~ k-o** (*inst*) j-m umbinden (*akk*); **~ się** (*inst*) sich umbinden (*akk*)

przepaść[1*] PF: **~ bez śladu** spurlos verschwinden; **przepadła mi wizyta u dentysty** ich musste den Zahnarzttermin ausfallen lassen; **przepadła mi szansa** ich habe die Chance vertan; **przepadła mi okazja** ich habe die Gelegenheit verpasst; **(wszystko) przepadło** es ist alles verloren, man kann jetzt nichts mehr machen; **przepadniesz bez niego** ohne ihn bist du verloren; **~ na egzaminie** *umg* bei einer Prüfung durchfallen; → przepadać

przepa|ść[2] F (-ści; -ście od -ści) Schlund *m*, Abgrund *m* (*a. fig*); (*różnica*) Kluft *f*; **runąć** *pf* **w ~ść** in den Abgrund stürzen, in die Tiefe stürzen; **stać nad ~ścią** *fig* vor dem Abgrund stehen; **stać na skraju ~ści** *fig* am Rande des Abgrunds stehen; **~ść nie do przebycia** *fig* unüberbrückbare Kluft *f*

przepatrywać (-uję) ⟨**przepatrzyć**⟩ (-ę) durchsehen, durchsuchen

przepch|ać, ~nąć PF → przepychać

przepełniać (-am) ⟨**-ić**⟩ (-ię) überfüllen

przepełnienie N (-a; bpl) Überfüllung *f*

przepełniony (*inst*) überfüllt mit (*dat*)

przepędzać (-am) ⟨**-ić**⟩ (-ę) *bydło* (durch)treiben; (*wyganiać*) vertreiben, verjagen

przepi|cie N (-a; bpl) *fig* Kater *m*; **ból głowy z ~cia** *umg* Brummschädel *m*; **z ~cia** vom Alkohol

przepić PF → przepijać

przepieprzać (-am) ⟨**-yć**⟩ (-ę) KULIN zu viel pfeffern, zu viel Pfeffer verwenden; *vulg* durchvögeln

przepierać (-am) ⟨**przeprać**⟩ (*przepiorę*) (*kurz*) durchwaschen; **~ w ręku** mit der Hand durchwaschen

przepierka F (-i; *gen* -rek) *umg* kleine

P

Wäsche *f*
prze|pierzenie N (*-a*) Trennwand *f*, Scheidewand *f*; **~piękny** wunderschön
przepijać (*-am*) ⟨**przepić**⟩ (*przepiję*) *pieniądze* vertrinken; **~ do k-o** j-m zuprosten
przepiłowywać (*-wuję*) ⟨**przepiłować**⟩ (*-uję*) durchsägen
przepiórka F (*-i*; *gen -rek*) Wachtel *f*
przepis M (*-u*; *-y*) KULIN (Koch)Rezept *n*; **~y** *pl* Vorschriften *f/pl*, Bestimmungen *f/pl*; **~ użycia** Gebrauchsanweisung *f*; **według ~u lekarza** nach ärztlicher Verordnung; **~y** *pl* **drogowe** Verkehrsregeln *f/pl*; **niezgodnie z ~ami** *od* **wbrew ~om** vorschriftswidrig; **zgodnie z ~ami** vorschriftsmäßig, ordnungsgemäß; **wydaje się z ~u lekarza** … ist verschreibungspflichtig
przepisać PF → przepisywać
przepisowy (**-wo**) vorschriftsmäßig, ordnungsgemäß
przepisywać (*-uję*) ⟨**przepisać**⟩ (*przepiszę*) abschreiben; *lekarstwo* verschreiben; *dietę* verordnen; *majątek* umschreiben (lassen)
przepity *umg* verkatert; *głos* versoffen
przeplatać (*-am*) ⟨**przepleść**⟩ (*przeplotę*) durchflechten; verweben, durchweben (*a. fig*); **~ tekst anegdotami** in e-n Text Anekdoten einflechten; **~ się** *fig* sich verflechten, sich verweben
przeplatany verwoben (*inst* mit *dat*)
przepleść PF → przeplatać
przepłacać (*-am*) ⟨**-ić**⟩ (*-cę*) überbezahlen, zu viel bezahlen
przepłakać PF (*przepłaczę*): **~ całą noc** die ganze Nacht weinen
przepłaszać (*-am*) ⟨**przepłoszyć**⟩ (*-ę*) verscheuchen
przepłukiwać (*-uję*) ⟨**przepłukać**⟩ (*przepłuczę*) *bieliznę* spülen; *usta* ausspülen; **~ gardło** *fig umg* die Kehle anfeuchten
przepłynąć PF → przepływać
przepływ M (*-u*; *bpl*) *wody, powietrza, kapitału* Strom *m*
przepływać (*-am*) ⟨**przepłynąć**⟩ (*-nę*) *jezioro* durchschwimmen; *łodzią* übersetzen; *statkiem* überqueren; **przepływać** *rzeka* fließen; *tłumy* strömen; *obłoki* (vorbei)ziehen
przepocić PF → przepacać
przepocony durchgeschwitzt
przepoczwarzać się (*3. Pers -a*) ⟨**-yć się**⟩ (*-y*) BIOL sich verpuppen
przepojony (*persf -eni*) *fig* (*inst*) durchdrungen (von *dat*), voller (*dat*); erfüllt (mit *dat*)
przepoławiać (*-am*) ⟨**przepołowić**⟩ (*-ię*) *chleb, masło* halbieren
przepompowywać (*-wuję*) ⟨**przepompować**⟩ (*-uję*) *wodę* umpumpen
przepona F (*-y*) ANAT Zwerchfell *n*
przepowiadać (*-am*) ⟨**przepowiedzieć**⟩ (*przepowiem*) *nieszczęście, zwycięstwo* weissagen, voraussagen; *pogodę* vorhersagen; **~ przyszłość** hellsehen
przepowiednia F (*-i*; *-e*) Weissagung *f*, Prophezeiung *f*
przepowiedzieć PF → przepowiadać
przepracować PF → przepracowywać
przepracowany überarbeitet
przepracowywać (*-wuję*) ⟨**przepracować**⟩ (*-uję*) durcharbeiten; **~ się** sich überarbeiten
przeprać PF → przepierać
przepraszać (*-am*) ⟨**przeprosić**⟩ (*przeproszę*) sich entschuldigen, um Entschuldigung *od* Verzeihung bitten (**za** *akk* für *akk*); **przepraszam!** Entschuldigung!, entschuldige, entschuldigen Sie!, Verzeihung!; **~ się** sich versöhnen; einander verzeihen; **~ się z** (*inst*) *fig żart* sich versöhnen mit (*dat*)
przepraszający (**-co**) entschuldigend; rechtfertigend
prze|prawa F (*-y*): **~wa przez góry** (hindernisreiche) Überquerung *f* der Berge; **~wa przez rzekę** (hindernisreiche) Überquerung *f* des Flusses; **mieć ~wę** *fig umg* ein unangenehmes Gespräch haben (**z** *inst* mit *dat*)
przeprawiać (*-am*) ⟨**-ić**⟩ (*-ię*) *uciekinierów, rannych* transportieren (**przez** *akk* über *akk*); **~ przez rzekę** übersetzen; **~ się przez góry** die Berge überqueren; **~ się przez bagna** Sümpfe durchqueren
przeprosić PF → przepraszać
przeprosiny PL (*gen -*) Entschuldigung *f*; **na ~** als Entschuldigung, zur Versöhnung; **jesteś mi winny ~** du bist mir eine Entschuldigung schuldig; **przyjąć** *pf* **~** e-e Entschuldigung annehmen
przeproszenie N (*-a*) Entschuldigung *f* Worte *pl* der Entschuldigung; **wymamro**

przeprosiny

Przepraszam!	Entschuldigung!
Przepraszam pana/panią!	Entschuldigen Sie bitte!
Chciałbym/chciałabym cię przeprosić!	Ich möchte mich bei dir entschuldigen!
Chciałbym/chciałabym cię prosić o wybaczenie!	Darf ich dich um Entschuldigung bitten?
Wybaczysz mi?	Wirst du mir verzeihen?
Wybacz!	Verzeihung!
Jesteś na mnie zły/zła?	Bist du mir böse?
Nie złość się na mnie!	Sei mir nicht böse!
Przykro mi.	Es tut mir leid.

tać *pf* ~ e-e Entschuldigung murmeln; **za ~m** mit Verlaub

przeprowadzać (-*am*) ⟨**-ić**⟩ (-*ę*) *reformy, eksperyment, kontrolę* durchführen; *wywiad* führen; *kable* verlegen; *autostradę* bauen; *tory* legen; *tunel* graben, bohren; **~ przez ulicę k-o** j-m über die Straße helfen; **~ przez granicę** über die Grenze bringen; **~ statek przez cieśninę** ein Schiff durch e-e Meerenge führen; **~ się** umziehen; **~ się do nowego mieszkania** in e-e neue Wohnung einziehen, e-e neue Wohnung beziehen; **~ się do Berlina** nach Berlin umziehen

przeprowadz|ka F (-*i*; *gen* -*dzek*) Umzug *m*; **koszty** *pl* **~ki** Umzugskosten *pl*

przepuklina F (-*y*) MED Leistenbruch *m*, Hernie *f*

przepus|tka F (-*i*; *gen* -*tek*) Passierschein *m*; *fig* Eintrittskarte *f*; **być na ~tce** Ausgang haben

przepustowość F (-*ści*; *bpl*) Kapazität *f*

przepuszczać (-*am*) ⟨**przepuścić**⟩ (*przepuszczę*) durchlassen; *umg szansę, okazję* verpassen; *umg błąd* übersehen; **~ (przez maszynkę)** KULIN (durch den Wolf) drehen; **~ w drzwiach k-o** j-n vorlassen; **~ pieniądze** *umg* (das) Geld verschwenden; **ta kurtka przepuszcza powietrze** diese Jacke ist atmungsaktiv

przepuszczalny durchlässig

przepuścić PF → przepuszczać

przepych M (-*u*; *bpl*) Luxus *m*; **żyć w ~u** im Luxus leben; **~ kolorów** Farbenpracht *f*

przepychać (-*am*) ⟨**przepchać**⟩ (-*am*) *od* ⟨**przepchnąć**⟩ (-*nę*) (**przez** *akk*) hindurchschieben, durchdrücken (durch *akk*); **~ ustawę** *umg* ein Gesetz durchboxen; **~ się** sich durchdrängen; sich durchzwängen (**przez** *akk* durch *akk*); **~ się do wyjścia** sich zum Ausgang durchdrängen

przepychanka F (-*i*; *gen* -*nek*) *umg* Gedrängel *n*; *fig pej* Gerangel *n*

przepyszny KULIN sehr schmackhaft, köstlich; (*wspaniały*) herrlich; (*ozdobny*) prachtvoll

przerabiać (-*am*) ⟨**przerobić**⟩ (-*ię*) *tekst* umarbeiten, überarbeiten; *ubranie* umarbeiten; ändern lassen; *umg lekcję* durchnehmen; **~ (na** *akk*) (*przetwarzać*) verarbeiten (zu *dat*); (*zmieniać funkcję*) umfunktionieren (zu *dat*)

przeradzać się (-*am*) ⟨**przerodzić się**⟩ (-*ę*) (**w** *akk*) sich verwandeln (in *akk*), werden (zu *dat*)

przerastać (-*am*) ⟨**przerosnąć**⟩ (-*nę*) (*akk*) wachsen (über *akk*); *oczekiwania, mistrza* übertreffen; *możliwości* übersteigen; *sytuacja, zadanie* überfordern; **przerastać ~ o głowę j-n** einen Kopf größer sein als (*nom*); **ten problem go przerasta** er ist diesem Problem nicht gewachsen, dieses Problem wächst ihm über den Kopf

przerazić PF → przerażać

przeraźliwy (**-wie**) *widok* entsetzlich, grauenvoll; *krzyk* markerschütternd; *zimno* bitter, schneidend; *ból* rasend

przerażać (-*am*) ⟨**przerazić**⟩ (*przerażę*) entsetzen, erschrecken; **~ się** (*gen*) erschrocken sein (über *akk*)

przerażający (**-co**) entsetzlich, grauenvoll

przerażeni *persf* → przerażony

przeraż|enie N (-*a*; *bpl*) Grauen *n*, Entsetzen *n*; **śmiertelne ~enie** *n* Todesangst *f*; **~ony** (*persf* -*eni*) entsetzt,

erschrocken
przerąbywać (-*uję*) ⟨**przerąbać**⟩ (-*ię*) *pień* durchhauen; LEŚN ausholzen, lichten; ~ **lód** ein Loch ins Eis hauen
przerdzewieć PF (*3. Pers -eje*) durchrosten
przeredagowywać (-*wuję*) ⟨**przeredagować**⟩ (-*uję*) neu redigieren, neu bearbeiten
przereklamowany *umg* aufgebauscht
przeręb|el M (-*bla*; -*ble*) Eisloch *n*; **w ~lu** im Eisloch
przerobić PF: ~ **na swoje kopyto k-o** *umg* j-n umkrempeln; → przerabiać
przerodzić się PF → przeradzać się
przerosnąć PF → przerastać
przerost M (-*u*; -*y*) (*gen*) Übermaß *n* (an *dat*); MED Hypertrophie *f*, Vergrößerung *f*; **~śnięty** BOT überzüchtet; *mięso* durchwachsen
przerób M (-*obu*; *bpl*) *surowca* Verarbeitung *f*; **~ka** F (-*i*; *gen -bek*) *ubrania* Umarbeitung *f*, Änderung *f*; *tekstu* Überarbeitung; *surowca* Verarbeitung *f*; **dalsza ~ka** Weiterverarbeitung *f*
przer|wa F (-*y*) Pause *f* (*a.* TEATR); (*luka*) Lücke *f*; (*przerwanie*) Unterbrechung *f* (**w** *lok od gen* in *dat*); **~wa obiadowa** Mittagspause *f*; **~wa na papierosa** Zigarettenpause *f*; **~wa w dostawie prądu** Stromausfall *m*; **~wa międzysemestralna** vorlesungsfreie Zeit *f*; **~wa między zębami** Zahnlücke *f*; **~wa w życiorysie** *fig* Lücke *f* im Lebenslauf; **bez ~wy** pausenlos, ununterbrochen; ständig
przerwać PF → przerywać
przerwanie N (-*a*) Unterbrechung *f*; Abbruch *m*; ~ **ciąży** Schwangerschaftsabbruch *m*; ~ **studiów** Studienabbruch *m*; ~ **tamy** Dammbruch *m*
przerysowywać (-*uję*) ⟨**przerysować**⟩ (-*uję*) nachzeichnen; *fig* überzeichnen
przerywać (-*am*) ⟨**przerwać**⟩ (-*ę*) *kartkę* durchreißen; *groblę, blokadę* brechen; *czynność* unterbrechen; (*nie skończyć*) abbrechen; AGR verziehen; ~ **k-u** j-n unterbrechen; ~ **ciążę** die Schwangerschaft abbrechen; ~ **studia** das Studium abbrechen; ~ **milczenie** das Schweigen brechen; ~ **w pół słowa k-u** j-m ins Wort fallen, j-n mitten im Satz unterbrechen; ~ **się** *lina* abreißen; *materiał* zerreißen; *transmisja* unterbrochen werden
przerywany *puls, oddech* unregelmäßig; *głos* stockend; *linia* gestrichelt; **~nik** M (-*a*; -*i*) *filmowy, muzyczny* Pausenfüller *m*; (*urozmaicenie*) Abwechslung *f*
przerzedzać (-*am*) ⟨-**ić**⟩ (-*dzę*) AGR verziehen, ausdünnen; LEŚN ausholzen, lichten; ~ **się** *włosy, grono* sich lichten
przerzucać (-*am*) ⟨-**ić**⟩ (-*cę*) *piłkę* (hinüber)werfen; *piach, ziemię* (hinüber)schütten; *most* schlagen; *obowiązki, odpowiedzialność* abschieben, abwälzen (**na** *akk* auf *akk*); *umg żołnierzy, robotników* verlegen; (*przetrząsać*) durchwühlen, durchstöbern; ~ **bieg** AUTO e-n anderen Gang einlegen, schalten; ~ **przez ramię** über die Schulter werfen; ~ **przez granicę** *umg towar* schmuggeln; *osoby* schleusen; ~ **notatki** die Notizen durchblättern; ~ **kartki książki** in einem Buch blättern; ~ **się** (**na** *akk*) *nowotwór* streuen, Metastasen bilden (in *dat*); *ogień* übergreifen (auf *akk*); *osoba umg* umsatteln (auf *akk*)
przerzut M (-*u*; -*y*) *narkotyków* Schmuggel *m*; *wojsk* Verlegung *f*; MED Metastase *f*; SPORT Flankenwechsel *m*; **~ka** F (-*i*; *gen -tek*) *roweru* Gangschaltung *f*
przerzynać (-*am*) ⟨**przerżnąć**⟩ (-*nę*) durchschneiden; (*przepiłować*) durchsägen
przesa|da F (-*y*) Übertreibung *f*; **do ~dy** *adv* übertrieben; **bez ~dy** *partikel* ohne zu übertreiben, ungelogen; **~da!** das ist übertrieben!; **to gruba ~da** das ist maßlos übertrieben; **~dny** übertrieben; **~dnie ostrożny** übervorsichtig
przesadzać (-*am*) ⟨-**ić**⟩ (-*dzę*) AGR umpflanzen; *do doniczki* umtopfen; *ucznia* umsetzen; V/I übertreiben (**w** *lok od* **z** *inst* mit *dat*)
przesalać (-*am*) ⟨**przesolić**⟩ (-*ę*) versalzen; *fig umg* übertreiben
przesączać (-*am*) ⟨-**yć**⟩ (-*ę*) filtern; ~ **się** durchsickern
przesąd M (-*u*; -*y*) Aberglaube *m*; **~y** *pl* (*uprzedzenia*) Vorurteile *pl*; **~dny** abergläubisch
przesądzać (-*am*) ⟨-**ić**⟩ (-*dzę*) (**o** *lok od akk*) entscheiden (über *akk*), ausschlaggebend sein (für *akk*); ~ **o zwycięstwie** über den Sieg entscheiden; ~ **o powodzeniu** über den Erfolg entscheiden; (*oceniać*) im Voraus urteilen, vorgreifen
przeschnąć PF → przesychać
przesiać PF → przesiewać

przesiadać się (*-am*) ⟨**przesiąść się**⟩ (*przesiądę*) sich woanders hinsetzen, den Platz wechseln; *w podróży* umsteigen; **~ do innego stolika** sich an einen anderen Tisch setzen; **przesiadamy się w Warszawie** wir steigen in Warschau um
przesiad|ka F (*-i; gen -dek*) Umsteigen *n*; **mieć ~kę** umsteigen (müssen), e-e Umsteigemöglichkeit haben (**w** *lok* in *dat*); **mam ~kę w Warszawie** ich steige in Warschau um
przesiadywać (*-uję*) ⟨**przesiedzieć**⟩ (*przesiedzę*): **przesiadywał całe wieczory w kawiarniach** er verbrachte ganze Abende in Cafés, *umg* er hing in Cafés herum; **przesiedział całe popołudnie w bibliotece** er verbrachte den ganzen Nachmittag in der Bibliothek
przesiąkać (*-am*) ⟨**-nąć**⟩ (*-nę*) *woda* durchsickern; **~ dymem papierosowym** den Zigarettengeruch aufnehmen
przesiąknięty: **~ potem** schweißgetränkt; **~ krwią** blutgetränkt; **~ ideą** von einer Idee durchdrungen
przesiąść* się PF → przesiadać się
przesiedlać (*-am*) ⟨**-ić**⟩ (*-lę*) umsiedeln; **~ się** übersiedeln, umsiedeln (**do** *gen* nach *dat*)
przesiedle|nie N (*-a*) Umsiedlung *f*; **~nie się** Übersiedlung *f*; **~niec** M (*-ńca; -ńcy*) Umsiedler *m*; **~ńczy** Umsiedler-, Umsiedlungs-
przesiedlić PF → przesiedlać
przesiedzieć PF → przesiadywać
przesieka F (*-i*) Waldschneise *f*
przesiewać (*-am*) ⟨**przesiać**⟩ (*przesieję*) durchsieben (*a. fig*)
przesilać się (*3. Pers -a*) ⟨**-ić się**⟩ (*-li*) *gorączka* den Höhepunkt erreichen
przesilenie N (*-a*) *choroby* Krisis *f*; **~ letnie** ASTRON Sommersonnenwende *f*; **~ zimowe** ASTRON Wintersonnenwende *f*
przesilić się PF → przesilać się
przeskakiwać (*-uję*) ⟨**przeskoczyć**⟩ (*-ę*) überspringen (*a. fig*); **~ przez** (*akk*) springen über (*akk*); **~ na drugą stronę** hinüberspringen; **przeskakiwać z tematu na temat** von einem Thema zum anderen springen
przeskok M (*-u; -i*) Sprung *m* (**przez** *akk* über *akk*)
przeskrobać PF (*-ię*) *umg* anstellen, ausfressen
przesłać¹* PF → przesyłać
przesłać²* PF → prześcielać
przesładzać (*-am*) ⟨**przesłodzić**⟩ (*-ę*) KULIN zu sehr süßen
przesłaniać (*-am*) ⟨**przesłonić**⟩ (*-ię*) verdecken (*a. fig*)
przesłanie N (*-a*) *fig* Botschaft *f*
przesłanka F (*-i; gen -nek*) Voraussetzung *f*
przesłodzić PF → przesładzać
przesło|dzony KULIN zu süß; *fig* süßlich, rührselig; **~na** F (*-y*) FOTO Blende *f*
przesłonić PF → przesłaniać
przesłuchać PF → przesłuchiwać
przesłuchanie N (*-a*) Verhör *n*, Vernehmung *f*; Anhörung *f*
przesłuchiwać (*-uję*) ⟨**przesłuchać**⟩ (*-am*) *oskarżonego, świadka* verhören, vernehmen; *kandydata* anhören; *płytę* sich anhören
przesłyszeć się PF (*-ę*) sich verhören
przesmażać (*-am*) ⟨**-yć**⟩ (*-ę*) (kurz) anbraten
przesmyk M (*-u; -i*) Landenge *f*; Meerenge *f*; *górski* Engpass *m*
przesolić PF → przesalać
przesolony versalzen
przespacerować się PF (*-uję*) e-n (kleinen) Spaziergang machen, schlendern
przespać* PF: **~ się** ein wenig schlafen, ein Nickerchen machen; **~ się z** (*inst*) *umg* pennen mit (*dat*); → przesypiać
przestać¹* PF → przestawać
przestać²* PF (*przestoję*): **~ całą podróż** die ganze (Zug)Fahrt stehen müssen
przestankowy: **znak** *m* **~** JĘZ Satzzeichen *n*, Interpunktionszeichen *n*
przestarzały *wyraz* veraltet; *system* veraltet, überholt
przestawać (*przestaję*) ⟨**przestać**⟩ (*przestanę*) aufhören; **~** (+ *inf*) aufhören (mit *dat od* zu + *inf*); **przestawać z** (*inst*) verkehren mit (*dat*); **przestał palić** er hat mit dem Rauchen aufgehört, er hat aufgehört zu rauchen; **przestało padać** es hat aufgehört zu regnen; **to przestało mieć znaczenie** es hat keine Bedeutung mehr; **przestań!** hör auf!
przestawiać (*-am*) ⟨**-ić**⟩ (*-ię*) *stół, wyraz, dźwignię* umstellen; **~ na** (*akk*) umstellen auf (*akk*); **~ zegarek na czas letni** die Uhr auf Sommerzeit umstellen; **~ się** sich umstellen (**na** *akk* auf *akk*)

P

przestąpić PF → przestępować
przestęp|ca M (-y; *gen* -ów) Kriminelle(r), Verbrecher *m*; **~ca wojenny** Kriegsverbrecher *m*; **~ca kryminalny** Straftäter *m*; **młodociany ~ca** jugendlicher Krimineller *m*; **~czość** F (-ści; *bpl*) Kriminalität *f*; **~czość nieletnich** Jugendkriminalität *f*
przestęp|czy (-czo) kriminell, verbrecherisch; **środowisko** *n* **~cze** kriminelles Milieu *n*, Unterwelt *f*; **banda** *f* **~cza** Verbrecherbande *f*
przestęp|czyni F (-i; -e) Kriminelle *f*, Verbrecherin *f*; **~ny** JUR Straf-; **rok** *m* **~ny** Schaltjahr *n*
przestępować (-uję) ⟨**przestąpić**⟩ (-ię) *próg* überschreiten; **~ z nogi na nogę** von einem Bein auf das andere treten
przestępstwo N (-a) Verbrechen *n*, Straftat *f*; **~ gospodarcze** Wirtschaftsstraftat *f*; **popełnić** *pf* **~** ein Verbrechen begehen
przestój M (-oju; -oje) *w pracy* Arbeitsausfall *m*; MAR Überliegezeit *f*
przestrach M (-u; *bpl*) Schrecken *n*; **z ~u** vor Schrecken
przestrajać (-am) ⟨**przestroić**⟩ (*przestroję*) MUS stimmen; RADIO einstellen
przestraszony (*persf* -eni) erschrocken
przestraszyć PF (-ę) erschrecken; **~ się** sich erschrecken
przestrog|a F (-i; *gen* -óg) Warnung *f*; **dać** *pf* **~ę k-u** j-n warnen
przestroić PF → przestrajać
przestronny *pokój* geräumig; *plac* weitläufig
przestrzał M (-u; -y) (*rana*) Durchschuss *m*; **otworzyć okna na ~** e-n (Luft)Zug schaffen
przestrzegać[1] (-am) (*gen*) *przepisów, regulaminu* sich halten (an *akk*) befolgen (*akk*); *diety* einhalten; *tajemnicy* wahren
przestrzegać[2] (-am) ⟨**przestrzec***⟩ (*przestrzegę*) warnen (**przed** *inst* vor *dat*)
przestrzelić PF (-ę) durchschießen
przestrzen|ny räumlich, Raum-; **planowanie** *n* **~ne** Raumplanung *f*
przestrz|eń F (-ni; -nie; *gen* -ni) *fig* Raum *m*; **~ eń kosmiczna** Weltraum *m*; **~eń życiowa** BIOL Lebensraum *m*; **~eń powietrzna** Luftraum *m*; **na ~eni kilku kilometrów** im Umkreis von ein paar Kilometern; **na ~eni wieków** im Verlauf der Jahrhunderte; **lęk** *m* **~eni** MED Platzangst *f*; **otwarta ~eń** freie Landschaft *f*
przestudiować PF (-uję) studieren, analysieren
przestudzać (-am) ⟨**-ić**⟩ (-dzę) *herbatę, wodę* abkühlen; **~ się** *v/i* abkühlen
przestworza N/PL (*gen* -y) *lit fig* Weite *f*; **~ oceanu** die Weite des Ozeans; **powietrzne ~** Lüfte *pl*
przestygnąć PF (*3. Pers* -nie) *herbata, woda* abkühlen, erkalten
przesunąć PF → przesuwać
przesunięcie N (-a) Verschiebung *f*
przesuszać (-am) ⟨**-yć**⟩ (-ę) *v/t* (ein wenig) trocknen; zu sehr trocknen; **~ się** *v/i* trocknen, trocken werden; austrocknen
przesuwać (-am) ⟨**-nąć**⟩ (-nę) *szafę, stół* verschieben, verrücken; *termin* verschieben, verlegen; **~ ręką po** (*lok*) mit der Hand streichen über (*dat*); **~ się** *osoba* (weiter)rücken, *umg* rutschen; *termin* sich verschieben; *chmury* vorüberziehen; **~ się do przodu** *v/i* vorrücken
przesuwa|lny, **~ny** verschiebbar
przesycać (-am) ⟨**-ić**⟩ (-cę) durchtränken; *zapach* erfüllen
przesycony *osoba* übersättigt; *rynek* gesättigt; (*przepojony*) durchdrungen; **~ zapachem kwiatów** erfüllt von Blumenduft
przesyłać (-am) ⟨**przesłać**[1]⟩ (*prześlę; -ślij!*) *list, paczkę* schicken, senden; *życzenia* senden; **~ pozdrowienia k-u** j-n grüßen; **mama przesyła ci pozdrowienia** meine Mutter lässt dich grüßen; **~ dalej** weiterleiten
przesyłka F (-i; *gen* -łek) *pocztowa* Sendung *f*
przesypać PF → przesypywać
przesypiać (-am) ⟨**przespać**⟩ (*prześpię*) *noc* durchschlafen; (*przepuścić*) verpassen, *fig* verschlafen
przesypywać (-uję) ⟨**przesypać**⟩ (-ię) umschütten; **~** (*inst*) bestreuen (mit *dat*)
przesyt M (-u; *bpl*) Überdruss *m*
przeszczep M (-u; -y) MED Verpflanzung *f* Transplantation *f*; (*organ*) Transplantat *n*
przeszczepiać (-am) ⟨**-ić**⟩ (-ię) MED verpflanzen, transplantieren; AGR propfen
przeszkadzać (-am) ⟨**przeszkodzić**⟩ (-ę) stören; (*uniemożliwiać*) verhindern (*utrudniać*) behindern; **~ k-u** (**w** *lok*) j-n stören (bei *dat*); **~ k-u** (+ *inf*) j-n hindern (an *dat*); **nie przeszkadzaj mi w pracy**

P

störe mich nicht bei der Arbeit!; **przeszkadza mi hałas** der Lärm stört mich; **to mi nie przeszkadza** das stört mich nicht; **choroba przeszkodziła mu w karierze** die Krankheit behinderte ihn bei der Karriere; **nie przeszkadza mu to jednak, żeby ...** das hindert ihn jedoch nicht daran, zu ... (+ *inf*); **proszę sobie nie przeszkadzać!** lassen Sie sich nicht stören!

przeszkalać (*-am*) ⟨**przeszkolić**⟩ (*-lę*) schulen (**w** *lok* in *dat*)

przeszk|oda F (*-y; gen -ód*) Hindernis *n*; **stać na ~odzie** (*dat*) im Wege stehen (*dat*), verhindern (*akk*); **jeśli nic nie stanie na ~odzie** wenn nichts dazwischenkommt; **bez ~ód** ungehindert, ungestört

przeszkodzić PF → przeszkadzać

przeszkolenie N (*-a*) Schulung *f*

przeszkolić PF → przeszkalać

przeszło *partikel* mehr als, über; **~ść** F (*-ści; bpl*) Vergangenheit *f*; **to należy do ~ści** das gehört der Verhangenheit an; **żyć ~ścią** in der Vergangenheit leben; **kobieta** *f* **z ~ścią** Frau *f* mit Vergangenheit

przeszły *zdarzenia* vergangen; *tydzień* letzte(r), vorige(r); **czas** *m* ~ GRAM Vergangenheit *f*

przeszmuglować PF (*-uję*) *umg* (ein)schmuggeln

przeszpiegi PL: **chodzić na** ~ *umg* ausspionieren, ausspähen

przeszukiwać (*-uję*) ⟨**przeszukać**⟩ (*-am*) *mieszkanie, szuflady, złodzieja* durchsuchen; *teren* durchkämmen, absuchen

przeszywać (*-am*) ⟨**przeszyć**⟩ (*przeszyję*) *kołdrę* steppen; *guziki* versetzen; (*przebić*) durchbohren; ~ **na** (*akk*) umarbeiten zu (*dat*); ~ **wzrokiem k-o** j-n mit Blicken durchbohren; ~ **powietrze** *fig* die Luft zerreißen; **błyskawice przeszywały niebo** Blitze durchzuckten den Himmel; **przeszył mnie ból** ein Schmerz durchbohrte mich

przeszywający *ból* stechend; *wzrok* durchdringend; *zimno* schneidend

prześcielać (*-am*) ⟨**przesłać²**⟩ (*prześcielę; prześciel!*): ~ **łóżko** das Bett neu machen *od* richten

prześcieradło N (*-a; gen -deł*) (Bett-)Laken *n*

prześcigać (*-am*) ⟨**-nąć**⟩ (*-nę*) (*wyprzedzać*) überholen, hinter sich lassen; *fig* übertreffen; **prześcigać się** wetteifern (**w** *lok* in *dat*); **prześcigać się w uprzejmościach** sich an Höflichkeit überbieten; **prześcigać się w komplementach** sich in Komplimenten überbieten

prześladować (*-uję*) POL verfolgen; (*dręczyć*) bedrängen (*inst* mit *dat*); *myśli, wspomnienia* heimsuchen, verfolgen

prześladowanie N (*-a*) POL Verfolgung *f*

prześladowany¹ verfolgt

prześladowa|ny² M (*-ego; -i*), **~na** F (*-ej; -ne*) Verfolgte(r) *m, f*; **~ny politycznie** politisch Verfolgte(r) *m*

prześladow|ca M (*-y; gen -ów*) Peiniger *m*, Verfolger *m*; **~czy** POL Verfolgungs-; **mania** *f* **~cza** MED Verfolgungswahn *m*

prześliczny wunderschön

prześlizgiwać się (*-uję*) ⟨**prześliz(g)nąć się**⟩ (*-nę*) sich durchschleichen, durchschlüpfen; *umg pej* sich durchlavieren, sich durchmogeln

prześmieszny urkomisch

prześmiewać się (*-am*) (**z** *gen*) belächeln (*akk*)

przeświadczeni *persf* → przeświadczony

przeświadcz|enie N (*-a*) Überzeugung *f*; **~ony** (*persf -eni*) (**o** *lok*) überzeugt (von *dat*)

przeświecać (*3. Pers -a*) (durch)schimmern, durchscheinen (**przez** *akk* durch *akk*)

prześwietlać (*-am*) ⟨**-ić**⟩ (*-lę*) MED röntgen; FOTO überbelichten; *fig* durchleuchten; ~ **się** MED sich röntgen lassen; FOTO überbelichtet werden

prześwietlenie N (*-a*) MED Röntgen *n*; Röntgenbild *n*; **robić** ~ sich röntgen lassen

prześwietlić PF → prześwietlać

prześwietny *lit* ausgezeichnet, glänzend

prześwit M (*-u; -y*): ~ **w lesie** lichte Stelle *f* im Wald

prześwitujący *materiał* durchsichtig

prześwitywać (*3. Pers -uje*) *materiał* durchsichtig sein; *słońce* durchscheinen (**przez** *akk* durch *akk*)

przetaczać (*-am*) ⟨**przetoczyć**⟩ (*-ę*) *krew* übertragen; *piwo* umfüllen; *wagony* rangieren; *beczki* rollen; ~ **się** *strajk, wojna* überrollen

przetak M (*-a od -u; -i*) Sieb *n*

przetańczyć PF (*-ę*) durchtanzen

przetapiać (*-am*) ⟨**przetopić**⟩ (*-ię*) *monety* umschmelzen; KULIN auslassen

przetarg M (-u; -i) Ausschreibung *f*; (*aukcja*) Versteigerung *f*; **~i** *pl* POL Verhandlungen *pl*; **ogłosić** *pf* **~** (**na** *akk*) ausschreiben (*akk*); **kupić na ~u** ersteigern
przetarty *rękaw, kołnierz* durchgescheuert
przetasowywać (-*wuję*) ⟨**przetasować**⟩ (-*uję*) *karty* mischen; *fig* durchmischen
przeterminowa|ny *czek* abgelaufen; **mleko jest ~ne** die Milch ist abgelaufen
przetestować PF → testować
przetkać PF → przetykać
przetłumaczyć PF: **nie dać** *pf* **sobie ~** sich nichts sagen lassen; → tłumaczyć
przetłuszczać się (*3. Pers -a*) *włosy, skóra* fettig werden
przetłuszczający się *cera, włosy* fettig
przeto *konj lit* deshalb
przetoczyć PF → przetaczać
przetoka F (-*i*) MED Fistel *f*; Drain *m*
przetopić PF → przetapiać
przetrawiać (-*am*) ⟨**-ić**⟩ (-*ię*) verdauen (*a. fig*); *kwas* zerfressen
przetrącić PF (-*ę*) *umg* (*zjeść*) e-n Happen essen
przetrwać PF (-*am*) *trudności, kryzys* überstehen; (*przeżyć*) überleben; (*zachować się*) sich erhalten, erhalten bleiben; überdauern; **~ próbę czasu** sich bewähren
przetrwalnik M (-*a*; -*i*) BOT Spore *f*
przetrwonić PF (-*ię*) *pieniądze, czas* verschwenden
przetrząsać (-*am*) ⟨**-nąć**⟩ (-*nę*) (*szukać*) durchstöbern, durchwühlen; *siano* wenden; **~ wszystkie kąty w mieszkaniu** die ganze Wohnung auf den Kopf stellen
przetrzebiać (-*am*) ⟨**-ić**⟩ (-*ię*) *zwierzęta* ausrotten; *ludzi* dezimieren; *las* lichten
przetrzeć PF → przecierać
przetrzepać PF (-*ię*) *chodnik* ausklopfen; **~ skórę k-u** *umg* j-n verkloppen
przetrzymywać (-*uję*) ⟨**przetrzymać**⟩ (-*am*) (*znosić*) überstehen, durchhalten; *zakładników* festhalten; *na policji* vorläufig festnehmen; (*ukrywać*) verstecken, bei sich aufnehmen; *pożyczone rzeczy* zurückhalten, nicht zurückgeben; (*nie dawać odejść*) (lange) aufhalten
przetwarzać (-*am*) ⟨**przetworzyć**⟩ (-*ę*) verarbeiten (*a.* EDV); ELEK umformen; *fig* umwandeln
przetwarzanie N (-*a*; *bpl*): **~ danych** EDV Datenverarbeitung *f*
przetwornik M (-*a*; -*i*) ELEK Umformer *m*
przetworzyć PF → przetwarzać
przetwory PL (*gen -ów*): **~ (własnej roboty)** Eingemachte(s) *n*; (*dżem*) selbst gemachte Marmelade *f*; (*ogórki*) selbst gemachte Salzgurken *pl*; **~ przemysłowe** Lebensmittelprodukte *pl*; **~ z ryb** Fischprodukte *pl*
przetwór|czy *przemysł* Verarbeitungs-; **~nia** F (-*i*; -*e*) Verarbeitungsbetrieb *m*; **~stwo** N (-*a*; *bpl*) Verarbeitung *f*, Verarbeitungsindustrie *f*
przetykać (-*am*) ⟨**przetkać**⟩ (-*am*) *rurę, zlew* frei machen, reinigen; *tkaninę* durchwirken (*inst* mit *dat*)
przewa|ga F (-*i*; *bpl*) Überlegenheit *f*; **mieć ~gę nad** (*inst*) j-m überlegen sein (**w** *lok* in *dat*); **uzyskać** *pf* **~gę** die Oberhand gewinnen; SPORT in Führung gehen
przewalać (-*am*) ⟨**-ić**⟩ (-*lę*) *umg* umschmeißen; **~ się** *umg* hinfallen; *tłum umg* vorbeiziehen
przeważać (-*am*) ⟨**-yć**⟩ (-*ę*) *argument, obowiązek* überwiegen; *kolor, styl* vorherrschen, dominieren; (*być większością*) in überwiegender Mehrheit sein, stärker vertreten sein; **~ na jedną stronę** ungleichmäßig beladen sein; **w tym zawodzie przeważają kobiety** in diesem Beruf sind Frauen stärker vertreten
przeważ|ający *większość* überwiegend; *siła* überlegen; **~ająca część** *f* der größte Teil *m*; **w ~ającym stopniu** *od* **w ~ającej mierze** überwiegend; **~nie** *partikel* meistens
przeważyć PF → przeważać
przewędrować PF (-*uję*) durchwandern
przewężenie N (-*a*) Verengung *f*
przewiać PF → przewiewać
przewiązywać (-*uję*) ⟨**przewiązać**⟩ (*przewiążę*) umbinden; *ranę* verbinden
przewidujący (**-co**) vorausschauend, weitblickend
przewidywać (-*uję*) ⟨**przewidzieć**⟩ (*przewidzę*) *skutki* voraussehen; *wyniki, przyszłość* vorhersagen (*a.* METEO); (*przeczuwać*) ahnen; (*spodziewać się*) erwarten (*planować*) vorsehen, planen; **ustawa (nie) przewiduje, że …** das Gesetz sieht (nicht) vor, dass …

P

przewidyw|anie N (-a; gen -ań) Vorhersage f, Prognose f; **w ~aniu** (gen) in Erwartung (gen); **według wszelkich ~ań** aller Voraussicht nach; **wbrew ~aniom** entgegen allen Erwartungen; **~any** voraussichtlich; vorhergesagt

przewidze|nie N: **to było do ~nia** das war vorauszusehen, das war zu erwarten; **niemożliwy do ~nia** unvorhersehbar

przewidziany vorgesehen (**na** *akk* für *akk*)

przewidzieć PF → przewidywać

przewiercać (-am) ⟨**-ić**⟩ (-cę) durchbohren; **~ wzrokiem k-o** j-n mit seinen Blicken durchbohren

przewieszać (-am) ⟨**przewiesić**⟩ (*przewieszę*) *obraz* umhängen; **~ przez ramię** über die Schulter (um)hängen; **~ się przez poręcz** sich über das Geländer beugen

przewietrzać (-am) ⟨**-yć**⟩ (-ę) *pokój* durchlüften; *pościel* auslüften; **przewietrzyć się** *pf osoba* frische Luft schnappen, an die frische Luft gehen; *pokój* durchgelüftet sein

przewiew M (-u; -y) Luftzug *m*

przewiewać (3. *Pers* -a) ⟨**przewiać**⟩ (-eje): **przewiał nas wiatr** *od* **przewiało nas** wir haben im kalten Wind gefroren

przewiewny *ubranie, miejsce* luftig

przewiezienie N (-a) Transport *m*

przewieźć* PF → przewozić

przewijać (-am) ⟨**przewinąć**⟩ (-nę) *film* zurückspulen; *ranę* neu verbinden; EDV blättern; *nici* umwickeln; **~ taśmę do przodu** das Band vorspulen; **~ taśmę do tyłu** das Band zurückspulen; **~ dziecko** das Kind wickeln; **przewijać się** *motyw, temat* sich durchziehen; **przewija się tu dużo interesentów** es herrscht hier reger Publikumsverkehr

przewinić PF (-ię) *lit* sich schuldig machen

przewinienie N (-a) Vergehen *n*, Verfehlung *f*

przewlekać (-am) ⟨**przewlec***⟩ (*przewlokę*) *nitkę* durchziehen; *obrady, spotkanie* in die Länge ziehen; *decyzję* hinauszögern; **~ pościel** *umg* das Bett neu beziehen; **~ się** *obrady, spotkanie* sich in die Länge ziehen

przewlekły (-le) *opowiadanie* langatmig; *formalności* langwierig; MED chronisch

przewodni *motyw, temat* Leit-; *rola* führend; **~ctwo** N (-a; bpl) *obrad* Vorsitz *m*

przewodniczą|cy M (-ego; -y), **~ca** F (-ej; -e) Vorsitzende(r) *m, f*; Leiter(in) *m, f*

przewodniczka F (-i; gen -czek) Fremdenführerin *f*, Reiseführerin *f*

przewodniczyć (-ę) (*dat*) den Vorsitz haben

przewodnik M (-a; -cy) *wycieczek* Fremdenführer *m*, Reiseführer *m*; (*przywódca*) Anführer *m*; **~ górski** Bergführer *m*; (PL -i) (*książka*) Reiseführer *m*; FIZ Leiter *m*; ZOOL Leittier *n*; **~ po mieście** Stadtführer *m*

przewodowy Leitungs-; Kabel-

przewodzić (-ę) (*dat*) (*kierować*) leiten (*akk*); **~ bandzie** eine Bande anführen; **~ ciepło** FIZ Wärme leiten

przewozić (*przewożę*) ⟨**przewieźć**⟩ (*przewiozę*) befördern, transportieren; **~ przez rzekę** übersetzen

przewozowy *środki* Transport-; *przedsiębiorstwo* Fahr-, Transport-; **list** *m* **~** Frachtbrief *m*

przewoźnik M (-a; -cy) Fuhrunternehmer *m*; *na promie* Fährmann *m*

przew|ód M (-odu; -ody) ELEK Litze *f*, Kabel *n*; TECH Leitung *f*; **~ód pokarmowy** ANAT Verdauungstrakt *m*; **~ód słuchowy** ANAT Gehörgang *m*; **~ód doktorski** Promotionsverfahren *n*; **~ód sądowy** Gerichtsverhandlung *f*; **pod ~odem** unter der Führung

przew|óz M (-ozu; -ozy) Beförderung *f*, Transport *m*; **~óz towarów** Gütertransport *m*; **~óz osób** Beförderung *f* von Personen; **koszty** *pl* **~ozu** Transportkosten *pl*; Beförderungskosten *pl*

przewracać (-am) ⟨**przewrócić**⟩ (-ę) *stołek, osobę* umstoßen; *kartkę* umblättern; *na patelni* wenden; (*szperać*) (durch)wühlen; **~ na lewą stronę** auf die linke Seite wenden; **~ do góry nogami** auf den Kopf stellen; **przewracać kartki** blättern; **przewracać oczami** die Augen verdrehen; (*flirtować*) *j-m* schöne Augen machen; **sława przewróciła mu w głowie** der Ruhm ist ihm zu Kopf gestiegen; **~ się** (*upadać*) umfallen, hinfallen; **~ się do góry dnem** *łódź* kentern; **przewracać się z boku na bok** sich hin und her wälzen; **przewróciłby się w grobie** *umg* er würde sich im Grabe herumdrehen

przewrażliwiony (*persf* -eni) → prze-

czulony
przewrotny (*podstępny*) falsch, hinterhältig; (*zwodniczy*) irreführend
przewrócić PF → przewracać
przewrót M (-*otu*; -*oty*) POL Putsch *m*; SPORT Rolle *f*; *fig* Revolution *f*
przewyższać (-*am*) ⟨**-yć**⟩ (-*ę*) (*przekraczać*) übersteigen; ~ **k-o** größer sein (als *nom*); *fig* j-m überlegen sein, j-n übertreffen (*inst* an *dat*); ~ **o głowę** (um) einen Kopf größer sein
przez PRÄP (*akk*) durch (*akk*) (*a.* MAT); über (*akk*); ~ **las** durch den Wald; ~ **most** über die Brücke; ~ **Poznań do Berlina** über Posen nach Berlin; ~ **radio** im Radio; ~ **zazdrość** aus Neid; ~ **telefon** per Telefon, telefonisch; ~ **cały rok** das ganze Jahr hindurch; ~ **sekundę** e-e Sekunde lang; ~ **całe życie** das ganze Leben lang; **mówić** ~ **sen** im Schlaf sprechen; **kochany** ~ **rodziców** von den Eltern geliebt; ~ **przypadek** durch Zufall, zufällig; ~ **to** dadurch; ~ **niego** seinetwegen
przezabawny urkomisch
przeze PRÄP: ~ **mnie** meinetwegen
przezierać (3. *Pers* -*a*) *lit światło* hervorscheinen
przeziębiać (-*am*) ⟨**-ić**⟩ (-*ię*) erkälten; ~ **się** sich erkälten
przeziębieni *persf* → przeziębiony
przeziębi|enie N (-*a*) Erkältung *f*; **~ony** (*persf* -*eni*) erkältet
przezimować PF → zimować
przeznaczać (-*am*) ⟨**-yć**⟩ (-*ę*) *pieniądze* bestimmen (**na** *akk* für *akk*); ~ **dla** (*gen*) (*ofiarować*) schenken, vermachen (*dat*); ~ **pieniądze na cele charytatywne** das Geld für karitative Zwecke bestimmen; ~ **swoje zbiory dla muzeum** seine Sammlung einem Museum schenken *od* vermachen; ~ **do dyspozycji** zur Verfügung stellen; **to pomieszczenie przeznaczył na pracownię** dieser Raum dient ihm als Werkstatt, dieser Raum wird von ihm als Werkstatt genutzt; **nie było mu przeznaczone** ... es war ihm nicht beschieden ...
przeznacze|nie N (-*a*) (*los*) Schicksal *n*, (Schicksals)Fügung *f*; (*zastosowanie*) Anwendung *f*; (*cel*) Zweck *m*; (*powołanie*) Bestimmung *f*, Schicksal *n*; **miejsce** *n* **~nia** Bestimmungsort *m*; **zgodnie z ~niem** zweckentsprechend; **niezgodnie z ~niem** zweckentfremdet
przeznaczony: ~ **do rozbiórki** zum Abriss vorgesehen; ~ **na sprzedaż** für den Verkauf vorgesehen; ~ **na śmierć** tot geweiht
przeznaczyć PF → przeznaczać
przezor|nie ADV vorsorglich, in weiser Voraussicht; vorsichtshalber; **~ność** F (-*ści*; *bpl*) Umsicht *f*, Vorsicht *f*; **~ny** umsichtig
przezrocza N/PL (*gen* -*y*) Dias *n/pl*; **odczyt** *m* **z ~mi** Diavortrag *m*
przezroczysty durchsichtig, transparent; *płyn* klar
przezwać PF (-*ę*): ~ **k-o** (*inst*) j-m den Spitznamen ... geben
przezwisko N (-*a*) Spitzname *m*; (*wyzwisko*) Schimpfwort *n*
przezwyciężać (-*am*) ⟨**-yć**⟩ (-*ę*) überwinden, bekämpfen; ~ **się** sich überwinden, sich bezwingen
przezwycięże|nie N (-*a*; *bpl*) Überwindung *f*; **nie do ~nia** unüberwindbar
przezywać (-*am*): ~ **k-o** j-n beschimpfen, j-n hänseln; ~ **się** sich beschimpfen
przeźrocza → przezrocza
przeźroczysty → przezroczysty
przeżegnać PF (-*am*) bekreuzigen; ~ **się** sich bekreuzigen
przeżerać (3. *Pers* -*a*) ⟨**przeżreć***⟩ (-*e*) *rdza, kwas* durchfressen
przeżuć PF → przeżuwać
przeżuwacz M (-*a*; -*e*) ZOOL Wiederkäuer *m*
przeżuwać (-*am*) ⟨**przeżuć**⟩ (-*uję*) (zer)kauen; ZOOL wiederkäuen
przeży|cie N (-*a*; -*yć*) Überleben *n*; (*doznanie*) Erlebnis *n*; **bogaty w ~cia** erlebnisreich
przeżyć PF überleben; *dzieciństwo, młodość* verleben, verbringen; ~ **k-o** (**o dwa lata**) j-n (um zwei Jahre) überleben; **nie** ~ **operacji** e-e Operation nicht überleben; **nie mógł** ~ **śmierci żony** er konnte den Tod seiner Frau nicht verwinden; **jakoś to przeżyję!** *iron od żart* ich werde es schon überleben!; → przeżywać
przeży|tek M (-*tku*; -*tki*) Überbleibsel *n*, Relikt *n*; Anachronismus *m*; **~ty** veraltet, überlebt
przeżywać (-*am*) ⟨**przeżyć**⟩ (*przeżyję*) *przygodę, rozczarowanie* erleben; ~ **kryzys** e-e Krise durchmachen; ~ **szok** e-n Schock erleiden; ~ **rozstanie** unter einer Tren-

P

nung leiden; **przeżywał mocno film** der Film ging ihm sehr nahe, der Film hat ihn sehr mitgenommen; **przeżywał egzamin** er hatte Prüfungsangst; **~ się** sich überleben

przędza F (*-y*) Garn *n*; **~ dziewiarska** Strickgarn *n*; **~lnia** F (*-i*; *-e*) (*zakład*) Spinnerei *f*; **~rka** F (*-i*; *gen -rek*) Spinnmaschine *f*

przęsło N (*-a*; *gen -seł*) *mostu* Joch *n*

przodek[1] M (*-dka*; *-dkowie*) Vorfahr *m*, Ahn *m*

przod|ek[2] M (*-dka od -dku*; *-dki*) GÓRN Ort *n*; **pracować na ~ku** GÓRN vor Ort arbeiten

przodować (*-uję*) führen, an der Spitze stehen (**w** *lok* in *dat*)

przodownictwo N (*-a*) Führung *f*, Spitzenposition *f*

przodown|ik M (*-a*; *-cy*), **~ica** F (*-y*; *-e*) *od* **~iczka** *f* (*-i*; *gen -czek*): **~ik pracy** HIST Aktivist(in) *m(f)* der sozialistischen Arbeit

przodujący führend, Spitzen-

prz|ód M (*-odu*; *-ody*) Vorderteil *n od m*, Vorderseite *f*; *budynku* Front *f*; MAR, LOT Bug *m*; **w ~ód** *od* **do ~odu** nach vorn; **z ~odu** vorne; **na ~odzie** (*gen*) an der Spitze (*gen*); **usiądź ~odem do mnie!** setzt dich mit dem Gesicht zu mir!; **iść ~odem** vorgehen; **puścić** *pf* **~odem** vorlassen; **włożyć** *pf* **tył na ~ód** verkehrt herum anziehen

prztycz|ek M: **dać ~ka (w nos) k-u** j-m e-n Nasenstüber geben

prztykać (*-am*) ⟨**-nąć**⟩ (*-nę*): **~ palcami** mit den Fingern schnippen; **~ k-o** j-m e-n Nasenstüber geben

przy PRÄP (*lok*) an (*dat*); bei (*dat*); neben (*dat*); **~ stole** am Tisch; **~ sobie** bei sich; **~ pracy** bei der Arbeit; **~ goleniu** beim Rasieren; **~ świadkach** vor Zeugen; **~ czym** wobei; **~ tym** dabei; **~ okazji** bei Gelegenheit; **~ śniadaniu** beim Frühstück; **~ ulicy Mokotowskiej** in der Mokotowskastraße

przybici *persf* → przybity

przybić PF → przybijać

przybiegać (*-am*) ⟨**przybiec**⟩ (*przybiegnę*) herbeieilen, herbeilaufen; angelaufen kommen; **~ do mety** SPORT ins Ziel kommen

przybierać (*-am*) ⟨**przybrać**⟩ (*przybiorę*) *stół*, *choinkę* schmücken; KULIN garnieren; *kształt*, *nazwisko* annehmen; *pozę* einnehmen; *minę* aufsetzen; V/I *rzeka* anschwellen; *woda* ansteigen; **~ na wadze** zunehmen; **~ na sile** an Stärke gewinnen; **~ zły obrót** sich zum Schlechten wenden

przybijać (*-am*) ⟨**przybić**⟩ (*przybiję*) *tabliczkę*, *deskę* annageln, anschlagen; *pieczęć* aufdrücken; **~ k-o** *fig* j-n tief bedrücken, j-n aus der Bahn werfen; **~ do brzegu** MAR anlegen

przybi|tka F (*-i*; *gen -tek*) *na aukcji* Zuschlag *m*; **~ty** (*persf -ci*) *fig* niedergeschlagen, bedrückt

przybliżać (*-am*) ⟨**-yć**⟩ (*-ę*) näher (heran)bringen (**do** *gen* an *akk*); *fig* näherbringen; *optycznie* vergrößern; **~ się** sich nähern, (heran)nahen; **~ się do siebie** *fig* sich nähern

przybliż|enie N (*-a*) ungefähre Zahl *f*; **w ~eniu** ungefähr, annähernd; **~ony** *data*, *wynik* ungefähr, ungenau

przybliżyć PF → przybliżać

przybłąkać się (*3. Pers -a*) *pies*, *kot* zulaufen

przy|błąkany *pies*, *kot* zugelaufen; **~błęda** F (*-y*) Landstreicher *m*; **pies** *m* **~błęda** zugelaufener Hund *m*

przyb|oczny *straż*, *lekarz* Leib-; **~ornik** M (*-a*; *-i*) Reißzeug *n*

przybór M (*-oru*; *-ory*) *wody* Anstieg *m*

przybory PL (*gen -ów*) Zubehör *n*; **~ toaletowe** Waschzeug *n*; **~ do golenia** Rasierzeug *n*, **~ do pisania** Schreibzubehör *n*; **~ do szycia** Nähzeug *n*

przybrać* PF → przybierać

przybranie N (*-a*) KULIN Garnitur *f*; (*ozdoba*) Schmuck *m*; **kwiaty** *pl* **z ~m** Blumenstrauß *m* mit Grün

przybra|ny KULIN garniert (*inst* mit *dat*); **~ne dziecko** *n* Adoptivkind *n*, Pflegekind *n*; **~ne nazwisko** *n* Deckname *m*; *artysty* Künstlername *m*; **~ni rodzice** *pl* Pflegeeltern *pl*

przybrudzić się (*3. Pers -dzi*) *obrus*, *spodnie* etwas schmutzig werden

przybrudzony etwas schmutzig

przybrzeżny Küsten-, Ufer-

przybudowywać (*-wuję*) ⟨**przybudować**⟩ (*-uję*) BUD anbauen

przybudówka F (*-i*; *gen -wek*) BUD Anbau *m*

przybycie N (*-a*) *gości*, *delegacji* Ankunft *f*, Eintreffen *n*; **dziękuję państwu za ~!**

danke für Ihr Kommen!

przybyćˑ PF → przybywać

przybyły[1] (*persf -li*) angekommen, eingetroffen; **nowo ~** neu angekommen; **właśnie ~** kürzlich angekommen, soeben eingetroffen

przybyl|ły[2] M (*-ego; -li*), **~ła** F (*-ej; -łe*) Angekommene(r) *m, f*, Ankömmling *m*; **nowo ~ły** Neuankömmling *m*

przybysz M (*-a; -e*) Ankömmling *m*; **~ z kosmosu** Außerirdische(r) *m*; **~ z daleka** Ankömmling *m* aus der Ferne

przybytek M (*-tku; -tki*) REL Tempel *m*; *energii, wagi* Zuwachs *m*, Zunahme *f*; *sztuki, kultury* Stätte *f*

przybywać (*-am*) ⟨**przybyć**⟩ (*przybędę*) *ofic* (an)kommen, eintreffen; hinzukommen; **~ z oficjalną wizytą** zu einem offiziellen Besuch kommen; **~ na demonstrację** bei einer Demonstration eintreffen; **przybyło nowych książek** neue Bücher sind hinzugekommen; **przybyło mu lat** er ist älter geworden; **przybył mi jeden kilogram** ich habe ein Kilo zugenommen; **przybyło wody** das Wasser ist angestiegen; **przybyło mi kłopotów** ich habe jetzt mehr Sorgen; **przybywa dnia** die Tage werden länger

przychodne: **gosposia** *f* **na ~** *Haushaltshilfe, die nicht bei den Arbeitgebern wohnt*

przychod|nia F (*-i; -e*) *zdrowia* Ambulanz *f*, (Kranken)Station *f* für ambulante Behandlung *f*; *zawodowa* Beratungsstelle *f*; **~owy** *kwit* Empfangs-, Eingangs-

przychodzić (*przychodzę*) ⟨**przyjść**⟩ (*przyjdę*) kommen (**do** *gen* zu *dat*); *list, paczka* ankommen, eintreffen; **~ po** (*akk*) abholen (kommen) (*akk*); **~ z** (*inst*) j-n mitbringen, mit j-m kommen; **~ do domu** nach Hause kommen; **~ na myśl k-u** j-m in den Sinn kommen; **~ k-u z trudem** j-m schwerfallen; **~ do zdrowia** wieder gesund werden; **~ do siebie** zu sich kommen; **~ na świat** zur Welt kommen; **przyszła mi ochota na** (*akk*) ich habe Lust bekommen auf (*akk*)

przych|ód M (*-odu; -ody*) (*zysk*) Ertrag *m*, Gewinn *m*; **~ody** *pl* Einnahmen *pl*; **~ówek** M (*-wku; bpl*) AGR Jungvieh *n*, Jungtiere *pl*; (*dzieci*) *żart* Nachwuchs *m*

przychylać (*-am*) ⟨**-ić**⟩ (*-lę*) neigen, beugen; **~ się do prośby** der Bitte entsprechen; **~ się do propozycji** dem Vorschlag zustimmen

przychyl|ność F (*-ści; bpl*) Wohlwollen *n*; **~ny** wohlwollend, gewogen; *decyzja, odpowiedź* positiv

przyciasny *ubranie* etwas eng, zu knapp; *buty* etwas eng

przyciąćˑ PF: **przyciąć sobie język** sich auf die Zunge beißen; **przyciąć sobie palec w drzwiach** sich den Finger in der Tür einklemmen; → przycinać

przyciągać (*-am*) ⟨**-nąć**⟩ (*-nę*) heranziehen; *fig* anziehen, locken; FIZ anziehen; **~ uwagę** Aufmerksamkeit erregen; **przyciągać się** FIZ sich anziehen

przyciąganie N (*-a; bpl*) FIZ Anziehung *f*, Anziehungskraft *f*; **~ ziemskie** Erdanziehung *f*

przycichać (*-am*) ⟨**-nąć**⟩ (*-nę*) *stukot, płacz* allmählich leise(r) werden; *spory* sich (allmählich) legen; *deszcz* (allmählich) nachlassen; **afera** *f* **przycichła** es wurde still um die Affäre

przyciemniać (*-am*) ⟨**-ić**⟩ (*-ię, -nij!*) *światło* dämpfen; *włosy* dunkel tönen; *kolor* abdunkeln

przycierać (*-am*) ⟨**przytrzeć**⟩ (*przytrę*) abreiben, abscheuern

przyciężki *torba* zu schwer; *film, dowcip* schwer

przycinać (*-am*) ⟨**przyciąć**⟩ (*przytnę*) *materiał* zurechtschneiden; *drzewa, żywopłot* stutzen; *włosy* kürzer schneiden; **~ k-u** *fig* gegen j-n sticheln

przyci|nek M (*-nka; -nki, -nków*) Stichelei *f*, spitze Bemerkung *f*; **~sk** M (*-u; -i*) *dzwonka* Druckknopf *m*

przyciskać (*-am*) ⟨**przycisnąć**⟩ (*-nę*) drücken (**do** *gen* an *akk*); *umg* (*zmuszać*) drängen, Druck ausüben; **~ do siebie** an sich drücken

przyciszać (*-am*) ⟨**-yć**⟩ (*-ę*) *głos* dämpfen; *radio* leiser stellen

przyciszony gedämpft, leise

przyciszyć PF → przyciszać

przycumować PF (*-uję*) MAR anlegen

przycupnąć PF (*-nę*) sich kurz hinsetzen; sich niederhocken

przyczajać się (*-am*) ⟨**przyczaić się**⟩ (*przyczaję*) (*czatować*) lauern; (*chować się*) sich verstecken, sich kauern; **~ na k-o** j-m auflauern

przyczajony lauernd, auf der Lauer liegend

przyczepa F (-y) *samochodu* Anhänger *m*; **~ kempingowa** Wohnwagen *m*

przyczepiać (-am) ⟨**-ić**⟩ (-ię) anheften, befestigen; *do samochodu, do wagonu* anhängen, ankoppeln (an *akk*); **~ się** (**do** *gen*) haften (bleiben), kleben (an *dat*); (*narzekać*) *umg* meckern, herumstänkern; **~ się do** (*gen*) *fig umg* herumreiten auf (*dat*); **~ się do k-o** *umg* sich j-m aufdrängen, j-m nicht von der Stelle weichen; **przyczepił się do niej jak rzep do psiego ogona** er hängt an ihr wie e-e Klette

przyczep|ka F (-i; *gen* -pek) *motocykla* Beiwagen *m*; **jechać na ~kę** sich (einer Reise) anschließen, mitfahren

przyczep|ność F (-ści; *bpl*) Haftvermögen *n*; *opon* Bodenhaftung *f*; **~ny** (an)haftend; AUTO Anhänge-

przyczesywać się (-uję) ⟨**przyczesać się**⟩ (*przyczeszę*) sich glatt kämmen

przyczołgać się PF (-am) herankriechen, angekrochen kommen

przyczółek M (-łka; -łki) MIL Brückenkopf *m*

przyczy|na F (-y) Ursache *f*, Grund *m*; **z tej ~ny** aus diesem Grund; **z ~ny** (*gen*) wegen (*gen*); **z jakiej ~ny** aus welchem Grund; **~na katastrofy** Unglücksursache *f*; **z niewiadomych ~n** aus unbekannten Gründen; **~nek** M (-nku; -nki) Beitrag *m*

przyczyniać (-am) ⟨**-ić**⟩ (-ię) *zmartwień, radości* bereiten; **~ się** beitragen (**do** *gen* zu *dat*)

przyczy|nienie się N (-a; *bpl*) Beitrag *m*, Mitwirkung *f*; **~nowy** (**-owo**) ursächlich, kausal

przyćmiewać (-am) ⟨**przyćmić**⟩ (-ię) *niebo* verdunkeln; *światło* dämpfen; *pamięć* trüben; *fig* in den Schatten stellen

przyćmiony *światło* gedämpft

przydać PF → przydawać

przydarzać się (3. *Pers* -a) ⟨**-yć się**⟩ (-y): **~ k-u** j-m zustoßen, j-m passieren

przydatki PL (*gen* -ów) ANAT Unterleib *m*

przydat|ność F (-ści; *bpl*) Nützlichkeit *f*, Brauchbarkeit *f*; Verwendbarkeit *f*; **~ność do spożycia** Haltbarkeit *f*; **~ność do pracy zawodowej** Erwerbsfähigkeit *f*; **~ny** brauchbar, nützlich (**do** *gen* für *akk*); geeignet (**na** *akk* für *akk*); **~ny do spożycia** haltbar

przydawać (*przydaję*) ⟨**przydać**⟩ (*przydam*) *lit* verleihen, geben; **~ się** (**do** *gen od* **na** *akk*) brauchbar *od* nützlich sein (für *akk*); **~ blasku** (*dat*) *fig* Glanz verleihen (*dat*); **~ się** nützlich sein, brauchbar sein; **to może się jeszcze przydać** das kann man noch gut gebrauchen; das kann noch sehr nützlich sein; **w podróży na pewno przyda ci się termos** du kannst unterwegs e-e Thermoskanne gut gebrauchen; **przydałoby się** (+ *inf*) es wäre gut zu (+ *inf*); **przydałby mi się śrubokręt** ich könnte einen Schraubenzieher gebrauchen; **to mu się na niewiele przydało** das nützte ihm nicht viel; **to na nic się nie przyda** das kann man zu nichts gebrauchen

przydaw|ka F (-i; *gen* -wek) GRAM Attribut *n*; **~kowy** GRAM attributiv

przydech M (-u; *bpl*) JĘZ Behauchung *f*, Aspiration *f*

przydeptywać (-uję) ⟨**przydeptać**⟩ (*przydepczę*) (*akk*) *sukienkę, tren* treten (auf *akk*); *niedopałek* austreten; **nie przydeptuj butów!** zieh deine Schuhe richtig an!

przydłu|gi etwas zu lang; **~go** ADV etwas zu lange

przydomek M (-mka *od* -mku; -mki) Beiname *m*

przydomowy am Haus (gelegen); an ein Haus angrenzend; **~ ogródek** *m* Hausgarten *m*

przydroż|ny: **rów** *m* **~ny** Straßengraben *m*; **kapliczka** *f* **~na** Waldkapelle *f*, Herrgottsstöckle *n*

przyduszać (-am) ⟨**przydusić**⟩ (*przyduszę*) *v/t* drücken (auf *akk*), zudrücken; *ogień* ersticken; (*przygniatać*) erdrücken; *umg* erpressen, unter Druck setzen; **~ swoim ciężarem** mit seinem Gewicht erdrücken

przy|duży etwas zu groß; **~dworcowy** *okolica* Bahnhofs-

przydybać PF (*przydybię*) *umg* erwischen (**na** *lok* bei *dat*)

przydział M (-u; -y) Zuteilung *f*, Zuweisung *f*; Kontingent *n*; Ration *f*; (*dokument*) Berechtigungsschein *m* (**na** *akk* für *akk*)

przydzielać (-am) ⟨**-ić**⟩ (-lę) zuteilen, zuweisen

przy|fabryczny an der Fabrik gelegen; Fabrik-, Betriebs-; **~frontowy** MIL frontnah

przygadywać (-uję) ⟨**przygadać**⟩ (-am):

~ k-u *umg* gegen j-n sticheln; **przygadać sobie dziewczynę** *umg* sich ein Mädchen anlachen
przygana F (-y) Rüge *f*, Tadel *m*
przyganiać[1] (-am) ⟨**przyganić**⟩ (-ię): **~ k-u** j-n rügen, j-n tadeln
przyganiać[2] (-am) ⟨**przygnać**⟩ (-am) *krowy* treiben
przygarniać (-am) ⟨**-nąć**⟩ (-nę) an sich drücken; (*dać przytułek*) bei sich aufnehmen, beherbergen
przygasać (-am) ⟨**-nąć**⟩ (-nę) *ogień, świeca* langsam erlöschen; *ognik papierosa* langsam verglimmen; *blask, emocje* allmählich schwächer werden; **przygasnąć** *pf osoba* betrübt sein, den Kopf hängen lassen
przygasić PF → przygaszać
przygasły *oczy* trüb, matt
przygaszać (-am) ⟨**przygasić**⟩ (*przygaszę*) *ogień* (fast) löschen; *światło* dämpfen (*a. fig*); **~** (*akk*) *fig* in den Schatten stellen (*akk*)
przygaszony *światło, kolor* gedämpft, matt; *osoba* betrübt
przyginać (-am) ⟨**przygiąć**⟩ (*przygnę*) niederbeugen, niederdrücken
przyglądać się (-am) ⟨**przyjrzeć się**⟩ (-ę, *-rzyj!*) (*dat*) betrachten, sich (genau) ansehen (*akk*); **~ z uwagą** aufmerksam betrachten
przygładzać (-am) ⟨**-ić**⟩ (-ę) glatt streichen
przy|głuchy etwas schwerhörig; **~głup** M (-a; -y) *umg* Dummkopf *m*, Schwachkopf *m*
przygnać PF V/I *umg* angerannt kommen; → przyganiać[2]
przygnębiać (-am) ⟨**-ić**⟩ (-ię) bedrücken, deprimieren
przygnębiający (**-co**) deprimierend, bedrückend
przygnębić PF → przygnębiać
przygnębieni *persf* → przygnębiony
przygnębi|enie N (-a; *bpl*) Niedergeschlagenheit *f*, Bedrücktheit *f*; **~ony** (*persf -eni*) niedergeschlagen, deprimiert; *mina* unglücklich
przygniatać (-am) ⟨**przygnieść***⟩ (*przygniotę*) (zu Boden) drücken, niederdrücken; *niedopałek* austreten
przygniatający *przewaga, większość* erdrückend; *cisza* drückend; *milczenie* bedrückend
przygnieciony (*inst*) erdrückt (von *dat*) (*a. fig*)
przygnieść PF erdrücken, erschlagen; → przygniatać
przyg|oda F (-y; *gen -ód*) Abenteuer *n*; **~oda miłosna** Liebesaffäre *f*; **pełen ~ód** abenteuerlich
przygod|ny *znajomość* flüchtig, Zufalls-; *świadek, słuchacz* zufällig; *romans, związek* kurz; **~owy** *film, książka* Abenteuer-
przygotować PF → przygotowywać
przygotowa|nia N/PL (*gen -ań*) Vorbereitungen *f/pl*; **~ny** vorbereitet; KULIN zubereitet; **~wczy** Vorbereitungs-
przygotowywać (-wuję) ⟨**przygotować**⟩ (-uję) vorbereiten; KULIN zubereiten; **~ na** (*akk*) vorbereiten auf (*akk*); **~ do** (*gen*) vorbereiten für (*akk*); **~ dla k-o** für j-n bereiten; j-m bereitstellen; **~ się** sich vorbereiten; **~ się do podróży** Reisevorbereitungen treffen; **~ się na najgorsze** sich auf das Schlimmste gefasst machen; **~ się na śmierć** *lit* sich zum Sterben bereiten
przy|graniczny *handel* Grenz-; *obszar* grenznah; **~gruby** etwas dick, dicklich
przygrunto|wy: **~we przymrozki** *pl* Bodenfrost *m*
przygrywać (-am) (*dat*) MUS begleiten (*akk*)
przygrywka F (-i; *gen -wek*) MUS Vorspiel *n*; *fig* Auftakt *m*
przygryzać (-am) ⟨**przygryźć**⟩ (*przygryzę*): **~ wargi** sich auf die Lippen beißen; **~ sobie język** sich auf die Zunge beißen; **~ k-u** *umg* gegen j-n sticheln
przygrzewać (-am) ⟨**przygrzać**⟩ (-eję) *v/t* KULIN aufwärmen; V/I *słońce* brennen
przygważdżać (-am) ⟨**przygwoździć**⟩ (*przygwożdżę*) *fig* festnageln
przyhamowywać (-wuję) ⟨**przyhamować**⟩ (-uję) AUTO abbremsen; *fig* hemmen, abbremsen
przyim|ek M (*-mka; -mki*) GRAM Präposition *f*; **~kowy** präpositional
przyjaci|el M (*-a; -e, -ciół, -ciołom, -ciółmi, -ciołach*) Freund *m*; (*kochanek*) Liebhaber *m*; **odwiedzić** *pf* **~ela** einen Freund besuchen; **spotykać się z ~ółmi** Freunde treffen; **~ domu** Freund *m* des Hauses; **~ zwierząt** Tierfreund *m*
przyjacielski (**-ko** *od* **po -ku**) freundschaftlich, Freundschafts-

przyjaciół|ka F (*-i; gen -łek*) Freundin *f*; (*kochanka*) Liebhaberin *f*; **~ka od serca** *umg* Busenfreundin *f*; **zadzwonić** *pf* **do ~ki** eine Freundin anrufen
przyjazd M (*-u; -y*) *pociągu, gości* Ankunft *f*
przyjaz|ny (**-źnie**) *atmosfera, gest* freundlich; *osoba* freundlich, lieb; *wiatr* günstig; **~ny dla środowiska** umweltfreundlich; **~na dusza** *f* liebenswürdiger Mensch *m*
przyjaźnić się (*-ię, -nij!*) befreundet sein (**z** *inst* mit *dat*)
przyjaźnie ADV → przyjazny
przyjaźń F (*-źni; -źnie*) Freundschaft *f*
przyjąć PF → przyjmować
przyjechać˙ PF → przyjeżdżać
przyjemnie ADV → przyjemny
przyjemno|ść F (*-ści*) Vergnügen *n*, Genuss *m*; **dla ~ści** zum Vergnügen; **to sprawia mi (wielką) ~ść** das macht mir (großes) Vergnügen; **z ~ścią!** sehr gerne!; **znaleźć** *pf* **~ść** sein Vergnügen finden (**w** *lok* an *dat*); **to nie należy do ~ści** *od* **to średnia ~ść** *iron* es ist kein reines Vergnügen; **mam ~ść** (+ *inf*) *ofic* es ist mir ein Vergnügen zu (+ *inf*); **cała ~ść po mojej stronie** *ofic* das Vergnügen ist ganz meinerseits *od* auf meiner Seite; **z kim mam ~ść?** *ofic* wie ist Ihr Name, bitte?, mit wem spreche ich?
przyjem|ny *głos, osoba, chłód* angenehm; *mieszkanie* gemütlich; **bardzo mi ~nie!** sehr angenehm!; **~nej zabawy!** viel Spaß!, viel Vergnügen!; **~nie pachnący** wohlriechend, angenehm riechend; **~ny w smaku** wohlschmeckend; **~ny dla ucha** wohlklingend
przyjezdny[1] (orts)fremd
przyjezd|ny[2] M (*-ego; -ni*), **~na** F (*-ej; -ne*) (Orts)Fremde(r) *m, f*; Besucher(in) *m(f)*, Reisende(r) *m, f*; **dla ~nych** für Besucher
przyjeżdżać (*-am*) ⟨**przyjechać**⟩ (*przyjadę*) (an)kommen, eintreffen; *pociąg, autobus* ankommen; **~ samochodem** mit dem Auto kommen; **~ pociągiem** mit dem Zug kommen; **~ do k-o** j-n besuchen kommen
przyj|ęcie N (*-a*) Empfang *m*, Fest *n*; **~ęcie weselne** Hochzeitsfeier *f*; **~ęcie urodzinowe** Geburtstagsfeier *f*; **wydać** *pf* **~ęcie** e-n Empfang geben; **serdeczne ~ęcie** herzliche Aufnahme *f*; **gościnne ~ęcie** gastliche Aufnahme *f*; **~ęcie do szkoły** Aufnahme *f* in die Schule; **~ęcie do pracy** Einstellung *f*, Anstellung *f*; **nie do ~ęcia** unannehmbar; **godziny** *pl* **~ęć** *u. lekarza* Sprechstunde *f*; **izba** *f* **~ęć** Aufnahmestation *f*
przyję|ty üblich, gebräuchlich; **~ty do pracy** angestellt; **jest ~te, że ...** es ist üblich, dass ...
przyjmować (*-uję*) ⟨**przyjąć**⟩ (*przyjmę*) *v/t zaproszenie, pieniądze, obywatelstwo* annehmen; *nagrodę, paczkę* entgegennehmen; *pokarm* zu sich nehmen; *lek* einnehmen; *uchodźców, bezdomnych* (bei sich) aufnehmen; *pracownika* einstellen; *gościa, interesanta* empfangen; *wiadomość, nowego członka* aufnehmen; *budowę, roboty* abnehmen; (*częstować*) bewirten; **~ na siebie** übernehmen; **~ do wiadomości** zur Kenntnis nehmen; **~ książkę do druku** ein Buch zum Druck annehmen; V/I *lekarz, profesor* Sprechstunde haben; **~ się** BOT aufkeimen, aufgehen; *przeszczep skóry* anwachsen; *nerka* nicht abgestoßen werden; *fig* sich einbürgern, üblich werden
przyjrzeć się PF → przyglądać się
przyjście N (*-a*) Kommen *n*; **~ do zdrowia** Genesung *f*; **~ na świat** Geburt *f*
przyjść˙ PF → przychodzić
przykaz|anie N (*-a*) REL Gebot *n*; **dziesięć** *od lit* **dziesięcioro ~ań** REL die Zehn Gebote
przykazywać (*-uję*) ⟨**przykazać**⟩ (*przykażę*): **~ k-u** (+ *inf*) j-n anweisen (zu + *inf*); **~ surowo** eindringlich ermahnen; **~ milczenie** *lit* Schweigen gebieten
przyklaskiwać (*-uję*) ⟨**przyklasnąć**⟩ (*-nę*) (*dat*) *pomysłowi, projektowi* gerne zustimmen (*dat*), unterstützen (*akk*); **przyklaskiwać** (mit)klatschen
przyklejać (*-am*) ⟨**-ić**⟩ (*-ję*) ankleben; **~ znaczek** freimachen, frankieren; **~ się** *v/i* kleben (bleiben) (**do** *gen* an *dat*); *fig umg* sich aufdrängen
przyklękać (*-am*) ⟨**-nąć**⟩ (*-nę*) sich (kurz) hinknien
przykład M (*-u; -y*) Beispiel *n*; (*wzór*) Vorbild *n*; **podać** *pf* **~** ein Beispiel nennen; **na ~** zum Beispiel; **typowy ~** Musterbeispiel *n*; **brać ~ z k-o** sich an j-m ein Beispiel nehmen; **dla ~u** als Beispiel, exemplarisch; **świecić ~em** *lit* ein Beispiel

geben; **ukarać** *pf* **dla ~u k-o** j-n zur Abschreckung bestrafen; **dać** *pf* ~ mit gutem Beispiel vorangehen
przykładać (-*am*) ⟨**przyłożyć**⟩ (-*ę*) (**do** *gen*) legen, halten (an *akk*); ~ **wagę do** (*gen*) Gewicht *od* Wert legen auf (*akk*); ~ **rękę do** (*gen*) *fig* beitragen zu (*dat*); ~ **się** sich anstrengen, *umg* sich ins Zeug legen
przykład|ny vorbildlich; **~owo** ADV beispielsweise; als Beispiel; **~owy** exemplarisch, beispielhaft
przykościelny an der Kirche gelegen, an die Kirche grenzend
przykręcać (-*am*) ⟨**-ić**⟩ (-*cę*) anschrauben, festschrauben (**do** *gen* an *akk*); *kran* zudrehen; *gaz* auf klein drehen; ~ **śruby** *fig* die Schraube anziehen
przykro ADV: **bardzo mi ~!** es tut mir sehr leid!; ~ **mi, ale ...** es tut mir leid, aber ...; **zrobiło mu się ~** er wurde traurig, es hat ihm wehgetan; ~ **na to patrzeć** es tut weh, sich das anzusehen
przykro|ść F (-*ści*) (*nieprzyjemność*) Unannehmlichkeit *f*; **~ści** *pl* (*kłopoty*) Ärger *m*, Schwierigkeiten *pl*; (*bpl*) Leid *n*, Kummer *m*; **sprawić** *pf* **~ść k-u** j-n traurig machen, j-m wehtun; **mieć ~ści** Unannehmlichkeiten haben, Ärger haben; **z ~ścią muszę stwierdzić, że ...** zu meinem Bedauern *od* zu meinem Leidwesen muss ich sagen, dass ...
przykrótki (**-ko**) etwas kurz
przykry *zapach* unangenehm; *sytuacja* misslich; *sprawa, temat* leidig, unangenehm; *rozmowa, doświadczenie, wspomnienia* traurig, unangenehm; *człowiek* unausstehlich, schwierig; *widok* trostlos, traurig; *skutki* unliebsam, unangenehm
przykry|cie N (-*a*) (*koc*) Decke *f*; (*obrus*) Tischdecke *f*; **gotować pod ~ciem** zugedeckt kochen; **~wa** F (-*y*) Abdeckplatte *f*, Deckel *m*
przykrywać (-*am*) ⟨**przykryć**⟩ (*przykryję*) *stół* bedecken; *dziecko* zudecken; ~ **się** sich zudecken (*inst* mit *dat*)
przykryw|ka F (-*i*; *gen* -*wek*) Deckel *m*; **pod ~ką** *fig* unter dem Deckmantel
przykrzyć się (*3. Pers* -*y*): **przykrzy mi się bez ciebie** ich vermisse dich; **przykrzy mi się** ich weiß nichts mit mir anzufangen; ich langweile mich; **przykrzy mi się to długie czekanie** ich bin des langen Wartens leid
przykucać (-*am*) ⟨**-nąć**⟩ (-*nę*) sich hinhocken
przykuć PF → przykuwać
przykuty: ~ **do łóżka** *fig* ans Bett gefesselt
przykuwać (-*am*) ⟨**przykuć**⟩ (*przykuję*) *uwagę* fesseln
przylać PF (-*eję*): ~ **k-u** *umg* j-m eine langen
przylaszczka F (-*i*; *gen* -*czek*) BOT Leberblümchen *n*
przylatywać (-*uję*) ⟨**przylecieć**⟩ (*przylecę*) *samolot* ankommen; *ptak* angeflogen kommen; (*przybiec*) *umg* angelaufen kommen; **przyleciały już bociany** die Störche sind schon angekommen, die Störche sind schon da; ~ **samolotem** mit dem Flugzeug (an)kommen
przylądek M (-*dka*; -*dki*) Landzunge *f*, Kap *n*
Przylądek Północny M (-*dka -ego*; *bpl*) Nordkap *n*
przylecieć PF → przylatywać
przylegać (*3. Pers* -*a*) (*graniczyć*) angrenzen (**do** *gen* an *akk*); ~ **do ciała** eng anliegen; ~ **do siebie** *deski* plan aufeinanderliegen; (*graniczyć*) aneinandergrenzen
przylegający: ~ **do ciała** *ubranie* eng anliegend
przyleg|łości PL (*gen* -) Nebengebäude *pl*; angrenzendes Gelände *n*; **~ły** angrenzend, benachbart
przylepiać (-*am*) ⟨**-ić**⟩ (-*ię*) ankleben; ~ **się** (fest)kleben, haften (**do** *gen* an *dat*)
przylepiec M (-*pca*; -*pce*) Heftpflaster *n*
przylep|ka F (-*i*; *gen* -*pek*) *umg* Schmusekatze *f*; **~ka chleba** Knust *m*; **~ność** F (-*ści*; *bpl*) Haftvermögen *n*, Haftung *f*
przyleźć• PF → przyłazić
przylgnąć PF (-*nę*) (**do** *gen*) haften, (fest)kleben (an *dat*); ~ **do k-o** sich an j-n schmiegen, sich an j-n drücken
przylizać PF (*przyliżę*): ~ **włosy** *umg* die Haare glatt kämmen; ~ **się** sich glatt kämmen
przylot M (-*u*; -*y*) *samolotu, ptaków* Ankunft *f*
przylutowywać (-*wuję*) ⟨**przylutować**⟩ (-*uję*) anlöten
przyłapać PF → łapać
przyłapywać (-*uję*) ⟨**przyłapać**⟩ (-*ię*) ertappen, erwischen (**na** *lok* bei *dat*);

P

przyłapać *pf* **na gorącym uczynku k-o** j-n auf frischer Tat ertappen; **~ się** sich ertappen (**na** *lok* bei *dat*)
przyłazić (*przyłażę*) ⟨**przyleźć**⟩ (*przylezę*) *umg* uneingeladen kommen, aufkreuzen
przyłączać (*-am*) ⟨**-yć**⟩ (*-ę*) anschließen (**do** *gen* an *akk*); CHEM anlagern, binden; **~ się** (**do** *gen*) sich anschließen (*dat*); CHEM sich anlagern, sich verbinden; **~ się do towarzystwa** sich gesellen
przyłączenie N (*-a*) Anschluss *m*
przyłbi|ca F (*-y*; *-e*) HIST Visier *n*; **z podniesioną ~cą** *fig* mit offenem Visier (kämpfen)
przyłożyć PF: **~ k-u** *umg* j-m eine runterhauen; → przykładać
przymarzać [-r·z-] (*-am*) ⟨**przymarznąć**⟩ (*-nę*) anfrieren, festfrieren (**do** *gen* an *dat*)
przymawiać (*-am*) ⟨**przymówić**⟩ (*-ię*): **~ k-u** *umg* gegen j-n sticheln, bissige Bemerkungen machen; **~ się** zu verstehen geben, durchblicken lassen
przymiarka F (*-i*; *gen -rek*) *umg* Anprobe *f*
przymierać (*-am*): **~ głodem** Hunger leiden
przymierzać (*-am*) ⟨**-yć**⟩ (*-ę*) *ubranie, buty* anprobieren; **~ się do** (*gen*) *umg* vorhaben (*akk*); **~ się do strzału** anlegen
przymie|rze N (*-a*) POL Bündnis *n*, Allianz *f*; **Arka** ~**rza** REL Bundeslade *f*
przymierzyć PF → przymierzać
przymilać się (*-am*): **~ k-u** *od* **do k-o** sich bei j-m einschmeicheln, sich bei j-m lieb Kind machen
przymilny schmeichlerisch
przymio|tnik M (*-a*; *-i*) GRAM Eigenschaftswort *n*, Adjektiv *n*; **~tnikowy** (**-owo**) GRAM adjektivisch; **~ty** M/PL (*gen -ów*) *lit* Vorzüge *m/pl*
przymknąć PF *umg* einbuchten; **przymknij się!** *umg* halt die Klappe!; → przymykać
przymocować PF → mocować
przymocowywać (*-wuję*) ⟨**przymocować**⟩ (*-uję*) befestigen
przymówić PF → przymawiać
przymów|ka F (*-i*; *gen -wek*) (*aluzja*) Andeutung *f*; **~ki** *pl* spitze Bemerkungen *f/pl*, bissige Andeutungen *f/pl*
przymroz|ek M (*-zku od -zka*; *-zki*) leichter (Nacht)Frost *m*; **przygruntowe ~ki** *pl* Bodenfrost *m*
przym|us M (*-u*; *bpl*) Zwang *m*, Druck *m*; JUR Nötigung *f*; **pod ~usem** unter Zwang; JUR genötigt
przymusić PF → przymuszać
przymuso|wy *pobyt*, *składka* unfreiwillig; *leczenie* Zwangs-; **~we roboty** *pl* HIST Zwangsarbeit *f*; **~we lądowanie** *n* LOT Notlandung *f*; **środki** *pl* **~we** JUR Zwangsmittel *pl*
przymuszać (*-am*) ⟨**przymusić**⟩ (*przymuszę*) zwingen (**do** *gen* zu *dat*); **~ się** sich zwingen
przymuszony gezwungen
przymykać (*-am*) ⟨**przymknąć**⟩ (*-nę*) *drzwi*, *okno* anlehnen; **~ oczy** *fig* ein Auge zudrücken
przynaglać (*-am*) ⟨**-ić**⟩ (*-lę*) drängen, zur Eile antreiben
przynajmniej *partikel* wenigstens
przynależność F (*-ści*; *bpl*) Zugehörigkeit *f*; **~ państwowa** Staatsangehörigkeit *f*
przynęta F (*-y*) Köder *m*; *fig* Lockmittel *n*
przynosić (*przynoszę*) ⟨**przynieść***⟩ (*przyniosę*) bringen (*a. fig*); **~ ze sobą** mitbringen; *fig* mit sich bringen, zur Folge haben
przyobiecywać (*-uję*) ⟨**przyobiecać**⟩ (*-am*) *lit* versprechen; **~ sobie** sich schwören
przyodziewać (*-am*) ⟨**przyodziać**⟩ (*-eję*) *lit* (an)kleiden; **~ się** sich kleiden
przyozdabiać (*-am*) ⟨**przyozdobić**⟩ (*-ię*) schmücken
przypadać (*-am*) ⟨**przypaść***⟩ (*przypadnę*) (**do** *gen*) sich drücken (an *akk*); **~ na** (*akk*) entfallen auf (*akk*); **~ k-u** *fig* j-m zufallen; **~ k-u do gustu** *od* **smaku** nach j-s Geschmack sein, j-m gefallen; **~ w udziale k-u** j-m zuteilwerden; **święto przypada w czwartek** der Feiertag fällt auf einen Donnerstag; **przypadł jej do serca** sie hat ihn in ihr Herz geschlossen, sie hat ihn lieb gewonnen; **~ do drzwi** zur Tür springen
przypadek M (*-dku*; *-dki*) (*traf*) Zufall *m*; (*zdarzenie*) Fall *m*; **przez ~** durch Zufall; (*-dka*) GRAM Fall *m*, Kasus *m*
przypad|kiem ADV zufällig; **~kowo** ADV zufällig, zufälligerweise; **~kowy** Zufalls-, zufällig
przypadłość F (*-ści*) *umg* Unpässlichkeit *f*
przypalać (*-am*) ⟨**-ić**⟩ (*-lę*) *papierosa* anzünden; *żelazkiem* ansengen; KULIN

anbrennen lassen; ~ **się** *v/i* KULIN anbrennen

przypasywać (*-uję*) ⟨**przypasać**⟩ (*-szę*) *fartuch* umbinden; ~ **się** sich anschnallen

przypaść PF → przypadać

przypatrywać się (*-uję*) ⟨**przypatrzyć się**⟩ (*przypatrzę*) → przyglądać się

przypędzać (*-am*) ⟨**-ić**⟩ (*-ę*) *krowy* treiben; **przypędzić** *v/i* angerannt kommen

przypiąć PF: ~ **się do k-o** *umg* sich j-m aufdrängen, j-m hinterherrennen; → przypinać

przypiec˙ PF → przypiekać

przypiecek M (*-cka; -cki*) Ofenbank *f*

przypieczętować PF (*-uję*) abstempeln; *fig* besiegeln

przypiekać (*-am*) ⟨**przypiec**⟩ (*przypiekę*) *v/t kartofle* anrösten; V/I *słońce* brennen

przypieprzać (*-am*) ⟨**-yć**⟩ (*-ę*): ~ **k-u** *vulg* j-m auf die Schnauze hauen; ~ **się** (**do** *gen*) *vulg* meckern (über *akk*), herumreiten (auf *dat*)

przypierać (*-am*) ⟨**przyprzeć**⟩ (*przyprę*) drücken, pressen (**do** *gen* an *akk*); ~ **do muru** *fig* in die Enge treiben

przypilić PF (*-lę*) *umg* zur Eile antreiben

przypilnować PF (*-uję*) (*gen*) *dziecka, walizki* (gut) aufpassen, achtgeben (auf *akk*)

przypinać (*-am*) ⟨**przypiąć**⟩ (*przypnę*) anheften, anstecken (**do** *gen* an *akk*); *narty* anschnallen; ~ **łatkę k-u** über j-n schlecht reden; ~ **się pasami** sich anschnallen

przypisać PF → przypisywać

przypi|sek M (*-sku; -ski*) Anmerkung *f*; *w liście* Postskriptum *n*; **~sy** M/PL (*gen -ów*) *na dole tekstu* Fußnoten *f/pl*; Anhang *m*, Schlussanmerkungen *f/pl*

przypisywać (*-uję*) ⟨**przypisać**⟩ (*przypiszę*) *fig* zuschreiben, nachsagen; *winę* geben

przyplątywać się (*-uję*) ⟨**przyplątać się**⟩ (*-ączę*) *umg osoba* aufkreuzen; *pies* zulaufen; **przyplątała mu się grypa** er hat sich e-e Grippe eingefangen, es hat ihn e-e Grippe erwischt

przypłacać (*-am*) ⟨**-ić**⟩ (*-cę*) *fig* bezahlen (*inst* mit *dat*); ~ **życiem** (*akk*) mit seinem Leben bezahlen (*akk*)

przypłynąć PF → przypływać

przypływ M (*-u; -y*) *morza* Flut *f*; **~y** *pl* **i odpływy** *pl* Gezeiten *pl*; ~ **energii** Energieschub *m*; **w ~ie radości** in einem (plötzlichen) Moment der Freude

przypływać (*-am*) ⟨**przypłynąć**⟩ (*-nę*) heranschwimmen, angeschwommen kommen; *łódź, statek* (an)kommen; ~ **do brzegu** ans Ufer schwimmen

przypochlebiać się (*-am*) ⟨**-ić się**⟩ (*-ię*): ~ **k-u** sich bei j-m einschmeicheln, sich bei j-m anbiedern

przypodobać się PF (*-am*): ~ **k-u** j-m gefallen, auf j-n einen guten Eindruck machen

przypominać (*-am*) ⟨**przypomnieć**⟩ (*-nę, -nij!*): ~ **k-u** (*akk*) j-n erinnern, bei j-m eine Erinnerung wachrufen (an *akk*); ~ **k-u o** (*lok*) j-n erinnern an (*akk*); ~ **sobie** (*akk*) sich erinnern (an *akk*); **przypominać k-o** j-m ähneln, an j-n erinnern; **nie przypominam sobie** ich kann mich daran nicht erinnern; ~ **się k-u** j-m wieder einfallen, j-m in Erinnerung kommen; sich in Erinnerung bringen

przypo|mnienie N (*-a*) Erinnerung *f*, Mahnung *f*; **~ra** F (*-y; -ór*) ARCH Strebebogen *m*, Strebepfeiler *m*; **~wiastka** F (*-i; gen -tek*) Anekdote *f*; **~wieść** F (*-ści*) Parabel *f*

przypra|wa F (*-y*) Gewürz *n*; **ostre ~wy** scharfe Gewürze *pl*; **~wa do zup** Suppengewürz *n*

przyprawiać (*-am*) ⟨**-ić**⟩ (*-ię*) KULIN würzen (*inst* mit *dat*); (*przymocować*) befestigen, ansetzen (**do** *gen* an *akk*); ~ **o mdłości** Übelkeit erregen; ~ **o zawrót głowy** schwindelerregend sein; ~ **sobie wąsy** sich e-n falschen Bart ankleben; ~ **rogi k-u** *fig* j-m Hörner aufsetzen

przyprowadzać (*-am*) ⟨**-ić**⟩ (*-ę*) *osobę, zwierzę* (hierher)bringen; ~ **(ze sobą)** mitbringen; ~ **do przedszkola** in den Kindergarten bringen; ~ **do domu** mit nach Hause bringen

przyprószo|ny: **~ny śniegiem** leicht mit Schnee bedeckt; **~ne siwizną włosy** grau meliertes Haar *n*

przyprzeć˙ PF → przypierać

przypudrować PF (*-uję*) *nos, czoło* (leicht) pudern, etwas Puder auftragen

przypuszczać (*-am*) ⟨**przypuścić**⟩ (*przypuszczę*): ~ **szturm** MIL anstürmen (**na** *akk* gegen *akk*); **przypuszczać** annehmen, vermuten; **przypuszczam, że ..** ich vermute, dass ...; **kto by przypuszczał**

P

że ... wer hätte gedacht, dass ...; **przypuśćmy, że** ... *partikel* sagen wir mal, dass ...

przypuszczający: **tryb** *m* ~ GRAM Konjunktiv *m*

przypuszcz|alny *powód* vermutlich; *wynik* voraussichtlich; *sprawca* mutmaßlich; **~enie** N (-*a*; *gen* -*eń*) Vermutung *f*, Annahme *f*

przypuścić PF → przypuszczać

przyrastać (-*am*) ⟨**przyrosnąć**⟩ (-*nę*) anwachsen (**do** *gen* an *akk*); *fig* zunehmen, (an)steigen

przyro|da F (-*y*; *bpl*) Natur *f*; *umg* (*przedmiot*) Naturkunde *f*; **ochrona ~dy** Naturschutz *m*

przyrodni: ~ **brat** *m* Halbbruder *m*; **~a siostra** Halbschwester *f*

przyrod|niczy *film*, *nauki* Natur-; **~nik** M (-*a*; -*cy*) Naturforscher *m*

przyrodo|lecznictwo N (-*a*) Naturheilkunde *f*; **~znawstwo** N (-*a*) Naturwissenschaften *pl*, Naturkunde *f*

przyrodzenie N (-*a*; *bpl*) *umg* Geschlechtsorgane *pl*

przyrosnąć PF → przyrastać

przyrost M (-*u*; -*y*) Zuwachs *m*, Anstieg *m*; ~ **naturalny** Geburtenüberschuss *m*; **ujemny ~ naturalny** negativer Geburtenüberschuss *m*; **~ek** M (-*stka*; -*stki*) GRAM Suffix *n*

przyrównywać (-*uję*) ⟨**przyrównać**⟩ (-*am*) *lit* vergleichen (**do** *gen* mit *dat*); ~ **się** sich vergleichen

przyrząd M (-*u*; -*y*) Gerät *n*, Instrument *n*; ~ **pomiarowy** Messgerät *n*, Messinstrument *n*; ~ **gimnastyczny** Turngerät *n*

przyrządzać (-*am*) ⟨**-ić**⟩ (-*ę*) KULIN zubereiten

przyrzec* PF → przyrzekać

przyrzeczenie N (-*a*; *gen* -*eń*) Versprechen *n*, Versprechung *f*

przyrzekać (-*am*) ⟨**przyrzec**⟩ (*przyrzeknę*, -*nij!*) versprechen; ~ **sobie** sich versprechen

przysadka F (-*i*; *gen* -*dek*): ~ **mózgowa** ANAT Hirnanhangsdrüse *f*

przysadzisty (*persf* -*ści*) untersetzt, gedrungen

przysądzać (-*am*) ⟨**-ić**⟩ (-*ę*) JUR zuerkennen, zusprechen

przyschnąć PF → przysychać

przyschnięty angetrocknet

przysiad M (-*u*; -*y*) Kniebeuge *f*; **robić ~y** Kniebeugen machen; **z ~u** aus der Hocke

przysiadać (-*am*) ⟨**przysiąść**⟩ (*przysiądę*) sich kurz hinsetzen; ~ **z wrażenia** *fig umg* umgehauen werden, baff sein; ~ **na gałęzi** *ptak* sich auf einen Ast niederlassen; ~ **się do k-o** sich zu j-m setzen; sich zu j-m gesellen

przysiąc* PF → przysięgać

przysiąść* PF: ~ **fałdów** sich auf den Hosenboden setzen; → przysiadać

przysię|ga F (-*i*; *gen* -*siąg*) Schwur *m*, Eid *m*; **pod ~gą** unter Eid; **~ga wojskowa** Fahneneid *m*; **składać ~gę** e-n Eid leisten *od* ablegen

przysięgać (-*am*) ⟨**przysiąc**⟩ (*przysięgnę*) schwören; ~ **wierność** Treue schwören; ~ **na konstytucję** auf die Verfassung schwören; ~ **na Boga** bei Gott schwören; ~ **sobie, że** ... sich schwören, dass ...; **mógłbym przysiąc, że** ... ich könnte schwören, dass ...; ~ **się** *umg* tausend Eide schwören

przysięgły[1] *tłumacz* vereidigt; **sędzia** *m* ~ Geschworene(r) *m*

przysięg|ły[2] M (-*ego*; -*li*), **~ła** F (-*ej*; -*e*) Geschworene(r) *m*, *f*; **ława** *f* **~łych** *koll* Geschworene *pl*

przyskrzynić PF (-*ię*) *umg* einbuchten

przysłać* → przysyłać

przysłaniać (-*am*) ⟨**przysłonić**⟩ (-*ię*) (leicht) verdecken, verhüllen; *lampę* abschirmen

przysłona F (-*y*) FOTO Blende *f*

przysłonić PF → przysłaniać

przysł|owie N (-*a*; *gen* -*słów*) Sprichwort *n*; **~owiowy** sprichwörtlich; **~ówek** M (-*wka*; -*wki*) GRAM Adverb *n*; **~ówkowy** GRAM adverbial

przysłuchiwać się (-*uję*) (*dat*) zuhören (*dat*); ~ **rozmowie** einem Gespräch zuhören

przysłu|ga F (-*i*) Gefallen *m*; **wyświadczyć** *pf* **~gę k-u** j-m e-n Gefallen tun; **wyświadczyć** *pf* **niedźwiedzią ~gę k-u** j-m e-n Bärendienst erweisen

przysługiwać (*3. Pers* -*uje*): ~ **k-u** j-m zustehen; **przysługuje ci zniżka** du hast Anspruch auf eine Ermäßigung

przysłużyć się PF (-*ę*) (*dat*) *osobie*, *kulturze* e-n Dienst erweisen (*dat*)

przysmak M (-*u*; -*i*) Leckerbissen *m*

przysmażać (-*am*) ⟨**-yć**⟩ (-*ę*) anbraten

przysnąć PF → przysypiać

przysparzać (*-am*) ⟨**przysporzyć**⟩ (*-ę*) (*gen*) bereiten (*akk*); **~ trosk k-u** j-m Kummer bereiten; **to przysporzyło mu sławy** das hat seinen Ruhm gemehrt; **~ sobie wrogów** (*inst*) sich Feinde machen (durch *akk od* mit *dat*)

przyspawać PF (*-am*) anschweißen

przyspieszać (*-am*) ⟨**-yć**⟩ (*-ę*) *v/t tempo* beschleunigen; *rozwój, proces* vorantreiben, beschleunigen; V/I *pojazd* beschleunigen, schneller fahren; **~ poród** die Geburt einleiten; **~ kroku** den Schritt beschleunigen

przyspieszenie N (*-a; bpl*) Beschleunigung *f*

przyspieszo|ny *oddech* schneller, beschleunigt; **~ne wybory** *pl* POL vorgezogene Wahlen *pl*; **~ny pociąg** *m* Eilzug *m*; **~ny tryb (załatwiania sprawy)** Schnellverfahren *n*, Eilverfahren *n*

przysporzyć PF → przysparzać

przysposabiać (*-am*) ⟨**przysposobić**⟩ (*-ię*) *lit* (**do** *gen*) anpassen (an *akk*), geeignet machen (für *akk*); **~ k-o do** (*gen*) j-n vorbereiten auf (*dat*); **~ do zawodu** anlernen; JUR adoptieren; **~ się** *lit* sich vorbereiten (**do** *gen* auf *akk*)

przysposobienie N (*-a*) JUR Adoption *f*; **~ zawodowe** Berufsausbildung *f*

przyssać się PF: **~ do k-o** *fig umg* j-m hinterherrennen, sich j-m aufdrängen; → przysysać się

przyssawka F (*-i; gen -wek*) ZOOL Saugnapf *m*, Saugorgan *n*; TECH Saugnapf *m*

przystać* PF → przystawać[1]

przystanąć PF → przystawać[2]

przystanek M (*-nku; -nki*) Haltestelle *f*; **~ końcowy** Endhaltestelle *f*; **~ na żądanie** Bedarfshaltestelle *f*

przystań F (*-ni; -nie; gen -ni*) Anlegestelle *f*; **~ dla żaglówek** *od* **~ jachtowa** Jachthafen *m*; **~ promowa** Fährhafen *m*; Fähranleger *m*

przystawać[1] (*przystaję*) ⟨**przystać**⟩ (*przystanę*) (**na** *akk*) zustimmen (*dat*), akzeptieren (*akk*); **~ na propozycje** den Vorschlägen zustimmen, die Vorschläge akzeptieren

przystawać[2] (*przystaję*) ⟨**przystanąć**⟩ (*-nę, przystań!*) *osoba* stehen bleiben; *pojazd* anhalten

przystawać[3] (*3. Pers przystaje*) (**do** *gen*) passen (zu *dat*), korrespondieren (mit *dat* **nie ~ do rzeczywistości** der Wirklichke nicht entsprechen; **deski przystają d siebie** die Bretter liegen plan aufeinande

przystawiać (*-am*) ⟨**-ić**⟩ (*-ię*) nähe (hin)stellen, heranrücken (**do** *gen* a *akk*); **~ drabinę do ściany** e-e Leiter a die Wand lehnen; **przystawiać się do k-** *umg* j-n bedrängen, j-n anmachen

przystawka F (*-wki; gen -wek*) KULI Gemüsebeilage *f*

przystąpić PF → przystępować

przystęp M (*-u; -y*) Zugang *m*, Zutritt *m* **w ~ie** (*gen*) in einem Anfall, in eine Anwandlung (von *dat*); **~ny** (leich zugänglich, (leicht) erreichbar; *osoba* auf geschlossen; *wykład, tekst* verständlich einfach; *cena* erschwinglich; **po ~ne cenie** preiswert

przystępować (*-uję*) ⟨**przystąpić**⟩ (*-ię* (**do** *gen*) herantreten (an *akk*); (*zaczynać* beginnen (mit *dat*), herangehen (an *akk* (*przyłączyć się*) beitreten (*dat*); sich an schließen (*dat*); **~ do Unii Europejskie** der Europäischen Union beitreten; **~ d strajku** sich dem Streik anschließen; **~ d rzeczy** zur Sache kommen; **~ do komuni** REL zur Kommunion gehen

przystoi: **jak przystało** *od* **jak przysto na** (*akk*) *lit* wie es sich gehört für (*akk*); **t nie przystoi** *lit* es ziemt sich nicht

przystojny gut aussehend

przystosowanie N (*-a*) Anpassung *f* (*a* BIOL), Umstellung *f*

przystosowywać (*-wuję*) ⟨**przystoso wać**⟩ (*-uję*) (**do** *gen*) anpassen (an *akk* umstellen (auf *akk*); **~ się** sich anpassen sich umstellen

przystrajać (*-am*) ⟨**przystroić**⟩ (*przy stroję*) (aus)schmücken (*inst* mit *dat*)

przystroić PF → stroić

przystrzygać (*-am*) ⟨**przystrzyc***⟩ (*przystrzygę*) *żywopłot, wąsy* stutzen

przysuwać (*-am*) ⟨**przysunąć**⟩ (*-nę* heranschieben, näherrücken; **~ się** *v/* näherrücken (**do** *gen* an *akk*); **~ się d siebie** zusammenrücken

przyswajać (*-am*) ⟨**przyswoić**⟩ (*przy swoję*) aufnehmen, übernehmen; BIO assimilieren; **~ sobie** sich aneignen; **~ sobie wiedzę** sich Wissen aneignen

przyswajanie N (*-a; bpl*) BIOL Assimila tion *f*

przyswoić PF przyswajać
przysyłać (-am) ⟨**przysłać**⟩ (*przyślę*) *listy, kwiaty, pomoc* schicken
przysypiać (-am) ⟨**przysnąć**⟩ (-*nę*) einnicken
przysypywać (-*uję*) ⟨**przysypać**⟩ (-*ię*) *dół* zuschütten; *lawina, gruzy* verschütten, unter sich begraben
przysysać się (-*am*) ⟨**przyssać się**⟩ (*przyssę*) sich festsaugen (**do** *gen* an *dat*)
przyszkolny *teren* Schul-; **~łoroczny** nächstjährig
przyszłościowy *plany* Zukunfts-; (*obiecujący*) vielversprechend; *zawód* mit Zukunft
przyszłość F (-*ści*; *bpl*) Zukunft *f* (*a.* GRAM); **w ~łości** künftig, in Zukunft; **plany** *pl* **na ~łość** Zukunftspläne *pl*; **~ły** *wydarzenia* (zu)künftig; *rok, sobota, semestr* kommend, nächste(r); **czas** *m* **~ły** GRAM Futur *n*
przysztukować PF (-*uję*) anstückeln
przyszyć PF → przyszywać
przyszykować PF → szykować
przyszywać (-*am*) ⟨**przyszyć**⟩ (*przyszyję*) annähen
przyszywany: **~na ciocia** *f umg* Nenntante *f*; **~ny wujek** *m umg* Nennonkel *m*
przyśnić się PF (*3. Pers -przyśni*): **przyśniło mi się, że ...** ich habe geträumt, dass ...; **co ci się przyśniło?** was hast du geträumt?; **przyśniła mi się babcia** ich habe von meiner Oma geträumt
przyśpieszać → przyspieszać
przyśpieszenie → przyspieszenie
przyśpieszony → przyspieszony
przyśpiewka F (-*i*; *gen* -*wek*) (kurzes) Volkslied *n*
przyśpiewywać (-*uję*): **~ sobie** vor sich hin singen
przyśrubowywać (-*wuję*) ⟨**przyśrubować**⟩ (-*uję*) anschrauben
przyświecać (-*am*) ⟨**-ić**⟩ (-*cę*): **~ k-u** j-m leuchten (*inst* mit *dat*); **~ k-u latarką** j-m mit einer Taschenlampe leuchten; **przyświecać** *słońce* scheinen; *cel, idea* vorschweben
przytaczać (-*am*) ⟨**przytoczyć**⟩ (-*ę*) *argument, przykład* anführen; *źródło* angeben; *beczkę* heranrollen; **~ słowa poety** einen Dichter zitieren
przytakiwać (-*uję*) ⟨**przytaknąć**⟩ (-*nę*) (*dat*) zustimmen (*dat*), bejahen (*akk*); (*kiwać głową*) zustimmend nicken
przytakująco ADV zustimmend
przytaszczać (-*am*) ⟨**-yć**⟩ *umg* herbeischleppen
przytępiać (-*am*) ⟨**-ić**⟩ (-*ię*) *nóż* stumpf machen, abstumpfen; **~ się** *nóż* stumpf werden; *słuch, wzrok* nachlassen, schwächer werden
przytępiony *nóż* abgestumpf; *wzrok* schwach; **przytępił mu się słuch** er wurde schwerhörig
przytknąć PF → przytykać
przytłaczać (-*am*) ⟨**przytłoczyć**⟩ (-*ę*) erdrücken (*a. fig*); **~ swoim ciężarem** mit seinem Gewicht erdrücken
przytłaczający *przewaga* erdrückend; *milczenie* bedrückend; *atmosfera* schwer; *gorąco* drückend; *zdarzenie* niederdrückend
przytłoczyć PF → przytłaczać
przytłumiać (-*am*) ⟨**-ić**⟩ (-*ię*) *dźwięk* dämpfen (*a. fig*)
przytłumiony gedämpft
przytoczyć PF → przytaczać
przytomnieć (-*eję*) MED das Bewusstsein wiedererlangen, zu sich kommen; *fig* (wieder) klar denken
przytomność F (-*ści*; *bpl*) Bewusstsein *n*, Besinnung *f*; **stracić** *pf* **~ść** das Bewusstsein verlieren; **odzyskać** *pf* **~ść** das Bewusstsein wiedererlangen, zur Besinnung kommen; **do utraty ~ści** zur Besinnungslosigkeit; **~ść umysłu** Geistesgegenwart *f*
przytomny MED bei Bewusstsein, bei Besinnung; (*uważny*) geistesgegenwärtig, wach
przytrafiać się (*3. Pers -a*) ⟨**-ić się**⟩ (-*i*): **~ k-u** j-m passieren; j-m zustoßen
przytrzaskiwać (-*uję*) ⟨**przytrzasnąć**⟩ (-*nę*): **~ sobie** (*akk*) sich einklemmen (*akk*); **~ sobie palec** sich seinen Finger einklemmen
przytrzeć PF: **~ rogów k-u** j-n in seine Schranken verweisen, j-n zurechtweisen; PF → przycierać
przytrzymywać (-*uję*) ⟨**przytrzymać**⟩ (-*am*) festhalten; (*zatrzymać*) aufhalten; (*potrzymać*) halten; **~ się** (*gen*) sich festhalten (an *dat*)
przytulać (-*am*) ⟨**-ić**⟩ (-*lę*): **~ (do siebie)** an sich drücken; **~ dziecko** ein Kind an sich drücken, *umg* mit einem Kind

P

kuscheln; **~ głowę do poduszki** seinen Kopf an das Kopfkissen drücken; **przytulić** *pf* **k-o** *fig* j-n aufnehmen, j-m Zuflucht geben; **nie mieć gdzie głowy przytulić** *fig* kein Dach über dem Kopf haben; **~ się** sich schmiegen, *umg* sich kuscheln (**do** *gen* an *akk*); **~ się do siebie** (aneinander)kuscheln, schmusen; **przytulić się** *pf fig* Zuflucht finden, aufgenommen werden (**u** *gen* bei *dat*)

przytulanka F (*-i; gen -nek*) (*piosenka*) *umg* Schnulze *f*

przytulić PF → przytulać

przytu|lny gemütlich, behaglich; **~łek** M (*-łku; -łki*) Zuflucht *f*; Zufluchtsort *m*; **~łek dla ubogich** Armenhaus *n*

przytupywać (*-uję*) mit den Füßen stampfen, von einem Fuß auf den anderen treten

przytwierdzać (*-am*) ⟨**-ić**⟩ (*-ę*) befestigen, anbringen

przytyć PF (*przytyję*) zunehmen, dicker werden

przytyk M (*-u; -i*) spitze Bemerkung *f*, Stichelei *f*; Seitenhieb *m*

przytykać (*-am*) ⟨**przytknąć**⟩ (*-nę*) *v/t* halten, anlegen (**do** *gen* an *akk*); **przytykać** *v/i* angrenzen (an *akk*)

przyuczać (*-am*) ⟨**-yć**⟩ (*-ę*): **~ do zawodu k-o** j-n anlernen; **~ psa** e-n Hund abrichten (**do** *gen* zu *dat*); **~ do porządku k-o** j-m Ordnung beibringen

przyuczony *pracownik* angelernt

przyuczyć PF → przyuczać

przywabiać (*-am*) ⟨**-ić**⟩ (*-ię*) anlocken

przywalać (*-am*) ⟨**-ić**⟩ (*-lę*) *lawina, gruzy* verschütten, unter sich begraben; *drzewo* erdrücken; *wejście* verschließen; **~ k-u** *pop* j-m eins draufhauen; **przywalać się do k-o** *pop* j-n anmachen, j-n bedrängen

przywara F (*-y*) Laster *n*, schlechte Eigenschaft *f*

przywdziewać (*-am*) ⟨**przywdziać**⟩ (*-eję*) *lit* anlegen, anziehen

przywiązać PF → przywiązywać

przywiązanie N (*-a*) Bindung *f*, Verbundenheit *f*; Treue *f*

przywiązywać (*-uję*) ⟨**przywiązać**⟩ (*przywiążę*) (**do** *gen*) anbinden (an *akk*); *fig* binden; **przywiązywać wagę do** (*gen*) Wert legen auf (*akk*); **przywiązywać znaczenie do** (*gen*) Bedeutung beimessen (*dat*); **~ się** (**do** *gen*) *fig* lieb gewinnen, in sein Herz schließen (*akk*)

przywidzenie N (*-a*) Sinnestäuschung *f*, Einbildung *f*; MED Halluzination *f*

przywidzieć się PF (*3. Pers -dzi*): **przywidziało ci się** du hast dir es eingebildet, das war Einbildung; **przywidziało mu się, że ktoś stoi w drzwiach** er glaubte, jemanden in der Tür stehen zu sehen

przywierać (*-am*) ⟨**przywrzeć**⟩ (*przywrę*) haften bleiben, kleben bleiben (**do** *gen* an *dat*); KULIN anbrennen; **~ do k-o** sich fest an j-n drücken, sich an j-n schmiegen

przywieść* PF → przywodzić

przywieźć* PF → przywozić

przywiędnąć PF (*-nę*) *kwiaty* welken

przywilej M (*-u; -e*) Privileg *n*, Sonderrecht *n*

przywitać PF → witać

przywitanie N (*-a*) Begrüßung *f*; **na ~** zur Begrüßung

przywlec* (*przywlokę*) heranschleppen, anschleppen; *chorobę* verschleppen; **~ się** schleppend ankommen, sich schleppen

przywłaszczać (*-am*) ⟨**-yć**⟩ (*-ę*): **~ sobie** sich widerrechtlich aneignen; **~ sobie władzę** die Macht an sich reißen, die Macht usurpieren; **~ sobie tytuł** einen Titel usurpieren, einen Titel unrechtmäßig annehmen; **~ sobie czyjeś zasługi** sich mit fremden Federn schmücken

przywodzić (*-ę*) ⟨**przywieść**⟩ (*przywiodę*) *lit* (hin)bringen (**do** *gen* zu *dat*); *fig* bringen (**do** *gen* zu *dat*); **~ do rozpaczy** zur Verzweiflung bringen; **~ do szaleństwa** in den Wahnsinn treiben; **~ na myśl** in Erinnerung rufen, ins Gedächtnis (zurück)rufen

przywoływać (*-uję*) ⟨**przywołać**⟩ (*-am*) herbeirufen; *przykłady* anführen; (*przypominać*) in Erinnerung rufen, ins Gedächtnis zurückrufen; **~ do porządku** zur Ordnung rufen

przywozić (*przywożę*) ⟨**przywieźć**⟩ (*przywiozę*) *osoby* (hin)bringen, (hin)fahren; *towar* liefern, bringen; **~ z podróży** von einer Reise mitbringen; **~ na pamiątkę** als Andenken mitbringen

przywód|ca M (*-y; gen -ów*) (An)Führer *m*; **~ca opozycji** Oppositionsführer *m*; **~ca duchowy** geistiger Führer *m*; **~czy** *zdolności* Führer-

przywóz M (-ozu; -ozy) Lieferung *f*; Einfuhr *f*
przywracać (-am) ⟨**przywrócić**⟩ (-ę) *porządek* wiederherstellen; *własność* zurückgeben, wiedergeben
przywrzeć PF → przywierać
przywykać (-am) ⟨**-nąć**⟩ (-nę) sich gewöhnen (**do** *gen* an *akk*)
przywykły (*persf* -li) gewöhnt (**do** *gen* an *akk*)
przyzakłado|wy Betriebs-; **stołówka** *f* **~wa** Cafeteria *f*
przyziemny *sprawy, zajęcie* prosaisch, alltäglich
przyznanie N (-a) *stypenium* Bewilligung *f*; *nagrody* Verleihung *f*; **~ się** Geständnis *n*; **~ się do winy** Schuldbekenntnis *n*
przyznawać (*przyznaję*) ⟨**przyznać**⟩ (-am) *kredyt, rabat* gewähren; *stypendium* bewilligen; *tytuł, nagrodę, obywatelstwo* verleihen; **~ rację k-u** j-m recht geben; **przyznam, że** ... ich gebe zu, dass ...; **~ się** eingestehen; JUR gestehen; **~ się do winy** seine Schuld eingestehen, seine Schuld bekennen; **przyznam się, że** ... ich muss eingestehen, dass ...
przyzwalać (-am) ⟨**przyzwolić**⟩ (-lę) (**na** *akk*) erlauben (*akk*)
przyzwalający (**-co**) zustimmend
przyzwoicie ADV → przyzwoity
przyzwoit|ka F (-i; *gen* -tek) *żart* Anstandsdame *f*; **~ość** F (-ści; *bpl*) Anstand *m*; **tego wymaga ~ość** das erfordert der Anstand; **dla ~ości** anstandshalber
przyzwoity (**-cie**) *osoba, zachowanie* anständig; *pensja, ocena umg* anständig, nicht übel
przyzwolenie N (-a) Erlaubnis *f*, Zustimmung *f*
przyzwolić PF → przyzwalać
przyzwyczajać (-am) ⟨**-ić**⟩ (*przyzwyczaję*) gewöhnen (**do** *gen* an *akk*); **~ się** sich gewöhnen
przyzwyczajeni *persf* → przyzwyczajony
przyzwyczaj|enie N (-a) Gewohnheit *f*; **z ~enia** aus Gewohnheit; **~ony** (*persf* -eni) gewohnt (**do** *gen* an *dat*)
psa *gen* → pies
psalm M (-u; -y) Psalm *m*
psałterz M (-a; -e) Psalter *m*
pseudo- *in zssgn* Pseudo-, pseudo-
pseudonim M (-u; -y) Deckname *m*, Pseudonym *n*
psi Hunde- (*a. fig*); **~ zaprzęg** Hundeschlitten *m*; **pracować za ~ grosz** *umg* für e-n Hundelohn arbeiten; **kupić** *pf* **za ~ grosz** *umg* halb geschenkt kaufen; **to twój ~ obowiązek** das ist deine verdammte Pflicht; **~m swędem** *adv umg* ohne sich anzustrengen, durch Glück
psia|kość!, **~krew!** *pop* verdammt!, Mist!
psiarni|a F (-i; -e) Hundezwinger *m*; **zimno jak w ~** *umg* es ist saukalt
psi|kus M (-a; -y) Streich *m*, Schabernack *m*; **zrobić** *pf* **~kusa k-u** j-m einen Streich spielen, mit j-m seinen Schabernack treiben; **~na** F (-y) Hund *m*; **wierna ~na** treuer Hund *m*
psioczyć (-czę) *umg* meckern, motzen (**na** *akk* über *akk*)
psisko N (-a) Hund *m*; **wierne ~** treuer Hund *m*
PSL (Polskie Stronnictwo Ludowe) Polnische Bauernpartei *f*
psocić (-cę) *dziecko* Unfug treiben
psot|a F (-y) Streich *m*, Schabernack *m*; **~nica** F (-y; -e) *umg* Göre *f*, freches Mädchen *n*
psot|nik M (-a; -cy) *umg* Frechdachs *m*, Lausbub *m*; **~ny** *dziecko* übermutig, zu Streichen aufgelegt
pss, pst INT: **~!** pscht!, pst!
pstrąg M (-a; -i) Forelle *f*
pstro ADV → pstry
pstrokaty (**-to**) kunterbunt, grell; *koń* scheckig
pst|ry (**-ro**) kunterbunt, grell; **mieć ~ro w głowie** *umg* grün hinter den Ohren sein
pstrykać (-am) ⟨**-nąć**⟩ (-nę): **~ palcami** mit den Fingern schnippen; **~ długopisem** mit dem Kugelschreiber spielen; **~ zdjęcia** *umg* Fotos knipsen
pstrzyć ⟨**u-**⟩ (-ę) kunterbunt bemalen, grell bemalen; *muchy* beschmutzen
psu *dat lok* → pies
psubrat M (-a; -y) *lit pej* Schuft *m*
psuć ⟨**po-**, **ze-**⟩ (*psuję*) beschädigen, *umg* kaputt machen; *nastrój, zabawę, charakter* verderben (*inst* mit *dat*); *dziecko* verziehen; **~ sobie oczy** sich die Augen verderben; **~ się** beschädigt werden, *umg* kaputtgehen; *jedzenie* verderben, schlecht werden; *pogoda* schlecht werden; *nastrój, stosunki* sich verschlechtern; *charakter* verdorben

P

werden
psy PL → pies
psychi|atra M (-y; -rzy; gen -ów) Psychiater m; **~atria** F (gen dat lok -ii; bpl) Psychiatrie f
psychi|czny psychisch, seelisch; **uraz** m **~czny** Trauma n; **chory ~cznie** psychisch krank, gemütskrank; **~ka** F (-i; bpl) Psyche f
psychoanali|tyczny psychoanalytisch; **~za** F (-y; bpl) Psychoanalyse f
psycholo|g M (-a; -dzy od -owie) Psychologe m; (kobieta) Psychologin f; **~gia** F (gen dat lok -ii; bpl) Psychologie f; **~gia głębi** Tiefenpsychologie f; **~giczny** psychologisch
psycho|pata M (-y; -ci) Psychopath m; **~patyczny** psychopathisch
psycho|terapia F (gen dat lok -ii; bpl) Psychotherapie f; **~terapia grupowa** Gruppentherapie f; **~za** F (-y) Psychose f
psychotropo|wy: **leki** m/pl **~we** Psychopharmaka pl
psykać (-am) ⟨-nąć⟩ (-nę) umg „pst" machen
pszczel|arstwo N (-a; bpl) Bienenzucht f, Imkerei f; **~arz** M (-a; -e) Imker m, Bienenzüchter m
pszcz|eli Bienen-; **~oła** F (-y; gen -ół) Biene f; **~oła robotnica** f ZOOL Arbeitsbiene f; **~ółka** F (-i; gen -łek) dim Bienchen n, kleine Biene f
pszenica F (-y; -e) Weizen m
pszen|iczny pole Weizen-; **~ny** chleb, mąka Weizen-
pt. (piątek) Fr. (Freitag); **(pod tytułem)** unter dem Titel
ptactwo N (-a; bpl) koll Vögel pl; **~ domowe** Geflügel n; **dzikie ~** Federwild n; **~ wodne** Wasservögel pl
ptak M (-a; -i) Vogel m; **~ wędrowny** Zugvogel m; **~ drapieżny** Greifvogel m; **niebieski ~** pej Schmarotzer m; **z lotu ~a** aus der Vogelperspektive
ptasi ogon, śpiew Vogel-; **~ móżdżek** m fig Spatzenhirn n; **~e mleczko** n Pralinen mit einer Schaumfüllung
ptaszarnia F (-i; -e) Vogelhaus n
ptaszek M (-szka; -szki) dim Vögelchen n; (znak) Häkchen n; fig sauberes Früchtchen n; (członek) umg Pimmel m; **ranny ~** Frühaufsteher m
ptasznik M (-a; -cy) Vogelzüchter m; Vogelhändler m
PTTK (Polskie Towarzystwo Turystyczno-Krajoznawcze) Polnischer Verband m für Touristik und Landeskunde
ptyś M (-a; -e) KULIN Windbeutel m
publicyst|a M (-y; -ści) Publizist m; **~ka** F (-i; gen tek) Publizistin f; **~yka** F (-i; bpl) Publizistik f
publicz|ność F (-ści; bpl) teatralna, kinowa Publikum n; **~ny** öffentlich; **podać** pf **do ~nej wiadomości** öffentlich bekannt geben; **dobro** n **~ne** Gemeinwohl n; **opinia** f **~na** öffentliche Meinung f; Öffentlichkeit f; **dom** m **~ny** Bordell n; **tajemnica** f **~na** offenes Geheimnis n
publika F (-i; bpl) umg Publikum n
publikować ⟨o-⟩ (-uję) veröffentlichen, publizieren
puch M (-u; -y) ptaków Flaum m, Daunenfedern pl; na poduszki, na kołdry Daunen pl; **kołdra** f **z ~u** Daunendecke f; **śnieżny ~** Pulverschnee m; **rozbić** pf **w ~** lit MIL zerschlagen
puchacz M (-a; -e) Uhu m
puchar M (-a; -y) SPORT Pokal m; **~owy** SPORT Pokal-
puchlina F (-y; bpl) MED Ödem n
puchnąć ⟨s-⟩ (-nę) MED (an)schwellen; **głośno, aż uszy puchną** es ist so laut, dass einem die Ohren wehtun
puchowy poduszka Daunen-
pucołowaty (persf -ci) pausbäckig
pucować ⟨wy-⟩ (-uję) umg putzen
pucybut M (-a; -y od -ci) Schuhputzer m
pucz M (-u; -e) Putsch m; **dokonać** pf **~u** putschen
pud|el M (-dla; -dle) Pudel m; **~ełko** N (-a; gen -łek) Schachtel f; **~ełko zapałek** Streichholzschachtel f; **~ełko po butach** Schuhkarton m
puder M (-dru; -dry) Puder m; **cukier** m **~** Puderzucker m; **~niczka** F (-i; gen -czek) Puderdose f
pudło N (-a; gen -deł) Karton m; umg (więzienie) Kittchen n; (strzał) Fehlschuss m; **~ kartonowe** Pappkarton m; **stare ~** umg Klapperkasten m
pudłować ⟨s-⟩ (-uję) danebenschießen
pudrować ⟨u-⟩ (-uję) twarz pudern
puf M (-u; -y) Puff m, Hocker m
pukać (-am) ⟨-nąć⟩ (-nę) klopfen; umg (strzelać) schießen; **pukać do drzwi** an die Tür klopfen; **pukać w ścianę** gegen die Wand klopfen; **~ się w czoło** umg j-m

einen Vogel zeigen; **puknij się w czoło!** *umg* du hast wohl e-n Knall!
pukanina F (-y) *umg* Geknalle *n*, Schießen *n*
pukiel M (-kla; -kle): **~ włosów** Haarlocke *f*
puknięty (*persf -ci*) *umg* behämmert, bekloppt
pul|a F (-i; -e) Quote *f*; *w kartach* Bank *f*; **~chny** *ciasto, ziemia* locker; *ciało* mollig, rundlich
pul|ower M (-a; -y) Pullover *m*, *umg* Pulli *m*; **~pet** M (-a od -u; -y) KULIN Fleischkloß *m*; (-a) (*grubas*) *umg* Pummel *m*; **~pit** M (-u; -y) MUS Notenständer *m*; Pult *n*; TECH Schalttisch *m*
pu|ls M (-u; -y) Puls *m*, Pulsschlag *m*; **zbadać** *pf* **~ls** den Puls fühlen; **trzymać rękę na ~lsie** *fig* auf dem Laufenden bleiben
pulsować (-uję) *krew* pulsieren
pulsujący *miasto* pulsierend; *światło* blinkend
pułap M (-u; -y) Holzdecke *f*; LOT Gipfelhöhe *f*; *fig* Obergrenze *f*; **~ka** F (-i; *gen -pek*) Falle *f* (*a. fig*); **~ka na myszy** Mausefalle *f*
pułk M (-u; -i) Regiment *n*; LOT Geschwader *n*; **~ownik** M (-a; -cy) Oberst *m*
pum|eks M (-u; -y) Bimsstein *m*; **~py** PL (*gen -ów*) Pumphose *f*
punk|cik M (-a od -u; -i) *dim* Pünktchen *n*; **~cja** F (-i; -e) MED Punktion *f*
punk|t[1] M (-u; -y) Punkt *m* (*a.* SPORT, MAT); **~t karny** SPORT Strafpunkt *m*; **~t ciężkości** FIZ Schwerpunkt *m*; **~t odniesienia** Bezugspunkt *m*; **~t informacyjny** Informationsstand *m*, Informationsstelle *f*; **~t sprzedaży** Verkaufsstelle *f*; **~t obserwacyjny** Beobachtungsstelle *f*; **~t sporny** Streitpunkt *m*; **z jego ~tu widzenia** aus seiner Sicht; **mieszkać w dobrym ~cie** *umg* in einer guten Lage wohnen; **na ~cie** (*gen*) hinsichtlich, in puncto (*gen*); **~t honoru** Ehrensache *f*; **~t widzenia** Standpunkt *m*; **~t wyjścia** Ausgangspunkt *m*
punkt[2] ADV: **~ ósma** *umg* genau um acht Uhr, pünktlich um acht
punk|tacja F (-i; -e) Punktsystem *n*, Punktwertung *f*; Punktzahl *f*; **~tualny** pünktlich
pup|a F (-y) *umg* Popo *m*; **~cia** F (-; -e) *umg* Po *m*
pupil M (-a; -e; *gen -ów*), **~ek** M (-lka; -lki) Liebling *m*
purchawka F (-i; *gen -wek*) Bovist *m*
purpur|a F (-y; *bpl*) Purpur *m*; **~owy** (**-wo**) purpurrot
pury|sta M (-y; *-ści*) Purist *m*; **~tanin** M (-a; *-anie*; *-anów*) Puritaner *m*; **~tański** puritanisch
pustak M (-a; -i) BUD Hohlstein *m*
pustel|nia F (-i; -e) Einsiedelei *f*; *fig* Einöde *f*, Einsamkeit *f*; **~niczy** einsiedlerisch, einsam; **~nik** M (-a; -cy) Einsiedler *m*, Eremit *m*; *fig* Eigenbrötler *m*, Einzelgänger *m*
pust|ka F (-i; *gen -tek*) Leere *f*; **w ~kę** ins Leere; **świecić ~kami** (völlig) leer sein; **mam ~kę w głowie** mein Kopf ist (gedanken)leer; **w sklepach ~ki** die Läden sind leer gekauft, es gibt nichts zu kaufen; **~kowie** N (-a) Einöde *f*; Ödland *n*
pusto ADV → pusty
pustostan M (-u; -y) *ofic* leer stehendes Haus *n*
pustoszeć ⟨**o-**⟩ (*3. Pers -eje*) *ulica, sala* leer werden, sich leeren
pustoszyć ⟨**s-**⟩ (-ę) verwüsten, verheeren
pustułka F (-i; *gen -łek*) Turmfalke *f*
pus|ty (*persf -ści*) (**-to**) leer (*a. fig*); *budynek* leer stehend; *osoba* eitel, geistlos; *życie* inhaltsleer; *orzech* hohl; *śmiech* grundlos, nervös; **na ~ty żołądek** auf nüchternen Magen; **~ty dźwięk** *m* Floskel *f*, Phrase *f*; **~te słowa** *pl* leere Worte *pl*; **z ~tymi rękami** mit leeren Händen
pusty|nia F (-i; -e) Wüste *f* (*a. fig*); (*odludzie*) Einöde *f*; **~nia kulturalna** *fig* kulturelle Wüste *f*; **~nny** Wüsten-; (*bezludny*) öde, wüst
puszcza F (-y; -e) Urwald *m*
puszczać (-am) ⟨**puścić**⟩ (*puszczę*) loslassen; (*pozwalać iść*) gehen lassen; RADIO *umg* senden; *wodę* laufen lassen; *kasetę* spielen; *latawca* steigen lassen; V/I *mróz* nachlassen; *drzwi, zamek* nachgeben; *plama* weggehen; *w praniu* färben; **~ rękę** die Hand loslassen; **puść go!** lass ihn gehen!; **~ pączki** BOT (aus)treiben, ausschlagen; **~ korzenie** BOT Wurzeln schlagen; **puszczać kaczki** Springsteine werfen; **puszczać statki** Papierschiffe schwimmen lassen; **~ w obieg** in Umlauf bringen; **~ mimo uszu** (*akk*) überhören (*akk*); **~ oczko do k-o** j-m zuzwinkern; **~ wodze fantazji**

der Fantasie freien Lauf lassen; **~ z torbami k-o** j-n ruinieren; **~ plotki** Gerüchte verbreiten, Gerüchte in Umlauf setzen; **~ pawia** *umg* reihern; **oczko ci puściło** du hast e-e Laufmasche; **nie ~ pary z ust** *fig* den Mund halten; **~ się** (*gen*) loslassen (*akk*); *umg kobieta* fremdgehen; **~ się biegiem** losstürmen, losrennen; **~ się na szerokie wody** *fig* ins kalte Wasser springen

puszcz|alska F (*-kiej; -kie*) *umg pej* Flittchen *n*, Luder *n*; **~yk** M (*-a; -i*) Waldkauz *m*

pusz|ek M (*-szku; -szki*) Flaum *m*; **~ka** F (*-i; gen -szek*) Dose *f*; Büchse *f*; *do kwesty* Sammelbüchse *f*; **~ka piwa** e-e Dose Bier; **~ka po piwie** Bierdose *f*; **~ka po konserwie** Konservendose *f*; **w ~ce** Dosen-, in Dosen

puszkować (*-uję*) eindosen

puszkowy Dosen-

puszyć się ⟨**napuszyć się**⟩ (*-ę*) sich aufplustern (*a. fig*)

puszysty (**-ście**) *włosy* voll; *dywan* flauschig, weich; *śnieg* locker, weich; *krem* luftig; *ogon* buschig; (*gruby*) *żart* mollig

puścić PF → puszczać

puz|derko N (*-a; gen -rek*) Schatulle *f*; **~on** M (*-u; -y*) Posaune *f*; **~onista** M (*-y; -ści*) Posaunenbläser *m*

PWN (Państwowe Wydawnictwo Naukowe) Staatlicher Wissenschaftlicher Verlag *m*

pycha F (*-y; bpl*) Hochmut *m*; **~!** *umg* lecker!

pykać (*-am*) ⟨**-nąć**⟩ (*-nę*) *fajkę* paffen

pylica F (*-y; bpl*) MED Staublunge *f*

pył M (*-u; bpl*) Staub *m*; **~ wulkaniczny** vulkanische Asche *f*; **~ kosmiczny** ASTRON Weltraumstaub *m*; **~ek** M (*-łku; -łki*) Staubkörnchen *n*, Staubkorn *n*; BOT Blütenstaub *m*; **~ki** *pl* Pollen *pl*

pypeć M (*-pcia; -pcie*) MED Pips *m*

Pyrzyce PL Pyritz *n*

pysk M (*-u; -i*) *zwierzęcia* Schnauze *f* (*a. fig pop*); **o suchym ~u** *umg* nüchtern, mit nüchternem Magen; **dostać** *pf* **po ~u** *pop* eins auf die Fresse kriegen; **padać na ~** *pop* saumüde sein; **trzymać za ~ k-o** *umg* j-n an der Kandare halten; **stul ~!** *pop* halts Maul!; **wyrzucić** *pf* **na zbity ~ k-o** *pop* j-n rausschmeißen

pyskaci *persf* → pyskaty

pyska|cz M (*-a; -e*) *umg* Großmaul *n*; **~ty** (*persf -ci*) *umg* frech, großmäulig

pyskować (*-uję*) *umg* frech sein, das Maul aufreißen

pyskówka F (*-i; gen -wek*) *umg* Streiterei *f*, Mord und Totschlag

pyszał|ek M (*-łka; -łki*) *pej* Großtuer *m*, Prahler *m*; **~kowaty** (*persf -ci*) (**-to**) *pej* überheblich, eingebildet

pyszczek M (*-czka; -czki*) *kota* Schnauze *f*; *dim* Mäulchen *n*

pysznić się (*-ię, -nij!*) großtun, prahlen (*inst* mit *dat*)

pyszności PL (*gen -*) Leckerbissen *pl*, Köstlichkeiten *pl*; **same ~** alles vom Feinsten; **~ zupa** köstliche Suppe *f*; **~!** lecker!

pysz|ny (*smaczny*) köstlich; (*zarozumiały*) hochmütig, überheblich; (*doskonały*) herrlich, vorzüglich; **mieć się z ~na** sich in eine missliche Lage bringen; **~ne zwycięstwo** *n* herrlicher Sieg *m*

pytać (się) ⟨**s-, za-**⟩ (*-am*) fragen; **~ o** (*akk*) sich erkundigen, fragen (nach *dat*); **pytać** *nauczyciel* abfragen; **~ o drogę** nach dem Weg fragen, sich nach dem Weg erkundigen; **~ o radę k-o** j-n um e-n Rat bitten; **nie pytając o** (*akk*) ohne nach (*dat*) zu fragen

pytaj|ący (**-co**) fragend; **zdanie** *n* **~ące** GRAM Fragesatz *m*; **~nik** M (*-a; -i*) Fragezeichen *n*; **~ny** GRAM interrogativ, Frage-

pytan|ie N (*-a; gen -ań*) Frage *f*; **mieć ~ie** e-e Frage haben (**do** *gen* an *akk*); **zadać** *pf* **~ie** e-e Frage stellen; **podchwytliwe ~ie** Fangfrage *f*; **~ie egzaminacyjne** Prüfungsfrage *f*; **bez ~ia** ohne zu fragen; (**też**) **~ie!** *umg* na klar!, logisch!

pytlować (*-uję*) *umg* quasseln

pytlowy: **chleb** *m* **~** helles Roggenbrot *n*

pyza F (*-y*) KULIN Kartoffelkloß *m*; (*grubas*) *umg* Pummel *m*; **~ty** (*persf -ci*) pausbäckig

PZU (Państwowy Zakład Ubezpieczeń) Staatliche Versicherungsanstalt *f*

P

R

r. (rok) J. (Jahr)
raban M (-u; -y) *umg* Radau *m*
rabarbar M (-u; -y) Rhabarber *m*
raba|t M (-u; -y) Rabatt *m*; **~ty** F/PL (*gen* -) (Blumen)Rabatten *f/pl*
rabin M (-a; -i) REL Rabbiner *m*
rabować ⟨z-⟩ (-*uję*) plündern, (aus)-rauben
rabunek M (-*nku*; -*nki*) Raub *m*, Diebstahl *m*
rabunko|wy: **napad** *m* **~wy** Raubüberfall *m*; **gospodarka** *f* **~wa** Raubbau *m*; **~we wycinanie** *n* **lasu** Raubbau *m* am Wald
ra|buś M (-*sia*; -*sie*) Dieb *m*; **~ca** F (-*y*; -*e*) Leuchtrakete *f*; **~chityczny** MED rachitisch; *drzewa* verkümmert
rachu|ba F (-*y*): **to nie wchodzi w ~bę** das kommt nicht infrage; **pomylić się** *pf* **w ~bach** *fig* sich verrechnen, sich verkalkulieren; **stracić** *pf* **~bę czasu** das Zeitgefühl verlieren
rachun|ek M (-*nku*; -*nki*) Rechnung *f* (*a.* MAT); (*konto*) Konto *n*; **~ki** *pl* (*przedmiot*) *umg* Mathe *f*; **~ek za telefon** Telefonrechnung *f*; **~ek za gaz i elektryczność** Gas- und Stromrechnung *f*; **~ek prawdopodobieństwa** MAT Wahrscheinlichkeitsrechnung *f*; **~ek sumienia** REL Gewissenserforschung *f*; **na własny ~ek** *fig* auf eigene Rechnung; **wyrównać** *pf* **~ki** *fig* e-e Rechnung begleichen (**z** *inst* mit *dat*)
rachunko|wość F (-*ści*; *bpl*) Rechnungswesen *n*; Buchhaltung *f*; **~wy** (-**wo**) MAT rechnerisch, Rechen-; FIN Rechnungs-; **błąd** *m* **~wy** Rechenfehler *m*; **księga** *f* **~wa** Rechnungsbuch *n*
Racibórz M (-*borza*; *bpl*) Ratibor *n*
racica F (-*y*; -*e*) ZOOL Klaue *f*
rac|ja¹ F (-*i*; -*e*) Richtigkeit *f*; **~je** *f/pl* Gründe *m/pl*, Argumente *n/pl*; **mieć ~ję** recht haben; **przyznać** *pf* **~ję k-u** j-m recht geben; **~ja bytu** Daseinsberechtigung *f*; **~ja stanu** POL Staatsraison *f*; **nie bez ~ji** nicht ohne Grund; **z jakiej ~ji** mit welchem Grund, warum; **z ~ji** (*gen*) wegen (*gen*); **~ja!** stimmt!, richtig!
racja² F (-*i*; -*e*) Ration *f*; **dzienna ~** Tagesration *f*
racjonalizacja F (-*i*; *bpl*) Rationalisierung *f*
racjonalizować ⟨z-⟩ (-*uję*) rationalisieren
racjonal|izator M (-*a*; -*rzy*) Rationalisator *m*; **~ny** *myślenie* rational; *produkcja, gospodarka* rationell
racjonować ⟨z-⟩ (-*uję*) rationieren
racuch M (-*a*; -*y*) *Pfannkuchen aus Hefeteig*
raczej *partikel* (*właściwie*) eher, eigentlich; (*bardziej*) eher, lieber
raczkować (-*uję*) *dziecko* krabbeln; *fig* noch in den Kinderschuhen stecken
raczyć ⟨u-⟩ (-*ę*) (*inst*) bewirten (mit *dat*); **raczyć** (+ *inf*) *iron* sich bequemen, die Gnade haben (zu + *inf*); **pan raczy żartować** Sie belieben wohl zu scherzen; **~ się** (*inst*) sich gütlich tun (an *dat*)
rad¹ M (-*u*; *bpl*) CHEM Radium *n*
rad² (*prsf radzi*) *lit* froh (**z** *gen* über *akk*); **~ bym** ich würde gern; **~ nierad** wohl oder übel
ra|da F (-*y*) Rat *m*, Ratschlag *m*; (*grupa*) Rat *m*; **poszedł za jej ~dą** er folgte ihrem Rat; **~da nadzorcza** Aufsichtsrat *m*; **~da zakładowa** Betriebsrat *m*; **~da pedagogiczna** Lehrerkollegium *n*; **℞da Ministrów** Ministerrat *m*; **℞da Bezpieczeństwa** Sicherheitsrat *m*; **dać** *pf* **sobie ~dę** (**z** *inst*) zurechtkommen (mit *dat*); **dać** *pf* **sobie ~dę bez** (*gen*) auskommen ohne (*akk*); **na to nie ma ~dy** da ist nichts zu machen
radar M (-*u*; -*y*) Radar *m*, Radargerät *n*; **~owy** Radar-
radca M (-*y*; *gen* -*ów*): **~ prawny** Rechtsberater *m*
radiacja F (-*i*; *bpl*) FIZ Strahlung *f*
radiesteta M (-*y*; -*ci*) Wünschelrutengänger *m*
rad|io N (-*a*) Radio *n*, Rundfunk *m*; (*aparat*) Radio(gerät) *n*, Rundfunkgerät *n*; **w ~iu** im Radio; **pracować w ~iu** beim Rundfunk arbeiten; **słuchać ~ia** Radio hören
radio|abonent M (-*a*; -*ci*; *gen* -*tów*) Rundfunkteilnehmer *m*; **~aktywny** FIZ radioaktiv; **opad** *m* **~aktywny** Fall-out *m*
radio|amator M (-*a*; -*rzy*) Radioamateur *m*; **~fonia** F (*gen dat lok* -*ii*; *bpl*) Rundfunk *m*

radio|komunikacja F (-i; bpl) Funkverkehr *m*; **~latarnia** F (-; -e) MAR, LOT Funkbake *f*, Funkfeuer *n*
radio|log M (-a; -dzy) Radiologe *m*; **~logia** F (gen dat lok -ii; bpl) Radiologie *f*; **~lokacja** F (-i; bpl) Funkortung *f*
radio|magnetofon M (-u; -y) Radiorekorder *m*; **~odbiornik** M (-a; -i) Rundfunkgerät *n*, Radiogerät *n*; **~pajęczarz** M (-a; -e) *umg* Schwarzhörer *m*
radiosłuchacz M (-a; -e), **~ka** F (-i; gen -czek) Radiohörer(in) *m(f)*, Rundfunkhörer(in) *m(f)*
radio|stacja F (-i; -e) Rundfunksender *m*, Radiosender *m*; Rundfunkstation *f*; **~technik** M (-a; -cy) Rundfunktechniker *m*
radio|telefon M (-u; -y) Sprechfunkgerät *n*; Funktelefon *n*; **~telegrafista** M (-y; -ści) Funker *m*; **~telegram** M (-u; -y) Funkspruch *m*
radio|terapia F (gen dat lok -ii; bpl) MED Strahlentherapie *f*; **~węzeł** (-zła; -zły) Funkzentrale *f*; **~wóz** M (-wozu; -wozy) Funkstreifenwagen *m*; **~wy** Radio-, Rundfunk-
rad|ny M (-ego; -ni), **~na** F (-ej; -e), Ratsmitglied *n*; **~ny miejski** Stadtrat *m*
radocha F (-y; bpl) *umg* Heidenfreude *f*
radosny (persf -śni) (**-śnie**) *nastrój, wiadomość* freudig; *twarz* fröhlich; *osoba* froh, fröhlich; **~ okrzyk** *m* Freudenschrei *m*
rado|ść F (-ści) Freude *f*; **z ~ści** vor Freude; **~ść życia** Lebensfreude *f*
radośni *persf* → radosny
radośnie ADV → radosny
radować ⟨u-⟩ (-uję) *lit* erfreuen, froh machen; **~ się** sich freuen, froh sein (**z** *gen od inst* über *akk*)
rady|kalny radikal; **~kał** M (-a; -owie) Radikale(r) *m*
radzi *persf* → rad²
radzić ⟨po-⟩ (-dzę) raten, e-n Rat geben; **~ sobie** (**z** *inst*) zurechtkommen, fertig werden (mit *dat*); **umieć sobie ~** sich zu helfen wissen; **radzić nad** (*inst*) *lit* beraten (*akk*); **nie radzę ci wracać** ich rate dir davon ab, zurückzukehren; **~ się** (*gen*) sich beraten (mit *dat*), zu Rate ziehen (*akk*)
radziecki HIST sowjetisch, Sowjet-
rafa F (-y) Riff *n*; **~ koralowa** Korallenriff *n*
rafineria F (gen dat lok -ii; -e) Raffinerie *f*
rafinowany: **cukier** *m* **~** Raffinade *f* Zucker
raj M (-u; bpl) REL Paradies *n* (*a. fig*)
rajcować (-uję) *umg* anturnen, antörnen; (*rozmawiać*) schwatzen
rajd M (-u; -y) *samochodowy* Rallye *f*; *pieszy* Wanderung *f*; *rowerowy* Fahrradtour *f*; MIL Streifzug *m*
rajdowiec M (-wca; -wcy) Rallyefahrer *m*
rajs|ki REL paradiesisch (*a. fig*); **~ki ogród** *m* REL Paradies *n*, der Garten Eden; **~ki ptak** *m* ZOOL Paradiesvogel *m*; **~ka jabłoń** *f* BOT Paradiesapfel *m*
raj|stopy PL (gen -) Strumpfhose *f*; **~tuzy** PL (gen -) Wollstrumpfhose *f*; Reithose *f*
rak M (-a; -i) ZOOL, MED Krebs *m*; ♋ ASTRON Krebs *m*; **~i** *pl* Steigeisen *pl*; **być spod znaku ♋a** ASTRON Krebs sein; **~ płuc** Lungenkrebs *m*; **~ krtani** Kehlkopfkrebs *m*; **chory na ~a** krebskrank; **spiec** *pf* **~a** erröten, rot werden
rakarz M (-a; -e) Hundefänger *m*
rakieta¹ F (-y) MIL, ASTRON Rakete *f*; **~ sygnalizacyjna** *od* **świetlna** Leuchtrakete *f*, Leuchtkugel *f*; **~ balistyczna** MIL Langstreckenrakete *f*
rakieta² F (-y) Tennisschläger *m*
rakiet|ka F (-i; gen -tek) Tischtennisschläger *m*; **~nica** F (-y; -e) Leuchtpistole *f*; **~owy** Raketen-; **wyrzutnia** *f* **~owa** ASTRON Raketenstartrampe *f*; **baza** *f* **~owa** MIL Raketenstützpunkt *m*
rako|twórczy krebserregend; **~wy** Krebs-; **komórka** *f* **~wa** Krebszelle *f*
ra|ma F (-y) Rahmen *m*; **~ma okienna** Fensterrahmen *m*; **~ma rowerowa** Fahrradrahmen *m*; **~my** *pl fig* Rahmen *m*; **w ~mach** (*gen*) *fig* im Rahmen (*gen*)
ramadan M (-u; bpl) REL Ramadan *m*
ramiączk|o N (-a; gen -czek) *sukienki, stanika* Träger *m*; (*wieszak*) Kleiderbügel *m*; **cieniutkie ~a** *m/pl* Spaghettiträger *m/pl*
ram|ię N (-enia; -ona) Arm *m*; (*bark*) Schulter *f*; *cyrkla* Schenkel *m*; *dźwigu* Ausleger *m*; *świecznika, rzeki, krzyża* Arm *m*; **~iona** *pl ośmiornicy* (Fang)Arme *pl*; **wziąć** *pf* **k-o w ~iona** j-n in die Arme schließen *od* nehmen; **rzucić się** *pf* **k-u w ~iona** sich j-m in die Arme werfen; **chwycić** *pf* **za ~ię k-o** j-n am Arm packen; **nieść na ~ionach** auf den Schultern tragen; **przewiesić** *pf* **torbę przez ~ię**

R

e-e Tasche über der Schulter tragen; **zarzucić** *pf* **chustę na ~iona** ein Tuch über die Schulter legen; **szerokie ~iona** *pl* breite Schultern *pl*; **poklepać** *pf* **po ~ieniu k-o** j-m auf die Schulter klopfen; **objął ją ~ieniem** er legte den Arm um ihre Schultern; **sięgać do ~ion k-u** j-m bis zur Schulter reichen; **zarzuciła mu ~iona na szyję** sie schlang ihre Arme um seinen Hals; **zaglądać przez ~ię** über die Schulter gucken; **włosy** *pl* **do ~ion** schulterlange Haare *pl*; **z otwartymi ~ionami** mit offenen Armen; **~ię w ~ię** Schulter an Schulter; **z ~ienia** *(gen)* im Namen, im Auftrag (von *dat*); **wzruszyć** *pf* **~ionami** die Achseln *od* die Schultern zucken

ram|ka F (*-i; gen -mek*) (kleiner) Rahmen *m*; **~ol** M (*-a; -e*) *umg pej* Tattergreis *m*; **~owy** *plan* Rahmen-

ram|pa F (*-y*) Rampe *f*; **światła** *pl* **~py** TEATR Rampenlicht *n*

ra|na F (*-y*) Wunde *f*; **~na kłuta** Stichwunde *f*; **~na cięta** Schnittwunde *f*; **miły, że do ~ny przyłóż** lieb, liebenswürdig; **~y boskie!** du lieber Himmel!

randka F (*-i; gen -dek*) Rendezvous *n*, Date *n*; **~ w ciemno** Blinddate *n*

ran|ek M (*-nka; -nki*) *lit* Morgen *m*; **wczesnym ~kiem** *adv* frühmorgens

ranga F (*-i; gen -*) Rang *m*

ranić ⟨**z-**⟩ (*-ię; rań!*) verletzen (*a. fig*); *kulą* verwunden; **~ się** sich verletzen

raniut|eńko, **~ko** ADV frühmorgens, ganz früh

rank|a F (*-i; gen -nek*) *dim* kleine Wunde *f*, kleine Verletzung *f*; **~ing** M (*-u; -i*) Rangliste *f*

ranny[1] verletzt; *żołnierz, zwierzę* verwundet

ran|ny[2] M (*-ego; -i*), **~na** F (*-ej; -e*) Verletzte(r) *m, f*; **ciężko ~ny** Schwerverletzte(r) *m*

ran|ny[3] Morgen-; **~ny ptaszek** *m fig* Frühaufsteher *m*; **~ne wstawanie** *n* Frühaufstehen *n*; **~ne pantofle** *m/pl* Hausschuhe *m/pl*; **we wczesnych godzinach ~nych** in den frühen Morgenstunden

rano[1] ADV morgens; **wcześnie ~** frühmorgens, früh am Morgen; **dziś ~** heute Morgen; **jutro ~** morgen früh

ra|no[2] N (*-a*) Morgen *m*; **z ~na** am Morgen; **nad ~nem** gegen Morgen

raper M (*-a; -rzy*) Rapper *m*, Rapsänger *m*

raport M (*-u; -y*) Bericht *m*; MIL Meldung *f*

raportować (*-uję*) Bericht erstatten; MIL melden

rapsodia F (*gen dat lok -ii; -e*) MUS Rhapsodie *f*

rapt|em ADV plötzlich, unversehens; *partikel umg* gerade mal; **~owny** *zmiana* plötzlich, unerwartet; *osoba* hitzig, impulsiv

rarytas M (*-u; -y*) (*przysmak*) Leckerbissen *m*; (*rzadkość*) Rarität *f*, Liebhaberstück *n*

ra|sa F (*-y*) Rasse *f* (*a.* ZOOL, BOT); **czystej ~sy** ZOOL reinrassig

rasist|a M (*-y; -ści*) Rassist *m*; **~owski** rassistisch

raso|wy Rassen-, rassisch; ZOOL rassig, Rasse- (*a. fig*); **dyskryminacja** *f* **~wa** Rassendiskriminierung *f*

ra|ta F (*-y*) FIN Rate *f*; **~tami** ratenweise; **kupić** *pf* **na ~ty** auf Raten kaufen; **płacić na ~ty** in Raten bezahlen; **kupno** *n* **na ~ty** Ratenkauf *m*

rataln|y Raten-; **sprzedaż** *f* **~a** Verkauf *m* auf Raten

ratować ⟨**u-**⟩ (*-uję*) retten (**od** *gen* vor *dat*); **~ zasypanych** Verschüttete bergen; **~ życie k-u** j-m das Leben retten; **~ od katastrofy k-o** j-n vor einer Katastrophe retten; **~ sytuację** *fig* die Situation retten; **~ tonącego** e-n Ertrinkenden retten; **~ swoją skórę** seine Haut retten; **~ się** sich retten; **~ się ucieczką** sich durch eine Flucht retten

ratownictwo N (*-a; bpl*) Rettungsdienst *m*; **~ morskie** Seenotrettung *f*; **~ górnicze** Grubenwehr *f*; **~ górskie** Bergrettung *f*, Bergwacht *f*

ratow|niczy *akcja, ekipa* Rettungs-; Bergungs-; **~nik** M (*-a; -cy*) Retter *m*; (*pływak*) Rettungsschwimmer *m*

ratun|ek M (*-nku; bpl*) Rettung *f* (*a. fig*), Hilfe *f*; **~ku!** Hilfe!; **biec na ~ek** zu Hilfe eilen; **~kowy** *akcja* Rettungs-; **kamizelka** *f* **~kowa** Rettungsweste *f*; **koło** *n* **~kowe** Rettungsring *m*; **pogotowie** *n* **~kowe** Rettungsdienst *m*

ratusz M (*-a; -e; -y od -ów*) Rathaus *n*; **~owy** Rathaus-

ratyfikacja F (*-i; -e*) Ratifizierung *f*

ratyfikować (*-uję*) ratifizieren

Ratyzbona F (*-y; bpl*) Regensburg *n*

rausz M (*-u; bpl*) Rausch *m*; **być na ~u** angeheitert sein

raut M (-u; -y) Empfang m, Abendgesellschaft f

raz¹ M (-u; -y) Mal n; **pierwszy ~** erstes Mal n; **dwa ~y** zweimal; **dwa ~y dwa** zwei mal zwei; **ile ~y?** wie oft?, wie viele Male?; **jeszcze ~** noch einmal; **~ po ~** viele Male, wiederholt; **~ na zawsze** ein für alle Mal; **za każdym ~em** jedes Mal; **pewnego ~u** einmal; **tym ~em** diesmal; **w ~ie** (*gen*) im Falle (*gen*); **w każdym ~ie** jedenfalls; **w najlepszym ~ie** bestenfalls; **na przyszły ~** das nächste Mal; **innym ~em** ein andermal; **ostatnim ~em** beim letzten Mal; **ani ~u** nicht einmal, kein einzigs Mal; **w ~ie czego** notfalls; **~ na jakiś czas** ab und zu; **być w sam ~** gerade richtig sein, wie geschaffen sein

raz² ADV (*kiedyś*) einmal; (*wreszcie*) einmal, endlich; **na ~ie** vorläufig, einstweilen; **od ~u** sofort; **~ dwa!** ruck, zuck!; **na ~ie!** bis dann!; *partikel* erstens; **w takim ~ie** also; dann aber

raz³ *num* (*unv*) *umg* ein(s)

razem ADV zusammen; (*wspólnie*) gemeinsam

razić (*rażę*) schockieren, unangenehm berühren (*inst* mit *dat*); *światło* blenden; *pocisk* treffen, verwunden; *prąd* e-n Schlag versetzen; **~ uszy** das Ohr beleidigen

razo|wiec M (-*wca*; -*wce*) *umg* Vollkornbrot n; **~wy** *chleb, bułka* Vollkorn-

razy M/PL (*gen* -*ów*) Schläge pl, Prügel pl

raźniej *komp* ADV: **poczuć się** *pf* **~** sich wohler fühlen

raźny (**-nie** *od* **-no**) munter, rasch; *krok* energisch, flott

rażący (**-co**) *kolor* grell; *światło* blendend; *niesprawiedliwość* schreiend, krass; *błąd* krass, grob; *zaniedbanie* sträflich; *zachowanie* unerhört, anstößig

rażony (*inst*) getroffen (von *dat*); **~ piorunem** vom Blitz getroffen; **~ kulą** von einer Kugel getroffen, verwundet; **jest ~ prądem** er hat e-n Stromschlag bekommen

rąbać ⟨**po-**⟩ (-*ię*) *drewno* hacken; ⟨**wy-**⟩ *drzewa* fällen; *otwór* hauen; ⟨**w-**⟩ (*jeść*) *umg* fressen, verputzen; **rąbać** (*grać*) *umg* klimpern

rąb|ek M (-*bka*; -*bki*) *spódnicy* Saum m; **uchylić** *pf* **~ka tajemnicy** ein Geheimnis lüften

rąbnąć PF (-*nę*) (*uderzyć*) *umg* knallen, hauen; **rąbnąć k-o** *umg* j-m eine runterhauen; (*powiedzieć*) herausplatzen (mit *dat*); **~ się** *umg* sich hauen

rączk|a F (-*i*; *gen* -*czek*) *dim* Händchen n; (*uchwyt*) Griff m; **być złotą ~ką** ein Händchen haben (für *akk*), handwerklich begabt sein

rączy (**-czo**) *lit rumak* schnell

rąk *gen* PL → ręka

rdza F (-*y*; *bpl*) Rost m; **~wobrunatny** rostbraun; **~woczerwony** (**-wo**) rostrot; **~wy** (**-wo**) rostfarben

rdzeniowy ANAT, BOT Mark-

rdzenny *ludność* alteingesessen, Ur-

rdzeń M (-*nia*; -*nie*) BOT Mark n; JĘZ Stamm m; **~ kręgowy** ANAT Rückenmark n

rdzewieć ⟨**za-**⟩ (*3. Pers* -*eje*) (ver)rosten

reagować ⟨**za-**⟩ (-*uję*) reagieren

reakcja F (-*i*; -*e*) Reaktion f (*a.* CHEM); **~ jądrowa** FIZ Kernreaktion f; **~ łańcuchowa** CHEM Kettenreaktion (*a. fig*)

reakcjonista M (-*y*; -*ści*) *pej* Reaktionär m

reakcyjny *pej* reaktionär; CHEM Reaktions-

reaktor M (-*a*; -*y*): **~ jądrowy** FIZ Kernreaktor m

reaktywować (-*uję*) reaktivieren

realia PL (*gen* -*ów*) *lit* Wirklichkeit f, Alltag m; *w utworze* historischer Hintergrund m; Alltagsleben n

realist|a M (-*y*; -*ści*), **~ka** F (-*i*; *gen* -*tek*) Realist(in) m(f)

realistyczny realistisch

realizacja F (-*i*; -*e*) Realisierung f, Verwirklichung f; FILM Realisation f, Produktion f

realizator M (-*a*; -*rzy*), **~ka** F (-*i*; *gen* -*rek*) FILM, RADIO Realisator(in) m(f); **~em planu jest ...** der Plan wird von ... ausgeführt

realizators|ki: **ekipa** *f* **~ka** FILM Filmteam n

realizm M (-*u*; *bpl*) MAL Realismus m; *fig* Realismus m, Nüchternheit f

realizować ⟨**z-**⟩ (-*uję*) realisieren, verwirklichen; *czek, receptę* einlösen

real|ność F (-*ści*; *bpl*) Realität f; **~ny** *zagrożenie* real, tatsächlich; *plan* durchführbar; **~na płaca** *f* Reallohn m; **~na wartość** *f* EKON realer Wert m

reanimować (-*uję*) reanimieren, wiederbeleben

reasumować ⟨**z-**⟩ (-*uję*) *lit* zusammenfassen, rekapitulieren

R

reb|elia F (*gen dat lok -ii; -e*) Rebellion *f*; **~eliant** M (*-a; -ci*) Rebell *m*; **~us** M (*-u; -y*) Bilderrätsel *n*

recenz|ent M (*-a; -ci*) Rezensent *m*; (*kobieta*) Rezensentin *f*; **~entka** (*-i; gen -tek*) *umg* Rezensentin *f*; **~ja** F (*-i; -e*) Rezension *f*, Besprechung *f*

recenzować 〈**z-**〉 (*-uję*) rezensieren, besprechen

recepcja F (*-i; -e*) *w hotelu* Rezeption *f*, Empfang *m*; *fig* Rezeption *f*, Aufnahme *f*

recepcjonist|a M (*-y; -ści*), **~ka** F (*-i; gen -tek*) Rezeptionist(in) *m(f)*, Empfangspersonal *n*

recep|ta F (*-y*) MED Rezept *n* (*a. fig*); **(tylko) na ~tę** verschreibungspflichtig, auf Rezept; **bez ~ty** rezeptfrei; **~tura** F (*-y*) Rezeptur *f*, Zusammensetzung *f*

recesja F (*-i; -e*) EKON Rezession *f*

rechot M (*-u; -y*) *żab* Quaken *n*; (*śmiech*) krächzendes Lachen *n*, unangenehmes Lachen *n*

rechotać (*-czę*) *żaby* quaken; *fig* glucksen, kichern

recital M (*-u; -e*) Recital *n*, Solistenkonzert *n*

recydywa F (*-y*) JUR Rückfall *m*

recydywista M (*-y; -ści*) JUR Wiederholungstäter *m*

recykling M (*-u; bpl*) Recycling *n*, Wiederverwertung *f*

recytować (*-uję*) *wiersz* rezitieren, vortragen

red. (redaktor) Red. (Redakteur)

redagować 〈**z-**〉 (*-uję*) redigieren

redak|cja F (*-i; -e*) Redaktion *f*; **pod ~cją** (*gen*) herausgegeben von (*dat*); **~cyjny** *uwagi* redaktionell; *telefon* Redaktions-

redaktor M (*-a; -rzy*) Redakteur *m*; (*kobieta*) Redakteurin *f*

redukcja F (*-i; -e*) Reduktion *f*; **~ personelu** Personalabbau *m*; **~ etatów** Stellenabbau *m*; **~ płac** Lohnkürzung *f*

redukować 〈**z-**〉 (*-uję*) reduzieren; *etaty* abbauen; *płace* kürzen

re|edukacja F (*-i; bpl*) Resozialisierung *f*; **~edycja** (*-i; -e*) Neuausgabe *f*

referat M (*-u; -y*) Referat *n*; (*biuro*) Abteilung *f*, Referat *n*

referencje F/PL (*gen -i*) Referenzen *pl*, Arbeitszeugnis *n*

referendum N (*unv; -a; gen -ów*) POL Referendum *n*, Volksentscheid *m*

referent M (*-a; -ci*), **~ka** F (*-i; gen -tek*) Referent(in) *m(f)*; (*pracownik*) Sachbearbeiter(in) *m(f)*

referować 〈**z-**〉 (*-uję*) (*akk*) referieren, berichten (über *akk*)

refleks M (*-u; -y*) BIOL Reflex *m*; (*odblask*) (Licht)Reflex *m*, Widerschein *m*; **mieć dobry ~** gute Reflexe haben, schnell reagieren; **~ja** F (*-i; -e*) Reflexion *f*, Nachdenken *n*; **~yjny** nachdenklich, besinnlich

reflektor M (*-a; -y*) AUTO Scheinwerfer *m*

reflektować (*-uję*) Interesse haben, interessiert sein (**na** *akk* an *dat*); **~ na mieszkanie** an einer Wohnung interessiert sein, an einer Wohnung Interesse haben; **~ się** sich besinnen

refo|rma F (*-y*) Reform *f*; **~rmy polityczne** politische Reformen *f/pl*; **~rma szkolnictwa** Bildungsreform *f*; **wymagający ~rm** reformbedürftig

reforma|cja F (*-i; bpl*) HIST Reformation *f*; **~tor** M (*-a; -rzy*) Reformer *m*; HIST Reformator *m*

reformować 〈**z-**〉 (*-uję*) reformieren (*a.* HIST)

refren M (*-u; -y*) MUS Refrain *m*; LIT Kehrreim *m*

refundacja F (*-i; bpl*) Kostenerstattung *f*

refundować (*-uję*) (*akk*) Kosten erstatten (für *akk*)

regał M (*-u; -y*) Regal *n*, Gestell *n*; **~ na książki** Bücherregal *n*

rega|towy SPORT Regatta-; **~ty** PL (*gen -*) SPORT Regatta *f*

regeneracja F (*-i; bpl*) BIOL Regeneration *f*; *fig* Regeneration *f*, Erneuerung *f* (*a.* TECH); CHEM Regeneration *f*, Rückgewinnung *f*

regenerować 〈**z-**〉 (*-uję*) BIOL regenerieren; *fig* regenerieren, erneuern (*a.* TECH); **~ się** BIOL sich regenerieren

regent M (*-a; -ci*), **~ka** F (*-i; gen -tek*) Regent(in) *m(f)*

regle M/PL (*gen -li*) *hoch gelegene Wälder in der Tatra*

region M (*-u; -y*) Region *f*; **~alny** regional

reglamentacja F (*-i; bpl*) *żywności* Rationierung *f*, Kontingentierung *f*

reglamentować (*-uję*) *żywność* rationieren, kontingentieren

regres M (*-u; -y*), **~ja** F (*-i; -e*) *gospodarczy* Regression *f*, Rückgang *m*

regulacja F (-i; -e) *dźwięku, ruchu, rzeki* Regulierung *f*; *prawa, stosunków* Regelung *f*; **~ urodzeń** Geburtenkontrolle *f*

regulamin M (-u; -y) *(statut)* Satzung *f*; *(reguły)* Vorschriften *pl*, Ordnung *f*; **~ korzystania z biblioteki** Benutzungsordnung *f* der Bibliothek; **~owy** vorschriftsmäßig, ordnungsgemäß; satzungsgemäß

regula|rny *połączenie* regulär; *oddech, cykl, rysy* regelmäßig; **~tor** M (-a; -y) TECH Regulator *m*, Regler *m*; *fig* Regulativ *n*, Regulator *m*; **słuchać muzyki na cały ~tor** *umg* die Musik volle Pulle *od* volles Rohr aufdrehen

regulować ⟨**u-**⟩ (-uję) *ruch, rzekę* regulieren; *rachunek* begleichen; *stosunki* regeln; ⟨**na-, wy-**⟩ *odległość, dźwięk* regulieren, einstellen

regu|ła F (-y) Regel *f*; REL Ordensregel *f*; **~ły** *pl* **gry** Spielregeln *pl*; **~ły** *pl* **gramatyczne** grammatische Regeln *pl*; **z ~ły** in der Regel; **to nie jest ~łą** das ist keine Regel; **stać się** *pf* **~łą** zur Regel werden

rehabilitacja F (-i; -e) JUR Rehabilitierung *f*; MED Rehabilitation *f*

rehabilitacyj|ny: **ośrodek** *m* **~ny** Rehabilitationszentrum *n*, Rehazentrum *n*; **ćwiczenia** *pl* **~ne** Krankengymnastik *f*

rehabilitant M (-a; -ci), **~ka** F (-i; *gen* -tek) Krankengymnast(in) *m(f)*

rehabilitować ⟨**z-**⟩ (-uję) JUR, MED rehabilitieren

reinkarnacja F (-i; -e) REL Reinkarnation *f*

rej: **wodzić ~** *fig* den Ton angeben

reja F (-ei; -e, -ei *od* -) MAR Rah(e) *f*

rejestr M (-u; -y) Register *n*, Verzeichnis *n*

rejestrac|ja F (-i; -e) *(ewidencja)* Registrierung *f*, Eintragung *f*; *samochodu* Zulassung *f*, Registrierung *f*; *pacjenta* Aufnahme *f*; Anmeldung *f*; *(numer rejestracyjny)* Kennzeichen *n*; **zapisać się** *pf* **w ~ji** sich in der Aufnahme anmelden; **z zagraniczną ~ją** AUTO mit ausländischem Kennzeichen

rejestracyj|ny AUTO Zulassungs-; **tablica** *f* **~na** Nummernschild *n*; **numer** *m* **~ny** (amtliches) Kennzeichen *n*; **dowód** *m* **~ny** Fahrzeugschein *m*

rejestrator M(-a; -y): **~ lotu** LOT Flugschreiber *m*

rejestratorka F (-i; *gen* -rek) Arzthelferin *f*

rejestrować ⟨**za-**⟩ (-uję) AUTO anmelden; TECH aufzeichnen, registrieren; *dźwięk* aufzeichnen, aufnehmen; *(notować)* registrieren; *(wpisywać)* eintragen, aufnehmen; **~ się** *u. lekarza* sich einen Termin geben lassen; sich anmelden

rejon M (-u; -y) Region *f*, Gebiet *n*; ADMIN Bezirk *m*; **~owy** ADMIN Bezirks-

rejs M (-u; -y) MAR Fahrt *f*; Kreuzfahrt *f*; LOT Flug *m*; **dziewiczy ~** MAR Jungfernfahrt *f*; **gotowy do ~u** MAR seeklar

rejsowy: **lot** *m* **~** LOT regulärer Flug *m*

rekcja F (-i; -e) JĘZ Rektion *f*

rekin M (-a; -y) ZOOL Hai *m* (*a. fig*)

rekla|ma F (-y) Werbung *f*, Reklame *f*; **~ma telewizyjna** Fernsehwerbung *f*; **~ma prasowa** Werbeanzeige *f*; **specjalista** *m* **od ~my** Werbeberater *m*; **dział** *m* **~my** Werbeabteilung *f*; **zakaz** *m* **~my** Werbeverbot *n*

reklamacja F (-i; -e) HANDEL Reklamation *f*, Beschwerde *f*

reklamować ⟨**za-**⟩ (-uję) HANDEL reklamieren, sich beschweren; **~** *(akk)* *(robić reklamę)* werben (für *akk*); **~ pastę do zębów** für Zahnpasta werben, Zahnpastawerbung machen

reklamowy *agencja, kampania* Werbe-; *tablica* Werbe-, Reklame-

reklamówka F (-i; *gen* -wek) *umg* *(torba plastikowa)* Plastiktüte *f* *(broszura)* Werbebroschüre *f*; *(rzecz)* Werbegeschenk *n*; *(film)* Werbespot *m*

rekolekcje PL (*gen* -i) REL Exerzitien *pl*

rekomendac|ja F (-i; -e) Empfehlung *f*; Empfehlungsschreiben *n*; **za ~ją** auf Empfehlung

rekomendować (-uję) empfehlen

rekompensata F (-y; *gen* -) *straty* Entschädigung *f*; *fig* Kompensation *f*

rekompensować ⟨**z-**⟩ *stratę* entschädigen; *winę* wiedergutmachen; *(zastępować)* kompensieren; **~ sobie** sich kompensieren

rekonstruować ⟨**z-**⟩ rekonstruieren

rekonwalescencja F (-i; *bpl*) Rekonvaleszenz *f*, Genesung *f*; *(czas)* Rekonvaleszenz *f*, Genesungszeit *f*

rekonwalescent M (-a; -ci), **~ka** F (-i; *gen* -tek) Rekonvaleszent(in) *m(f)*, Genesende(r) *m, f*

rekord M (-u; -y) SPORT Rekord *m* (*a. fig*); Höchstleistung *f*; **~ halowy** SPORT Hallenrekord *m*; **~ świata** SPORT Weltrekord *m*;

R

pobić *pf* ~ e-n Rekord brechen; **~owy** Rekord-; **w ~owym czasie** in Rekordzeit
rekordzis|ta M (*-y; -ści*), **~tka** F (*-i; gen -tek*) SPORT Rekordhalter(in) *m(f)*; **~ta świata** Weltrekordler *m*
rekreacja F (*-i; bpl*) Ausgleichssport *m*, Fitnesstraining *n*; Animation *f*
rekreacyj|ny Erholungs-; Fitness-; **zajęcia** *pl* **~ne** Sport- und Freizeitaktivitäten *pl*; Animation *f*
rekrut M (*-a; -ci*) Rekrut *m*; **~acja** F (*-i; bpl*) MIL Einberufung *f*; *uczniów, studentów* Aufnahme *f*
rekrutować (*-uję*) MIL einberufen, einziehen; *uczniów, studentów* aufnehmen; **~ się** sich rekrutieren (**z** *gen* aus *dat*)
rektor M (*-a; -rzy*) Rektor *m*; (*kobieta*) Rektorin *f*
rekultywacja F (*-i; bpl*) Rekultivierung *f*
rekwiem N (*unv*) MUS Requiem *n*, Totenmesse *f*
rekwirować ⟨**za-**⟩ (*-uję*) requirieren, beschlagnahmen
rekwi|zycja F (*-i; bpl*) Beschlagnahmung *f*; **~zyt** M (*-u; -y*) TEATR Requisit *n*; **~zytornia** F (*-i; -e*) TEATR Requisitenkammer *f*
relac|ja F (*-i; -e*) (*sprawozdanie*) Bericht *m*; (*stosunek*) Relation *f*, Verhältnis *n*; KOLEJ Strecke *f*; **zdać** *pf* **~ję** (**z** *gen*) berichten (über *akk*); **pociąg ~ji Warszawa - Berlin** der Zug von Warschau nach Berlin
relacjonować ⟨**z-**⟩ (*-uję*) (*akk*) berichten, Bericht erstatten (über *akk*)
relaks M (*-u; bpl*) Entspannung *f*
relaksować ⟨**z-**⟩ (*-uję*) entspannen; **~ się** sich entspannen
relatywizm M (*-u; bpl*) Relativismus *m*
relatywizować ⟨**z-**⟩ (*-uję*) relativieren
relatywny relativ, verhältnismäßig
relegacja F (*-i; -e*) *lit* Relegation *f*, Verweisung *f*
relegować (*-uję*) *lit* relegieren, verweisen
relief M (*-u; -y*) MAL Relief *n*
relig|ia F (*gen dat lok -ii; -e*) Religion *f*; **~ia świata** Weltreligion *f*; **nauka** *f* **~ii** Religionsunterricht *m*
religij|ność F (*-ści; -bpl*) Religiosität *f*; **~ny** *osoba, obrzęd* religiös; *wojna, wolność* Religions-, Glaubens-
religioznawstwo N (*-a; bpl*) Religionswissenschaft *f*
relik|t M (*-u; -y*) Relikt *n*, Überbleibsel *n*; **~wia** F (*gen dat lok -ii; -e*) REL Reliquie *f* (*a. fig*); **~wiarz** M (*-a; -e*) REL Reliquiar *n*, Reliquienschrein *m*
rem|anent M (*-u; -y*) *sklepu* Inventur *f*; **~is** M (*-u; -y*) SPORT Unentschieden *n*
remisować ⟨**z-**⟩ (*-uję*) SPORT unentschieden spielen
remisowy (**-wo**) SPORT unentschieden
remiza F (*-y*): **~ strażacka** Feuerwache *f*
remo|nt M (*-u; -y*) Überholung *f*, Instandsetzung *f*; *mieszkania* Renovierung *f*; **być w ~ncie** renoviert werden; **~nt kapitalny** Grundüberholung *f*
remontować ⟨**wy-**⟩ (*-uję*) *mieszkanie, budynek* renovieren; TECH reparieren, überholen
remontowy Renovierungs-; TECH Reparatur-, Ausbesserungs-
Ren M (*-u; bpl*) Rhein *m*; **nad ~em** am Rhein
rencist|a M (*-y; -ści*), **~ka** F (*-i; gen -tek*) Rentner(in) *m(f)*
renegat M (*-a; -ci*) *lit pej* Renegat *m*, Abtrünnige(r) *m*
renesans M (*-u; bpl*) MAL Renaissance *f* (*a. fig*)
renifer M (*-a; -y*) Ren(tier) *n*
reniferowy: **chrobotek** *m* **~** BOT Rentierflechte *f*
reno|ma F (*-y; bpl*) Ansehen *n*, guter Ruf *m*; **~mowany** renommiert, angesehen; **~wacja** F (*-i; -e*) *dworku* Restaurierung *f*
ren|ta F (*-y*) Rente *f*; **~ta starcza** Altersrente *f*; **być na ~cie** Rente beziehen; Rentner sein; **~ta inwalidzka** Invalidenrente *f*, Berufsunfähigkeitsrente *f*
rentgen M (*-a; -y*) *umg* Röntgenapparat *m*; Röntgenbild *n*; **zrobić** *pf* **sobie ~** sich röntgen lassen
rentgenogram M (*-u; -y*) Röntgenbild *n*, Röntgenaufnahme *f*
rentgenowski Röntgen-; **zdjęcie** *n* **~e** Röntgenbild *n*; **badanie** *n* **~e** Röntgenuntersuchung *f*
rentowność F (*-ści; bpl*) Rentabilität *f*
rentowny rentabel, einträglich
reński: **wino** *n* **~e** Rheinwein *m*
reorganizować ⟨**z-**⟩ (*-uję*) reorganisieren
reparacje PL (*gen -i*) POL Reparationen *pl*, Reparationsleistung *f*; (*zapłata*) Reparationszahlung *f*

knajpa i restauracja

bar	die Bar
ogródek piwny	der Biergarten
kawiarnia	das Café
restauracja samoobsługowa/ bar samoobsługowy	die Cafeteria
pub	die Kneipe
restauracja	das Restaurant
bar mleczny	*kommunal subventionierte, einfache Selbstbedienungsgaststätte, wo man billig essen kann*
knajpa	die Kneipe (*saloppe Bezeichnung*)

repatriacja F (*-i; bpl*) POL *jeńców* Heimkehr *f*, Repatriierung *f*
repatriant M (*-a; -ci*), **~ka** F (*-i; gen -tek*) *wojenny* Heimkehrer(in) *m(f)*
reperac|ja F (*-i; -e*) Reparatur *f*; **wymagać ~ji** reparaturbedürftig sein
reperkusje F/PL (*gen -i*) negative Konsequenzen *f/pl*, negative Folgen *f/pl*
reperować ⟨**z-**⟩ (*-uję*) reparieren
repertuar M (*-u; -y*) Repertoire *n*, Spielplan *m*
repe|ta F (*-y*) *umg* Nachschlag *m*, zusätzliche Portion *f*; **mieć ~tę** *w szkole umg* sitzen bleiben
repetować ⟨**za-**⟩ (*-uję*) *broń* (durch)laden; **repetować klasę** *umg* sitzen bleiben, e-e Klasse wiederholen
replika F (*-i*) *lit* Replik *f*, schlagfertige Antwort *f*
reportaż M (*-u; -e*) Reportage *f*; **~ telewizyjny** Filmreportage *f*
reporter M (*-a; -rzy*) Reporter *m*, Berichterstatter *m*; (*kobieta*) Reporterin *f*, Berichterstatterin *f*
reporter|ka F (*-i; gen -rek*) *umg* Reporterin *f*, Berichterstatterin *f*; **~ski** Reporter-
repres|je F/PL (*gen -i*) Repressionen *f/pl*; **~yjny** repressiv
reprezentac|ja F (*-i; -e*) Repräsentation *f*, Vertretung *f*; SPORT Mannschaft *f*; **~ja narodowa** SPORT Nationalmannschaft *f*; **~yjny** *charakter, funkcja* repräsentativ
reprezentant M (*-a; -ci*), **~ka** F (*-i; gen -tek*) Repräsentant(in) *m(f)*, Vertreter(in) *m(f)*
reprezentować (*-uję*) repräsentieren, vertreten; (*przedstawiać*) repräsentativ sein, darstellen
reprodukcja F (*-i; -e*) *obrazu* Reproduktion *f*; (*ilustracja*) Abbildung *f*
repry|menda F (*-y*) Standpauke *f*; **~watyzacja** F (*-i; bpl*) Reprivatisierung *f*
republika F (*-i*) Republik *f*; **♀ Federalna Niemiec** Bundesrepublik *f* Deutschland
republik|anin M (*-a, -anie, -*), **~anka** F (*-i; gen -nek*) Republikaner(in) *m(f)*
republikański republikanisch
reputac|ja F (*-i; -e*) (*opinia*) Ruf *m*; Reputation *f* **psuć ~ję k-u** j-n in Verruf bringen
resocjalizacja F (*-i; bpl*) Resozialisierung *f*
resor M (*-u od -a; -y*) AUTO (Blatt)Feder *f*; **na ~ach** gefedert, mit Federung; **bujda** *f* **na ~ach** *umg* Flunkerei *f*
resorpcja F (*-i; bpl*) BIOL Resorption *f*
resort M (*-u; -y*) Ressort *n*; Zuständigkeitsbereich *m*; **~owy** Ressort-
respekt M (*-u; bpl*) Respekt *m*, (Hoch)Achtung *f*; **mieć ~ dla** (*gen*) Respekt haben vor (*dat*)
respektować (*-uję*) respektieren, achten
respirator M (*-a; -y*) MED Beatmungsgerät *n*, Respirator *m*
respondent M (*-a; -ci*), **~ka** F (*-i; gen -tek*) Befragte(r) *m, f*
restaurac|ja[1] F (*-i; -e*) (*lokal*) Restaurant *n*; **iść do ~ji** ins Restaurant gehen
restauracja[2] F (*-i; -e*) (*odnawianie*) Restaurierung *f*; POL Restauration *f*
restauracyjka F (*-i; gen -jek*) *dim* kleines Restaurant *n*
restauracyjny: **wagon ~** *m* KOLEJ Speisewagen *m*; **personel** *m* **~** Bedienungspersonal *n*
restaurator[1] M (*-a; -rzy*) (*konserwator*)

R

Restaurator *m*; (*kobieta*) Restauratorin *f*
restaurator² M (*-a*; *-rzy*), **~ka** F (*-i*; *gen -rek*) Gastwirt(in) *m(f)*
restaurować ⟨**od-**⟩ (*-uję*) *zabytki* restaurieren
restrukturyzować (*-uję*) umstrukturieren
restrykcje F/PL (*gen -i*) Restriktionen *f/pl*
reszka F (*-i*) *monety* Avers *m*; **orzeł czy ~?** Kopf oder Zahl?
resz|ta F (*-y*) Rest *m*; (*pieniądze*) Wechselgeld *n*; **~ta rzeczy** der Rest der Sachen, die übrigen Sachen; **~ta gości** der Rest der Gäste, die übrigen Gäste; **~tę życia spędził na wsi** den Rest seines Lebens verbrachte er auf dem Lande; **bez ~ty** restlos; **do ~ty** vollends; **~ty nie trzeba!** stimmt so!; **~tka** F (*-i*; *gen -tek*) (kleiner) Rest *m*; **~tki** *pl* (*jedzenie*) (Essens)Reste *pl*; **~tka sera** (kleiner) Rest *m* Käse; **~tki sił** letzte Kraft *f*; **~tki** *pl* **materiału** Stoffreste *pl*
retoryczny rhetorisch
retransmisja F (*-i*; *-e*) RADIO Wiederholung *f*
retrospektywny retrospektiv; **przegląd** *m* **~** Retrospektive *f*
retusz M (*-u*; *-e*) FOTO Retusche *f* (*a. fig*); *tekstu* (kleine) Korrektur *f*
retuszować ⟨**wy-**⟩ (*-uję*) FOTO retuschieren
rety INT: **~!** *umg* meine Güte!
reumaty|czny Rheuma-, rheumatisch; **~zm** M (*-u*; *bpl*) Rheuma *n*
rewaloryzacja F (*-i*; *-e*) FIN Aufwertung *f*; *zabytków* Restaurierung *f*
rewanż M (*-u*; *-e*) Revanche *f*, Gegenleistung *f*; (*zemsta*) Revanche *f*, Vergeltung *f*; SPORT Revanchespiel *n*; **w ~u za pomoc** als Revanche für e-e Hilfe
rewanżować się ⟨**zrewanżować się**⟩ (*-uję*) (**za** *akk*) sich revanchieren, sich bedanken (für *akk*); (*mścić się*) sich revanchieren (für *akk*)
rewanżowy: **mecz** *m* **~** SPORT Revanchespiel *n*
rewelac|ja F (*-i*; *-e*) Sensation *f*, aufsehenerregende Sache *f*; Entdeckung *f*, **to ~ja!** das ist ja sensationell!; **~yjny** sensationell, brillant
rewers M (*-u*; *-y*) *monety* Revers *n*, Rückseite *f*; *w bibliotece* Leihschein *m*
rewia F (*gen dat lok -ii*; *-e*) Revue *f*; **~ mody** Modeschau *f*
rewident M (*-a*; *-ci*), **~ka** F (*-i*; *gen -tek*) (Buch)Prüfer(in) *m(f)*
rewidować ⟨**z-**⟩ (*-uję*) *bagaż* durchsuchen; *zdanie, opinię* revidieren
rewindykacja F (*-i*; *-e*) *ofic dzieł sztuki* Rückforderung *f*; Rückgabe *f*
rewiowy Revue-
rewir M (*-u*; *-y*) LEŚN Forstrevier *n*; ŁOW Jagdrevier *n*
rewiz|ja F (*-i*; *-e*) *mieszkania* Durchsuchung *f*; *ksiąg finansowych* Revision *f*, Prüfung *f*; *ustawy* Revision *f*, Abänderung *f*; *poglądów* Revision *f*, Änderung *f*; JUR Revision *f*; **~ja osobista** Leibesvisitation *f*; **nakaz** *m* (**dokonania**) **~ji** Durchsuchungsbefehl *m*; **przeprowadzić** *pf* **~ję mieszkania** e-e Wohnung durchsuchen
rewizjonista M (*-y*; *-ści*) POL Revisionist *m*
rewizjonistyczny POL revisionistisch
rewizyj|ny: **komisja** *f* **~na** *koll* Rechnungsprüfer *pl*; **sąd** *m* **~ny** JUR Revisionsgericht *n*
rewizyta F (*-y*; *-*) Gegenbesuch *m*
rewoluc|ja F (*-i*; *-e*) POL Revolution *f* (*a. fig*); **℞ja październikowa** HIST Oktoberrevolution *f*; **Wielka ℞ja Francuska** HIST Französische Revolution *f*; **~ja kulturalna** HIST Kulturrevolution *f*; **przywódca** *m* **~ji** Revolutionsführer *m*
rewolucjonist|a M (*-y*; *-ści*), **~ka** F (*-i*; *gen -tek*) Revolutionär(in) *m(f)*
rewolucjonizować ⟨**z-**⟩ (*-uję*) *fig* revolutionieren
rewolucyjny POL Revolutions-, revolutionär (*a. fig*)
rewolwer M (*-u*; *-y*) Revolver *m*
rezer|wa F (*-y*) (*zapasy*) Reserven *f/pl*; MIL Reserve *f*; SPORT Ersatzspieler *pl*, Reserve *f*; *fig* Reserve *f*, Zurückhaltung *f*; **mieć** *od* **trzymać w ~wie** in Reserve haben *od* halten; **z ~wą** *adv* zurückhaltend, reserviert
rezerwac|ja F (*-i*; *-e*) *miejsca, pokoju* Reservierung *f*; *biletu* Buchung *f*, Reservierung *f*; **~ja miejsca** Platzreservierung *f*; **z ~ją** reservierungspflichtig
rezer|wat M (*-u*; *-y*) Reservat *n*; **~wat przyrody** Naturschutzgebiet *n*; **~wista** M (*-y*; *-ści*) MIL Reservist *m*
rezerwować ⟨**za-**⟩ (*-uję*) *miejsce, pokój, stolik* reservieren; *bilet* buchen, reservieren

R

rezer|wowy SPORT Ersatz-, Reserve-; **~wuar** M (-u; -y) Reservoir *n*

rezolu|cja F (-i; -e) Resolution *f*, Beschluss *m*; **~tność** F (-ści; bpl) resolute Art *f*; **~tny** resolut

rezonans M (-u; -e) FIZ Resonanz *f* (*a. fig*); **~owy** FIZ Resonanz-

rezonować (-uję) räsonieren, belehren

rezulta|t M (-u; -y) Ergebnis *n*, Resultat *n*; **w ~cie** schließlich, im Endergebnis

rezurekcja F (-i; -e) REL Ostermesse *f*; Osternacht *f*

rezurekcyj|ny: **procesja** *f* **~na** REL Osterprozession *f*

rezydencja F (-i; -e) Residenz *f*

rezydować (-uję) residieren

rezygnac|ja F (-i; -e) Resignation *f*, Mutlosigkeit *f*; *ze stanowiska* Rücktritt *m*, Zurücktreten *n*; **~ja z urzędu** Niederlegung *f* eines Amtes; **złożyć** *pf* **~ję** zurücktreten; **~ja z** (*gen*) Verzicht *m* auf (*akk*)

rezygnować ⟨**z-**⟩ (-*uję*) (**z** *gen*) verzichten (auf *akk*); **~ z okazji** sich e-e Gelegenheit entgehen lassen; **rezygnować** *v/i* aufgeben

reżim, ~ym M (-u; bpl) POL Regime *n*; *fig* strenge Disziplin *f*

reżyser M (-a; -rzy; -rów) Regisseur *m*; (*kobieta*) Regisseurin *f*; **~ filmowy** Filmregisseur *m*; **~ia** F (*gen dat lok -ii; bpl*) Regie *f*, Regieführung *f*; **w ~ii** (*gen*) unter der Regie von (*dat*)

reżyserka F (-i; *gen -rek*) *umg* Regisseurin *f*; *umg* Regie *f*

reżyserować ⟨**wy-**⟩ (-*uję*) *v/t* Regie führen (bei *dat*)

reżyserski Regie-

ręce PL → ręka

ręcznie ADV von Hand, per Hand; manuell; **~ robiony** handgearbeitet, handgemacht; **~ napisany** handgeschrieben; **~ szyty** handgenäht; **~ malowany** handgemalt; **~ napędzany** handbetrieben; **napisać** *pf* **~** mit der Hand schreiben

ręcznik M (-a; -i; -ów) Handtuch *n*; **~ kąpielowy** Badehandtuch *n*

ręczn|y Hand-; manuell; **~a robota** *f* Handarbeit *f*; **~y hamulec** *m* Handbremse *f*; **prace** *pl* **~e** Handarbeiten *pl*; **napęd** *m* **~ny** TECH Handbetrieb *m*; **bagaż** *m* **~y** Handgepäck *n*; **piłka** *f* **~a** Handball *m*

ręczyć (-ę) bürgen (**za** *akk* für *akk*); **ręczę ci, że ...** ich versichere dir, dass ...; **ręczę, że ...** ich bin mir sicher, dass ...

rę|ka F (-i, *lok ręce od ręku; ręce, rąk, rękami od rękoma, lok rękach*) (*dłoń*) Hand *f*; *umg* Arm *m*; **podać** *pf* **~kę k-u** j-m die Hand geben; **złamać** *pf* **sobie ~kę** sich den Arm brechen; **trzymać za ~kę** an der Hand halten; **oddać** *pf* **do rąk** aushändigen; **z rąk do rąk** von Hand zu Hand; **od ~ki** *adv* umgehend, sofort; **iść pod ~kę** untergehakt gehen; **~ka w ~kę** Hand in Hand; **to jest mi na ~kę** das kommt mir gelegen; **mieć pod ~ką** bei der Hand haben, griffbereit haben; **iść na ~kę k-u** *fig* j-m entgegenkommen; **dać** *pf* **wolną ~kę k-u** j-m freie Hand lassen; **na własną ~kę** auf eigene Faust; **do rąk własnych** zu Händen; **mieć pełne ręce roboty** alle Hände voll zu tun haben; **własnymi rękami** mit eigenen Händen; **ręce przy sobie!** Hände weg!; **ręce do góry!** Hände hoch!; **prosić o ~kę** e-n Heiratsantrag machen; **mieć dwie lewe ręce** zwei linke Hände haben; **być w dobrych rękach** in guten Händen sein

rękaw M (-a; -y) Ärmel *m*; LOT Windsack *m*; **bez ~ów** ärmellos, ohne Ärmel; **sypać jak z ~a** *fig* aus dem Ärmel schütteln; **zakasać** *pf* **~y** *fig* die Ärmel hochkrempeln

rękawi|ce F/PL (*gen* -) (große) Handschuhe *m/pl*; **~ce ochronne** Arbeitshandschuhe *m/pl*; **gumowe ~ce** Gummihandschuhe *m/pl*; **~ce bokserskie** Boxhandschuhe *pl*; **~ca kąpielowa** Waschhandschuh *m*

rękawicz|ki F/PL (*gen -czek*) Handschuhe *m/pl*; **skórzane ~ki** *f/pl* Lederhandschuhe *m/pl*; **~ki** *f/pl* **z jednym palcem** Fausthandschuhe *m/pl*; **para** *f* **~ek** ein Paar Handschuhe; **zmieniać jak ~ki** (*akk*) wechseln wie das Hemd (*akk*)

rękoczyn|y M/PL (*gen -ów*) Handgreiflichkeiten *f/pl*; **posunąć się** *pf* **do ~ów** handgreiflich werden

rękodzieło N (-a; bpl) Kunsthandwerk *n*

rękojeść F (-ści) *noża, broni* Griff *m*

ręko|jmia F (-i; -e) *bezpieczeństwa, pokoju* Garantie *f*; HANDEL Bürgschaft *f*; **~pis** M (-u; -y) Manuskript *n*; *średniowieczny* Handschrift *f*

RFN (**Republika Federalna Niemiec**) HIST BRD (Bundesrepublik Deutschland)

ri|ng M (-u; -i) SPORT (Box)Ring *m*; **~posta**

robić i czynić

robić obiad	das Mittagessen vorbereiten
robić zakupy	Einkäufe machen
robić komuś nadzieje	jemandem Hoffnungen machen
czynić cuda	Wunder wirken
nie chcę mieć z nim do czynienia	ich will nichts mit ihm zu tun haben
to czyni zadość moim oczekiwaniom	das entspricht meinen Erwartungen

F (-y) *lit* schlagfertige Antwort *f*; **dać ~postę** kontern

robactwo N (-a) *koll* Ungeziefer *n*

robacz|ek M (-czka; -czki) *dim* Würmchen *n*; **~ek świętojański** Glühwürmchen *n*; **(mój) ~ku** (mein) Kätzchen, (mein) Schatz

robaczko|wy: **wyrostek** *m* **~wy** ANAT Blinddarm *m*; **ruchy** *pl* **~we** MED Peristaltik *f*; **zapalenie** *n* **wyrostka ~wego** Blinddarmentzündung *f*

robaczyca F (-y; *bpl*) Wurmkrankheit *f*

robaczywieć ⟨z-⟩ (3. *Pers* -eje) *owoce, grzyby* wurmstichig werden, Maden bekommen

robaczywy *jabłko, grzyb* wurmstichig, madig

rob|ak M (-a; -i) Wurm *m*; *w jabłku, w mięsie* Made *f*; **~aki** *pl* MED Würmer *pl*; **zalewać ~aka** *umg* seinen Kummer im Alkohol ertränken; **~al** M (-a; -e) *umg* eckliger Wurm *m*

robić ⟨z-⟩ (-ię, *rób!*) machen; **robić** *v/i umg* arbeiten; malochen; **~ zakupy** einkaufen, Einkäufe machen; **~ porządki** aufräumen, putzen; **~ pranie** die Wäsche machen; **~ miny** Grimassen schneiden; **~ użytek z** (*gen*) Gebrauch machen von (*dat*); **~ na drutach** stricken; **~ pieniądze** *umg* Kohle machen; **co on robi?** was macht er?; **co ~ (z** *inst*) was soll man machen (mit *dat*)?; **robić sobie nadzieję** sich Hoffnungen machen; **robić sobie wrogów** sich Feinde machen; **~ wyjątek** e-e Ausnahme machen; **nic sobie nie ~ z** (*inst*) sich nichts machen aus (*dat*); **robić trudności k-u** j-m Schwierigkeiten machen; **~ w konia k-o** *umg* j-n zum Narren halten; **~ na złość k-u** j-n ärgern; **~ wstyd k-u** j-n bloßstellen, j-n kompromittieren; **~ z igły widły** aus einer Mücke einen Elefanten machen; **to ci dobrze zrobi** das wird dir guttun; **robić swoje** sich nicht beirren lassen; **~ cztery kilometry** zwei Kilometer zurücklegen; **~ siusiu** *umg* pinkeln, Pipi machen

robić się ⟨z-⟩ (3. *Pers* -i) werden; **robi się ciepło** es wird warm; **robi się późno** es wird spät; **zrobiło mi się smutno** mir wurde traurig zumute; **zrobiło mi się słabo** ich wurde fast ohnmächtig; **zrobiło mi się ciemno przed oczami** mir wurde schwarz vor den Augen; **już się robi!** *umg* wird gemacht!, sofort!

roboci|arz M (-a; -e) *umg* Arbeiter *m*; **~zna** F (-y; *bpl*) Arbeit *f*; (*koszt pracy*) (Arbeits)Lohn *m*; **koszty** *pl* **~zny** Lohnkosten *pl*

roboczogodzina F (-y) *ofic* Arbeitsstunde *f*

robo|czy *ubranie, rękawice* Arbeits-; **dzień** *m* **~czy** Werktag *m*; **zespół** *m* **~czy** Arbeitsgruppe *f*; **wizyta** *f* **~cza** POL Arbeitsbesuch *m*, Arbeitstreffen *n*; **siła** *f* **~cza** Arbeitskräfte *pl*; **pamięć** *f* **~cza** EDV Arbeitsspeicher *m*

rob|ol M (-a; -e) *umg pej* Malocher *m*; **~ot** M (-a; -y) Roboter *m*; **~ot kuchenny** Küchenmaschine *f*

robo|ta F (-y; *gen robót*) *umg* Arbeit *f*; **czarna ~ta** Dreckarbeit *f*; **krecia ~ta** *pej* Wühlarbeit *f*; **~ty** *pl* **drogowe** Straßenarbeiten *pl*; **~ty** *pl* **przymusowe** HIST Zwangsarbeit *f*; **po ~cie** *umg* nach der Arbeit, nach Feierabend; **własnej** *od* **swojej ~ty** KULIN selbst gemacht; *ciasto* selbst gebacken; **nie mieć nic do ~ty** nichts zu tun haben; **~ta pali mu się w rękach** die Arbeit geht ihm schnell von der Hand

robot|nica F (-y; -e) Arbeiterin *f* (*a.* ZOOL); **~niczy** *ruch, klasa, hotel* Arbeiter-; **~nik** M (-a; -cy) Arbeiter *m*; **~nik budowlany** Bauarbeiter *m*; **~nik portowy** Hafenarbeiter *m*; **~nik wykwalifikowany** gelernter Arbeiter *m*

robót|ka F (-i; *gen* -tek): **~ki** *pl* **ręczne**

R

Handarbeit *f*; **~ka na drutach** Strickarbeit *f*, Stricken *n*

rock M (*-a*; *bpl*) MUS Rock *m*; **~owy** MUS Rock-

roczek N (*-czku*; *latka*) *dim* Jahr *n*; **dziecko ma już ~** das Kind ist schon ein Jahr alt

rocz|nica F (*-y*; *-e*) Jahrestag *m*; **trzecia ~nica ślubu** dritter Hochzeitstag *m*; **~nica śmierci** Todestag *m*; **~nie** ADV jährlich, pro Jahr

rocznik M (*-a*; *-i*) Jahrgang *m*; (*druk*) Jahrbuch *n*; **~i** *pl* Annalen *pl*

roczny jährlich, Jahres-; *dziecko* einjährig

rod|aczka F (*-i*; *gen -czek*) Landsmännin *f*; **~ak** M (*-a*; *-cy*) Landsmann *m*; **~acy** *pl* Landsleute *pl*

rodnik M (*-a*; *-i*) CHEM Radikal *n*

rod|ny: **drogi** *pl* **~ne** Geburtskanal *m*

rodowity gebürtig; **~ Polak** *m* gebürtiger Pole *m*

rodowód M (*-odu*; *-ody*) Herkunft *f*, Abstammung *f*; (*dzieje rodu*) Stammbaum *m*; (*przedstawienie*) Ahnentafel *f*, Stammbaum *m*; **pies** *m* **z rodowodem** Hund *m* mit Stammbaum

rodo|wy: **nazwisko** *n* **~we** Mädchenname *m*, Geburtsname *m*; **szlachta** *f* **~wa** Erbadel *m*; **walki** *pl* **~we** Fehden *pl*

rody PL → ród

rodzaj M (*-u*; *-e*; *gen -ów*) Art *f*; BIOL, LIT Gattung *f*; JĘZ Genus *n*, Geschlecht *n*; **~ ludzki** Menschengeschlecht *n*; **coś w ~u** (*gen*) etwas in der Art von (*dat*), etwas wie (*nom*); **jedyny w swoim ~u** einzigartig; **~nik** M (*-a*; *-i*) GRAM Artikel *m*

rodzajo|wy: **malarstwo** *n* **~we** Genremalerei *f*

rodzeńst|wo N (*-a*) Geschwister *pl*; **nie mam ~wa** ich habe keine Geschwister; **mam troje ~wa** ich habe drei Geschwister

rodzi|c M (*-a*) *ofic* Elternteil *m*; **~ce** PL (*gen -ów*) Eltern *pl*; **moi ~ce** meine Eltern; **~ce chrzestni** Patentante *f* und Patenonkel *m*; **~ce przybrani** Pflegeeltern *pl*; **~cielski** elterlich, Eltern-; **wieczór** *m* **~cielski** Elternabend *m*; **komitet** *m* **~cielski** Elternbeirat *m*, Elternvertretung *f*

rodzić ⟨**u-**⟩ (*-dzę*, *ródź!*) gebären, (ein Kind) zur Welt bringen; ZOOL Junge bekommen, werfen; **~ się** geboren werden, zur Welt kommen; ⟨**z-**⟩ *fig* erzeugen, schaffen; **~ się** *fig* entstehen, sich entwickeln; **rodzić** AGR tragen; **rodzić się** AGR wachsen, gedeihen

rodzimy *historia*, *literatura* national; *handel*, *przemysł* Inlands-, inländisch; (*miejscowy*) einheimisch; (*swojski*) heimatlich; **~ użytkownik** *m* **języka** Muttersprachler *m*

rodzi|na F (*-y*) Familie *f* (*a.* BIOL); **~na wielodzietna** kinderreiche Familie *f*; **~na zastępcza** Pflegeeltern *pl*; **daleka ~na** entfernte Familie *f*; **ojciec** *m* **~ny** Familienvater *m*; **głowa ~ny** Familienoberhaupt *n*; **założyć** *pf* **~nę** e-e Familie gründen; **~na zmarłego** Hinterbliebene *pl*; **~na panującego** Herrscherhaus *n*; **bez ~ny** ohne (Familien)Anhang; **~na językowa** JĘZ Sprachfamilie *f*; **Święta ≈na** REL die Heilige Familie

rodzinka F (*-i*; *gen -nek*) *dim* Familie *f*; **ładna ~!** *iron* e-e schöne Familie!

rodzin|ny *uroczystość*, *pamiątki*, *sprawy* Familien-; **dom** *m* **~ny** Elternhaus *n*; **kraj** *m* **~ny** Heimat *f*, Heimatland *n*; **miasto** *n* **~ne** Heimatstadt *f*; **w ~nym gronie** im Familienkreis; **on jest bardzo ~ny** er ist ein Familienmensch

rodzony leiblich

rodzynek M (*-nka*; *-nki*) Rosine *f*; *fig* Hahn *m* im Korb

rodzynki M/PL *od f/pl* (*gen -ków od -nek*) Rosinen *f/pl*

rogacizna F (*-y*; *bpl*) *koll* Hornvieh *n*, Rindvieh *n*

rogacz M (*-a*; *-e*) ZOOL Hirsch *m*; *fig pej* Hahnrei *m*

rogal M (*-a*; *-e*), **~ik** M (*-a*; *-i*) KULIN Hörnchen *n*

rogatk|i F/PL (*-tek*) Ausfallstraße *f*; Schlagbaum *m*; **za ~ami miasta** an der Ausfallstraße, außerhalb der Stadt(grenze)

roga|ty *zwierzę* gehörnt; *osoba*, *charakter* widerspenstig; **bydło** *n* **~te** Hornvieh *n*; **~tywka** F (*-i*; *gen -wek*) Soldatenmütze *f*

rogi PL → róg

rogowacieć ⟨**z-**⟩ (*3. Pers -eje*) *skóra* verhornen

rogow|y *grzebień* Horn-; **okulary** *pl* **w ~ej oprawce** Hornbrille *f*

rogówka F (*-i*; *gen -wek*) ANAT Hornhaut *f*

roić (*-ję*, *rój!*) träumen, fantasieren (**o** *lok* von *dat*); **roi mu się** (*nom*) er fantasiert, er träumt von (*dat*); **roi się od** (*gen*) es wimmelt von (*dat*); **~ się** ⟨**wyroić się**⟩ *pszczoły* schwärmen

R

roje PL → rój
roj|ny (-no *od* -nie) *plac, ulica* belebt; **było ~no** es wimmelte von Menschen
rok M (-u; *lata*) Jahr *n*; **od ~u** seit einem Jahr; **przed ~iem** vor einem Jahr; **za ~** in einem Jahr; **raz do ~u** einmal im Jahr; **z ~u na ~** von Jahr zu Jahr; **~ w ~** Jahr für Jahr; **~ przestępny** Schaltjahr *n*; **Nowy** ♌ Neujahr *n*; **do siego ~u!** gutes Neues Jahr!; **~ świetlny** ASTRON Lichtjahr *n*; **~ akademicki** Studienjahr *n*; **zostać** *pf* **na drugi ~** *uczeń* nicht versetzt werden
rokfor M (-a *od* -u; -y) *(ser)* Roquefort *m*
rokitnik M (-a; -i) BOT Sanddorn *m*
rokoko N (*unv*; *bpl*) MAL, LIT Rokoko *n*; **~wy** Rokoko-
rokować (-uję) POL verhandeln (**o** *lok* über *akk*); *(przepowiadać)* prophezeien (*dat*); *(zapowiadać)* verheißen, versprechen; **~ nadzieje na** (*akk*) zu Hoffnungen berechtigen, hoffen lassen (auf *akk*); **~ sukces** Erfolg versprechen, Erfolg versprechend sein; **~ poprawę** auf e-e Verbesserung hoffen lassen; **nie ~ niczego dobrego** nichts Gutes verheißen
rokowa|nie N (-a) MED Prognose *f*; **~nia** POL Verhandlungen *pl*; **~nia** *pl* **pokojowe** Friedensverhandlungen *pl*
rokrocznie jedes Jahr, Jahr für Jahr
ro|la[1] F (-i; -e; *gen* ról) TEATR, FILM Rolle *f* (*a. fig*); **~la tytułowa** Titelrolle *f*; **to nie gra ~li** das spielt keine Rolle
rola[2] F (-i; -e; *gen* ról) Acker *m*; Ackerbau *m*
rola[3] F (-i; -e; *gen* ról) *(zwój)* Rolle *f*; **~ papieru** (große) Papierrolle *f*
rolada F (-y) KULIN (Kuchen)Rolle *f*; Roulade *f*
roleta F (-y) Rollladen *m*; Rollo *n*
rol|ka F (-i; *gen* -lek) *(zwój)* Rolle *f*; **~ka papieru** Papierrolle *f*; **~ka nici** Zwirnrolle *f*; **~ki** *pl* Inlineskates *pl*
rolnictwo N (-a; *bpl*) Landwirtschaft *f*
rolni|k M (-a; -cy), **~czka** F (-i; *gen* -czek) Landwirt(in) *m(f)*
rolniczy (-czo) landwirtschaftlich, agrarisch
rol|ny landwirtschaftlich; *polityka, reformy* Agrar-; **gospodarstwo** *n* **~ne** landwirtschaftlicher Betrieb *m*, Bauernhof *m*; **produkty** *m/pl* **~ne** landwirtschaftliche Erzeugnisse *n/pl*, Agrarprodukte *n/pl*
rolować ⟨z-⟩ (-uję) zusammenrollen
romanistyka F (-i; *bpl*) Romanistik *f*
romans M (-u; -e) (Liebes)Affäre *f*, (Liebes)Verhältnis *n*; *(powieść)* Liebesroman *m*; MUS Romanze *f*
roman|sidło N (-a; *gen* -deł) *pej* Schundroman *m*; **~sik** M (-u; -i) *dim* Liebschaft *f*, kleine Affäre *f*
romansować (-uję) e-e (Liebes)Affäre haben; *(flirtować)* flirten
romantycz|ność F (-ści; *bpl*) *fig* Romantik *f*; **~ny** romantisch (*a.* LIT)
romanty|k M (-a; -cy), **~czka** F (-i; *gen* -czek) Romantiker(in) *m(f)* (*a.* LIT)
romantyzm M (-u; *bpl*) Romantik *f* (*a.* LIT, HIST)
romański HIST, ARCH romanisch
romb M (-u; -y) Rhombus *m*, Raute *f*
rondel M (-dla; -dle) Kasserolle *f*
rondo N (-a) *kapelusza* (Hut)Krempe *f*; (runder) Platz *m*; AUTO Kreuzung *f* mit Kreisverkehr; **objechać** *pf* **~** AUTO im Kreisverkehr fahren
ronić ⟨u⟩ (-ię): **~ łzy** *lit* Tränen vergießen; ⟨po-⟩ MED eine Fehlgeburt haben
ropa F (-y; *bpl*) MED Eiter *m*; AUTO Schweröl *n*; **~ naftowa** Erdöl *n*, Rohöl *n*
ropieć (3. *Pers* -eje) *rana* eitern
rop|ień M (-pnia; -pnie) Abszess *m*, eitrige Geschwulst *f*; **~ny** MED eitrig; **złoża** *pl* **~ne** Erdölvorkommen *n*
roponośny erdölhaltig
ropucha F (-y) Kröte *f*
roraty PL (*gen* -at *od* -ów) REL Rorate *n*
rosa F (-y; *bpl*) Tau *m*; **poranna ~** Morgentau *m*
rosiczka F (-i; *gen* -czek) BOT Sonnentau *m*
rosić ⟨z-⟩ (roszę, rosi) *lit* benetzen, anfeuchten; **pot rosi mu twarz** sein Gesicht ist schweißbedeckt
Rosja F (-i; *bpl*) Russland *n*
Rosjan|in M (-a; -anie, -) Russe *m*; **~ka** F (-i; *gen* -nek) Russin *f*
rosły *dziewczyna* groß gewachsen
rosnąć[*] ⟨u-⟩ (-nę) wachsen, groß werden; *ciasto* aufgehen; **rosnąć** *(wychowywać się)* aufwachsen; BOT wachsen; *ceny, bezrobocie* steigen, wachsen; **rosnąć jak na drożdżach** zusehends wachsen
rosochaty *wierzba* gegabelt
rosoło|wy: **kostka** *f* **~wa** Brühwürfel *f*
ros|ół M (-ołu; -oły) Fleischbrühe *f*; **~ół z kury** Hühnerbrühe *f*; **rozebrany do ~ołu** *umg* splitternackt
rostbef M (-u; -y) Roastbeef *n*

R

rosyjs|ki (po -ku) russisch; Russen-; **język** *m* **~ki** Russisch *n*; **~ka ruletka** *f* russisches Roulett *n*
roszczenia N/PL (*gen* -eń) Forderungen *f/pl*, Ansprüche *m/pl*; **wysunąć** *pf* **~** (**o** *akk*) s-n Anspruch geltend machen (auf *akk*), Forderungen stellen
rościć (*roszczę*): **~ (sobie) prawo** *od* **pretensje** (**do** *gen*) Anspruch erheben (auf *akk*), beanspruchen (*akk*); **~ sobie pretensje do wydawania ocen** sich ein Urteil anmaßen
roślejszy *komp* ADJ → rosły
rośli|na F (-y; -) Pflanze *f*; **~na ozdobna** Zierpflanze *f*; **~na przemysłowa** Nutzpflanze *f*; **~na lecznicza** Heilpflanze *f*; **~na pnąca** Kletterpflanze *f*; **~na pastewna** AGR Futterpflanze *f*; **~ny** *pl* **okopowe** AGR Hackfrüchte *pl*; **~na wieloletnia** Staude *f*
rośli|nka F (-i; *gen* -nek) *dim* Pflänzchen *n*, kleine Pflanze *f*; **~nność** F (-i; *bpl*) Vegetation *f*, Pflanzenwelt *f*
rośli|nny *olej, tłuszcz* pflanzlich; *świat*, Pflanzen-; **~nożerny** pflanzenfressend
rota F (-y): **~ przysięgi** Eidesformel *f*
rot|acja F (-i; -e) (*zmiana*) Wechsel *m*; (*ruch*) Rotation *f*, Drehung *f*; **~unda** F (-y) Rundbau *m*
rowek M (-wka; -wki) Rille *f*; TECH Nut *f*
row|er M (-u; -y) Fahrrad *n*; **~er wyścigowy** Rennrad *n*; **~er górski** Mountainbike *n*; **~er wodny** Tretboot *n*; **jeździć na ~erze** Fahrrad fahren; **~rowy** Fahrrad-; **wycieczka** *f* **~erowa** Fahrradtour *f*
rowerek M (-rka; -rki) *dim* (Kinder)Fahrrad *n*; SPORT Fahrradfahren *n*
rowerzyst|a M (-y; -ści), **~ka** F (-i; *gen* -tek) Radfahrer(in) *m(f)*
rowkować (-uję) *blachę* riffeln
rowkowa|nie F (-a) Riffelung *f*; **~ny** *blacha* geriffelt
rowy PL → rów
rozanielony überglücklich, im siebten Himmel
rozbabrać PF (*rozbabrzę*) *umg* durchwühlen, durcheinanderbringen; **~ jedzenie** im Essen herumstochern
rozbawiać (-am) ⟨**-ić**⟩ (-ię) amüsieren, unterhalten; **~ się** in gute Stimmung kommen
rozbawienie N (-a; *bpl*) Belustigung *f*; **z ~m** *adv* amüsiert, belustigt

rower

bagażnik	der Gepäckträger
błotnik	das Schutzblech
hamulec ręczny	die Handbremse
kierownica	der Lenker
koło tylne	das Hinterrad
lampa	die Lampe
łańcuch	die Kette
opona	der Reifen
pedał	das Pedal
pomka do roweru	die Luftpumpe
przednie koło	das Vorderrad
przerzutki	die Gangschaltung
rama	der Rahmen
siodełko	der Sattel
światło tylne	das Rücklicht
szprychy	die Speichen
tylne światło odblaskowe	der Rückstrahler
wentylek	das Ventil
zapięcie do roweru	das Fahrradschloss
jeździć na rowerze	Rad fahren

rozbawiony *osoba* gut gelaunt; belustigt; *spojrzenie, mina* vergnügt, amüsiert
rozbeczeć się PF (-ę) *umg* losheulen
rozbełtywać (-uję) ⟨**rozbełtać**⟩ (-am) *jajko* verquirlen
rozbestwiać (-am) ⟨**-ić**⟩ (-ię) aggressiv machen, Aggressionen auslösen; **~ się** *umg* übermütig werden, frech werden
rozbestwiony rasend, aggressiv; *umg* übermütig, frech
rozbicie N (-a): **~ samolotu** Flugzeugabsturz *m*; **~ okrętu** Schiffbruch *m*
rozbić PF: **~ samochód** das Auto zu Schrott fahren; **~ sobie nos** sich die Nase aufschlagen; **~ bank** die Spielbank sprengen; **~ się** *talerz, szyba* zerbrechen, zersplittern; *samolot* abstürzen; *plany* sich zerschlagen; **~ się samochodem** e-n Autounfall haben; **~ się o skałę** an einem Felsen zerschellen; **~ się na kawałki** in Stücke zerbrechen; → rozbijać
rozbiec się PF → rozbiegać się
rozbieg M (-u; -i) SPORT Anlauf *m*; **wziąć** *pf* **~** Anlauf nehmen
rozbiegać się (-am) ⟨**rozbiec się**⟩ (*rozbiegnę*) *osoby* auseinanderlaufen; *drogi* sich verzweigen, sich gabeln
rozbiegany *oczy, myśli* unruhig

R

rozbierać (-am) ⟨**rozebrać**⟩ (rozbiorę) *dziecko* ausziehen; TECH zerlegen, auseinandernehmen; *budynek* abreißen; **rozbiera mnie choroba** *umg* ich werde krank; **~ się** sich ausziehen; **~ się do naga** sich bis auf die Haut ausziehen
rozbieralnia F (-i; -e) Umkleidekabine *f*, Umkleideraum *m*
rozbieralny: **~ne zdjęcie** *n umg* Nacktfoto *n*
rozbieżność F (-ści) Diskrepanz *f*; **~ność zdań** Meinungsverschiedenheit *f*; **~ny** *oceny, wyniki, zdania* unterschiedlich; **zdania są ~ne** die Meinungen gehen auseinander
rozbijać (-am) ⟨**rozbić**⟩ (rozbiję) *talerz, szybę* zerschlagen (*a.* MIL); *jajko* aufschlagen; *małżeństwo* zerstören; *mięso* klopfen; (*podzielić*) aufteilen (**na** *akk* in *akk*); **~ namiot** ein Zelt aufschlagen; **~ się** *fale* hochschlagen, aufbranden; **rozbijać się** *umg* sich herumtreiben; herumbrüllen, Krach machen
rozbiór M (-oru; -ory): **~ zdania** GRAM Satzanalyse *f*; **~ Polski** HIST Teilung *f* Polens
rozbiórka F (-i; *gen* -rek) *budynku* Abriss *m*
rozbisurmaniony *dziecko umg pej* frech, ungezogen
rozbici *persf* → rozbity
rozbitek M (-tka; -tkowie) Schiffbrüchige(r) *m*; **~ życiowy** Verlierer *m*, Versager *m*
rozbity (*persf* -ci) *dzban* zerschlagen, zerbrochen; *oddziały* versprengt; *osoba* niedergeschlagen, matt
rozbłyskiwać (3. *Pers* -uje) ⟨**rozbłysnąć**⟩ (-śnie) aufleuchten (*a. fig*)
rozboleć PF (3. *Pers* -li): **rozbolała mnie głowa** ich habe Kopfschmerzen bekommen
rozbój M (-boju; -boje) Raubüberfall *m*; **~ na prostej drodze** *umg fig* Wucherei *f*
rozbójnik M (-a; -cy) HIST Räuber *m*; **~ morski** Seeräuber *m*
rozbrajać (-am) ⟨**rozbroić**⟩ (-ję) MIL entwaffnen (*a. fig*); *bombę* entschärfen; **~ się** POL abrüsten
rozbrajający (-co) *fig* entwaffnend
rozbrat M (-u; *bpl*) *lit fig* Bruch *m*; **brać ~** *fig* Abschied nehmen (**z** *inst* von *dat*)
rozbroić PF → rozbrajać
rozbrojenie N (-a; *bpl*) MIL Entwaffnung *f*; *bomby* Entschärfung *f*; POL Abrüstung *f*; **~owy** POL Abrüstungs-; **inspektor** *m* **~owy** Waffeninspekteur *m*
rozbrykany *dziecko* ausgelassen, übermütig
rozbryzgiwać (-uję) ⟨**rozbryzgać**⟩ (-am) *błoto* verspritzen
rozbrzmiewać (3. *Pers* -a) ⟨**rozbrzmieć**⟩ (-eje) ertönen, erklingen; **sala rozbrzmiewa oklaskami** im Saal erklingt Beifall
rozbudowa F (-y) BUD Ausbau *m* (*a. fig*)
rozbudowywać (-wuję) ⟨**rozbudować**⟩ (-uję) BUD ausbauen (*a. fig*)
rozbudzać (-am) ⟨**-ić**⟩ (-dzę) *fig* erwecken
rozbujać PF (-am) → rozhuśtać
rozchełstany *osoba* ungepflegt, schlampig (angezogen); **w ~ej koszuli** mit offenem Hemd
rozchlapywać (-uję) ⟨**rozchlapać**⟩ (-ię) *błoto* verspritzen; *herbatę, mleko* verschütten; **~ się** verschüttet werden
rozchmurzać się (-am) ⟨**-yć się**⟩ (-ę) *niebo* aufklaren, sich aufheitern; *osoba* wieder fröhlich werden, wieder gute Laune bekommen; **rozchmurzyło się** es hat sich aufgeklart
rozchodzić PF (-ę) *buty* einlaufen
rozchodzić się (-ę) ⟨**rozejść się**⟩ (rozejdę) auseinandergehen, sich zerstreuen; *małżeństwo* sich scheiden lassen; *drogi* sich gabeln, sich verzweigen; *zapach, wieść* sich verbreiten; *ciepło* sich ausbreiten; *dźwięk* ertönen; *materiał* auseinandergehen; *towar* verkauft werden, Absatz finden; *pieniądze* ausgehen
rozchorować się PF (-uję) krank werden
rozchód M (-odu; -ody) Ausgaben *pl*; FIN Soll *n*
rozchwytywać (-uję) (*akk*) sich reißen um (*akk*)
rozchwytywany heiß begehrt; **być ~m** HANDEL reißenden Absatz finden, *umg* ein Renner sein
rozchybotany wack(e)lig
rozchylać (-am) ⟨**-ić**⟩ (-ę) *usta, okiennice* öffnen; *gałęzie* zur Seite schieben; **~ się** *płatki* sich öffnen
rozciąć* PF → rozcinać
rozciągać (-am) ⟨**-nąć**⟩ (-nę) auseinanderziehen; *mięśnie* dehnen; *sweter* ausleiern; *kontrolę, wpływy* ausdehnen (**na** *akk*

R

auf *akk*); **~ się** *guma, mięśnie* sich dehnen; *sweter* ausleiern; **rozciągać się** *lasy, pola* sich ausbreiten, sich erstrecken; *widok* sich bieten; **rozciągać się na** (*akk*) *kontrola, działalność* sich erstrecken auf (*akk*), umfassen (*akk*)

rozciągliwy dehnbar, elastisch

rozciągło|ść F (*-ści; bpl*): **w całej ~ści** in vollem Umfang

rozciągnąć PF → rozciągać

rozcieńczać (*-am*) ⟨**-yć**⟩ (*-ę*) verdünnen

rozcieńczalnik M (*-a; -i*) Verdünner *m*

rozcierać (*-am*) ⟨**rozetrzeć**⟩ (*rozetrę*) *stopy, ręce* reiben, massieren; *maść, szminkę* verreiben; *czosnek* zerreiben; **~ na proch** zu Pulver zerreiben

rozcięcie N (*-a*) Schnitt *m*; *w ubraniu* Schlitz *m*

rozcinać (*-am*) ⟨**rozciąć**⟩ (*rozetnę*) zerschneiden

rozczapierzać (*-am*) ⟨**-yć**⟩ (*-ę*) *palce* spreizen

rozczarować PF → rozczarowywać

rozczarowa|nie N (*-a*) Enttäuschung *f*; **~ny** enttäuscht (*inst* von *dat*)

rozczarowywać (*-wuję*) ⟨**rozczarować**⟩ (*-uję*) enttäuschen; **~ się** enttäuscht sein (*inst* von *dat*)

rozczepiać (*-am*) ⟨**-ić**⟩ (*-ię*) *wagony* abkoppeln

rozczesywać (*-uję*) ⟨**rozczesać**⟩ (*rozczeszę*) *włosy* durchkämmen

rozczłonkowywać (*-wuję*) ⟨**rozczłonkować**⟩ (*-uję*) zergliedern

rozczochrany zerzaust

rozczulać (*-am*) ⟨**-ić**⟩ (*-lę*) *widok, opowieść* rühren; *wspomnienie* sentimental machen; **~ do łez** zu Tränen rühren; **jego list rozczulił ją** sein Brief hat sie gerührt; **~ się** gerührt sein; sentimental werden; **~ się nad** (*inst*) Mitleid haben, mitfühlen mit (*dat*); **~ się nad sobą** Selbstmitleid empfinden

rozczulający (**-co**) rührend

rozczulenie N (*-a; bpl*) Rührung *f*; **z ~m** *adv* gerührt

rozczulić PF → rozczulać

rozczyn M (*-u; -y*) Sauerteig *m*

rozczyniać (*-am*) ⟨**-ić**⟩ (*-ię*) *ciasto* anrühren (**na** *akk* für *akk*)

rozczytywać się (*-uję*) (**w** *lok*) leidenschaftlich gern lesen, *umg* verschlingen (*akk*); **~ w kryminałach** leidenschaftlich gern Krimis lesen, *umg* Krimis verschlingen

rozdać PF → rozdawać

rozdarcie N (*-a*) Riss *m*; *fig* Zerrissenheit *f*

rozdawać (*rozdaję*) ⟨**rozdać**⟩ (*-am*) *nagrody* verleihen; *karty* austeilen; *autografy* geben; *pieniądze* ausgeben; *role, pochwały* verteilen; **~** (*dat*) austeilen (*dat*), verteilen an (*akk*); **~ (po)między** (*akk*) austeilen, verteilen (unter *akk*); **~ ulotki** Flugblätter verteilen; **~ majątek między ubogich** sein Vermögen unter die Armen verteilen; **~ uczniom zeszyty** die Hefte an die Schüler austeilen, den Schülern die Hefte austeilen

rozdąć PF → rozdymać

rozdeptać PF → rozdeptywać

rozdeptany *buty, niedopałek* ausgetreten

rozdeptywać (*-uję*) ⟨**rozdeptać**⟩ (*rozdepczę*) zertreten; **~ błoto po podłodze** den Matsch auf dem Fußboden verteilen, den Fußboden mit Matsch schmutzig machen

rozdęty *brzuch* aufgebläht

rozdłubywać (*-uję*) ⟨**rozdłubać**⟩ (*-ię*) *dziurę* vergrößern; *ranę* aufkratzen, aufreißen; *pracę umg* nicht fertig machen

rozdmuchiwać (*-uję*) ⟨**rozdmuchać**⟩ (*-am*) *wiatr* auseinandertreiben, verwehen; *ogień* anfachen; *fig* aufbauschen

rozdrabniać (*-am*) ⟨**rozdrobnić**⟩ (*-ię, -nij!*) *pokarm* zerkleinern; **~ się** *umg* sich verzetteln

rozdrapywać (*-uję*) ⟨**rozdrapać**⟩ (*-ię*) *ranę* aufkratzen, aufreißen; *spadek, majątek, towar umg pej* (an sich) raffen, an sich reißen; **rozdrapywać (stare) rany** *fig* alte Wunden wieder aufreißen

rozdrażniać (*-am*) ⟨**-ić**⟩ (*-ię*) reizen, ärgern

rozdrażnieni *persf* → rozdrażniony

rozdrażni|enie N (*-a*) Gereiztheit *f*; **~ony** (*persf -eni*) gereizt, verärgert

rozdrobnić PF → rozdrabniać

rozdro|że N (*-a; gen -y*) Kreuzweg *m*, Weggabelung *f*; **stanąć** *pf* **na ~żu** *fig* am Scheideweg *od* Kreuzweg stehen

rozdwajać się (*-am*) ⟨**rozdwoić się**⟩ (*-ję*) *włosy, paznokcie* sich spalten; **przecież się nie rozdwoję!** *umg* ich kann mich doch nicht zerteilen!

rozdwojenie N (*-a*): **~ jaźni** MED

Bewusstseinsspaltung *f*, Schizophrenie *f*
rozdygotany zitternd, bebend
rozdymać (-am) ⟨**rozdąć**⟩ (*rozedmę*) *nozdrza, brzuch* aufblähen; *fig* aufbauschen
rozdz. (rozdział) Kap. (Kapitel)
rozdział M (-u; -y) *książki* Kapitel *n* (*a. fig*); (*podział*) Aufteilung *f*; Verteilung *f*; *fig* Trennung *f*; ~ **kościoła od państwa** Trennung *f* von Kirche und Staat
rozdziawiać (-am) ⟨**-ić**⟩ (-ię) *usta, paszczę umg* aufsperren, aufreißen
rozdzielać (-am) ⟨**-ić**⟩ (-lę) verteilen, aufteilen; (*oddzielać*) trennen; ~ **się** *grupa* sich trennen, sich teilen
rozdzielcz|y *punkt* Verteilungs-; **deska** *f* **~a** AUTO Armaturenbrett *n*; **tablica** *f* **~a** Schaltbrett *n*
rozdzielić PF → rozdzielać
rozdziel|nia F (-i; -e) ELEK Schaltwerk *n*; **~nik** M (-a; -i) ADMIN Verteiler *m*; **według ~nika** nach einem Verteilerschlüssel; **~ny** GRAM getrennt
rozdzierać (-am) ⟨**rozedrzeć**⟩ (*rozedrę*) *kartkę, powietrze* zerreißen; ~ **sobie spodnie** (**o** *akk*) sich die Hose zerreißen *od* aufreißen (an *dat*); ~ **się** *materiał* zerreißen; (*krzyczeć*) *umg* herumbrüllen
rozdzierający (**-co**) *krzyk* gellend, durchdringend; *widok* herzzerreißend; *ból* reißend, rasend
rozdźwięk M (-u; -i) *fig* Missklang *m*, Verstimmung *f*; (*różnica*) Diskrepanz *f*
rozebrać* PF → rozbierać
rozedrzeć* PF → rozdzierać
rozegnać PF → rozganiać
rozegrać PF → rozgrywać
rozejm M (-u; -y) Waffenstillstand *m*
rozejrzeć się PF → rozglądać się
rozejść* się PF → rozchodzić się
rozepchany *kieszeń, kolana* ausgebeult
rozepchnąć PF → rozpychać
rozeprzeć PF → rozpierać
rozerwać* PF: ~ **k-o** j-n unterhalten, zerstreuen; ~ **się** sich zerstreuen, sich entspannen; → rozrywać
rozerwany zerrissen
rozerżnąć PF → rozrzynać
roześchnąć się PF → rozsychać się
rozesłać[1*] PF → rozsyłać
rozesłać[2*] PF → rozścielać
rozespany verschlafen, schlaftrunken
roześmiać się PF (-eję) auflachen, in Lachen ausbrechen; ~ **głośno** laut auflachen
roze|śmiany lachend, fröhlich; **~ta** F (-y) ARCH Rosette *f*
rozetrzeć* PF → rozcierać
rozewrzeć* PF → rozwierać
rozeznać się PF: sich e-n Überblick verschaffen (**w** *lok* über *dat*); → rozeznawać się
rozezna|nie N (-a; *bpl*): **mieć (dobre) ~nie** sich (gut) auskennen (**w** *lok* in *dat*); **nie mieć ~nia** sich nicht auskennen (**w** *lok* in *dat*); **stracić** *pf* **~nie (w sytuacji)** den Überblick (über die Lage) verlieren; **brak ~nia** (**w** *lok*) mangelnde Kenntnis *f* (*gen*), mangelnde Orientierung *f* (in *dat*)
rozeznawać się (*rozeznaję*) ⟨**rozeznać się**⟩ (-am) sich orientieren, den Überblick haben (**w** *lok* über *akk*)
rozeźlony (*persf -eni*) *umg* sauer, böse
rozgadywać (-uję) ⟨**rozgadać**⟩ (-am) *umg* ausplaudern, aus dem Nähkästchen plaudern; ~ **się** ins Plaudern kommen
rozgałęziacz M (-a; -e) Verlängerungsschnur *f*
rozgałęziać się (3. *Pers -a*) *droga* sich verzweigen, sich gabeln; *drzewo* sich verzweigen, sich verästeln
rozgałęzie|nie N (-a) Verzweigung *f*; **~nie dróg** Weggabelung *f*, Abzweigung *f*; **~nia** *n/pl* **rzeki** Nebenarme *m/pl*
rozgałęziony verzweigt; *drzewo* verästelt, verzweigt
rozganiać (-am) ⟨**rozgonić**⟩ (-ię) *od* ⟨**rozegnać**⟩ (-am) auseinanderjagen, auseinandertreiben; *chmury* vertreiben
rozgardiasz M (-u; *bpl*) Durcheinander *n*, Wirrwarr *m*
rozgarniać (-am) ⟨**rozgarnąć**⟩ (-nę) *piasek, ziemię* auseinanderschieben; *trawę, włosy* zur Seite streichen
rozgarnięty (*persf -ci*) aufgeweckt, gescheit
rozginać (-am) ⟨**rozgiąć**⟩ (*rozegnę*) auseinanderbiegen; *zgięty drut* gerade richten
rozglądać się (-am) ⟨**rozejrzeć się**⟩ (-ę, -y, -yj!) umherblicken, sich umsehen (**po** *lok* in *dat*); ~ **za** (*inst*) *fig* sich umschauen nach (*dat*)
rozgłaszać (-am) ⟨**rozgłosić**⟩ (*rozgłoszę*) publik machen, *umg* an die große Glocke hängen; *plotki* verbreiten; *tajemnicę umg* ausposaunen

R

rozgłos M (-u; bpl) Ruhm m, Popularität f; **nabrać** pf **~u** publik werden, Aufsehen erregen; **bez ~u** im Stillen, ohne Aufsehen; **zdobywać ~** berühmt werden, an Popularität gewinnen; **nadać** pf **~** (dat) publik machen (akk)
rozgłosić PF → rozgłaszać
rozgłośnia F (-i; -e) Rundfunksender m
rozgniatać (-am) ⟨**rozgnieść***⟩ (rozgniotę) zerdrücken; *niedopałek* austreten
rozgniewać PF (-am) zornig od wütend machen, erzürnen; **~ się** in Zorn geraten, zornig od wütend werden
rozgniewany zornig, erzürnt
rozgonić PF → rozganiać
rozgorączkowa|nie N (-a) Erregung f, fieberhafte Aufregung f; **z ~niem** adv fiebrig; **~ny** aufgeregt, fieberhaft; MED fiebrig; **być ~nym** fiebern (a. MED)
rozgorycz|enie N (-a; bpl) Verbitterung f; **~ony** (persf -eni) verbittert
rozgorzeć PF (-eję) *walka* entflammen, entbrennen; *spory* entbrennen
rozgościć się PF (rozgoszczę) *gość* Platz nehmen; **proszę się rozgościć!** fühlen Sie sich wie zu Hause!
rozgotowywać (-wuję) ⟨**rozgotować**⟩ (-uję) v/t zerkochen; **~ się** v/i zerkochen, zerkocht sein
rozgrabić PF (-ię) (aus)plündern
rozgraniczać (-am) ⟨**-yć**⟩ (-ę) abgrenzen; (*rozróżniać*) unterscheiden, auseinanderhalten
rozgromić PF (-ię) MIL zerschlagen
rozgrymaszony (persf -eni) *dziecko* quengelig, nörgelig
rozgrywać (-am) ⟨**rozegrać**⟩ (-am) *mecz* austragen; *partię brydża* spielen; **~ się** *wypadki* sich abspielen; *walka* stattfinden; *akcja filmu* spielen
rozgrywki F/PL (gen -wek) SPORT Vorrunde f; Wettkampf m, Spiel n; **~ o władzę** POL Machtkampf m
rozgryzać (-am) ⟨**rozgryźć***⟩ (rozgryzę) zerbeißen; *pestki* knacken; **rozgryźć** pf **zagadkę** ein Rätsel knacken; **nie móc rozgryźć** pf **k-o** umg aus j-m nicht schlau werden
rozgrzać PF → rozgrzewać
rozgrzany *piec* aufgeheizt; **~ do czerwoności** glutrot
rozgrzebywać (-uję) ⟨**rozgrzebać**⟩ (-ię) *kury* (auseinander)scharren; *rzeczy* durcheinanderbringen, zerwühlen; *robotę* umg nicht fertig machen
rozgrzeszać (-am) ⟨**-yć**⟩ (-ę): **~ k-o** REL j-m (die) Absolution erteilen; **~ k-o** (**z** gen) fig j-m verzeihen (akk)
rozgrzeszenie N (-a) REL Absolution f
rozgrzewać (-am) ⟨**rozgrzać**⟩ (-eję) *dłonie, stopy* wärmen; *silnik* warm laufen lassen; **~ się** *osoba* sich aufwärmen (a. SPORT); *silnik* warm laufen; *piec* sich aufheizen; **~ się herbatą** sich mit Tee aufwärmen; **~ się biegiem** sich warm laufen
rozgrzew|ka F (-i; gen -wek) Aufwärmung f; SPORT Aufwärmen n, Aufwärmübung f; **dla ~ki** zur Aufwärmung
rozgwiazda F (-y) Seestern m
rozgwieżdżo|ny: **~ne niebo** n Sternenhimmel m, lit gestirnter Himmel m
rozharatać (-am) umg zerschneiden, zerfetzen
rozhukany *dzieci, konie* wild, ungebärdig
rozhuśtać PF (-am) zum Schaukeln bringen; **~ się** *łódka, huśtawka* schaukeln; *most* ins Schwingen geraten
rozjarzony glühend (a. fig)
rozjaśniacz M (-a; -e) Bleichmittel n
rozjaśniać (-am) ⟨**-ić**⟩ (-ię, -nij!) erhellen; *włosy* aufhellen
rozjazd M (-u; -y) KOLEJ Weiche f; **być w ~ach** viel unterwegs sein
rozjątrzać (-am) ⟨**-yć**⟩ (-ę) *osobę* erzürnen, reizen; *spór* verschärfen, aufleben lassen; **~ się** *rana* eitern, schwären; *spór* sich verschärfen, aufleben
rozjechać* PF (rozjadę) überfahren
rozjem|ca M (-y; gen -ów) Schiedsmann m, Schlichter m; **~czy** Schlichtungs-, Schieds-
rozjeżdżać się (-am) ⟨**rozjechać się**⟩ (rozjadę) *goście* abreisen, (weg)fahren; **~ na wakacje** in die Ferien fahren
roz|juszony wütend, blindwütig; **~kapryszony** *dziecko* verzogen, quengelig
rozkaz M (-u; -y) Befehl m (a. MIL); **być pod ~ami** (gen) unter j-s Befehl stehen; **~!** MIL zu Befehl!
rozkazać PF → rozkazywać
rozkazujący (**-co**) befehlend, gebieterisch; **tryb** m **~** GRAM Imperativ m; **~ ton** m Befehlston m; **powiedzieć** pf **~m tonem** im Befehlston sagen

R

rozkazywać (*-uję*) ⟨**rozkazać**⟩ (*rozkażę*) befehlen (*a.* MIL)
rozkiełznany *koń* ungezäumt; *fig* unbändig
rozkiełznać PF (*-am*) *konia* abzäumen
rozklejać (*-am*) ⟨**rozkleić**⟩ (*-ję*) *plakaty* (an)kleben; *kopertę* öffnen; **~ się** sich lösen, aus dem Leim gehen; *umg fig* aufgelöst sein, den Tränen nahe sein
rozklekota|ny *umg* klapp(e)rig; **~ny samochód** *m* Klapperkiste *f*
rozkład M (*-u; -y*) *obowiązków, kosztów* Verteilung *f*; *ustroju, rodziny* Zerfall *m* (*a.* CHEM); *ciała* Verwesung *f*; *mieszkania* Schnitt *m*; BIOL Zersetzung *f*; **~ jazdy** Fahrplan *m*; **~ lekcji** Stundenplan *m*; **~ dnia** Tagesplan *m*; **według ~u** planmäßig
rozkładać (*-am*) ⟨**rozłożyć**⟩ (*-ę*) *koc* ausbreiten; *gazetę* auseinanderfalten; *łóżko, stół* ausziehen; *parasol* aufspannen; *namiot* aufschlagen; *leżak, krzesło* aufklappen; *pracę* einteilen; *koszty, obowiązki* verteilen; *maszynę* zerlegen; *towar* auslegen; *nogi* spreizen; BIOL zersetzen; CHEM zerlegen; **~ ręce** *fig* ratlos sein, keinen Rat wissen; **~ na raty** in Raten bezahlen; **rozłożyła mnie choroba** ich wurde krank; **~ się** (*położyć się*) sich ausstrecken; BIOL zersetzt werden, verfaulen; *ciało* verwesen; **~ się równo** gleichmäßig verteilt sein
rozkłada|lny ausklappar; ausziehbar; **~ne krzesło** *n* Klappstuhl *m*
rozkładowy BIOL Zersetzungs-, Verwesungs-
rozkochany *lit osoba* in Liebe entflammt (**w** *lok* für *akk*); *spojrzenie* verliebt; **~ w Grecji** in Griechenland vernarrt
rozkochiwać (*-uję*) ⟨**rozkochać**⟩ (*-am*) *lit*: **~ w sobie** verliebt machen; **~ w sztuce** die Liebe zur Kunst wecken; **rozkochała go w sobie** *lit* sie entflammte ihn, sie machte ihn verliebt; **~ się** (**w** *lok*) in Liebe entflammt sein (für *akk*), sich verlieben (in *akk*)
rozkojarzony (*persf -eni*) unkonzentriert, zerstreut
rozkołysać PF (*rozkołyszę*) zum Schaukeln bringen; **~ się** *łódka* schaukeln; *most* ins Schwingen geraten; *drzewa* sich wiegen
rozkołysany *łódka* schaukelnd; *morze, trawy* wogend; *most* schwingend
rozkopywać (*-uję*) ⟨**rozkopać**⟩ (*-ię*) *ulicę* aufgraben; **~ kołdrę** *umg* die Decke abwerfen
rozkosz F (*-y; -e*) Wonne *f*, Genuss *m*; *zmysłowa* Wollust *f*; **~e** *pl* Freuden *pl*, Wonnen *pl*; **z ~ą** *adv* genussvoll, mit Genuss; **~e** *pl* **podniebienia** Gaumenfreuden *f/pl*; **~ dla oka** Augenweide *f*
rozkoszny reizend, wunderbar; *dziecko* entzückend
rozkoszować się (*-uję*) (*inst*) genießen (*akk*); **~ winem** sich am Wein gütlich tun; **~ widokiem** sich an einem Anblick ergötzen, einen Anblick genießen
rozkraczać się (*-am*) ⟨**-yć**⟩ (*-ę*) die Beine spreizen
rozkraczony (*persf -eni*) mit gespreizten Beinen
rozkradać (*-am*) ⟨**rozkraść**⟩ (*rozkradnę*) (alles) stehlen, *umg* auf die Seite schaffen
rozkręcać (*-am*) ⟨**-ić**⟩ (*-ę*) TECH auseinanderschrauben, zerlegen; (*rozplatać*) aufrollen, entrollen; *interes, produkcję umg* ankurbeln; *towarzystwo* in Fahrt bringen; **~ się** *zabawa, towarzystwo umg* in Fahrt kommen, in Schwung kommen; *produkcja* in Gang kommen, auf Touren kommen
rozkroić PF (*rozkroję*) (auf)schneiden; **~ na połowę** halbieren
rozkrok M (*-u; -i*) SPORT Grätsche *f*; **stanąć** *pf* **w ~u** SPORT die Beine grätschen, in die Grätsche gehen
rozkruszać (*-am*) ⟨**-yć**⟩ (*-ę*) *v/t* zerbröseln, zerkleinern; **~ się** zerbröckeln
rozkrwawić PF (*-ię*): **~ sobie** (*akk*) sich blutig schlagen (*akk*); sich blutig scheuern (*akk*)
rozkrzewiać (*-am*) ⟨**-ić**⟩ (*-ię*) *idee* verbreiten; **~ się** BOT wuchern; *fig* sich verbreiten, sich ausbreiten
rozkrzyżować (*-uję*): **~ ramiona** die Arme weit ausbreiten
rozkuć PF → rozkuwać
rozkulbaczyć PF (*-ę*) *konia* absatteln
rozkupywać (*-uję*) ⟨**rozkupić**⟩ (*-ię*) (alles) aufkaufen
rozkurczać (*-am*) ⟨**-yć**⟩ (*-ę*) *palce* strecken; *mięsień* entspannen, lockern
rozkurczowy (**-owo**) MED krampflösend
rozkuwać (*-am*) ⟨**rozkuć**⟩ (*rozkuję*): **~ z kajdan k-o** j-n von Ketten befreien
rozkwi|t M (*-u; bpl*) BOT Blüte *f*, Blütezeit *f* (*a. fig*); **w pełnym ~cie** in voller Blüte (*a. fig*)

R

rozkwitać (-*am*) ⟨**-nąć**⟩ (-*nę*) BOT aufblühen (*a. fig*)
rozlać PF → rozlewać
rozlany *pismo, litery* verschwommen
rozlatywać się (-*uję*) ⟨**rozlecieć się**⟩ (*rozlecę*) *ptaki, owady* (weg)fliegen, in verschiedene Richtungen fliegen; *osoby* sich verstreuen; *buty, książka* auseinanderfallen
rozlazły (*persf -źli*) *osoba umg* träge, tranig; *chód* latschig
rozlecieć się PF → rozlatywać się
rozlegać się (3. *Pers -a*) ⟨**rozlec* się**⟩ (*rozlegnie*) *dźwięk* ertönen, zu hören sein; *echo* hallen; *protest* laut werden
rozlegle ADV → rozległy
rozleg|łość F (-*ści*; *bpl*) Ausdehnung *f*; *fig* Umfang *m*; **~ły** (**-le**) ausgedehnt, weit; *fig* umfangreich, umfassend; *plany* weitreichend
rozleniwiać (-*am*) ⟨**-ić**⟩ (-*ię*) faul machen, träge machen; **~ się** faul werden, träge werden
rozleniwienie N (-*a*; *bpl*) Faulheit *f*, Trägheit *f*
rozlepiać (-*am*) ⟨**-ić**⟩ (-*ię*) *plakaty* (an)kleben
rozlewać (-*am*) ⟨**rozlać**⟩ (*rozleję*) *herbatę, mleko* verschütten; **~ (do kieliszków)** einschenken; **~ do butelek** in Flaschen abfüllen; V/I *rzeka* über die Ufer treten; **~ się** *herbata, mleko* verschüttet werden
rozlew|isko N (-*a*) Schwemmland *n*; **~nia** F (-*i*; -*e*) Abfüllbetrieb *m*
rozleźć* się PF → rozłazić się
rozliczać (-*am*) ⟨**-yć**⟩ (-*ę*) abrechnen; verrechnen; **~ z** (*gen*) nachprüfen, kontrollieren (*akk*); *fig* beurteilen (*akk*); **~ się** abrechnen (**z** *inst* mit *dat*) (*a. fig*)
rozliczenie N (-*a*) FIN Abrechnung *f* (*a. fig*); **~ podatkowe** Steuererklärung *f*; **~ z przeszłością** Abrechnung *f* mit der Vergangenheit; POL Vergangenheitsbewältigung *f*
rozlicz|eniowy FIN Abrechnungs- (*a. fig*); **~ny** verschiedenartig, mannigfaltig; zahlreich
rozlokowywać (-*wuję*) ⟨**rozlokować**⟩ (-*uję*) *gości* unterbringen; **~ się** unterkommen, Quartier beziehen; sich einrichten, einen Platz finden
rozlosowywać (-*wuję*) ⟨**rozlosować**⟩ (-*uję*) verlosen
rozluźniać (-*am*) ⟨**-ić**⟩ (-*ię*, -*nij!*) *krawat, atmosferę, obyczaje* lockern; *mięśnie* entspannen, lockern; **~ się** *sznurek, normy* sich lockern; *atmosfera, osoba* sich auflockern, sich entspannen; **rozluźniło się** (**w** *lok*) es ist leerer geworden, es gab mehr Platz (in *dat*)
rozluźniony *krawat, obyczaje, stosunki* gelockert, locker; *atmosfera* aufgelockert, entspannt (*a. osoba*); *mięśnie* entspannt, locker
rozładowywać (-*wuję*) ⟨**rozładować**⟩ (-*uję*) *towar* ausladen; *ciężarówkę* entladen, ausladen; *pistolet* entladen (*a.* ELEK); *atmosferę* entspannen, auflockern; MAR ausladen, löschen; **~ napięcie** die Spannung lösen, die Lage entspannen; **~ złość** seinen Ärger auslassen (**na** *lok* an *dat*); **~ się** ELEK sich entladen; *atmosfera* sich auflockern
rozładun|ek M (-*nku*; -*nki*) Entladung *f*, Ausladen *n*; **~kowy** Ablade-, Entlade-
rozłam M (-*u*; -*y*) *fig* Spaltung *f*, Bruch *m*
rozłazić się (*rozłażę*) ⟨**rozleźć się**⟩ (*rozlezę*, -*leź*) *umg owady* in alle Richtungen kriechen; *osoby* in verschiedene Richtungen gehen, sich zerstreuen (**po** *lok* in *dat*); *buty* auseinanderfallen
rozłączać (-*am*) ⟨**-yć**⟩ (-*ę*) (voneinander) trennen (*a. fig*), lösen; **coś nas rozłączyło** TEL die Verbindung wurde unterbrochen; **~ się** sich trennen, sich lösen; **proszę się nie rozłączać!** TEL bleiben Sie bitte dran!, legen Sie nicht auf!
rozłą|czny *pisownia* getrennt; **~ka** F (-*i*) (*rozstanie*) Trennung *f*; **dodatek** *m* **za ~kę** Trennungsgeld *n*
rozłożenie N (-*a*; *bpl*) Verteilung *f*
rozłożyć PF → rozkładać
rozłożysty (**-ście**) *drzewo* weitverzweigt, ausladend
rozłupywać (-*uję*) ⟨**rozłupać**⟩ (-*ię*) *orzechy* knacken; *drewno* spalten
rozmach M (-*u*; *bpl*) *fig* Schwung *m*, Elan *m*; Großzügigkeit *f*; **wziąć** *pf* **~** (zum Wurf) ausholen; **nabierać ~u** *fig* in Schwung kommen; **z ~em** mit aller Wucht, wuchtig; *fig* großzügig
rozmaczać (-*am*) ⟨**rozmoczyć**⟩ (-*ę*) *chleb* einweichen
rozmagnesowywać (-*wuję*) ⟨**rozmagnesować**⟩ (-*uję*) entmagnetisieren
rozmaicie ADV → rozmaity

R

rozmaito|ść F (*-ści; bpl*) Vielfalt *f*, Mannigfaltigkeit *f*; **~ści** *pl* Verschiedene(s) *n*, alles Mögliche
rozmaity (**-cie**) verschieden
rozmakać (*3. Pers-a*) ⟨**rozmoknąć**⟩ (*-nie*) aufweichen, durchweichen
rozmamłany *osoba umg* schlampig, ungepflegt
rozmaryn M (*-u; -y*) Rosmarin *m*
rozmarzać [-r-z-] (*3. Pers -a*) ⟨**-nąć**⟩ (*-nie*) *v/i* auftauen
rozmarzać (*-am*) ⟨**-yć**⟩ (*-ę*) in e-e träumerische Stimmung versetzen; **~ się** träumerisch werden, sich seinen Träumereien hingeben
rozmarzony *oczy* träumerisch, verträumt; *osoba* verträumt, traumverloren
rozmarzyć PF → rozmarzać
rozmawiać (*-am*) (miteinander) sprechen; **~ o** (*lok*) sich unterhalten, sprechen über (*akk*); POL sprechen, verhandeln; **~ przez telefon** telefonieren; **~ po niemiecku** Deutsch sprechen, sich auf Deutsch unterhalten
rozmaz M (*-u; -y*) MED Abstrich *m*; **~any** *litery, obraz* verschwommen
rozmazywać (*-uję*) ⟨**rozmazać**⟩ (*rozmażę*) *tusz, litery* verschmieren; **~ się** *kształt* verschwimmen; V/I *tusz* verschmieren; (*płakać*) *umg* (los)heulen
rozmiar M (*-u; -y*) (*wielkość*) Größe *f*; **~y** *m/pl fig* Ausmaß *n*, Dimension *f*; **~ ubrania** Konfektionsgröße *f*; **~ butów** Schuhgröße *f*
rozmieniać (*-am*) ⟨**-ić**⟩ (*-ię*) *pieniądze* wechseln; **~ się na drobne** sich verzetteln, sein Talent vergeuden
rozmieszać PF (*-am*) verrühren
rozmieszczać (*-am*) ⟨**rozmieścić**⟩ (*rozmieszczę*) *osoby* unterbringen; **~ się** unterkommen, s-n Platz einnehmen
rozmieszczeni *persf* → rozmieszczony
rozmieszcz|enie N (*-a*) Verteilung *f*; **~ony** (*persf -eni*) *rzeczy* verteilt; *osoby* untergebracht
rozmieścić PF → rozmieszczać
rozmiękać (*3. Pers -a*) ⟨**-nąć**⟩ (*-nie*) *v/i* aufweichen
rozmiękczać (*-am*) ⟨**-yć**⟩ (*-ę*) *v/t* aufweichen; *fig* erweichen
rozmięknąć PF → rozmiękać
rozmijać się (*-am*) ⟨**rozminąć się**⟩ (*-nę*) aneinander vorbeifahren; (*nie spotkać się*) sich verpassen; **~ z prawdą** nicht der Wahrheit entsprechen
rozmiłowa|nie N (*-a; bpl*) Begeisterung *f*, große Vorliebe *f* (**w** *lok* für *akk*); **~ny** (**w** *lok*) *fig* vernarrt, verliebt (in *akk*)
rozminąć się PF → rozmijać się
rozminowywać (*-wuję*) ⟨**rozminować**⟩ (*-uję*) entminen, von Minen räumen
rozmnażać (*-am*) ⟨**rozmnożyć**⟩ (*-ę*) BIOL züchten; **~ się** BIOL sich fortpflanzen
rozmnażanie N (*-a; bpl*) Züchtung *f*; **~ (się)** Fortpflanzung *f*
rozmnożyć PF → rozmnażać
rozmoczyć PF → rozmaczać
rozmoknąć PF → rozmakać
rozmontowywać (*-wuję*) ⟨**rozmontować**⟩ (*-uję*) auseinandernehmen, zerlegen
rozmotać PF (*-am*) *nici* entwirren
rozmo|wa F (*-y; gen -ów*) Gespräch *n*; (*dyskusja*) Unterhaltung *f*; **~wa telefoniczna** Telefongespräch *n*; **~wa kwalifikacyjna** Vorstellungsgespräch *n*; **~wa miejscowa** TEL Ortsgespräch *n*; **~wa zamiejscowa** TEL Ferngespräch *n*; **~wy** *pl* POL Gespräche *pl*, Verhandlungen *pl*; **~wny** gesprächig
rozmów|ca M (*-y; gen -ów*), **~czyni** F (*-; -e*) Gesprächspartner(in) *m(f)*
rozmówić się PF (*-ię*) sich aussprechen (**z** *inst* mit *dat*)
rozmówk|i PL (*gen -wek*) (*ćwiczenia*) Konversationsübungen *pl*; **przewodnik** *m* **z ~ami** Reiseführer *m* mit Sprachführer
rozmównica F (*-y; -e*) *w więzieniu* Gesprächszimmer *n*; TEL (Fern)Sprechzelle *f*
rozmrażać (*-am*) ⟨**rozmrozić**⟩ (*rozmrożę*) *mięso* auftauen; *lodówkę* abtauen; *zamek* entfrosten
rozmyć PF → rozmywać
rozmysł: **z ~em** mit Absicht, bewusst
rozmyślać (*-am*) grübeln; **~ nad** (*inst od* **o** *lok*) nachdenken, sinnen über (*akk*)
rozmyślanie N (*-a*) Nachdenken *n*, Sinnen *n*; Grübeln *n*
rozmyślić się PF (*-lę*) es sich anders überlegen
rozmyślny absichtlich; *zabójstwo* vorsätzlich; *czyn* mutwillig
rozmyty *brzeg* unterspült; *fig* verschwommen
rozmywać (*-am*) ⟨**rozmyć**⟩ (*rozmyję*) *ślady, litery* verwischen; *brzeg* unterspülen;

~ **się** *fig* verschwimmen
roznamiętniać (*-am*) ⟨**-ić**⟩ (*-ię, -nij!*): ~ **k-o** j-s Leidenschaften entfachen; ~ **k-o do** (*gen*) j-n entflammen für (*akk*); ~ **się** sich ereifern, sich hineinsteigern
roznamiętniony (*persf -eni*) von Leidenschaft entflammt; hitzig, erregt
rozneglizowany halb nackt
rozniecać (*-am*) ⟨**rozniecić**⟩ (*-cę*) *ogień* entfachen (*a. fig*)
roznieść• PF → roznosić
roznosiciel M (*-a; -e*): ~ **gazet** Zeitungsausträger *m*; ~ **mleka** *umg* Milchmann *m*; ~ **zarazków** Bazillenträger *m*
roznosicielka F (*-i; gen -lek*): ~ **gazet** Zeitungsausträgerin *f*; ~ **mleka** *umg* Milchfrau *f*; ~ **zarazków** Bazillenträgerin *f*
roznosić (*roznoszę*) ⟨**roznieść**⟩ (*rozniosę*) *gazety* austragen; *pocztę* zustellen; *napoje* servieren, reichen; *zarazki* übertragen; *plotki* verbreiten; ~ **po** (*lok*) verteilen, verstreuen (in *dat*); **roznosi go energia** er strotzt vor Energie; ~ **się** *wiadomości, plotki* sich verbreiten; **roznosi się zapach lawendy** es riecht *od* duftet nach Lavendel; **roznosi się zapach świeżego chleba** es riecht nach frisch gebackenem Brot; **rozniósł się krzyk** es war ein Schrei zu hören
rozochoceni *persf* → rozochocony
rozochocić się PF (*-cę*) in Stimmung kommen
rozochocony (*persf -eni*) *osoba* erregt, gut aufgelegt; *głos* erregt, laut
rozogniać się (*3. Pers -a*) ⟨**rozognić się**⟩ (*-i, -nij*) *rana* sich entzünden; *konflikt* sich verschärfen, sich zuspitzen
rozogniony (*gorący*) glühend heiß; *oczy* glühend; MED fiebrig
rozpacz F (*-y; bpl*) Verzweiflung *f*, Leid *n*; **doprowadzić** *pf* **do** ~**y** zur Verzweiflung bringen; **popaść** *pf* **w** ~ in Verzweiflung geraten, verzweifeln; ~ **po śmierci** (tiefe) Trauer *f*; **czarna** ~ tiefe Verzweiflung *f*; **zdjęty** ~**ą** ganz verzweifelt, leidend
rozpaczać (*-am*) verzweifelt sein, leiden; (*żalić się*) klagen (**nad** *inst* über *akk*); ~ **po śmierci** (*gen*) trauern (um *akk*); ~ **po stracie** (*gen*) unter dem Verlust (*gen*) leiden; **nie rozpaczaj!** du sollst nicht verzweifeln!
rozpaczliwy (**-wie**) verzweifelt
rozpad M (*-u; -y*) *rodziny, systemu* Auflösung *f*, Zerfall *m* (*a.* FIZ, CHEM)
rozpadać się[1] (*3. Pers -a*) ⟨**rozpaść się**⟩ (*rozpadnie*) *system* zerfallen (*a.* CHEM, FIZ); *związek, małżeństwo* in die Brüche gehen; *budynek* verfallen; (*psuć się*) auseinanderfallen
rozpadać się[2] PF (*3. Pers -a*): **rozpadało się** es hat sich eingeregnet
rozpadlina F (*-y*): ~ **skalna** Felsspalte *f*
rozpakowywać (*-wuję*) ⟨**rozpakować**⟩ (*-uję*) *plecak, prezent* auspacken; ~ **się** seine Sachen auspacken
rozpalać (*-am*) ⟨**-ić**⟩ (*-lę*) *ogień, namiętność, gniew* entfachen; (*silnie ogrzewać*) erhitzen; ~ **w piecu** den Ofen anheizen; ~ **do czerwoności** zum Glühen bringen, glühend rot machen; ~ **się** *ogień* brennen; *konflikt, kłótnia* entbrennen; *wyobraźnia* sich entzünden
rozpalony *drut, węgle* glühend heiß; (*w gorączce*) fiebrig; *twarz* fieberglühend
rozpał|ka: **na** ~**kę** zum Anzünden; **drewno** *n* **na** ~**kę** Brennholz *n*
rozpamiętywać (*-uję*) (*akk*) grübeln (über *akk*); ins Gedächtnis zurückrufen (*akk*)
rozpaplać PF (*-am*) *umg* ausplaudern, aus dem Nähkästchen plaudern
rozpaprać PF (*rozpaprzę*) *umg pracę* unfertig liegen lassen
rozparcelowywać (*-wuję*) ⟨**rozparcelować**⟩ (*-uję*) parzellieren, aufteilen
rozpasać się PF (*rozpaszę*) außer Rand und Band geraten, jedes Maß überschreiten
rozpasa|nie N (*-a; bpl*) Zügellosigkeit *f*, Maßlosigkeit *f*; ~**nie obyczajów** Sittenlosigkeit *f*; ~**ny** zügellos, haltlos; maßlos
rozpaść• **się** PF → rozpadać się
rozpatrywać (*-uję*) ⟨**rozpatrzyć**⟩ (*-ę*) *prośbę, podanie* prüfen; *możliwości* erwägen, in Betracht ziehen; **prośba została rozpatrzona pozytywnie** der Antrag wurde positiv beschieden; ~ **się** (**w** *lok*) sich einen Überblick verschaffen (über *akk*)
rozpatrzenie N (*-a; bpl*): **pozytywne** ~ **prośby** positiver Bescheid *m*; **negatywne** ~ **podania** Absage *f*
rozpęd M (*-u; bpl*): **nabrać** *pf* ~**u** an Geschwindigkeit gewinnen, schneller werden; *fig* in Schwung kommen; **z** ~**u** in einem Zug
rozpędzać (*-am*) ⟨**-ić**⟩ (*-ę*) *demonstran-*

R

tów auseinandertreiben; *złe myśli, zmartwienia* vertreiben; **rozpędzić na cztery wiatry** *umg* zum Teufel jagen; **~ się** Anlauf nehmen; AUTO beschleunigen, an Geschwindigkeit gewinnen

rozpętywać (*-uję*) ⟨**rozpętać**⟩ (*-am*) *wojnę, dyskusję* entfesseln; **rozpętać się** *pf burza* losbrechen; *dyskusja* entbrennen

rozpiąć PF → rozpinać

rozpić PF → rozpijać

rozpieczętowywać (*-wuję*) ⟨**rozpieczętować**⟩ (*-uję*) *list* öffnen

rozpieprzać (*-am*) ⟨**-yć**⟩ (*-ę*) *vulg* kaputt machen; kurz und klein schlagen; **~ się** *vulg* kaputtgehen

rozpierać (*3. Pers-am*) ⟨**rozeprzeć**⟩ (*-e*): **rozpiera go duma** er platzt vor Stolz; **rozpiera mnie ciekawość** ich platze vor Neugier; **rozpiera go energia** er strotzt vor Energie; **rozpiera go radość** er ist außer sich vor Freude; **~ się** *umg* sich breitmachen, sich (hin)lümmeln

rozpierzchać się (*-am*) ⟨**-nąć się**⟩ (*-nę*) auseinanderlaufen

rozpieszczać (*-am*) ⟨**rozpieścić**⟩ (*rozpieszczę*) verwöhnen; *dziecko* verhätscheln, verziehen

rozpieszczony (*persf -eni*) verwöhnt; *dziecko* verzogen

rozpiętość F (*-ści; bpl*) Spannweite *f*; **~ cen** Preisspanne *f*

rozpijaczony (*persf -eni*) *umg* versoffen

rozpijać (*-am*) ⟨**rozpić**⟩ (*rozpiję*) *osobę, młodzież, społeczeństwo* zum Trinken verleiten; **~ się** der Trunksucht verfallen, Alkoholiker werden

rozpinać (*-am*) ⟨**rozpiąć**⟩ (*rozepnę*) *płaszcz* aufknöpfen; *guzik* öffnen, aufmachen; *płótno, chustę* spannen; **~ pasy** AUTO, LOT sich abschnallen; **~ się** *osoba* sich aufknöpfen; *agrafka* sich öffnen, aufgehen

rozpisać PF → rozpisywać

rozpisanie N (*-a; bpl*): **~ konkursu** Ausschreibung *f*

rozpisywać (*-uję*) ⟨**rozpisać**⟩ (*rozpiszę*) *wybory, konkurs* ausschreiben; *pióro* einschreiben; **~ się** weitschweifig schreiben, sich auslassen; **gazety rozpisują się o** (*lok*) es wird viel berichtet über (*akk*), es ist viel in den Schlagzeilen über (*akk*)

rozplanowywać (*-wuję*) ⟨**rozplanować**⟩ (*-uję*) *zajęcia, dzień* planen, organisieren; ARCH (einen Plan) entwerfen; **~ sobie czas** sich die Zeit einteilen

rozplatać (*-am*) ⟨**rozpleść**⟩ (*rozplotę*) *warkocze* auflösen

rozplątywać (*-uję*) ⟨**rozplątać**⟩ (*rozplączę*) entwirren (*a. fig*); *zagadkę* lösen

rozpleniać się (*3. Pres -a*) ⟨**-ić się**⟩ (*-i*) BOT wuchern; *fig* überhandnehmen

rozpleść PF → rozplatać

rozpłakać się PF (*rozpłaczę*) in Tränen ausbrechen, anfangen zu weinen

rozpłakany weinend, in Tränen aufgelöst

rozpłaszczać (*-am*) ⟨**-yć**⟩ (*-ę*) platt drücken, platt machen; **~ się** sich flach (hin)legen; **rozpłaszczyć się** *pf umg żart* seinen Mantel ausziehen, seine Jacke ausziehen

rozpłaszczony platt gedrückt

rozpłatać PF (*-am*) aufschlitzen

rozpłod|nik M (*-a; -i*) ZOOL Zuchttier *n*; **~owy** ZOOL Zucht-; **ogier** *m* **~owy** Zuchthengst *m*

rozpłód M (*-odu; bpl*) ZOOL Zucht *f*

rozpływać się (*-am*) ⟨**-nąć się**⟩ (*-ę*) (*topić się*) zerfließen, schmelzen; *farba* auseinanderfließen, zerfließen; *kształt* verschwimmen; *ryby, kaczki* in verschiedene Richtungen (weg)schwimmen; *tłum* sich verlaufen, sich zerstreuen; **rozpłynąć się** *pf umg osoba* verduften; *rzecz* sich in Luft auflösen; **rozpływać się nad** (*inst*) e-e Lobeshymne anstimmen auf (*akk*); **~ się w ustach** auf der Zunge zergehen; **rozpływać się w zachwytach** in Lobeshymnen ausbrechen; **rozpływać się w podziękowaniach** sich überschwänglich bedanken

rozpocząć PF → rozpoczynać

rozpoczęcie N (*-a; bpl*) Beginn *m*; *gry* Eröffnung *f*; **~ roku szkolnego** Schulanfang *m*, Schulbeginn *m*

rozpoczynać (*-am*) ⟨**rozpocząć**⟩ (*-nę*) (*akk*) beginnen (mit *dat*); *grę* eröffnen; *negocjacje* aufnehmen; *rozmowę* einleiten; **~ się** *v/i* beginnen

rozpogadzać się (*-am*) ⟨**rozpogodzić się**⟩ (*-ę*) *niebo* sich aufheitern (*a. fig*); **rozpogodziło się** METEO es hat sich aufgeklart, das Wetter hat sich aufgeklart

rozpogodzenie N (*-a*) METEO Aufheiterung *f*

rozpogodzić się PF → rozpogadzać się

rozpolitykowany politisierend
rozpoławiać (-am) ⟨**rozpołowić**⟩ (-ię) *v/t* entzweien; ~ **się** *v/i* entzweien
rozporek M (-rka; -rki) Hosenschlitz *m*
rozporządzać (-am) ⟨**-ić**⟩ (-dzę) anordnen; **rozporządzać** (*inst*) verfügen über (*akk*); ~ **się** (*inst*) unrechtmäßig entscheiden, ohne Erlaubnis bestimmen (über *akk*)
rozporządzenie N (-a) POL Verordnung *f*, Erlass *m*; (*polecenie*) Anordnung *f*
rozporządzić PF → rozporządzać
rozpostarty *koc* ausgebreitet
rozpościerać (-am)⟨**rozpostrzeć**⟩ (*rozpostrę*) *koc* ausbreiten; ~ **ramiona** die Arme ausbreiten, sich strecken; **rozpościerać się** *widok* sich bieten; *las* sich erstrecken
rozpowiadać (-am) ⟨**rozpowiedzieć**⟩ *umg* herumerzählen; *plotki* weiter erzählen, verbreiten
rozpowszechniać (-am) ⟨**-ić**⟩ (-ię, -nij!) *zwyczaj* verbreiten; *film, broszurę* vertreiben; ~ **się** *zwyczaj* sich verbreiten
rozpowszech|nienie N (-a; *bpl*) Verbreitung *f*; *filmu* Vertrieb *m*; **~niony** *zwyczaj, opinia* (weit)verbreitet
rozpoznać PF → rozpoznawać
rozpozna|nie N (-a) *przestępcy* Identifizierung *f*; MED Diagnose *f*; JUR Verhandlung *f*; MIL Erkundung *f*, Aufklärung *f*; (*przypomnienie sobie*) Wiedererkennen *n*; **łatwy do ~nia** leicht zu erkennen
rozpoznawać (*rozpoznaję*) ⟨**rozpoznać**⟩ (-am) *twarze, miejsca* wiedererkennen; *przestępcę* identifizieren; *plagiat* erkennen; ~ **po** (*lok*) erkennen (an *dat*); JUR verhandeln; ~ **się** einander wiedererkennen
rozpozna|walny erkennbar; **~wczy** *znak* Erkennungs-; MIL Erkundungs-
rozpracowywać (-wuję) ⟨**rozpracować**⟩ (-uję) *osobę* durchschauen; *szajkę* auffliegen lassen; *szyfr* entschlüsseln, *umg* knacken; *zagadnienie, temat* ausarbeiten
rozpraszać (-am) ⟨**rozproszyć**⟩ (-ę) zerstreuen, auseinandertreiben; *wątpliwości* zerstreuen, beseitigen; **rozpraszać k-o** j-n stören, j-n ablenken; ~ **ciemności** *lit* das Dunkel lichten; ~ **się** sich zerstreuen, auseinandergehen; **rozpraszać się** zerstreut sein, unkonzentriert sein; *umg* sich verzetteln
rozpra|wa F (-y) JUR (Gerichts)Verhandlung *f*; (*traktat*) Abhandlung *f*; **~wy** *f/pl* Debatten *f/pl*; **~wa doktorska** Dissertation *f*, Doktorarbeit *f*; **doszło do ~wy** es kam zu e-m Kampf
rozprawiać (-am) debattieren, sich ereifern (**o** *lok* über *akk*)
rozprawiać się (-am) ⟨**-ić się**⟩ (-ię) (**z** *inst*) *fig* abrechnen (mit *dat*); ~ **z mafią** die Mafia zerschlagen; ~ **z grupą przestępczą** e-e Verbrecherbande ausheben; ~ **z teorią** eine Theorie widerlegen; **szybko się rozprawić** *pf* **z** (*inst*) kurzen Prozess machen (mit *dat*)
rozprawka F (-i; *gen* -wek) kurze Abhandlung *f*, Essay *m od n*; *w szkole* schriftliche Arbeit *f*
rozpromieniać się (-am) ⟨**-ić**⟩ (-ię) übers ganze Gesicht strahlen
rozpromieniony (*persf* -eni) (freude)-strahlend
rozprostowywać (-wuję) ⟨**rozprostować**⟩ (-uję) *drut* gerade biegen; *plecy, palce* strecken; ~ **kości** sich die Beine vertreten; ~ **się** sich strecken
rozproszeni *persf* → rozproszony
rozprosz|enie N (-a; *bpl*) Zerstreutheit *f*, mangelnde Konzentration *f*; **~ony** (*persf* -eni) *miasta, rodzina* zerstreut; *osoba* unkonzentriert, zerstreut; *światło* diffus
rozproszyć PF → rozpraszać
rozprowadzać (-am) ⟨**-ić**⟩ (-ę) *towar* vertreiben; *farbę, krem* verstreichen; (*rozcieńczać*) verdünnen (*inst* mit *dat*)
rozpruwać (-am) ⟨**rozpruć**⟩ (*rozpruję*) *szew* auftrennen; *brzuch* aufschlitzen; *kasę umg* knacken; ~ **sukienkę** Nähte in e-m Kleid auftrennen; ~ **się** *szew* aufgehen; **sukienka się rozpruła** die Nähte im Kleid sind aufgegangen
rozpryskać PF → rozpryskiwać
rozpryskiwacz M (-a; -e) Zerstäuber *m*
rozpryskiwać (-uję)⟨**rozpryskać**⟩ (-am) *od* ⟨**rozprysnąć**⟩ (-nę) versprühen, (ver)-spritzen; **rozprysnąć się** *pf* zersplittern
rozprząc˙ PF → rozprzęgać
rozprzedawać (*rozprzedaję*) ⟨**rozprzedać**⟩ (-am) ausverkaufen
rozprzestrzeniać (-am) ⟨**-ić**⟩ (-ię) (*rozpowszechniać*) verbreiten; ~ **się** *epidemia* sich ausbreiten; *ogień* übergreifen (**na** *akk* auf *akk*)
rozprzęgać (-am) ⟨**-nąć**⟩ (-nę) *od*

⟨**rozprząc**⟩ (*rozprzęgę*) *konia* ausspannen; *ład* auflösen; **~ się** *ład, struktura* sich auflösen; *obyczaje* sich lockern
rozprzężenie N (-a; bpl) *fig* Chaos *n*, Anarchie *f*; **~ dyscypliny** Disziplinlosigkeit *f*; **~ obyczajów** Sittenverfall *m*
rozpulchniać (-am) ⟨**-ić**⟩ (-ię, -nij!) *ziemię* auflockern; *skórę* aufweichen
rozpu|sta F (-y; bpl) *żart* Laster *n*; **oddawać się ~ście** einem Laster frönen; **gniazdo** *n* **~sty** Lasterhöhle *f*; **~stny** ausschweifend, lasterhaft; **~stne życie** *n* *żart* Lasterleben *n*
rozpuszczać (-am) ⟨**rozpuścić**⟩ (*rozpuszczę*) *tabletkę* auflösen; *włosy* lösen; (*topić*) schmelzen; KULIN zerlassen; *plotkę* verbreiten; *dzieci* verziehen, verwöhnen; *załogę, pracowników* freigeben (*dat*); **~ pieniądze** das Geld verschwenden, das Geld zum Fenster hinauswerfen; **~ się** *cukier, tabletka* sich auflösen; *śnieg* schmelzen; *czekoladki, lody* zerfließen, schmelzen; *dziecko* verzogen werden, ungezogen werden
rozpuszczo|ny *dziecko* verzogen; **nosić ~ne włosy** das Haar lose tragen
rozpuszczal|nik M (-a; -i) Lösungsmittel *n*; **~ny** löslich; **~ny w wodzie** wasserlöslich
rozpuścić PF: **~ się jak dziadowski bicz** außer Rand und Band geraten; → rozpuszczać
rozpychać (-am) ⟨**rozepchnąć**⟩ (-nę) *kieszeń, spodnie* ausbeulen; **rozpychać się** drängeln; **rozpychać się łokciami** *fig* seine Ellbogen gebrauchen
rozpylacz M (-a; -e) Zerstäuber *m*
rozpylać (-am) ⟨**-ić**⟩ (-lę) zerstäuben, versprühen
rozpytywać (-uję) ausfragen; **~ się o** (*akk*) sich erkundigen, fragen nach (*dat*)
rozrabiać (-am) ⟨**rozrobić**⟩ (-ię) *farbę* anrühren; (*rozcieńczać*) verdünnen; **rozrabiać** *umg* Ärger machen, krakeelen; *dziecko* toben
rozrabiaka M (-i; -i) *umg pej* Krakeeler *m*
rozrachun|ek M (-nku; bpl) *fig* Abrechnung *f* (*a.* FIN); **w ostatecznym ~ku** *fig* letztendlich, alles in allem; **~kowy** Verrechnungs-
rozradowany freudestrahlend
rozrastać się (-am) ⟨**rozrosnąć się**⟩ (-nę) BOT wachsen, dichter werden; *chwasty* wuchern; MED wachsen; *miasto* wachsen, größer werden
rozregulowywać (-wuję) ⟨**rozregulować**⟩ (-uję) TECH verstellen, unsachgemäß behandeln; **~ się** TECH verstellt sein, nicht mehr (gut) funktionieren
rozregulowany TECH verstellt; *żołądek* verstimmt
rozrobić PF → rozrabiać
rozrod|czość F (-ści; bpl) Fortpflanzung *f*, Fruchtbarkeit *f*; **~czy** *funkcje* Fortpflanzungs-; **narządy** *m/pl* **~cze** Geschlechtsorgane *n/pl*; **wiek** *m* **~czy** zeugungsfähiges Alter *n*
rozrosnąć˙ się PF → rozrastać się
rozrośnięcie się N (-a; bpl) *fig* Wachstum *n*, Expansion *f*
roz|róba F (-y) *umg* Krawall *m*, Rauferei *f*; **zrobić** *pf* **~róbę** Randale machen, randalieren; **~ród** M (-odu; -ody) BIOL Fortpflanzung *f*
rozróżniać (-am) ⟨**-ić**⟩ (-ię, -nij!) unterscheiden
rozróżnienie N (-a) Unterscheidung *f*
rozruch M (-u; -y) TECH Inbetriebnahme *f*; *produkcji* Anlauf *m*; **~ próbny** AUTO, TECH Probelauf *m*; **~y** *pl* POL Unruhen *pl*
rozruszać PF (-am) *palce* bewegen; *silnik* warm laufen lassen; Probe laufen; *towarzystwo* in Stimmung bringen, auflockern; **~ nogi** *od* **kości** sich die Beine vertreten; **~ się** sich bewegen; *towarzystwo umg* in Stimmung kommen, lockerer werden
rozrusznik M (-a; -i) AUTO Anlasser *m*; **~ serca** MED Herzschrittmacher *m*
rozrywać (-am) ⟨**rozerwać**⟩ (-ę) zerreißen; **rozrywać** (*akk*) sich reißen um (*akk*); **~ się** *v/i* zerreißen
rozrywany heiß begehrt
rozryw|ka F (-i; gen -wek) Unterhaltung *f*; Zeitvertreib *m*, Vergnügen *n*; **dla ~ki** zur Entspannug, zum Zeitvertreib; **~ki** *pl* Veranstaltungen *f/pl*; **ulubiona ~ka** Lieblingsbeschäftigung *f*, der liebste Zeitvertreib; **~kowy** *program* Unterhaltungs-
rozrządo|wy KOLEJ Rangier-; **górka** *f* **~wa** KOLEJ Ablaufberg *m*
rozrzedzać (-am) ⟨**-ić**⟩ (-dzę) verdünnen; **~ się** dünner werden
rozrzedzony *płyn* verdünnt; *powietrze* dünn
rozrzewniać (-am) ⟨**-ić**⟩ (-ię) zu Tränen rühren; **~ się** (zu Tränen) gerührt sein,

R

sentimental werden
rozrzewniający **(-co)** rührend, herzbewegend
rozrzewnienie N (*-a; bpl*) Rührung *f*; **z ~m** gerührt
rozrzucać (*-am*) ⟨**-ić**⟩ (*-ę*) durcheinanderwerfen, verstreuen
rozrzutni|k M (*-a; -cy*), **~ca** F (*-y; -e*) Verschwender(in) *m(f)*
rozrzut|ność F (*-ści; bpl*) Verschwendung *f*; verschwenderisches Wesen *n*; **~ny** verschwenderisch
rozrzynać (*-am*) ⟨**rozerżnąć**⟩ (*-nę*) zerschneiden
rozsad|a F (*-y*) AGR *koll* Setzlinge *pl*; **~nik** M (*-a; -i*) AGR Frühbeet *n*; Topf *m*
rozsadzać (*-am*) ⟨**-ić**⟩ (*-ę*) AGR verpflanzen, umpflanzen; *uczniów* auseinandersetzen, trennen; *skałę* sprengen
rozsąd|ek M (*-dku; bpl*) Vernunft *f*; **zdrowy ~ek** gesunder Menschenverstand *m*; **przemówić** *pf* **do ~ku k-u** j-n zur Vernunft bringen; **~ny** vernünftig, klug
rozsądzać (*-am*) ⟨**-ić**⟩ (*-ę*) entscheiden, urteilen; *spór* schlichten
rozsiać PF → rozsiewać
rozsiadać się (*-am*) ⟨**rozsiąść się**⟩ (*rozsiądę*) sich bequem hinsetzen; *pej* sich hinlümmeln, sich breitmachen; Plätze einnehmen, sich (überall) hinsetzen
rozsia|ny *domy, osoby* (überall) verstreut; **~ni po całym świecie** auf der ganzen Welt verstreut
rozsiąść się PF → rozsiadać się
rozsierdzeni *persf* → rozsierdzony
rozsierdzić PF (*-ę*) *lit* erzürnen
rozsierdzony (*persf -eni*) *lit* erzürnt
rozsiew M (*-u; bpl*) AGR Aussaat *f*
rozsiewać (*-am*) ⟨**rozsiać**⟩ (*-eję*) AGR aussäen; *plotki* verbreiten; *zarazki* übertragen
rozsiodływać (*-uję*) ⟨**rozsiodłać**⟩ (*-am*) absatteln
rozsławiać (*-am*) ⟨**-ić**⟩ (*-ię*) berühmt machen; **~ na całym świecie** in der ganzen Welt berühmt machen
rozsmakowywać się (*-wuję*) ⟨**rozsmakować się**⟩ (*-uję*) Geschmack finden (**w** *lok* an *dat*)
rozsmarowywać (*-wuję*) ⟨**rozsmarować**⟩ (*-uję*) *masło, krem* verstreichen
rozstać* się PF → rozstawać się
rozsta|j M (*-u; -e; gen -ai od -ów*) Kreuzweg *m*, Weggabelung *f*; **na ~ju** am Kreuzweg (*a. fig*); **~nie** N (*-a*) Trennung *f*
rozstaw M (*-u; -y*) TECH Abstand *m*; **~ kół** AUTO Spurweite *f*
rozstawać się (*rozstaję*) ⟨**rozstać się**⟩ (*rozstanę*) (**z** *inst*) sich trennen (von *dat*); *fig* Abschied nehmen (von *dat*); **nie rozstawać się z** (*inst*) immer dabeihaben (*akk*), sich nicht trennen (von *dat*)
rozstawiać (*-am*) ⟨**-ić**⟩ (*-ię*) *zawodników, kieliszki* aufstellen; *nogi* spreizen; **rozstawiać po kątach** *fig umg* herumkommandieren; **~ się** *zawodnicy* sich aufstellen
rozstawienie N (*-a*) Aufstellung *f*; (*odległość*) Abstand *m*
rozstąpić się PF → rozstępować się
rozstęp M (*-u; -y*) Abstand *m*; **~ skalny** Felsspalte *f*; **~y (skórne)** *pl* Schwangerschaftsstreifen *pl*
rozstępować się (*-uję*) ⟨**rozstąpić się**⟩ (*-ię*) zur Seite treten, Platz machen; *skała* auseinanderbrechen, sich spalten; *ziemia* sich auftun
rozstrajać (*-am*) ⟨**rozstroić**⟩ (*rozstroję*) MUS verstimmen; *nerwy* zerrütten
rozstrój M (*-oju; bpl*) Chaos *n*, Zusammenbruch *m*; **~ żołądka** Magenverstimmung *f*; **~ nerwowy** Nervenzusammenbruch *m*
rozstrzela|nie N (*-a*) Erschießung *f*; **~ny** erschossen
rozstrzeliwać[1] (*-wuję*) ⟨**rozstrzelać**⟩ (*-am*) erschießen
rozstrzeliwać[2] (*-wuję*) ⟨**rozstrzelić**⟩ (*-lę*) TYPO spationieren, sperren
rozstrzelony TYPO gesperrt
rozstrzygać (*-am*) ⟨**-nąć**⟩ (*-nę*) ent-scheiden (**o** *lok* über *akk*); den Ausschlag geben (für *akk*); *wątpliwości, problem* klären; *spór* schlichten; **~ o programie wycieczki** über das Reiseprogramm ent-scheiden; **teraz rozstrzygają się jego losy** jetzt entscheidet sich sein Schicksal
rozstrzyg|ający **(-co)** entscheidend, ausschlaggebend; **~nięcie** N (*-a*) Ent-scheidung *f*
rozsunąć PF → rozsuwać
rozsupływać (*-uję*) ⟨**rozsupłać**⟩ (*-am*) entknoten, aufbinden
rozsuwać (*-am*) ⟨**rozsunąć**⟩ (*-nę*) aus-einanderrücken, zur Seite schieben; *stc* ausziehen; *zasłony* aufziehen; **~ się** zu Seite treten, Platz machen; *kurtyna* auf-gehen

rozsuwa|ny *stół* ausziehbar; **~ne drzwi** *pl* Schiebetür *f*
rozsychać się (*3. Pers -a*) ⟨**rozeschnąć się**⟩ (*-nie*) *deski* durch Trocknung reißen
rozsyłać (*-am*) ⟨**rozesłać**[1]⟩ (*roześlę*) *kurierów* aussenden; *listy* verschicken, versenden
rozsypać PF → rozsypywać
rozsyp|ka F: **być w ~ce** *umg* auseinanderfallen
rozsypywać (*-uję*) ⟨**rozsypać**⟩ (*-ię*) *sól, cukier* verschütten; **~ się** *sól, cukier* verschüttet werden; *budynek* auseinanderfallen; *mur* zerbröckeln
rozszaleć się PF (*-eję*) *osoba* wütend werden, rasen; *burza, ogień* wüten
rozszarpywać (*-uję*) ⟨**rozszarpać**⟩ (*-ię*) *granat* zerfetzen, zerreißen; *zwierzę* zerfleischen
rozszczepiać (*-am*) ⟨**-ić**⟩ (*-ię*) FIZ, CHEM spalten; *światło* zerlegen; **~ się** FIZ, CHEM gespalten werden
rozszczepienie N (*-a*): **~ atomu** FIZ Kernspaltung *f*; **~ osobowości** *od* **jaźni** PSYCH Spaltung *f* des Bewusstseins, Schizophrenie *f*
rozszerzany *spódnica, spodnie* weit
rozszerzać (*-am*) ⟨**-yć**⟩ (*-ę*) *fig* erweitern; **~ się** *fig* sich erweitern; *źrenice* sich weiten; *ogień, epidemia* sich ausbreiten, übergreifen (**na** *akk* auf *akk*)
rozszerz|enie N (*-a*) *fig* Erweiterung *f*; **~ony** *fig* erweitert; *źrenice* geweitet
rozsznurowywać (*-wuję*) ⟨**rozsznurować**⟩ (*-uję*) *buty, gorset* aufschnüren
rozszyfrowywać (*-wuję*) ⟨**rozszyfrować**⟩ (*-uję*) *napis* entziffern; *depeszę, tajemnicę, zagadkę* entschlüsseln; *zamiary, charakter, osobę* durchschauen
rozścielać (*-am*) ⟨**rozesłać**[2]⟩ (*roześlę*) *koc, prześcieradło* ausbreiten
rozśmieszać (*-am*) ⟨**-yć**⟩ (*-ę*) zum Lachen bringen; (*bawić*) amüsieren, erheitern
rozśpiewać się PF (*-am*) (freudig) zu singen beginnen; Spaß am Singen haben, nicht mehr aufhören zu singen
rozświetlać (*-am*) ⟨**-ić**⟩ (*-lę*) erhellen, erleuchten; **~ się** erleuchtet werden, hell werden
roztaczać (*-am*) ⟨**roztoczyć**⟩ (*-ę*) *plan, wizje* ausbreiten, entfalten; *zapach, światło* verbreiten; **~ opiekę nad** (*inst*) in seine Obhut nehmen (*akk*); **roztaczać się** *dolina* sich erstrecken; *widok* sich bieten
roztańczyć się PF (*-ę*) (begeistert) zu tanzen beginnen, nicht mehr zu tanzen aufhören
roztapiać (*-am*) ⟨**roztopić**⟩ (*-ię*) *śnieg* schmelzen; KULIN zerlassen; **~ się** *śnieg* schmelzen, auftauen; *lody, czekolada* zerfließen, schmelzen
roztargnieni *persf* → roztargniony
roztargnie|nie N (*-a; bpl*) Zerstreutheit *f*, Unkonzentriertheit *f*; (*zapominanie*) Vergesslichkeit *f*; **przez ~nie** aus Zerstreutheit, aus Versehen; **z ~niem** *adv* unkonzentriert, zerstreut
roztargniony (*persf -eni*) zerstreut, unkonzentriert
rozter|ka F (*-i; bpl*) Zwiespalt *m*, Dilemma *n*; **być w ~ce** sich in einem Dilemma befinden, gespalten sein
roztkliwiać (*-am*) ⟨**-ić**⟩ (*-ię*) rühren; **roztkliwiać się** gerührt sein; Mitleid empfinden; **roztkliwiać się nad sobą** wehleidig sein
roztłuc* PF (*roztłukę*) zerschlagen; **~ się** zerbrechen, zersplittern
roztocze PL (*gen -y*) ZOOL Milben *pl*
roztoczyć PF → roztaczać
roztopić PF → roztapiać; topić
roztopy PL (*gen -ów*) Schneematsch *m*; **wiosenne ~** Tauwetter *n*, Schneeschmelze *f*
roztrąbić PF (*-ię*) *umg* hinausposaunen, an die große Glocke hängen
roztrącać (*-am*) ⟨**-ić**⟩ (*-ę*) zur Seite stoßen, zur Seite drängen
roztrop|ność F (*-ści; bpl*) Besonnenheit *f*, Umsicht *f*; **~ny** *osoba* besonnen, umsichtig; klug, vernünftig; *dziecko* aufgeweckt; *plan* klug, durchdacht; *spojrzenie* klug; *uwagi, działanie* klug, wohlüberlegt
roztrwaniać (*-am*) ⟨**roztrwonić**⟩ (*-ię*) *pieniądze* verschwenden; *talent, czas* vergeuden
roztrzaskiwać (*-uję*) ⟨**roztrzaskać**⟩ (*-am*) zerschmettern, zertrümmern; **~ się** *okręt, samolot* zerschellen; *wazon* zerbrechen
roztrząsać (*-am*) ⟨**-nąć**⟩ (*-nę*) *nawóz* streuen; **roztrząsać** *sprawę* erörtern
roztrzepa|nie N (*-a; bpl*) Schusseligkeit *f*; Flatterhaftigkeit *f*; **~ny** schuss(e)lig, chaotisch; flatterhaft

roztrzepywać (*-uję*) ⟨**roztrzepać**⟩ (*-ię*) KULIN schlagen

roztrzęsiony (*persf -eni*) *osoba* nervös, aufgewühlt; *głos, ręce* zitternd; **być ~m** vor Aufregung zittern, sich nicht beruhigen können

roztwór M (*-oru; -ory*) CHEM Lösung *f*; **~ soli** CHEM Salzlösung *f*; KULIN Salzwasser *n*

rozum M (*-u; -y*) (*umysł*) Verstand *m*, Geist *m*; (*rozsądek*) Vernunft *f*, Ratio *f*; **chłopski ~** gesunder Menschenverstand *m*; **brać na zdrowy ~** nüchtern betrachten; **mieć swój ~** seinen eigenen Kopf haben; **nauczyć** *pf* **k-o ~u** j-n zur Vernunft bringen, j-m den Kopf zurechtrücken; **więcej szczęścia niż ~u** mehr Glück als Verstand; **być niespełna ~u** nicht ganz bei Verstand sein; **pójść** *pf* **po ~ do głowy** sich etwas einfallen lassen; sich besinnen; **pozjadać** *pf* **wszystkie ~y** die Weisheit mit Löffeln gefressen haben

rozumieć° (*rozumiem*) verstehen; **nic nie rozumiem** ich verstehe gar nichts; **~ po niemiecku** Deutsch verstehen; **co przez to rozumiesz?** was meinst du damit?; **doskonale to rozumiem** ich kann das sehr gut nachvollziehen; **nie rozumiem twojej decyzji** ich verstehe deine Entscheidung nicht, ich kann deine Entscheidung nicht nachvollziehen; **~ się** sich verstehen (**z** *inst* mit *dat*); **rozumiemy się dobrze** wir verstehen uns gut; **~ się bez słów** sich ohne Worte verstehen; **to się rozumie samo przez się** das versteht sich von selbst; **ma się ~** selbstverständlich

rozumny *osoba, wybór* klug; *istota, stworzenie* vernunftbegabt

R

rozumować (*-uję*) denken; (*wnioskować*) schlussfolgern; **~ błędnie** falsch denken; **~ logicznie** logisch denken

rozumowa|nie N (*-a*) Denkweise *f*, Denken *n*; **tok** *m* **~nia** Gedankengang *m*; **sposób** *m* **~nia** Denkweise *f*

rozumowy (-wo) rational

rozwadniać (*-am*) ⟨**rozwodnić**⟩ (*-ię, -nij!*) verwässern, mit Wasser verdünnen

rozwa|ga F (*-i; bpl*) Besonnenheit *f*, Umsicht *f*; **brać pod ~gę** in Erwägung ziehen; **nie brać pod ~gę** außer Acht lassen

rozwalać (*-am*) ⟨**-ić**⟩ (*-lę*) *umg* kaputt schlagen; *budynek* einreißen; (*rozrzucać*) herumschmeißen; *fig* kaputtmachen; **rozwalić** *pf* **sobie kolano** *umg* sich das Knie aufschlagen; **~ samochód** *umg* das Auto zu Schrott fahren; **~ się** *umg* kaputtgehen; *osoba* sich hinfläzen, sich breitmachen

rozwalniają|cy (-co): **działać ~co** *adv* MED abführend wirken; **środek** *m* **~cy** MED Abführmittel *n*

rozwałkowywać (*-wuję*) ⟨**rozwałkować**⟩ (*-uję*) *ciasto* ausrollen; *temat umg* breittreten

rozwarstwienie N (*-a; bpl*) *społeczeństwa* Schichtung *f*, Einteilung *f* in Schichten

rozwarty *okno, drzwi* offen; **kąt** *m* **~** MAT stumpfer Winkel *m*

rozważać (*-am*) ⟨**-yć**⟩ (*-ę*) *możliwości, rozwiązania* abwägen, in Betracht ziehen; *propozycję, słowa* nachdenken (über *akk*); *v/i* überlegen; bedenken; **~ za i przeciw** das Für und Wider erwägen

rozważania N/PL (*gen -ań*) (**nad** *inst od* **o** *lok*) Reflexion *f*, Nachdenken *n* (über *akk*); Betrachtungen *pl* (über *akk*)

rozważny *osoba* bedächtig, umsichtig; *krok, czyn* wohlüberlegt

rozważyć PF → rozważać

rozweselać (*-am*) ⟨**-ić**⟩ (*-lę*) aufheitern; **~ się** bessere Laune bekommen, sich erheitern

rozweselony (*persf -eni*) aufgeheitert, fröhlich

rozwiać PF → rozwiewać

rozwiązać PF → rozwiązywać

rozwiąza|nie N (*-a; gen -ań*) *umowy, parlamentu* Auflösung *f*; *problemu, zagadki* Lösung *f*; (*poród*) Entbindung *f*; **nie do ~nia** unlösbar

rozwiązły liederlich, ausschweifend; *obyczaje* locker; **~ tryb** *m* **życia** Lotterleben *n*

rozwiązywać (*-uję*) ⟨**rozwiązać**⟩ (*rozwiążę*) *problem, zadanie* lösen; *supeł* aufbinden; *zgromadzenie, firmę* auflösen

rozwichrzony *włosy* zerzaust

rozwidlać się (*3. Pers -a*) *droga* sich verzweigen, sich gabeln

rozwidlenie N (*-a*) Weggabelung *f*, Abzweigung *f*

rozwidniać się (*3. Pers -a*): **rozwidnia się** es tagt, es dämmert

rozwiedziony (*persf -dzeni*) geschieden

rozwielitka F (*-i; gen -tek*) ZOOL Daphnie *f*, Wasserfloh *m*

rozwierać (*-am*) ⟨**rozewrzeć**⟩ (*rozewrę*) *lit* öffnen, auftun; *ramiona* ausbreiten; ~ **się** sich öffnen, sich auftun
rozwieszać (*-am*) ⟨**rozwiesić**⟩ (*rozwieszę*) *bieliznę* aufhängen
rozwieść* PF → rozwodzić
rozwiewać (*-am*) ⟨**rozwiać**⟩ (*rozwieję*) *liście* fortwehen, verwehen; *włosy* zerzausen; *obawy, wątpliwości* zerstreuen; *marzenia* zunichtemachen; ~ **się** *marzenia, plany* zunichtewerden
rozwieźć* PF → rozwozić
rozwijać (*-am*) ⟨**rozwinąć**⟩ (*-nę, rozwiń!*) *paczkę, prezent, cukierki* auswickeln (**z** *gen* aus *dat*); *działalność, usługi* entwickeln, ausbauen; *zwój, sztandar* entrollen; *zainteresowania* entfalten; *temat* entwickeln; *skrzydła* ausbreiten; *żagle* setzen; ~ **pączki** BOT austreiben, ausschlagen; ~ **w sobie odpowiedzialność** Verantwortungsbewusstsein entwickeln; ~ **w dziecku ciekawość** die Neugier im Kind wecken; ~ **w dziecku samodzielność** ein Kind zur Selbstständigkeit erziehen; ~ **się** *talent, osobowość* sich entfalten, sich entwickeln; *kraj, sytuacja, zdarzenia* sich entwickeln; *płatki, liście* sich entfalten; *roślina, dziecko* sich entwickeln, wachsen; ~ **się dobrze** gedeihen
rozwijający się: **kraj** *m* ~ Entwicklungsland *n*
rozwikływać (*-uję*) ⟨**rozwikłać**⟩ (*-am*) *fig* entwirren; *zagadkę* lösen
rozwinąć PF → rozwijać
rozwinięty entwickelt; *kwiaty* aufgeblüht; *mięśnie* trainiert; **wysoko** ~ hoch entwickelt; **w pełni** ~ voll entwickelt; **słabo** ~ unterentwickelt; ~ **nad wiek** frühreif
rozwlekać (*-am*) ⟨**rozwlec**⟩ (*rozwlokę*) verstreuen, verteilen (**po** *lok* auf *dat*, in *dat*); *fig* in die Länge ziehen
rozwlekły (**-le**) weitschweifig, langatmig; *wymowa* gedehnt
rozwodnić PF → rozwadniać
rozwodnik M (*-a; -cy*) Geschiedene(r) *m*, geschiedener Mann *m*; **on jest ~iem** er ist geschieden
rozwodniony verwässert, verdünnt
rozwodowy JUR Scheidungs-
rozwodzić się (*-ę*) ⟨**rozwieść się**⟩ (*rozwiodę*) sich scheiden lassen (**z** *inst* von *dat*); **rozwodzić się** sich verbreiten, sich auslassen (**nad** *inst* über *akk*)
rozwojowy BIOL Entwicklungs- (*a. fig*)
rozwolnienie N (*-a*) MED Durchfall *m*
rozwozić (*rozwożę*) ⟨**rozwieźć**⟩ (*rozwiozę*) *towar, mleko* ausfahren; *pocztę* zustellen; ~ **po domach** ins Haus liefern
rozwód M (*-odu; -ody*) (Ehe)Scheidung *f*; **wziąć** *pf* ~ sich scheiden lassen; **~ka** F (*-i; gen -dek*) Geschiedene *f*, geschiedene Frau *f*; **ona jest ~ką** sie ist geschieden
rozw|ój M (*-oju; bpl*) Entwicklung *f* (*a.* BIOL); **~ój choroby** Krankheitsverlauf *m*; **~ój wypadków** Ablauf *m* der Ereignisse; **stadium** *n* **~oju** Entwicklungsstufe *f*, Entwicklungsstadium *n*; **tempo** *n* **~oju** Entwicklungstempo *n*; **opóźniony w ~oju** MED zurückgeblieben
rozwrzeszczany (laut) schreiend
rozwrzeszczeć się (*-ę*) anfangen zu brüllen, herumbrüllen
rozwścieczony (*persf -eni*) wütend, wutentbrannt (*inst* über *akk*)
rozwścieczyć (*-ę*) in Rage bringen, zur Weißglut bringen; ~ **się** in Rage geraten, in Wut geraten
rozwydrzeni *persf* → rozwydrzony
rozwydrz|enie N (*-a; bpl*) *umg pej* Dreistigkeit *f*, Frechheit *f*; **~ony** (*persf -eni*) *umg pej* (dumm)dreist, frech
rozzłoszczony (*persf -eni*) aufgebracht, verärgert
rozzłościć (*rozzłoszczę*) aufbringen, wütend machen; ~ **się** wütend werden, sich ärgern (**na** *akk* über *akk*)
rozzuchwalać się (*-am*) ⟨**-ić się**⟩ (*-lę*) dreist(er) werden, unverschämt(er) werden; übermütig werden, sich immer mehr erlauben
rozzuchwalony (*persf -eni*) dreist, unverfroren; übermütig, unverschämt
rozżalać (*-am*) ⟨**-ić**⟩ (*-ę*) (*rozczulić*) wehmütig machen; (*urazić*) kränken, betrüben; ~ **się** sein Leid klagen; wehmütig werden; ~ **się na** (*akk*) klagen, traurig sein (über *akk*); ~ **się nad sobą** Selbstmitleid bekommen, sich (selbst) bemitleiden; ~ **się nad swoim losem** über sein Schicksal klagen
rozżalenie N (*-a; bpl*) Wehmut *f*; Verbitterung *f*; **z ~m** klagend; wehmütig
rozżalić PF → rozżalać
rozżalony betrübt, traurig; wehmütig; verbittert; *głos* klagend; wehmütig

rozżarzać (-am) ⟨**-yć**⟩ (-ę) zum Glühen bringen, glühend machen; **~ się** (beginnen zu) glühen; **~ się do czerwoności** rot glühen
rozżarzony glühend; **~ do czerwoności** rot glühend; **~ do białości** weiß glühend
rozżarzyć PF → rozżarzać
rożlek M (-żka; -żki) KULIN Hörnchen *n*; (*wafel*) Eiswaffel *f*; *dim* Ecke *f*; **~ki** *pl od* **różki** *sarenki* Geweih *n*; *ślimaka* Fühler *pl*
rożlen M (-żna; -żny) Grill *m*; (*pręt*) (Brat)Spieß *m*; **z ~na** KULIN Grill-; **kurczak** *m* **z ~na** Grillhähnchen *n*; **nabić** *pf* **na ~en** KULIN aufspießen
rożny: **rzut** *m* **~** SPORT Eckball *m*
ród M (*rodu; rody*) (*rodzina*) Geschlecht *n*; **~ szlachecki** Adelsgeschlecht *n*; **~ królewski** Herrschergeschlecht *n*; **ona jest rodem z Gdańska** sie stammt aus Danzig, sie ist aus Danzig gebürtig; **ktoś z piekła rodem** der reinste Teufel, ein Teufel in Menschengestalt; **pomysł** *m* **z piekła rodem** teuflische Idee *f*
róg M (*rogu; rogi*) *pokoju, kartki, stołu* Ecke *f*; (*zbieg ulic*) (Straßen)Ecke *f*; *umg* SPORT Eckball *m*; MUS Waldhorn *n*; (*bpl*) (*materiał*) Horn *n*; **rogi** *m/pl byka, barana* Hörner *n/pl*; *jelenia, sarny* Geweih *n*; **rogi** *pl* **ślimaka** Fühler *pl* der Schnecke; **w rogu** in der Ecke; **na rogu** an der Ecke; **za rogiem** um die Ecke; **miejsce** *n* **w rogu** Eckplatz *m*; **grzebień** *m* **z rogu** Hornkamm *m*; **mieszkać za rogiem** *umg* gleich um die Ecke wohnen; **~ obfitości** *fig* Füllhorn *n*; **zapędzić** *pf* **w kozi ~ k-o** j-n in die Enge treiben; **przyprawić** *pf* **k-u rogi** j-m Hörner aufsetzen
rój M (*roju; roje*) ZOOL Schwarm *m*; **~ pszczół** Bienenschwarm *m*; **~ dzieci** ein Schwarm Kinder
rów M (*rowu; rowy*) Graben *m* (*a.* GEOL)
rówieślnica F (-y; -e) Altersgenossin *f*, Gleichaltrige *f*; **~nik** M (-a; -cy) Altersgenosse *m*, Gleichaltrige(r) *m*; **on jest moim ~nikiem** er ist in meinem Alter, wir sind gleichaltrig
równać (-am) *teren, plac* ebnen, planieren; *prawa, obowiązki* gleichmachen, angleichen; *osoby* gleichstellen; **równaj krok!** MIL im Gleichschritt marsch!; **~ się** *w szeregu* sich (aus)richten; *fig* gleichkommen (*dat*); **~ się z** (*inst*) heranreichen an (*akk*), es aufnehmen können mit (*dat*); **nie móc się ~ z** (*inst*) sich nicht messen können mit (*dat*); **osiem minus cztery równa się cztery** acht minus vier ist gleich vier
równanie N (-a) MAT Gleichung *f*
równlnia F (-i; -e, -i): **~nia pochyła** FIZ schiefe Ebene *f*; **na ~ni** (**z** *inst*) genauso wie (*nom*); **traktować na ~ni** (**z** *inst*) gleich behandeln, gleichstellen
równile ADV genauso, gleich; derart, dermaßen; **~e dobrze** genauso gut; **coś ~e pięknego** etwas dermaßen Schönes; **~eż** *partikel* ebenfalls; **jak ~eż** sowie
równilk M (-a; *bpl*) GEOG Äquator *m*; **~kowy** GEOG äquatorial
równinla F (-y) Ebene *f*, Flachland *n*; **~ny** GEOG flach, eben; **~ny teren** *m* Flachland *n*
równiutki (**-ko**) *dim* schnurgerade
równo ADV → równy
równoboczny: **trójkąt** *m* **~** MAT gleichseitiges Dreieck *n*
równolbrzmiący gleichlautend; **~czesny** (**-śnie**) gleichzeitig; **~legła** F (-ej; -e) MAT Paralelle *f*
równoległolbok M (-u; -i) MAT Parallelogramm *n*
równoleglły (**-le**) parallel; **~ła klasa** *f* Parallelklasse *f*
równollleżnik M (-a; -i) GEOG Breitenkreis *m*; **~mierny** gleichmäßig, gleichförmig; **~noc** F (-y; -e) ASTRON Tagundnachtgleiche *f*, Äquinoktium *n*
równoprawny gleichberechtigt
równoramienny: **trójkąt** *m* **~** MAT gleichschenkliges Dreieck *n*
równorzędny *stanowisko, nagroda* gleichwertig, äquivalent; *partner* gleichberechtigt; *przeciwnik* ebenbürtig
równolść F (-ści; *bpl*) *szans, społeczna* Gleichheit *f*; (*równouprawnienie*) Gleichberechtigung *f*; **znak** *m* **~ści** MAT Gleichheitszeichen *n*; **~ść wobec prawa** Gleichheit *f* vor dem Gesetz; **stawiać znak ~ści** *fig* gleichsetzen (**między** *inst* mit *dat*)
równouprawnienie N (-a; *bpl*) Gleichberechtigung *f*; **~ kobiet** Gleichberechtigung *f* der Frauen
równowalga F (-i; *bpl*) Gleichgewicht *n* (*a. fig*); **stracić** *pf* **~gę** das Gleichgewicht verlieren; **utrzymać** *pf* **~gę** das Gleichgewicht halten; **~ga psychiczna** seelisches Gleichgewicht *n*, Ausgeglichenheit *f*; **~ga ekologiczna** ökologisches Gleichgewicht

R

n; **wyprowadzić** *pf* **z ~gi k-o** j-n aus der Ruhe *od* Fassung bringen

równowa|rtościowy gleichwertig, äquivalent; **~żnia** F (-i; -e) SPORT Schwebebalken *m*; **~żnik** M (-a; -i) Äquivalent *n*; **~żny** gleichwertig, äquivalent

równoważyć ⟨z-⟩ (-ę) ausgleichen; **~ się** sich ausgleichen

równoznaczny gleichbedeutend (**z** *inst* mit *dat*); *słowo* synonym

równy (-no) (*gładki*) glatt; (*płaski*) eben, flach; (*prosty*) gerade; (*jednakowy*) gleich; *oddech, krok* gleichmäßig; *suma, kilogram* *umg* rund; **być w ~m wieku** gleichaltrig sein; **to ~ gość** *umg* er ist ein toller Kerl; **rozmawiać jak z ~m (sobie)** wie mit seinesgleichen sprechen; **stopień** *m* **~** GRAM Positiv *m*

rózga F (-i) Rute *f*, Gerte *f*

róż M (-u; -e) Rouge *n*; (*kolor*) Rosa *n*

r|óża F (-y; -e) Rose *f*; MED Wundrose *f*; **dzika ~óża** BOT Heckenrose *f*; **bukiet** *m* **~óż** Rosenstrauß *m*

różaniec M (-ńca; -ńce) REL Rosenkranz *m*; **odmawiać ~** den Rosenkranz beten

różany *aleja, olejek* Rosen-

różdż|ka F (-i; *gen* -dżek) Wünschelrute *f*; **czarodziejska ~ka** Zauberstab *m*; **~karz** M (-a; -e) Wünschelrutengänger *m*

różni|ca F (-y; -e) Unterschied *m*; MAT Differenz *f*; *terenu* Gefälle *n*; **~ca wieku** Altersunterschied *m*; **~ca zdań** Meinungsverschiedenheit *f*; **to nie sprawia mi ~cy** das macht für mich keinen Unterschied

różnicować ⟨z-⟩ (-uję) differenzieren; **~ się** sich (voneinander) unterscheiden, unterschiedlich sein

różniczkowy: **rachunek** *m* **~** MAT Differenzialrechnung *f*

różnić (-ię, -nij!) unterscheiden; **~ się** (*inst*) sich unterscheiden in (*dat*); **~ się pod względem** (*gen*) sich unterscheiden durch (*akk*); **~ się od** (*gen*) sich unterscheiden von (*dat*); **~ się między sobą** sich voneinander unterscheiden

różno|barwny verschiedenfarbig, bunt; **~języczny** vielsprachig

różnokolorowy (-wo) → różnobarwny

różnoraki (-ko) verschieden, verschiedenartig

różnorodny mannigfaltig, vielfältig

różno|ść F (-ści; bpl) Mannigfaltigkeit *f*, Vielfalt *f*; Andersartigkeit *f*; **(różne) ~ści** *pl* *umg* alles Mögliche

różny (*odmienny*) unterschiedlich; verschieden

różowawy (-wo) zartrosa

różowieć (3. *Pers* -eje) *policzki* rosig werden

różo|wy (-wo) *kolor* rosa(farben); *policzki, skóra* rosig (*a. fig*); **patrzeć przez ~we okulary** *etw* durch eine rosa Brille sehen

różyczka F (-i; bpl) MED Röteln *pl*

RP (Rzeczpospolita Polska) Republik *f* Polen

rtęć F (-ci; bpl) Quecksilber *n*

rubaszny *humor, żart, język* derb

rubin M (-u; -y) Rubin *m*; **~owy** Rubin-; *kolor* rubinrot

rubryka F (-i) *w formularzu* Rubrik *f*, Feld *n*; *w gazecie* Rubrik *f*, Teil *m*; **~ ogłoszeń** Anzeigenteil *m*

ruch M (-u; -y) Bewegung *f* (*a.* POL); *drogowy, uliczny* (Straßen)Verkehr *m*; *w grze* Zug *m* (*a. fig*); (*ożywienie*) Betrieb *m*; **~ ręki** Handbewegung *f*; **być w ~u** in Bewegung sein; TECH in Betrieb sein; **~ na świeżym powietrzu** Bewegung *f* an der frischen Luft; **bez ~u** bewegungslos; **~ obrony pokoju** POL Friedensbewegung *f*; **~ oporu** POL Widerstandsbewegung *f*; **~ ekologiczny** Umweltbewegung *f*; **~ literacki** literarische Bewegung *f*; **wprawić** *pf* **w ~** TECH in Betrieb *od* Gang setzen; **zgodnie z ~em wskazówek zegara** im Uhrzeigersinn; **panuje tu duży ~** hier ist viel Betrieb; **teraz twój ~!** du bist am Zug!

ruchliwie ADV → ruchliwy

ruchliwość F (-ści; bpl) Beweglichkeit *f*; **~ zawodowa** Mobilität *f*; **~ ulic** reger Straßenverkehr *m*

ruchliwy (-wie) *ulica, plac* belebt; *trasa* verkehrsreich; *dziecko* lebhaft; *tryb życia* aktiv; *staruszek* rührig; *osoba* geschäftig; *praca* bewegungsreich; (*ruchomy*) beweglich

ruchomo ADV → ruchomy

ruchomości F/PL (*gen* -) JUR bewegliche Güter *pl*, Mobilien *pl*

rucho|my (-mo) *cel, akcent* beweglich; **schody** *pl* **~me** Rolltreppe *f*; **~me święto** *n* beweglicher Feiertag *m*; **~my czas** *m* **pracy** gleitende Arbeitszeit *f*; **~ma scena** *f* TEATR Drehbühne *f*; **~me wydmy** *f/pl* Wanderdünen *f/pl*; **majątek** *m* **~my** JUR

Mobiliarvermögen *n*, bewegliches Vermögen *n*
ruchowy (**-wo**) motorisch, Bewegungs-
ruda F (*-y*) Erz *n*; **~ żelaza** Eisenerz *n*
rudawy[1] (**-wo**) rötlich braun
Rudawy[2] PL (*gen -*) Erzgebirge *n*
rudera F (*-y*) Bruchbude *f*
rudo ADV → rudy
rudo|blond rotblond; **~brunatny** rotbraun; **~włosy** rothaarig
rudy[1] (**-do**) *kolor* rotbraun, fuchsrot; *włosy* rot; (*rudowłosy*) rothaarig
ru|dy[2] M (*-ego; -dzi*), **~da** F (*-ej; -e*) Rothaarige(r) *m, f*
ru|dzielec M (*-lca; -lcy*) *umg* Rotkopf *m*; **~dzik** M (*-a; -i*) ZOOL Rotkehlchen *n*; **~fa** F (*-y*) MAR Heck *n*; **na ~fie** am Heck
rugać ⟨**z-**⟩ (*-am*) *umg* herunterputzen
rugbista M (*-y; -ści*) Rugbyspieler *m*
Rugia F (*gen dat lok -ii; bpl*) Rügen *n*
rugować ⟨**wy-**⟩ (*-uję*) aussiedeln, vertreiben; (*wypierać*) *lit* verdrängen, eliminieren
rui|na F (*-y*) Ruin *m*, Verfall *m*; **~ny** *pl* Ruinen *pl*; (*gruzy*) Trümmer *pl*; **~ny** *pl* **zamku** Schlossruine *f*; **doprowadzić** *pf* **do ~ny** in den Ruin treiben, zugrunde richten; **doprowadzić** *pf* **zdrowie do ~ny** seine Gesundheit ruinieren
ru|ja F (*gen dat lok rui; bpl*) Läufigkeit *f*; **suka ma ~ję** die Hündin ist läufig
rujnować ⟨**z-**⟩ (*-uję*) *zdrowie, nerwy, osobę* ruinieren; *miasto, domy* zerstören; **~ finansowo** finanziell ruinieren, zum finanziellen Ruin führen; **~ się** sich ruinieren
rul|etka F (*-i; gen -tek*) Roulett *n*; **rosyjska ~etka** russisches Roulett *n*; **~on** M (*-u; -y*) *papieru* Rolle *f*
rum M (*-u; bpl*) Rum *m*; **z ~em** mit Rum; **~ak** M (*-a; -i*) *lit* Ross *n*
rumian|ek M (*-nku; -nki*) BOT Kamille *f*; (*napar*) Kamillentee *m*; **~kowy** Kamillen-
rumiany *twarz, dziecko* rotbäckig, rotwangig; *jabłko* rot; *pieczeń* knusperigbraun
rumienić ⟨**przy-**⟩ (*-ię*) KULIN (an)bräunen; **~ się** KULIN braun werden; **~ się** ⟨**za-**⟩ erröten; **rumienić się** *lit* rot leuchten, rot durchschimmern; **w sadzie rumienią się jabłka** im Garten leuchten die Äpfel rot
rumie|niec M (*-ńca; -ńce*) *twarzy* Röte *f*; **mieć ~ńce na policzkach** gerötete Wangen haben; **nabrać** *pf* **~ńców** e-e gesunde (Gesichts)Farbe bekommen; **~niec wstydu** Schamröte *f*; **na jej twarz wystąpił ~niec** Röte stieg ihr ins Gesicht; **z ~ńcem wstydu na twarzy** schamrot
rumo|r M (*-u; -y*) Krach *m*, Poltern *n*; **~wisko** N (*-a*) Trümmerhaufen *m*, Schutt *m*
rumsztyk M (*-u; -i*) Rumpsteak *n*
Rumun M (*-a; -i*) Rumäne *m*; **~ia** F (*gen dat lok -ii; bpl*) Rumänien *n*; **~ka** F (*-i; gen -nek*) Rumänin *f*
rumuński (**po -ku**) rumänisch
runąć PF (*-nę, -ń!*) *drzewo, osoba* stürzen; *samolot* abstürzen; *plany* scheitern; (*zawalić się*) einstürzen, zusammenstürzen; **~ na** (*akk*) stürzen auf (*akk*); **~ do wyjścia** zum Ausgang stürzen
run|da F (*-y*) SPORT Runde *f*; **~da negocjacji** POL Verhandlungsrunde *f*; **~da honorowa** Ehrenrunde *f*; **zrobić** *pf* **~dę po mieście** *umg* e-e Runde durch die Stadt drehen
runo N (*-a; bpl*) Vlies *n*; **~ leśne** Unterholz *n*
rupieciarnia F (*-i; -e*) Rumpelkammer *f*
rupiecie M/PL (*gen -*) Gerümpel *n*
ru|ra F (*-y*) Rohr *n*; **~ry** *f/pl* **wodociągowe** Wasserleitung *f*, Wasserrohre *n/pl*; **~ra wydechowa** AUTO Auspuffrohr *n*; **walić z grubej ~ry** *umg* keine Umschweife machen
rur|ka F (*-i; gen -rek*) Röhrchen *n*, kleines Rohr *n*; **~ka z kremem** KULIN Schillerlocke *f*; **zwinąć** *pf* **w ~kę** zusammenrollen; **~kowaty** (**-to**) röhrenförmig
rurociąg M (*-u; -i*) Rohrleitung *f*, Pipeline *f*; **~ gazowy** Gasleitung *f*
rusałka F (*-i; gen -łek*) MITOL Wassernixe *f*, Nymphe *f*
ruski HIST russisch; (*sowiecki*) *pej* russisch, Sowjet-, Russen-; **~e pierogi** *Teigtaschen mit einer Füllung aus Kartoffeln und Quark*
Ruski M (*-ego; -scy*) *umg pej* Russe *m*, Iwan *m*
rusycystyka F (*-i; bpl*) Russistik *f*
ruszać (*-am*) ⟨**-yć**⟩ (*-ę*) (*inst*) bewegen (*akk*); *zapasy* anbrechen; **~ ręką** die Hand bewegen; **nie ~** (*gen*) nicht berühren, nicht anfassen (*akk*); V/I *osoba* aufbrechen; losgehen; *pojazd* losfahren, sich in Bewegung setzen; *fabryka* den Betrieb aufnehmen; *produkcja, badania* aufgenommen werden; *silnik* starten; **~ w drogę** sich

R

auf den Weg machen; **~ w drogę powrotną** den Rückweg antreten; den Heimweg antreten; **~ w dalszą podróż** die Reise fortsetzen; **~ z kopyta** loslegen, beginnen (mit *dat*); **~ głową** s-n Kopf anstrengen, sich etwas einfallen lassen; **~ sprawę** *umg* die Sache vorantreiben; **to mnie nie rusza** *umg fig* das juckt mich nicht; **co (i) rusz** *umg* immer wieder, die ganze Zeit; **nie mogę ani rusz ...** *umg* ich kann überhaupt nicht ...; **~ się** *osoba* sich bewegen; *ząb, półka* wackeln; **nie ruszaj się!** beweg dich nicht!; **nie ~ się z domu** keinen Fuß vor die Tür setzen; **nie ~ się z miejsca** sich nicht von der Stelle rühren; **ruszać się jak mucha w smole** sich im Schneckentempo bewegen

rusznikarz M (-a; -e) Waffenschmied *m*

ruszt M (-u; -y) Grill *m*; *w piecu* (Feuer)Rost *m*; **z ~u** KULIN Grill-, gegrillt

rusztowanie N (-a) BUD Gerüst *n*

ruszyć PF: **nie ~ palcem** keinen Finger krumm machen; **sumienie go ruszyło** er hat ein schlechtes Gewissen bekommen; **~ sprawę z miejsca** e-e Sache in Gang bringen; **nie dać się ~ z miejsca** sich nicht von der Stelle bewegen lassen; → ruszać

rut|a F (-y) BOT Raute *f*; **~yna** F (-y; *bpl*) (*doświadczenie*) Versiertheit *f*, Routine *f*; (*rutyniarstwo*) *pej* Routine *f*; **popaść** *pf* **w ~ynę** *pej* in Routine geraten; **mieć ~ynę** versiert sein, Routine haben

rutyniarstwo N (-a; *bpl*) *pej* Routine *f*

rutyno|wany routiniert, versiert; **~wy (-wo)** routinemäßig, Routine-; **~wa kontrola** *f* Routinekontrolle *f*; **~we pytanie** *n* Routinefrage *f*

rwać* (*rwę*) *materiał, kartkę* zerreißen; *owoce, kwiaty, trawę* pflücken; *ząb* ziehen; **~ chwasty** Unkraut jäten; V/I *umg* rennen; **~ sobie włosy z głowy** *fig* sich die Haare raufen; **rwie mnie ząb** ich habe einen ziehenden Schmerz im Zahn; **rwie mnie w kościach** *umg* es reißt mich in den Knochen; **~ się** *materiał* zerreißen; *rozmowa, głos* abbrechen; **~ się do** (*gen*) *umg* brennen, scharf sein auf (*akk*)

rwanie N (-a; *bpl*) *owoców* Pflücken *n*

rwący *potok* reißend; *ból* ziehend

rwetes M (-u; *bpl*) Lärm *m*, Trubel *m*

ry|ba F (-y) ZOOL, KULIN Fisch *m*; **~ba morska** Seefisch *m*; **~ba słodkowodna** Süßwasserfisch *m*; **~ba drapieżna** Raubfisch *m*; **~ba smażona** Bratfisch *m*; **~ba wędzona** Räucherfisch *m*; **gruba ~ba** *fig* hohes *od* großes Tier *n*; **iść na ~by** angeln gehen; **łowić ~by** fischen; angeln; **~ba bierze** der Fisch beißt an; **zdrowy jak ~ba** kerngesund; **czuć się jak ~ba w wodzie** sich wie ein Fisch im Wasser fühlen; **łowić ~by w mętnej wodzie** *fig* im Trüben fischen

rybac|ki Fischer-; **wioska** *f* **~ka** Fischerdorf *n*; **kuter** *m* **~ki** Fischerboot *n*; **~two** N (-a; *bpl*) Fischerei *f*

ry|baczki PL (*gen -czek*) Caprihose *f*; **~bak** M (-a; -cy) Fischer *m*; **~bałt** M (-a; -ci) HIST Spielmann *m*; **~bi** *mięso, łuska* Fisch-

ryb|itwa F (-y) Seeschwalbe *f*; **~ka** F (-i; *gen -bek*) *dim* Fischchen *n*, kleiner Fisch *m*; **złota ~ka** ZOOL Goldfisch *m*; **moja ~ko!** *umg* mein Kätzchen!

ryb|ny *danie, sklep* Fisch-; **mączka** *f* **~na** Fischmehl *n*

rybołówstwo N (-a; *bpl*) Fischerei *f*, Fischfang *m*

ryc. (rycina) Abb. (Abbildung)

rycerski (**-ko** *od* **po -ku**) *fig* ritterlich; HIST Ritter-

ryc|erstwo N (-a; *bpl*) HIST Rittertum *n*; **~erz** M (-a; -e) HIST Ritter *m*

ry|chło ADV *lit* bald; **~chło w czas** *iron* früh genug, rechtzeitig; **~chło patrzeć jak** jeden Moment; **~chły** *lit koniec, zwycięstwo* baldig, nah

rycina F (-y) *w książce* Illustration *f*, Bild *n*; **ozdobiony ~mi** bebildert, illustriert

rycynowy: **olej** *m* **~** Rizinusöl *n*

ryczałt M (-u; -y) FIN Pauschale *f*, Pauschalsumme *f*; **~em** *adv* pauschal; **~owy** Pauschal-, pauschal

ryczeć (-ę, -y) ⟨**ryknąć**⟩ (*-nę*) *lew* brüllen (*a. umg fig*); *krowa* muhen; *syrena* heulen; *radio* dröhnen; *morze* tosen; **~ na k-o** *umg* j-n anbrüllen; **ryczeć** *umg* heulen, flennen

ryć ⟨**wy-**⟩ (*-ję, ryj!; ryt*) *w drewnie* schnitzen; *w kamieniu* meißeln, hauen; *w metalu* stechen, gravieren; **ryć** wühlen, graben; *torf* stechen; (*uczyć się*) *umg* pauken

rydwan M (-u; -y) HIST Streitwagen *m*, Kampfwagen *m*

rydz M (-a; -e) BOT Reizker *m*; **zdrów jak ~** kerngesund

Ryga F (-i; *bpl*) Riga *n*

R

rygiel M (*-gla; -gle; gen -gli*) Riegel *m*
ryglować ⟨**za-**⟩ (*-uję*) *drzwi* verriegeln
rygor M (*-u; -y*) strenge Disziplin *f*; **~ wojskowy** Drill *m*; **~y** *pl* strenge Normen *pl*, strenge Regeln *pl*; **pod ~em** (*gen*) JUR unter Androhung von (*dat*); **~ystyczny** rigoros, streng
ryj M (*-a; -e*) *świni* Rüssel *m*; *vulg* Fresse *f*, Visage *f*
ryk M (*-u; -i*) *lwa* Brüllen *n*; *krowy* Muhen *n*; *syreny* Heulen *n*; (*wrzask*) *umg* Gebrüll *n*; (*płacz*) *umg* Geheule *n*
ryknąć PF → ryczeć
rykoszet: **odbić się** *pf* **~em** abprallen
rykowisko N (*-a; -*) ŁOW Brunft *f*; Brunftplatz *m*
ryksza F (*-y*) Fahrradrikscha *f*
rym M (*-u; -y*) LIT Reim *m*; **~arz** M (*-a; -e*) Sattler *m*
rymować (*-uję*) LIT reimen; **~ się** sich reimen
ryn|ek M (*-nku; -nki*) Marktplatz *m*; EKON Markt *m*; **na ~ku** am Marktplatz; **~ek krajowy** Binnenmarkt *m*; **~ek pracy** Arbeitsmarkt *m*; **~ek zbytu** Absatzmarkt *m*; **wypuścić** *pf* **na ~ek** auf den Markt bringen; **wolny ~ek** freier Markt *m*; **czarny ~ek** Schwarzmarkt *m*
ryn|ienka F (*-i; -nek*) kleine Rinne *f*; **~kowy** Markt- (*a.* EKON)
ryn|na F (*-y; gen rynien*) Dachrinne *f*; **~sztok** M (*-a; -i*) Rinnstein *m*; **stoczyć się** *pf* **do ~sztoka** *fig* in der Gosse landen
rynsztun|ek M (*-nku; -nki*) Ausrüstung *f*; *żart* Montur *f*; **w pełnym ~ku** in voller Ausrüstung; *żart* in voller Montur
rypnąć PF (*-nę*) *umg* hinknallen, hinschmeißen; **~ się** *umg* sich stoßen, sich knallen
rys M (*-u; -y*) Zug *m*, Eigenschaft *f*; **~ charakteru** Charakterzug *m*; **~y** *pl* **twarzy** Gesichtszüge *pl*
rys. (rysunek) Abb. (Abbildung)
ry|sa F (*-y*) Riss *m*, Kratzer *m*; (*pęknięcie*) Sprung *m*; **~si** Luchs-; **~sik** M (*-a; -i*) Griffel *m*
rysopis M (*-u; -y*) Personenbeschreibung *f*
rysować ⟨**na-**⟩ (*-uję*) zeichnen (*a. fig*) (*inst* mit *dat*); **~ z natury** nach der Natur zeichnen; **~ z pamięci** aus dem *od* nach dem Gedächtnis zeichnen; ⟨**po-**⟩ *lakier, powierzchnię* zerkratzen; **~ się** Risse bekommen; **rysować się** *sylwetka, przyszłość* sich abzeichnen; **rysować się na tle** sich vor e-m Hintergrund abzeichnen
rysownica F (*-y; -e*) Zeichenbrett *n*, Reißbrett *n*
rysowni|k M (*-a; -cy*), **~czka** F (*-i; gen -czek*) Zeichner(in) *m(f)*
rysun|ek M (*-nku; -nki*) Zeichnung *f*; *ust, oczu* Form *f*; **~ek ołówkiem** Bleistiftzeichnung *f*; **~ek węglem** Kohlezeichnung *f*; **~ek na szkle** Glasmalerei *f*; **nauka** *f* **~ku** Zeichenunterricht *m*; **~ki** *pl w szkole* Zeichenunterricht *m*
rysunkowy *blok, kredki* Zeichen-; **film** *m* **~** Zeichentrickfilm *m*
ryś M (*-sia; -sie*) Luchs *m*
rytm M (*-u; -y*) MUS Rhythmus *m* (*a. fig*); **~iczny** rhythmisch; (*regularny*) gleichmäßig; **~ika** F (*-i; bpl*) Rhythmik *f*
rytować (*-uję*) gravieren, stechen
rytownik M (*-a; -cy*) Graveur *m*, Stecher *m*
rytu|alny rituell, Ritual-; **~ał** M (*-u; -y*) Ritual *n*
ryty gehauen, gemeißelt
rywal M (*-a; -e*) Rivale *m*, Konkurrent *m* (*a.* SPORT); *o kobietę* Nebenbuhler *m*; **~izacja** F (*-i; bpl*) Rivalität *f*, Konkurrenz *f*; SPORT Wettstreit *m*
rywalizować (*-uję*) rivalisieren, konkurrieren (*a.* SPORT), wetteifern; **~ ze sobą** (**o** *akk*) miteinander rivalisieren (um *akk*)
rywalka F (*-i; gen -lek*) Rivalin *f*, Konkurrentin *f* (*a.* SPORT)
ryzykanc|ki waghalsig, tollkühn; **~two** N (*-a; bpl*) Waghalsigheit *f*, Tollkühnheit *f*
ryzykant M (*-a; -ci*) waghalsiger Mensch *m*, risikofreudiger Mensch *m*; *umg* Draufgänger *m*
ryzyko N (*-a; bpl*) Risiko *n*; **lubić ~** risikofreudig sein; **~ zawodowe** Berufsrisiko *n*; **na własne ~** auf eigene Gefahr
ryzykować (*-uję*) (*narażać*) riskieren, aufs Spiel setzen; (*odważać się*) wagen riskieren
ryzykowny *przedsięwzięcie* riskant, risikoreich; *twierdzenie* gewagt
ryż M (*-u; bpl*) Reis *m*; **~ na mleku** Milchreis *m*; **~owy** *potrawa, pole* Reis-; **szczotka ~owa** Schrubber *m*
ryży *umg włosy* rot; *osoba* rothaarig
rz. (rzeka) Fluss *m*
rzad|ki (**-ko**) *płyn, zupa* dünn(flüssig); *włosy* schütter; *las* licht; *powietrze* dünn

R

(*nieczęsto spotykany*) selten; **z ~ka** ab und zu

rzadko ADV selten; **~ zaludniony** dünn besiedelt; **~ kto** kaum jemand; **~ kiedy** nur selten

rzadkość F (*-ści; bpl*) Seltenheit *f*

rzadszy *komp* ADJ dünner; seltener; → rzadki

rzadziej *komp* ADV seltener; → rzadko

rząd¹ M (*rzędu; rzędy*) Reihe *f* (*a.* TEATR); *fig* Rang *m*; BIOL Ordnung *f*; **stać w rzędzie** in einer Reihe stehen; **siedzieć w drugim rzędzie** in der zweiten Reihe sitzen; **iść rzędem** hintereinandergehen; **w pierwszym rzędzie** *fig* in erster Linie; **z rzędu** *od* **pod ~** nacheinander, hintereinander; **wydatki rzędu ...** Ausgaben in einer Größenordnung von ...; **drugiego rzędu** zweitrangig

rząd² M (*-u; -y*) POL Regierung *f*; **~y** *pl* Macht *f*; Herrschaft *f*; **sprawować ~y** die Macht haben; **zmiana** *f* **~u** Regierungswechsel *m*; **związek** *m* **~u** GRAM Rektion *f*

rząd|ca M (*-y; gen -ów*) HIST Gutsverwalter *m*; **~ek** M (*-dka; -dki*) *dim* Reihe *f*

rządowy POL Regierungs-

rządzić (*-dzę*) (*inst*) POL regieren (*akk*) (*a.* GRAM); (*kierować*) leiten, verwalten (*akk*); *prawa, reguły* gelten, wirksam sein; **~ się** wirtschaften; das Regiment führen, schalten und walten; **~ się jak szara gęś** *umg* herumkommandieren

rzec* PF (*rzeknę; rzecze*) *lit* sagen; **~ można** man könnte sagen; **słowo się rzekło** versprochen ist versprochen; **by nie ~** um nicht zu sagen; **rzekłbyś** man könnte meinen; **nie rzekłszy słowa** ohne ein Wort zu sagen

rzecz F (*-y*) (*przedmiot*) Ding *n*, Gegenstand *m*; (*sprawa*) Sache *f*, Angelegenheit *f*; **~y** *pl* Sachen *pl*; **~y** *pl* **osobiste** persönliche Sachen *pl*; **na ~** (*gen*) zugunsten (*gen*), für (*akk*); **na ~ pokoju** für den Frieden; **ogólnie ~ biorąc** im Allgemeinen; **~ w tym, że ...** es geht darum, dass ...; **mówić od ~y** dummes Zeug reden; **mówić do ~y** vernünftig *od* sachlich reden; **przystąpić** *pf* **do ~y** zur Sache kommen; **co to ma do ~y?** was hat das damit zu tun?; **to nie ma nic do ~y** das tut nichts zur Sache, das hat damit nichts zu tun; das hat nichts zu sagen; **wielkie mi ~y!** *umg* na und?, ach, was!; **ładne ~y!** *umg* das ist ja ein Ding!; **być do ~y** *umg* nicht übel sein; **~ gustu** Geschmack(s)sache *f*; **nie od ~y byłoby** (+ *inf*) *lit* es wäre nicht verkehrt zu (+ *inf*)

rzeczka F (*-i; gen -czek*) *dim* kleiner Fluss *m*

rzeczn|ik M (*-a; -cy*), **~iczka** F (*-i; gen -czek*) Anhänger(in) *m(f)*, Befürworter(in) *m(f)*; **~ik rządu** POL Regierungssprecher(in) *m(f)*; **~ik praw obywatelskich** Bürgerrechtsbeauftragte(r) *m, f*

rzeczn|y Fluss-; *port* Binnen-; **~ony** *lit* besagt

rzeczo|wnik M (*-a; -i*) GRAM Substantiv *n*, Nomen *n*

rzeczowo ADV → rzeczowy

rzeczo|wość F (*-ści; bpl*) Sachlichkeit *f*; **~wy** (**-wo**) *argument* sachlich, sachbezogen; (*obiektywny*) objektiv; **nagroda** *f* **~wa** Sachpreis *m*; **dowód** *m* **~wy** JUR Beweisstück *n*, Corpus Delicti *n*

rzeczoznawca M (*-y; gen -ów*) Sachverständige(r) *m*, Gutachter *m*; (*kobieta*) Sachverständige *f*, Gutachterin *f*

Rzeczpospolita [*a.* -'pɔli-] F (*gen dat lok Rzeczypospolitej od Rzeczypospolitej; akk Rzeczpospolitą; inst Rzeczpospolitą od Rzecząpospolitą; vok Rzeczpospolita od Rzeczypospolita*): **~ Polska** Republik *f* Polen; **Polska ~ Ludowa** HIST Volksrepublik *f* Polen; **Ջ szlachecka** HIST Königreich *n* Polen

rzeczywisto|ść F (*-ści; bpl*) Wirklichkeit *f*; (*realia*) Realität *f*, Wirklichkeit *f*; **w ~ści** in Wahrheit, in Wirklichkeit; **oderwany od ~ści** wirklichkeitsfern, weltfremd

rzeczywis|ty (**-ście**) wirklich; **członek** *m* **~ty** ordentliches Mitglied *n*; **wartość** *f* **~ta** EKON Realwert *m*

rzeczywiście *partikel* wirklich, tatsächlich, in der Tat

rzednąć ⟨**z-**⟩ (*-nę, -nął od -dł*) *ciecz* flüssiger werden; *włosy* schütter werden, sich lichten; *las, mgła* lichter werden, sich lichten

rze|ka F (*-i*) Fluss *m*, Strom *m* (*a. fig*); **w ~ce** im Fluss; **nad ~ką** am Fluss; **w górę ~ki** flussaufwärts; **w dół ~ki** flussabwärts

rzekomo *partikel* angeblich; **~ nic nie wiedział** er will nichts gewusst haben, angeblich hat er nichts gewusst

rzekomy angeblich, vermeintlich

rzemi|enny Leder-, Riemen-; **~eń** M (*-nia; -nie*) Riemen *m*

rzemieśln|iczy *wyroby* handwerklich;

R

zakład *m* **~iczy** Werkstatt *f*; **izba** *f* **~icza** Handwerkskammer *f*; **~ik** M (*-a*; *-cy*) Handwerker *m*
rzemiosło N (*-a*; *gen -*) Handwerk *n* (*a. fig*), Gewerbe *n*; **~ artystyczne** Kunsthandwerk *n*
rzemyk M (*-a*; *-i*) (kleiner) Riemen *m*
rzep M (*-u*; *-y*) BOT Klette *f*; (*zapięcie*) Klettverschluss *m*
rzep|a F (*-y*) BOT Wasserrübe *f*; **~ak** M (*-u*; *-i*) BOT Raps *m*; **~akowy** BOT Raps-
rzep|ka F (*-i*; *gen -pek*) ANAT Kniescheibe *f*; **każdy sobie ~kę skrobie** jeder ist sich selbst der Nächste
rze|sza F (*-y*; *-e*): **~sze** *pl* (*gen*) Massen *pl* (von *dat*); **Trzecia** ⁓**sza** HIST Drittes Reich *n*
rześki (*persf -cy*) **(-ko)** *osoba* frisch, munter; *powietrze*, *ranek* frisch, klar
rzetelny *osoba* solide, zuverlässig; *praca* solide, gründlich; *wiedza* gründlich, fundiert
rzewny wehmütig, melancholisch; **płakać ~mi łzami** bittere Tränen weinen
rzeź F (*-zi*; *-zie*) Schlachten *n*; *fig* Gemetzel *n*, Blutbad *n*; **bydło** *n* **na ~** Schlachtvieh *n*; **prowadzić na ~** zur Schlachtbank führen
rzeźba F (*-y*) Skulptur *f*, Plastik *f*; **~ w brązie** Bronzeskulptur *f*; **~ marmurowa** Marmorskulptur *f*; **~ drewniana** Schnitzwerk *n*; **~ terenu** GEOL Bodenrelief *n*; **~ bieżnika** AUTO Reifenprofil *n*
rzeźbiar|ka F (*-i*; *gen -rek*) Bildhauerin *f*; **~ski** Bildhauer-; **~stwo** N (*-a*) Bildhauerkunst *f*
rzeźbiarz M (*-a*; *-e*) Bildhauer *m*
rzeźbić ⟨**wy-**⟩ (*-ię*) (aus)meißeln, (aus)hauen; *w drewnie* schnitzen; GEOL formen
rzeź|nia F (*-i*; *-e*) Schlachthof *m*; **~niczy** *Nóż* Schlacht-; **~nik** M (*-a*; *-cy*) Schlächter *m*
rzeżączka F (*-i*; *bpl*) MED Gonorrhö *f*, Tripper *m*; **~ucha** F (*-y*) BOT Kresse *f*
rzędn|a F (*-ej*; *-e*) MAT Ordinate *f*; **oś** *f* **~ych** MAT Ordinatenachse *f*
rzędy PL → rząd[1]
rzępolić (*-ę*) *umg pej* fiedeln, klimpern
rzęs|a F (*-y*) Wimper *f*; **malować ~y** sich die Wimpern tuschen; **~ wodna** BOT Wasserlinse *f*, Entengrütze *f*; **stanąć** *pf* **na ~ch** *umg* alle Hebel in Bewegung setzen
rzęsisty **(-ście)** *lit deszcz* heftig, dicht; *brawa* stürmisch, tosend; *światła* strahlend; **padał ~ deszcz** es regnete in Strömen
rzęzić (*rzężę*) *chory* röcheln; *silnik* stottern
rzężenie N (*-a*) Röcheln *n*
rzodkiew|ka F (*-i*; *gen -wek*) Radieschen *n*; **pęczek** *m* **~ek** ein Bund *m* Radieschen
rzucać (*-am*) ⟨**-ić**⟩ (*-cę*) *piłkę*, *kamień* werfen; *rodzinę*, *chłopaka* verlassen; *palenie*, *studia* aufgeben; *uwagę* fallen lassen; (*ciskać*) schleudern; hin und her werfen; **rzucało samochodem** das Auto wurde durchgerüttelt; **~ kotwicę** MAR vor Anker gehen, Anker werfen; **~ cień** einen Schatten werfen (*a. fig*); **~ spojrzenie k-u** j-m einen Blick zuwerfen; **~ czary na k-o** j-n verhexen; **losy rzuciły go tu** es hat ihn hierher verschlagen; **~ na kolana** *fig* in die Knie zwingen; **nie rzucać słów na wiatr** sein Wort halten; **rzucać mięsem** *pop fig* herumfluchen, schrecklich fluchen; **~ się na** (*akk*) *fig* sich stürzen auf (*akk*); MED befallen (*akk*); **~ się na ziemię** sich auf den Boden werfen; **~ się na łóżko** sich aufs Bett werfen; **~ się na k-o** sich auf j-n stürzen, j-n angreifen; **~ się do drzwi** zur Tür stürzen; **~ się do ucieczki** die Flucht ergreifen; **~ się pod pociąg** sich vor den Zug werfen; **~ się na szyję k-u** j-m um den Hals fallen; **~ się sobie w ramiona** sich in die Arme fallen; **~ się w oczy** in die Augen springen, auffallen; **rzucać się** *ryba* zappeln; **rzucać się** *umg* aufmüpfig sein; **rzucić się** *pf umg etw* springen lassen; **rzucać grochem o ścianę** *fig* gegen eine Wand reden; **rzucać kłody pod nogi k-u** j-m Steine in den Weg legen; **~ okiem (na** *akk*) einen Blick werfen (auf *akk*)
rzut M (*-u*; *-y*) Wurf *m*; MAT Projektion *f*; **~ wolny** SPORT Freistoß *m*; **~ karny** Elfmeter *m*; **~ rożny** SPORT Eckball *m*; **~ dyskiem** SPORT Diskuswerfen *n*; **~ oszczepem** SPORT Speerwerfen *n*; **~ młotem** SPORT Hammerwerfen *n*; **~ pionowy** ARCH Aufriss *m*; **~ poziomy** ARCH Grundriss *m*; **na pierwszy ~ oka** auf den ersten Blick
rzut|ki *osoba* agil, tatkräftig; *umysł* rege; **~kość** F (*-ści*; *bpl*) Unternehmungsgeist *m*, Tatkraft *f*; **~nik** M (*-a*; *-i*) Diaprojektor *m*
rzutować (*-uję*) sich auswirken (**na** *akk* auf *akk*); MAT projizieren
rzygać (*-am*) ⟨**-nąć**⟩ (*-nę*) *pop* kotzen; **rzygać się chce** *pop fig* es ist zum Kotzen

R

rzygowiny PL (*gen* -) *pop* Kotze *f*
Rzym M (-*u*; *bpl*) Rom *n*
Rzymian|in M (-*a*; -*anie*, -), **~ka** F (-*i*; *gen* -*nek*) HIST Römer(in) *m(f)*
rzyms|ki HIST römisch; **pieczeń** *f* **~ka** KULIN falscher Hase *m*, Hackbraten *m*
rzymskokatolicki REL römisch-katholisch
rżeć (-*ę*, -*y*) *koń* wiehern
rżnąć (-Nę) *drewno* sägen; *bydło* schlachten; *szkło* schleifen; *vulg* bumsen, ficken; **~ w karty** *umg* Karten dreschen; **~ głupka** *umg* sich dumm stellen, den Dummen spielen
rżnięty *szkło* geschliffen
rżysko N (-*a*) Stoppelfeld *n*

S

s. (strona) S. (Seite)
SA (Spółka Akcyjna) AG (Aktiengesellschaft)
Saara F (-*a*; *bpl*) Saarland *n*
sabat M (-*u*; -*y*): **~ czarownic** MITOL Hexensabbat *m*
sabotaż M (-*u*; -*e*) Sabotage *f*
sabotażyst|a M (-*y*; -*ści*), **~ka** F (-*i*; *gen* -*tek*) Saboteur(in) *m(f)*
sabotażować (-*uję*) sabotieren
sacharyna F (-*a*; *bpl*) Süßstoff
sad M (-*u*; -*y*) Obstgarten *m*; **~ jabłkowy** Apfelgarten *m*; **~ło** N (-*a*; *bpl*) KULIN Speck *m* (*a. fig umg*)
sadomasochizm M (-*u*; *bpl*) Sadomasochismus *m*, *umg* Sadomaso *m*
sadowić się ⟨u-⟩ (-*ię*, -*ów!*) sich bequem hinsetzen
sadow|nictwo N (-*a*; *bpl*) Obst(an)bau *m*; **~nik** M (-*a*; -*cy*) Obstbauer *m*
sadyst|a M (-*y*; -*ści*), **~ka** F (-*i*; *gen* -*tek*) Sadist(in) *m(f)*
sadystyczny sadistisch
sadza F (-*y*; -*e*) Ruß *m*
sadzać (-*am*) ⟨**posadzić¹**⟩ (-*ę*) (hin)setzen; *gości* platzieren, den Platz anweisen; **~ do więzienia** ins Gefängnis bringen, *umg* einsperren
sadz|awka F (-*i*; *gen* -*wek*) Weiher *m*, Teich *m*; **~eniaki** M/PL (*gen* -*ów*) AGR Pflanzkartoffeln *f/pl*
sadzić ⟨**posadzić²**⟩ (-*dzę*) AGR anpflanzen; **~ kartofle** Kartoffeln anpflanzen; **sadzić wielkimi susami** *od* **krokami** *umg* die Beine in die Hand nehmen; **sadzić dowcipami** *umg* Witze reißen; **sadzić błędy** (Schreib)Fehler machen; **sadzić się na artystę** *umg* sich als Künstler aufspielen; **sadzić się na dowcipy** witzig sein wollen; **sadzić się na uprzejmość** übertrieben höflich sein
sadzonka F (-*i*; *gen* -*nek*) AGR Setzling *m*; Ableger *m*
sadzo|ny: **jajko** *n* **~ne** Spiegelei *n*
sadź F (-*dzi*; *bpl*) Raureif *m*
safanduła F (-*y*) Trantüte *f*
sa|ga F (-*i*) LIT Saga *f*; **~ga rodu** LIT, RADIO Familiensaga *f*; **~gan** M (-*a*; -*y*) Topf *m* aus Gußeisen
sakiewka F (-*i*; *gen* -*wek*) Geldbeutel *m*
sakra|lny sakral; **~ment** M (-*u*; -*y*) REL Sakrament *n*; **ostatni ~ment** Krankensalbung *f*
saksofon M (-*u*; -*y*) Saxofon *n*
saksofonist|a M (-*y*; -*ści*), **~ka** F (-*i*; *gen* -*tek*) Saxofonist(in) *m(f)*
Saksonia F (*gen dat lok* -*ii*; *bpl*) Sachsen *n*
saksoński sächsisch
saksy PL: **wyjechać** *pf* **na ~** *umg als Saisonarbeiter im Ausland (schwarz)arbeiten*
sakwy F/PL (*gen* -): **~ rowerowe** Fahrradtaschen *f/pl*
sala F (-*i*; -*e*) Saal *m*; *w szpitalu* (Kranken)-Zimmer *n*; (*publiczność*) Publikum *n*; **~ gimnastyczna** Turnhalle *f*; **~ wykładowa** Hörsaal *m*; **~ koncertowa** Konzerthalle *f*
sala|mandra F (-*y*) ZOOL Salamander *m*; **~mi** N (*unv*) KULIN Salami *f*; **~terka** F (-*i*; *gen* -*rek*) Salatschüssel *f*
sal|ceson M (-*u*; -*y*) KULIN Presskopf *m*; **~do** N (*unv*) FIN Saldo *m*; **~etra** F (-*y*; *bpl*) Salpeter *m*
salmonelle F/PL (*gen* -*lli*) Salmonellen *f/pl*
salomonowy: **~ wyrok** *m* salomonisches Urteil *n*
salon M (-*u*; -*y*) Salon *m*; **~ fryzjerski** Friseursalon *m*; **~ piękności** Schönheitssalon *m*; **~ gier** Spielsalon *m*; **~ meblowy** Möbelsalon *m*; **~ literacki** literarischer

Salon *m*
salonowy *muzyka* Salon-; **lew** *m* **~** *pej* Salonlöwe *m*
sal|owa F (-*ej*; -*e*) MED Stationshilfe *f*; **~ut** M (-*u*; -*y*) MIL Salut *m*
salutować ⟨**za-**⟩ (-*uję*): **~ k-u** MIL vor j-m salutieren
sal|wa F (-*y*) MIL Salve *f*; **~wa honorowa** Ehrensalve *f*; **~wy** *pl* **śmiechu** eine Salve von Gelächter
sała|ta F (-*y*) BOT Salat *m*; **~ta głowiasta** Kopfsalat *m*; **dwie główki ~ty** zwei Salatköpfe; **~tka** F (-*i*; *gen* -*tek*) KULIN Salat *m*; **~tka jarzynowa** Gemüsesalat *m*; **~tka śledziowa** Heringssalat *m*; **~tkowy** *ogórek*, *komplet* Salat-
sam[1] PRON (*samodzielny*) selbst, allein; (*bez innych*) alleine; (*tylko*) nur; **~ to zrobił** er hat das selbst *od* allein gemacht; **dziecko już ~o chodzi** das Kind kann schon alleine laufen; **on mieszka ~** er wohnt alleine; **dzieci zostały ~e w domu** die Kinder blieben alleine zu Hause; **miała z nim ~e kłopoty** sie hatte mit ihm nur *od* lauter Sorgen; **ten ~** derselbe; **ta ~a** dieselbe; **to ~o** dasselbe; **tak ~o** genauso; **tyle ~o** genauso viel; **do ~ej ziemi** bis zum Boden; **do ~ego rana** bis zum frühen Morgen; **nad ~ym morzem** direkt am Meer; **w ~ym środku** genau in der Mitte; *fig* mittendrin; **w ~ą porę** genau zur rechten Zeit, genau rechtzeitig; **w ~ raz dla mnie** genau richtig für mich, wie für mich geschaffen; **nie miał czasu dla ~ego siebie** er hatte keine Zeit für sich selbst; **pan przeczy ~emu sobie** Sie widersprechen sich selbst; **to mówi ~o za siebie** das spricht für sich; **~ jeden** ganz allein; **~ prezydent** der Präsident selbst; **tym ~ym** dadurch; **~ na ~** *n* (*unv*) Tête-à-tête *n*; **na ~ą myśl** beim bloßen Gedanken, schon bei dem Gedanken; **problem ~ się rozwiązał** das Problem hat sich von alleine gelöst
sam[2] M (-*u*; -*y*) Supermarkt *m*
samarytan|in M (-*a*; -*anie*; *gen* -), **~ka** F (-*i*; *gen* -*nek*) *lit* Samariter(in) *m*(*f*)
samczyk M (-*a*; -*i*) ZOOL (*ryba*, *ptak*) Männchen *n*
samica F (-*y*; -*e*) ZOOL Weibchen *n*; *jelenia*, *słonia* Kuh *f*; *pej* triebgesteuerte Frau *f*
samiczka F (-*i*; *gen* -*czek*) ZOOL (*ryba*, *ptak*) Weibchen *n*
samiec M (-*mca*; -*mce*) ZOOL Männchen *n*; *pej* triebgesteuerter Mann *m*
samiut|eńki, **~ki** *dim* mutterseelenallein
samo- *in Zsgg*(*n*) Selbst-, Auto-; selbst-
samobój|ca M (-*y*; *gen* -*ów*), **~czyni** F (-*i*; -*e*) Selbstmörder(in) *m*(*f*)
samobój|czy (**-czo**) selbstmörderisch (*a. fig*), Selbstmord-; **gol** *m* **~czy** *od* **bramka** *f* **~cza** SPORT Eigentor *n*; **myśli** *pl* **~cze** Selbstmordgedanken *pl*; **próba** *f* **~cza** Selbstmordversuch *m*
samobójstwo N (-*a*; *gen* -) Selbstmord *m*; **popełnić** *pf* **~** Selbstmord begehen
samocho|dowy *przemysł*, *warsztat*, *mapa* Auto-; **~dziarz** M (-*a*; -*e*) *umg* Autofreak *m*; **~dzik** M (-*a*; -*i*) (*zabawka*) Spielzeugauto *n*; **zasuwać jak mały ~dzik** *umg* rennen, hetzen
samoch|ód M (-*odu*; -*ody*) Auto *n*, Wagen *m*; **~ód osobowy** Personen(kraft)wagen *m*, Pkw *m*; **~ód ciężarowy** Last(kraft)wagen *m*, Lkw *m*; **~ód dostawczy** Lieferwagen *m*; **prowadzić ~ód** Auto fahren; **przyjechałeś ~odem?** bist du mit einem Auto gekommen?; **~ód pułapka** *f* Autobombe *f*
samochwal|czy *pej* prahlerisch; **~stwo** N (-*a*; *bpl*) *pej* Eigenlob *n*, Prahlerei *f*
samo|chwała F *od* *m* (-*y*; -) *umg* Prahlhans *m*, Großmaul *n*; **~czynny** TECH selbsttätig, automatisch
samodziel|ność F (-*ści*; *bpl*) Selbstständigkeit *f*; **~ny** selbstständig; *myślenie* eigenständig; (*niezależny*) unabhängig, selbstständig
samogłos|ka F (-*i*; -*sek*) JĘZ Vokal *m*, Selbstlaut *m*; **~ka nosowa** Nasallaut *m*; **~kowy** JĘZ Vokal-
samo|gon M (-*u*; *bpl*) *selbst gebrannter Schnaps*; **~gwałt** M (-*u*; *bpl*) Selbstbefriedigung *f*, Onanie *f*; **uprawiać ~gwałt** onanieren, sich selbst befriedigen
samoist|nie ADV spontan, von alleine; **~ny** *wybuch* spontan, Selbst-; **~ne wyleczenie** *n* MED Selbstheilung *f*
samo|kontrola F (-*i*; *bpl*) Selbstkontrolle *f*; **~krytyczny** selbstkritisch; **~krytyka** F (-*i*) Selbstkritik *f*
samo|kształcenie N (-*a*; *bpl*) Selbststudium *n*; **~lot** M (-*u*; -*y*) Flugzeug *n*; **~lot pasażerski** Passagierflugzeug *n*; **~lot bojowy** MIL Kampfflugzeug *n*; **lecie**

S

▶ samochód

bagażnik	der Kofferraum
błotnik	der Kotflügel
dach rozsuwany	das Schiebedach
kierunkowskaz	der Blinker
koło	das Rad
lusterko boczne	der Außenspiegel
maska silnika	die Motorhaube
opona	der Reifen
pokrywa bagażnika	die Heckklappe
przednia szyba	die Windschutzscheibe
rura wydechowa	der Auspuff
szyba tylnia	die Heckscheibe
światło drogowe	der Scheinwerfer
światło stopu	das Bremslicht
światło tylnie	das Rücklicht
tablica rejestracyjna	das Nummernschild
wycieraczka	der Scheibenwischer
zderzak	die Stoßstange

~lotem mit dem Flugzeug fliegen

samolub M (*-a; -y*) Egoist *m*, selbstsüchtiger Mensch *m*; **~ny** selbstsüchtig, egoistisch; **~stwo** N (*-a; bpl*) Selbstsucht *f*, Egoismus *m*

samoob|rona F (*-y; bpl*) Selbstverteidigung *f*; **~sługa** F (*-i; bpl*) Selbstbedienung *f*

samoobsługowy: **sklep** *m* **~** Supermarkt *m*

samo|okaleczenie N (*-a; bpl*) Selbstverstümmelung *f*; **~opalacz** M (*-a; -e*) Selbstbräuner *m*; **~oskarżenie** N (*-a*) Selbstanklage *f*

samopas ADV: **zostawić** *pf* **~** *lit* sich selbst überlassen

samopo|czucie N (*-a; bpl*) Allgemeinbefinden *n*, Verfassung *f*; **dobre ~czucie** *n* Wohlbefinden *n*; **złe ~czucie** *n* Unwohlsein *n*, schlechte Verfassung *f*; **mieć dobre ~czucie** sich wohlfühlen, in einer guten Verfassung sein; **~moc** F (*-y; bpl*) Selbsthilfe *f*

samo|przylepny selbstklebend, Selbstklebe-; **~rodny** *talent* Natur-; *artysta* Amateur-

samorząd M (*-u; -y*) ADMIN Selbstverwaltung *f*; **~ gminny** kommunale Selbstverwaltung *f*; **~ miejski** städtische Selbstverwaltung *f*; **~ny** ADMIN selbst verwaltet; (*niezależny*) unabhängig, autonom; **~owy** Selbstverwaltungs-; kommunal

samo|rzutny *akcja* spontan; **~rzutny wybuch** *m* MIL Spontanentzündung *f*; **~sąd** M (*-u; -y*) Lynchjustiz *f*, Selbstjustiz *f*

samosiejka F (*-i; gen -jek*) wild ausgesäte Pflanze *f*

samospalenie N (*-a; bpl*) Selbstverbrennung *f*

samostanowienie N (*-a; bpl*) POL Selbstbestimmung *f*

samotni|a F (*-i; -e*) Einsiedelei *f*, Einöde *f*; **~czy** (**-czo**) weltabgewandt, zurückgezogen

samot|nik M (*-a; -cy*), **~nica** F (*-y; -e*) Einzelgänger(in) *m(f)*, Eigenbrötler(in) *m(f)*; **~nik** MAR Einhandsegler *m*

samotno|ść F (*-ści; bpl*) Einsamkeit *f*, Alleinsein *n*; **żyć w ~ści** in Einsamkeit leben, weltabgewandt leben

samot|ny¹ einsam; (*sam*) allein; **~ne życie** *n* einsames Leben *n*; **czuć się ~nie** sich einsam fühlen; **~na kobieta** *f* alleinstehende Frau *f*; **~ny mężczyzna** *m* alleinstehender Mann *m*; **kobieta** *f* **~nie wychowująca dziecko** *od* **~na matka** *f* alleinerziehende Mutter *f*; **~nie podróżować** allein reisen

samot|ny² M (*-ego; -ni*), **~na** F (*-ej; -ne*) Alleinstehende(r) *m, f*; **~ny podróżny** Alleinreisende(r) *m*; **wigilia** *f* **dla ~nych** Heiligabendessen *n* für Bedürftige

samo|uczek M (*-czka; -czki*) Lehrbuch *n* für den Selbstunterricht; **~uk** M (*-a; -i od -cy*) Autodidakt *m*; (*kobieta*) Autodidaktin *f*; **~war** M (*-a; -y*) Samowar *m*

samowła|dca M (*-cy*) Alleinherrscher *m*; **~dztwo** N (*-a; bpl*) Alleinherrschaft *f*

samowo|la F (*-i; bpl*) Willkür *f*, Eigenmächtigkeit *f*; **akt** *m* **~li** Willkürakt *m*; **~lny** *decyzja* eigenmächtig; (*nieposłuszny*) eigensinnig, eigenwillig

samowy|starczalny (wirtschaftlich) unabhängig, autark; **~zwalacz** M (*-a; -e*) FOTO Selbstauslöser *m*

samozachowawczy: **instynkt** *m* **~** Selbsterhaltungstrieb *m*

samoza|dowolenie N (*-a; bpl*) Selbstzufriedenheit *f*; **~parcie** N (*-a; bpl*) Zähigkeit *f*, Ausdauer *f*; **z ~parciem** zäh, mit Zähigkeit; **~płon** M (*-u; bpl*) AUTO Selbstzündung *f*

samozapylenie N (*-a; bpl*) BOT Selbstbestäubung *f*

samozwa|niec M (*-ńca; -ńcy*) Usurpator *m*; **~ńczy** **(-czo)** usurpatorisch; *władca* selbst ernannt

sanacja F (*-i; bpl*) *fig* Sanierung *f*

sanator|ium N (*unv; -ia; gen -iów*) Sanatorium *n*

sandacz M (*-a; -e*) Zander *m*

sandały M/PL (*gen -ów*) Sandalen *f/pl*

sandałowy Sandelholz-

saneczkarstwo N (*-a; bpl*) SPORT Rodeln *n*

saneczk|arz M (*-a; -e*), **~arka** F (*-i; gen -rek*) SPORT Rodler(in) *m(f)*

sanie PL (*sań*) (Pferde)Schlitten *m*

sanitariusz M (*-a; -e*) Krankenpfleger *m*; MIL Sanitäter *m*; **~ka** F (*-i; gen -szek*) MIL Sanitäterin *f*

sanitar|ny *warunki* sanitär; MIL Lazarett-; **punkt** *m* **~ny** Sanitätswache *f*; **urządzenia** *n/pl* **~ne** sanitäre Anlagen *f/pl*, Sanitäranlagen *f/pl*

sankcj|a F (*-i; -e*) Sanktion *f*; **~e** *pl* Sanktionen *pl*, Strafmaßnahmen *pl*

sankcjonować (*-uję*) sanktionieren

san|ki PL (*gen -nek*) (Rodel)Schlitten *m*; **~na** F (*-y; bpl*) Schlittenfahrt *f*

sapać (*-ię*) ⟨**-nąć**⟩ (*-nę*) schnaufen, keuchen

saper M (*-a; -rzy*) MIL Pionier *m*; **~ki** F/PL (*gen -ek*) Boots *pl*, Springerstiefel *m/pl*

sapka F (*-i; bpl*) MED Stockschnupfen *m*

sapnąć PF → sapać

Sardynia F (*gen dat lok -ii; bpl*) Sardinien *n*

sar|dynka F (*-i; gen -nek*) Sardine *f*; **~enka** F (*-i; gen -nek*) Reh *n*, Rehkitz *n*

sarkać (*-am*) ⟨**-nąć**⟩ (*-nę*) murren, schimpfen (**na** *akk* über *akk*)

sarkastyczny sarkastisch

sarknąć PF → sarkać

sar|kofag M (*-u; -i*) Sarkophag *m*; **~na** F (*-y*) Reh *n*

sarni Reh-; **~na** F (*-y; bpl*) KULIN Rehbraten *m*

sasanka F (*-i; gen -nek*) BOT Küchenschelle *f*

saszetka F (*-i; gen -tek*) (*torebka*) Etui *n*, Täschchen *n*; (*opakowanie*) Kochbeutel *m*; **ryż** *m* **w ~ch** Reis *m* in Kochbeuteln

satani|czny satanisch, teuflisch; **~zm** M (*-u; bpl*) Teufelsverehrung *f*, schwarze Messe *f*

satelicki: **państwo** *n* **~e** POL Satellitenstaat *m*

satelita M (*-y; -y*) ASTRON Satellit *m* (*a. fig*); **~rny** RADIO Satelliten-; **telewizja** *f* **~rna** Satellitenfernsehen *n*

Saturn M (*-a; bpl*) ASTRON Saturn *m*

saty|na F (*-y; bpl*) Satin *m*; **~nowy** Satin-; **~ra** F (*-y*) Satire *f*; **~ryczny** satirisch

satyryk M (*-a; -cy*) Satiriker *m*; *kabaretowy* Kabarettist *m*; (*kobieta*) Kabarettistin *f*

satysfakc|ja F (*-i; bpl*) Befriedigung *f*, Zufriedenheit *f*; (*zadośćuczynienie*) Genugtuung *f*; **złośliwa ~ja** Schadenfreude *f*; **~ja seksualna** sexuelle Befriedigung *f*; **mieć ~ję** zufrieden sein, befriedigt sein; **dawać ~ję k-u** j-n befriedigen, j-n zufrieden machen; **mieć ~ję z pracy** mit seiner Arbeit zufrieden sein, von seiner Arbeit erfüllt sein

satysfakcjonować ⟨**u-**⟩ (*-uję*) befriedigen, zufriedenstellen

Saudyjs|ki: **Arabia** *f* **~ka** Saudi-Arabien *n*

są *3. Pers* PL *präs* sie sind; → być¹; być²

sączek M (*-czka; -czki*) CHEM Filter *n*; MED Drain *m*, Drän *m*

sączyć (*-ę*) (*akk*) (*pić*) nippen (an *dat*), schlürfen (*akk*); (*filtrować*) filtrieren; (*wlewać*) langsam (ein)gießen (**do** *gen* in *akk*); **~ sok** an seinem Saft nippen, seinen Saft schlürfen; **~ się** *woda* (durch)sickern; *światło* durchschimmern

sąd M (*-u; -y*) JUR Gericht *n*; (*proces*) Gerichtsverhandlung *f*, Gerichtsverfahren n; (*budynek*) Gericht(sgebäude) *n*; (*ocena*) Urteil *n*, Meinung *f*; **~ dla nieletnich** JUR Jugendgericht *n*; **~ doraźny** JUR Schnellgericht *n*; **~ polowy** *od* **wojenny** JUR Kriegsgericht *n*; **♀ Najwyższy** das Oberste Gericht; **~ ostateczny** REL das Jüngste Gericht; **podać** *pf* **do ~u** JUR vor Gericht bringen, verklagen; **stanąć** *pf* **przed ~em** sich vor einem Gericht verantworten müssen; **wyrobić** *pf* **sobie ~** (**o** *lok*) sich ein Urteil bilden (über *akk*)

sądny: **~ dzień** *m* Unglückstag *m*; turbulenter Tag *m*

sądownictwo N (*-a; bpl*) Gerichtswesen *n*, Gerichtsbarkeit *f*

sądo|wnie ADV gerichtlich; **~wy** *akta, rozprawa, medycyna* Gerichts-; **w drodze ~wej** auf dem Gerichtsweg

sądzić (*-dzę*) JUR verhandeln, richten; (*uważać*) glauben, denken; (*oceniać*) urteilen (**o** *lok* über *akk*); **sądzę, że ...** ich denke *od* glaube, dass ...; **sądząc po** (*inst*) *od* **z** (*gen*) zu urteilen nach (*dat*); **co o tym sądzisz?** was denkst du darüber?, wie findest du das?; **jak sądzisz?** was meinst du?, was glaubst du?; **nie sądzę** das glaube ich nicht; **chciał, jak sądzę, tu przyjść** er wollte, glaube *od* denke ich, hierherkommen

sądzon|y JUR angeklagt; **nie było mu ~e** *lit* es war ihm nicht beschieden

sąsiad M (*-a; sąsiedzi; gen -ów*) Nachbar *m*; (*państwo*) Nachbarland *n*, Nachbar *m*; **~ przy stole** Tischnachbar *m*; **sąsiedzi** *pl* Nachbarschaft *f*, Nachbarn *pl*; **dziecko** *n* **~ów** Nachbarskind *f*

sąsiadka F (*-i; gen -dek*) Nachbarin *f*; **~ przy stole** Tischnachbarin *f*

sąsiadować (*-uję*) *osoby* Nachbarn sein; *kraj, dom* angrenzen (**z** *inst* an *akk*); **sąsiaduje z nami młoda rodzina** unsere Nachbarn sind eine junge Familie; **z kim sąsiadujesz?** wer ist dein Nachbar? wer sind deine Nachbarn?; **~ (ze sobą)** Nachbarn sein

sąsiedni *kraj, dom, miasto* Nachbar-; *stolik, pokój* Neben-

sąsiedzi PL → sąsiad

sąsiedz|ki nachbarlich; **~ka pomoc** *f* Nachbarschaftshilfe *f*; **~kie spory** *pl* Nachbarschaftsstreit *m*; **mieszkać po ~ku** gleich nebenan wohnen, in der Nachbarschaft wohnen; **pożyczyć** *pf* **po ~ku** (*akk*) als guter Nachbar leihen (*akk*)

sąsiedzt|wo N (*-a; bpl*) Nachbarschaft *f*; **w ~wie** in der Nachbarschaft; **z ~wa** aus der Nachbarschaft

sążnisty *artykuł, list* seitenlang

SB (Służba Bezpieczeństwa) HIST Sicherheitsdienst *m*

scalać (*-am*) ⟨**-ić**⟩ (*-lę*) verbinden, zusammenfügen; **~ się** *fig* sich integrieren, zusammenwachsen

scalenie N (*-a; bpl*) Integration *f*

scalony: **układ** *m* **~** ELEK integrierter Schaltkreis *m*

sce|na F (*-y*) TEATR Bühne *f* (*a. fig*); FILM Szene *f*; Einstellung *f*; *dramatu, powieści* Szene *f*; **~na wydarzeń** Schauplatz *m*; **~na polityczna** politische Bühne *f*; **~na miłosna** Liebesszene *f*; **zrobić** *pf* **~nę k-u** *fig* j-m eine Szene machen

scenariusz M (*-a; -e*) *filmu* Drehbuch *n*; *fig* Szenario *n*

scenarzyst|a M (*-y; -ści*), **~ka** F (*-i; gen -tek*) Drehbuchautor(in) *m(f)*

sceneria F (*gen dat lok -ii; -e*) TEATR Bühnenbild *n*; *fig* Szenerie *f*

sceniczny *utwór* Bühnen-

sceno|graf M (*-a; -owie*) Bühnenbildner *m*; **~grafia** F (*gen dat lok -ii; -ie*) FILM Szenografie *f*; **~pisarstwo** N (*-a; bpl*) Schreiben *n* von Drehbüchern

scept|yczny skeptisch; **~yk** M (*-a; -cy*) Skeptiker *m*

schab M (*-u; -y*) (*mięso*) Schweinsrücken *m*

schabowy: **kotlet** *m* **~** KULIN Schweinekotelett *n*

schadzka F (*-i; gen -dzek*) *lit* heimliches Treffen *n*, Rendezvous *n*

schamieć PF (*-eję*) verrohen, grob werden

scharakteryzować PF → charakteryzować

schemat M (*-u; -y*) Schema *n* (*a. fig*); **~ myślowy** Denkschema *n*; **~yczny** schematisch

schizofrenia F (*gen dat lok -ii; bpl*) Schizophrenie *f*

schizofreni|k M (*-a; -cy*), **~czka** F (*-i; gen -czek*) Schizophrene(r) *m, f*

schlać się PF (*-am*) *pop* sich besaufen, sich volllaufen lassen

schlany *pop* stockbesoffen

schlebiać (*-am*): **~ k-u** j-m schmeicheln, j-m nach dem Munde reden; **schlebia mi, że ...** es schmeichelt mir, dass ...

schludny *osoba, mieszkanie* reinlich, ordentlich; *ubranie* sauber; *wygląd* gepflegt

schładzać (-am) ⟨**schłodzić**⟩ (-ę) *napoje* kühlen, kühl stellen

schłodzony gekühlt

schnąć (-nę, *sechł, schła*) *bielizna, farba* trocknen; *roślina* verdorren, vertrocknen; *pieczywo* austrocknen

schod|ek M (-*dka*; -*dki*) (Treppen)Stufe *f*; **~ki** *pl* (kleine) Treppe *f*

schodo|wy: **klatka** *f* **~wa** Treppenhaus *n*

scho|dy PL (*gen -ów*) Treppe *f*; **~dy ruchome** Rolltreppe *f*; **kręcone ~dy** Wendeltreppe *f*; **zejść** *pf* **po ~dach** die Treppe hinuntersteigen

schodzić[1] (-ę) ⟨**zejść**⟩ (*zejdę*) heruntergehen, hinabsteigen; herunterkommen (**z** *gen* von *dat*); *skóra, plama* abgehen; *opuchlizna* zurückgehen; *temperatura* sinken; **~ na bok** zur Seite treten; **~ z kursu** MAR, LOT vom Kurs abkommen; **~ z drogi** *fig* aus dem Weg gehen; **~ na ląd** MAR an Land gehen; **~ do lądowania** LOT aufsetzen; **~ z roweru** vom Fahrrad (ab)steigen; **~ do podziemia** POL in den Untergrund gehen; **~ na psy** auf den Hund kommen; **dzień schodzi mu na pracy w domu** sein Tag vergeht mit Hausarbeit; **film zszedł z ekranu** der Film läuft nicht mehr; **~ na dalszy plan** *fig* in den Hintergrund treten; **~ na złą drogę** auf die schiefe Bahn geraten; **schodzić** *droga* hinabführen; **schodzić** *umg towar* sich gut verkaufen; **~ się** *osoby* zusammenkommen, sich versammeln; *linie* zusammenlaufen; *rocznice, zdarzenia* zusammenfallen

schodzić[2] PF (-ę): **~ buty** die Schuhe abtragen; **~ się** *umg* sich die Füße wund laufen

scholastyczny *pej* scholastisch

schorowany ausgemergelt, ausgezehrt

schorzenie N (*gen -eń*) *narządu* Krankheit *f*; **~ nerek** Nierenkrankheit *f*; **~ serca** Herzleiden *n*, Herzkrankheit *f*

schować PF → chować

schowek M (-*wka*; -*wki*) Versteck *n*, Geheimfach *n*

schron M (-*u*; -*y*) Bunker *m*; **~ przeciwlotniczy** Luftschutzbunker *m*

schronić się PF → chronić się

schronienie N (-*a*; *bpl*) Zuflucht *f*, Schutz *m*

schronisko N (-*a*): **~ młodzieżowe** Jugendherberge *f*; **~ górskie** Schutzhütte *f*; **~ dla zwierząt** Tierheim *n*

schrupać PF → chrupać

schrypnięty (*persf -ci*) heiser

schudnąć PF → chudnąć

schudnięcie N (-*a*; *bpl*) Gewichtsabnahme *f*

schwycić PF (-*cę*) (*akk*) greifen (nach *dat*); *piłkę* auffangen; **~ za** (*akk*) fassen, packen an (*dat*); **~ się** (*gen*) sich festhalten (an *dat*)

schwytać PF (-*am*) *zbiega* ergreifen, festnehmen; **~ na** (*lok*) ertappen bei (*dat*); **~ na gorącym uczynku k-o** j-n auf frischer Tat ertappen

schylać (-*am*) ⟨**-ić**⟩ (-*ę*) *głowę* senken, beugen; *gałęzie* neigen; **~ się** *osoba* sich bücken; *gałęzie* sich neigen

schył|ek M (-*łku*; *bpl*) *lit epoki, kariery* Ende *n*; **u ~ku** am Ende; **~ek życia** Lebensabend *m*; **~ek wieku** Jahrhundertende *n*; **~kowy** *faza* End-; *lata* letzte(r); *pisarz, tendencje* dekadent

scukrzyć się PF (*3. Pers -y*) *miód* kristallisieren

scy|sja F (-*i*; -*e*) Auseinandersetzung *f*, Zwist *m*; **~zoryk** M (-*a*; -*i*) Taschenmesser *n*

sczepiać (-*am*) ⟨**-ić**⟩ (-*ię*) *wagony* zusammenkoppeln; *kartki* zusammenheften; **~ się** sich festhaken

sczernieć PF → czernieć

sczerstwieć PF → czerstwieć

seans M (-*u*; -*e*) *filmowy* Filmvorstellung *f*, Filmvorführung *f*; *psychoanalityczny* Sitzung *f*; **~ spirytystyczny** Séance *f*, spiritistische Sitzung *f*

secesja F (-*ji*; *bpl*) Jugendstil *m*

sedes M (-*u*; -*y*) Klo(sett) *n*

sedeso|wy: **deska** *f* **~wa** Klobrille *f*

sedno N (-*a*; *bpl*) Kern *m*, Wesen *n*; **~ sprawy** der Kern der Sache; **trafić** *pf* **w ~** den Nagel auf den Kopf treffen, ins Schwarze treffen

segment M (-*u*; -*y*) Element *n*, Glied *n*, (*dom*) Reihenhaus *n*; **~ pokojowy** Schrankwand *f*; **~ kuchenny** Anbauküche *f*

segmento|wy *meble* Anbau-; **kuchenne meble ~we** Anbauküche *f*

segregacja F (-*i*) (Ein)Ordnen *n*; **~ śmieci** Mülltrennung *f*; **~ rasowa** Rassentrennung *f*

segregator M (-*a*; -*y*) (Akten)Ordner *m*

S

Ablagefach *n*

segregować ⟨**po-**⟩ (*-uję*) sortieren, ordnen

sejf M (*-u; -y*) Safe *m*

Sejm M (*-u; -y*) POL Sejm *m*, polnisches Parlament *n*

sejm|ik M (*-u; -i*) HIST Landtag *m*; **~owy** POL Parlaments-, Sejm-

sejsmiczny seismisch

sekator M (*-a; -y*) Gartenschere *f*, Baumschere *f*

sekciarstwo N (*-a; bpl*) POL *pej* Sektiererei *f*; REL Sektenwesen *n*

sekciarz M (*-a; -e*) POL *pej* Sektierer *m*; REL Sektenanhänger *m*

sekcja F (*-i; -e*) Abteilung *f*, Sektion *f*; **~ zwłok** MED Autopsie *f*, Obduktion *f*

sekre|t M (*-u; -y*) Geheimnis *n*; **w ~cie** vertraulich, im Vertrauen

sekretar|iat M (*-u; -y*) Sekretariat *n*; **~ka** F (*-i; gen -rek*) Sekretärin *f*; **automatyczna ~ka** Anrufbeantworter *m*, *umg* AB *m*; **nagrać się** *pf* **na ~kę** auf den Anrufbeantworter sprechen; **zostawić** *pf* **wiadomość na ~ce** auf dem Anrufbeantworter eine Nachricht hinterlassen

sekretarz M (*-a; -e*) POL Sekretär *m*; **~ stanu** POL Staatssekretär *m*; **~yk** M (*-a; -i*) (*mebel*) Sekretär *m*

sekretny geheim, vertraulich; *schody, drzwi* Geheim-

seks M (*-u; bpl*) Sex *m*; **bezpieczny ~** safer Sex *m*; **~tet** M (*-u; -y*) MUS Sextett *n*; **~owny** *umg* sexy

seksual|ność F (*-ści; bpl*) Sexualität *f*; **~ny** sexuell, Sexual-; **wychowanie** *n* **~ne** Sexualkunde *f*; **partner** *m* **~ny** Sexualpartner *m*; **morderstwo** *n* **na tle ~nym** JUR Sexualmord *m*

sekt|a F (*-y*) REL Sekte *f*; **~or** M (*-a; -y*) Sektor *m*

sekun|da F (*-y*) Sekunde *f* (*a. fig*); **co do ~dy** auf die Sekunde genau; **wpaść** *pf* **na ~dę** *umg* auf einen Sprung vorbeischauen (**do** *gen* bei *dat*); **~dant** M (*-a; -ci*) SPORT Sekundant *m* (*a.* HIST)

sekundnik M (*-a; -i*) Sekundenzeiger *m*

sekundować (*-uję*): **~ k-u** j-m beistehen, j-n unterstützen; HIST j-m sekundieren, j-m bei einem Duell beistehen

sekutnica F (*-y; -e*) *lit* zänkisches Weib *n*

Sekwana F (*-y; bpl*) Seine *f*

sekw|encja F (*-i; -e*) *filmowa* (Film-)Sequenz *f*; **~ens** M (*-u; -y*) *w kartach* Sequenz *f*; **~oja** F (*-woi; -e*) BOT Mammutbaum *m*

seledynowy (**-wo**) zartgrün

selekc|ja F (*-i; bpl*) Auswahl *f*, Selektion *f*; AGR Selektion *f*, Auslese *f*; **~ja naturalna** BIOL natürliche Auslese *f*; **~joner** M (*-a; -rzy*) SPORT Nationaltrainer *m*

selekcjonować (*-uję*) auswählen, aussuchen

selektywny selektiv

se|ler M (*-a; -y*) Sellerie *f*; **z ~lerów** KULIN Sellerie-; **~mafor** M (*-a; -y*) KOLEJ Signalmast *m*

semantyczny semantisch

semes|tr M (*-u; -y*) Semester *n*; **~tr letni** Sommersemsester *n*; **~tr zimowy** Wintersemester *n*; **w pierwszym ~trze** im ersten Semester

semestral|ny Semester-; **program** *m* **~ny** Vorlesungsverzeichnis *n*; **zaliczenie** *n* **~ne** (Seminar)Schein *m*

semina|rium N (*unv; -ia; gen -iów*) Seminar *n*; **~rium duchowne** Priesterseminar *n*; **~rzysta** M (*-y; -ści*) Seminarist *m*

sen M (*snu, śnie; sny*) (*marzenie senne*) Traum *m* (*a. fig*); (*bpl*) (*spanie*) Schlaf *m*; **~ zimowy** ZOOL Winterschlaf *m*; **~ na jawie** Tagtraum *m*; **układać do snu** schlafen legen; **ujrzeć** *pf* **we śnie** im Traum sehen; **mówić przez ~** im Schlaf sprechen; **pamiętać jak przez ~** sich vage *od* dunkel erinnern; **koszmarne sny** *m/pl* Albträume *m/pl*; **kolorowych snów!** schlaf gut!, träume schön!; **piękny jak ~** traumhaft schön

senacki Senats-

senat M (*-u; -y*) POL, ADMIN Senat *m*; **~or** M (*-a; -rowie od -rzy-*) Senator *m*; (*kobieta*) Senatorin *f*

senior M (*-a; -rzy*), **~ka** F (*-i; gen -rek*) Senior(in) *m(f)* (*a.* SPORT)

sen|nik M (*-a; -i*) Traumbuch *f*; **~ność** F (*-i; bpl*) Schläfrigkeit *f*

sen|ny *osoba, oczy, głos* schläfrig; *miasteczko* verschlafen; *atmosfera* einschläfernd; **marzenie** *n* **~ne** PSYCH Traumbild *n*; **nastrajać ~nie** schläfrig machen, einschläfern

sen|s M (*-u; bpl*) Sinn *m*; **to nie ma ~su** es hat keinen Sinn; **z ~sem** sinnvoll; **bez ~su** sinnlos; **w pewnym ~sie** in gewissem

Sinne; **coś w tym ~sie** *umg* irgendwie so(was)

sensac|ja F (*-i; -e*) Sensation *f*; **wywołać** *pf* **~ję** Aufsehen erregen; **~je** *pl* **żołądkowe** Magenverstimmung *f*

sensat M (*-a; -ci*), **~ka** F (*-i; gen -tek*) sensationslüsterne Person *f*

sensacyj|ny sensationell; **film** *m* **~ny** Actionfilm *m*, Thriller *m*; **powieść** *f* **~na** Thriller *m*

sensowny *zajęcie, decyzja* sinnvoll; *osoba umg* vernünftig

sentencja F (*-i; -e*) Sentenz *f*, Sinnspruch *m*

sentyment M (*-u; -y*) Sympathie *f*, Sentiment *n*; **bez ~ów** unsentimental; **nie bawić się w ~y** nicht sentimental sein; **~alny** sentimental, rührselig

separa|cja F (*-i; -e*) JUR Trennung *f*; **żyć w ~cji** JUR in Trennung leben, getrennt leben; **~tka** F (*-i; gen -tek*) *w więzieniu* Einzelzelle *f*; *w szpitalu* Einzelzimmer *n*; **~tysta** M (*-y; -ści*) POL Separatist *m*

separować ⟨**od-**⟩ (*-uję*) isolieren, trennen (**od** *gen* von *dat*); **~ się** *osoba* sich absondern

sepia F (*gen dat lok -ii; bpl*) (*kolor*) Sepia *f*

seplenić (*-ię*) lispeln

sepsa F (*-y; bpl*) MED Sepsis *f*

ser M (*-a; -y*) Käse *m*; **~ żółty** Hartkäse *f*, Schnittkäse *m*; **~ biały** Quark *m*; **~ owczy** Schafskäse *m*

Serb M (*-a; -owie*) Serbe *m*; **~ka** F (*-i; gen -bek*) Serbin *f*

serbski (**po -ku**) serbisch

serbsko-chorwacki serbokroatisch

ser|ce N (*-a*) ANAT Herz *n* (*a. fig*); *dzwonu* Klöppel *m*; **chory na ~ce** herzkrank; **brak ~ca** Herzlosigkeit *f*; **bez ~ca** herzlos; **brać sobie do ~ca** sich zu Herzen nehmen; **przypaść** *pf* **do ~ca k-u** j-m ans Herz gewachsen sein; **z całego ~ca** von ganzem Herzen; **zrobił mi się lekko na ~cu** mir wurde leicht ums Herz; **z ciężkim ~cem** schweren Herzens; **nie mieć ~ca** kein Herz haben; **z ręką na ~cu** Hand aufs Herz; **okazywać ~ce k-u** j-m Zuneigung zeigen

sercowaty herzförmig

sercowiec M (*-wca; -wcy*) *umg* Herzkranke(r) *m*

sercowy ANAT, MED Herz-; *fig* Liebes-

serdak M (*-a; -i*) ärmellose Pelzjacke *f*, Pelzweste *f*

serdeczność F (*-ści; bpl*) Herzlichkeit *f*

serdeczny herzlich; *śmiech* herzhaft; **~ny przyjaciel** *m* guter Freund *m*, *umg* Busenfreund *m*; **~ny palec** *m* Ringfinger *m*; **~ne pozdrowienia** *pl* herzliche Grüße *pl*, liebe Grüße *pl*; **~nie dziękuję!** herzlichen Dank!; **ubawić się** *pf* **~nie** sich köstlich amüsieren; **śmiać się ~nie** herzlich lachen

serdelek M (*-lka; -lki*) Bockwurst *f*

serdelo|wy: **kiełbasa** *f* **~wa** Fleischwurst *f*

serduszko N (*-a; gen -szek*) *dim* Herzchen *n*; **moje ~!** mein Herzblatt!

serek M (*-rka; -rki*): **~ topiony** Schmelzkäse *m*; **~ homogenizowany** Quark *m*; Frischkäse *m*; **~ waniliowy** Vanillequark *m*; **dekolt** *m* **w ~** V- Ausschnitt *m*

seri|a F (*gen dat lok -ii; -e*) Serie *f*; MIL Garbe *f*; **~al** M (*-u; -e*) RADIO Serie *f*

serio: (**na**) **~** ernst(haft); **traktować ~** ernst nehmen; **~?** echt?, im Ernst?

sernik M (*-a; -i*) Käsekuchen *m*

serowarstwo N (*-a; bpl*) Käseherstellung *f*

serpentyna F (*-y*) (*droga*) Serpentine *f*; (*wstęga*) Luftschlange *f*

serw M (*-u; -y*) SPORT Aufschlag *m*; **~antka** F (*-i; gen -tek*) Glasschrank *m*; **~atka** F (*-i; gen -tek*) Molke *f*

serwet|a F (*-y*) Tischdecke *f*; **~ka** F (*-i; gen -tek*) (Stoff)Serviette *f*; **~ka papierowa** Papierserviette *f*

serwis M (*-u; -y*) *naczyń* Service *n*, Satz *m*; (*usługi*) Service *m*; SPORT Aufschlag *m*; **~ do kawy** Kaffeeset *n od m*; **~ informacyjny** RADIO Nachrichtensendung *f*, Nachrichten *pl*; **~ prasowy** RADIO Pressedienst *m*; **~ sportowy** RADIO Sportnachrichten *pl*; **~ gwarancyjny** Garantieleistung *f*

serwisowy: **punkt** *m* **~** Kundendienst *m*

serwować ⟨**za-**⟩ (*-uję*) *potrawy* servieren, reichen; SPORT aufschlagen; **~ dowcipy** Witze zum Besten geben

seryjny *produkcja* Serien-, serienmäßig; *film, morderstwo* Serien-

sesja F (*-i; -e*) *naukowa* Tagung *f*; (*posiedzenie*) Sitzung *f*; (*okres*) Sitzungsperiode *f*; **~ egzaminacyjna** Prüfungszeit *f*; **~ zdjęciowa** Fotoaufnahmen *pl*, Fotoshooting *n*; **~ nagraniowa** Aufnahmesession *f*, Musikaufnahmen *pl*

S

set M (*-a; -y*) SPORT Satz *m*
set|ka F (*-i; gen -tek*) Hundert *n;* (*banknot*) *umg* Hunderter *m;* (*wódka*) *umg* Doppelte(r) *m;* (*bieg*) *umg* Hundertmeterlauf *m;* **~ki** *pl* (*gen*) hunderte von (*dat*); **dożyć** *pf* **~ki** *umg* hundert Jahre alt werden; **jechać ~ką** *umg* hundert Sachen drauf haben
set|ny hundertste(r); *zabawa, dowcip* köstlich; **jedna ~na** ein Hundertstel; **~na część** *f* Hundertstel *n;* **bawić się ~nie** sich köstlich amüsieren
sezon M (*-u; -y*) *turystyczny* Saison *f* (*a.* SPORT); AGR Erntezeit *f;* **~ grzewczy** Heizperiode *f;* **~ ogórkowy** *fig* Sommerloch *n,* Sauregurkenzeit *f;* **~ letni** Sommerzeit *f,* Sommer *m;* **~ zimowy** Winterzeit *f,* Winter *m;* **w ~ie** während der Saison; **po ~ie** außerhalb der Saison; **pełnia** *f* **~u** Hochsaison *f*
sezono|wo ADV während der Saison; **~wy** *owoce, robotnik* Saison-
sędz|ia[1] M (*-iego, -iemu, -iego, -ią, -i, -io!; -owie; gen -ów*) JUR Richter *m;* SPORT Schiedsrichter *m;* **~ia dla nieletnich** Jugendrichter *m;* **~ia sądu powiatowego** Richter *m* am Landgericht; **mianować ~ią** *od* **powołać na ~iego k-o** j-n zum Richter bestellen *od* wählen
sędzi|a[2] F (*GD -i, -ę, -ią, -i, -io!; -e; gen -i*) (*kobieta*) JUR Richterin *f;* **~na** F (*-y*) JUR *umg* Richterin *f*
sędziować (*-uję*) JUR Richter sein; SPORT Schiedsrichter sein
sędziowski JUR Richter-; SPORT Schiedsrichter-
sędziwy *osoba* (hoch)betagt; **~ wiek** *m* hohes Alter *n*
sęk M (*-u; -i*) *w drewnie* Astloch *n,* Ast *m; na drzewie* abgebrochener Ast *m,* Knorren *m;* **~ w tym, że** ... *umg* der Haken dabei ist, dass ...; **drewno** *n* **bez ~ów** astreines Holz *n;* **~aty** *drzewo, kij* knorrig
sę|p M (*-a; -y*) ZOOL Geier *m* (*a. fig umg*); **~pi** ZOOL Geier-
sfałdować PF → fałdować
sfałszować PF → fałszować
sfastrygować PF → fastrygować
sfatygowany *ubranie* abgetragen, schäbig
sfaulować PF → faulować
sfe|ra F (*-y*) (*zakres*) Bereich *m,* Sphäre *f;* **~ry** *f/pl* (Gesellschafts)Schichten *f/pl,* Kreise *m/pl;* **~ra klimatyczna** GEOG Klimazone *f;* **~ra podzwrotnikowa** GEOG Subtropen *pl;* **~ra prywatności** Privatbereich *m,* Privatsphäre *f;* **~ra wpływów** Einflussbereich *m;* **~ra działalności** Tätigkeitsbereich *m;* **wyższe ~ry** *pl* die besseren Kreise *pl,* Eliten *pl;* **niższe ~ry** niedere Schichten *pl;* **~ry rządowe** Regierungskreise *pl,* Regierungseliten *pl;* **~ra niebieska** ASTRON Himmelskugel *f*
sfermentować PF → fermentować
sfilcować się PF → filcować się
sfilcowany verfilzt
sfilmować PF → filmować
sfilmowanie N (*-a; bpl*) Verfilmung *f;* **~ powieści** Romanverfilmung *f*
sfinalizować PF → finalizować
sfinansować PF → finansować
sfingować PF → fingować
sfinks M (*-a; -y*) MITOL Sphinx *f*
sflaczały *umg skóra* schlaff
sflaczeć PF → flaczeć
sfora F (*-y*) *psów* Meute *f* (*a. fig*)
sformatować PF → formatować
sformatowany EDV formatiert
sformować PF → formować
sformułować PF → formułować
sformułowanie N (*-a*) Formulierung *f*
sforsować PF → forsować
sfotografować PF → fotografować
sfrunąć PF → sfruwać
sfrustrować PF → frustrować
sfrustrowany frustriert
sfruwać (*-am*) ⟨**sfrunąć**⟩ (*-nę*) *na gałąź* sich niederlassen; *na ziemię* hinabfliegen
siać (*-eję*) AGR säen; *nawóz* streuen; *zamęt, niepokój* stiften; *nienawiść, strach* schüren; *panikę* verbreiten; **~ niezgodę** Zwietracht säen; **~ zgorszenie** Anstoß erregen
siad M (*-u; -y*) SPORT Sitz *m;* **~!** sitz!
siadać (*-am*) ⟨**siąść**⟩ (*siądę, siądź!*) sich setzen (**na** *lok* auf *akk*); (*psuć się*) *umg* kaputtgehen; **~ do** (*gen*) (*wsiadać*) einsteigen, sich setzen in (*akk*); **~ do stołu** sich an den Tisch setzen; **~ na krześle** sich auf den Stuhl setzen; **~ w fotelu** sich in einen Sessel setzen; **~ do obiadu** sich zu Tisch setzen; **~ do pracy** sich an die Arbeit setzen; **~ do komputera** sich an den Computer setzen; **~ za biurkiem** *od* **przy biurku** sich an den Schreibtisch setzen
siadywać (*-uję*) zu sitzen pflegen, öfter sitzen
siak: **tak czy ~** so oder so

siano N (-*a*; *bpl*) Heu *n*; **~kosy** PL (*gen -ów*) Heuernte *f*
siar|a F (-*y*; *bpl*) Vormilch *f*, Kolostrum *n*; **~czan** M (-*u*; -*y*) CHEM Sulfat *n*
siarczy|sty (**-ście**) *mróz* klirrend; *klaps, pocałunek* heftig; **kląć ~ście** heftig fluchen; **~ste przekleństwo** *n* Kraftausdruck *m*
siarka F (-*i*; *bpl*) CHEM Schwefel *m*
siarko|wodór M (-*oru*; *bpl*) Schwefelwasserstoff *m*; **~wy** Schwefel-
siatka F (-*i*; *gen -tek*) Netz *n* (*a. fig*); (*ogrodzenie*) Gitter *n*; *umg* Volleyball *m*; **~ na zakupy** Einkaufstüte *f*; Einkaufsnetz *n*
siatk|arz M (-*a*; -*e*), **~arka** F (-*i*; *gen -rek*) Volleyballspieler(in) *m(f)*
siatko|wy Netz-; **piłka** *f* **~wa** Volleyball *m*
siatkówka F (-*i*; *gen -wek*) ANAT Netzhaut *f*; (*bpl*) SPORT Volleyball *m*
siąkać (-*am*) ⟨**-nąć**⟩ (-*nę*): **~ nosem** *umg* die Nase hochziehen
siąpić (3. *Pers -i*): **siąpi** es nieselt
siąść* PF → siadać
sidła PL (-*deł*) (*pułapka*) Schlinge *f*; *fig* Falle *f*; **zastawić** *pf* **~** Schlingen legen; **wpaść** *pf* **w ~** *fig* j-m in die Falle gehen
siebie PRON (*dat lok sobie, gen akk siebie od się, inst sobą*) sich; einander; **dojść** *pf* **do ~** zu sich kommen; **pasować do ~** zueinanderpassen; **następować po sobie** aufeinanderfolgen; **pod sobą** unter sich; **przed sobą** vor sich; **mieć ze sobą** mithaben; **mieć na sobie** anhaben; **zrobić** *pf* **sobie herbatę** sich einen Tee machen; **widzieć ~** *od* **się w lustrze** sich im Spiegel sehen; **rozmawiać ze sobą** miteinander sprechen; **podzielić** *pf* **między ~** untereinander teilen; **patrzeć za ~** zurückschauen; **blisko ~** nahe beieinander; **wziąć dla ~** für sich nehmen
siec* (*siekę, siecze*): **siecze deszcz** der Regen peitscht
sieciowy ELEK Netz-
sieczk|a F (-*i*; *bpl*) Häcksel *m*; **~arnia** F (-*i*; -*e*) Häckselmaschine *f*
siecz|ny: **broń** *f* **~na** Hiebwaffe *f*
sieć F (-*ci*; -*cie*) *rybacka* (Fischer)Netz *n*; *fig* Netz(werk) *n*; EDV Netz *n*; **~ pajęcza** Spinnennetz *n*
siedem *num* (*persf siedmiu*) sieben
siedemdziesią|t *num* (*persf siedemdziesięciu*) siebzig; **~ty** siebzigste(r); **lata** *pl* **~te** Siebzigerjahre *pl*, Siebziger *pl*
siedemdziesięcioletni siebzigjährig
siedemdziesięcioro *num koll* siebzig
siedemdziesięciu *num persf* siebzig
siedemnastka F (-*i*; *gen -tek*) Siebzehn *f*
siedemnastolat|ek M (-*tka*; -*tki*), **~ka** F (-*i*; *gen -tek*) Siebzehnjährige(r) *m*, *f*
siedemnas|toletni siebzehnjährig; **~towieczny** aus dem siebzehnten Jahrhundert; **~tu** *num persf* siebzehn
siedemnas|ty siebzehnte(r); **~ta (godzina)** siebzehn Uhr; **o (godzinie) ~tej** um siebzehn (Uhr)
siedemnaście *num* siebzehn
siedemnaścioro *num koll* siebzehn
siedemset *num* (*persf siedmiuset*) siebenhundert
siedlisko N (-*a*) *zwierząt* Lebensraum *m*; *ludzi* Siedlung *f*; *fig* Brutstätte *f*; **~ choroby** Krankheitsherd *m*
Siedmiogród M (-*grodu*; *bpl*) Siebenbürgen *n*
siedmio|- *in Zss(g)* sieben-, Sieben-
siedmio|krotny siebenmalig; siebenfach; **~letni** siebenjährig; **~miesięczny** sieben Monate alt; **~ro** *num koll* sieben
siedmiu *num persf* sieben; **~set** *num persf* siebenhundert
siedząco: **na ~** *adv* sitzend
siedzą|cy: **miejsce** *n* **~ce** Sitzplatz *m*; **pozycja** *f* **~ca** Sitzhaltung *f*; **praca** *f* **~ca** sitzende Tätigkeit *f*
siedzenie N (-*a*) Sitzplatz *m*; *umg* Hinterteil *n*
siedziba F (-*y*) *rządu, firmy* Sitz *m*
siedzieć (-*dzę*, -*i*, *siedź!*) sitzen (**na** *lok* auf *dat*); *gwóźdź, śruba* festsitzen; **~ na krześle** auf dem Stuhl sitzen; **~ przy stole** am Tisch sitzen; **~ za biurkiem** am Schreibtisch sitzen; **~ nad** (*inst*) *fig* sitzen über (*dat*); **~ w** (*lok*) *fig umg* sich auskennen in (*dat*); **~ w więzieniu** *umg* im Knast sitzen; **~ na jajach** ZOOL brüten; **~ w domu** *umg* zu Hause hocken; **~ w długach** in Schulden stecken; **~ jak na szpilkach** wie auf glühenden Kohlen sitzen; **siedź cicho!** *umg* bleib still!
siekacz M (-*a*; -*e*, -*y*) Hackbeil *n*, Hackmesser *n*; **~e** *m/pl* ANAT Schneidezähne *m/pl*
siekać ⟨**po-**⟩ (-*am*) KULIN (klein) hacken (fein) wiegen
siekany KULIN (klein) gehackt

S

się = man

Z tego okna ma się wspaniały widok.	Von diesem Fenster aus hat man eine herrliche Aussicht.
Dziś już się tego nie nosi.	Heute trägt man das nicht mehr.
Mówi się, że...	Man sagt, dass ...
– Czy nie mógłbyś biec szybciej?	– Kannst du nicht schneller laufen?
– Nie, nie jest się już najmłodszym.	– Nein, man ist ja schließlich nicht mehr der Jüngste.
Jak to się robi?	Wie macht man das?

siekie|ra F (-y) Axt *f*, Beil *n*; **~rę można powiesić** *umg* es ist vollgequalmt
sielank|a F (-i; *bpl*) Idyll *n*; (PL *gen -nek*) LIT Hirtendichtung *f*, Idylle *f*; **~owy** *atmosfera* idyllisch
sielski *lit* idyllisch
siemię N (*-ienia; bpl*): **~ lniane** Leinsamen *m*
siennik M (*-a; -i*) Strohsack *m*
sienny: **katar** *m* **~** MED Heuschnupfen *m*
sień F (*-ni; -nie*) Flur *m*, Diele *f*
siepacze M/PL (*gen -y*) *lit* Schergen *m/pl*
sierociniec M (*-ńca; -ńce*) Waisenhaus *n*
sierocy *renta, dola* Waisen-
sierot|a F *od m* (*-y; gen -*) Waise *f*; *fig umg* Tollpatsch *m*; **dom** *m* **sierot** Waisenhaus *n*
sierp M (*-a; -y*) Sichel *f*; SPORT Haken *m*; **~ księżyca** Mondsichel *f*; **~ień** M (*-pnia; -pnie*) August *m*; **w ~niu** im August; **~niowy** August-
sierpowy M (*-ego; -e*) SPORT Haken *m*
sierść F (*-ści; bpl*) *zwierzęcia* Fell *n*
sierżant M (*-a; -ci*) Sergeant *m*, Feldwebel *m*; *w policji* Wachtmeister *m*
siew M (*-u; -y*) (Aus)Saat *f*; **~ca** M (*-y; gen -ów*) AGR Sämann *m*; **~ca niepokoju** Unruhestifter *m*; **~ka** F (*-i; -wek*) AGR Sämling *n*
siew|nik M (*-a; -i*) Sämaschine *f*, Drillmaschine *f*; **~ny** Saat-; **ziarno** *n* **~ne** Saatgut *n*
się PRON sich; *unpers* man; **on ~ myje** er wäscht sich; **myj ~!** wasch dich!; **obok buduje ~ nowy hotel** daneben wird ein neues Hotel gebaut; **dużo ~ o tym mówi** man spricht viel darüber; **jeśli ~ chce** wenn man will; **nigdy ~ nie wie** man weiß nie; **chce mi ~ spać** ich bin schläfrig; **chce mi ~ pić** ich habe Durst; **tak ~ nie mówi** man sagt das nicht; **tu dobrze ~ mieszka** man kann hier gut wohnen; **wygodnie ci ~ siedzi?** sitzt du bequem?
sięgać (*-am*) ⟨**-nąć**⟩ (*-nę*): **~ po** (*akk*) greifen nach (*dat*); *fig* greifen zu (*dat*); **~ do** (*gen*) (*dochodzić*) erreichen (*akk*); *fig* zurückgreifen auf (*akk*); **sięgać** (*gen od* **do** *gen*) reichen bis zu (*dat*); **sięgać** (*gen*) *tradycja, historia* zurückreichen in (*akk*); **~ po klucze** nach dem Schlüssel greifen; **~ po papierosa** zur Zigarette greifen; **~ po narkotyki** zu Drogen greifen; **~ po władzę** nach der Macht greifen; **~ po pióro** *fig* zur Feder greifen; **sięgać do kolan** bis zu den Knien reichen, kniehoch sein; **historia miasta sięga średniowiecza** die Geschichte der Stadt reicht bis ins Mittelalter zurück; **bezrobocie sięga dwudziestu procent** die Arbeitslosigkeit erreicht zwanzig Prozent; **~ pamięcią do** (*gen*) zurückdenken an (*akk*); **~ po cudze** stehlen; **nie trzeba daleko sięgać** *fig* man muss nicht lange suchen; **jak okiem sięgnąć** *pf* so weit das Auge reicht
sikacz M (*-a; -e*) *umg* Fusel *m*
sikać (*-am*) ⟨**-nąć**⟩ (*-nę*) *umg* pinkeln; *krew umg* spritzen
sikawka F (*-i; gen -wek*) Feuerspritze *f*
siki PL (*gen -ów*) *pop* Pisse *f*
siknąć PF → sikać
siko|ra F (*-y*), **~rka** *f* (*-i; gen -rek*) Meise *f*; **~ra bogatka** Kohlmeise *f*
siksa F (*-y*) *umg* Göre *f*
siku: **robić ~** *umg* pinkeln
silić się (*-lę*): **~ na uprzejmość** ausgesucht höflich sein; **~ na uśmiech** gezwungen lächeln; **nie ~** sich nicht bemühen
silnik M (*-a; -i*) TECH, AUTO Motor *m*; LOT Triebwerk *n*; **~ spalinowy** Verbrennungsmotor *m*; **~ elektryczny** Elektromotor *m*; **~owy** *olej* Motor(en)-
sil|ny (*mocny*) stark (*a. fig*); *fizycznie*

kräftig, stark; *psychicznie* stark; *uderzenie, wiatr* stark, heftig; *postanowienie* fest; *gorączka* hoch; *smak* kräftig; *mróz* streng; *zapach* intensiv; *ból, akcent* stark; **mieć ~ną wolę** e-n starken Willen haben

silos M (-u; -y) Silo *m od n*

si|ła F (-y, *dat lok* -le; -y) Kraft *f*; (*natężenie*) Stärke *f*; **~ły** *pl* **zbrojne** MIL Streitkräfte *pl*; **~ła fizyczna** Körperkraft *f*; **~ła ciężkości** FIZ Schwerkraft *f*; **~ła wiatru** Windstärke *f*; **~ła robocza** Arbeitskraft *f*; **~ła wyższa** höhere Gewalt *f*; **pracować ponad ~ły** sich überarbeiten; **nabierać ~ł** wieder zu Kräften kommen; **co sił** mit aller Kraft; **w ~le wieku** in den besten Jahren; **~łą** mit Gewalt; **użyć** *pf* **~ły** Gewalt anwenden; **bez użycia ~ły** ohne Gewaltanwendung; **~łą rzeczy** zwangsläufig

siłacz M (-a; -e) Athlet *m*, Kraftmensch *m*

siłomierz M (-a; -e) Dynamometer *m*

siłować się (-uję) ringen, raufen (**z** *inst* mit *dat*); **~ z zamkiem** am Schloss hantieren

siło|wnia F (-i; -e) Fitnessstudio *n*; Fitnessraum *m*; ELEK Kraftwerk *n*; **~wnia wiatrowa** Windmühle *f*; **~wy** *sport, trening* Kraft-; (*niepokojowy*) Gewalt-, Militär-

sinawy (-wo) bläulich

sini|ak M (-a; -i), **~ec** M (-ńca; -ńce) blauer Fleck *m*, blutunterlaufene Stelle *f*; **sińce** *pl* **pod oczami** Augenringe *pl*; **~ak pod okiem** blaues Auge *n*

sinieć ⟨**z-**⟩ (-eję) *skóra, wargi* blau werden

si|ny (-no) (grau)blau, violett; **pójść** *pf* **w ~ną dal** *żart* fortgehen

siodełko N (-a; *gen* -łek) *roweru* (Fahrrad-)Sattel *m*

siodełkowy: **wyciąg** *m* **~** Sessellift *m*

siod|ło N (-a; *gen* -deł) Sattel *m*; **siedzieć mocno w ~le** *fig* fest im Sattel sitzen

siodłać ⟨**o-**⟩ (-am) satteln

siorbać (-ię) *zupę* schlürfen

siostra F (-y; *gen* sióstr) Schwester *f*; **~ cioteczna** Cousine *f*; **~ bliźniaczka** Zwillingsschwester *f*; **~ przyrodnia** Halbschwester *f*; **~ zakonna** Ordensschwester *f*; **~ oddziałowa** Stationsschwester *f*

siostrzany schwesterlich; *firma* Schwester-

siostrzeni|ca F (-y; -e) Nichte *f*; **~ec** M (-ńca; -ńcy) Neffe *m*

siostrzyczka F (-i; *gen* -czek) *dim* Schwesterchen *n*, Schwesterherz *n*

siód|emka F (-i; *gen* -mek) Sieben *f*; **~ma (godzina)** sieben Uhr; **o (godzinie) ~mej** um sieben (Uhr); **~my** siebente(r), siebte(r); **być w ~mym niebie** im siebten Himmel sein

sitko N (-a; *gen* -tek) Sieb *n*; *do herbaty* Teesieb *n*; **przecedzić** *pf* **przez ~** durchsieben

si|to N (-a) Sieb *n*; **zrobić** *pf* **~to egzaminacyjne** *umg* viele Prüflinge durchfallen lassen; **~towie** N (-a) Schilf *n*; **~twa** F (-y) *umg pej* Clique *f*

siurek M (-rka; -rki) M (-ka; -ki) *umg* Pimmel *m*

siusiać (-am) *umg* pinkeln

siusiak M (-ka; -ki) → siurek

siusiu: **robić ~** *umg* Pipi machen

siw|awy *włosy* angegraut; *kolor* gräulich, ins Graue gehend; **on jest już ~awy** er bekommt schon weiße Haare; **~ek** M (-wka; -wki) Grauschimmel *m*

siwieć ⟨**o-**⟩ (-eję) ergrauen, weiße *od* graue Haare bekommen; *włosy* grau werden, weiß werden

siwi|uteńki *dim* ganz ergraut, ganz weißhaarig; **~zna** F (-y; *bpl*) graues Haar *n*, weißes Haar *n*

siwo|brody weißbärtig; **~włosy** grauhaarig, weißhaarig

si|wucha F (-y) *umg* schlechter Wodka *m*; **~wy** *włosy* grau, weiß; *osoba* grauhaarig, weißhaarig; *kolor* (hell)grau

ska, s-ka (spółka) Gesellschaft *f*

ska|cowany *umg* verkatert; **~fander** M (-dra; -dry) Anorak *m*, Parka *m*; *narciarza* Skianorak *m*; *astronauty* Raumanzug *m*; *nurka* Taucheranzug *m*

skaj M (-u; *bpl*) Kunstleder *n*

skakać (-czę) ⟨**skoczyć**⟩ (-ę) springen; (*podskakiwać*) hüpfen, hoppeln; *ceny, koszty* ansteigen; **~ z radości** vor Freude springen; **~ do gardła k-u** *fig* j-m an die Kehle springen; **~ sobie do oczu** *fig* sich in die Wolle kriegen; **skakać z tematu na temat** von einem Thema zum anderen springen; **skakać koło k-o** *umg* sich bei j-m einschmeicheln; **litery skaczą mi przed oczami** die Buchstaben tanzen mir vor den Augen

skakan|ka F (-i; *gen* -nek) Springseil *n*; **skakać na ~ce** seilspringen

ska|la F (-i; -e; *gen* -i *od* -) (*podziałka*) Skala *f*

S

(*a. fig*); *mapy* Maßstab *m* (*a. fig*); MUS Tonleiter *f*; **~la wartości** Wertmaßstab *m*; **~la podatkowa** Steuertarif *m*; **zakrojony na wielką ~lę** groß angelegt
skal|any *lit fig* besudelt; **~any krwią** mit Blut besudelt; **~ar** M (*-a*; *-y*) Skalar *m*
skaleczeni *persf* → skaleczony
skalecz|enie N (*-a*) Verletzung *f*; **~ony** (*persf -eni*) verletzt
skaleczyć PF → kaleczyć
skalisty felsig
skalkulować PF → kalkulować
skalny *blok, ściana* Fels-
skalować ⟨**wy-**⟩ (*-uję*) eichen
skalpel M (*-a*; *-e*) Skalpell *n*
skała F (*-y*) Felsen *m*; GEOL Gestein *n*, Fels *m*; **~ wulkaniczna** Vulkangestein *n*; **~ podwodna** Klippe *f*, Riff *n*
skamie|liny F/PL (*gen* -), **~niałości** *f/pl* (*gen -i*) GEOL Fossilien *n/pl*, Versteinerungen *f/pl*
skamieniały GEOL versteinert, fossil; **stał ~** er stand wie versteinert
skaml|ać, **~eć** (*-ę*) *pies* winseln; *umg fig* betteln
skanalizować PF → kanalizować
skandal M (*-u*; *-e*; *gen -i od -ów*) Skandal *m*; **znany ze ~i** skandalumwittert; **~iczny** skandalös, sträflich
skandować (*-uję*) skandieren
skandynawski skandinavisch
skaner M (*-a*; *-y*) EDV Scanner *m*
skanować ⟨**ze-**⟩ (*-uję*) EDV scannen
skansen M (*-u*; *-y*) Freilichtmuseum *n*
skapcanieć PF → kapcanieć
skapitulować PF → kapitulować
skapnąć PF → skapywać
skapować PF → kapować
skaptować PF → kaptować
skapywać (*3. Pers -uje*) ⟨**-nąć**⟩ (*-nie*) heruntertropfen, herunterfließen
skarabeusz M (*-a*; *-e*; *gen -y od -ów*) ZOOL Skarabäus *m*
skarb M (*-u*; *-y*) Schatz *m*; **~ państwa** FIN Fiskus *m*, Staatskasse *f*; **~ie!** Schatz!; **za żadne ~y** um nichts in der Welt
skarb|iec M (*-bca*; *-bce*) Schatzkammer *f*; **~iec bankowy** Tresor *m*; **~iec koronny** Kronjuwelen *n/pl*; **~nica** F (*-y*; *-e*) Schatzkammer *f*; **~nica wiedzy** Wissensschatz *m*; **~nica doświadczeń** Erfahrungsschatz *m*
skarbn|iczka F (*-i*; *gen -czek*) Kassenwartin *f*, Schatzmeisterin *f*; **~ik** M (*-a*; *-cy*) Kassenwart *m*, Schatzmeister *m* (*a.* HIST)
skarbo|nka F (*-i*; *gen -nek*) Sparbüchse *f*; *na cele charytatywne* Sammelbüchse *f*; **~wość** F (*-ści*; *bpl*) Finanzverwaltung *f*, Staatsfinanzen *pl*
skarbo|wy Finanz-; **urząd** *m* **~wy** Finanzamt *n*; **opłata** *f* **~wa** Stempelsteuer *f*; **znaczek** *m* **~wy** Stempelmarke *f*
skarcić PF → karcić
skar|ga F (*-i*) Klage *f* (*a.* JUR); **~ga na** (*akk*) Beschwerde *f* über (*akk*); **pójść** *pf* **na ~gę** sich beschweren; **wnieść** *pf* **~gę** JUR Klage einreichen (**przeciw** *dat* gegen *akk*); **złożyć** *pf* **~gę** eine Beschwerde einreichen
skarlały *fig* verkümmert
skarłowaciały *drzewo* zwergwüchsig, verkümmert
skarłowacieć PF → karłowacieć
skarpa F (*-y*) Böschung *f*
skarpet|a F (*-y*), **~ka** *f* (*-i*; *gen -tek*) Socke *f*
skarykaturować PF → karykaturować
skarżyć ⟨**na-**⟩ (*-ę*) *umg* petzen; **~ na k-o** j-n verpetzen; ⟨**za-**⟩ JUR verklagen (**o** *akk* wegen *gen*); **skarżyć się** klagen (**na** *akk* über *akk*); **skarżyć się na ból serca** über Herzschmerzen klagen; **skarżyć się na k-o** sich über j-n beklagen *od* beschweren
skarżypyta M *od f* (*-y*) *umg* Petzer *m*, Petze *f*
skasować PF → kasować
skatalogować PF → katalogować
skatować PF → katować
skauting M (*-u*; *bpl*) Pfadfinderbewegung *f*
ska|za F (*-y*) (*wada*) Macke *f*, Fehler *m*; *fig* Makel *m*; **~za białkowa** MED Eiweißunverträglichkeit *f*; **bez ~zy** *fig* mackellos; **~za na honorze** Schandfleck *m*
skazać PF → skazywać
skazanie N (*-a*): **~ na śmierć** JUR Todesurteil *n*
skazaniec M (*-ńca*; *-ńcy*) (zum Tode) Verurteilte(r) *m*
skazany[1] JUR verurteilt (**na** *akk* zu *dat*) (*a. fig*); **~ na porażkę** zum Scheitern verurteilt; **~ na samego siebie** auf sich selbst angewiesen
skaza|ny[2] M (*-ego*; *-i*), **~na** F (*-ej*; *-e*) JUR Angeklagte(r) *m*, *f*, Verurteilte(r) *m*, *f*; **~ny na śmierć** zum Tode Verurteilte(r) *m*
skazić PF → skażać
skazywać (*-uję*) ⟨**skazać**⟩ (*skażę*) JUR

verurteilen (**na** *akk* zu *dat*) (*a. fig*); **~ na karę śmierci** JUR zum Tode verurteilen; **~ na dożywocie** JUR zu lebenslänglicher Haft verurteilen

skażać (*-am*) ⟨**skazić**⟩ (*-żę*) verseuchen

skaż|enie N (*-a*) Verseuchung *f*; **~enie radioaktywne** radioaktive Verseuchung *f*; **~ony** verseucht

skąd ADV woher; (**ależ**) **~!** ach, woher!; **~ jesteś?** woher kommst du?; **~inąd** *partikel* übrigens, nebenbei gemerkt; anderswoher; **~kolwiek** ADV woher auch immer; gleich(gültig) woher

skądś irgendwoher

skądże ADV woher denn; (**ależ**) **~!** ach, woher!

skąpany: **~ w słońcu** sonnendurchflutet

skąpić (*-ię*) sparen, geizen (**na** *akk* mit *dat*); **~ sobie** (*gen*) sich nicht gönnen (*akk*); **~** (*gen*) *fig* geizen mit (*dat*); **nie ~ pochwał** nicht mit Lob geizen

skąpi|ec M (*-pca; -pcy*) *pej* Geizhals *m*; **~radło** N (*-a; gen -deł*) *umg pej* Knauser *m*

skąpo ADV → skąpy

skąpstwo N (*-a; bpl*) *pej* Geiz *m*

skąpy (**-po**) *pej* geizig; *informacje, oświetlenie* spärlich; *ubranie* knapp; **~ w słowach** wortkarg

skiba F (*-y*) (Erd)Scholle *f*

skierować PF → kierować

skierowanie N (*-a*) *do lekarza* Überweisung *f*; Überweisungsschein *m*; *do szpitala* Einweisung *f*

skin M (*-a; -i*) Skinhead *m*

skinąć PF (*-nę, -ń!*): **~ na k-o** j-n herbeiwinken, j-m ein Zeichen geben; **~ głową** nicken

skinienie N (*-a*): **~ ręki** Handzeichen *n*, Wink *m*; **~ głowy** Kopfnicken *n*; **być gotowym na każde ~** *pej* devot sein

skipass M (*-a;-y,-ów*) Skipass*m*

skisły KULIN schlecht (geworden)

skisnąć PF → kisnąć

skląć PF (*sklnę*): **~ k-o** j-n beschimpfen

sklecić PF → klecić

sklejać (*-am*) ⟨**-ić**⟩ (*-ję*) zusammenkleben; *drewno* verleimen; *tusz* verkleben

sklejka F (*-i; gen -jek*) Sperrholz *n*

sklep M (*-u; -y*) Geschäft *n*, Laden *m*; **~ spożywczy** Lebensmittelgeschäft *n*, Supermarkt *m*; **~ obuwniczy** Schuhladen *m*, Schuhgeschäft *n*

sklepienie N (*-a*) Gewölbe *n*; **~ czaszki** ANAT Schädeldach *n*, Schädeldecke *f*; **~ niebieskie** *lit* Firmament *n*

sklepika|rz M (*-a; -e*), **~rka** F (*-i; gen -rek*) Krämer(in) *m(f)*

sklepio|ny ARCH gewölbt; **wysoko ~ne czoło** hohe Stirn *f*

sklepowa F (*-ej; -e*) *umg* Verkäuferin *f*

skle|powy Laden-; **~rotyczny** MED sklerotisch; **~roza** F (*-y; bpl*) MED Sklerose *f*

sklonować PF → klonować

skła|d M (*-u; -y*) Zusammensetzung *f* (*a.* CHEM); *amunicji, węgla* Lager *n*; TYPO Satz *m*; KULIN Zutaten *pl*; **~d drużyny** SPORT Aufstellung *f*; **~d komisji** Komissionsmitglieder *pl*; **~d rządu** Kabinett *n*; **~d żywności** Speicher *m*; **wchodzić w ~d** (*gen*) bilden (*akk*); **w pełnym ~dzie** vollzählig; **(nie) mieć na ~dzie** (nicht) auf Lager haben

składacz M (*-a; -e*) TYPO Setzer *m*

składać (*-am*) ⟨**złożyć**⟩ (*-ę*) *serwetkę* zusammenlegen, zusammenfalten; *ubranie* zusammenlegen; *leżak, parasol* zusammenklappen; *namiot* abbauen; (*zestawiać*) zusammensetzen; (*montować*) zusammenbauen; *wieniec, urząd* niederlegen; *przysięgę* leisten, ablegen; *egzamin* ablegen; *podpis* setzen; *wizytę* abstatten; *podanie* einreichen; *sprawozdanie* erstatten; *oświadczenie* abgeben; *zeznanie* machen; *zastaw* hinterlegen; *kondolencje* aussprechen; *ofiarę* bringen; TYPO setzen; **~ życzenia k-u** j-n beglückwünschen; **~ broń** die Waffen strecken; **~ do grobu** beisetzen; **~ ikrę** ZOOL laichen; **~ jaja** ZOOL Eier legen; **składać pieniądze** Geld sparen, Geld zurücklegen (**na** *akk* für *akk*); **~ się z** (*gen*) bestehen, sich zusammensetzen aus (*dat*); **~ się na** (*akk*) bilden (*akk*); (*dać składkę*) zusammenlegen (für *akk*), beisteuern (zu *dat*); **~ się na całość** das Ganze bilden; **~ się do strzału** MIL anlegen; **tak się złożyło** es hat sich so ergeben; **dobrze się składa, że …** es trifft sich gut, dass …

składanka F (*-i; gen -nek*) MUS zusammengestelltes (Konzert)Programm *n*, bunter Abend *m*

składankowy: **album** *m* **~** MUS Sampler *m*

składa|k M (*-a; -i*) (*kajak*) Faltboot *n*; (*rower*) Klapprad *n*; (*komputer*) *umg* selbst zusammengebauter Computer *m*; **~ny** zusammenklappbar; *krzesło, nóż* Klapp-

składka F (*-i; gen -dek*) (*zbiórka*) Sammelaktion *f*; (*pieniądze*) Spende *f*; (Hilfs)Fonds *m*; **~ członkowska** Mitgliedsbeitrag *m*; **~ ubezpieczeniowa** Krankenversicherungsbeitrag *m*; **~ na fundusz emerytalny** Rentenversicherungsbeitrag *m*

składni|a F (*-i; bpl*) JĘZ Syntax *f*; **~ca** F (*-y; -e*) Lager(haus) *n*

składni|k M (*-a; -i*) Bestandteil *m*, Komponente *f*; MAT Summand *m*; **~owy (-wo)** JĘZ syntaktisch

składny *akcja* geschickt, gut organisiert; *wypowiedź, informacja* klar; *mowa* gewandt

składować (*-uję*) lagern

składowe N (*-ego; bpl*) Lagergebühr *f*

składowisko N (*-a*) Lagerplatz *m*; **~ odpadów** Mülldeponie *f*; **~ złomu** Schrottplatz *m*; **~ odpadów radioaktywnych** Atommülllager *m*

składo|wy: **część** *f* **~wa** Bestandteil *m*

skłamać PF → kłamać

skłaniać (*-am*) ⟨**skłonić**⟩ (*-ię*) *głowę* neigen; **~ do** (*gen*) *okoliczności, fakty* veranlassen zu (*dat*); **~ k-o do** (*gen*) j-n bewegen, j-n bringen zu (*dat*); **co cię do tego skłoniło?** was hat dich dazu veranlasst?; **~ się** sich verbeugen, sich verneigen; **skłaniać się do** (*gen*) neigen zu (*dat*), geneigt sein zu (+ *inf*); **skłaniać się do pierwszej propozycji** zum ersten Vorschlag neigen, geneigt sein, den ersten Vorschlag anzunehmen; **dzień skłaniał się ku końcowi** *lit* der Tag ging zur Neige; **słońce skłaniało się ku zachodowi** *lit* die Sonne sank

skłon M (*-u; -y*) (Rumpf)Beuge *f*

skłonić PF → skłaniać

skłonno|ść F (*-ści*) (*upodobanie*) Hang *m*, Neigung *f* (**do** *gen* zu *dat*); **~ść wrodzona** Veranlagung *f*; MED Anfälligkeit *f*; Veranlagung *f*; **~ść do przeziębień** Anfälligkeit *f* für Erkältungen; **~ść do tycia** Veranlagung *f* zur Fettsucht; **~ści** *pl* Vorlieben *pl*; Fähigkeiten *pl*

skłonny MED anfällig (**do** *gen* für *akk*); **być ~m** (+ *inf*) geneigt sein zu (+ *inf*); bereit sein zu (+ *inf*); **~ do kompromisu** kompromissbereit; **~ do gniewu** jähzornig; **~ do poświęceń** aufopferungsbereit

skłócać (*-am*) ⟨**-ić**⟩ (*-ę*) entzweien, gegeneinander aufbringen

skłócony (*persf -eni*) zerstritten

skner|a M *od f* (*-y*) *pej* Geizkragen *m*, Geizhals *m*; **~stwo** N (*-a; bpl*) *pej* Geiz *m*

sknocić PF → knocić

skobel M (*-bla; -ble, -bli*) Haspe *f*

skoczek M (*-czka; -czkowie*) *narciarski* (Ski)Springer *m*; *spadochronowy* (Fallschirm)Springer *m*; *w cyrku* Akrobat *m*; **~ w dal** (Weit)Springer *m*; **~ wzwyż** (Hoch)Springer *m*; PL *-czki*) *w szachach* Springer *m*

skocz|nia F (*-i; -e*) Sprungschanze *f*; **~ny** *melodia, taniec* lebhaft

skoczyć PF: **~ na równe nogi** aufspringen, hochschnellen; **skocz po gazetę!** *umg* hol mal eine Zeitung!; **skoczyłby za nią w ogień** er würde für sie durchs Feuer gehen; → skakać

skodyfikować PF → kodyfikować

skojarzeni|e N (*-a*) Assoziation *f*; **~owy** assoziativ

skojarzyć PF → kojarzyć

skok M (*-u; -i*) Sprung *m*; **~ na bank** *umg* Banküberfall *m*; **~i** *pl* Schwankungen *pl*; **~ w dal** SPORT Weitsprung *m*; **~ wzwyż** SPORT Hochsprung *m*; **~ o tyczce** SPORT Stabhochsprung *m*; **~i** *pl* **narciarskie** SPORT Skispringen *n*; **~i** *pl* **cen** Preisschwankungen *pl*; **~i temperatury** Temperaturschwankungen *pl*; **jednym ~iem** mit einem Satz; **~ w bok** *umg* Seitensprung *m*

skoko|wy: **staw** *m* **~wy** ANAT Sprunggelenk *n*; **pojemność** *f* **~wa** AUTO Hubraum *m*

skoligacony (*persf -eni*) verschwägert

skolonizować PF → kolonizować

skołatany *osoba* geplagt, arg mitgenommen; *nerwy* zerrüttet

skołowacieć PF → kołowacieć

skołować (*-uję*) *umg* (illegal) besorgen, auftreiben

skołowany *osoba umg* (völlig) durcheinander

skombinować (*-uję*) *umg* → skołować

skomentować PF → komentować

skoml|eć, ~ić (*3. Pers -e, -lij!*) *pies* winseln; *umg* betteln

skomplementować PF → komplementować

skomplikować PF → komplikować

skomplikowany kompliziert

S

skomponować PF → komponować
skompromitować PF → kompromitować
skompromitowany kompromittiert
skomputeryzować PF → komputeryzować
skonać PF (*-am*) sterben
skonany *umg* todmüde
skoncentrować PF → koncentrować
skoncentrowany konzentriert
skonsternowany verwirrt, verlegen
skondensowa|ny komprimiert; **mleko** *n* **~ne** Kondensmilch *f*
skonfigurować PF → konfigurować
skonfiskować PF → konfiskować
skonfrontować PF → konfrontować
skonkretyzować PF → konkretyzować
skonstatować PF → konstatować
skonfigurować PF → konfigurować
skonstruować PF → konstruować
skonsultować PF → konsultować
skonsumować PF → konsumować
skontaktować PF → kontaktować
skontrolować PF → kontrolować
skontrować PF → kontrować
skończo|ny beendet, fertig; (*doskonały*) vollkommen; **~ny dureń** *m* Vollidiot *m*; **między nami wszystko ~ne** es ist aus mit uns
skończyć PF → kończyć
skoordynować PF → koordynować
skopać PF (*-ię*) *ogródek* umgraben; **~ k-o** *umg* j-n treten
skopiować PF → kopiować
skorek M (*-rka; -rki*) ZOOL Ohrwurm *m*
skoro *konj* wenn; **~ świt** in aller Frühe
skorodować PF → korodować
skoro|szyt M (*-u; -y*) Schnellhefter *m*; **~widz** M (*-a; -e*) Verzeichnis *n*, Index *m*; **~widz rzeczowy** Sachregister *n*
skorpion M (*-a; -y*) ZOOL Skorpion *m*; ♏ ASTRON Skorpion *m*; **jestem spod znaku ♏a** ASTRON ich bin Skorpion
skorumpować PF → korumpować
skorumpowany korrumpiert
skoru|pa F (*-y*) *jaja, orzecha* Schale *f*; *raka, żółwia* Panzer *m*; (*powłoka*) harte Kruste *f*; **~pa ziemska** Erdrinde *f*, Erdkruste *f*; **~pa ślimaka** Schneckenhaus *n*; **~py** *pl* Scherben *pl*
skorupiaki M/PL (*gen -ów*) ZOOL Krustentiere *n/pl*, Krebstiere *n/pl*
skorupka F (*-i; gen -pek*) *dim*: **~ jajka** Eierschale *f*; **~ ślimaka** Schneckenhaus *n*
skory (*persf -rzy*): **~ do pomocy** hilfsbereit; **~ do kłótni** zanksüchtig; **być ~m do śmiechu** gerne lachen
skorygować PF → korygować
skorzy *persf* → skory
skorzystać PF → korzystać
skos: **na ~** *od* **w ~** schräg über, quer durch
skosić PF → kosić
skostniały (*persf -li*) (*sztywny*) steif, starr; *fig* erstarrt; MED verknöchert; **~ z zimna** starr vor Kälte
skostnieć PF → kostnieć
skostnienie N (*-a*) MED Verknöcherung *f*; *fig* Erstarrung *f*
skosztować PF → kosztować
skoś|ny schräg; **~ne oczy** *pl* Schlitzaugen *pl*
skowron|ek M (*-nka; -nki*) Lerche *f*; **cały w ~kach** freudestrahlend
skowyczeć (*3. Pers -y*) *pies* jaulen, winseln
skowyt M (*-u; -y*) Jaulen *n*, Winseln *n*
skó|ra F (*-y; lok -rze*) Haut *f*; *wyprawiona* Leder *n*; **mieć gładką ~rę** glatte Haut haben; **ze ~ry** Leder-; **dać** *pf* **w ~rę k-u** j-n verprügeln; **~ra i kości** *fig* Haut und Knochen; **dobrać się** *pf* **do ~ry k-u** j-m auf die Pelle rücken; **nie chciałbym być w jego skórze** ich möchte nicht in seiner Haut stecken
skór|ka F (*-i; gen -rek*) *cytryny, banana* Schale *f*; *kiełbasy* Pelle *f*; **~ka chleba** Brotrinde *f*; **~ka przy paznokciach** Nagelhaut *f*; **gęsia ~ka** *fig* Gänsehaut *f*; **obierać ze ~ki** schälen; **~kowy** Leder-; **~ny** Haut-
skóropodobny aus Kunstleder
skórza|ny Leder-, ledern; **~sty** lederartig
skracać (*-am*) ⟨**skrócić**⟩ (*-ę*) *ubranie* kürzen (lassen); *artykuł* kürzen; *sznur* (ver)kürzen; *czas pracy, urlop* verkürzen; *drogę* abkürzen, verkürzen; **~ sobie czas** (*inst*) sich die Zeit verkürzen (mit *dat*); **~ ułamek** MAT einen Bruch kürzen; **~ się** *w praniu* kürzer werden; *czas pracy* sich verkürzen; **skracaj się!** *umg* fass dich kurz!
skradać się (*-am*) sich heranschleichen (**do** *gen* an *akk*)
skradziony gestohlen
skraj M (*-u; -e*) *miasta, lasu* Rand *m*; **na ~u**

S

am Rande (*a. fig*); **~ność** F (*-ści*) Extrem *n*; **~ny** extrem (*a.* POL)

skrapiać (*-am*): **~ wodą** mit Wasser besprengen

skraplać (*-am*) ⟨**skroplić**⟩ (*-ę*) CHEM kondensieren; **~ się** *v/i* kondensieren

skrawać (*-am*) ⟨**skroić**⟩ (*skroję*) wegschneiden; **skrawać** TECH spanen

skraw|ek M (*-wka; -wki*) (*skraj*) Stück *n*; **~ki** *m/pl* **papieru** Papierschnipsel *m/pl od n/pl*; **~ki** *m/pl* **materiału** Stoffreste *m/pl*; **~ek ziemi** ein Stück Land

skreślać (*-am*) ⟨**-ić**⟩ (*-ę*) (*wykluczyć*) streichen; **~ z listy** von der Liste streichen; **skreślić** *pf* **parę słów** ein paar Worte schreiben

skręcać (*-am*) ⟨**-ić**⟩ (*-ę*) *kabel, sznurek* zusammenrollen, zusammenwickeln; *nogę* verstauchen; *papierosa* drehen; (*montować*) zusammenschrauben; V/I *pojazd* abbiegen, einbiegen; *droga, rzeka* e-e Biegung machen; **~ w lewo** nach links abbiegen; **~ za rogiem** um die Ecke biegen; **~ kark** *umg* sich den Hals brechen; **~ się** *kabel, sznur* sich zusammenrollen; **skręcać się ze śmiechu** *umg* sich vor Lachen biegen, *umg* sich totlachen; **skręcać się z bólu** sich vor Schmerzen winden; **skręcać się z zazdrości** *umg* vor Neid platzen

skręcenie N (*-a*) MED Verstauchung *f*

skręcić PF → skręcać

skrępować PF → krępować

skrępowa|nie N (*-a; bpl*) Verlegenheit *f*, Befangenheit *f*; (*ograniczenie*) Einschränkung *f*; **bez ~nia** unbefangen, direkt

skrępowany *nogi, ręce* gefesselt; *fig* verlegen, befangen; **~** (*inst*) (*ograniczony*) eingeschränkt durch (*akk*), gebunden an (*akk*); **nie ~ dostęp** *m* uneingeschränkter Zugang *m* (**do** *gen* zu *dat*)

skręt[1] M (*-u; -y*) *tułowia* Drehung *f*; *rzeki, drogi* Biegung *f*, Windung *f*; *włosów* Locke *f*; FIZ Drall *m*; **~ kiszek** MED *umg* Darmverschlingung *f*; **wykonać** *pf* **~ w prawo** AUTO nach rechts abbiegen

skręt[2] (*-a; -y*) *umg* selbstgedrehte Zigarette *f*, Selbstgedrehte *f*

skrobaczka F (*-i; gen -czek*) *do warzyw* Schäler *m*; *do szyb* Kratzer *m*

skrobać (*-ię*) ⟨**-nąć**⟩ (*-nę*) kratzen; **skrobać** *warzywa* schälen; *rybę* abschuppen; **skrobać** (*pisać*) *umg* kritzeln; **~ się** sich kratzen; **skrobać marchewki k-u** *umg fig* j-m auf den Fersen sein

skrobanka F (*-i; gen -nek*) *pop* MED Abtreibung *f*

skrobi|a F (*-i; bpl*) BIOL, CHEM Stärke *f*; **~owy** Stärke-

skrobnąć PF → skrobać

skroić PF: **~ cały chleb** das ganze Brot schneiden; **~ resztę sera** den Rest Käse schneiden; → skrawać

skrojony *materiał* geschnitten; **~ na miarę** maßgeschneidert

skromnisia F (*-i; -e*) *umg pej* Zimperliese *f*

skrom|ność F (*-ści; bpl*) Bescheidenheit *f*; Schlichtheit *f*; **~ny** *osoba, mieszkanie, dochody* bescheiden; (*niewyszukany*) schlicht, einfach

skroń F (*-ni; -nie, inst -ńmi*) Schläfe *f*

skropić PF → skrapiać

skroplić PF → skraplać

skroplony kondensiert, Flüssig-

skrócić PF → skracać

skróco|ny gekürzt; **wersja** *f* **~na** Kurzfassung *f*

skró|t M (*-u; -y*) *nazwy* Abkürzung *f*; *tekstu* Kurzfassung *f*; (*droga*) Abkürzung *f*; **w ~cie** *adv* kurz, zusammengefasst; **w telegraficznym ~cie** im Telegrammstil; **iść na ~ty** e-e Abkürzung nehmen

skróto|wiec M (*-wca; -wce*) JĘZ Abkürzung *f*; **~wy (-wo)** kurzgefasst, knapp

skru|cha F (*-y; bpl*) Reue *f*; **ze ~chą** reuig, mit Reue

skrupiać się (*3. Pers -a*) ⟨**-ić się**⟩ (*-i*): **wszystko skrupiło się na mnie** *umg* ich musste alles ausbaden; **jego gniew skrupia się na dzieciach** *umg* seinen Ärger reagiert er an den Kindern ab

skrupu|latny *osoba* sorgfältig, genau; *badania* gründlich, genau; **~ły** M/PL (*gen -ów*) Skrupel *m/pl*, Bedenken *n/pl*; **bez ~łów** ohne Skrupel, skrupellos

skruszeć PF → kruszeć

skruszony *osoba* reumütig; zerknirscht; *mina* reuig, reuevoll

skruszyć (*-ę*) *skałę, opór* brechen; *serce, osobę* erweichen; **~ się** *skała, mur* zerbröckeln; *osoba* Reue empfinden, Reue zeigen

skrutacyj|ny: **komisja** *f* **~na** Wahlausschuss *m*

skrwawiony blutüberströmt

skryci *persf* → skryty

S

skrycie ADV heimlich, insgeheim
skryć PF → skrywać
skrypt M (*-u; -y*) Skript *n*
skrytka F (*-i; gen -tek*) Geheimfach *n*; ~ **pocztowa** Postfach *n*
skrytobójlca M (*-y; gen -ów*) Meuchelmörder *m*; **~stwo** N (*-a*) Meuchelmord *m*
skry|tość F (*-ści; bpl*) Verschlossenheit *f*; **w ~tości ducha** insgeheim, im Innersten; **~ty** (*persf -ci*) *osoba* verschlossen, unzugänglich; (*tajemny*) verborgen, heimlich
skrywać (*-am*) ⟨**skryć**⟩ (*skryję*) verstecken; (*zatajać*) verheimlichen, verbergen; ~ **się** sich verstecken
skrzat M (*-a; -y*) (*krasnal*) Zwerg *m*; (*dziecko*) *umg* Knirps *m*
skrzeczeć (*-ę, -y*) *żaba* quaken; *sroka* krächzen; *osoba* kreischen
skrzek M (*-u; bpl*) ZOOL (Frosch)Laich *m*; (*głos*) Quaken *n*; Krächzen *n*; **~liwy** (**-wie**) *głos* krächzend, kreischend
skrzel|a, **~e** PL (*-i*) Kiemen *pl*
skrzep M (*-u; -y*) MED *umg* Blutpfropf *m*
skrzepnąć PF → krzepnąć
skrzep|nięty, **~ły** *krew* geronnen; *błoto* fest (geworden)
skrzętny emsig, fleißig
skrzyć się (*3. Pers -y*) funkeln, glitzern
skrzydeł|ko N (*-a; gen -łek*) *dim* Flügel *m*; TYPO Klappe *f*; **tekst** *m* **na ~ku** TYPO Klappentext *m*
skrzydlaty geflügelt
skrzyd|ło N (*-a; gen -deł*) ZOOL, POL Flügel *m*; LOT Tragflügel *m*; MIL Flanke *f*; SPORT Außenposition *f*; **~ło domu** Hausflügel *m*; **~ła** *pl* **drzwi** Türflügel *pl*; **biec jak na ~łach** schnell und frohgemut laufen; **dodać** *pf* **k-u ~eł** j-n beflügeln
skrzydłowy[1] ZOOL Flügel-; SPORT Außen-; MIL Flanken-
skrzydłowy[2] M (*-ego; -wi*) SPORT Außenstürmer *m*
skrzykiwać (*-uję*) ⟨**-nąć**⟩ (*-nę*) zusammenrufen, zusammenkommen lassen; ~ **się** sich zusammentun
skrzynia F (*-i; -e*) Kiste *f*, Kasten *m*; (*kufer*) Truhe *f*; SPORT Bock *m*; ~ **biegów** AUTO Gangschaltung *f*
skrzynka F (*-i; gen -nek*) Kasten *m*; ~ **pocztowa** Briefkasten *m*; ~ **na kwiaty** Blumenkasten *m*; ~ **poczty elektronicznej** Mailbox *f*; ~ **z narzędziami** Werkzeugkasten *m*; **czarna** ~ LOT Blackbox *f*
skrzyp M (*-u; -y*) BOT Schachtelhalm *m*;
skrzyp|aczka F (*-i; gen -czek*) Geigenspielerin *f*; **~ce** PL (*gen -piec*) Geige *f*; **~cowy** Geigen-; **~ek** M (*-pka; -pkowie*) Geigenspieler *m*
skrzypieć (*3. Pers -i*) ⟨**-nąć**⟩ (*-nę*) *łóżko, drzwi* quietschen; *podłoga* knarren; *śnieg* knirschen
skrzywdzeni *persf* → skrzywdzony
skrzywdzić PF → krzywdzić
skrzywdzony (*persf -eni*) ungerecht behandelt; ~ **przez los** vom Schicksal geschlagen
skrzywić PF → krzywić
skrzywi|enie N (*-a*) Verbiegung *f*, Krümmung *f*; (*grymas*) Grimasse *f*; **~enie kręgosłupa** MED Rückgratverkrümmung *f*; **~enie psychiczne** abnorme psychische Entwicklung *f*; **to u niego ~enie zawodowe** *umg* sein Beruf färbt ganz schön auf ihn ab; **~ony** verbogen, gekrümmt; *mina* unzufrieden; *usta* verzogen
skrzyżować PF → krzyżować
skrzyżowa|nie N (*-a*) Kreuzung *f* (*a.* BIOL); **na ~niu** an der Kreuzung
skubać (*-ię*) ⟨**-nąć**⟩ (*-nę*) *wąsy, trawę* zupfen; **skubać kurę** ein Huhn rupfen; **skubać sobie brwi** sich die Augenbrauen zupfen; ~ **jedzenie** *umg* im Essen herumstochern
skuć PF → skuwać
skudłacić PF → kudłacić
skulić PF → kulić
skumać się PF → kumać się
skunks M (*-a; -y*) ZOOL Skunk *m*
skup M (*-u; -y*) AGR Aufkauf *m*; Großmarkt *m*; ~ **butelek** Pfandflaschenrücknahme *f*
skupiać (*-am*) ⟨**skupić**[1]⟩ (*-ię*) *osoby* versammeln; *władzę* konzentrieren; ~ **się** sich versammeln, sich konzentrieren; (*koncentrować się*) sich konzentrieren (**na** *lok* auf *akk*)
skupić[2] PF → skupować
skupieni *persf* → skupiony
skupie|nie N (*-a*) Konzentration *f*; **stan** *m* **~ia** FIZ Aggregatzustand *m*; **w ~niu** aufmerksam; besonnen
skupi|ony (*persf -eni*) *osoby, uwaga* konzentriert; (*zwarty*) dicht; *siły* konzentriert, geballt; **~sko** N (*-a*) Anhäufung *f*, Ansammlung *f*; *fig* Sammelbecken *n*, Zentrum *n*
skupować (*-uję*) ⟨**skupić**[2]⟩ (*-ię*) auf-

S

kaufen, abnehmen
skurcz M (-u; -e): **~ mięśni** Muskelkrampf *m*; **~e** *pl* **porodowe** Wehen *pl*
skurczyć PF → kurczyć
skur|czybyk M (-a; -i) *pop* Mistkerl *m*, Schuft *m*; **~wysyn** M (-a; -y) *vulg* Arschloch *n*, Hurensohn *m*
skusić PF (*skuszę*) verleiten, verführen (**do** *gen* zu *dat*); **~ się** sich verführen lassen (**na** *akk* zu *dat*); **skuszę się na ciastko** ich gönne mir ein Stück Kuchen; **co cię skusiło?** *umg* was ist denn in dich gefahren?
skusić PF → kusić
skutecz|ność F (-ści; bpl) Wirksamkeit *f*, Effektivität *f*; **~ny** wirksam, effektiv
skut|ek M (-tku; -tki) (*konsekwencja*) Folge *f*, Auswirkung *f*, Konsequenz *f*; (*wynik*) Ergebnis *n*; **~ek uboczny** Nebenwirkung *f*; **~ek odwrotny od zamierzonego** umgekehrte Wirkung *f*; **~ek prawny** JUR Rechtsfolge *f*; **nie odnieść** *pf* **~ku** keinen Erfolg zeigen, keine Wirkung zeigen; **bez ~ku** erfolglos, ohne Erfolg; (**aż**) **do ~ku** bis zum gewünschtem Ergebnis; **na ~ek** (*gen*) infolge (*gen*)
skuter M (-a; -y) (Motor)Roller *m*
skutkować ⟨**po-**⟩ (-*uję*) wirken, wirksam sein
skutko|wy: **zdanie** *n* **~we** JĘZ Kosekutivsatz *m*
skuty: **~ lodem** zugefroren
skuwać (-*am*) ⟨**skuć**⟩ (-*uję*) *elementy* zusammenschmieden; **~ kajdankami k-o** j-m Handschellen anlegen; **~ łańcuchem** *od* **kajdanami k-o** j-n in Ketten legen
skuwka F (-i; gen -wek) *do pióra* Feder *f*
skwapliwy (**-wie**) eilfertig, eifrig
skwar M (-u; -y) brütende Hitze *f*, sengende Hitze *f*
skwarki M/PL (*gen* -ków) *od* *f/pl* (*gen* -rek) ausgelassener Speck *m*, Grieben *pl*
skwarny (**-nie** *od* **-no**) *dzień* brütend heiß, drückend heiß
skwasić się (3. *Pers* -i) KULIN sauer werden
skwaszony KULIN sauer (geworden); *osoba, mina* missmutig
skwaśnieć PF → kwaśnieć
skwer M (-u; -y) Grünanlage *f*
skwierczeć (3. *Pers* -czy) *tłuszcz* brutzeln, zischen
Skwierzyna F (-y; bpl) Schwerin *n*
skwitować PF → kwitować
slajdy M/PL (*gen* -ów) Dias *n/pl*
slalom M (-u; -y) SPORT Slalom *m*; **~ gigant** Riesenslalom *m*
slang M (-u; -i) JĘZ Jargon *m*, Slang *m*; **~ młodzieżowy** Jugendsprache *f*
slawist|a M (-y; -ści), **~ka** F (-i; gen -tek) Slawist(in) *m(f)*
slawistyka F (-i; bpl) Slawistik *f*
slipy PL (*gen* -ów) Slip *m*; **~ kąpielowe** Badehose *f*
slogan M (-u; -y) *pej* Floskel *f*, Phrase *f*; (*hasło*) Slogan *m*; **~ wyborczy** Wahlspruch *m*, Wahlslogan *m*; **~ reklamowy** Werbespruch *m*, Werbeslogan *m*; **~owy** *pej* floskelhaft
slams|y PL (*gen* -ów) Slums *pl*; **dzielnica** *f* **~ów** Elendsviertel *n*
słabeusz M (-a; -e) *umg* Schwächling *m*; (*uczeń*) schlechter Schüler *m*
słabiej ADV *komp* schwächer
słabiu|sieńki (**-ko**), **~tki** (**-ko**) *dim* ganz schwach
słabiz|na F (-y) *umg* (*film*) schlechter Film *m*; **~ny** *pl* *w tekście* schwache Stellen *pl*
słabnąć ⟨**o-**⟩ (-*nę, słabł od słabnął*) *osoba* schwächer werden, seine Kräfte verlieren; *wiatr, ból* nachlassen, schwächer werden; *zainteresowanie, ruch* abnehmen, schwächer werden; *wzrok* schlechter werden
słabo ADV → słaby
słabostka F (-i; gen -tek) *fig* (kleine) Schwäche *f*
słabo|ść F (-ści; bpl) Schwäche *f* (*a. fig*); **mieć ~bość do** (*gen*) eine Schwäche haben für (*akk*); **~wity** schwächlich, kränklich
sła|by (**-bo**) schwach (*a. fig*); (*marny*) schlecht, schwach; *papierosy, mróz* leicht; *kawa* schwach, dünn; **mieć ~bą głowę** *umg* nicht viel Alkohol vertragen; **~bo widzieć** schlecht sehen; **~bo widoczny** schlecht zu sehen; **~bo zaludniony** dünn besiedelt; **~bo mi** mir ist schwindlig
słać[1*] (*ślę*) *lit* schicken, senden
słać[2*] ⟨**po-**⟩ (*ścielę*): **~ łóżko** das Bett machen
słać się (3. *Pers ściele*) *dym, mgła* (niedrig) hängen
słaniać się (-*am*) taumeln, wanken
sła|wa F (-y; bpl) Ruhm *m*, Berühmtheit *f*; (*osoba*) Berühmtheit *f*, *umg* Star *m*; **zdobyć** *pf* **~wę** Ruhm erlangen; **świato-**

wej **~wy** weltberühmt; **~wetny** berüchtigt
sławić (*-ię*) rühmen, preisen
Sławno N (*-a; bpl*) Schlawe *n*
sławny berühmt
słodkawy (-wo) süßlich
słod|ki (-ko) süß (*a. fig*); **~ka woda** *f* Süßwasser *n*; **~ka kapusta** *f* Weißkohl *m*; **~kie mleko** *n* (süße) Milch *f*; **~ka idiotka** *f pej* Tussi *f*; **~kie słówka** *pl* schöne Worte *pl*, Schmeicheleien *pl*; **robić do k-o ~kie oczy** j-m schöne Augen machen
słodko-kwaśny süßsauer
słodko|ści F/PL (*gen -i*) Süßigkeiten *pl*; **~wodny** Süßwasser-
słodo|wy: **piwo** *n* **~we** Malzbier *n*
słodycz F (*-y; bpl*) süßer Geschmack *m*, Süße *f*; *fig* Lieblichkeit *f*, Süße *f*; **~e** *pl* Süßigkeiten *pl*; *ofic* Süßwaren *pl*
słodzić ⟨**po-**⟩ (*-dzę, słódź!*) süßen
słodzik M (*-u od -a; bpl*) Süßstoff *m*
słodziutki (-ko) *dim* zuckersüß; *fig* süß, lieblich
słoiczek M (*-czka; -czki*) *dim* → **słoik**
słoik M (*-a; -i*) (Einweck)Glas *n*, (Einmach)-Glas *n*; **~ dżemu** Marmeladenglas *n*; **~ ogórków** Gurkenglas *n*; **~ musztardy** Senfglas *n*
słoje PL → **słój**
słojowanie N (*-a*) Maserung *f*
sło|ma F (*-y*) Stroh *n*; **kryty ~mą** strohgedeckt
słomia|nka F (*-i; gen -nek*) Strohmatte *f*; **~ny** Stroh-; **~na wdowa** *f umg żart* Strohwitwe *f*; **~ny ogień** *m fig* Strohfeuer *n*
słomk|a F (*-i; gen -mek*) Strohhalm *m*; **~owy** *kapelusz* Stroh-; *kolor* strohgelb
słon|awy (-wo) *smak* leicht salzig; **~eczko** N (*-a; gen -czek*) *umg* Elektroheizung *f*; **moje ~eczko!** mein Sonnenschein!
słonecznik M (*-a; -i*) Sonnenblume *f*; **~owy** *olej, pestki* Sonnenblumen-
słonecz|ny *ciepło, energia, zegar* Sonnen-; *dzień, miejsce* sonnig; **~na pogoda** *f* Sonnenwetter *n*; **udar** *m* **~ny** *od* **porażenie** *n* **~ne** MED Hitzschlag *m*, Sonnenbrand *m*; **Układ** *m* **&ny** ASTRON Sonnensystem *n*
słon|iątko N (*-a; gen -tek*) *dim* Elefantenbaby *n*; **~ik** M (*-a; -i*) ZOOL Elefantenjunge(s) *n*; (*rzecz*) Elefant *m*; **~ica** F (*-y*) Elefantenkuh *f*
słoni|na F (*-y; bpl*) KULIN Speck *m*; **buty** *pl* **na ~nie** Schuhe *pl* mit Kreppsohle
słonio|waty *osoba, chód* schwerfällig, träge; **~wy** Elefanten-; **kość** *f* **~wa** Elfenbein *n*
słonko N (*-a; bpl*) *dim* die liebe Sonne; Sonnenschein *m*; **moje ~!** mein Sonnenschein!
słono ADV → **słony**
słoność F (*-ści; bpl*) Salzgeschmack *m*
słony (-no) salzig; *cena* gesalzen; *dowcip* gepfeffert
słoń M (*-nia; -nie; gen -ni*) Elefant *m*; **~ morski** Seeelefant *m*; **poruszać się jak ~ w składzie porcelany** sich wie ein Elefant im Porzellanladen benehmen; **~ nadepnął mu na ucho** *umg* er hat kein Gehör, er kann nicht singen
słoń|ce N (*-a; bpl*) Sonne *f*; (*promienie*) Sonnenschein *m*; **&ce** ASTRON Sonne *f*; **leżeć na ~cu** in der Sonne liegen; **jasne jak ~ce** sonnenklar; **pod ~ce** gegen die Sonne; **porywać się z motyką na ~ce** mit dem Kopf durch die Wand wollen
Słońsk M (*-a; bpl*) Sonnenburg *n*
słot|a F (*-y*) Regenwetter *n*; Dauerregen *m*; **~ny (-no)** regnerisch
Słowacja F (*-i; bpl*) Slowakei *f*
słowacki (po -ku) slowakisch
Słowenia F (*-i; bpl*) Slowenien *n*
słoweński (po -ku) slowenisch
Słowian|in M (*-a; -anie, -*) Slawe *m*; **~ka** F (*-i; gen -nek*) Slawin *f*
słowiań|ski slawisch; **~szczyzna** F (*-y; bpl*) Slawentum *n*
słowiczy: **~ śpiew** *m* Gesang *m* der Nachtigall
słowik M (*-a; -i*) Nachtigall *f*
słow|nictwo N (*-a; bpl*) Wortschatz *m*; **~nictwo fachowe** Fachbegriffe *pl*, Fachsprache *f*; **~niczek** M (*-czka; -czki*) Sprachführer *m*; Glossar *n*; **~nie** ADV in Worten
słow|nik M (*-a; -i*) Wörterbuch *n*; (*leksykon*) Lexikon *n*; (*słownictwo*) Wortschatz *m*, Vokabular *n*; **~nik polsko-niemiecki** polnisch-deutsches Wörterbuch *n*; **~nik wyrazów obcych** Fremdwörterbuch *n*; **~nik kieszonkowy** Taschenwörterbuch *n*; **~nikowy** Wörterbuch-; **~ny** mündlich, verbal; *dowcip* Wort-; *człowiek* verlässlich, zuverlässig
sło|wo N (*-a; gen słów*) Wort *n*; **~wo**

S

wstępne Vorwort *n*; **~wa** *pl* MUS Text *m*; **~wo w ~wo** Wort für Wort, wortwörtlich; **co do ~wa** wörtlich, wortgetreu; **dojść** *pf* **do ~wa** zu Wort kommen; **w całym tego ~wa znaczeniu** im wahrsten Sinne des Wortes; **ani ~wa** kein Wort; **trzymać za ~wo** beim Wort nehmen; **dotrzymać** *pf* **~wa** sein Wort halten; **liczyć się ze ~wami** s-e Worte abwägen, auf s-e Worte achten; **swoimi ~wami** mit eigenen Worten; **innymi ~wy** mit anderen Worten; **w krótkich ~wach** in knappen Worten; **~wem** mit e-m Wort; **brak mi słów** mir fehlen die Worte; **szkoda słów** es ist nicht der Rede wert

słowotwórstwo N (*-a; bpl*) JĘZ Wortbildung *f*

słód M (*-odu; bpl*) Malz *n*

słój M (*-oja; -oje; gen -oi od -ojów*) (großes) (Einmach)Glas *n*; **słoje** *m/pl* BOT Jahresringe *m/pl*

słów|ko N (*-a; gen -wek*) *dim* Wörtchen *n*; **~ka** *pl* Vokabeln *pl*; **uczyć się ~ek** Vokabeln lernen; **piękne ~ka** *pl* leere Worte *pl*, Lippenbekenntnisse *pl*; **mówić czułe ~ka** Süßholz raspeln

słuch M (*-u; bpl*) Gehör *n* (*a.* MUS); **stracić** *pf* **~** das Gehör verlieren; **wada** *f* **~u** Hörfehler *m*; **ze ~u** MUS nach dem Gehör; **zamienić się** *pf* **w ~** ganz Ohr sein; **~ o nim zaginął** man hört nichts mehr von ihm; **chodzą ~y, że ...** *umg* es gibt Gerüchte, dass ...; **doszły mnie ~y, że ...** *umg* es ist mir zu Ohren gekommen, dass ...; **powiedzieć** *pf* **k-u do ~u k-u** *umg* j-m unverblümt die *od* seine Meinung sagen; **~y** *pl* **zająca** ŁOW Löffel *pl*

słuchacz M (*-a; -e, -y*), **~ka** F (*-i; gen -czek*) (Zu)Hörer(in) *m(f)*; (*student*) Hörer *m*, Student *m*; **~ radiowy** (Radio)Hörer *m*; **wolny ~** Gasthörer *m*

słuchać (*-am*) (*gen*) zuhören (*dat*); **~ uważnie** aufmerksam zuhören; **~ muzyki** Musik hören; **~ radia** Radio hören; **słucham?** bitte?; TEL hallo?; **tak, słucham** ja, bitte; **~ wykładu** e-e Vorlesung besuchen; **~ czyjejś rady** j-s Rat folgen; **~ rozkazów** Befehle befolgen; **nie mogę już ~ jego ciągłej krytyki** ich kann seine ständige Kritik nicht mehr hören; **~ jednym uchem** mit halbem Ohr zuhören; **słucham pana?** was wünschen Sie?; **słuchaj!** *umg* hör mal!; **słucham?!** wie bitte?!; **~ (się) k-o** (*być posłusznym*) j-m gehorchen, auf j-n hören

słuchaw|ka F (*-i; gen -wek*) TEL Hörer *m*; MED Stethoskop *n*; **~ki** *pl* Kopfhörer *pl*; **podnieść** *pf* **~kę** TEL abnehmen; **odłożyć** *pf* **~kę** TEL auflegen

słucho|wisko N (*-a*) Hörspiel *n*; **~wy** Hör-; **aparat** *m* **~wy** MED Hörapparat *m*

sługus M (*-a; -y*) *pej fig* Lakai *m*

słup M (*-a; -y*) Pfeiler *m*; *telefoniczny* Mast *m*; **~ wysokiego napięcia** Strommast *m*; **~ ogłoszeniowy** Litfaßsäule *f*; **graniczny** Grenzpfahl *m*; **~ ognia** Feuersäule *f*; **~ stać jak ~** wie angewurzelt dastehen; **postawić** *pf* **oczy w ~** *umg* Bauklötze staunen; **~ek** M (*-pka; -pki*) Pfosten *m*, Pfahl *m*; *przed wjazdem* Prellstein *m*; (*obcas*) Blockabsatz *m*; BOT Stempel *m*; **~ek rtęci** Quecksilbersäule *f*; **~ek startowy** SPORT Startblock *m*; **~ek kilometrowy** Kilometerstein *m*; **~ki** *pl* Zahlenreihen *pl*

Słupsk M (*-a; bpl*) Stolp *n*

słusznie ADV richtig; zu Recht; **~!** richtig!, genau!; → słuszny

słusz|ność F (*-i; bpl*) Richtigkeit *f*; **mieć ~ność** recht haben, im Recht sein; **nie mieć ~ności** unrecht haben, im Unrecht sein; **~ny** (*właściwy*) richtig; (*uzasadniony*) berechtigt, begründet; nachvollziehbar; (*sprawiedliwy*) gerecht; **~nego wzrostu** *lit* hoch gewachsen

służalczy (-czo) *pej* unterwürfig

służalec M (*-lca; -lcy*) *pej fig* Lakai *m*

służą|ca F (*-ej; -e*) Dienstmädchen *n*; **~cy** M (*-ego; -y*) (Haus)Diener *m*

służ|ba F (*-y*) Dienst *m*; (*służący*) Bedienstete *pl*; **(zasadnicza) ~ba wojskowa** Wehrdienst *m*; **zastępcza ~ba wojskowa** Zivildienst *m*; **~ba zdrowia** Gesundheitswesen *n*; Beschäftigte *pl* im Gesundheitswesen; **pełniący ~bę** Dienst habend; **na ~bie** im Dienst; **~ba drogowa** Straßendienst *m*; **~ba holownicza** Abschleppdienst *m*; **zdolny do ~by** MIL diensttauglich; **w ~bie idei** im Dienst einer Idee; **~by** *pl* **specjalne** Geheimdienst *m*; **~by** *pl* **porządkowe** Sicherheitsdienst *m*; Sicherheitskontrolle *f*

służbist|a M (*-y; -ści*), **~ka** F (*-i; gen -tek*) *pej* (*urzędnik*) Bürokrat(in) *m(f)*, Pedant(in) *m(f)*

służbo|wo ADV dienstlich; **~wy** *podróż, samochód, tajemnica* Dienst-; **na drodze**

~wej auf dem Dienstweg
służbówka F (*-i; gen -wek*) Dienstraum *m*
służyć (*-ę*) (*dat*) dienen, dienlich sein (*dat*); *pies* Männchen machen; **~ do** (*gen*) dienen, gebraucht werden zu (*dat*); **~ za** (*akk*) dienen, genutzt werden als (*nom*); **~ w wojsku** Wehrdienst leisten; **~ do mszy** REL ministrieren; **powietrze morskie bardzo mi służy** die Meeresluft tut mir gut; **mocna kawa mi nie służy** starker Kaffee bekommt mir nicht; **zdrowie mu służy** er erfreut sich bester Gesundheit; **~ radą i pomocą k-u** j-m mit Rat und Tat zur Seite stehen; **czym mogę ~?** was wünschen Sie?, kann ich Ihnen helfen?
słychać: **~** (*akk*) man hört (*akk*), es ist zu hören (*nom*); **co ~ (u ciebie)?** wie geht es dir?; **co nowego ~?** was gibt es Neues?; **słabo ~ dzwonek** man hört die Klingel kaum; **czy mnie ~?** kann man mich hören?; **nic nie ~** man hört nichts; **było ~ krzyk** man hörte einen Schrei, es war ein Schrei zu hören; **nie ~ o** (*lok*) *fig* man hört nichts mehr von (*dat*); **co ~ w sprawie twojego awansu?** was hat sich wegen deiner Beförderung getan?
słynąć (*-Nę, -ń!*) (**z** *gen*) berühmt sein (für *akk*)
słynny berühmt; **~ na cały świat** weltberühmt
słyszal|ność F (*-ści; bpl*) Hörbarkeit *f*; **~ny** hörbar, vernehmbar; **ledwie** *od* **ledwo ~ny** kaum hörbar
słyszeć (*-ę, -y*) hören; **słabo ~** schlecht hören; **słyszałem, że ...** ich habe gehört, dass ...; **pierwsze słyszę** das höre ich zum ersten Mal, noch nie gehört; **kto to słyszał!** *umg* das gibt's doch nicht!; **nie chcę o tym ~!** ich will davon nichts hören!
smacz|ny wohlschmeckend, schmackhaft; *sen* selig; **~nego!** guten Appetit!; **~ny kąsek** *m fig* Leckerbissen *m*; **jeść ~nie** mit Appetit essen
smagać (*-am*) ⟨**-nąć**⟩ (*-nę*) peitschen (*a. fig*)
smagły *skróa.* bronzefarben
smagnąć PF → smagać
smak M (*-u; -i*) Geschmack *m* (*a. fig*); **ze ~iem** KULIN mit Appetit; *fig* geschmackvoll; **bez ~u** KULIN fade, ohne Geschmack (*a. fig*); **o ~u waniliowym** KULIN mit Vanillegeschmack, Vanille-; **przyprawiać do ~u** abschmecken; **być k-u nie w ~** j-m missfallen, j-m nicht ins Konzept passen
smak|ołyk M (*-u; -i*) Leckerbissen *m*; **~osz** M (*-a; -e*) Feinschmecker *m*; (*kobieta*) Feinschmeckerin *f*
smakować ⟨**po-**⟩ (*-uję*) *v/t* kosten, probieren; **smakować** *v/i* schmecken; **bardzo mi smakuje** es schmeckt mir gut; **jak ci smakuje zupa?** wie schmeckt dir die Suppe?
smakowity (**-cie**) schmackhaft, appetitlich
smako|wy geschmacklich, Geschmacks-; **dodatki** *m/pl* **~we** Geschmacksverstärker *m/pl*; **kubki** *pl* **~we** ANAT Geschmacksknospen *pl*
smalec M (*-lcu; bpl*) Schmalz *n*
smalić ⟨**o-**⟩ (*-lę*) rußig machen
smar M (*-u; -y*) Schmierfett *n*; **~ do nart** Skiwachs *n*
smardz M (*-a; -e*) BOT Morchel *f*
smarkacz M (*-a; -e*) *umg* Rotznase *f*, Schnösel *m*
smarkać (*-am*) ⟨**-nąć**⟩ (*-nę*) *umg* sich die Nase putzen
smarka|teria F (*gen dat lok -ii; bpl*) *umg* Halbstarke *pl*, junges Gemüse *n*; **~ty** *umg* jung, pubertierend
smarknąć PF → smarkać
smarkula F (*-i; -e*) *umg* Göre *f*, junges Ding *n*
smarować ⟨**po-**⟩ (*-uję*) *chleb* schmieren (*inst* mit *dat*); *plecy, stopy* einreiben (*inst* mit *dat*); (*dać łapówkę*) *umg* schmieren; **~ kremem** eincremen; **~ się** (*inst*) sich einreiben (mit *dat*); **~ się kremem** sich eincremen; ⟨**u-**⟩ beschmieren, *umg* bekleckern; **~ się** sich beschmieren, sich bekleckern; ⟨**na-**⟩ *zawiasy* schmieren; **smarować** *umg* flitzen, sputen; **masło dobrze się smaruje** die Butter ist gut streichfähig
smarowidło N (*-a; gen -deł*) *umg* Schmiermittel *n*
smażalnia F (*-i; -e*): **~ frytek** *umg* Frittenbude *f*, *umg* Pommesbude *f*; **~ ryb** Fischbräterei *f*
smażony gebraten, Brat-
smażyć ⟨**u-**⟩ (*-ę*) *kartofle, rybę* braten; **~ jajecznicę** Rührei machen; **~ konfitury** Marmelade machen; **~ się** *v/i* braten; **~ się na słońcu** *umg* sich in der Sonne braten lassen
smętny *lit* schwermütig, melancholisch

S

widok trostlos; *melodia* wehmütig
smo|czek M (-czka; -czki) *do ssania* Schnuller *m*; *na butelkę* Sauger *m*; **~czy** Drachen-
smog M (-u; *bpl*) Smog *m*
smok M (-a; -i) Drache *m*; **~ing** M (-u; -i) Smoking *m*
smolić się ⟨**u-**⟩ (-lę) *umg* sich dreckig machen
smolisty *substancja* teerhaltig; (*czarny*) pechschwarz
smolny *drewno* harzig, kienig
smoła F (-y) Teer *m*, Pech *n*; **czarny jak ~** pechschwarz
smołować ⟨**wy-**⟩ (-uję) teeren
smrodliwy (**-wie**) stinkend, übel riechend
smrodzić (-dzę) *umg* die Luft verpesten
smród M (-odu; -ody) Gestank *m*, übler Geruch *m*
smsować (-uję) simsen
smucić (-cę) bekümmern, betrüben; **~ się** bekümmert sein, sich grämen
smuga F (-i): **~ światła** Lichtstreifen *m*; **~ dymu** Rauchfahne *f*; **~ zapachu** Duftwolke *f*
smukły (**-ło**) *osoba* rank und schlank; *nogi, figura* schlank; *drzewo, wieża* schmal und hoch
smut|as M (-sa; -sy) *umg* trübe Tasse *f*, bierernste Person *f*; **~ek** M (-tku; *bpl*) Trauer *f*, Betrübnis *f*, Traurigkeit *f*; **~ki** *pl* Sorgen *pl*
smutnieć ⟨**po-**⟩ (-nieję) traurig werden, betrübt werden
smut|ny (**-no**) *osoba, mina* traurig, betrübt; *widok* traurig, trostlos; *wypadek, położenie* unglücklich, traurig; **~no mi** ich bin traurig; **to ~e, że …** es ist traurig, dass …
smużka F (-i; *gen* -żek) *dim*: **~ światła** schmaler Lichtstreifen *m*; **~ dymu** feine Rauchfahne *f*
smycz F (-y; -e) Hundeleine *f*; **na ~y** an der Leine; **~ek** M (-czka; -czki) MUS Bogen *m*; **~kowy** MUS Streich-
smyk (-a; -i) *umg* Lausbub *m*, Knirps *m*
smykał|ka F (-i; *bpl*): **mieć ~kę do** (*gen*) *umg* das Zeug haben zu (*dat*)
smyrgać (-am) ⟨**-nąć**⟩ (-nę) *umg rzecz* hinschmeißen
snajper M (-a; -rzy) MIL Scharfschütze *m*
snob M (-a; -y) *pej* Snob *m*; **~istyczny** *pej* snobistisch
snop M (-a; -y) AGR Garbe *f*; **~ światła** Lichtbündel *n*; **~owiązałka** F (-i; *gen* -łek) AGR Garbenbinder *m*
snowboard M (-u; -y) Snowboard *n*
snu *gen* → sen
snuć (-ję) *przędzę, pajęczynę* spinnen; *domysły* anstellen; *plany* schmieden; *intrygi* spinnen, einfädeln; **~ marzenia** schwärmen; **~ się** *mgła* hängen; *babie lato* schweben; *osoba* ziellos hin und her gehen; herumscharwenzeln; **snują mi się różne myśli po głowie** mir gehen verschiedene Gedanken durch den Kopf
sny PL → sen
snycerstwo N (-a; *bpl*) Holzschnitzerei *f*
sobą PRON *refl inst* → siebie
sobek M (-bka; -bki) *pej* Egoist *m*
sobie PRON *refl dat lok*: **był ~ie** es war einmal; **niczego ~** nicht übel; **żartujesz sobie!** du machst wohl Witze!; **pospać** *pf* **sobie** nach Herzenslust schlafen; → siebie
sobiepań|ski *pej* eigenmächtig, egoistisch; **~stwo** N (-a; *bpl*) *pej* Eigenmächtigkeit *f*, Egoismus *m*
Sobieszów M (-owa; *bpl*) Hermsdorf *n*
sobkostwo N (-a; *bpl*) Selbstsucht *f*, Egoismus *m*
sobol|i, **~owy** Zobel-
sobo|ta F (-y) Samstag *m*, Sonnabend *m*; **w ~tę** am Sonnabend, am Samstag; **Wielka** **Sta** REL Karsamstag *m*; **~tni** Samstag-, Sonnabend-; **~tni wieczór** Samstagabend *m*
sob|owtór M (-a; -y) Doppelgänger *m*; (*kobieta*) Doppelgängerin *f*; **~ól** M (-ola; -ole) Zobel *m*; **~ór** M (-oru; -ory) REL Konzil *n*; (*cerkiew*) orthodoxe Kirche *f*
sobótka F (-i; *gen* -tek) Johannisnacht *f*, Mittsommerfest *n*; Johannisfeuer *n*
Sobótka F (-i; *bpl*) Zobten *n*
socja|ldemokratyczny sozialdemokratisch; **~listyczny** sozialistisch
socjali|zacja F (-i; *bpl*) Sozialisierung *f*; **~zm** M (-u; *bpl*) Sozialismus *m*
socjal|ny sozial, Sozial-; **minimum** *n* **~ne** Existenzminimum *n*; **świadczenia** *pl* **~ne** Sozialleistungen *pl*; **pracownik** *m* **~ny** Sozialarbeiter *m*
socjolo|g M (-a; -owie *od* -dzy) Soziologe *m*; (*kobieta*) Soziologin *f*; **~gia** F (*gen dat lok* -ii; *bpl*) Soziologie *f*; **~giczny**

soziologisch
socrealizm M (-u; bpl) HIST Sozrealismus m
soczew|ica F (-y; bpl) BOT Linse f; KULIN koll Linsen pl; **z ~icy** KULIN Linsen-; **~ka** F (-i; gen -wek) FIZ, FOTO Linse f; **~ki kontaktowe** MED Kontaktlinsen pl
soczysty (-ście) *owoc* saftig; *barwa* satt, saftig; *dowcip* derb; *głos* klangvoll, sonor
soda F (-y; bpl) CHEM Soda f od n; **~ oczyszczona** Natron n; **~ żrąca** Ätznatron n
sodoma: **~ i gomora** Sodom und Gomorrha
sodomia F (gen dat lok -ii; bpl) Sodomie f
sodo|wy: **woda** f **~wa** Sodawasser n
so|fa F (-y) Sofa n; **na ~fie** auf dem Sofa
soj|a F (gen dat lok soi; bpl) BOT Soja(bohne) f; KULIN koll Sojabohnen pl; **~owy** KULIN Soja-
sojusz M (-u; -e) Bündnis n, Allianz f; **~niczy** POL verbündet, alliiert; Bündnis-; **umowa** f **~nicza** Bündnisvertrag m
sojuszniczka F (-i; gen -czek) Verbündete f
sojusznik M (-a; -cy) Verbündete(r) m; POL Alliierte(r), Verbündete(r) m; (*państwo*) Bündnisstaat m
sok M (-u; -i) Saft m; *zagęszczany* Sirup m; **~ żołądkowy** ANAT Magensaft m
soko|li Falken-; **~li wzrok** m fig Falkenblick m; **~lnik** (-a; -cy) Falkner m
sokowirówka F (-i; G-wek) Saftpresse f
sokół M (-oła; -oły) Falke m
sola F (-i; -e) ZOOL Seezunge f
solank|a F (-i; gen -nek) (*roztwór*) Salzlake f; (*źródło*) Solquelle f; **~owy** *kąpiel* Sol-
sole PL → sól
solar|ium N (unv; -ia; gen -iów) Solarium n; **~ny** Sonnen-
solenizant M (-a; -ci), **~ka** F (-i; gen -tek) Person, die ihren Namenstag feiert; **być ~em** Namenstag haben
solen|ny *lit zapewnienie* feierlich, fest; **przyrzec** *pf* **~nie** hoch und heilig versprechen
solić ⟨**o-, po-**⟩ (-lę, sól!) salzen; **solić** einsalzen
solidar|ność F (-ści; bpl) Solidarität f; **Ꞩność** *Gewerkschaft in Polen*; **~ny** solidarisch
solidarnościowiec M (-wca; -wcy) HIST *Mitglied der Gewerkschaft „Solidarność"*
solidarnościowy *strajk* Solidaritäts-
solidaryzować się (-uję) sich solidarisieren, sich solidarisch erklären (**z** *inst* mit *dat*)
solidny *osoba* zuverlässig; *firma* seriös; *wiedza* fundiert; *wykształcenie* solide; *materiał, konstrukcja* solide, fest; (*pokaźny*) *umg* tüchtig; *porcja* gehörig
solist|a M (-y; -ści), **~ka** F (-i; gen -tek) Solist(in) m(f); (*śpiewak*) Solosänger(in) m(f)
sol|niczka F (-i; gen -czek) Salzstreuer m; **~ny** Salz-; **kwas** m **~ny** CHEM Salzsäure f
sol|ony *orzeszki, masło* gesalzen; **paluszki** *pl* **~one** Salzstangen *pl*
sol|owy MUS Solo-; **~ówka** F (-i; gen -wek) *umg* Solopart m
Soława F (-y; bpl) Saale f
sołectwo N (-a) ADMIN Amt n eines Gemeindevorstehers; **~tys** M (-a; -i) ADMIN Gemeindevorsteher m
somnambul|ik M (-a; -cy) Schlafwandler m; **~izm** M (-u; bpl) Schlafwandeln n
son|ata F (-y) MUS Sonate f; **~da** F (-y) TECH Sonde f (a. MED); (*sondaż*) (Meinungs)Umfrage f; **~da żołądka** Magenspiegelung f; **~da kosmiczna** ASTRON (Raum)Sonde f; **~da głębinowa** MAR Lot n
sondaż M (-u; -e) TECH Sondierung f; **~ opinii publicznej** Meinungsumfrage f; **~ przedwyborczy** Wahlumfrage f
sondować (-uję) TECH sondieren; *fig* erkunden, sondieren; MAR loten, sondieren; **~ żołądek** MED den Magen spiegeln
sonet M (-u; -y) MUS Sonett n
sopel M (-pla; -ple) Eiszapfen m; **mieć ręce jak ~** eiskalte Hände haben
Sopot M (-u; bpl) Zoppot n
sopran M (-u; -y) (*głos*) Sopran m, Sopranstimme f
sopranist|a M (-y; -ści), **~ka** F (-i; gen -tek) Sopranist(in) m(f)
sopranowy *partia* Sopran-
sortować ⟨**po-**⟩ (-uję) sortieren
sos M (-u; -y) KULIN Soße f; **~ pieczarkowy** Champignonsoße f; **być nie w ~ie** *umg fig* schlecht gelaunt sein; **~jerka** F (-i; gen -rek) Sauciere f
sosn|a F (-y; gen -sen) BOT Kiefer f; (*drewno*) Kiefernholz n; **~owy** Kiefern-
so|wa F (-y) Eule f; **~wi** Eulen-
sowicie ADV → sowity
sowiecki HIST *pej* sowjetisch, Sowjet-
sowity (-cie) reich(lich), großzügig

sód M (*sodu; bpl*) CHEM Natrium *n*
sójka F (*-i; gen -jek*) ZOOL Eichelhäher *m*; **wybierać się jak ~ za morze** seine Reise hinauszögern
sól F (*soli; sole*) Salz *n* (*a.* CHEM); **~ kuchenna** Kochsalz *n*, Speisesalz *n*; **~ morska** Meersalz *n*; **~ z jodem** Jodsalz *n*; **sole** *pl* **mineralne** Mineralstoffe *m/pl*; **być k-u solą w oku** j-m ein Dorn im Auge sein; **~ ziemi** *fig* Auslese *f*, Elite *f*
spacer M (*-u; -y*) Spaziergang *m*; **iść na ~** spazieren gehen, e-n Spaziergang machen; **~ po mieście** Stadtbummel *m*; **iść ~em** schlendern
spacerować (*-uję*) spazieren (gehen); **~ po mieście** durch die Stadt bummeln
spacerowicz M (*-a; -e*), **~ka** F (*-i; gen -czek*) Spaziergänger(in) *m(f)*
spacerowy *droga* Spazier-; **wózek** *m* **~** Buggy *m*, Sportwagen *m*; **iść ~m krokiem** langsamen Schrittes gehen, schlendern
spacerówka F (*-i; gen -wek*) *umg* Buggy *m*
spac|ja F (*-i; -e*) TYPO Spatium *n*, Leerstelle *f*; **klawisz** *m* **~ji** Leertaste *f*
spaczyć PF → paczyć
spaczony *drewno* verzogen; *fig* verdorben
spać* (*śpię, śpij!*) schlafen; **chce mi się ~** ich bin schläfrig, ich möchte schlafen (gehen); **~ jak kamień** schlafen wie ein Stein; **~ na pieniądzach** *fig* im Geld schwimmen; **to nie daje mi ~** das raubt mir den Schlaf; **konkurencja nie śpi** die Konkurrenz schläft nicht; **~ z** (*inst*) *umg* schlafen, pennen mit (*dat*); **~ ze sobą** *umg* miteinander schlafen
spad M (*-u; -y*) *terenu, dachu* Gefälle *n*, Neigung *f*; **~y** *pl* Fallobst *n*
spadać (*-am*) ⟨**spaść**⟩ (*spadnę*) (herunter)fallen, stürzen (**z** *gen* von *dat*); *liście* (her)abfallen; *ceny* fallen; *temperatura, wartość* sinken; **spadać** *teren* abfallen; **~ na wadze** abnehmen, an Gewicht verlieren; **~ na k-o** *cios, wina* j-n treffen; *obowiązki* j-m zufallen; *klęski, nieszczęścia* über j-n hereinbrechen; **spadaj!** *umg* hau ab!
spadek[1] M (*-dku; -dki*) *terenu* Gefälle *n*; *temperatury, cen, urodzeń* Rückgang *m*; **~ ciśnienia** Druckabfall *m*; **~ na giełdzie** FIN Kursrückgang *m*
spad|ek[2] M (*-dku; -dki*) JUR Erbe *n* (*a. fig*), Erbschaft *f*; **otrzymać** *pf* **w ~ku** erben (**po** *lok* von *dat*); **zostawić** *pf* **w ~ku** vererben, hinterlassen
spadkobier|ca M (*-y; gen -ów*) JUR Erbe *m* (*a. fig*); **~czyni** F (*-i; -e*) JUR Erbin *f*
spadkowy[1] JUR Erb-
spadko|wy[2]: **tendencje** *f/pl* **~we** fallende Tendenzen *pl*, Rückgang *m*
spadochro|n M (*-u; -y*) Fallschirm *m*; **skakać na ~nie** mit dem Fallschirm abspringen; **~niarstwo** N (*-a; bpl*) Fallschirmsport *m*
spadochroni|arz M (*-a; -e*), **~arka** F (*-i; gen -rek*) SPORT Fallschirmspringer(in) *m(f)*; MIL Fallschirmjäger *m*
spadochronowy Fallschirm-
spadzisty (**-to** *od* **-ście**) abschüssig, steil
spajać (*-am*) ⟨**spoić**[1]⟩ (*spoję*) TECH verbinden (*a. fig*)
spakować PF → pakować
spalać (*-am*) ⟨**-ić**⟩ (*-ę*) *listy, śmieci* verbrennen (*a.* BIOL); *zwłoki* einäschern, *umg* verbrennen; (*zużywać*) verbrauchen, *umg* verbrennen; **spalać się** brennen; BIOL verbrennen
spalanie N (*-a; bpl*) Verbrennung *f*; *zwłok* Einäscherung *f*, *umg* Verbrennung *f*; **~ śmieci** Müllverbrennung *f*
spalarnia F (*-i; -e*): **~ odpadków** Müllverbrennungsanlage *f*
spaleni *persf* → spalony
spaleniz|na F (*-y; bpl*) Brandgeruch *m*; **czuć ~nę** *umg* es riecht verbrannt
spalić PF: **~ na panewce** nicht zustande kommen; **~ się** *v/i* verbrennen; ELEK durchbrennen; KULIN verbrennen, anbrennen; **spaliłby się ze wstydu** er würde vor Scham in den Boden versinken; **~ się na słońcu** *umg* sich einen Sonnenbrand holen; → spalać; palić
spalinowy: **silnik** *m* **~** AUTO Verbrennungsmotor *m*
spaliny PL (*gen -*) Abgase *pl*, Auspuffgase *pl*
spalony[1] (*persf -eni*) verbrannt; *fig* enttarnt; SPORT Abseits-
spalony[2] M (*-ego; -e*) SPORT Abseits *n*, Abseitsposition *f*
spałaszować PF → pałaszować
spanie N (*-a; bpl*) Schlafen *n*; (*pl -a; -ań*) (*miejsce*) Schlafplatz *m*, Schlafstätte *f*
spanikować PF (*-uję*) *umg* Schiss bekommen

spaprać PF → paprać
sparaliżować PF → paraliżować
spar|aliżowany MED gelähmt (*a. fig*); **~ciały** *owoce* holzig, strohig (im Geschmack); *ubranie* zerschlissen
sparcieć (*3. Pers -eje*) *owoce* holzig (im Geschmack) werden; *ubranie* zerschleißen
sparodiować PF → parodiować
spartaczyć PF → partaczyć
spart|akiada F (*-y*) SPORT Spartakiade *f*; **~ański** (**po -ku**) *fig* spartanisch
sparzyć się PF: **~ na** (*lok*) *fig* sich die Finger verbrennen an (*dat*); → parzyć
spa|siony (*persf -eni*), **~sły** (*persf -śli*) AGR gemästet; *fig umg* fett, gemästet
spasować PF → pasować²
spastyczny spastisch
spaść¹ PF: **spadł śnieg** es hat geschneit; **z byka spadłeś?** *umg* bist du verrückt?, du hast wohl einen Knall!; → spadać
spaść PF → paść²
spaśli *persf* → spasły
spatałaszyć PF → patałaszyć
spaw M (*-u; -y*) Schweißnaht *f*; **~acz** M (*-a; -e*) Schweißer *m*
spawać ⟨**ze-**⟩ (*-am*) schweißen
spawa|lny Schweiß-, geschweißt; **~rka** F (*-i; gen -rek*) Schweißbrenner *m*
spazm M (*-u; -y*) MED Krampf *m*, Verkrampfung *f*; **~y** *pl* Weinkrampf *m*; **~atyczny** MED krampfartig; *śmiech* nervös; **~atyczny płacz** *m* Weinkrampf *m*
spazmować (*-uję*) e-n Weinkrampf bekommen, *umg* flennen
spąsowieć PF → pąsowieć
spec M (*-a; -e*) *umg* Fachmann *m*
specjalista M (*-y; -ści*) Fachmann *m*, Spezialist *m*; (*kobieta*) Fachfrau *f*, Spezialistin *f*; **lekarz** *m* **~** Facharzt *m*; (*kobieta*) Fachärztin *f*
specjalist|ka F (*-i; gen -tek*) *umg* Fachfrau *f*, Spezialistin *f*; **~yczny** *sprzęt* Spezial-; *literatura, wiedza, doradztwo* Fach-, fachlich
specjalizacja F (*-i; -e*) Spezialisierung *f*
specjalizować się ⟨**wyspecjalizować się**⟩ (*-uję*) sich spezialisieren (**w** *lok* auf *akk*)
specjal|nie ADV speziell, extra; (*umyślnie*) absichtlich; **nie ~nie** *umg* nicht besonders; **~ność** F (*-ści*) (*dziedzina*) Fachgebiet *n*, Spezialgebiet *n*; KULIN Spezialität *f*; **~ność zakładu** KULIN Spezialität *f* des Hauses
specjal|ny speziell, Spezial-; (*szczególny*) besondere(r); *komisja, nagroda, zadanie* Sonder-; **nic ~nego** nichts Besonderes; **pedagogika** *f* **~na** Sonderpädagogik *f*; **szkoła** *f* **~na** Sonderschule *f*
specjały M/PL (*gen -ów*) Spezialitäten *pl*, Leckereien *pl*
specyf|iczny spezifisch, charakteristisch; (*swoisty*) eigentümlich; **~ik** M (*-u; -i*) MED Spezifikum *n*, Heilmittel *n*
specyfika F (*-i; bpl*) Charakteristikum *n*, Eigenart *f*; **~cja** F (*-i; bpl*) HANDEL Stückliste *f*
spedy|cja F (*-i; -e*) Spedition *f*; **~cyjny** Speditions-, Fuhr-; **~tor** M (*-a; -rzy*) (*firma*) Spediteur *m*, Fuhrunternehmen *n*
spektakl M (*-u; -e*) TEATR (Theater)Vorstellung *f*
spekulac|ja F (*-i; -e*) *pej* Schwarzhandel *m*, *umg* krumme Geschäfte *pl*; **~je** *pl* (*domysły*) Spekulationen *f/pl*, Mutmaßungen *f/pl*; FIN Spekulationen *f/pl*; **~je** *pl* **na giełdzie** FIN Börsenspekulationen *pl*
spekulant M (*-a; -ci*) *pej* Schwarzhändler *m*
spekulować (*-uję*) *pej* Schwarzhandel betreiben, *umg* krumme Geschäfte machen; *lit* spekulieren, mutmaßen
spelunka F (*-i; gen -nek*) *umg* Spelunke *f*
spełniać (*-am*) ⟨**-ić**⟩ (*-ię*) *życzenie, zadanie* erfüllen; **~ swój cel** sich bewähren; **~ się** *marzenia, życzenia* sich erfüllen, in Erfüllung gehen; *przeczucia, obawy* sich bewahrheiten; *osoba* sich verwirklichen
spełnienie N (*-a*) *marzeń, życzeń* Erfüllung *f*; *zawodowe, osobiste* (Selbst)Verwirklichung *f*, Erfüllung *f*
spełznąć PF (*3. Pers -nie, -zł*): *kolor* ausbleichen; **~ na niczym** im Sand(e) verlaufen, scheitern
sperma F (*-y; bpl*) Sperma *n*
speszony (*persf -eni*) verlegen, verwirrt
speszyć PF → peszyć
spęczniały aufgeqollen
spęcznieć PF → pęcznieć
spęd M (*-u; -y*): **~ bydła** Viehmarkt *m*
spędzać (*-am*) ⟨**-ić**⟩ (*-dzę*) *czas, urlop dzieciństwo* verbringen; *bydło* zusammen treiben; **~ czas na** (*lok*) seine Zeit mit (*dat*) verbringen
spę|kany *wargi* aufgesprungen; **~tany** gefesselt
spętać PF → pętać

S

spiąć˙ PF: **~ się** *umg* sich am Riemen reißen, sich aufraffen; → spinać
spich||lerz, **~rz** M (*-a; -e; gen -y od -ów*) Speicher *m*
spici *persf* → spity
spiczasty (**-to**) spitz
spić PF: *umg* betrunken machen; **~ się** *umg* sich besaufen; → spijać
spiec PF (*spiekę*) KULIN zu lange backen; **~ sobie plecy** sich den Rücken (in der Sonne) verbrennen; **~ się na słońcu** sich einen Sonnenbrand holen
spieczony *wargi* trocken, aufgesprungen; *ziemia* ausgedörrt; KULIN zu lange gebacken
spiekota F (*-y; bpl*) brütende Hitze *f*, sengende Hitze *f*
spienić się PF → pienić się
spieniężać (*-am*) ⟨**-yć**⟩ (*-ę*) zu Geld machen, verkaufen
spieniony *fala* schaumbedeckt; *napój* aufgeschäumt
spieprzać (*-am*) ⟨**-yć**⟩ (*-ę*): **spieprzać** *vulg* abhauen; **spieprzaj!** *vulg* verpiss dich!; **spieprzyć** *vulg* Mist bauen; kaputtmachen; **spieprzyć się** *vulg* kaputtgehen
spierać (*-am*) ⟨**sprać**⟩ (*spiorę*) *plamę* auswaschen, entfernen; **~ się** *plama* sich auswaschen lassen, sich entfernen lassen
spierać się (*-am*) (**o** *akk*) sich streiten (um *akk*), diskutieren (über *akk*)
spierzchnąć PF → pierzchnąć
spierzchnięty *wargi* aufgesprungen, rissig; *ręce* trocken, rau
spieszczać (*-am*) ⟨**spieścić**⟩ (*spieszczę*) JĘZ verkleinern, e-e Diminutivform benutzen
spieszcz|enie N (*-a*) JĘZ Diminutivform *f*, Verkleinerungsform *f*; **~ony** JĘZ diminutiv, Verkleinerungs-; **~ony wyraz** *m* Kosewort *n*; **~ona forma** *f* **imienia** Koseform *f*
spiesznie ADV → śpiesznie
spieszno ADV → śpieszno
spieszny → śpieszny
spieszyć → śpieszyć
spięci *persf* → spięty
spięcie N (*-a*) Streit *m*, Auseinandersetzung *f*; *umg* ELEK Kurzschluss *m*
spiętrzać (*-am*) ⟨**-yć**⟩ (*-ę*) auftürmen, stapeln; *wodę* stauen
spiętrz|enie N (*-a*) (*stos*) Haufen *m*; *kry* Stau *m*; *fig* Anhäufung *f*; (*tama*) Stauwerk *n*, Stauanlage *f*; **~ony** *rzeczy* gestapelt, aufgetürmt; *woda* gestaut
spięty (*persf -ci*) nervös, verspannt
spijać (*-am*) ⟨**spić**⟩ (*spiję*) *piankę* abtrinken
spiker M (*-a; -rzy*), **~ka** F (*-i; gen -rek*) RADIO (Nachrichten)Sprecher(in) *m(f)*
spiknąć PF (*-nę*) *umg osoby* zusammenbringen; **~ się** *umg* zusammenkommen
spiłowywać (*-wuję*) ⟨**spiłować**⟩ (*-uję*) absägen; abfeilen
spinacz M (*-a; -e*) Büroklammer *f*; **~ do bielizny** Wäscheklammer *f*
spinać (*-am*) ⟨**spiąć**⟩ (*zepnę*) *kartki* zusammenheften; *włosy* zusammenbinden; hochstecken; **~ konia ostrogami** e-m Pferd die Sporen geben
spinka F (*-i; gen -nek*): **~ do włosów** Haarspange *f*; Haarnadel *f*; **~ do mankietów** Manschettenknopf *m*; **~ do krawata** Krawattennadel *f*
Spira F (*-y; bpl*) Speyer *n*
spiral|a F (*-i; -e*) Spirale *f*; (*wkładka domaciczna*) *umg* Spirale *f*; **~a przemocy** Gewaltspirale *f*; **~ny** spiralförmig
spirytus M (*-u; bpl*) Spiritus *m*; Brennspiritus *m*; **~owy** Spiritus-
spirytystyczny: **seans ~** spiritistische Sitzung *f*
spis M (*-u; -y*) *osób* Liste *f*; *haseł, ulic* Verzeichnis *n*; (*czynność*) Registrierung *f*, Erfassung *f*; **~ treści** Inhaltsverzeichnis *n*; **~ ludności** Volkszählung *f*; **~ potraw** Speisekarte *f*
spisać PF → spisywać
spisek M (*-sku; -ski*) POL Verschwörung *f*, Komplott *n*
spiskować (*-uję*) konspirieren, sich verschwören
spiskowiec M (*-wca; -wcy*) Verschwörer *m*
spisywać (*-uję*) ⟨**spisać**⟩ (*spiszę*) (*akk*) (in eine Liste) aufnehmen (*akk*), eine Aufstellung machen (von *dat*); *dane, protokół* aufnehmen; *wspomnienia, wrażenia* aufschreiben; (*przepisać*) *umg* abschreiben (**od** *gen* von *dat*); **~ umowę** einen Vertrag aufsetzen; **~ testamet** ein Testament machen; **~ na straty** *fig* abschreiben; **~ się** *osoba* sich hervortun, j-s Erwartungen nicht enttäuschen; *umg rzecz* gut funktionieren; **nie ~ się** *iron* sich nicht gerade mit Ruhm bekleckert haben

spity (-ci) *umg* besoffen
spiż M (-u; bpl) Bronze *f*, Erz *n*; **~arka** F (-i; *gen* -rek) Speisekammer *f*; **~arnia** F (-i; -e) Vorratskammer *f*
spiżowy Bronze-
splajtować PF → plajtować
splamić PF → plamić
splatać (-am) ⟨**spleść**⟩ (splotę) *warkocz, sznur* flechten; **~ dłonie** die Hände zusammenfalten; **~ się w uścisku** sich fest umarmen, sich in die Arme schließen
splądrować PF → plądrować
splątany verworren
splendor M (-u; bpl) *lit* Glanz *m*, Gloria *n od f*
spleśniały verschimmelt, schimm(e)lig
spleść PF → splatać
spleśnieć PF → pleśnieć
splot M (-u; -y) *lin, gałęzi* Gewirr *n*, Geflecht *n*; *wydarzeń* Zusammentreffen *n*, Verkettung *f*; *materiału* Bindung *f*; *włosów* Locke *f*, Strähne *f*; **~ słoneczny** ANAT Sonnengeflecht *n*
splugawić PF → plugawić
splunąć PF → pluć; spluwać
spluwa F (-y) *umg* Knarre *f*; **~czka** F (-i; *gen* -czek) *u. dentysty* Spuckbecken *n*
spluwać (-am) ⟨**-nąć**⟩ (-nę) (aus)spucken
spłacać (-am) ⟨**-ić**⟩ (-cę) abzahlen, zurückzahlen
spłakany verweint
spłaszczać (-am) ⟨**-yć**⟩ (-ę) flach(er) machen, platt drücken; *fig* platt darstellen
spłaszczony platt (gedrückt); *fig* platt
spła|ta F (-y) Abzahlung *f*, Rückzahlung *f*; **~ty** *pl* Raten *pl*
spłatać PF (-am): **~ figla** e-n Streich spielen
spław M (-u; bpl) Flößerei *f*
spławiać (-am) ⟨**-ić**⟩ (-ię) *drzewo* flößen; **~ k-o** *umg* j-n abwimmeln
spław|ik M (-a; -i) *wędki* Floß *n*; **~ny** flößbar, schiffbar
spłodzić PF → płodzić
spłonąć PF (-nę) *dom, las* abbrennen; *osoba* verbrennen, den Tod in den Flammen finden; **~ rumieńcem** *lit* erröten; → płonąć
spłonka F (-i; *gen* -nek) MIL Sprengkapsel *f*, Zündhütchen *n*
spłowiały ausgebleicht, verschossen
spłuczka F (-i; *gen* -czek) *ubikacji* Spülung
spłukać PF: **spłukać się** *umg* abgebrannt sein, blank sein; → spłukiwać
spłukany *umg* abgebrannt, blank
spłukiwać (-uję) ⟨**spłukać**⟩ (-am) *pianę* abspülen; *włosy* spülen
spłycać (-am) ⟨**-ić**⟩ (-cę) *v/t* verflachen; *fig* vereinfachen, platt darstellen
spłynąć PF → spływać
spływ M (-u; -y): **~ kajakowy** Kanufahrt *f*; **~ tratwą** Floßfahrt *f*
spływać (-am) ⟨**spłynąć**⟩ (-nę) *woda* (ab)fließen; *pot, łzy* herunterfließen; *tratwa, łódź* flussabwärts fahren; **~ krwią** heftig bluten; **spływać potem** schweißgebadet sein; **spływaj!** *umg* verzieh dich!, hau ab!
spoceni *persf* → spocony
spochmurnieć PF → pochmurnieć
spocić się PF → pocić się
spocony (*persf* -eni) verschwitzt
spocząć PF: *wzrok* ruhen (**na** *lok* auf *dat*); **proszę ~!** setzten Sie sich, bitte!, nehmen Sie bitte Platz!; **~ na laurach** sich auf den Lorbeeren ausruhen; **nie spocznę, dopóki** ... ich werde nicht ruhen, solange ...; **spocznij!** MIL rührt euch!; → spoczywać
spoczyn|ek M (-nku; bpl) *lit* Ruhe *f*; **stan** *m* **~ku** FIZ Ruhezustand *m*; (*emerytura*) Ruhestand *m*; **chwila** *f* **~ku** Ruhepause *f*; **nocny ~ek** Nachtruhe *f*; **udać się** *pf* **na ~ek** *lit* sich zur Ruhe legen; **miejsce** *n* **wiecznego ~ku** letzte Ruhestätte *f*; **w stanie ~ku** im Ruhestand; **przejść** *pf* **w stan ~ku** in den Ruhestand treten
spoczywać (-am) ⟨**spocząć**⟩ (-nę) *osoba* sich ausruhen, ruhen; rasten; **cała odpowiedzialność spoczywa na jej barkach** die ganze Verantwortung ruht auf ihren Schultern; **~ w grobie** im Grab ruhen; **tu spoczywa w Bogu** ... hier ruht in Gott ...
spod PRÄP (*gen*) unter (*dat*) hervor; (*z okolicy*) aus der Gegend (von *dat*); **być ~ znaku Wagi** ASTRON im Zeichen der Waage geboren sein, Waage sein; **uwolnić się** *pf* **~** (*gen*) sich befreien von (*dat*); **~ spodu** von unten
spode: **patrzeć ~ łba** finster dreinschauen
spode|k M (-dka; -dki) Untertasse *f*; **~nki** PL (-nek) kurze Hose *f*; **~nki** *pl* **kąpielowe** Badehose *f*
spodlić (-ę) entwürdigen
spod|ni untere(r), Unter-; **~nia strona** *f* Unterseite *f*; **~nie** PL (-i) Hose *f*

spodobać się PF (-*am*) gefallen, zusagen
spody PL → spód
spodziewać się (-*am*) (*gen*) erwarten (*akk*); ~ **gości** Gäste erwarten; ~ **dziecka** ein Kind erwarten; **nie spodziewałam się tego po niej** das habe ich von ihr nicht erwartet; **nie** ~ **niczego złego** nichts Böses ahnen; **kto by się spodziewał!** wer hätte das gedacht!; **można się po nim wszystkiego spodziewać** er ist zu allem fähig; **spodziewam się!** das will ich hoffen!
spoglądać (-*am*) ⟨**spojrzeć**⟩ (-*ę*, -*yj!* *od* *spójrz!*) blicken, schauen, einen Blick werfen; ~ **na** (*akk*) anblicken, anschauen (*akk*); ~ **w lustro** in den Spiegel schauen, einen Blick in den Spiegel werfen; ~ **na zegarek** auf die Uhr schauen, einen Blick auf die Uhr werfen; ~ **w górę** aufschauen; **spoglądać na k-o** ~ **z góry** *fig* auf j-n herabblicken; ~ **po sobie** einander anschauen, einander angucken
spoić[1] PF → spajać
spoić[2] PF → poić
spoi|na F (-*y*) BUD (Mauer)Fuge *f*; TECH (Schweiß)Naht *f*; Lötstelle *f*; **~sty** *masa* kompakt, einheitlich (*a. fig*); **~wo** N (-*a*) TECH Bindemittel *n*
spojów|ka F (-*i*; *gen* -*wek*) ANAT Bindehaut *f*; **zapalenie** *n* **~ek** Bindehautentzündung *f*
spojrzeć PF: ~ **prawdzie w oczy** der Wahrheit ins Auge sehen; ~ **śmierci w oczy** dem Tod ins Auge sehen; ~ **sobie w oczy** sich in die Augen schauen; → spoglądać
spojrzenie N (-*a*) Blick *m*; *fig* Sichtweise *f*; **mieć trzeźwe** ~ **na** (*akk*) nüchtern betrachten (*akk*)
spoko INT: **~!** *umg* keine Sorge!, alles unter Kontrolle!
spokoj|ny *osoba* ruhig, gelassen; *dzielnica, morze, życie* ruhig; *kolor* ruhig, gedämpft; *demonstracja* friedlich; **być ~nym o** (*akk*) sich keine Sorgen machen um (*akk*); **bądź ~ny!** sei unbesorgt!; **Ocean** *m* **&ny** Stiller Ozean *m*; (**tylko**) **~nie!** *umg* immer mit der Ruhe!, ruhig Blut!; **możesz z tego ~nie zrezygnować** *pf* darauf kannst du getrost verzichten
spokornieć PF → pokornieć
spok|ój M (-*oju*; *bpl*) Ruhe *f*; (*zgoda*) Frieden *m*; **~ój ducha** Seelenfrieden *m*; **mieć święty ~ój** seine Ruhe haben; **daj mi ~ój!** *od* **zostaw mnie w ~oju!** lass mich in Ruhe!; **ze ~ojem** gelassen, ruhig; **żyć w ~oju** in Frieden leben, friedlich leben; **zachować** *pf* **~ój** Ruhe bewahren
spo|krewniony (*persf* -*eni*) verwandt (**z** *inst* mit *dat*); **~laryzowany** polarisiert
spoliczkować PF → policzkować
spolszczać (-*am*) ⟨**-yć**⟩ (-*ę*) polonisieren
spolszczony *nazwisko, wymowa* dem Polnischen angepasst
społeczeństwo N (-*a*) SOZIOL Gesellschaft *f*; (*opinia publiczna*) Öffentlichkeit *f*; ZOOL Volk *n*
społecznik M (-*a*; -*cy*) sozial engagierte Person *f*; **pracować jako** ~ ehrenamtlich arbeiten
społecz|ność F (-*ści*) Gemeinschaft *f*; **~ny** gesellschaftlich, Gesellschafts-; (*socjalny*) sozial, Sozial-; gemeinschaftlich; *mienie, dobro* Gemein-; **nauki** *f/pl* **~ne** Sozialwisenschaften *pl*; **reakcje** *f/pl* **~ne** öffentliche Meinung *f*; **praca** *f* **~na** ehrenamtliche Arbeit *f*; **ubezpieczenie** *n* **~ne** Sozialversicherung *f*; **pracować ~nie** ehrenamtlich arbeiten; **przedszkole** *n* **~ne** Kinderladen *m*
spo|między PRÄP (*gen*) von *od* aus (*dat*); unter (*dat*); **~nad** PRÄP (*gen*) über (*akk*) hinweg, von (*dat*) aus
sponiewierany *osoba* misshandelt, verstoßen
sponsorować (-*uję*) sponsern
spontaniczny spontan
spopielały zu Asche verbrannt; *ziemia* ausgedörrt; (*szary*) aschgrau
spopularyzować PF → popularyzować
sporadyczny *wypadek, zjawisko* sporadisch, vereinzelt; METEO gelegentlich
spo|rny umstritten, strittig; **kwestia** *f* **~rna** Streitfrage *f*; **~ro** ADV ziemlich viel
sport M (-*u*; -*y*) Sport *m*; **uprawiać** ~ Sport treiben; ~ **wyczynowy** Leistungssport *m*; **~y** *pl* **zimowe** Wintersport *m*; **~y** *pl* **wodne** Wassersport *m*
sport|owiec M (-*wca*; -*wcy*) Sportler *m*; **~owiec wyczynowy** Leistungssportler *m*; **~owy** **(-owo)** Sport-; *postawa, ubranie* sportlich
sportretować PF → portretować
spory ziemlich groß; ~ **kawał drogi** ein ziemlich langer Weg

S

spory PL → spór
sporysz M (*-u; -e*) BOT Mutterkorn *n*
sporządzać (*-am*) ⟨**-ić**⟩ (*-dzę*) *protokół, plany* anfertigen; *testament* aufsetzen; *listę, bilans* erstellen; *notatki* machen
sposępnieć PF → posępnieć
sposobno|ść F (*-ści*) Gelegenheit *f*; **przy każdej ~ści** bei jeder Gelegenheit
spos|ób M (*-obu; -oby*) Art und Weise *f*; (*środek*) Mittel *n*; (*metoda*) Methode *f*, Weg *m*; **~ób myślenia** Denkweise *f*; **~ób mówienia** Sprechweise *f*; **~ób bycia** Art *f*; **~ób użycia** Gebrauchsanleitung *f*, Gebrauchsanweisung *f*; **w ten ~ób** auf diese (Art und) Weise; **w następujący ~ób** folgendermaßen; **wszelkimi ~obami** mit allen Mitteln; **w żaden ~ób** auf keinen Fall; **w grzeczny ~ób** *adv* höflich; **na swój ~ób** auf seine Art und Weise; **mieć ujmujący ~ób bycia** ein einnehmendes Wesen haben; **dziwnym ~obem** seltsamerweise; **w istotny ~ób** wesentlich; **nie ~ób (jest)** (+ *inf*) es ist nicht möglich zu (+ *inf*)
spostponować PL → postponować
spostrzegać (*-am*) ⟨**spostrzec***⟩ (*spostrzegę*) erblicken, sehen; (*odczuć*) (be)merken, erkennen
spostrzegaw|czość F (*-ści; bpl*) Beobachtungsgabe *f*; **~czy** scharfsinnig; **być ~czym** ein guter Beobachter sein; **zmysł** *m* **~czy** Beobachtungsgabe *f*
spostrzeżenie N (*-a*) Beobachtung *f*, Eindruck *m*; (*uwaga*) Bemerkung *f*
spośród PRÄP (*gen*) → spomiędzy
spotęgować PF → potęgować
spotężnieć PF → potężnieć
spotkać PF → spotykać
spotkanie N (*-a*) Treffen *n* (*a.* SPORT); *ofic* Termin *m*; *umówione* Verabredung *f*; *nieoczekiwane* Begegnung *f*; **ponowne ~** Wiedersehen *n*; **wyjść** *pf* **na ~ k-u** j-m entgegenkommen; **nie przyjść** *pf* **na ~** nicht zur Verabredung kommen, *j-n* versetzen
spotniały schweißbedeckt; *okulary, szyba* beschlagen
spotnieć PF → potnieć
spotwarzać (*-am*) ⟨**-yć**⟩ (*-ę*) verleumden, diffamieren
spotykać (*-am*) ⟨**spotkać**⟩ (*-am*): **~ k-o** j-n treffen; (*zastać*) antreffen; **~ k-o przypadkowo** j-m zufällig begegnen; **~ ponownie** wiedersehen; **spotkało go nieszczęście** ihm ist ein Unglück zugestoßen; **spotkała go kara** er hat eine Strafe bekommen; **spotkała go śmierć** der Tod hat ihn ereilt; **~ się** sich treffen (**z** *inst* mit *dat*); **gdzie się spotkamy?** wo treffen wir uns?; **~ się z uznaniem** Anerkennung finden; **~ się z dobrym przyjęciem** gut aufgenommen werden; **~ się z trudnościami** auf Schwierigkeiten stoßen; **to się często spotyka** das kommt oft vor; **~ się ponownie** sich wiedersehen
spoufalać się (*-am*) ⟨**-ić się**⟩ (*-ę*) (zu) vertraulich werden (**z** *inst* mit *dat*)
spowalniać (*-am*) ⟨**spowolnić**⟩ (*-ię*) verlangsamen
spowiadać ⟨**wy-**⟩ (*-am*): **~ k-o** REL j-m die Beichte abnehmen; **~ się z** (*gen*) REL beichten (*akk*) (*a. fig*)
spowi|ednik M (*-a; -cy*) Beichtvater *m*; **~edź** F (*-dzi*) REL Beichte *f*; **iść do ~edzi** zur Beichte gehen, beichten gehen
spowinowacony (*persf -eni*) verschwägert
spowodować PF → powodować
spowodowany (*inst*) verursacht (durch *akk*)
spowolnić PF → spowalniać
spowszedniały alltäglich (geworden)
spowszednieć PF → powszednieć
spoza PRÄP (*gen*) hinter (*dat*) hervor; außerhalb (*gen*)
spożyc|ie N (*-a; bpl*) *ofic* Konsum *m*, Verbrauch *m*; Verzehr *m*; **termin** *m* **przydatności do ~ia** Haltbarkeitsdatum *n*
spożywać (*-am*) ⟨**spożyć**⟩ (*spożyję*) *ofic* zu sich nehmen, verzehren; **~ w nadmiarze alkohol** im Überfluss Alkohol trinken; **~ śniadanie** *lit* das Frühstück einnehmen
spożyw|ca M (*-y; gen -ów*) *ofic* Verbraucher *m*; **~czy** Lebensmittel-; **sklep** *m* **~czy** Lebensmittelgeschäft *n*; **artykuły** *m/pl* **~cze** Lebensmittel *pl*
spód M (*spodu; spody*) Unterteil *m od n*; *materiału* Unterseite *f*; (*dno*) Boden *m*; (*podeszwa*) Sohle *f*; KULIN Tortenboden *m*; **na (samym) spodzie** (ganz) unten; **pod spodem** darunter, unten; **od spodu** von unten (her)
spódni|ca F (*-y; -e*), **~czka** F (*-i; gen -czek*) Rock *m*
spój|nik M (*-a; -i*) GRAM Bindewort *n*

S

Konjunktion *f*; **~ny** schlüssig

spółdziel|ca M (*-y*; *gen -ów*) Genossenschaftsmitglied *n*; **~czy** genossenschaftlich, Genossenschafts-; **~nia** F (*-i*; *-e*) Genossenschaft *f*; **~nia mieszkaniowa** Wohnungs(bau)genossenschaft *f*; **studencka ~nia pracy** studentische Arbeitsvermittlung *f*

spół|głoska F (*-i*; *gen -sek*) GRAM Konsonant *m*, Mitlaut *m*; **~ka** F (*-i*; *gen -łek*) EKON Gesellschaft *f*; **~ka akcyjna** Aktiengesellschaft *f*; **~ka z ograniczoną odpowiedzialnością** Gesellschaft *f* mit beschränkter Haftung; **do ~ki** gemeinsam (**z** *inst* mit *dat*)

spółkować (*-uję*) *ofic* Geschlechtsverkehr haben

spółkowanie N (*-a*) *ofic* Geschlechtsakt *m*, Koitus *m*

spór M (*sporu*; *spory*) Streit *m* (**z powodu** *gen* wegen *gen*); JUR (Rechts)Streit *m*; **~ naukowy** wissenschaftliche Debatte *f*; **spory** *pl* Streitigkeiten *pl*

spóźniać się (*-am*) ⟨**-ić się**⟩ (*-ię*, *-nij!*) sich verspäten, zu spät kommen; **~ na pociąg** den Zug verpassen; **spóźniać się** *zegar* nachgehen

spóźnials|ki M (*-ego*; *-cy*), **~ka** F (*-kiej*; *-kie*) *umg* Nachzügler(in) *m(f)*

spóźnić się PF → spóźniać się

spóźni|enie N (*-a*) Verspätung *f*; **~ony** verspätet; *fig* spät; **~one życzenia** *pl* nachträgliche Glückwünsche *m/pl*

spracować się PF (*-uję*) sich abarbeiten, sich abplagen

spracowany abgearbeitet

sprać* PF: **~ k-o** *umg* j-n ordentlich verhauen, j-n verprügeln; → spierać

spragniony (*persf -eni*) durstig; **~ wiedzy** wissensdurstig; **~ miłości** liebebedürftig; **~ przygód** abenteuerlustig

sprasować PF → prasować

spraszać (*sproszę*) ⟨**sprosić**⟩ (*sproszę*): **~ gości** viele Gäste einladen

spra|wa F (*-y*) Sache *f*, Angelegenheit *f*; JUR Prozess *m*; (*kwestia*) Sache *f*, Frage *f*; **w tej ~wie** in dieser Angelegenheit; **dzwonię w ~wie ogłoszenia** ich rufe wegen Ihrer Anzeige an; **to nie moja ~wa** das ist nicht meine Sache; **jak stoją ~wy z** (*inst*)? wie sieht es aus mit (*dat*)?; **zdawać sobie ~wę z** (*gen*) sich im Klaren sein, sich bewusst sein (*gen*); **na dobrą ~wę** im Grunde, eigentlich; **zdać** *pf* **~wę** (**z** *gen*) Rechenschaft ablegen (über *akk*); **nie ma ~wy!** *umg* kein Problem!; **to ~wa trzech dni** das ist eine Sache von drei Tagen; **za ~wą** (*gen*) wegen (*gen*); dank (*dat*); **gorsza ~wa, że** ... schlimmer ist, dass ...

spraw|ca M (*-y*; *gen -ów*), **~czyni** F (*-i*; *-e*) JUR Täter *m*; Verursacher(in) *m(f)*; **przeciw(ko) nieznanemu ~cy** JUR gegen unbekannt

sprawdzać (*-am*) ⟨**-ić**⟩ (*-dzę*) (über)prüfen; *w książce* nachschlagen; *bilety, paszport* kontrollieren; *lekcje* korrigieren; *obecność* prüfen; (*zobaczyć*) nachsehen; **~ się** *metoda, pracownik, samochód* sich bewähren; *przepowiednia, słowa* sich bewahrheiten

sprawdzalny nachprüfbar

sprawdzian M (*-u*; *-y*) Test *m*; (*praca*) Klausur *f*; *fig* Prüfstein *m*

sprawdzić PF → sprawdzać

sprawdzony bewährt

sprawiać (*-am*) ⟨**-ić**⟩ (*-ię*) verursachen, bewirken; *radość, kłopot* bereiten; *wrażenie, różnicę* machen; **~ sobie** (*kupić*) sich kaufen; **~ lanie** e-e Tracht Prügel verabreichen

sprawiedliwie ADV → sprawiedliwy

sprawiedli|wość F (*-ści*; *bpl*) Gerechtigkeit *f*; (*sądownictwo*) Justiz *f*; **ministerstwo** *n* **~wości** Justizministerium *n*; **oddać** *pf* **~wość** (*dat*) gerecht werden (*dat*); **~wy** (**-wie**) gerecht

spraw|ka F (*-i*; *gen -wek*) *umg* Streich *m*, Werk *n*; **~ność** F (*-ści*; *bpl*) Leistungsfähigkeit *f* (*a.* TECH)

sprawnościowy: **test** *m* **~** Leistungstest *m*

sprawny *fizycznie* fit, leistungsfähig (*a.* TECH); *umysłowo* rege, leistungsfähig; (*wprawiony*) erfahren, geschickt; *organizacja* straff; *system* effizient, gut funktionierend; *ruchy* geschickt

sprawować (*-uję*) *władzę* ausüben; *urząd* bekleiden; *nadzór* führen; **~ rządy** regieren; **~ opiekę** (**nad** *inst*) unter seiner Obhut haben (*akk*); **~ się** sich betragen; TECH funktionieren

sprawo|wanie (się) N (*-a*; *bpl*) Betragen *n*; **~zdanie** N (*-a*) Bericht *m* (*a.* RADIO); **~zdanie z działalności** Geschäftsbericht *m*; **~zdanie z meczu** RADIO Fußballübertragung *f*; Fußballkommentar *m*

sprawozdaw|ca M (-y; gen -ów), **~czyni** F (-i; -e) Berichterstatter(in) m(f); **~ca sportowy** Sportkommentator m
sprawozdawczy: **referat** m **~** Rechenschaftsbericht m
sprecyzować PF → precyzować
spreparować PF → preparować
Sprewa F (-y; bpl) Spree f
sprężać (-am) ⟨**-yć**⟩ (-ę) TECH komprimieren; **~ się** sich zusammennehmen, sich aufraffen
spręż|arka F (-i; gen -rek) TECH Kompressor m; **~ony** komprimiert
sprężyć PF → sprężać
sprężyna F (-y) TECH Feder f; fig Triebkraft f, Motor m
sprężynować (-uję) federn
sprężynowy TECH Feder-; **materac** m **~** Federkernmatratze f; **nóż** m **~** Klappmesser n
sprężystość F (-ści; bpl) Elastizität f
sprężysty (**-ście**) elastisch; krok energisch, fest; organizacja, skóra straff
sprint M (-u; -y) Sprint m, Kurzstreckenlauf m
sprinter M (-a; -rzy), **~ka** F (-i; gen -rek) Kurzstreckenläufer(in) m(f)
sprofanować PF → profanować
sprolongować PF → prolongować
sprosić PF → spraszać
sprostać PF (-am) (dat) bewältigen (akk), gewachsen sein (dat); **~ zadaniu** eine Aufgabe bewältigen, einer Aufgabe gewachsen sein; **~ k-u** j-m gleichkommen, sich mit j-m messen können (**w** lok in dat)
sprostować PF → prostować
sprostowanie N (-a) Berichtigung f, Korrektur f; Richtigstellung f, Dementi n
sproszkowany pulverisiert
sprośny obszön; żart schlüpfrig, zotig
sprowadzać (-am) ⟨**-ić**⟩ (-dzę) osobę kommen lassen, (herbei)holen; pomoc holen; towar einführen, importieren; (pociągać za sobą) mit sich bringen, zur Folge haben; **~ do** (gen) beschränken, reduzieren (auf akk); **co cię sprowadza?** was führt dich hierher?; **~ na złą drogę k-o** j-n auf die schiefe Bahn bringen; **~ rozmowę na inne tory** das Gespräch in e-e andere Richtung lenken; **~ się** (**do** gen) sich niederlassen (in dat); umziehen (nach dat); **sprowadzać się do** (gen) (ograniczać się) sich reduzieren, sich beschränken (auf akk)

S

sprowokować PF → prowokować
spróbować PF → próbować
spróchniały morsch; ząb umg kariös, schlecht
spróchnieć PF → próchnieć
spruć PF → pruć
spryci|ara F (-y) umg pfiffiges Mädchen n, schlaues Mädchen n; **~arz** M (-a; -e) umg Schlauberger m, Schlitzohr n
spryskać PF → spryskiwać
spryskiwacz M (-a; -e) AGR Spritzgerät n; AUTO Scheibenwaschanlage f; **żelazko** n **ze ~em** Dampfbügeleisen n
spryskiwać (-uję) ⟨**spryskać**⟩ (-am) rośliny besprühen; bieliznę einsprengen, anfeuchten
spryt M (-u; bpl) Schlauheit f, Mutterwitz m, Pfiffigkeit f; **~ny** osoba clever, gewitzt, pfiffig; rozwiązanie schlau, clever
sprząc* PF → sprzęgać
sprzączka F (-i; gen -czek) Schnalle f
sprzątaczka F (-i; gen -czek) Putzfrau f
sprzątać (-am) ⟨**-nąć**⟩ (-nę) aufräumen; putzen; (usunąć) beseitigen, wegräumen; zboże einbringen; **~ pokój** das Zimmer aufräumen; **~ ze stołu** den Tisch abräumen; **sprzątnij swoje rzeczy!** räume deine Sachen weg!; **sprzątać** als Putzfrau arbeiten, putzen gehen
sprzątanie N (-a) Aufräumen n, Putzen n
sprzątnąć PF: (zabrać) umg wegschnappen; **~ sprzed nosa** umg vor der Nase wegschnappen; **~ k-o** umg j-n beseitigen, j-n abmurksen
sprzeciw M (-u; -y) Widerspruch m, Protest m; JUR Einspruch m; **wnieść** pf **~** JUR Einspruch einlegen od erheben (**od** gen gegen akk)
sprzeciwiać się (-am) ⟨**-ić się**⟩ (-ię) widersprechen; **~** (dat) sich widersetzen (dat), protestieren gegen (akk)
sprzeczać się (-am) (**o** akk) (sich) streiten (um akk), zanken (wegen gen)
sprzecz|ka F (-i; gen -czek) Streit m; **~ność** F (-ści) Widerspruch m; **~ność interesów** Interessengegensatz m; **stać w ~ności** im Widerspruch od Gegensatz stehen (**do** gen zu dat); **~ny** emocje, informacje widersprüchlich; interesy gegensätzlich; **~ny z** (inst) unvereinbar mit (dat); **~ny z prawem** gesetzwidrig, rechtswidrig
sprzed PRÄP (gen) (aus der Zeit) vor (dat)

sprzedać PF → sprzedawać
sprzedają|cy M (-ego; -y), **~ca** F (-ej; -ce) Verkäufer(in) *m(f)* (*a.* JUR)
sprzedajny käuflich, bestechlich
sprzeda|nie N (-a; *bpl*): **do ~nia** zu verkaufen
sprzedawać (-*aję*) ⟨**sprzedać**⟩ (-*am*) verkaufen (*a. fig*); **sprzedawać** verkaufen, als Verkäufer arbeiten; **~ się** sich verkaufen (*a. fig*); **towar dobrze się sprzedaje** die Ware verkauft sich gut
sprzedaw|ca M (-*y*; *gen -ów*) Verkäufer *m*; **~czyk** M (-*a*; -*i*) *pej* Verräter *m*
sprzedawczyni F (-*i*; -*e*) Verkäuferin *f*
sprzedaż F (-*y*; -*e*) Verkauf *m*; **~ detaliczna** Einzelhandel *m*; **~ hurtowa** Großhandel *m*; **~ wysyłkowa** Versandhandel *m*; **na ~** zum Verkauf, zu verkaufen; **~ny** *cena* Verkaufs-
sprzeniewierzać (-*am*) ⟨**-yć**⟩ (-*ę*) veruntreuen, unterschlagen; **~ się** (*dat*) *fig* untreu werden (*dat*), abkehren von (*dat*)
sprzeniewierzenie N (-*a*) Veruntreuung *f*, Unterschlagung *f*; **~ się** *fig* Abkehr *f*, Verrat *m*
sprzęgać (-*am*)⟨**-nąć**⟩ (-*nę*) *od* ⟨**sprząc**⟩ (*sprzęgę*) (zusammen)koppeln, verbinden
sprzęgło N (-*a*; *gen -gieł*) AUTO Kupplung *f*; **włączyć** *pf* **~** einkuppeln, die Kupplung treten; **wyłączyć** *pf* **~** auskuppeln
sprzęgnąć PF → sprzęgać
sprzęt[1] M (-*u*; *bpl*) Ausrüstung *f*, Gerätschaft *f*; **~ sportowy** Sportausrüstung *f*; **~ komputerowy** Computerausrüstung *f*; **~y** *pl* **domowe** Hausrat *m*, Mobiliar *n*
sprzęt[2] M (-*u*; *bpl*) *zboża* Getreideernte *f*
sprzęż|enie N (-*a*; *bpl*) Kopplung *f*, Kupplung *f*; **~enie zwrotne** Rückkoppelung *f*; **~ony** TECH (zusammen)gekoppelt; *fig* gekoppelt (**z** *inst* an *akk*)
sprzyjać (-*am*) (*dat*) begünstigen (*akk*), günstig sein (für *akk*); fördern (*akk*); **~ k-u** j-m wohlgesinnt sein; **pogoda sprzyja** das Wetter ist günstig; **zdrowie mu sprzyja** er erfreut sich bester Gesundheit
sprzyjający günstig; **być ~m dla** (*gen*) dienlich sein (*dat*); förderlich sein (*dat*)
sprzykrzyć się PF: **sprzykrzyło mu się czekanie** er ist des Wartens leid (geworden), er ist des Wartens überdrüssig (geworden)
przymierzać się (-*am*) ⟨**-yć się**⟩ (-*ę*) sich verbünden (**z** *inst* mit *dat*)
sprzymierzeni *persf* → sprzymierzony
sprzymierz|eniec M (-*ńca*; -*ńcy*) Verbündete(r) *m* (*a.* POL); **~ony** (*persf -eni*) POL verbündet, alliert
sprzymierzyć się PF → sprzymierzać się
sprzysięgać się (-*am*)⟨**sprzysiąc* się**⟩ (*sprzysięgnę*) sich verschwören (**przeciw** *dat* gegen *akk*)
sprzysiężenie N (-*a*) Verschwörung *f*
spuchnąć PF → puchnąć
spuchnięty geschwollen
spudłować PF → pudłować
spulchniać (-*am*) ⟨**-ić**⟩ (-*ię*, -*nij!*) *glebę* (auf)lockern
spust M (-*u*; -*y*) *broni* Abzug *m*; *cieczy* Abfluss *m*, Ablass *m*; **~ migawki** FOTO (Verschluss)Auslöser *m*; **mieć ~** *umg* ein Vielfraß sein
spustoszenie N (-*a*) Verwüstung *f*
spuszczać (-*am*) ⟨**spuścić**⟩ (*spuszczę*) herablassen, hinunterlassen; *żaluzje* herunterlassen; *głowę*, *wzrok* senken; *oczy* niederschlagen; *płyn*, *powietrze* ablassen; **~ psa z łańcucha** den Hund abketten; **~ psa ze smyczy** den Hund von der Leine losmachen; **~ z ceny** *umg* mit dem Preis runtergehen; **~ na wodę** MAR zu Wasser lassen; **nie ~ z oczu** nicht aus den Augen lassen; **~ z tonu** kleinlaut werden, klein beigeben; **~ lanie k-u** *umg* j-m eine Tracht Prügel verabreichen; **~ się** sich hinunterlassen
spuścizna F (-*y*) *twórcy* Nachlass *m*; (*spadek*) Erbe *n*
spychacz M (-*a*; -*e*) Planierraupe *f*
spychać (-*am*) ⟨**zepchnąć**⟩ (-*nę*) (weg)schieben, (hinunter)stoßen; *fig* verdrängen; **~ w bok** zur Seite schieben; **~ ze schodów** von der Treppe stoßen; **~ na k-o** *fig* auf j-n abwälzen, auf j-n abschieben
spycharka F (-*i*; *gen -rek*) → spychacz
spytać PF → pytać
spytki: **brać k-o na ~** *umg* j-n ausfragen
sp. z o.o. (**spółka z ograniczoną odpowiedzialnością**) GmbH (Gesellschaft mit beschränkter Haftung)
sraczka F (-*i*; *gen -czek*) *vulg* Dünnschiss *m*
srać (-*am*) *vulg* scheißen; **~ na** (*akk*) *fig vulg* scheißen auf (*akk*)
srebrnoszary (**-ro**) silbergrau
sreb|rny silbern, Silber-; **~rny pierścio-**

nek *m* Silberring *m*; **~rne wesele** *n* Silberhochzeit *f*; **~ro** N (-*a*) Silber *n*; **~ra** *pl* (Tafel)Silber *n*; **żywe ~ro** Quecksilber *n*; *fig* sehr lebendige Person *f*
srebrzyć ⟨**po-**⟩ (-*ę*) versilbern; **srebrzyć się** silbrig schimmern
srebrzysty (**-ście**) silbrig
sro|dze ADV *lit* mächtig; **~czy** Elster-
sro|gi (**-go**) *lit osoba, zima, mróz* streng; *kara, los* hart; **~ga mina** *f* strenges Gesicht *n*
srogość F (-*ści*; *bpl*) Strenge *f*, Härte *f*
sroka F (-*i*) Elster *f*; **~ty** *koń* scheckig
srom M (-*u*; -*y*) ANAT Vulva *f*; **~otny** *lit* schmählich, schändlich; **~otna klęska** *f lit* schmachvolle *od* schmähliche Niederlage *f*
sromo|wy: **wargi** *pl* **~we** ANAT Schamlippen *f/pl*
srożej *komp* ADV strenger; → srogo
srോższy *komp* ADJ strenger; → srogi
ssać* (*ssę, ssie; ssij!*) saugen; *cukierek, tabletkę* lutschen; **~ pierś** an der (Mutter)-Brust saugen, trinken; **~ palec** am Finger saugen
ssak M (-*a*; -*i*) Säugetier *n*, Säuger *m*
ssący Saug-
stabilizacja F (-*i*; *bpl*) Stabilisierung *f*
stabilizować ⟨**u-**⟩ (-*uję*) *sytuację* stabilisieren; **~ się** *sytuacja, pogoda* sich stabilisieren; **~ się w życiu** fest im Leben stehen, etabliert sein
stabil|izacja F (-*i*; *bpl*) Stabilisierung *f*; **~izacja życiowa** geordnetes Leben *n*; **~ny** stabil
stacja F (-*i*; -*e*) *kolejowa* (Bahn)Station *f*, Bahnhof *m*; **~ metra** U-Bahnstation *f*; **~ końcowa** Endstation *f*; **~ benzynowa** Tankstelle *f*; **~ meteorologiczna** Wetterwarte *f*; **~ nadawcza** RADIO Sender *m*; **~ satelitarna** ASTRON Raumstation *f*; **~ dysków** EDV Diskettenlaufwerk *n*
stacjonar|ny: **studia** *pl* **~ne** Studium *n*; **komputer** *m* **~ny** Personalcomputer *m*, PC *m*
stacjonować (-*uję*) stationiert sein
stacyj|ka F (-*i*; *gen* -*jek*) kleine Bahnstation *f*, Kleinbahnhof *m*; AUTO Zündschloss *n*; **~ny** *budynek* Stations-, Bahnhofs-
staczać (-*am*) ⟨**stoczyć**⟩ (-*ę*) *belki* hinunterrollen, hinunterwälzen; **~ się** *v/i* hinunterrollen; *fig* herunterkommen; **~ się na dno** *fig* (moralisch) tief sinken
stać[1]* (*stoję, stoi; stój!*) *osoba, mebel, zegarek* stehen; *winda* stehen bleiben; *maszyna, zakład* stillstehen; **~ prosto** gerade stehen; **biurko stoi przy oknie** der Schreibtisch steht am Fenster; **~ w korku** *umg* im Stau stehen; **~!** *od* **stój!** halt!; **~ na warcie** Wache halten; **~ w miejscu** *fig* auf der Stelle treten; **jak sprawy stoją?** wie stehen die Dinge?; **po czyjej stoisz stronie?** auf welcher Seite stehst du?; **~ na głowie** SPORT auf dem Kopf stehen
stać[2] *präd*: (**nie**) **~ go na hotel** er kann sich (k)ein Hotel leisten; **nie ~ mnie na to** das kann ich mir nicht leisten
stać* się PF (*3. Pers staje*) (*zajść*) passieren; **co się stało?** was ist los?, was ist passiert?; **co się stało z** (*inst*)? was ist passiert mit (*dat*)?; **nic ci się nie stanie** es wird dir nichts passieren; **stało się coś złego** es ist etwas Schlimmes passiert; **dobrze się stało, że** ... es ist gut, dass ...; **stał się cud** es geschah ein Wunder; → stawać się
stadion M (-*u*; -*y*) Stadion *n*
stadnina F (-*y*) Gestüt *n*
stad|ny: **instynkt** *m* **~ny** Herdentrieb *m* (*a. fig*); **zwierzę** *n* **~ne** Herdentier *n*; **prowadzić ~ny tryb życia** in Herden leben
stado N (-*a*) *owiec* Herde *f*; *wilków* Rudel *n*; *ptaków* Schwarm *m*
stagnacja F (-*i*; -*e*) Stagnation *f* (*a.* EKON), Stillstand *m*
stajać PF → tajać
stajnia F (-*i*; -*e*; *gen* -*i od* -*jen*) Pferdestall *m*
st|al F (-*i*; -*e*) Stahl *m*; **~al szlachetna** Edelstahl *m*; **twardy jak ~al** stahlhart; **~ale** ADV ständig, stets
stali *persf* → stały
stalinowski stalinistisch, Stalin-
stalo|wnia F (-*i*; -*e*) Stahlwerk *n*; **~woszary** stahlgrau; **~wy** Stahl-; *kolor* stahlblau; **mieć ~we nerwy** Nerven aus Stahl *od* wie Drahtseile haben
stalówka F (-*i*; *gen* -*wek*) (Schreib)Feder *f*
stała F (-*ej*; -*e*) MAT Konstante *f*
stało się → stawać się
stałociepl|ny ZOOL warmblütig; **zwierzę** *n* **~ne** Warmblüter *m*
stałość F (-*ści*; *bpl*) Beständigkeit *f*
sta|ły (*persf* -*li*) *temperatura, wartość* beständig, konstant; *uczucie, pogoda, charakter* beständig, stabil; *dochód, posada, współpracownik* fest, Fest-; *cena* fest(ste

hend); *komisja, doradca* ständig; *pobyt, wystawa* ständig, Dauer-; *koszty* konstant, fix; *gość, klient, publiczność* Stamm-; FIZ fest; **~łe miejsce** *n* **zamieszkania** ständiger Wohnsitz *m*; **na ~łe** dauerhaft, auf Dauer; **~ły ląd** *m* Festland *n*; **mieć ~łą posadę** fest angestellt sein

stamtąd ADV von dort (aus), von da

stan M (-u; -y) Zustand *m*; Lage *f*; *w Stanach Zjednoczonych* Staat *m*; **~ zdrowia** Gesundheitszustand *m*; **~ duchowy** Gemütszustand *m*; **~ pogody** Wetterlage *f*; **~ wody** Wasserstand *m*; **~ gospodarki** Wirtschaftslage *f*; **~ kasy** Kassenbestand *m*; **~ cywilny** Familienstand *m*; **~ konta** BANK Kontostand *m*; **~ rzeczy** Sachverhalt *m*, Tatbestand *m*; **w dobrym ~ie** in gutem Zustand; **być w ~ie** (+ *inf*) imstande sein zu (+ *inf*); **żyć ponad ~** über s-e Verhältnisse leben; **~ średni** HIST Mittelstand *m*; **w odmiennym ~ie** *lit* in anderen Umständen

Stany PL (-ów): **~ Zjednoczone** Vereinigte Staaten *pl*

stanąć PF *rzeka* zufrieren; **stanęło na tym, że ...** es blieb dabei, dass ...; **na czym stanęliśmy?** wo sind wir stehen geblieben?; **na tym stanęło** dabei blieb es; **~ na wysokości zadania** der Aufgabe gewachsen sein; **~ w ogniu** in Flammen stehen; **~ w martwym punkcie** an einem toten Punkt ankommen; → stawać

stanc|ja F (-i; -e) *an einen Studenten oder Schüler vermietetes Zimmer, umg* Studentenbude *f*; **mieszkać na ~ji** zur Untermiete wohnen

standard M (-u; -y) Standard *m*; **~ życia** Lebensstandard *m*; **~owy** Standard-

standaryzacja F (-i; *bpl*) Standardisierung *f*, Normung *f*

standaryzować (-uję) standardisieren, vereinheitlichen

stanieć PF → tanieć

stanik M (-a; -i) (*biustonosz*) Büstenhalter *m*, BH *m*; (*część stroju*) Mieder *n*

staniol M (-u; *bpl*) Stanniol *n*

stanowczo ADV → stanowczy

stanow|czość F (-ści; *bpl*) Entschlossenheit *f*; **~czy** *osoba* entschlossen, resolut; *odmowa, sprzeciw* kategorisch, entschieden; *ton* kategorisch, bestimmt; *postanowienie, decyzja* fest

stanowić (-ię, -nów!) *v/t* bilden, ausmachen; V/I entscheiden (**o** *lok* über *akk*)

stanowisko N (-a) (*posada*) Stelle *f*; (*pozycja*) Stellung *f* (*a.* MIL); *fig* Standpunkt *m*; *na wystawie* Stand *m*; AGR Standort *m*, Platz *m*; ŁOW Hochstand *m*; **~ pracy** Arbeitsplatz *m*; **~ słoneczne** AGR sonniger Platz *m*, sonniger Standort *m*; **~ kierownicze** leitende Position *f*; **wysokie ~** hohe Position *f*, gehobene Stellung *f*

stanowy HIST Stände-; ADMIN Staats-

stapiać (-am) ⟨**stopić**⟩ (-ię) *śnieg* schmelzen; *masło* zerlassen; TECH legieren; **~ się** *śnieg* tauen, schmelzen

starać się (-am) sich bemühen, sich Mühe geben; **~ o** (*akk*) sich bewerben um (*akk*); sich bemühen um (*akk*)

star|ania N/PL (*gen* -ań) Bemühungen *f/pl*, Bestrebungen *f/pl*; **dołożyć** *pf* **wszelkich ~ań** sich alle Mühe geben; **nie szczędzić ~ań** keine Mühe scheuen; **czynić ~ania** sich bemühen (**o** *akk* um *akk*)

staran|ność F (-ści; *bpl*) Sorgfalt *f*; **~ny** sorgfältig; *ubiór, język* gepflegt

staranować PF → taranować

starcie N (-a) MIL Gefecht *n*; (*sprzeczka*) Wortgefecht *n*, Auseinandersetzung *f*; SPORT Runde *f*; MED Abschürfung *f*

starcy PL → starzec

starczać (3. *Pers* -a) ⟨**-yć**⟩ (-y) ausreichen, genügen (**na** *akk* für *akk*)

star|czy ADJ Alters-, greisenhaft; **niedołęstwo** *n* **~cze** MED Altersschwäche *f*

starczyć PF → starczać

stare N (-ego; *bpl*) Alte(s) *n*; **wstystko po ~mu** alles beim Alten; **po ~mu** wie früher

staro ADV → stary

staro|cerkiewny altkirchenslawisch; **~cie** F/PL (*gen* -) *umg* Gerümpel *n*, Trödel *m*; **targ** *m* **~ci** Trödelmarkt *m*

staro|dawny uralt; altertümlich; **~druk** M (-u; -i) TYPO alter Druck *m*; **~drzew** M (-u; -y) alter Baumbestand *m*

Starogard M (-u; *bpl*) Stargard *n*

staro|grecki altgriechisch; **~kawalerski** Junggesellen-; **~miejski** altstädtisch, Altstadt-; **~modny** altmodisch; **~panieński** altjüngferlich

staropols|ki altpolnisch; **po ~ku** auf altpolnische Art

starorzecze N (-a) Altwasser *n*

staro|sta M (-y; -owie) ADMIN Landrat *m*; (*kobieta*) Landrätin *f*; *grupy* Sprecher *m*; HIST Starost *m*; **~ścina** F (-y) *grupy* Sprecherin *f*

S

staro|ść F (-ści; bpl) Alter n; **późna ~ść** hohes Alter n; **na ~ść** fürs Alter; im Alter; **do późnej ~ści** bis ins hohe Alter; **ze ~ści** altersbedingt
staroświecki (-**ko** od **po -ku**) altmodisch
starowin|a, **~ka** F od m (-y) (staruszka) Mütterchen n; (staruszek) Alterchen n, Opa m
starozakonny alttestamentarisch; orthodox
starożyt|ność F (-ści; bpl) HIST Altertum n, Antike f; **~żytny** HIST antik; (stary) uralt
starówka F (-i; gen -wek) Altstadt f
starsi persf → starszy[1]
starsi persf → starszy[2]
starsza|k M (-a; -i) umg Vorschulkind n; **~wy** (**-wo**) ältlich, angejahrt; **~wa osoba** umg żart höheres Semester n
starszeńst|wo N (-a; bpl) Dienstalter n; **według ~wa** dem Alter nach
star|szy[1] (persf starsi) älter; w hierarchii Ober-; **moja ~sza siostra** meine ältere Schwester f
starszy[2] M (-ego; -si) Ältere(r) m
starszyzna F (-y; bpl) koll Ältestenrat m, Stammesälteste(n) pl
start M (-u; -y) SPORT, ASTRON Start m; LOT Start m, Abflug m; fig Einstieg m, Start m; **Do biegu. Gotowi. ~!** auf die Plätze, fertig, los!
starter M (-a; -rzy) SPORT Starter m; AUTO (-u; -y) Anlasser m
startować ⟨**wy-**⟩ (-uję) v/i SPORT, ASTRON starten; LOT starten, abfliegen; V/I fig einsteigen, beginnen; **startować do k-o** umg j-m den Hof machen, j-n anmachen
startowy SPORT, LOT Start-; **pas** m **~** LOT Startbahn f
starty abgerieben
starusz|ek M (-szka; -szkowie) Alterchen n, Opa m; **~kowie** pl altes Ehepaar n, Alte(n) pl; **~ka** F (-i; gen -szek) Mütterchen n, Oma f
sta|ry[1] (persf -rzy) alt; **~re miasto** n Altstadt f; **~ry jak świat** uralt; **~ry koń** umg fig alter Kerl m; **~ry znajomy** alter Bekannter m; **&ry Testament** m das Alte Testament n
sta|ry[2] M (-ego; -rzy), **~ra** F (-ej; -e) (rodzic) umg Alte(r) m, f; **moi ~rzy** umg meine Alten pl
starzec M (-rca; -rcy) Greis m
starzeć się ⟨**ze-**⟩ (-eję) osoba altern, alt od älter werden; **starzeć się** społeczeństwo altern; TECH ermüden, altern; (dezaktualizować się) veralten, überholt werden
starzej komp ADV älter; → stary
starzenie (się) N (-a; bpl) Altwerden n, Altern n; TECH Alterung f
starzy persf → stary[1]
starzy persf → stary[2]
starzyz|na F (-y; bpl) Trödel m; **handlarz** m **~ną** Trödler m; **sklep** m **ze ~ną** Trödelladen m
stateczny osoba gesetzt; bedächtig; anständig; życie ruhig, geordnet; łódź kentersicher
stat|ek M (-tku; -tki) Schiff n; **~ handlowy** Handelsschiff n; **~ dalekomorski** Hochseeschiff n; **na ~ku** an Bord; **płynąć ~kiem** mit einem Schiff fahren
statu|a F (-uy od -ui; dat lok -ui; -uy) Statue f; **~etka** F (-i; gen -tek) Statuette f
status M (-u; bpl) Status m
statut M (-u; -y) Satzung f, Statut n; **~owy** satzungsgemäß, statutarisch
staty|czny statisch; **~ka** F (-i; bpl) Statik f
statysta M (-y; -ści) FILM Statist m (a. fig), Komparse m
statys|tka F (-i; gen -tek) FILM Statistin f (a. fig), Komparsin f; **~tyczny** statistisch; **~tyka** F (-i) Statistik f
statyw M (-u; -y) Stativ n
staw M (-u; -y) Teich m; ANAT Gelenk n; **~ hodowlany** Karpfenteich m; **ból** m **w ~ach** Gelenkschmerzen m/pl
stawać (-ję) ⟨**stanąć**⟩ (-nę, -ń!) sich stellen; (zatrzymać się) stehen bleiben; pociąg, autobus anhalten; produkcja stillstehen; budynek gebaut werden, errichtet werden; (nadepnąć) treten (**na** akk auf akk); **stań tutaj!** stell dich hierher!; **~ na palcach** sich auf die Zehenspitzen stellen; **~ w rozkroku** sich breitbeinig stellen; **~ przed sądem** vor Gericht erscheinen; **~ przed** (inst) od **wobec** (gen) fig sich gestellt sehen vor (akk); **~ na przeszkodzie** fig im Wege stehen; **~ na głowie** fig alle Hebel in Bewegung setzen; **~ okoniem** sich sträuben
stawać się (-ję) ⟨**stać się**⟩ (stanę) werden; **~** (inst) werden zu (akk)
stawiać (-am) ⟨**postawić**⟩ (-ię) hinstellen; (podnosić) aufrichten; (budować) bauen; warunki, diagnozę stellen; tez

aufstellen; *samochód* abstellen, parken; *pomnik* errichten; *kołnierz* hochschlagen; *przecinek, stawkę, żagle* setzen; *karty* legen; (*fundować*) *umg* spendieren, ausgeben; **~ kolejkę** *umg* e-e Runde schmeißen; **~ na swoim** seinen Willen durchsetzen; **~ pod znakiem zapytania** infrage stellen; **~ k-o w trudnej sytuacji** j-n in e-e schwierige Lage bringen; **~ sprawę na ostrzu noża** kategorisch eine Entscheidung fordern; **~ k-o przed faktem dokonanym** j-n vor vollendete Tatsachen stellen; **~ się** *umg* aufmüpfig sein; (*budować*) sich ein Haus bauen; **stawiać się** *ofic* sich einfinden, erscheinen (**do** *gen* zu *dat*); sich melden (bei *dat*)

stawić PF (*-ię*): **~ czoła k-u** j-m die Stirn bieten

stawić się PF (*-ię*) *ofic* sich einfinden, erscheinen (**do** *gen* zu *dat*); sich melden (bei *dat*)

staw|iennictwo N (*-a; bpl*) *ofic* Erscheinen *n*; **~ka** F (*-i; gen -wek*) FIN Satz *m*; *w grze* Einsatz *m*; **~ka za godzinę** Stundenlohn *m*; **~ka podatkowa** Steuersatz *m*; **~ką jest życie** *fig j-s* Leben steht auf dem Spiel

stawowy ANAT Gelenk-

staż M (*-u; bpl*) Praktikum *n*; **~ naukowy** Forschungsstipendium *n*; **~ pracy** Berufsjahre *pl*

stażyst|a M (*-y; -ści*), **~ka** F (*-i; gen -tek*) Praktikant(in) *m(f)*

stąd ADV ab hier; von hier; *konj* (*dlatego*) daher

stąpać (*-am*) *lit* schreiten, gehen; **~ na palcach** auf den Zehenspitzen gehen; **mocno ~ po ziemi** mit beiden Beinen auf der Erde stehen

stąpnąć (-NĘ) *lit* einen Schritt tun, treten

stchórzyć PF → tchórzyć

stearynowy Stearin-

stek M (*-u; -i*) KULIN Steak *n*; **~ kłamstw** ein Haufen Lügen; **~ wyzwisk** unflätige Beschimpfungen *pl*

stelaż M (*-u; -e*) Gestell *n*, Ständer *m*

stempel M (*-pla; -ple; gen -pli*) Stempel *m* (*a.* GÓRN); **~ pocztowy** Poststempel *m*

stemplow|ać ⟨**o-**⟩ (*-uję*) (ab)stempeln

stenograf M (*-a; -owie*) Stenograf *m*; (*kobieta*) Stenografin *f*

stenografować (*-uję*) stenografieren, Kurzschrift schreiben

step M (*-u; -y*) Steppe *f*; **~owy** Steppen-

ster M (*-u; -y*) MAR Ruder *n*; LOT Steuerknüppel *m*; **być u ~u** *fig* am Ruder sein; **~any** abgearbeitet, geplagt; *zdrowie* ruiniert

sterczący vorstehend; *uszy* abstehend

sterczeć (*-ę, -y*) (heraus)ragen; abstehen; vorspringen; *fig umg* herumstehen, hocken

stereofoniczny stereofon, Stereo-

stereotypowy (**-wo**) stereotyp

sternik M (*-a; -cy*) MAR Steuermann *m*; **~ automatyczny** Selbststeueranlage *f*

sterować (*-uję*) MAR, LOT steuern (*a. fig*)

sterowanie N (*-a*) Steuerung *f*; **zdalne ~** Fernsteuerung *f*

sterowany: **zdalnie ~** ferngesteuert; **ręcznie ~** handgesteuert

sterow|nia F (*-i; -e*) Ruderhaus *n*; **~niczy** *pulpit* Steuer-, Schalt-; **~nik** M (*-a; -i*) EDV Treiber *m*; **~ny** steuerbar

sterroryzować PF → terroryzować

sterta F (*-y*) AGR Schober *m*; (*stos*) Stapel *m*, Haufen *m*

sterylizacja M (*-i; -e*) Sterilisierung *f* (*a.* MED)

sterylizować (*-uję*) sterilisieren (*a.* MED)

ste|rylny steril, keimfrei; **~tryczały** tatterig

steward M (*-a; -dzi*) Steward *m*; **~esa** F (*-y*) Stewardess *f*

stębnować ⟨**o-**⟩ (*-uję*) *materiał* steppen

stębnowany Stepp-

stęch|lizna F (*-y; bpl*) Modergeruch *m*, Muff *m*; **czuć ~lizną** es riecht moderig *od* nach Moder; **~ły** muffig, mod(e)rig

stęchnąć PF (*3. Pers -nie*) moderig werden; *opuchlizna* abschwellen

stękać (*-am*)⟨**-nąć**⟩ (*-nę*) stöhnen; **stękać** sich beklagen

stęknięcie N (*-a*) Stöhnen *n*

stęp M (*-a; bpl*) *konia* Schritt *m*; **jechać ~a** (im) Schritt fahren

stępiać (*-am*) ⟨**-ić**⟩ (*-ię*) *nóż* stumpf machen, abstumpfen (*a. fig*); **~ się** *nóż* stumpf werden, sich abnutzen

stępić PF → tępić

stępieć PF → tępieć

stępiony *nóż* stumpf; *fig* abgestumpft

stęsknić się PF (*-ię, -nij!*) Sehnsucht haben, von Sehnsucht erfüllt sein (**za** *inst* nach *dat*)

stęskniony sehnsüchtig, sehnsuchtsvoll

stężały *galaretka, beton* fest, steif; *fig* erstarrt
stężeć PF → tężeć
stęż|enie N (-a) CHEM Konzentration *f*; **~enie pośmiertne** Leichenstarre *f*; **~ony** CHEM konzentriert
stiuk M (-u; -i) ARCH Stuck *m*
stłamsić PF → tłamsić
stłoczony zusammengepfercht, gedrängt
stłoczyć PF (-ę) zusammenpferchen, zusammendrängen; **~ się** zusammenrücken, sich zusammendrängen
stłuc PF → tłuc
stłucz|enie N (-a) MED Prellung *f*; **~ka** F (-i; *gen* -czek) AUTO Blechschaden *m*; Zusammenstoß *m*
stłumić → tłumić
stłumiony *głos, kolor* gedämpft; *krzyk* erstickt
sto (*persf* *stu*) hundert; **na ~ procent** hundertprozentig; **~ razy** hundertmal; **na ~ dwa** *umg* tipptopp; **~ lat!** hoch soll er leben!, happy birthday!
stoczni|a F (-i; -e) Werft *f*; **~owiec** M (-wca; -wcy) Werftarbeiter *m*; **~owy** Werft-; **przemysł** *m* **~owy** Schiffbau *m*
stoczyć PF: **~ bitwę** e-e Schlacht schlagen, sich e-e Schlacht liefern; → staczać
stodoła F (-y; *gen* -dół) Scheune *f*
stogi PL → stóg
stoi|cki *spokój* stoisch, unerschütterlich; **~sko** N (-a) HANDEL Stand *m*; **~sko z książkami** Bücherstand *m*; **~sko z warzywami** Gemüsestand *m*
stojak M (-a; -i) Ständer *m*, Gestell *n*; **~ na ubranie** Kleiderständer *m*; **~ na kwiaty** Blumenständer *m*; **~ na rowery** Fahrradständer *m*
stojąco ADV: **na ~** im Stehen, stehend
stoją|cy stehend; *miejsce, lampa* Steh-; **wolno ~cy dom** leer stehendes Haus *n*; **woda** *f* **~ca** stehendes Gewässer *n*; **mieć ~cą pracę** bei der Arbeit viel stehen (müssen)
stok M (-u; -i) (Berg)Hang *m*
stokrot|ka F (-i; *gen* -tek) Gänseblümchen *n*; **~ny** hundertfach; **~ne dzięki!** vielen Dank!
stolar|ka F (-i; *bpl*) *umg* Tischlerei *f*, Tischlerhandwerk *n*; BUD Holzbauelemente *pl*; **~nia** F (-i; -e) Tischlerwerkstatt *f*, Tischlerei *f*

stol|arstwo N (-a; *bpl*) Tischlerei *f*, Tischlerhandwerk *n*; **~arz** M (-a; -e) Tischler *m*, Schreiner *m*
stolco|wy: **kiszka** *f* **~wa** ANAT Mastdarm *n*
stolec M (-lca; -lce) MED Stuhl *m*; Stuhlgang *m*; **oddać** *pf* **~ do badania** den Stuhl untersuchen lassen; **regularny ~** regelmäßiger Stuhlgang *m*
stol|ica F (-y; -e) Hauptstadt *f*; *mody, filmowa* Metropole *f*; **Ŝica Apostolska** der Heilige Stuhl *m*; **~ik** M (-a; -i) kleiner Tisch *m*; *w restauracji* Tisch *m*; **zarezerwować** *pf* **~ik** e-n Tisch reservieren; **~ik pod telewizor** TV-Bank *f*, Untersatz *m* für den Fernseher; **~nica** F (-y; -e) Nudelbrett *n*
stoł|eczny Hauptstadt-, hauptstädtisch; **~ek** M (-łka; -łki) Hocker *m*, Schemel *m*; **~ek barowy** Barhocker *m*
stołować (-uję) *gości* verpflegen; **~ się** sich verpflegen lassen, essen; **~ się w pensjonacie** in einer Pension essen
stołowy[1] *noga, nakrycie* Tisch-; *pokój, łyżka* Ess-; KULIN Tafel-
stołowy[2] M (-ego; -e) Esszimmer *n*, Speisezimmer *n*
stołówk|a F (-i; *gen* -wek) *zakładowa* Kantine *f*; *studencka* Mensa *f*; **~owy** Mensa-; Kantinen-
stoły PL → stół
stomatologia F (*gen dat lok* -ii; *bpl*) Zahnheilkunde *f*, Zahnmedizin *f*
stomatologiczn|ny: **przychodnia** *f* **~na** Zahnarztpraxis *f*; **fotel** *m* **~ny** Zahnarztstuhl *m*; **studia** *pl* **~ne** Zahnmedizin *f*
stonka F (-i; *gen* -nek): **~ ziemniaczana** Kartoffelkäfer *m*
stono|ga F (-i; *gen* -nóg) Tausendfüß(l)er *m*; **~wany** *kolor* gedämpft, dezent
stop M (-u; -y) Legierung *f*; **~!** halt!, stopp!; **jechać ~em** *umg* per Anhalter fahren
sto|pa F (-y; *gen* stóp) ANAT Fuß *m*; EKON Satz *m*; *zysku, inflacji* Rate *f*; **~pa życiowa** Lebensstandard *m*; **~pa procentowa** BANK Zinssatz *m*; **~pa metryczna** LIT Versfuß *m*; **u stóp góry** am Fuß(e) des Berges; **od stóp do głów** von Kopf bis Fuß; **jesteśmy na ~pie koleżeńskiej** wir sind gute Bekannte; **żyć na wojennej ~pie** auf (dem) Kriegsfuß stehen (**z** *inst* mit *dat*); **paść** *pf* **do stóp k-u** j-m zu Füßen fallen
stoper M (-a; -y) Stoppuhr *f*

stopić PF → stapiać

stop|ień M (*-pnia; -pnie*) *schodów* Stufe *f* (*a. fig*); (*ocena*) Note *f*; (*jednostka miary*) Grad *m* (*a.* MAT, GEOG); MIL Dienstgrad *m*; **~ień naukowy** akademischer Grad *m*; **~ień wyższy** GRAM Komparativ *m*; **~ień najwyższy** Superlativ *m*; **~ień rozwoju** Entwicklungsstufe *f*; **~ień trudności** Schwierigkeitsgrad *m*; **~ień skalny** Fels(en)vorsprung *m*; **poparzenie** *n* **trzeciego ~nia** MED Verbrennung *f* dritten Grades; **do tego ~nia, że ...** dermaßen, dass ...; **w mniejszym ~niu** weniger; **w wysokim ~niu** hochgradig; **w pewnym ~niu** gewissermaßen

stop|iony geschmolzen, verschmolzen; *masło* zerlassen; **~ka** F (*-i; gen -pek*) *dim* Füßchen *n*, kleiner Fuß *m*; TYPO Impressum *n*; **~niały** *śnieg, lód* geschmolzen, aufgetaut

stopniować (*-uję*) *trudności, wymagania* allmählich steigern; *ceny, płace* staffeln; *kolory* abstufen; GRAM steigern

stopnio|wo ADV allmählich, nach und nach; **~wy** allmählich, langsam

stopować ⟨**za-**⟩ (*-uję*) stoppen, aufhalten; *fig* hemmen

stor|y F/PL (*gen -*) schwere Vorhänge *pl*; **~czyk** M (*-a; -i*) Orchidee *f*

stornować (*-uję*) stornieren

storpedować PF → torpedować

stos M (*-u; -y*) Haufen *m*; *ułożony* Stapel *m*, Stoß *m*; *do spalenia* Holzstoß *m*; HIST Scheiterhaufen *m*; **ułożyć** *pf* **w ~** stapeln; **spalić** *pf* **na ~ie** HIST auf dem Scheiterhaufen verbrennen

stosować ⟨**za-**⟩ (*-uję*) *metody, przemoc, leczenie* anwenden; (*używać*) verwenden; *krem* benutzen; **~ się** (**do** *gen*) sich halten (an *akk*), befolgen (*akk*); sich richten (nach *dat*)

stosow|any *sztuka, nauka* angewandt; **~nie** (**do** *gen*) angemessen (*dat*), passend (zu *dat*); entsprechend, gemäß (*dat*); **~ny** angebracht; **~ny** (**do** *gen*) angemessen (*dat*), passend (zu *dat*); **w ~nej chwili** im passenden Augenblick; **uważać za ~ne** es für richtig halten, es für angebracht halten

stosun|ek M (*-nku; -nki*) Verhältnis *n*; (*nastawienie*) Verhältnis *n*, Haltung *f* (**do** *gen* zu *dat*); **~ki** *pl* (*warunki*) Verhältnisse *pl*; (*kontakty*) Beziehungen *f*; **~ek płciowy** Geschlechtsakt *m*, Geschlechtsverkehr *m*; **~ek przerywany** Coitus interruptus *m*; **w ~ku do** (*gen*) im Verhältnis zu (*dat*); **w ~ku do k-o** j-m gegenüber; **w ~ku do mnie** mir gegenüber; **być w dobrych ~kach** (**z** *inst*) gute Beziehungen pflegen (mit *od* zu *dat*), ein gutes Verhältnis haben (zu *dat*); **mieć ~ki** Beziehungen haben

stosunkowy (**-wo**) verhältnismäßig, relativ

stowarzyszać się (*-am*) ⟨**-yć się**⟩ (*-ę*) sich vereinigen, sich organisieren (**w** *lok* in *dat*); einen Verein gründen

stowarzyszeni *persf* → stowarzyszony

stowarzysz|enie N (*-a*) Verein *m*, Verband *m*; **~enie przedsiębiorców** Unternehmerverband *m*; **tajne ~enie** Geheimbund *m*; **~ony** (*persf -eni*) organisiert (**w** *lok* in *dat*)

stowarzyszyć się PF → stowarzyszać się

stoż|ek M (*-żka; -żki*) Kegel *m* (*a.* MAT); **~ek wulkaniczny** GEOL Vulkankegel *m*; **~kowaty** (**-to**) kegelförmig, konisch

stóg M (*-ogu; -ogi*) Schober *m*

stójka F (*-i; gen -jek*) Stehkragen *m*

stół M (*-ołu; -oły*) Tisch *m*; **~ weselny** Hochzeitstafel *f*; **~ operacyjny** Operationstisch *m*; **przy stole** am Tisch; bei Tisch; **~ biesiadny** Tafel *f*

stów|a, **~ka** F (*-i*) *umg* Hunderter *m*

str. (**strona**) S. (Seite)

straceni *persf* → stracony

strac|enie N (*-a*) Hinrichtung *f*; **miejsce** *n* **~eń** Richtstätte *f*; **nie mieć nic do ~enia** nichts zu verlieren haben; **nie mieć czasu do ~enia** keine Zeit zu verlieren haben; **iść jak na ~enie** *umg* sich schleppen, zögerlich gehen

strace|niec M (*-ńca; -ńcy*) Todesmutige(r) *m*, Desperado *m*; **oddział** *m* **~ńców** MIL Himmelfahrtskommando *n*; **~ńczy** todesmutig, tollkühn

strach M (*-u; bpl*) Angst *f*; **~y** *pl* (*zjawa*) Geister *pl*, Gespenster *pl*; **ze ~u** vor Angst; **śmiertelny ~** Todesangst *f*; **~ na wróble** Vogelscheuche *f*; **~ było** (+ *inf*) man hatte Angst zu (+ *inf*); **aż ~!** *umg* furchtbar!, schrecklich!; **mieć ~a** *umg* Bammel haben; **blady ~** panische Angst *f*

strachliwy ängstlich; (*płochliwy*) scheu

stracić PF *skazańca* hinrichten; → tracić

stracon|y (*persf -eni*) *fig* verloren; *skaza-*

S

niec hingerichtet; **jeszcze nic ~ego** noch ist nicht alles verloren
stragan M (*-u; -y*) Marktstand *m*, Marktbude *f*; **~ z kwiatami** Blumenstand *m*; **~ z warzywami** Gemüsestand *m*
straga|niarka F (*-i; gen -rek*) Marktfrau *f*, Markthändlerin *f*; **~niarz** M (*-a; -e*) Markthändler *m*; **~nowy** Markt-
strajk M (*-u; -i*) Streik *m*; **~ głodowy** Hungerstreik *m*; **~ powszechny** Generalstreik *m*; **~ ostrzegawczy** Warnstreik *m*
strajkować (*-uję*) streiken
strajkowy Streik-
strajkujący[1] streikend
strajkują|cy[2] M (*-ego; -y*), **~ca** F (*-ej; -e*) Streikende(r) *m*, *f*
strapić PF → trapić
strapieni *persf* → strapiony
strapi|enie N (*-a*) *lit* Kummer *m*; **~ony** (*persf -eni*) (tief) betrübt, besorgt
straszak M (*-a; -i*) (*pistolet*) Schreckschusspistole *f*; *fig* Abschreckungsmittel *n*
straszliwy (-wie) fürchterlich, furchtbar (*a. umg fig*)
strasz|ny fürchterlich, furchtbar, schrecklich (*a. umg fig*); **~ne pieniądze** *pl umg* eine Menge Kohle, ein Batzen Geld; **nie taki diabeł ~ny, jak go malują** es wird nichts so heiß gegessen, wie es gekocht wird
straszyć (*-ę*): **~ k-o** j-n erschrecken, j-m Angst machen; (*grozić*) j-m drohen (*inst* mit *dat*); **tu straszy** hier spukt es
straszydło N (*-a; gen -deł*) Ungeheuer *n*, Monster *n*; **wyglądać jak ~** wie e-e Vogelscheuche aussehen
stra|ta F (*-y*) Verlust *m* (*a.* FIN); Verschwendung *f*; **~ty** *f/pl* **finansowe** finanzielle Verluste *f/pl*; **~ty** *m/pl* **materialne** materielle Schäden *m/pl*; **ze ~tą** FIN mit Verlust; **ponieść** *pf* **~tę** e-n Verlust erleiden; **po stracie ojca** nach dem Verlust des Vaters; **~ty** *pl* **w ludziach** MIL Menschenverluste *pl*
strategi|a F (*gen dat lok -ii; -e*) Strategie *f*; **~czny** strategisch
stratny: **być ~m** *umg* FIN Verluste machen
stratować PF → tratować
strawa F (*-y*): **~ duchowa** geistige Nahrung *f*
strawić PF → trawić
straż F (*-y; -e*) Wache *f*, Wachdienst *m*; Wachposten *m*; **~ pożarna** Feuerwehr *f*; **~ graniczna** Grenzschutz *m*; **~ przyboczna** Leibwache *f*; **~ przednia** MIL Vorhut *f*; **~ tylna** MIL Nachhut *f*; **trzymać ~** Wache halten; **trzymać pod ~ą** in Gewahrsam halten
strażac|ki Feuerwehr-; **wóz** *m* **~ki** Feuerwehrauto *n*; **remiza** *f* **~ka** Feuerwache *f*
straż|ak M (*-a; -cy*) Feuerwehrmann *m*; **~nica** F (*-y; -e*) Wärterhäuschen *n*; **~nica zamkowa** HIST Wachturm *m*
straż|niczka F (*-i; gen -czek*) Wärterin *f*; *więzienna* Aufseherin *f*; **~nik** M (*-a; -cy*) Wachmann *m*, Wächter *m*; *więzienny* Aufseher *m*; **~nik graniczny** Grenzbeamte(r) *m*
strącać (*-am*) ⟨**-ić**⟩ (*-ę*) hinabstoßen, hinunterstoßen; *samolot* abschießen
strączek M (*-czka; -czki*) Schote *f*, Hülse *f*
strączko|wy: **rośliny** *f/pl* **~we** Hülsenfrüchte *f/pl*
strąk M (*-a; -i*) Schote *f*, Hülse *f*; **~i** *pl* (*włosy*) fettige Haarsträhnen *pl*
stre|fa F (*-y*) Zone *f*, Bereich *m*; **~ klimatyczna** Klimazone *f*; **~ przygraniczna** Grenzgebiet *n*; **~ czasowa** Zeitzone *f*; **szara ~fa** *fig* Grauzone *f*; **~fa działań wojennych** Kampfzone *f*, Kampfgebiet *n*; **~fowy** Zonen-
stremowany nervös, aufgeregt
stres M (*-u; -y*) Stress *m*
stresować ⟨**ze-**⟩ (*-uję*) stressen
stres|owy *sytuacja* Stress-; **~ujący** anstrengend, *umg* stressig
streszczać (*-am*) ⟨**streścić**⟩ (*streszczę*) (kurz) zusammenfassen; **streszczać się** sich kurzfassen; **streszczaj się!** *umg* fass dich kurz!
streszczenie N (*-a*) Zusammenfassung *f*; Inhaltsangabe *f*
streścić PF → streszczać
stręczyciel M (*-a; -e*) Zuhälter *m*; **~stwo** N (*-a; bpl*) Zuhälterei *f*
striptiz M (*-u; -y*) Striptease *m od n*; **~erka** F (*-i; gen -rek*) Stripperin *f*
strofa F (*-y*) LIT Strophe *f*
strofować (*-uję*) rügen, zurechtweisen
stroiciel M (*-a; -e*) MUS Stimmer *m*
stroić ⟨**wy-**⟩ (*-ję, strój*) (*ubierać*) herausputzen; **~ się** sich herausputzen; ⟨**przy-**⟩ (*dekorować*) schmücken; **stroić** MUS stimmen; RADIO abstimmen; **stroić miny**

Grimassen schneiden; **stroić sobie żarty** seine Scherze machen (**z** *gen* über *akk*)
stroik M (-u; -i) *na stole* Tischschmuck *m*; *na głowie* Kopfschmuck *m*; MUS Blatt *n*
stroje PL → strój
stroj|nisia F (-i; -e) *umg* Modepüppchen *n*; **~niś** M (-sia; -sie) *umg* Geck *m*
stro|jny *lit* geschmückt, verziert; **~mizna** F (-y) *zbocza* Steilhang *m*
stromy **(-mo)** steil, abschüssig; *skała* schroff
stro|na F (-y) Seite *f* (*a. fig*); (*kierunek*) Richtung *f*; JUR Partei *f*; **~na internetowa** EDV Internetseite *f*, Homepage *f*; **prawa ~na** rechte Seite *f*; **~na czynna** JĘZ Aktiv *n*; **~na bierna** JĘZ Passiv *n*; **~na świata** Himmelsrichtung *f*; **~ny** *pl* **rodzinne** Heimat *f*; **dalekie ~ny** *pl* Ferne *f*; **z naszych ~n** aus unserer Gegend; **na ~nę** zur Seite, beiseite; **ze ~ny** von der Seite; seitens; **iść w ~nę** (*gen*) in Richtung (*gen*, auf *akk*) gehen; **z jednej ~ny ..., z drugiej ~ny ...** einerseits ..., and(e)rerseits ...
stronica F (-y; -e) *lit książki* Seite *f*
stronić (-ię) (**od** *gen*) meiden (*akk*); **nie ~ od alkoholu** dem Alkohol nicht abhold sein
stronnictwo N (-a) POL Partei *f*
stronnicz|ka F (-i; *gen* -czek) Anhängerin *f*, Verfechterin *f*; **~ość** F (-ści; *bpl*) Parteilichkeit *f*
stronniczy **(-czo)** parteiisch, voreingenommen
stronnik M (-a; -cy) Anhänger *m*, Verfechter *m*
stront M (-u; *bpl*) CHEM Strontium *n*
strop M (-u; -y) BUD Decke *f*
stropić PF (-ię) *lit* verwirren, verlegen machen; **~ się** verlegen werden
stro|piony *lit* verwirrt, verlegen; **~skany** *lit* kummervoll, bekümmert
stroszyć ⟨na-⟩ (-ę) *pióra* aufplustern
str|ój M (-oju; -oje; *gen* -ów) Kleidung *f*; **~ój ludowy** Tracht *f*; **~ój wieczorowy** Abendrobe *f*; **~ój żałobny** Trauerkleidung *f*; **w ~oju Adama** *umg żart* im Adamskostüm
stróż M (-a; -e; -ów) Wächter *m*; (*dozorca*) Hausmeister *m*; *fig* Hüter *m*; **~ nocny** Nachtwächter *m*; **anioł ~** REL Schutzengel *m*; **~ówka** F (-i; *gen* -wek) Wärterhäuschen *n*
struchleć PF → truchleć
struchlały (*persf* -li) *lit* wie gelähmt vor Schreck
struci *persf* → struty
strucla F (-i; -e) KULIN Strudel *m*
strudzony (*persf* -eni) erschöpft, müde
strug M (-a; -i) Hobel *m*
stru|ga F (-i): **~ga wody** Wasserstrahl *m*; **~ga światła** Lichtstrahl *m*; **~ga dymu** Rauchsäule *f*; **płynąć ~gami** strömen; **deszcz leje się ~gami** es gießt in Strömen; **w ~gach deszczu** bei strömendem Regen
strugać (-am) *ołówek* (an)spitzen; *figurkę* schnitzen; TECH hobeln; **~ wariata** *umg* den Dummen spielen
strugaczka F (-i; *gen* -czek) Anspitzer *m*
struktura F (-y) Struktur *f*, Aufbau *m*; (*całość*) Gefüge *n*; **~lny** strukturell, Struktur-
strumi|eń M (-nia; -nie) (*potok*) Bach *m*; **~eń wody** Wasserstrahl *m*; **~eń światła** Lichtstrahl *m*; **~eń powietrza** Luftstrom *m*
strum|yczek, **~yk** M (-a; -i) Bächlein *n*
stru|na F (-y) MUS Saite *f*; **~ny** *pl* **głosowe** ANAT Stimmbänder *pl*; **wyprostowany jak ~na** kerzengerade; **~nowy** MUS Saiten-
strup M (-a; -y) Schorf *m*; **~ek** M (-pka; -pki) kleiner Schorf *m*
strusi ZOOL Straußen-; **~a polityka** *f* Vogel-Strauß-Politik *f*
struś M (-sia; -sie) ZOOL Strauß *m*
struty (*persf* -ci) *umg* missmutig; **chodzić jak ~** *umg* schlecht drauf sein
strużyny F/PL (*gen* -) Hobelspäne *f/pl*
strwożony (*persf* -eni) *lit* verängstigt, furchtsam
strych M (-u; -y) Dachboden *m*
stryczek M (-czka; -czki) Strick *m*
stryj M (-a; -owie) Onkel *m* (väterlicherseits)
stryjecz|ny: **brat** *m* **~ny** Cousin *m*, Vetter *m*; **siostra** *f* **~na** Cousine *f*
stryjenka F (-i; *gen* -nek) Tante *f*
strzał M (-u; -y) MIL, SPORT Schuss *m*; **celny ~** (Voll)Treffer *m*; **gotowy do ~u** schussbereit; **~ w dziesiątkę** *fig* Volltreffer *m*; **~a** F (-y) Pfeil *m*; **~ka** F (-i; *gen* -łek) (*znak*) Pfeil *m*; TECH Nadel *f*; **~ka wodna** BOT Pfeilkraut *n*
strząsać (-am) ⟨-nąć⟩ (-nę) abschütteln
strzec* (*strzegę*) (*gen*) *tajemnicy, domu, trzody* hüten (*akk*); *osoby* schützen, hüten; *granicy* bewachen; **~ jak oka w głowie** wie seinen Augapfel hüten; **~ się** (*gen*) sich in Acht nehmen, sich hüten (vor *dat*)
strze|cha F (-y) Strohdach *n*, Reetdach *n*;

S

fig umg (Haar)Schopf *m*; **kryty ~chą** strohgedeckt

strzelać (-am) ⟨**-ić**⟩ (-ę) MIL, SPORT schießen (**do** *gen* auf *akk*); *sztuczne ognie, korki* knallen; **~ z** (*gen*) MIL schießen mit (*dat*); **~ w tłum** in die Menschenmenge schießen; **~ z bicza** mit der Peitsche knallen; **~ do bramki** SPORT ins Tor schießen; **~ w górę** *fig* hochschießen, in die Höhe schießen; **~ w twarz k-o** *umg* j-m eine knallen

strzel|anina F (-y) Schießerei *f*; **~ba** F (-y) Flinte *f*, Büchse *f*

strzel|ec M (-lca; -lcy) Schütze *m*; ♐ ASTRON Schütze *m*; **jestem spod znaku ♐ca** ASTRON ich bin Schütze

strzelec|ki Schützen-; Schieß-; **~two** N (-a; *bpl*) Schießsport *m*

Strzelce PL: **~ Krajeńskie** Friedeberg *n*; **~ Opolskie** Groß Strehlitz *n*

strzelić PF → strzelać

Strzelin M (-a; *bpl*) Strehlen *n*

strzelis|ty (-ście) *drzewo, wieża* schlank und hoch; **~ta modlitwa** *f* Stoßgebet *n*

strzelni|ca F (-y; -e) Schießstand *m*; *na jarmarku* Schießbude *f*; **~czy** *proch, tarcza* Schieß-

strzem|ienne N (-ego; *bpl*) *umg* Abschiedstrunk *m*, Abschiedstoast *m*; **~ię** N (-enia; -iona) Steigbügel *m*

strzepywać (-uję) ⟨**strzepnąć**⟩ (-ę) *kurz, śnieg* abschütteln, abklopfen

strzeżony: **parking** *m* **~** bewachter Parkplatz *m*

strzępki M/PL (*gen* -ów) *dim* → strzępy

strzę|py M/PL (*gen* -ów) *materiału, papieru* Fetzen *m/pl*; **~py** *pl* **wspomnień** Erinnerungsfetzen *pl*; **~py** *pl* **słów** Wortfetzen *pl*; **w ~pach** in Fetzen, zerfetzt; **rozerwać** *pf* **na ~py** zerfetzen

strzępiasty zackig

strzępić (-ię): **~ sobie język** sich den Mund fuss(e)lig reden

strzępić się (*3. Pers* -i) V/I ausfransen

strzyc* ⟨**o-**⟩ (*strzygę*) *włosy* kurz schneiden, scheren; *owce* scheren; *trawę* mähen; *żywopłot* schneiden; *psa* trimmen; **~ się** sich die Haare schneiden (lassen)

strzyga F (-i) *ein Dämon, der Blut saugt*

strzykać (-am) ⟨**-nąć**⟩ (-nę) *v/i* spritzen; **strzyka mi w kościach** es reißt mir in den Knochen

strzykawka F (-i; *gen* -wek) (Injektions)-Spritze *f*

strzyknąć PF → strzykać

strzyż|enie N (-a) *włosów* (Haare)Schneiden *n*; *owiec* Schur *f*; **~ony** *włosy* kurz geschnitten, geschoren; *trawnik* gemäht; **~yk** M (-a; -i) ZOOL Zaunkönig *m*

stu *in zssgn* hundert-, Hundert-

stu *num persf* hundert

studencki studentisch, Studenten-; **dom** *m* **~** Studentenwohnheim *n*

student M (-a; -ci), **~ka** F (-i; *gen* -tek) Student(in) *m(f)*; **~ medycyny** Medizinstudent(in) *m(f)*; **~ germanistyki** Germanistikstudent(in) *m(f)*; **~ pierwszego roku** Erstsemestler(in) *m(f)*

studia PL (*gen* -ów) (Hochschul)Studium *n*; (*badania*) Studien *n/pl*, Forschung *f*; **~ medyczne** Medizinstudium *n*; **~ eksternistyczne** Fernstudium *n*; **na ~ch** im Studium, während des Studiums; an der Universität; **~ na uniwersytecie** Universitätsstudium *n*; **być na ~ch** studieren

studiować (-uję) studieren; **~ germanistykę** Germanistik studieren; **~ ekonomię** Wirtschaft studieren

stud|io N (-a; *gen* -ów) RADIO Studio *n*; **~io nagrań** Tonstudio *n*; **~ium** N (*unv*; -ia; *gen* -iów) Fach(hoch)schule *f*; (*badanie*) Studie *f* (*a.* MAL)

studnia F (-i; -e; *gen* - *od* -dzien) Brunnen *m*; **~ bez dna** *fig* ein Fass ohne Boden

stud|niowy hundert Tage lang; **~niówka** F (-i; *gen* -wek) Abiturientenball *m*, *umg* Abiball *m*; **~yjny** *film, teatr* Studio-

studzić ⟨**o-**⟩ (-dzę) *v/t* abkühlen (*a. fig*); **~ się** *v/i* abkühlen

studzien|ka F (-i; *gen* -nek) kleiner Brunnen *m*; **~ ściekowa** Gully *m od n*; **~ny** Brunnen-

stugramowy Hundertgramm-

stuk M (-u; -i) Klopfen *n*; *kół* Rattern *n*; *maszyny do pisania* Klappern *n*; *obcasów* Klappern *n*

stukać (-am) ⟨**-nąć**⟩ (-nę) klopfen (*inst* mit *dat*); **~ do drzwi** an die Tür klopfen; **stukać na maszynie** *umg* tippen; **~ się** (*wznosić toast*) *umg* anstoßen; **~ się w czoło** *j-m* den Vogel zeigen

stukanie N (-a; *bpl*): **~ do drzwi** Türklopfen *n*

stuknąć PF: **stuknąć w drzewo** *umg* gegen einen Baum fahren; **stuknąć k-o**

umg j-n umlegen; **stuknęła mu trzydziestka** *umg* er ist dreißig geworden; **stuknąć się** *umg* sich stoßen; *samochody* zusammenkrachen; **stuknij się w czoło!** *umg* du bist wohl nicht ganz bei Trost!; → stukać

stuknięty *umg osoba* bekloppt, durchgeknallt; *samochód* mit einem Blechschaden

stukot M (*-u; -y*) → stuk

stukotać (*3. Pers stukocze*) *koła* rattern; *kopyta* klappern; *obcasy* klappern

stulać (*-am*) ⟨**-ić**⟩ (*-ę*) *płatki* schließen

stule|cie N (*-a; gen -i*) Jahrhundert *n*; (*jubiluesz*) hundertjähriges Jubiläum *n*; **~jka** F (*-i; gen -jek*) MED Phimose *f*, Verengung *f* der Vorhaut; **~tni** hundertjährig

stulić PF: **stul pysk!** *pop* halt's Maul!; → stulać

stuł|a F (*-y*) REL Stola *f*; **~bia** F (*-i; -e*) ZOOL Hydra *f*

stu|procentowy (**-wo**) hundertprozentig (*a. fig*); *wełna* rein; **~tysięczny** hunderttausendste(r); **~złotówka** F (*-i; gen -wek*) *umg* Hundertzlotyschein *m*

stwardniały verhärtet, hart

stwardnieć PF → twardnieć

stwardnienie N (*-a*) MED Verhärtung *f*; **~ rozsiane** MED multiple Sklerose *f*

stwarzać (*-am*) ⟨**stworzyć**⟩ (*-ę*) *warunki, atmosferę, dzieło* schaffen; **~ wrażenie** den Eindruck erwecken; **~ zagrożenie** e-e Gefahr darstellen; **~ pozory** (*gen*) den Anschein erwecken (von *dat*)

stwierdzać (*-am*) ⟨**-ić**⟩ (*-ę*) feststellen

stwierdzenie N (*-a; gen -eń*) Feststellung *f*

stwierdzić PF → stwierdzać

stworz|enie N (*-a; bpl*) Schöpfung *f* (*a.* REL); (*pl -a; gen -eń*) (*istota*) Lebewesen *n*, Kreatur *f*; **on jest brudny jak nieboskie ~enie** *umg* er ist ein Schmutzfink

stworzonko N (*-a; gen -nek*) *dim* Lebewesen *n*, Kreatur *f*

stworzony: **jakby ~ do** *od* **dla** (*gen*) wie geschaffen für (*akk*)

stworzyciel M (*-a; bpl*): ♀ REL Schöpfer *m*

stworzyć PF (*założyć*) gründen; REL (er)schaffen; → stwarzać; tworzyć

stwór M (*stwora; stwory*) seltsames Geschöpf *n*; (*potwór*) Ungeheuer *n*

stwórca M (*-y; gen -ów*): ♀ REL Schöpfer *m*

stycz|eń M (*-cznia; -cznie*) Januar *m*; **w ~niu** im Januar; **~niowy** Januar-

stycz|ność F (*-ści; bpl*) Kontakt *m*; **mieć ~ność** Kontakt haben (**z** *inst* mit *dat*); **~ny** *poglądy* ähnlich; **punkty** *m/pl* **~ne** *fig* Berührungspunkte *m/pl*

stygmat M (*-u; -y*) *lit* Stigma *n*; **~y** *pl* REL Stigmata *pl*, Wundmale *n/pl*

stygnąć ⟨**o-**⟩ (*-nę*) kalt werden, erkalten; *fig* abkühlen

styk M (*-u; -i*) Berührung *f*, Kontakt *m*; **na ~** *umg* auf den letzten Drücker; **na ~u** (*gen*) *fig* an der Grenze zu (*dat*)

stykać (*-am*) ⟨**zetknąć**⟩ (*-nę*) *końce* berühren, zusammenführen; *osoby* zusammenbringen, zusammenführen; **~ się** *końce, palce* sich berühren; *osoby* zusammenkommen; **~ się z** (*inst*) in Berührung kommen mit (*dat*); stoßen auf (*akk*); **stykać się** anstoßen, grenzen (**z** *inst* an *akk*); aufeinanderstoßen *od* treffen

styl M (*-u; -e*) Stil *m* (*a.* MAL); **~ dowolny** SPORT Freistil *m*; **~istyczny** stilistisch

stylizować (*-uję*) stilisieren

stylowy (**-wo**) stilistisch, Stil-; (*autentyczny*) stilecht; (*gustowny*) stilvoll

stymulator M (*-a; -y*): **~ serca** Herzschrittmacher *m*

stymulować (*-uję*) stimulieren

stypa F (*-y*) **żart** Leichenschmaus *m*

stypendi|alny Stipendien-; **~um** N (*unv; -ia; gen -iów*) Stipendium *n*; (*studia*) Auslandsstipendium *n*; **~um naukowe** Forschungsstipendium *n*; **~um doktoranckie** Doktorandenstipendium *n*

stypendyst|a M (*-y; -ści*), **~ka** F (*-i; gen -tek*) Stipendiat(in) *m(f)*

Styria F (*gen dat lok -ii; bpl*) Steiermark *n*

styropian M (*-u; -y*) Styropor® *n*

sub|iektywny subjektiv; **~limacja** F (*-i; -e*) PSYCH Sublimierung *f*

sublimować (*-uję*) PSYCH sublimieren

sublokator M (*-a; -rzy*), **~ka** F (*-i; gen -rek*) Untermieter(in) *m(f)*; **być ~em** zur Untermiete wohnen, Untermieter sein

sublokatorski: **pokój** *m* **~** Zimmer *n* zur Untermiete

sub|ordynacja F (*-i; bpl*) Gehorsam *m*, Disziplin *f*; **~skrypcja** F (*-i; -e*) Subskription *f*; **~stancja** F (*-i; -e*) Substanz *f* (*a. fig*), Stoff *m*

subtelny *osoba* feinfühlig, taktvoll; *cha-*

rakter fein, sensibel; *rysy*, *uroda* fein, zart; *sprawa* delikat; *różnica* subtil, fein; *zapach*, *aluzja* dezent, fein; *ironia* fein; *dowcip* feinsinnig

subwencja F (-i; -e) Subvention *f*, Zuschuss *m*

subwencjonować (-uję) subventionieren

suchar M (-a; -y) Zwieback *m*

sucho ADV → suchy

suchość F (-ści; bpl) Trockenheit *f*; **~ w ustach** MED Mundtrockenheit *f*

suchut|eńki, **~ki** *dim* schön trocken

suchy (*persf susi*) *bielizna*, *powietrze*, *skóra* trocken (*a. fig*); (*uschnięty*) dürr, ausgetrocknet; **~ chleb** *m* nicht belegtes Brot *n*; **wytrzeć** *pf* **do ~cha** trockenreiben

suczka F (-i; *gen* -czek) *dim* (kleine *od* junge) Hündin *f*

sudecki Sudeten-

Sudety PL (*gen* -ów) Sudeten *pl*

suf|iks M (-u; -y) GRAM Suffix *n*, Nachsilbe *f*; **~it** M (-u; -y) BUD Decke *f*; **na ~icie** an der Decke

sufler M (-a; -rzy) Souffleur *m*; **~ka** F (-i; *gen* -rek) Souffleuse *f*

sugerować ⟨**za-**⟩ (-uję) suggerieren, nahelegen; den Eindruck entstehen lassen; (*dawać do zrozumienia*) andeuten; **~ się** (*inst*) sich beeinflussen lassen (von *dat*)

suges|tia F (*gen dat lok* -ii; -e) Suggestion *f*; **~tie** *f/pl* (*propozycje*) Anregungen *f/pl*; **ulec** *pf* **~tii** Suggestionen erliegen; **~ywny** suggestiv

suita F (-y) MUS Suite *f*

suk|a F (-i) ZOOL Hündin *f*; (*samochód policyjny*) *umg* Wanne *f*; *vulg* Luder *m*; **~ces** M (-u; -y) Erfolg *m*; **odnieść** *pf* **~ces** Erfolg haben, erfolgreich sein; **~cesja** F (-i; -e) Thronfolge *f*

S

sukces|or M (-a; -rzy) Thronfolger *m*; JUR Erbe *m*; **~orka** F (-i; *gen* -rek) Thronfolgerin *f*; JUR Erbin *f*; **~ywny** sukzessiv, allmählich

sukien|ka F (-i; *gen* -nek) Kleid *n*; **~nice** PL (*gen* -) HIST Tuchhalle *f*

sukinsyn M (-a; -y) *vulg* Hurensohn *m*

suk|nia F (-i; -e; *gen* - *od* -kien) Kleid *n*; **~nia balowa** Ballkleid *n*; **~nia ślubna** Brautkleid *n*, Hochzeitskleid *n*; **~no** N (-a; *gen* -kien) (*materiał*) Tuch *n*

Su|lechów M (-owa; bpl) Züllichau *n*; **~lęcin** M (-a; bpl) Zielenzig *n*

sułtan M (-a; -owie *od* -i) Sultan *m*

su|m M (-a; -y) ZOOL Wels *m*; **~ma** F (-y) MAT Summe *f* (*a. fig*); (*kwota*) Betrag *m*, Summe *f*; REL Hochamt *n*; **w ~mie** insgesamt, alles in allem; **~maryczny** summarisch, Gesamt-

sumias|ty: **~te wąsy** *pl* buschiger und langer Schnurrbart *m*

sumie|nie N (-a) Gewissen *n*; **mieć na ~niu** auf dem Gewissen haben; **mieć czyste ~nie** ein reines Gewissen haben; **mieć wyrzuty ~nia** Gewissensbisse haben, ein schlechtes Gewissen haben; **nie mieć ~nia** *od* **być bez ~nia** kein Gewissen haben; **gryzie go ~nie** er hat Gewissensbisse, er hat ein schlechtes Gewissen

sum|ienny gewissenhaft; **~ka** F (-i; *gen* -mek) *dim* Sümmchen *n*; **niezła ~ka** hübsches Sümmchen *n*

sumować (-uję) MAT zusammenzählen, summieren; *fig* zusammenfassen; **sumując** zusammenfassend; **~ się** sich summieren

sunąć (-nę, -ń!) (dahin)gleiten; *auto* (dahin)rollen

supeł M (-pła; -pły) Knoten *m*; **~ek** M (-łka; -łki) (kleiner) Knoten *m*

super- *in zssgn* super-, Super-

super|ata F (-y) FIN Mehrbetrag *m*; **~nowoczesny** hochmodern; **~sam** M (-u; -y) Supermarkt *m*

supłać (-am) verknoten; **~ się** sich verknoten

surfing M (-u; bpl) Surfing *n*

surfingo|wy: **deska** *f* **~wa** Surfbrett *n*

suro|gat M (-u; -y) Ersatzstoff *m*; *fig* Ersatz *m*; **~wcowy** Rohstoff-; **~wica** F (-y; -e) MED (Immun)Serum *n*; BIOL (Blut)Serum *n*; **~wiczy** MED Serum-

surow|iec M (-wca; -wce) Rohstoff *m*; **~iec wyjściowy** TECH Rohmaterial *n*; **~ce** *m/pl* **wtórne** recycelbare Produkte *n/pl*

surowo ADV → surowy

suro|wość F (-ści; bpl) Strenge *f*; Härte *f*; *klimatu* Rauheit *f*; **~wy** hart, streng; KULIN roh, Roh-; *klimat* rau; *zima* streng; *drewno* unbearbeitet, roh; **w stanie ~wym** BUD im Rohbau

surówka F (-i; *gen* -wek) KULIN Rohkostsalat *m*; TECH Roheisen *n*; *lniana* Rohleinen *n*

sus M (-a; -y) Sprung *m*, Satz *m*; **~eł** M (-sła; -sły) ZOOL Ziesel *m*; **spać jak ~eł** wie ein

Murmeltier schlafen
susi *persf* → suchy
susz M (-u; *bpl*) (*owoce*) Trockenobst *n*, Dörrobst *n*; (*kompot*) *ein Getränk aus Trockenobst am Heiligabend*
susza F (-y; -e) Dürre *f*, Trockenperiode *f*
suszar|ka F (-i; *gen* -rek) *do włosów* Haartrockner *m*, Föhn *m*; *do naczyń* Geschirrtrockner *m*, Geschirrtrockengestell *n*; *do rąk* Händetrockner *m*; **~nia** F (-i; -e) Trockenanlage *f*; *tytoniu* Tabakscheune *f*
suszo|ny *grzyby, śliwki* getrocknet; *kiełbasa* luftgetrocknet; **~ne owoce** *pl* Trockenobst *n*, Dörrobst *n*
suszyć (-ę) ⟨**wy-**⟩ *bieliznę, włosy* trocknen (lassen); **~ sobie włosy suszarką** sich die Haare föhnen; **~ na powietrzu** an der Luft trocknen; **~ k-u głowę** *fig* j-m in den Ohren liegen; **~ się** *v/i* trocknen
sut|anna F (-y) S(o)utane *f*; **~ek** M (-tka; -tki) Brustwarze *f*; **~ener** M (-a; -rzy) Zuhälter *m*; **~enerstwo** N (-a; *bpl*) Zuhälterei *f*
su|terena F (-y) Souterrain *n*; **~ty** (-to) *posiłek* üppig, opulent; *zapłata* großzügig; *spódnica* weit; **~to zastawiony stół** *m* reich gedeckter Tisch *m*; **~to zdobiony** reich verziert
suwak M (-a; -i) Reißverschluss *m*; **~ logarytmiczny** Rechenschieber *m*
suweren|ność F (-ści; *bpl*) POL Souveränität *f*, Unabhängigkeit *f*; **~ny** POL souverän, unabhängig (*a.* POL)
swa *lit* → swoja
swa|da F: **ze ~dą** geistreich, mit viel Witz; mit Schwung, mit Elan
swary PL (*gen* -ów) *lit* Streitereien *f/pl*, Zwietracht *f*
swastyka F (-i) Hakenkreuz *n*
swawolić (-lę) *lit* ausgelassen (umher)tollen, Streiche machen
swawolny *lit* verschmitzt, schelmisch
swąd M (*swędu*; *bpl*) Brandgeruch *m*
swe *lit* → swoje[1]
swe *lit* → swoje[2]
sweter M (-tra; -try) Pullover *m*, Pulli *m*; *zapinany* Strickjacke *f*
swędzenie N (-a; *bpl*) Juckreiz *m*
swędzieć (*3. Pers* -dzi) jucken
swobo|da F (-y) (*wolność*) Freiheit *f*; (*niewymuszoność*) Ungezwungenheit *f*, Zwangslosigkeit *f*; **~dy** *pl* Rechte *pl*, Privilegien *pl*; **~da działania** Handlungsfreiheit *f*; **~da ruchów** Bewegungsfreiheit *f*; **~dny** (*wolny*) frei; (*niewymuszony*) ungezwungen, zwanglos; *ubranie* bequem
swoi PRON *poss persf* meine; deine; seine; ihre; unsere; eure; Ihre; → swój[1]
swoi *persf* → swój[2]
swoisty (-ście) eigen(tümlich), eigenartig; charakteristisch
swoja PRON *poss f* meine; deine; seine; ihre; unsere; eure; Ihre; → swój[1]
swoje[1] PRON *poss n* mein; dein; sein; ihr; unser; euer; Ihr; → swój[1]
swoje[2] PRON *poss sachf* meine; deine; seine; ihre; unsere; eure; Ihre; → swój[1]
swo|je[3] N (-ego; *bpl*): eigenes Geld *n*, eigener Haushalt *m*; **obstawać przy ~im** auf seiner Meinung beharren; **postawić** *pf* **na ~im** s-n Willen durchsetzen; **robić ~je** seine Arbeit tun; den Zweck nicht verfehlen; **wiedzieć ~je** seine (eigene) Meinung haben, sich sein Teil denken; **wyjść** *pf* **na ~je** auf seine Kosten kommen; **dostać** *pf* **za ~je** sein Fett weghaben; **być pewnym swego** sich seiner Sache sicher sein
swojs|ki (-ko) vertraut; (*rodzimy*) heimisch; **czuć się ~ko** sich heimisch fühlen
sw|ój[1] PRON *poss m* (*persf swoi*) mein; dein; sein; ihr; unser; euer; Ihr; **tu mam ~oje rzeczy** ich habe hier meine (eigenen) Sachen; **daj mi ~ój adres!** gib mir deine Adresse!; **tam poznał ~oją żonę** dort hat er seine Frau kennengelernt; **tam poznała ~ojego męża** dort hat sie ihren Mann kennengelernt; **mamy tu ~ój ogródek** wir haben hier unseren (eigenen) Garten; **gdzie macie ~oje rzeczy?** wo habt ihr eure Sachen?; **wynajęli ~oje mieszkanie** sie haben ihre Wohnung vermietet; **czy lubi pani ~oją pracę?** mögen Sie Ihre Arbeit?; **~oimi słowami** mit eigenen Worten; **chodzić ~oimi drogami** eigene Wege gehen; **to ~ój chłop** *umg* man kann ihm vertrauen, er ist einer von uns; *umg* er ist ein toller Kerl
swój[2] M (-ego; *swoi*) vertraute Person *f*; vertrauenswürdige Person *f*; (*krewny*) Verwandte(r) *m*; (*rodak*) Landsmann *m*; **swoi** *pl* (*rodzina*) Familie *f*; (*rodacy*) Landsleute *pl*; (*znajomi*) Vertraute(n) *pl*, vertrauter Kreis *m*
sybaryta M (-y; -ci) *lit* Genießer *m*

Syberia F (*gen dat lok -ii; bpl*) Sibirien *n*
syberyjski sibirisch
syci *persf* → syty
sycić (*-cę*) satt machen, sättigen; *fig* befriedigen, stillen; **~ głód** den Hunger stillen; **syciliśmy oczy tym widokiem** *lit* wir weideten uns an dem Anblick; **~ się** (*inst*) den Hunger stillen, sich sättigen (mit *dat*); *fig lit* sich weiden an (*dat*)
Sycylia F (*gen dat lok -ii; bpl*) Sizilien *n*
sycylijski sizilianisch
syczeć (*-ę, -y*) ⟨**syknąć**⟩ (*-nę*) *wąż, para* zischen
syf|ilis M (*-u; bpl*) MED Syphilis *f*; **~on** M (*-u; -y*) Siphon *m*
sygnali|sta M (*-y; -ści*) MAR Signalgast *m*; **~zacja** F (*-i; bpl*) Signalanlage *f*; **~zacja świetlna** Lichtsignale *pl*; **~zacja alarmowa** Alarmanlage *f*
sygnalizator M (*-a; -y*): **~ świetlny** Lichtsignal *n*; **~ alarmowy** Alarmanlage *f*
sygnalizować ⟨**za-**⟩ (*-uję*) signalisieren
sygn|ał M (*-u; -y*) Signal *n*, Zeichen *n*; TEL Freizeichen *n*; **~ał alarmowy** Alarmsignal *n*; **~ał świetlny** Lichtsignal *n*; **jechać na ~ale** *umg* mit Blaulicht fahren; **~ał wzywania pomocy** Notruf *m*
sygnat|ariusz M (*-a; -e*) POL (*państwo*) Signatarmacht *f*, Signatarstaat *m*; (*osoba*) Unterzeichner *m*; **~ura** F (*-y*) Signatur *f* (*a. fig*)
sygnet M (*-u; -y*) Siegelring *m*
sygnować (*-uję*) signieren
syjams|ki: **bliźnięta** *pl* **~kie** siamesische Zwillinge *pl*; **kot** *m* **~ki** Siamkatze *f*
syjonist|a M (*-y; -ści*) Zionist *m*; **~yczny** zionistisch
syk M (*-u; -i*) Zischen *n*
syknąć PF → syczeć
sylaba F (*-y*) JĘZ Silbe *f*
sylabizować (*-uję*) (*akk*) Silbe für Silbe aussprechen (*akk*); V/I (*czytać*) stockend lesen
sylwest|er M (*-tra; -try*) Silvester *m od n*; (*zabawa*) Silvesterfeier *f*, Silvesterparty *f*; **~rowy** Silvester-
sylwetka F (*-i; gen -tek*) (*figura*) Figur *f*; (*zarys*) Silhouette *f*; (*opis*) *fig* Porträt *n*
symbol M (*-u; -e*) Symbol *n* (*a.* CHEM); *miasta* Wahrzeichen *n*; **~iczny** symbolisch
symbolizować (*-uję*) symbolisieren
symetr|ia F (*gen dat lok -ii; bpl*) Symmetrie *f*; **~yczny** symmetrisch
symfoni|a F (*gen dat lok -ii; -e*) Sinfonie *f*, Symphonie *f*; **~czny** sinfonisch, symphonisch; Sinfonie-, Symphonie-
sympa|tia F (*gen dat lok -ii; -e*) Sympathie *f*, Zuneigung; (*dziewczyna*) *umg* Flamme *f*; (*chłopak*) *umg* Schwarm *m*; **czuć ~tię do** (*gen*) sich hingezogen fühlen zu (*dat*), Sympathie empfinden für (*akk*)
sympatycz|ka F (*-i; gen -czek*) Sympathisantin *f*; **~ny** sympathisch
sympatyk M (*-a; -cy*) Sympathisant *m*
sympatyzować (*-uję*) sympathisieren (**z** *inst* mit *dat*)
symptom M (*gen -ów*) *choroby* Symptom *n*, Anzeichen *n*
symulant M (*-a; -ci*), **~ka** F (*-i; gen -tek*) Simulant(in) *m(f)*
symulator M (*-a; -y*) TECH Simulator *m*; **~ lotu** Flugsimulator *m*
symulować (*-uję*) *chorobę* simulieren (*a.* TECH)
symultan|a F (*-y*) Simultanspiel *n*; **~iczny** simultan; **tłumacz** *m* **~iczny** Simultandolmetscher *m*
syn M (*-a, vok lok -u; -owie*) Sohn *m*; **mieć ~a** einen Sohn haben; **~ chrzestny** Patensohn *m*, Patenkind *n*; **~ marnotrawny** REL der verlorene Sohn (*a. fig*); **♀ Boży** der Sohn Gottes
syn|agoga F (*-i*) Synagoge *f*; **~chroniczny** synchron
synchronizować ⟨**z-**⟩ (*-uję*) synchronisieren
syndyk M (*-a; -cy od -owie*) JUR Konkursverwalter *m*; **~at** M (*-u; -y*) EKON Syndikat *n*
syn|ek M (*-nka; -nkowie*) *dim* Sohn *m*; **~od** M (*-u; -y*) Synode *f*
synonim M (*-u; -y*) Synonym *n*; **~iczny** synonym
synopt|yczny METEO Wetter-; **~yk** M (*-a; -cy*) Meteorologe *m*
synowa F (*-ej; -e*) Schwiegertochter *f*
synowie PL → syn
syntaktyczny JĘZ syntaktisch
syntetycz|ny (*sztuczny*) synthetisch, künstlich, Kunst-; *metoda* synthetisch, zusammenfassend; **włókno** *n* **~ne** Kunstfaser *f*, Chemiefaser *f*
synte|tyk M (*-u; -i*) (*materiał*) Kunststoff *m*, Synthetik *n*; **~za** F (*-y; bpl*) Synthese *f*; **~zator** M (*-a; -y*) MUS Synthesizer *m*
sypać (*-ię*) ⟨**-nąć**⟩ (*-nę*) hineinschütter

S

(**do** *gen* in *akk*); **~ k-o** *umg* j-n verpfeifen; **sypać piasek** Sand streuen; **sypać** *wał, kopiec* aufschütten; **sypać dowcipami** Witze zum Besten geben; **sypać pochwałami** *j-n* mit Lob überschütten; **sypać pieniędzmi** mit Geld um sich werfen; **sypie (śnieg)** es schneit heftig, es fällt dichter Schnee; **wiatr sypie piaskiem w oczy** der Wind treibt Sand in die Augen; **sypać się** *sól, mąka, piasek* (heraus)rieseln (**z** *gen* aus *dat*); *tynk* bröckeln; *iskry* sprühen; *wąsy* sprießen; (*psuć się*) *umg* kaputtgehen

sypiać (*-am*) (gewöhnlich) schlafen; **~ z** (*inst*) *umg* schlafen mit (*dat*); **~ ze sobą** *umg* miteinander schlafen; **~ przy otwartym oknie** bei offenem Fenster schlafen; **nie ~** nicht schlafen können

sypialnia F (*-i; -e*) Schlafzimmer *n*

sypialny¹ *pokój, wagon* Schlaf-

sypialny² M(*-ego; -ne*) (*wagon*) Schlafwagen *m*; (*pokój*) Schlafzimmer *n*

sypki *śnieg* pulverig, Pulver-; *piasek* locker, körnig; streufähig

sypko: **gotować ryż na ~** Reis körnig kochen

sypnąć PF → sypać

syrena F (*-y*) *alarmowa, strażacka, okrętowa* Sirene *f* (*a.* MITOL)

syreni: **~ śpiew** *m* Sirenengesang *m*

syrop M (*-u; -y*) KULIN, MED Sirup *m*; **~ od kaszlu** Hustensirup *m*

system M (*-u; -y*) System *n*; **~ operacyjny** EDV Betriebssystem *n*

systematycz|ność F (*-ści; bpl*) systematisches Arbeiten *n*, Ordnungsliebe *f*; Planmäßigkeit *f*; **~ny** systematisch; (*planowy*) planmäßig, systematisch

sytość F (*-ści; bpl*) Sattheit *f*, Sättigungsgefühl *n*

sytuac|ja F (*-i; -e*) Situation *f*, Lage *f*; **~yjny** *komizm* Situations-; *plan* Lage-

sytuować ⟨u-⟩ (*-uję*) platzieren

sytuowany: **dobrze ~** gut situiert, wohlhabend; **źle ~** schlecht situiert

syty (*persf -ci*) *lit* gesättigt, satt; **~ sławy** *lit* auf dem Gipfel seines Ruhmes

syzyfo|wy: **~wa praca** *f* Sisyphusarbeit *f*

szab|as, ~at M (*-u; -y*) REL Sabbat *m*

szab|er M (*-bru; bpl*) *umg* Plünderung *f*; **~la** F (*-i; -e; gen -bel od -i*) Säbel *m*

szablon M (*-u; -y*) Schablone *f* (*a. pej*); **~owy (-wo)** *pej* schablonenhaft, stereotyp

szabrować (*-uję*) *umg* plündern

szach¹ M (*-u od -a; bpl*) Schach *n*; **dać** *pf* **~a** Schach bieten; **~-mat!** Schach und matt!; **~y** *pl* (*gen -ów*) Schach(spiel) *n*; **grać w ~y** Schach spielen

szach² M (*-a; -owie*) Schah *m*

szachist|a M (*-y; -ści*), **~ka** F (*-i; gen -tek*) Schachspieler(in) *m(f)*

szachowni|ca F (*-y; -e*) (*plansza*) Schachbrett *n*; (*wzór*) Schachbrettmuster *n*; **w ~cę** schachbrettartig

szachraj M (*-a; -e; gen -jów od -rai*), **~ka** F (*-i; gen -jek*) Schwindler(in) *m(f)*, Betrüger(in) *m(f)*

szachrajstwo N (*-a*) Schwindel *m*, Betrug *m*

szachrować (*-uję*) mogeln, schwindeln

szachy PL → szach¹

szacować ⟨o-⟩ (*-uję*) *straty, ilość* schätzen

szacowny *lit osoba* hoch geachtet; *nazwisko* geschätzt; *budowla* altehrwürdig; *jubilat* sehr geehrt

szacun|ek M (*-nku; bpl*) Respekt *m*, (Hoch)Achtung *f*; (*ocena*) Schätzung *f*; **mieć ~ek dla** (*gen*) Respekt haben vor (*dat*), zu schätzen wissen (*akk*); **brak** *m* **~ku** Respektlosigkeit *f*, Missachtung *f*; **pełen ~ku** respektvoll; **przez ~ek** aus Respekt, aus Achtung

szacunko|wo ADV schätzungsweise; **~wy** Schätzungs-; *wartość* Schätz-

szadź F (*szadzi; bpl*) Raureif *m*

szafa F (*-y*) Schrank *m*; **~ na ubrania** Kleiderschrank *m*; **~ z lustrem** Spiegelschrank *m*

szafir M (*-u; -y*) Saphir *m*; **~owy** saphirfarben, Saphir-

szaf|ka F (*-i; gen -fek*) (kleiner) Schrank *m*; **~ka nocna** Nachttisch *m*; **~ka na buty** Schuhschrank *m*; **~ot** M (*-u; -y*) Schafott *n*

szafować (*-uję*) (*inst*) verschwenden (*akk*), verschwenderisch umgehen mit (*dat*)

szafran M (*-u; -y*) Safran *m*; **~owy** Safran-

Szafuza F (*-y; bpl*) Schaffhausen *n*

szajba F: **~ mu odbiła** *umg* er hat nicht alle Tassen im Schrank

sza|jka F (*-i; gen -jek*) Bande *f*; **~kal** M (*-a; -e*) Schakal *m*

sza|l M (*-a; -e*) Schal *m*; **~la** F (*-i; -e*)

Waagschale *f*
szalbi|erstwo N (*-a*) Betrug *m*, Schwindel *m*; (Zech)Prellerei *f*; **~erz** M (*-a*; *-e*) Betrüger *m*; Preller *m*
szaleć (*-eję*) rasen, toben (**z** *gen* vor *dat*); *burza*, *wojna* wüten, toben; *grypa* grassieren; *pożar* wüten; (*bawić się*) (herum)toben, (herum)tollen; (*hulać*) wild feiern; **~ z gniewu** wüten, vor Wut rasen; **~ z radości** außer sich vor Freude sein; **~ ze strachu** wie von Sinnen vor Angst sein; **~ z miłości** liebestoll sein; **~ za** (*inst*) *umg* verrückt sein nach (*dat*); **~ całą noc** die Nacht durchmachen, die Nacht zum Tage machen; **~ na rolkach** leidenschaftlich Inlineskates fahren; **~ z zakupami** im Kaufrausch sein, kaufwütig sein
szaleni|e ADV *umg* unheimlich, wahnsinnig; **~ec** M (*-ńca*; *-ńcy*) MED Wahnsinnige(r) *m* (*a. fig*)
szaleń|czy (**-czo**) *plan*, *śmiech* wahnsinnig, irre; *tempo* rasend, wahnsinnig; *taniec*, *rytm* wild; (*ryzykancki*) tollkühn; **~czy pomysł** *m* Wahnsinnsidee *f*; **~cza odwaga** *f* Waghalsigkeit *f*; **~stwo** N (*-a*) MED Wahnsinn *m* (*a. fig*); (*wybryk*) Verrücktheit *f*; **to czyste ~stwo** das ist doch heller Wahnsinn
szal|et M (*-u*; *-y*) mobile Toilette *f*; **~ik** M (*-a*; *-i*) Schal *m*; (*chustka*) Halstuch *n*
szalo|ny wahnsinnig, *umg* verrückt; *gniew*, *tempo* rasend; *taniec*, *zabawa*, *namiętność* wild; (*niesamowity*) *umg* wahnsinnig, Wahnsinns-; **~ny czyn** *m* Wahnsinnstat *f*; **~ny pomysł** *m* Wahnsinnsidee *f*, wahnwitzige Idee *f*; **mieć ~ne szczęście** *n umg* Schwein haben; **jak ~ny** *umg* wie verrückt, wie wahnsinnig; **choroba** *f* **~nych krów** BSE *f*
szalować ⟨**o-**⟩ (*-uję*) (ver)schalen
szalupa F (*-y*) MAR Schaluppe *f*
szał M (*-u*; *bpl*) Raserei *f*, Tobsucht *f*; **~ miłosny** Liebesrausch *m*; **~ zakupów** Kaufrausch *m*; **~ bojowy** Kampfrausch *m*; **wpaść** *pf* **w ~** e-n Tobsuchtsanfall bekommen; **doprowadzać do ~u k-o** j-n zur Weißglut bringen, j-n rasend machen
szał|as M (*-u*; *-y*) Laubhütte *f*; **~owy** *umg* toll, cool; **~owy nastrój** *m umg* Bombenstimmung *f*; **~wia** F (*gen dat lok -ii*; *-e*) Salbei *m*
szam|an M (*-a*; *-i*) Schamane *m*; **~bo** N (*-a*) Abwassertank *m*
szamotać (*-czę od -cę*) (*inst*) *wiatr* flattern lassen (*akk*); **~ się** zappeln, sich werfen; *fig* sich plagen; **~ się z** (*inst*) raufen mit (*dat*); **~ się z zamkiem** am Schloss rütteln, ein Schloss zu öffnen versuchen
szampan M (*-a*; *-y*) Sekt *m*; *z Szampanii* Champagner *m*
szampanka F (*-i*; *gen -ek*) Sektglas *n*
szamp|ański *zabawa* köstlich; **~ański nastrój** *m* Champagnerstimmung *f*; **~on** M (*-u*; *-y*) Shampoo *n*
szanować (*-uję*) *osobę* (hoch) schätzen, achten; *poglądy*, *życzenia* respektieren, achten; *ubranie*, *zdrowie* schonen; *tajemnicę* bewahren; **~ się** (*uważać na siebie*) sich schonen; (*mieć poczucie własnej godności*) auf sich halten; einander achten; **szanująca się gazeta** seriöse Zeitung *f*, e-e Zeitung, die auf sich hält; **szanujący się fachowiec** ein Fachmann, der auf sich hält
szanow|any hoch geschätzt; **~ny** *jubilat* ehrenwert; **~ni Państwo!** sehr geehrte Damen und Herren!
szan|sa F (*-y*; *-e*) Chance *f* (**na** *akk* auf *akk*); **~sa życiowa** die Chance des Lebens; **~taż** M (*-u*; *-e*; *gen -y od -ów*) Erpressung *f*
szantażować (*-uję*) erpressen
szantażyst|a M (*-y*; *-ści*), **~ka** F (*-i*; *gen -tek*) Erpresser(in) *m*(*f*)
szar|ada F (*-y*) Silbenrätsel *n*; **~ak** M (*-a*; *-i*) ZOOL Feldhase *m*; *fig* unscheinbare Person *f*, graue Maus *f*
szar|ańcza F *koll* (*-y*; *-e*; *gen -y*) ZOOL Wanderheuschrecken *f/pl*; *fig* Meute *f*; **~awy** (**-wo**) gräulich, leicht grau; **~fa** F (*-y*) Schärpe *f*
szargać (*-am*) *lit fig* besudeln
szarlatan M (*-a*; *-i*) Scharlatan *m*; (*znachor*) Kurpfutscher *m*
szarlata|neria F (*gen dat lok -ii*; *bpl*), **~ństwo** N (*-a*) Scharlatanerie *f*
szar|lotka F (*-i*; *gen -tek*) Apfelstrudel *m*; **~mancki** (**-ko**) *mężczyzna* charmant
szaro ADV → szary
szaro|bury graubraun; **~niebieski** graublau, taubenblau; **~ść** F (*-ści*) Grau *n*, graue Farbe *f*; *fig* Öde *f*, Grau *n*; **~ści** *pl* Grautöne *pl*
szaro|tka F (*-i*; *gen -tek*) BOT Edelweiß *n*; **~zielony** graugrün
szarówka F (*-i*; *gen -wek*) *wieczorem* (Abend)Dämmerung *f*; *rano* Morgen

S

grauen *n*
szarpać (-*ię*) ⟨-**nąć**⟩ (-*nę*) (*akk*) *zamek, klamkę* rütteln (an *dat*); ~ **k-o** an j-m zerren; ~ **za** (*akk*) ziehen an (*dat*); (*rozdzierać*) (zer)reißen; VI *pojazd* rucken; **szarpać sobie nerwy** *umg* sich stressen; ~ **się** zappeln, sich winden; **szarpać się** *fig* sich plagen; sich aufreiben; **szarpać się z** (*inst*) raufen, ringen mit (*dat*); **szarpać się z zamkiem** am Schloss rütteln, ein Schloss zu öffnen versuchen; **szrpnąć się** *pf* **na** (*akk*) *umg* tief in die Tasche greifen müssen (für *akk*)
szar|pnięcie N (-*a*) Ruck *m*; **~uga** F (-*i*) Regenwetter *n*, Dauerregen *m*
sza|ry (*persf -rzy*) (**-ro**) *kolor* grau; *cera* fahl, grau; *dzień* trübe, grau; (*monotonny*) öde, trostlos; **~ry człowiek** *m* Durchschnittsmensch *m*, graue Maus *f*; **~ra eminencja** *f* graue Eminenz *f*; **~ra strefa** *f* EKON Grauzone *f*; **na ~rym końcu** *umg* ganz am Ende, als Schlusslicht; **~re komórki** *pl umg* Gehirn *n*; **zrobić** *pf* **k-o na ~ro** *umg* j-n reinlegen
szarzeć ⟨**po-**⟩ (-*eję*) *niebo* trübe werden, grau werden; ⟨**z-**⟩ *materiał* grau werden; **szarzeć** grau schimmern; **szarzeje** es dämmert
szarzy *persf* → szary
szarzyzna F (-*y*; *bpl*) *fig* Einerlei *n*, Einöde *f*
szarża F (-*y*; -*e*) MIL Dienstgrad *m*, Charge *f*
szarżować (-*uję*): ~ **samochodem** mit dem Auto rasen
szastać (-*am*): ~ **pieniędzmi** mit dem Geld um sich werfen
szaszłyk M (-*a*; -*i*) Schaschlik *m od n*
sza|ta F (-*y*) *lit* Gewand *n*; **~ta graficzna** Layout *n*, Text- und Bildgestaltung *f*; **~ta roślina** Flora *f*, Pflanzenwelt *f*; **~tan** M (-*a*; -*y*) REL Satan *m*, Teufel *m* (*a. fig*); BOT Satanspilz *m*; *umg* (*kawa*) starker Kaffee *m*
szatański teuflisch, satanisch
szatkować (-*uję*): ~ **kapustę** Kohl hobeln
szatni|a F (-*i*; -*e*) Garderobe *f*; (*przebieralnia*) Umkleideraum *m*; **w** ~ an der Garderobe
szatniarz M (-*a*; -*e*): **on jest ~em** er arbeitet an der Garderobe
szatniarka F (-*i*; *gen -rek*) Garderobenfrau *f*
szatyn M (-*a*; -*i*), **~ka** F (-*i*; *gen -nek*) Dunkelhaarige(r) *m*, *f*, Braunhaarige(r) *m*, *f*
szczać (-*ę*) *vulg* pissen
szcz|apa F (-*y*) (Holz)Scheit *n*; **chudy jak ~apa** spindeldürr; **~aw** M (-*wiu*; -*wie*; *gen -wi*) Sauerampfer *m*
szczawio|wy: **zupa** *f* **~wa** Sauerampfersuppe *f*
Szczawno N (-*a*; *bpl*): ~ **Zdrój** Bad Salzbrunn *n*
szczątki M/PL (*gen -ów*) *samolotu, statku* Wrackteile *m/pl*; *budowli* Trümmer *pl*; ~ **ciała** die sterblichen Überreste *pl*
szczątkowy fragmentarisch, unvollständig; ANAT rudimentär
szczeb|el M (-*bla*; -*ble*) *drabiny* Sprosse *f*; *fig* Stufe *f*; **na ~lu centralnym** POL auf zentraler Ebene; **spotkanie** *n* **na najwyższym ~lu** POL Gipfeltreffen *n*
szczebiot M (-*u*; -*y*) *ptaków* Gezwitscher *n*; *fig* Geplapper *n*
szczebiotać (-*czę od -cę*) *ptaki* zwitschern; *dziecko* plappern
Szczecin M (-*a*; *bpl*) Stettin *n*; **~ek** M (-*nka*; *bpl*) Neustettin *n*
szczeci|na F (-*y*) Borsten *pl*; (*zarost*) Stoppelbart *m*; **~niasty** borstig
szczególnie *partikel* besonders; (*osobliwie*) sonderlich
szczególno|ść F (-*ści*; *bpl*) Besonderheit *f*; **w ~ści** insbesondere
szczegól|ny besondere(r); **nic ~nego** nichts Besonderes; **znaki** *m/pl* **~ne** unverwechselbare Kennzeichen *n/pl*
szczegół M (-*u*; -*y*) Einzelheit *f*, Detail *n*
szczegóło|wo ADV ausführlich, genau; mit allen Einzelheiten; **~wy** ausführlich, genau; **mapa** *f* **~wa** Detailkarte *f*
szczekacz M (-*a*; -*e*) *pej* Hetzer *m*
szczekać (*3. Pers -a*) bellen
szczelina F (-*y*) Spalt *m*, Spalte *f*; GEOL Kluft *f*
szczelino|wy: **spółgłoska** *f* **~wa** JĘZ Frikativlaut *m*, Reibelaut *m*
szczel|ny dicht, hermetisch; **~niacki** *pej* pubertierend, *umg* flegelhaft; **~niak** M (-*a*; -*i*) ZOOL Welpe *m*; (*smarkacz*) *pej* Schnösel *m*, Bengel *m*
szczenić się ⟨**oszczenić się**⟩ (-*i*) *suka* Junge werfen
szczenię N (-*ęcia*; -*ęta*; *gen -ąt*) Welpe *m*
szczenię|cy: **~ce lata** *pl* Flegeljahre *pl*; **~cy żart** *m* Dummejungestreich *m*
szczenny *suka* trächtig
szczep M (-*u*; -*y*) (*plemię*) Stamm *m* (*a.* BIOL); AGR Pfropfreis *n*; ~ **winny**

Weinstock *m*

szczepić ⟨**za-**⟩ (*-ię*) MED impfen (**przeciw** *dat* gegen *akk*); AGR (auf)pfropfen; **~ się** MED sich impfen lassen

szczepi|enie N (*-a*) MED Impfung *f* (**przeciw** *dat* gegen *akk*); AGR Propfung *f*; **~enie przeciw ospie** Pockenimpfung *f*; **~onka** F (*-i*; *gen -nek*) Impfstoff *m*

szczerba F (*-y*) *w zębie* (Zahn)Lücke *f*; *w murze* Riss *m*; *w ostrzu* Scharte *f*; **~ty** (*persf -ci*) *dziecko, staruszek* ohne (Vorder)-Zähne

szczero|ść F (*-ści*; *bpl*) Aufrichtigkeit *f*, Ehrlichkeit *f*; **~złoty** aus purem Gold

szczer|ry (*persf -rzy*) (**-rze**) ehrlich, aufrichtig; *złoto, srebro* pur, lauter; **~ra prawda** *f* lautere Wahrheit *f*; **w ~rym polu** auf freiem Feld; **~re chęci** *pl* aufrichtiges Bemühen *n*; **jeśli mam być ~ry, ...** wenn ich ehrlich bin, ...; **~rze mówiąc** ehrlich gesagt; **śmiać się ~rze** herzlich lachen

szczerzyć (*-ę*): **~ zęby** die Zähne fletschen *od* blecken; **~ zęby do k-o** *umg iron* j-n anlächeln

szczeżuja F (*-ui*; *-e*; *gen -ui od -uj*) Teichmuschel *f*

szczędzić (*-dzę*): **nie ~ wysiłków** *od* **trudu** keine Mühe scheuen; **nie ~ pochwał** mit Lob nicht geizen; **nie ~ pieniędzy** nicht an Geld sparen, freigiebig sein; **życie go nie szczędziło** ihm ist nichts erspart geblieben

szczę|k M (*-u*; *-i*) *kluczy, łańcucha, zbroi* Rasseln *n*, Klirren *n*; *talerzy* Klappern *n*; **~ka** F (*-i*) ANAT Kiefer *m*; **dolna ~ka** ANAT Unterkiefer *m*, Kinnlade *f*; **górna ~ka** Oberkiefer *m*; **~ki** *f/pl* TECH Backen *f/pl*; **sztuczna ~ka** künstliches Gebiss *n*; **~ka mu opadła** *umg fig* ihm fiel die Kinnlade runter

szczękać (*-am*) ⟨**-nąć**⟩ (*-nę*) *łańcuch, klucze* rasseln, klirren; *naczynia* scheppern, klappern; **szczękać talerzami** mit den Tellern klappern; **szczękać zębami** mit den Zähnen klappern

szczęko|ścisk M (*-u*; *bpl*) MED Kaumuskelkrampf *m*; **~wy** MED Kiefer-

szczęści|ara F (*-y*), **~arz** *m* (*-a*; *-e*) *umg* Glückspilz *m*

szczęścić się *unpers*: **we wszystkim mu się szczęści** er hat in allem Glück; **nie szczęściło mu się ostatnio** es ging ihm in letzter Zeit nicht gut, er hatte in letzter Zeit kein Glück; **nie szczęści mu się w pracy** er hat bei seiner Arbeit keinen Erfolg, seine Arbeit gelingt ihm nicht; **szczęść Boże!** grüß Gott!; viel Glück!

szczęś|cie N (*-a*; *bpl*) Glück *n*; **mieć ~cie** Glück haben; **~cie rodzinne** Familienglück *n*; **na ~cie** zum Glück; **~ciem** *lit* glücklicherweise; **przynoszący ~cie** Glück bringend; **całe ~cie, że ...** ein Glück, dass ...; **~cie w nieszczęściu** Glück im Unglück; **próbować ~cia** sein Glück versuchen; **dał mi łańcuszek na ~cie** er gab mir eine Kette als Glücksbringer

szczęśliwie ADV → szczęśliwy

szczęśliwiec M (*-wca*; *-wcy*) Glückskind *n*

szczęśli|wy (**-wie**) glücklich; **~wej podróży!** gute Reise!; **&wego Nowego Roku!** ein glückliches neues Jahr!; **mieć ~wą rękę** ein gutes Händchen haben (**do** *gen* für *akk*)

szczęt: **do ~u** *adv* restlos, vollkommen

szczodry (*persf -rzy*) (**-rze**) großzügig, freigebig

szczoteczka F (*-i*; *gen -czek*): **~ do zębów** Zahnbürste *f*

szczotka F (*-i*; *gen -tek*) Bürste *f*; **~ do włosów** Haarbürste *f*; **~ do butów** Schuhbürste *f*; **~ do zamiatania (podłogi)** Besen *m*; **~ do mycia podłogi** Schrubber *m*

szczotkować ⟨**wy-**⟩ (*-uję*) *włosy, buty* (aus)bürsten; *konia* striegeln

szczuć ⟨**po-**⟩ (*-uję*): **~ psami k-o** die Hunde auf j-n hetzen

szczudła N/PL (*gen -deł*): **chodzić na ~ch** auf Stelzen gehen

szczupak M (*-a*; *-i*) Hecht *m*

szczupleć ⟨**wy-**⟩ (*-eję*) schlank werden, abnehmen; ⟨**ze-**⟩ *zapasy* zusammenschrumpfen; *dochody* geringer werden

szczupli *persf* → szczupły

szczup|lutki (**-ko**) *dim* gertenschlank, dünn; **~łość** F (*-ści*; *bpl*) Schlankheit *f*

szczupły (*persf -li*) (**-ło**) *osoba, dłonie* schlank; *zapasy* knapp; *dochody* gering; *grono* klein

szcz|ur M (*-a*; *-y*) Ratte *f*; **~ur lądowy** *fig* Landratte *f*; **~urzy** Ratten-; **~wany** *umg* durchtrieben, ausgekocht; **~wany lis** *m fig* schlauer Fuchs *m*

szczycić się (*-cę*) (*inst*) stolz sein (auf *akk*), sich rühmen (*gen*); *pej* sich brüsten

S

(mit *dat*)

szczygieł M (*-gła; -gły*) Stieglitz *m*

szczypać (*-ię*) ⟨**-nąć**⟩ (*-nę*) zwicken, kneifen; **szczypać** *dym* beißen; *sól* brennen; **szczypać trawę** Gras rupfen; **dym szczypie w oczy** der Rauch beißt in den Augen; **mróz szyczypie** es herrscht beißender Frost; **oczy mnie szczypią** es beißt mich *od* mir in die Augen; **szampan szczypie w język** der Sekt prickelt auf der Zunge; **~ się** sich kneifen, sich zwicken; **szczypać się** (*oszczędzać*) *umg* knausern

szczyp|awka F (*-i; gen -wek*) ZOOL Ohrwurm *m*; **~ce** PL (*gen -piec od -ów*) Zange *f*; ZOOL Scheren *pl*; **~czyki** PL (*gen -ków*) Pinzette *f*

szczypiorek M (*-rku; bpl*) Schnittlauch *m*

szczypnąć PF → szczypać

szczypta F (*-y*) *soli, pieprzu* Prise *f*, Messerspitze *f*; **~ szczęścia** ein Quäntchen Glück

szczyt M (*-u; -y*) *góry* Gipfel *m* (*a. fig*); *drzewa* Wipfel *m*; *wieży* Spitze *f*; *schodów* oberes Ende *n*; BUD Giebel *m*, Giebelwand *f*; **~ stołu** Tischende *n*; **godziny** *f/pl* **~u** Hauptverkehrszeit *f*, Stoßzeit *f*; **spotkanie** *n* **na szczycie** POL Gipfeltreffen *n*; **u ~u sławy** auf dem Gipfel des Ruhms; **to ~ wszystkiego!** *umg* das ist der Gipfel!

Szczytno N (*-a; bpl*) Ortelsburg *n*

szczyt|ny *cele, ideały* hehr; *tradycja* glanzvoll; **~ne osiągnięcia** *n/pl* Glanzleistungen *f/pl*

szczyto|wanie N (*-a; bpl*) Höhepunkt *m*, Orgasmus *m*; **~wy** *forma, osiągnięcie* Spitzen-; *partia* Gipfel-; **ściana** *f* **~wa** BUD Giebelwand *f*

szef M (*-a; -owie*) Chef *m*; (*kobieta*) Chefin *f*; **~ kuchni** Chefkoch *m*; **~ostwo** N (*-a*) Leitung *f*, Führungsposition *f*; **~owa** F (*-ej; -e*) *umg* Chefin *f*

szejk M (*-a; -owie*) Scheich *m*

szelest M (*-u; -y*) Rascheln *n*

szeleścić (*szeleszczę*) rascheln

szel|f M (*-u; -y*) Schelf *m*; **~ki** F/PL (*gen -lek*) Hosenträger *m/pl*; **spódnica** *f* **na ~kach** Trägerrock *m*

szelm|a F *od m* (*-y*) Schelm *m*; **~owski** (**-ko**) schelmisch, schalkhaft; *uśmiech* verschmitzt; **~owski postępek** *m* Schelmenstreich *m*

szemrać (*-rzę*) *deszcz, drzewa* rauschen; *strumyk* leise plätschern, murmeln; (*narzekać*) murren

szepnąć PF: **~ k-u** j-m zuflüstern; → szeptać

szept M (*-u; -y*) Flüstern *n*; **rozmawiać ~em** flüstern, im Flüsterton sprechen; **~y** *pl* Geflüster *n*

szeptać (*-czę od -cę*) ⟨**szepnąć**⟩ (*-nę*) flüstern; **~ do ucha** ins Ohr flüstern; **szeptać** (**o** *inst*) tuscheln (über *akk*)

szepta|nina F (*-y; bpl*) *pej* Getuschel *n*; Geflüster *n*; **~ny** *propaganda* Flüster-

szereg M (*-u; -i*) Reihe *f*; **~i** *pl fig* Reihen *pl*; **ustawić się** *pf* **w ~u** sich in einer Reihe aufstellen

szeregować ⟨**u-**⟩ (*-uję*) ordnen

szeregowiec M (*-wca; -wcy*) MIL Schütze *m*; **starszy ~** MIL Gefreite(r) *m*

szeregowy[1] *zabudowa, połączenie* Reihen-; (*przeciętny*) durchschnittlich

szeregowy[2] M (*-ego; -wi*) MIL Schütze *m*

szermierka[1] F (*-i; bpl*) Fechtkunst *f*, Fechten *n*; **~ słowna** Wortgefecht *n*

szermierka[2] F (*-i, gen -rek*) Fechterin *f*

szermierz M (*-a; -e*) Fechter *m*

szero|ki (*persf -cy*) (**-ko**) breit; (*rozległy*) weit, weitläufig; *ubranie* weit; *zainteresowania, asortyment* breit gefächert; **~ki w barach** breitschultrig; **~ki uśmiech** *m* breites Lächeln *n*; **mieć ~ki gest** großzügig sein, spendabel sein; **~kie horyzonty** *pl fig* weiter Horizont *m*; **na ~ką skalę** groß angelegt; **jak kraj długi i ~ki** weit und breit; **~kiej drogi!** gute Fahrt!; **w ~kim świecie** in der weiten Welt; **otwarty ~ko** weit geöffnet; **~ko rozpowszechniony** weitverbreitet

szeroko|ść F (*-ści*) Breite *f* (*a.* GEOG); **na całą ~ść** sperrangelweit; **na ~ść dłoni** handbreit

szerszeń M (*-nia; -nie; gen -ni*) Hornisse *f*

szerszy *komp* ADJ breiter; → szeroki

szerzej *komp* ADV breiter; → szeroko

szerzyć (*-ę*) verbreiten; **~ się** sich verbreiten; *epidemia* um sich greifen, sich ausbreiten

szestnastka F (*-i; gen -tek*) Sechzehn *f*

szesnasto|letni sechzehnjährig; **~wieczny** aus dem sechzehnten Jahrhundert (stammend)

szesnastu *num persf* sechzehn

szesnas|ty sechzehnte(r); (**godzina**) **~ta** sechzehn Uhr; **o** (**godzinie**) **~tej** um sechzehn (Uhr)

S

szesnaści|e *num* (*persf szesnastu*) sechzehn; **~oro** *num koll* sechzehn
sześci|an M (*-u; -y*) MAT Würfel *m*, Kubus *m*; **podnieść do ~anu** MAT in die dritte Potenz erheben; **~enny** kubisch; Kubik-
sześcio- *in Zsgg(n)* sechs-
sześcio|bok M (*-u; -i*) MAT Hexagon *n*, Sechseck *n*; **~krotny** sechsmalig; sechsfach
sześciolat|ek M (*-tka; -tki*), **~ka** F (*-i; gen -tek*) Sechsjährige(r) *m, f*
sześcio|lecie N (*-a*) sechsjähriges Jubiläum *n*; **~letni** sechsjährig; **~miesięczny** sechs Monate alt
sze|ścioro *num koll* sechs; **~ściu** *num persf* sechs; **~ściuset** *num persf* sechshundert
sześć *num* (*persf sześciu*) sechs
sześćdziesią|t *num* (*persf sześćdziesięciu*) sechzig; **~ty** sechzige(r); **lata** *pl* **~te** Sechzigerjahre *pl*, Sechziger *pl*
sześćdziesię|cioletni sechzigjährig, sechzig Jahre alt; **~cioro** *num koll* sechzig; **~ciu** *num persf* sechzig
sześćset *num* (*persf sześciuset*) sechshundert
szew M (*szwu; szwy*) Naht *f* (*a.* MED); **zdjąć** *pf* **szwy** MED Fäden ziehen; **bez szwu** nahtlos
sze|wc M (*-a; -y*) Schuhmacher *m*, Schuster *m*; **kląć jak ~wc** fluchen wie ein Bierkutscher; **~wski** Schuhmacher-, Schuster-; **~wska pasja** *f* rasende Wut *f*
szkalować ⟨**o-**⟩ (*-uję*) verleumden, diffamieren
szka|pa F (*-y*) Mähre *f*, Gaul*m*; **~radny** hässlich, abscheulich
szkar|latyna F (*-y; bpl*) MED Scharlach *m*; **~łat** M (*-u; -y*) Scharlach *m*; **~łatny** scharlachrot
szkatułka F (*-i; gen -łek*) Schatulle *f*
szkic M (*-u; -e*) Skizze *f*, Entwurf *m*
szkicować ⟨**na-**⟩ (*-uję*) skizzieren
szkico|wnik M (*-a; -i*) Skizzenblock *m*; **~wo** ADV skizzenhaft
szkielet M (*-u; -y*) ANAT Skelett *n*, Gerippe *n*; (*konstrukcja*) Gerüst *n* (*a. fig*)
szkiełko N (*-a; gen -łek*): **~ od zegarka** Uhrglas *n*
szkla|nka F (*-i; gen -nek*) (Wasser)Glas *n*; BOT Glaskirsche *f*, Amarelle *f*; (*lód*) *umg* Glatteis *n*; **~nka herbaty** ein Glas Tee; **~nka mleka** ein Glas Milch; **~nka wody** ein Glas Wasser; **~ny** *naczynia, płyta, rurka* Glas-; (*połyskliwy*) gläsern; *wzrok* glasig
szklar|nia F (*-i; -e*) Gewächshaus *n*; **~niowy** Gewächshaus-, aus dem Gewächshaus
Szklarska: **~ Poręba** *f* (*Szklarskiej Poręby; bpl*) Schreiberhau *n*
szkl|arski Glaser-; **~arz** M (*-a; -e*) Glaser *m*
szklić ⟨**o-**⟩ (*-lę, -lij!*) verglasen; **szklić się** glitzern
szkli|sty (**-ście**) glasig; **~wo** N (*-a*) Glasur *f*; ANAT Zahnschmelz *m*
szk|ło N (*-a; gen szkieł*) Glas *n*; *koll* (*naczynia*) Gläser *pl*; (*odpryski*) Glassplitter *m*; **~ła** *pl* **okularów** Brillengläser *pl*; **~ła** *pl* **kontaktowe** Kontaktlinsen *pl*; **~ło powiększające** Vergrößerungsglas *n*; **~ło kuloodporne** kugelsicheres Glas *n*; **rżnięte ~ło** geschliffenes Glas *n*; **~ło artystyczne** MAL Glasarbeit *f*; **ze ~ła** aus Glas; **za ~łem** hinter Glas; **pod ~łem** unter Glas, unter einer Glasscheibe; AGR im Gewächshaus
Szkocja F (*-i; bpl*) Schottland *n*
szkocki (**po -ku**) schottisch
szko|da[1] F (*-y; gen szkód*) Schaden *m*; **~dy** *pl* **spowodowane pożarem** Brandschäden *pl*; **na ~dę** (*gen*) zum Schaden von (*dat*); **ze ~dą dla** (*gen*) nachteilig für (*akk*)
szko|da[2] ADV: **~da mi go** er tut mir leid; **~da** (*gen*) es ist schade um (*akk*); **~da, że** ... schade, dass ...; **jaka ~da!** wie schade!; **~da nam było wyjeżdżać** es fiel uns schwer, wegzureisen; **~da twojego czasu** es ist schade um deine Zeit; **~da słów** es ist schade um jedes Wort; **~da nerwów** es hat keinen Sinn, sich darüber aufzuregen
szkodliwie ADV → szkodliwy
szkodli|wość F (*-ści; bpl*) Schädlichkeit *f*; **~wy** (**-wie**) schädlich; **~wy dla zdrowia** gesundheitsschädlich; **~wy dla środowiska** umweltschädlich
szkodnik M (*-a; -i*) Schädling *m*
szkodzić ⟨**za-**⟩ (*-dzę*) schaden; **co to szkodzi?** was schadet es?; (**nic**) **nie szkodzi!** macht nichts!
szkole|nie N (*-a*) Schulung *f*; **~nie zawodowe** Fortbildung *f*; **~niowiec** M (*-wca; -wcy*) Schulungsleiter *m*; Ausbilder *m*; **~niowy** Schulungs-; Fortbildungs-
szkolić ⟨**wy-**⟩ (*-lę*) schulen; *zawodowo* fortbilden; **~ się** sich fortbilden

szkol|nictwo N (*-a; bpl*) Schulwesen *n;* **~nictwo wyższe** Hochschulwesen *n;* **~ny** *budynek,* M*łodzież, wycieczka* Schul-; **podręcznik** *m* **~ny** Lehrbuch *n;* **w wieku ~nym** im schulpflichtigen Alter

szko|ła F (*-y; gen szkół*) Schule *f;* **~ła podstawowa** Grundschule *f;* **~ła wyższa** Hochschule *f;* **~ła zawodowa** Berufsschule *f,* Fachschule *f;* **~ła baletowa** Ballettschule *f;* **~ła przetrwania** Überlebenstraining *n;* **~ła rodzenia** Geburtsvorbereitungskurs *m;* **iść do ~ły w wieku sześciu lat** im Alter von sechs Jahren eingeschult werden; **chodzić do ~ły** zur Schule gehen

szkopuł M (*-u; -y*) *lit* Problem *n;* **~ w tym, że …** das Problem liegt darin, dass …

szkorbut M (*-u; bpl*) MED Skorbut *m*

Szkot M (*-a; -ci*) Schotte *m;* **~ka** F (*-i; gen -tek*) Schottin *f*

szkółka F (*-i; gen -łek*) *dim* (Dorf)Schule *f;* **~ leśna** Baumschule *f;* **~ narciarska** Skischule *f;* (*system nauczania*) *pej* verschultes System *n*

szkrab M (*-a; -y*) Knirps *m*

szkutn|ictwo N (*-a; bpl*) Schiff(s)bau *m,* Bootsbau *m;* **~ik** M (*-a; -cy*) Schiff(s)bauer *m,* Bootsbauer *m*

szkwał M (*-u; -y*) METEO Windbö *f*

szlaban M (*-u; -y*) Schlagbaum *m;* **mieć ~** *umg* Stubenarrest haben

szlach|cic M (*-a; -e*), **~cianka** F (*-i; gen -nek*) HIST Adlige(r) *m, f;* **~cic zagrodowy** Krautjunker *m*

szlachec|ki Adels-, ad(e)lig; **~two** N (*-a; bpl*) HIST Adel(sstand) *m;* **nadać** *pf* **~two** HIST in den Adelsstand erheben

szlachet|ność F (*-ści; bpl*) Edelmut *m,* Großmut *f; rysów* Ebenmäßigkeit *f;* **~ny** *osoba, czyn* edel(mütig), großmütig; *cel* hehr; *wino* edel, erlesen; *rysy, proporcje* ebenmäßig; *surowiec* edel, hochwerig; *metal, kamień, stal* Edel-

szlachta F (*-y; bpl*) *koll* HIST Adel *m;* **~ zaściankowa** *od* **drobna ~** HIST Schlachta *f,* Kleinadel *m;* **~ rodowa** Geburtsadel *m*

szlafrok M (*-a; -i*) Morgenmantel *m,* Morgenrock *m*

szlag: **~ mnie trafia** *umg* mich trifft der Schlag

szlagier M (*-u; -y*) Schlager *m,* Hit *m,* Renner *m;* **~ sezonu** der Hit *od* der Schlager der Saison

szlajać się (*-am*) *umg* sich herumtreiben

szlak M (*-u; -i*) Strecke *f,* Route *f; na tkaninie* Muster *n* am Saum; **~ morski** Seestraße *f;* **~ handlowy** Handelsweg *m;* **~ komunikacyjny** Verkehrsweg *m;* **~ turystyczny** Reiseroute *f;* **~ wędrowny** Wanderweg *m;* **~ rowerowy** Fahrradroute *f,* Fahrradweg *m;* **~ bursztynowy** HIST Bernsteinstraße *f*

szlam M (*-u; -y*) Schlamm *m*

Szlezwik-Holsztyn M (*Szlezwika-Holsztynu; bpl*) Schleswig-Holstein *n*

szlif M (*-u; -y*) Schliff *m;* **ostatni ~** *fig* der letzte Schliff

szlifi|erka F (*-i; gen -rek*) Schleifmaschine *f;* **~erski** Schleif-; **~erz** M (*-a; -e*) Schleifer *m*

szlifować ⟨**o-**⟩ (*-uję*) TECH schleifen; *fig* feilen (an *dat*)

szloch M (*-u; -y*) Schluchzen *n*

szlochać (*-am*) schluchzen

szlufka F (*-i; gen -fek*) Schlaufe *f*

szmaciak M (*-a; -i*) *umg* Flickenteppich *m*

szmacia|ny: **lalka** *f* **~na** Stoffpuppe *f*

szmal M (*-u; bpl*) *umg* Kohle *f,* Knete *f*

szmaragd M (*-u; -y*) Smaragd *m;* **~owy** Smaragd-; *kolor* smaragdgrün

szmat M: **~ drogi** langer Weg *m;* **~ czasu** e-e lange Zeit

szma|ta F (*-y*) Lappen *m,* Lumpen *m;* (*kobieta*) *pop* Luder *n;* (*gazeta*) *umg* Boulevardblatt *n,* Schmierblatt *n;* **~ta do podłogi** Feudel *m,* Scheuerlappen *m;* **~ty** *pl umg* Lumpen *m/pl;* **~tka** F (*-i; gen -tek*) (kleiner) Lappen *m,* Wischtuch *n;* **~tki** *pl* (*ubranie*) *umg* modische Klamotten *pl*

szmatławiec M (*-wca; -wce*) Schmierblatt *n,* Skandalblatt *n*

szmelc M (*-u; bpl*) *umg* Schrott *m*

szmer M (*-u; -y*) Geräusch *n; strumyka* Murmeln *n,* Plätschern *n;* **~y** *pl* **w sercu** MED Herzgeräusche *pl*

szmerg|iel: **mieć ~la** *umg* einen Fimmel haben

szminka F (*-i; gen -nek*) Lippenstift *m;* TEATR Schminke *f*

szminkować (*-uję*) *usta* schminken; **~ się** sich schminken

szmira F (*-y*) *umg* (*książka*) Schundheft *n,* Schundroman *m;* (*film*) Schnulze *f*

szmugiel M (*-glu; bpl*) Schmuggel *m*

szmuglować (*-uję*) schmuggeln; *samochody* schieben

sznur M (*-a; -y*) Schnur *f*; *fig* Schlange *f*, Reihe *f*; **~ do bielizny** Wäscheleine *f*; **~ pereł** Perlenkette *f*; **~ ptaków** Vogelschar *f*; **~ek** M (*-rka; -rki*) Bindfaden *m*, Schnur *f*; **jak po ~ku** schnurgerade
sznurować ⟨**za-**⟩ (*-uję*) (zu)schnüren
sznurowadło N (*-a; gen -deł*) Schnürsenkel *m*
sznuro|wy: **drabinka** *f* **~wa** Strickleiter *f*
sznurówka F (*-i; gen -wek*) → sznurowadło
sznycel M (*-cla; -cle*) Schnitzel *n*
szoferka F (*-i; gen -rek*) *umg* Fahrerkabine *f*
szok M (*-u; -i*) Schock *m* (*a.* MED); **być w ~u** unter Schock stehen; **doznać** *pf* **~u** einen Schock erleiden; **~ na giełdzie** FIN Kurssturz *m*
szokować ⟨**za-**⟩ (*-uję*) schockieren
szokujący (**-co**) schockierend
szop M (*-a; -y*) Waschbär *m*
szop|a F (*-y*) Schuppen *m*; *umg* (*włosy*) Haarschopf *m*; **~ka** F (*-i; gen -pek*) REL Krippe *f*; Krippenspiel *n*; *fig umg* Affentheater *n*
szorować (*-uję*) scheuern, schrubben; V/I reiben; **szoruj stąd!** *umg* mach, dass du wegkommst!
szorstki (*persf -cy*) (**-ko**) rau; *fig* schroff, barsch
szo|rty PL (*gen -ów*) Shorts *pl*; **~sa** F (*-y*) (Land)Straße *f*
szoso|wy: **kolarstwo** *n* **~we** Straßenrennen *n*
szot M (*-u; -y*) MAR Schote *f*
szowinist|a M (*-y; -ści*) Chauvinist *m*; **~yczny** chauvinistisch
szós|tka F (*-i; gen -tek*) Sechs *f*; **~ty** sechste(r); **~ta (godzina)** sechs Uhr; **o ~tej (godzinie)** um sechs (Uhr)
szpachla F (*-i; -e*) Spachtel *m*; Spachtelmasse *f*
szpachlować (*-uję*) (ver)spachteln
szpachlówka F (*-i; gen -wek*) Spachtelmasse *f*
szpa|da F (*-y*) Degen *m*; **~del** M (*-dla; -dle*) Spaten *m*; **~gat** M (*-u; -y*) SPORT Spagat *m*; (*sznurek*) Bindfaden *m*
szpak M (*-a; -i*) ZOOL Star *m*; **~owaty** (*persf -ci*) *włosy* grau meliert; *osoba* leicht grau
szpal|er M (*-u; -y*) Spalier *n*; **~ta** F (*-y*) TYPO Spalte *f*;
szpaner M (*-a; -rzy*), **~ka** F (*-i; gen -rek*) *umg pej* Angeber(in) *m(f)*; **~stwo** N (*-a; bpl*) *umg pej* Imponiergehabe *n*, Angeberei *f*; **~ski** *umg pej* angeberisch, protzig
szpanować (*-uję*) *umg pej* angeben, protzen (*inst* mit *dat*)
szpara F (*-y*) Spalt *m*; **~gi** M/PL (*gen -ów*) Spargel *m*
szparago|wy Spargel-; **fasolka** *f* **~wa** grüne Bohnen *pl*
szpar|gały M/PL (*gen -ów*) *umg* (Papier-)Kram *m*, Gerümpel *n*; **~ka** F (*-i; gen -rek*) kleiner Spalt *m*
szpecić (*-cę*) *osobę* verunstalten, entstellen; *krajobraz, budynek* verschandeln
szperać (*-am*) *w kieszeni, w torbie* kramen, wühlen; *w archiwach* stöbern; **~ w cudzych rzeczach** schnüffeln
szpet|ny hässlich; **~ota** F (*-y; bpl*) Hässlichkeit *f*
szpic M (*-a; -e*) Spitze *f*; **w ~** *adv* spitz; **dekolt** *m* **w ~** V-Ausschnitt *m*; **~ na choinkę** *Weihnachtsschmuck für die Baumspitze*
szpicel M (*-cla; -cle*) *pej* Spitzel *m*, Schnüffler *m*
szpiclować (*-uję*) *pej* spitzeln, schnüffeln
szpicruta F (*-y*) Reitpeitsche *f*
szpieg M (*-a; -dzy*) Spion *m*; **~ostwo** N (*-a; bpl*) Spionage *f*
szpiegować (*-uję*) spionieren
spiegowski Spionage-
szpik M (*-u; bpl*): **~ kostny** ANAT Knochenmark *n*; **zepsuty do ~u kości** bis ins Mark verdorben; **zmarznąć** *pf* **do ~u kości** durchfrieren
szpikować (*-uję*) (*inst*) KULIN spicken (mit *dat*); **~ cytatami** mit Zitaten spicken; **~ lekarstwami** *umg* mit Tabletten vollpumpen
szpikulec M (*-lca; -lce*) Spicknadel *f*; *parasola* Spitze *f*
szpil|ka F (*-i; gen -lek*) Stecknadel *f*; *do włosów* Haarnadel *f*; *do krawata* Krawattennadel *f*; **~ki** *pl* (*buty*) Stöckelschuhe *pl*; (*obcasy*) Pfennigabsätze *pl*; **siedzieć jak na ~kach** wie auf glühenden Kohlen sitzen
szpinak M (*-u; bpl*) Spinat *m*
szpital M (*-a; -e*) Krankenhaus *n*; **do ~a** ins Krankenhaus; **~ dla nerwowo chorych** Nervenklinik *f*; **~ dla umysłowo chorych** psychiatrische Klinik *f*; **~ polowy** MIL Lazarett *n*; **~ny** Krankenhaus-; *leczenie*

S

stationär
szpony M/PL (*gen -ów*) Krallen *f/pl*, Fänge *m/pl*; **dostać się** *pf* **w ~** (*gen*) *fig* in die Fänge (*gen*) geraten
Szprotawa F (*-y; bpl*) Sprottau *n*
szpr|otka F (*-i; gen -tek*) Sprotte *f*; **~ycha** F (*-y*) (Rad)Speiche *f*
szprycować (*-uję*): **~ lekarstwami** *umg* mit Tabletten vollpumpen; **~ się** *umg* fixen
szpul|a F (*-i; -e*) *kabli* Spule *f*; **~ka** F (*-i; gen -lek*) *nici* Spule *f*
szr|ama F (*-y*) Narbe *f*, Schramme *f*; **~eń** F (*-i; bpl*) Firn *m*; **~on** M (*-u; bpl*) Raureif *m*
sztab M (*-u; -y*) *batalionu, doradców* Stab *m*; **~ główny** MIL Generalstab *m*
sztab|a F (*-y*), **~ka** (*-i; gen -bek*) (Eisen)Stab *m*; **~ka złota** Goldbarren *m*
sztabowy *oficer* Stabs-
sztachety F/PL (*gen -*) Zaunlatten *f/pl*; (*płot*) Zaun *m*
sztafet|a F (*-y*) SPORT Staffellauf *m*; **~owy** *bieg, pałeczka* Staffel-
sztafirować się ⟨**wy-**⟩ *umg* sich herausputzen
sztalugi F/PL (*gen -*) Staffelei *f*
sztalugo|wy: **malarstwo** *n* **~we** Tafelmalerei *f*
szta|ma F: **trzymać ~mę** *umg* dicke Freunde sein
sztamp|a F (*-y*) *pej* Schemahaftigkeit *f*; **~owy** *pej* schemahaft
sztanca F (*-y; -e*) Stanze *f*
sztandar M (*-u; -y*) Fahne *f*; **~owy** Fahnen-; (*reprezentatywny*) repräsentativ, typisch; **~owy przykład** *m* Musterbeispiel *n*; **poczet** *m* **~owy** Fahnenträger *pl*
sztang|a F (*-i*) SPORT Scheibenhantel *f*; **~ista** M (*-y; -ści*) Gewichtheber *m*
Sztokholm M (*-u; bpl*) Stockholm *n*
sztolnia F (*-i; -e*) GÓRN Stollen *m*
sztorc: **na ~** *od* **~em** *adv* hochkant
sztorcować (*-uję*) *umg* rüffeln, abkanzeln
sztorm M (*-u; -y*) (See)Sturm *m*; **~owy** Sturm-
sztruk|sowy *spodnie, kurtka* Kord-; **~sy** PL (*gen -ów*) Kordhose *f*
sztubac|ki: **~ki kawał** *m umg* Dummejungenstreich *m*; **~ka miłość** *f* Jugendliebe *f*
sztu|cer M (*-a; -y*) Stutzen *m*; **~czka** F (*-i; gen -czek*) Trick *m*, Kniff *m*; **~czny** künstlich, Kunst-; (*nieszczery*) gekünstelt; **~czne ognie** *pl* Wunderkerzen *pl*; Feuerwerk *n*
sztućce M/PL (*gen -ów*) Besteck *n*
sztu|ka F (*-i*) Kunst *f*; TEATR (Theater)Stück *n*; (*egzemplarz*) Stück *n*; (*umiejętność*) Handwerk *n*, Kunst *f*; (*popis*) Kunststück *n*; **~ka współczesna** moderne Kunst *f*; **~ka kulinarna** Kochkunst *f*; **~ki** *pl* **piękne** die bildenden Künste *pl*; **sprzedawać na ~ki** stückweise *od* pro Stück verkaufen; **historia** *f* **~ki** Kunstgeschichte *f*; **do trzech razy ~ka** aller guten Dinge sind drei; **to nie sztuka** (+ *inf*) *umg* es ist keine Kunst zu (+ *inf*)
sztuk|ateria F (*gen dat lok -ii; -e*) ARCH Stuck *m*, Stuckarbeit *f*; **~mistrz** M (*-a; -owie*) Gaukler *m*, Zauberkünstler *m*
sztukować ⟨**ze-**⟩ (*-uję*) annähen, anstückeln
szturchać (*-am*) ⟨**-nąć**⟩ (*-nę*) *umg* knuffen, schubsen; **~ się** sich knuffen, sich schubsen
szturchaniec M (*-ńca; -ńce*) Knuff *m*, Schubs *m*
szturm M (*-u; -y*) MIL (Sturm)Angriff *m*; **przypuścić** *pf* **~** Sturm laufen (**na** *akk* gegen *akk*); **wziąć** *pf* **~em** im Sturm nehmen
szturmować (*-uję*) MIL stürmen (*a. fig*), angreifen
Sztutowo N (*-a; bpl*) Stutthof *n*
sztych M (*-u; -y*) (*rycina*) Stich *m*
szty|ft M (*-u; -y*): **dezodorant** *m* **w ~fcie** Deostift *m*; **~ft korekcyjny** Abdeckstift *m*
szty|gar M (*-a; -rzy*) GÓRN Steiger *m*; **~let** M (*-u; -y*) Dolch *m*
sztywniak M (*-a; -cy*): **to taki ~** *umg* er ist steif, er ist bierernst
sztywnieć ⟨**ze-**⟩ (*-eję*) *kark, palce* steif werden; **~ ze strachu** vor Angst erstarren
sztywny (**-no**) *kołnierzyk, palce, kark* steif; *przepisy, reguły* starr; *osoba, atmosfera* steif, verkrampft; *ruchy* steif, ungelenk; *okładka, cena* fest
szub|ienica F (*-y; -e*) Galgen *m*; **~rawiec** M (*-wca; -wcy*) *pej* Schuft *m*
szuf|elka F (*-i; gen -lek*) Handschaufel *f*, Kehrichtschaufel *f*; **~la** F (*-i; -e*) Schaufel *f*, Schippe *f*; **~lada** F (*-y; gen -*) Schublade *f*, Schubfach *n*
szufladkować ⟨**za-**⟩ (*-uję*) *fig* in eine Schublade stecken
szuflować (*-uję*) schaufeln, schippen

Gdy coś się dzieje szybko.

Pędził jak błyskawica.	Er rannte wie ein geölter Blitz.
Praca była gotowa w okamgnieniu.	Die Arbeit war im Handumdrehen fertig.
Popędził na łeb na szyję po schodach w dół.	Er rannte Hals über Kopf die Treppe hinunter.

szuja F od m (-i; -e) *pej* Schuft *m*, Schurke *m*
szukać (-am) (*gen*) suchen (*akk od* nach *dat*); ~ **wolnego miejsca** einen freien Platz suchen; ~ **złodzieja** nach dem Dieb suchen; ~ **pomocy** Hilfe suchen; ~ **mieszkania** eine Wohnung suchen, auf Wohnungssuche sein; ~ **pracy** Arbeit suchen, auf Arbeitssuche sein; ~ **słów** nach Worten suchen; ~ **guza** *umg* Streit suchen; ~ **igły w stogu siana** *fig* eine Stecknadel im Heuhaufen suchen; **szukaj** EDV suchen, Suche starten
szu|kanie N (-a; bpl) Suche *f*; **~kanie pracy** Arbeitssuche *f*; **~kanie mieszkania** Wohnungssuche *f*; **~ler** M (-a; -rzy) Falschspieler *m*
szum M (-u; -y) *fal, drzew, deszczu* Rauschen *n*; *wentylatora* Summen *n*; ~ **w uszach** MED Ohrensausen *n*; **~y** *pl* TECH Rauschen *n*; **narobić** *pf* **~u** *umg* viel Aufhebens machen, viel Lärm machen (**wokół** *gen* um *akk*)
szumieć (-ę, -i) *liście, las* rauschen; *morze, wiatr* rauschen, brausen; *piwo, szampan* schäumen; *wentylator, suszarka* summen; **szumi mi w uszach** ich habe Ohrensausen; **szumiało nam w głowach** *umg* wir waren etwas angesäuselt
szum|ny *przyjęcie* rauschend, prunkvoll; *słowa pej* hochtrabend, hochtönend; *zapowiedź* vollmundig; *nazwa* irreführend, übertrieben; **~owiny** F/PL (*gen* -) KULIN Schaum *m*; *fig umg* Abschaum *m*, Penner *pl*
szurać (-am) ⟨**-nąć**⟩ (-nę): ~ **nogami** schlurfen; ~ **krzesłami** mit den Stühlen Lärm machen; **szurać** *umg* krakeelen; **szurnąć** *pf umg* hinschmeißen, hinknallen
szurnięty (*persf* -ci) *umg* bekloppt, durchgeknallt
szuwary M/PL (*gen* -ów) Schilf *n*
szwab M (-a; -y) *umg neg!* Deutsche(r) *m*
Szwabia F (*gen dat lok* -ii; *bpl*) Schwaben *n*
szwab|ka F (-i; *gen* -bek) *umg neg!* Deutsche *f*; **~ski** *umg neg!* deutsch
szwa|czka F (-i; *gen* -czek) Näherin *f*; **~dron** M (-u; -y) MIL Schwadron *f*; **~gier** M (-gra; -growie) Schwager *m*; **~gierka** F (-i; *gen* -rek) Schwägerin *f*
Szwajcar M (-a; -rzy) Schweizer *m*; **~ia** F (*gen dat lok* -ii; *bpl*) Schweiz *f*; **~ka** F (-i; *gen* -rek) Schweizerin *f*
szwajcarski Schweizer, schweizerisch
szwalnia F (-i; -e) Näherei *f*
szwank M (-u; *bpl*) Schaden *m*; **narazić** *pf* **na ~** (*akk*) gefährden (*akk*), Schaden zufügen (*dat*); **wyjść** *pf* **bez ~u** heil davonkommen, unversehrt überstehen
szwankować (-uję) nicht recht funktionieren, zu wünschen übrig lassen; ~ **na zdrowiu** kränkeln, von labiler Gesundheit sein; **organizacja szwankuje** es hapert an der Organisation
szwargotać (-czę) *umg* Deutsch sprechen (*von j-m, der des Deutschen nicht mächtig ist*)
Szwecja F (*gen dat lok* -ii; *bpl*) Schweden *n*
Szwed M (-a; -dzi) Schwede *m*; **~ka** F (-i; *gen* -dek) Schwedin *f*
szwedzki (**po -ku**) schwedisch; **stół** *m* ~ kaltes Büffet *n*
szwendać się (-am) *umg* herumscharwenzeln, sich herumtreiben
szwindel (-dlu; -dle) *umg* Schwindel *m*, Schummelei *f*
szwy PL → szew
szyb M (-u; -y) *górniczy, wentylacyjny* Schacht *m*; ~ **naftowy** Bohrloch *n*; **morski ~ naftowy** Bohrinsel *f*
szyba (-y) *okienna* (Fenster)Scheibe *f*; *samochodowa* Autoscheibe *f*; ~ **wystawowa** Schaufenster *n*
szybciej *komp* ADV schneller; → szybko
szybcy *persf* → szybki
szyb|erdach M (-u; -y) Schiebedach *n*; **~ka** F (-i; *gen* -bek) kleine Glasscheibe *f*
szybki (*persf* -cy) (**-ko**) *zawodnik, jazda, oddech* schnell; *decyzja, tempo, zmiany* rasch, schnell; *zysk, powrót* baldig

szybkobieżny *autobus* Schnell-, Express-
szybkostrzelny: **pistolet** *m* **~** Schnellfeuergewehr *n*
szybkościomierz M (*-a; -e*) AUTO Geschwindigkeitsmesser *m*, Tachometer *m od n*
szybkość F (*-ści*) *pojazdu, wiatru* Geschwindigkeit *f*; *decyzji, orientacji, zawodnika* Schnelligkeit *f*
szybkowar M (*-u; -y*) Schnellkochtopf *m*
szybować (*-uję*) gleiten, segeln; LOT segelfliegen
szybowcowy: **lot** *m* **~** Segelflug *m*
szybow|iec M (*-wca; -wce*) Segelflugzeug *n*; **~nictwo** N (*-a; bpl*) Segelfliegerei *f*; **~nik** M (*-a; -cy*) Segelflieger *m*
szybowy GÓRN Schacht-
szycha F (*-y*) *umg* hohes Tier *n*
szy|cie N (*-a*) Nähen *n*; Näharbeit *f*; **do ~cia** Näh-
szyć ⟨**u-**⟩ (*-ję*) nähen (*a.* MED); *krawiec* schneidern, nähen; *dawać do szycia* nähen lassen, schneidern lassen
szydeł|ko N (*-a; gen -łek*) Häkelnadel *f*; **robić ~kiem** (*akk*) häkeln (*akk*)
szydełkować (*-uję*) häkeln
szydełkowy Häkel-
szyder|ca M (*-y; gen -ów*) Spötter *m*; **~czy** (**-czo**) höhnisch, spöttisch; hämisch; **uśmiechać się ~czo** hämisch grinsen; **~stwo** N (*-a*) Hohn *m*, Spott *m*
szydło N (*-a; gen -deł*) Ahle *f*, Pfriem *m*; **wyszło ~ z worka** da kommt der Pferdefuß zum Vorschein
szydzić (*-dzę*) (**z** *gen*) verhöhnen, verspotten (*akk*)
szy|fon M (*-u; bpl*) Chiffon *m*; **~fr** M (*-u; -y*) Chiffre *f*
szyfrować ⟨**za-**⟩ (*-uję*) chiffrieren, verschlüsseln
szyfrowy Chiffre-; **zamek** *m* **~** Zahlenschloss *n*, Kombinationsschloss *n*
szyja F (*szyi; -e*) Hals *m*; **łabędzia ~** *fig* Schwanenhals *m*
szyjka F (*-i; gen -jek*) *dim* Hals *m*; **~ butelki** Flaschenhals *m*; **~ macicy** ANAT Gebärmutterhals *m*
szyj|ny: **kręgi** *m/pl* **~ne** ANAT Halswirbel *m/pl*
szyk¹ M (*-u; bpl*) Schick *m*, Eleganz *f*; **z ~iem** *adv* schick
szyk² M (*-u; bpl*) (*szereg*) Reihe *f*; LOT Formation *f*; GRAM Wortfolge *f*; **~ marszowy** Marschordnung *f*; **~i** *pl* MIL Reihen *pl*; **poplątać** *pf* **~i k-u** *fig* j-s Pläne durchkreuzen
szykana F (*-y*) Schikane *f*
szykanować (*-uję*) schikanieren
szykować ⟨**przy-**⟩ (*-uję*) *umg* vorbereiten, fertig machen; KULIN zubereiten; **~ się** (**do** *gen od* **na** *akk*) sich vorbereiten (auf *akk*), sich fertig machen (für *akk*); **~ się do podróży** sich reisefertig machen; **szykuje się awantura** ein Streit steht ins Haus; **szykować się do skoku** zum Sprung ansetzen
szyl|d M (*-u; -y*) (Firmen)Schild *n*; **~ing** M (*-a; -i*) Schilling *m*; **~kret** M (*-u; bpl*) Schildpatt *n*
szympans M (*-a; -y*) Schimpanse *m*
szy|na F (*-y*) Schiene *f* (*a.* MED); **~ny** *pl* Gleise *pl*, Schienen *pl*; **~nka** F (*-i; gen -nek*) Schinken *m*; **~nowy** *transport* Schienen-
szyper M (*-pra; -prowie*) Schiffer *m*
szypułkować (*-uję*): **~ truskawki** Erdbeeren putzen
szyszka F (*-i; gen -szek*) BOT Zapfen *m*
szyty: **~ na miarę** maßgeschneidert
ścia|na F (*-y*) Wand *f* (*a.* MAT); *skrzyni, szafy* (Seiten)Wand *f*; (*zbocze*) (Fels)Wand *f*; GÓRN Streb *m*; **na ~nie** an der Wand; **~na działowa** Trennwand *f*, Zwischenwand *f*; **mieszkać przez ~nę** im Nebenzimmer wohnen, Wand an Wand wohnen; **w czterech ~nach** in den eigenen vier Wänden; **~nka** F (*-i; gen -nek*) *skrzyni, szafy* (Seiten)Wand *f*; **~nka działowa** Trennwand *f*, Zwischenwand *f*

Ś

ściąć* PF → ścinać
ściąg|a F (*-i; -*) *umg* Spickzettel *m*; **~acz** M (*-a; -e*) Strickbündchen *n*
ściągać (*-am*) ⟨**-nąć**⟩ (*-nę*) *v/t* herunterholen; *buty, ubranie* ausziehen; *podatki* einziehen; *skórę, pierścionek* abziehen; *wino* abfüllen; *flagę* einholen; *brwi* zu-

S

sammenziehen; EDV herunterladen, downloaden; (*sprowadzić*) kommen lassen, herbeiholen; (*odpisywać*) *umg* spicken, abschreiben; ~ **na siebie uwagę** die Aufmerksamkeit auf sich ziehen; ~ **na siebie czyjś gniew** sich j-s Unmut zuziehen; ~ **sznurem** zuschnüren; ~ **z łóżka** aus dem Bett holen; ~ *v/i ludzie* zusammenströmen, zusammenkommen; ~ **k-u na kark** *umg* j-m auf den Hals schicken; ~ **sobie na kark** sich aufhalsen; ~ **się** *chodnik* Falten werfen; ~ **się pasem** den Gürtel fester ziehen

ściągawka F (*-i; gen -wek*) → ściąga

ściągnąć PF → ściągać

ścichać (*3. Pers -a*) ⟨**-nąć**⟩ (*-nie*) *gwar, odgłosy* leiser werden, verstummen

ścieg M (*-u; -i*) Zierstich *m*; ~ **łańcuszkowy** Kettenstich *m*

ściek M (*-u; -i*) Abwasserkanal *m*, Abflussgraben *m*; Gosse *f*; ~**i** *pl* Abwasser *n*, Abwässer *pl*

ściekać (*3. Pers -a*) ⟨**-nąć**⟩ (*-nie*) *woda, pot* herunterfließen

ścieko|wy Abwasser-; **studzienka** *f od* **kratka** ~**wa** Gully *m od n*

ściemniać (*-am*) ⟨**-ić**⟩ (*-ię, -nij!*) *światło* dämpfen, dimmen; *tło* dunkler machen; **ściemnia się** es wird dunkel, es dämmert; **ściemniać** *fig umg* flunkern

ściemnieć PF → ciemnieć

ścienny *lustro, zegar* Wand-

ścierać (*-am*) ⟨**zetrzeć**⟩ (*zetrę*) *skórę* abreiben; *pot, napis* abwischen; *tablicę, podłogę* wischen; *gumką* ausradieren; KULIN reiben; ~ **kurz** Staub wischen; ~ **się** *napis* verblassen; *materiał* verschleißen, sich abnutzen; *wojsko, poglądy, kultury* aufeinanderprallen

ściereczka F (*-i; gen -czek*) *dim* → ścierka

ścierka F (*-i; gen -rek*): ~ **do naczyń** Geschirrtuch *n*; ~ **do kurzu** Wischtuch *n*; ~ **do podłogi** Scheuerlappen *m*, Feudel *m*

ściernisko N (*-a*) Stoppelfeld *n*

ścierny: **papier** *m* ~ Schleifpapier *n*, Schmirgelpapier *n*

ścierpieć PF (*-ię*): **nie móc** ~ nicht ertragen können, nicht leiden können

ścierpnąć PF → cierpnąć

ścierwo N (*-a*) *umg* Tierkadavar *m*; *fig pop* Schuft *m*, Luder *n*

ścieśniać (*-am*) ⟨**-ić**⟩ (*-ię, -nij!*): ~ **litery** enger schreiben; ~ **szeregi** die Reihen schließen; ~ **się** zusammenrücken; (*zwężać się*) sich verengen, sich verjüngen

ścieżka F (*-i; gen -żek*) Pfad *m*; ~ **rowerowa** Fahrradweg *m*; ~ **dźwiękowa** Tonspur *f*; ~ **zdrowia** Trimm-dich-Pfad *m*

ścię|cie N (*-a; bpl*) (*egzekucja*) Enthauptung *f*; SPORT Schmetterball *m*; ~**gno** N (*-a; gen -gien*) ANAT Sehne *f*

ścięty abgeschnitten; *drzewo* gefällt; *dach, okap* schräg; **stożek** *m* ~ MAT Kegelstumpf *m*

ścigać (*-am*) *zbiega* verfolgen; JUR ahnden; ~ **się** um die Wette laufen; *fig* wetteifern

ścinać (*-am*) ⟨**ściąć**⟩ (*zetnę*) *włosy* abschneiden; *drzewo* fällen; absägen; *piłkę, zakręt* schneiden; HIST enthaupten, köpfen; **to ścięło go z nóg** *umg* das hat ihn umgehauen; ~ **się** *krew, białko* gerinnen; *woda* gefrieren

ścinki M/PL (*gen -ów*) *papieru* (Papier)-Schnipsel *m od n/pl*; *materiału* (Stoff)reste *m/pl*

ści|ółka F (*-i*) *leśna* Waldstreu *f*; AGR Einstreu *f*; ~**sk** M (*-u; bpl*) Gedränge *n*

ściskać (*-am*) ⟨**ścisnąć**⟩ (*ścisnę*) *v/t* zusammendrücken, zusammenpressen; umklammern; ~ **w dłoni** in der Hand drücken; ~ **sznurkiem** zuschnüren; ~ **dłoń k-u** j-m die Hand drücken, j-m die Hand schütteln; **ściskać k-o** j-n drücken, j-n umarmen; **mróz ściska** es friert Stein und Bein; **strach ścisnął go za gardło** die Angst schnürte ihm die Kehle zu; **ściska mnie w żołądku** mein Magen krampft sich zusammen; **ściskać się** sich umarmen; ~ **się paskiem** den Gürtel enger schnallen

ścisło|ść F (*-ści; bpl*) Genauigkeit *f*, Exaktheit *f*; **dla** ~**ści** um genau zu sein

ści|sły (**-śle**) *stosunki, współpraca, związek* eng; *dieta* streng; *przepis* strikt; *informacja, dane* genau, präzise; *pismo* eng; *materiał* kompakt; *tajemnica* streng gehütet; **w** ~**słym gronie** im engen Kreis; **nauki** *pl* ~**słe** Naturwissenschaften *pl*; **w** ~**słym tego słowa znaczeniu** im engen Sinne des Wortes; ~**śle biorąc** streng genommen; ~**śle tajne** streng geheim, topsecret

ścisnąć PF: ~ **się** zusammenrücken; → ściskać

ściszać (*-am*) ⟨**-yć**⟩ (*-ę*) *głos* dämpfen senken; *radio* leiser stellen

Ś

ściśle ADV → ścisły
ściślej *komp* ADV → ścisły
ściślejszy *komp* ADJ → ścisły
ślad M (*-u; -y*) Spur *f*; ŁOW Fährte *f*; **~y** *pl* **stóp** Fußspuren *f/pl*; **bez ~u** spurlos; **ani ~u** (*gen*) *fig* keine Spur von (*dat*); **iść ~em** (*gen*) j-s Spur folgen; **iść w czyjeś ~y** in j-s Fußstapfen treten
śladowy: **~we ilości** *pl* geringe Menge *f*, Rückstände *pl*; **pierwiastki** *m/pl* **~we** CHEM Spurenelemente *n/pl*
ślamazara F *od m* (*-y*) *pej* Trantüte *f*
ślamazarny *pej* tranig, träge; **przebiegać ~nie** nur schleppend vorangehen; **w ~nym tempie** im Schneckentempo
ślaz M (*-u; -y*) Malve *f*
Śląsk M (*-a; bpl*) Schlesien *n*
śląski schlesisch
Ślązak M (*-a; -cy*), **~czka** F (*-i; gen -czek*) Schlesier(in) *m(f)*
śledczy JUR Ermittlungs-; **areszt** *m* **~** Untersuchungshaft *f*
śledzić (*-dzę*): **~ k-o** j-n observieren, j-n beschatten; j-m nachspionieren; *przebieg, rozwój* verfolgen, beobachten
śledziona F (*-y*) ANAT Milz *f*; **~wy** KULIN Herings-
śledztwo N (*-a*) Untersuchung *f*, Ermittlungen *f/pl*
śledź M (*-dzia; -dzie; gen -dzi*) Hering *m*; **~ do namiotu** Zeltpflock *m*, Hering *m*; **~ wędzony** Bückling *m*
ślepia N/PL (*gen -ów*) ZOOL Augen *n/pl*; ŁOW Seher *m/pl*; **wytrzeszczać ~pia** *pop* glotzen; **~piec** M (*-pca; -pcy; gen -pców*) Blinde(r) *m*
ślepki PL (*-ów od -pek*) *dim* Äuglein *pl*
ślepnąć ⟨**o-**⟩ (*-nę*) erblinden, blind werden
ślepo ADV → ślepy
ślepota F (*-y; bpl*) Blindheit *f* (*a. fig*); **kurza ~** MED Nachtblindheit *f*
ślepy[1] (**-po**) *umg* blind (*a. fig pej*); **~py na** (*akk*) *fig* blind für (*akk*); **~pa kiszka** *f* ANAT Blinddarm *m*; **~pa uliczka** *f* Sackgase *f* (*a. fig*); **~py nabój** *m* Platzpatrone *f*; **na ~po** blind, blindlings; aufs Geratewohl
ślepy[2] M (*-ego; -i*), **~pa** F (*-ej; -e*) *umg* Blinde(r) *m*, *f*
ślęczeć (*-ę, -y*) (**nad** *inst*) hocken (über *dat*)
ślicznotka F (*-i; gen -tek*) *umg* Schöne *f*, hübsches Ding *n*; **~ny** wunderschön, niedlich
ślimacznica F (*-y*) ARCH Volute *f*, Schnecke *f*; **~czy** Schnecken-
ślimak M (*-a; -i*) ZOOL Schnecke *f*; (*droga*) Serpentine *f*; **~na** F (*-y; bpl*) Speichel *m*, *umg* Spucke *f*
śliniaczek M (*-czka; -czki*) *dim* → śliniak
śliniak M (*-a; -i*) Lätzchen *n*; **~nka** F (*-i; gen -nek*) ANAT Speicheldrüse *f*
ślinić ⟨**po-**⟩ (*-ię*) mit Speichel befeuchten, *umg* mit Spucke befeuchten; **ślinić się** sabbern
ślinka F: **cieknie mi ~** mir läuft das Wasser im Mund zusammen
ślinowy: **gruczoły** *m/pl* ANAT **~owe** Speicheldrüsen *f/pl*
śliski (**-ko**) *droga, materiał* glatt; *temat umg* heikel
śliwa F (*-y*) Pflaumenbaum *m*; **~ka** F (*-i; gen -wek*) Pflaume *f*; **~ka suszona** getrocknete Pflaume *f*, Backpflaume *f*; **~kowy** Pflaumen-; *kolor* violettblau; **~owica** F (*-y*) Pflaumenschnaps *m*, Sliwowitz *m*
ślizgacz M (*-a; -e*) Gleitboot *n*
ślizgać się (*-am*) rutschen; *na lodzie* eislaufen; **~ na łyżwach** Schlittschuh laufen
ślizgawica F (*-y; -e*) Eisglätte *f*, *umg* Glatteis *n*; **~ka** F (*-i; gen -wek*) Eisbahn *f*, Schlitterbahn *f*
ślub M (*-u; -y*) Trauung *f*; **~ cywilny** standesamtliche Trauung *f*; **~ kościelny** kirchliche Trauung *f*; **brać ~** heiraten, sich trauen lassen; **dawać ~** *od* **udzielać ~u k-u** j-n trauen; **~y** *pl* **zakonne** Ordensgelübde *n*
ślubny *prezent* Hochzeits-; *dziecko* ehelich; **suknia** *f* **~na** Hochzeitskleid *n*, Brautkleid *n*; **~na obrączka** *f* Trauring *m*
ślubować (*-uję*) geloben
ślubowanie N (*-a*) Gelöbnis *n* (*a.* MIL); REL Gelübde *n*; (*uroczystość*) Gelöbnisfeier *f*; **złożyć** *pf* **~** ein Gelöbnis ablegen
ślusarnia F (*-i; -e*) Schlosserei *f*; **~arz** M (*-a; -e*) Schlosser *m*
śluz M (*-u; -y*) BIOL, MED Schleim *m*; **~za** F (*-y*) MAR Schleuse *f*
śluzowy ANAT Schleim-; **~ówka** F (*-i; gen -wek*) ANAT Schleimhaut *f*
śmiać się (*-eję*) lachen; **~ z** (*gen*) lachen über (*akk*); (*wyśmiewać*) auslachen (*akk*); **~ do łez** Tränen lachen; **~ do rozpuku** sich biegen vor Lachen

śmiałek M (*-łka; -łkowie*) kühner Mensch *m*, Held *m*
śmiało ADV → śmiały
śmia|łość F (*-ści; bpl*) (*odwaga*) Kühnheit *f*, Mut *m*; (*pewność siebie*) Selbstsicherheit *f*, Selbstvertrauen *n*; **~ły** (*persf -li*) (**-ło**) *osoba, plan, decyzja* kühn, mutig; (*pewny siebie*) selbstsicher, selbstbewusst; **~ło!** nur Mut!, nur zu!; **można ~ło powiedzieć, że ...** man kann ruhig sagen, dass ...
śmiech M (*-u; -y*) Lachen *n*; Gelächter *n*; **nie było nam do ~u** es war uns nicht zum Lachen zumute; **być wartym ~u** zum Lachen sein; **narazić się** *pf* **na ~** sich lächerlich machen; **ze ~em** lachend
śmieci|arka F (*-i; gen -rek*) Müllwagen *m*; **~arz** M (*-a; -e*) *umg* Müllmann *m*
śmiecić (*-cę*) Dreck machen, Dreck hinterlassen
śmie|ci, **~cie** M/PL (*gen -ci*) Müll *m*, Abfälle *pl*; **wyrzucić** *pf* **do ~ci** in den Müll werfen
śmieć[1*] (*śmiem*) *lit* (*mieć odwagę*) wagen, sich trauen; *lit* sich erkühnen; (*mieć czelność*) sich erdreisten; **jak śmiesz!** wie kannst du es wagen!; **śmiem wątpić** ich erlaube mir Zweifel anzubringen
śmieć[2] M (*-cia; -ci od -cie*) *umg* Schrott *m*; → śmieci
śmielej *komp* ADV mutiger; selbstbewusster; → śmiało
śmielszy *komp* ADJ mutiger; selbstbewusster; → śmiały
śmiercionośny todbringend
śmie|rć F (*-ci; bpl*) Tod *m*; **~rć głodowa** Hungertod *m*; **~rć samobójcza** Selbstmord *m*; **na ~rć i życie** auf Leben und Tod; **skazać** *pf* **na ~rć** zum Tode verurteilen; **zapomniałam na ~rć!** *umg* ich habe es total vergessen!; **wyrok** *m* **~rci** Todesurteil *n*
śmierdzący stinkig, übel riechend; **~ leń** *umg* schrecklicher Faulenzer *m*
śmierdzieć (*-dzę, -i*) stinken, übel riechen; **tu śmierdzi** (*inst*) hier stinkt es (nach *dat*); **śmierdzi od niego wódką** er stinkt nach Wodka, er hat eine Schnapsfahne
śmierdziel M (*-a; -e*) *pop* Stinker *m*
śmiertelni|k M (*-a; -cy*), **~czka** F (*-i; gen -czek*) Sterbliche(r) *m, f*
śmiertel|ność F (*-ści; bpl*) Sterblichkeit *f*; Sterblichkeitsrate *f*; **~ność niemowląt** Säuglingssterblichkeit *f*; **~ny** *cios* tödlich; *istota* sterblich; **~na cisza** *f* Totenstille *f*; **~ne niebezpieczeństwo** *n* Lebensgefahr *f*; **~ny wróg** Erzfeind *m*; **nudzić się ~nie** sich zu Tode langweilen
śmieszka F (*-i; gen -szek*) fideles Mädchen *n*; **mewa** *f* **~** ZOOL Lachmöwe *f*
śmiesznostki F/PL (*gen -tek*) lustige Macken *f/pl*, liebenswürdige Schrulligkeit *f*
śmiesz|ność F (*-ści; bpl*) Lächerlichkeit; **~ny** *pej* lächerlich; lachhaft; (*ciekawy*) *umg* lustig, ulkig; **~nie niska cena** *f* Spottpreis *m*; **~nie tani** spottbillig
śmieszyć (*-ę*) zum Lachen bringen
śmieta|na F (*-y; bpl*) saure Sahne *f*, Rahm *m*; **bita ~na** Schlagsahne *f*; **~nka** F (*-i; bpl*) süße Sahne *f*, (Schlag)Sahne *f*; **kawa** *f* **ze ~nką** Kaffee *m* mit Sahne; **~nka kosmetyczna** Lotion *f*; **~nka towarzyska** *fig* die Crème de la Crème; **~nkowy** Sahne-
śmietn|iczka F (*-i; gen -czek*) Abfalleimer *m*; **~ik** M (*-a; -i*) Müllcontainer *m*; *fig* Schweinestall *m*; **~isko** N (*-a*) Müllkippe *f*, Müllabladeplatz *m*
śmigać (*-am*) ⟨**-nąć**⟩ (*-nę*) (vorbei)huschen, *umg* flitzen
śmigło N (*-a; gen -gieł*) Propeller *m*; **~wiec** M (*-wca; -wce*) Hubschrauber *m*
śniada|nie N (*-a*) Frühstück *n*; **jeść ~nie** frühstücken; **~niowy** Frühstücks-; **papier** *m* **~niowy** Butterbrotpapier *n*
śniadanko N (*-a; gen -nek*) *dim* → śniadanie
śnia|dy (*persf -dzi*) dunkelhäutig; **~da cera** *f* dunkler Teint *m*
śnić (*-ię, -nij!*) träumen, einen Traum haben; (*marzyć*) träumen (**o** *lok* von *dat*); **śniło mi się, że ...** ich habe geträumt, dass ..., ich hatte einen Traum, dass ...; **śniły mi się koszmary** ich hatte Alpträume; **śnił mi się mój stary przyjaciel** ich habe von meinem alten Freund geträumt; **co ci się dzisiaj śniło?** was hast du heute geträumt?; **śni mu się daleka podróż** er träumt von einer weiten Reise; **ani mi się śni!** *umg* das fällt mir nicht im Traum ein!; **nawet mu się nie śniło, że ...** er hat nicht im Traum daran gedacht, dass ...; **~ na jawie** e-n Wachtraum haben, sich seinen Träumen hingeben
śnie|dź F (*-dzi; bpl*) Grünspan *m*; **pokryty ~dzią** mit Grünspan überzogen
śniedzieć ⟨**za-**⟩ (*3. Pers -eje*) Grünspan

ansetzen
śnieg M (-u; -i) Schnee *m*; **pada ~** es schneit; **biały jak ~** schneeweiß; **pokryty ~iem** schneebedeckt; **zasypany ~iem** verschneit
śnieg|owy Schnee-; **~uliczka** F (-i; *gen -czek*) BOT Schneebeere *f*
śnież|ek M (-żku; *bpl*) *dim* feiner Schnee *m*; **~ka** F (-i; *gen -żek*) Schneeball *m*; **~nobiały** schneeweiß
śnież|ny Schnee-; **~yca** F (-y; -e) Schneesturm *m*, Schneegestöber *n*; **~yczka** F (-i; *gen -czek*) Schneeglöckchen *n*; **~ynki** F/PL (*gen -nek*) Schneeflocken *f/pl*
śnięty *ryba* tot
śp. (**świętej pamięci**) seligen Angedenkens, selig
śpią|c ADV schlafend, im Schlaf; **~cy** schlafend; (*senny*) schläfrig
śpiączka F (-i; *gen -czek*) MED Koma *n*; (*senność*) *umg* Schläfrigkeit *f*; **~ afrykańska** MED Schlafkrankheit *f*
śpiesznie ADV in Eile, eilig
śpieszno ADV: **~ mi** (**do** *gen od + inf*) ich habe es eilig, ich kann es kaum erwarten zu (+ *inf*)
śpieszny eilig; **~m krokiem** im Eilschritt
śpieszyć (-ę) eilen; **~ na ratunek** zu Hilfe eilen; **~ się** *osoba* in Eile sein; *zegar* vorgehen; **~ się z** (*inst*) sich beeilen mit (*dat*); **śpieszy mi się** ich habe es eilig, ich bin in Eile; **śpieszy mu się do domu** er hat es eilig nach Hause; **nie ~ się z** (*inst*) sich Zeit lassen mit (*dat*); **śpiesz się powoli** Eile mit Weile
śpiew M (-u; -y) Gesang *m*; (*przedmiot*) *umg* Musikunterricht *m*; **~ słowika** Nachtigallengesang *m*; **~aczka** F (-i; *gen -czek*) *operowa* (Opern)Sängerin *f*
śpiewać ⟨**za-**⟩ (-*am*) singen; **~ do snu k-u** j-n in den Schlaf singen; **~ k-u** j-m vorsingen; **~ na głosy** mehrstimmig singen; ⟨**wy-**⟩ *fig umg* singen
śpiewająco ADV mit Leichtigkeit, spielend
śpiewający: **ptak** *m* **~** Singvogel *m*
śpiew|ak M (-a; -cy) *operowy* (Opern)-Sänger *m*; **~ka** F (-i; *gen -wek*) Volkslied *n*; **ta sama ~ka** *umg* immer dieselbe Leier
śpiew|nik M (-a; -i) Liederbuch *n*; REL Gesangbuch *n*; **~ny** *wymowa* singend; *głos* melodisch
śpio|ch M (-a; -y) *umg* Schlafmütze *f*, Schlafratte *f*; **~chy** PL (*gen -ów*) (*ubranko*) Strampelanzug *m*
śpioszek M (-szka; -szki) *dim* → śpioch
śpioszki PL (*gen -ów*) *dim* → śpiochy
śpiwór M (-wora; -wory) Schlafsack *m*
śr. (**środa**) Mi. (Mittwoch)
średni *wzrost* mittlere(r), Mittel-; (*przeciętny*) durchschnittlich; *temperatura, wiek* Durchschnitts-; **wykształcenie** *n* **~e** Hochschulreife *f*; **to ~a przyjemność** *iron* das ist kein reines Vergnügen
średnia F (-ej; -e) MAT Mittelwert *m*; **~ wieku** Durchschnittsalter *n*; **~ życia** Lebenserwartung *f*
śred|nica F (-y; -e) Durchmesser *m*; **~nik** M (-a; -i) Semikolon *n*; **~nio** ADV durchschnittlich; (*słabo*) *umg* mittelmäßig
średnio|dystansowiec M (-wca; -wcy) SPORT Mittelstreckenläufer *m*; **~roczny** *opady, tempertura, zarobki* im Jahresdurchschnitt
średnio|wiecze N (-a; *bpl*) HIST Mittelalter *n*; **~wieczny** HIST mittelalterlich (*a. fig*)
średniozamożny *osoba* mit mittlerem Einkommen
śro|da F (-y; *gen śród*) Mittwoch *m*; **w ~dę** am Mittwoch; **~da popielcowa** REL Aschermittwoch *m*
środ|ek M (-dka; -dki) Mitte *f*; (*wnętrze*) Innere(s) *n*; (*sposób*) Mittel *n* (*a.* MED); **~ki** *pl* **finansowe** Geldmittel *pl*, finanzielle Mittel *pl*; **~ki** *pl* **na życie** Lebensunterhalt *m*; **~ek przeciwbólowy** Schmerzmittel *n*; **~ek antykoncepcyjny** Verhütungsmittel *n*; **~ek piorący** Waschmittel *n*; **~ki** *pl* **ostrożności** Vorsichtsmaßnahmen *pl*; **~ki** *pl* **zaradcze** Hilfsmaßnahmen *pl*; **~ek płatniczy** Zahlungsmittel *n*; **~ek prawny** Rechtsmittel *n*; **~ek lokomocji** Transportmittel *n*; **~ki** *pl* **masowego przekazu** Massenmedien *n/pl*; **~ki** *m/pl* **wyrazu** Ausdrucksmittel *n/pl*; **~ki trwałe** EKON Sachanlagen *pl*; **~ek ciężkości** FIZ Schwerpunkt *m*; **na ~ku pokoju** in der Mitte des Zimmers; **wejść** *pf* **do ~ka** hineingehen; **zajrzeć** *pf* **do ~ka** hineinsehen; **od ~ka** von innen; **bez ~ków do życia** mittellos; **w ~ku** in der Mitte; innen; *fig* mitten in (*dat*)
środkowoeuropejski mitteleuropäisch
środko|wy mittlere(r), Mittel-; **palec** *m* **~wy** Mittelfinger *m*; **Europa** *f* **&wa**

Mitteleuropa *n*
środowis|ko N (*-a*) Umfeld *n*, Umgebung *f*; Milieu *n*, Kreise *pl*; BIOL Lebensraum *m*, Biotop *n*; CHEM Umgebung *f*; **~ko naturalne** Umwelt *f*; **~ko przestępcze** Unterwelt *f*; **~ko prostytutek** Rotlichtmilieu *n*; **zanieczyszczenie** *n* **~ka** Umweltverschmutzung *f*
środowisko|wy BIOL Umwelt-; Milieu-; **pielęgniarka** *f* **~wa** Schwester *f* vom häuslichen Pflegedienst; Hebamme *f*
środowy Mittwochs-
śródlądowy Binnen-
śródmie|jski innenstädtisch, Innenstadt-; **~ście** N (*-a*; *gen -ści*) Innenstadt *f*, Stadtmitte *f*
śródziemnomorski mediterran, Mittelmeer-
Śródziem|ny: **Morze** *n* **~ne** Mittelmeer *n*
śrub|a F (*-y*) Schraube *f*; **~ka** F (*-i*; *gen -bek*) (kleine) Schraube *f*
śrubokręt M (*-u od -a*; *-y*) Schraubenzieher *m*
śrubować (*-uję*) *ceny, wymagania* hochschrauben
śrubowy Schrauben-
śrut M (*-u*; *bpl*) ŁOW Schrot *m od n*; **~owy** ŁOW Schrot-
św. (*święty*) hl. (heilig)
świadczenia N/PL (*gen -eń*) Leistungen *f/pl*; **~ socjalne** Sozialleistungen *pl*
świadczyć (*-ę*): **~ o** (*lok*) zeugen von (*dat*); **~ przeciw** (*dat*) sprechen gegen (*akk*); **~ na korzyść** (*gen*) sprechen für (*akk*); **~ usługi** Dienstleistungen anbieten
świadectwo N (*-a*) *szkolne* (Schul)Zeugnis *n*; *ukończenia kursu* Zertifikat *n*, Bescheinigung *f*; *fig* Zeugnis *n*; HANDEL Zertifikat *n*; **~ dojrzałości** Reifezeugnis *n*; **dawać ~** (*dat*) *fig* Zeugnis ablegen von (*dat*)
świad|ek M (*-dka*; *-dkowie*) JUR Zeuge *m*; *na ślubie* Trauzeuge *m*; **~ek naoczny** Augenzeuge *m*; **~ek koronny** JUR Kronzeuge *m*; **przy ~kach** vor Zeugen
świadom *präd* → świadomy
świado|mość F (*-ści*; *bpl*) Bewusstsein *n* (*a.* MED); **~my (-mie)** bewusst (*a.* MED); (*zamierzony*) wissentlich; **być ~mym** (*gen*) sich bewusst sein (*gen*)
świ|at M (*-a*; *-y*) Welt *f*; *fig* Reich *n*; **tamten ~at** REL Jenseits *n*; **Trzeci Świat** POL Dritte Welt *f*; **podróż** *f* **dookoła ~ata** Weltreise *f*; **jeździć po ~ecie** viel herumgekommen sein; **na całym ~ecie** in aller Welt; **~ata nie widzieć poza** (*inst*) j-n anhimmeln; **za nic w ~ecie** um nichts in der Welt; **na tym ~at się nie kończy** *umg* davon geht die Welt nicht unter; **przejechać się** *pf* **na tamten ~at** (*umrzeć*) *umg* abkratzen; **jak ~at ~atem** seit Menschengedenken; **kląć na czym ~at stoi** heftig fluchen; **pępek** *m* **~ata** der Nabel der Welt; **szeroki ~at** die große weite Welt
świat|ek M (*-tka*; *-tki*) *iron* Milieu *n*, Kreise *pl*; **~ek przestępczy** Unterwelt *f*; **~ełko** N (*-a*; *gen -łek*) schwaches Licht *n*
świ|atło N (*-a*; *gen -teł*) Licht *n*; (*przekrój*) Durchmesser *m*; **~atło słoneczne** Sonnenlicht *n*; **~atło dzienne** Tageslicht *n*; **pod ~atło** gegen das Licht; **w ~etle księżyca** im Mondlicht; **~atła** *pl* **przednie** AUTO (Front)Scheinwerfer *pl*; **~atła** *pl* **długie** *od* **drogowe** AUTO Fernlicht *n*; **~atła** *pl* **krótkie** *od* **~atła** *pl* **mijania** AUTO Abblendlicht *n*; **~atła** *pl* **postojowe** AUTO Standlicht *n*; **~atła** *pl* **skrzyżowania** Ampel *f*; **stać na ~atłach** an der Ampel stehen; **przejechać** *pf* **skrzyżowanie na czerwonym ~etle** bei Rot über die Kreuzung fahren; **rzucać nowe ~atło na** (*akk*) *fig* ein neues Licht werfen auf (*akk*); **przedstawić** *pf* **we właściwym ~etle** ins rechte Licht rücken; **przedstawić** *pf* **w dobrym ~etle** in e-m günstigen Licht darstellen
światło|cień M (*-cienia*; *-cienie*; *gen -cieni*) Helldunkel *n*; **~czuły** lichtempfindlich
światłolub|ny: **słonecznik jest rośliną ~ną** die Sonnenblume liebt sonnige Standorte
świat|łomierz M (*-a*; *-e*) Belichtungsmesser *m*; **~łość** F (*-ści*; *bpl*) *lit* Licht *n*, Helligkeit *f*; **~łowstręt** M (*-u*; *bpl*) MED Lichtscheu *f*; **~ły** (*persf -li*) *lit* aufgeklärt, klug
świato|pogląd M (*-u*; *-y*) Weltanschauung *f*; **~wiec** M (*-wca*; *-wcy*) ein Mann von Welt; **~wy** Welt-, weltweit; *osoba* weltgewandt, weltmännisch; **~wej sławy** weltberühmt
świąd M (*-u*; *bpl*) Juckreiz *m*
świątecz|ny (*bożonarodzeniowy*) weihnachtlich, Weihnachts-; (*wielkanocny*) Oster-; (*odświętny*) festlich; Fest-, Feiertags-;

Ś

okres *m* **~ny** *bożonarodzeniowy* Weihnachtszeit *f*; *wielkanocny* Osterzeit *f*; **~ny stół** *m* Festtafel *f*; **~na kartka** *f na Boże Narodzenie* Weihnachtskarte *f*; *na Wielkanoc* Osterkarte *f*
świąt|ek M (-tka; -tki) *pogański* Götzenfigur *f*; holzgeschnitzte Heiligenfigur *f*; **Zielone ≈ki** Pfingsten *n*; **~ek piątek** tagaus, tagein
świąt|obliwy (-wie) gottesfürchtig, gottgefällig; **~ynia** F (-i; -e) Gotteshaus *n*; HIST Tempel *m*, Heiligtum *n*
świder M (-dra; -dry) Handbohrer *m*, Bohrmeißel *m*
Świdnica F (-y; bpl) Schweidnitz *n*; Schweinitz *n*
świdrować (-uję): **~ spojrzeniem** mit dem Blick durchbohren
świdrujący *spojrzenie* bohrend
Świdwin M (-u; -bpl) Schivelbein *n*
Świebo|dzice PL (gen -) Freiburg *n*; **~dzin** M (-a; bpl) Schwiebus *n*
świe|ca F (-y; -e) Kerze *f* (a. SPORT); **~ca zapłonowa** AUTO Zündkerze *f*; **przy ~cach** bei Kerzenlicht; **ze ~cą szukać** *fig* mit der Laterne suchen können; **~cący** leuchtend
świecić (-cę) *słońce, księżyc* scheinen; *lampa, latarnia* leuchten, scheinen; **~** (*inst*) leuchten mit (*dat*); **dom świecił pustkami** das Haus war leer und verlassen; **półki świecą pustkami** die (Waren)Regale sind völlig leer; **~ oczami za** (*akk*) sich schämen müssen für (*akk*), geradestehen (müssen) für (*akk*); **~ przykładem** mit gutem Beispiel vorangehen; **~ się** *twarz, oczy* glänzen; *światło* brennen; **w jednym oknie jeszcze się świeciło (światło)** in einem Fenster brannte noch (das) Licht; **dlaczego w kuchni się świeci (światło)?** wieso brennt in der Küche das Licht?
świecidełka N/PL (gen -łek) Flitter *m*
Świecie N (-a; bpl) Schwetz *n*
świec|ki weltlich, säkular; **~ka osoba** Laie *m*
święcz|ka F (-i; gen -czek) Kerze *f*; **~nik** M (-a; -i) Kerzenständer *m*, (Kerzen)Leuchter *m*; **być na ~niku** prominent sein, e-e bekannte Persönlichkeit sein
Świeradów Zdrój M (-owa -oju; bpl) Bad Flinsberg *n*
świergot M (-u; -y) Zwitschern *n*, Gezwitscher *n*
świergotać (3. *Pers* -cze *od* -ce) *ptak* zwitschern
świer|k M (-u; -i) Fichte *f*; **~kowy** Fichten-; **~szcz** M (-a; -e) ZOOL Grille *f*
świerszczyk M (-a; -i) *umg* Pornoheft *n*
świerzb M (-u; bpl) MED Krätze *f*
świetl|any *przyszłość* glänzend; *przykład* leuchtend; **~ana postać** *f* Lichtgestalt *f*; **~ica** F (-y; -e) Gemeinschaftsraum *m*, Aufenthaltsraum *m*; (*placówka*) Kulturhaus *n*; Jugendzentrum *n*
świetliczanka F (-i; gen -nek) aufsichtführende Lehrerin *f*, Aufsichtführende *f*
świetlik M (-a; -i) ZOOL Glühwürmchen *n*; BOT Augentrost *m*; BUD Oberlicht *n*
świet|listy (-ście) *lit* leuchtend; **~lny** *promienie, sygnał* Licht-; *reklama* Leucht-; **~lówka** F (-i; gen -wek) Leuchtstoffröhre *f*
świet|ność F (-ści; bpl) (*czas*) Glanzzeit *f*; **~ny** ausgezeichnet, hervorragend, exzellent; *zwycięstwo* glänzend; **być w ~nym humorze** glänzende Laune haben
świeżo ADV → świeży
śwież|ość F (-ści; bpl) Frische *f*; **~utki (-ko)** *dim* ganz frisch; *pieczywo* ofenfrisch
świe|ży (-żo) frisch (*a. fig*); *pracownik* neu; **~żo upieczony** *fig* frisch gebacken; **~żo malowane!** frisch gestrichen!
święcenia N/PL (gen -eń): **~ kapłańskie** Priesterweihe *f*
święci *persf* → święty²
święcić ⟨po-⟩ (-cę) REL weihen; **święcić triumfy** Triumphe feiern; **czuć, co się święci** *umg* den Braten riechen; **coś się święci** *umg* etwas braut sich zusammen
święcie ADV: **~ przekonany** felsenfest überzeugt; **~ wierzyć w** (*akk*) fest glauben an (*akk*)
święcone N (-ego; bpl) *gesegnete Lebensmittel aus dem am Karsamstag in der Kirche gesegneten Osterkörbchen; Osterfrühstück mit gesegneten Lebensmitteln*
święconka F (-i; gen -nek) Osterkörbchen *n* (*geschmücktes Körbchen mit Eiern, Brot, Wurst und Gewürzen, das am Karsamstag in der Kirche gesegnet wird*)
święco|ny: **woda** *f* **~na** Weihwasser *n*; **jajko** *n* **~ne** *Ei aus dem Osterkörbchen, das am Karsamstag in der Kirche gesegnet wird*
świę|to N (-a; gen świąt) (*dzień świąteczny*) Feiertag *m*; (*uroczystość*) Fest *n*, Festtag *m*; **~ta** *pl* (*Boże Narodzenie*) Weihnachten *pl*;

święta, święta

Nowy Rok	Neujahr
Trzech Króli	Heilige Drei Könige
Wielkanoc	Ostern
Święto Pracy	Tag der Arbeit
Święto Konstytucji 3 Maja	*3. Mai; zum Gedenken an die erste polnische Verfassung vom 3. Mai 1791 (offizieller Feiertag in Polen)*
Zielone Świątki (*poniedziałek zielonoświątkowy jest w Niemczech oficjalnym świętem*)	Pfingsten
Boże Ciało (*święto katolickie, obchodzone tylko w niektórych landach niemieckich*)	Fronleichnam (*offizieller Feiertag in Polen*)
Wniebowzięcie Najświętszej Marii Panny (*święto tylko w Bawarii*)	Mariä Himmelfahrt (*offizieller Feiertag in Polen*)
3 października; święto narodowe, upamiętniające zjednoczenie Niemiec	Tag der Deutschen Einheit
Wszystkich Świętych	Allerheiligen
Święto Niepodległości	*11. November; Unabhängigkeitstag* (*polnischer Nationalfeiertag*)
Wigilia	Heiligabend
Boże Narodzenie	Weihnachten

(*Wielkanoc*) Ostern *n*; **~to państwowe** gesetzlicher Feiertag *m*; **ℒto Zmarłych** Allerheiligen *n*; **pociąg nie kursuje w ~ta** der Zug verkehrt nicht an Feiertagen

świętojańs|ki: **robaczek** *m* **~ki** ZOOL Glühwürmchen *n*; **noc** *f* **~ka** Johannisnacht *f*

świętokra|dca M (*-y; gen -ów*) Frevler *m*; **~dztwo** N (*-a*) Sakrileg *n*, Frevel *m*

świętosz|ek M (*-szka; -szki*), **~ka** F (*-i; gen -szek*) *pej* Heuchler(in) *m(f)*, Scheinheilige(r) *m, f*; Frömmler(in) *m(f)*; **~kowaty** *pej* heuchlerisch, scheinheilig; frömmlerisch

świętoś|ć F (*-ści*) Heiligkeit *f*; Heiligtum *n*; **przysięgać na wszystkie ~ci** *umg* tausend Eide schwören

świętować (*-uję*) feiern, festlich begehen

świę|ty[1] REL heilig, Heilig-; **Pismo** *n* **ℒte** REL die Heilige Schrift *f*; **ℒty Mikołaj** *m* Weihnachtsmann *m*, Nikolaus *m*; **mieć ~ty spokój** sich um nichts kümmern müssen, in Ruhe gelassen werden; **daj mi ~ty spokój!** lass mich endlich in Ruhe!; **dla ~tego spokoju** um des lieben Friedens willen; **~ta racja!** das ist absolut richtig!, so ist es!; **~ty obowiązek** *m* erste Pflicht *f*; **~te oburzenie** *n fig* heiliger Zorn *m*

świę|ty[2] M (*-ego; -ci*), **~ta** F (*-tej; -te*) REL Heilige(r) *m, f*; **Wszystkich ℒtych** Allerheiligen *n*

świni|a F (*-i; -e*) ZOOL Schwein *n*; *fig umg* Sau *f*, Schwein *n*; **~ak** M (*-a; -i*) *umg* ZOOL Schwein *n*

świnić ⟨**za-**, **u-**⟩ (*-nię*) *umg* dreckig machen, e-e Sauerei machen

świnka F (*-i; gen -nek*) *dim* Schweinchen *n*; MED Mumps *m*; **~ morska** ZOOL Meerschweinchen *n*

Świnoujście N (*-a; bpl*) Swinemünde *n*

świntuch M (*-a; -y*) *fig pej* Ferkel *n*

świntuszyć (*-ę*) *umg* schlüpfrige Witze erzählen; (*brudzić*) Dreck machen

świński (po -ku) *zachowanie umg* schweinisch, hundsgemein; *dowcip* zotig, schweinisch; *skóra* Schweins-

świńst|wo N (*-a*) *umg* Schweinerei *f*, Gemeinheit *f*; (*jedzenie*) Fraß *m*; **~wa** *p* Zoten *pl*, schlüpfrige Witze *pl*; **zrobić p** **k-u ~wo** j-m übel mitspielen, j-n reinlegen

świr M (*-a; -y*) *umg* Spinner *m*, Verrückte(r *m*; **dostać** *pf* **~a** *umg* durchdrehen, eine

Ś

Macke kriegen; **mieć ~a** *umg* einen Knall haben; **mieć ~a na punkcie** (*gen*) abfahren auf (*akk*)

świrować (*-uję*) *umg* durchdrehen; (*wygłupiać się*) spinnen

świsnąć PF: *umg* klauen; → świstać

świst M (*-u; -y*) *kul, wiatru* Pfeifen *n*

świstać (*-szczę*) ⟨**świsnąć**⟩ (*-nę*) *kule, wiatr* pfeifen

świst|ak M (*-a; -i*) Murmeltier *n*; **~ek** M (*-tka; -tki*) *umg* Wisch *m*

świ|t M (*-u; -y*) Morgengrauen *n*, Tagesanbruch *m*; **o ~cie** bei Tagesanbruch; **~ta** F (*-y*) Gefolge *n*

świtać (*3. Pers -a*): **świta** der Tag bricht an, es dämmert; **świta mi** mir geht ein Licht auf, es dämmert mir

T

t (**tona**) t (Tonne)

t. (**tom**) Bd. (Band)

ta *pr dem* F (*gen dat lok tej, akk tę, inst tą*) diese

tabaka F (*-i*) Schnupftabak *m*

tabakier|a, **~ka** F (*-i*) Schnupftabak(s)dose *f*

tabela F (*-i; -e*) Tabelle *f*; **~ wygranych** Gewinnliste *f*; **~ryczny** tabellarisch

tabletka F (*-i; gen -tek*) Tablette *f*; **~ przeciwbólowa** Schmerztablette *f*

tabli|ca F (*-y; -e*) *do pisania* (Schreib)Tafel *f*; (*wykres*) Tafel *f*; **~ca ogłoszeń** Schwarzes Brett *n*; **~ca rejestracyjna** AUTO Nummernschild *n*; **~ca pamiątkowa** Gedenktafel *f*; **pisać na ~cy** an die Tafel schreiben

tabliczka F (*-i; gen -czek*): **~ czekolady** eine Tafel Schokolade; **~ mnożenia** Einmaleins *n*; **~ z nazwiskiem** Namensschild *n*

tabor M (*-u; -y*): **~ cygański** Zigeunerlager *n*; **~ samochodowy** Fuhrpark *m*, Fahrzeugpark *m*

ta|boret M (*-u; -y*) Hocker *m*, Schemel *m*; **~bu** N (*unv*) Tabu *n*; **temat** *m* **~bu** Tabuthema *n*; **~bulator** M (*-a; -y*) EDV Tabulator *m*

tabun M (*-a; -y*): **~ koni** Herde *f* von (Wild)Pferden

ta|ca F (*-y; -e*) Tablett *n*; REL Kollekte *f*; **zbierać na ~cę** *od* **chodzić z ~cą** die Kollekte einsammeln; **dać** *pf* **na ~cę** für die Kollekte geben

tachać (*-am*) *umg* schleppen

tacka F (*-i; gen -cek*) *dim* kleines Tablett *n*

tacy *persf* → taki

taczka F (*-i; gen -czek*) Schubkarre *f*

taf|la F (*-i; -e, -i*) *szkła, lustra* Oberfäche *f*; **~la jeziora** Seespiegel *m*; **~la wody** Wasseroberfläche *f*, Wasserspiegel *m*; **~la lodu** Eisfläche *f*; **~ta** F (*-y; bpl*) Taft *m*

taić (*-ję*) *lit uczucia, myśli* verbergen; *fakty, informacje* verheimlichen, verschweigen; **nie ~** nicht verhehlen; **nie taił, że** er machte kein(en) Hehl daraus, dass ...; **~ się** verborgen sein

tajać ⟨**s-**⟩ (*-ę*) schmelzen, tauen

tajemni|ca F (*-y; -e*) Geheimnis *n*; **~ca zawodowa** Schweigepflicht *f*; **~ca państwowa** Staatsgeheimnis *n*; **~ca spowiedzi** Beichtgeheimnis *n*; **w ~cy** heimlich, im Geheimen; **trzymać w ~cy** geheim halten

tajemniczy (**-czo**) geheimnisvoll; **być ~m** geheimnisvoll sein; *pej* heimlichtun

tajem|ny *zaklęcie, moc* geheim, magisch; **~ne przejście** *n* Geheimgang *m*; **~na wiedza** *f* Geheimlehre *f*

taj|fun M (*-u; -y*) Taifun *m*; **~ga** F (*-i; bpl*) Taiga *f*; **~niak** M (*-a; -cy*) *umg pej* Spitzel *m*

tajniki PL (*gen -ów*) *przyrody, sztuki, gry* Geheimnisse *n/pl*; **~ duszy** Seelengeheimnisse *n/pl*

taj|ność F (*-ści; bpl*) Geheimhaltung *f*; **~ny** *plan, spotkanie* geheim; *policja, agent, przejście* Geheim-; (*podziemny*) illegal, Untergrund-; **~ne głosowanie** *n* POL geheime Wahl *f*; **~na radiostacja** *f* Geheimsender *m*; **ściśle ~ne** streng geheim

tak *partikel* ja; ADV so; **~ zwany** sogenannt; **i ~ dalej** und so weiter; **~ że** sodass; **i ~** sowieso; **~ samo** ebenso, genauso; **~ sobie** einfach so; so lala; **~ ... jak i ...** sowohl ... als auch ...; **~ czy owak** so oder so; **~ jest!** jawohl!

ta|ki PRON, *partikel* (*persf tacy*) so ein(er), solch(er); **~ki** (*+ adj*) so (*+ adj*); **~ki sam** derselbe; **~ki sobie** (so) leidlich, mittelmäßig; **był ~ki miły** er war so nett; **nic ~kiego** nichts Besonderes; **~ki czy owaki**

egal welcher; **no coś ~kiego!** na so was!
tak|ielunek M (-nku; -nki) MAR Takelage *f*; **~sa** F (-y) Gebühr *f*, Taxe *f*
taksiarz M (-a; -e) *umg* → taksówkarz
taksometr M (-u; -y) Taxameter *m od n*
taksować ⟨o-⟩ (-uję) *straty* schätzen, taxieren; ~ **wzrokiem** mit dem Blick taxieren *od* mustern
taksówk|a F (-i; *gen* -wek) Taxi *n*; **~arz** M (-a; -e) Taxifahrer *m*; (*kobieta*) Taxifahrerin *f*
takt M (-u; -y) MUS Takt *m*; (*delikatność*) Takt *m*, Taktgefühl *n*; **z ~em** taktvoll, mit Takt; **~omierz** M (-a; -e) Metronom *n*
takt|owny taktvoll, feinfühlig; **~yczny** MIL taktisch (*a. fig*); **~yk** M (-a; -cy) MIL Taktiker *m* (*a. fig*); **~yka** F (-i) MIL Taktik *f* (*a. fig*)
także auch, ebenfalls
ta|lent M (-u; -y) Talent *n*, Begabung *f*; (*osoba*) Talent *n*; **~ent organizatorski** Organisationstalent *n*; **mieć ~ent do języków** Talent für Sprachen haben, sprachlich begabt sein; **~erz** M (-a; -e) Teller *m*; **~erze** *pl* MUS Becken *pl*; **latający ~erz** ASTRON fliegende Untertasse *f*
tal|ia F (*gen dat lok* -ii; -e) Taille *f*; **~ia kart** Kartenspiel *n*; **wcięty w ~ii** tailliert; **mieć ~ię osy** eine Wespentaille haben; **~izman** M (-u; -y) Talisman *m*, Glücksbringer *m*
ta|lk M (-u; *bpl*) Talkum *n*; **~lon** M (-u; -y) Bezugs(s)chein *m*; Gutschein *m*
tałatajstwo N (-a; *bpl*) *umg* Gesindel *n*
tam PRON dort (drüben), da; dorthin; *partikel* denn; **~ i z powrotem** hin und zurück; **kto ~?** wer ist da?; **tu i ~** hier und da; hüben und drüben; **co ~ słychać?** *umg* wie geht's denn so?; **jak ~ studia?** *umg* was macht denn das Studium?; **jak ~ było?** *umg* wie war's denn so?; **a gdzie ~!** i wo!; **co mi ~!** es ist mir wurscht!; **jaki ~ z niego artysta** was ist er schon für ein Künstler; **jak mu tam** *umg* wie heißt er noch mal, Dingsda; **niech mu tam!** *umg* meinetwegen!
tama F (-y) Deich *m*, Damm *m*
tamci *pr dem persf* diese dort; jene; → tamten
tamować ⟨za-⟩ (-uję) *krwotok* stillen; *ruch* behindern; *rozwój* behindern, hemmen; *wodę* stauen *złość* zähmen, unterdrücken
tampon M (-u; -y) Tampon *m*
tamta PRON *dem f* diese dort; jene; → tamten
tamte PRON *dem sachf* diese dort; jene; → tamten
tamtejszy (*persf* -si) dortig
tam|ten PRON *dem m* (*persf* -ci) dieser dort; jener; **z ~tej strony** von der anderen Seite; **po ~tej stronie** drüben; **na ~tym świecie** im Jenseits
tamtędy dort (entlang)
tamto PRON *dem n* dieses dort; jenes; → tamten
tamże (*odnośnik*) ebenda; ebendort, dort auch
tance|rz M (-a; -e), **~rka** F (-i; *gen* -rek) Tänzer(in) *m(f)*; **~rka rewiowa** Revuegirl *n*
tande|m M (-u; -y) Tandem *n*; **~ta** F (-y) *umg pej* (*towar*) Ramsch *m*, Tand *m*; (*kicz*) Kitsch *m*; (*utwór*) Schund *m*; **~tny** *umg pej* minderwertig, billig; (*kiczowaty*) kitschig
tan|eczny *muzyka* Tanz-; **~ecznym krokiem** tänzelnd, leichtfüßig; **~go** N (-a) Tango *m*
tani (-nio) billig (*a. fig*); **za ~e pieniądze** spottbillig; **~m kosztem** mit geringem Aufwand
ta|niec M (-ńca; -ńce) Tanz *m*; **~niec brzucha** Bauchtanz *m*; **poprosić** *pf* **do ~ńca** zum Tanz(en) auffordern; **~ńce** *pl* *umg* Tanzabend *m*, Tanzen *n*
tanieć ⟨po-, s-⟩ (*3. Pers* -eje) billiger werden
tanio ADV → tani
taniocha F (-y) *umg* Spottpreis *m*; **to ~** *umg* das ist spottbillig
tankować ⟨za-⟩ (-uję) *benzynę* tanken; **tankować** *fig umg* picheln
tan|kowiec M (-wca; -wce) Tanker *m*; **~tiemy** F/PL (*gen* -) Tantiemen *f/pl*
tańce PL → taniec
tańczyć ⟨za-⟩ (-ę) tanzen
tap|czan M (-u; -y) Bettcouch *f*; **~eta** F (-y) Tapete *f*; **położyć** *pf* **~etę** tapezieren
tapetować ⟨wy-⟩ (-uję) tapezieren
tapicer M (-a; -rzy) Polsterer *m*; **~ka** F (-i; *bpl*) Polster *n*, Polsterung *f*; **~ski** *zakład* Polster-
tapirować ⟨u-⟩ (-uję) toupieren
tarabanić się (-nię) *umg* sich hineindrängen, sich hineinzwängen; hinaufklettern

T

taran M (-u; -y) Rammbock *m*
taranować ⟨s-⟩ (-uję) durchbrechen
tara|ntula F (-i; -e) Tarantel *f*; **~paty** PL (*gen* -ów) Schwierigkeiten *pl*, Schwulitäten *pl*; **wpaść** *pf* **w ~paty** in Schwierigkeiten geraten; **być w ~patach** *umg* in der Klemme sitzen
taras M (-u; -y) Terrasse *f* (*a.* AGR)
tarasować ⟨za-⟩ (-uję) *drogę, przejście* versperren; *drzwi* verrammeln
tar|cica F (-y; -e) Schnittholz *n*; **~cie** N (-a) Reibung *f*; **~cia** *pl fig* Reibereien *pl*; **~cza** F (-y; -e) MIL (Schutz)Schild *m*; *zegara* Zifferblatt *n*; *strzelecka* Schießscheibe *f*; *szkolna* Schulmarke *f*, Schulemblem *n*; *telefonu* Wählscheibe *f*; *słońca, księżyca* Scheibe *f*
tarczo|wy: **piła** *f* **~wa** Kreissäge *f*
tarczyca F (-y; -e) ANAT Schilddrüse *f*
targ M (-u; -i) (Wochen)Markt *m*; **~i** *pl* HANDEL Messe *f*; **~i książki** Buchmesse *f*; **kupić** *pf* **na ~u** auf dem Markt kaufen; **pchli ~** Flohmarkt *m*; **dobić** *pf* **~u** handelseinig werden; **po długich ~ach** nach langem Feilschen (*a. fig*)
targać (-am) ⟨-nąć⟩ (-nę) zerren (**za** *akk* an *dat*); **~** (*inst*) rütteln (an *dat*); **targać** (*nieść*) *umg* schleppen; **targać włosy** die Haare zerzausen; **targały nim wątpliwości** er war hin und her gerissen; **targał nim niepokój** die Unruhe plagte ihn
targnąć się PF (-nę): **~ na** (*akk*) e-n Anschlag verüben auf (*akk*); **~ na życie** seinem Leben ein Ende setzen
targować się (-uję) feilschen (**o** *akk* um *akk*) (*a. fig*)
targo|wisko N (-a) Markt(platz) *m*; **~wy** Markt-; Messe-
tar|ka F (-i; *gen* -rek) Reibe *f*; **~lisko** N (-a) Laichplatz *m*; **~ło** N (-a) Laichen *n*; Laichzeit *f*
tarmosić (-szę) zerren (**za** *akk* an *dat*)
tar|nina F (-y) Schlehdorn *m*; **~tak** M (-u; -i) Sägewerk *n*
tar|ty KULIN gerieben; **bułka** *f* **~ta** Paniermehl *n*
tary|fa F (-y) Tarif *m*; **stosować ~fę ulgową** *fig* milde behandeln, Nachsicht walten lassen; **~fikator** M (-a; -y) Tarifübersicht *f*; **~fowy** Tarif-
tarzać (-am): **~ po ziemi** auf dem Boden schleifen; **~ się w błocie** sich im Schlamm suhlen; **~ się w śniegu** sich im Schnee wälzen; **~ się w rozpuście** sich einem Laster hingeben; **~ się ze śmiechu** sich vor Lachen wälzen
tasak M (-a; -i) Hackmesser *n*
tasiem|iec M (-mca; -mce) MED Bandwurm *n*; (*film*) *umg* Schinken *m*; **~cowy** *fig* endlos; **~ka** F (-i; *gen* -mek) Borte *f*; Band *n*
tasować ⟨po-⟩ (-uję): **~ karty** Karten mischen
taś|ma F (-y) (*pas*) Band *n*; **~ma klejąca** Klebeband *n*, Tesafilm® *m*; **~ma samoprzylepna** Selbstklebeband *n*; **~ma produkcyjna** *od* **montażowa** Fließband *n*; **~ma magnetofonowa** Tonband *n*; **~ma wideo** Videoband *n*; **~ma filmowa** Film(streifen) *m*; **pracować przy ~mie** am Fließband arbeiten
taśmo|ciąg M (-u; -i) Förderband *n*; **~wo** ADV am Fließband; **~wy** *produkcja* Fließband-
tata (-y, *dat lok tacie, V-to!; -owie; gen -ów*) → tatuś
tatar M (-a; -y) Tatar(beefsteak) *n*; **~ak** M (-u; -i) BOT Kalmus *m*
tatarski (po -u) tatarisch; **sos** *m* **~** KULIN Tatarsoße *f*
taternictwo N (-a; *bpl*) Bergsteigen *n* in der Tatra
taterni|k M (-a; -cy), **~czka** F (-i; *gen* -czek) Bergsteiger(in) *m(f)* in der Tatra
tato M (-y, *dat lok tacie; -owie; gen -ów*) → tatuś
Tatry PL (*gen* -) Tatra *f*
tatrzański Tatra-
tatuaż M (-u; -e) Tätowierung *f*
tatuś M (-sia; *V-siu!; -siowie*) *dim* Papa *m*, Vati *m*
tatuować ⟨wy-⟩ (-uję) tätowieren; **~ sobie** sich tätowieren lassen
taxi N (*unv*) Taxi *n*; **radio** *n* **~** Taxiruf *m*
tąpnięcie N (-a; -ęć) GÓRN, GEOL Gebirgsschlag *m*
tchawica F (-y; -e) ANAT Luftröhre *f*
tchnąć (-NĘ): **~ życie w** (*akk*) *lit* Leben einhauchen (*dat*), mit Leben erfüllen (*akk*); **~ spokojem** *lit* Ruhe ausstrahlen; **tchnęło stęchlizną** es roch nach Moder
tchnienie N (-a) *lit* Hauch *m*; **wydać** *pf* **ostatnie ~** *lit* sein Leben aushauchen
tchórz M (-a; -e) Feigling *m*; ZOOL Iltis *m*; **~liwy (-wie)** feige; ängstlich; **~ostwo** N (-a; *bpl*) Feigheit *f*

tchórzyć 〈**s-**〉 (-ę) sich feige zeigen, *umg* kneifen
tchu *gen* → dech
Tczew M (-*a*; *bpl*) Dirschau *n*
te PRON *dem sachf* (*GL tych*, *dat tym*, *akk te*, *inst tymi*) diese
teatr M (-*u*; -*y*) Theater *n*; **iść do ~u** ins Theater gehen; **w ~ze** im Theater; **~ lalek** Puppentheater *n*; **~alny** Theater-; Bühnen-; *fig* theatralisch
teatrologia F (*gen dat lok* -*ii*; *bpl*) Theaterwissenschaft *f*
teatroman M (-*a*; -*i*), **~ka** F (-*i*; *gen* -*nek*) Theaterliebhaber(in) *m*(*f*)
techniczny technisch
technik M (-*a*; -*cy*) Techniker *m*; (*kobieta*) Technikerin *f*; **~ elektronik** Elektrotechniker(in) *m*(*f*); **~ dentystyczny** Zahntechniker(in) *m*(*f*)
technika F (-*i*) Technik *f*
technikum N (*unv*; -*a*; *gen* -*ów*) technische Fachschule *f*, Technikum *n*
techno N (*unv*) MUS Techno *n od m*
techno|kracja F (-*i*; *bpl*) Technokratie *f*; **~logia** F (*gen dat lok* -*ii*; -*e*) Technologie *f*
teczka F (-*i*; *gen* -*czek*) (*torba*) Aktentasche *f*; (*okładka*) Mappe *f*; (*dokumenty*) Mappe *f*; Akte *f*; **~ szkolna** Schultasche *f*, Schulmappe *f*
tegoroczny diesjährig, *austr* heurig
teka F (-*i*) (*prace*) Mappe *f*; **~ ministerialna** POL Portefeuille *n*
tekst M (-*u*; -*y*) Text *m*; **~owy** Text-; **plik** *m* **~owy** EDV Textdatei *f*
tekstyl|ia PL (*gen* -*ów*) Textilien *pl*; **~ny** Textil-
tektoniczny GEOL tektonisch
tekściarz M (-*a*; -*e*) *umg* Texteschreiber *m*
tektur|a F (-*y*) Pappkarton *m*, Pappe *f*; **~owy** Papp-
tel. (**telefon**) Tel. (Telefon)
tele|bim M (-*u*; -*y*) Großleinwand *f*; **~dysk** M (-*u*; -*i*) Videoclip *m*; **~faks** M (-*u*; -*y*) (Tele)Fax *n*
telefon M (-*u*; -*y*) Telefon *n*; (*rozmowa*) Telefongespräch *n*, Telefonat *n*; *od kogoś* Anruf *m*; **~ komórkowy** Mobiltelefon *n*, Handy *n*; **~ zaufania** Sorgentelefon *n*; **odebrać** *pf* **~** ans Telefon gehen, abnehmen; **rozmawiać przez ~** telefonieren (**z** *inst* mit *dat*); **czekać na ~** einen Anruf erwarten; **czy był do mnie ~?** gab es einen Anruf für mich?; **być pod ~em** telefonisch erreichbar sein; **przez ~** per Telefon; am Telefon; **~ bezpośredni** Durchwahlnummer *f*; **~y się urywają** *umg fig* die Leitungen glühen; **wisieć na ~ie** *umg* an der Strippe hängen
telefoniczn|ny *aparat*, *karta*, *centrala* Telefon-; telefonisch; **rozmowa** *f* **~na** Telefongespräch *n*, Telefonat *n*; **budka** *f* **~na** Telefonzelle *f*; **książka** *f* **~na** Telefonbuch *n*
telefonist|a M (-*y*; -*ści*), **~ka** F (-*i*; *gen* -*tek*) Telefonist(in) *m*(*f*)
telefonować 〈**za-**〉 (-*uję*) (**do** *gen*) anrufen (*akk*)
telegazeta F (-*y*) Teletext *m*
telegraficzny Telegrafen-; telegrafisch; **w ~m skrócie** im Telegrammstil
tele|gram M (-*u*; -*y*) Telegramm *n*; **~komunikacja** F (-*i*; *bpl*) Fernmeldewesen *n*; **~ksowy** Telex-
telenowela F (-*i*; -*e*) RADIO Serie *f*
telepać się (-*ię*) *umg* zittern; **~ autobusem** eine (lange) strapaziöse Busreise machen
tele|patia F (*gen dat lok* -*ii*; *bpl*) Telepathie *f*; **~patyczny** telepathisch; **~skop** M (-*u*; -*y*) Teleskop *n*
tele|turniej M (-*u*; -*e*) Fernsehquiz *n*, Fernsehshow *f*; **~widz** M (-*a*; -*owie*; *gen* -*ów*) Fernsehzuschauer *m*
telewiz|ja F (-*i*; -*e*) Fernsehen *n*; **~ja satelitarna** Satellitenfernsehen *n*; **~ja kablowa** Kabelfernsehen *n*; **oglądać ~ję** fernsehen, *umg* Fernseh gucken; **~or** M (-*a*; -*y*) Fernsehgerät *n*, *umg* Fernseher *m*; **~yjny** Fernseh-
temat M (-*u*; -*y*) Thema *n*; JĘZ Stamm *m*; **mówić na ~** (*gen*) sprechen über (*akk*); **pisać nie na ~** am Thema vorbeischreiben, das Thema verfehlen; **~ do rozmowy** Gesprächsstoff *m*; **~yczny** thematisch; **~yka** F (-*i*; *bpl*) Thematik *f*
temblak M (-*u*; -*i*) MED (Arm)Schlinge *f*
tempera|ment M (-*u*; -*y*) Temperament *n*; **z ~mentem** temperamentvoll; **~tura** F (-*y*) Temperatur *f*; **~tura pokojowa** Zimmertemperatur *f*; **~tura ciała** Körpertemperatur *f*; **~tura wrzenia** FIZ Siedepunkt *m*; **mieć ~turę** *umg* Fieber haben; **~tury** *pl* **minusowe** Minusgrade *pl*
temperować 〈**za-**〉 (-*uję*) *ołówek* anspitzen; 〈**u-**〉 *fig* zügeln, bändigen
tem|perówka F (-*i*; *gen* -*wek*) Bleistift

(an)spitzer *m*; **~po** N (*-a*; *gen -*) Tempo *n*; **~po pracy** Arbeitstempo *n*

temu: **rok ~** vor e-m Jahr; **godzinę ~** vor einer Stunde; **dawno ~** vor langer Zeit; schon lange her

ten PRON *dem m* (*gen akk tego*, *dat temu*, *inst lok tym*) (*persf ci*) dieser

tendenc|ja F (*-i*; *-e*) Tendenz *f*; Trend *m*; **~yjny** *pej* tendenziös

tenis M (*-a*; *bpl*) Tennis *n*; **~ stołowy** Tischtennis *n*

tenisist|a M (*-y*; *-ści*), **~ka** F (*-i*; *gen -tek*) Tennisspieler(in) *m(f)*

tenisowy Tennis-

tenor M (*-u*; *-y*) (*głos*) Tenor *m*, Tenorstimme *f*; (*-a*; *-rzy*) (*śpiewak*) Tenor(sänger) *m*

teolog M (*-a*; *-owie*) Theologe *m*; **~ia** F (*gen dat lok -ii*; *bpl*) Theologie *f*; **~iczny** theologisch

teoret|yczny theoretisch; **~yk** M (*-a*; *-cy*) Theoretiker *m*

teoretyzować (*-uję*) theoretisieren

teor|ia F (*gen dat lok -ii*; *-e*) Theorie *f*; **~ia względności** FIZ Relativitätstheorie *f*; **~yjka** F (*-i*; *gen -jek*) *pej* Pseudotheorie *f*

terako|ta F (*-y*; *bpl*) Terrakotta *f*; **z ~ty** Terrakotta-

terapeut|a M (*-y*; *-ci*; *gen -ów*), **~ka** F (*-i*; *gen -tek*) Therapeut(in) *m(f)*; Heilpraktiker(in) *m(f)*

terapeutyczny therapeutisch

tera|pia F (*gen dat lok -ii*; *-e*) Therapie *f*; **~pia grupowa** Gruppentherapie *f*

teraz jetzt; **od ~** von nun an; **i co ~?** und jetzt?, was nun?

teraźniej|szość F (*-ści*; *bpl*) Gegenwart *f*; **~szy** jetzig, gegenwärtig; **czas** *m* **~szy** GRAM Präsens *n*

terc|et M (*-u*; *-y*) Terzett *n*; **~ja** F (*-i*; *-e*) *w hokeju* Drittel *n*

teren M (*-u*; *-y*) Gelände *n*; (*obszar*) Gebiet *n* (*a. fig*); **~y** *pl* **zielone** Grünanlagen *f/pl*; **~ budowy** Baugelände *n*; **~ szkoły** Schulgelände *n*; **~ zakładu** Betriebsgelände *n*; **~ walki** Kampfgebiet *n*; **~ łowiecki** Jagdrevier *n*; **~y** *pl* **połowowe** MAR Fanggebiet *n*; **pracować w ~ie** vor Ort arbeiten; im Außendienst tätig sein

terenowy ADMIN lokal, kommunal; *ćwiczenia*, *gry* Gelände-; **samochód** *m* **~owy** Geländewagen *m*; **badania** *pl* **~owe** Feldforschung *f*

terkot M (*-u*; *-y*) *maszyny* Rattern *n*; *budzika* Rasseln *n*; *kutra* Tuckern *n*

terkotać (*-czę*) *maszyna* rattern; *budzik* rasseln; *kuter* tuckern; *fig umg* schnattern

ter|ma F (*-y*) Heißwasserbereiter *m*; **~my** *pl* Thermen *pl* (*a.* HIST); **~miczny** thermisch; **szok** *m* **~miczny** Temperaturschock *m*

termin M (*-u*; *-y*) (*odcinek czasu*) Frist *f*; (*data*) Termin *m*; (*wyraz*) Terminus *m*, (Fach)Ausdruck *m*; **w ~ie** fristgerecht, termingerecht; **przed ~em** vorfristig; **po ~ie** nach Ablauf der Frist; **przedłużyć** *pf* **~** die Frist verlängern; **dotrzymać** *pf* **~u** die Frist einhalten; **~ dostawy** Liefertermin *m*; **~ wyborów** Wahltermin *m*

terminal M (*-u*; *-e*) LOT Terminal *m od n*

terminarz M (*-a*; *-e*) (*kalendarz*) Terminkalender *m*; (*plan*) Zeitplan *m*, Terminplan *m*

terminowo ADV → terminowy

terminowość F (*-ści*; *bpl*) Einhaltung *f* der Frist, Pünktlichkeit *f*

terminowy (-wo) fristgebunden, befristet; *wykonanie* fristgerecht, termingerecht

termit M (*-a*; *-y*) ZOOL Termite *f*

termo- *in zssgn* Wärme-, Thermo-

termo|for M (*-u*; *-y*) Wärmflasche *f*; **~jądrowy** thermonuklear; **~metr** M (*-u*; *-y*) Thermometer *n*

ter|mos M (*-u*; *-y*) Thermosflasche *f*; **~pentyna** F (*-y*; *bpl*) Terpentin *n*

terror M (*-u*; *bpl*) Terror *m* (*a. fig*); **akt** *m* **~u** Terrorakt *m*

terroryst|a M (*-y*; *-ści*; *gen -ów*), **~ka** F (*-i*; *gen -tek*) Terrorist(in) *m(f)*

terrory|styczny terroristisch, Terror-; **zamach** *m* **~styczny** Terroranschlag *m*; **~zm** M (*-u*; *bpl*) Terrorismus *m*

terroryzować (*-uję*) terrorisieren (*a. fig*)

terytori|alny POL territorial; **wody** *pl* **~alne** Territorialgewässer *n/pl*, Hoheitsgewässer *n/pl*; **~um** N (*unv*; *-ia*; *gen -iów*) POL Territorium *n*, Hoheitsgebiet *n*; ZOOL Revier *n*

test M (*-u*; *-y*) Test *m*; RADIO Testbild *n*; **~ na inteligencję** Intelligenztest *m*; **~ ciążowy** Schwangerschaftstest *m*

testament M (*-u*; *-y*) Testament *n*; **Nowy** ♀ REL Neues Testament *n*; **Stary** ♀ REL Altes Testament *n*; **~owy** testamentarisch, Testament-

testować (*-uję*) testen

testowa|ny getestet; **osoba** *f* **~na** Testperson *f*; **nie ~ny na zwierzętach** nicht an Tieren getestet
te|ściowa F (*-ej*; *-e*) Schwiegermutter *f*; **~ść** M (*-ścia*; *-ściowie*; *gen -ściów*) Schwiegervater *m*; **~ściowie** *pl* Schwiegereltern *pl*
teza F (*-y*) These *f*
też *partikel* auch; **to ~** deshalb, daher; **jak ~** sowie; **~ (mi) pytanie!** was für eine Frage!; **~ coś!** na so was!
tęchnąć ⟨**s-**⟩ (*3. Pers -nie*; -NąŁ) *opuchlizna* zurückgehen, abschwellen; *ubranie* vermodern, moderig riechen
tę|cza F (*-y*; *-e*) Regenbogen *m*; **patrzeć jak w ~czę w k-o** j-n anhimmeln
tęcz|owy regenbogenfarbig; **~owe kolory** *pl* Regenbogenfarben *pl*; **~ówka** F (*-i*; *gen -wek*) ANAT Regenbogenhaut *f*, Iris *f*
tę|dy ADV hier entlang; da durch; **nie ~dy droga** *fig* das ist der falsche Weg, so kommen wir nicht weiter
tędzy *persf* → tęgi
tęgawy (-wo) mollig
tę|gi (*persf -dzy*) **(-go)** (*gruby*) beleibt, dick; (*silnie zbudowany*) stämmig, kräftig; *mróz* klirrend; *zima* streng; **~ga głowa** *f fig* heller *od* kluger Kopf *m*; **z ~gą miną** mit selbstsicherer Miene; **dostać** *pf* **~gie lanie** eine gehörige Tracht Prügel bekommen
tępak M (*-a*; *-cy*) *umg* Schwachkopf *m*, Trottel *m*
tępiciel M (*-a*; *-e*): **być ~em** (*gen*) *lit* vorgehen gegen (*akk*), bekämpfen (*akk*); **~ zła** Kämpfer *m* gegen das Böse
tępić ⟨**wy-**⟩ (*-ię*) *szkodniki*, *chwasty* vernichten, vertilgen; *gatunek* ausrotten; *fig* bekämpfen, ausmerzen; **~ się** sich gegenseitig ausrotten; ⟨**s-**⟩ *nóż* stumpf machen, abstumpfen; **~ się** *nóż* stumpf werden; **tępić k-o** *umg* j-n bekämpfen, j-n verfolgen; **tępić się** *umg* sich bekriegen
tępieć ⟨**s-**⟩ (*-eję*) *nóż* stumpf werden; *osoba* abstumpfen; *słuch* nachlassen
tępo ADV → tępy
tępota F (*-y*; *bpl*) (*brak inteligencji*) Begriffsstutzigkeit *f*, Dummheit *f*; (*apatia*) Stumpfsinn *m*
tępy (-po) *nóż*, *zakończenie* stumpf; (*nieinteligentny*) begriffsstutzig, minderbemittelt; (*apatyczny*) stumpf(sinnig), abgestumpft; *ból*, *odgłos* dumpf
tęsknić (*-ię*, *-nij!*) (**za** *inst od* **do** *gen*) Sehnsucht haben (nach *dat*), vermissen (*akk*); **~ do** (*gen*) (*pragnąć*) sich sehnen nach (*dat*), sich sehnlichst wünschen (*akk*); **tęsknię za tobą** ich vermisse dich, ich habe Sehnsucht nach dir; **~ za krajem** *od* **domem** Heimweh haben
tęskno ADV: **jest mi ~** (**do** *gen od* **za** *inst*) ich habe Sehnsucht, ich sehne mich (nach *dat*)
tęsk|nota F (*-y*) Sehnsucht *f*; **~nota za domem** *od* **krajem** Heimweh *n*; **pełen ~noty** sehnsuchtsvoll, voller Sehnsucht; **~nota za dalekim światem** Fernweh *n*; **~ny** *melodia* wehmütig, melancholisch; *spojrzenie* schmachtend (*a. iron*), sehnsüchtig
tęt|ent M (*-u*; *-y*) Hufschlag *m*, Getrappel *n*; **~nica** F (*-y*; *-e*) ANAT Schlagader *f*, Arterie *f*; **~niczy** ANAT, MED arteriell
tętnić (*-ię*, *-nij!*) *podkowy* trappeln; *ziemia* dröhnen, beben; *kroki* dröhnen; *krew* pulsieren; **~ życiem** sehr belebt sein
tę|tno N (*-a*; *gen tętn*) Puls(schlag) *m*; **~żec** M (*-żca*; *bpl*) MED Tetanus *m*
tężeć ⟨**s-**⟩ (*-eję*) *galaretka*, *gips* hart werden; *twarz* erstarren; *mróz* stärker werden
tężyzna F (*-y*; *bpl*) *fizyczna* Kraft *f*, Ausdauer *f*
tfu INT: **~!** pfui!
tik M (*-u*; *-i*) Tick *m*, (Gesichts)Zucken *n*
tiul M (*-u*; *-e*) Tüll *m*
tj. (**to jest**) d.h. (das heißt)
tkac|ki Web-; Weber-; **~two** N (*-a*; *bpl*) Weberei *f*
tkacz M (*-a*; *-e*), **~ka** F (*-i*; *gen -czek*) Weber(in) (*f*)
tkać ⟨**u-**⟩ (*-am*) weben
tkalnia F (*-i*; *-e*) Weberei *f*
tka|nina F (*-y*) Stoff *m*, Gewebe *n*; **~nka** F (*-i*; *gen -nek*) BIOL Gewebe *n*; **~nka łączna** Bindegewebe *n*; **~ny** gewebt
tkliwie ADV → tkliwy
tkli|wość F (*-ści*; *bpl*) Zärtlichkeit *f*; **~wy (-wie)** zärtlich, liebevoll
tknąć PF: **coś mnie tknęło** ich hatte eine Vorahnung; → tykać[2]
tknięty (*persf -ci*): **~ przeczuciem** ahnungsvoll; **~ trwogą** angsterfüllt; **nie ~** unberührt
tkwić ⟨**u-**⟩ (*-ię*, *-wij!*) *drzazga* (fest)stecken, festsitzen (**w** *lok* in *dat*) (*a. fig*); (*nie ruszać się*) verharren; (*mieć źródło*) wurzeln

T

liegen; ~ **w pamięci** im Gedächtnis haften
tlący się glimmend
tlen M (*-u; bpl*) Sauerstoff *m*; **~ek** M (*-nku; -nki*) Oxyd *n*, Oxid *n*; **~ek węgla** Kohlenmonoxid *n*
tlenić ⟨**u-**⟩ (*-ię*) *włosy* blondieren; ~ **się** *umg* sich die Haare blondieren
tlen|iony blondiert; **~owy** Sauerstoff-
tlić* **się** (*3. Pers tli się*) glimmen, schwelen; **tliła się w nim iskierka nadziei** eine letzte Hoffnung glomm noch in ihm
tłamsić ⟨**s-**⟩ (*-szę*) (zer)knüllen; *fig* unterdrücken; ~ **się** *umg* sich drängen
tło N (*tła; gen teł*) Hintergrund *m* (*a. fig*); (*kolor*) Grundfarbe *f*; **w tle** im Hintergrund; **na białym tle** auf weißem Grund; **na tle** (*gen*) *fig* vor dem Hintergrund (*gen*); **konflikty** *pl* **na tle etnicznym** ethnisch bedingte Konflikte *pl*
tłocznia F (*-i; -e*) TECH Presse *f*
tłocz|ny (**-no**) *tramwaj, miejsce* (gedrängt) voll, überfüllt; *ulica* sehr belebt; **było ~no** es herrschte ein Gedränge, es gab keinen freien Platz; **~ony** TYPO gestanzt, geprägt
tłoczyć (*-ę*) *olej* pressen; *powietrze, wodę* pumpen; fördern; TYPO prägen, stanzen; ~ **się** sich drängen
tłok M (*-u; bpl*) Gedränge *n*; (*-a; -i*) TECH Kolben *m*
tłuc* ⟨**s-**⟩ (*tłukę*) *talerz* zerbrechen zerschlagen; *szybę* einschlagen; ~ **k-o** *umg* j-n (ver)hauen, j-n (ver)prügeln; ~ **sobie kolano** sich das Knie aufschlagen; ~ **się** *szkło* zerbrechen, entzweigehen; ⟨**u-**⟩ *kartofle* (zer)stampfen; *mięso* klopfen; *w moździerzu* zerstoßen; **tłuc** schlagen (**o** *akk* gegen *akk*); *świnie* schlachten; **tłuc się** (*bić się*) *umg* sich prügeln; (*włóczyć się*) *umg* sich herumtreiben; (*robić hałas*) *umg* poltern, rumoren; *serce* pochen, klopfen; **tłuc się autobusem** *umg* eine strapaziöse Reise mit dem Bus machen, in einem Bus durchgerüttelt werden
tłucz|ek M (*-czka; -czki*) *do kartofli* Kartoffelstampfer *m*; *do mięsa* Fleischklopfer *m*; **~eń** M (*-cznia; bpl*) Schotter *m*
tłuk M (*-a; -i*) *umg* Depp *m*, Trottel *m*
tłum M (*-u; -y*) (Menschen)Menge *f*; **~y** *pl* Menschenmassen *pl*; **~y turystów** Touristenmassen *pl*; **w ~ie** in der Menge
tłuczo|ny: **~ne kartofle** *pl* Stampfkartoffeln *pl*
tłumacz M (*-a; -e*) Übersetzer *m*; *ustny* Dolmetscher *m*; ~ **przysięgły** vereidigter Übersetzer *m*; vereidigter Dolmetscher *m*; (*kobieta*) vereidigte Übersetzerin *f*; vereidigte Dolmetscherin *f*
tłumacz|enie N (*-a; gen -eń*) Übersetzung *f*, Übersetzen *n*; *ustne* Dolmetschen *n*; (*tekst*) Übersetzung *f*, Übertragung *f*; **~enie na niemiecki** Übersetzung *f* ins Deutsche; Dolmetschen *n* ins Deutsche; **~enie symultaniczne** Simultanübersetzen *n*; **wolne ~enie** freie Übersetzung *f*; **~enia** *n/pl* Rechtfertigung *f*, Entschuldigung *f*
tłumaczka F (*-i; gen -czek*) Übersetzerin *f*; *ustna* Dolmetscherin *f*
tłumaczyć ⟨**wy-**⟩ (*-ę*) (*wyjaśniać*) erklären, erläutern; (*interpretować*) deuten, auslegen; ~ (*inst*) (*uzasadniać*) erklären mit (*dat*); (*usprawiedliwiać*) rechtfertigen, entschuldigen mit (*dat*); ~ **k-u** (*perswadować*) j-m *etw* auseinandersetzen; **nie dać** *pf* **sobie nic wytłumaczyć** sich nichts sagen lassen; ~ **się** (*inst*) sich rechtfertigen, sich entschuldigen (mit *dat*); ⟨**prze-**⟩ *teksty* übersetzen, übertragen; *ustnie* dolmetschen; ~ **z niemieckiego na polski** vom Deutschen ins Polnische übersetzen
tłumić ⟨**s-**⟩ (*-ię*) *bunt, powstanie* niederschlagen; *płacz, śmiech, gniew* unterdrücken; *poczucie winy* verdrängen, unterdrücken; *głos, dźwięk* dämpfen; *ogień* ersticken
tłum|ik M (*-a; -i*) MOT Auspufftopf *m*; **~nie** ADV scharenweise, zahlreich
tłum|oczek M (*-czka; -czki*) *dim* Bündelchen *n*; **~ok** M (*-a; -i*) Bündel *n*; (*osoba*) *umg* Trottel *m*
tłus|ty (*persf -ści*) (**-to**) KULIN fett(reich); *osoba, kark, ziemia* fett, dick; *włosy, cera* fettig; **~ta plama** *f* Fettfleck *m*; **~te mleko** *n* Vollmilch *f*; **~ty krem** *m* Fettcreme *f*; **~tym drukiem** TYPO fett gedruckt; **~ty czwartek** *m letzter Donnerstag vor Fastnacht*
tłuszcz M (*-u; -e*) Fett *n*; **~owy** Fett-
tłuści *persf* → tłusty
tłuścić ⟨**za-**⟩ (*-szczę*) fettig machen; ~ **się** fettig werden
tłuścio|ch M (*-a; -y*) *umg* Fettkloß *m*; **~szek** M (*-szka; -szki*) *dim* Dickerchen *n*, Pummelchen *n*
tłuściutki (*persf -cy*) (**-ko**) *dim* pummelig
to[1] PRON *dem n* (*gen tego, dat temu, akk to,*

inst lok tym) dieses; das; **~ małe dziecko** dieses kleine Kind *n*; **~ jest ~ dziecko, które widzieliśmy** das ist das Kind, das wir gesehen haben; **kto ~?** wer ist das?; **~ ja** ich bin es; **~ fakt** das ist eine Tatsache; **~ mój mąż** das ist mein Mann; **~ ciekawe** das ist interessant; **~ prawda** das ist wahr, das stimmt; **do tego** dafür, dazu; **na tym ~** darauf; **od tego** davon; **przez ~** dadurch; **w tym** darin; **z tego** daraus; **z tym** damit; **jak ~ się nazywa?** wie heißt das?; **~ mi się podoba** das gefällt mir; **co ty na ~?** was sagst du dazu?

to[2] *konj* dann, so; **jak chcesz, ~ zostań** wenn du willst, dann bleib; **jeśli czegoś się dowiesz, ~ mi powiedz** wenn du etwas erfährst, dann sag mir Bescheid

to[3] *partikel* denn; **jak ~?** wie denn?; **no ~ co?** na und?; **a ~ dlaczego?** wieso denn (das)?; **otóż ~!** ja, eben!; **co ~ za jeden?** was ist das für einer?; **a ~ historia!** das ist ja eine Geschichte!; **~ tu, ~ tam** mal hier, mal dort; **i ~ ...** und dann auch noch ...; **~ nic** das macht nichts

toalet|a F (-y) Toilette *f*; **~ka** F (-i; *gen* -tek) Frisiertisch *m*; **~owy** Toiletten-; **papier** *m* **~owy** Toilettenpapier *n*, *umg* Klopapier *n*

toast M (-u; -y) Toast *m*; Trinkspruch *m*; **wznieść** *pf* **~** e-n Toast ausbringen, anstoßen (**za** *akk* auf *akk*)

tobą PRON *inst*: **z ~** mit dir; **ona interesuje się ~** sie interessiert sich für dich; → ty

tobie PRON *lok*; PRON *dat* dir; **mówię to tylko ~** ich erzähle das nur dir; **mówimy o ~** wir sprechen über dich; **myślę o ~** ich denke an dich; → ty

tobół M (-ołu; -oły) → tłumok

tocz|ek M (-czka; -czki) Toque *f*; **~ony** *z drewna* gedrechselt; *z gliny* getöpfert

toczyć (-ę) *beczkę, kamień* rollen; *wojnę, dyskusję, spór* führen; *na kole garncarskim* töpfern; *na tokarce* drechseln; *wino* abziehen; **~ wzrokiem** den Blick schweifen lassen; **toczy go choroba** *lit* die Krankheit zehrt ihn aus, die Krankheit zehrt an ihm; **robaki toczą drewno** das Holz ist von Würmern befallen; **~ się** *piłka, kamień, pojazd* rollen; *łzy* kullern; *rokowania, dyskusja, walka* geführt werden; *akcja* sich abspielen; **życie toczy się dalej** das Leben geht weiter

to|ga F (-i; *gen* - od tóg) Robe *f*; **~jad** M (-u; -y) BOT Eisenhut *m*

tok M (-u; *bpl*) Verlauf *m*; **~ myśli** Gedankengang *m*; **być w ~u** im Gang(e) sein; **w ~u** *(gen)* im Verlauf *(gen)*; **~i** *pl* ZOOL Balz *f*

tokarka F (-i; *gen* -rek) Drehbank *f*, Drechselbank *f*

tokarski: **warsztat** *m* **~** Drechslerei *f*

tokarz M (-a; -e) Dreher *m*, Drechsler *m*

tokować (-uję) ZOOL balzen

toksyczny toxisch, giftig

toleranc|ja F (-i; *bpl*) Toleranz *f* (*a.* BIOL, TECH); **~yjny** tolerant

tolerować (-uję) tolerieren, dulden

tom M (-u; -y) Band *m*; **w dwóch ~ach** in zwei Bänden

tomik M (-u; -i): **~ poezji** Gedichtband *m*

tomisko N (-a) Wälzer *m*, *umg* Schinken *m*

tomografia F (*gen dat lok* -ii; *bpl*) MED, TECH (Computer)Tomografie *f*

ton M (-u; -y) MUS Ton *m*; *głosu* Ton(fall) *m*; *wypowiedzi* Tenor *m*, Ton *m*; *(odcień)* Farbton *m*; **w złym ~ie** unangebracht, geschmacklos; **należeć do dobrego ~u** zum guten Ton gehören; **nadawać ~** *fig* den Ton angeben; **spuścić** *pf* **z ~u** seine Ansprüche zurückschrauben

tona F (-y) Tonne *f*

ton|acja F (-i; -e) MUS Tonart *f*; *(koloryt)* Farbton *m*; **~acja głosu** Stimmlage *f*, Timbre *n*; **utrzymany w jasnej ~acji** in hellen Tönen gehalten; **~aż** M (-u; *bpl*) MAR Tonnage *f*

toną|cy M (-ego; -y), **~ca** F (-ej; -e) Ertrinkende(r) *m*, *f*

tonąć ⟨u-⟩ (-nę, toń!) ertrinken; ⟨**za-**⟩ *statek* untergehen, versinken (*a. fig*); **tonąć w mroku** in der Dunkelheit versinken; **tonąć w długach** bis über die Ohren in Schulden stecken; **tonąć we łzach** in Tränen zerfließen

tonik M (-u; -i) *(napój)* Tonic *n*; *(kosmetyk)* Gesichtswasser *n*

toń F (*gen dat lok* -ni; -nie) *lit* Tiefe *f*, Fluten *pl*

topaz M (-u; -y) Topas *m*

topić ⟨u-⟩ (-ię) *osobę, zwierzę* ertränken, *rzecz* versenken; **~ smutki w alkoholu** seinen Kummer im Alkohol ertränken; **~ pieniądze w** *(lok) umg* viel Geld rein stecken in *(akk)*; ⟨**roz-**⟩ *metal* schmelzen KULIN zerlassen; **~ się** *śnieg, lód* schmelzen, auftauen; *metal* schmelzen (*a.* KULIN)

T

topić się *osoba* dem Ertrinken nahe sein, fast ertrinken; sich ertränken wollen
topiel F (-i; -e) *lit* Fluten *pl*, Wasserstrudel *m*
topiel|ec M (-lca; -lcy), **~ica** F (-y) Ertrunkene(r) *m*, *f*, Wasserleiche *f*
topik M (-a; -i) ELEK Schmelzsicherung *f*
topiony: **ser** *m* ~ Schmelzkäse *m*
toples(s) *umg* oben ohne
topliwy: **łatwo** ~ leicht schmelzbar
topnieć ⟨s-⟩ (3. *Pers -eje*) *śnieg, lód* schmelzen, auftauen; *zapasy, oszczędności* dahinschmelzen; *metal* schmelzen; **topnieją szeregi** *fig* die Reihen lichten sich
topo|graficzny topografisch; **~la** F (-i; -e) Pappel *f*; **~lowy** Pappel-
topor|ek M (-rka; -rki) Handbeil *n*; **~ny** *mebel, budowla, buty* klobig; *styl* plump, unbeholfen; *wykonanie* stümperhaft; *sylwetka, ręce* grobschlächtig
topór M (-ora; -ory) Beil *n*, Axt *f*
tor M (-u; -y) *kolejowy* Gleis *n*; *planet, pocisku* Bahn *f* (*a.* SPORT); **~y** *pl fig* Bahn *f*, Richtung *f*; ~ **boczny** KOLEJ Abstellgleis *n*; ~ **wyścigowy** SPORT Rennbahn *f*; ~ **wodny** MAR Fahrwasser *n*
tor|ba F (-y; *gen -reb*) (Trage)Tasche *f*; *plastikowa, papierowa* Tüte *f*; ZOOL Beutel *m*; **~ba podróżna** Reisetasche *f*; **~ba na zakupy** Einkaufstasche *f*; **pójść** *pf* **z ~bami** an den Bettelstab kommen; **~bacz** M (-a; -e) ZOOL Beuteltier *n*
tor|biel F (-i; -e) MED Zyste *f*; **~ebka** F (-i; *gen -bek*) *damska* Handtasche *f*; *plastikowa, papierowa* Tüte *f*; **~ebka foliowa** Plastikbeutel *m*
torf M (-u; -y) Torf *m*; **~owisko** N (-a) Torfmoor *n*; **~owy** Torf-
tornister M (-tra; -try) (Schul)Ranzen *m*
torować ⟨u-⟩ (-uję): ~ **sobie drogę** sich e-n Weg bahnen; ~ **drogę** *fig* den Weg ebnen
torpe|da F (-y) MIL Torpedo *m*; **~do** N (-a) Rücktrittbremse *f*
torpedować ⟨s-⟩ (-uję) MIL torpedieren (*a. fig*)
torpedo|wiec M (-wca; -wce) MIL Torpedoboot *n*; **~wy** MIL Torpedo-
tors M (-u; -y) Oberkörper *m*; (*rzeźba*) Torso *m*
tors|je PL (*gen -i*): **mieć ~je** *od* **dostać** *pf* **~ji** sich erbrechen (müssen)
tort M (-u; -y) Torte *f*; **~ownica** F (-y; -e) Tortenform *f*; **~owy** Torten-
tort|ura F (-y) (*udręka*) Tortur *f*, Qual *f*; **~ury** *pl* Folter *f*; **narzędzie** *n* **~ur** Folterwerkzeug *n*
torturować (-uję) foltern; *fig* quälen, plagen
Toruń M (-nia; *bpl*) Thorn *n*
tost M (-u; -y) KULIN Toast *m*, Toastbrot *n*; **~er** M (-a; -y) Toaster *m*
totalitar|ny POL totalitär; **~yzm** M (-u; -y) POL Totalitarismus *m*
tot|alny total; POL totalitär; **~ek** M (-tka; -tki) *umg* Lotto *n*; **~eż** *konj lit* daher auch, deshalb auch
totolotek M (-tka; *bpl*) Lotto *n*
Tow. (**Towarzystwo**) e.V. (eingetragener Verein)
tow. (**towarzysz**) HIST Genosse *m*
towar M (-u; -y) Ware *f*; **~y** *pl* Güter *pl*, Waren *pl*
towarowy[1] *wymiana, gospodarka* Waren-; *dworzec* Güter-; **pociąg** *m* ~ Güterzug *m*; **dom** *m* ~ Kaufhaus *n*, Warenhaus *n*; **znak** *m* ~ Warenzeichen *n*; **statek** *m* ~ Frachter *m*
towarowy[2] M (-ego; -we) Güterzug *m*
towarzys|ki (**-ko**) (*persf -cy*) *osoba* gesellig; *życie* sozial, gesellschaftlich; *kontakty, spotkanie* privat; **formy** *pl* **~kie** Umgangsformen *pl*; **spotkanie** *n* **~kie** *od* **mecz ~ki** SPORT Freundschaftsspiel *n*; **agencja** *f* **~ka** (*dom publiczny*) Massagesalon *m*, Hostessenvermittlung *f*
towarzyst|wo N (-a) (*obecność, grupa*) Gesellschaft *f*; (*organizacja*) Verein *m*; Gesellschaft *f*; **dotrzymywać ~wa k-u** j-m Gesellschaft leisten; **dla ~wa** zur Gesellschaft; **unikać czyjegoś ~wa** j-s Gesellschaft meiden; **wpaść** *pf* **w złe ~wo** in schlechte Gesellschaft geraten, auf die schiefe Bahn kommen; **przyjść** *pf* **w ~wie** (*gen*) in Gesellschaft *od* in Begleitung (*gen*) kommen
towarzysz M (-a; -e) Begleiter *m*; (*tytuł*) Genosse *m*; ~ **podróży** Reisegefährte *m*; ~ **zabaw** Spielkamerad *m*; ~ **niedoli** Leidensgenosse *m*; ~ **życia** Lebensgefährte *m*; ~ **broni** Waffenbruder *m*, Kriegskamerad *m*
towarzyszą|cy *okoliczności* begleitend; **osoba** *f* **~ca** Begleitung *f*, Begleitperson *f*
towarzyszka F (-i; *gen -szek*) Begleiterin

f; (*tytuł*) Genossin *f*; ~ **zabaw** Spielkameradin *f*; ~ **podróży** Reisegefährtin *f*; ~ **życia** Lebensgefährtin *f*; ~ **niedoli** Leidensgenossin *f*

towarzyszyć (-*ę*): ~ **k-u** j-n begleiten; ~ (*dat*) (*występować jednocześnie*) einhergehen mit (*dat*)

tożsa|mość F (-*ści*; *bpl*) Identität *f*; **~my** *lit* identisch (**z** *inst* mit *dat*)

tracić ⟨**s-**⟩ (-*cę*) verlieren; *czas, pieniądze* verschwenden; *okazję, szansę* verpassen; *prawo* verwirken; ~ **na** (*lok*) HANDEL verlieren an (*dat*); (*wypadać gorzej*) einbüßen an (*dat*); ~ **na wadze** an Gewicht verlieren, abnehmen; ~ **z oczu** aus den Augen verlieren; ~ **głowę** den Kopf verlieren; ~ **grunt pod nogami** den Boden unter den Füßen verlieren

tradyc|ja F (-*i*; -*e*) Tradition *f*; **~yjny** traditionell; (*znany*) herkömmlich; althergebracht; *pej* konservativ

traf M (-*u*; -*y*) Zufall *m*; **szczęśliwy ~** Glücksfall *m*; **szczęśliwym ~em** *adv* glücklicherweise; **dziwnym ~em** *adv* merkwürdigerweise, wie durch ein Wunder

trafiać (-*am*) ⟨**-ić**⟩ (-*ię*) *pocisk, kamień, kula* treffen (**w** *akk* in *akk*); (*znaleźć drogę*) den Weg finden; (*dostać się*) gelangen, kommen; ~ **na** (*akk*) (*natykać się*) stoßen, treffen auf (*akk*); **nie ~** (**w** *akk od* **do** *gen*) verfehlen, nicht treffen (*akk*); ~ **do środka** in die Mitte treffen; ~ **do domu** den Weg nach Hause finden; ~ **do więzienia** ins Gefängnis kommen, *umg* im Gefängnis landen; ~ **do szpitala** ins Krankenhaus kommen, *umg* im Krankenhaus landen; ~ **w totolotka** einen Treffer im Lotto haben; **jak tam trafić?** wie kommt man dorthin?; **czy dobrze trafiłam?** bin ich hier richtig?; ~ **na złą pogodę** schlechtes Wetter erwischen; **piłka trafiła do bramki** der Ball ging ins Tor; ~ **na pierwsze strony gazet** Schlagzeilen machen; **dokument trafił w jego ręce** das Dokument ist in seine Hände geraten; ~ **kluczem do zamka** das Schloss finden; **dobrze trafić** *pf* Glück haben (**z** *inst* mit *dat*); **ten argument do niego nie trafia** dieses Argument überzeugt ihn nicht; **trafiło do mnie, że ...** ich habe begriffen, dass ...; **trafiło na niego** *umg* es hat ihn erwischt; **nie móc trafić za** (*inst*) *umg* aus j-m nicht schlau werden; ~ **się** *okazja, szansa* sich bieten; *kupiec* sich finden; **trafiać się** (*występować*) ab und zu vorkommen, sich manchmal finden; **tacy dobrzy dentyści trafiają się rzadko** solch gute Zahnärzte sind selten, solch gute Zahnärzte trifft man selten

trafieni *persf* → trafiony

trafienie N (-*a*) SPORT (Voll)Treffer *m*; *w totolotku* Treffer *m*

trafiony (*persf* -*eni*) *inwestycja* günstig; *decyzja* richtig; *produkt* gelungen; ~ **kulą** von einer Kugel getroffen

traf|ność F (-*ści*; *bpl*) Treffsicherheit *f*; *fig* Richtigkeit *f*; **~ny** *strzał, rzut* treffsicher; *ocena, krytyka, nazwa* treffend; *wybór, odpowiedź, dezyzja* richtig; *inwestycja, przedsięwzięcie* gelungen

trag|arz M (-*a*; -*e*) Gepäckträger *m*; **~edia** F (*gen dat lok* -*ii*; -*e*) LIT Tragödie *f* (*a. fig*); **robić ~edię** *umg* ein Drama machen (**z** *gen* aus *dat*)

tragiczn|ny tragisch (*a.* LIT, TEATR); *pomyłka* fatal; (*okropny*) *umg* katastrophal; **~ny wypadek** *m* Unglück *n*; **~ny w skutkach** verhängnisvoll; **zginąć** *pf* **śmiercią ~ną** auf tragische Weise ums Leben kommen; **aktor** *m* **~ny** TEATR Tragöde *m*

trag|iczka F (-*i*; *gen* -*czek*) TEATR Tragödin *f*; **~ik** M (-*a*; -*cy*) TEATR Tragöde *m*

tragikomiczny tragikomisch

trajkot M (-*u*; *bpl*) *umg* Geplapper *n*

trajkotać (-*czę od* -*cę*) *umg* plappern, schnattern

trajlować (-*uję*) → trajkotać

trakcja F (-*i*; -*e*) Trasse *f*

trak|t **w ~cie** (*gen*) während, im Laufe (*gen*)

traktat M (-*u*; -*y*) POL Vertrag *m*; (*rozprawa*) Abhandlung *f*; ~ **pokojowy** POL Friedensvertrag *m*

traktor M (-*a*; -*y*) Traktor *m*; **~y** *pl* (*buty*) *umg* Wanderschuhe *pl*, Trekkingschuhe *pl*

traktorzyst|a M (-*y*; -*ści*), **~ka** F (-*i*; *gen* -*tek*) Traktorfahrer(in) *m*(*f*)

traktować ⟨**po-**⟩ (-*uję*) (*akk*) behandeln (*akk*), umgehen (mit *dat*); ~ **poważnie** ernst nehmen; ~ **z góry k-o** j-n von oben herab behandeln; ~ **jak powietrze k-o** j-n wie die Luft behandeln; **traktować o** (*lok*) handeln von (*dat*)

trał M (-*u*; -*y*) Schleppnetz *n*; **~owiec** M (-*wca*; -*wce*) Minensuchboot *n*

T

trampingowy: **wyjazd** *m* ~ Zelturlaub *m*
trampki M/PL *(gen -pek)* Sportschuhe *m/pl*
trampolina F (-y) Trampolin *n*; *na basenie* Sprungbrett *n*
tramwaj M (-u; -e) Straßenbahn *f*, *umg* Tram *f*; **jechać ~em** mit der Straßenbahn fahren; **~arz** M (-a; -e) Straßenbahnfahrer *m*; **~owy** Straßenbahn-
tran M (-u; -y) (Leber)Tran *m*
trans M (-u; -e) Trance *f*
trans|akcja F (-i; -e) Transaktion *f*, Geschäft *n*; **~atlantycki** Übersee-; **~atlantyk** M (-u; -i) Überseeschiff *n*; **~fer** M (-u; -y) Transfer *m*
trans|formacja F (-i; -e) Transformation *f*, Wandel *m*; **~formator** M (-a; -y) ELEK Transformator, *umg* Trafo *m*; **~fuzja** F (-i; -e) *krwi* (Blut)Transfusion *f*
transkrybować *(-uję)* JĘZ transkribieren; ~ **fonetycznie** in Lautschrift übertragen
trans|krypcja F (-i; -e) JĘZ Transkription *f*; **~krypcja fonetyczna** Lautschrift *f*; **~misja** F (-i; -e) RADIO Übertragung *f*; **~misja bezpośrednia** Liveübertragung *f*; **~misja z meczu** SPORT Spielübertragung *f*
transmitować *(-uję)* RADIO übertragen
trans|parent M (-u; -y) Transparent *n*, Spruchband *n*; **~plantacja** F (-i; -e) MED Transplantation *f*, Verpflanzung *f*
transport M (-u; -y) Transport *m*, Verkehr *m*; Beförderung *f*; **~er** M (-a; -y) Förderband *n*; MIL Transporter *m*
transportować ⟨**prze-**⟩ *(-uję)* transportieren, befördern
transporto|wiec M (-wca; -wce) LOT Transportflugzeug *n*; MAR Transportschiff *n*; (PL -wcy) *(pracownik)* Transportarbeiter *m*; **~wy** Transport-, Beförderungs-
transwestyt|a M (-y; -ci), **~ka** F (-i; *gen* -tek) Transvestit(in) *m(f)*
tranzystorowy Transistor-
tranzyt M (-u; *bpl*) Transit *m*; **jechać ~em przez** *(akk)* im Transit durch *(akk)* fahren; **~owy** Transit-
trap|er M (-a; -rzy) Trapper *m*; **~ez** M (-u; -y) Trapez *n*
trapić *(-ię) lit choroba, bezsenność, wyrzuty sumienia* plagen; *(martwić)* Kummer bereiten, bedrücken; **trapi mnie, że** ... es bekümmert mich, dass ...; ~ **się** sich Sorgen machen (um *akk*), besorgt sein (über *akk*)
tra|sa F (-y) Verkehrsweg *m*, Strecke *f*; *wycieczki* Route *f*; *koncertowa* Tour *f*; **~sa szybkiego ruchu** Schnellstraße *f*; **autobus kursuje na ~sie Warszawa - Berlin** der Bus verkehrt zwischen Warschau und Berlin
traszka F (-i; *gen* -szek) ZOOL Molch *m*
tratować ⟨**s-**⟩ *(-uję)* zertrampeln, (zer)treten; ~ **na śmierć** zu Tode treten
tratwa F (-y) Floß *n*; ~ **ratunkowa** MAR Rettungsinsel *f*
traumatyczny traumatisch
tra|wa F (-y) Gras *n*; **leżeć na ~wie** auf dem Gras liegen; **wiedzieć, co w ~wie piszczy** das Gras wachsen hören
trawestacja F (-i; -e) *lit* Travestie *f*
trawiasty *kolor* grasgrün; **kort** *m* ~ Rasenplatz *m*
trawić ⟨**s-**⟩ *(-ię) pokarm* verdauen; *czas* vergeuden (**na** *lok* an *dat*); *niepokój, niepewność* plagen; *ogień* vernichten; *choroba* auszehren; **nie trawić** *(akk) umg fig* nicht ausstehen können *(akk)*; ⟨**wy-**⟩ ätzen
trawien|ie N (-a; *bpl*) Verdauung *f*; **~ny** Verdauungs-; **układ** *m* **~ny** Verdauungskanal *m*, Verdauungsapparat *m*; **soki** *pl* **~ne** Magensäfte *pl*
traw|ka F (-i; *bpl*) *dim* Gras *n*; *(narkotyk) umg* Gras *n*; **~nik** M (-a; -i) Rasen *m*
trą|ba F (-y) MUS Trompete *f*; *słonia* Rüssel *m*; **~ba powietrzna** METEO Windhose *f*; Wasserhose *f*; **~ba (jerychońska)** *umg fig* Trottel *m*; **zrobić** *pf* **k-o w ~bę** *umg* j-n zum Narren halten, j-n reinlegen
trąbić ⟨**za-**⟩ *(-ię)* MUS trompeten, Trompete blasen; Horn blasen; *kierowca* hupen; *słoń* trompeten; ~ **na alarm** Alarm schlagen; **trąbić** *umg fig* brüllen
trąb|ka F (-i; *gen* -bek) MUS Horn *n*; ZOOL Saugrüssel *m*; **zwinąć** *pf* **w ~kę** zusammenrollen
trącać *(-am)* ⟨**-ić**[1]⟩ *(-ę)* (leicht) (an)stoßen, stoßen (gegen *akk*); berühren; *strunę* zupfen; ~ **się** *v/i (wypić toast)* anstoßen
trącić[2] *(3. Pers -ci)*: ~ *(inst)* riechen nach *(dat)*; ~ **stęchlizną** nach Moder riechen
trąd M (-u; *bpl*) Lepra *f*
trądzik M (-a; -i) Akne *f*
trefl M (-a; -e) *w kartach* Treff *n*, Kreuz *n*; **as** *m* ~ Kreuzass *n*
treflowy Treff-, Kreuz-

T

trefny *umg* (*podejrzany*) nicht koscher, nicht geheuer; (*nielegalny*) Schmuggel-, schwarz; REL nicht koscher, treife
trele PL (*-li od -lów*): **słowicze ~** die Triller einer Nachtigall, Nachtigallenschlag *m*
trema F (*-y*) Lampenfieber *n*
tren[1] M (*-u; -y*) LIT Klagelied *n*, Threnodie *f*
tren[2] M (*-u; -y*) *sukni* Schleppe *f*
trend M (*-u; -y*) Trend *m*
trener M (*-a; -rzy*), **~ka** F (*-i; gen -rek*) Trainer(in) *m(f)*
trening M (*-u; -i*) Training *n*; **~owy** Training-
trenować ⟨**wy-**⟩ (*-uję*) *v/t, v/i* trainieren
treska F (*-i; gen -sek*) Haarteil *n*
tresować ⟨**wy-**⟩ (*-uję*) *konia* dressieren; *psa* abrichten; *osobę pej* dressieren
tresura F (*-y; bpl*) Dressur *f*
treści|owy (**-owo**) inhaltlich; **~wy** (**-wie**) bündig, inhaltsreich; *pokarm* nahrhaft, gehaltvoll
tre|ść F (*-ści*) *książki, wypowiedzi, życia* Inhalt *m*; **bez ~ści** inhaltsleer; **~ść żołądka** BIOL Mageninhalt *m*
Trewir M (*-u; bpl*) Trier *n*
trębacz M (*-a; -e*) Trompeter *m*; Hornist *m*
trędowaty[1] (*persf -ci*) leprakrank
trędowa|ty[2] M (*-ego; -ci*), **~ta** F (*-ej; -e*) Leprakranke(r) *m, f*; *fig* Aussätzige(r) *m, f*
triathlon M (*-u; -y*) SPORT Triathlon *n*
trick, trik M (*-u; -i*) Trick *m*; **~owy** Trick-
trio N (*-a; gen -ów*) MUS Trio *n*
triumf M (*-u; -y*) Triumph *m*; **święcić ~y** Triumphe feiern; **~alny** triumphal
triumfować ⟨**za-**⟩ (*-uję*) triumphieren (**nad** *inst* über *akk*)
trochę ADV ein bisschen, ein wenig; ein paar; **ani ~** kein bisschen
trociny PL (*gen -*) Sägespäne *pl*
troczki M/PL (*gen -ów*) *u. kaftanika* Bändchen *n/pl*
troć F (*-ci; -cie; gen -ci*) Lachsforelle *f*
trofeum N (*unv; -ea; gen -eów*) Trophäe *f*
troić się (*-ję, trój!*) sich verdreifachen
tro|jaczki PL (*gen -ów*) Drillinge *pl*; **~jaki** (**-ko**) dreierlei
troje *num koll* drei; **we ~** zu dritt; **~ dzieci** drei Kinder
trolejbus M (*-u; -y*) Obus *m*
trombocyty M/PL (*gen -ów*) BIOL Thrombozyten *m/pl*, Blutplättchen *n/pl*
tron M (*-u; -y*) Thron *m*; **zasiąść** *pf* **na ~ie** den Thron besteigen; **~owy** Thron-
trop M (*-u; -y*) *zwierzęcia* Fährte *f*; *fig* Spur *f*; **być na** (**właściwym**) **~ie** eine (heiße) Spur verfolgen; **być na fałszywym ~ie** eine falsche Spur *od* Fährte verfolgen, auf der falschen Spur sein; **naprowadzić** *pf* **na właściwy ~** auf die richtige Spur bringen; **iść ~em** (*gen*) j-m auf der Spur bleiben; **wpaść** *pf* **na ~** eine Spur aufnehmen
tropiciel M (*-a; -e*) Fährtensucher *m*; *fig* Fahnder *m*, Verfolger *m*; (*pies*) Spürhund *m*
tropić (*-ię*) *ślad, zwierzęta* aufspüren; *fig* verfolgen (*akk*), fahnden (nach *dat*)
tropikalny tropisch, Tropen-
tro|ska F (*-i*) Sorge *f*, Kummer *m*; **z ~ską** besorgt; **wolny od ~sk** sorgenfrei; **pełen ~sk** sorgenvoll, kummervoll; **przyczyniać k-u ~sk** j-m Kummer bereiten; **~ska o dziecko** Sorge *f* um das Kind; **~ska o bezpieczeństwo** Sorge *f* um die Sicherheit; **~ska o rodzinę** POL Familienfürsorge *f*; **~ska o szczegół** Liebe *f* zum Detail; **otoczyć k-o ~ską** sich um j-n kümmern; **wymagać ~ski** viel Zuwendung verlangen; **w ~sce o dziecko** im Interesse des Kindes; **dziecko** *n* **specjalnej ~ki** *ofic* behindertes Kind *n*
troskliwy (**-wie**) fürsorglich, liebevoll; rührend besorgt; *opieka* liebevoll, sorgsam
troszczyć się ⟨**zatroszczyć się**⟩ (*-ę*) (**o** *akk*) sich kümmern (um *akk*), sorgen (für *akk*); (*niepokoić się*) besorgt sein, sich Sorgen machen (um *akk*); **nie troszcząc się o** (*akk*) ohne Rücksicht auf (*akk*)
troszleczkę, ~kę *dim* → trochę
trój- *in zssgn* drei-, Drei-, tri-, Tri-
trój|a F (*-ói; -e; gen -*) *umg* (*ocena*) Drei *f*; **~barwny** dreifarbig; **~bój** M (*-boju; -boje*) SPORT Dreikampf *m*
trójca F (*-y*): **♀ Święta** REL Dreifaltigkeit *f*
trój|ka F (*-i; gen -jek*) Drei *f*; **we ~kę** zu dritt; **~ka rodzeństwa** drei Geschwister *pl*; **~ka koni** Dreigespann *n*
trój|kąt M (*-a; -y*) MAT Dreieck *n*; **~kąt odblaskowy** *od* **ostrzegawczy** AUTO Warndreieck *n*; **~kąt małżeński** Dreieckverhältnis *n*; **~kątny** dreieckig
trójkolorowy (**-wo**) dreifarbig
trójnasób: **w ~** dreifach
trój|nóg M (*-ogu; -ogi*) Dreifuß *m*; **~pasmowy** AUTO dreispurig; **~skok** M (*-u; -i*) SPORT Dreisprung *m*
trój|szereg M (*-u; -i*) Dreierreihe *f*; **~wymiarowy** dreidimensional; **~ząb**

M (*-zębu; -zęby*) Dreizack *m*

truchleć ⟨s-⟩ (*-eję*) erschauern, erschrecken; **~ ze strachu** vor Angst erstarren, vor Angst wie gelähmt sein; **truchleję na myśl o** (*lok*) mich schaudert bei dem Gedanken an (*akk*), ich denke mit Schaudern an (*akk*)

trucht M (*-u; bpl*) Trab *m*; **biec ~em** traben

truciciel M (*-a; -e*), **~ka** F (*-i; gen -lek*) Giftmörer(in) *m(f)*

trucizna F (*-y*) Gift *n*

truć (*-ję*) vergiften; vergiften wollen; (*mówić*) *umg* quasseln, labern; **~ się** sich vergiften wollen; (*niepokoić się*) sich grämen

trud M (*-u; -y*) Mühe *f*; **~y** *pl* Strapazen *pl*; **~y** *pl* **podróży** Reisestrapazen *pl*; **zadać** *pf* **sobie ~** sich die Mühe machen; **nie szczędzić ~ów** keine Mühe scheuen; **z ~em** mit Mühe; **bez ~u** mühelos

trudnić się (*-ię, -nij!*) (*inst*) (beruflich) betreiben (*akk*); **~ handlem** Handel treiben

trudno ADV schwer; schwierig; **~ powiedzieć** schwer zu sagen; **~ mi to zrozumieć** es fällt mir schwer, das zu verstehen; **~ w to uwierzyć** es fällt schwer, daran zu glauben; **~ się dziwić, że ...** es wundert nicht, dass ...; **~ nam było wyjeżdżać** es fiel uns schwer abzureisen; **~ o pracę** es ist schwer, eine Arbeit zu finden; **~ o dobrego lekarza** es ist schwer, einen guten Arzt zu finden; **(no to) ~!** da kann man nichts machen!, schade!; **~ dostępny** schwer zugänglich; **~ czytelny** schwer lesbar

trudno|ść F (*-ści*) Schwierigkeit *f*; **~ści** *pl* (*kłopoty*) Schwierigkeiten *f/pl*, Probleme *n/pl*; **bez ~** ohne Mühe, mühelos; **jeśli to nie sprawi ci ~** wenn es dir keine Umstände macht

trud|ny (-no) *sytuacja, zadanie, dzieciństwo* schwierig; *osoba* schwierig, anstrengend; *charakter* schwierig, kompliziert; **~ny do zrozumienia** schwer verständlich; schwer nachvollziehbar; **~ny w pożyciu** schwierig im Umgang, anstrengend; **~na młodzież** *f* schwer erziehbare Jugendliche *pl*; **~na rada!** *umg* da hilft alles nichts!

trudzić (*-dzę*) (*fatygować*) bemühen; **~ się** sich abmühen, sich plagen; **~ się nad** (*inst*) sich abmühen mit (*dat*); **niepotrzebnie się trudzisz** die Mühe kannst du dir sparen

trufla F (*-i; -e; gen -i*) Trüffel *f*

trujący (-co) giftig, Gift-; **gaz** *m* **~** Giftgas *n*

trumienny: **portret** *m* **~** MAL Sargbildnis *n*

trumna F (*-y; gen -mien*) Sarg *m*

trun|ek M (*-nku; -nki*) *lit* alkoholisches Getränk *n*; **~kowy** *osoba umg* trinkfreudig

trup M (*-a; -y*) Leiche *f*, Leichnam *m*; **paść** *pf* **~em** tot umfallen; **po moim ~ie!** nur über meine Leiche!; **iść po ~ach** *fig* über Leichen gehen; **zalać się** *pf* **w ~a** *pop* sich volllaufen lassen; **~ ściele się gęsto** die Menschen sterben wie die Fliegen

trupi (-io) Leichen-; **~a główka** *od* **czaszka** Totenkopf *m*; **~o blady** leichenblass; **~arnia** F (*-i; -e*) *umg* Leichenhalle *f*

trusia: **siedzieć jak ~** ganz still dasitzen, verschüchtert dasitzen

truskawka F (*-i; gen -wek*) Erdbeere *f*

truskawkowy Erdbeer-; *kolor* erdbeerfarben

truteń M (*-tnia; -tnie*) ZOOL Drohne *f*; *fig pej* Schmarotzer *m*

trutka F (*-i; gen -tek*): **~ na szczury** Rattengift *n*

trwać (*-am*) *godzinę, tydzień, rok* dauern; *festiwal, konferencja, targi* (noch) laufen, (noch) stattfinden; *prace, budowa* im Gange sein; (*nie zmieniać się*) währen, bestehen bleiben; **~ przy** (*lok*) (*pozostawać*) beharren auf (*dat*); **film trwa dwie godziny** der Film dauert zwei Stunden; **jak długo to już trwa?** wie lange dauert das schon?; **~ w milczeniu** in Schweigen verharren; **~ w tej samej pozycji** in derselben Haltung verharren; **~ przy swoim zdaniu** auf seiner Meinung beharren; **~ przy swojej decyzji** auf seiner Entscheidung beharren

trwale ADV → trwały

trwałość F (*-ści; bpl*) Beständigkeit *f*, Dauerhaftigkeit *f*

trwa|ły (-le) *związek, uczucie* beständig, stabil; *pokój* beständig, dauerhaft; *kalectwo, szkody* bleibend; *materiał, produkt* haltbar; **pozostawić** *pf* **~ły ślad** *fig* dauerhafte Spuren hinterlassen; **na ~łe** für immer

trwan|ie N (*-a; bpl*) (Fort)Dauer *f*; (Fort)-Bestand *m*; Verharren *n*; Beharren *n*; **w**

T

czasie **~ia** (*gen*) während (*gen*)
trwo|ga F (-i; *gen trwóg*) *lit* Furcht *f*, Bangen *n*; **z ~gą** *lit* furchterfüllt; **bić na ~gę** *lit* Alarm schlagen (*a. fig*)
trwonić (-ię) *pieniądze* verschwenden; *czas, talent* vergeuden
trwożliwy (**-wie**) *lit* furchtsam, ängstlich; *oczekiwanie, milczenie* bange
trwożny *lit* → trwożliwy
trwożyć (-ę) *lit* ängstigen, Angst einflößen; **~ się** sich ängstigen, sich fürchten; **~ się o** (*akk*) bangen um (*akk*)
tryb M (-u; -y) Verfahren *n*; JĘZ Modus *m*; **~y** *pl* TECH Getriebe *n*, Zahnräder *pl*; **~ życia** Lebensweise *f*; **iść swoim ~em** seinen gewohnten Gang gehen; **w ~ie przyśpieszonym** im Eilverfahren; **w ~ie doraźnym** JUR im Schnellverfahren; **~ oznajmujący** GRAM Indikativ *m*; **~ przypuszczający** GRAM Konjunktiv *m*; **~ rozkazujący** Imperativ *m*; **~iki** M/PL (*gen -ów*) TECH Zahnrädchen *n/pl*
trybun|a F (-y) Tribüne *f*; **~ał** M (-u; -y) JUR Tribunal *n*
trygonometria F (*gen dat lok -ii; bpl*) Trigonometrie *f*
tryk M (-a; -i) Schafbock *m*; **~ot** M (-u; -y) Trikot *m od n*
trykoto|wy: **koszulka** *f* **~wa** Trikothemd *n*
try|logia F (*gen dat lok -ii; -e*) Trilogie *f*; **~mestr** M (-u; -y) Trimester *n*
tryp|er M (*-pra; bpl*) MED Tripper *m*; **~tyk** M (-u; -i) MAL Triptychon *n*
tryskać (*-am*) ⟨**trysnąć**⟩ (*-nę*) *woda, krew* hervorspritzen; *iskry* sprühen; *źródło* hervorsprudeln; **tryskać zdrowiem** vor Gesundheit strotzen; **tryskać energią** vor Energie strotzen
trywialny trivial
trzask M (-u; -i) *desek, gałęzi* Knacken *n*, Knarren *n*; *drzwi* Knallen *n*; *kry* Krachen *n*; *ognia* Knistern *n*; *bata* Knall *m*; **~i** *pl* RADIO Knackgeräusche *pl*; **z ~iem** mit einem Knall
trzaskać (*-am*) ⟨**trzasnąć**⟩ (*-nę*) *drzwi* knallen; *gałąź* knacken; *ogień* knistern, prasseln; *lód* krachen; **~ drzwiami** mit der Tür knallen, die Tür zuknallen; **~ słuchawką** den Hörer aufknallen; **~ z bata** mit der Peitsche knallen; **trzaskać zdjęcia** *umg* Fotos schießen; **trzaskają pioruny** es donnert
trzaskający: **~ mróz** klirrender Frost *m*
trzasnąć PF → trzaskać
trząść (*trzęsę*) (*inst*) schütteln (*akk*); rütteln (an *dat*); **~ jabłka** Äpfel (vom Baum) schütteln; **trzęsie mnie zimno** es schüttelt mich vor Kälte; **trzęsło** *od* **samochód trząsł** der Wagen wurde geschüttelt; **ona trzęsie całym instytutem** *umg* im Institut hat sie das Sagen; **~ się** zittern, beben; **~ się z zimna** vor Kälte zittern *od* schlottern; **~ się ze strachu** vor Angst zittern *od* schlottern; **~ się z gniewu** vor Wut beben; **~ się jak osika** wie Espenlaub zittern; **głos mu się trząsł** seine Stimme zitterte
trzcina F (-y) Schilfrohr *n*; **~ cukrowa** Zuckerrohr *n*
trzeba (*unpers*): **~** man muss; man soll; **do tego (nie) ~ ...** dafür braucht man (nicht) ...; **niczego mi więcej nie ~** ich brauche nichts mehr; **~ było wiele cierpliwości** man brauchte viel Geduld; **jak ~** wie es sich gehört, wie es sein soll; **jeśli ~** wenn es sein soll, wenn es nötig ist; **wszystko, czego ci ~** alles, was du brauchst; **~ ci wiedzieć** du musst wissen; **nie ~!** (es ist) nicht nötig!
trzebić ⟨**wy-**⟩ (-ę) *zwierzęta* ausrotten; *las* ausholzen; *fig* ausmerzen
Trzebnica F (*-y; bpl*) Trebnitz *n*
trzech *num persf* drei; (**Święto** *n*) ♀ **Króli** Dreikönigsfest *n*
trzechsetlecie N (-a) dreihundertjähriges Jubiläum *n*
trzeci dritte(r); **po ~e** drittens; **jedna ~a** ein Drittel *n*; **~a (godzina)** drei Uhr; **o ~ej (godzinie)** um drei (Uhr)
trzeciorzędny drittklassig
trzeć* (*trę*) reiben (*a.* KULIN); **~ o** (*dat*) reiben an (*akk*); **~ ser** Käse reiben; **~ się** ZOOL laichen
trzej *num persf* drei
trzepaczka F (*-i; gen -czek*) Teppichklopfer *m*; KULIN Schneebesen *m*
trzepać ⟨**wy-**⟩ (*-ię*) *dywan* klopfen; ⟨**-nąć**⟩ (*-nę*) (*uderzyć*) *umg* hauen; **~ skrzydłami** mit den Flügeln schlagen; **trzepać językiem** *umg* plappern; **~ wiersz** *umg* ein Gedicht herunterleiern; **trzepać się** *ryby* zappeln
trzep|nięty (*persf -ci*) *umg* verrückt, bekloppt; **~ot** M (*-u; bpl*) Flattern *n*; **~ skrzydeł** Flügelschlag *m*
trzepotać (*-czę od -cę*): **~ na wietrze** im

T

Wind flattern; ~ **skrzydłami** mit den Flügeln schlagen; ~ **się** *ryby* zappeln

trzeszczeć (-ę, -y) *podłoga, schody* knarren; *lód* krachen; *gałąź* knacken; ~ **w szwach** *fig* aus allen Nähten platzen; **trzeszczy w radiu** es knackt im Radio; ~ **nad uchem** *umg* plärren

trzewia PL (*gen -i*) Eingeweide *n*

trzewiki M/PL (*gen -ów*) Schnürstiefel *m/pl*

trzeźwić ⟨**o-**⟩ (*-ię, -wij!*) zur Besinnung bringen

trzeźwieć ⟨**wy-**⟩ (*-eję*) nüchtern werden; ⟨**o-**⟩ zu sich kommen

trzeźwy (**-wo**) nüchtern (*a. fig*)

trzęsawisko N (*-a*) Moor *n*, Sumpf *m*

trzęsienie N (*-a*) Schütteln *n*, Rütteln *n*; ~ **ziemi** Erdbeben *n*

trzmiel M (*-a; -e*) Hummel *f*

trznadel M (*-dla; -dle*) ZOOL Goldammer *f*

trzoda F (*-y; gen trzód*) *owiec, bydła* Herde *f*; ~ **chlewna** *koll* Mastschweine *pl*

trzon M (*-u; -y*) *grzyba* Stiel *m*; *organizacji, grupy* Kern *m*, Grundstock *m*; ~ **kolumny** ARCH Säulenschaft *f*; ~ **macicy** ANAT Gebärmutterhals *m*; **~ek** M (*-nka; -nki*) *młotka, motyki* Stiel *m*, Griff *m*

trzonowy: **ząb** *m* ~ Backenzahn *m*

trzpień M (*-nia; -nie*) Bolzen *m*, Dorn *m*

trzpiot M (*-a; -y*) Luftikus *m*, flatterhafte Person *f*; **~owaty** flatterhaft

trzustka F (*-i; gen -tek*) ANAT Bauchspeicheldrüse *f*

trzy *num* (*persf trzej od trzech*) drei

trzy|cyfrowy dreistellig; **~częściowy** dreiteilig; **~drzwiowy** dreitürig, mit drei Türen

trzydziest|ka F (*-i; gen -tek*) Dreißig *f*; **być po ~ce** über dreißig sein

trzydziestolat|ek M (*-tka; -tkowie*), **~ka** F (*-tki; gen -tek*) Dreißigjährige(r) *m(f)*

trzydziestole|cie N (*-a*) dreißigjähriges Jubiläum *n*; **~tni** dreißigjährig

trzydzie|stu *num persf* drei; **~sty** dreißigste(r); **lata** *pl* **~ste** Dreißigerjahre *pl*, Dreißiger *pl*; **~ści** *num* (*persf -trzydziestu*) dreißig

trzydzieścioro *num koll* drei

trzykołowy dreirädig, Dreirad-

trzykroć: ~ *od* **po** ~ *lit* dreifach

trzykrotny dreifach

trzyletni *dziecko* dreijährig; *plan* Dreijahres-

trzymać (*-am*) V/T halten; (*nie puszczać*) festhalten; *więźnia, zakładnika* festhalten; (*przechowywać*) aufbewahren; (*zatrzymywać*) aufhalten; ~ **za** (*akk*) halten an (*dat*); ~ **za rękę** an der Hand halten; ~ **za słowo** beim Wort nehmen; ~ **w ręku** in der Hand halten; ~ **na ręku dziecko** ein Kind auf dem Arm halten; ~ **w tajemnicy** geheim halten; ~ **w niepewności** im Ungewissen lassen, auf die Folter spannen; ~ **do chrztu** Taufpate sein, Taufpatin sein; ~ **kurs** MAR Kurs halten; ~ **linię** auf die Figur achten; ~ **k-o krótko** *umg* j-n kurzhalten; ~ **język za zębami** den Mund halten, ein Geheimnis wahren; **trzyma mróz** der Frost lässt nicht nach; **trzymaj za mnie kciuki!** halt mir die Daumen!; ~ **się** *v/i* halten; ~ **się** (*gen*) *od* **za** (*akk*) sich festhalten an (*dat*); ~ **się** (*gen*) *fig* festhalten an (*akk*); ~ **się tematu** nicht vom Thema abkommen, beim Thema bleiben; ~ **się razem** zusammenhalten; ~ **się z dala** (**od** *gen*) sich fern halten (von *dat*); ~ **się prosto** sich gerade halten; ~ **się dzielnie** tapfer sein; ~ **się kierunku** die Richtung beibehalten; **ona świetnie się trzyma** sie hat sich sehr gut gehalten; **żarty się go trzymają** er ist zu Scherzen aufgelegt; **trzymaj się!** *umg* mach's gut!

trzyman|ka: **jechać bez ~ki** *umg* freihändig fahren

trzymi|esięczny dreimonatig; **~nutowy** dreiminütig, Dreiminuten-

trzynastka F (*-i; gen -tek*) Dreizehn *f*; (*pensja*) *umg* dreizehntes Monatsgehalt *n*

trzynasto *in zssgn* dreizehn-

trzynas|toletni dreizehnjährig; **~towieczny** aus dem dreizehnten Jahrhundert; **~tu** *num persf* dreizehn

trzynas|ty dreizehnte(r); (**godzina**) **~ta** dreizehn Uhr; **o** (**godzinie**) **~ej** um dreizehn (Uhr)

trzynaście *num* (*persf trzynastu*) dreizehn

trzynaścioro *num koll* dreizehn

trzy|osobowy *grupa* dreiköpfig; *pokój* Dreibett-; **~piętrowy** dreistöckig; **~pokojowy** *mieszkanie* Dreizimmer-

trzy|sta *num* (*persf tzystu*) dreihundert; **~stu** *num persf* dreihundert

trzy|tomowy dreibändig, in drei Bänden; **~tygodniowy** dreiwöchig; **~zmianowy** Dreischichten-

tu hier; hierher; **czy to ~?** ist das hier?;

chodź ~! komm hierher!; **~ i tam** *od* **ówdzie** hie und da; **aż ~** und plötzlich
tuba F (*-y*) Tube *f*; MUS Tuba *f*; Schalltrichter *m*; **~lny** *głos* schallend, dröhnend
tubka F (*-i*; *gen -bek*) Tube *f*; **~ pasty do zębów** eine Tube Zahnpasta
tubyl|czy *ludność* eingeboren, einheimisch; *zwyczaj* heimisch; **~ec** M (*-lca*; *-lcy*) Eingeborene(r) *m*, *f*, Ureinwohner *m*
tuczą|cy kalorienreich; **czekolada jest ~ca** *umg* Schokolade ist ein Dickmacher
tucz|nik M (*-a*; *-i*) Mastschwein *n*; **~ny** gemästet, Mast-
tuczyć ⟨**u-**⟩ (*-ę*) mästen (*a. fig umg*); **~ się** *umg żart* dick werden, gemästet werden; **tuczyć** *v/i słodycze* dick machen
tu|dzież *lit* sowie; **~ja** F (*-i*; *-e*; *gen -i od -tuj*) BOT Lebensbaum *m*
tulej|a F (*gen dat lok -ei*; *gen -e*, *-ei*), **~ka** F (*-i*; *gen -jek*) TECH Buchse *f*; Muffe *f*
tulić (*-lę*): **~ (do siebie)** zärtlich an sich drücken, liebkosen; *ogon* einziehen; *płatki* schließen; **~ głowę do poduszki** sich in ein Kopfkissen kuscheln; **~ się (do** *gen***)** sich kuscheln, sich schmiegen (an *akk*); **~ się do siebie** sich aneinanderkuscheln
tulipan M (*-a*; *-y*) Tulpe *f*
tułacz M (*-a*; *-e*), **~ka**[1] F (*-i*; *gen -czek*) Landstreicher(in) *m(f)*; *fig* Vagabund *m*; (*wygnaniec*) *lit* Heimatlose(r) *m*, *f*, Verbannte(r) *m*, *f*
tułaczka[2] (*-i*; *-czek*) unstetes Leben *n*; *fig* Vagabundenleben *n*; (*wygnanie*) *lit* Heimatlosigkeit *f*, Verbannung *f*
tuła|czy: **~cze życie** *n* unstetes Leben *n*, Heimatlosigkeit *f*
tułać się (*-am*) umherziehen, ein unstetes Leben führen
tu|łów M (*-owia*; *-owie*) Rumpf *m*, Oberkörper *m*; **~man** M (*-a*; *-y*) *umg* Dummkopf *m*
tumanić (*-ię*) verblenden, verdummen
tumany M/PL (*gen -ów*): **~ kurzu** Staubwolke *f*; **~ śniegu** Schneegestöber *n*
tun|dra F (*-y*; *bpl*) Tundra *f*; **~el** M (*-u*; *-e*) Tunnel *m*; Unterführung *f*; GÓRN Stollen *m*; **~el ogrodniczy** AGR Gewächshaus *n*
tuńczyk M (*-a*; *-i*) T(h)unfisch *m*; **sałatka** *f* **z ~a** T(h)unfischsalat *m*
tupać (*-ię*) ⟨**-nąć**⟩ (*-nę*) stampfen, trampeln
tupet M (*-u*; *bpl*) Unverfrorenheit *f*, Dreistigkeit *f*, ziemliches Selbstbewusstsein *n*
tupnąć PF → tupać
tupot M (*-u*; *-y*) *kopyt* Getrappel *n*; **~ nóg** laute Schritte *pl*
tupotać (*-czę*) *kopyta* trappeln; *nogi* trappen
tur M (*-a*; *-y*) ZOOL Auerochse *m*, Ur *m*
tu|ra F (*-y*) *rozmów*, *rozgrywek* Runde *f*; (*grupa turystów*) Gruppe *f*; (*zmiana*) Turnus *m*; **~ra wyborów** POL Wahlgang *m*
tur|ban M (*-u*; *-y*) Turban *m*; **~bina** F (*-y*) Turbine *f*; **~binowy** Turbinen-
Turcja F (*-i*; *bpl*) Türkei *f*
Turczynka F (*-i*; *gen -nek*) Türkin *f*
turec|ki (po -ku) türkisch; Türken-; **siedzieć po ~ku** im Schneidersitz sitzen; **kawa** *f* **po ~ku** (auf)gebrühter Kaffee *m*, türkischer Kaffee *m*; **siedzieć jak na ~kim kazaniu** *fig* nur Bahnhof verstehen
Turek M (*-rka*; *-rcy*) Türke *m*
turkot M (*-u*; *-y*) Rattern *n*
turkotać (*3. Pers -cze od -ce*) *koła*, *maszyna* rattern
turkusowy Türkis-; *kolor* türkisgrün, türkisfarben
turlać (*-am*) rollen; **~ się** rollen, kullern; *osoba* sich rollen lassen
turnia F (*-i*; *-e*) steile Felswand *f*
turniej M (*-u*; *-e*) SPORT Turnier *n* (*a.* HIST); RADIO Quiz *n*
turnus M (*-u*; *-y*) (*grupa wczasowiczów*) Gruppe *f*; (*czas*) Durchgang *m*
Turyngia F (*gen dat lok -ii*; *bpl*) Thüringen *n*
turys|ta M (*-y*; *-ści*; *gen -ów*), **~tka** F (*-i*; *gen -tek*) Tourist(in) *m(f)*; **~ta indywidualny** Individualreisende(r) *m*
turysty|czny *sezon* touristisch, Touristen-; *szlak*, *sprzęt* Reise-; **ruch** *m* **~czny** Fremdenverkehr *m*; **~ka** F (*-i*; *bpl*) Tourismus *m*, Fremdenverkehr *m*; **~ka masowa** Massentourismus *m*, Pauschaltourismus *m*
tusz M (*-u*; *-e*) MAL Tusche *f*; **~ do rzęs** Wimperntusche *f*, Mascara *f*
tusza F (*-y*; *-e*) Leibesfülle *f*, Korpulenz *f*; (*mięso*) geschlachtetes (ausgenommenes) Schwein *n*
tutaj → tu
tutejszy (*persf -si*) hiesig
tuzin M (*-a*; *-y*) Dutzend *n*
tuż ADV: **~ po** (*lok*) unmittelbar nach (*dat*); **~ przed** (*inst*) *w czasie* kurz vor (*dat*); *w*

przestrzeni direkt vor (*dat*); ~ **przy** (*lok*) dicht, direkt bei *od* an (*dat*); ~ **za** (*inst*) gleich hinter (*dat*); ~ **obok** (*gen*) gleich nebenan, ganz in der Nähe; ~ **nad** (*inst*) direkt über (*dat*); **być ~, ~** *fig* vor der Tür stehen

TVP (Telewizja Polska) Polnisches Fernsehen *n*

twa PRON *lit* → twoja

twardnieć ⟨s-⟩ (*-eję*) hart werden

twardo ADV → twardy

twardogłowy M (*-ego; -wi*) *umg* POL Betonkopf *m*

Twardogóra F (*-y; bpl*) Festenberg *n*

twardość F (*-ści; bpl*) Härte *f*

twar|dy (*persf -dzi*) **(-do)** hart (*a. fig*); *osoba* hart, zäh; *sen* fest; *mięso* zäh; **w ~dej okładce** TYPO gebunden; **dysk** *m* **~dy** EDV Festplatte *f*; **~da woda** *f* hartes Wasser *n*; **~dy jak kamień** steinhart; **jajko** *n* **na ~do** hart gekochtes Ei *n*

twardziel M (*-a; -e*) *umg* harter Kerl *m*

twaróg M (*-ogu; -ogi*) Quark *m*; *austr* Topfen *m*

twarożek M (*-żku; -żki*) *dim* Quark *m*; Quarkzubereitung *f*; ~ **waniliowy** Vanillequark *m*

twarz F (*-y; -e*) Gesicht *n*; **jest ci w tym kolorze do ~y** diese Farbe steht dir gut; **stracić** *pf* ~ sein Gesicht verlieren; **roześmiać się** *pf* **k-u w** ~ j-m ins Gesicht lachen; **siedzieć ~ą do okna** mit dem Gesicht zum Fenster sitzen; **~ą w ~** von Angesicht zu Angesicht

twarzowy *ubranie* kleidsam; ANAT Gesichts-

twe *lit* → twoje[1]

twe *lit* → twoje[2]

twierdz|a F (*-y; -e*) Festung *f*; **~ący (-co)** zustimmend, bejahend; **~enie** N (*-a*) Behauptung *f*; MAT Lehrsatz *m*, Theorem *n*

twierdzić (*-dzę*) behaupten; **nie twierdzę, że ...** ich behaupte nicht, dass ...

twoi PRON *poss persf* deine; ~ **rodzice** *pl* deine Eltern *pl*; ~ **przyjaciele** *pl* deine Freunde *pl*; → twój

twoja PRON *poss f* deine; ~ **siostra** *f* deine Schwester *f*; ~ **torba** *f* deine Tasche *f*; → twój

twoje[1] PRON *poss n* dein; ~ **dziecko** *n* dein Kind *n*; ~ **zdanie** *n* deine Meinung *f*; → twój

twoje[2] PRON *poss sachf* deine; ~ **siostry** *pl* deine Schwestern *pl*; ~ **notatki** deine Notizen *pl*; → twój

tworzyć ⟨s-⟩ (*-ę, twórz!*) *dzieło, obraz, muzykę* schaffen; ⟨u-⟩ *koło, parę, rząd* bilden; (*zakładać*) gründen; ~ **się** entstehen, gegründet werden; *osad, korek, wrzód* sich bilden, entstehen; **tworzyć** schöpferisch tätig sein, kreativ sein

tworzywo N (*-a*) Material *n*, Stoff *m*; ~ **sztuczne** Kunststoff *m*

twój PRON *poss m* (*persf twoi*) dein; ~ **syn** *m* dein Sohn *m*; ~ **wkład** *m* dein Beitrag *m*

twór M (*-oru; -ory*) Gebilde *n*; **twory wyobraźni** Fantasiegebilde *n*; **~ca** M (*-y; gen -ów*) (*artysta*) Künstler *m*; *obrazu, utworu, budowli* Schöpfer *m*; *teorii* Begründer *m*; **~ca mody** Modeschöpfer *m*; **młodzi ~cy** junge Künstler *pl*; **~ca ludowy** Volkskünstler *m*

twórczo ADV → twórczy

twórczoś|ć F (*-ści; bpl*) (künstlerisches) Schaffen *n*, Kreativität *f*; (*dzieła*) Werke *pl*; **ostatni okres** *m* **~ci** letzte Schaffensperiode *f*

twórczy (-czo) *akt, praca, osoba* kreativ, schöpferisch; *okres* Schaffens-; *dorobek, środowiska* künstlerisch

twórczyni F (*-i; -e*) (*artystka*) Künstlerin *f*; *obrazu, utworu, budowli* Schöpferin *f*; *teorii* Begründerin *f*

ty PRON (*gen akk ciebie od cię, dat tobie od ci, inst tobą, lok tobie*) du; **jak się nazywasz?** wie heißt du?; **czy to ~?** bist du das?; **być na ~ z** (*inst*) j-n duzen

Tybinga F (*-i; bpl*) Tübingen *n*

Tychy PL (*gen -*) Tichau *n*

tyci *umg* winzig, klitzeklein

tyczk|a F (*-i; gen -czek*) Stange *f*; **~a fasoli** Bohnenstange *f*; **on jest chudy jak ~a** er ist eine richtige Bohnenstange, er ist spindeldürr; **~arz** M (*-a; -e*) Stabhochspringer *m*

tyczyć się (*3. Pers -y*): **co się tyczy** (*gen*) was (*akk*) betrifft *od* anbelangt

tyć ⟨u-⟩ (*-ję*) zunehmen, dick werden

tydzień M (*tygodnia; tygodnie*) Woche *f*; **za** ~ in einer Woche; ~ **temu** vor einer Woche; **(całymi) tygodniami** wochenlang; **raz na** ~ einmal pro Woche, einmal wöchentlich; **w tygodniu** in der Woche

tyfus M (*-u; -y*) Typhus *m*; ~ **plamisty** Fleckfieber *n*

tygiel M (*-gla; -gle*) *fig* Schmelztiegel *m*

tygodnie PL → tydzień
tygodnik M (-a; -i) Wochenblatt *n*
tygodniowy (-wo) wöchentlich; *dziecko* eine Woche alt
tygodniówka F (-i; *gen* -wek) Wochenlohn *n*
tygrys M (-a; -y) Tiger *m*; **~ica** F (-y; -e) Tigerweibchen *n*
tyka F (-i) *fasoli* Stange *f*; *fig* Bohnenstange *f*
tykać[1] (3. *Pers* -a) *zegar* ticken
tykać[2] (-am) ⟨**tknąć**⟩ (*tknę*): **nie ~** (*gen*) nicht anfassen, nicht berühren (*akk*); *fig* die Finger weglassen von (*dat*)
tykać[3] (-am) *umg* duzen
tyko|t M (-u; -y) *zegara* Ticken *n*; **~waty** (*persf* -ci) *umg* spindeldürr
tylda F (-y; *gen* -) Tilde *f*
tyle PRON (*persf GDAL tylu, inst tyloma*) so viel(e); so viel; **nie znam go na ~** ich kenne ihn nicht gut genug; **drugie ~** noch einmal so viel; **~ samo** genauso viel; **nie ~ ..., ile ...** nicht so sehr .... , sondern vielmehr ...; **dwa razy ~** doppelt so viel; **~ że** *od* **~ tylko, że ...** nur dass, ...; **~ co nic** *umg* so gut wie nichts; **~ ... , ile ...** so viel ... , wie viel ...
tylekroć ADV so viele Male
tylko *partikel* nur, *umg* bloß; *ofic* lediglich; *konj* sondern, nur; **nie ~** nicht nur; **~ co** gerade, soeben; **jak ~** sobald; **nie ~ ..., ale ...** nicht nur ... , sondern auch ...
tylnojęzykowy JĘZ velar
tyl|ny hintere(r), Hinter-; LOT, MAR Heck-; **~na kieszeń** *f* Gesäßtasche *f*; **~ne światło** *n* Rücklicht *n*; **straż** *f* **~na** Nachhut *f*; **~ne lusterko** *n* AUTO Rückspiegel *m*
tylo|krotnie ADV so viele Male, so oft; **~krotny** mehrmalig; mehrfach; **~letni** langjährig
tylu *persf* → tyle
Tylża F (-y; *bpl*) Tilsit *n*
tył M (-u; -y) hintere(r) Teil *m*; *lustra, obrazu* Rückseite *f*; MAR Heck *n*; **~y** *pl* MIL Hinterland *n*; **~ głowy** Hinterkopf *m*; **jechać ~em** rückwärtsfahren; **w tyle** hinten; **do ~u** *od* **w ~** nach hinten; **od ~u** *od* **z ~u** von hinten; **stać ~em do** (*gen*) mit dem Rücken zu (*dat*) stehen; **stanąć** *pf* **~em do** (*gen*) den Rücken zuwenden (*dat*); **przestawić** *pf* **zegarki o godzinę do tyłu** die Uhr um eine Stunde zurückstellen; **założyć** *pf* **sweter ~ na przód** den Pulli verkehrt herum anziehen; **pozostawać w tyle** (**za** *inst*) zurückbleiben (hinter *dat*); **zostawić** *pf* **w tyle** weit hinter sich lassen; **~em do kierunku jazdy** entgegen der Fahrtrichtung; **mieć ~y u k-o** *umg* bei j-m unten durch sein; **być do ~u z pracą** mit der Arbeit im Verzug sein
tyłek M (-łka; -łki) *umg* Hintern *m*, Hinterteil *n*
tymczas|em ADV (*w tym czasie*) währenddessen, inzwischen; (*podczas gdy*) während; (*na razie*) inzwischen, bis dahin; (*natomiast*) doch; **~owość** F (-ści; *bpl*) Vorläufigkeit *f*
tymczasowy (-wo) vorläufig; **rząd** *m* **~** Interimsregierung *f*, Übergangsregierung *f*
tymianek M (-nku; -nki) Thymian *m*
tynk M (-u; -i) BUD Putz *m*
tynkować ⟨**o-**⟩ (-uję) verputzen
tynkowany BUD verputzt
typ[1] M (-u; -y) (*rodzaj*) Typ *m* (*a.* TECH, PSYCH); **tego ~u** dieses Typs; **nowego ~u** neuen Typs; **~u** des Typs, vom Typ
typ[2] (-a; -y) *pej umg* Typ *m*, Kerl *m*
typek M (-pka; -pki) → typ[2]
typografia F (*gen dat lok* -ii; *bpl*) Typografie *f*, Buchdruckerkunst *f*
typować ⟨**wy-**⟩ (-uję) *kandydata* wählen, vorschlagen; *wyniki* tippen
typowość F (-ści; *bpl*) typische Beschaffenheit *f*, typischer Charakter *m*, Typische(s) *n*
typowy (-wo) typisch
tyrać (-am) *umg* schuften
tyran M (-a; -i) POL Tyrann *m* (*a. fig*); **~ia** F (*gen dat lok* -ii; *bpl*) POL Tyrannei *f* (*a. fig*)
tyranizować (-uję) POL tyrannisieren (*a. fig*)
tyrolski ADJ Tiroler
tys. (**tysiąc**) Tsd. (Tausend)
tysiąc (*gen tysięcy*; PL *tysięcy*) tausend; **~ami** zu Tausenden *od* tausenden; **~e** viele Tausende *od* tausende; **~lecie** N (-a; *gen* -i) Jahrtausend *n*; (*rocznica*) Millenium *n*, Tausendjahrfeier *f*; **~letni** tausendjährig
tysięczny tausendste(r)
tytan[1] M (-u; *bpl*) CHEM Titan *n*
tytan[2] M (-a; -i) *lit* Titan(e) *m*; **~i** *m/pl* MITOL Titanen *m/pl*
tytoniowy Tabak(s)-
tytoń M (-niu; -nie) Tabak *m* (*a.* BOT)
tytuł M (-u; -y) Titel *m* (*a.* SPORT); **~ książk**

T

Buchtitel *m*; ~ **filmu** Filmtitel *m*; **pod ~em** unter dem Titel; ~ **naukowy** akademischer Grad *m*; ~ **doktora** Doktortitel *m*; ~ **mistrzowski** SPORT Meistertitel *m*
tytułować ⟨**za-**⟩ (*-uję*) betiteln; **tytułować k-o** j-n mit s-m Titel anreden
tytułowy Titel-
tzn. (to znaczy) d.h. (das heißt)
tzw. (tak zwany) sog. (sogenannt)

U

u PRÄP (*gen*) bei (*dat*); (*blisko*) an (*dat*); ~ **mnie** bei mir; **być ~ lekarza** beim Arzt sein; ~ **podnóża góry** am Fuße des Berges; ~ **góry** oben; **paznokcie** *pl* **u rąk** Fingernägel *pl*
uaktualniać (*-am*) ⟨**-ić**⟩ (*-ię, -nij!*) aktualisieren
uaktywniać (*-am*) ⟨**-ić**⟩ (*-ię, -nij!*) aktivieren
uatrakcyjniać (*-am*) ⟨**-ić**⟩ (*-ię, -nij!*) attraktiv(er) machen
ub. (ubiegły) vergangen, vorig
ubarwiać (*-am*) ⟨**-ić**⟩ (*-ię, -nij!*) beschönigen, ausschmücken
ubarwienie N (*-a*) *ptaka* Färbung *f*
ubaw M (*-u; -y*) *umg* Spaß *m*; **mieć ~** einen Heidenspaß haben; **nocny ~** Feiern *n*, Party *n*
ubawić (*-ię*) amüsieren; ~ **się** sich (gut) amüsieren
ubek M (*-a; -cy*) HIST *Mitarbeiter des polnischen Amtes für Staatssicherheit*
ubezpieczać (*-am*) ⟨**-yć**⟩ (*-ę*) *pracownika, samochód* versichern; MIL, SPORT decken; ~ **się** sich versichern, eine Versicherung abschließen (**od** *gen* gegen *akk*)
ubezpieczeni *persf* → ubezpieczony[1]
ubezpieczeni *persf* → ubezpieczony[2]
ubezpiecze|nie N (*-a*) Versicherung *f*; **~nie społeczne** Sozialversicherung *f*; **~nie od odpowiedzialności cywilnej** Haftpflichtversicherung *f*; **~nie na życie** Lebensversicherung *f*; **~nie od kradzieży** Diebstahlversicherung *f*; **~niowy** Versicherungs-
ubezpieczony[1] (*persf -eni*) versichert; ~ **społecznie** sozialversichert
ubezpieczo|ny[2] M (*-ego; -eni*), **~na** F (*-ej; -e*) Versicherte(r) *m, f*
ubezpieczyciel M (*-a; -e*) Versicherungsgesellschaft *f*, Versicherer *m*; (*pracownik*) Versicherungsvertreter *m*
ubezpieczyć PF → ubezpieczać
ubiczować → biczować
ubić PF → ubijać; bić
ubiegać (*-am*) ⟨**ubiec**⟩ (*ubiegnę*): ~ **k-o** j-m zuvorkommen, schneller sein als (*akk*); **ubiegł dwadzieścia metrów i zatrzymał się** er ist (kaum) zwanzig Meter gelaufen und blieb stehen
ubiegać się (*-am*) (**o** *akk*) sich bewerben (um *akk*); sich bemühen (um *akk*); ~ **o rękę** um die Hand anhalten
ubieg|łoroczny vorjährig; **~ły** *rok, miesiąc* vergangen, vorig
ubierać (*-am*) ⟨**ubrać**⟩ (*ubiorę*) *dziecko* anziehen; *choinkę* schmücken; ~ **k-o w** (*akk*) j-m anziehen (*akk*); ~ **w słowa** *lit* in Worte kleiden; ~ **się** sich anziehen; ~ **się w** (*akk*) anziehen (*akk*); **ubrała się w sukienkę** sie hat ein Kleid angezogen; **ubierać się** (*mieć określony styl*) sich kleiden; **ubierać się sportowo** sich sportlich kleiden; **ubierać się modnie** sich modisch kleiden
ubijać (*-am*) ⟨**ubić**⟩ (*ubiję*) *ziemię* feststampfen; KULIN schlagen; *zwierzęta* schlachten; ŁOW erlegen; ~ **interes** *umg* ein Geschäft abschließen
ubijak M (*-a; -i*) Stampfer *m*
ubikacja F (*-i; -e*) Toilette *f*, *umg* Klo *n*
ubiór M (*-oru; -ory*) Kleidung *f*
ubliżać (*-am*) ⟨**-yć**⟩ (*-ę*): ~ **k-u** j-n beleidigen, j-n kränken; **ubliżać** (*dat*) *fig* verletzen (*akk*); **ubliżać ludzkiej godności** die menschliche Würde verletzen
ubliżający (**-co**) beleidigend, kränkend
ubłocony schmutzig, voll(er) Schlamm
ubo|cze: **na ~czu** abseits
ubocz|ny Neben-; **działanie** *n* **~ne** Nebenwirkung *f*
ubogi[1] (*persf -dzy*) (**-go**) *osoba* arm, bedürftig; *roślinność* karg; *słownictwo* klein; *ubranie* schäbig, ärmlich; ~ **w witaminy** arm an Vitaminen, vitaminarm
ubo|gi[2] M (*-ego; -odzy*), **~ga** F (*-iej; -ie*) Arme(r) *m, f*, Bedürftige(r) *m, f*; **dla ~gich**

für Bedürftige
ubogo ADV → ubogi[1]
ubolewać *(-am)* **(nad** *inst)* beklagen *(akk)*; **ubolewam, że …** es tut mir sehr leid, dass …, ich bedauere, dass …
ubolewa|nie N *(-a)* Bedauern *n*; **godny ~nia** beklagenswert, bedauerlich; **wyrazić** *pf* **~nie** sein Bedauern ausdrücken
ubożeć **⟨z-⟩** *(-eję)* verarmen; *fig* verkümmern, verarmen
ubożej *komp* ADV → ubogo
uboższy *komp* ADJ → ubogi
ubożyć **⟨z-⟩** *(-ę)* verarmen lassen, arm machen; *fig* verkümmern lassen
ubój M *(uboju; uboje)* Schlachten *n*, Schlachtung *f*
ubóstwiać *(-am)* **⟨-ić⟩** *(-ię, -)* vergöttern, anbeten; REL vergöttlichen, als Gott verehren; **ubóstwiać** *(bardzo lubić)* lieben
ubóstwo N *(-a; bpl)* Armut *f (a. fig)*
ubrać· PF: **nie mieć się w co ~** nichts zum Anziehen haben; → ubierać
ubranie N *(-a)* Kleidung *f*; Kleidungsstück *n*; **~ robocze** Arbeitskleidung *f*
ubra|ny angezogen; **być ~nym w** *(akk)* anhaben, tragen *(akk)*; **była ~na w sukienkę** sie hatte ein Kleid an, sie trug ein Kleid
ubyć· PF → ubywać
ubytek M *(-tku; -tki) wody, energii* Verlust *m (a.* FIN*)*; *w zębie* Loch *n*; **~ na wadze** Gewichtsverlust *m*
ubrdać PF *(-am)*: **~ sobie** *umg* sich einbilden
ubrudzić PF → brudzić
ubywać *(3. Pers -a)* **⟨ubyć⟩** *(ubędzie)* *(gen)*: **ubywa dnia** die Tage werden kürzer; **ubywa mu sił** er wird immer schwächer, seine Kräfte schwinden allmählich; **ubyło jej trzy kilo** sie hat drei Kilo abgenommen; **ubyło mu na wadze** er hat an Gewicht verloren; **ubywa zapasów** die Vorräte schwinden; **ubyło wody w rzece** der Wasserspiegel ist gefallen; **ubywa młodych inżynierów** die Zahl der jungen Ingenieure sinkt; die jungen Ingenieure gehen weg; **ubywa publiczności** das Publikum bleibt aus; **nic ci nie ubędzie!** *umg* du wirst dir schon keinen Zacken aus der Krone brechen!
ubzdryngolony *(persf -eni) umg* besoffen
ucałować PF *(-uję)* küssen, einen Kuss geben

części garderoby

adidasy *pl*	die Turnschuhe
biustonosz	der BH
bluzka	die Bluse
buty *pl*	die Schuhe
dżinsy *pl*	die Jeans
garnitur	der Anzug
garsonka	das Kostüm
koszula	das Hemd
krawat	die Krawatte
krótkie spodenki *pl*	die Shorts
majtki *pl*	der Slip
mini(spódniczka)	der Mini(rock)
podkoszulek/T-shirt	das T-Shirt
rajstopy *pl*	die Strumpfhose
skarpety *pl*	die Socken
spodnie *pl*	die Hose
sukienka	das Kleid
top	das Top
leży jak ulał	das sitzt wie angegossen
rozebrać się	sich ausziehen
założyć czapkę/kapelusz	die Mütze/den Hut aufsetzen
założyć spodnie/koszulę/buty	die Hose/das Hemd/die Schuhe anziehen
zdjąć ubranie	seine Kleider ausziehen

ucałowania N/PL *(gen -ań) lit* Küsse *m/pl*; **(przesyłam) ~** liebe Grüße
ucharakteryzować PF → charakteryzować
uchlać się *(-am) pop* sich besaufen, sich volllaufen lassen
uchlany *pop* stockbesoffen
u|cho[1] N *(-a; uszy; gen uszu, uszom, uszami, uszach)* Ohr *n*; **mówić na ~cho** ins Ohr flüstern; **odstające uszy** *pl* abstehende Ohren *pl*, *umg* Segelohren *pl*; **ogłuchnąć** *pf* **na jedno ~cho** auf einem Ohr taub sein; **na własne uszy** mit eigenen Ohren; **obić się** *pf* **k-u o uszy** *umg* j-m zu Ohren kommen; **zakochany po uszy** bis über beide Ohren verliebt; **dzwoni mi w uszach** ich habe Ohrensausen; **czapka** *f* **z uszami** Mütze *f* mit Ohrenklappen; **mieć powyżej uszu** *(gen) umg* die Nase voll haben (von *dat*); **śmiać się od ~cha do ~cha** über das

ganze Gesicht strahlen, von einem Ohr zum anderen strahlen

u|cho² N (-a; *gen* uch, *uchom, uchami, uchach) dzbanka, garnka* Henkel *m*; *siatki* Träger *m*; **~cho igły** Nadelöhr *n*; **kubek** *m* **z ~chem** Henkelbecher *m*

uchodzić¹ (-dzę) ⟨**ujść**⟩ (*ujdę*) entkommen, entfliehen; *powietrze, gaz* entweichen; **~ z życiem** mit dem Leben davonkommen; **~ cało** unversehrt davonkommen; **~ kary** der Strafe entgehen; **to uszło mojej uwagi** das ist mir entgangen; **uchodzić za** (*akk*) gelten als (*nom*); **uchodzić** *rzeka* münden (**do** *gen* in *akk*); **to nie uchodzi** das gehört sich nicht, das ziemt sich nicht

uchodzić² PF (-dzę): **~ nogi** *umg* sich die Füße wund laufen

uchodź|ca M (-y; *gen* -ów) POL Flüchtling *m*; **obóz** *m* **dla ~ców** Flüchtlingslager *n*; **~ca polityczny** politischer Flüchtling *m*; **~stwo** N (-a; *bpl*) Exil *n*, Emigration *f*

uchować PF (-am) *lit* bewahren, beschützen (**przed** *inst* vor *dat*); **~ się** *dokumenty* erhalten bleiben; *osoba* am Leben bleiben

uchronić PF (-ię) (**od** *gen od* **przed** *inst*) bewahren (vor *dat*)

uchwalać (-am) ⟨**-ić**⟩ (-ę) POL beschließen; *ustawę* verabschieden; *wniosek* annehmen

uchwała F (-y) POL Beschluss *m*

uchwycić PF (-ę) fassen, packen; *sens, myśl* erfassen; *atmosferę, podobieństwo* treffen, wiedergeben; **~ właściwy moment** den richtigen Zeitpunkt abpassen; **~ się** (*gen*) sich festhalten an (*dat*); *fig* sich klammern an (*dat*)

uchwyt M (-u; -y) Griff *m*; **~ny** greifbar; *osoba umg* erreichbar; **ledwie ~ny** kaum wahrnehmbar

uchybiać (-am) ⟨**-ić**⟩ (-ię) (*dat*) verstoßen gegen (*akk*), verletzen (*akk*); **~ k-u** j-n beleidigen, j-n kränken

uchybienie N (-a) Verfehlung *f*, Fehler *m*; Verstoß *m*

uchylać (-am) ⟨**-ić**⟩ (-ę) *drzwi, okno* e-n Spaltbreit öffnen; *kotarę* (etwas) zur Seite schieben; *decyzję, wyrok* aufheben; **~ rąbka tajemnicy** ein Geheimnis lüften; **~ się** *okno, drzwi* sich e-n Spaltbreit öffnen, e-n Spaltbreit aufgehen; **~ się od** (*gen*) sich entziehen (*dat*), *umg* sich drücken vor (*dat*); **~ się od odpowiedzialności** sich der Verantwortung entziehen, *umg* sich vor der Verantwortung drücken; **~ się od płacenia podatków** Steuern hinterziehen; **~ się od służby wojskowej** den Wehrdienst verweigern; **~ się przed ciosem** e-m Schlag ausweichen

uchylony *drzwi, okno* e-n Spaltbreit offen; *powieki* halb geöffnet

uciąć* PF: *komar* stechen; **~ sobie drzemkę** *umg* ein Nickerchen machen; **~ sobie pogawędkę** *umg* ein wenig plaudern; **~ w pół zdania** mitten im Satz abbrechen; **~ krótko** prompt antworten; **dać** *pf* **sobie rekę ~** *fig* die Hand ins Feuer legen (**za** *akk* für *akk*); → ucinać

uciążli|wość F (-ści) Beschwerlichkeit *f*; **~wy (-wie)** *warunki* schwierig; *podróż* anstrengend, strapaziös; *obowiązek, hałas* lästig; *choroba* langwierig; *milczenie** betreten; *osoba* lästig, anstrengend; **być ~wym** (**dla** *gen*) zur Last fallen (*dat*), lästig sein (für *akk*)

ucichnąć PF → cichnąć

uciec* PF: entkommen, entrinnen; → uciekać

ucie|cha F (-y) Freude *f*, Spaß *m*; **z ~chy** vor Freude; **ku ~sze** zur Freude; **~czka** F (-i; *gen* -czek) Flucht *f* (*a. fig*); *z więzienia* Ausbruch *m*, Flucht *f*; *z domu* Ausreißen *n* (*a.* SPORT); **~czka z miejsca wypadku** AUTO Fahrerflucht *f*; **zmusić** *pf* **k-o do ~czki** j-n in die Flucht schlagen

uciekać (-am) ⟨**uciec**⟩ (*ucieknę, -kł*) fliehen, flüchten (**od** *gen* vor *dat*) (*a. fig*); *powietrze, gaz* entweichen; **~ z więzienia** aus dem Gefängnis ausbrechen; **~ z lekcji** die Schule schwänzen; **~ z domu** von zu Hause wegrennen; **~ w** (*akk*) *fig* sich flüchten in (*akk*); **uciekać** *czas, życie* vergehen; **autobus mi uciekł** *umg* ich habe den Bus verpasst; **~ się do** (*gen*) *fig* greifen zu (*dat*); **~ się o pomoc** Hilfe suchen (**do** *gen* bei *dat*)

uciekinier M (-a; -rzy), **~ka** F (-i; *gen* -rek) *z więzienia, z obozu* Ausbrecher(in) *m(f)*; *z domu* Ausreißer(in) *m(f)*; (*uchodźca*) Flüchtling *m*

ucieleśniać (-am) ⟨**-ić**⟩ (-ię, -nij!) verkörpern

ucierać (-am) ⟨**utrzeć**⟩ (*utrę*) *marchew, ser* reiben; *żółtka* verrühren; *mak* zermahlen

ucierpieć PF (-ię) *rzecz* einen Schaden erleiden; *opinia, projekt* Schaden nehmen (**na** *lok* an *dat*)
ucieszny drollig, ulkig
ucieszyć PF → cieszyć
ucinać (-am) ⟨**uciąć**⟩ (*utnę*) abschneiden; *dyskusję* (prompt) beenden; *fundusze* kürzen
ucisk M (-u; -i) Druck *m* (*a.* MED); *fig* Unterdrückung *f*
uciskać (-am) drücken; *fig* unterdrücken
uciskany unterdrückt
uciskowy: **opatrunek** *m* ~ MED Druckverband *m*
uciszać (-am) ⟨**-yć**⟩ (-ę) *dzieci, uczniów* zur Ruhe bringen, auffordern, still zu sein; ~ **się** *wiatr* sich legen; *morze* sich beruhigen; **uciszyło się** es wurde still
uciśniony (*persf -eni*) unterdrückt, unterjocht
uciułać PF → ciułać
ucywilizować PF (-uję) zivilisieren
uczcić° PF *rocznicę* feierlich begehen; → czcić
uczciwie ADV → uczciwy
uczci|wość F (-ści; *bpl*) Ehrlichkeit *f*, Redlichkeit *f*; **~wy** (**-wie**) *osoba* ehrlich, redlich; *zamiary* ehrlich; **~wy znalazca** *m* ehrlicher Finder *m*
uczelni|a F (-i; -e; *gen* -i) Hochschule *f*; *umg* Uni *f*
uczeni *persf* → uczony²
uczenie ADV gelehrt
ucz|eń M (*ucznia; uczniowie*), **~ennica** F (-y; -e) Schüler(in) *m(f)*; **~eń pierwszej klasy** Erstklässler *m*; (*praktykant*) Auszubildende(r) *m, f*, Lehrling *m*, *umg* Azubi *m*
uczepić się PF (-ię) (*gen*) sich festklammern, sich festhalten (an *akk*); *fig umg* sich klammern (an *akk*); (*krytykować*) herumreiten (auf *dat*)
uczesać PF → czesać
uczesanie N (-a) Frisur *f*; **poprawić** *pf* ~ seine Frisur ordnen, seine Haare ordnen
uczestni|ctwo N (-a; *bpl*) Teilnahme *f*, Beteiligung *f*; **~czka** F (-i; *gen* -czek) Teilnehmerin *f*; **~czka konferencji** Konferenzteilnehmerin *f*
uczestniczyć (-ę) (**w** *lok*) teilnehmen (an *dat*); sich beteiligen (an *dat*); FIN beteiligt sein (an *dat*); ~ **w konferencji** an einer Konferenz teilnehmen; ~ **w przygotowaniach** sich an den Vorbereitungen beteiligen, an den Vorbereitungen teilnehmen
uczestnik M (-a; -cy) Teilnehmer *m*; ~ **konferencji** Konferenzteilnehmer *m*; ~ **wypadku** JUR Unfallbeteiligte(r) *m*
uczęszczać (-am): ~ **do szkoły** die Schule besuchen; ~ **na kurs** einen Kurs besuchen
uczęszczany *kawiarnia, kino* gut besucht, frequentiert; *droga, trasa* viel befahren, verkehrsreich
uczłowieczać (-am) ⟨**-yć**⟩ (-ę) vermenschlichen
uczni|ak M (-a; -i) *umg iron* Schuljunge *m*; **~owski** Schüler-
uczoność F (-ści; *bpl*) Gelehrtheit *f*, Gelehrsamkeit *f*
uczony¹ *słowa, wywody* gelehrt (*a. iron*)
uczo|ny² M (-ego; *uczeni*), **~na** F (-ej; -e) Wissenschaftler(in) *m(f)*, Gelehrte(r) *m, f*
uczta F (-y) Gastmahl *n*, Festmahl *n*
ucztować (-uję) tafeln
uczu|cie N (-a; *gen* -uć) Gefühl *n*; **~cie miłości** ein Gefühl der Liebe; **~cie głodu** Hungergefühl *n*; **odwzajemniać czyjeś ~cia** j-s Gefühle erwidern; **z mieszanymi ~ciami** mit gemischten Gefühlen; **z ~ciem** mit Gefühl; **mieć ~cie, że ...** das Gefühl haben, dass ...
uczuciowość F (-ści; *bpl*) Empfindsamkeit *f*, Emotionalität *f*
uczucio|wy (**-wo**) *życie, wzburzenie* Gefühls-; *osoba* empfindsam, emotional; (*emocjonalny*) gefühlsmäßig, emotional; gefühlsbetont; *wiersz, piosenka* gefühlvoll; **zimny ~wo** gefühlskalt; **~wy człowiek** *m* Gefühlsmensch *m*
uczuć PF *lit* → poczuć
uczulać (-am) ⟨**-ić**⟩ (-ę) sensibilisieren, empfänglich machen (**na** *akk* für *akk*)
uczulający: **czynnik** *m* ~ MED Allergen *n*
uczuleni *persf* → uczulony
uczule|nie N (-a; *bpl*) MED Allergie *f* (**na** *akk* gegen *akk*); **~nie na pyłki** Allergie *f* gegen Pollen, Pollenallergie *f*; **~niowy** MED Allergie-, allergisch
uczulony (*persf -eni*) MED allergisch (**na** *akk* gegen *akk*)
uczyć ⟨**na-**⟩ (-ę): **uczyć k-o** (*gen*) j-n unterrichten (in *dat*); j-m beibringen (*akk*); **uczyć** (*być nauczycielem*) unterrichten; **uczyć fizyki** Physik unterrichten; **uczyć języka niemieckiego** Deutsch unterrichten; **uczyć gry na gitarze** Gitarrenunter-

richt geben; **~ pływać k-o** j-m Schwimmen beibringen; **~ k-o** (+ *inf*) j-m beibringen zu (+ *inf*); **doświadczenie uczy, że ...** die Erfahrung lehrt, dass ...; **~ się** (*gen*) lernen (*akk*); **~ się samemu** (*gen*) sich (selbst) beibringen (*akk*); **~ się języka niemieckiego** Deutsch lernen; **~ się na pamięć** auswendig lernen; **~ się do egzaminu** für eine Prüfung lernen; **~ się na błędach** aus Fehlern lernen; **uczyć sie** (*być uczniem*) lernen

uczyn|ek M (-nku; -nki) Tat *f*; **dobry ~ek** gute Tat *f*; **przyłapać** *pf* **k-o na gorącym ~ku** j-n auf frischer Tat ertappen

uczynić PF → czynić

uczyn|ność F (-ści; *bpl*) Hilfsbereitschaft *f*; **~ny** hilfsbereit

udać PF → udawać

udany *projekt, wieczór, ciasto* gelungen; *dzieci* wohlgeraten

udar M (-u; -y): **~ słoneczny** MED Sonnenstich *m*; **~ mózgu** MED Gehirnschlag *m*; **~ cieplny** MED Hitzschlag *m*

udaremniać (-am) ⟨**-ić**⟩ (-ię, -nij!) vereiteln, verhindern

udawacz M (-a; -e) *umg* Simulant *m*

udawać (*udaję*) ⟨**udać**⟩ (*udam*) *uczucie, zainteresowanie, naiwność* vortäuschen; V/I sich verstellen; **~ śpiącego** sich schlafend stellen; **~ martwego** sich tot stellen; **~ głuchego** sich taub stellen; **~ głupiego** *umg* den Dummen spielen; **~ zachochanego** den Verliebten spielen; **udawał, że nie pamięta** er tat so, als könne er sich nicht erinnern; **~ się** *zabawa, ciasto* gelingen; (*poszczęścić się*) glücken; *dzieci* geraten; (*wybierać się*) *lit* sich begeben; **(nie) udało się** (+ *inf*) es ist (nicht) gelungen zu (+ *inf*); **jemu wszystko się udaje** ihm gelingt alles

udawany geheuchelt; *radość* vorgetäuscht

udeptywać (-uję) ⟨**udeptać**⟩ (*udepczę*) *ziemię* festtreten

uderzać (-am) ⟨**-yć**⟩: **~ k-o** (*inst*) j-n schlagen, j-m einen Schlag versetzen (mit *dat*); *piorun, meteoryt* einschlagen (**w** *akk* in *akk*); *fig* auffallen, ins Auge springen; **~** (**na** *akk*) (*atakować*) angreifen (*akk*); **~ pięścią w stół** mit der Faust auf den Tisch schlagen; **~ w twarz** ins Gesicht schlagen; **~ w drzewo** *auto* gegen einen Baum fahren; **uderzyło mnie, że ...** es fiel mir auf, dass ...; **uderzył głową o kant** er ist mit dem Kopf gegen eine Kante gestoßen; **to nas uderzyło po kieszeni** wir mussten die Zeche bezahlen; **~ się** sich stoßen; **uderzyłem się w kolano** ich habe mich am Knie gestoßen

uderzający (**-co**) *podobieństwo* auffallend, frappant; *piękność* auffallend; *szczegół* hervorstechend; *różnica zdań* augenfällig, auffällig

uderzenie N (-a) Schlag *m*, Stoß *m*; Hieb *m*; MUS Anschlag *m*; MIL Angriff *m*, Vorstoß *m*; **~ pioruna** Blitzschlag *m*

uderzenio|wy MIL Angriffs-, Stoß-; **fala** *f* **~wa** Stoßwelle *f*; **dawka** *f* **~wa** MED starke Dosis *f*

uderzyć PF → uderzać

udko N (-a; *gen* -dek) KULIN Keule *f*

udławić się PF (-ię): **~ ością** an einer Gräte ersticken; **nie jedz tak szybko, bo się udławisz!** iss nicht so schnell, sonst verschluckst du dich!

udo N (-a) ANAT Schenkel *m*; KULIN Keule *f*

udobruchać PF (-am) besänftigen, versöhnlich stimmen; **~ się** sich besänftigen lassen, *umg* nicht mehr böse sein

udogodnić PF (-ię, -nij!) vereinfachen, günstiger gestalten

udogodnienie N (-a; *gen* -eń) Vereinfachung *f*, Erleichterung *f*; **~ podatkowe** Steuervergünstigung *f*

udokumentować PF → dokumentować

udoskonalać (-am) ⟨**-ić**⟩ (-ę) vervollkommnen, perfektionieren

udoskonalenie N (-a) *techniczne, produkcyjne* Verbesserung *f*

udoskonalić PF → udoskonalać

udoskonalony *metoda, model* verbessert, weiterentwickelt

udostępniać (-am) ⟨**-ić**⟩ (-ię, -nij!) zur Verfügung stellen; *tajne akta* der Öffentlichkeit zugänglich machen

udowadniać (-am) ⟨**udowodnić**⟩ (-ię, -nij!) beweisen, nachweisen; **~ k-u** (*akk*) JUR j-n überführen (*gen*)

udo|wy: **kość** *f* **~wa** ANAT Schenkelknochen *m*

udój M (-oju; -oje) Milchertrag *m*

udrapować PF → drapować

udręczeni *persf* → udręczony

udręcz|enie N (-a) Qual *f*; **~ony** (*persf* -eni) (*inst*) geplagt (von *dat*)

udręka F (*-i*) → udręczenie
udrzeć PF → udzierać
uduchowiony (*persf -eni*) vergeistigt, beseelt
udupić PF (*-ię*): ~ **k-o** *pop* j-n fertigmachen
udusić PF (*uduszę*) erwürgen, erdrosseln; ~ **się** ersticken; KULIN gar werden; → dusić
uduszony erwürgt, erdrosselt; erstickt
udzi|ał M (*-u; -y*) Teilnahme *f*, Beteiligung *f*; EKON, HANDEL Anteile *pl*, Beteiligung *f*; Teilhaberschaft *f*; (*wkład*) Anteil *m*; **~ał w zbrodni** JUR Täterschaft *f*; **brać ~ał** teilnehmen (**w** *lok* an *dat*); **przypadać w ~ale** zuteilwerden
udziałowiec M (*-wca; -wcy*) EKON Teilhaber *m*, Anteilseigner *m*; (*kobieta*) Teilhaberin *f*, Anteilseignerin *f*
udziało|wy: **świadectwo** *n* **~we** EKON Anteilschein *m*
udziec M (*udźca; udźce*): ~ **barani** KULIN Hammelkeule *f*
udzielać (*-am*) ⟨**-ić**⟩ (*-ę*) (*gen*) *azylu, rabatu, audiencji* gewähren (*akk*); *kredytu* einräumen, gewähren (*akk*); *koncesji, zezwolenia* erteilen (*akk*); ~ **(pierwszej) pomocy** (Erste) Hilfe leisten; ~ **korepetycji** Nachhilfe geben; ~ **informacji** Auskunft geben; ~ **wywiadu** ein Interview geben; ~ **ślubu k-u** j-n trauen; ~ **głosu k-u** j-m das Wort erteilen; ~ **rady k-u** j-m e-n Rat geben; ~ **się** *nastrój, zdenerwowanie, entuzjazm* sich übertragen; sich mitteilen; **udzielać się społecznie** sich sozial engagieren, ehrenamtlich tätig sein; **udzielać się towarzysko** am gesellschaftlichen Leben teilnehmen
udzielenie N (*-a*) *rabatu* Gewährung *f*; *koncesji* Erteilung *f*; ~ **pomocy** Hilfeleistung *f*
udzielić PF → udzielać
udzierać (*-am*) ⟨**udrzeć**⟩ (*udrę*) abreißen
udziwniony *pej* extravagant
udźwiękowiać (*-am*) ⟨**-ić**⟩ (*-ię, -wij!*) vertonen
udźwig M (*-u; bpl*) TECH Tragkraft *f*, Tragfähigkeit *f*
udźwignąć PF (*-nę*) hochheben
uf INT: **~!** uff!, puh!
ufać ⟨**za-**⟩ (*-am*) vertrauen; **ufam ci** ich vertraue dir; **ufam, że** ich vertraue darauf, dass ...; ~ **swoim siłom** auf seine Kräfte vertrauen, sich auf seine Kräfte verlassen; ~ **swojemu szczęściu** auf sein Glück vertrauen; **nie ufać** misstrauen
ufarbować PF → farbować
uff → uf
ufnoś|ć F (*-ści; bpl*) Zuversicht *f*; **z ~cią** zuversichtlich; vertrauensvoll
ufny zuversichtlich; ~ **we własne siły** voll(er) Selbstvertrauen
ufoludek M (*-dka; -dki*) *umg żart* Marsmensch *m*
uformować PF → formować
ufundować PF → fundować
uganiać się (*-am*) (**za** *inst*) *umg* hinterherlaufen (*dat*); ~ **za spódniczkami** *umg* hinter jedem Rock her sein
ugasić PF (*ugaszę*) *pożar* löschen, ersticken; ~ **pragnienie** s-n Durst stillen
ugaszczać (*-am*) ⟨**ugościć**⟩ (*ugoszczę*) bewirten (*inst* mit *dat*)
uginać (*-am*) ⟨**ugiąć**⟩ (*ugnę*) biegen, (nieder)beugen; *kolana* beugen; ~ **się** *gałąź* sich biegen, sich (nieder)beugen; *materac* sich durchbiegen; ~ **się** (**przed** *inst*) *fig* sich beugen, nachgeben (*dat*); einknicken; ~ **się pod ciężarem** sich unter der Last biegen; **stół się uginał** *fig* der Tisch war reichlich gedeckt
ugłaskiwać (*-uję*) ⟨**ugłaskać**⟩ (*ugłaszczę*) besänftigen, beschwichtigen
ugniatać (*-am*) ⟨**ugnieść***⟩ (*ugniotę*) *ciasto* kneten; *ziemię* feststampfen, festdrücken; **ugniatać** *v/i but, kołnierzyk* drücken
ugoda F (*-y; gen ugód*) Einigung *f*, Übereinkunft *f*; JUR Vergleich *m*
ugodo|wiec M (*-wca; -wcy*) Kompromissler *m*; **~wy (-wo)** versöhnlich, kompromissbereit (*a.* POL); **propozycja** *f* **~wa** POL Kompromissvorschlag *m*; **polityka** *f* **~wa** POL Beschwichtigungspolitik *f*
ugodzić PF (*ugodzę*) *lit* (*zranić*) treffen (*a. fig*)
ugościć PF → ugaszczać
ugotować PF → gotować
ugór M (*-oru; -ory*) AGR Brache *f*, Brachland *n*; **leżeć ugorem** brachliegen
ugruntowywać (*-wuję*) ⟨**ugruntować**⟩ (*-uję*) *pozycję, władzę* festigen
ugrupowanie N (*-a*) POL Gruppierung *f*; ~ **terrorystyczne** terroristische Vereinigung *f*, terroristische Gruppierung *f*
ugryźć* PF (*ugryzę*) abbeißen; *komar, osa* stechen

U

ugrząźć* PF → grzęznąć
ugrzeczniony *(persf -eni)* schmeichlerisch, brav
ugrzęznąć PF → grzęznąć
uiszczać *(-am)* ⟨**uiścić**⟩ *(-szczę) lit* bezahlen, begleichen
ujadać *(-am) pies* kläffen, bellen; ~ **(na** *akk) umg pej* schimpfen (über *akk*)
ujarzmiać *(-am)* ⟨**-ić**⟩ *(-ię, -mij!) naród* unterjochen, unterwerfen; *żywioły, zwierzę* bändigen
ujawniać *(-am)* ⟨**-ić**⟩ *(-ię, -nij!) tajemnicę* enthüllen; *aferę* aufdecken; öffentlich machen; *informacje* bekannt machen, öffentlich machen; *prawdziwe nazwisko* bekannt geben; *talent, zdolności* offenbaren; ~ **się** *fakty* ans Licht kommen, bekannt werden; *(dekonspirować się)* sich (den Behörden) stellen; *talent, zdolności* sich offenbaren
ujawnienie N *(-a)* Aufdeckung *f*, Enthüllung *f*
ująć PF: *zbiega, przestępcę* fassen; → ujmować
ujechać PF *(ujadę)*: ~ **parę kilometrów** ein paar Kilometer gefahren sein, ein paar Kilometer zurückgelegt haben
ujednolicać *(-am)* ⟨**-ić**⟩ *(-ę)* vereinheitlichen
ujemny *skutki, opinia* negativ *(a.* FIZ*)*; *temperatura, liczba* Minus-; **wynik** *m* ~ MED negativer Befund *m*; **bilans** *m* ~ FIN Negativbilanz *f*
ujeżdżać *(-am)* ⟨**ujeździć**⟩ *(ujeżdżę)*: ~ **konia** ein Pferd zureiten
ujeżdżalnia F *(-i; -e)* Reitbahn *f*
ujęcie N *(-a)* FILM Kameraeinstellung *f*; ~ **z profilu** FOTO Profilfoto *n*; ~ **wody** Wasserentnahmestelle *f*; ~ **tematu** Auffassung *f* des Themas, Betrachtungsweise *f*
ujęty eingefasst
ujma F *(-y; gen ujm) lit* Schande *f*; **przynosić ~mę** zur Schande gereichen; **~ma dla honoru** Schandfleck *m*
ujmować *(-uję)* ⟨**ująć**⟩ *(ujmę)* fassen, ergreifen (**za** *akk* an *dat*); *problem* auffassen; *(zjednywać)* für sich gewinnen, einnehmen; ~ *(gen) (odejmować)* (weg)nehmen *(akk)*; ~ **w słowa** in Worte fassen; ~ **sobie lat** sich jünger machen; ~ **się za** *(inst)* sich fassen an *(dat)*; *(wstawiać się)* sich einsetzen für *(akk)*
ujmujący **(-co)** *uśmiech, charakter, osoba* gewinnend, einnehmend
ujrzeć PF *(-ę, -y, -yj!) lit* erblicken
ujście N *(-a) rzeki* (Fluss)Mündung *f*; *fig* Ventil *n*; **dać** ~ *fig* freien Lauf lassen
ujść* PF: ~ **dwa kilometry** zwei Kilometer gelaufen sein; **ujdzie (w tłoku)** *umg fig* es geht gerade so; **nie ujdzie ci to na sucho!** *umg* du kommst nicht so einfach davon!; → uchodzić[1]
ukamienować PF → kamienować
ukamienowanie N *(-a)* HIST Steinigung *f*
ukarac PF → karać
ukartowany abgekartet
ukatrupić PF *(-ię) umg* kaltmachen
ukazanie N *(-a) problemu* Darstellung *f*; ~ **się** *książki, czasopisma* Erscheinen *n*
ukazywać *(-uję)* ⟨**ukazać**⟩ *(ukażę)* zeigen, darstellen; ~ **się** sich zeigen, erscheinen; *książka, czasopismo* erscheinen; *widok* sich bieten; ~ **się we śnie** im Traum erscheinen
ukąsić PF → kąsać
ukąszenie N *(-a) żmii* Biss *m*; *komara* Stich *m*
UKF (ultrakrótkie fale) UKW (Ultrakurzwellen)
ukisić PF → kisić
ukleja F *(-i; -e)* ZOOL Ukelei *m*
uklęknąć PF *(-nę)* sich hinknien
układ M *(-u; -y)* Struktur *f*, Anordnung *f*; ANAT System *n*; POL Vertrag *m*, Abkommen *n* (**o** *lok* über *akk*); **~y** *pl* POL Verhandlungen *pl*; *(znajomości)* Beziehungen *pl*; ♀ **Słoneczny** ASTRON Sonnensystem *n*; ~ **nerwowy** ANAT Nervensystem *n*; ~ **pokarmowy** ANAT Verdauungstrakt *m*, Verdauungsapparat *m*; ~ **scalony** ELEK integrierter Schaltkreis *m*; **zbiorowy ~ pracy** Manteltarifvertrag *m*; ~ **sił** Kräfteverhältnis *n*
układać *(-am)* ⟨**ułożyć**⟩ *(-ę) rzeczy* ordnen, zurechtlegen; *chorego, rannego* hinlegen; *włosy* legen; *tekst* verfassen; *plan* aufstellen; *tabelę, jadłospis, pytania* zusammenstellen; *melodię* komponieren; ~ **według alfabetu** alphabetisch anordnen; ~ **do snu k-o** j-n schlafen legen; ~ **z klocków** aus Bausteinen *od* Bauklötzchen (zusammen)bauen; ~ **w stos** aufschichten, aufstapeln; ~ **w fałdy** in Falten legen; ~ **wiersze** dichten; ~ **się** sich hinlegen; *stosunki* sich gestalten; HANDEL verhandeln;

~ **się do snu** sich schlafen legen; **jeszcze wszystko się ułoży!** alles wird gut!; **dobrze im się układa** es läuft alles gut bei ihnen; **sukienka ładnie się układa** das Kleid fällt gut; **włosy układają się jej w loki** ihr Haar lockt sich, ihr Haar fällt in Locken

układ|anka F (-i; *gen -nek*) Puzzlespiel *n*; **~ny** höflich, zuvorkommend

ukłon M (-u; -y) Verbeugung *f*; ~ **w stronę** (*gen*) *fig* Würdigung *f* (*gen*); **~y** *pl ofic* Grüße *m/pl*, Empfehlung *f*

ukłonić się PF → kłaniać się

ukłucie N (-a) *komara, igły* Stich *m*

ukłuć PF → kłuć

uknuć PF → knuć

ukochany[1] geliebte(r), liebste(r)

ukocha|ny[2] M (-ego; -i), **~na** F (-ej; -e) Liebste(r) *m, f*

ukoić PF → koić

ukojenie N (-a; *bpl*) *lit* Linderung *f*, Trost *m*

ukołysać PF (*ukołyszę*) in den Schlaf wiegen

ukonstytuować PF → konstytuować

ukończenie N (-a) Beendigung *f*; ~ **szkoły** Schulabschluss *m*; ~ **budowy** Baufertigstellung *f*

ukończyć PF (-ę) *lit* beenden; *szkołę* abschließen; *dom* fertigstellen; ~ **osiemnaście lat** achtzehn werden

ukoronować PF → koronować

ukoronowanie N (-a) *fig* Krönung *f*

ukorzyć się PF → korzyć się

ukos: **na** ~ schräg, schief; **patrzeć z ~a** (**na** *akk*) verstohlen blicken; j-n schief ansehen; mit scheelen Blicken ansehen (*akk*)

ukośny Schräg-, schräg

ukracać (-am) ⟨**ukrócić**⟩ (-ę) (*akk*) Einhalt gebieten, ein Ende setzen (*dat*)

ukradk|iem ADV heimlich; **patrzeć ~iem** verstohlen blicken; **~owy** *spojrzenie* verstohlen; *spotkanie* heimlich

Ukrai|niec M (-ńca; -ńcy), **~nka** F (-i; *gen -nek*) Ukrainer(in) *m(f)*; **⚲ński** (**po -ku**) ukrainisch

ukradzio|ny gestohlen; **~ne przedmioty** *pl* Diebesgut *n*

ukraść PF → kraść

ukręcić PF (-ę) *ciasto, żółtka, krem* rühren; *sznur* drehen; (*urwać*) abbrechen

ukroić PF (*ukroję*) abschneiden; ~ **sobie** sich abschneiden

ukrop M (-u; *bpl*) kochendes Wasser *n*, kochend heißes Wasser *n*; **uwijać się jak w ~ie** sich sehr beeilen

ukrócić PF → ukracać

ukry|cie N (-a) Versteck *n*; **w ~ciu** heimlich, im Verborgenen; **strzelać z ~cia** aus dem Hinterhalt schießen; **~ty** verborgen; *choroba* latent; *talenty* ungeahnt

ukrywać (-am) ⟨**ukryć**⟩ (*ukryję*) *zbiega, pieniądze* verstecken; *myśli, zamiary, prawdę* verbergen; *plany* verheimlichen; *informacje* vorenthalten; *fakty* verschleiern; ~ **przed** (*inst*) verbergen, verheimlichen vor (*dat*); **nie ukrywam, że …** ich gebe offen zu, dass …; ~ **twarz w dłoniach** das Gesicht in den Händen verbergen; ~ **się** sich verstecken (**przed** *inst* vor *dat*); **nie da się ukryć, że …** es lässt sich nicht verbergen, dass …

ukrzyżować PF → krzyżować

ukrzyżowanie N (-a) REL Kreuzigung *f*

ukształtować PF → kształtować

ukształtowanie N (-a) Gestaltung *f*; ~ **terenu** die Beschaffenheit des Geländes, die Struktur des Geländes

ukuć PF (*ukuję*) *nazwę, termin* prägen

ukwasić PF → kwasić

ukwiał M/PL (-y) Seeanemone *f*, Seerose *f*

ukwiecony blumengeschmückt

ul. (**ulica**) Str. (Straße)

ul M (*ula; -e; gen -i*) Bienenstock *m*

ulać PF: **garnitur leży jak ulał** der Anzug sitzt *od* passt wie angegossen; → ulewać

ulatniać się (-am) ⟨**ulotnić się**⟩ (-ię, -nij!) *gaz* entweichen; *nastrój, zapach* verfliegen; *umg osoba* sich verdünnisieren; sich aus dem Staub machen, sich verdrücken; *rzecz* wie vom Erdboden verschluckt sein, sich verflüchtigt haben

ulatywać (-uję) ⟨**ulecieć**⟩ (-cę) wegfliegen; *ciepło* entweichen; *fig* verfliegen

ulec* PF → ulegać

ulecieć PF → ulatywać

uleczalny heilbar

uleczyć (-ę) MED heilen (*a. fig*)

ulegać (-am) ⟨**ulec**⟩ (*ulegnę*) MIL, SPORT unterliegen; *pokusie, złudzeniu, nałogom* erliegen; (*podporządkować się*) sich fügen; ~ **naciskom** *fig* dem Druck nachgeben; ~ **zmianie** e-m Wandel unterliegen; ~ **wypadkowi** verunglücken, e-n Unfall er-

leiden; ~ **zapomnieniu** in Vergessenheit geraten; ~ **przedawnieniu** verjährt sein; ~ **zepsuciu** *v/i* verderben; **to nie ulega wątpliwości** es steht außer Zweifel; **uległ jej prośbom** er kam ihrem Bitten nach; **uległ jej woli** er beugte sich ihrem Willen
ulegający: ~ **zepsuciu** leicht verderblich
ulegle ADV → uległy
ulegli *persf* → uległy
uległość F (*-ści; bpl*) Fügsamkeit *f*
uległy (*persf -li*) (**-le**) fügsam, nachgiebig
ulepić PF → lepić
ulepszać (*-am*) ⟨**-yć**⟩ (*-ę*) verbessern
ulepszenie N (*-a*) Verbesserung *f*
ulewa F (*-y*) Platzregen *m*, Wolkenbruch *m*
ulewać (*-am*) ⟨**ulać**⟩ (*uleję*) abgießen
ulewny: ~ **deszcz** *m* Platzregen *m*, Wolkenbruch *m*
uleżeć PF (*-ę*): **nie móc spokojnie** ~ nicht ruhig liegen können; ~ **się** *owoce* nachreifen
ulęgałka F (*-i; gen -łek*) Birne *f*; **przebierać jak w ~ch** sehr wählerisch sein
ul|ga F (*-i*) Erleichterung *f*; (*ukojenie*) Linderung *f*; (*zniżka*) Ermäßigung *f*; *podatkowa* Vergünstigung *f*; **z ~gą** erleichtert
ulgowo ADV *fig* schonend, nachsichtig
ulgowy[1] *bilet, opłata* ermäßigt; *traktowanie* nachsichtig
ulgowy[2] M (*-ego; -we*) ermäßigte Fahrkarte *f*
uli|ca F (*-y; -e*) Straße *f*; **mieszkać na ~cy Mokotowskiej** in der Mokotowska Straße wohnen; **sklep** *m* **przy ~cy Marszałkowskiej** ein Geschäft in der Marszałkowska Straße; **przejść** *pf* **przez ~cę** über die Straße gehen; **ślepa ~ca** Sackgasse *f*; **wyjść** *pf* **na ~cę** *fig* auf die Straße gehen
uliczk|ka F (*-i; gen -czek*) enge Gasse *f*; **ślepa ~ka** *fig* Sackgasse *f*; **~ny** Straßen-
ulokować PF → lokować
ulokowanie N (*-a*) Unterbringung *f*; FIN Anlegen *n*
ulot|ka F (*-i; gen -tek*) POL Flugblatt *n*; (*reklama*) Werbezettel *m*, Flyer *m*; **~ka dołączona do towaru** Beipackzettel *m*; **rozdawać ~ki** Flugblätter verteilen
ulotnić się PF → ulatniać się
ultra|dźwiękowy Ultraschall-; **~fioletowy** FIZ ultraviolett
ultrakrótki: **fale** *pl* **~e** Ultrakurzwelle *f*, UKW *f*
ultra|maryna F (*-y; bpl*) Ultramarin *n*; **~nowoczesny** hochmodern; **~prawicowy** POL rechtsextremistisch
ulubieni|ca F (*-y; -e*), **~ec** M (*-ńca; -ńcy*) Liebling *m*
ulubiony Lieblings-
ulżyć PF (*-ę*): ~ **k-u w pracy** j-m die Arbeit erleichtern, j-m einen Teil der Arbeit abnehmen; ~ **czyimś cierpieniom** j-s Leid lindern; ~ **sobie** *umg* seinem Ärger Luft machen, sich abreagieren; **ulżyło mi (na sercu)** ich fühle mich erleichtert, mir ist leichter ums Herz geworden
ułamać PF → ułamywać
ułam|ek M (*-mka; -mki*) Bruchstück *n*; MAT Bruch *m*, Bruchzahl *f*; **przez ~ek sekundy** in einem Bruchteil der Sekunde
ułamywać (*-uję*) ⟨**ułamać**⟩ (*-ię*) abbrechen; ~ **się** *v/i* abbrechen
ułan M (*-a; -i*) HIST Ulan *m*
ułaskawiać (*-am*) ⟨**-ić**⟩ (*-ię*) POL begnadigen
ułaskawienie N (*-a*) POL Begnadigung *f*
ułatwiać (*-am*) ⟨**-ić**⟩ (*-ię*) erleichtern, leichter machen; vereinfachen, einfacher machen
ułatwienie N (*-a*) Erleichterung *f*, Vereinfachung *f*
ułom|ność F (*-ści*) (*kalectwo*) (Körper-)Behinderung *f*, Gebrechen *n*; *fig* Unvollkommenheit *f*; **~ny** körperbehindert; *fig* unvollkommen
ułożeni *persf* → ułożony
ułożenie N (*-a*) *programu* Zusammenstellen *n*; *planu* Aufstellen *n*
ułożony (*persf -eni*): **dobrze** ~ wohlerzogen
ułożyć PF: ~ **się** HANDEL sich (gütlich) einigen; → układać
ułuda F (*-y*) *lit* Illusion *f*, Trugbild *n*
umacniać (*-am*) ⟨**umocnić**⟩ (*-ię, -nij!*) befestigen (*a.* MIL); *pozycję, więzi* festigen; ~ **w przekonaniu, że ...** in der Überzeugung bestärken, dass ...; ~ **się** *pozycja, więzi* sich festigen, stärker werden; ~ **się w** (*lok*) bestärkt werden in (*dat*)
umaić PF → maić
umalować PF → malować
umarły[1] (*persf -li*) gestorben, tot
umar|ły[2] M (*-ego; -li*), **~ła** F (*-ej; -e*) Tote(r) *m, f*, Verstorbene(r) *m, f*
umartwiać się (*-am*) ⟨**-ić się**⟩ (*-ię*) REL sich kasteien (*a. fig*)

umartwienie N (-a) REL Kasteiung *f* (*a. fig*)
umarzać (-am) ⟨**umorzyć**⟩ (-ę) JUR *proces, dochodzenie* einstellen; *karę* erlassen, niederschlagen; EKON *dług* erlassen; *kredyt* tilgen
umasawiać (-am) ⟨**umasowić**⟩ (-ię) popularisieren, breiten Kreisen zugänglich machen
umasowi|enie N (-a; *bpl*) Popularität *f*, Zugänglichkeit *f*; *pej* Vermassung *f*; **~ony** populär, zugänglich; *pej* Massen-
umawiać (-am) ⟨**umówić**⟩ (-ię): **sekretarka umówiła nas na spotkanie** die Sekretärin hat einen Termin für uns vereinbart; **~ się** (*spotykać się*) sich verabreden (**z** *inst* mit *dat*); (*ustalać*) vereinbaren, eine Vereinbarung treffen; **~ się** (**co do** *gen*) sich verständigen, sich einigen (über *akk*); **~ się na** (*akk*) sich verabreden zu (*dat*); **~ się na piątą** um fünf verabredet sein, sich für fünf verabreden; **~ się na kawę** sich zum Kaffee verabreden
umeblować PF → meblować
umeblowanie N (-a) Einrichtung *f*, Möbel *pl*
umęczony (*persf -eni*) erschöpft, geplagt
umęczyć PF (-ę) (*inst*) ermüden, plagen (mit *dat*); **~ się** (*inst*) erschöpft sein (von *dat*), sich abplagen (mit *dat*)
umiar M (-u; *bpl*) Zurückhaltung *f*; **z ~em** in Maßen; **zachować** *pf* **~** maßhalten, das rechte Maß einhalten; **bez ~u** maßlos
umiarkowa|nie N (-a; *bpl*) Mäßigung *f*, Zurückhaltung *f*; **~ny** *osoba* zurückhaltend, maßvoll; *ceny* maßvoll, erschwinglich; *poglądy, kierunek, klimat* gemäßigt; *zachmurzenie* leicht
umieć (-em) können; (es) verstehen, wissen zu (+ *inf*); **~ pływać** schwimmen können; **~ na pamięć** auswendig können; **czy umiesz gotować?** kannst du kochen?; **~ sobie poradzić** sich zu helfen wissen; **~ się bawić** es verstehen zu feiern
umiejęt|ność F (-ści) Fertigkeit *f*, Können *n*; Vermögen *n*, Fähigkeit *f*; **~ności zawodowe** Sachkenntnisse *f/pl*; **~ność kojarzenia faktów** Assoziationsvermögen *n*; **~ny** gekonnt, geschickt; sachkundig
umiejscawiać (-am) ⟨**umiejscowić**⟩ (-ię, *-ców!*) *przestrzennie* lokalisieren; *czasowo* zeitlich zuordnen; *fig* orten
umiejscowienie N (-a) Lokalisierung *f*; Standortbestimmung *f*
umierać (-am) ⟨**umrzeć**⟩ (*umrę*) sterben; **~ na raka** an Krebs sterben; **~ z głodu** vor Hunger sterben, den Hungertod sterben; **~ śmiercią naturalną** eines natürlichen Todes sterben; **~ nagle** eines gewaltsamen Todes sterben; **umierać z** (*gen*) *fig* sterben vor (*dat*)
umierający[1]: **być ~m** im Sterben liegen
umierają|cy[2] M (-ego; -y), **~ca** F (-ej; -e) Sterbende(r) *m, f*
umieralność F (-ści; *bpl*) Sterblichkeit *f*; Sterblichkeitsrate *f*; **~ niemowląt** Säuglingssterblichkeit *f*
umieszczać (-am) ⟨**umieścić**⟩ (*umieszczę*) (*ulokować*) *ofic* unterbringen; platzieren; *pieniądze* anlegen; (*postawić*) hinstellen; **~ na liście** in eine Liste aufnehmen; **~ w szpitalu** ins Krankenhaus bringen; **~ akcję w** (*lok*) FILM, LIT die Handlung spielen lassen in (*dat*)
umięśniony (*persf -eni*) muskulös
umilać (-am) ⟨**-ić**⟩ (-ę) angenehm(er) machen, verschönern
umilknąć PF (-nę) verstummen
umiłowanie N (-a): **~ wolności** *lit* Freiheitsliebe *f*; **~ przyrody** *lit* Liebe *f* zur Natur; **~ sztuki** *lit* Liebe *f* zur Kunst
umiłowany *lit* geliebt
umizgać się (-am): **~ do k-o** j-m Hof machen, j-m schöne Augen machen
umizgi PL (*gen -ów*) Flirten *n*
umknąć PF → umykać
umniejszać (-am) ⟨**-yć**⟩ (-ę) schmälern, mindern
umocnić PF → umacniać
umocnienie N (-a) Befestigung *f*; *fig* Festigung *f*
umocowywać (*-wuję*) ⟨**umocować**⟩ (*-uję*) befestigen, anbringen; (*przywiązać*) festbinden; **~ gwoździami** festnageln
umoczyć PF (-ę) *v/t* (ein)tauchen; (ein)-tunken; **~ usta** (einmal) nippen
umoralniać (-am) ⟨**-ić**⟩ (*-ię,-*) die Moral heben; belehren, ins Gewissen reden
umorusać się PF (-am) *umg* sich schmutzig machen, sich vollschmieren
umorusany *umg dziecko, twarz* schmutzig, beschmiert
umorzyć PF → umarzać
umotywować PF → motywować
umotywowanie N (-a) Begründung *f*
umo|wa F (-y) Vereinbarung *f*; JUR Vertrag

wokół UE

Unia Europejska (UE)	Europäische Union (EU)
kraj członkowski UE	EU-Mitgliedsstaat
Parlament Europejski	Europäisches Parlament
Komisja Europejska	Europäische Kommission
Rada Unii Europejskiej	EU-Ministerrat
Europejska Unia Walutowa (EUW)	Europäische Währungsunion (EWU)
Europejski Bank Centralny (EBC)	Europäische Zentralbank (EZB)
kraje strefy euro	Euroländer
euro	Euro
płacić w euro	in Euro zahlen

m; POL Abkommen *n;* **~wa kupna** Kaufvertrag *m;* **~wa najmu** Mietvertrag *m;* **~wa o pracę** Arbeitsvertrag *m;* **~wa o dzieło** Werkvertrag *m;* **~wa o wymianie handlowej** Handelsabkommen *n;* **zgodnie z ~wą** JUR vertragsgemäß; **wbrew ~wie** gegen die Vereinbarung; JUR vertragswidrig

umow|ny (*fikcyjny*) fiktiv; **kara** *f* **~na** JUR Konventionalstrafe *f;* **znak** *m* **~ny** Symbol *n*, Konvention *f*

umożliwiać (*-am*) ⟨**-ić**⟩ (*-ię*) ermöglichen, möglich machen

umówić PF → umawiać

umówiony (*persf -eni*) verabredet (**z** *inst* mit *dat*); (*ustalony*) vereinbart; **być ~m na kawę** zum Kaffee verabredet sein; **być ~m do kina** ins Kino verabredet sein

umrzeć* PF → umierać

umundurowa|nie N (*-a*) Uniform *f*, Uniformen *pl;* **~ny** uniformiert

umyć PF → myć

umykać (*-am*) ⟨**umknąć**⟩ (*-nę*) flüchten; **~ czyjejś uwadze** j-m entgehen

umy|sł M (*-u; -y*) Geist *m*, Verstand *m;* **krytyczny ~sł** kritischer Geist *m;* **zdrowy na ~śle** *umg* bei Verstand; **chory na ~śle** *umg* verrückt

umysłowość F (*-ści; bpl*) Denkart *f*, Mentalität *f*

umysłowy (-wo) geistig; **pracownik** *m* **~** Geistesarbeiter *m*

umyślny absichtlich; JUR vorsätzlich

umywać (*-am*): **~ ręce** *fig* seine Hände in Unschuld waschen; **nie ~ się do** (*gen*) nicht heranreichen an (*akk*), das Wasser nicht reichen können (*dat*)

umywal|ka F (*-i; gen -lek*) Waschbecken *n;* **~nia** F (*-i; -e*) Waschraum *m*

unaoczniać (*-am*) ⟨**-ić**⟩ (*-ię, -nij!*) vor Augen führen, bewusst machen

unia F (*gen dat lok -ii; -e*) Union *f;* **≈ Europejska** Europäische Union *f*

unicestwiać (*-am*) ⟨**-ić**⟩ (*-ię, -wij!*) vernichten; *plany* zunichtemachen, vereiteln

unicki REL uniert, griechisch-katholisch

uniemożliwiać (*-am*) ⟨**-ić**⟩ (*-ię*) unmöglich machen, verhindern; *plan* vereiteln

unieruchamiać (*-am*) ⟨**unieruchomić**⟩ (*-ię*) MED ruhig stellen, fixieren; *maszynę* außer Betrieb setzen; *zakład* stilllegen; *produkcję* einstellen

uniesie|nie N (*-a*) *lit* Taumel *m* (der Gefühle), Rausch *m*, Ekstase *f;* **radosne ~nie** Freudentaumel *m;* **~nie miłosne** Liebestrunkenheit *f;* **w ~niu miłosnym** liebestrunken, liebestoll

unieszczęśliwiać (*-am*) ⟨**-ić**⟩ (*-ię*) unglücklich machen

unieszkodliwiać (*-am*) ⟨**-ić**⟩ (*-ię*) unschädlich machen; *napastnika* außer Gefecht setzen

unieść* PF → unosić

unieśmiertelniać (*-am*) ⟨**-ić**⟩ (*-ię, -nij!*) verewigen, unsterblich machen

unieważniać (*-am*) ⟨**-ić**⟩ (*-ię, -nij!*) *umowę, decyzję* für nichtig erklären; *wybory* für ungültig erklären; *małżeństwo* annulieren; *zamówienie* stornieren

unieważnienie N (*-a*) Nichtigkeitserklärung *f*, Annullierung *f*

uniewinniający: **wyrok** *m* **~** JUR Freispruch *m*

uniewinniać (*-am*) ⟨**-ić**⟩ (*-ię, -nij!*) JUR freisprechen, für unschuldig erklären

uniewinnienie N (*-a*) Freispruch *m*

uniezależniać (*-am*) ⟨**-ić**⟩ (*-ię, -nij!*) (**od**

U

gen) unabhängig machen (von *dat*); *przedsiębiorstwo* selbstständig machen, verselbstständigen; **~ się** (**od** *gen*) sich unabhängig machen (von *dat*); sich frei machen, sich loslösen (von *dat*); *dzieło, przedsiębiorstwo* sich verselbstständigen; **~ się materialnie** finanziell selbstständig werden, sich seinen Lebensunterhalt selbst verdienen

unifikować ⟨**z-**⟩ (*-uję*) vereinheitlichen, unifizieren

uniform M (*-u; -y*) Uniform *f*; **w ~ie** in Uniform

unik M (*-u; -i*): **zrobić** *pf* **~** (**przed** *inst*) ausweichen (*dat*) (*a.* SPORT); **zrobić** *pf* **~ w bok** zur Seite ausweichen; **zrobić** *pf* **~ w prawo** nach rechts ausweichen; **~i** *pl fig* Ausweichmanöver *n/pl*; **stosować ~i** *fig umg* sich drücken (vor *dat*)

unikać (*-am*) (*gen*) *tematu, kontaktów, słońca* meiden (*akk*); **~ k-o** j-n meiden; **~ odpowiedzi** den Fragen ausweichen; **~ konfliktów** Konflikte meiden, Konflikten aus dem Weg gehen; **unikał jej wzroku** er mied ihren Blick, er wich ihrem Blick aus; **unikała jego towarzystwa** sie mied seine Gesellschaft; **~ jak ognia** (*gen*) *umg* wie die Pest meiden (*akk*)

unikatowy einmalig, einzigartig

uniknąć PF (*-nę*) (*gen*) *kłótni, skandalu* vermeiden (*akk*); *kontroli, aresztowania* entkommen (*dat*); **~ kary** einer Strafe entgehen; **~ ciosu** einem Schlag ausweichen

unikn|ięcie N (*-a*) Vermeidung *f*; **nie do ~cia** nicht zu vermeiden, unvermeidbar

uniwer|ek M (*-rku; -rki*) *umg* Uni *f*; **~salny** *temat, metoda* universell; *mebel, urządzenie* Allzweck-, universell

uniwersyt|ecki Hochschul-, Universitäts-; **~et** M (*-u; -y*) Universität *f*; **studiować na ~ecie** an der Universität studieren

uniżony (*persf -eni*) unterwürfig, devot

unosić (*unoszę*) ⟨**unieść**⟩ (*uniosę*) *głowę, wzrok* heben; *wiatr, rzeka* forttragen; **~ w górę** hochheben; **~ się** *osoba* sich aufrichten; sich erheben (**z** *gen* von *dat*); *balon, dym* aufsteigen, emporsteigen; *kurtyna* hochgehen; (*rozgniewać się*) zornig werden, sich aufregen; **~ się gniewem** in Zorn ausbrechen; **~ się honorem** seinen Stolz zeigen; **unosić się** *opary, mgła* schweben; *zapach* in der Luft hängen; **unosić się w powietrzu** in der Luft schweben; **unosić się na wodzie** auf dem Wasser treiben

unowocześniać (*-am*) ⟨**-ić**⟩ (*-ię, -nij!*) modernisieren

uodparniać, uodporniać (*-am*) ⟨**uodpornić**⟩ (*-ię, -nij!*) (**na** *akk*) MED immunisieren (gegen *akk*); BIOL widerstandsfähig *od* resistent machen (gegen *akk*); *fig* abhärten (gegen *akk*); **~ się** (**na** *akk*) MED immun werden; BIOL widerstandsfähig *od* resistent werden (gegen *akk*); *fig* abgehärtet *od* immun sein (gegen *akk*)

uogólniać (*-am*) ⟨**-ić**⟩ (*-ię, -nij!*) verallgemeinern

UOP (Urząd Ochrony Państwa) Amt *n* für nationale Sicherheit

uosabiać (*-am*) verkörpern, personifizieren

uosobienie N (*-a*) Verkörperung *f*

UP (Urząd Pracy) Arbeitsamt *n*

upadać (*-am*) ⟨**upaść**⟩ (*upadnę*) (hin)fallen, (hin)stürzen; umfallen; *firma* bankrottgehen; *gospodarka* zusammenbrechen; *kultura* untergehen; *wniosek* nicht angenommen werden, abgelehnt werden; *powstanie, rewolucja* niedergeschlagen werden; in sich zusammenfallen; **~ na** (*akk*) fallen auf (*akk*); **~ na ziemię** zu Boden fallen; **~ na kolana** auf die Knie fallen, auf die Knie niedersinken; **upadła zemdlona** sie fiel ohnmächtig um; **~ na fotel** auf einen Sessel niedersinken; **~ na duchu** den Mut verlieren; **upadać pod ciężarem** (*gen*) *fig* unter der Last (*gen*) zusamenbrechen

upadek M (*-dku; -dki*) Sturz *m*, Fall *m*; *kultury* Untergang *m*, Verfall *m*; *gospodarki* Zusammenbruch *m*; **~ obyczajów** Sittenverfall *m*

upadlać (*-am*) ⟨**upodlić**⟩ (*-ę*) erniedrigen, entwürdigen; **~ się** sich erniedrigen

upadłościowy FIN *postępowanie, masa* Konkurs-

upadłość F (*-ści; bpl*) FIN Zahlungsunfähigkeit *f*, Insolvenz *f*; Konkurs *m*; **ogłosić** *pf* **~** Konkurs anmelden; Insolvenz erklären

upadł|y *firma* zahlungsunfähig, insolvent; *osoba fig* gefallen, tief gesunken; **do ~ego** *umg* bis zum Gehtnichtmehr

upajać (*-am*) ⟨**upoić**⟩ (*upoję*) betrunken

U

machen; ~ **się** sich betrinken; **upajać się** *(inst) fig* sich berauschen an *(dat)*
upajający **(-co)** berauschend
upalny *lato, dzień* heiß
upał M (-u; -y) (Sommer)Hitze *f*
upamiętniać (-am) ⟨**-ić**⟩ (-ię, -nij!) *(akk) lit* gedenken *(gen)*; **upamiętniać** *pomnik, miejsce* erinnern (an *akk*); **upamiętnić się** im Gedächtnis haften, sich einprägen
upamiętniają|cy: **tablica** *f* **~ca** Gedenktafel *f*
upamiętnie|nie N: **dla ~nia** *(gen)* zum Gedenken (an *akk*)
upaństwawiać (-am) ⟨**upaństwowić**⟩ (-ię, -wów!) verstaatlichen
upaprać PF → paprać
uparci *persf* → uparty
uparcie ADV → uparty
uparciuch M (-a; -y) *umg* Dickkopf *m*
upart|y *(persf -ci)* **(-cie)** *osoba* hartnäckig; *pej* stur, starrköpfig; *milczenie* beharrlich; **na ~ego** *umg* zur Not
upaść[1]* PF: ~ **na głowę** *umg* nicht ganz bei Trost sein; → upadać
upaść[2]* PF → paść²
upatrywać (-uję) (**w** *lok*) sehen, zu erkennen glauben (in *dat*); ~ **stosownej chwili** den richtigen Moment abpassen
upatrzyć PF (-ę): ~ **sobie** sich aussuchen; ~ **dla k-o** für j-n aussuchen; ~ **sobie k-o** sich j-n aussuchen, es auf j-n abgesehen haben
upchać, **upchnąć** PF → upychać
upełnomocniać (-am) ⟨**-ić**⟩ (-ię, -nij!) bevollmächtigen (**do** *gen* zu *dat*)
uperfumować (-uję) parfümieren; ~ **się** sich parfümieren
uperfumowany parfümiert
upewniać (-am) ⟨**-ić**⟩ (-ię, -nij!): ~ **k-o** (**o** *lok*) j-n versichern *(gen)*; *(utwierdzać)* j-m Gewissheit geben, j-n bestärken (in *dat*); ~ **się** sich vergewissern, sich Gewissheit verschaffen (**o** *lok* über *akk*)
upiąć PF → upinać
upichcić PF → pichcić
upić PF → upijać
upiec PF: **upiekło mu się** *umg* er hat noch einmal Schwein gehabt, er ist noch einmal davongekommen; ~ **dwie pieczenie na jednym ogniu** zwei Fliegen mit einer Klappe schlagen; → piec
upieczony *(persf -eni)*: **świeżo** ~ *fig* frischgebacken
upierać się (-am) ⟨**uprzeć się**⟩ *(uprę)* beharren, (hartnäckig) bestehen (**przy** *lok* auf *dat*); stur bleiben
upierdliwy *pop* anstrengend, lästig; **być ~m** *pop* j-m auf die Pelle rücken, j-m den letzten Nerv rauben
upierzenie N (-a; *bpl*) Gefieder *n*
upiększać (-am) ⟨**-yć**⟩ (-ę) verschönern, schmücken; *fakty* beschönigen; *przeszłość* verklären; ~ **się** sich schön machen
upiększający *zabiegi* Schönheits-
upiększyć PF → upiększać
upijać (-am) ⟨**upić**⟩ *(upiję)* *(gen)* abtrinken *(akk)*; ~ **k-o** j-n betrunken machen; ~ **się** sich betrinken; ~ **się jak bydlę** *pop* sich volllaufen lassen
upinać (-am) ⟨**upiąć**⟩ *(upnę)* *włosy* hochstecken; *materiał* drapieren
upiorny gespenstisch, geisterhaft
upiór M (-ora; -ory) Gespenst *n*
upitrasić PF → pitrasić
uplasować się PF → plasować się
upleść PF → pleść
upławy PL *(gen -ów)* MED Ausfluss *m*, Fluor *m*
upłynąć PF → upływać
upłynniać (-am) ⟨**-ić**⟩ (-ę, -nij!) *towar umg* verkloppen
upływ M (-u; *bpl*) *czasu* Ablauf *m*; **z ~em lat** *od* **w miarę ~u lat** im Verlauf der Jahre; **z ~em czasu** *od* **w miarę ~u czasu** mit der Zeit; **po ~ie roku** nach einem Jahr; **po ~ie terminu** nach Ablauf der Frist; ~ **krwi** MED Blutverlust *m*
upływać (3. *Pers* -a) ⟨**-nąć**⟩ (-nie) *czas* vergehen; *termin* ablaufen; **termin nadsyłania** *(gen)* **upływa piętnastego sierpnia** Einsendeschluss ist der fünfzehnte August
upodabniać (-am) ⟨**upodobnić**⟩ (-ię, -nij!) (**do** *gen*) ähnlich machen *(dat)*; *(dopasować)* anpassen (an *akk*), angleichen *(dat)*; ~ **się** (**do** *gen*) gleichen, ähnlich(er) werden *(dat)*; *(dopasować się)* sich anpassen (an *akk*), gleichen *(dat)*; ~ **się do siebie** aneinander angleichen
upodlić PF → upadlać
upodlenie N (-a; *bpl*) Erniedrigung *f*, Entwürdigung *f*
upodobać PF (-am): ~ **sobie** *(akk) lit* Gefallen finden (an *dat*)
upodob|anie N (-a) *(zamiłowanie)* Vorliebe *f*; *(gust)* Geschmack *m*; **z ~aniem** mit

Vergnügen; **według swoich ~ań** nach seinem Geschmack

upodobnić PF → upodabniać

upoić PF → upajać

upoj|enie N (*-a*) Rausch *m*, Taumel *m*; **~enie alkoholowe** Vollrausch *m*; **~ny** berauschend; *zapach* betörend

upokarzać (*-am*) ⟨**upokorzyć**⟩ (*-ę, -kórz!*) demütigen, erniedrigen; **~ się** sich erniedrigen

upokarzający (**-co**) demütigend, erniedrigend

upokorzyć PF → upokarzać

upolityczniać (*-am*) ⟨**-ić**⟩ (*-ię, -nij!*) *osoby* politisieren, zu politischem Bewusstsein bringen; *dziedzinę* politisieren; **~ się** *osoby* sich politisieren, politisch bewusst werden

upolityczniony (*persf -eni*) politisch engagiert, politisch bewusst

upolować (*-uję*) ŁOW erlegen; *zwierzę* eine Beute fangen; *towar umg* ergattern; *męża umg* sich angeln

upominać (*-am*) ⟨**upomnieć**⟩ (*upomnę, -nij!*) ermahnen; **~ się** (**o** *akk*) fordern, verlangen (*akk*); **~ się o k-o** sich für j-n einsetzen, für j-n eintreten; **~ się o zwrot** (*gen*) zurückfordern (*akk*); **~ się o swoją krzywdę** Genugtuung verlangen

upominek M (*-nku; -nki*) (*prezent*) Geschenk *n*; *z podróży* Mitbringsel *n*, Andenken *n*; **drobny ~** kleine Aufmerksamkeit *f*

upomnieć PF → upominać

upomnienie N (*-a*) Ermahnung *f*, Verweis *m*; (*pismo*) Mahnung *f*; **wysłać** *pf* **k-u ~** j-n mahnen, j-m eine Mahnung schicken

uporać się PF (*-am*) fertig werden (**z** *inst* mit *dat*)

uporczy|wy (**-wie**) *ból, mróz* anhaltend; *dzwonienie, twierdzenie* hartnäckig; *milczenie* beharrlich; **wpatrywać się ~wie w k-o** j-n unverwandt anstarren; **~wie twierdzić** beharrlich behaupten

uporządkowywać (*-wuję*) ⟨**uporządkować**⟩ (*-uję*) *mieszkanie, biurko* aufräumen; *dokumenty, fakty* ordnen; *sprawy osobiste* regeln; *życie* in Ordnung bringen

uposażeni|e N (*-a*) Gehalt *n*, Bezüge *pl*; **~owy** *grupa* Gehalts-

upośledzeni *persf* → upośledzony

upośledz|enie N (*-a*) MED Behinderung *f*; *fig* Benachteiligung *f*; **~enie słuchu** MED Schwerhörigkeit *f*; **~ony** (*persf -eni*) MED (körper)behindert; **ciężko ~ony** schwerbehindert; **~ony umysłowo** geistig zurückgeblieben

upoważniać (*-am*) ⟨**-ić**⟩ (*-ię, -nij!*) (**do** *gen*) ermächtigen (zu *dat*), beauftragen (mit *dat*); (*uprawniać*) berechtigen (zu *dat*)

upoważnieni *persf* → upoważniony

upoważnie|nie N (*-a*) Ermächtigung *f*, Befugnis *f*; Vollmacht *f*; **z ~nia** im Auftrag

upoważniony (*persf -eni*): **być ~m** (**do** *gen*) befugt sein, eine Befugnis haben (zu *dat*); eine Ermächtigung haben (zu *dat*), eine Vollmacht haben (für *akk od* zu *dat*)

upowszechniać (*-am*) ⟨**-ić**⟩ (*-ię, -nij!*) verbreiten, popularisieren; **~ się** sich verbreiten, populär werden

upozorować (*-uję*) *wypadek, zabójstwo* vortäuschen

upozorowa|nie N (*-a*) Vortäuschung *f*; **~ny** *wypadek, zabójstwo* vorgetäuscht

upór M (*-oru; bpl*) Hartnäckigkeit *f*; *pej* Trotz *m*; *pej* Starrsinn *m*, Sturheit *f*; **z uporem** hartnäckig, zäh; beharrlich

uprać PF → prać

upragnienie N: **z ~m** sehnsuchtsvoll

upragniony ersehnt, lange erwartet

uprasować PF → prasować

upraszać (*-am*) ⟨**uprosić**⟩ (*uproszę*) erbitten, mit Bitten erreichen; *ofic* ersuchen; **uprasza się o ciszę** wir bitten um Ruhe

upraszczać (*-am*) ⟨**uprościć**⟩ (*uproszczę*) vereinfachen (*a. pej*)

uprawa F (*-y; bpl*) *ziemi* Bodenbearbeitung, Ackerbau *m*; *roślin* Anbau *m*; **~ warzyw** Gemüseanbau *m*; **~ zboża** Getreideanbau *m*; **~ tytoniu** Tabakbau *m*

uprawiać (*-am*) *ziemię* bebauen, bestellen; *warzywa, zboże* anbauen; **~ sport** Sport treiben; **~ hazard** *umg* zocken; **~ seks** Sex haben; **~ turystykę** reisen, Reisen unternehmen

uprawianie N (*-a; bpl*): **~ sportu** Sport *m*, sportliche Aktivität *f*; **~ turystyki** Touristik *f*

uprawniać (*-am*) ⟨**-ić**⟩ (*-ię, -nij!*) (**do** *gen*) berechtigen (zu *dat*)

uprawnieni *persf* → uprawniony

uprawnienie N (*-a; gen -eń*) Berechti gung *f*; **~nia** *pl instytucji, osoby, rządu* Befugnisse *f/pl*; **~nia** *pl* **do** (*gen*) (*prawo* Anspruch *m* auf (*akk*); **~nia** *pl* **do zniżk** Anspruch *m* auf Ermäßigung; **~ do korzystania z zasiłku** Anspruch *m* au

Sozialhilfe
uprawniony (*persf -eni*) berechtigt; **~ do głosowania** POL stimmberechtigt
upraw|ny *rośliny* Nutz-, Kultur-; *ziemia, powierzchnia* Acker-; **pole** *n* **~ne** Acker *m*
uprawomocnić PF (*-ię, -nij!*) *wyrok* rechtskräftig machen; *decyzję* Rechtskraft verleihen (*dat*); *u. notariusza* rechtswirksam machen; **~ się** rechtskräftig werden, Rechtskraft erlangen
uprosić PF → upraszać
uproszczenie N (*-a*) Vereinfachung *f* (*a. pej*)
uprościć PF → upraszczać
uprowadzać (*-am*) ⟨**uprowadzić**⟩ (*-ę*) *osobę* entführen, kidnappen; *samolot* entführen
uprowadzenie N (*-a*) Entführung *f*, Kidnapping *n*; **~ samolotu** Flugzeugentführung *f*
uprząż F (*uprzęży; uprzęże*) (Pferde)Geschirr *n*
uprzeć* się PF → upierać się
uprzed|ni vorherig; **~nio** ADV vorher
uprzedzać (*-am*) ⟨**-ić**⟩ (*-dzę*) (**o** *lok*) (vor)warnen (vor *dat*), im Voraus informieren (über *akk*); (*akk*) vorgreifen (*dat*); **~ k-o** (*ubiec*) j-m zuvorkommen; **~ pytanie** eine Frage vorwegnehmen; **~ wypadki** den Ereignissen vorgreifen; **~ czyjąś dezyzję** j-m bei seiner Entscheidung vorgreifen; **uprzedzał wszystkie jej życzenia** er hat ihr jeden Wunsch von den Augen abgelesen; **~ się** (**do** *gen*) voreingenommen sein, Vorurteile haben (gegen *akk*)
uprzedzający (**-co**) zuvorkommend
uprzedzeni *persf* → uprzedzony
uprzedz|enie N (*-a; gen -eń*) Vorurteil *n* (*a.* POL), Voreingenommenheit *f*; **~enia** *pl* **rasowe** POL Rassenvorurteile *pl*; **bez ~enia** ohne Ankündigung; ohne Vorwarnung; **wolny od ~eń** vorurteilsfrei, unvoreingenommen; **nie mieć ~eń** unvoreingenommen sein; **mieć ~enia** POL Vorurteile haben (**do** *gen* gegen *akk*); **mieć ~enie do** (*gen*) eine Abneigung haben (gegen *akk*)
uprzedzić PF → uprzedzać
uprzedzony (*persf -eni*) voreingenommen
uprzejmie ADV → uprzejmy
uprzejmo|ść F (*-ści*) Höflichkeit *f*, Freundlichkeit *f*; (*przysługa*) Gefallen *n*, Gefälligkeit *f*; **wyświadczyć** *pf* **~ść** Gefallen tun; **wymienić** *pf* **~ści** Höflichkeiten austauschen
uprzej|my (**-mie**) höflich, freundlich (**dla** *gen od* **wobec** *gen* gegenüber *dat*); **proszę ~mie!** bitte sehr; **dziękuję ~mie!** danke sehr; **bądź tak ~my i ...** sei so nett und ...; **czy byłby pan ~my przypomnieć mi jutro o tym?** würden Sie mich bitte morgen daran erinnern?; **była ~ma na mnie zaczekać** sie war so nett, auf mich zu warten
uprzemysłowi|enie N (*-a; bpl*) Industrialisierung *f*; **~ony** industrialisiert; **wysoko ~ony** hoch industrialisiert
uprzyjemniać (*-am*) ⟨**-ić**⟩ (*-ię, -nij!*) angenehm(er) machen, angenehm(er) gestalten; **~ sobie czas** sich die Zeit vertreiben (*inst* mit *dat*)
uprzykrzać (*-am*) ⟨**-yć**⟩ verleiden; **~ k-u życie** j-m das Leben schwer machen
uprzykrzony (*persf uprzykrzeni*) lästig
uprzykrzyć PF: **uprzykrzyło mu się czekanie** er ist des Wartens leid *od* überdrüssig geworden; → uprzykrzać
uprzytamniać (*-am*) ⟨**uprzytomnić**⟩ (*-ię, -nij!*) bewusst machen; **~ sobie** (*akk*) sich bewusst werden (*gen*), sich vergegenwärtigen (*akk*)
uprzywilejowany privilegiert; AUTO vorfahrtsberechtigt
upust M (*-u; -y*) *cieczy* Ablass *m*; **~ cen** Preisnachlass *m*; **dać** *pf* **~** (*dat*) *fig* freien Lauf lassen (*dat*)
upuszczać (*-am*) ⟨**upuścić**⟩ (*upuszczę*) fallen lassen
upychać (*-am*) ⟨**upchać**⟩ (*-am*) *od* ⟨**-nąć**⟩ (*-nę*) hineinstopfen, vollstopfen
ur. (**urodzony**) geb. (geboren)
urabiać (*-am*) ⟨**urobić**⟩ (*-ię*) *glinę, plastelinę* formen; *pojęcie, nazwę* prägen; *osobę, charakter, opinię* beeinflussen, *umg* bearbeiten; *ciasto* kneten; GÓRN abbauen; **~ sobie ręce po łokcie** sich abrackern
uraczyć PF → raczyć
uradowany *lit* froh, erfreut
uradzać (*-am*) ⟨**-ić**⟩ (*-ę*) *lit* vereinbaren, beschließen
uran M (*-u; bpl*) CHEM Uran *n*; ♇ ASTRON (*-a; bpl*) Uranus *m*; **~owy** CHEM Uran-
urastać (*3. Pers -a*): **~ do rozmiarów** (*gen*) *fig* die Ausmaße von (*dat*) annehmen
uratować PF → ratować

uratowany gerettet
ura|z M (-u; -y) PSYCH Trauma *n*; MED Verletzung *f*; **~za** F (-y) Groll *m*, Kränkung *f*; **dawne ~zy** *f/pl* alte Ressentiments *n/pl*; **żywić ~zę** (**do** *gen*) Groll hegen (gegen *akk*)
urazić PF → urażać
urazowy *chirurgia, oddział* Unfall-
urażać (-am) ⟨**urazić**⟩ (*urażę*) *ranę* aufreißen; *fig* kränken, verletzen; **uraził ją tą uwagą** seine Bemerkung hat sie (empfindlich) getroffen, seine Bemerkung hat sie tief verletzt
urażony (*persf -eni*) *osoba, duma, ambicja* gekränkt, verletzt; *mina, głos* beleidigt
urągać (-*am*): ~ **k-u** j-n verhöhnen, j-n verspotten; ~ (*dat*) grob verstoßen gegen (*akk*), in krassem Widerspruch stehen zu (*dat*)
urbanista M (-y; -*ści*) Stadtplaner *m*
urbanisty|czny städtebaulich, urban; **projekt** *m* **~czny** Stadtplanung *f*; **~ka** F (-*i*; *bpl*) Städtebau *m*
urealniać (-*am*) ⟨**-ić**⟩ (-*ię*) realisierbar machen, der Wirklichkeit anpassen
uregulować PF → regulować
uregulowania N/PL (*gen -ań*) JUR Regelung *f*
uregulowany geregelt
urlop M (-u; -y) Urlaub *m*; **być na ~ie** im Urlaub sein; **jechać na ~** in Urlaub fahren; **wziąć** *pf* ~ Urlaub nehmen, sich beurlauben lassen; ~ **macierzyński** Mutterschaftsurlaub *m*
urlopowany *pracownik* beurlaubt
urlopowicz M (-a; -e), **~ka** F (-*i*; *gen -czek*) Urlauber(in) *m(f)*, Feriengast *m*
urlopowy *przerwa, sezon* Urlaubs-
urna F (-y; *gen urn*) Urne *f*; ~ **wyborcza** POL Wahlurne *f*
urobić PF: ~ **się** *umg* ackern, sich abarbeiten; → urabiać
uroczy (-**czo**) entzückend, bezaubernd
uroczysto|ść F (-*ści*) Feier *f*, Fest *n*; **~ści** *pl* Feierlichkeiten *f/pl*; **~ść rodzinna** Familienfeier *f*, Familienfest *n*; **~ść rocznicowa** Jubiläumsfeier *f*; **~ść pogrzebowa** Trauerfeier *f*; **~ść otwarcia** Eröffnungsfeier *f*; **~ść pożegnania** Abschiedsfeier *f*
uroczysty (-**ście**) feierlich; *strój, nastrój* festlich, Fest-
uro|da F (-y; *bpl*) (*piękno*) Schönheit *f*; (*wygląd*) hübsche Gesichtszüge *pl*, hübsches Aussehen *n*; **mieć dziewczęcą ~dę** mädchenhaft aussehen, ein mädchenhaftes Aussehen haben; **~da życia** Lebensgenuss *m*, das pralle Leben
urodzaj M (-u; -e) gute Ernte *f*, reiche Ernte *f*; ~ **na owoce** gute Obsternte *f*; **~ny** AGR *rok* ertragreich; *ziemia* fruchtbar
urodze|nie N (-a): **od ~nia** von Geburt an; **zaraz po ~niu** gleich nach der Geburt; **rok** *m* **~nia** Geburtsjahr *n*
urodzić PF → rodzić
urodzinowy Geburtstags-
urodzin|y PL (*gen* -) Geburtstag *m*; (*przyjęcie*) Geburtstagsfeier *f*, Geburtstagsparty *f*; (*narodziny*) Geburt *f*; **obchodzić ~y** Geburtstag feiern; **kiedy masz ~y?** wann hast du Geburtstag?; **wszystkiego najlepszego z okazji ~!** alles Gute zum Geburtstag!
uro|dziwy (**-wie**) *lit* schön, gut aussehend; **~dzony** (*prawdziwy*) geboren; **~dzony mówca** *m* geborener Redner *m*; **być w czepku ~dzonym** ein Sonntagskind sein; **szlachetnie ~dzony** von vornehmer Geburt
urojenia N/PL (*gen -eń*) Fantasiegebilde *f*; Hirngespinst *n*; MED Wahnvorstellungen *pl*
urojony eingebildet, imaginär
urok M (-u; -*i*) Zauber *m*, Reiz *m*; ~ **osobisty** Charme *m*; **rzucić** *pf* ~ (**na** *akk*) verhexen, behexen (*akk*); **pełen ~u** reizend, charmant; **był pod jej ~iem** er stand in ihrem Bann
urolog M (-a; -*dzy*) Urologe *m*
urosnąć PF → rosnąć
urozmaicać (-*am*) ⟨**-ić**⟩ (-*ę*) (*akk*) Abwechslung bringen (in *akk*), beleben (*akk*)
urozmaic|enie N (-a) Abwechslung *f*; **dla ~enia** zur Abwechslung; **~ony** abwechslungsreich
uruchamiać (-*am*) ⟨**uruchomić**⟩ (-*ię*) TECH in Betrieb setzen, in Gang setzen; *silnik* anlassen, starten; *produkcję* in Gang bringen, starten
urwać PF: ~ **się z choinki** *umg fig* hinter dem Mond leben; → urywać
urwanie N: **mieć ~ głowy** *umg* viel um die Ohren haben
urwis M (-a; -y) Schlingel *m*, Frechdachs *m*; **~ko** N (-a) Steilhang *m*, Abhang *m*; **nad ~kiem** am Abgrund, am Abhang; **~ty** *zbocze* steil

U

urynkowienie N (-a; bpl) EKON Einführung f der freien Marktwirtschaft
urywać (-am) ⟨**urwać**⟩ (-ę) v/t abreißen; (przerwać) abbrechen; **~ w połowie zdania** mitten im Satz abbrechen; **~ się** v/i abbrechen; głos stocken; (wyjść) umg sich verdrücken
urywlany głos stockend; zdanie abgebrochen; **~ek** M (-wka; -wki) tekstu Fragment n, Abschnitt m; **~ki** m/pl Bruchstücke n/pl; **~ki** pl **rozmowy** Gesprächsfetzen pl; **~kowy** (-wo) bruchstückhaft, fragmentarisch
urząd M (urzędu, urzędy) Amt n, Behörde f; **~ pocztowy** Postamt n; **~ stanu cywilnego** Standesamt n; **z urzędu** von Amts wegen; **obrońca** m **z urzędu** JUR Pflichtverteidiger m
urządzać (-am) ⟨**-ić**⟩ (-ę) mieszkanie, pokój einrichten; imprezę veranstalten, organisieren; wesele ausrichten; urodziny, imieniny feiern; **~ scenę** eine Szene machen; **~ awanturę** Krach machen, krakeelen; **to mnie nie urządza** umg das bringt mir nichts, das hilft mir nicht weiter; **~ się** sich einrichten
urządzenie N (-a; -eń) Gerät n; Anlage f, Vorrichtung f; **~ klimatyzacyjne** Klimaanlage f; **~ alarmowe** Alarmanlage f
urządzić PF: **~ k-o** umg j-m übel mitspielen, j-n reinreiten; **~ się** umg sich reinreiten; → urządzać
urzec* PF verhexen; → urzekać
urzeczony (persf -eni) bezaubert; **jak ~** wie gebannt, wie verzaubert
urzeczywistniać (-am) ⟨**-ić**⟩ (-ię, -nij!) verwirklichen, in die Tat umsetzen; **~ się** sich verwirklichen, realisiert werden
urzekać (-am) ⟨**urzec**⟩ (urzeknę) (inst) bezaubern, bestechen (durch akk)
urzekający (-co) bezaubernd
urzędas M (-a; -y) umg pej Bürokrat m
urzędni|czka F (-i; gen -czek) Angestellte f; państwowa Beamtin f; **~czka stanu cywilnego** Standesbeamtin f; **~czy** Beamten-
urzędnik M (-a; -cy) Angestellte(r) m; państwowy Beamte(r) m; **~ pocztowy** Postbeamte(r) m; **~ stanu cywilnego** Standesbeamte(r) m; **~ administracji państwowej** Verwaltungsangestellte(r) m, Verwaltungsbeamte(r) m
urzędować (-uję) amtieren, im Amt sein; (przyjmować) Sprechstunden haben
urzędowa|nie N (-a; bpl): **godziny** pl **~nia** Sprechstunden pl, Öffnungszeiten pl
urzędo|wy (-wo) ADMIN amtlich; fig förmlich, offiziell; **język** m **~wy** ADMIN Amtssprache f, offizielle Sprache f; **pismo** n **~we** amtliches Schreiben n
urzędy PL → urząd
urzynać (-am) ⟨**urżnąć**⟩ (-nę) abschneiden; **urżnąć się** pop sich volllaufen lassen
urżnięty (persf -ci) pop besoffen
usadawiać (-am) ⟨**usadowić**⟩ (-ię) dziecko hinsetzen; den Platz anweisen; **~ się** sich bequem hinsetzen
usadzać (-am) ⟨**usadzić**⟩ (-ę): **~ k-o** j-m den Platz anweisen, j-n hinsetzen; umg fig j-n außer Gefecht setzen
usamodzielniać się (-am) ⟨**-ić się**⟩ (-ię, -nij!) selbstständig werden
usatysfakcjonować PF → satysfakcjonować
USC (Urząd Stanu Cywilnego) Standesamt n
uschnąć PF → usychać
USG (ultrasonografia) Ultraschalluntersuchung f
usiany (inst) übersät, bedeckt (mit dat)
usiąść* PF (usiądę) sich hinsetzen; ptak sich setzen, sich niederlassen; **~ na krześle** sich auf den Stuhl setzen; **~ na ławce** sich auf die Bank setzen; **~ do stołu** sich an den Tisch setzen; **~ za biurkiem** sich an den Schreibtisch setzen; **proszę ~!** setzen Sie sich!
usidlać (-am) ⟨**-ić**⟩ (-ę) lit in seinen Bann ziehen, sich j-n hörig machen
usiedzieć PF: **nie móc ~** nicht ruhig sitzen können; nicht sitzen bleiben können
usilny prośba eindringlich, inständig; starania intensiv
usiłować (-uję): **~** (+ inf) sich bemühen, versuchen zu (+ inf); **usiłował zrozumieć sytuację** er versuchte, die Situation zu verstehen
usiłowanie N (-a) Versuch m, Bemühungen f/pl; **~ zabójstwa** JUR Mordversuch m
uskakiwać (-uję) ⟨**uskoczyć**⟩ (-ę) zur Seite springen, ausweichen
uskarżać się (-am) klagen (**na** akk über akk)
uskładać PF (-am) beiseitelegen, ersparen
uskoczyć PF → uskakiwać

uskok M (*-u; -i*) (*urwisko*) Felswand *f*, Steilhang *m*; GEOL Verwerfung *f*, Sprung *m*; **~ w bok** Sprung *m* zur Seite; **~ w lewo** Sprung *m* nach links

uskrzydlać (*-am*) ⟨**-ić**⟩ (*-ę*) beflügeln

usłany (*inst*) bedeckt (mit *dat*)

usłu|ga F (*-i; gen -*) (*przysługa*) Gefälligkeit *f*, Hilfe *f*; **~gi** *pl* (*serwis*) Dienstleistung *f*, Serviceleistung *f*; (*dział gospodarki*) Dienstleistungen *pl*; **~gi** *pl* **gwarancyjne** Garantieleistung *f*; **~gi krawieckie** Änderungsschneiderei *f*; **~gi pogrzebowe** Bestattungsinstitut *n*; **być na czyichś ~gach** in j-s Dienst stehen, für j-n arbeiten

usługiwać (*-uję*): **~ przy stole k-u** j-n bei Tisch bedienen; **~ k-u** j-n bedienen

usługo|biorca M (*-y; gen -ów*) *ofic* Kunde *m*; **~dawca** M (*-y; gen -ów*) *ofic* Dienstleister *m*

usługo|wy *dział, zakład* Dienstleistungs-; **działalność** *f* **~wa** Dienstleistungsgewerbe *n*; **punkt** *m* **~wy** Kundendienst *m*; **~wy zakład** *m* **krawiecki** Änderungsschneiderei *f*

usłużny gefällig, beflissen

usłyszeć PF (*-ę*) *v/t* hören; **usłyszał krzyk** er hat einen Schrei gehört

usmarować PF (*-uję*) bekleckern, vollschmieren; **~ sobie ręce** sich die Hände vollschmieren; **~ się** sich bekleckern, sich vollschmieren

usmażyć PF → smażyć

usmolić się PF → smolić się

usnąć PF: **~ na wieki** *lit* entschlafen; → usypiać

uspokajać (*-am*) ⟨**uspokoić**⟩ (*-ję*) beruhigen; **~ sumienie** das Gewissen beruhigen; **~ się** sich beruhigen; *wiatr* sich legen

uspokajają|cy (**-co**) beruhigend; entspannend; **środek** *m* **~cy** Beruhigungsmittel *n*

uspokoić PF → uspokajać

uspołeczniać (*-am*) ⟨**-ić**⟩ (*-ię, -nij!*) sozialisieren; EKON vergesellschaften, verstaatlichen; **~ się** sozialisiert werden; EKON vergesellschaftet *od* verstaatlicht werden

usposobieni *persf* → usposobiony

usposobienie N (*-a*) Wesen *n*, Gemüt *n*, Naturell *n*; **pogodne ~** heiteres Gemüt *n*; **mieć miłe ~** ein einnehmendes Wesen haben

usposobiony (*persf -eni*) eingestellt, gestimmt; **przyjaźnie ~** freundlich gestimmt *od* eingestellt; **wrogo ~** feindlich gestimmt *od* eingestellt; **(nie) być ~m do** (*gen*) (nicht) aufgelegt sein zu (*dat*); **~ do rozmowy** gesprächig

usprawiedliwiać (*-am*) ⟨**-ić**⟩ (*-ię*) (*inst*) rechtfertigen, entschuldigen (mit *dat*); **~ się** (*inst*) sich rechtfertigen, sich entschuldigen (mit *dat*)

usprawiedliwienie N (*-a*) Rechtfertigung *f*, Entschuldigung *f*; *pisemne* Entschuldigung *f*; **na swoje ~** zu seiner Rechtfertigung *od* Entschuldigung

usprawniać (*-am*) ⟨**-ić**⟩ (*-ię, -nij!*) verbessern, effizienter machen

u|sta PL (*gen ust*) Mund *m*; *wargi* Lippen *pl*; **pełne ~sta** volle Lippen *pl*; **wąskie ~sta** schmale Lippen *pl*; **czerwone ~sta** rote Lippen *pl*, roter Mund *m*; **pocałować** *pf* **w ~sta** auf den Mund küssen; **otworzyć** *pf* **~sta** den Mund aufmachen; **mówić z pełnymi ~stami** mit vollem Mund sprechen; **być na ~stach wszystkich** in aller Munde sein; **~sta mu się nie zamykały** er redete wie ein Wasserfall; **przekazywany z ~st do ~st** mündlich überliefert; **cały dzień nie miał nic w ~stach** er hatte den ganzen Tag nichts im Bauch; **rozpływać się w ~stach** auf der Zunge zergehen; **metoda** *f* **~sta-~sta** MED Mund-zu-Mund-Beatmung *f*; **nie mieć do kogo ~st otworzyć** niemanden zum Gespräch haben

ustać[1] PF → ustawać

ustać[2] PF (*ustoję*): **nie móc ~** nicht mehr stehen können; nicht ruhig stehen können; **~ się** *płyn* klar werden

ustalać (*-am*) ⟨**-ić**⟩ (*-ę*) *warunki* vereinbaren; *termin, cenę, plan* festlegen; *fakt, tożsamość* feststellen; *kierunek* bestimmen; **ustalili, że …** sie haben vereinbart, dass …; **~ się** *pogoda* sich stabilisieren

ustale|nie N (*-a*) *tożsamości* Feststellung *f*; *terminu* Festlegung *f*; **~nia** *pl* Bestimmungen *f/pl*, Richtlinien *pl*; *policji* Ermittlungen *pl*

ustalić PF → ustalać

ustalony festgelegt; **nie być ~m** nicht feststehen

ustanawiać (*-am*) ⟨**ustanowić**⟩ (*-ię*) *zwyczaj, prawo* einführen; *rekord* aufstellen; *spadkobiercę* einsetzen; (*powołać*) ernennen

ustan|ek: **bez ~ku** *adv* ununterbrochen,

unaufhörlich
ustanowić PF → ustanawiać
ustatkować się PF (*-uję*) ein geordnetes Leben führen; gesetzt werden
ustawa F (*-y*) JUR Gesetz *n*; **~ zasadnicza** POL Grundgesetz *n*, Verfassung *f*
ustawać (*ustaję*) ⟨**ustać**[1]⟩ (*ustanę*) *konflikt, kontakt* enden, aufhören; *wiatr, burza, złość* sich legen; *ból* nachlassen; **ustał deszcz** der Regen hat aufgehört, es hat aufgehört zu regnen; **nie ~** andauern, nicht enden; **nie ustawać w wysiłkach** in seinen Bemühungen nicht nachlassen
ustawiać (*-am*) ⟨**-ić**⟩ (*-ię*) hinstellen, aufstellen; *rusztowanie* aufbauen, errichten; *ostrość, głośność* einstellen; **~ się** sich aufstellen
ustaw|iczny ständig, dauernd; **~ny** *mieszkanie, pokój* gut geschnitten
ustawodaw|ca M (*-y; gen -ów*) Gesetzgeber *m*; **~czy** gesetzgeberisch; **władza** *f* **~cza** Legislative *f*; **~stwo** N (*-a; bpl*) Gesetzgebung *f*
ustawo|wo ADV gesetzlich, durch Gesetz; **~wy** gesetzlich
ustąpić PF: **~ pola k-u** *fig* j-m das Feld überlassen; → ustępować
ustąpienie N (*-a*): **~ (ze stanowiska)** Rücktritt *m*
uster|ka F (*-i; gen -rek*) TECH Mangel *m*, (kleiner) Deffekt *m*; *w tekście* Flüchtigkeitsfehler *m*; **~ki** *pl* RADIO Störung *f*; **bez ~ek** einwandfrei
ustęp M (*-u; -y*) Abschnitt *m*, Fragment *n*; (*ubikacja*) *umg* Klo *n*
ustępliwy (-wie) nachgiebig
ustępować (*-uję*) ⟨**ustąpić**⟩ (*-ię*) *osoba, zamek* nachgeben; *ból* abklingen, nachlassen; *gorączka* zurückgehen; *mróz* nachlassen; **~ k-u** (*gen*) an j-n abtreten, j-m überlassen (*akk*); **~ k-u miejsca** j-m seinen Platz anbieten; *fig* j-m das Feld überlassen; **~ z drogi** zur Seite treten, den Weg frei machen; **~ ze stanowiska** zurücktreten; **nie ustępować** nicht nachstehen (**w** *lok* in *dat*)
ustępstwa N/PL (*gen -*) Zugeständnisse *n/pl*; **iść na ~** Zugeständnise machen
Ustka F (*-i; bpl*) Stolpmünde *n*
ust|nik M (*-a; -i*) Mundstück *n*; **~ny** *egzamin, tradycja* mündlich; **jama** *f* **~na** ANAT Mundhöhle *f*; **głoska** *f* **~na** JĘZ Labiallaut *m*
ustosunkowany eingestellt (**do** *gen* gegenüber *dat*); **być ~m** Beziehungen haben
ustosunkowywać się (*-wuję*) ⟨**ustosunkować się**⟩ (*-uję*) (**do** *gen*) Stellung nehmen, sich äußern (zu *dat*); sich verhalten (gegenüber *dat*); **~ krytycznie** eine kritische Haltung einnehmen, sich kritisch äußern
ustrojowy POL System-; BIOL organisch
ustronie N (*-a; bpl*) entlegener und stiller Ort *m*, Zufluchtsstätte *f*
Ustronie Morskie N (*-a -kiego; bpl*) Henkenhagen *n*
ustronny *miejsce* abgelegen, einsam
ustrój M (*-oju; -oje*) POL System *n*; BIOL Organismus *m*; **~ państwowy** Staatsform *f*
ustrzec* PF (*ustrzegę*): **~** (**od** *gen*) schützen (vor *dat*); **~** (**przed** *inst*) bewahren (vor *dat*); **~ się** (**od** *gen*) sich schützen (vor *dat*); **~ się** (**przed** *inst*) sich bewahren (vor *dat*)
usunąć PF → usuwać
usunięcie N (*-a*) Entfernung *f*; Beseitigung *f*; **~ ciąży** Abtreibung *f*
usuwać (*-am*) ⟨**-nąć**⟩ (*-nę*) *plamę, fragment tekstu* entfernen (*a.* MED); *ząb* ziehen; *przeszkody* räumen; *błędy, awarię* beheben; *śnieg* räumen; (*zwalniać*) entlassen; **~ ciążę** abtreiben; **~ się** Platz machen, zur Seite treten; *fig* sich zurückziehen
usychać (*-am*) ⟨**uschnąć**⟩ (*-nę*) *v/i* BOT vertrocknen; **~ z tęsknoty** sich vor Sehnsucht verzehren
usynawiać (*-am*) ⟨**usynowić**⟩ (*-ię, -nów!*) einen Jungen adoptieren
usynowienie N (*-a*) Adoption *f* eines Jungen
usypać PF → usypywać
usypiać[1] (*-am*) ⟨**usnąć**⟩ (*-nę*) einschlafen
usypiać[2] (*-am*) ⟨**uśpić**⟩ (*-ę, -pij!*) *muzyka, nastrój* in Schlaf versetzen, einschläfern; *dziecko* zum Schlafen bringen; *kołysząc* in den Schlaf wiegen; *śpiewając* in den Schlaf singen; *pacjenta* betäuben, narkotisieren; (*dać środek uśmiercający*) einschläfern; **~ czyjeś sumienie** j-s Gewissen einschläfern
usypiający (-co) einschläfernd
usypisko N (*-a*) Halde *f*, Haufen *m*
usypywać (*-uję*) ⟨**usypać**⟩ (*-ię*) aufschütten
usystematyzować PF → systematyzować
usytuować PF → sytuować

U

usytuowa|nie N (*-a*) Lage *f*, Standort *m*; **~ny** gelegen; **dobrze ~ny** gut gelegen
uszanowanie N (*-a*) Achtung *f*, Respekt *m*
uszczelka F (*-i*; *gen -lek*) TECH Dichtung *f*
uszczelniać (*-am*) ⟨**-ić**⟩ (*-ię*, *-nij!*) TECH abdichten
uszczerb|ek M (*-bku*; *bpl*): **z ~kiem dla zdrowia** auf Kosten der Gesundheit; **bez ~ku dla zdrowia** ohne der Gesundheit zu schaden; **doznać** *pf* **~ku** Schaden nehmen; **to nie przynosi ~ku** das tut der Sache keinen Abbruch
uszczęśliwiać (*-am*) ⟨**-ić**⟩ (*-ię*) beglücken, glücklich machen; **~ k-o na siłę** j-n zu seinem Glück zwingen
uszczknąć PF (*-nę*) abzwicken; **~ ze wspólnych pieniędzy** *umg* vom gemeinsamen Geld abzwacken *od* abknapsen
uszczuplać (*-am*) ⟨**-ić**⟩ (*-lę*, *-lij!*) *skład* verringern, reduzieren; *wydatki*, *finanse* kürzen
uszczypliwy (**-wie**) bissig, stichelnd
uszczypnąć PF (*-nę*) zwicken, kneifen; *trawy*, *liści* (ab)zupfen; **~ się** sich kneifen
uszkadzać (*-am*) ⟨**uszkodzić**⟩ (*-ę*) beschädigen; MED verletzen
usz|ko N (*-a*; *gen uszek*) *dim* Öhrchen *n*; *igły* Öhr n; *filiżanki* Henkel *m*; **~ka** *pl* KULIN Teigtaschen *pl*, Tortellini *pl*
uszkodzenie N (*-a*) Beschädigung *f*; Schaden *m*; **~ ciała** Körperverletzung *f*
uszkodzić PF → uszkadzać
uszkodzony beschädigt
uszlachetniać (*-am*) ⟨**-ić**⟩ (*-ię*, *-nij!*) AGR, TECH veredeln (*a. fig*)
uszminkować PF → szminkować
usz|ny ANAT, MED Ohren-; **małżowina** *f* **~na** Ohrmuschel *f*
usztywniać (*-am*) ⟨**-ić**⟩ (*-ię*, *-nij!*) MED fixieren, ruhig stellen; *kołnierzyk* versteifen, steif machen
uszy PL → ucho
uszyć PF → szyć
uścisk M (*-u*; *-i*) Umarmung *f*; **~ dłoni** Händedruck *m*; **przesyłam ci serdeczne uściski** sei herzlich umarmt, sei herzlich gegrüßt
uściskać PF (*-am*) umarmen, in die Arme schließen
uścisnąć PF (*-ę*) umarmen, in die Arme schließen; **~ k-u dłoń** j-m die Hand drücken
uściślać (*-am*) ⟨**-ić**⟩ (*-ę*, *-lij!*) *pojęcie* präzise(r) formulieren; *warunki*, *kompetencje* genau(er) bestimmen, präzise(r) formulieren
uśmiać się PF (*-eję*) herzlich lachen (**z** *gen* über *akk*); **~ do łez** Tränen lachen; **koń by się uśmiał** dass ich nicht lache, da lachen doch die Hühner
uśmiech M (*-u*; *-y*) Lächeln *n*; **szyderczy ~** Grinsen *n*; **~ losu** Glücksfall *m*, glückliche Fügung *f*
uśmiechać się (*-am*) ⟨**-nąć się**⟩ (*-nę*) lächeln; **~ do k-o** j-n anlächeln, j-m zulächeln; **~ pod nosem** *od* **pod wąsem** schmunzeln; **~ szyderczo** grinsen; **nie uśmiechać się k-u** j-m nicht (ins Konzept) passen, j-m nicht gefallen
uśmiechnięty (*persf -ci*) lächelnd
uśmiercać (*-am*) ⟨**-ić**⟩ (*-ę*) *lit* töten (*a. fig*); **uśmiercić** *pf* **k-o** j-n (irrtümlich) für tot erklären
uśmierzać (*-am*) ⟨**-yć**⟩ (*-ę*) *ból* lindern; *bunt* niederschlagen
uśmierzający: **~ ból** schmerzstillend, schmerzlindernd
uśmierzyć PF → uśmierzać
uśmieszek M (*-szku*; *-szki*) Schmunzeln *n*; **złośliwy ~** Grinsen *n*
uśpić PF → usypiać
uświadamiać (*-am*) ⟨**uświadomić**⟩ (*-ię*) bewusst machen, klarmachen; **~ sobie** sich bewusst machen, sich klar werden; **~ seksualnie k-o** j-n sexuell aufklären; **uświadomiłem sobie, że …** es wurde mir bewusst, dass …, es wurde mir klar, dass …
uświadomi|ony (*persf -eni*) *seksualnie*, *politycznie* aufgeklärt; **~enie** N (*-a*; *bpl*) Bewusstmachung *f*; *seksualne*, *polityczne* Aufklärung *f*
uświerknąć PF (*-nę*) *umg* sich einen abfrieren
uświetniać (*-am*) ⟨**-ić**⟩ (*-ię*, *-nij!*) (*akk*) Glanz verleihen (*dat*), ehren (*akk*)
uświęcony: **~ tradycją** *od* **zwyczajem** althergebracht, traditionell
uświnić PF → świnić
uta|jniony als geheim eingestuft; geheim; **~jony** verborgen, heimlich; MED latent; **~lentowany** talentiert, begabt
utarczka F (*-i*; *gen -czek*): **~ słowna** Wortgefecht *n*, Auseinandersetzung *f*
utarg M (*-u*; *-i*) HANDEL Einnahmen *pl*; **~**

U

dzienny Tageserlös *m*, Tageseinnahmen *pl*
utargować PF (*-uję*) HANDEL einnehmen; (*wytargować*) herunterhandeln
utarty *ser* gerieben; *fig* üblich, herkömmlich; **~m zwyczajem** traditionell, nach altem Brauch; **~ zwrot** *m* Gemeinplatz *m*
utemperować PF → temperować
utensylia PL (*gen -ów*) *lit* Utensilien *pl*
utęsknienie N: **z ~m** sehnsuchtsvoll
utkać[1] PF → tkać
utkać[2] PF → utykać[2]
utknąć PF: **~ w martwym punkcie** an einem toten Punkt ankommen; → utykać[1]
utkwić PF (*-ię*) *drzazga, ość* stecken bleiben; **~ w pamięci** im Gedächtnis (haften) bleiben, sich ins Gedächtnis eingraben; **~ wzrok** (**w** *lok*) seinen Blick nicht abwenden (von *dat*), anstarren (*akk*)
utleniacz M (*-a; -e*) CHEM Oxidationsmittel *n*
utlenić PF → tlenić
utlenianie N (*-a; bpl*) CHEM Oxidation *f*
utlenio|ny *włosy* blondiert, wasserstoffblond; **woda ~na** Wasserstoffperoxyd *n*; **~na blondynka** *f umg* Frau *f* mit blondierten Haaren
utłuc PF: *ucho* abschlagen; → tłuc
utonąć PF ertrinken; **~ w niepamięci** in Vergessenheit geraten; → tonąć
utopia F (*gen dat lok -ii; -e*) Utopie *f*
utopić PF (*-ię*) ertränken; **~ wzrok w** (*lok*) (unverwandt) anstarren (*akk*); **utopiłby go w łyżce wody** *fig* er könnte ihn mit bloßen Händen erwürgen; **~ się** ertrinken; → topić
utopijny utopisch
utorować PF → torować
utożsamiać (*-am*) ⟨**-ić**⟩ (*-ię*) gleichsetzen; **~ się** sich identifizieren (**z** *inst* mit *dat*)
utracić PF (*-ę*) *lit* verlieren
utra|pienie N (*-a*) Kummer *m*; **~ta** F (*-y*) Verlust *m*; JUR Entzug *m*; **~ta ciepła** Wärmeverlust *m*; **~ta wzroku** Verlust *m* des Augenlichts; **po ~cie** (*gen*) nach dem Verlust (*gen*); **do ~ty tchu** intensiv und lange
utrącić PF (*-cę*) *uszko* abschlagen
utrudniać (*-am*) ⟨**-ić**⟩ (*-ię, -*) *przygotowania* erschweren; *przejazd* behindern
utrudnienie N (*-a*) Schwierigkeit *f*, Erschwernis *f*; Behinderung *f*
utrudzić (*-ę*) *lit* ermüden, erschöpfen; **~ się** erschöpft sein
utrwalacz M (*-a; -e*) FOTO Fixiersalz *n*
utrwalać (*-am*) ⟨**-ić**⟩ (*-ę*) *wiadomości, pozycję* festigen; FOTO fixieren; (*upamiętnić*) verewigen; festhalten; **~ na taśmie** aufzeichnen; **~ na zdjęciu** auf einem Foto festhalten; **~ w pamięci** im Gedächtnis bewahren; **~ się** *wiadomości, pozycja* sich festigen
utrzeć* PF → ucierać
utrzymać PF → utrzymywać
utrzyma|nie N (*-a; bpl*) (Lebens)Unterhalt *m*; (*wyżywienie*) Verpflegung *f*; **koszty** *pl* **~nia** Unterhaltskosten *pl*; **mieć k-o na ~niu** für j-s Lebensunterhalt sorgen; **całodzienne ~nie** Vollpension *f*
utrzymany: **dobrze ~** gut erhalten; **~ w dobrym stanie** in gutem Zustand, gut erhalten; **~ w jasnej tonacji** in hellen Farbtönen gehalten; **~ w uroczystym tonie** in einem feierlichen Ton gehalten
utrzymywać (*-uję*) ⟨**utrzymać**⟩ (*-am*) *ciężar, równowagę, porządek* halten (*a.* MIL); *kontakty, stosunki* unterhalten; aufrechterhalten; (*pokrywać koszty*) unterhalten; *kochankę* aushalten; **~ rodzinę** die Familie unterhalten, für den Lebensunterhalt der Familie sorgen; **~ przy życiu** am Leben erhalten; **~ k-o w przekonaniu, że ...** j-n in dem Glauben lassen, dass ...; **utrzymywać** (*twierdzić*) behaupten; **~ się** *pogoda, pogląd* sich halten; *zwyczaj* erhalten bleiben; **~ się** (**z** *gen*) seinen Lebensunterhalt verdienen (mit *dat*)
utuczyć PF → tuczyć
utulać (*-am*) ⟨**-ić**⟩ (*-ę*): **~ do snu** in den Schlaf wiegen; in den Schlaf singen; **~ w żalu** trösten
utwardzać (*-am*) ⟨**-ić**⟩ (*-dzę*) hart machen, härten; *drogę* befestigen
utwierdzać (*-am*) ⟨**-ić**⟩ (*-dzę*): **~ k-o** (**w** *lok*) j-n bestärken (in *dat*); **utwierdził ją w decyzji** er hat sie in ihrer Entscheidung bestärkt; **~ się** (**w** *lok*) bestärkt werden (in *dat*); **~ się w przekonaniu** (immer mehr) die Überzeugung gewinnen
utworzyć PF → tworzyć
utwór M (*utworu; utwory*) Werk *n*; TEATR, MUS Stück *n*
utyć PF → tyć
utycie N (*-a; bpl*) Gewichtszunahme *f*

utykać[1] (*-am*) ⟨**utknąć**⟩ (*-nę*) stecken bleiben
utykać[2] (*-am*) ⟨**utkać**⟩ (*-am*) *rzeczy, ubranie umg* hineinstopfen
utykać[3] (*-am*) hinken; **~ na lewą nogę** auf dem linken Bein hinken
utylizacja F (*-i; bpl*) TECH Wiederverwertung *f*, Recycling *n*; **~ śmieci** Müllentsorgung *f*
utyskiwać (*-uję*) klagen (**na** *akk* über *akk*)
UW (Unia Wolności) POL Freiheitsunion *f*
uwa|ga F (*-i; bpl*) Aufmerksamkeit *f*; **~gi** *pl* (*spostrzeżenia*) Bemerkungen *f/pl*, Kommentare *n/pl*; (*pouczenia*) Bemerkungen *f/pl*; **~ga!** Achtung!; (*w obliczu niebezpieczeństwa*) Vorsicht!; **rozproszona ~ga** Unaufmerksamkeit *f*, Zerstreutheit *f*; **zaburzenia** *pl* **~gi** Konzentrationsstörungen *f/pl*; **robić ~gi** (**na temat** *gen*) Bemerkungen machen, Bemerkungen fallen lassen (über *akk*); **brać pod ~gę** berücksichtigen, in Betracht ziehen; **skupić** *pf* **~gę** (**na** *lok*) sich konzentrieren (auf *akk*); **zwrócić** *pf* **k-u ~gę** j-n zurechtweisen, j-n ermahnen; **zwrócić** *pf* **k-u ~gę na** (*akk*) j-n hinweisen auf (*akk*); **zwrócić** *pf* **~gę na** (*akk*) (*zauważać*) aufmerksam werden auf (*akk*), Beachtung schenken (*dat*); (*przypilnować*) aufpassen, achtgeben auf (*akk*); **zwrócić** *pf* **na siebie ~gę** auffallen, Beachtung finden; **proszę zwrócić ~gę na** (*akk*) beachten Sie bitte (*akk*); **nie zwracać ~gi** (**na** *akk*) nicht beachten (*akk*), keine Beachtung schenken (*dat*); *celowo* hinwegsehen (über *akk*); **z ~gi na** (*akk*) in Anbetracht (*gen*); wegen (*gen*); **mieć na ~dze** (*akk*) denken an (*akk*), im Sinn haben (*akk*); **godny ~gi** *od* **zasługujący na ~gę** beachtenswert, bemerkenswert; **z ~gą** aufmerksam; **przykuwający ~gę** fesselnd; **odwrócić** *pf* **czyjąś ~gę** j-n ablenken; **w centrum ~gi** im Blickpunkt; **to (nie) uszło mojej ~gi** das ist mir (nicht) entgangen
uwalniać (*-am*) ⟨**uwolnić**⟩ (*-ię, -nij!*) MIL befreien (**od** *gen* von *dat*) (*a. fig*); (*wypuszczać na wolność*) freilassen; **~ od obowiązków** von den Pflichten entbinden; **~ się** sich befreien (**od** *gen* von *dat*)
uwarunkowany (*inst*) bedingt (durch *akk*), abhängig (von *dat*)
uważać (*-am*) V/I aufpassen; (*skupiać się*) sich konzentrieren, aufmerksam sein; (*sądzić*) der Meinung sein, finden; **~ na** (*akk*) achtgeben, aufpassen auf (*akk*); **~ na siebie** auf sich aufpassen; **~ na dziecko** auf ein Kind aufpassen, babysitten; **~ za** (*akk*) halten für (*akk*), betrachten als (*nom*); **uważam, że …** ich bin der Meinung, dass …, ich finde, dass …; **jak pan uważa** wie Sie meinen; **~ za swój obowiązek** als seine Pflicht ansehen *od* erachten; **~ się za** (*akk*) sich halten für (*akk*), sich betrachten als (*nom*)
uważany: **być ~m za** (*akk*) gelten als (*nom*)
uważny aufmerksam
uwertura F (*-y*) MUS Ouvertüre *f*
uwędzić PF → wędzić
uwiąd M (*-u; bpl*): **~ starczy** MED Altersschwäche *f*, Senilität *f*
uwiązywać (*-uję*) ⟨**uwiązać**⟩ (*uwiążę*) binden (**do** *gen* an *akk*); **~ na łańcuchu** anketten
uwiązany *fig* festgenagelt
uwić PF → wić[2]
uwidaczniać (*-am*) ⟨**uwidocznić**⟩ (*-ię, -nij!*) offenbaren; vor Augen führen; **~ się** sichtbar werden, sich offenbaren
uwieczniać (*-am*) ⟨**-ić**⟩ (*-ię, -nij!*) verewigen, unsterblich machen; **~ się** sich verewigen, sich unsterblich machen
uwiedziony (*persf -eni*) verführt
uwielbiać (*-am*): **~ k-o** j-n vergöttern, anbeten; **~** (*akk*) (über alles) lieben (*akk*), verrückt sein nach (*dat*); **~** (*+ inf*) es lieben zu (*+ inf*)
uwielbienie N (*-a; bpl*) *fig* Verehrung *f*, Anbetung *f*
uwieńczony: **~ sukcesem** erfolgreich, von Erfolg gekrönt
uwierać (*3. Pers -a*) *but* drücken; *ubranie* kneifen, zwicken
uwierzyć PF (*-ę*) glauben (**w** *akk* an *akk*); **~ k-u** j-m glauben; **~ na słowo** aufs Wort glauben
uwierzytelniać (*-am*) ⟨**-ić**⟩ (*-ię, -nij!*) beglaubigen
uwierzytelnienie N (*-a*) Beglaubigung
uwiesić się PF (*uwieszę*): **~ na szyi** sich an den Hals hängen
uwieść* PF → uwodzić
uwięzić PF (*uwiężę*) gefangen setzen, einkerkern; *fig* festhalten
uwięzi|enie N (*-a; bpl*) Einkerkerung *f*, Festsetzung *f*; Gefangenschaft *f* (*a. fig*)
~ony (*persf -eni*) eingekerkert, gefangen

gesetzt; *fig* festgehalten, gefangen
uwięznąć PF → więznąć
uwię|ź F (-*zi*; -*zie*; *gen* -*zi*): **trzymać na ~zi k-o** *fig* j-n festhalten, j-m keine Freiheit lassen
uwijać się (-*am*) sich beeilen (**z** *inst* mit *dat*); geschäftig sein; *umg* am Rotieren sein
uwikłać PF → wikłać
uwinąć się PF (-*nę*) (rasch) fertig werden (**z** *inst* mit *dat*)
uwłaczać (-*am*): **~ k-u** *lit* j-n schmähen, j-n verunglimpfen; j-n entwürdigen, j-n erniedrigen; **to uwłacza jego godności** *lit* das verunglimpft seine Ehre; **to mu uwłacza** *lit* das ist eine Schmähung für ihn
uwłaczający (**-co**) erniedrigend, entwürdigend
uwłaszczenie N (-*a*; *bpl*) EKON Privatisierung *f*; **~ chłopów** HIST Bauernbefreiung *f*
uwodziciel M (-*a*; -*e*), **~ka** F (-*i*; *gen* -*lek*) Verführer(in) *m*(*f*)
uwodzicielski (**-ko**) verführerisch
uwodzić (-*ę*) ⟨**uwieść**⟩ (*uwiodę*) verführen
uwolnić PF → uwalniać
uwolnienie N (-*a*) Befreiung *f*; *zakładników, więźniów* Freilassung *f*
uwrażliwienie N (-*a*) Sensibilisierung *f*
uwspółcześniony aktualisiert, modernisiert
uwsteczniony *fig* zurückgeblieben
uwydatniać (-*am*) ⟨**-ić**⟩ (-*ię*, -*nij!*) hervorheben, unterstreichen; **~ się** hervortreten, sichtbar werden
uwypuklać (-*am*) ⟨**-ić**⟩ (-*lę*, -*lij!*) → uwydatniać
uwzględniać (-*am*) ⟨**-ić**⟩ (-*ię*, -*nij!*) berücksichtigen; *żądanie, prośbę ofic* stattgeben, entsprechen (*dat*); **nie ~** (*gen*) unberücksichtigt lassen (*akk*)
uwzględnienie N (-*a*; *bpl*) Berücksichtigung *f*, Beachtung *f*; **z ~m** (*gen*) unter Berücksichtigung (*gen*)
uwziąć* się (*uwezmę*) sich fest vornehmen; nicht locker lassen; **~ na k-o** *umg* j-n auf dem Kieker haben
uzależniać (-*am*) ⟨**-ić**⟩ (-*ię*, -*nij!*) (**od** *gen*) abhängig machen (von *dat*); **~ się** abhängig werden, in Abhängigkeit geraten (von *dat*)
uzależnienie N (-*a*) Abhängigkeit *f*; MED Sucht *f*; **~ od alkoholu** Alkoholsucht *f*; **~ od narkotyków** Drogensucht *f*
uzależniony[1] abhängig; MED süchtig; **~ od alkoholu** alkoholsüchtig; **~ od narkotyków** drogensüchtig
uzależnio|ny[2] M (-*ego*; -*ni*), **~na** F (-*ej*; -*ne*) *od alkoholu* Alkoholsüchtige(r) *m, f*; *od narkotyków* Drogensüchtige(r) *m, f*
uzasadniać (-*am*) ⟨**-ić**⟩ (-*ię*, -*nij!*) begründen
uzasadni|enie N (-*a*) Begründung *f*; **~ony** *zarzut, wyrok* begründet; *pretensja, obawa, żal* berechtigt; **nie ~ony** unbegründet
uzbierać PF (-*am*) *grzyby* sammeln; *jagody, kwiaty* pflücken; *pieniądze* zurücklegen
uzbrajać (-*am*) ⟨**uzbroić**⟩ (*uzbroję*) bewaffnen; **~ się** sich bewaffnen; **uzbroić się w cierpliwość** sich mit Geduld wappnen
uzbrojeni *persf* → uzbrojony
uzbroj|enie N (-*a*) MIL Ausrüstung *f*, Waffen *pl*; BUD Erschließung *f*; **~ony** (*persf* -*eni*) bewaffnet; **~ony w** (*akk*) *fig* bewaffnet mit (*dat*)
uzda F (-*y*) Zaumzeug *n*, Zaum *m*
uzdatniać (-*am*) ⟨**-ić**⟩ (-*ię*, -*nij!*) *wodę* aufbereiten; *odpady* wiederverwerten, recyclen
uzdolnieni *persf* → uzdolniony
uzdolnieni|e N (-*a*) Begabung *f*, Talent *n*; **~ony** (*persf* -*eni*) begabt, talentiert
uzdrawiać (-*am*) ⟨**uzdrowić**⟩ (-*ię*, -*rów!*) MED heilen; FIN, HANDEL sanieren; *stosunki* ins Reine bringen
uzdrawiający (**-co**) heilsam
uzdrowiciel M (-*a*; -*e*), **~ka** F (-*i*; *gen* -*lek*) Wunderheiler(in) *m*(*f*); *umg* Heilpraktiker(in) *m*(*f*)
uzdrowić PF → uzdrawiać
uzdrowi|enie N (-*a*) MED Heilung *f*; FIN, HANDEL Sanierung *f*; **cudowne ~enie** Wunderheilung *f*; **~sko** N (-*a*) Kurort *m*
uzewnętrzniać (-*am*) ⟨**-ić**⟩ (-*ię*, -*nij!*) *uczucia* zeigen, zum Ausdruck bringen; **~ się** sich äußern, sich manifestieren
uzębienie N (-*a*) Gebiss *n*, Zähne *m/pl*
uzgadniać (-*am*) ⟨**uzgodnić**⟩ (-*ię*, -*nij!*) *cenę, termin* vereinbaren; *decyzję, postanowienie* absprechen; (*dopasować*) (aufeinander) abstimmen, koordinieren
uziemiać (-*am*) ⟨**-ić**⟩ (-*ię*) ELEK erden; **~ k-o** *umg* j-n außer Gefecht setzen

uziemieni *persf* → uziemiony
uziemi|enie N (*-a*) ELEK Erdung *f*; **~ony** (*persf -eni*) *umg fig* festgenagelt
uzmysławiać (*-am*) ⟨**uzmysłowić**⟩ (*-ię, -łów!*) bewusst *od* begreiflich machen; **~ sobie** sich bewusst werden; begreifen, erkennen
uznać PF → uznawać
Uznam M (*-u; bpl*) Usedom *n*
uzna|nie N (*-a*) Anerkennung *f*; **spotkać** *pf* **się z ~niem** Anerkennung finden; **według własnego ~nia** nach seinem Ermessen
uznany anerkannt
uznawać (*-ję*) ⟨**uznać**⟩ (*-am*) *prawo, niezależość, zwierzchnictwo* anerkennen; **~ za** (*akk*) halten für (*akk*), ansehen als (*akk*); anerkennen (als *akk*); **uznał, że ...** er fand, dass ..., *lit* er befand, dass ...; **~ swoją winę** sich schuldig bekennen; seine Schuld einsehen; **~ swój błąd** seinen Fehler einsehen; **~ za słuszne** gutheißen, billigen; **~ za konieczne** als notwendig ansehen; **~ za zmarłego** für tot erklären; **~ winnym** schuldig sprechen; **~ dziecko** JUR die Vaterschaft anerkennen; **~ się za** (*akk*) sich halten für (*akk*), sich betrachten als (*akk*); **~ się winnym** sich schuldig bekennen; **~ się za pokonanego** sich geschlagen geben
uzupełniać (*-am*) ⟨**-ić**⟩ (*-ię, -nij!*) ergänzen, vervollständigen; **~ wodą** mit Wasser auffüllen; **~ braki** Mängel beheben; **~ się** sich ergänzen
uzupełniają|cy Ergänzungs-; komplementär; **wybory** *pl* **~ce** POL Nachwahlen *f/pl*
uzupełnienie N (*-a*) Ergänzung *f*, Vervollständigung *f*
uzurpować (*-uję*) usurpieren; **~ sobie prawo** sich das Recht anmaßen
uzwojenie N (*-a*) ELEK Wicklung *f*
uzyskać PF → uzyskiwać
uzyskanie N (*-a; bpl*) Erlangung *f*
uzyskiwać (*-uję*) ⟨**uzyskać**⟩ (*-am*) erlangen, bekommen
użalać się (*-am*) ⟨**-ić się**⟩ (*-ę*) klagen (**na** *akk* über *akk*); **~ nad** (*inst*) bemitleiden (*akk*); **~ nad sobą** sich selbst bemitleiden
użądlić PF (*3. Pers -li*) *osa, pszczoła* stechen
użerać się (*-am*) *umg* zanken; sein Kreuz haben (**z** *inst* mit *dat*)
uży|cie N (*-a*) Gebrauch *m*, Benutzung *f*; Verwendung *f*; **sposób** *m* **~cia** Gebrauchsanleitung *f*; **wygodny w ~ciu** benutzerfreundlich; **gotowy do ~cia** gebrauchsfertig; **wyjść** *pf* **z ~cia** aus dem Gebrauch kommen; **być w ~ciu** im Gebrauch sein, benutzt werden; **przy ~ciu** (*gen*) unter Anwendung von (*dat*)
użyczać (*-am*) ⟨**-yć**⟩ (*-ę*): **~ k-u gościny** *lit* j-n gastlich aufnehmen; **~ k-u poparcia** *lit* j-m seine Unterstützung anbieten
użyć PF → używać
użytecz|ność F (*-i; bpl*) Nützlichkeit *f*; **budynek** *m* **~ności publicznej** öffentliches Gebäude *n*; **~ny** nützlich; **społecznie ~ny** gemeinnützig
użyt|ek M (*-tku; -tki*) Gebrauch *m*; **~ki** *pl* AGR Nutzflächen *f/pl*; **robić ~ek z** (*gen*) Gebrauch machen von (*dat*); **do ~ku zewnętrznego** zur äußerlichen Anwendung; **do ~ku domowego** für den Hausgebrauch; **na własny ~ek** für den Eigenbedarf; **jednorazowego ~ku** Einweg-; **oddać** *pf* **do ~ku** BUD seiner Bestimmung übergeben
użytkować (*-uję*) nutzen
użytkowanie N (*-a*) Nutzung *f*; Unterhalt *m*; JUR Nießbrauch *m*
użytkown|ik M (*-a; -cy*), **~iczka** F (*-i; gen -czek*) Benutzer(in) *m(f)* (*a.* EDV); **rodzimy ~ik języka** Muttersprachler(in) *m(f)*; **~ik biblioteki** Bibliotheksbenutzer(in) *m(f)*; JUR Nutznießer(in) *m(f)*
użytkowy *przedmiot* Gebrauchs-; *powierzchnia, funkcja, rośliny* Nutz-; *sztuka* angewandt; *lokal* Gewerbe-, gewerblich genutzt
używać (*-am*) ⟨**użyć**⟩ (*użyję*) verwenden, benutzen; gebrauchen; *życia, wolności* genießen; *przemocy, siły* anwenden; **~ świata** das Leben genießen; **używać sobie** es sich gut gehen lassen, sich ausleben; **używać sobie na** (*lok*) *umg* j-m die Hölle heißmachen, auf j-m herumreiten
używal|ność F (*-ści; bpl*) Benutzbarkeit *f*; **w stanie ~ności** benutzbar; **~ny** benutzbar
używ|any gebraucht, benutzt; **~any samochód** *m* Gebrauchtwagen *m*; **~ane ubrania** *n/pl* Altkleider *n/pl*; **nie ~any** unbenutzt; **~ka** F (*-i; gen -wek*) Genussmittel *n*
użyźniać (*-am*) ⟨**-ić**⟩ (*-ię, -nij!*) AGR düngen

U

V

VAT (podatek od wartości dodanej) MwSt (Mehrwertsteuer)
verte (*unv*) verte, b.w. (bitte wenden)
video → wideo

W

w PRÄP (*lok*) in (*dat*); (*akk*) in (*akk*); ~ **mieście** in der Stadt; ~ **biurze** im Büro; ~ **gazecie** in der Zeitung; **jechać ~ góry** ins Gebirge *od* in die Berge fahren; ~ **górach** in den Bergen; ~ **Polsce** in Polen; ~ **Niemczech** in Deutschland; ~ **dzień** tagsüber; ~ **nocy** in der Nacht; ~ **paski** gestreift; ~ **poprzek** quer; ~ **domu** zu Hause; ~ **czwartek** am Donnerstag; ~ **lecie** im Sommer; ~ **lipcu** im Juli; ~ **czasie** (*gen*) während (*gen*); ~ **gotówce** bar; **mleko** *n* ~ **proszku** Milchpulver *n*; ~ **dwóch tomach** in zwei Bänden, zweibändig; ~ **święta** über die Feiertage; ~ **dniu urodzin** am Geburtstag; ~ **prawo** nach rechts
w. (wiek) Jh. (Jahrundert)
wab: **na ~ia** *umg* als Lockvogel
wabić (*-ię*) (an)locken (*inst* mit *dat*); ~ **się** *pies* heißen
wabik M (*-a; -i*) *fig* Lockmittel *n*
wachlarz M (*-a; -e*) Fächer *m*; *fig* Palette *f*, Skala *f*
wachlować (*-uję*) fächeln (*inst* mit *dat*); ~ **się** sich fächeln
wa|chta F (*-y*) MAR Wache *f*; **~ciak** M (*-a; -i*) wattierte Jacke *f*; **~cik** M (*-a; -i*) Wattebausch *m*, Pad *n*
wada F (*-y*) (*cecha charakteru*) schlechte Eigenschaft *f*, Schwäche *f*; (*usterka*) Mangel *m*; MED Fehler *m*; ~ **serca** Herzfehler *m*; ~ **wymowy** Sprachfehler *m*
wadium N (*unv; -ia; gen -iów*) JUR, EKON Kaution *f*
wadliwy (**-wie**) fehlerhaft, mangelhaft; Fehl-; MED Miss-, Fehl-
wafel M (*-fla; -fle; gen -fli*) Waffel *f*
wa|ga F (*-i*) Waage *f*; (*ciężar*) Gewicht *n* (*a.* SPORT); *fig* Bedeutung *f*, Gewicht *n*; **♀ga** ASTRON Waage *f*; **jestem spod znaku ♀gi** ASTRON ich bin Waage; **sprzedawać na ~gę** abwiegen; **oszukiwać na ~dze** beim Wiegen betrügen; **przybrać** *pf* **na ~dze** zunehmen; **zrzucić** *pf* **~gę** abnehmen; **najwyższej ~gi** von größter Bedeutung; **przywiązywać ~gę do** (*gen*) Bedeutung beimessen (*dat*); **żywa ~ga** AGR Nettogewicht *n*
wagarować (*-uję*) die Schule schwänzen
wagarowicz M (*-a; -e*), **~ka** F (*-i; gen -czek*) (*-a; -e*) Schulschwänzer(in) *m(f)*
wagary PL (*gen -ów*): **iść na ~** die Schule schwänzen
wag|on M (*-u; -y*) Waggon *m*; **~on sypialny** Schlafwagen *m*; **~on restauracyjny** Speisewagen *m*; **~owy** Waage-; Gewicht- (*a.* SPORT)
wahać się (*-am*) zögern, unschlüssig sein; *temperatura, cena* schwanken; *strzałka, wahadło* schwingen, pendeln; ~ (**między** *inst*) schwanken (zwischen *akk*); **nie ~ przed** (*inst*) nicht zögern, nicht zurückscheuen vor (*dat*)
wahadło N (*-dła; gen -deł*) Pendel *n*; **~wiec** M (*-wca; -wce*) Raumfähre *f*
wahadłowo ADV pendelartig, pendelnd
wahadło|wy: **ruch** *m* **~wy** Pendelbewegung *f*; **drzwi** *pl* **~we** Schwingtür *f*
waha|nie N (*-a*) *fig* Schwanken *n*, Zögern *n*; **~nia** *pl temperatury, cen* Schwankungen *pl*; **bez ~nia** ohne zu zögern
wakacje PL (*gen -i*) (Sommer)Ferien *pl*
wakacyjny Ferien-
wakat M (*-u; -y*) freie Stelle *f*, Vakanz *f*
wakować (*-uję*) vakant *od* frei sein
walać ⟨u-⟩ (*-am*) *umg* schmutzig machen, bekleckern; **walać się** *rzeczy umg* herumliegen
walc M (*-a; -y*) Walzer *m*
walcować (*-uję*) TECH walzen
walcow|any *blacha* Walz-, gewalzt; **~aty** walzenförmig; **~nia** F (*-i; -e*) Walzwerk *n*
walczyć (*-ę*) MIL, SPORT kämpfen (**z** *inst* gegen *akk*); ~ **z** (*inst*) *fig* kämpfen mit (*dat*), (an)kämpfen gegen (*akk*); ~ **ze snem** mit

W

dem Schlaf kämpfen; **~ ze śmiercią** mit dem Tod(e) ringen; **~ o lepszą przyszłość** für eine bessere Zukunft kämpfen; **~ o swoje prawa** um seine Rechte kämpfen; **~ z głodem** gegen den Hunger kämpfen; **~ za ojczyznę** für das Vaterland kämpfen

walec M (*-lca; -lce; gen -lców*) TECH Walze *f*; MAT Zylinder *m*

walecz|ność F (*-ści; bpl*) Tapferkeit *f*, Kampfmut *m*; **~ny** *żołnierz* tapfer, mutig

walenie M/PL (*gen -i*) ZOOL Wale *m/pl*

waleriana F (*-y*) BOT Baldrian *m*

waleriano|wy: **krople** *pl* **~we** MED Baldriantropfen *pl*

walet M (*-a; -y*) *w kartach* Bube *m*; **~ kier** Herzbube *m*; **na ~a** *umg* nackt; **mieszkać na ~a** *umg* illegal zur Untermiete wohnen

walić (*-lę*) ⟨**-nąć**⟩ (*-nę*) *umg* (*uderzać*) hauen, knallen; (*strzelać*) ballern; **~ pięścią w stół** mit der Faust auf den Tisch hauen; **~ w drzwi** gegen die Tür hämmern; **walić** *umg dym* (hervor)quellen; *ludzie* (zusammen)strömen; *grad* niederprasseln; **serce mi wali** mein Herz hämmert; **wal śmiało!** du kannst ganz offen sprechen!, nur zu!; **~ się** *umg* (*ciężko upadać*) sich fallen lassen; **walić się** *umg budynki* zusammenstürzen, einstürzen; *drzewa* umfallen, umstürzen; *plan* scheitern; *fig* zusammenbrechen; (*bić się*) *umg* sich hauen, sich prügeln; **walić się z nóg** *umg* sich kaum auf den Beinen halten können

walizka F (*-i; gen -zek*) (Reise)Koffer *m*; **żyć na ~ch** aus dem Koffer leben; **siedzieć na ~ch** auf gepackten Koffern sitzen

walka F (*-i; gen -*) MIL Kampf *m* (*a. fig*); SPORT (Wett)Kampf *m*; (*zwalczanie*) Bekämpfung *f*; **~ wręcz** Nahkampf *m*; **~ o władzę** Machtkampf *m*; **~ byków** Stierkampf *m*; **~ o byt** Überlebenskampf *m*; **~ ze szkodnikami** Schädlingsbekämpfung *f*

walkower M: **wygrać** *pf* **~em** kampflos siegen

walnąć PF: (*powiedzieć*) *umg* herausplatzen; **~ się** (*położyć się*) *umg* sich aufs Ohr hauen; → walić

walnięty (*persf -ci*) *umg* durchgeknallt, bekloppt

walny *zwycięstwo, bitwa* entscheidend; *zebranie* Voll-, Haupt-

walonki F/PL (*gen -nek*) Filzstiefel *m/pl*

walor M (*-u; -y*) Wert *m*; **~y** *pl* Vorzüge *m/pl*, Vorteile *m/pl*; FIN Wertpapiere *n/pl*

walu|ta F (*-y*) Währung *f*; **obca ~ta** Devisen *pl*; **twarda ~ta** harte Währung *f*; **~towy** Währungs-; Devisen-

wał M (*-u; -y*) Damm *m*, Wall *m*; TECH Welle *f*; **~ przeciwpowodziowy** Deich *m*, Damm *m*; **~ drogowy** TECH (Straßen)Walze *f*; **~ek** *m* (*-łka; -łki*) TECH Walze *f*; Welle *f*; (*podgłówek*) Nackenrolle *f*; **~ki** *pl* **do włosów** Lockenwickler *m/pl*; **~ek do ciasta** Nudelholz *n*; **~ki** *pl* **tłuszczu** Fettpolster *n/pl*; **w kształcie ~ka** walzenförmig

Wałbrzych M (*-a; bpl*) Waldenburg *n*

Wałcz M (*-a; bpl*) Deutsch Krone *n*

wałęsać się (*-am*) *umg* sich herumtreiben, herumscharwenzeln; *pies* streunen

wałkonić się (*-ię*) *umg* herumlungern, sich von der Arbeit drücken

wałkoń M (*-nia; -nie; gen -ni*) *umg pej* Schmarotzer *m*

wałkować (*-uję*) *ciasto* ausrollen; *temat umg* breittreten; *problem umg* wälzen

wałówka F (*-i; gen -wek*) *umg* Fressalien *pl*

wam PRON *dat* euch; **jutro damy ~ znać** morgen sagen wir euch Bescheid; → wy

wami PRON *inst*: **z ~** mit euch; **interesują się ~** sie interessieren sich für euch; → wy

wampir M (*-a; -y*) Vampir *m*

wandal M (*-a; -e*) *pej* Wandale *m*; **2owie** *pl* HIST Wandalen *pl*

wanienka F (*-i; gen -nek*) *do kąpania niemowląt* (Kinder)Badewanne *f*

wanili|a F (*gen dat lok -ii; bpl*) Vanille *f*; **~owy** Vanille-

wanna F (*-y; gen wanien*) (Bade)Wanne *f*; TECH Wanne *f*

wapienny Kalk-, kalkhaltig

wapień M (*-nia; -nie*) Kalkstein *m*

wapniak M (*-a; -i*) *umg pej* Alte(r) *m*, Opa *m*

wapnieć ⟨**z-**⟩ (*3. Pers -eje*) verkalken

wapno N (*-a; bpl*) Kalk *m*

wapń M (*-nia; bpl*) CHEM Kalzium *n*

wara INT: **~ (od** *gen***)!** Finger weg (von *dat*)!

warcaby PL (*gen -ów*) Damespiel *n*; **grać w ~** Dame spielen

warch|lak M (*-a; -i*) ZOOL Ferkel *m*; ŁOW Frischling *m*; **~oł** M (*-a; -y*) *lit* Unruhestifter *m*, Störenfried *m*

warci *persf* → warty

warczeć (*-ę, -y*) ⟨**warknąć**⟩ (*-ę*) *pies*

W

knurren; *maszyna* rattern; **~ na siebie** sich anknurren

war|ga F (-i; *gen* -): *mst* PL Lippen *f/pl*; **~ga górna** Oberlippe *f*; **~ga dolna** Unterlippe *f*; **zajęcza ~ga** MED Hasenscharte *f*; **~gi** *pl* **sromowe** ANAT Schamlippen *pl*

wariac|je F/PL (*gen* -i) MUS Variationen *f/pl*; **dostać ~ji** *umg* durchdrehen, verrückt werden

wariacki (po -ku) *umg* verrückt; **~e tempo** *n* Wahnsinnstempo *n*; **~ pomysł** *m* Schnapsidee *f*; **na ~ch papierach** *umg* illegal, schwarz

wariactwo N (-a) *fig umg* Verrücktheit *f*, Wahnsinn *m*

wariant M (-u; -y) Variante *f*

wariat M (-a; -ci), **~ka** F (-i; *gen* -tek) *umg* Verrückte(r) *m, f* (*a. fig*); **jak ~** *umg* wie ein Irrer, wie ein Verrückter; **robić z k-o ~a** *umg* j-n zum Narren halten; **robić z siebie ~a** *umg* den Dummen spielen; **na ~a** *umg* auf gut Glück

wariatkowo N (-a; *bpl*) *umg* Klapsmühle *f*

wariować ⟨z-⟩ (-*uję*) *umg* verrückt werden; **wariować** verrücktspielen; herumtoben; **~ na punkcie** (*gen*) *umg* verrückt sein nach (*dat*), abfahren auf (*akk*)

warknąć PF → warczeć

warkocz M (-a; -e) (Haar)Zopf *m*; **~ komety** ASTRON Kometenschweif *m*

warkot M (-u; -y) *silnika, samolotu* Dröhnen *n*; *maszyn* Rattern *n*

warkotać (*3. Pers* -cze) *silnik, samolot* dröhnen; *maszyna* rattern

warować (-*uję*) *pies* kuschen; *fig umg* lauern, sich nicht vom Fleck rühren

warow|nia F (-i; -e) HIST Burg *f*; **~ny** HIST Festungs-

warst|ewka F (-i; *gen* -wek) *dim* (dünne) Schicht *f*; **~wa** F (-y) Schicht *f*; **~wa społeczna** Sozialschicht *f*, Gesellschaftsschicht *f*; **~wa ozonu** Ozonschicht *f*; **~wa lodu** Eisschicht *f*

warstwowo ADV schichtweise

Warszawa F (-y; *bpl*) Warschau *n*

warsztat M (-u; -y) (*zakład*) Werkstatt *f*; *fig* Handwerk *n*; **~y** *pl* Workshop *m*; **~ samochodowy** Autowerkstatt *f*; **~ pracy** Arbeitsplatz *m*; **~owy** Werkstatt-; *fig* handwerklich; Workshop-

wart *präd* (*persf* -ci) wert; **to nic nie ~e** das ist nichts wert; **śmiechu ~e** lächerlich, zum Lachen; **~ przeczytania** lesenswert; **~ zobaczenia** sehenswert

war|ta F (-y) Wache *f*; **~ta honorowa** Ehrenwache *f*; **stać na ~cie** Wache stehen; **zmiana ~ty** Wachablösung *f*; **~tki** *nurt, strumień* reißend; *fig* lebhaft, schnell

warto (*unpers*): **(nie) ~** (+ *inf*) es lohnt sich (nicht) zu (+ *inf*); **~ by było** ... es wäre nicht schlecht ..., man sollte vielleicht ...; **~ było** es hat sich gelohnt; **czy ~?** hat es Sinn?, ist es der Mühe wert?; ist es nötig?; **nie ~ o tym mówić** das ist nicht der Rede wert; **~ dodać, że** ... es ist erwähnenswert, dass ...

wartościować (-*uję*) (be)werten

wartościo|wy (-wo) wertvoll; *pokarm* vollwertig; **papiery** *pl* **~we** FIN Wertpapiere *pl*; **przedmiot** *m* **~wy** Wertgegenstand *m*

wartościujący (-co) wertend

warto|ść F (-ści) Wert *m* (*a.* MAT, FIZ); **mieć dużą ~ść** einen hohen Wert haben; **podanie** *n* **~ści** Wertangabe *f*; **bez ~ści** wertlos, ohne Wert; **poczucie** *n* **własnej ~ści** Selbstwertgefühl *n*; **~ść odżywcza** Nährwert *m*

wartown|ia F (-i; -e) (*pomieszczenia*) Wache *f*; **~ik** M (-a; -cy) Wächter *m*

warun|ek M (-nku; -nki) (*zastrzeżenie*) Bedingung *f*; (*przesłanka*) Voraussetzung *f*; **~ki** *pl* Bedingungen *pl*; Verhältnisse *pl*; HANDEL Konditionen *pl*, Bedingungen *pl*; **~ki** *pl* **życia** Lebensverhältnisse *pl*; **~ki** *pl* **mieszkaniowe** Wohnverhältnisse *pl*; **dobre ~ki** *pl* **do pracy** gute Arbeitsbedingungen *pl*; **~ki** *pl* **atmosferyczne** Wetterlage *f*; **na dogodnych ~kach** HANDEL zu günstigen Konditionen; **pod żadnym ~kiem** unter keinen Umständen; **pod ~kiem, że** ... unter der Bedingung, dass ...

warunkować (-*uję*) bedingen

warunkowo ADV JUR auf Bewährung

warunko|wy: **tryb** *m* **~wy** GRAM Konditional(is) *m*; **zdanie** *n* **~we** GRAM Konditionalsatz *m*; **odruch** *m* **~wy** PSYCH bedingter Reflex *m*

warząchew F (-chwi; -chwie) Kochlöffel *m*

warzelnia F (-i; -e): **~ piwa** Brauerei *f*; **~ soli** Salzsiederei *f*

warzyć (-ę) *piwo* brauen; *sól* sieden; **~ się** ⟨**z-**⟩ *mleko* gerinnen

warzywa PL → warzywo

warzywniak M (-a; -i) Gemüsegarten *m*;

W

umg (*sklep*) Gemüseladen *m*

warzyw|nictwo N (*-a; bpl*) Gemüseanbau *m*; **~niczy** *produkcja* Gemüse-; **~ny** *ogród, sklep* Gemüse-

warz|ywo N (*-a*) Gemüsepflanze *f*; **~ywa** *pl koll* Gemüse *n*; **świeże ~ywa** *pl* frisches Gemüse *n*; **z ~yw** KULIN Gemüse-

was PRON *gen* eurer; PRON *akk* euch; PRON *lok*; **rozmawiamy o ~** wir sprechen über euch; **odwiedzimy ~ jutro** wir besuchen euch morgen; → wy

wasal M (*-a; -e*) HIST Vasall *m*

wasi PRON *poss persf* eure

wasz PRON *poss m* (*persf wasi*) euer

wasza PRON *poss f* eure

wasze[1] PRON *poss n* euer

wasze[2] PRON *poss sachf* eure

waśnić ⟨**z-**⟩ (*-ię*) *lit fig* entzweien; **~ się** *lit* im Streit liegen

waśnie F/PL (*gen -i*) Zwist *m*, Streitigkeiten *f/pl*; **~ rodowe** HIST Fehden *f/pl*

wat M (*-a; -y*) ELEK Watt *n*

wa|ta F (*-y*) Watte *f*; **~ta cukrowa** Zuckerwatte *f*; **~ta szklana** Glaswolle *f*; **mieć nogi jak z ~ty** weiche Knie haben; **~taha** F (*-y*) Bande *f*; **~taha wilków** Wolfsrudel *n*

watka F (*-i; gen -tek*) Wattebausch *m*, Pad *n*

watolina F (*-y; bpl*) Futterstoff *m*

watować (*-uję*) wattieren

watowany wattiert

Watykan M (*-u; bpl*) Vatikan *m*

wawrzyn M (*-u; -y*) (*wieniec*) Lorbeerkranz *m*; BOT Lorbeer(baum) *m*

waza F (*-y*) Vase *f*; *na zupę* Suppenschüssel *f*

wazelina F (*-y; bpl*) Vaseline *f*

wazelini|arstwo N (*-a; bpl*) *umg* Arschkriecherei *f*; **~arz** M (*-a; -e*) *umg* Arschkriecher *m*, Speichellecker *m*

wazon M (*-u; -y*) (Blumen)Vase *f*

waż|ka F (*-i; gen -żek*) ZOOL Libelle *f*; **~ki** *temat, decyzja* wichtig, bedeutsam

ważni|actwo N (*-a; bpl*) *umg pej* Wichtigtuerei *f*; **~ak** M (*-a; -cy*) *umg pej* Wichtigtuer *m*, Angeber *m*

ważn|ość F (*-ści; bpl*) Wichtigkeit *f*, Bedeutung *f*; *biletu, dokumentu* Gültigkeit *f* (*a.* JUR); **tracić ~ość** an Bedeutung verlieren; *bilet, dokument* ungültig werden, ablaufen; **data** *f* **~ości** KULIN Verfallsdatum *n*, Mindesthaltbarkeitsdatum *n*; *biletu, dokumentu* Gültigkeitsdatum *n*; **mleko straciło ~ość** das Mindesthaltbarkeitsdatum der Milch ist überschritten

waż|ny wichtig; *bilet, dowód* gültig (*a.* JUR); *pej* wichtigtuerisch; **~ny do ...** MED zu verwenden bis ...; **z ~ną miną** *iron* mit wichtiger Miene

ważyć ⟨**z-**⟩ (*-ę*) *v/t* wiegen; **~ pomidory** Tomaten wiegen; **ważyć słowa** jedes Wort auf die Goldwaage legen; **~ się** sich wiegen; **ona waży się codziennie** sie wiegt sich täglich; **ważą się jego losy** sein Schicksal wird entschieden; **ważyć** *v/i* wiegen (*a. fig*); **ile ważysz?** wie viel wiegst du?

ważyć się (*-ę*): **~ na** (*akk*) *lit* wagen (*akk*); **ani (mi) się waż!** untersteh dich!

wąchać ⟨**po-**⟩ (*-am*) *v/t* riechen (*akk* an *dat*); **~ różę** an einer Rose riechen; **wąchać** *sl* schnüffeln

wąd|ół M (*wądołu; wądoły*) Hohlweg *m*; **~oły** *pl* Schlaglöcher *n/pl*

wąglik M (*-a; -i*) MED Milzbrand *m*

wągrowaty *cera, twarz* voller Mitesser, unrein; *mięso* finnig

Wągrowiec M (*-wca; bpl*) Wongrowitz *n*

wągry M/PL (*gen -ów*) MED Mitesser *m/pl*; ZOOL Finnen *f/pl*

wąsy M/PL (*gen -ów*) Schnurrbart *m*; ZOOL Schnurrhaare *pl*, Bart *m*; BOT Ranken *pl*

wąsaci *persf* → wąsaty

wąs|acz M (*-a; -e*), **~al** M (*-a; -e; gen -i od -ów*) *umg* Schnauzbart *m*

wąsaty (*persf -ci*) schnurrbärtig, mit Schnurrbart

wąs|ki (**-ko**) *przejście, talia, wargi* schmal; *ubranie, grono, specjalizacja* eng; **~ka uliczka** *f* enge Gasse *f*

wąskotaśmowy: **film** *m* **~** Schmalfilm *m*

wąskotoro|wy: **kolejka** *f* **~wa** Schmalspurbahn *f*

wąt|ek M (*-tku; -tki*) *rozmowy* Thema *n*; *akcji* Strang *m*; (*nić*) Schuss(faden) *m*; LIT, FILM Motiv *n*; **stracić** *pf* **~ek** *fig* den Faden verlieren

wątły (**-ło**) *osoba* schwächlich, zerbrechlich; *ciało* schmächtig; *nadzieja, światło, zdrowie* schwach; *konstrukcja* fragil; *roślina* kümmerlich

wątpiący (**-co**) zweifelnd

wątpić (*-ię*) zweifeln (**w** *akk* an *dat*)

wątpie|nie N: **bez ~nia** ohne Zweifel

W

wątpliwie ADV → wątpliwy

wątpliwo|ść F/PL (*-ści*) Zweifel *m*, Bedenken *n*; **podać** *pf* **w ~ść** in Zweifel ziehen; **nie ulega ~ści, że ...** es besteht kein Zweifel, dass ...

wątpliwy (**-wie**) zweifelhaft (*a. iron*); fraglich, ungewiss

wątroba F (*-y*) ANAT Leber *f*

wątr|obianka F (*-i; gen -nek*) *umg* Leberwurst *f*; **~óbka** F (*-i; gen -bek*) KULIN Leber *f*

wąwóz M (*-ozu; -ozy*) Schlucht *f*

wąż M (*węża; węże*) ZOOL Schlange *f*; *gumowy* (Gummi)Schlauch *m*; **mieć węża w kieszeni** *fig* geizig sein

wbić PF: **~ sobie do głowy** sich in den Kopf setzen; → wbijać

wbiegać (*-am*) ⟨**wbiec**⟩ (*wbiegnę*) (hinein)laufen (**do** *gen* in *akk*); **~ do pokoju** ins Zimmer (hinein)laufen; **~ na górę** hinauflaufen; **~ po schodach** die Treppe hinauflaufen

wbijać (*-am*) ⟨**wbić**⟩ (*wbiję*) *gwóźdź, hak* hineinschlagen; *pal* einrammen; *klin* hineintreiben; *igłę* einstechen; *paznokcie* krallen; *jajko* einrühren; **~ sobie drzazgę** sich einen Splitter einreißen; **~ nóż** mit dem Messer hineinstechen; **~ zęby** (**w** *akk*) sich festbeißen (an *dat*), die Zähne schlagen in (*akk*); **~ piłkę do bramki** den Ball ins Tor schießen; **~ wzrok w** (*akk*) anstarren (*akk*); **~ k-o w dumę** *od* **pychę** j-n eitel machen; **~ k-u do głowy** j-m eintrichten; **~ się** *igła, drzazga* eindringen

wbrew PRÄP (*dat*) wider, gegen (*akk*); entgegen (*dat*); **~ jego woli** gegen seinen Willen; **~ oczekiwaniom** wider Erwarten; **~ naszej umowie** gegen unsere Vereinbarung

wbudowywać (*-wuję*) ⟨**wbudować**⟩ (*-uję*) einbauen

wcale ADV: **~ nie** gar nicht; **nie twierdzę ~, że ...** ich behaupte gar nicht, dass ...; **~ niezły** gar nicht schlecht; **~, ~** *umg* gar nicht übel

wchłaniać (*-am*) ⟨**wchłonąć**⟩ (*-nę*) BIOL resorbieren, aufnehmen; *ciecz* aufsaugen; *fig* aufnehmen; aufsaugen; **~ zapach** den Duft einatmen; **krem wchłania się dobrze** die Creme zieht gut ein

wchodzić (*-ę*) ⟨**wejść**⟩ (*wejdę*) (hinein)gehen (**do** *gen* in *akk*); (*zagłębiać się*) eindringen, hineingehen; (*mieścić się*) hineinpassen; **~ do** (*gen*) (*przystąpić*) beitreten (*dat*); **~ na górę** hinaufgehen, hinaufsteigen; **~ w czyjeś położenie** sich in j-s Lage versetzen; **~ na ekrany** *film* anlaufen; **proszę wejść!** treten Sie ein!; **~ w zakręt** AUTO die Kurve nehmen; **~ po schodach** die Treppe hinaufgehen *od* hinaufsteigen; **~ po drabinie** die Leiter hinaufsteigen; **~ w kałużę** in die Pfütze treten; **~ do portu** MAR einlaufen; **~ na rynek** auf den Markt kommen; **~ w zwyczaj** zur Gewohnheit werden; **~ w kontakt** in Kontakt treten; **~ do finału** SPORT ins Finale kommen; **~ w życie** JUR in Kraft treten; **~ bez pukania** ohne zu klopfen eintreten; **~ w decydującą fazę** in eine entscheidende Phase treten; **~ w wiek emerytalny** ins Rentenalter kommen; **~ na głowę k-u** *umg* j-m auf der Nase herumtanzen; **~ w szczegóły** ins Detail gehen; **wchodzę w to!** *umg* ich bin dabei!, ich mach' mit!

wciąć• PF *umg* verputzen; **wcięło go** *umg* er ist wie vom Erdboden verschluckt; → wcinać

wciągać (*-am*) ⟨**-nąć**⟩ (*-nę*) hineinziehen (**do** *gen* in *akk*) (*a. fig*); hinaufziehen (**na** *akk* auf *akk*); *ubranie* anziehen; *brzuch* einziehen; *powietrze* einsaugen; *zapach* einatmen; *flagę* hissen; (*absorbować*) *fig* fesseln, nicht loslassen; **~ na listę** in eine Liste aufnehmen *od* eintragen; **~ w rozmowę** in ein Gespräch verwickeln; **~ się** sich hochziehen; **~ się w pracę** sich einarbeiten

wciąż ADV immerfort, fortwährend; weiterhin

wcielać (*-am*) ⟨**-ić**⟩ (*-lę*) eingliedern (**do** *gen* in *akk*); **~ w życie** verwirklichen; **~ w czyn** in die Tat umsetzen; **~ do wojska** zur Armee einziehen; **~ się w mordercę** FILM einen Mörder spielen

wcielenie N (*-a*) Eingliederung *f*; (*uosobienie*) Verkörperung *f*, Inbegriff *m*

wcielić PF → wcielać

wcielony leibhaftig, in Person

wcierać (*-am*) ⟨**wetrzeć**⟩ (*wetrę*) einreiben

wcięcie N (*-a*) TYPO Einzug *m*; **~ w talii** schmale Taille *f*

wcię|ty *ubranie* tailliert; **mieć ~tą talię** eine schmale Taille haben

wcinać (*-am*) ⟨**wciąć**⟩ (*wetnę*): **wcinać**

umg (tüchtig) futtern; **~ się** sich einschneiden; **wcinać się** *umg* sich einmischen

wciry: **dać** *pf* **~ k-u** *umg* j-m den Hintern versohlen, j-n verkloppen

wciskać (-*am*) ⟨**wcisnąć**⟩ (-*nę*) hineinstopfen, hineinpressen; *klawisz* drücken; **~ do ręki** in die Hand drücken; **~ czapkę na uszy** eine Mütze über die Ohren ziehen; **~ k-u** (*sprzedawać*) *umg* j-m andrehen, j-m aufschwatzen; **~ w k-o** (*dawać jeść*) *umg* in j-n hineinstopfen, j-n vollstopfen; **wciskać ciemnotę k-u** *umg* j-n für dumm verkaufen; **~ się** sich hineindrängen; **~ się w** (*akk*) (*zakładać*) sich hineinzwängen in (*akk*)

wciśnięty hineingezwängt

wczasowicz M (-*a*; -*e*), **~ka** F (-*i*; *gen* -*czek*) Feriengast *m*, Urlauber(in) *m(f)*

wczasowy Ferien-, Urlaubs-; **dom** *m* **~** Ferienhaus *n*

wczasy PL (*gen* -*ów*) Ferien *pl*, Urlaub *m*; **jechać na ~** in die Ferien fahren; **~ lecznicze** Erholungskur *f*; **~ w siodle** Reiterferien *pl*

wczepiać się (-*am*) ⟨**-ić się**⟩ (-*ię*) sich festkrallen

wczesno- *in Zsgg(n)* früh-

wcze|sny (**-śnie**) *popołudnie*, *średniowiecze* früh, Früh-; *wiosna*, *dzieciństwo*, *pociąg* früh; **o ~ej porze** früh am Tag, am frühen Morgen; **~śnie wstać** früh aufstehen; **zacząć się ~śnie** früh beginnen

wcześni|actwo N (-*a*; *bpl*) Frühgeburt *f*; **~ak** M (-*a*; -*i*) Frühchen *n*

wcześnie ADV → wczesny

wcześniej *komp* ADV früher; → wcześnie

wcześniejszy *komp* ADJ früher; → wczesny

wczoraj gestern; **~szy** gestrig; *pieczywo* vom Vortag

wczuwać się (-*am*) ⟨**wczuć się**⟩ (*wczuję*) (**w** *akk*) sich einfühlen (in *akk*), nachvollziehen (*akk*); sich hineinversetzen (in *akk*)

wczytywać (-*uję*) ⟨**wczytać**⟩ (-*am*) EDV einlesen, eingeben; **~ się** sich einlesen (**w** *akk* in *akk*)

wdawać się (*wdaję*) ⟨**wdać się**⟩ (*wdam*): **~ w** (*akk*) sich einlassen auf (*akk*); sich hinreißen lassen zu (*dat*); **~ się w dyskusję o polityce** sich auf eine Diskussion über Politik einlassen; **nie wdawać się w szczegóły** nicht ins Detail gehen; **wdać się** *pf* **w k-o** (*być podobnym*) nach j-m kommen, nach j-m geraten; **wdać się** *pf* **w złe towarzystwo** auf die schiefe Bahn geraten

wdech M (-*u*; -*y*) Einatmung *f*; **zrobić** *pf* **~** einatmen

wdepnąć PF (-*nę*): **~ w** (*akk*) treten in (*akk*); *fig* hineinschlittern, hineingeraten (in *akk*); **~ w kałużę** in eine Pfütze treten; **~ do k-o** *umg* bei j-m vorbeischauen

wdeptywać (-*uję*) ⟨**wdeptać**⟩ (*wdepczę*): **~ w ziemię** in den Boden hineintreten

wdmuchać (-*am*) ⟨**-nąć**⟩ (-*nę*) hineinblasen

wdowa F (-*y*; *gen wdów*) Witwe *f*; **słomiana ~** Strohwitwe *f*

wdowi Witwen-; **~ec** M (-*wca*; -*wcy*) Witwer *m*; **słomiany ~ec** Strohwitwer *m*; **~eństwo** N (-*a*; *bpl*) Witwenstand *m*

wdrapywać się (-*uję*) ⟨**wdrapać się**⟩ (*wdrapię*) hinaufklettern

wdrażać (-*am*) ⟨**wdrożyć**⟩ (-*ę*) *technologię*, *metodę* einführen; JUR einleiten; **~ się do pracy** sich einarbeiten

wdychać (-*am*) einatmen

wdzianko N (-*a*; *gen* -*nek*) Jacke *f*, Jackett *n*

wdzierać się (-*am*) ⟨**wedrzeć się**⟩ (*wedrę*) eindringen (**do** *gen* in *akk*)

wdzięcz|ność F (-*ści*; *bpl*) Dankbarkeit *f*; **mieć dług ~ności wobec k-o** j-m zu Dank verpflichtet sein; **~ny** *osoba*, *spojrzenie*, *temat* dankbar; (*uroczy*) anmutig, reizend

wdzięczyć się (-*ę*) *umg* Süßholz raspeln; **~ do k-o** *pej* j-n kokettieren; *pej* sich bei j-m anbiedern, sich bei j-m einschmeicheln

wdzięk M (-*u*; *bpl*) Anmut *f*, Charme *m*; **z ~iem** mit Charme; **~i** *pl* **kobiece** weibliche Reize *pl*

we PRÄP: **~ dwoje** zu zweit; **~ śnie** im Schlaf; **~ krwi** im Blut; **~ Wrocławiu** in Breslau; → w

według PRÄP (*gen*) gemäß (*dat*); laut (*gen*); **~ mnie** meiner Meinung *od* meiner Ansicht nach, *ofic* meines Erachtens; **~ alfabetu** nach dem Alphabet, alphabetisch; **~ planu** plangemäß

wedrzeć* się PF → wdzierać się

weekend M (-*u*; -*y*) Wochenende *n*; **~owy** Wochenend-

wegetacja F (-*i*; -*e*) BOT Vegetation *f*; *fig* Dahinvegetieren *n*

wegetarian|in M (-*a*; -*anie*; *gen* -*nów od* -) Vegetarier *m*; **~izm** M (-*u*; *bpl*)

Vegetarismus *m*; **przejść** *pf* **na ~izm** Vegetariar werden
wegetarianka F (-i; *gen* -nek) Vegetarierin *f*
wegeta|riański vegetarisch; **~tywny** BIOL, MED vegetativ
wegetować (-uję) *fig* dahinvegetieren, sein Dasein fristen
Wejherowo N (-a; *bpl*) Neustadt *f*
wejrze|nie: **miłość** *f* **od pierwszego ~nia** Liebe *f* auf den ersten Blick
wejści|e N (-a) Eingang *m*; (*wstęp*) Eintritt *m*; EDV Eingabe *f*; **główne ~e** Haupteingang *m*; **tylne ~e** Hintereingang *m*; **~owy** *drzwi* Eingangs-; **~ówka** F (-i; *gen* -wek) (*bilet*) Stehplatz *m*
wejść˙ PF: **~ w krew** in Fleisch und Blut übergehen; → wchodzić
wek M (-u *od* -a; -i; *gen* -ów) Einmachglas *n*
wekować ⟨**za-**⟩ (-uję) einwecken, einmachen
weks|el M (-sla; -sle) FIN Wechsel *m*; **~lowy** FIN Wechsel-
wektor M (-a; -y) MAT Vektor *m*
wel|lon M (-u; -y) Schleier *m*; **~on ślubny** Brautschleier *m*; **~ur** M (-u; -y) Velours *m*; **~wet** M (-u; -y) Velvet *m* *od* *n*
weł|na F (-y) Wolle *f*; **czysta ~na** reine Wolle *f*; **żywa ~na** Schurwolle *f*; **z ~ny** aus Wolle, Woll-
wełni|any Woll-, wollen; **~sty** wollig
wen|a F (-y) *lit* Inspiration *f*; **~deta** F (-y) Blutrache *f*
Wenecja F (-i; *bpl*) Venedig *n*
wenerycz|ny: **choroba** *f* **~na** Geschlechtskrankheit *f*
wentyl M (-a; -e) Ventil *n*; **~acja** F (-i; *bpl*) Lüftung *f*, Ventilation *f*
wentyla|cyjny Lüftungs-; **~tor** M (-a; -y) Ventilator *m*, Lüfter *m*
Wenus F (*unv*) ASTRON, MITOL Venus *f*
wepchnąć PF → wpychać
weprzeć PF → wpierać
weran|da F (-y) Veranda *f*; **na ~dzie** auf der Veranda
werb|alny verbal; **~el** M (-bla; -ble) Trommel *f*; (*tryl*) Trommelwirbel *m*
werbować ⟨**z-**⟩ (-uję) anwerben; MIL rekrutieren
wer|bunek M (-nku; -nki) Anwerbung *f*; MIL Rekrutierung *f*; **~dykt** M (-u; -y) Urteil *m*
wermiszel M (-a; *bpl*) Fadennudeln *pl*
wermut M (-u; -y) Wermut(wein) *m*
wernisaż M (-u; -e) Vernissage *f*
wers M (-u; -y) LIT Vers *m*; **~alka** F (-i; *gen* -lek) Schlafcouch *f*
wersja F (-i; -e) Version *f*; **~ ostateczna** Endfassung *f*
wertepy PL (*gen* -ów) unwegsames Gelände *n*; holperige Straßen *pl*
wertować (-uję) *książkę* wälzen, studieren
wer|wa F (-y; *bpl*) Schwung *m*, Elan *m*; **pełen ~wy** energievoll, agil; **z ~wą** lebhaft, mit viel Elan
weryfikacja F (-i; -e) *opinii, wiedzy* Verifizierung *f*; (*kontrola*) (Über)Prüfung *f*; POL Untersuchung *f*
weryfikować ⟨**z-**⟩ (-uję) *opinię, pogląd* verifizieren; *kwalifikacje* prüfen; POL untersuchen
werżnąć się PF → wrzynać się
wesel|e N (-a) Hochzeit *f*; **zaprosić** *pf* **na ~e** zur Hochzeit einladen; **~ny** Hochzeits-
weselej *komp* ADV lustiger; fröhlicher; → wesoło
weselsi *komp* ADJ *persf* → wesoły
weselszy *komp* ADJ lustiger; fröhlicher; → wesoły
wesołek M (-łka; -łki *od* -łkowie) *umg* Spaßvogel *m*
wesoło ADV → wesoły
wesołość F (-ści; *bpl*) Fröhlichkeit *f*, Heiterkeit *f*
weso|ły (*persf* -seli) **(-ło)** *osoba, usposobienie, nastrój* fröhlich, heiter; *opowiadanie, piosenka, towarzystwo* lustig; *kolor* fröhlich; **~łe miasteczko** *n* Vergnügungspark *m*; **było ~ło** es war lustig; **~łej zabawy!** viel Spaß!; **&łych Świąt!** *na Boże Narodzenie* Frohe Weihnachten!; *na Wielkanoc* Frohe Ostern!
wesół *präd* fröhlich, heiter
wesprzeć˙ PF → wspierać
wessać PF → wsysać
westchnąć PF → wzdychać
westchnienie N (-a) Seufzer *m*
Westfalia F (*gen dat lok* -ii; *bpl*) Westfalen *n*
wesz F (*wszy; gen wszy*) Laus *f*
wet: **oddać** *pf* **~ za ~** in *od* mit gleicher Münze heimzahlen, Gleiches mit Gleichem vergelten
weteran M (-a; -i) *wojenny* (Kriegs)Veteran *m*

weteryn|aria F (*gen dat lok -ii*; *bpl*) Tierheilkunde *f*; **~arz** M (*-a*; *-e*, *-y*) Tierarzt *m*; (*kobieta*) Tierärztin *f*
wetknąć PF: **nie można było szpilki ~** *fig* es war gerammelt voll; → wtykać
weto N (*-a*) POL Veto *n*; **złożyć** *pf* **~** ein Veto einlegen
wetrzeć* PF → wcierać
wew. (numer wewnętrzny) TEL Direktdurchwahl *f*
wewnątrz ADV innen, *umg* drin; PRÄP (*gen*) innerhalb (*gen*), in (*dat*); **od ~** von innen; **do ~** nach innen; **wpuścić** *pf* **do ~** hereinlassen
wewnętrz|nie ADV PSYCH, MED innerlich; **~ny** *kieszeń, ściana* Innen-; PSYCH, MED innere(r); HANDEL Binnen-; *w firmie, w zakładzie* intern; **numer** *m* **~ny** TEL Direktdurchwahl *f*
wezbrać* PF → wzbierać
wezbrany *rzeka* angeschwollen
wezgłowie N (*-a*) *łóżka* Kopfende *n*; (*podgłówek*) Kopfstütze *f*
Wezuwiusz M (*-a*; *bpl*) Vesuv *m*
wezwać PF → wzywać
wezwanie N (*-a*) JUR Vorladung *f*; (*apel*) Aufruf *m*, Appell *m*; **~ do wojska** Einberufung *f*; **kościół** *m* **pod ~m Św. Jana** Johanniskirche *f*
weżreć się PF → wżerać się
węch M (*-u*; *bpl*) Geruchssinn *m*; **~owy** Geruchs-
wędka F (*-dki*; *gen -dek*) Angel *f*
wędkars|ki Angel-; Angler-; **~two** N (*-a*; *bpl*) Angeln *n*, Angelsport *m*
wędkarz M (*-a*; *-e*) Angler *m*
wędlina F (*-y*) Wurstwaren *pl*, Aufschnitt *m*
wędrować ⟨**po-**⟩ (*-uję*) wandern (**po** *lok* durch *akk*); (*przemieszczać się*) herumziehen
wędrow|iec M (*-wca*; *-wcy*) Wanderer *m*; **~ny** TEATR Wander-; *plemię* Nomaden-; **ptaki** *m/pl* **~ne** Zugvögel *m/pl*; **być na obozie ~nym** wandern, eine Wanderung machen
wędrówka F (*-i*; *gen -wek*) Wanderung *f*; **~ ludów** HIST Völkerwanderung *f*
wędzarnia F (*-i*; *-e*) Räucherei *f*
wędzić ⟨**u-**⟩ (*-dzę*) räuchern; *fig umg* vollqualmen
wędzi|dło N (*-a*; *gen -deł*) Kandare *f*; **~sko** N (*-a*) Angelrute *f*
wędzo|nka F (*-i*; *gen -nek*) Räucherspeck *m*; **~ny** geräuchert, Räucher-
węgiel M (*-gla*; *-gle*) Kohle *f*; MAL Zeichenkohle *f*, Kohlestift *m*; CHEM Kohlenstoff *m*; **~ kamienny** Steinkohle *f*; **~ brunatny** Braunkohle *f*; **~ drzewny** Holzkohle *f*; **spalić się** *pf* **na ~** verkohlen
węgieł M (*-gła*; *-gły*) (Häuser)Ecke *f*
Węgier M (*-gra*; *-grzy*), **~ka** F (*-i*; *gen -rek*) Ungar(in) *m(f)*
węgierka (*-i*; *gen -rek*) BOT Zwetschge *f*
węgierski (**po -ku**) ungarisch
węgl|an M (*-u*; *-y*) CHEM Karbonat *n*; **~owodany** M/PL (*gen -ów*) CHEM Kohle(n)hydrate *n/pl*; **~owodór** M (*-oru*; *-ory*) CHEM Kohlenwasserstoff *m*
węglowy Kohle(n)-; CHEM Kohlenstoff-
węgorz M (*-a*; *-e*) Aal *m*; **~ wędzony** Räucheraal *m*
Węgorzewo N (*-a*; *bpl*) Angerburg *n*
Węgry PL (*Węgier*) Ungarn *n*
węszyć (*-ę*) wittern (*a. fig*); (*śledzić*) *pej* schnüffeln
węz|eł M (*-zła*; *-zły*) Knoten *m* (*a.* MAR); *kolejowy, komunikacyjny* Knotenpunkt *m*; **~eł chłonny** ANAT Lymphknoten *m*; **zawiązać** *pf* **w ~eł** zu einem Knoten binden
węzełek M (*-łka*; *-łki*) Bündelchen *n*; Knötchen *n*
węzłowato: **krótko i ~** kurz und bündig
węzło|waty knotig; **~wy** (*komunikacyjny*) Knoten-; *fig* Kern-, Haupt-
węże PL → wąż
węższ ADV *komp* enger; → wąski
wężowaty (**-to**) schlangenartig
wężo|wisko N (*-a*) Schlangennest *n*; **~wnica** F (*-y*; *-e*) TECH Schlange *f*; **~wy** Schlangen-
węższy *komp* ADJ schmaler; enger; → wąski
wężyk M (*-a*; *-i*) (*linia*) Schlangenlinie *f*
wf (wychowanie fizyczne) Sportunterricht *m*
wg (według) lt. (laut), g. (gemäß)
wgiąć PF → wginać
wgię|cie N (*-a*) Delle *f*; **~ty** eingebeult
wginać (*-am*) ⟨**wgiąć**⟩ (*wegnę*) einbeulen; **~ się** sich einbeulen
wgląd M (*-u*; *bpl*) Einsicht *f*, Einblick *m*; **mieć ~** (**w** *akk*) Einblick haben *od* gewinnen (in *akk*); **do ~u** zur Einsicht (nahme)

W

wgłębiać się (-am) ⟨**-ić się**⟩ (-ię) *fig* sich vertiefen, eindringen (**w** *akk* in *akk*)
wgłębienie N (-a) Vertiefung *f*
wgniatać (-am) ⟨**wgnieść***⟩ (*wgniotę*) eindrücken; **~ się** sich eindrücken; sich einbeulen
wgnie|cenie N (-a) Delle *f*; Druckstelle *f*; **~ciony** *miejsce* eingedrückt; *błotnik* eingebeult
wgnieść PF → wgniatać
wgryzać się (-am) ⟨**wgryźć* się**⟩ (*wgryzę*) sich verbeißen, sich festbeißen; (*weżreć się*) sich einfressen; *fig umg* sich einarbeiten
wiać (-eję) *wiatr* wehen; (*uciekać*) *umg* Reißaus nehmen, abhauen; **wieje** *unpers* es weht; **wieje (chłodem)** es zieht
wiaderko N (-a; *gen -rek*) *dim* Eimerchen *n*, kleiner Eimer *m*
wiadomo *unpers*: **~, że …** es ist bekannt, dass …, man weiß, dass …; **nie ~, czy …** es ist nicht bekannt, ob …, man weiß nicht, ob …; **czy ~ coś o** (*lok*)? weiß man etwas, ist etwas bekannt über (*akk*)?; **było ~, że …** es war bekannt, dass …, man wusste, dass …; **nic mi o tym nie ~** das ist mir unbekannt; **nigdy nie ~** man weiß ja nie; **jak ~** bekanntlich, bekanntermaßen; **powszechnie ~, że …** es ist allgemein bekannt, dass …; **o ile mi ~** soviel ich weiß, meines Wissens; **wszystkim było ~, że …** alle wussten, dass …
wiadomoś|ć F (-ści) Nachricht *f*; **~ci** *pl* (*wiedza*) Wissen *n*; RADIO Nachrichten *pl*; **przyjąć** *pf* **do ~ci** zur Kenntnis nehmen; **podać** *pf* **do ~ci** bekannt geben
wiado|my *powód, cel* bekannt; **w ~my sposób** *adv* bekanntermaßen; **~ma rzecz!** *umg* das ist klar!
wiadro N (-a; *gen -der*) Eimer *m*; **~ na śmieci** Mülleimer *m*; **~ wody** ein Eimer Wasser
wian|ek M (-nka; -nki) Kranz *m*; *grzybów, obwarzanków* Ring *m*; **~uszek** M (-szka; -szki) *dim* Kränzchen *n*
wia|ra F (-y) REL Glaube(n) *m* (**w** *akk* an *akk*) (*a. fig*); **~ra w siebie** Selbstvertrauen *n*; *koll* (*paczka*) *umg* Gruppe *f*, Clique *f*; **nie do ~ry** nicht zu glauben, unglaublich; **w dobrej wierze** im guten Glauben, guten Glaubens; **w złej wierze** JUR vorsätzlich; **dawać ~rę** Glauben schenken; **dochować** *pf* **~ry** treu bleiben, die Treue halten; **przyjmować na ~rę** aufs Wort glauben
wiarołom|ny *lit* treulos; **~stwo** N (-a; *bpl*) *lit* Treulosigkeit *f*
wiarus M (-a; -y) Haudegen *m*
wiarygod|ność F (-ści; *bpl*) Glaubwürdigkeit *f*; **~ny** glaubwürdig, glaubhaft
wiat|a F (-y) Überdachung *f*; **~erek** M (-rku; -rki) Lüftchen *n*
wiatr M (-u, *lok wietrze*; -y) Wind *m*; **wieje silny ~** es weht ein heftiger Wind; **~ od morza** Seebrise *f*; **na wietrze** im Wind; **~ w plecy** Rückenwind *m*; **pod ~** gegen den Wind; MAR leewärts; **z ~em** vor dem Wind; **pomyślne ~y** *pl fig* günstiger Wind *m*; **wypędzić** *pf* **na cztery ~** zum Teufel jagen; **być chorągiewką na wietrze** *pej* sein Fähnchen nach dem Wind hängen; **wystawić** *pf* **do ~u k-o** *umg* j-n sitzen lassen
wiatr|aczek M (-czka; -czki) Windrädchen *n*; (*wentylator*) Ventilator *m*; **~ak** M (-a; -i) Windmühle *f*
wiatropylny BOT durch Wind bestäubt, anemogam
wiatrówka F (-i; *gen -wek*) Windjacke *f*; (*broń*) Luftgewehr *n*
wiąz M (-u; -y) Ulme *f*, Rüster *f*
wiązać (-żę) *kokardę, krawat, sznurowadła* binden (*a.* CHEM); *sieć* knüpfen; *ręce, nogi, jeńca* fesseln; *włosy* zusammenbinden; **~ (z** *inst*) (*łączyć*) verbinden (mit *dat*); (*kojarzyć*) verbinden, in Zusammenhang bringen (mit *dat*); (*godzić*) vereinbaren, in Einklang bringen (mit *dat*); **~ nadzieje z** (*inst*) seine Hoffnung setzen auf (*akk*); **~ pączki** BOT Knospen ansetzen; **ledwo ~ koniec z końcem** *umg* mit dem Geld kaum auskommen; **~ się emocjonalnie** sich emotional binden (**z** *inst* an j-n); **~ się** (*inst*) (*zobowiązywać się*) sich binden (durch *akk*) (*a.* JUR); **to się wiąże z dużymi kosztami** damit sind hohe Kosten verbunden; **z nikim się nie ~** sich an niemanden binden
wiązadła N/PL (*gen -deł*): **~ głosowe** ANAT Stimmbänder *n/pl*
wiązan|ie N (-a) SPORT, BUD Bindung *f*; **~ka** F (-i; *gen -nek*) (Blumen)Strauß *m*; MUS Potpourri *n*; (*przekleństwa*) *umg* Flüche *pl*, Schimpfwörter *pl*
wiąza|ny: **sprzedaż** *f* **~na** Paketangebot *n*
wiązka F (-i; *gen -zek*) Bund *n*, Bündel *n*; (*przekleństwa*) *umg* Flüche *pl*, Schimpfwörter *pl*; **~ światła** FIZ Lichtkegel *m*

wiążący (-co) *przepis, odpowiedź* bindend, verbindlich
wibracja F (-i; -e) Vibration *f*, Schwingung *f*
wibrator M (-a; -y) Massagestab *m*, Vibrator *m*; BUD Rüttler *m*
wibrować (-uję) vibrieren, schwingen
wice- *in zssgn* stellvertretend; Vize-
wice|admirał M (-a; -owie) MAR Vizeadmiral *m*; **~dyrektor** M (-a; -rzy) stellvertretender Direktor *m*; **~minister** M (-tra; -trowie) stellvertretender Minister *m*; (*kobieta*) stellvertretende Ministerin *f*
wicemistrz M (-a; -owie), **~yni** F (-i; -e) SPORT Vizemeister(in) *m(f)*
wice|premier M (-a; -rzy) Vizepremier *m*; **~prezes** M (-a; -si) stellvertretender Vorstandsvorsitzende *m*; (*kobieta*) stellvertretende Vorstandsvorsitzende *f*
wiceprezydent M (-a; -ci) *państwa* Vizepräsident *m*; *miasta* stellvertretender Bürgermeister *m*; (*kobieta*) stellvertretende Bürgermeisterin *f*
wicher M (-chru; -chry) Sturm *m*
wichrzyciel M (-a; -e) Unruhestifter *m*, Aufwiegler *m*; **~ski** aufwieglerisch; **~stwo** N (-a; *bpl*) Aufwiegelung *f*; POL Volksverhetzung *f*
wichrzyć ⟨z-⟩ (-ę) *włosy* zerzausen; **wichrzyć** *v/i* aufwiegeln, Unruhe stiften; POL aufhetzen
wichura F (-y) Sturm *m*, Gewitter *n*
wić[1] F (-ci; *gen* -ci) Gerte *f*; BIOL Geißel *f*; **rozesłać** *pf* **wici do k-o** j-n kommen lassen, j-n herbeiholen; zusammenrufen
wić[2] ⟨u-⟩ (-ję) *wianek* flechten; *gniazdo* bauen; **wić się** *żmija, droga* sich schlängeln, sich winden; BOT sich ranken, sich schlingen; *włosy* sich ringeln; **wić się z bólu** sich vor Schmerzen winden; **wić się jak piskorz** *fig* sich wie ein Aal winden
widać: **~ dom** das Haus ist zu sehen, man sieht das Haus; **było ~ dom** das Haus war zu sehen man sah das Haus, man konnte das Haus sehen; **~ już nasz dom** unser Haus ist schon zu sehen, man kann schon unser Haus sehen; **~ w oddali góry** man sieht in der Ferne Berge, in der Ferne sind Berge zu sehen; **nic nie ~** es ist nichts zu sehen, man kann nichts sehen; **nie ~ końca** *fig* es ist kein Ende abzusehen; **jak ~** wie man sieht; **~ po nim, że …** man sieht es ihm an, dass …; **~ po niej zdenerwowanie** man sieht ihr die Aufregung an
widel|ec M (-lca; -lce) Gabel *f*; **~czyk** M (-a; -i) Dessertgabel *f*
widełki PL (*gen* -łek) TECH Gabel *f*; **~ stawek** FIN Preisspanne *f*
wideo N (*unv*) Videorekorder *m*
wideo: **film** *m* **~** Videofilm *m*; **wypożyczalnia** *f* **~** Videothek *f*
wideo|kaseta F (-y) Videokassette *f*; **~klip** M (-u; -y) Videoclip *m*; **~teka** F (-i) Videothek *f*
wid|łak M (-a; -i) BOT Bärlapp *m*; **~ły** PL (*gen* -deł) Heugabel *f*; **robić z igły ~ły** aus einer Mücke einen Elefanten machen
widmo N (-a) Gespenst *n*; FIZ Spektrum *n*; **~ głodu** das Gespenst des Hungers; **~ wojny** das Gespenst des Krieges; **~wy** (-wo) geisterhaft, gespenstisch; FIZ Spektral-
widnieć (-eję) zu sehen sein; **widnieje** *unpers* es tagt, es dämmert
widno ADV → widny
wid|nokrąg M (-kręgu; *bpl*) Horizont *m*; **na ~nokręgu** am Horizont; **~ny** (-no) *dzień, pokój* hell; **robi się ~no** es wird hell, es dämmert
widocz|ek M (-czku; -czki) Landschaftsbild *n*; **~nie** ADV offenbar, offensichtlich
widocz|ność F (-ści; *bpl*) AUTO, MAR Sicht *f*; **~ny** sichtbar; (*wyraźny*) sichtlich; **~ny gołym okiem** mit bloßem Auge zu erkennen
widok M (-u; -i) (Aus)Blick *m*, Aussicht *f* (**na** *akk* auf *akk*); Anblick *m*; **~i** *pl* (*perspektywy*) Aussichten *pl* (**na** *akk* auf *akk*); **na ~** (*gen*) beim Anblick (*gen*); **pokój** *m* **z ~iem na morze** Zimmer *n* mit Meerblick; **mieć na ~u** in Aussicht haben, im Auge haben
widok|owy *taras, wieża* Aussichts-; **~ówka** F (-i; *gen* -wek) Ansichtskarte *f*
wido|my *lit* sichtlich; **~wisko** N (-a) (*impreza*) Veranstaltung *f*, Aufführung *f*; *fig* Schauspiel *n*, Spektakel *n*; **robić z siebie ~wisko** *umg* eine Show abziehen
widownia F (-i; -e) (*pomieszczenie*) Zuschauerraum *m*; (*publiczność*) *koll* Publikum *n*, Zuschauer *m/pl*
widywać (-uję) ab und zu sehen; **~ często** oft sehen; **~ się** sich ab und zu sehen; **~ się często** sich oft sehen
widz M (-a; -wie) Zuschauer *m*; *kinowy* Kinobesucher *m*; *teatralny* Theaterbesu-

W

cher *m*

widze|nie N (*-a*) Vision *f*; (*wizyta w więzieniu*) Besuch *m*; **do ~nia!** auf Wiedersehen!; **senne ~nie** Traumbild *n*; **znać z ~nia** vom Sehen kennen; **zezwolenie** *n* **na ~nie** Besuchserlaubnis *f*

widziad|ło N (*-a; gen -deł*) Spukgestalt *f*, Gespenst *n*; **~ła** *pl* (*koszmary*) Alpträume *pl*

widzial|ność F (*-ści; bpl*) Sicht(weite) *f*; **~ny** sichtbar

widziany: **mile ~** willkommen; **źle ~** nicht gern gesehen

widzieć (*-dzę, -i*) sehen; **źle ~** schlecht sehen; **~ w** (*lok*) *fig* sehen in (*dat*); **widzę to inaczej** ich sehe das anders; **kogo widzę!** wen sehe ich da!; **a widzisz!** *umg* siehst du!; **widział to kto!** das gibt es nicht!; **widzisz go!** *umg* sieh mal einer an!; **nie ~ dalej, niż czubek własnego nosa** nicht über den Tellerrand blicken; **~ się** sich sehen (**z** *inst* mit *dat*); **~ się w lustrze** sich im Spiegel sehen

widzimisię N (*unv*) Gutdünken *n*, Laune *f*

wiec M (*-u; -e*) Kundgebung *f*

wie|cha F (*-y*) *słomy* Strohwisch *m*; Bündel *n*; BUD Richtkrone *f*; **uroczystość** *f* **zatknięcia ~chy** BUD Richtfest *n*

wieczerza F (*-y; -e*): **~ wigilijna** *lit* Festessen am Heiligabend; **Ostatnia ♀** REL das letzte Abendmahl

wieczko N (*-a; gen -czek*) *puderniczki, szkatułki* Deckel *m*

wieczność F (*-ści; bpl*) Ewigkeit *f* (*a.* REL); **~ny** ewig; **~ne pióro** *n* Füller *m*; **życie** *n* **~ne** REL ewiges Leben *n*; **~ne kłopoty** *pl* ewige Probleme *pl*; **po ~ne czasy** *lit* für immer und ewig; **~ny student** *m żart* ewiger Student *m*

wieczor|ek M (*-rku; -rki*): **~ek taneczny** Tanzabend *m*; **~ek zapoznawczy** Kennenlernabend *m*; **~kiem** *adv umg* am Abend

wieczorem → wieczór

wieczor|ny abendlich, Abend-; **~owy** *suknia, strój, szkoła* Abend-; **~owa pora** *f* Abenddämmerung *f*

wieczorówka F (*-i; gen -wek*) *umg* Abendschule *f*

wiecz|ór M (*-oru od -ora; -ory*) Abend *m*; (*-oru*) (*impreza*) Abend *m*; **dobry ~ór!** guten Abend!; **~orem** am Abend, abends; **jutro ~orem** morgen Abend; **pewnego ~oru** *od* **~ora** eines Abends; **~orami** abends; **pod ~ór** *od* **z ~ora** gegen Abend; **co ~ór** jeden Abend; **od rana do ~ora** vom Morgen bis zum Abend; **~ór autorski** Lesung *f*; **~ór kawalerski** Junggesellenabend *m*; **miłego ~oru!** schönen Abend!

wieczys|ty *lit* ewig; **dzierżawa** *f* **~ta** JUR Erbpacht *f*; **księgi** *pl* **~te** Grundbuch *n*

Wiedeń M (*-dnia; bpl*) Wien *n*

wiedeński ADJ Wiener

wie|dza F (*-y; bpl*) Wissen *n*; Kenntnisse *f/pl*; **mieć rozległą ~dzę** ein umfangreiches Wissen haben; **~dza fachowa** Fachwissen *n*, Fachkenntnisse *f/pl*; **bez jego ~dzy** ohne sein Wissen; **za jego ~dzą** ohne seine Erlaubnis

wiedzieć˙ (*wiem*) wissen (**o** *lok* von *dat*); **skąd to wiesz?** woher weißt du das?; **wiem, że ...** ich weiß, dass ...; **o ile wiem** soviel ich weiß, meines Wissens; **kto wie** wer weiß; **nie chcieć nic ~ o** (*lok*) nichts wissen wollen von (*dat*); **~ swoje** sich nicht beirren lassen; sich seinen Teil denken; **wiesz co?** *umg* weißt du was?; **no wiesz (co)!** *umg* na weißt du!, na so was!; **bo ja wiem** *umg* was weiß ich; **nie ~ czemu** *lit* aus unerklärlichen Gründen, merkwürdigerweise; **cholera wie!** *pop* weiß der Kuckuck!

wiedźma F (*-y*) (*czarownica*) Hexe *f*; (*jędza*) *umg pej* Hausdrachen *m*, Hexe *f*

wiejski *zwyczaje, życie* dörflich; *okolica* ländlich; *młodzież, społeczność, kościół* Dorf-; **~e powietrze** *n* Landluft *f*

wiek M (*-u; bpl*) Alter *n*; (*epoka*) Zeitalter *n*, Epoche *f*; (*stulecie*) Jahrhundert *n*; **w ~u dwudziestu lat** im Alter von zwanzig Jahren; **w średnim ~u** mittleren Alters; **w ~u szkolnym** im Schulalter; **w ~u emerytalnym** im Rentenalter *n*; **~ produkcyjny** *ofic* Produktionsalter *n*; **on jest w moim ~u** er ist in meinem Alter; **z ~iem** mit der Zeit, mit den Jahren; **na ~i** für ewig; **od ~ów** *fig* seit Urzeiten; **w kwiecie ~u** *lit* in der Blüte seiner Jahre; **być w sile ~u** in den besten Jahren sein

wieko N (*-a*) *kufra, trumny* Deckel *m*

wieko|pomny *dzieło* epochal; *sława* ewig; **~wy (-wo)** *grupa* Alters-; (*stary*) uralt, jahrhundertealt; (*sędziwy*) betagt

wiekuisty REL ewig

wielbiciel M (*-a; -e*), **~ka** F (*-i; gen -lek*) (*adorator*) Verehrer(in) *m(f)*; *talentu, twórczości* Bewundrer(in) *m(f)*

wielbić (*-ię, -bij!*) *lit* vergöttern; ~ **Boga** Gott ehren
wielbłąd M (*-a; -y*) Kamel *n*
wielbłądzi: **~a wełna** Kamelhaar *n*; **z ~ej wełny** Kamelhaar-
wielce ADV *lit* überaus
wielcy *persf* → wielki
wie|le *num* (*persf -lu*) viele; ADV viel; **~le czasu** viel Zeit; **mieć ~le wspólnego** viel gemeinsam haben; **mieć ~le do powiedzenia** viel zu sagen haben; **o ~le więcej** viel mehr; **o ~le za dużo** viel zu viel; **o ~le za wcześnie** viel zu früh; **z ~lu powodów** aus vielerlei Gründen; **tego już za ~le!** *umg* jetzt reicht's mir aber!
wielekroć *lit* vielmals, oftmals
wielgachny *umg* riesig
Wielka Brytania F (*-nii; bpl*) Großbritannien *n*
Wielkanoc F (*Wielkanocy od Wielkiejnocy; -e*) Ostern *n*; **na ~** zu Ostern; über Ostern; **kartka** *f* **na ~** Osterkarte *f*
wielkanoc|ny Oster-, österlich; **życzenia** *pl* **~ne** Ostergrüße *pl*
wiel|ki groß, riesig; *artysta, dzieło, odkrycie* groß(artig); **≈ki Tydzień** *m* REL Karwoche *f*; **≈ki Piątek** *m* REL Karfreitag *m*; **~ka litera** *f* Großbuchstabe *m*; **~ki świat** *m fig* die große weite Welt; **~ka woda** *f* Hochwasser *n*; **Karol ≈ki** Karl der Große
wielko|duszny großmütig, großzügig; **~lud** M (*-a; -y*) Riese *m*; **~miejski** großstädtisch, Großstadt-
wielko|mocarstwowy POL Großmacht-; **~pański** vornehm (*a. iron*); **~płytowy** BUD Großplatten-
Wielkopolska F (*-i; bpl*) Großpolen *n*
wielko|ść F (*-ści*) Größe *f*; (*ogrom*) Ausmaß *n*; **~ść nakładu** TYPO Auflage(n)höhe *f*; **jednakowej ~ści** von gleicher Größe, gleich groß; **~światowy** weltmännisch
wielo|aspektowy *fig* vielschichtig; **~barwny** mehrfarbig, farbenreich; **~bój** M (*-boju; -boje*) SPORT Mehrkampf; **~częściowy** mehrteilig
wielo|dniowy mehrtägig; **~dzietny** kinderreich; **~funkcyjny** Mehrzweck-
wielo|języczny mehrsprachig; **~kąt** M (*-a; -y*) MAT Vieleck *n*; **~komórkowy** BIOL vielzellig; **~kropek** M (*-pka; -pki*) Auslassungspunkte *m/pl*
wielokrot|nie ADV mehrmals; **~ny** mehrmalig; *zwycięzca* mehrfach; **~ny przestępca** *m* JUR Wiederholungstäter *m*
wielo|letni mehrjährig; **~milionowy** Millionen-; **~narodowy** *państwo* Vielvölker-; multinational
wieloosobowy: **pokój** *m* **~** Mehrbettzimmer *n*
wielo|partyjny POL Mehrparteien-; **~pasmowy** *ulica* mehrspurig; **~piętrowy** mehrstöckig
wielo|płaszczyznowy vielseitig, komplex; **~postaciowy** vielgestaltig; **~raki** (*-ko*) vielfältig
wieloryb|b M (*-a; -y*) Wal *m*; **~bi** Wal-
wielorybn|ictwo N (*-a; bpl*) Walfang *m*; **~iczy** Walfang-; **~ik** M (*-a; -cy*) Walfänger *m*
wielo|stopniowy *eliminacje* mehrstufig; **~stronny** vielseitig; *umowa* multilateral; **~ścian** M (*-u; -y*) MAT Vielflach *n*; **~ść** F (*-ści; bpl*) *spraw* Vielzahl *f*; *zainteresowań* Vielfalt *f*
wielo|tomowy vielbändig; **~tonowy** mehrere Tonnen schwer; **~tysięczny** *tłum* vieltausendköpfig; **~warstwowy** vielschichtig
wielo|wiekowy jahrhundertealt; **~wymiarowy** mehrdimensional; **~znaczny** mehrdeutig, vieldeutig; **~żeństwo** N (*-a; bpl*) Vielehe *f*, Polygamie *f*
wielu *persf* → wiele
wieniec M (*-ńca; -ńce*) Kranz *m*
wieńco|wy: **choroba** *f* **~wa** MED Angina Pectoris *f*; **naczynia** *n/pl* **~we** ANAT (Herz)kranzgefäße *n/pl*
wieńczyć (*-ę*) ARCH krönen (*a. fig*)
wieprz M (*-a; -e; gen -ów od -y*) Schwein *n*; Eber *m*; **~owina** F (*-y; bpl*) Schweinefleisch *n*; **~owy** Schweine-
wiercenia N/PL (*gen -eń*) Bohrungen *f/pl*
wiercić (*-cę*) bohren; **~ się** (herum)zappeln, unruhig sein; **~ k-u dziurę w brzuchu** (*inst*) j-m in den Ohren liegen (mit *dat*)
wiercipięta F *od m* (*-y*) *umg* Zappelphilipp *m*
wiernopoddańczy untertänig
wierno|ść F (*-ści; bpl*) Treue *f*; **dochować ~ści** die Treue halten; **~ść przekładu** wortgetreue Übersetzung *f*
wier|ny treu; *kopia* getreu; *tłumaczenie* wortgetreu; **~ni** *pl* REL Gläubige(n) *pl*

W

wiersz M (-a; -e) Gedicht *n*; *(wers)* Vers *m*; TYPO Zeile *f*; **~ miłosny** Liebesgedicht *n*; **pisać ~e** dichten, Gedichte schreiben; **mówić ~em** reimen; **drugi ~ od dołu** zweite Zeile *f* unten; **między ~ami** *fig* zwischen den Zeilen
wierszokleta M (-y; -ci) *pej* Versemacher *m*, Möchtegerndichter *m*
wierszówka F (-i; *gen* -wek) *umg* Zeilenhonorar *n*
wiert|arka F (-i; *gen* -rek) Bohrmaschine *f*; **~ło** N (-a; *gen* -teł) Bohrer *m*; **~niczy** Bohr-; **platforma** *f* **~nicza** Bohrinsel *f*
wierut|ny *lit kłamstwo* glatt, grob; **~na bzdura** *f* Irrwitz *m*
wierzący[1] gläubig
wierzą|cy[2] M (-ego; -y), **~ca** F (-ej; -e) Gläubige(r) *m*, *f*
wierzba F (-y) BOT Weide *f*; **~ płacząca** Trauerweide *f*
wierzch M (-u; -y) Oberseite *f*; Außenseite *f*; *ubrania* Oberteil *m od n*; **na ~u** oben; **na ~** nach oben; **~ dłoni** Handrücken *m*; **założyć** *pf* **na ~ sweter** *umg* einen Pulli drüberziehen; **jechać ~em** reiten; **oczy wyszły mu na ~** *umg* er staunte Bauklötze
wierzchni *warstwa* Ober-; **~e okrycie** *n* Oberbekleidung *f*
wierzcho|łek M (-łka; -łki) *góry* Gipfel *m*, Spitze *f*; *drzewa* Wipfel *m*; MAT Scheitel *m*; **~wiec** M (-wca; -wce) Reitpferd *n*
wierze|je PL (*gen* -i) *lit* Tor *n*; **~nia** N/PL (*gen* -eń) REL Mythen *n/pl*; **~nia** *pl* **ludowe** Volksglaube *m*
wierzgać (-am) ⟨**-nąć**⟩ (-nę) *koń* ausschlagen; **~ nogami** mit den Füßen strampeln
wierzyciel M (-a; -e) FIN Gläubige(r) *m*
wierzyć (-ę) (**w** *akk*) glauben (an *akk*); *(ufać)* vertrauen (auf *akk*); **~ w Boga** an Gott glauben; **nie ~ swoim oczom** seinen Augen nicht trauen; **~ się nie chce** man glaubt es nicht
wierzytelność F (-ści) FIN Gläubigeranspruch *m*
wieszać (-am) ⟨**powiesić**⟩ (*powieszę*) (auf)hängen (**na** *lok* an *akk*); *(zabić)* erhängen; **~ obraz na ścianie** ein Bild an der Wand aufhängen; **~ płaszcz na wieszaku** einen Mantel an den Haken hängen; **wieszać psy na** (*lok*) kein gutes Haar lassen an (*dat*); **~ się** sich hängen (**na** *lok* an *akk*); **wieszać się** sich erhängen wollen; **wieszać się na szyi k-u** sich j-m an den Hals hängen
wieszak M (-a; -i) Garderobe *f*; *(pojedyńczy hak)* Kleiderhaken *m*; *stojący* Kleiderständer *m*; *(ramiączko)* Kleiderbügel *m*; *przy ubraniu* Aufhänger *m*
wie|szcz M (-a; -owie od -e) *lit* visionärer Dichter *m*; **~szcz narodowy** Nationaldichter *m*, Poet *m*; Seher *m*; **~szczka** F (-i; *gen* -czek) Seherin *f*; **~szczy** *(proroczy)* seherisch, prophetisch
wieś F (*wsi*; *wsie*; *gen wsi*) Dorf *n*; **jechać na ~** aufs Land fahren; **na wsi** auf dem Land(e); **życie** *n* **na wsi** Landleben *n*; **we wsi** im Dorf; **~ zabita dechami** *umg* Kuhdorf *n*
wieś|ć[1] F (-ści) Nachricht *f*; *(plotka)* Gerücht *n*; **przepaść** *pf* **bez ~ci** spurlos verschwinden
wieść[*2] (*wiodę, wiedzie*) *lit* V/T *spory, wojnę* führen; V/I *droga, drzwi, schody* führen; **~ spokojne życie** ein ruhiges Leben führen; **wiedzie nam się dobrze** es geht uns gut; **nie wiodło mu się w interesach** die Geschäfte liefen nicht gut
wieśni|aczka F (-i; *gen* -czek) Bäuerin *f*; *pej* Dörflerin *f*; **~ak** M (-a; -cy) Bauer *m*; *pej* Dörfler *m*; **~acy** *pl* Bauern *m/pl*; Dorfleute *pl*, Dorfbewohner *m/pl*; *pej* Dörfler *m/pl*
wietrzeć ⟨**z-**⟩ (-eję) GEOL verwittern; *wino, piwo* schal werden, abgestanden schmecken; *perfumy* sich verflüchtigen, verfliegen
wietrzenie N (-a) Lüften *n*; GEOL Verwitterung *f*
wietrz|nik M (-a; -i) Lüftungsklappe *f*; **~ny** (**-no**) windig; **ospa** *f* **~na** MED Windpocken *pl*
wietrzyć ⟨**wy-**⟩ (-ę) lüften; **~ się** gelüftet werden; ⟨**z-**⟩ wittern (*a. fig*)
wie|trzyk M (-a od -u; -i) Lüftchen *n*, leichte Brise *f*; **~wiórka** F (-i; *gen* -rek) Eichhörnchen *n*
wieźć[*] (*wiozę*) V/T fahren; transportieren, befördern; *koń, osioł* ziehen
wieża F (-y; -e) Turm *m* (*a.* SPORT); MUS (Stereo)Turm *m*; **~ kościelna** Kirchturm *m*; **~ kontrolna** LOT Tower *m*, Kontrollturm *m*; **~ ciśnień** Wasserturm *m*; **~ wiertnicza** Bohrturm *m*; **♀ Babel** REL der Turm zu Babel (*a. fig*); **~ z kości słoniowej** Elfenbeinturm *m*
wieżowiec M (-wca; -wce) Hochhaus *n*;

W

~owy Turm-; **~yczka** F (-i; *gen* -czek) *dim* Türmchen *n*
więc *konj, partikel*: **(a) ~** also; **a ~** und zwar; **(no) ~?** (was) nun?, also?; **tak ~** also
więcej ADV *komp* mehr; **co ~** mehr noch; **coraz ~** immer mehr; **nic ~** nichts mehr, sonst nichts; **nigdy ~** nie wieder; **mniej ~** ungefähr, etwa; → dużo; wiele
więdnąć ⟨**z-**⟩ (-*nę*; *wiądł*) BOT verwelken (*a. fig*)
większi *komp* ADJ *persf* größer; → duży; wielki
większoś|ć F (-*ści*; *bpl*) Mehrheit *f* (*a.* POL), Mehrzahl *f*; **~cią głosów** POL mit der Mehrheit der Stimmen; **w ~ci** vorwiegend; **w ~ci przypadków** in den meisten Fällen
więk|szy *komp* ADJ größer; stärker; **~szy od** (*gen*) *od* **niż** (*nom*) größer als (*nom*); **~sza część** *f* Großteil *m*; **~sze zakupy** *pl* Großeinkauf *m*; → duży; wielki
więzić (-*żę*) gefangen halten
więzienie N (-*a*) (*zakład karny*) Gefängnis *n*, Haft(anstalt) *f*; (*kara*) Haft(strafe) *f*, Gefängnis(strafe) *f*
więzien|nictwo N (-*a*; *bpl*) Strafvollzug *m*; **~ny** Gefängnis-; **strój** *m* **~ny** Sträflingsanzug *m*
więzień M (-*źnia*; -*źniowie*) *zakładu karnego* Häftling *m*, *ofic* Gefängnisinsasse *m*; *obozu* Häftling *m*, Gefangene(r) *m* (*a. fig*); **~ polityczny** politischer Gefangene(r) *m*; (*kobieta*) politische Gefangene *f*; **~ obozu koncentracyjnego** HIST KZ-Häftling *m*
więznąć ⟨**u-**⟩ (-*nę*) stecken bleiben; klemmen
więzy PL (*gen* -*ów*) *lit* Fesseln *pl*; *przyjaźni, miłości* Bande *pl*; *konwenansów* Enge *f*; **~ rodzinne** Familienbande *pl*
więź F (-*zi*; -*zi*) *emocjonalna, społeczna* Bindung *f*
więźniarka F (-*i*; *gen* -*rek*) *zakładu karnego* (weiblicher) Häftling *m*, *ofic* Gefängnisinsassin *f*; *obozu* (weiblicher) Häftling *m*, Gefangene *f*; **~ obozu koncentracyjnego** HIST (weiblicher) KZ-Häftling *m*
wigilia F (*gen dat lok* -*ii*; -*e*): ♀ **(Bożego Narodzenia)** Heiligabend *m*, der Heilige Abend; (*kolacja*) Festessen *n* am Heiligabend; (*przeddzień*) Vorabend *m*, Vortag *m*
wigilij|ny: **wieczór** *m* **~ny** Heiligabend *m*, der Heilige Abend; **potrawy** *f/pl* **~ne** traditionelles Weihnachtsessen *n*
wigor M (-*u*; -*bpl*) Vitalität *f*, (Lebens) Energie *f*; **pełen ~u** vital
wikariusz M (-*a*; -*e*) Vikar *m*
wiklin|a F (-*y*) BOT Korbweide *f*, Binse *f*; *koll* Weidenzweige *pl*; (*wyroby*) Korbware *f*; **~owy** *fotel, wyroby* Korb-; **kosz** *m* **~owy** Weidenkorb *m*
wikłać ⟨**za-**⟩ (-*am*) verwirren, verkomplizieren; **~ się** kompliziert(er) werden, verwickelt werden; ⟨**u-**⟩ verstricken, verwickeln (**w** *akk* in *akk*); **~ się** sich verstricken (**w** *akk* in *akk*)
wikt M (-*u*; *bpl*) Kost *f*, Verpflegung *f*
wil|czek M (-*czka*; -*czki*) Wolfsjunge(s) *n*, Wölfchen *n*; (*pies*) kleiner Schäferhund *m*; **~czur** M (-*a*; -*y*) (Deutscher) Schäferhund *m*
wil|czy Wolfs-; **mieć ~czy apetyt** *umg* einen Bärenhunger haben; **~cza jagoda** *f* BOT Tollkirsche *f*; **~czy bilet** *m* sehr schlechte Arbeitsreferenzen *pl*; **~czyca** F (-*y*; -*e*) Wölfin *f*
wilg|a F (-*i*) Pirol *m*; **~oć** F (-*ci*; *bpl*) Feuchtigkeit *f*; **~otnawy (-wo)** klamm
wilgotnieć ⟨**z-**⟩ (*3. Pers* -*eje*) feucht werden
wilgotność F (-*ści*; *bpl*) Feuchtigkeit *f*, Feuchtigkeitsgehalt *m*; **~ powietrza** Luftfeuchtigkeit *f*
wilgotny (-no) feucht; **~ i zimny** nasskalt
wilk M (-*a*; -*i*) Wolf *m*; (*owczarek*) Schäferhund *m*; **być głodnym jak ~** *umg* einen Bärenhunger haben; **~ w owczej skórze** ein Wolf im Schafspelz; **patrzeć ~iem** finster dreinschauen; **o ~u mowa!** wenn man vom Teufel spricht!; **nie wywołuj ~a z lasu!** schlafende Hunde soll man nicht wecken; **~ morski** *żart* Seebär *m*
wilkołak M (-*a*; -*i*) Werwolf *m*
willa F (-*i*; -*e*) Villa *f*
willo|wy: **dzielnica** *f* **~wa** Villenviertel *n*
wi|na F (-*y*) Schuld *f* (*a.* JUR); **ponosić ~nę (za** *akk*) Schuld haben, schuld sein (an *dat*); **z własnej ~ny** selbst verschuldet; **to nie twoja ~na** das ist nicht deine Schuld; **to jego ~na** er ist schuld
winda F (-*y*) Aufzug *m*, Fahrstuhl *m*
windykacja F (-*i*; *bpl*) JUR Herausgabeanspruch *m*; **~yjny** JUR Herausgabe-
windziarz M (-*a*; -*e*) Liftboy *m*
winia|k M (-*u*; -*i*) Weinbrand *m*; **~rnia** F (-*i*; -*e*) (*lokal*) Weinlokal *n*, Weinkeller *m*; (*zakład*) Weingut *n*; Weinkellerei *n*
winić (-*ię*): **~ k-o** (**o** *akk od* **za** *akk*) j-n

W

beschuldigen (*gen*), j-m die Schuld geben (an *dat*)

winien[1] *präd* M (*persf winni*) schuld(ig) (*a.* JUR); **kto jest temu ~?** wer ist schuld daran?; **jestem mu ~ sto złotych** ich schulde ihm hundert Zloty; **ile jestem panu ~?** wie viel schulde ich Ihnen?; **sam sobie jesteś ~** du bist selbst schuld; **jesteś mi ~ wyjaśnienie** du bist mir eine Erklärung schuldig; **jestem ci ~ podziękowanie** ich bin dir zu Dank verpflichtet

winien[2] (*winienem*) *lit*: **~em** (+ *inf*) ich soll; ich sollte (+ *inf*); **~em był powiedzieć** ich hätte es sagen sollen; **~eś** du sollst; du solltest; **~eś był przyjść** du hättest kommen sollen; **oni winni byli przyjść** sie hätten kommen sollen; **~ zaraz wrócić** er müsste bald wieder zurückkommen

winieta F (-*y*) TYPO Vignette *f*

winna *präd* F schuld(ig) (*a.* JUR); → winien[1]

winne[1] *präd* N schuld(ig) (*a.* JUR); → winien[1]

winne[2] *präd sachf* schuld(ig) (*a.* JUR); → winien[1]

winni *präd persf* schuld(ig) (*a.* JUR); → winien[1]

winni|ca F (-*y*; -*e*) Weinberg *m*; **~czek** M (-*czka*; -*czki*) Weinbergschnecke *f*

winn|y[1] schuld(ig) (*a.* JUR); **być ~ym k-u pieniądze** j-m Geld schulden; **uznać** *pf* **~ym** *od* **za ~ego** j-n für schuldig erklären

win|ny[2] M (-*ego*; -*ni*), **~na** F (-*ej*; -*ne*) Schuldige(r) *m, f*

win|ny[3] Wein-; **krzew** *m* **~ny** *od* **~na latorośl** *f* Weinstock *m*, Weinrebe *f*; **ocet** *m* **~ny** Weinessig *m*

wino N (-*a*) Wein *m*; **~ białe** Weißwein *m*; **~ grzane** Glühwein *m*; **~ musujące** Schaumwein *m*; **~branie** N (-*a*) Weinlese *f*; **święto** *n* **~brania** Winzerfest *n*

winogrona N/PL (*gen* -) Weintrauben *f/pl*

winogronowy: **sok** *m* **~** Traubensaft *m*

winorośl F (-*śli*; -*śle*) Weinrebe *f*, Weinstock *m*

winowaj|ca M (-*y*; *gen* -*ów*), **~czyni** F (-*i*; -*e*) Schuldige(r) *m(f)*; JUR Täter(in) *m(f)*, Schuldige(r) *m(f)*

winszować ⟨**po-**⟩ (-*uję*): **~ k-u** (*gen*) j-m gratulieren (zu *dat*), j-n beglückwünschen (zu *dat*); **~ k-u z okazji ślubu** j-m zu seiner Hochzeit gratulieren; **~ sobie** (*gen*) sich beglückwünschen (zu *dat*)

wiocha F (-*y*) *umg* Kaff *n*

wiodący *fig* führend

wiolinowy Violin-

wiolonczela F (-*i*; -*e*) Cello *n*

wiolonczelist|a M (-*y*; -*ści*), **~ka** F (-*i*; *gen* -*tek*) Cellist(in) *m(f)*, Cellospieler(in) *m(f)*

wionąć (*3. Pers wionie*): **wionie chłodem** es ist ein kühler Lufthauch zu spüren; **wionęło zapachem ziół** es duftete plötzlich nach Kräutern

wiosen|ny Frühlings-, frühlingshaft; **~ne roztopy** *pl* Tauwetter *n*; **~ne porządki** *pl* Frühjahrsputz *m*

wioska F (-*i*; *gen* -*sek*) (kleines) Dorf *n*, Weiler *m*; **~ rybacka** Fischerdorf *n*; **~ olimpijska** SPORT das olympische Dorf *n*, Olympiadorf *n*

wiosło N (-*a*, *lok* -*śle*; *gen* -*seł*) *łodzi* Ruder *n*; *kajaku* Paddel *n*

wiosło|wy: **łódź** *f* **~wa** Ruderboot *n*

wiosłować (-*uję*) *w łodzi* rudern; *w kajaku* paddeln

wios|na F (-*y*; *gen* -*sen*) Frühling *m*, Frühjahr *n*; **~ną** *od* **na ~nę** im Frühling

wioślar|ka F (-*i*; *gen* -*rek*) Ruderin *f*; **~stwo** N (-*a*; *bpl*) Rudersport *m*, Rudern *n*

wioślarz M (-*a*; -*e*) Ruderer *m*

wiotczeć ⟨**z-**⟩ (*3. Pers* -*eje*) *skóra, mięśnie* schlaff werden, erschlaffen

wiotki (**-ko**) *skóra* schlaff; (*szczupły*) schlank und rank, geschmeidig

wiórki M/PL (*gen* -*ów*): **~ kokosowe** KULIN Kokosraspel *f/pl*

wiórkować (-*uję*) *podłogę* abziehen

wióro|wy: **płyta** *f* **~wa** Spanplatte *f*

wiór|y M/PL (*gen* -*ów*) Späne *m/pl*; **suchy jak ~** knochentrocken

wir M (-*u*; -*y*) *powietrza* Wirbel *m*; *wody* Strudel *m*, Wasserwirbel *m*; **w ~ze wypadków** im Strudel der Ereignisse; **rzucić się** *pf* **w ~ pracy** sich in die Arbeit stürzen

wiraż M (-*u*; -*e*) AUTO Kehre *f*

wirnik M (-*a*; -*i*) TECH Schleuder *m*

wirować (-*uję*) *bieliznę* schleudern; V/I *płatki śniegu, kurz* wirbeln; *pralka* schleudern; **~ w głowie** sich im Kopf drehen

wirowy *ruch* Rotations-, Dreh-

wirówka F (-*i*; *gen* -*wek*) *w pralce* Wäscheschleuder *m*; *mleka* Zentrifuge *f*

wirtualny virtuell

wirtuoz M (-*a*; -*i*) Virtuose *m*; **~owski** virtuos

wirus M (-a; -y) MED, EDV Virus *n od m*, **~owy** Virus-
wisieć (*wiszę*) V/I hängen (**na** *lok* an *dat*); *sople* herabhängen; **~ na ścianie** an der Wand hängen; **~ nad** (*inst*) hängen über (*akk*) (*a. fig*); **~ na telefonie** *umg* an der Strippe hängen; **~ w powietrzu** *fig* in der Luft hängen; **~ na włosku** *fig* an einem Haar hängen, an einem seidenen Faden hängen
wisielczy: **~ humor** *m* Galgenhumor *m*
wisi|elec M (*-lca; -lcy; gen -lców*) Erhängte(r) *m*; **~orek** M (*-rka; -rki*) (Schmuck)-Anhänger *m*
Wisła F (*-y; bpl*) Weichsel *f*
wiszący: **most** *m* **~** Hängebrücke *f*
wiślany Weichsel-
wiśni|a F (*-i; -e, gen -sien*) (Sauer)Kirsche *f*; (*drzewo*) Kirschbaum *m*; **~ak** M (*-u; -i*) Kirschwasser *n*
wiśniowy KULIN, BOT Kirsch-; *kolor* kirschrot
witać ⟨**przy-**⟩ (*-am*) begrüßen, willkommen heißen; *fig* begrüßen; **(serdecznie) witam!** *od* **witamy!** (herzlich) willkommen!; **witaj!** grüß dich!; **~ się** sich begrüßen; **~ się z** (*inst*) begrüßen (*akk*)
wita|lny vital; **~mina** F (*-y*) Vitamin *n*; **~minowy** Vitamin-
witraż M (*-u od -a; -e*) MAL Glasfenster *n*
witryna F (*-y*) (*wystawa*) Schaufenster *n*; (*gablota*) Vitrine *f*, Schaukasten *m*; *chłodnicza* Theke *f*
wiwat M (*-u; -y*): **~!** es lebe hoch!; **~y** *pl* Hochrufe *pl*; **strzelać na ~** Salut schießen; **dać** *pf* **do ~u k-u** *umg* j-n verheizen, j-m zusetzen
wiwatować (*-uję*): **~ na cześć** (*gen*) hochleben lassen (*akk*)
wi|za F (*-y*) Visum *n*; **~za tranzytowa** Transitvisum *n*; **podanie** *n* **o ~zę** Visumantrag *m*; **złożyć** *pf* **podanie o ~zę** ein Visum beantragen
wizażyst|a M (*-y; -ści*), **~ka** F (*-i; gen -tek*) Visagist(in) *m(f)*
wizerunek M (*-nku; -nki*) MAL, FOTO Bildnis *n*; *fig* Bild *n*; **~ wroga** *fig* Feindbild *n*
wiz|ja F (*-i; -e*) Vision *f*; RADIO Bild *n*; **~ja lokalna** JUR Tatortbesichtigung *f*; **być na ~ji** RADIO auf Sendung sein
wiz|jer M (*-a; -y*) FOTO Sucher *m*; (*judasz*) Guckloch *n*, *umg* Spion *m*; **~jonerski** visionär
wiz|ualny visuell; **~yjny** visionär; RADIO Bild-
wizy|ta F (*-y*) Besuch *m*; **~ta u lekarza** Arztbesuch *m*; **~ta domowa lekarza** Hausbesuch *m*; **przyjechać** *pf* **z ~tą** zu Besuch kommen (**do** *gen* zu *dat*); **być z ~tą** zu Besuch sein (**u** *gen* bei *dat*); **złożyć** *pf* **~tę k-u** j-m einen Besuch abstatten; **zamówić** *pf* **~tę u lekarza** einen Arzttermin vereinbaren
wizyta|cja F (*-i; -e*) *szkoły, fabryki* Inspektion *f*; **~tor** M (*-a; -rzy*) Inspektor *m*; (*kobieta*) Inspektorin *f*; **~tor szkoły** Schulinspektor *m*
wizytować (*-uję*) inspizieren, besichtigen
wizytowy: **strój** *m* **~** Gesellschaftskleidung *f*
wizytówka F (*-i; gen -wek*) Visitenkarte *f* (*a. fig*); *na drzwiach* Namensschild *n*
wjazd M (*-u; -y*) Einfahrt *f*; *do kraju* Einreise *f*; **~ na autostradę** Autobahnauffahrt *f*; **~owy** Einfahrts-; *wiza* Einreise-; **brama** *f* **~owa** Einfahrt *f*
wjeżdżać (*-am*) ⟨**wjechać***⟩ (*wjadę*) (hin)einfahren (**do** *gen* in *akk*); *na górę* hinauffahren (**na** *akk* auf *akk*); **~ na peron** auf ein Gleis einfahren; **~ na plac** auf einen Platz fahren; **~ na k-o** *fig umg* j-n anfahren
wklejać (*-am*) ⟨**wkleić**⟩ (*wkleję*) einkleben
wklejka F (*-i; gen -jek*) TYPO Vorsatz *n*
wklęsły (**-ło**) *policzki* eingefallen; *soczewka* konkav, Konkav-; **druk** *m* **~** TYPO Tiefdruck *m*
wkład M (*-u; -y*) Beitrag *m* (**do** *gen* zu *dat*); FIN Einlage *f*; (*element wymienny*) Einsatz *m*; **~ do długopisu** Kugelschreibermine *f*; **~ pracy** Arbeitsaufwand *m*
wkładać (*-am*) ⟨**włożyć**⟩ (*-ę*) (hin)einlegen, (hin)einstecken, hineintun (**do** *gen* in *akk*); *buty, suknię* anziehen; *okulary, czapkę* aufsetzen; *pierścień* anstecken; *kapitał* anlegen; **~ wiele pracy** viel Arbeit investieren, viel Arbeit hineinstecken (**w** *akk* in *akk*); **~ wiele wysiłku** sich viel Mühe geben
wkładka F (*-i; gen -dek*) *do gazety* Beilage *f*; TECH Einsatz *m*, Einsatzstück *n*; KULIN Fleischeinlage *f*; **~ do butów** (Schuh)Einlage *f*; **~ domaciczna** Pessar *n*
wkoło PRÄP → wokoło

wkopywać (*-uję*) ⟨**wkopać**⟩ (*-ię*) (in die Erde) eingraben; ~ **k-o** *umg* j-n verpfeifen; ~ **w nieprzyjemną sytuację k-o** *umg* j-n in eine schwierige Lage hineinreiten; ~ **się** sich eingraben; ~ **się** *fig umg* sich verraten; ~ **się w nieprzyjemną sytuację** *umg* sich in eine schwierige Lage hineinreiten, in eine schwierige Situation hineinschlittern
wkraczać (*-am*) ⟨**wkroczyć**⟩ (*-ę*) MIL einmarschieren, einrücken; (*interweniować*) einschreiten; ~ (**na** *akk od* **do** *gen*) betreten (*akk*); ~ **na salę** den Saal betreten; ~ **w czyjeś kompetencje** in j-s Kompetenzen eingreifen; ~ **na drogę reform** den Weg der Reformen einschlagen; ~ **w ostatnią fazę** in die letzte Phase treten
wkradać się (*-am*) ⟨**wkraść się**⟩ (*wkradnę*) sich einschleichen (*a. fig*)
wkrapiać (*-am*) ⟨**wkropić**⟩ (*-ę*) *sok* dazugeben
wkraplać (*-am*) ⟨**wkroplić**⟩ (*-ę*) *lek* einträufeln (**do** *gen* in *akk*); ~ **sobie** sich einträufeln
wkraść* się PF: **wkradł się w jego łaski** er hat sich bei ihm eingeschmeichelt; → wkradać się
wkręcać (*-am*) ⟨**-ić**⟩ (*-ę*) *śrubę* einschrauben; *żarówkę* eindrehen; ~ **k-o** *umg* j-m eine Stelle verschaffen; ~ **k-u** *umg* j-m andrehen; ~ **się** *nogawka, włosy* (hinein)geraten (**w** *akk* in *akk*); *umg* sich einschleichen
wkręt M (*-u; -y*) Schraube *f*
wkroczyć PF → wkraczać
wkropić PF (*-ię*): ~ **k-u** *umg* j-m den Hintern versohlen; → wkrapiać
wkroplić PF → wkraplać
wkrótce bald, in Kürze; demnächst; ~ **po** (*lok*) bald nach (*dat*)
wkupywać się (*-uję*) ⟨**wkupić się**⟩ (*-ię*): ~ **w czyjeś łaski** sich bei j-m einschmeicheln
wkurzać (*-am*) ⟨**-yć**⟩ (*-ę*) → wnerwiać
wkurzony (*persf -eni*) *umg* stinksauer, aufgebracht
wkuwać (*-am*) *umg* büffeln, pauken
wlać PF: ~ **k-u** *umg* j-m eins auf den Deckel geben; → wlewać
wlatywać (*-uję*) ⟨**wlecieć**⟩ (*-ę*) *ptak, komar* hereinfliegen, hineinfliegen; *powietrze* hereinkommen; (*wbiec*) *umg* angerannt kommen, hereinstürzen
wlec* (*wlokę*): ~ **za sobą** hinter sich herschleifen; hinter sich herziehen; (*nieść*) (hin)schleppen; ~ **ze sobą** *umg* mitschleppen; ~ **się** *osoba, pojazd* sich schleppen; *czas* sich (lange) hinziehen; *pertraktacje* schleppend vorankommen; ~ **się po ziemi** auf dem Boden schleifen
wlecieć PF → wlatywać
wlepiać (*-am*) ⟨**-ić**⟩ (*-ię*) einkleben; ~ **karę** *umg* eine Strafe aufbrummen; ~ **oczy w** (*akk*) *umg* anstarren, anglotzen (*akk*)
wlew M (*-u; -y*): ~ **do baku** Tanköffnung *f*
wlewać (*-am*) ⟨**wlać**⟩ (*wleję*) eingießen; ~ **się** fließen, hineinlaufen (**do** *gen* in *akk*); *fig* sich ergießen
wleźć* PF → włazić
wliczać (*-am*) ⟨**-yć**⟩ (*-ę*) (**do** *gen*) (mit) einrechnen (in *akk*)
wliczony: ~ **w cenę** im Preis inbegriffen
wloto|wy: **ulica** *f* ~**wa** Einfahrtstraße *f*
władać (*-am*) (*inst*) herrschen (über *akk*); ~ **językiem obcym** eine Fremdsprache beherrschen; **nie** ~ **nogą** MED ein Bein nicht bewegen können
władca M (*-y; gen -ów*), ~**czyni** F (*-i; -e*) Herrscher(in) *m(f)*
władczy (**-czo**) herrisch, *lit* gebieterisch; *instynkty* Macht-
wła|dza F (*-y; bpl*) POL Macht *f* (*a. fig*); ~**dze** *pl* (*gen* -) Behörden *pl*, Verwaltung *f*; ~**dza państwowa** Staatsgewalt *f*; **dojść** *pf* **do** ~**dzy** an die Macht kommen; **być u** ~**dzy** an der Macht sein; **stracić** *pf* ~**dzę nad sobą** die Beherrschung verlieren; ~**dza rodzicielska** JUR Sorgerecht *n*; **stracić** *pf* ~**dzę w nogach** MED seine Beine nicht bewegen können; **w pełni** ~**dz umysłowych** bei voller Zurechnungsfähigkeit, voll zurechnungsfähig
włamać się PF → włamywać się
włam|anie N (*-a*) Einbruch *m*; ~**ywacz** M (*-a; -e*) Einbrecher *m*
włamywać się (*-uję*) ⟨**włamać się**⟩ (*-ię*) einbrechen (**do** *gen* in *akk*)
własno|ręczny eigenhändig; ~**ściowy** Eigentums-
własność F (*-ści; bpl*) JUR Eigentum *n*; **mieć na** ~ (*akk*) Eigentümer sein (*gen od* von *dat*)
włas|ny eigene(r); EKON Selbst-; ~**ne mieszkanie** *n* eigene Wohnung *f*; **mieć** ~**ne zdanie** eine eigene Meinung haben;

W

z ~nej inicjatywy in Eigeninitiative, aus eigenem Antrieb; **z ~nej woli** aus freien Stücken, freiwillig; **nazwa** *f* **~na** Eigenname *m*; **na ~ną rękę** auf eigene Faust; **w obronie ~nej** aus Notwehr; **na ~ne potrzeby** für den Eigenbedarf; **~nej roboty** selbst gemacht; **ciasto** *n* **~nej roboty** selbst gebackener Kuchen *m*; **we ~nej osobie** (höchst)persönlich

właściciel M (*-a; -e; gen -i*), **~ka** F (*-i; gen -lek*) Eigentümer(in) *m(f)*, Besitzer(in) *m(f)*; **~ psa** Hundebesitzer *m*; **~ akcji** FIN Aktieninhaber *m*

właściwie *partikel* eigentlich; → właściwy

właściwo|ść F (*-ści*) Beschaffenheit *f*; **~ści** *pl* Eigenschaften *f/pl*

właści|wy (-wie) *odpowiedź, kierunek, sformułowanie* richtig; *osoba* geeignet, richtig; (*stosowny*) angemessen; JUR zuständig, kompetent; **~wy k-u** *od* **dla k-o** j-m eigen, für j-n typisch; **we ~wym czasie** zur rechten Zeit; **ciężar** *m* **~wy** FIZ spezifisches Gewicht *n*; **uznać** *pf* **za ~we** für angemessen halten

właśnie *partikel* eben; (*akurat*) gerade

właz M (*-u; -y*) *do kanału* Einstiegsschacht *m*; *czołgu* Luke *f*

włazić (*włażę*) ⟨**wleźć**⟩ (*wlezę*) *umg* hineinlatschen (**do** *gen* in *akk*); hineinplatzen; *na górę* hinaufklettern (**na** *akk* auf *akk*); (*mieścić się*) hineinpassen; **~ pod** (*akk*) hineinkriechen unter (*akk*); **~ w kałużę** *umg* in eine Pfütze latschen; **~ do pokoje** *umg* ins Zimmer hineinplatzen; **ile wlezie** *umg* jede Menge; was das Zeug hält

włączać (*-am*) ⟨**-yć**⟩ (*-ę*) ELEK einschalten; *bieg* einlegen; *fig* einbeziehen (**do** *gen* in *akk*); (*przyłączyć*) eingliedern; **~ się** (**do** *gen*) sich anschließen (*dat*); **~ się do dyskusji** sich einer Diskussion anschließen

włącznie einschließlich, inklusive

włączyć PF → włączać

Włoch M (*-a; -si*) Italiener *m*

włochaty *sierść* zottig; *pierś* haarig, behaart; *tkanina* flauschig; *łodyga, liść* mit Haaren bedeckt, haarig

Wło|chy PL (*gen -*) Italien *n*; **we ~szech** in Italien

włos M (*-a; -y*) Haar *n*; *dywanu* Flor *m*; **~y** *pl* Haare *pl*, Haar *n*; **... do ~ów** Haar-; **~y** *pl* **anielskie** Lametta *n*; **pod ~** gegen den Strich; **dywan** *m* **z długim ~em** ein Teppich mit hohem Flor; **ani o ~** nicht ein bisschen, nicht um Haaresbreite; **o (mały) ~** um ein Haar, um Haaresbreite; **rwać sobie ~y z głowy** sich die Haare raufen; **~ z głowy ci nie spadnie** dir wird kein Haar gekrümmt; **dzielić ~ na czworo** Haarspalterei betreiben

włosi|e N (*-a; bpl*) Rosshaar *n*, Haargarn *n*; **~eń** M (*-enia od -śnia; -enie od -śnie*) ZOOL Trichine *f*

włoski[1] M/PL (*gen -ów*) *dim* Härchen *n/pl*; BOT Haare *n/pl*, Härchen *pl*

włos|ki[2] **(po -ku)** italienisch; **orzech** *m* **~ki** Walnuss *f*; **kapusta** *f* **~ka** Wirsing(kohl) *m*

włosowa|ty: **naczynia** *n/pl* **~te** ANAT Kapillaren *f/pl*

włoszczyzna F (*-y; bpl*) Suppengrün *n*, Suppengemüse *n*

Włoszka F (*-i; gen -szek*) Italienerin *f*

włośnica F (*-y; bpl*) MED Trichinose *f*

włożyć PF → wkładać

włóczęga[1] F (*-i*) Vagabundenleben *n*, Herumziehen *n*; (*wycieczka*) Wanderschaft *f*

włóczęga[2] M (*-i; -i od -dzy; gen -ów*) (*tułacz*) Landstreicher *m*; (*wagabunda*) Vagabund *m*

włóczęgostwo N (*-a; bpl*) Landstreicherei *f*

włócz|ka F (*-i; gen -czek*) Strickwolle *f*; **~kowy** Strick-; **~nia** F (*-i; -e*) HIST Lanze *f*

włóczyć (*-ę*) (*wlec*) herziehen, herschleifen; **~ k-o** *umg* j-n mitschleppen (**po** *lok* in *akk*); **~ się** *umg* sich herumtreiben; *pies* streunen; **~ się po knajpach** *umg* sich in Bars herumtreiben, in Bars herumhängen; **~ się za** (*inst*) j-m hinterherlaufen

włóczykij M (*-a; -e*) *umg* Herumtreiber *m*, Vagabund *m*

włókienni|ctwo N (*-a; bpl*) Textilindustrie *f*; **~czy** Textil-

włókni|arz M (*-a; -e*), **~arka** F (*-i; gen -rek*) Textilarbeiter(in) *m(f)*

włók|nisty faserig; **~no** N (*-a; gen -kien*) Faser *f* (*a.* BOT, ANAT); **~no syntetyczne** Kunstfaser *f*

wmawiać (*-am*) ⟨**wmówić**⟩ (*-ię*): **~ k-u** *od* **w k-o** j-m einreden; **~ sobie** *od* **w siebie** sich einreden; sich einbilden; **nie wmówisz mi, że ...** *umg* du kannst mir nicht weismachen, dass ...

wmieszać PF → mieszać

wmontowywać (*-wuję*) ⟨**wmontować**⟩ (*-uję*) einbauen
wmówić PF → wmawiać
wmurowywać (*-wuję*) ⟨**wmurować**⟩ (*-uję*) einmauern
wmuszać (*-am*) ⟨**wmusić**⟩ (*wmuszę*): **~ k-u** *od* **w k-o** j-m aufzwingen, j-m aufdrängen
wnerwiać (*-am*) ⟨**-ić**⟩ (*-ię*): **~ k-o** *umg* j-n nerven, j-m auf den Geist gehen; **~ się** *umg* sich aufregen, sauer werden
wnerwiony *umg* genervt, sauer
wnet *lit* (als)bald, demnächst
wnęka F (*-i*) Nische *f*; **~ kuchenna** Kochnische *f*
wnęko|wy: **szafa** *f* **~wa** Wandschrank *m*
wnęt|rze N (*-a*) Innere(s) *n*; BUD Innenraum *m*; Interieur *n*; PSYCH Innenleben *n*; **do ~rza** nach innen; **zajrzeć** *pf* **do ~rza** hineinschauen; **architektura ~rz** Innenarchitektur *f*
wnętrzności PL (*gen -i*) Eingeweide *n/pl*
wniebogłosy lauthals; **drzeć się ~** *umg* schreien wie am Spieß; **krzyczeć ~** aus Leibeskräften schreien
Wniebo|wstąpienie N (*-a; bpl*) REL Christi Himmelfahrt *f*; **~wzięcie** N (*-a; bpl*) REL Mariä Himmelfahrt *f*
wniebowzięty (*persf -ci*) selig, entzückt
wnieść* PF → wnosić
wnikać (*-am*) ⟨**-nąć**⟩ (*-nę*) *woda, wirus, światło* eindringen; **~ w** (*akk*) *fig* ergründen, durchdringen (*akk*); **nie wnikając w szczegóły** ohne ins Detail zu gehen; **ja w to nie wnikam** *umg* ich will das gar nicht (so) genau wissen; **~ w czyjeś myśli** sich in j-n hineindenken
wnikliwy **(-wie)** *osoba* aufmerksam, scharfsinnig; *analiza* tiefgründig; *badania* intensiv, gründlich; *spojrzenie* forschend, durchdringend
wniknąć PF → wnikać
wnios|ek M (*-sku; -ski*) Schlussfolgerung *f*, Rückschlüsse *m/pl*; (*propozycja*) Vorschlag *m*; *pisemny* Antrag *m*; **dojść** *pf* **do ~ku, że** ... zu dem Schluss kommen *od* gelangen, dass ...; **wystąpić** *pf* **z ~kiem** e-n Antrag stellen; **~ek o ukaranie** JUR Strafantrag *m*
wnioskodaw|ca M (*-y; gen -ów*), **~czyni** F (*-i; -e*) Antragsteller(in) *m(f)*
wnioskować ⟨**wy-**⟩ (*-uję*) (schluss)folgern, schließen (**z** *gen* aus *dat*); **wnioskować o** (*lok*) schließen auf (*akk*)

wniwecz: **obrócić ~** *lit* zunichtemachen
wnosić (*wnoszę*) ⟨**wnieść**⟩ (*wniosę*) *v/t* hineintragen, hereinbringen; *na górę* hinauftragen, hinaufbringen; *skargę, pozew* einreichen; *prośbę* vorbringen; *protest* einlegen; *opłatę* entrichten; *korektury* anbringen; **~ wkład** einen Beitrag leisten (**do** *gen* zu *dat*); **~ o** (*akk*) JUR beantragen (*akk*); **wnosić** *v/i* (*wnioskować*) schließen, schlussfolgern (**z** *gen* aus *dat*)
wnucz|ek M (*-czka; -czkowie*) Enkel *m*, Enkelkind *n*; **~kowie** *pl* Enkelkinder *pl*
wnuczlęta PL (*gen wnucząt*) Enkelkinder *pl*; **~ka** F (*-i; gen -czek*) Enkelin *f*, Enkelkind *n*
wnu|k M (*-a; -owie*) Enkel *m*; **~ki** *pl* (*gen -ów; akk wnuki*) Enkelkinder *pl*
wn|usia F (*-i; -e*) *dim* Enkelin *f*; **~uś** M (*-sia; -sie*) *dim* Enkel *m*
wnyki PL (*gen -ów*) (*sidła*) Schlinge *f*
woalka F (*-i; gen -lek*) Schleier *m*
wobec PRÄP (*gen*) (*względem*) gegenüber (*dat*); (*z powodu*) angesichts, wegen (*gen*); (*w porównaniu*) gegenüber (*dat*); (*w obecności*) vor (*dat*); **~ niej był miły** ihr gegenüber war er nett; **~ zagrożenia** angesichts der Gefahr; **~ tego, że** ... in Anbetracht dessen, dass ..., angesichts dessen, dass ...; **~ czego** infolgedessen
wo|da F (*-y*) Wasser *n*; **~da (zdatna) do picia** Trinkwasser *n*; **~da bieżąca** fließendes Wasser *n*, Leitungswasser *n*; **~da mineralna** Mineralwasser *n*; **słodka ~da** Süßwasser *n*; **~da święcona** REL Weihwasser *n*; **~da kolońska** kölnisch Wasser *n*; **~dy** *pl* Gewässer *n*; **~dy** *pl* **gruntowe** Grundwasser *n*; **~dy** *pl* **terytorialne** POL Hoheitsgewässer *n/pl*; **~dy** *pl* **płodowe** Fruchtwasser *n*; **nastawić** *pf* **~dę na herbatę** Teewasser aufsetzen; **z ~dy** KULIN gekocht, Koch-; **cicha ~da brzegi rwie** *fig* stille Wasser sind tief; **być ~dą na czyjś młyn** Wasser auf j-s Mühle sein; **~da sodowa uderzyła mu do głowy** der Ruhm ist ihm zu Kopf(e) gestiegen
wodewil M (*-u; -e*) TEATR Vaudeville *n*, Singspiel *n*
wodniactwo N (*-a; bpl*) Wassersport *m*
wod|niak M (*-a; -cy*) Wassersportler *m*; **~nik** M (*-a; -i*) MITOL Wassergeist *m*, Wassermann *m*; **♒nik** ASTRON Wassermann *m*; **jestem spod znaku ♒nika** ASTRON ich bin Wassermann

wod|nisty wäss(e)rig; **~ny** Wasser-; **drogą ~ną** zu Wasser; MAR auf dem Seeweg; **znak** *m* **~ny** Wasserzeichen *n*; **para** *f* **~na** Wasserdampf *m*; **roślina** *f* **~na** Wasserpflanze *f*; **łóżko** *n* **~ne** Wasserbett *n*; **rower** *m* **~ny** Tretboot *n*
wodociąg M (-u; -i) Wasserleitung *f*; **~i** *pl umg* Wasserwerke *pl*
wodociągo|wy: **sieć** *f* **~wa** Wasserleitungsnetz *n*
wodo|głowie N (-a; bpl) MED Wasserkopf *m*; **~lecznictwo** N (-a; bpl) Wasserheilkunde *f*
wodolejstwo N (-a; bpl) *umg pej* Blabla *n*
wodo|lot M (-u; -y) Tragflügelboot *n*, Tragflächenboot *n*; **~łaz** M (-a; -y) ZOOL Neufundländer *m*
wodo|odporny wasserfest; **~pój** M (-oju; -oje) Tränke *f*; **~rost** M (-u; -y) Wasserpflanze *f*, Tang *m*; **~rowy** CHEM Wasserstoff-
wodo|spad M (-u; -y) Wasserfall *m*; **~szczelny** wasserdicht; **~trysk** M (-u; -i) Springbrunnen *m*
wodować (-uję) MAR vom Stapel lassen
wodór M (-oru; bpl) CHEM Wasserstoff *m*
wo|dze PL (*gen* -y) Zügel *pl*; **trzymać na ~dzy** *fig* zügeln, im Zaum halten; **puszczać ~dze fantazji** seiner Fantasie freien Lauf lassen; **pod ~dzą** (*gen*) MIL unter der Führung (*gen*)
wodzić (-dzę, wódź!): **~ wzrokiem za** (*inst*) mit den Augen verfolgen (*akk*), hinterherschauen (*dat*); **~ wzrokiem** (**po** *lok*) seinen Blick schweifen lassen (über *akk*); **~ k-o za nos** j-n an der Nase herumführen; **~ palcem po** (*lok*) mit dem Finger streichen über (*dat*)
wodzowie PL → wódz
woj. (województwo) ADMIN Woiwodschaft *f*
wojak M (-a; -cy) *umg żart* Soldat *m*
wojaż M (-u; -e) *żart* ferne Reise *f*
wojen|ny *okręt, sąd, korespondent* Kriegs-; **jeniec** *m* **~ny** Kriegsgefangene(r) *m*; **stan** *m* **~ny** POL Kriegszustand *m*; **być na stopie ~nej** auf (dem) Kriegsfuß stehen (**z** *inst* mit *dat*)
wojewoda M (-y; -owie) ADMIN Woiwode *m*
wojewódz|ki ADMIN Woiwodschafts-; **~two** N (-a) ADMIN Woiwodschaft *f*
wojłok M (-u; -i) Filz *m*

woj|na F (-y; *gen* -jen) Krieg *m* (*a. fig*); **~na domowa** Bürgerkrieg *m*; **druga ~na światowa** HIST der Zweite Weltkrieg; **zimna ~na** HIST der Kalte Krieg; **święta ~na** MIL, REL Heiliger Krieg *m*; **iść na ~nę** in den Krieg ziehen; **zginąć** *pf* **na ~nie** im Krieg fallen; **wypowiedzieć** *pf* **~nę** den Krieg erklären; **w czasie ~ny** während des Krieges, im Krieg; **po ~nie** nach dem Krieg
wojować (-uję): **~ z** (*inst*) *umg fig* bekämpfen (*akk*)
wojown|iczy (-czo) kriegerisch; *fig* streitsüchtig, kampflustig; **~ik** M (-a; -cy) Krieger *m*
wojs|ko N (-a) Armee *f*, Streitkräfte *pl*; *umg* (*służba wojskowa*) Wehrdienst *m*; (*żołnierze*) *koll* Soldaten *pl*; **~ka** *pl* **lądowe** Bodentruppen *pl*; **~ka** *pl* **lotnicze** Luftwaffe *f*, Luftstreitkräfte *pl*; **zaciągnąć się** *pf* **do ~ka** zum Militär gehen
wojsko|wy[1] (-wo) militärisch, Militär-; **służba** *f* **~wa** Wehrdienst *m*, Militärdienst *m*; **cmentarz** *m* **~wy** Soldatenfriedhof *m*; **odmowa** *f* **służby ~wej** Wehrdienstverweigerung *f*
wojskowy[2] M (-ego; -i) Militär *m*, Soldat *m*
wokalny MUS vokal, Vokal-
wokan|da F (-y): **sprawa jest na ~dzie** JUR das Verfahren läuft
wok|oło, ~ół ADV ringsum, rundum; PRÄP (*gen*) um (*akk*) herum; *fig* um (*akk*)
wo|la F (-i; bpl) Wille *m*; **dobra ~la** guter Wille *m*; **wolna ~la** freier Wille *m*; **z własnej ~li** freiwillig, aus freien Stücken; **mimo ~li** unwillkürlich, unabsichtlich; **do ~li** nach Herzenslust; **~la walki** Kampf(es)wille *m*, Kampflust *f*; **ostatnia ~la** JUR Letzter Wille *m*
wole N (-a; *gen* -i) MED, ZOOL Kropf *m*
woleć (-ę, -i) bevorzugen, vorziehen, lieber mögen; **wolę** (+ *inf*) ich möchte lieber (+ *inf*); es wäre mir lieber zu (+ *inf*); **wolałbym** (+ *inf*) ich würde lieber (+ *inf*); **jak kto woli** *partikel* wie man will
wolfram M (-u; bpl) CHEM Wolfram *n*
woli Ochsen-
wolne N (-ego; bpl): **mieć ~** *umg* freihaben
wolniutki (-ko) *dim* ganz langsam, schön langsam
wolno[1] *präd*: man darf; **nie ~** man darf nicht; **~ było** man durfte; **czy ~ zapytać?** darf man fragen?; **czy ~ palić?** darf man rauchen?; **(nie) ~ mi** ich darf (nicht);

W

nikomu nie ~ niemand darf; **wszystko mu ~** er darf alles
wolno² ADV → wolny²
wolno|cłowy zollfrei; **sklep** *m* **~cłowy** Dutyfreeshop *m*; **~mularstwo** N (*-a; bpl*) HIST Freimaurerei *f*; **~myśliciel** M (*-a; -e*) Freidenker *m*
wolnorynko|wy: **gospodarka** *f* **~wa** freie Marktwirtschaft *f*; **cena** *f* **~wa** Marktpreis *m*
wolnościowy Freiheits-
wolno|ść F (*-ści; bpl*) Freiheit *f* (*a.* POL, JUR); **~ść słowa** Meinungsfreiheit *f*; **~ść wyznania** Glaubensfreiheit *f*; **być na ~ści** JUR auf freiem Fuß sein; **żyć na ~ści** ZOOL in freier Wildbahn leben; **wypuścić** *pf* **na ~ść** freilassen; **wyjść** *pf* **na ~ść** freigelassen werden
wolny¹ frei (*a.* POL, JUR); (*stan cywilny*) ledig; *etat* nicht besetzt, frei; CHEM frei, ungebunden; **~ od** (*gen*) frei von (*dat*); **~ od opłat** gebührenfrei; **~ od podatku** steuerfrei; **na ~m powietrzu** im Freien; **czas** *m* **~** Freizeit *f*; **wstęp** *m* **~** freier Eintritt *m*; **~ przekład** *m* freie Übersetzung *f*; **rzut** *m* **~y** SPORT Freistoß *m*; **~ zawód** *m* freier Beruf *m*; **~ słuchacz** *m* Freihörer *m*
wol|ny² (**-no**) (*powolny*) langsam; **~nym krokiem** langsamen Schrittes; **z ~na** langsam; **na ~nym ogniu** auf kleiner Flamme; **~nego!** *umg* nu mal langsam!; **dom** *m* **~no stojący** frei stehendes Haus *n*; **puścić** *pf* **~no** freilassen
wolontariusz M (*-a; -e*), **~ka** F (*-i; gen -szek*) Volontär(in) *m(f)*
woltomierz M (*-a; -e*) Voltmeter *n*
woltyżer M (*-a; -rzy*), **~ka¹** F (*-i; gen -rek*) Kunstreiter(in) *m(f)*
woltyżerka² F (*-i; bpl*) Kunstreiten *n*, Voltigieren *n*
wołacz M (*-a; -e*) GRAM Vokativ *m*
wołać ⟨**za-**⟩ (*-am*) rufen; **~ za** (*inst*) j-m hinterherrufen; **~ do k-o** j-m zurufen; **wołać o** (*akk*) fordern (*akk*); **wołać o pomoc** Hilfe rufen; **~ do telefonu k-o** *umg* j-n ans Telefon holen; **wołać o pomstę do nieba** *fig* zum Himmel schreien
wołanie N (*-a*) Rufen *n*, Rufe *m/pl*; **~ o pomoc** Hilferuf *m*
wołek M (*-łka; -łki*): **~ zbożowy** Kornkäfer *m*
woło|wina F (*-y; bpl*) Rindfleisch *n*; **~wy** KULIN Rinder-, Rinds-; **mięso** *n* **~we** Rindfleisch *n*; **dupa** *f* **~wa** *vulg fig* Schlappschwanz *m*
Wołów M (*-owa; bpl*) Wohlau *n*
woły PL → wół
wonny *lit* duftend, wohlriechend
woń F (*-ni; -nie; gen -ni*) *lit* Duft *m*; **przykra ~** unangenehmer Geruch *m*
WOP (**Wojska Ochrony Pogranicza**) Polnischer Grenzschutz *m*
wopista F (*-y; -ści*) *umg* polnischer Grenzsoldat *m*
WOPR (**Wodne Ochotnicze Pogotowie Ratunkowe**) *in Deutschland: DLRG* (*Deutsche Lebens-Rettungs-Gesellschaft*)
woreczek M (*-czka; -czki*) *dim* Beutelchen *n*, Säckchen *n*; **~ żółciowy** ANAT Gallenblase *f*
wor|ek M (*-rka; -rki*) Sack *m*; **~ki** *pl* **pod oczami** Augenringe *pl*; Tränensäcke *pl*; **~ek z piachem** Sandsack *m*; **~ek treningowy** SPORT Sandsack *m*; **wrzucać do jednego ~ka** *fig umg* alles in einen Topf werfen
workowaty (**-to**) sackförmig
Wormacja F (*-i; bpl*) Worms *n*
wory PL → wór
wosk M (*-u; -i*) Wachs *n*; **~ pszczeli** Bienenwachs *m*; **~ do podłóg** Bohnerwachs *m*; **zmięknąć** *pf*: **jak ~** *fig* wie Wachs dahinschmelzen
woskować ⟨**na-**⟩ (*-uję*) (ein)wachsen; *podłogę* bohnern
wosko|wina F (*-a; bpl*) Ohrenschmalz *n*; **~wy** Wachs-; **gabinet** *m* **figur ~wych** Wachsfigurenkabinett *n*
wotum N (*unv; -a; gen -ów*) REL Votivgabe *f*, Weihgabe *f*; **~ zaufania** POL Vertrauensvotum *n*; **~ nieufności** POL Misstrauensvotum *n*
wozić (*-żę, woź od wóź!*) V/T (aus)fahren; **~ dzieci do szkoły** Kinder zur Schule fahren; **~ ze sobą** (auf einer Fahrt) mithaben, (auf eine Fahrt) mitnehmen
wozy PL → wóz
woź|na F (*-ej; -e*) *w szkole* Hausmeisterin *f*; **~nica** M (*-y; gen -ów*) Kutscher *m*, Fuhrmann *m*; **~ny** M (*-ego; -i*) *w szkole* Hausmeister *m*
wódeczka F (*-czki; gen -czek*) *dim* Wodka *m*
wód|ka F (*-i; gen -dek*) *czysta* Wodka *m*; Korn(branntwein) *m*; **~ki** *pl* **gatunkowe**

Spirituosen *pl*; **butelka** *f* **~ki** eine Flasche Wodka; **kieliszek** *m* **~ki** ein Glas Wodka; **iść na ~kę** *umg* einen trinken gehen

wódz M (*wodza; wodzowie*) (*przywódca*) Führer *m*; **~ plemienia** (Stammes)Häuptling *m*; **~ naczelny** MIL Oberbefehlshaber *m*; **~ duchowy** geistiger Führer *m*

wójt M (*-a; -owie*) ADMIN Gemeindevorsteher *m*; (*kobieta*) Gemeindevorsteherin *f*

wół M (*wołu; woły*) Ochse *m*; **~ roboczy** *fig* Packesel *m*; Arbeitstier *n*; **pracować jak ~** schuften, ackern; **tu stoi jak ~** hier steht es schwarz auf weiß

wór M (*wora; wory*) (großer) Sack *m*

wówczas *lit* damals; dann

wóz M (*wozu; wozy*) (Pferde)Wagen *m*; *umg* Auto *n*; **~ strażacki** Feuerwehrauto *n*; **~ policyjny** Polizeiwagen *m*; **~ dostawczy** Lieferwagen *m*; **~ węgla** ein Wagen Kohle; **być raz na wozie raz pod wozem** mal Glück, mal Pech haben

wóz|ek M (*-zka; -zki*) Karren *m*; *na zakupy* Einkaufswagen *m*; *na bagaż* Gepäckwagen *m*; **~ek dziecięcy** Kinderwagen *m*; **~ek inwalidzki** Rollstuhl *m*; **~ek spacerowy** Buggy *m*; **~ek dla lalek** Puppenwagen *m*; **~ek widłowy** Gabelstapler *m*; **poruszać się na ~ku** im Rollstuhl sitzen; **~ek szpitalny** fahrbare Krankentrage *f*; **jechać na jednym** *od* **na tym samym ~ku** *fig* im selben Boot sitzen

wózkowy M (*-ego; -wi*) Gabelstaplerfahrer *m*

WP[1] **(Wojsko Polskie)** Polnische Armee *f*

WP[2] **(wielmożny pan)** *w adresie* Herrn; **(wielmożna pani)** *w adresie* Frau; **(wielmożni państwo)** *w adresie* Familie

wpadać (*-am*) ⟨**wpaść**⟩ (*wpadnę*) hineinfallen; *powietrze* hereinkommen; *oczy, policzki* einfallen; (*wbiec*) hereinstürzen, hineinstürzen; (*zostać wykrytym*) *umg* auffliegen, erwischt werden; (*zajść w ciążę*) *umg* ungewollt schwanger werden; (*odwiedzić*) vorbeikommen, vorbeischauen (**do** *gen* bei *dat*); **~ w** (*akk*) *fig* geraten in (*akk*); **~ w pułapkę** in die Falle gehen (*a. fig*); **~ pod samochód** unters Auto kommen; **~ na drzewo** gegen einen Baum fahren; **~ na pomysł** auf eine Idee kommen; **~ na ślad** auf die Spur kommen; **~ w nałóg** süchtig werden; **~ k-u w ręce** in j-s Hände geraten; **~ w kłopoty** in Schwierigkeiten geraten; **~ jak po ogień** *umg* auf einen Sprung vorbeikommen; **coś mi wpadło do oka** mir ist etwas ins Auge gefallen; **wpadać** *rzeka* münden

wpadka F (*-i; gen -dek*) *umg* (*wyjście na jaw*) Auffliegen *n*; (*zajście w ciążę*) ungewollte Schwangerschaft *f*; (*niepowodzenie*) Reinfall *m*; Flop *m*; (*pomyłka*) Peinlichkeit *f*; Fauxpas *m*

wpadnięty *twarz, policzki* eingefallen

wpajać (*-am*) ⟨**wpoić**⟩ (*wpoję*) beibringen, einprägen

wpakować PF (*-uję*) *rzeczy* hineinpacken, *umg* hineinstopfen (**do** *gen* in *akk*); **~ k-o** *umg fig* j-n reinlegen, j-n hineinreiten (**w** *akk* in *akk*); **~ pieniądze** *umg* Geld hineinstecken (**w** *akk* in *akk*); **~ k-o do więzienia** *umg* j-n einbuchten, j-n ins Gefängnis stecken; **~ k-o do łóżka** *umg* j-n ins Bett stecken; **~ k-u kulę** *umg* j-m eine Kugel verpassen; **~ się** *umg* sich hineindrängen; **~ się** *umg fig* sich hineinreiten, hineinschlittern (**w** *akk* in *akk*)

wparować PF (*-uję*) (*wejść*) *umg* hineinplatzen

wpaść˙ PF: **~ jak śliwka w kompot** in Teufels Küche kommen; → wpadać

wpatrywać się (*-uję*) (**w** *akk*) unverwandt ansehen (*akk*), seinen Blick heften (auf *akk*)

wpatrzony: **być ~m w** (*akk*) seinen Blick richten auf (*akk*)

wpełzać (*-am*) ⟨**-nąć**⟩ (*-nę*) hineinkriechen

wpędzać (*-am*) ⟨**-ić**⟩ (*-dzę*) hineintreiben; **~ w rozpacz k-o** j-n zur Verzweiflung treiben; **~ w kłopoty k-o** *umg* j-n in eine schwierige Lage hineinreiten; **~ w chorobę k-o** j-n krank machen; **~ się w kłopoty** *umg* sich in eine schwierige Lage hineinreiten; **~ się w chorobę** sich eine Krankheit zuziehen

wpiąć PF → wpinać

wpić PF → wpijać

wpieniać (*-am*) ⟨**-ić**⟩ (*-ię*): **~ k-o** *umg* j-m auf den Wecker gehen, j-n rasend machen; **~ się** wütend werden

wpieniony (*persf -eni*) *umg* wütend, aufgebracht

wpieprzać (*-am*) ⟨**-yć**⟩ (*-ę*) (*zjeść*) *vulg* auffressen; **~ k-o** (*denerwować*) *vulg* j-m auf die Eier gehen; **~ k-u** (*zbić*) *vulg* j-m die Fresse polieren, j-n vermöbeln

wpierać (*-am*) ⟨**weprzeć**⟩ (*weprę*) stem-

men (**w** *akk* gegen *akk*); **wpierać w k-o** j-m einreden (wollen), j-m weismachen (wollen)
wpierw *lit* zuerst; vorher, zuvor
wpijać (*-am*) ⟨**wpić**⟩ (*wpiję*): **~ zęby** (**w** *akk*) hineinbeißen, die Zähne schlagen (in *akk*); **wpijać się** (*cisnąć*) (sich) einschneiden, kneifen; *kleszcz* sich festsaugen; **~ się zębami** sich festbeißen (**w** *akk* an *dat*); **~ się paznokciami** sich festkrallen (**w** *akk* an *dat*)
wpinać (*-am*) ⟨**wpiąć**⟩ (*wepnę*) *kartkę, dokument* einheften; *spinkę* einstecken
wpis M (*-u*; *-y*) Eintragung *f*
wpisać PF → wpisywać
wpis|owe N (*-ego*; *-e*) Einschreib(e)gebühr *f*; **~owy** *opłata* Eintragungs-
wpisywać (*-uję*) ⟨**wpisać**⟩ (*wpiszę*) eintragen, hineinschreiben (**do** *gen* in *akk*); EDV eingeben; **~ na listę** in eine Liste eintragen, in eine Liste aufnehmen; **~ się** sich eintragen (**do** *gen* in *akk*); **~ się na listę** sich in eine Liste eintragen, sich in eine Liste aufnehmen lassen
wplatać (*-am*) ⟨**wpleść**⟩ (*wplotę*) einflechten (*a. fig*)
wplątywać (*-uję*) ⟨**wplątać**⟩ (*wplączę*) verwickeln, verstricken; **~ się** sich verstricken, sich verwickeln (**w** *akk* in *akk*); *włosy, gałąź* sich (hin)eindrehen
wpleść PF → wplatać
wpłacać (*-am*) ⟨**-ić**⟩ (*-ę*) einzahlen
wpłata F (*-y*) Einzahlung *f*
wpłynąć PF → wpływać
wpływ M (*-u*; *-y*) Einfluss *m*; **~y** *pl* FIN Einnahmen *pl*; **wywierać ~** Einfluss ausüben (**na** *akk* auf *akk*); **pod ~em** (*gen*) unter dem Einfluss (*gen*); **mieć ~y** Beziehungen haben
wpływać (*-am*) ⟨**wpłynąć**⟩ (*-nę*) *do portu* (in den Hafen) einlaufen; *kwota, listy, przelew* eingehen; *powietrze, zapach* (hin) einströmen; **~ na** (*akk*) Einfluss haben auf (*akk*), beeinflussen (*akk*); **źle ~** (**na** *akk*) beeinträchtigen (*akk*); **wpływać** *rzeka* münden (**do** *gen* in *akk*)
wpływowy einflussreich
wpoić PF → wpajać
wpół ADV: **~ do drugiej** halb zwei; **o ~ do czwartej** um halb vier; **objąć** *pf* **~ k-o** j-n um die Taille fassen; **złożony ~** zusammengefaltet, geknickt; **zgiąć się** *pf* **~** sich verbeugen
wpółotwarty → półotwarty
wpółżywy *umg* todmüde; mehr tot als lebendig
wpraszać się (*-am*) ⟨**wprosić się**⟩ (*wproszę*) sich selbst einladen
wpra|wa F (*-y*; *bpl*) Übung *f*, Routine *f*; **wyjść** *pf* **z ~wy** aus der Übung kommen; **z ~wą** geschickt, routiniert; **dla ~wy** zur Übung
wprawdzie zwar; allerdings
wprawiać (*-am*) ⟨**-ić**⟩ (*-ię*) *szybę* einsetzen; *oczko* einfassen; *obraz* (ein)rahmen; **~ w** (*akk*) *fig* versetzen in (*akk*); **~ k-o w podziw** j-n in Erstaunen versetzen; **~ k-o w zakłopotanie** j-n in Verlegenheit bringen, j-n verlegen machen; **~ w ruch** in Bewegung setzen; **~ się** (**w** *lok*) sich üben (in *dat*); **~ się w dobry nastroj** sich in gute Stimmung bringen
wpraw|ka F (*-i*; *gen -wek*) Übungsstück *n*; **~ny** erfahren, routiniert; *ruch* geschickt; *oko* geübt
wprosić się PF → wpraszać się
wprost ADV (*bezpośrednio*) direkt; **~ przed siebie** geradeaus; **na ~** (*gen*) gegenüber von (*dat*); *partikel* (*wręcz*) geradezu; (*otwarcie*) offen; **~ przeciwnie** ganz im Gegenteil
wprowadzać (*-am*) ⟨**-ić**⟩ (*-ę*) (**do** *gen*) hineinführen, hereinbringen (in *akk*); *zmiany, obowiązek, nazwę* einführen; **~ w** (*akk*) (*zaznajomić*) einführen in (*akk*); **~ urozmaicenie** Abwechslung bringen; **~ w życie** ins Leben rufen; **~ w czyn** in die Tat umsetzen; **~ w błąd** irreführen; **~ do użytku** (neu) anwenden; **~ do sprzedaży** auf den Markt bringen; **~ do garażu** in die Garage fahren; **~ się** einziehen (**do** *gen* in *akk*); **jutro się wprowadzamy** morgen ziehen wir ein
wprowadzenie N (*-a*) Einführung *f*; **~ danych** EDV Eingabe *f*; **~ w błąd** Irreführung *f*; **~ się** Einzug *m*, Einziehen *n*
wprowadzić PF → wprowadzać
wprzęgać (*-am*) ⟨**-nąć**⟩ (*-nę*) *od* ⟨**wprząc**⟩ (*wprzęgę*) *fig* einspannen
wpust M (*-u*; *-y*) Einlassöffnung *f*; TECH Nut *f*; **~ ściekowy** Gully *m od n*
wpuszczać (*-am*) ⟨**wpuścić**⟩ (*wpuszczę*) *osobę, powietrze* (her)einlassen (**do** *gen* in *akk*); *nogawki* (hinein)stecken; **~ k-o w maliny** j-n reinlegen
wpychać (*-am*) ⟨**wepchnąć**⟩ (*-nę*) hi-

neinstopfen, hineinstecken; ~ **k-u** (*sprzedawać*) *umg* j-m andrehen, j-m aufschwatzen; ~ **w k-o** (*dawać jeść*) *umg* in j-n hineinstopfen, j-n vollstopfen; ~ **się** (**do** *gen*) sich hineindrängen (in *akk*)
wracać (-*am*) ⟨**wrócić**⟩ (-*ę*) zurückkommen, *lit* zurückkehren; *obrazy, moda, myśli* wiederkommen, wiederkehren; ~ **do domu** heimkehren; ~ **z drogi** umkehren; ~ **do zdrowia** wieder gesund werden, *lit* genesen; ~ **myślami do** (*gen*) zurückdenken an (*akk*), in Erinnerung rufen (*akk*); ~ **do równowagi** *fig* wieder ins Gleichgewicht kommen; **wracając do** (*gen*) um zurückzukommen auf (*akk*)
wrak M (-*u*; -*i*) Wrack *n* (*a. fig*)
wrastać (-*am*) ⟨**wrosnąć**⟩ (-*nę*) (hin)einwachsen (*a. fig*)
wraz ADV: ~ **z** (*inst*) *lit* zusammen mit (*dat*); gleichzeitig mit (*dat*); samt (*dat*)
wrażen|ie N (-*a*) Eindruck *m*; **~ia** *pl* **wzrokowe** visuelle Eindrücke *pl*; **~ia** *pl* **smakowe** Geschmackseindrücke *pl*; **odnieść** *pf* **~ie, że ...** den Eindruck gewinnen, dass ...; **sprawiać ~ie zdenerwowanego** einen nervösen Eindruck machen; **robić** *od* **wywierać ~ie** Eindruck machen (**na** *akk* auf *akk*); **pod ~iem** (*gen*) unter dem Eindruck von (*dat*); **z ~ia** vor Aufregung
wrażli|wość F (-*ści*; *bpl*) Sensibilität *f*, Empfindsamkeit *f*; Empfindlichkeit *f* (**na** *akk* gegen *akk*); **~wy** *osoba* sensibel, empfindsam; *skóra, żołądek* sensibel; **~wy na** (*akk*) empfindlich (gegen *akk*); empfänglich (für *akk*); **przesadnie ~wy** überempfindlich; **~wy na zmiany pogody** wetterfühlig; **~wy na zimno** kälteempfindlich
wrąb M (-*u*; -*y*) Kerbe *f*, Einschnitt *m*; **po wręby** randvoll
wrąbać PF (-*ię*) (*zjeść*) *umg* auffuttern, verputzen
wredny *umg* link, gemein
wreszcie ADV endlich, schließlich; **~!** endlich!
wręcz geradezu; ~ **przeciwnie** ganz im Gegenteil; **walka** *f* ~ Nahkampf *m*
wręczać (-*am*) ⟨-**yć**⟩ (-*ę*) *nagrody, dyplom* verleihen; (*dać do ręki*) aushändigen, überreichen
Wrocław M (-*wia*; *bpl*) Breslau *n*
wrodzić się PF (-*ę*): ~ **w k-o** nach j-m geraten
wrodzony angeboren; MED vererbt, Erb-; ~ **talent** *m* Naturtalent *n*
wro|gi (*persf* -*dzy*) (-**go**) feindlich, feindselig; POL feindlich; **~go nastawiony** feindlich gesinnt; **~gi stosunek** *m* **do obcych** Fremdenfeindlichkeit *f*
wrogość F (-*ści*; *bpl*) Feindseligkeit *f*
wrogowie PL → wróg
wro|na F (-*y*) Krähe *f*; **jeśli wejdziesz między ~ny, musisz krakać jak i one** man muss mit den Wölfen heulen; **~ni** Krähen-
wrosnąć PF → wrastać
wrota PL (*wrót*) *lit* Tor *n* (*a. fig*)
wrotki F/PL (*gen* -*tek*) Rollschuhe *m/pl*
wróbel M (-*bla*; -*ble*) Spatz *m*; **lepszy ~ w garści niż gołąb na dachu** besser ein Spatz in der Hand als eine Taube auf dem Dach; **~ek** M (-*lka*; -*lki*) *dim* Spätzchen *n*
wrócić PF → wracać
wróg M (*wroga; wrogowie; -ów*) Feind *m* (*a.* MIL); **śmiertelny ~** Erzfeind *m*
wróż|ba F (-*y*) Wahrsagung *f*, Weissagung *f*; (*zapowiedź*) (Vor)Zeichen *n*; **zła ~ba** schlechtes Omen *n*; **dobra ~ba** gutes Omen *n*; **~biarstwo** N (-*a*; *bpl*) Wahrsagekunst *f*
wróż|bita M (-*y*; -*ci*) Wahrsager *m*; **~ebny** prophetisch; **~ka** F (-*i*; *gen* -*żek*) Wahrsagerin *f*; *w baśni* Fee *f*
wróżyć ⟨**po-**⟩ (-*ę*) wahrsagen; ~ **z kart** Karten legen; ~ **z ręki** aus der Hand lesen; ⟨**wy-**⟩ (*przepowiadać*) voraussagen, prophezeien; **wróżyć** (*zapowiadać*) ankündigen; **to nie wróży nic dobrego** das verheißt nichts Gutes; **to dobrze wróży** das ist ein gutes Zeichen
wryć się PF (*wryję*) sich hineinbohren; ~ **się w pamięć** sich einprägen
wryty: **stanąć** *pf* **jak ~** wie angewurzelt stehen bleiben
wrzask M (-*u*; -*i*) Geschrei *n*
wrzaskliwy (-**wie**) *pej* laut, lärmend; *głos* kreischend, gellend
wrzasnąć PF → wrzeszczeć
wrza|wa F (-*y*) Lärm *m*, Tumult *m*; **wywołać ~wę** *fig* viel Lärm machen (um *akk*), viel Staub aufwirbeln
wrzą|cy siedend, kochend; kochend heiß; **~tek** M (-*tku*; *bpl*) kochendes Wasser *n*, kochend heißes Wasser *n*
wrzeciono N (-*a*; *gen* -) Spindel *f*
wrzeć* (*wrę; wrze*) *woda* kochen; **praca**

wre es wird flott gearbeitet, es wird auf Hochtouren gearbeitet; **życie wre** das Leben tobt; **walka wrzała** der Kampf tobte; **~ z gniewu** vor Wut kochen; **tu wrze jak w ulu** hier geht es zu wie im Taubenschlag; **wrze** POL es brodelt, es gärt (**w** *lok* in *dat*)
wrzen|ie N (*-a; bpl*) *wody* Kochen *n*, Sieden *n*; *fig* Unruhen *f/pl*; **temperatura** *f* **~ia** Siedepunkt *m*
wrze|sień M (*-śnia; -śnie*) September *m*; **we ~śniu** im September
wrzeszczeć (*-ę, -y*) ⟨**wrzasnąć**⟩ (*-nę*) schreien, brüllen; **~ na k-o** j-n anschreien, j-n anbrüllen
wrześniowy September-
wrzodo|wy: **choroba** *f* **~wa** Magengeschwür *n*
wrzodzianka F (*-i; gen -nek*) *umg* Abszess *m*
wrzos M (*-u; -y*) Heidekraut *n*, Erika *f*; **~owisko** N (*-a*) Heide *f*; **~owy** Heide(kraut)-; *kolor* hellviolett, lila
wrzód M (*-odu; -ody*) Geschwür *n*; (*czyrak*) Abszess *m*
wrzucać (*-am*) ⟨**-ić**⟩ (*-ę*) (hin)einwerfen (**do** *gen* in *akk*); **~ na siebie płaszcz** *umg* einen Mantel überziehen; **~ bieg** AUTO den Gang einlegen
wrzynać się (*-am*) ⟨**werżnąć się**⟩ (*-nę*) (sich) einschneiden; *ubranie* kneifen, zwicken
wsadzać (*-am*) ⟨**-ić**⟩ (*-ę*) (hin)einstecken (**do** *gen* in *akk*); *kapelusz, czapkę* aufsetzen; (*nadziać*) aufspießen; (*zamknąć w więzieniu*) *umg* einbuchten; **~ ręce do kieszeni** die Hände in die Tasche stecken; **~ k-o do pociągu** (*odprowadzić*) j-n in den Zug setzen; (*pomóc*) j-m in den Zug helfen; **~ k-u szpilę** gegen j-n sticheln; **wsadzać nos w nieswoje sprawy** seine Nase in alles stecken
wsch. (**wschodni**) östlich
wschodni östlich, Ost-; (*orientalny*) orientalisch; **wiatr** *m* **~** Ostwind *m*; **kościół** *m* **~** orthodoxe Kirche *f*; **Europa** *f* **Ꝍa** Osteuropa *n*
wschodnio- *in Zsgg(n)* Ost-, ost-
wschodnioeuropejski osteuropäisch
wschodzić (*3. Pers -dzi*) ⟨**wzejść**⟩ (*wzejdzie*) *słońce, księżyc, gwiazda* aufgehen; BOT keimen, aufgehen
Wschowa F (*-wej; bpl*) Fraustadt *n*
wsch|ód M (*-odu; bpl*) GEOG Osten *m* (*a.* POL); **~ód słońca** Sonnenaufgang *m*; **~ód księżyca** Mondaufgang *m*; **o ~odzie słońca** bei Sonnenaufgang; **na ~odzie** im Osten; **ze ~odu** von Osten; **na ~ód od** (*gen*) östlich von (*dat*); **Daleki Ꝍód** der Ferne Osten; **Bliski Ꝍód** der Nahe Osten
wsi *gen dat lok* → wieś
wsiadać (*-am*) ⟨**wsiąść**⟩ (*wsiądę*) einsteigen (**do** *gen* in *akk*); **~ do pociągu** in den Zug einsteigen; **~ na rower** aufs Fahrrad steigen; **~ na statek** sich einschiffen, an Bord gehen; **~ na konia** aufsitzen, aufs Pferd steigen; **~ na k-o** *fig umg* auf j-m herumreiten
wsiąkać (*-am*) ⟨**-nąć**⟩ (*-nę*) *woda* einsickern, versickern; *atrament, plama* aufgesaugt werden; (*zniknąć*) *umg* wie vom Erdboden verschluckt sein, verschwinden
wsiąść· PF → wsiadać
wsie PL → wieś
wsioch M (*-a; -y*) *umg pej* Dörfler *m*, Bauer *m*
wsiowy *umg pej* dörflich, Bauern-
wskakiwać (*-uję*) ⟨**wskoczyć**⟩ (*-ę*) (hinauf)springen (**na** *akk* auf *akk*); (hinein)springen (**do** *gen* in *akk*); **~ do wody** ins Wasser springen; **~ w inne ubranie** *umg* sich in andere Kleider werfen
wskazać PF → wskazywać
wskaz|anie N (*-a; gen -ań*) MED Indikation *f*; **według ~ań lekarza** nach ärztlicher Verordnung; **~ania** *pl* TECH Anzeige *f*, Werte *pl*
wskaz|any ratsam, *lit* angezeigt; **pod ~anym adresem** unter der angegebenen Adresse; **~ówka** F (*-i; gen -wek*) *zegara* Zeiger *m*; *lekarza* Anweisung *f*; (*informacja*) Hinweis *m*; **~ówki** *f/pl* (*rady*) Tipps *m/pl*, Hinweise *m/pl*
wskazujący: **palec** *m* **~** Zeigefinger *m*; **zaimek** *m* **~** GRAM Demonstrativpronomen *n*
wskazywać (*-uję*) ⟨**wskazać**⟩ (*wskażę*) zeigen, deuten; *licznik, termometr* anzeigen; *zegar* zeigen; (*nazwać*) nennen, angeben; **~ miejsce** den Platz anweisen; **~ drogę** den Weg zeigen; **wskazywać na** (*akk*) *fig* hindeuten auf (*akk*); **jak sama nazwa wskazuje** wie der Name schon sagt
wskaźnik M (*-a; -i*) Kennziffer *f*; (*miernik*) Maßstab *m*; (*przyrząd*) Anzeigegerät *n*; **~ cen** Preisindex *m*; **~ benzyny** Benzinuhr *f*;

W

~ **kursów akcji** FIN Aktienindex *m*
wskoczyć PF: *umg* auf einen Sprung vorbeikommen (**do** *gen* bei *dat*); *samochodem* einen Abstecher machen; **~ na k-o** *umg* auf j-m herumreiten; → wskakiwać
wskórać PF (*-am*) (*załatwić*) erreichen
wskroś: **na ~** durch und durch; **przebić** *pf* **na ~** (*akk*) hindurchgehen durch (*akk*); **przeniknąć** *pf* **na ~** *fig* unter die Haut gehen
wskrzeszać (*-am*) ⟨**wskrzesić**⟩ (*-szę*) *zmarłego* auferwecken, vom Tode erwecken; *fig* zum Leben erwecken, aufleben lassen
wskutek PRÄP (*gen*) infolge (*gen od* von *dat*); **~ tego** infolgedessen
wsławiać się (*-am*)⟨**-ić się**⟩ (*-ię*) (*inst*) berühmt werden (durch *akk*), sich hervortun (mit *dat*)
wsłuchiwać się (*-uję*)⟨**wsłuchać się**⟩ (**w** *akk*) lauschen (*dat*); horchen (auf *akk*); sich hineinhören (in *akk*); **~ w szum morza** dem Meeresrauschen lauschen; **~ w siebie** in sich hineinhorchen
wspak: **czytać (na) ~** rückwärtslesen
wspaniale ADV → wspaniały
wspaniali *persf* → wspaniały
wspaniałomyśl|ność F (*-ści; bpl*) Großzügigkeit *f*, Großmütigkeit *f*; **~ny** großmütig, großzügig
wspania|ły (*persf -li*) (**-le**) *osoba* wunderbar; *pogoda* herrlich, wunderbar; *widok* herrlich, grandios; *wynik* großartig, grandios; *sukces* glänzend, großartig; *przyjęcie* herrlich, glanzvoll; **~le!** ausgezeichnet!, wunderbar!; **czuć się ~le** sich prächtig fühlen
wsparcie N (*-a*) Unterstützung *f*
wspiąć* się PF → wspinać się
wspierać (*-am*) ⟨**wesprzeć**⟩ (*wesprę*) (ab)stützen; *fig* unterstützen; **~ się** (**na** *akk*) sich stützen (auf *akk*)
wspinacz M (*-a; -e*) Bergsteiger *m*, Kletterer *m*; **~ka** F (*-i; gen -czek*) Bergsteigen *n*, Klettern *n*
wspinać się (*-am*)⟨**wspiąć się**⟩ (*wespnę*) (**na** *akk*) (hoch)klettern (auf *akk*), besteigen (*akk*); **~ na górę** einen Berg besteigen; **~ na palce** sich auf die Zehenspitzen stellen
wspomagać (*-am*)⟨**wspomóc**⟩ (*wspomogę*) unterstützen
wspominać (*-am*)⟨**wspomnieć**⟩ (*-nę, -nij!*) (**o** *lok*) erwähnen (*akk*); **wspominać** (*akk*) sich erinnern an (*akk*), zurückdenken an (*akk*); **~ wspólną podróż** sich an die gemeinsame Reise erinnern, an die gemeinsame Reise zurückdenken; **wspomnisz moje słowa du** wirst dich noch an meine Worte erinnern
wspomni|any erwähnt; genannt; **wyżej ~any** oben erwähnt
wspomnieć PF → wspominać
wspomnie|nie N (*-a; gen -eń*) Erinnerung *f* (**o** *lok* an *akk*); **~nia** *n/pl* **dzieciństwa** Kindheitserinnerungen *f/pl*; **~nia** *n/pl* **z wojny** Kriegserinnerungen *f/pl*; **~nie pośmiertne** Nachruf *m*; **na samo ~nie o tym** (schon) beim bloßen Gedanken daran; **~nia** *pl* LIT Erinnerungen *pl*, Memoiren *pl*
wspomóc* PF → wspomagać
wspólni|ctwo N (*-a; bpl*) JUR Mittäterschaft *f*; **~czka** F (*-i; gen -czek*) FIN Teilhaberin *f*, Partnerin *f*; JUR Komplizin *f*, Mittäterin *f*
wspólnik M (*-a; -cy*) FIN Teilhaber *m*, Partner *m*; JUR Komplize *m*
wspólnota F (*-y*) Gemeinschaft *f*; (*podobieństwo*) Gemeinsamkeit *f*; **~ interesów** Interessengemeinschaft *f*; **~ majątkowa** JUR Gütergemeinschaft *f*; **~ pierwotna** SOZIOL Urgesellschaft *f*; **~ językowa** JĘZ Sprachgemeinschaft *f*
wspól|ny gemeinsam; **~nymi siłami** mit vereinten Kräften; **~na mogiła** Massengrab *n*; **nie mieć nic ~nego z** (*inst*) nichts gemein haben mit (*dat*); nichts zu tun haben mit (*dat*); **mieć ~ny język** *fig* die gleiche Sprache sprechen; **co to ma z tym ~nego?** was hat das damit zu tun?
współautor M (*-a; -rzy*), **~ka** F (*-i; gen -rek*) Mitautor(in) *m(f)*, Koautor(in) *m(f)*; **~stwo** N (*-a; bpl*) Mitautorenschaft *f*
współczesność F (*-ści; bpl*) Gegenwart *f*
współczesny (*persf -śni*) *tendencje* gegenwärtig, heutig; *pisarz, malarz* zeitgenössisch; *fizyka, technika* modern; **historia** *f* **~na** Zeitgeschichte *f*; **sztuka** *f* **~na** moderne Kunst *f*
współcześni M/PL (*-snych*) Zeitgenossen *m/pl*
współcześnie ADV gegenwärtig
współczuc|ie N (*-a; bpl*) Mitgefühl *n*, Anteilnahme *f*; Mitleid *n*; **złożyć** *pf* **wyrazy ~ia** sein Beileid aussprechen; **godny ~ia**

bemitleidenswert; **mieć dla k-o ~ie** Mitleid mit j-m haben
współczuć (*-uję*) (*dat*) mitfühlen, mitleiden (mit *dat*)
współczujący (**-co**) mitfühlend
współczynnik M (*-a; -i*) Kennziffer *f*; MAT Koeffizient *m*
współdecydować (*-uję*) mitbestimmen
współdziałać (*-am*) zusammenarbeiten; ~ (**przy** *lok*) mitwirken (bei *dat*)
współdziałanie N (*-a*) Zusammenarbeit *f*, Kooperation *f*; Zusammenwirken *n*
współgrać (*-am*) passen, stimmig sein
współistnienie N (*-a; bpl*) Koexistenz *f*
współlokator M (*-a; -rzy*), **~ka** F (*-i; gen -rek*) Mitbewohner(in) *m(f)*
współ|małżonek M (*-nka; -kowie*) *ofic* Ehepartner *m*; **~mierny** (**do** *gen*) proportional (zu *dat*), angemessen (*dat*)
współmieszkan|iec M (*-ńca; -ńcy*), **~ka** F (*-i; gen -nek*) Mitbewohner(in) *m(f)*
współodpowiedzialny mitverantwortlich
współobywatel M (*-a; -e*), **~ka** F (*-i; gen -lek*) Mitbürger(in) *m(f)*
współoskarżo|ny M (*-ego; -ni*), **~na** F (*-ej; -ne*) Mitangeklagte(r) *m, f*
współpasażer M (*-a; -owie*), **~ka** F (*-i; gen -rek*) Mitreisende(r) *m, f*
współpraca F (*-y; bpl*) Zusammenarbeit *f*; Mitarbeit *f*; *z czasopismem, z wydawnictwem* freie Mitarbeit *f*; ~ **z wywiadem** Arbeit *f* für den Geheimdienst
współpracować (*-uję*) zusammenarbeiten (**z** *inst* mit *dat*); ~ **z wywiadem** für den Geheimdienst arbeiten
współpracowni|k M (*-a; -cy*), **~czka** F (*-i; gen -czek*) Mitarbeiter(in) *m(f)*; *gazety, wydawnictwa* freier Mitarbeiter *m*, freie Mitarbeiterin *f*
współrządzić (*-ę*) POL mitregieren
współrzędna F (*-ej; -e*) MAT Koordinate *f*
współspraw|ca M (*-y; gen -ów*), **~czyni** F (*-i; -e*) JUR Mittäter(in) *m(f)*
współuczestnictwo N (*-a; bpl*) Beteiligung *f*
współuczestniczyć (*-ę*) mitbeteiligt sein, teilnehmen (**w** *lok* an *dat*)
współuczestni|k M (*-a; -cy*) **~czka** F (*-i; gen -czek*) Mitbeteiligte(r) *m, f*, Teilnehmer(in) *m(f)*
współudział M (*-u; bpl*) Beteiligung *f*, Mitwirkung *f*; EKON Teilhaberschaft *f*; ~ **w zyskach** FIN Gewinnbeteiligung *f*; ~ **w przestępstwie** JUR Mittäterschaft *f*
współwię|zień M (*-źnia; -źniowie*), **~źniarka** F (*-i; gen -rek*) Mitgefangene(r) *m, f*, Mithäftling *m*
współ|winny mitschuldig; **~własność** F (*-ści; bpl*) JUR Miteigentum *n*
współwłaściciel M (*-a; -e*), **~ka** F (*-i; gen -lek*) Miteigentümer(in) *m(f)*
współwyznawca M (*-y; gen -ów*) Glaubensbruder *m*
współza|leżność F (*-ści*) Wechselbeziehung *f*; **~wodnictwo** N (*-a; bpl*) Wettbewerb *m*, Wettstreit *m*
współzawodniczka F (*-i; gen -czek*) Wettbewerberin *f*
współzawodniczyć (*-ę*) im Wettbewerb stehen, wetteifern (**z** *inst* mit *dat*)
współzawodnik M (*-a; -cy*) Wettbewerber *m*
współżycie N (*-a; bpl*) Zusammenleben *n*; BIOL Symbiose *f*; ~ **seksualne** Geschlechtsverkehr *m*
współżyć (*współżyję*) zusammenleben; *seksualnie* Geschlechtsverkehr haben
wstawać (*wstaję*) ⟨**wstać***⟩ (*wstanę*) aufstehen; **wcześnie** ~ früh aufstehen; ~ **od stołu** vom Tisch aufstehen
wstawiać (*-am*)⟨**-ić**⟩ (*-ię*) hineinstellen, hereinstellen; *wodę* aufsetzen; *szybę, brakujący element, ząb* einsetzen; ~ **się** (**za** *inst*) sich einsetzen, *lit* sich verwenden (für *akk*); (*wypić*) *umg* sich beduseln
wstawieni *persf* → wstawiony
wstaw|iennictwo N (*-a; bpl*) Fürsprache *f*; **~iony** (*persf -eni*) *umg* beduselt, angesäuselt
wstąpić PF → wstępować
wstąpienie N (*-a*) Beitritt *m*; ~ **na tron** Thronbesteigung *f*
wstąż|eczka F (*-i; gen -czek*) *dim* Bändchen *n*; **~ka** F (*-i; gen -żek*) (Haar)Band *n*, Schleife *f*
wstecz ADV nach hinten, zurück; **spoglądać** ~ *fig* zurückblicken; **działać** ~ JUR rückwirkend gelten
wstecz|nictwo N (*-a; bpl*) *pej* Rückständigkeit *f*, Rückschrittlichkeit *f*; **~nik** M (*-a; -cy*) *pej* Reaktionär *m*; **~ny** *pej* rückschrittlich, reaktionär; JUR rückwirkend; **bieg** *m* **~ny** AUTO Rückwärtsgang *m*
wstęga F (*-i*) Band *n*
wstęp M (*-u; -y*) Eintritt *m*; Zutritt *m*;

Einlass *m*; (*przedmowa*) Einleitung *f*, Vorwort *n*; Einführung *f*; **~ wolny** Eintritt frei; **ile kosztuje ~?** was kostet der Eintritt?; **~ wzbroniony** Zutritt verboten; **zabronić** *pf* **k-u ~u** j-m den Zutritt verweigern; **~ od godziny ósmej** Einlass ab zwanzig Uhr; **na ~ie** eingangs, am Anfang

wstęp|ny vorläufig; vorbereitend; **słowo** *n* **~ne** Vorwort *n*; **egzamin** *m* **~ny** Aufnahmeprüfung *f*; **artykuł** *m* **~ny** Leitartikel *m*

wstępować (*-uję*) ⟨**wstąpić**⟩ (*-ię*) (**do** *gen*) (*zostać członkiem*) eintreten (in *akk*), beitreten (*dat*); (*zajść przy okazji*) *umg* vorbeigehen (bei *dat*); **~ do k-o** bei j-m vorbeikommen; **~ do kawiarni** in ein Café einkehren; **~ na kawę** Kaffee trinken gehen; **~ na uniwersytet** *ofic* in die Universität eintreten; **~ na scenę** die Bühne betreten; **~ na tron** den Thron besteigen; **~ do zakonu** ins Kloster gehen; **~ w związek małżeński** *ofic* die Ehe schließen; **wstąpił w niego nowy duch** er schöpfte neuen Mut; **wstąpiła w niego energia** er bekam neue Energie

wstręt M (*-u*; *-y*) Ekel *m*, Abscheu *m*; **czuć ~** (**do** *gen*) sich ekeln (vor *dat*); **wzbudzający ~** ekelerregend; **ze ~em** mit Abscheu, mit Widerwillen; **robić k-u ~y** j-m Schwierigkeiten machen, j-m Steine in den Weg legen; **~ny** abscheulich, ek(e)lig

wstrząs M (*-u*; *-y*) Erschütterung *f*, Ruck *m*; *fig* Schock *m* (*a.* MED); **~ mózgu** MED Gehirnerschütterung *f*; **~y** *m/pl* **tektoniczne** Erdstöße *m/pl*; **bez ~ów** *fig* reibungslos

wstrząsać (*-am*) ⟨**-nąć**⟩ (*-nę*) (*inst*) schütteln (*akk*); *fig* erschüttern (*akk*); **wstrząsały nim dreszcze** MED er hatte Schüttelfrost; **~ się** sich schütteln (**z** *gen* vor)

wstrząsający (**-co**) erschütternd

wstrząsnąć PF → wstrząsać

wstrząso|wy: **leczenie** *n* **~we** Schocktherapie *f*

wstrząśnięty (*persf -ci*) *fig* erschüttert

wstrzemięźliwy (**-wie**) *życie* enthaltsam; (*powściągliwy*) zurückhaltend; **~ seksualnie** sexuell enthaltsam; **~ w jedzeniu** mäßig im Essen

wstrzykiwać (*-uję*) ⟨**wstrzyknąć**⟩ (*-nę*) einspritzen; MED injizieren, einspritzen

wstrzymywać (*-uję*) ⟨**wstrzymać**⟩ (*-am*) *produkcję, ruch, prace* einstellen; *śmiech, płacz* unterdrücken; **~ się** (**z** *inst*) abwarten, sich zurückhalten (mit *dat*); **~ się od** (*gen*) verzichten auf (*akk*), sich versagen (*akk*); **~ się od głosu** POL sich der Stimme enthalten; **nie móc wstrzymać się od śmiechu** sein Lachen nicht unterdrücken können, *umg* sich das Lachen nicht verkneifen können

wstyd M (*-u*; *bpl*) Scham *f*; (*onieśmielenie*) Scheu *f*; **~ mi** ich schäme mich; **zrobiło mi się ~** ich schämte mich; **~ mu jest za** (*akk*) er schämt sich für (*akk*), es ist ihm peinlich wegen (*gen*); **(to) ~, że ...** es ist eine Schande, dass ...; **to żaden ~** (+ *inf*) es ist keine Schande zu (+ *inf*); **ze ~u** vor Scham; **~ powiedzieć** man schämt sich, es zu sagen; **(to) ~!** das ist eine Schande!; **nie mieć ~u** keine Scham (im Leibe) haben; **przynosić ~ k-u** j-m Schande bringen

wstydliwy (**-wie**) (*nieśmiały*) schamhaft, scheu; *wzrok, uśmiech* verschämt; *temat, sprawa* delikat

wstydzić się (*-ę*) (*gen*) sich schämen (für *akk*); (*być nieśmiałym*) scheu sein; sich nicht trauen; **~ swojej niewiedzy** sich für sein Unwissen schämen; **~ zapytać** sich nicht trauen zu fragen; **wstydził się za** (*akk*) er schämte sich für (*akk*), es war ihm peinlich wegen (*gen*)

wsuwać (*-am*) ⟨**wsunąć**⟩ (*-nę*) (hin)einschieben, (hin)einführen; **~ do ręki** in die Hand drücken; **~ do kieszeni** in die Tasche stecken (*a. fig*); (*zjadać*) *umg* verputzen, (auf)futtern; **~ się** hineinschlüpfen (**pod** *akk* unter *akk*)

wsuwka F (*-i*; *gen -wek*) *do włosów* Haarklemme *f*; **~ypa** F (*-y*) Inlett *n*; *umg* (*wpadka*) Auffliegen *n*

wsypywać (*-uję*) ⟨**wsypać**⟩ (*-ię*) (hin)einschütten, (hin)einfüllen; (*zdradzać*) *umg* verpfeifen; **~ się** *umg* sich verraten, auffliegen

wysysać (*-am*) ⟨**wessać**⟩ (*wessę*) einsaugen

wszak *partikel lit* doch

wszcząć PF → wszczynać

wszczepiać (*-am*) ⟨**-ić**⟩ (*-ię*) MED implantieren, einpflanzen; AGR (auf)pfropfen *fig* einimpfen

wszczynać (*-am*) ⟨**wszcząć**⟩ (*wszczne, wszczął*) *śledztwo, dochodzenie* einleiten *kłótnię, awanturę, wojnę* anzetteln

wszech|moc F (-y; bpl) Allmacht f; **~mocny** allmächtig; **~nica** F (-y; -e) lit Universität f; (kurs) Vortragsreihe f; Workshop m

wszech|obecny allgegenwärtig; **~ogarniający** allumfassend; **~stronny** vielseitig

wszech|świat M (-a; bpl) (Welt)All n, Universum n; **~wiedzący** allwissend; **~władny** omnipotent, allmächtig

wszel|ki jede(r), jegliche(r); **za ~ką cenę** um jeden Preis; **na ~ki wypadek** für alle Fälle; **~kimi sposobami** mit allen Mitteln; **~kiego rodzaju** allerart; **ponad ~ką wątpliwość** ohne jeden Zweifel; **~kie prawa zastrzeżone** alle Rechte vorbehalten

wszerz PRÄP (gen) quer durch (akk)

wszędobylski (persf -cy) żart allgegenwärtig

wszędzie ADV überall

wszy PL → wesz

wszyć PF → wszywać

wszyscy[1] PRON indef persf alle; → wszystek

wszyscy[2] PL (gen wszystkich) alle

wszyst|ek PRON indef m, **~ka** f, **~kie** sachf, **~ko** n, (persf wszyscy) all, ganz; **~ko jedno** ganz gleich, egal; **nade ~ko** über alles; **ze ~kich sił** aus aller Kraft; **przede ~kim** vor allem; **już po ~kim** schon alles vorbei; **to ~ko** das ist alles; **mimo ~ko** trotz allem; **~kiego najlepszego!** alles Gute!; **~ko mi jedno!** das ist mir egal!; **po ~kie czasy** (bis) in alle Ewigkeit

wszystko N (-iego; bpl) alles

wszystko|wiedzący iron allwissend; **~żerny** ZOOL alles fressend

wszyściut|eńko, **~ko** dim alles

wszywać (-am) ⟨**wszyć**⟩ (wszyję) einnähen; MED implantieren

wścibiać (-am) ⟨**-ić**⟩ (-ię) umg hineinstecken; **wścibiać nos w nie swoje sprawy** umg seine Nase in alles stecken

wścibski (persf -cy) penetrant, zudringlich

wściekać (-am) ⟨**wściec***⟩ (wściekne): **~ k-o** umg j-n auf die Palme bringen, j-n zur Raserei bringen; **~ się** umg ausrasten, toben; **wściec się można!** umg es ist zum Verrücktwerden!; **wściec się** pf zwierzę tollwütig werden, an Tollwut erkranken

wściekle ADV → wściekły

wściekli persf → wściekły

wściekli|zna F (-y; bpl) MED Tollwut f; **przeciw ~źnie** MED gegen Tollwut; **~zny można dostać!** umg es ist zum Verrücktwerden!

wściekło|ść F (-ści; bpl) Wut f, Raserei f; **doprowadzić** pf **k-o do ~ści** j-n zur Raserei bringen, j-n zur Weißglut bringen; **wpaść** pf **we ~ść** einen Wutanfall bekommen

wściekły (persf -li) (**-le**) zwierzę tollwütig; (zły) wütend, aufgebracht; kolor grell, schreiend; (bardzo intensywny) umg wahnsinnig

wślizgiwać się (-uję) ⟨**wśliznąć się**⟩ (-nę) sich hineinschleichen; **~ pod kołdrę** unter die Decke schlüpfen

wśród PRÄP (gen) mitten in (dat), inmitten (gen); unter (dat)

wt. (wtorek) Di. (Dienstag)

wtaczać (-am) ⟨**wtoczyć**⟩ (-ę) hineinrollen; pod górę hinaufrollen; **~ się** v/i (herein)rollen (**do** gen in akk); (wejść) umg hereintorkeln

wtajemniczać (-am) ⟨**-yć**⟩ (-ę) einweihen (**w** akk in akk)

wtajemniczony[1] (persf -eni) eingeweiht

wtajemniczo|ny[2] M (-ego; -eni), **~na** F (-ej; -ne) Eingeweihte(r) m, f

wtajemniczyć PF → wtajemniczać

wtapiać (-am) ⟨**wtopić**⟩ (-ię) TECH einschmelzen; **~ się w** (akk) fig verschmelzen mit (dat); **~ się w tłum** in der Menge verschwinden

wtargnąć PF (-nę) eindringen (**do** gen in akk) (a. MIL)

wt|edy ADV (wówczas) damals; dann; **co ~edy?** was dann?; **~em** ADV plötzlich

wtenczas → wtedy

wtłaczać (-am) ⟨**wtłoczyć**⟩ (-ę) hineinzwängen (a. fig), hineindrücken; gaz hineinpressen; wodę hineinpumpen; **~ do głowy k-u** umg j-m eintrichten; **~ się** sich hineindrängen

wtoczyć PF → wtaczać

wtor|ek M (-rku; -rki) Dienstag m; **we ~ek** am Dienstag; **~kowy** Dienstags-

wtór: **do ~u** MUS zur Begleitung; **przy ~rze** (gen) MUS begleitet von (dat)

wtórny (pochodny) sekundär; (drugorzędny) zweitrangig, sekundär; (ponowny) nochmalig

wtórować (*-uję*) (*dat*) MUS begleiten (*akk*); *fig* begleitet werden (von *dat*); (*zgadzać się*) beipflichten (*dat*)
wtó|ry: **po ~re** zweitens; **po raz ~ry** zum wiederholten Mal
wtrącać (*-am*) ⟨**-ić**⟩ (*-ę*) *uwagę* einwerfen; **~ do więzienia** ins Gefängnis werfen; V/I bemerken; **~ się** (**w** *akk od* **do** *gen*) sich einmischen (in *akk*); **nie wtrącaj się!** misch dich nicht ein!, halte dich da raus!
wtrąc|anie się N (*-a; bpl*) Einmischung *f*; **~enie** N (*-a*) Bemerkung *f*
wtrącić PF → wtrącać
wtręt M (*-u; -y*) *w tekście* (fremdartiger) Einschub *m*, stilistischer Fremdkörper *m*
wtryniać (*-am*)⟨**-ić**⟩ (*-ię*) *umg* andrehen, aufschwatzen; **~ się** *umg* hereinplatzen, sich hineindrängen
wtryskarka F (*-i; gen -rek*) Spritzgussmaschine *f*
wtryskiwać (*-uję*) ⟨**wtrysnąć**⟩ (*-nę*) einspritzen
wtulać (*-am*) ⟨**-ić**⟩ (*-ę*): **~ twarz w poduszkę** das Gesicht ins Kissen kuscheln; **~ głowę w ramiona** den Kopf einziehen; **~ się** sich (ein)kuscheln (**w** *akk* in *akk*)
wtulony (*persf -eni*) eingekuschelt
wtyczka F (*-i; gen -czek*) ELEK Stecker *m*; *fig umg* Spitzel *m*
wtyczko|wy: **gniazdko** *n* **~we** ELEK Steckdose *f*
wtykać (*-am*) ⟨**wetknąć**⟩ (*-nę*) (hin)einstecken; *po kryjomu* zustecken; **~ do ręki k-u** j-m in die Hand drücken
wuj M (*-a; -owie; gen -ów*), **~ek** M (*-jka; -jkowie*) Onkel *m*
wulgarny vulgär, ordinär
wulkan M (*-u; -y*) Vulkan *m*; **~iczny** vulkanisch
wulkanizować (*-uję*) vulkanisieren
wwozić (*wwożę*)⟨**wwieźć***⟩ (*wwiozę*) *v/t z zagranicy* einführen, importieren (**do** *gen* in *akk*); einfahren
ww. (wyżej wymieniony) oben erwähnt
W-wa (Warszawa) Warschau *n*
wwóz M (*wwozu; bpl*) Import *m*, Einfuhr *f*
wy PRON (*GAL was, dat wam, inst wami*) ihr
wyartykułować PF → artykułować
wyasfaltować PF → asfaltować
wyasygnować PF → asygnować
wybaczać (*-am*) ⟨**-yć**⟩ (*-ę*) verzeihen
wybacz|alny verzeihlich, entschuldbar; **~enie** N (*-a*) Verzeihung *f*; **nie do ~enia** unverzeihlich
wybaczyć PF: **proszę mi ~** *od* **pan wybaczy!** verzeihen Sie!; → wybaczać
wybadać PF (*-am*) auskundschaften
wybałuszać (*-am*)⟨**-yć**⟩ (*-ę*): **~ oczy na k-o** *umg* j-n anstarren, j-n anglotzen
wybaw|ca M (*-y; gen -ów*), **~czyni** F (*-i; -e*) Retter(in) *m(f)*, Erlöser(in) *m(f)*
wybawiać (*-am*) ⟨**-ić**⟩ (*-ię*) (er)retten, erlösen; **~ od śmierci** vor dem Tod retten; **~ z kłopotu k-o** j-m aus der Not helfen
wybawiciel M (*-a; -e*), **~ka** F (*-i; gen -lek*) Retter(in) *m(f)*, Erlöser(in) *m(f)*
wybawić PF → wybawiać
wybawienie N (*-a; bpl*) (Er)Rettung *f*, Erlösung *f*
wybąkać PF (*-am*) *umg* murmeln, stammeln
wybebeszyć PF → bebeszyć
wybełkotać PF → bełkotać
wybić PF: **~ sobie z głowy** sich aus dem Kopf schlagen; → wybijać
wybiec PF → wybiegać
wybieg M (*-u; -i*) *dla zwierząt* Freigehege *n*, Auslauf *m*; *dla modelek* Laufsteg *m*; **~i** *pl fig* Ausflüchte *f/pl*; Tricks *m/pl*
wybiegać (*-am*) ⟨**wybiec**⟩ (*wybiegnę*) hinausrennen (**z** *gen* aus *dat*); **~ za** (*inst*) j-m hinterherrennen; **~ na spotkanie k-u** j-m entgegenlaufen; **(nie) wybiegać poza** (*akk*) *fig* (nicht) hinausgehen (über *akk*); **~ myślą w przyszłość** die Gedanken in die Zukunft schweifen lassen; **wybiegać się** *pf* Auslauf haben
wybielać (*-am*)⟨**-ić**⟩ (*-ę*) *płótno* bleichen; *zęby* weiß machen; *fig* weißwaschen
wybierać (*-am*) ⟨**wybrać**⟩ (*wybiorę*) (aus)wählen, aussuchen; POL wählen; (*wyjmować*) herausnehmen; *wodę* ausschöpfen; MAR einholen; **~ zawód** einen Beruf wählen; **~ danie** ein Gericht wählen; **~ numer** TEL eine Nummer wählen; **~ z konta pieniądze** Geld vom Konto abheben; **jest w czym wybierać** man hat eine große Auswahl; **~ między dobrem a złem** zwischen Gut und Böse wählen; **czy sobie coś wybrałeś?** hast du dir etwas ausgesucht?; **~ się** sich auf den Weg machen; **~ się w podróż** zu einer Reise aufbrechen, eine Reise antreten; **~ się z wizytą** besuchen (wollen); **~ się na spacer** einen Spaziergang machen, spazieren

W

gehen; **~ się do teatru** ins Theater gehen

wybieralny POL wählbar

wybijać (-am) ⟨**wybić**⟩ (*wybiję*) *szybę, otwór* einschlagen; *ząb* ausschlagen; *dno* herausschlagen; *godzinę, rytm* schlagen; *medal* prägen; *ściany* auskleiden (*inst* mit *dat*); *licznik* anzeigen; (*wytępić*) ausrotten; **zegar wybił północ** *od* **wybiła północ** die Uhr hat Mitternacht geschlagen; **~ się** sich hervortun (**w** *lok* mit *dat*); Karierre machen; **~ się z rytmu** *fig* aus dem Rhythmus kommen; **~ się ze snu** keinen Schlaf mehr finden

wybiórczy (**-czo**) selektiv

wybit|nie ADV ausgesprochen, äußerst; **~nie uzdolniony** hochbegabt; **~ny** *osoba* hervorragend, bedeutend; *zdolności* außergewöhnlich; (*znany*) prominent

wyblakły ausgebleicht, verblichen

wybłagać PF (-am) erflehen, erbitten

wyboisty *droga* holp(e)rig, uneben

wyboje M/PL (*gen* -ów) Schlaglöcher *n/pl*

wybor|ca M (-y; *gen* -ów) POL Wähler *m*; **~cy** *koll* Wählerschaft *f*; **~czy** POL Wahl-

wyborny *smak, wino* ausgezeichnet, erlesen; *żart* vorzüglich; *pracownik, pamięć* ausgezeichnet

wyboro|wy ausgesucht, Elite-; **strzelec** *m* **~wy** Scharfschütze *m*; **wódka** *f* **~wa** extraklarer Wodka *m*

wyb|ór M (-oru; -ory) Wahl *f*; (*zestaw*) Auswahl *f*; **~ory** *pl* POL Wahlen *pl*; **~ory** *pl* **do parlamentu** Parlamentswahlen *pl*; **~ory** *pl* **uzupełniające** Nachwahlen *pl*; **dokonać** *pf* **~oru** eine Wahl treffen; **nie mieć ~oru** keine Wahl haben; **do ~oru** zur Auswahl, wahlweise; **~ór na** (*akk*) Wahl *f* zu (*dat*); **do ~oru do koloru** alles, was das Herz begehrt

wybrać˙ PF → wybierać

wybrakowany: **towar** *m* **~** Ausschussware *f*; **egzemplarz** *m* **~** Mängelexemplar *n*

wybraniać (-am) ⟨**wybronić**⟩ (-ię) (**przed** *inst od* **od** *gen*) retten (vor *dat*); in Schutz nehmen, verteidigen (vor *dat*)

wybraniec M (-ńca; -ńcy) *iron* Günstling *m*, Liebling *m*; **~ losu** Glückspilz *m*

wybrany[1] gewählt; *lit* auserwählt

wybra|ny[2] M (-ego; -ni), **~na** F (-ej; -ne) *żart* Auserwählte(r) *m, f*; **~ni** *pl iron* die oberen Zehntausend

wybredny wählerisch

wybrnąć PF (-nę) (**z** *gen*) *fig* überstehen (*akk*); *umg* die Kurve kriegen; **~ z długów** seine Schulden los sein

wybronić PF → wybraniać

wybrukować PF → brukować

wybryk M (-u; -i) Exzess *m*; (*figiel*) Streich *m*; **chuligańskie ~i** *pl* Randale *f*; **~ natury** Laune *f* der Natur; **~ młodości** Jugendstreich *m*, Jugendsünde *f*

wybrze|że N (-a) Küste *f*; **na ~że** an die Küste; **na ~żu** an der Küste

wybrzuszać się (-am) ⟨**-yć się**⟩ (-ę) *drewno, deski* sich werfen; *powierzchnia* sich wölben

wybrzydzać (-am) F + nörgeln, mäkeln (**na** *akk* über *akk*)

wybuch M (-u; -y) Explosion *f*; **~ wojny** Kriegsausbruch *m*; **~ wulkanu** Vulkanausbruch *m*; **~ gniewu** Zornesausbruch *m*

wybuchać (-am) ⟨**-nąć**⟩ (-nę) *bomba, pocisk* explodieren; *wojna, epidemia, wulkan* ausbrechen; *fig* aufbrausen; (*wydobywać się*) hervorschießen; **~ śmiechem** in Gelächter ausbrechen; **~ płaczem** in Tränen ausbrechen; **~ gniewem** in Zorn ausbrechen

wybuchowy (**-wo**) *materiał, ładunek* Spreng-, explosiv; *osoba* jähzornig, aufbrausend

wybudowany erbaut

wybujały *roślina* wuchernd, üppig; *fantazja* rege; *ambicja* übermäßig; *osoba* hoch gewachsen

wybulić PF → bulić

wyburzać (-am) ⟨**-yć**⟩ (-ę) BUD abreißen

wybywać (-am) ⟨**wybyć**⟩ (*wybędę*) *umg żart* rausfliegen, weg sein

wycałować PF (-uję) *umg* abküssen

wycedzić PF → cedzić

wycelować PF → celować

wycena F (-y) FIN Schätzung *f*

wyceniać (-am) ⟨**-ić**⟩ (-ię) FIN schätzen (**na** *akk* auf *akk*)

wychlać PF (-am) *pop* wegsaufen

wychładzać (-am) ⟨**wychłodzić**⟩ (-ę) *mieszkanie, organizm* auskühlen

wychłostać PF → chłostać

wychod|ek M (-dka; -dki) *umg* Plumpsklo *n*; **~ne** N (-ego; *bpl*) *pomocy domowej* Ausgang *m*; **na ~nym** *umg* beim Hinausgehen

wychodzić (-ę) ⟨**wyjść**⟩ (*wyjdę*) (**z** *gen*) (hinaus)gehen (aus *dat*); (heraus)kommen (aus *dat*); *ciepło, zarządzenie, wynik* herauskommen; *włosy* ausfallen; *gazeta, książka* erscheinen; **~ za mąż** (**za** *akk*) *kobieta* heiraten (*akk*); **~ poza** (*akk*) *fig* hinausgehen über (*akk*); **~ z więzienia** entlassen werden; **~ ze szpitala** das Krankenhaus verlassen; **~ z inicjatywą** die Initiative ergreifen; **~ na dobre** (*dat*) zugutekommen (*dat*); **~ z założenia, że ...** davon ausgehen, dass ...; **~ z mody** aus der Mode kommen; **~ z użycia** aus dem Gebrauch kommen; **~ w morze** MAR in See stechen; **~ dobrze na zdjęciach** fotogen sein; **nie ~ z głowy k-u** j-m nicht aus dem Kopf gehen; **~ dobrze** (**na** *lok*) gut abschneiden (bei *dat*); **~ na swoje** auf seine Kosten kommen; **~ na zdrowie k-u** j-m gut bekommen; **wychodzić** (**spod** *gen*) hervorgucken (unter *dat*); **~ naprzeciw** *fig* entgegenkommen; **słońce wychodzi zza chmur** die Sonne kommt *od* scheint hinter den Wolken hervor; **okna wychodzą na ulicę** die Fenster gehen auf die Straße hinaus; **nic z tego nie wyszło** daraus wurde nichts; **to na jedno wychodzi** das läuft auf dasselbe hinaus; **wyszły mi pieniądze** *umg* mein Geld ist alle, ich bin blank; **jak wyszło ciasto?** wie ist der Kuchen geworden?; **zdjęcia wyszły dobrze** die Fotos sind gut geworden

wychodź|ca M (*-y; gen -ów*) *lit* Auswanderer *m*, Emigrant *m*; **~cy** *koll* Emigration *f*, Auswanderer *pl*; **~stwo** N (*-a; bpl*) *lit* Auswanderung *f*, Emigration *f*

wychować PF → wychowywać

wychowa|nek M (*-nka; -nkowie*) Schützling *m*; *domu dziecka* Heimkind *n*; JUR Pflegekind *n*; (*absolwent*) Absolvent *m*; **~nie** N (*-a; bpl*) Erziehung *f*; **~nie dzieci** Kindererziehung *f*; **wziąć** *pf* **na ~nie** in Pflege nehmen; **~nie fizyczne** Sportunterricht *m*; **złe ~nie** schlechte Manieren *pl*

wychowa|nka F (*-i; gen -nek*) Schützling *m*; *domu dziecka* Heimkind *n*; JUR Pflegekind *n*; (*absolwentka*) Absolventin *f*; **~ny** erzogen; **dobrze ~ny** gut erzogen, wohlerzogen; **źle ~ny** unerzogen

wychowaw|ca M (*-y; gen -ów*) Erzieher *m*; *w szkole* Klassenlehrer *m*; *na kolonii, na kursach* Betreuer *m*; **~czy** (**-czo**) Erziehungs-, erzieherisch; **urlop** *m* **~czy** Erziehungsurlaub *m*; **zakład** *m* **~czy** Erziehungsheim *n*; **zasiłek** *m* **~czy** Erziehungsgeld *n*

wychowawczyni F (*-i; -e*) Erzieherin *f*; *w szkole* Klassenlehrerin *f*; *w przedszkolu* Kindergärtnerin *f*, Erzieherin *f*; *na kolonii, na kursach* Betreuerin *f*

wychowywać (*-wuję*) ⟨**wychować**⟩ (*-am*) großziehen; erziehen; **~ na** (*akk*) erziehen zu (*dat*); **jak oni wychowują dzieci?** wie erziehen sie ihre Kinder?; **~ się** aufwachsen

wychów M (*-owu; bpl*) AGR Aufzucht *f*

wychrzaniać (*-am*) ⟨**-ić**⟩ (*-ię*) *pop* rausschmeißen

wychu|chany *dziecko* verhätschelt; *mieszkanie* pieksauber; **~dły** (*-li*) abgemagert, ausgezehrt

wychudnąć PF (*-nę*) abmagern

wychwalać (*-am*) (an)preisen, loben

wychwytywać (*-uję*) ⟨**wychwycić**⟩ (*-cę*) *akcent, błąd w wypowiedzi* heraushören

wychylać (*-am*) ⟨**-ić**⟩ (*-lę*) *głowę* hinausstrecken, herausstrecken; *kieliszek* austrinken, leeren; **~ się** sich hinauslehnen (*a. fig*); *wskazówka* ausschlagen; **~ się z okna** aus dem Fenster lehnen; **~ się zza chmur** hinter den Wolken hervorkommen; **~ się zza zakrętu** hinter der Kurve erscheinen; **~ się zza rogu** um die Ecke kommen; **~ się spod** (*gen*) hervorgucken (unter *dat*); **~ się do przodu** sich vorbeugen

wyciąć¹ PF: **~ numer k-u** *umg* j-m übel mitspielen; → wycinać

wyciąg M (*-u; -i*) (*ekstrakt*) Extrakt *m*; (*tekst*) Auszug *m*; TECH Abzug *m*, Abzugshaube *f*; MED Streckverband *m*; **~ z konta** Kontoauszug *m* **~ narciarski** Skilift *m*; **~ krzesełkowy** Sessellift *m*

wyciągać (*-am*) ⟨**-nąć**⟩ (*-nę*) (*wyjąć*) (hervor)holen (**z** *gen* aus *dat*); herausholen; *ręce, nogi, szyję* ausstrecken; *wnioski, naukę, konsekwencje* ziehen (*a.* MAT); **~ k-o** (*zabierać ze sobą*) *umg* j-n mitschleppen; (*pomagać*) j-m aus der Patsche helfen, *umg* j-n herausholen (**z** *gen* aus *dat*); **~ korzyści** Nutzen ziehen (**z** *gen* aus *dat*); **~ rękę do zgody** einander die Hand zur Versöhnung reichen; **~ pieniądze od k-o** *umg* j-n um Geld anschnorren; **~ z k-o tajemnice** *umg* Geheimnisse aus j-m herausholen; **~ stare sprawy** *umg* alte Geschichten aufwärmen; **wyciągnąć** *pf* **nogi** *od* **kopyta** *umg fig* ins Gras beißen; **jego samochód wyciąga 220 km/h** *umg* sein Auto erreicht eine Geschwindigkeit von 220 km/h; **~ się** *osoba* sich ausstrecken; *sweter* ausleiern

wycie N (-*a*) *wilka, psa, syreny* Heulen *n*; (*płacz*) *umg* Gebrüll *n*, Geheul *n*

wyciec* PF → wyciekać

wyciecz|ka F (-*i*; *gen* -*czek*) Ausflug *m*; *rowerowa* Fahrradtour *f*; *piesza* Wanderung *f*; (*grupa*) Reisegruppe *f*, Reisegesellschaft *f*; **~ka objazdowa** Rundfahrt *f*; **~ka klasowa** Klassenfahrt *f*; **jechać na ~kę** einen Ausflug machen; **oprowadzać ~ki** die Reiseleitung machen

wycieczko|wicz M (-*a*; -*e*) Ausflügler *m*; Reiseteilnehmer *m*; **~wy** *sezon, autobus* Reise-; **statek** *m* **~wy** Ausflugsdampfer *m*

wyciek M (-*u*; -*i*) Ausfluss *m*

wyciekać (*3. Pers* -*a*) ⟨**wyciec**⟩ (*wyciek-nie*) (her)ausfließen, auslaufen

wycieńczać (-*am*) ⟨**-yć**⟩ (-*ę*) entkräften, auszehren

wycieńcz|enie N (-*a*; *bpl*) Entkräftung *f*, Erschöpfung *f*; **~ony** (*persf* -*eni*) ausgezehrt, entkräftet

wycieńczyć PF → wycieńczać

wycieraczka F (-*i*; *gen* -*czek*) *przed drzwiami* Fußmatte *f*, Fußabtreter *m*; AUTO Scheibenwischer *m*

wycierać (-*am*) ⟨**wytrzeć**⟩ (*wytrę*) *twarz, ręce* abtrocknen; *buty* abtreten; *napis, tablicę* abwischen; **~ podłogę** den Fußboden (feucht) wischen; **~ nos** sich die Nase putzen, sich schnäuzen; **~ kurz** Staub wischen; **~ gumką** ausradieren; **~ się** sich abtrocknen; *ubranie* durchgescheuert werden

wycierpieć PF (-*ę*): **wiele ~** viel durchstehen (müssen), viel erleiden

wycięcie N (-*a*) Einschnitt *m*, Einkerbung *f*; (*dekolt*) Ausschnitt *m*; **~ lasu** Abholzen *n*

wycinać (-*am*) ⟨**wyciąć**⟩ (*wytnę*) (he-r)ausschneiden; MED entfernen, ausschneiden; *drzewa* fällen; *las* abholzen

wycin|anka F (-*i*; *gen* -*nek*) Scherenschnitt *m*; **~ek** M (-*nka*; -*nki*) Ausschnitt *m*; MED Gewebeprobe *f*; **~ki** *m/pl* **prasowe** Zeitungsausschnitte *m/pl*; **~kowy** (**-wo**) fragmentarisch

wyciosywać (-*uję*) ⟨**wyciosać**⟩ (-*am*) *z drewna* schnitzen; *z kamienia* hauen

wycisk M (-*u*; *bpl*): **dać** *pf* **k-u ~** *umg* j-m eine Abreibung verpassen; j-n verheizen

wyciskacz M (-*a*; -*e*) Zitronenpresse *f*; **~ łez** (*film*) *umg* Schnulze *f*

wyciskać (-*am*) ⟨**wycisnąć**⟩ (-*nę*) *pastę, pryszcze, gąbkę* ausdrücken; *sok* auspressen; *pieczęć, wzór* aufdrücken; **~ piętno na** (*lok*) (entscheidend) prägen (*akk*); **~ ślad** *fig* Spuren hinterlassen; **~ z k-o** *umg* aus j-m herausholen, j-n ausquetschen

wyciszać (-*am*) ⟨**-yć**⟩ (-*ę*) *hałas, kroki* dämpfen; **~ się** *fig* innere Ruhe finden

wycofywać (-*uję*) ⟨**wycofać**⟩ (-*am*) zurückziehen (*a.* MIL); **~ pieniądze z banku** sein Konto auflösen, *umg* sein Konto plündern; **~ się** sich zurückziehen (**z** *gen* aus *dat*) (*a.* MIL)

wycwanić się PF (-*ię*) *umg* schlauer *od* pfiffiger werden

wycyganiać (-*am*) ⟨**-ić**⟩ (-*ę*): **~ od k-o** *umg* j-m abschwatzen (*akk*), j-n anschnorren (um *akk*)

wycyklinować PF → cyklinować

wycyrklować (-*uję*) *umg* zeitlich genau ausrechnen

wyczekać PF (-*uję*) (*gen*) abwarten, abpassen (*akk*); **~ się** lange warten müssen

wyczekiwać (-*uję*) (*gen od* **na** *akk*) sehnsüchtig warten (auf *akk*), kaum erwarten können (*akk*)

wyczekujący (**-co**) *postawa* abwartend; *spojrzenie* fragend

wyczerpać PF → wyczerpywać

wyczerpa|nie N (-*a*) Erschöpfung *f*; **być na ~niu** zur Neige gehen; **~ny** erschöpft; *nakład* vergriffen; **być ~nym nerwowo** zerrüttete Nerven haben, *umg* mit den Nerven fertig sein

wyczerpujący (**-co**) *odpowiedź, informacja* erschöpfend, umfassend; *praca* aufzehrend, erschöpfend

wyczerpywać (-*uję*) ⟨**wyczerpać**⟩ (-*ię*) *możliwości, środki* ausschöpfen; *zapasy* aufbrauchen, erschöpfen; *temat* erschöpfen; *osobę* erschöpfen, auszehren; **~ się** *zapasy* erschöpft sein, zur Neige gehen; *cierpliwość* erschöpft sein, zu Ende gehen; *bateria* aufgebraucht sein; *możliwości, środki* ausgeschöpft sein; *temat* sich erschöpfen; **nie wyczerpywać się** sich nicht erschöpfen (**w** *lok* in *dat*)

wyczesywać (-*uję*) ⟨**wyczesać**⟩ (*wyczeszę*) auskämmen

wyczu|cie N (-*a*; *bpl*) (*gen*) Gespür *n*, Gefühl *n* (für *akk*); **~cie językowe** Sprachgefühl *n*; **~cie czasu** Zeitgefühl *n*; **z**

W

~ciem mit Fingerspitzengefühl; **bez ~cia** ungeschickt, taktlos; **na ~cie** intuitiv, nach Gefühl

wyczuć PF → wyczuwać

wyczulony (*persf -eni*) empfindlich, sensibilisiert; *zmysł* ausgeprägt

wyczuwać (*-am*) ⟨**wyczuć**⟩ (*wyczuję*) *puls* fühlen; *zapach* wahrnehmen; **~ intuicyjnie** spüren; **~ dotykiem** ertasten

wyczuwalny spürbar; *puls* fühlbar; *zapach* wahrnehmbar

wyczyn M (*-u; -y*) Höchstleistung *f*; **~y** *m/pl pej* Exzesse *m/pl*

wyczyniać (*-am*) *umg* anrichten, anstellen; **~ głupstwa** Unfug treiben; **co ty wyczyniasz?** *umg* was treibst du denn da?, was hast du denn wieder angestellt?

wyczyno|wiec M (*-wca; -wcy*) Leistungssportler *m*; **~wy** SPORT Leistungs-

wyczyścić PF → czyścić

wyczytywać (*-uję*) ⟨**wyczytać**⟩ (*-am*) *nazwisko, numer* vorlesen; (heraus)lesen; *fig* ablesen

wyć (*-ję*) *pies, wilk, syrena, wiatr* heulen; (*krzyczeć*) *umg* brüllen; (*płakać*) *umg* heulen

wyćwiczyć PF → ćwiczyć

wyćwiczo|ny *osoba, rola* geübt; *mięsień* durchtrainiert; **~ne oko** geübtes Auge *n*

wyd. (wydanie) Aufl. (Auflage)

wydać PF → wydawać

wydaj|ność F (*-i; bpl*) Leistung *f*, Produktivität *f*; AGR Ertragsfähigkeit *f*; **~ny** *szampon, krem* ergiebig; *pracownik* leistungsfähig; *praca* produktiv, effektiv

wydalać (*-am*) ⟨**-ić**⟩ (*-ę*) *z kraju* ausweisen; *z pracy* entlassen; *ze szkoły* verweisen; BIOL ausscheiden

wydalenie N (*-a*) *z kraju* Ausweisung *f*; *z pracy* Entlassung *f*; *ze szkoły* Verweis *m*

wydalić PF → wydalać

wydanie N (*-a*) (*publikacja*) Ausgabe *f*; (*nakład*) Auflage *f*; JUR Auslieferung *f*; (*zdrada*) Verrat *m*; **nowe ~nie** Neuausgabe *f*; **~ kieszonkowe** Taschenbuchausgabe *f*

wydarzenie N (*-a*) Ereignis *n*

wydarzać się (*3. Pers -a*)⟨**-yć się**⟩ (*-rzy*) sich ereignen, geschehen

wydatek M (*-tku; -tki*) FIN Ausgabe *f*

wydatkować (*-uję*) FIN aufwenden

wydatny *usta, biust* voll; *nos, kości policzkowe* markant; *wkład* beträchtlich, erheblich

wydawać (*wydaję*) ⟨**wydać**⟩ (*-am*) *pieniądze, rzeczy* ausgeben; *kwit* ausstellen; *książkę* herausgeben; *dekret* erlassen; *zapach* verströmen; *przyjęcie, rozkaz* geben; *zbiega* ausliefern; (*zdradzać*) verraten; **~ na świat** zur Welt bringen; **~ się** scheinen, den Anschein erwecken; (*wyjść na jaw*) an den Tag kommen; (*zdradzić się*) sich verraten; **wydawało się, że ...** es schien, dass ...

wydawca M (*-y; gen -ów*) Herausgeber *m*, Verleger *m*

wydawni|ctwo N (*-a*) Verlag *m*; **~czy** Verlags-

wydąć PF → wydymać

wydech M (*-u; -y*) Ausatmung *f*, Ausatmen *n*

wydecho|wy: **rura** *f* **~wa** AUTO Auspuffrohr *n*

wydekoltować się PF → dekoltować się

wydekoltowa|ny *bluzka, sukienka* tief ausgeschnitten, tief dekolletiert; **ona jest ~na** sie hat einen tiefen Auschnitt

wydelegować PF → delegować

wydelikacony (*persf -eni*) verzärtelt

wydepilować PF → depilować

wydeptywać (*-uję*) ⟨**wydeptać**⟩ (*wydepczę*) *ścieżkę* austreten

wydębić (*-ię*): **~ od k-o notatki** *umg* j-m seine Notizen abschwatzen; **~ od k-o pieniądze** *umg* j-n um Geld anschnorren; **~ od k-o informację** *umg* eine Information aus j-m herausholen

wydęty *wargi* wulstig

wydłubywać (*-uję*) ⟨**wydłubać**⟩ (*-ię*) *ziarna, rodzynki* herauspulen; *oczy* ausstechen

wydłużać (*-am*) ⟨**-yć**⟩ (*-ę*) *drogę, okres nauki, godziny otwarcia* verlängern; *ubranie* schlanker erscheinen lassen, strecken; **~ się** *trasa, okres życia* länger werden

wydłużony länglich

wydłużyć PF → wydłużać

wyd|ma F (*-y*) Düne *f*; **ruchome ~my** Wanderdünen *pl*; **~mowy** Dünen-

wydmuchiwać (*-uję*) ⟨**wydmuchać**⟩ (*-am*) ausblasen; **~ nos** sich die Nase putzen, sich schnäuzen

wydmuszka F (*-i; gen -szek*) ausgeblasenes Ei *n*

wydobycie N (*-a; bpl*) *węgla* Abbau *m*,

W

Förderung *f*; *ropy* Förderung *f*; *soli, złota* Gewinnung *f*
wydobywać (*-am*)⟨**wydobyć***⟩ (*wydobędę*) (*wyjmować*) (hervor)holen, (heraus)holen (**z** *gen* aus *dat*); *węgiel* abbauen, fördern; *ropę* fördern; *sól, złoto* gewinnen; *dźwięk* hervorbringen; **~ na powierzchnię** bergen; **~ k-o z** (*gen*) j-m helfen aus (*dat*); **~ z k-o** aus j-m herausbekommen, j-m entlocken; **~ na światło dzienne** ans Tageslicht bringen; **nie móc wydobyć słowa** kein Wort herausbringen können; **wydobywać się** hervordringen; *gaz, powietrze* entweichen
wydobyw|czy GÓRN Förder-; **przemysł** *m* **~czy** Bergbau *m*; **platforma** *f* **~cza** Bohrinsel *f*
wydoić PF → doić
wydol|ność F (*-ści; bpl*) MED Funktionsfähigkeit *f*, Suffizienz *f*; *systemu* Leistungsfähigkeit *f*, Effizienz *f*; **~ny** MED funktionsfähig, suffizient; *system* leistungsfähig, effizient
wydołać (*-am*): **nie ~** nicht aushalten können, nicht durchstehen können
wydoroślеć PF → dorośleć
wydostawać (*-taję*) ⟨**wydostać**⟩ (*wydostanę*) (*wyjąć*) (hervor)holen (**z** *gen* aus *dat*); **wydostawać się** *gaz, powietrze* entweichen
wydra F (*-y; gen -der od -*) ZOOL Fischotter *m*; (*kobieta*) *umg* Luder *n*, Ratte *f*
wydrapywać (*-uję*) ⟨**wydrapać**⟩ (*-ię*) auskratzen; einritzen
wydrążać (*-am*) ⟨**-yć**⟩ (*-ę*) aushöhlen; *owoce* entkernen; *tunel* bauen; graben
wydrążony ausgehöhlt, hohl
wydrowaty *umg* nuttig
wydruk M (*-u; -i*) EDV Ausdruck *m*
wydrukować PF → drukować
wydrwigrosz M (*-a; -e*) *pej* Preller *m*
wydrwiwać (*-am*)⟨**wydrwić**⟩ (*-ię*) verhöhnen, lächerlich machen
wydrzeć* PF → wydzierać
wydusić (*wyduszę*): **~ sok z cytryny** eine Zitrone auspressen; **~ z k-o** *umg* j-n ausquetschen (über *akk*); **~ z siebie** (*akk*) stammeln (*akk*); **nie móc ~ z siebie ani słowa** kein Wort hervorbringen können
wydychać (*-am*) ausatmen
wydymać (*-am*) ⟨**wydąć**⟩ (*wydmę*) *firankę, żagle* aufblähen, aufbauschen; *usta* schürzen
wydział M (*-u; -y*) Abteilung *f*; *na uniwersytecie* Fakultät *f*, Fachbereich *m*
wydziedziczać (*-am*) ⟨**-yć**⟩ (*-ę*) JUR enterben
wydzielać (*-am*) ⟨**-ić**⟩ (*-ę*) BIOL absondern; *ciepło* abgeben, ausstrahlen; *energię* abgeben, produzieren; *miejsce* zuweisen; *porcję* zuteilen; CHEM freisetzen; **~ zapach** einen Duft verströmen, duften; **~ pieniądze na** (*akk*) das Geld bestimmen für (*akk*); **~ się** BIOL abgesondert werden; *ciepło* abgegeben *od* ausgestrahlt werden; *energia* abgegeben *od* produziert werden; *ślina* produziert werden; CHEM frei werden
wydzielina F (*-y*) BIOL Sekret *n*; **~ ropna** MED Eiter *m*
wydzierać (*-am*) ⟨**wydrzeć**⟩ (*wydrę*) *kartkę* (her)ausreißen; *ubranie, buty umg* abtragen; *tajemnicę* abringen; **~ k-u** j-m entreißen, j-m wegreißen; **~ się** *umg* brüllen
wydzierżawiać (*-am*) ⟨**-ić**⟩ (*-ię*) verpachten; (*wziąć w dzierżawę*) pachten
wydziobywać (*-uję*)⟨**wydziobać**⟩ (*-ię*) *ptak* (her)auspicken
wydziwiać (*-am*) *umg* viel Theater machen, herumnörgeln; **~ na** (*akk*) *umg* nörgeln über (*akk*)
wydzwaniać (*-am*): **~ do k-o** *umg* j-n ständig anrufen; **zegar wydzwonił dziesiątą** die Uhr hat zehn geschlagen
wydźwięk M (*-u; -i*) *fig* Aussage *f*
wyegzekwować PF → egzekwować
wyeksmitować PF → eksmitować
wyeksploatować PF → eksploatować
wyeksponować PF → eksponować
wyeksportować PF → eksportować
wyeliminować PF → eliminować
wyemancypować się PF → emancypować się
wyemigrować PF → emigrować
wyemitować PF → emitować
wyfiokowany *umg* aufgedonnert, aufgebrezelt
wyfroterować PF → froterować
wyfruwać (*-am*)⟨**wyfrunąć**⟩ (*-nę*) *ptak* ausfliegen (*a. fig umg*)
wyga M (*-i; gen - od -ów*) *fig umg* alter Hase *m*
wygadać PF (*-am*) *umg* ausplaudern; **~ się** *umg* sich verplappern; (*rozmawiać*) nach Herzenslust plaudern

wygadany *umg* nicht auf den Mund gefallen, schlagfertig
wygadywać (*-uję*): **~ głupstwa** *umg* Quatsch *od* dummes Zeug reden; **co ty wygadujesz?** was redest du da für einen Unsinn?; **~ na** (*akk*) herziehen über (*akk*)
wygajać (*-am*) ⟨**wygoić**⟩ (*wygoję*) zum Abheilen bringen, pflegen; **~ się** abheilen
wygalać (*-am*) ⟨**wygolić**⟩ (*wygolę*) ausrasieren
wyganiać (*-am*) ⟨**wygonić**⟩ (*-ię*) *od* ⟨**wygnać**⟩ (*-am*) hinausjagen; **~ z domu** aus dem Haus werfen
wygarbować PF → garbować
wygarniać (*-am*) ⟨**-nąć**⟩ *popiół* ausräumen; **wygarnąć k-u** *umg* j-m deutlich die Meinung sagen, mit j-m Tacheles reden
wygasać (*3. Pers -a*) ⟨**-nąć**⟩ (*wygaśnie*) *ogień, lampa, wulkan* erlöschen (*a. fig*)
wygasić PF → wygaszać
wygasły *ogień, lampa, wulkan* erloschen (*a. fig*)
wygasnąć PF → wygasać
wygaszać (*-ę*) ⟨**wygasić**⟩ (*wygaszę*) *ogień* löschen; *światła* ausmachen
wygiąć PF → wyginać; giąć
wygibasy M/PL (*gen -ów*) *umg* Verrenkungen *pl*
wygię|cie N (*-a*) Krümmung *f*, Biegung *f*; **~ty** gekrümmt, (durch)gebogen
wygimnastykowany gelenkig, geschmeidig
wyginać (*-am*) ⟨**wygiąć**⟩ (*wygnę*) (durch)biegen, krümmen; **~ się** sich durchbiegen
wyginąć PF (*-nę*) aussterben
wyglancować PF → glancować
wygląd M (*-u; bpl*) Aussehen *n*, Äußere(s) *n*; Aufmachung *f*; **dbać o ~** sein Äußeres pflegen, sich pflegen; **przypominać z ~u** *od* **~em k-o** vom Aussehen her an j-n erinnern
wyglądać (*-am*) aussehen; (*patrzeć*) hinaussehen, hinausschauen; **~** (*gen*) (*oczekiwać*) sehnsüchtig warten auf (*akk*), Ausschau halten nach (*dat*); **jak on wygląda?** wie sieht er aus?; **~ przez okno** aus dem Fenster schauen; **~ młodo** jung aussehen; **~ zdrowo** gesund aussehen; **~ na artystę** wie ein Künstler aussehen; **~ zza chmur** hinter den Wolken hervorkommen; **~ spod** (*gen*) *umg* hervorgucken (unter *dat*); **dobrze ~** (*przytyć*) fülliger werden; **nie wyglądał na swoje lata** er sah jünger aus, als er war; **wygląda na to, że ...** es sieht danach aus, dass *od* als ob ...
wygładzać (*-am*) ⟨**-ić**⟩ (*-ę*) *materiał* glätten; *deski* schleifen; *fig* den letzten Schliff geben; **~ się** sich glätten
wygłaszać (*-am*) ⟨**wygłosić**⟩ (*wygłoszę*) *mowę, referat, kazanie* halten; *zdanie, opinię* äußern
wygłodzeni *persf* → wygłodzony
wygłodzić PF (*-ę*) hungern lassen; **~ się** hungern
wygł|odzony (*persf -eni*) ausgehungert (*a. fig*); **~os** M (*-u; -y*) GRAM Auslaut *m*
wygłosić PF → wygłaszać
wygłup M (*-u; -y*) *umg* Albernheit *f*, Faxen *pl*
wygłupiać się (*-am*) *umg* herumalbern, Faxen machen; **nie wygłupiaj się!** lass den Quatsch!, hör auf zu albern!
wygnać PF *lit* → wyganiać
wygna|nie N (*-a*) POL Verbannung *f*; **na ~niu** in der Verbannung, im Exil; **~niec** M (*-ńca; -ńcy*) Verbannte(r) *m*
wygniatać (*-am*) ⟨**wygnieść***⟩ (*wygniotę*) *ciasto* kneten; *kapustę* ausdrücken; *ślady* eindrücken; **wygnieść się** *ubranie* zerknittert sein
wygnieciony *ubranie, kartka* zerknittert; *sofa* durchgessesen; *łóżko* durchgelegen; *trawa* zertreten
wygo|da F (*-y; gen -ód*) Komfort *m*, Bequemlichkeit *f*; **mieć ~dę** (**z** *inst*) es bequem haben (mit *dat*); **dla twojej ~dy** zu deiner Bequemlichkeit; **mieszkanie** *n* **z ~dami** Wohnung *f* mit allem Komfort, Wohnung *f* mit allen Bequemlichkeiten
wygodnicki M (*-ego; -ccy*): **on jest bardzo ~** *umg pej* er ist sehr bequem
wygodnictwo M (*-a*) *pej* Bequemlichkeit *f*, Trägheit *f*
wygodny *sofa, wymówka, osoba* bequem; **~ w użyciu** handlich; benutzerfreundlich
wygoić PF → wygajać
wygolić PF → wygalać
wygolony rasiert
wygonić PF → wyganiać
wygospodarować PF (*-uję*) *pieniądze czas* erübrigen
wygotowywać (*-wuję*) ⟨**wygotować**⟩

W

(-uję) auskochen; ~ **się** verdampfen

wygó|dka F (-i; *gen -dek*) *umg* Plumpsklo *n*; **~rowany** *cena* überhöht; *ambicja, żądania* übertrieben, unmäßig; **mieć ~rowane mniemanie o sobie** eingebildet sein

wygrać PF → wygrywać

wygramolić się PF (-ę) *umg* mühsam rauskommen, sich hinausquälen (**z** *gen* aus *dat*)

wygra|na F (-ej; -e) SPORT Sieg *m*; (*kwota, rzecz*) Gewinn *m*; *w totolotka* Treffer *m*; **główna ~na** Hauptgewinn *m*; **dać** *pf* **za ~ną** sich geschlagen geben, aufgeben

wygrawerować PF → grawerować

wygrażać (-am): ~ **k-u** j-m drohen

wygrywać (-am) ⟨**wygrać**⟩ (-am) gewinnen (*a.* SPORT, POL, JUR); **wygrywać k-o przeciw** (*dat*) j-n ausspielen gegen (*akk*)

wygryzać (-am) ⟨**wygryźć***⟩ (*wygryzę*) *dziurę* durchfressen; ~ **k-o** j-n rausekeln; ~ **z pracy** mobben

wygrzać się PF → wygrzewać się

wygrzebywać (-uję) ⟨**wygrzebać**⟩ (-ię) ausgraben (*a. fig*); (*wyjmować*) (hervor)kramen, (hervor)holen; **wygrzebać się** *pf umg* (*być gotowym*) endlich fertig werden; (*wyzdrowieć*) wieder auf die Beine kommen; ~ **się z łóżka** sich aus dem Bett pellen; **nie móc się wygrzebać** *umg* (herum)trödeln

wygrzewać się (-am) ⟨**wygrzać się**⟩ sich wärmen; ~ **na słońcu** sich in der Sonne wärmen

wygrzmocić PF → grzmocić

wygubić PF (-ię) *lit* vernichten, ausrotten

wygwizdać PF → wygwizdywać

wygwizdów M (-owa; *bpl*) *umg* tiefste Provinz *f*, Kaff *n*

wygwizdywać (-uję) ⟨**wygwizdać**⟩ (*wygwiżdżę*) *melodię* pfeifen; *aktora, sztukę* auspfeifen

wyhaftować PF → haftować

wyhamowywać (-wuję) ⟨**wyhamować**⟩ (-uję) abbremsen

wyhodować PF → hodować

wyi|dealizowany idealisiert, Ideal-; **~maginowany** unwirklich, imaginär; (*urojony*) eingebildet

wyjadacz M (-a; -e) *fig umg* alter Hase *m*

wyjadać (-am) ⟨**wyjeść**⟩ (*wyjem*) aufessen; *zwierzę* auffressen; ~ **k-u** j-m wegessen

wyjaławiać (-am) ⟨**wyjałowić**⟩ (-ię, -łów!) MED sterilisieren; *ziemię* auslaugen

wyjałowieć PF → jałowieć

wyjaśniać (-am) ⟨**-ić**⟩ (-ię, -nij!) (*wytłumaczyć*) erklären, erläutern; (*sprostować*) klären, klarstellen; (*uzasadnić*) klarmachen; ~ **nieporozumienie** ein Missverständnis ausräumen; ~ **k-u** (*uświadamiać*) j-n aufklären; ~ **się** sich klären, klar werden

wyjaśnienie N (-a; -eń) Erklärung *f*, Erläuterung *f*; *nieporozumienia* (Auf)Klärung *f*

wyjawiać (-am) ⟨**-ić**⟩ (-ię) *lit* enthüllen, preisgeben

wyjazd M (-u; -y) (*powrót*) Abreise *f*; (*droga*) Ausfahrt *f*; (*podróż*) Reise *f*, Fahrt *f*; ~ **służbowy** Dienstreise *f*; ~ **za miasto** Fahrt *f* ins Grüne; **~owy** *droga* Ausfall-; **mecz** *m* **~owy** SPORT Auswärtsspiel *n*

wyjąć PF → wyjmować

wyjąkać PF (-am) stammeln, stottern

wyjąt|ek M (-tku; -tki) Ausnahme *f*; (*tekst*) Auszug *m*, Fragment *n*; **bez ~ku** ohne Ausnahme; **z ~kiem** (*gen*) mit Ausnahme von (*dat*); **w drodze ~ku** ausnahmsweise, im Ausnahmefall

wyjątko|wo ADV ausnahmsweise; (*szczególnie*) besonders; **~wy** *szczególny* ausgesprochen, besondere(r); *sytuacja, wypadek* Ausnahme-, Sonder-; **stan** *m* **~wy** POL Ausnahmezustand *m*

wyjechać* PF → wyjeżdżać

wyjednywać (-uję) ⟨**wyjednać**⟩ (-am) *lit* erwirken (**u** *gen* bei *dat*)

wyjeść* PF → wyjadać

wyjezdn|e: **na ~ym** vor der Abreise

wyjeżdżać (-am) ⟨**wyjechać**⟩ (*wyjadę*) (hinaus)fahren (**z** *gen* aus); (*odjeżdżać*) abreisen, wegfahren; (*podróżować*) wegfahren, verreisen; ~ **z** (*inst*) (*powiedzieć*) *umg* herausplatzen mit (*dat*); ~ **na urlop** in Urlaub fahren; ~ **za granicę** ins Ausland fahren; ~ **wcześnie rano** früh am Morgen abreisen *od* wegfahren; ~ **z garażu** aus der Garage herausfahren

wyjeżdżony *droga* ausgefahren

wyjęczeć PF (-ę) weinerlich sagen, stöhnen

wyjęty: ~ **z kontekstu** aus dem Kontext (heraus)gerissen; ~ **spod prawa** HIST vogelfrei

wyjmować (-uję) ⟨**wyjąć**⟩ (*wyjmę*) (heraus)nehmen, (heraus)holen; *kleszcza, drzazgę* herausziehen; **~ spod prawa** HIST ächten

wyjrzeć PF (-ę, -y) hinausschauen; **~ przez okno** aus dem Fenster schauen; **~ zza chmur** hinter den Wolken hervorkommen

wyjś|cie N (-a) Ausgang *m* (*a.* TECH); *fig* Ausweg *m*; **~cie awaryjne** Notausgang *m*; **tylne ~cie** Hinterausgang *m*; **sytuacja** *f* **bez ~cia** ausweglose Situation *f*; **nie mam ~cia** ich habe keine Wahl, mir bleibt nichts anderes übrig; **~cie za mąż** *kobiety* Heirat *f*; **~ciowy** *drzwi, pozycja* Ausgangs- (*a.* TECH); *ubranie* festlich

wyjść* PF: **nie wyszło** *umg* es hat nicht geklappt; → wychodzić

wyjustować PF → justować

wyka F (-i) BOT Wicke *f*

wykaligrafować PF → kaligrafować

wykalkulować PF → kalkulować

wykałaczka F (-i; *gen* -czek) Zahnstocher *m*

wykańczać (-am) ⟨**wykończyć**⟩ (-ę) fertig machen; ausarbeiten, letzte Hand anlegen; TECH nachbehandeln; *dom* fertig bauen; *zapasy* aufbrauchen; *materiał* umsäumen; **~ k-o** *umg* j-n fertigmachen; **~ się** *umg* sich fertig machen; *zapasy* aufgebraucht werden

wykapany: **~ ojciec** *umg* ganz der Papa

wykaraskać się PF (-am) *umg* sich herauswinden

wykarczować PF → karczować

wykarmiać (-am) ⟨**-ić**⟩ (-ię) *dziecko* stillen, aufziehen; *rodzinę* ernähren

wykastrować PF → kastrować

wykaz M (-u; -y) Verzeichnis *n*; Aufstellung *f*, Liste *f*; **~ nazwisk** Namenverzeichnis *n*

wykazywać (-uję) ⟨**wykazać**⟩ (*wykażę*) (*dowieść*) nachweisen; *badania, dochodzenie* ergeben; *zrozumienie* entgegenbringen; *zainteresowanie* bekunden, offenbaren; erkennen lassen; *różnice, podobieństwa* aufweisen, aufzeigen; **~ się** (*inst*) sich hervortun (mit *dat*)

wykąpać PF → kąpać

wykidajło M (-y; -ów) *umg* Türsteher *m*, Rausschmeißer *m*

wykiełkować PF → kiełkować

wykipieć PF (*3. Pers* -i) *mleko* überkochen

wykitować PF (-uję) (*umrzeć*) *pop* abkratzen

wykiwać PF (-am) *umg* reinlegen

wyklarować PF → klarować

wykląć PF → wyklinać

wyklejać (-am) ⟨**wykleić**⟩ (*wykleję*) (*inst*) *wnętrze* auskleben (mit *dat*); *ściany* bekleben (mit *dat*)

wyklejka F (-i; *gen* -jek) TYPO Vorsatz *m*

wyklepać PF → klepać

wyklęty (*persf* -ci) verstoßen; REL exkommuniziert

wyklinać (-am) ⟨**wykląć**⟩ (*wyklnę*) *dziecko* verstoßen; REL mit dem Bann belegen; **wyklinać** fluchen

wykluczać (-am) ⟨**-yć**⟩ (-ę) ausschließen; **~ się** sich ausschließen, einander ausschließen

wykluczo|ny ausgeschlossen; **~ne!** ausgeschlossen!

wykluczyć PF → wykluczać

wykluwać się (*3. Pers* -a) ⟨**wykluć się**⟩ (*wykluje*) ZOOL ausschlüpfen

wykład M (-u; -y) Vorlesung *f*

wykładać (-am) ⟨**wyłożyć**⟩ (-ę) *towar* auslegen; *myśl, pogląd* darlegen; **~ pieniądze** Geld aufbringen, aufkommen (**na** *akk* für *akk*); **~** (*inst*) auslegen (mit *dat*); **~ kafelkami** kacheln; **wykładać** *na uniwersytecie* Vorlesungen halten (über *akk*)

wykładn|ia F (-i; -e) Auslegung *f*, Interpretation *f*; **~ik** M (-a; -i) *fig* Ausweis *m*; MAT Exponent *m*

wykładowca M (-y; *gen* -ów) *na uniwersytecie* Hochschullehrer *m*; (*kobieta*) Hochschullehrerin *f*; *na kursach* Dozent *m*; (*kobieta*) Dozentin *f*

wykłado|wy: **sala** *f* **~wa** Hörsaal *m*; **język** *m* **~wy** Unterrichtssprache *f*

wykładzina F (-y): **~ dywanowa** Teppichboden *m*, Auslegeware *f*

wykłócać się (-am) sich streiten (**o** *akk* um *akk*)

wykłuwać (-am) ⟨**wykłuć**⟩ (*wykłuję*) *oczy* ausstechen

wykolegować PF (-uję): **~ k-o** *umg* j-n links liegen lassen

wykolejać (-am) ⟨**wykoleić**⟩ (-ję) *pociąg* zum Entgleisen bringen; *fig* aus der Bahn werfen, einen seelischen Schaden zufügen; **~ się** *pociąg, tramwaj* entgleisen; *fig* auf die schiefe Bahn geraten, moralisch herunterkommen

wykolejeni *persf* → wykolejony

wykolej|enie N (-a) *pociągu, tramwaju*

Entgleisung *f*; *fig* moralische Verwahrlosung *f*, sozialer Abstieg *m*; **~eniec** M (*-ńca; -ńcy*) *umg pej* verkommenes Subjekt *n*, gescheiterte Existenz *f*, menschliches Wrack *n*; **~ony** (*persf -eni*) *fig* gestört, moralisch heruntergekommen

wykołować PF → kołować

wykombinować PF → kombinować

wykonać PF → wykonywać

wykona|lny durchführbar; **~nie** N (*-a*) TEATR Spiel *n*, Darstellung *f*; Aufführung *f*; *projektu* Durchführung *f*; *planu* Erfüllung *f*; *wyroku* Vollstreckung *f*; (*wykończenie*) Ausarbeitung *f*; **w ~niu** (*gen*) TEATR, MUS gespielt von (*dat*)

wykonawca M (*-y; gen -ów*) (*aktor*) Darsteller *m*; (*muzyk*) Vortragende(r) *m*; *prac* Auftragnehmer *m*; *rozkazu* Ausführende(r) *m*; JUR Vollstrecker *m*; **~ głównej roli** Hauptdarsteller *m*

wykonaw|czy: **władza** *f* **~cza** POL Exekutive *f*

wykonawczyni F (*-i; -e*) (*aktorka*) Darstellerin *f*; (*muzyk*) Vortragende *f*; *rozkazu* Ausführende *f*; **~ głównej roli** Hauptdarstellerin *f*

wykonawstwo N (*-a*) BUD Ausführung *f* von Bauvorhaben

wykonywać (*-uję*) ⟨**wykonać**⟩ (*-am*) (*produkować*) anfertigen, herstellen; *zadanie, normę, plan* erfüllen; *polecenie, rozkaz* ausführen; *projekt, eksperyment* durchführen; *ćwiczenie* machen; *pracę* verrichten, tun; *wyrok* vollstrecken; MUS vortragen; **wykonywać zawód** einen Beruf ausüben

wykończenie N (*-a*) *ubrania* Saum *m*; Ausarbeitung *f*; TECH Nachbehandlung *f*; **staranne ~** sorgfältige Ausarbeitung *f*

wykończenio|wy: **prace** *pl* **~we** BUD Innenarbeiten *pl*, Innenausbau *m*

wykończony ausgearbeitet; *osoba umg* geschafft, fix und fertig

wykończyć PF → wykańczać

wykop M (*-u; -y*) BUD Baugrube *f*

wykopać PF → wykopywać

wykopalis|ko N (*-a; -*) (*teren*) Ausgrabungsstätte *f*, Ausgrabungsort *m*; (*rzecz*) Ausgrabungsfund *m*, Ausgrabung *f*; **~ka** *pl* (*prace*) Ausgrabung *f*, Ausgrabungsarbeiten *f/pl*

wykopalisko|wy: **prace** *pl* **~we** Ausgrabungsarbeiten *pl*; **stanowisko** *n* **~we** Ausgrabungsstätte *f*, Ausgrabungsort *m*

wykopki PL (*gen -ów*) Kartoffelernte *f*

wykopywać (*-uję*) ⟨**wykopać**⟩ (*-ię*) *dół, rów* graben; *studnię* bohren; *rzecz* ausgraben

wykorkować PF (*-uję*) *umg* abkratzen, ins Gras beißen

wykorzeniać (*-am*) ⟨**-ić**⟩ (*-ię*) *fig* bekämpfen, ausrotten

wykorzeniony (*persf -eni*) *fig* entwurzelt

wykorzystywać (*-uję*) ⟨**wykorzystać**⟩ (*-am*) *szansę, czas, możliwości* (aus)nutzen; *urlop* nehmen; *odpady* verwerten; **~ k-o** j-n ausnutzen, j-n ausbeuten; **wykorzystał jej doświdczenie** er profitierte von ihrer Erfahrung

wykosztowywać się (*-wuję*) ⟨**wykosztować się**⟩ (*-uję*) sich in Unkosten stürzen

wykpiwać (*-am*) ⟨**-ić**⟩ (*-ię, -pij!*) *v/t* spotten (*akk*), sich mokieren (über *akk*); **~ się** (**od** *gen*) sich drücken (vor *dat*), ausweichen (*dat*)

wykraczać (*-am*) ⟨**wykroczyć**⟩ (*-ę*) (**przeciw** *dat*) verstoßen (gegen *akk*); **~ przeciw prawu** ein Gesetz übertreten; **(nie) wykraczać poza** (*akk*) *fig* (nicht) hinausgehen (über *akk*)

wykradać (*-am*) ⟨**wykraść**⟩ (*wykradnę*) stehlen, entwinden; *dziecko* entführen, kidnappen; **~ się** sich wegstehlen

wykrakać PF (*wykraczę*) *umg* heraufbeschwören, provozieren

wykraść° PF → wykradać

wykrawać (*-am*) ⟨**wykroić**⟩ (*wykroję*) (her)ausschneiden

wykreować PF → kreować

wykres M (*-u; -y*) Schaubild *n*, Diagramm *n*; MAT Kurve *f*

wykreślać (*-am*) ⟨**-ić**⟩ (*-ę*) ausstreichen; *fig* streichen

wykręcać (*-am*) ⟨**-ić**⟩ (*-ę*) *śrubę, żarówkę* (her)ausschrauben, (her)ausdrehen; *bieliznę* auswringen; *numer* wählen; **~ k-u rękę** j-m den Arm auf den Rücken drehen; **wykręcać się** *fig* sich drücken (**od** *gen* vor *dat*)

wykręt M (*-u; -y*) Ausrede *f*, Ausflucht *f*; **~ny** *odpowiedź* ausweichend

wykrochmalić PF → krochmalić

wykroczenie N (*-a*) JUR Ordnungswidrigkeit *f*

wykroczyć PF → wykraczać
wykroić PF → wykrawać
wykrojo|ny: **ładnie ~ne usta** *pl* schön geformter Mund *m*
wykrok M (-u; -i) SPORT Ausfall *m*
wykropkowywać (-*wuję*) ⟨**wykropkować**⟩ (-*uję*) Auslassungszeichen setzen
wykr|ot M (-u; -y) entwurzelter Baum *m*; **~ój** M (-*oju*; -*oje*) *na ubranie* Schnittmuster *n*, Schablone *f*; (*kształt*) Form *f*
wykruszać się (-*am*) ⟨**-yć się**⟩ *v/i* (ab)bröckeln; *nasiona* herausfallen; *szeregi* sich lichten
wykrwawić się PF (-*ię*) MED verbluten
wykrycie N (-a) Entdeckung *f*, Nachweis *m*; *spisku* Aufdeckung *f*
wykryć PF → wykrywać
wykrywacz M (-a; -e): **~ min** MIL Minensuchgerät *n*; **~ kłamstw** Lügendetektor *m*
wykrywać (-*am*) ⟨**wykryć**⟩ (*wykryję*) *zbrodnię, spisek, błąd* aufdecken; *sprawcę* ermitteln; (*odkryć naukowo*) entdecken; nachweisen
wykrywalność F (-*ści*; *bpl*): **~ przestępstw** Aufklärungsrate *f* von Verbrechen
wykrywalny erkennbar
wykrzesać PF (*wykrzeszę*) *siły, energię* aufbringen; *ogień* schlagen
wykrztusić PF (*wykrztuszę*) MED aushusten; *fig* stottern, stammeln; **nie móc ~ słowa** kein Wort herausbringen können
wykrztuśny MED Schleim lösend
wykrzyczeć PF (-*ę*) herausschreien
wykrzykiwać (-*uję*) ⟨**wykrzyknąć**⟩ (-*nę*) schreien, laut ausrufen
wykrzyknik M (-a; -i) (*znak*) Ausrufungszeichen *n*; GRAM Interjektion *f*
wykrzywiać (-*am*) ⟨**-ić**⟩ (-*ię*) krümmen, (ver)biegen; *obcasy* schief treten; *usta* verziehen; **~ się** sich verbiegen; *osoba* ein verkniffenes Gesicht machen, den Mund verziehen
wykrzywio|ny *drut* verbogen; *obcas* schief; **~na z bólu twarz** schmerzverzerrtes Gesicht *n*; **z ~ną twarzą** mit verzerrtem Gesicht
wykształcać (-*am*) ⟨**-ić**⟩ (-*ę*) herausbilden
wykształceni *persf* → wykształcony
wykształc|enie N (-a; *bpl*) (Aus)Bildung *f*; **~enie zawodowe** Fachausbildung *f*, Berufsausbildung *f*; **~enie wyższe** Hochschulabschluss *m*; **z wyższym ~eniem** mit Hochschulabschluss; **wszechstronne ~enie** Allgemeinbildung *f*; **~ony** (*persf -eni*) gebildet; ausgebildet; BIOL herausgebildet; **wszechstronnie ~ony** umfassend gebildet
wykuć PF → wykuwać
wykup M (-u; -y) *ziemi, obligacji* Kauf *m*; *zakładników* Loskauf *m*; *fantu* Einlösen *n*
wykupywać (-*uję*) ⟨**wykupić**⟩ (-*ię*) *zakładników* freikaufen, loskaufen; *receptę, bon, zastaw* einlösen; *akcje* kaufen; **~ wszystko** (alles) aufkaufen, leer kaufen; **~ się** sich freikaufen, sich loskaufen
wykurować PF (-*uję*) *umg* auskurieren; **~ się** sich auskurieren
wykurzać (-*am*) ⟨**-yć**⟩ *pszczoły* ausräuchern; **wykurzyć** *pf* **k-o** *umg* j-n rausschmeißen; *umg* j-n rausekeln
wykusz M (-a *od* -u; -e) ARCH Erker *m*
wykuwać (-*am*) ⟨**wykuć**⟩ (*wykuję*) schmieden; *otwór, posąg* ausmeißeln, aushauen; (*nauczyć się*) *umg* pauken, auswendig lernen
wykwalifikowany *robotnik* qualifiziert; *pielęgniarka* gelernt
wykwaterowywać (-*wuję*) ⟨**wykwaterować**⟩ (-*uję*) JUR exmittieren
wykwint M (-u; *bpl*) Raffinesse *f*, (feiner) Geschmack *m*; Luxus *m*; **~ny** fein, elegant; luxuriös; *maniery* fein, vornehm; *wino* erlesen
wylać PF → wylewać
wylanie N (-a; *bpl*) *umg fig* Rausschmiss *m*
wylansować PF → lansować
wylatywać (-*uję*) ⟨**wylecieć**⟩ (*wylecę*) *ptak, owad* (her)ausfliegen; *samolot* abfliegen, starten; *gaz, powietrze* entweichen; (*zostać zwolnionym*) *umg* rausfliegen, gefeuert werden; (*wypadać*) *umg* rausfallen; (*wybiec*) *umg* hinausstürzen; **~ w powietrze** in die Luft fliegen; **wyleciało mi z głowy** *umg* ich komme gerade nicht darauf, es ist mir eben entfallen
wyląc się PF → wylęgać się
wylądować PF → lądować
wyląg M (*wylęgu*; *wylęgi*) (Aus)Schlüpfen *n*; (*pisklęta*) Brut *f*
wylec PF → wylegać
wylecieć PF → wylatywać
wyleczyć PF (-*ę*) gesund machen, heilen; *chorobę* auskurieren; **~ się** gesund werden, eine Krankheit überstehen; **~się z**

W

(*gen*) auskurieren (*akk*); *fig* geheilt werden (von *dat*)

wylegać (-*am*) ⟨**wylec**⟩ (*wylegnę*) *ludzie, tłumy* (hinaus)strömen; **~ na ulicę** auf die Straße hinausströmen

wylegitymować PF → legitymować

wylegiwać się (-*uję*) *umg* sich aalen, lümmeln

wylepiać (-*am*) ⟨**-ić**⟩ (-*ię*) auskleben, auskleiden

wyletniać się (-*am*) ⟨**-ić się**⟩ (-*ię*) *umg* sich zu leicht anziehen

wylew M (-*u*; -*y*) *rzeki* Überschwemmung *f*; **~ (krwi do mózgu)** MED Schlaganfall *m*; (*krwiak*) MED Bluterguss *m*

wylewać (-*am*) ⟨**wylać**⟩ (*wyleję*) *v/t* ausgießen; *niechcący* verschütten; *z pracy umg* feuern; **~ łzy** Tränen vergießen; V/I *rzeka* über die Ufer treten; **~ się** *ciecz* auslaufen, austreten; **wylewać się** *światło* sich ergießen; *tłumy* strömen; **wylało się wino** der Wein ist verschüttet worden

wylewny *osoba* mitteilsam, überschwänglich; *słowa, podziękowanie* überschwänglich

wyleźć* PF → wyłazić

wyleżeć PF (-*ę*): **nie móc ~** nicht ruhig liegen können; nicht lange liegen können

wylęg M (-*u*; -*i*) → wyląg

wylęgać się (3. *Pers* -*a*) ⟨**wyląc się**⟩ (3. *Pers wylęgnie*) *od* ⟨**wylęgnąć się**⟩ (3. *Pers wylęgnie*) ausschlüpfen

wylęgan|ie N (-*a*; *bpl*): **okres** *m* **~ia** MED Inkubationszeit *f*

wylęgarnia F (-*i*; -*e*) Brutanstalt *f*; *fig pej* Brutstätte *f*; **~ talentów** Talentschmiede *f*

wylęgnąć się PF → wylęgać się

wylęk|ły, **~niony** verängstigt, verstört

wyliczać (-*am*) ⟨**-yć**⟩ (-*ę*) (*wymieniać*) aufzählen; (*obliczać*) errechnen, ausrechnen; *pieniądze* abzählen; **~ się** (**z** *gen*) abrechnen (*akk*); *fig* Rechenschaft ablegen (über *akk*)

wyliczanka F (-*i*; *gen* -*nek*) Abzählreim *m*

wyliczyć PF → wyliczać

wyliniały *tkanina* verschlissen, abgescheuert; *pies, kot* räudig

wylinieć PF → linieć

wylizywać (-*uję*) ⟨**wylizać**⟩ (*wyliżę*) auslecken; **~ się** *umg fig* wieder auf die Beine kommen, sich aufrappeln

wylosowywać (-*wuję*) ⟨**wylosować**⟩ (-*uję*) auslosen

wylot M (-*u*; -*y*) *rury* Öffnung *f*; *ulicy* Ende *n*; *lufy* Mündung *f*; (*odlot*) Abflug *m*; **na ~** *adv* durch (und durch); **znać na ~** in- und auswendig kennen, wie seine eigene Westentasche kennen

wyloto|wy: **ulica** *f* **~wa** Ausfallstraße *f*

wyludni|enie N (-*a*; *bpl*) Entvölkerung *f*; **~ony** *teren* entvölkert; *ulica, dom* menschenleer

wyładnieć PF → ładnieć

wyładowan|ie N (-*a*; -*ań*) ELEK Entladung *f*; **~ia** *pl* **atmosferyczne** Blitz und Donner

wyładowywać (-*wuję*) ⟨**wyładować**⟩ (-*uję*) abladen; ausladen; MAR löschen; *złość, zły humor* auslassen, abreagieren (**na** *lok* an *dat*); **~ się** sich abreagieren (**na** *lok* an *dat*); *gniew* sich entladen

wyładunek M (-*nku*; -*nki*) Abladen *n*, Ausladen *n*; MAR Löschen *n*

wyłamywać (-*uję*) ⟨**wyłamać**⟩ (-*ię*) *drzwi, zamek* aufbrechen; *kraty* (her)ausbrechen; **~ się** *v/i szczebel* ausbrechen; *fig* aus der Reihe tanzen; **wyłamał mi się ząb** mir ist ein Zahn abgebrochen

wyłaniać (-*am*) ⟨**wyłonić**⟩ (-*ię*) *komisję* berufen; *kandydata* aufstellen; *delegację* zusammenstellen; (*wybierać*) wählen; **~ się** *zarysy* sichtbar werden, hervortreten; *problem* auftreten, auftauchen; (*powstawać*) entstehen; **~ się zza chmur** hinter den Wolken hervorkommen

wyłapywać (-*uję*) ⟨**wyłapać**⟩ (-*ię*): **~ błędy** die kleinsten Fehler finden, peinlich genau auf Fehler achten

wyławiać (-*am*) ⟨**wyłowić**⟩ (-*ię*) *ryby* ausfischen; *fig* herausfischen

wyłazić (*wyłażę*) ⟨**wyleźć**⟩ (*wylezę*) *umg robaki* herauskriechen; *włosy* ausfallen; *fig* herausklettern, herauskommen (**z** *gen* aus *dat*); **~ spod** (*gen*) hervorgucken, hervorlugen (unter *dat*); **wyłazić ze skóry** *umg* sein Bestes tun

wyłączać (-*am*) ⟨**-yć**⟩ (-*ę*) *światło, telewizor, żelazko* ausschalten, *umg* ausmachen; *prąd, gaz, wodę* abstellen; *silnik* abstellen, ausschalten; **~ z** (*gen*) *fig* ausschließen (von *dat*); ausgliedern (aus *dat*); **~ z prądu** den Stecker ziehen; **~ sprzęgło** AUTO auskuppeln; **~ się** ELEK sich ausschalten; (*nie uważać*) abschalten; (*odkładać słuchawkę*) auflegen; **wyłączać się** (*wykluczać się*) einander ausschließen, sich ausschließen; **nie wyłączając** (*gen*)

einschließlich (*gen*)
wyłącz|enie N (*-a*) Ausschalten *n*; *fig* Ausschluss *m*; **~nie** ADV ausschließlich, lediglich
wyłącz|nik M (*-a*; *-i*) (Aus)Schalter *m*; **~ny** ausschließlich, alleinig; JUR, EKON Allein-; **~na własność** *f* Alleineigentum *n*; **~ne prawo** *n* JUR Alleinrecht *n*; **~ny dystrybutor** *m* EKON Alleinvertreter *m*
wyłączyć PF → wyłączać
wyłogi PL (*-ów*) Revers *pl*, Aufschlag *m*
wyłom M (*-u*; *-y*) Bresche *f*; *fig* Bruch *m*, Abweichung *f*; **~ w murze** Bresche *f* in der Mauer
wyłonić PF → wyłaniać
wyłowić PF → wyławiać
wyłożyć PF: **~ pieniądze na stół** bar bezahlen; → wykładać
wyłudzać (*-am*) ⟨**-ić**⟩ (*-ę*): **~ od k-o** j-m ablisten, von j-m erschwindeln
wyłupać PF → wyłupywać
wyłupiać (*-am*) ⟨**-ić**⟩ (*-ię*) *oczy* ausstechen
wyłupias|ty: **~te oczy** *pl umg* Glupschaugen *pl*
wyłupić PF → wyłupiać
wyłupywać (*-uję*) ⟨**wyłupać**⟩ (*-ię*) herausschälen
wyłuskiwać (*-uję*) ⟨**wyłuskać**⟩ (*-am*) enthülsen; *fig* herausfischen
wyłuszczać (*-am*) ⟨**-yć**⟩ (*-ę*) darlegen
wyłysiały (*persf -li*) kahl(köpfig)
wyłysieć PF → łysieć
wymacać PF → wymacywać
wymachiwać (*-uję*) (*inst*) hin und her schwenken (*akk*), *umg* fuchteln (mit *dat*); **~ rękami** *umg* mit den Händen fuchteln
wymacywać (*-uję*) ⟨**wymacać**⟩ (*-am*) ertasten
wymagać (*-am*) (*gen*) verlangen, fordern (*akk*); abverlangen; (*potrzebować*) erfordern (*akk*), bedürfen (*gen*)
wymagający: **być ~m** hohe Ansprüche haben, hohe Anforderungen stellen (**wobec** *gen* an *akk*); **~ opieki** pflegebedürftig
wymaga|nie N (*-a*; *-ań*) Forderung *f*; **~nia** *pl* Ansprüche *pl*, Anforderungen *pl*; **mieć wysokie ~nia** hohe Anforderungen stellen, hohe Ansprüche haben; **~ny** erforderlich
wymaglować PF → maglować
wymalowany *kobieta, usta* stark geschminkt
wymamrotać PF (*wymamroczę*) vor sich hin murmeln, stammeln
wymarc|ie N (*-a*; *bpl*): **być na ~iu** vom Aussterben bedroht sein
wymarły ausgestorben (*a. fig*)
wymarsz M (*-u*; *-e*) Abmarsch *m*, Ausrücken *n*
wymarzać [r-z] (*-am*) ⟨**-nąć**⟩ (*-nę*) AGR auswintern, ausfrieren; **wymarznąć się** *pf umg* sich einen abfrieren
wymarzony erträumt; (*idealny*) ideal, Ideal-, Traum-
wymarzyć PF (*-ę*): **~ (sobie)** sich erträumen
wymasować PF → masować
wymaszerować PF (*-uję*) abmarschieren, losziehen
wymawiać (*-am*) ⟨**wymówić**⟩ (*-ię*) aussprechen; *umowę, mieszkanie* kündigen; **wymawiać k-u** j-m Vorwürfe machen, j-m vorhalten; **~ się** (*inst*) sich herausreden (mit *dat*); **jak to się wymawia?** wie spricht man das aus?, wie wird das ausgesprochen?
wymaz M (*-u*; *-y*) MED Abstrich *m*
wymazywać (*-uję*) ⟨**wymazać**⟩ (*wymażę*) *gumką* ausradieren; EDV löschen; **~ z pamięci** aus dem Gedächtnis tilgen *od* verbannen; **wymazać** *pf* beschmieren, vollschmieren; **wymazać się** *pf* sich beschmieren, sich vollschmieren
wymądrzać się (*-am*) *pej* sich wichtigtun, sich aufspielen
wymeldowywać (*-wuję*) ⟨**wymeldować**⟩ (*-uję*) (polizeilich) abmelden; **~ się** sich (polizeilich) abmelden
wymęczyć PF (*-ę*) *umg* mit Ach und Krach erreichen; **~ odpowiedź** sich mit einer Antwort abquälen; **~ k-o** j-m zusetzen, j-n quälen
wymia|na F (*-y*) Austausch *m*; *pieniędzy* Umtausch *m*; Wechsel *m*; *butelek* Rückgabe *f*; (*zastąpienie*) Auswechseln *n*; **gwałtowna ~na zdań** Auseinandersetzung *f*; **~na słów** Wortwechsel *m*; **~na myśli** Gedankenaustausch *m*; **~na gospodarcza** wirtschaftliche Zusammenarbeit *f*; **~na ognia** MIL Schusswechsel *m*
wymi|ar M (*-u*; *-y*) FIZ Dimension *f* (*a. fig*); **~ary** *pl* Maße *pl*; **~ar sprawiedliwości** Rechtsprechung *f*, Justiz *f*; **~ar kary** Strafmaß *n*; **najwyższy ~ar kary** Höchststrafe *f*; **~ar podatku** Steuerveranlagung

f; **czwarty ~ar** FIZ die vierte Dimension (*a. fig*); **pracować w pełnym ~arze godzin** vollzeitbeschäftigt sein; **pracować w niepełnym ~arze godzin** teilzeitbeschäftigt sein; **nabrać** *pf* **~arów** (*gen*) Ausmaße von (*dat*) annehmen

wymiatać (*-am*) ⟨**wymieść**⟩ (*wymiotę*) ausfegen, wegfegen; **jakby wymiótł** *umg* wie weggeblasen

wymieniać (*-am*)⟨**-ić**⟩ (*-ię*) austauschen (**na** *akk* gegen *akk*); *pieniądze* umtauschen, wechseln; *myśli, wrażenia, spojrzenia* austauschen; *olej* wechseln; (*zastępować*) auswechseln; (*nazywać*) nennen, angeben; **~ się** (*inst*) austauschen (*akk*)

wymienialny *waluta* konvertierbar

wymienić PF → wymieniać

wymieniony genannt; **wyżej ~** oben genannt

wymienny austauschbar; **handel** *m* **~** Tauschhandel *m*

wymierać (*-am*) ⟨**wymrzeć**⟩ (*wymrę*) aussterben

wymierny messbar

wymierzać (*-am*)⟨**-yć**⟩ (*-ę*) ausmessen; *podatek* bemessen, festsetzen; *cios* versetzen; **~ karę k-u** über j-n eine Strafe verhängen; **~ sprawiedliwość** Recht sprechen; **~ policzek k-u** j-n ohrfeigen, j-m eine Ohrfeige geben; **wymierzył do niego z karabinu** er hat auf ihn angelegt

wymierzony (**przeciwko** *dat od* **w** *akk*) *fig* gerichtet (gegen *akk*)

wymieszać PF → mieszać

wymieść* PF → wymiatać

wymię N (*wymienia; wymiona*) Euter *n*; **~ty** zerknittert

wymigiwać się (*-uję*) ⟨**wymigać się**⟩ (*-am*) *umg* sich drücken (**od** *gen* vor *dat*)

wymijać (*-am*)⟨**-nąć**⟩ (*-nę*) (*wyprzedzać*) überholen; (*omijać*) umgehen; AUTO umfahren; **~ się** aneinander vorbeigehen; AUTO aneinander vorbeifahren

wymijający (**-co**) ausweichend

wymijanie N (*-a; bpl*) AUTO Überholen *n*

wyminąć PF → wymijać

wymio|ciny PL (-) Erbrochene(s) *n*; **~tny** Brech-; **odruch** *m* **~tny** Brechreiz *m*

wymiotować ⟨**z-**⟩ (*-uję*) sich übergeben, sich erbrechen; (*akk*) erbrechen (*akk*)

wymioty PL (*-ów*) Erbrechen *n*; **zbiera mi się na ~** ich muss mich übergeben, mir ist übel

wymknąć się PF → wymykać się

wymłócić PF (*-ę*) AGR ausdreschen; *umg fig* verdreschen

wymoczek M (*-czka; -czki*) *umg pej* Schwächling *m*

wymoczyć PF (*-ę*) einweichen

wymodelować PF → modelować

wymodzić PF (*-ę*) *umg iron* sich ausdenken

wymogi M/PL (*-ów*) Anforderungen *f/pl*

wymontowywać (*-wuję*) ⟨**wymontować**⟩ (*-uję*) abmontieren, ausbauen

wymordować PF (*-uję*) (alle) umbringen; **~ się** sich gegenseitig umbringen

wymościć PF → mościć

wymo|wa F (*-y; bpl*) JĘZ Aussprache *f*; *fig* Aussage *f*; **dar** *m* **~wy** Redegewandtheit *f*; **~wny** *gest, spojrzenie* vielsagend; *osoba* redselig, redegewandt

wymóc* PF (*wymogę*): **~ zgodę** (**na** *lok*) von j-m eine Erlaubnis erzwingen; **~ obietnicę** (**na** *lok*) j-m ein Versprechen abringen

wymówić PF → wymawiać

wymówien|ie N (*-a*) (*zwolnienie*) Kündigung *f*; **nie do ~ia** JĘZ unaussprechlich

wymów|ka F (*-i; gen -wek*) Ausrede *f*; **~ki** *pl* (*wyrzuty*) Vorwürfe *pl*

wymrażać (*-am*)⟨**wymrozić**⟩ (*wymrożę*) *pokój* auskühlen; *mróz* vernichten; **wymrozić się** *pf umg* sich einen abfrieren

wymrzeć* PF → wymierać

wymurować PF → murować

wymusić PF → wymuszać

wymuskany gepflegt, herausgeputzt; **mieć ~ wygląd** *umg* wie geleckt aussehen

wymuszać (*-am*)⟨**wymusić**⟩ (*wymuszę*) (**na** *lok*) *okup, haracz, zeznanie* erpressen (von *dat*); *podpis* erzwingen (von *dat*); **wymusił na mnie pierwszeństwo przejazdu** er nahm mir die Vorfahrt

wymusz|enie N (*-a*) *haraczu, okupu* Erpressung *f*; JUR Nötigung *f* (zu *dat*); **~ony** gezwungen, gekünstelt

wymyć PF → wymywać

wymykać się (*-am*) ⟨**wymknąć się**⟩ (*-nę*) (*wychodzić*) sich hinausstehlen, sich hinausschleichen; **~ k-u** (*uciekać*) j-m entweichen; j-m entkommen; *fig* j-m entgleiten, sich j-m entziehen; **~ z rąk** aus der Hand gleiten; *fig* entgleiten; **~ spod kontroli** außer Kontrolle geraten; **wymykać się** (*dat*) *fig* sich entziehen (*dat*);

tak mi się wymknęło *umg* es ist mir so rausgerutscht

wymysł M (-u; -y) *pej* Erfindung *f*; **~y** *pl* Beschimpfungen *pl*

wymyślać (-am) ⟨**-ić**⟩ (-lę) sich ausdenken, erfinden; **wymyślać k-u** j-n beschimpfen; **wymyślać na** (*akk*) schimpfen, herziehen (über *akk*)

wymyślania PL (*gen -ań*) Beschimpfungen *pl*

wymyślić PF → wymyślać

wymyślny kunstvoll; extravagant, raffiniert

wymywać (*3. Pers -a*) ⟨**wymyć**⟩ (*wymyje*) *brzeg* unterspülen, ausschwemmen; *skały* auswaschen

wynagradzać (-am) ⟨**wynagrodzić**⟩ (*-dzę*) belohnen (**za** *akk* für *akk*); *stratę* ersetzen, entschädigen; *krzywdę* wiedergutmachen; **wynagradzać** *pracę* abgelten, vergüten

wynagrodzen|ie N (-a) Belohnung *f*; (*płaca*) Lohn *m*, Gehalt *n*; Vergütung *f*, Entgelt *n*; **~ie zasadnicze** Grundgehalt *n*; **~ie szkody** Schadenersatz *m*; **bez ~ia** ehrenamtlich; **za ~iem** gegen Entgelt

wynagrodzić PF → wynagradzać

wynająć PF → wynajmować

wynajdywać (-uję) ⟨**wynaleźć**⟩ (*wynajdę*) erfinden; (*wyszukiwać*) finden; (*wykrywać*) entdecken

wynaj|em M (*-jmu; bpl*) *mieszkania* Vermietung *f*, Vermieten *n*; *samochodu* Verleih *m*; (An)Mieten *n*; **biuro** *n* **~mu samochodów** Autoverleih *m*

wynaję|cie (*-a; bpl*): **do ~cia** zu vermieten

wynajmować (-uję) ⟨**wynająć**⟩ (*wynajmę*) (*brać w najem*) *mieszkanie, pokój, samochód* mieten (**od** *gen* von *dat*); (*oddawać w najem*) *mieszkanie, pokój* vermieten (*dat* an *akk*); *samochód, rower* vermieten, verleihen (*dat* an *akk*); *robotnika* beschäftigen, anstellen; *mordercę* anheuern; *adwokata* sich nehmen, einschalten; *samolot* chartern

wynalaz|ca M (*-y; gen -ów*) Erfinder *m*; **~czość** F (*-ści; bpl*) Erfindungsgabe *f*; Neuerung *f*

wynalazczy erfinderisch, einfallsreich; schöpferisch, kreativ; **~ni** F (*-i; -e*) Erfinderin *f*

wynalazek M (*-zku; -zki*) Erfindung *f*

wynaleźć· PF → wynajdywać

wynaturz|enie N (-a) Abnormität *f*, krankhafte Abweichung *f*; **~ony** abnorm, pathologisch

wynegocjować PF (-uję) aushandeln

wynędzniały ausgezehrt, abgemagert

wynieść· PF → wynosić

wynik M (-u; -i) Ergebnis *n*, Resultat *n*; Nachwirkung *f*, Folge *f*; MED Befund *m*; **~i** *pl* (*osiągnięcia*) Leistungen *pl*; **~i** *pl* **głosowania** POL Wahlergebnisse *pl*; **pomyślny ~** Erfolg *m*, günstiges Ergebnis *n*; **~ gry** Spielergebnis *n*; **w ~u** (*gen*) als Ergebnis (*gen*), infolge (von *dat*)

wynikać (*3. Pers -a*) ⟨**-nąć**⟩ (*-nie*) (**z** *gen*) (*powstawać*) sich ergeben, entstehen (aus *dat*); hervorgehen (aus *dat*); **z badań wynika, że ...** aus den Untersuchungen geht hervor, dass ...

wyniosłość F (*-ści; bpl*) (*zachowanie*) Hochmut *m*, Arroganz *f*; (*wzniesienie*) Erhebung *f*

wyniosły (*persf -śli*) (**-śle**) hochmütig, überheblich; (*wysoki*) hoch(ragend)

wyniszczać (-am) ⟨**-yć**⟩ (-ę) *kraj* verwüsten, verheeren; *zdrowie* ruinieren; *gatunek, plemiona* ausrotten; *zdrowotnie* auszehren

wyniszczony *gatunek* ausgerottet; **~ chorobą** von einer Krankheit ausgezehrt; **~ wojną** kriegszerstört; **~ głodem** vom Hunger ausgezehrt

wyniuchać PF (-am) (*akk*) *umg* hinterherkommen (*dat*), Wind bekommen (von *dat*)

wynocha INT: **~!** *pop* raus!, hau ab!

wynos: **na ~** KULIN außer Haus

wynosić (*wynoszę*) ⟨**wynieść**⟩ (*wyniosę*) hinaustragen (**z** *gen* aus *dat*); *śmieci* hinausbringen; *na górę* hinauftragen (**na** *akk* auf *akk*); *wiedzę, doświadczenia* mitbringen; **wynosić** *suma, ilość* betragen; *koszty, straty* sich belaufen, betragen; (*chwalić*) loben, preisen; **~ naukę** *fig* eine Lehre ziehen; **~ z domu** *fig* von zu Hause mitbringen; **~ się** *umg* wegziehen; **wynosić się** *pf* (**ponad** *akk*) sich erheben (über *akk*), sich für besser halten (als *akk*); **wynoś się!** *umg* hau ab!, verschwinde!

wynurzać (-am) ⟨**-yć**⟩: **~ z wody głowę** den Kopf aus dem Wasser herausstrecken; **~ się** *fig* auftauchen, sichtbar werden; **~ się (z wody)** auftauchen, an die (Wasser)-

W

Oberfläche kommen
wynurzenia PL (*gen -eń*) *fig* Ergüsse *pl*
wyobcowa|nie N (*-a; bpl*) Entfremdung *f*, Isolierung *f*; **~ny** entfremdet, isoliert
wyobrazić PF → wyobrażać
wyobraźni|a F (*-i; bpl*) Fantasie *f*, Vorstellungskraft *f*; **pozbawiony ~** fantasielos, einfallslos
wyobrażać (*-am*) ⟨**wyobrazić**⟩ (*wyobrażę*) darstellen, zeigen; **~ sobie** sich vorstellen; (*wmawiać sobie*) sich einbilden, sich einreden; **wyobraź sobie, że ...** stell dir vor, dass ...
wyobrażen|ie N (*-a; gen -eń*) (*pojęcie, wizerunek*) Vorstellung *f*; **nie mieć ~ia** keine Vorstellung haben, keine Ahnung haben (**o** *lok* von *dat*)
wyodrębniać (*-am*) ⟨**-ić**⟩ (*-ię, -nij!*) hervorheben, markieren; (*wyróżniać*) unterscheiden; CHEM, BIOL isolieren, absondern; **~ się** (*inst*) sich hervorheben, sich unterscheiden (durch *akk*)
wyolbrzymiać (*-am*) ⟨**-ić**⟩ (*-ię*) *problemy, niebezpieczeństwo* aufbauschen; *dokonania* übertrieben darstellen, hochspielen
wyostrzony *świadomość, zmysły* geschärft
wypacać (*-am*) ⟨**wypocić**⟩ (*wypocę*) ausschwitzen
wypacykować się PF → pacykować się
wypaczać (*-am*) ⟨**-yć**⟩ (*-ę*) *charakter* verderben; *sens, obraz* verzerren, entstellen; **~ się** *drewno* sich verziehen, sich werfen; *charakter* verdorben werden
wypad M (*-u; -y*) Spritztour *f*, Trip *m*; MIL Vorstoß *m*; **~ za miasto** Fahrt *f* ins Grüne
wypadać (*-am*) ⟨**wypaść**⟩ (*wypadnę*) herausfallen (**z** *gen* aus *dat*); *włosy* ausfallen; (*nagle wybiec*) hinausstürzen; herausstürzen; **~ z ręki** aus der Hand fallen; **wypadło mi z głowy** es ist mir entfallen; **~ z roli** *fig* aus der Rolle fallen; **~ na k-o** (*przypadać*) auf j-n entfallen; **~ w niedzielę** auf den Sonntag fallen; **~ w Wielkanoc** auf Ostern fallen; **~ dobrze** gut ausfallen; **~ źle** schlecht ausfallen; **wypadałoby** (*+ inf*) man müsste, man sollte (*+ inf*); **tak wypada** es gehört sich so; **to nie wypada** es gehört sich nicht, es ziemt sich nicht; **tak wypadło** es ist so gekommen; **może coś mu wypadło** vielleicht ist ihm etwas dazwischengekommen
wypad|ek M (*-dku; -dki*) (*nieszczęście*) Unfall *m*; (*przypadek*) Fall *m*; **~ki** *pl* (*zdarzenia*) Ereignisse *pl*; **~ek drogowy** Verkehrsunfall *m*; **~ek samochodowy** Autounfall *m*; **~ek przy pracy** Arbeitsunfall *m*; **nagły ~ek** Notfall *m*; **w nagłych ~kach** im Notfall; **zginąć** *pf* **w ~ku** verunglücken; **na wszelki ~ek** für alle Fälle; **na ~ek, gdyby ...** für den Fall, dass ...; **w najlepszym ~ku** bestenfalls; **w najgorszym ~ku** im schlimmsten Fall; **w żadnym ~ku** auf keinen Fall, keinesfalls; **w przeciwnym ~ku** andernfalls, sonst
wypalać (*-am*) ⟨**-ić**⟩ (*-ę*) *dziurę, znak* einbrennen; *papierosa* aufrauchen; *kurzajkę* ausbrennen; *cegły* brennen; V/I (*udać się*) klappen; **wypalić** *pf umg* herausplatzen (mit *dat*), geradeaus sagen; **~ się** *świeca* herunterbrennen; *fig lit* sich verausgaben, innerlich ausgebrannt sein
wypaplać PF (*-am*) *umg* ausplappern, ausplaudern
wyparowywać (*-wuję*) ⟨**wyparować**⟩ (*-uję*) *v/i* verdampfen; *umg fig* wie vom Erdboden verschluckt sein
wyparty PSYCH verdrängt
wyparzać (*-am*) ⟨**-yć**⟩ (*-ę*) auskochen
wypasiony gemästet (*a. fig żart*)
wypastować PF → pastować
wypaść* PF: **nie ~ sroce spod ogona** kein Dahergelaufener sein; → wypadać
wypatrywać (*-uję*) (*gen*) Ausschau halten (nach *dat*); **~ okazji** eine Gelegenheit abpassen
wypatrzyć PF (*-ę*) erspähen, entdecken; **~ korzystny moment** einen günstigen Moment abpassen
wypchać PF → wypychać[1]
wypchany *torba* vollgestopft; *autobus* proppenvoll; *kolana, spodnie* ausgebeult; *zwierzę* ausgestopft
wypchnąć PF → wypychać[2]
wypełniać (*-am*) ⟨**-ić**⟩ (*-ię*) *formularz* ausfüllen; *zadanie* erfüllen; *lukę* schließen; *naczynie* (voll)füllen; **~ się** *naczynie* sich füllen
wypełniony (aus)gefüllt (*a. fig*)
wypełzać (*-am*) ⟨**-nąć**⟩ (*-nę*) herauskriechen, hervorkriechen
wyperfumować się PF → perfumować się

wyperswadować PF → perswadować
wypędzać (-am) ⟨**-ić**⟩ (-ę) hinausjagen, verjagen, *umg* rausschmeißen; POL vertreiben; *bydło* treiben; **~ szatana** REL den Teufel austreiben
wypędzony[1] (*persf wypędzeni*) POL vertrieben
wypędzo|ny[2] M (*-ego; -eni*), **~na** F (*-ej; -e*) POL Vertriebene(r) *m*, *f*
wypiąć PF → wypinać
wypić PF: **~ sobie** *umg* einen trinken; **wypiliśmy (za) jego zdrowie** wir haben auf sein Wohl getrunken; **musisz ~ piwo, którego sobie nawarzyłeś** du musst die Suppe auslöffeln, die du dir eingebrockt hast; → wypijać
wypieczony knusprig, gut (aus)gebacken
wypiek M (*-u; -i*): **~ chleba** Brotbacken *n*, Backen *n* des Brotes; **~i** *pl* KULIN Gebäck *n*; (*rumieńce*) gerötete Wangen *pl*; **własnego** *od* **domowego ~u** selbst gebacken; **z ~ami na twarzy** gespannt, begeistert; **słuchać z ~ami na twarzy** mit gespitzten Ohren zuhören
wypielęgnować PF → pielęgnować
wypielić PF → pielić
wypieprzyć PF (*-ę*) *vulg* (*wyrzucić*) rausschmeißen; (*odbyć stosunek*) *vulg* durchvögeln; **~ się** (*upaść*) *vulg* auf den Arsch fallen
wypierać (*-am*) ⟨**wyprzeć**⟩ (*wyprę*) verdrängen (*a.* PSYCH); hinausdrängen; **~ się** (*gen*) leugnen (*akk*); **~ się k-o** j-n verleugnen, sich von j-m lossagen; **~ się siebie** sich selbst verleugnen
wypieszczony *dziecko* verhätschelt; *mieszkanie* pieksauber, gepflegt
wypięknieć PF → pięknieć
wypijać (*-am*) ⟨**wypić**⟩ (*wypiję*) austrinken; *szklankę, kieliszek* leeren; **~ do dna** ex trinken
wypinać (*-am*) ⟨**wypiąć**⟩ (*wypnę*) *brzuch, biust* herausdrücken; **~ się** *pop* pfeifen (**na** *akk* auf *akk*)
wypindrzyć się (*-ę*) *umg* sich aufdonnern, sich auftakeln
wypis M (*-u; -y*) Auszug *m*; **~y** *pl* Textsammlung *f*, Chrestomathie *f*
wypisywać (*-uję*) ⟨**wypisać**⟩ (*wypiszę*) sich (her)ausschreiben, sich notieren (**z** *gen* aus *dat*); *czek* ausstellen; *długopis* leer schreiben; *ołówek* verbrauchen; **~ ze szpitala** aus dem Krankenhaus entlassen; **~ ze szkoły** von der Schule herunternehmen; **~ receptę** MED ein Rezept schreiben; **wypisywać bzdury** *umg* dummes Zeug schreiben; **wypisz, wymaluj ojciec** *umg* ganz der Papa; **~ się** (**z** *gen*) austreten (aus *dat*); *wkład* leer geschrieben sein; **~ się ze szpitala** das Krankenhaus verlassen
wyplatać (*-am*) *kosze* flechten; **~ meble (z wikliny)** Korbmöbel herstellen
wyplatany geflochten
wyplątywać (*-uję*) ⟨**wyplątać**⟩ (*wyplączę*) befreien, lösen; **~ się** (**z** *gen*) sich lösen (aus *dat*); *fig* sich herauswinden
wypleć PF → pleć
wypleniać (*-am*) ⟨**-ić**⟩ (*-ię*): **~ chwasty** Unkraut vertilgen; *fig* ausmerzen, bekämpfen
wypluć PF → wypluwać
wypluty *umg* ausgelaugt, geschafft
wypluwać (*-am*) ⟨**wypluć**⟩ (*-uję*) ausspucken (*a. fig*); **wypluj to słowo!** mal nicht den Teufel an die Wand!
wypłacać (*-am*) ⟨**-ić**⟩ (*-ę*) auszahlen; *bankomat* rausgeben; *dywidendy* ausschütten
wypłacalny zahlungsfähig, solvent
wypłacić PF → wypłacać
wypłakiwać (*-uję*) ⟨**wypłakać**⟩ (*wypłaczę*): **~ oczy** sich die Augen ausweinen; **~ się** sich ausweinen, *umg* sich ausheulen (**przed** *inst* bei *dat*); **wypłakać się** *pf* sich ausweinen
wypłaszać (*-am*) ⟨**wypłoszyć**⟩ (*-ę*) verscheuchen, aufscheuchen
wypła|ta F (*-y*) Auszahlung *f*; *dywidend* Ausschüttung *f*; (*pieniądze*) Gehalt *n*; Lohn *m*; **kwota** *f* **do ~ty** auszuzahlender Betrag *m*; **dzień** *m* **~ty** Zahltag *m*
wypłoszyć PF → wypłaszać
wypłowiały *kolor* verblichen; *materiał* verschossen
wypłowieć PF → płowieć
wypłukać PF → płukać
wypłukać PF → wypłukiwać
wypłukany: **~ (z pieniędzy)** *umg* blank, abgebrannt
wypłukiwać (*3. Pers -uje*) ⟨**wypłukać**⟩ (*3. Pers wypłucze*) GEOL, AGR auswaschen, ausspülen
wypływać (*-am*) ⟨**-nąć**⟩ (*-nę*) *płyn*

(her)ausfließen; *pływak* hinausschwimmen; *statek* auslaufen, in See stechen; *prom* auslaufen; *źródło* entspringen; (*wynurzać się*) auftauchen, an die Oberfläche kommen; (*mieć sukces*) *umg* groß rauskommen; **~ łodzią** mit dem Boot hinausfahren; **wypływać z** (*gen*) (*wynikać*) herrühren (von *dat*), sich ergeben (aus *dat*)
wypocić PF: **~ się** sich gesund schwitzen; → wypacać
wypociny PL (-) *umg* Geschreibsel *n*
wypocząć PF → wypoczywać
wypoczęty erholt, ausgeruht
wypoczyn|ek M (*-nku; -nki*) Erholung *f*; *w podróży* Rast *f*; **~kowy** Erholungs-; **meble** *pl* **~kowe** Sitzgruppe *f*, Couchgarnitur *f*
wypoczywać (*-am*) ⟨**wypocząć**⟩ (*-nę*) ausruhen, sich erholen (**po** *lok* von *dat*)
wypogadzać się (*-am*) ⟨**wypogodzić się**⟩ *niebo, twarz* sich aufheitern; **wypogodziło się** es hat (sich) aufgeheitert
wypolerować PF → polerować
wypominać (*-am*) ⟨**wypomnieć**⟩ (*-nę, -nij!*) vorwerfen, vorhalten
wypompowany *umg* ausgelaugt, fix und fertig; **jestem ~** *umg* ich gehe auf dem Zahnfleisch
wypompowywać (*-wuję*) ⟨**wypompować**⟩ (*-uję*) auspumpen
wyporność F (*-ści; bpl*) MAR Verdrängung *f*
wyposażać (*-am*) ⟨**-yć**⟩ (*-ę*) ausstatten, ausrüsten (**w** *akk* mit *dat*)
wyposażenie N (*-a*) Ausstattung *f*, Ausrüstung *f*; Zubehör *n*
wyposażyć PF → wyposażać
wypowiadać (*-am*) ⟨**wypowiedzieć**⟩ (*wypowiem*) *słowo* aussprechen; *pracę, mieszkanie* kündigen; *wojnę* erklären; *opinię* äußern, aussprechen; *posłuszeństwo* verweigern; **~ się** sich äußern, seine Meinung äußern (**o** *lok* über *akk*); **~ się za** (*inst*) sich aussprechen (für *akk*); **~ się przeciwko** (*dat*) sich aussprechen (gegen *akk*); **~ się na temat** (*gen*) sich zum Thema ... äußern
wypowiedzenie N (*-a; gen -eń*) Kündigung *f*
wypowiedzieć PF: **nie dać się ~** sich nicht ausdrücken lassen; *słowo* sich nicht aussprechen lassen, unaussprechbar sein; → wypowiadać
wypowiedź F (*-dzi*) Äußerung *f*, Aussage *f*
wypożyczać (*-am*) ⟨**-yć**⟩ ausleihen, borgen; *książkę* ausleihen; *rowery, sprzęt* verleihen
wypożyczalnia F (*-i; -e*) *książek* Leihbücherei *f*, Leihbibliothek *f*; **~ samochodów** Autoverleih *m*; **~ kaset wideo** Videothek *f*
wypożyczyć PF → wypożyczać
wypracować PF → wypracowywać
wypracowanie N (*-a*) *tematu* Ausarbeitung *f*; *szkolne* Aufsatz *m*
wypracowywać (*-wuję*) ⟨**wypracować**⟩ (*-uję*) *metodę, technikę* ausarbeiten; *zysk* erarbeiten; **~ sobie** sich erarbeiten
wyprać* PF → prać*
wypraszać (*-am*) ⟨**wyprosić**⟩ (*wyproszę*) erbitten; *natręta* hinauskomplimentieren; **~ z** (*gen*) verweisen (aus *dat*); **~ za drzwi k-o** j-m die Tür weisen; **wypraszam sobie** (*akk*) ich verbitte mir (*akk*)
wyprawa F (*-y*) Expedition *f*; **~ badawcza** Forschungsreise *f*; **~ krzyżowa** HIST Kreuzzug *m*; **~ zbrojna** Kriegszug *m*
wyprawiać (*-am*) ⟨**-ić**⟩ (*-ię*) *wesele, chrzciny* ausrichten; *skóry* gerben; **~ urodziny** Geburtstag feiern; **wyprawiać awantury** krakeelen; **~ k-o** j-n schicken (**do** *gen* in *akk od* zu *dat*); **wyprawić** *pf* **na tamten świat k-o** j-n ins Jenseits befördern; **co ty wyprawiasz?** was machst du denn für Sachen? was soll das?; **co tam się wyprawia?** was ist dort los?
wyprawka F (*-i; gen -wek*) Säuglingsausstattung *f*
wyprężać (*-am*) ⟨**-yć**⟩ (*-ę*) *pierś* herausdrücken; **~ się** strammstehen
wyprodukować PF → produkować
wyprosić PF → wypraszać
wyprostowany aufgerichtet; **stał ~** er stand gerade
wyprostować PF → prostować
wyprowadzać (*-am*) ⟨**-ić**⟩ (*-ę*) (hinaus)bringen, (hinaus)führen (**z** *gen* aus *dat*); AUTO (heraus)fahren; MAT ableiten; **~ z równowagi k-o** j-n aus der Fassung bringen; **~ z błędu k-o** j-n aufklären, j-n eines Besseren belehren; **~ psa** *umg* mit dem Hund Gassi gehen; **~ się** ausziehen, wegziehen
wyprowadzka F (*-i; gen -dzek*) *z mieszkania umg* Auszug *m*

wypróbować PF → wypróbowywać
wypróbowany (alt)bewährt, erprobt
wypróbowywać (*-wuję*) ⟨**wypróbować**⟩ (*-uję*) testen; *fig* erproben, auf die Probe stellen
wypróżniać (*-am*) ⟨**-ić**⟩ (*-ię*) leeren; **~ się** sich leeren; (*wydalić kał*) seine Notdurft verrichten, sich entleeren
wypróżnienie N (*-a*) Stuhlgang *m*
wypruwać (*-am*) ⟨**wypruć**⟩ (*-uję*) *nici* trennen; **wypruwać sobie żyły** *umg* sich abrackern, schuften
wyprysk M (*-u*; *-i*) Pickel *m*
wyprząc* PF → wyprzęgać
wyprzeć* PF → wypierać
wyprzedać PF → wyprzedawać
wyprzedany → wysprzedany
wyprzedawać (*-ję*) ⟨**wyprzedać**⟩ (*-am*) ausverkaufen; **~ wszystko** alles verkaufen
wyprzedaż F (*-y*; *-e*) Ausverkauf *m*; **posezonowa ~** *latem* Sommerschlussverkauf *m*; *zimą* Winterschlussverkauf *m*
wyprzedzać (*-am*) ⟨**-ić**⟩ (*-dzę*) überholen; *fig* vorwegnehmen; **~ k-o** *fig* j-m zuvorkommen; **~ swoją epokę** seiner Zeit voraus sein
wyprzedzenie N (*-a*; *bpl*): **z ~m** früher als geplant, früher als vorgesehen; **z tygodniowym ~m** eine Woche früher
wyprzedzić PF → wyprzedzać
wyprzęgać (*-am*) ⟨**wyprząc**⟩ (*wyprzęgę*) *konia* ausspannen
wypsnąć się PF (*3. Pers -nie*) *umg słowo* rausrutschen; **tak mi się wypsnęło** es ist mir so rausgerutscht
wypucować PF → pucować
wypukło ADV → wypukły
wypuk|łość F (*-ści*; *bpl*) Wölbung *f*; **~ły** **(-ło)** gewölbt; *soczewka* konvex
wypunktować PF (*-uję*) in Punkten darstellen
wypustka F (*-i*; *gen -tek*) Paspel *f*, Vorstoß *m*
wypuszczać (*-am*) ⟨**wypuścić**⟩ (*wypuszczę*) herauslassen, hinauslassen; *zakładnika* freilassen; *powietrze*, *płyn* ablassen; *rakietę* abschießen; (*nie trzymać*) loslassen; **~ na rynek** auf den Markt bringen; **~ pieniądze** Geld in Umlauf bringen; **~ z ręki** aus der Hand lassen; *fig* aus der Hand geben; **~ pączki** BOT austreiben; **~ się** (*wyjechać*) *umg* ausfliegen
wypuszczenie N (*-a*; *bpl*): **~ (na wolność)** Freilassung *f*
wypychać[1] (*-am*) ⟨**wypchać**⟩ (*-am*) (*inst*) ausstopfen (mit *dat*); *ubranie* ausbeulen; **~ się** *ubranie* sich ausbeulen; **wypchaj się!** *pop* leck mich am Arsch!
wypychać[2] (*-am*) ⟨**wypchnąć**⟩ (*-nę*) hinausdrängen, *umg* hinausschubsen
wypytywać (*-uję*) ⟨**wypytać**⟩ (*-am*) ausfragen
wyrabiać (*-am*) ⟨**wyrobić**⟩ (*-ię*) *paszport*, *dokumenty* sich ausstellen lassen; *ciasto* durchkneten; *cechę* herausbilden, entwickeln; *normę*, *plan* erfüllen; **wyrabiać** herstellen, anfertigen; *umg* anstellen (**z** *inst* mit *dat*); **co ty wyrabiasz?** *umg* was machst du denn für Sachen?; **~ sobie pogląd** *od* **opinię** sich eine Meinung bilden; **~ sobie pozycję** sich eine Position erarbeiten; **~ sobie markę jako** (*nom*) sich einen Namen machen als (*nom*); **~ samodzielność w dzieciach** Kinder zur Selbstständigkeit erziehen; **~ złą opinię** (*dat*) in Verruf bringen (*akk*); **~ się** *cecha* sich herausbilden, sich entwickeln; **~ się towarzysko** gewandt werden, Schliff bekommen; **nie ~ się** (**z** *inst*) *umg* nicht schaffen, nicht hinkriegen (*akk*); **nie ~ się na pociąg** *umg* den Zug verpassen; **nie ~ się na zakręcie** *umg* die Kurve nicht kriegen
wyrachowa|nie N (*-a*; *bpl*) Berechnung *f*, Kalkül *n*; **~ny** berechnend, eigennützig
wyradzać się (*-am*) ⟨**wyrodzić się**⟩ (*-dzę*) aus der Art schlagen
wyrafinowa|nie (*-a*; *bpl*) Raffiniertheit *f*; Raffinesse *f*; **~ny** raffiniert
wyrastać (*-am*) ⟨**wyrosnąć**⟩ (*-ę*) BOT, MED wachsen; *ciasto* aufgehen; *budynek* entstehen, wachsen; (*wychowywać się*) aufwachsen; **~ na** (*akk*) (*stawać się*) werden, heranwachsen (zu *dat*); **~ z ubrania** aus der Kleidung herauswachsen; **~ z** (*gen*) *fig* entwachsen (*dat*); **wyrastać ponad** (*akk*) hinausragen, sich erheben (über *akk*); **wyrosłem z wieku, w którym ...** ich bin aus dem Alter raus, in dem man ...
wyraz M (*-u*; *-y*) (*słowo*) Wort *n*; *fig* Ausdruck *m*; **obcy ~** Fremdwort *n*; **dać** *pf* **~** (*dat*) zum Ausdruck bringen (*akk*), Ausdruck verleihen (*dat*); **bez ~u** ausdruckslos; **pełen ~u** ausdrucksvoll; **nad ~** ausgesprochen, äußerst; **z ~ami szacunku** hochachtungsvoll; **~ twarzy** Gesichts-

ausdruck *m*; **środki** *m/pl* **~u** Ausdrucksmittel *n/pl*; **moje ~y współczucia** mein aufrichtiges Beileid
wyraziciel M (*-a; -e*) *lit, ofic* Sprecher *m*
wyrazić PF → wyrażać
wyrazistość F (*-ści; bpl*) Ausdrucksstärke *f*; Deutlichkeit *f*
wyrazisty (-ście) ausdrucksstark; (*wyraźny*) deutlich; *rysy* markant
wyraź|nie deutlich; (*widocznie*) sichtlich; **~ny** deutlich; (*dobitny*) ausdrücklich; (*zrozumiały*) klar; *pismo* lesbar
wyrażać (*-am*) ⟨**wyrazić**⟩ (*wyrażę*) ausdrücken (*akk*), Ausdruck verleihen (*dat*); **~ zgodę** (**na** *akk*) zustimmen (*dat*), seine Erlaubnis geben (für *akk*); **~ opinię** eine Meinung äußern, eine Meinung vertreten; **~ się o** (*lok*) sich äußern (über *akk*); **~ się** (**w** *lok*) zum Ausdruck kommen (in *dat*); **wyrażać się** (*przeklinać*) fluchen, schimpfen
wyrażenie N (*-a*) Ausdruck *m*; JĘZ Phrase *f*; **~ zgody** Zustimmung *f*
wyrąb M (*wyrębu; wyręby*) *lasu* Abholzung *f*
wyrąbywać (*-uję*) ⟨**wyrąbać**⟩ (*-ię*) *las* abholzen; *otwór, przejście* schlagen, aushauen; *drzewa* fällen
wyrecytować PF → recytować
wyregulować PF → regulować
wyremontować PF → remontować
wyretuszować PF → retuszować
wyreżyserować PF → reżyserować
wyręczać (*-am*) ⟨**-yć**⟩ (*-ę*): **~ k-o** j-m aushelfen, für j-n einspringen (**w** *lok* bei *dat*); **~ się** (*inst*) j-n einspannen, j-n für sich arbeiten lassen
wyrko N (*-a*) *umg żart* Bett *n*
wyrobić PF → wyrabiać
wyrobi|enie N (*-a; bpl*) Gewandtheit *f*; **~enie życiowe** Lebenserfahrung *f*; **~ony** *gust* ausgeprägt; *pozycja* fest; *pismo* ausgeschrieben; *publiczność* erfahren, geschult; **~ony towarzysko** gewandt; **mieć ~one zdanie** eine klare Meinung haben
wyrobisko (*-a*) GÓRN Grubenbau *m*
wyroby PL → wyrób
wyrocznia F (*-i; -e*) MITOL Orakel *n*; *fig* Autorität *f*
wyrodek M (*-dka; -dki*) *w rodzinie* schwarzes Schaf *n*; (*nikczemnik*) Missgeburt *f*
wyrodnieć ⟨**z-**⟩ (*-eję*) MED degenerieren; *fig* verkommen, *umg* herunterkommen
wyrod|ny *dziecko* missraten; **~na matka** *f* Rabenmutter *f*; **~ny ojciec** *m* Rabenvater *m*
wyrodzić się PF → wyradzać się
wyroić się PF → roić się
wyrok M (*-u; -i*) JUR Urteil *n*; **~ śmierci** Todesurteil *n*; **~ skazujący** Schuldspruch *m*
wyrokować ⟨**za-**⟩ (*-uję*) urteilen (**o** *lok* über *akk*)
wyrolować PF (*-uję*): **~ k-o** *umg* j-n reinlegen
wyrosnąć PF: **kaktus mi wyrośnie** *umg* ich fresse einen Besen; → wyrastać
wyrost: **na ~** voreilig, zu früh; *ubranie, buty* eine Nummer größer
wyrostek M (*-tka; -tki*) Halbwüchsige(r) *m*; **~ robaczkowy** ANAT Wurmfortsatz *m*, Appendix *m*
wyrozumiale ADV → wyrozumiały
wyrozumiali *persf* → wyrozumiały
wyrozumiałość F (*-ści; bpl*) Nachsicht *f*, Verständnis *n*
wyrozumiały (*persf -li*) (**-le**) nachsichtig, verständnisvoll
wyr|ób M (*-obu; bpl*) Herstellung *f*, Produktion *f*; **~oby** *pl* (*-ów*) Erzeugnisse *pl*, Produkte *pl*; **~oby** *pl* **cukiernicze** Süßwaren *pl*; **~oby** *pl* **tekstylne** Textilwaren *pl*
wyrównać PF → wyrównywać
wyrówna|nie N (*-a*) Ausgleich *m*; (*płaca*) Nachzahlung *f*; SPORT Ausgleichstor *n*; **~ny** ausgeglichen; **~wczy** Ausgleichs-
wyrównywać (*-uję*) ⟨**wyrównać**⟩ (*-am*) ausgleichen; *należność* begleichen; *zaległości* nachholen; *poziom* angleichen; *powierzchnię* ebnen, glätten; *płace* nachzahlen; **~ się** sich ausgleichen
wyróżniać (*-am*) ⟨**-ić**⟩ (*-ię*) auszeichnen; (*faworyzować*) bevorzugen; (*wyodrębniać*) unterscheiden; (*podkreślać*) unterstreichen, hervorheben; **~ się** (*inst*) sich auszeichnen, sich hervortun (durch *akk*); hervorstechen (durch *akk*)
wyróżn|ienie N (*-a*) Auszeichnung *f*; **~ik** M (*-a; -i*) Charakteristikum *n*, hervorstechendes Merkmal *n*
wyrugować PF (*-uję*) *lit* vertreiben, ausbooten
wyruszać (*-am*) ⟨**-yć**⟩ (*-ę*) aufbrechen, losziehen; **~ w podróż** eine Reise antreten; **~ w drogę** sich auf den Weg

machen; **~ na wojnę** in den Krieg ziehen

wyrwa F (-y) Loch *n*; *w jezdni* Schlagloch *n*; *w murze* Bresche *f*; **~ po bombie** Bombentrichter *m*

wyrwać PF → wyrywać

wyrwany: **~ z kontekstu** aus dem Kontext herausgerissen

wyryć PF: **~ się w pamięci** sich ins Gedächtnis eingraben; → ryć

wyrywać (-am) ⟨**wyrwać**⟩ (*wyrwę*) (her) ausreißen; *ząb* ziehen; V/I (*uciekać*) *umg* losstürzen; **~ k-u** j-m entreißen; **~ k-o** (**z** *gen*) *fig* j-n reißen (aus *dat*); **~ z korzeniami** entwurzeln, mit den Wurzeln ausreißen; **~ ze snu** aus dem Schlaf reißen; **~ do odpowiedzi** unerwartet aufrufen; **~ się** sich losreißen (**z** *gen* aus *dat*); ausbrechen; (*powiedzieć*) *umg* herausplatzen (**z** *inst* mit *dat*); (*wyjechać*) wegfahren, *umg* abhauen; **tak mi się wyrwało** *umg* es ist mir so rausgerutscht

wyrywko|wy (**-wo**) fragmentarisch; wahllos; **kontrola** *f* **~wa** Stichprobe *f*

wyrządzać (-am) ⟨**-ić**⟩ (-*dzę*): **~ krzywdę k-u** j-m Unrecht zufügen *od* antun; **~ przykrość k-u** j-m Leid zufügen *od* antun; **~ szkody** Schaden anrichten

wyrzec* PF (*wyrzeknę*) *lit* sagen, (aus)-sprechen

wyrzec się → wyrzekać się

wyrzeczenie N (-*a*; *gen* -*eń*) Opfer *n*, Entsagung *f*; **~ się** Verzicht *m*; Verleugnug *f*

wyrzekać się (-am) ⟨**wyrzec się**⟩ (*wyrzeknę*) (*gen*) (*wypierać się*) sich lossagen, verleugnen (*akk*); (*rezygnować*) verzichten (auf *akk*), entsagen (*dat*)

wyrzekania N/PL (-*ań*) *lit* Klagen *f/pl*

wyrzeźbić PF → rzeźbić

wyrzucać (-am) ⟨**-ić**⟩ (-*cę*) wegwerfen, *umg* wegschmeißen; hinauswerfen, *umg* rausschmeißen; **~ śmieci** den Müll wegbringen; **~ przez okno** aus dem Fenster werfen; **~ z pracy** entlassen, *umg* feuern; **~ za drzwi k-o** j-n hinauswerfen, j-n vor die Tür setzen; **wyrzucać k-u** j-m vorwerfen, j-m vorhalten; **wyrzucać sobie** sich vorwerfen, sich Vorwürfe machen

wyrzut M (-*u*; -*y*) Vorwurf *m*; **~y** *pl* **sumienia** Gewissensbisse *pl*; **z ~em** vorwurfsvoll; **~ek** M (-*tka*; -*tki*) *fig pej* schwarzes Schaf *n*; **~ek społeczeństwa** Auswurf *m* der Gesellschaft, Abschaum *m*

wyrzutnia F (-*i*; -*e*) MIL Abschussrampe *f*

wyrzygać PF (-*am*) *pop* auskotzen

wyrzynać (-*am*) ⟨**wyrżnąć**⟩ (-*nę*) (her) ausschnitzen; **wyrżnąć** PF (*upaść*) *umg* hinknallen; **dziecku wyrzynają się ząbki** das Kind zahnt

wys. (**wysokość**) Höhe *f*

wysadzać (-*am*) ⟨**-ić**⟩ (-*dzę*) absetzen, aussteigen lassen; AGR auspflanzen; **~ w powietrze** in die Luft sprengen; **~ na ląd** ausschiffen, an Land setzen; **~ dziecko** aufs Töpfchen setzen

wysadzany: **~ diamentami** mit Diamanten besetzt; **~ drzewami** mit Bäumen bepflanzt, von Bäumen gesäumt

wysączać (-*am*) ⟨**-yć**⟩ (-*ę*) ausschlürfen, in kleinen Schlucken austrinken

wyschnąć PF → wysychać

wyselekcjonować PF → selekcjonować

wysepka F (-*i*; *gen* -*pek*) kleine Insel *f*; *na rzece* Werder *m*; **~ przystankowa** Verkehrsinsel *f*

wysiać PF → wysiewać

wysiadać (-*am*) ⟨**wysiąść***⟩ (*wysiądę*) aussteigen (**z** *gen* aus *dat*); MAR von Bord gehen, an Land gehen; (*zepsuć się*) *umg* kaputtgehen, den Geist aufgeben; *organ* versagen

wysiadka INT: **~!** *umg* aussteigen!

wysiadywać (-*uję*) ⟨**wysiedzieć**⟩ (*wysiedzę*) *jaja* ausbrüten; **wysiadywać** lange sitzen (bleiben), *umg* herumhocken

wysiąść PF → wysiadać

wysiedlać (-*am*) ⟨**-ić**⟩ (-*lę*) aussiedeln, vertreiben

wysiedleni|e N (-*a*) Aussiedlung *f*, Vertreibung *f*; **~ec** M (-*ńca*; -*ńcy*) Aussiedler *m*; Vertriebene(r) *m*; (*kobieta*) Aussiedlerin *f*; Vertriebene *f*

wysiedzieć PF: **nie móc ~** nicht (mehr) lange sitzen bleiben können; → wysiadywać

wysiew M (-*u*; -*y*) (Aus)Saat *f*, Aussäen *n*

wysiewać (-*am*) ⟨**wysiać**⟩ (*wysieję*) aussäen

wysięk M (-*u*; -*i*) MED Exsudat *n*, Erguss *m*

wysilać (-*am*) ⟨**-ić**⟩ (-*lę*) anstrengen; **~ się** sich anstrengen; **~ się na** (*akk*) sich bemühen (um *akk*)

wysił|ek M (-*łku*; -*łki*) Anstrengung *f*, (Kraft)Aufwand *m*; **bez ~ku** ohne sich anzustrengen, mühelos; **z ~kiem** mit Mühe, mühevoll

⚠ wysoki

Takiego wysokiego człowieka, jak twojego męża jeszcze nigdy nie widziałam.	Solch einen großen Menschen wie deinen Mann habe ich noch nie gesehen.
Ale to jest wysoki dom!	Das ist aber ein hohes Haus!

wysiudać PF (-*am*) *umg* rausschmeißen

wyskakiwać (-*uję*) ⟨**wyskoczyć**⟩ (-*ę*) (heraus)springen, (hinaus)springen; LOT abspringen; *pryszcz, krosta* sich bilden; (*wybiec*) (hinaus)rennen, (hinaus)stürzen; **~ z pociągu** aus dem Zug springen; **~ przez okno** aus dem Fenster springen; **~ z szyn** entgleisen; **~ po** (*akk*) (*przynieść*) *umg* schnell holen (*akk*); **~ z** (*inst*) (*powiedzieć*) *umg* herausplatzen (mit *dat*); **~ do k-o** *umg* bei j-m auf einen Sprung vorbeikommen; **~ do** (*gen*) (*pojechać*) *umg* eine Spritztour machen (nach *dat*); **~ z gębą** *umg* j-n anschnauzen; **~ jak z procy** hinausstürzen; **~ przed samochód** vors Auto springen

wyskok M (-*u*; -*i*) *umg* Exszess *m*, (dummer) Streich *m*; (*wypad*) Spritztour *f*

wyskoko|wy: **napoje** *m/pl* **~we** alkoholische Gtränke *n/pl*, Spirituosen *pl*

wyskrobywać (-*uję*) ⟨**wyskrobać**⟩ (-*ię*) auskratzen, ausschaben

wyskubywać (-*uję*) ⟨**wyskubać**⟩ (-*ię*) ausrupfen; *brwi* zupfen

wysłać[1*] PF → wysyłać

wysłać[2*] PF → wyściełać

wysłanni|k M (-*a*; -*cy*), **~czka** F (-*i*; *gen* -*czek*) Abgesandte(r) *m*, *f*; (*korespondent*) Korrespondent(in) *m*(*f*), Berichterstatter(in) *m*(*f*)

wysławiać[1] (-*am*) *lit* lobpreisen, rühmen

wysławiać[2] (-*am*) ⟨**wysłowić**⟩ (-*ię*) ausdrücken, in Worte fassen; **~ się** sich ausdrücken

wysłuchiwać (-*uję*) ⟨**wysłuchać**⟩ (-*am*) (*gen*) sich anhören (*akk*); **~ k-o** j-m zuhören; **wysłuchać** *próśb, modlitw* erhören (*akk*)

wysługa F (-*i*; *bpl*): **~ lat** Berufsjahre *pl*

wysługiwać się (-*uję*) (*dat*) *pej* dienen (*dat*), kriechen (vor *dat*); (*inst*) *pej* für sich arbeiten lassen, einspannen (*akk*)

wysłużony ausgedient

wysmarkać PF (-*am*): **~ nos** *umg* sich die Nase putzen; **~ się** *umg* sich die Nase putzen, sich schnäuzen

wysmarować PF → smarować

wysmołować PF → smołować

wysmukły rank und schlank, hoch gewachsen

wysnuwać (-*am*) ⟨**wysnuć**⟩ (-*uję*): **~ wnioski** Schlüsse ziehen, schlussfolgern

wysoce ADV *lit* äußerst; **~ uzdolniony** hochbegabt; **~ sobie cenić** hochschätzen

wyso|ki (*persf* -*cy*) (**-ko**) hoch (*a. fig*); *osoba* groß, hoch gewachsen; **~ki na dwa metry** zwei Meter hoch; **~kie napięcie** *n* ELEK Starkstrom *m*; **buty** *pl* **na ~kich obcasach** hochhackige Schuhe *pl*; **z ~ka** von oben; *fig* von oben herab; **~ko postawiony** hochgestellt; **mierzyć ~ko** hoch hinauswollen; **zajść** *pf* **~ko** es weit bringen

wysoko *in zssgn* hoch-, Hoch-

wysoko|gatunkowy hochwertig; *wino* Qualitäts-; **~górski** Hochgebirgs-; **~kaloryczny** kalorienreich

wysoko|nakładowy TYPO auflagenstark; **~pienny** AGR hochstämmig; **~procentowy** hochprozentig

wysokoś|ciomierz M (-*a*; -*e*) Höhenmesser *m*; **~ciowiec** M (-*wca*; -*wce*) Hochhaus *n*, Wolkenkratzer *m*; **~ciowy** Höhen-

wysoko|ść F (-*ści*) Höhe *f*; **mieć ~ść czterech metrów** vier Meter hoch sein, eine Höhe von vier Metern haben; **na dużej ~ści** in großer Höhe; **w ~ści ...** FIN in Höhe von ...; **nabierać ~ści** an Höhe gewinnen, steigen

wysoko|wartościowy hochwertig; **~wydajny** leistungsfähig

wysondować PF → sondować

wyspa F (-*y*; *gen* -) Insel *f* (*a. fig*), Eiland *n*; *na rzece* Werder *m*, Insel *f*; **~ koralowa** Koralleninsel *f*

wyspać się PF → wysypiać się

wyspany ausgeschlafen

wyspecjalizować się PF → specjalizować się

wyspiar|ka F (-*i*; *gen* -*rek*) Inselbewohnerin *f*, Insulanerin *f*; **~ski** Insel-

wyspiarz M (*-a; -e, -y*) Inselbewohner *m*, Insulaner *m*
wysportowany sportlich, durchtrainiert
wyspowiadać się PF → spowiadać się
wy(s)przedany ausverkauft; *książka* vergriffen; *miejsca* ausgebucht, ausverkauft
wyssać PF → wysysać
wystający *zęby* hervorstehend; *skała* vorspringend, herausragend; *kości policzkowe* hoch
wystarać się PF (*-am*) (**o** *akk*) *umg* auftreiben, (sich) beschaffen (*akk*)
wystarczać (*-am*) ⟨**-yć**⟩ (*-ę*) (aus)reichen; genügen; **nie wystarcza im pieniędzy** sie haben nicht genug Geld, das Geld reicht ihnen nicht aus
wystarczający (**-co**) ausreichend, genügend
wystarczyć PF: **wystarczy mi mały pokój** ein kleines Zimmer reicht mir, ein kleines Zimmer genügt mir; **tortu wystarczy dla wszystkich** es ist genug *od* ausreichend Torte für alle, die Torte reicht für alle; **wystarczy mi godzina na** (*akk*) ich brauche eine Stunde für (*akk*); **wystarczy, że** ... es genügt *od* es reicht, dass ...; **wystarczy spojrzeć** man braucht nur hinzuschauen, es reicht hinzuschauen; **wystarczy!** es reicht!, es ist genug!; → wystarczać
wystartować PF → startować
wystawa F (*-y*) Ausstellung *f*; (*witryna*) Schaufenster *n*; **~ dzieł sztuki** Kunstausstellung *f*
wystawać (*wystaję*) hervorstehen; herausragen, vorspringen; (*stać*) (lange) (herum)stehen, *umg* herumlungern; **~ spod** (*gen*) hervorgucken (unter *dat*)
wystawca M (*-y; gen -ów*) *na targach* Aussteller *m*; *dokumentu, rachunku* Ausstellende(r) *m*
wystawiać (*-am*) ⟨**-ić**⟩ (*-ię*) (her)ausstellen, (hin)ausstellen; *na targach, na wystawie* ausstellen; *głowę* hinausstrecken; *czek, rachunek, zaświadczenie* ausstellen; *towar* auslegen, ausstellen; *wartę, kandydata, drużynę* aufstellen; TEATR aufführen; *pomnik* setzen; *ocenę* geben; **~ na** (*akk*) (*narażać*) aussetzen (*dat*); **~ na próbę** auf die Probe stellen; **~ na sprzedaż** zum Kauf anbieten, feilbieten; **~ do wiatru k-o** *umg* j-n reinlegen; **~ na widok publiczny** zur Schau stellen; **~ świadectwo** *fig* ein Zeugnis abgeben; **~ się na** (*akk*) sich aussetzen (*dat*)
wystaw|ny prunkvoll, luxuriös; **~owy** Ausstellungs-; Schaufenster-
wystąpić PF → występować
wystąpienie N (*-a; gen -eń*) *publiczne* Auftritt *m*, Rede *f*; Austritt *m* (**z** *gen* aus *dat*)
wysterylizować PF → sterylizować
występ M (*-u; -y*) TEATR, SPORT Auftritt *m*; **~ muru** Mauervorsprung *m*; **~ skalny** Felsvorsprung *m*
występ|ek M (*-pku; -pki*) Vergehen *n*, Verfehlung *f*; JUR Ordnungswidrigkeit *f*, Verstoß *m*; **~ny** verwerflich, lasterhaft
występować (*-uję*) ⟨**wystąpić**⟩ (*-ię*) *trudności, objawy* auftreten (*a.* TEATR, FILM); **występować** *złoża, rośliny* vorkommen; **~ z** (*gen*) austreten (aus *dat*); **~ w obronie** (*gen*) sich einsetzen, eintreten (für *dat*); **~ przeciwko** (*dat*) sich aussprechen, protestieren (gegen *akk*); **~ w roli głównej** die Hauptrolle spielen; **~ z wnioskiem** einen Antrag einbringen; **~ z prośbą** eine Bitte vorbringen; **~ z koncertem** ein Konzert geben; **~ z inicjatywą** die Initiative ergreifen; **~ z szeregu** aus der Reihe treten; **~ z brzegów** über die Ufer treten
występowanie N (*-a; bpl*) *złóż, roślin* Vorkommen *n*
wystosować PF (*-uję*) *ofic pismo* richten; *protest* einreichen
wystraszyć PF (*-ę*) (*przestraszyć*) erschrecken; (*wypłoszyć*) aufscheuchen; **~ się** sich erschrecken
wystroić PF → stroić
wystrojony *umg* herausgeputzt
wystrzał M (*-u; -y*) MIL Schuss *m*; **~owy** *umg* abgefahren, geil
wystrzegać się (*-am*) (*gen*) sich in Acht nehmen (vor *dat*); meiden (*akk*), sich hüten (vor *dat*)
wystrzelać PF (*-am*) (alle) erschießen; *amunicję* verschießen
wystrzelić PF (*-lę*) abfeuern; *rakietę* abschießen, starten; **~ z** (*gen*) schießen (aus *dat*); **~ w górę** *v/i* emporschießen
wystrzępiony ausgefranst
wystukiwać (*-uję*) ⟨**wystukać**⟩ (*-am*) *rytm* klopfen; *umg na maszynie* tippen
wystylizować PF → stylizować

W

wysunąć PF → wysuwać
wysunięty vorgeschoben; vorgelagert
wysuszać (-am) ⟨**-yć**⟩ (-ę) *pranie* trocknen; *usta, skórę* austrocknen, trocken machen; ~ **butelkę** *umg* eine Flasche leeren; ~ **się** *v/i bielizna* trocknen; *skóra* austrocknen, trocken werden
wysuszony ausgetrocknet
wysuwać (-am) ⟨**-nąć**⟩ (-nę) *szufladę* ausziehen; *nogę, głowę* (her)ausstrecken; *krzesło* (vor)schieben; *żądanie* stellen; *propozycję* vorbringen; *zarzut* äußern; *kandydata* aufstellen; *kandydaturę* anmelden; ~ **się** (*wypaść*) herausfallen, gleiten (**z** *gen* aus *dat*); (*wyłaniać się*) hervorscheinen, zum Vorschein kommen; ~ **się na czoło** Spitzenposition einnehmen
wyswobadzać (-am) ⟨**wyswobodzić**⟩ (*-dzę, -bódź!*) befreien (*a.* MIL); ~ **się** sich befreien (*a.* MIL)
wysychać (-am) ⟨**wyschnąć**⟩ (-nę) *v/i* austrocknen
wysyłać (-am) ⟨**wysłać**[1]⟩ (*wyślę*) *list, paczkę* senden, (ab)schicken; *osobę* schicken; **wysyłać** (*emitować*) aussenden, ausstrahlen; ~ **pocztą** per Post schicken; ~ **po gazetę k-o** j-n eine Zeitung holen schicken; ~ **na zakupy k-o** j-n einkaufen schicken; ~ **na kolonie** in die Ferien schicken; ~ **na szkolenie** zu einer Fortbildung schicken
wysył|ka F (-i; *gen -łek*) Versand *m*; **gotowy do ~ki** versandfertig; **~kowy** Versand-
wysypać PF → wysypywać
wysypiać się (-am) ⟨**wyspać się**⟩ (*wyśpię*) ausschlafen
wysypisko N (-a): ~ **śmieci** Müllkippe *f*, Müllgrube *f*
wysypka F (-i; *gen -pek*) MED Ausschlag *m*
wysypywać (-uję) ⟨**wysypać**⟩ (-ię) ausschütten; ~ (*inst*) bestreuen (mit *dat*); ~ **się** herausfallen, herausrieseln (**z** *gen* aus *dat*)
wysysać (-am) ⟨**wyssać**⟩ (*wyssę, wyssie, wyssij!*) aussaugen
wyszaleć się PF (*-eję*) sich austoben
wyszarpywać (-uję) ⟨**-nąć**⟩ (-nę) entreißen, wegreißen
wyszarzały schäbig, fadenscheinig
wyszczególniać (-am) ⟨**-ić**⟩ (*-ię, -nij!*) einzeln angeben, genau aufführen; spezifizieren
wyszczególnienie N (-a) genaue Aufzählung *f*; EKON Stückliste *f*
wyszczerbiony *ostrze* schartig; *talerz* angeschlagen
wyszczerzać (-am) ⟨**-yć**⟩ (-ę): ~ **zęby** die Zähne fletschen *od* blecken
wyszczotkować PF → szczotkować
wyszczupleć PF → szczupleć
wyszkolić PF → szkolić
wyszperać PF (-am) *umg* aufstöbern, ausfindig machen
wyszpiegować PF (-uję) ausspionieren, auskundschaften
wyszukiwać (-uję) ⟨**wyszukać**⟩ (-am) (*szukać*) (her)aussuchen; (*znaleźć*) finden
wyszukany ausgesucht, fein; *język* gewählt; *potrawy* erlesen, exquisit
wyszumieć się PF (-ę) *umg* sich austoben
wyszyć PF → wyszywać
wyszydzać (-am) ⟨**-ić**⟩ (-dzę) verhöhnen, verspotten
wyszykować PF (-uję) *umg* vorbereiten; (*wystroić*) herausputzen; *mieszkanie* auf Vordermann bringen; ~ **k-o** *umg* j-n reinlegen, j-m übel mitspielen
wyszynk M (-u; *bpl*) Ausschank *m*
wyszywać (-am) ⟨**wyszyć**⟩ (*wyszyję*) (*akk*) besticken (mit *dat*)
wyszywa|nka F (-i) Stickerei *f*; **~ny** bestickt, Stick-
wyściełać (-am) ⟨**wysłać**[2]⟩ (*wyścielę*) (*inst*) auskleiden (mit *dat*); auspolstern
wyściełany ausgekleidet; gepolstert
wyścig M (-u; -i) Wettrennen *n*, Wettlauf *m* (*a. fig*); **~i** *pl* **konne** Pferderennen *n*; ~ **zbrojeń** Wettrüsten *n*; **na ~i** um die Wette; ~ **z czasem** Wettlauf *m* mit der Zeit
wyścig|owy Renn-; **~ówka** F (-i; *gen -wek*) *umg* Rennrad *n*
wyściółka F (-i) Auskleidung *f*, Futter *n*
wyśledzić PF (-dzę) aufspüren
wyślizgiwać się (-uję) ⟨**wyśliznąć się**⟩ (-nę) (**z** *gen*) rutschen, gleiten (aus *dat*); (*wymknąć się*) sich hinausschleichen; entschlüpfen; ~ **z ręki** aus der Hand gleiten
wyśmiać PF → wyśmiewać
wyśmieni|ty (*persf -ci*) (**-cie**) ausgezeichnet; *humor* blendend; *potrawy* köstlich, vorzüglich; *zabawa* köstlich; **czuję się ~cie** es geht mir blendend; **bawię się ~cie** ich amüsiere mich köstlich
wyśmiewać (-am) ⟨**wyśmiać**⟩ (*-eję*) auslachen; **wyśmiewać się z** (*gen*) lachen,

spotten (über *akk*)
wyśniony erträumt
wyśpiewać PF → śpiewać
wyśpiewywać (*-uję*) vor sich hin singen, trällern
wyświadczać (*-am*) ⟨**-yć**⟩ (*-ę*) *grzeczność, łaskę* erweisen; **~ przysługę k-u** j-m einen Gefallen tun
wyświechtany abgewetzt, schäbig; *słowa, dowcip* abgedroschen
wyświetlacz M (*-a; -e*) Display *n*, Bildschirm *m*
wyświetlać (*-am*) ⟨**-ić**⟩ (*-lę*) *film* vorführen; *przeźrocza* zeigen; *sprawę* aufklären, beleuchten
wyświęcać (*-am*) ⟨**-ić**⟩ (*-cę*): **~ na kapłana** REL zum Priester weihen
wytaczać (*-am*) ⟨**wytoczyć**⟩ (*-ę*) *beczkę* hinausrollen; *armatę* auffahren; *argument* vorbringen; *na tokarce* drechseln; **~ proces k-u** gegen j-n einen Prozess anstrengen, j-n vor Gericht bringen; **~ się** *pojazd* rollen; *osoba umg* sich (hinaus)-quälen
wytapetować PF → tapetować
wytapiać (*-am*) ⟨**wytopić**⟩ (*-ię*) *tłuszcz* auslassen; **wytapiać** *metal* schmelzen
wytargować PF (*-uję*) *cenę* herunterhandeln; *fig* aushandeln
wytarty → wyświechtany
wytatuować PF → tatuować
wytchnąć PF (*-nę*) ausruhen, sich eine Rast gönnen
wytchnieni|e N (*-a; bpl*) Erholung *f*, Ruhe *f*; **chwila** *f* **~a** Rast *f*, Ruhepause *f*; **bez ~a** rastlos, unermüdlich; *lit* ohne Rast und Ruh
wytępić PF (*-ię*) ausrotten
wytę|pienie N (*-a; bpl*) Ausrottung *f*; **~skniony** lang ersehnt
wytężać (*-am*) ⟨**-yć**⟩ (*-ę*) *umysł, wzrok, słuch* anstrengen; *siły* aufbieten, zusammennehmen
wytężony angestrengt
wytknąć PF: *kierunek, drogę* bestimmen; **~ sobie cel** sich ein Ziel setzen; **nie ~ nosa** sich nicht vom Fleck rühren; → wytykać
wytłaczać (*-am*) ⟨**wytłoczyć**⟩ (*-ę*) *olej, sok* auspressen; *napis, wzór* prägen, ausstanzen
wytłuc (*wytłukę*) *umg* (*zabić*) (alle) niedermetzeln, umbringen
wytłumaczenie N (*-a*) Erklärung *f*; (*usprawiedliwienie*) Rechtfertigung *f*
wytłuszczać (*-am*) ⟨**wytłuścić**⟩ (*wytłuszczę*) mit Fett beschmutzen, speckig machen; TYPO fett drucken
wytłumaczyć PF → tłumaczyć
wytłuścić PF → wytłuszczać
wytoczyć PF → wytaczać
wytopić PF → wytapiać
wytracać (*-am*) ⟨**wytracić**⟩ (*-cę*): **~ szybkość** an Geschwindigkeit verlieren, langsamer fahren
wytraw|ny erfahren, versiert; *wino* trocken; **~na wódka** *f* Wodka *m*
wytrąbić PF (*-ię*) *umg* leersaufen
wytrącać (*-am*) ⟨**-ić**⟩ (*-cę*): **~ z ręki** aus der Hand schlagen; **~ z** (*gen*) *fig* reißen (aus *dat*); **~ ze snu** aus dem Schlaf reißen; **~ z równowagi** aus dem Gleichgewicht bringen, aus der Bahn werfen; CHEM ausfällen
wytrenować PF → trenować
wytresować PF → tresować
wytresowany dressiert (*a. fig pej*); *pies* abgerichtet
wytropić PF (*-ię*) aufspüren, aufstöbern
wytruć PF (*-uję*) alle vergiften
wytrwać PF (*-am*) aushalten, ausharren; **~ w postanowieniu** an seinem Entschluss festhalten
wytrwale ADV → wytrwały
wztrwali *persf* → wytrwały
wytrwa|łość F (*-ści; bpl*) Ausdauer *f*; Beharrlichkeit *f*; **~ły** (*persf -li*) (**-le**) ausdauernd; beharrlich, standhaft
wytrych M (*-a od -u; -y*) Dietrich *m*
wytrysk M (*-u; -i*): **~ nasienia** ANAT Samenerguss *m*, Ejakulation *f*
wytryskiwać (*3. Pers -uje*) ⟨**-nąć**⟩ (*-nie*) *woda, krew* hervorspritzen; *źródło* hervorsprudeln
wytrzasnąć PF (*-nę*) *umg* auftreiben; **~ spod ziemi** aus dem Boden stampfen (können)
wytrząsać (*-am*) ⟨**wytrząsnąć**⟩ (*-nę*) *od* ⟨**wytrząść***⟩ (*wytrzęsę*) ausschütteln; **wytrząsać się nad** (*inst*) mit j-m schimpfen
wytrzebić PF → trzebić
wytrzeć* PF → wycierać
wytrzepywać (*-uję*) ⟨**wytrzepać**⟩ (*-ię*) *dywan* klopfen; **~ z** (*gen*) abklopfen (von *dat*)
wytrzeszczać (*-am*) ⟨**wytrzeszczyć**⟩ (*-ę*): **~ oczy** *umg* glotzen; **~ oczy na**

(*akk*) F] anglotzen, anstarren (*akk*)
wytrzeźwieć PF → trzeźwieć
wytrzymać PF → wytrzymywać
wytrzymali *persf* → wytrzymały
wytrzymało|ść F (*-ści; bpl*) Ausdauer *f*; Belastbarkeit *f*, Widerstandskraft *f*; TECH Widerstandsfähigkeit *f*; **być u kresu ~ści nerwowej** am Rande des Nervenzusammenbruchs sein; **~ść na stres** Belastbarkeit *f*
wytrzymały (*persf -li*) ausdauernd, robust; TECH widerstandsfähig, fest; **~ na** (*akk*) unempfindlich gegen (*akk*); TECH beständig gegen (*akk*); **~ na stres** belastbar; **~ na ból** schmerzunempfindlich; **~ na mróz** TECH frostbeständig; **~ na wysoką temperaturę** TECH hitzebeständig
wytrzymywać (*-uję*) ⟨**wytrzymać**⟩ (*-am*) aushalten, ertragen; *napór, spojrzenie* standhalten (*dat*); *próbę* bestehen; V/I durchhalten; **z trudem ~** kaum aushalten, kaum ertragen; **nie ~ z** (*inst*) nicht aushalten, nicht ertragen (*akk*)
wytwarzać (*-am*) ⟨**wytworzyć**⟩ (*-ę*) bilden, entwickeln; (*produkować*) herstellen, erzeugen; **~ się** sich bilden, entstehen
wytworny fein, vornehm
wytworzyć PF → wytwarzać
wytwór M (*-oru; -ory*) Erzeugnis *n*, Produkt *n* (*a. fig*); **~ fantazji** Fantasiegebilde *n*; **~ca** M (*-y; gen -ów*) Produzent *m*
wytwór|czość F (*-ści; bpl*) Produktion *f*, Herstellung *f*; *koll* Produzenten *pl*; **drobna ~czość** Kleingewerbe *n*; mittelständische Betriebe *pl*; **~czy** Produktions-
wytwórnia F (*-i; -e*) (Produktions)Betrieb *m*; **~ filmowa** Filmstudio *n*; **~ płytowa** Plattenfirma *f*, Plattenstudio *n*
wytyczać (*-am*) ⟨**-yć**⟩ (*-ę*) *trasę, autostradę, granicę* abstecken, markieren; (*planować przebieg*) festlegen; *fig* vorschreiben, bestimmen
wytyczne PL (*-ych*) Richtlinien *pl*; POL Direktiven *pl*
wytyczyć PF → wytyczać
wytykać (*-am*)⟨**-nąć**⟩ (*-ę*) *głowę* hinausstrecken; **~ k-u** j-m vorhalten; **wytykać palcami k-o** *fig* mit dem Finger auf j-n zeigen
wytynkować PF → tynkować
wytypować PF → typować
wyuczony *zawód* erlernt; *fig pej* einstudiert; **~ na pamięć** auswendig gelernt

wyuczyć się PF (*-ę*): **~ zawodu** einen Beruf erlernen, in die Lehre gehen; **~ krawiectwa** sich zum Schneider ausbilden lassen
wyuzda|nie N (*-a; bpl*) Zügellosigkeit *f*, Liederlichkeit *f*; **~ny** zügellos, liederlich
wywabiacz M (*-a; -e*): **~ plam** Fleckentferner *m*
wywabiać (*-am*) ⟨**-ić**⟩ (*-ię*) *plamę* entfernen; (*wywołać*) herauslocken
wywalać (*-am*) ⟨**-ić**⟩ (*-lę*) *umg* rausschmeißen; *drzwi* einrennen; *pieniądze* einstecken (**na** *akk* in *akk*); *język* rausstrecken; **~ gały** *umg* glotzen, starren; **~ się** *umg* hinknallen
wywalczyć PF (*-ę*) erkämpfen
wywalić PF → wywalać
wywar M (*-u; -y*) *z jarzyn* Gemüsebrühe *f*; *z mięsa* Fleischbrühe *f*; *z ziół* Sud *m*
wyważać (*-am*)⟨**-yć**⟩ (*-ę*): **~ drzwi** die Tür aus den Angeln heben; TECH auswuchten; **wyważać otwarte drzwi** *fig* offene Türen einrennen
wyważony *fig* ausgewogen
wywęszyć PF (*-ę*) wittern; *umg fig* herauskriegen
wywiać PF → wywiewać
wywiad M (*-u; -y*) Interview *n*; POL Geheimdienst *m*; MED Anamnese *f*; Befragung *f*, Sondierungsgespräch *n*; **udzielić** *pf* **~u** ein Interview geben
wywiad|owca M (*-y; gen -ów*) POL Geheimagent *m*; (*detektyw*) Detektiv *m*, Ermittler *m*; **~ówka** F (*-i; gen -wek*) Elternabend *m*
wywiązywać się (*-uję*)⟨**wywiązać się**⟩ (*wywiążę*) (**z** *gen*) sich entwickeln, entstehen (aus *dat*); **~ z zadania** seine Aufgabe erfüllen, seine Aufgabe erledigen; **~ z obietnicy** sein Versprechen einhalten; **~ z obowiązku** seine Pflicht erfüllen
wywiedzieć* się PF (*wywiem*) (*gen*) sich erkundigen (nach *dat*), herausbekommen (*akk*)
wywierać (*-am*) ⟨**wywrzeć**⟩ (*wywrę*) *nacisk, wpływ* ausüben; *skutek* zeitigen; **~ wrażenie** einen Eindruck machen (**na** *lok* auf *akk*)
wywiercać (*-am*)⟨**-ić**⟩ (*-cę*) (aus)bohren
wywieszać (*-am*)⟨**wywiesić**⟩ (*wywieszę*) (her)aushängen; *język* hängen lassen
wywieszka F (*-i; gen -szek*) Aushang *m*,

Anschlag *m*

wywiesić PF → wywieszać

wywieść* PF: **~ w pole** in die Irre führen; → wywodzić

wywietrznik M (*-a; -i*) Ventilator *m*, Ablüfter *m*; (*okno*) Lüftungsklappe *f*

wywietrzyć PF → wietrzyć

wywiewać (*3. Pers -a*) ⟨**wywiać**⟩ (*-eje*) fortwehen, wegblasen

wywieźć* PF → wywozić

wywijać (*-am*) ⟨**-nąć**⟩ (*-nę*) *kołnierz* umlegen; **wywijać** (*inst*) (*wymachiwać*) schwingen (*akk*); **wywijać rękami** *umg* mit den Armen fuchteln; **wywijać koziołki** Purzelbäume schlagen; **wywijać** (*tańczyć*) *umg żart* das Tanzbein schwingen

wywikłać się PF (*-am*): **~ z** (*gen*) sich herauswinden (aus *dat*), überwinden (*akk*)

wywinąć PF: **~ się** sich entziehen, entschlüpfen; **~ się od** (*gen*) *umg* sich drücken (von *dat*); **~ orła** *umg* (*upaść*) hinfliegen; → wywijać

wywiórkować PF → wiórkować

wywlekać (*-am*) ⟨**wywlec***⟩ (*wywlokę*) herausschleppen, herauszerren; (*przypominać*) *umg* aufwärmen, hervorholen

wywłaszczać (*-am*) ⟨**-yć**⟩ (*-ę*) enteignen

wywłoka F (*-i*) *umg* Schlampe *f*, Luder *n*

wywnętrzać się (*-am*): **~ przed** (*inst*) j-m sein Herz ausschütten

wywnioskować PF → wnioskować

wywody PF → wywód

wywodzić (*-ę*) ⟨**wywieść**⟩ (*wywiodę*) herleiten (**z** *gen* aus *dat*); (*wyprowadzić*) *lit* (hinaus)führen; **wywodzić** (*rozumować*) darlegen; **wywodzić się** (**z** *gen*) stammen (aus *dat*)

wywołać PF → wywoływać

wywoław|czy: **cena** *f* **~cza** FIN Ausrufungspreis *m*; **hasło** *n* **~cze** Schlagwort *n*

wywoływacz M (*-a; -e*) FOTO Entwickler *m*

wywoływać (*-uję*) ⟨**wywołać**⟩ (*-am*) rufen (**z** *gen* aus *dat*); **~ po imieniu** mit dem Namen aufrufen; *ucznia* aufrufen; *fig* hervorrufen, auslösen; *wspomnienia* wachrufen, ins Gedächtnis rufen; *duchy* beschwören; **~ zdjęcia** Fotos entwickeln; (*oddać do wywołania*) Fotos entwickeln lassen

wywozić (*wywożę*) ⟨**wywieźć**⟩ (*wywiozę*) *za granicę* ausführen; *towar* wegbringen, wegfahren

wyw|ód M (*-odu; -ody*) (*argumentacja*) Ausführung *f*, Darlegung *f*; Ableitung *f*; **~óz** M (*-ozu; bpl*) Ausfuhr *f*; **~óz śmieci** Müllabfuhr *f*

wywózka F (*-i; gen -zek*): **~ śmieci** *umg* Müllabfuhr *f*

wywracać (*-am*) ⟨**wywrócić**⟩ (*-cę*) *łódź* kentern; (*przewracać*) umstoßen; *kieszeń* umdrehen; **~ na lewą stronę** auf die linke Seite umdrehen; **~ się** umfallen; *łódź* kentern

wywrotka F (*-i; gen -tek*) Kipper *m*; **mieć ~kę** *umg* MAR kentern

wywroto|wiec M (*-wca; -wcy*) Umstürzler *m*; **~wy** umstürzlerisch, subversiv

wywrócić PF → wywracać

wywróżyć PF → wróżyć

wywrzeć* PF → wywierać

wywyższać się (*-am*) sich erheben, sich für besser halten

wyzbywać się (*-am*) ⟨**wyzbyć* się**⟩ (*wyzbędę*) (*gen*) sich entledigen (*gen*), loswerden (*akk*); *nawyku* ablegen (*akk*)

wyzdrowieć PF (*-eję*) genesen, wieder gesund sein

wyzdrowienie N (*-a; bpl*) Genesung *f*

wyziewy PL (*-ów*) Ausdünstungen *pl*; Schwaden *pl*, Gase *pl*

wyziębiać (*-am*) ⟨**-ić**⟩ (*-ię*) *mieszkanie* auskühlen; **~ się** *v/i* auskühlen

wyznać PF → wyznawać

wyznaczać (*-am*) ⟨**-yć**⟩ (*-ę*) (*określić*) bestimmen, festlegen; *termin* festsetzen, festlegen; *miejsce* anweisen; *nagrodę* aussetzen; *trasę* markieren; **~ na** (*akk*) bestimmen (zu *dat*)

wyznaczony *termin* festgelegt

wyznan|ie N (*-a*) Geständnis *n*; (*religia*) Konfession *f*; **~ie miłosne** Liebeserklärung *f*; **~ie wiary** REL Glaubensbekenntnis *n*; **wolność** *f* **~ia** Glaubensfreiheit *f*; **~iowy** konfessionell, Konfessions-

wyznawać (*wyznaję*) ⟨**wyznać**⟩ (*-am*) gestehen; *tajemnicę* offenbaren; *winę, grzechy* bekennen; *prawdę* anvertrauen; **~ miłość k-u** j-m seine Liebe gestehen; **wyznawać** *zasadę, pogląd* vertreten; **wyznawać religię** sich zu einer Religion bekennen, einer Religion angehören; **wyznawać religię chrześcijańską** sich zum Christentum bekennen, dem Christentum angehören; **wyznawać się** *umg* sich auskennen

wyznaw|ca M (-y; *gen -ów*), **~czyni** F (-i; -e) (*zwolennik*) Anhänger(in) *m(f)*; **~ca chrześcijaństwa** Christ *m*; **~ca islamu** Moslem *m*; **~ca buddyzmu** Buddhist *m* **~cy** *pl* REL Gläubiger *pl*; *lit* Jünger *pl*

wyzuty *lit*: **~ z wszelkich uczuć** ohne jedes Gefühl, gefühllos; **~ z sumienia** gewissenlos, ohne Gewissen; **być ~m ze czci** keine Ehre im Leib haben; **był ~ z ambicji** ihm fehlte jeder Ehrgeiz

wyzwać* PF → wyzywać

wyzwalacz M (-a; -e) FOTO Auslöser *m*

wyzwalać (-am) ⟨**wyzwolić**⟩ (-lę, -wól!) MIL befreien (*a. fig*); *energię* freisetzen; (*wywołać*) auslösen; **~ się** MIL sich befreien (*a. fig*); *energia* freigesetzt werden, frei werden; (*być wywołanym*) ausgelöst werden

wyz|wanie N (-a) Herausforderung *f*; **~wiska** N/PL (-) Schimpfworte *n/pl*

wyzwole|nie N (-a) MIL Befreiung *f* (*a. fig*); **~ńczy** Befreiungs-; *walka, ruch* Freiheits-

wyzwol|iciel M (-a; -e) MIL Befreier *m*; **~ony** *osoba* emanzipiert, frei; MIL befreit

wyzwolić PF → wyzwalać

wyzysk M (-u; *bpl*) *pej* Ausbeutung *f*

wyzyskiwać (-uję) ⟨**wyzyskać**⟩ (-am) ausnutzen; *pej* ausbeuten

wyzyskiwacz M (-a; -e) *pej* Ausbeuter *m*

wyzywać (-am) ⟨**wyzwać**⟩ (*wyzwę*) (*wymyślać*) *umg* auf üble Weise beschimpfen; **~ do walki** zum Kampf herausfordern; **~ k-o od idiotów** *umg* j-n als einen Dummkopf bezeichnen; **~ k-o od najgorszych** *umg* j-n zusammenstauchen

wyzywający (-co) herausfordernd, provozierend; *poza* lasziv

wyż M (-u; -e) METEO Hoch *n*, Hochdruckgebiet *n*; **~ demograficzny** geburtenstarker Jahrgang *m*

wyżalać się (-am) ⟨**-ić się**⟩ (-lę): **~ przed** (*inst*) j-m sein Herz ausschütten

wyżąć PF → wyżymać

wyżebrać PF (*wyżebrzę*) erbetteln

wyżej *komp* ADV höher; **~ wymieniony** oben genannt; → wysoki

wyżeł M (-żła; -żły) Vorstehhund *m*

wyżerać (-am) ⟨**wyżreć**⟩ (-ę) *zwierzę* auffressen; *rdza* zerfressen; *pop pej* wegfressen

wyżerka F (-i) *umg* Gelegenheit *f* zum Futtern, Fresserei *f*

wyżłabiać (-am) ⟨**wyżłobić**⟩ (-ię) aushöhlen

wyżłobienie N (-a) Rille *f*, Furche *f*; GEOL Rinne *f*

wyżłopać PF → żłopać

wyżowy METEO Hochdruck-

wyżreć* PF → wyżerać

wyższoś|ć F (-ści; *bpl*) Überlegenheit *f*; **z ~cią** herablassend; gönnerhaft

wyż|szy *komp* ADJ höher; größer; *cele, ideały* hehr; **~szy od** (*gen*) *od* **niż** (*nom*) höher als (*nom*); größer als (*nom*); **~sza uczelnia** *f* Hochschule *f*; **wykształcenie** *n* **~sze** Hochschulabschluss *m*; **szkolnictwo** *n* **~sze** Hochschulwesen *n*; **siła** *f* **~sza** höhere Gewalt *f*; **to ~sza szkoła jazdy** *fig* das ist höhere Mathematik; → wysoki

wyżyć PF (*wyżyję*) *umg* überleben; **nie móc ~ z jednej pensji** *umg* sich mit einem Gehalt knapp über Wasser halten können

wyżyłować PF → żyłować

wyżymać (-am) ⟨**wyżąć**⟩ (*wyżmę*) *bieliznę* auswringen

wyży|na F (-y) Hochebene *f*, Hochland *n*; **~ny** *pl fig* Höhen *pl*; **~nny** Hochland-, Hochebene-

wyżywać się (-am) ⟨**wyżyć się**⟩ (*wyżyję*) sich austoben; **wyżywać się na** (*lok*) seine Wut auslassen, sich abreagieren (an *dat*); **wyżywać się w** (*lok*) sich ausleben (in *dat*)

wyżywić PF (-am) ernähren; **~ się** sich (selbst) ernähren

wyżywienie N (-a; *bpl*) Ernährung *f*; (*utrzymanie*) Verpflegung *f*; **całodzienne ~** Vollpension *f*; **pokój** *m* **z ~m** Kost und Logis

wzajemnie ADV einander; **~!** gleichfalls!

wzajem|ność F (-ści) Gegenseitigkeit *f*; **miłość** *f* **bez ~ności** unerwiderte Liebe *f*; **~ny** gegenseitig; **~ny stosunek** *m* Wechselbeziehung *f*

wzbić PF → wzbijać

wzbierać (*3. Pers -a*) ⟨**wezbrać**⟩ (*wzbierze*) *rzeka* anschwellen; **wzbiera w nim gniew** ihn packt der Zorn, er ist von Zorn erfüllt (**na** *akk* auf *akk*)

wzbijać (-am) ⟨**wzbić**⟩ (-iję) *kurz* aufwirbeln; **~ się** aufsteigen, emporsteigen

wzbogacać (-am) ⟨**-ić**⟩ (-cę) bereichern, reich(er) machen; *pożywienie, kosmetyk* anreichern; **~ się** sich bereichern, reich werden (**na** *lok* an *dat*); **~ się o** (*akk*) sich bereichern, reicher werden (um *akk*)

wzbogacenie N (-*a*) Bereicherung *f*; Anreicherung *f*
wzbogacić PF → wzbogacać
wzbraniać (-*am*) 〈**wzbronić**〉 (-*ię*) untersagen, verbieten; **wzbraniać się** (**przed** *inst od inf*) sich weigern (vor *dat od* zu + *inf*)
wzbronio|ny verboten, untersagt; **kąpiel ~na** Baden verboten; **palenie ~ne** Rauchen verboten; **nieupoważnionym wstęp ~ny** Zutritt für Unbefugte verboten
wzbudzać (-*am*) 〈-**ić**〉 (-*dzę*) *radość, smutek, strach* hervorrufen; *miłość, zaufanie* erwecken; *ciekawość, zainteresowanie, zazdrość* erregen
wzburzać (-*am*) 〈-**yć**〉 (-*ę*) erregen, aufwühlen; **~ się** sich erregen, aufgewühlt sein
wzburz|enie N (-*a*; *bpl*) Erregung *f*, Aufruhr *m*; **~ony** erregt, aufgewühlt; *morze* aufgewühlt, stürmisch
wzburzyć PF → wzburzać
wzdąć PF → wzdymać
wzdę|cie N (-*a*) MED Blähung *f*; **~ty** MED aufgebläht, aufgetrieben
wzdłuż PRÄP (*gen*) entlang (*gen*); ADV der Länge nach; **~ i wszerz** kreuz und quer
wzdragać się (-*am*) (**przed** *inst*) zurückscheuen (vor *dat*), Bedenken haben (zu + *inf*)
wzdrygać się (-*am*) 〈-**nąć się**〉 (-*nę*) zusammenzucken, erschauern; **~ na myśl o** (*lok*) bei dem Gedanken an (*akk*) erschauern
wzdychać (-*am*) 〈**westchnąć**〉 (-*nę*) seufzen; **wzdychać do k-o** für j-n schwärmen, j-n heimlich lieben
wzdymać (-*am*) 〈**wzdąć**〉 (*wezdmę*) *żagle, firanki* aufblähen, aufbauschen; MED aufblähen; **~ się** sich aufblähen, sich aufbauschen; *fale* höher schlagen
wzejść˙ PF → wschodzić
wzgar|da F (-*y*; *bpl*) Verachtung *f*; **ze ~dą** verachtungsvoll
wzgardliwy (-**wie**) verächtlich, verachtungsvoll
wzgardzić PF (-*ę*) (*inst*) verschmähen (*akk*)
wzgl|ąd M (-*lędu*; -*lędy*) Rücksicht *f*; **~ędy** *pl* (*powody*) Gründe *pl*; (*sympatia*) Gunst *f*; **mieć na ~ędzie** bedenken, Rücksicht nehmen (auf *akk*); **ze ~ędu na** (*akk*) aus Rücksicht (auf *akk*); wegen (*gen*); **bez ~ędu na** (*akk*) unabhängig von (*dat*); **pod tym ~ędem** in dieser Hinsicht; **pod wieloma ~ędami** in vielerlei Hinsicht; **pod ~ędem** (*gen*) in Hinsicht (auf *akk*), hinsichtlich (*gen*); **ze ~ędu na ciebie** deinetwegen; **z tego ~ędu** aus dem Grund; **~ędy** *pl* **bezpieczeństwa** Sicherheitsgründe *pl*; **ze ~ędów zdrowotnych** aus Gesundheitsgründen
względem PRÄP (*gen*) hinsichtlich, bezüglich (*gen*); gegenüber (*gen*); **~ siebie** zueinander
względ|nie verhältnismäßig, relativ; (*znośnie*) *umg* so lala; (*lub*) oder, beziehungsweise; **~ny** relativ; (*dość dobry*) einigermaßen, leidlich
względy PL → wzgląd
wzgórek M (-*rka*; -*rki*) Hügel *m*, Anhöhe *f*; **~ łonowy** ANAT Venushügel *m*, Schamberg *m*
wziąć˙ PF → brać
wziernik M (-*a*; -*i*) MED Endoskop *m*
wzięc|ie N (-*a*; *bpl*): **do ~ia** zum Mitnehmen; **mieć ~ie** begehrt sein, beliebt sein; **cieszyć się ~iem** sich großer Beliebtheit erfreuen; **być do ~ia** *umg* noch zu haben sein; **~ie do niewoli** Gefangennahme *f*
wzięty begehrt, bekannt
wzlatywać (-*uję*) 〈**wzlecieć**〉 (*wzlecę*) auffliegen, sich in die Luft erheben
wzlot M (-*u*; -*y*) *samolotu, balonu* Aufstieg *m*; **~y** *pl* **i upadki** *pl fig* Berg- und Talfahrt *f*, Achterbahnfahrt *f*; **~y** *pl* **myśli** Gedankenflug *m*
wzmacniacz M (-*a*; -*e*) ELEK Verstärker *m*
wzmacniać (-*am*) 〈**wzmocnić**〉 (-*ę*, -*nij!*) *zdrowotnie* stärken, kräftigen; *pozycję, więź* festigen; *kontrolę, ochronę, grupę* verstärken; TECH festigen, verstärken; **~ się** (*być zdrowszym*) zu Kräften kommen; *pozycja, więź* sich festigen, stärker werden
wzmacniający (-**co**) stärkend
wzmagać (-*am*) 〈**wzmóc**〉 (*wzmogę*) verstärken, erhöhen; *pragnienie* steigern; **~ się** zunehmen, größer werden; *wiatr* stärker werden
wzmianka F (-*i*; *gen* -*nek*) Erwähnung *f*, Notiz *f*
wzmocnić PF → wzmacniać
wzmo|cnienie N (-*a*) Stärkung *f*; TECH Verstärkung *f*; **na ~cnienie** zur Stärkung; **~żony** *czujność, uwaga* gesteigert, erhöht; *kontrola* verstärkt, erhöht; *ruch*

W

stark; *wysiłki* intensiviert; **panuje ~żony ruch** der Verkehr ist stärker geworden

wzmóc* PF → wzmagać

wznak: **na ~** auf dem Rücken, rücklings

wznawiać (*-am*) ⟨**wznowić**⟩ (*-ię, -nów!*) *pracę* wieder aufnehmen; *książkę* neu auflegen; *sztukę* wieder aufführen

wzniecać (*-am*) ⟨**-ić**⟩ (*-cę*) *ogień, pożar* entfachen; *pył, śnieg* aufwirbeln; *niepokój* stiften; *nienawiść, zawiść* schüren; *spór* entfesseln, entfachen; *zapał* erregen

wzniesienie N (*-a*) Anhöhe *f*

wznieść* PF → wznosić

wzniosły (**-śle**) erhaben; *cele, ideały* hehr

wznosić (*wznoszę*) ⟨**wznieść**⟩ (*wzniosę*) hochheben, erheben; *dom, pomnik* errichten; *kurz* aufwirbeln; **~ toast** einen Toast ausbringen (**za** *akk* auf *akk*); **~ okrzyki** rufen; **~ się** *ptak, samolot* emporsteigen, hochfliegen; **wznosić się** *wieża, góry* sich erheben, emporragen; *droga, schody* (an)steigen

wznowić PF → wznawiać

wznowienie N (*-a*) TYPO Neuauflage *f*; TEATR Wiederaufführung *f*; Reprise *f*; *rozmów* Wiederaufnahme *f*

wzorcowy Muster-

wzor|ek M (*-rku; -rki*) feines Muster *n*; **~nictwo** N (*-a*) (Industrie)Design *n*

wzorować się (*-uję*) (**na** *lok*) sich zum Vorbild nehmen (*akk*)

wzorowany (**na** *lok*) angelehnt (an *akk*); nachgebildet, nachempfunden (*dat*)

wzorowy (**-wo**) musterhaft, vorbildlich

wzory PL → wzór

wzo|rzec M (*-rca; -rce*) Vorbild *n*; (*typ*) (Ideal)Typ *m*; (*schemat*) Muster *n*, Modell *n*; **~rzec miary** Eichmaß *n*; **~rzec wagi** Eichgewicht *n*; **~rce** *pl* **zachowań** SOZIOL Verhaltensmuster *pl*

wzorzysty (**-ście**) gemustert, bunt

wzór M (*-oru; -ory*) (*ideał*) Vorbild *n*; (*deseń*) Muster *n*, Design *n*; (*schemat*) Muster *n*, Vorlage *f*; MAT, CHEM Formel *f*; **według wzoru** nach dem Muster, nach der Vorlage; **~ podpisu** Unterschriftsprobe *f*; **wzory** *pl* SOZIOL Muster *pl*; **na ~** (*gen*) nach dem Vorbild (von *dat*); **brać za ~** sich zum Vorbild nehmen; **stawiać za ~** zum Vorbild machen

wzrastać (*-am, 3. Pers -a*) ⟨**wzrosnąć**⟩ (*3. Pers wzrośnie*) *wydatki, zainteresowanie, popularność* steigen, wachsen; **wzrastać** *osoba* aufwachsen

wzrastający zunehmend, steigend

wzrok M (*-u; bpl*) Sehkraft *f*, Sehvermögen *n*; (*spojrzenie*) Blick *m*; **stracić** *pf* **~** das Augenlicht verlieren; **mieć dobry ~** gute Augen haben, gut sehen können; **mieć słaby ~** schlechte Augen haben, schlecht sehen; **badać ~iem** mustern; **sokoli ~** *fig* Falkenblick *m*

wzrokowiec M (*-wca; -wcy*) visueller Typ *m*, *umg* Augenmensch *m*

wzrokowy (**-wo**) *efekty, wrażenie* visuell, optisch; *pamięć* visuell; ANAT, MED Seh-; **kontakt** *m* **~** Blickkontakt *m*

wzrosnąć PF → wzrastać

wzrost M (*-u; -y*) (*wysokość*) (Körper)Größe *f*, (Körper)Wuchs *m*; (*rośnięcie*) Wachstum *n*; *fig* Anstieg *m*, Zunahme *f*; **~ cen** Preisanstieg *m*; **~ zainteresowania** gesteigertes Interesse *n*; **~ gospodarczy** Wirtschaftswachstum *n*; **średniego ~u** mittelgroß; **wysokiego ~u** groß, hoch gewachsen; **małego ~u** klein, von kleinem Wuchs

wzruszać (*-am*) ⟨**-yć**⟩ (*-ę*) bewegen, rühren; *ziemię* auflockern; **~ ramionami** mit den Achseln zucken

wzrusz|ający (**-co**) rührend, ergreifend; **~enie** N (*-a*) Rührung *f*, Ergriffenheit *f*; **~ony** gerührt, ergriffen

wzwód M (*-odu; -ody*) Erektion *f*

wzwyż hinauf, nach oben; **od** (*gen*) **~** ab (*gen*) aufwärts; **skok** *m* **~** SPORT Hochsprung *m*

wzywać (*-am*) ⟨**wezwać**⟩ (*wezwę*) *lekarza, policję* rufen; **~ do** (*gen*) aufrufen (zu *dat*); **wzywać pomocy** Hilfe rufen; **~ do sądu** (vor Gericht) laden; **~ na świadka** JUR als Zeuge (vor)laden; **~ k-o** j-n kommen lassen

wżenić się PF (*-ię*) *umg* einheiraten (**w** *akk* in *akk*)

wżerać się (*3. Pers -a*) ⟨**wżreć się**⟩ (*-e*) *rdza* sich hineinfressen; **wżerać się** *ubranie* sich einschneiden

W

Z

z PRÄP *(gen)* aus, von *(dat)*; vor *(dat)*; *(inst)* mit *(dat)*; *partikel (około)* etwa, an; **~ Polski** aus Polen; **~ Berlina** aus Berlin; **~ domu** aus dem Haus; **~ pracy** von der Arbeit; **~ tyłu** von hinten; **każdy ~ nas** jeder von uns; **~ zimna** vor Kälte; **~ radości** vor Freude; **razem ~ nami** zusammen mit uns; **~ trudem** mit Mühe; **~ cukrem** mit Zucker; **~ początkiem roku** am Jahresanfang; **~ nagła** plötzlich; **sałatka** *f* **~ pomidorów** Tomatensalat *m*; **sok** *m* **z marchwi** Möhrensaft *m*; **~ pięć** etwa fünf, an die fünf; **~ godzinę** etwa eine Stunde; **~ grubsza** *adv* in groben Zügen

za PRÄP *(akk)* hinter *(akk)*; in *(dat)*; für *(akk)*, wegen *(gen)*; *(inst)* hinter *(dat)*; *partikel* (+ ADV, *adj*) (all)zu (+ *adv*, *adj*); **~ dom** hinter das Haus; **~ domem** hinter dem Haus; **~ mną** hinter mir; **~ granicę** ins Ausland; **~ granicą** im Ausland; **~ rok** in einem Jahr; **~ godzinę** in einer Stunde; **jest ~ dziesięć czwarta** es ist zehn vor vier; **~ sto złotych** für hundert Zloty; **~ dobre wyniki** für gute Leistung; **~ kradzież** wegen Diebstahls; **trzymać ~ rękę** an der Hand halten; **siedzieć ~ stołem** am Tisch sitzen; **~ biurkiem** am Schreibtisch; **jeden ~ drugim** einer nach dem anderen; **~ rogiem** um die Ecke; **~ pomocą** mithilfe; **~ panowania** *(gen)* während der Herrschaft *(gen)*; **~ moich czasów** zu meiner Zeit; **przebrać się** *pf* **~** *(akk)* sich verkleiden (als *nom*); **służyć ~** *(akk)* dienen als *(nom)*; **~ nic** für nichts; **~ wszelką cenę** um jeden Preis; **~ ciężki** zu schwer; **~ drogi** zu teuer; **~ dużo** zu viel; **~ późno** zu spät; **co ~ dzień!** was für ein Tag!, welch ein Tag!; **co ~ szczęście!** was für ein Glück!, welch ein Glück!; **tego już ~ wiele!** jetzt reichts mir aber!

zaabonować PF → abonować

zaabsorbować PF → absorbować

zaadaptować PF → adaptować

zaadoptować PF → adoptować

zaadresować PF → adresować

zaaferowany *(inst)* (sehr) beschäftigt (mit *dat*), gefesselt (von *dat*)

zaagitować PF → agitować

zaakcentować PF → akcentować

zaakceptować PF → akceptować

zaaklimatyzować się PF → aklimatyzować się

zaalarmować PF → alarmować

zaanektować PF → anektować

zaangażować PF → angażować

zaangażowa|nie N *(-a; bpl)* Engagement *n*; Hingabe *f*, Einsatz *m*; **~ny** engagiert

zaapelować PF → apelować

zaaplikować PF → aplikować

zaaprobować PF → aprobować

zaaranżować PF → aranżować

zaaresztować PF → aresztować

zaatakować PF → atakować

zaawansowan|y[1] fortgeschritten; **być w ~ej ciąży** hochschwanger sein

zaawansowa|ny[2] M *(-ego; -ni)*, **~na** F *(-ej; -ne)* Fortgeschritene(r) *m*; F; **dla ~nych** für Fortgeschrittene

zaawizować PF → awizować

zabagniony sumpfig, versumpft

zabalsamować PF → balsamować

zabandażować PF → bandażować

zabarwiać *(-am)* ⟨**-ić**⟩ *(-ię)* färben, eine Färbung verleihen; **~ na czerwono** rot färben, eine rote Färbung verleihen; **~ się** sich färben, eine Färbung annehmen; **~ się na czerwono** sich rot färben, eine rote Färbung annehmen

zabarwienie N *(-a)* Färbung *f* *(a. fig)*

zabarwić PF → zabarwiać

zabarykadować PF → barykadować

zaba|wa F *(-y)* *(gra)* Spiel *n*; *(wieczorek)* Tanzabend *m*, Fest *n*; *(przyjemność)* Unterhaltung *f*, Vergnügen *n*; **przyjemnej** *od* **wesołej ~wy!** viel Spaß!; **dla ~wy** zum Spaß

zabawiać *(-am)* unterhalten, amüsieren; **~ gości** seine Gäste unterhalten

zabaw|ka F *(-i; gen -wek)* Spielzeug *n* *(a. fig)*; **~ki** *pl* Spielsachen *pl*, Spielzeuge *pl*; **sklep** *m* **z ~kami** Spielwarenladen *m*; **~karstwo** N *(-a; bpl)* Spielwarenindustrie *f*; **~ny** lustig, ulkig; amüsant, unterhaltsam; *umg* drollig, putzig; **~ne, że...** (es ist) komisch, dass ...

zabeczeć PF → beczeć

zabeczkować PF → beczkować

zabejcować PF → bejcować

zabetonować PF → betonować

zabezpieczać (-am) ⟨-yć⟩ (-ę) (**przed** *inst*) schützen (vor *dat*); (ab)sichern (gegen *akk*); abschirmen, absichern; *broń* sichern; *kradzione przedmioty* sicherstellen; ~ **się** sich schützen; sich absichern; (*stosować środki antykoncepcyjne*) verhüten; ~ **się na starość** für das Alter vorsorgen; ~ **się na przyszłość** für seine Zukunft Vorsorge treffen

zabezpiecz|enie N (-a) Schutz *m*; (Ab)Sicherung *f*; EDV Sicherung *f*; MIL Deckung *f*; (*rękojmia*) Sicherheit *f*; **~enie na starość** Altersvorsorge *f*; **~ony** gesichert

zabezpieczyć PF → zabezpieczać

zabici *persf* → zabity[1]

zabici *persf* → zabity[2]

zabic|ie N (-a) Tötung *f*; **dla ~ia czasu** *umg* um die Zeit totzuschlagen

zabić PF: **zabił go samochód** er wurde von einem Auto überfahren; **serce zabiło mu mocniej** sein Herz schlug höher; **zabił zegar** die Uhr hat geschlagen; ~ **się** sich umbringen; ~ **się w wypadku** in einem Unfall ums Leben kommen, in einem Unfall umkommen; → zabijać

zabiec PF → zabiegać

zabiedzony abgemagert

zabieg M (-u; -i) MED Eingriff *m*; *umg* (*przerwanie ciąży*) Abtreibung *f*; **~i** *pl* Bemühungen *pl*; ~ **kosmetyczny** kosmetische Behandlung *f*

zabiegać (-am) ⟨**zabiec**⟩ (*zabiegnę*): ~ **drogę** den Weg abschneiden; **zabiegać o** (*akk*) sich bemühen (um *akk*); **zabiegać o k-o** j-n gewinnen wollen, sich um j-n bemühen

zabiegany *umg* abgehetzt

zabiegowy: **gabinet** *m* ~ Behandlungszimmer *n*, Behandlungsraum *m*

zabielać (-am) ⟨-ić⟩ (-lę) mit Sahne abschmecken

zabierać (-am) ⟨**zabrać**⟩ (*zabiorę*) wegnehmen; ~ **(ze sobą)** mitnehmen; ~ **głos** das Wort ergreifen; ~ **czas k-u** j-s Zeit beanspruchen, j-n aufhalten; **to zabiera dużo miejsca** das nimmt viel Platz weg; **to zabiera dużo czasu** das nimmt viel Zeit in Anspruch, das kostet viel Zeit; **zabrało jej to tydzień** sie brauchte dafür eine Woche, das hat sie eine Woche gekostet; ~ **się** (**do** *gen*) (heran)gehen (an *akk*), anfangen (mit *dat*); ~ **się za k-o** sich j-n vornehmen, *umg* sich j-n vorknöpfen; ~ **się z** (*inst*) *umg* mitkommen (mit *dat*); ~ **się do pracy** sich an die Arbeit machen; ~ **się do wyjścia** im Begriff sein zu gehen; **zabieraj się stąd!** *umg* mach, dass du wegkommst!, verschwinde!

zabijać (-am) ⟨**zabić**⟩ (*zabiję*) töten (*a. fig*), umbringen; ~ **gwoździami** zunageln, vernageln; ~ **się** (*nawzajem*) sich gegenseitig töten, sich gegenseitig umbringen; **zabijać się** *umg* (sich zu Tode) schuften; **zabijać się o** (*akk*) *umg* sich reißen um (*akk*)

zabijaka M (-i) *umg* Raufbold *m*

zabity[1] (*persf -ci*) getötet, umgebracht

zabi|ty[2] M (-ego; -ci), **~ta** F (-ej; -e) Getötete(r) *m*, *f*; *w wypadku* Unfallopfer *n*, Tote(r) *m*, *f*; *na wojnie* Gefallene(r) *m*; **spać jak ~ty** schlafen wie ein Stein

zabliźniać się (*3. Pers -a*) ⟨-ić się⟩ (*3. Pers -ni*) *rana* vernarben, heilen

zablokować PF → blokować

zabłądzić PF (-ę) sich verirren (*a. fig*), sich verlaufen

zabłąkać się PF (-am) sich verirren

zabłąkany verirrt; *pies* zugelaufen

zabłocić PF → błocić

zabłocony *buty, podłoga* dreckig (vom Matsch)

zabobon M (-u; -y) Aberglaube *m*; **~ny** abergläubisch

zaborca M (-y; *gen -ów*) Okkupant *m*, Eindringling *m*; **~czy** dominant, besitzergreifend

zabój: **zakochać się na** ~ sich bis über beide Ohren verlieben

zabójca M (-y; *gen -ów*) Mörder *m*

zabój|czy (**-czo**) (*śmiertelny*) tödlich; (*nieznośny*) mörderisch; *umg żart* Wahnsinns-, wahnsinnig; **~czo zielony** *umg* giftgrün, quietschgrün

zabójczyni F (-i; -e) Mörderin *f*; ~ **dzieci** Kindsmörderin *f*

zabójstwo N (-a) Tötung *f*; *w afekcie* Totschlag *m*; *z premedytacją* Mord *m*

zabór M (-oru; -ory): ~ **Polski** HIST Teilung *f* Polens

zabrać* PF: ~ **tajemnicę do grobu** ein Geheimnis mit ins Grab nehmen; ~ **się** (*umrzeć*) *umg* das Zeitliche segnen; → zabierać

zabraknąć PF: **zabrakło pieniędzy** das Geld hat nicht ausgereicht; **nie może cię**

tam ~ du darfst dort nicht fehlen; **zabrakło nam jednego dnia** es hat uns ein Tag gefehlt, wir hätten noch einen Tag gebraucht; **zabrakło mu sił** seine Kräfte reichten nicht aus
zabraniać (-am) ⟨**zabronić**⟩ (-ię) (*gen*) verbieten, untersagen (*akk*); **zabrania się** es ist verboten
zabroniony verboten, nicht erlaubt
zabronować PF → bronować
zabrudzić PF → brudzić
zabrudzony verschmutzt, *umg* dreckig
zabryzgać PF (-am) (*inst*) bespritzen, vollspritzen (mit *dat*)
Zabrze N (-a; *bpl*) Hindenburg *n*
zabrzmieć PF → brzmieć
zabuczeć PF → buczeć
zabudowa F (-y; *bpl*) Bebauung *f*
zabudować PF → zabudowywać
zabudowania PL (*gen -ań*) Gebäude *pl*, Häuser *pl*; Bauanlage *f*; **~ fabryczne** Fabrikanlage *f*, Fabrikgelände *n*
zabudowywać (-wuję) ⟨**zabudować**⟩ (-uję) *teren* bebauen; (*zasłonić*) verbauen
zabukować PF → bukować
zabuksować PF → buksować
zabulić PF (-lę) *umg* blechen müssen, tief in die Tasche greifen müssen
zaburzać (-am) ⟨**-yć**⟩ (-ę) (*zakłócać*) stören
zaburzenia N (-eń) MED Störungen *pl*; **~ snu** Schlafstörungen *pl*; **~ oddychania** Atembeschwerden *pl*; **~ rozwojowe** Entwicklungsstörungen *pl*; **~ żołądkowe** Magenbeschwerden *pl*; **~ wzroku** Sehstörungen *pl*
zabyt|ek M (-tku; -tki) Denkmal *n*; **~ki** *pl* Sehenswürdigkeiten *pl*; **~ek architektoniczny** Baudenkmal *n*; **~ek klasy zerowej** Weltkulturerbe *n*; **~ek przyrody** Naturdenkmal *n*; **zwiedzać ~ki** Sehenswürdigkeiten besichtigen
zabytko|wy von historischem Wert, sehenswürdig, alt; *przedmiot* antik, von historischem Wert; (*pod ochroną*) denkmal(s)geschützt, unter Denkmalschutz stehend; **~wa część** *f* **miasta** historischer Stadtkern *m*, Altstadt *f*
zacementować PF → cementować
zacerować PF → cerować
zach. (zachodni) westlich
zachachmęcić PF (-cę) *umg* (*ukraść*) klauen, entwenden
zachcianka F (-i; *gen -nek*) (*kaprys*) Laune *f*; (*ochota*) Gelüst *n*
zachciewać się (3. *Pers -a*) ⟨**zachcieć się**⟩ (*zachce*) *umg*: **zachciało mu się lodów** er wollte (plötzlich) Eis haben, er hatte (plötzlich) Lust auf Eis; **zachciało mi się pić** ich hatte (plötzlich) Durst; **zachciało mi się spać** ich wurde (plötzlich) schläfrig, ich wollte ins Bett; **czego to ci się zachciewa?** was willst du denn nicht alles?
zachęcać (-am) ⟨**-ić**⟩ (-cę) (**do** *gen*) ermuntern, ermutigen (zu *dat*); anspornen, motivieren (zu *dat*)
zachęcający (**-co**) ermutigend; (*obiecujący*) vielversprechend; (*motywujący*) motivierend; **to brzmi ~co** das klingt vielversprechend
zachęcić PF → zachęcać
zachęta F (-y) Ermutigung *f*; Ansporn *m*, Anreiz *m*
zachlany *pop* stockbesoffen, sturzbetrunken
zachłan|ność F (-ści; *bpl*) Habgier *f*; **~ny** habgierig; *fig* unersättlich
zachłystywać się (-uję)⟨**-nąć się**⟩ (-nę) (*inst*) sich verschlucken (an *dat*); *fig* sich berauschen (an *dat*), in vollen Zügen genießen (*akk*)
zachmurzać się (3. *Pers -a*) ⟨**zachmurzyć się**⟩ (-y): **zachmurza się** es bewölkt sich, es bezieht sich; **zachmurzyło się** es hat sich bewölkt, es hat sich bezogen
zachmurz|enie N (-a) METEO Bewölkung *f*; **~enie duże** starke Bewölkung *f*; **~ony** *niebo* bewölkt, wolkig; *fig* umwölkt, düster, finster
zachmurzyć się PF → zachmurzać się
zachodni GEOG, POL westlich, West-; **Europa** *f* **Ƶa** Westeuropa *n*
zachodnio|europejski westeuropäisch; **~niemiecki** westdeutsch
zachodzić (-ę) ⟨**zajść**⟩ (*zajdę*) *słońce* untergehen; *niebezpieczeństwo, konieczność* bestehen; *pomyłka* unterlaufen, passieren; *zmiany* eintreten; (*wstępować*) vorbeikommen (**do** *gen* bei *dat*); **~ w ciążę** schwanger werden; **~ parą** anlaufen, beschlagen; **~ daleko** *fig* es weit bringen; **zachodzić w głowę** sich den Kopf zerbrechen; **zachodzić na siebie** sich überlappen
zachomikować PF → chomikować
zachorować PF (-uję) krank werden; ~

Z

na (*akk*) erkranken (an *dat*)
zachować PF: **nie umieć się ~** sich nicht benehmen können; → zachowywać
zachowanie N (*-a*) Verhalten *n*, Benehmen *n*
zachowany erhalten geblieben; **dobrze ~** gut erhalten
zachowawczy (**-czo**) POL konservativ; MED prophylaktisch, vorbeugend
zachowywać (*-wuję*)⟨**zachować**⟩ (*-am*) (*zatrzymać*) behalten; (*przechowywać*) aufbewahren; *obyczaje, tradycje, dyskrecję* bewahren; *dietę, miarę* halten; *ostrożność* walten lassen; *zdrowie, świeżość* erhalten; *zdolność, dobrą sylwetkę* sich bewahren; **~ przy życiu** am Leben erhalten; **~ dla siebie** für sich behalten; **~ dystans** Distanz wahren; **~ pozory** den Schein wahren; **~ spokój** Ruhe bewahren; **~ zimną krew** einen kühlen Kopf bewahren, die Nerven behalten; **~ milczenie** Schweigen bewahren; **~ w pamięci** im Gedächtnis bewahren; **~ na pamiątkę** als Andenken behalten; **~ w dobrym stanie** in einem guten Zustand erhalten; **~ się** erhalten bleiben, sich erhalten; (*postępować*) sich verhalten; sich benehmen
zach|ód M (*-odu; bpl*) GEOG, POL Westen *m*; **Żód** (*krąg kulturowy*) Abendland *n*; Westen *m*; **na ~odzie** im Westen; **na ~ód od** (*gen*) westlich (von *dat*); **wyjechać** *pf* **na ~ód** in den Westen fahren; **na ~ód** nach Westen, westwärts; **południowy ~ód** GEOG Südwesten *m*; METEO Südwest *m*; **północny ~ód** GEOG Nordwesten *m*; METEO Nordwest *m*; (PL *-ody*) **~ód słońca** Sonnenuntergang *m*; **~ód księżyca** Monduntergang *m*; **szkoda ~odu** *umg* es ist die Mühe nicht wert; **warty ~odu** *umg* die Mühe wert
zachrypnięty heiser
zachwalać (*-am*) loben, anpreisen
zachwaszczony von Unkraut überwuchert
zachwiać PF (*-eję*) (*inst*) zum Schwanken bringen, bewegen (*akk*); *fig* erschüttern, ins Wanken bringen (*akk*); **~ w posadach** *fig* in seinen Grundfesten erschüttern; **~ się** schwanken, taumeln; *fig* erschüttert werden, ins Wanken geraten
zachwycać (*-am*)⟨**-ić**⟩ (*-cę*) begeistern, entzücken; **~ się** (*inst*) sich begeistern (für *akk*), entzückt *od* hingerissen sein (von *dat*)
zachwycający (**-co**) entzückend, hinreißend
zachwycić PF → zachwycać
zachwyt M (*-u; -y*) Begeisterung *f*; **z ~em** begeistert, verzückt; **z ~u** vor Begeisterung
zachybotać PF → chybotać
zaciąć* PF → zacinać
zaciągać (*-am*)⟨**-nąć**⟩ (*-nę*) (hin)schleppen, (hin)ziehen; *zasłonę* zuziehen; *pas* festziehen; *pożyczkę, kredyt* aufnehmen; **~ dług u k-o** bei j-m Schulden machen; **~ k-o** j-n mitnehmen, *umg* j-n mitschleppen; **~ wartę** Wachen aufstellen; **zaciągać** *mit dem Akzent der polnischen Ostgebiete sprechen*; **~ się** *niebo* sich beziehen; **~ się do wojska** sich anwerben lassen; **~ się na statek** *v/i* anheuern; **~ się (papierosem)** auf Lunge rauchen
zaciec* PF → zaciekać
zacieki M/PL (*gen -ów*) Wasserflecken *m/pl*, Schlieren *f/pl*
zaciekać (*3. Pers -a*) *dach, sufit* undicht sein
zaciekawiać (*-am*)⟨**-ić**⟩ (*-ię*) neugierig machen, j-s Neugier wecken
zaciekawienie N (*-a; bpl*) Neugier *f*, Interesse *n*
zaciekły (*persf -li*) (**-le**) erbittert, verbissen; **~ wróg** *m* Erzfeind *m*
zaciemniać (*-am*) ⟨**-ić**⟩ (*-ię, -nij!*) *pomieszczenie* verdunkeln; *światło* abdunkeln; *fig* verschleiern; **~ się** *niebo* sich verdunkeln
zacie|mnienie N (*-a*) Verdunkelung *f*; **~mniony** schattig, beschattet
zacier M (*-u; -y*) *na piwo, na wódkę* Maische *f*
zacierać (*-am*) ⟨**zatrzeć**⟩ (*zatrę*) verwischen (*a. fig*); *silnik* heiß laufen; **~ ręce** sich die Hände reiben; **~ się** sich verwischen; *silnik* sich heiß laufen; **~ się w pamięci** *fig* verblassen
zacierki PL (*gen -rek*) *eine Art Spätzle*
zacieśniać (*-am*) ⟨**-ić**⟩ (*-ię, -nij!*) festziehen, zuziehen; *kontakty* vertiefen, enger werden lassen; **~ się** *kontakty* sich vertiefen, enger werden; *krąg* kleiner werden
zacietrzewiać się (*-am*)⟨**-ić się**⟩ (*-ię*) sich (in große Erregung) hineinsteigern, sich ereifern, sich erhitzen; sich versteifen (auf *akk*)

zacietrzewiony verbissen, erhitzt, echauffiert
zacięci *persf* → zacięty
zacię|cie¹ N (-*a*) Elan *m*, Engagement *n*, Schwung *m*; (*rowek*) Einschnitt *m*, Kerbe *f*; **z ~ciem** mit Elan, engagiert, leidenschaftlich; **bez ~cia** leidenschaftslos, ohne Elan, *umg* lahm; **mieć ~cie do** (*gen*) Talent haben, sich begeistern (können) (für *akk*)
zacięty (*persf* -*ci*) (-**cie**²) *osoba, mina* verbissen; *walka, spory* erbittert
zacinać (-*am*) ⟨**zaciąć**⟩ (*zatnę*) (leicht) schneiden, verletzen; *usta, wargi* zusammenpressen, zusammenkneifen; *konia* peitschen; **zacinać** *v/i deszcz* peitschen; **~ się** sich (beim Rasieren) schneiden; (*przestać* MÓWIĆ) stocken, abbrechen; (*upierać się*) sich versteifen, sich verbeißen; TECH V/I klemmen; **~ się w gniewie** im Zorn verharren; **zacinać się** (*jąkać się*) stottern
zacisk M (-*u*; -*i*) TECH Klemme *f*; *rury* Rohrschelle *f*
zaciskać (-*am*) ⟨-**nąć**⟩ (-*nę*) *pętlę* zuziehen; *usta, wargi* zusammenpressen, zusammenkneifen; *pięści* zusammenballen; **~ zęby** die Zähne zusammenbeißen (*a. fig*); **~ powieki** die Augen zusammenkneifen; **~ pasa** *fig* den Gürtel enger schnallen; **~ się** sich zuziehen; **pętla zaciska się na szyi** *fig* die Schlinge zieht sich zu
zacisze N (-*a*) windgeschützte Stelle *f*; stiller Winkel *m*, ruhiges Plätzchen *n*; Abgeschiedenheit *f*; **domowe ~** das traute Heim; Häuslichkeit *f*
za|ciszny (*bezwietrzny*) windgeschützt; (*spokojny*) ruhig; (*przytulny*) gemütlich, behaglich; **~cny** *lit* rechtschaffen, ehrbar
zacofa|nie N (-*a*; *bpl*) Rückständigkeit *f*; **~ny** rückständig; *kraj* unterentwickelt
zacumować PF → cumować
zacytować PF → cytować
zaczadzeni *persf* → zaczadzony
zaczadzieć PF (-*eję*) sich mit Kohlen(mon)oxyd vergiften
zaczadzony (*persf* -*eni*) mit Kohlen(mon)oxyd vergiftet
zaczajać się (-*am*) ⟨**zaczaić się**⟩ (-*ję*): **~ na k-o** j-m auflauern; **~ na** (*akk*) ŁOW pirschen (auf *akk*)
zaczarować PF (-*uję*) verzaubern
zaczarowany verzaubert, verwunschen
zacząć PF → zaczynać
zaczątek M (-*tku*; -*tki*) Ursprung *m*; *fig* Keim *m*; *choroby* Anfangsstadium *n*
zaczekać PF (-*am*): **~ na** (*akk*) (*czekać*) warten (auf *akk*); (*odczekać*) abwarten (*akk*); (*mieć cierpliwość*) sich gedulden; **zaczekaj!** warte mal!
zaczepiać (-*am*) ⟨-**ić**⟩ (-*ię*) anhängen, befestigen; ankoppeln; **~** (*inst*) hängen bleiben (mit *dat*); **~ k-o** *umg* j-n anmachen; (*zapytać*) j-n anquatschen; **~ się** hängen bleiben (**o** *akk* an *dat*); *umg* Fuß fassen
zaczep|ka F (-*i*; *gen* -*pek*) Provokation *f*, *umg* Anmache *f*; **szukać ~ki** Streit suchen; **~ny** *osoba* aggressiv, streitsüchtig; *spojrzenie, ton* provokativ, aggresiv; MIL offensiv, Angriffs-
zaczerpnąć PF (-*nę*) *przykład, motyw, cytat* entnehmen; **~ wody** Wasser schöpfen; **~ powietrza** *od* **oddechu** Luft holen, Luft schöpfen; **~ informacji** Informationen einholen; **~ świeżego powietrza** an die frische Luft gehen
zaczerwienić się PF → czerwienić się
zaczerwienieni *persf* → zaczerwieniony
zaczerwieni|enie N (-*a*) MED Rötung *f*; **~ony** (*persf* -*eni*) gerötet
zaczesywać (-*uję*) ⟨**zaczesać**⟩ (*zaczeszę*) kämmen; **~ do tyłu** nach hinten kämmen
zaczęty begonnen; *paczka, butelka* angebrochen
zaczyn M (-*u*; -*y*) KULIN Sauerteig *m*; *fig* Ursprung *m*, Keim *m*
zaczynać (-*am*) ⟨**zacząć**⟩ (-*nę*) (*akk*) beginnen, anfangen (*akk od* mit *dat*); *paczkę, butelkę* anbrechen; *chleb, ciasto* anschneiden; **~ od** (*gen*) *od* (*inst*) beginnen, anfangen (mit *dat*); **~** (+ *inf*) beginnen, anfangen (zu + *inf*); **zaczęło padać** es fing an zu regnen, es begann zu regnen; **~ od nowa** neu anfangen; **zaczynać z** (*inst*) *umg* sich mit j-m anlegen; **~ się** *v/i* beginnen, anfangen, *umg* losgehen; **zaczęło się od** (*gen*) es begann *od* es fing an (mit *dat*); **zaczynać się na literę a** mit dem Buchstaben a anfangen
zaczyniać (-*am*) ⟨-**ić**⟩ (-*ię*): **~ ciasto** Teig anrühren
zaczytać się PF (-*am*) *umg* sich festlesen
zaczytywać się (-*uję*) (**w** *lok*) leidenschaftlich gern lesen (*akk*)

Z

zaćma F (-y) MED (grauer) Star *m*
zaćmić PF (-ię): **zaćmiło mnie** ich hatte einen Blackout; → zaćmiewać
zaćmienie N (-a): **~ Słońca** ASTRON Sonnenfinsternis *f*; **~ Księżyca** ASTRON Mondfinsternis *f*
zaćmiewać (-am) ⟨**zaćmić**⟩ (-ię) verdunkeln, verdecken; *fig* in den Schatten stellen; *umysł* trüben, verwirren; **~ się** sich verdunkeln; **zaćmiło mi się w oczach** mir wurde schwarz vor Augen
zad M (-u; -y) *konia* Hinterteil *n*; *pop* dicker Arsch *m*
zadać PF → zadawać
zadanie N (-a; *gen* -ań) Aufgabe *f*; **~ domowe** Hausaufgabe *f*; **~ z fizyki** Physikaufgabe *f*
zadarty nach oben gerichtet, nach oben gebogen; *skóra, paznokieć* aufgerissen; **~ nos** *m* Stupsnase *f*
zadat|ek M (-tku; -tki) Anzahlung *f*; **~ki** *pl* (*predyspozycje*) Veranlagung *f*, Anlage *f*
zadatkować (-uję) anzahlen
zadawać (*zadaję*) ⟨**zadać**⟩ (-am) *pytanie* stellen; *zadanie, zagadkę* aufgeben; *cios* versetzen; *ból* zufügen; *klęskę* bereiten; **~ sobie trud** sich die Mühe machen; **~ śmierć** *lit* ums Leben bringen, den Tod bereiten; **~ kłam** *lit* Lügen strafen; **zadawać się** (**z** *inst*) *umg* sich abgeben, sich einlassen (mit *dat*)
zadawniony *choroba* verschleppt; *uraza, konflikt* alt
zadąć PF → dąć
zadbać PF → dbać
zadbany gepflegt
zadebiutować PF → debiutować
zadecydować PF → decydować
zadedykować PF → dedykować
zadek M (-dka; -dki) *umg* Hinterteil *n*
zadeklamować PF → deklamować
zadeklarować PF → deklarować
zadekować PF → dekować
zadekretować PF → dekretować
zademonstrować PF → demonstrować
zadenuncjować PF → denuncjować
zadepeszować PF → depeszować
zadeptać PF → deptać
zadeptywać (-uję) ⟨**zadeptać**⟩ (*zadepczę*) *podłogę, dywan* beschmutzen, dreckig machen; **zadeptać** *pf* **k-o** j-n zu Tode trampeln
zadiustować PF → adiustować
zadłużać się (-am) ⟨**-yć się**⟩ (-ę) sich verschulden
zadłużeni *persf* → zadłużony
zadłuż|enie N (-a) Verschuldung *f*; **~ony** (*persf -eni*) verschuldet
zadomowić się PF (-ię, -ów!) sich einleben
zadość: **uczynić ~** *lit* Genüge tun; **sprawiedliwości stało się ~** der Gerechtigkeit wurde Genüge getan
zadośćuczynić PF (-nię) (*dat*) Genüge tun (*dat*), erfüllen (*akk*); **~ k-u** j-m Genugtuung geben; **~ krzywdom** ein Unrecht wiedergutmachen
zadośćuczynienie N (-a) Genugtuung *f*; Wiedergutmachung *f*
zadowalać (-am) ⟨**zadowolić**⟩ (-lę, -wól!) zufriedenstellen, befriedigen; *wymagania, życzenia* befriedigen, entsprechen (*dat*); **~ się** (*inst*) sich begnügen, sich zufriedengeben, vorliebnehmen (mit *dat*)
zadowalający (**-co**) zufriedenstellend, befriedigend
zadowoleni *persf* → zadowolony
zadowolenie N (-a) Zufriedenheit *f*, Wohlbehagen *n*; Befriedigung *f*; **praca daje mu ~** seine Arbeit befriedigt ihn, seine Arbeit gibt ihm Befriedigung; **z ~m** zufrieden; mit Befriedigung
zadowolić PF → zadowalać
zadowolony (*persf -eni*) zufrieden (**z** *gen* mit *dat*); **~ z siebie** mit sich zufrieden; *pej* selbstzufrieden, selbstgefällig; **~ z życia** lebensfroh, mit seinem Leben zufrieden
zad|ra F (-y) Holzsplitter *m*; **nosić ~rę w sercu** Groll hegen
zadrapać PF (-ię): **~ k-o** j-n kratzen, eine Kratzwunde zufügen; *lakier, powierzchnię* einen Kratzer machen
zadrasnąć PF (-nę) → zadrapać
zadrażnienia N/PL (*gen* -eń) Misshelligkeiten *f/pl*, Verstimmung *f*
zadrażniony *stosunki, sytuacja* gespannt
zadręczać (-am) ⟨**-yć**⟩ (-ę): **~ k-o** (*inst*) j-n quälen, j-m arg zusetzen (mit *dat*); **zadręczyć** *pf* (**na śmierć**) zu Tode quälen; **~ się** sich quälen, sich grämen
zadrukowany bedruckt
zadrzeć* PF → zadzierać
zadrzewiać (-am) ⟨**-ić**⟩ (-ię) mit Bäumen bepflanzen, aufforsten

zaduch M (*-u; bpl*) schlechte *od* stickige Luft *f*, *umg* Mief *m*
zadufany: ~ (**w sobie**) eingebildet, überheblich, selbstgefällig
zadu|ma F (*-y; bpl*) Reflexion *f*; Nachdenklichkeit *f*; **z ~dą** nachdenklich, sinnend; **wpaść** *pf* **w ~dę** nachdenklich werden; (nach)sinnen (über *akk*)
zadumać się (*-am*) *lit* nachdenklich werden; (nach)sinnen, nachdenken (**nad** *inst* über *akk*)
zadumany nachdenklich, in Gedanken versunken
zadup|ie N (*-a*) *pop* Kaff *m*; **mieszkać na ~iu** *pop* am Arsch der Welt wohnen
zadurzony *umg* verknallt, verschossen
Zaduszki PL (*-szek*) REL Allerseelen *n*, Allerseelentag *m*
zaduszny: **Dzień** *m* ♀; → Zaduszki
zadyma F (*-y*) *umg* Krawalle *m/pl*, Schlägerei *f*
zadymiać (*-am*) ⟨**-ić**⟩ (*-ię*) vollqualmen
zadymiarz M (*-a; -e*) *umg* Krawallmacher *m*
zadymiony vollgequalmt
zadymka F (*-i; gen -mek*) Schneegestöber *n*, Schneetreiben *n*
zadyszl|any außer Atem, keuchend; **~ka** F (*-i; gen -szek*) Kurzatmigkeit *f*; **dostać** *pf* **~ki** außer Atem geraten, keuchen
zadzierać (*-am*) ⟨**zadrzeć**⟩ (*zadrę*) *spódnicę* hochheben; *ogon* aufrichten; **~ głowę** nach oben schauen, den Kopf in den Nacken legen; **zadzierać nosa** die Nase hoch tragen; **~ z** (*inst*) aneinandergeraten (mit *dat*); **~ się** sich nach oben biegen
zadzierzgnąć PF (*-nę*): **~ kontakty** Kontakte knüpfen
zadziora F *od* *m* (*-y*) *umg* Krakeeler *m*, Raufbold *m*
zadziorny *umg* streitsüchtig, rauflustig; *mina* provokativ
zadziwiać (*-am*) ⟨**-ić**⟩ (*-ię*) verwundern, in Erstaunen versetzen, verblüffen
zadziwiający (**-co**) erstaunlich, verblüffend
zadziwić PF → zadziwiać
zadzwonić PF → dzwonić
zadźgać PF (*-am*) *umg* erstechen
zadżumiony (*persf -eni*) pestkrank
zafarbować PF → farbować
zafascynować PF → fascynować
zafascynowany fasziniert, gefesselt
zafrapować PF (*-uję*) faszinieren, fesseln
zafundować PF → fundować
zagadać PF: **~ k-o** *umg* j-n volllabern, j-n vollquatschen; **~ się** *umg* sich verplauschen; → zagadywać
zagadka F (*-i; gen -dek*) Rätsel *n*
zagadkowy (**-wo**) rätselhaft
zagadnąć PF (*-nę*): **~ k-o** j-n ansprechen (**o** *akk* wegen *gen*)
zagadnienie N (*-a*) Frage *f*, Problem *n*
zagadywać (*-uję*) ⟨**zagadać**⟩ (*-am*): **~ do k-o** *umg* mit j-m reden (wollen), mit j-m ins Gespräch kommen (wollen); **~ k-o** *umg* j-n anquatschen (**o** *akk* wegen *gen*); **zagadywać k-o** *umg* j-n ablenken
zagajać (*-am*) ⟨**-ić**⟩ (*-ję*) *zebranie, dyskusję* eröffnen
zagajnik M (*-a; -i*) Wäldchen *n*, Gehölz *n*
zagalopować się PF (*-uję*) sich vergaloppieren
zaganiać (*-am*) ⟨**zagnać**⟩ (*-am*) *od* ⟨**zagonić**⟩ (*-ię*) (hinein)treiben, (an)treiben (**do** *gen* in *akk*); **~ do** (*gen*) *fig* antreiben (zu *dat*)
zaganiany *umg* abgehetzt
zagapić się PF (*-ię*) (einen Moment) unaufmerksam sein, *fig* träumen; **~ na** (*akk*) den Blick nicht abwenden (von *dat*)
zagarniać (*-am*) ⟨**-nąć**⟩ (*-nę*) an sich reißen, sich aneignen
zagazować PF (*-uję*) vergasen
zagęszczać (*-am*) ⟨**zagęścić**⟩ (*zagęszczę*) KULIN eindicken; **~ się** KULIN dick(er) werden; *plac* überfüllt werden
zagiąć PF → zaginać
zagięcie N (*-a*) Knick *m*
zaginać (*-am*) ⟨**zagiąć**⟩ (*-zagnę*) *drut* (ein)biegen; *kartki* knicken; **~ k-o** j-n verblüffen; **~ się** *drut* sich verbiegen; *kartka* einen Knick bekommen
zaginąć PF (*-nę*) *osoba* vermisst werden, verschollen sein; *zwierzę* entlaufen; *rzecz* verloren gehen, verschollen sein; **ślad po nim zaginął** er ist spurlos verschwunden
zaginiony[1] (*persf -eni*) *osoba* vermisst, verschollen; *zwierzę* entlaufen; *rzecz* verschollen
zaginio|ny[2] M (*-ego; -eni*), **~na** F (*-ej; -ne*) Vermisste(r) *m*, *f*
zagipsować PF → gipsować
zaglądać (*-am*) ⟨**zajrzeć**⟩ (*-ę*) (**do** *gen*) (hinein)schauen, (hinein)blicken (in *akk*); ~

do środka hineinschauen, hineinblicken; **~ przez dziurkę od klucza** durch das Schlüsselloch spähen; **~ przez okno** durch das Fenster hineinschauen; **~ do k-o** (*odwiedzać*) bei j-m vorbeischauen; **~ do książki** im Buch nachschlagen; **zaglądać do kieliszka** *fig* zu tief ins Glas schauen; **darowanemu koniowi w zęby się nie zagląda** einem geschenktem Gaul schaut man nicht ins Maul

zagłada F (*-y; bpl*) Vernichtung *f*

zagłębiać (*-am*) ⟨**-ić**⟩ (*-ię*) versenken, eintauchen; **~ się** *v/i* versinken, eintauchen; eindringen, vordringen; **~ się w fotelu** in einen Sessel sinken; **~ się w** (*lok*) *fig* sich vertiefen (in *akk*); **~ się w myślach** in Gedanken versinken

zagłębie N (*-a; gen -i*) GÓRN Kohle(n)revier *n*; **~ naftowe** Ölfördergebiet *n*; **~nie** N (*-a*) Vertiefung *f*

zagłodzić PF (*-dzę*) verhungern lassen; **~ się** sich zu Tode hungern

zagłosować PF → głosować

zagłówek M (*-wka; -wki*) AUTO Kopfstütze *f*

zagłuszać (*-am*) ⟨**-yć**⟩ (*-ę*) *dźwięk* übertönen; RADIO stören; *uczucia* betäuben, unterdrücken; BOT überwuchern

zagmatwać PF → gmatwać

zagmatwany verworren

zagnać PF: **wojna zagnała ich do Ameryki** der Krieg hat sie nach Amerika verschlagen; → zaganiać

zagniewany verärgert, zornig

zagnieżdżać się (*-am*) ⟨**zagnieździć się**⟩ (*zagnieżdżę, zagnieździ*) sich einnisten (*a. fig*)

zagoić PF → goić

zagon M (*-u; -y*) Acker *m*, Parzelle *f*; (Gemüse)Beet *n*

zagonić PF → zaganiać

zagoniony (*persf -nieni*); → zaganiany

zagorza|ły (*persf -li*) (**-le**) *przeciwnik* verbissen; *wróg* erbittert, Erz-; *zwolennik* überzeugt; *dyskusja* heftig, hitzig; **~ły przeciwnik palenia** militanter Nichtraucher *m*; **~le bronić** vehement verteidigen

zagospodarowywać (*-wuję*) ⟨**zagospodarować**⟩ (*-uję*) *teren* bewirtschaften; nutzbar machen, erschließen; **~ się** sich (häuslich) einrichten

zagotować PF (*-uję*) aufkochen, zum Kochen bringen; **~ wodę na herbatę** Wasser für einen Tee aufsetzen; **~ się** *v/i* kochen; **~ się z gniewu** vor Wut kochen

zagrabiać (*-am*) ⟨**-ić**⟩ (*-ię*) *grządkę* harken; **zagrabić** *pf* rauben, an sich reißen

zagrabić PF → grabić

zagrać PF → grać

zagradzać (*-am*) ⟨**zagrodzić**⟩ (*-dzę*) *teren* abzäunen; *ulicę* (ab)sperren; *przejście, drogę* versperren; **~ drogę k-u** j-m den Weg abschneiden, j-m den Weg versperren

zagrani|ca F (*-y; bpl*) Ausland *n*; **z ~cy** vom Ausland; **~czni(a)k** M (*-a; -i*) *umg* (reicher) Ausländer *m*

zagraniczn|ny Auslands-, ausländisch; POL Außen-; **podróż** *f* **~na** Auslandsreise *f*; **korespondent** *m* **~ny** Auslandskorrespondent *m*

zagrażać (*-am*): **~ zdrowiu** die Gesundheit gefährden; **zagraża mu niebezpieczeństwo** ihm droht eine Gefahr; **zagraża im głód** ihnen droht Hunger

zagroda F (*-y; gen -ród*) (Bauern)Hof *m*, Gehöft *n*; *dla zwierząt* Umzäunung *f*; Stall *m*

zagrodzić PF → zagradzać

zagrozić PF (*zagrożę*) (*inst*) drohen (mit *dat*)

zagrożeni *persf* → zagrożony

zagroż|enie N (*-a*) Gefahr *f*, Gefährdung *f*, Bedrohung *f*; **~enie życia** Lebensgefahr *f*; **~enie pożarowe** Brandgefahr *f*; **~enie powodzią** Hochwassergefahr *f*; **stan** *m* **~enia** Notstand *m*; **~enie dla pokoju** Gefahr *f* für den Frieden, Gefährdung *f od* Bedrohung *f* des Friedens

zagrożony (*persf -eni*) gefährdet; **obszar** *m* **~** Gefahrengebiet *n*

zagruntować PF → gruntować

zagry|cha F (*-y*) *umg* ein Happen zum Wodka; **ogórek** *m* **na ~chę** eine Salzgurke als Happen zum Wodka

zagry|piony (*persf -eni*) *umg* grippekrank; **~wka** F (*-i; gen -wek*) SPORT Aufschlag *m*

zagryzać (*-am*) ⟨**zagryźć***⟩ (*zagryzę*) (*inst*) zum Wodka dazuessen (*akk*); **~ wódkę śledziem** einen Hering zum Wodka essen, beim Trinken einen Hering zwischendurch essen; **~ wargi** sich auf die Lippen beißen; **~ usta do krwi** sich die Lippen wund beißen; **zagryźć** *pf* (*zabić*) totbeißen, zu Tode beißen

zagrzać PF: **nigdzie miejsca nie ~**

nirgendwo heimisch werden; **długo miejsca nie ~** (**w** *lok*) nicht lange bleiben (in *dat*); **~ się** warm werden; TECH heiß gelaufen sein; → zagrzewać

Zagrzeb M (*-ia; bpl*) Zagreb *n*

zagrzebywać (*-uję*) ⟨**zagrzebać**⟩ (*zagrzebię*) vergraben, verscharren; **~ się** vergraben (*a. fig*)

zagrzewać (*-am*) ⟨**zagrzać**⟩ (*-eję*) KULIN aufwärmen; **~ do walki** *fig* zum Kampf anfeuern

zagwarantować PF → gwarantować

zahaczać (*-am*) ⟨**-yć**⟩ (*-ę*) hängen bleiben (**o** *akk* an *dat*); **~ k-o** *umg* j-n ansprechen (**o** *akk* auf *akk*); **~ o** (*akk*) *umg* einen Abstecher machen (nach *dat*); **zahaczyć się** *pf* sich festhaken; *fig umg* Fuß fassen

zahamow|ania N/PL (*gen -ań*) PSYCH Hemmungen *f/pl*; **bez ~ań** ohne Hemmungen

zahamować PF → hamować

zaharowany abgearbeitet

zahartować PF → hartować

zahartowany abgehärtet

zahipnotyzować PF → hipnotyzować

za|hipnotyzowany hypnotisiert; **~hukany** eingeschüchtert, verunsichert; **być ~hukanym** kein Selbstbewusstsein haben

zaimek M (*-mka; -mki*) GRAM Pronomen *n*, Fürwort *n*; **~ osobowy** Personalpronomen *n*; **~ dzierżawczy** Possessivpronomen *n*; **~ wskazujący** Demonstrativpronomen *n*

zaimponować PF → imponować

zaimprowizowany improvisiert

zainaugurować PF → inaugurować

zainfekować PF → infekować

zaingerować PF → ingerować

zainicjować PF → inicjować

zainkasować PF → inkasować

zainspirować PF → inspirować

zainstalować PF → instalować

zainteresować PF → interesować

zainteresowa|nie N (*-a*) Interesse *n*; **z ~niem** interessiert, aufmerksam; **~nia** *pl* (*zamiłownia*) Interessen *pl*

zainteresowa|ny[1] (*gen*) interessiert (an *dat*); **osoba** *f* **~na** betreffende Person *f*; **~ne strony** *pl* Beteiligte *pl*; **być ~nym** (*inst*) Interesse haben, interessiert sein (an *dat*)

zainteresowa|ny[2] M (*-ego; -ni*), **~na** F (*-ej; -ne*) Interessent(in) *m(f)*

zaintonować PF → intonować

zaintrygować PF → intrygować

zainwestować PF → inwestować

zaistnieć PF (*-eję*) zutage treten, auftauchen

zajadać (*-am*) mit Appetit essen, *umg* futtern; **~ się** (*inst*) schlemmen (*akk*)

zajady PL (*-ów*) MED Entzündungen *f/pl* in den Mundwinkeln

zajad|ły (*persf -li*) (**-le**) *walka* erbittert; *dyskusja* heftig, hitzig; **~ły wróg** Erzfeind *m*; *przeciwnik* verbissen; *krytyk* unerbittlich; **~le bronić** vehement verteidigen

zajazd M (*-u; -y*) Motel *n*, Gasthaus *n*

zając M (*-a; -e; gen zajęcy*) Hase *m*; **spać jak ~ pod miedzą** einen leichten Schlaf haben; **praca nie ~, nie ucieknie** die Arbeit läuft schon nicht davon

zajączk|ek M (*-czka; -czki*) *dim* Häschen *n*; **puszczać ~ki** mit einem Spiegel blenden

zająć PF: **~ się** Feuer fangen; → zajmować

zająknąć się PF (*-nę*) stocken; **nie ~** (**o** *lok*) *fig* kein Wort verlieren (über *akk*)

zająkni|enie, **~ęcie** N (*-a*): **bez ~ęcia** *fig* ohne mit der Wimper zu zucken; **mówić bez ~ęcia** *fig* druckreif reden

zajechać PF → zajeżdżać[1]

zajezdnia F (*-i; -e*) Betriebshof *m*, Depot *n*

zajeździć PF → zajeżdżać[2]

zajeżdżać[1] (*-am*) ⟨**zajechać**⟩ (*zajadę*) (*dojeżdżać*) ankommen; **~ przed** (*akk*) vorfahren (vor *akk*); **~ do** (*gen*) (*odwiedzić*) bei j-m vorbeikommen; einen Abstecher machen (nach *dat*); **~ drogę k-u** j-m den Weg versperren; **zajeżdżało od niego piwem** er hatte eine Bierfahne

zajeżdżać[2] (*-am*) ⟨**zajeździć**⟩ (*zajeżdżę*): **~ konia** ein Pferd zuschanden reiten

zajęci *persf* → zajęty

zajęc|ie N (*-a*) Beschäftigung *f*; (*praca*) Arbeit *f*, Job *m*; JUR Pfändung *f*; MIL Einnahme *f*, Besetzung *f*; **~ia** *pl w szkole* Unterricht *m*; *na uczelni* Seminar *n*; **z ~iem** interessiert, gefesselt; **dorywcze ~ie** Nebenjob *m*

zajęciowy *sala* Seminar-; *terapia* Beschäftigungs-

zaję|czy Hasen-; **~cza warga** *f* MED Hasenscharte *f*

zajęty (*persf -ci*) beschäftigt; *miejsce, telefon* besetzt

zajęty

Toaleta jest zajęta.	Die Toilette ist besetzt.
Wszystkie miejsca są zajęte.	Alle Plätze sind besetzt.
W hotelu nie ma miejsc.	Das Hotel ist belegt.
Linia jest zajęta.	Die Leitung ist belegt.
Jest w tej chwili bardzo zajęty.	Er ist im Moment sehr beschäftigt.
Jest zatrudniony na poczcie.	Er ist bei der Post beschäftigt.

zajmować (*-uję*) ⟨**zająć**⟩ (*zajmę*) *przestrzeń* einnehmen, füllen; *mieszkanie, pokój* beziehen; *kraj* besetzen; *miasto, twierdzę* einnehmen; JUR pfänden; MED angreifen; **~ k-o** (*interesować*) j-n interessieren, j-n beschäftigen; j-n fesseln, j-n einnehmen; (*bawić*) j-n beschäftigen, j-n unterhalten; **~ miejsce** SPORT einen Platz belegen; (*zarezerwować*) einen Platz reservieren; (*usiąść*) Platz nehmen; **~ miejsce przy stole** am Tisch Platz nehmen; **~ miejsce k-u** für j-n einen Platz besetzen; **~ dużo czasu** viel Zeit in Anspruch nehmen, viel Zeit beanspruchen; **ile czasu ci to zajęło?** wie viel Zeit hast du dafür gebraucht?; **~ stanowisko** (*wypowiadać się*) Stellung nehmen, Stellung beziehen; **zajmować stanowisko** einen Posten innehaben; **~ postawę** eine Haltung einnehmen; **~ się** (*inst*) sich beschäftigen (mit *dat*); (*opiekować się*) sich kümmern (um *akk*), betreuen (*akk*); **~ się domem** den Haushalt führen; **~ się gośćmi** sich um Gäste kümmern, seine Gäste unterhalten; **czym się zajmujesz?** womit beschäftigst du dich?

zajmujący (**-co**) fesselnd, spannend; *osoba* reizvoll

zajob M: **mieć ~a** *pop* einen Knall haben; **dostać** *pf* **~a** *pop* durchdrehen

zajodynować PF → jodynować

zajrzeć PF → zaglądać

zajście N (*-a*) Vorfall *m*, Zwischenfall *m*

zajść* PF: gelangen, (hin)kommen; → zachodzić

zaka|lec M (*-lca; -lce*) Schlief *m*; **~ła** F *od m* (*-y*) *fig* das schwarze Schaf

zakamarek M (*-rka; -rki*) (dunkle) Ecke *f*; (*schowek*) Versteck *n*

zakamuflować PF → kamuflować

zakamuflowany getarnt

zakańczać (*-am*) ⟨**zakończyć**⟩ (*-ę*) (*inst*) beenden, abschließen (mit *dat*); **~ się** (*inst*) enden (mit *dat*); *sprawa, historia* ausgehen

zakapować PF → kapować

zakasłać PF (*-am*) husten

zakasować PF (*-uję*) *fig* in den Schatten stellen

zakasywać (*-uję*) ⟨**zakasać**⟩ (*-szę*) hochkrempeln; **zakasać rękawy** *fig umg* anpacken, sich an die Arbeit machen

zakaszleć PF (*-ę*) → zakasłać

zakatarzony (*persf -eni*) verschnupft

zakatrupić PF (*-ię*) *umg* umlegen, kaltmachen

zakaz M (*-u; -y*) Verbot *n*; **~ wstępu** Eintritt verboten; **~ postoju** AUTO Halteverbot *n*

zakazać PF → zakazywać

zakazany verboten, untersagt; (*podejrzany*) anrüchig; **~ owoc** *m fig* verbotene Frucht *f*

zakazić PF → zakażać

zakazywać (*-uję*) ⟨**zakazać**⟩ (*zakażę*) verbieten, untersagen

zakaź|ny MED ansteckend, infektiös; **choroba** *f* **~na** Infektionskrankheit *f*; **oddział** *m* **~ny** Infektionsabteilung *f*; **on jest ~nie chory** er hat eine ansteckende Krankheit

zakażać (*-am*) ⟨**zakazić**⟩ (*zakażę*) MED anstecken, infizieren; **~ się** (*inst*) MED sich anstecken, sich infizieren (mit *dat*)

zakażeni *persf* → zakażony

zakaż|enie N (*-a*) Ansteckung *f*; Infektion *f*; **~enie krwi** Blutvergiftung *f*

zakażony (*persf -eni*) infiziert; *krew* vergiftet

zakąsić PF (*zakąszę*) (*inst*) zum Wodka essen (*akk*); **~ śledziem** einen Hering zum Wodka essen

zakąs|ka F (*-i; gen -sek*) Vorspeise *f*; ein Imbiss zum Wodka; **zimne ~ki** *pl od* **~ki** *pl* **na zimno** kalte Vorspeisen *pl*, kalte Platte *f*; **~ki** *pl* **na gorąco** warme Vorspeisen; **na ~kę** als Vorspeise

zakąt|ek M (*-tka; -tki*) ruhiges Plätzchen *n*,

stiller Winkel *m*; **malowniczy ~ek** malerisches Fleckchen *n* (Erde), malerischer Winkel *m*; **najdalsze ~ki** *pl* die entlegendsten Winkel *pl*

zakichany *umg* mies, lausig

zakiszać (*-am*) ⟨**zakisić**⟩ (*zakiszę*) *ogórki* einlegen, einmachen; *kapustę* säuern

zakitować PF → kitować

zaklajstrować PF → klajstrować

zaklasyfikować PF → klasyfikować

zakląć PF: fluchen; → zaklinać

zaklejać (*-am*) ⟨**zakleić**⟩ (*-ję*) *kopertę* zukleben; *dziurę* verkleben

zaklepać PF (*-ię*) *w grze* sich freischlagen; **~ sobie** *umg* sich sichern, reservieren

zakleszczony festgeklemmt

zaklęci *persf* → zaklęty

zaklę|cie N (*-a*) Zauberformel *f*; **~cia** *pl* Beschwörungen *pl*

zaklę|ty (*persf -ci*) verzaubert; **milczeć jak ~ty** eisern schweigen

zaklinacz M (*-a*; *-e*): **~ węży** Schlangenbeschwörer *m*

zaklinać (*-am*) ⟨**zakląć**⟩ (*-nę*) verzaubern; **zaklinać** beschwören; **zaklinać się** schwören (**na** *akk* bei *dat*)

zaklinować PF (*-uję*) verkeilen; **~ się** sich verkeilen

zakład M (*-u*; *-y*) (*przedsiębiorstwo*) Betrieb *m*; (*założenie się*) Wette *f*; **~ karny** *ofic* Strafanstalt *f*; **~ poprawczy** *ofic* Erziehungsheim *n*, Erziehungsanstalt *f*; **~ fryzjerski** Frisiersalon *m*; **~ pracy** *ofic* Arbeitsstätte *f*; **iść o ~** eine Wette eingehen, wetten; **~?** wollen wir wetten?

zakładać (*-am*) ⟨**założyć**⟩ (*-ę*) *ubranie*, *buty* anziehen; *czapkę*, *okulary* aufsetzen; *firmę*, *zespół*, *miasto* gründen; *konto* einrichten, eröffnen; *krawat* umbinden; *telefon*, *gaz* anschließen; **~ sobie** sich vornehmen; **~ opatrunek k-u** j-m einen Verband anlegen, j-n verbinden; **~ dom** *od* **rodzinę** eine Familie gründen; **~ nogę na nogę** die Beine übereinanderschlagen; **~ brzeg** einen Saum einschlagen; **~ plombę** MED eine Füllung machen; **~ prąd** eine Stromleitung verlegen; **~ szwy** MED eine Naht machen, nähen; **~ pieniądze za k-o** Geld für j-n auslegen; **zakładam, że ...** ich nehme an, dass ...; **załóżmy, że ...** nehmen wir an, dass ...; **to zakłada, że ...** das setzt voraus, dass ...; **~ sprawę do sądu** vor Gericht bringen; **~ się** (**o** *akk*) wetten (um *akk*)

zakładka F (*-i*; *-dek*) *spódnicy*, *spodni* Einschlag *m*; **~ (do książki)** Lesezeichen *n*

zakładn|iczka F (*-i*; *gen -czek*), **~ik** M (*-a*; *-cy*) Geisel *f*; **wzięcie** *n* **~ików** Geiselnahme *f*

zakładowy Betriebs-

zakłama|nie N (*-a*; *bpl*) Verlogenheit *f*; **~ny** verlogen

zakłopota|nie N (*-a*; *bpl*) Verlegenheit *f*; **wprawiać w ~nie** in Verlegenheit bringen; **~ny** verlegen

zakłócać (*-am*) ⟨**-ić**⟩ (*-cę*) *spokój*, *szczęście* stören (*a.* RADIO)

zakłócen|ie N (*-a*) Störung *f*; **~ia** *pl* TECH, RADIO Störungen *pl*; **~ia** *pl* **komunikacyjne** *od* **w ruchu** Verkehrsstörungen *pl*

zakneblować PF → kneblować

zakochać się PF → zakochiwać się

zakochany[1] verliebt

zakocha|ny[2] M (*-ego*; *-ni*), **~na** F (*-ej*; *-ne*) Verliebte(r) *m*, *f*; **para** *f* **~nych** Liebespaar *n*; **~ny po uszy** bis über beide Ohren verliebt

zakochiwać się (*-uję*) ⟨**zakochać się**⟩ (*-am*) sich verlieben (**w** *lok* in *akk*)

zakodować PF → kodować

zako|le N (*-a*) *rzeki* Schleife *f*, Mäander *m*; *drogi* Biegung *f*; **~la** *pl* (*łysina*) Geheimratsecken *pl*

zakomunikować PF → komunikować

zakon M (*-u*; *-y*) REL Orden *m*

zakon|nica F (*-y*; *-e*) Nonne *f*, Ordensschwester *f*; **~nik** M (*-a*; *-cy*) Ordensbruder *m*, Mönch *m*; **~ny** Ordens-

zakonserwować PF → konserwować

zakon|serwowany konserviert; **~spirowany** geheim; getarnt

zakończenie N (*-a*) Beendigung *f*; *filmu*, *książki* Schluss *m*, Ende *n*; *sprawy* Ausgang *m*; *rozprawki* Schluss *m*; *przedmiotu* Spitze *f*, Ende *n*; *nerwu* Ende *n*; **na ~** zum Schluss

zakończony: **ostro ~** spitz; **być ~m na** (*akk*) enden (auf *dat*)

zakończyć PF → zakańczać

zakopać PF → zakopywać

zakopcić PF (*-cę*) *umg papierosami* vollqualmen

zakopcony rußig, verrußt; *papierosami* vollgequalmt

zakopywać (*-uję*) ⟨**zakopać**⟩ (*-ię*) vergraben

zakorkować PF → korkować
zakorkowany *butelka* verkorkt; *umg fig* verstopft
zakorzeniać się *(-am)*⟨*-ić się*⟩ *(-ię)* BOT Wurzeln schlagen, sich einwurzeln; *zwyczaj* sich einbürgern; *stereotyp, przekonanie* sich einwurzeln, sich festsetzen
zakorzeniony *(persf -eni)* *(zwyczaj)* althergebracht; *przekonanie, uczucie* eingewurzelt, eingebürgert; *osoba* verwurzelt; **~ w tradycji** in seiner Tradition verwurzelt
zakos|y M/PL *(gen -ów)* *drogi* Spitzkehren *f/pl*, Haarnadelkurven *f/pl*; *rzeki* Mäander *m/pl*; **~ami** in Spitzkehren
zakosztować PF → kosztować
zakotwiczać *(-am)* ⟨*-yć*⟩ *(-ę)* *v/t* MAR verankern; *(cumować)* festmachen, anlegen; V/I vor Anker gehen; **~ się** *fig* sich niederlassen
zakotwiczony *(-eni)* MAR verankert *(a. fig)*
zakotwiczyć PF → zakotwiczać
zakpić PF → kpić
zakradać się *(-am)* ⟨**zakraść* się**⟩ *(zakradnę)* sich (hin)einschleichen
zakraplacz M *(-a; -e)* Pipette *f*
zakraplać *(-am)*⟨**zakroplić**⟩ *(-lę)*: **~ do oczu** in die Augen einträufeln; **~ do nosa** in die Nase einträufeln
zakratować PF → kratować
zakratowany vergittert
zakrawać *(3. Pers -a)*: **to zakrawa na ironię** das grenzt an Ironie, das ist wohl Ironie; **to zakrawa na kpinę** *od* **żart, że ...** es ist wohl ein Witz, dass ...
zakres M *(-u; -y)* *(zasięg)* Bereich *m*, Umfang *m*; *(dziedzina)* Bereich *m*, Gebiet *n*; **we własnym ~ie** mit eigenen Mitteln; **wyżywienie** *n* **we własnym ~ie** Selbstverpflegung *f*; **~ kompetencji** Zuständigkeitsbereich *m*
zakreślać *(-am)* ⟨*-ić*⟩ *(-lę)* *w tekście* anstreichen, markieren; *koło, łuk* beschreiben
zakręcać *(-am)* ⟨*-ić*⟩ *(-cę)* *kran, słoik* zudrehen; **~ (sobie) włosy (na wałki)** sich die Haare (auf Lockenwicklern) eindrehen; **zakręcić** *pf* *(inst)* drehen (mit *dat*); **zakręcić się** *pf* sich drehen; **zakręcić się** *pf* **koło** *(gen)* *umg* sich hinter etwas klemmen, sich sehr bemühen (um *akk*); **zakręciło mi się w głowie** mir wurde schwindelig; **łza zakręciła mu się w oku** ihm traten Tränen in die Augen; **zakręcić się** *pf* **koło k-o** *umg* sich sehr um j-n bemühen
zakr|ęt M *(-u; -y)* Kurve *f*; **na ~ęcie** in der Kurve; **ostry ~ęt** enge Kurve *f*; **~ęt w lewo** Kurve *f* nach links, Linkskurve *f*
zakręt|as M *(-a; -y)* Schnörkel *m*; **~ka** F *(-i; gen -tek)* Schraubverschluss *m*
zakroplić PF → zakraplać
zakrwawić PF *(-ię)* mit Blut beflecken, mit Blut beschmieren
zakrwawiony blutverschmiert, blutbefleckt, blutig
zakryć PF → zakrywać
zakrystia F *(gen dat lok -ii; -e)* Sakristei *f*
zakrywać *(-am)*⟨**zakryć**⟩ *(zakryję)* *widok* verdecken, verstellen; *twarz, kolana* bedecken; *usta, oczy* zudecken; **~ twarz rękami** die Hände vors Gesicht schlagen
zakrzątnąć się PF *(-nę)* (**koło** *gen*) *umg* sich dranmachen (an *akk*)
zakrzep M *(-u; -y)* MED Thrombus *m*, Blutpfropf *m*; **~ły** *krew, lawa* geronnen
zakrztusić się PF → krztusić się
zakrzywiony verbogen, gekrümmt
zaksięgować PF → księgować
zaktualizować PF → aktualizować
zaktywizować PF → aktywizować
zaktualizowany aktualisiert, auf den neuesten Stand gebracht
zakuć PF → zakuwać
zakulisowy inoffiziell, hinter den Kulissen
zakumulować PF → akumulować
zakup M *(-u; -y)* Kauf *m*; **~y** *pl* Einkäufe *pl*; **robić ~y** einkaufen, Einkäufe machen; **iść na ~y** einkaufen gehen
zakupywać *(zakupuję)* ⟨**zakupić**⟩ *(-ię)* *ofic* (an)kaufen, (ein)kaufen
zakurzyć się PF → kurzyć się
zakurzony verstaubt, staubig
zakuty: **~ łeb** *m* *umg* Holzkopf *m*, Dummkopf *m*
zakusy PL *(gen -ów)* *lit pej* tückische Pläne *pl*; Besitzansprüche *pl*
zakuwać *(-am)* ⟨**zakuć**⟩ *(zakuję)*: **~ w kajdany** in Ketten legen
zakwalifikować PF → kwalifikować
zakwaszać *(-am)*⟨**zakwasić**⟩ *(zakwaszę)* *ogórki* einmachen; *kapustę* säuern; *zupę* (mit saurer Sahne) abschmecken; **~ się** *ogórki* sauer werden
zakwaterować PF → zakwaterowy-

wać
zakwaterowanie N (-*a*) Unterkunft *f*
zakwaterowywać (-*wuję*) ⟨**zakwaterować**⟩ (-*uję*) unterbringen, einquartieren; **~ się** sich einquartieren
zakwestionować PF → kwestionować
zakwitać (*3. Pers -a*) ⟨**-nąć**⟩ (-*nie*) BOT aufblühen (*a. fig*)
zalać PF → zalewać
zalakować PF → lakować
zala|kowany versiegelt; **~ny** überschwemmt; (*pijany*) *umg* besoffen; **~ny w pestkę** *umg* stockbesoffen; **~tany** *umg* abgehetzt
zalatywać (*3. Pers -uje*) (*inst*) (schlecht) riechen (nach *dat*); **zalatuje od niego piwem** er hat eine Bierfahne
zalążek M (-*żka*; -*żki*) BOT Samenknospe *f*; *fig* Keim *m*
zalec˙ PF → zalegać
zalecać (-*am*) ⟨**-ić**⟩ (-*cę*) (dringend) anraten, dringend empfehlen; MED verordnen; **zalecać się do k-o** j-m den Hof machen, j-n umwerben
zalecenie N (-*a*; *gen* -*eń*) Anordnung *f*; Ratschlag *m*; *lekarskie* Verordnung *f*, Anweisung *f*
zalecić PF → zalecać
zaledwie *partikel* kaum; lediglich; *konj* kaum
zalegać (-*am*) ⟨**zalec**⟩ (*zalegnę*) *milczenie, cisza* eintreten; **zalegać** *błoto, śnieg, kurz* liegen (bleiben); GEOL vorkommen; **zalegać z** (*inst*) im Rückstand sein (mit *dat*)
zalegalizować PF → legalizować
zaleg|łości F/PL (*gen* -) Rückstand *m*; **mieć ~łości** im Rückstand sein; Nachholbedarf haben; **odrabiać ~łości** nachholen; **~ły** (*niezapłacony*) unbeglichen; fällig; *korespondencja* unerledigt
zalepiać (-*am*) ⟨**-ić**⟩ (-*ię*) *kopertę* zukleben; *dziurę* verkleben
zalesiać (-*am*) ⟨**-ić**⟩ (-*ię*) aufforsten
zaleta F (-*y*) Vorzug *m*, Vorteil *m*
zalew M (-*u*; -*y*) (*region*) Schwemmland *n*, Marschland *n*; GEOG Haff *n*; (*powódź*) Überschwemmung *f*; *fig* Flut *f*
zalewa F (-*y*): **~ octowa** KULIN Marinade *f*
zalewać (-*am*) ⟨**zalać**⟩ (*zaleję*) *rzeka* überschwemmen; *światło* überfluten; *fig* überfluten, überschwemmen; **~** (*inst*) verschütten, vergießen (*akk*); (*uszczelniać*) ausgießen; **~ obrus kawą** Kaffee auf einer Decke verschütten; **~ wrzątkiem** mit kochendem *od* siedendem Wasser übergießen; **~ sąsiada** bei dem Nachbarn einen Wasserschaden verursachen; **~ sadła za skórę k-u** j-m *arg* zusetzen; **krew mnie zalewa** *umg* mich trifft der Schlag; **zalewać robaka** seinen Kummer ersäufen; **~ się** (*inst*) verschütten (*akk*); (*pić*) *umg* sich besaufen; **~ się łzami** in Tränen zerfließen
zależeć (-*ę*) abhängen, abhängig sein (**od** *gen* von *dat*); **to zależy od** (*gen*) es hängt von (*dat*) ab, es ist von (*dat*) abhängig; es kommt auf (*akk*) an; **zależy mu na** (*lok*) es liegt ihm (viel) an (*dat*); **~ finansowo od** (*gen*) finanziell abhängig sein (von *dat*); **bardzo mi na tym zależy** es liegt mir viel daran; **to zależy!** es kommt drauf an!
zależno|ść F (-*ści*) Abhängigkeit *f* (*a.* POL); **w ~ści od** (*gen*) abhängig (von *dat*); **wzajemna ~ść** Wechselbeziehung *f*
zależ|ny abhängig; **mowa** *f* **~na** JĘZ indirekte Rede *f*; **~nie od tego, czy …** je nachdem, ob …; abhängig davon, ob …
zalękniony (*persf -eni*) *lit* angsterfüllt
zaliczać (-*am*) ⟨**-yć**⟩ (-*ę*) (**do** *gen*) zählen (zu *dat*); anrechnen (auf *akk*); (*załatwić*) *umg* abhaken; **~ k-o** *umg* j-n ins Bett kriegen, j-n aufreißen; **~ egzamin** eine Prüfung bestehen; **~ semestr** alle Seminarscheine machen; **zaliczać się do** (*gen*) zählen, gehören (zu *dat*)
zaliczenie N (-*a*) Belegnachweis *m*, Belegschein *m*; **za ~m (pocztowym)** per Nachnahme
zalicz|ka F (-*i*; *gen* -*czek*) Vorschuss *m*; **tytułem ~ki** als Vorschuss; **~kowo** ADV vorschussweise
zaliczyć PF → zaliczać
zalogować się PF → logować się
zalo|tny kokett; **~ty** PL (*gen* -*ów*) *lit* Liebeswerben *n*
zaludniać (-*am*) ⟨**-ić**⟩ (-*ię*, -*nij!*) besiedeln; **~ się** *ulice, bary* sich füllen
zaludnie|nie N (-*a*; *bpl*) Besiedlung *f*; **gęstość** *f* **~nia** Bevölkerungsdichte *f*
zaludniony besiedelt, bewohnt; **gęsto ~** dicht besiedelt
zał. (*założony*) gegr. (gegründet)
załadowywać (-*wuję*) ⟨**załadować**⟩ (-*uję*) verladen
załadunek M (-*nku*; -*nki*) Verladung *f*;

(*ładunek*) Ladung *f*, Fracht *f*
załadunkowy Lade-
załagodzić PF → łagodzić
załamać PF → załamywać
załaman|ie N (*-a*) *fig* Zusammenbruch *m*; (*zagięcie*) Knick *m*; **~ie nerwowe** Nervenzusammenbruch *m*
załamany niedergeschlagen, deprimiert, gebrochen
załamywać (*-uję*) ⟨**załamać**⟩ (*-ię*) *psychicznie* deprimieren, niederschlagen; **~ ręce** die Hände ringen; **~ się** *lód* brechen; *kładka, deska* einbrechen; *fig* zusammenbrechen; *głos* versagen; FIZ sich brechen
załatać PF → łatać
załapywać (*-uję*) ⟨**załapać**⟩ (*załapię*) (*zrozumieć*) *umg* kapieren, schnallen; **~ się na** (*akk*) *umg* (ab)kriegen (*akk*); **~ się na ciastko** *umg* ein Stück Kuchen abkriegen; **załapał się na kurs** *umg* er hat es geschafft, einen Kursplatz zu kriegen
załatwiać (*-am*) ⟨**-ić**⟩ (*-ię*) *formalności, sprawy* erledigen; *klienta* bedienen, abfertigen; *interesy* abwickeln; (*zabić*) *umg* abmurksen; (*zbić*) *umg* vermöbeln; **~ k-u** *umg* j-m besorgen, für j-n auftreiben; **~ k-o** *umg* j-n reinlegen, j-m übel mitspielen; **to niczego nie załatwia** das ist keine Lösung, das bringt nichts; **~ się** *umg* seine Notdurft verrichten; **muszę się załatwić** *umg* ich muss mal aufs Klo
załatwieni *persf* → załatwiony
załatwien|ie N (*-a*) Erledigung *f*; Abwicklung *f*; **mieć dużo spraw do ~ia** viel zu erledigen haben
załatwio|ny (*persf -eni*) *umg osoba* erledigt, fertig; **~ne!** *umg* gebongt!
załączać (*-am*) ⟨**-yć**⟩ (*-ę*): **~ do** (*gen*) beifügen, beilegen (*dat*); **załączam pozdrowienia** *ofic* mit freundlichen Grüßen
załączе|nie N: **w ~niu** in der Anlage, beiliegend
załącznik M (*-a; -i*) *do podania, do umowy* Anlage *f* (*a.* EDV); (*łapówka*) Schmiergeld *n*
załączyć PF → załączać
zało|ga F (*-i; gen -óg*) *statku, samolotu* Besatzung *f*; *zakładu* Belegschaft *f*; **bez ~gi** unbemannt; **z ~gą** bemannt
założe|nie N (*-a*) (*teza*) Grundsatz *m*, These *f*; *firmy, zespołu* Gründung *f*; *telefonu* Anschluss *m*; **~nia** *pl* Grundkonzeption *f*, Pläne *pl*; **wychodzić z ~nia, że ...** davon ausgehen, dass ...; **przy ~niu** unter der Annahme, unter der Voraussetzung; **w ~niu** ursprünglich
założyciel M (*-a; -e*), **~ka** F (*-i; gen -lek*) Gründer(in) *m(f)*
założycielski Gründungs-
założyć PF → zakładać
załzawiony *oczy* verweint
zamach M (*-u; -y*) Attentat *n*; **~ terrorystyczny** Terroranschlag *m*; **~ bombowy** Bombenanschlag *m*; **~ na życie** Mordanschlag *m*; **~ stanu** Staatsstreich *m*; **~ wojskowy** Militärputsch *m*; **z ~em** mit Schwung; **za jednym ~em** auf einen Schlag; **wziąć** *pf* **~** ausholen
zamachnąć się PF (*-nę*) ausholen; zum Schlag ausholen
zamachowiec M (*-wca; -wcy*) Attentäter *m*
zamalowywać (*-wuję*) ⟨**zamalować**⟩ (*-uję*) übermalen; überstreichen
zamanisfestować PF → manifestować
zamarły (*persf -li*) erstarrt; **~ ze strachu** vor Schreck erstarrt
zamartwiać się (*-am*) ⟨**-ić się**⟩ (*-ię*) sich zu Tode grämen
zamarynować PF → marynować
zamarzać [-r·z-] (*-am*) ⟨**-nąć**⟩ (*-nę*) *rzeka, jezioro* zufrieren; *woda, ziemia* gefrieren; *osoba, zwierzę* erfrieren
zamarznięty [-r·z-] *rzeka, jezioro* zugefroren; *woda, ziemia* gefroren; *osoba* erfroren
zamaskować PF → maskować
zamaskowany *twarz, zamachowiec* maskiert; *kryjówka, wejście* getarnt; *spiskowiec* verkappt
zamaszysty (**-ście**) *krok* energisch; *ruch, gest, pismo* schwungvoll
zamawiać (*-am*) ⟨**zamówić**⟩ (*-ię*) bestellen (*a.* KULIN); *powtórnie* nachbestellen; **~ wizytę u lekarza** einen Arzttermin vereinbaren, einen Termin beim Arzt vereinbaren
zamazać PF → zamazywać
zamazany verschmiert; *fig* verschwommen, unklar
zamazywać (*-uję*) ⟨**zamazać**⟩ (*zamażę*) übermalen, verschmieren; (*zabazgrać*) beschmieren; **~ się** *fig* verschwimmen
zamącić PF → mącić
zamążpójście N (*-a; bpl*) *kobiety* Heirat *f*
zamczysko N (*-a; gen -*) große Burg *f*,

Burgruine *f*

zamek M (*-mku; -mki*) Schloss *n*, Burg *f*; **~ z piasku** Sandburg *f*; (*gen -mka*) *do drzwi* Schloss *n*; **błyskawiczny** Reißverschluss *m*; **~ centralny** AUTO Zentralverriegelung *f*

zameldować PF → meldować

zameldowanie N (*-a*) (polizeiliche) Anmeldung *f*

zamęczać (*-am*) (*inst*) quälen, bedrängen (mit *dat*); **~ się** (*inst*) sich quälen (mit *dat*), sich grämen (über *akk*)

zamęczyć PF (*-ę*) zu Tode quälen

zamęt M (*-u; bpl*) Chaos *n*, Wirrwarr *m*; **mieć ~ w głowie** durcheinander sein, ein Chaos im Kopf haben

zamężna *kobieta* verheiratet

zamglenia N/PL (*gen -eń*): **(poranne) ~** METEO (Früh)Nebel *m*

zamglony *dzień, niebo* dunstig, diesig; *wzrok* trüb, verschleiert

zamian: **w ~** (**za** *akk*) anstelle (*gen od* von *dat*)

zamiana F (*-y*) Tausch *m*; FIZ, CHEM Umwandlung *f* **~ mieszkania** Wohnungstausch *m*; **~ ról** Rollentausch *m*

zamiar M (*-u; -y*) Absicht *f*, Vorhaben *n*; **mieć ~** (+ *inf*) beabsichtigen, die Absicht haben (zu + *inf*); **mieć właśnie ~** (+ *inf*) im Begriff sein (zu + *inf*); **nosić się z ~em** die Absicht haben, vorhaben; **mieć dobre ~y (wobec k-o)** j-m gegenüber gute Absichten haben, es gut mit j-m meinen; **mieć złe ~y (wobec k-o)** j-m gegenüber böse Absichten haben, gegen j-n etwas im Schilde führen

zamiast PRÄP (*gen*) (an)statt (*gen*); **~ tego** stattdessen; ADV statt; **~** (+ *inf*) statt zu (+ *inf*)

zamiatacz M (*-a; -e*) Straßenfeger *m*

zamiatać (*-am*) ⟨**zamieść**⟩ (*zamiotę*) fegen, kehren

zamiatarka F (*-i; gen -rek*) Kehrmaschine *f*

zamieć F (*-ci; -cie; gen -ci*) Schneesturm *m*, Schneetreiben *n*

zamiejsco|wy auswärtig, ortsfremd; **rozmowa** *f* **~wa** TEL Ferngespräch *n*

zamieniać (*-am*) ⟨**-ić**⟩ (*-ię*) tauschen (**na** *akk* gegen *akk*); (*przeobrażać*) verwandeln (**w** *akk* in *akk*); **~ przez pomyłkę** irrtümlich vertauschen; **~ kilka słów** ein paar Worte wechseln (**z** *inst* mit *dat*); **~ się** (*inst*) (untereinander) tauschen (*akk*); **~ się w** (*akk*) sich verwandeln (in *akk*); **~ się miejscami** Plätze tauschen; **zamieniam się w słuch** ich bin ganz Ohr

zamienialny austauschbar

zamien|ny Tausch-; **część** *f* **~na** Ersatzteil *n*; **~ny lokal** *m* Übergangswohnung *f*

zamierać (*-am*) ⟨**zamrzeć**⟩ (*zamrę*) *osoba fig* erstarren; *życie gospodarcze, życie kulturalne* zum Stillstand kommen; *ulice, miasto* wie ausgestorben sein; *rozmowa, dźwięk* abbrechen; *ruch* sich legen; **~ ze strachu** vor Schreck erstarren; **uśmiech zamarł na jego ustach** das Lächeln erstarrte *od* erstarb auf seinen Lippen

zamierzać (*-am*): **~** (+ *inf*) vorhaben, beabsichtigen (zu + *inf*); *lit* gedenken (zu + *inf*); **co zamierzasz?** was hast du vor?

zamierzać się (*-am*) ⟨**-yć**⟩ (*-ę*) zum Schlag ausholen

zamierzchły *lit* uralt; **w ~ch czasach** in grauer Vorzeit

zamierzenia N/PL (*gen -eń*) Absichten *f/pl*, Pläne *m/pl*

zamierzony beabsichtigt

zamierzyć się PF → zamierzać się

zamieszać PF → mieszać

zamieszanie N (*-a*) Chaos *n*, Durcheinander *n*

zamieszany *fig* verwickelt (**w** *akk* in *akk*); **~ w aferę** in eine Affäre verwickelt

zamieszczać (*-am*) ⟨**zamieścić**⟩ (*zamieszczę*) *w gazecie* veröffentlichen, drucken

zamieszkać PF (*-am*) sich niederlassen, sich ansiedeln; *w domu* eine Wohnung beziehen, einziehen

zamieszkały (*persf -li*) *dom, okolica* bewohnt; *osoba* wohnhaft (**w** *lok* in *dat*)

zamieszkany *teren, wyspa* bewohnt

zamieszki PL (*gen -szek*) POL Unruhen *pl*

zamieszkiwać (*-uję*) bewohnen; *zwierzęta* leben

zamieścić PF → zamieszczać

zamieść˙ PF → zamiatać

zamilknąć PF → milknąć

zamiłowa|nie N (*-a*) (**do** *gen*) Vorliebe *f*, Passion *f* (für *akk*); **z ~niem** mit Leib und Seele, leidenschaftlich; **nauczyciel** *m* **z ~nia** Lehrer *m* mit Leib und Seele; **ogrodnik** *m* **z ~nia** Hobbygärtner *m*; **~nie do porządku** Ordnungsliebe *f*; **~ny** passioniert, leidenschaftlich, begeistert

zaminowany vermint

zaminować PF → minować
zamknąć PF: **zamknij się!** *pop* halt die Klappe!, halts Maul!; → zamykać
zamknięci *persf* → zamknięty
zamknię|cie N (-*a*) (*zamek*) Verschluss *m*; **w ~ciu** unter Verschluss; isoliert
zamknię|ty (*persf* -*ci*) geschlossen; eingeschlossen, eingesperrt; **~ty (w sobie)** verschlossen, in sich gekehrt; **~ty na klucz** abgeschlossen; **zakład** *m* **~ty** geschlossene Anstalt *f*; **przy drzwiach ~tych** *fig* hinter verschlossenen Türen
zamkowy Schloss-, Burg-
zamocowywać (-*wuję*) ⟨**zamocować**⟩ (-*uję*) befestigen; anbringen
zamoczyć PF (-*ę*) *nogi, chusteczkę* tauchen (**w** *lok* in *akk*); *pranie* einweichen; **~ w wodzie** ins Wasser tauchen: **~ się** nass werden
zamontowywać (-*wuję*) ⟨**zamontować**⟩ (-*uję*) einbauen, anbringen; installieren, anschließen
zamordować PF (-*uję*) ermorden, töten
zamordowanie N (-*a*) Ermordung *f*
zamordowany[1] ermordet
zamordowa|ny[2] M (-*ego*; -*ni*), **~na** F (-*ej*; -*ne*) Ermordete(r) *m*, *f*, Mordopfer *n*
zamordyzm M (-*u*; -*y*) *umg* Regime *n*
zamorski Übersee-, überseeisch
zamortyzować PF → amortyzować
zamorzyć PF (-*ę*): **~ (głodem)** verhungern lassen; → morzyć
zamożny wohlhabend, vermögend
zamówić PF → zamawiać
zamówienie N (-*a*) Bestellung *f* (*a.* KULIN); (*zlecenie*) Auftrag *m*; **na ~** auf Bestellung; **jak na ~** *fig* wie gerufen
zamrażać (-*am*) ⟨**zamrozić**⟩ (*zamrożę*) einfrieren (*a.* FIN)
zamraża|lnik M (-*a*; -*i*) Gefrierfach *n*; **~rka** F (-*i*; *gen* -*rek*) Gefriertruhe *f*, Gefrierschrank *m*
zamroczeni *persf* → zamroczony
zamroczе|nie N (-*a*) MED Bewusstseinstrübung *f*; Benommenheit *f*; **~nie alkoholowe** Alkoholrausch *m*; **~nie narkotykami** Drogenrausch *m*; **stan** *m* **~nia** Rauschzustand *m*
zamroczony (*persf* -*eni*) benommen; **~ alkoholem** im Alkoholrausch; **~ narkotykami** im Drogenrausch
zamroczyć PF (-*ę*) *ofiarę* außer Gefecht setzen, niederschlagen; **zamroczyło go** ihm wurde schwarz vor Augen
zamrozić PF → zamrażać
zamrożony eingefroren (*a.* FIN)
zamrzeć* PF → zamierać
zamsz M (-*u*; -*e*) Wildleder *n*
zamulony verschlammt
zamurowywać (-*wuję*) ⟨**zamurować**⟩ (-*uję*) zumauern
zamykać (-*am*) ⟨**zamknąć**⟩ (-*nę*) *drzwi, okno, sklep* schließen, *umg* zumachen; *osobę* einschließen, einsperren; *fabrykę* schließen, stilllegen; *książkę* schließen, zuklappen; *granicę, pismo, zebranie* schließen; *ruch, ulicę* sperren; *w schowku, w szufladzie* verschließen, verschlossen halten; *księgi* abschließen; *prąd, gaz, wodę* abstellen; **~ na klucz** abschließen; **~ na zasuwę** verriegeln; **~ oczy** die Augen schließen; **~ drogę k-u** *fig* j-m den Weg versperren; **zamykać pochód** den Schluss eines Zuges bilden; **~ usta k-u** *fig* j-n zum Schweigen bringen, j-m den Mund verbieten; **~ się** *drzwi, okno* schließen; sich einschließen, sich einsperren (**w** *lok* in *dat*); **~ się w sobie** sich zurückziehen, sich verschließen; **oczy mi się zamykają** die Augen fallen mir zu; **buzia jej się nie zamyka** ihr Mund steht nicht still; **~ na cztery spusty** doppelt und dreifach verschließen
zamysł M (-*u*; -*y*) *lit* Vorhaben *n*, Idee *f*
zamyślać (-*am*) ⟨-**ić**⟩ (-*lę*) *lit* gedenken, im Sinn haben; **~ się** in Gedanken versinken, nachdenklich werden; **~ się** (**nad** *inst*) nachdenken, sinnen (über *akk*)
zamyśleni *persf* → zamyślony
zamyśle|nie N (-*a*; *bpl*) Nachdenken *m*; Nachdenklichkeit *f*; **w ~niu** in Gedanken (versunken), nachdenklich; **wyrwać** *pf* **z ~nia** aus seinen Gedanken reißen
zamyślony (*persf* -*eni*) gedankenverloren, in Gedanken versunken; nachdenklich
zanad|rze: **mieć w ~rzu** *fig* auf Lager haben
zanadto zu viel, zu sehr; (all)zu; **aż ~** mehr als genug
zanalizować PF → analizować
zaniechać PF (-*am*) (*gen*) aufgeben, fallen lassen (*akk*); verzichten (auf *akk*), ablassen (von *dat*)
zaniechanie N (-*a*; *bpl*) JUR Unterlassung *f*

zanieczyszczać (*-am*) ⟨**zanieczyścić**⟩ (*-czyszczę*) verunreinigen, verschmutzen
zanieczyszcze|nie N (*-a; gen -eń*) Verunreinigung *f*, Verschmutzung *f*; **~nie środowiska** Umweltverschmutzung *f*; **~nia** *pl* (umwelt)schädliche Substanzen *pl*
zanieczyścić PF → zanieczyszczać
zaniedbać PF → zaniedbywać
zaniedba|nie N (*-a*) Vernachlässigung *f*; **~nia** *pl* Versäumnisse *pl*; **~ny** vernachlässigt, verwahrlost; *wygląd* ungepflegt
zaniedbywać (*-uję*) ⟨**zaniedbać**⟩ (*-am*) vernachlässigen; *obowiązki* versäumen, vernachlässigen; **~ się** nachlässig werden, sich gehen lassen; **~ się** (**w** *lok*) nachlassen (in *dat*)
zaniemóc˙ PF (*zaniemogę*) *lit* krank werden
zaniemówić PF (*-ię*) sprachlos werden (**z** *gen* vor *dat*); **zaniemówił** er wurde sprachlos, es hat ihm die Sprache verschlagen
zaniepokoić PF (*zaniepokoję*) beunruhigen, in Unruhe versetzen; **~ się** beunruhigt werden, besorgt werden
zaniepokojeni *persf* → zaniepokojony
zaniepokoj|enie N (*-a*) Beunruhigung *f*, Besorgnis *f*; **~ony** (*persf -eni*) beunruhigt, besorgt
zanieść˙ → zanosić
zanik M (*-u; -i*) Schwund *m*; Rückgang *m*; MED Rückbildung *f*, Verkümmerung *f*; **~ mięśni** MED Muskelschwund *m*
zanikać (*-am*) ⟨**-nąć**⟩ (*-ę*) *wspomnienia, zainteresowania, kontury* schwinden; *tętno* aussetzen; *dźwięk* schwächer werden, verhallen; **zanikać** MED, BIOL sich zurückbilden, verkümmern
zanim *konj* bevor, ehe
zaniżo|ny: **~na cena** *f* Dumpingpreis *m*; *poziom* niedrig gehalten
zanosić (*zanoszę*) ⟨**zanieść**⟩ (*zaniosę*) (hin)bringen; **~ błotem podłogę** den Fußboden mit Matsch beschmutzen; **~ się śmiechem** *od* **od śmiechu** in Lachen ausbrechen, sich vor Lachen schütteln; **~ się płaczem** *od* **od płaczu** in Weinen ausbrechen, flennen; **~ się kaszlem** einen Hustenanfall bekommen; **zanosi się na deszcz** es sieht nach Regen aus; **zanosi się na burzę** ein Gewitter ist im Anzug; **(nie) zanosi się na to, że** ... es sieht (nicht) danach aus, dass ...
zanotować PF → notować
zanucić PF → nucić
zanudzać (*-am*) ⟨**-ić**⟩ (*-ę*) (*inst*) anöden, (zu Tode) langweilen (mit *dat*); **~ się** sich (zu Tode) langweilen
zanurkować PF (*-uję*) eintauchen
zanurzać (*-am*) ⟨**-yć**⟩ (*-ę*) (ein)tauchen, (unter)tauchen (**w** *lok* in *akk*); **~ się** *v/i* (ein)tauchen, (unter)tauchen
zanurzenie N (*-a*) MAR Tiefgang *m*
zaobserwować PF → obserwować
zaocznie ADV JUR in Abwesenheit; **studiować ~** *ein berufsbegleitendes Studium absolvieren*
zaocz|ny: **studia** *pl* **~ne** *berufsbegleitendes Studium*; **kurs** *m* **~ny** Fernkurs *m*, Fernunterricht *m*
zaoferować PF → oferować
zaofiarować PF (*-uję*) *pomoc, pożyczkę* anbieten
zaogniać (*-am*) ⟨**zaognić**⟩ (*-ię, -nij!*) zuspitzen, verschärfen; MED entzünden; **~ się** sich zuspitzen, sich verschärfen; MED sich entzünden
zaokrąglać (*-am*) ⟨**-ić**⟩ (*-lę, -lij!*) abrunden; *liczbę* aufrunden; **~ się** runder werden
zaokrętować PF (*-uję*) an Bord nehmen; *marynarza* anheuern; **~ się** an Bord gehen, sich einschiffen
zaopatrywać (*-uję*) ⟨**zaopatrzyć**⟩ (*-ę*) (**w** *akk*) versorgen (mit *dat*); (*wyposażać*) ausstatten, versehen (mit *dat*); HANDEL beliefern (mit *dat*); **~ się** (**w** *akk*) sich versorgen, sich eindecken (mit *dat*); HANDEL beliefert werden, beziehen (*akk*)
zaopatrzeni *persf* → zaopatrzony
zaopatrzenie N (*-a; bpl*) Versorgung *f*; Ausstattung *f*; HANDEL Belieferung *f*; Bezug *m*
zaopatrzony (*persf -eni*) (**w** *akk*) ausgestattet (mit *dat*); versehen (mit *dat*); **~ w system alarmowy** mit einer Alarmanlage ausgestattet; **~ w stempel** mit einem Stempel versehen; **~ w komentarz** mit einem Kommentar versehen; **dobrze ~ sklep** *m* ein gut sortierter Laden, Laden *m* mit einem breiten Assortiment
zaopatrzyć PF → zaopatrywać
zaopiekować się PF → opiekować się
zaopiniować PF → opiniować

zaoponować PF → oponować
zaorywać (-uję) ⟨**zaorać***⟩ (*zaorzę*) pflügen; unterpflügen
zaostrzać (-am) ⟨**zaostrzyć**⟩ (-ę) *przepisy, kontrolę, podziały* verschärfen; *konflikt, sytuację* zuspitzen, verschärfen; *apetyt* anregen; *smak* pikanter machen; **~ się** *przepisy, kontrola, podziały* sich verschärfen; *konflikt* sich zuspitzen, sich verschärfen
zaoszczędzić PF (-ę) sparen, zurücklegen; **~ na** (*lok*) sparen (an *dat*); **~ k-u** (*gen*) j-m ersparen (*akk*); **~ sobie** (*gen*) *fig* sich ersparen (*akk*)
zaowocować PF → owocować
zapach M (-u; -y) Geruch *m*; *przyjemny* Duft *m*, Wohlgeruch *m*; **~ do ciast** *umg* Backaroma *n*; **przykry ~** übler Geruch *m*; **~y** *pl* **kuchenne** Küchengerüche *pl*; **czuję ~ perfum** ich rieche ein Parfum
zapaćkać PF (-am) *umg* vollschmieren; sich vollschmieren
zapadać (-am) ⟨**zapaść**[1]⟩ (*zapadnę*) *kurtyna* niedergehen; *cisza, milczenie* eintreten; *decyzja* fallen, getroffen werden; *wyrok* gefällt werden; *oczy, policzki* einfallen; **~ w** (*akk*) versinken (in *dat*) (*a. fig*); **zapada zmierzch** es dämmert; **zapada noc** es wird Nacht, die Nacht bricht an; **zapada ciemność** es wird dunkel, die Dunkelheit bricht herein; **~ na zdrowiu** kränkeln; **~ na zapalenie płuc** an Lungenentzündung erkranken; **~ w sen** in den Schlaf sinken; **~ w pamięć** sich ins Gedächtnis eingraben; **~ się** *dach* einbrechen; *ciasto* einfallen; **~ się w** (*lok od akk*) versinken (in *dat*)
zapad|ły eingefallen; **~ły kąt** *m od* **~ła dziura** *f fig* Provinznest *n*
zapakować PF (-uję) *prezent* einpacken, verpacken; **~ w kolorowy papier** in ein buntes Papier einpacken
zapalać (-am) ⟨**-ić**⟩ (-ę) *świecę* anzünden; *papierosa* anzünden, sich anstecken; *światło, lampę* einschalten, anmachen; *motor* anlassen; *ogień* entfachen; **~ (do** *gen*) *fig* entflammen, begeistern (für *akk*); **czy można zapalić?** darf man rauchen?; **~ się** sich entzünden, Feuer fangen; *światło* angehen; **~ się (do** *gen*) *fig* entflammen, Feuer und Flamme sein (für *akk*)
zapala|jący MIL Brand-; **~rka** F (-i) Gasanzünder *m*
zapalczywość F (-ści; *bpl*) Heftigkeit *f*, Unbeherrschtheit *f*, aufbrausendes Temperament *n*
zapalczywy (-wie) *osoba* hitzköpfig, aufbrausend; *dyskusja* hitzig, heftig
zapaleni *persf* → zapalony
zapale|nie N (-a) MED Entzündung *f*; **~nie płuc** Lungenentzündung *f*; **~nie opon mózgowych** Hirnhautentzündung *f*; **~niec** M (-ńca; -ńcy) Heißsporn *m*, Enthusiast *m*, Schwärmer *m*
zapalić PF → zapalać
zapaln|iczka F (-i; *gen -czek*) Feuerzeug *n*; **~ik** M (-a; -i) MIL Zünder *m*
zapal|ny MED entzündlich, Entzündungs-; **stan** *m* **~ny** MED Entzündung *f*; **(łatwo) ~ny** (leicht) brennbar, (leicht) entflammbar; **rejon** *m* **~ny** POL Unruheherd *m*
zapalony (*persf -eni*) passioniert, leidenschaftlich; **przy ~m świetle** bei brennendem Licht
zapał M (-u; -y) Begeisterung *f*, Eifer *m*; **~ do pracy** Arbeitseifer *m*; **z ~em** begeistert, enthusiastisch; **~ka** F (-i; *gen -łek*) Streichholz *n*; **pudełko** *n* **~ek** Streichholzschachtel *f*
zapamiętać PF → zapamiętywać
zapamiętale ADV wie bessesen, leidenschaftlich
zapamiętały (*persf- li*) (*zapalony*) leidenschaftlich, passioniert, besessen; *nienawiść* blindwütig; *złość* hell; **~ w pracy** arbeitswütig
zapamiętan|ie N (-a; *bpl*) Besessenheit *f*, Passion *f*; **łatwy do ~ia** leicht zu merken; **godny ~ia** bemerkenswert
zapamiętywać (-uję) ⟨**zapamiętać**⟩ (-am) sich merken, behalten; **~ sobie** sich merken, sich einprägen; **zapamiętaj sobie!** merke dir das gut!; **~ się (w** *lok*) aufgehen, sich verlieren (in *dat*), besessen sein (von *dat*)
zapanować PF (-uję) *cisza, milczenie, spokój* eintreten; *pokój* (wieder) einkehren, (wieder) herrschen; *zwyczaje* sich ausbreiten, sich einbürgern; **~ nad** (*inst*) beherrschen, in den Griff bekommen (*akk*); **~ nad sobą** sich beherrschen, die Fassung nicht verlieren
zaparcie N (-a) MED Verstopfung *f*
zaparkować PF → parkować
zaparować PF (3. *Pers -uje*) *szyba, okulary* beschlagen, beschlagen sein

Z

zaparty: **z ~m tchem** atemlos, mit angehaltenem Atem
zaparzaczka F (-i) Teeei *n*
zaparzać (-am) ⟨**-yć**⟩ (-ę) *herbatę, kawę, zioła* aufgießen; **~ się** *herbata, zioła* ziehen
zapa|s M (-u; -y) Vorrat *m*; **~sy** *pl* (*żywność*) Vorräte *pl*; **~sy na zimę** Wintervorräte *pl*; **robić ~sy** Vorräte anlegen; **mieć w ~sie** vorrätig haben, in Reserve haben; *fig umg* auf Lager haben; **na ~s** auf Vorrat; *fig* zu früh; unnötig
zapaskudzić PF → paskudzić
zapaso|wy *koło, części* Ersatz-; **kopia** *f* **~wa** EDV Sicherheitskopie *f*; **wyjście** *n* **~we** Notausgang *m*
zapasy PL (*gen* -ów) SPORT Ringen *n*, Ringkampf *m*
zapaść[1*] PF → zapadać
zapaść[2] F (-ści; *bpl*) MED Kreislaufkollaps *m*
zapaśniczka F (-i) Ringkämpferin *f*
zapaśni|czy: **walka** *f* **~cza** Ringkampf *m*
zapaśnik M (-a; -cy) Ringkämpfer *m*
zapatrywać się (-uję) (**na** *akk*) eine Meinung haben (über *akk*), betrachten (*akk*); **jak się na to zapatrujesz?** was hältst du davon?
zapatrywania N/PL (*gen* -ań) Ansichten *f/pl*, Auffassungen *f/pl*
zapatrzony: **~ w** (*akk*) mit dem Blick auf (*akk*) geheftet; **być ~m w k-o** j-n anhimmeln, j-n anbeten; **~ w siebie** eingebildet, von sich eingenommen
zapatrzyć się PF (-ę) (**na** *akk od* **w** *akk*) seinen Blick heften (an *akk*)
zapchać PF → zapychać
zapchany *rura* verstopft; *autobus, tramwaj* proppenvoll, brechend voll; **~** (*inst*) vollgestopft (mit *dat*)
zapeklować PF → peklować
zapełniać (-am) ⟨**-ić**⟩ (-ię) füllen; **~ się** sich füllen
zaperzać się (-am) ⟨**-yć się**⟩ (-ę) sich ereifern, sich hineinsteigern
zaperzony aufgebracht, gereizt
zapewne ADV sicher(lich)
zapewniać (-am) ⟨**-ić**⟩ (-ię, -nij!) (*gwarantować*) gewährleisten, garantieren; *noclegi, wyżywienie* bereitstellen, sorgen (für *akk*); *prawo* (zu)sichern; *zwycięstwo* sichern; **~ k-o** (**o** *lok*) j-m versichern (*akk*); **~ sobie** sich sichern; **~ o swojej miłości** seine Liebe beteuern; **~ o swojej niewinności** seine Unschuld beteuern; **~ dzieciom przyszłość** für die Kinder für eine gute Zukunft sorgen; **zapweniam was, że...** ich versichere euch, dass ...
zapewnienie N (-a) Zusicherung *f*; Beteuerung *f*
zapędy PL (*gen* -ów) Bestrebungen *pl*, Ambitionen *pl*
zapędzać (-am) ⟨**-ić**⟩ (-ę) (hinein)treiben (**do** *gen* in *akk*); *fig* antreiben; **~ się** *fig* zu weit gehen, sich vergaloppieren; **zapędzić** *pf* **k-o w kozi róg** j-n ins Bockshorn jagen
zapiąć PF → zapinać
zapici *persf* → zapity
zapiec PF: *rana, oczy* brennen; → zapiekać
zapieczętować PF (-uję) versiegeln
zapiekać (-am) ⟨**zapiec***⟩ (*zapiekę*) überbacken
zapiekanka F (-i; *gen* -nek) KULIN Auflauf *m*; (*bagietka*) *überbackenes Baguette mit Champignons*
zapiek|any überbacken; **~ły** *nienawiść* lang während, nagend
zapieprzać (-am) (*pracować*) *vulg* sich den Arsch aufreißen, sich abrackern; (*iść*) *vulg* rennen
zapieprzyć PF (-ę) *vulg* klauen
zapierać[1] (-am) ⟨**zaprać**⟩ (*zapiorę*) *plamę* auswaschen
zapierać[2] (-am) ⟨**zaprzeć**⟩ (*zaprę*) *drzwi* versperren; **zaparło mi dech (w piersiach)** es hat mir den Atem verschlagen; **~ się** sich stemmen; **~ się** (*gen*) (ver)leugnen (*akk*); **~ się siebie** sich (selbst) verleugnen
zapięcie N (-a) Verschluss *m*; **~ na guzik** Knopfverschluss *m*
zapinać (-am) ⟨**zapiąć**⟩ (-nę) *bluzkę* zuknöpfen; *guzik, suwak, agrafkę* schließen; **~ pasy** AUTO, LOT sich anschnallen
zapis M (-u; -y) Aufzeichnung *f*; **~y** *pl* Anmeldung *f* (**do** *gen* zu *dat*); JUR Eintrag *m*; *w testamencie* Vermächtnis *n*; **~ na taśmie** Bandaufnahme *f*, Bandaufzeichnung *f*; **~y** *pl* **do szkól** Einschulung *f*, Schulanmeldung *f*
zapisać PF → zapisywać
zapis|ek M (-sku; -ski) Notiz *f*; **~ki** *pl* Aufzeichnungen *pl*
zapisywać (-uję) ⟨**zapisać**⟩ (*zapiszę*) *stronę* vollschreiben; *wrażenia* niederschreiben, aufzeichnen; *dźwięk* aufzeichnen; (*zanotować*) notieren, aufschreiben; *sumę* gutschreiben; *lek* verschreiben; EDV

speichern; ~ **k-o** j-n anmelden (**do** *gen* zu *dat*); (*wpisywać*) eintragen; ~ **do szkoły** in einer Schule anmelden; ~ **w testamencie** testamentarisch vermachen; ~ **w kalendarzu** im Terminkalendar eintragen; ~ **się** sich anmelden (**do** *gen* zu *dat*); (*wpisywać się*) sich eintragen lassen; ~ **się** (*inst*) *fig* sich hervortun (durch *akk*); ~ **się na kurs** sich zu einem Kurs anmelden

zapity (*persf -ci*) *umg* besoffen; *głos* versoffen

zaplamić PF → plamić

zaplanować PF → planować

zaplanowany (ein)geplant

zaplatać (*-am*) ⟨**zapleść**⟩ (*zaplotę*) flechten

zaplątywać się (*-uję*) ⟨**zaplątać się**⟩ (*zaplączę*) *nici* sich verwickeln; (*utkwić*) sich verfangen; ~ *fig* sich verwickeln (**w** *akk* in *akk*)

zaplecze N (*-a*) *sklepu, muzeum* Magazin *n*; (*pomieszczenia służbowe*) Diensträume *m/pl*

zapleść˙ PF → zaplatać

zapleśniały verschimmelt

zaplombować PF → plombować

zapluć PF (*-uję*) vollspucken

zapłacenie N (*-a*) Bezahlung *f*

zapłacić PF: *dług, rachunek* begleichen; → płacić

zapładniać (*-am*) ⟨**zapłodnić**⟩ (*-ię, -nij!*) BIOL befruchten; AGR besamen

zapła|kany verweint, tränenüberströmt; **~ta** F (*-y*) (Be)Zahlung *f*; *rachunku* Begleichung *f*; *za pracę* Lohn *m* (*a. fig*); **termin** *m* **~ty** Zahlungsfrist *f*

zapłodnić PF → zapładniać

zapłodnienie N (*-a*) BIOL Befruchtung *f*; AGR Besamung *f*; **sztuczne** ~ künstliche Befruchtung *f*

zapłon M (*-u; -y*) AUTO Zündung *f*; **włącznik** *m* **~u** Zündschloss *n*; **mieć spóźniony** ~ *umg* schwer vom Begriff sein

zapłonąć PF (*-nę*) anfangen zu brennen

zapłono|wy: **świeca** *f* **~wa** AUTO Zündkerze *f*

zapobiegać (*-am*) ⟨**zapobiec**⟩ (*zapobiegnę*) (*dat*) *katastrofie, nieszczęściu* verhindern (*akk*); *chorobom, próchnicy* vorbeugen (*dat*); ~ **ciąży** verhüten

zapobieganie N (*-a; bpl*): ~ **ciąży** Verhütung *f*

zapobiegaw|czy (*-czo*) vorbeugend, prophylaktisch; **leczenie** *n* **~cze** Präventivbehandlung *f*; **środki** *pl* **~cze** Präventivmaßnahmen *pl*

zapobiegliwy (*-wie*) umsichtig, vorausschauend

zapocony verschwitzt; *szyba* beschlagen

zapoczątkowywać (*-wuję*) ⟨**zapoczątkować**⟩ (*-uję*) einleiten, in Gang bringen

zapodziewać (*-am*) ⟨**zapodziać**⟩ (*-eję*) *umg* verlegen, verbummeln; ~ **się** wegkommen

zapominać (*-am*) ⟨**zapomnieć**⟩ (*-nę, -nij!*) (*gen*) vergessen (*akk*); (*tracić umiejętność*) verlernen (*akk*); ~ **o** (*lok*) vergessen (*akk*); **zapomnijmy o tym!** lass uns das vergessen!; **nie** ~ (*gen*) nicht vergessen (*akk*), denken (an *akk*); **nigdy ci tego nie zapomnę** ich werde dir das nie vergessen; ~ **języka w gębie** (vor Verwunderung) sprachlos sein; ~ **się** sich vergessen

zapominalski[1] *umg* zerstreut, vergesslich

zapominalski[2] M (*-ego; -scy*) *umg żart* zerstreuter Professor *m*

zapomniany vergessen

zapomnieć PF → zapominać

zapomnienie N (*-a; bpl*) Vergessenheit *f*; (*ukojenie*) Vergessen *n*; **przez** ~ aus Vergesslichkeit

zapomoga F (*-i; gen -óg*) Beihilfe *f*, finanzielle Unterstützung *f*

zapora F (*-y; gen -pór*) Sperre *f*; **~a wodna** Talsperre *f*, Staudamm *m*

zaporo|wy: **jezioro** *n* **~we** Stausee *m*; **cła** *n/pl* **~we** Schutzzölle *m/pl*

zapotnieć PF → potnieć

zapotrzebowanie N (*-a*) (**na** *akk*) Bedarf *m* (an *dat*), Nachfrage *f* (nach *dat*)

zapowiadać (*-am*) ⟨**zapowiedzieć**⟩ (*zapowiem*) ankündigen; RADIO ansagen; **zapowiadać** (*wróżyć*) ankündigen (*akk*), hindeuten (auf *akk*); **nic nie zapowiada, że** … nichts deutet darauf hin, dass …, es gibt keine Anzeichen dafür, dass …; ~ **się z wizytą** seinen Besuch ankündigen, sich ankündigen; **zapowiada się ciepły dzień** es verspricht ein warmer Tag zu werden; **dobrze się zapowiadać** *osoba* sich gut anlassen, zu großen Hoffnungen berechtigen

zapowie|dź F (*-dzi*) Ankündigung *f*; RADIO Ansage *f*; (*oznaka*) Anzeichen *n*, Vorbote *m*; **bez ~dzi** ohne Ankündigung *f*;

dać *pf* **na ~dzi** das Aufgebot bestellen

zapoznawać (*-aję*) ⟨**zapoznać**⟩ (*-am*) (**z** *inst*) bekannt machen (mit *dat*), vorstellen (*akk*); vertraut machen (mit *dat*); **~ się** (**z** *inst*) sich kennenlernen (*akk*); sich vertraut machen (mit *dat*)

zapożyczać (*-am*) ⟨**-yć**⟩ (*-ę*) entlehnen; **~ się u k-o** bei j-m Schulden machen

zapożycz|enie N (*-a*) JĘZ Lehnwort *n*; **~ony** entlehnt

zapracować (*-uję*) (**na** *akk*) (hart) arbeiten (für *akk*) (*a. fig*)

zapracowany (*zajęty*) überarbeitet, (sehr) beansprucht; *sukces, pozycja* (hart) erarbeitet; **on jest ~** er hat sehr viel zu tun; **ciężko ~ pieniądz** *m* sauer verdientes Geld *n*

zapracowywać się (*-wuję*) *umg* sich abplagen, sich abarbeiten

zaprać PF → zapierać[1]

zapragnąć PF (*-ę*) (*gen*) (plötzlich) Sehnsucht verspüren (nach *dat*), sich (plötzlich) wünschen (*akk*)

zapraszać (*-am*) ⟨**zaprosić**⟩ (*zaproszę*) (**na** *akk*) einladen (zu *dat*); (**do** *gen*) einladen, auffordern (zu *dat*); **~ na urodziny** zum Geburtstag einladen; **~ na imprezę** zu einer Party einladen; **~ na ślub** zur Hochzeit einladen; **~ do siebie** zu sich einladen; **~ do stołu** zu Tisch bitten

zaprawa F (*-y*) BUD Mörtel *m*; (*grunt*) Grund *m*; SPORT Übung *f*, Training *n* (*a. fig*); **sucha ~** SPORT Trockenübung *f*

zaprawiać (*-am*) ⟨**-ić**⟩ (*-ię*) KULIN anmachen; trainieren (**do** *gen* für *akk*); **~ się** üben, trainieren (für *akk*); **zaprawić się** *pf umg* sich besaufen

zapreliminować PF → preliminować

zaprezentować PF → prezentować

zaprocentować PF → procentować

zaprogramować PF → programować

zaprojektować PF → projektować

zaprosić PF → zapraszać

zaproponować PF → proponować

zaproszenie N (*-a; gen -eń*) Einladung *f*; **~ na urodziny** Einladung *f* zum Geburtstag; **~ na ślub** Einladung *f* zur Hochzeit; **dostać ~** eine Einladung bekommen, eingeladen werden

zaprotegować PF → protegować

zaprotestować PF → protestować

zaprotokołować PF → protokołować

zaprowadzać (*-am*) ⟨**-ić**⟩ (*-ę*) (hin)bringen, (hin)geleiten; (hin)führen; *zwyczaj, modę* einführen; *porządek* schaffen

zaprószyć (*-ę*): **~ ogień** Brand verursachen; **~ piaskiem** etwas Sand verschütten; **~ sobie oko piaskiem** Sand ins Auge bekommen

zaprząc* PF → zaprzęgać

zaprząg M (*-ęgu; -ęgi*) → zaprzęg

zaprzątać (*-am*) ⟨**-nąć**⟩ (*-nę*): **~ k-o** j-n ganz in Anspruch nehmen, j-n unentwegt beschäftigen; **~ sobie głowę** (*inst*) unentwegt denken (an *akk*), sich den Kopf zerbrechen (über *akk*); **to zaprząta jego uwagę** das fordert seine ganze Aufmerksamkeit

zaprzeczać (*-am*) ⟨**-yć**⟩ (*-ę*) (*dat*) abstreiten, bestreiten (*akk*); (*powiedzieć nie*) verneinen; **~ zarzutom** Vorwürfe zurückweisen; **~ k-u** j-m widersprechen; **~ ruchem głowy** den Kopf verneinend schütteln; **zaprzeczać** (*przeczyć*) widersprechen (*dat*), im Widerspruch stehen (zu *dat*)

zaprzeczenie N (*-a*) Verneinung *f* (*a.* JĘZ)

zaprzeć* PF → zapierać[2]

zaprzedawać (*-aję*) ⟨**zaprzedać**⟩ (*-am*) *lit* verraten, verkaufen

zaprzepaszczać (*-am*) ⟨**zaprzepaścić**⟩ (*zaprzepaszczę*) *szansę* verspielen; *okazję* versäumen, verpassen; *talent* vergeuden; *prawo* verwirken

zaprzestawać (*zaprzestaję*) ⟨**zaprzestać***⟩ (*zaprzestanę*) (*gen*) aufhören (mit *dat*), einstellen (*akk*)

zaprzęg M (*-u; -i*) (Pferde)Gespann *n*

zaprzęgać (*-am*) ⟨**-nąć**⟩ (*-nę*) *od* ⟨**zaprząc**⟩ (*zaprzęgnę*) einspannen (*a. fig*)

zaprzyjaźniać się (*-am*) ⟨**-ić się**⟩ (*-ię*) Freundschaft schließen (**z** *inst* mit *dat*)

zaprzyjaźniony (*persf -eni*) befreundet

zaprzysięgać (*-am*) ⟨**zaprzysiąc**⟩ (*zaprzysięgnę*) schwören; JUR vereidigen; **~ zemstę** Rache schwören; **~ sobie** sich schwören

zaprzysięgły (*persf -li*) *zwolennik* erklärt, überzeugt; *przeciwnik* fanatisch, militant; eingefleischt

zaprzysiężeni *persf* → zaprzysiężony

zaprzysięż|enie N (*-a*) JUR Vereidigung *f*; **~ony** (*persf -eni*) JUR vereidigt

zapuch|ły, **~nięty** geschwollen, aufgequollen

zapusty PL (*gen -ów*) Fastnacht *f*

zapuszczać (*-am*) ⟨**zapuścić**⟩ (*zapuszczę*) *włosy, brodę* wachsen lassen; *krople* einträufeln; *sondę* herunterlassen, versenken; *silnik* anlassen; *dom* verwahrlosen lassen, verkommen lassen; *ogród* verwildern lassen; ~ **korzenie** *fig* Wurzeln schlagen; ~ **żurawia** *umg* rüberschielen; ~ **się** vordringen

zapuszczony *mieszkanie, dom* verkommen, verwahrlost; *ogród* verwildert

zapuścić PF → zapuszczać

zapychać (*-am*) ⟨**zapchać**⟩ (*-am*) verstopfen; ~ **się** verstopft sein, verstopfen; *umg* (*jeść*) sich vollstopfen (mit *dat*)

zapylać (*-am*) ⟨**-ić**⟩ (*-ę*) BOT bestäuben

zapylanie N (*-a; bpl*) BOT Bestäubung *f*

zapylić PF → zapylać

zapylony staubig, verstaubt

zapytać PF → pytać

zapytanie N (*-a*): ~ **poselskie** POL parlamentarische Anfrage *f*

zapyziały (*persf -li*) ungepflegt, verwahrlost

zarabiać (*-am*) ⟨**zarobić**⟩ (*-ię*) verdienen (**na** *lok* an *dat*); *ciasto* anrühren; ~ **na k-o** für j-n arbeiten; ~ **na życie** seinen Lebensunterhalt verdienen, *umg* seine Brötchen verdienen; **ile zarabiasz?** wie viel verdienst du?

zarad|czy: **środki** *m/pl* **~cze** Vorsorgemaßnahmen *f/pl*

zaradny tüchtig, geschickt; ~ **życiowo** lebenspraktisch

zaradzać (*-am*) ⟨**-ić**⟩ (*-ę*) (*dat*) abhelfen (*dat*), Mittel und Wege finden, in den Griff bekommen (*akk*)

zarastać (*-am*) ⟨**zarosnąć**⟩ (*-nę*) (*inst*) BOT, MED zuwachsen (mit *dat*); ~ **brudem** *umg* verdreckt sein

zaraz ADV gleich, sofort; ~ **po** (*lok*) gleich nach (*dat*); ~ **na początku** gleich am Anfang; **od** ~ ab sofort; **~!** gleich!, Moment!; **~,** ~ Moment (mal); ~ **wrócę** bin gleich wieder da

zaraz|a F (*-y*) Seuche *f*; **~ki** M/PL (*gen -ów*) Krankheitserreger *m/pl*

zarazem ADV zugleich, gleichzeitig

zarazić PF → zarażać

zaraźliwy (**-wie**) ansteckend (*a. fig*), infektiös

zarażać (*-am*) ⟨**zarazić**⟩ (*zarażę*) (*inst*) infizieren, anstecken (mit *dat*); ~ **śmiechem** mit seinem Lachen anstecken; ~ **się** sich anstecken, sich infizieren

zarażony (*persf -eni*) angesteckt; (*zakażony*) verseucht, infiziert

zardzewiały rostig, verrostet

zardzewieć PF → rdzewieć

zareagować PF → reagować

zarejstrować PF → rejestrować

zareklamować PF → reklamować

zarekomendować PF → rekomendować

zarekwirować PF → rekwirować

zarepetować PF → repetować

zarezerwować PF → rezerwować

zaręczać (*-am*) ⟨**-yć**⟩ (*-ę*) versichern; ~ **za** (*gen*) bürgen (für *akk*); **zaręczam ci, że ...** ich versichere dir, dass ...; ~ **się** sich verloben

zaręczony (*persf -eni*) verlobt

zaręczyny PL (*gen -*) Verlobung *f*

zarob|ek M (*-bku; -bki*) (*wynagrodzenie*) Lohn *m*; (*zajęcie*) Job *m*; (*zysk*) Gewinn *m*, Ertrag *m*, **~ki** *pl* Einkünfte *pl*; **dla ~ku** für Geld; **źródło** *n* **~ku** Einnahmequelle *f*

zarobić PF → zarabiać

zarobkowo ADV: **pracować** ~ erwerbstätig sein; **atrakcyjny** ~ finanziell attraktiv

zarobko|wy: **praca** *f* **~wa** Erwerbstätigkeit *f*; **możliwości** *f/pl* **~we** Erwerbsmöglichkeit *f*; **emigracja** *f* **~wa** Wirtschaftsemigration *f*

zarod|ek M (*-dka; -dki*) (*embrion*) Embryo *m*, Fötus *m*; BOT Keim *m* (*a. fig*); **zdusić** *pf* **w ~ku** *fig* im Keim ersticken; **~nik** M (*-a; -i*) BOT Spore *f*

zarosnąć PF → zarastać

zarost M (*-u; bpl*) Bartwuchs *m*; *na piersiach* Brusthaare *pl*; **trzydniowy** ~ Dreitagebart *m*

zarośla PL (*gen -i*) Gebüsch *n*; **gęste** ~ Gestrüpp *n*, Dickicht *n*

zarośnięty (*inst*) bewachsen, zugewachsen (mit *dat*); (*nieogolony*) unrasiert

zarozumiale ADV → zarozumiały

zarozumialec M (*-lca; -lcy*) *pej* Wichtigtuer *m*, Fatzke *m*

zarozumiali *persf* → zarozumiały

zarozumialstwo N (*-a; bpl*) *pej* Wichtigtuerei *f*, Großspurigkeit *f*

zarozumiałość F (*-ści; bpl*) Überheblichkeit *f*, Hochmut *m*

zarozumiały (*persf -li*) (**-le**) überheblich, hochmütig, eingebildet; *mina* arrogant

zarówno: ~ ..., **jak** sowohl ... als auch
zaróżowiony (*persf -eni*) gerötet
zarumienić się PF → rumienić się
zarumieniony (*persf -eni*) gerötet; KULIN geröstet
zarwać PF → zarywać
zarybiać (*-am*) ⟨**-ić**⟩ (*-ię*): ~ **staw** einen Teich mit Jungfischen besetzen
zaryglować PF → ryglować
zaryglowany verriegelt
zarys M (*-u; -y*) (*kontur*) Umriss *m*; (*szkic*) Skizze *f*; (*książka*) Kompendium *n*, Abriss *m*; **w głównych ~ach** in groben Zügen
zarysowywać (*-wuję*) ⟨**zarysować**⟩ (*-uję*) *arkusz* vollzeichnen; *powierzchnię* zerkratzen, einen Kratzer machen; *fig* zeichnen; ~ **się** Kratzer bekommen; *fig* sich abzeichnen
zarywać (*-am*) ⟨**zarwać**⟩ (*-ę*) *łóżko* durchbrechen; ~ **noc** *umg* sich die Nacht um die Ohren schlagen; ~ **się** einstürzen, einbrechen
zarząd M (*-u; -y*) ADMIN Verwaltung *f*; *firmy* Vorstand *m*, Geschäftsleitung *f*
zarządzać (*-am*) ⟨**-ić**⟩ (*-ę*) anordnen, verfügen; **zarządzać** (*inst*) verwalten, leiten (*akk*)
zarządzenie N (*-a*) Verordnung *f*, Verfügung *f*
zarządzić PF → zarządzać
zarzekać się (*-am*) schwören, versichern
zarzewie N (*-a*): ~ **konfliktu** Brandherd *m* des Konflikts
zarzucać (*-am*) ⟨**-ić**⟩ (*-ę*) *płaszcz, szal* überwerfen; *sieć, wędkę* auswerfen; ~ **k-u** j-m vorwerfen, j-m vorhalten; an j-m aussetzen; (*zrezygnować*) aufgeben, verwerfen; ~ **na ramiona** über die Schulter werfen; ~ **ręce na szyję** die Arme um den Hals schlingen; ~ **pytaniami** mit Fragen überschütten; ~ **rynek** (*inst*) den Markt überschwemmen (mit *dat*); *v/i pojazd* schleudern; **samochód zarzucał** das Auto kam ins Schleudern
zarzucajka F (*-i*) *Suppe aus Sauerkraut*
zarzucen|ie: **co masz temu do ~ia?** was hast du daran auszusetzen?; **nie mieć nic do ~ia** nichts vorzuwerfen haben; **nie mam sobie nic do ~ia** ich habe mir nichts vorzuwerfen
zarzucony (*inst*) überworfen (mit *dat*)
zarzut M (*-u; -y*) Vorwurf *m*; Einwand *m*; **czynić ~y** Vorwürfe machen; **bez ~u** tadellos, einwandfrei; **pod ~em morderstwa** unter Mordverdacht
zarzynać (*-am*) ⟨**zarżnąć**⟩ (*-ę*) *bydło* schlachten
zas|ada[1] F (*-y*) Grundsatz *m*, Prinzip *n*; (*reguła*) Regel *f*; (*podstawa*) Prinzip *n*; **~ady** (*warunki*) Konditionen *pl*; **~ady** *f/pl* **gry** Spielregeln *f/pl*; **~ady** *f/pl* **ortografii** Rechtsschreibregeln *f/pl*; **z ~ady** grundsätzlich, aus Prinzip; **w ~adzie** eigentlich, im Prinzip; **na jakiej ~adzie?** aus welchem Grund?, mit welchem Recht?; **według prostej ~ady** nach einem einfachen Prinzip; **bez ~ad** prinzipienlos
zasada[2] F (*-y*) CHEM Base *f*
zasadni|czy (-czo) grundsätzlich; grundlegend; *osoba* prinzipientreu; **ustawa** *f* **~cza** Grundgesetz *n*; **służba** *f* **~cza** Wehrdienst *m*; **pensja** *f* **~cza** Grundgehalt *n*
zasadowy CHEM alkalisch, basisch
zasadzać (*-am*) ⟨**-ić**⟩ (*-ę*) anpflanzen, einpflanzen; **zasadzać się** (**na** *lok*) sich gründen, fußen (auf *dat*); ~ **się na k-o** j-m auflauern
zasadzka F (*-i; gen -dzek*) Hinterhalt *m*
zasalać (*-am*) ⟨**zasolić**⟩ (*-ę*) einsalzen
zasalutować PF → salutować
zasapać się PF (*-ię*) außer Atem kommen
zasapany außer Atem, nach Luft schnappend
zasądzać (*-am*) ⟨**-ić**⟩ (*-ę*) (*akk*) JUR erkennen (auf *akk*); ~ **k-o** JUR verurteilen (**na** *akk* zu *dat*)
zaschły → zaschnięty
zaschnąć PF → zasychać
zaschnięty eingetrocknet, vertrocknet; verkrustet
zaserwować PF → serwować
zasępiać (*-am*) ⟨**-ić**⟩ (*-ię*) missmutig machen, verstimmen
zasępiony (*persf -eni*) finster, missmutig, verdrießlich
zasiać PF: ~ **niepokój** Unruhe stiften; → zasiewać
zasiadać (*-am*) ⟨**zasiąść***⟩ (*zasiądę*) *lit* sich setzen, Platz nehmen; *w parlamencie, w komisji* einen Sitz haben; ~ **do stołu** sich zu Tisch setzen; ~ **na ławie oskarżonych** auf der Anklagebank sitzen; ~ **na tronie** den Thron besteigen
zasiedlać (*-am*) ⟨**-ić**⟩ (*-lę*) besiedeln
zasiedzenie N (*-a; bpl*) JUR Ersitzung *f*

zaskoczenie

Dosłownie mowę mi odjęło!	Mir hat es die Sprache verschlagen.
Mało nie spadłem ze stołka!	Ich bin (fast) vom Stuhl gefallen!
Niech mnie gęś kopnie!	Ich denke, mich tritt ein Pferd! (*umgangssprachlich*)

zasiedzieć się PF (*zasiedzę*): **~ u k-o** bei j-m lange (sitzen) bleiben, sich mit j-m verplaudern
zasiewać (*-am*) ⟨**zasiać**⟩ (*zasieję*) aussäen
zasieki PL (*gen -ów*) Stacheldrahtverhau *m*
zasięg M (*-u; bpl*) Reichweite *f*; Bereich *m*; **w ~u wzroku** in Sichtweite; **~u ręki** in Reichweite, griffbereit; **~ wpływów** Einflussbereich *m*; **dalekiego ~u** MIL Langstrecken-
zasięgać (*-am*) ⟨**-nąć**⟩ (*-nę*): **~ rady** einen Rat einholen; **~ opinii** ein Gutachten einholen; **zasięgnąć języka** Auskünfte einholen
zasilacz M (*-a; -e*) ELEK Netzgerät *n*
zasilać (*-am*) versorgen, zuführen; **~ w energię** mit Energie versorgen
zasilanie N (*-a; bpl*) Energieversorgung *f*
zasiłek M (*-łku; -łki*) Beihilfe *f*; **~ chorobowy** Krankengeld *n*; **~ mieszkaniowy** Wohngeld *n*; **~ wychowawczy** Erziehungsgeld *n*; **~ dla bezrobotnych** Arbeitslosengeld *n*; **~ socjalny** Sozialhilfe *f*
zaskakiwać (*-uję*) ⟨**zaskoczyć**⟩ (*-ę*) *v/t* überraschen; V/I TECH einrasten, einschnappen; (*zrozumieć*) *umg* schnallen; (*wprawiać w zakłopotanie*) überrumpeln
zaskakujący (**-co**) überraschend, verblüffend
zaskarżać (*-am*) ⟨**-yć**⟩ (*-ę*): **~ (do sądu)** (vor Gericht) Klage erheben, verklagen; *wyrok* anfechten
zaskarżyć PF → skarżyć
zasklepiać (*-am*) ⟨**-ić**⟩ (*-ię*) *otwór* verschließen; **~ się** *rana* verheilen; *fig* sich abkapseln, sich zurückziehen
zaskoczeni *persf* → zaskoczony
zaskocz|enie N (*-a*) Überraschung *f*; **~ony** (*persf -eni*) überrascht; verblüfft, *umg* baff; **mile ~ony** angenehm überrascht
zaskoczyć PF → zaskakiwać
zaskórniaki PL (*gen -ów*) *umg* stille Reserven *pl*
zaskroniec M (*-ńca; -ńce*) Ringelnatter *f*
zasłabnąć PF (*-nę*) einen Schwächeanfall bekommen, einen Kreislaufkollaps bekommen, *umg* umkippen
zasłać* → zaścielać
zasłaniać (*-am*) ⟨**zasłonić**⟩ (*-ię*) (*zakrywać*) bedecken; *widok, światło, słońce* verdecken, verstellen; *twarz* verhüllen, verschleiern; *zasłonę, firankę* zuziehen; *okno* verhängen; *oczy* schützen; **~ od wiatru** vor Wind schützen; **~ usta ręką** die Hand vor den Mund halten; **~ się** sich bedecken; (*chronić się*) sich schützen; **zasłaniać się** (*inst*) *fig* vorgeben (*akk*)
zasłany *łóżko* gemacht; **~** (*inst*) bedeckt (mit *dat*)
zasło|na F (*-y*) Vorhang *m*; **~na dymna** MIL Nebelwand *f*; **~ny** *pl* Vorhänge *pl*
zasłonić PF → zasłaniać
zasłonki F/PL (*gen -nek*) Vorhänge *pl*
zasłuchać się PF (*-am*) (**w** *akk*) (andächtig) lauschen (*dat*)
zasłu|ga F (*-i*) Verdienst *n*; **położyć** *pf* **~gi** sich verdient machen, sich Verdienste erwerben (**dla** *gen* um *akk*)
zasługiwać (*-uję*) ⟨**zasłużyć**⟩ (*-ę*) (**na** *akk*) verdienen (*akk*), wert sein (*gen*); **~ na uwagę** beachtenswert sein
zasłużeni → zasłużony
zasłuż|enie ADV verdientermaßen; **~ony** (*persf -eni*) *osoba, kara* verdient; *odpoczynek, urlop* wohlverdient
zasłużyć PF: **~ się** (*dat*) sich verdient machen (um *akk*); **czym sobie na to zasłużyłam?** womit habe ich das verdient?; → zasługiwać
zasłynąć PF (*-nę*) (**z** *gen*) berühmt werden (wegen *gen*)
zasmakować PF (*-uję*) (**w** *lok*) Gefallen finden (an *dat*), auf den Geschmack kommen; **~** (*gen*) auskosten (*akk*); KULIN schmecken
zasmarkany *umg* rotznäsig
zasmarowywać (*-wuję*) ⟨**zasmarować**⟩ (*-uję*) verschmieren

zasmażka F (-i) KULIN Mehlschwitze *f*
zasmradzać (-am) ⟨**zasmrodzić**⟩ (-ę) *pop* vollstänkern, verpesten
zasmucać (-am) ⟨**-ić**⟩ (-ę) bekümmern, betrüben
zasmucony (*persf -eni*) betrübt, traurig
zasnąć PF: **~ na wieki** entschlafen; → zasypiać[1]
zasnuwać (-am) ⟨**zasnuć**⟩ (-uję) verhüllen, verschleiern, bedecken
zasobny *lit* wohlhabend; **~ w** (*akk*) reich (an *dat*); **~ w witaminy** vitaminreich
zasolić PF → zasalać
zasolenie N (-a; *bpl*) Salzgehalt *m*
zas|ób M (-obu; -oby) Vorrat *m*; **~oby (naturalne)** Ressourcen *pl*; Bodenschätze *pl*; **~ób słownictwa** Wortschatz *m*; **~ób wiedzy** Wissen *n*; **~ób doświadczeń** Erfahrungsschatz *m*
zaspa F (-y) Schneewehe *f*
zaspać* PF → zasypiać[2]
zaspany verschlafen
zaspokajać (-am) ⟨**zaspokoić**⟩ (*zaspokoję*) *głód, pragnienie* stillen; *potrzeby, pragnienia, ciekawość* befriedigen; **~ seksualnie** sexuell befriedigen; **~ się** sich befriedigen, onanieren
zaspokojenie N (-a; *bpl*) *potrzeb* Befriedigung *f*; **~ seksualne** sexuelle Befriedigung *f*
zasrany *vulg fig* beschissen
zastać* PF → zastawać
zastały *woda* abgestanden; *powietrze* stickig; *fig* erstarrt
zastanawiać (-am) ⟨**zastanowić**⟩ (-ię): **~ k-o** j-m zu denken geben; **~ się (nad** *inst*) sich Gedanken machen (über *akk*), überlegen (*akk*); **zastanawiam się, dlaczego ...** ich frage mich, wieso ...; **zastanowię się** ich werde es mir überlegen; **zastanów się nad sobą!** besinn dich!; **zastanów się!** überleg es dir!
zastanawiający (**-co**) merkwürdig, sonderbar
zastanowić PF → zastanawiać
zastanowie|nie N (-a; *bpl*) Überlegung *f*; **bez ~nia** unüberlegt, unbedacht; ohne zu überlegen; **po dłuższym ~niu** nach reichlicher Überlegung
zastarzały *uraza, konflikt* alt; MED verschleppt
zastaw M (-u; -y) Pfand *n*; **dać** *pf* **w ~** verpfänden
zastawa F (-y): **~ stołowa** Tafelservice *n*; **~ do kawy** Kaffeeservice *n*
zastawać (*zastaję*) ⟨**zastać**⟩ (*zastanę*) vorfinden, antreffen; *wojna, śmierć* ereilen; **nie zastałem go** ich habe ihn nicht erreicht; **czy zastałem pana Kowalskiego** ist Herr Kowalski zu sprechen?
zastawiać (-am) ⟨**-ić**⟩ (-ię) vollstellen (*inst* mit *dat*); *drzwi* verstellen; *pułapkę* (auf)stellen; (*dać w zastaw*) verpfänden
zastawka F (-i; *gen -wek*) ANAT Herzklappe *f*
zastąpić PF → zastępować
zastąpie|nie N: **nie do ~nia** unersetzlich, nicht zu ersetzen
zastęp M (-u; -y) *fig* Schar *f*
zastęp|ca M (-y; *gen -ów*), **~czyni** F (-i; -e) Stellvertreter(in) *m(f)*; **~ca dyrektora** stellvertretender Direktor *m*
zastępczo ADV stellvertretend; ersatzweise
zastęp|czy *produkt, opakowanie* Ersatz-; *środek* behelfsmäßig; **mieszkanie** *n* **~cze** Übergangswohnung *f*, Notunterkunft *f*; **rodzina** *f* **~cza** JUR Pflegeeltern *pl*; **matka** *f* **~cza** Leihmutter *f*; **~cza służba wojskowa** Zivildienst *m*
zastępować (-uję) ⟨**zastąpić**⟩ (-ię) *w pracy* vertreten; **~** (*inst*) ersetzen (durch *akk*); **~ drogę** sich in den Weg stellen
zastępstwo N (-a) Vertretung *f*
zastopować PF → stopować
zastosować PF → stosować
zastosowanie N (-a) Anwendung *f*; Verwendung *f*
zastój M (-oju; *bpl*) Stagnation *f*, Stillstand *m*; *gospodarczy* Flaute *f*
zastraszający (**-co**) erschreckend
zastraszyć PF (-ę) einschüchtern
zastrzegać (-am) ⟨**zastrzec***⟩ (*zastrzegę*): **~ (sobie)** sich vorbehalten; **~ się** vorwegerklären
zastrzelić PF (-ę) erschießen; *umg fig* verblüffen
zastrzeż|enie N (-a) *w umowie* Vorbehalt *m*; **~enia** *pl* Vorbehalte *pl*, Einwände *pl*; **mieć ~enia** Vorbehalte haben, Bedenken haben; **bez ~eń** vorbehaltlos; **z ~eniem zmian** Änderungen vorbehalten
zastrzeżo|ny *czek* gesperrt; *numer* Geheim-; **znak** *m* **handlowy prawnie ~ny** JUR gesetzlich geschütztes Warenzeichen *n*; **wszelkie prawa ~ne** alle Rechte

vorbehalten
zastrzyk M (-u; -i) Injektion *f*, *umg* Spritze *f*; **zrobić** *pf* **~** eine Spritze geben
zastygać (-am) ⟨**-nąć**⟩ (-nę) erstarren, hart werden
zasugerować PF → sugerować
zasunąć PF → zasuwać
zasuszać (-am) ⟨**-yć**⟩ (-ę) *kwiaty, zioła* trocknen; *liść* pressen
zasuwa F (-y) (Tür)Riegel *m*
zasuwać (-am) ⟨**zasunąć**⟩ (-nę) *zasuwę* vorschieben; *firankę* zuziehen; **zasuwać** (*jechać*) *umg* flitzen, sputen; (*pracować*) *umg* ackern
zasuwka F (-i; -) → zasuwa
zasychać (-am) ⟨**zaschnąć**⟩ (-nę) eintrocknen; **zaschło mi w gardle** meine Kehle ist ausgetrocknet
zasygnalizować PF → sygnalizować
zasymilować się PF → asymilować się
zasypać PF → zasypywać
zasypiać[1] (-am) ⟨**zasnąć**⟩ (-nę) einschlafen
zasypiać[2] (-am) ⟨**zaspać**⟩ (*zaśpię*) verschlafen
zasypka F (-i; *gen* -pek) MED Puder *m*; **~ dla niemowląt** Babypuder *m*
zasypywać (-uję) ⟨**zasypać**⟩ (-ię) *dół* zuschütten; *górników* verschütten; **~** (*inst*) *fig* überschütten (mit *dat*)
zaszaleć (-eję) *umg* sich etwas (Teures) gönnen
zaszczepić PF → szczepić
zaszczuć PF (-uję) zu Tode hetzen
zaszczycać (-am) ⟨**-ić**⟩ (-ę) (*inst*) beehren (mit *dat*)
zaszczycony: **czuć się ~m** sich geehrt fühlen
zaszczyt M (-u; -y) Ehre *f*; **~y** *pl* Ehrungen *pl*; **mieć ~** (+ *inf*) die Ehre haben (+ inf); **zrobić ~** die Ehre erweisen; **~ny** ehrenvoll, ehrenhaft; **~ne miejsce** *n* Ehrenplatz *m*
zaszeregowywać (-wuję) ⟨**zaszeregować**⟩ (-uję) einordnen (**do** *gen* in *akk*)
zaszkodzić PF → szkodzić
zasznurować PF → sznurować
zaszokować PF → szokować
zaszpanować PF → szpanować
zasztyletować (-uję) erdolchen
zaszufladkować PF → szufladkować
zaszyć PF → zaszywać
zaszyfrować PF → szyfrować
zaszywać (-am) ⟨**zaszyć**⟩ (*zaszyję*) zunähen; **~ się** sich verstecken
zaś *konj* hingegen; *partikel* jedoch, aber
zaścian|ek M (-nka; -nki) *fig pej* Provinz *f*, Krähwinkel *m*; HIST *Landsitz des Kleinadels*; **~kowy** *fig pej* provinziell, spießbürgerlich; **szlachta** *f* **~kowa** HIST Landadel *m*
zaścielać (-am) ⟨**zasłać**⟩ (*zaścielę*) bedecken; **~ łóżko** das Bett machen
zaślepiać (-am) ⟨**-ić**⟩ (-ię) *fig* blind machen, verblenden
zaślepieni *persf* → zaślepiony
zaślepi|enie N (-a) *fig* Verblendung *f*; **~ony** (*persf -eni*) *fig* verblendet, blind
zaślubiać (-am) ⟨**-ić**⟩ (-ię) *lit* (*akk*) sich mit j-m vermählen
zaślubiny PL (-) *lit* Vermählung *f*
zaśmiecać (-am) ⟨**-ić**⟩ (-ę) verschmutzen; **zaśmiecać** *fig* zumüllen
zaśniedziały mit Grünspan überzogen
zaśniedzieć PF → śniedzieć
zaśnieżony schneebedeckt, verschneit
zaśpiewać PF → śpiewać
zaświadczać (-am) ⟨**-yć**⟩ (-ę) bezeugen, bestätigen; *pisemnie* bescheinigen
zaświadczenie N (-a; *gen -eń*) Bescheinigung *f*; **~ lekarskie** ärztliches Attest *n*
zaświaty PL (*gen -ów*) REL Jenseits *n*
zaświecić PF (-ę) *lampę* einschalten, *umg* anmachen; V/I *słońce* scheinen; *gwiazda* aufgehen; **~ się** *lampa, latarnia* angehen; *oczy* leuchten
zaświnić PF → świnić
zaświtać PF → świtać
zataczać (-am) ⟨**zatoczyć**⟩ (-ę) *krąg* beschreiben, ziehen; **zataczać coraz szersze kręgi** *fig* immer weitere Kreise ziehen; **~ się** torkeln, taumeln
zatajać (-am) ⟨**zataić**⟩ (*zataję*) verheimlichen, verschweigen
zatamować PF → tamować
zatankować PF → tankować
zatańczyć PF → tańczyć
zatapiać (-am) ⟨**zatopić**⟩ (-ię) *statek* versenken; **~ się** *fig* versinken (**w** *lok* in *dat*)
zatarasować PF → tarasować
zatarg M (-u; -i) Konflikt *m*, Streit *m*; **~i** *pl* Streitigkeiten *pl*
zatelefonować PF → telefonować
zatem *konj lit*: **(a) ~** also, folglich
zatemperować PF → temperować
zatęchły muffig
zatęsknić PF (-ię) (**za** *inst*) (plötzlich)

Sehnsucht verspüren (nach *akk*), zu vermissen beginnen (*akk*)

zatkać PF → zatykać[1]

zatknąć PF → zatykać[2]

zatłoczony *autobus, sala* gesteckt voll, proppenvoll; *ulica* überfüllt

zatłuc* PF (*zatłukę*) totprügeln, totschlagen

zatłuszczony fettig, speckig

zatłuścić PF → tłuścić

zatoczyć PF *beczkę* (hin)rollen; → zataczać

zat|oka F (*-i*) Bucht *f*; MOT Parkhafen *m*; *dla autobusu* Haltebucht *f*; **~oka niskiego ciśnienia** *od* **~oka niżowa** METEO Tiefdruckgebiet *n*, Ausläufer *m*; **~oki** *f/pl* **czołowe** ANAT Stirnhöhlen *f/pl*; **zapalenie** *n* **~ok czołowych** MED Stirnhöhlenentzündung *f*

zatonąć PF → tonąć

zatonięcie N (*-a*) MAR Untergang *m*

zatopić PF → zatapiać

zatopiony versenkt; *fig* versunken (**w** *lok* in *dat*); **~ w myślach** in Gedanken versunken

zator M (*-u*; *-y*) *w ruchu* Stau *m*; MED Embolie *f*; **~ lodowy** Eisstau *m*

zatracać (*-am*) ⟨**-ić**⟩ (*-cę*) *lit znaczenie, poczucie czasu, instynkt* verlieren; **~ się** (**w** *lok*) *fig* aufgehen, sich verlieren (in *dat*), besessen sein (von *dat*)

zatrata F (*-y*) Verlust *m*

zatrąbić PF → trąbić

zatrącać (*-am*) (*inst*) riechen (nach *dat*)

zatriumfować PF → triumfować

zatr|oskany *lit* besorgt, bekümmert; *mina* sorgenvoll

zatroszczyć się PF → troszczyć się

zatrucie N (*-a*) MED Vergiftung *f*; **~ pokarmowe** Lebensmittelvergiftung *f*

zatruć PF: **~ się** (*inst*) sich vergiften (mit *dat*); → zatruwać

zatrudniać (*-am*) ⟨**-ić**⟩ (*-ię*) beschäftigen, anstellen; **firma zatrudni ...** gesucht wird ..., wir suchen ...

zatrudnieni *persf* → zatrudniony[1]

zatrudnieni *persf* → zatrudniony[2]

zatrudnienie N (*-a*) (*praca*) Beschäftigung *f*, Arbeitsstelle *f*; **znaleźć** *pf* **~** eine Arbeitsstelle finden; **pełne ~** Vollzeitbeschäftigung *f*

zatrudniony[1] (*persf -eni*) (**w** *lok*) beschäftigt, angestellt (bei *dat*)

zatrudnio|ny[2] M (*-ego*; *-eni*), **~na** F (*-ej*; *-ne*) Beschäftigte(r) *m, f*

zatruty vergiftet

zatruwać (*-am*) ⟨**zatruć**⟩ (*zatruję*) vergiften; **zatruwać atmosferę** *fig* die Atmosphäre vergiften; **zatruwać życie k-u** j-m das Leben schwer machen, j-m das Leben zur Hölle machen

zatrważać (*-am*) ⟨**zatrwożyć**⟩ (*-ę*) *lit* ängstigen, Angst einflößen

zatrważający (**-co**) besorgniserregend, beunruhigend

zatrzask M (*-u*; *-i*) *w drzwiach* Schnappschloss *n*; *w ubraniu* Druckknopf *m*

zatrzaskiwać (*-uję*) ⟨**-nąć**⟩ (*-nę*) *drzwi* zuschlagen, *umg* zuknallen; **~ się** zufallen, zuschnappen; **zatrzasnąć się** *pf osoba* sich einsperren; *drzwi* ins Schloss fallen

zatrząść* PF → trząść

zatrzeć* PF → zacierać

zatrzepotać PF → trzepotać

zatrzeszczeć PF → trzeszczeć

zatrzęsienie N (*-a*; *bpl*) (*mnóstwo*) *umg* ganze Menge *f*

zatrzymać PF → zatrzymywać

zatrzymanie N (*-a*) JUR Festnahme *f*

zatrzymywać (*-uję*) ⟨**zatrzymać**⟩ (*-am*) *samochód, przechodnia* anhalten; (*nie puszczać*) aufhalten; (*zachować*) behalten; *złodzieja, podejrzanego* festnehmen; *skradzione rzeczy* beschlagnahmen; *fig* aufhalten, stoppen; **~ dla siebie** für sich behalten; **~ powietrze** die Luft anhalten; **zatrzymały mnie ważne sprawy** wichtige Angelegenheiten haben mich aufgehalten; **~ się** *v/i samochód* anhalten; *osoba* stehen bleiben; *w podróży* haltmachen; **~ się w hotelu** in einem Hotel absteigen; **czas się zatrzymał** die Zeit ist stehen geblieben

zatuszować PF → tuszować

zatwardzenie N (*-a*) MED Stuhlverstopfung *f*

zatwardziały (*persf -li*) *pej* verstockt, eingefleischt

zatwierdzać (*-am*) ⟨**-ić**⟩ (*-ę*) *wyrok* bestätigen; *plan, projekt* genehmigen, billigen; *ustawę* verabschieden; **~ na stanowisku k-o** j-n im Amt bestätigen

zatyczk|a F (*-i*; *gen -czek*) Stöpsel *m*; **~i** *f/pl* **do uszu** Ohrenstöpsel *m/pl*

zatykać[1] (*zatykam*) ⟨**zatkać**⟩ (*zatkam*) *dziurę* zustopfen; *butelkę* zustöpseln; **~ sobie uszy** sich die Ohren zuhalten;

zatkało mnie *umg* mir blieb die Luft weg, ich war völlig baff; **~ się** *zlew* verstopft sein
zatykać² (-am) ⟨**zatknąć**⟩ (*zatknę*) *flagę* aufpflanzen; **~ za pasek** in den Hosenbund stecken
zatytułować PF → tytułować
zaufać PF → ufać
zaufa|nie N (-a) Vertrauen *n*; **mieć ~nie** Vertrauen haben (**do** *gen* zu *dat*); **brak ~nia** Misstrauen *n*; **w ~niu** vertraulich; **telefon** *m* **~nia** Seelsorgetelefon *n*; **godny ~nia** vertrauenswürdig
zaufany *osoba, przyjaciel* vertraut
zaułek M (-łku; -łki) enge Gasse *f*
zautomatyzować PF → automatyzować
zautomatyzowany automatisiert
zauważać (-am) ⟨**-yć**⟩ (-ę) merken, wahrnehmen; bemerken, entdecken; **dawać się zauważyć** sich bemerkbar machen; **chciałbym zauważyć, że ...** ich darf bemerken, dass ...
zawada F (-y) *fig* Hindernis *n*
zawadiacki (-ko) forsch, resolut
zawadiaka M (-i; *gen* -ów) Raufbold *m*, Draufgänger *m*
zawadzać (-am) ⟨**-ić**⟩ (-dzę) (**o** *akk*) stoßen (gegen *akk*); *fig* haltmachen (in *dat*); **zawadzać k-u** j-n behindern, j-m im Wege sein; **nie zawadzi** (+ *inf*) es schadet nicht (zu + *inf*)
zawahać się PF (-am) kurz zögern, sich nicht ganz sicher sein; **nie ~** nicht zögern, nicht zurückscheuen (**przed** *inst* vor *dat*)
zawalać (-am) ⟨**-ić**⟩ (-lę) *tunel, dół* zuschütten; *mieszkanie* verstellen (*inst* mit *dat*); *przejście* versperren; *umg egzamin* verhauen; **wszystko ~** *umg* alles vermasseln, Mist bauen; **zawalać kąty** *umg* herumliegen, im Wege stehen; **~ się** einstürzen; *fig* zusammenbrechen
zawał M (-u; -y): **~ serca** MED Herzinfarkt *m*
zawarcie N (-a; *bpl*): **~ małżeństwa** Eheschließung *f*; **~ umowy** Vertragsabschluss *m*
zawartość F (-ści) *torby, szafy, kieliszka* Inhalt *m*; **~ tłuszczu** Fettgehalt *m*; **~ alkoholu** Alkoholgehalt *m*
zawarty enthalten (**w** *lok* in *dat*); *umowa* abgeschlossen
zaważyć PF (-żę) (**na** *lok*) entscheidend beeinflussen (*akk*), entscheiden (über *akk*)
zawczasu ADV rechtzeitig, beizeiten
zawdzięczać (-am) verdanken; **wiele ~ k-u** j-m viel zu verdanken haben
zawdzięcze|nie N: **mieć do ~nia k-u** j-m zu verdanken haben
zawekować PF → wekować
zawędrować PF (-uję) (*zajść*) gelangen
zawiać PF → zawiewać
zawiadamiać (-am) ⟨**zawiadomić**⟩ (-ię) (**o** *lok*) benachrichtigen (von *dat*); verständigen, unterrichten (von *dat*)
zawiadomienie N (-a) Benachrichtigung *f*
zawiadowca M (-y; *gen* -ów): **~ stacji** Stationsvorsteher *m*
zawiany zugeweht; *umg* angesäuselt
zawias M (-u; -y) Scharnier *n*; Angel *f*; **wyjąć** *pf* **drzwi z zawiasów** die Tür aus den Angeln heben, die Tür aushängen
zawiązywać (-uję) ⟨**zawiązać**⟩ (*zawiążę*) zubinden; *kokardę, krawat* binden; *sznurowadła* (zu)binden; *chustę* umbinden; *oczy* verbinden; *spółkę* gründen; **~ supeł** einen Knoten machen; **~ pączki** BOT Knospen ansetzen; **~ się** *fig* entstehen, sich bilden; *spółka* gegründet werden
zawiedziony (*persf* -*dzeni*) enttäuscht
zawieja F (-ei; -e; *gen* -ei) Schneesturm *m*, Schneegestöber *n*
zawierać (-am) ⟨**zawrzeć¹**⟩ (*zawrę*) *pokój, umowę, małżeństwo* schließen; **zawierać** enthalten; **zawierać się** enthalten sein
zawierający: **~ sól** salzhaltig; **~ żelazo** eisenhaltig
zawierucha F (-y) (*wiatr*) Sturm *m*, Unwetter *n*; **~ śnieżna** Schneesturm *m*; **~ wojenna** *fig* Kriegswirren *pl*
zawieruszyć PF (-ę) *umg* verlegen, verbummeln; **~ się** abhandenkommen, wegkommen
zawierzać (-am) ⟨**-yć**⟩ (-ę) *lit* (*dat*) (*zaufać*) vertrauen (in *akk*), vertrauen (*dat*); (*powierzać*) anvertrauen
zawiesić PF → zawieszać
zawiesisty dickflüssig; sämig
zawieszać (-am) ⟨**zawiesić**⟩ (*zawieszę*) aufhängen; *ściany* behängen (mit *dat*); *okno* verhängen; *obrady* vertagen; *działalność* einstellen, unterbrechen, zeitweilig verbieten; **~ wyrok** JUR das Urteil zur Bewährung aussetzen; **~ karę** JUR die Strafe zur Bewährung aussetzen; **~ w czynnościach urzędowych** vom Dienst suspendieren; **~ w grze** SPORT sperren; **~**

się EDV abstürzen
zawieszeni *persf* → zawieszony
zawiesze|nie N (-*a*) MOT Aufhängung *f*; **~nie broni** Waffenruhe *f*, Waffenstillstand *m*; **z ~niem** JUR auf Bewährung; **dostać** *pf* **dwa lata w ~niu** JUR zwei Jahre Gefängnis mit Bewährung erhalten; **żyć w ~niu** in der Luft hängen
zawieszony (*persf -eni*): **~ w obowiązkach służbowych** vom Dienst suspendiert; **być ~m między** (*inst*) *fig* schweben zwischen (*dat*)
zawieść˙ PF *lit* (*zaprowadzić*) hinführen; → zawodzić
zawietrz|ny: **strona** *f* **~na** MAR Leeseite *f*
zawiewać (*3. Pers -a*) ⟨**zawiać**⟩ (*-eje*) *wiatr* aufkommen; **~ drogę** (*inst*) den Weg zuwehen (mit *dat*); **zawiało go** *umg* er bekam Zugluft, er stand im Zug
zawieźć˙ PF → zawozić
zawijać (*-am*) ⟨**zawinąć**⟩ (*zawinę*) einwickeln, einhüllen; *prezent* einpacken; *rękawy, nogawki* hochkrempeln; **~ do portu** MAR in den Hafen einlaufen; **~ się** *kartka, kołnierzyk* einen Knick bekommen
zawijas M (*-a; -y*) *umg* Schnörkel *m*
zawikłać PF → wikłać
zawikłany verworren, wirr; **~ w** (*akk*) verwickelt (in *akk*)
zawile ADV → zawiły
zawilec M (*-lca; -lce*) BOT Anemone *f*
zawilgły feucht, klamm
zawilgnąć PF (*3. Pers -nie*) feucht werden, klamm werden
zawiły (**-le**) wirr; kompliziert
zawinąć PF → zawijać
zawiniątko N (*-a; gen -tek*) Bündel *n*
zawinić PF (*-ię*) *lit* sich schuldig machen, Schuld auf sich laden (*inst* durch *akk*); **~ wobec k-o** j-m ein großes Unrecht antun; **w czym on ci zawinił?** was hat er dir getan?
zawiniony selbstverschuldet
zawisać (*-am*) ⟨**-nąć**⟩ (*-nę*) *v/i* hängen (**nad** *inst* über *dat*); **~ w powietrzu** in der Luft schweben; **zawisło nad nim niebezpieczeństwo** ihm droht Gefahr, er schwebt in Gefahr; **zawisnąć** *pf* **na szubienicy** erhängt werden
zawistny neidisch, missgünstig
zawiść F (*-ści; bpl*) Neid *m*, Missgunst *f*
zawitać PF (*-am*) *lit* (zu Besuch) kommen; *wiosna, szczęście* kommen
zawlec˙ PF (*zawlokę*) (hin)schleppen; **~ się** sich (hin)schleppen; *chorobę* einschleppen
zawładnąć PF (*-nę*) (*inst*) Besitz ergreifen (von *dat*), sich bemächtigen (*gen*), beherrschen (*a. fig*)
zawodni|k M (*-a; -cy*), **~czka** F (*-i; gen -czek*) SPORT Wettkämpfer(in) *m(f)*; *w teleturnieju* Teilnehmer(in) *m(f)*
zawodny unzuverlässig; *nadzieje, pamięć* trügerisch
zawodowiec M (*-wca; -wcy*) SPORT Berufssportler *m*, *umg* Profi(spieler) *m*
zawodo|wo ADV beruflich; berufsmäßig; **pracować ~wo** berufstätig sein; **uprawiać sport ~wo** Berufssportler sein, Profisport betreiben; **~wy** Berufs-, beruflich; SPORT Berufs-; **szkoła** *f* **~wa** Berufsschule *f*; **choroba** *f* **~wa** Berufskrankheit *f* (*a. fig*); **związek** *m* **~wy** Gewerkschaft *f*
zawodówka F (*-i; gen -wek*) *umg* Berufsschule *f*
zawody PL (*gen -ów*) SPORT Wettkampf *m*, Wettbewerb *m*; **iść w ~** *fig* wetteifern (**z** *inst* mit *dat*); **~ o mistrzostwo Europy** Europameisterschaft *f*
zawodzić (*zawodzę*) ⟨**zawieść**⟩ (*zawiodę*) *oczekiwania, nadzieje* enttäuschen; V/I *nadzieja, pamięć* trügen; *system, głos, siły* versagen (*a.* TECH); *plan* fehlschlagen; **zawodzić** *wiatr* heulen; (*płakać*) wehklagen; (*śpiewać*) wehmütig singen; **~ się** (**na** *lok*) enttäuscht sein (von *dat*)
zawojować PF (*-uję*) *fig* erobern
zawołać PF → wołać
zawołanie N: **przyjść** *pf* **jak na ~** wie gerufen kommen; **być na każde ~** jederzeit zur Verfügung stehen; **na ~** aus dem Stegreif
zawozić (*zawożę*) ⟨**zawieźć**⟩ (*zawiozę*) (hin)fahren, (hin)bringen
zaw|ód[1] M (*-wodu; -wody*) Beruf *m*; **wybrać** *pf* **~ód** einen Beruf wählen; eine Laufbahn einschlagen; **wolny ~ód** freier Beruf *m*; **pracować w wolnym ~odzie** freiberuflich arbeiten; **być z ~odu** (*inst*) von Beruf (*nom*) sein; **był z ~odu mechanikiem** er war von Beruf Mechaniker; **kim pan jest z ~odu?** was sind Sie von Beruf?
zawód[2] M (*-wodu; -wody*) Enttäuschung *f*; **spotkał go ~** es war für ihn eine Enttäuschung; **sprawić** *pf* **~ k-u** j-m

enttäuschen (*akk*), j-m eine Enttäuschung bereiten

zawór M (*-oru; -ory*) TECH Ventil *n*; ~ **bezpieczeństwa** Sicherheitsventil *n*

zawracać (*-am*) ⟨**zawrócić**⟩ (*-ę*) *v/t* zur Umkehr veranlassen; V/I umkehren, kehrtmachen; AUTO wenden; **zawracać sobie głowę** (*inst*) *umg* sich einen Kopf machen; **nie zawracaj mi (tym) głowy!** lass mich (damit) in Ruhe!; **zawracać głowę k-u** *umg* j-n behelligen, j-m in den Ohren liegen (*inst* mit *dat*)

zawracanie N: ~ **głowy!** *umg* papperlapapp!, das ist nur Firlefanz!

zawrot|ny *wysokość, ceny* schwindelerregend; *tempo* atemberaubend; **~na kariera** Blitzkarriere *f*; **w ~nym tempie** rasend schnell

zawrócić PF: ~ **w głowie k-u** j-m den Kopf verdrehen; → zawracać

zawrót M (*zawrotu; zawroty*): ~ **głowy** Schwindelgefühl *n*

zawrzeć[1*] PF: ~ **myśl** einem Gedanken Ausdruck verleihen (**w** *lok* in *dat*); → zawierać

zawrzeć[2] PF (*zawrę*) *woda* aufkochen; ~ **gniewem** vor Wut kochen

zawstydzać (*-am*) ⟨**-ić**⟩ (*-ę*) beschämen; ~ **się** sich schämen, beschämt sein

zawstydzony (*persf -eni*) beschämt

zawsze ADV immer, stets; *partikel* immerhin; **nie** ~ nicht immer; **prawie** ~ fast immer; **na** ~ für immer; **od** ~ schon immer

zawyrokować PF → wyrokować

zawyżać (*-am*) ⟨**-yć**⟩ (*-ę*) *ceny, koszty* hochtreiben; *poziom* zu hoch ansetzen

zawziąć* się PF (*zawezmę*) sich versteifen, beharren (**na** *akk* auf *akk*); ~ **na k-o** *umg* j-n bekriegen, j-n verfolgen, es auf j-n abgesehen haben; ~ **na ucznia** *umg* einen Schüler auf dem Kieker haben

zawzięty (*persf -ci*) (**-cie**) *osoba* unnachgiebig, verbissen; *walka, spory* erbittert, heftig; *mina* verbissen

zazdrosny (*persf -śni*) (**-śnie**) eifersüchtig (**o** *akk* auf *akk*); (*zawistny*) neidisch, missgünstig

zazdrościć (*zazdroszczę*): ~ (*gen*) **k-u** j-n beneiden (um *akk*); j-m missgönnen (*akk*); ~ **sukcesu k-u** j-m den Erfolg missgönnen; ~ **żony k-u** j-n um seine Frau beneiden; ~ **talentu k-u** j-n um sein Talent beneiden

zazdrość F (*-ści; bpl*) Eifersucht *f*; (*zawiść*) Neid *m*, Missgunst *f*

zazdrośni *persf* → zazdrosny

zazdrośnica F (*-y; -e*) *umg* Neiderin *f*; eifersüchtige Frau *f*

zazdrośnie ADV → zazdrosny

zazdrośnik M (*-a; -cy*) *umg* Neider *m*; eifersüchtiger Mann *m*

zazębiać się (*3. Pers -a*) ⟨**-ić się**⟩ (*-i*) ineinandergreifen, miteinander verzahnt sein

zazębiony verzahnt

zazieleniać (*-am*) ⟨**-ić**⟩ (*-ię*) begrünen; ~ **się** grün werden

zaziębiać się (*-am*) ⟨**-ić**⟩ (*-ię*) erkälten; ~ **się** sich erkälten

zaznaczać (*-am*) ⟨**-yć**⟩ (*-ę*) markieren; *w tekście* anstreichen, markieren; (*podkreślić*) betonen, hervorheben; **zaznaczć się** sich abzeichnen; sich bemerkbar machen

zaznać PF → zaznawać

zaznajamiać (*-am*) ⟨**zaznajomić**⟩ (*zaznajomię*) (**z** *inst*) vertraut machen (mit *dat*); mit j-m bekannt machen, j-m vorstellen; ~ **się** (**z** *inst*) sich vertraut machen (mit *dat*); sich kennenlernen

zaznawać (*zaznaję*) ⟨**zaznać**⟩ (*-am*) *lit* (*gen*) erfahren, erleben (*akk*); ~ **szczęścia** Glück erfahren; **nie ~ spokoju** keine Ruhe (mehr) finden

zazwyczaj ADV gewöhnlich, in der Regel

zażalenie N (*-a*) Beschwerde *f*; **złożyć** *pf* ~ Beschwerde einlegen

zażarci *persf* → zażarty

zażarcie ADV → zażarty

zażartować PF (*-uję*) einen Scherz machen

zażarty (*persf -ci*) (**-cie**) *spory, walka* heftig, erbittert; *przeciwnik* erbittert; *zwolennik* überzeugt

zażądać PF (*-am*) (entschieden) fordern, verlangen

zażegnywać (*-uję*) ⟨**zażegnać**⟩ (*-am*) (*zapobiec*) *niebezpieczeństwo* abwenden, bannen; *zatarg, konflikt* beilegen

zażenować PF → żenować

zażenowa|nie N (*-a; bpl*) Verlegenheit *f*; **~ny** verlegen

zażyczyć PF (*-ę*): ~ **sobie** wünschen; FIN verlangen; **zażyczył sobie, żeby** … er wünschte, dass …; **zażyczyli sobie** (+ *inf*) sie wünschten (zu + *inf*); **zażyczył sobie sto złotych** er verlangte hundert Zloty; **ile sobie zażyczył za naprawę?** wie viel

verlangte er für die Reparatur?
zażyć PF: **~ pytaniem** mit einer Frage überrumpeln; → zażywać
zażył|ość F (-ści; bpl) Vertrautheit *f*; **~ły** vertraut, eng
zażywać (-am) ⟨**zażyć**⟩ (*zażyję*) *lek* einnehmen; *spokoju, kąpieli, wolności* genießen
zażywny *lit* beleibt, korpulent
ząb M (*zęba; zęby*) Zahn *m*; *widelca* Zinke *f*; **zęby** *m/pl* TECH Zähne *m/pl*; **~ trzonowy** Backenzahn *m*; **~ mądrości** Weisheitszahn *m*; **zęby** *m/pl* **mleczne** Milchzähne *m/pl*; **zęby** *m/pl* **stałe** bleibende Zähne *pl*; **sztuczne zęby** *pl* die dritten Zähne; **myć zęby** Zähne putzen; **boli mnie ząb** ich habe Zahnschmerzen, ein Zahn tut mir weh; **coś na ~** *umg* etwas für den kleinen Hunger, ein Imbiss; **~ jadowy** ZOOL Giftzahn *m*; **dać** *pf* **k-u w zęby** *pop* j-m auf die Fresse hauen; **(a)ni w ~** überhaupt nicht, kein bisschen; **dzwonić zębami** mit den Zähnen klappern; **połamać** *pf* **sobie zęby na** (*lok*) *fig* sich die Zähne ausbeißen (an *dat*); **ostrzyć sobie zęby na** (*akk*) spekulieren (auf *akk*); **płacz i zgrzytanie zębów** Heulen und Zähneklappern; **suszyć zęby** *umg żart* lächeln; **zacisnąć** *pf* **zęby** *fig* die Zähne zusammenbeißen; **uzbrojony po zęby** bis an die Zähne bewaffnet; **jest nadszarpnięty zębem czasu** daran nagt der Zahn der Zeit; **oko za oko, ~ za ~** Auge um Auge, Zahn um Zahn
ząb|ek M (*-bka; -bki*) *dim* Zähnchen *n*; **~ek czosnku** Knoblauchzehe *f*; **~ki** *m/pl* (*nacięcia*) Zacken *f/pl*; **w ~ki** gezackt
ząbkować (*-uję*) zahnen, Zähne bekommen
ząbkowany gezackt
Ząbkowice Śląskie PL (*Ząbkowic Śląskich*) Frankenstein *n*
zbabieć PF → babieć
zbaczać (*-am*) ⟨**zboczyć**⟩ (*-ę*) *v/i* abbiegen; **zbaczać** *droga* abgehen; **~ z drogi** vom Weg abkommen, vom Weg abweichen; **~ z kursu** vom Kurs abkommen; **~ z tematu** vom Thema abkommen, abschweifen
zbadać PF → badać
zbagatelizować PF → bagatelizować
zbajerować PF → bajerować
zbałamucić PF → bałamucić
zbankrutować PF → bankrutować
zbankrutowany bankrott, *umg* pleite
zbaraniały *umg* verdattert, verdutzt
zbaranieć PF → baranieć
zbawca M (*-y; gen -ów*) *lit* Erretter *m*
zbawczy → zbawienny
zbawczyni F (*-i; -e*) *lit* Erretterin *f*
zbawiać (*-am*) ⟨**-ić**⟩ (*-ię*) erretten; REL erlösen; **to mnie nie zbawi** das bringt mir nichts, das nützt mir nichts
Zbawiciel M (*-a; bpl*) REL Erlöser *m*, Heiland *m*
zbawić PF → zbawiać
zbawien|ie N (*-a*) REL Erlösung *f*; *fig* Segen *m*, Heil *n*; **~ie duszy** REL das Seelenheil; **czekać jak na ~ie** sehnlichst erwarten; **~ny** *wpływ, działanie* wohltuend, segensreich; *decyzja* einzig richtig; *myśl* rettend, erlösend
zbełtać PF → bełtać
zbesztać PF → besztać
zbezcześcić PF → bezcześcić
zbędny *słowa, ozdoby* überflüssig, unnötig; *wysiłek* vergeblich, unnötig; *rzeczy* unnötig, entbehrlich
zbić PF zusammenschlagen; *kieliszek* zerbrechen; *szybę* einschlagen; *kolano* aufschlagen; **~ do krwi** blutig schlagen; **~ do nieprzytomności** krankenhausreif schlagen; **~ na kwaśne jabłko** *umg* grün und blau schlagen; **~ się** *kieliszek, szyba* zerbrechen; → zbijać
zbiec PF → zbiegać
zbiednieć PF → biednieć
zbieg[1] M (*-a; -owie*) Ausbrecher *m*, Entflohene(r) *m*
zbieg[2] M (*-u; -i*): **~ ulic** Straßenkreuzung *f*; **~ okoliczności** Zufall *m*; **~ szczęśliwych okoliczności** glücklicher Zufall *m*; **~ nieszczęśliwych okoliczności** Zusammentreffen *n* von unglücklichen Ereignissen
zbiegać (*-am*) ⟨**zbiec**⟩ (*zbiegnę*) herunterlaufen, hinunterlaufen; (*uciec*) entfliehen; **~ po schodach** die Treppe herunterlaufen; **~ z** (*gen*) (*uciec*) ausbrechen (aus *dat*); **zbiegać** *droga, zbocze* abfallen, hinabführen; **~ się** *osoby* zusammenlaufen; *w czasie* zusammenfallen; *okoliczności* zusammentreffen; *materiał* einlaufen; **zbiegać się** *ulice* zusammenlaufen
zbiegowisko N (*-a*) Auflauf *m*, Ansammlung *f*
zbieleć PF → bieleć

zbieractwo N (-a; bpl) Sammeln *n*
zbieracz M (-a; -e), **~ka** F (-i; gen -czek) Sammler(in) *m(f)*; AGR Pflücker(in) *m(f)*; **~ grzybów** Pilzsammler *m*; **~ staroci** Liebhaber *m* von Trödel
zbierać (-am) ⟨**zebrać**⟩ ⟨*zbiorę*⟩ sammeln; (*zwoływać*) versammeln; AGR pflücken; ernten; *śmietanę* abschöpfen; *resztki* aufsammeln; **~ pieniądze** (*oszczędzać*) Geld zurücklegen; **~ pieniądze na cele charytatywne** Geldspenden sammeln; **~ ze stołu** den Tisch abräumen; **~ materiał** Material zusammentragen (**do** *gen* für *akk*); **~ zboże** Getreide ernten; **~ winogrona** Trauben lesen; **~ oklaski** Beifall ernten; **~ siły** Kräfte sammeln; **~ myśli** seine Gedanken sammeln; **~ się** *osoby* sich versammeln; *rzeczy, substancje* sich ansammeln; **zbierać się** (*mieć zamiar*) sich anschicken, vorhaben; **~ się w sobie** sich sammeln, sich zusammennehmen; **zbierać się do wyjścia** im Begriff sein, zu gehen; **zbierać się do drogi** sich auf den Weg machen; **zbiera się na deszcz** es sieht nach Regen aus; **zbiera się na burzę** es sieht nach Gewitter aus, ein Gewitter ist im Anzug; **zbiera mi się na wymioty** mir ist übel; **zbierało mu się na płacz** er war dem Weinen nahe; **zbierają się chmury** der Himmel bezieht sich; **zbierajmy się!** lass uns gehen!
zbieranina F (-y; bpl) *umg* Sammelsurium *n*; bunter Haufen *m*
zbieżność F (-ści) Übereinstimmumg *f*; **~ny** übereinstimmend
zbijać (-am) ⟨**zbić**⟩ (*zbiję*) *skrzynię* (zusammen)zimmern; *argumenty, zarzuty* widerlegen; **~ z tropu k-o** j-n aus dem Konzept bringen, j-n verunsichern; **~ majątek** od **fortunę** (**na** *lok*) zu Geld kommen, *umg* sich eine goldene Nase verdienen (bei *dat*); **~ się** *ludzie, zwierzęta* sich zusammendrängen; *ziemia, sól* Klumpen bilden
zbilansować PF → bilansować
zbiorczy Sammel-
zbiornik M (-a; -i) Behälter *m*; **~ paliwa** Benzintank *m*; **sztuczny ~ wodny** Wasserbecken *n*, Bassin *n*; Staubecken *n*; **~owiec** M (-wca; -wce) MAR Tanker *m*
zbiorowisko N (-a) Ansammlung *f*
zbiorowy (**-wo**) gemeinschaftlich, kollektiv; *fotografia, scena* Gruppen-; *rezerwacja, zamówienie* Sammel-; **~wa mogiła** *f* Massengrab *n*; **odpowiedzialność** *f* **~wa** Kollektivverantwortung *f*; **pamięć** *f* **~wa** PSYCH Kollektivgedächtnis *n*; **wydanie** *n* **~we** TYPO gesammelte Werke *pl*
zbiór M (*zbioru; zbiory*) Sammlung *f*; MAT Menge *f*; **~ory** *pl* (*kolekcja*) Sammlung *f*; AGR Ernte *f*; *winogron* Weinlese *f*; (*plony*) Ertrag *m*; **~ór wierszy** Gedichtsammlung *f*
zbiórka F (-i; gen -rek) Treffpunkt *m*; MIL Appell *m*; *makulatury, złomu* Sammlungsaktion *f*; **~ pieniędzy** Sammlung *f* von Geldspenden; **~ używanej odzieży** Altkleidersammlung *f*
zbir M (-a; -y) *pej* Bandit *m*
zbity dicht, kompakt; *grupa, tłum* zusammengedrängt
zblaknąć PF → blaknąć
zblamować się PF → blamować się
zblazowany blasiert, überdrüssig
zblaknąć PF → blaknąć
zblednąć PF → blednąć
zbliżać (-am) ⟨**zbliżyć**⟩ (-ę) *rękę, kartkę* näher halten (**do** *gen* an *akk*); **~ do siebie** *fig* (einander) näherbringen; **~ się** sich nähern, näher kommen; anrücken; *fig* nahen; *burza* aufziehen; **~ się do siebie** *fig* sich näherkommen; **zbliżać się ku końcowi** sich dem Ende neigen; **zbliża się północ** es ist gleich Mitternacht
zbliżenie N (-a; gen -eń) Annäherung *f*; FOTO, FILM Nahaufnahme *f*; (*stosunek płciowy*) Geschlechtsverkehr *m*; **~ony** ähnlich; **~ony do** (*gen*) nah (an *dat*); **~ony kształtem do** (*gen*) von der Form her ähnlich (*dat*)
zbliżyć PF → zbliżać
zbłaźnić się PF → błaźnić się
zbłąkany verirrt; *pies* entlaufen; **~na owieczka** *f fig* verirrtes Schaf *n* (*a.* REL); **~na kula** *f* Querschläger *m*
zbocze F (-a) (Berg)Hang *m*
zboczenie N (-a): **~ (seksualne)** (sexuelle) Perversion *f*
zboczeniec M (-ńca; -ńcy): **~ (seksualny)** sexueller Psychopath *m*, pervers veranlagter Mann *m*
zboczyć PF → zbaczać
zbojkotować PF → bojkotować
zbolały schmerzerfüllt; (*bolący*) schmerzend
zbombardować PF → bombardować
zborny: **punkt** *m* **~** Treffpunkt *m*, Sammelplatz *m*

Z

ZBoWiD (Związek Bojowników o Wolność i Demokrację) Verband *m* der Kämpfer für Freiheit und Demokratie
zbo|że N (-a; *gen* zbóż) Getreide *n*, Korn *n*; **~ża** *pl* **jare** Sommergetreide *n*; **~ża** *pl* **ozime** Wintergetreide *n*; **~żny** *lit* hehr
zbożo|wy Getreide-; **kawa** *f* **~wa** Malzkaffee *m*
zbój M (-a; -e) *żart* Räuber *m*
zbór M (-oru; -ory) protestantische Kirche *f*; protestantische Kirchengemeinde *f*
zbroczony: **~ krwią** blutüberströmt
zbrodn|ia F (-i; -e) (Schwer)Verbrechen *n*; **~ie** *pl* **przeciwko ludzkości** Verbrechen *n* gegen die Menschheit; **~ie** *pl* **wojenne** Kriegsverberchen *pl*
zbrodni|arz M (-a; -e), **~arka** F (-i; *gen* -rek) (Schwer)Verbrecher(in) *m(f)*; **~arz wojenny** Kriegsverbrecher *m*
zbrodniczy (**-czo**) verbrecherisch
zbroić[1] (zbroję, zbrój!) bewaffnen; *teren* erschließen; **~ się** *v/i* aufrüsten
zbroić[2] PF → broić
zbroja F (-oi; -e; *gen* -oi) HIST Rüstung *f*
zbroj|enia PL (*gen* -eń) MIL Aufrüstung *f*; **~enie** *n* TECH Armierung *f*; **wyścig** *m* **~eń** Wettrüsten *n*
zbrojeniowy MIL Rüstungs-
zbroj|nie ADV mit der Waffe, mit Waffengewalt; **~ny** *konflikt, akcja* bewaffnet; **siły** *pl* **~ne** Streitkräfte *pl*
zbrojony: **beton** *m* **~** Stahlbeton *m*
zbrojownia F (-i; -e) HIST Rüstkammer *f*; Zeughaus *n*
zbrukać PF → brukać
zbrzydnąć PF → brzydnąć
zbudować PF → budować
zbuk M (-a; -i) *umg* faules Ei *n*
zbulwersować PF → bulwersować
zbulwersowany schockiert, entsetzt
zbuntować PF → buntować
zburzenie N (-a) Zerstörung *f*, Vernichtung *f*; *budynku* Abriss *m*
zburzyć PF → burzyć
zbutwiały *drewno* verrottet, morsch; *liście, materiał* vermodert
zbutwieć PF vermodern; → butwieć
zby|cie N (-a; *bpl*) Veräußerung *f*, Verkauf *m*; **mieć na ~ciu** *umg* zum Verkauf haben; übrig haben, abgeben können, entbehren können
zbyć* PF: **aby ~** *umg* schlampig, nachlässig; → zbywać
zbyt[1] ADV *lit* allzu; **~ twardy** allzu hart; **~ pochopny** vorschnell; **stawiać k-u ~ wysokie wymagania** j-n mit seinen Ansprüchen überfordern, an j-n allzu hohe Ansprüche stellen
zbyt[2] M (-u; *bpl*) EKON Absatz *m*; **cena** *f* **~u** Verkaufspreis *m*, Abgabepreis *m*; **rynek** *m* **~u** Absatzmarkt *m*
zbyt|eczny überflüssig, unnötig; **~ek** M (-tku; -tki) Luxus *m*, Überfluss *m*
zbytkować (-uję) *lit* ausgelassen spielen, herumtollen
zbytkowny luxuriös, Luxus-
zbyt|ni übertrieben; **~nio** ADV (all)zu sehr, übertrieben; *iron* nicht gerade; **nie jest ~nio ciepło** es ist nicht gerade warm
zbywać (-am) ⟨**zbyć**⟩ (zbędę) veräußern, verkaufen; **~ k-o** (*inst*) j-n abspeisen, vertrösten (mit *dat*); **nie zbywa mu na** (*lok*) es fehlt ihm nicht an (*dat*); **na niczym nam nie zbywa** es fehlt uns nichts, es mangelt uns an nichts; **zbywa mi jeden bilet** ich habe eine Karte übrig
zbzikowany verrückt, nicht ganz richtig im Kopf
z-ca, zca (zastępca) stv. (stellvertretend)
zdać PF: **~ egzamin** eine Prüfung bestehen; *fig* sich bewähren; **~ do następnej klasy** in die nächste Klasse versetzt sein; **~ na studia** einen Studienplatz bekommen, die Aufnahmeprüfung an einer Hochschule bestehen; **~ się** *umg* brauchbar sein, nützlich sein (**na** *akk* für *akk*); **to się na nic nie zda** *umg* das nützt gar nichts; **~ się psu na budę** für die Katz sein; → zdawać
zdalnie ADV: **~ sterowany** ferngesteuert
zdal|ny: **~ne sterowanie** *n* Fernsteuerung *f*
zda|nie N (-a; *gen* -ań) Meinung *f*; GRAM Satz *m*; **~nie podrzędne** GRAM Nebensatz *m*; **~nie główne** Hauptsatz *m*; **moim ~niem** meiner Meinung nach; **jestem ~nia, że ...** ich bin der Meinung, dass ...; **mieć swoje ~nie** seine Meinung haben; → *Info S. 649*
zdany: **być ~m** (**na** *akk*) angewiesen sein (auf *akk*); **być ~m na siebie** auf sich gestellt sein; **być ~m na łaskę losu** dem Schicksal ausgeliefert sein
zdarc|ie: **nie do ~ia** *umg* unverwüstlich
zdarty abgerissen; *ubranie* abgetragen
zdarzać się (-am) ⟨**-yć się**⟩ passieren,

sich ereignen; vorkommen; **to zdarzyło się naprawdę** das ist wirklich passiert; **zdarzył się wypadek** es ist ein Unfall passiert; **rzadko się zdarza, żeby ...** es kommt selten vor, dass ...; **to się zdarza** das gibt es (schon)

zdarzen|ie N (*-a; gen -eń*) Ereignis *n*, Geschehen *n*; Begebenheit *f*; Vorkommnis *n*; **~ia** Ereignisse *pl*; **nauczyciel** *m* **z prawdziwego ~ia** Lehrer *m* aus Berufung

zdat|ny geeignet (**do** *gen* zu *dat*); **woda** *f* **~na do picia** Trinkwasser *n*; **~ny do użytku** gebrauchsfähig

zdawać (*zdaję*) ⟨**zdać**⟩ (*-am*) *egzamin, raport* ablegen; (*przekazywać*) übergeben; *bagaż* aufgeben (**do** *gen* in *dat*); **zdawać na studia** sich um einen Studienplatz bewerben, die Aufnahmeprüfung an einer Hochschule ablegen; **zdawać do następnej klasy** in die nächste Klasse versetzt werden; **~ sobie sprawę z** (*gen*) sich bewusst sein (*gen*), im Klaren sein (über *akk*); **~ się** (**na** *akk*) sich verlassen (auf *akk*); **zdaje mi się, że ...** es scheint mir, dass ..., es kommt mir (so) vor, als ob ...; **zdaje się, że ...** es scheint, dass ...; **zdawałoby się, że ...** man könnte meinen, dass ...; **jak się zdaje** wie es scheint; **zdawał się spać** er schien zu schlafen; **zdawało ci się** das hast du dir eingebildet

zdawkowy (**-wo**) nichtssagend; oberflächlich, halbherzig; floskelhaft

zdążać (*-am*) *lit* (*podążać*) sich begeben, fahren; (*dążyć*) anstreben

zdążyć PF (*-ę*): **~ na pociąg** den Zug erreichen; **nie ~ na pociąg** den Zug verpassen; **~ na spotkanie** zu einem Treffen rechtzeitig kommen; **~ z oddaniem pracy** seine Arbeit rechtzeitig abgeben (können); **(nie) ~** (+ *inf*) es zeitlich (nicht) schaffen (zu + *inf*); **(nie) ~ z** (*inst*) (nicht) fertig werden (mit *dat*); **zdążysz go jeszcze poznać** du wirst noch Zeit haben, ihn kennenzulernen

zdecentralizować PF → decentralizować

zdechlak M (*-a; -i*) *umg* Schwächling *m*, mickrige Gestalt *f*

zdechły *zwierzę* tot

zdechnąć PF → zdychać

zdecydować PF → decydować

zdecydowa|nie[1] N (*-a; bpl*) Entschlossenheit *f*; **brak** *m* **~nia** Unentschlossenheit *f*

zdecydowanie[2] ADV → zdecydowany

zdecydowany *osoba, gest, wyraz twarzy* entschlossen; (*wyraźny*) eindeutig, entschieden; **~ na** (*akk*) entschlossen (zu *dat*)

zdefiniować PF → definiować

zdeformować PF → deformować

zdeformowany verformt, deformiert

zdefraudować PF → defraudować

zdegenerowany *lit osoba* asozial, unmoralisch

zdegradować PF → degradować

zdegustowany *lit* unzufrieden, enttäuscht; missmutig, verstimmt

zdehumanizowany *lit* entmenschlicht

zdejmować (*-uję*) ⟨**zdjąć**⟩ (*zdejmę*) *ubranie, buty* ausziehen; *okulary, kapelusz, maskę, gips* abnehmen; *palto* ablegen, ausziehen; *skórkę* abziehen; **~ z** *gen*) herunternehmen, herunterholen (von *dat*); **~ z afisza** TEATR vom Spielplan absetzen; **~ k-o** (*ogarniać*) j-n befallen, j-n überkommen; **zdjął mnie smutek** *lit* die Traurigkeit befiel mich; **zdjęło go przerażenie** *lit* Entsetzen befiel ihn

zdekompletowany nicht vollständig, als Fragmente erhalten

zdekonspirować PF → dekonspirować

zdekonspirowany enttarnt

zdemaskować PF → demaskować

zdemaskowany entlarvt; enttarnt

zdementować PF → dementować

zdemilitaryzowany entmilitarisiert

zdemobilizować PF → demobilizować

zdemokratyzować PF → demokratyzować

zdemolować PF → demolować

zdemontowac PF → demontować

zdemoralizować PF → demoralizować

zdemoralizowany verroht, asozial

zdenerwować PF → denerwować

zdenerwowa|nie N (*-a*) Aufregung *f*, Nervosität *f*; **~ny** nervös, aufgeregt

zdeponować PF → deponować

zdeprawować PF → deprawować

zdeprawowany verdorben, unmoralisch

zdeprymować PF → deprymować

zdeprymowany deprimiert, niedergeschlagen

zdeptać PF (*zdepczę*) zertreten, zertrampeln
zderzać się (-*am*) ⟨**-yć się**⟩ (*zderzę*) zusammenstoßen (**z** *inst* mit *dat*)
zderz|ak M (-*a*; -*i*) AUTO Stoßstange *f*; *wagonu* Puffer *m*; **~enie** N (-*a*) AUTO Zusammenstoß *m*, Kollision *f*, *umg* Karambolage *f*; *fig* Aufeinanderprallen *n*
zderzyć się → zderzać się
zdeterminowany zu allem entschlossen
zdetonować PF → detonować
zdetronizować PF → detronizować
zdewastować PF → dewastować
zdewastowany zerstört; verwüstet; heruntergewirtschaftet
zdezaktualizować PF → dezaktualizować
zdezerterować PF → dezerterować
zdezorganizować PF → dezorganizować
zdezorientować PF → dezorientować
zdezynfekować PF → dezynfekować
zdębieć PF → dębieć
zdiagnozować PF → diagnozować
zdjąć PF → zdejmować
zdję|cie N (-*a*) FOTO Bild *n*, Foto *n*, Aufnahme *f*; **~cie rentgenowskie** MED Röntgenbild *n*; **~cia** *pl* FILM Aufnahmen *pl*; **robić ~cia** Fotos machen; **oglądać ~cia** sich die Fotos *od* Bilder anschauen; **~cie z urlopu** Urlaubsfoto *n*; **~cie do paszportu** Passbild *n*; **~cie kolorowe** Farbfoto *n*; **~cie satelitarne** Satellitenbild *n*; **wywoływać ~cia** die Fotos entwickeln (lassen)
zdławić PF → dławić
zdławiony *płacz* unterdrückt, erstickt
zdmuchiwać (-*uję*) ⟨**-nąć**⟩ (-*nę*) wegblasen
zdobić (-*ię*, *zdób!*) verzieren, schmücken; *fig* zieren, eine Zierde sein
zdobni|czy *element* dekorativ, Schmuck-; **sztuka** *f* **~cza** Ornamentik *f*
zdoby|cie N (-*a*) MIL Eroberung *f*; **nie do ~cia** *miasto, twierdza* uneinnehmbar; *rzecz* nicht zu bekommen; *szczyt* unbezwingbar
zdobyć˙ PF → zdobywać
zdobycz F (-*y*; -*e*) Beute *f*; **~e** *pl* (*osiągnięcia*) Errungenschaften *pl*; **~ny** erbeutet
zdobywać (-*am*) ⟨**zdobyć**⟩ (*zdobędę*) *medal, tytuł mistrza* gewinnen; *pozycję, władzę* erlangen; *przyjaciół, klientów, zaufanie* gewinnen; MIL erobern (*a. fig*); *miasto* einnehmen; *zwycięstwo* erringen; *szczyt* bezwingen; *wiedzę* erwerben; *bramkę, punkty* erzielen; *głosy* bekommen; (*dostać*) *umg* ergattern, kriegen; **~ się na** (*akk*) sich durchringen (zu *dat*); **~ się na odwagę** Mut fassen
zdobywca (-*y*; *gen* -*ów*) MIL Eroberer *m*; **~ nagrody** Preisgewinner *m*; **~ medalu** SPORT Medaillengewinner *m*; **~ bramki** SPORT Torschießer *m*; **~ ośmiotysięcznika** Bezwinger *m* eines Achttausenders
zdobywczyni F (-*i*; -*e*): **~ medalu** Medaillengewinnerin *f*; **~ nagrody** Preisgewinnerin *f*; Preisträgerin *f*; **~ bramki** Torschießerin *f*
zdolno|ść F (-*ści*) Fähigkeit *f*, Vermögen *n*; **~ści** *pl* (**do** *gen*) Begabung *f*, Talent *n* (zu *dat*); **~ść myślenia** Denkvermögen *n*; **~ść produkcyjna** Produktionskapazität *f*; **~ści** *pl* **organizacyjne** Organisationstalent *n*; **~ści** *pl* **językowe** Sprachbegabung *f*
zdolny begabt, talentiert; **~ do** (*gen*) fähig (zu *dat*); **wybitnie ~** hochbegabt; **~ do pracy** arbeitsfähig
zdołać PF (-*am*): **~** (+ *inf*) imstande sein (zu + *inf*), vermögen (zu + *inf*), können (+ *inf*)
zdołowany: **być ~m** *umg* einen Tiefpunkt haben, in einer Krise stecken
zdopingować PF → dopingować
zdrada F (-*y*) Verrat *m*; *męża, żony, partnera* Betrug *m*; **~ małżeńska** Ehebruch *m*; **~ stanu** POL Hochverrat *m*; **~ ojczyzny** Landesverrat *m*
zdradliwy **(-wie)** heimtückisch
zdradzać (-*am*) ⟨**-ić**⟩ (-*dzę*) verraten (*a. fig*); *zaufanie* missbrauchen; *męża, żonę, partnera* betrügen, untreu sein (*dat*); *umg* fremdgehen; **zdradzać** (*pokazywać*) verraten, erkennen lassen; **nie zdradzać zainteresowania** kein Interesse zeigen; **nie zdradzać ochoty** keine Lust zeigen; **~ się** sich verraten
zdradziec|ki verräterisch; (*zdradliwy*) heimtückisch; **~ko** ADV hinterrücks
zdraj|ca M (-*y*; *gen* -*ów*), **~czyni** F (-*i*; -*e*) Verräter(in) *m*(*f*); **~ca ojczyzny** Landesverräter *m*
zdrapka F (-*i*; *gen* -*pek*) *umg* Rubbellos *n*
zdrapywać (-*uję*) ⟨**zdrapać**⟩ (-*ię*) abkratzen

Z

▶ zdrobnienia

pies – piesek	der Hund – das Hündchen
mama – mamusia	die Mutter – die Mutti
tata – tatuś	der Vater – der Vati
zamek – zameczek	das Schloss – das Schlösschen
stół – stoliczek	der Tisch – das Tischlein

zdrewnieć PF → drewnieć
zdrętwiały *noga, ręka* taub, *umg* eingeschlafen; **~ z zimna** steif vor Kälte
zdrętwieć PF → drętwieć
zdrobniały JĘZ diminutiv
zdrobnienie N (*-a*) JĘZ Diminutivform *f*, Verkleinerungsform *f*
zdroje PL → zdrój
zdrojo|wy: **woda** *f* **~wa** Heilquellenwasser *n*
zdrowaśka F (*-i; gen -siek*) *umg* Ave Maria *n*
zdrow|ie N (*-a; bpl*) Gesundheit *f*; **(na) ~ie!** (*toast*) zum Wohl!, prost!; **na ~ie!** *przy kichaniu* Gesundheit!; **to szkodzi ~iu** das schadet der Gesundheit; **to wyszło mu na ~ie** das hat ihm wohlgetan; **on podupadł na ~iu** seine Gesundheit ist angegriffen; **w dobrym ~iu** bei guter Gesundheit; **jak pana ~ie?** wie geht es Ihnen?; **wypiliśmy (za) jego ~ie** wir tranken auf sein Wohl, wir tranken auf seine Gesundheit; **mieć końskie ~ie** eine eiserne Gesundheit haben, eine Pferdenatur haben; **książeczka** *f* **~ia** Gesundheitspass *m*; **ścieżka** *f* **~ia** Trimm-dich-Pfad *m*
zdrowiut|eńki, **~ki** *dim* kerngesund, gesund und munter
zdrowo ADV → zdrowy
zdrowot|ny: **urlop** *m* **~ny** Krankenurlaub *m*; **opieka** *f* **~na** Gesundheitswesen *n*; **~ne właściwości** *f/pl* heilende Wirkung *f*
zdro|wy **(-wo)** gesund (*a. fig*); **~wa żywność** *f* Bioprodukte *pl*; **~wy jak ryba** kerngesund; **on jest ~wy jak koń** er hat eine Pferdenatur; **~wy rozum** *m* gesunder Menschenverstand *m*; **przy ~wych zmysłach** bei Verstand
zdrożeć PF → drożeć
zdrój M (*-oju; -oje*) *lit* Quelle *f*, Born *m*
zdrów *präd* gesund; **bądź ~!** leb wohl!; **cały i ~** wohlbehalten
zdrówko N (*-a; bpl*) *dim* Gesundheit *f*; **~!** *umg* prost!; **jak ~?** wie geht's?
zdruzgotać PF → druzgotać
zdruzgotany zerschmettert, zertrümmert; *fig* niedergeschlagen, völlig verzweifelt
zdrzemnąć się PF (*-nę*) einnicken; ein Nickerchen machen
zdublować PF → dublować
zdumieć PF → zdumiewać
zdumienie N (*-a; bpl*) Erstaunen *n*, Verblüffung *f*
zdumiewać (*-am*) ⟨**zdumieć**⟩ (*prät -ałem*) in Staunen versetzen, verblüffen; **~ się** (*inst*) staunen, erstaunt sein (über *akk*)
zdumiewający **(-co)** erstaunlich, verblüffend
zdumiony erstaunt, verblüfft
zdun M (*-a; -i*) Ofensetzer *m*
zdusić PF → dusić
zduszony *fig* erstickt
zdwajać (*-am*) ⟨**zdwoić**⟩ (*zdwoję*) verdoppeln
zdychać (*-am*) ⟨**zdechnąć**⟩ (*-nę, -ł*) *zwierzę* verenden; *pop* krepieren, verrecken; *umg silnik* abgewürgt werden; **~ z głodu** *pop* vor Hunger krepieren
zdymisjonować PF → dymisjonować
zdyscyplinowany diszipliniert
zdyskredytować PF → dyskredytować
zdyskwalifikować PF → dyskwalifikować
zdyskwalifikowany disqualifiziert
zdystansować PF → dystansować
zdyszany außer Atem, keuchend; *pies* hechelnd
zdziadziały *umg* alt und klapprig; *umg* heruntergekommen
zdziadzieć PF → dziadzieć
zdziałać PF (*-am*) (*dokonać*) erreichen, zustande bringen
zdziczały BOT, ZOOL verwildert (*a. fig*)

zdziczeć PF → dziczeć
zdziczenie N (-a; bpl) BOT, ZOOL Verwilderung f (a. fig)
zdziecinniały kindisch (geworden)
zdziecinnienie N (-a; bpl): **starcze ~** MED senile Demenz f
zdzielić PF (-lę): **~ k-o** umg j-n hauen, j-m eins überziehen
zdzierać (-am) ⟨**zedrzeć**⟩ (zedrę) kartkę, tapety abreißen; kolano, łokieć abschürfen; skórkę abziehen; odzież abtragen; obicia abscheuern; opony abfahren; **~ sobie zdrowie** umg seine Gesundheit strapazieren; **~ z k-o pieniądze** umg j-n ausnehmen; **~ z k-o skórę** fig umg j-m das Fell über die Ohren ziehen; **~ sobie gardło** sich den Mund fusselig reden
zdzier|ca M (-y; gen -ów) pej umg Halsabschneider m, Wucherer m; **~stwo** N (-a) pej umg (Preis)Wucher m
zdziesiątkować PF → dziesiątkować
zdzira F (-y) pej umg Luder n, Schlampe f, Flittchen n
zdziwaczały pej schrullig, kauzig
zdziwaczeć PF → dziwaczeć
zdziwić PF → dziwić
zdziwieni persf → zdziwiony
zdziwi|enie N (-a) Verwunderung f, Erstaunen n; Befremden n; **~ony** (persf -eni) erstaunt, verwundert; befremdet
ze PRÄP: **~ srebra** aus Silber; **~ skóry** aus Leder; **~ mną** mit mir; **~ śpiewem** singend; **~ sto** partikel etwa hundert, an die hundert; → z
zebra F (-y) ZOOL Zebra n; na ulicy Zebrastreifen m
zebrać˙ PF: **~ się na odwagę** Mut fassen; → zbierać
zebra|nie N (-a) Versammlung f; **~nie wyborcze** Wahlversammlung f; **~nie ogólne** Generalversammlung f; **~ny** gesammelt; AGR abgeerntet; **dzieła** pl **~ne** TYPO gesammelte Werke pl; **~ni** pl Versammelte(n) pl
zecer M (-a; -rzy) Setzer m; **~nia** F (-i; -e) Setzerei f
zecerski błąd Setz-, Satz-
zedrzeć˙ PF → zdzierać; drzeć
zegar M (-a; -y) Uhr f; **~ z kukułką** Kuckucksuhr f; **~ słoneczny** Sonnenuhr f; **~ biologiczny** biologische Uhr f; **~ parkingowy** Parkuhr f
zegar|ek M (-rka; -rki) (Armband)Uhr f; **wszystko idzie jak w ~ku** umg alles läuft wie am Schnürchen; **z ~kiem w ręku** fig umg auf die Minute genau; **~mistrz** M (-a; -e od -owie) Uhrmacher m
zegaro|wy Uhr-; **bomba** f **~wa** Zeitbombe f
zegarynka F (-i; gen -nek) TEL Zeitansage f
zegnać PF → zganiać
zejście N (-a) Abstieg m
zejść˙ PF → schodzić
zekranizować PF → ekranizować
zelować (-uję) besohlen
zelówka F (-i; gen -wek) Schuhsohle f
zelżeć PF (3. Pers -eje) mróz, ból nachlassen
zelżyć PF → lżyć
zemdleć PF → mdleć
zemdleni persf → zemdlony
zemdl|enie N (-a) Ohnmacht f; **~ony** (persf -eni) ohnmächtig
zemleć PF → mleć
zemrzeć PF (zemrę): **zmarł wczoraj** er ist gestern gestorben; **zmarła na raka** sie ist an Krebs gestorben; **zmarli w szpitalu** sie starben im Krankenhaus; **zmarło mu się** umg er hat das Zeitliche gesegnet
zems|ta F (-y) Rache f; **dokonać** pf **~ty** Rache üben
zemścić się PF → mścić się
zeni|t M (-u; bpl) Zenit m; **w ~cie** im Zenit
zepchnąć PF → spychać
zepsu|cie N (-a; bpl) fig Verdorbenheit f, Sittenverfall m; **ulegać ~ciu** KULIN verderben, schlecht werden
zepsuć PF → psuć
zepsuty defekt, beschädigt, umg kaputt; mięso, ryba verdorben (a. fig), schlecht; owoc verfault; **~ do szpiku kości** fig bis ins Mark verdorben
zerkać (-am) ⟨**-nąć**⟩ (-nę) umg verstohlen blicken, schielen; einen Blick werfen
ze|ro N (-a; gen -) Null f; MAT null (a. fig); (nieudacznik) umg Null f, Niete f; **cztery stopnie poniżej ~ra** vier Grad unter null; **cztery stopnie powyżej ~ra** vier Grad über Null; **jest siódma ~ro** es ist Punkt sieben; **przegrać** pf **dwa do ~ra** SPORT zwei zu null verlieren; **spaść** pf **do ~ra** auf den Nullpunkt sinken; **zaczynać od ~ra** fig von null anfangen; **godzina** f **~ro** die Stunde null
zero|wy: **południk** m **~wy** GEOG Nullmeridian m; **miał ~we wiadomości** umg seine Kenntnisse waren gleich null;

zabytek *m* **klasy ~wej** Weltkulturerbe *n*; **wynik** *m* **~wy** SPORT Null-zu-Null *n*, torloses Unentschieden *n*
zerówka F (*-i; gen -wek*) *umg* Vorschule *f*
zerwać˙ PF → zrywać
zerżnąć PF: **~ tyłek k-u** *umg* j-m den Hintern versohlen; **~ k-o** (*odbyć stosunek*) *vulg* durchvögeln, durchficken; → zrzynać
zeschnąć się PF → zsychać się
zeskakiwać (*-uję*) ⟨**zeskoczyć**⟩ (*-ę*) (**z** *gen*) abspringen, hinunterspringen (von *dat*)
zeskanować PF → skanować
zeskrobywać (*-uję*) ⟨**zeskrobać**⟩ (*-ię*) abkratzen
zesłać˙ PF → zsyłać
zesłanie N (*-a*) Verbannung *f*, Deportation *f*; **~ Ducha Świętego** REL Ausgießung *f* des Heiligen Geistes
zesłan|iec M (*-ńca; -ńcy*), **~ka** F (*-i*) Verbannte(r) *m*, *f*, Deportierte(r) *m*, *f*
zespalać (*-am*) ⟨**zespolić**⟩ (*-lę, -ól!*) vereinen; **~ się** sich vereinen
zespawać PF → spawać
zespolić PF → zespalać
zespoło|wy (**-wo**) kollektiv, gemeinsam; **praca** *f* **~wa** Teamarbeit *f*; **gry** *f/pl* **~we** SPORT Mannschaftsspiele *n/pl*
zespół M (*-ołu; -oły*) (Arbeits)Team *n*; TEATR Ensemble *n*; MUS Band *f*, Gruppe *f*; ARCH Komplex *m*; TECH Aggregat *n*, Satz *m*; **~ badawczy** Forscherteam *n*, Forschergruppe *f*; **~ rockowy** Rockband *f*, Rockgruppe *f*; **~ Downa** MED Down-Syndrom *n*
zesrać się PF (*-am*) *vulg* in die Hose scheißen
zestarzeć się PF → starzeć się
zestaw M (*-u; -y*) *kolorów* Zusammenstellung *f*, Kombination *f*; *narzędzi* Satz *m*; (*spis*) Auflistung *f*; **~ mebli** Möbelgarnitur *f*; **~ mebli kuchennych** Einbauküche *f*; **~ słuchawkowo-mikrofonowy** Headset *n*
zestawiać (*-am*) ⟨**-ić**⟩ (*-ię*) zusammensetzen, zusammenstellen, kombinieren; (*postawić obok siebie*) zusammenschieben; **~ z** (*gen*) herunterholen (von *dat*); (*porównywać*) vergleichen (mit *dat*), gegenüberstellen (*dat*)
zestawie|nie N (*-a*) Kombination *f*, Zusammenstellung *f*; (*spis*) Aufstellung *f*; Zusammenstellung *f*, Übersicht *f*; (*porównanie*) Gegenüberstellung *f*; **w ~niu z** (*inst*) im Vergleich zu (*dat*)
zestresować PF → stresować
zestresowany gestresst
zestrzelić PF (*-ę*) abschießen
zeszczupleć PF → szczupleć
zeszłoroczny vorjährig, aus dem letzten Jahr
zeszł|y vorig, vergangen; **w ~ym roku** im vergangenen *od* vorigen *od* letzten Jahr, im Vorjahr; *umg* letztes Jahr, voriges Jahr, vergangenes Jahr; **~ej jesieni** im vergangenen Herbst; **~ej nocy** in der vergangenen Nacht; *umg* letzte Nacht, vergangene Nacht; **w ~y piątek** am vergangenen Freitag
zeszpecony entstellt, verunstaltet
zesztukować PF → sztukować
zesztywnieć PF → sztywnieć
zeszyt M (*-u; -y*) Heft *n*
ześlizgiwać się (*-uję*) ⟨**ześliz(g)nąć się**⟩ (*-nę*) (hin)abrutschen, (hin)abgleiten (**z** *gen* von *dat*)
ześrubować PF (*-uję*) zusammenschrauben, verschrauben
zetknąć PF → stykać
zetrzeć˙ PF → ścierać
zewidencjonować PF → ewidencjonować
zewnątrz: **na ~** *adv* nach außen (*a. fig*); außen; draußen; **z ~** von außen; **temperatura** *f* **na ~** Außentemperatur *f*
zewnętrz|ny *strona, drzwi, polityka* Außen-; *podobieństwo* äußerlich (*a. fig*); **do użytku ~nego** MED zur äußeren Anwendung; **wygląd** *m* **~ny** Äußere(s) *n*
zewrzeć˙ PF → zwierać
zewsząd von überall her, von allen Seiten; **przyjechać** *pf* **~** *lit* aus aller Herren Länder(n) kommen
zez M (*-a; bpl*) *umg* Silberblick *m*, Schielen *n*; **mieć ~a** schielen; **patrzeć ~em** (**na** *akk*) *fig* scheel *od* schief ansehen (*akk*)
zeznać PF → zeznawać
zezn|anie N (*-a*) JUR Aussage *f*; **~anie podatkowe** Steuererklärung *f*; **odmowa** *f* **~ań** JUR Zeugnisverweigerung *f*
zeznawać (*zeznaję*) ⟨**zeznać**⟩ (*-am*) JUR aussagen
zezować (*-uję*) schielen
zezowa|ty schielend, schieläugig; **on jest ~ty** er schielt; **~te szczęście** *n* Pech *n*
zezwalać (*-am*) ⟨**zezwolić**⟩ (*-lę, -ól!*) (**na** *akk*) erlauben (*akk*); *ofic* genehmigen (*akk*);

(*dopuszczać*) zulassen (*akk*); **~ k-u na wszystko** j-m alles erlauben

zezwierzęcenie N (*-a; bpl*) Verrohung *f*, Brutalität *f*

zezwole|nie N (*-a*) Erlaubnis *f*, Genehmigung *f*; **~nie na broń** Waffenschein *m*; **bez ~nia** unerlaubt

zezwolić PF → zezwalać

zeżreć PF → zżerać

zębatka F (*-i*) TECH Zahnstange *f*

zęba|ty gezackt; TECH Zahn-; **koło** *n* **~te** Zahnrad *n*

zębo|dół M (*-ołu; -oły*) ANAT Zahnfach *n*; **~wy** dental, Zahn-

zęby PL → ząb

zgadać się PF (*-am*) (**o** *lok*) *umg* (im Gespräch) kommen auf (*akk*)

zgadnąć PF (*-nę*) erraten; *zagadkę* lösen; **zgadnij!** rat(e) mal

zgaduj-zgadula F (*-i*) Frage-Antwort-Spiel *n*, Quiz *n*

zgadywać (*-uję*) raten

zgadywanka F (*-i; gen -nek*) Ratespiel *n*

zgadzać się (*-am*) ⟨**zgodzić się**⟩ (*-ę*): **~ na** (*akk*) (*udzielać zgody*) einverstanden sein (mit *dat*), zustimmen (*dat*); erlauben (*akk*); **~ z** (*inst*) (*przyznawać rację*) mit j-m einig sein, mit j-m übereinstimmen, j-m beipflichten; einverstanden sein (mit *dat*), beipflichten (*dat*); **~ na rozwód** in die Scheidung einwilligen; **zgadzać się** (*rozumieć się*) sich verstehen, gut miteinander auskommen; *rachunek, kopia* übereinstimmen (**z** *inst* mit *dat*); **~ na propozycję** auf einen Vorschlag eingehen; **zgadza się!** stimmt!, genau!; **coś się tu nie zgadza** hier stimmt etwas nicht; **zgadzam się!** einverstanden!

zgaga F (*-i; bpl*) Sodbrennen *n*

zganiać¹ (*-am*) ⟨**zegnać**⟩ (*-am*) *bydło, owce* zusammentreiben

zganiać² (*-am*) ⟨**zgonić**⟩ (*-ię*): **~ na k-o** *umg* auf j-n abwälzen

zganiać się (*-am*) ⟨**zgonić się**⟩ (*-ię*) *umg* sich abhetzen

zganić PF → ganić

zgarbić PF (*-ię*) *plecy* krumm machen; **~ się** *plecy* krumm werden; *przed ciosem* sich ducken; *ze starości* gebückt gehen

zgarbiony *plecy* gebeugt, krumm; *osoba* geduckt, in geduckter Haltung

zgarniać (*-am*) ⟨**-nąć**⟩ (*-nę*) zusammenschieben; *liście* zusammenkehren; *śnieg* beseitigen; *siano* zusammenrechen; (*odgarniać*) zur Seite schieben; *nagrody umg* absahnen; *złodzieja, przestępcę umg* schnappen

zgasić PF → gasić

zgasły erloschen (*a. fig*)

zgasnąć PF → gasnąć

zgaszony *kolor* gedämpft; *osoba* mutlos, bedrückt

zgęstnieć PF → gęstnieć

zgiąć PF → zginać; giąć

zgiełk M (*-u; bpl*) Lärm *m*; (*wiele głosów*) Stimmengewirr *n*; **~ uliczny** Straßenlärm *m*

zgiełkliwy (**-wie**) laut, lärmend

zgięci *persf* → zgięty

zgię|cie N (*-a*) *kartki, materiału* Knick *m*; SPORT Beuge *f*; **~ty** (*persf -ci*) *drut* gebogen, verbogen; *osoba* gebeugt; *plecy* krumm; *palec* gekrümmt

zginać (*-am*) ⟨**zgiąć**⟩ (*zegnę*) *rękę* beugen; *palec* krümmen; *drut* (ver)biegen, krümmen; *kartkę* knicken; **~ się** *osoba* sich beugen; *drut* sich verbiegen, sich krümmen; *kartka* knicken; **~ się z bólu** sich vor Schmerzen krümmen; **~ się w pas** sich tief vorbeugen

zginąć PF → ginąć

zgliszcza PL (-) Brandstätte *f*

zgliwieć PF → gliwieć

zgładzić PF (*-dzę*) *lit* töten, umbringen

zgłaszać (*-am*) ⟨**zgłosić**⟩ (*zgłoszę*) (*zawiadamiać*) melden; *kradzież* anzeigen; *wniosek* einbringen, einreichen; *protest* einlegen; *akces* erklären; *kandydata* aufstellen; *sprzeciw* erheben; *zastrzeżenia* anmelden; **~ rezygnację** *ofic* zurücktreten; zurückgeben; **~ do oclenia** zum Zoll anmelden; **~ się** sich melden (**u** *gen* bei *dat*); **~ się do** (*gen*) sich anmelden (zu *dat*); TEL sich (am Telefon) melden, abnehmen; **~ się na ochotnika** sich freiwillig melden; **~ się do odpowiedzi** sich (zu Wort) melden; **~ się po paczkę** ein Paket (bei der Post) abholen

zgłębiać (*-am*) ⟨**-ić**⟩ (*-ię*) (*akk*) ergründen (*akk*), auf den Grund gehen (*dat*)

zgłodniały (*persf -li*) ausgehungert

zgłodnieć PF → głodnieć

zgłosić PF → zgłaszać

zgło|ska F (*-i; gen -sek*) Silbe *f*; **~szenie** N (*-a*) (*zawiadomienie*) Meldung *f*; (*podanie*) Anmeldung *f*; *kradzieży* Anzeige *f*; *kandydata* Aufstellung *f*; **pisemne ~szenie** (**do**

wyrażanie zgody

Zgadzam się z tym.	Ich bin damit einverstanden.
Jestem (całkowicie) twojego zdania.	Ich bin (ganz) deiner Meinung.
Jestem tego samego zdania.	Ich bin derselben Meinung.
Masz (całkowitą) rację.	Du hast (vollkommen) Recht.
Też tak sądzę.	Das finde ich auch.
Myślę tak samo.	Ich denke genauso.
Tu bym się z tobą zgodził.	Hier würde ich dir zustimmen.
Dokładnie!	Genau!
Może i masz rację.	Vielleicht hast du Recht.

gen) schriftliche Anmeldung *f* (zu *dat*); **Pan Kowalski proszony jest o ~szenie się na informacji** Herr Kowalski wird gebeten, sich an der Information zu melden; **podlegać ~szeniu** (an)meldepflichtig sein

zgłupieć PF → głupieć

zgnębić PF → gnębić

zgnębiony bedrückt, niedergeschlagen

zgniatać (*-am*) ⟨**zgnieść***⟩ (*zgniotę*) zerdrücken; *papier* zerknüllen; *materiał* zerknittern; *papierosa* ausdrücken; (*zmiażdżyć*) zerquetschen; **~ się** zerdrückt sein; *papier* zerknüllt sein; *materiał* zerknittert sein

zgnić PF → gnić

zgnieceni *persf* → zgnieciony

zgniecenie N (*-a*) MED Quetschung *f*

zgnieciony (*persf -ceni*) (*ściśnięty*) dicht gedrängt, *umg* aufeinanderhockend; *papier* zerknüllt; *materiał* zerknittert

zgnieść PF → zgniatać

zgnić PF → gnić

zgnilizna F (*-y; bpl*) Fäulnis *f*; Moder *m*; *fig* Verderbtheit *f*, Sittenverfall *m*; **pachnie ~ną** es riecht faulig; es riecht nach Moder, es riecht moderig

zgniłki M/PL (*gen -ów*) *umg* angefaultes Obst *n*

zgniły *owoce* verfault; *jajka* faul; *zapach* faulig; moderig; *liście* vermodert; *zieleń* gedämpft; *fig* verdorben

zgniot M: **strefa** *f* **~u** AUTO Knautschzone *f*

zgnoić PF → gnoić

zgnuśniały (*persf -li*) *osoba* träge; *miasteczko* verschlafen, gottverlassen

zgnuśnieć PF → gnuśnieć

zgoda F (*-y; bpl*) Frieden *m*, friedliches Miteinander *n*; (*zezwolenie*) Zustimmung *f*, Einverständnis *n*; (*wspólne zdanie*) Übereinstimmung *f*, Einverständnis *n*; *ofic* Einvernehmen *n*; **wyrazić** *pf* **~dę** (**na** *akk*) einwilligen (in *akk*), seine Zustimmung geben (zu *dat*); **dojść** *pf* **do ~dy** Einigung erzielen, sich einig werden (**w** *lok* in *dat*); **~da!** einverstanden!, abgemacht!; **w ~dzie z naturą** im Einklang mit der Natur; **wyciągnąć** *pf* **rękę do ~dy** die Hand zur Versöhnung reichen; **żyć w ~dzie** friedlich miteinander leben; **za cichą ~dą** in stillschweigendem Einverständnis; **w ~dzie ze sobą** mit sich selbst im Reinen

zgodnie friedlich, harmonisch; (*jednomyślnie*) einmütig; **~ z tradycją** gemäß der Tradition, traditionell; **~ z planem** planmäßig; **~ z przepisami** vorschriftsgemäß; **~ z prawem** rechtmäßig; **~ z prawdą** wahrheitsgemäß; **~ z duchem czasu** zeitgemäß

zgodność F (*-ści; bpl*) Übereinstimmung *f*; (*jednomyślność*) Einmütigkeit *f*; EDV Kompatibilität *f*

zgodny *osoba* friedlich, friedfertig; *para* harmonisch; (*jednomyślny*) einmütig, einhellig; EDV kompatibel; *ofic* einvernehmlich; **być ~nym z** (*inst*) übereinstimmen (mit *dat*); sich mit j-m einig sein (**w** *lok* in *dat*); **~ny z planem** planmäßig; **~ny z przepisami** vorschriftsgemäß; **~ny z prawem** rechtmäßig; **~ny z duchem czasu** zeitgemäß; **to (nie) jest ~ne z prawdą** das entspricht (nicht) der Wahrheit; **kopia jest ~na z oryginałem** die Kopie stimmt mit dem Original überein

zgodzić się PF → zgadzać się

zgolić PF (*-lę*) abrasieren

zgoła ADV *lit* gänzlich; **~ nic** ganz und gar nichts; **~ inaczej** ganz und gar anders

zgon M (*-u; -y*) *ofic* Tod *m*, Ableben *n*; **świadectwo** *n* **~u** Sterbeurkunde *f*

zgonić PF → zganiać²

zgonić się PF → zganiać się
zgorszeni *persf* → zgorszony
zgorsz|enie N (*-a*) Empörung *f*, Entrüstung *f*; **wywołać** *pf* **~enie** Anstoß erregen; **ze ~eniem** empört, schockiert; peinlich berührt; **~ony** (*persf -eni*) empört, schockiert; *spojrzenie* missbilligend, empört
zgorszyć PF → gorszyć
zgorzel F (*-i; bpl*) MED Gangrän *n*, Brand *m*
Zgorzelec M (*-lca; bpl*) Görlitz *n*
zgorzkniały (*persf -li*) *osoba, mina* verbittert, verhärmt
zgorzknieć PF → gorzknieć
zgorzknienie N (*-a; bpl*) Verbitterung *f*
zgotować PF (*-uję*) *lit* bereiten
zgrabiać (*-am*) ⟨**-ić**⟩ (*-ię*) *liście* zusammenkehren; *siano* zusammenrechen
zgrabić PF → grabić
zgrabiały: **~ z zimna** steif vor Kälte
zgrabieć PF → grabieć
zgrab|ny *nogi, figura* hübsch; *ruchy* elegant, graziös; *sformułowanie* elegant; *mebel* leicht, wohlgeformt; (*zręczny*) geschickt; **ona jest ~na** sie hat eine schöne Figur
zgrać PF (*-am*) (aufeinander) abstimmen; **~ czasowo** zeitlich abstimmen
zgraja F (*-ai; -e*) *umg pej* Bande *f*, Meute *f* (*a. żart*); **~ wilków** Wolfsrudel *n*
zgra|nie N (*-a; bpl*) gute Zusammenarbeit *f*, Teamwork *n*; **~ny** (gut aufeinander) eingespielt
zgromadzenie N (*-a*) Anhäufung *f*, Ansammlung *f*; (*zebranie*) Versammlung *f*
zgromadzić PF → gromadzić
zgromić PF → gromić
zgro|za F (*-y; bpl*) Grauen *n*, Entsetzen *n*; **zdjęła go ~za** Grauen befiel ihn; **ze ~zą** entsetzt, mit Grauen; **o ~zo!** *umg żart* o Graus!
zgrubiały *palce* (an)geschwollen; *naskórek* dick, verhornt
zgrubieć PF → grubieć
zgrubienie N (*-a*) *na skórze* Verdickung *f*; JĘZ Augmentativ *n*
zgruchotać PF → gruchotać
zgruntować PF (*-uję*) *fig* ergründen, auf den Grund gehen
zgrupować PF → grupować
zgrupowanie N (*-a*) Gruppierung *f*; MIL Konzentration *f*; SPORT Trainingslager *n*
zgry|wa F (*-y*) *umg* Faxe *pl*; **robić sobie ~wy z k-o** *umg* j-n aufziehen, j-n veräppeln; **dla ~wy** zum Spaß, als Gag; **bez ~wów!** ohne Quatsch!
zgrywać (*-am*): **~ k-o** *umg* sich aufspielen als (*nom*); **~ się** *umg* herumalbern; spinnen
zgrywus M (*-a; -y*) *umg* Spaßvogel *m*
zgryz M (*-u; -y*) MED Okklusion *f*, Gebiss *n*; **~ota** F (*-y*) Gram *m*, Kummer *m*
zgryźć* PF (*zgryzę*) zerbeißen
zgryźliwy (**-wie**) gehässig, boshaft
zgrzać się PF (*zgrzeję się*) ins Schwitzen kommen, sich erhitzen; **zgrzałem się** mir ist heiß geworden, ich bin ins Schwitzen gekommen
zgrzany erhitzt, verschwitzt
zgrzeb|ło N (*-a*) *do koni* Striegel *m*; **~ny** *ubranie* aus grobem Leinen; *codzienność* grau
zgrzeszyć PF → grzeszyć
zgrzewać (*-am*) ⟨**zgrzać**⟩ (*zgrzeję*) TECH (ver)schweißen
zgrzewarka F (*-i*) TECH Stumpfschweißmaschine *f*
zgrzybiały (*persf -li*) greisenhaft, senil
zgrzybieć PF → grzybieć
zgrzyt M (*-u; -y*) *hamulców, drzwi* Quietschen *n*; *fig* Missklang *m*; **słychać ~ klucza w zamku** man hört den Schlüssel im Schloss; **~y** *pl* (*nieporozumienia*) Unstimmigkeiten *pl*
zgrzytać (*-am*) ⟨**-nąć**⟩ (*-nę*) *hamulce, drzwi* quietschen; **zgrzytać zębami** mit den Zähnen knirschen
zgu|ba F (*-y*) (*rzecz*) verlorener Gegenstand *m*; (*osoba*) Vermisste(r) *m*, *f*, Ausreißer *m*; (*bpl*) (*nieszczęście*) *lit* Verderben *n*, Verhängnis *n*; Unheil *n*; **iść na pewną ~bę** offenen Auges ins Verderben rennen; **doprowadzić** *pf* **do ~by** ins Verderben stürzen; **ocalić** *pf* **od ~by** vor dem Unheil retten; **alkohol był jego ~bą** der Alkohol war sein Verderben *od* sein Verhängnis; **ta kobieta była jego ~bą** diese Frau wurde ihm zum Verhängnis
zgubić PF → gubić
zgub|iony (*persf -eni*) verloren; **~ny** fatal, verhängnisvoll; Unheil bringend; *wpływ* verderblich, unheilvoll; **~ny w skutkach** verheerend
zgwałcenie N (*-a*) Vergewaltigung *f*
zgwałcić PF → gwałcić
zhańbić PF → hańbić

zhardzieć PF → hardzieć
zharmonizować PF → harmonizować
zhellenizować PF → hellenizować
ZHP (Związek Harcerstwa Polskiego) Polnischer Pfadfinderverband *m*
ziać (*zieję*) *pies* hecheln; *przepaść* klaffen, gähnen; ~ **ogniem** Feuer speien; ~ **pustką** (menschen)leer sein, wie ausgestorben sein; **w sali ziało pustką** im Saal herrschte gähnende Leere; ~ **nudą** totlangweilig sein; ~ **nienawiścią** von Hass erfüllt sein; **zieje chłodem** es kommt eine kühle Luft herein
ziarenko N (*-a; gen -nek*) *dim soli, pieprzu, piasku* Körnchen *n;* BOT (Samen)Körnchen *n; kawy* Bohne *f; słonecznika* Sonnenblumenkern *m;* ~ **prawdy** ein Körnchen Wahrheit
ziarnis|ty körnig; **kawa** *f* **~ta** Bohnenkaffee *m*
ziarnko N (*-a; gen -nek*) → ziarenko
ziar|no N (*-a; gen -ren*) Korn *n; fasoli, kawy, kakao* Bohne *f; do siewu* Saat *f,* Samenkörner *pl;* **~na** *pl* Körner *pl;* **~na** *pl* **kawy** Kaffeebohnen *pl;* **~na** *pl* **słonecznika** Sonnenblumenkerne *pl;* **~na** *pl* **grochu** Erbsen *pl;* **oddzielać plewy od ~na** *fig* die Spreu vom Weizen trennen
ziąb M (*-u; bpl*) durchdringende Kälte *f,* schneidende Kälte *f*
zidentyfikować PF → identyfikować
zidiocieć PF → idiocieć
zielarski: **sklep** *m* ~ Kräuterladen *m*
zielarstw|o N (*-a; bpl*) Heilkräuterkunde *f,* Heilpflanzenkunde *f;* **zajmować się ~em** (*leczyć*) mit Heilkräutern behandeln
ziel|arz M (*-a; -e*), **~arka** F (*-i*): **on jest ~arzem** er versteht sich auf die Anwendung von Heilkräutern
ziele N (*-a; zioła; gen ziół*) (Heil)Pflanze *f,* (Heil)Kraut *n;* **zioła** *pl* KULIN Kräuter *pl;* MED Heilkräuter *pl;* ~ **angielskie** KULIN Piment *m od n,* Nelkenpfeffer *m;* **suszyć zioła** Kräuter trocknen; **pić zioła** Kräutertee trinken, Kräuteraufguss trinken; **zaparzyć zioła** einen Kräuteraufguss zubereiten
zieleniak M (*-a; -i*) *umg* (*sklep*) Gemüseladen *m;* (*targ*) Gemüsemarkt *m*
zielenić się (*3. Pers -eni*) *drzewa, trawa* grün werden, *lit* grünen; ~ (**w oddali**) sich (in der Ferne) grün abzeichnen, (in der Ferne) grün schimmern
zieleniec M (*-ńca; -ńce*) Grünanlage *f*
zielenieć ⟨**z-**⟩ (*-eję*) grün werden; ~ **z zazdrości** vor Neid gelb werden; **zielenieć (w oddali)** sich (in der Ferne) grün abzeichnen, (in der Ferne) grün schimmern
ziel|enina F (*-y*) KULIN Grünzeug *n;* **~eń** F (*-ni; -nie*) Grün *n;* (*kolor*) grüne Farbe *f,* Grün *n;* **w ~eni** im Grünen; in Grün; **~enie** *pl* Grüntöne *pl;* **wściekła ~eń** Giftgrün *n*
zielnik M (*-a; -i*) Herbarium *n*
ziel|ny: **Matki Boskiej ≈nej** REL Mariä Himmelfahrt
Zielona Góra F (*Zielonej genóry; bpl*) Grünberg *n*
zielone N (*-ego; bpl*) *umg* Grüne(s) *n* (*a.* KULIN); **dodać** *pf* **do kwiatów** ~ Grünes zu den Blumen binden
zieloniutki (**-ko**) *dim* schön grün
zielonkawy (**-wo**) grünlich
zielo|ny (**-no**) grün; **tereny** *pl* **~ne** Grünanlagen *pl;* **na ~nym** (**świetle**) bei Grün; **w ~nym kolorze** in Grün, in grüner Farbe; **nie mieć ~nego pojęcia** keinen blassen Schimmer haben; **przez ~ną granicę** über die grüne Grenze; **~na fala** *f* AUTO grüne Welle *f;* **on jest jeszcze ~ny** er ist noch ein Grünschnabel, er ist noch grün; **≈ne Świątki** REL Pfingsten *n;* **≈ni** *pl* POL Grünen *pl*
zielsko N (*-a*) *umg* Unkraut *n*
zie|mia F (*-i; -e*) (*powierzchnia*) (Erd)Boden *m,* Erde *f;* (*gleba*) Erde *f,* Erdreich *n,* Boden *m;* (*grunt*) (Acker)Land *n,* Grundstück *n;* (*obszar*) Land *n,* Boden *m;* **≈mia** (*bpl*) ASTRON Erde *f;* **pod ~mią** unter der Erde; **pracować pod ~mią** GÓRN unter Tage arbeiten; **do (samej) ~mi** bodenlang; **upaść** *pf* **na ~mię** auf den Boden fallen; **podnieść** *pf* **z ~mi** vom Boden aufheben; **trzęsienie** *n* **~mi** Erdbeben *n;* **~mia ojczysta** Heimat *f;* **≈mia Święta** das Heilige Land; **nie z tej ~mi!** *umg* unglaublich!, das gibt es nicht!; **zrównać** *pf* **z ~mią** dem Erdboden gleichmachen; **uprawiać ~mię** AGR den Boden bestellen; **~mia usuwa mi się spod nóg** ich verliere den Boden unter den Füßen; **wyrosnąć** *pf* **jak spod ~mi** plötzlich auftauchen; **najchętniej zapadłbym się pod ~mię ze wstydu** vor Scham wäre ich am liebsten im Boden versunken; **mocno stąpać po ~mi** mit beiden Beinen auf dem Boden

stehen; **~mia pali mu się pod nogami** ihm brennt der Boden unter den Füßen; **gryźć ~mię** *umg* ins Gras beißen; **spoczywać pod ~mią** *lit* unter der Erde liegen
Ziemianin M (*-a; -anie*) Erdbewohner *m*
ziemian|in M (*-a; -anie*), **~ka**[1] F (*-i*) HIST Gutsbesitzer(in) *m(f)*
ziemianka[2] F (*-i*) Erdhütte *f*; AGR Grube *f*
ziemiaństwo N (*-a; bpl*) *koll* Gutsbesitzer *pl*, Landadel *m*
ziemiopłody M/PL (*gen -ów*) Agrarprodukte *n/pl*
ziemniaczal|ny KULIN Kartoffel-; **placki** *m/pl* **~ne** Kartoffelpuffer *m/pl*; **stonka** *f* **~na** ZOOL Kartoffelkäfer *m*
ziemniak M (*-a; -i*) BOT, KULIN Kartoffel *f*; **~i** *pl* **z wody** *od* **~i** *pl* **gotowane** Salzkartoffeln *pl*; **~i** *pl* **w mundurkach** Pellkartoffeln *pl*
ziem|ny *wał, prace* Erd-; **personel** *m* **~ny** LOT Bodenpersonal *n*; **orzeszki** *pl* **~ne** Erdnüsse *pl*; **gaz** *m* **~ny** Erdöl *n*
ziemski *atmosfera, kula* Erd-; (*doczesny*) irdisch; **majątek** *m* **~** Landgut *n*; **przyciąganie** *n* **~e** FIZ Schwerkraft *f*
ziewać (*-am*) ⟨**-nąć**⟩ (*-nę*) gähnen
ziewanie N (*-a; bpl*) Gähnen *n*
ziewnąć PF → ziewać
zięba F (*-y*) Buchfink *m*
Ziębice PL (*-; bpl*) Münsterberg *n*
ziębić (*-ię*) *mieszkanie* auskühlen; **to mnie ani ziębi, ani grzeje** das lässt mich kalt
ziębnąć ⟨**z-**⟩ (*-nę, ziąbł*) frieren
zięć M (*-cia; -ciowie*) Schwiegersohn *m*
zignorować PF → ignorować
zilustrować PF → ilustrować
zi|ma F (*-y*) Winter *m*; **~mą** *od* **w ~mie** im Winter
zim|nawy kalt (geworden), kühl; **~nica** F (*-y; bpl*) *umg* Hundekälte *f*, bittere Kälte *f*; **ale tu ~nica!** *umg* es ist saukalt hier!
zimniej *komp* ADV kälter; → zimno[2]
zimniejszy *komp* ADJ kälter; → zimny
zim|no[1] N (*-a*) Kälte *f*; **drżeć z ~na** vor Kälte zittern
zimno[2] ADV kalt; *fig* kühl, kalt; **~ mi** mir ist kalt; **zrobiło się ~** es ist kalt geworden; **w mieszkaniu jest ~** es ist kalt in der Wohnung; **~ mi w nogi** mir ist kalt an den Füßen; **~ jak w psiarni** *umg* saukalt; **podawać na ~** KULIN kalt servieren
zimnokrwisty ZOOL kaltblütig, wechselwarm
zim|ny (*-no*[2]) kalt (*a. fig*); **~ne przekąski** *pl* kalte Vorspeisen *pl*; **z ~ną krwią** kaltblütig; **~ny drań** *m* ausgemachter *od* gemeiner Schurke *m*; **zachować** *pf* **~ną krew** einen kühlen Kopf bewahren; **~ny jak lód** eiskalt; **~ne ognie** *pl* Wunderkerzen *pl*; **on teraz dmucha na ~ne** *fig* er ist ein gebranntes Kind; **on wylał na mnie kubeł ~nej wody** *fig* er hat mich meiner Illusionen beraubt; **~na wojna** *f* HIST Kalter Krieg *m*
zimorodek M (*-dka; -dki*) Eisvogel *m*
zimować ⟨**prze-**⟩ (*-uję*) überwintern; *umg uczeń* sitzen bleiben
zimowisko N (*-a*) ZOOL Winterlager *n*; (*obóz*) Winterferienlager *n*; (*kurort*) Winterkurort *m*
zimowy winterlich, Winter-; **sen** *m* **~** ZOOL Winterschlaf *m*
zintegrować PF → integrować
zintensyfikować PF → intensyfikować
zinterpretować PF → interpretować
zioła PL → ziele
zioło|lecznictwo N (*-a; bpl*) Pflanzenheilkunde *f*; **~wy** Kräuter-; **pieprz** *m* **~wy** Gewürzmischung *f*
ziom|ek M (*-mka; -mkowie*) Landsmann *m*; **~kostwo** N (*-a*) POL Vertriebenenverband *m*
zionąć PF (*-nę, -ń!*): **~ ogniem** Feuer speien; **~ pustką** (menschen)leer sein, wie ausgestorben sein; **w sali zionęło pustką** im Saal herrschte gähnende Leere; **~ nudą** totlangweilig sein; **~ nienawiścią** von Hass erfüllt sein
ziół|ko N (*-a; gen -łek*) (*gagatek*) *umg* sauberes Früchtchen *n*; **~ka** *pl* (Heil-)Kräuter *pl*; **pić ~ka** Kräutertee trinken, Kräuteraufguss trinken
zipać (*-ię*): **ledwo** *od* **ledwie ~** *umg* auf dem letzten Loch pfeifen; todmüde sein
zipnąć PF (*-nę*): **nie dać** *pf* **ani ~** keine Atempause gönnen; **ani zipnął** sofort, auf der Stelle
zirytować PF → irytować
zirytowany verärgert, gereizt
ziszczać (*-am*) ⟨**ziścić**⟩ (*ziszczę*) *lit* verwirklichen, erfüllen; **~ się** in Erfüllung gehen, sich verwirklichen
zjadacz M (*-a; -e*): (**przeciętny**) **~ chleba** Otto Normalverbraucher *m*
zjadać (*-am*) ⟨**zjeść**⟩ (*zjem*) aufessen;

słowa, końcówki umg verschlucken
zjadliwy (**-wie**) gehässig, bissig, boshaft; *jedzenie umg żart* essbar
zjawa F (*-y*) (*duch*) Gespenst *n*; (*fantom*) Erscheinung *f*, Phantom *n*
zjawiać się (*-am*) ⟨**-ić się**⟩ (*-ię*) (*przybywać*) erscheinen
zjawisko N (*-a*) Phänomen *n*; *fig* Erscheinung *f*; **~ przyrody** Naturphänomen *n*
zjazd M (*-u*; *-y*) Abfahrt *f*; SPORT Abfahrtslauf *m*; (*zebranie*) Kongress *m*, Tagung *f*; **~ z autostrady** (Autobahn)Ausfahrt *f*; **~ absolwentów** Abiturtreffen *n*; **~ rodzinny** Familientreffen *n*; **~owy** SPORT Abfahrts-
zjechać* PF: **~ k-o** *umg* j-n herunterputzen, j-n zur Schnecke machen; *książkę umg* verreißen; → zjeżdżać
zjednać PF → zjednywać
zjednoczen|ie N (*-a*) Vereinigung *f*; (*organizacja*) Verband *m*, Trust *m*; **~ie Niemiec** HIST Wiedervereinigung *f* Deutschlands; **Święto** *n* **℞ia Niemiec** Tag *m* der Deutschen Einheit
zjednoczo|ny vereinigt; **Stany** *pl* **℞ne** Vereinigte Staaten *pl*; **Organizacja** *f* **Narodów ℞nych** Vereinte Nationen *pl*
zjednoczyć PF → jednoczyć
zjednywać (*-uję*) ⟨**zjednać**⟩ (*pozyskać*) gewinnen; **~ sobie przyjaciół** Freunde gewinnen; **jego skromność zjednywała mu wszystkich** seine bescheidene Art nahm alle für ihn ein
zjełczały ranzig
zjełczeć PF → jełczeć
zjeść* PF: **~ zęby na** (*lok*) *umg* sich bestens verstehen (auf *dat*), ein alter Hase sein (in *dat*); **pójść** *pf* **coś ~** essen gehen; **mógłbym ~ konia z kopytami** ich habe einen Bärenhunger; → zjadać
zjeździć PF (*zjeżdżę*) *kraj* bereisen, durchfahren
zjeżdżać (*-am*) ⟨**zjechać**⟩ (*zjadę*) hinabfahren, hinunterfahren; (*przybyć*) (an)kommen; (*zsuwać się*) *umg* herunterrutschen; **~ pod ziemię** GÓRN einfahren; **~ z autostrady** die Autobahn verlassen; **~ na pobocze** AUTO an die Seite fahren; **~ windą** mit dem Fahrstuhl nach unten fahren; **~ na sankach** mit den Schlitten hinunterfahren; **~ na nartach** mit den Skiern hinunterfahren; **zjeżdżaj!** *pop* hau ab!; **~ się** zusammenkommen, zusammentreffen
zjeżdżalnia F (*-i*; *-e*) Rutschbahn *f*
zjeżyć PF (*-ę*) *sierść* aufrichten; **~ się** *fig umg* sich sträuben, bockig werden; **włosy zjeżyły mi się na głowie** mir standen die Haare zu Berge
zjonizować PF → jonizować
zlać PF: **~ k-o** *umg* j-n verprügeln; **~ wodą k-o** j-n mit Wasser begießen, j-n mit Wasser nass machen; **~ się** *pop* in die Hose machen; → zlewać
zlany: **~ potem** schweißgebadet
zlatywać (*-uję*)⟨**zlecieć**⟩ (*-cę*) *ptak, owad* hinabfliegen, herunterfliegen; (*spaść*) *umg* hinunterfliegen; **~ po schodach** *umg* die Treppe hinunterlaufen; **czas zleciał szybko** *umg* die Zeit ist schnell vergangen, die Zeit war schnell um; **~ się** *ptaki* sich versammeln; angeflogen kommen, in Scharen kommen; *osoby umg* angerannt kommen, gaffen
zlecać (*-am*) ⟨**-ić**⟩ (*-cę*): **~ k-u** (*akk*) j-n beauftragen (mit *dat*); j-n betrauen (mit *dat*)
zlecenie N (*-a*) Auftrag *m*; **~ wypłaty** Zahlungsanweisung *f*
zlecenio|biorca M (*-y*; *gen -ów*) Auftragnehmer *m*; **~dawca** M (*-y*; *gen -ów*) Auftraggeber *m*
zlecić PF → zlecać
zlecieć PF → zlatywać
zlecon|y praca *f* **~a** Auftragsarbeit *f*
zlekceważyć PF → lekceważyć
zlepek M (*-pku od -pka*; *-pki*) *umg* Mischmasch *m*, Flickwerk *n*
zlepiać (*-am*) ⟨**-ić**⟩ (*-ię*) zusammenkleben; *rzęsy* verkleben; *fig* zusammenkitten; **~ się** *v/i* zusammenkleben, verklebt sein
zlew M (*-u*; *-y*) Spülbecken *n*, Spüle *f*
zlewać (*-am*) ⟨**zlać**⟩ (*zleję*) (*odlać*) abgießen, abfüllen; *do jednego naczynia* zusammenschütten, zusammengießen; **zlewać się** *fig* zusammenfließen
zle|wki PL (*gen -wek*) Küchenabfälle *pl*; **~wozmywak** M (*-a*; *-i*) Spüle *f*
zleźć* PF → złazić
zleżały *owoce, ser* nicht mehr frisch
zlęknąć* się PF (*-nę*) Angst bekommen, erschrecken
zliberalizować PF → liberalizować
zliczać (*-am*)⟨**-yć**⟩ (*-ę*) zusammenzählen; **trudno zliczyć, ile razy** unzählige Male; **nie umieć do trzech ~** nicht bis drei zählen können

zlikwidować PF → likwidować
zlinczować PF → linczować
zlitować się PF *(-uję)* Mitleid haben (**nad** *inst* mit *dat*)
zlizywać *(-uję)* ⟨**zlizać**⟩ *(zliżę)* ablecken
zlodowaciały vereist; *nogi, ręce* eiskalt; *fig* erkaltet
zlodowacieć PF → lodowacieć
zlokalizować PF → lokalizować
zlot M *(-u; -y)* *(zjazd)* Treffen *n*; *ptaków* Versammlung *f*; **~ młodzieży** Jugendtreffen *n*
zlustrować PF → lustrować
zlutować PF → lutować
zluzować PF *(-uję)* *pas* lockern; **~ k-o** j-n ablösen
zł (złoty) Zloty *m*
złagodnieć PF → łagodnieć
złagodzenie N *(-a)* *bólu* Linderung *f*; **~ kary** Strafmilderung *f*
złagodzić PF → łagodzić
złajać PF → łajać
złakniony *(persf -eni)*: **~ wiedzy** wissensdurstig; **~ miłości** liebesbedürftig
złakomić się PF → łakomić się
złamać PF: **~ serce k-u** j-m das Herz brechen; → łamać
złama|nie N *(-a)* MED Bruch *m*; **na ~nie karku** Hals über Kopf; **~ny** *gałąź, osoba, kolor* gebrochen (*a.* MED); **nie dać** *pf* **~nego grosza** keine müde Mark ausgeben
złapać PF → łapać
złazić *(złażę)* ⟨**zleźć**⟩ *(zlezę)* *umg* herunterklettern, absteigen (**z** *gen* von *dat*); *farba* abblättern; *skóra* abgehen
złączyć PF *(-ę)* verbinden; *klasy* zusammenlegen; *części* zusammensetzen, verbinden; **~ się** sich verbinden
złącze N *(-a; gen -y)* TECH Verbindung *f*
zło N *(-a, dat lok złu; bpl)* Böse(s) *n*; **mniejsze ~** das kleinere Übel; **~ konieczne** notwendiges Übel *n*; **naprawić** *pf* **~** ein Unrecht wiedergutmachen, einen moralischen Schaden wiedergutmachen; **~cenie** N *(-a; gen -eń)* Vergoldung *f*, Goldverzierung *f*
złoci *persf* → złoty
złocić ⟨**po-**⟩ *(-cę)* vergolden; **~ się** golden schimmern
złocisty (**-ście**) golden, goldglänzend
złoczyńca M *(-y; gen -ów)* Übeltäter *m*, Verbrecher *m*
złodziej M *(-a; -e)* Dieb *m*; **~ kieszonkowy** Taschendieb *m*; **~ samochodów** Autodieb *m*, *umg* Autoschieber *m*
złodziej|aszek M *(-szka; -szki)* *umg* Langfinger *m*; **~ka** F *(-i; gen -jek)* Diebin *f*
złodziejs|ki diebisch, Diebes-; **gwara** *f* **~ka** Gaunersprache *f*
złodziejstwo N *(-a; bpl)* Diebstahl *m*
złoić PF → łoić
złom M *(-u; bpl)* Schrott *m*
złomować *(-uję)* verschrotten; MAR abwracken
złorzeczyć *(-ę)* *(dat)* verfluchen, verwünschen *(akk)*
złościć *(złoszczę)* ärgern, aufbringen; **~ się** sich ärgern (**na** *akk* über *akk*)
zło|ść F *(-ci; bpl)* Ärger *m*, Wut *f*; **na ~ść k-u** j-m zum Trotz; **jak na ~ść** zu allem Übel; **ze ~ścią** verärgert, böse; **ze ~ści** vor Wut; **w ~ści** im Zorn
złośliwie ADV → złośliwy
złośliw|ość F *(-ści; bpl)* Boshaftigkeit *f*; *losu* Tücke *f*; **~ości** *pl* Bosheiten *pl*, bissige Bemerkungen *pl*; **~ość rzeczy martwych** die Tücke des Objekts
złośli|wy (**-wie**) boshaft, gehässig; MED bösartig; **~wa satysfakcja** *f* Schadenfreude *f*; **nowotwór** *m* **~wy** MED bösartiger Tumor *m*
złośn|ica F *(-y)*, **~ik** *m* *(-a; -cy)* *umg* Wüterich *m*, Hitzkopf *m*
złot|awy (**-wo**) goldglänzend; **~ko** N *(-a)* *(opakowanie)* Goldpapier *n*; **moje ~ko!** mein Goldstück!
złotn|ictwo N *(-a; bpl)* Goldschmiedekunst *f*; **~ik** M *(-a; -cy)* Goldschmied *m*
zło|to[1] N *(-a)* Gold *n* (*a. fig*); **to jest na wagę ~ta** das ist mit Gold nicht aufzuwiegen; **nie wszystko ~to, co się świeci** es ist nicht alles Gold, was glänzt; **kopalnia** *f* **~ta** *od* **żyła** *f* **~ta** *fig* Goldgrube *f*; **gorączka** *f* **~ta** Goldfieber *n*, Goldrausch *m*; **ze ~ta** aus Gold, Gold-
złoto[2] ADV → złoty
złoto|brunatny goldbraun; **~dajny** *złoża* goldhaltig
Złotoryja F *(-i; bpl)* Goldberg *n*
złotowłosy *lit* goldhaarig
Złotów M *(-owa; bpl)* Flatow *n*
złotówka F *(-i; gen -wek)* Einzlotymünze *f*, Einzlotystück *n*
zło|ty[1] (**-to**[2]) *(ze złota)* golden, Gold-; *kolor* goldfarben, golden; **~ty medal** *m* Goldmedaille *f*; **~ty człowiek** lieb(enswürdig)er

Mensch *m*, herzensguter Mensch *m*; **mieć ~te serce** ein herzensguter Mensch sein; **on jest ~tą rączką** er ist handwerklich sehr geschickt; **obiecywać ~te góry** das Blaue vom Himmel (herunter) versprechen; **~ty wiek** *m* Goldenes Zeitalter *n*; **~ty środek** *m* die goldene Mitte

złot|y² M (*-ego*; *-e*) Zloty *m*; **masz pięć ~ych?** hast du fünf Zloty?; **mam trzy ~e** ich habe drei Zloty; **to kosztuje sto ~ych** das kostet hundert Zloty

złowić PF → łowić

złowieszczy (**-czo**) unheilvoll, Unheil (ver)kündend

złowrogi (**-go**) (*wrogi*) feindselig; (*złowieszczy*) unheilvoll

złowróżbny *lit* → złowieszczy

złoża N/PL (*gen -óż*): **~ rudy** Erzlagerstätte *f*, Erzvorkommen *n*; **~ węgla** Kohlevorkommen *n*, Kohlelager *n*; GÓRN Flötz *n*; **~ ropy** Ölvorkommen *n*

złożenie N (*-a*) JĘZ Zusammensetzung *f*, Kompositum *n*; **~ zeznań** JUR (Zeugen)-Aussage *f*; *podania* Einreichung *f*; *wieńca* Niederlegung *f*

złożony komplex; **być ~m z** (*gen*) bestehen, zusammengesetzt sein (aus *dat*); JĘZ zusammengesetzt

złożyć PF → składać

złu|da F (*-y*) Täuschung *f*, Illusion *f*; Schein *m*; **świat** *m* **~dy** Scheinwelt *f*; **~dny** trügerisch; *nadzieje* leer

złudz|enie N (*-a gen -eń*) (*wrażenie zmysłowe*) Sinnestäuschung *f*, Einbildung *f*; Trugbild *n*, Fantasiegebilde *n*; (*iluzja*) Illusion *f*; **~enia** *pl* (*mrzonki*) Illusionen *pl*; **~enie wzrokowe** optische Täuschung *f*; **nie mieć ~eń** keine Illusionen mehr haben; **żyć ~eniami** sich Illusionen hingeben; **pozbawić** *pf* **~eń k-o** j-n seiner Illusionen berauben; **do ~enia podobny** zum Verwechseln ähnlich; **do ~enia przypominać** (*akk*) zum Verwechseln ähnlich sein (*dat*)

złupić PF → łupić

zł|y (*persf źli*) (**źle**) schlecht; *los, wiadomości, czyn* schlimm; *osoba, czarownik, intencje* böse; **brać** *od* **mieć za ~e** übelnehmen; *klucz, adres, odpowiedź* falsch; **~y sen** *m* böser Traum *m*; **~e przeczucie** *n* böse Vorahnung *f*; **~a wymowa** *f* schlechte Aussprache *f*; **~y znak** *m* böses Omen *n*; **~e maniery** *pl* schlechte Manieren *pl*; **jesteś na mnie ~y?** bist du böse auf mich?, bist du mir böse?; **jestem ~y na siebie** ich ärgere mich über mich selbst; **być w ~ym humorze** schlecht gelaunt sein; **być w ~ej formie** schlecht in Form sein; **~e czasy** *pl* schlimme Zeit *f*; **~e oceny** *f/pl* schlechte Noten *f/pl*; **~y duch** *m* böser Geist *m*; **~a wola** *f* böser Wille *m*; **w ~ym guście** geschmacklos; **uwaga! ~y pies** Vorsicht! bissiger Hund; **nie ma tego ~ego, co by na dobre nie wyszło** Ende gut, alles gut; **na dobre i na ~e** auf Gedeih und Verderb

zmachać się PF (*-am*) *umg* schlapp sein, fix und fertig sein

zmagać się (*-am*) (**z** *inst*) kämpfen (gegen *akk*), ringen (mit *dat*) (*a. fig*)

zmagania PL (*gen -ań*) *fig* Ringen *n*, Kampf *m*

zmagazynować PF → magazynować

zm. (**zmarły**) gest. (gestorben)

zmajstrować PF → majstrować

zmaleć PF → maleć

zmałpować PF → małpować

zmamić PF → mamić

zmanierowany *pej* affektiert, gekünstelt

zmarkotnieć PF → markotnieć

zmarły¹ (*persf -li*) verstorben

zmar|ły² M (*-ego*; *-li*), **~ła** F (*-ej*; *-e*) Verstorbene(r) *m*, *f*; **Święto** *n* **&łych** Allerheiligen *n*; Allerseelen *n*

zmarnieć PF → marnieć

zmarnotrawić PF → marnotrawić

zmarnować PF → marnować

zmarszcz|ki F/PL (*gen -ek*) Falten *f/pl*; **głębokie ~ki** Furchen *f/pl*, Runzeln *f/pl*; **twarz** *f* **pokryta ~kami** runzeliges Gesicht *n*, faltiges Gesicht *n*; **poorana ~kami twarz** *f* zerfurchtes Gesicht *n*; **przeciw ~kom** gegen Falten

zmarszczony *czoło* gerunzelt

zmarszczyć PF → marszczyć

zmartwić PF → martwić

zmartwieć PF → martwieć

zmartwieni *persf* → zmartwiony

zmartwi|enie N (*-a*; *gen -eń*) Sorge *f*, Kummer *m*; **nie masz innych ~eń?** hast du keine anderen Sorgen?; **~enie (rodziny)** (*dziecko*) Sorgenkind *n*; **~ony** (*persf -eni*) besorgt, bekümmert, betrübt

zmartwychwstać PF → zmartwychwstawać

zmartwychwstanie N (*-a; bpl*) REL Auferstehung *f* (*a. fig*)
zmartwychwstawać (*zmartwychwstaję*) ⟨**zmartwychwstać**⟩ (*zmartwychwstanę*) REL auferstehen (*a. fig*)
zmarzluch [-r·z-] *umg żart* Frostbeule *f*, kälteempfindliche Person *f*
zmarznąć [-r·z-] PF → marznąć
zmarznięty [-r·z-] frierend, durchgefroren; BOT erfroren; *ziemia* gefroren
zmasakrować PF → masakrować
zmasowany MIL konzentriert
zmatowieć PF → matowieć
zmawiać (*-am*) ⟨**zmówić**⟩ (*-ię*): **~ pacierz** *od* **modlitwę** ein Gebet sprechen, beten; **~ się przeciw k-u** sich gegen j-n verschwören
zmaza F (*-y*) *lit*: **~ na honorze** Schandfleck *m*; **~ nocna** Pollution *f*
zmazywać (*-uję*) ⟨**zmazać**⟩ (*zmażę*) *gumką* ausradieren; *winę* sühnen; *hańbę* tilgen
zmącić PF → mącić
zmądrzeć PF → mądrzeć
zmechacić się PF → mechacić się
zmechanizować PF → mechanizować
zmęczyć PF → męczyć
zmęczeni *persf* → zmęczony
zmęcz|enie N (*-a; bpl*) Müdigkeit *f*; *materiału* Ermüdung *f*; **~ony** (*persf -eni*) müde
zmętnieć PF → mętnieć
zmężnieć PF → mężnieć
zmi|ana F (*-y; gen -*) Änderung *f*, Wechsel *m*; (*przemiana*) Veränderung *f*, Wandel *m*; (*praca*) Schicht *f*; **nocna ~ana** Nachtschicht *f*; **praca** *f* **na ~any** Schichtarbeit *f*; **na ~anę** abwechselnd; **bez ~an** unverändert; **~ana tematu** Themawechsel *m*; **~ana oleju** Ölwechsel *m*; **~ana pościeli** frische Bettwäsche *f*; **nagła ~ana pogody** Wetterumschwung *m*; **~ana na lepsze** Besserung *f*; **~ana na gorsze** Verschlechterung *f*, Rückschlag *m*; **~ana personelu** Personalwechsel *m*
zmiatać (*-am*) ⟨**zmieść**⟩ (*zmiotę*) (zusammen)fegen, (zusammen)kehren; *fig* wegfegen; (*zjadać*) *umg* verputzen; **zmiataj!** *umg* hau ab!
zmiażdżenie N (*-a; bpl*) MED Quetschung *f*, Quetschwunde *f*
zmiażdżyć PF → miażdżyć
zmiąć PF → miąć
zmieniać (*-am*) ⟨**-ić**⟩ (*-ię*) *zachowanie, adres, styl* ändern; *miejsce zamieszkania, ubranie, opatrunek* wechseln; *zawodnika* auswechseln; *głos* verstellen; (*odmieniać*) verändern; **~ zdanie** seine Meinung ändern; **~ k-o** j-n ablösen (**przy** *lok* bei *dat*); **co chciałbyś zmienić?** was möchtest du ändern?; **nie chcę w tym niczego zmieniać** ich möchte daran nichts ändern; **~ świat** die Welt verändern; **~ temat** das Thema wechseln; **~ pościel** das Bett frisch beziehen, die Bettwäsche wechseln; **~ pieniądze** *umg* Geld wechseln; **~ pas** AUTO die Fahrbahn wechseln; **~ bieg** AUTO in einen anderen Gang schalten; **~ się** *osoba, sytuacja, pogoda, warunki* sich (ver)ändern; (*zastępować się*) sich ablösen, sich abwechseln; (*przemieniać się*) sich verändern, sich wandeln; **wcale się nie zmieniłeś!** du hast dich gar nicht verändert!; **~ się przy kierownicy** AUTO sich beim Fahren ablösen; **~ się na lepsze** sich zum Besseren wenden; **zmieniać się jak w kalejdoskopie** sich rasend schnell verändern
zmienna F (*-ej; -e*) MAT Variable *f*
zmienni|k M (*-a; -cy*), **~czka** F (*-i*) Ablösung *f*; (*kierowca*) Ersatzfahrer *m*, zweiter Fahrer *m*
zmienny *osoba* unbeständig, sprunghaft; *pej* wankelmütig; *charakter* labil; *uczucia* unbeständig; *pogoda* wechselhaft, unbeständig; *los* wechselvoll; *wiatr* drehend; **prąd** *m* **~** FIZ Wechselstrom *m*; **ze ~m szczęściem** mit wechselndem Glück
zmierzać (*-am*) (**do** *gen*) sich zubewegen (auf *akk*), seine Schritte lenken (zu *dat*); (*dążyć*) anstreben (*akk*); **do czego zmierzasz?** worauf willst du hinaus?; **~ w tym kierunku** in die Richtung gehen (*a. fig*)
zmierzch M (*-u; -y*) (Abend)Dämmerung *f*
zmierzchać (się) (*3. Pers -a*): **zmierzcha (się)** es dämmert, es wird dunkel; **zmierzchało (się) już** es dämmerte schon, es wurde allmählich dunkel
zmierzwić PF → mierzwić
zmierzwiony zerzaust
zmierzyć PF → mierzyć
zmieszać PF → mieszać
zmiesza|nie N (*-a; bpl*) Verlegenheit *f*, Verwirrung *f*; **~ny** verlegen, verwirrt
zmieścić PF (*zmieszczę*) *sala, stadion,*

autokar Platz bieten (für *akk*), aufnehmen (*akk*); **~ się** hineinpassen, genug Platz haben
zmieść* PF → zmiatać
zmiękczacz M (-*a*; -*e*) Weichspüler *m*
zmiękczać (-*am*) ⟨**-yć**⟩ (-*ę*) weich machen, (*fig*) weichmachen; JĘZ palatalisieren
zmięknąć PF → mięknąć
zmiętosić PF → miętosić
zmiksować PF → miksować
zmilitaryzować PF → militaryzować
zmiłować się PF (-*uję*) (**nad** *inst*) sich erbarmen (*gen*)
zmi|łowanie N (-*a*; *bpl*) Erbarmen *n*; **~otka** F (-*i*; *gen* -*tek*) Handfeger *m*
zmistyfikować PF → mistyfikować
zmitygować PF → mitygować
zmizernieć PF → mizernieć
zmizerowany abgemagert, ausgezehrt
zmłócić PF (-*cę*) *umg* verputzen
zmniejszać (-*am*) ⟨**-yć**⟩ (-*ę*) *format* verkleinern, kleiner machen; *tempo* verringern, vermindern; *odległość, liczbę* verringern; *karę* mildern; *niebezpieczeństwo* vermindern; **~ się** sich verringern, kleiner werden; sich vermindern, geringer werden
zmniejsz|enie N (-*a*; *bpl*) Verkleinerung *f*; Verringerung *f*; Verminderung *f*; **~enie kary** JUR Strafmilderung *f*
zmniejszo|ny *format* verkleinert; *odległość, niebezpieczeństwo* geringer; *tempo, liczba* niedriger; **~na odpowiedzialność** *f* JUR verminderte Zurechnungsfähigkeit *f*
zmobilizować PF → mobilizować
zmoczyć PF → moczyć
zmodernizować PF → modernizować
zmodyfikować PF → modyfikować
zmokły (*persf* -*li*) nass, durchnässt
zmoknąć PF → moknąć
zmoknięty (*persf* -*ci*) nass, durchnässt
zmontować PF → montować
zmo|ra F (-*y*) MITOL Alb *m*; *cywilizacji* Plage *f*, Fluch *m*; *wojny, bezrobocia* Gespenst *n*, Schrecken *m*; **męczyły mnie (senne) ~ry** ich hatte Albdrücken
zmordowany *umg* todmüde, fix und fertig
zmorzyć PF → morzyć
zmotoryzować PF → motoryzować
zmotoryzowany motorisiert
zmo|wa F (-*y*; *gen* -*ów*) Verschwörung *f*, Komplott *n*; **~wa milczenia** eine Mauer des Schweigens; **być w ~wie z** (*inst*) mit j-m gemeinsame Sache machen, *umg* mit j-m unter einer Decke stecken
zmóc* PF (*zmoże; zmógł*) *sen, zmęczenie* übermannen, überwältigen; *choroba* niederwerfen
zmówić PF → zmawiać
zmrok M (-*u*; *bpl*) (Abend)Dämmerung *f*; **po ~u** nach Einbruch der Dunkelheit; **zapada ~** es dämmert, es wird dunkel
zmrozić PF → mrozić
zmrużyć PF → mrużyć
zmumifikować PF → mumifikować
zmurszały *drewno* morsch; *mur* brüchig
zmurszeć PF → murszeć
zmuszać (-*am*) ⟨**zmusić**⟩ (*zmuszę*) (**do** *gen*) zwingen (zu *dat*); JUR nötigen (zu *dat*); **~ się** sich zwingen
zmuszony gezwungen; **czuć się ~m** sich genötigt sehen (**do** *gen* zu *dat*)
zmyć PF: **~ się** *umg* sich aus dem Staub machen; **~ głowę k-u** *fig umg* j-m den Kopf waschen; → zmywać
zmykać (-*am*) *umg* Reißaus nehmen; **zmykaj!** *umg* ab marsch!
zmylić PF: *pogoń* abschütteln; → mylić
zmył|ka F (-*i*, *bpl*): **dla ~ki** *umg* um den Eindruck vorzutäuschen
zmysł M (-*u*; -*y*) *wzroku, słuchu, zapachu* Sinn *m*; **pięć ~ów** die fünf Sinne; **~ smaku** Geschmack(s)sinn *m*; **~ dotyku** Tastsinn *m*; **~ zapachu** Geruchssinn *m*; **~ słuchu** Gehör *n*; **szósty ~** der sechste Sinn; **~ ładu** Ordnungssinn *m*; **~ obserwacji** Beobachtungsgabe *f*; **~ organizacyjny** Organisationstalent *n*; **~ artystyczny** Sinn *m* für Kunst; **~ do** (*gen*) Sinn *m*, Gefühl *n* (für *akk*); **~y** *pl* (*pożądanie*) Sinne *pl*, Verlangen *n*; **postradać** *pf* **~y** den Verstand verlieren; **przy zdrowych ~ach** bei Verstand; **rozpaliła jego ~y** *lit* sie erregte seine Sinne
zmysłowo ADV sinnlich, mit den Sinnen; (*erotycznie*) sinnlich, leidenschaftlich; **świat** *m* **postrzegany ~** die sinnlich *od* mit den Sinnen wahrnehmbare Welt, Sinnenwelt *f*
zmysło|wość F (-*ści*; *bpl*) Sinnlichkeit *f*, Leidenschaft *f*; **~wy** Sinnes-, sinnlich; (*erotyczny*) sinnlich, leidenschaftlich; **wrażenie** *n* **~we** Sinneseindruck *m*; **bodziec** *m* **~wy** BIOL Sinnesreiz *m*; **doznanie** *n* **~we** Sinneswahrnehmung *f*

zmyślać (*-am*) 〈**-ić**〉 (*-lę*) sich ausdenken, erfinden; *lit* erdichten; (*kłamać*) *umg* flunkern
zmyślny kunstvoll
zmyślony (frei) erfunden, fiktiv; gelogen
zmyty: **jak ~** wie ein begossener Pudel
zmywacz M (*-a*; *-e*): **~ do paznokci** Nagellackentferner *m*
zmywać (*-am*) 〈**zmyć**〉 (*zmyję*) *naczynia* abwaschen; *plamę* auswaschen; *makijaż* entfernen; *podłogę* (nass) wischen; **~ winę** sich von der Schuld reinwaschen; **~ z pokładu** MAR von Bord spülen; **~ się** *plama* sich auswaschen lassen, weggehen
zmyw|ak M (*-a*; *-i*) Topfreiniger *m*; **~alny** abwaschbar; **~arka** F (*-i*; *gen -rek*) (Geschirr)Spülmaschine *f*
znachor M (*-a*; *-rzy*), **~ka** F (*-i*; *gen -rek*) *pej* Kurpfuscher(in) *m(f)*, Quacksalber(in) *m(f)*; **być ~em** sich auf die Heilung mit Kräutern verstehen
znacjonalizować PF → nacjonalizować
znaczący (**-co**) (*ważny*) bedeutsam, bedeutend; *spojrzenie* vielsagend
znaczek M (*-czka*; *-czki*) *w tekście* Häkchen *n*; **~ pocztowy** Briefmarke *f*; **~ skarbowy** Stempelmarke *f*
znacze|nie N (*-a*; *gen -eń*) Bedeutung *f*, Sinn *m*; (*ważność*) Bedeutung *f*, Bedeutsamkeit *f*; **mieć ~nie dla** (*gen*) von Bedeutung sein, wichtig sein (für *akk*); **bez ~nia** ohne Bedeutung, bedeutungslos; **w dosłownym tego słowa ~niu** im wahrsten Sinne des Wortes
znacz|ny (*ważny*) bedeutend; *suma* beträchtlich, ansehnlich; *koszty, wydatki, straty* erheblich; **~nie mniej** erheblich weniger; **~ony** gekennzeichnet; *karty* gezinkt
znaczyć (*-ę*) bedeuten; (*robić znak*) kennzeichnen, markieren; (*oznaczać*) bedeuten, besagen; **co znaczy to słowo?** was bedeutet das Wort?; **to znaczy** das heißt; **to dla mnie wiele znaczy** das bedeutet mir viel, das hat für mich eine große Bedeutung; **pieniądze dla niego nic nie znaczą** Geld bedeutet ihm nichts, Geld hat für ihn keine Bedeutung; **to znaczy, że ...** das bedeutet, dass ..., das heißt, dass ...; **co to ma ~?** was soll das?; **co to wszystko znaczy?** was soll das bedeuten?, was soll das heißen?

znać[1] (*-am*) kennen; *język* können; **~ z widzenia** vom Sehen kennen; **znasz niemiecki?** kannst du Deutsch?; **on zna dobrze polski** er kann gut Polnisch; **dać** *pf* **~ k-u** j-n wissen lassen, j-m Bescheid geben; **~ na pamięć** auswendig können; **znasz drogę?** weißt du (noch) den Weg?; **znasz ten adres?** weißt du (noch) die Adresse?; **~ jak własną kieszeń** *umg* wie seine Westentasche kennen; **nie chcę cię ~!** ich will dich nicht mehr sehen!; **znam ten ból** *umg* davon kann ich ein Lied singen, das habe ich zur Genüge genossen; **~ jak zły szeląg** zur Genüge kennen; **nie znano wtedy ...** man kannte damals nicht ...; **~ się** sich kennen; **~ się na** (*lok*) sich auskennen (in *dat*); sich verstehen auf (*akk*); **~ się na ludziach** ein guter Menschenkenner sein; **~ się na żartach** Spaß verstehen; **~ się na rzeczy** sich gut auskennen, gut Bescheid wissen; **~ się jak łyse konie** sich seit Jahr und Tag kennen
znać[2] *präd*: **~ po niej zdenerwowanie** man sieht ihr die Aufregung an; **nie ~ było po nim, że ...** man sah ihm nicht an, dass ...; **wszędzie ~ ślady** überall sind Spuren zu sehen, überall sieht man Spuren
znad PRÄP (*gen*) über (*akk*); **~ morza** vom Meer; **patrzeć ~ okularów** über den Brillenrand hinweg sehen; **patrzeć znad gazety** über die Zeitung hinweg sehen
znajda F *od m* (*-y*) *umg* Findelkind *n*
znajdować (*-uję*) 〈**znaleźć**〉 (*znajdę*) finden; *zgubioną rzecz* wiederfinden; (*odkrywać*) entdecken, finden; **~ powód** einen Grund finden; **~ rozwiązanie** eine Lösung finden; **~ pracę** eine Arbeit finden; **~ mieszkanie** eine Wohnung finden; **~ uznanie** Anerkennung finden; **~ spokój** seine Ruhe finden; **~ czas dla k-o** sich für j-n Zeit nehmen, für j-n Zeit finden; **znajdować się** sich befinden; **będzie jak znalazł** *umg* es wird gerade richtig sein, du wirst dich darüber noch freuen; **~ się** *zgubiona rzecz* sich wieder finden
znajomek M (*-mka*; *-mki*) *umg* Bekannte(r) *m*
znajomo|ść F (*-ści*) Bekanntschaft *f*; (*wiedza*) Kenntnisse *f/pl*; **~ści** *pl* (*kontakty*) Beziehungen *pl*; **po ~ści** durch Beziehungen; **~ść języków obcych** Fremdsprachenkenntnisse *pl*; **ze ~ścią rzeczy** sach-

Z

znaki przestankowe

?	znak zapytania	das Fragezeichen
!	wykrzyknik	das Ausrufezeichen
.	kropka	der Punkt
,	przecinek	das Komma
;	średnik	der Strichpunkt
:	dwukropek	der Doppelpunkt
–	myślnik	der Bindestrich
„...“	cudzysłów	die Anführungszeichen
( )	nawiasy	die Klammern

kundig, fachkundig

znajomy[1] vertraut, bekannt

znajo|my[2] M (*-ego; -i*), **~ma** F (*-ej; -e*) Bekannte(r) *m, f*

znak M (*-u; -i*) Zeichen *n* (*a. fig*); (*zapowiedź*) (Vor)Zeichen *n*; **~ życia** Lebenszeichen *n*; **~ drogowy** Verkehrszeichen *n*; **~ fabryczny** Warenzeichen *n*; **~ interpunkcyjny** *od* **przestankowy** Interpunktionszeichen *n*; **~ wodny** Wasserzeichen *n*; **~ zodiaku** Sternzeichen *n*; **on jest spod ~u wagi** er ist Waage; **~ zapytania** GRAM Fragezeichen *n* (*a. fig*); **~ dodawania** MAT Pluszeichen *n*; **na ~** (*gen*) als Zeichen; **zły ~** schlechtes Zeichen *n*, schlechtes Omen *n*; **~i** *pl* **szczególne** besondere Kennzeichen *pl*; **dawać się k-u we ~i** j-m arg zusetzen, j-n plagen

znakomici *persf* → znakomity

znakomicie ADV → znakomity

znakomitość F (*-ści*) (*osoba*) Berühmtheit *f*; (*cecha*) Qualität *f*, Vorzüglichkeit *f*

znakomity (*persf -ci*) (**-cie**) hervorragend, ausgezeichnet; *osobistość, goście* illuster, berühmt; *wino* erlesen; *większość* überwiegend; *wiadomości* exzellent; *potrawa* vorzüglich, köstlich

znakować ⟨**o-**⟩ (*-uję*) markieren, kennzeichnen; *zwierzę* kennzeichnen

znalaz|ca M (*-y; gen -ów*), **~czyni** F (*-ī; -e*) Finder(in) *m(f)*; **uczciwy ~ca** ehrlicher Finder *m*

znaleziony gefunden; **biuro** *n* **rzeczy ~ch** Fundbüro *n*

znalezisko N (*-a*) Fund *m*

znaleźć* PF: **nie móc sobie ~ miejsca** *lit* weder Rast noch Ruh finden; **umieć się ~ w każdej sytuacji** sich in jeder Situation zurechtfinden; → znajdować

znaleźne N (*-ego; -e*) Finderlohn *m*

znamienity (*persf -ci*) namhaft, berühmt

zna|mienny bezeichnend, charakteristisch; **~mię** N (*-ienia; -iona*) *na skórze* Muttermal *n*; **~miona** *pl* (*cechy*) Merkmale *pl*

znamionować (*3. Pers -uje*) (*akk*) hindeuten (auf *akk*)

znany (*sławny*) bekannt, berühmt; (*znajomy*) bekannt, vertraut; **ogólnie ~** allgemein bekannt; **dobrze ~** wohlbekannt; **~ z tego, że** ...bekannt dafür, dass ...

znaw|ca M (*-y; gen -ów*), **~czyni** F (*-i; -e*) Kenner(in) *m(f)*; **okiem ~cy** mit Kennerblick *m*; **~ca przedmiotu** Fachmann *m*

znerwicowany nervenkrank

zneutralizować PF → neutralizować

znęcać się (*-am*) (**nad** *inst*) misshandeln, quälen (*akk*)

znęcić PF → nęcić

znękany (*inst*) geplagt, erschöpft (von *dat*); **~ życiem** lebensmüde

znicz M (*-a; -e*) Grablicht *n*; **~ olimpijski** Olympisches Feuer *n*

zniechęcać (*-am*) ⟨**-ić**⟩ (*-cę*): **~ k-o do** (*gen*) j-m die Lust *od* die Motivation nehmen (zu *dat*), j-m verleiden (*akk*); j-n entmutigen; **~ się** (**do** *gen*) die Lust verlieren (an *dat*), überdrüssig werden (*gen*); sich entmutigen lassen

zniechęcający (**-co**) entmutigend

zniechęceni *persf* → zniechęcony

zniechęcenie N (*-a; bpl*) Lustlosigkeit *f*, Gleichgültigkeit *f*; Entmutigung *f*; Überdruss *m*

zniechęcić PF → zniechęcać

zniechęcony (*persf -eni*) entmutigt; lustlos, gleichgültig

zniecierpliwić PF → niecierpliwić

zniecierpliwieni *persf* → zniecierpliwiony

zniecierpliwi|enie N (-a; bpl) Ungeduld f; (rozdrażnienie) Gereiztheit f, Irritiertheit f; **~ony** (persf -eni) ungeduldig; (rozdrażniony) gereizt, irritiert
znieczulać (-am) ⟨-ić⟩ (-lę) MED betäuben
znieczulają|co ADV anästhetisch; **~cy** Betäubungs-
znieczul|enie N (-a; bpl) MED (örtliche) Betäubung f; **~ica** F (-y; bpl) społeczna Gleichgültigkeit f, Egoismus m
znieczulić PF → znieczulać
zniedołężniały (persf -li) hinfällig, gebrechlich
zniedołężnieć PF → niedołężnieć
zniekształcać (-am) ⟨-ić⟩ (-cę) obraz verzerren; sens entstellen
zniekształcony twarz entstellt, verunstaltet; obraz verzerrt; sens entstellt
znienacka ADV urplötzlich, unerwartet
znienawidzeni persf → znienawidzony
znienawidzić PF (-ę) hassen, Widerwillen empfinden
znie|nawidzony (persf -eni) verhasst; **~ruchomiały** regungslos, erstarrt
znieruchomieć PF → nieruchomieć
zniesie|nie N (-a; bpl) ustawy Abschaffung f; zakazu Aufhebung f; **nie do ~nia** nicht auszuhalten, unerträglich
zniesławiać (-am) ⟨-ić⟩ (-ię) verleumden, diffamieren, in Verruf bringen
zniesławi|ający verleumderisch, diffamierend; **~enie** N (-a) Verleumdung f, üble Nachrede f; Rufmord m
znieść* PF → znosić[1]
zniewaga F (-i) Verunglimpfung f, Schmähung f
zniewalać (-am) ⟨**zniewolić**⟩ (-lę) naród unterwerfen; fig bezaubern, in seinen Bann ziehen
zniewalający (-co) einnehmend, bezaubernd
znieważać (-am) ⟨-yć⟩ (-ę) verunglimpfen, schmähen
zniewieściały (persf -li) mężczyzna verweichlicht, unmännlich
zniewolić PF → zniewalać
znikać (-am) ⟨-nąć⟩ verschwinden; (zaginąć) vermisst werden; **~ z półek** reißenden Absatz finden, umg wie warme Semmeln weggehen; **~ z ekranu** vom Bildschirm verschwinden; **~ bez śladu** spurlos verschwinden
znikąd ADV von nirgendwoher; **człowiek** m **~** umg Nobody m
zniknąć PF → znikać; niknąć
zniknięcie N (-a) Verschwinden n
znikomo ADV: **w ~ krótkim czasie** äußerst schnell, in sehr kurzer Zeit
znikomy suma, szansa, ryzyko gering, winzig; zmiana geringfügig; część verschwindend gering
zniszczeć PF → niszczeć
zniszczeni persf → zniszczony
zniszcze|nie N (-a) Zerstörung f; Vernichtung f; **~nia** pl Verwüstung f, Schäden pl; **~nia wojenne** Kriegszerstörung f
zniszczony (persf -eni) miasto zerstört; ręce abgearbeitet; dokument vernichtet; ubranie zerschlissen; teren verwüstet; małżeństwo zerrüttet, ruiniert; zdrowie ruiniert; twarz, osoba verbraucht; **~ chorobą** ausgezehrt; **~ wojną** kriegszerstört
zniszczyć PF → niszczyć
znitować PF → nitować
zniweczyć PF → niweczyć
zniwelować PF → niwelować
zniżać (-am) ⟨-yć⟩ (-ę) ceny, głos senken; **~ lot** tiefer fliegen; **~ się** słońce sinken; teren abfallen
zniż|ka F (-i; gen -żek) na bilet Ermäßigung f; **~ka cen** Preissenkung f; (redukcja) Herabsetzung f; **~ka kosztów** Kostensenkung f; **ze ~ką** ermäßigt
zniżkować (-uję) kurs walut, ceny fallen
zniżkow|y ermäßigt; **po cenie ~ej** zum Vorzugspreis
znokautować PF → nokautować
znormalizować PF → normalizować
znosić (znoszę) ⟨**znieść**⟩ (zniosę) hinuntertragen, (he)runterbringen; samotność, ból ertragen; ustawę abschaffen; zakaz aufheben; (gromadzić) zusammentragen; jajka legen; dom abtragen; most wegspülen, fortschwemmen; łódź vom Kurs abbringen, abtreiben; klimat vertragen; **~ do piwnicy** in den Keller tragen, in den Keller bringen; **nie znoszę go** ich kann ihn nicht ausstehen; **znosić się** przepis, ustawa sich aufheben; **nie znosić się** sich nicht vertragen, sich nicht ausstehen können
znoszony ubranie abgetragen
znośny erträglich, leidlich
znowelizowany ustawa abgeändert, in

einer neuen Fassung
znowu ADV wieder; *partikel* wiederum; **to nie jest ~ tak dużo** so viel ist das nun auch wieder nicht; **nie taki ~ nowy** so neu auch nicht; **co znowu?** *umg* was denn schon wieder?; **skądże znowu!** ach was!
znój M (*znoju; bpl*) *lit* Mühe *f*
znów → znowu
znudzeni *persf* → znudzony
znudze|nie N (*-a; bpl*) Langeweile *f*; **do ~nia** bis zum Überdruss, *umg* bis zum Gehtnichtmehr; **ze ~niem** gelangweilt
znudzić PF: **~ się** (*inst*) überdrüssig werden (*gen*), genug haben (von *dat*); → nudzić
znudzony (*persf -eni*) gelangweilt; überdrüssig
znużeni *persf* → znużony
znuż|enie N (*-a; bpl*) Mattigkeit *f*, Erschöpfung *f*; **~ony** (*persf -eni*) matt, erschöpft
znużyć → nużyć
zob. (zobacz) s. (siehe)
zobacze|nie N: **do ~nia!** auf Wiedersehen!
zobaczyć PF (*-ę*) erblicken; *film* sehen; **zobaczymy!** wir werden sehen!; **zobaczymy, czy ...** mal sehen, ob ...; **zobacz!** schau! *umg* guck!; **zobaczysz, że ...** du wirst sehen, dass ...; **(jeszcze) zobaczę!** mal gucken!; **~ znowu** wiedersehen; **~ się** sich treffen, sich sehen; **to się jeszcze zobaczy** das wird sich noch zeigen
zobojętniały (*persf -li*) gleichgültig, gleichmütig
zobojętnieć PF → obojętnieć
zobojętnienie N (*-a; bpl*) Gleichgültigkeit *f*, Gleichmut *m*; **~ społeczne** soziale Kälte *f*
zobowiązać PF → zobowiązywać
zobowiąza|nie N (*-a*) Verpflichtung *f*; HANDEL, FIN Verbindlichkeit *f*; **~ny** verpflichtet (**do** *gen* zu *dat*); **jestem Pani bardzo ~ny** ich bin Ihnen sehr verbunden
zobowiązujący (-co) verbindlich
zobowiązywać (*-uję*) ⟨**zobowiązać**⟩ (*zobowiążę*) verpflichten (**do** *gen* zu *dat*); **~ się** sich verpflichten
zobrazować PF → obrazować
zodiak M (*-u; bpl*) ASTRON Tierkreis *m*; **znak** *m* **~u** Tierkreiszeichen *n*, Sternzeichen *n*
zogniskować PF → ogniskować
zohydzać (*-am*) ⟨**-ić**⟩ (*-dzę*) verekeln, abspenstig machen
zołza F (*-y*) *umg* Hausdrachen *m*, Hexe *f*
zoo N (*unv*) Zoo *m*; **iść do ~** in den Zoo gehen
zoolog M (*-a; -owie od -dzy*) Zoologe *m*; (*kobieta*) Zoologin *f*
zoologiczny zoologisch; **ogród** *m* **~** zoologischer Garten *m*
zoperować PF → operować
zoptymalizować PF → optymalizować
zorać PF → orać
zorganizować PF → organizować
zorganizowa|ny *osoba* gut organisiert; *gang, mafia* organisiert; **przestępczość** *f* **~na** organisiertes Verbrechen *n*; **wyjazd** *m* **~ny** Pauschalreise *f*
zorientować się PF → orientować się
zorientowany *fig* gerichtet (**na** *akk* auf *akk*); **~ prawicowo** POL rechts orientiert
zorza F (*-y; gen zórz*) *poranna* Morgenröte *f*; *wieczorna* Abendröte *f*, Abendrot *n*; **~ polarna** Polarlicht *n*
zostawać (*zostaję*) ⟨**zostać**⟩ (*zostanę*) bleiben; **~ w domu** zu Hause bleiben; **~ na noc** über Nacht bleiben; **~ w pamięci** im Gedächtnis bleiben; **~ w tyle** zurückbleiben; **~ bez pieniędzy** ohne Geld bleiben; **prawie nic nie zostało** es blieb fast nichts übrig; **~ w łóżku** MED das Bett hüten, im Bett bleiben; **zostać** *pf* **ojcem** Vater werden; **zostać** *pf* **matką** Mutter werden; **zostać** *pf* **nauczycielem** Lehrer werden; **zostać** *pf* **uszkodzonym** beschädigt werden; **zostać** *pf* **zaproszonym** eingeladen werden; **~ na lodzie** *fig* blöd dastehen; **~ po** (*lok*) hinterlassen werden (von *dat*); **zostać** *pf* **w jednej koszuli** *fig* alles bis aufs Hemd verlieren
zostawiać (*-am*) ⟨**-ić**⟩ (*-ię*) *dobytek, bagaż* zurücklassen; (*zapomnieć*) liegen lassen, stehen lassen; (*osierocić*) zurücklassen; (*opuścić*) verlassen; (*odłożyć*) zurücklassen; *w spadku* hinterlassen; *decyzję, wybór* überlassen; *ślad, bliznę* hinterlassen, zurücklassen; *wolne miejsce* lassen; **~ wiadomość** eine Nachricht hinterlassen; **~ czapkę w autobusie** seine Mütze im Bus liegen lassen; **~ po sobie** hinterlassen; **~ otwarte drzwi** die Tür offen stehen lassen; **~ dziecko samo** ein Kind alleine lassen; **zostaw mnie (w spokoju)!** lass mich (in

Ruhe)!; **zostawić** *pf* **na lodzie k-o** j-n im Regen stehen lassen, j-n im Stich lassen; **nie zostawić** *pf* **suchej nitki** (**na** *lok*) kein gutes Haar lassen (an *dat*)
zracjonalizować PF → racjonalizować
zranić PF → ranić
zraniony (*persf -eni*) verletzt (*a. fig*), verwundet
zrastać się (*-am*) ⟨**zrosnąć* się**⟩ (*zrosnę*) MED, BOT zusammenwachsen; *fig* zusammenwachsen, verwachsen
zraszać (*-am*) ⟨**zrosić**⟩ (*zroszę*) *kwiaty* besprühen; *trawnik* besprengen
zrazić PF → zrażać
zrazy M/PL (*-ów*) KULIN: **~ bite** Lendenschnitten *f/pl*; **~ zawijane** Rouladen *f/pl*
zrażać (*-am*) ⟨**zrazić**⟩ (*-żę*): **~ do siebie** (*akk*) gegen sich aufbringen (*akk*), es verderben (mit *dat*); **zraża mnie do niego jego zarozumiałość** seine Überheblichkeit stößt mich ab, seine Überheblichkeit ist mir höchst unsympathisch; **nie ~ się** (*inst*) sich nicht abschrecken lassen, sich nicht entmutigen lassen (durch *akk*); **~ się do k-o** gegen j-n Widerwillen *od* Abneigung empfinden
ząb M (*zrębu; zręby*) Gebälk *n*; **zręby** *pl fig* Grundlagen *pl*, Fundament *n*
zrąbać PF (*-ię*) *drzewo* fällen; *umg książkę* verreißen
zrealizować PF → realizować
zreasumować PF → reasumować
zrecenzować PF → recenzować
zredagować PF → redagować
zredukować PF → redukować
zredukowany reduziert (**do** *gen* auf *akk*)
zreferować PF → referować
zreformować PF → reformować
zreformowany reformiert
zregenerować PF → regenerować
zrehabilitować PF → rehabilitować
zrehabilitowany rehabilitiert
zrekompensować PF → rekompensować
zrekonstruować PF → rekonstruować
zrelacjonować PF → relacjonować
zrelaksować się PF → relaksować się
zrelatywizować PF → relatywizować
zremisować PF → remisować
zreorganizować PF → reorganizować
zreorganizowany reorganisiert
zreperować PF → reperować
zresztą übrigens, im Übrigen
zrewanżować PF → rewanżować
zrewidować PF → rewidować
zrewolucjonizować PF → rewolucjonizować
zrezygnować PF → rezygnować
zrezygnowany resigniert, entmutigt
zręby PL → zrąb
zręcznościowy Geschicklichkeits-
zręcz|ność F (*-ści; bpl*) Geschicklichkeit *f*; *manualna* Kunstfertigkeit *f*, Handfertigkeit *f*; *fig* Geschick *n*, Geschicktheit *f*; **~ny** geschickt (*a. fig*), kunstfertig; **~ny w palcach** flink, fingerfertig
zrobaczywieć PF → robaczywieć
zrobić PF → robić
zrodzić PF → rodzić
zrogowacenie N (*-a*) Verhornung *f*
zrogowaciał|y verhornt; **~a skóra** *f* Hornhaut *f*
zrogowacieć PF → rogowacieć
zrolować PF → rolować
zrosić PF → zraszać
zroszony feucht; **~ potem** schweißbedeckt
zrosnąć* się PF → zrastać się
zro|st M (*-u; -y*) MED Verwachsung *f*; **~śnięty** *kość, brwi* zusammengewachsen; *fig* verwachsen, zusammengewachsen
zrozpaczony (*persf -eni*) verzweifelt
zrozumiały (**-le**) verständlich, klar; zugänglich; **sam przez się ~** selbstverständlich
zrozumieni|e N (*-a; bpl*) Verständnis *n*; **dać do ~a** zu verstehen geben; **ze ~em** voller Verständnis, verständnisvoll
zrozumieć˙ PF (*zrozumiem*) verstehen, begreifen; **źle ~** missverstehen, *umg* in den falschen Hals bekommen
zrównać PF → zrównywać
zrówna|nie N (*-a*) Einebnen *n*; *fig* Gleichstellung *f*; ASTRON Tag- und Nachtgleiche *f*; **~ny** eingeebnet; *fig* gleichgestellt
zrównoważony (*persf -eni*) besonnen, ausgeglichen
zrównoważyć PF → równoważyć
zrównywać (*-uję*) ⟨**zrównać**⟩ (*-am*) *teren* einebnen, planieren; **~ z** (*inst*) *fig* gleichstellen (mit *dat*); gleichsetzen (*dat*);

~ **z ziemią** dem Erdboden gleichmachen; ~ **się z** (*inst*) gleichkommen (*dat*); *pojazd* einholen, erreichen

zróżnicować PF → różnicować

zróżnicowa|nie N (-*a*) Unterschiedlichkeit *f*; **~ny** unterschiedlich

zrugać PF → rugać

zrujnować PF → rujnować

zrujnowany *zdrowie, osoba* ruiniert; *miasto* zerstört

zryć PF (*zryję*) zerwühlen

zryw M (-*u*; -*y*): ~ **niepodległościowy** Freiheitsbewegung *f*

zrywać (-*am*) ⟨**zerwać**⟩ (*zerwę*) *v/t* abreißen; *kwiaty, owoce* pflücken; *stosunki* abbrechen; *umowę, zaręczyny* lösen; *głos* strapazieren; ~ **z** (*inst*) *fig* brechen (mit *dat*), sich trennen (von *dat*); ~ **z** (*inst*) *umg* mit j-m Schluss machen; ~ **się** *v/i* abreißen; (*wstać*) aufspringen; *ptak* auffliegen; *wiatr* plötzlich aufkommen; *umg* abhauen; ~ **się z łóżka** aus dem Bett springen; ~ **się na równe nogi** aufspringen; **zrywać boki** sich vor Lachen biegen

zrządzenie (-*a*; *bpl*): ~ **losu** Schicksalsfügung *f*

zrządzić (*3. Pers* -*i*): **przypadek zrządził, że** ... ein Zufall fügte es, dass ...

zrzeczenie (się) N (-*a*) Verzicht *m*

zrzednąć PF → rzednąć

zrzekać się (-*am*) ⟨**zrzec* się**⟩ (*zrzekę*) (*gen*) verzichten (auf *akk*); *spadku* ausschlagen

zrzeszać (-*am*) ⟨**-yć**⟩ (-*ę*) organisieren, vereinigen; ~ **się** sich organisieren, sich zusammenschließen

zrzeszeni *persf* → zrzeszony

zrzesz|enie N (-*a*) Vereinigung *f*, Verband *m*; **~ony** (*persf* -*eni*) organisiert (**w** *lok* in *dat*)

zrzeszyć PF → zrzeszać

zrzęda M (-*y*) *umg* Nörgler(in) *m(f)*

zrzędzić (-*dzę*) *umg* nörgeln, meckern (**na** *akk* über *akk*)

zrzucać (-*am*) ⟨**-ić**⟩ (-*cę*) *bomby, jeźdźca, liście* abwerfen; *maskę* fallen lassen; ~ **ze stołu** vom Tisch stoßen; ~ **winę** die Schuld abwälzen *od* abschieben (**na** *akk* auf *akk*); ~ **kilogramy** *umg* seine Pfunde loswerden; ~ **się** *umg* zusammenschmeißen, zusammenlegen (**na** *akk* für *akk*)

zrzut M (-*u*; -*y*) LOT Abwurf *m*

zrzut|ka F (-*i*; *gen* -*tek*): **robić ~kę** *umg* zusammenschmeißen, zusammenlegen (**na** *akk* für *akk*)

zrzynać (-*am*) ⟨**zerżnąć**⟩ (-*nę*) abschneiden; absägen; (*ściągać*) *umg* spicken, abschreiben

zsadzać (-*am*) ⟨**-ić**⟩ (-*ę*): ~ **k-o** j-m beim Absteigen helfen, j-n absetzen (**z** *gen* von *dat*)

zsiadać (-*am*) ⟨**zsiąść***⟩ (*zsiądę*) (**z** *gen*) absteigen (von *dat*); ~ **z roweru** vom Fahrrad absteigen; ~ **się** *mleko* sauer werden; *galaretka* fest werden

zsiad|ły: **~łe mleko** *n* saure Milch *f*

zsiąść PF → zsiadać

zsiniały *wargi, paznokcie* blau (geworden)

zsinieć PF → sinieć

zsiusiać się PF (-*am*) *umg* in die Hose machen

zstępować (-*uję*) ⟨**zstąpić**⟩ (-*ię*) *lit* heruntersteigen, hinabsteigen

zsumować PF (-*uję*) MAT summieren (*a. fig*), zusammenzählen; (*streścić*) zusammenfassen

zsuwać (-*am*) ⟨**-nąć**⟩ (-*nę*) (**z** *gen*) (nach unten) schieben; abstreifen (von *dat*); *stoły, krzesła* zusammenschieben, zusammenrücken; ~ **się** (**z** *gen*) (ab)rutschen, herunterrutschen (von *dat*)

zsychać się (-*am*) ⟨**zeschnąć się**⟩ (-*nę*) *pieczywo* austrocknen, hart werden

zsyłać (-*am*) ⟨**zesłać**⟩ (*ześlę*) (*deportować*) verbannen, deportieren; ~ **nieszczęście** (**na** *akk*) Unglück bringen (über *akk*)

zsynchronizować PF → synchronizować

zsyp M (-*u*; -*y*) Müllschlucker *m*

zsypywać (-*uję*) ⟨**zsypać**⟩ (-*ię*) *piasek, kartofle* zusammenschütten

zszarzeć PF → szarzeć

zszyć PF → zszywać

zszywacz M (-*a*; -*e*) Tacker *m*

zszywać (-*am*) ⟨**zszyć**⟩ (*zszyję*) *dziurę, materiał* zusammennähen; *ranę* (ver)nähen; *papiery* zusammenheften

zszywka F (-*i*; *gen* -*wek*) Heftklammer *f*

zubożały (*persf* -*li*) verarmt

zubożeć PF → ubożeć

zubożyć PF → ubożyć

zuch M (-*a*; -*y*) (*harcerz*) Wölfling *m*

zuchowaty (**-to**) schneidig, forsch

zuchwali *persf* → zuchwały

zuchwalstwo N (-*a*) Dreistigkeit *f*; (*śmiałość*) Verwegenheit *f*, Vermessen-

heit *f*
zuchwały (*persf -li*) (**-le**) dreist; (*śmiały*) verwegen, vermessen
zunifikować PF → unifikować
zu|pa F (*-y*) Suppe *f*; **~pa w proszku** Fertigsuppe *f*; **talerz** *m* **~py** ein Teller Suppe
zupełnoś|ć F: **w ~ci** völlig, vollkommen; ganz
zupeł|ny völlig, vollkommen; (*kompletny*) vollständig; **~nie tego nie rozumiem** ich verstehe das gar nicht
Zurych M (*-u; bpl*) Zürich *n*
ZUS (Zakład Ubezpieczeń Społecznych) Polnischer Rentenversicherungsträger *m*
zużycie N (*-a; bpl*) Verbrauch *m*; Verschleiß *m*, Abnutzung *f*; **~ wody** Wasserverbrauch *m*; **~ energii** Energieverbrauch *m*
zużyć PF → zużywać
zużytkowywać (*-wuję*) ⟨**zużytkować**⟩ (*-uję*) verwerten
zużyty *baterie* verbraucht; *ubranie* abgenutzt, verschlissen; TECH alt, veraltet; Abfall-
zużywać (*-am*) ⟨**zużyć**⟩ (*zużyję*) *energię, wodę* verbrauchen; **~** (**na** *akk*) verwenden (für *akk*); **~ się** verbraucht sein; TECH sich abnutzen, verschleißen
zwabiać (*-am*) ⟨**-ić**⟩ (*-ię*) anlocken; **~ w pułapkę** in die Falle locken
zwać* (*zwę*) *lit* nennen, heißen; **~ się** heißen, den Namen tragen
zwada F (*-y*) *lit* Zwist *m*
zwalać (*-am*) ⟨**-ić**⟩ (*-lę*) stoßen; *drzewo* entwurzeln; *węgiel* abladen; **~ na kupę** auf einen Haufen werfen, auftürmen; **~ winę na k-o** *umg* die Schuld auf j-n abwälzen; **~ obowiązek na k-o** *umg* die Verantwortung auf j-n abwälzen; **~ robotę na k-o** *umg* j-m eine Arbeit aufhalsen; **~ na głowę k-u** *umg* j-m aufhalsen; **~ z nóg k-o** *umg* j-n umhauen; **~ się** *v/i* schwer zu Boden fallen; **~ się na głowę k-u** (*odwiedzać*) *umg* bei j-m hereinschneien, j-n überfallen, j-n überrumpeln
zwalczać (*-am*) *wroga, szkodniki, bezrobocie* bekämpfen; *sen, inflację* ankämpfen (gegen *akk*); *ból* lindern; **~ się** sich bekämpfen, sich bekriegen
zwalczanie N (*-a; bpl*) Bekämpfung *f*; **~ hałasu** Lärmbekämpfung *f*
zwalić PF → zwalać
zwalisty *umg* wuchtig, schwer
zwalniać (*-am*) ⟨**zwolnić**⟩ (*-ę, -nij!*) *bieg* verlangsamen; *tempo* verlangsamen, drosseln; *zakładnika* freilassen; *więźnia, pacjenta* entlassen (**z** *gen* aus *dat*); *uścisk* lockern; *pokój* räumen; *miejsce* frei machen; **~ z pracy k-o** j-n entlassen, j-m kündigen; **~ k-o** (*dać wolne*) j-m freigeben; **~ k-o z obowiązku** j-n von seiner Pflicht entbinden; **~ od podatku** von der Steuer freistellen; **~ kroku** seine Schritte verlangsamen; V/I langsamer werden; langsamer fahren; **~ się** freinehmen; *miejsce* frei werden; **~ się z pracy** kündigen
zwały M/PL (*gen -ów*): **~ odpadków** *od* **śmieci** Müllberge *pl*; **~ śniegu** Schneemassen *pl*
zwany genannt; **tak ~** sogenannt
zwapnieć PF → wapnieć
zwapnienie N (*-a*) Verkalkung *f*
zwarcie¹ N (*-a*) ELEK Kurzschluss *m*
zwarcie² ADV dicht, kompakt
zwariować PF → wariować
zwariowany *umg* verrückt
zwarty (**-cie**) dicht, kompakt; (*spójny*) geschlossen, einheitlich; *zabudowa* geschlossen; *tłum* dicht gedrängt; JĘZ Verschluss-
zwarzyć się PF (*-ę*) *mleko* gerinnen
zwarzony *mleko* geronnen
zwaśnić PF → waśnić
zważać (*-am*): **nie ~ na** (*akk*) nicht beachten (*akk*); **nie zważając na** (*akk*) ungeachtet, trotz (*gen*)
zważyć PF: **zważywszy, że** ... in Anbetracht dessen, dass ... → ważyć
zwąchać PF (*-am*) *umg* wittern, mitkriegen; **~ pismo nosem** *umg* den Braten riechen
zwątpić PF (*-ię*) (**w** *akk*) verzweifeln (an *akk*); jede Hoffnung aufgeben (auf *akk*), jeden Glauben verlieren (an *akk*); **~ w miłość** an der Liebe verzweifeln; **~ w ratunek** jede Hoffnung auf eine Rettung aufgeben
zwątpienie N (*-a*) Verzweiflung *f*, Zweifel *m*
zwerbować PF → werbować
zweryfikować PF → weryfikować
zwędzić PF (*-ę*) *umg* klauen, entwenden
zwęglony verkohlt
zwęszyć PF (*-ę*) wittern (*a. fig*)

zwężać (-am) ⟨**zwęzić**⟩ (zwężę) verengen; *suknię* enger machen; **~ się** sich verengen, enger werden
zwężenie N (-a) Verengung *f*
zwiać PF → zwiewać
zwiad M (-u; -y) MIL Erkundung *f*, Aufklärung *f*; (*patrol*) Spähtrupp *m*; **~owca** M (-y; *gen* -ów) MIL Aufklärer *m*
zwiastować (-uję) *zimę, ładną pogodę* ankündigen
Zwiastowanie N (-a; *bpl*) REL (Mariä) Verkündigung *f*
zwiastun M (-a; -y) Vorbote *m*, Vorzeichen *n*; MED Anzeichen *n*; RADIO, FILM Vorspann *m*
związać PF: (*połączyć*) verbinden (**z** *inst* mit *dat*); **~ umową** vertraglich binden, durch einen Vertrag binden; **nie potrafić się ~** Bindungsängste haben; → związywać
związany verbunden (**z** *inst* mit *dat*); **~ umową** vertraglich gebunden; **był ~ z organizacją** er war der Organisation verbunden, er stand der Organisation nahe; **był ~ z aktorką** er hatte eine Beziehung mit einer Schauspielerin
związ|ek M (-zku; -zki) (*partnerstwo*) Beziehung *f*; (*zależność*) Zusammenhang *m*, Verbindung *f*; (*organizacja*) Verband *m*; (*więź*) Verbundenheit *f*, Bindung *f*; **~ki** *m/pl* (*kontakty*) Kontakte *m/pl*, Beziehungen *f/pl*; CHEM Verbindung *f*; **~ek zawodowy** Gewerkschaft *f*; **~ek małżeński** *ofic* Ehe *f*; **~ek nieformalny** JUR nichteheliche Gemeinschaft *f*; **w ~ku z** (*inst*) im Zusammenhang (mit *dat*); **bez ~ku** zusammenhanglos, wirr; **mieć ~ek z** (*inst*) im Zusammenhang stehen (mit *dat*)
Związek Radziecki M (*Związku Radzieckiego*) HIST Sowjetunion *f*
związko|wiec M (-wca; -wcy) Gewerkschaftler *m*, Gewerkschaftsmitglied *n*; (*kobieta*) Gewerkschaftlerin *f*; **~wy** Verbands-; Gewerkschafts-; **kraj** *m* **~wy** Bundesland *n*
związywać (-uję) ⟨**związać**⟩ (*zwiążę*) zusammenbinden (**w** *akk* zu *dat*); *ręce, nogi* fesseln; **~ sznurem** verschnüren; **~ się** (**z** *inst*) sich an j-n binden, eine Beziehung mit j-m eingehen; **~ się** (*inst*) sich binden (durch *akk*); **~ się emocjonalnie** sich emotional binden
zwichnąć PF (-nę): **~ sobie nogę** sich den Fuß verrenken *od* verstauchen; **~ sobie ramię** sich den Arm ausrenken
zwichnię|cie N (-a) MED Verstauchung *f*, Verrenkung *f*; Ausrenkung *f*; **~ty** *noga* verstaucht, verrenkt; *ramię* ausgerenkt; *życie, kariera* zerstört
zwichrowany *osoba* gestört
zwichrzony zerzaust
zwichrzyć PF → wichrzyć
zwiedzać (-am) ⟨**-ić**⟩ (-dzę) *zabytki, miasto* besichtigen; *muzeum, wystawę* besuchen; *kraj* bereisen
zwiedzają|cy M (-ego; -y), **~ca** F (-ej; -e) Besucher(in) *m(f)*
zwiedzanie N (-a) Besichtigung *f*; *muzeum* Besuch *m*
zwiedzić PF → zwiedzać
zwielokrotniać (-am) ⟨**-ić**⟩ (-ię) vervielfältigen
zwieracz M (-a; -e) ANAT Schließmuskel *m*
zwierać (-am) ⟨**zewrzeć**⟩ (*zewrę*) zusammendrücken, zusammenpressen; **~ się** sich schließen; **~ się w uścisku** sich fest aneinanderdrücken, einander fest umarmen
zwierciadlany Spiegel-
zwierciadło N (-a; *gen* -deł) *lit* Spiegel *m*; **krzywe ~** *fig* Zerrbild *n*
zwierz M (-a; *bpl*) *lit* (wildes) Tier *n*, Bestie *f*; *koll* ŁOW Wild *n*; **gruby ~** ŁOW Großwild *n*
zwierzać (-am) ⟨**-yć**⟩ (-ę) anvertrauen, offenbaren; **~ się k-u** sich j-m anvertrauen, sich vor j-m öffnen; j-m vertraulich erzählen; **~ się z kłopotów k-u** j-m sein Herz ausschütten
zwierz|ak M (-a; -i) *umg* Tier *n*, Vieh *n*; **~ątko** N (-a; *gen* -tek) *dim* Tierchen *n*
zwierzch|ni: **władza** *f* **~nia** Obrigkeit *f*
zwierzchnictwo N (-a; *bpl*) Oberhoheit *f*, Oberherrschaft *f*; *koll* Führung *f*, Führungskräfte *pl*
zwierzchni|k M (-a; -cy), **~czka** F (-i; *gen* -czek) Vorgesetzte(r) *m*, *f*, Chef(in) *m(f)*; *kościoła, państwa* Oberhaupt *m*
zwierzenia N/PL (*gen* -eń) anvertraute Dinge *pl*, anvertraute Geheimnisse *pl*; **słuchała zwierzeń przyjaciółki** sie hörte dem zu, was ihre Freundin ihr anvertraute
zwierzę N (-ęcia; -ęta; *gen* -ąt) Tier *n*; *fig pej* Vieh *n*, Bestie *f*; **~ domowe** Haustier *n*
zwierzęc|y (-co) *skóra, świat* Tier-; *białko, tłuszcz* tierisch; *fig* tierisch, animalisch; **produkty** *m/pl* **pochodzenia ~ego** Tier-

produkte *n/pl*

zwierzyna F (-y; *bpl*) *koll* Getier *n*, Tiere *pl*; ŁOW Wild *n*; **~ gruba** ŁOW Großwild *n*; **~ płowa** ŁOW Rotwild *n*

zwieszać (-*am*) ⟨**zwiesić**⟩ (*zwieszę*) *głowę, ręce* hängen lassen; *nogi* baumeln lassen; **zwiesić** *pf* **nos na kwintę** *umg* Trübsal blasen, die Laune verlieren

zwieść˙ PF: **dać** *pf* **się ~** sich irreführen lassen; → zwodzić

zwietrzały *wino, piwo* abgestanden, schal; *perfumy* alt; GEOL verwittert

zwietrzeć PF → wietrzeć

zwietrzyć PF → wietrzyć

zwiewać (-*am*) ⟨**zwiać**⟩ (*zwieję*) *v/t* wegblasen; V/I *umg* abhauen, sich aus dem Staub machen

zwiewny *tkanina* hauchzart; *fig* flüchtig

zwieźć˙ PF → zwozić

zwiędły BOT welk (*a. fig*)

zwiędnąć PF → więdnąć

zwiększać (-*am*) ⟨**-yć**⟩ (-*ę*) erhöhen, steigern; *odległość* vergrößern; **~ się** sich erhöhen, (an)steigen; sich vergrößern

zwięzły (**zwięźle**) knapp, kurz und bündig

zwijać (-*am*) ⟨**zwinąć**⟩ (-*nę*) *linę* aufrollen, aufwickeln; *dywan, gazetę* zusammenrollen; *namiot* abbauen; *obóz* abbrechen; (*zabierać*) zusammenpacken; **~ k-o** *umg* j-n schnappen; **~ k-u** *umg* (*ukraść*) j-m klauen; **~ interes** *umg* sein Geschäft dichtmachen; **~ żagle** *fig* die Segel streichen; **~ się** sich zusammenrollen; **zwijać się z bólu** sich vor Schmerzen winden; **~ się w kłębek** sich zusammenrollen; **zwijać się** (*uwijać się*) sich beeilen

zwilgotnieć PF → wilgotnieć

zwilżać (-*am*) ⟨**-yć**⟩ (-*ę*) anfeuchten

zwinąć PF → zwijać

zwinny geschmeidig, gewandt; *ruch* geschickt, behände; *ręce* flink

zwiotczały *skóra, mięśnie* schlaff

zwiotczeć PF → wiotczeć

zwis M (-*u*; -*y*) SPORT Hang *m*

zwisać (-*am*) V/I herunterhängen; **to mu zwisa (i powiewa)** *pop* das ist ihm scheißegal

zwitek M (-*tka*; -*tki*): **~ papieru** Papierrolle *f*; **~ banknotów** ein Bündel Geldscheine

zwlekać (-*am*) ⟨**zwlec**⟩ (*zwlokę*): **~ z siebie** (*akk*) mühsam ausziehen; *w jedno miejsce* zusammentragen; **zwlekać z** (*inst*) hinauszögern, hinausschieben (*akk*); **zwlekać z wyjazdem** die Abreise hinauszögern, die Abreise hinausschieben; **zwlekać z odpowiedzią** mit der Antwort zögern; **zwlec się z łóżka** *umg* sich aus dem Bett pellen

zwłaszcza insbesondere, zumal

zwło|ka F (-*i*; *bpl*) Verzögerung *f*; Aufschub *m*; **kara** *f* **za ~kę** Verzugsstrafe *f*; **niecierpiący ~ki** dringend; unaufschiebbar; **bez ~ki** unverzüglich; **grać na ~kę** auf Zeit spielen, hinauszögern

zwłoki PL (*gen* -) Leiche *f*, Leichnam *m*

zwodniczy (**-czo**) trügerisch

zwodować PF → wodować

zwodzić (-*ę*) ⟨**zwieść**⟩ (*zwiodę*) täuschen, verblenden; irreführen; **zwodzić k-o** j-n hinhalten

zwodzony: **most** *m* **~** Zugbrücke *f*

zwolenni|k M (-*a*; -*cy*), **~czka** F (-*i*; *gen* -*czek*) Befürworter(in) *m(f)*; (*stronnik*) Anhänger(in) *m(f)*

zwolnić PF → zwalniać

zwolnieni *persf* → zwolniony

zwolnie|nie N (-*a*; *gen* -*eń*): **~nie z pracy** Entlassung *f*, (Arbeits)Kündigung *f*; **~nie lekarskie** Krankmeldung *f*, Krankschreibung *f*; **~nie z płacenia podatku** Freistellung *f* von der Steuer; Steuererlass *m*; **wypisać** *pf* **~nie** *od* **dać** *pf* **k-u ~nie** j-n krankschreiben; **być na ~niu** krankgeschrieben sein; **~nie warunkowe** JUR Entlassung *f* auf Bewährung; **~nie z więzienia** Haftentlassung *f*; **~nie zakładników** Freilassung *f* der Geisel

zwolniony (*persf* -*eni*): **~ z pracy** entlassen, gekündigt; **~ od opłat** gebührenfrei; **~ od cła** zollfrei; **~ od płacenia podatku** von der Steuer freigestellt; **na ~ch obrotach** langsamer; **~ ze służby wojskowej** vom Wehrdienst befreit

zwoływać (-*uję*) ⟨**zwołać**⟩ (-*am*) *osoby* zusammenrufen, versammeln; *zebranie* einberufen, anberaumen; *parlament* einberufen

zwozić (*zwożę*) ⟨**zwieźć**⟩ (*zwiozę*) anfahren, herbeibringen; *na dół* hinunterfahren; **~ z pola** AGR die Ernte einfahren

zw|ód M (*zwodu*; *zwody*) SPORT Finte *f* (*a. fig*); **~ój** M (-*oju*; -*oje*) *papieru, drutu* Rolle *f*; Windung *f*

zwracać (-*am*) ⟨**zwrócić**⟩ (-*cę*) zurück

Wörter, die nur in Wendungen vorkommen

o szyby bębnią krople dżdżu – ~~dżdż~~	die Regentropfen schlagen an die Scheiben
pytań było bez liku – ~~lik~~	es gab eine Unzahl Fragen
poruszać się po omacku – ~~omacek~~	sich tastend bewegen
wszystko poszło na opak – ~~opak~~	alles ging schief
schować coś za pazuchę – ~~pazucha~~	etwas in den Ausschnitt stecken

geben; *koszty* zurückerstatten, zurückzahlen; *wzrok* richten; *głowę* wenden; (*przesłać*) zurücksenden; **~ twarz do** (*gen*) das Gesicht (zu)wenden (*dat*); **~ k-u uwagę** j-n zurechtweisen, j-n ermahnen; **~ k-u uwagę na** (*akk*) j-n hinweisen (auf *akk*); **~ uwagę na** (*akk*) aufmerksam werden (auf *akk*), Beachtung schenken (*dat*); (*przypilnować*) aufpassen, achtgeben (auf *akk*); **~ na siebie uwagę** auffallen, Beachtung finden; **proszę zwrócić uwagę na** (*akk*) beachten Sie bitte (*akk*); **nie ~ uwagi na** (*akk*) nicht beachten (*akk*), keine Beachtung schenken (*dat*); *celowo* hinwegsehen (über *akk*); **~ się** *inwestycja* sich bezahlt machen, sich rentieren; *wzrok* sich richten; **~ się do k-o** sich an j-n wenden; **~ się ku** (*dat*) *fig* sich zuwenden (*dat*); **~ się z prośbą** sich mit einer Bitte wenden, eine Bitte richten (**do** *gen* an *akk*); **~ się przeciw** (*dat*) sich richten (gegen *akk*)

zwrot M (*-u; -y*) (*zwrócenie*) Rückgabe *f*; *pieniędzy* Rückzahlung *f*; *kosztów* Rückerstattung *f*; (*skręt*) Wendung *f* (*a.* GRAM); (*przełom*) Wende *f*; (*zainteresowanie*) Zuwendung *f*; (*przesyłka*) Rücksendung *f*; **~ frazeologiczny** Redewendung *f*; **~ grzecznościowy** Höflichkeitsformel *f*

zwrot|ka F (*-i; gen -tek*) Strophe *f*; **~nica** F (*-y; -e*) *kolejowa* Weiche *f*

zwrotnik M (*-a; -i*) GEOG Wendekreis *m*; **~owy** tropisch, Tropen-

zwrot|ność F (*-ści; bpl*) Wendigkeit *f*; **~ny** *pojazd* wendig; FIN rückzahlbar; JĘZ reflexiv, Reflexiv-; **adres** *m* **~ny** Absender *m*; **punkt** *m* **~ny** *fig* Wendepunkt *m*

zwrócić PF → zwracać

zwycięs|ki (*-ko*) siegreich; **~ka drużyna** *f* SPORT Siegermannschaft *f*

zwycięstwo N (*-a*) MIL, SPORT Sieg *m* (*a. fig*)

zwycięzca M (*-y; gen -ów*) MIL, SPORT Sieger *m*; *w konkursie* Gewinner *m*; **~ mistrzostw** SPORT Gewinner *m* der Meisterschaft

zwyciężać (*-am*) ⟨**-yć**⟩ (*-ę*) *v/i* MIL siegen; SPORT siegen, gewinnen; *w konkursie* gewinnen; V/T MIL, SPORT besiegen

zwyciężczyni F (*-i; -e*) MIL, SPORT Siegerin *f*; *w konkursie* Gewinnerin *f*; **~ w konkursie piękności** Schönheitskönigin *f*

zwyciężony (*persf -eni*) besiegt, geschlagen

zwyciężyć PF → zwyciężać

zwyczaj M (*-u; -e*) Brauch *m*, Sitte *f*; (*nawyk*) (An)Gewohnheit *f*; Usus *m*; **~ ludowy** Volksbrauch *m*; **starym ~em** nach altem Brauch, nach alter Sitte; **wejść** *pf* **w ~** zur Gewohnheit werden; **być w ~u** gebräuchlich sein, üblich sein; **nie mieć ~u** (+ *inf*) nicht gewohnt sein, nicht die Gewohnheit haben (+ *inf*)

zwyczaj|ny (*zwykły*) gewöhnlich; (*normalny*) normal; *profesor* ordentlich; **to ~ne kłamstwo** das ist eine glatte Lüge, *umg* das ist erstunken und erlogen; **~nie** (*po prostu*) einfach, *umg* schlicht und ergreifend; **~owo** gewohnheitsgemäß; **~owy** Gewohnheits-; üblich

zwyk|le ADV gewöhnlich, in der Regel; üblicherweise, normalerweise; **jak ~le** wie üblich, wie gewohnt; **wcześniej niż ~le** früher als gewohnt; **~ły** (*persf -li*) (*zwyczajny*) gewöhnlich; (*normalny*) üblich, normal; schier; **o ~łej porze** zur gewohnten Zeit

zwymiotować PF → wymiotować

zwymyślać PF (*-am*) ausschimpfen

zwyrodnialec M (*-lca; -lcy*) *pej* Unhold *m*, Psychopath *m*

zwyrodniały (*persf -li*) *osoba* asozial, unmoralisch, psychopathisch; BIOL, MED degeneriert

zwyrodnieć PF → wyrodnieć

zwyrodnienie N (-*a*) Abnormität *f*, asoziales Verhalten *n*, psychopathische Züge *pl*; BIOL, MED Degeneration *f*
zwyżka F (-*i*; *gen* -*żek*) *cen, kosztów* Erhöhung *f*; Anstieg *m*
zwyżkować (*3. Pers* -*uje*) *kurs, akcje* steigen
zygzak M (-*a*; -*i*) Zickzack *m*, Zickzacklinie *f*
zygzagowaty (**-to**) zickzackförmig
zysk M (-*u*; -*i*) FIN Gewinn *m*, Ertrag *m*, Profit *m*; (*pożytek*) Nutzen *m*, Vorteil *m*; **przynosić** *pf* **~** Gewinn bringen; **czysty ~** Reingewinn *m*
zyskiwać (-*uję*) ⟨**zyskać**⟩ (-*am*) (**na** *lok*) verdienen, profitieren (von *dat*); *fig* gewinnen (an *dat*); *przyjaciół, sympatię, zaufanie* gewinnen; *sławę, popularność* erlangen **~ na czasie** Zeit gewinnen; **~ na wartości** an Wert gewinnen; **jego szczerość zyskała mu sympatię** seine Ehrlichkeit brachte ihm Sympathie ein; **~ prawo obywatelstwa** *fig* sich einbürgern
zyskowny gewinnbringend, einträglich, lukrativ
zza PRÄP (*gen*) hinter (*dat*) hervor; **~ oceanu** aus Übersee; **wyjrzeć** *pf* **~ chmur** hinter den Wolken hervorkommen
zziajany keuchend, japsend, außer Atem; *pies* hechelnd
zzielenieć PF → zielenieć
zziębnąć PF → ziębnąć
zziębnięty (*persf* -*ci*) durchgefroren
zżąć PF → żąć
zżerać (-*am*) ⟨**zeżreć**⟩ (-*ę*) *pop* auffressen, verschlingen; *rdza* zerfressen; **~ k-u** *pop* j-m wegfressen; **zżera mnie nuda** *umg* ich langweile mich zu Tode; **zżerają go nerwy** *umg* er ist mit den Nerven am Ende; **zżera go ciekawość** *umg* er platzt vor Neugier
zżęty *pole* abgemäht, abgeerntet
zżółkły *kartka* vergilbt; *liść* gelb (geworden)
zżółknąć PF → żółknąć
zżyty *persf* → zżyci
zżyć się PF → zżywać się
zżymać się (-*am*) sich aufregen (**na** *akk* über *akk*)
zżynać (-*am*) ⟨**zżąć**⟩ (*zeżnę*) *pole* abmähen, abernten; **zżynać** *umg* abschreiben
zży|ty (*persf* -*ci*) (**z** *inst*) befreundet, vertraut (mit *dat*); verbunden (mit *dat*); **~ci ze sobą** miteinander vertraut, miteinander befreundet
zżywać się (-*am*) ⟨**zżyć się**⟩ (*zżyję*): **~ z** (*inst*) mit j-m vertraut werden, j-n lieb gewinnen; **~ ze sobą** sich nahekommen, miteinander vertraut werden; **~ z nowym miejscem** sich an einem neuen Ort einleben, eine Beziehung zu dem neuen Ort gewinnen, *umg* mit dem neuen Ort warm werden; **~ z krajobrazem** mit einer Landschaft vertraut werden, sich in einer Landschaft allmählich wohlfühlen; **~ z widokiem** einen Anblick nicht missen wollen; **dziecko zżyło się z opiekunką** die Betreuerin wurde zu einer Bezugsperson für das Kind
ździebełko N (-*a*; *gen* -*łek*) *dim* (kleiner) Grashalm *m*; *umg* ein klein bisschen
ździebko *umg* ein klein bisschen
ździbło N (-*a*; *gen ździbeł*) Grashalm *m*
źle ADV schlecht; schlimm, übel; **~ zrozumieć** falsch verstehen, missverstehen; **~ się czuję** ich fühle mich schlecht; **~ widziany** schlecht angesehen; **~ płatny** schlecht bezahlt; **~ odżywiony** schlecht ernährt; **jest mi tu ~** ich fühle mich hier unwohl; **jest z nim ~** es steht schlecht um ihn; **~ znosić** *pf* schlecht vertragen; **~ wychowany** unerzogen; **mieć ~ w głowie** *umg* nicht ganz richtig im Kopf sein; **~, że...** es ist schlimm, dass ...

Ź

źli *persf* → zły
źrebak M (-*a*; -*i*) Fohlen *n*
źrebić się ⟨**ożrebić się**⟩ (*3. Pers* -*i*) fohlen
źrebię N (-*ęcia*; -*ęta*; *gen* -*ąt*) → źrebak
źrebny *klacz* trächtig
źreni|ca F (-*y*; -*e*) Pupille *f*; **strzec jak ~cy oka** wie seinen Augapfel hüten
źródla|ny: **woda** *f* **~na** Quellwasser *n*
źród|ło N (-*a*; *gen* -*deł*) Quelle *f* (*a. fig*); (*przyczyna*) Ursprung *m*; **~ło mineralne** Mineralquelle *f*; **~ło lecznicze** Heilquelle *f*; **~ło informacji** Informationsquelle *f*; **~ło**

dochodów Einkommensquelle *f*; **gorące ~ła** *f/pl* Thermen *f/pl*; **~ła** *pl* (*teksty*) Quellen *pl*; **~łowy** *materiał* Quellen-

Ż

żaba F (-*y*) Frosch *m*
żabi Frosch-; **~ skrzek** *m* Froschlaich *m*
żab|ka F (-*i*; *gen* -*bek*) *dim* Frosch *m*; SPORT Brustschwimmen *n*; *do zasłon* Gardinenklammer *f*; **~ka drzewna** Laubfrosch *m*; TECH Rohrzange *f*; **pływać ~ką** brustschwimmen
żabojad M (-*a*; -*y*) *umg neg! żart* Franzmann *m*
żachnąć się PF (-*nę*) sich echauffieren
żad|en PRON M keiner; **w ~nym wypadku** auf keinen Fall; **w ~en sposób** in keiner Weise; **nie jesteś ~nym wyjątkiem** du bist keine Ausnahme; **~na** PRON F keine
żad|ne PRON *sachf* keine; PRON N kein; **nie mam ~nych pytań** ich habe keine Fragen; **~ni** *persf* keine
Żagań M (-*nia*; *bpl*) Sagan *n*
żagiel M (-*gla*; -*gle*) Segel *n*
żaglo|wiec M (-*wca*; -*wce*) Segelschiff *n*; **~wy** Segel-; **płótno** *n* **~we** Segeltuch *n*
żaglówka F (-*i*; *gen* -*wek*) Segelboot *n*, Jolle *f*
żakiet M (-*u*; -*y*) Jackett *n*, (Kostüm)Jacke *f*
żal M (-*u*; -*e*) Traurigkeit *f*, Wehmut *f*; (*skrucha*) Reue *f*; (*uraza*) Groll *m*, Verbitterung *f*; **~e** *pl* Klagen *pl*; **~ mi go** er tut mir leid; **było jej ~** (*gen*) es tat ihr leid um ...; **czuć ~** (**do** *gen*) verbittert sein (über *akk*); **chować ~ do k-o** gegen j-n einen Groll hegen; **nie mam do ciebie ~u, że ...** ich nehme dir nicht übel, dass ...; **wyrazić** *pf* **~** sein Bedauern ausdrücken; **~ straconego czasu** es ist schade um die vergeudete Zeit; **~ mi, że ...** es tut mir leid, dass ...
żalić się (-*lę*) sein Leid klagen, sein Herz ausschütten; **~ na** (*akk*) klagen (über *akk*)
żaluzje F/PL (-*i*) Jalousien *f/pl*; (*kraty*) Fenstergitter *n*
żało|ba F (-*y*) Trauer *f*; (*ubiór*) Trauerkleidung *f*; **nosić ~bę** *od* **chodzić w ~bie** Trauer tragen; **~ba narodowa** Staatstrauer *f*
żałob|nik M (-*a*; -*cy*) Trauergast *m*; **~ny** Trauer-; **msza** *f* **~na** Totenmesse *f*; **kondukt** *m* **~ny** Trauerzug *m*
żałosny (*persf* -*śni*) (**-śnie**) (*opłakany*) kläglich, jämmerlich; (*smutny*) traurig
żałować (-*uję*) (*gen*) (*odczuwać żal*) bedauern (*akk*); (*odczuwać skruchę*) bereuen (*akk*); (*tęsknić*) vermissen; (*akk*); **~ k-o** (*współczuć*) j-n bemitleiden, j-n bedauern; **nie ~ wysiłków** keine Mühe scheuen; **(nie) ~ k-u** (*gen*) j-m (nicht) gönnen (*akk*); **(nie) ~ sobie** (*gen*) sich (nicht) gönnen (*akk*); **bardzo żałuję** ich bedauere sehr, es tut mir sehr leid; **~ pieniędzy** mit dem Geld knausern *od* geizen; **będziesz tego ~!** du wirst es bereuen!; **żałował swojej lekkomyślności** er bereute seine Sorglosigkeit; **żałował wspólnych dni** er vermisste die gemeinsamen Tage; **żałuj, że tego nie widziałeś!** du hast dir etwas entgehen lassen!; **nie ~ komplementów** mit Komplimenten nicht geizen; **~ za grzechy** REL die Sünden bereuen
żandarm M (-*a*; -*i*) Militärpolizist *m*
żar M (-*u*; *bpl*) Glut *f* (*a. fig*); **~cie** N (-*a*) *pop* Fraß *m*; **~gon** M (-*u*; -*y*) JĘZ (Fach)Jargon *m*, Slang *m*
żarli|wie ADV *kochać* leidenschaftlich; *bronić* vehement; **~wy** *modlitwa* inbrünstig; *prośba* inständig; *miłość* leidenschaftlich; *wyznawca* erklärt
żarłocz|ność F (-*ści*; *bpl*) *pej* Gefräßigkeit *f*; **~nie** ADV gierig; **~ny** *pej* gefräßig
żar|łok M (-*a*; -*i*) *pej* Fresssack *m*, Vielfraß *m*; **~na** PL (*gen* -*en*) HIST Mühle *f*
żar|oodporny hitzebeständig; **~ówka** F (-*i*; *gen* -*wek*) Glühbirne *f*
żart M (-*u*; -*y*) Scherz *m*, Spaß *m*; **~em** *od* **dla ~u** zum Spaß, aus Spaß; **nie znać się na ~ach** keinen Spaß verstehen; **z nim nie ma ~ów** er versteht keinen Spaß; **z tym nie ma ~ów** damit ist nicht zu spaßen; **robić sobie ~y z k-o** sich über j-n lustig machen, j-n verulken; **złośliwy ~** böser Streich *m*; **~y na bok** *od* **~y ~ami** Spaß beiseite; **to chyba jakiś ~** das soll wohl ein Witz sein
żartobliwy (**-wie**) scherzhaft

żartować (*-uję*) scherzen, spaßen; **~ z** (*gen*) sich lustig machen (über *akk*), seine Witze machen (mit *dat*); **on nie żartuje** er meint es ernst; **nie żartuj!** *umg* mach keine Witze!
żartown|isia F (*-i; -e*), **~iś** M (*-sia; -sie*) Spaßvogel *m*, Witzbold *m*
Żary PL (*-ów*) Sorau *n*
żarzyć się (*3. Pers -y*) glühen (*a. fig*), glimmen
żąć ⟨z-⟩ (*żnę*) mähen
żądać (*-am*) fordern, verlangen; anfordern
żądan|ia N/PL (*gen -ań*) Forderungen *f/pl*; **na ~ie** (*gen*) auf Verlangen (von *dat*); **przystanek** *m* **na ~ie** Bedarfshaltestelle *f*
żądlić ⟨u-⟩ (*3. Pers -li*) *osa* stechen
żądło N (*-a; gen -deł*) ZOOL Stachel *m*
żądny: **~ wiedzy** wissensdurstig; **~ sensacji** sensationslustig; **~ zemsty** rachsüchtig; **~ władzy** machtsüchtig; **~ krwi** blutdürstig, blutrünstig; **~ uznania** geltungssüchtig; **~ sławy** ruhmsüchtig; **~ pieniędzy** geldgierig
żądza F (*-y; -e*) Begierde *f*, Verlangen *n*; **~ wiedzy** Wissensdurst *m*; **~ władzy** Machtgier *f*; **~ zemsty** Rachsucht *f*; **~ przygód** Abenteuerlust *f*
żbik M (*-a; -i*) Wildkatze *f*
że *konj* dass; **tyle ~** nur, bloß; **wiem, że ...** ich weiß, dass ...; **mimo ~** obwohl, obschon; **dlatego ~** weil, da; **chyba ~** es sei denn; **omal ~ nie** beinahe, fast
żeberka N/PL (*-rek*) KULIN Rippchen *n/pl*; **~ kaloryfera** Heizungslamellen *f/pl*;
żebra|ctwo N (*-a; bpl*) Betteln *n*, Bettelei *f*; **~czka** F (*-i; gen -czek*) Bettlerin *f*
żebrać (*-brzę, -brz!*) betteln (*a. fig*)
żebrak M (*-a; -cy*) Bettler *m*
żebranina F (*-y; bpl*) → żebractwo
żebro N (*-a; gen -ber*) ANAT, ARCH, TECH Rippe *f*
żebry PL: **chodzić na ~** *umg* betteln gehen
żeby *konj* um zu, damit; dass; wenn (*choćby*) auch wenn; **nie ~** nicht dass; **~ś wiedział, jak ...** wenn du wüsstest, wie ...; **~ tak dalej!** *partikel* nur weiter so!; **~ tak był szczęśliwy** *partikel* wenn er nur glücklich wäre
żeglarka F (*-i; gen -rek*) Seglerin *f*
żeglars|ki Segel-; **~two** N (*-a; bpl*) Seefahrt *f*; SPORT Segelsport *m*, Segeln *n*
żeglarz M (*-a; -e*) Seefahrer *m*; SPORT Segler *m*, Segelsportler *m*
żeglować (*-uję*) segeln; **~ po morzach** die Meere befahren
żeglow|ność F (*-ści; bpl*) *statku* Seetüchtigkeit *f*; *rzeki* Schiffbarkeit *f*; **~ny** *rzeka* schiffbar; *droga, kanał* Schifffahrts-
żeglu|ga F (*-i; bpl*) Schifffahrt *f*; **~ga morska** Seeschifffahrt *f*; **~ga wielka** Hochseeschifffahrt *f*; **zdatny do ~gi morskiej** seetüchtig
żegnać ⟨po-⟩ (*-am*) verabschieden; **~ się z** (*inst*) sich verabschieden (von *dat*); *na długo, na zawsze* Abschied nehmen (von *dat*); **żegnaj!** lebe wohl!; ⟨prze-⟩ **~ się** sich bekreuzigen
żel M (*-u; -e*) Gel *n*; **~ do włosów** Haargel *n*
żela|stwo N (*-a; bpl*) Schrott *m*, Alteisen *n*; **~tyna** F (*-y; bpl*) Gelatine *f*
żelazisty eisenhaltig
żelazko N (*-a; gen -zek*) Bügeleisen *n*
żela|zny eisern (*a. fig*), Eisen-; **Żzna kurtyna** *f* HIST Eiserner Vorhang *m*; **~zo** N (*-a; bpl*) Eisen *n*; **z ~za** Eisen-, aus Eisen; **epoka** *f* **~za** Eisenzeit *f*
żelbet, ~on M (*-u; bpl*) Stahlbeton *m*
żeli|wny gusseisern; **~wo** N (*-a; bpl*) Gusseisen *n*
żena|da: **bez ~dy** ungeniert
żeniaczk|a F (*-i; bpl*) *umg* (*ożenek*) Heirat *f*, Heiraten *n*
żenić ⟨o-⟩ (*-ię*) verheiraten; **~ się** (**z** *inst*) *mężczyzna* heiraten (*akk*)
żenować ⟨za-⟩ (*-uję*) verlegen machen, beschämen
żenujący (**-co**) peinlich; *milczenie* betreten
żeński BIOL weiblich; *zespół, szkoła, chór* Frauen-; GRAM feminin; **rodzaj** *m* **~** GRAM Femininum *n*
żeń-szeń M (*-nia; -nie*) Ginseng *m*
żer M (*-u; bpl*) Futter *n*, Beute *f*; **wychodzić na ~** auf Futtersuche gehen; *drapieżniki* auf die Jagd gehen; **~dź** F (*-dzi; -dzie*) Stange *f*, Stab *m*
żerować (*-uję*) Nahrung suchen, fressen; *drapieżniki* jagen; **~ na** (*lok*) *fig* ausnutzen (*akk*)
że|rowisko N (*-a*) Futterplatz *m*, Futterstelle *f*; **~ton** M (*-u; -y*) Spielmarke *f*
żgać (*-am*) ⟨**-nąć**⟩ (*-nę*) (zu)stechen; **~ nożem** mit einem Messer zustechen
żleb M (*-u; -y*) Geröllhalde *f*
żłobek M (*-bka; -bki*) Kinderkrippe *f*;

(*rowek*) Rille *f*, Ritze *f*
żłobić (*-ię*) aushöhlen
żłobkować (*-uję*) ritzen
żłopać ⟨**wy-**⟩ (*-ię*) *pop* gierig trinken, saufen
żłób M (*-obu; -oby*) Trog *m*, Futterkrippe *f*; **dostać się** *pf* **do żłobu** *fig pej* an die Futterkrippe kommen; **~ek** M (*-bka; -bki*) REL Krippe *f*
żmija F (*DGL -ii; -e*) Schlange *f*; *fig pej* Schlange *f*, Ratte *f*; **~ jadowita** Giftschlange *f*; **~ zygzakowata** Kreuzotter *f*
żmud|ny mühselig, langwierig; **~ną pracą** in mühevoller Kleinarbeit
żniwa PL (*gen -*) Getreideernte *f*; **przy ~ch** bei der Ernte
żniwiarka[1] F (*-i; gen -rek*) Mähmaschine *f*, (Getreide)Mäher *m*
żniwi|arz M (*-a; -e*), **~arka**[2] F (*-i; gen -rek*) (*pomocnik*) Erntearbeiter(in) *m(f)*; **~arze** *pl* Bauern *pl* bei der Ernte
żniwny Ernte-
żniwo N: **zbierać krwawe ~** viele Menschenleben fordern, einen hohen Tribut fordern
żołąd|ek M (*-dka; -dki*) Magen *m*; **na pusty ~ek** auf nüchternen Magen; **bóle** *m/pl* **~ka** Magenschmerzen *pl*; **przez ~ek do serca** Liebe geht durch den Magen
żołądkować się (*-uję*) *umg* sich aufregen, sich ärgern
żołądkow|iec M (*-wca; -wcy*): **być ~cem** einen empfindlichen Magen haben
żołądko|wy Magen-; MED gastrisch, Gastro-; **dolegliwości** *f/pl* **~we** Magenbeschwerden *f/pl*; **zaburzenia** *pl* **~we** Magenverstimmung *f*; **sok** *m* **~wy** Magensaft *m*
żołądź F (*-ędzia; -ędzie*) BOT Eichel *f*; (*-ędzi; -ędzie*) ANAT Eichel *f*
żołd M (*-u; bpl*) Sold *m*; **~actwo** N (*-a; bpl*) *pej* Soldateska *f*; **~ak** M (*-a; -cy*) *umg pej* Soldat *m*
żołnierski (**po -ku**) Soldaten-; soldatisch
żołnierz M (*-a; -e*) Soldat *m*
żołnierzyk M (*-a; -i*): **ołowiany ~** Zinnsoldat *m*
żo|na F (*-y*) Ehefrau *f*; **to moja ~na** das ist meine Frau; **wziąć** *pf* **za ~nę** heiraten; **pojąć** *pf* **za ~nę** *lit* zur Frau nehmen
żonaty[1] (*persf -ci*) mężczyzna verheiratet
żonaty[2] M (*-ego; -ci*) Verheiratete(r) *m*
żongler M (*-a; -rzy*) Jongleur *m*
żonglować (*-uję*) jonglieren (*a. fig*)
żon|kil M (*-a; -e*) BOT Jonquille *f*; **~usia** F (*-i; -e*) *dim* Ehefrau *f*
żorżeta F (*-y; bpl*) Georgette *f*
żółcić (*-cę*) gelb färben; **~ się** gelb (durch)schimmern *od* gelb leuchten
żółcieć (*3. Pers -eje*) gelb (durch)schimmern *od* gelb leuchten
żółciowy ANAT, MED Gallen-; **woreczek** *m* **~** ANAT Gallenblase *f*
żółciutki *dim* (schön) gelb
żółć F (*-ci; bpl*) ANAT Galle *f*; (*kolor*) Gelb *n*
żółknąć ⟨**po-** *od* **z-**⟩ (*-nę, -ł*) *liście* gelb werden; *kartka* vergilben
żółta|czka F (*-i; bpl*) Gelbsucht *f*; **~awy** (**-wo**) gelblich
żółt|ek M (*-tka; -tki*) *umg neg!* Schlitzauge *n*; **~ko** N (*-tka; gen -tek*) Eigelb *n*, Eidotter *m od n*
żółto ADV → żółty
żółtodziób M (*-dzioba; -dzioby*) *umg* Grünschnabel *m*
żółtozielony gelbgrün
żół|ty (**-to**) gelb; **~ty ser** *m* (Schnitt)Käse *m*; **~ta kartka** *f* SPORT Gelbe Karte *f*
żółw M (*-wia; -wie*) Schildkröte *f*; **jak ~** im Schneckentempo
żółwi Schildkröten-; **w ~m tempie** im Schneckentempo
żrący (**-co**) ätzend; *zapach, dym* beißend
żreć* (*żrę*) fressen (*a. pop*); *rdza* zerfressen; **~ się** *umg* sich streiten, sich in der Wolle liegen
żubr M (*-a; -y*) Wisent *m*; **~ówka** F (*-i; gen -wek*) (*wódka*) Grasovka *m*
żuchwa F (*-y*) ANAT Unterkiefer *m*
żuć (*-ję*) kauen
żuk M (*-a; -i*) Mistkäfer *m*
żur M (*-u; -y*) *Suppe aus Sauerteig*
żura|w M (*-wia; -wie*) ZOOL Kranich *m*; TECH Kran *m*; **~wi** Kranich-; **~wina** F (*-y*) Moosbeere *f*
żurek M (*-rku; -rki*) → żur
żu|rnal M (*-u; -e*) Modezeitschrift *f*; **~żel** M (*-żla od -żlu; bpl*) Schlacke *f*; SPORT Speedwayrennen *n*; **~żlowy** Schlacken-; **tor** *m* **~** SPORT Aschenbahn *f*
żwawy (**-wo**) munter, lebendig; *staruszek* rüstig; *krok, ruch* behänd, energisch; *taniec* lebhaft
żwir M (*-u; -y*) Kies *m*; *do żwirowania* Schotter *m*
żwirować (*-uję*) beschottern

żwiro|wy: **~wa droga** *f* Schotterweg *m*
ży|cie N (*-a*) Leben *n*; (*koszty utrzymania*) Lebensunterhalt *m*; **~cie rodziny** Familienleben *n*; **~cie prywatne** Privatleben *n*; **~cie zawodowe** Berufsleben *n*; **~cie erotyczne** Liebesleben *n*; **~cie nocne** Nachtleben *n*; **przy ~ciu** am Leben; **za ~cia** zu Lebzeiten; **bez ~cia** leblos; **nad ~cie** mehr als das Leben; **wejść** *pf* **w ~cie** JUR in Kraft treten; **zarabiać na ~cie** seinen Lebensunterhalt verdienen; **z ~ciem!** mehr Schwung!; **~cie pozagrobowe** Jenseits *n*; **cieszyć się ~ciem** das Leben genießen; **z ~cia wzięty** aus dem Leben gegriffen; **pełen ~cia** lebenslustig; **(nigdy) w ~ciu!** nie im Leben!; **bez środków do ~cia** mittellos; **długość** *f* **~cia** Lebensdauer *f* (*a.* TECH); **oczekiwana długość** *f* **~cia** Lebenserwartung *f*; **być nie do ~cia** *osoba* nicht auszuhalten sein, unerträglich sein; **ponad ~cie** über alles
życio|dajny Leben spendend; **~rys** M (*-u*; *-y*) Lebenslauf *m*
życiowo ADV: **zaradny ~** lebenspraktisch; **ważny ~** lebenswichtig; **doświadczony ~** lebenserfahren
życio|wy *szansa, doświadczenie, proces* Lebens-; *umg* (*praktyczny*) lebenspraktisch; **oferma** *f* **~wa** Versager *m*; **mądrość** *f* **~wa** Lebensweisheit *f*; **stopa** *f* **~wa** Lebensstandard *m*; **rekord** *m* **~wy** persönliche Bestleistung *f*
życze|nie N (*-a*; *gen -eń*) Wunsch *m*; **~nia** *pl* Glückwünsche *pl*; **składać ~nia k-u** j-n beglückwünschen, j-m gratulieren; **~nia urodzinowe** Glückwünsche *pl* zum Geburtstag; **~nia imieninowe** Glückwünsche *pl* zum Namenstag; **~nia świąteczne** Weihnachtswünsche *pl*, Weihnachtsgrüße *pl*; **na ~nie** auf Wunsch; **pozostawiać wiele do ~nia** viel zu wünschen übrig lassen; **kartka z ~niami świątecznymi** Weihnachtskarte *f*; **pobożne ~nie** frommer Wunsch *m*; **mieć ~nie** (+ *inf*) den Wunsch haben zu (+ *inf*)
życzliwie ADV → życzliwy
życzli|wość F (*-ści*; *bpl*) Wohlwollen *n*, Freundlichkeit *f*; **~wy (-wie)** wohlwollend, freundlich
życzyć (*-ę*) (*gen*) wünschen (*akk*); **~ sobie** sich wünschen; wünschen, wollen; **jak pan sobie życzy** wie Sie wünschen; **czego pan sobie życzy?** was wünschen Sie?, was kann ich für Sie tun?; **z okazji urodzin życzę ci ...** zu deinem Geburtstag wünsche ich dir ...; **~ szczęśliwej podróży** gute Reise wünschen; **~ powrotu do zdrowia** gute Besserung wünschen; **~ k-u dobrze** j-m Gutes wünschen; **~ k-u źle** j-m nichts Gutes wünschen
żyć (*-ję*) leben (*a. fig*); **~ z** (*gen*) leben (von *dat*), seinen Lebensunterhalt verdienen (mit *dat*); **~ dla** (*gen*) leben (für *akk*); **on żyje własnym życiem** er lebt sein eigenes Leben; **~ w zgodzie z** (*inst*) in Frieden leben (mit *dat*); **źle ~ z** (*inst*) sich mit j-m nicht vertragen, mit j-m nicht gut auskommen; **~ z** (*inst*) (*współżyć*) *umg* mit j-m schlafen; **~ na wsi** auf dem Lande leben; **nie dawać ~ k-u** j-m das Leben schwer machen; **~ dniem dzisiejszym** in den Tag hinein leben; **~ ponad stan** über seine Verhältnisse leben; **~ jak pies z kotem** wie Hund und Katze leben; **~ nadzieją, że ...** in der Hoffnung leben, dass ...; **niech żyje!** es lebe hoch!; **~ nie umierać!** so lässt es sich leben!
Żyd M (*-a*; *-dzi*) Jude *m*
żydostwo N (*-a*; *bpl*) Judentum *n*; *koll* Juden *pl*
żydowski (po -ku) jüdisch, Juden-
Żydówka F (*-i*; *gen -wek*) Jüdin *f*
żyjący[1] lebend
żyjący[2] PL (*gen -ych*) Lebende(n) *pl*
żyjątko N (*-a*; *gen -tek*) (Klein)Lebewesen *n*
żyl|aki M/PL (*-ów*) Krampfadern *f/pl*; **~asty** sehnig; **~etka** F (*-i*; *gen -tek*) Rasierklinge *f*; **~ny** ANAT venös, Venen-
ży|ła F (*-y*) ANAT Vene *f*, Blutader *f*; (*skąpiec*) *umg* Geizhals *m*, Geizkragen *m*; **~ły** *pl umg* Adern *pl*; GEOL Ader *f*; **~ła złota** *fig* Goldader *f*; **podciąć** *pf* **sobie ~ły** sich die Pulsadern aufschneiden
żyłka F (*-i*; *gen -łek*) *dim* Äderchen *n*; *wędki* Angelschnur *f*; *fig* Ader *f*
żyłować ⟨**wy-**⟩ (*-uję*) *umg pej* schinden, ausbeuten
żyra|fa F (*-y*) Giraffe *f*; **~ndol** M (*-a*; *-e*) Kronleuchter *m*; **~nt** M (*-a*; *-ci*) FIN Bürge *m*
żyrować ⟨**pod-**⟩ (*-uję*) FIN bürgen
Żytawa F (*-y*; *bpl*) Zittau *n*
żytni Roggen-; **~ówka** F (*-i*; *gen -wek*) *umg* Korn *n*
żyto N (*-a*) Roggen *m*

żywnie ADV: **możesz robić, co ci się ~ podoba** *umg* du kannst machen, wozu du lustig bist, du kannst tun und lassen, was du willst

żyl|wcem ADV lebend, bei lebendigem Leibe; **~wica** F (*-y; -e*) Harz *n*

żywiciel M (*-a; -e*), **~ka** F (*-i; gen -lek*) Ernährer(in) *m(f)*; **żywiciel** BIOL Wirt *m*

żywiczny *zapach, smak* harzig; *drewno* harzhaltig

żywić (*-ię*) ernähren; *zwierzęta* füttern; *sympatię, wdzięczność* empfinden (**do** *gen* für *akk*); **~ urazę do k-o** gegen j-n einen Groll hegen; **~ nadzieję** die Hoffnung hegen; **~ uczucie sympatii do k-o** freundschaftliche Gefühle für j-n hegen; **~ przekonanie, że ...** der Überzeugung sein, dass ...; **~ się** (*inst*) sich ernähren (von *dat*)

żywiec M (*-wca; -wce*) (*przynęta*) Lendköder *m*; *koll* Schlachtvieh *n*

żywieni|e N (*-a; bpl*) Ernährung *f*, Kost *f*; *na wczasach, w pensjonacie* Verpflegung *f*; **~owy** *nawyki* Ernährungs-

żywio|ł M (*-u; -y*) Naturgewalt *f*, Elemente *n/pl*; FILOZ Element *n*; **być w swoim ~le** in seinem Element sein

żywioło|wy (**-wo**) *osoba, temperament* unbändig, ungestüm; (*niekontrolowany*) spontan, unkontrolliert; **klęska** *f* **~wa** Naturkatastrophe *f*

żywnościowy Lebensmittel-

żywnoś|ć F (*-ści; bpl*) Lebensmittel *pl*; **sklep** *m* **ze zdrową ~cią** Bioladen *m*, Reformhaus *n*

żywo ADV: **na ~** RADIO live; → **żywy**

żywo|kost M (*-u; -y*) BOT Beinwell *m*; **~płot** M (*-u; -y*) Hecke *f*; **~rodny** BIOL lebend gebärend

żywot M (*-a; -y*) *lit* Leben *n*, Dasein *n*; **~ świętych** Hagiografie *f*; **~ wieczny** REL das ewige Leben

żywot|ność F (*-ści; bpl*) Vitalität *f*, Lebenskraft *f*; **~ny** *staruszek* rüstig, vital; *problem, pytanie* brennend, aktuell; GRAM belebt

ży|wy (**-wo**) (*żyjący*) lebend, lebendig; *dziecko* lebhaft, lebendig; *umysł* rege; *fantazja, zainteresowanie* lebhaft, rege; *dyskusja* lebhaft, angeregt; *reakcja* lebhaft; *wspomnienie* lebhaft; lebendig; *tradycja, pamięć* lebendig; *kolor* kräftig; *język, styl, narracja* lebendig; **handel** *m* **~wym towarem** Menschenhandel *m*; **~wa gotówka** *f* Bargeld *n*, bares Geld *n*; **jak ~wy** lebensecht; **nie ma tu ~wej duszy** *od* **~wego ducha** es ist hier menschenleer, es ist kein Mensch hier; **poruszyć** *pf* **do ~wego** tief berühren; **dotknąć** *pf* **do ~wego** tief kränken; **~wy język** *m* JĘZ lebende Sprache *f*

żyz|ność F (*-ści; bpl*) *gleby* Fruchtbarkeit *f*; **~ny** *ziemia* fruchtbar

Deutsch-Polnisch

A

a, **A** [aː] N (-[s]; -[s]) a; **das A und O** kwintesencja; **von A bis Z** od a do z; **wer A sagt, muss auch B sagen** gdy się powiedziało A, trzeba także powiedzieć B
Aachen N (-s; *bpl*) Akwizgran
Aal M (-[e]s; -e) węgorz
aalen *umg*: V/R **sich** ~ wylegiwać się; pławić się (**in der Sonne** w słońcu)
aalglatt śliski jak węgorz; *fig* przebiegły, wykrętny
Aalsuppe F zupa z węgorza
Aas N (-es; -e) padlina, (*pl Äser*) *a. fig abw* ścierwo; *pop* **kein ~ ist gekommen** pies z kulawą nogą nie przyszedł
aasen *reg* V/I trwonić (**mit dem Geld** pieniądze)
Aas|fliege F (mucha) ścierwica; **~geier** M ścierwnik; *fig abw* hiena
ab **A** PRÄP (*akk, dat*) od (*gen*); **~ heute** od dziś; **~ jetzt**, **~ hier** odtąd; **~ sofort** *umg* od zaraz; **~ Werk** z zakładu; **~ 5 Jahren** w wieku od pięciu lat; **~ fünf Euro** od pięciu euro wzwyż; *umg* **~ (mit dir)!** jazda!, marsz!; **~ sein** *Knopf* urwać się; *Ast usw* odłamać się **B** ADV **auf und ~** tam i z powrotem; **~ und zu**, **~ und an** od czasu do czasu, czasami
abändern zmieni(a)ć
Abänderungsantrag M POL wniosek o zmianę, wniosek o nowelizację
abarbeiten V/T odrabiać ‹-robić›; V/R **sich ~** spracować się *pf*; → abgearbeitet
Abart F odmiana, wariant
abartig perwersyjny, wynaturzony
Abartigkeit F wynaturzenie, zboczenie
Abb. (Abbildung) rycina, ilustracja
Abbau M (-[e]s; bpl) (*Senkung*) obniżka; (*Verringerung*) redukcja, zmniejszanie, zmniejszenie; (*Zerlegung*) rozbiórka, demontaż; CHEM rozkład, *a.* MED degradacja; GÓRN wybieranie, eksploatacja; (PL -e) wyrobisko; → Rückgang
abbaubar CHEM ulegający rozpadowi
abbauen V/T *Gerüst, Maschine* rozbierać ‹rozebrać›, ‹z›demontować; *Personal* ‹z›redukować, *a. Vorurteile usw* zmniejszać ‹-szyć›; *Preise, Löhne* obniżać ‹-żyć›; GÓRN wybierać, eksploatować; CHEM rozkładać ‹rozłożyć›; V/I ‹s›tracić siły, *umg* ‹s›kapcanieć
Abbauprodukt N produkt rozpadu, produkt rozkładu
abbeißen (*irr*) odgryzać ‹-gryźć›
Abbeizmittel N zmywacz
abbekommen (*irr; -*) *umg* dosta(wa)ć (**die Hälfte von** *dat* połowę *gen*); *Farbe* usuwać ‹usunąć›; *Deckel* zdjąć *pf*, odkręcić *pf*; *Geklebtes* odkleić *pf*; (*verletzt werden*) doznać *pf* szwanku; **sie hat bei dem Unfall nichts ~** wyszła z wypadku bez szwanku
abberufen (*irr; -*) odwoł(yw)ać (**von s-m Posten** ze stanowiska)
Abberufung F odwołanie
abbestellen (-) V/T ‹wy›cofać, cofnąć *pf* zamówienie, odwoł(yw)ać zamówienie (na *akk*); **e-e Zeitung ~** odwoł(yw)ać prenumeratę gazety
Abbestellung F odwołanie zamówienia; odwołanie prenumeraty
abbezahlen (-) spłacać ‹-cić› ratami
abbiegen (*irr; -*) V/I (*sn*) skręcać ‹-cić› (**nach links** w lewo); *v/t umg fig Unheil* odwracać ‹-wrócić›; *Gefahr a.* zażegn(ywa)ć
Abbiegespur F pas skrętu
Abbild N wizerunek; *fig* odbicie
abbilden przedstawi(a)ć (na rysunku)
Abbildung F (*Zeichnung, Lithografie*) rycina, rysunek; (*Illustration*) ilustracja
abbinden (*irr*) V/T odwiąz(yw)ać; *Ader* podwiąz(yw)ać; V/I BUD wiązać (się)
Abbitte F: **~ tun** ‹po›prosić o przebaczenie (**öffentlich** publicznie); **j-m ~ leisten** przepraszać ‹-prosić› (*akk*)
abblasen (*irr*) *Jagd* odtrąbić *pf*; *umg fig Streik usw* odwoł(yw)ać
abblättern V/I (*sn*) *Farbe* łuszczyć się
abblenden V/I AUTO przełączać ‹-czyć› na światła mijania; V/T *Lampe* przysłaniać ‹-słonić›; FOTO zmniejszać ‹-szyć› otwór przysłony
Abblendlicht N światła *npl* mijania, *umg* krótkie światła *npl*
abblitzen *umg* V/I (*sn*) odejść *pf* z niczym, dostać *pf* kosza; **j-n ~ lassen** odprawi(a)ć k-o z kwitkiem, da(wa)ć k-u kosza
abbrausen V/T ‹ob›myć pod prysznicem; V/I (*sn*) *umg* ruszyć *pf* pełnym gazem;

V/R **sich ~** brać ⟨wziąć⟩ prysznic

abbrechen (*irr*) V/T *Stück* odłam(yw)ać; *Blume, Kontakt* zrywać ⟨zerwać⟩; *Lager* zwijać ⟨zwinąć⟩; *Haus* ⟨z⟩burzyć; *Gespräch, Spiel* przer(y)wać; V/I (*sn*) ⟨u⟩łamać się, odłam(yw)ać się; (*aufhören*) ur(y)wać się, ⟨s⟩kończyć się; **mitten im Satz ~** ur(y)wać w połowie zdania

abbremsen V/T *u.* V/I przyhamow(yw)ać

abbrennen (*irr*) V/T spalać ⟨-lić⟩; *Wiese* wypalać ⟨-lić⟩; *Feuerwerk* puszczać, odpalać ⟨-lić⟩; V/I (*sn*) spalać ⟨-lić⟩ się, spłonąć *pf*; *Wiese, Kerze* wypalać ⟨-palić⟩ się; *umg Person* stracić *pf* (mienie) wskutek pożaru

abbringen (*irr*) odwodzić ⟨odwieść⟩ (**j-n von** *dat* k-o od *gen*); **sich nicht ~ lassen** nie da(wa)ć się odwieść

abbröckeln V/I (*sn*) ukruszyć się *pf*, wykruszać ⟨-szyć⟩ się; *Börsenkurs* zniżkować, stopniowo spadać ⟨spaść⟩

Abbruch M *e-s Hauses* rozbiórka, wyburzenie; *e-r Schwangerschaft, von Verhandlungen* przerwanie; *vorzeitig* zerwanie; *e-r Sache* **(keinen) ~ tun** (nie) ⟨za⟩szkodzić (*dat*); **~arbeiten** FPL prace *fpl* rozbiórkowe

Abbruch|genehmigung F zezwolenie na rozbiórkę; **~sieg** M SPORT zwycięstwo przez nokaut techniczny

abbruchreif nadający się tylko do rozbiórki, zrujnowany, walący się

ab|brühen ⟨o⟩parzyć (wrzątkiem); **~brummen** *umg Strafe* odsiadywać ⟨odsiedzieć⟩; **~buchen** FIN odpis(yw)ać z konta

Abbuchung F obciążenie konta

ab|bummeln *umg* brać ⟨wziąć⟩ wolne za przepracowane nadgodziny; **~bürsten** ⟨o-, wy⟩czyścić szczotką; *umg fig j-n* schlastać *pf*; **~büßen** odpokutować *pf*; *Strafe* odby(wa)ć, odcierpieć *pf*

Abc [abe'tse:] N (-; -) abecadło

Abc-Schütze *umg* M pierwszak

ab|dämmen obwałow(yw)ać; **~dampfen** V/I (*sn*) *umg fig* odjeżdżać ⟨odjechać⟩; → weggehen; **~danken** V/I poda(wa)ć się do dymisji; *Herrscher* abdykować (*im*)*pf*, zrzekać ⟨zrzec⟩ się tronu

Abdankung F dymisja; abdykacja

abdecken V/T zdejmować ⟨zdjąć⟩ (z *gen*) pokrywę, kołdrę *usw*, odkry(wa)ć (*akk*); **den Tisch ~** sprzątać ⟨-tnąć⟩ ze stołu; **der Sturm deckte das Dach ab ~** burza zerwała dach (z domu); → zudecken

Abdeckfolie F folia ochronna

Abdeckplatte F pokrywa

ab|dichten uszczelni(a)ć; **~dienen** odsługiwać ⟨-służyć⟩; **~drängen** odpychać ⟨odepchnąć⟩; *Auto* spychać ⟨zepchnąć⟩ (**von der Straße** z drogi); **~drehen** V/T *Verschluss* odkręcać ⟨odkręcić⟩; *umg Wasser, Gas* wyłączać ⟨-czyć⟩, zamykać ⟨-mknąć⟩; *Film* nakręcić *pf*; V/I (*sn*) zmieni(a)ć kurs, skręcać ⟨-cić⟩; **~driften** V/I (*sn*) być znoszonym przez prąd

Abdruck[1] M (PL *-e*) TYPO (*das Drucken*) druk(owanie); (*das Abgedruckte*) odbitka, reprodukcja

Abdruck[2] M (PL *-drücke*) odcisk, odbicie (**von Sohlen** stóp)

abdrucken ⟨prze-, wy⟩drukować

abdrücken **A** V/T odciskać ⟨-snąć⟩, wyciskać ⟨-snąć⟩ (*v/r* **sich** się; **in** *dat* w *lok*); **j-m die Luft ~** dusić k-o **B** V/I (*schießen*) nacisnąć *pf* spust, wystrzelić *pf*

abduschen → duschen; (*wegwaschen*) zmy(wa)ć pod prysznicem

abebben V/I (*sn*) ⟨o⟩słabnąć, (stopniowo) mijać ⟨minąć⟩, przebrzmieć *pf*

Abend M (*-s; -e*) wieczór; (*Veranstaltung*) *a.* wieczorek; **am ~** wieczorem; **am Heiligen ~** w Wigilię Bożego Narodzenia; **zu ~ essen** ⟨z⟩jeść kolację; **es wird ~** nastaje wieczór; **gegen ~** pod wieczór; **guten ~!** dobry wieczór!; **heute ~** dziś wieczorem; **jeden ~** co wieczór; **den ~ über** przez cały wieczór

Abend|andacht F modlitwa wieczorna; **~anzug** M garnitur wieczorowy

Abend|blatt N wieczorne wydanie dziennika; **~brot** N kolacja

Abenddämmerung F zmierzch, zmrok; **in der ~** o zmroku

abendelang całymi wieczorami

Abendessen N kolacja

abendfüllend ADJ całowieczorny; *Film* pełnometrażowy

Abendkleid N suknia wieczorowa

Abend|kurs(us) M kursy *mpl* wieczorowe; **~land** N (*bpl*) Zachód

abendlich wieczorny

Abendmahl N wieczerza; *rel* sakrament Eucharystii, komunia; **das Heilige ~** Wieczerza Pańska

Abend|mahlswein M *rel* wino mszalne; **~nachrichten** FPL wiadomości *fpl* wieczorne, dziennik wieczorny; **~programm** N *rtv* program wieczorny; **~rot** N, **~röte** F zorza wieczorna

abends ADV wieczorem, wieczorami; **von früh bis ~** od świtu do nocy; **spät ~** późno wieczorem

Abend|schule F szkoła wieczorowa, *umg* wieczorówka; **~stern** M *(bpl)* gwiazda wieczorna

Abendstunde F: **in den ~n** w godzinach wieczornych

Abendvorstellung F przedstawienie wieczorne; *im Kino* seans wieczorny

Abendzeitung F *umg* popołudniówka

Abenteuer N przygoda; *abw (riskantes Unternehmen)* awantura, afera

Abenteuerfilm M film przygodowy

abenteuerlich *Leben, Reise* pełny (pełen, -łna, -łne) przygód; *abw Unternehmen, Politik* awanturniczy; *fig (seltsam)* fantazyjny, ekscentryczny

Abenteu|erlust F *(bpl)* żądza przygód; **~rer** M poszukiwacz przygód; *abw* ryzykant (skłonny do awanturnictwa); **~rerin** F kobieta poszukująca przygód

aber *konj* ale, lecz, zaś; *partikel* no; ale(ż); **~ ja!** ależ tak!; ADV **~ und abermals** *umg* stale i wciąż

Aber N: **ohne Wenn und ~!** bez żadnych „ale"!; **~glaube** M *(bpl)* przesąd, zabobon

abergläubisch przesądny, zabobonny

Aberhundert(e) setki

aberkennen *(irr; -) Rechte usw* pozbawi(a)ć (**j-m** *akk* k-o *gen*)

Aberkennung F pozbawienie

abermalig ponowny, powtórny

abermals ADV znowu, znów, ponownie

abernten *Feld* zbierać ⟨zebrać⟩ plon (z *gen*)

Abertausend(e) niezliczone tysiące

abessen objadać ⟨objeść⟩; **den Teller ~** opróżni(a)ć talerz

Abf. (Abfahrt) odjazd

abfackeln V/T *umg Haus usw* sfajczyć *pf*

abfahrbereit gotowy do odjazdu

abfahren *(irr)* **A** V/T **1** odwozić ⟨-wieźć⟩, wywozić ⟨-wieźć⟩ **2** *Strecke, Orte (a. sn)* objeżdżać ⟨-jechać⟩ **3** *Bein* odcinać ⟨-ciąć⟩ **4** *Reifen* zjeździć *pf (v/r* **sich** się) **5** *fig pop* **j-n (derb) ~ lassen** odesłać *pf* k-o z kwitkiem **B** V/I *(sn)* **6** odjeżdżać ⟨-jechać⟩; *Zug usw a.* odchodzić ⟨odejść⟩; *Schiff a.* odpływać ⟨-płynąć⟩, wychodzić w morze; *ins Tal* zjeżdżać ⟨zjechać⟩ **7** *umg* **(voll) ~ auf** *(akk)* być ciętym na *(akk)*, *pop* ocipieć *pf* na punkcie *(gen)*

Abfahrt F *(das Abfahren)* odjazd; *e-s Zugs, Busses a.* odejście; *e-s Schiffes* odpłynięcie; *(abwärtsführende Fahrt, Strecke)* zjazd

Abfahrts|lauf M bieg zjazdowy, zjazd; **~läufer(in)** M(F) zjazdowiec *(a. f)*; **~signal** N sygnał odjazdu; **~zeit** F czas odjazdu; czas wyjścia w morze

Abfall M odpad(ek), *mst pl* odpady, odpadki; *(Schnittrest)* ścinek, resztka; *(Abnahme)* spadek; *fig* odpadnięcie

Abfallbeseitigung F unieszkodliwianie odpadów

Abfalleimer M kubeł na odpadki

abfallen V/I *(irr; sn)* odpadać ⟨-paść⟩ (**von** od *gen*; *a. fig sich lossagen)*, IMPF *a. Gelände* opadać ⟨opaść⟩; *(übrig bleiben)* pozosta(wa)ć (jako resztka); *Druck, Leistung* spadać ⟨spaść⟩; *umg* **für j-n ~** okroić się *pf*, wlatywać ⟨wlecieć⟩ *(dat)*, **(gegen)** być gorszym (w porównaniu z *inst*); pozosta(wa)ć w tyle (za *inst*)

abfallend ADJ *(schräg)* spadzisty (-to)

abfallfrei bezodpadowy (-wo)

abfällig ujemny; → abschätzig

Abfall|korb M kosz na śmieci; **~produkt** N produkt odpadowy; **~tonne** F pojemnik na śmieci; **~verwertung** F utylizacja odpadów; **~wirtschaft** F gospodarka odpadami

abfälschen *Ball usw* ⟨s⟩powodować rykoszet *(gen)*

abfangen *(irr) Brief, Person usw* przechwytywać ⟨-chwycić⟩; *Hieb* odparow(yw)ać; *Auto usw* odzyskać *pf* panowanie (nad *inst*), wyrówn(yw)ać; → abstützen, mildern

Abfangjäger M *(Flugzeug)* myśliwiec przechwytujący

ab|färben V/I puszczać ⟨puścić⟩ kolor, farbować; *fig* (**auf** *akk*) wywierać wpływ (na *akk*), zostawiać ślad(y) (na *lok*); **~fassen** sporządzać ⟨-dzić⟩, ⟨s⟩formułować, układać ⟨ułożyć⟩; **~faulen** V/I *(sn)* odgnić *pf*; **~federn** amortyzować; **~fegen** omiatać ⟨omieść⟩, zmiatać ⟨zmieść⟩; **~feilen** opiłow(yw)ać, spiłow(yw)ać (pilnikiem)

abfertigen V/T odprawi(a)ć *(akk)*, dokon(yw)ać odprawy *(gen)*; *Fracht* ekspediować; *(bedienen)* obsługiwać ⟨obsłużyć⟩ *(akk)*; *umg fig* **j-n kurz ~** szybko się pozbyć *pf*, *umg* spławić *pf* k-o

Abfertigung F *(bpl) von Waren, Gepäck* odprawa; *e-r Sendung* ekspedycja; *von Kunden* obsługa

Abfertigungshalle F sala odpraw

abfeuern V/T strzelać ⟨wystrzelić⟩ (z *gen*); *Torpedo* odpalać ⟨-lić⟩ *(akk)*

abfinden *(irr)* V/T *Gläubiger* zaspakajać ⟨-spokoić⟩; *(entschädigen)* dać *pf* odszkodowanie *(dat)*; V/R **sich ~** (**mit etw**) ⟨po⟩godzić się (z *inst*); **abgefunden werden** otrzymać *pf* odprawę *od* odszkodowanie

Abfindung F *(Befriedigung e-s Anspruchs)* zaspokojenie; *(Ausgleich, Erstattung)* rekompensata; *für entlassene Mitarbeiter* (**einmalige** jednorazowa) odprawa; *(Entschädigung)* odszkodowanie

ab|flachen V/T spłaszczać ⟨-czyć⟩ *(v/i, sn* się); **~flauen** V/I *(sn) Wind, Interesse, Gefühl* ⟨o⟩słabnąć; *Lärm* przycichać ⟨-cichnąć⟩; **~fliegen** *(irr)* V/T *Strecke* oblatywać ⟨-lecieć⟩; V/I *(sn)* odlatywać ⟨-lecieć⟩, wylatywać ⟨-lecieć⟩

abfließen V/I *(irr; sn)* spływać ⟨spłynąć⟩, ściekać ⟨ściec⟩, *a. fig, Kapital usw* odpływać ⟨odpłynąć⟩; **~ lassen** *Wasser usw* spuszczać ⟨spuścić⟩

Abflug M odlot; **~halle** F hala odlotów

Abflugzeit F czas odlotu

Abfluss M *(-es; bpl)* spływ, *a. fig* odpływ; (PL *-flüsse*) spust, ściek; **~graben** M rów odpływowy; **~rohr** N rura odpływowa, rura spustowa

ab|fragen przepyt(yw)ać (**j-n** *akk* k-o z *gen*); **~fressen** *(irr)* objadać ⟨-jeść⟩, obżerać ⟨obeżreć⟩

abfrieren *(irr)* V/I *(sn) Knospe* zmarznąć *pf*; V/R *(h) umg* **sich die Ohren ~** odmrozić *pf* sobie uszy

Abfuhr F wywóz, *umg* wywózka; *fig* **j-m e-e ~ erteilen** dać *pf* odprawę *(dat)*; **sich** *(dat)* **e-e ~ holen** dostać *pf* odmowę, *umg* odejść *pf* z kwitkiem *od* z niczym

abführen V/T odprowadzać ⟨-dzić⟩ *(a. Wasser, Geld usw)*; *Gefangene* odstawi(a)ć; V/I *Arznei* działać rozwalniająco; *(Darm leeren)* wypróżni(a)ć się

Abführmittel N środek przeczyszczający; **ein ~ geben** dać *pf* (coś) na przeczyszczenie

Abfüllbetrieb M rozlewnia

abfüllen rozl(ew)ać (**in Flaschen** do butelek); *Wein, Bier* butelkować

Abgabe F *(bpl)* odda(wa)nie; *e-r Erklärung usw* złożenie; SPORT *Ball* podanie; *(Verkauf)* sprzedaż *f*; (PL *-n*) podatek, *bes* HIST danina; *(Gebühr)* opłata

abgabenfrei niepodlegający opłacie

Abgabetermin M termin oddania; termin złożenia

Abgang M odejście; KOLEJ *a.* odjazd; *(Tod)* zgon; HANDEL *(Absatz)* zbyt; TEATR *von der Bühne* zejście; **~ von der Schule** opuszczenie szkoły

Abgangszeugnis N świadectwo ukończenia szkoły w niepełnym zakresie

Abgas N gaz odlotowy; **~e** PL AUTO gazy *mpl* spalinowe, spaliny *fpl*

abgasarm *Motor* o niskim poziomie emisji spalin

Abgas|norm F norma emisji spalin; **~test** M badanie spalin na toksyczność

abgaunern *(-re) umg abw* wyłudzać ⟨-dzić⟩ (**j-m** *akk* od k-o *akk*)

abgearbeitet ADJ *Hände* spracowany; *Person a.* strudzony

abgeben *(irr)* V/T odda(wa)ć; *(ausgeben, verteilen)* wyda(wa)ć; *Amt, Erklärung* składać ⟨złożyć⟩; *Ball* poda(wa)ć; *Wärme* wydzielać; *Ware* zby(wa)ć; **abzugeben haben** mieć na zbyciu; **er wird einen guten Vater ~** będzie z niego dobry ojciec; *umg* V/R **sich ~ mit** *etw* zajmować się, *abw* parać się *(inst)*; **sich mit j-m ~** zadawać się z *(inst)*

abgebrannt *pperf* → abbrennen; ADJ *umg (ohne Geld)* goły, spłukany

abgebrochen *pperf* → abbrechen; ADJ odłamany, złamany; *fig* przerwany

abgebrüht ADJ *umg fig* nieczuły, niewrażliwy (**gegen** na *akk*); *umg* **ein ~er Bursche** cwany facet

ab|gedroschen ADJ *fig* oklepany; **~gefeimt** ADJ szczwany, *umg* cwany; **~gegangen** *pperf* → abgehen; **~gegossen** *pperf* → abgießen; **~gegriffen** ADJ *Buch* zniszczony, sfatygowany; *Münze* wytarty; *Phrase* oklepany

abgehackt ADJ *Sprechweise* urywany

abgehangen → abhängen[2]

abgehärmt ADJ strapiony, stroskany

abgehärtet adj zahartowany

abgehen (*irr*) **A** VI (*sn*) **1** odchodzić ⟨odejść⟩; *Brief* być wysłanym **2** **von etw ~** (*etw aufgeben*) odstępować ⟨-stąpić⟩ od (*gen*); wychodzić ⟨wyjść⟩ (**von der Schule** ze szkoły); zbaczać ⟨zboczyć⟩ (**nach Norden** na północ); → abfahren, abzweigen **3** *Ware* mieć zbyt **4** *umg* (*sich ablösen*) *Schmutz usw* puszczać ⟨puścić⟩; *Farbe, Haut* ⟨z⟩łuszczyć się, *umg* złazić ⟨zleźć⟩; *Tapete* odklejać ⟨-kleić⟩ się; *Knopf* odrywać ⟨oderwać⟩ się **5** (*abgezogen werden*) **davon gehen ... Euro ab** z tego potrąca się ... euro **6** (*verlaufen, enden*) *umg* **es wird nicht ohne ... ~** nie obejdzie się bez (*gen*) **B** VT *Strecke, Front* obchodzić ⟨obejść⟩; *fig* (*fehlen*) **ihm geht der Humor ab** brak mu poczucia humoru

abge|hetzt ADJ *umg fig* zalatany, zaganiany; **~hoben** (*irr*) *pperf* → abheben; ADJ ważny, przemądrzały (-le)

abgekämpft ADJ *fig* wyczerpany, zmordowany

abgekartet ADJ *umg*: **~es Spiel** ukartowana gra

abgeklärt ADJ zrównoważony, dojrzały

abge|kocht ADJ *Wasser* przegotowany; **~lagert** ADJ dojrzały (po leżakowaniu), odleżały, wystały

abge|latscht *umg* ADJ *Schuh* zdarty, znoszony; **~laufen** ADJ *Visum* przeterminowany, *a. Pass usw* nieważny

abgelegen ADJ ustronny, odludny

abgelten (*irr*) *Schuld* spłacać ⟨spłacić⟩; *Dienst* wynagradzać ⟨-grodzić⟩; *Anspruch* zaspakajać ⟨-spokoić⟩

abgemacht ADJ umówiony, uzgodniony; *umg* **~!** zgoda!, dobra!; → abmachen

abgemagert ADJ wychudzony

abgeneigt ADJ: *e-r Sache, Person* **~ sein** nie sympatyzować (z *inst*); **nicht ~ sein** (**zu**) być skłonnym (+ *inf od* do *gen*)

abgenutzt ADJ zużyty, zniszczony, sfatygowany

Abgeordne|te F deputowana, posłanka; **~te(r)** M (*-n*) deputowany, poseł

abge|packt ADJ paczkowany; **~rissen** *pperf* → abreißen; ADJ *Kleider* podarty, zniszczony; *Worte* urywany

abgerundet ADJ zaokrąglony

abgesandt *pperf* → absenden

Abgesand|te F wysłanniczka, delegatka; **~te(r)** M (*-n*) wysłannik, delegat

abgeschabt ADJ → abgewetzt

abgeschieden ADJ samotny, odosobniony; *pperf* → abscheiden

Abgeschiedenheit F (*bpl*) odosobnienie

abgeschlafft *umg* ADJ (*schlaff*) sflaczały; *Person* oklapnięty, wykończony; **ein ~er Typ** ciamajda *mf*

abgeschlagen: *präd* SPORT **weit ~** na jednym z dalszych miejsc, daleko w tyle

ab|geschlossen *pperf* → abschließen; ADJ zamknięty; *Wohnung* osobny, z osobnym wejściem; *Werk* zakończony, ukończony; **~geschmackt** ADJ mdły, niesmaczny; → taktlos

abge|schnitten *pperf* → abschneiden; ADJ odcięty, obcięty; **~sehen** → absehen; **~sondert** ADJ odosobniony; *präd* w odosobnieniu, osobno

abgespannt ADJ wyczerpany, znużony

abgestanden ADJ *Wasser* nieświeży; *Bier* zwietrzały; **~e Luft** zaduch

abgestorben *pperf* → absterben; ADJ *Glieder* zdrętwiały; BIOL obumarły

abgestumpft ADJ MAT ścięty; *fig* otępiały; (**gegen**) nieczuły (na *akk*)

abgetakelt *pop* ADJ *abw* stary i przeżyty

abgetan *pperf* → abtun

abgetötet ADJ *bes* MED zabity

abgetragen ADJ *Kleidung* znoszony

abgewetzt ADJ wytarty

abgewiesen *pperf* → abweisen

abgewinnen (*irr*) wygry(wa)ć (**j-m** *akk* od k-o *akk*); (*entlocken*) wywoł(yw)ać (**j-m** *akk* u k-o *akk*); **ich kann ... nichts ~** ... wcale mnie nie pociąga

abgewöhnen (**j-m** *akk*) oduczać ⟨-czyć⟩, odzwyczajać ⟨-czaić⟩ (k-o od *gen*); **sich** (*dat*) **etw ~** odwykać ⟨-knąć⟩, odzwyczajać ⟨-czaić⟩ się od (*gen*)

abgezehrt ADJ wycieńczony

abgießen (*irr*) odl(ew)ać (*a.* TECH)

Abglanz M odblask; *fig* **schwacher ~** słabe odbicie

abgleiten (*irr*) ześlizgiwać ⟨-śliz(g)nąć⟩ się (**von** z *gen*); → abschweifen, absinken

Abgott M → Götze; *fig* bożyszcze

abgöttisch bałwochwalczy (-czo); **j-n ~ lieben** ubóstwiać k-o

abgraben (*irr*): *fig umg j-m* **das Wasser ~** szyć k-u buty

abgrasen *umg fig* → absuchen; *Läden* obchodzić ⟨obejść⟩; HANDEL *Vertreterbe-*

zirk wyeksploatować *pf*
abgrenzen V/T odgraniczać ⟨-czyć⟩ (*v/r* **sich** się); rozgraniczać ⟨-czyć⟩ (**von** *dat*, **gegen** od *gen*); *Aufgaben* określać ⟨-lić⟩; V/R **sich ~** *a.* odcinać ⟨odciąć⟩ się (**von** od *gen*)
Abgrenzung F (*Abtrennung durch e-e Grenze*) odgraniczenie; *fig von Pflichten, Kompetenzen usw* rozgraniczenie
Abgrund M przepaść *f*, otchłań *f*; *fig* **am Rande des ~s** na skraju przepaści; **uns trennen Abgründe** między nami stoi przepaść
abgrundtief *Hass usw* głęboki (-ko)
abgucken *umg*: **bei** *od* **von j-m etw ~** podpatrywać ⟨-patrzyć⟩ u k-o (*akk*); → abschreiben
Abguss M TECH odlew; *Kunst* kopia
ab|haben *umg* → abbekommen; **~hacken** odrąb(yw)ać; **~haken** zdejmować ⟨zdjąć⟩ z haka; odczepi(a)ć, odhaczać ⟨-czyć⟩; *fig* (*kennzeichnen, erledigen*) odfajkow(yw)ać
abhalftern (-*re*) *umg*: *fig* **j-n ~** pozbyć się *pf* (*gen*), spławić *pf* (*akk*)
abhalten (*irr*) trzymać z dala (**von** *dat*, **von sich** [*dat*] od *gen*, od siebie); *Sitzung* odby(wa)ć; *Gottesdienst* odprawi(a)ć; *Wahl* przeprowadzać ⟨-wadzić⟩; *Hochzeit* obchodzić; *Regen, Kälte* zatrzym(yw)ać; **j-n von etw ~** powstrzymywać ⟨-mać⟩ k-o od (*gen*); **von der Arbeit ~** odrywać ⟨oderwać⟩ od pracy
Abhaltung F *e-r Sitzung* odbycie; *e-r Wahl* przeprowadzenie; *e-s Gottesdienstes* odprawianie
abhandeln: **j-m etw ~** wytargować *pf* od k-o (*akk*); *Thema* omawiać ⟨omówić⟩, traktować
ab'handenkommen (*irr; sn*) zapodzi(e-w)ać się, zawieruszyć się *pf*
Abhandlung F omawianie; (*Werk*) rozprawa, traktat (**über** *akk* o *inst*)
Abhang M zbocze, stok; **den ~ hinunter** po stoku w dół; **am ~** na stoku
abhängen[1] V/T *Wagen* odczepi(a)ć; *Bild* zdejmować ⟨zdjąć⟩; *Gegner* pozostawi(a)ć za sobą (*akk*); *Radrennfahrer* odrywać ⟨oderwać⟩ się (od *gen*)
abhängen[2] (*irr*) V/I (**von**) zależeć (od *gen*); *Fleisch* dojrzewać; **gut abgehangen** dojrzały, po okresie dojrzewania
abhängig zależny; uzależniony (*a.* MED); **~ machen** (**von**) uzależni(a)ć (od *gen*); **~ sein** być zależnym, uzależnić się *pf*
Abhängig|keit F zależność *f*, zawisłość *f*; MED uzależnienie; **~keitsverhältnis** N stosunek zależności
abhärten V/T ⟨za⟩hartować (*v/r* **sich** się; **gegen** na *akk*)
Abhärtung F zahartowanie; hart
ab|hauen V/T → abhacken, abschlagen; *Baum* ścinać ⟨ściąć⟩; V/I (*sn*) *umg* zwi(ew)ać, *pop* spieprzać; **hau ab!** zjeżdżaj, spływaj (stąd)!, *vulg* spierdalaj!; **~häuten** *Tier* zdejmować ⟨zdjąć⟩ skórę (z *gen*)
abheben (*irr*) V/T *Deckel, Hörer* zdejmować ⟨zdjąć⟩; *Geld* podejmować ⟨podjąć⟩; V/I *Kartenspiel* przekładać ⟨przełożyć⟩; *Flugzeug* odrywać ⟨oderwać⟩ się od ziemi; V/R **sich ~** (**von, gegen**) odcinać się (od *gen*, na tle *gen*)
ab|heften *Kopie* odkładać ⟨odłożyć⟩ do akt; **~heilen** V/I (*sn*) ⟨za⟩goić się
abhelfen V/I (*irr*): *e-r Sache* (*dat*) **~** poradzić *pf* (na *akk*), zaradzić *pf* (*dat*); **dem ist leicht abzuhelfen** temu łatwo można zaradzić
abhetzen V/T *Pferd* zmordować *pf*; *umg* V/R **sich ~** gonić, latać; → abgehetzt
Abhilfe F (*bpl*) rada; **~ schaffen** (**bei**) pomóc *pf* (na *akk*), zaradzić *pf* (*dat*)
abhobeln zestrug(iw)ać, ⟨z⟩heblować
abholen V/T (*gehen, fahren, um abzuholen*) iść ⟨pójść⟩, ⟨po⟩jechać (po *akk*); (*kommen, um abzuholen*) przychodzić ⟨przyjść⟩, przyjeżdżać ⟨-jechać⟩ (po *akk*); **j-n vom Bahnhof ~** spot(y)kać k-o na dworcu; **etw, j-n von j-m ~ lassen** pos(y)łać k-o (po *akk*)
Abhol|markt M hipermarket sprzedający towary bez dostarczania ich klientowi; **~preis** M cena przy odbiorze własnym klienta; **~ung** F odbiór, odebranie
abholzen (-*zt*) wycinać ⟨-ciąć⟩ drzewa
Abholzung F wyrąb, wycinka drzew
Abhöranlage F urządzenie podsłuchowe, *umg* podsłuch
abhorchen MED osłuch(iw)ać
abhören *Schüler* przepyt(yw)ać; *Tonband* przesłuch(iw)ać; *Sender* słuchać (*gen*); TEL **j-n ~** zakładać ⟨założyć⟩ podsłuch u (*gen*), ⟨za⟩stosować podsłuch wobec (*gen*)
Abhören N (-*s*; *bpl*) przesłuch(iw)anie; słuchanie; TEL podsłuch
abhörsicher zabezpieczony od pod-

słuchu
abhusten V/T u. V/I odkrztuszać ⟨-krztusić⟩
Abi *umg* N (-s; -s) → Abitur
Abi'tur N (-s; *selten* -e) egzamin dojrzałości, matura; **das ~ machen** zda(wa)ć maturę
Abituri'ent M (-en) maturzysta *m*
Abituri'entin F maturzystka
Abi'tur|jahrgang M rocznik maturalny; **~zeugnis** N świadectwo dojrzałości, matura
abjagen: **j-m etw ~** odbi(ja)ć, odbierać ⟨odebrać⟩ k-u (*akk*)
Abk. (Abkürzung) skrót, skrótowiec
abkanzeln *umg* (-le) ⟨z⟩besztać, ⟨z⟩łajać
abkapseln (-le): V/R **sich ~** zamykać ⟨-mknąć⟩ się w sobie
ab|karten (-e-) ukartować *pf*; → abgekartet; **~kassieren** (-) V/T ⟨za⟩inkasować należność (od *gen*); → abzocken
abkaufen: **j-m etw ~** odkupywać ⟨odkupić⟩ od k-o (*akk*)
Abkehr F (*bpl*) odejście (**von** od *gen*)
ab|kehren → abwenden, abfegen; **~ketten** (-e-) *Hund* spuszczać ⟨spuścić⟩ z łańcucha; **~klappern** *umg Läden* oblatywać ⟨-lecieć⟩, obiegać ⟨obiec⟩
abklären → klären; MED przeprowadzić *pf* badania przesiewowe
Abklatsch M (-[e]s; -e) (licha) kopia
abklatschen *Tanzpartner* odbi(ja)ć
ab|klemmen *Kabel* odłączać ⟨-czyć⟩; *Ader* zaciskać ⟨-snąć⟩, ściskać ⟨-snąć⟩; → quetschen
abklingen V/I (*irr; sn*) *Lärm* słabnąć, zanikać; *fig* (prze)mijać ⟨(prze)minąć⟩; *Schmerz a.* usta(wa)ć
abklopfen *Putz* odbi(ja)ć, obtłukiwać ⟨-tłuc⟩; *Staub, Schnee* otrzep(yw)ać; *Wand, Brust* opuk(iw)ać
abknabbern *umg* o(b)gryzać ⟨o(b)gryźć⟩
abknallen *umg* ukatrupić *pf*, puknąć *pf*; *umg* **alle ~** powystrzelać *pf* wszystkich
abknapsen *umg* ur(y)wać (**von** z *gen*)
abknicken V/T nadłam(yw)ać; odłam(yw)ać (*v/i* się); **~de Vorfahrt** droga z pierwszeństwem przejazdu skręca
ab|knöpfen odpinać ⟨-piąć⟩; *umg fig* **j-m etw ~** ⟨wy⟩cyganić od k-o (*akk*); **~kochen** *Wasser usw* przegotow(yw)ać
abkommandieren (-) odkomenderować *pf*; *nicht* MIL *a.* oddelegow(yw)ać
abkommen V/I (*irr; sn*) zbaczać ⟨zboczyć⟩ (**von** z *gen*); odbiegać ⟨-biec⟩ (**vom Thema** od tematu); zaniechać *pf* (**vom Plan** zamiaru); **von der Straße ~** *Auto* wypaść *pf* z drogi
Abkommen N układ, konwencja (**über** *akk* o *lok*)
abkömmlich ADJ: **~ sein** być wolnym, móc się zwolnić
Abkömmling M (-s; -e) potomek
ab|koppeln V/T odczepi(a)ć; *Tier* puszczać ⟨puścić⟩ wolno, spuszczać ⟨spuścić⟩; V/I KOSM odłączyć się *pf* (**von** od *gen*); **~kratzen** V/T zeskrob(yw)ać, zdrap(yw)ać; V/I *pop* (*sn*) kipnąć *pf*, wykitować *pf*; **~kriegen** *umg* → abbekommen; *Prügel* obrywać ⟨oberwać⟩
abkühlen V/T ⟨o⟩studzić, wystudzać ⟨-dzić⟩, ochładzać ⟨-łodzić⟩; V/I (*sn*) ochłodnąć *pf*; V/R **sich ~** oziębi(a)ć się
Abkühlung F ochłodzenie (się); *fig* oziębienie; **~ suchen** szukać ochłody
Abkunft F (*bpl*) pochodzenie
ab|kupfern (-re) *umg abw* ściągać ⟨ściągnąć⟩, zrzynać ⟨zerżnąć⟩; **~kuppeln** (-le) → abkoppeln; **~kürzen** skracać ⟨skrócić⟩
Abkürzung F (*das Abkürzen*) skracanie; (*gekürzte Fassung, Kürzel*) skrót; (*Weg*) droga na skróty
abküssen obcałow(yw)ać
abladen (*irr*) zładow(yw)ać, *a. Wagen* wyłado(wy)wać; *Schüttgut* zsyp(yw)ać
Ablage F *für Akten* przegródka na akta, koszyk na akta; archiwum *n*; *für Hüte* półka; *szwajc* kolektura
ablagern V/T GEOL osadzać ⟨-dzić⟩, nanosić ⟨-nieść⟩; V/R **sich ~** osadzać ⟨-dzić⟩ się; V/I (*sn*) odleżeć się *pf*; *Wein* wystać się *pf*
Ablagerung F osadzanie się; sedymentacja; (*Schicht*) osad; MED złóg
Ablass M (-es; -lässe) *rel* odpust
ablassen (*irr*) **A** V/T **1** *Wasser, Luft* spuszczać ⟨spuścić⟩, wypuszczać ⟨-puścić⟩; (*leeren*) opróżni(a)ć **2** **vom Preis ... ~** opuszczać ⟨opuścić⟩ z ceny ... **B** V/I *umg* (**von**) zaniechać *pf* (*gen*); da(wa)ć spokój (*dat*); → abgeben
Ablasshahn M kurek spustowy
Ablassventil N zawór spustowy

Ablauf M → Abfluss; SPORT wybieg; *(Verlauf)* przebieg; *(Abfolge) a.* kolejność *f*; *(Erlöschen e-r Frist)* upływ; **nach ~ des Visums** po upływie terminu ważności wizy; **vor ~ e-s Monats** przed upływem miesiąca

ablaufen *(irr)* V/I *(sn)* → abfließen, verlaufen; *Frist* upływać ⟨upłynąć⟩, mijać ⟨minąć⟩; *Uhr* stanąć *pf*; *Vertrag* wygasać ⟨-snąć⟩; *Pass* ⟨s⟩tracić ważność; V/T *Strecke* obiegać ⟨obiec⟩, obchodzić ⟨obejść⟩; *Schuhe* schodzić *pf*, zedrzeć *pf*; *umg* **sich** *(dat)* **die Beine ~** nabiegać się *pf*; **~ lassen** → ablassen; *Film* wyświetlać ⟨-lić⟩; *Tonband* przegr(yw)ać

Ableben *lit* N *(bpl)* zgon, śmierć *f*

ab|lecken obliz(yw)ać; *(leckend entfernen)* zliz(yw)ać; **~legen** V/T *Kleider* zdejmować ⟨zdjąć⟩; *Prüfung, Rechenschaft* zda(wa)ć; *Last, Eid* składać ⟨złożyć⟩; *Akten* odkładać ⟨odłożyć⟩ (do akt); *Gewohnheit* wyzby(wa)ć się *(gen)*; **Geständnis** *usw* **~** → gestehen *usw*; V/I *Schiff* odbi(ja)ć od brzegu

Ableger M AGR pęd, odkład; EKON oddział; *umg żart* latorośl *f*; → Steckling

ablehnen *Bitte, Zahlung* odmawiać ⟨-mówić⟩ *(gen)*; *Antrag, Angebot, Verantwortung* odrzucać ⟨-cić⟩; *Zeugen usw* wyłączać ⟨-czyć⟩; *(missbilligen)* nie aprobować, potępiać; → verweigern

ablehnend ADJ odmowny

Ablehnung F *e-r Bitte* odmowa; *e-s Antrags* odrzucenie; *e-s Zeugen* wyłączenie; *(Missbilligung)* dezaprobata; **auf ~ stoßen** spotkać się *pf* z odmową

ableisten *Wehrdienst* odby(wa)ć

ableiten V/T odprowadzać ⟨-dzić⟩; *fig (herleiten, zurückführen auf)* wywodzić ⟨-wieść⟩ **(von, aus** z *gen*; V/R **sich** się); *(folgern)* ⟨wy⟩wnioskować **(aus** z *gen*); MAT znajdować pochodną

Ableitung F odprowadzanie, odprowadzenie; JĘZ wyraz pochodny; MAT pochodna; → Herkunft

ablenken V/T *Ball* odbi(ja)ć w bok; *Strahl* odchylać ⟨-lić⟩; *Verdacht, Aufmerksamkeit* odwracać ⟨-wrócić⟩; **j-n von der Arbeit ~** odrywać ⟨oderwać⟩ od pracy *(akk)*; V/I **vom Thema ~** zmieni(a)ć temat; **lenk nicht ab** nie odbiegaj od tematu; → zerstreuen

Ablenkung F FIZ odchylenie; odwrócenie (uwagi); → Zerstreuung

Ablenkungsmanöver N manewr mylący

Ablesefehler M błąd odczytu

ablesen[1] *(irr) Raupen* ob(ie)rać (z *gen*)

ablesen[2] *(irr) Rede, Zähler* odczyt(yw)ać; **er las ihr jeden Wunsch von den Augen ~ ab** wyczytywał z jej oczu każde życzenie; **von den Lippen ~** odczytywać z warg

Ablesung F odczyt(anie)

ablichten *(-e-)* kserować *(akk)*, sporządzać ⟨-dzić⟩ kserokopię *(gen)*

Ablichtung F fotokopia, kserokopia

abliefern V/T: **an** *(akk)*, **bei j-m ~** *Ware* dostarczać ⟨-czyć⟩ do *(gen)*; *(etw abgeben)* odda(wa)ć, wręczać ⟨-czyć⟩ *(dat)*; *umg Person* odstawi(a)ć (do *gen*)

Ablieferung F dostawa; dostarczenie

Ablieferungstermin M termin dostawy, termin dostarczenia

ablöschen *Tafel* ścierać ⟨zetrzeć⟩; KULIN podl(ew)ać (**mit Wein** winem)

Ablöse F → Ablösesumme

ablösen V/T **(von)** oddzielać ⟨-lić⟩; *Geklebtes* odklejać ⟨-kleić⟩, odlepi(a)ć (od *gen*; V/R **sich** się); *j-n* zdejmować ⟨zdjąć⟩ (**von s-m Posten** ze stanowiska); *Wache usw* ⟨z⟩luzować; *Hypothek* spłacać ⟨-cić⟩; V/R **sich ~** MED odwarstwi(a)ć się; **sich, einander ~ (bei)** zmieni(a)ć się, ⟨z⟩luzować się (przy, w *lok*); → abmachen, abfallen

Ablö|sesumme F kwota odstępnego, odstępne (za transfer gracza); **~sung** F FIN spłata; *(Ablösen, ablösende Gruppe)* zmiana; *(eine Person)* zmiennik; MED odwarstwianie się; (Entlassung) usunięcie, zdjęcie (z urzędu)

ABM *mst* PL (Arbeitsbeschaffungsmaßnahmen) prace interwencyjne celem redukcji bezrobocia

abmachen *umg* usuwać ⟨usunąć⟩, zdejmować ⟨zdjąć⟩; *Termin* uzgadniać ⟨uzgodnić⟩; załatwi(a)ć (**unter sich** między sobą); → abgemacht, ablösen

Abmachung F umowa, ugoda (**über** *akk* o *lok*, co do *gen*); **e-e ~ treffen** umówić się *pf*, ustalić *pf*

abmagern V/I *(-re; sn)* ⟨s-, wy⟩chudnąć

Ab|magerungskur F kuracja odchudzająca; **~mahnung** F upomnienie

Abmarsch M odmarsz, wymarsz

abmarschieren V/I *(-; sn)* odmaszero-

(wy)wać
abmelden V/T *polizeilich* wymeldow(yw)ać (*v/r* **sich** się); *Schüler usw* wypis(yw)ać (**von** z *gen*); *Auto* wycof(yw)ać z ruchu; V/R *bes* MIL **sich ~** odmeldow(yw)ać się; *umg fig* **der ist bei mir abgemeldet** on ma u mnie przechlapane
Abmeldung F wymeldowanie (się); *e-s Fahrzeugs* wycofanie z ruchu
abmessen (*irr*) odmierzać ⟨-rzyć⟩, wymierzać ⟨-rzyć⟩; fig oceni(a)ć
Abmessungen FPL wymiary *mpl*
abmildern ⟨z⟩łagodzić
abmontieren (-) ⟨z⟩demontować
abmühen: V/R **sich ~ (mit)** ⟨na⟩trudzić się (nad *inst*)
abmurksen *pop* ukatrupić *pf*, zakatrupić *pf*
abnabeln: *umg* V/R **sich ~** uniezależni(a)ć się (**von** od *gen*)
abnagen o(b)gryzać ⟨o(b)gryźć⟩
Abnäher M zaszewka
Abnahme F zdejmowanie, zdjęcie; *e-r Maschine, e-s Eids* odbiór, odebranie; przyjęcie; *e-s Films* kolaudacja; (PL *selten*) (*Kauf*) kupno; (*Verringerung*) ubytek, ubywanie; spadek; *von Sehkraft usw* osłabienie; (*Amputation*) odjęcie; HANDEL **~ finden** znaleźć zbyt
Abnahme|protokoll N protokół odbioru; **~verweigerung** F odmowa odbioru; odmowa przyjęcia
abnehmbar zdejmowany, wymienny
abnehmen (*irr*) V/T *Hut, Hörer usw* zdejmować ⟨zdjąć⟩; *Sache, Eid, Führerschein, Bau usw* odbierać ⟨odebrać⟩; *Bein* odejmować ⟨odjąć⟩ (*a.* MAT); *Parade* przyjmować ⟨-jąć⟩; **j-m etw ~** Blut pob(ie)rać od (*gen*); *Pflicht, Sorge* uwalniać ⟨uwolnić⟩ k-o (od *gen*); *Arbeit, Weg usw* wyręczać ⟨-czyć⟩ k-o (w *lok*); *umg* **das nimmt dir keiner ab** nikt ci nie uwierzy, że to prawda; → Beichte, Prüfung, abkaufen, abrasieren; V/I *Vorrat, Tag* ubywać ⟨-być⟩ (*gen*); *Sturm, Sehkraft* ⟨o⟩słabnąć; (*Gewicht reduzieren*) zrzucać ⟨-cić⟩ wagę, ⟨s⟩chudnąć
Abnehmen N (z)gubienie nadwagi
abnehmend ADJ: **~er Mond** księżyc w ostatniej kwadrze; **wir haben ~en Mond** księżyca ubywa
Abnehmer M odbiorca *m*, nabywca *m*
Abnehmerland N kraj importujący
Abneigung F niechęć *f*, antypatia (**gegen** do *gen*)
ab'norm anormalny, nienormalny
Abnormi'tät F nienormalność *f*, wynaturzenie; (*Kreatur*) *a.* wybryk natury
ab|nötigen wymuszać ⟨-musić⟩ (**j-m etw** na kim *akk*); **~nutzen**, *reg* **~nützen** V/T zuży(wa)ć, ⟨z⟩niszczyć (*v/r* **sich** się); *durch Abrieb* ścierać ⟨zetrzeć⟩ (*v/r* **sich** się); → abgenutzt
Abnutzung F, *reg* **Abnützung** F zużycie (się), zużywanie się; *durch Abrieb* ścieranie (się)
Abnutzungsgrad M stopień *m* zużycia
Abo *umg* N (-*s*; -*s*) prenumerata
Abonnement [-'maŋ] N (-*s*; -*s*) abonament; *von Zeitungen a.* prenumerata
Abon'nent(in) M(F) (-*en*) abonent(ka); prenumerator(ka)
abon'nieren (-) ⟨za⟩abonować; *Zeitung a.* ⟨za⟩prenumerować; **abonniert sein** (**auf** *akk*) abonować, prenumerować (*akk*), być abonentem (*gen*)
abordnen ⟨od-, wy⟩delegować
Abordnung F delegacja
Abort[1] M (-[*e*]*s*; -*e*) ustęp, ubikacja
A'bort[2] M (-*s*; -*e*) MED poronienie
ab|packen ⟨za⟩paczkować; → abgepackt; **~passen** *Zeit* upatrywać ⟨upatrzyć⟩; *Person* czatować (na *akk*)
abpausen przekalkow(yw)ać
ab|pellen *reg* ob(ie)rać; **~perlen** V/I (*sn*) ściekać perliście (**von** z *gen*)
abpfeifen (*irr*) *Spiel* odgwizd(yw)ać
Abpfiff M gwizdek końcowy
abpflücken obrywać ⟨oberwać⟩, zrywać ⟨zerwać⟩ (**von** z *gen*)
abplagen: V/R **sich ~** ⟨na⟩mordować się (**mit j-n, etw** nad, z *inst*)
abplatzen V/I (*sn*) odłup(yw)ać się, odpryskiwać ⟨-snąć⟩
Abprall M (-[*e*]*s*; *selten* -*e*) odbicie się, odskok, rykoszet
abprallen V/I (*sn*) odbi(ja)ć się (rykoszetem), odskakiwać ⟨-skoczyć⟩ (**von** od *gen*); *fig* **an j-m ~** nie docierać do (*gen*)
Abpraller M SPORT piłka odbita od poprzeczki *od* słupka bramki
ab|pressen wyciskać ⟨-cisnąć⟩ (*a. fig* **j-m** *akk* z k-o *akk*); **~pumpen** odpompow(yw)ać, wypompow(yw)ać; **~putzen** ⟨o⟩czyścić, oczyszczać; *Haus* ⟨o⟩tynkować

abquälen: V/R **sich ~** ⟨na⟩męczyć się (**mit etw** nad, z *inst*)
ab|qualifizieren (-) wyd(aw)ać ujemny sąd, wyrażać ⟨-razić⟩ się pogardliwie (**j-n** o *lok*); **~quetschen** odgniatać ⟨-gnieść⟩ (**sich** [*dat*] **etw** sobie *akk*)
abrackern *umg*: V/R **sich ~** harować, naharować się *pf* (jak wół)
abrasieren (-) *Bart* ⟨z⟩golić
abraten V/I (*irr*): **j-m von etw ~** odradzać ⟨-radzić⟩ k-u (*akk*); **ich rate davon ab** tego nie radzę (robić)
Abraum M (*bpl*) GÓRN nadkład
abräumen V/T *u.* V/I sprzątać ⟨-tnąć⟩; **den Tisch ~** sprzątać ⟨-tnąć⟩ ze stołu
abreagieren (-) V/T odreagow(yw)ać (*v/r* **sich** się); *v/r* **sich ~** *a.* ulżyć *pf* sobie; **s-n Ärger ~** (**an** *dat*) wyładow(yw)ać swoją złość (na *lok*)
abrechnen V/T odliczać ⟨-czyć⟩ (**von** od *gen*); rozliczać ⟨-czyć⟩ (*v/i* się; **mit** z *inst*); *v/i fig* porachować się *pf* (**mit** z *inst*)
Abrechnung F rozliczenie (się); sprawozdanie rachunkowe; *fig* rozprawa, porachunki *mpl*
Abrechnungszeitraum M okres rozliczeniowy
Abrede F: **etw in ~ stellen** zaprzeczać ⟨-czyć⟩ (*dat*)
abreiben (*irr*) V/T (*beseitigen*) ścierać ⟨zetrzeć⟩, (*a. trocknen*) wycierać ⟨wytrzeć⟩ (*v/r* **sich** się)
Abreibung F ścieranie, wytarcie; *umg fig* **j-m e-e ~ verpassen** natrzeć k-u uszu; (*verdreschen*) sprawić k-u lanie
Abreise F (*bpl*) odjazd, wyjazd
abreisen V/I (*sn*) odjeżdżać ⟨-jechać⟩, wyjeżdżać ⟨-jechać⟩
Ab|reisetag M dzień *m* odjazdu, dzień *m* wyjazdu; **~reißblock** M blok z kartkami do wyrywania
abreißen (*irr*) V/T (V/I, *sn*) obrywać ⟨oberwać⟩ (się), odrywać ⟨oderwać⟩ (się), ur(y)wać (się); *Haus* ⟨z⟩burzyć (*akk*), dokon(yw)ać rozbiórki (*gen*); *umg Kleidung* zdzierać ⟨zedrzeć⟩; ... **reißt (reißen) nicht ab** ... nie ustaje (ustają)
Abreißkalender M kalendarz z kartkami do wyrywania
abrichten *Tier* ⟨wy⟩tresować, układać ⟨ułożyć⟩
abriebfest odporny na ścieranie
abriegeln (*-le*) V/T *Tor* zaryglow(yw)ać; *Straße* zamykać ⟨-mknąć⟩ (kordonem), ⟨za⟩blokować; (*Zugang sperren*) odcinać ⟨-ciąć⟩ dostęp (do *gen*)
abringen (*irr*) wydzierać ⟨-drzeć⟩; wymuszać ⟨-musić⟩ (**j-m Zugeständnisse** na kimś pójście na ustępstwa); **sich** (*dat*)**etw ~** zdoby(wa)ć się na (*akk*)
Abriss M BUD rozbiórka; *e-r Eintrittskarte* kupon; (*Übersicht, Darstellung*) zarys, kompendium *n*; **~firma** F firma rozbiórkowa
abrollen V/T *Tau usw* odwijać ⟨-winąć⟩ (*v/i, sn* się); **den Fuß ~** płynnie unosić stopę przy chodzeniu
abrücken V/T odsuwać ⟨-sunąć⟩, odsta-wi(a)ć (**von** od *gen*); *v/i* (*sn*) *Truppe* wyruszać ⟨-szyć⟩, wymaszerow(yw)ać; **~ von** (*dat*) odsuwać ⟨-sunąć⟩ się od (*gen*); *fig* odstępować ⟨-stąpić⟩ od (*gen*)
Abruf M (*bpl*) EDV pobranie; **auf ~** na zawołanie; do odwołania; HANDEL na żądanie
abrufen (*irr*) *Person* odwoł(yw)ać; *Daten* pob(ie)rać; *Geld* wycof(yw)ać; *Ware* żądać (umownej) dostawy (*gen*)
abrunden (*-e-*) zaokrąglać ⟨-lić⟩ (*a. Zahl* **auf** *akk* do *gen*)
abrupfen obrywać ⟨oberwać⟩
ab'rupt ADJ (*jäh*) nagły; *präd* nagle
abrüsten V/I rozbrajać ⟨-broić⟩ się; V/T BUD rozbierać ⟨rozebrać⟩ rusztowanie (**das Haus** wokół domu)
Abrüstung F (*bpl*) rozbrojenie; redukcja zbrojeń; **atomare ~** denuklearyzacja
Abrüstungs|konferenz F konferencja rozbrojeniowa; **~kontrolle** F kontrola redukcji zbrojeń
abrutschen V/I (*sn*) zsuwać ⟨zsunąć⟩ się, ześlizgiwać ⟨ześliz(g)nąć⟩ się (**von** z *gen*); *Erde a.* o(b)suwać ⟨-sunąć⟩ się; *fig* → nachlassen, sinken
Abs. (Absender) nadawca *m*; (Absatz) ustęp, rozdział
absäbeln (*-le*) *umg* odkrawać ⟨-kroić⟩
absacken *umg* V/I (*sn*) *Erde* zapadać ⟨-paść⟩ się, *a.* BUD osiadać ⟨osiąść⟩; *Schiff* (szybko) ⟨za⟩tonąć, iść ⟨pójść⟩ na dno; *Flugzeug* przepadać ⟨-paść⟩
Absage F odmowa; *e-r Veranstaltung* odwołanie; *fig* **e-e ~ erteilen** (*dat*) odrzucać ⟨-cić⟩ (*akk*); da(wa)ć k-u negatywną odpowiedź
ab|sagen V/T *Veranstaltung, Besuch* od-

wol(yw)ać; VI er hat abgesagt on powiadomił, że nie przyjdzie od przyjedzie, on odmówił udziału usw; → entsagen; **~sägen** odpiłow(yw)ać, upiłow(yw)ać; umg fig j-n odstawić pf, pop udupić pf
ab|sahnen umg fig spijać śmietankę; obławiać ⟨obłowić⟩ się (**bei** na lok); **~satteln** VT rozsiodł(yw)ać (akk)
Absatz M **1** im Text ustęp; TYPO wcięcie, akapit; **ohne ~** bez wcięcia (akapitowego) **2** am Schuh obcas; **mit hohen Absätzen** na wysokim obcasie **3** HANDEL (bpl) zbyt, sprzedaż f; **~förderung** F promocja sprzedaży; **~markt** M rynek zbytu; **~schwierigkeiten** FPL trudności fpl ze zbytem
absatzweise ADV ustępami, jeden ustęp po drugim
ab|saufen umg VI (irr) Schiff ⟨za⟩tonąć; Motor zachłysnąć się pf; **~saugen** odsysać ⟨odessać⟩; Teppich odkurzać ⟨-rzyć⟩; → abpumpen; **~schaben** Putz zeskrob(yw)ać; Wand oskrob(yw)ać; umg Bart zgolić pf; **~schaffen** Institution ⟨z⟩likwidować; Mängel a. usuwać ⟨usunąć⟩; Verbot, Gesetz usw znosić ⟨znieść⟩, ⟨s⟩kasować; umg Tier, Auto pozby(wa)ć się (gen)
Abschaffung F (bpl) (Beseitigung) zlikwidowanie, usunięcie; e-s Verbots, Gesetzes zniesienie, skasowanie; e-r besessenen Sache pozbycie się
abschälen ob(ie)rać; → schälen
abschalten VT wyłączać ⟨-czyć⟩, odłączać ⟨-czyć⟩; Kraftwerk a. odstawi(a)ć od ruchu; umg VI fig wyłączać ⟨-czyć⟩ się; (sich ausruhen) zaży(wa)ć spokoju
Abschaltung F wyłączenie, odłączenie; e-s Kraftwerks odstawienie od ruchu
abschätzen oceni(a)ć, ⟨o⟩szacować
abschätzig pogardliwy (-wie)
Abschaum M (bpl) abw szumowiny fpl, męty mpl (społeczne)
abscheiden (irr) oddzielać ⟨-lić⟩; wydzielać ⟨-lić⟩; → abgeschieden
abscheren (irr) ⟨o⟩strzyc; TECH odcinać ⟨-ciąć⟩, ścinać ⟨ściąć⟩
Abscheu M (-s; bpl) od F (bpl) wstręt, odraza (**vor** dat do gen); **~ erregen** budzić odrazę; **~ erregend** → abscheuerregend
abscheuern VT ⟨wy⟩szorować; **sich** (dat) **die Haut ~** zetrzeć sobie skórę; VR **der Kragen hat sich abgescheuert** kołnierz wytarł się
abscheuerregend ADJ budzący odrazę, odrażający (-co)
abscheulich (ekelhaft, widerwärtig) ohydny, wstrętny, obrzydliwy (-wie), obrzydły; (hässlich, moralisch verwerflich) ohydny
Abscheulichkeit F obrzydliwość f; obrzydlistwo
abschicken wys(y)łać, odsyłać ⟨odesłać⟩
Abschiebehaft F areszt deportacyjny
abschieben (irr) VT odsuwać ⟨-sunąć⟩ (**von** od gen); Schuld zwalać ⟨-lić⟩ (**auf j-n** na k-o); Ausländer deportować (im)pf, wydalać ⟨-lić⟩ (z kraju); umg Person przenosić ⟨-nieść⟩ (**in die Provinz** na prowincję); v/i pop **schieb ab!** spływaj!
Abschiebung F deportacja, wydalenie; **Antrag auf ~** wniosek deportacyjny
Abschied M (-[e]s; selten -e) pożegnanie (się), rozstanie (się) (**von** z inst); (Entlassung) dymisja, zwolnienie; **~ nehmen** (**von**) pożegnać się pf (z inst); **ein Gläschen zum ~ trinken** ⟨wy⟩pić strzemiennego; **s-n ~ nehmen** poda(wa)ć się do dymisji; **zum ~** na pożegnanie, umg na do widzenia
Abschieds|besuch M wizyta pożegnalna; **~brief** M list pożegnalny; **~feier** F uroczystość pożegnalna, przyjęcie pożegnalne; **~gesuch** N prośba o dymisję
Abschiedskuss M: **e-n ~ geben** (dat) pocałować pf na pożegnanie (akk)
abschießen (irr) Pfeil wypuszczać ⟨-puścić⟩; Rakete, Torpedo wystrzeli(wa)ć; Flugzeug strącać ⟨-cić⟩, a. Vogel zestrzeli(wa)ć; Panzer zniszczyć pf; Wild, Körperteil, umg fig e-n Politiker ustrzelić pf; krankes Wild odstrzeli(wa)ć; **ein Gewehr ~** ⟨wy⟩strzelić z karabinu
abschirmen osłaniać ⟨osłonić⟩ (**gegen** przed inst); TECH a. ekranować
Abschirmung F osłanianie; ekranowanie; konkret osłona; ekran
abschlachten Tiere zarzynać ⟨-rżnąć⟩; (morden) ⟨wy⟩mordować
Abschlag M SPORT wybicie, wykop; HANDEL zniżka, rabat; (Rate) rata; zaliczka; **auf ~** na raty
abschlagen (irr) Henkel odbi(ja)ć; Ball a. wybi(ja)ć; Baum, Kopf ścinać ⟨ściąć⟩;

Angriff odpierać ⟨odeprzeć⟩; *Bitte, Wunsch* odrzucać ⟨-cić⟩ (*akk*), nie przychylić się *pf* (do *gen*)
abschlägig *Antwort* odmowny, negatywny; **j-n ~ bescheiden** udzielić *pf* odmownej odpowiedzi (*dat*); **... wurde ~ beschieden** ... spotkał(a) się z odmową
Abschlagszahlung F zaliczka (**auf** *akk* na poczet *gen*)
abschleifen (*irr*) V/T zeszlifow(yw)ać; V/R **sich ~** ścierać ⟨zetrzeć⟩ się
Abschleppdienst M pomoc drogowa
abschleppen V/T *Auto* odholow(yw)ać; *pop Person* zaciągnąć *pf* (**in** *akk* do *gen*); *Mädchen* poderwać *pf*; *umg* V/R **sich ~** (**mit etw**) ⟨na⟩mordować się przy noszeniu (*gen*)
Abschlepp|seil N lina holownicza; **~wagen** M wóz pomocy drogowej
abschließen (*irr*) V/T zamykać ⟨-mknąć⟩ (na klucz); *Vertrag* zawierać ⟨-wrzeć⟩; *Geschäft* dokon(yw)ać (*gen*); (*beenden*) ⟨s⟩kończyć, ⟨u⟩kończyć, ⟨za⟩kończyć; V/I (**mit**) ⟨za⟩kończyć się (*inst*); ⟨s⟩kończyć (z *inst*); **mit Gewinn ~** zamknąć *pf* bilans z zyskiem
abschließend ADJ końcowy; *präd* kończąc, na zakończenie
Abschluss M (*Beendigung*) zakończenie; *bes von Studium, Schule* ukończenie; *der Bücher, Konten* zamknięcie; *e-s Vertrags* zawarcie; HANDEL *a.* dokonanie transakcji; transakcja; **~prüfung** F egzamin końcowy; **~zeugnis** N świadectwo ukończenia (*gen*)
abschmecken doprawi(a)ć do smaku
abschmelzen V/I (*irr; sn*) stopić się *pf*
abschmettern *umg* odrzucać ⟨-cić⟩
abschmieren V/T TECH ⟨po⟩smarować; *pop* ściągać ⟨-gnąć⟩ (**von j-m** od *gen*); (*unsauber abschreiben*) nagryzmolić *pf*; V/I (*sn*) *Flugzeug* wykonać *pf* ślizg (i runąć na ziemię)
abschminken V/T TEATR rozcharakteryzować *pf* (*v/r* **sich** się); *umg* **sich** (*dat*) **etw ~** wybić *pf* sobie z głowy (*akk*)
abschmirgeln (*-le*) (*polieren*) wygładzać ⟨-dzić⟩ szmerglem
abschnallen odpinać ⟨-piąć⟩
abschneiden (*irr*) V/T odcinać ⟨-ciąć⟩ (*a. Weg*); (*wegschneiden*) ukrawać ⟨ukroić⟩, obcinać ⟨obciąć⟩, ucinać ⟨uciąć⟩; *Haare a.* ⟨o⟩strzyc; *fig* (*unterbinden*) przecinać ⟨-ciąć⟩; V/I **gut, schlecht ~ (bei)** dobrze, źle się spisać *pf* (na *lok*)
Abschnitt M odcinek; *Text a.* fragment; *Zeit a.* okres, etap; MAT *a.* segment
abschnitt(s)weise ADV odcinkami, w odcinkach; *attr* odcinkowy
abschnüren V/T ściskać, uciskać; *fig* ⟨za⟩blokować; *fig* **j-m die Luft ~** zarzynać k-o; → abbinden
ab|schöpfen zbierać ⟨zebrać⟩, ściągać ⟨ściągnąć⟩ (**Gewinne** zyski); **~schotten** (*-e-*) V/T *fig* ⟨od⟩izolować, odgradzać ⟨-grodzić⟩ (*v/r* **sich** się); **~schrägen** fazować, ścinać ⟨ściąć⟩ krawędzie; **~schrauben** odkręcać ⟨-cić⟩; **~schrecken** odstraszać ⟨-szyć⟩ (**von** od *gen*); *Ei* szybko ⟨o⟩studzić
abschreckend ADJ odstraszający (-co)
Abschreckung F odstraszanie, odstraszenie; **zur ~** dla odstraszenia
abschreiben (*irr*) V/T (*neu schreiben*) przepis(yw)ać; EKON odpis(yw)ać; *Aufsatz usw* odpis(yw)ać (**aus** z *gen*, **von** od *gen*), *umg* ściągać ⟨-gnąć⟩; *fig umg* (*verloren geben*) spisać *pf* na straty; V/I pisemnie odmawiać ⟨-mówić⟩
Abschreib|ung F EKON odpis (amortyzacyjny); amortyzacja, umorzenie
abschreiten (*irr; a sn*) (*abmessen*) ⟨z⟩mierzyć krokami; **die Front ~** dokon(yw)ać przeglądu wojsk
Abschrift F kopia, odpis
abschrubben *umg* wyszorować *pf*; **den Dreck ~** zmy(wa)ć brud (**von** z *gen*)
abschuften *umg*: V/R **sich ~** harować
abschuppen *Fisch* ⟨o⟩skrobać z łusek; V/R **sich ~** łuszczyć się
abschürfen V/T: **sich** (*dat*) **die Haut ~** otrzeć *pf* sobie skórę (**am Knie** na kolanie)
Abschürfung F MED otarcie
Abschuss M MIL wystrzelenie, odpalenie; *e-r Rakete, e-s Torpedos a.* wypuszczenie; *e-s Flugzeugs* zestrzelenie, strącenie; *e-s Panzers* zniszczenie; *Jagd* odstrzał; **~genehmigung** F *Jagd* zezwolenie na odstrzał
abschüssig *Straße* stromy (-mo)
Abschussliste F: *fig* **j-n auf die ~ setzen** przeznaczać ⟨-czyć⟩ do odstrzału
Abschussrampe F wyrzutnia pocisków rakietowych
abschüt|teln otrząsać ⟨-snąć⟩, strząsać ⟨-snąć⟩; *fig* otrząsać ⟨-snąć⟩ się (z *gen*, po

lok); *umg fig Verfolger* zmylić *pf* (pogoń), pozostawi(a)ć w tyle; *fig Joch* zrzucać ⟨-cić⟩; → loswerden; **~ten** odlewać ⟨-lać⟩; KULIN odcedzać ⟨-dzić⟩
abschwächen V/T osłabi(a)ć; V/R **sich ~** osłabi(a)ć się, ⟨o⟩słabnąć, ⟨z⟩maleć
Abschwächung F osłabienie (się), osłabnięcie; (*Verminderung*) zmniejszenie (się)
ab|schwatzen V/T *umg* wyłudzać ⟨-dzić⟩ (**j-m** od *gen*); **~schweifen** V/I (*sn*; **von**) *fig* odbiegać ⟨-biec, -biegnąć⟩ (od *gen*)
Abschweifung F dygresja
ab|schwellen V/I (*sn*) MED ⟨s⟩tęchnąć, opadać ⟨opaść⟩; **~schwirren** V/I (*sn*) odfruwać ⟨-frunąć⟩; *umg* zmy(wa)ć się; **schwirr ab!** spadaj!; **~schwören** V/I (*dat*) wyrzekać ⟨-rzec⟩ się, zarzekać ⟨-rzec⟩ się (*gen*)
Abschwung M EKON osłabienie, recesja
absegnen *umg żart* ⟨za⟩aprobować
absehbar spodziewany, zgodny z przewidywaniami; **in ~er Zeit** niebawem
absehen (*irr*) V/T naśladować (**j-m etw** k-o w *lok*); → abgucken; (*voraussehen*) przewidywać ⟨-dzieć⟩; V/I **von etw ~** ⟨z⟩rezygnować z (*gen*); powstrzym(yw)ać się od (*gen*); **wenn man von … absieht** jeśli nie brać pod uwagę (*gen*), pominąwszy, pomijając (*akk*); *unpers* **es abgesehen haben auf** (*akk*) upatrzyć *pf* sobie (*akk*), uwziąć się *pf* na (*akk*)
ab|seifen ⟨u⟩myć mydłem; **~seihen** ⟨od-, prze⟩cedzić; **~seilen** V/T spuszczać ⟨spuścić⟩ na linie (*v/r* **sich** się)
absein (*irr*) *umg* → ab
abseits PRÄP (*gen*) obok, (nie)opodal (*gen*), przy (*lok*); ADV z boku, na uboczu; → abseitsstehen
Abseits N (*unv*) SPORT spalony, ofsajd; **im ~ stehen** być na spalonym; **~ pfeifen** odgwizdać spalony; *fig* **ins ~ geraten** być wyizolowanym (z życia)
Abseitsfalle F pułapka ofsajdowa
abseitsstehen (*irr*) stać (*fig* pozostawać) na uboczu; SPORT → Abseits
absenden (*irr; selten -e-*) wys(y)łać; *Post a.* nada(wa)ć; *Ware a.* ⟨wy⟩ekspediować
Absender M nadawca *m*; spedytor
Absenderin F nadawczyni
Absendung F wys(y)łanie; *engS* nadanie; ekspedycja
ab|sengen *Haare* opalać ⟨-lić⟩, osmalać ⟨-lić⟩; **~senken** *Grundwasser* obniżać ⟨-żyć⟩ poziom (*gen*)
absetzbar *Ware* zbywalny; *Person* odwołalny; **steuerlich ~** potrącalny z podstawy opodatkowania
absetzen **A** V/T **1** *Hut, Brille, a. fig von der Tagesordnung, Theaterstück* zdejmować ⟨zdjąć⟩; **abgesetzt werden** *Film* schodzić ⟨zejść⟩ z ekranów **2** *Pille, Glas, Jungtier* odstawi(a)ć **3** *Last* składać ⟨złożyć⟩ **4** *Amtsträger* usuwać ⟨usunąć⟩ (ze stanowiska); *König* zdetronizować *pf* **5** *Fahrgast* wysadzać ⟨-dzić⟩; *Truppen a.* zrzucać ⟨-cić⟩ na spadochronach **6** *Ware* zby(wa)ć **7** *Kosten* potrącać ⟨-cić⟩ (**von** z *gen*); **von der Steuer ~** odliczać ⟨-czyć⟩ od podstawy opodatkowania, odpis(yw)ać od podatku **8** *Termin, Spiel* odwoł(yw)ać **9** *Behandlung* przer(y)wać **10** *Zeile* pisać od nowego wiersza **B** V/R **11** **sich ~** *Sand* osiadać ⟨osiąść⟩ **12** *fig* (*flüchten*) zbiec *pf* (**ins Ausland** za granicę) **13** *Truppen* wycof(yw)ać się, odrywać ⟨oderwać⟩ się (**vom Gegner** od nieprzyjaciela); **C** V/I *beim Sprechen, Schreiben* przer(y)wać, przesta(wa)ć; *trinken* **ohne abzusetzen** duszkiem, jednym haustem
Absetzung *f e-s Ministers* złożenie z urzędu, usunięcie (ze stanowiska); MIL desant(owanie); skreślenie (**von der Tagesordnung** z podządku dziennego)
absichern V/T zabezpieczać ⟨-czyć⟩; V/R **sich ~** asekurować się
Absicherung F zabezpieczenie
Absicht F zamiar; intencja (*a.* JUR); **mit ~** umyślnie, celowo
absichtlich umyślny, celowy (-wo), rozmyślny; **das hat er ~ getan** on to zrobił rozmyślnie
Absichtserklärung F list intencyjny, deklaracja intencji
ab|singen (*irr*) odśpiewać *pf*; **~sinken** (*irr; sn*) opadać ⟨opaść⟩; (*nachlassen*) obniżać ⟨-żyć⟩ się; **~sitzen** (*irr*) V/T *umg Strafe usw* odsiadywać ⟨-siedzieć⟩; V/I (*sn*) zsiadać ⟨zsiąść⟩
abso'lut absolutny, bezwzględny
Absoluti'on F rozgrzeszenie; (**die**) **~ erteilen** udzielać ⟨-lić⟩ rozgrzeszenia
Absol'vent(in) M(F) (*-en*) absolwent(ka)
absol'vieren (-) *Schule usw* ⟨u⟩kończyć; → ableisten, verrichten
ab'sonderlich osobliwy (-wie), dziwny,

dziwaczny
Absonderlichkeit F (PL *selten*) osobliwość *f*, dziw(acz)ność *f*
absondern V/T odosabniać ⟨-sobnić⟩ (*v/r* **sich** się); ⟨od⟩separować; *bes* BIOL, MED wydzielać ⟨-lić⟩
Absonderung F odosobnienie; odseparowanie; wydzielanie; BIOL (*Stoff*) wydzielina
absor'bieren (-) absorbować, pochłaniać, wchłaniać ⟨wchłonąć⟩; *fig* pochłaniać ⟨-chłonąć⟩, ⟨za⟩absorbować
Absorpti'on F absorpcja; **~s-** *in zssgn* absorpcyjny
abspalten V/T odłup(yw)ać, *a.* CHEM, *fig* odszczepi(a)ć (*v/r* **sich** się; **von** od *gen*)
Abspann M FILM → Nachspann
abspannen *Zugtier* odprzęgać ⟨odprząc⟩
Abspannwerk N ELEK stacja (transformatorowa) obniżająca
ab|specken *umg* V/T odchudzać ⟨-dzić⟩ (*a. fig;* V/I się); **~speichern** EDV zapis(y-w)ać (na dysk)
abspeisen *fig* **(mit)** zby(wa)ć k-o (*inst*)
abspenstig ADJ: **j-m etw, j-n ~ machen** odstręczać ⟨-czyć⟩ k-o od (*gen*), odbi(ja)ć k-u (*akk*)
absperren ⟨za⟩blokować, zamykać ⟨-mknąć⟩; → abriegeln
Absperrgitter N (przenośna) bariera
Absperrhahn M kurek zamykający
Absperrung F *e-r Straße usw* zamknięcie; *von Wasser, Gas usw a.* wstrzymanie; (*Sperre*) bariera; (*Postenkette*) kordon
Abspiel M SPORT podanie (piłki)
abspielen V/T odgrywać ⟨odegrać⟩ (**vom Blatt** z nut); *Tonband usw* przegrywać ⟨-grać⟩; *Ball* poda(wa)ć; V/R **sich ~** rozgrywać ⟨rozegrać⟩ się
absplittern V/I (*sn*) odłup(yw)ać się
Absprache F umowa, porozumienie; *geheim* zmowa
absprechen (*irr*) V/T uzgadniać ⟨-godnić⟩; **j-m ~** (*akk*) odmawiać ⟨-mówić⟩ k-u (*gen*), odsądzać ⟨-dzić⟩ k-o od (*gen*)
absprengen V/T odstrzeli(wa)ć
abspringen V/I (*irr; sn*) **(von)** zeskakiwać ⟨-skoczyć⟩ (z *gen*); wyskakiwać ⟨-skoczyć⟩ (**mit dem Fallschirm** na spadochronie); → abplatzen; *umg fig* **(von)** odstępować ⟨odstąpić⟩ (od *gen*), ⟨z⟩rezygnować (z *gen*)
abspritzen *Pflanze* oprysk(iw)ać; (*waschen*) ⟨u⟩myć natryskiwaniem; spłuk(i-w)ać strumieniem wody
Absprung M (*Herunterspringen*) zeskok, zeskoczenie; *mit dem Fallschirm* skok (spadochronowy); SPORT *vom Absprungbalken* odbicie się; *fig* **den ~ schaffen** potrafić uwolnić się od (*gen*)
ab|spulen V/T odwijać ⟨-winąć⟩, rozwijać ⟨-winąć⟩ ze szpuli (*v/r* **sich** się); *umg fig Sprüche* odklep(yw)ać; **~spülen** spłuk(i-w)ać, opłuk(iw)ać; **~stammen** V/I pochodzić, wywodzić się (**von** z *gen*)
Abstammung F pochodzenie
Abstand M odstęp; dystans; (*räumliche Lücke*) *a.* rozstęp; (*Weite*) *a.* odległość *f*; *fig* (*Unterschied*) rozziew; *umg* (*Abfindung*) odstępne; **~ halten** *Auto* zachowywać minimalną odległość; *fig* **den ~ wahren** zachow(yw)ać dystans; *fig* **~ nehmen (von)** zrezygnować *pf* (z *gen*), odstąpić *pf* (od *gen*); **mit ~** o wiele; **er gewann den ...-Lauf mit ~** zdystansował wszystkich w biegu na ...
ab|statten (-e-) *Besuch, Dank* składać ⟨złożyć⟩; **~stauben** odkurzać ⟨-kurzyć⟩; *umg* naciągnąć *pf* (**bei j-m** *akk* k-o na *akk*); (*klauen*) buchnąć *pf*, podwędzić *pf*; *Tor* strzelić *pf* (gola) „fałszem"
abstechen (*irr*) V/T *Tier* zarzynać ⟨-rżnąć⟩; *Rasen* wycinać ⟨-ciąć⟩; V/I **von etw ~** odbijać się, odcinać się od, na tle (*gen*)
Abstecher M wycieczka, wypad; **e-n ~ machen (nach)** zrobić *pf* wypad (do *gen*); zboczyć *pf* z drogi i odwiedzić *pf* (*akk*)
abstecken wytyczać ⟨-czyć⟩ (*a. fig*)
abstehen V/I (*irr; a sn*) *Ohren* nie przylegać, odstawać; *Haare* sterczeć; **er stand zu weit ab, um etwas sehen zu können** on stał zbyt daleko, aby móc coś widzieć; **~de Ohren** odstające uszy
Absteige F *abw* tani hotel (o złej reputacji)
absteigen V/I (*irr; sn*) *vom Rad* zsiadać ⟨zsiąść⟩ (**von** z *gen*); *ins Tal* schodzić ⟨zejść⟩ (**von** z *gen*); (*einkehren*) zatrzym(y-w)ać się (**in** *dat* w *lok*); *Sportverein* spadać ⟨spaść⟩
absteigend ADJ zstępny
Absteiger M SPORT spadkowicz
abstellen ⟨po⟩stawić (*a. Fahrzeug*); (*abrücken, beiseitestellen*) odstawiać ⟨-wić⟩;

Motor, Gerät wyłączać ⟨-czyć⟩; *Gas, Wasser usw* zamykać ⟨-mknąć⟩; *Übel* usuwać ⟨usunąć⟩ *(akk)*, położyć *pf* koniec *(dat)*; **etw ~ auf** *(akk)* nastawi(a)ć na, ukierunkować *pf* na *(akk)*; → abkommandieren

Abstell|gleis N tor odstawczy; *fig* tor boczny; **~kammer** F → Abstellraum; **~platz** M miejsce (czasowego) postoju; **~raum** M komórka; *für Gerümpel* rupieciarnia

abstempeln ostemplow(yw)ać; *fig* **(zu, als)** napiętnować (jako)

absterben V/I *(irr; sn)* obumierać ⟨-mrzeć⟩, zamierać ⟨-mrzeć⟩; *fig a.* zanikać ⟨-knąć⟩; *Glieder* ⟨z⟩drętwieć

Abstieg M (-[e]s; -e) zejście *(a. Weg)*, schodzenie; SPORT spadek; *fig* **sozialer ~** deklasacja; → Niedergang

abstiegsgefährdet ADJ SPORT zagrożony spadkiem

abstimmen V/T dostosow(yw)ać (**auf** *akk* do *gen*); uzgadniać ⟨-godnić⟩, ⟨z⟩harmonizować (**zeitlich** w czasie; **aufeinander** ze sobą); *v/i* (**über** *akk*) przegłosować *pf (akk)*; **~ lassen** (**über** *akk*) podda(wa)ć pod głosowanie *(akk)*; *fig* **fein abgestimmt** dobrany, zharmonizowany

Abstimm|ung F *(Stimmabgabe)* głosowanie; *(Angleichung)* dostoso(wy)wanie; *(Harmonisierung)* uzgadnianie, uzgodnienie, zharmonizowanie; → abstimmen *u. zssgn*; **~ungsergebnis** N wynik głosowania

absti'nent wstrzemięźliwy; **~ leben** zachowywać abstynencję

Absti'nenzler M abstynent

abstoppen *Zeit* ⟨z⟩mierzyć stoperem

Abstoß M SPORT wybicie (piłki) z linii bramkowej

abstoßen *(irr)* V/T odpychać ⟨odepchnąć⟩ *(a. fig)*; *(beschädigen)* odbi(ja)ć, utrącać ⟨-cić⟩; *Geweih* zrzucać ⟨-cić⟩; *Transplantat* odrzucać ⟨-cić⟩; *(abnutzen)* zniszczyć *pf*; *Ärmel* wycierać ⟨wytrzeć⟩; *Aktien usw* pozby(wa)ć się *(gen)*; *fig* **j-n ~** *a.* działać odpychająco (na *akk*); *v/r* **sich ~** odpychać ⟨odepchnąć⟩ się; *Springer* odbi(ja)ć się; V/I *(sn)* odbi(ja)ć (**vom Ufer** od brzegu)

abstoßend ADJ odpychający (-co), odrażający (-co)

Abstoßungsreaktion F MED reakcja odrzucenia przeszczepu

abstottern *umg* spłacać ⟨-cić⟩ ratami

abs'trakt abstrakcyjny, oderwany

abstrampeln *umg:* V/R **sich ~** pedałować (z całej siły); *fig (sich abmühen)* trudzić się, mordować się

abstreifen ZOOL *Haut* zrzucać ⟨-cić⟩; *Ring usw* ściągać ⟨-gnąć⟩, zdejmować ⟨zdjąć⟩; *fig Unart* wyzbyć się *pf (gen)*

abstreiten *(irr)* V/T zaprzeczać ⟨-czyć⟩ *(dat)*, wypierać ⟨-przeć⟩ się *(gen)*, negować *(akk)*; **j-m etw ~** → absprechen

Abstrich M MED rozmaz; **~e** PL *(Kürzung)* cięcia *npl*; **~e machen** *(zurückstecken)* zmniejszać ⟨-szyć⟩ wymagania; **ohne ~e** bez cięć; bez ograniczeń

abs'trus mętny, zagmatwany, ciemny

abstufen ⟨u⟩stopniować; *Farben* ⟨s⟩tonować

Abstufung F stopniowanie

abstumpfen V/T przytępi(a)ć; *fig* otępi(a)ć; V/I *(sn)* otępieć *pf*

Absturz M LOTN rozbicie się, katastrofa (lotnicza); EDV awaria

ab|stürzen V/I *(sn)* runąć *pf*, spaść *pf*; *Flugzeug a.* rozbi(ja)ć się; EDV ulegać ⟨ulec⟩ awarii; **~stützen** podpierać ⟨podeprzeć⟩; **~suchen** przeszuk(iw)ać; *Gelände usw a.* przetrząsać ⟨-snąć⟩ (**nach j-m, etw** w poszukiwaniu *gen*)

ab'surd absurdalny, niedorzeczny; **~es Theater** teatr absurdu

Absurdi'tät F absurdalność *f*; absurd

Abs'zess M *(-es; -e)* ropień *m*, wrzód

Abs'zisse F MAT odcięta

Abt M *(-es; Äbte)* opat

Abt. (Abteilung) oddział, wydział

abtasten obmac(yw)ać *(a.* MED*)*; TECH *Scanner usw* odczyt(yw)ać; *TV-Bild* wybierać

abtauen V/T *Kühlschrank* odszraniać ⟨-szronić⟩; V/I *(sn) Eis* roztajać *pf*, odtajać *pf*

Ab'tei F opactwo

Ab'teil N KOLEJ przedział

abteilen oddzielać ⟨-lić⟩, przedzielać ⟨-lić⟩

Ab'teil|lung F dział, wydział, *a. im Kaufhaus, Krankenhaus* oddział; *engS a.* sekcja, referat; MIL pododdział; **~lungsleiter(in)** M(F) kierownik (-niczka) (od-, wy)działu *od* referatu

ab|telefonieren *umg* V/I (-) odwoł(yw)ać telefonicznie; **~tippen** *umg* przepis(y-

w)ać na maszynie
Äb'tissin F (matka) przełożona
abtönen ⟨wy⟩cieniować, ⟨s⟩tonować
abtöten zabi(ja)ć; *Nerv* zatru(wa)ć
abtragen *(irr)* *Hügel* znosić ⟨znieść⟩; *Mauer* ⟨z⟩burzyć; *Kleid* znosić *pf*; *Schulden* spłacać ⟨-cić⟩; **die Speisen ~** sprzątać ⟨-tnąć⟩ ze stołu
abträglich *(dat)* szkodliwy (dla *gen*); **... ist** *(dat)* **~** *a.* ... szkodzi *(dat)*
Abtransport M transport, wywóz
abtransportieren (-) odtransportować *pf*, odwozić ⟨-wieźć⟩, wywozić ⟨-wieźć⟩
abtreiben **A** V/T *Boot* znosić ⟨znieść⟩; **ein Kind ~** spędzać ⟨-dzić⟩ płód **B** V/I *(sn)* być znoszonym, dryfować; **sie hat abgetrieben** ona przerwała ciążę
Abtreibung F MED aborcja, sztuczne poronienie
Abtreibungs|gesetz N ustawa antyaborcyjna; **~pille** *umg* F tabletka powodująca poronienie; **~verbot** N zakaz dokonywania aborcji
abtrennen *Raum* oddzielać ⟨-lić⟩; *Gebiet* odłączać ⟨-czyć⟩; *(herausreißen)* *Quittung usw* odrywać ⟨oderwać⟩; *Angenähtes* odpru(wa)ć; *Bein* odejmować ⟨odjąć⟩; JUR **ein Verfahren ~** wyłączać ⟨-czyć⟩ sprawę do odrębnego postępowania
Abtrennung F *e-s Gebietes* odłączenie; *von etw Angenähtem* odprucie; *(Amputation)* odjęcie
abtreten *(irr)* **A** V/T **1** *Schmutz* wycierać ⟨-trzeć⟩; *Absätze* zdept(yw)ać; *Teppich, Treppe* wydept(yw)ać **2** *fig* *(überlassen)* odstępować ⟨-stąpić⟩; JUR *a.* ⟨s⟩cedować; **s-n Platz ~** ustępować ⟨ustąpić⟩ miejsca; MIL **~ lassen** *(akk)* rozkaz(yw)ać odmaszerować *(dat)* **B** V/I *(sn)* ustępować ⟨ustąpić⟩ (**vom Amt** ze stanowiska); schodzić ⟨zejść⟩ (**von der Bühne** ze sceny)
Abtre|ter M wycieraczka; **~tung** F odstąpienie; cesja; *e-r Forderung* przelew; **~tungsurkunde** F dokument cesji
Abtrieb M AGR spęd bydła z wypasu na halach
abtrinken *(irr)* odpi(ja)ć, upi(ja)ć
abtrocknen V/T osuszać ⟨-szyć⟩, wycierać ⟨-trzeć⟩ (do sucha; **sich die Hände** sobie ręce); *v/r* **sich ~** wycierać ⟨-trzeć⟩ się; V/I *(sn)* wysychać ⟨-schnąć⟩
abtropfen V/I *(sn)* kapać, ściekać kroplami (**von** z *gen*); **etw ~ lassen** zostawi(a)ć do ocieknięcia *(akk)*
abtrotzen wymóc *pf* (**j-m** *akk* na kim *akk*)
Abtrünnige(r) M (-n) odszczepieniec
abtun *(irr)* zby(wa)ć (**mit e-m Scherz** żartem); uważać (**als** za *akk*)
abtupfen osuszać ⟨-szyć⟩ (wacikiem)
aburteilen osądzać ⟨-dzić⟩
Abverkauf M *austr* → Ausverkauf
ab|verlangen (-) wymagać (**j-m** *akk* od k-o *gen*); *Preis a.* ⟨za⟩żądać; **~wägen** *(irr)* rozważać ⟨-żyć⟩ (**das Pro und Kontra** za i przeciw); **~wählen** odwoł(yw)ać (ze stanowiska) przez głosowanie
abwälzen *fig* zrzucać ⟨-cić⟩ (**von sich** z siebie), zwalać ⟨-lić⟩ (**auf** *akk* na *akk*)
abwandeln zmieni(a)ć, modyfikować
abwandern V/I *(sn)* *Bauern* odpływać ⟨-płynąć⟩ (**in ...** do *gen*); *Spieler* przechodzić ⟨przejść⟩ (**zu** do *gen*)
Abwanderung F odpływ; przejście
Abwandlung F zmiana, modyfikacja
Abwärme F ciepło odlotowe
abwarten V/T ⟨po⟩czekać (na *akk*), wyczek(iw)ać *(gen)*; **warten wir ab!** zobaczymy!; **sich ~d verhalten** zająć wyczekującą postawę
abwärts ADV w dół, na dół, do dołu; **von ... ~** *a.* poniżej *(gen)*; **~gehen** *(irr; sn)*: *fig* **mit ihm geht es abwärts** z nim (jest) krucho
Abwärtstrend M trend spadkowy
Abwasch M (-[e]s; bpl) zmywanie naczyń; *(Geschirr)* (brudne) naczynia *npl*; *austr (Spüle)* zlewozmywak
abwasch|bar *Farbe, Tapete* zmywalny; **~en** *(irr)* V/T obmy(wa)ć, ⟨wy⟩myć; *Geschirr, Schmutz* zmywać ⟨zmyć⟩; V/I ⟨po⟩zmywać naczynia
Abwaschwasser N pomyje *pl*; *für den Abwasch* woda do mycia naczyń
Abwasser N (PL -*wässer*) ścieki *mpl*; **~kanal** M ściek, kanał ściekowy; **~reinigung** F oczyszczanie ścieków
abwechseln: V/R **sich** *od* **einander ~** zmieni(a)ć się, *umg* przeplatać się
abwechselnd *ppr als* ADV na zmianę, na przemian (**mit** z *inst*)
Abwechslung F zmiana; urozmaicenie; **zur ~** dla odmiany, dla urozmaicenia
abwechslungsreich *(nicht eintönig)* urozmaicony; **(sich) ~ gestalten** urozmaicać ⟨-cić⟩ (się)
Abweg M: **auf ~e geraten** schodzić

⟨zejść⟩ na manowce; **auf ~en sein** wybrać *pf* złą drogę
abwegig (*irrig*) mylny; (*absurd*) niedorzeczny; (*unangebracht*) nieodpowiedni; (*sonderbar*) dziwny; **das ist nicht so ~** to nie jest pozbawione logiki
Abwehr F (*bpl*) obrona (*a.* SPORT); *e-s Angriffs* odparcie; (*a. Haltung*) opór; **auf ~ stoßen** napot(y)kać opór
Abwehrdienst M kontrwywiad
abwehren *Angriff, Vorwürfe* odpierać ⟨odeprzeć⟩; *a. Mücken, Neugierige usw* ⟨o⟩bronić się (przed *inst*); *Hieb a.* ⟨od⟩parować; *Unheil* zapobiegać ⟨-biec⟩ (*dat*); → zurückweisen
Abwehr|front F *fig* front oporu (**gegen** wobec *gen*); **~kräfte** FPL odporność *f* (organizmu); **~reaktion** F reakcja obronna; **~spieler** M gracz obrony; **~stoff** M BIOL przeciwciało; **~system** N (*bpl*) BIOL układ odpornościowy
abweichen V/I (*irr; sn*) zbaczać ⟨zboczyć⟩ (**vom Weg** z drogi); *fig* odchylać ⟨-lić⟩ się, odbiegać ⟨-biegnąć, odbiec⟩, odstępować ⟨-stąpić⟩ (**von** od *gen*); **voneinander ~** (**in** *dat*) różnić się między sobą (*inst*), różnić się jeden od drugiego (w *lok*)
abweichend ADJ odmienny, różny; odbiegający (**von der Norm** od normy)
Abweichler M odchyleniec
Abweichung F zboczenie; odchylenie; TECH *a.* odchyłka, uchyb; dewiacja; **~ vom Kurs** zejście z kursu
ab|weisen (*irr*) *Bittsteller* odprawi(a)ć; *Antrag usw* odrzucać ⟨-cić⟩; *Klage a.* oddalać ⟨-lić⟩; **abgewiesen werden** spotkać się z odmową; → abwehren; **~weisend** ADJ odmowny; *Haltung usw* nieprzystępny, oziębły (-le); **~wenden** (*irr; a -e-*) V/T odwracać ⟨-wrócić⟩ (*v/r* **sich** się; a fig; **von** od *gen*); *Gefahr* zapobiegać ⟨-pobiec⟩ (*dat*); **~werben** (*irr*) ⟨s⟩kaperować, ⟨s⟩kaptować;
Abwerbung F kaperowanie, kaptowanie
abwerfen (*irr*) V/T zrzucać ⟨-cić⟩ (*a. fig*); *Gewinne* przynosić ⟨-nieść⟩, da(wa)ć
abwerten ⟨z⟩dewaluować (*a. fig*)
abwertend ADJ negatywny, ujemny
Abwertung F FIN dewaluacja
abwesend ADJ nieobecny (*fig* **in Gedanken** myślowo); *Lächeln* daleki; **~ lächeln** uśmiechać się bezwiednie
Abwesende F nieobecna; **~(r)** M (-n) nieobecny
Abwesenheit F nieobecność *f*; **in ~** pod nieobecność, zaocznie
abwickeln *Faden usw* odwijać ⟨-winąć⟩, odmot(yw)ać; *Formalitäten* załatwi(a)ć; *Geschäft a.* ⟨z⟩realizować; *Betrieb* zlikwidować *pf*, rozwiąz(yw)ać; *umg* (*entlassen*) zwalniać ⟨zwolnić⟩; *Veranstaltung* przeprowadzać ⟨-dzić⟩
Abwicklung F *fig* (*Erledigung*) załatwienie, realizacja; *e-r Firma, e-s Betriebs* likwidacja; (*Durchführung*) przeprowadzenie
ab|wiegeln (*-le*) V/T mitygować; V/I nawoływać do umiarkowania; **~wiegen** (*irr*) odważać ⟨-żyć⟩; **~wimmeln** *umg Arbeit* odwalać ⟨-lić⟩; *Person* pozby(wa)ć się (G), spławi(a)ć; **~winken** V/I odmawiać ⟨-mówić⟩, nie zgadzać ⟨zgodzić⟩ się na to, *umg* dać *pf* kosza; **~wirtschaften** ⟨z⟩bankrutować, być bliskim bankructwa, *umg* gonić resztkami; **~wischen** *Staub, Tafel* ścierać ⟨zetrzeć⟩; *Tisch, Mund* wycierać ⟨-trzeć⟩; *Schweiß, Gesicht usw* ocierać ⟨otrzeć⟩
abwracken *Schiff usw* złomować
Abwurf M zrzucanie, zrzucenie, *bes* MIL zrzut; SPORT wyrzut; odrzut
ab|würgen *umg* ⟨z⟩dławić (*a. Motor*), ⟨s⟩tłumić; **~zahlen** spłacać ⟨-cić⟩ (ratami); **~zählen** (*durchzählen*) przeliczać ⟨-czyć⟩; *e-e bestimmte Menge, Summe* odliczać ⟨-czyć⟩
Abzählreim M wyliczanka
Abzahlung F spłacanie, spłata; **auf ~** na raty; **~s-** *in zssgn* ratalny
ab|zapfen utoczyć *pf*; **~zäumen** *Pferd* rozkiełzn(yw)ać; **~zäunen** ogradzać ⟨ogrodzić⟩ (płotem)
Abzeichen N znaczek, odznaka; PL MIL dystynkcje *fpl*
abzeichnen V/T przerysow(yw)ać; (*signieren*) ⟨za⟩parafować; V/R **sich ~** ⟨za⟩rysować się (**gegen** na tle *gen*); *fig a.* zaznaczać ⟨-czyć⟩ się
Abziehbild N kalkomania
abziehen (*irr*) V/T ściągać ⟨-gnąć⟩, *Fell, Ring, Bettbezug usw* zdejmować ⟨zdjąć⟩ (**von** z *gen*); *Obst* ob(ie)rać; *Schlüssel* wyjmować ⟨-jąć⟩; *Truppen, Arbeiter, Kapital* wycof(yw)ać; MAT odejmować ⟨odjąć⟩ (**von** od *gen*); *vom Lohn* potrącać ⟨-cić⟩ (z *gen*); *Messer* obciągać ⟨-gnąć⟩;

Parkett cyklinować; *Suppe* podprawi(a)ć; FOTO odbi(ja)ć; → abfüllen, Schau; V/I (*sn*) (*weggehen*) odchodzić ⟨odejść⟩; *Vögel* odlatywać ⟨-lecieć⟩; *Rauch* uchodzić ⟨ujść⟩, rozwi(ew)ać się (*a. Nebel*); *Gewitter* oddalać ⟨-lić⟩ się, → abrücken, abmarschieren

ab|zielen V/I (**auf** *akk*) zmierzać (do *gen*), godzić (w *akk*); **~zischen** *umg* V/I (*sn*) ⟨po⟩gnać, zmy(wa)ć się; **zisch ab!** spadaj!; **~zocken** *umg* V/T *j-n* obierać ⟨obrać⟩, obedrzeć *pf*; V/I (*s-n Schnitt machen*) obłowić się *pf* (na *lok*)

Abzocker *umg* M naciągacz, macher

Abzug M odejście; wycofanie; *von Unkosten usw* odliczenie, *a. von Steuern usw* potrącenie; *fot* odbitka; TECH wyciąg, (*Öffnung*) ujście; (*Hebel an Waffen*) spust, kurek; **ohne ~** bez potrąceń; → abziehen, Abmarsch

abzüglich präp (G) z potrąceniem (*gen*), po potrąceniu (*gen*)

abzugsfähig *Betrag* potrącalny

Abzugs|haube F wyciąg, okap wyciągowy; **~rohr** N rura wyciągowa; rura odprowadzająca

abzupfen obrywać ⟨oberwać⟩

Abzweig M odgałęzienie; TECH rozgałęźnik; **~dose** F ELEK puszka rozgałęźna

abzweigen V/I (*sn*) *Straße, Gleise* odgałęzi(a)ć się, odchodzić (w bok); V/T wydzielać ⟨-lić⟩; *umg Geld, Zeit* ur(y)wać; (*stehlen*) podkradać, zorganizować *pf* (**für sich** dla siebie)

Abzweigung F odgałęzienie

abzwicken uszczknąć *pf*

abzwitschern *umg* V/I → abschwirren

Accessoires [aksɛso'aːrs] NPL (modne) dodatki *mpl*, akcesoria *npl*

ach INT ach, och; **~ so, ~ ja** aha; **~ ja?** tak?; **~ was!** głupstwo!; **~ wo(her)** ależ skąd

Ach N (-*s*; *bpl*): *umg* **mit ~ und Krach** z wielką biedą

Achat M (-[*e*]*s*; -*e*) agat(owy *in zssgn*)

A'chilles|ferse F (*bpl*) pięta Achillesa; **~sehne** F ścięgno Achillesa

Achsabstand M rozstaw(ienie) osi

Achsbruch M → Achsenbruch

Achse F oś *f*; *umg* **auf ~ sein** być w rozjazdach

Achsel F (-; -*n*) ramię, bark; **die ~n zucken** wzruszać ⟨-szyć⟩ ramionami; **unter die (der) ~** pod pachę (pachą); **~haare** NPL włosy *mpl* pod pachami; **~höhle** F pacha; **~zucken** N wzruszenie ramionami

achselzuckend ADV kwitując wzruszeniem ramion

Achsen|bruch M złamanie osi; **~kreuz** N MAT układ współrzędnych

Achslast F nacisk na oś

acht[1] *num* osiem, *persf* ośmiu; *Sammelzahlwort* ośmioro; **~ Uhr** ósma godzina; **in ~ Tagen** za tydzień; **vor ~ Tagen** tydzień temu, przed tygodniem; **Linie ~** *Bus usw* ósemka

acht[2]: *nur in* **zu ~** w ośmioro, *umg* w ósemkę

Acht[1] F (-; -*en*) (cyfra) osiem, ósemka

Acht[2] F (*bpl*) HIST banicja

Acht[3] F (*bpl*): **~ geben** → achtgeben; **außer ~ lassen** (*akk*) nie zważać (na *akk*), nie brać ⟨wziąć⟩ pod uwagę (*gen*); **sich in ~ nehmen** (**vor** *dat*) mieć się na baczności (przed *inst*); wystrzegać się (*gen*); **nimm dich in ~** (**vor** *dat*) uważaj (na *akk*), wystrzegaj się (*gen*)

achtbändig ośmiotomowy

achtbar zacny, czcigodny; *Tat* godny uznania

achte *num* ósmy; **am ~m Mai** ósmego maja; **am ~n Tag** na ósmy dzień

Achteck N ośmiobok, ośmiokąt

achteckig ośmioboczny, ośmiokątny

achteinhalb osiem i pół

achtel ADJ (*unv*): **ein ~** jedna ósma; *umg* ósemka; **ein, drei ~ Liter** jedna ósma, trzy ósme litra

Achtel N (*szwajc* M) ósma (część)

Achtelfinale N jedna ósma finału

Achtelnote F MUS ósemka

achten (-*e*-) V/T szanować, poważać; V/I (**auf** *akk*) uważać (na *akk*); **auf die Gesundheit ~** dbać o zdrowie; **ohne darauf zu ~, dass ...** nie dbając o to, że ...

ächten (-*e*-) *fig Sache* potępi(a)ć

achtens ADV po ósme

achtenswert godny poszanowania; *Leistung* godny uznania

Achter M (*Boot, Figur*) ósemka; **~bahn** F kolejka górska (w lunaparku)

achterlei ADJ (*unv*): **~ Sorten, Farben** osiem różnych gatunków, farb; **auf ~ Weise** na osiem różnych sposobów

achtern MAR na rufie; za rufą; **nach ~** ku rufie, na rufę; **von ~** z rufy

achtfach ADJ ośmiokrotny
achtgeben (*irr*) uważać (**auf** *akk* na *akk*); **gib auf dich acht** uważaj na siebie
achtgeschossig ośmiopiętrowy
acht|hundert *num* osiemset, *persf* ośmiuset; **~jährig** ośmioletni
Achtjährige F ośmiolatka; **~(r)** M (-*n*) ośmiolatek
Achtkampf M SPORT ośmiobój
achtkantig ośmioboczny
achtlos niedbały (-le); *präd a.* nie zwracając uwagi
Achtlosigkeit F (*bpl*) niedbalstwo, nieuwaga
achtmal ADV osiem razy, ośmiokrotnie
achtmalig ośmiokrotny
achtmonatig ośmiomiesięczny
achtsam *lit* → aufmerksam
achtseitig *Prospekt* ośmiostronicowy
achtstellig *Zahl* ośmiocyfrowy
achtstöckig *Bau* ośmiopiętrowy
Achtstunden- *in zssgn* ośmiogodzinny
achttägig ośmiodniowy
achttausend *num* osiem tysięcy
Achttausender M (*Berg*) ośmiotysięcznik
Achtung F (*bpl*) (*Wertschätzung*) szacunek, poważanie; uznanie (**vor** *dat* dla *gen*); **~!** uwaga!; *umg* **alle ~!** bez zarzutu!, jestem pełen uznania!
Ächtung F potępienie; HIST wyjęcie spod prawa; → Acht[2]
Achtungserfolg M sukces zasługujący na uznanie
achtungsvoll pełny, pełen (-łna, -łne) szacunku; *präd* z szacunkiem, z respektem
achtwöchig ośmiotygodniowy
acht|zehn *num* osiemnaście, *persf* osiemnastu; *Sammelzahlwort* osiemnaścioro; **~zehnjährig** osiemnastoletni; **~zehnte** *num* osiemnasty; **~zig** *num* osiemdziesiąt, *persf* osiemdziesięciu; *Sammelzahlwort* osiemdziesięcioro
Achtzig F (-) *Zahl* osiemdziesiątka
Achtzigerjahre PL: **die ~** lata osiemdziesiąte
achtzigjährig osiemdziesięcioletni
ächzen V/I (-*zt*) ⟨za⟩stękać, postękiwać ⟨stęknąć⟩; → knarren
Acker M (-*s*; *Äcker*) pole (uprawne), rola; **~bau** M (*bpl*) rolnictwo; **~boden** M grunt orny, gleba; **~gaul** M koń *m* od pługa; **~gerät** N narzędzie rolnicze; **~krume** F gleba, warstwa orna; **~land** N (*bpl*) grunty *mpl* orne, ziemia pod uprawę
ackern V/I (-*re*) → pflügen; *umg fig* harować, zasuwać, tyrać
Acrylglas N szkło akrylowe
Acrylharz N żywica akrylowa
Actionfilm [ɛkʃən-] M kino akcji
a.D. (außer Dienst) emerytowany
ADAC [aːdeːaːˈtsɛː] M (Allgemeiner Deutscher Automobil-Club) Powszechny Niemiecki Automobilklub
Adamsapfel M *umg żart* grdyka, jabłko Adama
Adamskostüm M: *umg* **im ~** w stroju adamowym
A'dapter M adapter (*a.* FOTO)
adap'tieren (-) ⟨za⟩adaptować (**für, als** dla *gen*, na *akk*)
adä'quat adekwatny
ad'dieren (-) V/T doda(wa)ć, podsumow(yw)ać; V/R **sich ~** ⟨z⟩sumować się
Additi'on F dodawanie
ad'e *reg*: **Ade sagen** (*dat*) pożegnać się *pf* (z *inst*)
Adel M (-*s*; *bpl*) (*Stand*) szlachectwo; (*die Adligen*) szlachta (**alter** rodowa); *fig* szlachetność *f*; **von ~ sein** być szlachcicem, należeć do szlachty
ade|lig → adlig; **~ln** (-*le*) V/T nobilitować (*akk*), nada(wa)ć szlachectwo (*dat*); *fig* uszlachetni(a)ć (*akk*)
Adelsprädikat N przydomek szlachecki
Adelsstand M (*bpl*) stan szlachecki, szlachectwo; **Erhebung in den ~** nobilitacja
Adelstitel M tytuł szlachecki
Ader F (-; -*n*) żyła (*a.* GEOL, ELEK); *fig*, BOT żyłka; **zur ~ lassen** (*akk*) puścić krew (*dat*); *umg fig* wyciągać ⟨-gnąć⟩ pieniądze (od *gen*)
Äderchen N żyłka
Aderlass M (-*es*; -*lässe*) MED upust krwi; *fig* odczuwalne straty *fpl*
Adhäsi'on F (*bpl*) przyczepność *f*
ad hoc [atˈhɔk] ADV ad hoc
Adjektiv N (-*s*; -*e*) przymiotnik; *in zssgn* przymiotnikowy
Adju'tant M (-*en*) adiutant
Adlatus M (-; -*ten*) *żart* pomagier
Adler M orzeł; (*Weibchen*) orlica; **~blick** M orle spojrzenie, orli wzrok; **~horst** M orle gniazdo; **~junge(s)** N orlę, orlątko;

~nase F orli nos
adlig szlachecki; *fig* szlachetny
Adlige F szlachcianka
Adlige(r) M (*-en*) szlachcic
Administrati'on F administracja
administra'tiv administracyjny
Admi'ral M (*-s; -e od -räle*) admirał
Admirali'tät F admiralicja
A'donisröschen N miłek wiosenny
adop'tieren (-) *Kind* przysposabiać ⟨-sobić⟩, adoptować (im)*pf*; *Sohn a.* usynawiać ⟨-nowić⟩
Adop|ti'on F adopcja; *engS a.* usynowienie; **~'tiveltern** PL rodzice *mpl* adopcyjni; **~'tivkind** N dziecko adoptowane
Adrena'lin N (*-s; bpl*) adrenalina
Adres'sat M (*-en*) odbiorca (-czyni), adresat(ka)
Ad'ressbuch N książka adresowa
Ad'resse F adres (*a.* EDV); **an diese ~ schicken** wysłać *pf* pod tym adresem; **sich an die richtige ~ wenden** zwrócić *pf* się pod właściwy adres; *umg* **bei mir sind Sie an der falschen ~** pomylił(a) się pan(i) w adresie; **zur ersten ~ gehören** *Hotel usw* cieszyć się znakomitą renomą
Ad'ressenverzeichnis N lista adresów
adres'sieren (-) ⟨za⟩adresować (**an** *dat* do *gen*)
ad'rett schludny, czyściutki; (*nett*) miły; **~ gekleidet** schludnie ubrany
Adria F (*bpl*): **die ~** Adriatyk
adsorp'tiv adsorpcyjny
Ad'vent M (*-[e]s; selten -e*) adwent
Ad'ventskranz M wianek adwentowy
Ad'ventszeit F okres adwentowy
Ad'verb N (*-s; -bien*) przysłówek
adverbi'al GRAM przysłówkowy (-wo); **~e Bestimmung** okolicznik
Advo'kat M (*-en*) *austr, szwajc* adwokat
Ae'robic N [ɛ'ro:bɪk] (*selten -s; bpl*) aerobik
aero'dynamisch aerodynamiczny
Af'färe F afera; *umg* **sich aus der ~ ziehen** wybrnąć *pf* z sytuacji; **e-e ~ haben** mieć romans (**miteinander** ze sobą)
Äffchen N małpka; (*Junges*) małpiątko
Affe M (*-n*) małpa; *umg* **e-n ~n haben** mieć w czubie; *Schimpfwort* **eingebildeter ~** małpiszon, zarozumiały dureń
Af'fekt M (*-[e]s; -e*) afekt; **im ~** w afekcie; **~handlung** F czyn popełniony w afekcie
affek'tiert ADJ afektowany; *präd* z afektacją
affenartig małpi, jak małpa; **mit ~er Geschwindigkeit** z małpią zwinnością
Affen|brotbaum M baobab; **~haus** N małpiarnia; **~liebe** F ślepa miłość
Affentheater N *abw* szopka, heca, (istna) komedia
Affenzahn M *umg*: **e-n ~ draufhaben** pędzić na złamanie karku
affig *umg abw* fircykowaty, zmanierowany; *präd* jak goguś; → albern
Äffin F małpa (samica)
Affini'tät F powinowactwo (*a.* CHEM)
Af'gha|ne M (*-n*) Afgańczyk; (*Hunderasse*) afgan; **~nin** F Afganka
af'ghanisch afgański
Af'ghanistan N (*-s; bpl*) Afganistan
Afrika N (*-s; bpl*) Afryka; **in ~** w Afryce
Afri'kaner(in) M(F) Afrykanin (-kanka)
afri'kanisch afrykański
afroamerikanisch afroamerykański
After M odbyt(owy *in zssgn*)
AG F (Aktiengesellschaft) spółka akcyjna; (Arbeitsgemeinschaft) grupa robocza; (Amtsgericht) sąd pierwszej instancji
Ä'gäis F: **die ~** Egea, Morze Egejskie
A'gave F agawa
Agens N (*-; -nzien*) czynnik
A'gent M (*-en*) agent; (*Spion*) *a. abw* tajniak
A'genten|netz N siatka wywiadowcza; **~ring** M agentura
A'gentin F agentka
Agen'tur F agencja, agentura
Aggre'gat N (*-[e]s; -e*) TECH agregat, zespół; **~zustand** M FIZ stan skupienia
Aggressi'on F agresja
aggres'siv agresywny
Aggressivi'tät F (*bpl*) agresywność *f*; (*a. pl*) agresywne działanie
Ag'gressor M (*-s; -'soren*) agresor
a'gieren *lit* V/I (-) działać; TEATR grać, odtwarzać (**in der Rolle** rolę)
a'gil *lit* witalny, dziarski, krzepki; **~ sein** trzymać się krzepko
Agitati'on F agitacja
agi'tieren V/I (-) agitować (**gegen** przeciwko *dat*, **für** za *inst*)
ag'rarisch rolny, rolniczy, agrarny
Ag'rar|land N (*Staat*) państwo rolnicze; **~politik** F polityka rolna; **~produkt** N produkt rolny; **~reform** F reforma rolna
Ä'gypten N (*-s; bpl*) Egipt

Ä'gypter(in) M(F) Egipcjanin (-anka)
ä'gyptisch egipski
ah INT a, o, ach; **~, was sehe ich da!** a! co widzę!
Ahle F szydło
Ahn M (-[e]s od -en; -en) antenat
ahnden *lit* (-e-) karać, ścigać (przez prawo)
Ahne M (-n) → Ahn; F antenatka
ähneln V/I (-le) (*dat*) być podobnym (do *gen*), przypominać (*akk*); V/R **sie ~ sich** są podobni *od* podobne do siebie
ahnen *Unglück* przeczu(wa)ć; *Wahrheit* domyślać się (*gen*); **wer konnte ~, dass** kto by pomyślał, że; → vermuten
Ahnen|forschung F genealogia; **~galerie** F galeria przodków; **~tafel** F tablica genealogiczna, *a. eines Tieres* rodowód
ähnlich ADJ podobny; **j-m ~ sehen** być podobnym do (*gen*); **mir geht es ~** ze mną jest podobnie; **und Ähnliches** i temu podobne; **... ist** (*dat*) **kaum ~** ... nie bardzo podobny do (*gen*); **~ wie** *u. als* PRÄP **~** (*dat*) podobnie jak; → ähnlichsehen
Ähnlichkeit F podobieństwo; **~ haben mit j-m** mieć podobieństwo do (*gen*)
ähnlichsehen (*irr*): *fig umg* **das sieht ihm ähnlich** to do niego podobne
Ahnung F przeczucie; pojęcie (**von** o *lok*); **sie hatte keine ~, was sie erwartet** była nieświadoma, co ją czeka; *umg* **ich habe keine (blasse) ~** nie mam (zielonego) pojęcia; **hast du eine ~, ...?** czy masz pojęcie, ...?
ahnungslos nie przeczuwając(y) niczego złego, niczego nie podejrzewając(y); → naiv, unwissend
ahnungsvoll ogarnięty *od* tknięty przeczuciem, pełen (-łna) przeczuć
a'hoi INT ahoj; **Schiff ~!** ahoj, tam na statku!
Ahorn M (-[e]s; -e) klon; **~sirup** M syrop klonowy
Äh|re F kłos; **~renkranz** M wieniecz kłosów
Aids [e:ts] N (-; *bpl*) aids, AIDS; **er hat ~** on ma aids(a)
aidskrank [e:ts-] chory na aids(a)
Aidstest [e:ts-] M test na AIDS
Airbag ['ɛ:rbɛk] M (-*s*; -*s*) poduszka powietrzna
Akade'mie [PL -'mi:ən] F akademia
Aka'demiker(in) M(F) osoba z wyższym wykształceniem
aka'demisch uniwersytecki, *a. fig abw* akademicki; **~er Grad** stopień naukowy; **~es Viertel** kwadrans akademicki
A'kazie [-iə] F akacja; **~n-** *in zssgn* akacjowy
Akklamati'on F aklamacja
akklimati'sieren (-): V/R **sich ~** ⟨za⟩-aklimatyzować się
Ak'kord M (-[e]s; -e) MUS akord; EKON (*bpl*) akord, płaca akordowa; **im ~ arbeiten** pracować na akord; **~arbeit** F praca akordowa
Ak'kordeon N (-*s*; -*s*) akordeon
Ak'kordsatz M stawka akordowa
akkredi'tieren (-) akredytować (im)pf
Akkredi'tiv N (-*s*; -*e*) FIN akredytywa
Akku *umg* M (-*s*; -*s*), **Akkumu'lator** M (-*s*; -'*toren*) akumulator
akkumu'lieren (-) ⟨z⟩akumulować
akku'rat staranny, dokładny
Akkusativ M (-*s*; -*e*) GRAM biernik
Akkusativobjekt N dopełnienie bliższe
Akne F MED trądzik
A'kontozahlung F zaliczka
Akri'bie F (*bpl*) *lit* skrupulatność *f*
ak'ribisch *lit* skrupulatny
Akro'bat M (-*en*) akrobata *m*
Akro'batin F akrobatka
akro'batisch akrobatyczny
Akt M (-[e]s; -e) akt; **festlicher ~** *a.* uroczysta akademia
Akte F akt, dokument; **~n** PL akta *pl*; **zu den ~en nehmen** dołączać ⟨-czyć⟩ do akt
Akten|deckel M teczka na akta; **~einsicht** F wgląd do akt; **~koffer** M dyplomatka
aktenkundig (oficjalnie) potwierdzony w aktach
Akten|mappe F teczka na akta; **~notiz** F notatka w aktach; **~ordner** M skoroszyt; **~tasche** F teczka, aktówka; **~zeichen** N sygnatura akt, znak
Aktfoto N akt, zdjęcie aktowe
Aktie ['aktsiə] F akcja; *umg* **wie stehen die ~n?** jak się sprawy mają?
Aktien|gesellschaft F spółka akcyjna; **~kapital** N kapitał akcyjny; **~kurs** M kurs akcji; **~markt** M rynek akcji; **~paket** N pakiet akcji
Akti'on F akcja; działanie; **in ~ treten** przystąpić do akcji

Aktio'när M (-s; -e) akcjonariusz
Aktio'närin F akcjonariuszka
Aktions|art F GRAM aspekt; **~künstler(in)** M(F) artysta *m* (-tka) akcji; **~plan** M plan działania; **~radius** M zasięg działania
ak'tiv czynny, aktywny; Bilanz dodatni; **~ werden** uaktywni(a)ć się; **~er Offizier** oficer w służbie czynnej
Aktiv N (-s; *bpl*) GRAM strona czynna
Ak'tiva PL HANDEL, FIN aktywa *pl*
akti'vieren (-) ⟨z⟩aktywizować, uaktywni(a)ć; CHEM aktywować
Aktivi'tät F aktywność *f*; (*Tätigkeit*) działalność *f*; PL *a.* poczynania *npl*
Ak'tiv|kohle F węgiel aktywny; **~saldo** M saldo dodatnie; **~seite** f FIN strona „ma"; **~urlaub** M aktywny urlop
Akt|modell N model(ka) pozujący (-ca) do aktu; **~studie** F szkic aktu
aktuali'sieren (-) ⟨z⟩aktualizować
Aktuali'tät F aktualność *f*
aktu'ell aktualny; *Problem, Thema usw a. umg* dyżurny
Akupunk'tur F akupunktura
A'kustik F (*bpl*) akustyka
a'kustisch akustyczny
a'kut MED ostry; *Frage* palący; *Gefahr* bezpośredni
AKW [aːkaː'veː] N (-[s]; -s) (Atomkraftwerk) elektrownia atomowa
Ak'zent M (-[e]s; -e) akcent
ak'zentfrei ADJ: **~es Polnisch sprechen** mówić po polsku bez (obcego) akcentu
akzentu'ieren (-) ⟨za⟩akcentować
Ak'zept N (-[e]s; -e) FIN akcept
akzep'tabel (możliwy) do przyjęcia
Akzep'tanz F (*bpl*) akceptacja
akzep'tieren (-) ⟨za⟩akceptować
Ala'baster- *in zssgn* alabastrowy
A'larm M (-[e]s; -e) alarm; **blinder ~** fałszywy alarm; **~ auslösen** uruchamiać ⟨-chomić⟩ alarm; ogłosić alarm; *fig* **~ schlagen** bić na alarm; **~anlage** F urządzenie alarmowe; *im Auto* autoalarm
A'larmbereitschaft F pogotowie (bojowe); **in ~ versetzen** postawić w stan pogotowia *od* alertu
alar'mieren (-) ⟨za⟩alarmować
alar'mierend ADJ alarmujący (-co)
A'larm|stufe F stopień *m* gotowości; **~zeichen** N sygnał alarmowy
A'laun M (-s; -e) ałun
Alb M (-[e]s; -e) zmora
Al'ba|ner M Albańczyk; **~nerin** F Albanka; **~nien** [-iən] N (-s; *bpl*) Albania
al'banisch albański (po -ku)
Albdrücken N (-s; *bpl*) zmora nocna
albern ADJ głupi (-pio); **sich ~ benehmen** wygłupiać się; **~es Zeug** bzdury *fpl*
Albernheit F (*bpl*) wygłupianie się; (*a. pl*) głupi wybryk, *umg* wygłup
Al'bino M (-s; -s) albinos, bielak
Albtraum M zmora (*a. fig*), koszmar
Album N (-s; -ben) album
Alche'mist M (-en) alchemik
Alge F glon
alge'braisch algebraiczny
Al'gerien [-iən] N (-s; *bpl*) Algieria
Al'gerier M Algierczyk; **~in** F Algierka
al'gerisch algierski
Algo'rithmus M (-; -men) algorytm
alias ADV alias
Alibi N (-s; -s) alibi *n*; **~frau** F kobieta na (kierowniczym) stanowisku jako rzekomy dowód równości płci
Ali'mente PL alimenty
al'kalisch alkaliczny
Alkohol M (-s; -e) alkohol
alkohol|abhängig uzależniony od alkoholu; **~arm** niskoalkoholowy; **~frei** bezalkoholowy
Alkohol|gehalt M zawartość *f* alkoholu; **~genuss** M (*bpl*) spożywanie alkoholu
Alko'holi|ka PL napoje *mpl* alkoholowe, spirytualia *pl*; **~ker** M alkoholik; **~kerin** F alkoholiczka
alko'holisch alkoholowy
alkoholi'siert ADJ alkoholizowany; (*betrunken*) odurzony alkoholem; *präd umg* po alkoholu
Alkohol|missbrauch M (*bpl*) nadużywanie alkoholu; **~spiegel** M zawartość *f* alkoholu we krwi; **~test** M pomiar stężenia alkoholu we krwi; **~vergiftung** F zatrucie alkoholem
all PRON *indef* (*sämtlich*) wszystek (-tka, -tko), cały (cała, całe); **~e** (+ *Zahl*) co; **~e** PL wszystkie, całe, *persf* wszyscy; **~e Welt** cały świat; **wir ~e** my wszyscy; **für uns ~e** dla nas wszystkich; **für ~e Zeiten** po wsze czasy; **~e drei Jahre** co trzy lata; **~e Jahre wieder** corocznie; **über ~em, über ~es** ponad wszystko; **vor ~em** przede wszystkim; **~es** wszystko; **für ~es** na wszystko; do wszystkiego; **~es in ~em** wszystko

razem wziąwszy; **~es Gute!** wszystkiego najlepszego!; **das (ist) ~es** to wszystko; *oft anders übersetzt* **in ~er Eile** w największym pośpiechu; → Art, Fall, Kraft, Mal, Seite *usw*

All N (-*s*; *bpl*) wszechświat

all\|'abendlich cowieczorny; *präd* co wieczór; **~bekannt** powszechnie znany

alle PL → all; *umg* ADV **... ist ~** skończył (-ła, -ło) się; **... sind ~** skończyły się, już nie ma (*gen*); **... wird ~ ...** kończy się; → allemachen

alle'dem: *nur mit* PRÄP **aus ~, von ~** z tego wszystkiego; **mit ~** z tym wszystkim; **trotz ~** mimo wszystko

Al'lee F aleja, *dim* alejka

alle'gorisch alegoryczny

al'lein **A** ADJ *präd* sam (-ma, -mo) **B** ADV (*nur*) tylko; **~ bleiben** osamotnieć *pf*; **~ lassen** zostawić *pf* samego, osamotnić *pf*; **~ erziehend** → alleinerziehend; **~ stehend** *Haus, Baum* samotny, odosobniony, pojedynczy; **~ mit ...** sam na sam z (*inst*); **er macht alles ~** on wszystko robi sam; **einzig und ~** jedynie; *umg* **von ~** sam(o) przez się; **nicht ~ ..., sondern auch ...** nie tylko ..., ale i ...; **~ der Gedanke an** (*akk*) już na samą myśl o (*lok*); → alleinstehend **C** *lit konj* lecz, ale

Al'leinbesitz M wyłączna własność

al'leine *umg* → allein

Al'lein\|erbe M jedyny spadkobierca; **~erbin** F jedyna spadkobierczyni

al'leinerziehend samotnie wychowujący

Al'leinerziehende F samotna matka

Al'leingang M *e-s Fußballers* akcja indywidualna; **im ~** w pojedynkę, samotnie; sam (bez niczyjej pomocy)

Al'leinherrschaft F (*bpl*) jedynowładztwo

al'leinig *Besitzer usw* jedyny, wyłączny

Al'leinsein N (-*s*; *bpl*) samotność *f*

al'leinstehend *Frau, Mann* samotny; *Baum, Haus* → allein

Al'lein\|stehende F samotna; **~stehende(r)** M (-*n*) samotny; **~unterhalter** M estradowiec-solista *m*; **~verdiener(in)** M(F) jedyny żywiciel (jedyna żywicielka) rodziny; **~vertrieb** M prawo (do) wyłącznej dystrybucji *od* sprzedaży

allemachen: *pop* **j-n ~** wykończyć (*akk*)

alle'mal ADV *umg* śpiewająco, bez trudu

allen'falls ADV ewentualnie; (*zur Not*) od biedy; (*höchstens*) (co) najwyżej

aller → all; *in zssgn* naj-

allerbeste (jak) najlepszy; ADV **am ~n** najlepiej

allerdings ADV (*freilich*) wprawdzie; (*jedoch*) jednak; **~!** oczywiście!

Aller'gie [PL -'giən] F alergia, uczulenie (**gegen** na *akk*)

Al'lergiker M alergik, uczuleniowiec

al'lergisch *Krankheit, Reaktion* alergiczny, uczuleniowy; **ich bin ~ gegen** jestem uczulony (-na) na (*akk*)

allergrößte największy; → größte

allerhand *unv umg* (*viel*) wiele, co niemiara, (całą) masę; **das ist ja ~!** coś podobnego!, nie do wiary!; → allerlei

Aller'heiligen N (-; *bpl*) Wszystkich Świętych; **zu ~** na Wszystkich Świętych

Aller'heiligste(s) N sanktuarium *n*

allerhöchste najwyższy; → höchste

allerlei *unv* rozmaity, wszelkiego rodzaju

Allerlei N (-*s*; *bpl*) rozmaitości *fpl*, różności *fpl*; **Leipziger ~** bukiet z jarzyn

aller\|letzte ostatni (*a. fig*); **~liebste** najukochańszy; (*ganz reizend*) milutki

allermeiste przeważająca część (*gen*); **die ~n Leute** większość ludzi

allernächste najbliższy

allerneueste najnowszy, ostatni

allerschlimmste najgorszy; ADV **am ~en** najgorzej

allerschönste najładniejszy, najpiękniejszy (ze wszystkich); ADV **am ~n** najpiękniej, najładniej

Aller'seelen N (-; *bpl*) Dzień Zaduszny; **zu ~** *umg* na Zaduszki

allerseits ADV → allseits; **guten Tag ~** dzień dobry wszystkim (obecnym)

allerspätestens → spätestens

Aller'welts\|- *in zssgn mst* pospolity; **~gesicht** N twarz o pospolitych rysach

allerwenigste ADJ: **die ~n** (tylko) nieliczni; ADV **am ~n** najmniej

alles → all

allesamt *umg* ADV wszyscy (bez wyjątku), wszyscy razem

Allesfresser M zwierzę wszystkożerne

Alleskleber M klej uniwersalny

allfällig ADJ *austr, szwajc* ewentualny

allg. (allgemein) powszechny; ogólnie

allgegenwärtig wszechobecny; *żart Person* wszędobylski

allgemein ogólny, powszechny; ~ **bekannt** ogólnie znany; ~ **gültig** → allgemeingültig; ~ **verständlich** → allgemeinverständlich; **im Allgemeinen** na ogół, w ogóle
Allge'mein|befinden N ogólny stan zdrowia, samopoczucie; **~bildung** F wykształcenie ogólne
allge'meingültig powszechnie obowiązujący
Allge'meinheit F (*bpl*) ogół; **etwas für die ~ tun** zrobić *pf* coś dla dobra ogółu
Allge'meinmedizin F medycyna ogólna; **Arzt für ~** lekarz ogólny
allge'meinverständlich przystępny, ogólnie zrozumiały
Allge'mein|wissen N erudycja; **~zustand** M (*bpl*) stan ogólny
All'heilmittel N panaceum *n*
Alli'anz F sojusz, przymierze
Al'lierte(r) M (*-n*) sojusznik, aliant
Alli'gator M (*-s; -'toren*) aligator
alljährlich coroczny; *präd* co roku
Allmacht F (*-; bpl*) wszechmoc *f*
all'mächtig wszechmocny
All'mächtige M (*-n*): **der ~** Pan Bóg, Bóg wszechmogący; **~r!** Wielki Boże!
all'mählich stopniowy (-wo); **es wird ~ Zeit, dass ...** czas po temu, żeby ...
all|monatlich comiesięczny; *präd* co miesiąc; **~morgendlich** coranny; *präd* co rano
All|par'teienregierung F rząd koalicyjny z udziałem wszystkich partii politycznych; **~radantrieb** M napęd na wszystkie koła
allseitig wszechstronny; *präd* wszechstronnie
allseits ADV wszędzie
Alltag M dzień powszedni; **der graue ~** zwykła, szara codzienność
all'täglich codzienny, powszedni; *Gesicht, Mensch* zwykły, pospolity; ~ **werden** ⟨s⟩powszednieć
All'täglichkeit F (*bpl*) codzienność *f*, powszedniość *f*
Alltags|kleidung F ubranie na co dzień; **~sorgen** FPL kłopoty *mpl* dnia powszedniego; **~trott** M *abw* zwykły tryb życia
allumfassend *lit* wszechogarniający
Al'lüren FPL (nieodpowiednie) zachow(y-w)anie (się), (złe) maniery *fpl*
all|wissend wszechwiedzący; **~wöchentlich** cotygodniowy (-wo); *präd a.* co tydzień
allzu ADV (na)zbyt, zanadto; ~ **früh** zbyt wcześnie; ~ **gern** bardzo chętnie; ~ **groß** zbyt duży; ~ **lange** nazbyt długo; ~ **sehr** zanadto; ~ **weit** zbyt daleko
Allzweck- *in zssgn* uniwersalny
Alm F pastwisko alpejskie, hala
Almanach M (*-s; -e*) almanach
Alm|hirt(in) M(F) → Senn(erin); **~hütte** F szałas alpejski, szałas górski
Almosen N jałmużna
Almrausch M (*bpl*) róża alpejska
Aloe F aloes
Alpdrücken N → Albdrücken
Alpen PL: **die ~** Alpy *pl*
Alpen|- *in zssgn* alpejski; **~veilchen** N cyklamen, fiołek alpejski; **~vorland** N (*bpl*) Przedgórze Alpejskie
Alpha'bet N (-[e]s; -e) alfabet, abecadło; **nach dem ~** w kolejności alfabetycznej
alpha'betisch alfabetyczny
Alphabeti'sierung F alfabetyzacja
Alphorn M róg alpejski; *in der Tatra* trombita
al'pin alpejski; wysokogórski; **~er Skisport** narciarstwo alpejskie
Alpi'nist M (*-en*) alpinista *m*
Alptraum → Albtraum
als *konj* kiedy, gdy; *in der Eigenschaft* jako; *beim Vergleich u. nach* **anders** niż (*nom*), od (*gen*); *einschränkend* tylko, jak; → ob, sowohl; **damals, ~ ...** wtedy, gdy ..., w tym czasie, gdy ...; **älter ~ ich** starszy ode mnie; **mehr ~ hundert** więcej niż sto, ponad sto; **~ Lehrer arbeiten** pracować jako nauczyciel; **sie kam ~ Erste** ona przyszła jako pierwsza; **nichts ~ Ärger** (same) tylko nieprzyjemności; **niemand anders ~ ...** nikt inny jak *od* tylko ...; ~ **wenn** jak gdyby; ~ **dass** a(że)by
als'bald *lit* ADV wkrótce
also ADV (a) więc, zatem; *partikel* a więc; ~ **gut** niech będzie; **na, ~!** no właśnie!; ~ **doch!** (a) więc jednak!
alt (*älter, älteste*) stary (-ro); (*antik*) starożytny; (*seit langer Zeit bestehend, vor Langem erzeugt*) dawny; → altbacken, älter; **wie ~ bist du?** ile masz lat?; **er ist 20 Jahre ~** on ma dwadzieścia lat; **alles beim Alten** wszystko po staremu; ~ **machen** czynić starym, postarzać; ~

werden *Person* ⟨po⟩starzeć się; *Brot* ⟨s⟩czerstwieć; **100 Jahre ~ werden** dożyć stu lat; **in ~en Zeiten** za dawnych czasów; **auf die ~en Tage** na stare lata, na starość

Alt M (-s; *selten* -e) MUS alt; *in zssgn* altowy

Al'tar M (-s; *Altäre*) ołtarz; *dim* ołtarzyk; **zum ~ führen** ⟨po⟩prowadzić do ołtarza; **~bild** N obraz ołtarzowy

altbacken *Brot* czerstwy (-wo)

Altbauwohnung F mieszkanie w starym budynku

altbekannt znany od dawna

altbewährt (od dawna) wypróbowany

altdeutsch staroniemiecki

Alte[1] F staruszka, starowina, *umg* stara

Alte[2] M (-n) starzec, staruszek, *umg* stary (*a. Chef*); *abw* dziadyga *m*, zgred; **mein ~r** mój stary; **die ~n** starzy *mpl*, staruszkowie *mpl*

Alte[3] N (-n; *bpl*) stare, dawne

alteingesessen zasiedziały; **~e Bevölkerung** ludność rdzenna

Alteisen N złom żelazny, *umg* stare żelastwo

Alten|heim N dom starców; **~pflege** F opieka nad starcami; **~wohnheim** N dom rencisty

Alter N (-s; *bpl*) wiek (*a. Epoche*); (*hohes Alter*) starość *f*; **im ~** na starość; **ein hohes ~ erreichen** dożyć *pf* starości, dożyć *pf* sędziwego wieku; **sie ist in meinem ~** ona jest w moim wieku; **im ~ von zwanzig Jahren** w wieku dwudziestu lat

älter *komp* starszy; *präd* starzej; **~ aussehen** wyglądać starzej; **~ machen** *Kleid, Frisur* postarzać; **e-e ~e Dame** starsza pani; **die Älteren** starsi; **~ als du** starszy (-sza) od ciebie

Alterchen *umg* N starowin(k)a *m*

altern V/I (-re; sn) starzeć się; *Person a.* postarzeć *pf*, zestarzeć się *pf*

Altern N (-s; *bpl*) starzenie się

Alterna'tiv|- *in zssgn* alternatywny; **~e** F alternatywa; (*Person*) alternatywistka; **~e(r)** M (-n) alternatywista *m*

alters *lit: nur in* **seit ~, von ~ her** od dawna; **~bedingt** ADJ uwarunkowany wiekiem

Alters|beschwerden FPL dolegliwości *fpl* wieku podeszłego; **~erscheinung** F objaw starości

altersgemäß odpowiedni (-nio) do wieku

Alters|genosse M rówieśnik; **~genossin** F rówieśniczka; **~grenze** F granica wieku

Altersgründe MPL: **aus ~n** z powodu podeszłego wieku

Alters|gruppe F grupa wiekowa; **~heim** N dom starców; **~klasse** F kategoria wiekowa; grupa wiekowa

altersmäßig zgodny z wiekiem, odpowiedni do wieku (*gen*)

Alters|präsident M przewodniczący z racji wieku; **~rente** F, **~ruhegeld** N renta starcza, emerytura

altersschwach zgrzybiały, *pop* zramolały; *umg fig* zdezelowany, rozklekotany; zmurszały (ze starości)

Alters|schwäche F (*bpl*) niemoc starcza; **~starrsinn** M upór starczy; **~unterschied** M różnica wieku; **~versorgung** F zaopatrzenie na starość

Altertum N (-s; *bpl*) starożytność *f*

Altertümer NPL zabytki *mpl* starożytności, antyki *mpl*

altertümlich starożytny; *fig* staroświecki (-ko, po -ku)

Alterung F (*bpl*) starzenie się

älteste *sup* najstarszy (wiekiem)

Ältestenrat M rada starszych; POL konwent seniorów

altgedient ADJ wysłużony

Altglas N (*bpl*) stłuczka szklana

altgriechisch starogrecki (po -ku)

alt'hergebracht ADJ odwieczny, tradycyjny

Altistin F kontralt

altjüngferlich *abw* staropanieński (po -ku)

Altkanzler M ekskanclerz

alt-katholisch, **altkatholisch** starokatolicki

altklug przemądrzały (-le)

Altlasten FPL pozostałości *fpl*; (*Gifte im Boden*) stare zanieczyszczenia *npl* środowiska naturalnego

ältlich podstarzały, starszawy (-wo)

Altmeister M nestor; SPORT eks-mistrz

Altmetall N złom metalowy

altmachen → alt

altmodisch staromodny

Altöl N przepracowany olej

Altpapier N (*bpl*) makulatura

Altphilologie F (*bpl*) filologia klasyczna

altpolnisch staropolski (po -ku)

altslawisch starosłowiański (po -ku)
Altstadt F stare miasto, *umg* starówka
alttestamentarisch starotestamentowy
Alt|warenhändler M handlarz starzyzną; **~'weibersommer** M babie lato
Alu|folie F folia aluminiowa; **~'minium** N (-s; *bpl*) aluminium *n*; CHEM glin; *in zssgn* aluminiowy; glinowy
Alzheimer|krankheit, **~-Krankheit** F (*bpl*) choroba Alzheimera
a.M. (am Main) nad Menem
am = an dem **1** ~ **Main** nad Menem; ~ **Dienstag** we wtorek; ~ **1. Mai** pierwszego maja **2** + *sup* naj-; ~ **weitesten** najdalej
Ama'teur M (-s; -e) amator(ka) (*a.* SPORT *usw*); **~fotograf** M fotoamator; **~funker** M radioamator; **~photograph** M fotoamator; **~status** M SPORT amatorstwo, status amatora
Ama'zonas M (-; *bpl*): **der** ~ Amazonka
Ambi'ente N (-; *bpl*) otoczenie
ambiva'lent ambiwalentny
Amboss M (-es; -e) kowadło; ANAT kowadełko
ambu'lant MED ambulatoryjny; HANDEL obnośny, obwoźny
Ambu'lanz F ambulans; (*Krankenwagen*) *a.* karetka; (*poliklinische Station*) ambulatorium, przychodnia
Ameise F mrówka; **fleißig wie e-e** ~ pracowity jak mrówka; **~n-** *in zssgn* mrówczy
Ameisen|haufen M mrowisko; **~säure** F (*bpl*) kwas mrówkowy
Amen N (-s; *selten* -) amen *n*; **wie das ~ in der Kirche** jak amen w pacierzu
A'merika N (-s; *bpl*) Ameryka
Ameri'kaner M Amerykanin; **~in** F Amerykanka
ameri'kanisch amerykański (po -ku)
Ame'thyst M (-[e]s, -e) ametyst
A'minosäure F aminokwas
Amme F mamka
Ammenmärchen N *umg* bajda, bajeczka
Ammer F (-; -n) ZOOL trznadel
Ammoniak N (-s; *bpl*) amoniak
Am'monium- *in zssgn* amonowy
Amne'sie F amnezja, niepamięć *f*
Amnes'tie F amnestia
amnes'tieren V/T (-) amnestionować (*im*)*pf*
A'möbe F ameba, pełzak
Amok M (-s; *bpl*): ~ **laufen** dosta(wa)ć amoku; **~schütze** M morderca *m* opętany amokiem
a'morph amorficzny, bezpostaciowy
Amortisati'on F amortyzacja, umorzenie
amorti'sieren (-) V/T amortyzować (*v/r* **sich** się)
amourös [amu'rø:s] miłosny; **~es Abenteuer** miłostka, romans
Ampel F (-; -n) (*Lampe*) ampla; (*Verkehrsampel*) sygnalizator świetlny; **die ~ schaltete auf Grün** zapaliło się zielone światło; **an der ~ halten** *umg* zatrzym(yw)ać się na światłach
Ampere|'meter [ampɛ:rme-] N amperomierz; **~'stunde** F amperogodzina
Am'phi|bie F amfibia; **~bienfahrzeug** N amfibia, pojazd amfibijny
am'phibisch ziemno-wodny
Am'phitheater N amfiteatr
Am'pulle F ampułka
ampu'tieren (-) amputować (*im*)*pf*
Amsel F (-; -n) kos
Amt N (-[e]s; Ämter) urząd; TEL centrala; *rel* msza śpiewana; **von ~s wegen** z urzędu; **ein ~ ausüben** sprawować urząd; **im ~ sein** urzędować
am'tieren V/I (-) (**als**) piastować urząd (*gen*), urzędować (jako); *vorübergehend* pełnić obowiązki (*gen*)
amtlich urzędowy (-wo); oficjalny
Amts|anmaßung F przywłaszczenie władzy; **~antritt** M objęcie urzędu; **~arzt** M, **~ärztin** F lekarz urzędowy; **~bezeichnung** F tytuł służbowy; nazwa urzędowa; **~blatt** N dziennik urzędowy; **~deutsch** N niemiecki język urzędowy
Amts|eid M przysięga służbowa; **~enthebung** F złożenie *od* zdjęcie z urzędu; **~führung** F sprawowanie urzędu, pełnienie funkcji urzędowych; **~gericht** N sąd pierwszej instancji, *etwa* sąd grodzki *od* rejonowy; **~handlung** F czynność urzędowa; **~missbrauch** M nadużycie władzy urzędowej
amtsmüde znużony urzędem
Amts|periode F kadencja, okres sprawowania urzędu; **~person** F osoba urzędowa, *umg* oficjel; **~pflicht** F obowiązek urzędowy; **~richter** M sędzia

m sądu grodzkiego *od* rejonowego; **~schimmel** M (-s; *bpl*) *żart* biurokratyzm; **~sitz** M siedziba urzędowa; siedziba urzędu; **~sprache** F język urzędowy; **~tracht** F strój urzędowy; **~träger** M osoba urzędowa

Amts|vorgänger(in) M(F) poprzednik (-niczka) na stanowisku; **~vorsteher(in)** M(F) naczelnik (-niczka) *od* kierownik (-niczka) urzędu

Amtsweg M: **den ~ gehen** działać w trybie urzędowym

Amts|zeit F → Amtsperiode

amü'sant wesoły (-ło), zabawny

amü'sieren (-) V/T bawić, zabawi(a)ć (*v/r* **sich** się); **sich ~** *a. umg* ⟨za⟩balować

an[1] PRÄP **1** (*wo? mit dat*) (*bei*) przy; (*auf, über*) na (*lok*), nad (*inst*); (*neben*) koło, obok (*gen*); (*wann? mit dat*) w (*lok*); → am; **~ der Wand** *hängen* na ścianie; *stehen* przy ścianie; **am Ende** na końcu; **~ e-m Tag** (w ciągu) jednego dnia; **am Tag** w dzień; **~ diesem Tag** tego dnia, w tym dniu; **~ deiner Stelle** na twoim miejscu; **~ ... entlang** wzdłuż (*gen*) **2** (*wohin? mit akk*) o, na (*akk*), do (*gen*); **~ die Wand** do ściany, o ścianę; **bis ~ ...** aż do (*gen*) **3** (*akk od dat*) *weder zeitlich noch räumlich* **erkranken ~** (*dat*) zachorować *pf* na (*akk*); **reich ~** (*dat*) bogaty w (*akk*); **~ Krücken gehen** chodzić o kulach; **es liegt ~ dir** to zależy od ciebie; **arbeiten ~** (*dat*) pracować nad (*inst*); **etw ~ sich haben** mieć to do siebie; **~ sich halten** powstrzym(yw)ać się; *umg* **~ etw** (*dat*) **ist nicht viel dran ...** niewiele wart(a, -o); **~ (und für) sich** właściwie, w istocie rzeczy

an[2] ADV: **von heute ~** od dziś, od dzisiaj; **von jetzt** *od* **nun ~, von da ~** odtąd; **ab und ~** chwilami, czasami; **~ die fünf Jahre** około pięciu lat; *umg* **Licht ~!** włącz(yć) światło!; **das Licht ist ~** światło jest włączone, światło się pali; *auf Fahrplänen* **Berlin ~ ...** przyjazd *od* przylot do Berlina o ...

Ana'bolikum N (-s; -ka) anabolik

a'nal analny, odbytowy, odbytniczy

ana'log analogiczny; TECH analogowy

Analpha'bet M (-en) analfabeta *m*; **~in** F analfabetka

A'nalverkehr M analny stosunek seksualny

Ana'lyse F analiza

analy'sieren (-) ⟨prze-, z⟩analizować

Ana'lyst M (-en) FIN analityk finansowy

ana'lytisch analityczny

Anä'mie [PL -'i:ən] F anemia

Ananas F (-; -[se]) ananas; *in zssgn* ananasowy

Anar'chie [PL -'i:ən] F anarchia

Anar'chist M (-en) anarchista *m*; **~in** F anarchistka

anar'chistisch anarchistyczny

anästhe'sieren (-) znieczulać ⟨-lić⟩

Anästhe'sist(in) M(F) (-en) anestezjolog

Anato'mie [PL -i:ən] F anatomia

ana'tomisch anatomiczny

an|baggern *umg* V/T *Frau* podrywać ⟨poderwać⟩; **~bahnen** V/T nawiąz(y)wać; ⟨za⟩inicjować; *Ehe* ⟨s⟩kojarzyć; **es bahnt sich ... an** szykuje się (*akk*), zanosi się (na *akk*); **~bandeln** *umg* V/I (-le) *austr*, **~bändeln** *umg* V/I (-le) umizgać się, zalecać się (**mit** do *gen*)

Anbau M (*bpl*) AGR uprawa; BUD dobudowanie, przybudowanie; (*pl -ten*) (*Gebäude*) dobudówka, przybudówka

anbauen V/T AGR uprawiać, hodować; BUD **an etw ~** dobudow(yw)ać, przybudow(yw)ać do (*gen*)

Anbau|fläche F AGR obszar uprawny; **~gebiet** N rejon uprawy; **~möbel** NPL meble *mpl* segmentowe

Anbeginn *lit* M: **von ~** od (samego) początku

anbehalten V/T (*irr*; -) pozosta(wa)ć w (*lok*), nie zdejmować ⟨zdjąć⟩ (*gen*)

an'bei w załączeniu

an|beißen (*irr*) V/T nadgryzać ⟨-gryźć⟩; V/I *Fisch* brać; *umg fig* połknąć *pf* haczyk; **~bellen** oszczek(iw)ać; **~beraumen** (-) *Sitzung* zwoł(yw)ać (**für den ...** na ...); *Termin* wyznaczać ⟨-czyć⟩; **~beten** uwielbiać, ubóstwiać

Anbeter M wielbiciel, adorator

Anbetracht M: **in ~** (*gen*) z uwagi (na *akk*)

anbetteln: **j-n um etw ~** żebrać u k-o (*gen*), (usilnie) prosić k-o o (*akk*)

anbiedern (-re): V/R **sich ~ bei** zabiegać o względy (*gen*), narzucać się (*dat*)

anbieten (*irr*) V/T ofiarow(yw)ać (*v/r* **sich** się); (*vorschlagen*) ⟨za⟩proponować; *Essen usw* ⟨po⟩częstować (**j-m** *akk* k-o *inst*); *Ware* ⟨za⟩oferować; V/R **sich ~** (*naheliegen*) nasuwać ⟨-sunąć⟩ się, napraszać się

▶ andere Menschen ansprechen

Jan! Könntest du ...	Janek!/Janku! Czy mógłbyś...
Monika! Könntest du ...	Monika!/Moniko! Czy mogłabyś...
Jan! Könnten Sie ...	Panie Janku! Czy mógłby pan...
Monika! Könnten Sie ...	Pani Moniko! Czy mogłaby pani...
Herr Meier! Könnten Sie ...	Proszę Pana! Czy mógłby pan...
Frau Kowalska! Könnten Sie ...	Proszę Pani! Czy mogłaby pani...
Kollege Meier! Möchten Sie ...	Kolego! Czy zechciałby pan...
Herr Pfarrer! Könnten Sie ...	Proszę księdza! Czy mógłby ksiądz...
Herr Direktor!	Panie dyrektorze!
Meine Damen und Herren! Möchten Sie ...	Drodzy państwo! Czy zechcą państwo...
Sehr geehrter Herr Schultz!	Szanowny Panie!
Lieber Thomas!	Drogi Tomku!
Liebling!	Kochanie!
Mutti!	Mamo!

Anbieter M oferujący, oferent

anbinden *(irr)* przywiąz(yw)ać (**an** *akk od dat* do *gen*); → angebunden

anblasen *(irr) Feuer, Glut* rozniecać ⟨-cić⟩; MUS *(Ton geben)* poda(wa)ć; TECH **e-n Hochofen ~** zadmuchać *pf* piec

Anblick M widok; **beim ~** *(gen,* **von***)* na widok *(gen)*

an|blicken V/T spoglądać ⟨spojrzeć⟩ (na *akk*); **~bohren** nawiercać ⟨-cić⟩ (otwór); **~braten** *(irr)* podsmażać ⟨-żyć⟩, przypiekać ⟨-piec⟩; **~bräunen** KULIN podrumieni(a)ć

anbrechen *(irr)* V/T nadłam(yw)ać; *Flasche, Packung* napoczynać ⟨-cząć⟩; *lit* V/I *(sn) Zeit* nastawać ⟨-stać⟩, nadchodzić ⟨nadejść⟩

anbrennen *(irr)* **A** V/T zapalać ⟨-lić⟩; **~ lassen** *Essen* przypalać ⟨-lić⟩ **B** V/I *(sn) Milch usw* przypalać ⟨-lić⟩ się

anbringen *(irr) (befestigen)* przymocow(yw)ać; przyczepi(a)ć; zainstalow(yw)ać; *Gründe* przytaczać ⟨-toczyć⟩; *Bitte, Klage* wnosić ⟨wnieść⟩; *umg (mitbringen)* przynosić ⟨-nieść⟩; *(unterbringen)* ulokować *pf*

Anbruch M *(bpl)* nastanie; początek; **bei ~ der Nacht** z nastaniem nocy; **vor ~ des Tages** przed świtem

anbrüllen V/T wrzeszczeć ⟨wrzasnąć⟩, wsiadać ⟨wsiąść⟩ (z góry) (na *akk*)

Anchovis F (-; -) anchois

Andacht F *(bpl)* skupienie; (PL *-en) (Gebet)* modlitwa; *(kurzer Gottesdienst)* krótkie nabożeństwo

andächtig skupiony; (feierlich) uroczysty; *präd* z nabożeństwem

Anda'lusien N *(-s; bpl)* Andaluzja

andauern V/I *Frost* utrzym(yw)ać się; *Sitzung* przeciągać ⟨-gnąć⟩ się, trwać

andauernd ADJ ciągły (-le), stały (-le)

Anden PL: **die ~** Andy *pl*

Andenken N *(-s; bpl)* pamięć *f*; *(a. pl)* pamiątka, upominek; **zum ~** (**an** *akk*) na pamiątkę *(gen)*; **... ein ~ an die Mutter ...** to pamiątka po matce

andere PRON *indef* inny; *(zweite)* drugi, następny; **die ~n** inne; drugie; *persf* inni; drudzy; **etwas ~s** coś innego; **am ~n Tag** następnego dnia; **einer nach dem ~n** jeden po drugim; **eine hübscher als die ~** jedna piękniejsza od drugiej; **unter ~m** między innymi; **über etwas ~s, von etwas ~m** o czymś innym; **alles ~, nur nicht ...** wszystko, tylko nie ...; **nichts ~s als ...** nic innego jak ...; **und ~s mehr** i inne

anderenfalls ADV → andernfalls

andererseits ADV z drugiej strony

andermal: *nur in* **ein ~** innym razem

ändern *(-re)* V/T zmieni(a)ć (*v/r* **sich** się); *Kleid* przerabiać ⟨-robić⟩

andernfalls ADV w przeciwnym razie

anders ADV **1** inaczej; **~ denkend, geartet, lautend** → andersdenkend *usw*; **das muss ~ werden** to musi się zmienić **2** *mit pron* inny; **jemand ~** ktoś inny; **niemand ~** nikt inny; **er ist ~ als ...** on jest inny niż ...; **wer ~ als er?** któż (inny) jeśli nie on? **3** *mit adv* indziej; **irgendwo ~** gdzieś indziej; **wie ~** jakże inaczej

anders|artig odmienny; **~denkend**

inaczej myślący
anderseits ADV → andererseits
anders|farbig różniący się kolorem, o innym zabarwieniu; **~geartet** innego rodzaju, odmienny; **~gläubig** innowierczy; **~herum** *umg* ADV odwrotnie, w inną stronę; **~lautend** brzmiący inaczej; **~rum** → andersherum
Anderssein N (*-s; bpl*) inność *f*
anders|sprachig innojęzyczny; **~wie** *umg* ADV jakoś inaczej, w inny sposób; **~wo** ADV, **~wohin** ADV *umg* gdzie indziej
anderthalb *num* półtora; **~jährig** półtoraroczny
Änderung F zmiana; *am Kleid* przeróbka; *bes* POL poprawka, nowelizacja
Änderungsschneiderei F zakład krawiecki wykonujący przeróbki i poprawki
anderweitig inny; *präd* gdzie indziej
andeuten V/T (*darstellen*) (lekko) zaznaczać ⟨-czyć⟩; (*leise hinweisen*) napomykać ⟨-mknąć⟩ (o *lok*); *v/r* **sich ~** zaznaczać ⟨-czyć⟩ się
Andeutung F napomknienie, napomknięcie; (*Spur*) ślad
andeutungsweise ADV aluzyjnie, nie wprost, dając do zrozumienia
an|dichten przypis(yw)ać (**j-m** *akk* k-u *akk*); **~dicken** *Suppe* zagęszczać ⟨zagęścić⟩; **~dienen** (natrętnie) oferować; **~docken** V/I KOSM ⟨przy⟩cumować (**an** *akk* do *gen*)
Andrang M (*bpl*) napływ; *umg von Menschen* run; ścisk, tłok; **es herrschte großer ~** panował ogromny ścisk
andre → andere
andrehen *Licht* zapalać ⟨-lić⟩, *a. Radio* włączać ⟨-czyć⟩; *Gas, Wasser* odkręcać ⟨-cić⟩; (*festdrehen*) dokręcać ⟨-cić⟩; *umg Ware* wkręcać ⟨-cić⟩
andrerseits ADV → andererseits
androhen zagrozić *pf* (**j-m** *akk* k-u *inst*)
Androhung F: **unter ~ von Strafe, Gewalt** pod groźbą kary, przemocy
an|drücken przyciskać ⟨-snąć⟩ (**an** *akk* do *gen*); **~ecken** V/I (*sn*) *umg fig* (**bei j-m**) narażać ⟨-razić⟩ się (*dat*)
aneignen (*-e-*): V/R **sich etw ~** *Habe* przywłaszczać ⟨-czyć⟩ sobie, zagarniać ⟨-nąć⟩ (*akk*); *Wissen, Kenntnisse* przyswajać ⟨-swoić⟩, zdoby(wa)ć
Aneignung F (PL *selten*) *von fremdem Eigentum* zagarnięcie, przywłaszczenie; *von Kenntnissen* przyswojenie, zdobycie
anein'ander jeden (jedno) przy drugim, jeden (jedno) obok drugiego, jedna przy *od* obok drugiej, do siebie, ze sobą, o sobie; **~ vorbeireden** mówić nie słuchając jeden drugiego; **~binden** (*irr*) przywiąz(yw)ać jeden (jedno) do drugiego, związ(yw)ać (ze sobą); **~fügen** ⟨z⟩łączyć ze sobą; **~geraten** (*irr; sn; -*) *fig* ścinać ⟨ściąć⟩ się (**mit** z *inst*); **~grenzen** V/I graniczyć ze sobą; **~kleben** V/I zlepi(a)ć się; **~schieben** (*irr*) przysuwać ⟨-sunąć⟩ do siebie; **~stoßen** (*irr; sn*) → aneinandergrenzen
Anek'dote F anegdota
anek'dotenhaft anegdotyczny
anekeln: **j-n ~** ⟨o⟩budzić wstręt w (*lok*); **... ekelt mich an** czuję wstręt do (*gen*)
Ane'mone F anemon, zawilec
anerkannt ADJ uznany; renomowany
anerkennen (*irr; erkannte an od anerkannte*) uzna(wa)ć (*a.* **als** jako); → würdigen; **~de Worte** słowa *npl* uznania
anerkennenswert godny uznania
Anerkennung F (PL *selten*) uznanie; **~ finden** zdobyć uznanie
Anerkennungsschreiben N list pochwalny
anerziehen (*irr; -*): **j-m etw ~** nauczyć *pf* k-o (*gen*)
Aneu'rysma N (*-s; -men*) MED tętniak
anfachen *lit* rozniecać ⟨-cić⟩ (*a. fig*)
anfahren (*irr*) **A** V/T **1** (*transportieren*) zwozić ⟨zwieźć⟩ **2** (*rammen*) najeżdżać ⟨-jechać⟩ (na *akk*), potrącić *pf* (*akk*) **3** *Ziel* ⟨po⟩jechać w kierunku (*gen*) **4** *umg fig* **j-n ~** ofukiwać ⟨-knąć⟩, *umg* ⟨ob⟩sztorcować (*akk*) **B** V/I (*sn*) ruszać ⟨-szyć⟩ (z miejsca); **angefahren kommen** nadjeżdżać ⟨-jechać⟩
Anfahrt F dojazd; → Zufahrt
Anfahrtskosten PL koszt(y *pl*) dojazdu
Anfall M MED, *fig* atak, napad
an|fallen (*irr*) V/T (*angreifen*) rzucać ⟨-cić⟩ się (na *akk*), (*a. befallen*) napadać ⟨-paść⟩ (*akk*, na *akk*); *v/i* (*sn*) *Post* nadchodzić ⟨nadejść⟩; *Kosten usw* powsta(wa)ć; *nach und nach* narastać ⟨-rosnąć⟩; **~fällig** (**für**) podatny (na *akk*), skłonny (do *gen*)
Anfälligkeit F (*bpl*) skłonność f
Anfang M początek; **am ~, zu ~** na początku; **von ~ an** od (samego) początku;

von ~ bis Ende od początku do końca; ~ Mai w początkach maja; er ist ~ vierzig jemu minęła czterdziestka; du machst den ~ ty zaczynasz

Anfänger(in) M(F) początkujący (-ca), nowicjusz(ka); **~kurs** M, **~kursus** M kursy *mpl* dla początkujących

anfänglich początkowy (-wo)

anfangs ADV początkowo, z początku

Anfangs|buchstabe M litera początkowa; **~gründe** MPL początki *mpl*, podstawy f/pl; **~kapital** N kapitał założycielski (firmy); **~schwierigkeiten** FPL wstępne trudności *fpl*; **~stadium** N początkowe stadium; **~zeit** F okres początkowy; *Kino usw* godzina rozpoczęcia

anfassen V/T dotykać ⟨-tknąć⟩ (*gen*); *fig* (*behandeln*) ⟨po⟩traktować (*akk*), podchodzić ⟨podejść⟩ (do *gen*); *fig* **j-n hart ~** trzymać w ryzach (*akk*); **zum Anfassen** *fig* przystępny, bezpośredni

an|fauchen V/T fukać ⟨-knąć⟩ (na *akk*); *fig a.* ofukiwać ⟨-knąć⟩ (*akk*); **~faulen** V/I (*sn*) nadgni(wa)ć

anfecht|bar dający się podważyć; JUR zaskarżalny; **~en** (*irr*) *Urteil* zaskarżać ⟨-żyć⟩; *Argument* podważać ⟨-żyć⟩; *Vaterschaft* zaprzeczać ⟨-czyć⟩ (*gen*)

Anfechtung F *e-s Urteils* zaskarżenie; *e-r Behauptung* podważenie; *der Vaterschaft* zaprzeczenie; *lit* (*Versuchung*) pokusa

an|feinden (-*e*-) napastować, prześladować; **er wurde von allen angefeindet** do niego wszyscy odnosili się wrogo; **~fertigen** wyrabiać ⟨-robić⟩; *Anzug* ⟨u⟩szyć; *Kopie, Liste usw* sporządzać ⟨-dzić⟩

Anfertigung F (*Herstellung*) wyrabianie; *e-r Arznei, Liste usw* sporządzenie; *von Kleidung* uszycie; (*Sache*) wyrób

an|feuchten (-*e*-) zwilżać ⟨-żyć⟩; **~feuern** → anheizen; *fig* zagrz(ew)ać (**zu** do *gen*); **~flehen** błagać; **~fliegen** (*irr*) V/T *Ort, Flughafen* lądować (w, na *lok*); *v/i* (*sn*) **angeflogen kommen** nadlatywać ⟨-lecieć⟩; **~flitzen** V/I: **angeflitzt kommen** *umg* przypędzić *pf*; *Auto* nadjeżdżać ⟨-jechać⟩ na pełnym gazie

Anflug M **1** LOTN dolot; zbliżanie; podejście do lądowania; **im ~ sein** nadlatywać; podchodzić do lądowania **2** *fig* (*Hauch, Spur*) ślad; (od)cień *m*; **mit e-m ~ von Ironie** z odcieniem ironii

anfordern *Material, Leute* zapotrzebow(yw)ać; *Gutachten* ⟨za⟩żądać

Anforderung F zapotrzebowanie; **~en** PL wymagania *npl*, wymogi *mpl*; **den ~en genügen** sprostać *pf* wymogom; **hohe ~en stellen** być bardzo wymagającym (**an j-n** w stosunku do, dla *gen*, **an etw** w *inst*, jeżeli chodzi o *akk*)

Anfrage F zapytanie; POL interpelacja

anfragen V/I zapyt(yw)ać, pytać (**bei j-m wegen …** k-o o *akk*)

anfressen nadgryzać ⟨-gryźć⟩; *Metall* nadżerać ⟨nadeżreć⟩; *pop* **sich e-n Bauch ~** roztyć się *pf*, upaść się *pf*

anfreunden (-*e*-): V/R **sich ~ (mit)** zaprzyjaźnić się *pf* (z *inst*)

an|frieren V/I (*irr*; *sn*) przymarzać ⟨-marznąć⟩ (**an** *akk* do *gen*); **~fügen** (*dat*) dołączać ⟨-czyć⟩ (do *gen*)

anfühlen V/T dotykać ⟨-tknąć⟩ (*gen*); V/R **sich weich ~** być miękkim w dotyku; **sich wie Leder ~** być w dotyku jak skóra

anführen (*leiten*) ⟨po⟩prowadzić; (*befehlen*) dowodzić (*inst*); *Gründe, Beispiel* przytaczać ⟨-toczyć⟩; ⟨za⟩cytować; *umg* (*foppen*) wyprowadzać ⟨-dzić⟩ w pole

Anführer(in) M(F) dowódca *m* (-czyni), przywódca *m* (-czyni); *abw* prowodyr(ka)

Anführungszeichen NPL cudzysłów; **in ~** w cudzysłowie; **in ~ setzen** ująć *pf* w cudzysłów

anfüllen dopełni(a)ć (**mit** *inst*)

Angabe F (*das Angeben*) poda(wa)nie (**von etw** *gen*); informacja; **~n** PL *a.* dane *pl*; *e-s Gerätes* wskazanie; SPORT zagrywka; *umg* → Angeberei; *austr* **e-e ~ leisten** zapłacić zaliczkę; **~n machen** (**über** *akk*, **zu**) dać *pf* informacje, dostarczyć *pf* danych (o *lok*); **nach (amtlichen) ~n** według (oficjalnych) danych

angaffen V/T ⟨za⟩gapić się (na *akk*)

angeben (*irr*) V/T *Termin, Grund, Namen usw* poda(wa)ć; *Wert* ⟨za⟩deklarować; *Richtung* wskaz(yw)ać; *Ton* nada(wa)ć; *Tempo* narzucać ⟨-cić⟩; V/I SPORT zagrywać, serwować; *umg* (*prahlen*) szpanować, obnosić się (**mit** z *inst*)

Angeber(in) M(F) efekciarz, szpaner(ka)

Angebe'rei *umg* F (*bpl*) *abw* szpan, szpanerstwo; **~en** PL przechwałki *fpl*

Angebetete F ukochana

angeblich rzekomy; *präd* rzekomo, podobno, ponoć

angeboren ADJ wrodzony

Angebot N propozycja; HANDEL oferta; EKON podaż *f*; **~ und Nachfrage** podaż i popyt; **im ~ haben** oferować
Angebotspreis M cena oferowana
angebracht *pperf* → anbringen; ADJ stosowny, wskazany; **für ~ halten** uważać za stosowne
angebunden *pperf* → anbinden; *fig* ADJ **kurz ~** mrukliwy (-wie)
ange|fault ADJ nadgniły; **~flogen** *pperf* → anfliegen; **~froren** *pperf* → anfrieren; **~glichen** *pperf* → angleichen
angegossen *pperf* → angießen; ADJ ... **sitzt wie ~** ... leży jak ulał
angegraut ADJ szpakowaty, siwiejący
angegriffen *pperf* → angreifen; ADJ *Gesundheit* nadszarpnięty, nadwerężony; **~ aussehen** źle wyglądać
angeheitert ADJ *umg* podochocony
angehen (*irr*) **A** V/T **1** (*anpacken*) przystępować ⟨-stąpić⟩ (do *gen*) **2** *Gegner* ⟨za⟩atakować **3** **j-n um etw ~** zwracać ⟨zwrócić⟩ się do k-o o (*akk*), ⟨po⟩prosić k-o o (*akk*) **4** (*betreffen*) obchodzić, tyczyć się; **was mich angeht** co się tyczy mnie; **was geht mich das an?** co to mnie obchodzi? **B** V/I (*sn*) **5** **gegen etw ~** zwalczać (*akk*) **6** *umg* (*beginnen*) rozpoczynać ⟨-cząć⟩ się **7** *Licht* zapalać ⟨-lić⟩ się **8** *Motor* zaskoczyć *pf* **9** *Pflanze* przyjmować ⟨-jąć⟩ się **10** (*vertretbar sein*) **das mag noch ~** to jeszcze ujdzie
angehend ADJ (*künftig*) przyszły
angehoben *pperf* → anheben
angehören (*pperf angehört*) *e-r Sache* (*dat*) należeć (do *gen*)
Angehörige F, **~(r)** M (-*n*) członek (rodziny *usw*); → Verwandte
angejahrt ADJ starszawy
Angeklagte F oskarżona; **~(r)** M (-*n*) oskarżony
angekrochen *pperf* → ankriechen
Angel F (-; -*n*) wędka; BUD zawias; **an der ~ haben** *Fisch* złapać *pf* na wędkę; *fig* **aus den ~n heben** ruszyć *pf* z posad
Angelegenheit F sprawa, rzecz *f*; **in welcher ~?** w jakiej sprawie?
angelernt ADJ przyuczony
Angel|haken M haczyk (u wędki); **~leine** F żyłka
angeln (-*le*) **A** V/T ⟨z⟩łowić na wędkę; **etw ~ aus** (*dat*) wyławiać ⟨-łowić⟩ coś z (*gen*); *umg fig* **sich** (*dat*) **e-n Mann ~** upolować *pf* (sobie) męża **B** V/I *umg* wędkować
Angeln N (-*s*; *bpl*) wędkowanie
Angel|punkt M główny punkt; **~rute** F wędzisko
angelsächsisch anglosaski
Angelschein M zezwolenie wędkarskie
Angelsport M wędkarstwo
Angelus M *od* N (-; -) (*Gebet*) Pozdrowienie Anielskie; (*Geläut*) dzwon na Anioł Pański
angemessen ADJ odpowiedni (-nio), stosowny, *lit* godziwy (-wie); *Preis* umiarkowany; **in ~er Weise** w odpowiedni sposób
angenehm przyjemny; *Mensch* miły; **~e Reise** przyjemnej podróży; **ich bin ~ überrascht** jestem mile zaskoczony; *beim Vorstellen* **~!** bardzo mi przyjemnie!
angenommen *pperf* → annehmen; ADJ *Name, Kind* przybrany
angepasst ADJ dostosowany
Anger M plac we wsi, *früher* majdan
ange|rannt *pperf* → anrennen; **~regt** ADJ ożywiony; **~rissen** *pperf* → anreißen; ADJ naddarty; *Packung* napoczęty
angesagt ADJ: **~ sein** *umg* być na tapecie; stać na porządku dziennym
ange|säuselt *umg* ADJ zawiany, na gazie; **~schissen** *pop pperf* → anscheißen; **~schlagen** ADJ *Tasse* nadtłuczony; *Boxer* zamroczony; (*erschöpft*) przemęczony; **~schlichen** *pperf* → anschleichen; **~schmutzt** ADJ przybrudzony; **~schossen** *pperf* → anschießen; ADJ postrzelony, ranny; **~schrieben** *pperf* → anschreiben
Angeschuldigte F obwiniona; **~(r)** M (-*n*) obwiniony; **die ~n** PL obwinieni
angesehen ADJ poważany, ceniony; *Firma usw a.* renomowany
Angesicht *lit* N (PL *-er od -e*) twarz *f*, oblicze; **von ~ zu ~** twarz(ą) w twarz
angesichts PRÄP (*gen*) wobec (*gen*); (im Hinblick auf) w świetle (G)
ange|spannt ADJ naprężony; **~stammt** ADJ dziedziczny, rodowy; *Platz usw* tradycyjny; **~staubt** ADJ przykurzony; *umg fig* niedzisiejszy
angestellt ADJ: **fest ~** etatowo zatrudniony, zaangażowany na stałe (**bei** w *lok*, u *gen*); → anstellen
Angestell|te F pracownica, pracownica (umysłowa); *engS* pracownica administracyjno-biurowa; **~te(r)** M (-*n*) pracow-

nik (umysłowy); *engS* pracownik administracyjno-biurowy; → kaufmännisch
Angestelltenverhältnis N: **im ~ stehen** być zatrudnionym na prawach pracownika (umysłowego) wynagradzanego miesięcznie
ange|stochen *pperf* → anstechen; **~strengt** ADJ wytężony, intensywny
angetan *pperf* → antun; **es j-m ~ haben** podobać się k-u; **~ sein** (**von etw**) wynieść *pf* dodatnie wrażenie (z *gen*); **er war von ihr sehr ~** sprawiła na nim bardzo miłe wrażenie; **nicht dazu ~ sein** nie nadawać się (do *gen*, na *akk*)
angetrieben *pperf* → antreiben
angetrunken ADJ podpity; **im ~en Zustand** w stanie nietrzeźwym
ange|wandt *pperf* → anwenden; ADJ stosowany; **~widert** ADJ *präd* z odrazą
angewiesen *pperf* → anweisen; **~ sein auf** (*akk*) być zdanym na (*akk*), być zależnym od (*gen*)
angewöhnen V/T: **j-m, sich** (*dat*) **etw ~** przyzwyczajać ⟨-czaić⟩ k-o, się do (*gen*)
Angewohnheit F przyzwyczajenie, nawyk; **e-e ~ ablegen** wyzbyć *pf* się przyzwyczajenia
angeworben *pperf* → anwerben
angewurzelt ADJ: **wie ~ stehen bleiben** stanąć *pf* jak wryty
an|gezeigt ADJ wskazany; **~gießen** (*irr*) podl(ew)ać; → angegossen
angiften *umg* (-e-): **j-n ~** dogryzać k-u; V/R **sich ~** dogryzać sobie nawzajem
An'gina F (-; -nen) angina; **~ pectoris** dusznica bolesna
angleichen V/T (*irr*; *dat*, **an** *akk*) dostoso(wy)wać (do *gen*); zrówn(yw)ać (z *inst*); *Mensch* upodabniać ⟨-dobnić⟩ (do *gen*; **einander** do siebie)
Angleichung F *der Löhne usw* dostoso-w(yw)anie; zrównanie
Angler(in) M(F) wędkarz (*a. Frau*)
angliedern V/T (*dat*, **an** *akk*) przyłączać ⟨-czyć⟩ (do *gen*)
Angliederung F przyłączenie
angli'kanisch anglikański
Angli'zismus M (-; -men) anglicyzm
anglotzen V/T *pop* wytrzeszczać ⟨-czyć⟩ oczy (na *akk*)
ango'lanisch angolski, angolijski
An'gorawolle F wełna angorska
angreifbar *fig* → anfechtbar
angreifen V/T (*irr*) ⟨za⟩atakować (*akk*), nacierać ⟨natrzeć⟩ (na *akk*); *in den Medien usw a.* napastować (*akk*); *Vorrat, Kapital* naruszać ⟨-szyć⟩; *Gesundheit* nadszarpywać ⟨-pnąć⟩; CHEM działać niszcząco (na *akk*); → angegriffen
Angreifer M napastnik; agresor; MIL *a.* (*mst* PL) atakujący, nacierający
angrenzen V/I (**an** *akk*) graniczyć (z *inst*), przylegać (do *gen*)
angrenzend ADJ przyległy
Angriff M atak (*a.* SPORT), natarcie; ofensywa; (*Überfall*) napad, *a. fig* napaść *f*; **zum ~ übergehen** przechodzić ⟨przejść⟩ do ataku, przystępować ⟨-stąpić⟩ do natarcia; **in ~ nehmen** (*akk*) przystępować ⟨-stąpić⟩, *umg* zab(ie)rać się (do *gen*)
Angriffsfläche F *fig* słaby punkt
Angriffskrieg M wojna napastnicza
angriffslustig zaczepny; agresywny
Angriffsspieler M ofensywny gracz; (*Stürmer*) napastnik
Angriffswaffe(n PL) F broń zaczepna
Angst F (-; *Ängste*) strach, lęk; (*Sorge, Unruhe*) obawa; **aus ~, vor ~** ze strachu; **~ haben** być w strachu, odczuwać lęk, *umg* mieć stracha; **~ haben um j-n, etw** bać się o (*akk*); **~ haben vor** (*dat*) bać się (*gen*); **~ machen** (*dat*) napędzić *pf* strachu (*dat*); **j-n befällt ~** strach *od* lęk ogarnia (*akk*); **Ängste ausstehen** najeść *pf* się strachu; **sie bekam es mit der ~ zu tun** strach ją obleciał
angsterfüllt pełen lęku, wylękły
Angst|gefühl N uczucie strachu; **~hase** *umg* M tchórz, strachajło
ängstigen V/T ⟨prze-, wy⟩straszyć; V/R **sich ~** (**vor** *dat*) obawiać się, lękać się (*gen*); (**um**) niepokoić się (o *akk*)
Angstkäufe MPL zakupy *mpl* panikarskie
ängstlich wystraszony; (*scheu, furchtsam*) lękliwy, bojaźliwy, strachliwy; *präd* lękliwie, bojaźliwie, strachliwie; **~ bemüht sein** przesadnie usiłować
Ängstlichkeit F (*bpl*) lękliwość *f*, bojaźliwość *f*
Angstschrei M okrzyk przerażenia
Angstschweiß M śmiertelne poty *mpl* (ze strachu); **ihm brach der ~ aus** on ⟨s⟩pocił się ze strachu
angucken *umg* V/T ⟨po⟩patrzeć na (*akk*); **sich** (*dat*) **etw ~** oglądać ⟨obejrzeć⟩

(sobie) (A)
angurten: V/R **sich ~** *im Auto usw* zapinać ⟨-piąć⟩ pas bezpieczeństwa
anhaben *(irr)* *umg Kleid* mieć na sobie; **niemand konnte ihm etwas ~** nikt nie mógł mu czegoś zarzucić
anhaften V/I → haften (an); *fig* ... **haften Fehler an** ... ma wady
anhalten *(irr)* **A** V/T **1** zatrzym(yw)ać; *Atem* wstrzym(yw)ać **2** *(anlegen)* przykładać ⟨przyłożyć⟩ (**an** *akk* do *gen*) **3** **j-n zur Ordnung** *usw* **~** wdrażać ⟨wdrożyć⟩ k-o do porządku *usw*; **zur Arbeit ~** pędzić do roboty **B** V/I **4** *(stehen bleiben)* zatrzym(yw)ać się **5** *(dauern)* trwać
anhaltend ADJ ciągły (-le); *Regen usw* długotrwały
Anhalter *umg* M autostopowicz; **per ~ fahren** *od* **reisen** jechać *od* podróżować autostopem; **~in** *umg* F autostopowiczka
Anhaltspunkt M oznaka, wskazówka
an'hand PRÄP *(gen)*, ADV: **~ von** na podstawie *(gen)*
Anhang M dodatek, suplement; → Anhängerschaft; **ohne ~** bez rodziny, samotny; *umg* **mit ~** z asystą
anhängen[1] V/T przyczepi(a)ć (**an** *akk* do *gen*; V/R **sich** się); *(ankuppeln)* doczepi(a)ć; *(anfügen)* dołączać ⟨-czyć⟩; *umg fig* **j-m etw ~** posądzać ⟨-dzić⟩, pomawiać ⟨-mówić⟩ k-o o *(akk)*
anhängen[2] *(irr)* V/I *(dat)* być związanym (z *inst*), być zwolennikiem (-niczką) *(gen)*
Anhänger M AUTO przyczepa; KOLEJ wagon doczepny; *(Schmuck)* wisiorek, breloczek; *(Schildchen)* przywieszka, zawieszka; *(Person)* zwolennik, stronnik; *(Fan)* fan; *rel* wyznawca *m*; **~in** F zwolenniczka; stronniczka; *(Fan)* fan; *rel* wyznawczyni
Anhängerschaft F *(bpl)* grono zwolenników, stronnicy *mpl*, *bes* SPORT, MUS *umg* fani *mpl*; *rel* wyznawcy *mpl*
anhängig ADJ JUR toczący się; **~ sein** być w toku, toczyć się
anhänglich *Person, Tier* przywiązany
Anhänglichkeit F *(bpl)* przywiązanie
Anhängsel N wisiorek, breloczek; *fig* dodatek, uzupełnienie
an|hauchen V/T chuchać ⟨-chnąć⟩ (na A); **~häufen** V/T ⟨na⟩gromadzić (*v/r* **sich** się)
Anhäufung F nagromadzenie, skupisko
anheben *(irr)* V/T unosić ⟨unieść⟩, podnosić ⟨podnieść⟩; *Lohn, Preis* podwyższać ⟨-szyć⟩
anheften (**an** *akk*) przypinać ⟨-piąć⟩ (do *gen*); *(annähen)* przyfastrygować *pf*
anheimelnd ADJ przytulny, miły (-le)
an'heimfallen *(irr; sn)* *lit* *(j-m zufallen)* przypadać ⟨-paść⟩ *(dat)*; *e-r Sache* **~** sta(wa)ć się ofiarą *(gen)*; **der Vergessenheit ~** pójść w zapomnienie
anheimstellen *lit*: **j-m ~** pozostawi(a)ć do uznania *(gen)*
anheizen rozpalać ⟨-lić⟩ (**den Ofen** w piecu; *fig* **die Stimmung** namiętności)
anherrschen ofukiwać ⟨-knąć⟩ *(akk)*
anheuern V/T ⟨za⟩mustrować (*v/i* się; **auf der „Batory"** na „Batorego"); *abw* ⟨z⟩werbować, najmować ⟨-jąć⟩
Anhieb M: **auf ~** od razu, z miejsca
anhimmeln *(-le)* *umg* V/T robić słodkie oczka (do *gen*); *e-n Sänger usw* uwielbiać
Anhöhe F wzniesienie, wyniosłość *f*
anhören V/T wysłuch(iw)ać *(gen)*; **sich** *(dat)* **etw ~** ⟨po-, wy⟩słuchać *(gen)*; nasłuchać się *pf* *(gen)*; **mit ~** (niechcący) usłyszeć *pf*, podsłuchać *pf*; **man hört es ihm an, dass ...** można poznać po głosie, że on ...; V/R **sich ~** brzmieć; **sich gut ~** dobrze brzmieć
Anhörung F wysłuchanie
Anhyd'rid N *(-s; -e)* CHEM bezwodnik
ani'malisch zwierzęcy (-co)
Anima'teur(in) M(F) *(-s; -e)* organizator(ka) imprez, animator(ka)
ani'mieren (-) zachęcać ⟨-cić⟩ (**zum Trinken** do picia)
A'nis M anyż(ek); **~plätzchen** N ciastko anyżkowe; **~schnaps** M anyżówka
Ank. (Ankunft) przyjazd; przylot
ankämpfen V/I: **~ gegen** walczyć z *(inst)*
Ankauf M zakup; *in Mengen* skup
ankaufen zakupywać ⟨-pić⟩; *größere Mengen* skupować ⟨-pić⟩
Anker M MAR kotwica, *dim* kotwiczka; BUD kotew *f*; ELEK twornik; **~ werfen** zarzucać ⟨-cić⟩ kotwicę; **vor ~ liegen** → ankern
Ankerkette F łańcuch kotwiczny
ankern V/I *(-re)* stać, stanąć *pf* na kotwicy, być zakotwiczonym
Ankerplatz M kotwicowisko
anketten *(-e-)* V/T (**an** *akk*) przywiąz(yw)ać łańcuchem (do *gen*); *Sklaven* przyku(wa)ć

(do *gen*); *Hund* uwiąz(yw)ać na łańcuchu; **angekettet** na łańcuchu; przykuty

Anklage F oskarżenie; **~ erheben (gegen)** wnosić ⟨wnieść⟩ oskarżenie (przeciwko); **unter ~ stellen (wegen)** stawiać ⟨postawić⟩ w stan oskarżenia (pod zarzutem *gen*); **~bank** F ława oskarżonych

anklagen (JUR **j-n** *e-r Sache*) oskarżać ⟨-żyć⟩ (k-o o *akk*); **~der Blick** oskarżycielskie spojrzenie

Anklagepunkt M punkt oskarżenia

Ankläger(in) M(F) oskarżyciel(ka)

anklägerisch oskarżycielski

Anklageschrift F akt oskarżenia

Anklagevertreter M oskarżyciel publiczny, prokurator

anklammern V/T przypinać ⟨-piąć⟩ (klamerką), przymocow(yw)ać (**an** *akk od dat* do *gen*); *v/r* **sich ~** → klammern

Anklang M: **~ finden (bei)** być przyjętym (przez *akk*), zyskać *pf* uznanie (u *gen*)

ankleben V/T przyklejać ⟨-kleić⟩ (**an** *akk* do *gen*); *Plakate* rozlepi(a)ć; V/I (*sn*) przyklejać ⟨-kleić⟩ się (**an** *dat* do *gen*)

Ankleidekabine F ubieralnia, szatnia

an|kleiden → anziehen; **~kleistern** *umg* przylepi(a)ć (**an** *akk* do *gen*); **~klicken** V/T EDV klikać ⟨-knąć⟩ na (*akk*); **~klopfen** (**an** *akk od dat*) ⟨za⟩pukać (do *gen*)

an|knabbern nadgryzać ⟨-gryźć⟩; **~knipsen** *umg* zapalać ⟨-lić⟩; **~knüpfen** V/T *fig* nawiąz(yw)ać (*a.* *v/i*, **an** *akk* do *gen*)

Anknüpfungspunkt M *fig* punkt wyjścia

anknurren V/T (*a. umg fig*) ⟨za⟩warczeć, warknąć *pf* (na *akk*)

ankommen V/I (*irr; sn*) przyby(wa)ć; *zu Fuß* przychodzić ⟨przyjść⟩, *a. Post, Zug* nadchodzić ⟨nadejść⟩; *fahrend* nadjeżdżać ⟨-jechać⟩, przyjeżdżać ⟨-jechać⟩ (**mit etw** *inst*); *fliegend* nadlatywać ⟨-lecieć⟩, przylatywać ⟨-lecieć⟩ (**mit etw** *inst*); *irgendwo ankommen* dojść *pf*, dojechać *pf*, dolecieć *pf* (do *gen*); **bist du gut (in Rom) angekommen?** (czy) dobrze dojechałeś (do Rzymu)?; **gegen etw, j-n ~** da(wa)ć sobie radę z (*inst*); *umg* **etw kommt gut an** ... ma *od* mają dobre wzięcie, ... ma *od* mają powodzenie; (*Stelle finden*) znaleźć posadę (**in** *dat*, **bei** w, na *lok*, u *gen*); (*abhängen*) zależeć (**auf** *akk* od *gen*); **es kommt auf ... an, ob** to zależy od ..., czy; **es kommt darauf an** zależnie od okoliczności; **darauf kommt es nicht an** to nie gra roli; **es kommt ihr auf ... an** ona przywiązuje wagę do (*gen*); **auf die paar Euro kommt es mir nicht an** te parę euro nic dla mnie nie znaczy; **es käme auf e-n Versuch an** trzeba (by) spróbować; **wir wollen es nicht darauf ~ lassen** lepiej nie ryzykować

Ankömmling M (*-s; -e*) przybyły

ankoppeln V/T (**an** *akk*) doczepi(a)ć (do *gen*); *v/i* KOSM ⟨przy⟩cumować (do *gen*)

Ankopp(e)lung F KOSM (przy)łączenie

ankotzen V/T *pop*: **das kotzt mich an** rzygać mi się chce od tego

ankrallen: V/R **sich ~** wczepi(a)ć się pazurami (**an** *dat* w *akk*)

ankratzen V/T zadrasnąć *pf*

ankreiden (*-e-*): **j-m etw als Schwäche ~** zarzucać ⟨-cić⟩ k-u słabość wobec (*gen*); **j-m etw übel ~** brać ⟨wziąć⟩ za złe k-u (*akk*)

an|kreuzen zaznaczać ⟨-czyć⟩ krzyżykiem; **~kriechen** V/I (*irr*): *mst* **angekrochen kommen** przypełznąć *pf*, przyczołgać się *pf*, podpełzać ⟨-znąć⟩; **~kündigen** V/T zapowiadać ⟨-wiedzieć⟩ (*v/r* **sich** się), *lit* zwiastować; *Besuch, Sendung usw* ⟨za⟩anonsować

Ankündigung F zapowiedź *f*, zaanonsowanie

Ankunft F (*bpl*) nadejście, przybycie; *fahrend a.* przyjazd; *fliegend* przylot

Ankunfts|halle F LOTN hala przylotów; **~zeit** F czas przybycia *od* przylotu

an|kuppeln → ankoppeln; **~kurbeln** *fig umg* rozkręcać, nakręcać ⟨-cić⟩

anlächeln V/T uśmiechać ⟨-chnąć⟩ się do (*gen*)

anlachen V/T ⟨za⟩śmiać się do (*gen*); *umg* **sich j-n ~** przygruchać sobie *pf*, podrywać ⟨poderwać⟩ (*akk*)

Anlage F **1** (*bpl*) (*das Anlegen*) urządzenie, założenie, (za)instalowanie **2** (*a. pl*) FIN inwestycja, lokata; TECH (*Vorrichtung, Aggregat*) urządzenie; zespół; instalacja, aparatura; (*Entwurf*) plan, zarys; (*Park*) zieleniec; (*Betrieb*) zakład; (*Gebäudekomplex*) budowla, zespół, obiekt; (*Neigung*) skłonność *f*, predyspozycja; (*Begabung*) uzdolnienie; (*Beilage*) załącznik

anlagebedingt *Krankheit* wrodzony

Anlage|berater M doradca *m* inwes-

tycyjny; **~kapital** N kapitał zakładowy
Anlagenbau M (*bpl*) budowa kompletnych obiektów przemysłowych
Anlagevermögen N majątek trwały, środki *mpl* trwałe
anlangen V/I (*sn*) → ankommen
Anlass M (*-es; -lässe*) powód (**zu** do *gen*); (*Gelegenheit*) okazja; **ohne jeden ~** bez żadnego powodu; **aus ~** (*gen*) na okoliczność (*gen*)
anlassen (*irr*) V/T *Motor* uruchamiać ⟨-chomić⟩, *umg* zapuszczać ⟨-puścić⟩; *umg Mantel* nie zdejmować ⟨zdjąć⟩ (*gen*); *Licht* nie ⟨z⟩gasić, *a. Radio usw* nie wyłączać ⟨-czyć⟩ (*gen*); *umg* V/R **sich ~** zapowiadać się (**gut** dobrze)
Anlasser M TECH rozrusznik, starter
anlässlich PRÄP (*gen*) z okazji (*gen*)
anlasten: **j-m etw ~** przypis(yw)ać k-u (*akk*), obciążać ⟨-żyć⟩ k-o (*inst*)
Anlauf M rozbieg (*a.* SPORT); TECH, EKON rozruch; start; (*Versuch*) próba; *fig* **e-n neuen ~ nehmen** (**zu etw**) ⟨s⟩próbować od nowa (*gen od inf*); **im ersten ~** za pierwszym razem
anlaufen (*irr*) V/T *Hafen* zawijać ⟨-winąć⟩ (do *gen*); *v/i* (*sn*) brać ⟨wziąć⟩ rozbieg (**für den Sprung** do skoku); (*beginnen*) rozpoczynać ⟨-cząć⟩ się; *Motor* zacząć *pf* pracować, *a. Produktion usw* ruszać ⟨ruszyć⟩; *Kosten, Zinsen* narastać ⟨-rosnąć⟩; *Film* wchodzić ⟨wejść⟩ na ekrany; *Glas* zachodzić ⟨zajść⟩ parą; *Metall* pokry(wa)ć się nalotem; **rot ~** zaczerwienić się *pf*; **blau ~** posinieć, zsinieć *pf*; **angelaufen kommen** przybiegać ⟨-biec⟩; **~ lassen** (*in Gang setzen*) uruchamiać ⟨-chomić⟩, *a. Aktion usw* rozpoczynać ⟨-począć⟩, rozwijać ⟨-winąć⟩; *fig* **gegen etw ~** walczyć z (*inst*)
Anlauf|stelle F punkt kontaktowy; poradnia; **~zeit** F TECH okres rozruchu
Anlaut M JĘZ nagłos, głoska początkowa
Anlegebrücke F → Landungsbrücke
anlegen **A** V/T **1** przykładać ⟨przyłożyć⟩ (**an** *akk* do *gen*); *Leiter* przystawi(a)ć; *fig* (**mit**) **Hand ~ an etw** przykładać ⟨przyłożyć⟩ ręki do (*gen*) **2** *Mantel, Schmuck usw* wkładać ⟨włożyć⟩ **3** *Park, Verband, Fesseln, Akte* zakładać ⟨założyć⟩ **4** *Kohle usw* dokładać ⟨dołożyć⟩ **5** *Vorrat* ⟨z⟩robić; *Kapital* ⟨za⟩inwestować, ⟨u⟩lokować **6** (*bezahlen, ausgeben*) **... ~ für etw** wyda(wa)ć ... na (*akk*) **7** (*zielen*) **das Gewehr auf j-n ~** ⟨wy⟩mierzyć z karabinu do (*gen*); **es darauf angelegt haben zu ...** zmierzać do (*gen*), ⟨z⟩robić wszystko, aby ... **B** V/I **8** *Schiff* zawijać ⟨-winąć⟩ do portu, *a. Boot* przybi(ja)ć do brzegu **9** (*zielen*) **auf j-n ~** ⟨wy⟩celować do (*gen*), w (*akk*); MIL **legt an!** cel! **C** V/R **sich mit j-m ~** szukać zwady z (*inst*), *umg* zadzierać ⟨-drzeć⟩ z (*inst*)
Anleger M FIN inwestor
Anlegestelle F przystań *f*
anlehnen V/T *Fenster, Tür* przymykać ⟨-mknąć⟩; **an** (*akk*) **~** *Leiter* opierać ⟨oprzeć⟩ o (*akk*); V/R **sich ~** (**an** *akk*) opierać ⟨oprzeć⟩ się (o *akk*); *fig* wzorować się (na *lok*)
Anlehnung F: **in ~ an** (*akk*) opierając się na (*lok*)
anlehnungsbedürftig *umg* przylepny
anleiern *umg* zaczynać ⟨zacząć⟩, *umg* brać ⟨wziąć⟩ na tapetę
Anleihe F pożyczka; **e-e ~ aufnehmen** zaciągać ⟨-gnąć⟩ pożyczkę
anleimen → ankleben
anleiten pouczać, instruować; **zu etw ~** wdrażać ⟨wdrożyć⟩ do (*gen*)
Anleitung F pouczanie, instruowanie; *gedruckt, mündlich* instrukcja, wskazówki *fpl* (**zu** do *gen*); wdrażanie
an|lernen przyuczać ⟨-czyć⟩ (**als ...** do pracy jako ...); **~liefern** dostarczać ⟨-czyć⟩; **~liegen** V/I (*irr*) przylegać; *Kleid a.* być obcisłym, opinać; *umg* **was liegt an?** co jest na tapecie?
Anliegen N interes; (*Bitte*) prośba
anliegend ADJ przyległy; *Kleid* obcisły (-le), podkreślający sylwetkę
Anlieger M → Anwohner
an|locken ⟨przy⟩wabić; *Leute* przyciągać ⟨-gnąć⟩; **~löten** przylutow(yw)ać (**an** *akk* do *gen*); **~lügen** okłam(yw)ać
Anm. (Anmerkung) uwaga
Anmache *pop* F (chamski) podryw
anmachen *Licht* zapalać ⟨-lić⟩; *Feuer a.* rozniecać ⟨-cić⟩; *Salat* podprawi(a)ć; *Mörtel* sporządzać ⟨-dzić⟩; *umg Frau* podrywać ⟨poderwać⟩, *pop* dowalać się (do *gen*)
anmalen *umg* V/T → bemalen; V/R *sich ~* podmalow(yw)ać się
Anmarsch M (*bpl*): **im ~ sein** nadciągać, zbliżać ⟨-żyć⟩ się (**auf** *akk* do *gen*)

anmaßen: V/R **sich** (*dat*) **etw ~** pozwalać ⟨-zwolić⟩ sobie na (*akk*); *Recht* uzurpować sobie (*akk*)
anmaßend ADJ arogancki (-ko)
Anmaßung F arogancja, impertynencja; (*unberechtigter Anspruch*) wygórowane wymagania *npl*; przywłaszczenie sobie prawa (do *gen*)
anmeckern *umg* V/T burczeć na (*akk*)
Anmelde|formular N druk meldunkowy; *für Teilnahme an etw* formularz zgłoszenia; **~frist** F termin zameldowania; termin zgłaszania
anmelden V/T *Teilnahme, Eintritt, Bedenken* zgłaszać ⟨zgłosić⟩ (*v/r* **sich** się; **zu** do *gen*, na *akk*); *Gewerbe* ⟨za⟩rejestrować; *Gast* anonsować; *Wohnsitz* ⟨za⟩meldować na pobyt; V/R **sich polizeilich ~** zameldować się na pobyt
Anmeldepflicht F obowiązek zgłaszania *od* zgłoszenia
anmeldepflichtig podlegający zgłoszeniu
Anmeldeschluss M zamknięcie zgłoszeń
Anmeldung F *e-s Gerätes, Gewerbes, e-r Forderung, beim Arzt, zum Kursus, e-r Forderung usw* zgłoszenie; *bei der Polizei* zameldowanie (się); MED (*Raum*) izba przyjęć
anmerken **1** pozna(wa)ć (**ihm s-n Ärger** z wyrazu jego twarzy, że jest zły); **sich** (*dat*) **nichts ~ lassen** nie dać poznać po sobie **2** (*bemerken*) zauważyć *pf*
Anmerkung F przypisek; adnotacja
Anmut F (*bpl*) wdzięk; *engS a.* gracja
anmuten (-*e*-): **das mutet mich seltsam an** to wydaje mi się dziwne
anmutig wdzięczny; *präd a.* z gracją, pełen (-łna, -łne) gracji
an|nageln przybi(ja)ć (gwoździami); **wie angenagelt** jak przykuty; **~nähen** przyszy(wa)ć (**an** *akk* do *gen*)
annähern V/T (*dat*) przybliżać ⟨-żyć⟩ do (*gen*; V/R **sich** się; **einander** do siebie)
annähernd ADV w przybliżeniu, około; **nicht ~** wcale nie, bynajmniej nie
Annähe|rung F zbliżanie, zbliżenie (się); **~rungsversuch** M awanse *mpl*, zaloty *mpl*
Annahme F przyjmowanie, przyjęcie; akcept; (*Vermutung*) założenie; **~ an Kindes statt** przysposobienie; **in der ~, dass …** przypuszczając, że …; **~stelle** F punkt przyjęcia; *Lotto usw* kolektura; **~verweigerung** F odmowa przyjęcia; FIN odmowa akceptu
annehmbar (możliwy) do przyjęcia; znośny; **zu e-m ~en Preis** po umiarkowanej cenie
annehmen V/T (*irr*) przyjmować ⟨-jąć⟩; FIN *Wechsel* akceptować; *Gewohnheit* przejmować ⟨-jąć⟩; *Namen, Form* przyb(ie)rać; *Farbe, Ausmaße usw a.* nab(ie)rać; (*vermuten*) przypuszczać, *lit* wnosić; (*voraussetzen*) zakładać ⟨założyć⟩; **wie man ~ kann** jak wolno mniemać; **nehmen wir (den Fall) an, dass …** załóżmy, że …; V/R **sich ~** (*gen*) ⟨za⟩opiekować się (*inst*); → adoptieren
Annehmlichkeit F wygoda; PL *a.* przyjemności *fpl*
annek'tieren (-) ⟨za⟩anektować
Annonce [a'nosə] F → Anzeige
annoncieren [-'si:-] (-) ogłaszać ⟨ogłosić⟩; ⟨za⟩anonsować
annu'llieren (-) anulować (*im*)*pf*, unieważni(a)ć
A'node F anoda; **~n-** *in zssgn* anodowy
anöden *umg* (-*e*-) nudzić, zanudzać
Anoma'lie [PL -'li:ən] F anomalia
ano'nym anonimowy (-wo)
Anonymi'tät F (*bpl*) anonimowość *f*
Anorak M anorak, skafander
anordnen → ordnen; (*verfügen*) zarządzać ⟨-dzić⟩
Anordnung F układ, ułożenie; (*Verfügung*) zarządzenie, polecenie
anorganisch nieorganiczny
anpacken V/T (s)chwycić *pf*; *umg* (*angehen*) zab(ie)rać się (*e-e Sache* do *gen*); *v/i* **mit ~** pomagać ⟨-móc⟩
anpassen V/T dopasow(yw)ać; dostosow(yw)ać, przystosow(yw)ać (*v/r* **sich** się; *dat*, **an** *akk* do *gen*); *Renten, Löhne* indeksować
Anpassung F (*bpl*) dopasowanie; *fig a.* dostosowanie (się); adaptacja; EKON indeksacja
Anpassungs|prozess M proces dostosowawczy; **~vermögen** N umiejętność *f* dostosowywania się, zdolności *fpl* przystosowawcze; zdolność *f* adaptacji
anpeilen MAR namierzać ⟨-rzyć⟩
anpfeifen (*irr*) V/T da(wa)ć sygnał rozpoczęcia (*gen*); *umg fig* opieprzyć *pf* k-o

Anpfiff M SPORT sygnał rozpoczęcia gry; *umg fig* reprymenda, *pop* opieprz
an|pflanzen ⟨po-, za⟩sadzić; **~pinkeln** *umg* obsik(iw)ać; **~pinnen** *umg* przypinać ⟨-piąć⟩ pinezką; **~pinseln** *umg* ⟨po⟩malować; **~pöbeln** (*-le*) *abw* zaczepi(a)ć, nagabywać
Anprall M (-[e]s; bpl) uderzenie, siła uderzenia
an|prallen V/I (*sn*) uderzać ⟨-rzyć⟩ (**an** *akk*, **gegen** w, o *akk*); **~prangern** (*-re*) ⟨na⟩piętnować; **~preisen** zachwalać
Anprobe F przymiarka; **zur ~ kommen** mieć przymiarkę
anprobieren (-) przymierzać ⟨-rzyć⟩
anpumpen: *umg* **j-n um ... Euro ~** pożyczać ⟨-czyć⟩ u k-o ... euro
anquatschen *umg* zaczepi(a)ć
Anrainer M → Anwohner; **~staat** M państwo ościenne
anraten → empfehlen; **auf Anraten des Arztes** za poradą lekarza
an|rauchen zapalać ⟨-lić⟩; **~rechnen** zaliczać ⟨-czyć⟩ (*a.* **etw auf** *akk* na poczet *gen*); *fig* poczyt(yw)ać (**j-m, sich als ...** k-u, sobie za *akk*)
Anrecht N (*bpl*) prawo, uprawnienie (**auf** *akk* do *gen*)
Anrede F forma zwracania się; (*Titel*) tytułowanie
anreden: **j-n (mit Sie) ~** zwracać ⟨zwrócić⟩ się do k-o (przez pan *od* pani); przemawiać ⟨-mówić⟩ do (*gen*), tytułować (*akk*)
an|regen ⟨za⟩sugerować, ⟨za⟩inicjować; (*stimulieren*) pobudzać ⟨-dzić⟩, podniecać ⟨-cić⟩; **~regend** ADJ pobudzający (-co); *Lektüre* zajmujący (-co)
Anregung F propozycja, sugestia; pobudzenie; **auf ~ (von)** z inicjatywy (*gen*); **zur ~** dla pobudzenia
anreichern (*-re*) V/T wzbogacać ⟨-cić⟩ (**mit** w *akk*); *v/r* **sich ~ in** (*dat*) gromadzić się w (*lok*)
Anreise F przyjazd (tu); → Ankunft
anreisen V/I (*sn*), **angereist kommen** przyjeżdżać ⟨-jechać⟩, przyby(wa)ć
Anreisetag M dzień *m* przyjazdu
anreißen (*irr*) nadrywać ⟨naderwać⟩; *umg Vorrat usw* napoczynać ⟨-cząć⟩; *Frage* poruszać ⟨-szyć⟩
Anreiz M (*Ansporn*) podnieta, zachęta, bodziec
anrempeln *umg* potrącać ⟨-cić⟩
anrennen V/I (*irr; sn*): *fig* **gegen etw ~** przypuszczać ⟨-puścić⟩ szturm na (*akk*), atakować (*akk*); *umg* **angerannt kommen** nadbiegać ⟨-biec⟩, przybiegać ⟨-biec⟩
Anrichte F kredens
an|richten *Essen* pod(aw)ać; *Schaden* wyrządzać ⟨-dzić⟩; *Unheil* narobić *pf* (*gen*); **~rösten** przyrumieni(a)ć; **~rüchig** mający złą opinię, podejrzany
anrücken V/I (*sn*) przyby(wa)ć; nadciągać ⟨-gnąć⟩, zbliżać ⟨-żyć⟩ się; (*h*) (*heranrücken*) przysuwać ⟨-sunąć⟩
Anruf M zawołanie, okrzyk; TEL rozmowa telefoniczna, *umg* telefon; **~beantworter** M automatyczna sekretarka
anrufen (*irr*) V/T zawołać (na *akk*); TEL (*a. v/i* **bei j-m**) ⟨za⟩telefonować, *umg* ⟨za⟩dzwonić (do *gen*); *Gericht* odwoł(yw)ać się (do *gen*)
Anrufer(in) M(F) zgłaszający (-ca) się przez telefon, rozmówca *m* (-czyni)
anrühren V/T dotykać ⟨-tknąć⟩ (*gen*); *Farbe usw* rozrabiać ⟨-robić⟩; **nicht ~** nie ruszać ⟨-szyć⟩ (*gen*)
ans = **an das** → an
Ansage F zapowiedź *f*
ansagen V/T zapowiadać ⟨-wiedzieć⟩ (*v/r* **sich** się); → ankündigen; **ich bin morgen bei ... angesagt** mam jutro termin u (*gen*)
ansägen nadpiłow(yw)ać
Ansager(in) M(F) konferansjer(ka); *rtv* spiker(ka), prezenter(ka)
ansammeln V/T ⟨na⟩gromadzić, ⟨na-, u⟩zbierać (*v/r* **sich** się)
Ansammlung F nagromadzenie; *von Menschen* zbiegowisko, gromada
ansässig ADJ (stale) zamieszkały
Ansatz M nasada, przyczep (*a.* ANAT); pierwsze stadium, zaczątek; (*Schicht*) warstwa, osad; TECH nasadka; **die ersten Ansätze** pierwsze kroki (**zu** w kierunku *gen*); **~punkt** M punkt wyjścia
ansaufen *pop* V/T: **sich** (*dat*) **einen ~** ululać *pf* się, zal(ew)ać (sobie) pałę
ansaugen V/T zas(y)sać; V/R **sich ~** (**an** *akk*) przys(y)sać się (do *gen*)
Ansaugrohr N rura ssąca
anschaffen: V/T **sich** (*dat*) **~** (*akk*) sprawi(a)ć sobie (*akk*); *umg Kind* urodzić *pf*; V/I *pop* **~ gehen** stać pod latarnią, *vulg* kurwić się

Anschaffung F nabycie; *(Sache)* nabytek, sprawunek; **~s-** *in zssgn mst* ... nabycia, ... kupna, ... zakupu
anschau|en *bes pł-niem, austr, szwajc* → ansehen; **~lich** *Methode* poglądowy (-wo); jasny (-no), plastyczny
Anschau|ung F *(Meinung)* pogląd(y *pl*), opinia; **~ungsmaterial** N materiał poglądowy
Anschein M: **den ~ erwecken, sich den ~ geben, zu** ... stwarzać pozory *(gen)*; **allem ~ nach** według wszelkiego prawdopodobieństwa; **es hat den ~, als ob** wygląda na to, jakby
anscheinend ADV widocznie
anscheißen *(irr) pop (betrügen)* okantować *pf*; → anschnauzen
anschicken *lit*: V/R **sich ~ (zu)** zab(ie)rać się, szykować się (do *gen*)
anschieben *(irr)* popychać ⟨-pchnąć⟩; → heranrücken
anschießen *(irr)* postrzelić *pf*
Anschiss *pop* M opieprz, *vulg* opierdol
Anschlag M *(Aushang)* ogłoszenie; plakat; MUS *usw* uderzenie; *(Attentat)* zamach; TECH ogranicznik (ruchu); *beim Schwimmen* dotknięcie; *beim Schreiben* ... **Anschläge** ... znaków; **in ~ bringen** *Waffe* składać ⟨złożyć⟩ się do strzału; **~brett** N tablica ogłoszeń
anschlagen *(irr)* V/T uderzać ⟨-rzyć⟩ (w *akk*); MUS *Ton* poda(wa)ć; *Aushang* wywieszać ⟨-wiesić⟩, przybi(ja)ć (**an** *akk* na *lok*, do *gen*); *Tasse* nadbi(ja)ć; V/I *Glocke* zadzwonić *pf*; *Uhr* wybić *pf*; *Kur usw* ⟨po⟩skutkować; *Hund* zaszczekać *pf*; *Schwimmer* dotykać ⟨-tknąć⟩ ściany
Anschlagserie F seria ataków terrorystycznych
anschleichen *(irr)*: V/R **sich ~ (an** *akk*) podkradać ⟨-kraść⟩ się (do *gen*); **angeschlichen kommen** przywlec się *pf*
anschleppen *umg* przytaszczyć *pf*
anschließen *(irr)* V/T **(an** *akk, dat*) *Fahrrad* przywiąz(yw)ać łańcuchem z zamkiem (do *gen*); ELEK, *Schlauch usw* podłączać ⟨-czyć⟩ (do *gen*); *v/r* **sich ~** (*dat*, **an** *akk*) *(grenzen)* przylegać (do *gen*); *(folgen)* następować ⟨-stąpić⟩ (po *lok*); **sich j-m**, *e-r Partei usw* **~** dołączać ⟨-czyć⟩ (się) (do *gen*)
anschließend ADV (zaraz) potem, następnie
Anschluss M *(Verbindung)* połączenie (*a.* KOLEJ, LOTN, TEL); *(das Anschließen)* ELEK, TEL podłączenie, przyłączenie (*a.* POL); *am Gerät* przyłącze; **im ~ an** *(akk)* bezpośrednio po *(lok)*; *fig umg* **den ~ verpassen** przegapić *pf* szansę; *fig* **~ finden** znaleźć *pf* towarzystwo; *umg* ⟨do⟩szlusować (**an** *akk* do *gen*); **~flug** M następne połączenie lotnicze **~kabel** N sznur przyłączeniowy; **~stelle** F *e-r Autobahn* przyłączenie; **~tor** N, **~treffer** M gol kontaktowy; **~wert** M ELEK moc odbioru; **~zug** M następny pociąg (**nach** do *gen*)
anschmiegen: V/R **sich ~ (an** *akk*) przytulać ⟨-lić⟩ się (do *gen*); *Kleid* przylegać (**an den Körper** do ciała)
anschmiegsam przytulny, *umg* przylepny
anschmieren *pop (täuschen)* wykołować *pf*, okantować *pf*
anschnallen V/T przypinać ⟨-piąć⟩; V/R **sich ~** zapinać ⟨-piąć⟩ pasy bezpieczeństwa
Anschnallpflicht F obowiązek zapinania pasów bezpieczeństwa
anschnauzen *umg (-zt)*: **j-n ~** objeżdżać ⟨-jechać⟩, ⟨ob⟩sztorcować k-o
anschneiden *(irr) Brot, Blumen* nacinać ⟨-ciąć⟩; *Frage* poruszać ⟨-szyć⟩
Anschovis → Anchovis
anschrauben przyśrubow(yw)ać, przymocow(yw)ać śrubami (**an** *akk* do *gen*)
anschreiben *(irr)* V/T napisać *pf* (*dat*, do *gen*); **~ lassen** kupować ⟨-pić⟩ na kreskę; *umg* **schlecht angeschrieben sein (bei)** mieć przechlapane (u *gen*)
Anschreiben N pismo przewodnie
anschreien *(irr)*: **j-n ~** ⟨za⟩krzyczeć, krzyknąć na *(akk)*
Anschrift F adres; **an die ... ~** pod ... adresem
Anschuldigung F obwinienie, zarzut
an|schwärzen *umg abw* oczerni(a)ć, obsmarow(yw)ać; **~schweißen** przyspawać *pf* (**an** *akk* do *gen*); **~schwellen** V/I *(irr; sn) Bein* obrzmie(wa)ć; *Fluss* wzbierać ⟨wezbrać⟩; *an Menge* ⟨u⟩rosnąć; *Lärm* wzmagać ⟨wzmóc⟩ się
Anschwellung F obrzęk, obrzmienie
anschwemmen nanosić ⟨-nieść⟩
anschwindeln *umg* ⟨z⟩bujać
anschwitzen KULIN zeszklić *pf*
ansehen *(irr)* V/T ⟨po⟩patrzeć, spoglądać

⟨spojrzeć⟩ (na *akk*); (*auffassen als*) zapatrywać się (na *akk*); (*halten für*) uważać, poczytywać (**für, als** za *akk*); **man sah es ihm an, dass** widać było po nim, że; **etw nicht mehr mit ~ können** już nie móc więcej patrzeć na (*akk*); V/I **sieh (mal) an** popatrz no; *etw* **ist hübsch anzusehen** ... ładnie wygląda; V/R **sich** (*dat*) **etw ~** oglądać ⟨obejrzeć⟩ (sobie) (*akk*), przypatrywać ⟨-trzeć⟩ się (*dat*)

Ansehen N (*-s; bpl*) poważanie, szacunek; **~ genießen** cieszyć się szacunkiem; **ohne ~ der Person** bez względu na osoby

ansehnlich znaczny; *Person* postawny

anseilen V/T przywiąz(yw)ać liną (*v/r* **sich** się)

ansein (*irr*) *umg* → an[2]

ansengen osmalać ⟨-lić⟩, opalać ⟨-lić⟩

ansetzen **A** V/T **1** przystawi(a)ć (**an** *akk* do *gen*) **2** (*annähen*) nadsztukow(yw)ać **3** *Bowle* nastawi(a)ć **4** *Rost, Knospen* pokry(wa)ć się (*inst*) **5** *Termin, Preis* ustalać ⟨-lić⟩, wyznaczać ⟨-czyć⟩ (*a. j-n für etw vorsehen*) **6** (*vorausberechnen*) kalkulować wstępnie; **Fett ~** ⟨u⟩tyć **B** V/I **(zu)** przymierzać się, szykować się, brać się (do *gen*), zaczynać (+ *inf*); **zur Landung ~** podchodzić do lądowania

Ansicht F widok; (*Meinung*) zdanie, opinia (**über** *akk* o *lok*); **~en** *pl a.* zapatrywania *npl*; **zur ~** do obejrzenia

Ansichts|karte F widokówka; **~sache** F kwestia zapatrywania

ansiedeln V/T osiedlać ⟨-lić⟩; V/R **sich ~** osiedlać ⟨-lić⟩ się, osiadać ⟨osiąść⟩

Ansied(e)lung F (*bpl*) osiedlenie; (*a. pl*) osada, osiedle

Ansinnen N żądanie, wymaganie

an'sonsten *umg* ADV poza tym; inaczej

anspannen *Pferd* zaprzęgać ⟨-przęgnąć, -prząc⟩; *Muskel* naprężać ⟨-żyć⟩; *Seil* napinać ⟨-piąć⟩; *Kräfte* wytężać ⟨-żyć⟩

Anspannung F naprężenie; wytężenie; (*Zustand*) napięcie

ansparen uzbierać *pf* (**etwas Geld** trochę pieniędzy)

anspielen V/T *e-n Spieler* poda(wa)ć (*dat*, do *gen*); *v/i fig* **~ auf** (*akk*) mieć na myśli (*akk*), ⟨z⟩robić aluzję do (*gen*)

Anspielung F aluzja

anspitzen zaostrzać ⟨-rzyć⟩; *Bleistift a.* ⟨za⟩temperować

Ansporn M (*bpl*) podnieta, zachęta

anspornen: **j-n zu etw ~** zachęcać ⟨-cić⟩, ⟨z⟩mobilizować k-o do (*gen*)

Ansprache F przemówienie; **e-e ~ halten** wygłaszać ⟨-głosić⟩ przemówienie

ansprechbar gotów (gotowa) wysłuchać (*akk*); **der Kranke ist nicht ~** chory nie reaguje

ansprechen (*irr*) V/T zwracać ⟨zwrócić⟩ się (do *gen*), *umg* zagadywać ⟨-dnąć⟩ (*akk*); *Gefühl usw* przemawiać ⟨-mówić⟩ (do *gen*); (*gefallen*) ⟨s⟩podobać się (*dat*); V/I reagować; *Gerät a.* zadziałać *pf*

ansprechend ADJ ujmujący (-co)

Ansprechpartner(in) M(F) partner(ka) do rozmów; *in e-r Firma* pracownik odpowiedzialny za kontakt z klientem

anspringen (*irr*) V/T rzucać ⟨-cić⟩ się na (*akk*); V/I *Motor* zapalać ⟨-lić⟩

Anspruch M (*Forderung*) wymaganie, *pl a.* wymogi *mpl*; JUR roszczenie; prawo (**auf** *akk* do *gen*); **in ~ nehmen** (*akk*) ⟨s⟩korzystać (z *gen*); **keine Ansprüche stellen** nie mieć wymagań; **Ansprüche erheben** wysuwać roszczenia, rościć sobie pretensje

anspruchs|los *Person* niewymagający, niewybredny (*a. Sache*), bezpretensjonalny; (*schlicht*) skromny, zgrzebny; **~voll** wymagający; ambitny

an|spucken V/T pluć, plunąć *pf* na (*akk*); **~spülen** wyrzucać ⟨-cić⟩ na brzeg; **~stacheln** (*-le*) pobudzać ⟨-dzić⟩ (**zu** do *gen*)

Anstalt F zakład, instytucja; → Heil-, Strafanstalt *usw*; **~s-** *in zssgn* zakładowy, *engS* szpitalny, więzienny *usw*

Anstalten PL: **~ treffen (zu)** ⟨po⟩czynić przygotowania (do *gen*); **(keine) ~ machen (zu)** (nie) zabierać się (do *gen*)

Anstand M (*bpl*) przyzwoitość *f*; (*Würde*) godność *f*; **mit ~** z godnością; *austr, pl-niem* → Schwierigkeit

an|ständig przyzwoity (-icie) (*a. angemessen*); (*ehrbar*) uczciwy; *umg* (*beträchtlich*) porządny; **~standshalber** dla formy; **~standslos** (*ohne Probleme*) bez trudności, bez zastrzeżeń

Anstandsregeln FPL zasady *fpl* przyzwoitości *od* dobrego wychowania

anstarren V/T wpatrywać się w (*akk*)

anstatt PRÄP (*gen*) → statt; *konj* **~ dass, ~ zu** ... zamiast (tego, by) ...

anstechen (*irr*) nakłu(wa)ć; *Fass* napo-

czynać ⟨-czać⟩
ansteck|en A V/T 1 *Brosche usw* przypinać ⟨-piąć⟩; *Ring* wkładać ⟨włożyć⟩ 2 MED, *fig* zarażać ⟨-razić⟩ (**mit etw** *inst*; V/R **sich** się; **bei j-m** od *gen*); → anzünden B V/I **diese Krankheit, so ein Lachen steckt an** to zakaźna choroba; taki śmiech jest zaraźliwy; **~end** ADJ *Krankheit* zakaźny, *a. fig* zaraźliwy (-wie)
Anstecknadel F (ozdobna) szpilka
Ansteckung F zakażenie, infekcja
Ansteckungsgefahr F niebezpieczeństwo zakażenia
anstehen V/I *Termin* być wyznaczonym; *Arbeit usw* czekać na załatwienie; (*a. sn*) **nach etw ~** czekać w kolejce, *umg* stać ogonku po (*akk*); *lit* **es steht ihm nicht an zu** ... nie wypada mu (*inf*)
ansteigen V/I (*irr; sn*) podnosić ⟨-nieść⟩ się; *Weg, Gelände* wznosić się; → steigen
an'stelle PRÄP (*gen*), ADV: **~ von** zamiast, *umg* w miejsce, na miejsce (*gen*)
anstellen A V/T przystawi(a)ć (**etw an** *akk* coś do *gen*); *Arbeiter* zatrudni(a)ć, ⟨za⟩angażować; *Wasser, Gas* odkręcać ⟨-cić⟩; (*etw tun*) ⟨z⟩robić; *Recherchen* przeprowadzać ⟨-dzić⟩; *Unfug* nabroić *pf*, spłatać *pf*; *Gerät* włączać ⟨-czyć⟩; **wie hast du das angestellt?** w jaki sposób to zrobiłeś? B V/R **sich ~** stawać ⟨stanąć⟩ w kolejce (**nach** po *akk*); *umg* **sich geschickt ~ (bei)** zab(ie)rać się sprytnie (do *gen*); *umg* **sich dumm ~** mieć niezdarne ręce
Anstellung F (*Stelle*) posada
ansteuern *Hafen usw* brać ⟨wziąć⟩ kurs na (*akk*); *fig* zmierzać (do *gen*)
Anstieg M (-[e]s; mst bpl) wzniesienie; *fig* wzrost; *der Flut* przybór
anstiften (**zu**) namawiać ⟨-mówić⟩ (do *gen*); → stiften
Anstifter(in) M(F) podżegacz(ka); inicjator(ka)
Anstiftung F namowa, podżeganie
anstimmen *Lied* zaintonować *pf*
Anstoß M impuls, bodziec, podnieta; SPORT pierwsze uderzenie (piłki); *fig* **der erste ~** inicjatywa; **~ erregen** wywoł(ywa)ć zgorszenie; **~ nehmen** (**an** *dat*) ⟨z⟩gorszyć się (*inst*)
anstoßen (*irr*) V/T potrącać ⟨-cić⟩, (z lekka) uderzać ⟨-rzyć⟩; V/I (*sn*) potrącać ⟨-cić⟩ (**an** *akk* o *akk*), uderzać ⟨-rzyć⟩ się (**mit dem Kopf an** ... głową o ...); **auf j-s Gesundheit ~** ⟨wy⟩pić zdrowie (*gen*); → lispeln, angrenzen
anstößig gorszący (-co)
an|strahlen oświetlać ⟨-lić⟩ (reflektorami); **~streben** starać się o (*akk*), dążyć do (*gen*); **~streichen** (*irr*) ⟨po⟩malować (**blau** na niebiesko); *Fehler* podkreślać ⟨-lić⟩
Anstreicher M malarz (pokojowy)
anstreng|en V/T wytężać ⟨-żyć⟩, wysilać ⟨-lić⟩ (*v/r* **sich** się); *Prozess* wytaczać ⟨-toczyć⟩; **das strengt mich sehr an** to jest dla mnie bardzo męczące; **~end** ADJ męczący (-co), nużący (-co); *Arbeit a.* żmudny
Anstrengung F wysiłek; → Strapaze; **große ~en machen, (um) zu** ... wkładać wiele wysiłku w (+ *Verbalsubstantiv*)
Anstrich M (*das Anstreichen*) malowanie; (*Farbschicht*) farba; powłoka; *fig* wygląd; posmak, odcień *m*
anstückeln nadsztukow(yw)ać
Ansturm M (*bpl*) (*Andrang*) natłok; **~ auf** (*akk*), **nach etw** run na (*akk*)
anstürmen V/I (*sn*) (**gegen**) przypuszczać ⟨-puścić⟩ szturm (do *gen*); *umg* **angestürmt kommen** dopadać ⟨-paść⟩
ansuchen *austr* → ersuchen
antago'nistisch antagonistyczny
Ant'arktis F (*bpl*): **die ~** Antarktyka
ant'arktisch antarktyczny
an|tasten naruszać ⟨-szyć⟩; *Recht usw a.* ⟨po⟩gwałcić; **~tauen** V/I (*a. sn*) z lekka odtajać *pf*
Anteil M udział (**an** *dat* w *lok*); **~ nehmen an** (*dat*) okaz(yw)ać zaintersowanie (*inst*); brać ⟨wziąć⟩ udział w (*lok*)
anteil|ig, **~mäßig** proporcjonalny
Anteilnahme F (*Mitgefühl*) współczucie; **j-m ~ aussprechen** *od lit* **bekunden** składać ⟨złożyć⟩ k-u wyrazy ubolewania
Anteilschein M świadectwo udziałowe
Anteilseigner(in) M(F) udziałowiec (*a. f*)
Antenne F antena; **~n-** antenowy
Antholo'gie F antologia
anthra'zitfarben antracytowy
Anthropolo'gie F antropologia
anthropo'sophisch antropozoficzny
Antialko'holiker(in) M(F) abstynent(ka)
antiautori'tär antyautorytatywny
Anti|babypille *umg* F tabletka antykoncepcyjna; **~bi'otikum** N antybiotyk; **~blockiersystem** N AUTO ABS, (ele-

ktroniczny) układ zapobiegający blokowaniu kół; **~depres'sivum** N (-s; -va) lek antydepresyjny
an'tik antyczny; → altertümlich
Antike F (bpl) antyk, starożytność *f*
Antikörper M BIOL przeciwciało
An'tillen PL: **die ~** Antyle *pl*
Anti'lope F antylopa
Antipa'thie F antypatia
antippen (lekko) dotykać ⟨-tknąć⟩ (*a. fig Thema usw*)
Anti'quar M (*-s; -e*) antykwariusz
Antiquari'at N (-[*e*]s; -e) antykwariat
anti|'quarisch antykwaryczny; **~'quiert** przestarzały, przeżyty
Antiqui'tät F antyk; **~enladen** M sklep z antykami
Antise'mit(in F) M (*-en*) antysemita *m* (-tka)
antise'mitisch antysemicki
anti'septisch antyseptyczny
anti'statisch antyelektrostatyczny
Anti'virusprogramm N EDV program antywirusowy
Antlitz *lit* M (*-es; -e*) oblicze
Antrag M (-[*e*]s; Anträge) wniosek; (*Gesuch*) podanie; **e-n ~ stellen (auf ...)** zgłaszać ⟨zgłosić⟩ wniosek; składać ⟨złożyć⟩ podanie (o *akk*)
antragen *lit* (*irr*) ⟨za⟩oferować
Antragsformular N formularz podania; *auf Schadenersatz* formularz roszczeniowy
Antragsteller(in) M(F) wnioskodawca *m* (-czyni); (*Gesuchsteller[in]*) petent(ka)
antreffen (*irr*) zasta(wa)ć (**zu Hause** w domu); (*begegnen*) spot(y)kać
antreiben (*irr*) naganiać, popędzać (**zu** do *gen*); TECH napędzać; **zur Eile ~** naglić, ponaglać
antreten (*irr*) **A** V/T **1** *Reise* rozpoczynać ⟨-cząć⟩ **2** *Amt, Erbe* obejmować ⟨objąć⟩; **e-e Strafe ~** zgłaszać ⟨zgłosić⟩ się do odbycia kary; **den Beweis ~** przedstawi(a)ć dowód **B** V/I (*sn*) **1** MIL ustawi(a)ć się **2** (*sich stellen*) stawać ⟨stanąć⟩ (**zu e-m Wettbewerb** do zawodów, do współzawodnictwa)
Antrieb M bodziec, podnieta; TECH napęd; **aus eigenem ~** samorzutnie, z własnej inicjatywy
Antriebskraft F siła napędowa
Antriebswelle F wał napędowy
antrinken V/T (*irr*) nadpi(ja)ć, upi(ja)ć (*gen*); *umg* **sich** (*dat*) **Mut ~** wypić *pf* sobie dla odwagi
Antritt M (*Beginn*) rozpoczęcie; *e-s Amtes usw* objęcie; **vor ~ der Reise** przed wyruszeniem w podróż
Antritts|besuch M wizyta wstępna; **~rede** F mowa inauguracyjna
an|trocknen V/I (*sn*) przysychać ⟨-schnąć⟩ (**an** *dat* do *gen*); **~tun** (*irr*) wyrządzać ⟨-dzić⟩ (**Böses** zło); **j-m Gutes ~tun** wyświadczać ⟨-czyć⟩ dobro (*dat*); *umg* **sich** (*dat*) **etwas ~tun** targnąć się *pf* na swoje życie; → angetan
Antwort F odpowiedź *f* (*a. fig*); **als ~ auf** (*akk*) w odpowiedzi na (*akk*); **die ~ auf** (*akk*) **schuldig bleiben** zostawi(a)ć bez odpowiedzi (*akk*)
antworten (*-e-*) odpowiadać ⟨-wiedzieć⟩ (*a. fig*); (*reagieren*) *a.* skwitować *pf* (**mit etw** *inst*)
Antwortschein M: **internationaler ~** międzynarodowy kupon pocztowy
Antwortschreiben N odpowiedź *f* na piśmie, list z odpowiedzią
anvertrauen V/T powierzać ⟨-rzyć⟩; V/R **sich j-s Schutz ~** odda(wa)ć się pod opiekę (*gen*); **sich j-m ~** zwierzać ⟨-rzyć⟩ się (*dat*)
anvisieren V/T ⟨wy⟩celować w (*akk*); *fig* zmierzać do (*gen*)
anwachsen V/I (*irr; sn*) przyrastać ⟨-rosnąć, -róść⟩; *Pflanze* przyjmować ⟨-jąć⟩ się; *Menge* narastać ⟨-rosnąć, -róść⟩; *Lärm* nasilać ⟨-lić⟩ się
anwählen TEL wyb(ie)rać numer (*gen*)
An|walt M (-[*e*]s; -wälte) adwokat; (*Sprecher*) rzecznik; **~wältin** F adwokat(ka *umg*); (*Sprecherin*) rzeczniczka
Anwaltskanzlei F kancelaria adwokacka
Anwandlung F przystęp, przypływ; **in einer ~ von Zorn** w przystępie gniewu; **in e-r ~ von Großzügigkeit** w przypływie hojności
anwärmen podgrz(ew)ać
An|wärter(in) M(F) kandydat(ka); *im öffentlichen Dienst* stażysta *m* (-tka); aplikant(ka)
anweisen (*irr*) (*befehlen, beauftragen*) polecać ⟨-cić⟩; *Geld* przekaz(yw)ać; *Platz* wyznaczać ⟨-czyć⟩; (*anleiten*) ⟨po⟩instruować; **er ist angewiesen zu ...** (on) dostał polecenie ...; → zuteilen

Anweisung F (*Auftrag, Befehl*) polecenie; (*Geldanweisung*) przekaz (pieniężny); (*Anleitung*) instrukcja
anwendbar nadający się *od* możliwy do zastosowania (**auf** *akk*, **bei** *dat* na, przy, w *lok*)
anwenden (*irr; a -e-*) ⟨za⟩stosować (**auf** *akk* do *gen*); **e-e List ~** uciekać ⟨uciec⟩ się do podstępu; **viel Mühe ~** dokładać ⟨dołożyć⟩ wszelkich starań
Anwender M EDV użytkownik; **~programm** N EDV aplikacja, program użytkowy
Anwendung F (za)stosowanie; MED *bei e-r Kur* zabieg; EDV aplikacja; **~ finden, zur ~ kommen** znajdować ⟨znaleźć⟩ zastosowanie
Anwendungsbereich M zakres zastosowania
anwerben (*irr*) ⟨z⟩werbować, rekrutować (**für** do *gen*); MIL **sich ~ lassen** dać się *pf* zwerbować, zaciągnąć się *pf*
Anwerbung F rekrutacja, werbunek
anwerfen (*irr*) *Motor* → anlassen
Anwesen N domostwo, zagroda
anwesend ADJ obecny (**bei** przy *lok*); **alle Anwesenden** wszyscy obecni
Anwesenheit F (*bpl*) obecność *f*; **in ~** (*gen*, **von**) w obecności (*gen*); **während meiner ~** podczas m(oj)ej obecności
Anwesenheitsliste F lista obecności
an|widern (*-re*) *j-n* napełni(a)ć odrazą; **~winkeln** (*-le*) *Arme* zginać ⟨zgiąć⟩; *Beine* podkurczać ⟨-czyć⟩
Anwohner(in) M(F) *e-r Straße* mieszkaniec (-nka) (*gen*), zamieszkujący (-ca) (przy *lok*)
Anzahl F (*bpl*) liczba, ilość *f*
anzahlen zadatkować *pf*, ⟨w⟩płacić akonto
Anzahlung F zadatek, akonto; *bei Ratenzahlung* pierwsza rata
anzapfen *Fass* napoczynać ⟨-cząć⟩; *umg Leitung* zakładać ⟨założyć⟩ podsłuch
Anzeichen N oznaka; (*Symptom*) objaw; (*Spur*) znak, ślad; **alle ~ sprechen dafür, dass** wszystko przemawia za tym, że ...
Anzeige F anons, ogłoszenie; *umg* reklama; (*Meldung*) doniesienie, zgłoszenie; *e-s Instruments* wskazanie; (*Display*) wyświetlacz; **e-e ~ aufgeben** da(wa)ć ogłoszenie (do *gen*); **~ erstatten** składać ⟨złożyć⟩ doniesienie (**gegen** na *akk*)
anzeigen anonsować, ogłaszać ⟨-łosić⟩; *Straftat* donosić ⟨-nieść⟩ (o *lok*), zgłaszać ⟨zgłosić⟩ (*akk*); **j-n ~** donosić ⟨-nieść⟩ na (*akk*); *Meßwert usw* wskazywać
Anzeigen|blatt N (bezpłatna) gazeta reklamowa; **~teil** M dział ogłoszeń; dział reklamy
Anzeigetafel F SPORT tablica wyników
an|zetteln (*-le*) wszczynać ⟨wszcząć⟩, *umg* rozpęt(yw)ać; **~ziehen** (*irr*) **A** V/T **1** *Kleid usw* wkładać ⟨włożyć⟩ (na siebie); *j-n* ub(ie)rać (*v/r* **sich** się) **2** (*anlocken*) przyciągać ⟨-gnąć⟩ (*a. Magnet*); *Duft, Feuchtigkeit* przesiąkać ⟨-knąć⟩ (*inst*) **3** *Seil, Saite* naciągać ⟨-gnąć⟩; *Schraube* dokręcać ⟨-cić⟩; **die Bremse ~** zaciągać ⟨-gnąć⟩ hamulec; → anwinkeln **B** V/I **1** *Pferd, Zug* ruszać ⟨ruszyć⟩ (z miejsca) **2** *Preise, Kurse* zwyżkować
anziehend ADJ pociągający (-co)
Anziehung F (*bpl*) (*Reiz*) urok
Anziehungskraft F FIZ siła przyciągania; *fig* atrakcyjność *f*
Anzug M ubranie, garnitur; *fig* **im ~ sein** nadciągać, zbliżać się
anzüglich uszczypliwy (-wie); (*zweideutig, anstößig*) dwuznaczny, sprośny
Anzüglichkeit F (*bpl*) uszczypliwość *f*; (*a. pl*) dwuznaczność *f*, sprośność *f*
Anzugstoff M materiał ubraniowy
anzünden zapalać ⟨-lić⟩; *Feuer* rozpalać ⟨-lić⟩; *Haus* podpalać ⟨-lić⟩
Anzünder M zapalarka, zapalniczka
anzweifeln V/T powątpiewać (w *akk*), mieć wątpliwości (co do *gen*)
AOK F (Allgemeine Ortskrankenkasse) Powszechna Miejscowa Kasa Chorych
A'orta F aorta, tętnica główna
APA F (Austria Presse Agentur) Austriacka Agencja Prasowa
a'part ADJ (*reizend*) ujmujący (-co); (*geschmackvoll*) gustowny
A'partment N (*-s; -s*) apartament; **~haus** N apartamentowiec; **~hotel** N hotel apartamentowy
Apa'thie F (*bpl*) apatia
a'pathisch apatyczny
Apen'ninenhalbinsel F (*bpl*) Półwysep Apeniński
Aperi'tif M (*-s; -s*) aperitif
Apfel M (*-s; Äpfel*) jabłko; *in zssgn* jabłkowy, jabłeczny; **man muss wohl in den sauren ~ beißen** jak mus, to mus,

trzeba połknąć gorzką pigułkę; **~baum** M jabłoń *f*

Äpfelchen N jabłuszko

Apfel|kuchen M placek z jabłkami; szarlotka; **~mus** N przecier jabłkowy; **~saft** M sok z jabłek

Apfel'sine F pomarańcza; **~n-** *in zssgn* pomarańczowy, … z pomarańczy

Apfelstrudel M strudel z jabłkami

Apfelwein M jabłecznik

Aphrodi'siakum N (-; *-ka*) afrodyzjak

apoka'lyptisch apokaliptyczny

A'postel M apostoł; **~geschichte** F *rel* Dzieje *pl* Apostolskie

apos'tolisch apostolski

Apo'theke F apteka; **~n-** apteczny

apo'thekenpflichtig do nabycia tylko w aptece

Apo'theker(in) M(F) aptekarz (-rka); *in zssgn* aptekarski

Appara'tur F aparatura

Appa'rat M (-[e]s; -e) aparat (*a. fig*); ANAT układ; **am ~!** przy telefonie!

Appartement [-'ma:] N (*-s; -s*) apartament

Ap'pell M (*-s; -e*) apel (**an** *akk* do *gen*); MIL apel, zbiórka

appel'lieren V/I (-): **an j-n, etw ~** apelować do (*gen*)

Appe'tit M (-[e]s; bpl) apetyt; **guten ~!** smacznego!

appe'titanregend ADJ pobudzający apetyt; **~ wirken** ⟨po⟩działać pobudzająco na apetyt

Appe'tithappen M kanapka; PL *a.* zimne przekąski *fpl*

appe'titlich apetyczny (*a. fig*), smakowity (-cie)

Appe'titlosigkeit F (*bpl*) brak apetytu; MED brak łaknienia

applau'dieren V/I (-) klaskać; **j-m ~** oklaskiwać (*akk*)

App'laus M (*-es; bpl*) oklaski *mpl*

Appre'tur F apretura

Approbati'on F dopuszczenie do wykonywania zawodu (**als Arzt** lekarza)

Apr. (April) kwiecień *m*

Apri'kose F morela; **~n-** morelowy

A'pril M (*-s; -e*) kwiecień *m*; *in zssgn* kwietniowy; **j-n in den ~ schicken** zrobić *pf* k-u kawał w prima aprilis; **~scherz** M żart primaaprilisowy; **~wetter** N pogoda marcowa

Aquama'rin M (*-s; -e*) akwamaryn(a)

Aquaplaning N (*-s; bpl*) poślizg na warstwie wody

Aqua'rell N (*-s; -e*) akwarela (*a. Bild*); **~malerei** F malarstwo akwarelowe

Aquarienfisch [a'kva:-] M rybka akwariowa

Aquarium N (*-s; -ien*) akwarium *n*

Ä'quator M (*-s; bpl*) równik

Äquiva'lent N (-[e]s; -e) ekwiwalent

Ära F (-; *selten Ären*) era, epoka

Araber M Arab; (*Pferd*) arab; **~in** F Arabka

a'rabisch arabski (po -ku)

Arbeit F praca (*a.* FIZ); (*Werk*) praca, dzieło; (*mst konkretes Tun, Produkt in seiner Beschaffenheit*) robota; (*Beschäftigung*) zajęcie; *e-s Schülers* wypracowanie; (*Mühe*) trud; **körperliche ~** praca fizyczna; **häusliche ~en** zajęcia domowe; **bei der ~** przy pracy, w pracy; **an die ~ gehen** ⟨za⟩brać się do pracy; **in ~ haben** mieć w robocie; **zur ~ gehen** iść do pracy; **ganze ~ leisten** wykonać *pf* w pełni robotę

arbeiten (*-e-*) V/I pracować (**bei** u *gen*, na *lok*; **als** jako; **an** *dat* nad *inst*; **für** na, za *akk*; **für j-n, etw** dla *gen*); TECH *a.* być w ruchu, funkcjonować; V/R **sich durch die Menge ~** torować sobie drogę przez tłum; **sich müde ~** zmęczyć się *pf* przy robocie; **sich zu Tode ~** zapracow(yw)ać się na śmierć; → tätig (sein)

Arbeiter M pracownik; (*Lohnarbeiter*) robotnik; **~bewegung** F ruch robotniczy; **~in** F pracownica, pracowniczka; robotnica (*a.* ZOOL); **~klasse** F klasa robotnicza; **~partei** F partia robotnicza; **~viertel** N dzielnica robotnicza; **~wohnheim** N hotel robotniczy

Arbeit|geber(in) M(F) pracodawca *m* (-czyni); **~nehmer(in)** M(F) pracobiorca *m*, pracownik (-iczka)

Arbeitsablauf M przebieg pracy

arbeitsam *lit* pracowity (-cie)

Arbeits|amt N urząd pracy, *umg* pośredniak; **~aufwand** M nakład pracy; *für einzelne Erzeugnise* pracochłonność *f*; **~ausfall** M przestój w pracy; **~bedingungen** FPL warunki *mpl* pracy; **~beginn** M rozpoczęcie pracy, przystąpienie do pracy; **~beschaffungsmaßnahmen** FPL prace *fpl* interwencyjne (celem redukcji bezrobocia); **~bescheinigung** F zaświadczenie z miejsca pracy;

~einstellung F stosunek do pracy; **~ende** N koniec pracy; **~erlaubnis** F zezwolenie na pracę

arbeitsfähig zdolny do pracy; **im ~em Alter** w wieku produkcyjnym

arbeitsfrei ADJ: **~er Tag** dzień wolny od pracy

Arbeits|gang M operacja robocza; **~gebiet** N dziedzina; **~gerät** N narzędzie (*koll* narzędzia) pracy; **~gericht** N sąd pracy; **~gespräch** N rozmowa robocza; **~gruppe** F grupa robocza

arbeitsintensiv pracochłonny

Arbeits|kampf M walka o realizację żądań ekonomicznych; **~kleidung** F ubranie robocze; **~kosten** PL koszty *mpl* robocizny; **~kraft** F zdolność *f* do pracy; (*Mensch*) pracownik; PL *a.* siła robocza; **~kräftemangel** M (*bpl*) brak siły roboczej; **~lager** N obóz pracy; **~leistung** F wykonana praca; osiągnięcia *npl* w pracy; sprawność *f* pracy, wydajność *f*; **~lohn** M wynagrodzenie za pracę

arbeitslos bezrobotny; **~ werden** zostać *pf* bezrobotnym, stracić *pf* pracę

Arbeitslose F bezrobotna; **~(r)** M (*-n*) bezrobotny

Arbeitslosen|geld F zasiłek dla bezrobotnych; **~hilfe** F *finanzielle* zapomoga dla bezrobotnych; **~versicherung** F ubezpieczenie na wypadek bezrobocia

Arbeitslosigkeit F (*bpl*) bezrobocie

Arbeits|markt M rynek pracy; **~medizin** F medycyna pracy; **~mittel** NPL środki *mpl* produkcji; → Lernmittel; **~niederlegung** F przerwanie pracy, strajk; **~norm** F norma (czasu) pracy; **~platz** M miejsce pracy; *im Betrieb* miejsce robocze

Arbeitsprozess M **1** proces pracy; **Lernen im ~** nauka w procesie pracy **2** proces produkcyjny

Arbeitsrecht N (*bpl*) prawo pracy

arbeitsreich *Tag, Leben* wypełniony pracą, pracowity

arbeitsscheu unikający pracy, leniwy; **er ist ~** on się wymiguje od pracy

Arbeits|schutzbestimmungen FPL przepisy *mpl* ochrony pracy; **~speicher** M EDV pamięć operacyjna; **~stätte** F warsztat pracy, pracownia; **~stelle** F miejsce pracy, zakład pracy; **~stunde** F roboczogodzina; **~suche** F poszukiwanie pracy

Arbeitssuchende F, **~(r)** M (*-n*) osoba poszukująca pracy

Arbeits|tag M dzień roboczy; dzień *m* pracy; **~teilung** F podział pracy; **~tier** N zwierzę robocze; *umg fig* pracuś *m*; **~überlastung** F przeciążenie pracą

arbeitsunfähig niezdolny do pracy

Arbeits|unfähigkeit F niezdolność *f* do pracy; **~unfall** M wypadek przy pracy; **~verhältnis** N stosunek pracy; **~vermittlung** F pośrednictwo pracy; **~vertrag** M umowa o pracę; **~weise** F metoda pracy; *e-s Gerätes* zasada działania; **~zeit** F czas pracy; **~zeitverkürzung** F skrócenie czasu pracy; **~zeugnis** N świadectwo pracy; **~zimmer** N gabinet, pracownia

ar'chaisch archaiczny

Archäolo'gie F (*bpl*) archeologia

archäo'logisch archeologiczny

Arche F (*bpl*): **die ~ Noah** arka Noego

Archi'pel M (*-s; -e*) archipelag

Archi'tekt(in) M(F) (*-en*) architekt(ka)

architek'tonisch architektoniczny

Architek'tur F architektura

Archiv N (*-s; -e*) archiwum *n*

archi'vieren (-) archiwizować

ARD F (Arbeitsgemeinschaft der öffentlich-rechtlichen Rundfunkanstalten der Bundesrepublik Deutschland) Wspólnota Publiczno-Prawnych Rozgłośni Republiki Federalnej Niemiec

Are'al N (*-s; -e*) areał, obszar; teren

A'rena F arena (*a. fig*)

arg (*ärger; ärgste*) zły (źle); *umg* ADV strasznie; *lit* **da liegt vieles im Argen** tam jest pełno niedociągnięć; **ärger** *komp* gorszy; *als* ADV gorzej; **der ärgste Feind** najzacieklejszy wróg

Argen'tini|en [-ən] N (*-s; bpl*) Argentyna; **~er** M Argentyńczyk; **~erin** F Argentynka

argen'tinisch argentyński

ärger *komp* → arg

Ärger M (*-s; bpl*) złość *f*; (*Verdruss*) przykrość *f*, nieprzyjemność *f*, kłopot(y *pl*); **aus ~** (**über** *akk*) na złość (*dat*); ze złości (do *gen*); **~ haben** (**mit**) mieć nieprzyjemności *fpl* (z *inst*)

ärgerlich rozgniewany; (*unangenehm*) przykry (-ro), irytujący (-co); → verärgert

ärgern (*-re*) V/T ⟨roz⟩złościć (*v/r* **sich** się;

Arm

der Arm	ramię/ręka
sich den Arm brechen	złamać rękę
Arm in Arm	ramię w ramię

über *akk* na *akk*, z powodu *gen*); *(reizen)* drażnić *(akk)*, dokuczać *(dat)*

Ärgernis N (*-ses; -se*) strapienie, kłopot; *(etw Anstößiges)* skandal, zgorszenie; **~ erregen** wywoł(yw)ać zgorszenie

Arglist F (*-; bpl*) *lit* podstępność *f*

arglistig perfidny, podstępny; **~e Täuschung** podstępne wprowadzenie w błąd, podstęp

arglos prostoduszny; *präd a.* bez fałszu; → ahnungslos

ärgste *sup* → arg

Argu'ment N argument

Argumentati'on F argumentacja

argumen'tieren V/I (-) argumentować

Argwohn M (*-s; bpl*) nieufność *f*; *(Verdacht)* podejrzenie

argwöh|nen podejrzewać; **~nisch** nieufny, podejrzliwy (-wie)

a.Rh. (am Rhein) nad Renem

Arie ['a:riə] F aria

Aristokra'tie F *(bpl)* arystokracja

aristo'kratisch arystokratyczny

Arith'metik F *(bpl)* arytmetyka

arith'metisch arytmetyczny

Arktis F (*-; bpl*): **die ~** Arktyka

arktisch arktyczny

arm (*ärmer; ärmste*) biedny *(a. fig)*, ubogi (-go) (**an** *dat* w *akk*); **~er Schlucker, Teufel** nieborak, biedaczysko; **~ werden** ⟨z⟩biednieć, ⟨z⟩ubożeć; *umg* **~ dran sein** być w opłakanej sytuacji

Arm M (*-[e]s; -e*) ręka, *a.* TECH ramię; *(Flussarm)* odnoga; **ein ~ voll** → Armvoll; **in die ~e schließen** uściskać *pf*; **~ in ~** pod rękę; **unter dem ~** pod pachą; *fig* **j-m in den ~ fallen** powstrzym(yw)ać *(akk)*; *umg* **j-m unter die ~e greifen** poratować *pf* k-o; *fig* **j-n auf den ~ nehmen** nab(ie)rać k-o na kawał

Arma'turen FPL osprzęt; → Ausrüstung

Arma'turenbrett N tablica przyrządów

Arm|ausschnitt M podcięcie pachy; **~band** N bransoletka; **~banduhr** F zegarek na rękę; **~beuge** F zgięcie łokciowe; *mst* PL podpór leżąc; **~bewegung** F ruch ręki; **~binde** F opaska (na ramieniu); MED temblak

Armbrust F kusza

Ärmchen N ramiączko, rączka

Arme M *u.* F: **der (die) ~** biedak (biedaczka), ubogi (uboga); **die ~n** biedni *pl*, biedota

Ar'mee F armia *(a. fig)*; **~korps** N korpus armii

Ärmel M rękaw; *umg* **die ~ hochkrempeln** zakas(yw)ać rękawy *(a. fig)*; *umg fig* **aus dem ~ schütteln** wytrząsnąć *pf* z rękawa; **~aufschlag** M mankiet

Ärmelkanal M (*-s; bpl*): **der ~** Kanał La Manche

ärmellos bez rękawów; **~es Kleid** sukienka bez rękawów, bezrękawnik

Armenhaus N przytułek dla ubogich

Ar'menien [-iən] N (*-s; bpl*) Armenia

Ar'menier(in) M(F) Armeńczyk (-nka), Ormianin (-nka)

ar'menisch armeński (po -ku), ormiański (po -ku)

Arme(r) F(M) → Arme

Armenviertel N dzielnica nędzy

ärmer *komp* biedniejszy, uboższy (**als** od *gen*); *präd* biedniej, ubożej

armiert ADJ *Beton* zbrojony; *Kabel* opancerzony, pancerny

Arm|lehne F podłokietnik, poręcz; **~leuchter** M żyrandol; *fig abw* bałwan

ärmlich ubogi (-go), niezamożny

Armreif M bransolet(k)a

armselig nędzny; *(dürftig)* lichy (-cho)

Arm|sessel M fotel z poręczami; **~stütze** F podłokietnik

Armut F *(bpl)* bieda, nędza; *(Armsein, Kargheit, a. fig)* ubóstwo; **blanke** *od* **nackte ~** bieda aż piszczy

Armutsgrenze F granica ubóstwa; **an der ~** na skraju nędzy

Armutszeugnis N: **sich** *(dat)* **ein ~ ausstellen** da(wa)ć dowód swojej ignorancji

Armvoll M: **(ein) ~ Holz, Blumen** naręcze drzewa, kwiatów

A'roma N (-s; -men) aromat
aro'matisch aromatyczny, wonny
Arrangement [arazə'ma:] *n* (-s; -s) MUS aranżacja; *lit* (*das Arrangieren*) aranżowanie; → Anordnung
arrangieren [-'ʒi:rən] (-) V/T ⟨za⟩aranżować; V/R **sich ~ (mit j-m)** dojść *pf* do porozumienia, dogadać się *pf* (z *inst*)
Ar'rest M (-[e]s; -e) areszt; → Haft
Arre'tierung F *e-r Waage* wyłącznik; *e-s Zeigers im Gerät* blokada
arri'viert ADJ znany, wzięty
arro'gant arogancki (-ko)
Arro'ganz F (*bpl*) arogancja
Arsch *pop* M (-[e]s; Ärsche) *pop* dupa, dupsko; *abw* (*Trottel*) dupa, jełop; *vulg* **den ~ zukneifen** odwalić *pf* kitę; **am ~ der Welt** na totalnym zadupiu; **leck mich am ~!** pocałuj mnie w dupę!; **in den ~ kriechen** włazić k-u do dupy (bez wazeliny); **~kriecher** *pop* M wazeliniarz; **~loch** *pop* N *Schimpfwort* dupa, dupek
Ar'sen N (-s; *bpl*) CHEM arsen
Arse'nal N (-s; -e) arsenał, zbrojownia
Ar'senik N (-s; *bpl*) arszenik
Art F rodzaj; (*Weise*) sposób; (*Modus*) tryb; (*Spezies*) gatunek; (*Wesen*) usposobienie; **das ist nicht seine ~** to do niego nie podobne; **in der ~ (von)** w rodzaju (*gen*); **etwas in dieser ~** coś w tym rodzaju; **auf diese ~** w ten sposób; **auf seine (ihre) ~** na swój sposób, po swojemu; **aller ~** wszelkiego rodzaju; **aus der ~ schlagen** wyrodzić się *pf*; **nach ~ des Hauses** KULIN (przyrządzony) po domowemu
Art. (Artikel) artykuł
Artenschutz M ochrona gatunkowa
Ar'terie [-riə] F tętnica, *a. fig* arteria
arteri'ell MED tętniczy
Arterioskle'rose F MED miażdżyca tętnic, arterioskleroza
artfremd obcogatunkowy
Art|genosse M, **~genossin** F BIOL osobnik tego samego gatunku (*a. f*)
artgerecht ADJ *Tierhaltung* odpowiedni dla danego gatunku, naturalny
Arth'ritis F (*bpl*) MED zapalenie stawów, (*bes Gicht*) artretyzm
arth'ritisch MED artretyczny
artig grzeczny
Ar'tikel M artykuł; GRAM rodzajnik
artiku'lieren (-) V/T artykułować; V/R **sich ~** wyrażać ⟨-razić⟩ się
Artille'rie [PL -i:ən] F artyleria; *in zssgn* artyleryjski, ... artylerii
Arti'schocke F karczoch
Ar'tist M (-en) artysta cyrkowy, *umg* cyrkowiec; **~in** F artystka cyrkowa, *umg* cyrkówka
ar'tistisch cyrkowy, akrobatyczny; (*virtuos*) kunsztowny, artystyczny
Arz'nei F lek, lekarstwo; **~mittel** N środek leczniczy, lek
Arzt M (-es; Ärzte) lekarz; **den ~ holen** sprowadzać ⟨-dzić⟩ lekarza; **zum ~ gehen** iść ⟨pójść⟩ do lekarza
Ärztekammer F izba lekarska
Arztgeheimnis N tajemnica lekarska
Arzthelferin F asystentka w gabinecie lekarskim
Ärztin F lekarka
ärztlich lekarski, ... lekarza; **~ behandeln** *Wunde* opatrywać ⟨opatrzyć⟩; **sich ~ untersuchen lassen** poddać się badaniu u lekarza
Arztpraxis F praktyka lekarska
As N (-ses; -se) → Ass
As'best M (-[e]s; -e) azbest; *in zssgn* azbestowy
aschblond *Haar* popielaty; *Person* popielatowłosy
Asche F popiół; *e-s Verstorbenen* prochy *mpl*, popioły *mpl*; **zu ~ verbrennen** spalić (się) *pf* na popiół
Aschen|bahn F tor żużlowy; **~becher** M popielniczka; **~brödel** N, **~puttel** N kopciuszek; *fig a.* popychadło
Ascher *umg* M popielniczka; **~mittwoch** M środa popielcowa, Popielec
aschgrau popielaty (-to)
äsen V/I *Wild* żerować
Aserbaid'schan N (-s; *bpl*) Azerbejdżan
aserbaid'schanisch azerbejdżański (po -ku)
Asi'at(in) M(F) (-en) Azjata *m* (-tka)
asi'atisch azjatycki
Asien ['a:ziən] N (-s; *bpl*) Azja
As'ket M (-en) asceta *m*
as'ketisch ascetyczny; **~ leben** żyć ascetycznie
asozial aspołeczny
As'pekt M (-[e]s; -e) aspekt
As'phalt M (-[e]s; -e) asfalt; **~decke** F nawierzchnia asfaltowa
asphal'tieren (-) asfaltować
As'pik M *od* N: **in ~** w galaretce

Aspi'rant(in) M(F) (*-en*) aspirant(ka)
Ass N (*-es; -e*) as (*a. fig*)
aß, äße → essen
Assel F (*-; -n*) stonoga
As'ses|sor M (*-en*), **~'sorin** F asesor
Assimilati'on F asymilacja
Assi'stent(in) M(F) (*-en*) asystent(ka)
assis'tieren V/I (-): **j-m ~** asystować (*dat*)
Assoziati'on F asocjacja, (s)kojarzenie
assozi'ieren (-) PSYCH ⟨s⟩kojarzyć
assozi'iert ADJ: **~es Mitglied** członek stowarzyszony
Ast M (*-[e]s; Äste*) gałąź *f*, konar; (*Knorren im Holz*) sęk
AStA M (Allgemeiner Studentenausschuss) Powszechny Komitet Studencki
Aster F (*-; -n*) aster; *engS a.* michałek, marcinek
Astgabel F rozgałęzienie
Äs'thetik F (*bpl*) estetyka
äs'thetisch estetyczny
Asthma N (*-s; bpl*) astma, dychawica; **~anfall** M napad astmy
asth'matisch astmatyczny
Astloch N otwór po sęku
astrein *umg* pewny; (*sehr gut*) na medal
Astro'lo|ge M (*-en*), **~gin** F astrolog
astro'logisch astrologiczny
Astro|'naut(in) M(F) (*-en*) astronauta *m* (-tka); **~no'mie** F (*bpl*) astronomia
astro'nomisch astronomiczny (*a. fig*)
A'syl N (*-s; bpl*) azyl; **~ gewähren** udzielać ⟨-lić⟩ azylu
Asy'lan|t(in) M(F) (*-en*) azylant(ka); **~tenheim** N schronisko dla azylantów
A'sylantrag M wniosek o azyl
asymmetrisch asymetryczny
A.T. (Altes Testament) Stary Testament
Atelier [-li'e:] N (*-s; -s*) pracownia, atelier; **~aufnahmen** FPL zdjęcia *npl* atelierowe
Atem M (*-s; bpl*) oddech; **~ holen** nabrać *pf* oddechu, odsapnąć *pf*; *fig* **e-n langen ~ haben** być wytrwałym; **den ~ anhalten** wstrzym(yw)ać oddech; **außer ~ kommen** zadyszeć się *pf*; *fig* **j-n in ~ halten** nie dać k-u odetchnąć; *in Spannung* trzymać k-o w napięciu
atemberaubend ADJ zapierający dech (w piersiach)
Atembeschwerden FPL trudności *fpl* z oddychaniem
Atem|gerät N respirator; **~gymnastik** F gimnastyka oddechowa
atemlos zdyszany; *präd* bez tchu; *fig* z zapartym tchem; **~e Stille** pełna napięcia cisza
Atem|luft F (*bpl*) powietrze do oddychania; **~not** F (*bpl*) duszność *f*; **~pause** F chwila wytchnienia; **~schutzgerät** N aparat oddechowy; **~stillstand** M MED bezdech; **~wege** MPL drogi *fpl* oddechowe
Atemzug M wdech (i wydech); PL oddech; **bis zum letzten ~** do ostatniego tchnienia
Athe'ist(in) M(F) (*-en*) ateista *m* (-tka)
athe'istisch ateistyczny
A'then N (*-s; bpl*) Ateny *pl*
Äther M (*-s; bpl*) eter(owy *in zssgn*)
Äthi'opien [-iən] N (*-s; bpl*) Etiopia
äthi'opisch etiopski
Ath'let M (*-en*) atleta *m*; **~in** F atletka
ath'letisch atletyczny
Ä'thylalkohol M alkohol etylowy
At'lanten PL → Atlas[1]
At'lantik M (*-s; bpl*): **der ~** Atlantyk
at'lantisch atlantycki
Atlas[1] M (*-ses; -se od -'lanten*) atlas
Atlas[2] M (*-ses; -se*) atłas(owy *in zssgn*)
atmen (-e-) V/I oddychać; V/T *fig lit* (*ausströmen*) tchnąć (*inst*); → einatmen
Atmo'sphäre F atmosfera; *fig a.* aura
atmo'sphärisch atmosferyczny
Atmung F (*bpl*) oddychanie, oddech
atmungsaktiv *Stoff* oddychający
Atmungsorgan N narząd oddechowy
Ätna M (*-s; bpl*) Etna
A'tom N (*-s; -e*) atom
ato'mar atomowy; → Kern-
A'tom|bombe F bomba atomowa, *umg* atomówka; **~gewicht** N FIZ masa atomowa, *früher* ciężar atomowy; **~kern** M jądro atomu; **~kraftwerk** N elektrownia atomowa; **~krieg** M wojna atomowa; **~macht** F mocarstwo atomowe; **~müll** M odpady *mpl* atomowe; **~sprengkopf** M głowica jądrowa **~test** M test broni atomowej; **~waffen** FPL broń atomowa; **~waffensperrvertrag** M (*bpl*) umowa o nieproliferacji
a'tomwaffenfrei ADJ: **~e Zone** strefa bezatomowa
A'tom|wirtschaft F atomistyka; **~zeitalter** N era atomowa
ätsch INT dobrze ci (tak)!, a widzisz!
At'tacke F atak (*a. fig*, MED)
atta'ckieren (-) ⟨za⟩atakować

auf, an

Der Tisch steht am (= an dem) Fenster.	Stół stoi przy oknie.
Die Leiter lehnt am (= an dem) Baum.	Drabina opiera się o drzewo.
Der Hund liegt an der Kette.	Pies jest na łańcuchu.
Trier liegt an der Mosel.	Trewir leży nad Mozelą.
Die Vase steht auf dem Tisch.	Wazon stoi na stole.
Er ist auf Reisen.	Jest w podróży.
auf einer Pressekonferenz sprechen	wystąpić na konferencji prasowej

Atten|tat N (-[e]s; -e) zamach; **~täte-r(in)** M(F) zamachowiec (-wczyni)

At'test N (-[e]s; -e) świadectwo; HANDEL atest, certyfikat

attrak'tiv atrakcyjny; *e-e Sache* **~(er) gestalten** uatrakcyjnić *pf* (*akk*)

Attrappe [a'trapə] F atrapa, makieta

Attri'but N (-[e]s; -e) cecha, właściwość *f*; GRAM przydawka

atypisch nietypowy

ätzen (-*zt*) wytrawi(a)ć, trawić; (*zerfressen*) wyżerać ⟨-żreć⟩, przeżerać ⟨-żreć⟩

ätzend ADJ żrący (-co); *fig Spott* zjadliwy (-wie); *umg sl* (*mies*) cholerny, kijowy (-wo)

Aubergine [obɛr'ʒi:nə] F oberżyna, bakłażan

auch ADV też, także, również; (*selbst, sogar*) choćby, nawet; **ich ~** ja też; **du gehst ~?** ty także idziesz?; **ich ~ nicht** ja również nie; **~ noch** jeszcze (i); **~ das noch!** tego jeszcze brakowało!; **sowohl ... als ~ ...** zarówno ..., jak i ...; *partikel* **wenn ~** chociaż, aczkolwiek; **wie dem ~ sei** bądź co bądź, jakkolwiek jest; **was (wer) ~ immer ...** cokolwiek (ktokolwiek) by (nie) ...; **ist das ~ wahr?** naprawdę?

audiovisu'ell audiowizualny

Audi'torium N (-*s*; -*ien*) audytorium *n*

Aue F nadrzeczna łąka

Auerhahn M głuszec

auf[1] PRÄP **1** *räumlich* (*wohin?*; *akk*) na (*akk*), do (*gen*); w kierunku (*gen*); **~ den Tisch** na stół; **~ die Bank** do banku; **~ den Hafen zu** w kierunku portu; (*wo?*; *dat*) na, po, w (*lok*); **~ dem Tisch** na stole; **~ dieser Seite** po tej stronie; **~ der Bank** w banku **2** *zeitlich* (*akk*) na (*akk*); **~ lange Zeit** na długi czas; (*Reihenfolge*; *akk*) po (*lok*); **~ Regen folgt Sonne** po deszczu zaświeci słońce; (*während*; *dat*) podczas (*gen*), w (*lok*); **~ der Reise** podczas podróży, w czasie podróży; **von** (*dat*) **~** (*akk*) z (*gen*) na (*akk*); **von Sonntag ~ Montag** z niedzieli na poniedziałek **3** *Art u. Weise* (*akk*) za (*inst*); **~ Deutsch** po niemiecku; **~ einen Schlag** za jednym zamachem; **~ das** *od* **~s Herzlichste** jak najserdeczniej **4** *final* (*akk*) **bis ~ ...** co do (*gen*); z wyjątkiem (*gen*); **bis ~ den Pfennig, Cent** co do grosza; **bis ~ Jan** z wyjątkiem Jana **5** (*pro*; *akk*) na (*gen*); **... ~ tausend Einwohner ...** na tysiąc mieszkańców

auf[2] ADV: **~ und ab** do góry i na dół; (*hin und her*) tam i z powrotem; *umg* **~!** wstawaj!; **~, an die Arbeit!** (marsz) do roboty!; **er ist ~ und davon** i już go nie było, i już go nie ma; **Tür ~!** otworzyć drzwi!; **die Tür ist ~** drzwi są otwarte; **er ist schon ~** on już nie śpi

auf|arbeiten *Liegengebliebenes* nadrabiać ⟨-robić⟩; (*aufbrauchen*) zuży(wa)ć; *Möbel* odświeżać ⟨-żyć⟩; → verwerten; **~atmen** V/I odetchnąć *pf* (*a. fig*); **~backen** odświeżać ⟨-żyć⟩ w piekarniku (**Brötchen** bułeczkę); **~bahren** wystawi(a)ć zwłoki (na marach)

Aufbau M (*bpl*) odbudowa; (*Struktur, Gliederung*) budowa, układ; TECH postawienie, montaż; (PL -*ten*) BUD, MAR nadbudówka; AUTO nadwozie; **im ~** *Firma* w organizacji

aufbauen V/T *Gerüst, Zelt* ⟨po⟩stawić; *Maschine a.* ⟨z⟩montować; *Stadt usw* odbudow(yw)ać; (*schaffen*) stwarzać ⟨stworzyć⟩; organizować; V/I *fig* **~ auf** (*dat*) opierać ⟨oprzeć⟩ na (*lok*); V/R **sich ~** (*sich zusammensetzen*) składać się (**aus** z *gen*); *umg* (*sich hinstellen*) ustawi(a)ć się (**vor** *dat* przed *inst*)

aufbäumen: V/R **sich ~** *Pferd* stawać ⟨stanąć⟩ dęba; *im Todeskampf* wyprężać ⟨-żyć⟩ się

aufbauschen *fig* wyolbrzymi(a)ć

Aufbau|studium N studia *npl* specjalistyczne; **~training** M trening wzmacniający

auf|begehren *lit* V/I (-) ⟨z⟩buntować się (**gegen** przeciw *dat*), *umg* stawać ⟨stanąć⟩ sztorcem; **~behalten** (*irr*; -) *Hut usw* nie zdejmować (*gen*); **~beißen** (*irr*; -) *Nuss* rozgryzać ⟨-gryźć⟩; **~bekommen** *umg* (*irr*; -) *Hausaufgabe* mieć zadane; *Tür* (**nicht** nie móc) otworzyć; **~bereiten** *Wasser* uzdatniać; *Erz* wzbogacać; *Daten* przetwarzać, opracowywać

aufbessern *Gehalt* podnosić ⟨-nieść⟩; *Kenntnisse, Qualität* polepszać ⟨-szyć⟩; **sein Einkommen durch … ~** dorabiać ⟨-robić⟩ (sobie) (*inst*)

aufbewahren przechow(yw)ać; **kühl ~** przechowywać w chłodnym miejscu

Aufbewahrung F (*bpl*) przechowywanie, przechowanie; (*Stelle, Ort*) przechowalnia; **zur ~** na przechowanie

auf|biegen (*irr*) odginać ⟨-giąć⟩, rozginać ⟨-giąć⟩; **~bieten** (*irr*) ⟨z⟩mobilizować; *Kräfte* wytężać ⟨-żyć⟩; **~binden** (*irr*) (*lösen*) rozwiąz(yw)ać, rozsupł(yw)ać; → Bär; **~blähen** V/T *Bauch, Segel* rozdymać ⟨-dąć⟩, wzdymać ⟨wzdąć⟩ (*v/r* **sich** się)

aufblas|bar nadmuchiwany, *umg* dmuchany; **~en** (*irr*) V/T nadymać ⟨-dąć⟩ (*v/r* **sich** się), nadmuch(iw)ać

auf|bleiben *umg* V/I (*irr*; *sn*) czuwać, nie spać; *Fenster* pozosta(wa)ć otwartym; **~blenden** V/I AUTO włączać ⟨-czyć⟩ światła drogowe; *fot, rtv* rozjaśni(a)ć obraz; **~blicken** V/I podnosić ⟨-nieść⟩ wzrok (**zu** na *akk*); **~blitzen** V/I (*a. sn*) rozbłyskiwać ⟨-snąć⟩, migotać, (za)błysnąć *pf* (*a. fig*); **~blühen** V/I (*sn*) rozkwitać ⟨-tnąć⟩, zakwitać ⟨-tnąć⟩; **~bocken** ustawi(a)ć na kozłach; **~brauchen** zuży(wa)ć

aufbrausen V/I (*sn*) *Beifall, Person* wybuchać ⟨-chnąć⟩

aufbrausend ADJ wybuchowy (-wo), popędliwy (-wie)

aufbrechen (*irr*) V/T *Schloss, Tür* wyłam(yw)ać; *Kasse* rozbi(ja)ć; → aufgraben, aufreißen; V/I (*sn*) *Eisdecke, Geschwür, Knospe* pękać ⟨-nąć⟩; (*zutage treten*) ujawni(a)ć się; **nach, zu ~** wyruszać ⟨-szyć⟩ na, w (*akk*); **ich muss ~** muszę (już) iść *od* jechać

aufbringen (*irr*) *fig Mut, Verständnis* zdoby(wa)ć się (na *akk*); *Geldmittel* zebrać *pf* (**für** na *akk*); *Mode* lansować; *Schiff* zab(ie)rać; (*erzürnen*) ⟨z⟩bulwersować, ⟨roz⟩gniewać; **gegen sich ~** nastawić *pf* wrogo do siebie; → aufgebracht, auftragen

Aufbruch M (*bpl*) odjazd, odejście; **im ~ begriffen sein** szykować się do odejścia *od* odjazdu

auf|brühen *Tee* zaparzać ⟨-rzyć⟩; **~brummen** *umg Strafe* kropnąć *pf*; **~bügeln** odprasow(yw)ać; *Muster* przyprasować *pf*; **~bürden** (-*e*-) obarczać ⟨-czyć⟩ (**j-m** *akk* k-o *inst*); **~decken** V/T odkry(wa)ć; *Karten a.* wykładać ⟨wyłożyć⟩; *Tat, Fehler a.* wykry(wa)ć; *Bett* rozściełać, rozścielać ⟨rozesłać⟩ (na noc); V/I nakry(wa)ć do stołu

aufdonnern *pop:* V/R *abw* **sich ~** wypindrzyć się *pf*

aufdrängen V/T wciskać ⟨-snąć⟩, wypychać ⟨wepchnąć⟩; V/R **sich j-m ~** narzucać ⟨-cić⟩ się k-u

auf|drehen V/T odkręcać ⟨-cić⟩; *umg Radio* nastawi(a)ć głośniej; V/I *umg* zwiększać ⟨-szyć⟩ tempo; **~dringlich** natrętny; *Geruch* intensywny, mocny

Aufdringlichkeit F (*bpl*) natręctwo

Aufdruck M (PL -*e*) nadruk

aufdrücken V/T *Siegel* odciskać ⟨-snąć⟩; *Tür* wysadzać ⟨-dzić⟩; *umg Pickel* wyciskać ⟨-snąć⟩; V/I *beim Schreiben* naciskać

aufein'ander ADV jeden na drugi *od* drugim, jedno na drugie *od* drugim, jedna na drugą *od* drugiej; wzajemnie; **~ angewiesen sein** zależeć nawzajem od siebie; **~folgen** (*sn*) następować ⟨-stąpić⟩ po sobie; **~prallen** zderzać ⟨-rzyć⟩ się; *fig* ścierać ⟨zetrzeć⟩ się ze sobą; **~pressen** ściskać ⟨-snąć⟩; **~treffen** (*irr*) spot(y)kać się

Aufenthalt M pobyt, bytność *f*; KOLEJ postój; *in e-m Raum usw* przebywanie; **ohne ~** bez zatrzymywania się

Aufenthalts|beschränkung F ograniczenie czasu pobytu; **~dauer** F okres pobytu; **~erlaubnis** F zezwolenie na pobyt; **~ort** M miejsce pobytu; **~raum** M foyer *n*, sala; *im Heim a.* świetlica

auferlegen: **j-m etw ~** nakładać ⟨nałożyć⟩ na k-o (*akk*)

auferstehen V/I (*irr*; -; *sn*) *rel* zmartwychwsta(wa)ć

auffordern

Ich habe eine Bitte: Könntest du für mich einen Termin bei Doktor Kiesel machen/ vereinbaren?	Mam prośbę, czy mógłbyś umówić mnie z doktorem Kiesel?
Ich möchte, dass wir uns in deinem Büro treffen!	Chciałbym, żebyśmy się spotkali w twoim biurze!
Kannst du die Tür zumachen, sonst können wir nicht in Ruhe sprechen?	Możesz zamknąć drzwi, w przeciwnym razie nie będziemy mogli spokojnie rozmawiać.
Ich verlange, dass du den Schaden bezahlst.	Domagam się, żebyś zapłacił za szkody.
Du musst alle Schäden ersetzen!	Musisz wynagrodzić wszystkie szkody!
Nimm einfach einen Kredit auf!	Weź po prostu kredyt!
Ich erwarte von dir einen ausführlichen Bericht zur Lösung dieses Problems.	Oczekuję od ciebie obszernego raportu na temat rozwiązania tego problemu.
Schluss jetzt, geh wieder an die Arbeit!	Koniec, zabieraj się znowu do pracy!

Auferstehung F (*bpl*) zmartwychwstanie

aufessen (*irr*) zjadać ⟨zjeść⟩

auffädeln (*-le*) → aufreihen

auffahren (*irr*) V/T *umg Speisen* poda(wa)ć; V/I (*sn*) (*aufschrecken*) zrywać ⟨zerwać⟩ się; **auf** *ein Fahrzeug* ~ najeżdżać ⟨-jechać⟩ na (*akk*), uderzyć *pf* w tył (*gen*); **zu dicht ~** nie zachowywać niezbędnego odstępu

Auffahrt F wjazd (na *akk*); *zum Gebäude* podjazd; *szwajc rel* → Himmelfahrt

Auffahrunfall M wypadek wskutek najechania

auffallen V/I (*irr; sn*) rzucać ⟨-cić⟩ się w oczy; **durch etw ~** zwracać ⟨zwrócić⟩ na siebie uwagę (*inst*); **mir fiel auf, dass …** zauważyłem (-łam), że …

auf|fallend ADJ, **~fällig** ADJ rzucający się w oczy; niezwykły (-le); frapujący (-co); pretensjonalny

auffangen (*irr*) *Ball* ⟨z⟩łapać; *fig Worte, Blick* pochwycić *pf*; *Wasser* ⟨u⟩zbierać; *Stöße, Folgen* ⟨z⟩łagodzić; *Hieb* ⟨od⟩parować

Auffanglager N obóz zbiorczy

auffassen pojmować ⟨-jąć⟩ (**als** jako)

Auffassung F pojęcie (**von** o *lok*); zdanie; **ich bin der ~, dass …** jestem zdania, że …

Auffassungsgabe F (*bpl*) pojętność *f*

auffindbar: *mst verneint* **nicht ~ sein** przepaść *pf*, zaginąć *pf*; **er ist nicht ~** ślad po nim zaginął

auf|finden (*irr*) odnajdywać ⟨-naleźć⟩; **~fischen** wyławiać ⟨-łowić⟩ (z wody); **~flackern** V/I (*sn*) zamigotać *pf* (przerywanym światłem); *fig* → **~flammen** V/I (*sn*) *fig* wybuchać ⟨-chnąć⟩ (na nowo); **~fliegen** V/I (*irr; sn*) wzlatywać ⟨-lecieć⟩; *umg Tür* otwierać ⟨-worzyć⟩ się gwałtownie; *Bande* wsypać się *pf*, wpaść *pf*; *Schwindel* wydać się *pf*, rypnąć się *pf*; **~fordern** (**zu**) wzywać ⟨wezwać⟩ (do *gen*, *inf*); (*einladen*) zapraszać, ⟨za⟩prosić (do *gen*, *inf*)

Aufforderung F wezwanie; (*Einladung*) zaproszenie

aufforsten (*-e-*) zalesi(a)ć

auffrischen odświeżać ⟨-żyć⟩; *Vorrat* uzupełni(a)ć

aufführen V/T *Drama* wystawi(a)ć; (*nennen*) wymieni(a)ć; V/I **sich ~** zachow(yw)ać się

Aufführung F (*das Aufführen*) wystawienie; (*Stück, das aufgeführt wird*) przedstawienie

auffüllen (*Vorrat usw ergänzen*) uzupełni(a)ć; **den Tank (mit Benzin) ~** dol(ew)ać benzyny do zbiornika

Aufgabe[1] F (*Auftrag*) zadanie (*a. in der Schule*); (*Pflicht*) obowiązek; *von Post usw* nadanie, nadawanie

Aufgabe[2] F (*bpl*) (*Schließung*) likwidacja, zwinięcie; (*Verzicht*) rezygnacja (z *gen*), zrzeczenie się (*gen*); (*Nichtfortsetzen*) zaniechanie (*gen*)

aufgabeln *umg* (*-le*) *fig* wygrzeb(yw)ać; *Mädchen* podrywać ⟨poderwać⟩

Aufgaben|bereich M zakres obowiązków; **~teilung** F podział zadań

Aufgang M (*Treppe*) klatka schodowa; (*Weg hinauf*) podejście; *e-s Gestirns* wschód
aufgeben (*irr*) V/T *Brief usw* nada(wa)ć; *Aufgabe, Rätsel* zada(wa)ć; *Geschäft* zwijać ⟨zwinąć⟩; *Plan, Amt* ⟨z⟩rezygnować (z *gen*); *Rauchen* zaniechać *pf* (*gen*); *e-n Kranken* uznać *pf* stan (*gen*) za beznadziejny; V/I ⟨s⟩kapitulować, da(wa)ć za wygraną; V/R **sich ~** poddać się beznadziei
aufgeblasen *umg* ADJ napuszony, nadęty
Aufgebot N *vor Eheschließung* zapowiedź *f*; JUR wywołanie; **ein großes ~ an ...** duża ilość (*gen*); **das ~ bestellen** da(wa)ć na zapowiedzi
auf|gebracht *pperf* → aufbringen; ADJ (**über** *akk*) wzburzony, zbulwersowany (*inst*); **~gedonnert** *umg* ADJ wypindrzony; **~gedunsen** ADJ nabrzmiały, obrzmiały, spuchnięty
aufgehen (*irr; sn*) V/I *Deckel* otwierać ⟨-worzyć⟩ się; *Vorhang* podnosić ⟨-nieść⟩ się; *Naht* rozpru(wa)ć się; *Knoten* rozwiąz(yw)ać się; *Saat, Sonne* wschodzić ⟨wzejść⟩; *Teig* ⟨u⟩rosnąć; MAT ⟨po⟩dzielić się bez reszty; *fig* **in etw** (*dat*) **~** poświęcać ⟨-cić⟩ się bez reszty (*dat*); **in Flammen ~** spłonąć *pf*
aufge|hoben *pperf* → aufheben; **~klärt** ADJ oświecony; (*wissend*) uświadomiony; **~knöpft** ADJ rozpięty; *umg fig* rozmowny; **~kratzt** *umg* ADJ rozbawiony; **~legt** ADJ usposobiony (**zu** do *gen*; **gut** dobrze); **~löst** ADJ roztrzęsiony, (wewnętrznie) rozdygotany; **~räumt** ADJ *fig* wesoły, w dobrym humorze
aufge|regt ADJ podniecony; zdenerwowany; **~rieben** *pperf* → aufreiben; ADJ *Haut* otarty; **~schlossen** *pperf* → aufschließen; ADJ *fig* (**gegenüber** *dat*, **für**) ciekaw(y, -a) (*gen*), interesujący się (*inst*); wykazujący zrozumienie (dla *gen*)
aufgeschmissen *pop* ADJ: **~ sein** być w kropce; popaść *pf* w tarapaty
aufge|schoben *pperf* → aufschieben; **~sessen** *pperf* → aufsitzen; **~setzt** ADJ *Tasche* nakładany; **~sprungen** *pperf* → aufspringen; ADJ *Lippen* popękany; **~takelt** *umg abw* ADJ wypindrzony; **~weckt** ADJ *Kind* bystry, rozgarnięty; **~weicht** ADJ rozmiękły; **~worfen** *pperf* → aufwerfen; ADJ *Lippen* wydęty
auf|gießen (*irr*) *Tee* zaparzać ⟨-rzyć⟩; KULIN podl(ew)ać (**mit etw** *inst*); **~gliedern** ⟨po⟩dzielić (**in ...** na ...); **~graben** (*irr*) rozkop(yw)ać; **~greifen** (*irr*) *j-n* ⟨s⟩chwytać, ⟨z⟩łapać; *Thema* podchwytywać ⟨-chwycić⟩
aufgrund PRÄP (*gen*), ADV: **~ von** na podstawie (*gen*)
Aufguss M napar; **~beutel** M herbata w torebce; *mit Kräutern* ziółka *npl* w torebce
auf|haben (*irr*) V/T *umg Brille* mieć na nosie; *Hut* mieć na głowie; *Aufgabe* mieć zadane; V/I **hat der Laden auf?** czy sklep (jest) otwarty?
aufhalsen *umg*: **j-m, sich** (*dat*) **etw ~** zwalić *pf* k-u, sobie na kark (*akk*)
aufhalten (*irr*) V/T zatrzym(yw)ać; (*verhindern*) powstrzym(yw)ać; (*verzögern, bremsen*) opóźni(a)ć, ⟨za⟩hamować; *j-m die Tür* przytrzym(yw)ać; **die Hand ~** nadstawi(a)ć rękę; V/R **sich ~** (*verweilen*) przebywać; **sich mit etw ~** tracić czas na (*akk*)
aufhängen (*irr*) *Mantel, Hörer* zawieszać ⟨-wiesić⟩, *a. Person* wieszać ⟨powiesić⟩ (**an** *dat, akk* na *lok, akk*)
Aufhänger M *am Sakko* wieszak
Aufhängung F AUTO zawieszenie
aufheben (*irr*) V/T *vom Boden* podnosić ⟨-nieść⟩; (*abschaffen*) znosić ⟨znieść⟩ (*v/r* **sich gegenseitig** się wzajemnie), anulować (*im*)*pf*; *Urteil* uchylać ⟨-lić⟩, ⟨s⟩kasować; zostawi(a)ć (**für später** na później); *Briefe usw* przechow(yw)ać; **die Tafel ~** wstać od stołu; *fig* **gut aufgehoben sein** (**bei**) trafić w dobre ręce (u *gen*)
Aufheben N: **viel ~(s) machen** (**von**) ⟨na⟩robić wiele hałasu (z powodu *gen*)
Aufhebung F (*Abschaffung*) zniesienie, anulowanie; *e-s Urteils* uchylenie
aufheitern (*-re*) V/T rozweselać ⟨-lić⟩, rozpogadzać ⟨-godzić⟩ (*v/r* **sich** się); **der Himmel hat sich aufgeheitert** niebo przejaśniło się
Aufheiterung F METEO przejaśnienie
aufheizen V/T nagrzewać ⟨-grzać⟩, rozgrzewać ⟨-grzać⟩ (*v/r* **sich** się); **die Stimmung ~** podgrzewać atmosferę
aufhellen V/T rozjaśni(a)ć (*v/r* **sich** się); **es hat sich aufgehellt** rozjaśniło się
auf|hetzen podburzać ⟨-rzyć⟩ (**gegen** przeciwko *dat*); **~holen** V/T nadrabiać ⟨-robić⟩ (**Verspätung** opóźnienie; **Zeit-**

verlust stracony czas; **Rückstand** zaległości); (usiłować) wyrównać *pf*, dopędzić *pf* (*akk*); V/I zmniejszać ⟨-szyć⟩ dystans, dopędzać

aufhorchen V/I nadstawi(a)ć uszu; *fig* **j-n ~ lassen** zainteresować *pf*, zaostrzać ⟨-rzyć⟩ ciekawość (*gen*)

auf|hören V/I ⟨s⟩kończyć się; (**mit etw, zu** + *inf*) zaprzesta(wa)ć (*gen, inf*), ⟨s⟩kończyć (*akk*); **ohne aufzuhören** bez przerwy; **~kaufen** skupywać ⟨-kupić⟩, wykupywać ⟨-kupić⟩; **~keimen** *Saat* kiełkować; *fig* ⟨z⟩rodzić się

aufklapp|bar rozkładany; podnoszony; **~en** V/T *Buch, Deckel* otwierać ⟨-worzyć⟩ (*v/i* się); *Stuhl* rozkładać ⟨rozłożyć⟩; *Verdeck* podnosić ⟨-nieść⟩

aufklaren V/I przejaśni(a)ć się

aufklären V/T wyjaśni(a)ć (**j-n über** *akk* k-u *akk*); ⟨po⟩informować (**j-n über** *akk* k-o o *lok*); *Jugend* uświadamiać ⟨-domić⟩; *Tat* wykry(wa)ć; MIL (*erkunden*) rozpozna(wa)ć; V/R **sich ~** *Sache* wyjaśni(a)ć się; METEO → aufheitern

Aufklä|rer M (*Person*) krzewiciel oświaty; *engS* przedstawiciel oświecenia; LOTN samolot rozpoznawczy; **~rung** F wyjaśnienie; (*Belehrung*) uświadamianie, uświadomienie; *e-r Tat* wykrycie; MIL rozpoznanie; HIST Oświecenie

Aufklärungskampagne F akcja uświadomienia (politycznego, seksualnego)

aufkleben naklejać ⟨-leić⟩

Aufkleber M naklejka, nalepka

auf|knöpfen rozpinać ⟨-piąć⟩; **~kochen** V/T zagotować *pf* (*v/i, sn* się)

aufkommen V/I (*irr; sn*) (*entstehen*) pojawi(a)ć się; *Gedanke, Zweifel a.* nasuwać ⟨-sunąć⟩ się; *Wind* zrywać ⟨zerwać⟩ się; *Sturm* nadciągać ⟨-gnąć⟩; *Springer* wylądować *pf*; **~ für** pokry(wa)ć (**Kosten** koszty), łożyć, płacić (**Kinder** na dzieci); **keinen Zweifel ~ lassen** nie dopuścić *pf* wątpliwości

Aufkommen N EKON wpływy *mpl*, przychody *mpl* (z *gen*)

auf|kratzen *Wunde* rozdrap(yw)ać; *Haut* zadrapać *pf*, zadrapnąć; **~krempeln** zakas(yw)ać; **~kreuzen** *umg* V/I (*sn*) zjawi(a)ć się; **~kriegen** *umg* → aufbekommen; **~kündigen** *Vertragsverhältnis* wymawiać ⟨-mówić⟩

auflachen V/I zaśmiać się *pf*

auflad|bar dający się ponownie naładować; **~en** (*irr*) *Last* ⟨za⟩ładować; ELEK ⟨na⟩ładować

Auflage F TYPO nakład; (*Ausgabe*) wydanie; *auf e-m Stuhl* miękkie nakrycie; … **mit der ~** … … z zastrzeżeniem …; **j-m etw zur ~ machen** nałożyć *pf* na k-o obowiązek (*gen*)

Auflagenhöhe F wielkość *f* nakładu

auflagenstark wysokonakładowy

auflassen (*irr*) *umg Tür* zostawi(a)ć otwartym; *Hut* nie zdejmować

auflauern V/I: **j-m ~** zaczajać ⟨-czaić⟩ się, czatować na (*akk*)

Auflauf M zbiegowisko; KULIN suflet, zapiekanka

auflaufen V/I (*irr; sn*) *Schiff* osiadać ⟨osiąść⟩ na mieliźnie; (**auf** *akk*) wpadać ⟨wpaść⟩ (na *akk*); *Zinsen* narastać ⟨-rosnąć⟩; **j-n ~ lassen** sprowokować *pf* zderzenie (z *inst*); *umg fig* ignorować (*akk*)

aufleben V/I (*sn*) odży(wa)ć; **etw ~ lassen** przywracać ⟨-wrócić⟩ (*akk*)

auflegen (*irr*) V/T *Platte* nastawi(a)ć; *Gedeck* nakrywać ⟨-kryć⟩; *Buch* wyda(wa)ć; *Anleihe* rozpis(yw)ać; *Hörer* odkładać ⟨odłożyć⟩; *Make-up* nakładać ⟨nałożyć⟩; *Holz, Kohle* dokładać ⟨dołożyć⟩; V/I TEL przer(yw)ać rozmowę

auflehnen V/R: **sich ~ (gegen)** ⟨z⟩buntować się (przeciw *dat*)

Auflehnung F bunt

auf|lesen (*irr*) ⟨po⟩zbierać; *umg j-n* zab(ie)rać (ze sobą); **~leuchten** V/I zabłysnąć *pf*; **~liegen** V/I (*irr*) (**auf** *dat*) leżeć, opierać się (na *lok*)

auf|listen (*-e-*) przedstawi(a)ć (dane) w postaci listy; **~lockern** V/T *Boden* spulchni(a)ć; *fig Atmosphäre* rozluźni(a)ć (*v/r* **sich** się); (**durch etw**) urozmaicać ⟨-cić⟩ (*inst*)

auflösen V/T *Zucker usw* rozpuszczać ⟨-puścić⟩ (*v/r* **sich** się; **in** *dat* w *lok*); *Knoten, Vertrag, Rätsel, Partei usw* rozwiąz(yw)ać (*v/r* **sich** się); *Verlobung* zrywać ⟨zerwać⟩; *Demo* rozpraszać ⟨-proszyć⟩; *Geschäft, Konto* ⟨z⟩likwidować; *Klammern* usuwać ⟨usunąć⟩; V/R **sich ~** *Nebel, Menschenmenge* rozpraszać ⟨-proszyć⟩ się; *fig* **sich ~ in** (*akk*) (*übergehen*) zamieni(a)ć się w (*akk*), ustępować ⟨ustąpić⟩ miejsca (*dat*); *umg* **sich in Luft ~** ulotnić się *pf*

Auflösung F *e-s Rätsels, Vertrags, e-r Partei usw* rozwiązanie; *e-r Verlobung* zerwanie; *e-r Firma, e-s Kontos* likwidacja; *e-r Demo* rozproszenie; *von Klammern* usunięcie; FIZ, *fot* rozdzielczość *f*

aufmachen *umg* (*öffnen*) V/T otwierać ⟨-worzyć⟩; *Bluse* rozpinać ⟨-piąć⟩; *Knoten* rozwiąz(yw)ać; V/I **wann machen die Geschäfte auf?** kiedy otwierają sklepy?; V/R **sich ~** wyruszać ⟨-szyć⟩ (**nach** do *gen*, na *akk*)

Aufmacher M *in der Zeitung* czołówka

Aufmachung F wygląd (zewnętrzny); opakowanie; **in großer ~** w pełnej gali; *e-e Meldung* pod sensacyjnym nagłówkiem

Aufmarsch M defilada, pochód; parada; MIL *a.* koncentracja (wojsk)

aufmerksam uważny; (*gefällig*) uprzejmy; **~ zuhören** uważnie słuchać; **j-n ~ machen auf** (*akk*) skierować *pf* uwagę k-o na (*akk*); **ich bin auf ihn ~ geworden, als er …** zwrócił moją uwagę w chwili, gdy …

Aufmerksamkeit F (*bpl*) uwaga; (*Höflichkeit*) uprzejmość *f*; (*a. pl*) (*Geschenk*) prezencik, prezent; **~ erregen** zwracać ⟨zwrócić⟩ (na siebie) uwagę

auf|mischen V/T *sl* naparzać ⟨-rzyć⟩; **~möbeln** *umg* (*le*) *Sache* odszykow(yw)ać; (*aufmuntern*) rozruszać *pf*; **~mucken** *umg* V/I szemrać, sarkać (**gegen** na *akk*); **~muntern** (*-re*) (*Mut machen*) pokrzepi(a)ć na duchu, doda(wa)ć otuchy

Aufmunterung F pokrzepienie; **zur ~** na pokrzepienie

aufmüpfig *umg* pyskaty

aufnähen naszy(wa)ć (**auf** *akk* na *akk*)

Aufnahme F (*bpl*) (*Beginn*) podjęcie; zapoczątkowanie; *von Beziehungen* nawiązanie; *als Mitglied, Gast, Schüler usw* przyjęcie; *e-s Protokolls* sporządzanie, sporządzenie, spisanie; *von Nahrung usw* przyjmowanie; BIOL przyswajanie; *e-s Films* kręcenie (filmu); (*a. pl*) *fot* (*Bild*) zdjęcie; *auf Tonband, Videoband* zapis, nagranie; (*Raum im Krankenhaus*) izba przyjęć; **~antrag** M podanie o przyjęcie

aufnahmefähig *Geist, Markt* chłonny; *Person* wrażliwy (**für** na *akk*); **er ist nicht ~** on nie może skupić myśli

Aufnahme|gebühr F wpisowe; **~prüfung** F egzamin wstępny; **~studio** N studio nagraniowe

aufnehmen (*irr*) *vom Boden* podnosić ⟨-nieść⟩, (*a. fig beginnen*) podejmować ⟨-djąć⟩; *Kontakt, Beziehungen* nawiąz(yw)ać; *Gast, Schüler, Äußerung* przyjmować ⟨-jąć⟩ (**in** *akk* do *gen*; **bei** u *gen*; **als** w charakterze *gen*); (*einbeziehen*) włączać ⟨-czyć⟩ (**in** *akk* do *gen*); (*Platz bieten*) pomieszczać ⟨-mieścić⟩; (*absorbieren*) wchłaniać ⟨wchłonąć⟩; *Darlehen* zaciągać ⟨-gnąć⟩; *Protokoll* sporządzać ⟨-dzić⟩, *a. Personalien* spis(yw)ać; *Film, Video* ⟨na⟩kręcić; *Foto* ⟨z⟩robić zdjęcie (*gen, dat*); *Ton* nagr(yw)ać, zapis(yw)ać; **j-n bei sich** (*dat*) **~** przygarnąć *pf* (*akk*); *fig* **es mit j-m ~ können** dorównać *pf* k-u

auf|nötigen narzucać ⟨-cić⟩ (**j-m** *akk* k-u *akk*); **~opfern** V/T poświęcać ⟨-cić⟩ (*v/r* **sich** się; **für** dla *gen*); **~opfernd** ADJ ofiarny; *präd a.* z poświęceniem

Aufopferung F (*bpl*) poświęcenie

aufpäppeln *umg* odchuch(iw)ać

aufpassen V/I uważać; **auf j-n ~** uważać na (*akk*), pilnować (*akk*); *umg* **pass auf!** uważaj!

Aufpasser M *abw* (*Wärter*) dozorca *m*, nadzorca *m*, *umg* klawisz; *iron* anioł stróż, opiekun; **~in** F dozorczyni; *iron* anioł stróż, opiekunka

auf|peitschen *Meer* wzburzać ⟨-rzyć⟩; *fig* podniecać ⟨-cić⟩; *Menge* podburzać ⟨-rzyć⟩; **~pflanzen** *Fahne* zatykać ⟨-tknąć⟩; **~picken** *Körner* wydziob(yw)ać; *austr* (*aufkleben*) nalepiać ⟨-pić⟩; **~platzen** V/I (*sn*) pękać ⟨-knąć⟩; **~plustern** V/T napuszać, ⟨na⟩puszyć (*v/r* **sich** się; *a. fig abw*)

aufpolieren (-) *Sache* odnawiać ⟨-nowić⟩, *a. fig Kenntnisse* odświeżać ⟨-żyć⟩; *umg* **j-s Ansehen ~** naprawi(a)ć reputację (*gen*)

Aufprall M (-[e]s; selten -e) uderzenie

aufprallen V/I (*sn*) (**auf** *akk*) uderzać ⟨-rzyć⟩ (o *akk*), zderzyć się *pf* (z *inst*)

Aufpreis M HANDEL narzut

auf|pumpen ⟨na⟩pompować; **~putschen** V/T podburzać ⟨-rzyć⟩; *Nerven* pobudzać ⟨-dzić⟩ (*v/r* **sich** się)

Aufputschmittel N środek pobudzający, *umg* doping

aufraffen: V/R **sich ~** dźwigać ⟨-gnąć⟩ się; (**zu etw**) zdoby(wa)ć się (na *akk*)

aufrappeln *umg* (*-le*): V/R **sich ~** zebrać się *pf*, pozbierać się *pf*

auf|rauchen wypalać ⟨-lić⟩ (papierosa); **~rauen** *Fläche* uczynić *pf* szorstkim, matowym; **~räumen** V/T *u.* V/I ⟨po⟩-sprzątać, sprzątnąć *pf*; *fig* (**mit**) skończyć *pf* (z *inst*)

Aufräumungsarbeiten FPL prace *fpl* porządkowe; (*Enttrümmern*) usuwanie (gruzów *usw*)

aufrechnen V/T wyrówn(yw)ać, skompensować *pf* (**gegen etw** *inst*; *a. fig*)

aufrecht (*aufgerichtet*) prosty (-to); (*redlich*) uczciwy (-wie); **~ sitzen** siedzieć wyprostowany; **~ stehen** stać prosto; **sich nicht mehr ~ halten können** nie móc dłużej utrzymać się na nogach; **~erhalten** (*irr*; -) podtrzymywać (nadal), utrzymywać

aufregen V/T ⟨z⟩denerwować, ⟨po-, z⟩-irytować (*v/r* **sich** się); *v/r* **sich ~** *umg* (*empören*) oburzać ⟨-rzyć⟩ się (**über j-n, etw** na *akk*)

aufregend ADJ emocjonujący (-co)

Aufregung F zdenerwowanie; **in der ~** w zamieszaniu, w zdenerwowaniu; **vor ~** ze zdenerwowania, z irytacji; **in ~ versetzen** wprawi(a)ć w zdenerwowanie, wywołać *pf* zamieszanie; **alles war in heller ~** straszne podniecenie opanowało wszystkich; *umg* **nur keine ~!** tylko bez nerwów!

aufreiben (*irr*) V/T *Feind* zetrzeć *pf* (w proch); **sich** (*dat*) **~** *Fuß usw* ocierać ⟨otrzeć⟩ sobie (*akk*); V/R **sich im Beruf** *usw* **~** zapracow(yw)ać się; **e-e ~de Tätigkeit** wyczerpująca działalność, męcząca praca

auf|reihen *Perlen usw* nawlekać ⟨wlec⟩, naniz(yw)ać; **~reißen** (*irr*) V/T *Umschlag* rozrywać ⟨-zerwać⟩; *Tür* (szeroko) otwierać ⟨-worzyć⟩; *Straße* rozkop(yw)ać; *Pflaster* zrywać ⟨zerwać⟩; *Augen* wytrzeszczać ⟨-czyć⟩; *umg Mädchen* podrywać ⟨poderwać⟩; V/I (*sn*) rozrywać ⟨rozerwać⟩ się; *Wunde* otwierać ⟨-worzyć⟩ się; **die Wolkendecke reißt auf** (niebo) przeciera się

aufreizend ADJ podniecający (-co)

aufrichten V/T wyprostow(yw)ać (*v/r* **sich** się); *fig* (*Mut machen*) podnosić ⟨-nieść⟩ na duchu (*v/r* **sich** się)

aufrichtig szczery (-rze)

Aufrichtigkeit F (*bpl*) szczerość *f*

Aufriss M BUD rzut pionowy

aufritzen *Haut* zadrasnąć *pf*

aufrollen *auf e-e Rolle* zwijać ⟨zwinąć⟩; *Fahne usw* rozwijać ⟨-winąć⟩; *Frage* poruszać ⟨-szyć⟩; **e-n Prozess wieder ~** założyć *pf* rewizję

aufrücken V/I (*sn*) przesuwać ⟨-sunąć⟩ się do przodu; (*aufschließen*) doszlusować *pf*; *fig* awansować (*im*)*pf*

Aufruf M (*öffentliche Aufforderung*) wezwanie; (*Appell*) odezwa, apel; wywołanie (*a.* EDV, *Zeugen usw*)

aufrufen (*irr*) wzywać ⟨wezwać⟩ (**zu etw** do *gen*); *Namen* wywoł(yw)ać

Aufruhr M (*-s; -e, mst bpl*) bunt, rozruchy *mpl*; *in der Natur, fig* wzburzenie

aufrühren *Schlamm* podnosić ⟨-nieść⟩ (czyniąc mętnym), ⟨z⟩mącić; *fig Vergessenes* wygrzeb(yw)ać

Aufrührer M buntownik

auf|rührerisch *Rede* buntowniczy; *Menge* zbuntowany; **~runden** (*-e-*) zaokrąglać ⟨-lić⟩ wzwyż; **~rüsten** V/T dozbrajać ⟨-zbroić⟩ (*v/i* się)

Aufrüstung F MIL zbrojenia *npl*

aufrütteln *fig* ⟨o⟩budzić; **aus s-r Lethargie ~** wyr(y)wać k-o z letargu

aufs = **auf das**

aufsagen *Gedicht* ⟨wy⟩recytować

aufsammeln ⟨po⟩zbierać

aufsässig przekorny, krnąbrny

Aufsässigkeit F (*bpl*) krnąbrność *f*

Aufsatz M *in der Schule* wypracowanie; (*Abhandlung*) artykuł, (krótka) rozprawa; *beim Möbelstück* nadstawa; TECH nasadka, końcówka

auf|saugen (*irr od -saugte*) wysysać ⟨wessać⟩; **~schauen** V/I podnosić ⟨-nieść⟩ wzrok (**zu** ku *dat*; **von** od *gen*); **~schäumen** V/T spieni(a)ć; V/I (*h od sn*) ⟨za⟩pienić się; **~scheuchen** wypłaszać ⟨-płoszyć⟩; **~scheuern** *Haut* ocierać ⟨otrzeć⟩; **~schichten** układać ⟨ułożyć⟩ w stos (warstwami)

aufschieben (*irr*) *Tür* rozsuwać ⟨-sunąć⟩; *fig* odkładać ⟨odłożyć⟩ (na później), odraczać ⟨-roczyć⟩

Aufschlag M uderzenie; (*Geräusch*) huk; (*Revers*) wyłóg; mankiet (**an der Hose** u spodni); SPORT podanie, serwis; HANDEL narzut; **~ haben** SPORT serwować

aufschlagen (*irr*) V/T *Augen, Buch* otwierać ⟨-worzyć⟩; *Kragen* postawić *pf*; *Ei, Zelt* rozbi(ja)ć; *Knie* stłuc *pf* (**sich** [*dat*] sobie); *Ärmel* odwijać ⟨-winąć⟩; *Bett* ⟨po⟩słać; HANDEL podwyższać ⟨-szyć⟩ (**um ... na ...**); (*hinzurechnen*) doliczać

⟨-czyć⟩ (narzut); V/I (spadając) uderzać ⟨-rzyć⟩ się, spadać ⟨spaść⟩, trafi(a)ć; *Tennis* serwować

auf|schließen (*irr*) V/T odmykać ⟨odemknąć⟩; V/I ⟨do⟩szlusować (**zu** do *gen*); **~schlitzen** *Sack* rozpru(wa)ć; *Bauch a.* rozpłatać *pf*; → aufschneiden

Aufschluss M wyjaśnienie; informacja; **~ geben** (**über** *akk*) udzielać ⟨-lić⟩ wyjaśnień (w sprawie *gen*)

auf|schlüsseln (*-le*) ⟨po⟩segregować (**nach ...** według *gen*); **~schlussreich** informacyjny, informujący; **~schnappen** *umg fig* podchwycić *pf*; **~schneiden** (*irr*) V/T rozcinać ⟨-ciąć⟩; *umg* V/I (*prahlen*) bajerować, blagować

Aufschneider *umg* M *abw* blagier, bufon

Aufschneide'rei *umg* F *abw* bufonada; (*Prahlerei*) przechwałki *fpl*

Aufschnitt M (*-s; bpl*) KULIN zimne mięsa *npl* (i wędliny *fpl*)

aufschnüren rozsznurow(yw)ać

aufschrauben (**auf** *akk*) nakręcać ⟨-cić⟩ (na *akk*); (*öffnen*) odkręcać ⟨-cić⟩

aufschrecken[1] V/T spłoszyć *pf*; wyr(y)wać (**j-n aus ...** k-o z *gen*)

aufschrecken[2] V/I (*schreckt od schrickt auf, schreckte od schrack auf, aufgeschreckt; sn*): **aus dem Schlaf ~** zrywać ⟨zerwać⟩ się ze snu; **aus s-n Gedanken ~** ⟨o⟩budzić się z zamyślenia

Aufschrei M okrzyk (**der Freude** radości; **der Überraschung** zdziwienia)

aufschreiben (*irr*) napisać *pf*, zapis(yw)ać (**sich** [*dat*] **etw** sobie *akk*)

aufschreien V/I (*irr*) ⟨wy⟩krzyknąć *pf*

Aufschrift F napis

Aufschub M odroczenie; *bes* FIN prolongata; **ohne ~** bezzwłocznie; **keinen ~ dulden** nie znosić zwłoki; **~ gewähren** (**für**) odraczać ⟨-roczyć⟩ termin (*gen*), ⟨s⟩prolongować (*akk*)

aufschütten *Damm* usyp(yw)ać

auf|schwatzen *umg* wciskać ⟨-snąć⟩; **~schweißen** TECH rozcinać ⟨-ciąć⟩ palnikiem; przyspawać *pf* (**auf** *akk* do *gen*); **~schwemmen** *Gesicht* ⟨s⟩powodować nabrzmienie (*gen*)

aufschwingen (*irr*): V/R **sich ~** (**zu**) (*aufraffen*) zdoby(wać) się (na *akk*); **sich zum Moralprediger ~** prawić morały

Aufschwung M *fig* zryw; EKON rozkwit, ożywienie; SPORT wymyk ze zwisu do przodu; **e-n ~ nehmen** rozkwitać, przeżywać rozkwit

aufsehen (*irr*) → aufblicken

Aufsehen N (*-s; bpl*) sensacja, poruszenie, *umg* huk; **~ erregen** wywoł(yw)ać sensację; **~ erregend** rewelacyjny; **ohne ~** bez rozgłosu

aufsehenerregend rewelacyjny

Aufseher(in) M(F) nadzorca *m* (-czyni); *im Gefängnis* dozorca (-czyni)

aufseiten PRÄP (*gen*) po stronie (*gen*)

aufsetzen V/T *Hut, Brille* wkładać ⟨włożyć⟩; *Fuß* stawiać ⟨postawić⟩; *fig Miene* przyb(ie)rać; *Essen* nastawi(a)ć; *Text* układać ⟨ułożyć⟩, sporządzać ⟨-dzić⟩; (*aufnähen*) przyszy(wa)ć; V/I *Flugzeug* ⟨wy⟩lądować; V/R **sich ~** usiąść prosto

Aufsicht F nadzór, dozór; **die ~ führen** sprawować nadzór; **unter ~** pod nadzorem; **unter ~ stellen** odda(wa)ć pod dozór; **ohne ~** bez dozoru

Aufsichts|behörde F organ nadzorczy; **~pflicht** F obowiązek nadzoru; **~rat** M rada nadzorcza; (*Person*) członek rady nadzorczej

aufsitzen V/I (*irr, sn*) *auf ein Pferd* wsiadać ⟨wsiąść⟩ na konia; *auf ein Fahrrad* wsiadać ⟨wsiąść⟩ na rower; *fig* **e-m Betrüger ~** paść ofiarą oszusta

auf|spannen *Schirm* otwierać ⟨-worzyć⟩; **~sparen** zostawi(a)ć na potem; **~sperren** *umg* odmykać ⟨odemknąć⟩; (szeroko) otwierać ⟨-worzyć⟩ (*a. Augen*); *Maul* rozdziawi(a)ć

aufspielen V/I przygrywać (**zum Tanz** do tańca); *v/r* **sich ~** (**als**) udawać (*akk*), pozować (na *akk*)

auf|spießen (**auf** *akk*) nadzi(ew)ać, nakłu(wa)ć (na *akk*), przyszpilać ⟨-lić⟩ (do *gen*); brać ⟨wziąć⟩ (**mit der Gabel** na widelec; **mit den Hörnern** na rogi); **~splittern** *fig* podzielić *pf*, rozstrzelić *pf*; **~springen** V/I (*irr, sn*) zrywać ⟨zerwać⟩ się (na równe nogi); wskakiwać ⟨wskoczyć⟩ (**auf** *akk* na *akk*, do *gen*); *Deckel* odskakiwać ⟨-skoczyć⟩; *Tür* odemknąć się *pf*; *Lippen* popękać *pf*

auf|sprühen V/T natryskiwać (*inst*); **~spüren** *Wild, Dieb* ⟨wy⟩tropić; *Minen* wykry(wa)ć; **~stacheln** (*-le*) podjudzać ⟨-dzić⟩; **~stampfen** V/I tupać ⟨tupnąć⟩ (**mit dem Fuß** nogą)

Aufstand M powstanie
aufständisch powstańczy
Aufständische(r) M (-n) powstaniec
aufstauen V/T *Wasser* spiętrzać ⟨-rzyć⟩; V/R **sich ~** ⟨na⟩gromadzić się (*a. fig*)
auf|stechen (*irr*) nakłuwać ⟨-kłuć⟩, przekłuwać ⟨-kłuć⟩; **~stecken** V/T *Haar* upinać ⟨upiąć⟩; *Ring* zakładać ⟨założyć⟩; V/I *umg* da(wa)ć za wygraną; **~stehen** V/I (*irr, sn*) wsta(wa)ć (**spät** późno; **vom Tisch** od stołu); (*offen stehen*) być otwartym; **~steigen** V/I (*irr, sn*) *Bergsteiger* wspinać ⟨wspiąć⟩ się; wsiadać ⟨wsiąść⟩ (**aufs Pferd** na konia); *Nebel, Ballon, Rauch* wzbi(ja)ć się w górę, wznosić ⟨wznieść⟩ się (w górę); *im Beruf* awansować (*im*)*pf*; SPORT awansować (*im*)*pf*, przechodzić ⟨przejść⟩ do wyższej ligi; *fig Gefühl* ⟨z⟩rodzić się; *fig Gedanken, Tränen* napływać ⟨-płynąć⟩
Aufsteiger *umg* M SPORT drużyna awansująca do wyższej ligi; (*Person*) człowiek z awansu społecznego
aufstellen V/T ⟨po⟩stawić; *bes mehrere Personen, Sachen* ustawi(a)ć; *Maschine a.* ⟨za⟩instalować; *Team, Wache* wystawi(a)ć; *Kandidaten, Forderung* wysuwać ⟨-sunąć⟩; *Rekord, Norm* ustanawiać ⟨-nowić⟩; *Plan, Bilanz* sporządzać ⟨-dzić⟩; *Truppe* ⟨u⟩formować; V/R **sich ~** ustawi(a)ć się; **sich als Kandidat ~ lassen** przyjąć *pf* kandydaturę; → aufbauen, aufrichten
Aufstellung F *e-s Hauses, Denkmals* postawienie, wystawienie; *von Möbeln, Maschinen usw* ustawienie; *e-s Kandidaten* wysunięcie; *e-s Rekords* ustanowienie; *e-s Plans, e-r Bilanz* sporządzenie; *e-r Truppe* (u)formowanie; SPORT *e-r Mannschaft* ustalenie składu (drużyny); (*Liste*) wykaz, zestawienie
aufstemmen *Tür* wyważać ⟨-żyć⟩
Aufstieg M (-[e]s; -e) *zum Gipfel* wspinaczka; *e-s Skiläufers* podchodzenie, podejście; *e-s Ballons usw* wznoszenie się; SPORT, *fig* awans (**sozialer** społeczny)
Aufstiegs|möglichkeit F możliwość *f* awansu; **~spiel** N rozgrywka o przejście do wyższej ligi
auf|stöbern *Tier* wytropić *pf*; *Sache* wyszukać *pf*, wyszperać *pf*; **~stocken** BUD nadbudow(yw)ać (piętro); *Kapital* zwiększać ⟨-szyć⟩; **~stöhnen** V/I stęknąć *pf*; **~stoßen** (*irr*) V/T *Tür* otwierać ⟨-worzyć⟩ (gwałtownie); V/I (*a. sn*) odbi(ja)ć się (**j-m das Essen** k-u po jedzeniu)
aufstrebend ADJ *Stadt* rozwijający się
Aufstrich M → Brotaufstrich
auf|stützen V/T (**auf** *akk, dat*) opierać ⟨oprzeć⟩ (o *akk*), podpierać ⟨podeprzeć⟩ (*a. v/r* **sich mit** … się *inst*); **mit aufgestütztem Kopf** z podpartą głową; **~suchen** V/T uda(wa)ć się, pójść *pf* (**den Arzt** do lekarza); odwiedzać ⟨-dzić⟩ (*akk*); **~takeln** → aufgetakelt
Auftakt M MUS przedtakt; *fig* wstęp, początek (**zu etw** do *gen*); **den ~ zu etw bilden** zapoczątkować *pf* (*akk*)
auf|tanken V/I dopełni(a)ć zbiornik, ⟨za⟩tankować (do pełna); **~tauchen** V/I (*sn*) wynurzać ⟨-rzyć⟩ się; *fig a.* wyłaniać ⟨-łonić⟩ się; zjawi(a)ć się; **~tauen** V/T rozmrażać ⟨-mrozić⟩; V/I (*sn*) *Eis* ⟨od-, roz⟩tajać, ⟨roz⟩topić się; *umg fig* rozkrochmalić się *pf*; **~teilen** ⟨po⟩dzielić (**in Gruppen** na grupy), rozdzielać ⟨-lić⟩ (**untereinander** między sobą)
Aufteilung F podział, rozdział
auftischen *Mahl* ⟨po⟩częstować (*inst*), poda(wa)ć (*akk*); *umg fig abw* **Lügen ~** (*dat*) wstawi(a)ć k-u bajer
Auftrag M (-[e]s; Aufträge) polecenie; HANDEL zamówienie, zlecenie (wykonania, dostawy); **etw in ~ geben** (**bei**) zamawiać ⟨-mówić⟩, zlecać ⟨-cić⟩ coś (*dat*); **im ~** z polecenia (**von j-m** *gen*)
auftragen (*irr*) *Essen* poda(wa)ć; *Make-up* nakładać ⟨nałożyć⟩; *Grüße* przes(y)łać; *Kleid, Schuhe* donaszać ⟨-nosić⟩; **Farbe ~ auf** (*akk*) powlekać ⟨-wlec⟩ farbą (*akk*); **mir wurde aufgetragen, zu** … polecono mi, abym …
Auftraggeber(in) M(F) zleceniodawca *m* (-czyni); zamawiający (-ca)
Auftrags|bestätigung F potwierdzenie zamówienia; **~dienst** M TEL biuro zleceń
auftragsgemäß zgodny (*präd* zgodnie) ze zleceniem *od* z poleceniem
Auftrags|mord M zabójstwo na zlecenie; **~rückgang** M zmniejszenie się ilości zamówień; **~werk** N dzieło (wykonane) na zamówienie
auf|treiben (*irr*) *umg* wyszukać *pf*, wytrzasnąć *pf*; **~trennen** rozpru(wa)ć; **~treten** V/I (*irr, sn*) stąpać, kroczyć; *fig* występować ⟨-stąpić⟩ (**als** w charakterze *gen*, TEATR w roli *gen*); (*sich verhalten*)

zachow(yw)ać się
Auftreten N (-s; *bpl*) zachow(yw)anie się; występowanie, wystąpienie
Auftrieb M (-s; *bpl*) FIZ wypór; siła nośna; *fig* **neuen ~ bekommen** odzyskać *pf* werwę
Auftritt M TEATR występ; scena (*a. Streit*); (*In-Erscheinung-Treten*) (**großer** widowiskowe) wystąpienie
auftrumpfen V/I popis(yw)ać się
auftun (*irr*): V/R *lit* **sich ~** (**vor** *dat*) otwierać ⟨-worzyć⟩ się (przed *inst*)
auf|türmen V/T ⟨s⟩piętrzyć (*v/r* **sich** się); **~wachen** V/I (*sn*) ⟨o⟩budzić się; **nach dem Aufwachen** po przebudzeniu; **~wachsen** V/I (*irr; sn*) ⟨wy⟩rosnąć, ⟨wy⟩róść (**bei** u *gen*); **~wallen** V/I *Wasser* ⟨za⟩kipieć, zawrzeć *pf*
Aufwand M (-s; *bpl*) nakład(y *pl*); (*Kosten*) koszty *mpl*; (*Prunk*) zbytek; **unnötigen ~ treiben** (**mit**) gospodarować rozrzutnie (*inst*); TECH **~ an Energie** energochłonność *f*
aufwändig ADJ → aufwendig
Aufwandsentschädigung F zwrot wydatków reprezentacyjnych
aufwärmen V/T odgrz(ew)ać (*a. fig*); *v/r* **sich ~** rozgrz(ew)ać się (*a.* SPORT)
Aufwärmen N: **zum ~** na rozgrzewkę
aufwarten V/I *fig* służyć (**mit etw** *inst*)
aufwärts ADV do góry, w górę, wzwyż; **von fünf Euro ~** od pięciu euro wzwyż; **~gehen** (*irr; sn*): **mit ihm geht es aufwärts** z nim jest coraz lepiej
Aufwärtstrend M trend zwyżkowy, trend wzrostowy
Aufwartung F: *lit* **j-m s-e ~ machen** złożyć *pf* wizytę (*dat*)
Aufwasch M (-[e]s; bpl) *reg* (*Geschirr*) brudne naczynia *npl*; *umg fig* **in e-m ~** za jednym zamachem
auf|wecken ⟨o-, z⟩budzić; **~weichen** V/T rozmaczać ⟨-moczyć⟩; zmiękczać ⟨-czyć⟩; V/I (*sn*) rozmiękać ⟨-knąć⟩; **~weisen** V/I (*irr*) wykaz(yw)ać; **aufzuweisen haben** (*akk*) móc się wykazać (*inst*); **~wenden** (*irr, a -e-*) *Mühe usw* dokładać ⟨dołożyć⟩, wkładać ⟨włożyć⟩; *Geld* wyda(wa)ć
aufwendig (*kostspielig*) wymagający dużych nakładów, kosztowny; (*prunkvoll*) wystawny, zbytkowny
Aufwendungen FPL nakłady *mpl*, koszty *mpl*
aufwerfen (*irr*) *Damm* usyp(yw)ać; *fig Problem, Frage* poruszać ⟨-szyć⟩
aufwerten dowartościow(yw)ać; *Währung* rewaluować (*im*)*pf*
Aufwertung F FIN waloryzacja
auf|wickeln nawijać ⟨-winąć⟩; **~wiegeln** (-*le*) poduszczać ⟨-czyć⟩; **~wiegen** (*irr*) *fig* ⟨s⟩kompensować (**mit** *inst*)
Aufwiegler M podżegacz, wichrzyciel
Aufwind M METEO prąd wstępujący; *fig* **im ~ sein** rozwijać się pomyślnie
aufwirbeln V/T wzbi(ja)ć (*v/i, sn* się); *fig* **viel Staub ~** wywołać wielkie poruszenie, narobić wiele huku
auf|wischen wycierać ⟨wytrzeć⟩, ścierać ⟨zetrzeć⟩; *Boden* ⟨z⟩myć; **~wühlen** ⟨z⟩ryć; *Wasser, fig* wzburzyć *pf*; **~zählen** wyliczać ⟨-czyć⟩
Aufzählung F wyliczenie; *in Form e-r Liste usw* zestawienie, wykaz
aufzehren V/T *Vorrat, Kräfte* zuży(wa)ć (*fig a. v/r* **sich** się); *Geld a.* wyda(wa)ć
aufzeichnen ⟨na⟩rysować, ⟨na⟩szkicować; zapis(yw)ać; *Ton, Bild a.* nagrywać ⟨-grać⟩ (na taśmę, na wideo)
Aufzeichnung F zapisywanie, *a. konkret* zapis, nagranie; **~en** PL (*Notizen*) notatki *fpl*; **sich** (*dat*) **~en machen** robić notatki
aufziehen (*irr*) V/T *Vorhang* podnosić ⟨-nieść⟩; *Flagge* wciągać ⟨-gnąć⟩; *Saiten* naciągać ⟨-gnąć⟩; *Uhr usw* nakręcać ⟨-cić⟩; *Kind* wychow(yw)ać, *a. Tier* ⟨wy⟩hodować; *Bild* podklejać ⟨-kleić⟩ (**auf Leinwand** płótnem); *Spritze* napełni(a)ć; *umg Fest usw* ⟨z⟩organizować; *umg* (*necken*) podkpiwać (z *gen*); *v/i* (*sn*) **ein Gewitter zieht auf** nadciąga burza
Aufzucht F (*bpl*) wychów, hodowla
Aufzug M pochód, procesja; (*Lift*) wyciąg, winda; TEATR odsłona; (*bpl*) *iron* (*Kleidung*) strój
aufzwingen (*irr*) V/T narzucać ⟨-cić⟩ (**j-m** *akk* **k-u** *akk*; V/R **sich** się)
Aug. (August) sierpień *m*
Augapfel M gałka oczna; **wie seinen ~ hüten** pilnować jak oka w głowie
Auge N oko, *pl* oczy; *e-s Raubtiers* ślepie; *fig* (*Knospenansatz, Fetttropfen*) oko, *pl* oka; (*Punkt auf Würfeln, Zählwert*) oczko; *fig* **ein blaues ~ haben** mieć podbite oko; *umg fig* **mit e-m blauen ~ davonkommen** wyjść *pf* bez szwanku (z *gen*); wykręcić się *pf* sianem; **gute ~n haben** (*gut sehen*)

mieć dobre oczy; **die ~n verdrehen** przewracać oczami; **etw mit eigenen ~n sehen** widzieć ⟨zobaczyć⟩ na własne oczy (*akk*); **j-m ~ in ~ gegenüberstehen** stać ⟨stanąć⟩ twarzą w twarz z (*inst*); *fig* **ein ~** *od* **beide ~n zudrücken (bei etw)** przymykać oczy (na *akk*); **die ~n verschließen (vor)** zamykać oczy (na *akk*); *umg* **kein ~ zutun** oka nie zmrużyć; **kein ~ lassen (von)** nie móc oderwać oczu (od *gen*); *umg* **hast du keine ~n (im Kopf)?** ty co, nie widzisz?; **so weit das ~ reicht** jak okiem sięgnąć; **ihm gingen die ~n auf** otwarły mu się oczy, on przejrzał na oczy; **seinen, ihren ~n nicht trauen** nie wierzyć własnym oczom; *umg fig* **j-m schöne ~n machen** puszczać ⟨puścić⟩ oko do (*gen*); *umg* **ein ~ riskieren** zerkać ⟨zerknąć⟩ spod oka; *fig* **die ~n offen halten** mieć oczy otwarte; **an j-s ~n ablesen** wyczytać *pf* z oczu (*gen*); **j-n, etw nicht aus den ~n lassen** nie spuszczać oczu z (*gen*); **aus den ~n verlieren** stracić *pf* z oczu; *fig* **im ~ haben, ins ~ fassen** mieć na widoku, mieć zamiar; **etw im ~ behalten** mieć oko na (*akk*); *fig* **in die ~n springen** rzucać się w oczy; *umg* **das kann ins ~ gehen** to może wyjść bokiem; **mit eigenen ~n** na własne oczy; **~ um ~** oko za oko; **unter vier ~n** w cztery oczy; **unter die ~n kommen** pokaz(yw)ać się na oczy; **vor aller ~n** na oczach wszystkich; **vor meinen ~** na moich oczach; **vor ~ führen** unaoczni(a)ć; **j-m wird schwarz vor (den) ~n** k-u robi się ciemno przed oczami; → Blick

Augen|arzt M okulista *m*; **~ärztin** F okulistka; **~binde** F opaska na oko

Augenblick M chwila, chwil(ecz)ka; **e-n ~ lang** przez chwilę; **jeden ~** lada chwila; *umg* **alle ~e** co chwila; **e-n ~, bitte!** (za) chwileczkę!

augenblicklich (*gegenwärtig*) obecny, w chwili obecnej; *präd* (*momentan*) chwilowo; (*sofort*) natychmiast

Augenbrauenstift M kredka do brwi

augenfällig oczywisty (-ście)

Augenfarbe F kolor oczu

Augenheilkunde F okulistyka

Augenhöhe F: **in ~** na wysokości oczu

Augen|höhle F oczodół; **~leiden** N choroba oczu; **~licht** *lit* N (*bpl*) wzrok

Augenmaß N zdolność *f* oceny wymiarów na oko; **das richtige ~ haben (für)** trafnie oceniać (*akk*)

Augen|merk N (-s; *bpl*) uwaga; **~ringe** MPL podkrążone oczy *mpl*

Augenschein *lit* M (*bpl*): **etw in ~ nehmen** oglądać ⟨obejrzeć⟩ (*akk*); **sich durch ~ überzeugen (von)** przekon(yw)ać się naocznie (o *lok*)

Augen|spiegel M wziernik oczny, oftalmoskop; **~tropfen** MPL krople *fpl* do oczu; **~trost** M (-[e]s; -e) BOT świetlik; **~weide** F (*bpl*) zachwycający widok

Augenwische'rei F mydlenie oczu

Augenzeu|ge M, **~gin** F świadek naoczny (*a. Frau*)

augenzwinkernd ADV z przymrużeniem oka, mrugając znacząco

Äuglein N oczko; PL oczka, oczęta

Au'gust M (-[e]s; -e) sierpień *m*; *in zssgn* sierpniowy; **im ~** w sierpniu

Aukti'on F aukcja; **~s-** aukcyjny

Aula F (-; *-len od -s*) aula

aus[1] PRÄP (*dat*) z, ze (*gen*); **~ dem Fenster** z okna; **~ Polen** z Polski; **~ Gold** ze złota; **~ Angst** ze strachu

aus[2] ADV *umg* koniec; **~ sein** ⟨s⟩kończyć się; *Feuer* zgasnąć *pf*; **jetzt ist alles ~!** koniec pieśni!; **er ist auf … ~** on szuka (*gen*); **von hier ~** stąd, odtąd; **von Berlin ~ fuhr sie nach …** z Berlina pojechała do (*gen*); **von mir ~ kannst du bleiben** nie mam nic przeciw temu, abyś pozostał(a); **von mir ~!** wszystko jedno!; *umg* **Licht ~!** zgasić światło!

Aus N (-; *bpl*) SPORT aut; **den Ball ins ~ schießen** posłać piłkę na aut; **der Ball ging ins ~** piłka wyleciała na aut; **das war das ~ für unsere Pläne** nasze plany skończyły się fiaskiem

ausarbeiten opracow(yw)ać

Ausarbeitung F opracow(yw)anie

aus|arten V/I (-e-; *sn*) zamieni(a)ć się (**in** *akk* w *akk*); **~atmen** wydychać

ausbacken ⟨u⟩smażyć (**in Fett** w tłuszczu)

ausbaden *umg* V/T odpokutować *pf* (za *akk*)

aus|baggern *Loch* ⟨wy⟩kopać koparką; *Fluss* pogłębi(a)ć; *Schlamm* usuwać koparką; **~balancieren** (-) wyważać ⟨-żyć⟩, zrównoważyć *pf*

Ausbau M (PL *-ten, mst bpl*) rozbudowa (*a. fig*); *innen* wykończenie; adaptacja (**zu** na *akk*); GÓRN obudowa; (*Demontage*) wy-

montowanie, demontaż
ausbauen *Teil* wymontow(yw)ać; *(erweitern)* rozbudow(yw)ać *(a. fig, Beziehungen, Position usw)*; *Raum innen* wykańczać ⟨-kończyć⟩; *Vorsprung* powiększyć *pf*; **~ zu …** *(umgestalten)* ⟨za⟩adaptować na *(akk)*
ausbaufähig *fig* obiecujący
ausbedingen *(irr, -)*: **sich** *(dat)* **etw ~** wymawiać ⟨-mówić⟩ sobie
aus|beißen *(irr)* wyłam(yw)ać (**sich** *[dat]* **e-n Zahn** sobie ząb); **~bessern** naprawi(a)ć; *(flicken)* ⟨za⟩łatać
Ausbesserung F naprawa, remont
ausbeulen *Tasche, Hose* wyp(y)chać; *Delle* wyrówn(yw)ać (wybrzuszenia); **e-e Hose mit ausgebeulten Knien** spodnie *pl* wypchane na kolanach
Ausbeute F (PL *selten*) uzysk; GÓRN urobek; *fig* efekt, plon; *(Fang)* połów
ausbeuten *(-e-)* eksploatować, wyzysk(iw)ać *(a. Menschen)*
Ausbeu|ter M wyzyskiwacz; **~tung** F *(bpl)* eksploatacja; wyzysk
ausbezahlen *Erben, Teilhaber* spłacać ⟨-cić⟩
ausbilden V/T ⟨wy⟩kształcić, ⟨wy⟩szkolić; *Stimme usw* wyrabiać ⟨-robić⟩, ⟨wy⟩kształcić; V/R **sich zu … ~ lassen** wyszkolić się *pf* na *(akk)*
Ausbild|er(in) M(F) instruktor(ka), szkoleniowiec; **~ung** F szkolenie, edukacja; *(Bildungsniveau)* wykształcenie
Ausbildungs|beruf M zawód wyuczony; **~platz** M miejsce dla uczących się zawodu (w zakładzie pracy); **~stätte** F ośrodek szkoleniowy, zakład szkolenia; **~zeit** F okres szkolenia zawodowego
ausbitten *(irr)*: **sich** *(dat)* **etw ~** prosić o *(akk)*; **ich bitte mir Ruhe aus** proszę o ciszę
aus|blasen *(irr) Kerze* zdmuchnąć *pf*; *Ei, Rauch* wydmuch(iw)ać, wydmuchnąć *pf*; **~bleiben** V/I *(irr, sn) (nicht kommen)* nie nadchodzić ⟨nadejść⟩, nie przychodzić ⟨przyjść⟩; *Ereignis* nie nastąpić *pf*, nie mieć miejsca; **die Folgen blieben nicht aus** skutki nie kazały na siebie długo czekać; **~bleichen** V/I *(irr, sn) Stoff, Farbe* ⟨wy⟩blaknąć, ⟨wy⟩płowieć; **~blenden** *Ton* wyciszać ⟨-szyć⟩; *Bild* ściemni(a)ć
Ausblick M widok, *bes fig* perspektywa; **mit ~ auf …** z widokiem na *(akk)*

ausbluten V/I *(sn)* wykrwawi(a)ć się
ausbooten *(-e-) fig* wyrugow(yw)ać, *umg* wygryzać ⟨-gryźć⟩
ausbrechen *(irr)* V/T wyłam(yw)ać; V/I *(sn) Brand, Krieg, Vulkan, Epidemie* wybuchać ⟨-chnąć⟩ *(a.* **in Tränen** płaczem; **in Lachen** śmiechem*)*; *Schweiß* występować ⟨-stąpić⟩; *Häftling* uciekać ⟨uciec⟩, zbiec *pf* (**aus** z *gen*); *fig (sich lösen)* wyłamać się (**aus** z, spod *gen*); *v/r* **sich** *(dat)* **e-n Zahn ~** wyłamać *pf* sobie ząb;
Ausbrecher(in) M(F) zbieg (z więzienia)
ausbreiten *(-e-)* V/T *Decke, Teppich* rozściełać ⟨rozesłać⟩, rozpościerać ⟨-postrzeć⟩; *Hände, Sachen* rozkładać ⟨rozłożyć⟩; *Ansichten* wyłuszczać ⟨-czyć⟩; V/R **sich ~** *(erstrecken)* rozpościerać się; *fig Feuer, Seuche, Nachricht usw* rozprzestrzeni(a)ć się, szerzyć się; *abw iron* **sich über etw ~** rozwodzić się nad *(inst)*
Ausbreitung F *(bpl) (Ausdehnung)* rozprzestrzenianie (się), szerzenie (się); *von Ideen, Ansichten, Mode usw a.* rozpowszechnienie (się); FIZ *a.* propagacja
aus|brennen *(irr)* V/T wypalać ⟨-lić⟩; V/I *(sn) Kerze* dopalić się *pf*; *Wohnung usw* ulec *pf* zniszczeniu w wyniku pożaru, doszczętnie spłonąć *pf*; **~bringen** *(irr) Toast* wznosić ⟨-nieść⟩; **~bröckeln** V/I *(sn)* wykruszać ⟨-szyć⟩ się
Ausbruch M wybuch *(a. fig)*; ucieczka (**aus dem Gefängnis** z więzienia); MIL wypad; **zum ~ kommen** → ausbrechen; **vor ~ des Krieges** przed wybuchem wojny
ausbrüten wysiadywać ⟨-siedzieć⟩ (**Küken** kurczęta); *umg Übles* ⟨u⟩knuć
Ausbuchtung F zatoka, uwypuklenie
aus|buddeln *umg* wykop(yw)ać; **~bügeln** wyprasować *pf*; *umg Fehler* naprawi(a)ć
Ausbund M *(bpl)*: **er ist ein ~ an Klugheit** on jest uosobieniem mądrości
ausbürgern *(-re)* pozbawi(a)ć obywatelstwa, ekspatriować *(im)pf*
Ausbürgerung F pozbawienie obywatelstwa, ekspatriacja
ausbürsten ⟨wy⟩czyścić szczotką, wyszczotkować *pf*
auschecken [-tʃɛkən] V/T dokonywać ⟨-nać⟩ odprawy *(gen)*; V/I *Hotelgast* zapłacić rachunek i wymeldować się *pf*
Ausdauer F wytrwałość *f*; SPORT *a.* wytrzymałość *f*; **mit ~** z uporem

ausdauernd ADJ wytrwały (-le)
ausdehnen V/T *räumlich* rozszerzać ⟨-rzyć⟩ (*a. fig Betrieb, Einfluss usw;* V/R **sich** się), rozciągać ⟨-gnąć⟩; *zeitlich* przedłużać ⟨-żyć⟩ (*v/r* **sich** się); *v/r* **sich** ~ (*sich erstrecken*) rozciągać ⟨-gnąć⟩ się; → ausgedehnt
Ausdehnung F rozszerzanie, rozszerzenie (się); *e-s Gebietes* rozległość *f*
ausdenken (*irr*): **sich** (*dat*) **etw** ~ wymyślać ⟨-lić⟩ sobie (*akk*); ... **ist nicht auszudenken** ... jest nie do pomyślenia
aus|diskutieren przedyskutować *pf* do końca; **~dörren** V/T wysuszać ⟨-szyć⟩; V/I (*sn*) wysychać ⟨wyschnąć⟩; **~drehen** *umg Radio usw* wyłączać ⟨-czyć⟩
Ausdruck[1] M (PL *-drücke*) wyraz; GRAM, MAT wyrażenie; **etw zum ~ bringen** dać *pf* wyraz (*dat*); *umg* **Ausdrücke gebrauchen** używać brzydkich wyrazów; → Ausdrucksweise
Ausdruck[2] M (PL *-e*) EDV wydruk
ausdrucken V/T ⟨wy⟩drukować
ausdrücken V/T *Saft, Zitrone* wyciskać ⟨-snąć⟩; *Zigarette* zgasić *pf*; *fig* wyrażać ⟨-razić⟩ (**mit Worten** słowami; **sein Bedauern wegen** ... żal z powodu *gen*); **anders ausgedrückt** inaczej mówiąc; V/R **sich** ~ wyrażać ⟨-razić⟩ się
ausdrücklich ADJ **1** *Verbot, Befehl* wyraźny, stanowczy (-czo); *präd a.* kategorycznie **2** *Bitte* usilny
Ausdruckskraft F (*bpl*) siła wyrazu, wyrazistość, ekspresja
ausdrucks|los nic niemówiący, bez wyrazu; **~stark** wyrazisty (-ście), ekspresywny, sugestywny; **~voll** wyrazisty (-ście); emfatyczny
Ausdrucksweise F sposób wyrażania się, sposób wysławiania się
ausdünsten (*-e-*) V/T wydzielać odór (*gen*)
Ausdünstung F odór, przykry zapach; PL *a.* wyziewy *mpl*
ausein'ander ADV rozdzielnie; **weit** ~ daleko od siebie; ~ **sein** różnić się wiekiem (**zwei Jahre** o dwa lata); *umg* **wir sind** ~ *Ehepaar* rozeszliśmy się; **~biegen** (*irr*) rozginać ⟨-giąć⟩; **~brechen** (*irr*) rozłam(yw)ać (*v/i, sn* się); *fig Ehe usw* rozpadać ⟨-paść⟩ się; **~bringen** (*irr*) *fig* rozdzielać ⟨-lić⟩, rozłączać ⟨-czyć⟩; **~fallen** (*irr; sn*) rozpadać ⟨-paść⟩ się; **~gehen** (*irr; sn*) *Menge, Ehepaar, Wege* rozchodzić ⟨rozejść⟩ się; *fig Meinungen* różnić się; **~halten** (*irr*) rozróżni(a)ć; **~jagen** rozganiać ⟨-gonić, rozegnać⟩; **~laufen** (*irr; sn*) rozbiegać ⟨-biec⟩ się
auseinanderleben V/R: **sich** ~ sta(wa)ć się obcym dla siebie
auseinandernehmen (*irr*) rozbierać ⟨rozebrać⟩ (na części); *umg Lokal* zdemolować *pf*
auseinandersetzen (*erklären*) ⟨wy⟩tłumaczyć; **sich** ~ (**mit etw**) rozważać ⟨-żyć⟩ (*akk*); (**mit j-m**) rozmówić się *pf* (z *inst*)
Ausein'andersetzung F (szczegółowe) studium (**mit etw** *gen*); dysputa, wymiana zdań; (*Streit*) spór, scysja; MIL konflikt
ausein'andertreiben (*irr*) rozpędzać ⟨-dzić⟩
auserlesen ADJ wykwintny
ausersehen *lit* (*irr, -*): **j-n** ~ **zu, für etw** przeznaczać ⟨-czyć⟩ k-o na (*akk*)
Auserwählte F wybran(k)a; **~(r)** M wybraniec, wybrany *m*
ausfädeln (*-le*): V/R **sich** ~ *Auto* wyłączyć się *pf* z (głównego) potoku ruchu
ausfahr|bar wysuwany, wypuszczany; **~en** (*irr*) V/T *Ware* rozwozić ⟨-wieźć⟩; *Baby* ⟨wy⟩wozić na spacer; *Antenne* wysuwać ⟨-sunąć⟩; *Fahrwerk* wypuszczać ⟨-puścić⟩; *Weg* wyjeździć *pf*; *Kurve* brać ⟨wziąć⟩; V/I (*sn*) wyjeżdżać ⟨-jechać⟩; ⟨po⟩jechać na spacer; *Schiff* wypływać ⟨-płynąć⟩
Ausfahrt F wyjazd; MAR wypłynięcie, wyjście (z portu); (*Spazierfahrt*) przejażdżka
Ausfall M (*bpl*) *der Haare usw* wypadanie; (*a* PL *-fälle*) (*Nichtstattfinden*) odwołanie, skreślenie; (*Einbuße*) strata, niedobór; *e-s Mitarbeiters* nieobecność *f*; *e-s Triebwerks* awaria; (*Arbeitsausfall*) przestój; przerwa (w pracy); MIL, SPORT (*Fechten*) wypad; *fig* (*mst* PL) napaść *f*, inwektywa
ausfallen V/I (*irr, sn*) wypadać ⟨-paść⟩ (*a. fig* **gut, schlecht** dobrze, źle); (*nicht stattfinden*) nie odbyć się *pf*; *Maschine* nie działać, *umg* nawalać ⟨-lić⟩; **der Strom ist ausgefallen** nastąpiła przerwa w dostawie prądu; **er fällt wegen ... aus** on musi pauzować z powodu (*gen*)
ausfallend ADJ napastliwy (-wie); ~ **werden (gegen)** odezwać się *pf* agresywnie (do *gen*), ⟨na⟩wymyślać k-u

Ausfall|(s)erscheinung F MED objaw niedoboru; **~straße** F ulica wylotowa; **~zeit** F *in der Versicherung* okres nieświadczenia pracy (równorzędny z okresem pracy); *im Betrieb* czas przestoju

aus|fasern V/I (*-re; a sn*) ⟨wy⟩strzępić się; **~fechten** (*irr*) *Prozess* doprowadzić do końca; **~fegen** wymiatać ⟨-mieść⟩; *Raum* ⟨po⟩zamiatać (w *lok*); **~feilen** wypiłow(yw)ać pilnikiem; *fig* wygładzać ⟨-dzić⟩; **~fertigen** sporządzać ⟨-dzić⟩; *Pass* wystawi(a)ć

Ausfertigung F sporządzenie; JUR kopia dokumentu; wypis; **in zweifacher ~** w dwóch egzemplarzach

ausfindig ADV: **~ machen** odszukać *pf*, wyszukać *pf*, wynaleźć *pf*

aus|fliegen (*irr*) V/T ewakuować (*im*)*pf* drogą lotniczą; V/I (*sn*) wylatywać ⟨-lecieć⟩; *fig umg* wyfrunąć *pf*; **~fließen** V/I (*irr, sn*) wyciekać ⟨-ciec⟩

ausflippen *umg* V/I (*sn*) (*durchdrehen*) fiksować, dosta(wa)ć fisia; *vor Freude* ⟨o⟩szaleć; *vor Angst, Eifersucht a.* świrować; → ausgeflippt

Ausflucht F (*-; -flüchte*) wymówka, wykręt; **Ausflüchte machen** używać wykrętów, *umg* kołować, kręcić

Aus|flug M wycieczka (**ins Grüne** za miasto, na łono natury), wypad (**an die See** nad morze); **~flügler(in)** M(F) wycieczkowicz (*a. Frau*)

Ausflugs|lokal N lokal wycieczkowy; **~ort** M miejscowość wycieczkowa; **~schiff** N statek wycieczkowy; **~ziel** N cel wycieczki; miejsce wycieczek

Ausfluss M wypływ; MED wydzielina; *engS* (*Fluor*) upławy *mpl*

aus|forschen wybadać *pf*, spenetrować *pf*; → **~fragen** rozpyt(yw)ać, wypyt(yw)ać (**über** *akk*, **nach** o *akk*); **~fransen** V/I (*sn*) ⟨wy⟩strzępić się; **~fressen** (*irr*) *Futter* wyżerać ⟨-żreć⟩, wyjadać ⟨-jeść⟩; *umg fig* przeskrobać *pf*

Ausfuhr F wywóz, eksport

ausführbar wykonalny, realny

Ausfuhr|beschränkung F ograniczenia *npl* eksportowe; **~bewilligung** F zezwolenie na wywóz

ausführen *j-n* wyprowadzać ⟨-dzić⟩ na spacer; (*einladen*) zapraszać ⟨-prosić⟩ (**j-n zu** k-o do *gen*, na *akk*); *umg Kleid usw* obnosić, pokazywać; *Waren* wywozić ⟨-wieźć⟩, eksportować (*im*)*pf*; *Auftrag, Reparatur, Freistoß usw* wykon(yw)ać; *Tat* dokon(yw)ać (*gen*); *Plan, Gedanken* ⟨z⟩realizować; (*darlegen*) przedstawi(a)ć, rozwijać ⟨-winąć⟩

ausführlich wyczerpujący (-co)

Ausführung F (*bpl*) wykonanie (*a. Art der Ausführung*); realizacja; *e-r Tat* dokonanie; (*oft a. pl*) (*Darlegung*) wywody *mpl*

Ausfuhrverbot N zakaz wywozu

Ausfuhrzoll M cło wywozowe

ausfüllen zapełni(a)ć (*a. Zeit*), wypełni(a)ć (*a. Vordruck, Amt*); (*beanspruchen*) absorbować, zaprzątać ⟨-tnąć⟩; (*innerlich befriedigen*) zadowalać

Ausgabe F (*Geldsumme*) wydatek; TYPO edycja, *a. rtv* wydanie; (*Auflage*) nakład; (*bpl*) *von Gepäck, Essen, Befehl usw* wyda(wa)nie; (*Verkauf*) sprzedaż *f*; BANK emisja; EDV wyprowadzanie (danych); **~kurs** M kurs emisyjny; **~(n)buch** N księga wydatków; **~stelle** F punkt rozdzielczy

Ausgang M wyjście; (*Ende*) koniec, zakończenie; (*Ergebnis*) wynik; **am ~** przy wyjściu; **~ haben** mieć wolne; **ein Unfall mit tödlichem ~** śmiertelny wypadek; **s-n ~ nehmen** (**von**) brać ⟨wziąć⟩ początek (od, z *gen*)

Ausgangs|lage F sytuacja wyjściowa; **~punkt** M punkt wyjścia; **~sperre** F godzina policyjna

ausgeben (*irr*) V/T *ogóln* wyda(wa)ć (*a. Geld* **für etw** na *akk*); *Banknoten* emitować; *Karten* rozda(wa)ć; poda(wa)ć (**für**, **als** za *akk*; V/R **sich** się); *umg* **e-n ~** fundować (*akk*)

ausgebildet ADJ wykwalifikowany

ausgebombt ADJ zniszczony przez bomby; *pperf* **er wurde ~** on stracił wszystko podczas nalotu bombowego

ausgebrannt *pperf* → ausbrennen

ausgebucht ADJ: **unser Hotel ist ~** nie mamy wolnych pokoi; **der Flug nach ... ist ~** wszystkie bilety na przelot do ... są wyprzedane

Ausgeburt *lit* F *abw* produkt; **er ist e-e ~ von Faulheit** (on) jest uosobieniem lenistwa

ausgedehnt ADJ rozległy; *Reise* daleki

ausgedient *pperf umg*: **der Anzug hat ~** ubranie się wysłużyło

ausgefallen *pperf* → ausfallen; ADJ

niezwykły (-le), ekstrawagancki (-ko)
ausgeflippt *umg pperf* → ausflippen; ADJ świrnięty; **~er Kerl** *pop* pieprznięty facet, świr, świrus
aus|gefuchst *umg* ADJ wycwaniony; **~geglichen** *pperf* → ausgleichen; ADJ zrównoważony; SPORT wyrównany
ausgegrenzt ADJ wyrzucony za nawias, wyłączony
ausgehen V/I (*irr; sn*) wychodzić ⟨wyjść⟩ (**aus, von** z *gen; a. fig*); (*sich vergnügen*) iść ⟨pójść⟩ (na tańce, do teatru *usw*); *Duft, Wärme usw* wydzielać się; (*enden*) ⟨s⟩kończyć się; *Geld, Ware* wyczerp(yw)ać się; *Licht* ⟨z⟩gasnąć; *Haare* wypadać ⟨-paść⟩; **auf etw ~** szukać, próbować (*gen*); **ich gehe davon aus, dass ...** wychodzę z założenia, że ...; **von ihr ging Ruhe aus** emanował z niej spokój; *umg* **ihm geht die Luft aus** *fig* on goni resztkami; **leer ~** nic nie otrzymać
ausgehend ADJ kończący się; **im ~en Mittelalter** u schyłku Średniowiecza
ausgehungert ADJ zgłodniały, wyposzczony, (*a. entkräftet*) wygłodzony
Ausgeh|uniform F mundur wyjściowy; **~verbot** N zakaz opuszczania (*gen*)
ausgeklügelt ADJ pomysłowy (-wo)
ausgekocht *pperf* → auskochen; ADJ *umg abw* szczwany, kuty na cztery nogi
ausgelassen ADJ swawolny, rozbrykany; (*fröhlich*) wesoły (-ło); **~ sein** swawolić, dokazywać
Ausgelassenheit F (PL *selten*) swawola; (*Fröhlichkeit*) wesołość *f*
aus|gelastet ADJ *Person* zawalony pracą; **~geleiert** ADJ rozruszany, luźny; *Gummi* rozciągnięty; **~gemacht** ADJ *Sache* uzgodniony, umówiony; *abw Gauner* skończony; *Schwindel* jawny; → ausgesprochen; **~gemergelt** ADJ wycieńczony, wynędzniały
ausgenommen *pperf* → ausnehmen; *konj* chyba że; (*außer*) z wyjątkiem (*gen*)
aus|geprägt ADJ wyraźny; **~gerechnet** *umg* ADV akurat, właśnie; **~gereift** ADJ dojrzały (*a. fig*); **~gerenkt** ADJ zwichnięty, przemieszczony
ausgeschlossen *pperf* → ausschließen; ADJ wykluczony; **es ist nicht ~, dass ...** niewykluczone, że ...
aus|geschnitten *pperf* → ausschneiden; ADJ *Kleid* z dekoltem; **~geschrieben** *pperf* → ausschreiben; **~gesprochen** *pperf* → aussprechen; ADJ wyraźny; (*ganz besonders*) zdecydowany, szczególny; ADV nad wyraz
Ausgestaltung F (PL *selten*) (*das Gestalten, Organisieren*) (z)organizowanie, (za)aranżowanie; (*Gestalt*) kształt, forma, ujęcie; (*Ausstattung*) wystrój
aus|gestanden *pperf* → ausstehen; **~gestellt** ADJ *Rock* rozkloszowany, rozszerzany (u dołu); **~gestopft** ADJ wypchany; **~gestorben** *pperf* → aussterben; ADJ wymarły; **~gesucht** ADJ wyszukany; ADV nadzwyczaj; **~getreten** ADJ *Weg* wydeptany; *Schuhe* wykrzywiony, znoszony; **~gewachsen** ADJ wyrośnięty, wyrosły; dorosły; *umg abw* skończony; **~gewählt** ADJ *Werke* wybrany; **~gewaschen** ADJ sprany
ausgewechselt ADJ: **wie ~** jakby nie ten sam, jakby zupełnie inny
aus|gewogen ADJ wyważony; **~gezeichnet** ADJ świetny, wyborny, znakomity (-cie); **~giebig** obfity (-cie); gruntowny; **~gießen** (*irr*) wyl(ew)ać; BUD *Fuge* zal(ew)ać (**mit etw** *inst*)
Ausgleich M (-[e]s; selten -e) wyrównanie (*a.* SPORT); rekompensata; **zum ~ für** jako wyrównanie (*gen*)
ausgleichen (*irr*) V/T wyrówn(yw)ać (*v/r* **sich** się); *Mangel usw* kompensować (**durch etw** *inst*); *Etat* zrównoważyć *pf*; *Konflikt* załagodzić *pf*; V/I SPORT wyrówn(ywa)ć
Ausgleichs|sport M sport rekreacyjny; **~tor** M, **~treffer** M bramka wyrównująca
aus|gleiten V/I (*irr; sn*) pośliz(g)nąć się *pf*; **~gliedern** wyodrębni(a)ć; **~glühen** V/T wyżarzać ⟨-rzyć⟩; V/I (*sn*) wypalać ⟨-lić⟩ się; **~graben** (*irr*) wykop(yw)ać; *fig* wygrzeb(yw)ać, odgrzeb(yw)ać
Ausgrab|ung F (*das Ausgraben, mst* PL) wykopaliska *npl*, prace *fpl* wykopaliskowe; (*Fund*) wykopalisko, znalezisko; **~ungsstätte** F wykopalisko
ausgrenzen wyłączać ⟨-czyć⟩; *Person a.* wyrzucać ⟨-cić⟩ za nawias
Ausguss M zlew (kuchenny)
aus|haben *umg* V/T *Kleidungsstück* zdjąć *pf*; *Buch* doczytać *pf* (do końca); **~hakken** *Rüben* wykop(yw)ać; *Unkraut* gracować; *Auge* wykłu(wa)ć; **~haken** V/T

odczepi(a)ć, odpinać ⟨-piąć⟩ (*v/r* **sich** się); *v/i umg* **bei ihm hakt es manchmal aus** on czasem nie kuma o co chodzi; **~halten** (*irr*) V/T wytrzym(yw)ać (*a. v/i*); *abw Person* utrzymywać (*akk*); *umg* **es ist nicht zum Aushalten** to nie do wytrzymania; **~handeln** wynegocjować *pf*; **~händigen** doręczać ⟨-czyć⟩, wręczać ⟨-czyć⟩

Aushang M ogłoszenie

aus|hängen[1] V/T wywieszać ⟨-wiesić⟩; *Tür* zdejmować ⟨zdjąć⟩ z zawiasów; **~hängen**[2] V/I (*irr*) być wywieszonym

Aushängeschild N (PL *-er*) *fig* żywa reklama

aus|harren *lit* V/I wyczekiwać; (**bis zu**) wytrwać *pf* ([aż] do *gen*); **~härten** V/I (*sn*) utwardzać ⟨-dzić⟩ się; **~heben** (*irr*) *Grube* kopać, wykop(yw)ać; *Bande* unieszkodliwić *pf*; **~hecken** *umg* ⟨u⟩knuć, ⟨wy⟩kombinować; **~heilen** V/I (*sn*) zagoić się *pf*, wygoić się *pf*

aushelfen V/I (*irr*): **j-m mit etw ~** pożyczać ⟨-czyć⟩ k-u (*gen*)

Aushilfe F (dorywcza) pomoc, wyręka

Aushilfskraft F pracownik sezonowy, siła pomocnicza

aus|hilfsweise ADV dorywczo, sezonowo, jako chwilowa wyręka; **~höhlen** ⟨wy⟩drążyć; *fig* podkop(yw)ać

ausholen V/I *zum Schlag* zamachnąć się *pf*; *fig* **weit ~** cofać ⟨-fnąć⟩ się daleko wstecz

aus|horchen *j-n* rozpyt(yw)ać, wypyt(yw)ać (**über** *akk* o *akk*); **~hungern** morzyć głodem, wygładzać ⟨-głodzić⟩; **~husten** wykasł(yw)ać; **~kehren** *reg* zamiatać ⟨-mieść⟩

auskennen (*irr*): V/R **sich ~** orientować się (**in** *dat* w *lok*); *fig* znać się (**mit** na *lok*)

aus|kippen *Gefäß* opróżni(a)ć; *Müll, Sand* wywalać ⟨-lić⟩, wysyp(yw)ać; **~klammern** *fig* wyłączać ⟨-czyć⟩ (**aus** z *gen*)

Ausklang M *fig* finał

aus|kleiden → entkleiden; *Raum* (**mit**) wykładać ⟨wyłożyć⟩ (*inst*); **~klingen** V/I (*irr; sn*) *Lied* przebrzmieć *pf*; *fig* (**mit**) ⟨za⟩kończyć się (*inst*); **~klinken** V/T wyczepi(a)ć, zwalniać ⟨zwolnić⟩ (*v/i* się); **~klopfen** wytrzep(yw)ać; *Pfeife* wytrząsać ⟨-snąć⟩; **~knipsen** *umg Licht* ⟨z⟩gasić; **~knobeln** V/T rzucać ⟨-cić⟩ losy (o *akk*); → austüfteln; **~kochen** V/T wygotow(yw)ać

auskommen V/I (*irr; sn*): **ich komme mit etw aus** mam dosyć (*gen*), wystarcza(ją) mi (*akk*); **mit j-m gut ~** żyć w zgodzie z (*inst*); **mit j-m schlecht ~** nie móc dojść do ładu z (*inst*); **ohne j-n, etw ~** obchodzić ⟨obejść⟩ się bez (*gen*); **nicht ~ ohne** (*akk*) nie móc się obejść bez (*gen*), nie da(wa)ć sobie rady bez (*gen*)

Auskommen N (*bpl*) wystarczające dochody *mpl*; **sein ~ haben** mieć zapewnioną egzystencję

aus|kosten *lit* V/T delektować się (*inst*); **~kotzen** *pop* wyrzygać *pf*; **~kramen** *umg* wygrzeb(yw)ać (*a. fig*); **~kratzen** wyskrob(yw)ać; *fig Augen* wydrapać *pf*; **~kühlen** V/I (*sn*) wyziębnąć *pf*, wyziębi(a)ć się; V/T oziębi(a)ć, wyziębi(a)ć; **~kundschaften** (*-e-*) wyszpiegować *pf*, wyśledzić *pf*

Auskunft F (*-; -künfte*) informacja; TEL biuro numerów; **e-e ~ einholen** (**über** *akk*) zasięgać ⟨-gnąć⟩ informacji (o *lok*); **e-e ~ erteilen** udzielać ⟨-lić⟩ informacji

Auskunf'tei F prywatne biuro śledcze

aus|kuppeln V/I wyłączać ⟨-czyć⟩ sprzęgło; **~kurieren** wykurować *pf*, wyleczyć *pf*

auslachen: **j-n ~** wyśmi(ew)ać się z (*gen*), *umg* obśmi(ew)ać (*akk*)

aus|laden[1] (*irr*) *Ware* wyładow(yw)ać; *Fahrzeug* rozładow(yw)ać; **~laden**[2] (*irr*) *Person* cofać ⟨-fnąć⟩ zaproszenie (*gen*)

ausladend ADJ *Baum* rozłożysty

Auslage F wystawa (sklepowa); *engS a.* witryna; SPORT postawa wyjściowa; **~n** PL wydatki *mpl*

auslagern ewakuować (*im*)*pf*

Ausland N (*bpl*) zagranica; **aus dem ~** z zagranicy; **ins ~** za granicę; **im ~** za granicą

Ausländer M cudzoziemiec, obcokrajowiec; **~behörde** F biuro ewidencji cudzoziemców; **~feindlichkeit** F ksenofobia; **~gesetz** N ustawa o cudzoziemcach; **~in** F cudzoziemka

ausländisch zagraniczny; (*fremdländisch*) cudzoziemski (po -ku)

Auslands|aufenthalt M pobyt za granicą; **~gespräch** N TEL rozmowa międzynarodowa; **~korrespondent(-in)** M(F) korespondent(ka) zagraniczny (-na); **~presse** F prasa zagraniczna;

~reise F podróż zagraniczna; **~tournee** F występy *mpl* gościnne za granicą
auslassen *(irr)* V/T *Wort* opuszczać ⟨opuścić⟩; *(übergehen, verpassen)* omijać ⟨ominąć⟩; *Wut* wyładow(yw)ać (**an** *dat* na *inst*); *Butter* roztapiać ⟨-topić⟩; *Saum* wypuszczać ⟨-puścić⟩; V/R **sich ~** rozwodzić się (**über** *akk* nad *inst*)
Aus|lassung F opuszczenie; pominięcie; *(Äußerung, mst pl)* wypowiedź *f*; **~lassungspunkte** MPL wielokropek
auslasten *Maschine* wykorzyst(yw)ać maksymalnie; *Person* obciążać ⟨-żyć⟩ pracą
Aus|lastung F (pełne) wykorzystanie (zdolności produkcyjnej); obciążenie (pracą); **~lauf** M *für Tiere* wybieg
auslaufen V/I *(irr; sn)* *Flüssigkeit* wyciekać ⟨-ciec⟩; *Topf* przeciekać; *Schiff* wychodzić ⟨wyjść⟩ w morze, wypływać ⟨-płynąć⟩; *(enden)* ⟨s⟩kończyć się; **~ lassen** TECH *Serie* wycof(yw)ać się z produkcji *(gen)*
Aus|läufer M GEOG odnoga; METEO klin; BOT rozłóg; **~laufmodell** N model wychodzący ze sprzedaży
auslaugen wyługow(yw)ać; *fig* wyczerp(yw)ać, *umg* wykończyć *pf*
Auslaut M JĘZ wygłos
ausleben: V/R **sich ~** wyży(wa)ć się
aus|lecken wyliz(yw)ać; **~leeren** opróżni(a)ć; **~legen** wykładać ⟨wyłożyć⟩ *(a. etw* **mit Papier, Teppich** *usw* papierem, dywanem); *Geld a.* ⟨za⟩płacić (**für** za *akk*); *Text* interpretować
Aus|legeware F wykładzina dywanowa; **~legung** F interpretacja, *a.* JUR wykładnia
ausleiern V/I *(-re; sn)* → ausgeleiert
Ausleihe F wypożyczalnia
ausleihen *(irr)* wypożyczać ⟨-czyć⟩
auslernen V/I ⟨u⟩kończyć naukę (zawodu), wykwalifikować się *pf*
Auslese F wybór; *(Wein)* wino wyborowe; *fig* elita, kwiat; **e-e ~ treffen** dokonać *pf* wyboru; **natürliche ~** dobór naturalny
aus|lesen[1] *(irr)* *Buch* przeczytać *pf* (do końca), doczytać *pf*; **~lesen**[2] *(irr)* *(auswählen)* przebierać ⟨-brać⟩; **~liefern** ekspediować, dostarczać ⟨-czyć⟩, wys(y)łać; *Person* wyda(wa)ć; *an ein anderes Land* ekstradować *(im)pf*; **s-m Schicksal ausgeliefert sein** być zdanym na łaskę losu
Auslieferung F HANDEL dostawa, wysyłanie, ekspedycja (towarów); JUR wyda(wa)nie; ekstradycja
Auslieferungs|lager N skład, hurtownia; **~vertrag** M umowa ekstradycyjna
aus|liegen V/I *(irr)* być wyłożonym (do wglądu); **~löffeln** zjeść *pf*, wyjeść *pf*; **~loggen** V/I *(u.* V/R **sich)** EDV wylogować się *pf*; **~löschen** ⟨po-, wy-, z⟩gasić; *(tilgen)* wymaz(yw)ać; *(töten)* zgładzać ⟨-dzić⟩; **~losen** wylosow(yw)ać
auslösen V/T TECH wyzwalać ⟨-zwolić⟩, zwalniać ⟨zwolnić⟩; *(in Gang setzen)* uruchamiać ⟨-chomić⟩; *Gefangene, Pfand* wykupywać ⟨-pić⟩; *Reaktion, Freude* wywoł(yw)ać, wyzwalać ⟨-zwolić⟩; V/R **sich ~** zadziałać *pf* (samoczynnie), włączyć się *pf*
Auslöser M *fot* wyzwalacz, spust
aus|loten *fig* ⟨wy⟩sondować; **~lüften** V/T ⟨prze-, wy⟩wietrzyć *(v/i* się); **~machen** *umg* *Feuer, Licht, Motor* ⟨z⟩gasić; *(bilden)* stanowić; *Summe, Menge* wynosić ⟨-nieść⟩; *(entdecken)* rozpozna(wa)ć; *Termin* uzgadniać ⟨uzgodnić⟩; **das macht mir nichts aus** to mi nie robi różnicy; **macht es Ihnen etwas aus, wenn ...?** czy robi to panu *od* pani różnicę, jeśli(by) ...?
ausmalen V/T wymalować *pf*; *(kolorieren)* ⟨po⟩kolorować; *fig* przedstawi(a)ć; **sich** *(dat)* **etw ~** wyobrażać ⟨-razić⟩ sobie *(akk)*
Ausmaß N rozmiar, wymiar *(fig mst pl)*; *fig a.* skala; *(Umfang)* zakres
aus|meißeln wycios(yw)ać (dłutem), wyrzeźbić *pf*; **~merzen** *(-zt)* wytrzebi(a)ć, ⟨wy⟩eliminować; **~messen** wymierzać ⟨-rzyć⟩; **~misten** *(-e-)* usuwać ⟨usunąć⟩ gnój (**den Stall** z obory, stajni); *umg fig* wyrzucać ⟨-cić⟩ (na śmietnik); **~mustern** *Unbrauchbares* wysortować *pf*, wybrakow(yw)ać
Ausnahme F wyjątek; **mit ~** *(gen od* **von)** z wyjątkiem *(gen)*; **alle ohne ~** wszystkie, *persf* wszyscy bez wyjątku; **~situation** F sytuacja wyjątkowa; **~zustand** M stan wyjątkowy
ausnahms|los ADV bez wyjątku; **~weise** ADV wyjątkowo, w drodze wyjątku
ausnehmen *(irr)* V/T *Tier* ⟨wy⟩patroszyć; *fig* wyłączać ⟨-czyć⟩ (**von** z *gen*); → ausgenommen; *umg abw j-n* obskub(yw)ać; *beim Spiel* ogr(yw)ać; V/R **sich ~** prezentować się, wyglądać
ausnehmend ADV nadzwyczaj, wyjąt-

kowo
Ausnüchterungszelle F izba wytrzeźwień
aus|nutzen, *austr, pł-niem* **~nützen** wykorzyst(yw)ać
Aus|nutzung F, *austr, pł-niem* **~nützung** F *(bpl)* wykorzyst(yw)anie
aus|packen VT wyjmować ⟨wyjąć⟩ z opakowania, rozpakow(yw)ać; VI *umg fig* wyśpiewać *pf*; **~parken** VI wyjeżdżać ⟨-jechać⟩ z miejsca postoju; **~peitschen** ⟨wy⟩chłostać; **~pfeifen** *(irr)* wygwizd(yw)ać; **~pflanzen** AGR wysadzać ⟨-dzić⟩; **~plaudern** wypaplać *pf*, *umg* wyklepać *pf*; **~plündern** *Land* splądrować *pf*; *Person, Laden* obrabować *pf*; **~polstern** (**mit**) wyściełać ⟨wysłać⟩ *(inst)*; **~posaunen** (-) *abw* roztrąbić *pf*; **~pressen** wyciskać ⟨-snąć⟩; **~probieren** (-) wypróbować *pf*
Auspuff M (-[e]s; -e) AUTO wydech; **~gase** NPL gazy *mpl* spalinowe, spaliny *fpl*; **~rohr** N rura wydechowa; **~topf** M AUTO tłumik
aus|pumpen wypompow(yw)ać; **~punkten** (-e-) SPORT wypunktować *pf*; **~pusten** *umg* → ausblasen; **~quartieren** (-) wykwaterow(yw)ać; **~quetschen** wyciskać ⟨-snąć⟩, wydusząć ⟨-dusić⟩ *(a. umg j-n)*; **~radieren** (-) wymaz(yw)ać (gumką); *pop abw* zrówn(yw)ać z ziemią; **~rangieren** (-) *umg* wybrakow(yw)ać; **~rasieren** (-) wygalać ⟨-golić⟩; **~rasten** *umg fig* VI *(sn)* wychodzić ⟨wyjść⟩ z siebie, wkurzać ⟨-rzyć⟩ się; **~rauben** obrabow(yw)ać; **~räuchern** wykurzać ⟨-rzyć⟩; **~räumen** *Schrank* opróżni(a)ć; *Sachen* wyprzątać ⟨-tnąć⟩; *fig Einwände* rozwi(ew)ać
ausrechnen VT obliczać ⟨-czyć⟩, wyliczać ⟨-czyć⟩; **sich** *(dat)* ~ obliczyć sobie (w pamięci); wykalkulować *pf*
Ausrede F wymówka; *(Vorwand)* pretekst; **faule ~** wykręt
ausreden wyperswadować *pf* (**j-m die Reise** k-u podróż); **j-n ~ lassen** pozwolić k-u skończyć
ausreichen VI wystarczać ⟨-czyć⟩ (**für** na *akk*); **das Geld reicht (nicht) aus** pieniędzy (nie) starczy (**für** na *akk*)
ausreichend ADJ wystarczający (-co), *a. Note* dostateczny
ausreifen VI *(sn)* dojrze(wa)ć *(a. fig)*
Ausreise F wyjazd; **~genehmigung** F pozwolenie na wyjazd
ausreisen VI *(sn)* wyjeżdżać ⟨-jechać⟩ (**nach** do *gen*); **j-n ~ lassen** pozwolić k-u wyjechać (z kraju, za granicę)
ausreißen *(irr)* VT wyr(y)wać; VI *(sn) umg (türmen)* zmykać, zwiewać ⟨zwiać⟩ (**aus** z *gen*)
Ausreißer(in) M(F) *umg* uciekinier(ka)
aus|reiten VI *(irr; sn)* ⟨po⟩jechać na konną przejażdżkę; **~renken** wywichnąć, zwichnąć *pf* (**sich** *[dat]* **den Arm** sobie rękę); **~richten** *Personen, Sachen* wyrówn(yw)ać; *(erreichen)* osiągać ⟨-gnąć⟩, *umg* wskórać *pf*; *Fest usw* urządzać ⟨-dzić⟩, wyprawi(a)ć; ⟨z⟩organizować; *Grüße* przekaz(yw)ać; *Angebot* nastawi(a)ć (**auf** *akk* na *akk*); orientować (**nach Süden** na południe); **etw einheitlich ~** ujednolicać ⟨-cić⟩
Ausricht|er M organizator; **~ung** F *(bestimmte Richtung e-r Reihe)* wyrównanie; *(Einstellung)* nastawienie *(a.* POL); *e-s Festes usw* urządzenie, wyprawienie; *(das Veranstalten)* (z)organizowanie, organizacja
Ausritt M wyjazd konno; konna przejażdżka
aus|rollen VT rozwijać ⟨-winąć⟩; *Teig* rozwałkow(yw)ać; **~rotten** (-e-) ⟨wy⟩tępić; *Übel* wykorzeni(a)ć
Ausrottung F *(bpl)* (wy)tępienie; wykorzenienie; *(Genozid)* eksterminacja
ausrücken VI *(sn)* wyruszać ⟨-szyć⟩, wyjeżdżać ⟨-jechać⟩; *umg* → ausreißen
Ausruf M okrzyk
ausrufen *(irr)* wykrzyknąć *pf*; *Fluggast, Fahrgast* wywoł(yw)ać; *Streik usw* ogłaszać ⟨-łosić⟩; (**feierlich** uroczyście) proklamować
Ausrufezeichen N wykrzyknik
aus|ruhen VT *(a.* VR **sich**) odpoczywać ⟨-cząć⟩, wypoczywać ⟨-cząć⟩; **~rupfen** wyskub(yw)ać; **~rüsten** wyposażać ⟨-sażyć⟩ (**mit** w *akk*); ⟨wy⟩ekwipować
Ausrüstung F wyposażenie *(a. das Ausrüsten)*, sprzęt; ekwipunek
ausrutschen VI *(sn)* pośliz(g)nąć się *pf*
Ausrutscher *umg* M *fig* gafa, nietakt
Aussaat F (wy)siew; → Saatgut
aussäen wysi(ew)ać
Aussage F wypowiedź *f*; JUR zeznanie (**zu**

w sprawie *gen*); *e-s Werkes* wymowa, wydźwięk; **nach ~** według zeznań; **~kraft** F siła wyrazu
aussagekräftig wymowny
aussagen V/T wyrażać ⟨-razić⟩; JUR zezna(wa)ć (*a. v/i*)
aussägen wypiłow(yw)ać
Aussagesatz M GRAM zdanie oznajmujące
Aussatz M (*bpl*) MED trąd
aussätzig trędowaty (*a. fig*)
aus|saugen *etw* wysysać ⟨wyssać⟩; *fig* wyciskać ostatnie soki (z *gen*); **~schaben** wyskrob(yw)ać
Ausschabung F MED skrobanka
aus|schachten (-e-) *Grube* kopać, wykop(yw)ać; *Erde* wyb(ie)rać; **~schälen** wyłuszczać ⟨-czyć⟩ (*a.* MED); *Knochen* wycinać ⟨-ciąć⟩; **~schalten** V/T wyłączać ⟨-czyć⟩ (*v/r* **sich** się); *fig a.* ⟨wy⟩-eliminować
Ausschank M (-[e]s; bpl) wyszynk; (*a* PL *-schänke*) szynkwas; → Theke
Ausschau F (*bpl*): **~ halten (nach)** wypatrywać, wyglądać (*gen*)
aus|schauen **(nach)** wypatrywać, wyglądać (*gen*); **~scheiden** (*irr*) V/T (*absondern, a.* MED) wydzielać ⟨-lić⟩; CHEM *a.* wytrącać ⟨-cić⟩; *Kot usw* wydalać ⟨-lić⟩; V/I (*sn*) SPORT, *Bewerber, Möglichkeit* odpadać ⟨-paść⟩; *Mitarbeiter* odchodzić ⟨odejść⟩ (**aus** z *gen*)
Ausscheidung F (*bpl*) (*das Absondern, a.* BIOL) wydzielanie, wydalanie; *aus e-m Amt usw* odejście, ustąpienie; (*a. pl*) MED wydzielina; wydalina; SPORT eliminacja
Ausscheidungs|produkt N BIOL wydalina; **~spiel** N mecz eliminacyjny; PL *a.* rozgrywki *fpl* eliminacyjne
aus|schenken sprzeda(wa)ć (**Alkohol an** *akk* napoje alkoholowe *dat*); **~scheren** V/I (*sn*) *Auto* (nagle) zmieni(a)ć pas ruchu; (**vor j-m**) zajeżdżać ⟨-jechać⟩ drogę (*dat*); **~schicken** wys(y)łać; **~schiffen** V/T wyokrętować *pf* (*v/r* **sich** się)
aus|schildern *Strecke* oznakować *pf*; **~schimpfen** zbesztać *pf*; **~schlachten** *umg Auto* ⟨z⟩demontować; *umg fig abw Fall usw* wykorzyst(yw)ać
ausschlafen (*irr*) V/I (*a.* V/R **sich**) wysypiać ⟨-spać⟩ się; V/T **s-n Rausch ~** przespać się *pf* po upiciu
Ausschlag M MED wysypka; *des Pendels usw* wychylenie, odchylenie; *fig* **den ~ geben (für)** zadecydować *pf*, rozstrzygnąć *pf* (o *lok*)
ausschlaggebend ADJ decydujący; **~ sein (für)** zadecydować (o *lok*)
ausschlagen (*irr*) V/T *Scheibe, Zahn* wybi(ja)ć; *Angebot* nie przyjąć (*gen*); → ablehnen; V/I (*a. sn*) *Zeiger* odchylać ⟨-lić⟩ się, wychylać ⟨-lić⟩ się; *Pferd* wierzgać ⟨-gnąć⟩; *Baum* wypuszczać ⟨-puścić⟩ pąki *od* pędy
ausschließ|en (*irr*) wykluczać ⟨-czyć⟩, wyłączać ⟨-czyć⟩ (**aus, von** z *gen*); **es ist nicht auszuschließen, dass …** niewykluczone, że …; → ausgeschlossen; **~lich** ADJ wyłączny; PRÄP (*gen*) wyjąwszy (*akk*), z wyjątkiem (*gen*)
ausschlüpfen V/I (*sn*) *Küken* wyklu(wa)ć się, wylęgać ⟨-gnąć⟩ się
Ausschluss M wykluczenie, wyłączenie; **unter ~ der Öffentlichkeit** przy drzwiach zamkniętych
ausschmücken ⟨przy-, wy⟩stroić; *fig Geschichte* upiększać ⟨-szyć⟩
Ausschmückung F (*das Ausschmücken*) przystrajanie, przyozdabianie; (*das Ausschmückende*) dekoracja, upiększenie
ausschneiden (*irr*) wycinać ⟨-ciąć⟩, wykrawać, wykrajać ⟨-kroić⟩
Ausschnitt M wycięcie; *engS* dekolt; (*Teil*) wycinek (**aus e-r Zeitung** z gazety); sektor; (*Film*) klatka
aus|schöpfen wyczerp(yw)ać (*a. fig*); **~schrauben** wykręcać ⟨-cić⟩; **~schreiben** (*irr*) *Wort usw* wypisać *pf*; *Wahlen usw* rozpis(yw)ać; *Stelle usw* ogłaszać ⟨ogłosić⟩ konkurs (na *akk*)
Aus|schreibung F *e-r Stelle* ogłoszenie konkursu; *bes* BUD przetarg; **~schreitungen** FPL wybryki *mpl*, ekscesy *mpl*
Ausschuss M komisja, komitet; (*bpl*) TECH, HANDEL brak; **~mitglied** N członek komisji *od* komitetu; **~ware** F towar wybrakowany
ausschütteln wytrzep(yw)ać
ausschütten V/T *Sand* wysyp(yw)ać; *Wasser* wyl(ew)ać; *Dividende* wypłacać ⟨-cić⟩; V/R **sich vor Lachen ~** pękać ze śmiechu
Ausschüttung F wypłata (dywidendy)
aus|schwärmen V/I (*sn*) ⟨wy⟩roić się (*a. fig*); *Suchtrupp* posuwać się tyralierą; **~schweifend** ADJ *Fantasie* wybujały;

Leben rozpustny
Ausschweifungen FPL wybryki *mpl;* (*Sittenlosigkeit*) rozpasanie
ausschweigen (*irr*): V/R **sich ~** (uporczywie) milczeć (**über** *akk* o *lok*)
ausschwenken *Glas* ⟨wy⟩płukać
ausschwitzen wypacać ⟨-pocić⟩
aussehen V/I (*irr*) wyglądać (**jung** młodo; **wie ...** jak ..., na *gen*); **es sieht danach aus** na to wygląda; **es sieht nach Regen aus** zanosi się na deszcz; **wie sieht es mit ... aus?** jak z ... (*inst*)?; *umg* **so siehst du aus!** jeszcze czego!
Aussehen N (*-s; bpl*) wygląd; **dem ~ nach** z wyglądu
außen ADV zewnątrz; **nach ~** na zewnątrz; **von ~ (her)** z zewnątrz; *umg* **~ vor bleiben** nie liczyć się
Außen|- *in zssgn mst* zewnętrzny; **~amt** N (*bpl*) *austr* ministerstwo spraw zagranicznych; **~aufnahmen** FPL zdjęcia *npl* w plenerze; **~bezirk** M dzielnica podmiejska; **~bordmotor** M silnik zaburtowy
aussenden (*a. irr*) wys(y)łać, rozsyłać ⟨rozesłać⟩; FIZ emitować
Außen|dienst M (*bpl*) praca w terenie; **~handel** M handel zagraniczny; *in zssgn* ... handlu zagranicznego; **~maße** NPL wymiary *mpl* zewnętrzne; **~ministerium** N ministerstwo spraw zagranicznych; **~politik** F polityka zagraniczna
außenpolitisch ADJ: **~e Debatte** debata nad polityką zagraniczną; **~er Kurs** kurs polityki zagranicznej
Außen|seite F strona zewnętrzna; *e-s Stoffes* wierzch; **~seiter(in)** M(F) outsider; **~spiegel** M lusterko boczne; **~stände** MPL niespłacone należności *fpl*
Außenstehende F, **~(r)** M obca, obcy, osoba postronna
Außen|stelle F ekspozytura; **~stürmer** M skrzydłowy napastnik; **~welt** F (*bpl*) świat zewnętrzny; **~wirtschaft** F (*bpl*) międzynarodowe stosunki *mpl* ekonomiczne
außer **A** PRÄP (*dat*) (o)prócz (*gen*), poza (*inst*); **~ Betrieb** nieczynny; **er ist ~ Lebensgefahr** on już nie jest w sytuacji zagrażającej życiu; **~ sich sein (vor)** nie panować nad sobą, nie posiadać się (z *gen*); **~ sich geraten** stracić *pf* panowanie nad sobą, *umg* wyjść *pf* z siebie; → Atem, Kraft *usw* **B** *konj* **~ dass, ~ wenn** chyba, że
außer|beruflich pozazawodowy, *präd* poza zawodem; **~betrieblich** pozazakładowy
außerdem ADV (o)prócz tego, ponadto
außerdienstlich pozasłużbowy (-wo)
äußere zewnętrzny; (*auf der Oberfläche befindlich*) *a.* wierzchni; **~ Verletzung** obrażenie zewnętrzne
außer|ehelich pozamałżeński; **~europäisch** pozaeuropejski; **~gerichtlich** pozasądowy; **~gewöhnlich** niezwykły (-le), nadzwyczajny, *präd* nadzwyczaj
Äußere(s) N (*-n; bpl*) wygląd zewnętrzny, powierzchowność *f*
außerhalb PRÄP (*gen*) poza (*inst*); ADV (*nicht am Ort*) (po)za miastem *od* domem; **von ~** spoza (*gen*)
außerirdisch nieziemski, pozaziemski; **~es Wesen** kosmita *mf*
äußerlich zewnętrzny, *präd* na zewnątrz; (*oberflächlich*) powierzchowny; (*scheinbar*) pozorny; *Arznei* do użycia zewnętrznego
Äußerlichkeit F formalność *f*, forma zewnętrzna; **~en** PL *a.* pozory *mpl*
äußern (*-re*) V/T objawi(a)ć, przejawi(a)ć (*v/r* **sich** się); (*sagen*) wypowiadać ⟨-wiedzieć⟩ (*v/r* **sich** się; **zu** na temat *gen*, w sprawie *gen*)
außerordentlich ADJ nadzwyczajny (*a. Gericht, Professor*), niezwykły (-le); ADV (*sehr*) nadzwyczaj
außer|orts ADV *szwajc, austr* → auswärts, außerhalb; **~planmäßig** pozaplanowy (-wo)
äußerst ADV nadzwyczaj, nader
außer'stande ADV: **~ sein, sich ~ fühlen** nie móc, nie być w stanie
äußerste ADJ najdalej wysunięty, krańcowy; *Preis, Termin* ostateczny; *Vorsicht* największy; **im ~n Fall** w ostatecznym razie; **aufs Äußerste** bardzo; **bis zum Äußersten** do ostateczności; **zum Äußersten entschlossen sein** być zdecydowanym na wszystko
außertariflich *Lohn* pozaumowny
Äußerung F wypowiedź *f*, uwaga; *e-s Gefühls usw* przejaw
aussetzen **A** V/T **1** *Hund, Säugling* po(d)rzucać ⟨-cić⟩; *Pflanzen, Fahrgäste* wysadzać ⟨-dzić⟩ **2** *Boot* spuszczać

⟨spuścić⟩ na wodę **3** *Belohnung* wyznaczać ⟨-czyć⟩ **4** *Spiel* przer(y)wać; *Urteil, Flüge* zawieszać ⟨-wiesić⟩ **5** (*v/r* **sich**) **der Gefahr ~** narażać ⟨-razić⟩ (się) na niebezpieczeństwo **6** **etw der Sonne ~** wystawi(a)ć na słońce (*akk*) **7** **etwas auszusetzen haben** (**an** *dat*) krytykować (*akk*) **B** V/I **8** (*aufhören, a. mit etw*) usta(wa)ć, przesta(wa)ć (*akk od + inf*); (*Pause machen*) przer(y)wać, pauzować (**wegen** z powodu *gen*, z uwagi na *akk*) **9** *Motor* (*stottern*) pracować z przerwami; (*nicht mehr laufen, stehen bleiben*) zgasnąć *pf*; **das Herz setzte aus** serce przestało bić

Aussicht F widok, perspektywa (*a. fig, mst pl*); **es besteht keine ~ auf** (*akk*) nie ma widoków na (*akk*); **in ~ haben** mieć na widoku; **in ~ stellen** obiec(yw)ać; **ohne ~ auf Erfolg** bez widoków na powodzenie

aussichtslos beznadziejny; (*zwecklos*) bezcelowy (-wo)

Aussichts|losigkeit F (*bpl*) beznadziejność *f*; bezcelowość *f*; **~punkt** M punkt widokowy

aussichtsreich obiecujący (-co), rokujący nadzieje

Aussichtsturm M wieża widokowa

aus|sieben odsi(ew)ać; **~siedeln** wysiedlać ⟨-lić⟩ (przymusowo)

Aussiedler(in) M(F) wysiedleniec (*a. f*)

Aussiedlung F (przymusowe) wysiedlenie, wysiedlanie, *umg* wywózka

aussöhnen V/T ⟨po⟩godzić, pojednać *pf* (*v/r* **sich** się; **mit** z *inst*)

Aussöhnung F pojednanie (się)

aus|sondern (*-re*) wyłączać ⟨-czyć⟩; **~sortieren** (-) wysortow(yw)ać; **~spähen** wypatrzyć *pf*, wyszpiegować *pf*; **~spannen** V/T *Pferd* wyprzęgać ⟨-prząc, -gnąć⟩; *umg Freund(in)* odbić *pf*; *Sache* wyłudzać ⟨-dzić⟩; (*etw Eingespanntes lösen*) uwalniać ⟨uwolnić⟩, wyjmować ⟨wyjąć⟩ (**aus** z *gen*); *v/i* wypoczywać ⟨-cząć⟩, *umg* relaksować (się)

Ausspannung F (*bpl*) (*Erholung*) wypoczynek, *umg* relaks

aussparen (po)zostawi(a)ć; → ausnehmen

aussperren V/T *Arbeiter* ⟨za⟩stosować lokaut (wobec *gen*); *j-n* nie wpuszczać ⟨wpuścić⟩ (do środka); V/R **sich ~** nie móc wejść do środka

Aussperrung F lokaut

ausspielen **A** V/T **1** *Karte* zagr(yw)ać, wychodzić ⟨wyjść⟩ (w *akk*) **2** rozlosow(yw)ać (**in der Lotterie** na loterii) **3** SPORT *Gegner* ogrywać ⟨ograć⟩; *Pokal usw* przeprowadzać ⟨-dzić⟩ rozgrywki (o *akk*) **4** *fig Rolle* odegrać *pf*; **j-n gegen** (*akk*) **~** wygrywać k-o przeciwko k-u **B** V/I *beim Kartenspiel* być na ręku, zagrywać

Ausspielung F *im Lotto usw* ciągnienie

ausspionieren (-) wyszpiegować *pf*

Aussprache F (*bpl*) wymowa; (*a. pl*) (*Unterredung*) (zasadnicza) rozmowa; dyskusja, wymiana zdań

aussprechen (*irr*) V/T *Wort* wymawiać ⟨-mówić⟩ (*v/r* **sich** się); (*äußern*) wypowiadać ⟨-wiedzieć⟩; **j-m sein Beileid ~** składać ⟨złożyć⟩ k-u wyrazy ubolewania; **j-n ~ lassen** pozwolić *pf* k-u domówić (do końca); V/R **sich ~** opowiadać ⟨-wiedzieć⟩ się (**für** za *inst*); występować ⟨-stąpić⟩ (**gegen** przeciw *dat*); **sich mit j-m ~** rozmówić się *pf* z (*inst*)

Ausspruch M wypowiedź *f*, sentencja

ausspucken V/T wyplu(wa)ć; *umg Geld* ⟨wy⟩bulić; *Daten usw* da(wa)ć; V/I spluwać ⟨splunąć⟩

ausspülen wypłuk(iw)ać, ⟨s⟩płukać

ausstaffieren (-) V/T *Raum* ozdabiać ⟨-dobić⟩; V/R *abw* **sich ~** ⟨wy⟩sztafirować się

Ausstand M strajk; **in den ~ treten** rozpocząć *pf* strajk, zastrajkować *pf*

ausstanzen wykrawać ⟨-kroić⟩

ausstatten (*-e-*) wyposażać ⟨-żyć⟩ (**mit etw** w *akk*); *Zimmer* ⟨u⟩meblować; *fig* **mit besonderen Gaben** *od* **Fähigkeiten ausgestattet sein** być obdarzonym niezwykłymi darami *od* niezwykłym talentem; **schön ausgestattet** *Buch* w pięknej szacie graficznej

Ausstattung F wyposażenie; umeblowanie; ARCH wystrój, szata; TYPO szata graficzna; TEATR oprawa, scenografia; *e-r Braut* wyprawa

ausstechen (*irr*) *Auge* wykłu(wa)ć; *Plätzchen* wycinać ⟨-ciąć⟩; *umg fig j-n* zakasować *pf* (**in** *dat* w *lok*)

ausstehen (*irr*) **A** V/T znosić ⟨znieść⟩; *umg* **nicht ~ können** nie cierpieć **B** V/I (*a. sn*) *Geld, Antwort usw* nie nadejść *pf*; **... steht noch aus** jeszcze nie ma (*gen*); **die Sache ist ausgestanden** tę sprawę mam(y) za sobą

aussteigen V/I (*irr; sn*) **1** wysiadać ⟨-siąść⟩; **j-n ~ lassen** wysadzać ⟨-dzić⟩ (*akk*) **2** *umg fig* wycof(yw)ać się (**aus** *e-r Sache* z *gen*); (*alles aufgeben*) zerwać *pf* z otoczeniem

Aussteiger(in) M(F) *umg etwa* nonkonformist(k)a, człowiek, który zerwał z dotychczasowym życiem

ausstellen *Dokument usw* wystawi(a)ć; → ausschalten

Ausstel|ler M wystawca *m*; **~lerin** F wystawczyni; **~lung** F wystawienie; (*Veranstaltung*) wystawa, impreza wystawiennicza

Ausstellungs|datum N data wystawienia; **~gelände** N teren wystawowy; **~halle** F hala wystawowa; **~katalog** M katalog wystawy; **~stand** M stoisko na wystawie; **~stück** N eksponat, wystawiony przedmiot

aussterben V/I (*irr; sn*) wymierać ⟨-mrzeć⟩, wyginąć *pf*; **vom Aussterben bedroht** zagrożony wyniszczeniem

Aus|steuer F (*bpl*) posag; **~stieg** M wysiadanie, wyjście; (*Luke*) wyłaz; *umg fig* (**aus**) wycofanie się (z *gen*)

ausstopfen wyp(y)chać

Ausstoß M wydajność produkcji; *von Abgasen usw* emisja; (*Menge*) produkcja, wyprodukowana ilość

ausstoßen (*irr*) *Rauch* wydmuchiwać, wypuszczać ⟨-puścić⟩; *Schrei* wyda(wa)ć; **Drohungen ~** sypać pogróżkami; **e-n Seufzer ~** westchnąć *pf*; **j-n ~ aus** wykluczać ⟨-czyć⟩ k-o z (*gen*)

ausstrahlen V/T promieniować (**Hitze** ciepło; *a. fig* **Freude** radością), emitować (*im*)*pf*; *rtv a.* nada(wa)ć; V/I *Schmerz* promieniować (**in** *akk* do *gen*)

Ausstrahlung F *rtv* nadawanie, emisja; *fig* (osobisty) urok

aus|strecken V/T wyciągać ⟨-gnąć⟩ (**nach** po *akk*; V/R **sich** się); **~streichen** (*irr*) wykreślać ⟨-lić⟩; **~strömen** V/T *Duft* wydzielać; → ausstrahlen; V/I (*sn*) *Wasser* wyciekać ⟨-ciec⟩; *Gas* uchodzić, wydobywać się; **~suchen** wyszuk(iw)ać

Austausch M wymiana; zamiana; **im ~ für etw, j-n** w zamian za (*akk*)

austausch|bar ADJ dający się zamieni(a)ć, wymienny; **~en** wymieni(a)ć; (*ersetzen*) *a.* zamieni(a)ć (**gegen** na *akk*)

Austausch|motor M nowy silnik na wymianę; **~student(in)** M(F) student(ka) objęty (-ta) wymianą z zagranicą

austeilen V/T (**an** *akk*) rozda(wa)ć (*dat*)

Auster F (-; -*n*) ostryga

Austern|pilz M boczniak ostrygowaty; **~zucht** F hodowla ostryg

austoben: V/R **sich ~** wyszaleć się *pf*

austragen (*irr*) *Post* roznosić ⟨-nieść⟩; *Kampf* ⟨s⟩toczyć; *Konflikt* rozstrzygać ⟨-gnąć⟩, *umg* załatwi(a)ć; *Spiel* rozgrywać ⟨rozegrać⟩; *Kind* donosić *pf*

Austräger(in) M(F) roznosiciel(ka)

Austra|gung F roznoszenie; SPORT rozegranie, rozgrywki *fpl*; **~gungsort** M miejsce rozgrywek

Aus'trali|en [-liən] N (-*s*; *bpl*) Australia; **~er** M Australijczyk; **~erin** F Australijka

australisch australijski

austreiben (*irr*) **A** V/T wypędzać ⟨-dzić⟩ (*a.* **j-m** *Launen usw* k-u *akk*); **j-m den Teufel ~** wypędzić złego ducha z (*gen*); *austr Teig* rozwałkow(yw)ać **B** V/I *Pflanzen* pączkować

austreten (*irr*) V/T *Feuer* zadept(yw)ać; *Schuhe* rozdept(yw)ać; *Weg* wydept(yw)ać; V/I (*sn*) występować ⟨-stąpić⟩ (**aus** z *gen*); *Gas usw* wydobywać się; **ich muss ~** muszę pójść za (swoją) potrzebą

aus|tricksen wykiwać *pf*, zrobić *pf* na szaro; **~trinken** (*irr*) wypi(ja)ć

Aus|tritt M (PL *selten*) wystąpienie; *von Gas usw* wydobywanie się; → austreten; **~trittserklärung** F oświadczenie o wystąpieniu

aus|trocknen V/T wysuszać ⟨-szyć⟩; V/I (*sn*) wysychać ⟨-schnąć⟩; **~tüfteln** *umg* wymyślić *pf*, wykombinować *pf*; **~üben** *Gewerbe, Beruf* trudnić się (*inst*), uprawiać (*akk*); *Macht* sprawować; *Einfluss, Druck* wywierać ⟨-wrzeć⟩; *Recht* ⟨s⟩korzystać (z *gen*); *Amt* wykonywać, pełnić; **~ufern** V/I (-*re*) *fig* wymykać ⟨-mknąć⟩ się spod kontroli

Ausverkauf M wyprzedaż *f*

ausverkauft ADJ wyprzedany

Auswahl F (*bpl*) wybór; selekcja; SPORT reprezentacja; **e-e ~ treffen** dokon(yw)ać wyboru; **zur ~ stehen** być do wyboru

auswählen wyb(ie)rać (**aus** z *gen*)

Auswahl|spiel N mecz drużyn reprezentacyjnych; **~wette** F zakłady *mpl* piłkarskie „Toto-Gol"

Auswande|rer M, **~rin** F wychodźca *m*, emigrant(ka)

auswandern V/I (*sn*) ⟨wy⟩emigrować (*im*)*pf* (**nach** do *gen*)
Auswanderung F emigracja
auswärtig zamiejscowy; zagraniczny; **das Auswärtige Amt** Ministerstwo Spraw Zagranicznych
auswärts ADV w innej miejscowości; poza domem *od* miastem; *arbeiten a.* w terenie; **~ spielen** grać na wyjeździe; **er kommt von ~** on (jest) zamiejscowy
Auswärtsspiel N mecz wyjazdowy
auswaschen (*irr*) wymy(wa)ć; *Fleck im Stoff* wyp(ie)rać; *Wunde* przemy(wa)ć
auswechsel|bar wymienny; **~n** wymieni(a)ć, zamieni(a)ć (**gegen** na *akk*)
Ausweg M wyjście (**aus** z *gen*)
ausweglos bezwyjściowy, beznadziejny; *präd* bez wyjścia
ausweich|en V/I (*irr*; *sn*; *dat*) wymijać ⟨-minąć⟩ (*akk*); *e-m Hieb* uchylać ⟨-lić⟩ się od (*gen*); (**auf** *akk*) przerzucać ⟨-cić⟩ się (na *akk*); **~end** ADJ wymijający (-co)
Ausweichmanöver N manewr (wy)mijania; *fig* PL wykręty *mpl*
ausweinen: V/R **sich ~** wypłakać się *pf*
Ausweis M (*-es*; *-e*) legitymacja, dowód
ausweisen (*irr*) V/T wydalać ⟨-lić⟩ (**aus** z *gen*); *Talent, Gewinn* wykaz(yw)ać; V/R **sich ~** ⟨wy⟩legitymować się (**durch** *inst*)
Ausweis|kontrolle F sprawdzanie dokumentów; **~papiere** NPL dokumenty *mpl*
Ausweisung F wydalenie (**aus** z *gen*)
ausweiten V/T poszerzać ⟨-rzyć⟩, rozszerzać ⟨-rzyć⟩ (*v/r* **sich** się); *v/r* **sich ~** *Unruhen usw* szerzyć się
Ausweitung F poszerzanie, rozszerzanie (się); *fig* szerzenie się
auswendig ADV na pamięć
aus|werfen (*irr*) *Netze, Angel* zarzucać ⟨-cić⟩; wyrzucać ⟨-cić⟩ (*a.* TECH); **~werten** (*nutzen*) wykorzyst(yw)ać; *Statistik* analizować; opracow(yw)ać; **~wickeln** rozwijać ⟨-winąć⟩; **~wiegen** (*wiegen*) zważyć *pf*; (*e-e bestimmte Menge abwiegen*) odważać ⟨-żyć⟩
auswirken: V/R **sich ~ auf** (*akk*) oddział(yw)ać na (*akk*), odbi(ja)ć się na (*lok*)
Auswirkung F skutek, następstwo
auswischen wycierać ⟨wytrzeć⟩, przecierać ⟨przetrzeć⟩; *umg* **j-m eins ~** przytrzeć *pf* nosa, dać *pf* nauczkę k-u
auswringen (*irr*) wyżymać ⟨-żąć⟩
Auswuchs M (PL *-wüchse*) narośl *f*; *fig* **Auswüchse** przerosty *mpl*, wypaczenia *npl*, wybryki *mpl*
auswuchten TECH wyważać ⟨-żyć⟩
Auswurf M (*das Auswerfen*) wyrzut; MED plwocina; *fig* (*bpl*) wyrzutek
auswürfeln *e-e Runde Bier usw* rozstrzygać ⟨-gnąć⟩ rzuceniem losów
auszahlen V/T wypłacać ⟨-cić⟩; *Teilhaber* spłacać ⟨-cić⟩; V/R **sich ~** opłacać ⟨-cić⟩ się, *umg* kalkulować się
auszählen *Stimmen* obliczać ⟨-czyć⟩; *e-n Boxer* wyliczać ⟨-czyć⟩
Aus|zahlung F wypłata; *e-s Miterben usw* spłata; **~zählung** F obliczenie
auszanken *reg* zbesztać *pf*
Auszehrung F (*bpl*) MED wyniszczenie
auszeichnen V/T wyróżni(a)ć, odznaczać (*v/r* **sich** się; **durch** *inst*); (*ehren*) odznaczać ⟨-czyć⟩ (**mit** *inst*); oznaczać ⟨-czyć⟩ (**die Ware** cenę na towarze)
Auszeichnung F odznaczenie (*a. Orden usw*); wyróżnienie; *von Waren* oznaczenie; **mit ~** z wyróżnieniem
ausziehbar *Tisch* rozsuwa(l)ny
ausziehen (*irr*) V/T *Schuhe, Kleidung* zdejmować ⟨zdjąć⟩; *Tisch* rozsuwać ⟨-sunąć⟩; *Schubfach* wysuwać ⟨-sunąć⟩; V/I (*sn*) *aus e-m Ort* opuszczać ⟨opuścić⟩ (*akk*); wymaszerować z (*gen*); **aus e-r Wohnung ~** wyprowadzać ⟨-dzić⟩ się z mieszkania; V/R **sich ~** rozbierać ⟨rozebrać⟩ się
Auszubildende F uczennica zawodu; **~(r)** M (*-n*) uczeń *m* zawodu
Auszug M wyjście, opuszczenie; *aus e-r Wohnung* wyprowadzka; (*Extrakt, Exzerpt*) wyciąg
auszugsweise ADV, *a. attr* fragmentaryczny, częściowy (-wo), w wypisach
auszupfen *Haare usw* wyskub(yw)ać
au'thentisch autentyczny
Authentizi'tät F (*bpl*) autentyczność *f*
Auto N (*-s*; *-s*) auto, samochód; **mit dem ~** autem, samochodem; **~ fahren** (*führen*) prowadzić samochód
Autobahn F autostrada; **~auffahrt** F wjazd na autostradę; **~ausfahrt** F zjazd z autostrady; **~dreieck** N rozwidlenie autostrady; **~gebühr** F opłata za korzystanie z autostrady; **~kreuz** N skrzyżowanie autostrad; **~raststätte** F restauracja przy autostradzie; **~zubringer**

M droga dojazdowa do autostrady

Autobatterie F akumulator samochodowy

Autobiogra'|fie, **~phie** F autobiografia

Auto|bombe F samochód-pułapka *m*; **~bus** M autobus, autokar; **~di'dakt** M samouk; **~diebstahl** M kradzież *f* samochodu; **~fähre** F prom samochodowy

Autofahrer(in) M(F) kierowca *m* (*f*); **ich bin kein(e) ~** (ja) nie mam prawa jazdy

Autofokus M (-; -*se*) FOTO autofokus, automatyczne ustawianie ostrości

Autofriedhof *umg* M cmentarzysko starych samochodów

auto'gen ADJ: **~es Training** trening autogenny

Auto'gramm N (-*s*; -*e*) autograf; **~jäger** *umg* M łowca *m* autografów

Auto|karte F mapa samochodowa; **~kennzeichen** N numer rejestracyjny (samochodu); **~knacker** *umg* M włamywacz do samochodów

auto'kratisch autokratyczny

Auto'mat M (-*en*) automat

Auto'matikgetriebe N automatyczna skrzynia biegów

auto|'matisch automatyczny; **~mati'sieren** (-) ⟨z⟩automatyzować

Automechaniker M mechanik samochodowy

Automo'bilklub M automobilklub

auto'nom autonomiczny

Autopilot M autopilot

Auto'psie [PL -'siːən] F sekcja zwłok

Autor M (-*s*; -'*toren*) autor; **~en-** *in zssgn* autorski

Auto|radio N radio samochodowe; **~reisezug** M pociąg z autokuszetkami; **~rennen** N wyścig samochodowy; **~reparatur** F naprawa samochodów, *umg* autonaprawa

Au'torin F autorka

autori'sieren (-) autoryzować

autori'tär autorytarny

Autori'tät F autorytet

Autorschaft F autorstwo

Auto|schieberbande F gang samochodowy; **~schlange** F kolejka samochodów; **~schlüssel** M *mst* PL kluczyki *mpl* do samochodu; → Zündschlüssel; **~straße** F droga samochodowa; **~telefon** N radiotelefon samochodowy; **~tür** F drzwi *pl* samochodowe; **~unfall** M wypadek samochodowy; **~verkehr** M ruch samochodowy; **~verleih** M, **~vermietung** F biuro wynajmu samochodów; **~waschanlage** F automyjnia; **~werkstatt** F warsztat samochodowy, *umg* autonaprawa; **~zubehör** N akcesoria *pl* samochodowe

avantgar'distisch [avagar-] awangardowy (-wo)

AvD [aːfaʊ'deː] M (Automobilclub von Deutschland) Niemiecki Automobilklub

Ave-Maria N (-[s]; -[s]) (*Gebet*) Zdrowaś Mario, *umg* zdowaśka

avi'sieren (-) ⟨za⟩awizować

Avocado [-'kaː-] F (-; -*s*) awokado *n*

axi'al osiowy (-wo)

Axt F (-; *Äxte*) siekiera, topór

AZ, Az. (Aktenzeichen) sygnatura akt

Aza'lee F azalia, różanecznik

Aze'tat N (-*s*; -*e*) octan

A'zoren PL: **die ~** Azory *pl*

A'zubi *umg* M *u.* F uczeń *m*, uczennica *f* zawodu

a'zurblau lazurowy (-wo), błękitny

B

b. (bei(m)) koło, przy

BAB F (Bundesautobahn) autostrada federalna

Baby ['beːbi] N (-*s*; -*s*) niemowlę, *umg* bobas, dzidziuś; **~ausstattung** F wyprawka niemowlęca; **~flasche** F butelka do karmienia dziecka

baby'lonisch babiloński

Baby|nahrung ['beːbi-] F przetwory *mpl* dla niemowląt; **~sitter** M opiekun(ka) do dziecka, baby-sitter

Bach M (-[e]s; -e) potok, strumień *m*; *umg* **den ~ runtergehen** pójść *pf* w diabły

Bachforelle F pstrąg potokowy

Bächlein N strumy(cze)k

Bachstelze F pliszka

Backblech N blacha (do pieczenia)

Backbord M lewa burta, bakburta

Backe F policzek; *umg* (*Gesäßhälfte*) pośladek; TECH szczęka

ba|cken¹ (*irr*) V/T ⟨u⟩piec, wypiekać ⟨wypiec⟩; *reg* smażyć (**im Fett** w tłuszczu); *v/i* piec się; **~cken²** V/I (*kleben*) lepić się (**an** *dat* do *gen*)

Backen N (-*s*; *bpl*) pieczenie, wypiek; smażenie; → backen¹

Backen|bart M bokobrody *pl*; **~knochen** M kość *f* policzkowa; **~zahn** M ząb trzonowy

Bäcker M piekarz

Bäcke'rei F piekarnia; *umg* (*bpl*) (*das Backen*) pieczenie; *reg* **~en** PL (*Gebäck*) pieczywo, wypieki *mpl*

Bäcker|in F piekarz; **~laden** M sklep z pieczywem, piekarnia; **~meister** M mistrz piekarski

Backform F forma do pieczenia

Background ['bɛkgraunt] M (-*s*; -*s*) tło (*a. fig*, MUS, TEATR); (*Erfahrung*) doświadczenie, praktyka

Back|hähnchen N, **~hendel** N *austr* kurczę pieczone; **~obst** N owoce *mpl* suszone; **~ofen** M *in der Bäckerei* piec piekarski; *im Herd* piekarnik; **~pflaume** F śliwka suszona; **~pulver** N proszek do pieczenia; **~stein** M cegła; **~stube** F piekarnia

Back-up, **Backup** ['bækap] M (-*s*; -*s*) EDV kopia bezpieczeństwa *od* zapasowa

Backwaren FPL pieczywo

Bad N (-*es*; *Bäder*) kąpiel *f*; (*Raum*) łazienka; (*Stadtbad*) łaźnia; (*Kurort*) uzdrowisko, zdrojowisko; **ein ~ nehmen** brać ⟨wziąć⟩ kąpiel, ⟨wy⟩kąpać się

Bade|anstalt F zakład kąpielowy, kąpielisko; **~anzug** M kostium kąpielowy; **~gast** M kuracjusz; (*Badender*) *umg* kąpielowicz; **~hose** F kąpielówki *fpl*, slipki *mpl*; **~kabine** F kabina kąpielowa; **~kappe** F czepek kąpielowy; **~kur** F kuracja zdrojowa; **~latschen** *umg* MPL klapki *mpl*; **~mantel** M szlafrok kąpielowy; **~meister** M łaziebny; *am Strand* ratownik na plaży

baden (-*e*-) V/T ⟨wy⟩kąpać (*v/i* się); *umg fig* **~ gehen** (**mit**) popaść *pf* w kłopoty (z *inst*), mieć przechlapane (z powodu *gen*)

Baden N (-*s*; *bpl*) kąpanie się

Baden-Württemberg N (-*s*; *bpl*) Badenia-Wirtembergia *f*

Bade|ofen M piecyk łazienkowy; **~ort** M miejscowość kąpieliskowa; → Bad

Bäder PL → Bad

Bäderkur F kuracja kąpielowa

Bade|saison F sezon kąpielowy; **~salz** N sól kąpielowa; **~strand** M plaża; **~tasche** F torba plażowa; **~tuch** N ręcznik kąpielowy; **~wanne** F wanna (do kąpieli); **~zimmer** N łazienka

badisch ADJ badeński

baff *umg*: *nur in* **~ sein** zbaranieć *pf*; **da bist du ~?** tego nie przypuszczałeś, co?

BAföG, Bafög N (Bundesausbildungsförderungsgesetz) federalna ustawa o pomocy w kształceniu

Ba'gage [-ʒə] F (*bpl*) *abw* hałastra

bagatelli'sieren (-) ⟨z⟩bagatelizować

Baga'tellschaden M drobna szkoda

Bagger M koparka, czerparka; (*Flussbagger*) pogłębiarka, bagrownica

Baggerführer M operator koparki *od* pogłębiarki

baggern V/T *u.* V/I (-*re*) bagrować

Baguette [-'gɛt] N (-*s*; -*s*) bagietka

Bahn F droga; tor; KOLEJ kolej *f*; (*Zug*) pociąg; ASTRON orbita; SPORT *a.* bieżnia; *zum Fechten* plansza; (*Streifen*) pas; **mit der ~, per ~** koleją; **auf die schiefe ~ geraten** zejść *pf* na manowce; **freie ~** *fig* swoboda działania; **in die richtige ~ lenken** skierować *pf* na właściwe tory; **~anschluss** M połączenie kolejowe; **~arbeiter** M robotnik na kolei

bahnbrechend ADJ torujący nowe drogi, pionierski, przełomowy

Bahndamm M nasyp kolejowy

bahnen V/T ⟨u⟩torować (**den Weg** drogę; **sich** sobie)

Bahnfahrt F jazda koleją

Bahnhof M stacja kolejowa; (*Gebäude*) dworzec; *umg* **großer ~** pompatyczne powitanie; *umg* **ich verstehe nur ~** nic nie rozumiem

Bahnhofs|gaststätte F restauracja dworcowa; **~halle** F hala dworca; **~viertel** N dzielnica przydworcowa, okolice *fpl* dworca; **~vorsteher(in)** M(F) zawiadowca *m* stacji

Bahn|linie F linia kolejowa; **~polizei** F policja kolejowa; **~reise** F podróż *f* koleją; **~steig** M peron; **~übergang** M przejście przez tory, *für Fahrzeuge* przejazd kolejowy; **~verbindung** F połączenie kolejowe; **~wärter** M dróżnik

(kolejowy)
Bahre F *für Tote* mary *pl*; → Trage
bairisch bawarski (po -ku)
Baiser [bɛ'ze:] N (-*s*; -*s*) beza
Baisse ['bɛ:sə] F bessa
Bajonett N (-[*e*]s; -e) bagnet; **~-** *in zssgn* bagnetowy
Bak'terie [-riə] F bakteria; **~n-** *in zssgn mst* bakteryjny
bakteri|'ell bakteryjny; **~o'logisch** bakteriologiczny
Ba'lance [-sə] F równowaga
balancieren [-'si:-] V/T *u.* V/I (-) balansować
bald ADV wkrótce (**darauf** potem), niebawem; *umg* (*fast*) o mało co nie; **so ~ wie möglich** możliwie jak najprędzej; *umg* **bis ~!** (no to) na razie!; **wirds ~?** no, jak długo jeszcze?
bald|ig ADJ rychły; **~igst** ADV *sup* jak najrychlej, jak najszybciej
Baldriantropfen MPL krople *fpl* walerianowe, *umg* waleriana
Balg[1] M (-[*e*]s; Bälge) *e-s Tieres* skórka; *der Orgel usw* miech, *dim* mieszek
Balg[2] *umg* M *od* N (-[*e*]s; Bälge[r]) *mst abw* bachor
balgen: V/R **sich ~** mocować się, szamotać się; *Kinder a.* baraszkować
Balge'rei F mocowanie się, szamotanie się; baraszkowanie; → Rangelei
bali'nesisch ADJ balijski
Balkan|- *in zssgn* bałkański; **~gebirge** N (*bpl*) Bałkany *pl*
Balken M belka; → Träger; **~konstruktion** N konstrukcja belkowa
Bal'kon M (-*s*; -*s od* -*e*) balkon
Bal'konblume F kwiat balkonowy
Ball[1] M (-[*e*]s; Bälle) piłka; **~ spielen** grać w piłkę, bawić się piłką; *umg* **am ~ bleiben** nie zasypiać gruszek w popiele
Ball[2] M (-[*e*]s; Bälle) bal; **auf e-n ~ gehen** iść ⟨pójść⟩ na bal
Bal'lade F ballada
Ballast M (-[*e*]s; mst bpl) balast (*a. fig*); **~stoffe** MPL ciała *npl* balastowe
Bällchen N piłeczka
ballen V/T *Faust* zaciskać ⟨-snąć⟩; (*formen*) ⟨u⟩lepić, ⟨z⟩gnieść (w ręku); V/R **sich ~** *Wolken* kłębić się; *Schnee* lepić się; → geballt
Ballen M bela, paka; ANAT kłąb
Ballermann *umg* M (PL -*männer*) spluwa, gnat
ballern *umg* V/I (-*re*) kropić, pukać
Bal'lett N (-[*e*]s; -e) balet; **~meister** M baletmistrz; **~tänzer(in)** M(F) baletnik (-ica)
Ballgast M gość *m* na balu
bal'listisch balistyczny
Ball|junge M chłopiec do podawania piłek; **~kleid** N suknia balowa
Bal'lon M (-*s*; -*s od* -*e*) balon; (*Spielzeug*) balonik; (*Flasche*) butla; **~fahrer** M baloniarz, pilot balonu; **~fahrt** F lot balonem
Ballsaal M sala balowa
Ballspiel N gra w piłkę
Ballungs|gebiet N, **~raum** M aglomeracja; zespół miast; **~zentrum** N centrum *n* aglomeracji
balsa'mieren (-) ⟨za⟩balsamować
Balsa'mine F niecierpek balsamina
Baltikum N (-*s*; *bpl*) kraje (nad)bałtyckie
baltisch (nad)bałtycki
Balz F tokowanie, toki *mpl*
balzen V/I (-*zt*) tokować
Bambus M (-*ses*; -*se*) bambus; **~rohr** N trzcina bambusowa; **~sprossen** FPL pędy *mpl* bambusa
Bammel *umg* M: **~ haben** mieć pietra
ba'nal banalny
Banali'tät F (*bpl*) banalność *f*; (*a. pl*) (*Äußerung*) banał
Ba'nane F banan; **~n-** *mst* bananowy
Ba'nanenschale F skórka banana
Ba'nause M (-*n*) *abw* nieuk, ignorant(ka)
band → binden
Band[1] M (-[*e*]s; Bände) tom; **in vier Bänden** czterotomowy; *umg* **das spricht Bände** to (jest) bardzo wymowne
Band[2] N (-[*e*]s; Bänder) wstęga (*a. fig*), wstążka; taśma (*a.* TECH, *Farb-, Tonband*), *schmal* tasiemka; (*Frequenz*) pasmo; ANAT więzadło; BUD (*Scharnier*) zawias; **auf ~ sprechen** nagr(yw)ać na taśmę; *umg fig* **am laufenden ~** ciągle, bez przerwy
Band[3] [bɛnt] F (-; -*s*) kapela, band
Ban'dage [-ʒə] F bandaż; opaska
bandagieren [-'ʒi:-] (-) ⟨o-, za⟩bandażować
Band|aufzeichnung F nagranie na taśmie; **~breite** F *rtv* szerokość *f* pasma; *fig* wybór; zasięg
Bändchen N tasiemka; wstążeczka; (*Buch*) tomik

⚠ **Bank**

Ich kann stundenlang auf der Bank im Park sitzen.	Mogę siedzieć godzinami na ławce w parku.
Ich muss schnell auf die Bank.	Muszę szybko do banku.
Er hat wohl die Bank gesprengt.	Rozbił chyba sejf.

Bande[1] F banda, szajka
Bande[2] F (*Rand*) banda
bände → binden
Banden|führer M herszt bandy, przywódca *m* gangu; **~krieg** M porachunki *pl* gangsterskie; **~kriminalität** F bandytyzm
Bande'role F banderola
Bänderriss M MED przerwanie więzadła
bändigen *Tier* poskramiać ⟨-skromić⟩; *Kinder* uciszać ⟨-szyć⟩; *Triebe* powściągać ⟨-gnąć⟩
Bandit M (*-en*) bandyta *m*, zbój
Band|maß N ruletka; **~nudeln** FPL makaron we wstążkach; **~säge** F piła taśmowa; **~scheibe** F ANAT chrząstka międzykręgowa; **~wurm** M tasiemiec, soliter
bang, **~e** (*-er od bänger; -ste od bängste*) trwożny; **mir wird angst und ~e** strach mnie ogarnia; **~en** V/I trwożyć się, bać się (**um** o *akk*)
Bank[1] F (*-; Bänke*) ławka, ława; (*Sandbank*) mielizna; *fig umg* **durch die ~** bez wyjątku; **etw auf die lange ~ schieben** zwlekać (**z** *inst*), spychać z dnia na dzień (*akk*)
Bank[2] F (*-; -en*) FIN bank; **~auskunft** F informacja bankowa; **~automat** M bankomat; **~card** F karta bankowa; **~bürgschaft** F gwarancja bankowa
Bänkchen N ławeczka
Bankeinzug M inkaso bankowe
Banker *umg* M bankier
Bankett[1] N (-[*e*]s; -e) bankiet, uczta
Bankett[2] N (-[*e*]s; -e), **~e** F pobocze
Bank|fach N → Bankschließfach; **~kauffrau** F, **~kaufmann** M bankowiec; **~konto** N konto w banku; **~kredit** M kredyt bankowy; **~leitzahl** F kod banku; **~note** F banknot; **~raub** M obrabowanie banku; **~räuber** M bandyta *m* napadający na banki
bank'rott ADJ: **er ist ~** on zbankrutował
Bank'rott M (*-s; -e*) bankructwo → bankrottgehen
bank'rottgehen (*irr; sn*) zbankrutować *pf*
Bank|schließfach N skrytka bankowa; **~überfall** M napad na bank; **~verkehr** M obrót bankowy; **~wesen** N (*bpl*) bankowość *f*
Bann M (-[*e*]s; bpl) HIST wyklęcie; *rel* anatema, klątwa; *lit fig* fascynacja; (*Zauber*) urok, czar; **in s-n ~ ziehen** urzekać ⟨urzec⟩
bannen *Geister* przepędzać ⟨-dzić⟩; *fig Gefahr* zażegn(yw)ać; **wie gebannt** jak urzeczony
Banner M sztandar, chorągiew *f*; *auf der Website* baner; **~träger** M *fig* sztandarowa postać
Bannmeile F strefa bezpieczeństwa
bar (*pur, rein*) oczywisty, czysty; *lit* (*gen*) pozbawiony (*gen*); **~es Geld** gotówka; **gegen ~** za gotówkę; **(in) ~ bezahlen** płacić gotówką; **etw für ~e Münze nehmen** brać za dobrą monetę (*akk*); **~ jeglichen Gefühls** wyprany z wszelkich uczuć
Bar F (*-; -s*) bar; **an der ~** przy barze; **in der ~** w barze
Bär M (*-en*) niedźwiedź *m*; ASTRON **der Große ~** Wielka Niedźwiedzica; **wie ein ~** *hungrig* jak wilk; *stark* jak byk; *umg fig* **j-m e-n ~en aufbinden** nabrać *pf* k-o na kawał
Baracke F barak
Bar'bar M (*-en*) barbarzyńca *m*
Barba'rei F barbarzyństwo
bar'barisch barbarzyński (-ko, po -ku)
Barbe F ZOOL brzana
bärbeißig (*mürrisch*) warkliwy (-wie), burkliwy (-wie)
Bar'bier M (*-s; -e*) cyrulik
barbusig z gołymi piersiami, toples(s)
Bardame F barmanka
Bärendienst M: **e-n ~ erweisen** wyświadczyć *pf* niedźwiedzią przysługę
Bärenhunger *umg* M wilczy apetyt
Bärenklau M (-[s]; -) BOT barszcz

bärenstark *umg* silny jak byk
Ba'rett N (-[e]s; -e od -s) biret
barfuß ADV boso, na bosaka
barfüßig bosy, *präd* boso
barg, **bärge** → bergen
Bargeld N (*bpl*) gotówka
bargeldlos bezgotówkowy
barhäuptig bez nakrycia głowy
Barhocker M stołek barowy
Bärin F niedźwiedzica
Bariton M (-s; -e) baryton
Barium N (-s; *bpl*) CHEM bar
Bar'kasse F barkas, szalupa
Barkauf M kupno za gotówkę
Barkeeper [-ki:-] M barman
Barkredit M kredyt gotówkowy
barmherzig miłosierny
Barmherzigkeit F (*bpl*) miłosierdzie
Barmixer M mikser (w barze)
ba'rock barokowy (-wo)
Barock|kirche F kościół barokowy; **~zeit** F epoka baroku
Baro'meter N barometr
Ba'ron M (-s; -e) baron; **~in** F baronowa
Barrel N (-s; -s) baryłka
Barren[1] M (*Gold, Silber*) sztaba; SPORT poręcze *mpl*; **~gold** N złoto w sztabach
Barren[2] M *pł-niem, austr* żłób, koryto
Barri'ere F bariera (*a. fig*)
Barri'kade F barykada; *umg fig* **auf die ~n gehen** toczyć boje (**für** o *akk*)
barsch opryskliwy (-wie), szorstki (-ko), gburowaty (-to)
Barsch M (-[e]s; -e) ZOOL okoń *m*
Barschaft F (PL *selten*) gotówka
Barscheck M czek gotówkowy
Barschheit F (*bpl*) opryskliwość *f*, szorstkość *f*
barst, **bärste** → bersten
Bart M (-[e]s; Bärte) broda, *dim* (*a.* ZOOL) bródka; (*Schnurrbart*) wąsy *mpl*; *umg* **in den ~ brummen** mruczeć ⟨mruknąć *v/s*⟩ pod nosem; *fig umg* **mit ~** z brodą; *umg* **j-m um den ~ gehen** nadskakiwać k-u
Bärtchen N bródka
Barthaar N włos z brody; PL *a.* owłosienie brody
bärtig brodaty; **~er Mann** brodacz
bartlos bez brody, bez zarostu
Bartwuchs M (*bpl*) zarost
Barzahlung F zapłata gotówką
Ba'salt- *in zssgn* bazaltowy
Ba'sar M (-s; -e) *zu wohltätigen Zwecken* kiermasz; *im Orient* bazar
Base F CHEM zasada; → Cousine
Baseball ['be:sbo:l] M (-s; *bpl*) baseball
Basel N (-s; *bpl*) Bazylea *f*, Bazyleja *f*
ba'sieren V/I (-) bazować (**auf** *dat* na *lok*)
Ba'silika F (-; *-ken*) bazylika
Ba'silikum N (-s; *-s od -ken*) bazylia
Basis F (-; *Basen*) baza (*a. fig*)
basisch CHEM zasadowy (-wo)
Baskenland N (-[e]s; bpl) Baskonia *f*, Kraj Basków
Baskenmütze F baskijka, beret
Basketball M (*bpl*) koszykówka; **~spieler(in)** M(F) koszykarz (-rka)
baskisch baskijski (po -ku)
Bass M (-es; *Bässe*) bas; (*Instrument*) (kontra)bas; **in tiefem ~ sprechen** mówić głębokim basem; **~gitarre** F gitara basowa
Bassin [ba'se:] N (-s; -s) basen
Bassstimme F bas
Bast M (-[e]s; -e) łyko
basta INT basta; **und damit ~!** i basta!
Bastard M (-[e]s; -e) *abw Kind* bękart
Bas'tei F HIST basteja; (*Turm*) baszta
Baste'lei F majsterkowanie
basteln (*-le*) V/T ⟨z⟩majstrować; V/I majsterkować (**an** *dat* przy *inst*)
Basti'on F bastion; → Bastei
Bastler(in) M(F) majsterkowicz (*a. f*)
bat, **bäte** → bitten
Bataillon [batal'jo:n] N (-s; -e) batalion
Ba'tist M (-[e]s; -e) batyst; *in zssgn* batystowy
Batte'rie [PL -'ri:ən] F ELEK, MIL, *fig* bateria; AUTO akumulator
batte'riebetrieben zasilany z baterii
Batte'rie|gerät N urządzenie zasilane z baterii; *Radio usw* na baterie; **~ladegerät** N ładowarka do akumulatorów
Batzen M kawał (*a. fig*), kęs, bryła; *umg* **schöner ~ Geld** ładny kawał grosza
Bau M (-[e]s; bpl) (*das Bauen*) budowanie, *a. fig* budowa; (PL *-ten*) budynek, budowla; (PL *-e*) (*Tierbau*) nora; **auf dem ~ arbeiten** pracować na budowie; **im ~ sein** być w budowie, budować się
Bau|abschnitt M etap budowy; **~arbeiten** FPL prace *fpl* budowlane, budowa; **~arbeiter** M robotnik budowlany; **~art** F rodzaj konstrukcji, typ; **~aufsicht** F nadzór budowlany
Bauch M (-[e]s; Bäuche) brzuch; **~fel-**

B

lentzündung F zapalenie otrzewnej; **~höhle** F jama brzuszna
bauchig brzuchaty
Bauchlandung *umg* F lądowanie bez podwozia; *umg fig* wpadka, klapa
Bäuchlein N brzuszek
bäuchlings ADV na brzuch(u)
Bauch|muskel M mięsień *m* brzucha; **~redner** M brzuchomówca *m*
Bauchschmerzen MPL ból(e *pl*) brzucha; **ich habe ~** boli mnie brzuch
Bauch|schuss M postrzał w brzuch; **~speicheldrüse** F trzustka; **~tanz** M taniec brzucha
Baudarlehn N pożyczka na budowę
Baude F schronisko górskie
Bau|denkmal N zabytek architektoniczny; **~element** N TECH element konstrukcyjny; BUD typowy element budowlany
bauen V/T *Bauwerk* ⟨wy-, z⟩budować; *Maschine a.* ⟨s⟩konstruować; *umg Unfall* spowodować *pf*, mieć; **sich** (*dat*) **ein Haus ~** ⟨z⟩budować sobie dom, ⟨po⟩budować się; V/I (**an** *dat*) być zajętym przy budowie (*gen*); *fig* **auf etw, j-n ~** polegać na (*lok*); **auf Sand ~** budować na piasku; *umg* **seinen Doktor ~** ⟨z⟩robić doktorat
Bauer[1] M chłop (*a. fig abw*), wieśniak, rolnik; *pop abw a.* wsiok; (*Schach*) pionek; (*Kartenspiel*) walet
Bauer[2] N *für Vögel* klatka
Bäuerin F chłopka, wieśniaczka
bäuerlich chłopski (po -ku)
Bauern|fänger M *abw* wydrwigrosz; **~frühstück** N ziemniaki *mpl* odsmażane z jajami i boczkiem; **~haus** N chałupa, chata; **~hof** M obejście, zagroda; **~markt** M targ artykułów rolnych; **~partei** F stronnictwo ludowe, partia chłopska; **~regel** F przepowiednia ludowa; **~revolte** F bunt chłopski
Bauersfrau F → Bäuerin
baufällig rozpadający się, grożący zawaleniem
Bau|firma F firma budowlana; **~führer** M kierownik budowy; **~genehmigung** F zezwolenie na budowę; **~genossenschaft** F spółdzielnia budowlana; **~gerüst** N rusztowanie; **~gewerbe** N rzemiosło budowlane; **~grube** F wykop pod budowlę; **~grundstück** N działka budowlana; **~herr** M inwestor; **~holz** N budulec; **~industrie** F przemysł budowlany; **~ingenieur** M inżynier budowlany; **~jahr** N rok budowy; rok produkcji
Baukasten M klocki *mpl* (do zabawy); **~system** N system modułowy
Baukosten PL koszty *mpl* budowy; **~zuschuss** M subwencja na budowę
Bau|kunst F (*bpl*) sztuka budowlana, architektura; **~land** N (*bpl*) teren pod zabudowę; **~leitung** F kierownictwo budowy
baulich budowlany; konstrukcyjny
Baulücke F niezabudowana działka
Baum M (-[*e*]s; Bäume) drzewo
Baumarkt M skład materiałów budowlanych
baumartig drzewiasty, rozgałęziony
Bau|maschine F maszyna budowlana; **~material** M materiał budowlany; **~meister** M budowniczy
Bäumchen N drzewko
baumeln *umg* V/I (*-le*) *umg* dyndać (się); zwisać; **mit den Beinen ~, die Beine ~ lassen** majtać nogami
Baum|grenze F górna granica lasu; **~krone** F korona (drzewa); **~rinde** F kora; **~schule** F szkółka; **~stamm** M pień *m* (drzewa)
baumstark silny jak dąb
Baum|stumpf M pniak, pień *m*, pieniek; **~wolle** F bawełna (*a. Stoff*)
baumwollen bawełniany
Baumwoll|garn N przędza bawełniana; **~kleid** N bawełniana sukienka
Bau|ordnung F przepisy *mpl* budowlane; **~plan** M BUD projekt podstawowy (obiektu budowlanego); **~platz** M plac budowy; (*Parzelle*) działka budowlana
baureif przygotowany pod zabudowę; gotowy do realizacji
Baureihe F seria (produkcyjna)
bäurisch *abw* prostacki (-ko, po -ku)
Bauruine *umg* F niedokończona budowla
Bausatz M zestaw, komplet
Bausch M (-[*e*]s; -e od Bäusche) zwitek, tampon; **in ~ und Bogen verurteilen** potępi(a)ć w czambuł
bauschen V/T zbierać ⟨zebrać⟩ bufiasto; (*blähen*) wydymać (*v/r* **sich** się)
Bau|sparen N lokować oszczędności w kasie mieszkaniowej; **~stein** M *fig* wkład, przyczynek, cegiełka; **~stelle** F budowa; plac budowy; *Hinweisschild* roboty *fpl*

budowlane; **~stil** M styl architektoniczny; **~stoff** M materiał budowlany
Bau|teil N → Bauelement; **~ten** PL → Bau; **~träger** M inwestor budowlany
Bautzen N (-; *bpl*) Budziszyn
Bau|unternehmer M przedsiębiorca *m* budowlany; **~werk** N budowla; **~wesen** N (*bpl*) budownictwo; **~wirtschaft** F gospodarka budowlana; **~zeit** F czas budowy
Bayer(in) M(F) (-*n*) Bawarczyk (-rka)
bay(e)risch bawarski (po -ku)
Bayern N (-*s*; *bpl*) Bawaria *f*
Ba'zar M → Basar
Ba'zil|lenträger M nosiciel (laseczek, prątków); *fig* bakcyl; **~lus** M (-; -*llen*) laseczka, pałeczka, prątek
Bd., Bde. (Band, Bände) tom, tomy
BE F (Broteinheit) jednostka chlebowa
be'absichtigen (-) zamierzać ⟨-rzyć⟩
be'achten V/T (-) (*zur Kenntnis nehmen*) zwracać ⟨zwrócić⟩ uwagę na (*akk*); (*befolgen*) *Rat* uwzględni(a)ć; *Vorschrift* przestrzegać (*gen*); **etw nicht ~** nie zwracać uwagi na (*akk*)
beachtenswert godny uwagi, zasługujący na uwagę
beachtlich znaczny, niemały (-ło), pokaźny
Beachtung F (*bpl*) *der Regeln* przestrzeganie; **~ verdienen** zasługiwać na uwagę; **keine ~ finden** nie zwracać ⟨zwrócić⟩ na siebie uwagi; **~ schenken** → beachten
Beachvolleyball ['biːtʃ-] M (*bpl*) siatkówka plażowa
Be'amten|besoldung F uposażenie urzędnicze; **~status** M status urzędniczy
Be'amte(r) M (-*n*) urzędnik
Be'amtin F urzędniczka
be'ängstigend ADJ zastraszający (-co)
be'anspruchen (-) (*fordern*) domagać się, żądać (*gen*); (*benötigen*) wymagać (*gen*); *Zeit, Platz a.* zajmować ⟨-jąć⟩, zab(ie)rać; *Arbeit, Beruf* absorbować, pochłaniać ⟨-chłonąć⟩; **j-s Gastfreundschaft ~** ⟨s⟩korzystać z gościnności (*gen*)
Be'anspruchung F (PL *selten*) (*Belastung*) obciążenie, naprężenie; *e-s Rechts* wysunięcie roszczenia do (*gen*)
be'anstanden (-*e*-; -) (*nicht akzeptieren*) ⟨za⟩kwestionować; (*reklamieren*) reklamować; → bemängeln
Be'anstandung F *der Echtheit usw* zakwestionowanie; reklamacja
be|'antragen (-) *Urlaub, Visum, Beihilfe usw* występować ⟨-stąpić⟩ z wnioskiem o (*akk*); **~'antworten** (-) *Brief* odpowiadać ⟨-wiedzieć⟩ na (*akk*)
be'arbeiten (-) *Land* uprawiać; *Material* obrabiać ⟨-robić⟩; *Text, Thema* opraco-w(yw)ać; *Fall* prowadzić; *Antrag* rozpatrywać ⟨-trzeć⟩; FILM, TEATR ⟨za⟩adaptować; *umg j-n* urabiać, maglować; (*schlagen*) okładać (**mit** *inst*)
Be'arbei|ter(in) M(F) referent(ka); redaktor(ka); adaptator(ka); **~tung** F *des Bodens* uprawa; *e-s Textes usw* opracow(y-w)anie; *e-s Antrags, Falles* rozpatrzenie; FILM, TEATR adaptacja; TECH obrabianie, obróbka; **~tungsgebühr** F opłata administracyjna
be'atmen (-): **j-n künstlich ~** ⟨za⟩stosować sztuczne oddychanie u (*gen*)
Be'atmungsgerät N respirator, aparat do sztucznego oddychania
Beatmusik ['biːt-] F (*bpl*) bigbit, muzyka bigbitowa
be'aufsichtigen (-) *Kinder* doglądać, ⟨przy⟩pilnować; *amtlich, als Lehrer usw* nadzorować
Be'aufsichtigung F (*bpl*) dogląd(anie), pilnowanie; *amtlich* nadzór (nad *inst*)
be'auftragen (-): **j-n mit etw ~** zlecać ⟨-cić⟩, powierzać ⟨-rzyć⟩ k-u (*akk*)
Be'auftragte F przedstawicielka; **~(r)** M (-*n*) przedstawiciel
be'bauen (-) AGR uprawiać (**mit** *etw akk*); BUD zabudow(yw)ać
be'baut *Feld* pod uprawą; *Grundstück* zabudowany
Be'bauungsplan M plan zabudowy
beben V/I *Erde* ⟨za⟩trząść się; *lit Person* dygotać (**vor Angst** ze strachu; **vor Kälte** z zimna), drżeć; **mit ~der Stimme** drżącym głosem
Beben N trzęsienie; *lit* drżenie, dygotanie
be'bildert ADJ ilustrowany, z rycinami
Becher M kubek; HIST czara, puchar; *für Joghurt usw* pojemni(cze)k, kubek; (*Eierbecher*) kieliszek; TECH kubeł
bechern *umg* V/I (-*re*) popić sobie *pf*
Becken N basen; (*Schüssel*) miednica (*a.* ANAT); *e-s WC* muszla; (*Senke*) niecka; MUS talerze *mpl*; → Waschbecken; **~knochen** M kość miedniczna
be'dacht *pperf* → bedenken; **~ sein auf**

(*akk*) mieć na względzie (*akk*)
Be'dacht M: **mit ~** z rozwagą
be'dächtig (*langsam*) wolny (-no); (*wohlüberlegt*) rozważny
be'danken (-): V/R **sich ~** (**bei ihm, bei ihr für**) ⟨po⟩dziękować (jemu, jej za *akk*)
be'darf → bedürfen
Be'darf M (-[e]s; bpl) (**an** *dat*) zapotrzebowanie (na *akk*), potrzeba (*gen*); HANDEL *a.* popyt (na *akk*); (**je**) **nach ~** w miarę potrzeby; **bei ~** w razie potrzeby
Be'darfs|artikel M artykuł pierwszej potrzeby; **~haltestelle** F przystanek na żądanie
be'darfsorientiert ADJ nastawiony na zaspokojenie potrzeb (rynku)
be'dauerlich przykry; **es ist ~, dass ...** przykro (mi, nam), że ...
be'dauerlicherweise ADV niestety
be'dauern (*-re; -*) V/T *j-n, etw* ⟨po⟩żałować (*gen*); V/I żałować; **bedauere, ich kann nicht ...** przykro mi, ale nie mogę ...
Be'dauern N (*-s; bpl*) ubolewanie, żal; **mit ~** z ubolewaniem, z żalem
be'dauernswert godny pożałowania
be'decken (-) V/T zakry(wa)ć, nakry(wa)ć, przykry(wa)ć (**mit** *etw inst*); *Fläche* pokry(wa)ć (*v/r* **sich** się); *Gesicht* zasłaniać ⟨-słonić⟩ (**sich** [*dat*] sobie); *fig* **sich bedeckt halten** nie zdradzać się ze swoimi zamiarami
be'deckt ADJ METEO zachmurzony
be'denken (*irr; -*) V/T (*überlegen*) zastanawiać ⟨-nowić⟩ się nad (*inst*) rozważać ⟨-żyć⟩ (*akk*); → beachten
Be'denken NPL wątpliwości *fpl*, zastrzeżenia *npl*; **ohne ~** bez zastrzeżeń
be'denkenlos bez skrupułów
be'denklich *Lage* poważny, krytyczny; *Miene* zafrasowany; (*zweifelhaft*) wątpliwy (-wie); **j-n ~ stimmen** zastanawiać ⟨-nowić⟩ k-o
Be'denkzeit F (*bpl*) czas do namysłu
be'deuten (-) (*heißen*) znaczyć, oznaczać; (*hindeuten auf Kommendes*) wróżyć, zapowiadać; (*andeuten*) da(wa)ć do zrozumienia; (*wichtig sein*) mieć znaczenie; **was soll das ~?** co to ma znaczyć; **j-m alles ~** być ponad wszystko dla (*gen*); **... bedeutet mir nichts ...** nie ma dla mnie żadnego znaczenia
be'deut|end ADJ doniosły, ważny; *Person, Verdienst* wybitny; (*beachtlich*) znaczny; **~sam** ADJ (*vielsagend*) znaczący (-co); (*wichtig*) doniosły
Be'deutung F znaczenie; (*Sinn*) sens; (*Tragweite*) doniosłość *f*; **nichts von ~** nic ważnego; **von ~ sein** być ważnym
bedeutungs|los bez znaczenia; **~voll** → bedeutsam
be'dienen (-) V/T usługiwać k-u; *Kunden, Maschine* obsługiwać ⟨-służyć⟩; **wer bedient hier?** kto tu obsługuje?; *umg* **ich bin bedient!** mam już wszystkiego dosyć!; V/R **sich ~ j-s, e-r Sache** posługiwać ⟨-służyć⟩ się (*inst*); **~ Sie sich!** *bei Tisch* proszę się częstować!
Be'dienknopf M przycisk funkcyjny
Be'dienstete F pracownica; **~(r)** M (*-n*) pracownik
Be'dienung F (*bpl*) usługiwanie; obsługa (*a. Person*); *austr* sprzątaczka; **~, bitte!** proszę pana *od* pani!
Be'dienungs|anleitung F instrukcja obsługi; **~fehler** M błąd operatora
be'dingen (-) (*nach sich ziehen*) pociągać ⟨-gnąć⟩ za sobą, ⟨s⟩powodować; **bedingt sein durch etw** być spowodowanym przez (*akk*); (*abhängen von*) być uzależnionym od (*gen*)
be'dingt ADJ warunkowy (-wo)
Be'dingung F warunek; **unter der ~** pod warunkiem
be'dingungslos bezwarunkowy (-wo)
be'drängen (-) ⟨za⟩atakować; (*belästigen, bedrücken*) napastować
Be'drängnis F (*-; -se*) opresja; **in ~ geraten** znaleźć się *pf* w opresji
be'drohen (-) V/T zagrażać, ⟨za⟩grozić (*dat*); sterroryzować *pf* (**mit e-r Waffe** bronią); **bedroht sein** być zagrożonym; **Hungersnot bedroht das Land** krajowi zagraża klęska głodu
bedrohlich groźny
Be'drohung F zagrożenie
be'drucken (-) *Papier* zadruko(wy)wać; *Stoff* nadrukow(yw)ać (*inst*)
be'drück|en (-) *Sorgen usw* gnębić, trapić; **~end** ADJ ponury (-ro)
bedrückt ADJ przygnębiony, strapiony
be'dungen → bedingen
be'dürfen (-) (*gen*) wymagać (*gen*); *unpers* **es bedarf** (*gen*) trzeba (*gen od inf*)
Be'dürfnis N (*-ses; -se*) potrzeba; **ich habe das ~ nach Ruhe** pragnę spokoju; **~anstalt** F ustęp publiczny, szalet

be'dürf|nislos niewymagający, skromny; **~tig** *(arm)* biedny, ubogi; *in zssgn* - **bedürftig** wymagający *(gen)*
Be'dürftigkeit F *(bpl)* ubóstwo, bieda
Beefsteak ['bi:f-] N befsztyk; **deutsches ~** kotlet mielony
be'ehren (-) zaszczycać ⟨-cić⟩ (**mit** *inst*); **wir ~ uns** ... mamy zaszczyt ...
be'eidigt ADJ przysięgły, zaprzysiężony; *Aussage usw* (złożony) pod przysięgą
be'eilen (-): V/R **sich ~** ⟨po⟩śpieszyć (się) (**mit** z *inst*); **er beeilte sich,** ... on pośpieszył ...
be'eindrucken (-) V/T wywierać ⟨wywrzeć⟩ wrażenie na *(lok)*, ⟨za⟩imponować *(dat)*; **tief beeindruckt sein (von)** być pod silnym wrażeniem *(gen)*
beein|druckend ADJ imponujący (-co); **~flussen** (-*sst;* -) V/T wywierać ⟨wywrzeć⟩ wpływ na *(akk)*
Be'einflussung F wywieranie wpływu
be'einträchtigen (-) V/T *(negative Wirkung ausüben)* oddziaływać ujemnie na *(akk)*; *(erschweren)* utrudni(a)ć; *Freiheit* ⟨s⟩krępować; *Interessen, Rechte* naruszać ⟨-szyć⟩; *(mindern)* uszczuplać ⟨-lić⟩
be'enden (-) ⟨s-, u-, za⟩kończyć
Be'end(ig)ung F *(bpl)* ukończenie, zakończenie; **kurz vor der ~ stehen** być na ukończeniu
be'engt *pperf*, ADJ: **~ wohnen** mieszkać w ciasnocie; **sich ~ fühlen** czuć się skrępowanym
be'erben (-) obejmować ⟨objąć⟩ spadek, dziedziczyć (**den Vater** po ojcu)
be'erdigen (-) ⟨po⟩chować
Be'erdigung F pogrzeb, pochówek; *in zssgn* → Bestattungs-
Beere F jagoda, *dim* jagódka
Beet N (-[e]s; -e) grządka
Beete F → Bete
be'fähigen (-): **j-n ~ zu etw** umożliwi(a)ć k-u *(akk)*, pozwalać ⟨-wolić⟩ k-u na *(akk)*; *(berechtigen)* uprawni(a)ć k-o do *(gen)*; **befähigt sein (zu)** kwalifikować się (na *akk*)
Be'fähigung F kwalifikacje *fpl* (**zum Arzt** niezbędne do wykonywania zawodu lekarza); *(Eignung)* uzdolnienie
be'fahl, be'fähle → befehlen
be'fahrbar *Weg* przejezdny; *Fluss* żeglowny
be'fahren (-) V/T jeździć po *(lok)*; *mit Schiff* żeglować po *(lok)*; *Route* kursować na *(lok)*; *(bereisen)* podróżować po *(lok)*; **e-e viel ~e Straße** (bardzo) ruchliwa ulica
Be'fall M (-[e]s; bpl) AGR porażenie
be'fallen *(irr;* -) *Schädlinge* porażać ⟨-razić⟩; *Gefühl j-n* ogarniać ⟨-nąć⟩ *(akk)*, owładnąć *pf (inst)*
be'fangen ADJ skrępowany; *(parteiisch)* stronniczy(-czo); **sich für ~ erklären** uznać się *pf* za nieodpowiedniego; **~ sein in** *(dat)* tkwić w *(lok)*
Be'fangenheit F *(bpl)* skrępowanie, nieśmiałość *f*; *(Parteiischsein)* stronniczość *f*
be'fassen (-): V/R **sich ~ mit** zajmować ⟨-jąć⟩ się, *umg* parać się *(inst)*; **befasst sein mit** rozpatrywać *(akk)*
Be'fehl M (-[e]s; -e) rozkaz *(a.* MIL, EDV), polecenie; MIL *a.* komenda; **auf ~ (von)** na rozkaz, z rozkazu *(gen)*; **unter dem ~ von** pod rozkazami *(gen)*
be'fehlen *(befiehlt, befahl, befohlen;* -) V/T rozkaz(yw)ać, polecać ⟨-cić⟩ (**j-m zu** ... k-u [+ *inf*]); *nicht* MIL *a.* nakaz(yw)ać k-u *(akk od + inf)*; *v/i* **~ über** *(akk)* komenderować, dowodzić *(inst)*
Be'fehls|form F GRAM tryb rozkazujący; **~gewalt** F *(bpl)* dowództwo, komenda; **~haber** M dowódca *m*; **~verweigerung** F odmowa wykonania rozkazu
be'festigen (-) przytwierdzać ⟨-dzić⟩, przymocow(yw)ać *(etw* **an** *dat* do *gen)*; *Ufer,* MIL *Stellung* umacniać ⟨umocnić⟩; *Straße* utwardzać ⟨-dzić⟩
be'festigt ADJ *Stellung, Ufer* umocniony; *Straße* o twardej nawierzchni; MIL *Burg usw a.* warowny
be|'feuchten (-*e-;* -) nawilżać ⟨-żyć⟩, *a. Lippen* zwilżać ⟨-żyć⟩; **~'fiehl(t)** → befehlen
be'finden *(irr;* -) V/T *lit (erachten)* uzna(-wa)ć (**für, als** za *akk*); *v/i* ⟨za⟩decydować; JUR *a.* orzekać ⟨orzec⟩ (**über** o *lok*); *v/r* **sich ~** znajdować się, być
Be'finden N (-*s; bpl*) stan zdrowia, samopoczucie; **wie ist das ~?** jak zdrowie?, *umg* jak zdrówko?
be|'flecken (-) poplamić *pf*; *fig* splamić *pf*; **~'flügeln** *lit* (-*le;* -) uskrzydlać ⟨-lić⟩; **~'fohlen** → befehlen; **~'folgen** (-) V/T *Regel* zastosować sie *pf* do *(gen)*, *Rat a.* usłuchać *pf (gen)*
be'fördern (-) *(transportieren)* przewozić ⟨-wieźć⟩, transportować; przes(y)łać (**mit**

der Post pocztą); *Person* awansować *(im)pf* (**zum Direktor** na dyrektora); **befördert werden** otrzymać *pf* awans; **j-n ins Jenseits ~** wyprawić *pf* k-o na tamten świat

Beförde|rung F przewóz, transport; awans; **~rungsmittel** N środek transportu, środek lokomocji

be'fragen (-) wypyt(yw)ać (**nach** o *akk*); *Zeugen* badać; *Anwalt, Arzt* ⟨s⟩konsultować się z (*inst*); *Kunden usw* ankietować

Befrag|te F ankietowana, respondentka; **~te(r)** M (-*n*) ankietowany, respondent; **~ung** F wypytywanie, badanie; konsultacja; (*Umfrage*) ankietowanie

be'freien (-) V/T uwalniać ⟨uwolnić⟩ (**aus** z *gen*; V/R **sich** się); (*entbinden*) *a.* zwalniać ⟨zwolnić⟩ (**von** od *gen*); *Land, Volk* wyzwalać ⟨-zwolić⟩, oswobadzać ⟨-bodzić⟩

Be'frei|er M wyzwoliciel, oswobodziciel; **~ung** F uwolnienie, zwolnienie; *e-s Volkes* wyzwolenie, oswobodzenie

Be'freiungs|aktion F akcja uwolnienia; **~kampf** M walka wyzwoleńcza; **~versuch** M próba uwolnienia (się)

be'fremden (-*e*-; -) (*unangenehm berühren*) razić, niemile uderzać

Be'fremden N (-*s*; *bpl*): **mit ~** ze zdziwieniem

be'freunden (-*e*-; -): V/R **sich ~** zaprzyjaźnić się *pf*, *umg* skumać się *pf*; *umg fig* oswajać ⟨oswoić⟩ się (**mit** z *inst*)

be'freundet ADJ zaprzyjaźniony

be'frieden *lit* (-*e*-; -) (*durch Gewalt*) ⟨s⟩pacyfikować

be'friedigen (-) V/T zadowalać ⟨-wolić⟩, ⟨u⟩satysfakcjonować; *Bedürfnis* zaspokajać ⟨-koić⟩; V/R **sich ~** onanizować się

be'friedigend ADJ zadowalający (-co) (*a. Note*), satysfakcjonujący (-co)

Be'friedigung F (*bpl*) *e-s Bedürfnisses* zaspokojenie; (*Genugtuung*) zadowolenie, satysfakcja

be'fristen (-) ograniczać ⟨-czyć⟩ czasowo

be'fristet ADJ terminowy; **~ auf drei Jahre** na okres trzech lat

be'fruchten (-) zapładniać ⟨-płodnić⟩ (*a. lit fig*); BOT *a.* zapylać ⟨-lić⟩

Be'fruchtung F zapłodnienie; **künstliche ~** sztuczna inseminacja

Be'fugnis F (-; -*se*) uprawnienie; PL *a.* kompetencje *fpl*

be|'fugt ADJ uprawniony, upoważniony (**zu** *etw* do *gen*); **~'fühlen** (-), **~fummeln** *umg* (-) macać, obmac(yw)ać

Be'fund M (*Untersuchungsergebnis*) wynik badania; (*Diagnose*) orzeczenie; MED **ohne ~** bez zmian

be'fürchten (-) V/T obawiać się (*gen*); **es ist** *od* **steht zu ~, dass** ... zachodzi obawa, że ..., należy się obawiać, że ...

Be'fürchtung F obawa

be'fürworten (-*e*-; -) popierać ⟨poprzeć⟩; (*billigen*) ⟨za⟩aprobować

Be'fürworter(in) M(F) rzecznik (-iczka), orędownik (-iczka), protektor(ka)

be'gab → begeben

be'gabt ADJ zdolny (**für** do *gen*)

Be'gabung F dar, zdolności *fpl*, uzdolnienie (**zu** do *gen*)

be|'gangen → begehen; **~'gann**, **~gänne** → beginnen

be'gatten (-*e*-; -) V/T (*a.* V/R **sich**) spółkować, kopulować (z *inst*)

be'geben *lit* (*irr*; -): V/R **sich ~ an, in** (*akk*), **nach, zu** uda(wa)ć się do (*gen*), na (*akk*); **sich ~** (*sich ereignen*) wydarzyć się *pf*, zdarzyć się *pf*, stać się *pf*

Be'gebenheit F zdarzenie, wydarzenie

be'gegnen (-*e*-; -; *sn*) *j-m, e-r Sache* spot(y)kać (*akk od* się z *inst*); (*behandeln*) ⟨po⟩traktować (*akk*); *e-r Gefahr usw* zachować się *pf* (wobec *gen*), ⟨za⟩reagować (na *akk*)

Be'geg|nung F spotkanie; SPORT *a.* mecz; **~nungsstätte** F miejsce spotkań

be'gehen (*irr*; -) *Strecke, Fest* obchodzić; *Fehler, Tat usw* popełni(a)ć

be|'gehren (-) pragnąć, (*a. sexuell*) pożądać; **~'gehrenswert** ponętny, wzbudzający pożądanie; **~'gehrlich** *lit Blicke* pożądliwy (-wie); **~'gehrt** ADJ *Ware* poszukiwany, atrakcyjny

be'geistern (-*re*; -) V/T zachwycać ⟨-cić⟩; **j-n ~ für etw** zapalać ⟨-lić⟩ k-o do (*gen*); V/R **sich ~** zachwycać się (**an** *etw inst*), entuzjazmować się (**für** *etw inst*)

be'geistert ADJ zachwycony; *Empfang* entuzjastyczny; *Sportler, Sammler* zapalony; *präd* w zachwyceniu; **~ sein** być zachwyconym (**von** *inst*)

Be'geisterung F (*bpl*) zachwyt; zapał, entuzjazm; **~ auslösen (bei)** wprawi(a)ć w zachwyt (*akk*); **vor ~** z zachwytu

Be'gierde F żądza, pożądanie (**nach** *gen*)
be'gierig (**nach** *etw*) żądny, chciwy (*gen*); **wir sind ~ zu erfahren ...** (bardzo) pragniemy dowiedzieć się ...
be'gießen (*irr; -*) pol(ew)ać (*a. Braten*), obl(ew)ać (*a. umg fig*); *umg* **das muss begossen werden!** to trzeba oblać!
Be'ginn M (*-s; bpl*) początek; *e-r Veranstaltung a.* rozpoczęcie (się); **am, zu ~** na początku, z początkiem; **nach ~** po rozpoczęciu się; **seit ~** od rozpoczęcia się; → Anfang, Entstehung
be'ginnen (*begann, begonnen*) V/T rozpoczynać, zaczynać ⟨-cząć⟩ (*v/i* się); **der Name beginnt mit B** nazwisko zaczyna się na B; *unpers* **es begann zu regnen** zaczął padać deszcz
be'glaubigen (-) uwierzytelni(a)ć
be'glaubigt ADJ uwierzytelniony
Be'glaubigung N uwierzytelnienie
be'gleichen (*irr; -*) *Rechnung, Schuld* ⟨u⟩regulować, zapłacić *pf*
be'gleiten (*-e-; -*) V/T towarzyszyć (*dat; a. mit etw einhergehen*); *zum Schutz* eskortować; *zur Gesellschaft* odprowadzać ⟨-dzić⟩ (**zu** na *akk*, do *gen*); MUS akompaniować (*dat*)
Be'gleit|er(in) M(F) osoba towarzysząca, towarzysz(ka); (*als Bewacher*) konwojent(ka); MUS akompaniator(ka); **~erscheinung** F zjawisko towarzyszące; **~musik** F akompaniament; *zum Film usw* podkład muzyczny; **~schreiben** N pismo przewodnie; **~schutz** M eskorta; **~umstände** MPL (*gen*) okoliczności *fpl* towarzyszące (*dat*)
Be'gleitung F (*mst bpl*) towarzyszenie; MUS akompaniament; → Begleiter; **j-n als ~ mitnehmen** wziąć do towarzystwa (*akk*); **in ~** w towarzystwie, w asyście
be'glich → begleichen
be'glücken *lit* (-) uszczęśliwi(a)ć
be'glückwünschen (-) ⟨po⟩gratulować (**j-n zu** k-u *gen*)
be'gnadet ADJ niezwykle utalentowany
be'gnadigen (-) ułaskawi(a)ć
Be'gnadigung F ułaskawienie
beg'nügen (-): V/R **sich ~** (**mit**) zadowalać ⟨-wolić⟩ się (*inst*)
be'gonnen → beginnen
be'goss → begießen
be'graben (*irr; -*) pogrzebać *pf* (*a. fig*)
Be'gräbnis N (*-ses; -se*) pogrzeb, pochówek; **~feier** F uroczysty pogrzeb
be'gradigen (-) wyrówn(yw)ać
be'grapschen (-) *abw* obmac(yw)ać
be'greifen (*irr; -*) pojmować ⟨-jąć⟩, ⟨z⟩rozumieć (**als** jako)
be'greiflich zrozumiały; **j-m etw ~ machen** ⟨wy⟩tłumaczyć k-u (*akk*)
be'grenzen (-) ograniczać ⟨-czyć⟩
be'grenzt ADJ ograniczony
Be'grenzung F ograniczenie; *fig a.* limitacja; (*Grenze*) granica
be'griff → begreifen
Be'griff M pojęcie; (*Vorstellung*) wyobrażenie; **im ~ sein zu** (+ INF) właśnie zamierzać (+ *inf*); **etw ist mir kein ~** nie słyszałem o (*lok*); *umg abw* **er ist schwer von ~** on ciężko myśli
be'griffen *pperf* → begreifen; ADJ: **~ sein in** (*dat*) być w trakcie (*gen*), zabierać się do (*gen*), zaczynać (+ *inf*)
be'grifflich pojęciowy (-wo)
be'griffsstutzig niepojętny
be'gründen (-) → gründen; *Standpunkt, Urteil usw* uzasadni(a)ć (**mit** *inst*); **in** (*dat*) **begründet sein** być uzasadnionym (*inst*)
begründet ADJ *Vorwurf usw* zasadny
Be'gründung F uzasadnienie; **mit welcher ~?** na jakiej podstawie?
be'grünen (-) zazieleni(a)ć
be'grüßen (-) V/T ⟨po-, przy⟩witać (*v/r* **sich** się); *fig* (*gutheißen*) ⟨po⟩witać z radością
begrüßenswert chwalebny, pożądany
Be'grüßung F powitanie; **zur ~** na powitanie; **~s-** *in zssgn* powitalny
be'günstigen (-) *j-n, etw* sprzyjać (*dat*); *j-n a.* faworyzować (*akk*); → fördern
Be'günstigung F HANDEL uprzywilejowanie; JUR poplecznictwo
be'gutachten (-) V/T ⟨za⟩opiniować (*akk*), wyda(wa)ć opinię o (*lok*)
be'gütert ADJ zamożny
be|'gütigen (-) uspokajać ⟨-koić⟩, udobruchać *pf*; **~'haart** ADJ owłosiony
be'häbig ADJ (*schwerfällig*) ociężały (-le); (*dick*) zażywny; (*stattlich*) okazały (-le)
be'hagen (-): **j-m ~** przypadać ⟨-paść⟩ do gustu, *umg* smakować k-u
Be'hagen N (*-s; bpl*) (*Wohlgefühl*) błogie uczucie; (*Zufriedenheit*) zadowolenie
be'haglich *Gefühl* błogi (-go), przyjemny; *Wohnung, Raum* przytulny

begrüßen

Guten Morgen! (*tylko rano*)	Dzień dobry!
Guten Tag! (*od 11 do wieczora*)	Dzień dobry!
Mahlzeit! (*powitanie, tylko w niektórych landach niemieckich*)	Dzień dobry!
Guten Abend!	Dobry wieczór!
Grüß dich/Grüßt euch!	Hej!/Cześć!
Grüß Gott!	Niech będzie pochwalony!/Dzień dobry!
Hallo!	Cześć!
Wie geht's? – Danke, gut!	Co słychać? – Dziękuję, w porządku!
Geht's gut? – Ja, danke!	Jak leci? – Jakoś leci!

Be'haglichkeit F (*bpl*) przytulność *f*
be'halten (*irr*; -) *Sache, Person* zatrzym(yw)ać (dla siebie, u siebie); **im Gedächtnis ~** zachować *pf* w pamięci, zapamiętać *pf*; *Form usw* zachow(yw)ać; **etw für sich ~** zachować *pf* przy sobie (*akk*); → Auge, Nerv *usw*
Be'hälter M zbiornik; pojemnik; kontener; → Gefäß, Kiste *usw*
be'hämmert *pop* ADJ pieprznięty; **bist du total ~?** na mózg ci padło?
be'händ(e) chyży (-żo), rączy (-czo)
be'handeln (-) V/T obchodzić ‹obejść› się z (*inst*), *a. Thema usw* ‹po›traktować (*akk*); (*besprechen*) omawiać ‹omówić›; *Kranke* leczyć; *Wunde* opatrywać ‹opatrzyć›; **etw mit Chemikalien ~** podda(wa)wać działaniu chemikaliów; **mit Lack ~** powlekać ‹powlec› lakierem
Be'handlung F obchodzenie się; traktowanie; poddanie działaniu; MED leczenie, terapia; **in ~ sein (bei)** leczyć się (u *gen*)
Behandlungs|kosten PL koszty *mpl* leczenia; **~raum** M gabinet zabiegowy
be'hängen (-) obwieszać ‹-wiesić› (**mit** *etw inst*)
be'harren (-): **auf etw** (*dat*) **~** obstawać, upierać się przy (*lok*)
beharrlich (*ausdauernd*) wytrwały (-le); (*hartnäckig*) uporczywy (-wie); *präd a.* z uporem
Be'harrlichkeit F (*bpl*) upór, uporczywość *f*, wytrwałość *f*
be'hauen (*irr*; -) ocios(yw)ać
be'haupten (-e-; -) V/T twierdzić (**steif und fest** kategorycznie), utrzymywać; *Stellung* utrzym(yw)ać (*v/r* **sich** się)
Be'hauptung F twierdzenie
Be'hausung *lit* F mieszkanie, kwatera
be'heben (*irr*; -) *Schäden, Mängel* usuwać ‹usunąć›
be'heimatet *Person* zamieszkały; BOT, ZOOL występujący (**in** *dat* w *lok*)
be|'heizen *Raum* opalać (**mit Gas** gazem); **~'heizt** ADJ *Frontscheibe* ogrzewany
be'helfen (*irr*; -): V/R **sich ~** (**mit** *etw*) ‹po›radzić sobie (za pomocą *gen*)
be'helfsmäßig prowizoryczny
be'helligen (-) → belästigen
be'hende → behände
be'herbergen (-) przenocować *pf* (*akk*), udzielać ‹-lić› gościny (*dat*); (*Raum bieten*) pomieścić, zmieścić *pf*
be'herrschen (-) V/T (*Macht ausüben, überragen*) panować nad (*inst*); (*dominieren*) dominować nad (*inst*); *Gefühle* opanow(yw)ać; *Situation* być panem (*gen*), panować nad (*inst*); *Sprache* władać (*inst*); **den Markt ~** dominować na rynku; **er kann sich nicht ~** on nie może zapanować nad sobą
be'herrscht ADJ opanowany; *präd* z opanowaniem
Be'herrschung F panowanie; (*Sichzügeln*) opanowanie; *e-r Sprache usw* władanie; **die ~ verlieren** stracić *pf* panowanie nad sobą
be'herzigen (-) V/T ‹u›słuchać (*gen*)
be'herzt ADJ dzielny, nieustraszony
be'hilflich ADJ: **j-m ~ sein** być pomocnym, pomagać ‹-móc› k-u (**bei** w *lok*)
be'hindern (-) (*erschweren*) utrudni(a)ć; **j-n ~ bei etw** przeszkadzać k-u w (*lok*); SPORT potrącać ‹-cić›
be'hindert ADJ MED upośledzony, niepełnosprawny
Be'hinder|te F upośledzona, inwalidka; **~te(r)** M (-n) niepełnosprawny, inwalida

m; **~ung** F utrudnianie; przeszkadzanie; SPORT nieprzepisowa gra ciałem; MED upośledzenie

be'hindertengerecht ADJ przystosowany dla niepełnosprawnych

Be'hörde F urząd; **~n** PL *a.* władze *fpl*; **~n-** *in zssgn* urzędowy

be'hördlich urzędowy (-wo)

be'hüten (-) ⟨u⟩strzec (**vor** *dat* przed *inst*); **Gott behüte!** uchowaj Boże!

be'hutsam ostrożny, delikatny

bei PRÄP (*dat*) *räumlich u. zeitlich* koło, u (*gen*), przy, na, o, w (*lok*), pod (*inst*); (*während*) podczas (*gen*); **~ Berlin** pod Berlinem, koło Berlina; **~ der Arbeit** przy *od* w pracy; **~ der Post** (**arbeiten**) pracować) na poczcie; **~ wem** u kogo; **bei mir** u mnie; **~m Arzt** u lekarza; **etw ~ sich haben** mieć przy sobie (*akk*); *umg* **er ist nicht ganz ~ sich** pokręciło mu się trochę w głowie; **~ Tagesanbruch** o świcie; **~ Nacht** w nocy; **~m Fahren** podczas jazdy; **~ e-m Unfall** w wypadku; (*im Falle e-s Unfalls*) w razie wypadku; **er ist gerade ~m Essen** on akurat je (obiad *usw*)

beibehalten (*irr*; -) zachow(yw)ać (*akk*), trzymać się (*gen*)

beibringen (*irr*) *Beweise* przedkładać ⟨przedłożyć⟩; **j-m etw ~** (*lehren*) ⟨na⟩uczyć k-o (*gen*), wpajać ⟨wpoić⟩ k-u (*akk*); *Wunde, Niederlage* zada(wa)ć k-u (*akk*); *umg* **j-m etw schonend ~** delikatnie zawiadomić k-o o (*lok*)

Beichte F spowiedź *f*; **j-m die ~ abnehmen** ⟨wy⟩spowiadać k-o

beichten (-e-) V/T *Sünden* ⟨wy⟩spowiadać się z (*gen*); *fig* wyzna(wa)ć (*akk*); V/I spowiadać się (**bei** u *gen*)

Beicht|geheimnis N (*bpl*) tajemnica spowiedzi; **~stuhl** M konfesjonał; **~vater** M spowiednik

beide PRON *indef u. num sachf u.* N obydwa, oba; *persf* obydwaj, obaj; F obydwie, obie; *Sachen u. Personen beiderlei Geschlechts a.* obydwoje, oboje; **wir ~** my obaj, my obie, my oboje; **alle ~** obaj, obie, oboje; **~ Brüder** ob(ydw)aj bracia; **~ Schwestern** obie siostry; **~ Eltern** oboje rodzice; **~ Mal(e)** ob(ydw)a razy; **mit ~n Händen** obiema rękami, oburącz; *als subst* **einer, eins von ~n** jeden, jedno z dwojga; **~s** (i) jedno i drugie

'beider'lei ADV (*unv*): **~ Geschlechts** obojga płci

beiderseitig obustronny; (*gegenseitig*) obopólny, wzajemny; **im ~en Einvernehmen** za obopólną zgodą

beiderseits PRÄP (*gen*) po obu stronach (*gen*); ADV obustronnie

beidhändig ADJ *präd* oburącz

beiein'ander ADV jeden *od* jedno przy drugim, jedna przy drugiej; **dicht** *od* **nahe ~** blisko obok siebie

Beifahrer(in) M(F) pomocnik (-ica) kierowcy; (*Fahrgast*) pasażer(ka); **~sitz** M siedzenie obok kierowcy; **~tür** F drzwi *pl* po stronie pasażera

Beifall M (*bpl*) oklaski *mpl*; *fig* poklask; **~ ernten** zbierać ⟨zebrać⟩ oklaski; **~ klatschen** (*dat*) oklaskiwać (*akk*)

beifällig przychylny; *präd a.* aprobująco; **etw ~ aufnehmen** ustosunkow(yw)ać się przychylnie do (*gen*)

Beifallssturm M burza oklasków

beifügen *e-m Brief* dołączać ⟨-czyć⟩ do (*gen*); (*hinzufügen*) doda(wa)ć

Beifuß M (*bpl*) BOT bylica pospolita

Beigabe F dodatek

beige [beːʃ] (*unv*) beż(owy)

beigeben (*irr*) (*dat*) doda(wa)ć do (*gen*); *umg* **klein ~** ustępować ⟨ustąpić⟩

Beigeschmack M (*bpl*) posmak; *fig* **e-n bitteren ~ haben** mieć gorzki posmak

Beihilfe F zapomoga; JUR pomocnictwo; **wegen ~** za pomoc w zbrodni; **~empfänger(in)** M(F) zasiłkobiorca (-czyni)

beikommen (*irr*; *sn*) (*dat*) poradzić *pf* sobie z (*inst*); *e-r Sache* **nicht ~ können** nie móc sobie poradzić z (*inst*)

Beil N (-*es*; -*e*) topór, siekiera

Beilage F dodatek; (*Anlage*) załącznik; **Gemüse, Reis, Kartoffeln als ~** z jarzyną, ryżem, ziemniakami

bei|läufig *Bemerkung* uboczny, nawiasowy; *präd* nawiasem; **~legen** (*beifügen*) dołączać ⟨-czyć⟩; *Streit* zażegn(yw)ać

bei'leibe ADV: **~ nicht** bynajmniej

Beileid M współczucie, kondolencja; **sein ~ aussprechen** składać ⟨złożyć⟩ kondolencje; **mein aufrichtiges ~!** proszę przyjąć wyrazy głębokiego współczucia!; **~s-** *in zssgn* kondolencyjny

beiliegend ADJ załączony; *präd* (*anbei*) w załączeniu

beim = **bei dem**; → bei

bei|messen (*irr*) *Bedeutung usw* przywiąz(yw)wać (*dat* do *gen*); **~mischen** doda(wa)ć, domieszać *pf* (*dat* do *gen*)

Bein N (-[e]s; -e) noga, *dim* nóżka; (*Knochen*) kość *f*; (*Hosenbein*) nogawka; **j-m ein ~ stellen** podstawić *pf* k-u nogę (*a. fig*); *umg* **den ganzen Tag auf den ~en sein** być cały dzień na nogach; **kaum die ~e bewegen können** ledwo powłóczyć nogami; *umg* **j-m ~e machen** brać ⟨wziąć⟩ k-o do galopu; *umg* **sich auf die ~e machen** wyruszać ⟨-szyć⟩ w drogę; *umg* **sich kein ~ ausreißen** zbytnio się nie wysilać; *umg* **sich die ~e wund laufen (nach)** nabiegać *pf* się (za *inst*); **mit e-m Bein in** (*dat*) **stehen** być jedną nogą w (*lok*); *umg* **die ~e in die Hand nehmen** brać ⟨wziąć⟩ nogi za pas; **auf die ~e stellen** *fig* postawić *pf* na nogi; *Sache a.* ⟨z⟩organizować; *umg* **wieder auf die ~e kommen** *fig* stanąć *pf* na nogach

beinah(e) ADV prawie; o mało co nie

Beiname M przydomek

beinamputiert beznogi

Beinbruch M złamanie nogi; *umg* **Hals- und ~!** złam kark!; **das ist kein ~!** nic to żadne nieszczęście!

Beinfreiheit F *im Fahrzeug usw* miejsce na nogi

be'inhalten (*-e-*; -) zawierać ⟨-wrzeć⟩

beinhart *umg* twardy jak kość

Bein|prothese F proteza kończyny dolnej; **~schiene** F SPORT nagolennik

Beipackzettel M ulotka dołączona do opakowania

beipflichten (*-e-*) (*dat*) ⟨za⟩aprobować (*akk*), zgadzać ⟨zgodzić⟩ się (z *inst*, na *akk*); **ich muss dir ~** muszę przyznać ci rację

Beirat M kolegium doradcze

be'irren (-): *mst in* **sich nicht ~ lassen** nie dawać ⟨dać⟩ się zbić z tropu

bei'sammen ADV razem

Bei'sammensein N (**geselliges** towarzyskie) spotkanie

Beischlaf M stosunek płciowy

Beisein N obecność *f*; **im ~ (von)** w obecności (*gen*); **in meinem ~** w mojej obecności

bei'seite ADV (*wohin?*) na bok, na stronę; (*wo?*) na uboczu; **~lassen** (*irr*) *fig* nie brać po uwagę; **~legen** odkładać ⟨odłożyć⟩ (na bok; *fig* **für den Kauf von etw** na kupno *gen*); **~räumen** odsuwać ⟨-sunąć⟩ na bok; **~schaffen** usuwać ⟨usunąć⟩; (*stehlen*) ⟨u⟩kraść; **~schieben** (*irr*) odsuwać ⟨-sunąć⟩ na bok; *fig* sprowadzić *pf* na margines

beisetzen *lit* → bestatten

Beisitzer(in) M(F) ławnik (*a. f*)

Beispiel N przykład; (*Vorbild*) wzór; **zum ~** na przykład; **sich ein ~ nehmen an** (*dat*) brać ⟨wziąć⟩ przykład (z *gen*); **mit gutem ~ vorangehen** dawać (dobry) przykład; **dem ~ folgen** iść za przykładem; **ohne ~** bez precedensu

beispiel|haft przykładny, wzorowy (-wo); **~los** bezprzykładny, bezprecedensowy

beispielsweise ADV na przykład

beißen (*beißt, biss, bissest, gebissen*) V/T kąsać ⟨ukąsić⟩, ⟨u⟩gryźć; V/R **sich ~** gryźć się (*a. umg Farben*); *v/i Tier* kąsać (się); *Rauch* szczypać; *Gewürz* palić, piec; *Fische* brać; *umg* **nichts zu ~ haben** nie mieć co do gęby włożyć

beißend ADJ gryzący (*a. fig*); szczypiący, piekący; **~e Kälte** dojmujące zimno

Beißzange F obcęgi *pl*

Beistand M (*bpl*) pomoc *f*, poparcie; **~ leisten** udzielać ⟨-lić⟩ pomocy

beistehen (*irr; a sn*) V/I: **j-m (mit Rat und Tat)** wspierać ⟨wesprzeć⟩ k-o (radą i czynem); **einander ~** (**in** *dat*) wspierać się wzajemnie (w *lok*)

Beistelltisch M stół pomocniczy

beisteuern: **etw ~** wnosić ⟨wnieść⟩ swój wkład (**zu** do *gen*)

Beitrag M (-[e]s; Beiträge) wkład (**zu** do *gen*, w *akk*); *e-s Mitglieds* składka; (*Artikel*) przyczynek; **s-n ~ leisten** → beisteuern, beitragen

beitragen V/T *u.* V/I (*irr*) przyczyni(a)ć się (**zu** do *gen*); **er hat viel dazu beigetragen** on bardzo się do tego przyczynił

beitreten *e-m Verein, e-r Partei* wstępować ⟨wstąpić⟩ (do *gen*); *bes* POL przystępować ⟨-stąpić⟩ do (*gen*)

Beitritt M wstąpienie; *zu e-m Pakt* przystąpienie, akces (**zu** do *gen*)

Beitritts|erklärung F deklaracja akcesyjna; **~verhandlungen** FPL negocjacje *pl* w sprawie przystąpienia

Beiwagen M przyczepa motocyklowa

Beiwerk N (*bpl*) akcesoria *pl*; *fig* sztafaż

beiwohnen *lit e-r Sache* (*dat*) być obecnym przy *od* na (*inst*)

Beize F *Holz,* AGR zaprawa, bejca; *für Leder* wyprawa; KULIN marynata
bei'zeiten ADV zawczasu
beizen (-zt) *Holz, Saatgut* bejcować; *Fleisch* marynować
be'ja|hen (-) *Frage* potwierdzać ⟨-dzić⟩; przytakiwać ⟨-knąć⟩ (**mit e-m Kopfnicken** skinieniem głowy); *Plan* ⟨za⟩aprobować; *Leben, Ideale* afirmować; **~hend** ADJ *Antwort* twierdzący (-co); *Einstellung* afirmatywny
be'jahrt *lit* ADJ niemłody (-do), w podeszłym wieku
Be'jahung F potwierdzenie, zgoda; *fig* afirmacja
be'jubeln (-) owacyjnie ⟨po⟩witać (*akk*)
be'kam → bekommen
be'kämpfen (-) zwalczać ⟨-czyć⟩
Be'kämpfung F (*bpl*) zwalczanie (*gen*), walka z (*inst*)
be'kannt *pperf* → bekennen; ADJ znany (**für** *etw* z *gen*; **als** jako); (*geläufig*) wiadomy (-mo); (*j-m persönlich*) znajomy; **~ geben** poda(wa)ć do wiadomości, oznajmi(a)ć; **~ machen** *Sache* ogłaszać ⟨ogłosić⟩; (*ausposaunen*) rozgłaszać ⟨-głosić⟩, nagłaśniać ⟨nagłośnić⟩; **j-n ~ machen mit j-m, etw** zapozna(wa)ć k-o z (*inst*); **~ werden** (*in die Öffentlichkeit dringen*) wychodzić ⟨wyjść⟩ na jaw; **mit j-m ~ werden** pozna(wa)ć k-o
Be'kannt|e F znajoma; **~e(r)** M znajomy *m*; **~enkreis** M grono znajomych
bekannter'maßen ADV jak wiadomo
Be'kanntgabe F (*bpl*) podanie do wiadomości, ogłoszenie, opublikowanie
be'kanntgeben (*irr*) → bekannt
Be'kanntheitsgrad M (-[e]s; bpl) popularność *f*
be'kanntlich ADV jak wiadomo
be'kanntmachen → bekannt
Be'kanntmachung F ogłoszenie, obwieszczenie, oznajmienie
Be'kanntschaft F znajomość *f*; (*Personen*) znajomi *mpl*; **j-s ~ machen** zawierać ⟨zawrzeć⟩ znajomość z (*inst*); **mit etw ~ machen** zazna(wa)ć (*gen*)
be'kanntwerden (*irr; sn*) → bekannt
be'kehren (-) V/T nawracać ⟨-wrócić⟩ (*v/r* **sich** się; **zu** na *akk*); **sich ~ lassen** dać *pf* się nawrócić
be'kennen (*irr;* -) V/T wyzna(wa)ć (*impf a. Glauben*); *v/r* **sich ~ zu** opowiadać ⟨-wiedzieć⟩ się za (*inst*); **sich schuldig ~** przyzna(wa)ć się do winy
Be'kennerbrief M list z przyznaniem się do popełnienia przestępstwa
Be'kenntnis N wyznanie (*a. rel*); opowiedzenie się (**zu** *etw* za *inst*); **~se** *pl a.* wynurzenia *npl* (na temat *gen*)
be'klagen (-) V/T opłak(iw)ać; V/R **sich ~** (**über** *akk*) użalać się (na *akk*)
be'klagenswert godny pożałowania
Be'klagte F pozwana; **~(r)** M (-*n*) pozwany
be|'klauen *umg* okradać ⟨okraść⟩; **~kleben** (-) oklejać ⟨okleić⟩, oblepi(a)ć (**mit** *etw inst*); **~'kleckern** *umg* (-) V/T zachlapać *pf* (*v/r* **sich** się); **~'kleiden** (-*e*-; -) ub(ie)rać; *Amt* sprawować, piastować; **leicht bekleidet** lekko ubrany
Be'kleidung F (PL *selten*) odzież *f*; **~s-** *in zssgn* odzieżowy
be'klemmend ADJ *fig* przygniatający (-co), ściskający serce
Be'klemmung F ucisk, niepokój
be|'klommen ADJ niespokojny, trwożny; **~'kloppt** *pop* stuknięty, kopnięty; **~'knackt** *umg Person* stuknięty; *Situation* opłakany; **~knien** *umg* (-) nudzić
be'kommen (*irr;* -) V/T (*erhalten*) otrzym(yw)ać, dosta(wa)ć; *Lust, Mut* nab(ie)rać (*gen*); *Zug, Bus* złapać *pf*; **ein Kind ~** urodzić *pf* dziecko; **wir ~ Regen** będzie deszcz; **er wird Ärger ~** będzie miał nieprzyjemności; **e-n Tritt ~** dostać *pf* kopniaka; **Hunger ~** poczuć *pf* głód, zgłodnieć *pf*; **Zähne ~** ząbkować; **zu sehen ~** zobaczyć *pf*; **geschenkt ~** dostać *pf* w prezencie; **er bekommt graue Haare** włosy mu siwieją; **das bekommt man zu kaufen** to można kupić; **wo bekommt man ...?** gdzie można dostać ...?; **was ~ Sie?** czego pan(i) sobie życzy?; (*was zahle ich*) ile płacę?; V/I (*sn*) **j-m gut (schlecht) ~** (nie) wyjść *pf* na dobre, (nie) ⟨po⟩służyć (*dat*); **wohl bekomms!** na zdrowie!; *unpers* (*h*) **es nicht über sich ~** nie móc się przemóc
bekömmlich (*gesund*) zdrowy; (*leicht verdaulich*) lekko strawny
be'köstigen (-) stołować
be'kräftigen (-) (*bestätigen*) potwierdzać ⟨-dzić⟩; (*bestärken*) **j-n ~ in** (*dat*) utwierdzać ⟨-dzić⟩ k-o w (*lok*)
Be'kräftigung F potwierdzenie; **zur ~** na poparcie

be|'kreuzigen (-) V/T ⟨prze⟩żegnać (*v/r* **sich** się); **~'kritzeln** (-) pobazgrać *pf*, zabazgrać *pf*; **~'kümmern** (-) *j-n* napawać troską, ⟨z⟩martwić (*akk*); **~'kümmert** ADJ zmartwiony, stroskany
be'kunden (*-e-*; -) okaz(yw)ać
be'lächeln (-): **j-n, etw ~** podśmiewać się, pokpiwać (sobie) z (*gen*)
be'laden (*irr*; -) V/T obładow(yw)ać (**mit Sand** piaskiem); **den Wagen ~** ⟨za⟩ładować na wóz; *pperf* obładowany (**mit** *inst*)
Be'lag M (-[e]s; Beläge) *für Fußboden usw* wykładzina; (*dünne Schicht, a.* MED) nalot; *e-r Straße* nawierzchnia; **Brot mit ~** chleb z masłem, szynką, serem *usw*
be'lagern (-) oblegać ⟨-lec⟩ (*a. fig*)
Be'lagerung F oblężenie
Be'lang M (-[e]s; -e): **von ~** ważny; **nichts von ~** nic ważnego; **ohne ~** bez znaczenia; **~e** PL interesy *mpl*
be'lang|en (-) pociągać ⟨-gnąć⟩ do odpowiedzialności (**wegen, für** za *akk*); **~los** nieważny, nic nieznaczący
Be'langlosigkeit F (*bpl*) błahość *f*; (*a. pl*) błahostka, drobnostka, drobiazg
belassen (*irr*; -) pozostawi(a)ć; **es dabei ~** poprzest(aw)ać na tym
be'last|bar wytrzymały, zdolny wytrzymać obciążenie; **~en** (-) V/T obciążać ⟨-żyć⟩ (**mit** *etw inst*; V/R **sich** się); *psychisch* ciążyć (na *lok, dat*); → **bedrücken**; **~end** ADJ obciążający; **~et** ADJ obciążony; *Person a.* obarczony; *Boden usw* (**mit**) zanieczyszczony (*inst*)
be'lästigen (-): **j-n ~** naprzykrzać się k-u (**mit Klagen, Fragen** skargami, pytaniami), nagabywać ⟨-bnąć⟩, nachodzić k-o; *aggressiv* zaczepiać k-o; **darf ich Sie noch einmal ~?** czy mogę pana (panią) jeszcze raz pofatygować?
Be'lästigung F nagabywanie, nagabnięcie; zaczepianie, zaczepka; fatygowanie; **sexuelle ~** molestowanie seksualne; → Störung
Be'lastung F obciążenie (*a. fig*)
Be'lastungs|-EKG N EKG wysiłkowy; **~probe** F próba obciążenia; **~zeuge** M, **~zeugin** F świadek oskarżenia
be'lauern (-) V/T śledzić, obserwować; **einander**, V/R **sich ~** obserwować się
be'laufen (*irr*; -): V/R **sich ~ auf** (*akk*) wynosić ⟨-nieść⟩ (*akk*)
be'lauschen (-) podsłuch(iw)ać
be'leben (-) V/R ożywi(a)ć (*v/r* **sich** się; *a. fig*); **~d wirken** (**auf** *akk*) mieć ożywczy wpływ (na *akk*)
be'lebt ADJ ożywiony; *Straße a.* ruchliwy; *Natur* żywy
Be'lebung F (*bpl*) ożywienie
Be'leg M (-[e]s; -e) (*Beweis*) dowód, *umg* podkładka; (*Quittung*) pokwitowanie
be'legen (-) (*bedecken*) pokry(wa)ć, *a.* KULIN obkładać ⟨obłożyć⟩ (**mit** *inst*); (*nachweisen*) udowadniać ⟨-wodnić⟩, popierać ⟨-przeć⟩ dowodami; *Vorlesung* zapis(yw)ać się na (*akk*); *Platz* ⟨za⟩rezerwować, *umg* zaklepać *pf*; *in der Rangordnung* zajmować ⟨zająć⟩
Be'leg|schaft F załoga; **~schaftsstärke** F liczebność *f* załogi
be'legt ADJ *Platz* zajęty; *Zunge* obłożony; *Stimme* ochrypły; *Tatsache* poparty dowodami, zaświadczony; **~es Brötchen** kanapka; **das Hotel ist ~** w hotelu jest komplet gości
be'lehren (-) pouczać ⟨-czyć⟩; **sich ~ lassen** (**über** *akk*) dać *pf* wyjaśnić sobie (*akk*); **~d** ADJ pouczający (-co)
Be'lehrung F pouczenie
be'leibt *lit* ADJ korpulentny, otyły
be'leidig|en (-) *j-n* obrażać ⟨-razić⟩ (*akk*), ubliżać ⟨-żyć⟩ (*dat*); *fig* razić (**das Ohr** ucho); **~end** ADJ obraźliwy (-wie), uwłaczający (-co)
be'leidigt ADJ obrażony
Be'leidigung F obraza, *bes* JUR zniewaga
be'leihen (*irr*; -) *Sache* da(wa)ć pożyczkę pod zastaw (*gen*)
be'lesen ADJ oczytany
be'leuchten (-) oświetlać ⟨-lić⟩; *fig* naświetlać ⟨-lić⟩
Be'leuchtung F oświetlenie; *fig e-r Frage* naświetlenie; **festliche ~** iluminacja
Be'leuchtungskörper M oświetlacz
be'leumdet ADJ: **gut** (**übel**) **~** cieszący się dobrą (złą) opinią
Belgien [-giən] N (*-s; bpl*) Belgia
Belgier [-giər] M Belg; **~in** F Belgijka
belgisch belgijski
be'lichten (-) *fot* naświetlać ⟨-lić⟩
Be'lichtungs|messer M światłomierz; **~zeit** F czas naświetlania
be'lieben *lit* (-): *unpers* **wie es dir beliebt** jak wolisz, jak (sobie) chcesz; **Sie ~ zu scherzen!** Pan(i) chyba żartuje!
Be'lieben N (*bpl*): **nach ~** według

upodobania *od* uznania, uznaniowo
be'liebig dowolny; **jeder Beliebige** pierwszy lepszy, kto bądź
be'liebt ADJ lubiany; popularny, poszukiwany; **sich ~ machen (bei)** starać się o względy *(gen)*
Be'liebtheit F *(bpl)* wzięcie; **sich großer ~ erfreuen** cieszyć się wzięciem
be'liefern (-) zaopatrywać (**mit** w *akk*)
Be'lieferung F zaopatrywanie, zaopatrzenie, dostawa
bellen V/I szczekać, naszczekiwać
belle'tristisch beletrystyczny
Be'lobigung F pochwała
be'logen → belügen
be'lohnen (-) wynagradzać ⟨-grodzić⟩ (**für** za *akk*)
Be'lohnung F nagroda; *(das Belohnen)* wynagrodzenie
belorussisch białoruski (po -ku)
Be'lüftung F *(bpl)* wentylacja
be'lügen *(irr; -)* okłam(yw)ać
be'lustigen (-) ⟨u⟩bawić
be'lustigend ADJ pocieszny, zabawny
Be'lustigung F uciecha; zabawa
be'mächtigen (-): V/R **sich ~** *(gen)* zagarniać ⟨-nąć⟩ *(akk)*, zawładnąć *pf (inst)*
be'malen (-) V/T ⟨po⟩malować; V/R *umg iron* **sich ~** ⟨od⟩pacykować się
Be'malung F *(bpl)* *(das Bemalen)* malowanie; *(a. pl)* *(Malerei)* malowidło
be'mängeln *(-le; -)* *Verhalten usw* wytykać ⟨-tknąć⟩
be'mannt ADJ *Flug* załogowy, z załogą
be'merkbar *mit dem Auge* dostrzegalny; zauważalny; *(spürbar)* odczuwalny, wyczuwalny; **sich ~ machen** zwracać ⟨zwrócić⟩ na siebie uwagę; *Sache* uwidaczniać ⟨-docznić⟩ się; *unangenehm* da(wa)ć się we znaki
be'merken (-) zauważać ⟨-żyć⟩
be'merkenswert godny uwagi; → ungewöhnlich, sehr
Be'merkung F uwaga
be'messen (-) V/T *Menge* odmierzać ⟨-rzyć⟩; *Strafe, Steuer* wymierzać ⟨-rzyć⟩ (*v/r* **sich** się); *(berechnen)* obliczać ⟨-czyć⟩; **die Zeit für ... war knapp ~** nie było dość czasu na ... *(akk)*, nie było dość czasu żeby *(+ inf)*
Be'messungsgrundlage F podstawa obliczenia *od* wymiaru
be'mitleid|en *(-e-; -)* V/T litować się nad *(inst)*; **~enswert** godny politowania
be'mühen (-) V/T ⟨po⟩fatygować (**zu** do *gen*; V/R **sich** się); *v/r* **sich ~** ⟨po⟩starać się (**um** *etw* o [*akk*]; **... zu sein** być ...); **~ Sie sich nicht!** proszę się nie fatygować!; **bemüht sein um** *(akk)* ⟨za⟩troszczyć się, zabiegać o *(akk)*
Be'mühung F staranie, trud, wysiłek; PL *a.* zabiegi *mpl*, fatyga
be'nachbart ADJ *Ort, Familie* sąsiedni; *Land* ościenny
be'nachrichtigen (-) powiadamiać, zawiadamiać ⟨-domić⟩ (**von** o *lok*)
Be'nachrichtigung F zawiadomienie, powiadomienie; → Nachricht
be'nachteiligen (-) ⟨po-, s⟩krzywdzić; **sich benachteiligt fühlen** czuć się pokrzywdzonym, krzywdować sobie
Be'nachteiligung F skrzywdzenie; *(das Benachteiligtsein)* krzywda; dyskryminacja
be'nahm → benehmen
be'nannt → benennen
be'nebelt *umg* ADJ zawiany, pod gazem
Bene'fiz- *in zssgn* benefisowy
be'nehmen *(irr; -)*: V/R **sich ~** zachow(yw)ać się
Be'nehmen N *(-s; bpl)* zachowanie się
be'neiden (-) ⟨po⟩zazdrościć (**j-n um** *akk* k-u *gen*); **er ist nicht zu ~** nie zazdroszczę mu
be'neidenswert godny pozazdroszczenia
be'nennen *(irr; -)* naz(y)wać
Be'nennung F *(Name)* nazwa
be'netzen *lit* *(-zt; -)* → anfeuchten
Bengel *umg* M bąk, urwis, smyk
be'nommen ADJ zamroczony
Be'nommenheit F *(bpl)* zamroczenie
be'noten *(-e-; -)* stawiać ⟨postawić⟩ ocenę
be'nötigen (-): **etw ~** potrzebować *(gen)*
be|'nutzen, **~'nützen** (-) V/T uży(wa)ć *(gen;* **zu** do *gen*, na *akk*); *lit* posiłkować się *(inst)*, *a. Gelegenheit* ⟨s⟩korzystać z *(gen)*
Be'nutzer(in) M(F) użytkownik (-iczka), korzystający (-ca) (z *gen*)
be'nutzerfreundlich prosty w użyciu, przyjazny dla użytkownika
Be'nutzername M nazwa użytkownika
Be'nutzeroberfläche F EDV interfejs użytkownika
Be'nut|zung F używanie, użycie; posiłkowanie się, korzystanie; **~zungsge-**

bühr F opłata za korzystanie

Ben'zin N (*-s; bpl*) benzyna; *in zssgn mst* benzynowy, ... na benzynę

Ben'ziner *umg* M benzyniak

Ben'zin|kanister M kanister na benzynę; **~verbrauch** M zużycie benzyny

Benzoesäure F (*bpl*) kwas benzoesowy

Ben'zol N (*-s; -e*) CHEM benzen

be'obachten (*-e-; -*) ⟨za⟩obserwować; (*überwachen*) monitorować; → bemerken, observieren

Be'obachter(in) M(F) obserwator(ka)

Be'obachtung F obserwacja; (*Ergebnis*) wynik obserwacji, spostrzeżenie; **unter ~ stehen** być pod obserwacją

Be'obachtungsgabe F (*bpl*) spostrzegawczość *f*

be'ordern (*-re; -*) (*schicken*) wys(y)łać (**nach, zu** do *gen*); **zu sich ~** wzywać ⟨wezwać⟩ do siebie

be'packen (-) obładow(yw)ać (**mit** *inst*)

be'pflanzen (-) obsadzać ⟨-dzić⟩

be'pinkeln *umg* (-) obsikać *pf*

be'pinseln (-) ⟨wy⟩pędzlować

be'quatschen *umg* (-) obgad(yw)ać

be'quem wygodny; praktyczny; (*mühelos*) łatwy (-wo); **machen Sie es sich ~** proszę siadać; proszę się rozgościć

be'quemen *lit*: V/R **sich ~** raczyć

Be'quemlichkeit F wygoda; komfort; (*bpl*) (*Trägheit*) wygodnictwo

be'rappen *umg* (-) ⟨wy⟩bulić

be'raten (*irr; -*) V/T doradzać ⟨-dzić⟩, udzielać ⟨-lić⟩ porad(y) (*dat*); *Plan* obradować, radzić (nad *inst*); *v/i* (*a. v/r* **sich**) naradzać ⟨-dzić⟩ się (**über** *akk* nad *inst*); **sich von j-m ~ lassen** ⟨po⟩radzić się (*gen*); *umg* **gut ~ sein** dobrze postąpić

be'ratend ADJ *Stimme* doradczy

Be'rater(in) M(F) doradca *m*

be'ratschlagen V/I (-) naradzać ⟨-dzić⟩ się (**über** *akk* nad *inst*, co do *gen*)

Be'ratung F (*das Beraten*) doradzanie; poradnictwo; EKON, JUR doradztwo; (*Besprechung*) narada, obrady *fpl*

Be'ratungsstelle F ośrodek poradnictwa, poradnia

be'rauben (-) V/T obrabow(yw)ać, ograbi(a)ć (*lit* **j-n** *e-r Sache* k-o z *gen*); *fig* pozbawi(a)ć

Be'raubung F obrabowanie, ograbienie

be'rauschen (-) V/T odurzać ⟨-rzyć⟩ (*v/r* **sich an** *dat* się *inst*); *fig a.* upajać ⟨upoić⟩ (*v/r* **sich an** *dat* się *inst*)

berauschend ADJ odurzający (-co)

Berbe'ritze F berberys

be'rechenbar obliczalny

be'rechnen (-) obliczać ⟨-czyć⟩, obrachow(yw)ać; (*in Rechnung stellen*) policzyć *pf* (**für** za *akk*)

be'rechnend ADJ *abw* wyrachowany

Be'rechnung F obliczenie; *fig* PL *a.* rachuby *fpl*; *abw* wyrachowanie

be'rechtigen (-) (*das Recht geben*) uprawni(a)ć (**zu** do *gen*); **zu Hoffnungen ~** rokować nadzieje na (*akk*); **berechtigt sein** być uprawnionym, mieć prawo (**zu** do *gen*)

be'rechtigt ADJ uprawniony, autoryzowany; (*legitim*) uzasadniony

Be'rechtigung F uprawnienie

be'reden V/T omawiać ⟨omówić⟩; V/R **sich ~** naradzać ⟨-dzić⟩ się

Be'redsamkeit F (*bpl*) elokwencja

be'redt ADJ *Blick usw* wymowny

Be'reich M (*-[e]s; -e*) obszar; *fig* zakres

be'reichern (*-re; -*) V/T wzbogacać ⟨-cić⟩ (*v/r* **sich** się; **an** *dat* na *lok*)

Be'reicherung F wzbogacenie (się)

Be'reifung F *koll* ogumienie

be'reinigen (-) (*in Ordnung bringen*) uregulować *pf*; *Missverständnisse a.* usuwać ⟨-sunąć⟩; *Streit* zakończyć *pf*

be'reisen (-) *Land* objeżdżać ⟨-jechać⟩ (*akk*), podróżować po (*lok*)

be'reit gotowy, *präd m a.* gotów; **~ sein (zu)** być przygotowanym (do *gen*, na *akk*); **sich ~ erklären (zu)** zgłaszać ⟨zgłosić⟩ (swoją) gotowość (*inf, gen*); **~ machen** (*herrichten*) → bereiten; **sich ~ machen** przygotow(yw)ać się (**zu** do *gen*); **~en** (*-e-; -*) (*herrichten*) przygotow(yw)ać; *Mahl, Arznei* przyrządzać ⟨-dzić⟩; *Freude, Kummer* sprawi(a)ć; *Empfang* zgotować *pf*

bereit|erklären V/R → bereit; **~haben**, **~halten** (*irr*) mieć w pogotowiu; **~liegen** (*irr*) *Sache* być przygotowanym; **~machen** → bereit

be'reits ADV już; **~ ..., als** już ..., gdy

Be'reitschaft F gotowość *f*; MIL *usw* alert; (*Einheit*) oddział (policji); **in ~** w pogotowiu; **in ~ versetzen** stawiać ⟨postawić⟩ w stan pogotowia; → Bereitwilligkeit

Be'reitschafts|arzt M lekarz dyżurny; **~dienst** M dyżur; pogotowie awaryjne

be'reit|stehen (*irr; reg a sn*) być do

dyspozycji; być w pogotowiu; ... **steht für ihn bereit** on ma stale do dyspozycji ...; **~stellen** *Geldmittel* przydzielać, wydzielać ⟨-lić⟩ (**für** na *akk*)

be'reitwillig chętny, ochoczy (-czo); (*erbötig*) uczynny, usłużny; **~ Auskunft geben** chętnie udzielać ⟨-lić⟩ informacji

Be'reitwilligkeit F (*bpl*) gotowość *f*, chęć *f*; (*Erbötigkeit*) uczynność *f*

be'reuen (-) V/T ⟨po⟩żałować (*gen*)

Berg M (-[e]s; -e) góra; *umg fig a.* kupa, sterta; **~e** PL GÓRN skała płonna; *fig* **goldene ~e versprechen** obiecywać złote góry; *umg* **er ist längst über alle ~e** on już dawno ulotnił się bez śladu; **sie ist noch nicht über den ~** ona jeszcze nie przeszła kryzysu; **zu ~e stehen** *Haare* stanąć *pf* dęba, zjeżyć się *pf*

berg'ab ADV (z góry) w dół, na dół; *fig* **mit ihm geht es ~** z nim jest coraz gorzej

Bergahorn M jawor

Bergarbeiter M górnik

berg'auf ADV w górę, pod górę; *fig* **es geht ~** sprawy idą w górę

Berg|bahn F kolej(ka) górska; **~bau** N (*bpl*) górnictwo; *in zssgn* górniczy, ... górnictwa; **~bewohner** M mieszkaniec gór, góral; **~dorf** M wieś górska

bergen (*birgt, barg, geborgen*) *Verunglückte* ⟨u-, wy⟩ratować, ocalić *pf*; *Ernte* zwozić ⟨zwieźć⟩, zbierać ⟨zebrać⟩; *Leiche, Sache, Wrack* wydoby(wa)ć; *lit* **Gefahr in sich ~** grozić niebezpieczeństwem; → geborgen

Berg|führer M przewodnik górski; **~gipfel** M szczyt górski; **~hütte** F schronisko górskie

bergig górzysty (-to)

Berg|kette F łańcuch górski; **~kiefer** F kosodrzewina; **~kristall** M kryształ górski; **~mann** M (PL *-leute*) górnik

Berg|not F (*bpl*) wypadek w górach; **~predigt** F (*bpl*) *rel* Kazanie na Górze

Berg|rutsch M obsunięcie się góry; **~schuh** M but górski; **~spitze** F wierzchołek góry; **~sport** M (*bpl*) alpinizm; **~station** F górna stacja (kolejki górskiej); **~steigen** N (*bpl*) wspinaczka; **~steiger(in)** M(F) alpinista *m* (-tka); **~straße** F droga górska, szlak górski

Bergung F ratowanie; MAR odzyskanie; zbiór; wydobycie; → bergen

Bergungs|aktion F akcja ratownicza; **~mannschaft** F oddział ratowniczy

Berg|wacht F górskie pogotowie ratunkowe; **~wand** F ściana skalna; **~wanderung** F wycieczka w góry; **~werk** N kopalnia

Be'richt M (-[e]s; -e) sprawozdanie, relacja, raport (**über** *akk* z *gen*); *in der Presse* reportaż (o *lok*, z *gen*)

be'richten (-): **von etw ~** donosić ⟨donieść⟩ o (*lok*), ⟨po⟩informować o (*lok*); **j-m**, *e-m Gremium* **über etw ~** ⟨z⟩relacjonować, ⟨z⟩referować k-u (*akk*)

Be'richterstatt|er(in) M(F) sprawozdawca *m*; **~ung** F zdanie sprawy, złożenie sprawozdania; *in der Presse* relacjonowanie, informowanie

be'richtigen (-) V/T ⟨s⟩prostować, poprawi(a)ć (*v/r* **sich** się)

Be'richtigung F (*Richtigstellen*) sprostowanie; (*Korrektur*) (s)korygowanie; *konkret* poprawka

be'rieseln (-) *Feld* zraszać ⟨zrosić⟩; *fig* **sich mit Musik ~ lassen** stale słuchać jednym uchem muzyki

be'ritten ADJ konny

Ber'lin N (-s; *bpl*) Berlin *m*

Ber'liner ADJ berliński; *subst* M KULIN pączek

ber'linern V/I (-re; -) mówić gwarą berlińską

Ber'mudashorts PL bermudy *pl*

Bern N (-s; *bpl*) Berno *n*

Berner ADJ berneński

Bernhar'diner M (*Hund*) bernard(yn)

Bernstein M (*bpl*) bursztyn

bersteinfarben bursztynowy

bersten (*birst, barst, geborsten; sn*) pękać ⟨-knąć⟩ (*a. fig* **vor** z *gen*); **zum Bersten voll** przepełniony

be'rüchtigt ADJ osławiony, znany

be'rückend ADJ urzekający

be'rücksichtigen (-) uwzględni(a)ć; **nicht ~** (*akk*) *a.* nie brać ⟨wziąć⟩ pod uwagę (*gen*), pominąć *pf* (*akk*)

Be'rücksichtigung F (*bpl*) uwzględnienie; **unter ~** (*gen*) uwzględniając (*akk*)

Be'ruf M zawód; **ohne ~** bez zawodu; **im ~ stehen** pracować w zawodzie; **von ~** z zawodu; **was sind Sie von ~?** kim pan(i) jest z zawodu?

be'rufen[1] (*irr*; -) V/T powoł(yw)ać (**auf den Posten des, der ...** na stanowisko *gen*); *v/r* **sich ~ auf** (*akk*) powoł(yw)ać się na (*akk*)

be'rufen² ADJ (*geeignet*) kompetentny, właściwy; **sich ~ fühlen zu** ... czuć powołanie do (*gen*)
be'ruflich zawodowy (-wo); **was machen Sie ~?** w jakim zawodzie pan(i) pracuje?
Be'rufsanfänger(in) M(F) nowicjusz(ka)
Berufs|ausbildung F wykształcenie zawodowe; nauka zawodu; **~aussichten** FPL perspektywy *fpl* zatrudnienia w danym zawodzie, przyszłość zawodowa
be'rufsbedingt związany z zawodem, spowodowany pracą zawodową; *präd* w związku z zawodem
Be'rufsberat|er(in) M(F) doradca zawodowy; **~ung** F poradnictwo zawodowe
Be'rufs|bezeichnung F nazwa zawodu; **~bild** N profil zawodu; **~erfahrung** F doświadczenie zawodowe; **~fachschule** F zasadnicza szkoła zawodowa
be'rufsfremd niezawodowy (-wo)
Be'rufs|geheimnis N tajemnica zawodowa; **~genossenschaft** F stowarzyszenie branżowe dla ubezpieczenia następstw nieszczęśliwych wypadków; **~krankheit** F choroba zawodowa
be'rufsmäßig zawodowy (-wo)
Be'rufs|schule F szkoła zawodowa, *umg* zawodówka; *engS* szkoła przysposobienia zawodowego; **~sportler** M zawodowiec
be'rufstätig pracujący (zawodowo), zatrudniony; **ich bin nicht ~** ja nie pracuję zawodowo; **die Berufstätigen** ludność czynna zawodowo
be'rufsunfähig niezdolny do wykonywania zawodu
Be'rufs|verband M zrzeszenie zawodowe; **~verbot** M zakaz wykonywania zawodu; **~wahl** F (*bpl*) wybór zawodu
Be'rufung F powołanie; *für ein Amt a.* nominacja; JUR odwołanie, apelacja; **unter ~ auf** ... powołując się na (*akk*)
Be'rufungsverfahren N postępowanie odwoławcze
be'ruhen V/I (-) opierać się, polegać (**auf** *dat* na *lok*); **etw auf sich ~ lassen** zaniechać *pf* (*gen*), zostawi(a)ć (*akk*)
be'ruhigen (-) V/T uspokajać ⟨-koić⟩, uciszać ⟨-szyć⟩; V/R **sich ~** uspokajać ⟨-koić⟩ się, ucichać ⟨-chnąć⟩
be'ruhigend ADJ uspokajający (-co)
Be'ruhigung F (*bpl*) uspokojenie; **zur ~** na uspokojenie, dla uspokojenia
Be'ruhigungsmittel N środek uspokajający
be'rühmt ADJ słynny, sławny, znakomity; **~ sein (wegen)** słynąć (z *gen*)
Be'rühmtheit F (*bpl*) sława; (*a. pl*) *Person* znakomitość *f*; **~ erlangen** zyskać *pf* sławę *od* rozgłos
be'rühren (-) V/T dotykać ⟨dotknąć⟩ (*gen*); *fig Frage, Thema* poruszać ⟨-szyć⟩; **j-n tief ~** głęboko dotykać ⟨dotknąć⟩ k-o; V/R **sich ~** stykać ⟨zetknąć⟩ się
Be'rührung F dotknięcie, dotyk; *fig* styczność *f*, kontakt; *fig* **in ~ kommen (mit)** zetknąć się *pf* (z *inst*)
Be'rührungsangst F fobia styczności, lęk przed zetknięciem się z (I)
bes. (besonders) szczególnie, w szczególności
be|'sagen (-) brzmieć; oznaczać; **das besagt noch gar nichts** to jeszcze (w ogóle) nic nie znaczy
be'sagt ADJ wspomniany, wymieniony
Be'samung F AGR (sztuczna) inseminacja
be'sänftigen (-) udobruchać *pf*
be'saß → besitzen
Be'satz M obszycie, lamówka
Be'satzer *umg* M *abw* okupant
Be'satzung F (*Mannschaft*) załoga; MIL okupacja; **während der ~** podczas okupacji
Be'satzungszone F strefa okupacyjna
be'saufen *pop* (*irr*; -): V/R **sich ~** chlać ⟨uchlać się⟩, doprawić się *pf*
Be'säufnis *umg* N (*-ses*; *-se*) popijawa
be'schä|digen (-) uszkadzać ⟨uszkodzić⟩; **~digt** ADJ uszkodzony
Be'schädigung F uszkodzenie
be'schaffen¹ (-) V/T zdoby(wa)ć (*akk*), wystarać się *pf* o (*akk*); **sich** [*dat*] **etw ~** zdoby(wa)ć sobie (*akk*), uzyskać *pf* (*akk*); ... **ist schwer zu ~** trudno zdobyć (*akk*)
be'schaffen² ADJ: **so ~** taki, takiego rodzaju; **so ~ sein** mieć taką naturę
Be'schaff|enheit F (*bpl*) właściwość *f*; (*Zustand*) stan; **~ung** F (*bpl*) zdobywanie, zdobycie, wystaranie się; HANDEL zaopatrzenie (w *akk*); zakup (*gen*)
be'schäftigen (-) V/T (*in Anspruch nehmen*) zajmować ⟨zająć⟩; *Problem* ⟨za⟩-absorbować; *j-n beruflich* zatrudni(a)ć; V/R **sich mit etw ~** zajmować ⟨zająć⟩ się, *iron* parać się (*inst*); **sich mit den Kindern ~** zajmować się dziećmi; **er ist bei mir beschäftigt** ja go zatrudniam; **sie ist sehr**

beschäftigt ona jest bardzo zaabsorbowana (pracą), bardzo zajęta; **die Beschäftigten** pracownicy *mpl*, zatrudnieni *mpl*

Be'schäf|tigtenzahl F liczba zatrudnionych; **~tigung** F zajęcie (się), zajmowanie się; *bezahlt* zatrudnienie

be'schäftigungslos niezatrudniony; bezrobotny; *präd* bez zajęcia

Be'schäftigungstherapie F terapia zajęciowa

be'schämen (-) zawstydzać ⟨-dzić⟩

be'schämend ADJ zawstydzający (-co), żenujący (-co); **das ist ~** to wstyd

be'schämt ADJ zawstydzony, zażenowany

be'schatten (-e-; -) *fig Person* śledzić, inwigilować k-o

Be'schattung F inwigilacja

be'schaulich spokojny, niezmącony; kontemplacyjny

Be'scheid M (-[e]s; -e) informacja; odpowiedź *f*; *amtlich* decyzja; **j-m ~ sagen** poinformować k-o; *umg* powiedzieć k-u prawdę (nie owijając w bawełnę); **gut ~ wissen in** (*dat*) dobrze orientować się w (*lok*)

be'scheiden[1] (*irr*; -) V/T: **abschlägig ~** da(wa)ć odmowną odpowiedź (*dat*); *lit* **ihm war kein Glück beschieden** szczęście mu nie dopisało; V/R **sich ~ (mit)** zadowalać ⟨-wolić⟩ się (*inst*);

be'scheiden[2] ADJ skromny

Be'scheidenheit F (*bpl*) skromność *f*

be'scheinen (*irr*; -) oświetlać ⟨-lić⟩; **sich von der Sonne ~ lassen** kąpać się w słońcu, wygrzewać się na słońcu

be'scheinigen (-) V/T *Empfang usw* zaświadczać, poświadczać ⟨-czyć⟩; **sich** (*dat*) **etw ~ lassen** uzyskać *pf* poświadczenie (*gen*)

Be'scheinigung F poświadczenie, *bes schriftlich* zaświadczenie

be'scheißen *pop* (*irr*; -) ⟨o⟩kantować, ⟨wy⟩rolować (**bei** na *lok*)

be'schenken (-) obdarow(yw)ać, obdarzać ⟨-rzyć⟩ (**j-n mit** k-o *inst*)

be'scheren (-) *zu Weihnachten* podarować *pf* na gwiazdkę (**j-n mit** *etw* k-u *akk*); (*zuteilwerden lassen*) przynosić ⟨-nieść⟩ (**j-m** *akk* k-u *akk*)

Be'scherung F (*Heiligabend*) gwiazdka; *umg iron* **das ist ja eine schöne ~!** a to ładna historia!

be|'scheuert *pop* ADJ *Person* pieprznięty; **~'schichten** (-) powlekać ⟨-wlec⟩; **~'schieden** → bescheiden[1]

be'schießen (*irr*; -) ostrzel(iw)ać

be'schildern (-) *Route* oznakować *pf*

be'schimpfen (-) V/T wymyślać k-u, zwymyślać *pf*, wyzywać, ⟨ze⟩lżyć k-o

Be'schimpfung F lżenie; PL *a.* obelgi *fpl*, wyzwiska *npl*, połajanki *fpl*

Be'schiss *pop* M (*-es; bpl*) oszukaństwo, lipa

be'schissen *pop pperf* → bescheißen; ADJ *vulg* zasrany, parszywy

Be'schlag M okucie; (*Hauch*) nalot; *Sache* **mit ~ belegen, in ~ nehmen** zajmować ⟨-jąć⟩, okupować

be'schlagen[1] (*irr*; -) V/T *Pferd* podku(wa)ć; *Tür* oku(wa)ć; V/I (*sn*) *Glas* ⟨za⟩potnieć

be'schlagen[2] *umg* ADJ (*erfahren*) wytrawny; **gut ~ sein in** (*dat*) wyznawać się w (*lok*), dobrze znać się na (*lok*)

Be'schlagnahme F zajęcie, konfiskata

be'schlagnahmen (-) ⟨s⟩konfiskować, zajmować ⟨-jąć⟩

be'schleunigen (-) V/T przyspieszać ⟨-szyć⟩; V/I nab(ie)rać szybkości

be'schleunigt ADJ przyspieszony

Be'schleunigung F (*bpl*) przyspieszenie; *von Fahrzeugen a.* zryw

be'schließen (*irr*; -) V/T (*entscheiden*) postanawiać ⟨-nowić⟩, ⟨z⟩decydować; *Antrag* uchwalać ⟨-lić⟩; (*beenden*) ⟨za⟩kończyć; V/I **~ zu** (+ INF) postanawiać ⟨-nowić⟩ (+ *inf*); **über** (*akk*) **~** decydować o (*lok*)

be'schlossen *pperf* → beschließen; ADJ uchwalony; **anders als ~** inaczej, niż było postanowione

Be'schluss M postanowienie, decyzja; *e-s Gremiums* uchwała; **e-n ~ fassen** powziąć *pf* uchwałę *od* decyzję; **~fähigkeit** F (*bpl*) zdolność *f* (do) powzięcia uchwał(y), kworum *n*

be|'schmieren (-) V/T zasmarow(yw)ać, ⟨po⟩paćkać (*v/r* **sich** się); *abw Wände, Papier* zabazgrać *pf* (**mit** *inst*); → **~'schmutzen** (*-zt*; -) V/T ⟨po⟩walać, ⟨za⟩brudzić, zanieczyszczać ⟨-czyścić⟩ (*v/r* **sich** się)

be'schneiden (*irr*; -) podcinać ⟨-ciąć⟩; *Ausgaben usw* obcinać ⟨-ciąć⟩, okrawać ⟨okroić⟩; *Rechte, Freiheiten* ograniczać ⟨-czyć⟩; *rel* obrzez(yw)ać

Be'schneidung F *rel* obrzezanie; *der Ausgaben* okrojenie; *der Rechte* ograniczenie
be'schnitten *pperf* → beschneiden; ADJ **~er Mann** obrzezaniec
be|'schnüffeln (-) V/T, **~'schnuppern** (-) V/T obwąch(iw)ać (*v/r* **sich** się)
be|'schönigen (-) upiększać ⟨-szyć⟩ (fakty); **~'schränken** (-) V/T ograniczać ⟨-czyć⟩ (*v/r* **sich** się; **auf** *akk* do *gen*); **~'schrankt** ADJ KOLEJ *Übergang* strzeżony, zabezpieczony; **~'schränkt** ADJ ograniczony (*a. fig*)
Be|'schränktheit F (*bpl*) ograniczoność *f*; **~'schränkung** F ograniczenie
be'schreiben (*irr;* -) *Eindrücke, Täter, Kreis* opis(yw)ać; *Seite* zapis(yw)ać; **es ist nicht zu ~** (to) nie da się opisać
Be'schreibung F opis(anie); *e-s Täters* rysopis; *etw* **spottet jeder ~** ... trudno opisać, ... nie do opisania
be|'schreiten *lit* (*irr;* -) *Weg* wkraczać ⟨wkroczyć⟩ na, wstępować ⟨wstąpić⟩ na (*akk*); **~'schrieben** *pperf* → beschreiben; ADJ *Seite* zapisany; *Vorfall* opisany; **~'schriften** V/T (-e-; -) opatrywać ⟨-trzyć⟩ napisem *usw* (*akk*)
Be'schriftung F (*das Beschriften*) opis(y-w)anie; *konkret* napis (na *lok*), podpis (pod *inst*)
be'schuldigen (-) obwini(a)ć (**j-n des Diebstahls** k-o o kradzież)
Be'schuldig|te F obwiniona; **~te(r)** M (-*n*) obwiniony; **~ung** F obwinienie
be'schummeln *umg* (-) V/T ocyganić *pf*, okpić *pf* (**um ... Euro** na ... euro); *v/i* **im Spiel ~** szachrować w grze
Be'schuss M (*bpl*) o(b)strzał; **unter ~ geraten** znaleźć się pod o(b)strzałem (*a. umg fig*)
be'schützen (-) chronić, ochraniać ⟨ochronić⟩, ⟨u⟩strzec (**vor** *dat* przed *inst*)
Be'schützer(in) M(F) obrońca *m* (-czyni), opiekun(ka)
Be'schwerde F skarga, zażalenie; **~n** PL MED dolegliwości *fpl*; **~ einlegen** składać ⟨złożyć⟩ zażalenie, wnosić ⟨wnieść⟩ skargę
be'schwerdefrei MED wolny od dolegliwości, bez objawów chorobowych
be'schweren (*beschwor, beschworen*) V/T obciążać ⟨-żyć⟩; V/R **sich ~ über** (*akk*) skarżyć się, użalać się na (*akk*); **sich ~ bei j-m** poskarżyć się *pf* k-u, na (*akk*); *offiziell* wnosić ⟨wnieść⟩ zażalenie do (*gen*)
be'schwerlich uciążliwy, męczący
be'schwichtigen (-) uspokajać ⟨-koić⟩; *Zorn a.* powściągać ⟨-gnąć⟩
Be'schwichtigung F mitygowanie; **~en** PL uspokajające słowa *npl*
be'schwindeln *umg* (-) okłam(yw)ać
be'schwingt ADJ *Melodie* skoczny; **~en Schrittes** raźnym krokiem; **~ tanzen** tańczyć z werwą
be'schwipst *umg* ADJ podochocony
be'schwören (*irr;* -) *Aussage* potwierdzać ⟨-dzić⟩ przysięgą; **ich kann ~, dass ...** mogę przysiąc, że ...; (*anflehen*) zaklinać (*a. Schlange, Geister*), błagać; *Erinnerungen* przywoł(yw)ać
be'seitigen (-) usuwać ⟨usunąć⟩; *fig Zweifel* rozwi(ew)ać; (*j-n umbringen*) sprzątnąć *pf*
Be'seitigung F (*bpl*) usuwanie, usunięcie; *fig von Zweifeln usw* rozwianie; *e-r Person* sprzątnięcie
Besen M miotła, szczotka (do zamiatania); *abw* (*Frau*) zołza; *umg* **ich fresse e-n ~, wenn ...** niech mnie gęś kopnie, jeśli ...; **~kammer** F schowek na przybory do sprzątania; **~stiel** M kij od miotły
be'sessen *pperf* → besitzen; ADJ opętany (**von** *inst*); **wie ~** jak opętany
be'setzen (-) *Kleid* obszy(wa)ć (**mit** *inst*); *Platz* zajmować ⟨-jąć⟩; *Posten, Rolle* obsadzać ⟨-dzić⟩; *Haus, Land* okupować (*im*)*pf*
be'setzt ADJ *Kleid* obszyty; *Nummer, Platz* zajęty; *Land* okupowany; **... ist ~** *Hotel* nie ma wolnych pokoi; *Zug usw* nie ma wolnych miejsc
Be|'setztzeichen N TEL sygnał „zajęte"; **~'setzung** F *e-s Postens* obsada (*a. koll, Personen*); MIL okupacja
be'sichtigen (-) oglądać ⟨obejrzeć⟩; *als Tourist a.* zwiedzać ⟨-dzić⟩
Be'sichtigung F oględziny *pl*, obejrzenie; *e-s Museums usw* zwiedzanie
be|'siedeln (-) zasiedlać ⟨-lić⟩, zaludni(a)ć; **dicht besiedelt** gęsto zaludniony; **~'siegeln** (-*le;* -) przypieczętow(yw)ać (*a. fig*); **~'siegen** (-) pokon(yw)ać (*a. fig*); *im Spiel* ogr(yw)ać
be|'siegt ADJ pokonany, zwyciężony (*a. subst*); **~'singen** (*irr;* -) *lit* opiewać, sławić (w pieśni); *Platte* nagr(yw)ać

be'sinnen *(irr; -)*: V/R **sich ~** *(überlegen)* zastanawiać ⟨-nowić⟩ się; **sich ~ auf** *(akk)* przypominać ⟨-mnieć⟩ sobie *(akk)*; *(sich bewusst werden)* uświadomić *pf* sobie *(akk)*; **sich anders ~** rozmyślać ⟨-lić⟩ się, zmieni(a)ć zdanie

be'sinnlich → beschaulich

Be'sinnung F *(bpl)*: **die ~ verlieren** ⟨s⟩tracić przytomność; **zur ~ kommen** oprzytomnieć *pf (a. fig)*

be'sinnungslos nieprzytomny *(a. fig)*

Besitz M *(-es; bpl) (das Besitzen)* posiadanie; *(Gut, Sache)* posiadłość *f*, majątek; **~ ergreifen (von)** objąć *pf* w posiadanie *(akk)*; **im ~ sein (von)** być w posiadaniu *(gen)*

be'sitzen *(irr; -)* posiadać, mieć

Be'sitz|er(in) M(F) posiadacz(ka), właściciel(ka); **~stand** M stan posiadania; **~tum** N *(-s; -tümer)* posiadłość *f*, majątek

be'soffen *umg* ADJ *pop* zalany, urżnięty

be'sohlen (-) ⟨pod⟩zelować

Be'soldung F *(bpl) von Beamten* uposażenie; MIL *a.* żołd

be'sondere szczególny; specjalny; *(separat)* osobny; **nichts Besonderes** nic specjalnego; **im Besonderen** w szczególności; → außergewöhnlich

Be'sonderheit F *(das Besondere)* specyfika, szczególność *f*; *(Sache)* osobliwość *f*, ciekawostka, gadżet

be'sonders ADV szczególnie, zwłaszcza; *(separat)* osobno; **nicht ~** nie bardzo

be'sonnen *pperf* → besinnen; ADJ rozważny, roztropny, rozsądny

Be'sonnenheit F *(bpl)* rozwaga, roztropność *f*, rozsądek

be'sorgen (-) *(beschaffen)* wystarać się *pf* o *(akk)*; *(erledigen)* załatwić *pf* *(akk)*; *Haushalt* prowadzić

Be'sorgnis F *(-; -se)* obawa, niepokój; **~ erregend** → besorgniserregend

be'sorgniserregend niepokojący (-co), wywołujący niepokój

be'sorgt ADJ *Miene* zatroskany; **~ über, um** *etw* zaniepokojony *(inst)*

Be'sorgung F *(Erledigung)* załatwienie; **~en machen** załatwi(a)ć sprawunki

be|'spannen (-) obciągać ⟨-gnąć⟩, obi(ja)ć **(mit** *inst)*; *Tennisschläger* zakładać ⟨założyć⟩ naciąg w *(lok)*; **~'spielen** (-) *Tonträger* nagr(yw)ać

be'spitzeln *(-le; -) abw* szpiclować

be'sprechen *(irr; -)* omawiać ⟨omówić⟩; *Buch usw a.* ⟨z⟩recenzować; *Tonband* nagr(yw)ać na *(akk)*; **wie besprochen** jak uzgodniono

Be'sprechung F *(Erörterung)* omówienie; *(Beratung)* odprawa, narada; *e-s Buches usw* recenzja

be|'sprengen (-) skrapiać ⟨skropić⟩; → **~'spritzen** (-) V/T obryzg(iw)ać, zabryzgać *pf* (*v/r* **sich** się); **~'sprochen** → besprechen; **~'sprühen** (-) oprysk(iw)ać; **~'spucken** (-) *abw* oplu(wa)ć

besser ADJ lepszy; ADV lepiej (**als** niż *akk*); **es geht ihm viel ~** jest mu dużo lepiej; **es wäre ~ …** lepiej by było …; **~ gesagt** ściśle mówiąc; **umso ~!** tym lepiej!; **~ werden** polepszać ⟨-szyć⟩ się; **die ~en Leute** ludzie z lepszej sfery; **etwas Besseres** coś lepszego; **j-n e-s Bess(e)ren belehren** wyprowadzać ⟨-dzić⟩ k-o z błędu; → bessergestellt, besserstellen

bessern *(-re)* V/T polepszać ⟨-szyć⟩, poprawi(a)ć (*v/r* **sich** się)

bessergestellt lepiej sytuowany

besserstellen V/R: **sich ~** polepszyć *pf* swoją sytuację materialną

Besserung F *(bpl)* polepszenie (się), poprawa; **gute ~!** życzę szybkiej poprawy!; **~ geloben** obiec(yw)ać poprawę

Besserwisser M besserwisser

be'stand → bestehen

Be'stand M *(-[e]s; Bestände)* stan; *(Vorrat)* zapas; *an Waren a.* remanent; *an Tieren* pogłowie; **eiserner ~** żelazna porcja; *(bpl)* istnienie; **~ haben** istnieć, trwać; **keinen ~ haben** długo nie potrwać *pf od* nie utrzymać się *pf*

be'ständig *(von Dauer)* trwały; *(konstant)* stały (-le), niezmienny; *Material* wytrzymały, odporny (**gegen** na *akk*); **das Wetter bleibt ~** pogoda ustaliła się; → *zssgn* **kältebeständig** *usw*

Be'ständigkeit F *(bpl) (Dauerhaftigkeit)* trwałość *f*; *(Stetigkeit)* stałość *f*, niezmienność *f*; **~ gegen Kälte** wytrzymałość *f* na zimno

Be'standsaufnahme F inwentaryzacja; *fig* podsumowanie, bilans (dotychczasowych wyników, osiągnięć *usw*)

Be'standteil M część składowa, element, składnik *(a.* CHEM); **fester ~** integralna część

be'stärken (-) umacniać ⟨umocnić⟩,

utwierdzać ⟨-dzić⟩ (**j-n in** *dat* k-o w *lok*)

be'stätigen (-) V/T *Nachricht usw* potwierdzać ⟨-dzić⟩ (*v/r* **sich** się); *Urteil, Wahl usw* zatwierdzać ⟨-dzić⟩

Be'stätigung F potwierdzenie; zatwierdzenie; → Bescheinigung

be'statten (-e-; -) ⟨po⟩chować

Be'statt|ung F pogrzeb; **~ungsinstitut** N zakład pogrzebowy; **~ungskosten** PL koszty *mpl* pogrzebu

be'stäuben (-) BOT opylać ⟨-lić⟩; **mit Zucker ~** oprószać ⟨-szyć⟩ cukrem

be'staunen (-) podziwiać

beste, ~r, ~s ADJ *sup* najlepsza, najlepszy, najlepsze; **die ~n** najlepsze, *persf* najlepsi; **am ~n** najlepiej; **es ist am ~n** ... najlepiej będzie ...; *als subst* **er hält es für das Beste, wenn** ... on uważa, że najlepiej będzie, jeśli ...; **aufs Beste** jak najlepiej; **zum Besten geben** *Lied* ⟨od⟩śpiewać; *Gedicht* ⟨wy⟩recytować; *Witz usw* opowiadać ⟨-wiedzieć⟩; **j-n zum Besten halten** *od* **haben** pokpiwać z (*gen*)

Beste N (-s; *bpl*) dobro; **das ~ aus etw machen** wybrać najlepsze z kilku rozwiązań (*gen*); **zu deinem ~n** dla twego dobra; **ich tue mein ~s** robię, co mogę; **es steht nicht zum ~n mit** ... z (*inst*) jest kiepsko

be'stechen (*irr*; -) przekupywać ⟨-pić⟩ (*akk*); *fig* urzekać ⟨-rzec⟩ (**durch** *etw inst*); **sich ~ lassen** da(wa)ć się przekupić

be'stech|end ADJ (*gewinnend*) urzekający (-co), ujmujący (-co); **~lich** przekupny, sprzedajny

Be'stechlichkeit F przekupność *f*

Be'stechung F łapownictwo, przekupstwo; *passiv a.* łapówkarstwo

Be'stechungs|affäre F afera łapownicza; **~geld** N łapówka

Be'steck N (-[e]s; -e) sztućce *mpl*; MED komplet narzędzi chirurgicznych

be'stehen (*irr*; -) V/I istnieć, być; (*fortdauern*) istnieć dalej, trwać, utrzym(yw)ać się; **~ bleiben** pozosta(wa)ć; **~ aus** (*dat*) składać się z (*gen*); **~ in** (*dat*) polegać na (*lok*); **~ auf** (*dat*) obstawać przy (*lok*); **darauf ~, dass** ... stanowczo żądać, domagać się, aby ...; V/T *Prüfung* zdać *pf*; *Probe* przejść *pf*, wytrzym(yw)ać; **es besteht kein(e)** ... nie ma żadnego (-nej, -nych) ...

be'stehlen (*irr*; -) okradać ⟨okraść⟩; **ich bin bestohlen worden** okradziono mnie, zostałem okradziony

be'steigen (*irr*; -) *Pferd, Rad* dosiadać ⟨-siąść⟩ (*gen*); *Berg* wchodzić ⟨wejść⟩ na (*akk*); *Thron* wstępować ⟨wstąpić⟩ na (*akk*)

Be'stelldatum N data zamówienia

be'stellen (-) *Ware usw* zamawiać ⟨zamówić⟩; *Person* (**zu** *dat*) mianować (im)pf (*inst*), wyznaczać ⟨-czyć⟩ na (*akk*); *Grüße usw* przekaz(yw)ać; *Feld* uprawiać; **j-n zu sich ~** wzywać ⟨wezwać⟩ (*akk*); *fig* **wie bestellt** jak na zamówienie; **es ist um ihn schlecht bestellt** z nim jest krucho

Be'stell|er(in) M(F) zamawiający (-ca); **~nummer** F numer katalogowy; **~ung** F zamówienie; AGR uprawa

bestenfalls ADV w najlepszym wypadku

bestens ADV (jak) najlepiej, bardzo dobrze; **danke ~** ślicznie dziękuję

be'steuern (-) opodatkow(yw)ać

Be'steuerung F opodatkowanie

besti'alisch bestialski (-ko, po -ku)

Bestie ['bɛstɪə] F bestia

be'stimmen (-) V/T (*entscheiden*) ustalać ⟨-lić⟩; (*vorsehen*) wyznaczać ⟨-czyć⟩ (*a.* **j-n zu** k-o na *akk*); przeznaczać ⟨-czyć⟩ (**für** na *akk*, dla *gen*); (*definieren*) określać ⟨-lić⟩; (*verfügen*) zarządzać ⟨-dzić⟩, ⟨z⟩decydować; V/I (*das Sagen haben*) rządzić, komenderować; ⟨z⟩decydować (**über** *akk* o *lok*)

be'stimmend ADJ determinujący

be'stimmt ADJ pewny; (*festgelegt*) określony (*a.* JĘZ); *Ton usw* stanowczy (-czo); **nichts Bestimmtes** nic pewnego; ADV (*sicher*) na pewno; (*vermutlich*) pewnie; **das weiß ich ~** wiem to na pewno

Be'stimmtheit F (*bpl*) pewność *f*; (*Entschiedenheit*) stanowczość *f*; **ich weiß es mit ~** wiem to z (całą) pewnością

Be'stimmung F (*Vorschrift*) przepis, zarządzenie; GRAM **adverbiale ~** okolicznik; (*bpl*) *e-s Termins usw* ustalenie, wyznaczenie; *e-r Pflanze, Sache* określenie, oznaczenie; *engS a.* definicja; (*Zweck*) przeznaczenie (*a. Schicksal*); **etw s-r ~ übergeben** odda(wa)ć do użytku (*akk*); **sich an die ~en halten** stosować się do przepisów

Be'stimmungsort M miejsce przeznaczenia; → Zielbahnhof *usw*

Bestleistung F najlepszy wynik, rekord

best'möglich ADJ możliwie jak najlepszy;

ADV jak można najlepiej
Best.-Nr. F (Bestellnummer) numer katalogowy
be'stochen → bestechen
be'stohlen → bestehlen
be'strafen (-) ⟨u⟩karać (**für, wegen** za *akk*; **mit Gefängnis** więzieniem)
Be'strafung F ukaranie; **zur ~** za karę
be'strahlen (-) *Bühne* oświetlać ⟨-lić⟩; iluminować; MED naświetlać ⟨-lić⟩, napromieni(a)ć; *Lebensmittel, Saatgut* napromieniow(yw)ać
Be'strahlung F oświetlanie; MED naświetlanie; napromieniowanie
Be'streben N dążność *f* (**zu** do *gen*)
be'strebt ADJ: **~ sein zu** (+*inf*) starać się (+ *inf*)
Be'strebungen FPL usiłowania *npl*, starania *npl*
be'streichen (*irr*; -) ⟨po⟩smarować (**mit Salbe, Butter** maścią, masłem)
be'streiken (-) *Betrieb* zastosow(yw)ać strajk wobec (*gen*)
be'streiten (*irr*; -) (*leugnen*) zaprzeczać ⟨-czyć⟩ (*dat*); negować (*akk*); *Kosten* opłacać ⟨-cić⟩; *Wettkampf* brać ⟨wziąć⟩ udział w (*lok*); **j-m das Recht auf etw ~** odmawiać ⟨-mówić⟩ k-u prawa do (*gen*); **er bestritt jedes Wort** zaprzeczał każdemu słowu; **es lässt sich nicht ~, dass ...** nie można zaprzeczyć, że ...
be'streuen (-) posyp(yw)ać (**mit** *inst*)
Bestseller M bestseller
be|'stücken (-) wyposażać ⟨-żyć⟩, uzbrajać ⟨uzbroić⟩ (**mit** w *akk*); **~'stürmen** *fig* bombardować, zasyp(yw)ać (**mit** *inst*); **~'stürzen** (-) V/T (*erschüttern*) wstrząsać ⟨-snąć⟩ (*inst*); (*schockieren*) ⟨s⟩konsternować (*akk*); **~'stürzt** ADJ skonsternowany (**über** *etw* [*akk*] *inst*)
Be'stürzung F (*bpl*) konsternacja, zaskoczenie; → Erschütterung
Bestzeit F rekordowy czas
Be'such M (-[e]s; -e) odwiedziny *pl*, wizyta; *regelmäßig* uczęszczanie (do *gen*, na *akk*); *im Gefängnis* widzenie; *Person* gość *m*, goście *pl*; **e-n ~ machen** (*dat*) składać ⟨złożyć⟩ wizytę k-u; **zu ~ kommen** przyjść *od* przyjechać w odwiedziny (**zu** do *gen*); **zu ~ sein** gościć, bawić (**bei** u *gen*)
be'suchen (-) odwiedzać ⟨-dzić⟩
Be'sucher(in) M(F) gość *m*, odwiedzający (-ca); *im Theater* widz; *e-r Ausstellung usw* zwiedzający (-ca)
Be'sucherzahl F liczba zwiedzających, frekwencja
Be'suchs|erlaubnis F zezwolenie na odwiedziny *od* widzenie; **~zeit** F czas odwiedzin *od* widzenia
be'sucht ADJ: **gut ~** licznie uczęszczany; **schlecht ~** mający słabą frekwencję
be'sudeln (-*le*; -) V/T ⟨po-, za⟩brudzić (*v/r* **sich** się), *bes fig* ⟨po-, s⟩kalać
be'tagt ADJ podeszły w latach, sędziwy
be'tasten (-) obmac(yw)ać, macać
be'tätigen (-) V/T *Taste, Bremse usw* naciskać ⟨-snąć⟩; *Hebel* przesuwać ⟨-sunąć⟩; V/R **sich ~ als** działać jako; **sich politisch ~** zajmować sięsię polityką
Be'tätigung F (*Tätigkeit*) działanie, praca; (*bpl*) *e-r Taste* naciśnięcie
be'täuben (-) *Schlag, Lärm* ogłuszać ⟨-szyć⟩; (*bewusstlos machen*) odurzać ⟨-rzyć⟩; *Kummer, Gewissen* zagłuszać ⟨-szyć⟩; MED *örtlich* znieczulać ⟨-lić⟩
Be'täubungsmittel N (*Narkotikum*) środek odurzający
Bete F: **Rote ~** burak ćwikłowy, ćwikła
be'teiligen (-) V/T dopuszczać ⟨-puścić⟩ do udziału (**an** *dat* w *lok*); **an** *e-r Sache* **beteiligt sein** być uwikłanym w (*akk*); V/R **sich ~ an** (*dat*) brać ⟨wziąć⟩ udział, uczestniczyć w (*lok*); *an e-r Firma usw* mieć udział w (*lok*)
Be'teilig|te F uczestniczka; **~te(r)** M (-*n*) uczestnik; **~ung** F udział (*a.* EKON), uczestniczenie, uczestnictwo
beten (-*e*-) V/I ⟨po⟩modlić się (**für** za *akk*; **zu Gott** do Boga); *v/t* odmawiać ⟨-mówić⟩ (**ein Vaterunser** ojczenasz)
be'teuern (-*re*; -) V/T zapewni(a)ć (o *lok*)
Be'teuerung F zapewnienie
Bethlehem N (-; *bpl*) Betlejem (*unv*)
be'titeln (-*le*; -) zatytułować *pf*
Beton [-'tɔŋ, -'toːn] M (-*s*; -*s od* -*e*) beton; **~bau** M (*bpl*) budownictwo betonowe; (PL -*ten*) budowla betonowa; **~bauer** M betoniarz
be'tonen (-) ⟨za⟩akcentować; *fig a.* podkreślać ⟨-lić⟩
beto'nieren (-) ⟨za-, wy⟩betonować
Be'tonmischmaschine F betoniarka
be'tont ADJ JĘZ, MUS akcentowany; *fig* (*besonders*) niezwykły; *präd* nadzwyczaj
Be'tonung F akcent, przycisk (*a. fig*)
Be'tonwerk N betonownia

be'tör|en (-) oczarow(yw)ać; **~end** ADJ czarujący (-co), ponętny

betr. (betreffs, betreffend); **Betr.** (Betreff) dotyczy

Be'tracht M: **in ~ kommen** wchodzić ⟨wejść⟩ w rachubę; **in ~ ziehen** brać ⟨wziąć⟩ pod rozwagę; **außer ~ lassen** nie brać ⟨wziąć⟩ pod uwagę

be'trachten (-) (*ansehen*) oglądać ⟨obejrzeć⟩ (*akk*), przyglądać ⟨przyjrzeć⟩ się (*dat*); **sich im Spiegel ~** przeglądać ⟨przejrzeć⟩ się w lustrze; *fig* (*etw beurteilen*) zapatrywać się na (*akk*); (*halten für*) uważać (**als Freund** za przyjaciela)

Be'trachter(in) M(F) obserwator(ka)

be'trächtlich znaczny, pokaźny

Be'trachtung F oglądanie, obejrzenie; *fig* **~en** rozważania *npl* (**über** *akk* o *lok*, na temat *gen*); **~en anstellen** zagłębić się *pf* w rozważaniach

be'traf → betreffen

Be'trag M (-[e]s; Beträge) suma, kwota; **über e-n** *od* **im ~ von …** na sumę …; **~ erhalten** należność zapłacona

be'tragen (*irr;* -) V/T (*sich belaufen auf*) wynosić ⟨-nieść⟩; *Rechnung a.* opiewać (na sumę …); V/R **sich ~** sprawować się, zachow(yw)ać się

Be'tragen N (-s; *bpl*) sprawowanie, zachowanie (się)

be|'trauen (-) powierzać ⟨-rzyć⟩ (**j-n mit** k-u *akk*); **~'trauern** (-) opłakiwać

Be'treff M (-[e]s; -e) *im Brief* dotyczy

be'treffen (*irr;* -) V/T dotyczyć (*gen*), odnosić ⟨-nieść⟩ się do (*gen*); **was … betrifft** co się tyczy (*gen*), jeśli chodzi o (*akk*); **das betrifft dich nicht** to ciebie nie dotyczy, to się ciebie nie tyczy

be'treffend ADJ dany; dotyczący (*gen*); **der, die Betreffende** dana osoba, wymieniona osoba

be'treffs PRÄP (*gen*) odnośnie do (*gen*)

be'treiben (*irr;* -) *Gewerbe, Sport* uprawiać; *Studien, Firma* prowadzić; **mit Strom betrieben** napędzany elektrycznością

Be'treiben N (-s; *bpl*): **auf ~ von** za sprawą (*gen*)

Be'treiber M operator; użytkownik

be'treten[1] (*irr;* -) *Raum usw* wchodzić ⟨wejść⟩, wkraczać ⟨wkroczyć⟩ do (*gen*), na (*akk*); *Schwelle* przestępować ⟨-stąpić⟩; **die Bühne ~** wychodzić ⟨wyjść⟩ na scenę; **den Rasen nicht ~** nie deptać trawników; **Betreten verboten** wstęp wzbroniony

be'treten[2] ADJ *Person* zakłopotany, speszony; *Schweigen* przykry; *präd* z zakłopotaniem

be'treuen (-) *Kinder, Tiere* opiekować się (*inst*); *Kranke a.* pielęgnować (A); *Aktion usw* patronować (*dat*); *Sachgebiet* prowadzić (A)

Be'treu|er(in) M(F) opiekun(ka); *e-r Aktion, Gruppe* patron(ka); SPORT trener(ka); (*Boxen*) sekundant; **~ung** F (*bpl*) (*Fürsorge*) opiekowanie się, opieka; *von Kranken a.* pielęgnowanie; (*Schirmherrschaft*) patronat; SPORT trenowanie

Be'trieb M (-[e]s; -e) (*Unternehmen*) przedsiębiorstwo, *a. Gebäude* zakład (pracy); (*bpl*) (*In-Funktion-Sein*) ruch (*a. umg fig*); TECH *a.* eksploatacja; **in ~ sein** być w ruchu, pracować; **außer ~ sein** nie działać; **außer ~ setzen** zatrzym(yw)ać, wyłączać ⟨-czyć⟩; **es herrscht hier viel ~** tu jest wielki ruch

be'trieblich zakładowy

Be'triebsamkeit F (*bpl*) krzątanina

Be'triebs|angehörige(r) M członek załogi; **~anleitung** F instrukcja obsługi; **~bereitschaft** F → Stand-by; **~ferien** PL urlop zbiorowy; **~fest** N zabawa zakładowa

be'triebsintern wewnątrzzakładowy

Be'triebs|klima N atmosfera w zakładzie pracy; **~kosten** PL koszty *mpl* eksploatacji; **~leiter(in)** M(F) kierownik (-niczka) zakładu; **~leitung** F kierownictwo zakładu; **~prüfung** F rewizja dokumentacji finansowej przedsiębiorstwa; **~rat** M rada zakładowa; (*Mitglied*) członek rady zakładowej

be'triebssicher niezawodny w użyciu *od* w działaniu, w eksploatacji

Be'triebs|störung F przerwa w ruchu (zakładu); **~system** N EDV system operacyjny; **~unfall** M wypadek przy pracy; *umg fig* (*Schwangerschaft*) niezaplanowana ciąża

Be'triebs|wirt(in) M(F) ekonomista *m* (-tka); **~wirtschaft** F ekonomika i organizacja przedsiębiorstwa; **~zugehörigkeit** F staż pracy w zakładzie

be'trinken (*irr;* -): V/R **sich ~** upi(ja)ć się; → betrunken

be'troffen *pperf* → betreffen; ADJ *Gesicht* speszony, zakłopotany; **von** *e-r Sache*

~ dotknięty *(inst)*
Be'troffenheit F *(bpl)* zakłopotanie
be'trüblich smutny, niewesoły (-ło)
be'trübt ADJ zmartwiony
Be'trug M (-[e]s; bpl) oszustwo
be'trügen *(irr; -)* V/T oszuk(iw)ać (**j-n um … Euro** k-o na … euro); *Ehepartner* zdradzać ⟨-dzić⟩; V/I oszukiwać
Be'trüger(in) M(F) oszust(ka)
be'trügerisch oszukańczy (-czo)
be'trunken *pperf* → betrinken; ADJ pijany, upity
Bett N (-[e]s; -en) łóżko; *(Bettzeug)* pościel *f*; *(Flussbett)* koryto; **das ~ hüten** leżeć w łóżku; **das ~ machen** posłać *pf* łóżko; **ins ~ gehen** iść ⟨pójść⟩ do łóżka *(a. umg* **mit j-m** z *inst)*; **ins ~ bringen** układać ⟨ułożyć⟩ do snu
Bett|bezug M poszwa (na kołdrę); **~couch** F tapczan, wersalka; **~decke** F kołdra, koc; *(Tagesdecke)* kapa, narzuta
bettelarm goły jak święty turecki
Bettelbrief M list z prośbą o wsparcie
Bette'lei F *(bpl) abw* żebranina; *umg* **hör auf mit der ~!** przestań molestować!
betteln V/I *(-le)* żebrać *(a. fig)*; *fig* **um etw ~** *a.* błagać o *(akk)*, dopraszać się *(gen)*
Betteln N *(-s; bpl)* żebranie, żebry *pl*
betten *(-e-)* kłaść ⟨położyć⟩; *Kopf, Leichnam* składać ⟨złożyć⟩
Bett|geschichte *umg* F sprawa łóżkowa; **~kasten** M skrzynia na pościel
bettlägerig obłożnie chory
Bettler M żebrak; **~in** F żebraczka
Bett|nässer(in) M(F) chory (-ra) na moczenie nocne; **~pfanne** F basen; **~ruhe** F leżenie w łóżku; **~vorleger** M dywanik przed łóżkiem; **~wäsche** F bielizna pościelowa; **~zeug** *umg* N pościel *f*
be'tucht *umg* ADJ majętny, *pop* forsiasty
be'tulich *(penetrant besorgt)* nadopiekuńczy; *(gemächlich)* marudny
be'tupfen (-) *Wunde* zwilżać ⟨-żyć⟩ (**mit e-m Wattebausch** wacikiem)
Beuge F *des Arms* staw łokciowy; *des Knies* dołek podkolanowy; SPORT *(Rumpfbeuge)* skłon tułowia
beugen V/T *Knie usw* zginać ⟨zgiąć⟩; *Rumpf* nachylać, pochylać, schylać ⟨-lić⟩; *Gesetz* naruszać, *umg* naginać; GRAM odmieni(a)ć; V/R **sich ~** pochylać ⟨-lić⟩ się (**über** *akk* nad *inst)*; **sich ~ aus …** wychylać ⟨-lić⟩ się z *(gen)*; *(nachgeben)* naginać ⟨-giąć⟩ się (**j-s Willen** do czyjejś woli)
Beugung F *(bpl)* zginanie, zgięcie; GRAM odmiana
Beule F guz; *(Delle)* wgniecenie
beulen V/I *(u.* V/R **sich**) marszczyć się
be'unruhigen (-) V/T ⟨za⟩niepokoić; V/R **sich ~** (**über** *akk*, **um, wegen**) niepokoić się *(inst*, o *akk*, z powodu *gen)*
be'unruhigend ADJ niepokojący (-co)
Be'unruhigung F (-) zaniepokojenie
be'urkunden *(-e-; -) Geburt usw* sporządzać ⟨-dzić⟩ akt *(gen)*; *Vertrag usw* potwierdzać ⟨-dzić⟩ dokumentem prawnym *(akk)*
be'urlauben (-) V/T *Personal* urlopować *(im)pf*; *für e-n bestimmten Zweck* zwalniać ⟨zwolnić⟩ (**für e-e Stunde** na godzinę); *vom Amt* zawieszać ⟨zawiesić⟩ w czynnościach; **sich ~ lassen** brać ⟨wziąć⟩ urlop; zwalniać ⟨zwolnić⟩ się; **beurlaubt** *als* ADJ urlopowany; zawieszony w czynnościach
be'urteilen (-) oceniać ⟨-nić⟩
Be'urteilung F ocena; *(Zeugnis)* opinia
Beute F zdobycz *f (a.* ZOOL), łup(y *pl)*
Beutel M torba, *dim* torebka; *(Geldbeutel)* sakiewka; **~tier** N torbacz
Beutezug M wyprawa łupieska
be'völkern *(-re; -)* V/T zaludni(a)ć *(v/r* **sich** się); → bewohnen
be'völkert ADJ zaludniony; **stark ~** gęsto zaludniony
Be'völkerung F ludność *f*
Be'völkerungs|dichte F gęstość *f* zaludnienia; **~explosion** F *(bpl)* eksplozja demograficzna
be'völkerungsreich ludny
Be'völkerungszahl F liczba ludności
be'vollmäch|tigen (-) upoważni(a)ć (**j-n zu** k-o do *gen)*; **~tigt** ADJ upoważniony, pełnomocny
Be'vollmächtigte F pełnomocniczka; **~(r)** M *(-n)* pełnomocnik
be'vor *konj* (za)nim; **nicht ~ …** nie wcześniej aż …; **kurz ~ ich kam** na krótko przed moim przyjściem
be'vormunden *(-e-; -)* (stale) kontrolować *(akk)*; **sich nicht ~ lassen** nie dać się *pf* wziąć pod kuratelę
Be'vormundung F *(bpl)* ciągła kontrola, kuratela

be'vor|stehen *(irr; -)* zbliżać się, nadchodzić; **ihm steht ... bevor** oczekuje go ...; **~stehend** ADJ zbliżający się, nadchodzący; oczekiwany

be'vorzugen (-) faworyzować, wyróżniać; *(vorziehen)* woleć

be'vorzugt ADJ uprzywilejowany; *präd* w pierwszej kolejności

be'wachen (-) strzec, pilnować *(gen)*

Be'wacher(in) M(F) strażnik (-niczka); ochroniarz *(a. f)*; konwojent

be'wachsen ADJ **(mit)** porosły *(inst)*

be'wacht ADJ strzeżony

Be'wachung F strzeżenie; ochrona *(a. Mannschaft)*; **j-n unter ~ abführen** odprowadzać ⟨-dzić⟩ k-o pod konwojem

be'waffnen *(-e-; -)* V/T uzbrajać ⟨uzbroić⟩ *(v/r* **sich** się; **mit** w *akk)*

be'waffnet ADJ *Gruppe, Widerstand* zbrojny; *Soldat, Räuber* uzbrojony

Be'waffnung F uzbrojenie; → Waffe

be'wahren (-) *(erhalten)* zachow(yw)ać; **vor** *(dat)* **~** *(schützen)* uchować *pf*, uchronić *pf* przed *(inst)*; **Gott bewahre!** uchowaj Boże!

be'währen (-): V/R **sich ~** nie zawodzić ⟨zawieść⟩, spełni(a)ć oczekiwania (**als** jako); wytrzymać *pf* próbę

be'wahrheiten *(-e-; -)*: V/R **sich ~** sprawdzać ⟨-dzić⟩ się

be'währt ADJ wypróbowany, doświadczony; *Methode usw a.* niezawodny

Be'währung F wykazanie swoich zalet; JUR **mit ~** z warunkowym zawieszeniem kary; **ohne ~** bez zawieszenia

Be'währungs|frist F JUR okres próbny; **~helfer(in)** M(F) kurator(ka) sądowy (-wa); **~probe** F próba ogniowa

be'waldet ADJ lesisty, pokryty lasami

be'wältigen (-) da(wa)ć sobie radę, uporać się *pf* z *(inst)*, podołać *pf (dat)*; *Vergangenheit* przetrawić *pf*

be'wandert ADJ obeznany, obyty, *umg* otrzaskany (**in** *dat* z *inst*)

Be'wandtnis F: **mit ihm hat es eine eigene ~** jeśli chodzi o niego, to trzeba uwzględnić jeszcze inny aspekt; **damit hat es eine besondere ~** ta sprawa wymaga swoistego ujęcia

be'warb → bewerben

be'wässern (-) nawadniać ⟨-wodnić⟩

Be'wässerung F nawadnianie, irygacja; **~s-** *in zssgn* nawadniający

be'wegen[1] (-) V/T ruszać, ruszyć *pf (inst)*; *(Lage verändern)* poruszać ⟨-szyć⟩ (**von der Stelle** z miejsca); *fig (rühren)* wzruszać ⟨-szyć⟩ *(akk)*; *Gedanke* nurtować *(akk)*; V/R **sich ~** ruszać się, poruszać ⟨-szyć⟩ się

be'wegen[2] *(bewog, bewogen)*: **j-n zu etw ~** nakłaniać, skłaniać ⟨na-, skłonić⟩; pobudzać ⟨-dzić⟩ k-o do *(gen)*; **sich nicht ~ lassen (zu)** nie da(wa)ć się nakłonić (do *gen)*

be'wegend ADJ wzruszający (-co)

Be'weggrund M pobudka, motyw

be'weglich ruchomy (-mo); *fig* ruchliwy, żywy; **~e Güter** ruchomości *fpl*

Be'weglichkeit F *(bpl)* ruchliwość *f*

be'wegt ADJ *See* wzburzony; *Zeiten, Leben* niespokojny, burzliwy; *(ergriffen)* wzruszony

Be'wegung F ruch *(a.* POL); *(Unruhe)* poruszenie; *(Rührung)* wzruszenie; **sich in ~ setzen** ruszać ⟨-szyć⟩ (z miejsca)

Be'wegungs|apparat M ANAT układ ruchu; **~freiheit** F *(bpl)* swoboda poruszania się; *fig* swoboda ruchów

be'wegungslos nieruchomy (-mo)

Be'wegungsmelder M sygnalizator ruchu

be'wegungsunfähig niezdolny do ruchu; unieruchomiony; *Person a.* bezwładny

Be'weis M *(-es; -e)* dowód; **zum ~** *(gen)* na dowód *(gen)*; **als ~ für ...** jako dowód *(gen)*; **etw unter ~ stellen** wykaz(yw)ać się *(inst)*; **~e erbringen** przedkładać ⟨przedłożyć⟩ dowody; **aus Mangel an ~en** z braku dowodów winy

be'weis|bar dający się udowodnić, poparty dowodami; **~en** *(irr; -)* udowadniać ⟨-wodnić⟩*(akk)*, dowodzić ⟨dowieść⟩ *(gen)*; *Mut usw* składać ⟨złożyć⟩ dowody *(gen)*

Be'weis|material N materiał dowodowy; **~stück** N dowód rzeczowy

be'wenden: *nur in* **es bei** *od* **mit ... ~ lassen** poprzesta(wa)ć na *(lok)*

be'werben *(irr; -)*: V/R **sich ~ (um)** starać się, ubiegać się (o *akk*), *lit* aspirować (do *gen)*; *(kandidieren)* kandydować (na *akk*, do *gen)*

Be'werb|er(in) M(F) kandydat(ka) (na *akk*), *lit* aspirant(ka) (do *gen)*; **~er** *(Freier)* konkurent; **~ung** F ubieganie się, staranie się (o *akk*); → Bewerbungsschreiben; **~ungsbogen** M formularz zgłoszeniowy do pracy *od* na uczelnię

Be'werbungsschreiben N podanie o przyjęcie (do pracy, na uczelnię *usw*)

be'werfen (*irr*; -): *j-n, etw* ~ obrzucać ⟨-cić⟩ (**mit** *etw inst*)

be'werkstelligen (-) (*zustande bringen*) dopiąć *pf* (*gen*), zdołać *pf* (+ *inf*); ⟨z⟩organizować; **wie soll ich das ~?** w jaki sposób mam to zrobić?

be'werten (-) oceni(a)ć (*a. Schüler*); SPORT punktować

Be'wertung F ocena; EKON *a.* wycena; SPORT punktacja

be'willigen (-) (*zugestehen*) zezwalać ⟨-zwolić⟩ na (*akk*); (*zuteilen*) przydzielać ⟨-lić⟩; *Kredit* przyzna(wa)ć; *vom Parlament* uchwalać ⟨-lić⟩

Be'willigung F zezwolenie; *e-r Beihilfe, Rente usw* przyznanie

be'wirken (-) (*verursachen*) ⟨s⟩powodować, sprawi(a)ć; (*hervorrufen*) wywoł(yw)ać; (*erreichen*) wskórać *pf*

be'wirten (*-e-*; -) ⟨po⟩częstować, ugaszczać ⟨ugościć⟩ (**mit Tee** herbatą)

be'wirtschaften (-) *Betrieb* prowadzić; *Hof* gospodarować (na *lok*); EKON *a.* reglamentować

Be'wirtung F poczęstunek (dla *gen*); przyjęcie (**von Geschäftspartnern** dla klientów przedsiębiorstwa)

be'wohnbar nadający się do zamieszkania, mieszkalny; **~ machen** *Haus* doprowadzać ⟨-dzić⟩ do stanu mieszkalnego

be'wohnen (-) *Haus usw* mieszkać (w *lok*), zamieszkiwać (*akk*)

Be'wohner(in) M(F) mieszkaniec (-nka)

be'wohnt ADJ zamieszkany; **nicht ~** niezamieszkany

be'wölken (-): V/R **sich ~** zachmurzać się, ⟨za⟩chmurzyć się

be'wölkt ADJ chmurny (-no); *Himmel a.* zachmurzony

Be'wöl|kung F (**dichte, starke** pełne, duże) zachmurzenie; **~kungsauflokkerung** F przejaśnienie

be'worben *pperf* → bewerben

Be'wunder|er M (**~in** F) wielbiciel(ka)

be'wundern (-) podziwiać; **... ist zu ~** należy podziwiać ...

be'wunderns|wert, **~würdig** godny podziwu; *präd* nad podziw

Be'wunderung F (*bpl*) podziw; **~ einflößen** (*dat*) wprawi(a)ć k-o w podziw

be'wunderungswürdig → bewunderswert

be'wusst świadomy (-mie); (*besagt*) wiadomy; **sich ~ sein** (*gen*) zda(wa)ć sobie sprawę z (*gen*); **ich bin mir keiner Schuld ~** nie poczuwam się do winy; **sich ~ werden** (*gen*) uświadamiać ⟨-domić⟩ sobie (*akk*)

be'wusstlos nieprzytomny; **~ werden** stracić przytomność

Be'wusstlosigkeit F nieprzytomność *f*; **bis zur ~** do utraty przytomności

Be'wusstsein N (*bpl*) świadomość *f*; PSYCH jaźń *f*; **das ~ wiedererlangen** odzyskać *pf* przytomność; **bei ~** przytomny; **mit vollem ~ etw tun** robić (*akk*) z całą świadomością; *j-m* **zu(m) ~ kommen** dotrzeć *pf* do świadomości (*gen*)

Be'wusstseins|spaltung F rozdwojenie jaźni; **~störung** F zaburzenie świadomości

be'wusstwerden (*irr; sn*) → bewusst

Bez. (Bezirk) rejon, okręg

be'zahlen (-) V/T ⟨za⟩płacić (*akk; a.* **für** za *akk*); **die Rechnung (im Voraus) ~** opłacać ⟨-cić⟩ rachunek (z góry); **er wird dafür bezahlt** płacą mu za to; *fig* **etw mit dem Leben ~** przypłacić *pf* życiem (*akk*); **sich bezahlt machen** opłacać ⟨-cić⟩ się

be'zahlt ADJ *Urlaub, Mörder* płatny

Be'zahlung F zapłacenie, (*a. Betrag*) zapłata (**für** za *akk*); **gegen ~** za opłatą

bezähmen (-) poskramiać ⟨-skromić⟩

be'zaubern (-) oczarow(yw)ać; *bes fig* **j-n mit etw ~** urzekać ⟨urzec⟩ k-o (*inst*)

be'zaubernd ADJ czarujący (-co), urokliwy (-wie)

be'zeichnen (-) V/T (*markieren*) oznaczać ⟨-czyć⟩, ⟨o⟩znakować; (*nennen*) określać ⟨-lić⟩ (**als** jako); *v/r* **sich als Künstler ~** uważać siebie za artystę

be'zeichnend ADJ znamienny, typowy, charakterystyczny (**für** dla *gen*)

Be'zeichnung F oznaczenie; określenie; (*Name*) nazwa; (*Zeichen*) znak

be|'zeugen (-) poświadczać ⟨-czyć⟩ (**dass** że); **~'zichtigen** (-) posądzać ⟨-dzić⟩ (**des Mordes** o zabójstwo)

be'ziehen (*irr*; -) V/T *Möbel* pokry(wa)ć; *Bett* ⟨po⟩słać; *Wohnung, Haus* wprowadzać ⟨-dzić⟩ się do (*gen*); *Stellung* zajmować ⟨-jąć⟩; *Lohn, Rente* pobierać;

Ware sprowadzać ⟨-dzić⟩ (**von, aus** od, z *gen*); *Zeitung* prenumerować; *Universität* wstępować ⟨wstąpić⟩ na (*akk*); *umg Dresche* dosta(wa)ć; *e-e Sache* **auf** *etw, j-n* ~ odnosić ⟨-nieść⟩ do (*gen*); **bezogen auf** (*akk*) w odniesieniu do (*gen*); V/R **sich ~ auf** (*akk*) odnosić ⟨-nieść⟩ się do (*gen*); **der Himmel bezieht sich** niebo się chmurzy

Be'zieher(in) M(F) *e-r Zeitung* prenumerator(ka) (*gen*); *e-s Gehalts usw* pobierający (-ca) (*akk*)

Be'ziehung F stosunek; (*Zusammenhang*) związek; **gute ~en** dobre stosunki; **in dieser ~** pod tym względem; **in jeder ~** pod każdym względem; **in mancher ~** pod wieloma względami; **in keiner ~ stehen (zu)** nie mieć związku (z *inst*); *umg* **sie hat mit ihm e-e ~** ona z nim się zadaje; *umg* **~en haben** mieć chody; **durch ~en** po znajomości

Be'ziehungskiste *umg* F (*bpl*) (skomplikowane, nieharmonijne) pożycie

be'ziehungs|los bez związku (ze sobą); **~weise** ADV względnie, albo

be'ziffern (*-re*) V/T (szacunkowo) określać ⟨-lić⟩; V/R **sich auf ... Euro ~** wynosić ⟨wynieść⟩ ... euro

Be'zirk M (-[e]s; -e) dzielnica; *e-s Vertreters usw* rejon; (*Wahl-, Verwaltungsbezirk*) okręg, obwód

Be'zirks|amt N urząd dzielnicowy; **~gericht** N *austr, szwajc* sąd okręgowy (pierwszej instancji); **~hauptmann** M (PL *-leute*) *austr* starosta *m*

be'zogen → beziehen

Be'zug M (-[e]s; Bezüge) (*Schutzbezug*) pokrycie, obicie; (*bpl*) *von Waren* sprowadzanie, zakup; *e-r Rente* pobieranie; *e-r Zeitung* prenumerata; (*Verknüpftheit*) odniesienie; *nur* PL **Be'züge** pobory *mpl*, uposażenie; **ohne ~ sein (zu)** nie mieć odniesienia (do *gen*); **in ~ auf** (*akk*) odnośnie do, w odniesieniu do (*gen*); **~ nehmen auf** (*akk*) powoł(yw)ać się na (*akk*); → beziehen

be'züglich ADJ GRAM względny; PRÄP (*gen*) odnośnie do (*gen*)

be'zugsberechtigt ADJ uprawniony do pobierania renty *od* zasiłku *usw*; mający prawo zakupu (akcji)

be'zugsfertig *Haus; Wohnung* wykończony, gotowy do zamieszkania

Be'zugs|preis M cena prenumeraty; **~punkt** M punkt odniesienia; **~quelle** F źródło zaopatrzenia; **~stoff** M materiał na obicie

be|'zwecken (-) V/T mieć na celu (*akk*), zmierzać (do *gen*); **~'zweifeln** (-) V/T powątpiewać (w *akk*, o *lok*); **~'zwingen** (*irr*; -) *Feind, Gefühl* pokon(yw)ać, przemóc *pf*; *Gipfel* zdoby(wa)ć

Bf. (Bahnhof) stacja kolejowa, dworzec

BfA F (Bundesversicherungsanstalt für Angestellte) Federalny Zakład Ubezpieczeń Pracowników Umysłowych

BGB N (Bürgerliches Gesetzbuch) kodeks cywilny

BGH M (Bundesgerichtshof) Trybunał Federalny

BGS M (Bundesgrenzschutz) Federalna Straż Ochrony Pogranicza

BH[1] *austr* (Bezirkshauptmannschaft) administracja okręgu; (Bundesheer) siły zbrojne Republiki

BH[2] N (Büstenhalter) stanik, biustonosz

Bhf. (Bahnhof) stacja kolejowa, dworzec

bi *umg* ADJ → bisexuell

bibbern *umg* V/I (*-re*) trząść się (**vor** z *gen*)

Bibel F (-; *-n*) biblia; *rel* (*bpl*) Biblia

bibelfest biegły w Biblii

Bibel|spruch M powiedzenie biblijne; **~vers** M werset biblijny

Biber M bóbr; **~burg** F żeremie bobrowe

biblio|'grafisch, **~graphisch** bibliograficzny

Biblio|'thek F biblioteka; **~the'kar(in)** M(F) (*-s; -e*) bibliotekarz (-rka); **~'theksgebäude** N gmach biblioteki

biblisch biblijny; *fig* **~es Alter** patriarchalny wiek

bidirektional dwukierunkowy

bieder ADJ (*einfältig*) prostoduszny, poczciwy; *abw Gesinnung* zaściankowy; *Stil, Sache* niewyszukany

Biedermeier M (*-s; bpl*) (styl) biedermeier; *in zssgn* biedermeierowski

biegen (*bog, gebogen*) V/T (*krümmen*) zginać ⟨zgiąć⟩ (*v/r* **sich** się); *zur Seite, in die Höhe* odginać, wyginać ⟨-giąć⟩ (*v/r* **sich** się); *v/r* **sich unter der Last** *e-r Sache* **~** uginać ⟨ugiąć⟩ się pod ciężarem (*gen*); **sich vor Lachen ~** pękać ze śmiechu; V/I (*sn*) skręcać ⟨-cić⟩ (**nach links** w lewo)

biegsam giętki (-ko), gibki (-ko)

Bieg|samkeit F (*bpl*) giętkość *f*, gibkość

f; **~ung** F skręt, zakręt, zakole
Biene F pszczoła; *umg* **flotte ~** fajna babka, cizia; **fleißig wie e-e ~** pracowity jak mrówka
Bienen|gift N (*bpl*) jad pszczeli; **~honig** M miód pszczeli; **~königin** F matka pszczela, królowa; **~stich** M użądlenie pszczoły; KULIN lukrowany placek drożdżowy z kremem i migdałami; **~stock** M (PL *-stöcke*) ul; **~wachs** N wosk pszczeli; **~zucht** F (*bpl*) hodowla pszczół, pszczelarstwo
Bier N (-[*e*]s; -e) piwo; *umg fig* **das ist nicht mein ~** to nie moja sprawa
Bier|bauch *umg* M kałdun; **~brauer** M piwowar; **~brauerei** F (*bpl*) browarnictwo; (*Betrieb, a. pl*) browar; **~chen** *umg* N piwko; **~deckel** M podstawka (pod piwo); **~flasche** F butelka do piwa; *leer a.* butelka od piwa; *voll* butelka z piwem; **~garten** M piwiarnia z ogródkiem; **~glas** N szklanka do piwa; **~hefe** F drożdże *pl* piwne
Bier|kasten M skrzynka do piwa w butelkach; **~krug** M kufel; **~lokal** N piwiarnia; **~schinken** M kiełbasa piwna parzona; **~trinker** M piwosz; **~zelt** N (duży) namiot z wyszynkiem piwa
Biest N (-[*e*]s; -er) bestia (*a. fig*)
bieten (*bietet, bot, geboten*) V/T *Chance* da(wa)ć; *Komfort usw* zapewni(a)ć; *Preis, Arm* ⟨za⟩oferować; *bei Versteigerung a.* licytować; **sich etw nicht ~ lassen** nie pozwalać ⟨-zwolić⟩ (na *akk*); *v/r* **sich ~** *Gelegenheit usw* nadarzać ⟨-rzyć⟩ się, nastręczać ⟨-czyć⟩ się, *a. Anblick* przedstawi(a)ć się
bietenlassen (*irr; -*) → bieten
Bifo'kalglas N szkło dwuogniskowe
Biga'mist M (*-en*) bigamista *m*
Bigos N (*-; bpl*) KULIN bigos
bi'gott bigoteryjny
Bi'kini M (*-s; -s*) bikini *n* (*unv*)
Bi'lanz F bilans; *fig* **~ ziehen** zbilansować *pf* (*akk*); **~summe** F suma bilansowa; **~wert** M wartość księgowa
bilateral dwustronny, bilateralny
Bilch M (-[*e*]s; -e) ZOOL popielica
Bild N (-[*e*]s; -er) obraz (*a. fig*, TEATR); *lit a.* (*bes Personen, Tiere*) wizerunek; *mst im Buch* ilustracja; fotografia; (*Anblick*) widok; **im ~e sein** być zorientowanym; **j-n ins ~ setzen (über** *akk*) zapoznać *pf* (k-o z *inst*), poinformować *pf* (k-o o *inst*); **sich ein ~ machen (von)** wyrobić *pf* sobie zdanie (o *lok*); **~aufzeichnung** F zapis wideo; **~band** M (PL *-bände*) TYPO fotozestaw
bilden (*-e-*) V/T (*schaffen, zusammenstellen, gründen*) ⟨u⟩tworzyć (*v/r* **sich** się); (*formen*) ⟨u⟩formować; (*sein, darstellen*) stanowić; *Urteil* wyrabiać ⟨-robić⟩ (**sich** [*dat*] sobie); (*ausbilden, entwickeln*) wykształcać, ⟨-cić⟩ (*v/r* **sich** się)
Bilderbuch N książka z obrazkami; **~-** *in zssgn fig* idealny, wzorowy
Bilderrätsel N rebus
Bildfläche F: *fig umg* **auf der ~ erscheinen** (nagle) zjawi(a)ć się; **von der ~ verschwinden** zniknąć*pf* z horyzontu
Bildformat N *fot* wymiary *mpl* odbitki
bildhaft obrazowy (-wo), plastyczny
Bildhauer(in) M(F) rzeźbiarz (-arka); **~kunst** F (*bpl*) rzeźbiarstwo, rzeźba
bildhübsch (prze)śliczny, śliczniutki
Bildkonserve F film *od* reportaż zarejestrowany na wideo(kasecie)
bildlich obrazowy (-wo)
Bild|nis *lit* N (*-ses; -se*) obraz, portret, wizerunek; **~platte** F wideopłyta; **~reportage** F fotoreportaż; **~röhre** F kineskop; **~schärfe** F ostrość *f* obrazu
Bildschirm M ekran; **~schoner** M wygaszacz ekranu; **~text** M telegazeta
bildschön śliczny; → bildhübsch
Bild|stock M (PL *-stöcke*) *pł-niem, austr* kapliczka (przy drodze); **~störung** F zakłócenie obrazu; **~symbol** N piktogram; **~telefon** N wideofon
Bildung F (*bpl*) (*Entstehung*) tworzenie się, powstawanie; (*das Bilden von etw*) tworzenie; *e-r Regierung usw* utworzenie; (*Erziehung*) kształcenie, edukacja; (*erworbenes Wissen*) wykształcenie; (*a. pl*) twór; (*Form*) kształt
Bildungs|anstalt F uczelnia; **~lücke** F luka w wykształceniu; **~niveau** N poziom edukacji; **~politik** F polityka edukacyjna
Bildungsweg M: **auf dem zweiten ~** po odbyciu studiów dla pracujących
Bildungswesen N (*bpl*) oświata
Bild|wand F ekran projekcyjny; **~zuschrift** F oferta ze zdjęciem
Billard N (*-s; -e od -s*) bilard; **~kugel** F bila; **~stock** M (PL *-stöcke*) kij bilardowy; **~tisch** M stół bilardowy

Bille'teur N (-[e]s; -s) *austr, szwajc* → Platzanweiser, Schaffner
billig tani (-nio) (*a. abw, fig*); (*gerecht*) słuszny; **~en** ⟨za⟩aprobować
Billig|job *umg* M praca za grosze; **~keit** F (*bpl*) taniość *f*; (*Angemessenheit*) słuszność *f*; **~lohnland** N kraj o bardzo niskich kosztach robocizny
Billigung F (*bpl*) aprobata
Billigware F tandeta, tanizna
Billi'on F bilion
Bilsenkraut N (*bpl*) lulek (czarny)
Bimmelbahn *umg* F ciuchcia
bimmeln *umg* V/I (*-le*) dzwonić
Bimsstein M (*bpl*) pumeks
bin → sein[1]
binär ADJ dwójkowy, binarny
binational ADJ *Ehe* dwunarodowościowy
Binde F opaska; MED bandaż; *umg* **sich e-n hinter die ~ gießen** przepłukać *pf* (sobie) gardło, strzelić *pf* po jednym
Binde|gewebe N ANAT tkanka łączna; **~glied** N ogniwo (łączące); **~haut** F ANAT spojówka; **~mittel** N spoiwo, lepiszcze, środek wiążący
binden (*bindet, band, gebunden*) V/T (*zusammenbinden*) ⟨z⟩wiązać (*a. Person* **mit e-m Eid** przysięgą); *Schnürsenkel, Krawatte* zawiąz(yw)ać; *Buch* oprawi(a)ć; *Kranz* ⟨u⟩wić; *Blumenstrauß* układać ⟨ułożyć⟩; *Soße* zagęszczać ⟨-gęścić⟩ (**mit** *inst*); *Preis* ustalać ⟨-lić⟩; **ein Tuch um den Kopf ~** zawiąz(yw)ać chustkę na głowie; **das Boot an den Pflock ~** przywiąz(yw)ać łódkę do słupka; *fig* **meine Hände sind gebunden** mam związane ręce; V/I *Zement usw* wiązać; V/R *fig* **sich ~** (**an** *akk*) związ(yw)ać się (z *inst*)
bindend ADJ *fig* wiążący
Binder M krawat; AGR snopowiązałka; *e-s Klebstoffs* żywica epoksydowa
Bindestrich M łącznik
Bindewort N (PL *-wörter*) GRAM spójnik
Bindfaden M sznurek, szpagat
Bindung F (*Verbundenheit*) więź *f* (**an** *akk* z *inst*); (*Skibindung*) wiązanie; *in der Weberei* splot; CHEM wiązanie, więź *f*; PL *a.* powiązania *npl*; **vertragliche ~en** więzi umowne; **e-e ~ eingehen** związać się *pf* (**mit** z *inst*)
Bingo N (-[s]; bpl) bingo
binnen PRÄP (*dat, gen*) w (prze)ciągu (*gen*); **~ Kurzem** wkrótce, niebawem

Binnen|fischerei F rybołówstwo słodkowodne; **~gewässer** NPL wody *fpl* śródlądowe; **~handel** M handel wewnętrzny; **~land** N wnętrze kraju; **~markt** M rynek wewnętrzny; **~schifffahrt** F żegluga śródlądowa; **~verkehr** M komunikacja wewnętrzna; transport wewnętrzny
Binse F sitowie; *umg fig* **in die ~n gehen** przepaść *pf*, pójść *pf* na marne
Binsenwahrheit F truizm
Bio|che'mie F biochemia; **~gas** N biogaz, gaz gnilny; **~gra'fie**, **~gra'phie** F biografia; **~kost** F żywność *f* ekologiczna; **~logie** F (*bpl*) biologia
bio'logisch biologiczny
Biomüll M odpady *mpl* organiczne
Biop'sie F MED biopsja
Bio|rhythmus M biorytm; **~'sphäre** F (*bpl*) biosfera; **~technik** F (*bpl*) biotechnika; biotechnologia; **~'top** M *od* N (*-s; -e*) biotop
birg(t) → bergen
Birke F brzoza
Birken|holz N drzewo brzozowe, brzezina; **~röhrling** M koźlarz, kozak
Birkhuhn N cietrzew
Birn|baum F grusza; **~e** F gruszka; (*Glühbirne*) żarówka; *pop* (*Kopf*) łeb, bańka; **~en-** *in zssgn* gruszkowy
birnenförmig gruszkowaty (-to)
bis PRÄP (*akk*) do (*gen*); **~ an, in, zu** aż do (*gen*); **~ auf einen** z wyjątkiem jednego; **alle ~ auf dich** wszyscy oprócz ciebie; **~ auf Weiteres** aż do odwołania; (*einstweilen*) na razie; **~ jetzt, ~ hierher** dotąd; *umg* **~ dann!** serwus!; *konj* (*zwischen*): **klein ~ mittelgroß** od małych do średniej wielkości; **in zwei ~ drei Tagen** za dwa - trzy dni; (*nicht länger als*) aż, dopóki nie; (*bevor nicht*) zanim nie
Bisamratte F piżmak, szczur piżmowy
Bischof M (*-s; Bischöfe*) biskup
bischöflich biskupi
Bischofs|hut M kapelusz biskupi; **~konferenz** F konferencja biskupów; *prostestantisch* synod biskupów; **~mütze** F mitra, infuła (biskupia); **~stab** M pastorał
bisexu'ell MED, PSYCH biseksualny
bis'her ADV dotąd, dotychczas; **~ig** ADJ dotychczasowy
Biskuit [-'kvit] N *od* M (*-s; -s*) biszkopt;

~teig M ciasto biszkoptowe
bislang → bisher
Bismarckhering M śledź marynowany
biss → beißen
Biss M (*-es; -e*) ukąszenie, ugryzienie; *umg* **mit ~** z werwą; **ohne ~** niemrawo
bisschen PRON: *als* ADV **ein ~** trochę, nieco; **ein ~ ...** odrobinę, krzynę (*gen*); **kein ~ ... haben** nie mieć ani trochę (*gen*); **kein ~!** ani trochę!; **ein ~ Glück** łut szczęścia
Bissen M kęs, kęsek, kąsek; **e-n ~ zu sich nehmen** coś przekąsić *pf*; **keinen ~ anrühren** nie tknąć *pf* jedzenia; *umg fig* **ein fetter ~** kokosowy interes
bisserl *pł-niem, austr* → bisschen
bissig kąśliwy; *fig a.* uszczypliwy (-wie); **~er Hund** zły pies
Bisswunde F rana od ukąszenia
bist → sein[1]
Bistum N (*-s; -tümer*) diecezja
bis'weilen ADV niekiedy, czasami
Bittbrief M list z prośbą
bitte *partikel* proszę; **~ schön!, ~ sehr!** proszę uprzejmie!, proszę bardzo!; **hier ~!** proszę!; **hier entlang ~!** proszę tędy!; **geben Sie mir ~ ...** proszę mi dać ...; **(wie) ~?, ja, ~?** proszę?, słucham?; **na ~!** no proszę!
Bitte F prośba; **e-e ~ richten (an** *akk*) zwracać ⟨zwrócić⟩ się z prośbą (do *gen*); **mit der ~ um ...** z prośbą o (*akk*)
bitten (*bittet, bat, gebeten*) V/T ⟨po⟩prosić (**um Hilfe** o pomoc; **um Brot** o chleb; **ins Zimmer** do pokoju; **zu Tisch** do stołu; **zum Tanz** do tańca); **zu sich** (*dat*) **~** prosić przyjść; **auf ein Glas Wein ~** zaprosić *pf* na kieliszek wina; **ich bitte Sie, das zu erledigen** proszę to załatwić; **aber ich bitte Sie!** ależ proszę pana *od* panią!, ależ bardzo proszę!; V/I *lit* **für j-n ~** wstawi(a)ć się za (*inst*); **ich muss doch (sehr) ~!** no wie pan(i)!; **wenn ich ~ darf** pan(i) pozwoli, jeśli wolno prosić; **darf ich ~?** czy mogę prosić (do tańca)?
bitter *Geschmack* gorzki (-ko) (*a. fig Ironie, Wahrheit usw*); *Not* skrajny; *Kälte* przejmujący; *fig* **das ist ~** to przykre; **~ enttäuscht** gorzko rozczarowany; *etw* **~ nötig haben** koniecznie potrzebować (*gen*)
bitterböse strasznie zły; *Brief, Blick usw* gniewny
bitterkalt *Wind, Winter* lodowaty; **hier ist es ~** zimno tu jak w psiarni
Bitterkeit F gorzkość *f*, gorycz *f* (*a. fig*)
bitterlich gorzkawy (-wo); **~ weinen** gorzko płakać
Bitternis *lit* F (*-; -se*) gorycz *f*
Bittersalz N (*bpl*) sól gorzka
bittersüß słodko-gorzki
Bitt|gesuch M petycja, prośba; **~steller(in)** M(F) petent(ka)
Bi'tumen N (*-s; - od -mina*) bitum; *in zssgn* bitumiczny
biwa'kieren V/I (-) biwakować
bi'zarr dziwny, dziwaczny
Bizeps M (-[*es*]; *-e*) biceps
BKA N (Bundeskriminalamt) Federalny Urząd Kryminalny
Bla'bla *umg* N (*-s; bpl*) woda, wodolejstwo
Blackout, Black-out ['blɛk'aʊt] N *od* M (-[*s*]; *-s*) MED chwilowa utrata przytomności, *umg* przerwa w życiorysie; (*Stromausfall*) awaria energetyczna
blähen V/T nadymać ⟨-dąć⟩, wzdymać ⟨-dąć⟩ (*v/r* **sich** się); *v/i* MED działać wzdymająco, powodować wzdęcia
Blähungen FPL wiatry *mpl*
bla'mabel sromotny, niechlubny
Bla'mage [-ʒə] F blamaż
bla'mieren (-) V/T ⟨s⟩kompromitować; V/R **sich ~** ⟨s⟩kompromitować się, zblamować się *pf*
blanchieren [-'ʃi:rən] (-) KULIN blanszować
blank (*glänzend*) lśniący (-co); (*abgewetzt*) wyświechtany; (*unbedeckt*) goły (-ło); *fig* **~er Hohn** zimne szyderstwo; **~er Unsinn** oczywisty nonsens; **~ putzen** wyglansować *pf*; *umg* **(völlig) ~ sein** spłukać się *pf* do czysta
Blankoscheck M czek in blanco
Blankovollmacht F pełnomocnictwo in blanco
blankputzen → blank
Bläschen N pęcherzyk; bąbelek
Blase F pęcherz (*a.* ANAT, MED); (*Luft-, Gasblase*) pęcherz, bańka; *in der Haut* pęcherz, bąbel; **~en werfen, ziehen** *Farbe usw* tworzyć pęcherzyki; *abw* **die ganze ~** cała (ta) paczka
Blasebalg M miech
blasen (*bläs*[*es*]*t, bläst, blies, geblasen*) V/I dmuchać ⟨-chnąć⟩; *Wind* dąć; **zum Sammeln ~** trąbić na zbiórkę; V/T *Glas* wydmuch(iw)ać; *Staub* zdmuchiwać

⟨-chnąć⟩ (**von** z *gen*); MUS grać (**Trompete** na trąbce)

blasenartig pęcherzykowaty

Blasen|bildung F tworzenie się pęcherzy; **~entzündung** F zapalenie pęcherza moczowego

Bläser M MUS muzyk grający na instrumencie dętym; PL *koll* instrumenty *mpl* dęte

bla'siert ADJ zblazowany

blasig pokryty pęcherzami

Blas|kapelle F orkiestra dęta; **~musik** F muzyka grana przez orkiestrę dętą

Blasphe'mie F (*bpl*) bluźnierstwo

blas'phemisch bluźnierczy (-czo)

Blasrohr N (*Waffe*) dmuchawka

blass (*-er od blässer, -este od blässeste*) blady (-do) (*a. Farbe, Schein, Darstellung*); *fig Erinnerung usw* słaby (-bo); **~ werden** ⟨z⟩blednąć (**vor** z *gen*); **du siehst ~ aus** wyglądasz blado

blassblau bladoniebieski (-ko)

Blässe F (*bpl*) bladość *f*

Blässhuhn N → Blesshuhn

blässlich bladawy (-wo)

bläst → blasen

Blatt N (-[e]s; Blätter) BOT liść *m*, listek; (*Papier*) arkusz, kartka; (*Spielkarte, pl -*) karta; (*Zeitung*) gazeta, dziennik; **vom ~ spielen** grać z nut; *fig* **kein ~ vor den Mund nehmen** nie owijać w bawełnę; **das ~ hat sich gewendet** los się odwrócił; **das steht auf e-m anderen ~** to zupełnie inna historia

Blättchen N listek; arkusik; gazetka

blätterig → blättrig

blättern V/I (*-re*): **in** (*dat*) **~** przeglądać ⟨przejrzeć⟩, kartkować, wertować (*akk*)

Blattern FPL MED ospa

Blätterteig M ciasto francuskie

Blatt|gemüse N warzywa *npl* liściowe; **~gold** N złoto w listkach; **~laus** F mszyca

blättrig liściasty; listkowaty

Blatt|salat M sałata (zielona); **~schuss** M MYŚL strzał na komorę; **~stiel** M ogonek liścia; **~werk** N (*bpl*) ulistnienie, liście *mpl*

blau niebieski (-ko), *dunkler* sinoniebieski (-ko), siny (-no); **~ werden** ⟨po⟩sinieć; **~ färben** ufarbować na niebiesko; *umg* **~ sein** być wstawionym; **~e Lippen** sine usta; *umg* **~er Fleck** siniak; **ein ~es Auge** podbite oko, siniec pod okiem; **~er Montag** szewski poniedziałek; **Forelle ~** pstrąg z wody

blauäugig błękitnooki

Blaubeere F borówka (czarna)

Blaue N (*-n; bpl*) kolor błękitny *od* niebieski; *fig* **das ~ vom Himmel (herunter)lügen** łgać na potęgę, łgać, ile wlezie; **ins ~** w nieznane

Bläue F błękit, niebieskość *f*; sinizna

blaufärben → blau

Blaufuchs M (*Pelz*) srebrne lisy *mpl*

blau|grau niebieskoszary; **~grün** niebieskozielony, zielonkawoniebieski

Blau|helm M (*UNO-Soldat*) niebieski hełm; **~kabis** M *szwajc*, **~kraut** N *austr* czerwona kapusta

bläulich niebieskawy (-wo), błękitnawy (-wo), sinawy (-wo)

Blaulicht N (*bpl*) niebieski sygnał błyskowy; **mit ~** *umg* na sygnale

blaumachen *umg* V/I bumelować; **e-n Tag ~** przebumelować *pf* dzień

Blau|meise F sikorka modra; **~säure** F (*bpl*) kwas pruski

blauschlagen (*irr*) → grün

blaustichig z niebieskim odcieniem

Blau wal M płetwal błękitny

Blazer ['ble:zər] M blezer

Blech N (-[e]s; -e) blacha (*a.* MUS; *bpl*), *dim* blaszka; *umg* **rede doch nicht so'n ~!** nie opowiadaj głodnych kawałków!; **~dose** F puszka blaszana, blaszanka

blechen *umg* V/T (*zahlen*) ⟨wy⟩bulić (**für** za *akk*)

blechern ADJ blaszany; *Stimme* skrzekliwy (-wie)

Blech|kanne F blaszanka; **~lawine** *umg* F lawina aut; **~schaden** M uszkodzenie nadwozia, *umg* stłuczka

blecken *Zähne* szczerzyć

Blei[1] N (-[s]; bpl) ołów; (PL *-e*) → Lot; *fig* **schwer wie ~ sein** ciążyć ołowiem

Blei[2] M (-[e]s; -e) ZOOL leszcz

Bleibe *umg* F (PL *selten*) przytulisko, kwatera

bleiben V/I (*blieb, geblieben; sn*) zosta(wa)ć, pozosta(wa)ć (**zu Hause** w domu; **an** *dat*, **bei** przy *lok*); **etw ~ lassen** *umg* (po)rzucić *pf* (*+ inf, akk*); **lass das ~!** zostaw to!; **sitzen ~** siedzieć, nie wstawać; **treu ~** zachow(yw)ać wierność; **verschont ~** (**von**) uniknąć (*gen*); **~ Sie am Apparat**

proszę nie odkładać słuchawki; **wo bleibt er so lange?** gdzie on tak długo jest?; **dabei bleibt es!** tak ma być - i basta!
bleiben|d ADJ stały, trwały; *Eindruck* niezatarty; **~lassen** *(irr; -)* → bleiben
Bleiberecht N *(bpl)* prawo pobytu
bleich blady (-do); **~en** V/T ‹wy›bielić; *Haare* utlenić *pf* (**sich** *[dat]* sobie)
Bleichmittel N środek bielący, wybielacz
bleiern ołowiany *(a. fig)*; **~er Schlaf**, ołowiany sen; **~er Himmel** ołowiane niebo
bleifrei *Benzin* bezołowiowy
Bleiglanz M *(bpl) min* galena
bleihaltig zawierający ołów
Blei|kristall N *(bpl)* kryształ, szkło ołowiowe; **~rohr** N rura ołowiana
Bleistift M ołówek; **~spitzer** M temperówka; **~zeichnung** F rysunek ołówkiem
Bleivergiftung F zatrucie ołowiem, ołowica
Blende F *fot* przesłona, przysłona; ARCH, *min* blenda; *am Kleid* obszywka
blenden (-e-) oślepi(a)ć; *Licht a.* razić w oczy; *fig a.* zaślepi(a)ć; **sich nicht ~ lassen (von)** nie dać się zwieść *(inst)*
Blendenautomatik F *fot* automatyczna regulacja przysłony
blendend ADJ *fig* świetny; **ihm geht es ~** jemu świetnie się powodzi; *gesundheitlich* on czuje się świetnie
Blend|er M *abw* pozer, efekciarz; **~schutz** M osłona przed oślepieniem
blendfrei *Licht* nieoślepiający; → entspiegelt
Blesse F łysina, strzałka
Blesshuhn N łyska
bleu [blø:] ADJ *(unv)* jasnoniebieski
Blick M (-[e]s; -e) spojrzenie, rzut oka; **den ~ senken** spuścić *pf* oczy; **den ~ richten** skierować wzrok; **auf den ersten ~** na pierwszy rzut oka; *(sofort)* od pierwszego wejrzenia; **e-n ~ werfen (auf, in** *akk***)** rzucić okiem (na *akk*, do *gen*), obrzucić spojrzeniem *(akk)*; *umg* **e-n ~ riskieren** zerknąć *pf* ukradkiem; **den richtigen ~ haben für etw** dobrze znać się na *(lok)*; **keines ~es würdigen** nie obdarzyć *pf* spojrzeniem; **mit e-m ~** jednym spojrzeniem; **mit ~ aufs Meer** z widokiem na morze
blicken V/I: **auf j-n, etw ~** spoglądać ‹spojrzeć›, ‹po›patrzeć na *(akk)*; **wohin man auch blickt** dokąd się nie spojrzy; **sich ~ lassen** pokaz(yw)ać się; *umg fig* **das lässt tief ~** to daje wiele do myślenia
blickenlassen V/R *(irr; -)* → blicken
Blickfang M *(bpl)* coś, co przyciąga wzrok *od* uwagę; **als ~ dienen** przyciągać wzrok
Blick|feld N *(bpl)* pole widzenia; **~kontakt** M kontakt wzrokowy
Blickpunkt M: **im ~ stehen** być w centrum uwagi
Blickwinkel M kąt widzenia
blieb → bleiben
blies → blasen
blind ADJ ślepy (**auf einem Auge** na jedno oko), *lit* niewidomy, ociemniały; *Spiegel usw* zmatowiały; *Alarm* fałszywy; *fig Hass, Gehorsam usw* ślepy; *präd* ślepo; na ślepo; **~ sein für etw** być ślepym na *(akk)*; **j-m ~ glauben** ślepo wierzyć k-u; **~ machen** *fig* zaślepi(a)ć; **~ werden** ‹o›ślepnąć; *Spiegel* zmatowieć *pf*; → blindspielen
Blinddarm M jelito ślepe, *umg* ślepa kiszka; **~entzündung** F zapalenie wyrostka robaczkowego
Blinde F ślepa, *lit* niewidoma; **~(r)** M ślepy, *lit* niewidomy, ślepiec
Blindekuh F: **~ spielen** bawić się w ciuciubabkę
Blinden|anstalt F zakład dla niewidomych; **~hund** M pies przewodnik ociemniałego; **~schrift** F alfabet dla niewidomych, brajl
Blind|flug M lot według przyrządów; **~gänger** M niewypał; *umg fig* oferma *fm*
Blindheit F *(bpl)* ślepota; *fig a.* zaślepienie
blindlings ADV na oślep, na ślepo
blindmachen → blind
Blindschleiche F padalec
blindspielen grać na ślepo
blindwütig zaciekły (-le), zajadły (-le)
blinken V/I błyskać ‹-snąć›, migotać; AUTO włączyć *pf* migacz; V/T ‹za›sygnalizować migaczem
Blink|er M AUTO migacz; *zum Angeln* błyszczka; **~leuchte** F kierunkowskaz, migacz; **~licht** N światło migowe; **~zeichen** N sygnał migowy
blinzeln V/I *(-le)* mrugać ‹-gnąć›
Blitz M *(-es; -e)* błyskawica, *(mit Donner)* piorun; *fot* flesz; *umg* **wie der ~** piorunem; **wie der ~ aus heiterem Himmel** jak piorun z jasnego nieba; **wie vom ~**

getroffen jak gromem rażony; **~ableiter** M odgromnik, piorunochron; **~aktion** F błyskawiczna akcja; *der Polizei* a. nalot

blitz|artig błyskawiczny; **~(e)blank** *umg* czyściutki, lśniący czystością; **~en** V/I (*funkeln*) lśnić, błyszczeć; (*aufleuchten*) błyskać ‹-snąć›; *unpers* **es blitzt** błyska się; V/T *umg* ‹s›fotografować przy fleszu; *umg* **geblitzt werden** być przyłapanym na przekroczeniu szybkości

Blitz|gerät N lampa błyskowa, flesz; **~licht** N błysk (flesza); **~lichtaufnahme** F zdjęcie przy fleszu; **~schlag** M uderzenie pioruna

blitzschnell błyskawiczny

Block M (-[e]s; Blöcke od -s) blok (*a.* POL, EKON); TECH (*Gießerei*) wlewek

Blockabsatz M słupek

Blo'ckade F blokada

Block|diagramm N schemat blokowy; **~flöte** F flet prosty; fujarka

blockfrei *Staat* niezaangażowany

Blockhütte F (*Schutzhütte*) drewniane schronisko (turystyczne), szałas

blo'ckieren (-) ‹za›blokować

Blockschrift F TYPO pismo blokowe

blöd(e) *umg* głupi (*a. Situation usw.*); *Person, Lächeln* głupkowaty; *präd* głupio; głupkowato; **das sieht ~ aus** to głupio wygląda

Blödelei F wygłupianie się, wygłup

blödeln V/I (*-le*) wygłupiać się, błaznować

Blödian *umg* (*-s; -e*), **Blödmann** M (PL *-männer*) cymbał, głupol, idiota *m*

Blödsinn *umg* M (*bpl*) idiotyzm, nonsens; wygłupy *mpl*; **~ verzapfen** gadać same głupstwa, wygłupiać się

blödsinnig *umg* idiotyczny, głupi (-pio)

Blog M IT blog

blöken V/I *Schaf* beczeć; *Rind* ryczeć

blond blond (*unv*); **~es Haar** włosy blond; *Person* blondyn, (*mst von Kindern*) blondas

Blon'dine F blondyn(k)a

bloß ADJ (*nackt*) goły (-ło); *Füße* bosy; (*nichts anderes als*) sam; **mit ~em Auge** gołym okiem; **mit ~en Händen** gołymi rękami; **~ legen** *Leitungen* odsłaniać ‹-słonić›, odkry(wa)ć; *fig* → bloßlegen; **beim ~en Gedanken an** (*akk*) na samą myśl o (*lok*); ADV *umg* (*nur*) tylko, jedynie; **er hat ~ Angst** on się tylko boi; *partikel* -ż(e); **was ist da ~ passiert?** cóż (to) się tam stało?; **geh ~ weg!** idźże stąd!

Blöße *lit* F nagość *f*; *im Wald* halizna; *fig* słaba strona; **sich** (*dat*) **e-e ~ geben** skompromitować się *pf*

bloß|legen *Hintergründe, a. Leitungen* odsłaniać ‹-słonić›, odkry(wa)ć; **~stellen** V/T ‹s›kompromitować (*v/r* **sich** się)

Blouson [blu'zo:] N *od* M (-[s]; -s) wdzianko

blubbern *umg* V/I (*-re*) *Brei* bulgotać; *fig* burczeć (pod nosem)

Bluejeans ['blu:dʒi:ns] PL dżinsy *pl*

Bluff [blœf] M (*-s; -s*) blef

bluffen ['blœfən] V/I blefować

blühen V/I kwitnąć (*a. fig*); *umg* **ihm blüht** ... czeka go ..., grozi mu ...

blühend ADJ kwitnący (*a. fig Geschäft, Gesundheit*); *Fantasie* bujny

Blümchen N kwiatek, kwiatuszek

Blume F kwiat; *des Weins* bukiet; *auf dem Bier* wianuszek; *fig* **durch die ~ sagen** da(wa)ć do zrozumienia

Blumen|arrangement N kompozycja kwiatowa; **~beet** N klomb; **~binder(in)** M(F) bukieciarz (-rka); **~erde** F ziemia inspektowa; **~frau** F kwiaciarka

blumengeschmückt ADJ przybrany kwiatami

Blumen|kasten M skrzynka na kwiaty; **~kohl** M kalafior; **~kübel** M donica; **~laden** M kwiaciarnia; **~muster** N deseń kwiatowy; **~pracht** F morze kwiatów; **~schmuck** M stroik; **~ständer** M żardynier(k)a; **~strauß** M bukiet, wiązanka kwiatów; **~topf** M doniczka; **~vase** F wazon(ik) na kwiaty

blumig kwiecisty (-ście)

Bluse F bluzka, bluza

Blut N (-[e]s; bpl) krew *f*; **~ bildend, reinigend, stillend** → blutbildend *usw*; *fig* **ihm kocht das ~ in den Adern** krew w nim kipi; *umg* **~ und Wasser schwitzen** truchleć ze strachu; **bis aufs ~** do żywego; **böses ~ machen** psuć krew; **kaltes ~ bewahren** zachow(yw)ać zimną krew; *umg* **(nur) ruhig ~!** tylko bez nerwów!

Blut|ader F żyła; **~alkohol** M zawartość *f* alkoholu we krwi; **~analyse** F badanie krwi

blutarm anemiczny

Blutarmut F niedokrwistość *f*, anemia

Blutbad N (*bpl*) rzeź *f*, masakra

Blutbahn F (*bpl*) krwiobieg

Blutbank F (PL *-en*) bank krwi

blut|befleckt ADJ splamiony krwią; → **~beschmiert** ADJ zakrwawiony
Blutbild N (*bpl*) obraz krwi
blutbildend ADJ krwiotwórczy
Blutdruck M (*bpl*) ciśnienie tętnicze; **~messgerät** N ciśnieniomierz lekarski
Blüte F kwiat (*a. fig Elite*); BOT *koll* kwiecie; *umg* (*Falschgeld*) fałszywka; (*das Blühen; bpl*) kwitnięcie; *lit fig* rozkwit; **in ~ stehen** kwitnąć; **in voller ~** obsypany kwieciem
Blutegel M pijawka
bluten V/I (*-e-*) krwawić, broczyć krwią (**aus** z *gen*); *umg* **schwer ~ müssen** (*viel zahlen*) wybulić *pf* kupę pieniędzy
Blütenblatt N płatek (korony kwiatu)
blutend ADJ (*präd*) krwawiąc(y), ociekając(y) krwią
Blüten|duft M zapach kwiatów; **~honig** M miód kwiatowy; **~stand** M kwiatostan; **~staub** M pyłek
Blutentnahme F pobranie krwi
blütenweiß ADJ śnieżnobiały
Bluter M hemofilik
Bluterguss M krwawy wylew, krwiak
Blütezeit F pora kwitnięcia; *fig* okres rozkwitu
Blut|fleck M krwawa plama; **~gefäß** N naczynie krwionośne; **~gerinnsel** N skrzep; **~gruppe** F grupa krwi; **~hochdruck** M nadciśnienie tętnicze; **~hund** M posokowiec; *fig* oprawca *m*
blutig *Wunde, Schlacht* krwawy (-wo); *Hände* zakrwawiony; **j-n ~ schlagen** zbić *pf* k-o do krwi; *fig* **~er Anfänger** nowicjusz, *umg* fuks
blutjung młodziutki
Blut|konserve F krew konserwowana; **~körperchen** N krwinka; **~kreislauf** M krwiobieg, krążenie krwi; **~orange** F pomarańcza malinowa; **~plasma** F osocze krwi; **~probe** F badanie zawartości alkoholu we krwi; (*entnommene Menge*) próbka krwi; **~rache** F krwawa zemsta, wendeta
blut|reinigend ADJ oczyszczający krew; **~rot** krwawoczerwony, krwawy (-wo); **~rünstig** krwiożerczy (-czo)
Blut|sauger M ZOOL zwierzę żywiące się krwią kręgowców; *fig* krwiopijca *m*; **~schande** F kazirodztwo; **~senkung** F opad krwi; **~spender(in)** M(F) krwiodawca *m* (-czyni)
blutstillend ADJ hemostatyczny
Blutstropfen M kropla krwi
Blutsturz M MED krwotok
blutsverwandt (blisko) spokrewniony
Blutsverwandtschaft F (bliskie) pokrewieństwo
Bluttat F (okrutne) morderstwo
blutüberströmt ADJ zbroczony krwią, cały we krwi
Blutübertragung F transfuzja krwi
Blutung F krwawienie, krwotok
blutunterlaufen ADJ podbiegły krwią
Blut|untersuchung F badanie krwi; **~vergießen** N rozlew krwi; **~vergiftung** F zakażenie krwi; **~verlust** M upływ krwi; **~wurst** F krwawa kiszka, kaszanka; **~zucker** M cukier we krwi
BLZ F (Bankleitzahl) kod bankowy
BM ... (Bundesministerium) Federalne Ministerstwo ...
Bö F (*-, -en*) poryw wiatru, szkwał
Bob M (*-s; -s*) bobslej; **~bahn** F tor bobslejowy; **~fahrer** M bobsleista *m*
Bock M (*-[e]s; Böcke*) (*Ziegen-, Rehbock*) kozioł; (*Schafbock*) baran, cap; (*Gestell*) kozioł (*a.* SPORT); *umg* **e-n ~ schießen** strzelić *pf* byka; **den ~ zum Gärtner machen** wpuścić *pf* wilka do obory; **stur wie ein ~** uparty jak kozioł; *abw* (**geiler**) **alter ~** (pożądliwy) stary cap; *umg* **ich habe keinen ~ auf ...** nie mam chętki na ...
Bockbier N mocne piwo
bocken V/I *Tier* ⟨z⟩narowić się; *Pferd a.* stawać ⟨stanąć⟩ dęba; *umg Kind* kaprysić; *Motor* fiksować, nawalać
bockig uparty, przekorny
Bock|leiter F drabin(k)a rozstawna; **~mist** *pop* M bzdurstwa *npl*, pierdoły *pl*
Bockshorn N: **sich ins ~ jagen lassen** dać się *pf* zapędzić w kozi róg
Bock|springen N (*-s; bpl*) SPORT skoki *mpl* przez kozła; **~wurst** F serdelek
Boden M (*-s; Böden*) (*Erde*) ziemia; AGR *a.* gleba, grunt; (*Meeres-, Gefäßboden*) dno; (*Dachboden*) strych; (*Fußboden*) podłoga; *fig* grunt; *j-n* **zu ~ schlagen** powalić *pf* na ziemię; **zu ~ gehen** *Boxer* zostać *pf* znokautowanym; *fig* **den ~ unter den Füßen verlieren** ⟨s⟩tracić grunt pod nogami; **auf dem ~** (*gen*) na gruncie (*gen*); **an ~ gewinnen** zyskiwać na znaczeniu; **an ~ verlieren** tracić na znaczeniu; *umg* **er war am ~ zerstört** (*erschöpft*) był ledwie

żywy; **aus dem ~ stampfen** (*bauen*) wybudować *pf* w zawrotnym tępie; **aus dem ~ schießen** rosnąć jak grzyby po deszczu

Boden|abwehr F MIL naziemna obrona przeciwlotnicza; **~akrobatik** F akrobatyka parterowa; **~bearbeitung** F uprawa roli; **~belag** M wykładzina podłogowa; **~belastung** F EKOL stopień *m* skażenia gleby

Boden|erosion F erozja gleby; **~fliese** F płytka podłogowa; **~frost** M przymrozek (przygruntowy); **~kontrollstation** F ośrodek kontroli lotów kosmicznych; **~kunde** F (*bpl*) gleboznawstwo

boden|lang *Kleid* (długi) do ziemi; **~los** *Abgrund* bezdenny; *umg Frechheit* niesłychany; *Leichtsinn* bezgraniczny

Boden|mosaik N mozaika podłogowa; **~personal** N LOTN obsługa naziemna; **~reform** F reforma rolna; **~satz** M (*bpl*) osad, fusy *pl*; **~schätze** MPL bogactwa *npl* naturalne (ziemi)

Bodensee M (*-s; bpl*) Jezioro Bodeńskie

bodenständig *Kultur, Industrie* rodzimy; *Bevölkerung* rdzenny

Boden|truppen FPL wojska *npl* lądowe; **~turnen** N ćwiczenia *npl* wolne; **~welle** F (*Unebenheit*) nierówna droga; *zum Abbremsen* garb zwalniający

Bodybuilding ['bɔdibɪldɪŋ] N (*-s; bpl*) kulturystyka, *umg* pakowanie; **~studio** N siłownia (kulturystyczna)

Bodyguard ['bɔdigaːd] M (*-s; -s*) ochroniarz, *pop* goryl

Böe F → Bö

Bofist M (-[e]s; -e) purchawka

bog → biegen

Bogen M (*-s; - od Bögen*) łuk (*a. Waffe,* ARCH); *e-s Flusses, Weges a.* zakole; MUS smyczek; (*Papier*) arkusz; **der Weg macht e-n ~** droga tworzy łuk; **im hohen ~ spritzen aus ...** tryskać (strumieniem) z (*gen*); *fig* **den ~ überspannen** przeciągać ⟨-gnąć⟩ strunę; (*übertreiben*) *umg* przeginać ⟨-giąć⟩ pałę; *umg* **e-n großen ~ machen um j-n, etw** omijać szerokim łukiem (*akk*); **~fenster** N okno łukowe

bogenförmig łukowaty (-to)

Bogen|gang M arkady *fpl*; **~lampe** F lampa łukowa; **~schießen** N łucznictwo; **~schütze** M łucznik

Boheme [bo'hɛːm] F (*bpl*) cyganeria

Bohle F bal, dyl, belka

Böhmen N (*-s; bpl*) Czechy *pl*

böhmisch czeski (po -ku)

Bohne F BOT fasola; (*einzelne Bohne*) ziarno fasoli; (*Kaffeebohne*) ziarnko kawy; **~n** PL KULIN fasola, fasolka; **grüne ~n** zielona fasolka szparagowa; *umg* **nicht die ~** ani krzty

Bohnen|kaffee M kawa ziarnista; **~kraut** N cząber; **~stange** F tyczka do fasoli; **~suppe** F zupa fasolowa

Bohner M (*Gerät*) froterka

bohnern (*-re*) *Fußboden* ⟨wy⟩froterować, ⟨wy⟩pastować

Bohnerwachs M pasta do podłóg

bohren V/T *Loch* ⟨wy⟩wiercić, ⟨wy⟩borować, ⟨wy⟩świdrować; (*etw hineinstoßen*) wbi(ja)ć (**in** *akk* w *akk*); *v/i* wiercić, borować (**im Zahn** ząb); GÓRN wiercić (**nach etw** w poszukiwaniu *gen*); *fig Schmerz, Zweifel* świdrować; **ein Loch durch die Wand ~** przewiercić *pf* otwór w ścianie; *umg* **in der Nase ~** dłubać w nosie; V/R **sich ~** wbi(ja)ć się (**in die Erde** w ziemię)

bohrend ADJ *Schmerz, Blick* świdrujący (-co); *Frage* dręczący, nękający

Bohrer M wiertło, *bes Handbohrer* świder; GÓRN (*Person*) wiertacz

Bohr|insel F platforma wiertnicza na morzu; **~loch** N GÓRN odwiert; **~maschine** F wiertarka; **~schrauber** M wiertarko-wkrętarka; **~turm** M wieża wiertnicza

Bohrung F (*bpl*) (*das Bohren*) wiercenie; (*a. pl*) (*Loch*) wywiercony otwór; GÓRN odwiert

böig *Wind* porywisty (-ście)

Boiler M bojler

Boje F pława, boja

bolivi'anisch boliwijski

Böller M armat(k)a; HIST moździerz; (*Knallkörper*) petarda

Bollwerk N *fig* bastion

bolsche'wistisch bolszewicki

bolzen *umg* (*-zt*) V/I (*Fußball*) grać chaotycznie; V/T *Ball* kopać ⟨-pnąć *v/s*⟩

Bolzen M sworzeń *m*, trzpień *m*; (*Armbrustgeschoss*) bełt

Bolzplatz M boisko do piłki nożnej (dla trampkarzy)

Bombardement [-də'maː] N (*-s; -s*) bombardowanie

bombar'dieren (-) ⟨z⟩bombardować

(*impf a. umg fig* **mit Fragen** pytaniami)
bom'bastisch bombastyczny
Bombe F bomba; **e-e ~ legen** podkładać ⟨podłożyć⟩ bombę; *fig* **das schlug wie e-e ~ ein** bomba pękła
Bomben|alarm M alarm bombowy; **~angriff** M nalot bombowców, bombardowanie; **~anschlag** M zamach bombowy; **~drohung** F zagrożenie bombowe; **~erfolg** *umg* M ogromny sukces; **~explosion** F wybuch bomby; **~geschäft** *umg* M kokosowy interes, *pl a.* kokosy *mpl*; **~schuss** *umg* M SPORT atomowy strzał
bombensicher *umg fig* murowany
Bomben|stimmung *umg* F szałowa atmosfera; **~terror** M terrorystyczne zamachy *mpl* bombowe; **~trichter** M lej po wybuchu bomby
Bomber M LOTN bombowiec; **~jacke** F watowana kurtka sportowa
bombig *umg* bombowy (-wo), bomba
Bommel F *reg* chwaścik, pompon
Bon [bɔŋ] M (*-s; -s*) talon, bon; (*Kassenbon*) paragon
Bonbon ['bɔŋbɔŋ, -'bɔŋ] M *od* N (*-s; -s*) cukierek, karmelek
Bonität F (*bpl*) HANDEL solidność *f*
Bonner ADJ boński
Bonus M (-[*ses*]; -[se] od Boni) bonifikata; dodatkowa dywidenda; **~zahlung** F bonus, premia
Bonze M (*-n*) bonza (*a. fig abw*)
Boom [bu:m] M (*-s; -s*) boom
boomen ['bu:mən] V/I: **die Wirtschaft boomt** w gospodarce panuje boom
Boot N (-[*e*]s; -e) łódź *f*, łódka, czółno; *umg fig* **wir sitzen alle im gleichen ~** wszyscy jesteśmy w takiej samej sytuacji
Boots|fahrt F przejażdżka łodzią; **~haken** M bosak; **~haus** N przechowalnia łodzi; **~verleih** M wypożyczalnia sprzętu pływającego (przy stanicy wodnej)
Bord[1] N (-[*e*]s; -e) półka
Bord[2] M (-[*e*]s; bpl) (*Bordwand*) burta; pokład; **an ~** na pokładzie; **an ~ gehen** wsiadać ⟨wsiąść⟩ na statek *od* do samolotu; **über ~ werfen** wyrzucać ⟨-cić⟩ za burtę (*a. fig*); **von ~ gehen** opuszczać ⟨opuścić⟩ statek *od* samolot; **~computer** M komputer pokładowy
Bor'dell N (*-s; -e*) burdel
Bord|instrumente NPL przyrządy *mpl* pokładowe; **~karte** F LOTN karta wstępu na pokład; **~stein** M krawężnik
borgen (wy)pożyczać ⟨(wy)pożyczyć⟩ (**j-m** k-u; **bei, von j-m** od k-o)
Borke F kora; *auf e-r Wunde* strup
Borkenkäfer M kornik
bor'niert ograniczony, ciasny
Bor|salbe F maść borna; **~säure** F (*bpl*) kwas borny *od* borowy
Borschtsch M (*-; bpl*) barszcz
Börse F EKON giełda; **an der ~** na giełdzie; **an die ~ gehen** wejść na giełdę
Börsen|bericht M sprawozdanie giełdowe; **~kurs** M kurs giełdowy; **~makler** M makler giełdowy
Börsi'aner M giełdziarz
Borste(n PL) F szczecina
Borte F obszywka, listewka
Borwasser N (*bpl*) (wodny) roztwór kwasu bornego *od* borowego
bösartig złośliwy (-wie) (*a. Krankheit*); **~ werden** MED stać się *pf* złośliwym
Böschung F stok, zbocze; BUD skarpa
böse ADJ zły; (*schlimm*) niedobry; (*verärgert*) rozzłoszczony, *umg* wkurzony; *umg* (*krank, weh*) chory; (*ungezogen*) niegrzeczny; ADV źle, *umg* paskudnie; **ein ~er Mensch** zły człowiek; **j-m ~ sein** być na bakier (z *inst*), *umg* wkurzyć się *pf* (na *akk*; **wegen** z powodu *gen*); **es nicht ~ meinen** nie mieć złych intencji; **bist du mir ~?** gniewasz się na mnie?; *umg* **sich ~ blamieren** paskudnie się zblamować *pf*; **es sieht ~ aus** to źle wygląda; *als subst* **das Böse, Böses** zło; **Böses ahnen** mieć złe przeczucie; **Böses im Sinn haben** mieć złe zamiary; **sie sind im Bösen auseinandergegangen** rozeszli się pokłóceni
Bösewicht M (-[*e*]s; -e) hultaj, gałgan
boshaft złośliwy (-wie)
Bosheit F złośliwość *f*; **aus ~** na złość
Bosni|en [-niən] N (*-s; bpl*) Bośnia *f*; **~er** M Bośniak; **~erin** F Bośniaczka
bosnisch bośniacki (po -ku)
Bosporus M (*unv*) Bosfor
Boss *umg* M (*-es; -e*) boss, szef
böswillig złośliwy (-wie)
Böswilligkeit F (*bpl*) złośliwość *f*, zła wola
bot [bo:t] → bieten
Bo'tanik F (*bpl*) botanika
bo'tanisch botaniczny
böte → bieten

Bote M (*-n*), **Botin** F goniec, posłaniec; *fig* zwiastun(ka)
Botschaft F *lit* (*Nachricht*) wiadomość *f*, wieść *f*; *an das Volk* orędzie; POL ambasada; **~s-** *in zssgn* … ambasady; **~er(in)** M(F) ambasador(ka)
Böttcher M bednarz
Bottich M (*-s; -e*) kadź *f*; (*Waschbottich*) balia
Bouillon [bʊl'jɔŋ] F (*-; -s*) bulion
Boulevard [bʊl'va:r] M (*-s; -s*) bulwar; **~stück** N TEATR sztuka bulwarowa
Bourgeoisie [bʊrʒoa'zi:] F burżuazja
Boutique [bʊ'ti:k] F (*-; -n*) butik
Bowle ['bo:lə] F (*Getränk*) kruszon
Bowling ['bo:liŋ] N (*-s; bpl*) gra w kręgle
Box F (*abgeteilter Einstellplatz*) boks; (*Schachtel*) pudełko, pudło, skrzynka
boxen V/T boksować (*v/i* się); *v/i* SPORT uprawiać boks
Boxen N (*-s; bpl*) pięściarstwo, boks
Boxer M pięściarz, bokser (*a. Hund*)
Boxkampf M mecz bokserski
Boy'kott M (-[e]s; -s od -e) bojkot
boykot'tieren (-) ⟨z⟩bojkotować
BR M (Bayerischer Rundfunk) Radio Bawaria
brabbeln *umg* V/I (*-le*) *Baby* gaworzyć
brach[1], **bräche** → brechen
brach[2] ADJ *Land* leżący odłogiem
Brachfeld N ugór, odłóg
Brachi'algewalt F (*bpl*) brutalna przemoc; **mit ~** z brutalną przemocą
Brachland N (-[e]s; *bpl*) ugory *mpl*
brachliegen V/I (*irr*) leżeć odłogiem; *fig* nie być wykorzystanym
brachte, **brächte** → bringen
Bran|che ['bra:ʃə] F branża; **~chenverzeichnis** N branżowy katalog firm
Brand M (-[e]s; Brände) pożar, ogień *m*; (*bpl*) MED gangrena; *umg* (*Durst*) pragnienie; **das Haus geriet in ~** w budynku wybuchł pożar; **etw in ~ stecken** podpalić *pf* (*akk*)
brandaktuell *umg Thema* jak najbardziej aktualny; *Nachricht* z ostatniej chwili
Brand|anschlag M podpalenie; *misslungener* próba podpalenia; **~blase** F pęcherz od oparzenia
brandeilig *umg* bardzo pilny, ekspresowy
branden V/I (*-e-*) uderzać, rozbijać się
Brandenburg N (*-s; bpl*) (*Land*) Brandenburgia *f*; (*Stadt*) Brandenburg
Brand|gefahr F niebezpieczeństwo pożaru, zagrożenie pożarowe; **~geruch** M zapach spalenizny; **~herd** M miejsce powstania pożaru; **~loch** N wypalona dziura
brand|marken ⟨na⟩piętnować; **~neu** *umg* zupełnie nowy, nowiut(eń)ki
Brand|opfer N pogorzelec; **~satz** M masa zapalająca; *engS* butelka *usw* z palną mieszaniną; **~schaden** M szkoda spowodowana pożarem; **~schutz** M ochrona przeciwpożarowa; **~stifter(in)** M(F) podpalacz (*a. f*); **~stiftung** F podpalenie
Brandung F (*bpl*) przybój
Brand|wunde F oparzelina; **~zeichen** N (wypalone) piętno
brannte → brennen
Branntwein M wódka
brasili'anisch brazylijski
Bra'silien N (*-s; bpl*) Brazylia *f*
brät → braten
Bratapfel M jabłko pieczone
braten (*brät, briet, gebraten*) V/T ⟨u⟩smażyć (**in Öl** na oleju); *v/i* ⟨u⟩smażyć się; *umg fig* **in der Sonne ~** smażyć się na słońcu
Braten M pieczeń *f*, pieczyste; **kalter ~** zimne mięsa *npl*; *umg fig* **den ~ riechen** ⟨po⟩czuć pismo nosem
Bräter M brytfanna
Brat|hähnchen N, **~hendl** N *austr* pieczone kurczę; **~hering** M śledź smażony; **~kartoffeln** FPL ziemniaki *mpl* smażone; **~pfanne** F patelnia; **~röhre** F piekarnik; **~rost** M ruszt
Bratsche F altówka
Bratwurst F kiełbasa smażona
Brauch M (-[e]s; Bräuche) obyczaj; **nach altem ~** starym zwyczajem
brauchbar zdatny, nadający się (**für, zu** do *gen*, na *akk*)
brauchen (*pperf gebraucht*) V/T (*benötigen*) potrzebować (*gen*); (*verbrauchen*) zużywać; **wir ~ Geld (für)** potrzeba nam pieniędzy (na *akk*, do *gen*); **das kann ich gut ~** to mi się bardzo przyda; **das braucht Zeit** na to potrzeba czasu; *Hilfsverb* (*pperf brauchen*) musieć; **du brauchst nur zu sagen** musisz tylko powiedzieć; **Sie ~ nicht zu kommen** pan(i) nie musi przychodzić
Brauchtum N (*-s; bpl*) obyczaje *mpl*

Braue F brew *f*; **~n** PL brwi
brauen V/T *Bier* warzyć; *umg Tee usw* parzyć (*akk*), zaparzyć *pf* (*akk od gen*)
Braue'rei F browar
braun brunatny, brązowy (-wo); **~ gebrannt** opalony (na brąz); **~ streichen** ⟨po⟩malować na brązowo; **~ werden** *in der Sonne* opalić się *pf* na brąz
Braunbär M niedźwiedź brunatny
Bräune F (*bpl*) *der Haut* opalenizna
bräunen V/T *Haut, Gesicht* opalać ⟨opalić⟩; KULIN ⟨ob-, przy⟩rumienić; V/R **sich ~** opalać się
braungebrannt → braun
Braunkohle F węgiel brunatny
bräunlich brunatnawy (-wo)
Braunschweig N (*-s; bpl*) Brunszwik
Bräunungsstudio N solarium *n*
Brause F (*Dusche*) prysznic, natrysk; *e-r Gießkanne* sitko; (*Getränk*) (musująca) lemoniada
brausen V/I *Sturm, See* szumieć, huczeć; *umg* (*sn*) *Auto, Zug* gnać, pędzić
Brause|pulver N proszek musujący; **~tablette** F tabletka musująca
Braut F (*-; Bräute*) panna młoda; (*Verlobte*) narzeczona; *umg* (*Mädchen*) cizia, laska; **~führer** M drużba *m*
Bräutigam M (*-s; -e*) pan młody; (*Verlobter*) narzeczony
Braut|jungfer F druhna; **~kleid** N suknia ślubna; **~paar** N państwo młodzi
brav (*artig*) grzeczny; (*bieder, rechtschaffen*) poczciwy, dobry
bravo! INT brawo!
Bravo N (*-s; -s*), **~ruf** M brawo
bravou'rös, bravurös brawurowy (-wo)
BRD F (Bundesrepublik Deutschland) Republika Federalna Niemiec, RFN
Brech|bohnen FPL fasol(k)a szparagowa; **~durchfall** M biegunka z wymiotami; **~eisen** N łom
brechen (*bricht, brach, gebrochen*) V/T ⟨z⟩łamać (*a. fig Recht, Eid usw*), przełam(yw)ać (*a. fig Widerstand*); *Blume* zrywać ⟨zerwać⟩; *Hals* skręcić *pf*; *Schweigen* przer(y)wać; *Rekord* pobić *pf*; **in Stücke ~** ⟨po⟩łamać na kawałki; **sich** [*dat*] **etw ~** złamać sobie (*akk*); V/I (*sn*) złamać się *pf*, przełam(yw)ać się; *Sonne* przebi(ja)ć się (**durch** przez *akk*); *Eis* załam(yw)ać się; **der Damm bricht** woda przerywa tamę; **mit j-m** *od* **etw ~** zrywać ⟨zerwać⟩ (z *inst*); MED ⟨z⟩wymiotować; V/R **sich ~** *Wellen* rozbijać się (**an** *dat* o *akk*); *Licht* załamywać się; **zum Brechen** *od* **~d voll** nabity, zapchany
Brecher M (*Welle*) bałwan, grzywacz; TECH kruszarka, łamacz
Brech|mittel N środek wymiotny; **~reiz** M (*bpl*) mdłości *fpl*; **~stange** F łom
Bredouille *umg* [-'duljə] F: **in die ~ kommen** wpaść *pf* w kłopoty
Brei M (*-[e]s; -e*) breja, maź *f*; KULIN kaszka, papka; piure
breiig papkowaty (-to)
breit szeroki (*a. fig Interesse, Echo usw*); *präd* szeroko; **... Meter ~** szeroki na ... metry *od* metrów; **~er machen** poszerzać, rozszerzać ⟨-rzyć⟩; → breitmachen; **~beinig** *präd* z rozkraczonymi nogami
Breite F szerokość *f* (*a.* GEOG, *fig*)
Breiten|grad M stopień *m* szerokości geograficznej; **~kreis** M GEOG równoleżnik; **~sport** M sport masowy
breitmachen *umg*: V/R **sich ~** rozsiadać ⟨-siąść⟩ się; *fig Stimmung usw* szerzyć się;
breitschlagen (*irr*) *umg*: V/R **sich ~ lassen** dać się namówić *od* przekonać
breit|schult(e)rig barczysty; **~treten** V/T (*irr*) *abw* rozwałkowywać (*akk*)
Bremen N (*-s; bpl*) Brema *f*
Bremsbelag M okładzina hamulcowa
Bremse[1] F hamulec; **auf die ~ treten** naciskać ⟨-snąć⟩ hamulec
Bremse[2] F ZOOL bąk
bremsen V/T *u.* V/I ⟨za⟩hamować (*a. fig*)
Brems|flüssigkeit F płyn hamulcowy; **~klotz** M klocek hamulcowy; **~licht** N (PL *-lichter*) światło stop; **~pedal** N pedał hamulca; **~spur** F ślad hamowania
brennbar palny; **leicht ~** łatwo palny
Brennelement N *Kernphysik* element paliwowy
brennen (*brannte, gebrannt*) V/T palić, spalać ⟨-lić⟩; TECH wypalać ⟨-lić⟩; *Schnaps* pędzić; (*rösten*) prażyć; V/I palić się, płonąć; *Sonne* prażyć; *Augen, Wunde usw* piec; **es brennt** pali się; *umg* **darauf ~ zu** palić się do (*gen*); **vor Neugier ~** palić się z ciekawości; *umg* **wo brennts denn?** do czego (ci) tak śpieszno?
brennend ADJ *Lampe* palący się; *Liebe, Wunsch* gorący; *Schmerz, Frage* palący; ADV (*sehr*) bardzo, *umg* strasznie

⚠ bringen und holen

den Koffer zum Bahnhof bringen	zanieść walizkę na dworzec
ein Mädchen nach Hause bringen	odprowadzić dziewczynę do domu
den Mantel aus dem Schrank holen	przynieść płaszcz z szafy
das Kind aus dem Bett holen	wyciągnąć dziecko z łóżka

Brenner M *(Vorrichtung)* palnik
Brenne'rei F gorzelnia
Brenn|holz N drzewo na opał, drwa *pl*; **~nessel** F pokrzywa; **~ofen** M piec do wypalania; **~punkt** M FIZ ognisko; *fig* punkt zapalny; centrum *n*; **~spiritus** M denaturat; **~stab** M *Kernphysik* pręt paliwowy; **~stoff** M paliwo; **~weite** F ogniskowa; **~wert** M kaloryczność *f*
brenzlig *umg fig* krytyczny, *umg* podbramkowy; **es riecht ~** pachnie spalenizną
Bresche F wyłom; **in die ~ springen (für)** wyręczać ⟨-czyć⟩ *(akk)*
Breslau N *(-s; bpl)* Wrocław
Bretagne [-'tanjə] F *(-; bpl)* Bretania
Brett N (-[e]s; -er) deska; **das Schwarze ~** tablica ogłoszeń; *umg* **ein ~ vor dem Kopf haben** być ciemnym jak tabaka w rogu; **~er** PL *(Bühne, Ski)* deski *fpl*
Brettchen N deseczka, deszczułka
Bretter|wand F ścian(k)a z desek; **~zaun** M płot z desek
Brettspiel N gra planszowa
Bre'vier N *(-s; -e)* brewiarz
Brezel F *(-; -n)* obwarzanek, precel
bricht → brechen
Bridge [brɪdʒ] N *(unv)* brydż
Brief M *(-es; -e)* list; **offener ~** list otwarty; *umg* **blauer ~** wymówienie (pracy); *von der Schule* uprzedzenie o zagrożeniu promocji; **~beschwerer** M przycisk **~block** M blok listowy; **~bogen** M arkusz papieru listowego; **~bombe** F bomba w liście; **~geheimnis** N *(bpl)* tajemnica korespondencji
Briefkasten M skrzynka pocztowa; *im Haus* skrzynka na listy; **~firma** F fikcyjna firma
Briefkopf M nagłówek listu
brieflich listowny; *präd* listownie, drogą zawiadomienia pisemnego
Briefmarke F znaczek pocztowy
Briefmarkenalbum N album do znaczków pocztowych, klaser
Briefmarkensamm|ler(in) M(F) filatelista *m* (-tka); **~lung** F kolekcja znaczków pocztowych
Brief|öffner M rozcinacz (do listów); **~papier** N papier listowy; **~schreiber(in)** M(F) autor(ka) listu; **~tasche** F portfel; **~taube** F gołąb pocztowy; **~träger(in)** M(F) listonosz(ka); **~waage** F waga do listów; **~wahl** F głosowanie listowne
Briefwechsel M *(bpl)* korespondencja; **im ~ stehen** korespondować
briet → braten
Bri'gade F brygada
Bri'kett N *(-s; -s)* brykiet
brillant [brɪl'jant] świetny
Brillant [brɪl'jant] M *(-en)* brylant; *in zssgn* brylantowy
Brille F okulary *pl*; **mit ~** w okularach
Brillen|etui N futerał na okulary; **~gestell** N oprawka okularów; **~schlange** F okularnik; **~träger(in)** M(F) osoba (stale) nosząca okulary, *umg* okularnik
Brim'borium *umg* N *(-s; bpl) abw* pompa
bringen *(brachte, gebracht)* V/T *(herbringen)* przynosić ⟨-nieść⟩ *(a. fig Nutzen, Glück usw)*; *Person* przyprowadzać ⟨-dzić⟩; *fahrend Sachen u. Personen* przywozić ⟨-wieźć⟩; *(hinbringen)* odnosić, zanosić ⟨-nieść⟩ **(nach, zu** do *gen*, na *akk)*; *(j-n begleiten)* odprowadzać ⟨-dzić⟩; *fahrend Sachen u. Personen* odwozić, zawozić ⟨-wieźć⟩; *etw im Radio usw* poda(wa)ć; *(publizieren)* ⟨o⟩publikować; *Unglück* sprowadzać ⟨-dzić⟩ **(j-m** na *akk)*; *umg* **was bringt das?** po co to (wszystko)?; *umg* **er bringt das nicht** on nie potrafi, to mu nie wyjdzie; *mit* PRÄP **etw an sich ~** przywłaszczać ⟨-czyć⟩ sobie *(akk)*; **auf den Markt ~** wypuszczać ⟨-puścić⟩ na rynek; **j-n auf e-n Gedanken, e-e Spur ~** naprowadzać ⟨-dzić⟩ k-o na myśl, na ślad; **etw hinter sich ~** załatwi(a)ć *(akk)*; **j-m etw in Erinnerung ~** przypomnieć k-u *(akk)*; **(es) mit sich ~** ⟨s⟩powodować, sprawi(a)ć (że); *etw* **nicht über sich ~ zu**

(+ INF) nie móc się przemóc, żeby (+ *inf*); **j-n um etw ~** odbierać ⟨odebrać⟩ k-u (*akk*); **zum Kochen ~** doprowadzać ⟨-dzić⟩ do wrzenia; **es zu etwas ~** wyjść na ludzi; **es weit ~** zajść daleko

bri'sant ADJ *fig* (*gefährlich*) (potencjalnie) niebezpieczny; (*aufregend*) bulwersujący

Brise F bryza, wietrzyk

Brit|e M (-*n*) Brytyjczyk; **~in** F Brytyjka

britisch brytyjski

bröckelig kruchy (-cho)

bröckeln (-*le*) V/T ⟨po⟩kruszyć; V/I (*a. sn*) ⟨po-, roz⟩kruszyć się

Brocken M kawał(ek), kęs; *fig* **ein paar ~** (*Wörter*) kilka słów; **ein harter ~** twardy orzech do zgryzienia

brodeln V/I (-*le*) wrzeć, bulgotać

Bro'kat M (-[e]s; -e) brokat

Brokkoli PL *od umg* M brokuły *pl*

Brom N (-*s; bpl*) brom

Brombeere F jeżyna, ostrężyna

Bromberg N (-*s; bpl*) Bydgoszcz *f*

Bron|chi'alasthma N astma oskrzelowa; **'~chien** [-çıən] FPL oskrzele *fpl*; **~'chitis** F (-*; -'tiden*) nieżyt oskrzeli

Bronze ['broːsə] F brąz; **~medaille** F medal brązowy; **~zeit** F epoka brązu

Brosche F broszka

Broschüre F broszura

bröseln (-*le*) V/I kruszyć się

Brot N (-[e]s; -e) chleb; (*Laib*) bochenek; **e-e Scheibe ~** kromka chleba; *fig* **sich sein ~ verdienen** (**mit**, **als**) zarabiać na chleb (*inst*, jako); **das ist ein hartes ~** to ciężki kawałek chleba

Brotaufstrich M masło (do posmarowania chleba); masa kanapkowa

Brotbeutel M chlebak

Brötchen N bułeczka; (*belegt*) kanapka

Brotkorb M koszyczek na chleb; *fig* **j-m den ~ höherhängen** obcinać ⟨-ciąć⟩ wydatki na życie (*dat*)

brotlos ADJ: **~e Kunst** zajęcie nie zapewniające chleba

Brot|messer N nóż do pieczywa; **~teig** M ciasto na chleb

Brotzeit F (*bpl*) *pł-niem* (*Vesperbrot*) przekąska; **~ machen** ⟨z⟩jeść śniadanie *od* podwieczorek

Browser ['braʊzər] M przeglądarka internetowa

Bruch M (-[e]s; Brüche) złamanie (*a. fig e-s Eides u.* MED *Fraktur*); MAT ułamek; *e-s Vertrags* zerwanie (*a. fig* **mit j-m, etw** z *inst*); MED (*Eingeweidebruch*) przepuklina; *sl* (*Einbruch*) włam; **zu ~ gehen** stłuc się *pf*, rozbić się *pf*; *fig* **in die Brüche gehen** źle się skończyć *pf*; *Ehe* rozpadać ⟨-paść⟩ się

Bruchbude F *umg abw* rudera

bruchfest *Glas* niełtłukący

Bruchfläche F powierzchnia przełomu

brüchig łamliwy, kruchy (*a. fig*)

Bruch|landung F lądowanie awaryjne; **~rechnen** N, **~rechnung** F rachunek ułamkowy; **~stelle** F przełom, miejsce złamania; **~strich** M kreska ułamkowa; **~stück** N odłamek; *fig* urywek; **~teil** M ułamek (**e-r Sekunde** sekundy); *fig* cząstka; **~zahl** F liczba ułamkowa, ułamek

Brücke F most; MAR, MED, SPORT mostek; (*Teppich*) dywanik; **e-e ~ schlagen** przerzucić *pf* most

Brücken|bau M (*bpl*) budowa mostów; **~pfeiler** M filar mostu

Bruder M (-*s; Brüder*) brat, *pl* bracia

Brüderchen N braciszek

Bruderkrieg M wojna bratobójcza

brüderlich braterski; *präd* po bratersku, jak bracia

Brüderlichkeit F (*bpl*) braterstwo

Brüderschaft F: **~ trinken** ⟨wy⟩pić bruderszaft (**mit** z *inst*)

Brühe F rosół; *abw* lura; pomyje *pl*

brüh|en *Kaffee usw* zaparzać ⟨-rzyć⟩; *Gemüse* sparzyć *pf*; **~heiß** wrzący

brühwarm: *fig* **etw ~ erzählen** opowiadać ⟨-wiedzieć⟩ na gorąco (*akk*)

Brühwürfel M kostka bulionowa

brüllen ⟨za⟩ryczeć, ryknąć *v/s*

brummen V/T mruczeć ⟨mruknąć⟩; *umg* **mir brummt der Kopf** huczy mi w głowie; *umg* **die Sache brummt** szafa gra; V/I *Bienen* buczeć, huczeć; *Motor* warczeć; *umg im Knast* siedzieć; (*murren*) burczeć, zrzędzić

Brummer *umg* M (*Fliege*) mucha; (*Käfer*) żuk; *umg* → Brummi

Brummi *umg* M (-*s; -s*) (duża) ciężarówka, tir, TIR

brummig *umg* zrzędny, mrukliwy (-wie)

Brummschädel *umg* M: **ich habe e-n ~** głowa mi trzeszczy

Brunch [brantʃ] M (-[e]s; -[e]) brunch

brünett *Haar* ciemny; *Person* ciemnowłosy; **~er Mann** *od* **Junge** brunet; **~e Frau** brunetka

Brunft F (-; *Brünfte*) okres godowy
Brunnen M studnia; (*Mineralwasser*) woda mineralna; **~kresse** F rukiew wodna; **~wasser** N (*bpl*) woda studzienna
Brunst F (-; *Brünste*) ruja; → Brunft
brüsk szorstki (-ko), obcesowy (-wo)
brüs'kieren V/T (-) zrobić *pf* afront (*dat*)
Brüssel N (*-s; bpl*) Bruksela *f*
Brüsseler ADJ brukselski
Brust F (-; *Brüste*) pierś *f*; *oft* PL piersi; *e-s Tieres a.* mostek; *Busen* piersi *fpl*; **die ~ abhorchen** osłuch(iw)ać klatkę piersiową; **die ~ bedecken** zakrywać piersi; **sich an die ~ schlagen** bić się w pierś; **e-m Kind die ~ geben** karmić dziecko piersią; *umg* **e-n zur ~ nehmen** golnąć jednego; **aus voller ~** pełną piersią; *Schwimmen* **100 m ~** sto metrów stylem klasycznym; *umg* **sich** (*dat*) **j-n zur ~ nehmen** (*sich j-n vornehmen*) brać ⟨wziąć⟩ w obroty (*akk*); **~bein** N mostek; **~bild** N zdjęcie *od* portret do pasa
brüsten: V/R **sich ~ (mit)** chełpić się (*inst*)
Brust|fell N opłucna; **~korb** M klatka piersiowa; **~krebs** M rak piersi; **~schwimmen** N pływanie stylem klasycznym; **~tasche** F kieszonka na piersi; (*innen*) kieszeń wewnętrzna (marynarki); **~umfang** M obwód klatki piersiowej; *Schneiderei* obwód gorsu
Brüstung F parapet, balustrada
Brust|warze F sutek, brodawka sutkowa; **~wirbel** M krąg piersiowy
Brut F *von Vögeln* wyląg, wylęg; *von Bienen* czerw; *pop abw* hołota, motłoch
bru'tal brutalny
Brutali'tät F brutalność *f*
Bru'talo *umg* M (*-s; -s*) *abw* brutal
brüten (*-e-*) *Vogel* siedzieć na jajach; *fig* medytować, rozmyślać (**über** *dat* nad *inst*); **es ist ~d heiß** parno jak w łaźni; **~de Hitze** skwar, spiekota
Brüter M: TECH **Schneller ~** reaktor powielający
Brut|kasten M MED inkubator; **~platz** M ZOOL lęgowisko; **~stätte** F *fig* (**für**) wylęgarnia, siedlisko (*gen*); **~zeit** F sezon lęgowy
Brutto|betrag M suma brutto; **~einkommen** N dochód brutto; **~'inlandsprodukt** N (*bpl*) produkt krajowy brutto; **~lohn** M płaca brutto; **~preis** M cena brutto
Bruttosozi'alprodukt N (*bpl*) produkt społeczny brutto
brutzeln (*-le*) V/I skwierczeć (**in der Pfanne** na patelni); *v/t umg* ⟨u⟩pitrasić, ⟨u⟩smażyć
BSE F (bovine spongiforme Enzephalopathie) encefalopatia gąbczasta bydła, choroba szalonych krów
BSP N → Bruttosozialprodukt
Bub M (*-en*) *pl-niem, austr* chłopak
Bube N (*-n*) *Karte* walet
Buch N (*-[e]s; Bücher*) książka; *groß* księga (*a. Kassen-, Grundbuch, rel*); FILM scenariusz; **das Goldene ~** złota księga; **~ führen** (**über** *akk*) notować (sobie) (*akk*); **Bücher führen** prowadzić księgi; **wie er im ~e steht** typowy, wzorowy; *umg* **sie redet wie ein ~** ona gada jak najęta
Buchbinde'rei F introligatornia
Buchdruck M (*bpl*) druk dziełowy
Buch|e F buk; **~ecker** F (*-; -n*) bukiew *f*
buchen *Betrag* ⟨za⟩księgować; *Reise* ⟨za⟩bukować; (*reservieren*) ⟨za⟩rezerwować
Buchenholz N buczyna
Bücherbrett N półka na książki
Büche'rei F wypożyczalnia książek, biblioteka
Bücher|regal N regał na książki; **~schrank** M szafa na książki, biblioteka; **~sendung** F *Aufschrift* „książki"; **~wurm** M *żart* mól książkowy
Buchfink M zięba
Buch|führung F księgowość *f*; **~halter(in)** M(F) księgowy (-wa); **~haltung** F (*Abteilung*) dział księgowości; **~handel** M księgarstwo; **~handlung** F księgarnia; **~hülle** F obwoluta
Büchlein N książeczka
Buch|macher M bukmacher; **~messe** F targi *mpl* książki; **~prüfer** M rewident ksiąg handlowych; **~prüfung** F rewizja księgowa
Buchsbaum M bukszpan
Buchse F tulej(k)a; ELEK gniazdko
Büchse F puszka; (*Waffe*) broń kulowa
Büchsen|fleisch N konserwy *fpl* mięsne; **~milch** F mleko kondensowane; **~öffner** M otwieracz do puszek
Buchstabe M (*-n*) litera; **nach dem ~n (des Gesetzes)** według litery prawa
buch|sta'bieren (-) ⟨prze⟩literować; **~stäblich** dosłowny; *präd* dosłownie

Bucht F GEOG zatoka, zalew
Buch|umschlag M okładka; **~ung** F FIN (za)księgowanie; *konkret* zapis księgowy; *e-r Reise* bukowanie, rezerwacja; **~verlag** M wydawnictwo książkowe
Buchweizen M gryka; **~grütze** F kasza gryczana
Buckel M garb; *umg (Rücken)* grzbiet; **seine 60 Jahre auf dem ~ haben** dźwigać szósty krzyżyk na grzbiecie; **den ~ hinhalten** nadstawiać grzbietu
bücken: V/R **sich ~** nachylać, schylać ⟨-lić⟩ się (**nach etw** po coś)
bucklig garbaty (-to)
Bucklige F garbuska; **~(r)** M *(-n)* garbus
Bückling M *(-s; -e)* KULIN pikling
buddeln *umg (-le)* V/I kopać; *Kind* grzebać (się); V/T wykop(yw)ać
Bud'dhist M *(-en)* buddysta *m*; **~in** F buddyjka
bud'dhistisch buddyjski
Bude F buda; *umg (Stube)* kawalerka
Budget [by'dʒeː] N *(-s; -s)* budżet
Bü'fett N (-[e]s; -s u -e) bufet; KULIN **kaltes ~** szwedzki stół
Büffel M bawół; *in zssgn* bawoli
büffeln *umg* V/T *u.* V/I *(-le)* wkuwać, kuć
Buffet [by'feː] N *(-s; -s)* → Büfett
Bug M (-[e]s; -e) MAR, LOTN dziób, przód; KULIN łopatka, plecówka
Bügel M kabłąk, pałąk; *für Kleider* wieszak; *e-r Brille* zausznik; **~eisen** N żelazko; **~falte** F kant (u spodni)
bügelfrei nonajron, niemnący
bügeln *(-le)* V/T ⟨od-, wy⟩prasować; V/I prasować
Bugrad N LOTN koło przednie
bug'sieren (-) *umg fig* zaciągać ⟨-gnąć⟩
buhen V/I wykrzykiwać
buhlen: V/I *lit, oft abw* **um etw, j-n ~** zabiegać o *(akk)*
Buhmann *umg* M (PL *-männer)* chłopiec do bicia, kozioł ofiarny
Buhne F ostroga, tama poprzeczna
Bühne F scena; *engS a.* teatr; TECH pomost; **die ~ betreten** wejść *pf* na scenę; **zur ~ gehen** zostać *pf* aktorem *od* aktorką; *umg* **über die ~ gehen** *(vor sich gehen)* przejść *pf*, przebiegać; **über die ~ bringen** *(beenden)* doprowadzić *pf* do końca
Bühnen|autor(in) M(F) dramaturg; **~bild** N *(bpl)* scenografia; *(Szenerie, a. pl)* sceneria; **~bildner(in)** M(F) scenograf; **~fassung** F adaptacja sceniczna
bühnenreif *Theaterstück* przygotowany do wystawienia na scenie; *fig* **der Auftritt war ja ~!** ale zrobił(a) z siebie przedstawienie!
Bühnen|stück N, **~werk** N sztuka teatralna, utwór sceniczny
Buhrufe MPL okrzyki *mpl* niezadowolenia
buk → backen
Bu'kett N *(-s; -s u -e)* bukiet *(a. Duft)*
Bu'lette F *reg* kotlet mielony
Bu'lga|re M *(-n)* Bułgar; **~rien** [-iən] N *(-s; bpl)* Bułgaria; **~rin** F Bułgarka
bul'garisch bułgarski (po -ku)
Bull|auge N iluminator; **~dogge** F buldog; **~dozer** M spycharka, buldożer
Bulle[1] F bulla (papieska)
Bulle[2] M *(-n)* byk, buhaj; *umg Person* byk, osiłek; *abw (Polizist)* glina *m*, gliniarz
Bullenhitze *umg* F spiekota, *umg* gorąc
bullig *umg Mensch* mocno zbudowany, krępy; **~ heiß** *umg* straszne gorąco
Bummel *umg* M przechadzka, spacer; **e-n ~ machen** przechadzać ⟨przejść⟩ się (**durch die Stadt** po mieście)
Bumme'lei *umg* F *(bpl)* guzdranie się; *e-s Arbeitnehmers* bumelanctwo
bummeln *umg* V/I *(-le) (sn)* iść ⟨pójść⟩ na przechadzkę, spacerować ⟨przespacerować się⟩; *(h) abw (trödeln) umg* guzdrać się; *(faulenzen)* obijać się, bumelować
Bummel|streik M strajk włoski; **~zug** *umg* M ciuchcia
Bums *umg* M *(-es; -e)* huk, łomot
bumsen *umg*: V/I **an** *(akk)*, **gegen** *etw* **~** grzmotnąć *pf* o *(akk)*; *pop* V/T *(koitieren)* chędożyć, ciupciać, tentegować
Bumslokal *umg* N *abw* mordownia
Bund[1] M (-[e]s; Bünde) związek; POL (kon)federacja; *e-r Hose* pasek; **der ~ der Ehe** związki *mpl* małżeńskie; *umg* **beim ~ sein** służyć w bundeswerze
Bund[2] N (-[e]s; -e) wiązka, pęczek
Bündchen N *am Ärmel* ściągacz
Bündel N *Stroh* wiązka; *Geld, Briefe* paczka; *(Sachen)* tobół, tobołek
bündeln V/T *(-le)* ⟨z⟩wiązać (w paczki); FIZ ogniskować, skupi(a)ć *(a. fig)*
bündelweise ADV na wiązki, na pęczki
Bundes... *in zssgn mst* federalny, związkowy; *engS a.* ... Republiki Federalnej Niemiec; ... Republiki Austrii; ... Konfede-

racji Szwajcarskiej
Bundes|adler M orzeł w godle RFN; **~genosse** M sojusznik, sprzymierzeniec; **~heer** N (*bpl*) *austr* siły *fpl* zbrojne; **~kanzler** M kanclerz federalny; **~land** N kraj związkowy, *umg* land; **~liga** F pierwsza liga; **~präsident** M prezydent Republiki Federalnej (Niemiec); prezydent Republiki (Austrii); *szwajc* przewodniczący Bundesratu; **~regierung** F rząd federalny; **~staat** N państwo federalne; *in den USA* stan federalny; **~tag** M (*bpl*) Bundestag; **~trainer** M trener kadry narodowej; **~wehr** F (*bpl*) bundeswera, Bundeswehra
bundesweit na całym terytorium federacji, w skali federacji
Bundfaltenhose F spodnie *pl* z zakładkami
bündig *Antwort* zwięzły, *präd* zwięźle; **kurz und ~** krótko i węzłowato
Bündnis N (*-ses; -se*) sojusz, przymierze; POL *a.* pakt; **~partner** M sojusznik; członek paktu
Bungee|-Jumping, **~jumping** ['bandʒidʒampiŋ] N (*-s*) skoki *mpl* na linie
Bunker M MIL schron, bunkier
bunkern (*-re*) bunkrować; *sl* (*horten*) przechowywać
bunt (*farbig*) barwny, kolorowy; (*vielfarbig*) różnobarwny, różnokolorowy, (*a.* **~ gefleckt**) pstry, pstrokaty; **~er Abend** wieczór rozmaitości; **~e Reihe** przekładanka; **~es Treiben** (wesołe) ożywienie; **~ durcheinander** w nieładzie; **~ gemischt** rozmaity; *umg* **er treibt es zu ~** on za wiele sobie pozwala, on nie zna miary
bunt|gefleckt, **~gemischt** → bunt
Bunt|metalle NPL metale *npl* kolorowe; **~specht** M dzięcioł pstry; **~stift** M ołówek kolorowy, kredka; **~wäsche** F bielizna kolorowa, kolory *mpl*
Bürde F brzemię (*a. fig*)
Burg F zamek (warowny), gród, kasztel
Bürge M (*-n*) poręczyciel, gwarant
bürgen V/I: **für j-n, etw ~** ręczyć, poręczać ⟨-czyć⟩ za (*akk*); **für etw ~** *a.* da(wa)ć rękojmię (*gen*)
Bürger M obywatel; (*Einwohner*) mieszkaniec; **~in** F obywatelka; mieszkanka; **~initiative** F inicjatywa obywatelska; **~krieg** M wojna domowa
bürgerlich obywatelski; *präd* po obywatelsku; *Herkunft* mieszczański (*a. abw*), nieszlachecki; **~es Recht** prawo cywilne; **~e Küche** kuchnia domowa
Bürgermeister(in) M(F) burmistrz
bürgernah *Politik, Verwaltung* przyjazny dla obywateli
Bürger|rechtler(in) M(F) bojownik (-iczka) o prawa obywatelskie; **~steig** M chodnik; **~tum** N (*-s; bpl*) mieszczaństwo; **~wehr** F straż obywatelska
Burgfriede(n) M zawieszenie sporów politycznych, pokój społeczny
Bürgin F poręczycielka
Burgruine F ruiny *fpl* zamku
Bürgschaft F poręczenie
Burgund N (*-s; bpl*) Burgundia; **~er** M (*Wein*) burgund, wino burgundzkie
bur'lesk ADJ burleskowy
Bü'ro N (*-s; -s*) biuro; kancelaria; **im ~** w biurze
Bü'roangestellte F pracownica biurowa; **~(r)** M pracownik biurowy
Bü'ro|arbeit F praca biurowa; **~bedarf** M przybory *mpl* biurowe, sprzęt biurowy; **~haus** N biurowiec
Bü'rokauf|mann M (PL *-leute*) wykwalifikowany pracownik administracyjno-biurowy; **~frau** F wykwalifikowana pracownica administracyjno-biurowa
Bü'roklammer F spinacz
Bürokra'tie F (*abw bpl*) biurokracja
büro'kratisch biurokratyczny
Bü'ro|raum M lokal biurowy; **~stunden** FPL godziny *fpl* pracy w biurze
Bursche M (*-n*) chłopak, wyrostek; MIL ordynans; *abw* (*Kerl*) facet, osobnik; *umg* (*Tier*) okaz; *umg* **ein toller ~** zuch chłopak; **ein lustiger ~** wesołek
burschi'kos swobodny, niewymuszony; *präd* niewymuszenie
Bürste F szczotka
bürsten (*-e-*) ⟨wy⟩szczotkować
Bürstenschnitt M włosy *mpl* na jeża
Bürzel M *der Vögel* kuper
Bus M (*-ses; -se*) autobus; (*Reisebus*) autokar; EDV szyna
Busbahnhof M dworzec autobusowy
Busch M (*-[e]s; Büsche*) krzak; PL *a.* zarośla *pl*; *in den Tropen koll* busz; *umg fig* (**bei j-m**) **auf den ~ klopfen** wyciągać na słówka, podpytywać k-o; **da ist etwas im ~** tam coś się święci
Büschel N pęczek; *Haare* kosmyk
buschig krzaczasty (-to) (*a. Brauen*)

Busen M piersi *fpl*, biust; *fig* **am ~ der Natur** na łonie przyrody; *etw* **in den ~ stecken** schować *pf* za pazuchę; **~freund** M serdeczny przyjaciel; **~freundin** F przyjaciółka od serca
Bus|fahrer M kierowca *m* autobusu; **~haltestelle** F przystanek autobusowy; **~rundfahrt** F wycieczka autokarem
Business|class, **~-Class** ['bɪznɪs-] F (klasa) biznes
Businessplan M biznesplan
Bussard M myszołów
Buße F (*bpl*) pokuta (*a. rel*); JUR nawiązka; **~ tun** odbywać pokutę
büßen V/T *u.* V/I (-ßt) (*akk*, **für**) pokutować (za *akk*); przypłacać ⟨-cić⟩ (**mit etw** *inst*); **das sollst du mir ~!** za to mi jeszcze zapłacisz!
Büßer(in F) M pokutnik (-ica)
Bußgeld N grzywna; **~bescheid** M orzeczenie grzywny, *umg* mandat
Busspur F pas dla autobusów
Buß- und Bettag M Dzień Pokuty i Modlitwy
Büste F popiersie; (*Brustpartie*) biust
Büstenhalter M biustonosz, stanik
Büttenpapier N papier czerpany
Butter F (*bpl*) masło; *umg* **alles in ~** szafa gra, wszystko w porządku
Butterbrot N kromka chleba z masłem; *umg* **für ein ~** za psie pieniądze
Butter|cremetorte F tort prowansalski; **~dose** F maselniczka; **~käse** M ser pełnotłusty półtwardy; **~milch** F maślanka; **~pilz** M maślak; **~schmalz** M masło topione
butterweich bardzo miękki, mięciutki
Button [batn] M (-s; -s) plakietka, znaczek
BV F *szwajc* (Bundesverfassung) Konstytucja Konfederacji
b.w. (bitte wenden) proszę odwrócić
Bypass ['baɪpas] M MED przepływ omijający, bypass
Byte [baɪt] N (-[s]; -[s]) bajt
byzan'tinisch bizantyjski, bizantyński
By'zanz N (*unv*) Bizancjum *n* (*unv*)
bzw. → beziehungsweise

C

ca. (circa) około, circa
Cabrio ['ka:-], **Cabriolet** [-'le:] N (-s; -s) kabriolet
Cache [kæʃ] M (*unv*) EDV pamięć podręczna
Café [ka'fe:] N (-s; -s) kawiarnia
Cafete'ria [ka-] F (-; -s) kafeteria
Call|boy ['kɔ:lbɔy] M (-s; -s) chłopak na telefon; **~girl** [-gə:l] N (-s; -s) call girl, panienka na telefon
Camcorder ['kamkɔr-] M kamera wideo
Camembert ['kaməmbe:r] M (-s; -s) camembert, kamamber
Camp [kɛmp] N (-s; -s) obóz
Campagne → Kampagne
campen ['kɛm-] V/I kempingować
Camper ['kɛm-] M, **~in** F *umg* kempingowiec (*a. f*)
Camping ['kɛm-] N (-s; *bpl*) kempingowanie, obozowanie; **~ausrüstung** F sprzęt kempingowy; **~beutel** M torba turystyczna; **~bus** M samochód kempingowy; **~führer** M przewodnik dla obozujących na kempingach; **~liege** F leżanka turystyczna; **~platz** M kemping
Campus ['kam-] M (-; -) miasteczko uniwersyteckie, campus
Caravan ['ka-] M (-s; -s) (*Wohnanhänger*) przyczepa kempingowa; (*Campingbus*) samochód kempingowy, caravan; **~er** M karawaningowiec
Cartoon [kar'tu:n] M *od* N (-[s]; -s) karykatura
CD [tse'de:] F (-; -s) CD, płyta kompaktowa, *umg* kompakt; **~-Player** [-pleɪər] M odtwarzacz płyt kompaktowych; **~-ROM-Laufwerk** N czytnik CD-ROM; **~-Spieler** M → CD-Player
CDU [tsədə'u:] F (-; *bpl*) (Christlich-Demokratische Union) Unia Chrześcijańsko-Demokratyczna
CD-Wechsler M zmieniacz płyt CD
Cellist [tʃɛ'list] M (-en) wiolonczelista *m*; **~in** F wiolonczelistka
Cello ['tʃɛlo] N (-s; -s *od Celli*) wiolonczela

Cellulitis → Zellulitis
Celsius ['tsɛlzius] *(unv)*: **5 Grad ~** pięć stopni Celsjusza
Cent [tsɛnt] M (-[s]; -[s]) cent; **2, 4 ~** dwa, cztery centy; **5 ~** pięć centów
ceylo'nesisch [tsailɔ-] cejloński
Cha'mäleon [ka-] N (-s; -s) kameleon *(a. fig)*
Champagner [ʃam'panjər] M szampan; **~laune** F szampański nastrój
Champignon ['ʃampɪnjɔn] M (-s; -s) pieczarka; **~zucht** F uprawa pieczarek
Champions League ['tʃɛmpiəns li:g] F *(bpl)* Liga Mistrzów
Chance ['ʃa:s(ə)] F szansa; **e-e ~ verpassen** zaprzepaścić *pf* szansę
Chancengleichheit ['ʃa:sən-] F równość *f* szans
Chanson [ʃa:'so:] N (-s; -s) piosenka (kabaretowa)
Chaos ['ka-] M (-; *bpl*) chaos
Chaot [ka'o:t] M (-en) *(Randalierer)* rozrabiacz, warchoł; *(unordentlicher Mensch)* chaotyczny typ
cha'otisch [ka-] chaotyczny
Cha'rakter [ka-] M (-s; -'tere) charakter; **~eigenschaft** F cecha charakteru
charakte|ri'sieren [ka-] (-) charakteryzować; *(kennzeichnend sein für j-n, etw) a.* cechować; **~'ristisch** charakterystyczny (**für j-n, etw** dla *gen*)
cha'rakterlos [ka-]: **ein ~er Mensch** człowiek bez charakteru; **~ handeln** postępować ⟨postąpić⟩ jak człowiek bez charakteru
Cha'rakterzug [ka-] M rys charakteru
char'mant [ʃar-] miły (-le); → galant
Charme [ʃarm] M (-s; *bpl*) wdzięk, urok, czar
Charter|flug ['tʃar-] M lot czarterowy, *umg* czarter; **~maschine** F samolot czarterowy
chartern ['tʃar-] (-re) ⟨wy-, za⟩czarterować
Charts [tʃ-] NPL lista przebojów
Chassis [ʃa'si:] N (-; -) AUTO podwozie
Chat [tʃɛt] M czat *m*
Chat|room, **~-Room** ['tʃɛtru:m] M (-s; -s) *im Internet* czat-room, kawiarenka
chatten ['tʃɛtn] (-e) rozmawiać na czacie
Chauvi ['ʃo:vi] *umg abw* M macho *m*; **~'nismus** M (-; *bpl*) szowinizm; *männlicher* machismo *unv*
chauvi'nistisch [ʃo-] szowinistyczny
checken ['tʃɛkən] TECH ⟨s⟩kontrolować; *umg (kapieren)* skapować (się) *pf*
Check|liste ['tʃɛk-] F lista kontrolna; **~-up** [-ap] M *od* N (-s; -s) MED gruntowne badanie profilaktyczne
Chef [ʃɛf] M (-s; -s) szef; **~arzt** M lekarz naczelny; **~in** F *umg* szefowa; **~redakteur** M redaktor naczelny
Chefsache [ʃɛf-] F *(bpl)*: **etw zur ~ machen** zostawi(a)ć do decyzji szefa *(akk)*
Chef|sekretärin [ʃɛf-] F sekretarka szefa; **~visite** F wizyta lekarza naczelnego
Che'mie [çe'mi:] F *(bpl)* chemia; *fig* **die ~ muss stimmen** musi zadziałać chemia; **~faser** F włókno syntetyczne
Chemi|'kalien [çe-] FPL chemikalia *pl*; **'~ker(in)** M(F) chemik (-miczka)
chemisch ['çe-] chemiczny
Chemothera'pie [çe-] F chemioterapia
Chicorée ['ʃikore] M (-s; *bpl*) *od* F (-; *bpl*) cykoria (sałatowa)
Chiffre ['ʃɪfrə] F (-; -n) szyfr
chiff'riert [ʃɪf-] ADJ (za)szyfrowany
Chile ['tʃi:le *od* 'çi:le] N (-s; *bpl*) Chile *unv*
chi'lenisch [tʃi- *od* çi-] chilijski
Chilischote ['tʃi:li-] F papryczka chili
China ['çi:na] N (-s; *bpl*) Chiny *pl*
Chi'märe → Schimäre
Chinakohl ['çi-] M kapusta pekińska
Chi'ne|se [çi-] M (-n) Chińczyk; **~sin** F Chinka
chi'nesisch [çi-] chiński (po -ku)
Chi'nin [çi-] N (-s; *bpl*) chinina
Chip [tʃɪp] M (-s; -s) *(Spielmarke)* szton; *in der Elektronik* chip; **~s** PL KULIN chipsy *mpl*; **~karte** F karta chipowa
Chiro'praktiker M [çi-] kręgarz
Chi'rur|g [çi-] M (-en) chirurg; **~'gie** F chirurgia; **~gin** F chirurg
chi'rurgisch [çi-] chirurgiczny
Chlor [klo:r] N (-s; *bpl*) chlor
chlorfrei ['klo:r-] nie zawierający chloru, bezchlorkowy
Chlorkalk ['klo:r-] M wapno chlorowane, chlorek bielący
Chlorophyll [kloro'fʏl] N (-s; *bpl*) chlorofil
Cholera ['ko:-] F (-; *bpl*) cholera
cholerisch [ko'le:-] choleryczny
Choleste'rin [ço- *od* kolɛste-] N (-s; *bpl*) cholesterol
Chor [ko:r] M (-[e]s; Chöre) chór *(a.* ARCH); *(Verein)* zespół chóralny; **im ~** *(alle*

zusammen) chórem
Choral [ko'ra:l] M (-s; -räle) chorał
Choreogra'|fie, **~phie** [koreogr'fi:, PL '-'fiən] F choreografia
Chor|gesang ['ko:r-] M śpiew chóralny; **~hemd** N *rel* komża
Christ [krɪst] M (-en) chrześcijanin; **~baum** M choinka; **~baumschmuck** M ozdoby *fpl* choinkowe; **~demokrat** M chrześcijański demokrata, chadek
Christen|heit ['krɪstən-] F (-; *bpl*), **~tum** N (-s; *bpl*) chrześcijaństwo
Christin ['krɪstɪn] F chrześcijanka
Christkind ['krɪst-] N Dzieciątko Jezus
christlich ['krɪst-] chrześcijański; *präd* po chrześcijańsku
Christmette ['krɪst-] F pasterka
Christus ['krɪstʊs] M *(gen - od -ti, dat - od -to, akk -tum; bpl)* Chrystus; **nach ~** *od* **Christi Geburt** po Chrystusie; **vor Christi (Geburt)** przed Chrystusem
Christusdorn ['krɪstʊs-] M glediczia trójcierniowa
Chrom [kro:m] N (-s; *bpl*) chrom; *in zssgn* chromowy
Chromo'som [k-] N (-s; -e) chromosom
Chronik ['kro:-] F kronika
chronisch ['kro:-] chroniczny
chrono'logisch [k-] chronologiczny
Chrysan'theme [k-] F chryzantema
Chuzpe ['xʊtspə] F (-; *bpl*) *abw* hucpa
Cineast [sine'ast] M (-en) *(begeisterter Kinogänger)* kinoman; **~in** F kinomanka
circa ['tsɪrka] ADV około, circa
Circus → Zirkus
City ['sɪti] F (-; -s) śródmieście, city *n (unv)*
Claqueur [kla'kø:r] M (-s; -e) klakier
clean [kli:n] *sl (nicht mehr drogenabhängig)* odtruty, po odwyku
clever ['k-] bystry, sprytny
Clinch [klɪn(t)ʃ] M (-[e]s; bpl) klincz; *umg fig* **mit j-m im ~ liegen** mieć zatarg z *(inst)*
Clip [k-] M (-s; -s) klips *(a. Schmuck)* → Videoclip
Clique ['klɪkə] F *abw* klika, koteria, *(Freundeskreis) umg* ferajna, paczka
Clou [klu:] *umg* M (-s; -s) clou *n (unv)*, największa atrakcja, gwóźdź *m*
Clown [klaʊn] M (-s; -s) klown, błazen
Club *usw* → Klub *usw*
Coach [koʊtʃ] M (-[s]; -s) trener
Cockpit ['kɔkpɪt] N (-s; -s) LOTN kabina pilota, kokpit; MAR kokpit
Cocktail ['kɔkte:l] M (-[s]; -s) koktajl; **~tomaten** FPL pomidorki *mpl* koktajlowe
Code [kɔd] M (-s; -s) kod
co'dieren (-) ⟨za⟩kodować
Collage [kɔ'la:ʒə] F kolaż
Collie ['kɔli] M (-s; -s) owczarek szkocki
Comeback, **Come-back** [kam'bɛk] N (-s; -s) comeback, powrót (na scenę *usw*)
Comic ['kɔmɪk] M (-s; -s) komiks
Computer [kɔm'pju:tər] M (-s; -) komputer; **~animation** F animacja komputerowa; **~ausdruck** M wydruk komputerowy; **~fachmann** M komputerowiec
computer|gesteuert [kɔm'pju:-] ADJ sterowany komputerowo; **~gestützt** ADJ wspomagany komputerowo
Computer|kriminalität [kɔm'pju:-] F przestępczość *f* komputerowa; **~simulation** F symulacja komputerowa; **~spiel** N gra komputerowa; **~tomografie**, **~tomographie** F tomografia komputerowa; **~virus** N wirus komputerowy
Container [kɔn'te:nər] M kontener; *für Müll* pojemnik; *(Wohncontainer auf dem Bau)* barakowóz
contra → kontra
cool [ku:l] *umg (gelassen)* opanowany; *(super)* czadowny; **bleib ~!** spoko, spoko!
Copilot → Kopilot
Cord [kɔrt] M (-[e]s; -e *od* -s) sztruks, welwet; *in zssgn* sztruksowy, welwetowy
Cornflakes ['kɔ:nfleɪks] PL płatki kukurydziane
Corps → Korps
Costa Rica ['kɔsta'ri:ka] N (-s; *bpl*) Kostaryka
Cottbus ['kɔtbʊs] N (-; *bpl*) Chocieburz
Couch [kaʊtʃ] F (-; -s *od* -en) tapczan; **~garnitur** F zestaw wypoczynkowy; **~tisch** M stół gabinetowy
Countdown, **Count-down** ['kaʊnt'daʊn] M *od* N (-[s]; -s) odliczanie (czasu)
Coup [ku:] M (-s; -s) śmiałe przedsięwzięcie; zręczny manewr
Coupon [ku'po:, -'pɔŋ] M (-s; -s) kupon, odcinek
Courage [ku'ra:ʒə] F (-; *bpl*) odwaga
Cousin [ku'zɛ:] M (-s; -s) kuzyn
Cousine [ku'zi:nə] F kuzynka
Couturier [kutu'rje:] M (-s;-s) projektant *od* twórca *m* mody (damskiej)
Cover ['kave] M (-s; -[s]) okładka (pisma

ilustrowanego); **~girl** N modelka z okładki, cover girl f
Cowboy ['kaʊbɔy] M (-s; -s) kowboj; *in zssgn* kowbojski
Cracker(s) ['krɛ-] PL krakersy *mpl*
Crash [kræʃ] M (-s; -s) kraksa, zderzenie; EKON krach
Creme [kre:m] F (-; -s *od* -n) krem; *fig* (*bpl*) śmietanka
cremefarben [kre:m-] kremowy
Crème fraîche [krɛm'frɛʃ] F (-; -) śmietana kremówka
Creutzfeldt-Jakob-Krankheit ['k-] F (*bpl*) choroba Creutzfeldta i Jacoba
Crew [kru:] F (-; -s) załoga; drużyna
CSU [tsɛɛs'u:] F (Christlich-Soziale Union) Unia Chrześcijańsko-Społeczna
Cup [kap] M (-s; -s) SPORT puchar; *e-s BH* miseczka
Curry ['ksri] N *od* M (-s; -s) curry *n* (*unv*); **~wurst** F kiełbaska na gorąco z sosem curry
Cursor ['ksrsər] M (-s; -/-s) kursor
Cutter ['katər] M montażysta *m*; **~in** F montażystka
CVP [tsɛfaʊ'pe:] F *szwajc* (Christlichdemokratische Volkspartei) Chrześcijańsko-Demokratyczna Partia Ludowa
Cyberspace ['saıbərspe:s] M (-; -s) cyberprzestrzeń *f*

D

D (Deutschland) Niemcy *pl*
da ADV (*dort*) tam; (*hier*) tu, oto; *zeitlich* wtedy, wówczas; (*in diesem Fall*) w tym wypadku, w takim razie; (*unter diesen Umständen*) wobec tego, tu; *konj* (*weil*) ponieważ, skoro; (*als*) gdy; **~ und ~** tam a tam; **~ und dort** tu i tam; **~ vorn** tam z przodu *od* na przodzie; **~ doch, ~ nun** skoro jednak; **~ sein** być (tu, tam); (*existieren*) istnieć; (*bei Bewusstsein, wach sein*) przyjść do siebie, oprzytomnieć; *Zeitpunkt* nastąpić, nadejść; **von ~ an** odtąd; **es ist kein Brot ~** chleba nie ma; **ist jemand ~?** jest tu ktoś?; **es war niemand ~** (tam) nie było nikogo; **er war ~** on tam był; **~ sind wir** oto jesteśmy; **ich bin gleich wieder ~** zaraz wrócę; **wer ~?** kto tam?; **~ kann man nichts machen** na to się nic nie poradzi
da'bei [*a.* 'da-] ADV *räumlich* obok; **nahe ~** tuż obok; (*bei diesem, zudem*) przy tym; (*überdies*) nadto; **~ sein** (*beteiligt sein*) brać udział; *zeitlich* **(gerade) ~ sein** *etw zu tun* (właśnie) zabierać się do (*gen des Verbalsubstantivs*); **ich bin schon ~** (*ich tue es*) już to robię; **was ist schon ~?** cóż w tym złego?; **er bleibt ~** (*bei s-r Meinung*) on pozostaje przy swoim
da'bei|bleiben V/I (*irr; sn*) (po)zostać *pf* (**bis zum Schluss** do końca); kontynuować; **~haben** *umg* (*irr*) mieć przy sobie; **~sitzen** V/I (*irr*) siedzieć obok; **~stehen** V/I (*irr*) stać obok
dableiben (*irr; sn*) zosta(wa)ć
Dach N (-[e]s; Dächer) dach; **kein ~ über dem Kopf haben** nie mieć dachu nad głową; *fig* **die Sache unter ~ und Fach bringen** załatwić *pf* sprawę; *umg* **eins aufs ~ kriegen** dostać *pf* w łeb
Dach|boden M strych, poddasze; **~decker** M dekarz; **~fenster** N okno dachowe; **~garten** M ogród na dachu; **~gepäckträger** M bagażnik dachowy; **~geschoss** N poddasze; **~kammer** F facjat(k)a; **~luke** F właz dachowy, dymnik; **~pappe** F papa dachowa; **~rinne** F rynna
Dachs M (-es; -e) borsuk
Dachschaden M: *pop* **du hast wohl einen ~!** chyba nie masz piątej klepki!
Dachstuhl M więźba dachowa
dachte, dächte → denken
Dach|terrasse F taras na dachu; **~wohnung** F mieszkanie na poddaszu
Dachziegel M dachówka
Dackel M jamnik
dadurch ADV *räumlich* (tędy) przez ten (tę, to, te); *Mittel, Grund usw* przez to, w ten sposób; **~, dass** przez to, że
dafür ADV *sprechen, abstimmen* za tym; *bekommen, bezahlen* za to; *verwenden* na to; *sorgen* o to; **~ kann er nichts** to nie (jest) jego wina
dafürkönnen (*irr*): **sie kann nichts dafür** to nie jej wina
dagegen ADV *sich wehren usw* przeciw(ko)

temu; *im Vergleich* w porównaniu z tym; (*jedoch*) zaś; **er ~ ...** on zaś ...; **ich war ~** ja byłem temu przeciwny; **hast du etwas ~, dass ...** czy masz coś przeciw temu, że ...; **~ kann man nichts tun** na to nie ma rady
da'gegenhalten (*irr*) (*einwenden*) odrzec *pf* na to; **er hielt dagegen, dass** odparł na to, że
dahaben *umg* (*irr*) mieć (na składzie, u siebie, w domu *usw*)
da'heim ADV w domu; **von ~** z domu
daher ADV (*von dort*) stamtąd; (*durch diesen Umstand*) stąd; (*deshalb*) dlatego (też), toteż; **... kommt ~, dass ...** powodem (*gen*) jest to, że ...
da'hergelaufen ADJ *abw* przybłąkany
da'herreden V/I *abw* pleść, wygadywać (**dumm** trzy po trzy)
dahin ADV tam; **auf dem Weg ~** po drodze tam; **bis ~** do tego miejsca; *zeitlich* **bis ~** do tego czasu, do tej chwili; (*in diesem Sinne*) w tym sensie; **~ sein** (*vergangen*) (prze)minąć *pf*; **das Geld ist ~** pieniądze przepadły; **~'ab** ADV (tam)tędy w dół; **~'auf** ADV (tam)tędy na górę; **~'aus** ADV (tam)tędy; **'~'gegen** ADV *lit* natomiast
da'hingehen *lit* V/I (*irr; sn*) (*vergehen*) przemijać ⟨-minąć⟩; (*sterben*) odchodzić ⟨odejść⟩ (z tego świata)
da'hingestellt ADV: **es bleibt ~, ob ...** jeszcze nie jest pewne, czy ...; **~ sein lassen** pozostawić (kwestię) na boku
da'hinschleppen: V/R **sich ~** *fig* ciągnąć się, *umg* ślimaczyć się
da'hinten ADV tam w tyle, (tam) z tyłu
da'hinter ADV (*wo?*) za tym(i), za tą; (*wohin?*) za te(n), za tę; **~kommen** (*irr; sn*): *umg* **man kam dahinter, dass er ...** wykryto, że on ...; **~stecken**: *umg* **da steckt etwas dahinter** za tym coś się kryje; **sie steckt dahinter** ona jest inicjatorką tego; **was, wer steckt dahinter?** co, kto się za tym kryje?
Dahlie [-liə] F dalia, georginia
dalassen *umg* (*irr*) pozostawi(a)ć
damalig ówczesny, niegdysiejszy
damals ADV wtedy, wówczas
Da'maskus N (-; *bpl*) Damaszek
Da'mast M (-[e]s; -e) adamaszek
Dame F pani (**des Hauses** domu); dama (*a. Karte*); *Schachfigur* hetman, dama; **junge ~** panienka; **~ spielen** grać w warcaby; **meine ~n** szanowne panie; *Hinweis* (**für**) **~n** dla kobiet
Damenbegleitung F: **in ~** w towarzystwie kobiet(y)
Damen|binde F podpaska (higieniczna); **~friseur** M fryzjer damski
damenhaft *präd* jak przystoi damie; **~ aussehen** wyglądać kobieco
Damen|jacke F żakiet; **~rad** N rower damski, *umg* damka
Damenwahl F (*bpl*) biały taniec
Dame|spiel N (gra w) warcaby *fpl*; **~stein** M pionek
Damhirsch M daniel
damit ADV z tym, z tą; (*mithin*) tym samym; przez to; **was soll man ~ tun?** co z tym (fantem) zrobić?; **was willst du ~ sagen?** co chcesz przez to powiedzieć?; *umg* **her ~!** dawaj (to) tu!; *konj* [da'mɪt] aby, ażeby (**nicht** nie)
dämlich *umg* durny, (przy)głupi (-pio)
Damm M (-[e]s; Dämme) nasyp (*a.* KOLEJ), wał; (*Staudamm*) tama, zapora; *reg* (*Fahrbahn*) jezdnia; ANAT krocze; *umg* **nicht auf dem ~ sein** niedomagać; *umg* **wieder auf dem ~ sein** wygrzebać się *pf* (z choroby); **~bruch** M przerwanie tamy
Dämmerlicht N (*bpl*) brzask
dämmern (-*re*): *unpers* **es dämmert** *morgens* świta; *abends* zmierzcha się; **der Abend dämmert** zapada zmrok; *umg fig* **jetzt dämmert es ihm** teraz świta mu (w głowie)
Dämmerung F (*bpl*) *morgens* świt; *abends* zmierzch, zmrok; **in der ~** o świcie; o zmierzchu, o zmroku
dä'monisch demoniczny
Dampf M (-[e]s; Dämpfe) para; CHEM, METEO *mst* PL **Dämpfe** opary *mpl*; *umg fig* **~ ablassen** ulżyć *pf* sobie; *umg* **j-m ~ machen** wziąć *pf* k-o do galopu; *umg* **~ drauf haben** (*fahren*) pędzić pełną parą; *umg* **~ hinter etw machen** forsować (*akk*); **~bad** N łaźnia parowa, *umg* parówka; **~druck** M ciśnienie pary
dampfen V/I parować, dymić (się)
dämpfen *Stöße* amortyzować; *Licht, Lärm* tłumić, przytłumi(a)ć; *Freude usw* ostudzać ⟨-dzić⟩; KULIN gotować na parze; **mit gedämpfter Stimme** przytłumionym głosem
Dampfer M parowiec, statek parowy
Dämpfer M TECH, MUS tłumik; *umg fig* **e-n ~ bekommen** dostać *pf* po nosie

D

Dampf|heizung F ogrzewanie parowe; **~kessel** M kocioł parowy; **~lok** F parowóz; **~nudeln** FPL kluski drożdżowe gotowane na parze; pampuchy; **~turbine** F turbina parowa
Dämpfung F tłumienie; *fig* osłabienie
Dampfwolke F kłąb pary
Damwild N *koll* daniele *mpl*
danach ADV *zeitlich* potem; (*hierauf*) po czym; *räumlich* za nim(i), za nią; **sich ~ richten** stosować się do tego; **~ fragen** pytać o to; **es sieht (nicht) ~ aus** (nie) wygląda na to
Däne M (*-n*) Duńczyk
da'neben ADV (**dicht** tuż) obok; (*außerdem*) prócz tego, a nadto
da'nebenbenehmen *umg* (*irr; -*): V/R **sich ~** popełnić *pf* gafę
da'neben|gehen V/I (*irr; sn*) *Schuss, Schlag* chybi(a)ć celu; *umg fig* nie udać się *pf*, nie wypalić *pf*; **~schießen** V/I (*irr*) ⟨s⟩pudłować
Dänemark N (*-s; bpl*) Dania
Dänin F Dunka
dänisch duński (po -ku)
dank PRÄP (*gen, dat*) dzięki (*dat*)
Dank M (-[*e*]s; bpl) podziękowanie, dzięki *pl*; **j-m ~ sagen** składać ⟨złożyć⟩ podziękowanie (*dat*); **herzlichen ~** serdeczne dzięki; **vielen ~** stokrotne dzięki; **Gott sei ~!** dzięki Bogu!
dankbar wdzięczny (**für** *akk* za *akk*); **sich ~ erweisen** odwdzięczać ⟨-czyć⟩ się
Dankbarkeit F (*bpl*) wdzięczność *f*
danke INT **~!** dziękuję!; **~ schön** dziękuję uprzejmie; **~ sehr** dziękuję bardzo
danken ⟨po⟩dziękować (**für etw** za *akk*); **nichts zu ~!** proszę bardzo!, nie ma za co!; **~d** z podziękowaniem; **~d erhalten** otrzymaliśmy - dziękujemy
Dankeschön N (*-s; bpl*) podziękowanie; *etw* **als ~** w podzięce (**für** za *akk*)
Dank|gottesdienst M nabożeństwo dziękczynne; **~schreiben** N list z podziękowaniem
dann ADV wtedy, wówczas; (*später*) potem, później; **~ und wann** od czasu do czasu; **und was ~?** i co później?; **nur ~, wenn ...** tylko wtedy, gdy ...
Danzig N (*-s; bpl*) Gdańsk
daran ADV *arbeiten* nad *od* przy tym, nad *od* przy nim (nią, nimi); *denken* o tym; *erkennen* po tym; *glauben, zweifeln* w to; *hängen* na tym, na nim (niej, nich); *lehnen, sich stoßen* o to, o niego (nią, nich); *teilnehmen* w tym, w nim (niej, nich); **rieche ~** powąchaj (to, tego); **mir liegt viel ~** bardzo mi na tym zależy; **nahe ~ sein zu ...** omal nie ...; być bliskim (*gen*); **~ wird sich nichts ändern** tu nic się nie zmieni; **man stirbt nicht ~** od tego się nie umiera; → dran
da'rangehen V/I (*irr; sn*) zab(ie)rać się (**zu** ... do *gen des Verbalsubstantivs*)
da'ranmachen: V/R **sich ~** zab(ie)rać się (**zu** ... do *gen des Verbalsubstantivs*)
da'ransetzen V/T: **alles ~, zu ...** starać się wszelkimi sposobami (+ *inf*)
darauf ADV *auf dieser Stelle, Sache usw* na tym, na nim (niej, nich); *auf diese Stelle, Sache usw* na to, na niego (nią, nich); *in diese Richtung* w tym kierunku; (*danach, dann*) potem, następnie; **~ folgend** następny, kolejny; **ein Jahr ~** w rok później; **stolz ~ sein** być dumnym z tego; **ich gebe mein Wort ~** słowo daję; **~ trinken wir!** wypijmy za to!
da'rauffolgend ADJ → darauf
darauf'hin ADV (*infolgedessen, danach*) wskutek tego, po czym; **~ prüfen, ob ...** zbadać pod tym kątem, czy ...
da'raus ADV z tego, z niego (niej, nich); **~ folgt** z tego wynika; **~ wird nichts** z tego nic nie będzie
darbieten (*irr*) V/T *Tanz* przedstawi(a)ć; *Lied* wykon(yw)ać; V/R **sich ~** *Anblick* przedstawi(a)ć się; *Gelegenheit* nastręczać ⟨-czyć⟩ się
Darbietung F przedstawienie; występ
darf, darfst → dürfen
da'rin ADV w tym, w nim, w niej, w nich
darlegen objaśni(a)ć; *Plan usw* przedstawi(a)ć
Darleh(e)n N pożyczka; **ein ~ gewähren** udzielać ⟨-lić⟩ pożyczki
Darm M (-[*e*]s; Därme) jelito, *umg* kiszka; **~infektion** F zakażenie jelit(owe)
Darreichungsform F MED sposób stosowania (leku)
darstellen V/T (*schildern, wiedergeben im Bild usw*) przedstawi(a)ć (*v/r* **sich** się); *Rolle* wykon(yw)ać, odtwarzać ⟨odtworzyć⟩; **~de Kunst** sztuki *fpl* wizualne; (*Malerei usw*) sztuki plastyczne
Darstell|er(in) M(F) TEATR wykonawca *m* (-czyni); **~ung** F (*Wiedergabe im Bild usw*)

przedstawienie; *(Beschreibung)* opis; TEATR wykonanie, odtworzenie

darüber ADV *über etw liegen, stehen od legen, stellen* nad tym, nad nim (nią, nimi); *sprechen, schreiben, denken* o tym, o nim (niej, nich); *klettern* przez to, przez niego (nią, nie); *anziehen* na to, na niego (nią, nie); *sich ärgern* o to, z tego powodu; **~ hinaus** ponadto, co więcej; ... **und ~** ... i więcej, i powyżej; **~ lachen** śmiać się z tego; **~ einig sein** zgadzać się w tym punkcie

darum ADV *räumlich* wokół (tego); *(deshalb)* dlatego; *(um diese Sache)* o to; **es geht (nicht) ~** (nie) o to chodzi; **ich bitte ~!** proszę o to!

darunter ADV *unter etw liegen, stehen* pod tym, pod nim (nią, nimi); **eine Etage ~** piętro niżej; *unter etw schieben, stellen* pod to, pod niego (nią, nie); *(in dieser Menge)* w tej liczbie, w tym; ... **und ~** i poniżej, i mniej; **~ gehen** obniżyć *pf* (**mit dem Preis** cenę); **~ leiden** cierpieć z tego powodu; **~ verstehen** przez to rozumieć; → drunter

das **A** ART SG N *(gen des, akk das, dat dem) wird nicht übersetzt, z.B.* **~ Ei** jajko, **des Eis** jajka, **dem Ei** jajku **B** PRON DEM *(gen des)* to, *gen* tego **C** *subst (gen dessen)* to, *gen* tego; **~ hier** to tu; **~ hat noch gefehlt!** tego jeszcze brakowało!; IV *pron rel (gen dessen)* który, która, które, co; **ein Buch, ~ man schon gelesen hat** książka, którą się już przeczytało

dasein → da

Da|sein N *(-s; bpl)* byt, istnienie, egzystencja; **~seinsberechtigung** F *(bpl)* racja bytu

dasjenige PRON DEM to; **~, das** to, które

dass *konj* że; *wenn im Hauptsatz Befehl, Verbot, Bitte, Bedauern usw ausgedrückt wird* aby, żeby; **als ~, auf ~** ażeby; **es sei denn, ~** chyba że; **so ~** → sodass

das'selbe PRON DEM to samo

dastehen V/I *(irr; reg sn)* stać; *fig (sich befinden)* znajdować się, być; *fig umg* **wie stehe ich jetzt da!** ładnie teraz wyglądam!

Da'tei F EDV zbiór (danych), plik

Daten NPL → Datum; *(Angaben)* dane *pl*; **~autobahn** F infostrada; **~bank** F baza danych; **~fernübertragung** F transmisja danych;; **~handel** M handel danymi osobowymi; **~missbrauch** M nadużycie danych komputerowych

Datenschutz M ochrona danych komputerowych (osobowych); **~gesetz** N ustawa o ochronie danych osobowych

Datenträger M nośnik danych

Datenverarbeitung F *(bpl)* przetwarzanie danych

da'tieren (-) V/T datować; V/I datować się (**aus ... z ...**); **der Brief datiert vom 2. Mai** list datowany (jest) drugiego maja

Dativ M *(-s; -e)* celownik; **~objekt** N GRAM dopełnienie dalsze

Dattel F *(-; -n)* daktyl; **~palme** F palma daktylowa, daktylowiec

Datum N *(-s; -ten)* data; **welches ~ haben wir heute?** którego dziś mamy?; **neueren ~s** świeżej daty

Datum(s)stempel M datownik; *(Abdruck)* odbicie stempla z datą

Dauer F *(bpl)* czas (trwania), okres; *(Fortbestehen)* trwanie; **auf ~** *(auf lange)* na dłuższą metę; *(für immer)* na stałe; *(mit der Zeit)* z czasem; **für die ~ von ...** na okres *(gen)*; *etw* **ist von kurzer ~** ... nie potrwa długo

Dauer|arbeitslosigkeit F długotrwałe bezrobocie; **~auftrag** M FIN zlecenie stałe; **~beschäftigung** F zatrudnienie na stałe; **~betrieb** M ruch ciągły, praca nieprzerwana

dauerhaft trwały (-le)

Dauer|karte F karta abonamentowa, abonament; **~lauf** M bieg długi

dauern V/I *(-re)* ⟨po⟩trwać; *(sich hinziehen)* przeciągać ⟨-gnąć⟩ się; **es wird lange ~** to potrwa długo

dauernd ADJ ciągły (-le), stały (-le); *(ständig)* ustawiczny; ADV *a.* wciąż

Dauer|nutzung F stałe użytkowanie; **~regen** M deszcz ciągły; **~stellung** F stałe zajęcie, posada; **~thema** N temat dyżurny; **~welle** F trwała ondulacja, *umg* trwała; **~wurst** F kiełbasa podsuszana

Dauerzustand M stan trwały; *etw* **darf nicht zum ~ werden** ... nie może trwać wiecznie

Daumen M kciuk; *umg* **über den ~ gepeilt** na oko; *umg* **ich drücke dir die ~** trzymam kciuki za ciebie

Daunen|bett N pierzyna puchowa; **~decke** F kołdra puchowa

David(s)stern M gwiazda Dawida

davon ADV *entfernt sn, abgehen von etw, durch etw* od tego, od niego (niej, nich);

D

von etw als Teil z tego; *wissen, reden über etw* o tym, o nim (niej, nich); **die Hälfte ~** połowę tego; **das kommt ~, dass** to wynika z tego, że; **was habe ich ~?** (i) co ja z tego mam?; **~ ist nicht die Rede** nie chodzi wcale o to

da'vonkommen V/I (*irr; sn*) wychodzić ⟨wyjść⟩ cało z opresji; **mit dem Leben ~** ujść *pf* z życiem; → Schrecken

da'vonlaufen V/I (*irr; sn*) (*flüchten*) uciekać ⟨uciec⟩ (**j-m** przed *inst*)

da'vonmachen *umg*: V/R **sich ~** wymykać ⟨wymknąć⟩ się (niepostrzeżenie)

da'vonstehlen *lit*: V/R **sich ~** wymykać ⟨wymknąć⟩ się (niepostrzeżenie)

da'vontragen *lit* (*irr*) *fig Sieg, Schaden, Wunden* odnosić ⟨-nieść⟩

davor ADV (*vor diesem, a. zeitlich*) przed tym, przed nim (nią, nimi); (*vor dieses*) przed ten *od* to, przed niego (nią, nich); **er hat ~ Angst** on się tego boi

dazu ADV (*hinzu, zu diesem Zweck*) do tego, na to; (*überdies*) prócz tego; **~ reicht die Zeit nicht** na to zabraknie czasu; **was sagst du ~?** co ty na to?; **wie komme ich ~, das zu tun?** z jakiej racji mam to robić?; **~ wird es nicht kommen** do tego nie dojdzie; **noch ~** w dodatku

da'zugehören V/I (*pperf dazugehört*) należeć do tego *od* do (*gen*), wchodzić w skład (*gen*); **dazu gehört noch ...** do kompletu brakuje jeszcze (*gen*); **dazu gehört Mut** na to trzeba odwagi

da'zukommen V/I (*irr; sn*) nadchodzić ⟨nadejść⟩; (*hinzukommen*) dołączać; **was kommt noch dazu?** co jeszcze?; *fig* **dazu kommt, dass ...** do tego trzeba dodać, że ...

da'zulernen V/T: **etwas ~** nauczyć się *pf* czegoś nowego

dazumal ADV *żart*: **anno ~** za dawnych czasów

da'zu|rechnen doliczać ⟨-czyć⟩ (do tego); **~tun** *umg* (*irr*) doda(wa)ć

Da'zutun N: **ohne sein ~** bez jego pomocy *od* udziału

da'zwischen ADV (*zwischen diesen, a. zeitlich*) między tymi *od* nimi; (*zwischen diese*) między te *od* nie

da'zwischenfunken *umg*: **j-m ~** wchodzić ⟨wejść⟩ k-u w paradę

da'zwischen|kommen V/I (*irr; sn*) (*in die Quere kommen*) przeszkadzać ⟨-szkodzić⟩; **wenn nichts dazwischenkommt** jeśli nic nie stanie na przeszkodzie; **~reden** V/I wtrącać ⟨-cić⟩ się; **~treten** V/I (*irr; sn*) interweniować

DB F (Deutsche Bahn) Niemieckie Koleje

DDR F HIST (Deutsche Demokratische Republik) Niemiecka Republika Demokratyczna, NRD

Deal [di:l] *sl* M (*-s; -s*) interes

dealen ['di:lən] *sl* V/I handlować narkotykami

Dealer ['di:lər] M *sl* diler, dealer

De'bakel N klęska, krach, fiasko

De'batte F debata; **nicht zur ~ stehen** nie podlegać dyskusji

debat'tieren V/T u. V/I (-) debatować (**über** *akk* nad *inst*)

Debüt [de'by:] N (*-s; -s*) debiut

debü'tieren (-) ⟨za⟩debiutować

De'chant M (*-en*) *rel* dziekan

Deck N (*-s; -s*) MAR pokład; **an ~, auf ~** na pokładzie

Deckadresse F adres konspiracyjny

Deckchen N serwetka

Decke F (*Bettdecke*) kołdra; (*Tischdecke*) serweta, obrus; BUD sufit, pułap, strop; **an der ~** u sufitu; *umg* **unter e-r ~ stecken (mit)** być w zmowie (z *inst*); **vor Freude an die ~ springen** nie posiadać się z radości

Deckel M przykryw(k)a, dekiel; *e-s Buchs* okładka; *e-r Kiste* wieko

decken V/T *Dach* ⟨po⟩kryć; *Bedarf, Kosten usw* pokry(wa)ć (*a. v/r* **sich mit** się z *inst*); *fig j-n* osłaniać ⟨osłonić⟩ (*a. Schach*), kryć; SPORT, AGR kryć; **Tannenzweige über die Rosen ~** okryć róże gałązkami jodły; **den Tisch ~** nakry(wa)ć do stołu; V/I *Farbe* kryć

Decken|beleuchtung F oświetlenie sufitowe; **~gemälde** N plafon; **~lampe** F, **~leuchte** F plafoniera

Deckfarbe F farba kryjąca

Deckmantel M *fig*: **unter dem ~** (*gen*) pod płaszczykiem (*gen*)

Deckname M pseudonim, kryptonim

Deckung F (*Schutz*) ukrycie, osłona; (*das Decken*) osłanianie; pokrywanie; pokrycie (*a.* FIN, EKON); SPORT, AGR krycie; MIL, *Schach* osłona; **~ suchen, in ~ gehen** szukać ukrycia

deckungsgleich pokrywający się; MAT przystający

Decoder [də'ko:dər] M dekoder

de'fekt uszkodzony, niesprawny

De'fekt M (-[e]s; -e) wada, usterka; *bes* MED defekt
defen'siv defensywny, obronny; **~e Fahrweise** oględna jazda
Defen'sive F defensywa
defi'nieren (-) ⟨z⟩definiować
Definiti'on F definicja
defini'tiv definitywny, ostateczny
Defizit N (-s; -e) deficyt
defizi'tär deficytowy (-wo)
defor'mieren (-) ⟨z⟩deformować
deftig *umg Essen* suty; *fig Spaß* rubaszny; *Preis* słony
Degen M szpada
degene'rieren V/I (-; sn) ⟨z⟩degenerować się
Degenfechter(in) M(F) szpadzista *m* (*f*)
degra'dieren (-) ⟨z⟩degradować
dehnbar rozciągliwy; *Begriff* nieścisły
Dehn|bund M *der Hose* elastyczny pasek; **~ung** F rozciąganie, rozciągnięcie
dehnen V/T *Gummi usw* rozciągać ⟨-gnąć⟩ (*v/r* **sich** się); *Laute, Wörter* przeciągać; V/R **sich ~** (*sich recken, sich hinziehen*) przeciągać ⟨-gnąć⟩ się
Deich M (-[e]s; -e) grobla, wał
Deichsel F (-; -n) dyszel
deichseln *umg* (-le) *Sache* załatwi(a)ć
dein PRON *poss* twój, twoja *f*, twoje *od* twe *n*, *pl*, twoi *persf*; *wenn es sich auf e-e Sache bezieht, die dem Subjekt gehört* swój, swoja *f*, swoje *od* swe *n*, *pl*, swoi *persf*; **ist das ~ Rad?** to twój rower?; **nimmst du ~ Rad mit?** czy weźmiesz (ze sobą) swój rower?; *als subst* **die Deinen** twoi (najbliżsi)
deinerseits ADV z tw(oj)ej strony
deinesgleichen PRON (*unv*) taki (takie, tacy) jak ty
deinetwegen ADV (*wegen dir*) przez ciebie; (*dir zuliebe*) dla ciebie
deinige *lit* PRON *poss*: **der, die, das ~, die ~n** → dein
De'kade F dekada
deka'dent dekadencki
Deka'gramm N *austr* dekagram, *umg* deka *n*
De'kan M (-s; -e) dziekan
dekla'mieren V/T *u.* V/I (-) deklamować
Deklarati'on F deklaracja
dekla'rieren (-) ⟨za⟩deklarować
deklas'sieren (-) ⟨z⟩deklasować
Deklinati'on F deklinacja
dekli'nieren (-) GRAM deklinować
Dekolle|té, **~tee** [dekɔl'teː] N (-s; -s) dekolt
dekolletiert [dekɔl'tiːrt] (wy)dekoltowany
Dekontaminati'on F dekontaminacja
De'kor M *u.* N (-s; -s *u* -e) wzór, motyw
Deko|ra'teur(in) M(F) (-s; -e) dekorator(ka); **~rati'on** F dekoracja
dekora'tiv dekoracyjny
deko'rieren (-) ⟨u⟩dekorować; *bes* KULIN *a.* przyb(ie)rać (**mit etw** *inst*)
Delegati'on F delegacja
dele'gieren (-) ⟨wy⟩delegować, oddelegow(yw)ać (**in** *akk*, **zu** do *gen*, na *akk*)
Dele'gierte F delegatka; **~(r)** M (-n) delegat; **die ~n** delegaci
Del'fin M (-s; -e) ZOOL delfin
deli'kat delikatny (*a. heikel*); (*fein*) *a.* subtelny; (*köstlich*) pyszny, wyszukany
Delika'tesse F przysmak; **~n** PL *a.* delikatesy *mpl*, delicje *fpl*
Delika'tessengeschäft N sklep z delikatesami, delikatesy *pl*
De'likt N (-[e]s; -e) przestępstwo
Delin'quent M (-en) delikwent; **~in** F delikwentka
Delle F wgłębienie, wgniecenie
Del'phin M → Delfin
Delta N (-s; -s *u* -ten) delta
dem *dat* SG → der[1], *das*[1]
dema'gogisch demagogiczny
Demarkati'onslinie F linia demarkacyjna
demas'kieren (-) V/T ⟨z⟩demaskować (*v/r* **sich** się; **als** jako)
demen'tieren (-) ⟨z⟩dementować
dementsprechend ADJ odpowiedni, *präd* odpowiednio (do tego); **~ handeln** postąpić odpowiednio
'demgegen'über ADV natomiast, z drugiej strony
'demge'mäß ADV stosownie do tego
Demissi'on F dymisja
'dem'nach ADV (*folglich*) (a) zatem
'dem'nächst ADV niebawem
Demo *umg* F (-s; -s) wiec, masówka; *mit Ausschreitungen pop* zadyma
demo'gra|fisch, **~phisch** demograficzny
Demo'krat M (-en) demokrata *m*
Demokra'tie [PL -'tiːən] F demokracja
Demo'kratin F demokratka
demo'kratisch demokratyczny

denn

Was willst du denn hier?	A czego ty tu chcesz?
Hast du denn keine Angst?	I ty się nie boisz?
Was hast du denn gemacht?	Coś ty zrobił?
Wie kann man denn so unvorsichtig sein!	Jak można być tak nieostrożnym!

D

demo'lieren (-) ⟨z⟩demolować
Demon|'strant(in) M(F) (*-en*) demonstrant(ka); **~strati'on** F demonstracja
demonstra'tiv demonstracyjny, ostentacyjny; GRAM wskazujący
demons'trieren (-) V/T ⟨za⟩demonstrować; V/I demonstrować, wiecować
Demontage [-'tɑːʒə] F demontaż
demon'tieren (-) ⟨z⟩demontować
demo'skopisch demoskopijny; **~e Untersuchung** badanie opinii publicznej
Demut F (*bpl*) pokora
demütig pokorny; **~en** V/T upokarzać ⟨-korzyć⟩ (*v/r* **sich** się); **~end** upokarzający (-co)
Demütigung F upokorzenie
'demzu'folge ADV wobec tego, zatem
den *akk* SG M → der[1]; *dat* PL M, F, N → die[2]
denen *dat* PL M, N, F → die[2]
Den Haag N (*-s; bpl*) Haga
Denk|anstoß M bodziec myślowy; **~art** F sposób myślenia
denkbar możliwy (do pomyślenia); ADV (*äußerst*) bardzo, najf- (+ *adj od adv*); **~ schlechte Methode** najgorsza metoda; **nicht ~** nie do pomyślenia
denken (*dachte, gedacht*) V/T ⟨po⟩myśleć (*akk*, o *lok*, nad *inst*); **was denkst du?** jak sądzisz?; **ich denke, wir können ...** sądzę, że możemy ...; **wer hätte das gedacht!** kto by pomyślał!; **er dachte, sie sei verreist** on myślał, że ona wyjechała; **e-e gedachte Situation** wyimaginowana sytuacja; **sich** (*dat*) **etw ~** (*vorstellen*) wyobrażać ⟨-brazić⟩ sobie (*akk*); **ich kann es mir schon ~** mogę sobie wyobrazić; **das hätte man sich ~ können!** tego należałoby się spodziewać!; V/I myśleć (**an**, **über** *akk* o *lok*; **an sich** o sobie); (*nachdenken*) myśleć, rozmyślać (**über** *akk* nad *inst*); (*nicht vergessen*) pamiętać (**an** *akk* o *lok*); **j-m zu ~ geben** da(wa)ć k-u do myślenia; **wie ~ Sie darüber?** co pan(i) o tym sądzi?; **schlecht ~ von** (*dat*) źle myśleć o (*inst*); **es war an ... nicht zu ~** ani myśleć o (*lok*); **du wirst noch an mich ~!** ty mnie jeszcze popamiętasz!; **denk daran, dass ...** nie zapomnij o tym, że ...; **ich denk(e) nicht daran!** ani myślę!; *umg* **wo denkst du hin!** ależ skąd!; *umg* **denkste!** guzik (z pętelką)!
Denken N (*-s; bpl*) myślenie
Denker M myśliciel
denkfaul nieskory do myślenia, gnuśny
Denkfehler M błąd w rozumowaniu
Denkmal N (*-s; -mäler od -e*) pomnik; (*Bau-, Kulturdenkmal*) zabytek
Denk|mal(s)schutz M ochrona zabytków; **~pause** F przerwa do namysłu; **~schrift** F memoriał; **~weise** F sposób myślenia
denkwürdig pamiętny
Denkzettel *umg* M: **j-m e-n ~ verpassen** dać *pf* k-u nauczkę
denn *konj* bo(wiem), ponieważ; *lit* (*als*) niż; **mehr ~ je** więcej niż kiedykolwiek; *partikel* więc, -ż, *z.B.* **wo ist er ~?** gdzież on jest?, więc gdzie on jest?; ADV **es sei ~, dass** chyba że
dennoch ADV jednak(że), przecież
den'tal zębowy; MED *a.* dentystyczny
Denun|zi'ant(in) M(F) (*-en*) denuncjator(ka); **~ziati'on** F denuncjacja
denun'zieren (-): **j-n ~** ⟨za⟩denuncjować k-o, *umg* kablować na k-o
Deodo'rant N (*-s; -s*) dezodorant
Deospray N dezodorant w sprayu
deplat'ziert ADJ niestosowny, nie na miejscu
Depo'nie [PL -'niːən] F składowisko
depo'nieren (-) ⟨z⟩deponować
Deportati'on F deportacja, zesłanie
deportieren (-) deportować
Depot [de'poː] N (*-s; -s*) (*Lager*) magazyn; (*Bus- Bahndepot*) zajezdnia; FIN depozyt
Depp M (*-s; -s*) *reg abw* tępak, niemota
deppert *pł-niem, austr* przygłupi
Depressi'on F depresja
depres'siv depresyjny
depri'miert ADJ zdeprymowany

Depu'tierte F deputowana; **~(r)** M (-*n*) deputowany
der[1] ART SG M (*gen des, dat dem, akk den*) *wird nicht übersetzt, z.B.* **der, den Tag** dzień, **des Tages** dnia, **dem Tag** dniu; PRON DEM (*gen dessen*) (*dieser*) ten, *gen* tego; (*jener*) tamten, *gen* tamtego; *umg* (*statt „er"*) on, *gen* (je)go; PRON *rel* (*gen dessen*) *nom* ten, który, *akk, gen* ten, którego, *dat* ten, któremu
der[2] *gen, dat* SG F → die[1]
der[3] *gen* PL M, F, N → die[2]
der|art ADV do tego stopnia; **'~artig** taki, podobny, tego rodzaju
derb (*haltbar, kräftig*) mocny; (*grob*) gruby; *Witz* dosadny; *Kost* prosty
der'einst *lit* ADV kiedyś
deren PRON *poss* SG F jej; PL M, F, N ich; PRON *rel* SG F której; PL M, F, N których; → die[1] *u.*, die[2]
derentwegen ADV (*ihretwegen*) F SG z jej powodu; *relativ* z powodu której; M, F, N PL z ich powodu; *relativ* z powodu których; (*ihr zuliebe*) dla niej, dla której; (*ihnen zuliebe*) dla nich, dla których
derer PRON DEM *gen* PL M, N, F tych; **~, die ...** tych, które ..., *persf* tych, którzy ...
der'gleichen PRON DEM podobny; **und ~ mehr** i tym podobne; **nichts ~** nic podobnego
derjenige PRON DEM ten; **~, der ...** ten, co ..., ten, kto..., ten, który ...
der|'selbe PRON DEM ten sam; *umg* taki sam; **'~'zeit** ADV obecnie; **'~'zeitig** obecny, aktualny; (*damalig*) ówczesny
des *gen* SG M, N → der[1] *u.*, das[2]
De'saster N katastrofa, niepowodzenie
Deser'teur M (-*s*; -*e*) dezerter
deser'tieren V/I (-, *sn*) ⟨z⟩dezerterować
des'gleichen ADV podobnie, tak samo
deshalb ADV dlatego, z tego powodu
Design [di'zaın] N (-*s*; -*s*) (*Gestaltgebung*) projektowanie wzorów, wzornictwo; stylizacja; (*Muster*) wzór
Desig|ner- [di'zaınər-] *in zssgn* stylowy, w modnym stylu; **~ner(in)** M(F) designer, projektant(ka) (wzorów, mody); (*Modeschöpfer*) kreator(ka) mody, stylista *m* (-tka *f*)
Designer|droge [di'zaınər-] F syntetyczny narkotyk; **~möbel** NPL meble *mpl* od stylisty
desig'nieren (-) desygnować, wyznaczać (**für den Posten** na stanowisko)
Desinfekti'on F dezynfekcja
Desinfekti'onsmittel N środek odkażający
desinfi'zieren (-) ⟨z⟩dezynfekować
Desinteresse N (-*s*; *bpl*) brak zainteresowania (**an etw, j-m** *inst*)
Desktop M (-*s*; -*s*) EDV pulpit
deso'lat opłakany; **im ~en Zustand** w opłakanym stanie
desorgani'sieren (-) ⟨z⟩dezorganizować
desorientiert ADJ zdezorientowany
des'potisch despotyczny
dessen *gen* SG M, N tego, jego; *relativ* którego; → das, der[1]; **Vater und ~ Sohn** ojciec i jego syn; **~ ungeachtet** mimo to, nie bacząc na to
Dessert [dɛ'seːr] N (-*s*; -*s*) deser; **zum ~** na deser; **~wein** M wino deserowe
Destabili'sierung F destabilizacja
destil'liert ADJ destylowany
desto *konj* tym; **je mehr, ~ besser** im więcej, tym lepiej
destruk'tiv destrukcyjny, zgubny
deswegen ADV dlatego, z tego powodu
Detail [dɛ'taj] N (-*s*; -*s*) szczegół; **ins ~ gehen** wdawać się w szczegóły; **bis ins kleinste ~** do najdrobniejszych szczegółów
detailliert [-'jiːrt] szczegółowy (-wo)
Detek'tiv M (-*s*; -*e*) detektyw; **~büro** N agencja detektywistyczna; **~in** F (kobieta) detektyw; **~roman** M powieść detektywistyczna
deto'nieren V/I (-; *sn*) detonować
deuten (-*e*-) V/T ⟨wy⟩tłumaczyć; V/I wskaz(yw)ać (**auf** *akk* na *akk*)
deutlich (*klar, genau, eindeutig*) wyraźny, jasny; (*vernehmlich, nachdrücklich*) dobitny; **j-m etw ~ machen** jasno wytłumaczyć *pf* k-u (*akk*); *fig* **~ werden** postawić *pf* sprawę jasno; **~ schreiben, sprechen** pisać, mówić wyraźnie
Deutlichkeit F (*bpl*) (*Klarheit*) jasność *f*; (*Prägnanz, Schärfe*) dobitność *f*; **in aller ~** bez osłonek, wprost
deutsch niemiecki (po -ku); **~ sprechend** mówiący (-ca) po niemiecku
Deutsch N (-[*s*]; bpl) (język) niemiecki; **auf ~** po niemiecku; **~ lernen** ⟨na⟩uczyć się niemieckiego; **~ sprechen** mówić po niemiecku; **fließend ~ sprechen** władać

biegle niemieckim; *umg* **auf gut ~** bez owijania w bawełnę
Deutschamerikaner M Amerykanin niemieckiego pochodzenia
Deutsche[1] N (*-n; bpl*) (język) niemiecki, niemczyzna; **ins ~ übersetzen** ⟨prze⟩-tłumaczyć na niemiecki
Deutsch|e[2] F Niemka; **~e(r)** M Niemiec; **die Deutschen** Niemcy
Deutsche Bucht F Zatoka Helgolandzka
Deutschland N (*-s; bpl*) Niemcy *pl*; **in ~** w Niemczech
Deutsch|landlied N (*bpl*) hymn (narodowy) Niemiec; **~lehrer(in)** M(F) nauczyciel(ka) (języka) niemieckiego
Deutschschweiz F niemiecki obszar językowy Szwajcarii
deutsch|sprachig niemieckojęzyczny; **~stämmig** niemieckiego pochodzenia
Deutsch|stunde F lekcja (języka) niemieckiego; **~unterricht** M nauczanie *od* nauka języka niemieckiego
Deutung F tłumaczenie, interpretacja
De'visen FPL FIN dewizy *fpl*; **~bestimmungen** FPL przepisy *mpl* dewizowe; **~kurs** M kurs walut(owy)
Devotio'nalienhandlung F sklep z dewocjonaliami
De'zember M grudzień; **im ~** w grudniu; *in zssgn* grudniowy
de'zent subtelny, dyskretny
dezent|'ral zdecentralizowany; **~rali'sieren** (-) ⟨z⟩decentralizować
Dezer'nat N (*-s; -e*) (wy)dział, referat
Dezi'bel N decybel
Dezi'mal|bruch M ułamek dziesiętny; **~system** N (*bpl*) system dziesiętny
Dezimeter M *od* N decymetr
dezi'mieren (-) ⟨z⟩dziesiątkować
DFB M (Deutscher Fußball-Bund) Niemiecki Związek Piłki Nożnej
DFÜ F (Datenfernübertragung) (tele)-transmisja danych
DGB M (Deutscher Gewerkschaftsbund) Zrzeszenie Niemieckich Związków Zawodowych
dgl. → dergleichen
d.h. (das heißt) to znaczy
Di. (Dienstag) wtorek
Dia N (*-s; -s*) przezrocze, slajd
Dia'be|tes M (*-; bpl*) cukrzyca; **~tiker(in)** M(F) chory (-ra) na cukrzycę, *umg* cukrzyk
Diag'nose F diagnoza; MED *a.* rozpoznanie; **e-e ~ stellen** stawiać ⟨postawić⟩ diagnozę; **~programm** N EDV program diagnostyczny
diagnosti'zieren (-) ⟨z⟩diagnozować; MED *a.* rozpozna(wa)ć
diago'nal diagonalny; *präd a.* po przekątnej; → schräg
Diagonale F przekątna
Dia'gramm N (*-s; -e*) wykres
Diako'nie F (*bpl*) akcja charytatywna
Dia'lekt N (-[e]s; -e) narzecze, gwara
dia'lektisch dialektyczny
Dia'log M (-[e]s; -e) dialog
Dia'lyse F dializa; **~gerät** N dializator
Dia'mant M (*-en*) diament; **~-** *in zssgn* diamentowy
diame'tral diametralny; **~ entgegengesetzt sein** różnić się diametralnie
Dia|positiv N przezrocze; **~projektor** M rzutnik do przezroczy
Di'ät F dieta; **~ leben** być na diecie; *umg* **auf ~ setzen** (*akk*) zalecać ⟨-cić⟩ dietę (*dat*)
Di'ätassistentin F dietetyczka
Di'äten FPL (*Bezüge*) diety *fpl*;
Di'ät|fehler M błąd w diecie; **~kost** F, **~küche** F żywność dietetyczna
dich PRON *pers* ciebie, cię; *reflexiv* siebie, się
dicht *Gewebe, Nebel, Verkehr, Wald usw* gęsty (-to); *Fass, Dach* szczelny; (*kompakt*) zwarty (-to); **~ machen** uszczelni(a)ć; **~ besiedelt** gęsto zaludniony; **~ behaart** gęsto owłosiony; **~ gedrängt** stłoczony; ADV **~ an** *od* **bei**, **~ hinter** (*dat*) tuż przy, tuż za (*inst*); *abw* **du bist wohl nicht ganz ~!** hysia dostałeś, czy co?!
dicht|behaart, **~besiedelt** ADJ → dicht
Dichte F gęstość *f* (*a.* FIZ); (*Verkehr*) natężenie; (*inhaltlich*) zwartość *f*
dichten[1] (*-e-*) *Dach* uszczelni(a)ć
dichten[2] (*-e-*) V/T ⟨na⟩pisać (**ein Gedicht** wiersz); *v/i* pis(yw)ać (wiersze)
Dichter M poeta *m*; (*Prosaist*) pisarz; **~fürst** M wieszcz; **~in** F poetka; (*Prosaistin*) pisarka
dichterisch poetycki, twórczy
dichtgedrängt ADJ → dicht
dicht|halten *umg* V/I (*irr*) nie zdradzać ⟨-dzić⟩ (się), nie pisnąć *pf* ani słowa; **~machen** *umg* V/T *u.* V/I zamykać ⟨zamknąć⟩

Dichtung[1] F (*Werk*) utwór poetycki, poemat; (*bpl*) poezja, twórczość poetycka
Dichtung[2] F TECH uszczelka
dick gruby (-bo) (*a. umg fig Person, Fehler, Geschäft*); (*fett*) *a.* opasły; *Rauch, Suppe* gęsty; (*geschwollen*) spuchnięty; **... cm ~** gruby na ... cm; *umg fig Freundschaft* zażyły; **~ machen** *Soße usw* zagęszczać ⟨zagęścić⟩; *umg* **Sahne macht ~** śmietana tuczy; **sich ~ anziehen** ciepło się ub(ie)rać; **~ werden** zgrubieć *pf*; *Person a.* utyć *pf*; *fig* **durch ~ und dünn gehen (mit j-m)** trwać w dobrej i złej doli (przy *inst*)
Dickbauch *umg* M brzuchacz
dickbäuchig *umg* brzuchaty
Dickdarm M jelito grube
dicke *umg* ADV: **~ haben** mieć dość
Dicke[1] F grubość *f*; *von Sirup usw* gęstość *f*
Dicke[2] F grubaska; **~(r)** M (-*n*) grubas
dickfellig *umg abw* gruboskórny
dickflüssig gęsty
Dickhäuter M zwierzę gruboskóre
Dickicht N (-[e]s; -e) gęstwina, gąszcz
Dickkopf *umg* M (*Person*) uparciuch
dickköpfig *umg* uparty
dicklich przygruby, tłustawy
dickmachen → dick
Dickmilch F zsiadłe mleko
di'daktisch dydaktyczny
die[1] ART SG F (*gen, dat der, akk die*) *wird nicht übersetzt, z.B.* **~ Frau** *nom* kobieta, *akk* kobietę, **der Frau** *gen* kobiety, *dat* kobiecie; PRON *dem* (*gen deren*) *nom* ta, *akk* tę *od umg* tą, *gen* tej; **~ da** *nom* tamta, *akk* tamtą, *gen* tamtej; *umg* (*statt „sie"*) ona, *gen* jej; PRON *rel* (*gen deren*) *nom* ta, która, *gen, akk* tę, którą, *dat* tej, której
die[2] ART PL M, F, N (*gen der, dat den, akk die*) *wird nicht übersetzt, z.B.* **~ Briefe** *nom, akk* listy, **der Briefe** listów, **den Briefen** listom; PRON *dem* (*gen deren, dat denen, akk die*) *nom* te, *persf* ci, *akk* te, *persf* tych, *gen* tych, *dat* tym; **~ da** (*gen deren od derer*) *nom* tamte, *persf* tamci, *akk* tamte, *persf* tamtych, *gen* tamtych, *dat* tamtym; *umg* (*statt „sie"* PL) one, *persf* oni, *gen* ich; PRON *rel* (*gen deren, dat denen, akk die*) *nom* te, które ..., *persf* ci, którzy ...; *akk* te, które ..., *persf* tych, którzy ...; *gen* tych, które ..., *persf* tych, którzy...; *dat* tym, które ..., *persf* tym, którzy ...
Dieb M (-[e]s; -e) złodziej
Diebes|bande F szajka złodziejska; **~gut** N (*bpl*) rzeczy ukradzione, łup
Diebin F złodziejka
diebisch ADV: **sich ~ freuen** bardzo się cieszyć (**über** *akk* z *gen*)
Diebstahl M (-[e]s; -stähle) kradzież *f*, złodziejstwo; **~sicherung** F zabezpieczenie antywłamaniowe
diejenige PRON *dem* ta; **~, die** ta, co *od* która; **~n** PL te, ci; **~n, die** te, co *od* które; *persf* ci, co *od* którzy
Diele F bal, dyl; (*Raum*) sień *f*, hol
dienen służyć (**bei** u *gen*, w *lok*; **zu** do *gen*)
Diener M sługa *m* (*a. lit fig*), służący; *umg* (*Verbeugung*) ukłon; **~in** F służąca; *lit fig* służebnica; **~schaft** F (*bpl*) służba
dienlich ADJ *e-r Sache* przydatny, użyteczny (w *lok*)
Dienst M (-[e]s; -e) służba; (*Nachtdienst usw*) dyżur; (*Gefälligkeit*) usługa; **im ~ sein** być na służbie, pełnić służbę; **ich habe jetzt ~** mam teraz dyżur; **... vom ~, ~ habende ...** dyżurny ...; **außer ~** emerytowany; **e-n ~ erweisen** ⟨wy⟩świadczyć przysługę; *umg* **~ am Kunden** serwis
Dienstag M wtorek; *in zssgn* wtorkowy; **am ~** we wtorek
dienstags ADV we wtorki
Dienst|ausweis M legitymacja służbowa; **~bereich** M zakres obowiązków służbowych
dienst|bereit ADJ dyżurny; (*willig*) uczynny; **~eifrig** (nad)gorliwy
dienstfrei wolny od służby; **~ haben** być po służbie
Dienst|geheimnis N tajemnica służbowa; **~grad** M stopień służbowy
diensthabend ADJ dyżurny
Dienstjahre NPL lata służby, staż pracy
Dienstleist|er M usługodawca *m*; **~ung** F świadczenie usług; PL *a.* usługi *fpl*
Dienstleistungs|bereich M sektor usług; **~betrieb** M zakład usługowy
dienstlich służbowy (-wo); → amtlich
Dienst|mädchen N służąca; **~mann** M (PL -*männer*) *austr* bagażowy; **~marke** F odznaka policyjna; **~reise** F podróż służbowa; **~stelle** F instytucja, urząd, placówka; **~stunden** FPL godziny *fpl* urzędowania
diensttauglich zdolny do służby (wojskowej)
Dienst|vorschrift F przepis służbowy; **~wagen** M samochód służbowy

Dienstweg M: **auf dem ~(e)** drogą służbową *od* urzędową
dies → diese; (*das hier*) to, oto; **~ und das** to i owo
diesbezüglich ADJ odnoszący się do tego, odnośny; ADV odnośnie do tego
diese PRON *dem* SG F ta; **~r** SG M ten; **~s** SG N to; PL te, *persf* ci; **~es Jahres** w tym roku; **in ~n Tagen, ~r Tage** w tych dniach
Diesel M (*Motor, Fahrzeug*) diesel; (*Treibstoff*) olej napędowy
dieselbe PRON *dem* ta sama; **~n** PRON *dem* PL te same, *persf* ci sami
Diesel|lok F spalinowóz; **~motor** M silnik Diesla; **~öl** N olej napędowy
dieser, dieses → diese
diesig mglisty (-to)
dies|jährig tegoroczny; **~mal** ADV tym razem; **~seits** PRÄP (*gen*) *od* ADV (**von** *dat*) po tej stronie (*gen*)
Dietrich M (-[e]s; -e) wytrych
diffa'mieren (-) zniesławi(a)ć
Differential → Differenzial
Diffe'renz F różnica; **~en** PL (*Unstimmigkeiten*) kontrowersje *fpl*
Differenzi'al N (-s; -e) TECH dyferencjał, mechanizm różnicowy; **~rechnung** F rachunek różniczkowy
differen'zieren (-) ⟨z⟩różnicować
differen'ziert ADJ zróżnicowany
diffe'rieren *lit* V/I (-) różnić się
dif'fus *Licht* rozproszony
digi'tal cyfrowy; numeryczny
Digi'tal|anzeige F wskaźnik cyfrowy; **~aufzeichnung** F zapis cyfrowy
Digi'tal|fernsehen N telewizja cyfrowa;**~uhr** F zegarek cyfrowy
Dik|'tat N (-[e]s; -e) dyktando; (*bpl*) dyktat; **~'tator** M (-s; -'*toren*) dyktator
Diktata'tur F dyktatura
dikta'torisch dyktatorski (po -ku)
dik'tieren (-) dyktować
Dik'tiergerät N dyktafon
Di'lemma N (-s; -s *od* -*ta*) dylemat
Dilet'tant(in) M(F) (-*en*) dyletant(ka)
dilet'tantisch dyletancki (po -ku)
Dill M (-s; *bpl*) koper; KULIN *a.* koperek
Dillsoße F sos koperkowy
Dimensi'on F wymiar
Diminutiv N (-s; -*e*) GRAM zdrobnienie
Dimmer M płynna regulacja jasności
DIN (Deutsche Industrie Norm) niemiecka norma przemysłowa
Diner N (-s; -s) obiadokolacja
DIN-Format N format według DIN
Ding N (-[e]s; -e) (*Sache*) rzecz *f*; **der Lauf der ~e** bieg spraw; **so wie die ~e (nun einmal) liegen** tak jak się rzeczy mają, w tej sytuacji; **aller guten ~e sind drei** do trzech razy sztuka; *lit* **guter ~e sein** być dobrej myśli; **vor allen ~en** w pierwszym rzędzie; **da ging es nicht mit rechten ~en zu** (*unredlich*) to była nieczysta sprawa; (*merkwürdig*) to były jakieś dziwy; *umg* (PL -*er*) (*Dingsda*) (to) coś, wihajster, gadżet, figiel; (*Mädchen*) **junges ~** dziewuszka; **armes ~** biedactwo; **unschuldiges ~** niewinne stworzenie; *umg* **ein ~ drehen** odstawić *pf* numer; *Raub usw* zrobić *pf* skok; *umg* **das ist ja ein ~!** (a to) ładny gips!
dingfest: **j-n ~ machen** zatrzymać (*akk*)
Dings, ~bums, ~da *umg* M, F (-; *bpl*) *Mann* iksiński, *Frau* iksińska; N (*Sache*) interes, to coś
Dinkel M (-s; *bpl*) orkisz
Dino'saurier M dinozaur
Dioxid N (-s; -*e*) dwutlenek
Dio'xine NPL dioksyny *fpl*
Dioxyd → Dioxid
Diö'zese F diecezja
Dip M (-s; -s) KULIN dip, zimny sos
Diph|therie [dɪfteˈriː] F (*bpl*) błonica, dyfteryt; **~'thong** M (-s; -*e*) dyftong
Dipl.- (Diplom-) → Diplom
Di'plom N (-s; -*e*) dyplom; **~-** *in zssgn* dyplomowany, magister; **~arbeit** F praca dyplomowa
Diplo'ma|t M (-*en*) dyplomata *m*; **~tin** F dyplomatka; **~'tie** F (*bpl*) dyplomacja
diplo'matisch dyplomatyczny
Di'plom|ingenieur M magister inżynier; **~kauffrau** F, **~kaufmann** M magister ekonomii
dir PRON (*dat von* **du**) tobie, ci; *refl* sobie; **erzähle von ~** opowiedz o sobie
di'rekt **A** ADJ bezpośredni; GRAM **~e Rede** mowa niezależna **B** ADV bezpośrednio; (*geradezu, unverblümt*) wprost
Di'rektflug M lot bezpośredni
Direkti'on F dyrekcja; **~s-** *in zssgn* dyrekcyjny
Direk|tor [-ˈrɛk-] M (-s; -'*toren*), **~'torin** F dyrektor(ka *umg*); *in zssgn* dyrektorski
Direk'torium N (-s; -*rien*) zarząd
Di'rekt|übertragung F transmisja bez-

pośrednia; **~zugriff** M EDV dostęp bezpośredni
Diri'gent(in) M(F) (-*en*) dyrygent(ka)
diri'gieren (-) V/T dyrygować (*inst*)
Dirne F ladacznica, nierządnica
Discjockey M dyskdżokej, disc jockey
Disco F (-; -*s*) disco; **~musik** F muzyka disco
Dis|count [-'kaʊnt] M (*Laden*) tani sklep; **~ken** PL → Diskus
Dis'kette F dyskietka, dysk elastyczny
Dis'kettenlaufwerk N napęd dyskietek
Diskjockey → Discjockey
Disko → Disco
Dis'kontsatz M stopa dyskontowa
Disko'thek F dyskoteka
diskredi'tieren (-) ⟨z⟩dyskredytować
Diskre'panz F niezgodność *f*
dis'kret dyskretny
Diskreti'on F dyskrecja
diskrimi'nieren (-) dyskryminować
Diskrimi'nierung F dyskryminacja
Diskus M (-[*ses*]; -ken) SPORT dysk
Diskussi'on F dyskusja; **etw zur ~ stellen** podd(aw)ać pod dyskusję (*akk*); **das steht nicht zur ~** to nie podlega dyskusji
Diskussi'ons|beitrag M artykuł *od* referat dyskusyjny; **~teilnehmer(in)** M(F) dyskutant(ka)
Diskuswerfen N (-*s*; *bpl*) rzut dyskiem
disku'tieren (-) V/T dyskutować (*akk*); V/I **~ über etw** dyskutować nad (*inst*)
Display [-ple:] N (-*s*; -*s*) displej, wyświetlacz
dispo'nieren V/I (-): **über** (*akk*) **~** dysponować (*inst*)
Disposi|ti'on F dyspozycja; **~ti'onskredit** M kredyt dyspozycyjny
disqualifi'zieren (-) ⟨z⟩dyskwalifikować
Dis|qualifi'zierung F dyskwalifikacja; **~sertati'on** F dysertacja; **~si'dent(in)** M(F) (-*en*) dysydent(ka); **~so'nanz** F dysonans; **~'tanz** F dystans
distan'zieren (-): V/R **sich ~ von j-m, etw** (*abrücken*) dystansować się (od *gen*)
Distel F (-; -*n*) oset; **~fink** M szczygieł
Diszi'plin F dyscyplina
diszipli'nar dyscyplinarny
Diszipli'narverfahren N postępowanie dyscyplinarne
diszipli'niert ADJ zdyscyplinowany
Diszi'plinlosigkeit F (*bpl*) brak dyscypliny
dito ADV ditto, to samo, jak wyżej
Diva F (-; -*s od -ven*) diwa
di'verse ADJ PL różne, rozmaite
diversifi'zieren (-) dywersyfikować
Divi'dend M (-*en*) MAT dzielna
Divi'dende F dywidenda
divi'dieren (-) ⟨po⟩dzielić
Divisi'on F MAT dzielenie; MIL dywizja
DJ ['di:dʒe] M (-[*s*]; -*s*) (Diskjockey) dyskdżokej
d.J. (dieses Jahres) tego roku
DJH F (Deutsche Jugendherberge) Niemieckie Schronisko Młodzieżowe
DLRG F (Deutsche Lebens-Rettungs-Gesellschaft) Niemieckie Towarzystwo Ratowania Tonących
DLV M (Deutscher Leichtathletik-Verband) Niemiecki Związek Lekkoatletyczny
DM F (Deutsche Mark) HIST marka niemiecka
DNS F (Desoxyribonukleinsäure) kwas de(z)oksyrybonukleinowy, DNA
Do. (Donnerstag) czwartek
doch *konj* jednak, ale; ADV (*dennoch*) jednak(że); *partikel* przecież; **Sie wissen ~** pan(i) przecież wie; (*verstärkend*) ależ; **~!** ależ tak!; **also ~!** a więc jednak!; **nicht ~!** (ależ) nie!; (*auffordernd*) no -że; **sag ~!** no mówże!; **setzen Sie sich ~** (no) niechże pan(i) usiądzie
Docht M (-[*e*]s; -e) knot
Dock N (-[*e*]s; -s) dok; **~arbeiter** M doker
Dogge F dog
Dogma N (-*s*; -*men*) dogmat
dog'matisch dogmatyczny
Dohle F kawka
Doktor M (-*s*; -'*toren*) doktor (**der Medizin** medycyny); **s-n ~ machen** *od umg* **bauen** ⟨z⟩robić doktorat, doktoryzować się; *umg* **den ~ holen** sprowadzać ⟨-dzić⟩ doktora; **~arbeit** F rozprawa doktorska; **~grad** M stopień *m* doktora
Dok'torin F doktor, *umg* doktorka
Doktorvater M promotor
Dokt'rin F doktryna
doktri'när doktrynalny
Doku'ment N (-[*e*]s; -e) dokument
Dokumen'tar|film M film dokumentalny; **~filmer** M dokumentalista *m*
Dokumentati'on F dokumentacja
dokumen'tieren V/T (-) świadczyć o (*lok*); (*belegen*) ⟨u⟩dokumentować

D

Dolch M (-[e]s; -e) sztylet
Dollar M (-[s]; -s, aber mit Zahlen -) dolar; **~währung** F waluta dolarowa
dolmetschen V/T ‹prze›tłumaczyć; V/I tłumaczyć
Dolmetscher(in) M(F) tłumacz(ka)
Dom M (-[e]s; -e) katedra
Domain [do'me:n] F EDV domena internetowa
Domäne F domena
domesti'ziert ADJ udomowiony
domi|'nant dominujący; **~'nieren** (-) V/I dominować, górować
domini'kanisch dominikański; **Dominikanische Republik** Dominikana
Domino N (-s; -s) domino; **~stein** M kostka (do gry w domino)
Domi'zil N (-s; -e) miejsce zamieszkania, siedziba
Dompfaff M (-en od -s; -en) gil
Domp|'teur M (-s; -e), **~'teuse** F pogromca *m*, pogromczyni zwierząt
Donau F (-; bpl) Dunaj
Dönerke'bab M (-s; -s) kebab
Donner M grzmot, grom
donnern (-re) *umg* V/T (*schleudern*) grzmotnąć *pf*; V/I *Kanonen, Beifall* ‹za›grzmieć; *umg* (*schlagen*) grzmocić, walić (**an** *akk* o, w *akk*); *umg* (*schelten*) piorunować; (*sn*) *Zug* przejeżdżać ‹-jechać› z łoskotem; *umg* (*prallen*) grzmotnąć się *pf* (**gegen** o *akk*); *unpers* **es donnert** grzmi
Donnerschlag M uderzenie pioruna, piorun
Donnerstag M czwartek; *in zssgn* czwartkowy; **am ~** w czwartek
donnerstags ADV w czwartki
Donnerwetter N *umg* (*Krach*) awantura, granda; *pop* (**zum**) **~!** do pioruna!, do stu piorunów!; (*staunend*) super!, bomba!
doof *umg* durny, głupi (-pio); (*langweilig*) nudny
dopen stosować doping
Doping N (-s; -s) doping; **~affäre** F afera dopingowa; **~kontrolle** F kontrola antydopingowa; **~mittel** N środek dopingujący
Doppel N duplikat; SPORT (*Tennis*) debel; *in zssgn mst* podwójny; **~bett** N łóżko małżeńskie; **~decker** M (*Flugzeug*) dwupłatowiec; (*Bus*) autobus piętrowy, *umg* piętrus
doppeldeutig dwuznaczny
Doppel|fenster N okno podwójne; **~gänger(in)** M(F) sobowtór (*a. f*); **~haus** N (dom) bliźniak; **~kinn** N podwójny podbródek; **~klick** M (-s; -s) podwójne kliknięcie; **~moral** F podwójna moralność; **~punkt** M dwukropek
doppel|seitig dwustronny; (*beidseitig*) obustronny; **~sinnig** dwuznaczny
Doppelspiel N gra podwójna
doppelstöckig piętrowy
doppelt ADJ podwójny, dwukrotny; ADV *a.* w dwójnasób; **~ so alt wie ich** dwukrotnie starszy ode mnie; **~ so viel** dwa razy tyle, dwakroć więcej; **mehr als ~ hoch** ponaddwukrotnie wyższy; **mehr als das Doppelte** więcej niż drugie tyle; *umg* **~ gemoppelt** masło maślane
doppeltgemoppelt ADJ → doppelt
Doppel|verdiener M, *mst* PL *Ehepaar* małżeństwo, w którym oboje małżonkowie zarabiają; **~zentner** M kwintal; **~zimmer** N pokój dwuosobowy, *umg* dwójka
doppelzüngig dwulicowy, fałszywy
Dorf N (-[e]s; Dörfer) wieś *f*, wioska; **~bewohner(in)** M(F) mieszkaniec (-nka) wsi, *lit* wieśniak (-niaczka); **~gemeinde** F gmina wiejska; **~krug** M *reg* gospoda (wiejska)
dörflich wiejski (po -ku)
Dorn M (-[e]s; -en) cierń *m*, kolec; TECH (PL -e) trzpień *m*; (*Werkzeug*) przebijak; **j-m ein ~ im Auge sein** być k-u solą w oku; **~röschen** [-'rø:sçən] N (-s; bpl) Śpiąca Królewna
dornig cierniowy, ciernisty (-ście)
dörren *Obst, Fisch* ‹wy›suszyć
Dörrobst N owoce *mpl* suszone
Dorsch M (-[e]s; -e) dorsz, wątłusz
dort ADV tam; **von ~** stamtąd; **~ drüben** tam(że); **~her** ADV stamtąd; **~hin** ADV tam, w tamtą stronę
dorthinaus ADV tamtędy, w tym kierunku; *umg fig* **bis ~** nie do zniesienia
dortig tamtejszy
Dose F puszka; → Butterdose *usw*
Dosen PL → Dose, Dosis
dösen V/I ‹po›drzemać (sobie)
Dosen|bier N piwo puszkowe; **~öffner** M otwieracz do konserw; **~suppe** F zupa puszkowa *od* z puszki
do'sieren (-) dozować, dawkować
Do'sierung F dawkowanie, dozowanie;

(*dosierte Menge*) dawka, doza
Dosis F (-; *Dosen*) dawka, doza
do'tieren (-) dotować; wyposażać ⟨-żyć⟩ (**mit** w *akk*); **e-e gut dotierte Position** dobrze płatna posada
Dotter M *od* N żółtko
Double ['du:bl] N (-*s*; -*s*) FILM dubler
Download ['daʊnloʊd] M (-*s*; -*s*) EDV ściąganie pliku (z sieci internetowej)
downloaden (-*e*-) EDV ściągać ⟨-gnąć⟩ plik
Do'zent(in) M(F) (-*en*) docent(ka)
Dr. (Doktor) doktor, dr
Drache M (-*n*) smok
Drachen M (*Spielzeug*) latawiec; SPORT lotnia; *umg* (*zänkisches Weib*) jędza; **~fliegen** N lotniarstwo; **~flieger(in)** M(F) lotniarz (-rka)
Dragee [-'ʒe:] N (-*s*; -*s*) drażetka
Draht M (-[*e*]s; Drähte) drut; *fig* **heißer ~** gorąca linia; *umg* **auf ~ sein** stanąć na wysokości zadania; **der Junge ist auf ~** sprytny chłopak
Draht|bürste F szczotka druciana; **~esel** *umg* M rower; **~glas** N (*bpl*) szkło zbrojone; **~haar-** *in zssgn* szorstkowłosy
Drähtchen N drucik
drahtig *Person* pełen tężyzny, krzepki; *Bart* szorstki, kłujący
drahtlos bezprzewodowy
Draht|seil N lina stalowa; **~seilbahn** F kolej(ka) linowa; **~zaun** M ogrodzenie z drutu; **~zieher** M *fig abw* pokątny doradca, zakulisowy inspirator
dra'konisch drakoński
drall jędrny, hoży (-żo)
Drama N (-*s*; -*men*) dramat (*a. fig*)
Dra'ma|tik F (*bpl*) dramatyzm; **~tiker** M dramaturg, dramatopisarz
dra'mati|sch dramatyczny; **~'sieren** (-) dramatyzować (*a. fig*)
Drama|'turg M TEATR kierownik literacki teatru; **~tur'gie** F dramaturgia; TEATR kierownictwo literackie teatru
dran *umg* ADV → daran, drum; ich bin ~ (teraz) moja kolej; **übel ~ sein (mit)** mieć nie lada kłopot (z *inst*); **da ist etwas ~** w tym coś jest
Drä'nage [-ʒə] F drenaż
dranbleiben *umg* V/I (*irr; sn*) *am Telefon* (**bitte**) **bleiben Sie dran!** proszę nie odkładać słuchawki!
drang → dringen
Drang M (-[*e*]s; bpl) (*Druck*) parcie; (*innerer Antrieb*) popęd (**zu** do *gen*); (*Streben*) pociąg, dążenie (**nach** do *gen*)
Dränge'lei *umg* F tłok, ścisk, *umg* magiel
drängeln *umg* (-*le*) V/I (*u.* V/R **sich**) pchać się, przepychać się (**durch die Menge** przez tłum); *v/t* wyp(y)chać; *fig* **j-n ~ zu etw** przynaglać k-o do (*gen*)
drängen V/T odpychać ⟨odepchnąć⟩ (**zur Seite** na bok), spychać ⟨zepchnąć⟩ (**von der Straße** z drogi); wypierać ⟨-przeć⟩ (**aus etw** z *gen*); *zur Eile usw* przynaglać (**j-n zu** k-o do *gen*); *v/i* (*fordern*) nalegać (**auf** *dat* na *akk*); **die Zeit drängt** czas nagli; V/R **sich ~** tłoczyć się (**vor, in** *dat* przed I, w *lok*); przepychać się, pchać się (**an** *akk*, **zu** do *gen*)
drangsa'lieren (-) dręczyć, gnębić
dranhängen *umg Zeit* przedłużać ⟨-żyć⟩ (**ein paar Tage an den Urlaub** urlop o kilka dni)
drankommen *umg* (*irr; sn*) być wywoł(yw)anym (**außer der Reihe** poza kolejką; *Schüler a.* do tablicy *od* odpowiedzi); **jetzt kommst du dran** teraz kolej na ciebie
drannehmen *umg* (*irr*) *Schüler* wywoł(yw)ać; *Kunden* obsługiwać
dra'pieren (-) ⟨u⟩drapować
drastisch drastyczny
drauf *umg* ADV → darauf; **~ und dran sein zu** (+ INF) nieomal nie (+ *inf*), być blisko (*gen*); **gut ~ sein** *umg* mieć humor; → draufhaben
Draufgänger M ryzykant, *umg* odważniak
draufgeben *umg* (*irr*) doda(wa)ć, dorzucać ⟨-cić⟩; **j-m eins ~** dać *pf* k-u klapsa
draufgehen *umg* (*irr; sn*) (*umkommen, verenden*) zginąć *pf*; **mein ganzes Geld ist draufgegangen** na to poszły wszystkie moje pieniądze
draufhaben *umg*: ... **Sachen ~** *Fahrzeug* mieć na liczniku ... kilometrów; **was ~** *Person* mieć olej w głowie
draufkriegen *umg*: **eins ~** dostać *pf* burę
drauflegen *umg* dokładać ⟨dołożyć⟩
drauf'los ADV na oślep, bez rozwagi; **~schimpfen** *umg* kląć na czym świat stoi
draufsatteln *umg* → drauflegen
draufzahlen *umg* V/T *u.* V/I dopłacać

⟨-cić⟩
draus *umg* → daraus
draußen (*im Freien*) na dworze; (*nicht in der Stadt*) poza miastem; (*nicht im Raum*) za drzwiami; (*in der Fremde*) na obczyźnie; **nach ~** na dwór; **von ~** z(e) dworu; **weit ~** daleko
drechseln (*-le*) *aus Holz* ⟨wy⟩toczyć
Dreck M (-[e]s; bpl) *umg* brud(y *pl*); (*Müll*) śmieci *pl*, odpadki *mpl*; (*Schlamm*) błoto; (*wertloses Zeug, gar nichts*) *pop* gówno; *pop* **das geht dich e-n ~ an** to cię gówno obchodzi; *umg* **sich um jeden ~ kümmern** troszczyć się o każde głupstwo; *pop* **j-n wie den letzten ~ behandeln** traktować k-o jak psa; **j-n in** *od* **durch den ~ ziehen** pakować k-o w brudy; *umg* **~ am Stecken haben** mieć brudne ręce; **~arbeit** F (*bpl*) czarna robota
dreckig *umg* brudny (-no); (*mit Schlamm bedeckt*) zabłocony; *Witz* plugawy, ordynarny; *umg* **~ lachen** śmiać się bezwstydnie, **es geht ihm ~** on cienko śpiewa
Dreck|nest *pop* N *abw* zadupie; **~sack** *pop* M *Schimpfwort* ścierwo, skurczybyk; **~sau** *pop* F, **~schwein** *pop* N niechluj, flejtuch; **~spatz** *umg* M brudas
Dreh *umg* M (*-s; -s*) chwyt; **er hat den ~ raus** on to potrafi; **so um den ~** tak mniej więcej; **~arbeiten** FPL kręcenie (filmu); **~bank** F tokarka
drehbar obrotowy
Drehbuch N scenopis, scenariusz
drehen V/T obracać ⟨-rócić⟩, kręcić (*akk, inst*); *Zigarette* ⟨s⟩kręcić; *Film* nakręcać ⟨-cić⟩; *Schalter, Schlüssel* przekręcać ⟨-cić⟩; TECH ⟨wy⟩toczyć; V/R **sich ~** obracać ⟨-rócić⟩ się (**um** dokoła, wokół *gen*, **auf den Rücken** na plecy, **nach rechts** w prawo); (*rotieren*) kręcić się; *umg Radio* **lauter ~** nastawi(a)ć głośniej; **das Gespräch drehte sich um Politik** tematem rozmowy była polityka; *umg* **worum dreht es sich?** o co chodzi?
Dreh|er M tokarz; **~knopf** M pokrętło, gałka; **~orgel** F katarynka; **~scheibe** F KOLEJ obrotnica; *e-s Töpfers* koło garncarskie; *fig* ośrodek; **~spieß** M rożen obrotowy; **~strom** M prąd trójfazowy; **~tür** F drzwi *pl* obrotowe
Drehung F obrót; **e-e halbe ~** półobrót
Drehzahlmesser M obrotomierz, licznik obrotów
drei *num* trzy, *persf* trzej, *gen* trzech; *Sammelzahlwort* troje; **um ~ Uhr** o trzeciej (godzinie); **~ viertel** trzy czwarte; *umg* **nicht bis ~ zählen können** nie umieć zliczyć do trzech
Drei F trójka; **~bettzimmer** N pokój na trzy osoby
dreidimensional trójwymiarowy (-wo)
Dreieck N trójkąt
dreieckig trójkątny
Dreiecksverhältnis N trójkąt małżeński
dreieinhalb trzy i pół
Dreier M trójka; *umg* **~ im Lotto** trzy trafienia w totolotku
dreierlei ADJ (*unv*): **~ Sorten** trzy gatunki; **auf ~ Art** trojako
dreifach trzykrotny, potrójny; **das Dreifache** trzykrotnie więcej
Dreifaltigkeit F (*bpl*) *rel* Trójca
dreifarbig trójbarwny
dreihundert *num* trzysta, *persf* trzystu; **~ste** *num* trzechsetny
drei|jährig trzyletni; *3 Jahre lang a.* trzechletni; **~kantig** trójgraniasty
Drei|kampf M trójbój; **~klang** M trójdźwięk; **~'königsfest** N Trzech Króli
drei|mal ADV trzykrotnie; **~malig** trzykrotny; **~monatig** trzymiesięczny
drein|blicken V/I patrzeć, spoglądać (**finster** ponuro, **nachdenklich** w zamyśleniu); **~reden** *umg* V/I wtrącać ⟨-cić⟩ swoje trzy grosze, wtrącać ⟨-cić⟩ się (**bei** do *gen*)
Drei|rad N rower(ek) trójkołowy, trójkołowiec; **~satz** M reguła trzech
dreiseitig *Abkommen usw* trójstronny; *Brief usw* trzystronicowy
Dreisprung M trójskok
dreispurig *Straße* z trzema pasami ruchu (w jednym kierunku)
dreißig *num* trzydzieści, *persf* trzydziestu; *Sammelzahlwort* trzydzieścioro; *in zssgn* trzydziesto-
dreißiger (*unv*): **die ~ Jahre** lata trzydzieste
dreißigste *num* trzydziesty
dreist zuchwały (-le), bezczelny
dreistellig *Zahl* trzycyfrowy
Dreistigkeit F zuchwalstwo
dreistöckig trzypiętrowy
Dreitagebart M zarost trzydniowy
dreitausend *num* trzy tysiące; **~ste**

num trzytysięczny, trzechtysięczny
dreiviertellang *Jacke* trzyćwierciowy
Dreiviertel|stunde F trzy kwadranse; **~takt** M (*bpl*) takt trzy czwarte
Dreiwegekatalysator M katalizator trójdrożny
dreiwöchig trzytygodniowy
dreizehn *num* trzynaście, *persf* trzynastu; *Sammelzahlwort* trzynaścioro
dreizehnte *num* trzynasty; **~s Gehalt** trzynasta pensja, *umg* trzynastka
Dreizimmerwohnung F mieszkanie trzypokojowe
Dresche *umg* F (*bpl*) lanie, baty *mpl*; *umg* **~ kriegen** dosta(wa)ć lanie *od* w skórę
dreschen V/T *u.* V/I (*drischt, drosch, gedroschen*) młócić, *v/t a.* wymłócić *pf*; *pop fig* grzmocić, walić, młócić
Dreschmaschine F młoc(k)arnia
Dresden N (*-s; bpl*) Drezno
Dresd(e)ner ADJ drezdeński
Dress M (-[*es*]; -*e*) dres
dres'sieren (-) ⟨wy⟩tresować
Dressing N (*-s; -s*) sos zimny (do sałaty), dressing
Dres'sur F (PL *selten*) tresura
dribbeln V/I (*-le*) dryblować
driften V/I (*-e-; sn*) MAR dryfować
Drill M (-[*e*]s; bpl) MIL dryl, musztra
drillen V/T MIL, *fig* musztrować, ćwiczyć
Drillich M (*-s; -e*) drelich; **~hose** F spodnie *pl* drelichowe
Drillinge MPL trojaczki *mpl*
drin *umg* ADV → darin; *fig* **etw ist nicht ~** nie ma mowy o (*lok*); *umg* **es ist noch alles ~** wszystko (jest) możliwe
dringen V/I (*drang, gedrungen; sn*): **durch etw ~** przenikać ⟨-knąć⟩ przez (*akk*); *Geschoss* przebi(ja)ć (*akk*); **in etw** (*akk*) **~** przedosta(wa)ć się do (*gen*); *gewaltsam* wdzierać ⟨wedrzeć⟩ się do (*gen*); **aus etw ~** wydoby(wa)ć się z (*gen*); (*h*) **auf etw** (*akk*) **~** nalegać na (*akk*), domagać się (*gen*)
dringend ADJ pilny, naglący, nagły; *Verdacht* uzasadniony; *Bitte* usilny; *präd* pilnie, nagląco; usilnie; **~ benötigen** pilnie potrzebować
Dringlichkeit F (*bpl*) pilność *f*; **... von besonderer ~** nagły, priorytetowy ...
Drink M (-[*e*]s; -*s*) drink
drinnen ADV wewnątrz, w środku
drisch(s)t → dreschen
dritt ADV: **zu ~** w(e) trójkę, we troje
dritte *num* trzeci; *etw* **von ~r Seite erfahren** usłyszeć *pf* z trzecich ust; **etw e-m Dritten gegenüber erwähnen** powiedzieć *pf* trzeciej osobie (*akk*, o *lok*)
drittel ADJ (*unv*) jedna trzecia
Drittel N trzecia część; SPORT (*Spielzeit*) tercja
drittens ADV po trzecie
dritt|klassig, **~rangig** trzeciorzędny
DRK N (Deutsches Rotes Kreuz) Niemiecki Czerwony Krzyż
droben ADV *lit* tam wysoko *od* na górze
Droge F (*Rauschgift*) narkotyk; **~n nehmen** narkotyzować się, brać narkotyki *od umg* dragi, *pop* grzać; **unter ~n stehen** być naspidowanym *od* na haju
drogenabhängig uzależniony od narkotyków
Drogenabhängig|e F narkomanka; **~e(r)** M (*-n*) narkoman; **~keit** F (*bpl*) narkomania
Drogen|beratungsstelle F poradnia dla narkomanów; **~handel** M handel narkotykami, narkobiznes; **~kriminalität** F przestępstwa *npl* narkotykowe; **~kurier** M kurier narkotykowy; **~rausch** M upojenie narkotyczne; **~schmuggel** M przemyt narkotyków; **~sucht** F (*bpl*) narkomania
Droge'rie [PL -'ri:ən] F drogeria
Drohbrief M list z pogróżkami
drohen V/I ⟨po-, za⟩grozić (**j-m mit etw** k-u *inst*); **die Ruine droht einzustürzen** ruina grozi zawaleniem; **er droht zu ersticken** grozi mu uduszenie; **dem Land droht(e) Hunger** krajowi zagraża(ł) głód
drohend ADJ groźny; *Gefahr* zagrażający, grożący; *präd* groźnie
Drohne F truteń *m* (*a. fig*)
dröhnen V/I *Geschütz, Lachen* grzmieć; *Motor* huczeć; *Schritte* dudnić; **mir dröhnt der Kopf** huczy mi w głowie
Drohung F groźba, pogróżka
drollig pocieszny, zabawny, draczny
drosch → dreschen
Droschke F dorożka; *reg* (*Taxi*) taryfa
Droschkengaul M dorożkarska szkapa
Drossel F (*-; -n*) ZOOL drozd; ELEK, TECH dławik
drosseln (*-le*) *Produktion, Einfuhr usw* ograniczać ⟨-czyć⟩; *Tempo* przyhamow(ywa)ć; *Motor* dławić; *Heizung usw* przykręcać ⟨-cić⟩

D

D

drüben ADV tam, po tamtej stronie; **von ~** stamtąd
drüber *umg* ADV → darüber, drunter
Druck¹ M (-[e]s; Drücke) ciśnienie (*a.* FIZ, MED); *e-s Verbands, e-r Last, im Kopf* ucisk; *im Magen* gniecenie; *auf e-e Taste usw* naciśnięcie; *fig* (*bpl*) nacisk, presja; **j-n unter ~ setzen** wywierać nacisk na k-o; **unter ~ handeln** działać pod presją; **in ~ geraten** znaleźć się *pf* w opresji; *umg* **im ~ sein** nie mieć chwili czasu; *umg* **~ machen** cisnąć, naciskać
Druck² M (-[e]s; -e) TYPO druk (*a. Produkt*); **in ~ geben** odda(wa)ć do druku
Druck|abfall M (*bpl*) spadek ciśnienia; **~bogen** M arkusz drukarski; **~buchstabe** M litera drukowana
Drückeberger *umg* M nygus, dekownik
druck|empfindlich tkliwy (na ucisk); **~en** V/T *u.* V/I drukować; V/T *a.* wydrukować *pf*
drücken V/T *Hand usw* ściskać ‹-snąć›; *Taste* naciskać, przyciskać ‹-snąć›; **etw an** (*akk*) **~, j-n an sich ~** przyciskać ‹-snąć› coś do (*gen*), k-o do siebie; *Preise* zbi(ja)ć; V/I (*lasten*) uciskać, cisnąć; *Schuh a.* uwierać; *sl* (*fixen*) dawać sobie w żyłę; V/R *umg* **sich ~** (**vor** *dat*) wymig(iw)ać się (od *gen*)
drückend ADJ przygniatający; *präd* przygniatająco; **es ist ~** jest parno
Drucker M drukarz; EDV drukarka
Drücker M (*Türgriff*) klamka; (*Knopf*) przycisk; *umg* **auf den letzten ~** w ostatniej chwili; *umg* **am ~ sitzen** (ostatecznie) decydować
Drucke'rei F drukarnia
Druckertreiber M sterownik drukarki
Druck|fehler M błąd drukarski; **~kabine** F kabina ciśnieniowa; **~knopf** M TECH przycisk, guzik; *am Kleid* zatrzask, napa; **~luft** F (*bpl*) sprężone powietrze; *in zssgn mst* pneumatyczny; **~mittel** N środek wywierania nacisku (**gegen** na *akk*); **~regler** M regulator ciśnienia
druckreif gotowy do druku; **für ~ erklären** udzielić pozwolenia na druk
Druck|schrift F (*bpl*) pismo drukowane; (*a. pl*) druk, broszura; **~stelle** F odgniecenie, miejsce odgniecione; **~taste** F przycisk; *in zssgn* przyciskowy
drum *umg* ADV → darum; seis ~ niech tak będzie; **mit allem Drum und Dran** ze wszelkimi szykanami
drunten *umg* ADV tam na dole
drunter *umg* ADV → darunter; *umg* **hier geht alles ~ und drüber** tu panuje straszny bałagan
Drüse F gruczoł
Drüsengewebe N tkanka gruczołowa
DSB M (Deutscher Sportbund) Niemiecki Związek Sportowy
Dschungel M dżungla (*a. fig*)
dt. (deutsch) niemiecki
DTB M (Deutscher Turnerbund) Niemiecki Związek Gimnastyczny; (Deutscher Tennis-Bund) Niemiecki Związek Tenisowy
Dtzd. (Dutzend) tuzin
du PRON ty; **mit j-m per ~ sein** być na ty z (*inst*); **mit j-m auf Du und Du stehen** być w zażyłych stosunkach z (*inst*)
Du'alsystem N (*bpl*) system dwójkowy
Dübel M kołek, dybel
dubi'os *Methode, Herkunft* wątpliwy; *Geschäft a.* podejrzany
ducken: V/R **sich ~** schylać ‹-lić› się; *fig* (**vor** *dat*) giąć kark (przed *inst*)
Duckmäuser M *abw* (posłuszny) potakiwacz
dudeln *umg* (*-le*) V/T rzępolić, pitolić; V/I monotonnie grać
Dudelsack M dudy *fpl*
Du'ell N (*-s; -e*) pojedynek
duel'lieren (-): V/R **sich ~** pojedynkować się
Du'ett N (-[e]s; -e) duet; **im ~** w duecie
Duft M (-[e]s; Düfte) zapach, woń *f*
duft|en V/I (*-e-*) pachnieć, pachnąć (**nach etw** *inst*); **~end** ADJ pachnący, wonny; **~ig** *Bluse* powiewny, lekki
Duft|kerze F wonna świeca; świeca zapachowa; **~note** F charakterystyczny zapach; **~öl** N olejek zapachowy; **~stoff** M substancja zapachowa
duld|en (*-e-*) znosić ‹znieść›, ‹ś›cierpieć; tolerować; **~sam** wyrozumiały
Duldsamkeit F (*bpl*) wyrozumiałość
*f***Duldung** F znoszenie, tolerowanie; **stillschweigende ~** milcząca zgoda
dumm (*dümmer; dümmste*) głupi, *umg* durny; *umg* **~es Ding** głuptas; *umg* **e-e ~e Sache, etwas Dummes** głupia historia; *umg* **~es Zeug** głupstwa *npl*; *präd* głupio; *umg* **sich ~ stellen** udawać Greka; *umg* **j-n für ~ verkaufen** robić z k-o durnia; **sich**

dünn, dick, groß, klein ...

Helga ist dick/dünn.	Helga jest gruba/szczupła.
Thomas ist groß/klein.	Thomas jest wysoki/niski.
Der Stock ist lang/kurz.	Laska jest długa/krótka.
Das Gepäck ist schwer/leicht.	Bagaż jest ciężki/lekki.
Der Stift ist spitz/stumpf.	Ołówek jest ostry/tępy.
Schreiben Sie das senkrecht/waagerecht.	Proszę to napisać pionowo/poziomo.
Die Flasche ist voll/leer.	Butelka jest pełna/pusta.
Das Fenster ist auf/zu.	Okno jest otwarte/zamknięte.
Die Straße ist breit/schmal.	Ulica jest szeroka/wąska.
Das Kleid ist weit/eng.	Sukienka jest szeroka/wąska.
Die Linie ist krumm/gerade.	Linia jest krzywa/prosta.
Das Bild hängt schief/gerade.	Obraz wisi krzywo/prosto.

nicht für ~ verkaufen lassen nie dać się przerobić; *umg* **das wird mir zu ~!** mam tego dość!

Dumme F, **~(r)** M (-*n*) dureń *m*; *umg* **der, die ~ sein** zosta(wa)ć na lodzie, wychodzić ⟨wyjść⟩ na durnia

dümmer *komp* → dumm

dummerweise ADV przez głupi zbieg okoliczności

Dumm|heit F (*bpl*) głupota; (*Handlung usw*; *a.* PL) głupstwo; **~kopf** M *abw* głupiec, głuptas, *umg* dureń *m*

dümmlich głupawy (-wo)

dümmste *sup* → dumm

dumpf *Laut* głuchy (-cho); *Schmerz* tępy; (*muffig*) zatęchły; *Gefühl* niewyraźny, nieokreślony

Dumping ['dampɪŋ] N (-*s*; *bpl*) dumping; **~preis** M cena dumpingowa

Düne F wydma

Dung M (-[*e*]*s*; bpl) obornik, gnój

Düngemittel N → Dünger

düngen nawozić ⟨-wieźć⟩ (**mit** *inst*)

Dünger M nawóz

dunkel (-*kl*-) ciemny (-no) (*a. Farbe, Haut, Haar, fig unklar, düster*); (*rätselhaft*) *lit* enigmatyczny; *Stimme, Ton* niski; **~ machen** ściemni(a)ć; **es wird ~** robi się ciemno, ściemnia się; *abw* **dunkle Geschäfte** ciemne sprawki *fpl*; **im Dunkeln** w ciemności, po ciemku; **j-n im Dunkeln lassen** utrzymywać k-o w nieświadomości; → tappen

Dunkel N (-*s*; *bpl*) ciemność *f*, ciemno

Dünkel *lit* M (-*s*; *bpl*) zarozumiałość *f*

dunkel|blau ciemnoniebieski (-ko), granatowy (-wo); **~blond** *Haar* ciemnoblond; *Person* ciemny blondyn, ciemna blondynka; **~farbig** ciemny, o ciemnym zabarwieniu; **~haarig** ciemnowłosy; **~häutig** ciemnoskóry

Dunkel|heit F (*bpl*) ciemność *f*, mrok (*a. fig*); **~kammer** F ciemnia

dunkelrot ciemnoczerwony (-no)

Dunkelziffer F nieznana liczba

dünn *Faden, Kaffee, Schicht, Stimme, Taille usw* cienki (-ko); *Haare, Luft usw* rzadki (-ko); **sehr** *od* **ganz ~** cieniutki (-ko); **etw ~ auftragen** cienko ⟨po⟩smarować (*inst*); **~ besiedelt** słabo zaludniony; *etw* **ist, sind ~ gesät** ... rzadko gdzie *od* kiedy można napotkać ... (*gen*)

dünnbesiedelt ADJ → dünn

Dünndarm M jelito cienkie

dünn(e)machen *umg*: V/R **sich ~** ulatniać ⟨ulotnić⟩ się

dünn|flüssig ciekły, płynny; **~gesät** ADJ → dünn

Dünnpfiff *pop* M (*bpl*) rozwolnienie

Dunst M (-[*e*]*s*; Dünste) opary *mpl*, para; METEO (*bpl*) opar, mgiełka; *umg* **j-m blauen ~ vormachen** mydlić k-u oczy; *umg* **keinen (blassen) ~ von etw haben** nie mieć zielonego pojęcia o (*lok*); **~abzugshaube** F okap (kuchenny), wyciąg

dünsten (-*e*-) V/T KULIN ⟨u⟩dusić; V/I dusić się; **gedünstet** duszony

Dunstglocke F czapa mgły (miejskiej)

dunstig zamglony, mglisty (-to)

Dünung F (*bpl*) martwa fala, rozkołys

Duo N (-*s*; -*s*) duet

dü'pieren *lit* (-): **sich düpiert fühlen** czuć się wywiedzionym w pole

Dupli'kat N (-[*e*]*s*; -e) duplikat

D

Dur N (*unv*) MUS dur

durch PRÄP (*akk*) *räumlich u. zeitlich* przez, poprzez (*akk*); (*mittels, infolge*) przez (*akk*); ~ **Zufall** przez przypadek; *oft nur mit subst im inst übersetzt* ~ **die Post** pocztą; ~ **eigene Schuld** z własnej winy; ADV *umg* (*fertig*) gotowy, gotów; ~ **und** ~ na wskroś; kompletnie; (*vorbei*) **sechs (Uhr)** ~ minęła (godzina) szósta; *umg* ~ **sein** (*hinter sich haben*) → durchfahren, durchlesen *usw*; **der Strumpf ist** ~ w pończosze jest dziura; *umg* **er ist bei mir unten** ~ on ma u mnie przechlapane; *umg* **darf ich ~?** czy mogę przejść?

durcharbeiten V/T *Material* przerabiać ⟨-robić⟩; przepracować *pf* (**die ganze Nacht** całą noc); *v/r* **sich** ~ ⟨u⟩torować sobie drogę (**durch** przez *akk*)

durchatmen V/I: **tief** ~ oddychać ⟨odetchnąć⟩ głęboko

durch'aus ADV (*völlig*) zupełnie, absolutnie; (*unbedingt*) koniecznie; ~ **nicht** bynajmniej

durch|beißen (*irr*) V/T przegryzać ⟨-gryźć⟩ (*umg v/r* **sich** się); **~bekommen** *umg* (*irr*) → durchbringen; **~blasen** (*irr*) przedmuch(iw)ać; **~blättern** ⟨prze⟩wertować⟩, ⟨prze⟩kartkować

Durchblick M *umg fig* orientacja

durchblicken V/I ⟨po⟩patrzeć (**durch das Fernglas** przez lornetkę); *umg fig* (**bei**) ⟨z⟩orientować się (w *lok*); ~ **lassen, dass ...** da(wa)ć do zrozumienia, że ...; *umg* **da blicke ich nicht durch** ja się w tym kompletnie nie orientuję

durch'blutet ADJ ukrwiony

Durch'blutung F (*bpl*) przepływ krwi

Durch'blutungsstörung F zaburzenie ukrwienia

durch|bohren[1] *Brett, Loch* przewiercać ⟨-cić⟩; **~'bohren**[2] (-) przedziurawiać ⟨-wić⟩, przebi(ja)ć; **~braten** (*irr*) wysmażać ⟨-żyć⟩; **gut durchgebraten** dobrze wysmażony; **~brechen**[1] (*irr*) V/T przełam(yw)ać; *Mauer usw* przebi(ja)ć; V/I (*sn*) przełam(yw)ać się; *Sonne* przebi(ja)ć się (**durch** przez *akk*); *Zahn* wyrzynać ⟨wyrżnąć⟩ się; *Geschwür* pękać ⟨pęknąć⟩; **er brach durch das Eis durch** lód załamał się pod jego ciężarem; **~'brechen**[2] V/T (*irr*; -) *Deich, Front, Sperre* przerw(yw)ać; *Schallmauer* przekraczać ⟨-kroczyć⟩; *Regel usw* ⟨z⟩łamać; **~brennen** V/I (*irr*; *sn*) *Birne usw* przepalać ⟨-lić⟩ się; *umg fig* uciec *pf*, zwiać *pf*; **~bringen** (*irr*) V/T *Antrag, Kandidaten* przeforsować *pf*; *Kranken* uratować *pf*, *umg* postawić *pf* na nogi; *Familie* utrzym(yw)ać (*v/r* **sich** się), wyżywić *pf*; *Geld* roztrwonić *pf*, przehulać *pf*

durchbrochen ADJ ażurowy

Durchbruch M (*Durchbrechung*) przełamanie; MIL, TECH, SPORT przerwanie (się); GEOL, *fig* przełom; MED perforacja; *in e-r Mauer* wyłom; *in e-m Deich* wyrwa; *e-r Sache* **zum ~ verhelfen** spopularyzować *pf* (*akk*); **e-n ~ erzielen (bei)** spowodować przełom (w *lok*)

durchchecken V/T *Liste usw* sprawdzać ⟨-dzić⟩; *umg* **sich ~ lassen** *beim Arzt* poddać się *pf* gruntownemu badaniu

durch'dacht ADJ *Plan* przemyślany

durch|'denken (*irr*; -) rozważać ⟨-żyć⟩; **~diskutieren** (-) przedyskutować *pf*; **~drehen** V/T *Fleisch* przepuszczać ⟨-puścić⟩ przez maszynkę; V/I *Räder* wpadać ⟨wpaść⟩ w poślizg; *umg* (*h u. sn*) *fig umg* ⟨z⟩bzikować, ⟨s⟩fiksować

durch|dringen[1] V/I (*irr*; *sn*) przedosta(wa)ć się, docierać ⟨dotrzeć⟩ (**bis** [aż] do *gen*); *Wasser* przesiąkać ⟨-knąć⟩; **~'dringen**[2] V/T (*irr*; -) przenikać ⟨-knąć⟩ przez (*akk*); *Gefühl* przejmować ⟨-jąć⟩; **~dringend** ADJ *Schrei, Kälte usw* przenikliwy; *präd* przenikliwie; **~drücken** V/T *umg fig* przeforsować *pf*; **~'drungen** → durchdringen[2]

durchein'ander ADV bezładnie, (jak) groch z kapustą; **total ~ sein** *Person umg* mieć mętlik w głowie

Durchein'ander N (-s; *bpl*) mętlik, bałagan; (*Gerenne*) rwetes, rejwach

durchein'ander|bringen (*irr*) (*j-n verwirren*) zamącić *pf* k-u w głowie; *Sachen* narobić *pf* bałaganu; (*verwechseln*) ⟨po⟩plątać; **~geraten** (*irr*; *sn*) poplątać się *pf*; **~reden** mówić jeden przez drugiego; (*wirr reden*) majaczyć, bredzić

durchfahren V/I (*irr*; *sn*) przejeżdżać ⟨-jechać⟩; *Schiff* przepływać ⟨-płynąć⟩ (**durch** przez *akk*)

Durchfahrt F przejazd; **ich bin hier auf der ~** jestem tu przejazdem

Durchfahrtsstrasse F trasa przelotowa

Durchfall M MED biegunka, rozwolnienie; *umg fig* klapa, fiasko

durchfallen V/I (*irr; sn*) przesypywać się (**durch** przez *akk*); *umg fig Kandidat, Antrag usw* przepaść *pf* (**bei** na *lok*); **im Examen ~** oblać *pf* egzamin

durchfeiern *umg* V/I przehulać *pf* (**die ganze Nacht** całą noc)

durchfinden *umg* (*irr*): V/R **sich ~** odszukać *pf* drogę, znaleźć *pf* drogę

durch|fliegen V/I (*irr; sn*) przelatywać ⟨-lecieć⟩ (**durch** przez *akk*); dolecieć *pf* bez lądowania (**bis** do *gen*); **~fließen** V/I (*irr; sn*) przepływać ⟨-płynąć⟩ (**durch** przez *akk*); **~'fluten** *lit* V/T (-) *Licht* zal(ew)ać (blaskiem) (*akk*); **~'forschen** V/T (-) przeszuk(iw)ać (**nach etw** w poszukiwaniu *gen*)

durchfragen: V/R **sich ~ bis, zu** przepyt(yw)ać (się) o drogę do (*gen*)

durchfressen przeżerać ⟨-żreć⟩

durchführ|bar wykonalny, przeprowadzalny; **~en** przeprowadzać ⟨-dzić⟩ (*a. fig veranstalten*); *Plan, Beschluss a.* wykon(yw)ać, ⟨z⟩realizować

Durchführung F (*bpl*) (*das Durchführen*) przeprowadzenie; (*Realisierung*) wykonanie, realizacja

Durchgang M przejście; *bei der Wahl usw* tura; SPORT *a.* kolejka; (*Versuch*) podejście, próba; (*Runde*) okrążenie

Durchgangs|stadium N stadium przejściowe; **~verkehr** M ruch tranzytowy

durchgeben (*irr*) przekaz(yw)ać (**per Telefon** przez telefon)

durchgehen (*irr; sn*) V/I przechodzić ⟨przejść⟩ (**weiter** dalej, **durch** przez *akk; a. fig Antrag usw*); *Weg* prowadzić (**bis** [aż] do *gen*); *Zug, Bus* iść bezpośrednio (**bis** do *gen*); *Pferde* ponieść *pf*; **seine Fantasie ging mit ihm durch** poniosła go fantazja; **etw ~ lassen** puszczać ⟨puścić⟩ płazem (*akk*); V/T *Text* sprawdzać ⟨-dzić⟩

durchgehend ADJ *Linie* ciągły; *Zug* bezpośredni; **~ geöffnet** otwarty bez przerwy

durchgeknallt *umg* ADJ *fig*: **ein ~er Typ** pieprznięty facet

durchgeknöpft ADJ rozpinany do dołu

durchgreifen V/I (*irr*): **hart ~** przedsiębrać ⟨-sięwziąć⟩ energiczne środki (**gegen** przeciwko *dat*)

durchgreifend ADJ radykalny

durch|halten (*irr*) V/T *Krieg, Streik usw* przetrzym(yw)ać; V/I wytrwać *pf* (**bis zum Schluss** do końca); **~hängen** V/I (*irr*) zwisać; *umg fig* (*schlapp sein*) padać (na nos); **~hauen** (*hieb od haute durch, durchgehauen*) przerąb(yw)ać; **~kämmen** przeczes(yw)ać (*a. fig*)

durchkämpfen: V/R **sich ~** przedzierać ⟨przedrzeć⟩ się (**durch** przez *akk*)

durch|kauen przeżu(wa)ć; *umg fig a.* wałkować; **~klettern** V/I (*sn*) przełazić ⟨przeleźć⟩ (**durch** przez *akk*); **~kneten** *Teig* wyrabiać ⟨wyrobić⟩; *Muskeln* ⟨wy⟩masować

durchkommen V/I (*irr; sn*) przedosta(wa)ć się (**durch** przez *akk*, **bis** do *gen*); *Zug* przejeżdżać ⟨-jechać⟩; *umg* (*telefonisch*) uzyskać *pf* połączenie; (*etw überstehen*) *umg* wygrzebać się *pf* (z *gen*); **bei der Prüfung ~** zdać *pf* egzamin; **bei der Wahl ~** przejść *pf* w wyborach; **heil ~** wyjść *pf* cało; **es kam die Meldung durch, dass ...** podano, że ...; **damit kommst du nicht durch** na to nie uzyskasz zgody

durch'kreuzen (-) pokrzyżować *pf*

Durchlass M (-*es*; -*lässe*) przejście; *unter e-m Damm* przepust

durchlassen (*irr*) przepuszczać ⟨-puścić⟩ (*a. Licht, Wasser*)

durchlässig przepuszczalny; *für Flüssigkeiten a.* przesiąkliwy; *fig* otwarty

durch|laufen[1] (*irr*) V/I (*sn*) przechodzić ⟨przejść⟩, *im Laufschritt* przebiegać ⟨-biec⟩ (**durch** przez *akk*); *Flüssigkeit* przeciekać ⟨-ciec⟩; V/T *Sohlen* zdzierać ⟨zedrzeć⟩; **~'laufen**[2] (*irr;* -) *Strecke* przebiegać ⟨-biec⟩; *Ausbildung* odbyć *pf*, ukończyć *pf*; **~laufend** ADJ ciągły

Durchlauferhitzer M przepływowy podgrzewacz wody

durch|'leben (-) przeży(wa)ć; **~lesen** (*irr*) przeczytać *pf* (do końca); **~'leuchten** (-) prześwietlać ⟨-lić⟩ (*a.* MED); *fig* wyświetlać ⟨-lić⟩ (**bis ins Kleinste** do najdrobniejszych szczegółów)

Durchleuchtung F prześwietlenie

durch|'löchern (-) ⟨prze-, po⟩dziurawić; **~lüften** przewietrzać ⟨-rzyć⟩

durchmachen *umg Lehre* odby(wa)ć; (*erleiden*) przeży(wa)ć, wycierpieć *pf*

Durchmesser M średnica; **ein Meter im ~** o średnicy jednego metra

durch|nässt *pperf*, ADJ przemoknięty (**bis auf die Haut** do (suchej) nitki); **~nehmen** (*irr*) przerabiać ⟨-robić⟩; **~peitschen** *abw Gesetz usw* przepychać

D

⟨-pchnąć⟩ (w trybie przyśpieszonym); **~prüfen** sprawdzać ⟨-dzić⟩ (gruntownie, systematycznie); **~queren** (-) *Raum, Land* przemierzać ⟨-rzyć⟩ (*akk*); *Fluss, Gebirge* przeprawi(a)ć się przez (*akk*); **~rechnen** (jeszcze raz) obliczyć *pf*
Durchreiche F okienko do podawania potraw z kuchni
Durchreise F przejazd; tranzyt; **auf der ~** przejazdem
durchreisen V/I (*sn*) przejeżdżać ⟨-jechać⟩ (**durch** przez *akk*)
Durchreisevisum N wiza tranzytowa
durch|reißen (*irr*) V/T *Papier* rozdzierać ⟨rozedrzeć⟩; *Faden* przer(y)wać; V/I (*sn*) rozedrzeć się *pf*; przer(y)wać się; **~rieseln** V/I (*sn*) przesyp(yw)ać się
durchringen (*irr*): V/R **sich zu e-m Entschluss ~** przemóc się *pf* i powziąć *pf* decyzję
durchrosten V/I (*sn*) przerdzewieć *pf*
durchs = durch das
Durchsage F komunikat, informacja
durchsagen pod(aw)ać (do wiadomości); przekaz(yw)ać telefonicznie
durchsägen przepiłow(yw)ać
durch'schau|bar *fig* przejrzysty; **~en** (-) *Absichten, Person* przejrzeć *pf*
durch|scheinend ADJ przeświecający; **~'schießen** (*irr*; -) *Arm* przestrzelić *pf*; **~schimmern** V/I przeświecać; **~schlafen** (*irr*) przesypiać ⟨przespać⟩ (**die ganze Nacht** całą noc)
Durchschlag M (*Kopie*) odbitka, przebitka; (*Sieb*) durszlak, cedzak
durchschlagen[1] (*irr*) V/T (*durchtrennen*) przerąb(yw)ać; *Wand* przebi(ja)ć; KULIN przecierać ⟨przetrzeć⟩; V/I (*sn*) odbi(ja)ć się (**auf** *akk* na *lok*); *v/r* **sich ~** przebi(ja)ć się (**durch** przez *akk*)
durch'schlagen[2] V/T (*irr*; -) przebi(ja)ć
durchschlagend ADJ (*entscheidend*) decydujący (*a. Erfolg*); *Wirkung* doniosły, potężny
Durch|schlagpapier N papier przebitkowy; **~schlagskraft** F (*bpl*) siła przebicia; *fig* moc przekonywania
durchschlüpfen V/I (*sn*) prześlizgiwać ⟨-gnąć⟩ się (**durch** przez *akk*)
durch|schmoren *umg* V/I *Kabel* przepalać ⟨-lić⟩ się; **~schneiden** (*irr*) przecinać ⟨-ciąć⟩; *Kehle* podcinać ⟨-ciąć⟩
Durchschnitt M (*Mittelwert*) przeciętna, średnia; **im ~** przeciętnie, średnio
durchschnittlich przeciętny
Durchschnittlichkeit F (*bpl*) przeciętność *f*, przeciętniactwo
Durchschnitts- *in zssgn* przeciętny
Durchschrift F kopia, odbitka
durch|'schwimmen (*irr*) przepływać ⟨-płynąć⟩ (*akk*); **~schwitzen** przepacać ⟨-pocić⟩; **~sehen** (*irr*) V/T przeglądać ⟨przejrzeć⟩ (*akk*); V/I ⟨po⟩patrzeć, spoglądać ⟨spojrzeć⟩ (**durch** przez *akk*)
durchsein (*irr*) → durch
durchsetzen V/T *Plan* przeforsować *pf*; *Forderung* wyegzekwować *pf*; *Willen* narzucać ⟨-cić⟩; V/R **sich ~** *Person, Idee* zdoby(wa)ć uznanie (**bei** u *gen*); **sich ~ mit** *etw* postawić *pf* na swoim, dopiąć *pf* swego
durch'setzt ADJ: **~ mit** przemieszany (z *inst*), przetykany (*inst*)
Durchsetzungsvermögen N (*bpl*) *e-r Person* przebojowość *f*
Durchsicht F (*bpl*) przejrzenie, przegląd; TECH przegląd
durchsichtig przezroczysty (-ście); *fig* przejrzysty (-ście)
durch|sickern V/I (*sn*) przeciekać, wyciekać ⟨-knąć, -ciec⟩ (*a. fig*); **~sieben** przesi(ew)ać; **~spielen** przegr(yw)ać; *fig Möglichkeiten* rozpatrywać ⟨-trzyć⟩ **~sprechen** (*irr*) omawiać ⟨omówić⟩, przedyskutować *pf*; **~spülen** przepłuk(iw)ać; **~'stechen** (*irr*; -) przekłu(wa)ć; **~stehen** (*irr*) (*überleben*) przejść *pf*, przeżyć *pf*; (*ausharren*) wytrwać *pf* do końca; *Krise usw* przetrzymać *pf*; **~stellen** TEL ⟨po-, prze⟩łączyć; **~stöbern** *umg* (-) przetrząsać ⟨-snąć⟩; **~'stoßen** (*irr*; -) przebi(ja)ć; MIL *Front* przełam(yw)ać; **~streichen** (*irr*) przekreślać ⟨-lić⟩
durch|suchen[1] przeszuk(iw)ać; **~'suchen** (-) *Haus, Gepäck, Person* obszuki(iw)ać, ⟨z⟩rewidować
Durchsu|chung F przeszuk(iw)anie; JUR rewizja; **~suchungsbefehl** M nakaz rewizji
durch|trainiert ADJ *Person, Körper* wytrenowany; **~'tränken** nasycać ⟨-cić⟩, przepajać ⟨-poić⟩ (**mit etw** *inst*); **~'trieben** ADJ szczwany, przebiegły; **~'wachsen** ADJ KULIN przerośnięty; *umg Wetter* zmienny, w kratkę
durchwählen V/I: **~ können** móc bezpośrednio połączyć się (**nach** z *inst*)

Durchwahl(nummer) F TEL numer bezpośredni
durch'waten *Gewässer* przechodzić ⟨przejść⟩ w bród
durchweg ADV bez wyjątku; → überall
durchwollen *umg* (*irr; sn*) chcieć przejść *od* przejechać (**durch** przez *akk*)
durch'wühlen (-) przetrząsać ⟨-snąć⟩ (**nach etw** w poszukiwaniu *gen*)
durchwurschteln *pop* V/R (*-le*): **sich irgendwie ~** jakoś radzić sobie
durchzählen przeliczać ⟨-czyć⟩
durchziehen[1] (*irr*) V/T (*h*) *u.* V/I (*-; sn*) przeciągać ⟨-gnąć⟩ (**durch** przez *akk*); *umg Plan* zrealizować *pf*, doprowadzić *pf* do końca; V/R **sich ~** przewijać się (**durch** w *lok*)
durch'ziehen[2] V/T (*irr; -*) *Flüsse, Straßen* przecinać; *Duft* przesycać
Durchzug M przemarsz, przejazd; *der Vögel* przelot; (*bpl*) (*Zugluft*) przeciąg
dürfen (*darf, durfte*) *Hilfsverb* (*pperf dürfen*) móc, *mst unpers* można, wolno; **du darfst gehen** możesz iść, wolno ci iść; **das darf nicht passieren** nie można *od* wolno do tego dopuścić; **darf ich bitten?** czy mogę prosić?; **was darf es sein?** czym mogę służyć?; **es dürfte allen bekannt sein** chyba wszyscy wiedzą; **das hätte er nicht tun ~** tego nie powinien był robić; V/T *u.* V/I (*pperf gedurft*) móc, *mst unpers* wolno, można; **ich, man** *usw* **darf** (**nicht** nie) wolno (*dat*), można; **darf ich ...?** czy wolno ..., czy mogę...?; **er hat nicht gedurft** nie wolno mu było
dürftig (*karg, kümmerlich*) marny, nędzny; *abw* lichy (-cho)
dürr (*verdorrt*) suchy, uschnięty; (*unfruchtbar, a. fig*) jałowy; (*mager*) wychudzony
Dürre F susza, posucha (*a. fig*); **~katastrophe** F katastrofalna susza
Durst M (-[e]s; bpl) pragnienie; **ich habe ~** chce mi się pić; **~ haben auf etw** mieć chętkę na (*akk*); **den ~ stillen** ⟨u⟩gasić pragnienie; *umg* **einen über den ~ trinken** wypić jeden za dużo
dürsten V/I (*-e-*) *fig* (**nach**) być spragnionym (*gen*)
durstig spragniony (*a. fig* **nach etw** *gen*)
durststillend ADJ gaszący pragnienie
Durststrecke F przejściowe trudności *fpl od* kłopoty *mpl* (finansowe)
Dusch|bad N (*Raum*) łazienka z natryskiem; **~e** F natrysk, prysznic
duschen V/I brać ⟨wziąć⟩ prysznic
Dusch|gel N żel pod prysznic; **~kabine** F kabina prysznicowa
Düse F TECH dysza; *zum Einspritzen* wtryskiwacz; *zum Zerstäuben* rozpylacz
Dusel *umg* M (*-s; bpl*) fart; **~ haben** mieć fart(a)
Düsen|flugzeug N samolot odrzutowy, odrzutowiec; **~triebwerk** N silnik odrzutowy
Dussel *umg* M bałwan, dureń *m*
düster mroczny (-no); *fig* ponury (-ro)
Duty-free-Shop ['dju:tɪ'fri:ʃɔp] M (*-s; -s*) sklep wolnocłowy
Dutzend N (*-s; -e*) tuzin; **~e (von) ...** tuziny (*gen*); *fig in zssgn* tuzinkowy
dutzendweise ADV na tuziny, tuzinami (*a. umg in großen Mengen*)
duzen (*-zt*) V/T być na ty z (*inst*), *umg* tykać (*akk*); V/R **sich ~** tykać się
Duzfreund M koleś *m*, kumpel
DVD|-Brenner [de:vaʊ'de:-] M nagrywarka DVD; **~-Laufwerk** N napęd DVD-ROM; **~-Player** [-pleɪər] M odtwarzacz (płyt) DVD; **~-Rekorder** M nagrywarka wideo-DVD
DW F (Deutsche Welle) Rozgłośnia Niemiecka Fala
dy'namisch dynamiczny; *fig a.* operatywny
Dyna'mit N (*-s; bpl*) dynamit
Dyna'stie PL -'ti:ən] F dynastia
dz (Doppelzentner) kwintal
D-Zug M pociąg pośpieszny

E

Ebbe F odpływ; **bei ~** w czasie odpływu; *umg* **in meinem Geldbeutel herrscht ~** mam pustki w kieszeni
eben[1] ADJ (*glatt, geebnet*) równy; *präd* równo; *Gelände, Land* płaski, równinny; **~ machen** wyrówn(yw)ać; **zu ~er Erde** na ziemi; *wohnen* na parterze
eben[2] ADV (*gerade jetzt*) właśnie, akurat

(teraz); *(gerade vorhin)* właśnie (przed chwilą); *partikel* właśnie; **nicht ~ freundlich** nie bardzo uprzejmy; **das ist ~ so** tak to jest; **dann ~ nicht** no to nie

Ebenbild N: **er ist das ~ seines Vaters** to wykapany ojciec

ebenbürtig równy, równorzędny; **j-m ~ sein** dorównywać **k-u**

eben|da ADV właśnie tam; *bei Zitaten* tamże; **~deshalb** ADV właśnie dlatego

Ebene F GEOG równina; *(Fläche)* płaszczyzna; *(Niveau)* poziom, szczebel; **schiefe ~** równia pochyła; *fig* **auf höchster ~** na najwyższym szczeblu

ebenerdig: *präd* **~ wohnen** mieszkać na parterze

ebenfalls ADV również, też; **danke, ~!** dziękuję, nawzajem!

Ebenholz N heban

Ebenmaß N *(bpl)* harmonia, proporcjonalność *f*, regularność *f*

ebenmäßig regularny, kształtny

ebenso ADV *(genauso)* tak samo, równie; *(auch)* również; **er hat es ~ gern wie ...** on lubi to tak samo jaki i ...; **~ gut** również dobry; równie dobrze; **~ oft** równie często; **~ sehr** tak samo, również (**wie** jak i); **~ viel** tyle samo, tyleż; **~ wenig** równie mało (**wie** jak i); również nie

Eber M knur

Eberesche F jarzębina, jarząb

ebnen *(-e-)* równać, wyrówn(yw)ać; *fig Weg* ⟨u⟩torować

Echo N *(-s; -s)* echo; *fig a.* oddźwięk; **ein breites ~ finden (bei)** znajdować ⟨znaleźć⟩ żywy oddźwięk (u *gen*); **~lot** N echosonda

Echse F jaszczur

echt ADJ *(nicht künstlich, aufrichtig, wirklich)* prawdziwy; *Urkunde usw* autentyczny; *Farbe* trwały; MAT **~er Bruch** ułamek właściwy; ADV prawdziwie, naprawdę; *umg (typisch)* typowo

Echtheit F *(bpl)* *(Unverfälschtheit, Aufrichtigkeit)* prawdziwość *f*; *e-r Urkunde usw* autentyczność *f*; *von Farben* trwałość *f*

Echtzeit F czas rzeczywisty

Eck N *(-[e]s; -e)* *pl-niem, austr* róg, kąt; **über(s) ~** po przekątnej; **~ball** M rzut rożny, korner; **~bank** F narożna ława; **~chen** N rożek, kącik

Ecke F róg *(a.* SPORT*)*, narożnik; *e-s Gebäudes a.* węgieł; *(Winkel)* kąt; *(Gegend)* zakątek; **an der ~** na rogu; *umg* **an allen ~n und Enden** wszędzie, dookoła; **in der ~** w rogu, w kącie; **(gleich) um die ~** (tuż) za rogiem; **um die ~ kommen** wyjść zza rogu; *umg* **j-n um die ~ bringen** sprzątnąć *pf* **k-o**

Eckhaus N dom narożny

eckig kanciasty *(-to)* *(a. fig, ungelenk)*; *Platte, Tisch usw mst* czworokątny; *Klammer* kwadratowy

Eck|lohn M płaca taryfowa; **~pfeiler** M *fig* filar; **~platz** M miejsce w rogu; **~schrank** M szafa narożna; **~wert** M wskaźnik podstawowy; **~zahn** M kieł

Ecstasy ['ɛkstəzɪ] F *(-; -s)* ecstasy *f*

Ecua'dor N *(-s; bpl)* Ekwador

Edamer M, ADJ: **~ Käse** ser edamski

edel *(-dler, -lst-)* szlachetny; *(vornehm)* nobliwy *(-wie)*; **edle Gesinnung** szlachetność *f*; **~ handeln** postępować ⟨-stąpić⟩ szlachetnie

Edel|gas N gaz szlachetny; **~kastanie** F kasztan jadalny; **~metall** N metal szlachetny; **~mut** M szlachetność *f*; **~stahl** M stal *f* najwyższej jakości; **~stein** M kamień szlachetny; **~tanne** F jodła pospolita; **~weiß** N *(-[es]; -e)* szarotka

Editor M *(-s; -'toren)* EDV edytor

EDV [e:de:'faʊ] (Elektronische Datenveratbeitung) elektroniczne przetwarzanie danych

Efeu ['e:fɔʏ] M *(-s; bpl)* bluszcz

Effeff N: *umg* **etw aus dem ~ kennen** znać od podszewki *(akk)*

Ef'fekt M *(-[e]s; -e)* efekt; **~hascherei** F *(bpl) abw* efekciarstwo

effek'tiv *(wirksam, nützlich)* efektywny; TECH *a.* użyteczny

ef'fektvoll efektowny

effizi'ent wydajny, wydolny

EG F (Europäische Gemeinschaft) Unia Europejska, UE

e'gal ADJ *(unv)* obojętnie; **das ist ~** wszystko jedno, obojętnie; **(dass) ist mir (nicht) ~** to (nie) jest mi obojętne

Egel M pijawka

Egge F brona

Ego'ismus M *(-; bpl)* egoizm

Ego'ist(in) M(F) *(-en)* egoista *m* (-tka)

ego'istisch egoistyczny, samolubny

eh INT **~!** ej!; ADV *bes pl-niem, austr* i tak; **wie ~ und je** jak zawsze; **seit ~ und je** z

dawien dawna
eh., e.h. (ehrenhalber) honoris causa
ehe *konj* zanim, nim
Ehe F małżeństwo; **e-e ~ schließen** zawierać ⟨-wrzeć⟩ małżeństwo; **sie führen e-e sehr harmonische ~** ich pożycie małżeńskie jest bardzo harmonijne
eheähnlich niby-małżeński
Ehe|beratung(sstelle) F poradnia dla pragnących wstąpić w związek małżeński; **~bett** N łóżko małżeńskie; **~bruch** M zdrada małżeńska; **~frau** F żona; **~gatte** M małżonek; **~gattensplitting** N wspólne opodatkowanie małżonków; **~gattin** F małżonka; **~gemeinschaft** F wspólnota małżeńska; **~jubiläum** N rocznica ślubu; **~krach** M scena małżeńska; **~krise** F kryzys małżeński; **~leben** N (*bpl*) pożycie małżeńskie; **~leute** PL małżonkowie *pl*
ehelich małżeński; **~es Kind** dziecko ślubne
Ehelosigkeit F (-; *bpl*) bezżenność *f*
ehemalig były, eks(-); **mein ~er Mann** mój eksmąż
ehemals ADV kiedyś, ongiś
Ehe|mann M mąż; **~paar** N para małżeńska; **~partner** M współmałżonek
eher ADV (*früher*) wcześniej; *umg* (*lieber, vielmehr*) raczej, *umg* prędzej; **~ würde ich ...** raczej ..., prędzej bym ...; **je ~, je lieber** im prędzej, tym lepiej; **das ist ~ möglich** to jest bardziej możliwe
Ehe|ring M obrączka (ślubna); **~scheidung** F rozwód; *in zssgn* ... rozwodowy; **~schließung** F zawarcie małżeństwa
eheste (*sup von* **eher**) ADJ (jak) najwcześniejszy; ADV **am ~n** najwcześniej; (*am leichtesten*) najłatwiej, najprędzej
Ehe|streit M kłótnia małżeńska; **~vermittlung** F kojarzenie małżeństw; (*Institut*) biuro matrymonialne
ehrbar czcigodny, zacny
Ehre F (*bpl*) honor, cześć *f*; (*a. pl*) zaszczyt; **j-m, etw zu ~n** na cześć, ku czci (*gen*); **j-m zur ~ gereichen** przynosić zaszczyt **k-u**; **etw in ~n halten** czcić (*akk*); **die letzte ~ erweisen** odda(wa)ć ostatnią posługę
ehren (*achten, in Ehren halten*) czcić, szanować; (*Ehre machen*) zaszczycać ⟨-cić⟩ (**mit s-r Anwesenheit** swoją obecnością); **j-n ~ mit etw für etw** uczcić *pf*, uhonorować *pf* k-o (*inst*) za (*akk*); **sich geehrt fühlen** czuć się zaszczyconym; **Sehr geehrte Frau ...!** Szanowna Pani ...!
ehrenamtlich honorowy (-wo)
Ehren|bürger(in) M(F) obywatel(ka) honorowy (-wa); **~doktor** M doktor honoris causa; **~gast** M gość honorowy
ehrenhaft uczciwy (-wie), prawy
ehrenhalber ADV honoris causa
Ehren|mal N pomnik chwały; **~mann** M (PL *-männer*) człowiek honoru
ehrenrührig uwłaczający czci
Ehrenrunde F runda honorowa
Ehrensache F sprawa honoru; *umg* (**das ist doch**) **~!** nie ma sprawy!
ehrenvoll zaszczytny
Ehrenwache F warta honorowa
ehrenwert czcigodny, szanowny
Ehrenwort N (PL *-e*) słowo honoru
Ehrfurcht F głęboki szacunek; **~ gebietend** nakazujący szacunek
ehrfurchtgebietend → Ehrfurcht
ehrfürchtig pełen czci; *präd* z głęboką czcią, z uwielbieniem
Ehrgefühl N (*bpl*) poczucie honoru
Ehrgeiz M ambicja
ehrgeizig ambitny
ehrlich (*redlich*) uczciwy (-wie); *Gefühl* szczery (-rze); **wenn ich ~ bin** jeśli mam być szczerym; **~ gesagt** szczerze mówiąc
Ehrlichkeit F (-; *bpl*) (*Redlichkeit*) uczciwość *f*; (*Aufrichtigkeit*) szczerość *f*
Ehrung F (*Zeremonie*) uczczenie, uhonorowanie; (*Ehrenerweis*) zaszczyt
ehrwürdig czcigodny; *in ehrenden Anreden* wielebny
Ei N (-[*e*]s; -er) jajo, jajko; *klein* jajeczko; **~er legen** znosić jaj(k)a, nieść się; KULIN **ein weiches, hartes ~** jajko na miękko, na twardo; **j-n, etw wie ein rohes ~ behandeln** obchodzić się z (*inst*) jak z jajkiem; **er sieht aus wie aus dem ~ gepellt** wygląda jak z igły; **sie gleichen einander wie ein ~ dem anderen** są podobni do siebie jak dwie krople wody; *umg* **ach, du dickes ~!** a to dopiero!; *pop* **~er** PL (*Hoden*) jaja
Eibe F cis (pospolity)
Eibisch M (-[*e*]s; -e) BOT prawoślaz lekarski
Eiche F dąb; (*Holz*) dębina, drewno dębowe; **junge ~** dąbek
Eichel F (-; *-n*) BOT, ANAT żołądź *f*
Eichelhäher M sójka
eichen[1] V/T ⟨za⟩legalizować

eichen[2] ADJ dębowy
Eichenwald M dębina, dąbrowa
Eichhörnchen N wiewiórka
Eichstempel M cecha legalizacyjna
Eid M (-[e]s; -e) przysięga; **unter ~ aussagen** zezna(wa)ć pod przysięgą; **an ~es statt** w miejsce przysięgi
Eidechse F jaszczurka; **~n-** jaszczurczy
Eidesformel F formuła przysięgi
eidesstattlich ADJ: **~e Erklärung** zapewnienie w miejsce przysięgi
Eidgenos|se M (**~sin** F) obywatel(ka) Szwajcarii, Szwajcar(ka)
eidgenössisch szwajcarski
Eidotter M *od* N żółtko
Eier PL → Ei; *in zssgn mst* jajowy; **~becher** M kieliszek do jajek; **~kuchen** M omlet; **~likör** M ajerkoniak; **~nudeln** FPL makaron jajeczny; **~pfannkuchen** M naleśnik; **~schale** F skorupka jaj(k)a; **~schwamm** M *reg, austr* kurka; **~speise** F danie z jaj; *austr* jajecznica; **~stock** M ANAT jajnik; **~uhr** F minutnik (odmierzający czas gotowania jajek)
Eifer M (*-s; bpl*) gorliwość *f*, zapał; **in ~ geraten** wpadać ⟨wpaść⟩ w ferwor; **im ~ des Gefechts** w uniesieniu
Eifersucht F (*bpl*) zazdrość *f*; **aus ~** z zazdrości, przez zazdrość
eifersüchtig zazdrosny (**auf j-n** o k-o); *präd* zazdrośnie; **du bist ~ auf seinen Erfolg** zazdrościsz mu sukcesu
eiförmig jajowaty (-to)
eifrig gorliwy (-wie)
Eigelb N (*-s; -e aber 3 ~*) żółtko
eigen ADJ (*j-m gehörend*) własny, *wenn dem Subjekt des Satzes gehörend a.* swój; (*separat*) osobny, odrębny; (*typisch für*) właściwy, swoisty (*dat*); **sein ~er Bruder** jego własny brat; **seinen ~en Bruder** sw(oj)ego (własnego) brata; **sich** (*dat*) **etw zu ~ machen** przejmować ⟨-jąć⟩ (*akk*)
Eigenart F (*spezifische Wesensart*) swoistość *f*; (*merkwürdige Besonderheit*) osobliwość *f*
eigenartig (*seltsam*) osobliwy (-wie)
Eigenbau M (*bpl*) własna konstrukcja;... **Marke ~** ... wałsnej *od* domowej roboty
Eigenbedarf M potrzeby własne; **für den ~** na potrzeby własne
Eigenbrötler M odludek, oryginał
Eigengewicht N ciężar własny
eigenhändig własnoręczny; *Testament* sporządzony własnoręcznie
Eigen|heim N własny domek; **~heit** F osobliwość *f*; **~initiative** F inicjatywa własna
Eigen|kapital N kapitał własny; **~leben** N (*bpl*) życie osobiste *od* odrębne; **~lob** M samochwalstwo
eigenmächtig samowolny; **~ handeln** postępować ⟨-stąpić⟩ samowolnie
Eigen|mächtigkeit F (*bpl*) samowola, samowolność *f*; **~name** *me-r Sache* nazwa własna
eigennützig interesowny, wyrachowany; *präd* interesownie, z wyrachowaniem
eigens ADV specjalnie; (*ausschließlich*) tylko, wyłącznie
Eigenschaft F właściwość *f*, cecha; **gute ~en** *a.* przymioty *mpl*; **in seiner, ihrer** *usw* **~ als** w charakterze (*gen*)
Eigensinn M (*bpl*) upór
eigen|sinnig krnąbrny, uparty (-cie); **~ständig** samodzielny, niezależny
eigentlich ADJ właściwy, faktyczny; ADV właściwie; (*im Grunde*) w istocie, w gruncie rzeczy
Eigentor N SPORT bramka samobójcza
Eigentum N (*-s; bpl*) własność *f*; **geistiges ~** własność intelektualna
Eigentümer(in) M(F) właściciel(ka)
eigentümlich swoisty (-ście), charakterystyczny; (*seltsam*) osobliwy (-wie)
Eigentümlichkeit F swoistość *f*, cecha charakterystyczna; (*bpl*) (*Merkwürdigkeit*) osobliwość *f*
Eigentumswohnung F mieszkanie własn(ościow)e
eigenverantwortlich samodzielny; **~ entscheiden** decydować samodzielnie
eigenwillig (*ungewöhnlich*) swoisty, indywidualny; *Kind* niesforny, krnąbrny
eignen (*-e-*): V/R **sich ~ (zu, für)** nada(wa)ć się (do *gen*, na *akk*)
Eig|nung F (*bpl*) przydatność *f*; **~nungstest** M test przydatności
Eiklar N (*-s; -*) *austr* białko
Eiland N (*-[e]s; -e*) *poet* wyspa
Eilauftrag M pilne zamówienie
Eilbote M kurier; **durch ~n** ekspres
Eilbrief M list ekspresowy
Eile F (*-; bpl*) pośpiech; **in der ~** w pośpiechu, przez pośpiech; **in aller ~** pośpiesznie; **ich bin in ~** śpieszy mi się;

keine ~ haben (mit) nie kwapić się (do *gen*); **die Sache hat keine ~** z tym się nie śpieszy

Eileiter M ANAT, ZOOL jajowód

eilen V/I (*sn*) pośpieszać, pospieszać ⟨-szyć⟩, śpieszyć, spieszyć (**in** *akk*, **zu, nach** do *gen*, na *akk*); (*eilig sein; h*) naglić; **die Sache eilt** sprawa nagli; *unpers* **(es) eilt!** pilne!

eilends ADV czym prędzej

Eilgut N (*bpl*) przesyłka pośpieszna

eilig (po)śpieszny, (po)spieszny; (*dringend*) nagły; **er hat es ~ (mit)** śpieszy mu się (z *inst*); **er hat es ~, nach Hause zu kommen** śpieszno mu do domu

Eiltempo N *umg*: **im ~** z pośpiechem

Eil|zug M pociąg przyśpieszony; **~zustellung** F dostawa ekspresowa

Eimer M wiadro, kubeł; TECH czerpak; *umg* **etw ist, sind im ~** diabli wzięli (*akk*)

eimerweise ADV wiadrami, całe wiadra

ein[1] ART M *u.* N (*gen eines, dat einem, akk* M *einen,* N *ein*) *im Polnischen keine Entsprechung* **~ großes Haus** duży dom; **~ Herr X** niejaki pan X; *umg* **was für ~ Lärm!** co za hałas!; *num* (*a. substantivisch*) **~er** *od* **der ~e, [die]** ~e, **~es** *od* **das ~e** jeden *m*, jedna *f*, jedno *n*; **nicht ~en Tag** ani jednego dnia; **~ Uhr** pierwsza (godzina); **~ bis zwei Tage** dzień albo dwa; **an ~ und demselben Tag** tego samego dnia, w tym samym dniu; **... ist sein Ein und Alles** ... jest jego oczkiem w głowie; *indef* PRON jeden, ktoś; *umg* (*man*) człowiek; **~er von euch** jeden *od* ktoś z was; *umg* **das macht ~en nervös** to denerwuje człowieka; *umg* **~en trinken** wypić jednego; *umg* **~en sitzen haben** być pod gazem; → eins[2]

ein[2] ADV: **nicht mehr ~ und aus wissen** nie widzieć wyjścia, nie wiedzieć, co począć; **~ und aus gehen** być częstym gościem (**bei** w *lok*, u *gen*); (*an Geräten*) włączony

Einakter M jednoaktówka

ei'nander PRON nawzajem, wzajemnie; *akk a.* jeden drugiego, siebie, *dat a.* jeden drugiemu, sobie; **~ lieben** kochać się wzajemnie; → sich, gegenseitig

einarbeiten V/T (**in** *akk*) *j-n* wdrażać ⟨wdrożyć⟩ (do *gen*, w *akk*); (*einfügen*) włączać ⟨-czyć⟩ (do *gen*); *v/r* **sich ~** wdrożyć się, wciągać ⟨-gnąć⟩ się (do *gen*)

einarmig jednoręki; TECH jednoramienny; *präd* SPORT jednorącz

einäschern (*-re*) *Leiche* spalać ⟨-lić⟩

Einäscherung F kremacja

einatmen wdychać; (*inhalieren*) wziewać, inhalować

einäugig jednooki

Ein|bahnstraße F ulica jednokierunkowa; **~band** M (PL *-bände*) TYPO oprawa (książki)

einbändig jednotomowy

Einbau M (*bpl*) *e-s Schranks usw* wbudowanie; *e-s Geräteteils a.* zainstalowanie, wmontowanie

einbauen *Möbel, Motor* wbudow(yw)ać; *Gerät, Ersatzteil a.* ⟨za⟩istalować, wmontow(yw)ać

Einbau|herd M kuchenka do zabudowy; **~küche** F kuchnia obudowana; **~möbel** N mebel do zabudowy; **~schrank** M szafa wnękowa

ein|behalten (*irr; -*) wstrzym(yw)ać, zatrzym(yw)ać; (*abziehen*) potrącać ⟨-cić⟩; **~rufen** (*irr; -*) *Sitzung* zwoł(yw)ać; MIL powoł(yw)ać (**zu** do *gen*)

Einberufung F *e-s Gremiums* zwołanie; MIL powołanie

Einbettzimmer N pokój jednoosobowy

ein|beziehen (*irr; -*) włączać ⟨-czyć⟩ (**in** *akk* do *gen*); **~biegen** V/I (*irr; sn*) skręcać ⟨-cić⟩ (**links** w lewo)

einbilden V/T: **sich** (*dat*) **etw ~** wyobrażać ⟨-brazić⟩ sobie (*akk*); **er bildete sich ein, er sei ein Genie** uroił sobie, że jest geniuszem; **sich viel ~ auf etw** mieć wygórowane mniemanie o (*lok*); *umg* **was bildest du dir ein?** co ty sobie wyobrażasz?, co ci się ubzdurało?

Einbildung F (*bpl*) wyobrażenie; (*Dünkel*) zarozumiałość *f*; (*a. pl*) urojenie

Einbildungskraft F (*bpl*) wyobraźnia

ein|binden (*irr*) TYPO oprawi(a)ć; *fig* ⟨z⟩integrować, włączać ⟨-czyć⟩ (**in** *akk* do *gen*); **~bläuen** wbi(ja)ć do głowy

einblenden V/T *rtv* miksować wstawkę; V/R **sich ~** (**in** *akk*) *rtv* włączyć się *pf* (do *gen*)

Einblendung F wstawka, wtręt

Einblick M wgląd (**in etw** do *gen*, w *akk*); **~ in die Akten bekommen** otrzymać *pf* akta do wglądu

einbrechen (*irr*) V/T *Tür* wyłam(yw)ać; *Wand* ⟨z⟩burzyć; V/I (*sn*) *Decke* załam(yw)ać się; *Nacht* zapadać ⟨-paść⟩; *Winter* nadchodzić ⟨nadejść⟩; (*a. h*) *Dieb*

włam(yw)ać się (**in** *akk* do *gen*); **er ist auf dem Eis eingebrochen** lód się pod nim załamał; *umg* **... ist schwer eingebrochen** ... zrobił(a) kompletną klapę
Einbrecher M włamywacz
einbrennen (*irr*) V/T wypalać ⟨-lić⟩
einbringen (*irr*) *Ernte, Heu* sprzątać ⟨-tnąć⟩; *Gewinn, Kritik usw* przynosić ⟨-nieść⟩; *Antrag, Klage, Mitgift usw* wnosić ⟨wnieść⟩; *Zeit* nadrabiać ⟨-robić⟩
einbrocken nakruszyć *pf* (**Brot in** *akk* chleba do *gen*); *umg* **was hast du uns** *od* **dir da eingebrockt!** nawarzyłeś nam *od* sobie piwa!
Einbruch M *e-s Gewölbes* załamanie (się); JUR włamanie (się); *von Wasser* wdarcie się; EKON spadek (kursów); **bei, vor ~ der Nacht** z, przed nastaniem nocy
einbruchsicher z zabezpieczeniem antywłamaniowym
einbuchten *pop* (-*e*-) wsadzić *pf* do pudła
Einbuchtung F (*Delle*) wgłębienie
einbuddeln *umg* V/T zakop(yw)ać (*v/r* **sich** się)
einbürgern (-*re*) V/T naturalizować; V/R **sich ~** *fig* przyjmować ⟨-jąć⟩ się
Ein|bürgerung F naturalizacja, nadanie obywatelstwa; **~buße** F strata, uszczerbek (**an** *dat* na *lok*)
ein|büßen V/T *u.* V/I ⟨s⟩tracić (*akk*; **an Wert** na wartości); **~checken** V/T *Gepäck* zgłaszać ⟨zgłosić⟩ do odprawy (na lotnisku); V/I zgłosić się *pf* do odprawy (lotniczej) **~cremen** V/T ⟨po⟩smarować kremem (*v/r* **sich** się); **~dämmen** *Brand, Seuche* ⟨z⟩lokalizować; *Kosten usw* ograniczać ⟨-czyć⟩
eindecken *umg*: V/R **sich mit etw ~** zaopatrywać ⟨-trzyć⟩ się w (*akk*); V/T **j-n mit etw ~** (*überhäufen*) zawalać ⟨-lić⟩ k-o (*inst*); **j-n mit Arbeit ~** zawalać ⟨-lić⟩ k-o robotą
eindeichen *Fluss* obwałow(yw)ać
eindellen *Blech* wgniatać ⟨wgnieść⟩
eindeutig jednoznaczny
eindeutschen zniemczyć *pf*
eindrehen *Birne* wkręcać ⟨-cić⟩; *Haare* zakręcać ⟨-cić⟩
eindringen V/I (*irr; sn*) przenikać, wnikać ⟨-knąć⟩ (**in** *akk* do *gen*); (*gewaltsam*) wdzierać ⟨wedrzeć⟩ się, wtargnąć *pf* (do *gen*); *Hacker* włam(yw)ać się (**in ein Computersystem** do sieci komputerowej)
eindringlich *Stimme* dobitny; *Bitte* usilny
Eindringling M (-*s*; -*e*) intruz
Eindruck M (PL -*drücke*) *fig* wrażenie; **~ machen** (**auf j-n**) sprawi(a)ć wrażenie (na *lok*); **den ~ gewinnen** odnosić ⟨-nieść⟩ wrażenie; **unter dem ~** pod wrażeniem
eindrücken V/T *etw in Sand* wgniatać ⟨-gnieść⟩, wyciskać ⟨-snąć⟩ (*v/r* **sich** się); *Delle* wgniatać ⟨wgnieść⟩; *Nase, Rippen* zgnieść *pf*; *Scheibe* wybi(ja)ć
eindrucksvoll imponujący (-co)
eine → ein[1]
einebnen (*flach machen*) zrówn(yw)ać, ⟨z⟩niwelować
eineiig *Zwilling* jednojajowy
'einein'halb półtora *m u. n*, półtorej *f*
einem, einen[1] → ein[1]
einen[2] → einigen
einengen *fig* z(a)wężać ⟨-żyć⟩
Einengung F (*enge Stelle*) zwężenie
einer → ein[1]
Einer M (*Zahl, Boot*) jedynka; MAT **die ~** jednostki *fpl*
'einer'lei ADJ (*unv*) (*egal*) obojętny
Einerlei N (-*s*; *bpl*) jednostajność *f*
'einer'seits ADV z jednej strony
eines → ein[1]
einfach (*leicht*) prosty (-to), łatwy (-wo); (*schlicht*) skromny; (*nicht mehrfach*) pojedynczy (-czo); *Fahrkarte, Mehrheit, Mensch, Küche usw* zwykły; **ganz ~** zupełnie prosty; *etw tun können* bardzo prosto *od* łatwo; *partikel* (*geradezu*) wprost, po prostu
Einfachheit F (*bpl*) prostota; **der ~ halber** dla uproszczenia (sprawy)
einfädeln (-*le*) V/T *Nadel* nawlekać ⟨nawlec⟩; *umg Intrige* ukartować *pf*; (*anbahnen*) zainicjować *pf*; V/R **sich ~** *Fahrzeug* włączać ⟨-czyć⟩ się do ruchu
einfahren (*irr*) V/T *Auto* docierać ⟨dotrzeć⟩; *Ernte* zwozić ⟨zwieźć⟩; *Fahrwerk* schować *pf*; *umg Gewinn* osiągnąć *pf*; V/I (*sn*) wjeżdżać ⟨wjechać⟩ (**in** *akk* do *gen*, w *akk*); GÓRN zjeżdżać ⟨zjechać⟩ (do *gen*); *Schiff* wchodzić ⟨wejść⟩ (**in den Hafen** do portu)
Einfahrt F wjazd; *zum, in den Hafen* wejście; GÓRN zjazd; (*Tor*) brama (wjazdowa); **~signal** M KOLEJ sygnał wjazdu
Einfall M (*Idee*) pomysł; (*Eindringen*)

najazd, najście; *(bpl) des Lichts* padanie

einfallen V/I *(irr; sn) Idee* przychodzić ⟨przyjść⟩ do głowy; *Feind* wtargnąć *pf*; *Licht* wpadać ⟨wpaść⟩; **… fällt mir nicht ein** nie mogę sobie przypomnieć *(gen)*; **plötzlich fiel ihr ein** raptem przypomniała sobie; **es fällt mir nicht im Traum ein!** ani myślę!; **was fällt Ihnen ein!** co pan(i) sobie myśli!; **sich** *(dat)* **etwas ~ lassen** ruszyć konceptem

einfalls|los nieoryginalny, pospolity (-cie); **~reich** pomysłowy (-wo)

Einfallsreichtum N *(bpl)* pomysłowość *f*, inwencja

Einfalt F *(bpl) lit* prostota, naiwność *f*

einfältig naiwny, prostoduszny; *(beschränkt)* głupkowaty (-to)

Einfaltspinsel *umg abw* M naiwniak

Einfamilienhaus N dom jednorodzinny

einfangen *(irr)* ⟨z⟩łapać *(a. umg fig Grippe usw)*, pochwycić *pf*

einfarbig jednokolorowy, jednobarwny

ein|fassen *Stein, Gläser* oprawi(a)ć; *Kleid* ⟨ob⟩lamować; *(umgeben)* otaczać ⟨otoczyć⟩; **~fetten** natłuszczać ⟨-tłuścić⟩; *Lager usw* ⟨na⟩smarować

einfinden *(irr)*: V/R **sich ~** stawi(a)ć się

einflechten *(irr) fig* wtrącać ⟨-cić⟩

einfliegen *(irr)* V/T *Sachen, Menschen* przewozić ⟨-wieźć⟩ *od* dostarczać ⟨-czyć⟩ drogą powietrzną; V/I *(sn)* wlatywać ⟨wlecieć⟩ (**in** *akk*, **nach** do *gen*, na *akk*)

einfließen V/I *(irr; sn)* napływać ⟨-płynąć⟩, wpływać ⟨wpłynąć⟩; *fig* **~ lassen** (**in** *akk*) wtrącać ⟨-cić⟩ (do *gen*, w *lok*)

einflößen poda(wa)ć, (powoli) wlewać ⟨wlać⟩; *fig* napawać (**j-m** *akk* k-o *inst*)

Einflugschneise F LOTN strefa podejścia

Einfluss M wpływ; **~ ausüben** (**auf** *akk*) wywierać wpływ (na *akk*); **~bereich** M sfera wpływów; **~nahme** F wywieranie wpływu

einflussreich wpływowy

einflüstern podszeptywać ⟨-pnąć⟩

einförmig monotonny, jednostajny

einfressen: V/R **sich ~** *Rost usw* wżerać ⟨wżeć⟩ się (**in** *akk* w *akk*)

einfrieren *(irr)* V/T zamrażać ⟨-mrozić⟩ *(a. fig)*; *v/i (sn)* zamarzać ⟨-znąć⟩

einfügen V/T (**in** *akk*) wstawi(a)ć (do *gen*); *v/r* **sich ~** włączać ⟨-czyć⟩ się (do *gen*)

einfühlen: V/R **sich ~** wczu(wa)ć się (**in etw, j-n** w *akk*)

einfühlsam subtelny, wrażliwy

Einfühlungsvermögen N *(bpl)* empatia, zdolność *f* wczuwania się

Einfuhr F przywóz; **~beschränkungen** FPL ograniczenia *npl* importowe

einführen *Sachen, Sitten, Neuerungen, Personen usw* wprowadzać ⟨-dzić⟩ (**in** *akk* do *gen*, w *akk*); *Ordnung* zaprowadzać ⟨-dzić⟩; *Waren* sprowadzać ⟨-dzić⟩, importować (**aus** z *gen*); **~de Worte** uwagi *fpl* wstępne; **(gut) eingeführt** ADJ (powszechnie, dobrze) znany

Einfuhr|genehmigung F pozwolenie przywozowe; **~stopp** M zakaz przywozu

Einführung F *von Sitten, Neuerungen, Personen usw* wprowadzanie, wprowadzenie; *e-r Methode usw a.* wdrażanie, wdrożenie; *(Vorrede)* słowo wstępne

Einführungspreis M cena promocyjna

Einfuhrzoll M cło przywozowe

einfüllen napełni(a)ć (**Wasser in die Flasche** butelkę wodą)

Eingabe F *(Gesuch)* podanie; EDV wprowadzanie; **~taste** F klawisz wprowadzania

Eingang M wejście; *(Zutritt)* dostęp; *von Waren, Post usw* wpływ, nadejście

eingangs ADV na wstępie

Eingangstür F drzwi *pl* wejściowe

eingeben *(irr) Arznei* da(wa)ć; *Daten* wprowadzać ⟨-dzić⟩; *Idee* podda(wa)ć

eingebildet ADJ zarozumiały (-le), pyszałkowaty (-to); *(imaginär)* urojony; **~ sein auf** *(akk)* pysznić się *(inst)*

Eingeborene F autochtonka; **~(r)** M *(-n)* autochton, tubylec

Eingebung F natchnienie

ein|gefallen ADJ *Wangen* zapadły; **~gefleischt** ADJ *Junggeselle, Gegner* zatwardziały; **~gefroren** *pperf* → einfrieren; ADJ zamrożony

eingehen *(irr; sn)* V/T *Vertrag, Ehe* zawierać ⟨-wrzeć⟩; *Risiko* brać ⟨wziąć⟩ na siebie; **e-e Wette ~** pójść *pf* o zakład, zakładać ⟨założyć⟩ się; V/I *Post usw* nadchodzić ⟨nadejść⟩; *Geld* wpływać ⟨wpłynąć⟩; *Pflanze, Tier* ⟨z⟩ginąć; *Firma* przestać *pf* istnieć, upadać ⟨upaść⟩; *Stoff* zbiegać ⟨zbiec⟩ się; **in die Geschichte ~** przejść *pf* do historii; **auf j-n ~** wykaz(yw)ać dużo zrozumienia dla (*gen*); **auf e-n Vorschlag ~** przysta(wa)ć na propozycję; **auf Details ~** wda(wa)ć się w szczegóły

eingehend ADJ (*ausführlich*) szczegółowy (-wo); (*sorgfältig*) gruntowny

eingekeilt *pperf*, ADJ: **~ in der Menge stehen** nie móc się poruszyć w ścisku

eingelegt ADJ KULIN marynowany

Eingemachte(s) N zawekowane jarzyny *fpl od* mięso; kompot w wekach

eingenommen *p partikel* → einnehmen; ADJ *wohlwollend* zachwycony (**von** *inst*); *ablehnend* uprzedzony (**gegen** do *gen*); **von sich ~ sein** mieć zbyt wysokie mniemanie o sobie

ein|geschlossen *pperf* → einschließen; **~geschnappt** *pperf* → einschnappen; *umg* ADJ (*beleidigt*) nadąsany; **~geschränkt** *pperf* → einschränken; **~geschrieben** *pperf* → einschreiben; ADJ *Brief* polecony; **~geschworen** *pperf* → einschwören; **~gespielt** ADJ zgrany

Eingeständnis N przyznanie (się)

eingestehen V/T (*irr; pperf eingestanden*) przyzna(wa)ć się (do *gen*)

eingestellt ADJ: **fortschrittlich ~ sein** wyznawać postępowe poglądy

eingetragen ADJ *Verein, Marke* zarejestrowany

Eingeweide NPL wnętrzności *fpl*

eingeweiht ADJ wtajemniczony

eingewöhnen V/R (*pperf eingewöhnt*): V/R **sich ~** ⟨za⟩aklimatyzować się, zadomowić się *pf*

eingezogen *pperf* → einziehen

ein|gießen (*irr*) wl(ew)ać, nal(ew)ać (**in** *akk* do *gen*); **~gleisig** *Strecke* jednotorowy; **~gliedern** wcielać ⟨-lić⟩, włączać ⟨-czyć⟩ (**in** *akk* do *gen*)

Eingliederung F wcielenie, włączenie

eingraben V/T wkop(yw)ać, zakop(yw)ać; V/R **sich ~** *Räder, Fluss* wryć się *pf* (**in** *akk* w *akk*)

ein|gravieren (-) wygrawerować *pf*; **~greifen** (*irr*) (**in** *akk*) *Polizei usw* wkraczać ⟨wkroczyć⟩, ingerować (w *akk*)

Eingreiftruppe F MIL: **schnelle ~** siły *fpl* natychmiastowego reagowania

eingrenzen *fig* ograniczać ⟨-czyć⟩

Eingriff M ingerencja; *in j-s Rechte* naruszenie (*gen*); MED zabieg

Eingruppierung F zaszeregowanie

einhaken V/T *Tür usw* zamykać ⟨zamknąć⟩ na haczyk; **j-n ~**, V/R **sich ~ (bei)** brać ⟨wziąć⟩ k-o pod rękę; *umg* V/I (*sich einmischen*) wtrącać ⟨-cić⟩ się

Einhalt M *lit*: *e-r Sache* **~ gebieten** ukracać ⟨ukrócić⟩ (*akk*)

einhalten (*irr*) V/T *Versprechen, Termin usw* dotrzym(yw)ać (*gen*); *Vorschriften, Diät* przestrzegać (*gen*); V/I → aufhören

einhandeln *umg*: V/R **sich ~** *Krankheit* ⟨z⟩łapać; *Strafe usw* oberwać *pf*

einhängen V/T *Tür usw* zawieszać ⟨zawiesić⟩; *Hörer* (*a.* V/I) odkładać ⟨odłożyć⟩ słuchawkę; V/R **sich ~ (bei j-m)** brać ⟨wziąć⟩ k-o pod rękę

einhauen (*haute od hieb ein, eingehauen*) *Nagel* wbi(ja)ć; *Schädel umg* rozwalić *pf*; *Scheibe* wybi(ja)ć

einheften *Akten* wpinać ⟨wpiąć⟩

einheimisch miejscowy, tutejszy; *Erzeugnis, Industrie a.* krajowy

Einheimisch|e F tutejsza; **~e(r)** M (-n) tutejszy; **die ~en** tutejsi mieszkańcy *mpl*

Einheit F (*bpl*) jedność *f*; (*a. pl*) MAT, MIL jednostka

einheitlich jednolity (-cie); **~ gestalten** ujednolicać ⟨-cić⟩

Einheits|preis M cena jednolita; **~tarif** M taryfa jednolita

einhellig jednomyślny, zgodny

einhergehen V/I (*irr; sn*): **mit etw ~** towarzyszyć (*dat*), iść w parze (z *inst*)

einholen (*herankommen, erreichen*) dopędzać ⟨-dzić⟩; *Versäumtes* nadrabiać ⟨-robić⟩; *Flagge* opuszczać ⟨opuścić⟩; *Rat, Information* zasięgać ⟨zasięgnąć⟩; *Segel* zwijać ⟨zwinąć⟩; *Netz* wyb(ie)rać; *umg* → einkaufen

Einhorn N jednorożec

einhüllen V/T owijać ⟨owinąć⟩ (*v/r* **sich** się); *Nebel* okry(wa)ć

einig ADJ zgodny; **(sich) ~ sein** zgadzać się (**mit j-m darin, dass** z kimś co do tego, że ...; **über etw** co do *gen*); **~ werden** dochodzić ⟨dojść⟩ do zgody, *umg* dogad(yw)ać się; → einiggehen

einige PRON *indef* **1** PL niektóre, *persf* niektórzy; (*wenige*) kilka, *persf* kilku; **~ Hundert** kilkaset, *persf* kilkuset **2** *mit subst im Singular* (*ein wenig*) nieco, trochę; **~ Mal(e)** kilka razy; **~s** coś niecoś **3** *sg u. pl* (*ziemlich viel*) sporo; **~ Zeit** pewien czas; nieco *od* sporo czasu; **in ~r Zeit** za jakiś czas; **in ~r Entfernung** w pewnej odległości; **vor ~r Zeit** jakiś czas temu

einigen V/T ⟨z⟩jednoczyć; V/R **sich ~** dochodzić ⟨dojść⟩ do porozumienia, *umg* dogad(yw)ać się (**über** *akk* co do *gen*)

einigermaßen ADV poniekąd, do pewnego stopnia; (*leidlich*) możliwy (-wie)

einiges → einige

einiggehen (*irr; sn*) zgadzać się (**mit j-m darin, dass** z kimś co do tego, że ...)

Einigkeit F (*bpl*) jedność *f*, jednomyślność *f*; (*Übereinstimmung*) zgoda

Einigung F POL, EKON zjednoczenie; **keine ~ erzielen** nie dojść do zgody *od* do porozumienia

einjagen: **j-m e-n Schreck ~** napędzić *pf* k-u strachu

einjährig jednoroczny

einkalkulieren (-) *Risiko* brać ⟨wziąć⟩ w rachubę, uwzględni(a)ć

einkassieren (-) *Betrag* ⟨za⟩inkasować; *umg j-n* przyskrzynić *pf*

Einkauf M kupno, zakup; (*Gekauftes*) sprawunek; **Einkäufe machen** robić zakupy, załatwi(a)ć sprawunki

einkaufen kupować, ⟨-pić⟩, zakupywać ⟨-pić⟩; **~ gehen** iść ⟨pójść⟩ na zakupy

Einkaufen N (*bpl*) robienie zakupów

Einkäufer(in) M(F) pracownik (-niczka) działu zaopatrzenia *od* zakupów, *umg* zaopatrzeniowiec

Einkaufs|bummel M spacer połączony z robieniem zakupów; **~korb** M koszyk na zakupy; **~preis** M cena zakupu; **~roller** M wózek-torba na zakupy; **~tasche** F torba na zakupy; **~wagen** M wózek na zakupy; **~zentrum** N kompleks handlowy, centrum handlowe; **~zettel** M lista zakupów

ein|kehren V/I (*sn*) wstępować ⟨wstąpić⟩ (**in e-m, ein Wirtshaus** do gospody); **~kellern** (-*re*) *Kartoffeln usw* składać ⟨złożyć⟩ do piwnicy; **~kerben** nacinać ⟨-ciąć⟩; **~kesseln** (-*le*) MIL okrążać ⟨-żyć⟩; **~klagen** V/T dochodzić sądownie (*gen*); **~klammern** ujmować ⟨ująć⟩ w nawias

Einklang M: *fig* **etw in ~ bringen** zestrajać ⟨-stroić⟩, zharmonizować *pf*; **sich in ~ befinden** zgadzać się

ein|kleben wklejać ⟨wkleić⟩; **~kleiden** *Rekruten* umundurować *pf*; *Novizen* oblekać ⟨oblec⟩ (w szaty zakonne); **~kleistern** *Tapete* ⟨po⟩smarować klejem; **~klemmen** zaciskać ⟨-snąć⟩; *Finger* przyciskać ⟨-snąć⟩; **~klinken** V/T *Tür* zatrzaskiwać ⟨-snąć⟩; **~knicken** V/T nadłam(yw)ać; V/I (*sn*) nadłam(yw)ać się; *Knie* uginać ⟨ugiąć⟩ się; **~kochen** V/T *u.* V/I (*sn*) odparow(yw)ać; V/T (*konservieren*) zawekować *pf*

Einkommen N dochód, dochody *pl*

einkommensschwach niezamożny

Einkommen(s)steuer F podatek dochodowy

einkrachen *umg* V/I (*sn*) załamać się *pf*

einkreisen otaczać ⟨otoczyć⟩; (*markieren*) oznaczać ⟨-czyć⟩ kółkiem

einkriegen *umg*: V/R **sich (vor Lachen) nicht ~ können** pękać ze śmiechu

Einkünfte PL dochody *mpl*

ein|laden[1] (*irr*) *Ladung* załadow(yw)ać (**in** *akk* do *gen*); **~laden**[2] (*irr*) *Gast* zapraszać ⟨-prosić⟩ (**zu** na *akk*; **zu sich** [*dat*] do siebie)

einladend ADJ zachęcający (-co); **~ aussehen** wyglądać zachęcająco

Einladung F zaproszenie

Einlage F wkładka (*a. im Schuh, in der Suppe*); TEATR wstawka; (*Zahnfüllung*) wypełnienie; FIN wkład

einlagern ⟨z⟩magazynować

einlangen V/I *austr* przyby(wa)ć

Einlass M (-*es; bpl*) wstęp

einlassen (*irr*) V/T wpuszczać ⟨wpuścić⟩ (**in** *akk* do *gen*); *Wasser usw* napuszczać ⟨-puścić⟩; V/R **sich ~** (**auf** *akk*; **mit**) wda(wa)ć się (w *akk*; z *inst*)

Einlassventil N zawór wlotowy

Einlauf M SPORT kolejność *f* na finiszu; MED wlew, lewatywa

einlaufen V/I (*irr; sn*) *Menschen* wbiegać ⟨-gnąć, wbiec⟩ (**in** *akk* do *gen*, na *akk*); *Zug* wjeżdżać ⟨wjechać⟩; *Schiff* wpływać ⟨wpłynąć⟩; *Wasser* wl(ew)ać się (**in** *akk* do *gen*); *Stoff* zbiegać ⟨zbiec⟩ się

einleben: V/R **sich ~** ⟨za⟩aklimatyzować się, oswajać ⟨oswoić⟩ się

Einlegearbeit F intarsja

einlegen (*irr*) wkładać ⟨włożyć⟩, *a. Film* zakładać ⟨założyć⟩ (**in** *akk* do *gen*); *Haare* układać ⟨ułożyć⟩; *Pause* ⟨z⟩robić; *Protest* składać ⟨złożyć⟩; AUTO *Gang* włączać ⟨-czyć⟩, *umg* wrzucać ⟨-cić⟩; KULIN *in Essig* ⟨za⟩kisić, ⟨za⟩marynować; *in Salzlake* ⟨za⟩solić

Einlegesohle F wkładka (do buta)
einlei|ten *Rede, Gespräche* rozpoczynać ⟨-cząć⟩; *Ära, Saison usw* zapoczątkow(yw)ać, ⟨za⟩inaugurować; JUR *Verfahren, Untersuchung* wszczynać ⟨wszcząć⟩; *Abwässer* odprowadzać (**in** *akk* do *gen*); **~tend** ADJ wstępny; *präd* na wstępie
Einleitung F (*Beginn*) rozpoczęcie; (*Eröffnung*) inauguracja; JUR wszczęcie; (*Vorwort*) wstęp, uwagi *fpl* wstępne
ein|lenken V/I iść ⟨pójść⟩ na ustępstwa; **~lesen** (*irr*) EDV wprowadzać ⟨-dzić⟩ (dane)
einleuchten V/I: **j-m ~** trafi(a)ć k-u do przekonania
einleuchtend ADJ przekonujący
einliefern dostawi(a)ć (**in ein Krankenhaus** do szpitala)
Einlieferungsschein M *für Postsendung* potwierdzenie dla nadawcy
einlochen *pop* wpakować *pf* do kicia
einloggen V/I (*u.* V/R **sich ~**) zalogować się *pf*
einlösen *Pfand* wykupywać ⟨-pić⟩; *Wechsel* honorować; *Scheck* ⟨z⟩realizować; *Versprechen* spełni(a)ć
einmachen KULIN ⟨za⟩wekować, konserwować
Einmachglas N wek, słoik
einmal ADV (jeden) raz (**am Tag** na dzień); (*eines Tages*) pewnego razu; (*einst, irgendwann*) kiedyś; **~ ..., ~ ...** raz ..., raz ...; **noch ~ so groß wie ...** dwa razy większy od (*gen*); **~ und nie wieder** po raz pierwszy i ostatni; **auf ~** naraz; **mehr als ~** nie raz; **nicht ~** ani razu; *partikel* **es ist nun ~ so** tak to już jest; **komm doch ~ her** chodź no tu; **erst ~** najpierw; **er kann nicht ~ tanzen** nawet nie umie tańczyć
Einmal'eins N (-; *bpl*) tabliczka mnożenia; *fig* abecadło
einmalig *Zahlung, Beitrag usw* jednorazowy; *Chance* jedyny; (*einzigartig*) unikatowy, unikalny; **~ schön** rzadkiej piękności
Einmann|betrieb M przedsiębiorstwo jednoosobowe; **~zelt** N pałatka
Einmarsch M wkroczenie
ein|marschieren V/I (-; *sn*) wkraczać ⟨wkroczyć⟩, wmaszerować *pf* (**in** *akk* do *gen*); **~massieren** (-) wmasow(yw)ać; **~mauern** wmurow(yw)ać
einmieten: V/R **sich ~** wynajmować ⟨-nająć⟩ pokój (**bei, in** *dat* u *gen*, w *lok*)
einmischen: V/R **sich ~ in** (*akk*) ⟨w⟩mieszać się, wtrącać ⟨-cić⟩ się do (*gen*); **misch dich nicht ein** nie mieszaj się
Einmischung F mieszanie się, wtrącanie się; *a.* POL ingerencja (w *akk*)
einmotorig jednosilnikowy
Einmündung F wlot (drogi, ulicy)
einmütig jednomyślny, zgodny
einnähen wszy(wa)ć, zaszy(wa)ć
Einnahme F HANDEL przychód, wpływ; *e-s Tages* utarg; (*bpl*) *von Arzneien* zażywanie, zażycie; *von Essen* spożywanie, spożycie; *e-r Stadt* zajęcie
Einnahmequelle F źródło dochodu
einnehmen (*irr*) *Geld, Steuern* pobierać ⟨-brać⟩; *Arznei* zaży(wa)ć; *Mahl* spoży(wa)ć; *Platz, Stellung, Stadt* zajmować ⟨-jąć⟩; *fig* **j-n für sich ~** zjedn(yw)ać sobie (*akk*)
einnehmend ADJ ujmujący (-co)
einnicken V/I (*sn*) zdrzemnąć się *pf*
einnisten: V/R **sich ~** zagnieżdżać ⟨zagnieździć⟩ się (**bei** u *gen*); MED umiejscawiać ⟨-cowić⟩ się
Einöde F pustkowie
einordnen ⟨po⟩segregować, ⟨u⟩porządkować (**alphabetisch** alfabetycznie, **zeitlich** chronologicznie; **nach der Größe** według rozmiaru); zaklasyfikować *pf* (**in e-e Kategorie** do kategorii); **sich (rechts) ~** *Auto* zmieni(a)ć pas ruchu (przed skręceniem w prawo); **sich ~** (*sich anpassen*) przystosow(yw)ać się (**in** *akk* do *gen*)
einpacken V/T ⟨za⟩pakować; V/I *umg* **~ können** spasować *pf*
einparken V/I *u.* V/T ⟨za⟩parkować
Einparteiensystem N system jednopartyjny
ein|passen dopasow(yw)ać, wpasow(yw)ać; **~pflanzen** ⟨po⟩sadzić; *Organ* wszczepi(a)ć; **~planen** zaplanować *pf*; **~pökeln** ⟨za⟩peklować
einprägen V/T *Zeichen* wybi(ja)ć; **sich** (*dat*) **etw ~** zapamiętać *pf* (*akk*); V/R **sich j-m ~** wryć się k-u w pamięć
einprägsam łatwy do zapamiętania
ein|quartieren (-) zakwaterow(yw)ać (**bei** u *gen*); **~rahmen** oprawi(a)ć w ramy; *fig* obramow(yw)ać; **~rammen** wbi(ja)ć; **~rasten** V/I zaskakiwać ⟨zaskoczyć⟩; **~räumen** *Sachen* umieszczać ⟨umieścić⟩; *Möbel* ustawi(a)ć; *Recht, Feh-*

ler, Kredit przyzna(wa)ć; **~rechnen** wliczać ⟨-czyć⟩ (do rachunku); ... **(mit) eingerechnet** łącznie z (*inst*)

einreden: **j-m etw ~** wmawiać ⟨wmówić⟩ w k-o (*akk*) *od* w k-o, że ...; **auf j-n ~** perswadować, *umg* klarować (*dat*); **sich** (*dat*) **etw ~** wmawiać ⟨wmówić⟩ w siebie (*akk*)

einreiben (*irr*) V/T nacierać ⟨natrzeć⟩ (*v/r* **sich** się; **mit etw** *inst*); **sich** (*dat*) **das Gesicht mit Creme ~** ⟨po⟩smarować sobie twarz kremem

einreichen *Gesuch, Bewerbung* składać ⟨złożyć⟩; *Klage* wnosić ⟨wnieść⟩; *Revision* zakładać ⟨założyć⟩

einreihen V/T zaliczać ⟨-czyć⟩ (**unter** *akk* do *gen*); *v/r* **sich ~** (**in** *akk*) przyłączać ⟨-czyć⟩ się (do *gen*), zająć *pf* miejsce (w *lok*)

Einreiher M jednorzędówka

Einreise F wjazd (**in** *akk*, **nach** do *gen*); **~erlaubnis** F zezwolenie na wjazd

einreisen (*sn*) przyby(wa)ć (**in** *akk*, **nach** do *gen*; **aus** z *gen*)

Einreisevisum N wiza wjazdowa

einreißen (*irr*) V/T *Stoff usw* nadrywać ⟨naderwać⟩ (**się** *v/i*, *sn*); *Haus* ⟨z⟩burzyć; V/I (*sn*) *fig Unsitte usw* szerzyć się

einrenken V/T MED nastawi(a)ć; *umg fig* uregulować *pf*; V/R **das wird sich schon ~** to się już jakoś ułoży

einrennen *Tür* wywalać ⟨-lić⟩; **offene Türen ~** wyważać otwarte drzwi

einrichten V/T (*benutzbar machen, gestalten*) urządzać ⟨-dzić⟩; (*etablieren*) zakładać ⟨założyć⟩, otwierać ⟨otworzyć⟩; (*möblieren*) ⟨u⟩meblować (**mit** *inst*); (*ausstatten*) wyposażać ⟨-żyć⟩ (**mit** w *akk*); MED nastawi(a)ć; TECH ustawi(a)ć; **ich kann es so ~, dass** ... mogę tak urządzić, że ...; V/R **sich ~** urządzać ⟨-dzić⟩ się; **sich auf etw ~** nastawi(a)ć się na (*akk*); **das lässt sich ~** to można (będzie) urządzić; **wenn es sich ~ lässt** jeśli to będzie możliwe

Einrichtung F (*das Einrichten*) urządzanie, (*a. Mobiliar, Ausstattung, Vorrichtung*) urządzenie; TECH *a.* instalacja; (*Gründung*) założenie, otwarcie; (*Anstalt*) instytucja, zakład (**öffentliche** użyteczności publicznej); **zur ständigen ~ werden** wejść *pf* w zwyczaj

Einrichtungsgegenstand M sprzęt

ein|rosten V/I (*sn*) zardzewieć *pf*; *umg fig* zgnuśnieć *pf*; **~rücken** V/T *Zeile* wcinać ⟨wciąć⟩; V/I (*sn*) wkraczać ⟨wkroczyć⟩ (**in die Stadt** do miasta); być powołanym (**zum Militär** do wojska); **~rühren** doda(wa)ć mieszając

eins[1] *num* jeden, raz; **~ zu null** jeden do zera; **um ~** o pierwszej; *umg* **~, zwei, drei** ... raz, dwa, trzy ...; ADJ **wir sind uns ~ darüber** jesteśmy zgodni co do tego; **es ist mir alles ~** jest mi wszystko jedno; **das ist alles ~** to jedno i to samo

eins[2] *indef* PRON → ein[1]; **~ von beiden** jedno z dwojga; **~ nach dem anderen** jedno po drugim; **~ verstehe ich nicht** jednego nie rozumiem

Eins F jedynka; (*Schulnote in Polen*) piątka; **e-e ~ schreiben** napisać na piątkę

einsalzen ⟨za⟩solić

einsam samotny; *Leben a.* samotniczy (-czo); **sich ~ fühlen** czuć się samotnym

Einsamkeit F (*bpl*) samotność *f*; (*Gegend*) samotnia

einsammeln ⟨po⟩zbierać, zebrać *pf*

Einsatz M (*eingesetzter Teil*) wkładka, wstawka; *im Spiel* stawka; (*das Einsetzen*) zastosowanie, użycie; MIL *usw* wprowadzenie do akcji; *konkret* operacja, akcja; (*Hingabe*) zaangażowanie; mobilizacja; **unter ~ des Lebens** z narażeniem życia; **~befehl** M rozkaz bojowy *od* operacyjny

einsatzbereit gotowy do działania *od* użycia; TECH technicznie sprawny

Einsatz|bereitschaft F (*bpl*) gotowość *f* operacyjna; **~leiter(in)** M(F) ...dowódca ...; kierujący (-ca); **...~plan** M plan akcji

einsaugen wsysać ⟨wessać⟩

einscannen ⟨ze⟩skanować

einschalten V/T włączać ⟨-czyć⟩ (*a. fig*); *v/r* **sich ~** włączać ⟨-czyć⟩ się (*a. fig* **in** *akk* do *gen*); (*eingreifen*) ingerować (w A)

Einschaltquote F oglądalność *f*

ein|schärfen stanowczo nakaz(yw)ać (**j-m etw** k-u *akk od inf*); **~schätzen** oceni(a)ć (**falsch** błędnie)

Einschätzung F ocena; **nach meiner ~** według mej oceny

ein|schenken nal(ew)ać (**Wein** wina); napełni(a)ć (**die Gläser** kieliszki); **~schikken** (*dat od* **an** *akk*) przes(y)łać (*dat*, do *gen*); **~schieben** (*irr*) wsuwać ⟨wsunąć⟩ (**in** *akk* do *gen*); **~schiffen** V/T ⟨za⟩okrętować (*v/r* **sich** się); **~schlafen** (*irr*; *sn*) zasypiać ⟨-snąć⟩; *Glieder* ⟨z⟩drętwieć;

umg fig usta(wa)ć; **~schläfern** (-re) usypiać ⟨uśpić⟩; **~schläfernd** ADJ usypiający (-co) (*a. fig*)

Einschlag M *e-e Blitzes* uderzenie; *e-r Bombe usw* trafienie (*a. Stelle*); *des Lenkrads* skręt; (*am Kleid*) zakładka; LEŚN wyrąb; **mit … ~** (*mit Beimischung*) z domieszką (*gen*)

einschlagen (*irr*) V/T *Nagel* wbi(ja)ć; *Zähne, Scheibe* wybi(ja)ć; *Weg, Richtung* iść ⟨pójść⟩ (**nach** w kierunku *gen*, ku *dat*); *Saum* zakładać ⟨założyć⟩; *Lenkrad* skręcać ⟨-cić⟩; *Laufbahn* ob(ie)rać; (*einwickeln*) zawijać ⟨zawinąć⟩ (**in** *akk* w *akk*); *v/i* (**auf j-n**) bić, tłuc (*akk*); *Geschoss* trafi(a)ć; *Blitz* uderzać ⟨-rzyć⟩; *umg* (*Erfolg haben*) mieć wzięcie; HANDEL cieszyć się popytem

einschlägig odnośny; HANDEL *a.* branżowy; **~ vorbestraft** karany poprzednio za podobne przestępstwo

einschleichen (*irr*): V/R **sich ~** wkradać ⟨wkraść⟩ się (**in** *akk* do *gen*, w *akk*)

ein|schleppen *Seuche* zawlekać ⟨zawlec⟩; **~schleusen** *Menschen* przerzucać ⟨-cić⟩, przemycać ⟨-cić⟩ (**in** *akk* do *gen*); **~schließen** (*irr*) V/T zamykać ⟨-mknąć⟩ (*v/r* **sich** się); (*umgeben*) otaczać ⟨otoczyć⟩ (*a.* MIL); (*umfassen*) obejmować ⟨objąć⟩

einschließlich PRÄP (*gen*) łącznie z (*inst*); ADV włącznie; **bis ~ …** do … włącznie

ein|schmuggeln przemycać ⟨-cić⟩ (**in** *akk* do *gen*); **~schnappen** V/I (*sn*) zatrzaskiwać ⟨-snąć⟩ się; → eingeschnappt; **~schneiden** (*irr*) V/T nacinać ⟨-ciąć⟩; V/I (*a.* V/R **sich**) wpi(ja)ć się; **~schneidend** ADJ radykalny, istotny; **~schneien** V/I (*sn*) zasyp(yw)ać śniegiem; **wir sind eingeschneit** zasypało nas śniegiem

Einschnitt M nacięcie; *fig* cezura, moment przełomowy

einschnüren ściskać ⟨ścisnąć⟩ (**die Kehle** za gardło)

einschränken V/T ograniczać ⟨-czyć⟩ (**in** *dat* w *lok*; V/R **sich** się)

Einschränkung F ograniczenie; (*Vorbehalt*) zastrzeżenie; **mit ~** z zastrzeżeniem; **ohne ~** bez zastrzeżeń

einschrauben wkręcać ⟨-cić⟩

Einschreibebrief M list polecony

Einschreib(e)gebühr F wpisowe; *für Postsendung* opłata za (list) polecony

einschreiben (*irr*) V/T wpis(yw)ać (**in** *akk* do *gen*, na *akk*); **~ lassen** *Brief* nada(wa)ć jako polecony; V/R **sich ~** zapis(yw)ać się (**für** na *akk*)

Einschreiben N (*Post*) przesyłka polecona; „~" „Polecony"

einschreiten V/I (*irr; sn*) przedsiębrać ⟨-sięwziąć⟩ środki (**gegen** przeciwko *dat*), interweniować, wkraczać ⟨wkroczyć⟩ (**in diesem Fall** w tej sprawie)

Einschreiten N (*-s; bpl*) interwencja

einschüchtern (*-re*) zastraszać ⟨-szyć⟩ (**mit Drohungen** pogróżkami)

Einschüchterungsversuch M próba zastraszenia

einschulen zapis(yw)ać do szkoły

Einschuss M wlot (postrzału)

einschweißen *Ware* ⟨za⟩pakować w folię termokurczliwą

einsegnen konfirmować

einsehen (*irr*) V/T *Akten* zapozna(wa)ć się (z *inst*); (*begreifen, erkennen*) zrozumieć *pf*, pojąć *pf*; *Irrtum a.* uzna(wa)ć; *Irrtum* uzna(wa)ć; V/I **ich sehe nicht ein, warum ich …** nie widzę powodów, dlaczego mam …

einseifen namydlać ⟨-lić⟩; *umg fig* (*betrügen*) zrobić *pf* bez mydła (*akk*)

einseitig jednostronny (*a. fig*)

einsenden (*irr*) → einschicken

Einsender(in) M(F) nadawca *m* (-czyni)

Einsendeschluss M (*bpl*) ostateczny termin nadsyłania (*gen*); **~ für … ist Freitag …** należy nadsyłać do piątku

Einser *umg* M jedynka; → Eins

einsetzen V/T *Scheibe usw* wprawi(a)ć, wstawi(a)ć; *Maschine, Mittel* uży(wa)ć, ⟨za⟩stosować; *Arbeiter* zatrudni(a)ć (**bei** przy *lok*); *Polizei, Truppen usw* wprowadzać ⟨-dzić⟩ do akcji; *Leben* narażać ⟨-razić⟩; *als Erben usw* wyznaczać ⟨-czyć⟩ (**na** *akk*); *in ein Amt a.* wprowadzać ⟨-dzić⟩, ustanawiać ⟨-nowić⟩; *im Spiel* stawiać ⟨postawić⟩; V/I (*beginnen*) rozpoczynać ⟨-cząć⟩ się, nasta(wa)ć; V/R **sich ~ (für)** wstawi(a)ć się (za *inst*)

Einsicht F (*Einblick*) wgląd (**in** *akk* do *gen*); (*Erkenntnis*) przekonanie; (*Verständnis*) zrozumienie (dla *gen*); **zur ~ kommen** opamiętać się *pf*; **zu der ~ kommen, dass…** dojść *pf* do przekonania, że …

ein|sichtig, ~sichtsvoll rozsądny

Einsiedler M pustelnik, eremita *m*;

~leben N pustelnicze życie
einsilbig JĘZ jednosylabowy; *fig* małomówny; *Antwort* lakoniczny
ein|sinken V/I (*irr; sn*) zapadać ⟨-paść⟩ się; **~sortieren** (-) poukładać *pf*; **~spaltig** jednołamowy, jednoszpaltowy; **~spannen** *Tier* wprzęgać ⟨-gnąć, wprząc⟩ (*a. umg j-n*; **für** do *gen*); *Werkstück* zamocow(yw)ać; *Papier usw* zakładać ⟨założyć⟩ (**in** *akk* do *gen*); **~sparen** zaoszczędzać ⟨-dzić⟩ (**bei** na *inst*); **~spännig** *Fuhrwerk* jednokonny
Einsparung F zaoszczędzenie; (*das Eingesparte*) oszczędność *f*
einsperren zamykać ⟨-mknąć⟩
einspielen: V/R **sich ~** zgr(yw)ać się (**aufeinander** ze sobą)
einsprachig jednojęzyczny
einspringen V/I (*irr; sn*): **für j-n ~** wyręczać ⟨-czyć⟩, zastępować ⟨zastąpić⟩ k-o
Einspritz|er M AUTO silnik wtryskowy; **~ung** F wtrysk; MED wstrzyknięcie
Einspruch M sprzeciw; **~ erheben** (**gegen**) zgłaszać ⟨zgłosić⟩ sprzeciw (wobec *gen*)
einspurig *Straße* jednopasmowy; KOLEJ jednotorowy
einst ADV niegdyś; (*künftig*) kiedyś
einstampfen *Bücher usw* odda(wa)ć na przemiał
Einstand M *im Tennis* równowaga; *umg* **s-n ~ geben** obl(ew)ać nową pracę (z kolegami)
einstechen (*irr*) V/T *Nadel* wbi(ja)ć; V/I (**in etw**) nakłu(wa)ć (*akk*); **mit e-m Messer auf j-n ~** dźgać nożem (*akk*)
Einsteckalbum N klaser
ein|stecken wkładać ⟨włożyć⟩ (**in die Tasche** do kieszeni); wtykać ⟨wetknąć⟩ (**in etw** w *akk*, do *gen*); *Schläge, Beleidigungen usw* znosić ⟨znieść⟩; → einwerfen; **~stehen** V/I (*irr; sn*) ręczyć, odpowiadać (**für** za *akk*)
einsteigen V/I (*irr; sn*) (**in** *akk*) wsiadać ⟨wsiąść⟩ (do *gen*, na *akk*); *Dieb* włazić ⟨wleźć⟩ (do *gen*); *umg fig* (*beginnen*) przystępować ⟨-stąpić⟩ (do *gen*); ⟨za⟩angażować się (**in die Politik** w politykę); zainwestować *pf* (**bei … mit viel Geld** dużo pieniędzy w *akk*)
Einsteiger(in) M(F) *umg* nowicjusz(ka)
einstellbar nastawny
einstellen V/T (*hineintun*) wstawi(a)ć; *Arbeitskraft* przyjmować ⟨-jąć⟩ (do pracy); *Gerät* nastawi(a)ć; *Arbeit usw* wstrzym(yw)ać (*akk*), zaprzesta(wa)ć (*gen*); *Zahlungen a.* zawieszać ⟨-wiesić⟩; *Verfahren, Ermittlungen* umarzać ⟨umorzyć⟩; V/R **sich ~** *Person* stawi(a)ć się; *Fieber usw* występować ⟨wystąpić⟩; *Zweifel usw* ⟨z⟩rodzić się; **sich ~ auf etw** nastawi(a)ć się na (*akk*); **sich auf j-n, aufeinander ~** dostosow(yw)ać się do *gen*, do siebie
einstellig *Zahl* jednocyfrowy
Einstellplatz M miejsce w garażu
Einstellung F *von Personal* zaangażowanie (do pracy); TECH nastawienie (*a. fig* **zu** *e-r Sache* do *od* wobec *gen*); (*Beendigung*) wstrzymanie, zaprzestanie; *von Zahlungen a.* zawieszenie; *beim Film* ujęcie; JUR umorzenie; (*innere Haltung*) postawa (**zu** wobec *gen*)
Einstellungs|gespräch N rozmowa kwalifikacyjna; **~stopp** M niezatrudnianie nowych pracowników
Einstich M ukłucie; (*Stelle*) ślad po ukłuciu
Einstieg M (-[e]s; -e) wejście (**in** *akk* do *gen*); (*Luke*) właz; *fig* zapoznanie się (**in** *akk* z *inst*); (*Beginn*) rozpoczęcie, *umg* start
Einstiegsdroge F miękki narkotyk
einstig ADJ niegdysiejszy, były
einstimmen V/T *Instrument* dostrajać ⟨-stroić⟩; *fig* nastrajać ⟨-stroić⟩ (**j-n auf etw** k-o do *gen*); *v/i* (**mit**) **~ in** (*akk*) ⟨za⟩wtórować (*dat*)
ein|stimmig MUS jednogłosowy; *Wahl* jednogłośny; (*einmütig*) jednomyślny; **~stöckig** jednopiętrowy; **~streichen** (*irr*) ⟨po⟩smarować (**mit etw** *inst*); *umg abw Geld usw* zgarniać ⟨-nąć⟩; **~strömen** V/I (*sn*) (**in** *akk*) *Wasser* wl(ew)ać się (do *gen*); *Massen* napływać ⟨napłynąć⟩ (do *gen*); **~studieren** V/T (-) wyuczać ⟨-czyć⟩ się (*gen*); **~stufen** (**in** *akk*, **als** …) zaklasyfikować *pf* (do *gen*, jako …); *Arbeiter usw* zaszeregow(yw)ać (do *gen*)
einstündig (jedno)godzinny
Einsturz M zawalenie się; GÓRN zawał
einstürzen V/I (*sn*) zawalać ⟨-lić⟩ się, runąć *pf* (w gruzy)
einstweilen ADV tymczasem
einstweilig tymczasowy; **~e Verfügung** zarządzenie tymczasowe (sądu)
eintägig jednodniowy
Eintagsfliege F ZOOL jętka; *a. umg fig*

E

efemeryda

ein|tauchen V/T zanurzać ⟨-rzyć⟩, maczać ⟨umoczyć⟩; V/I (*sn*) zanurzać ⟨-rzyć⟩ się; **~tauschen** *Sache* wymieni(a)ć (**gegen** *akk* na *akk*)

eintausend *num* tysiąc

einteilen ⟨po⟩dzielić (**in Stücke** na kawałki); przydzielać ⟨-lić⟩ (**zur Arbeit** do pracy); *Arbeit, Zeit usw* rozkładać ⟨rozłożyć⟩, rozplanować *pf*

Einteiler M (*Badeanzug*) jednoczęściowy strój kąpielowy

einteilig jednoczęściowy

Einteilung F podział (**nach etw** według *gen*); *zur Arbeit* przydzielenie; *der Zeit usw* rozłożenie, rozplanowanie

eintippen *Preis, Text* wystuk(iw)ać

eintönig jednostajny, monotonny

Eintopf M danie jednogarnkowe

Eintracht F (*bpl*) zgoda; **in ~** w zgodzie

einträchtig zgodny, harmonijny

Eintrag M (-[e]s; -träge) → Eintragung

eintragen (*irr*) V/T: **etw in** (*akk*) **~** wciągać ⟨-gnąć⟩, wpis(yw)ać (w *akk*, do *gen*); (*registrieren*) ⟨za⟩rejestrować; V/R **sich ~ in** (*akk*) wpis(yw)ać się (do *gen*, na *akk*); → eingetragen

einträglich *Geschäft* zyskowny

Eintragung F wpis(anie); rejestracja; (*Vermerk*) zapis; (*Eintrag*) pozycja

einträufeln wpuszczać ⟨wpuścić⟩ krople (**ins Auge** do oka)

eintreffen V/I (*irr; sn*) przyby(wa)ć; *Voraussage* sprawdzać ⟨-dzić⟩ się

Eintreffen N (*bpl*) przybycie

eintreiben (*irr*) *Steuern usw* ściągać ⟨-gnąć⟩; *Schulden a.* ⟨wy⟩egzekwować

eintreten (*irr*) **A** V/T *Tür* wywalać ⟨-lić⟩; **sich** (*dat*) **etw in den Fuß ~** wbić *pf* sobie w stopę (*akk*) **B** V/I (*sn*) wchodzić ⟨wejść⟩ (**in** *e-n Raum* do *gen*, *fig* **in** *e-e Phase usw* w *akk*); **treten Sie ein!** proszę wejść!; (*Mitglied werden*) wstępować ⟨wstąpić⟩ (do *gen*); (*geschehen*) sta(wa)ć się; *Umstand* zachodzić ⟨zajść⟩; *Schaden* powsta(wa)ć; *Stille* nasta(wa)ć; *Tod* następować ⟨-stąpić⟩; **es ist das eingetreten, was ich vermutet habe** stało się tak, jak przypuszczałem; **für etw, j-n ~** popierać ⟨-przeć⟩ (*akk*)

eintrichtern *umg* (-re) wbi(ja)ć do głowy

Eintritt M (*Hereinkommen*) wejście; (*Zutritt*) wstęp; (*Beitritt*) wstąpienie; TECH (*Öffnung*) wlot; **~ frei** wstęp wolny

Eintritts|karte F bilet wstępu, karta wejścia; **~preis** M cena wstępu

eintrocknen V/I (*sn*) zasychać ⟨zaschnąć⟩

eintrüben: V/R **sich ~** zaciągać ⟨-gnąć⟩ się; **es trübt sich ein** zaciąga się

ein|trudeln *umg* V/I (*sn*) (nareszcie) nadejść *pf*, ściągnąć *pf*; **~üben** V/T ćwiczyć (*akk*), wprawiać się (w *lok*)

einverleiben (-) zawłaszczać ⟨-czyć⟩, ⟨za⟩anektować; **sich** (*dat*) *etw* **~** *umg* (*essen*) ⟨s⟩konsumować

Einvernehmen N (-s; *bpl*) zgoda; porozumienie

einvernehmlich zgodny; **~e Regelung** zgodne uregulowanie

einverstanden ADJ: **~ sein** (**mit**) zgadzać ⟨zgodzić⟩ się (z *inst*, na *akk*), ⟨za⟩aprobować *pf* (*akk*); **~!** zgoda!

Einverständnis N zgoda, aprobata; **im ~ mit** w zgodzie z (*inst*); **in beiderseitigem ~** za obopólną zgodą

Einwand M (-[e]s; -wände) zarzut

Einwande|rer M, **~rin** F imigrant(ka)

einwandern V/I (*sn*) imigrować (*im*)*pf* (**in** *akk*, **nach** do *gen*)

Einwande|rung F (*bpl*) imigracja; **~rungsland** N kraj imigracji

einwandfrei nienaganny; (*unstreitig*) niezbity (-cie); *präd a.* bez zarzutu

einwärts ADV do środka, do wewnątrz

einwechseln zmieni(a)ć (**gegen** na *akk*); *Geld* rozmieni(a)ć

einwecken *Obst usw* ⟨za⟩wekować

Einweg|flasche F butelka bezzwrotna, butelka jednorazowego użytku; **~spritze** F strzykawka jednorazowa, *umg* jednorazówka; **~verpackung** F opakowanie bezzwrotne

einweichen zamaczać ⟨zamoczyć⟩

einweihen *Objekt* uroczyście otwierać ⟨-worzyć⟩, uroczyście odda(wa)ć do użytku; *Kirche* ⟨po⟩święcić; *umg Kleid* wkładać ⟨włożyć⟩ po raz pierwszy; *Wohnung umg* obl(ew)ać; *j-n* wtajemniczać ⟨-czyć⟩ (**in** *akk* w *akk*)

Einweihung F uroczyste otwarcie; *mit dem Segen der Kirche* poświęcenie; *e-r Person* wtajemniczenie (**in die Pläne** w plany); *e-r neuen Wohnung* osiedliny *pl*, *umg* parapetów(k)a

einweisen (*irr*) *Fahrzeug* dając znaki

ułatwi(a)ć manewrowanie; *j-n* ~ **in ein Krankenhaus** ⟨s⟩kierować do szpitala); **j-n in s-e Aufgaben** ~ instruować k-o co do jego obowiązków

Einweisung F *in e-e Einrichtung* skierowanie; (*Instruieren*) instruktaż

ein|wenden (*irr*) zgłaszać ⟨zgłosić⟩ zastrzeżenia (**gegen** co do, wobec *gen*); **~werfen** (*irr*) *Münzen, Brief* wrzucać ⟨-cić⟩; *Fenster* wybi(ja)ć; *Bemerkung* wtrącać ⟨-cić⟩

einwickeln owijać, zawijać ⟨-winąć⟩; *umg fig* **sich ~ lassen** da(wa)ć się omotać

einwilligen zgadzać ⟨zgodzić⟩ się (**in** *akk* na *akk*)

Einwilligung F zgoda (**zu etw** na *akk*)

einwirken oddział(yw)ać (**auf** *akk* na *akk*)

Einwirkung F oddziaływanie, wpływ

einwöchig (jedno)tygodniowy

Einwohner(in) M(F) mieszkaniec (-nka)

Einwohner|meldeamt N urząd meldunkowy; **~zahl** F liczba mieszkańców

Einwurf M wrzucenie; SPORT rzut autowy; (*Schlitz*) otwór, wrzutnik

einwurzeln V/I (*sn*) zakorzeni(a)ć się

Einzahl F (*bpl*) GRAM liczba pojedyncza

einzahlen wpłacać ⟨-cić⟩ (**bei der Bank** w banku)

Einzahlung F wpłata

Einzahlungsbeleg M dowód wpłaty

einzäunen ogradzać ⟨ogrodzić⟩

Einzel N SPORT gra pojedyncza, singel; **~dosis** F dawka jednorazowa; **~fall** M odosobniony wypadek; **~gänger** M samotnik, odludek; **~haft** F odbywanie kary w izolatce; **~handel** M handel detaliczny; **~händler** M kupiec detaliczny, detalista *m*

Einzelheit F detal, szczegół; **bis in alle ~en** do najdrobniejszych szczegółów

Einzelkind N jedynak (*f* jedynaczka)

einzeln (*vereinzelt, für sich allein*) pojedynczy, jednostkowy; (*für sich unter mehreren, gesondert*) poszczególny; *präd* (*nacheinander*) pojedynczo; (*gesondert*) jednostkowo; **jeder ~e** każdy (z osobna); **~e Kapitel** poszczególne rozdziały; **~e Regenschauer** przelotne opady *mpl*; **im Einzelnen** (*genauer*) w szczególności

Einzel|stück N pojedyncza sztuka; *nur einmal vorhanden* unikatowy egzemplarz; **~teil** N część (pojedyncza); element, część składowa; **~verkauf** M sprzedaż detaliczna; **~wertung** F klasyfikacja indywidualna; **~wesen** N jednostka, osobnik; **~zelle** F *im Gefängnis* osobna cela, izolatka; **~zimmer** N pokój jednoosobowy, *umg* jedynka; *für Kranke* separatka

einziehen (*irr*) **A** V/T *Kopf, Netz, Bauch, Duft usw* wciągać ⟨-gnąć⟩; *Schwanz* podwijać ⟨-winąć⟩; *Faden* nawlekać ⟨-lec⟩; *Fahrwerk* ⟨s⟩chować; *Vermögen* ⟨s⟩konfiskować; *Steuern* ściągać ⟨-gnąć⟩; *Rekruten* powoł(yw)ać; *Geld usw* wycof(yw)ać (**aus dem Verkehr** z obiegu); **Informationen ~** zasięgać ⟨-gnąć⟩ informacji (**über j-n, etw** o *lok*); **B** V/I (*sn*) (**in** *akk*) *Mieter* wprowadzać ⟨-dzić⟩ się (do *gen*); *Truppen, Sportler* wkraczać ⟨wkroczyć⟩ (do *gen*); *Wasser usw* wsiąkać ⟨-knąć⟩ (w *akk*); *Creme* wnikać ⟨-knąć⟩ (w *akk*)

einzig ADJ jedyny; **kein Einziger** ani jeden; ADV **~ und allein** jedynie, wyłącznie; **~artig** jedyny w swoim rodzaju, unikatowy

Einzimmerwohnung F mieszkanie jednopokojowe

Einzug M wkroczenie, wejście (**in** *akk* do *gen*); *in e-e Wohnung* wprowadzenie się; FIN inkaso, pobranie; (*Beschlagnahme*) konfiskata; TYPO akapit, wcięcie

Einzugs|ermächtigung F upoważnienie do pobrania; **~gebiet** N obszar związany (gospodarczo) z ośrodkiem miejskim; GEOG zlewnia (rzeki)

Eis N (*-es; bpl*) lód; (*Speise*) lody *mpl*; (*Eisfläche*) lodowisko; **~ am Stiel** lody na patyku; *etw* **auf ~ legen** *fig* odłożyć *pf* do lamusa; *fig* **das ~ ist gebrochen** pierwsze lody przełamane; → eislaufen

Eis|bahn F lodowisko; **~bär** M niedźwiedź polarny; **~becher** M pucharek (do) lodów; **~bein** N KULIN golonka; **~berg** M góra lodowa; **~bergsalat** M sałata lodowa; **~blumen** FPL igiełki *fpl* lodu (na szybie); **~bombe** F tort lodowy; **~brecher** M MAR lodołamacz; *gegen Treibeis* lodołam, izbica

Eischnee M piana z białka

Eis|creme F lody *mpl* kremowe; **~decke** F pokrywa lodowa; **~diele** F lodziarnia

Eisen N żelazo; **altes ~** stare żelastwo; *fig umg* **zum alten ~ gehören** być niezdatnym do pracy; *fig* **ein heißes ~** prob-

lematyczna kwestia, drażliwa sprawa
Eisenbahn F kolej (żelazna); *umg* **es ist höchste ~** najwyższy czas; → Bahn; **~er(in)** M(F) kolejarz (-rka); **~fähre** F prom kolejowy; **~unglück** N katastrofa kolejowa; **~verkehr** M *auf e-r Strecke* ruch kolejowy; *in e-m Land* komunikacja kolejowa
Eisenerz N ruda żelazna
eisenhaltig żelazisty
Eisen|hut M BOT tojad; **~kraut** N BOT werbena; **~mangel** M MED niedobór żelaza; **~waren** FPL towary *mpl* żelazne
eisern ADJ żelazny (*a. fig*); *präd fig* rygorystycznie
Eiseskälte *lit* F lodowaty chłód
Eisfach N zamrażalnik
Eisfläche F tafla lodowa
eis|frei *Straße* nieoblodzony; **~gekühlt** ADJ mocno schłodzony; *Sekt* z lodu
Eisglätte F ślizgawica
Eisheiligen MPL: **die ~** zimni święci *mpl*
Eishockey N hokej na lodzie
eisig lodowaty (-to) (*a. fig, Ton usw*)
Eiskaffee M kawa mrożona
eiskalt ADJ zimny jak lód, lodowaty (*a. fig*); (*gefühllos*) bezwzględny, bezlitosny; *präd* lodowato; *fig a.* bezlitośnie
Eis|kunstlauf M jazda figurowa na lodzie; **~lauf** M jazda na łyżwach; SPORT łyżwiarstwo
eislaufen (*irr; sn*) jeździć na łyżwach
Eis|läufer(in) M(F) łyżwiarz (-rka); **~loch** N przerębel
Eismeer N: **Nördliches ~** Północny Ocean Lodowaty, Ocean Arktyczny
Eispickel M czekan
Eisprung M BIOL owulacja
Eis|regen M marznący deszcz; **~revue** F rewia na lodzie; **~salat** M sałata lodowa; **~schnelllauf** M łyżwiarstwo szybkie; **~schokolade** F czekolada mrożona; **~scholle** F kra; **~schrank** M lodówka; **~stadion** N stadion lodowy; **~tee** M herbata mrożona; **~tüte** F rożek (do) lodów; **~verkäufer(in)** M(F) lodziarz (-rka); **~vogel** M zimorodek; **~waffel** F wafel do lodów; **~würfel** M kostka lodu; **~zapfen** M sopel lodu; **~zeit** F epoka lodowcowa
eitel (*eitler, eitelste*) *abw* (*selbstgefällig*) próżny; **~ wie ein Pfau** nadęty jak paw; *żart* **~ Freude** (*unv*) niezmącona radość
Eitelkeit F próżność *f*
Eiter M (-*s; bpl*) ropa
eit(e)rig ropny, ropiejący
eitern V/I (-*re*) ropieć, jątrzyć się
Eiterpickel M pryszcz, krosta
Eiweiß N (-*es; -e,* KULIN *bpl*) białko
eiweißreich obfitujący w białko, wysokobiałkowy
Eizelle F komórka jajowa
Ejakulati'on F wytrysk, ejakulacja
EKD F (Evangelische Kirche in Deutschland) Kościół Ewangelicki w Niemczech
Ekel[1] M (-*s; bpl*) wstręt, obrzydzenie (**vor** *dat* do *gen*); **~ erregend** → ekelerregend
Ekel[2] *umg* N *abw* wstrętny typ
ekelerregend wzbudzający wstręt
ekelhaft wstrętny, ohydny, obrzydliwy (-wie); *umg* **es war ~ kalt** było potwornie zimno
ekeln: V/R **sich ~** (**vor** *dat*) brzydzić się (*inst*), czuć wstręt (do *gen*); (*unpers*) **es ekelt mich** *od* **mir vor ihm** *usw* czuję wstręt do niego *usw*
EKG, Ekg N (Elektrokardiogramm) elektrokardiogram
Eklat [e'klaː] *lit* M (-*s; -s*) skandal
ekla'tant *lit* jaskrawy (-wo), dobitny
eklig obrzydliwy (-wie), wstrętny
Eks'tase F ekstaza, zachwyt; **in ~ geraten** wpadać ⟨wpaść⟩ w ekstazę
Ek'zem N (-*s; -e*) wyprysk, egzema
E'lan M (-*s; bpl*) zapał, werwa
e'lastisch elastyczny (*a. fig*)
Elastizi'tät F (*bpl*) elastyczność *f*; (*Spannkraft*) sprężystość *f*
Elbe F (*bpl*) Łaba
Elch M (-[*e*]*s; -e*) łoś *m*; **~kuh** F łosza
Ele'fant M (-*en*) słoń *m*; *umg* **wie ein ~ im Porzellanladen** jak słoń w składzie porcelany; **~en-** *in zssgn oft* słoniowy
Ele'fanten|haus N słoniarnia; **~kuh** F słonica
ele'gant elegancki (-ko)
Ele'ganz F (*bpl*) elegancja
Ele'gie [PL -'giːən] F elegia
elektrifi'zieren (-) ⟨z⟩elektryfikować
E'lektriker M elektryk
e'lektrisch elektryczny
Elektrizi'tät F (*bpl*) elektryczność *f*
Elektrizi'tätswerk N elektrownia
E'lektroauto N samochód o napędzie

elektrycznym
Elekt'rode F elektroda
E'lektro|gerät N przyrząd elektryczny, urządzenie elektryczne; PL *a.* sprzęt elektryczny; **~geschäft** N sklep ze sprzętem elektrotechnicznym; **~herd** M kuchnia elektryczna; **~industrie** F przemysł elektrotechniczny; **~ingenieur** M inżynier elektryk; **~kardiogramm** N elektrokardiogram **~lokomotive** F elektrowóz
Elektro'lyse F elektroliza
E'lektro|magnet M elektromagnes; **~mechaniker** M elektromechanik; **~motor** M silnik elektryczny
E'lektron [*a.* elɛk'tro:n] N (*-s; -'tronen*) elektron
Elekt'ronenmikroskop N mikroskop elektronowy
Elekt'ronik F (*bpl*) elektronika
elekt'ronisch elektroniczny
E'lektro|rasierer M elektryczna maszynka do golenia, golarka; **~schock** M elektrowstrząs
elektro'statisch elektrostatyczny
E'lektrotechni|k F (*bpl*) elektrotechnika; **~ker** M elektrotechnik
E'lektro|werkzeug N elektronarzędzie; **~zaun** M ogrodzenie elektryczne
Ele'ment N (*-[e]s; -e*) (*Teil*) element; (*Naturgewalt, Urstoff, idealer Lebensraum*) żywioł; ELEK ogniwo (galwaniczne); CHEM pierwiastek; **sich in s-m ~ fühlen** czuć się w swoim żywiole
elemen'tar elementarny; (*ungebändigt*) żywiołowy (-wo)
Elemen'tarteilchen N cząstka elementarna
elend (*ärmlich, kümmerlich, erbärmlich*) nędzny; *Leben, Aussehen, Verdienst usw a.* marny; **~er Schuft** nędznik, nikczemnik; **~ zugrunde gehen** marnie zginąć *pf*; **sich ~ fühlen** czuć się źle *od umg* kiepsko
Elend N (*-s; bpl*) (*Armut*) nędza; (*Leid*) nieszczęście, niedola
Elendsviertel N dzielnica nędzy
elf *num* jedenaście, *persf* jedenastu; *Sammelzahlwort* jedenaścioro
Elf[1] F jedenastka (*a.* SPORT)
Elf[2] M (*-en*) elf, sylf; **~e** F sylfida
Elfenbein N (*bpl*) kość słoniowa
elfenbeinfarben w kolorze kości słoniowej
Elfenbeinküste F (*bpl*): **die ~** Wybrzeże Kości Słoniowej
Elfenbeinturm M *fig* wieża z kości słoniowej
Elfer *umg* M jedenastka
elfjährig jedenastoletni
Elf'meter M jedenastka, rzut karny; **~schießen** N (*bpl*) rozstrzygnięcie meczu przez rzuty karne
elfte *num* jedenasty
elimi'nieren (-) ⟨wy⟩eliminować
eli'tär elitarny, wyborowy
E'lite F elita; **~schule** F szkoła elitarna; **~truppe** F oddziały *mpl* wyborowe
Ellbogen M (PL -) łokieć *m*; *fig* **s-e ~ gebrauchen** rozpychać się łokciami; **~gelenk** N staw łokciowy
Elle F ANAT kość łokciowa; (*Maß*) łokieć *m*
Ellenbogen M → Ellbogen
ellenlang *umg Brief usw* sążnisty (-ście)
El'lipse F elipsa
el'liptisch eliptyczny
Elo'quenz *lit* F (*bpl*) elokwencja
Elsass N (*- od -es; bpl*): **das ~** Alzacja
Elsässer(in) M(F) Alzatczyk (-tka)
elsässisch alzacki (po -ku)
Elster F (*-; -n*) sroka; *in zssgn* sroczy
elterlich rodzicielski
Eltern PL rodzice *mpl*; **~abend** M wywiadówka; **~haus** N dom rodzinny
elternlos osierocony, bez rodziców
Eltern|teil M jedno z rodziców; **~zeit** F urlop rodzicielski
EM F (Europameisterschaft) mistrzostwo Europy
E-Mail ['i:me:l] F (*-; -s*) poczta elektroniczna, e-mail
Email [e'mai] N (*-s; -s*), **~le** [e'maljə] F emalia; *in zssgn* emaliowy
emailliert [emal'ji:rt] ADJ emaliowany
E'manze *umg* F *abw* emancypantka
emanzi'pieren (-): V/R **sich ~** ⟨wy⟩emancypować się
emanzi'piert ADJ (wy)emancypowany
Em'bargo N (*-s; -s*) embargo
Em'blem N (*-s; -e*) emblemat, godło
Embo'lie [PL -'li:ən] F MED zator
Embryo M, *austr a.* N (*-s; -s od -'onen*) embrion, zarodek
embryo'nal, **Embryo'nal-** *in zssgn* embrionalny, zarodkowy
emeri'tiert ADJ emerytowany
Emi'grant(in) M(F) (*-en*) emigrant(ka)

Emigrati'on F emigracja
emi'grieren V/I (-; sn) ⟨wy⟩emigrować (**nach** do *gen*)
Emi'nenz F eminencja; **graue ~** szara eminencja
Emi'rat N (-[e]s; -e) emirat
Emissi'on F BANK, FIZ emisja
Emissi'onsschutz M ochrona przed emisją zanieczyszczeń
emit'tieren (-) emitować
Emmentaler M KULIN ser ementalski
Emoti'on F emocja
emotio'nal emocjonalny
empfahl → empfehlen
empfand → empfinden
Emp'fang M (-[e]s; -'fänge) *e-r Sache* odbiór; *der Gäste* przyjęcie (*a. Veranstaltung*); *im Hotel* recepcja; *rtv* odbiór; **etw in ~ nehmen** → empfangen; **j-n in ~ nehmen** powitać *pf* k-o; **j-m e-n herzlichen ~ bereiten** zgotować *pf* serdeczne przyjęcie k-u; **den ~ bestätigen** potwierdzać ⟨-dzić⟩ odbiór
empfangen (*empfängt, empfing, empfangen*) *Sache* odbierać ⟨odebrać⟩ (*a. rtv*); *Gast* przyjmować ⟨-jąć⟩; (*begrüßen*) ⟨przy⟩witać
Emp'fänger M *e-r Sache* odbiorca *m*; *engS a.* adresat; *e-s Organs, e-r Beihilfe* biorca *m*; *rtv* (*Gerät*) odbiornik; **~in** F odbiorczyni; adresatka; biorca *m*
emp'fänglich wrażliwy (**für** na *akk*); (*prädisponiert*) skłonny (do *gen*)
Emp'fängnis F (-; -se) zajście w ciążę, poczęcie; **~verhütung** F zapobieganie ciąży; **~verhütungsmittel** N środek antykoncepcyjny
emp'fangsberechtigt ADJ upoważniony do odbioru
Emp'fangs|bestätigung F potwierdzenie odbioru; **~chef** M kierownik recepcji; **~dame** F recepcjonistka; **~halle** F hol hotelowy; **~störungen** FPL *rtv* zakłócenia *npl* odbioru
emp'fehlen (*empfiehlt, empfahl, empfohlen*) V/T polecać, zalecać ⟨-cić⟩; (*raten*) *a.* doradzać ⟨-dzić⟩; *etw* **ist sehr zu ~** bardzo polecam(y) ...; V/R **sich ~** (*sich anbieten*) polecać ⟨-cić⟩ się (**als** jako); (*weggehen*) pożegnać się *pf*; *unpers* **es empfiehlt sich zu** (+ INF) wskazane jest (+ *inf*); **~ Sie mich** (*dat*)! ukłony dla (*gen*)!
emp'fehlenswert godny polecenia
Emp'fehlung F polecenie; (*Gruß*) ukłony *mpl*; **auf ~** (*gen*) z polecenia (*gen*); zgodnie z zaleceniem (**des Arztes** lekarza); *Briefschluss* **Mit den besten ~en** Łączę wyrazy poważania
Emp'fehlungsschreiben N pismo polecające
emp'fiehl(s)t → empfehlen
emp'finden (*empfand, empfunden*) odczu(wa)ć, czuć, dozna(wa)ć; *Gefühl* żywić (**für j-n** do *gen*); **ich empfinde es als Drohung** odczuwam to jako groźbę
Emp'finden N (-s; *bpl*) odczucie; (*Gespür*) wyczucie; **für mein ~** jak ja to odczuwam, moim zdaniem
emp'findlich ADJ wrażliwy (*a. Sache*), wyczulony (**für, gegen** na *akk*); *Gerät, Film* czuły; *Kälte, Verlust usw* dotkliwy; (*leicht beleidigt*) obraźliwy; ADV (*sehr*) dotkliwie; **~ reagieren** (**auf** *akk*) (*spüren*) być wyczulonym (na *akk*)
Emp'findlichkeit F (*bpl*) wrażliwość *f* (*a. e-s Gewebes usw*), wyczulenie; *e-s Films usw* czułość *f*; (*Reizbarkeit*) obraźliwość *f*
emp'findsam (*einfühlsam*) czuły (-le), tkliwy (-wie); (*sentimental*) czułostkowy (-wo)
Emp'findung F (*sinnliche Wahrnehmung*) czucie; (*Gefühl*) uczucie
emp'findungslos nieczuły
emp'fing → empfangen
emp'fohlen *pperf* → empfehlen; ADJ zalecony, doradzany
emp'funden → empfinden
em'phatisch emfatyczny
Emphy'sem N (-s; -e) MED rozedma
em'pirisch empiryczny
em'por ADV do góry, w górę; → hoch
em'porarbeiten: V/R **sich ~** wybić się *pf*, dorobić się *pf*
em'pören (-) V/T oburzać ⟨-rzyć⟩; V/R **sich ~** oburzać ⟨-rzyć⟩ się (**über** *akk* na *akk*); (*rebellieren*) ⟨z⟩buntować się, powst(aw)ać (**gegen** przeciw *dat*)
em'pörend ADJ oburzający (-co)
Em'porkömmling M (-s; -e) dorobkiewicz, nuworysz, parweniusz
em'por|ragen V/I wznosić się; **~schlagen** *lit* V/I (*irr; sn*) *Flamme* wystrzelać ⟨-lić⟩ w górę; **~steigen** V/I (*irr; sn*) wznosić ⟨wznieść⟩ się, wzbi(ja)ć się (w górę); wchodzić ⟨wejść⟩ do góry (**die Treppe** po schodach); wynurzać ⟨-rzyć⟩

się (**aus dem Wasser** z wody); *fig* ⟨z⟩robić karierę
em'pört ADJ oburzony; *präd* z oburzeniem
Em'pörung F (*bpl*) oburzenie; (*a. pl*) powstanie, bunt
Emser ADJ emski
emsig (*fleißig*) pilny, pracowity (-cie); (*flink, rastlos*) skrzętny
Emulsi'on F emulsja
Endabnehmer M EKON odbiorca finalny
Ende N (*-s; -n*) *räumlich u. zeitlich* koniec; *engS a.* kraniec (*mst räumlich*), kres (*a. zeitlich*); (*Schluss*) koniec, zakończenie; **am (äußersten) ~** na (samym) końcu; **am ~ der Welt** na końcu świata; **am ~** *zeitlich* w końcu, na zakończenie; *des Lebens, der Kräfte* u kresu; *fig* (*schließlich*) w końcu; **letzten ~s** koniec końców; *fig* **am ~ sein (mit)** być u kresu (*gen*); *umg* **ich bin am ~** (*erschöpft*) jestem wykończony; **ans ~** na koniec; **bis ans ~** do końca, po kraniec; **ohne ~** bez końca; **~ Mai** pod koniec maja; **~ der siebziger Jahre** pod koniec lat siedemdziesiątych; **er ist ~ fünfzig** on dobiega sześćdziesiątki; *e-r Sache* **ein ~ machen** położyć *pf* kres (*dat*); *umg* **ein ganzes ~ bis ...** porządny kawałek drogi do ...; *umg* **es ist noch ein gutes ~ bis ...** do ... jest jeszcze dobry kawał drogi do przebycia; **ein böses ~ nehmen** źle się skończyć *pf*; *umg* **das ~ vom Lied war, dass ...** skończyło się na tym, że ...; *umg* **das dicke ~ kommt noch** najgorsze jeszcze przed nami; **zu ~ bringen, lesen** *usw* doprowadzić *pf*, doczytać *pf usw* do końca; **zu ~ gehen** *Vorrat* kończyć się; *zeitlich* dobiegać końca, mieć się ku końcowi; **zu ~ sein** skończyć się *pf*; **~ gut, alles gut** wszystko dobre, co się dobrze kończy
Endeffekt M: **im ~** ostatecznie
enden V/I (*-e-*) ⟨s-, za⟩kończyć się
Endergebnis N wynik ostateczny; **im ~** w rezultacie, ostatecznie
endgültig ostateczny, definitywny
Endhaltestelle F przystanek końcowy
Endivie [ɛn'di:viə] F endywia
Endlager N *für radioaktive Abfälle* mogilnik, składowisko docelowe (odpadów promieniotwórczych)
endlagern (*pperf endgelagert*) przechowywać *od* składować przez czas nieokreślony
Endlagerung F składowanie (odpadów promieniotwórczych) w mogilniku
end|lich ADJ doczesny, przemijający; MAT skończony; ADV nareszcie, wreszcie; **~los** nieskończony (-czenie)
Endlospapier N papier ciągły
endo'gen endogeniczny, endogenny
End|phase F faza końcowa; **~preis** M cena detaliczna; **~punkt** M punkt końcowy; **~runde** F runda finałowa; **~spiel** N SPORT finał; *im Schach* końcówka; **~spurt** M finisz; **~stadium** N okres terminalny; **~stand** M wynik końcowy; **~station** F stacja końcowa; *umg fig* koniec; **~summe** F suma końcowa
Endung F końcówka, zakończenie
End|verbraucher M konsument (bezpośredni); **~ziel** N cel ostateczny
Ener'gie [PL -'gi:ən] F energia; **~ sparend** energooszczędny; **~bedarf** M zapotrzebowanie energii; **~krise** F kryzys energetyczny; **~quelle** F źródło energii
ener'giesparend ADJ energooszczędny
Ener'gie|sparlampe F lampa energooszczędna, świetlówka; **~versorgung** F zaopatrzenie w energię; **~wirtschaft** F (*bpl*) gospodarka energetyczna
e'nergisch energiczny
eng ciasny (-no) (*a. fig*); *Freund* bliski; *Sinn, Wahl usw* ścisły; **~ anliegend** obcisły (-śle, -ło); **~ verwandt** blisko spokrewniony; → schmal, enger
Engadin N (*-s; bpl*): **das ~** Engadyna
Engagement [agaʒə'ma:] N (*-s; -s*) TEATR engagement *n*; *fig* zaangażowanie (się)
engagieren [aga'ʒi:rən] (-) V/T *Schauspieler* ⟨za⟩angażować (**an** *akk* do *gen*); *v/r* **sich ~** ⟨za⟩angażować się (**sozial** społecznie; **in** *akk*, **für** w *akk*)
enganliegend → eng
Enge F (*bpl*) *räumlich, fig* ciasnota; (*Engpass*) wąskie miejsce; *fig* **in die ~ treiben** zapędzić *pf* w ślepy zaułek
Engel M anioł; **~chen** N aniołek
Engelsgeduld F anielska cierpliwość
enger *komp* ciaśniej(szy); (*schmaler*) węższy (węziej); bliższy (bliżej); ściślej(szy); **~ machen** *Rock* zwężać ⟨zwęzić⟩; **~ knüpfen** *fig* zacieśni(a)ć
Engerling M (*-s; -e*) ZOOL pędrak
engherzig małostkowy (-wo)
England N (*-s; bpl*) Anglia

Engländer[1] M TECH klucz francuski
Engländer[2] M Anglik; **~in** F Angielka
englisch angielski (po -ku)
Englisch N (-[s]; bpl) (język) angielski *m*; **das ~e** angielszczyzna; **~horn** N rożek angielski
englischsprachig anglojęzyczny
engmaschig *Netz, fig* gęsty
Engpass M (*enger Durchgang*) ciasne przejście; *auf e-r Straße* zwężenie; *fig* wąskie gardło
eng|stirnig ograniczony, tępy; **~verwandt** → eng
Enkel M wnuk, wnuczek; **~in** F wnuczka; **~kind** N wnuczę *n*, *pl* wnuczęta
e'norm ogromny; ADV (*sehr*) bardzo
Ensemble [a'sa:bl] N (*-s*; *-s*) zespół
ent'arten V/I (*-e-*; *-*; *sn*) wyradzać ⟨wyrodzić⟩ się, zwyrodnieć *pf*
ent'behren (-) *mst Sache* nie mieć (*gen*), *a. Person* odczu(wa)ć brak (*gen*); **etw ~ können** obchodzić ⟨obejść⟩ się bez (*gen*); **etw nicht ~ können** nie móc obejść się bez (*gen*)
ent'behrlich zbyteczny
Ent'behrung F: *mst* PL **~en** nędza, niedostatek; **~en auf sich nehmen** ograniczać się w potrzebach
ent'binden (*irr*; *-*) **A** V/T zwalniać ⟨zwolnić⟩ (**j-n von** k-o od *gen*); **e-e Frau ~** asystować kobiecie przy porodzie **B** V/I *Frau* ⟨u⟩rodzić
Ent'bin|dung F MED poród, rozwiązanie; *von e-m Amt* zwolnienie; **~dungsstation** F oddział porodowy, *umg* porodówka
ent'blößen (*-ßt*; *-*) obnażać ⟨-żyć⟩; MIL, SPORT odsłaniać ⟨odsłonić⟩
ent'blößt ADJ obnażony; odsłonięty
ent|'brennen *lit* V/I (*irr*; *-*; *sn*) *Kampf, Streit* rozgorzeć *pf*; zapałać *pf* (**in Liebe für j-n** miłością do *gen*); **~'bunden** *pperf* → entbinden; **~bürokrati'sieren** (-) odbiurokratyzować *pf*
Entchen N kaczuszka, kaczątko
ent'decken (-) odkry(wa)ć; (*herausfinden*) wykry(wa)ć; (*bemerken*) zauważać ⟨-żyć⟩
Ent'deck|er M odkrywca *m*; **~erin** F odkrywczyni; **~ung** F odkrycie; *e-r Straftat* wykrycie; **~ungsreise** F wyprawa odkrywcza
Ente F kaczka (*a. fig*); *abw* **lahme ~** *Person* fajtłapa, niedołęga; *Auto* pudło
ent|'ehren (-) ⟨po-, z⟩hańbić; **~eignen** (*-e-*; *-*) wywłaszczać ⟨-czyć⟩
Ent'eignung F wywłaszczenie
ent'eisen (-) rozmrażać ⟨-mrozić⟩
Enten|braten M kaczka pieczona; **~ei** N jajo kacze; **~grütze** F BOT rzęsa; **~jagd** F polowanie na kaczki
ent'erben (-) wydziedziczać ⟨-czyć⟩
Enterich M (*-s*; *-e*) kaczor
entern (*-re*) *Schiff* opanow(yw)ać abordażem
Entertainer [-te:nər] M (*-s*; *-*) estradowiec solista *m*
ent'fallen V/I (*irr*; *-*; *sn*) *Name usw* wypadać ⟨-paść⟩ z pamięci; (*nicht in Frage kommen*) odpadać ⟨-paść⟩; (*nicht stattfinden*) nie odbyć się *pf*; **~ auf** (*akk*) przypadać ⟨-paść⟩ na (*akk*)
ent'falten (-) V/T (*öffnen, entwickeln, a. fig*) rozwijać ⟨-winąć⟩ (*v/r* **sich** się); (*auseinanderfalten*) rozkładać ⟨rozłożyć ⟩; *fig* (*an den Tag legen*) przejawi(a)ć
ent'färben (-) odbarwi(a)ć
ent'fernen (-) V/T usuwać ⟨usunąć⟩; V/R **sich ~** oddalać ⟨-lić⟩ się
ent'fernt ADJ odległy, daleki; **meine ~e Verwandte** moja daleka krewna; **weit davon ~, zu ...** daleki od tego, żeby ...; **... km ~ (von)** odległy na ... km (od *gen*); **er dachte nicht im Entferntesten daran, abzureisen** ani myślał o tym, aby wyjechać
Ent'fernung F (*Distanz*) odległość *f*; (*bpl*) (*das Entfernen*) usunięcie, usuwanie; (*Weggang*) odejście; **in e-r ~ von fünf Meter(n)** w odległości pięciu metrów; **aus der ~** na odległość, z odległości
Ent'fernungsmesser M dalmierz
ent'fesseln (-) rozpęt(yw)ać
ent'fetten (-) odtłuszczać ⟨odtłuścić⟩
ent'fiel *pperf* → entfallen
ent'flammbar zapalny, zapalający się; *umg fig* **leicht ~** kochliwy
ent'flammen (-) V/I zapalać ⟨-lić⟩ się (*a. fig*, **für** do *gen*)
ent|'fliehen V/I (*irr*; *-*; *sn*) uciekać ⟨uciec⟩, zbiec *pf* (**aus** z *gen*); **~'flohen** *pperf* → entfliehen; ADJ zbiegły
ent'fremden (*-e-*; *-*) V/T: **j-n ... (***dat***) ~** wyobcow(yw)ać k-o z (*gen*); *Raum usw* przeznaczać ⟨-czyć⟩ na inny cel; V/R **sich seiner Familie ~** wyobcow(yw)ać się ze

swej rodziny

Ent|'fremdung F wyobcowanie, alienacja; **~'froster** M odmrażacz

ent'führen (-) *Person, Sache* uprowadzać ⟨-dzić⟩, por(y)wać

Ent'führ|er M porywacz; *e-s Flugzeugs a.* pirat; **~ung** F uprowadzenie, porwanie

ent'gangen *pperf* → entgehen; ADJ utracony

ent'gegen ADV, PRÄP *(dat)* naprzeciw, ku *(dat)*, w kierunku *(gen)*; *(im Widerspruch)* wbrew *(dat)*; **~bringen** *(irr) fig* okaz(y-w)ać

ent'gegengehen V/I *(irr; sn)*: **j-m ~** iść ⟨pójść⟩ *od* wychodzić ⟨wyjść⟩ naprzeciw *(gen, dat)*

ent'gegen|gesetzt ADJ przeciwny; *Meinung* przeciwstawny; **~halten** *(irr) fig* przeciwstawi(a)ć

ent'gegenkommen V/I *(irr; sn)*: **j-m ~** zbliżać ⟨-żyć⟩ się z (na)przeciwka do *(gen)*; *fig (auf Wünsche eingehen)* iść ⟨pójść⟩ na rękę k-u; *(passen)* odpowiadać k-u; *fig* **j-m auf halbem Wege ~** pójść na ustępstwa na rzecz *(gen)*

Ent'gegenkommen N *(-s; bpl)* uprzejmość, przychylność, zrozumienie; *(Zugeständnis)* ustępstwo

ent'gegenkommend ADJ przychylny, uprzejmy (**gegenüber** *dat* w stosunku do *gen*, **wobec** *gen*)

ent'gegen|nehmen *(irr)* przyjmować ⟨-jąć⟩, odbierać ⟨odebrać⟩; **~sehen** V/I *(dat)* oczekiwać *(gen)*; **~setzen** *(gegenüberstellen)* przeciwstawi(a)ć; *Widerstand* stawiać; **~stehen** V/I *(irr) (dat)* stać na przeszkodzie *(dat)*; **~treten** V/I *(irr; sn) (dat)* występować ⟨-stąpić⟩ (przeciwko *dat*), przeciwstawi(a)ć się *(dat)*; **~wirken** *(dat)* przeciwdziałać *(dat)*

ent'gegnen *(-e-; -)* odrzec *pf*; *treffend, scharf* odparować *pf*, ripostować

ent'gehen V/I *(irr; -; sn) e-r Gefahr usw* unikać ⟨-knąć⟩ *(gen)*; **j-m ~** *(unbemerkt bleiben)* uchodzić ⟨ujść⟩ uwadze *(gen)*; **sich** *(dat)* **etw nicht ~ lassen** nie przepuszczać ⟨-puścić⟩ *(gen)*; **das ist mir entgangen** tego nie zauważyłem *od* zauważyłam

ent'geistert ADJ skonsternowany; *präd* z konsternacją

Ent'gelt N *(-[e]s; -e)* wynagrodzenie; **gegen ~** za wynagrodzeniem

Ent'giftung F *des Körpers, von Abgasen* detoksykacja, odtrucie; *von Personen, Sachen, des Bodens* odkażanie, odkażenie

ent'gleisen V/I *(-; sn)* wykolejać ⟨-leić⟩ się; *fig* zachow(yw)ać się nietaktownie

Ent'gleisung F wykolejenie; *fig* nietakt

ent'gleiten *lit* V/I *(irr; -; sn) (dat)* wyślizgiwać ⟨-z(g)nąć⟩ się, wymykać ⟨wymknąć⟩ się z rąk *(dat, gen)*

Ent'haarungsmittel N depilator

ent'halten *(irr; -)* V/T zawierać; *(mit einschließen)* obejmować; V/R **sich ~** *(gen)* powstrzym(yw)ać się od *(gen)*

ent'haltsam wstrzemięźliwy (-wie)

Ent'halt|samkeit F *(bpl)* wstrzemięźliwość *f*; **~ung** F powstrzymanie się

ent|'härten (-) *Wasser* zmiękczać ⟨-czyć⟩; **~haupten** *(-e-; -)* ścinać ⟨ściąć⟩

ent'heben *(irr; -)*: **j-n** *e-r Sache* **~** uwalniać ⟨uwolnić⟩ k-o od *(gen)*; **j-n s-s Amtes ~** zwalniać ⟨zwolnić⟩ k-o ze stanowiska

enthemmt ADJ *Person* rozhamowany

Ent'hemmung F *(bpl)* PSYCH rozhamowanie

ent'hoben *pperf* → entheben

ent'hüllen (-) *Denkmal* odsłaniać ⟨odsłonić⟩; *fig a.* ujawni(a)ć, odkry(wa)ć

Ent'hüllung F *e-s Denkmals* odsłonięcie; *(Aufdeckung)* ujawnienie, odkrycie; PL *(Enthülltes)* wynurzenia *npl*

enthusi'astisch entuzjastyczny

ent|'jungfern *(-re-; -)* pozbawi(a)ć dziewictwa; **~'kalken** (-) *Wasser* → enthärten; *Teekessel* usuwać ⟨usunąć⟩ kamień (kotłowy) (z *gen*); **~'kernen** (-) *Kirschen* ⟨wy⟩drylować; *Äpfel* usuwać ⟨usunąć⟩ gniazda nasienne (z G); **~'kleiden** (-) V/T rozbierać ⟨rozebrać⟩ (*v/r* **sich** się); *fig* pozbawi(a)ć (**der Macht** władzy)

ent'kommen V/I *(irr; -; sn)* uciekać ⟨uciec⟩ (**aus** z *gen*); **den Verfolgern ~** wymykać ⟨wymknąć⟩ się pościgowi

ent'korken (-) odkorkow(yw)ać

ent'kräften *(-e-; -) Person* wycieńczać ⟨-czyć⟩, wyczerp(yw)ać; *fig Vorwurf usw* obalać ⟨-lić⟩, zbi(ja)ć

ent|'krampfen (-) V/T odprężać ⟨-żyć⟩ (*v/r* **sich** się; *a. fig*); **~kriminali'sieren** (-) ⟨z⟩dekryminalizować

ent'laden *(irr; -)* V/T *Sachen, Zorn* wyładow(yw)ać; *Fahrzeug, Waffe, Akku*

rozładow(yw)ać; V/R **sich ~** *Akku, Zorn usw* wyładow(yw)ać się
Ent'ladung F (*das Entladen*) wyładowanie; *von Waren a.* rozładunek, (*a. e-r Waffe*, ELEK) rozładow(yw)anie; (*das Sichentladen*) wyładowanie się
ent'lang PRÄP (*akk, dat*) wzdłuż (*gen*); ADV **hier ~ bitte** proszę tędy; **~gehen** V/I (*irr; sn*) (*akk*, **an** *dat*) iść wzdłuż (*gen*); **er ging die Straße entlang** szedł ulicą
ent|'larven (-) ⟨z⟩demaskować; **~'lassen** (*irr; -*) *Arbeiter, Häftling* zwalniać ⟨zwolnić⟩ (**aus** z *gen*); wypis(yw)ać (**aus dem Krankenhaus** ze szpitala)
Ent'lassung F zwolnienie; wypisanie
Ent'lassungs|papiere NPL zwolnienie z pracy; **~schein** M karta wypisowa
ent'lasten (-) odciążać ⟨-żyć⟩ (*a. fig*, JUR, TECH); **den Vorstand ~** udzielić absolutorium zarządowi
Ent'lastung F odciążenie; *des Vorstands* absolutorium
Ent'lastungszeuge M świadek obrony
ent'laufen V/I (*irr; -; sn*) uciekać ⟨uciec⟩, zbiegać ⟨zbiec⟩ (**aus** z *gen*); **mir ist mein Hund ~** uciekł mi pies
ent'ledigen: V/R **sich ~** (*gen*) pozby(wa)ć się (*gen*); *s-r Pflicht usw* spełni(a)ć (*akk*)
ent|'leeren opróżni(a)ć; **~'legen** ADJ odległy, oddalony; (*abseitsliegend*) ustronny, leżący na uboczu; **~'lehnen** (-) zapożyczać ⟨-czyć⟩ (**aus, von** u, od *gen*); **~leihen** (*irr*) wypożyczać ⟨-czyć⟩ (**von** od *gen*)
Entlein N kaczuszka, kaczątko
ent'locken (-): **j-m ein Geheimnis ~** wydoby(wa)ć tajemnicę od (*gen*); **j-m ein Lächeln ~** wywołać uśmiech na twarzy (*gen*)
ent'lohnen (-): **j-n ~** wypłacać ⟨-cić⟩ k-u zarobek *od* wynagrodzenie
Ent'lohnung F wynagrodzenie
ent'lüften (-) odpowietrzać ⟨-rzyć⟩
ent'machten (*-e-; -*): **j-n ~** pozbawi(a)ć k-o władzy
ent|militari'sieren (-) ⟨z⟩demilitaryzować; **~'mündigen** (-) JUR ubezwłasnowolni(a)ć
Ent'mündigung F JUR ubezwłasnowolnienie
ent'mutigen (-) zniechęcać ⟨-cić⟩; **sich nicht ~ lassen** nie zrażać się (**durch** *inst*); **~d** ADJ zniechęcający (-co)

Ent'nahme F pob(ie)ranie
ent|'nehmen (*irr; -*) (*dat*, **aus**) *Probe, Geld* pob(ie)rać (*dat*, z *gen*); *e-m Behältnis* wyjmować ⟨-jąć⟩ (z *gen*); *fig* (*erfahren, schließen*) dowiadywać ⟨-wiedzieć⟩ się, wywnioskować *pf* (z *gen*); **~'nerven** (-) wyczerpać *pf* nerwowo
ent'puppen (-): V/R **sich ~** (**als**) okaz(y-w)ać się (*inst*)
ent'rahmt ADJ *Milch* odtłuszczony
ent'rätseln (-) odgadywać ⟨-dnąć⟩
Entree [a'tre:] N przedpokój; *austr* wejście, wstęp; KULIN przekąska
ent'reißen (*irr; -*): **j-m ~** wyr(y)wać, wydzierać ⟨wydrzeć⟩ k-u
ent|'richten (-) (*zahlen*) uiszczać ⟨uiścić⟩; **~'riegeln** (*-e-; -*) odryglow(yw)ać; **~'rinnen** V/I (*irr; -; sn*) *e-r Gefahr* unikać ⟨-knąć⟩ (*gen*); **es gibt kein Entrinnen** nie ma ucieczki
ent|'rollen *lit* (-) rozwijać ⟨-winąć⟩; **~'rosten** (-) odrdzewi(a)ć; **~'rümpeln** (*-le; -*) *Wohnung* wyrzucać ⟨-cić⟩ stare graty (z *gen*)
ent'rüsten (-): V/R **sich ~** (**über j-n, etw**) oburzać ⟨oburzyć⟩ się (na *akk*)
ent'rüstet ADJ oburzony; *präd* z oburzeniem
Ent'rüstung F (*bpl*) oburzenie
Ent'safter M sokownik, sokowirówka
ent|'sagen V/I (-) (*dat*) wyrzekać ⟨-rzec⟩ się, zrzekać ⟨zrzec⟩ się (*gen*); **~'salzen** (-) *Wasser* odsalać ⟨-solić⟩
ent'schädigen (-): **j-n für etw ~** wypłacać ⟨-cić⟩ odszkodowanie k-u za (*akk*); *fig* wynagradzać ⟨-grodzić⟩ k-u (*akk*)
Ent'schädi|gung F odszkodowanie, rekompensata; **~gungsfonds** M fundusz odszkodowawczy
entschärfen (-) *Bombe* rozbrajać ⟨rozbroić⟩; *fig* ⟨z⟩łagodzić
Ent'scheid M (*-[e]s; -e*) decyzja, orzeczenie
ent'scheiden (*irr; -*) V/T *Kampf, Sache* rozstrzygać ⟨-gnąć⟩; V/I ⟨za⟩decydować (**über** *akk* o *lok*); *v/r* **sich ~** rozstrzygać ⟨-gnąć⟩ się; (*e-e Wahl treffen*) ⟨z⟩decydować się (**für etw, zu** na *akk*, + *inf*); (**gegen**) powziąć decyzję (nie + *inf*, przeciw *dat*)
ent'scheidend ADJ rozstrzygający (-co), decydujący (-co); **~ sein** zadecydować *pf* (**für etw** o *lok*); **~ beitragen zu etw**

przyczynić się walnie do *(gen)*
Ent'scheidung F *(das Entscheiden)* rozstrzygnięcie; *(Beschluss)* decyzja; **e-e ~ fällen** powziąć *pf* decyzję
Ent'scheidungs|befugnis F uprawnienie do decydowania; **~freiheit** F *(bpl)* swoboda decyzji; **~träger** M decydent
ent'schieden ADJ *Ton, Haltung* stanowczy (-czo); *Ablehnung* kategoryczny; **~ ablehnen** kategorycznie odmówić *pf*; **auf das Entschiedenste** jak najbardziej stanowczo
Ent'schiedenheit F *(bpl)* stanowczość *f*; **mit aller ~** z całą stanowczością
ent'schlafen *lit* V/I *(irr; -; sn) (sterben)* zasnąć *pf* na wieki
ent'schließen *(irr; -)*: V/R **sich ~ (zu)** zdecydować się *pf* (na *akk*)
Ent'schließung F uchwała, rezolucja
ent'schlossen *pperf* → entschließen; ADJ zdecydowany, zdeterminowany; **kurz ~** nie zastanawiając się długo, bez wahania
Ent'schlossenheit F *(bpl)* zdecydowanie, determinacja
ent'schlüpfen V/I (-) *Dieb, Wort* wymykać 〈-mknąć〉 się
Ent'schluss M decyzja, postanowienie; **e-n ~ fassen** powziąć *pf* decyzję, postanowić *pf*
ent'schlüsseln *(-le; -)* rozszyfrow(yw)ać, odszyfrow(yw)ać
Ent'schlusskraft F *(bpl)* stanowczość *f*
ent'schuldigen (-) V/T *(rechtfertigen, begründen)* usprawiedliwi(a)ć *(a. v/r* **sich mit etw** się *inst)*; **~ Sie ...** proszę (mi) wybaczyć ...; **~ Sie!** przepraszam!; **das ist nicht zu ~** tego nie można usprawiedliwić *od* wybaczyć; V/R **sich ~ (bei j-m für** *akk*, **wegen** *gen)* przepraszać 〈-prosić〉 (k-o za *akk*, z powodu *gen)*
Ent'schuldigung F *(Rechtfertigung)* usprawiedliwienie *(a. Schule)*; *(bpl) (Nachsicht)* wybaczenie; **zu seiner ~** na swoje usprawiedliwienie; **e-e ~ murmeln** wybąkać *pf* przeprosiny; **bitte um ~!** proszę wybaczyć!; **~!** przepraszam!
ent|'schwefeln (-) odsiarczać 〈-czyć〉; **~'schwinden** *lit* V/I *(irr; -; sn)* znikać 〈-knąć〉; **~'senden** *(irr; -)* pos(y)łać
ent'setzen (-) V/T przerażać 〈-razić〉; V/R **sich ~ (über** *akk)* przerazić się *pf (inst,* na widok *gen)*
Ent'setzen N *(-s; bpl)* przerażenie, zgroza; **starr vor ~** oniemiały z przerażenia
ent'setzlich *Anblick, Schrei usw* przerażający (-co), okropny, przeraźliwy (-wie); *präd umg* okropnie, przeraźliwie
ent'setzt ADJ przerażony
ent'sichern (-) odbezpieczać 〈-czyć〉
ent'sinnen *(irr; -)*: V/R **sich ~** *(gen)* przypominać 〈-mnieć〉 sobie *(akk)*
ent'sorgen (-) *(beseitigen)* unieszkodliwi(a)ć (**Abfälle** odpady)
Ent'sorgung F *(bpl) von Abfällen* unieszkodliwianie odpadów
ent'spannen V/T odprężać 〈-żyć〉 *(a. fig,* POL); *v/r* **sich ~** odprężać 〈-żyć〉 się; *(sich erholen)* 〈z〉relaksować się; POL, *fig* ulegać 〈ulec〉 odprężeniu
ent'spannt ADJ *Person* zrelaksowany, rozluźniony; *präd* na luzie
Ent'span|nung F odprężenie; relaks; **~nungspolitik** F polityka odprężenia
ent'spiegelt ADJ antyodblaskowy
ent'sprechen V/I *(irr; -) e-r Sache* odpowiadać *(dat)*, być zgodnym (z *inst*); *e-r Bitte* przychylać 〈-lić〉 się (do *gen*)
ent'sprechend ADJ odpowiedni, *präd* odpowiednio; PRÄP *(dat)* stosownie (do *gen*), zgodnie (z *inst*)
Ent'sprechung F odpowiednik, ekwiwalent; *(Analogie)* analogia
ent'springen V/I *(irr; -; sn)*: **~ in** *(dat) Fluss* wypływać z *(gen)*, mieć źródło w *(lok)*
ent'stammen V/I *(dat)* pochodzić (z *gen*)
ent'stauben (-) odkurzać 〈-rzyć〉
ent'stehen V/I *(irr; -; sn)* powsta(wa)ć; *Streit usw* wynikać 〈-knąć〉 (**aus** z *gen*); *(aufkommen)* 〈z〉rodzić się
Ent'stehung F *(bpl) (Werden)* powsta(wa)nie; *(Beginn)* początek
ent'stellen (-) zniekształcać 〈-cić〉; *engS a. (hässlich machen)* 〈o〉szpecić; *(verfälschen)* wypaczać 〈-czyć〉
Ent'stellung F *(Verunstaltung)* zniekształcenie; *(Verfälschung)* wypaczenie; *(das Entstelltsein)* oszpecenie
ent|'stören (-) *rtv* 〈wy〉eliminować zakłócenia; **~'tarnen** (-) 〈z〉demaskować; **~'täuschen** (-) rozczarow(yw)ać, zawodzić 〈-wieść〉; **er wurde enttäuscht** spotkał go zawód; **sie wurde von ihm enttäuscht** zawiodła się na nim; **~'täuschend** ADJ niespełniający oczekiwań, rozczarowujący; **~'täuscht** ADJ rozcza-

rowany, zawiedziony; *präd* z rozczarowaniem
Ent'täuschung F rozczarowanie, zawód; **so eine ~!** co za zawód!
ent|'thronen *lit* ⟨z⟩detronizować (*a. fig*); **~'völkern** (-) wyludni(a)ć; **~'waffnen** (*-e-;* -) rozbrajać ⟨-broić⟩
Ent'warnung F odwołanie alarmu
ent'wässern (-) odwadniać ⟨-wodnić⟩
Ent'wässerung F odwadnianie, odwodnienie; kanalizacja
entweder [*a.* ɛnt'veːdər] *konj* albo; **~ ... oder** albo ... albo
ent|'weichen V/I (*irr; -; sn*) *Gas usw* uchodzić ⟨ujść⟩, wydoby(wa)ć się (**aus** z *gen*); **~'weihen** (-) ⟨s⟩profanować; **~'wenden** (*-e-;* -) ⟨u⟩kraść; **~'werfen** (*irr;* -) *Zeichnung, Text* ⟨na⟩szkicować; *Plan* ⟨za⟩projektować (*a. Mode*); **~'werten** (-) *Geld* ⟨z⟩dewaluować; *Fahrschein usw* ⟨s⟩kasować; *fig* ⟨z⟩deprecjonować
Ent'wer|ter M *für Fahrscheine* kasownik; **~tung** F dewaluacja; *e-s Fahrscheins usw* (s)kasowanie
ent'wichen ADJ *Häftling* zbiegły
ent'wickeln (-) V/T (*entrollen, entfalten*) rozwijać ⟨-winąć⟩ (*a. fig Handel, Talent usw*); *Fantasie, Talent usw a.* wykaz(yw)ać; *fot* wywoł(yw)ać; (*ausarbeiten*) opracow(yw)ać, rozpracow(yw)ać; (*konstruieren*) ⟨s⟩konstruować; V/R **sich ~** rozwijać ⟨-winąć⟩ się (**zu** w, na *akk*); (*entstehen*) powstawać; *Gas, Wärme usw* wytwarzać ⟨-tworzyć⟩ się
Ent'wickler M *fot* wywoływacz
Ent'wicklung F (*das Entwickeln*) rozwijanie (się), rozwój; (*Entstehung*) powstawanie; *fot* wywoływanie; *e-s Projekts* opracowanie; *von Gasen usw* wytwarzanie się
Ent'wicklungs|abteilung F dział badawczo-rozwojowy; **~geschichte** F geneza; **~hilfe** F pomoc dla krajów rozwijających się; **~land** N kraj rozwijający się; **~stand** M poziom rozwoju
ent|'wirren (-) rozpląt(yw)ać (*a. fig*); **~'wischen** *umg* (*-; sn*) wymykać ⟨wymknąć⟩ się (**der Polizei** policji); **~'wöhnen** (-) odzwyczajać ⟨-czaić⟩ (**j-n von etw** k-o od *gen*); *Baby* odstawi(a)ć od piersi
Ent'wöhnung F odzwyczajenie
ent'worfen *pperf* → entwerfen
ent'würdigend ADJ poniżający (-co)
Ent'wurf M (*Skizze*) szkic (*a.* MAL), zarys; *e-s Gesetzes usw* projekt
ent'wurzeln (-) *Baum* wywracać ⟨wywrócić⟩; *fig* wykolejać ⟨-leić⟩
ent'zerren *zeitlich* (sensownie) rozplanować w czasie; *fig* ⟨s⟩korygować, usprawni(a)ć
ent'ziehen (*irr;* -) V/T: **j-m etw ~** pozbawi(a)ć k-o (*gen*); (*wegnehmen*) odbierać ⟨odebrać⟩ k-u (*akk*); V/R **sich ~** (*dat*) uchylać ⟨-lić⟩ się od (*gen*), unikać ⟨-knąć⟩ (*gen*)
Ent'ziehungskur F kuracja odwykowa, *umg* odwyk
ent'ziffern (*-re;* -) odcyfrow(yw)ać
ent'zücken (-) zachwycać ⟨-cić⟩; **entzückt sein** (**über** *akk*, **von**) zachwycać się, być zachwyconym (*inst*)
Ent'zücken N (*-s; bpl*) zachwycenie, zachwyt
ent'zückend ADJ zachwycający (-co)
Ent'zug M (*bpl*) *e-s Rechts usw* pozbawienie; (*Wegnahme*) odebranie; *von Drogen* odwyk; *umg* **auf ~ sein** być na odwyku
Ent'zugserscheinungen FPL objawy *mpl* odstawienia
ent'zündbar zapalny, łatwo palny
ent'zünden (-) V/T zapalać ⟨-lić⟩; V/R **sich ~** zapalać ⟨-lić⟩ się, zająć się *pf* (**an** *dat* od *gen*); MED *a.* zaogni(a)ć się; *Streit* wybuchnąć *pf* (**an** *dat* z powodu *gen*)
ent'zünd|et ADJ MED zaczerwieniony (i obrzękły); **~lich** MED zapalny
Ent'zündung F zapalenie; MED *a.* stan zapalny
ent'zündungshemmend ADJ przeciwzapalny
ent'zwei ADJ złamany; → kaputt
ent'zwei|en (-) V/T poróżnić *pf* (*v/r* **sich** się); **~gehen** V/I (*irr; -; sn*) *Brille usw* ⟨z⟩łamać się; *Vase usw* ⟨s⟩tłuc się, rozbi(ja)ć się
Enzian M (*-s; -e*) BOT goryczka; (*Schnaps*) nalewka na goryczkach
Enzyklopä'die [PL -'diːən] F encyklopedia
enzyklo'pädisch encyklopedyczny
Epen PL → Epos
Epide'mie [PL -'miːən] F epidemia
epi'demisch epidemiczny
Epi|lep'sie F (*bpl*) epilepsja; **~'leptiker(in)** M(F) epileptyk (-tyczka)
epi'leptisch epileptyczny
episch epicki, epiczny
Episko'pat M *od* N (*-[e]s; -e*) episkopat

Epi'sode F epizod
Epi'thel N (-s; -e) BIOL nabłonek
epo'chal epokowy
E'poche F epoka; **~ machend** epokowy
Epos N (-; *Epen*) epos, epopeja
Equipe [e'kıp] F drużyna, ekipa
er PRON on; **~ allein** tylko on, on jeden; **~ ist nicht da** nie ma go; → ihm, ihn
er'achten (-) uważać (**für** za *akk*)
Er'achten N: **meines ~s** moim zdaniem
er'arbeiten (-) V/T (*a.* **sich** [*dat*]) zdoby(wa)ć pracą
Erbanlage F cecha dziedziczna
Er'barmen N (-s; *bpl*) politowanie, litość *f*; **~ haben** (**mit**) okaz(yw)ać litość (*dat*), ⟨z⟩litować się (nad *inst*); **zum ~** że pożal się Boże
er'bärmlich **A** ADJ (*elend*) nędzny; *abw* (*verabscheuungswürdig*) nikczemny, podły; **in e-m ~en Zustand** w opłakanym stanie; **sich ~ benehmen** zachow(yw)ać się podle **B** ADV (*sehr*) strasznie, cholernie
er'barmungslos bezlitosny; *präd a.* bez litości
er'bauen (-) V/T wystawi(a)ć, wybudować *pf*; *fig* pokrzepi(a)ć na duchu; **nicht erbaut sein** (**von**) nie być zbudowanym (*inst*); V/R **sich ~** (**an** *dat*) napawać się, delektować się (*inst*)
Er'bauer M budowniczy; (*Gründer*) założyciel
er'baulich budujący (-co)
Er'bauung F duchowe wsparcie; **zur ~** dla pokrzepienia na duchu
erbberechtigt ADJ uprawniony do dziedziczenia
Erbe[1] N (-s; *bpl*) spadek, scheda, spuścizna; *fig* dziedzictwo; **väterliches ~** spadek po ojcu
Erbe[2] M (-n) spadkobierca *m*, dziedzic
er'beben V/I (-; *sn*) zatrząść się *pf*
erben ⟨o⟩dziedziczyć, otrzym(yw)ać w spadku (**von j-m** po *lok*)
er'beten *pperf* → erbitten
er'beuten (-e-; -) zdoby(wa)ć; *Raubtiere als Futter* upolować *pf*
Erb|feind M odwieczny wróg; **~folge** F dziedziczenie, sukcesja (tronu); **~gut** N (*bpl*) BIOL zespół cech dziedzicznych
er'bieten (*irr*; -): V/R **sich ~ zu helfen** oferować swoją pomoc (**bei** przy *lok*)
Erbin F spadkobierczyni, dziedziczka
er'bitten (*irr*; -) ⟨po⟩prosić (**etw von j-m** k-o o *akk*)
er'bittern (-re; -) (*erbosen*) rozdrażni(a)ć, rozzłościć *pf*
er'bittert ADJ *Kampf, Feind usw* zaciekły, zacięty; *präd* zaciekle, zacięcie
Er'bitterung F (*bpl*) rozdrażnienie
Erbkrankheit F choroba dziedziczna
er'blassen *lit* V/I (-; *sn*) ⟨z⟩blednąć
Erblasser(in) M(F) spadkodawca *m* (-czyni)
er'bleichen V/I (-; *sn*) ⟨z⟩blednąć
erblich ADJ dziedziczny; **~ belastet** obciążony genetycznie
er'blicken (-) spostrzec *pf*, ujrzeć *pf*
er'blinden V/I (-e-; -) oślepnąć *pf*, zaniewidzieć (**auf e-m Auge** na jedno oko); *Spiegel* zmatowieć *pf*
Er'blindung F utrata wzroku
er'blühen V/I (-; *sn*) rozkwitać ⟨-tnąć⟩
Erbmasse F (*bpl*) JUR masa spadkowa; BIOL → Erbgut
Erbonkel M *żart* bogaty wujaszek
er'bost ADJ zły, rozzłoszczony
Erbpacht F dzierżawa wieczysta
er'brechen (*irr*; -) V/T zwracać ⟨zwrócić⟩ (*akk*); V/I (*a.* V/R **sich ~**) ⟨z⟩wymiotować
Er'brechen N wymioty *mpl*, torsje *fpl*
Erbrecht N (*bpl*) prawo spadkowe
er'bringen (*irr*; -) (*als Ergebnis haben*) przynosić ⟨-nieść⟩; **den Beweis ~** (**für**) dostarczać ⟨-czyć⟩ dowody (*gen*)
er'brochen *pperf* → erbrechen
Erbschaft F spadek, spuścizna; **e-e ~ machen** otrzym(yw)ać spadek
Erbschaft(s)steuer F podatek spadkowy *od* od spadków
Erbse F BOT groch; *einzelne* ziarnko grochu; **~n** PL KULIN groch; **grüne ~n** zielony groszek
Erbs|ensuppe F zupa grochowa, grochówka; **~püree** N piure z grochu
Erb|stück N *alt* pamiątka rodzinna; **~sünde** F (*bpl*) grzech pierworodny; **~tante** F *żart* bogata ciotka; **~teil** N udział spadkowy *od* w spadku
Erd|achse F (*bpl*) oś ziemska; **~apfel** M *austr* kartofel, ziemniak
Erdball M kula ziemska, glob
Erdbeben N trzęsienie ziemi; **~gebiet** N strefa sejsmiczna
Erdbeer|e F truskawka, (*Walderdbeere*) poziomka; **~eis** N lody *mpl* truskawkowe
Erdbestattung F pochowanie w grobie

E

Erdboden M (*bpl*) ziemia; **dem ~ gleichmachen** zrówn(yw)ać z ziemią; **er ist wie vom ~ verschluckt** jakby się pod ziemię zapadł
Erde F ziemia; AGR *a.* gleba; ASTRON (*bpl*) Ziemia; **auf der ~, auf ~n** na ziemi; **auf die ~ fallen** spadać ⟨spaść⟩ na ziemię; **unter der ~** pod ziemią; **j-n unter die ~ bringen** wpędzać ⟨-dzić⟩ k-o do grobu
erden (-*e*-) ELEK uziemi(a)ć
er'denklich możliwy; **auf jede ~e Weise** wszelkimi możliwymi sposobami; **sich alle ~e Mühe geben** dokładać ⟨dołożyć⟩ wszelkich starań
Erdgas N gaz ziemny
Erdgeschoss N parter; **im ~ wohnen** mieszkać na parterze
Erdhügel M wzgórek, kopiec
er'dichten *lit* (-) zmyślać ⟨-lić⟩
erdig ziemisty (-to)
Erd|kruste F skorupa ziemska; **~kugel** F (*bpl*) kula ziemska, glob; **~kunde** F (*bpl*) geografia
Erdnuss F orzeszek ziemny
Erdöl N (*bpl*) ropa naftowa
er'dolchen (-) zasztyletować *pf*
Erdöl|feld N pole naftowe; **~förderung** F (*bpl*) wydobywanie ropy naftowej; **~industrie** F przemysł naftowy; **~vorkommen** N złoże roponośne
er'dreisten (-*e*-; -): V/R **sich ~** ośmielać ⟨-lić⟩ się (**zu kommen** przyjść)
er'drosseln (-) udusić *pf*, zadusić *pf*
er'drücken (-) przygniatać ⟨-gnieść⟩, przytłaczać ⟨-tłoczyć⟩ (*a. fig*)
er'drückend ADJ *Übermacht* przytłaczający; *Beweis* niezbity
Erd|rutsch M obsunięcie się ziemi, osuwisko; **~schicht** F warstwa ziemi; GEOL warstwa skalna; **~stoß** M wstrząs sejsmiczny *od* tektoniczny
Erdteil M część *f* świata
er'dulden (-) *Leiden* wycierpieć *pf*; (*hinnehmen müssen*) znosić ⟨znieść⟩
Erd|umfang M (*bpl*) obwód Ziemi (**am Äquator** wzdłuż równika); **~umkreisung** F okrążenie Ziemi (po orbicie); **~umlaufbahn** F orbita okołoziemska
erdumspannend ADJ światowy
Erdung F ELEK uziemienie
Erdwärme F energia cieplna wnętrza Ziemi
er'eifern (-*re*; -): V/R **sich ~** (**über** *akk*, **wegen** *gen*) podniecać ⟨-cić⟩ się, ekscytować się (*inst*; z powodu *gen*)
er'eignen (-*e*-; -): V/R **sich ~** wydarzać ⟨-rzyć⟩ się, zdarzać ⟨-rzyć⟩ się, zachodzić ⟨zajść⟩
Er'eignis N (-*ses*; -*se*) wydarzenie, zdarzenie; **historische ~se** wydarzenia *npl* historyczne
er'eignis|los spokojny; **~reich** obfitujący w wydarzenia, burzliwy
er'eilen (-) *Tod usw* dosięgać ⟨-gnąć⟩
Erekti'on F erekcja, wzwód
Ere'mit M (-*en*) pustelnik
er'erbt ADJ odziedziczony
er'fahren[1] V/T (*irr*; -) (*vernehmen*) dowiadywać ⟨dowiedzieć⟩ się (**etw** o *lok*; **von j-n** od *gen*; **durch** przez *akk*); (*erleben, erleiden*) doświadczać ⟨-czyć⟩ (*gen*)
er'fahren[2] ADJ doświadczony, wytrawny
Er'fahrung F doświadczenie; **aus (eigener) ~** z doświadczenia; **schlechte ~en machen (mit etw)** wynieść *pf* smutne doświadczenia (z *gen*); **in ~ bringen** dowiedzieć się *pf*; **~en sammeln** zbierać *od* gromadzić doświadczenia
Er'fahrungsaustausch M wymiana doświadczeń
er'fahrungsgemäß ADV jak wiadomo z doświadczenia
Er'fahrungswert M wartość empiryczna *od* doświadczalna
er'fassen (-) *Gefühl* ogarniać ⟨-nąć⟩, przejmować ⟨-jąć⟩; (*begreifen*) pojmować ⟨-jąć⟩; (*registrieren*) ujmować ⟨ująć⟩ w ewidencji; *Daten* wprowadzać ⟨-dzić⟩; (*einbeziehen*) obejmować ⟨objąć⟩; **er wurde vom Auto erfasst** (on) został potrącony przez samochód
Erfassung F rejestracja, ewidencja; *von Daten* wprowadzanie
er'finden (*irr*; -) wymyślać ⟨-lić⟩, wynajdywać ⟨-naleźć⟩; *Geschichte* zmyślać ⟨-lić⟩; **frei erfunden** zmyślony
Er'finder(in) M(F) wynalazca *m* (-czyni)
er'finderisch (*findig*) pomysłowy (-wo)
Er'fin|dung F wynalazek; (*Fiktion*) wymysł, zmyślenie; **~dungsgabe** F wynalazczość *f*, inwencja
Er'folg M (-[*e*]*s*; -*e*) powodzenie, sukces; (*Ergebnis*) wynik; skutek; **viel ~!** powodzenia!; **mit ~** z powodzeniem; z dobrym wynikiem; **~ versprechend** obiecujący (-co)

er'folg|en (-; sn) (eintreten) następować ⟨-stąpić⟩; **~los** *Sache* bezowocny, nieuwieńczony sukcesem; *präd* bezowocnie, bez powodzenia; *Person* niemający powodzenia; **~reich** ADJ cieszący się powodzeniem; *Vorhaben* uwieńczony sukcesem, udany; *präd* z powodzeniem, skutecznie
Er'folgs|aussichten FPL widoki *mpl* powodzenia; **~erlebnis** N zadowolenie z (osiągniętego) sukcesu; **~mensch** M człowiek sukcesu
Er'folgszwang M: **unter ~ stehen** być zmuszonym do wykazania się dobrymi wynikami
erfolgversprechend ADJ → Erfolg
er'forderlich wymagany; **falls ~** w razie potrzeby
er'fordern (-) wymagać (*gen*)
Er'fordernis N (-ses; -se) (*Voraussetzung*) przesłanka; **~se** PL *a.* wymogi *mpl*, potrzeby *fpl*
er'forschen (-) ⟨z⟩badać; *Land, Weltall usw* eksplorować, penetrować
Er'forschung F badanie; *e-s Landes, des Weltalls* eksploracja
er'fragen V/T (-) dopyt(yw)ać się o (*akk*)
er'freuen (-): **j-n mit etw ~** ⟨u⟩cieszyć, ⟨u⟩radować k-o (*inst*); V/R **sich ~** (*gen*, **an** *dat*) cieszyć się (*inst*, widokiem *gen*)
er'freulich (*günstig*) pomyślny; (*freudig stimmend*) pocieszający; **das ist (nicht) sehr ~** to (nie) bardzo pocieszające
er'freulicherweise ADV na szczęście
er'freut ADJ → froh
er'frieren V/I (*irr*; -; *sn*) zmarznąć *pf*; (*h*) **ich habe mir die Ohren erfroren** odmroziłem (-łam) sobie uszy
Er'frierung F (*Schädigung*) odmrożenie
er'frisch|en (-) V/T orzeźwi(a)ć, pokrzepi(a)ć (*v/r* **sich** się; **mit etw** *inst*); **~end** ADJ orzeźwiający (-co)
Er'frischung F orzeźwienie; (*Getränk*) napój orzeźwiający
Er'frischungsraum M bufet
Er'frischungstuch N chusteczka odświeżająca
er'füllen (-) V/T *Pflicht, Bedingung, Bitte usw* spełni(a)ć; *Plan, Aufgabe* wykon(yw)ać; **j-n mit** *Sorge, Stolz usw* **~** napełni(a)ć k-o (*inst*); V/R **sich ~** spełni(a)ć się
Er'füllung F (*bpl*) *e-r Bitte, Pflicht usw* spełnienie; **in ~ gehen** spełni(a)ć się, ziścić się *pf*

er'funden *pperf* → erfinden
er'gab → ergeben[1]
er'gänzen (-zt; -) V/T dopełni(a)ć, uzupełni(a)ć; **einander** *od* V/R **sich ~** uzupełniać się wzajemnie
Er|'gänzung F dopełnienie, uzupełnienie; **~'gänzungsband** M (PL *-bände*) suplement
er'gattern *umg* (-re; -) zdoby(wa)ć
er'gaunern (-re; -) zdoby(wa)ć podstępem, wyłudzać ⟨-dzić⟩ (**von j-m** od *gen*)
er'geben[1] (*irr*; -) V/T *Summe* wynosić ⟨wynieść⟩; *Resultat* wykaz(yw)ać; V/R **sich ~** (*kapitulieren*) podda(wa)ć się; **sich s-m Schicksal ~** pogodzić się *pf* z losem; **sich ~ aus etw** wynikać ⟨-knąć⟩ z (*gen*); **es ergab sich** okazało się; **es hat sich so ~** tak się złożyło
er'geben[2] ADJ *Diener usw* oddany; (*devot*) uniżony (-żenie)
Er'gebnis N (-ses; -se) wynik; (*Folge*) skutek; **zu keinem ~ führen** nie przynosić ⟨-nieść⟩ rezultatów
er'gebnislos bezskuteczny; *präd a.* bez skutku; **~ verlaufen** nie da(wa)ć wyników
er'gehen (*irr*; -) V/I (*sn*) *Aufruf usw* być ogłoszonym; *Befehl, Urteil* być wydanym; *Einladung* być rozesłanym; **etw über sich** (*akk*) **~ lassen** znosić ⟨znieść⟩ cierpliwie (*akk*); (*j-m gehen*) *unpers* ⟨po⟩wieść się; **wie ist es dir ergangen?** jak ci się ⟨po⟩wiodło?; **wie wird es ihm ~?** jak mu się powiedzie?; V/R **sich ~** (*h*) (*reden*) rozwodzić się (**über** *akk* nad *inst*); **sich in Vermutungen ~** gubić się w przypuszczeniach
er'giebig wydajny; *Thema* wdzięczny
er'gießen (*irr*; -): V/R **sich ~** ⟨po⟩lać się, lunąć *pf*, płynąć (*a. fig*); **sich ~ über** *e-e Fläche* zal(ew)ać (*akk*); **sich ~ in** (*akk*) spływać do, wpadać do (*gen*)
ergo'nomisch ergonomiczny
er'götzen (-zt; -) V/T bawić (*akk*), sprawiać uciechę (*dat*); V/R **sich ~** (**an** *dat*) delektować się, rozkoszować się (*inst*)
er'grauen V/I (-; *sn*) ⟨po⟩siwieć
er'greifen (*irr*; -) *Sache, j-n* chwytać ⟨schwycić, uchwycić⟩, ujmować ⟨ująć⟩ (**an** *dat*, **bei** za *akk*); *Dieb* schwytać, ująć *pf*; *Beruf* wyb(ie)rać; *Macht* obejmować ⟨objąć⟩; *Maßnahmen, Schritte* przedsiębrać ⟨-sięwziąć⟩; *Chance* ⟨s⟩korzystać (z *gen*); *Wort* zab(ie)rać; *Angst usw* ogarniać

E

⟨-nąć⟩; *(rühren)* wzruszać ⟨-szyć⟩ (**tief** głęboko); **die Flucht ~** rzucać ⟨-cić⟩ się do ucieczki
er'greifend ADJ wzruszający (-co)
Er'greifung F ujęcie, schwytanie
er'griffen *pperf* → ergreifen; ADJ wzruszony; (**von etw**) przejęty *(inst)*
Er'griffenheit F *(bpl)* wzruszenie
er'gründen (-) zgłębi(a)ć
Er'guss M wylew *(a.* MED, *fig)*
er'haben *(erhöht)* wypukły (-ło); *fig Gedanke, Stil usw* wzniosły (-śle); **~ sein über** *(akk)* stać ponad *(inst)*
Er'halt M (-[e]s; bpl) otrzymanie
er'halten¹ *(irr; -)* V/T otrzym(yw)ać; *(bewahren; a.* V/R **sich** się) utrzym(yw)ać, zachow(yw)ać (**am Leben** przy życiu)
erhalten² ADJ: **gut ~** *Sache* w dobrym stanie; *Person* dobrze wyglądający (na swój wiek); **~ bleiben** zachować się *pf*
er'hältlich ADJ: **~ sein** być do nabycia
Er'haltung F *(bpl)* *(Bewahrung)* zachowanie; *(Unterhaltung)* utrzymanie
er'hängen (-) V/T powiesić *pf* (*v/r* **sich** się); **Tod durch Erhängen** śmierć *f* przez powieszenie
er'härten (-) *fig* popierać ⟨poprzeć⟩ (**durch Beweise** dowodami)
er'heben *(irr; -)* V/T *Hand, Stimme usw* podnosić ⟨-nieść⟩; *Zoll, Steuern* pob(ie)rać, ściągać ⟨-gnąć⟩; *Anspruch, Einwände* zgłaszać ⟨zgłosić⟩; *Klage, Einspruch* wnosić ⟨wnieść⟩; *Protest* zakładać ⟨założyć⟩; *Daten* zbierać ⟨zebrać⟩; V/R **sich ~** podnosić ⟨podnieść⟩ się; *Berg, Bau* wznosić się; *Volk* powsta(wa)ć *(a.* **von den Plätzen ~** z miejsc); unosić ⟨unieść⟩ się (**in die Luft** w powietrze)
er'hebend ADJ podniosły (-śle)
er'heblich ADJ znaczny, niemały; *Rolle, Bedenken usw a.* poważny; ADV znacznie, w znacznym stopniu
Er'hebung F *(Anhöhe)* wzniesienie; *(Enquete)* ankieta, ankietowanie; *von Steuern usw* pobieranie, ściąganie; *(Aufstand)* powstanie
er'heitern *(-re; -)* *(amüsieren)* ⟨u⟩bawić, rozweselać ⟨-lić⟩
Er'heiterung F *(bpl)* uciecha
er|'hellen (-) V/T rozjaśni(a)ć (*v/r* **sich** się); **~'hitzen** *(-zt; -)* V/T rozgrz(ew)ać (*v/r* **sich** się); *fig* roznamiętni(a)ć (*v/r* **sich** się)
er'hoffen (-): V/R **sich** *(dat)* **etw ~** spodziewać się *(gen;* **von** po *lok,* od *gen)*
er'höhen (-) V/T *Preis usw* podwyższać ⟨-szyć⟩ (**um fünf** o pięć); *Fahrt, Risiko usw* zwiększać ⟨-szyć⟩; V/R **sich ~** *Zahl, Löhne usw* podwyższać ⟨-szyć⟩ się, wzrastać ⟨wzrosnąć, wzróść⟩
erhöht ADJ *Temperatur, Blutdruck* podwyższony; *Aufmerksamkeit* wzmożony
Er'höhung F *(das Erhöhen, Ansteigen)* podwyższenie; *(Zunahme)* zwiększenie; *(konkreter Betrag, Prozent)* podwyżka (**um ... o ...**)
er'holen (-): V/R **sich ~** odpoczywać, wypoczywać ⟨od-, wypocząć⟩ (**nach der Arbeit** po pracy); ochłonąć *pf* (**von e-m Schrecken** z przerażenia); powracać ⟨-wrócić⟩ do zdrowia (**von e-r Krankheit** po chorobie); FIN *Kurse* poprawi(a)ć się
er'holsam relaksowy (-wo), relaksujący (-co)
er'holt ADJ wypoczęty
Er'holung F *(bpl)* odpoczynek, wypoczynek, *umg* relaks; *(Besserung)* powrót do zdrowia, rekonwalescencja
er'holungsbedürftig potrzebujący odpoczynku; **sie ist ~** ona potrzebuje wypoczynku
Er'holungs|gebiet N teren rekreacyjny; **~urlaub** M urlop wypoczynkowy; **~zentrum** N centrum wypoczynkowe
er'hören *lit* wysłuchać *pf*
eri'giert ADJ usztywniony
Erika F *(-; -ken)* BOT wrzosiec
er'innern *(-re; -)* V/T: **j-n ~ an j-n, etw** przypominać ⟨-mnieć⟩ k-u *(akk)*; V/R **sich ~ an** *(akk)* przypominać ⟨-mnieć⟩ sobie *(akk)*; **sich nicht mehr ~ an j-n, etw** (już) nie pamiętać *(gen)*; V/I **das erinnert mich an ...** to mi przypomina ...; **wenn ich mich recht erinnere** jeśli mnie pamięć nie myli
Er'innerung F *(bpl)* *(Gedächtnis, Andenken)* pamięć *f*; *(a. pl)* *(Rückerinnerung)* wspomnienie; *nur* **~en** PL *(Eindrücke, Rückschau)* wspomnienia *npl*, wspominki *mpl*; *(Mahnung)* przypomnienie; **j-n, etw gut in ~ haben** zachować *pf* w pamięci *(akk)*; **~en wecken** (**an** *akk*) przywodzić ⟨-wieść⟩ na pamięć *(akk)*; **zur ~** dla przypomnienia; **zur ~ an etw** na pamiątkę *(gen)*
Er'innerungsvermögen N *(bpl)* (**gutes, schlechtes**) (dobra, zła) pamięć *f*

er'kalten V/I (-e-; -) ostygnąć *pf* (*a. fig*)
er'kälten (-e-; -): V/R **sich ~** przeziębi(a)ć się; V/T **sich** (*dat*) **etw ~** przeziębi(a)ć sobie (*akk*)
er'kältet ADJ przeziębiony
Er'kältung F przeziębienie
er'kämpfen (-) wywalczyć *pf*
er'kaufen (-) okupywać ⟨-pić⟩; **ein teuer erkaufter Sieg** drogo okupione zwycięstwo
er'kennbar (**kaum** ledwo) rozpoznawalny, widoczny, dostrzegalny
er'kennen (*irr*; -) V/T (*wahrnehmen*) rozpozna(wa)ć; pozna(wa)ć (**an der Stimme** po głosie); uzna(wa)ć (**als Fehler** za błąd); **~ lassen, zu ~ geben** da(wa)ć do zrozumienia, da(wa)ć poznać po sobie; **sich zu ~ geben** przedstawić się *pf* (**als** jako); *v/i* JUR, SPORT (**auf** *akk*) orzekać ⟨orzec⟩ (*akk*)
er'kenntlich ADJ: **sich ~ zeigen** odwdzięczać ⟨-czyć⟩ się (**gegenüber j-m für etw** k-u za *akk*)
Er'kenntnis F (-; -se) (*Einsicht*) przekonanie, przeświadczenie; FILOZ (*bpl*) poznanie; **~se** PL (*Ergebnisse*) wyniki *mpl* badań (naukowych)
Er'kennung F (*bpl*) rozpoznanie
Er'kennungs|dienst M służba rozpoznawcza (policji); **~zeichen** N znak *od* sygnał rozpoznawczy
Erker M wykusz
Erkerfenster N okno wykuszowe
er'klärbar wytłumaczalny
er'klären (-) V/T (*erläutern*) wyjaśni(a)ć, (*a. begründen*) ⟨wy⟩tłumaczyć (**mit** *inst*); (*äußern*) oświadczać ⟨-czyć⟩, deklarować (im)*pf*; *Krieg* wypowiadać ⟨-wiedzieć⟩; **j-n für schuldig, tot ~** uznać *pf* winnym, za zmarłego (*akk*); V/R *Sache* **sich ~ (aus)** tłumaczyć się (*inst*); *Pers* **sich ~ (zu)** wypowiadać ⟨-wiedzieć⟩ się (w sprawie *gen*); **sich solidarisch ~ (mit)** solidaryzować się (z *inst*)
er'klärlich zrozumiały; **das macht die Sache ~** to wyjaśnia sprawę
er'klärt ADJ zdeklarowany
Er'klärung F wyjaśnienie, wytłumaczenie (*a. Begründung*); (*Mitteilung*) oświadczenie, deklaracja; **e-e ~ abgeben** składać ⟨złożyć⟩ oświadczenie
er'klecklich *lit* spory, porządny
er|'klimmen (*irr*) wspinać ⟨wspiąć⟩ się (**den Gipfel** na szczyt); **~'klingen** V/I (*irr*; -; *sn*) rozlegać ⟨rozlec⟩ się, rozbrzmie(wa)ć; **~'kranken** V/I (-; *sn*) zachorować *pf*, rozchorować się (**an** *dat* na *akk*)
Er'krankung F zachorowanie; (*Krankheit*) choroba
er'kunden (-e-; -) → erforschen; MIL rozpoznawać
er'kundigen (-): V/R **sich ~ (nach)** dowiadywać się, ⟨za⟩pytać (o *akk*)
Er'kundigung F zbieranie informacji, wypytywanie; **~en einziehen** (**über** *akk*) zasięgać ⟨-gnąć⟩ informacji (o *lok*)
Er'kundung F rekonesans (*a.* MIL)
Er'lagschein M *austr* blankiet na przekaz pieniężny; dowód wpłaty
er'lahmen (-; *sn*) ⟨o⟩słabnąć (*a. fig*)
er'langen (-) uzysk(iw)ać, zdoby(wa)ć
Er'lass M (-es; -e) dekret, zarządzenie; *e-r Strafe* darowanie, uchylenie; *e-r Schuld* zwolnienie (z długu); *e-s Urteils usw* wydanie
er'lassen (*irr*; -) *Gesetz* wyda(wa)ć; **j-m ~** *Strafe* darować *pf* k-u (*akk*); *Gebühren usw* zwolnić *pf* k-o od (*gen*)
er'lauben (-) V/T pozwalać, zezwalać ⟨-zwolić⟩ (**j-m etw** *od* **zu** + *inf* k-u na *akk od inf*); **~ Sie, dass ...** pan(i) pozwoli, że ...; **sich** (*dat*) **etw ~** pozwalać ⟨-zwolić⟩ sobie na (*akk*)
Er'laubnis F pozwolenie, zezwolenie; **j-n um ~ bitten** ⟨po⟩prosić k-o o pozwolenie; **die ~ erteilen** udzielać ⟨-lić⟩ zezwolenia (**zu** na *akk od inf*); **mit Ihrer ~** za pozwoleniem
er'laubt ADJ dozwolony; **es ist (nicht) ~** (nie) wolno
er'laucht ADJ *Gesellschaft* dostojny
er'läutern (-re; -) objaśni(a)ć; (*kommentieren*) ⟨s⟩komentować
Er'läuterung F objaśnienie; komentarz
Erle F olcha, olsza; (*Holz*) olszyna
er'leben (-) (*an sich erfahren*) przeży(wa)ć, dozna(wa)ć, zazna(wa)ć; *als Zeuge* być świadkiem (*gen*), widzieć, słyszeć (*akk*); *als Zeitgenosse* dożyć *pf*, doczekać się *pf* (*gen*); **so etwas habe ich noch nicht erlebt** czegoś takiego jeszcze nie widziałem (-łam); *umg* **du kannst noch was ~!** jeszcze zobaczysz!
Er'lebnis N (-ses; -se) przeżycie; **~se** PL *a.* przygody *fpl* życiowe
Er'lebnisbad N park wodny

er'lebnisreich obfity w przeżycia
er'ledigen (-) VT załatwi(a)ć; *umg fig (erschöpfen)* wykańczać ⟨-kończyć⟩; *(töten) pop* wykończyć *pf*, załatwić *pf*; VR **das erledigt sich von selbst** to się samo ułoży; **der Fall** *od* **die Sache hat sich erledigt** sprawa załatwiona
er'ledigt ADJ *umg (erschöpft)* wykończony
Er'ledigung F załatwienie
er'legen *Wild* ustrzelić *pf*
er'leichtern (-re; -): **j-m** *die Arbeit, das Dasein usw* **~** ulżyć *pf* k-u w *(lok)*; *(einfacher machen)* ułatwi(a)ć k-u *(akk)*; *(bequemer machen)* udogodnić *pf* k-u *(akk)*; *(j-n innerlich befreien)* sprawi(a)ć *od* przynosić ⟨-nieść⟩ ulgę *(dat)*; **das hat ihn erleichtert** to mu sprawiło ulgę; *umg* **j-n um ... ~** *(stehlen)* gwizdnąć *pf* k-u *(akk)*
er'leichtert ADJ *präd* z ulgą; **sich ~ fühlen** odczu(wa)ć ulgę
Er'leichterung F *e-r Handlung* ułatwienie, udogodnienie; *(seelische)* ulga; **~ spüren** ⟨po⟩czuć ulgę; **mit ~** z ulgą; **zur ~** dla ulżenia; *e-s Vorhabens* celem ułatwienia *od* udogodnienia
er|'leiden *(irr; -) Schmerzen* dozna(wa)ć *(gen)*; *Verlust, Tod usw* ponosić ⟨-nieść⟩ *(akk)*; **~'lernen** VT (-) ⟨na-, wy⟩uczyć się *(gen)*
er'lesen ADJ wykwintny
er'leuchten (-) oświetlać ⟨-lić⟩, rozświetlać ⟨-lić⟩; *fig* oświecać ⟨-cić⟩
Er'leuchtung F *(bpl) fig (Eingebung)* olśnienie; **ihm kam e-e ~** doznał olśnienia, olśniło go
er'liegen VI *(irr; -; sn) j-m, e-r Sache* ulegać ⟨ulec⟩ *(dat)*; **... erlag s-n Verletzungen** ... zmarł wskutek odniesionych obrażeń; **zum Erliegen kommen** *Handel* upaść *pf*; *Verkehr* stanąć *pf*; **zum Erliegen bringen** sparaliżować *pf*
er'lischt → erlöschen
er'logen ADJ kłamliwy, zmyślony
Er'lös M (-es; -e) uzysk, uzyskana kwota (**aus** z *gen*); *(Tageseinnahme)* utarg
er'loschen ADJ *Vulkan, fig* wygasły
er'löschen VI *(erlischt, erlosch, erloschen; sn) Feuer, Licht* ⟨wy-, z⟩gasnąć; *Vulkan* wygasnąć *pf*; *Leidenschaft, Mandat* wygasać ⟨-snąć⟩; *Frist* upływać ⟨upłynąć⟩
er'lösen (-) wybawi(a)ć (**aus** z *gen*), uwalniać ⟨uwolnić⟩ (**von** od *gen*); *rel* zbawi(a)ć; **ein ~des Wort** wyzwalające słowo
Er'lö|ser M wybawca *m*; *(bpl) rel* Zbawiciel; **~sung** F wybawienie; *rel* zbawienie
er'mächtigen (-) uprawni(a)ć, upoważni(a)ć (**j-n zu** k-o do *gen*)
Er'mächtigung F upoważnienie
er'mahnen (-) napominać ⟨-mnieć⟩ (**j-n zu etw** k-o żeby był + *adj*)
Er'mahnung F napomnienie
Er'mangelung *lit* F *(bpl)*: **in ~** *(gen)* z braku *(gen)*
er'mäßigen (-) *Preis usw* obniżać ⟨-żyć⟩, ⟨z⟩redukować
er'mäßigt ADJ ulgowy; **zu ~en Preisen** po cenach ulgowych
Er'mäßigung F obniżenie, zredukowanie; *(Preisnachlass)* zniżka, ulga
er'matten VI *(sn) Person* opadać ⟨opaść⟩ z sił; **von etw ~** ⟨z⟩męczyć się *(inst)*, ⟨o⟩słabnąć od *(gen)*
er'messen *(irr; -)* oceni(a)ć
Er'messen N (-s; *bpl*) uznanie; **nach menschlichem ~** według wszelkich przewidywań; **nach eigenem ~** według własnego uznania; **in j-s ~ stellen** pozostawi(a)ć do uznania *(gen)*
er'mitteln (-le; -) VT *(errechnen)* wyliczać ⟨-czyć⟩; *(feststellen)* ustalać ⟨ustalić⟩; *Täter* wykry(wa)ć; VI prowadzić dochodzenie (**gegen** przeciw *dat*)
Er'mittler M funkcjonariusz dochodzeniowy, oficer śledczy
Er'mittlung F *e-r Größe* wyliczenie; *e-r Person usw* ustalenie; **~en** PL JUR dochodzenie, śledztwo
Er'mittlungs|richter M sędzia śledczy; **~verfahren** N postępowanie dochodzeniowe
er'möglichen (-) umożliwi(a)ć, udostępni(a)ć
er'morden (-) zamordować *pf*
Er'mordung F zamordowanie, mord
er'müd|en (-e-; -) VT ⟨z⟩nużyć, ⟨z⟩męczyć; VI *(sn)* ⟨z⟩nużyć się, ⟨z⟩męczyć się; **~end** ADJ męczący, nużący, *präd* męcząco, nużąco
Er'müdung F *(bpl)* znużenie, zmęczenie *(a.* TECH); **vor ~** ze zmęczenia
Er'müdungserscheinung F objaw zmęczenia
er'muntern (-re; -) zachęcać ⟨-cić⟩ (**zu** do *gen*); **~de Worte** słowa zachęty
er'mutigen (-) pobudzać ⟨-dzić⟩, zachęcać ⟨-cić⟩ (**zu** do *gen*); **das klingt nicht**

~d to nie brzmi zachęcająco
er'nähren (-) V/T żywić, odżywiać, karmić; *Familie* ⟨wy⟩żywić; V/R **sich von etw ~** odżywiać się (*inst*), (*mst von Tieren*) karmić się (*inst*); (*Lebensunterhalt bestreiten*) utrzymywać się (z *gen*)
Er'nährer(in) M(F) żywiciel(ka)
Er'nährung F (*bpl*) (*Nahrungszufuhr*) odżywianie (się), żywienie (się); (*Nahrung*) żywność *f*; *der Familie usw* (wy)żywienie
Er'nährungs|fehler M nieprawidłowe żywienie; **~störung** F zaburzenia *npl* w odżywianiu; **~wirtschaft** F gospodarka żywnościowa
er'nannt → ernennen
er'nennen (*irr*; -) mianować (*im*)*pf* (**j-n zu etw** k-o *inst*); **er wurde zum Richter ernannt** (on) został mianowany na stanowisko sędziego
Er'nennung F mianowanie, nominacja
er'neuerbar odnawialny (*a. Energie*)
er'neuern (-*re*; -) V/T *Teil usw* wymieni(a)ć (na nowy); (*renovieren*) odnawiać ⟨odnowić⟩ (*v/r* **sich** się); (*wiederholen*) ponawiać ⟨-nowić⟩
Er'neuerung F (*Auswechseln*) wymiana; (*Renovierung*) odnowienie, odnowa (*bes fig*)
er'neut ADJ ponowny; ADV na nowo, znów, znowu
er'niedrig|en (-) V/T poniżać ⟨-żyć⟩, upokarzać ⟨-korzyć⟩ (*v/r* **sich** się); **~end** ADJ upokarzający (-co)
Er'niedrigung F poniżenie, upokorzenie
ernst ADJ poważny; ADV (*umg* na) poważnie, (na) serio; **~ nehmen** traktować poważnie*od* (na) serio
Ernst M (-*es*; *bpl*) powaga; **im ~, allen ~es** na serio; **das ist wohl nicht dein ~!** chyba żartujesz!; **das ist mein (voller) ~** ja nie żartuję
Ernstfall M: **im ~** w krytycznej sytuacji, w razie niebezpieczeństwa; *engS* w wypadku wojny
ernst|haft, **~lich** poważny; → ernst
Ernte F żniwo (*a. fig*), zbiór; (*Ertrag*) zbiory *mpl*, plon; **~(dank)fest** N dożynki *pl*, święto plonów; (*Volksfest*) festyn dożynkowy
erntefrisch *Obst usw* świeżo zebrany
ernten (-*e*-) zbierać ⟨zebrać⟩ (plon, owoce); *Getreide a.* sprzątać ⟨-tnąć⟩, ⟨z⟩żąć; *fig* **Beifall ~** zbierać ⟨zebrać⟩ oklaski; **Spott ~** zostać *pf* wydrwionym
Erntezeit F (*bpl*) okres żniw
er'nüch|tern (-*re*; -) otrzeźwi(a)ć (*a. fig*); **~ternd** ADJ otrzeźwiający (-co)
Er'nüchterung F otrzeźwienie
Er'oberer M zdobywca *m*
Er'oberin F zdobywczyni
er'obern (-*re*; -) *Festung, Gipfel, Titel, Macht usw* zdoby(wa)ć; *Land, Herz* podbi(ja)ć
Er'oberung F (*das Erringen*) zdobycie; *e-s Landes* podbój, podbicie; *fig* **e-e ~ machen** zdobyć *pf* sympatię (*gen*)
er'öffnen (-) *Geschäft, Konto, Feuer* otwierać ⟨otworzyć⟩; *Sitzung a.* zagajać ⟨-gaić⟩; *Saison, Gedenkfeier usw* ⟨za⟩inaugurować; JUR *Verfahren* wszczynać ⟨wszcząć⟩; *Spiel* rozpoczynać ⟨-cząć⟩; **j-m etw ~** oznajmi(a)ć k-u (*akk*); V/R **sich j-m ~** *Aussichten usw* otwierać się przed (*inst*)
Eröffnung F otwarcie; (*feierlicher Beginn*) inauguracja; JUR wszczęcie
Eröffnungs|ansprache F mowa inauguracyjna; **~feier** F uroczystość inauguracyjna
ero'gen erogenny
er'örtern (-*re*; -) omawiać ⟨omówić⟩
Er'örterung F omawianie, dyskusja
Erosi'on F erozja; MED nadżerka
E'rotik F (*bpl*) erotyka; **~film** M erotyk
ero'tisch erotyczny
Erpel M kaczor
er'picht ADJ: **~ sein auf etw** *umg* lecieć na, chorować na (*akk*)
er'pressen (-) szantażować (**j-n mit etw** k-o *inst*); wymuszać ⟨-musić⟩ (**Geld** *usw* **von j-m** pieniądze *usw* na *lok*)
Er'presser M szantażysta *m*; **~brief** M list z żądaniami szatażysty; **~in** F szantażystka
er'presserisch ADJ: **~e Entführung** uprowadzenie w celu wymuszenia korzyści
Er'pressung F szantaż, wymuszenie
er'proben (-) wypróbow(yw)ać (**an j-m** na *lok*); TECH *a.* podda(wa)ć próbie
er'probt ADJ wypróbowany (*a. fig*)
E'rprobung F wypróbowanie, przeprowadzanie prób, testowanie
er'quicklich *lit* → erfreulich
er'raten (*irr*; -) odgadywać, zgadywać ⟨-dnąć⟩
er'rechnen (-) wyliczać ⟨-czyć⟩
er'regbar pobudliwy; **er ist leicht ~** on

łatwo ulega rozdrażnieniu

er'regen (-) VT *Person* podniecać ⟨-cić⟩ (*a. sexuell*), ekscytować; *Gemüter* ⟨z⟩bulwersować; *Gefühl, Verdacht* wzbudzać ⟨-dzić⟩; *Missfallen, Anstoß* wywoł(yw)ać; VR **sich ~ (über** *akk*) podniecać ⟨-cić⟩ się (*inst*), irytować się (z powodu *gen*)

er'regend ADJ *Anblick usw* ekscytujący, emocjonujący

Er'reger M MED zarazek

er'regt ADJ *Person* podniecony (*a. sexuell*), podekscytowany; (*aufgeregt*) zbulwersowany; (*verärgert*) rozdrażniony, *präd* z rozdrażnieniem

Er'regung F (*Erregtheit*) podniecenie, *iron* ekscytacja; (*Verärgerung*) rozdrażnienie; (*das Hervorrufen*) wywołanie

er'reichbar *Ziel* osiągalny; **er ist telefonisch (nicht) ~** z nim (nie) można porozumieć się telefonicznie

er'reichen (-) *etw, a. fig* dosięgać ⟨-gnąć⟩ (*gen*); *Ziel, Ort a.* docierać ⟨dotrzeć⟩ (do *gen*); *Ufer a.* dopływać ⟨-płynąć⟩ (do *gen*); *Zug usw* zdążyć *pf* (na *akk*); *Stand, Geschwindigkeit, Alter* osiągać ⟨-gnąć⟩ (*akk*); *j-n* zasta(wa)ć (**zu Hause** w domu); **wie kann ich dich ~?** jak można się z tobą skontaktować? **ich habe bei ihm nichts erreicht** nic u niego nie wskórałem

er'richten (-) *Denkmal, Gebäude usw* wznosić ⟨-nieść⟩, postawić *pf*; (*gründen*) zakładać ⟨założyć⟩

er'ringen (*irr;* -) *Preis* zdoby(wa)ć; *Sieg, Erfolg* odnosić ⟨-nieść⟩

er'röten VI (-; *sn*) ⟨za⟩rumienić się (**vor Scham** ze wstydu)

Er'rungenschaft F osiągnięcie, zdobycz *f*; *umg* (*Anschaffung*) nabytek

Er'satz M (-*es; bpl*) (*Sache*) zamiennik; namiastka, surogat (*a. unzulänglich*); (*Person*) zastępca *m* (-czyni); SPORT rezerwa; (*Entschädigung*) rekompensata (**für** za *akk*); odszkodowanie; (*das Ersetzen*) wymiana, zamiana; *der Auslagen* zwrot (*gen*); **als ~ für j-n, etw** w zamian za (*akk*)

Er'satz|dienst M służba zastępcza; **~mann** M zastępca *m*; SPORT rezerwa; **~spieler(in)** M(F) gracz rezerwowy; **~stoff** M materiał zastępczy, *umg* erzac; **~teil** N część zapasowa

er'satzweise ADV alternatywnie, zastępczo

er|'saufen *umg* VI (*irr;* -; *sn*) utonąć *pf*; *Schacht, Wiese* zostać *pf* zatopionym; **~'säufen** (-) utopić *pf*; **~'schaffen** *lit* (*irr, pperf erschaffen;* -) stwarzać ⟨stworzyć⟩

Er'schaffung *lit* F (*bpl*) stworzenie

er'schallen VI (- *od irr erscholl, erschollen*) rozbrzmiewać, zabrzmieć *pf*

er'schauern *lit* VI (-; *sn*) wzdrygać ⟨-gnąć⟩ się (**vor Kälte** z zimna)

er'scheinen VI (*irr;* -; *sn*) (*sichtbar werden*) pojawi(a)ć się, zjawi(a)ć się, ukaz(yw)ać się (*a. Buch, Geist*); (*sich einfinden*) stawi(a)ć się (**in, vor** *dat* w L, przed *inst*); **im Traum ~** jawić się we śnie; (*sich darstellen*) przedstawi(a)ć się (**j-m im anderen Licht** k-u w innym świetle); wydawać się; **es erscheint mir merkwürdig, dass ...** wydaje mi się dziwne, że ...

Er'scheinen N (*bpl*) ukazanie się (*a. e-s Buchs usw*); *vor Gericht usw* stawienie się; **die Zeitung hat ihr ~ eingestellt** gazeta przestała ukazywać się

Er'scheinung F (*Phänomen*) zjawisko; (*Äußeres*) aparycja, prezencja; (*Gestalt*) sylwetka; (*Vision*) przywidzenie, zwid; **in ~ treten** → erscheinen

Er'scheinungs|bild N prezencja; *e-r Sache* wygląd; **~jahr** N rok wydania

er'schießen (*irr;* -) VT zastrzelić *pf* (*v/r* **sich** się); JUR rozstrzel(iw)ać

Er'schieß|ung F rozstrzelanie; **~ungskommando** N pluton egzekucyjny

er'schlaffen VI (-; *sn*) *Haut, Muskeln* zwiotczeć *pf*

er'schlagen[1] (*irr;* -) zabić *pf*, zatłuc *pf* (na śmierć); **vom Blitz ~ werden** umrzeć wskutek porażenia piorunem

erschlagen[2] *umg* ADJ: **sich ~ fühlen** być skonanym; **(wie) ~ sein** (*bestürzt*) zaniemówić *pf* z wrażenia

er'schleichen (*irr;* -): VR *abw* **sich ~** zdobyć *pf* podstępem (**das Vertrauen** zaufanie), wyłudzać ⟨-dzić⟩ (**die Erbschaft** spadek)

er'schließen (*irr;* -) VT *Region* zagospodarow(yw)ać; *Baugelände* uzbrajać ⟨uzbroić⟩; *Markt* otwierać ⟨otworzyć⟩ (**für** dla *gen*), (*a. nutzbar machen*) udostępni(a)ć; VR **sich ~** (*verständlich werden*) stać się *pf* zrozumiałym

er'schlossen *pperf* → erschließen; ADJ

zagospodarowany; uzbrojony
er'scholl(en) → erschallen
er|'schöpfen (-) V/T wyczerp(yw)ać (*v/r* **sich** się); **~'schöpfend** ADJ wyczerpujący (-co); **~'schöpft** ADJ wyczerpany
Er'schöpfung F (*bpl*) wyczerpanie
er'schossen *pperf* → erschießen; ADJ rozstrzelany; *umg fig* skonany
er'schrecken[1]: V/I *u.* V/R **sich ~** (- *od irr erschrickt, erschrak, erschrocken; sn*) (**über** *akk*, **vor** *dat*) przelęknąć się *pf*, zlęknąć się *pf* (*gen*, na widok *gen*)
er'schrecken[2] V/T (-) przestraszyć *pf*
er'schreckend ADJ straszny, okropny
erschrocken *pperf* → erschrecken[1]; ADJ wystraszony, wylękły; *präd* ze strachem, z lękiem
er'schüttern (*-re; -*) *j-n, etw* wstrząsać ⟨-snąć⟩ (*a. j-n seelisch*), zachybotać *pf*, zachwiać *pf* (*inst*); *fig Vertrauen, Glauben* zachwiać *pf* (*akk*)
er'schütternd ADJ wstrząsający (-co)
Er'schütterung F wstrząs (*a. fig*)
er'schütterungsfrei bezwstrząsowy
er'schweren (-) utrudni(a)ć
er'schwerend ADJ *Umstände* JUR obciążający; **das kommt noch ~ hinzu** to jeszcze bardziej komplikuje sprawę
er'schwindeln (-) zdoby(wa)ć oszukańczo *od* podstępnie
er'schwinglich dostępny (**für jeden** dla każdego); *Preis a.* przystępny
er'sehen (*irr; -*) widzieć, ⟨wy⟩wnioskować (**aus** z *gen*)
er'sehnt *lit* ADJ upragniony
er'setz|bar *Teil* zamienny; *präd Person* do zastąpienia; *Schaden* do naprawienia, do powetowania; **~en** (-) zamieni(a)ć, zastępować ⟨zastąpić⟩ (**durch j-n, etw** *inst*); *Schaden* ⟨z⟩rekompensować, wyrówn(yw)ać; *Kosten* ⟨z⟩refundować; CHEM, MAT podstawi(a)ć
er'sichtlich widoczny; **ohne ~en Grund** bez widocznego powodu; **mir ist nicht ~, warum ...** nie pojmuję, dlaczego ...
er'sinnen (*irr; -*) wymyślać ⟨-lić⟩
er'spähen (-) wypatrzyć *pf*, dostrzec *pf*
er'sparen (-) (za)oszczędzić *pf* (*a. fig* **j-m etw** k-u *gen*)
Er'sparnis F (*-; bpl*) (*Einsparung*) oszczędność *f* (**an etw** na, w *lok*); *nur pl* **~se** (*Geld*) oszczędności *fpl*
erst ADV (*zuerst*) najpierw, wpierw; (*nicht eher, mehr als*) dopiero; **eben ~** dopiero co; **~ gestern** dopiero wczoraj; *partikel* **~ recht** tym bardziej; **nun ~ recht!** teraz tym bardziej!; → erste
er'starken *lit* V/I (*-; sn*) okrzepnąć *pf*
er'starren (*-; sn*) *Lava* ⟨s-, za⟩krzepnąć; *Glieder* ⟨s⟩kostnieć; *fig* zmartwieć *pf* (**vor Schreck** ze strachu)
er'statten (*-e-; -*) *Anzeige, Bericht* składać ⟨złożyć⟩; *Kosten* ⟨z⟩refundować
Er'stattung F refundacja
Erstaufführung F premiera
Erstauflage F pierwsze wydanie
er'staunen (-) V/T zdumiewać, zadziwi(a)ć (*akk*); V/I (*sn*) (**über** *akk*) ⟨z⟩dziwić się (*dat*)
Er'staunen N zdumienie; **in ~ versetzen** wprawi(a)ć w zdumienie, epatować
er'staunlich zadziwiający; *präd* zadziwiająco; (*sehr*) nadzwyczaj
er'staunlicherweise ADV dziwna rzecz
Erstausstattung F (*für ein Baby*) wyprawka (niemowlęca)
Erstbesitz M: **aus ~** z pierwszej ręki
erstbeste ADJ: **der ~** pierwszy lepszy, jakikolwiek; **die ~** pierwsza lepsza, jakakolwiek; **das ~** pierwsze lepsze, jakiekolwiek
erste *num* pierwszy; **der, die, das ~ Beste** → erstbeste; **zum ~n Mal** po raz pierwszy; **~r Klasse fahren** jechać pierwszą klasą; **die beiden Ersten** obie pierwsze, *persf* obaj pierwsi; **als Erstes, zum Ersten** po pierwsze; **am Ersten** *des Monats* pierwszego; **fürs Erste** na razie; *umg* **im Ersten** *Programm* w jedynce
er|'stechen (*irr; -*) zasztyletować *pf*, zakłuć *pf*, *umg* zadźgać *pf*; **~'stehen** *lit* (*irr; -*) (*erwerben*) naby(wa)ć; **~'steigern** kupować ⟨-pić⟩ na licytacji; **~'stellen** *Bilanz, Plan* sporządzać ⟨-dzić⟩; (*bauen*) ⟨wy⟩budować
erstens ADV po pierwsze
erstere PRON pierwszy
Erstgeborene F pierworodna córka; **~(r)** M (syn) pierworodny
erstgenannt ADJ wymieniony jako pierwszy
er'sticken (-) V/T udusić *pf*; *Flammen, Aufstand usw* ⟨s⟩tłumić; V/I (*sn*) udusić się *pf*; udławić się *pf* (**an e-r Gräte** ością); **zu ~ drohen** dusić się, dławić się; *fig* **in Arbeit ~** tonąć w pracy
Er'stickung F (*bpl*) uduszenie; *fig* stłumie-

E

nie, zdławienie
erstklassig pierwszorzędny; *präd a.* pierwszej klasy, *umg* pierwsza klasa
Erstkommunion F pierwsza komunia
erst|malig pierwszy; **~mals** ADV po raz pierwszy; **~rangig** pierwszoplanowy, węzłowy

E

er'streben *lit* (-) *Ziel* dążyć do (*gen*)
er'strebenswert pożądany
er'strecken (-): V/R **sich ~** *räumlich* rozciągać ⟨-gnąć⟩ się (**über** *akk* na *akk*; **von ... bis ...** od ... do ...); *zeitlich* ciągnąć się (**über 5 Jahre** przez pięć lat); *fig* **sich ~ auf** (*akk*) (*umfassen*) obejmować (*akk*)
er'stürmen (-) wziąć *pf* szturmem
Erst|versorgung F (*bpl*) udzielenie pierwszej pomocy (**von Verletzten** rannym); **~zulassung** F pierwsza rejestracja (nowego pojazdu)
er'suchen (-): **j-n um etw ~** ⟨po⟩prosić k-o o (*akk*); **Sie werden ersucht** *etw zu tun* uprasza się pana (panią) o ...
Er'suchen N prośba; (*Aufforderung*) żądanie (*gen*); **auf ~ von Frau B.** na prośbę pani B.; **auf ~ des Gerichts** na żądanie sądu
er|'tappen (-) V/T przyłap(yw)ać (**bei etw** na *lok*; V/R **sich** się); **~'tasten** (-) namacać *pf*; **~'teilen** (-) *Wort, Erlaubnis, Rüge, Unterricht usw* udzielać ⟨-lić⟩ (*gen*); *Befehl* wyda(wa)ć (*akk*); **~'tönen** V/I (-; *sn*) zabrzmieć *pf*, rozbrzmiewać
Er'trag M (-[e]s; -träge) (*Ernte*) urodzaj, plon; (*Gewinn*) dochód
er'tragen (*irr*; -) znosić ⟨znieść⟩; **nicht zu ~** nie do zniesienia
er'träglich znośny, nie najgorszy
er'tragreich wydajny, produktywny; *Acker, Sorte* płodny
Er'trag(s)steigerung F zwiększenie (się) dochodu *od* AGR plonu
er'tränken (-) ⟨u⟩topić (*a. fig*)
er'träumen V/T (-): **(sich) j-n, etw ~** wyśnić *pf* sobie (*akk*)
er'trinken V/I (*irr*; -; *sn*) utopić się *pf*, utonąć *pf*; **zu ~ drohen** tonąć
Ertrinken N (-s; *bpl*) utonięcie
er'trug → ertragen
ertrunken *pperf* → ertrinken
Er'trunke|ne F topielica; **~ne(r)** M (-*n*) topielec
Er'tüchtigung F (*bpl*): **körperliche ~** podniesienie sprawności fizycznej
er'übrigen (-) V/T *Geld, Zeit* wykroić *pf*; (*ersparen*) zaoszczędzić *pf*; V/R **sich ~** być zbytecznym; **es erübrigt sich ...** zbyteczne jest ...
Erupti'on F wybuch, erupcja
er'wachen V/I (-; *sn*) ⟨o-, z⟩budzić się (*a. fig*), przebudzać ⟨-dzić⟩ się
er'wachsen[1] V/I (*irr*; -; *sn*) wynikać ⟨-knąć⟩ (**daraus** z tego)
er'wachsen[2] ADJ dorosły; **~ werden** wydorośleć *pf*
Erwachsen|e F dorosła; **~e(r)** M (-*n*) dorosły; PL **die ~en** dorośli; **~enbildung** F (*bpl*) edukacja dorosłych
er'wägen (*erwog, erwogen*) rozważać ⟨-żyć⟩; **er erwog lange, ob ...** długo się namyślał, czy ... *od* nad (*inst*)
Er'wägung F rozważenie; **etw in ~ ziehen** brać ⟨wziąć⟩ pod rozwagę (*akk*)
er'wähnen (-) (*nennen*) wymieni(a)ć; *kurz, beiläufig* wspominać ⟨-mnieć⟩, wzmiankować (*im*)*pf* (**j-n, etw** o *lok*); **oben erwähnt** wspomniany wyżej
er'wähnenswert wart(a) wzmianki
er'wärmen (-) V/T ogrz(ew)ać, nagrz(ew)ać; *fig* **j-n für etw ~** pozyskać *pf* k-o do (*gen*), zainteresować *pf* k-o (*inst*); V/R **sich ~** nagrz(ew)ać się, ogrz(ew)ać się; METEO ocieplać ⟨-lić⟩ się; *fig* **(für)** ⟨za⟩interesować się (*inst*)
Er'wärmung F (*bpl*) nagrz(ew)anie; METEO, *fig* ocieplenie (się)
er'warten (-) *j-n, etw* oczekiwać (*gen*); (*rechnen mit*) spodziewać się (*gen*; **von j-m** po *lok*); **das war zu ~** tego należało się spodziewać; **sie kann etw kaum ~** ona ledwo może się doczekać (*gen*); **wider Erwarten** wbrew oczekiwaniom
er'wartet ADJ spodziewany; **seit Langem ~** od dawna oczekiwany
Er'wartung F oczekiwanie; (*Hoffnung*) nadzieja; **in ~** (*gen*) w oczekiwaniu (*gen*); **alle ~en übertreffen** przechodzić ⟨przejść⟩ wszelkie oczekiwania; **ihre ~en wurden enttäuscht** zawiodła się w swoich oczekiwaniach
er'wartungs|gemäß ADV jak można się było spodziewać; **~voll** *Blick* oczekujący; *präd* oczekując, z napięciem
er'wecken (-) *Gefühl, Interesse* budzić, wzbudzać ⟨-dzić⟩; *alte Bräuche, Tote* wskrzeszać ⟨wskrzesić⟩
er'wehren *lit* (-): V/R **sich ~** (*gen*) opędzać

⟨-dzić⟩ się (od *gen*); **sich des Eindrucks nicht ~ können** nie móc pozbyć się wrażenia

er'weichen (-) V/T zmiękczać ⟨-czyć⟩; V/I (*sn*) ⟨z⟩mięknąć; *fig* **sich ~ lassen** da(wa)ć się ubłagać

er'weisen (*irr*; -) V/T (*nachweisen*) wykaz(yw)ać (*akk*), dowodzić ⟨dowieść⟩ (*gen*); *Dienst* wyświadczać ⟨-czyć⟩; *Achtung, Gunst* okaz(yw)ać; **das ist erwiesen** to jest rzecz dowiedziona; V/R **sich ~ (als)** okaz(yw)ać się (*inst*); **sich dankbar ~ (gegenüber** *dat*) być wdzięcznym (*dat*); **das Gerücht hat sich als falsch erwiesen** pogłoska okazała się fałszywa

er'weitern (*-re*; -) V/T poszerzać ⟨-rzyć⟩, *a.* MAT, MED, *Kenntnisse, Horizont* rozszerzać ⟨-rzyć⟩ (*v/r* **sich** się); (*ausbauen*) rozbudow(yw)ać

Er'weiterung F (*Verbreiterung, Expansion*) poszerzenie, rozszerzenie (się); EDV *e-r Datei* rozszerzenie; (*Ausbau*) rozbudowa

Er'werb M (-[e]s; bpl) nabycie (*a. von Wissen usw*); (*Verdienst*) zarobek; (*das Erworbene*) nabytek

er'werben (*irr*; -) *Waren, Kenntnisse usw* naby(wa)ć; *Diplom usw* uzysk(iw)ać; **sich** (*dat*) **~** *Ruhm* zysk(iw)ać; *Vertrauen* zaskarbi(a)ć

er'werbsfähig zdolny do pracy zarobkowej

Er'werbsleben N: **im ~ stehen** pracować zarobkowo

er'werbslos bezrobotny

er'werbstätig czynny zawodowo

Er'werbstätigkeit F praca zarobkowa

er'werbsunfähig niezdolny do pracy (zarobkowej)

Er'werbs|unfähigkeit F (*bpl*) niezdolność *f* do pracy zarobkowej; **~zweig** M branża

Er'werbung F (*bpl*) nabycie; (*a. pl*) (*erworbene Sache*) nabytek

er'widern (*-re*; -) odpowiadać ⟨-wiedzieć⟩; **auf** *e-n Vorwurf* **~** replikować na (*akk*); **j-s Besuch ~** rewizytować k-o; *Gefühl* odwzajemni(a)ć; **j-s Gruß ~** odkłaniać ⟨-kłonić⟩ się k-u; MIL **das Feuer ~** odpowiedzieć *pf* na ogień

Er'widerung F (*Antwort*) odpowiedź *f*; (*Gegenrede*) replika

er'wiesen *pperf* → erweisen; ADJ dowiedziony, udowodniony

er'wiesenermaßen ADV jak udowodniono

er|'wirken (-) wyjedn(yw)ać; **~'wirtschaften** wygospodarow(yw)ać

er'wischen *umg* (-) *Dieb, Zug, j-n usw* złapać *pf* (*akk*), dopaść *pf* (*gen*); **lass dich nicht ~** nie daj się złapać; **es hat ihn erwischt** *umg* złapała go grypa *usw*; (*er ist verletzt*) *umg* on oberwał; (*er ist tot*) on (już) nie żyje; *umg* (*er ist verliebt*) on się zakochał na zabój

er'wogen → erwägen

er'wünscht pożądany

er'würgen (-) udusić *pf*, zadusić *pf*

Erz N (*-es; -e*) ruda, kruszec; *lit* spiż

er'zählen (-) opowiadać ⟨-wiedzieć⟩ (**von** o *lok*); **man erzählt ...** mówią ...

Er'zähl|er(in) M(F) narrator(ka); **~ung** F opowiadanie (*a. das Erzählen*), opowieść *f*, powiastka

Erz|bischof M arcybiskup; **~bistum** N arcybiskupstwo; **~engel** M archanioł

er'zeugen (-) wytwarzać ⟨-tworzyć⟩; FIZ *a.* ⟨wy⟩generować; *fig Eindruck usw* wywoł(yw)ać; → herstellen

Er'zeug|er M wytwórca *m*; *iron* (*Vater*) rodzic; **~nis** N (*-ses; -se*) wyrób, produkt; *verarbeitet* przetwór; *des Geistes* owoc, wytwór; **~ung** F (*bpl*) wytwarzanie

Erzfeind(in) M(F) zacięty wróg

Erzgebirge N (*bpl*): **das ~** Rudawy *pl*

Erzherzog M arcyksiążę *m*

er'ziehbar dający się wychować; **ein schwer ~es Kind** trudne dziecko

er'ziehen (*irr*; -) wychow(yw)ać (**streng** surowo; **zur Toleranz** w duchu tolerancji); **schlecht erzogen** źle wychowany (**von j-m** przez *akk*)

Er'zieher M wychowawca *m*; **~in** F wychowawczyni

er'zieherisch wychowawczy (-czo)

Er'ziehung F (*bpl*) wychowanie

Er'ziehungs|anstalt F zakład wychowawczy; **~beratung** F poradnictwo pedagogiczne; **~berechtigte(r)** F(*m*) (*-n*) osoba uprawniona do wychowania (dziecka); **~geld** N (*bpl*) zasiłek wychowawczy; **~heim** N dom poprawczy, *umg* poprawczak; **~urlaub** M urlop wychowawczy; **~wesen** N (*bpl*) dziedzina oświatowo-wychowawcza

er'zielen (-) *Gewinn, Wirkung, Preis*

osiągać ⟨-gnąć⟩; *Erfolg a.* odnosić ⟨-nieść⟩; *Treffer, Tor* zdoby(wa)ć
er'zittern VI (-) zadrżeć *pf*, zatrząść się *pf*
erzkatholisch na wskroś katolicki, arcykatolicki
erzkonservativ ultrakonserwatywny
er'zogen → erziehen
er'zürnen (-) VT ⟨roz⟩gniewać (*v/r* **sich** się; **über etw** z powodu *gen*)
er'zwingen (-) wymuszać ⟨wymusić⟩ (**von j-m** na *lok*, od *gen*); *von Amts wegen* wyegzekwować *pf*; *Liebe usw* **lässt sich nicht ~** do (*gen*) nie można zmusić
er'zwungen ADJ wymuszony
es PRON, *vertritt ein Neutrum* ono (*nom*), je, nie (*akk*); **das Kind weint, ~ ist hungrig** dziecko płacze, ono jest głodne; **nimm ~ auf den Arm** weź je na ręce; *als Ersatz für den Satzinhalt des Nebensatzes* to, tego, tę, ją; **wer hat ~ getan?** kto to zrobił?; **er wird ~ bereuen** on tego pożałuje; **..., ~ sind wohl Schüler** ..., to chyba uczniowie; *in unpers Ausdrücken, einleitend, mit „sein" und mit Verben der Witterung, wird meist nicht übersetzt* **~ freut mich** cieszy mnie; **~ lebe ...!** niech żyje ...!; **~ ist passiert** stało się; **ich bin ~ satt** zbrzydło mi; **~ ist nicht ausgeschlossen, dass ...** nie jest wykluczone, że ...; **~ ist kalt** jest zimno; **~ wird Zeit** już czas; **~ wurde getanzt** tańczono; **~ schneit** pada śnieg; **~ regnet** pada deszcz
Esche F jesion; **~n-** *in zssgn* jesionowy
Esel M osioł; *umg* **du alter ~!** ty stary ośle!; **~in** F oślica
Eselsbrücke F: **j-m e-e ~ bauen** naprowadzić k-o na właściwy ślad
Eselsohr N ośle ucho (*a. umg fig*)
Eskalati'on F (*bpl*) eskalacja
eska'lieren VI (-; *sn*) eskalować
Eska'pade F eskapada
Eskimo M (-[s]; -[s]) Eskimos; *in zssgn* eskimoski; **~frau** F Eskimoska
Es'korte F eskorta
eskor'tieren (-) eskortować
Eso'terik F (*bpl*) ezoteryzm
eso'terisch ezoteryczny
Espe F osika; (*Holz*) osina; **~n-** *in zssgn* osikowy
Espenlaub N: **wie ~ zittern** trząść się jak osika
Es'presso M (-*s*; -*s u* -) espresso, kawa z ekspresu; **~bar** F bar kawowy; **~maschine** F ekspres ciśnieniowy (do parzenia kawy)
Esprit [ɛs'pri:] M (-*s*; *bpl*) polot, dowcip
Essay [ɛ'se:] M *od* N (-*s*; -*s*) esej
essbar jadalny
Esse F komin; (*Schmiede*) ognisko
Essecke F kącik jadalny
essen VT *u.* VI (*du isst, er isst, aß, gegessen*) ⟨z⟩jeść, ⟨z⟩jadać; **etw gern ~** lubić (*akk*); **gern chinesisch ~** lubić chińskie potrawy; *regelmäßig* stołować się, jadać (**in der Kantine** w stołówce); **hier isst man gut** tu można dobrze zjeść; **j-m zu ~ geben** dać jeść (*dat*), nakarmić (*akk*); **wir gehen heute ~** dziś idziemy (na obiad *usw*) do restauracji; **sich satt ~** najadać ⟨najeść⟩ się do syta; *umg* **das ist gegessen** sprawa załatwiona
Essen N (-*s*; *bpl*) jedzenie; (*a. pl*) (*zubereitete Nahrung*) posiłek, jedzenie, potrawa; **festliches ~** wystawne przyjęcie; **warmes ~** gorący posiłek; **~ kochen** gotować obiad *od* kolację; **j-n zum ~ einladen** zaprosić k-o na obiad *od* na kolację; **vor dem ~** przed jedzeniem *od* posiłkiem; **~marke** F talon na obiad (w stołówce)
Essenspause F przerwa na posiłek
Essenszeit F pora posiłków
essenti'ell → essenziell
Es'senz F esencja
essenzi'ell (*wesentlich*) istotny
Esser M jedzący; (*lästig*) osoba od *umg* gęba do wyżywienia; **er ist ein guter ~** on nie jest wybredny w jedzeniu
Essgewohnheiten FPL przyzwyczajenia *npl od* nawyki *mpl* żywieniowe
Essig M (-*s*; -*e*) ocet; *umg* **damit ist es ~** z tego nici; **~gurke** F korniszon; **~säure** F (*bpl*) kwas octowy
Ess|kastanie F *gastr* kasztan (jadalny), maron; **~löffel** M łyżka stołowa; **~lokal** N jadłodajnia, restauracja; **~tisch** M stół jadalny; **~zimmer** N jadalnia, pokój stołowy
Est|e M (-*n*) Estończyk; **~in** F Estonka
Estland N (-*s*; *bpl*) Estonia
estnisch estoński (po -ku)
Estragon M (-*s*; *bpl*) estragon
Estrich M (-*s*; -*e*) jastrych
eta'blieren (-) VT (*festen Bestand geben*) ugruntować *pf*; *Geschäft* zakładać ⟨założyć⟩; VR **sich ~** umocnić się *pf*; *als*

Kaufmann usw otwierać 〈otworzyć〉 interes (**in, an** *dat* w *lok*)
eta'bliert ADJ ugruntowany; *Ordnung usw* panujący, ustalony
Etablissement [etablɪsə'mã:] N (-s; -s) (*Betrieb, Geschäft*) zakład; (*Vergnügungsstätte*) przybytek, lokal rozrywkowy; (*Bordell*) przybytek rozkoszy, dom uciech cielesnych
Etage [e'ta:ʒə] F piętro
Etagen|bett [e'ta:ʒən-] N łóżko piętrowe; **~heizung** F ogrzewanie centralne piętrowe
E'tappe F (*Abschnitt*) etap (*a. zeitlich*)
e'tappenweise ADV etapami
Etat [e'ta:] M (-s; -s) budżet
etepe'tete *umg* ADJ (*unv*) ceremonialny; pretensjonalny, manieryczny
Ethik F (*bpl*) etyka
ethisch etyczny
ethnisch etniczny, narodowościowy
Ethnolo'gie F etnologia
Ethos N (-; *bpl*) etos
Eti'kett N (-[e]s; -en od -s) etykiet(k)a
Eti'kette F etykieta
etiket'tieren (-) etykietować
etliche → einige; **~s** niejedno
Etsch F (*bpl*) Adyga
E'tüde F etiuda
Etui [ɛt'vi:] N (-s; -s) futerał, etui *n*
etwa ADV (*zirka*) około, (*a.* **in ~**) mniej więcej; (*beispielsweise*) choćby, na przykład; *partikel* (*vielleicht*) przypadkiem, może; **~ nicht?** może nie?; **er soll nicht ~ denken, ich ...** niech on nie myśli, że ja ...
etwaig ewentualny, możliwy
etwas PRON coś; **so ~ wie ...** coś w rodzaju (*gen*); **so ~!** coś podobnego!, coś takiego!; **~ zum Lesen** coś do czytania; **ohne ~ zu sagen** nic nie mówiąc; **wenigstens ~** przynajmniej coś; ADV (*ein wenig*) trochę, nieco, cokolwiek
Etwas N (*bpl*): **das gewisse ~ haben** mieć w sobie coś
Etymolo'gie F etymologia
EU F (Europäische Union) Unia Europejska
euch PRON (*dat von* **ihr**) wam, sobie; **wer hilft ~?** kto wam pomaga *od* pomoże?; **macht ~ keine Umstände** nie róbcie sobie kłopotów; **mit ~** z wami; (*akk von* **ihr**) was, siebie, się; **ich warte auf ~** czekam na was; **macht ~ deswegen keine Vorwürfe** nie miejcie do siebie o to pretensji; **ihr verspätet ~** spóźni(a)cie się
eucha'ristisch eucharystyczny
euer[1] *poss* PRON M, N, **eu(e)re** F, PL wasz, wasza, wasze *n, pl*; *persf* wasi, swoje; **das sind ~e Sachen** to wasze rzeczy; **nehmt ~e Sachen** weźcie swoje rzeczy; **Eu(e)re Exzellenz** Wasza Ekscelencjo; **das Eu(e)re** wasze; **die Eu(e)ren** wasi
euer[2] PRON (*gen von* **ihr**) was
Euka'lyptus M (-; - *od* -*ten*) eukaliptus; **~öl** N olejek eukaliptusowy
Eule F sowa; (*Nachtfalter*) sówka; **~n-** *in zssgn* sowi
Eulenspiegel M (-; *bpl*) Sowizdrzał
E'U-Mitgliedsstaat M państwo członkowskie UE *od* Unii Europejskiej
eu'phorisch euforyczny
eurasiatisch eurazjatycki
eure(r) → euer[1]
eurerseits ADV z waszej strony
euresgleichen PRON *unv* tacy (*od* takich, takim *usw*) jak wy
euretwegen ADV (*euch zuliebe*) ze względu na was, dla was; (*wegen euch*) z waszego powodu, przez was
eurige → euer[1]
Euro M (-[s]; -[s]) FIN euro *n* (*unv*)
Eurocheque [-ʃɛk] M (-s; -s) euroczek; **~karte** F karta płatnicza
Euronorm F norma europejska
Europa N (-s; *bpl*) Europa; *in zssgn mst* europejski
Euro'päer(in) M(F) Europejczyk (-jka)
euro'päisch europejski (po -ku)
Eu'ropa|meister(in) M(F) mistrz(yni) Europy; **~meisterschaft** F mistrzostwo Europy
Eu'ropa|parlament N Parlament Europejski; **~pokal** M puchar Europy; **~rat** M (*bpl*) Rada Europy; **~straße** F szlak europejski; **~union** F (*bpl*) Unia Europejska; **~wahl** F wybory *mpl* do Parlamentu Europejskiego
eu'ropaweit ADJ w skali europejskiej, na skalę europejską, w całej Europie
Euro|scheck M → Eurocheque; **~vision** F (*bpl*) Eurowizja; **~zone** F (*bpl*) strefa euro
Euter N wymię
Euthana'sie F (*bpl*) eutanazja
ev. (evangelisch) ewangelicki

e.V., E.V. (eingetragener Verein) towarzystwo zarejestrowane
evaku'ieren (-) ewakuować *(im)pf*
evan'gelisch ewangeliczny; *Konfession, Kirche* ewangelicki
Evan'gelium N (-s; -ien) ewangelia (*a. fig*); *rel a.* Ewangelia; **das ~ des Matthäus** ewangelia (według) św. Mateusza
Event *umg* [i'vɛnt] M *od* N (-s; -s) wydarzenie, ewenement
Eventuali'tät F ewentualność *f*
eventu'ell ewentualny
evi'dent ewidentny, oczywisty
Evi'denz F *austr* ewidencja; **in ~ halten** ewidencjonować
Evoluti'on F (*bpl*) ewolucja; **~s-** *in zssgn*,
evolutionär ewolucyjny
evtl. (eventuell) ewentualny
Ew. (Euer, Eure) Wasza; → euer[1]
EWG F (Europäische Wirtschaftsgemeinschaft) Europejska Wspólnota Gospodarcza
ewig wieczny (*a. umg endlos, immer wieder*); *Ruhm, Friede* wieczny, wieczysty; *rel* wiekuisty; **auf ~** na wieki; **seit ~en Zeiten** od niepamiętnych czasów; *umg* **das dauert ja ~** to nie ma końca
Ewigkeit F wieczność *f*; *fig umg a.* wieki *mpl*; **für die ~, bis in alle ~** na wieki; *rel* **von ~ zu ~, in ~** na wieki wieków
EWU F (Europäische Währungsunion) Europejska Wspólnota Walutowa
ex ADV: *umg* **~ trinken** wypić duszkiem
Ex- *in zssgn* eks-
e'xakt ścisły (-le), dokładny; **~ um zwölf** dokładnie o dwunastej
exal'tiert *lit* egzaltowany
E'xamen N (-s; -mina) egzamin; **sein ~ machen** *od* **ablegen** zda(wa)ć egzamin; *in zssgn* → Prüfung
Exeku|ti'on F egzekucja; **~'tive** F egzekutywa, władza wykonawcza
E'xempel N przykład; **ein ~ statuieren** (**an** *dat*) ukarać *pf* k-o dla przykładu
Exem'plar N (-s; -e) egzemplarz; *fig Lebewesen* okaz
exem'plarisch przykładny; *j-n* **~ bestrafen** ukarać *pf* k-o dla przykładu *od* ku przestrodze
exer'zieren (-) *Rekruten* musztrować; (*etw üben*) ćwiczyć (*akk*)
Exhibitio'nis|mus M (-; *bpl*) ekshibicjonizm; **~t** M (-en) ekshibicjonista *m*
Exhu'mierung F ekshumacja
E'xil N (-s; -e) wygnanie; (*freiwillig*) uchodźstwo; **ins ~ gehen** opuszczać ⟨opuścić⟩ kraj jako uchodźca; **im ~ leben** przebywać na uchodźstwie; **~regierung** F rząd emigracyjny
Exi'stenz F (*Dasein*) egzystencja, istnienie, (*a. Lebensgrundlage*) byt; **sich e-e ~ aufbauen** zapewnić *pf* sobie byt; **verkrachte ~** (*Person*) wykolejeniec
Exi'stenz|berechtigung F (-) racja bytu; **~gründer(in)** M(F) założyciel(ka) przedsiębiorstwa, początkujący przedsiębiorca
Existenzia'lismus M (-; *bpl*) egzystencjalizm
existenzi'ell egzystencjalny
Exi'stenz|kampf M walka o byt; **~minimum** N minimum *n* bytowe
exi'stieren V/I (-) istnieć, być, (*a. leben*) egzystować
Ex'klave F eksklawa
exklu'siv *Klub usw* ekskluzywny; *Lokal* luksusowy; *Recht* wyłączny
Exkommunikati'on F ekskomunika
Exkre'mente PL ekskrementy *mpl*
Exkursi'on F wycieczka, wyprawa
Exodus M (-; -se) eksodus
Exor'zist M (-en) egzorcysta *m*
E'xotik F (*bpl*) egzotyka
e'xotisch egzotyczny
expan'dieren V/I (-) ekspandować
Expansi'on F ekspansja
Eperi'ment N (-es; -e) eksperyment
Expediti'on F ekspedycja, wyprawa
experimen'tell eksperymentalny
experimen'tieren V/I (-) eksperymentować (**mit** z *inst*)
Ex'per|te M (-n) ekspert; JUR *a.* biegły, rzeczoznawca (*a. f*); **~tenstab** M sztab ekspertów; **~tin** F ekspert; → Experte
Exper'tise F ekspertyza
explo'dieren V/I (-; *sn*) wybuchać ⟨-chnąć⟩, eksplodować *(im)pf*
Explosi'on F eksplozja, wybuch
explo'siv wybuchowy
Expo'nent M (-en) MAT wykładnik; *fig* reprezentant
expo'niert ADJ eksponowany
Ex'port M (-[e]s; -e) eksport; **~abteilung** F dział eksportu; **~artikel** M artykuł eksportowy; **~förderung** F

promocja eksportu; **~geschäfte** NPL transakcje *fpl* eksportowe
expor'tieren (-) ⟨wy⟩eksportować
Expo|'sé N, **~'see** N (-s; -s) memoriał; *e-s Films usw* szkic fabuły (utworu)
Ex'press M (-es; -e) *bes austr* KOLEJ ekspres; **~gut** N przesyłka ekspresowa
expressio'nistisch ekspresjonistyczny
expres'siv *lit* ekspresywny
exten'siv *lit* ekstensywny
extra ADV ekstra
Extra N (-s; -s) wyposażenie dodatkowe; **~ausgabe** F *e-r Zeitung* nadzwyczajne wydanie
Ex'trakt M (-[e]s; -e) wyciąg, ekstrakt
extrava'gant ekstrawagancki (-ko)
Extrawurst F: *umg* **er will immer e-e ~ (gebraten) haben** on zawsze chce, aby go faworyzowano
ex'trem skrajny, ekstremalny
Ex'trem N (-s; -e) skrajność *f*, krańcowość *f*; **von e-m ~ ins andere fallen** wpadać z jednej skrajności w drugą
Extre'mist M (-en) ekstremista *m*
extre'mistisch ekstremistyczny
Extremi'täten FPL kończyny *fpl*
exzel'lent znakomity (-cie)
Exzel'lenz F ekscelencja
Ex'zentriker M ekscentryk
ex'zentrisch *fig* ekscentryczny
Ex'zess M (-es; -e) eksces, wybryk
Eyeliner ['aılaınɐ] (-s; -) eye-liner
EZB F (Europäische Zentralbank) Europejski Bank Centralny

F

f. (folgend-) następny (-na, -ne)
Fa. (Firma) firma
Fabel F (-; -n) bajka (*a. fig*), baśń *f*
fabelhaft bajeczny
Fabelwesen N istota z bajki
Fa'brik F fabryka; **~arbeiter(in)** M(F) robotnik (-nica) fabryczny (-na)
Fabri'kat N (-[e]s; -e) wyrób (fabryczny), produkt
Fabrikati'onsfehler M wada fabryczna; błąd produkcyjny
Fa'brik|besitzer M właściciel fabryki; **~gebäude** N budynek fabryczny; **~gelände** N teren fabryczny
fa'brikneu zupełnie nowy, prosto z fabryki
fabri'zieren (-) ⟨s⟩fabrykować (*a. fig*); *abw, bes Essen* ⟨u⟩pitrasić
fabu'lieren V/T *u.* V/I (-) zmyślać ⟨-lić⟩
Facette [-'sɛtə] F faseta, *dim* fasetka
Fach N (-[e]s; Fächer) *e-s Schranks usw* przegródka, półka; (*Gebiet*) fach; specjalność *f*; (*Beruf*) zawód; (*Schul-, Studienfach*) przedmiot; TEATR emploi *n*, rodzaj grywanych ról; **er ist vom ~** on jest fachowcem
Fach|arbeiter(in) M(F) robotnik (-ica) wykwalifikowany (-na); **~arzt** M, **~ärztin** F lekarz specjalista *m* (*a. f*); **~ausbildung** F wykształcenie zawodowe *od* specjalistyczne; **~ausdruck** M (PL *-drücke*) termin fachowy; **~bereich** M (*Uni*) wydział; **~buch** N książka fachowa *od* specjalistyczna
fächeln V/T *u.* V/I (*-le*) wachlować (*inst*); **sich ~ mit** wachlować się (*inst*)
Fächer M wachlarz
fächerartig wachlarzowaty (-to)
Fach|frau F fachowiec, specjalistka; **~gebiet** N dziedzina, specjalność *f*
fachgerecht ADJ fachowy (-wo)
Fach|geschäft N sklep branżowy; **~handel** M handel wyspecjalizowany; **~hochschule** F wyższa uczelnia zawodowa; *in Polen etwa* politechnika, akademia; **~idiot** M *abw* fachowiec o wąskiej specjalizacji
Fachkenntnis F fachowość *f*, znajomość *f* fachu; **~se** PL wiedza zawodowa
Fach|kraft F siła fachowa; **~lehrer(in)** M(F) nauczyciel(ka) przedmiotu; **~mann** M (PL *mst -leute*) fachowiec, specjalista *m*
fachmännisch fachowy (-wo)
Fach|messe F targi *mpl* specjalistyczne; **~oberschule** F technikum *n*; **~richtung** F kierunek studiów; **~schule** F szkoła zawodowa, *umg* zawodówka; **~studium** N studia *npl* specjalistyczne
fachsimpeln *umg* V/I (*-le*) rozmawiać o sprawach fachowych *od* zawodowych
Fachtagung F narada specjalistyczna
fachübergreifend ADJ wielokierunkowy, wieloprofilowy

F

Fachwerk N ARCH (*bpl*) szkielet drewniany; BUD (*Gerippe*) konstrukcja kratowa, kratownica; **~haus** N dom z muru pruskiego

Fachzeitschrift F czasopismo fachowe

Fackel F (-; -*n*) pochodnia

fackeln *umg* V/I (-*le*): **nicht lange ~** nie cackać się, nie robić ceregieli

Fackelzug M pochód z pochodniami

fad(e) *Speise* bez smaku; *fig* mdły (-ło), nijaki (-ko), *umg* drętwy (-wo)

Faden M (-*s*; *Fäden*) nić *f* (*a. fig*), nitka; *fig* **den ~ verlieren** zgubić *pf* wątek; **alle Fäden fest in der Hand haben** trzymać w rękach wszystkie nici; **an e-m (seidenen) ~ hängen** wisieć na włosku

Faden|kreuz N (*Optik*) krzyż przeziernikowy; **~nudeln** FPL makaron nitki (zwijane), wermiszel

fadenscheinig *Kleidung* wytarty, wyświechtany; *fig abw* nieprzekonujący

Fadenwurm M nicień *m*, owsik

Fa'gott N (-[*e*]*s*; -*e*) fagot

fähig zdolny (*gen*, **zu** do *gen*); **-~** *in zssgn* zdatny do (*gen*); **er ist zu allem ~** on jest zdolny do wszystkiego

Fähigkeit F (*bpl*) zdolność *f* (*a.* CHEM, FIZ); *mst pl* (*Begabung*) zdolności *fpl*, uzdolnienie

fahl blady (-do)

Fähnchen N chorągiewka, proporczyk

fahnden V/I (-*e*-): **nach j-m ~** poszukiwać k-o (listem gończym), ścigać k-o

Fahn|dung F poszukiwanie, ściganie (listami gończymi); **~dungsliste** F lista ściganych przestępców

Fahne F chorągiew *f*, sztandar; **s-e ~ nach dem Wind drehen** być jak chorągiewka (na dachu); *umg* **er hat e-e ~** od niego czuć wódką

Fahneneid M przysięga wojskowa

Fahnenflucht F (*bpl*) dezercja

fahnenflüchtig ADJ: **~ werden** ⟨z⟩dezerterować

Fahnen|mast M maszt (do wywieszania flag); **~stange** F drzewce sztandaru *od* chorągwi; **~träger(in)** M(F) chorąży (-na)

Fähnrich M (-*s*; -*e*) podchorąży *m*

Fahrausweis M bilet na przejazd; *szwajc* (*Führerschein*) prawo jazdy

Fahrbahn F jezdnia; **~markierung** F znak drogowy poziomy

fahrbar ruchomy, przesuwny

Fahrdienstleiter M dyżurny ruchu

Fähre F prom (*a. Schiff*)

Fahreigenschaften FPL AUTO charakterystyki *fpl* jazdy

fahren (*fährt, fuhr, gefahren*) V/T *Last, Person* (od-, za)wozić ⟨(od-, za)wieźć⟩; jeździć, jechać (**Auto** autem; **Ski** *usw* na nartach *usw*); (*lenken*) prowadzić; **Rennen ~** brać ⟨wziąć⟩ udział w zawodach *od* w wyścigu; *umg* **e-n ~ lassen** puścić *pf* wiatry; V/I (*sn*) jeździć, ⟨po⟩jechać (**langsam** powoli; **mit dem Bus** autobusem; **spazieren** na spacer; **nach, zu** do *gen*); *Schiff* ⟨po⟩płynąć; (*verkehren*) jeździć, kursować (**von … nach …** z … do …); (*abfahren*) odjeżdżać ⟨-jechać⟩; *Schiff* odpływać ⟨-płynąć⟩; **gegen etw ~** najeżdżać ⟨-jechać⟩ (na *akk*); *fig* **in die Kleider ~** wrzucić *pf* szybko coś na grzbiet; **mit der Hand über etw ~** przeciągnąć *pf* ręką po (*lok*); **was ist bloß in dich gefahren?** jaki diabeł cię opętał?; *umg* **gut ~ mit etw** dobrze wychodzić ⟨wyjść⟩ na (*lok*)

fahrenlassen (*irr*; -) *fig* → fahren

Fahrer M kierowca *m*, szofer; **~flucht** F ucieczka (kierowcy) z miejsca wypadku; **~haus** N kabina kierowcy; **~in** F (kobieta-)kierowca, szofer

Fahrerlaubnis F uprawnienie do prowadzenia pojazdów mechanicznych, *umg* prawo jazdy

Fahrersitz M siedzenie kierowcy

Fahr|gast M pasażer(ka), podróżny (-na); **~gastschiff** N statek pasażerski; **~geld** N opłata za przejazd; **~gestell** N podwozie

fahrig nerwowy (-wo); (*zerfahren*) roztargniony, *umg* roztrzepany

Fahrkarte F bilet (kolejowy *usw*)

Fahrkarten|automat M automat biletowy; **~schalter** M kasa biletowa

fahrlässig JUR nieumyślny; **~ e-n Brand verursachen** zaprószyć ogień

Fahrlässigkeit F niedbalstwo, grube zaniedbanie

Fahrlehrer(in) M(F) instruktor(ka) jazdy

Fährmann M (PL -*männer od* -*leute*) przewoźnik

Fahrplan M rozkład jazdy

fahrplanmäßig według rozkładu jazdy, planowy (-wo)

Fahrpraxis F (*bpl*) wprawa w kierowaniu (pojazdem mechanicznym)
Fahrpreis M cena przejazdu; **~ermäßigung** F zniżka na przejazd
Fahrprüfung F egzamin na prawo jazdy
Fahrrad N rower; *zssgn* **Radverleih**; **~verleih** M wypożyczalnia rowerów; **~tour** F wycieczka rowerowa
Fahrschein M bilet; → Fahrkarte
Fährschiff N prom morski
Fahr|schule F szkoła jazdy; kurs na prawo jazdy; **~schüler(in)** M(F) pobierający (-ca) naukę jazdy, początkujący kierowca; **~sicherheit** F (*bpl*) bezpieczeństwo jazdy; **~spur** F koleina; **~streifen** M pas ruchu; **~stuhl** M winda; **~stunde** F lekcja nauki jazdy
Fahrt F jazda; (*Reise*) podróż *f*; (*Ausflug*) wypad; *e-s Taxis* kurs; MAR rejs; (*Geschwindigkeit*) szybkość *f*; **freie ~** wolna droga; **auf der ~ nach ...** po drodze do, podczas jazdy do (*gen*); **gute ~!** przyjemnej jazdy *od* podróży!; *umg fig* **in ~ kommen** rozruszać się *pf*; (*wütend werden*) wpaść *pf* w złość, rozzłościć się *pf*
fährt → fahren
Fährte F ślad, trop; *fig* **auf der falschen ~ sein** być na mylnym tropie
Fahrten|buch N karta drogowa; **~schreiber** M tachograf
Fahrt|kosten PL koszty *mpl* przejazdu; **~richtung** F kierunek jazdy;
fahrtüchtig *Person* zdolny do prowadzenia pojazdów (mechanicznych); *Fahrzeug* zdatny do ruchu (drogowego)
Fahrt|unterbrechung F przerwa w podróży; **~wind** M (*bpl*) pęd powietrza (podczas jazdy)
Fährverbindung F połączenie promowe, przeprawa promowa
Fahr|verbot N zakaz prowadzenia pojazdów mechanicznych; **~wasser** N tor wodny; **~weise** F sposób jazdy; **~werk** N podwozie; **~zeit** F czas jazdy
Fahrzeug N pojazd; **~brief** M karta pojazdu; **~halter(in)** M(F) właściciel(ka) pojazdu; **~schein** M dowód rejestracyjny (pojazdu)
Faible [fɛːbl] N (*-s; -s*) słabostka
fair [fɛːr] sprawiedliwy (-wie), fair (**gegenüber j-m** w stosunku do *gen*); **~es Spiel** uczciwa gra, fair play
Fä'kalien [-liən] PL fekalia *pl*
Fak'simileausgabe F wydanie faksymilowe
Fakt M *od* N (-[e]s; -en od -s) fakt; **es ist ~** faktem jest
faktisch faktyczny
Faktor M (*-s; -'toren*) czynnik
Faktum N (*-s; -ten od -ta*) fakt
fakturie'ren (-) HANDEL ⟨za⟩fakturować
Fakul'tät F wydział, fakultet
fakulta'tiv fakultatywny
Falke M (*-n*) sokół; POL jastrząb
Falkenjagd F łowy z sokołem
Fall M (-[e]s; Fälle) (*das Fallen*) spad, spadanie; (*Sturz, Hinfallen*) upadek; (*Sache, Situation*) przypadek (AGR, MED), wypadek; raz; JUR kazus; *umg* **klarer ~!** no jasne!; **auf alle Fälle** (*zur Sicherheit*) na wszelki wypadek, w razie czegoś; **auf jeden ~** w każdym razie; **auf keinen ~** w żadnym wypadku; **im ~e** (*gen*) w razie, w wypadku (*gen*); **gesetzt den ~, dass ...** załóżmy, że ...; **in diesem ~** w tym wypadku; **das ist nicht der ~** tak nie jest, rzecz ma się inaczej; **von ~ zu ~** od przypadku do przypadku; **zu ~ bringen** *Regierung* obalić *pf*; *Gesetz* odrzucić *pf*; *Plan* ⟨z⟩niweczyć; *lit* **zu ~ kommen** upaść *pf*
Falle F pułapka, potrzask; **in die ~ gehen** wpadać ⟨wpaść⟩ w pułapkę; **j-m e-e ~ stellen** zastawi(a)ć pułapkę (na k-o)
fallen V/I (*fällt, fiel, gefallen; sn*) padać ⟨paść⟩ (*a. fig, Tor, Schuss, Bemerkung, Blick*; **an der Front** na froncie; *e-r Sache* **zum Opfer** ofiarą *gen*); (*stürzen*) upadać ⟨upaść⟩ (**zu Boden** na ziemię; **auf die Knie** na kolana; *a. fig Festung*); (*hinunterfallen*) spadać ⟨spaść⟩ (**aus, von** z *gen*); *Kurse* zniżkować; *Entscheidung* zapadać ⟨-paść⟩; *Feiertag* przypadać ⟨-paść⟩ (**auf den Sonnabend** na sobotę); *Flut, Haare, Laub, Vorhang usw* opadać ⟨opaść⟩; *als Erbe* **das Haus fiel an den Sohn** dom przypadł w spadku synowi; **~ lassen** *Tasse* upuszczać ⟨upuścić⟩; *fig* zaniechać (**e-n Plan** zamiaru); odstępować ⟨odstąpić⟩ (**e-n Freund** przyjaciela)
fällen *Baum* ścinać ⟨ściąć⟩; *Urteil* wyda(wa)ć; *Entscheidung* powziąć *pf*
fallenlassen (*irr; -*) *fig* → fallen
fällig *Betrag* przypadający do zapłaty; **~ werden** *Termin* upływać
Fälligkeit F (*bpl*) płatność *f*; (*a. pl*) BANK (*Zeitpunkt*) termin płatności

F

die engere Familie

die (Ehe)Frau	żona
der (Ehe)Mann	mąż
das Ehepaar	małżeństwo/para małżeńska
die Mutter	matka
der Vater	ojciec
die Eltern	rodzice
die Großmutter	babcia
der Großvater	dziadek
die Großeltern	dziadkowie
die Schwester	siostra
der Bruder	brat
die Geschwister	rodzeństwo
die Tochter	córka
der Sohn	syn
die Kinder	dzieci
der Enkel	wnuk
die Enkelin	wnuczka

Fallobst N spady *mpl*
Fallrückzieher M SPORT przewrotka
falls *konj* w razie gdyby, jeśliby; **~ nicht** jeśli nie
Fallschirm M spadochron; **mit dem ~ abspringen** wyskoczyć *pf* na spadochronie; **~jäger** M, **~springer(in)** M(F) spadochroniarz (-niarka); **~sport** M spadochroniarstwo
Fallstricke MPL sidła *npl*, matnia
falsch fałszywy (-wie); *Papiere usw a. umg* lipny; (*irrig*) błędny, mylny; **~ singen** fałszować; **~ gehen** *Uhr* wskazywać niedokładny czas; **~ parken** parkować w niedozwolonym miejscu; **~ verbunden** pomyłka; → falschspielen
Falschaussage F fałszywe zeznanie
fälschen ⟨s⟩fałszować
Fälscher(in) M(F) fałszerz (-rka)
Falsch|fahrer M kierowca jadący pod prąd; **~geld** N fałszywe pieniądze *mpl*; **~heit** F (*bpl*) fałszywość *f*; (*Hinterhältigkeit*) fałsz
fälschlich mylny, błędny; *Beschuldigung* fałszywy (-wie)
fälschlicherweise ADV mylnie, przez (p)omyłkę
Falsch|meldung F fałszywa wiadomość *f*; **~münzer** M fałszerz pieniędzy; **~parken** N parkowanie w miejscu niedozwolonym
falschspielen (*betrügen*) oszukiwać
Falschspieler M szuler
Fälschung F fałszerstwo, falsyfikacja; (*Objekt*) falsyfikat, *umg* fałszywka
fälschungssicher *Ausweis usw* zabezpieczony przed sfałszowaniem
Falt|blatt N folder; **~boot** N kajak składany, składak
Falte F fałd, fałda, zmarszczka (*a. Runzel*); **~n werfen** marszczyć się; **in ~n legen** układać ⟨ułożyć⟩ w fałdy
falten (-*e*-) V/T ⟨po-, s⟩fałdować; (*drapieren*) ⟨u⟩drapować; *Hände, Papier* składać ⟨złożyć⟩; → runzeln; V/R **sich ~** ⟨po⟩-fałdować się, ⟨z⟩marszczyć się
Falten|gebirge N góry *fpl* fałdowe; **~rock** M plisowana spódniczka
Falter M motyl; (*Nachtfalter*) ćma
faltig (*runzelig*) zmarszczony
Falttür F drzwi *pl* harmonijkowe
Falz M (-*es*; -*e*) TECH zakładka; *im Holz* wręg; TYPO zagięcie, falc
familiär [-li'ɛːr] (*zwanglos*) familiarny, poufały (-le); *Sorgen, Gründe usw* rodzinny
Fa'milie [-liə] F rodzina; **im Kreis der ~** w gronie rodziny; **das liegt in der ~** to rodzinne; *iron* **e-e schöne ~!** ładna rodzinka!
Fa'milien|angehörige(r) F(M) członek rodziny; **~angelegenheit** F sprawa rodzinna; **~anschluss** M związek z rodziną; mieszkanie przy rodzinie; **~betrieb** M przedsiębiorstwo rodzinne;

~feier F uroczystość rodzinna
fa'milienfreundlich prorodzinny
Fa'milien|grab N grób rodzinny; **~kreis** M rodzinne grono; **~mitglied** N członek rodziny; **~name** M nazwisko; **~planung** F planowanie rodziny
Fa'milien|stand M (*bpl*) stan cywilny; **~unternehmen** N → Familienbetrieb; **~vater** M ojciec rodziny; **~zulage** F dodatek rodzinny; **~zusammenführung** F łączenie rodzin; **~zuwachs** M powiększenie się rodziny
Fan [fɛn] M (-*s*; -*s*) fan; **die ~s** fani
Fa'natiker(in) M(F) fanatyk (-tyczka)
fa'natisch fanatyczny
Fana'tismus M (*bpl*) fanatyzm
fand, fände → finden
Fan'fare F fanfara
Fan'farenstoß M fanfary *fpl*
Fang M (-[*e*]s; Fänge) (*das Fangen*) łowienie, połów; (*Beute*) połów, zdobycz *f*; (*bpl*) (*Maul*) pysk, paszcza; *nur* **Fänge** PL (*Krallen*) szpony *mpl*
fangen (*fängt, fing, gefangen*) V/T ⟨z⟩łapać, ⟨s⟩chwytać; *Fische, Tier a.* ⟨z⟩łowić; **Feuer ~** zapalać ⟨-lić⟩ się; **er wurde gefangen** złapano go, on został schwytany; V/R **sich ~** ⟨z⟩łapać się; *fig* opanować się *pf*; **sich ~ lassen** da(wa)ć się złapać
Fang|frage F podchwytliwe pytanie; **~gebiet** N, **~gründe** MPL łowisko
Fango M (-*s*; *bpl*) fango, borowina; **~packung** F okłady borowinowe
Fangschiff N statek połowowy
Fanklub [fɛn-] M fanklub
Fanta'sie F [PL -'zi:ən] (*bpl*) wyobraźnia, fantazja; (*Produkt der Fantasie, a. pl*) wyobrażenie (fantazyjne), fantazja; **~n** majaki *mpl*, urojenia *npl*; **e-e blühende ~** bujna fantazja
fanta'sielos bez fantazji, bez polotu
fanta'sie|ren V/I (-) fantazjować; *im Fieber* majaczyć; **~voll** pełen fantazji, fantazyjny, wyszukany
fan'tastisch fantastyczny (*a. umg toll*)
Farb|ausdruck M (PL -*e*) wydruk kolorowy; **~band** N taśma barwiąca; **~bild** N barwne zdjęcie; **~drucker** M drukarka kolorowa
Farbe F barwa, (*a. Spielkarte*) kolor; (*Malfarbe*) farba; (*Färbemittel*) barwnik; (*Teint*) cera; *e-s Tieres* maść *f*; **in ~** w kolorze; **~ bekommen** *Person* dostać *pf* kolorów; *umg fig* **~ bekennen** puszczać ⟨puścić⟩ farbę
farbecht trwały (w kolorze)
färben V/T ⟨u⟩farbować, ⟨za⟩barwić (**rot** na czerwono); *v/r* **sich blau ~** ⟨za⟩barwić się na niebiesko; *Lippen* posinieć *pf*; **sich rot ~** poczerwienieć *pf*, zaczerwienić się *pf*
farbenblind ślepy na barwy
Farbenblindheit F (*bpl*) daltonizm
farbenfroh barwny, kolorowy
Farbenpracht F feeria barw
farbenprächtig różnokolorowy, różnobarwny, wielobarwny
Farbenspiel N (*bpl*) gra barw
Färber- *in zssgn* farbiarski
Farb|fernsehen N telewizja kolorowa; **~film** M film barwny; **~foto** N zdjęcie kolorowe, zdjęcie w kolorze
farbig kolorowy (-wo), barwny (*a. fig*)
Farbige F kolorowa; **~(r)** M (-*n*) kolorowy
Farb|komposition F zestawienie kolorów *od* barw; **~kopie** F barwna kopia; **~kopierer** M kopiarka kolorowa
farblich kolorystyczny; *präd* **~ abgestimmt** dobrany kolorystycznie; **~ (nicht) passend** (nie) harmonizujący kolorem (**zu** z *inst*)
farblos bezbarwny (*a. fig*)
Farb|monitor M monitor kolorowy; **~stift** M ołówek kolorowy, kredka; **~stoff** M barwnik; **~ton** M odcień *m*
Färbung F (*das Färben*) farbowanie, barwienie; (*Tönung*) zabarwienie
Farce [-sə] F farsa; KULIN farsz
Farm F farma; **~er** M farmer
Farn M (-[*e*]s; -e) paproć *f*; **~wedel** M liść *m* paproci
Faröer PL: **die ~** Wyspy *fpl* Owcze
Färse F (*Rind*) jałówka
Fa'san M (-[*e*]s; -e) bażant
Fa'schierte(s) N *austr* mięso mielone
Fasching M (-*s*; *bpl*) karnawał
Faschings|ball M bal karnawałowy; **~kostüm** N strój karnawałowy; **~zeit** F zapusty *pl*
fa'schistisch faszystowski
faseln V/T *u.* V/I (-*le*) *abw* pleść brednie, pleść trzy po trzy
Faser F (-; -*n*) włókno
faserig włóknisty; KULIN *a.* łykowaty
fasern V/I (-*re*) *Stoff* strzępić się
Faserschreiber M flamaster, mazak

Fass N (*-es; Fässer*) beczka, baryłka; **Bier vom ~** piwo z beczki; **in Fässer füllen** ⟨za⟩beczkować; *fig* **ein ~ ohne Boden** beczka bez dna; *umg* **ein ~ aufmachen** urządzić imprezę, pohulać sobie
Fas'sade F elewacja, fasada (*a. fig*)
fassbar namacalny (*a. fig*); (*begreifbar*) zrozumiały
Fassbier N piwo beczkowe
Fässchen N beczułka, antałek
fassen (*greifen*) V/T chwytać ⟨chwycić, po-, uchwycić⟩ (**bei, an** *dat* za *akk*); *Täter* schwytać *pf*; (*langen*) sięgać ⟨-gnąć⟩ (**nach etw** po *akk*, **in die Tasche** do kieszeni); (*Raum bieten*) ⟨po⟩mieścić; *Beschluss* podejmować ⟨podjąć⟩; *Plan, Vorsatz* powziąć *pf*; MIL *Essen usw* fasować; **etw nicht ~ können** nie móc pojąć (*gen*); **das ist nicht zu ~!** nie do pojęcia!; → einfassen, erfassen, Mut *usw*; V/I *Schraube, Zahnrad* chwytać; V/R **sich (wieder) ~** opanować się *pf*; (*sich beruhigen*) uspokoić się *pf*; → kurzfassen
Fassette → Facette
Fasson [fa'so:] F (*-; -s*) fason; **die ~ verlieren** stracić *pf* fason
Fassung F *e-r Brille, Perle* oprawa, *e-r Glühbirne* oprawka; *e-s Textes* wersja, redakcja; *fig* opanowanie; **die ~ bewahren** zachow(yw)ać spokój; **die ~ verlieren** stracić *pf* panowanie nad sobą; **j-n aus der ~ bringen** wyprowadzać ⟨-dzić⟩ k-o z równowagi
fassungslos skonsternowany, zdumiony; *Weinen, Schmerz* nieutulony
Fassungsvermögen N pojemność *f*
fast ADV prawie, niemal, nieomal (że); **~ nichts** prawie nic; **~ überall** niemal wszędzie; **er wäre ~ gefallen** omal nie upadł
fasten V/I (*-e-*) pościć
Fasten[1] N (*-s; bpl*) poszczenie; *rel* post; MED dieta odchudzająca
Fasten[2] PL *rel* → Fastenzeit; **~kur** F kuracja odchudzająca; **~speise** F potrawa postna; **~zeit** F wielki post
Fast|nacht F (*bpl*) zapusty *pl*, ostatki *mpl*; → Fasching; **~nachtsdienstag** M wtorek zapustny; **~tag** M dzień postny; MED dzień głodówki
Faszinati'on F (*bpl*) fascynacja
faszi'nieren (-) ⟨za⟩fascynować
fa'tal fatalny; (*misslich*) feralny
Fata'list M (*-en*) fatalista *m*; **~in** F fatalistka
fata'listisch fatalistyczny
Fata Morgana F (*-; -nen od -s*) fatamorgana
Fatzke *umg* M (*-n od -s; -n od -s*) *abw* bufon, szpaner, blagier
fauchen V/I *Katze, Person* fukać ⟨fuknąć *v/s*⟩
faul *Ei, Fisch, Fleisch* zepsuty; *Holz, Frucht, Kompromiss* zgniły; (*träge*) leniwy (-wie), gnuśny; *umg abw Sache* podejrzany; **~e Ausrede** wykręt; **da ist etwas ~** to pachnie czymś niedobrym
Fäule F (*bpl*) zgnilizna
faulen V/I (*sn od h*) gnić; *Holz, Laub a.* butwieć
faulenzen V/I (*-zt*) próżnować, leniuchować, *umg* wałkonić się
Faulenzer(in) M(F) *umg abw* leń *m*, wałkoń *m*, *umg* nygus (*alle a. f*)
Faulenze'rei F (*bpl*) *abw* leniuchowanie
Faulheit F (*bpl*) lenistwo
faulig zgniły; **es riecht ~** czuć zgnilizną
Fäulnis F (*bpl*) gnicie, zgnilizna; **~erreger** MPL bakterie *fpl* gnilne
Faul|pelz *umg* M leniuch, nygus, wałkoń *m*; **~tier** N ZOOL leniwiec
Faust F (*-; Fäuste*) pięść *f*, kułak; **mit der ~ auf den Tisch hauen** uderzyć *pf* pięścią w stół (*a. fig*); **j-m mit der ~ drohen** wygrażać k-u pięścią; *umg* **das passt wie die ~ aufs Auge** (to) pasuje jak pięść do nosa; **auf eigene ~** na własną rękę
Fäustchen N piąstka; *fig* **sich** (*dat*) **ins ~ lachen** śmiać się w kułak
faustdick wielkości pięści; *umg Lüge* wierutny; *umg* **er hat es ~ hinter den Ohren** z niego jest niezły numer
fausten (*-e-*) *Ball* odbi(ja)ć pięścią
Fausthandschuh M, **Fäustling** M rękawica z jednym palcem
Faust|recht N (*bpl*) prawo pięści; **~regel** F ogólna zasada; **~schlag** M cios pięścią, *umg* kułak
Fauxpas [fo'pa] (*-; -*) faux pas (*unv*)
Favo'rit M (*-en*) faworyt; **erklärter ~** zdecydowany faworyt; **~in** F faworytka
faxen *umg* (tele)faksować
Faxen *umg* FPL (*Unfug*) wygłupianie się, błazeństwo; **~ machen** wygłupiać się, błaznować
Fax|gerät N (tele)faks; **~nummer** F

numer (tele)faksu
Fayence [fa'ja:s] F fajans
Fazit N (*-s; -s od -e*) wynik; **das ~ aus etw ziehen** podsumow(yw)ać (*akk*)
FC (Fussballclub) klub piłki nożnej
FCKW [ɛftse:ka:'ve:] M (Fluorchlorkohlenwasserstoffe) fluorochlorowęglowodory
FDP, F.D.P. F (Freie Demokratische Partei) Wolna Partia Demokratyczna
FDP, FdPS F (Freisinnig-Demokratische Partei [der Schweiz)]) Szwajcarska Partia Radykalno-Demokratyczna
Feber M (*-s; -*) *austr*
Februar M (*-[e]s; selten -e*) luty; *in zssgn* lutowy; **am 1. ~** pierwszego lutego; **im ~** w lutym
Fechtbahn F plansza
fechten V/I (*ficht, focht, gefochten*) uprawiać szermierkę; **mit dem Degen ~** walczyć na szpady; *lit fig* walczyć (**gegen** z *inst*, przeciwko *dat*; **für** o *akk*)
Fechten N (*bpl*) szermierka
Fechter(in) M(F) szermierz
Feder F (*-; -n*) pióro (*a. Schreibgerät*); *engS im Federhalter* stalówka; *dim, oft fig* piórko; TECH sprężyna; resor; **~n** PL *e-s Vogels koll* pierze; *umg* (*Bett*) łóżko, pościel; *fig* **aus j-s ~ stammen** wyjść *pf* spod pióra (*gen*); **sich mit fremden ~n schmücken** stroić się w cudze piórka; *umg* **~n lassen müssen** nie wyjść *pf* na swoje
Feder|ball M lotka; (*Spiel*) kometka, badminton; **~bett** N pierzyna, piernat; **~blatt** N TECH pióro resorowe; **~busch** M ZOOL czub, czubek; *am Helm* pióropusz
federführend ADJ odpowiedzialny
Feder|gewicht N (*bpl*) SPORT waga piórkowa; **~halter** M obsadka; **~kernmatratze** F materac sprężynowy
federleicht lekki jak piórko
Federlesen N: **nicht viel ~s machen** nie cackać się (**mit j-m, etw** z *inst*)
federn V/I (*-re*) sprężynować; *Wagen* resorować; **gut gefedert** miękko resorowany
federnd ADJ sprężysty, *präd* sprężyście
Feder|schmuck M ZOOL upierzenie; *am Hut usw* pióropusz; **~strich** M pociągnięcie pióra; **~ung** F (u)resorowanie; **~vieh** *umg* N drób; **~weiße(r)** M (*-n*) moszcz winny, młode wino (jeszcze fermentujące); **~wolke** F chmura pierzasta; **~zeichnung** F rysunek piórem
Fee F (**gute, böse** dobra, zła) wróżka
Feedback, Feed-back ['fi:dbæk] N (*-s; -s*) sprzężenie zwrotne; *fig* reakcja
Fegefeuer N (*-s; bpl*) czyściec
fegen V/T *Raum, Hof* zamiatać ⟨zamieść⟩; *Schornstein* czyścić; *Laub, Schnee usw* zmiatać ⟨zmieść⟩ (**in** *akk* do *gen*; **von etw** z *gen*); *v/i* (*sn*) (*jagen*) *umg* wyr(y)wać, pognać; **der Wind fegt über die Ebene, durch die Felder** wiatr hula na równinie, po polach
Fehde F waśń *f*; *lit fig* spór, zatarg
fehl ADV: *mst in* **~ am Platz(e)** nie na (właściwym) miejscu
Fehl M *lit*: **ohne ~ (und Tadel)** bez skazy, nieskazitelny
Fehl|alarm M fałszywy alarm; **~anzeige** F *umg* (*nichts*) kompletnie nic, zero; **~bedienung** F nieprawidłowa obsługa; **~betrag** M niedobór, manko; **~diagnose** F mylna diagnoza; **~einschätzung** F błędna ocena
fehlen V/I brakować, zabraknąć *pf* (*gen*); (*fernbleiben*) być nieobecnym; **mir ~** *od* **es ~ mir fünfEuro** brakuje mi pięć euro; **ihm fehlt es an ...** brak mu (*gen*); **es fehlt an Geld** brak pieniędzy; **du fehlst mir** tęsknię za tobą; **was fehlt Ihnen?** co panu (pani) dolega?; **es fehlte nicht viel, und ...** niewiele brakowało, aby ...; *iron* **das fehlte gerade noch!** tego jeszcze brakowało!
Fehlen N (*-s; bpl*) brak; nieobecność *f*
fehlend ADJ brakujący; (*nicht anwesend*) nieobecny
Fehl|entscheidung F błędna decyzja; **~entwicklung** F nieprawidłowy rozwój, rozwój w niewłaściwym kierunku
Fehler M (*Unrichtigkeit, Irrtum*) omyłka, pomyłka, błąd; (*Mangel*) skaza, wada, brak, *umg* feler; **e-n ~ machen** popełni(a)ć błąd; **grober ~** poważny błąd, *umg* gruba omyłka
fehler|frei bezbłędny; (*ohne Mängel*) bez wad; **~haft** wadliwy (-wie), *umg* z felerem; (*irrig*) błędny
Fehler|korrektur F korygowanie błędów; **~quelle** F źródło błędu; **~quote** F stopa błędów; *bei Produkten* stosunkowa ilość wad; **~suche** F wyszukiwanie błędów
Fehl|funktion F MED dysfunkcja; **~geburt** F poronienie; **~griff** M błędna

F

decyzja, błąd; **~haltung** F wadliwa postawa; **~investition** F chybiona inwestycja; **~konstruktion** F wadliwa konstrukcja; **~leistung** F PSYCH czynność nieprawidłowa; **~pass** M niedokładne podanie; **~planung** F błędne planowanie

fehlleiten *Brief, Zug usw* skierować *pf* w niewłaściwym kierunku

Fehlschlag M niepowodzenie, fiasko

fehlschlagen V/I *(irr; sn)* nie uda(wa)ć się, chybi(a)ć celu

Fehl|start M falstart; **~tritt** M potknięcie (się); *fig a.* faux pas; **~urteil** N błędna ocena; *e-s Gerichts* błędny wyrok; **~verhalten** N niewłaściwe zachowanie (się); **~zündung** F AUTO przerwa w zapłonie

Feier F *(-; -n)* uroczystość *f*; *(Festakt)* (uroczysta) akademia, impreza; *mst żart* **zur ~ des Tages** dla uczczenia tej uroczystości

Feierabend M koniec pracy, *umg* fajrant; *(Freizeit) umg* wolne; **~ machen** kończyć pracę; **nach ~** *umg* po pracy

feierlich uroczysty (-ście); *(schwülstig)* celebracyjny

Feierlichkeit F uroczystość *f*; PL *a.* (uroczyste) obchody *mpl*

feiern *(-re)* V/T (uroczyście) obchodzić, święcić; *Sieger usw* fetować; V/I świętować; *(nicht arbeiten)* nie pracować, *umg* bumelować; *(sich vergnügen)* bawić się, hulać

Feierstunde F uroczyste zebranie

Feiertag M dzień świąteczny, święto; **gesetzlicher, kirchlicher ~** święto państwowe, kościelne; **schöne ~e!** wesołych świąt!; **~s-** *in zssgn* świąteczny

feig, **~e** tchórzliwy (-wie); *(hinterhältig)* niecny

Feige F figa

Feigen|baum M drzewo figowe, figowiec; **~blatt** N listek figowy

Feigheit F *(bpl)* tchórzostwo

Feigling M *(-s; -e)* tchórz

Feile F pilnik

feilen ⟨o⟩piłować pilnikiem; *fig* **an** *e-m Text usw* **~** cyzelować *(akk)*

feilschen V/I *abw* targować się (**um den Preis** o cenę); *fig* **das Feilschen um ...** przetargi *mpl* o ...

Feilspäne MPL opiłki *mpl*

fein *Korn* drobny (-no), miałki (-ko, na -ko); *(dünn)* cienki (-ko); *fig Humor, Unterschied* subtelny; *(erlesen)* wytworny; *(vorzüglich)* przedni, doskonały; *(genau)* precyzyjny, dokładny; *umg (nett, gut)* fajny (-nie, -no); **~ gemahlen** drobno zmielony; **~ gemustert** w drobne wzorki; *umg* **~!** fajnie!; *umg* **sich ~ machen** wyelegantować się *pf*

Feinblech N cienka blacha

Feind M (-[e]s; -e) wróg, nieprzyjaciel; **sich** *(dat)* **j-n zum ~ machen** ⟨u⟩czynić sobie wroga z *(gen)*; **~bild** N obraz wroga; **~in** F wróg, nieprzyjaciółka

feindlich wrogi (-go); MIL nieprzyjacielski; **j-m ~ gesinnt sein** być wrogo usposobionym do *(gen)*

Feindschaft F *(bpl)* wrogość *f*; *(a. pl)* wrogi stosunek

feindselig wrogi (-go)

Feindseligkeit F *(bpl)* wrogość *f*; *nur* PL **~en** działania *npl* nieprzyjacielskie

feinfühlig delikatny, taktowny

Fein|gebäck N wyroby *mpl* cukiernicze; **~gefühl** N delikatność *f*, takt; **~gehalt** M *(bpl) des Goldes usw* próba

fein|gemahlen, **~gemustert** → fein

Feingold N złoto 24-karatowe

Feinheit F *(bpl)* miałkość *f*; cienkość *f*; *fig* subtelność *f*; wytworność *f*; **~en** PL subtelności *fpl*, szczegóły *mpl*

Feinkeramik F ceramika szlachetna

feinkörnig drobnoziarnisty

Feinkost F delikatesy *mpl*; **~geschäft** N sklep z delikatesami, delikatesy

feinmachen V/R → fein

feinmaschig *Netz* gęsty

Fein|mechanik F mechanika precyzyjna; **~schmecker(in)** M(F) smakosz

feinsinnig subtelny, delikatny

feinste *sup* → fein; *umg* **alles nur vom Feinsten** wszystko najlepszego gatunku

Feinwäsche F bielizna z delikatnej tkaniny

feist *abw* tłusty, spasiony; **~es Gesicht** nalana twarz

feixen V/I → grinsen

Feld N (-[e]s; -er) pole *(a. fig)*; *(Acker)* pole, łan; SPORT *(Mannschaftsfeld)* peleton; *(Spielfeld)* pole, *engS* płyta (boiska); **freies ~** szczere pole; *fig* **auf dem ~ der Kunst** na polu sztuki; **das ~ behaupten** dotrzymać *pf* pola, zostać *pf* na placu; **das ~ räumen** ustąpić *pf* pola, *iron* rejterować; **gegen etw zu ~e ziehen** prowadzić kampanię przeciw (*dat*)

Feld|arbeit F prace *fpl* polowe; **~bett** N łóżko polowe, *umg* polówka; **~flasche** F manierka; **~früchte** FPL ziemiopłody *pl*; **~hase** M zając szarak; **~herr** M wódz, dowódca *m*; **~jäger** MPL żandarmeria (wojskowa); **~maus** F mysz polna; **~salat** M roszponka; **~spat** M MINER skaleń *m*; **~spieler** M gracz na boisku; **~stecher** M lornetka

Feld|webel M feldfebel; *in Polen* starszy sierżant; **~weg** M droga polna; **~zug** M kampania (*a. fig*)

Felge F obręcz *f* (koła), *umg* felga; *Turnen* przewrót

Fell N (-[e]s; -e) sierść *f*; *von Pelztieren* futro; *abgezogen* skóra, skórka; **aus ~** futrzany; **mit ~ gefüttert** podbity futrem; *umg fig* **ein dickes ~ haben** mieć grubą skórę; **j-m das ~ über die Ohren ziehen** obedrzeć *pf* k-o ze skóry, oskubać k-o

Fellmütze F czapka futrzana

Fels M (-*en*[*s*]; -en) skała; **~block** M blok skalny, głaz; **~brocken** M odłamek skały, bryła skalna

Felsen M skała

felsenfest niezłomny; **~ glauben** niezłomnie wierzyć (**an** *akk* w *akk*)

Felsenküste F skaliste wybrzeże

felsig skalisty (-to)

Fels|malerei F malowidło naskalne; **~spalt** M rozpadlina skalna; **~vorsprung** M występ skalny; **~wand** F ściana skalna

femi'nin żeński (*a.* GRAM); (*typisch weiblich*) kobiecy (-co); *oft abw* zniewieściały; **~e Gesichtszüge** zniewieściałe rysy twarzy

Femi'nistin F feministka

femi'nistisch feministyczny

Fenchel M (-*s*; *bpl*) koper włoski, fenkuł

Fenster N okno; *im Umschlag* okienko; (*Glas im Fenster, im Auto usw*) szyba; **am ~** przy oknie; **zum ~** z okna, przez okno; *umg fig* **das Geld zum ~ hinauswerfen** wyrzucać pieniądze na bruk

Fenster|bank F (PL -*bänke*), **~brett** N parapet; **~briefumschlag** M koperta z okienkiem; **~glas** N szkło okienne; **~heber** *im Auto* podnośnik szyby; **~laden** M okiennica; **~leder** N ircha do czyszczenia okien; **~platz** M miejsce przy oknie; **~putzer** M czyściciel szyb; **~rahmen** M futryna okienna; **~scheibe** F szyba (okienna); **~sims** M parapet zewnętrzny

Ferien [-riən] PL wakacje *pl*, ferie *pl*; (*Urlaub*) wczasy *pl*; **die großen ~** wakacje letnie; **in die ~ fahren** jechać na wakacje *od* wczasy

Ferien|dorf M wieś letniskowa; **~gast** M wczasowicz(ka); **~haus** N dom *od* domek letniskowy; **~job** M praca wakacyjna; **~kurs** M kursy *mpl* wakacyjne; **~lager** N obóz wakacyjny; **~reise** F podróż wakacyjna; **~wohnung** F kwatera w miejscowości wypoczynkowej; **~zeit** F okres wakacji

Ferkel N prosię; *umg fig* brudas, świntuch

Fermentati'on F fermentacja

fern ADJ daleki (-ko), odległy; **nicht ~** niedaleki (-ko); **~ von ...** daleko od (*gen*); **von ~** z daleka; **~e Zukunft** daleka *od* odległa przyszłość; → fernbleiben, fernhalten *usw*

fern'ab ADV *u.* PRÄP (*dat*) daleko (od *gen*)

Fern|abfrage F TEL zdalne zapytanie; **~bedienung** F zdalna obsługa; (*Gerät*) pilot

fernbleiben V/I (*irr*; *sn*) być nieobecnym (**dem Unterricht, der Arbeit** na lekcji, w pracy)

ferne *lit* ADV: **von ~** z dala

Ferne F dal *f*; **aus der ~** z odległości, z oddalenia; **in der ~** w dali; **in weiter ~** w dalekiej przyszłości; **das liegt noch in weiter ~** to muzyka przyszłości

ferner ADV dalej; *konj* (*außerdem*) poza tym, prócz tego

Fern|fahrer M kierowca *m* ciężarówki jeżdżący w długie trasy, *umg* kierowca *m* tira; **~flug** M lot *od* przelot długodystansowy

ferngelenkt ADJ zdalnie sterowany

Ferngespräch N rozmowa międzymiastowa

ferngesteuert ADJ zdalnie sterowany

Fernglas N lornetka

fernhalten (*irr*) trzymać na dystans (**von** od *gen*); *Sorgen, Gefahr* ⟨u⟩chronić (**von j-m** k-o przed *inst*); **sich ~** trzymać się z dala (**von** od *gen*)

Fernheiz|ung F ogrzewanie z ciepłowni; **~werk** N ciepłownia

Fern|kurs M kurs zaoczny *od* korespondencyjny; **~laster** *umg* M tir; **~leitung** F ELEK linia przesyłowa; **~lenkung** F zdalne sterowanie; **~licht** N (*bpl*) AUTO światła *npl* drogowe *od umg* długie

fernliegen (*irr*) leżeć daleko, być odległym; **es liegt mir fern zu ...** jestem daleki (-ka) od (*gen*)

Fernmelde|amt N urząd telekomunikacyjny; **~satellit** M satelita telekomunikacyjny; **~wesen** N (*bpl*) telekomunikacja

fernmündlich telefoniczny; *präd* telefonicznie, przez telefon

Fernost (*ohne art*) Daleki Wschód; **in ~** na Dalekim Wschodzie

fernöstlich dalekowschodni

Fern|reise F daleka *od* zamorska podróż; **~rohr** N luneta; teleskop; **~ruf** M telefon, numer telefonu; **~schreiben** N, **~schreiber** M dalekopis, teleks

Fernseh|anstalt F ośrodek telewizyjny, *umg* telewizja; **~bild** N obraz telewizyjny; **~duell** N pojedynek telewizyjny

fernsehen V/I (*irr; ich sehe, sah fern, habe ferngesehen*) oglądać telewizję

Fernseh|empfänger M odbiornik telewizyjny; **~er** *umg* M telewizor; **~film** M film telewizyjny; **~gebühr** F abonament telewizyjny; **~gerät** N telewizor; **~kamera** F kamera telewizyjna; **~moderator(in)** M(F) prezenter(ka) telewizyjny (-na)

Fernsehen N (*-s; bpl*) telewizja; **im ~ (live) übertragen** transmitować (na żywo); **das ~ bringt ...** telewizja nadaje ...

Fernseh|programm N program telewizyjny; **~sender** M stacja telewizyjna; (*Gerät*) nadajnik telewizyjny; **~sendung** F program telewizyjny; **~serie** F serial; **~show** F telewizyjny show; **~spiel** N widowisko telewizyjne; **~teilnehmer** M abonent telewizji; **~übertragung** F transmisja telewizyjna; **~werbung** F reklama telewizyjna; **~zuschauer(in)** M(F) telewidz

Fernsicht F (*bpl*) (*Ausblick*) rozległy widok; (**gute** dobra) widoczność

Fernsprech|- *in zssgn mst* telefoniczny; **~er** M telefon; **~teilnehmer** M abonent telefoniczny

fernstehen (*irr*): **j-m ~** być obcym (dla *gen*);

fernsteuern V/T zdalnie sterować (*inst*)

Fern|steuerung F zdalne sterowanie; **~straße** F (główny) szlak komunikacyjny, magistrala; **~studium** N studia *npl* zaoczne *od* korespondencyjne; **~überwachung** F zdalna obserwacja (przez monitor); **~verkehr** M *auf Schiene und Straße* ruch dalekobieżny; **~wärme** F ciepło przesyłane na odległość; **~weh** N (*bpl*) tęsknota za dalekim światem; **~zug** M pociąg dalekobieżny

Ferse F pięta; *fig* **j-m auf den ~n bleiben** deptać k-u po piętach

fertig (*bereit, zu Ende, erledigt*) gotowy, *nur m* gotów; *umg* (*erschöpft*) wykończony; **~ sein** (**mit** *etw*) skończyć *pf* (*akk*), ukończyć *pf* (*akk*), uporać się *pf* (z *inst*); **das Mittagessen ist fertig** obiad jest już gotowy; **wir sind ~ zur Abreise** jesteśmy gotowi do odjazdu; **~!** gotowe!; *fig umg* **~ sein** (**mit j-m**) skończyć *pf*, zerwać *pf* stosunki (z *inst*);; **etw ~ kochen** dogotow(yw)ać (*akk*); *etw* **~ machen, ~ stellen** (*beenden*) zrobić *pf*, skończyć *pf*, zakończyć *pf*; **~ machen** (*bereiten*) szykować, przygotow(yw)ać (*a. v/r* **sich** się; **zu, für** do *gen*); *umg* **j-n ~ machen** → fertigmachen; **~ werden** (*etw bewältigen, umg der Stärkere bleiben*) da(wa)ć sobie radę, uporać się (**mit** *dat* z *inst*); → fertigbringen, fertigkriegen *usw*

Fertigbauweise F (*bpl*) budownictwo z elementów prefabrykowanych

fertigbringen (*irr*) *fig*: **es (nicht) ~ (zu +** INF) (nie) móc, (nie) być w stanie, (nie) potrafić (+ *inf*); **ich bringe es nicht fertig, ihr zu sagen, dass ...** nie jestem w stanie jej powiedzieć, że ...

fertigen wytwarzać, wyrabiać

Fertig|gericht N danie gotowe; **~haus** N dom z elementów prefabrykowanych; **~keit** F (*Fähigkeit*) umiejętność *f*; (*Geübtheit*) wprawa

fertigkriegen *umg* → fertigbringen

fertigmachen: *umg* **j-n ~** (*körperlich od nervlich erledigen*) wykańczać ⟨-kończyć⟩ k-o; (*verprügeln*) porachować gnaty *od* kości k-u, sprać k-o na kwaśne jabłko; **etw/sich ~** → fertig

Fertigprodukt N wyrób gotowy

fertigstellen (*beenden*) zrobić *pf*, skończyć *pf*, zakończyć *pf*

Fertig|stellung F (*bpl*) zakończenie, ukończenie; **~teil** N element prefabrykowany; BUD *a.* prefabrykat

Fertigung F wytwarzanie, produkcja

Fertigungsmethode F metoda produkcji
fertigwerden *(irr; sn)* → fertig
fesch *umg austr (hübsch)* hoży (-żo); *austr (elegant, flott)* szykowny; *austr (nett)* uprzejmy
Fessel[1] F *(-; -n) beim Menschen* kostka; *beim Pferd* pęcina
Fessel[2] F *(-; -n)*: *mst* PL **~n** kajdany *pl*, więzy *pl (a. fig)*; *(Handfesseln)* kajdanki *pl*; **j-m ~n anlegen** → fesseln
fesseln *(-le) j-n mit Stricken* ⟨s⟩krępować *(akk)*; *mit Handfesseln* zakładać ⟨założyć⟩ k-u kajdanki; *fig (faszinieren)* ⟨za⟩fascynować *(akk)*; *j-n* **an etw ~** *mit Strick* przywiąz(yw)ać do *(gen)*; *mit Ketten* przyku(wa)ć do *(gen)*; **ans Bett gefesselt sein** być przykutym do łóżka
fesselnd ADJ *Lektüre, Vortrag* fascynujący (-co), zajmujący (-co)
fest *(kräftig, haltbar, stabil)* mocny (-no); *(kompakt)* zwarty (-cie), zbity; *(nicht flüssig)* stały, niepłynny; *(hart)* twardy (-do) *(a. Schlaf, Charakter, Schritt, Grundsatz)*; *(unerschütterlich)* niewzruszony (-szenie), mocny (-no); *(starr)* sztywny *(a. Preis, Regel)*; *Wohnsitz, Stelle, Einkommen, Substanz* stały (-le); *Gestalt, Plan* konkretny; **~ binden** mocno zawiązać; **~ umrissen** *(klar abgegrenzt)* ściśle określony; *umg* **~(e) arbeiten, essen** *usw* pracować, jeść *usw* co się zowie; → festkochend
Fest N *(-es; -e)* uroczystość *f*, obchody *mpl*; *rel* święto; *(Tanzfest)* zabawa; *(private Party) umg* impreza, *umg* feta; **ein ~ geben** wyda(wa)ć przyjęcie, urządzać ⟨-dzić⟩ imprezę; **rauschendes ~** huczna zabawa, *umg* jubel; **(ein) frohes ~!** wesołych świąt!
Fest|akt M uroczysta akademia; **~beleuchtung** F iluminacja
fest|binden *(irr)* uwiąz(yw)ać (**an** *akk* u *gen*); **~bleiben** V/I *(irr; sn)* nie ulegać ⟨ulec⟩, pozosta(wa)ć przy swoim
Festessen N sute przyjęcie, uczta
festfahren *(irr)* V/I *(sn) od* V/R **sich ~** ugrzęznąć *pf*, ugrząźć *pf*, utknąć *pf*; *fig* **die Sache ist** *od* **hat sich festgefahren** sprawa utknęła w martwym punkcie
festfressen V/R *(irr)*: **sich ~** TECH zacierać ⟨zatrzeć⟩ się
Festgeld N *(bpl)* FIN wkład (bankowy) długoterminowy
Festgottesdienst M uroczysta msza
Festhalle F hala widowiskowa
festhalten *(irr)* V/T mocno trzymać (**am Arm** za rękaw); *Dieb* zatrzym(yw)ać; *im Bild usw* utrwalać ⟨-lić⟩ (na *inst*); *(konstatieren)* stwierdzać (jako fakt); V/I *u.* V/R **sich ~** (**an** *dat*) trzymać się *(gen)*
festigen V/T umacniać ⟨umocnić⟩, utrwalać ⟨-lić⟩; V/R **sich ~** umacniać ⟨umocnić⟩ się, utrwalać ⟨-lić⟩ się
Festiger M utrwalacz
Festig|keit F *(bpl)* wytrzymałość *f*; *fig* stałość *f*, niezłomność *f*; **~ung** F *(bpl)* umocnienie, utrwalenie
Festival N *(-s; -s)* festiwal
festklammern V/T przypinać ⟨-piąć⟩ (klamrą) (**an** *akk* do *gen*); *v/r* **sich ~ an** *(dat)* chwytać ⟨chwycić⟩ się, czepiać ⟨-pić⟩ się (kurczowo) *(gen)*
festkleben V/I *(sn)* przylepi(a)ć się, przyklejać ⟨-kleić⟩ się (**an** *dat* do *gen*)
Festkleidung F odświętne ubranie
fest|klemmen V/T ściskać, zaciskać ⟨-snąć⟩ (**zwischen** *akk* między *inst*); **~kochend** ADJ *Kartoffeln* o zwartym miąższu
Fest|körper M FIZ ciało stałe; **~land** N *(bpl)* ląd (stały); **~landsockel** M szelf
festlegen *(irr)* V/T *Termin usw* ustalać ⟨-lić⟩, wyznaczać ⟨-czyć⟩; *Kapital* zamrozić *pf*; **j-n auf etw ~** ⟨z⟩wiązać k-o *(inst)*; V/R **sich ~** (**auf** *akk*) zobowiąz(yw)ać się (do *gen*), ⟨z⟩wiązać się *(inst)*
Festlegung F ustalenie; FIN zamrożenie
festlich świąteczny, odświętny; *(feierlich)* uroczysty (-ście); **~ begehen** uroczyście obchodzić; **~ gekleidet** odświętnie ubrany
Festlichkeit F uroczystość *f (a. festliche Stimmung)*; → Fest
fest|liegen V/I *(irr) Datum* być ustalonym; *Kapital* być zamrożonym; *Schiff* osiąść *pf* na mieliźnie; **~machen** V/T *Sache* przymocow(yw)ać, przytwierdzać ⟨-dzić⟩ (**an** *dat* do *gen*); *fig* ustalać ⟨-lić⟩; *Geschäft* ⟨s⟩finalizować; V/I *Schiff* ⟨za⟩cumować (**an** *dat* przy *lok*)
Festmahl N uczta, biesiada
festnageln V/T *Leiste* przybi(ja)ć gwoździami (**an** *dat* do *gen*); *v/r fig* **sich nicht auf etw ~ lassen** nie da(wa)ć się przymusić do udzielenia zgody na *(akk)*
Festnahme F aresztowanie
festnehmen *(irr) Dieb* zatrzym(yw)ać,

F

⟨za⟩aresztować *(im)pf*

Fest|netz N TEL sieć *f* telefonii stacjonarnej; **~platte** F EDV dysk twardy; **~preis** M sztywna cena

Fest|rede F przemówienie okolicznościowe; **~saal** M sala reprezentacyjna; sala bankietowa

festschnallen: V/R **sich ~** przypas(yw)ać się (**an** *dat* do *gen*)

F

festschrauben przykręcać ⟨-cić⟩ (**an** *dat* do *gen*)

Festschrift F księga pamiątkowa

festsetzen V/T *Preis, Frist* ustalać ⟨-lić⟩; *Person* ⟨za⟩aresztować *(im)pf*; V/R **sich ~** *Schmutz* osiadać ⟨osiąść⟩ się, ⟨na⟩gromadzić się; *fig Gedanke* opanować *pf*

festsitzen V/I *(irr)* (*gut halten*) trzymać; (*klemmen*) zakleszczyć się *pf*; *Fahrzeug, fig* tkwić (**in** *dat* w *lok*)

Festspeicher M EDV pamięć stała

Festspiel|- *in zssgn* festiwalowy; **~e** NPL festiwal

fest|stehen V/I *(irr)* być pewnym, być ustalonym; **~stellbar** dający się ustalić; **~stellen** TECH, *fig* ustalać ⟨-lić⟩; *Tod, Irrtum, Vaterschaft usw a.* stwierdzać ⟨-dzić⟩; **ich stelle fest, dass …** stwierdzam, że …

Feststellung F ustalenie, stwierdzenie

Fest|tafel F stół świąteczny *od* biesiadny; **~tag** M dzień świąteczny, święto

festumrissen ADJ → fest

Festung F twierdza, forteca

Festungsmauer F mury *mpl* forteczne

festverzinslich *Papiere* o stałym oprocentowaniu

Festwochen FPL tydzień *m* imprez

Festzelt N (duży) namiot na placu festynowym

festziehen *(irr) Knoten* zaciągać ⟨-gnąć⟩; *Schraube* dokręcać ⟨-cić⟩

Festzug M uroczysty pochód

Fete *umg* F feta, jubel, balanga

Fetisch M (*-es; -e*) fetysz

Fetischist M (*-en*) fetyszysta *m*

fett tłusty (-to) (*a. abw fig*); **~ gedruckt** wytłuszczony

Fett N (-[e]s; -e) tłuszcz; (*Speck*) sadło; **~ ansetzen** ⟨u⟩tyć; *umg fig* **sein ~ abbekommen** dosta(wa)ć za swoje

fettarm niskotłuszczowy; **~e Milch** mleko o niskiej zawartości tłuszczu; **~ essen** odżywiać się pokarmami ubogimi w tłuszcze

Fettauge N oczko tłuszczu

fetten (*-e-*) V/T natłuszczać ⟨-tłuścić⟩, ⟨wy⟩smarować tłuszczem; V/I tłuścić

Fettfleck M tłusta plama

fett|frei beztłuszczowy; **~gedruckt** → fett

Fett|gehalt M zawartość *f* tłuszczu; **~gewebe** N tkanka tłuszczowa

fetthaltig zawierający tłuszcz

fettig tłusty (-to); (*mit Fett beschmiert*) zatłuszczony; **etw ~ machen** zatłuścić

Fettleibigkeit F (*bpl*) otyłość *f*

fettlöslich rozpuszczalny w tłuszczach

Fettnäpfchen N: *umg nur in* **ins ~ treten** popełnić *pf* gafę

Fett|polster N podściółka tłuszczowa; **~sack** *pop* M *abw* tłuścioch; **~schicht** F warstwa tłuszczu; **~sucht** F (*bpl*) otyłość *f*; **~wanst** *umg* M brzuszysko; (*Person*) brzuchacz, grubas

Fetus M (-[*ses*]; -se od Feten) płód

fetzen *umg* (*-zt*) V/I (*mitreißen*) por(y)wać; V/R **sich ~** (*streiten*) kłócić się

Fetzen M strzęp, strzępek (*a. fig*); (*Stück Stoff, Lappen*) gałgan, gałganek; *umg* **sich prügeln, dass die ~ fliegen** tłuc się, aż drzazgi lecą

fetzig *umg* obłędny, porywający

feucht wilgotny (-no); (*ziemlich nass*) mokrawy (-wo), mokry (-ro); **~ sein, ~ werden** nawilgnąć *pf*, ⟨z⟩wilgotnieć (**von** od *gen*); **sie bekam ~e Augen** oczy jej zwilgotniały

Feucht|biotop N *od* M siedlisko bagienne; **~igkeit** F (*bpl*) wilgotność *f*; (*leichte Nässe*) wilgoć *f*

Feuchtigkeits|creme F krem nawilżający; **~gehalt** M wilgotność *f*

feuchtkalt zimny i wilgotny

feu'dal feudalny; *umg fig* wystawny

Feuda'lismus M (-; *bpl*) feudalizm

Feuer N ogień *m* (*a.* MIL, *fig*); (*Brand*) pożar; *fig* (*Schwung*) zapał; **~!** pali się!; MIL ognia!; **offenes ~** ognisko; **am ~** przy ogniu; przy ognisku; *umg* **~ (an)machen** rozpalać ⟨-lić⟩ ogień; **~ legen** zaprószyć *pf* ogień, podpalać ⟨-lić⟩; **~ fangen** zapalać ⟨-lić⟩ się (*a. umg fig*); **~ speien** rzygać ⟨-gnąć⟩ ogniem; *fig* **wie ~ brennen** *Wunde usw* palić ogniem; **mit dem ~ spielen** igrać z ogniem; *umg* **~ und Flamme sein (für)** zapalać ⟨-lić⟩ się (do *gen*); **durchs ~ gehen** skoczyć *pf* w ogień (**für j-n** dla G, za I); **die Hand ins ~ legen** (**für**) ręczyć głową (za *akk*); *pop* **j-m ~ unter dem Hintern machen** popędzać (*akk*); MIL **das ~ einstellen** wstrzym(yw)ać ogień; **unter ~ nehmen** brać ⟨wziąć⟩ pod obstrzał

Feueralarm M alarm pożarowy

feuerbeständig ognioodporny

Feuerbestattung F kremacja

feuerfest żaroodporny, ogniotrwały

feuergefährlich łatwopalny

Feuergefecht N strzelanina

Feuerland N (*bpl*) Ziemia Ognista

Feuer|leiter F drabina awaryjna; **~löscher** M gaśnica; **~melder** M sygnalizator pożarowy

feuern (*-re*) V/I (*heizen*) palić w piecu (**mit Kohle** węglem); (*schießen*) strzelać ⟨wystrzelić⟩, *umg* wypalić *pf* (**auf** *akk* do *gen*); MIL *a.* da(wa)ć ognia; V/T *umg* (*werfen*) ciskać ⟨-snąć⟩; (*entlassen*) wyrzucać ⟨-cić⟩ (z pracy)

Feuer|pause F czasowe przerwanie ognia; **~probe** F próba ogniowa

feuerrot ognistoczerwony; *Haare* ognistorudy

Feuersalamander M salamandra plamista

Feuersbrunst *lit* F (-; *-brünste*) wielki pożar

Feuer|schein M łuna; **~schiff** N MAR latarniowiec; **~schlucker** M połykacz ognia; **~schutz** M MIL osłona ogniowa; **~stein** M (*Zündstein*) kamień *m* do zapalniczki; *min* krzemień *m*; **~stelle** F ognisko; **~taufe** F chrzest bojowy

Feuerung F (*Feuerstelle*) palenisko; (*bpl*) (*das Feuern*) opalanie, palenie

Feuer|versicherung F ubezpieczenie od ognia; **~wache** F strażnica pożarna; **~waffe** F broń palna

Feuerwehr F straż pożarna; **freiwillige ~** ochotnicza straż pożarna; **~auto** N samochód pożarniczy, *umg* wóz strażacki; **~leiter** F drabina strażacka; **~mann** M (PL *-männer od -leute*) strażak

Feuer|werk N ognie *mpl* sztuczne, fajerwerki *mpl*; **~werkskörper** M petarda; **~zangenbowle** F wino grzane z rumem; **~zeug** N zapalniczka; *in zssgn* ... do zapalniczki

Feuilleton [fsjə'to:] N (*-s; -s*) felieton; **~stil** M styl felietonowy

feurig ognisty (-ście); *Liebe, Rede, Begeisterung a.* płomienny

ff. (folgende [Seiten]) następne (strony)

Fi'aker M *austr* dorożka

Fi'asko N (*-s; -s*) fiasko

Fibel F (*-; -n*) elementarz

ficht → fechten

Fichte F świerk

Fichtelgebirge N (*-s; bpl*) Smreczany *pl*

Fichten|- *in zssgn* świerkowy; **~nadelextrakt** M wyciąg z igliwia sosny

ficken *vulg* V/I *vulg* jebać (się), *vulg* pieprzyć (się), *vulg* pierdolić (się); V/T ⟨wy⟩jebać, ⟨wy⟩pieprzyć, ⟨wy⟩pierdolić

fi'del *umg* wesoły (-ło)

Fidschi N (*-s; bpl*) Fidżi *n* (*unv*)

Fieber N (*-s; bpl*) gorączka; **~ haben** mieć gorączkę

fieberfrei bezgorączkowy; **~ sein** nie mieć gorączki

fieberhaft gorączkowy (-wo)

Fieberkurve F krzywa gorączki

fiebern V/I (*-re*) gorączkować; *fig* **vor Aufregung ~** gorączkować się; (**nach etw**) palić się (do *gen*)

fiebersenkend ADJ przeciwgorączkowy (-wo)

Fieberthermometer N termometr (lekarski)

fiebrig gorączkowy (-wo)

fiel → fallen

fies *umg* wstrętny; **~er Kerl** wstrętny typ; **~ aussehen** wyglądać wstrętnie

fifty-fifty *umg* ['fɪftɪ'fɪftɪ] pół na pół

Fi'gur F figura (*a.* SPORT, MAT, *Schach, Tanz usw*), *dim* figurka; (*Gestalt*) figura, sylwetka; **sie hat e-e gute ~** (ona) ma zgrabną figurę; **etwas für die ~ tun** poprawi(a)ć sylwetkę; *fig* **e-e gute ~ machen** dobrze się prezentować; **e-e schlechte ~ machen** źle wyglądać

figurbetont ADJ (dopasowany) do figury

figürlich figuralny; (*im übertragenen Sinne*) przenośny, obrazowy (-wo)

Fikti'on F fikcja

fik'tiv fikcyjny

Filet [fi'le:] N (*-s; -s*) KULIN (*Lende*) polędwica; *vom Fisch* filet; **~steak** N stek z polędwicy

Fili'al|e F filia, oddział; **~leiter(in)** M(F) kierownik (-iczka) oddziału

fili'gran filigranowy (-wo)

Film M (-[e]s; -e) film; (*Material*) błona, taśma (filmowa); (*Schicht*) warstewka; **~atelier** N atelier filmowe; **~aufnahmen** FPL zdjęcia *npl* filmowe
Filmemacher(in) M(F) filmowiec
filmen V/T ⟨s⟩filmować; V/I występować ⟨-stąpić⟩ w filmie
Filmfestspiele NPL festiwal filmowy
filmisch filmowy (-wo)
Film|kamera F kamera filmowa; **~preis** M nagroda filmowa; **~produzent** M producent filmowy; **~regisseur(in)** M(F) reżyser filmowy
Filmriss *umg* M: **er hatte e-n ~** film mu się urwał
Filmschauspieler M aktor filmowy; **~in** F aktorka filmowa
Film|star M gwiazda filmowa; (*Mann*) gwiazdor (filmowy); **~studio** N wytwórnia filmowa; **~team** N ekipa filmowa; **~verleih** M dystrybutor filmów; **~vorführer(in)** M(F) kinooperator(ka); **~vorführung** F pokaz filmu; **~wissenschaft** F (*bpl*) filmoznawstwo
Filter M, TECH *mst* N filtr; *im Labor a.* sączek; *in der Gasmaske* pochłaniacz
Filterkaffee M kawa filtrowana
filtern (-*re*) ⟨prze⟩filtrować; *Flüssigkeit a.* ⟨prze⟩sączyć
Filter|papier N bibuła filtracyjna; **~zigarette** F papieros z filtrem
fil'trieren (-) → filtern
Filz M (-*es*; -*e*) filc, pilśń *f*; *umg fig* (*Kungelei*) kumoterstwo
filzen (-*zt*) V/T *umg fig* ⟨z⟩rewidować, ⟨prze⟩trzepać; V/I filcować się
Filz|hut M kapelusz pilśniowy; **~laus** F wesz łonowa; **~pantoffel** M kapeć filcowy; **~schreiber** M flamaster, mazak; **~stiefel** MPL walonki *fpl*; **~stift** M → Filzschreiber
Fimmel *umg* M bzik; **e-n ~ haben** mieć bzika (na punkcie *gen*); **der hat doch e-n ~!** on chyba bzikuje!
Fi'nale N (-*s*; - *od* -*s*) finał; SPORT **das ~ erreichen** wejść *pf* do finału
Fi'nanz|amt N urząd skarbowy; **~beratung** F (*bpl*) doradztwo finansowe
Fi'nanzen FPL finanse *pl*; *umg* (*Geld*) finanse *pl*, fundusze *mpl*
finanzi'ell finansowy (-wo); **j-n ~ unterstützen** wspierać ⟨wesprzeć⟩ k-o materialnie
finan'zieren (-) ⟨s⟩finansować
Finan'zierung F finansowanie
fi'nanzkräftig dysponujący dużym potencjałem finansowym
Fi'nanz|lage F kondycja finansowa; **~ministerium** N ministerstwo finansów; **~politik** F polityka finansowa
fi'nanzschwach cierpiący na brak środków finansowych
Findelkind N podrzutek
finden (*findet, fand, gefunden*) V/T *Sache, Person* znajdować ⟨znaleźć⟩; *Tod* ponosić ⟨-nieść⟩; (*stoßen auf*) natykać ⟨-tknąć⟩ się, natrafi(a)ć (na *akk*); (*j-n antreffen*) zasta(wa)ć (**schlafend** śpiącego); (*meinen, beurteilen*) uważać, sądzić; **Verwendung ~** mieć zastosowanie (**für etw** dla *gen*); **Anerkennung ~** spotkać się *pf* z uznaniem; **den Weg zum Hotel ~** trafić *pf* do hotelu; **keine Worte dafür ~** nie mieć na to słów; **wie ~ Sie das?** co pan(i) na to?; (*wie gefällt es*) jak się to panu *od* pani podoba?; **ich finde den Wein gut** uważam, że wino jest dobre; V/I **nach Hause ~** trafić *pf* do domu; **zu sich selbst ~** opanować się *pf*, przyjść *pf* do siebie; **~ Sie nicht?** nieprawda(ż)?; V/R **sich ~** znaleźć się *pf*; **sich in etw ~** pogodzić się *pf* z (*inst*); **das wird sich schon alles ~** to się jakoś ułoży
Finder M znalazca *m*
Finderlohn M znaleźne
findig przemyślny, *umg* łebski
Findling M (-*s*; -*e*) GEOL głaz narzutowy
Fi'nesse F trik, chwyt; **mit allen ~n** z wszystkimi szykanami
fing → fangen
Finger M palec; **~ breit** → Fingerbreit; **~ weg!** precz z rękami!; **am ~** na palcu; **sich** (*dat*) **in den ~ schneiden** skaleczyć *pf* się w palec; *umg fig* oszukać się *pf*; *umg* **... kann man an den ~n abzählen** ... można policzyć na palcach; *umg* **die ~ in etw** (*dat*) **haben** maczać palce w (*lok*); *umg* **die ~ von etw** (*dat*) **lassen** nie wdawać się w (*akk*); *umg* **lange ~ machen** mieć lepkie ręce; **sich** (*dat*) **etw aus den ~n saugen** wyssać *pf* z palca (*akk*); *umg* **keinen ~ krumm machen** palcem nie kiwnąć *pf*; *umg* **man kann ihn um den (kleinen) ~ wickeln** można go owinąć koło (małego) palca; *fig* **mit ~n auf j-n zeigen** wytykać k-o palcami; **j-m in die ~ geraten** wpaść *pf*

w ręce (*gen, dat*); *fig* **sich** (*dat*) **die ~ nicht schmutzig machen** nie brudzić sobie rąk; *fig* **du kannst dir die ~ dabei verbrennen** możesz się na tym sparzyć

Fingerabdruck M odcisk palca; **genetischer ~** genetyczny odcisk palca

Fingerbreit M (*unv*) szerokość *f* palca; **zwei ~ länger** dłuższy na szerokość dwóch palców

fingerdick gruby na palec; **etw ~ schmieren** grubo posmarować (*inst*)

Finger|fertigkeit F (*bpl*) biegłość *f*, wprawa; **~glied** N paliczek; **~hut** M naparstek; BOT naparstnica; **~kuppe** F brzusiec palca; **~ling** M palec (rękawicy *od* gumowy)

fingern (*-re*) V/I (*nesteln*) manipulować (**an etw** przy *lok*)

Finger|nagel M paznokieć *m*; **~spitze** F czubek palca; **~spitzengefühl** N (*bpl*) dobre wyczucie (**für etw** *gen*); **~zeig** M (-[*e*]s; -e) wskazówka

fin'giert ADJ sfingowany

Finish ['fɪnɪʃ] N (*-s; -s*) finisz

Fink M (*-en*) zięba

Finne[1] F (*Larve, Mitesser*) wągier

Fin|ne[2] M (*-n*) Fin; **~nin** F Finka

finnisch fiński (po -ku)

Finnland N (*-s; bpl*) Finlandia

finster ciemny (-no) (*a. fig zwielichtig*); (*düster*) mroczny (-no); **im Finstern** po ciemku; **j-n ~ ansehen** spoglądać ⟨spojrzeć⟩ wilkiem *od* spode łba (na *akk*)

Finsternis F (*-; -se*) ciemności *fpl*; ASTRON zaćmienie; **in der ~** w ciemnościach

Finte F podstęp, fortel; (*Fechten*) finta

Firlefanz *umg* M (*-es; bpl*) fidrygałki *fpl*; (*Unsinn*) bzdury *fpl*

Firma F (*-; -men*) firma

Firma'ment *poet* N (-[*e*]s; -e) firmament, sklepienie niebieskie

firmen *rel* bierzmować

Firmen|inhaber(in) M(F) właściciel(ka) firmy; **~name** M nazwa firmy; **~register** N rejestr firm; **~schild** N szyld firmowy; **~sitz** M siedziba firmy; **~stempel** M pieczątka firmowa; **~wagen** M samochód firmowy; **~zeichen** N znak (graficzny) firmy, logo firmy

firmieren V/I (-) firmować

Firmung F *rel* bierzmowanie

Firn M (-[*e*]s; bpl) firn, szreń *f*

Firnis M (*-ses; -se*) pokost

First M (-[*e*]s; -e) BUD kalenica

Fisch M (*-es; -e*) ryba; **~e** ASTRON Ryby *fpl*; *umg* **kleine ~e** głupstwo, drobiazg; **kleine ~e!** nie ma sprawy!; *umg fig* **großer ~** gruba ryba; **er ist stumm wie ein ~** (on) milczy jak zaklęty; **weder ~ noch Fleisch** ni pies, ni wydra

Fisch|auge N *fot* rybie oko; **~besteck** N sztućce *mpl* do ryb; **~braterei** F smażalnia ryb; **~brut** F narybek

fischen V/I łowić ryby; V/T *fig* wyławiać (**aus** z *gen*); **im Trüben ~** łowić ryby w mętnej wodzie

Fischer M rybak; **~boot** N łódź rybacka; **~dorf** N osada rybacka

Fische'rei F (*bpl*) rybołówstwo; **~hafen** M port rybacki; **~wirtschaft** F gospodarka rybna

Fischerin F rybaczka

Fisch|fang M połów ryb; (*Gewerbe*) rybactwo; **~filet** N filet rybny; **~gericht** N potrawa rybna, danie rybne; **~geschäft** N sklep rybny; **~gräte** F ość *f*

Fischgrätenmuster N: **im ~** w jodełkę

Fisch|gründe MPL łowisko; **~konserve** F konserwa rybna; **~kutter** M kuter rybacki; **~markt** M targ rybny; **~otter** M wydra; **~reiher** M czapla siwa; **~rogen** M ikra; **~schwarm** M ławica ryb; **~stäbchen** NPL paluszki *mpl* rybne; **~sterben** N śnięcie ryb; **~suppe** F zupa rybna; **~vergiftung** F zatrucie rybami; **~zucht** F hodowla ryb

Fiskus M (*unv*) skarb państwa, fiskus

Fistel F (*-; -n*) MED przetoka; **~stimme** F falset; MUS *a.* fistuła

fit sprawny (fizycznie), krzepki; wysportowany; **sich ~ halten** utrzymywać dobrą kondycję

Fitness F (*-; bpl*) dobra kondycja, sprawność fizyczna; **~center** N, **~studio** N fitness club; **~training** M trening sprawnościowy

Fittich *poet* M (-[*e*]s; -e) skrzydło; *umg* **j-n unter s-e ~e nehmen** rozpostrzeć *pf* opiekuńcze skrzydła (nad *inst*)

fix (*fest*) stały; *umg* (*flink, schnell*) zwinny, szybki (-ko); **~ und fertig**, skończony, gotowy; (*erschöpft*) *a.* wypompowany; **das geht ganz ~** raz, dwa i gotowe; **mach ~!** pośpiesz się!

fixen V/I (*-xt*) *umg* (*sich Drogen spritzen*) ćpać, grzać

F

Fixer(in) M(F) *sl* ćpun(ka)
fi'xieren (-) (*festlegen*) ustalać ⟨-lić⟩; *fot, Zeichnung* utrwalać ⟨-lić⟩; (*befestigen*) przymocow(yw)ać; (*anstarren*) wpatrywać się (w *akk*)
Fi'xiersalz N utrwalacz
Fi'xierung F PSYCH fiksacja
Fixstern M ASTRON gwiazda stała
Fixum N (-*s*; -*xa*) wynagrodzenie stałe
Fjord M (-[*e*]s; -e) fiord
FKK (Freikörperkultur) nudyzm
FKK-Strand M plaża dla nudystów
Fl. (Flasche) butelka
flach *Gelände, Dach, Absatz, Teller, Ball usw* płaski (-ko); *Wasser, Atmung, Unterhaltung* płytki (-ko); **die ~e Hand** dłoń *f*; **sich ~ hinlegen** ułożyć się na plecach
Flach|bau M (PL -*ten*) niska budowla; **~bettscanner** M skaner płaski; **~bildschirm** M monitor płaski; **~dach** N dach płaski
Fläche F MAT płaszczyzna; *e-s Gebiets Quadrats usw* powierzchnia; *e-s Würfel Kristalls* ściana; **e-e glatte ~** gładka powierzchnia; **die Halle hat e-e ~ von 100 qm** powierzchnia hali wynosi sto metrów kwadratowych
Flächenbrand M pożoga
flächendeckend ADJ obejmujący cały obszar (kraju *usw*)
Flächen|inhalt M MAT pole powierzchni; **~maß** N miara powierzchni
flachfallen *umg* V/I (*irr; sn*): **unsere Reise fällt flach** z naszej podróży nici
Flach|land N równina; **~mann** *umg* M (PL -*männer*) piersiówka
Flachs M (-*es; bpl*) len; *umg fig* żart(y *pl*)
flachsen *umg* V/I stroić żarty (**mit j-m** z *gen*)
Flachzange F szczypce *pl* płaskie
flackern V/I (-*re*) migotać, mrugać
Fladen M placek; **~brot** N chleb w kształcie placka, pita
Flagge F flaga; MAR bandera; *fig* **unter falscher ~ segeln** podawać się za kogoś innego, stroić się w cudze piórka
flaggen V/I wywieszać ⟨wywiesić⟩ flagę; ⟨u⟩dekorować flagami
Flaggschiff N okręt flagowy
flagrant rażący (-co)
Flair [flɛːr] N (-*s; bpl*) fluid, aura
Flak F (-; - *od* -*s*), **~geschütz** N działo przeciwlotnicze
flam'biert ADJ KULIN flambirowany
Flame M (-*n*) Flamandczyk, Flamand
Flämin F Flamandka
Fla'mingo M (-*s;* -*s*) czerwonak, flaming
flämisch flamandzki (po -ku)
Flämmchen N płomyczek
Flamme F płomień *m*; *umg iron* (*Freundin*) sympatia; **in ~n aufgehen** spłonąć *pf*; **in ~n stehen** stanąć *pf* w płomieniach; **auf kleiner ~ kochen** gotować na małym ogniu
flammend ADJ płomienny
Flammenmeer N morze płomieni
Flammenwerfer M miotacz ognia
Flandern N (-*s; bpl*) Flandria
Fla'nell M (-*s;* -*e*) flanela; **~hemd** N koszula flanelowa
Fla'niermeile *umg* F deptak
Flanke F (*Seite*) bok; MIL, SPORT skrzydło; (*Spielfeldteil*) flanka; (*Ballabgabe*) centra
flanken V/I SPORT centrować
Flankenangriff M MIL atak skrzydłowy
Flankenschutz M osłona skrzydła; *fig* osłona (socjalna *usw*)
flan'kieren (-) flankować; *fig* **~de Maßnahmen** działania *npl* osłonowe
Flansch M (-[*e*]s; -e) kołnierz (rury)
flapsig impertynencki (-ko), opryskliwy (-wie)
Fläschchen N buteleczka, flaszeczka, flakonik
Flasche F butelka, flaszka; (*große*) butla, gąsior; *fig abw* (*Versager*) fajtłapa *m u. f*; **e-e ~ Bier** butelka piwa; **auf ~n ziehen** butelkować; *fig* **zur ~ greifen** zaglądać do butelki
Flaschen|bier N piwo butelkowe; **~bürste** F szczotka do butelek
flaschenförmig butelkowaty (-to)
Flaschen|hals M szyjka butelki; *fig* wąskie gardło; **~kind** N dziecko karmione z butelki; **~milch** F mleko butelkowane; **~öffner** M otwieracz do butelek; **~post** F list w butelce; **~verschluss** M zakrętka *od* korek od butelki; **~zug** M wielokrążek
Flatter *umg* F: **die ~ machen** zmywać się
flatterhaft roztrzepany
flattern V/I (-*re; a sn*) fruwać (**durch die Luft** w powietrzu); (*mit den Flügeln schlagen*) ⟨za⟩trzepotać skrzydłami; *Fahne* trzepotać (się), łopotać (**im Wind** na wietrze); *Haar* rozwiewać się; *fig Herz*

trzepotać się; **das Kleid flattert im Wind** wiatr trzepocze sukienką; *umg* **... ist mir auf den Tisch geflattert** dostałem niespodzianie ...

flau *Brise* słaby (-bo); (*mies*) *umg* kiepski (-ko); **mir wird (ganz) ~** robi mi się słabo; **die Börse ist ~** brak jest ożywienia na giełdzie; **der Markt ist ~** na rynku jest zastój

Flaum M (-[e]s; bpl) puch; (*Bart*) meszek; **~feder** F puch

Flausch M (-[e]s; -e) flausz

flauschig włochaty (-to)

Flausen *umg* FPL: **~ im Kopf haben** mieć głupstwa w głowie

Flaute F cisza (morska), flauta; HANDEL zastój

fläzen *umg abw*: V/R **sich ~** rozwalać ⟨-lić⟩ się (**auf dem Sofa** na kanapie)

Flechte F BOT porost; MED liszaj

flechten (*flicht, flocht, geflochten*) *Körbe* ⟨s⟩pleść; *Haar a.* splatać ⟨-pleść⟩, zaplatać ⟨-pleść⟩; *Kranz a.* ⟨u⟩wić

Flechtwerk N plecionka

Fleck M (-[e]s; -e) plama (*a. fig*); *umg* (*Stelle*) miejsce; **~e** PL KULIN flaki *mpl*; **nicht vom ~ kommen** *fig* nie ruszyć z miejsca, dreptać w miejscu; **vom ~ weg** od razu, z miejsca

Fleckchen N (*kleine Stelle*) zakątek

Flecken M → Fleck; (*Dorf*) wieś *f*

Fleckenentferner M wywabiacz plam, odplamiacz

fleckenlos bez plam(y), bez skaz(y)

Fleckerln NPL *austr* makaron krajanka

Fleckfieber N dur plamisty

fleckig poplamiony; (*scheckig*) plamisty, pełen plam

Fledermaus F nietoperz, *reg* gacek

Fleece [fli:s] N (-; *bpl*) (*Stoff*) polar; **~jacke** F kurtka z polaru

Flegel M *abw* gbur, cham

Flege'lei F grubiaństwo, chamstwo

flegelhaft chamski (po -ku), ordynarny

Flegeljahre NPL szczenięce lata *pl*

flehen V/I błagać (**um etw** o *akk*; **zu Gott** Boga)

flehentlich błagalny

Fleisch N (-[e]s; bpl) *Mensch, Tier* ciało; KULIN mięso; *e-r Frucht* miąższ; **~ fressend** mięsożerny; *fig* **j-m in ~ und Blut übergehen** wejść *pf* k-u w krew; **sich** (*dat*) **ins eigene ~ schneiden** działać na własną szkodę; *umg* **vom ~ fallen** spadać z ciała

Fleischbrühe F rosół (z mięsa)

Fleischer M rzeźnik

Fleische'rei F rzeźnictwo, sklep mięsny

fleisch|farben cielisty; **~fressend** mięsożerny

Fleisch|gericht N danie mięsne; **~hauer** M *austr* rzeźnik

fleischig mięsisty

Fleisch|klößchen N klopsik, pulpecik; **~konserve** F konserwa mięsna; **~laibchen** N *austr* kotlet mielony

fleischlos bezmięsny

Fleisch|salat M sałatka mięsna; **~vergiftung** F zatrucie mięsem; **~waren** FPL przetwory *mpl* mięsne; **~wolf** M maszynka do mięsa; **~wunde** F rana mięśnia; **~wurst** F kiełbasa serdelowa

Fleiß M (-*es*; *bpl*) pilność *f*, gorliwość *f*

fleißig pilny; **sehr ~ sein** (*viel erledigen*) dużo załatwić; **e-e ~e Arbeit** robota wykonana z dużą gorliwością; **Fleißiges Lieschen** BOT niecierpek balsamina *od* ogrodowy

flektieren (-) GRAM odmieniać

flennen *umg* V/I beczeć, chlipać

fletschen: **die Zähne ~** *Tier* szczerzyć, wyszczerzać ⟨-rzyć⟩ zęby

fle'xibel (-*bl*-; -*belste*) elastyczny (*a. fig*); *Arbeitszeit* płynny

Flexibili'tät F (*bpl*) elastyczność *f*

Flexi'on F GRAM fleksja, odmiana

flicht → flechten

flicken *Hose* ⟨za⟩łatać; *Schlauch, Netz usw a.* naprawi(a)ć, reperować

Flick|en M łatka, łata; **~werk** N (*bpl*) łatanina; **~zeug** N zestaw do naprawy dętek

Flieder M bez, lilak

fliederfarben koloru bzu, liliowy

Fliege F mucha; (*Art Krawatte*) muszka; **zwei ~n mit e-r Klappe schlagen** upiec *pf* dwie pieczenie przy jednym ogniu; *pop* **mach die ~!** spierdalaj stąd!

fliegen (*flog, geflogen*) V/T (*befördern*) przewozić ⟨-wieźć⟩ (samolotem); (*lenken*) pilotować, prowadzić (samolot); (*a. sn*) latać (**... Route** na ... trasie); *Strecke* przelatywać ⟨-lecieć⟩; **e-e Kurve ~** wykon(yw)ać wiraż; V/I (*sn*) *Vogel, Flugzeug usw* ⟨po⟩lecieć, latać (**mit ...** *inst*; **nach ...** do *gen*; **zum Mond** na Księżyc); wylatywać

⟨wylecieć⟩ (**aus Berlin** z Berlina; **aus dem, durch das Fenster** z okna, przez okno); **um etw ~** oblatywać ⟨-lecieć⟩ (*akk*); *fig Lächeln* przemykać ⟨-mknąć⟩ (**übers Gesicht** po twarzy); *Haare* rozwiewać się; *umg* **in die Luft ~** (*gesprengt werden*) wylatywać ⟨-lecieć⟩ w powietrze; *umg* **von der Schule ~** wylatywać ⟨-lecieć⟩ ze szkoły; *umg* **durch die Prüfung ~** przepaść *pf* na egzaminie; *umg* **auf etw, j-n ~** lecieć (na *akk*)

Fliegen N (*-s; bpl*) latanie, lot

fliegend ADJ *Tier* latający; *Handel* obnośny, obwoźny; **~er Start** lotny start; **~er Händler** domokrążca *m*

Fliegen|fänger M muchołapka; **~fenster** N moskitiera (montowana w oknie); **~gewicht** N waga musza; **~klatsche** F packa; **~pilz** M muchomor

Flieger M lotnik; *umg* (*Flugzeug*) samolot; **~alarm** M alarm lotniczy; **~angriff** M nalot, atak lotniczy; **~bombe** F bomba lotnicza

Fliege'rei F (*-; bpl*) latanie, loty *mpl*

Fliegerhorst M lotnisko wojskowe

Fliegerin F lotniczka

fliehen (*floh, geflohen*) V/I (*sn*) zbiec *pf*, uciekać ⟨uciec⟩ (**vor** *dat* przed *inst*); *lit v/t* stronić od (*gen*), unikać (*gen*)

Fliehkraft F (*bpl*) siła odśrodkowa; *in zssgn* odśrodkowy

Fliese F płytka; *für Wände* kafelek, glazura

fliesen wykładać ⟨wyłożyć⟩ płytkami, kafelkami *usw*

Fliesenleger M glazurnik

Fließarbeit F (*bpl*) praca potokowa

Fließband N (PL *-bänder*) taśma produkcyjna *od* montażowa; **~arbeit** F praca przy taśmie (produkcyjnej)

fließen V/I (*floss, geflossen; sn*) *Wasser, Strom, Verkehr, Zeit usw* płynąć; (*rinnen*) ciec, lać się; **~ durch** (*akk*), **in** (*dat*) płynąć, przepływać przez (*akk*), w (*lok*); **~ in** (*akk*) *Fluss* płynąć, wpadać do (*gen*)

fließend ADJ *Wasser* bieżący; *Gewässer* płynący; *Stoff* lejący się; *Grenzen, Verkehr* płynny; **~ Deutsch sprechen** mówić płynnie po niemiecku

Fließheck N AUTO tył typu hatchback

flimmerfrei bez migotania (obrazu)

Flimmerkiste *umg* F telepudło

flimmern V/I (*-re*) *Bild, Stern* migotać; **es flimmert mir vor den Augen** czarne plamy migoczą mi przed oczami

flink zwinny, *lit* chyży (*-żo*); **mit ~en Fingern** zwinnymi palcami; **~ wie ein Wiesel** zwinny jak wiewiórka

Flinte F strzelba (gładkolufa); **die ~ ins Korn werfen** da(wa)ć za wygraną

flippig *umg* (*unstet*) trzpiotowaty (*-to*); (*etwas verrückt*) trochę zwariowany

Flirt [flsrt] M (*-s; -s*) flirt

flirten ['flsrtən] V/I (*-e-*): **mit j-m ~** flirtować z (*inst*), zalecać się do (*gen*)

Flittchen N *abw* puszczalska, zdzira

Flitter M *koll* błyskotki *fpl*, świecidełka *npl*; *fig* (*bpl*) (*Scheinglanz*) blichtr; **~kram** *umg abw* M sztuczna biżuteria, błyskotki *fpl*; **~wochen** FPL miesiąc miodowy

flitzen *umg* V/I (*-zt; sn*) ⟨po⟩pędzić, śmigać ⟨-gnąć⟩, brykać ⟨-knąć⟩

Flitzer *umg* M (małe) zwinne auto

flocht → flechten

Flocke F (*Woll-, Staubflocke*) kłaczek; (*Schnee-, Haferflocke*) płatek

flockig kłaczkowaty

flog → fliegen

floh → fliehen

Floh M (*-[e]s; Flöhe*) pchła, *dim* pchełka; *umg* **j-m e-n ~ ins Ohr setzen** zabić *pf* k-u ćwieka; **~markt** M targowisko staroci, pchli targ

Flop *umg* M (*-s; -s*) klapa, klops

Flor[1] *lit* M (*-s; selten -e*) (*Blütenpracht*) kwiecie, kwiaty *mpl*

Flor[2] M (*-s; selten -e*) (*Gewebe*) krepa; gaza; *beim Samt usw* runo, runko; *beim Teppich a.* włos runowy

Flo'renz N (*-; bpl*) Florencja

Flo'rett N (*-[e]s; -e*) floret; **~fechter(in)** M(F) florecista *m* (*-tka*)

flo'rieren V/I (*-*) kwitnąć, prosperować

Flo'rist(in) M(F) (*-en*) kwiaciarz (*-rka*)

Floskel F (*-; -n*) (banalny) zwrot, frazes

floss → fließen

Floß N (*-es; Flöße*) tratwa

Flosse F płetwa; *pop* (*Hand*) łapa, graba

flossen → fließen

flößen (*-ßt*) *Holz* spławi(a)ć

Flößer M flisak

Floßfahrt F spływ tratwą

Flöte F flet; **~ spielen** grać na flecie

flöten (*-e-*) V/T *u.* V/I grać na flecie; *Vogel* śpiewać; *fig* mówić ⟨powiedzieć⟩ słodkim głosem; *umg…* **ging flöten** diabli wzięli (*akk*)

Flötist(in) M(F) *(-en)* flecista *m* (-tka)
flott *umg (rasch, flink)* szybki (-ko); *Tänzer* zawołany; *Musik* skoczny; *(schick, attraktiv)* szykowny; **~ gekleidet** szykownie ubrany; → flottbekommen, flottmachen
flottbekommen *(irr; -) umg* → flottmachen
Flotte F flota; *engS* marynarka wojenna
Flotten|basis F baza marynarki wojennej; **~parade** F defilada floty morskiej
flottgekleidet → flott
flottmachen *Schiff* ściągnąć *pf* z mielizny; *umg Auto* uruchomić *pf*
Flöz M *(-es; -e)* GÓRN pokład, złoże
Fluch M (-[e]s; Flüche) przekleństwo; **Flüche ausstoßen** miotać przekleństwa; **auf ...** *(dat)* **lastet ein ~** na ... *(lok)* ciąży przekleństwo *od* klątwa
fluchen V/I kląć, zakląć *pf*; **über, auf etw ~** przeklinać ⟨-kląć⟩ *(akk)*
Flucht[1] F ucieczka; **die ~ ergreifen** rzucać ⟨-cić⟩ się do ucieczki; **in die ~ schlagen** zmuszać ⟨zmusić⟩ do ucieczki; **auf der ~ sein** (**vor** *dat*) uciekać (przed *inst*); **er ist auf der ~** on zbiegł, on jest zbiegiem; **sich durch e-e ~ retten** ratować się ucieczką; *fig* **die ~ nach vorn antreten** uprzedzać rozwój wypadków
Flucht[2] F *(Reihung in e-r Linie)* linia (zabudowy *usw*); *(Häuserfront)* pierzeja; BUD *e-r Mauer* lico muru; *lit von Räumen* amfilada
fluchtartig pośpieszny; *präd a.* w pośpiechu, w popłochu
Fluchtbewegung F masowa ucieczka
flüchten *(-e-; sn)* V/I uciekać ⟨uciec⟩, zbiegać ⟨zbiec⟩ (**aus** z *gen*); *v/r* **sich in etw ~** uciekać ⟨uciec⟩ się do *(gen)*
Flucht|gefahr F *(bpl)* niebezpieczeństwo ucieczki; **~helfer** M pomocnik w ucieczce; organizator ucieczki
flüchtig *Täter* zbiegły; CHEM lotny; *Blick, Eindruck usw* przelotny; *(oberflächlich)* pobieżny, powierzchowny
Flüchtigkeitsfehler M przeoczenie
Flüchtling M *(-s; -e)* uciekinier(ka), uchodźca *m*
Flüchtlings|lager N obóz (dla) uchodźców; **~treck** M kolumna uchodźców
Fluchtlinie F BUD linia zabudowy
Fluchtpunkt M MAT punkt zbiegu
Fluchtversuch M próba ucieczki
Fluchtweg M trasa ucieczki
Flug M (-[e]s; Flüge) *(das Fliegen)* lot; *zu e-m Ziel* lot, przelot (**von Berlin nach ...** z Berlina do *gen*); **auf dem ~ nach ...** podczas lotu do ...; **im ~e** w locie; *fig* migiem; **die Zeit vergeht wie im ~(e)** czas (bardzo) szybko leci
Flugabwehr F obrona przeciwlotnicza; **~rakete** F rakieta przeciwlotnicza
Flug|angst F *(bpl)* lęk przed lataniem; **~aufsicht** F nadzór lotniczy; **~bahn** F tor lotu; *e-s Geschosses* tor pocisku; **~begleiter(in)** M(F) steward(esa); **~blatt** N ulotka; **~boot** N łódź latająca; **~dauer** F czas przelotu; **~drachen** M lotnia
Flügel M skrzydło (*a.* BUD, POL, MIL, SPORT); LOTN *a.* płat (nośny); MUS fortepian; *umg fig* **die ~ hängen lassen** spuścić *pf* nos na kwintę; **am ~ begleiten** akompaniować na fortepianie
flügellahm *Vogel* zraniony, niezdolny latać; *fig* przygnębiony, przybity
flügellos bezskrzydły
Flügel|mann M (PL *-männer od -leute*) skrzydłowy; **~mutter** F nakrętka motylkowa; **~schlag** M *(Geräusch)* łopot skrzydeł; **~tür** F drzwi *pl* dwuskrzydłowe
Flugfeld N płyta lotniska
Fluggast M pasażer(ka) (samolotu)
flügge opierzony; *fig* samodzielny
Flug|geschwindigkeit F prędkość *f* lotu; **~gesellschaft** F towarzystwo lotnicze; **~hafen** M port lotniczy; **~hafengebühr** F opłata lotniskowa; **~höhe** F pułap lotu
Flug|kapitän M pilot; **~karte** F bilet lotniczy; **~körper** M rakieta; pocisk (rakietowy); **~lärm** M hałas lotniczy; **~lehrer** M pilot instruktor; **~linie** F linia lotnicza; **~lotse** M kontroler lotów; **~nummer** F numer lotu
Flugobjekt N: **unbekanntes ~** niezidentyfikowany obiekt latający
Flug|plan M rozkład lotów; **~platz** M lotnisko; **~reise** F podróż lotnicza, podróż *f* samolotem
flugs ADV szybko, migiem
Flug|sand M piasek lotny; **~schanze** F mamucia skocznia; **~schein** M bilet lotniczy; **~schreiber** M rejestrator lotu; **~sicherung** F zabezpieczenie lotów; **~steig** M kryte przejście do samolotu; **~strecke** F trasa lotu; **~ticket** N bilet

lotniczy; **~verbindung** F połączenie lotnicze; **~verkehr** M komunikacja lotnicza

Flugzeug N samolot; **mit dem ~** samolotem

Flugzeugabsturz M upadek samolotu; **bei e-m ~ umkommen** zginąć *pf* w katastrofie lotniczej

Flugzeug|entführer M porywacz samolotu; **~entführung** F uprowadzenie samolotu; **~halle** F hangar; **~träger** M lotniskowiec

Flunder F (-; -*n*) flądеrka, stornia

flunkern *umg* V/I (-*re*) bujać, zalewać

Fluor N (-*s*; *bpl*) fluor; **~chlorkohlen'wasserstoff** M fluorochlorowęglowodór

fluores'zieren V/I (-) fluoryzować

Flur[1] M (-[*e*]*s*; -*e*) *im Haus* korytarz, przedpokój, sień *f*

Flur[2] *lit* F niwa, łan; (*Wiese*) błonie; *fig* **allein auf weiter ~** samiuteńki (jak palec); **~schaden** M szkody *fpl* polne

Fluss M (-*es*; *Flüsse*) rzeka, *dim* rzeczka; *fig* tok, bieg; **am ~ liegen** leżeć nad rzeką; *fig* **in ~ geraten** *od* **kommen** ruszać z miejsca; **im ~ sein** (*im Gange sein*) być w toku

flussab, **~wärts** ADV w dół rzeki

Flussarm M odnoga rzeki

flussauf, **~wärts** ADV w górę rzeki

Fluss|bett N koryto *od* łożysko rzeki; **~biegung** F zakole, zakręt (rzeki)

flüssig płynny (*a. fig Mittel, Stil, Verkehr usw*), ciekły; *umg* **ich bin nicht ~** nie mam gotówki (przy sobie); → flüssigmachen

Flüssig|gas N gaz płynny *od* skroplony; **~keit** F płyn, ciecz *f*; (*bpl*) (*das Flüssigsein*) płynność *f* (*a. fig*); **~kristallanzeige** F wyświetlacz ciekłokrystaliczny

flüssigmachen *fig* upłynni(a)ć

Flüssigseife F mydło w płynie

Fluss|krebs M rak rzeczny; **~lauf** M bieg rzeki; **~pferd** N hipopotam; **~ufer** N brzeg rzeki

flüstern (-*re*) V/T ⟨wy⟩szeptać, szepnąć *pf* (**ins Ohr** na ucho, do ucha); *v/i* szeptać

Flüstern N (-*s*; *bpl*) szept, szeptanie

Flüsterpropaganda F szeptana propaganda

Flüsterstimme F szept; **mit ~** szeptem

Flut F (*Gezeit*) przypływ; *fig von Worten, Tränen* potok (*gen*); *von Briefen usw* zalew (*gen*); **die ~ kommt** przypływ się zbliża; **~en** PL fale *fpl*, nurty *mpl*; **in den ~en versinken** pogrążać ⟨-żyć⟩ się w odmętach (oceanu *usw*)

fluten (-*e*-) V/T napełni(a)ć wodą; V/I (*sn*) płynąć; *fig Menge, Kälte usw* napływać ⟨-płynąć⟩ (**in** *akk* do *gen*)

Flut|katastrophe F klęska powodzi; **~licht** N (*bpl*) światło reflektorów; **~welle** F *der Gezeiten* fala przypływu; (*Hochwasserwelle*) fala powodziowa; *bei Seebeben* fala oceaniczna, tsunami *n*

focht → fechten

födera'listisch federalistyczny

Föderati'on F federacja

födera'tiv federalny, federacyjny

fohlen V/I *Stute* ⟨o⟩źrebić się

Fohlen N źrebię *n*, źrebak

Föhn M (-[*e*]*s*; -*e*) (*Haartrockner*) suszarka do włosów; (*bpl*) (*Wind*) fen, (*in der Tatra*) (wiatr) halny

föhnen *Haare* suszyć suszarką (i układać na szczotkę)

Föhnfrisur F fryzura modelowana

Föhre F sosna; **~n-** *in zssgn* sosnowy

Fokus M (-; -*se*) FIZ ognisko; *fig lit* centrum *n* uwagi

Folge F ciąg (*a.* MAT); (*Abfolge*) kolejność *f*; (*Reihe*) rząd, seria; *rtv, e-s Romans usw* odcinek; (*Auswirkung*) następstwo, skutek; **in rascher ~** szybko jeden za drugim; **zum ... Mal in ~** ... raz(y) z rzędu; **~ leisten** (*dat*) *e-m Befehl* ⟨za⟩stosować się (do *gen*); *e-r Einladung* przyjmować ⟨przyjąć⟩ (*akk*); **zur ~ haben** pociągać ⟨-gnąć⟩ za sobą; **die ~ davon ist, dass ...** skutek tego będzie taki, że ...; **die ~n tragen** ponosić konsekwencje

Folge|erscheinung F następstwa *npl*; **~kosten** PL koszty *mpl* następcze

folgen V/I (*sn*) (*j-m hinterhergehen*) iść ⟨pójść⟩, podążać ⟨-żyć⟩ (za *inst*); **dem Beispiel ~** iść ⟨pójść⟩ za przykładem; *e-m Redner* słuchać (*gen*); **j-m mit den Augen ~** śledzić oczyma (*akk*); **auf etw ~** następować ⟨-stąpić⟩ po (*lok*), *umg* nast(aw)ać po (*lok*); **auf j-n im Amt** *usw* **~** obejmować ⟨objąć⟩ stanowisko *usw* po (*lok*); (*resultieren*) wynikać ⟨-knąć⟩ (**aus** z *gen*); **daraus folgt** z tego wynika; **j-m nicht ~ können** nie nadążać (za *inst*); **wie folgt** jak następuje; **kannst du mir ~?** rozumiesz (co mam na myśli)?; **er kam, gefolgt von ...** przybył w asyście ...; (*h*) (*j-m*

gehorchen, e-m Rat usw folgen) ⟨u⟩usłuchać *(gen)*
folgend ADJ następujący; *(zeitlich)* następny; **das Folgende** co następuje
folgendermaßen ADV następująco
folgenschwer brzemienny w skutki
folgerichtig logiczny, konsekwentny
folgern *(-re)* ⟨wy⟩wnioskować (**aus etw** z *gen)*
Folgerung F wniosek, konkluzja
Folgeschaden M szkoda następcza; *(Körperschaden)* uszkodzenie wtórne
Folgezeit F *(bpl)* przyszły okres; **in der ~** później, następnie
folglich ADV wskutek tego, z tej racji
folgsam posłuszny
Fo|lie ['fo:liə] F folia; **~lienkartoffel** F ziemniak pieczony w folii
Folk'lore F *(bpl)* folklor
folklo'ristisch folklorystyczny
Fol'likelsprung M BIOL jajeczkowanie
Folsäure F *(bpl)* kwas foliowy
Folter F *(-; -n)* tortury *fpl*; *fig* **j-n auf die ~ spannen** skazać *pf* k-o na torturę oczekiwania
Folterkammer F katownia
foltern *(-re)* torturować *(a. lit fig)*
Folterqualen FPL męczarnie *fpl*
Folterung F torturowanie, tortury *fpl*
Fon N → Phon
Fön® → Föhn
Fond [fɔŋ] M *(-s; -s)* *(Hintergrund)* tło; *im Auto* siedzenie tylne, kanapa tylna
Fonds [fɔŋ] M *(-; -)* FIN fundusz
Fondue [fɔŋ'dy:] N fondue *n*
Fonetik *usw* → Phonetik *usw*
Fon'täne F fontanna
foppen V/T ⟨za⟩żartować (z *gen)*
forcieren [-'si:rən] *(-)* *(mit Nachdruck vorantreiben)* forsować
Förderband N (PL *-bänder)* przenośnik taśmowy
Förder|er M (**~in** F) protektor(ka), mecenas; *nur* M *(Anlage)* przenośnik, transporter
förderlich *(dat)* sprzyjający *(dat)*, korzystny (dla *gen)*
fordern *(-re)* *(verlangen)* ⟨za⟩żądać *(gen)*; *Recht usw* domagać się *(gen)*, dopominać ⟨-mnieć⟩ się *(gen*, o *akk)*; *Opfer* pociągnąć *pf* za sobą, pochłonąć *pf*; **j-n ~, von j-m mehr ~** wymagać więcej (od *gen)*
fördern *(-re)* GÓRN wydobywać; *(pumpen)* tłoczyć, podnosić; *(j-n, etw unterstützen)* popierać, protegować, promować; *(sponsern)* sponsorować; *Verdauung* wspomagać ⟨-móc⟩
Förderpreis M nagroda w promocji
Förderschacht M szyb wydobywczy
Forderung F żądanie, wymaganie; FIN wierzytelność *f*; *(Anspruch)* roszczenie; **~en erfüllen** spełni(a)ć wymogi
Förderung F *(Unterstützung)* popieranie, poparcie, promocja; protekcja; sponsorowanie; GÓRN wydobywanie; **tägliche ~** *(Menge)* urobek dzienny
Fo'relle F pstrąg; KULIN **~ blau** pstrąg z wody
Foren PL → Forum
Form F *(äußere Gestalt)* kształt, forma *(a.* TECH, SPORT, *fig)*; **in ~** *(gen) od* **von etw** w kształcie *(gen)*; **(feste) ~en annehmen** przyb(ie)rać realne kształty; **in aller ~** oficjalnie; **die ~ wahren** zachow(yw)ać formy (przyzwoitości); **der ~ halber** dla formy; **in (guter) ~ sein** być w (dobrej) formie
for'mal formalny; *präd* formalnie
forma'listisch formalistyczny
Formali'tät F formalność *f*
For'mat N *(-[e]s; -e)* format; *fig Person* **von ~** ... dużego formatu
forma'tieren *(-)* *Diskette* formatować
Forma|ti'on F formacja; MIL *a.* ugrupowanie; **~ti'onsflug** M lot w szyku
Formblatt N formularz, druk
Formel F *(-; -n)* formuła; CHEM, MAT *a.* wzór; *dim a.* formułka; **~ 1** formuła 1
for'mell formalny; oficjalny; **~ im Recht sein** formalnie mieć rację
formen V/T ⟨u⟩formować, ⟨u⟩kształtować *(v/t* **sich** się)
Formen|lehre F *(bpl)* JĘZ, BIOL morfologia; **~reichtum** N *(bpl)* bogactwo form
Form|fehler M błąd formalny; **~gebung** F projektowanie wzorów, wzornictwo
for'mieren *(-)* V/T ⟨u⟩formować *(v/r* **sich** się)
-förmig *in zssgn mst* -aty, *z.B.* **herzförmig** sercowaty
förmlich *(formell)* formalny, oficjalny; ADV *(regelrecht)* formalnie, wprost
Förmlichkeit F formalność *f*
formlos bezkształtny; *Antrag* niewymagający przepisowej formy; *(zwanglos)*

Fortbewegung

mit dem Auto/Wagen fahren	jechać samochodem
mit dem Fahrrad/Rad fahren	jechać rowerem
mit dem Zug fahren	jechać pociągiem
mit dem Bus fahren	jechać autobusem
mit der U-Bahn fahren	jechać metrem
mit dem Lift/Aufzug fahren	jechać windą
mit dem Flugzeug fliegen	lecieć samolotem
in einem Boot über den Fluss rudern	płynąć łódką przez rzekę
mit dem Schiff fahren	płynąć statkiem
in einem Kanu über den See paddeln	płynąć kajakiem
reiten	jeździć konno
trampen/per Anhalter fahren	jechać autostopem

swobodny, prosty

Formsache F (*bpl*) formalność *f*

formschön kształtny, foremny

Formtief N (-s; -s) SPORT kryzys formy

Formu'lar N (-s; -e) formularz, wzór

formu'lieren (-) ⟨s⟩formułować

Formu'lierung F sformułowanie

formvollendet ADJ wykwintny, wytworny

forsch rezolutny, energiczny

forschen V/I: **nach etw, j-m ~** poszukiwać, szukać (*gen*); *wissenschaftlich* badać, przeprowadzać badania

forschend ADJ badawczy (-czo)

Forsch|er(in) M(F) badacz(ka); **~ung** F badanie, *mst* badania *pl* (naukowe)

Forschungs|auftrag M zlecenie badań (w dziedzinie *gen*); **~gebiet** N dziedzina badań; **~institut** N instytut naukowo-badawczy; **~methode** F metoda badawcza; **~reise** F wyprawa naukowa *od* odkrywcza; **~satellit** M satelita naukowo-badawczy; **~zentrum** N ośrodek naukowo-badawczy

Forst M (-[e]s; -e) las

Forstamt N urząd leśny

Förster M (młodszy) leśniczy, *umg* leśnik

Förste'rei F leśniczówka

Forst|haus N leśniczówka; **~wirtschaft** F (*bpl*) leśnictwo (*a. Lehre*), gospodarka leśna

Forsythie [fɔr'zy:tsiə] F forsycja

fort ADV (*weiter*) dalej; (*weg*) precz; **~ mit dir!** wynoś się (precz)!; *umg* **sie ist schon ~** ona już wyszła *od* (*fahrend*) wyjechała; **in e-m ~** nieustannie; **und so ~** i tak dalej

fort'an *lit* ADV odtąd, od teraz

Fortbestand M (*bpl*) dalsze istnienie

fortbestehen V/I (*irr; sn*) istnieć nadal; (*weiter gelten*) być nadal ważnym

fortbewegen (-) V/T poruszać ⟨-szyć⟩, posuwać ⟨-sunąć⟩ naprzód (*v/r* **sich** się)

Fortbeweg|ung F (*bpl*) ruch (postępowy); **~ungsmittel** N środek lokomocji

fortbilden V/T kształcić dalej, dokształcać; V/R **sich ~** dokształcać się, doskonalić się (w zawodzie)

Fortbil|dung F (*bpl*) dokształcanie (się), doskonalenie (się); **~dungskurs** M kursy *mpl* dokształcające

fortbleiben V/I (*irr; sn*) być nieobecnym, nie być (**von** na, przy, w *lok*); **er blieb lange fort** jego długo nie było

fortbringen (*irr*) *Sache* odnosić ⟨odnieść⟩, *fahrend, a. Person* odwozić ⟨odwieźć⟩; **bring ihn fort** zabierz go stąd

Fortdauer F dalsze trwanie

fort|dauern V/I utrzym(yw)ać się, trwać nadal; **~dauernd** ADJ trwający nadal, dalszy; **~entwickeln** V/T rozwijać ⟨-winąć⟩ dalej (*v/r* **sich** się); **~fahren** (*irr*) V/I (*sn*) odjeżdżać ⟨-jechać⟩, wyjeżdżać ⟨-jechać⟩; (*weitermachen*) kontynuować (**in** *akk*, **mit etw** *akk*); **fahre fort zu lesen** czytaj dalej; V/T odwozić, wywozić ⟨-wieźć⟩; **~fliegen** V/I (*irr; sn*) odlatywać ⟨-lecieć⟩, wylatywać ⟨-lecieć⟩; **der Zettel flog fort** wiatr porwał kartkę; **~führen** prowadzić dalej, kontynuować; (*wegführen*) wyprowadzać ⟨-dzić⟩, odprowadzać ⟨-dzić⟩

Fortführung F (*bpl*) (*Weitermachen*) prowadzenie dalej, kontynuowanie

Fortgang M (*bpl*) odejście; (*weiterer*

Verlauf) (dalszy) tok, postęp
fortgehen V/I (*irr; sn*) odchodzić ⟨odejść⟩; (*andauern*) trwać dalej
fortgeschritten ADJ zaawansowany (*a.* MED); *Alter* podeszły; **... für Fortgeschrittene ...** dla zaawansowanych
fort|gesetzt ADJ ciągły, stały; *präd* ciągle, stale, w dalszym ciągu; **~jagen** V/T wypędzać ⟨-dzić⟩ (**aus** z *gen*)
Fortkommen N *im Beruf* awans
fortlaufen V/I (*irr; sn*) uciekać ⟨uciec⟩ (**von zu Hause** z domu)
fortlaufend ADJ stały; *Nummerierung* bieżący; *präd* w dalszym ciągu
fortpflanzen: V/R **sich ~** BIOL rozmnażać się; FIZ, *fig* rozchodzić ⟨rozejść⟩ się, rozprzestrzeni(a)ć się
Fortpflan|zung F (*bpl*) BIOL rozmnażanie się; FIZ rozchodzenie się, rozprzestrzenianie się; **~zungsorgan** N narząd rozrodczy
fortreißen (*irr*) unosić ⟨unieść⟩, por(y)wać
Fortsatz M ANAT wyrostek
fortschaffen → fortbringen
fortschicken *Person* odprawi(a)ć
fortschreiben (*irr*) (*fortlaufend ergänzen*) rejestrować (zmieniający się stan) na bieżąco; *Planung* zmieniać w toku realizacji
fortschreiten V/I (*irr; sn*) *Krankheit, Arbeit usw* postępować
fortschreitend ADJ postępujący
Fortschritt M postęp; **~e machen** robić postępy (**in** *dat* w *lok*)
fortschrittlich postępowy
fortsetzen V/T kontynuować, prowadzić dalej; V/R **sich ~** *zeitlich u. räumlich* ciągnąć się, przeciągać się (**bis** do *gen*)
Fortsetzung F kontynuacja; *e-s Textes* ciąg dalszy; **~ folgt** ciąg dalszy nastąpi; **in ~en** w odcinkach
fortstehlen (*irr*): V/R **sich ~** wykradać ⟨wykraść⟩ się, wychodzić ⟨wyjść⟩ ukradkiem
forttreiben (*irr*) V/T → fortjagen; *von der Strömung* znosić; V/I (*sn*) być znoszonym, dryfować
fortwährend ADJ ustawiczny; **~ klagen** stale narzekać
Fortzahlung F dalsza wypłata
fortziehen (*irr*) V/T odciągać ⟨-gnąć⟩; V/I (*sn*) wyprowadzać ⟨-dzić⟩ się (**aus** z *gen*; **von hier** stąd)
Forum N (*-s; Foren*) forum *n*; **vor e-m ~ sprechen** występować ⟨wystąpić⟩ przed forum
fos'sil skamieniały; GÓRN kopalny
Fos'sil N (*-s; -lien*) skamieniałość *f*; *fig Sache* starocie; *umg Person* człowiek starej daty, *umg* abw wapniak
Foto N (*-s; -s*) zdjęcie, *umg* fotka; *als Plakat* fotos; **auf dem ~** na zdjęciu
Foto|album N album do zdjęć; *mit Bildern* album ze zdjęciami; **~apparat** M aparat fotograficzny; **~ausrüstung** F sprzęt fotograficzny
foto'gen fotogeniczny
Foto|geschäft N sklep ze sprzętem fotograficznym; **~'graf(in)** M(F) fotograf; **~gra'fie** F (*-; -n* [-'fiən]) fotografia (*a. Verfahren*)
fotogra'fieren (-) V/T ⟨s⟩fotografować; V/I fotografować
Fotoko'pie F fotokopia, kserokopia
fotoko'pieren (-) ⟨s⟩kserować (*akk*), ⟨z⟩robić kserokopię *od umg* ksero (*gen*)
Fotoko'pier|er *umg* M, **~gerät** N *für Büro* kserokopiarka, *umg* ksero
Fotomodell M fotomodelka
Fotomontage F fotomontaż
Fotoqualität F: **in ~** fotorealistyczny
Foto|reportage F fotoreportaż; **~safari** F bezkrwawe łowy *pl*, fotosafari *n*; **~tasche** F torba na sprzęt fotograficzny; futerał na aparat fotograficzny; **~syn'these** F fotosynteza; **~zelle** F fotokomórka
Fötus M → Fetus
Fotze *vulg* F *vulg* pizda, *vulg* dupa (*a. Schimpfwort*)
Foul [faʊl] M (*-s; -s*) faul
foulen ['faʊlən] V/I ⟨*v/t* s⟩faulować
Foxterrier M foksterier
Foxtrott M (-[*e*]*s*; -e od -*s*) fokstrot
Foyer [foa'je:] N (*-s; -s*) foyer
FPÖ F (Freiheitliche Partei Österreichs) Wolnościowa Partia Austrii
Fr. (Frau) pani; (Freitag) piątek; (Franken) frank (szwajcarski)
Fracht F ładunek, fracht; MAR *a.* cargo; (*Preis, Kosten*) fracht, przewoźne
Frachtbrief M list przewozowy
Frachter M (*Schiff*) frachtowiec
Fracht|gut N (*bpl*) towary *mpl* przewożone (przez przewoźnika); **~kosten** PL

Fragen mit Präpositionen

Worüber lachst du?	Z czego śmiejesz się?
Worauf wartest du?	Na co czekasz?
Woran denkst du?	O czym myślisz?
Über wen lachst du?	Z kogo śmiejesz się?
Auf wen wartest du?	Na kogo czekasz?
An wen denkst du?	O kim myślisz?

koszty *mpl* przewozu; **~papiere** NPL dokumenty *mpl* przewozowe; **~raum** M (*bpl*) ładownia; **~verkehr** M przewozy *mpl* towarowe

Frack M (-[e]s; Fräcke u umg -s) frak; **~hemd** N koszula frakowa

Frage F pytanie, zapytanie; (*Problem*) kwestia; (*im Parlament*) interpelacja; **j-m e-e ~ stellen** zada(wa)ć k-u pytanie; **e-e ~ beantworten** odpowiadać ⟨-wiedzieć⟩ na pytanie; **e-e ~ des Geldes** kwestia pieniędzy; **ohne ~, gar keine ~** bez wątpienia; **in ~** *kommen, stellen* → infrage

Fragebogen M kwestionariusz, ankieta; **~aktion** F ankietowanie

fragen V/T u. V/I pytać (się), zapyt(yw)ać (się) (**nach dem Weg** o drogę; **nach dir** o ciebie); (*ausfragen*) wypyt(yw)ać (się); **j-n um Rat ~** ⟨po⟩radzić się (*gen*); **ohne zu ~** nie pytając, bez pytania; V/R **sich ~** zapyt(yw)ać siebie; *unpers* **es fragt sich, ob** ... to jeszcze pytanie, czy ...

fragend ADJ pytający (-co); **j-n ~ ansehen** spojrzeć *pf* pytająco (na *akk*)

Frage'rei *umg abw* F pytanina

Frage|satz M zdanie pytające; **~stellung** F postawienie pytania; **~stunde** F POL sesja interpelacyjna; **~zeichen** N znak zapytania, pytajnik

fra'gil *lit* kruchy (*a. fig*)

fraglich (*betreffend*) dany, określony; (*unsicher*) wątpliwy; **es ist ~, ob** ... nie jest pewne, czy ...

fraglos ADV niewątpliwie

Frag'ment N (-[e]s; -e) fragment

fragmen'tarisch fragmentaryczny

fragwürdig problematyczny; (*zweifelhaft*) podejrzany, ciemny

Frakti'on F frakcja (*a.* POL); *im polnischen Sejm* klub poselski

Fraktions|führer M przywódca *m* frakcji; **~sitzung** F posiedzenie frakcji; **~zwang** M (*bpl*) dyscyplina frakcyjna

Frak'tur F MED złamanie; TYPO fraktura, pismo gotyckie

Franc [frã:] M (-; -s) HIST frank

frank ADV: **~ und frei** bez ogródek

Franken[1] M (*Währung*) frank

Franken[2] N (-s; *bpl*) GEOG Frankonia

Frankfurter ADJ frankfurcki

fran'kieren (-) nalepi(a)ć znaczek (na A)

fränkisch frankoński (po -ku)

Fränkische Alb F Wyżyna Frankońska

franko ADV franco

franko'|fon, ~phon frankofoński

Frankreich N (-s; *bpl*) Francja

Franse F frędzla; (*Haar*) kosmyk

Franzis'kaner M franciszkanin; **~orden** M (*bpl*) franciszkanie *mpl*

Fran'zose[1] M Francuz

Fran'zose[2] M (*Schraubenschlüssel*) klucz francuski

Fran'zösin F Francuzka

fran'zösisch francuski (po -ku); **auf** *od* **in Französisch** po francusku; **~sprachig** francuskojęzyczny

frap'pie|ren (-) ⟨za⟩frapować; **~rend** ADJ frapujący (-co)

Fräse F AGR glebogryzarka; → Fräser

fräsen ⟨wy⟩frezować

Fräs|er M (*Werkzeug*) frez; (*Person*) frezer; **~maschine** F frezarka

fraß → fressen

Fraß M (-es; *selten* -e) żarcie (*a. pop abw*)

Fratz *umg* M (-es; -e) bobas, dzidziuś *m*; **süßer ~** rozkoszny bobas; (*Mädchen*) słodka dziewuszka, miła buzia

Fratze F (*hässliches Gesicht*) maszkara; ARCH maszkaron; grymas; *abw* (*Zerrbild e-s Menschen*) karykatura; **~en schneiden** stroić miny

Frau F kobieta; (*Ehefrau*) żona; (*Anrede*) pani; *in Briefen (vor Vornamen und Titeln, aber nicht vor Familiennamen, die in der Anrede weggelassen werden!)* Pani; **An ~ X**

▶ ⚠ Frau

die Frau seiner Träume	kobieta jego marzeń
Frau Schmidt	pani Kowalska
Das ist seine Frau.	To jego żona.

Pani X; **Sehr geehrte ~ X!** Szanowna Pani!; **Liebe (~) Janina!** Droga Pani Janino!
Frauchen *umg* N kobietka; żonusia; *e-s Hundes* pani
Frauen|arzt M, **~ärztin** F lekarz chorób kobiecych, ginekolog; **~beauftragte** M *u.* F pełnomocnik do spraw kobiet; **~bewegung** F *(bpl)* ruch kobiet, ruch feministyczny; **~chor** M chór żeński
frauenfeindlich antykobiecy
Frauen|haus N dom opieki nad ofiarami męskiej brutalności; **~heilkunde** F ginekologia; **~held** M kobieciarz, donżuan; **~klinik** F klinika ginekologiczna; **~kloster** N klasztor żeński; **~krankheit** F, **~leiden** N choroba kobieca; **~politik** F polityka wobec kobiet; **~quote** F udział procentowy kobiet; **~rechtlerin** F bojowniczka o równouprawnienie kobiet
Frauenschuh M BOT obuwik
Frauen|station F *im Krankenhaus* oddział żeński; **~stimme** F głos kobiecy; **~zeitschrift** F (czaso)pismo kobiece
Fräulein N *(-s; - od umg -s)* *(ledige Frau)* panna; *(junges Mädchen)* panienka; *vor Namen und Anrede* pani; *in Briefen* Pani; → Frau; **Ihr ~ Tochter** córka pana *od* pani; *umg* **~, bitte zahlen!** proszę pani, (chcę) płacić!
fraulich kobiecy; *präd* kobieco, po kobiecemu
Freak [fri:k] *umg* M *(-s; -s)* *(Exzentriker)* oryginał, świr; *(Enthusiast)* maniak, entuzjasta *m*
frech *(unverschämt)* zuchwały (-le), bezczelny **(zu j-m** w stosunku do *gen)*; *(zudringlich)* nachalny; *Kleidung, Frisur* frywolny; **~ lügen** bezczelnie kłamać; **die Kinder waren sehr ~** dzieci były bardzo niegrzeczne
Frechdachs *umg* M łobuziak; **du bist ein ~** kawał urwisa z ciebie
Frechheit F bezczelność *f*, impertynencja; **die ~ haben zu** (+ INF) mieć czelność (+ *inf*)
Fre'gatte F fregata
frei wolny, swobodny; **~es Land** wolny kraj; **~es Gelände** swobodna przestrzeń; **~e Fahrt** *(Signal)* droga wolna; **~e Wahl** wolny wybór; **~er Beruf** wolny zawód; **~er Markt** wolny rynek; FIZ **~er Fall** swobodny spadek (ciała); **~er Blick (auf** *akk)* otwarty widok (na *akk*); **~er Eintritt** wstęp wolny; **ein ~er Ton** swobodny ton; **ein ~er Nachmittag** wolne popołudnie; **~ von etw** *(dat)* wolny od *(gen)*, bez *(gen)*; **~ herumlaufen** *Dieb, Tier* być na wolności; **sich ~ fühlen** czuć się swobodnie; **~ sprechen** *ohne Konzept* mówić *od* przemawiać z pamięci; **~ werden** uwalniać ⟨uwolnić⟩ się **(von** *dat* od *gen)*; **~ geben** *Weg usw* otwierać ⟨otworzyć⟩ **(für den Verkehr** dla ruchu); *Gefangene, Tag usw* → freigeben; **~ halten** *Platz* ⟨za⟩rezerwować **(für j-n** dla *gen)*; *Einfahrt* nie tarasować; **den Oberkörper ~ machen** rozbierać ⟨rozebrać⟩ się do pasa; **den Weg ~ machen** zwalniać ⟨zwolnić⟩ drogę; *umg* **sich ~ machen** zwalniać ⟨zwolnić⟩ się **(für zwei Stunden** na dwie godziny); **sich (von etw) ~ machen** uwalniać ⟨uwolnić⟩ się (od *gen*); **~ stehend** *Baum, Haus usw* wolnostojący; *(leer)* niezamieszkany; **~ erfunden** zmyślony; **~ nach Goethe** jak mówi Goethe, według Goethego; → freibekommen, freihaben *usw*
Freibad N pływalnia otwarta
freibekommen *(irr; -)* V/T *j-n* oswobadzać ⟨-bodzić⟩; **e-e Stunde ~** zwolnić się na godzinę; *umg* V/I zwolnić się *pf*
Freiberufler(in) M(F) osoba wykonująca wolny zawód
freiberuflich *Person* wolny; **~ tätig sein** pracować w wolnym zawodzie
Frei|betrag M suma dochodu wolna od podatku; **~beuter** M korsarz
Freibier N *(bpl)* piwo darmowe; **~ für alle!** piwo dla wszystkich - ja funduję!
freibleibend ADV HANDEL bez zobowiązania

F

Freibrief M *fig* carte blanche
Freiburg M (-s; *bpl*) Fryburg; ~ **im Breisgau** Fryburg Bryzgowijski
Freidenker M wolnomyśliciel
Freie N (-n): **im ~n** na dworze, pod gołym niebem, na wolnym powietrzu; **ins ~** na dwór
Freier M *e-r Dirne* frajer
Frei|fahrschein M bezpłatny bilet; **~fläche** F teren niezabudowany; **~frau** F baronowa; **~gabe** F zwolnienie (**der Ware** towaru); zezwolenie (**des Films** na wyświetlanie filmu); **~gänger(in)** M(F) osoba odbywająca karę pozbawienia wolności połączoną z pracą poza zakładem karnym
freigeben (*irr*) V/T *Gefangene, Guthaben, beschlagnahmte Ware, Mitarbeiter* zwalniać ⟨zwolnić⟩; *Publikation, Film* zezwalać ⟨zezwolić⟩ (na *akk*); *Weg usw* → frei; V/I *j-m* (**für zwei Tage** na dwa dni) zwalniać ⟨zwolnić⟩ k-o od pracy *od* od zajęć, *umg* da(wa)ć k-u wolne
freigebig (**gegen**) hojny (dla *gen*), *lit* szczodry (wobec *gen*), *präd* szczodrze
Freigebigkeit F (-; *bpl*) hojność *f*
Frei|gehege N otwarty wybieg; **~gepäck** N bagaż lotniczy niewymagający dodatkowej opłaty; **~grenze** F kwota wolna od opodatkowania
freihaben *umg* V/T *u.* V/I mieć wolne
Freihafen M port wolnocłowy
freihalten (*irr*) ⟨za⟩płacić (**die ganze Gesellschaft** za całe towarzystwo); *Platz, Einfahrt* → frei
Freihandelszone F strefa wolnego handlu
freihändig *Zeichnen usw* odręczny; **~ Rad fahren** jeździć na rowerze bez trzymanki
Freiheit F wolność *f*; (*Ungebundenheit, Privileg*) swoboda; **~ der Meere** wolność mórz; **in (der) ~** na wolności, na swobodzie; *j-m, e-m Tier* **die ~ geben** wypuszczać ⟨-puścić⟩ na wolność; **s-e ~ genießen** cieszyć się swobodą; **ich nehme mir die ~, zu** (+ INF) pozwalam sobie (+ *inf*)
freiheitlich wolnościowy; **~ gesinnt sein** mieć wolnościowe zapatrywania
Freiheits|beraubung F bezprawne pozbawienie wolności; **~entzug** M pozbawienie wolności; **~kampf** M walka wyzwoleńcza
freiheitsliebend ADJ miłujący wolność
Freiheitsstrafe F kara pozbawienia wolności
freiheraus ADV bez ogródek, otwarcie
Frei|herr M baron; **~karte** F bilet wolnego wstępu, *umg* darmowy bilet
freikaufen: V/T **j-n ~** ⟨za⟩płacić okup (za *akk*); *v/r* **sich ~** okupywać ⟨-pić⟩ się
freikommen V/I (*irr*) *Person* wychodzić ⟨wyjść⟩ na wolność (**aus dem Gefängnis** z więzienia)
Freikörperkultur F (*bpl*) nudyzm
Freiland|gemüse N warzywa *npl* gruntowe; **~haltung** F *von Tieren* utrzymanie pastwiskowe
freilassen (*irr*) uwalniać ⟨uwolnić⟩, wypuszczać ⟨-puścić⟩ na wolność, *umg* puścić wolno; *Häftling a.* zwalniać ⟨zwolnić⟩ (**gegen Kaution** za kaucją); **freigelassen werden** *Person* wychodzić ⟨wyjść⟩ na wolność, zostać zwolnionym
Freilassung F uwolnienie, zwolnienie
Freilauf M sprzęgło jednokierunkowe; *vomFahrrad* torpedo
freilegen (*zugänglich machen*) odkop(yw)ać, odsłaniać ⟨odsłonić⟩
Freileitung F ELEK linia napowietrzna
freilich ADV wprawdzie, co prawda; *umg* **(ja) ~!** naturalnie
Frei|lichtbühne F teatr letni; **~lichtmuseum** N skansen; **~los** N darmowy los (na loterię)
freimachen V/T *Brief* nalepi(a)ć znaczek (na A); *Oberkörper, sich* → frei
Frei|maure'rei F (*bpl*) masoneria, wolnomularstwo; **~maurerloge** F loża masońska *od* wolnomularska
freimütig szczery (-rze), otwarty (-cie)
Freimütigkeit F (*bpl*) szczerość *f*
freinehmen (*irr*): **e-n Tag ~** brać ⟨wziąć⟩ dzień wolnego
freipressen *Person* wymuszać ⟨-musić⟩ uwolnienie (*gen*)
Freiraum M swobodna przestrzeń
freischaffend ADJ wolno praktykujący
Freischärler M partyzant
freischwimmen: V/R **sich ~** otrzymać kartę pływacką; *fig* usamodzielnić się
freisetzen FIZ, CHEM wyzwalać ⟨-zwolić⟩; (*entlassen*) zwalniać ⟨zwolnić⟩
Freisprecheinrichtung F TEL urządzenie głośnomówiące
freisprechen (*irr*) JUR uniewinni(a)ć; *fig*

uwalniać ⟨uwolnić⟩ (**von dem Vorwurf** od zarzutu)

Frei|spruch M wyrok uniewinniający, uniewinnienie; **~staat** M republika

freistehen (*irr, a sn*) *unpers* **es steht Ihnen frei zu** (+ *inf*) może pan(i) (+ *inf*)

freistehend ADJ *Haus* → frei

freistellen: **j-m etw ~** pozostawi(a)ć do wyboru k-u (*akk*); **j-n vom Dienst ~** czasowo zwalniać ⟨zwolnić⟩ k-o z obowiązku pracy *od* służby

Freistil|ringen M wolnoamerykanka; **~schwimmen** N pływanie stylem dowolnym

Frei|stoß M rzut wolny; **~stunde** F godzina wolna od zajęć

Freitag M piątek; **am ~** w piątek

Freitagabend M piątkowy wieczór

freitags ADV w piątki; co piątku

Freitod M samobójstwo

freitragend ADJ BUD wolnonośny

Frei|treppe F (frontowe) schody *pl* zewnętrzne; **~übungen** FPL ćwiczenia *npl* wolne; **~umschlag** M koperta ze znaczkiem; **~wild** N *fig* łup, ofiara

freiwillig dobrowolny; *Dienst a.* ochotniczy; **sich ~ melden (zu)** zgłaszać ⟨zgłosić⟩ się ochotniczo (do *gen*)

Frei|willige F ochotniczka, wolontariuszka; **~willige(r)** M (-*n*) ochotnik, wolontariusz; **~wurf** M rzut wolny; **~zeichen** N sygnał "wolne"

Freizeit F (*bpl*) czas wolny (od pracy *od* zajęć); **in der ~ Sport treiben** uprawiać sport rekreacyjnie

Freizeit|angebot N (*bpl*) oferta różnych form rekreacji; **~beschäftigung** F zajęcie w wolnych chwilach; **~gestaltung** F sposób spędzania wolnego czasu, zajęcia *npl* rekreacyjne; **~hemd** N koszula sportowa; **~park** M park rozrywki; **~zentrum** N ośrodek rekreacyjny

freizügig *Leben, Film, Kleidung* swobodny; (*großzügig*) (przesadnie) hojny

Freizügigkeit F (*bpl*) hojność *f*, rozrzutność *f*; (*Freiheit in der Wahl des Wohnsitzes usw*) swoboda (zmiany miejsca zamieszkania *od* pracy)

fremd *Land, Kultur, Sprache usw* obcy (-co); (*nicht eigen*) cudzy; (*unbekannt*) nieznany; **dieser Mensch ist mir ~** ten człowiek jest dla mnie obcy; **alles erschien ihm ~** wszystko wydawało mu się obce; **sich ~ fühlen** czuć się obco; **~artig** obcy (-co), odmienny; (*seltsam*) dziwny

Fremde[1] F (*bpl*) obczyzna; **in der ~** na obczyźnie; **in die ~** na obczyznę

Fremde[2] F obca; **~(r)** M (-*n*) obcy

fremdenfeindlich ksenofobiczny

Fremden|führer(in) M(F) przewodnik (-iczka); **~hass** M ksenofobia; **~legion** F (*bpl*) legia cudzoziemska; **~polizei** F policja do spraw cudzoziemców; **~verkehr** M (*bpl*) ruch turystyczny; turystyka; **~verkehrsamt** N biuro turystyczne; **~zimmer** N pokój gościnny

fremdgehen *umg* V/I (*irr; sn*) zdradzać ⟨zdradzić⟩

Fremdheit F (*bpl*) obcość *f*

Fremd|herrschaft F obce panowanie; **~körper** M ciało obce (*a. fig*)

fremdländisch cudzoziemski, *präd* po cudzoziemsku, z cudzoziemska

Fremd|sprache F język obcy; **~sprachenkorrespondentin** F sekretarka prowadząca obcojęzyczną korespondencję

fremdsprach|ig *Person, Text, Unterricht* obcojęzyczny; **~lich** *Wort* obcy; *Unterricht* ... języka obcego

Fremdwährung F waluta obca

Fremdwort N (PL *-wörter*) wyraz obcy

frequentieren [-kvɛnˈtiː-] *lit* (-) *Lokal* uczęszczać do (*gen*), często bywać w (*lok*)

Fre'quenz [-ˈkvɛnts] F (*Besucherzahl*) frekwencja; FIZ, MED częstotliwość *f*; **~bereich** M zakres częstotliwości

Fresko N (-*s*; -*ken*) fresk

Fres'salien [-iən] *umg* FPL prowiant

Fresse *pop* F morda, pysk; **halt die ~!** stul pysk!; **j-m eins vor die ~ geben** da(wa)ć k-u w mordę

fressen (*frisst, fraß, gefressen*) V/T żreć, pożerać ⟨pożreć⟩, zżerać ⟨zeżreć⟩ (*a. fig u. abw*); *Flammen das Gras usw* trawić; *Loch* wyżerać ⟨wyżreć⟩; **etwas zu ~ haben** mieć coś do żarcia; V/I żreć; *Wild, Raupen a.* żerować; V/R **sich ~ (in** *akk*) wżerać ⟨weżreć⟩ się (w *akk*); (**durch** *akk*) przeżerać ⟨przeżreć⟩ (*akk*); *fig umg* **etw gefressen haben** (*kapieren*) rozgryźć *pf* (*akk*); **j-n, etw gefressen haben** (*hassen*) nie znosić (*akk*); **j-n zum Fressen gern haben** szalenie lubić k-o

Fressen N (-*s*; *bpl*) *für Tiere* pasza, karma, żarcie; *pop fig abw* żarcie; *umg* **ein**

F

gefundenes ~ gratka
Fresse'rei *umg* F obżeranie się, obżarstwo, (*a. Art des Essens*) żarcie
fressgierig żarłoczny
Fress|napf M naczynie na pożywienie, miska na żarcie; **~packet** *umg* N paczka żywnościowa, *umg* wałówka; **~sack** M *abw* żarłok, obżartuch
Frettchen N ZOOL fretka
Freude F radość *f* (**über** *akk* z *gen*); **~ an der Natur haben** radować się przyrodą; **j-m e-e ~ bereiten, machen** sprawi(a)ć radość k-u; **es ist mir e-e ~ …** cieszę się bardzo …; **mit ~n** z radością; **vor ~** z radości; **außer sich vor ~ sein** nie posiadać się z radości; *umg* **aus Spaß an der ~** dla własnej satysfakcji
Freuden|botschaft F radosna wiadomość; **~haus** N dom publiczny; **~schrei** M okrzyk radości; **~tränen** FPL łzy *fpl* radości
freudestrahlend ADJ rozpromieniony radością
freudig radosny (-śnie); **~ erregt** radośnie ożywiony
freuen V/T ⟨u⟩cieszyć; **das freut mich** to mnie cieszy; **es freut mich, dass …** cieszy mnie (to), że …; **es freut mich zu hören, dass …** miło mi słyszeć, że …; V/R **sich ~** (**an** *dat*, **über** *akk*, **auf** *akk*) ⟨u⟩cieszyć się (z *gen*, *inst*, na *akk*); **wir ~ uns, dir helfen zu können** cieszymy się, że możemy ci pomóc
Freund M (-[e]s; -e) przyjaciel (*a. Liebhaber*); *e-s Mädchens* chłopiec, chłopak; (*Lebensgefährte*) konkubent; *umg* **dicke ~e sein** (**mit** *j-m*) kolegować, przyjaźnić się (z *inst*)
Freundeskreis M grono przyjaciół
Freundin F przyjaciółka (*a. Geliebte*); *e-s Jungen* dziewczyna
freundlich *Person, Ton, Empfang, Wetter usw* przyjazny (-źnie); *Wohnung usw a.* miły (-le); (*freundlich gesinnt*) życzliwy; (*zuvorkommend*) uprzejmy, grzeczny (**zu j-m** dla, wobec *gen*); **sei so ~ und …** bądź tak uprzejmy i …; **würden Sie so ~ sein, mir zu helfen?** czy byłby pan tak uprzejmy i pomógł mi?; **bitte recht ~!** proszę o wesołe miny!
freundlicherweise ADV przez grzeczność, z grzeczności
Freundlichkeit F (*bpl*) przychylność *f*, życzliwość *f*; (*a. pl*) (*freundliche Worte, Handlung*) grzeczność *f*
Freundschaft F przyjaźń *f*; **mit j-m ~ schließen** zawrzeć *pf* przyjaźń z (*inst*), być w przyjaźni z (*inst*)
freundschaftlich przyjacielski, *präd* po przyjacielsku
Freundschafts|dienst M przyjacielska przysługa; **~spiel** N mecz towarzyski
Frevel *lit* M czyn karygodny, występek
frevelhaft *lit* występny, karygodny
Friede M (-ns; -n) → Frieden
Frieden M pokój; (*Ruhe*) spokój; **~ schließen** zawierać ⟨zawrzeć⟩ pokój; **um des lieben ~s willen** dla świętego spokoju; *umg* **lass mich in ~!** daj mi spokój!; **j-n nicht in ~ lassen** nie dawać k-u spokoju
Friedens|bewegung F ruch w obronie pokoju; **~fahrt** F Wyścig Pokoju
friedensgefährdend ADJ zagrażający pokojowi
Friedens|konferenz F konferencja pokojowa; **~nobelpreis** M pokojowa nagroda Nobla; **~mission** F misja pokojowa; **~politik** F polityka pokojowa; **~schluss** M zawarcie pokoju; **~sicherung** F zabezpieczenie pokoju; **~taube** F gołąbek pokoju; **~truppe** F siły *fpl* pokojowe; **~verhandlungen** FPL rokowania *npl* pokojowe; **~vertrag** M traktat pokojowy
friedfertig zgodny, niekłótliwy
Friedhof M cmentarz; *jüdisch* kirkut; *fig* cmentarzysko
Friedhofskapelle F kaplica cmentarna
friedlich (*ohne Gewalt*) pokojowy (-wo); (*ruhig*) spokojny; *Person a.* zgodny; **auf ~em Wege** pokojowo; *umg* **sei (doch) ~!** uspokój się!
friedliebend ADJ miłujący pokój
frieren (*fror, gefroren*) V/I ⟨z⟩marznąć, ⟨z⟩ziębnąć; **ich friere** zimno mi; **ich friere an den Füßen** marzną mi nogi; (*sn*) (*gefrieren*) zamarzać ⟨-znąć⟩; **der See ist gefroren** jezioro zamarzło; *unpers* **es friert** jest mroźno, bierze mróz; V/T *umg* **mich friert** zimno mi; **mich friert es an den Händen** marzną mi ręce
Fries M (-[e]s; -e) ARCH fryz
Fries|e M (-n) Fryz; **~in** F Fryzyjka
friesisch fryzyjski (po -ku)
Friesland N (-s; *bpl*) Fryzja

fri'gid(e) oziębły (płciowo)
Frigidi'tät F (*bpl*) oziębłość płciowa
Frika'delle F kotlet mielony
Frikassee [-'se:] N (*-s; -s*) potrawka
frisch *Brot, Wunde, Farbe, Eindruck usw* świeży; *präd* świeżo; (*munter*) rześki (-ko); **nicht mehr ~** *Lebensmittel, Aussehen* nieświeży; **ganz ~** zupełnie świeży, *umg* świeżutki (-ko); ... **muss ~ (zubereitet) gegessen werden** ... trzeba jeść na świeżo; **~ gebacken** *Brot* świeży; *umg fig* → frischgebacken; **~ gestrichen** świeżo malowany; **mit ~en Kräften** ze świeżymi siłami; **~en Mut fassen** nab(ie)rać nowej otuchy; **sich ~ machen** odświeżać ⟨-żyć⟩ się; **es ist ~** (*kühl*) jest chłodnawo
Frische F (*bpl*) świeżość *f*; (*Rüstigkeit*) rześkość *f*; **geistige ~** świeżość umysłu
Frischfleisch N świeże mięso
frischgebacken *umg fig Doktor, Ehemann usw* świeżo upieczony; *Brot* → frisch
Frischgemüse N świeże jarzyny *fpl*
frischgestrichen → frisch
Frisch|haltebeutel M plastikowa torebka; **~haltepackung** F opakowanie próżniowe; **~käse** M ser twarogowy
Frischling M (*-s; -e*) warchlak
Frischluft F świeże powietrze
frischmachen V/R → frisch
Frischmilch F świeże mleko
Fri'seur M (*-s; -e*) fryzjer; **~in** F, **Fri'seuse** F fryzjerka
fri'sieren (-) V/T *j-n* układać ⟨ułożyć⟩ k-u fryzurę; *umg fig Bilanz* upiększać ⟨upiększyć⟩; **den Motor ~** podrasow(yw)ać; V/R **sich ~** ⟨z⟩robić sobie fryzurę
Fri'siersalon M salon fryzjerski
Frisör M → Friseur
friss, frisst → fressen
Frist F termin; **e-e ~ von zwei Wochen** termin dwutygodniowy; **j-m e-e ~ setzen** wyznaczać ⟨-czyć⟩ k-u termin; **bis zu dieser ~** w tym terminie; **innerhalb der gesetzten ~** w wyznaczonym czasie
fristen (*-e-*): **kümmerlich sein Leben ~** klepać biedę, wegetować
Fristenregelung F (*bpl*) ustawa o dopuszczalności aborcji w ciągu pierwszych trzech miesięcy
fristge|mäß, ~recht terminowy (-wo)
fristlos *Entlassung* bez wypowiedzenia
Fristüberschreitung F przekroczenie terminu
Fri'sur F fryzura, uczesanie
Frit'teuse F frytownica
frit'tieren (-) ⟨u⟩smażyć w (gorącym) tłuszczu
-fritze *umg* M *abw in zssgn* facet od ..., *z.B.* **Werbefritze** facet od reklamy
fri'vol *Blick, Geschichte usw* frywolny
Frivoli'tät F (*bpl*) frywolność *f*; (*a. pl*) frywolna historia, piosenka *usw*
Frl. (Fräulein) panna
froh (*erfreut*) zadowolony, rad (**über etw** z *gen*); (*fröhlich*) wesoły (-ło), radosny (*a. Nachricht*); **ich wäre ~, wenn ich ...** byłbym rad (*f* byłabym rada), gdybym ...; **~ stimmen** radować, cieszyć; *umg* **sie kann ~ sein, dass ...** ona może być zadowolona, że ...
fröhlich (*vergnügt, lustig*) wesoły (-ło)
Fröhlichkeit F (*bpl*) wesołość *f*, wesele
frohlocken V/I (-) cieszyć się (**über** *akk* z *gen*)
Froh|natur F (*bpl*) wesołe usposobienie; (*a. pl*) (*Person*) wesołek; **~sinn** M (*bpl*) wesołość *f*, wesoły nastrój
fromm (*a frömmer; frömmste*) pobożny, religijny; *iron* **~er Wunsch** pobożne życzenie
Frömme'lei F (*bpl*) *abw* świętoszkowatość *f*
Frömmigkeit F (*bpl*) pobożność *f*
Frömmler(in) M(F) świętoszek (-szka)
frömmste *sup* → fromm
Fron F HIST pańszczyzna
frönen *lit* V/I *e-r Sache* być niewolnikiem (*gen*), folgować (*dat*)
Fron|leichnam *ohne* ART (*bpl*) Boże Ciało; **~leichnamsprozession** F procesja na Boże Ciało
Front F front (*a. fig*, BUD, METEO); *e-s Fahrzeugs* przód; **an die ~** na front; **an der ~** na froncie; **gegen j-n, etw ~ machen** występować ⟨-stąpić⟩ przeciw (*dat*); **an zwei ~en kämpfen** walczyć na dwa fronty
fron'tal czołowy (-wo), *lit* frontalny
Fron'tal|angriff M atak czołowy; **~zusammenstoß** M zderzenie czołowe
Front|antrieb M napęd przedni; **~dienst** M służba frontowa; **~scheibe** F szyba przednia; **~soldat** M frontowiec; **~wechsel** M *fig* zmiana frontu
fror → frieren

Frosch M (-[e]s; Frösche) żaba, *dim* żabka; *umg fig* **e-n ~ im Hals haben** mieć chrypkę; *umg* **sei kein ~!** nie psuj zabawy!
Frosch|augen NPL żabie oczy *npl*; **~laich** M żabi skrzek; **~mann** M (PL *-männer*) płetwonurek
Froschperspektive F: *fig abw* **etw aus der ~ betrachten** mieć zaściankowe poglądy (na *akk*)
Froschschenkel M żabie udko
Frost M (-[e]s; Fröste) mróz; **leichter ~** przymrozek; **die ersten Fröste** pierwsze przymrozki; **es herrscht strenger ~** trzyma srogi mróz
frostbeständig odporny na mróz
Frostbeule F odmrożenie
frösteln V/I (*-le*): **mich fröstelt, es fröstelt mich** zimno mi
frostempfindlich wrażliwy na mróz
frosten (*-e-*) *Gemüse* mrozić, zamrażać
Froster M zamrażarka
frostfrei bezmroźny
Frostgefahr F (*bpl*) niebezpieczeństwo przymrozków
frostig mroźny (-no); *fig* lodowaty; *j-n* **~ begrüßen** lodowato ⟨przy⟩witać
Frost|nacht F mroźna noc; **~periode** F okres mrozów; **~schaden** M szkoda wyrządzona przez mrozy; **~schutzmittel** N płyn przeciw zamarzaniu
Frottee, Frotté [fro'te:] N *od* M (-[s]; -s) frotté; **~(hand)tuch** N ręcznik frotté; **~mantel** M płaszcz kąpielowy frotté
frot'tieren (-) trzeć, rozcierać ⟨rozetrzeć⟩ (ręcznikiem frotté *usw*)
Frot'tierhandschuh N rękawica frotté
Frucht F (-; *Früchte*) owoc, płód (*beide a. fig*); **Früchte tragen** ⟨za⟩owocować; *fig a.* wyda(wa)ć plon; **Früchte des Feldes** płody ziemi, plon
fruchtbar BIOL płodny (*a. fig Autor, Geist usw*); *Boden a.* żyzny, plonujący; *Diskussion, Arbeit* owocny
Frucht|barkeit F (*bpl*) płodność *f*; *des Bodens* żyzność *f*; **~blase** F ANAT pęcherz płodowy
Früchtchen *umg abw* N gagatek, ziółko; **ein sauberes ~** niezły gagatek
Fruchteis N lody *mpl* owocowe
fruchten V/I (*-e-*) odnosić ⟨-nieść⟩ skutek, da(wa)ć owoce; **alle Warnungen haben nicht(s) gefruchtet** wszystkie ostrzeżenia były na nic
Frucht|fleisch N miąższ (owocu); **~geschmack** M smak owocowy
frucht|ig owocowy; **~los** (*vergeblich, nutzlos*) bezowocny, daremny
Frucht|presse F sokowirówka; **~saft** M sok owocowy; **~stand** M BOT owocostan; **~wasser** N wody *fpl* płodowe; **~zukker** M fruktoza
fru'gal *Mahl* skromny, niewyszukany
früh ADJ *Obst, Winter, Tod usw* wczesny, *präd* wcześnie; ADV (*morgens*) rano; **am ~en Morgen** wczesnym rankiem; **in den ~en dreißiger Jahren** na początku lat trzydziestych; **es ist noch zu ~** jeszcze za wcześnie; **~er als erwartet** wcześniej niż oczekiwano; **~er oder später** prędzej czy później; **von ~ bis spät (in die Nacht)** od rana do późna w noc
Früh|aufsteher(in) M(F) ranny ptaszek; **~beet** N skrzynia inspektowa
Frühe F: **in der ~** wczesnym rankiem; **in aller ~** o świcie, skoro świt
früher ADJ (*vergangen*) dawny, *lit* miniony, ubiegły; (*ehemalig*) były; **in ~en Zeiten** w dawnych czasach; *komp* → früh; ADV (*einst*) dawniej, kiedyś; **wie ~** jak dawniej, po staremu
Früherkennung F MED wczesne rozpoznanie
frühestens ADV najwcześniej (**in** za)
Früh|geburt F poród przedwczesny; (*Kind*) wcześniak; **~gemüse** N nowalijki *fpl*; **~geschichte** F (*bpl*) historia starożytna; **~gottesdienst** M nabożeństwo poranne
Frühjahr N wiosna; **im ~** na wiosnę
Früh|jahrsmüdigkeit F wiosenne zmęczenie; **~jahrsputz** M wiosenne porządki *mpl*; **~kartoffeln** FPL wczesne ziemniaki *mpl*
Frühling M (*-s; -e*) wiosna (*a. fig*); **im ~** na wiosnę, wiosną
frühlingshaft wiosenny, *präd* wiosennie, po wiosennemu
Frühlingsrolle F KULIN sajgonka
Frühmesse F msza poranna
frühmorgens ADV wcześnie rano
frühreif (przed)wcześnie dojrzały
Frührente F wcześniejsza emerytura; renta (z tytułu niezdolności do pracy)
Frührentner(in) M(F) osoba otrzymująca wcześniejszą emeryturę; rencista *m*; **ich bin ~** jestem na wcześniejszej emeryturze;

jestem rencistą (z tytułu niezgolności do pracy)

Früh|schoppen M lampka wina przed południem; **~sport** M gimnastyka poranna; **~stadium** N wczesne stadium

Frühstück N śniadanie; ... **zum ~** ... na śniadanie

frühstücken V/I ⟨z⟩jeść śniadanie

Frühstücks|büfett N bufet śniadaniowy; **~fernsehen** N telewizja śniadaniowa; **~pause** F przerwa śniadaniowa; **~raum** M pokój socjalny (do spożywania śniadań)

Frühwarnsystem N system wczesnego ostrzegania

frühzeitig ADJ (*früh*) wczesny; *präd* wcześnie; (*vorzeitig*) przedwczesny; *präd* przedwcześnie, przed czasem

Frust *umg* M (-[e]s; bpl) frustracja

Frustrati'on F frustracja

frust'rieren (-) ⟨s⟩frustrować

frust'rierend ADJ frustrujący (-co)

frust'riert ADJ sfrustrowany

FU F (Freie Universität) Wolny Uniwersytet

Fuchs M (*-es; Füchse*) lis (*a. Fell u. umg fig*); (*Pferd*) kasztan; *umg fig* **schlauer ~** szczwany lis

Fuchsbau M (PL *-e*) lisia nora

fuchsen *umg j-n* złościć, wkurzać

Fuchsie ['fʊksiə] F fuksja

Füchsin F lisica, liszka

Fuchs|jagd F polowanie na lisa; **~pelz** M lisie futro, lisy *mpl*; **~schwanz** M lisi ogon; (*Säge*) płatnica

fuchsteufelswild *umg* bardzo zły; **~ werden** dosta(wa)ć furii

Fuchtel *umg* F (*bpl*): **j-n unter seiner ~ haben** trzymać k-o w ryzach

fuchteln *umg* V/I (*-le*) wywijać (**mit dem Stock** laską *od* pałką)

Fuder N (*Ladung*) fura

Fuffziger *umg* M *reg*: **ein falscher ~** fałszywiec, obłudnik

Fug: *nur in* **mit ~ und Recht** z pełną słusznością

Fuge F BUD spoina, fuga; MUS fuga; *fig* **aus den ~n geraten** wypaść *pf* z kolein

fügen V/T (*zusammenfügen, anfügen*) spajać ⟨spoić⟩, ⟨z⟩łączyć (**etw an** *akk* co z *inst*); **fest gefügte Ordnung** ustalony porządek; *lit* **der Zufall fügte es, dass ...** przypadek zrządził, że ...; V/R **sich ~** (*gehorchen*) usłuchać *pf* (**e-m Befehl** rozkazu); **sich gut ~ in etw** (*akk*) dobrze pasować do (*gen*); **sich in sein Schicksal ~** ⟨po⟩godzić się z losem; *lit unpers* **es fügt sich gut, dass ...** dobrze się składa, że ...

fugenlos *Boden usw* bezspoinowy; **~ schließen** *Tür usw* domykać się

fügsam posłuszny, potulny

Fügung F zrządzenie (**des Schicksals, Gottes** losu, boskie); **e-e glückliche ~** szczęśliwy traf

fühlbar (*merklich*) odczuwalny (*a. Besserung, Unterschied usw*); (*tastbar*) wyczuwalny; **kaum ~** ledwo wyczuwalny

fühlen V/T *Kälte, Schmerz, Freude usw* czuć, odczu(wa)ć; **den Puls ~** ⟨z⟩badać puls; V/I **nach etw ~** namacać *pf* (*akk*); **mit j-m ~** współczuć k-u; V/R **sich ~** czuć się (**krank, schuldig** chorym, winnym); **sich als Held ~** czuć się bohaterem; **sich verpflichtet ~** poczuwać się do obowiązku

Fühler M ZOOL czułek, macka; (*Sensor*) czujnik; *umg fig* **s-e ~ ausstrecken** sondować teren, macać

Fühlung F (*bpl*) kontakt; **~ aufnehmen (mit)** nawiąz(yw)ać kontakt (z *inst*)

fuhr → fahren

Fuhre F fura, wóz; (*Fahrt*) rejs

führen V/T *Person, Ehe, Leben, Betrieb, Geschäfte, Gespräch, Haushalt, Verhandlungen, Buch usw* ⟨po⟩prowadzić; *Touristen* oprowadzać ⟨-dzić⟩ (**im Schloss** po zamku); *Aufsicht* sprawować; (*steuern, verantwortlich lenken*) kierować (**Auto** autem; **Firma** firmą); *Titel, Waren* mieć, posiadać; **j-n an** *od* **bei der Hand ~** prowadzić k-o za rękę; **j-n, etw ~ aus** (*dat*) wyprowadzać ⟨-dzić⟩ z (*gen*); **~ in** (*akk*) wprowadzać ⟨-dzić⟩ do (*gen*); **~ zu** (*dat*) przyprowadzać, doprowadzać ⟨-dzić⟩ do (*gen*); sprowadzać ⟨-dzić⟩; **was führt Sie hierher?** co pana tu sprowadza?; **j-n auf die richtige Spur ~** naprowadzać ⟨-dzić⟩ k-o na właściwy ślad; **in e-r Liste geführt werden** znajdować się na liście; **mit sich ~** mieć przy sobie; V/I *Weg* prowadzić (**nach, zu** do *gen*; **durch** przez A); (*in Führung liegen*) przodować, prowadzić (*a.* SPORT **mit 1:0** jeden do zera); *fig* **zu etw ~** ⟨do⟩prowadzić do (*gen*); **das führt zu nichts** to do niczego nie doprowadzi; V/R **sich ~** sprawować się (**gut** dobrze)

Führen N (-s; bpl) *e-r Firma, Liste, e-s Fahrzeugs usw* prowadzenie

führend ADJ *Politiker, Sportler usw* czołowy; *Firma, Institut, Mannschaft* przodujący; **in ~er Stellung** na kierowniczym stanowisku

Führer M POL wódz, przywódca *m, a.* SPORT lider; *e-r Gruppe* kierownik, *umg* szef; *e-s Autos* kierowca *m; e-r Lok* maszynista *m; e-r Straßenbahn* motorniczy; *e-r Maschine* operator *(gen)*; *(Fremdenführer)* przewodnik *(a. Buch*; **durch** po *lok)*; **~haus** N kabina kierowcy *od* operatora; **~in** F POL wódz, przywódczyni, *a.* SPORT lider; kierowniczka, *umg* szefowa; przewodniczka; → Führer

führerlos *Fahrzeug, Flugzeug* (przez nikogo) niesterowany *od* niekierowany

Führerschein M prawo jazdy; **den ~ machen** ⟨z⟩robić prawo jazdy

Führerschein|entzug M pozbawienie prawa jazdy; **~prüfung** F egzamin na prawo jazdy

Fuhrpark M park (samochodowy)

Führung F prowadzenie; *(verantwortliche Leitung, Steuerung)* kierowanie, sterowanie *(inst)*, kierownictwo; MIL dowodzenie; *(Besichtigung)* oprowadzanie; *e-s Titels* używanie; *(Verhalten)* sprawowanie (się); *(Personenkreis)* kierownictwo; MIL dowództwo; **die ~ übernehmen** obejmować ⟨objąć⟩ kierownictwo; MIL obejmować ⟨objąć⟩ dowództwo; SPORT obejmować ⟨objąć⟩ prowadzenie; **in ~ gehen** uzyskać *pf* prowadzenie; → führen

Führungsebene F: **auf der ~** na szczeblu dowódczym

Führungs|gremium N kierownictwo; **~kraft** F pracownik na kierowniczym stanowisku; EKON, POL czołowy działacz *od* przedstawiciel; **~mannschaft** F zespół kierowniczy; POL ekipa przywódcza; **~position** F stanowisko kierownicze; miejsce przywódcze; **~rolle** F rola przywódcza; **~schwäche** F *(bpl)* brak zdolności przywódczych; **~spitze** F kierownictwo, *umg* wierchuszka; **~tor** N bramka zapewniająca prowadzenie; **~zeugnis** N świadectwo sprawowania się; *(Strafregisterauszug)* wypis z rejestru karnego

Fuhr|unternehmen N przedsiębiorstwo przewozowe; **~werk** N furmanka

Fülle F *(bpl)* obfitość *f*, mnóstwo (**von etw** *gen*); pełnia (**des Glücks** szczęścia); *(Körperfülle)* tusza

füllen V/T *Gefäß* napełni(a)ć (**mit** *inst*); *Raum, Lücke* wypełni(a)ć (**mit** *inst*); *Zahn* ⟨za⟩plombować; KULIN nadzi(ew)ać; **etw in e-n Sack ~** wsyp(yw)ać do worka *(akk)*; **etw in e-e Flasche ~** wl(ew)ać do butelki *(akk)*; V/R **sich ~** napełni(a)ć się, wypełni(a)ć się

Füll|er M, **~federhalter** M wieczne pióro; **~gewicht** N waga netto; **~horn** N róg obfitości

füllig korpulentny; *Haar* puszysty

Füllung F *(das Füllen)* napełnienie; *(das Ausfüllen)* wypełnienie; *(Füllstoff) a.* wypełniacz; KULIN nadzienie, farsz; *e-s Zahns* plomba

Fummel *umg* M ciuszek, łaszek

fummeln *umg* V/I *(-le)*: **an, in etw** *(dat)* **~** dłubać przy, w *(lok)*; *sexuell* głaskać (się), *umg* macać (się)

Fund M (-[e]s; -e) rzecz znaleziona, *bes archäologisch* znalezisko; *(Entdeckung)* odkrycie; *(das Finden)* znalezienie

Funda'ment N (-[e]s; -e) fundament; *fig a.* podwalina; *fig* **das ~ legen (für)** kłaść ⟨położyć⟩ podwaliny (pod *akk*)

fundamen|'tal fundamentalny; **~ta'listisch** fundamentalistyczny

Fund|büro N biuro rzeczy znalezionych; **~grube** F *fig* kopalnia

fundiert ADJ *Basis, Wissen* solidny; *Kritik* uzasadniony; **wissenschaftlich ~** naukowo uzasadniony

fündig ADJ: **~ werden (bei der Suche nach etw)** GÓRN natrafić *pf* na poszukiwane złoże *(gen)*; *fig* nareszcie znaleźć *pf (akk) od* natrafić *pf* na *(akk)*

Fundort M miejsce znalezienia

Fundsache F rzecz znaleziona

Fundus M (-; -) *(Grundstock)* zasób

fünf *num* pięć, *persf* pięciu; *Sammelzahlwort* pięcioro; **~ Uhr** piąta (godzina); *umg* **~(e) gerade sein lassen** przymykać oczy na drobne uchybienia

Fünf F piątka; *(Schulnote in Polen)* dwójka, dwója; **~eck** N pięciobok

fünf|eckig pięciokątny; *Stern* pięcioramienny; **~einhalb** pięć i pół

Fünfer *umg* M *(Münze)* pięć fenigów; *(Ziffer)* piątka; *im Lotto* pięć trafień

fünferlei ADJ *(unv)* pięcioraki

fünffach pięciokrotny; **das Fünffache von ...** pięciokrotna ilość (*gen*)
Fünfganggetriebe N pięciobiegowa skrzynia biegów
'fünf'hundert *num* pięćset, *persf* pięciuset; **~ste** *num* pięćsetny
fünfjährig pięcioletni
Fünfkampf M pięciobój
Fünflinge MPL pięcioraczki *mpl*
fünfmal ADV pięć razy
fünfmalig pięciokrotny
fünfstellig *Zahl* pięciocyfrowy
Fünf'sternehotel N hotel pięciogwiazdkowy
fünft ADV: **wir sind zu ~** jesteśmy w pięć od pięciu od pięcioro, jest nas pięć od pięciu *od* pięcioro
Fünftagewoche F pięciodniowy tydzień pracy
fünftausend *num* pięć tysięcy
fünftausendste *num* pięciotysięczny
fünfte *num* piąty; **am ~n** piątego
fünftel *num*: **ein ~** jedna piąta
Fünftel N piąta część
fünfzehn *num* piętnaście, *persf* piętnastu; *Sammelzahlwort* piętnaścioro; **etwa ~ Personen** około piętnastu osób
fünf|zehnte *num* piętnasty; **~zig** *num* pięćdziesiąt, *persf* pięćdziesięciu; *Sammelzahlwort* pięćdziesięcioro
Fünfzig F (*-; bpl*) pięćdziesiątka
fünfziger ADJ (*unv*): **die ~ Jahre** lata *pl* pięćdziesiąte
fünfzigjährig pięćdziesięcioletni
fünfzigste *num* pięćdziesiąty
fun'gieren V/I (-) pełnić funkcję (**als** *gen*)
Funk M (*-s; bpl*) radio; **über ~** przez radio; **~amateur** M radioamator
Fünkchen N iskierka (*mst fig*)
Funke M (*-ns; -n*) iskra, *lit* skra (*a. fig*); *etw tun*, **dass die ~n stoben ...**, aż iskry lecą; **ein ~n Hoffnung** iskra nadziei; **keinen ~n Ehrgefühl haben** nie mieć (ani) za grosz honoru
funkeln V/I (*-le*) *Sterne, Wein, Augen usw* iskrzyć się
funkelnagelneu *umg* nowiutki, nowiuteńki; *Anzug* jak spod igły
funken V/T nada(wa)ć przez radio; *umg unpers* **es hat gefunkt** (*es gab Krach*) była awantura; **bei den beiden hat es gefunkt** (*sie haben sich ineinander verliebt*) oni mają się ku sobie; **endlich hat es bei ihm gefunkt** (*er hat verstanden*) on się nareszcie pokapował
Funk|en M → Funke; **~er** M radiooperator; **~gerät** N radiostacja nadawczo-odbiorcza; **~haus** N rozgłośnia (radiowa); **~raum** M MAR radiokabina; **~sprechgerät** N radiotelefon; **~spruch** M radiotelegram, radiogram; **~stille** F cisza w eterze; **~streife** F radiopatrol policji; **~streifenwagen** M radiowóz policyjny; **~taxi** N radiotaxi *n* (*unv*); **~telefon** N radiotelefon
Funkti'on F funkcja (*a.* MAT); **e-e ~ als ... ausüben** *Person* pełnić *od* sprawować funkcję (*gen*); **in s-r ~ als Vorsitzender** jako przewodniczący
funktio'nal funkcjonalny
Funktio'när M (*-s; -e*) działacz; **~in** F działaczka
funkti|o'nell funkcjonalny; **~o'nieren** V/I (-) funkcjonować, działać; **~'onsfähig** dobrze funkcjonujący, sprawny
Funkti'onsstörung F MED dysfunkcja
Funk|uhr F zegar sterowany drogą radiową; **~verbindung** F łączność radiowa; **~verkehr** M radiokomunikacja
Funzel *umg* F (*-; -n*) lampa (naftowa)
für PRÄP (*akk*) *Bestimmung, Zuordnung* dla (*akk*), do (*gen*); **das ist ~ dich** to dla ciebie; **~ sich (allein)** dla siebie (samego); **das ist e-e Sache ~ sich** to zupełnie inna sprawa; **Vorliebe ~ ...** zamiłowanie do ...; *Zweck, Vergleich, Dauer, Zeitpunkt* na (*akk*); **Tisch ~ zwei Personen** stół na dwie osoby *od* dla dwóch osób; *umg* **Tabletten ~ Kopfweh** tabletki na ból głowy; **sie ist groß ~ ihr Alter** jest duża jak na swój wiek; **~ zwei Tage** na dwa dni; **Braten ~ Sonntag** pieczeń na niedzielę; (*zugunsten*) o (*akk*), za (*akk, inst*); **kämpfen ~ ...** walczyć o *od* za (*akk*); **alles spricht ~ ihn** wszystko przemawia za nim; **das Für und Wider** za i przeciw; *Preis, Lohn* **~ fünf Euro** za pięć euro; (*anstelle, so viel wie*) za (*akk*); **sie arbeitet ~ mich** ona pracuje za mnie; **er arbeitet ~ zwei** on pracuje za dwóch; **was ~ (ein)** co za, cóż za; *oft keine Entsprechung* **an und ~ sich** właściwie; **das hat etwas ~ sich** to ma pewne zalety; **Minister ~ Verkehr** minister komunikacji
Furche F bruzda (*a. fig*)
Furcht F (*bpl*) strach, lęk, obawa (**vor** *dat* przed *inst*); **~ haben vor** (*dat*) bać się,

F

lękać się (*gen*); ~ **einflößend,** ~ **erregend** → furchteinflößend; **aus** ~ **vor Strafe** z obawy przed karą
furchtbar straszny, okropny (*a. umg fig unangenehm, stark, groß*); **das ist ja ~!** to straszne!, to okropne!; *umg verstärkend* ~ **teuer** strasznie drogie; *umg* ~ **müde sein** okropnie się zmęczyć
furchteinflößend wzbudzający strach, napawający lękiem
fürchten (-e-) V/T *j-n, etw u.* V/R **sich** ~ (**vor j-m, etw**) bać się (*gen*); **er fürchtet sich vor nichts** on się niczego nie boi; **das Kind fürchtet sich** dziecko się boi; (*befürchten*) obawiać się (*gen*); **ich fürchte, sie kommt nicht** *od* **dass sie nicht kommt** obawiam się, że ona nie przyjdzie; V/I ~ **für** *od* **um j-n, etw** bać się, obawiać się o (*akk*)
fürchterlich straszliwy (-wie), straszny
furchterregend → furchteinflößend
furcht|los nieustraszony, bez lęku; **~sam** bojaźliwy (-wie), lękliwy (-wie)
fürein'ander ADV (dla, do) siebie wzajemnie; **nichts ~ empfinden** nie darzyć siebie wzajemnie uczuciem
Furie ['fuːriə] F furia
Fur'nier N (*-s; -e*) fornir
fur'niert ADJ fornirowany
Fu'rore F (*bpl*): ~ **machen** ⟨z⟩robić furorę
fürs = **für das**; → für
Fürsorge F (*bpl*) opieka; (*Fürsorglichkeit*) troskliwość *f*; **öffentliche ~** opieka społeczna; *umg* **von der ~ leben** żyć z zapomogi; **~einrichtung** F ośrodek opieki (społecznej)
Fürsorger(in) M(F) opiekun(ka) społeczny (-na)
fürsorglich opiekuńczy, troskliwy
Fürsprache F (*bpl*) wstawiennictwo; **bei j-m ~ einlegen** wstawi(a)ć się u k-o (**für j-n** za *inst*)
Fürsprecher M orędownik; **~in** F orędowniczka
Fürst M (*-en*) książę *m*
Fürstentum N (-[e]s; -tümer) księstwo
Fürstin F księżna
fürstlich książęcy, *präd* po książęcemu, jak książę; *fig Pracht, Gehalt usw* królewski, *präd* po królewsku
Furt F bród
Fu'runkel M *od* N czyrak
Fürwort N (PL *-wörter*) zaimek
Furz *pop* M (*-es; -e*) *pop* bąk, *vulg* pierd(ek); **e-n ~ lassen** *pop* puścić *pf* bąka
furzen *pop* V/I (*-zt*) *pop* bździć, *vulg* pierdzieć
Fusel *umg* M *abw* siwucha, gorzała
Fusi'on F EKON, POL, FIZ fuzja
fusio'nieren V/I (-) dokon(yw)ać fuzji
Fuß M (*-es; Füße*) ANAT stopa; (*Bein, a. e-s Tisches usw*) noga, *dim* nóżka; *e-s Berges usw* podnóże; *e-r Säule* cokół; (*Maß, pl -*) stopa; **bei ~!** do nogi!; **am ~ e-s** *Berges, Baums usw* u podnóża, u stóp (*gen*); **zu ~ gehen** iść pieszo; **er ist schlecht zu ~** trudno mu chodzić; ~ **breit** → Fußbreit; **mit bloßen Füßen** gołymi nogami; (*barfuß*) boso, *umg* na bosaka; **zu Füßen sitzen** siedzieć u stóp *od* w nogach; **sich** (*dat*) **die Füße vertreten** przejść się *pf*, rozruszać *pf* nogi; *fig* **keinen ~ vor die Tür setzen** nie ruszać ⟨-szyć⟩ się (ani) na krok z domu; (**festen**) ~ **fassen** *Idee* zakorzenić się *pf*; *Firma* utrwalić *pf* swoją pozycję; *Person* zadomowić się *pf*; **auf freien ~ setzen** zwalniać ⟨zwolnić⟩, wypuszczać ⟨wypuścić⟩ (na wolność); **auf dem ~e folgen** nie da(wa)ć na siebie długo czekać; **auf großem ~ leben** żyć na wysokiej stopie; **weder Hand noch ~ haben** nie trzymać się kupy; **etw mit Füßen treten** deptać (*akk*); **auf eigenen Füßen stehen** stać na własnych nogach; *umg* **kalte Füße bekommen** *od* **kriegen** stchórzyć *pf*, *pop* spietrać się *pf*; **mit Händen und Füßen** rękami i nogami; → Bein
Fußabdruck M odcisk *od* ślad stopy
Fußangel F potrzask (*a. fig*)
Fußbad N kąpiel *f* nóg
Fußball M (*Ball*) piłka (do gry w piłkę nożną), *umg* futbolówka; (*bpl*) (*Sportart*) piłkarstwo, piłka nożna; ~ **spielen** grać w piłkę nożną, uprawiać piłkarstwo
Fußballer *umg* M piłkarz; **~in** *umg* F piłkarka
Fußball|fan M kibic, *abw* kibol; **~mannschaft** F drużyna piłkarska; **~platz** M boisko do piłki nożnej; **~spiel** N mecz piłkarski *od* piłki nożnej; **~spieler(in)** M(F) → Fußballer(in); **~toto** N *od* M totalizator piłkarski; **~verein** M klub piłkarski
Fußboden M podłoga; **~belag** M wykładzina podłogowa; **~heizung** F ogrzewanie podłogowe

Fußball

der Strafraum	pole karne
der Torraum	pole bramkowe
das Tor	bramka
der Pfosten	słupek
die Latte	poprzeczka
(rechter/linker) Verteidiger	(lewy/prawy) obrońca
(rechter/linker) Mittelfeldspieler	(lewy/prawy) pomocnik
(rechter/linker) Stürmer	(lewy/prawy) napastnik
der Torwart	bramkarz
der Schiedsrichter	sędzia
der Schiedsrichterassistent/der Linienrichter	sędzia boczny/liniowy
(direkter/indirekter) Freistoß	rzut wolny (pośredni/bezpośredni)
der Strafstoß/der Elfmeter	rzut karny/jedenastka
der Schiedsrichterball	rzut sędziowski
der Eckball/die Ecke	rzut rożny/róg/korner
das Aus	aut
das Abseits	spalony
der Kopfball	główka
die Vorlage/der Pass	podanie
der Schuss aufs Tor	strzał na bramkę
der Schuss gegen die Latte	strzał w poprzeczkę

Fußbreit M (*unv*) piędź *f*; **um jeden ~ Boden kämpfen** walczyć o każdą piędź ziemi

Fußbremse F hamulec nożny

Fussel F (-; -n) kłaczek, niteczka

fusseln V/I (-le) strzępić się

fußen V/I (*du, er fußt*): **~ auf** (*dat*) opierać się na, polegać na (*lok*)

Fußende N: **am ~ des Bettes** w nogach łóżka

Fußgänger M pieszy (*persf* piesi), piechur; **~in** F piesza; **~überweg** M przejście dla pieszych; **~zone** F strefa dla pieszych

Fuß|gelenk N staw skokowy; **~knöchel** M kostka; **~leiste** F listwa przypodłogowa; **~matte** F wycieraczka; **~nagel** M paznokieć *m* u nogi; **~note** F przypis

Fußpfle|ge F pedicurem, pedikiur; **~ger(in)** M(F) pedicurzysta *m* (-tka)

Fuß|pilz M grzybica stóp; **~sohle** F podeszwa (stopy); **~spitze** F czubek stopy; **~spur** F ślad stopy

Fußstapfen M: *fig* **in s-e, ihre ~ treten** iść ⟨pójść⟩ *od* wstępować ⟨wstąpić⟩ w jego, jej ślady

Fuß|stütze F podnóżek; **~tritt** M kopnięcie, *umg* kopniak; **~volk** N *fig* szeregowi członkowie; **~wanderung** F wycieczka piesza

Fußweg M ścieżka, chodnik; **e-e Stunde ~** godzina drogi pieszo

futsch *umg* ADJ: **... ist ~** diabli wzięli (*akk*)

Futter[1] N (-s; *bpl*) *für Tiere* pokarm, żarcie, karma, pasza

Futter[2] N (-s; -) (*Stoff*) podszewka

Futte'ral N (-s; -e) futerał, pochwa

Futterhäuschen N karmnik

Futterkrippe F paśnik, żłób; *pop fig* **an die ~ kommen** dorwać się *pf* do żłobu

futtern *umg* V/T u. V/I (-re) zajadać, wcinać

füttern[1] (-re) *Tier, j-n* ⟨na⟩karmić

füttern[2] (-re) *Jacke* podszy(wa)ć (**mit** *inst*)

Futter|napf M karmnik, miska na żarcie; **~neid** M *umg fig* zawiść *f*; **~pflanze** F roślina pastewna; **~raufe** F jasła *npl*; **~rübe** F burak pastewny

Futterstoff M materiał podszewkowy

Futtertrog M koryto

Fütterung F *der Tiere* karmienie

Futur N (-s; -e) GRAM czas przyszły

futu'ristisch futurystyczny

G

g (Gramm) gram, g
gab, **gäbe** → geben
Gabe F (*Spende, Begabung*) dar; (*Dosis*) dawka; **milde ~** datek
Gabel F (-; -n) (*Essgabel, Fahrradgabel*) widelec; AGR widły *pl*; (*Telefongabel*) widełki *pl*
gabelförmig widlasty (-to)
gabeln (-*le*): V/R **sich ~** rozwidlać się
Gabelstapler M podnośnik widłowy
Gabelung F rozwidlenie
gaben → geben
Gabentisch M stół z prezentami
gackern V/I (-*re*) gdakać; *umg* (*kichern*) chichotać; (*schwatzen*) paplać
gaffen V/I *abw* gapić się
Gaffer M *abw* gap, *pl* gapie
Gag [gɛk] M (-*s*; -*s*) gag
Gage ['gaːʒə] F gaża
gähnen V/I ziewać ⟨ziewnąć⟩
Gähnen N (-*s*; *bpl*) ziewanie
Gala F (-; -*s*) gala; *umg* **sich in ~ werfen** wystąpić *pf* w pełnej gali
ga'lant uprzejmy, rycerski (-ko)
Gala|uniform F mundur galowy; **~vorstellung** F przedstawienie galowe
Gala'xie F galaktyka
Ga'leere F galera
Gale'rie [PL -'riːən] F galeria
Gale'rist(in) M(F) (-*en*) właściciel(ka) galerii
Galgen M szubienica; **~frist** F ostatnie krótkie odroczenie; **~humor** M wisielczy humor
Galle F żółć *f*; *fig* **mir läuft die ~ über** żółć mnie zalewa
galle(n)bitter F pęcherzyk żółciowy; **~kolik** F kolka żółciowa; **~stein** M kamień żółciowy
Gallert N (-[*e*]*s*; -*e*) galareta
gallertartig galaretowaty (-to)
Gallien N (-*s*; *bpl*) HIST Galia
gallig *Humor usw* gorzki (-ko)
Gal'lone F galon
Gallwespe F galasówka
Ga'lopp M (-*s*; -*s u* -*e*) galop, cwał; **im ~** *umg fig* galopem
galop'pieren V/I (-; *sn*) ⟨po⟩cwałować, ⟨po⟩galopować
galop'pierend ADJ galopujący (*a. fig*)
Ga'lopprennen N bieg płaski
galt, **gälte** → gelten
Galvani'sier- *in zssgn* galwanizerski
Ga'maschen FPL getry pl
Gammastrahlen MPL promieniowanie gamma
gamm|elig *umg Obst, Gemüse* nadpsuty; *Wurst usw* zepsuty, spleśniały; *Person* zapyziały; **~eln** *umg* V/I (-*le*) psuć się, pleśnieć; *fig abw* łazikować; (*trödeln*) bumelować
Gammler(in) M(F) *abw* szmaciarz (-ciara), łazęga *m u. f*
Gämse F kozica
gang: *nur in* **das ist (hier) ~ und gäbe** to jest (tu) ogólnie przyjęte
Gang M (-[*e*]*s*; Gänge) (*Gehen, Art des Gehens*) chód; *gezielt* pójście (**zu** do *gen*); przechadzka (**durch den Park** po parku); (*Rundgang*) obchód (*gen*); (*das Laufen e-s Motors usw*) chód, (*a. Übersetzung*) bieg; (*Betrieb*) ruch; GÓRN chodnik; KULIN danie; ANAT przewód; (*Hausflur*) korytarz; (*Passage*) przejście; *fig* (*Verlauf*) tok, przebieg; **den zweiten ~ einlegen** włączyć *pf od umg* wrzucić *pf* drugi bieg; *umg* **e-n ~ zulegen** doda(wa)ć gazu; **s-n geordneten ~ gehen** przebiegać normalnie; **auf dem ~** w korytarzu; w przejściu; **auf s-m ~ zu ...** po drodze do (*gen*); **in ~ bringen** *od* **setzen** puszczać ⟨puścić⟩ w ruch; *fig* zapoczątkować; *fig* **in ~ kommen** zaczynać się, wywiąz(yw)ać się; *umg* **in die Gänge kommen** rozruszać się *pf*; **im ~(e) sein** toczyć się, przebiegać; *heimlich* szykować się; **in vollem ~e sein** być w pełnym toku
Gangart F chód
gangbar *fig* możliwy, do przyjęcia
Gängelband N: **j-n am ~ führen** wodzić k-o na pasku
gängeln (-*le*) *abw* prowadzić za rękę
gängig (*üblich*) utarty, obiegowy; *Ware* chodliwy
Gangschaltung F AUTO zmiana biegów; *beim Fahrrad* przerzutka
Gangster|bande F gang, szajka; **~krieg** M wojna gangów
Gangway ['gæŋveı] F (-; -*s*) MAR schodnia; **das Flugzeug über die ~ verlassen**

schodzić ⟨zejść⟩ po schodkach z samolotu
Ga'nove *umg* M (-n) (*Krimineller*) opryszek; (*Betrüger*) kanciarz; (*Dieb*) złodziej
Gans F (-; *Gänse*) gęś *f*, gąska; *fig* **blöde ~** głupia gąska
Gänse|blümchen N stokrotka; **~braten** M gęś pieczona; **~haut** F gęsia skórka; **~leberpastete** F pasztet z gęsich wątróbek
Gänsemarsch M: **im ~** gęsiego
Gänserich M (-s; -e) gąsior
Gänseschmalz M smalec gęsi
ganz ADJ (*gesamt, unversehrt*) cały; (*vollständig*) cały, wszystek (-tka, -tko); *Zahl* całkowity; (*nicht mehr als*) zaledwie; **die ~e Familie** cała rodzina; **das ~e Geld** wszystkie pieniądze; *umg* **~er Kerl** chłop z ikrą *od* z jajami; *umg* **~ der Vater** cały ojciec; **in ~ Polen** w całej Polsce; **etw wieder ~ machen** naprawi(a)ć, ⟨z⟩reperować (*akk*); **mit ~er Kraft** z całej siły, ze wszystkich sił; *umg* **~e fünf Euro** zaledwie pięć euro; ADV (*sehr*) bardzo; (*völlig*) zupełnie; (*ziemlich*) dość, wcale; **~ recht** całkiem słusznie; *umg* **~ schön viel** sporo, co niemiara; **nicht ~ …** niespełna …; **~ wie du willst** jak sobie chcesz; **~ und gar** kompletnie, zupełnie; **~ und gar nicht** wcale nie, bynajmniej nie; **voll und ~** w całej rozciągłości; **~ zu schweigen von …** nie mówiąc już o …
Gänze F: **zur ~** w całości, w zupełności
Ganz|e(s) N całość *f*; wszystko; **im ~en gesehen** ogółem; **im Großen und ~en** ogólnie (rzecz) biorąc, w zasadzie; **aufs ~e gehen** iść na całość
ganzheitlich całościowy
Ganzheitsmedizin F medycyna holistyczna
ganzjährig całoroczny; **~ geöffnet** otwarty przez cały rok
Ganzkörpermassage F masaż całego ciała
gänzlich ADV całkiem, zupełnie
ganzmachen V/T → ganz
ganz|seitig *Bild, Anzeige* całostronicowy, *präd* na całą stronę; **~tägig** całodzienny, *präd* przez cały dzień
ganztags ADV przez cały dzień
gar¹ ADJ KULIN gotowy, ugotowany, upieczony; **~ kochen** ⟨u⟩gotować do miękkości
gar² ADV wcale; **~ kein** żaden (-dna, -dne); **~ nicht** wcale nie, w ogóle nie; **~ nichts** absolutnie nic, nic a nic; *partikel* chyba; **~ zu gern** bardzo chętnie; **und ~ …** a cóż dopiero …; **oder ~ …?** czyżby …?
Ga'rage [-ʒə] F garaż
garagieren [-'ʒi:rən] (-) *austr, szwajc* garażować
Ga'rant M (-en) gwarant(ka)
Garan'tie [PL -'ti:ən] F gwarancja; *lit a.* rękojmia (**für etw** *gen*); **~anspruch** M roszczenie gwarancyjne
garan|'tieren (-) V/T ⟨za⟩gwarantować; V/I (*bürgen*) ręczyć (**für** za *akk*); **~'tiert** *umg* ADV na pewno, *umg* na mur beton
Garan'tie|schein M karta gwarancyjna, gwarancja; **~zeit** F okres gwarancji
Garaus M: *umg* **j-m den ~ machen** zakatrupić *pf* k-o
Garbe F AGR snop; (*Schüsse*) seria
Garde F gwardia; *in zssgn* gwardyjski
Garde'robe F garderoba; *für Besucher* szatnia
Garde'roben|frau F szatniarka; **~marke** F numerek na rzeczy zostawione w szatni; **~ständer** M wieszak stojący
Garderobiere [-'bjɛrə] F garderobiana
Gar'dine F firanka, zasłona; *fig* **hinter schwedischen ~n** za kratkami
Gar'dinenpredigt *umg* F *żart*: **j-m e-e ~ halten** prawić k-u morały
Gar'dinen|stange F karnisz; **~stoff** M tkanina na zasłony
garen gotować *od* dusić do miękkości
gären (*gärte od gor, gegärt od gegoren*) V/I fermentować; **~ lassen** podda(wa)ć fermentacji; *unpers fig* **im Volk gärt es** w narodzie wrze
garkochen → gar
Garküche F garkuchnia
Garn N (-[e]s; -e) *für Textilindustrie* przędza; (*Stick-, Stopfgarn*) włóczka; (*Faden*) nitka, nić *f*, *koll* nici *pl*
Gar'nele F krewetka
gar'nieren (-) ⟨u⟩garnirować
Gar'nierung F garnirowanie
Garni'son F garnizon(owy *in zssgn*)
Garni'tur F garnitur, komplet, zestaw; KULIN garnirunek; *umg fig* **die erste ~** śmietanka, czołówka
Garnknäuel M kłębek przędzy
garstig (*böse*) niegrzeczny; (*abscheulich*) wstrętny, brzydki
Gärtchen N ogródek

G

Garten M (-s; Gärten) ogród; **~arbeit** F praca w ogrodzie; **~bau** M (bpl) ogrodnictwo; **~erde** F ziemia ogrodowa; **~fest** N zabawa w ogródku, festyn w parku; **~geräte** NPL sprzęt ogrodniczy; **~grill** M grill ogrodowy; **~kolonie** F zespół ogródków działkowych; **~kunst** F (bpl) sztuka ogrodowa; **~laube** F altan(k)a; **~lokal** N restauracja *od* kawiarnia z ogródkiem
Garten|möbel NPL meble *mpl* ogrodowe; **~schau** F wystawa ogrodnicza; **~schere** F nożyce *pl* ogrodnicze, sekator; **~schlauch** M wąż (gumowy) do podlewania; **~teich** M oczko wodne (w ogrodzie); **~weg** M ścieżka ogrodowa; **~zaun** M płot (ogrodowy); **~zwerg** M krasnal ogrodowy
Gärtne|r M ogrodnik; **~'rei** F zakład ogrodniczy; **~rin** F ogrodniczka
Gärung F fermentacja; *fig* ferment
Gas N (-es; -e) gaz; *umg* **~ geben** doda(wa)ć gazu; **~anzünder** M zapalarka do gazu; **~auto** N samochód na gaz; **~brenner** M palnik gazowy; **~druck** M ciśnienie gazu; **~explosion** F wybuch gazu; **~flasche** F butla (stalowa) do gazu
gasförmig w postaci gazowej, gazowy
Gas|hahn M kurek gazowy; **~heizung** F ogrzewanie gazowe; **~herd** M kuchnia gazowa; **~kammer** F komora gazowa; **~kocher** M kuchenka gazowa; **~leitung** F przewód gazowy; **~maske** F maska przeciwgazowa; **~pedal** N pedał gazu; **~pistole** F pistolet gazowy
Gasse F uliczka, zaułek; → Straße
Gassi *umg*: *nur in* (**mit dem Hund**) **~ gehen** wyprowadzać ⟨-dzić⟩ (psa) na spacer
Gast M (-[e]s; Gäste) gość *m*; **ungebetener ~** nieproszony gość; **ständiger ~** stały gość, bywalec; **zu ~ bitten** zapraszać ⟨-prosić⟩ w gościnę; **bei j-m zu ~ sein** bawić w gościnie *od* gościć u (*gen*); **j-n zu ~ haben** gościć k-o (u siebie); **als ~ auftreten** mieć gościnny występ
Gastarbeiter M *umg* gastarbajter
Gästebuch N księga pamiątkowa
Gästezimmer N pokój gościnny
Gastfamilie F rodzina oferująca zakwaterowanie i wyżywienie
gastfreundlich gościnny
Gast|geber M pan domu, gospodarz; **~geberin** F pani domu, gospodyni; **~haus** N, **~hof** M zajazd, gospoda, oberża; **~hörer** M wolny słuchacz
gas'tieren V/I (-) TEATR występować ⟨-stąpić⟩ gościnnie
gastlich gościnny; **~es Haus** gościnne progi *mpl*; **j-n ~ empfangen** przyjmować ⟨-jąć⟩ k-o gościnnie
Gast|lichkeit F (bpl) gościnność *f*; **~recht** N (bpl) prawo gościnności
Gas'tritis F (-; -'tiden) nieżyt żołądka
Gastrono'mie F (bpl) gastronomia
gastro'nomisch gastronomiczny
Gast|spiel N występ gościnny; **~stätte** F gospoda, restauracja; **~stättengewerbe** N przemysł gastronomiczny; **~stube** F izba dla gości (w gospodzie); **~vorlesung** F wykład gościnny
Gast|wirt(in) M(F) właściciel(ka) gospody, restaurator(ka); **~wirtschaft** F restauracja, jadłodajnia
Gas|uhr F gazomierz; **~vergiftung** F zatrucie gazem; **~werk** N gazownia; **~zähler** M gazomierz
Gatte M (-n) małżonek
Gatter N ogrodzenie z krat; (*Tor*) brama kratowa; (*Säge*) trak; → Gehege
Gattin F małżonka
Gattung F rodzaj (*a.* BIOL)
Gattungsname F nazwa rodzajowa; GRAM rzeczownik pospolity
GAU M (-s; -s) (größter anzunehmender Unfall) największa hipotetyczna awaria
Gaudi F (bpl) *reg* uciecha
Gaukler M sztukmistrz, kuglarz; **~fest** N festyn z występami kuglarzy
Gaul M (-[e]s; Gäule) koń *m*, *abw* szkapa; **e-m geschenkten ~ schaut man nicht ins Maul** darowanemu koniowi nie zagląda się w zęby
Gaumen M podniebienie; **~freuden** *lit* FPL rozkosze *fpl* podniebienia
Gauner M *abw* (*Betrüger*) kanciarz, kombinator; *umg* (*gerissene Person*) szelma *f u. m*
Gaune'rei F szachrajstwo, *umg* kant
Gaunersprache F gwara złodziejska
Gaze ['ga:zə] F gaza; *in zssgn* gazowy
Ga'zelle F gazela
ge'achtet ADJ szanowany, poważany
Geächtete|e F, **~e(r)** M (-n) człowiek wyjęty spod prawa, *früher* banita *m*
ge'ädert ADJ *Blatt* żyłkowany

ge'artet ADJ: **anders ~** → andersgeartet
Geäst N (-[e]s; bpl) (bujne) gałęzie *fpl*
geb. (geboren) urodzony; *Frau* z domu; (gebunden) *Buch* oprawny
Ge'bäck N (-[e]s; -e) pieczywo
Ge'balk N (-[e]s; bpl) belkowanie
ge'ballt ADJ *Faust* ściśnięty, zaciśnięty; *Ladung* skupiony, kumulacyjny
ge'bar → gebären
Ge'bärde F ruch, gest; PL *a.* gestykulacja
ge'bärden (-e-; -): V/R **sich ~** zachow(yw)ać się (**wie toll** jak szalony)
Gebärdensprache F (*bpl*) porozumiewanie się na migi; *der Taubstummen* język migowy
Ge'baren N (-*s*; *bpl*) zachowanie się
ge'bären (*gebärt od lit gebiert, gebar, geboren*) ⟨na-, u⟩rodzić; *fig* ⟨z⟩rodzić; **geboren werden** urodzić się *pf*; **er ist am fünften Mai geboren** (on) urodził się piątego maja
gebärfähig ADJ: **~es Alter** wiek rozrodczy
Ge'bärmutter F macica; **~halskrebs** M rak szyjki macicy
Ge'bäude N budynek, gmach; *fig* system, konstrukcja, gmach
ge'baut ADJ: **gut ~** dobrze zbudowany
Ge'beine *lit* NPL szkielet, kości *fpl*
Ge'bell N (-*s*; *bpl*) szczekanie, ujadanie
geben (*gibt, gab, gegeben*) V/T *Sache, Hand, Milch, Tritt, Zeichen, Konzert, Arbeit, Antwort, Macht, Ruhe, Wort usw* da(wa)ć; (*j-m reichen*) poda(wa)ć (*dat*); *Fest, Empfang* wyda(wa)ć, urządzać ⟨-dzić⟩; *am Telefon* **~ Sie mir Herrn ...** proszę mnie połączyć z panem ...; **sich** (*dat*) **etw ~ lassen** ⟨po⟩prosić o (*akk*); *zu e-m bestimmten Zweck* odda(wa)ć (**zur Reparatur** do naprawy; **in Druck** do druku; **in die Obhut** pod opiekę); *Rat, Kredit, Auskunft* udzielać ⟨-lić⟩ (*gen*); *Karten* rozda(wa)ć; **du gibst** ty rozdajesz; **viel auf etw ~** (*Wert legen*) przywiązywać dużą wagę do (*gen*), cenić (*akk*); **nichts auf etw ~** nie przywiązywać żadnej wagi do (*gen*); **von sich** (*dat*) **~** *Laut, Ton* wyda(wa)ć; *Unsinn* wygadywać; V/R **sich ~** zachow(yw)ać się (**natürlich** swobodnie; **als ...** jak ...); **sich ~** (*nachlassen*) ustawać; **das wird sich schon ~** to się wszystko ułoży; *unpers* **es gibt** jest, są, bywa(ją), będzie, będą; **es gibt Regen** będzie deszcz; **was gibt es Neues?** co nowego?, co słychać?; **es gab** był(a, -o), były *pl*; **was gab es zu Mittag?** co było na obiad?; **es gab** *od* **gibt kein(e) ...** nie było, nie ma, nie będzie (*gen*); **wann gibt es ...** kiedy będzie *od* będą ...; **was gibt es?** o co chodzi?; *umg* **das gibt es** to się zdarza; *umg* **das gibts ja gar nicht!** to nie może być!; *umg* **sonst gibts was!** a to dostaniesz!
Ge'bet N (-[e]s; -e) modlitwa, pacierz; **ein ~ sprechen** odmawiać ⟨-mówić⟩ modlitwę *od* pacierz; *fig* **j-n ins ~ nehmen** prawić, palnąć *pf* k-u kazanie; **~buch** N książ(ecz)ka do nabożeństwa, modlitewnik
ge'beten → bitten
ge'biert → gebären
Ge'biet N (-[e]s; -e) obszar, terytorium *n*; region; (*Zone*) strefa; *fig* dziedzina; **auf diesem ~** w tej dziedzinie
ge'bieten (*irr; pperf geboten*) V/T naka-z(yw)ać; V/I (**über** *akk*) panować (nad *inst*); (*verfügen*) dysponować (*inst*); **Eile ist geboten** trzeba pośpieszyć się
Gebieter M władca *m*; **~in** F władczyni
ge'bieterisch władczy (-czo)
Ge'biets|- *in zssgn* terytorialny; regionalny; **~reform** F reforma podziału administracyjnego
Ge'bilde N twór (*a.* POL), wytwór
ge'bildet ADJ wykształcony
Ge'binde N wiązanka, wiązka
Ge'birge N góry *fpl*; **im ~** w górach; *wandern* po górach; **ins ~** w góry
ge'birgig górzysty
Ge'birgler(in) M(F) góral(ka)
Ge'birgs|bach M górski potok; **~jäger** M MIL strzelec górski; **~kamm** M grzbiet górski; **~kette** F łańcuch górski; **~schlag** M GÓRN tąpnięcie
Ge'biss N (-*es*; -*e*) zęby *mpl*, uzębienie; (*Zahnersatz*) proteza zębowa
ge'bissen → beißen
Ge'bläse N dmuchawa
ge|'blasen *pperf* → blasen; **~'blieben** *pperf* → bleiben; **~'blümt** ADJ kwiecisty, w kwiatki; **~'bogen** *pperf* → biegen; ADJ zgięty
ge'boren *pperf* → gebären; ADJ urodzony, ... z urodzenia; **..., ~e Müller** ..., z domu Müller
ge'borgen *pperf* → bergen; ADV **sich ~ fühlen** czuć się bezpiecznym
Ge'borgenheit F (*bpl*) bezpieczeństwo;

in häuslicher ~ w domowym zaciszu
ge'borsten *pperf* → bersten
Ge'bot N (-[e]s; -e) nakaz; HANDEL oferta; *rel* **die Zehn ~e** dziesięcioro przykazań; **j-m zu ~e stehen** być do dyspozycji (*gen*)
ge'boten *pperf* → bieten, gebieten; ADJ wymagany, wskazany; **mit der ~en Vorsicht** z wielką ostrożnością
Ge'botszeichen N znak nakazu
ge'bracht *pperf* → bringen
ge'brannt *pperf* → brennen; ADJ *Kalk* palony; *Ziegelstein* wypalony
ge'braten ADJ smażony
Ge'bräu N (-[e]s; -e) *abw* lura
Ge'brauch M użycie, używanie, użytek; (*Brauch*) zwyczaj; **~ machen (von)** ⟨z⟩robić użytek (z *gen*); **außer ~ kommen** wychodzić ⟨wyjść⟩ z użycia; **vor ~ schütteln** przed użyciem wstrząsnąć
ge'brauchen (*pperf gebraucht*) V/T uży(wa)ć (*gen*), posługiwać ⟨-służyć⟩ się (*inst*); **das kann ich gut ~** to mi się przyda; **das kann man nicht ~** to do niczego; *umg* **er ist zu nichts zu ~** on się do niczego nie nadaje
ge'bräuchlich będący w użyciu, używany; *Wort, Wendung a.* utarty
Ge'brauchs|anleitung F, **~anweisung** F (**für etw**) instrukcja użytkowania *od* obsługi, sposób użycia (*gen*)
ge'brauchsfertig gotowy do użycia
Ge'brauchs|gegenstand M przedmiot użytkowy; **~muster** N wzór użytkowy; **~wert** M (*bpl*) wartość użytkowa
ge'braucht → gebrauchen; ADJ używany; *Kleidung* noszony
Gebrauchtwagen M pojazd używany
Ge'brechen N ułomność *f*, kalectwo
ge'brechlich niedołężny; **~ werden** ⟨z⟩niedołężnieć
Ge'brechlichkeit F (*bpl*) niedołęstwo
ge'brochen *pperf* → brechen; ADJ złamany (*a. fig*); *Sprache* łamany, kulawy; **in ~em Deutsch** łamaną niemczyzną
Ge'brüder PL bracia *mpl*
Ge'brüll N (-[e]s; bpl) ryk, ryczenie
ge'bückt ADJ pochylony, przygarbiony
Ge'bühr F opłata (**für** za *akk*); (*Grundgebühr*) *rtv*, TEL abonament; *fig* **über ~** ponad miarę, zanadto
ge'bühren *lit* (*pperf gebührt*): V/T **j-m ~** należeć się, przysługiwać k-u; V/R *u. unpers* **es gebührt sich nicht** (**zu** + INF) nie wypada (+ *inf*)
ge'bührend ADJ należny, jak należy
Ge'bühreneinheit F TEL jednostka taryfowa
ge'bührenfrei wolny od opłat(y)
Ge'bühren|marke F znaczek skarbowy; **~ordnung** F przepisy *mpl* o pobieraniu opłat
ge'bührenpflichtig podlegający opłacie, płatny
gebündelt ADJ FIZ zogniskowany
ge'bunden *pperf* → binden; ADJ CHEM związany; *Buch* oprawny; *Preis* stały; *fig* przywiązany (**an** *s-e Familie* do *gen*); skrępowany (**an die Vorschriften** *usw* przepisami *usw*)
Ge'burt F urodzenie, *bes fig* narodziny *pl*; (*das Gebären*) rodzenie, poród; **er ist von ~ Pole** on jest Polakiem z urodzenia; **von ~ an blind** niewidomy od urodzenia
Ge'burten|kontrolle F (*bpl*), **~regelung** F (*bpl*) kontrola urodzeń; **~rückgang** M spadek liczby urodzeń
ge'burtenschwach ADJ: **~e Jahrgänge** pokolenie niżu demograficznego
Ge'burtenüberschuss M (dodatni) przyrost naturalny
ge'bürtig ADJ: **~ aus ...** rodem z (*gen*); (**ein**) **~er Deutscher** Niemiec z pochodzenia, rodowity Niemiec
Ge'burts|datum N data urodzenia; **~fehler** M wada wrodzona; **~haus** N dom rodzinny; **~helfer(in)** M(F) akuszer(ka), położnik (-na); **~hilfe** F położnictwo; **~jahr** N rok urodzenia; **~name** M nazwisko rodowe; **~ort** M miejsce urodzenia
Geburtstag M urodziny *pl*; **sie hat heute ~** ona dziś obchodzi urodziny; **herzlichen Glückwunsch zum ~!** serdeczne życzenia urodzinowe!
Ge'burtstags|feier F przyjęcie urodzinowe; **~geschenk** N prezent urodzinowy; **~kind** N solenizant(ka)
Ge'burtsurkunde F akt *od* metryka urodzenia, świadectwo urodzenia
Ge'büsch N (-[e]s; -e) krzaki *mpl*, zarośla *pl*
Geck M (*-en*) *abw* fircyk,ioguś *m*
ge'dacht *pperf* → denken, gedenken; ADJ pomyślany
Ge'dächtnis N (*-ses; -se*) pamięć *f*; **aus dem ~** z pamięci; **im ~ behalten**

zapamiętać *pf*, zachować *pf* w pamięci; **sich, j-m ins ~ (zurück)rufen** przywołać sobie, k-u na pamięć; **~feier** F akademia rocznicowa; **~lücke** F luka pamięciowa; **~stütze** F środek mnemotechniczny, skojarzenie ułatwiające zapamiętanie

ge'dämpft ADJ *Geräusch, Licht* przytłumiony; *Farben* spokojny; **mit ~er Stimme** przytłumionym głosem

Ge'danke M (*-ns; -n*) myśl *f*; (*Einfall*) pomysł; **dieser ~ liegt mir fern** ani myślę o tym; **... kann meine ~n lesen ...** czyta w moich myślach; **bei dem ~n an** (*akk*) na myśl o (*lok*); **auf den ~n kommen** wpaść *pf* na myśl *od* na pomysł; **mir kam der ~** przyszło mi na myśl; *umg* **auf dumme ~n kommen** wpaść *pf* na głupi pomysł; **j-n auf andere ~n bringen** zająć *pf* k-o czymś innym, rozerwać *pf* k-o; **sich ~n machen** (**über** *akk*) rozmyślać (nad *inst*); (**um** *akk*) (*sich sorgen*) martwić się (*inst*, o *akk*)

Ge'danken|austausch M wymiana poglądów; **~freiheit** F (*bpl*) wolność *f* myśli; **~gang** M tok myślenia; **~gut** N (*bpl*) ideologia; **~lesen** N (*bpl*) czytanie cudzych myśli

ge'dankenlos (*unüberlegt*) nierozważny, nierozsądny; (*zerstreut*) nieuważny; *präd a.* bez zastanowienia

Ge'danken|losigkeit F (*bpl*) brak zastanowienia; nieuwaga; **~strich** M myślnik; **~übertragung** F telepatia

ge'dankenvoll zamyślony

ge'danklich myślowy (-wo)

Gedärm N (*-[e]s; -e*), PL **~e** wnętrzności *fpl*, *pop* bebechy *mpl*, flaki *mpl*

Ge'deck N (*-[e]s; -e*) nakrycie; (*Menü*) menu *n* (*unv*)

Ge'deih M: *nur in* **auf ~ und Verderb zusammenhalten** dzielić dolę i niedolę

ge'deihen VI (*gedieh, gediehen; sn*) *Sache* rozwijać się (pomyślnie); *Pflanze* (dobrze) rosnąć, róść; *Tier, Kind a.* chować się (zdrowo)

ge'denken VI (*irr; pperf gedacht*) *j-s, e-r Sache* pamiętać (o *lok*), wspominać ⟨-mnieć⟩ (*akk*); (*ehren*) upamiętni(a)ć (*akk*), składać ⟨złożyć⟩ hołd pamięci (*gen*); **~ zu ...** (*vorhaben*) zamierzać (+ *inf*)

Gedenken N (*-s; bpl*) pamięć *f*; **zum ~ an** (*akk*) dla uczczenia pamięci *od* upamiętnienia (*gen*)

Ge'denk|feier F (**für**) akademia ku czci (*gen*); **~minute** F minuta żałobnego skupienia; **~münze** F medal pamiątkowy; **~stätte** F miejsce pamięci narodowej; **~stein** M (**für**) głaz upamiętniający (*akk*); **~tafel** F tablica pamiątkowa; **~tag** M rocznica

Ge'dicht N (*-[e]s; -e*) wiersz, *dim* wierszyk; *umg* **dieser Salat ist ein ~!** ta sałatka to poemat sztuki kulinarnej!

Ge'dichtband M zbiór poezji

ge'diegen ADJ solidny, gruntowny; *Metall* szczery

ge'dieh, ge'diehen → gedeihen

Ge'donner N (*-s; bpl*) huk, łoskot

Ge'dränge N (*-s; bpl*) tłok, ścisk; *fig* **wir kommen mit der Zeit ins ~** czas nagli

ge'drängt ADJ stłoczony; *fig* zwięzły (-źle); **~ stehen** ⟨s⟩tłoczyć się; **~ voll** zatłoczony, nabity

ge'droschen *pperf* → dreschen

ge'drückt ADJ (*seelisch*) przygnębiony; *Stimmung a.* minorowy

ge'drungen *pperf* → dringen; ADJ *fig* krępy (-po), przysadzisty

Ge'dudel N (*-s; bpl*) *abw* rzępolenie

Ge'duld F (*bpl*) cierpliwość *f*; **sich in ~ fassen** uzbroić się *pf* w cierpliwość; **die ~ verlieren** ⟨s⟩tracić cierpliwość; **~ haben mit j-m** mieć cierpliwość do (*gen*)

ge'dulden (*-e-; pperf geduldet*): VR **sich ~** ⟨po-, za⟩czekać cierpliwie

ge'duldig cierpliwy (-wie)

Ge'duldsprobe F: **j-n auf e-e ~ stellen** wystawi(a)ć czyjąś cierpliwość na próbę

Ge'duld(s)spiel N gra wymagająca wiele cierpliwości; *engS* układanka (literowa), łamigłówka, pasjans

ge'dungen ADJ *Mörder* (wy)najęty

ge'dünstet ADJ KULIN duszony

ge'durft *pperf* → dürfen

ge'ehrt ADJ szanowny; **Sehr ~er Herr ...** Szanowny Panie ...

ge'eignet ADJ odpowiedni, stosowny; *Sache, Person* zdatny (**für** do *gen*); **~ sein** (**für**) nadawać się (do *gen*)

Ge'fahr F niebezpieczeństwo; PL *mst* zagrożenia *npl*; **auf eigene ~** na własne ryzyko; **auf die ~ hin, alles zu verlieren** ryzykując stracić *pf* wszystko; **bei ~** w razie niebezpieczeństwa *od* zagrożenia; **~ laufen (zu)** ryzykować (*inst*, *inf*); **j-n, etw in ~ bringen** narażać ⟨-razić⟩ *od* wystawi(a)ć

G

na niebezpieczeństwo *(akk)*; **~ bringend** niebezpieczny; **in ~ geraten** znaleźć się *pf* w niebezpieczeństwie; **... ist außer ~** niebezpieczeństwo dla ... *(gen)* minęło

geˈfahrbringend → Gefahr

geˈfährden *(-e-; pperf gefährdet)* narażać ⟨-razić⟩ (**s-e Gesundheit** swoje zdrowie); zagrażać ⟨zagrozić⟩ (**den Frieden** pokojowi)

Geˈfährdung F *e-r Person* narażenie (na niebezpieczeństwo); *(Bedrohung)* zagrożenie

G

geˈfahren *pperf* → fahren

Geˈfahren|quelle F źródło zagrożenia; **~situation** F sytuacja zagrożenia; **~stelle** F miejsce niebezpieczne (dla ruchu); **~zone** F strefa zagrożenia; **~zulage** F dodatek za pracę w niebezpiecznych warunkach

geˈfährlich niebezpieczny, ryzykowny

geˈfahrlos bezpieczny

Gefährt N (-[e]s; -e) pojazd

Geˈfährt|e M *(-n)*, **~in** F towarzysz(ka)

Geˈfälle N *(Neigung)* spadek; *im Wert usw* różnica poziomów; **starkes ~** stromy spadek

geˈfallen[1] *(irr; pperf gefallen)*: **j-m ~** ⟨s⟩podobać się k-u; **wie gefällt dir ...?** jak ci się podoba ...?; *umg* **die Sache gefällt mir nicht** to mi się nie podoba; **das lasse ich mir nicht ~** nie pozwolę na to

geˈfallen[2] *pperf* → fallen, gefallen[1]

Geˈfallen[1] M *(-s; -)* przysługa; **tu mir den ~ und ...** bądź tak uprzejmy i ...

Geˈfallen[2] N *(-s; bpl)*: **~ finden an j-m, etw** gustować, znajdować upodobanie w *(lok)*, upodobać *pf* sobie *(akk)*; **kein ~ haben an** *(dat)* nie mieć upodobania do *(gen)*, nie gustować w *(lok)*

Geˈfalle|ne(r) M *(-n)* poległy; **~nenfriedhof** M cmentarz poległych

geˈfällig ładny, *umg* ładniutki (-ko); *(zuvorkommend)* usłużny, uprzejmy (-mie)

Geˈfälligkeit F przysługa; *(bpl)* grzeczność *f*; **aus ~** przez grzeczność

geˈfälligst ADV: *umg* **warten Sie ~** zechce pan zaczekać; *umg* **mach ~ die Tür zu!** a drzwi zamknąć nie łaska?

geˈfälscht ADJ fałszywy, sfałszowany

geˈfangen ADJ *Soldat* wzięty do niewoli; *(in Haft)* aresztowany; **~ halten** *Häftling* ⟨u⟩więzić; *Tier* trzymać w niewoli; *Geisel* przetrzymywać; **~ nehmen** brać ⟨wziąć⟩ do niewoli; *fig* zafascynować *pf*

Geˈfange|ne F więźniarka; **~ne(r)** M *(-n)* więzień *m*; MIL jeniec

Geˈfangenen|austausch M wymiana jeńców; **~lager** N obóz jeniecki

Geˈfangennahme F wzięcie do niewoli

Geˈfangenschaft F niewola; **in ~ geraten** trafi(a)ć do niewoli

Geˈfängnis N *(-ses; -se)* więzienie; **im ~ sitzen** siedzieć w więzieniu; **zu zwei Jahren ~ verurteilen** skaz(yw)ać na dwa lata więzienia; **darauf steht ~** za to grozi więzienie; **~hof** M spacerniak; **~strafe** F kara więzienia; **~tor** N brama więzienna; **~wärter** M dozorca więzienny, *abw* klawisz

geˈfärbt ADJ farbowany

Geˈfasel N *(-s; bpl)* *abw* brednie *fpl*

Geˈfäß N *(-es; -e)* naczynie *(a.* ANAT)

geˈfasst ADJ *(ruhig)* opanowany; przygotowany (**auf das Schlimmste** na najgorsze); **~ sein, sich ~ machen** (**auf** *akk*) spodziewać się *(gen)*

Geˈfecht N (-[e]s; -e) bój, starcie, potyczka; **j-n außer ~ setzen** uczynić *pf* niezdolnym do (dalszej) walki; *fig* znokautować *pf*

geˈfechtsmäßig bojowy

ge|ˈfehlt ADJ *szwajc* chybiony; **~ˈfeiert** ADJ entuzjastycznie witany, fetowany

geˈfeit ADJ: **gegen etw** *(akk)* **~ sein** być zabezpieczonym od *(gen)*, być uodpornionym na *(akk)*

geˈfesselt ADJ *mit Handfesseln* skuty kajdankami, w kajdankach

geˈfestigt ADJ *Charakter* stały; *Persönlichkeit* zrównoważony

Geˈfieder N *(-s; bpl)* upierzenie

geˈfiedert ADJ upierzony

Geˈfilde N *poet (Gegend)* okolica; *(Bereich)* niwa, pole

Geˈflecht N (-[e]s; -e) plecionka; *aus Draht* siatka; *aus Linien, Adern, Nerven, Ästen usw* splot

geˈfleckt ADJ cętkowany, plamisty

ge|ˈflochten *pperf* → flechten; ADJ pleciony; **~ˈflogen** *pperf* → fliegen; **~ˈflohen** *pperf* → fliehen; ADJ zbiegły; **~ˈflossen** *pperf* → fließen

Geˈflügel N *(-s; bpl)* drób; **~farm** F ferma drobiarska

Geflügel|salat M sałatka z mięsa drobiowego; **~zucht** F hodowla drobiu

ge'flügelt ADJ skrzydlaty, uskrzydlony; **~e Worte** skrzydlate słowa *npl*
Ge'flüster N (*-s; bpl*) szeptanie
ge'fochten *pperf* → fechten
Ge'folge N asysta, orszak
ge|'fragt ADJ *Ware* poszukiwany; *Person* wzięty; **~'fräßig** żarłoczny
Ge'freite(r) M (*-n*) starszy szeregowiec
ge'frieren V/I (*irr; pperf gefroren*) zamarzać ⟨-znąć⟩; **~ lassen** zamrażać ⟨-mrozić⟩; **~der Regen** marznący deszcz
Ge'frierfach N zamrażalnik
Ge'frierfleisch N mięso mrożone
ge'friergetrocknet ADJ liofilizowany
Ge'frierpunkt M (*bpl*) punkt zamarzania; **um den ~** około zera
Ge'frier|schrank M, **~truhe** F zamrażarka
ge'froren *pperf* → frieren, gefrieren; ADJ *Erde usw* zamarznięty; *Produkt* mrożony, zamrożony
Ge'frorene(s) N *austr* lody *mpl*
Ge'füge N układ, struktura
ge'fügig uległy; **j-n ~ machen** zmuszać ⟨zmusić⟩ k-o do uległości
Ge'fühl N (*-s; -e*) *körperlich* czucie; uczucie (**der Kälte** zimna); *seelisch* uczucie (**der Angst, Freude** strachu, radości); poczucie (**der Sicherheit** bezpieczeństwa); (*Gespür*) wyczucie (**für Rhythmus** rytmu); **kein ~ in ...** (*dat*) **haben** nie mieć czucia w (*lok*); **ohne jedes ~** wyzuty z wszelkich uczuć; **mit gemischten ~en** z mieszanymi uczuciami; **ich habe das ~, dass ...** mam uczucie, że ...; **s-m ~ folgen** iść za uczuciem; *umg* **nach ~** na wyczucie
ge'fühllos bez czucia; *fig* nieczuły (-le)
Gefühls|ausbruch M gwałtowny przejaw uczuć; **~äußerung** F wyraz uczucia; **~duse'lei** *umg abw* F czułostkowość *f*; **~kälte** F nieczułość *f*; (*Frigidität*) oziębłość płciowa; **~leben** N uczuciowość *f*
ge'fühlsmäßig uczuciowy (-wo)
Ge'fühls|mensch M człowiek uczuciowy; **~regung** F wzruszenie, emocja; **~überschwang** M (*-s; bpl*) nadmiar uczuć
ge'fühlvoll *Person* uczuciowy; *Musik usw* ckliwy (-wie)
ge|'füllt ADJ KULIN nadzi(ew)any, faszerowany; **~'funden** *pperf* → finden; ADJ znaleziony; **~'fürchtet** ADJ (*gefährlich*) groźny, niebezpieczny; (*mächtig*) potężny; **~'gangen** *pperf* → gehen
ge'geben ADJ dany; (*passend*) odpowiedni; **aus ~em Anlass** z wiadomych powodów; **unter den ~en Umständen** w danych warunkach; **zur ~en Zeit** w odpowiednim czasie
ge'gebenenfalls ADV ewentualnie
Ge'gebenheiten FPL warunki *mpl*
gegen[1] PRÄP (*akk*) (*in Richtung auf*) ku (*dat*), na, pod (*akk*); *schlagen, lehnen usw* w, o (*akk*), do (*gen*); *kämpfen, siegen, verstoßen, etw haben* przeciw(ko) (*dat*); (*wider etw*) wbrew (*dat*); (*Beziehung zu j-m, etw*) wobec, względem (*gen*); (*Mittel für, Schutz vor*) na (*akk*), od (*gen*); (*im Vergleich zu*) w porównaniu z (*inst*); (*im Austausch für*) (w zamian) za (*akk*); **~** + *Zeitangabe* pod (*akk*), nad (*inst*), około (*gen*); **~ Süden** ku południowi; **~ die Sonne** pod słońce; **~ bar** za gotówkę; **~ die Vorschriften** wbrew przepisom; **~ Abend** pod wieczór; **~ Morgen** nad ranem; **~ 9 Uhr** około dziewiątej; **~ etw sein** być przeciw(ny) (*dat*)
gegen[2] ADV (*etwa*) około (*gen*); **~ hundert Leute** około stu ludzi
Gegen|angebot N kontrpropozycja, kontroferta; **~angriff** M przeciwnatarcie, kontratak; **~anzeige** F MED przeciwwskazanie; **~beispiel** N kontrprzykład; **~besuch** M rewizyta; **~beweis** M dowód przeciwny
Gegend F okolica; **in der ~** w pobliżu; **in der ~ von Berlin** w okolicy Berlina; **in unserer ~** w naszych stronach
Gegendarstellung F sprostowanie
Gegendemonstration F kontrdemonstracja
gegenei'nander ADV: **etwas ~ haben** mieć coś przeciwko sobie; **~ austauschen** wymieni(a)ć nawzajem; **~drücken** przycisnąć do siebie *od* jeden do drugiego (jedną do drugiej); **~halten** (*irr*) (*vergleichen*) porównywać jeden (jedno) z drugim; **~pressen** → gegeneinanderdrücken
Gegenfahrbahn F przeciwny pas ruchu
Gegenfrage F: **mit einer ~ antworten** odpowiadać ⟨-wiedzieć⟩ pytaniem na pytanie
Gegen|gewicht N przeciwwaga; **~gift** N odtrutka; **~kandidat(in)** M(F) kontrkandydat(ka); **~leistung** F świadczenie

G

od przysługa w zamian, odwzajemnienie (się) (**für** za *akk*); ekwiwalent
Gegenlicht N (*bpl*): **im ~** pod światło; **~aufnahme** F zdjęcie pod światło
Gegenliebe F: **keine ~ finden, auf wenig ~ stoßen** nie uzysk(iw)ać aprobaty
Gegenmaßnahme F: **~n ergreifen** ⟨za⟩stosować środki zapobiegawcze *od* odwetowe
Gegen|mittel N środek zaradczy, odtrutka; **~offensive** F przeciwnatarcie, kontrofensywa; **~partei** F JUR strona przeciwna, przeciwnik; POL stronnictwo opozycyjne; **~probe** F próba kontrolna; **~revolution** F kontrrewolucja
Gegenrichtung F przeciwny kierunek; **aus der ~** z naprzeciwka
Gegensatz M przeciwieństwo; **im ~ zu** w przeciwieństwie do (*gen*); **in e-m ~ zueinander stehen** stanowić przeciwieństwo względem siebie; **der genaue ~ zu** (*akk*) **sein** być zupełnym przeciwieństwem (*gen*); **Gegensätze** PL przeciwstawne stanowiska *npl*
gegensätzlich przeciwstawny; *Meinung a.* krańcowo odmienny
Gegensätzlichkeit F (*bpl*) przeciwstawność *f*
Gegenschlag M MIL, SPORT kontruderzenie, przeciwuderzenie; **zum ~ ausholen** *fig* przejść *pf* do ofensywy
Gegenseite F strona przeciwna
gegenseitig ADJ wzajemny, obopólny; *präd* wzajemnie, nawzajem; **sich ~ helfen** pomagać sobie nawzajem
Gegenseitigkeit F (*bpl*) wzajemność *f*; **unsere Zuneigung beruht auf ~** i on(a) odpłaca mi wzajemnością
Gegenspieler M przeciwnik; *fig a.* oponent; **~in** F przeciwniczka; *fig a.* oponentka
Gegenspionage F kontrwywiad
Gegenstand M przedmiot (*a. fig*); **zum ~ der Forschung machen** ⟨u⟩czynić przedmiotem badań
gegen|ständlich przedmiotowy (-wo); **~standslos** bezprzedmiotowy (-wo); **~steuern** V/I *fig* przeciwdziałać (*dat*)
Gegen|stimme F głos sprzeciwu; *beim Abstimmen* głos przeciw; **~stück** N odpowiednik
Gegenteil N (*bpl*) odwrotność *f*; **(ganz) im ~** (wprost) przeciwnie; **ins ~ umschlagen** zmieni(a)ć się zupełnie; **das ~ ist der Fall** sprawa ma się wręcz przeciwnie
gegenteilig przeciwny, odwrotny
Gegentor M: **ein ~ schießen** strzelić *pf* gola do bramki przeciwnika
gegen'über PRÄP (*dat*) *örtlich* naprzeciw(ko) (*gen*); (*zu, in Bezug auf*) wobec (*gen*); (*im Vergleich zu*) w porównaniu z (*inst*); w odróżnieniu od (*gen*); ADV **(von)** naprzeciwko (*gen*)
Gegen'über N (-s; PL *selten*): **mein ~** moje vis-ŕ-vis
gegen'überliegen V/I (*irr*): **einander**, V/R **sich ~** leżeć *od* znajdować się naprzeciw (siebie)
gegen'überliegend ADJ przeciwległy
gegen'übersehen (*irr*): V/R **sich** *e-r Sache* **~** znaleźć się *pf* w obliczu (*gen*)
gegen'überstehen (*irr*) V/I: **j-m ~** stać przed (*inst*); *e-r Sache* **ablehnend ~** być negatywnie usposobionym do (*gen*); V/R **sich ~** stać naprzeciw siebie
gegen'überstellen: V/T **j-n** *e-r Person* **~** ⟨s⟩konfrontować k-o z (*inst*); **einander ~** (*vergleichen*) porówn(yw)ać
gegen'übertreten V/I (*irr; sn*): **j-m ~** stanąć *pf* przed (*inst*)
Gegenverkehr M ruch z przeciwka; **Straße mit ~** droga o ruchu dwukierunkowym
Gegenvorschlag M kontrpropozycja
Gegenwart F (*bpl*) teraźniejszość *f*, współczesność *f*; (*Jetztzeit*) *a.* doba współczesna; (*Anwesenheit*) obecność *f*; **in ~ von ...** w obecności (*gen*)
gegenwärtig ADJ teraźniejszy, obecny; *präd* teraz, obecnie; *lit* **das ist mir nicht mehr ~** nie mam już tego w pamięci
Gegenwarts|frage F aktualne zagadnienie; PL *a.* współczesna problematyka; **~literatur** F literatura współczesna
gegenwartsnah aktualny, nowoczesny
Gegenwehr F (PL *selten*) opór; **keine ~ leisten** nie stawiać oporu; **~ leisten** stawiać opór
Gegenwert M (*bpl*) równowartość *f*
Gegenwind M wiatr przeciwny
gegenzeichnen kontrasygnować
Gegenzug M kontrposunięcie; KOLEJ pociąg w przeciwnym kierunku; *fig* **im ~** w ramach retorsji (*a.* JUR)
ge|'gessen *pperf* → essen; **~'glichen** *pperf* → gleichen; **~'glitten** *pperf* →

gleiten; **~'glommen** *pperf* → glimmen

Gegner(in) M(F) przeciwnik (-niczka); *im Wortstreit usw a.* oponent(ka)

gegnerisch *(feindlich)* wrogi; *im Wettkampf* ... przeciwnika; **die ~e Mannschaft** drużyna przeciwnika

Gegnerschaft F wzajemne zwalczanie się, (wzajemna) wrogość, antagonizm

ge|'golten *pperf* → gelten; **~'goren** *pperf* → gären; **~'gossen** *pperf* → gießen; ADJ TECH lany; **~'griffen** *pperf* → greifen; **~'grillt** ADJ upieczony na grillu, z rusztu

Ge'habe N (-s; bpl) *abw* manierowanie (się), nienaturalny sposób bycia

Ge'hackte(s) N (-n; bpl) mięso siekane

Ge'halt[1] M (-[e]s; -e) zawartość *f* (**an Metall** *usw* metalu *usw*); *(gedanklicher Inhalt)* zawartość *f*, treść *f*

Ge'halt[2] N (-[e]s; Gehälter) pensja, uposażenie, pobory *mpl*

ge'halten *pperf* → halten

ge'haltlos beztreściwy, bez treści

Ge'halts|bescheinigung F zaświadczenie o wysokości (pobieranego) wynagrodzenia; **~empfänger(in)** M(F) pracownik pobierający (pracownica pobierająca) stałe wynagrodzenie; *engS* pracownik umysłowy (pracownica umysłowa); **~erhöhung** F podwyżka wynagrodzenia *od* pensji; **~gruppe** F grupa uposażeniowa; **~kürzung** F obniżka pensji; **~liste** F lista płac; **~wunsch** M wymagania *npl* płacowe

ge'haltvoll treściwy (-wie)

ge'handi|capt, **~kapt** [-kɛpt] ADJ *(behindert)* upośledzony, niepełnosprawny

ge'hangen *pperf* → hängen[1]

ge'harnischt ADJ *Protest* stanowczy; *Antwort usw* ostry (-ro), cięty

ge'hässig złośliwy (-wie), zjadliwy (-wie)

Ge'hässigkeit F *(bpl)* zjadliwość *f*, *(a pl, Äußerung)* złośliwość *f*

ge'hauen *pperf* → hauen

ge'häuft ADJ: **ein ~er Löffel** czubata łyżka; ADV *(häufig)* często

Ge'häuse N *e-s Gerätes* skrzynka, korpus, obudowa; *e-r Uhr* koperta; ZOOL skorupa; → Kerngehäuse

gehbehindert ADJ mający trudności z chodzeniem; **er ist ~** trudno mu chodzić, on ma trudności z chodzeniem

Ge'hege N ogrodzony teren, ogrodzenie, wybieg (dla zwierząt); *fig* **j-m ins ~ kommen** wchodzić ⟨wejść⟩ k-u w paradę

ge'heim tajny, sekretny; *Gang, Wissen, Treffen usw a.* tajemny; **streng ~** ściśle tajny; **als ~ einstufen** utajni(a)ć; **~ halten** utrzym(yw)ać w tajemnicy (**vor j-m** przed *inst*); **im Geheimen** potajemnie, w tajemnicy

Geheim|agent(in) M(F) agent(ka) wywiadu; **~bund** M tajna organizacja; **~dienst** M tajna służba, wywiad

Ge'heimhaltung F utrzym(yw)anie w tajemnicy; **der ~ unterliegen** podlegać utajnieniu

Ge'heimnis N (-ses; -se) tajemnica *(a. etwas Unergründliches)*, sekret; **~se** PL *(nur Eingeweihten bekannt)* tajniki *mpl*; **keine ~se haben** nie mieć tajemnic (**vor j-m** przed *inst*); **ein ~ machen** (**aus** *dat*) robić tajemnicę (z *gen*); **ein ~ lüften** odsłaniać ⟨-słonić⟩ tajemnicę; **ein ~ bewahren** dochow(yw)ać tajemnicy; **ein offenes ~** publiczna tajemnica; **darin liegt das ganze ~** w tym cały sekret

Ge'heimnis|krämer(in) *umg* M(f) uosobienie tajemniczości, sfinks, *umg* ważniak (-niaczka) robiący (-ca) ze wszystkiego sekret; **~krämе'rei** *umg* F *(bpl)* tajemnicze zachowanie się, tajemniczość *f*

ge'heimnisumwittert ADJ osnuty mgiełką tajemnicy

Ge'heimnisverrat M ujawnienie *od* zdrada tajemnicy

ge'heimnisvoll tajemniczy (-czo)

Ge'heim|nummer F TEL numer zastrzeżony; → Geheimzahl; **~papier** *umg* M tajny dokument; **~polizei** F tajna policja; **~polizist** M tajny funkcjonariusz policji, *umg* tajniak; **~rezept** N tajemna recepta; **~tipp** *umg* M poufna informacja, *umg* cynk; **~vertrag** M tajny układ; **~zahl** F liczbowy kod (identyfikacyjny), PIN

ge'heißen *pperf* → heißen

ge'hemmt ADJ *Person* skrępowany

gehen *(ging, gegangen; sn)*: V/T **den langen dornigen Weg ~** przeby(wa)ć długą, ciernistą drogę; V/I *(sich fortbewegen, sich begeben)* iść ⟨pójść⟩ (**durch, zu** przez *akk*, do *gen*; **nach links** na lewo; **einkaufen** po zakupy; **zu Fuß** pieszo); przechodzić ⟨przejść⟩ (**durch etw** przez *akk*; **auf die andere Seite** na drugą stronę;

▶ Gehen, aber wie?

Willst du mitfahren oder lieber zu Fuß gehen?	Pojedziesz ze mną, czy wolisz iść pieszo?
Er eilte zum Ausgang.	Pospieszył do wyjścia.
Plötzlich lief er aus dem Zimmer.	Nagle wybiegł z pokoju.
Er rannte, so schnell er konnte.	Pędził ile sił w nogach.
Wir wanderten am Ufer entlang, geradewegs zur Hafenmole.	Wędrowaliśmy wzdłuż brzegu w kierunku portowego molo.
Stundenlang bummelten sie durch die Stadt.	Godzinami włóczyli się po mieście.
Sie schlich leise ins Zimmer.	Skradała się cicho do pokoju.

G

über die Brücke przez most); (*regelmäßig besuchen, a. fig umg sich kleiden, verkehren*) chodzić (**tanzen** na tańce; **zur Schule** do szkoły; **in Trauer** w żałobie; *umg* **mit e-m Mädchen** z dziewczyną); (*verlassen*) wychodzić ⟨wyjść⟩ (**aus dem Haus** z domu); **ins Ausland ~** wyjechać *pf* za granicę; (*weggehen, abfahren*) odchodzić ⟨odejść⟩ (*a. fig aus dem Amt*); *Flugzeug* odlatywać ⟨-lecieć⟩; *Schiff* odpływać ⟨-płynąć⟩; **j-n ~ lassen** pozwalać ⟨-zwolić⟩ odejść (*dat*); (*in Ruhe lassen*) zostawi(a)ć w spokoju (*akk*); *fig* **sich ~ lassen** nie panować nad sobą; *fig* (*funktionieren*) działać; (*läuten*) dzwonić; *Uhr* chodzić; *Fenster* wychodzić (**zur Straße** na ulicę; **nach Norden** na północ); *Weg* prowadzić (**in den Wald** do lasu); *Teig* rosnąć; **gut ~** *Geschäft* prosperować, rozwijać się; *Ware* dobrze się sprzedawać; (*reichen bis, sich ausdehnen*) dochodzić ⟨dojść⟩, sięgać (**an** *akk*, **bis zu** do *gen*); *umg* **geh nicht an meine Sachen** nie ruszaj moich rzeczy; **~ in** (*akk*) (*hineinpassen*) ⟨z⟩mieścić się w (*lok*); **in Pension ~** przechodzić ⟨przejść⟩ na emeryturę; **in die Tausende ~** sięgać tysięcy; **in sich ~** opamięt(yw)ać się; rozmyślać; **vor sich ~** dziać się; **was geht hier vor?** co się tu dzieje?; **das geht nicht** to niemożliwe; **so geht das nicht weiter** tak dalej być nie może; **geht das so?** może (to) tak być?; *etw* **geht (ja) noch** *od* **gerade so** ... tak sobie; *unpers* **es geht** (*es ist möglich*) to da się zrobić; **es geht nicht** to niemożliwe; **es wird schon ~** jakoś to będzie; **wenn es nach mir ginge** jeśli miałbym coś do powiedzenia; gdyby to ode mnie zależało; **es geht gegen meine Prinzipien** to przeczy moim zasadom; **es geht um ...** chodzi o ...; **es geht auf 12** zbliża się dwunasta; *umg* **wie gehts?** jak leci?; **wie geht es dir?** jak się masz?, jak ci się powodzi?; (*gesundheitlich*) jak się czujesz?, jak zdrowie?

Gehen N (*-s; bpl*) chodzenie; SPORT chód; **im ~** idąc, chodząc

gehenlassen (*irr; -*) *fig* → gehen

Geher(in) M(F) SPORT chodziarz (*a. f*)

ge'heuer ADJ: **nicht (ganz) ~ sein** (*dat*) straszyć (*akk*); (*verdächtig vorkommen*) budzić wątpliwości (u *gen*)

Ge'heul N (-[e]s; bpl) wycie, skowyt; *umg abw* ryk, bek, beczenie

gehfähig zdolny do chodzenia

Geh|gips M opatrunek gipsowy do chodzenia; **~hilfe** F (*Krücke*) kula (do chodzenia)

Ge'hilf|e M (*-n*) pomocnik, asystent; **~in** F pomocnica, asystentka

Ge'hirn N mózg; ANAT *a.* mózgowie; *umg* **sein ~ anstrengen** wysilać mózgownicę; **~blutung** F wylew krwi do mózgu; **~erschütterung** F wstrząs mózgu; **~hautentzündung** F zapalenie opon mózgowych; **~schlag** M udar mózgu; **~tumor** M guz mózgu; **~wäsche** F pranie mózgów

ge'hoben *pperf* → heben; ADJ *Stimmung, Stil* podniosły; *Stellung* wyższy

Gehöft N (-[e]s; -e) zagroda (wiejska)

ge'holfen *pperf* → helfen

Ge'hölz N (*-es; -e*) zagajnik

Ge'hör N (-[e]s; bpl) słuch (*a. muz*); **nach dem ~ spielen** grać ze słuchu; **~ finden** znajdować ⟨znaleźć⟩ zrozumienie (**bei j-m** u *gen*); **sich** (*dat*) **~ verschaffen** (**bei j-m**, **in** *dat*) zdoby(wa)ć posłuch (u *gen*, w *lok*);

Wem gehört was?

Müllers Haus	dom (państwa) Müllerów
Stefans Fahrrad	rower Stefana
Max' Schlüssel	klucz Maxa
der Schüssel von Max	klucz Maxa
Maxens Schlüssel	klucz Maxa
die Fläche Polens	powierzchnia Polski
das Gebiet Deutschlands	obszar Niemiec

j-m, *e-r Sache* **~ schenken** wysłuch(iw)ać *(gen)*

ge'horchen VI *(pperf gehorcht)* słuchać się, *umg* słuchać; **j-m blind ~** być ślepo posłusznym k-u; **nicht ~** *Stimme usw* odmawiać ⟨-mówić⟩ *k-u.* posłuszeństwa

ge'hören *(pperf gehört)* VI *j-m als Besitz, zu etw als Teil* należeć do *(gen)*; **der Koffer gehört mir** to moja walizka; **das gehört mir nicht** to do mnie nie należy, to nie moje; **wem gehört das Buch?** czyja to książka?; **dazu gehört ...** to wymaga *(gen)*; na to potrzeba *(gen)*; **er gehört ins Bett** on powinien być w łóżku; *unpers u.* V/R **das gehört sich (nicht)** to (nie) wypada; **wie es sich gehört** jak należy; **wie es sich für ... gehört** jak przystało na *(akk)*

Ge'hörgang M przewód słuchowy

ge'hörig ADJ *als Besitz, Teil zu etw* należący do *(gen)*; *(gebührend)* należyty; *umg (tüchtig, kräftig)* porządny; ADV należycie, jak należy; porządnie

ge'hörlos głuchy

ge'hörnt ADJ rogaty *(a. fig Ehemann)*

ge'horsam posłuszny

Ge'horsam M *(-s; bpl)* posłuszeństwo; MIL subordynacja

Ge'hörsinn M *(bpl)* zmysł słuchu

Geh|steig M chodnik; **~stock** M laska

Gehtnichtmehr: *nur in umg* **bis zum ~** aż do obrzydzenia

Gehversuch M próba chodzenia

Gehweg M chodnik; *(Fußweg)* ścieżka dla pieszych

Geier M sęp, ścierwnik

geifern VI *(-re)* ślinić się; *lit fig* pienić się **(vor Wut** ze złości)

Geige F skrzypce *pl*

Geigenkasten M futerał na skrzypce

Geiger M skrzypek; **~in** F skrzypaczka

Geiger|zähler, **~-Zähler** M licznik Geigera

geil *abw* lubieżny, jurny; *sl (toll)* czadowy, na piątkę; AGR *Trieb* dziki; **~er Bock** stary lubieżnik; *umg* **~ sein auf** *(akk)* lecieć, chorować na *(akk)*

Geisel F *(-; -n)* zakładnik (-iczka); **~nahme** F wzięcie zakładnika *od* zakładników; **~nehmer** M porywacz biorący zakładników

Geiß F *pł-niem, austr, szwajc* koza; **~blatt** N *(bpl)* BOT wiciokrzew; **~bock** M *pł-niem, austr, szwajc* kozioł

Geißel F *(-; -n)* bicz; *lit fig* plaga

geißeln *(-le)* biczować, chłostać *(a. fig anprangern)*

Geist M *(-es; -e u -er)* duch; *(Verstand, Person)* umysł; *(Witz)* dowcip; *(Gespenst)* duch, widmo; **der Heilige ~** Duch Święty; **guter ~** dobry duch; **der ~ der Zeit** duch czasu; **ein großer ~** wielki umysł; **den ~ aufgeben** wyzionąć *pf* ducha; **im ... ~** w ... duchu; **im ~e sehen** widzieć w duchu; *umg* **j-m auf den ~ gehen** działać k-u na nerwy; *umg* **ein unruhiger ~** niespokojny duch; *mst Kind* wiercipięta *m u. f*

Geister|bahn F kolejka strachów; **~beschwörung** F wywoływanie duchów; **~fahrer** M samochód jadący autostradą pod prąd

geisterhaft widmowy, upiorny

Geisterhand F: **wie von ~** jakby niewidzialną ręką

geistern VI *(-re; sn)* błąkać się jak zjawa; *fig Idee* pokutować

Geisterstunde F *(bpl)* północ *f*

geistesabwesend ADJ nieobecny duchem, roztargniony; *präd* z roztargnieniem, nieuważnie

Geistes|blitz *umg* M genialny pomysł; **~gegenwart** F przytomność *f* umysłu

geistesgegenwärtig przytomny; **~ reagieren** zachow(yw)ać się przytomnie

geistesgestört ADJ chory psychicznie,

nienormalny
Geisteshaltung F mentalność *f*
geisteskrank umysłowo chory
Geistes|krankheit F choroba umysłowa; **~wissenschaften** FPL nauki *fpl* humanistyczne; **~zustand** M (*bpl*) stan umysłowy
geistig duchowy (-wo); umysłowy (-wo); **~ behindert** (umysłowo) upośledzony; **~es Eigentum** własność intelektualna; **~e Getränke** napoje *mpl* wyskokowe

G

geistlich duchowny, religijny; (*kirchlich*) kościelny
Geistlich|e(r) M (*-n*) duchowny *m*; **~keit** F (*bpl*) duchowieństwo
geist|los (*dumm*) niemądry (-rze); (*gehaltlos*) płaski, niewybredny; **~reich** dowcipny, błyskotliwy (-wie); **~tötend** ADJ otępiający (-co), ogłupiający (-co)
Geiz M (*-es; bpl*) skąpstwo
geizen V/I (*-zt*) ⟨po⟩skąpić, żałować (**mit etw** *gen*); **nicht mit etw ~** *a.* nie szczędzić (*gen*)
Geizhals *abw* M skąpiec, sknera *f u. m*
geizig skąpy, chciwy
Geizkragen *umg abw* M skąpiradło, kutwa *f u. m*, dusigrosz
Ge'jammer *umg* N (*-s; bpl*) biadolenie
Ge'johle *umg* N (*-s; bpl*) wykrzykiwanie
ge'kannt *pperf* → kennen
Ge'kicher *umg* N (*-s; bpl*) chichot(anie)
Ge'klimper *umg* N (*-s; bpl*) brzdąkanie
Ge'klingel *umg* N (*-s; bpl*) (stałe, ciągłe) dzwonienie, jazgot
ge'klungen *pperf* → klingen
Ge'knatter *umg* N (*-s; bpl*) terkot(anie)
ge'knickt *umg fig* ADJ przybity, zgaszony
ge'kniffen *pperf* → kneifen
Ge'knister *umg* N (*-s; bpl*) szeleszczenie (**des Papiers** papieru); potrzaskiwanie (**der Flammen** ognia)
ge'kocht ADJ gotowany
ge'kommen *pperf* → kommen
ge'konnt *pperf* → können; ADJ mistrzowski (-ko, po -ku); (*geschickt*) zręczny
Ge|'kreische N (*-s; bpl*) *der Säge* jazgot; *der Vögel, Menschen a.* wrzaski *mpl*, krzyki *mpl*; **~'kritzel** *umg abw* N (*-s; bpl*) bazgranina, gryzmoły *mpl*
ge'krochen *pperf* → kriechen
ge'krönt ADJ koronowany
ge'künstelt ADJ sztuczny, naciągnięty
Gel [ge:l] N (*-s; -e*) żel
Ge'laber *umg abw* N (*-s; bpl*) ględzenie
Ge'lächter N (*-s; bpl*) śmiech; **in ~ ausbrechen** wybuchać ⟨-chnąć⟩ śmiechem
ge'laden ADJ *Wagen, Akku* naładowany; *Waffe* nabity; *Gäste* zaproszony, proszony
Ge'lage N hulanka, pijatyka
ge'lähmt ADJ sparaliżowany
Ge'lände N teren; **~beschaffenheit** F (*bpl*) rzeźba terenu
ge'ländegängig *Fahrzeug* terenowy
Ge'ländelauf M bieg na przełaj, kros
Ge'länder N balustrada, poręcz(e *pl*) *f*
Ge'lände|übung F ćwiczenia *npl* w terenie; **~wagen** M samochód terenowy, *umg* łazik
ge'lang *pperf* → gelingen
ge'langen (*pperf gelangt; sn*) docierać ⟨dotrzeć⟩, dochodzić ⟨dojść⟩ (**an** *akk*, **bis [zu]**, nach do *gen*); dosta(wa)ć się (**in die Hände von j-m** do rąk *gen*); *fig* **zu Wohlstand ~** dochodzić ⟨dojść⟩ do dobrobytu; **zu Ansehen ~** zdoby(wa)ć poważanie
ge'langweilt ADJ znudzony; *präd* ze znudzeniem
ge'lassen *pperf* → lassen; ADJ (*ruhig*) spokojny; (*beherrscht*) opanowany
Ge'lassenheit F (*bpl*) spokój (ducha); opanowanie
Gela'tine [ʒela-] F (*bpl*) żelatyna
ge'laufen *pperf* → laufen
ge'läufig ADJ znany; **dieses Wort ist mir nicht ~** nie znam tego wyrazu
ge'launt ADJ: **gut, schlecht ~** w dobrym, złym humorze
Ge'läut N (-[e]s; bpl) (bicie w) dzwony *mpl*, dzwonienie
gelb żółty (-to); **~ färben** ⟨u⟩farbować na żółto; **~ schimmern** żółcieć; **~ werden** ⟨z⟩żółknąć; *umg Ampel* przełączać ⟨-czyć⟩ się na żółte światło
Gelb N (*-s; bpl*) (*Farbe*) żółtość *f*; (*Pigment*) żółcień *f*; *fahren* **bei ~** na żółtym świetle
Gelbe N: *nur in umg* **... ist nicht das ~ vom Ei** to nie jest idealne ...
gelbfärben → gelb
Gelbfieber N żółta febra
gelbgrün żółtozielony
gelblich żółtawy (-wo)
Gelbsucht F (*bpl*) żółtaczka
Geld N (-[*e*]*s*; *-er*) pieniądze *mpl*; (*bpl, Zahlungsmittel*) pieniądz; **~er** PL fundusze

rund ums Geld

das Bargeld	gotówka
Geld abheben (vom Konto)	podejmować pieniądze (z konta)
der Geldautomat	bankomat
der Geldschein	banknot
das Konto auflösen	zamykać konto
Kontoauszüge holen, Kontoauszüge bekommen	otrzymywać wyciąg z konta
ein Konto eröffnen (bei der Bank)	zakładać konto (w banku)
der Kontostand	stan konta
die Kreditkarte	karta kredytowa
die PIN, die Geheimzahl	numer PIN
die Rechnungen bargeldlos bezahlen	opłacać rachunki bezgotówkowo
die Scheckkarte, die Euroscheckkarte	karta bankomatowa
das Wechselgeld	bilon
die Wechselstube	kantor
die Zinsen	odsetki
der Zinssatz	oprocentowanie
der Zinssatz für Sparkonten	oprocentowanie lokat terminowych

mpl, środki *mpl* pieniężne; **großes ~** grube pieniądze; **kleines ~** drobne pieniądze; *umg* **ein Haufen ~** kupa pieniędzy, *pop* kupa szmalu; **zu ~ kommen** dochodzić ⟨dojść⟩ do pieniędzy; **etw zu ~ machen** spieniężać ⟨-żyć⟩ (*akk*); *umg* **j-m das ~ aus der Tasche ziehen** wyłudzać ⟨-dzić⟩ pieniądze (od *gen*), naciągać ⟨-gnąć⟩ k-o (na ... sumę); *umg* **~ wie Heu haben, im ~ schwimmen** mieć forsy jak lodu, opływać w dostatki; **mit ~ um sich werfen** szastać pieniędzmi

Geld|anlage F lokata kapitału; **~automat** M bankomat; **~betrag** M suma pieniędzy

Geldbeutel M kiesa; *umg* **tief in den ~ greifen** nadszarpnąć *pf* kiesy

Geld|börse F portmonetka; **~einheit** F jednostka pieniężna; **~einwurf** M (*Schlitz*) otwór wrzutowy dla monet; **~entwertung** F dewaluacja pieniądza; **~geber** M osoba *od* instytucja finansująca; *engS* sponsor

geldgierig chciwy pieniędzy

Geldhahn M: *umg* **j-m den ~ zudrehen** przykręcać ⟨-cić⟩ k-u kurek z pieniędzmi

Geldinstitut N bank

Geldkarte F karta bankomatowa

geldlich pieniężny

Geld|mangel M (*bpl*) brak pieniędzy; **~mittel** NPL środki *mpl* pieniężne

Geldnot F (*bpl*) brak pieniędzy; **ich bin in ~** krucho z moimi finansami

Geld|schein M banknot; **~schrank** M sejf; **~spende** F datek pieniężny; **~strafe** F kara grzywny, grzywna; **~stück** N moneta; **~transporter** M bankowóz; **~umtausch** M wymiana walut; **~wäsche** *umg* F pranie (brudnych) pieniędzy; **~wechsler** M (*Automat*) automat rozmieniający pieniądze

Gelee [ʒe'le:] N *u.* M (*-s; -s*) galaret(k)a; **in ~** w galarecie

Gelée royale [ʒəle: rwa'jal] N (*-; -*) mleczko pszczele

ge'legen *pperf* → liegen; ADJ *örtlich* znajdujący się, położony; (*passend*) odpowiedni; **am Ufer ~** nadbrzeżny; **das kommt mir ~** to mi na rękę, to mi odpowiada

Ge'legenheit F sposobność *f*, okazja; **bei (passender) ~** przy okazji; **bei dieser ~** przy tej okazji; **für besondere ~en** na specjalne okazje; **~ haben (zu)** mieć okazję (*inf*, *gen*, do *gen*); **j-m ~ geben (zu)** dać k-u okazję (+ *inf*, *gen*, do *gen*); **es bot sich die ~** nadarzyła się okazja *od* sposobność

Ge'legenheits|arbeit F praca dorywcza; **~job** *umg* M chałtura; **~kauf** M

Wenn etwas (nicht) gelingt

Alle Mühe war für die Katz!	Znowu cały wysiłek na marne!
Hast du aber Schwein gehabt!	Ale miałeś farta!
Es wird schon hinhauen!	Jakoś się ułoży!

okazyjne kupno, okazja

ge'legentlich ADJ okazyjny; ADV od czasu do czasu, okazjonalnie; *(bei Gelegenheit)* przy okazji

ge'lehrig pojętny, zdolny

G

Ge'lehr|samkeit F *(bpl)* uczoność *f*; **~te** F uczona; **~te(r)** M *(-n)* uczony

Ge'leise N → Gleis

Ge'leit N (-[e]s; bpl) eskorta; **freies ~** list żelazny, glejt; **j-m das letzte ~ geben** odda(wa)ć k-u ostatnią posługę

ge'leiten *(-e-; pperf geleitet)*: **j-n ~** odprowadzać ⟨-dzić⟩ k-o, towarzyszyć k-u; *offiziellen Gast,* MIL eskortować

Ge'leitschutz M eskorta

Geleitzug M MAR konwój

Ge'lenk N (-[e]s; -e) ANAT staw, przegub; TECH przegub; **~entzündung** F zapalenie stawów

ge'lenkig gibki (-ko)

Ge'lenk|kapsel F ANAT torebka stawowa; **~welle** F TECH wał(ek) przegubowy

ge'lernt ADJ *Person* wykwalifikowany

ge'lesen *pperf* → lesen

Ge'liebt|e F kochanka; **~e(r)** M *(-n)* kochanek; *Anrede* kochanie

ge'liefert ADJ: *umg* **~ sein** być zgubionym

ge'liehen *pperf* → leihen; ADJ pożyczony, wypożyczony

ge'lieren [ʒe-] V/I (-) żelować

Ge'lierzucker [ʒe-] M cukier żelujący

ge'linde ADJ *Klima* łagodny; ADV **~ gesagt** delikatnie mówiąc

ge'lingen V/I *(gelang, gelungen; sn)* uda(wa)ć się, powieść się *pf*; **es gelang ihm, mir (zu** + INF) udało mu, mi się (+ *inf*); **die Aktion ist nicht gelungen** akcja nie powiodła się

Ge'lingen N *(-s; bpl)* powodzenie, sukces; **auf ein gutes ~!** powodzenia!

ge'litten *pperf* → leiden

gellen V/I *Schrei, Pfiff* rozdzierać ⟨rozedrzeć⟩ (**durch die Nacht** ciszę nocy; **in den Ohren** uszy)

gellend ADJ przeraźliwy (-wie)

ge'loben *(pperf gelobt)* uroczyście przyrzekać ⟨-rzec⟩, ślubować *(im)pf*; **sich** *(dat)* **~** przyrzekać ⟨-rzec⟩ sobie

Ge'löbnis N *(-ses; -se)* ślubowanie

ge'locht ADJ dziurkowany

ge'lockt ADJ *Haar* kędzierzawy

ge'logen *pperf* → lügen

ge'löst ADJ *fig* swobodny, odprężony, *präd umg* na luzie

gelt *partikel austr, pł-niem* **~?** nieprawda(ż)?

gelten *(gilt, galt, gegolten)* V/T *(wert sein)* mieć wartość, być wartym, znaczyć; **sein Wort gilt viel** jego słowo jest wiele warte; V/I *(gültig sein)* być ważnym; *Gesetz, Vorschrift usw* obowiązywać, mieć zastosowanie; *(zählen)* liczyć się; **das Tor gilt nicht** bramka się nie liczy; **j-m**, *e-r Sache od* **für j-n, etw ~** *(betreffen)* odnosić się do *(gen)*, dotyczyć *(gen)*; *Schuss* być wymierzonym do *(gen) od* w *(akk)*; **das galt dir** to się odnosiło do ciebie; **der Schuss galt dem Hasen** strzał wymierzony był w zająca; **das gilt auch für dich** to dotyczy również ciebie; **~ als, ~ für** *(gehalten werden für)* uchodzić (za *akk*); **etw ~ lassen** uzna(wa)ć, ⟨za⟩akceptować *(akk)*; *unpers* **es gilt zu ...** trzeba ...; **es gilt als sicher, dass ...** to pewne, że ...

geltend ADJ *Gesetz usw* obowiązujący, ważny; *Meinung* utarty; **~ machen** *Forderungen* dochodzić *(gen)*; *Einfluss* uży(wa)ć; *Argumente* przytaczać ⟨-toczyć⟩

Geltung F *(bpl)* *(Gültigkeit)* ważność *f*; *e-m Recht* **~ verschaffen** zapewniać ⟨-nić⟩ skuteczność *(gen)*; **sich** *(dat)* **~ verschaffen** zjedn(yw)ać sobie respekt; **etw zur ~ bringen** uwydatni(a)ć *(akk)*; **zur ~ kommen** przedstawi(a)ć się korzystnie

Geltungs|bedürfnis N *(bpl)* pragnienie uznania, ambicja; **~bereich** M zakres obowiązywania; **~dauer** F okres ważności *od* obowiązywania

Ge'lübde N ślub(owanie); **ein ~ ablegen** składać ⟨złożyć⟩ ślubowanie

ge'lungen *pperf* → gelingen; ADJ udany

ge'mach ADV: **~, ~!, nur ~!** wolnego!

Ge'mach N (-[e]s; Gemächer) komnata
ge'mächlich niespieszny
Ge'mahl M (-[e]s; -e) małżonek
ge'mahlen *pperf* → mahlen; ADJ mielony
Ge'mahlin F małżonka
Ge'mälde N obraz, malowidło; **~ausstellung** F wystawa obrazów; **~sammlung** F kolekcja obrazów
ge'masert ADJ *Holz* mazerowany
ge'mäß PRÄP (*dat*) zgodnie z (*inst*), stosownie do (*gen*); ADJ *e-r Sache*, **j-m ~ sein** być odpowiednim (dla *gen*, na *akk*)
ge'mäßigt ADJ umiarkowany
Ge'mäuer N mury *mpl*
Ge'mecker *umg abw* N (-s; *bpl*) zrzędzenie, gderanina
ge'mein ADJ (*ordinär, grob*) ordynarny, prostacki; (*gewöhnlich*) pospolity (*a.* BOT, ZOOL); (*niederträchtig*) podły, *präd* podle, nikczemny; *umg* **das ist ~!** to nie fair!; **~er Soldat** szeregowiec; **ein ~er Kerl** nikczemnik; **e-e ~e Lüge** podłe kłamstwo; **das hat nichts mit etw ~** to nie ma nic wspólnego z (*inst*); ADV *umg* (*sehr*) potwornie
Ge'meinde F gmina (*a. rel*); *engS* (*Pfarrei*) parafia; *evangelisch* zbór; (*Personen*) gmina; parafia; *beim Gottesdienst* wierni *pl*; (*Interessengemeinschaft*) wspólnota, środowisko; **~amt** N urząd gminny; **~glied** N *rel* parafianin (-nka); członek zboru; **~rat** M rada gminy; (*Person*) radny; **~schwester** F pielęgniarka środowiskowa; **~verwaltung** F władze *fpl* gminne, zarząd gminy; **~vorsteher** M wójt; **~zentrum** N gminny ośrodek kulturalno-oświatowy
ge'meingefährlich *Handlung* mogący sprowadzić niebezpieczeństwo powszechne; *Person* niebezpieczny dla otoczenia
Ge'meingut N (*bpl*) dobro powszechne
Ge'meinheit F podłość *f*; *umg* **so eine ~!** kurcze (blade)!
ge'meinhin ADV zazwyczaj
ge'meinnützig *Einrichtung* ... użyteczności publicznej; **für ~e Zwecke** na cele społeczne
Ge'meinplatz M komunał
ge'meinsam ADJ wspólny; **mit j-m**, *e-r Sache* **~ haben, dass ...** mieć z (*inst*) tyle wspólnego, że ...; **wir haben viel ~** mamy wiele wspólnego; ADV wspólnie, razem; **~ mit j-m** *a.* wespół z (*inst*)
Ge'meinsamkeit F wspólna cecha; (*bpl*) wspólność *f*, wspólnota
Ge'meinschaft F wspólnota; (*Gruppe*) społeczność *f*; **die Europäische ~** Wspólnota Europejska; **eheliche ~** wspólnota małżeńska; **in ~ mit** przy współudziale (*gen*)
gemeinschaftlich wspólny; *Verantwortung, Werk usw a.* zbiorowy; **~es Eigentum** współwłasność *f*
Ge'meinschafts|arbeit F (*bpl*) praca zespołowa; (*a. pl*) (*Ergebnis*) praca zbiorowa; **~gefühl** N (*bpl*) poczucie wspólnoty; **~kunde** F (*bpl*) wychowanie obywatelskie; **~raum** M salka świetlicowa; **~verpflegung** F żywienie zbiorowe
Ge'meinwesen N gmina, komuna; (*Staat*) państwo
Ge'meinwohl N dobro ogółu
Ge'menge N mieszanka
ge'messen *pperf* → messen; ADJ *Auftreten* ceremonialny, powściągliwy (-wie); *Schritt* miarowy (-wo)
Ge'metzel N masakra, rzeź *f*
ge'mieden *pperf* → meiden
Ge'misch N (-[e]s; -e) mieszanka (*a.* AUTO), mieszanina
ge'mischt ADJ mieszany; **~sprachig** różnojęzyczny
ge'mocht *pperf* → mögen
ge'molken *pperf* → melken
Gemse F → Gämse
Ge'murmel N (-s; *bpl*) mamrotanie
Ge'müse N jarzyna, warzywo; **mit ~** z jarzynami; *umg fig* **junges ~** niedoświadczona młodzież, nastolatki *mpl*
Ge'müse|(an)bau M uprawa warzyw, warzywnictwo; **~beilage** F KULIN jarzyny *fpl*; **~eintopf** M (zawiesista) zupa jarzynowa; **~garten** M ogród warzywny, warzywnik; **~laden** M sklep warzywn(icz)y; **~saft** M sok jarzynowy
ge'musst *pperf* → müssen
ge'mustert ADJ *Tapete, Stoff* wzorzysty
Ge'müt N (-[e]s; -er) usposobienie (duszy, serca); **ein heiteres, sonniges ~** beztroskie usposobienie; **das rührt ans ~** to działa na uczucie; *umg* **j-m aufs ~ schlagen** ⟨z⟩deprymować (*akk*); **sich** (*dat*) **etw zu ~e führen** ⟨u⟩raczyć się (*inst*); **die (erregten) ~er beruhigen** uśmierzać ⟨-rzyć⟩ (wzburzone) nastroje

ge'mütlich *Raum* przytulny; (*nett, zwanglos*) miły (-le, -ło), niewymuszony; *Person* dobroduszny, jowialny; *Tempo* niespieszny; **mach es dir ~** czuj się jak (u siebie) w domu; **hier ist es sehr ~** tu jest bardzo przytulnie *od* miło
Ge'mütlichkeit F (*bpl*) przytulność *f*; miła atmosfera, niewymuszoność *f*; jowialność *f*; **in aller ~** bez pośpiechu
Ge'mütsbewegung F wzruszenie
ge'mütskrank chory psychicznie, cierpiący na na depresję
Ge'müts|mensch M flegmatyk (-tyczka); **~ruhe** F spokój ducha; **~verfassung** F (*bpl*) nastrój, samopoczucie
Gen [ge:n] N (*-s; -e*) BIOL gen
ge'nannt *pperf* → nennen; ADJ wzmiankowany; **so ~** tak zwany
ge'narbt ADJ *Leder* groszkowany
ge'nas *pperf* → genesen
ge'nau ADJ (*exakt, gründlich, ausführlich, streng*) dokładny, ścisły; **~e Uhrzeit** dokładny czas; **~e Angaben** ścisłe *od* dokładne dane *pl*; **peinlich ~** bardzo dokładny, skrupulatny; **er nimmt es damit nicht so ~** on pod tym względem nie jest drobnostkowy; ADV dokładnie; ściśle; **~ um fünf** dokładnie o piątej; **auf die Minute ~** punktualnie co do minuty; **~ genommen** ściśle biorąc; **ganz ~** co do joty; *umg* **~!** właśnie (tak)!; **Genaueres weiß ich nicht** szczegółów nie znam
Ge'nauigkeit F (*bpl*) dokładność *f*, ścisłość *f*; **mit großer ~** z wielką dokładnością, skrupulatnie
ge'nauso ADV → ebenso
Gen'darm [ʒan-] M (*-en*) żandarm
Genealo'gie [PL -'giən] F genealogia
ge'nehm ADJ: **j-m ~ sein** odpowiadać, pasować k-u
ge'nehmigen (*pperf genehmigt*) V/T *Antrag usw* zatwierdzać ⟨-dzić⟩ (*akk*); (*erlauben*) zezwalać ⟨-zwolić⟩ (na *akk*); *v/r umg* **sich** (*dat*) **etw ~** pozwalać ⟨-zwolić⟩ sobie (na *akk*); *umg* **sich** (*dat*) **einen ~** łyknąć *pf* jednego
Ge'nehmigung F zatwierdzenie; (*Erlaubnis*) zezwolenie (**zu, für etw** na *akk*); **mit j-s ~** z zezwolenia (*gen*)
ge'neigt ADJ pochyły (-ło); *fig* skłonny (**zu** do *gen od* + *inf*); → wohlgesinnt
Genera PL → Genus
Gene'ral M (*-s; -e u Generäle*) generał
Gene'ral|direktor M dyrektor naczelny; **~inspekteur** M inspektor generalny; **~konsulat** N konsulat generalny; **~probe** F próba generalna; **~sekretär** M sekretarz generalny; **~stab** M sztab generalny *od* główny; **~streik** M strajk powszechny
gene'ralüberholen V/T (-) wykonać *pf* remont kapitalny (*gen*)
Gene'ral|überholung F remont kapitalny, naprawa główna; **~versammlung** F walne zgromadzenie; **~vertreter** M wyłączny przedstawiciel; **~vollmacht** F pełnomocnictwo generalne
Generati'on F pokolenie, generacja
Generati'ons|konflikt M konflikt pokoleń; **~wechsel** M zmiana pokoleniowa
Gene'rator M (*-s; -'toren*) generator; ELEK *a.* prądnica
gene'rell ADJ ogólny; ADV ogólnie, generalnie (biorąc)
gene'rös *lit* wspaniałomyślny
Ge'nese F geneza
ge'nesen *lit* V/I (*du, er, sie genest, du genasest, er, sie genas, genesen; sn*) powracać ⟨-wrócić⟩ do zdrowia, wyzdrowieć *pf* (**von der Grippe** po grypie)
Ge'nesen|de F, **~de(r)** M (*-n*) ozdrowieniec, rekonwalescent(ka)
Ge'ne|sung F wyzdrowienie, powrót do zdrowia; **~sungsheim** N sanatorium dla ozdrowieńców
Ge'netiker M genetyk
ge'netisch genetyczny; **~ bedingt** uwarunkowany genetycznie
Genf N (*-s; bpl*) Genewa
Genfehler M wada genetyczna
Genfer See M Jezioro Genewskie
Genforschung F (*bpl*) badania *npl* genetyczne
geni'al genialny
Geniali'tat F (*bpl*) genialność *f*
Ge'nick N (*-[e]s; -e*) kark; **sich das ~ brechen** skręcić *pf* sobie kark
Ge'nickschuss M strzał w potylicę
Genie [ʒe'ni:] N (*-s; -s*) geniusz
Genien PL → Genius
ge'nieren [ʒe-] (-): V/R **sich ~** krępować się, żenować się (**das zu sagen** powiedzieć o tym)
ge'nießbar (*essbar*) jadalny, zdatny do spożycia; (*trinkbar*) pitny, nadający się do picia; **nicht ~** nienadający się do jedzenia

od picia; (*nicht schmackhaft*) niesmaczny

ge'nießen V/T (*ich, er, sie genoss, du genossest, genossen*) *Essen usw* spoż(yw)ać; *Musik, Anblick* rozkoszować się (*inst*); *Ruhe* zaży(wa)ć (*gen*); *Rechte* korzystać (z *gen*); *Ansehen usw* cieszyć się (*inst*); *Freiheit, Leben* uży(wa)ć (*gen*); *Erziehung* otrzym(ywa)ć (*akk*); *umg* **sie ist heute nicht zu ~** ona dziś jest nie w humorze

ge'nießerisch ADJ *präd* rozkosznie, z rozkoszą

geni'tal genitalny, płciowy

Geni'talien [-liən] PL genitalia *pl*, narządy *mpl* płciowe

Genitivobjekt N GRAM dopełnienie dopełniaczowe

Genius M (-; *-ien* [-niən]) geniusz

Genmanipulation F manipulacja genetyczna

genmanipuliert ADJ zmodyfikowany genetycznie, transgeniczny

Genomanalyse F analiza genomu

ge'nommen *pperf* → nehmen

ge'normt ADJ znormalizowany

ge'noss *pperf* → genießen

Ge'nosse M (-*n*) towarzysz

ge'nossen *pperf* → genießen

Ge'nossenschaft F spółdzielnia

ge'nossenschaftlich spółdzielczy

Ge'nossin F towarzyszka

Geno'zid M *od* N (-[e]s; -s u -zidien [-iən]) ludobójstwo

Genre ['ʒaːrə] N (-*s*; -*s*) rodzaj

Gentechnik F (*bpl*) inżynieria genetyczna

gentechnisch ADJ: *präd* **~ verändert** zmodyfikowany genetycznie

Gen|technologie F technika genetyki molekularnej; **~therapie** F terapia genowa

Genu'eser, **genu'esisch** genueński

ge'nug ADV dosyć, dość; (*ausreichend*) wystarczająco; **mehr als ~** więcej niż potrzeba; **etw ~ haben**, **von etw ~ haben** mieć dosyć *od* dość (*gen*); **nicht ~ damit, dass** nie dosyć na tym, że; **er ist schon alt ~** on jest już na tyle dorosły; **das alles ist schlimm ~** wszystko to bardzo niedobrze wygląda

Ge'nüge F: **zur ~** aż nadto; **~ tun** (*dat*) ⟨u⟩czynić zadość (*dat*); *e-r Sache* **wurde ~ getan** stało się zadość (*dat*)

ge'nügen V/I (*pperf genügt*) (wy)starczać ⟨-czyć⟩; **das genügt mir** to mi (wy)starczy; **es genügt zu** (+ INF) (wy)starczy (+ *inf*); **s-n Pflichten ~** wywiąz(yw)ać się ze swoich obowiązków; **den Anforderungen ~** sprostać *pf* wymaganiom

ge'nügend ADJ wystarczający (-co), dostateczny; → genug

ge'nügsam niewymagający; *im Trinken usw a.* wstrzemięźliwy; **sie lebt ~** ona prowadzi wstrzemięźliwe życie

Ge'nugtuung F satysfakcja

Genus N (-; *Genera*) GRAM rodzaj

Ge'nuss M (-*es*; *Genüsse*) (*Verzehr*) spożywanie, spożycie; *von Drogen, Alkohol* używanie; *von Rechten usw* korzystanie; (*Behagen, Freude*) przyjemność *f*, rozkosz *f*; **in den ~** *e-r Sache*, **von etw kommen** korzystać z (*gen*)

genüsslich → genießerisch

Ge'nuss|mittel N używka; **~sucht** F (*bpl*) chęć *f od* żądza użycia

Geo-, **geo-** *in zssgn* geo-

ge'öffnet ADJ otwarty; *Amt, Laden a.* czynny

Geo|gra'fie, **~graphie** F (*bpl*) geografia

geo'|grafisch, **~graphisch** geograficzny

Geolo'gie F (*bpl*) geologia

geo'logisch geologiczny

Geome'trie F (*bpl*) geometria

geo'metrisch geometryczny

geophysi'kalisch geofizyczny

ge'ordnet ADJ uporządkowany; **in ~en Verhältnissen leben** prowadzić normalne życie

Ge'orgien N (-*s*; *bpl*) Gruzja

ge'orgisch gruziński (po -ku)

Ge'päck N (-[e]s; bpl) bagaż; **~abfertigung** F odprawa bagażu; **~ablage** F półka na bagaż; **~annahme** F *zur Beförderung* nadawanie bagażu; **~aufbewahrung** F (*Schalter*) przechowalnia bagażu; **~ausgabe** F wydawanie bagażu; **~karren** M wózek bagażowy; **~kontrolle** F kontrola bagażu

Gepäck|schein M kwit bagażowy; **~schließfach** N skrytka bagażowa; **~stück** N bagaż, walizka; **~träger** M *am Fahrrad* bagażnik; (*Person*) numerowy, bagażowy

ge|'panzert ADJ opancerzony, pancerny; **~'pfeffert** *umg* ADJ *Preis, Rechnung* słony; (*derb*) pieprzny

ge'pfiffen *pperf* → pfeifen

ge'pflegt ADJ zadbany, wypielęgnowany; *Lokal, Essen* wytworny, wyszukany; (*kultiviert*) kulturalny

Ge'pflogenheit F zwyczaj

Ge'plänkel N *fig* utarczka słowna

ge'plant ADJ (za)planowany

Ge'plapper N (-s; *bpl*) paplanina

Ge'plätscher N (-s; *bpl*) szemranie

Ge'polter N (-s; *bpl*) łoskot, łomot

Ge'präge *lit* N (-s; *bpl*) *fig* charakterystyczna cecha, znamię

G

ge|'priesen *pperf* → preisen; **~'prüft** ADJ *Person* egzaminowany; **~'punktet** ADJ *Stoff* kropkowany, w kropki; **~'quält** ADJ *Lächeln* wymuszony; **~'quollen** *pperf* → quellen; ADJ spuchnięty

ge'rade¹ ADJ *Zahl* parzysty

ge'rade² ADJ (*nicht krumm od schief*) prosty (-to); (*aufrichtig*) prostolinijny, prawy; **sich ~ halten** trzymać się prosto; **~ biegen, ~ machen** wyprostow(yw)ać; ADV (*jetzt, eben*) właśnie, akurat; (*unmittelbar, direkt*) wprost; **~ erst** dopiero co; **~ mal** ledwo, z ledwością; **~ noch rechtzeitig** w samą porę; *partikel* akurat; **warum ~ ich?** dlaczego akurat ja?; *umg* **nicht ~** niezbyt, nie bardzo; **nun ~!** teraz tym bardziej!

Ge'rade F MAT, SPORT prosta; (*Boxen*) prosty

gerade'aus ADV prosto (przed siebie)

ge'radebiegen (*irr*) *umg fig* (*regeln*) uregulować *pf*; (*schlichten*) zażegn(yw)ać; (*klären*) wyjaśni(a)ć; *Draht* → gerade

geradehe'raus ADV *umg* otwarcie, bez osłonek, *umg* prosto z mostu

ge'rademachen → gerade

ge'radeso ADV → ebenso

ge'radestehen V/I (*irr*) *fig* **(für)** odpowiadać, pokutować (za *akk*)

ge'radewegs ADV prosto

ge'radezu ADV po prostu, aż, wręcz

ge'radlinig ADJ prostoliniowy; *fig* prostolinijny; ADV wzdłuż linii prostej

ge'rammelt *umg* ADV: **~ voll** nabity, zapchany

Ge'rangel *umg* N (-s; *bpl*) przepychanka

Ge'ranie [-nɪə] F geranium *n*, bodziszek

ge'rann *pperf* → gerinnen

ge'rannt *pperf* → rennen

Ge'rät N (-[e]s; -e) *im Haushalt usw, a. koll* sprzęt; przyrząd (*a.* SPORT); aparat; (*Werkzeug*) narzędzie

ge'raten¹ V/I (*gerät, geriet, geraten; sn*) trafi(a)ć (**ins Gefängnis** do więzienia); wpadać ⟨wpaść⟩ (**in Panik** w panikę; **unter ein Auto** pod samochód; **in die Hände von …** w ręce *dat, gen*); **an j-n ~** natrafi(a)ć na (*akk*); **gut ~** uda(wa)ć się; **schlecht ~** nie uda(wa)ć się; **nach dem Vater ~** wdać się *pf* w ojca

ge'raten² *pperf* → raten, geraten¹; ADJ (*ratsam*) wskazany; **es für ~ halten** uważać za wskazane

Ge'räte|schuppen M szopa na sprzęty; **~turnen** N gimnastyka na przyrządach

Gerate'wohl N: *nur in* **aufs ~** na chybił trafił, na los szczęścia

ge'räuchert ADJ wędzony

ge'raum *lit* ADJ: **~e Zeit** dłuższy czas; **seit ~er Zeit** od dłuższego czasu

ge'räumig przestronny, obszerny

Ge'räusch N (-[e]s; -e) szum; *leise* szelest, *a.* MED szmer; **laute ~e** *a.* rumor

ge'räuscharm TECH cichobieżny

ge'räusch|empfindlich (nad)wrażliwy na dźwięki; **~los** bezszelestny, bezszmerowy (-wo), cichutki (-ko)

Ge'räuschpegel M poziom szumów

ge'räuschvoll hałaśliwy (-wie)

gerben ⟨wy⟩garbować

Gerbe'rei F garbarnia

Gerbstoff M garbnik

ge'recht *Richter, Strafe usw* sprawiedliwy (-wie); (*berechtigt*) słuszny; *e-r Sache*, **j-m ~ werden** sprawiedliwie oceni(a)ć (*akk*); *e-r Aufgabe* sprostać *pf* (*dat*)

gerechterweise ADV chcąc być sprawiedliwym, *umg* po sprawiedliwości

ge'rechtfertigt ADJ uzasadniony

Ge'rechtigkeit F (*bpl*) sprawiedliwość *f*; **j-m**, *e-r Sache* **~ widerfahren lassen** odda(wa)ć sprawiedliwość (*dat*)

Ge'rechtigkeitssinn M (*bpl*) poczucie sprawiedliwości

Ge'rede N (-s; *bpl*) gadanie, gadanina; **ins ~ kommen** dostać się na ludzkie języki

ge'regelt ADJ regularny

ge'reichen *lit* V/I (*pperf gereicht*): **j-m zur Ehre ~** przynosić ⟨-nieść⟩ zaszczyt k-u

ge'reift ADJ dojrzały

ge'reizt ADJ rozdrażniony

Ge'reiztheit F (*bpl*) rozdrażnienie

geri'atrisch geriatryczny

Ge'richt[1] N (-[e]s; -e) JUR sąd; **vor ~ erscheinen** stawać ⟨stanąć⟩ przed sądem; **vor ~ gehen** zwracać ⟨zwrócić⟩ się *od* odwoł(yw)ać się do sądu; **j-n vor ~ stellen** odda(wa)ć pod sąd *(akk)*; **die Sache vor ~ bringen** przekaz(yw)ać sprawę do sądu; **mit j-m scharf ins ~ gehen** surowo osądzać ⟨-dzić⟩ postępowanie *(gen)*

Ge'richt[2] N (-[e]s; -e) KULIN potrawa, danie; **leckeres ~** smakołyk

ge'richtlich sądowy; ADV sądownie; **~ vorgehen (gegen j-n)** poz(y)wać *od* zaskarżać ⟨-żyć⟩ (k-o) do sądu

Ge'richtsbarkeit F *(bpl)* sądownictwo

Ge'richts|beschluss M postanowienie sądu; **~gebäude** N gmach sądu; **~hof** M trybunał; **~kosten** PL koszty *mpl* sądowe; **~medizin** F medycyna sądowa; **~saal** M sala sądowa; **~stand** M *(bpl)* właściwość miejscowa sądu; **~termin** M termin rozprawy sądowej; **~urteil** N wyrok sądu; **~verfahren** N przewód sądowy; **~verhandlung** F rozprawa sądowa; **~vollzieher** M komornik

Ge'richtsweg M: **auf dem ~** w drodze sądowej

ge'rieben *pperf* → reiben; ADJ *Käse* tarty; *fig umg (gerissen)* cwany, chytry

ge'riet → geraten[1]

ge'riffelt ADJ żłobkowany

ge'ring *Menge, Größe* mały, niewielki, znikomy; *Preis, Qualität* niski; *Zeit* krótki; *Chance, Hoffnung* nikły; *(unbedeutend)* drobny; **von ~em Wert** niemający wielkiej wartości; **~ schätzen** ⟨z⟩lekceważyć

ge'ringer *komp* mniejszy; niższy *(a. Stellung)*; *(kürzer)* krótszy; **kein Geringerer als ...** nikt inny tylko ...

ge'ringfügig nieznaczny, znikomy, *präd* nieznacznie, znikomo; *(unwichtig)* błahy, bagatelny

Ge'ringfügigkeit F *(bpl)* błahostka; **wegen ~** z uwagi na znikomość

ge'ring|schätzen → gering; **~schätzig** lekceważący (-co)

ge'ringste *sup* minimalny; **nicht die ~ Ähnlichkeit** ani krzty podobieństwa; **nicht im Geringsten** ani trochę

Ge'ringverdiener M mało zarabiający, nisko płatny (pracownik)

ge'rinnen V/I *(gerann, geronnen; sn)* ⟨s⟩krzepnąć, ścinać ⟨ściąć⟩ się; *bes Milch* zsiadać ⟨zsiąść⟩ się

Ge'rinn|sel N skrzep; **~ung** F krzepnienie, krzepnięcie

Ge'rippe N szkielet *(a. fig)*; *fig* **wandelndes ~** chodzący kościotrup

gerippt ADJ *Stoff* prążkowany, w prążki

ge'rissen *pperf* → reißen; ADJ *umg* sprytny, cwany, chytry, wycwaniony

Ge'rissenheit F *(bpl)* spryt, przebiegłość *f*, cwaniactwo

ge'ritten *pperf* → reiten

ge'ritzt ADJ: *pop* **ist ~!** zrobi się!

Germ M (-[e]s; bpl) *od* F *(bpl) austr, pł-niem* drożdże *pl*

Ger'manen MPL Germanie *mpl*

ger'manisch germański

Germa|'nist M *(-en)* germanista *m*; **~'nistik** F *(bpl)* germanistyka; **~'nistin** F germanistka

Germknödel MPL *pł-niem, austr* knedle *mpl* nadziewane powidłami i oprószone cukrem z makiem

gern, ~e ADV *(lieber, am liebsten)* chętnie; **etw ~ essen, tun** *usw*, **j-n ~ haben** lubić *(akk od + inf)*; **~ gesehen** mile widziany; **ich hätte ~, ich würde ~, ich möchte ~** ... chciał(a)bym ...; **~ geschehen!** proszę bardzo!; **das glaube ich dir ~!** wierzę ci!

Gernegroß *umg* M (-; -e) ważniak

gerngesehen → gern

ge'rochen *pperf* → riechen

Ge'röll N (-[e]s; bpl) gruby żwir, otoczaki *mpl*; **~schutt** M piarg

ge'ronnen *pperf* → rinnen, gerinnen

Gerste F jęczmień *m*

Gersten|grütze F kasza jęczmienna; **~korn** N MED jęczmień *m*; **~saft** M *(bpl) żart* piwko, chmiel

Gerte F rózga; *(Reitgerte)* szpicruta

Ge'ruch N (-[e]s; Gerüche) zapach, woń *f*; *(Sinn)* węch, powonienie

geruchlos bezwonny, bezzapachowy, bez zapachu

Geruchsbelästigung F nieprzyjemny *od* przykry zapach

geruchsfrei → geruchlos

Geruchsorgan N narząd powonienia

Ge'rücht N (-[e]s; Gerüchte) pogłoska, plotka; **es geht das ~, dass** krążą pogłoski *od* plotki, że; **~e verbreiten** rozsiewać pogłoski *od* plotki

ge|'rufen *pperf* → rufen; **~'ruhen** raczyć; **~rührt** ADJ *seelisch* wzruszony; **~'ruhsam** spokojny, niczym nie-

zakłócony
Ge'rümpel N (-s; bpl) *abw* rupiecie, graty *mpl*; **voller ~** zagracony
Ge'rundium N (-s; -ien [-iən]) GRAM rzeczownik odczasownikowy
ge'rungen *pperf* → ringen
Ge'rüst N (-[e]s; -e) BUD rusztowanie; *fig* szkielet
Ges. (Gesellschaft) towarzystwo, HANDEL spółka; (Gesetz) ustawa
ge'salzen *pperf* → salzen; ADJ *fig* → gepfeffert
ge'sammelt ADJ *innerlich* skupiony
ge'samt ADJ całkowity, cały, wszystek; *in zssgn mst* łączny, globalny; **der, die, das ~e** cały *od* wszystek, cała *od* wszystka, całe *od* wszystko; **meine ~en ...** wszystkie moje ...
Ge'samt|auflage F łączny nakład; **~ausgabe** F wydanie zbiorowe; **~betrag** M suma ogólna; **~bevölkerung** F cała ludność, ogół ludności; **~bild** N (*bpl*) całokształt, całkowity obraz
ge'samtdeutsch ogólnoniemiecki
Ge'samt|eindruck M ogólne wrażenie; **~einkommen** N łączny dochód
ge'samteuropäisch ogólnoeuropejski
Ge'samtgewicht N ciężar całkowity
Ge'samtheit F (*bpl*) całość *f*, całokształt; (*alle*) ogół; **das Volk in s-r ~** cały naród, ogół narodu
Ge'samt|kosten PL koszty *mpl* całkowite; **~schule** F zespół szkół ogólnokształcących; **~sieger** M zwycięzca *m* w punktacji ogólnej; **~werk** N (*bpl*) ogół twórczości
ge'sandt *pperf* → senden[1]
Ge'sandt|e F posłanka; **~e(r)** M (-*n*) poseł; **~schaft** F poselstwo
Ge'sang M (-[e]s; bpl) śpiew; (*a* PL *Gesänge*) pieśń *f*; **~buch** N śpiewnik; **~unterricht** M nauka śpiewu; **~verein** M towarzystwo śpiewacze
Ge'säß N (-*es*; -*e*) pośladki *mpl*, *pop* tyłek; **~tasche** F tylna kieszeń (spodni)
ge'sättigt ADJ nasycony
Ge'schädig|te F poszkodowana; **~te(r)** M (-*n*) poszkodowany
ge'schaffen *pperf* → schaffen[2]
ge'schafft ADJ *umg*: **~ sein** być wykończonym, wypompować się *pf*
Ge'schäft N (-[e]s; -e) (*Transaktion*) transakcja, (*a. Firma*) biznes, interes; (*Laden*) sklep, *umg* interes; *fig* (*Angelegenheit*) sprawa; (*bpl*) *koll* interesy *mpl*; **dunkle ~e** nieczyste interesy; **das ~ ist rege** interesy idą dobrze; **ein ~ abschließen** ⟨s⟩finalizować transakcję, *umg* ubi(ja)ć interes; **ein gutes ~ machen** (**mit etw**) ⟨z⟩robić (dobry) interes (na *lok*); **ins ~ kommen** *umg fig* dogadać się *pf*; **sein ~ verstehen** znać się na rzeczy; *umg* **kleines, großes ~ machen** (*s-e Notdurft verrichten*) załatwi(a)ć się
Ge'schäftemacher M *abw* geszefciarz, spekulant, kombinator
ge'schäftig *Treiben* ożywiony; **~ tun** być ciągle w ruchu, udawać zajętego
ge'schäftlich biznesowy, handlowy; (*dienstlich*) służbowy (-wo); *präd* w interesach
Ge'schäfts|abwicklung F realizacja transakcji; **~aufgabe** F zamknięcie *od* likwidacja firmy; **~bedingungen** FPL warunki *mpl* handlowe; **~bereich** M zakres działalności; **~bericht** M sprawozdanie z działalności przedsiębiorstwa; **~beziehungen** FPL stosunki *mpl od* kontakty *mpl* handlowe; **~frau** F biznesmen(ka), kobieta interesu; **~freund** M partner w interesach
ge'schäftsführend ADJ prowadzący sprawy firmy; (*amtierend*) urzędujący
Ge'schäfts|führer(in) M(F) kierownik (-iczka) przedsiębiorstwa; *e-r GmbH* prezes zarządu (spółki); *e-s Vereins usw* sekretarz; **~führung** F (*bpl*) prowadzenie spraw firmy; → Geschäftsleitung; **~gebahren** N sposób prowadzenia spraw handlowych; **~inhaber(in)** M(F) właściciel(ka) sklepu *od* przedsiębiorstwa; **~jahr** N rok gospodarczy; **~korrespondenz** F korespondencja handlowa
Ge'schäftskosten PL: **auf ~** na koszt firmy
Geschäfts|lage F stan interesów; (*Gegend*) punkt; **~leitung** F kierownictwo przedsiębiorstwa; (*Personen*) *a.* dyrekcja, zarząd (spółki); **~mann** M (-*leute*) biznesmen, człowiek biznesu; **~ordnung** F regulamin; **~partner(in)** M(F) partner(ka) w biznesie; (*Teilhaber[in]*) wspólnik (-iczka); **~reise** F podróż służbowa *od* w interesach
Ge'schäfts|schädigung F (*bpl*) czynność *f* na szkodę przedsiębiorstwa;

~schluss M godzina zamknięcia sklepów *od* biur; **~stelle** F biuro, kancelaria, sekretariat; **~straße** F ulica handlowa; **~tätigkeit** F (*bpl*) działalność gospodarcza

ge'schäftstüchtig obrotny, zaradny

Ge'schäfts|verbindungen FPL stosunki *mpl* handlowe; **~viertel** N dzielnica handlowa; **~welt** F (*bpl*) sfery *fpl od* świat biznesu; **~zweig** M branża

ge'schah → geschehen

ge'scheckt ADJ → scheckig

ge'schehen V/I (*geschieht, geschah, geschehen; sn*) dziać się, sta(wa)ć się, wydarzać ⟨-rzyć⟩ się; **was ist ~?** co się stało?; **als wäre nichts ~** jak gdyby nigdy nic; **was soll damit ~?** co mam z tym począć?, co z tym będzie?; **was auch ~ mag** co by się nie stało; **es geschieht dir recht** dobrze ci tak; **es ist um ihn ~** już po nim; **etw ~ lassen** dopuszczać ⟨-puścić⟩ (do *gen*)

Ge'scheh|en N (*-s; bpl*) tok akcji, rozwój wypadków; **~nis** *lit* N (*-ses; -se*) zdarzenie, wydarzenie

ge'scheit ADJ mądry (-rze), roztropny; **nichts Gescheites** nic rozsądnego

Ge'schenk N (-[*e*]s; -e) podarunek, prezent, upominek; **als ~ bekommen** otrzym(yw)ać w prezencie

Ge'schenk|artikel MPL upominki *mpl*; **~gutschein** M bon towarowy (jako prezent), kupon podarunkowy; **~packung** F ozdobne opakowanie podarunkowe; **~papier** N ozdobny papier opakowaniowy

Ge'schichte F historia (*a. fig*), dzieje *pl*; (*kurze Erzählung*) historyjka; (*Angelegenheit*) sprawa; **~ machen, in die ~ eingehen** przechodzić ⟨przejść⟩ do historii; *umg* **alte ~** stare dzieje, stara historia; *iron* **das ist ja e-e schöne ~!** nie ma co, ładna historia!

Ge'schichtenerzähler M gawędziarz

ge'schichtlich historyczny, dziejowy

Geschichts|buch N podręcznik historii; **~drama** N dramat historyczny; **~forscher** M historyk; **~klitterung** F (*bpl*) fałszowanie historii

Ge'schick[1] *lit* N (-[*e*]s; -e) los; **die ~e des Landes** losy kraju

Ge'schick[2] N (-[*e*]s; bpl) zręczność *f*; **~ haben zu etw** być zręcznym do (*gen*, w *lok*)

Ge'schicklich|keit F (*bpl*) zręczność *f*; **~keitsspiel** F gra zręcznościowa

ge'schickt ADJ zręczny (**in etw** do *gen*, w *lok*)

ge'schieden *pperf* → scheiden; ADJ *Eheleute* rozwiedziony; **ihr ~er Mann** jej eksmąż; **s-e ~e Frau** jego ekszona

ge'schieht → geschehen

ge'schienen *pperf* → scheinen

Ge'schirr N (-[*e*]s; -e) zastawa stołowa; (*bpl*) *koll* naczynia *npl*; (PL *-e*) *für Pferde* uprząż *f*; **~ spülen** zmywać naczynia; **~spüler** M zmywarka (do naczyń); **~tuch** N ścierka do (wycierania) naczyń

ge'schissen *pperf* → scheißen

ge'schlafen *pperf* → schlafen

ge'schlagen *pperf* → schlagen; ADJ *Feind* zwyciężony; **e-e ~e Stunde warten** czekać bitą godzinę

Ge'schlecht N (-[*e*]s; bpl) płeć *f*; GRAM rodzaj; → Geschlechtsteil; (*a* PL *-er*) (*Familie, Sippe*) ród; (*Generation*) pokolenie

ge'schlechtlich płciowy (-wo); **~ verkehren** spółkować (**mit** z *inst*)

Ge'schlechts|akt M stosunek płciowy; **~krankheit** F choroba weneryczna

ge'schlechtslos bezpłciowy (-wo)

Ge'schlechts|organe NPL narządy *mpl* płciowe; **~reife** F dojrzałość płciowa; **~teil** N *bei der Frau* srom; *beim Mann* członek, *umg* przyrodzenie; **~trieb** M popęd płciowy; **~umwandlung** F zmiana płci

Geschlechtsverkehr M spółkowanie, stosunek płciowy; **~ haben** mieć stosunek płciowy, spółkować

ge'schlichen *pperf* → schleichen

ge'schliffen *pperf* → schleifen; ADJ szlifowany; *Manieren* nienaganny

ge'schlossen *pperf* → schließen; ADJ *Tür, Sitzung* zamknięty; *Reihe, Laut, Wolkendecke usw* zwarty; *präd* (*alle*) gremialnie, wszyscy (wspólnie)

ge'schlungen *pperf* → schlingen

Ge'schmack M (-[*e*]s; Geschmäcke od umg Geschmäcker) smak; *fig a.* gust; **e-n bitteren ~ haben** być gorzkim w smaku; *fig* **e-n guten ~ haben** mieć dobry smak *od* gust; **... ist (nicht) nach meinem, ihrem ~** ... (nie) jest w moim, jej guście; **er fand ~ an dem Spiel** gra przypadła mu do gustu; **sie kamen auf den ~ der Freiheit** zasmakowała im swoboda

G

ge'schmacklich smakowy (-wo)
ge'schmacklos *Speise* bez smaku; *fig Sache* niegustowny, bez gustu; *Person* nietaktowny; *Benehmen* niestosowny; *Witz* niesmaczny
Ge'schmacklosigkeit F (*bpl*) brak *m* gustu, *umg* bezguście; (*a. pl*) nietakt; niestosowny żart *usw*
Ge'schmack(s)sache F: **das ist ~** to rzecz gustu
Ge'schmacks|sinn M (*bpl*) zmysł smaku, smak; **~verirrung** F zwyrodnienie gustu; **~verstärker** M dodatek uwydatniający smak
ge'schmackvoll gustowny; *präd* gustownie, w dobrym guście, ze smakiem
Ge'schmeide *lit* N klejnot(y *pl*)
ge'schmeidig elastyczny (*a. fig*); (*gewandt*) gibki, zwinny; (*federnd*) sprężysty (-ście)
Ge'schmiere *umg abw* N bazgranina; (*Machwerk*) *umg* fuszerka
ge'schmissen *pperf* → schmeißen
ge'schmolzen *pperf* → schmelzen; ADJ KULIN topiony
ge'schmort ADJ KULIN duszony
Ge'schnatter N (-*s*; *bpl*) *der Gänse* gęgot; *der Enten* kwakanie; *umg fig abw* trajkotanie
ge|'schniegelt ADJ wymuskany, wystrojony; **~'schnitten** *pperf* → schneiden, Gesicht; ADJ cięty, krajany; **~'schoben** *pperf* → schieben; **~'scholten** *pperf* → schelten
ge'schönt ADJ *Bilanz* upiększony
Ge'schöpf N (-[*e*]*s*; -*e*) stworzenie, istota; *fig* (wy)twór
ge'schoren *pperf* → scheren; ADJ **kahl ~** ostrzyżony na zero, ogolony
Ge'schoss N (-*es*; -*e*) pocisk (*a. fig*), kula; (*Etage*) piętro, kondygnacja
ge'schossen *pperf* → schießen
ge'schraubt ADJ *Stil usw* napuszony
Ge'schrei N (-*s*; *bpl*) krzyki *mpl*, wrzask; *e-r Menge, a. fig* wrzawa, hałas; *umg* **viel ~ und wenig Wolle** wiele hałasu o nic
ge'schrieben *pperf* → schreiben
ge'schrien *pperf* → schreien
ge'schritten *pperf* → schreiten
ge|'schult ADJ wyszkolony; **~'schunden** *pperf* → schinden; ADJ zamęczony
Ge'schütz N (-*es*; -*e*) działo, armata; *umg fig* **grobes ~ auffahren** wytaczać ⟨-toczyć⟩ armaty od ciężką artylerię; **~feuer** N ogień *m* z armat, obstrzał artyleryjski
ge'schützt ADJ chroniony
Ge'schwader N MAR, LOTN eskadra
Ge'schwafel *umg abw* N (-*s*; *bpl*) woda, przelewanie z pustego w próżne
Ge'schwätz *umg abw* N (-*es*; *bpl*) gadanina, głupie gadanie
ge'schwätzig *abw* gadatliwy
Ge'schwätzigkeit F (*bpl*) gadulstwo
ge'schweige *konj*: **~ (denn)** a cóż dopiero
ge'schwiegen *pperf* → schweigen
ge'schwind ADV *reg* prędko, szybko
Ge'schwindigkeit F prędkość *f*, szybkość *f*; **mit hoher ~** z dużą szybkością
Ge'schwindigkeits|begrenzung F ograniczenie prędkości (jazdy); **~kontrolle** F kontrola prędkości; **~rausch** M upojenie szybkością; **~rekord** M rekord prędkości; **~überschreitung** F przekroczenie dozwolonej prędkości
Ge'schwister PL rodzeństwo; **sie sind ~** oni są rodzeństwem; **~paar** N brat i siostra, rodzeństwo
ge'schwollen *pperf* → schwellen; ADJ nabrzmiały, spuchnięty, obrzękły; *abw Stil* napuszony, górnolotny; **~ reden** wyrażać się górnolotnie
ge|'schwommen *pperf* → schwimmen; **~'schworen** *pperf* → schwören
Ge'schwore|ne F (sędzia) przysięgła; **~ne(r)** M (-*n*) (sędzia) przysięgły; **~nenbank** F ława przysięgłych
Ge'schwulst F (-; *Geschwülste*) guz, nowotwór, tumor
ge'schwunden *pperf* → schwinden
ge'schwungen *pperf* → schwingen; ADJ wygięty, łukowaty (-to)
Ge'schwür N (-*s*; -*e*) wrzód, ropień *m*
ge'segnet ADJ *Appetit, Schlaf* świetny; *Alter* sędziwy
ge'sehen *pperf* → sehen
Ge'selchte(s) N (-*n*) *pl-niem, austr* wędzonka, wędlina
Ge'selle M (-*n*) (*Handwerker*) czeladnik; (*Kerl*) osobnik, typ
ge'sellen: V/R **sich ~ (zu j-m)** dołączać ⟨-czyć⟩ się (do *gen*)
Ge'sellen|brief M świadectwo czeladnicze; **~prüfung** F egzamin czeladniczy
ge'sellig *Person* towarzyski (-ko); **~er**

Abend wieczorek towarzyski; **~ zusammensitzen** gawędzić w swoim towarzystwie

Ge'sellschaft F społeczeństwo (**bürgerliche, menschliche** obywatelskie, ludzkie); (*Schicht, Umgang, Kreis von Personen, Vereinigung*) towarzystwo; EKON, HANDEL spółka, towarzystwo; (*Empfang*) przyjęcie (**geschlossene** dla zaproszonych gości); **j-m ~ leisten** dotrzym(yw)ać k-u towarzystwa; **zur ~** dla towarzystwa

Ge'sellschafter M (*Teilhaber*) wspólnik, udziałowiec; **~in** F dama do towarzystwa; (*Teilhaberin*) wspólniczka

ge'sellschaftlich społeczny, socjalny; *Leben usw* towarzyski

Ge'sellschafts|kritik F krytyka stosunków społecznych; **~ordnung** F ustrój społeczny; **~reise** F podróż zbiorowa; **~schicht** F warstwa społeczna; **~spiel** N gra towarzyska; **~vertrag** M EKON akt założycielski spółki

ge'sessen *pperf* → sitzen

Ge'setz N (*-es; -e*) prawo; (*Prinzip*) zasada; (*rechtlich bindende Vorschrift*) ustawa; **ein ungeschriebenes ~** niepisane prawo; **~ von Angebot und Nachfrage** prawo podaży i popytu; **nach dem ~** według ustawy, zgodnie z ustawą

Ge'setzbuch N kodeks; **Bürgerliches ~** kodeks cywilny

Ge'setzesvorlage F projekt ustawy

Ge'setzgeber M ustawodawca *m*

ge'setzgeberisch ustawodawczy

ge'setzlich ustawowy (-wo); legalny; **~e Grundlage** podstawa prawna

Ge'setzlosigkeit F (*bpl*) bezprawie

ge'setzmäßig zgodny z prawem (natury); regularny, prawidłowy; legalny

ge'setzt ADJ *Person* stateczny, poważny

ge'setzwidrig sprzeczny z prawem, nielegalny

Ge'sicht N (-[*e*]s; -er) twarz *f*, *lit* oblicze (*a. fig*); *dim* twarzyczka; (*Ausdruck*) mina; **sein wahres ~ zeigen** ukaz(yw)ać prawdziwe oblicze; **das ~ verlieren, wahren** ⟨s⟩tracić, zachow(yw)ać twarz; **die Angst stand ihm im ~ geschrieben** strach malował się na jego twarzy; **j-m ins ~ lachen** roześmiać *pf* się k-u w twarz; **j-m etw ins ~ sagen** powiedzieć *pf od* rzucić *pf* k-u w twarz (*akk*); **j-n ins ~ schlagen** uderzyć *pf* k-o w twarz; **er machte ein langes ~** mina mu się wydłużyła; **ein ~ ziehen** przyb(ie)rać kwaśną minę; **j-n zu ~ bekommen** widzieć ⟨zobaczyć⟩ (*akk*); **j-n aus dem ~ verlieren** ⟨s⟩tracić z oczu (*akk*); **sie strahlte übers ganze ~** twarz jej rozpromieniła się; **ein anderes ~ bekommen** *Sache* wyglądać inaczej; **das steht dir schlecht zu ~** z tym ci nie do twarzy; **... ist dem Vater wie aus dem ~ geschnitten** ... to wykapany ojciec; **~er schneiden** stroić miny

Ge'sichts|ausdruck M wyraz twarzy; **~farbe** F cera; **~feld** N (*bpl*) pole widzenia; **~maske** F maska; maseczka kosmetyczna; **~nerv** N nerw twarzowy; **~punkt** M punkt widzenia; **~wasser** N płyn do (pielęgnacji) twarzy; **~züge** MPL rysy *mpl* twarzy

Ge'sindel N (*-s; bpl*) *abw* motłoch, męty *mpl* społeczne

Ge'sin|nung F przekonania *npl*; postawa (moralna); **~nungsgenosse** M człowiek tych samych przekonań

ge'sinnungs|los bez zasad moralnych; **~treu** wierny przekonaniom

Ge'sinnungswandel M zmiana przekonań

ge'sittet ADJ dobrze wychowany, kulturalny; **sich ~ benehmen** zachowywać się przyzwoicie

Ge'socks *pop* N (*-es; bpl*) *abw* hołota

Ge'söff *umg* N (-[*e*]s; -e) lura, pomyje *pl*

ge'soffen *pperf* → saufen

ge'sogen *pperf* → saugen

ge'sondert ADJ osobny (-no)

ge'sonnen *pperf* → sinnen

ge'sotten *pperf* → sieden, gekocht

Ge'spann N (-[*e*]s; -e) zaprzęg; *fig* para

ge'spannt ADJ *Lage usw* napięty, naprężony; *präd* (*neugierig*) w napięciu, z napięciem; **ich bin ~, ob ...** ciekaw(a) jestem, czy ...

Ge'spenst N (-[*e*]s; -er) widmo, zjawa, mara; **hier gibt es ~er** tu straszy

ge'spenstisch (*unheimlich*) niesamowity (-cie), upiorny

ge'spie(e)n *pperf* → speien

ge'sponnen *pperf* → spinnen

Ge'spött N (-[*e*]s; bpl): **j-n, sich zum ~ machen** ⟨z⟩robić z k-o, z siebie pośmiewisko; **zum ~ werden** sta(wa)ć się pośmiewiskiem

Ge'spräch N (-[*e*]s; -e) rozmowa; **ins ~**

kommen (**mit**) nawiąz(yw)ać rozmowę (z *inst*); **~e führen** (**über etw**) prowadzić rozmowy *od* negocjacje (o *lok*); **das ~ bringen** (**auf** *akk*) naprowadzać ⟨-dzić⟩ *od* ⟨s⟩kierować rozmowę (na *akk*); **ein ~ für Sie!** telefon do pana (pani)!

ge'sprächig rozmowny

Ge'sprächs|bereitschaft F (*bpl*) gotowość *f* do negocjacji; **~partner(in)** M(F) rozmówca (-czyni), interlokutor(ka); *in e-r Runde* uczestnik (-iczka) rozmowy; **~runde** F tura rozmów; **~stoff** M (*bpl*), **~thema** N temat rozmowy

ge'spreizt ADJ *Beine* rozkraczony; *fig abw Stil* napuszony, sztuczny

ge'sprenkelt ADJ cętkowany, w kropki

ge'sprochen *pperf* → sprechen; ADJ *Wort, Sprache* mówiony

ge'sprossen *pperf* → sprießen

ge'sprungen *pperf* → springen; ADJ *Glas* pęknięty; *Lippen* spękany, popękany

Ge'spür N (*-s; bpl*) wyczucie (**für** *gen*)

gest. (gestorben) zmarły

ge'staffelt ADJ (**nach**) zróżnicowany (według *gen*)

Ge'stalt F postać *f*, kształt; (*Person*) postać *f* (*a. Körperbau*); **in** (**der**) **~ von j-m** *od* **des, der** ... w postaci, pod postacią (*gen*); **mickerig von ~** dość nikłej postury; **~ annehmen** przyb(ie)rać postać

ge'stalten (*-e-; pperf gestaltet*) V/T *Sache, Leben* ⟨u⟩kształtować; ⟨z⟩organizować; *schöpferisch* ⟨s⟩tworzyć, opracow(yw)ać; V/R **sich ~** układać ⟨ułożyć⟩ się, ⟨u⟩kształtować się

ge'stalterisch twórczy (-czo)

Ge'staltung F (PL *selten*) (*Ausformung, Ausprägung, Struktur*) (u)kształtowanie; (*Ausarbeitung, Bildung*) opracowanie, tworzenie; (*Organisieren*) organizacja; **künstlerische ~** *a.* oprawa; **die äußere ~ e-r Zeitschrift** szata graficzna czasopisma; **die architektonische ~ der Siedlung** architektoniczne rozwiązanie osiedla

Ge'stammel N (*-s; bpl*) bełkot, bąkanie

ge'stand → gestehen

ge'standen *pperf* → stehen, gestehen; ADJ dojrzały, doświadczony

ge'ständig ADJ: **~ sein** przyzna(wa)ć się do winy, wyzna(wa)ć winę

Ge'ständnis N (*-ses; -se*) przyznanie się (do winy); JUR *a.* zeznanie; *fig* wyznanie; **ein ~ ablegen** składać ⟨złożyć⟩ zeznanie

Ge'stank M (-[e]s; bpl) smród, fetor

ge'statten (*-e-; pperf gestattet*) pozwalać ⟨-zwolić⟩ (**... zu benutzen** korzystać z ...); **~ Sie, dass ...** pan(i) pozwoli, że ...; **ich gestatte mir ...** pozwalam sobie ...

Geste F gest (*a. fig*)

Ge'steck N (-[e]s; -e) kompozycja

ge'stehen (*irr; pperf gestanden*) *Tat* przyzna(wa)ć się do (*gen*), zezna(wa)ć (*akk*); *Liebe usw* wyzna(wa)ć (*akk*), **offen gestanden** prawdę mówiąc

Ge'stein N skała

Ge'steins|brocken M okruch skały; **~schutt** M gruz skalny, rumosz

Ge'stell N (-[e]s; -e) (*Aufbau für etw*) stojak; (*Bock*) kozioł; (*Unterbau*) podstawa; rama; *e-r Brille* opraw(k)a

ge'stelzt ADJ *fig* górnolotny

gestern ADV wczoraj; **seit ~** od wczoraj; **von ~** wczorajszy (*a. fig von früher*); **~ Abend** wczoraj wieczorem; **~ vor einer Woche** osiem dni temu; *umg* **nicht von ~ sein** mieć głowę nie od parady

ge'steuert ADJ kierowany, sterowany

ge'stiegen *pperf* → steigen

gestiku'lieren V/I (-) gestykulować

Ge'stirn N (-[e]s; -e) ciało niebieskie

ge'stoben *pperf* → stieben

ge'stochen *pperf* → stechen; ADJ *Handschrift* wyrobiony, kaligraficzny; **~ scharf** *Foto* bardzo ostry

ge|'stohlen *pperf* → stehlen; ADJ *Sache* (s)kradziony; **~'storben** *pperf* → sterben

ge'stört ADJ *Empfang* zakłócony; *Verhältnis* napięty; **geistig ~** niespełna rozumu, *umg* psychiczny

ge'stoßen *pperf* → stoßen

Ge'stotter *umg* N (*-s; bpl*) jąkanina

ge'streift ADJ pasiasty, prążkowany; *präd* w paski

ge'strichen *pperf* → streichen; ADJ **~er Löffel** płaska łyżka

gestrig wczorajszy (*a. fig*)

ge'stritten *pperf* → streiten

Ge'strüpp N (-[e]s; bpl) gąszcz (*a. fig*)

ge'stunken *pperf* → stinken

Ge'stüt N (-[e]s; -e) stadnina

gestylt [gə'staılt] *Frau* uszminkowany, umalowany

Ge'such N (-[e]s; -e) podanie (**an** *akk* do *gen*; **auf, um etw** o *akk*)

gesucht ADJ poszukiwany

Krank oder gesund?

Ich fühle mich unwohl.	Źle się czuję.
Mir ist schlecht.	Jest mi niedobrze.
Mir ist schwindlig.	Mam zawroty głowy.
Mir ist übel.	Mam nudności.
Ich bin schläfrig.	Jestem senny/senna.
Ich kann nicht einschlafen.	Nie mogę zasnąć.
Ich fühle mich müde.	Czuję się zmęczony/zmęczona.
Ich habe Kopfschmerzen.	Boli mnie głowa.
Ich habe Magenschmerzen/Magenweh.	Boli mnie brzuch.
Mir geht es gesundheitlich nicht gut.	Nie jestem zdrowy/zdrowa.

Ge'sülze *pop* N (-s; *bpl*) smędzenie

ge'sund (*gesünder od gesunder; gesündeste od gesundeste*) zdrowy (-wo) (*a. fig*), *präd* (*nur m*) zdrów; **~ aussehen** wyglądać zdrowo; **~ werden** wyzdrowieć *pf*; **bleib ~!** bywaj zdrów!, bywaj zdrowa!; → gesundschreiben

ge'sunden V/I (-e-; *pperf gesundet; sn*) wyzdrowieć *pf*; *fig* **~ lassen** uzdrawiać ⟨uzdrowić⟩

Ge'sundheit F (*bpl*) zdrowie; **sich bester ~ erfreuen** tryskać zdrowiem; **s-e ~ ist angegriffen** on zapadł na zdrowiu; **~!** na zdrowie!; **auf deine ~!** twoje zdrowie!

ge'sundheitlich zdrowotny; *präd* pod względem zdrowia; **er ist ~ angeschlagen** jego zdrowie szwankuje

Ge'sundheits|apostel M *iron* apostoł zdrowego trybu życia; **~behörde** F władze *fpl* służby zdrowia

ge'sundheitsbewusst *Person* dbały o swoje zdrowie; **er lebt ~** on prowadzi zdrowy tryb życia

Ge'sundheitspflege F *öffentlich* opieka zdrowotna

ge'sundheitsschädlich szkodliwy dla zdrowia

Ge'sundheits|schutz M ochrona zdrowia; **~wesen** N (*bpl*) służba zdrowia; **~zeugnis** N świadectwo zdrowia; **~zustand** M (*bpl*) stan zdrowia

ge'sund|schreiben (*irr*): **j-n ~** uzna(wa)ć k-o za wyleczonego *od* zdolnego do pracy; **~schrumpfen** V/T ⟨z⟩redukować dla osiągnięcia lepszego wskaźnika rentowności; V/R **sich ~** kurczyć się dla osiągnięcia lepszego wskaźnika rentowności

Ge'sundung F (*bpl*) zdrowienie, powrót do zdrowia; *fig* uzdrowienie

ge|'sungen *pperf* → singen; **~'sunken** *pperf* → sinken; ADJ zatopiony, zatonięty

ge'tan *pperf* → tun

ge'tarnt ADJ zakamuflowany

ge'tigert ADJ *Tier* pasiasty

Ge'töse N (-s; *bpl*) hałas, huk

ge'tragen *pperf* → tragen; ADJ MUS powolny i wzniosły; *Kleidung* noszony, używany

Ge'trampel N (-s; *bpl*) tupot(anie)

Ge'tränk N (-[e]s; -e) napój

Ge'tränke|automat M automat z napojami; **~karte** F karta napojów

ge'trauen (*pperf getraut*): V/R **sich ~** odważyć się *pf*, ośmielić się *pf*

Ge'treide N (-s; *bpl*) zboże; **~anbau** M (*bpl*) uprawa zbóż; **~art** F gatunek zboża; **~ernte** F żniwa *npl*; (*das geerntete Getreide*) urodzaj zbóż; **~feld** N pole zbożowe; **~markt** M rynek zbożowy; **~silo** M *od* N elewator zbożowy

ge'trennt ADJ rozdzielny, odrębny; **~ leben** *Paar* żyć w separacji; **wir zahlen ~** każdy płaci za siebie

Ge'trenntschreibung F pisownia rozdzielna

ge'treten *pperf* → treten

ge'treu ADJ *Kopie, lit Person* wierny; PRÄP (*dat*) zgodnie z (*inst*)

Ge'triebe N przekładnia; *fig* ruch

ge'trieben *pperf* → treiben

Ge'triebe|öl N olej przekładniowy; **~schaden** M awaria przekładni

ge'troffen *pperf* → treffen

ge'trogen *pperf* → trügen

Ge'trommel *umg abw* N (-s; *bpl*) bębnienie

ge'trost ADV spokojnie

ge'trunken *pperf* → trinken
Getto N (-s; -s) getto
Ge'tue *umg abw* N (-s; *bpl*) krygowanie się, pretensjonalne zachowanie się
Ge'tümmel N (-s; *bpl*) tłok, rejwach; *im Kampf* wir
ge'tupft ADJ cętkowany
Ge'tuschel *umg abw* N (-s; *bpl*) (tajemnicze) szepty *mpl*
ge'übt ADJ wyćwiczony, wprawny
Ge'wächs N (-es; -e) (*Pflanze*) roślina; (*Auswuchs*) narośl *f*; (*Weinjahrgang*) rocznik (wina)
ge'wachsen *pperf* → wachsen[1], **hochgewachsen**; ADJ **j-m ~ sein** dorówn(yw)ać k-u; *e-r Aufgabe* **~ sein** sprostać *pf* (*dat*)
Ge'wächshaus N cieplarnia
ge'wachst ADJ nawoskowany
ge'wagt ADJ ryzykowny, śmiały (-ło)
ge'wählt ADJ wyszukany; **sich ~ ausdrücken** wyrażać się wyszukanie
ge'wahr: *nur in e-r Sache*, **j-s ~ werden** spostrzegać ⟨-strzec⟩ (*akk*)
Ge'währ F (*bpl*) rękojmia, gwarancja; **ohne ~** bez gwarancji
gewähren (*pperf gewährt*) V/T *Kredit usw* przyzna(wa)ć (*akk*); *Asyl usw* zapewni(a)ć (*akk*), udzielać ⟨-lić⟩ (*gen*); **Einblick in die Akten ~** da(wa)ć akta do wglądu; **j-m Einlass ~** pozwalać ⟨-zwolić⟩ k-u wejść; **j-m e-e Bitte ~** przychylać ⟨-lić⟩ się do prośby (*gen*); V/I **j-n ~ lassen** da(wa)ć k-u wolną rękę; **lass ihn ~** pozwól mu robić, co chce
ge'währleisten (*pperf gewährleistet*) gwarantować, zapewni(a)ć
Ge'wahrsam M (-s; *bpl*) (*Obhut*) przechowanie; (*Haft*) areszt, zatrzymanie; **in ~ nehmen** *j-n* osadzać ⟨-dzić⟩ w areszcie, *umg* wsadzać ⟨wsadzić⟩ do aresztu; *Sache* brać ⟨wziąć⟩ na przechowanie
Ge'währsmann M (PL *-männer od -leute*) (*Vertrauter*) człowiek zaufany; (*Informant*) (poufny) informator
Ge'währung F (*bpl*) (*Bewilligung*) przyznanie; (*Erfüllung e-r Bitte um Asyl usw*) zapewnienie, udzielenie
Ge'walt F siła; (*Macht, a.* POL) władza; (*bpl*) (*Zwang*) przemoc *f* (**gegen j-n** wobec *gen*); **höhere ~** siła wyższa; **häusliche ~** przemoc domowa *od* w rodzinie; **mit ~** siłą, przemocą; **mit aller ~** (*unbedingt*) gwałtem, na gwałt; **in s-e ~ bringen** *Sache* zagarnąć *pf*, *a. j-n* uprowadzać ⟨-dzić⟩ przemocą; **sich** (*dat*) **~ antun** przemóc się *pf*; **sich in der ~ haben** panować nad sobą; **die ~ über etw verlieren** ⟨s⟩tracić panowanie nad (*inst*)
Ge'walt|akt M akt przemocy; **~anwendung** F (*bpl*) użycie siły
ge'waltbereit agresywny, niewahający się użyć siły
Ge'waltdarstellung F sceny *fpl* przemocy
Ge'waltenteilung F podział władz
ge'waltfrei bez użycia siły
ge'waltig (*mächtig, riesig*) potężny, (*a. eindrucksvoll*) ogromny; *präd umg* (*sehr*) bardzo, grubo; **sich ~ irren** grubo się mylić
Ge'waltkriminalität F przestępczość *f* z zastosowaniem przemocy
ge'waltlos bez użycia siły
Ge'walt|lösung F rozwiązanie siłowe; **~marsch** M marsz forsowny; **~opfer** N ofiara przemocy
ge'waltsam (dokonany) przy użyciu siły, przemocą, gwałtem; *Tod* gwałtowny; **~ eindringen** wdzierać ⟨wedrzeć⟩ się (**in** *akk* do *gen*)
Ge'walttat F JUR przestępstwo (dokonane) przy użyciu siły
ge'walttätig gwałtowny, brutalny
Ge'walt|verbrechen N → Gewalttat; (*Mord*) morderstwo, zabójstwo; **~verzicht** M wyrzeczenie się użycia siły
Ge'wand N (-[e]s; Gewänder) szata
ge'wandt *pperf* → wenden; ADJ (*flink*) zręczny, *a. Stil* zgrabny; (*weltläufig*) obyty, wyrobiony (towarzysko)
Ge'wandtheit F (*bpl*) zręczność *f*, (*a. Stil*) zgrabność *f*; **~ in Geschäften** obrotność *f* w interesach
ge'wann *pperf* → gewinnen
ge'wärtigen: **etw zu ~ haben** oczekiwać (*gen*), spodziewać się (*gen*)
Ge'wäsch *umg abw* N (*bpl*) puste słowa, woda; **langweiliges ~** drętwa mowa
ge'waschen *pperf* → waschen; ADJ płukany
Ge'wässer N woda, *oft pl* wody
Gewässerschutz M ochrona wód
Ge'webe N tkanina, materiał; BIOL tkanka; **~probe** F MED próbka tkanki
Ge'wehr N (-[e]s; -e) karabin; MYŚL broń *f*, strzelba; **das ~ über!** na ramię broń!;

~kolben M kolba karabinu; **~schuss** M strzał karabinowy
Ge'weih N (-[e]s; -e) poroże
ge'wellt ADJ *Haar, Blech* falisty
Ge'werbe N zajęcie, fach; (*Geschäftstätigkeit*) działalność gospodarcza; (*Handwerk*) rzemiosło; **ein ~ betreiben** prowadzić działalność gospodarczą; uprawiać rzemiosło
Ge'werbe|betrieb M zakład przetwórczy *od* usługowy; **~gebiet** N teren przemysłowy; **~ordnung** F ustawa przemysłowa; **~schein** M pozwolenie na prowadzenie działalności gospodarczej; **~steuer** F podatek od przedsiębiorstw; **~treibende(r)** M (-*n*) drobny przedsiębiorca; **~zweig** M branża
ge'werblich przemysłowy (-wo), gospodarczy (-czo); **für ~e Zwecke** na cele gospodarcze
ge'werbsmäßig (*auf Erwerb bedacht*) zarobkowy (-wo); (*berufsmäßig*) profesjonalny, zawodowy (-wo)
Ge'werkschaft F związek zawodowy; **~(l)er(in)** M(F) związkowiec (*a. f*)
ge'werkschaftlich związkowy; **~ organisiert** zrzeszony w związku zawodowym
Ge'werkschafts|bund M zrzeszenie związków zawodowych; **~führer** M lider związkowy; **~funktionär(in)** M(F) działacz(ka) związkowy (-wa)
ge'wesen *pperf* → sein[1]; ADJ (*ehemalig*): **~e(r)** były, była, *pl* byłe, byli
ge'wichen *pperf* → weichen[2]
Ge'wicht N (-[e]s; -e) masa, ciężar; HANDEL, *fig* waga; *zum Wiegen* odważnik; **ein ~ von fünf Kilo haben** ważyć pięć kilo; **nach ~ verkaufen** sprzedawać na wagę; *fig* **großes ~ haben** być wielkiej wagi; *e-r Sache* **~ beimessen** przywiązywać wagę do (*gen*)
Ge'wicht|heben N (-*s; bpl*) podnoszenie ciężarów; **~heber** M ciężarowiec
ge'wichtig (*schwer*) ciężki; *fig* ważki
Ge'wichts|klasse F SPORT kategoria wagowa, *umg* waga; **~verlust** M spadek wagi; HANDEL ubytek na wadze; TECH, CHEM utrata masy
ge'wieft *umg* ADJ wytrawny
ge'wiesen *pperf* → weisen
ge'willt ADJ: **~ sein zu** (+ INF) być skłonnym (+ *inf*, do *gen*)
Ge'wimmel N (-*s; bpl*) (*Gewühl*) tłok, ciżba
Ge'winde N (-*s*; -) gwint; **~bohrer** M gwintownik
Ge'winn M (-[e]s; -e) zysk (*a. fig*); (*Profit a. umg*) przebicie; (*Preis, Treffer im Lotto*) wygrana; (*Nutzen*) pożytek, korzyść *f*; **~ bringen** przynosić zysk(i); **~ bringend** → gewinnbringend; **~ schlagen (aus etw)** mieć zysk (z *gen*); **mit ~** z zyskiem; *fig* z pożytkiem; **~beteiligung** F udział w zyskach
ge'winnbringend zyskowny; *fig* pożyteczny
Ge'winnchance F szansa wygrania
ge'winnen (*gewann, gewonnen*) V/T *Kampf, Spiel, Wahlen, im Lotto usw* wygr(yw)ać; *Preis, Titel, Medaille* zdoby(wa)ć; *Freund, Anhänger, Ansehen* pozysk(iw)ać; *Eindruck* odnosić ⟨odnieść⟩; *Erz* wydobywać; *Produkt* otrzym(yw)ać; **Zeit ~** zysk(iw)ać na czasie; V/I wygr(yw)ać (**bei, in** *dat* w *akk*); nab(ie)rać (**an Kraft** siły), zysk(iw)ać (**an Wert** na wartości)
ge'winnend ADJ ujmujący (-co)
Ge'winner(in) M(F) wygrywający (-ca); (*Sieger[in]*) zwycięzca *m* (zwyciężczyni)
Ge'winn|liste F tabela wygranych; **~mitnahme** F FIN wycofanie zysków; **~spanne** F marża; **~steuer** F podatek od zysków
Ge'winnsucht F (*bpl*): **aus ~** z chęci zysku
ge'winnträchtig intratny
Ge'winn-und-Verlustrechnung F rachunek strat i zysków
Ge'winnung F (*bpl*) otrzymywanie, uzyskiwanie; GÓRN wydobywanie
Ge'winnzahl F trafienie, liczba wygrywająca
Ge'winsel N (-*s; bpl*) skowyt, skowyczenie, skomlenie
Ge'wirr N (-[*e*]s; bpl) plątanina, gmatwanina; *von Stimmen* gwar (głosów)
ge'wiss ADJ pewny; ADV (*zweifellos*) pewnie, zapewne; **ein ~er ...** pewien ...; **e-e ~e ...** pewna ...; **der Erfolg ist uns ~** mamy zapewniony sukces; **ganz ~** z całą pewnością
Ge'wissen N sumienie; **ihn plagt sein ~** gryzie go sumienie; **j-n, etw auf dem ~ haben** mieć na sumieniu (*akk*); **ruhigen ~s, mit gutem ~** z czystym sumieniem
ge'wissenhaft sumienny
Ge'wissenhaftigkeit F (*bpl*) sumien-

ność *f*

ge'wissenlos bez sumienia, pozbawiony skrupułów; **~ handeln** postępować ⟨-stąpić⟩ niegodziwie

Ge'wissenlosigkeit F (*bpl*) brak sumienia *od* skrupułów; (*Handlung, a. pl*) niegodziwość *f*

Ge'wissensbisse MPL: **sich ~ machen** mieć wyrzuty *mpl* sumienia (**wegen** z powodu *gen*)

Ge'wissens|frage F kwestia sumienia; **~freiheit** F (*bpl*) wolność *f* sumienia

Ge'wissensgründe MPL: **aus ~n** ze względów moralnych

Ge'wissenskonflikt M: **in einen ~ geraten** popaść *pf* w rozterkę duchową

Ge'wissenszwang M (*bpl*): **unter ~ handeln** postępować ⟨-stąpić⟩ wbrew sumieniu

ge'wissermaßen ADV poniekąd, niejako

Ge'wissheit F (PL *selten*) pewność *f*; **sich** (*dat*) **über etw** (*akk*) **~ verschaffen** upewnić się co do (*gen*)

Ge'witter N burza (z piorunami)

ge'wittern (*pperf gewittert*): *unpers* **es gewittert** zanosi się na burzę

Ge'witter|neigung F (*bpl*) skłonność *f* do burz; **~regen** M ulewa z piorunami; **~sturm** M nawałnica; **~wolke** F chmura burzowa

ge'wittrig *Wetter* burzliwy, burzowy; **~e Schwüle** duchota przed burzą

ge'witzt ADJ kuty, cwany

ge'woben *pperf* → weben

ge'wogen *pperf* → wiegen; ADJ: **j-m ~ sein** być życzliwym dla (*gen*)

ge'wöhnen (*pperf gewöhnt*) V/T: **j-n an j-n, etw ~** przyzwyczajać ⟨-czaić⟩ k-o do (*gen*); V/R **sich an j-n, etw ~** przyzwyczajać ⟨-czaić⟩ się, przywykać ⟨-knąć⟩ do (*gen*)

Ge'wohnheit F przyzwyczajenie, zwyczaj; **zur ~ werden** wejść *pf* w zwyczaj; **aus ~** z przyzwyczajenia; **die Macht der ~** siła przyzwyczajenia

ge'wohnheitsmäßig ADJ nawykowy; (*notorisch*) notoryczny; *präd* z przyzwyczajenia, z nawyku

Ge'wohnheits|recht N (PL *selten*) JUR prawo zwyczajowe; **~verbrecher** M notoryczny przestępca

ge'wöhnlich ADJ (*normal*) zwyczajny, (*a. üblich*) zwykły; (*ordinär*) pospolity; ADV zwyczajnie, zwykle; pospolicie; **wie ~** jak zwykle; **für ~** zwykle, zazwyczaj

ge'wohnt ADJ zwykły; **zur ~en Zeit** o zwykłym czasie; **wie ~** jak zwykle; **etw von Kindheit an ~ sein** być przyzwyczajonym od dziecka do (*gen*)

Ge'wöhnung F (*bpl*) przyzwyczajenie (**an** *akk* do *gen*)

Ge'wölbe N (*Decke*) sklepienie; (*Raum*) podziemie, piwnice *fpl*

gewölbt ADJ *Stirn* wypukły; *Decke* sklepiony

ge'wollt ADJ zamierzony, rozmyślny

ge'wonnen *pperf* → gewinnen

ge'worben *pperf* → werben

ge'worden *pperf* → werden

ge'worfen *pperf* → werfen

ge'wrungen *pperf* → wringen

Ge'wühl N (-[e]s; bpl) tłok, ścisk

ge|'wunden *pperf* → winden; ADJ kręty, wijący się; *fig* zawiły; **~'wunken** *pperf* → winken; **~'würfelt** ADJ KULIN pokrojony w kostki; *Stoff* w kratę

Ge'würz N (*-es; -e*) przyprawa (korzenna); **~gurke** F ogórek konserwowy; **~nelke** F goździk

ge'wusst → wissen

Geysir M (*-s; -re*) gejzer

gez. (gezeichnet) podpisany

ge|'zähmt ADJ oswojony; **~'zahnt** ADJ ząbkowany; TECH zębaty, uzębiony

Ge'zänk N (*-s; bpl*) *abw* swary *mpl*

Ge'zeiten PL pływy *mpl*

Ge'zeter N (*-s; bpl*) *abw* wrzask; wyrzekanie, gderanie

ge'zielt ADJ *Schuss* celowany; *fig* **~ nach etw forschen** ⟨u⟩kierunkować badania na (*akk*)

ge'ziemen (*pperf geziemt*): V/R **wie es sich geziemt** jak przystoi

ge'ziemend *lit* ADJ przyzwoity (-cie)

ge'ziert ADJ *abw* afektowany

ge'zinkt ADJ *Karte* znaczony

ge'zogen *pperf* → ziehen

Ge'zwitscher N (*-s; bpl*) świergot

ge'zwungen *pperf* → zwingen; ADJ wymuszony; **~ermaßen** ADV z konieczności

GG N (Grundgesetz) ustawa zasadnicza, konstytucja

ggf. (gegebenenfalls) ewentualnie

gha'naisch ADJ ghański

Ghetto N (*-s; -s*) → Getto

gibt → geben

Gicht F (*bpl*) MED dna, podagra
Giebel M BUD szczyt; **~fenster** N okno szczytowe
Gier F (*bpl*) (**nach etw**) żądza (*gen*), łapczywość *f*, *umg* pazerność *f* (na *akk*)
gierig (**nach etw**) żądny (*gen*), *umg* pazerny (na *akk*), *bes im Essen* łapczywy (-wie); *Blick* chciwy (-wie)
gießen (*du, er gießt, goss, du gossest, gegossen, gieße!*) V/T lać, nal(ew)ać, wl(ew)ać (**in** *akk* do *gen*); (*verschütten*) rozl(ew)ać; *Blume* podl(ew)ać; TECH od-l(ew)ać; *unpers umg* **es gießt** leje
Gieße'rei F odlewnia
Gießform F forma odlewnicza
Gießkanne F konewka
Gift N (-[e]s; -e) trucizna (*a. fig*); (*Toxin*) jad (*a. fig*); *fig* **das ist ~ für ihn** to mu poważnie zaszkodzi; **sein ~ verspritzen** bryzgać jadem; *umg* **darauf kannst du ~ nehmen!** na pewniaka!
Gift|drüse F ZOOL gruczoł jadowy; **~gas** N gaz trujący; MIL gaz bojowy
giftgrün jaskrawozielony
giftig trujący (-co), *bes Tier, Pflanze* jadowity (-cie) (*a. fig*); (*toxisch*) toksyczny; (*vergiftet*) zatruty
Gift|kröte F *umg abw* żmija; **~mische-r(in)** M(F) truciciel(ka); **~mord** M otrucie; **~müll** M odpady toksyczne; **~pfeil** M zatruta strzała; **~pflanze** F roślina trująca; **~pilz** M grzyb trujący; **~schlange** F jadowity wąż; **~schrank** M szafa do przechowywania substancji trujących; **~stoff** M substancja trująca; **~zahn** M ząb jadowy
Gigabyte N gigabajt
Gi'gant M (-*en*) olbrzym, gigant
gi'gantisch gigantyczny, olbrzymi
gilt → gelten
Gin [dʒɪn] M (-*s*; -*s*) gin, dżin
ging → gehen
Gink(g)o M (-*s*; -*s*) BOT miłorząb
Ginseng M (-*s*; -*s*) żeń-szeń *m*
Ginster M janowiec
Gipfel M szczyt (*a. fig*); *umg* **das ist doch der ~!** (to jest) szczyt wszystkiego!
gipfeln V/I (-*le*) osiągnąć *pf* szczyt *od* szczytowy punkt (**in** *dat* w *lok*, *gen*)
Gipfel|punkt M szczytowy punkt, apogeum *n*, punkt kulminacyjny; **~treffen** N spotkanie na szczycie
Gips M (-*es*; -*e*) gips; **~abdruck** M odcisk w gipsie; **~abguss** M odlew gipsowy; **~bein** *umg* N noga w gipsie; **~figur** F figur(k)a z gipsu; **~verband** M MED opatrunek gipsowy, *umg* gips
Gi'raffe F żyrafa
Gir'lande F girlanda
Giro ['ʒiːro] N (-*s*; -*s*) żyro; **~konto** N rachunek bieżący
Gischt M (-[e]s; -e) *od* F (PL *selten*) grzywa fali, piana
Gi'tar|re F gitara; **~'rist** M (-*en*) gitarzysta *m*; **~'ristin** F gitarzystka
Gitter N krata, *fein* kratka; *umg* **hinter ~n** za kratkami; **~fenster** N okratowane okno; **~netz** N siatka (kartograficzna); **~stab** M pręt kraty
Glace ['glas] F (-; -*n*) *szwajc* lody *mpl*
Glacéhandschuh, **Glaceehandschuh** [gla'seː-] M: *fig* **j-n mit ~en anfassen** cackać się z (*inst*)
Gladi'ole F mieczyk
glamou'rös [-mu-] niezwykle atrakcyjny, olśniewająco piękny
Glanz M (-*es*; *bpl*) połysk, lśnienie; (*Leuchten, a. fig*) blask; *fig a.* splendor; *umg* **mit ~** (*sehr gut*) świetnie
glänzen V/I (-*zt*) połyskiwać, błyszczeć, lśnić (**vor Sauberkeit** czystością); *fig* **durch etw ~** brylować (*inst*)
glänzend ADJ lśniący (-co), błyszczący, połyskliwy (-wie); *umg fig* świetny; **~d weiß** lśniąco biały; **es geht ihm ~** jemu się świetnie powodzi
Glanz|leistung F wybitne osiągnięcie, arcydzieło; **~licht** N (PL -*lichter*) blik
glanzlos matowy (-wo), bez połysku
Glanz|nummer F numer popisowy; **~papier** N papier glansowany; **~punkt** M punkt kulminacyjny; **~stück** N (*Meisterwerk*) arcydzieło; (*Juwel*) klejnot
glanzvoll świetny; (*festlich*) wystawny, wspaniały (-le)
Glanzzeit F okres świetności
Glas N (-*es*; *Gläser*) szkło; *dim* (*Uhrglas usw*) szkiełko; (*Trinkglas*) szklanka; (*Schnaps-, Weinglas*) kieliszek; (*Honigglas usw*) słoik; (*Opern-, Fernglas*) lornetka; **zwei ~ Bier** dwie szklanki piwa; *umg* **zu tief ins ~ gucken** podchmielić *pf* sobie; **~auge** N szklane oko
Gläschen N szklaneczka; kieliszek
Glaser M szklarz; *in zssgn* szklarski
Gläser PL → Glas; (*Brille*) okulary *pl*

G

Glase'rei F zakład szklarski
gläsern ADJ szklany (*a. fig Blick*)
Glas|fabrikation F wyrób szkła; **~faser** F włókno szklane; **~faserkabel** N kabel światłowodowy; **~glocke** F szklany klosz; **~hütte** F huta szkła
gla'sieren (-) *Keramik* ⟨po⟩glazurować; KULIN ⟨po⟩lukrować
glasig szklisty (-ście); KULIN **~ anbraten** zeszklić *pf* na tłuszczu
Glaskasten M gablot(k)a
glasklar kryształowo przezroczysty; *fig* ADV [-'klar] jasno (jak na dłoni), jasno i zwięźle
Glas|malerei F (*bpl*) malowanie na szkle; (*a. pl*) malowidło na szkle; **~perle** F paciorek; **~reiniger** M płyn do czyszczenia szyb; **~scheibe** F szyba; **~scherbe** F odłamek szkła; PL *a.* stłuczka szklana; **~schneider** M (*Werkzeug*) diament do cięcia szkła; **~tür** F drzwi *pl* przeszklone
Gla'sur F glazura, szkliwo; KULIN lukier
Glasvitrine F serwantka
Glaswolle F (*bpl*) wełna szklana
glatt *Fläche, Haar, Haut, Wasser usw* gładki (-ko) (*a. fig flüssig, ohne Zwischenfälle*); (*rutschig, glitschig*) śliski (-ko); *Betrag* równy; *Absage* zdecydowany; *umg* (*offensichtlich*) jawny; *Lüge* wierutny; **es ist ~ draußen** na dworze jest ślisko; **ganz ~** gładziutki (-ko); **~ rasiert** gładko wygolony; **~ schleifen** ⟨wy⟩polerować (na) gładko; **~ streichen** wygładzać ⟨-dzić⟩; *partikel umg* **das habe ich ~ vergessen!** zapomniałem o tym na śmierć!; → glattgehen
Glätte F (*bpl*) gładkość *f*; *der Straße usw* śliskość *f*
Glatteis N (*-es; bpl*) gołoledź *f*, ślizgawica; *fig* **j-n aufs ~ führen** *umg* zażyć *pf* k-o z mańki
glätten (-e-) V/T wygładzać, ⟨wy⟩gładzić; *szwajc* (*bügeln*) ⟨wy⟩prasować; V/R **sich ~** *fig* uspokajać ⟨-koić⟩ się
glattgehen (*irr; sn*): *umg* **es ging alles glatt** wszystko poszło gładko
glatt|rasiert, **~schleifen**, **~streichen** → glatt
glattweg *umg* ADV wprost, po prostu
Glatze F łysina; **e-e ~ bekommen** ⟨wy⟩łysieć; **er hat e-e ~** on jest łysy
Glatzkopf M *umg* łysa pała
glatzköpfig łysy
Glaube M (*-ns; bpl*) wiara (*a. rel*); **der ~ an Gott** wiara w Boga; **im guten ~n** w dobrej wierze; **j-m ~n schenken** da(wa)ć k-u wiarę; **den ~n an j-n, etw verlieren** ⟨s⟩tracić wiarę w (*akk*)
glauben V/T *u.* V/I wierzyć; (*annehmen*) sądzić, myśleć; **an Gott, an Wunder ~** wierzyć w Boga, w cuda; **ich glaube es dir** wierzę ci; **ich kann es kaum ~** nie mogę w to uwierzyć; **j-m jedes Wort ~** wierzyć w każde słowo (G); **j-m aufs Wort ~** wierzyć k-u na słowo; **sie glaubte, ihn zu kennen** ona sądziła, że go zna; **das glaubst du doch selbst nicht!** sam chyba w to nie wierzysz; **du glaubst nicht, wie ...** nie masz pojęcia, jak ...; **wirst du kommen? ich glaube nicht** przyjdziesz? chyba nie; *umg* **das ist doch nicht zu ~** to nie do wiary; *umg* **er musste dran ~** (*sterben*) przyszedł na niego koniec
Glauben M (*-s; bpl*) → Glaube
Glaubens|bekenntnis N wyznanie wiary, kredo; **~freiheit** F (*bpl*) wolność *f* wyznania; **~gemeinschaft** F społeczność wyznaniowa; **~satz** M dogmat
glaubensstark głęboko religijny
glaubhaft wiarygodny; (*überzeugend*) przekonujący (-co); **etw ~ machen** uwiarygodnić *pf* (*akk*)
gläubig wierzący; (*fromm*) pobożny
Gläubig|e F wierząca; **~e(r)** M wierzący; **die ~en** PL wierni *persf*
Gläubiger(in) M(F) wierzyciel(ka)
glaubwürdig wiarygodny; **~ versichern** wiarygodnie zapewniać
Glaubwürdigkeit F (*bpl*) wiarygodność *f*
Glau'kom N (*-s; bpl*) MED jaskra
gleich ADJ (*übereinstimmend*) równy, jednakowy, taki *od* ten sam; (*ähnlich*) podobny; **wir sind im ~en Alter** jesteśmy w jednym wieku; **am ~en Tag** tego samego dnia, w tym samym dniu; **auf die ~e Weise** w ten sam sposób; **in ~e Teile schneiden** ⟨po⟩kroić na równe części; **alle wollen das Gleiche** wszyscy chcą tego samego; **Gleiches mit Gleichem vergelten** odpłacać ⟨-cić⟩ tą samą monetą; **das läuft auf das Gleiche hinaus** to na jedno wychodzi; *präd* (*genauso*) **~ groß** jednakowej wielkości; *Person* równego wzrostu; **~ gut, schnell** równie dobrze, szybko (**wie ...** jak ...); **~ bleiben**

nie zmieni(a)ć się; ~ **bleibend** niezmienny; *umg* **das bleibt sich** ~ to nie zmienia postaci rzeczy; ~ **(gesinnt) sein** nie różnić się (poglądami); ~ **lautend** → gleichlautend; MAT **zwei und zwei (ist)** ~ **vier** dwa i dwa równa się cztery; **es ist mir** ~ *(egal)* wszystko mi jedno; **(es ist)** ~, **wer (was, wie)** ... obojętnie, kto (co, jak) ...; ADV *zeitlich (sofort)* zaraz; **bis** ~! na razie!; **(ich komme)** ~! zaraz!; *örtlich* tuż, zaraz (+ *präp od adv*); ~ **daneben** tuż *od* zaraz obok; ~ **darauf** zaraz potem; ~ **um die Ecke** tuż za rogiem; ~ **am Fenster** tuż *od* zaraz przy oknie; *partikel in Fragesätzen* tam, też; **wie hieß er doch** ~? jak się on tam nazywał?; **wann war das doch** ~? kiedy też to było?

gleich|alt(e)rig równe *(persf* -ni) wiekiem, w tym samym wieku; **~artig** podobny, taki sam; analogiczny; **~bedeutend** równoznaczny (**mit etw** z *inst*); **~berechtigt** równouprawniony, równoprawny

Gleichberechtigung F *(bpl)* równouprawnienie

gleichbleibend niezmienny

gleichen *(glich, geglichen)* V/I: **j-m**, *e-r Sache* ~ być podobnym do *(gen)*; **einander** *od* **sich** ~ być podobnym do siebie

'gleicher'maßen ADV równie

gleichfalls ADV równie(ż); **danke** ~! dziękuję, nawzajem!

gleich|förmig *(eintönig)* jednostajny; **~geschlechtlich** homoseksualny; **~gesinnt** → gleich

Gleichgewicht N *(bpl)* równowaga; **ins** ~ **bringen** zrównoważyć *pf*; **aus dem** ~ **bringen** *fig* wytrącić *pf* z równowagi; **ins** ~ **kommen** wrócić *pf* do równowagi

gleichgültig obojętny (**gegenüber j-m** dla, wobec *gen*); **j-m** ~ **sein** być obojętnym *(dat)*; **das ist mir** ~ to (jest) mi obojętne; ~ **werden** ⟨z⟩obojętnieć; ~, **zu welcher Zeit** obojętnie o jakiej porze

Gleichgültigkeit F *(bpl)* obojętność *f*

Gleichheit F *(bpl)* równość *f*

Gleichheitszeichen N znak równości

gleichkommen V/I *(irr; sn)*: **j-m**, *e-r Sache* ~ dorówn(yw)ać *(dat)*

gleichlautend *Meldung usw* jednobrzmiący

gleichmachen zrówn(yw)ać

Gleichmache'rei F *(bpl) abw* usuwanie różnic, *umg* urawniłowka

gleichmäßig równomierny

Gleichmut M spokój ducha, opanowanie, flegma; **mit** ~ ze spokojem

gleichnamig jednoimienny; MAT ~ **machen** *Brüche* sprowadzać ⟨-dzić⟩ do wspólnego mianownika

Gleichnis N *(-ses; -se)* przypowieść *f*

gleichrangig równorzędny

Gleichrichter M ELEK prostownik

gleichsam *lit* ADV jakby, poniekąd

gleich|schalten *abw* ⟨z⟩glajchszaltować; **~schenklig** MAT równoramienny

Gleichschritt M *(bpl)* równy krok; **im** ~, **marsch!** marsz!

gleichseitig MAT równoboczny

gleichsetzen utożsamiać (**mit** z *inst*)

Gleichstand M *(bpl)* SPORT równa liczba punktów *od* bramek; *beim Tennis* równowaga

gleichstellen: **j-n j-m** *od* **mit j-m** ~ zrówn(yw)ać k-o z *(inst)*, stawiać ⟨postawić⟩ k-o na równi z *(inst)*

Gleichstellung F *(bpl) (das Gleichstellen)* zrównanie; *(das Gleichgestelltsein)* równość *f* wobec prawa, równouprawnienie (**der Frau** kobiet)

Gleichstrom M *(bpl)* prąd stały

gleichtun V/I *(irr)*: **es j-m** ~ dorówn(yw)ać k-u

Gleichung F równanie

gleichwertig równowartościowy

gleich'wohl *lit* ADV jednak, wszakże

gleichzeitig jednoczesny, równoczesny; *präd a.* w tym samym czasie

gleichziehen V/I *(irr)* zrówn(yw)ać się (**mit** z *inst*)

Gleis M *(-es; -e)* tor (kolejowy); **aus dem** ~ **springen** wykolejać ⟨-leić⟩ się; *fig* **j-n aus dem** ~ **werfen** wytrącać ⟨-cić⟩ z utartego trybu (życia); **sich in ausgefahrenen ~en bewegen** kroczyć utartymi drogami

Gleitboot N ślizgacz

gleiten V/I *(gleitet, glitt, geglitten; sn) Vogel, Gleiter* ⟨po⟩szybować (**in** *dat*, **über** *akk* w, po *lok*); *Tänzer, Segelboot* (płynnie) sunąć (**über** *akk* po *lok*); *Schatten, Blick usw* prześlizgiwać ⟨-gnąć⟩ się, ślizgać się (**über** *akk* po *lok*); **aus** *der Hand* ~ wyślizgiwać ⟨-gnąć⟩ się z *(gen)*; **in** *(akk)* ~ wślizgiwać ⟨-gnąć⟩ się do *(gen)*; **von etw** ~ ześlizgiwać ⟨-gnąć⟩ się, zsuwać ⟨zsunąć⟩ się z *(gen)*;

die Hand über etw ~ lassen przesuwać ⟨-sunąć⟩ ręką po *(lok)*
gleitend ADJ *Preise usw* ruchomy; **~e Arbeitszeit** ruchomy czas pracy
Gleiter M LOTN szybowiec
Gleit|flug M lot ślizgowy; **~schirm** M paralotnia; **~schirmflieger(in)** M(F) paralotniarz (-rka); **~segeln** N lotniarstwo; **~wachs** N smar do nart; **~zeit** F *(bpl) umg* ruchomy czas pracy; *(Zeitspanne)* czas rejestrowany (w systemie ruchomego czasu pracy)
Gletscher M lodowiec; **~spalte** F szczelina lodowcowa *od* lodowa
glich → gleichen
Glied N (-[e]s; -er) ANAT kończyna, członek; *e-s Fingers* paliczek; *(Penis)* członek; **~er** PL *a.* kości *fpl*; *fig (Teil des Ganzen)* człon; *e-r Kette* ogniwo *(a. fig)*; *(Reihe)* szereg; **die ~er ausstrecken** rozprostow(yw)ać członki; **alle ~er tun mir weh** bolą mnie wszystkie kości
gliedern *(-re)* V/T *(einteilen)* ⟨po⟩dzielić (**in** *akk* na *akk*); *(ordnen)* ⟨po⟩segregować (**nach** według *gen*); *v/r* **sich ~** dzielić się (na *akk*)
Gliederung F podział; *(Aufbau)* układ
Gliedmaßen PL członki *mpl*
glimmen V/I *(glomm od glimmte, geglommen od geglimmt)* żarzyć się, tleć
Glimmer M mika
Glimmstängel *umg* M papieros, *umg* fajka
glimpflich ADJ *Folgen* niegroźny; *Urteil* łagodny; *präd* **~ davonkommen** wyjść *pf* bez szwanku (z *gen*); **~ ausgehen** zakończyć się *pf* dość pomyślnie
glitschig *umg* śliski (-ko)
glitt → gleiten
glitzern V/I *(-re)* lśnić (się), skrzyć się, iskrzyć się; *bes Stern* migotać
glo'bal globalny
Globali'sierung F *(bpl)* globalizacja
Globus M (-[ses]; -se *od* -ben) globus; *(Erdkugel)* glob
Glöckchen N dzwone(cze)k
Glocke F dzwon; *(Klingel)* dzwonek; *(Glasglocke)* klosz; *umg* **an die große ~ hängen** rozgłaszać ⟨-głosić⟩, nagłaśniać ⟨-głośnić⟩
Glocken|blume F dzwonek; **~geläut** N dzwonienie, dzwon; **~rock** M spódnica kloszowa; **~spiel** N kuranty *mpl*; **~turm** M dzwonnica
Glöckner M dzwonnik
glomm → glimmen
glorifizieren (-) gloryfikować
glorreich sławny; *iron* sławetny
Glos'sar N *(-s; -e)* glosariusz
Glosse F glosa, komentarz
Glotze *umg* F *abw* telepudło
glotzen *umg* V/I *(-zt) abw* wybałuszać ⟨-szyć⟩ oczy
Glück N (-[e]s; bpl) szczęście; *(günstige Umstände, Strähne) umg* fart; **~ haben** mieć szczęście (**im Spiel** do gry), *umg* mieć fart(a); **zum ~** na szczęście; **auf gut ~** na los szczęścia; **(es ist) ein ~, dass ...** całe szczęście, że ...; **viel ~!** dużo szczęścia!
Glucke F kwoka, kokoszka
glücken V/I *(sn)* uda(wa)ć się; **es ist mir geglückt** udało mi się
gluckern V/I *(-re)* bulgotać, gulgotać
glücklich szczęśliwy (-wie); **~ verheiratet sein** być szczęśliwym w małżeństwie; **~ enden** ⟨za⟩kończyć się szczęśliwie; **~erweise** ADV na szczęście, szczęściem
Glücksache F *(bpl)* → Glückssache
Glücksbringer M: **nimm das als ~ mit** weź to na szczęście; **du bist mein ~** ty przyniosłeś mi szczęście
glückselig pijany szczęściem, uszczęśliwiony
Glückseligkeit F *(bpl)* uczucie niewymownego szczęścia, błogość *f*
Glücks|fall M szczęśliwy traf; **~kind** N dziecko szczęścia; **~pilz** *umg* M szczęśliwiec, szczęściarz; *(Frau)* szczęściara; **~rad** N koło fortuny; **~sache** F *(bpl)* rzecz *f* szczęścia; **~spiel** N gra hazardowa; *(Losspiel)* gra losowa; **~spieler** M hazardzista *m*
Glückssträhne F dobra passa; **e-e ~ haben** mieć dobrą passę
Glückstag M szczęśliwy dzień
glückstrahlend ADJ promieniejący szczęściem
Glücks|treffer M szczęśliwy traf; **~zahl** F szczęśliwa liczba
Glückwunsch M powinszowanie, gratulacja; **herzlichen ~ zur Beförderung, zum Geburtstag** serdecznie gratuluję awansu, z okazji urodzin; **~karte** F kartka z życzeniami, pocztówka z powinszowaniami
Glühbirne F żarówka

glühen VI *Metall, Kohlen* żarzyć się; *fig Gesicht, Augen, Himmel* płonąć; **vor Begeisterung ~** płonąć entuzjazmem
glühend ADJ rozżarzony; *fig Sonne* palący; *Verehrer* żarliwy (-wie); *Hass* zażarty (-cie); **~ heiß** rozżarzony (**von der Sonne** słońcem); **zum Glühen bringen** rozżarzać ⟨-rzyć⟩ (do czerwoności)
Glüh|lampe F lampa żarowa, żarówka; **~wein** M wino grzane; **~würmchen** N robaczek świętojański, świetlik
Glu'kose F (*bpl*) glukoza
Glut [glu:t] F (*bpl*) żar (*a. fig*); **~hitze** F upał, żar, skwar
Glyze'rin N (*-s; bpl*) gliceryna; **~seife** F mydło glicerynowe
GmbH [ge:ɛmbe:'ha:] F (*-s; -s*) (Gesellschaft mit beschränkter Haftung) spółka z ograniczoną odpowiedzialnością
Gnade F (*bpl*) (*Gunst*) łaska; (*Milde*) litość *f*; **~ finden** znajdować ⟨znaleźć⟩ łaskę (**vor j-s Augen** w oczach *gen*); **um ~ betteln** błagać o litość; **ohne ~** bez litości
gnaden VI: *nur in* **gnade mir, dir** *usw* **Gott!** niech, mnie, cię Bóg broni!
Gnaden|bild N *rel* cudowny obraz; **~frist** F odroczenie terminu w drodze łaski; **~gesuch** N prośba o ułaskawienie
gnadenlos bezlitosny (-śnie)
Gnadenstoß M ostatni cios (dobijający); **den ~ geben** (*dat*) dobi(ja)ć (*akk*)
gnädig łaskawy (-wie) (*oft a. iron*); **~e Frau, Gnädigste** szanowna pani
gnatzig *umg reg* burkliwy (-wie)
Gnesen N (*-s; bpl*) Gniezno
Gnom M (*-en*) gnom
Goal [go:l] N (*-s; -s*) *austr, szwajc* gol; **~keeper** [-ki:pə] M bramkarz
Gobelin [-'lɛ:] M (*-s; -s*) gobelin
Gockel *umg* M kogut(ek)
Gokart M (-[s]; -s) kart, gokart; **~rennen** N wyścigi *mpl* kartingowe
Gold N (-[e]s; bpl) złoto; *fig* **... ist ~ wert ...** jest na wagę złota
Gold|auflage F pozłota; **~barren** M sztaba złota; **~barsch** M jazgarz
goldblond *Haar* złotawy (-wo); *Person* złotowłosy
golden złoty (*a. fig*)
goldfarben złocisty (-ście)
Goldfisch M złota rybka
goldgelb złotożółty (-to)
Goldgräber M poszukiwacz złota
Goldgrube F *fig* kopalnia złota
Goldhamster M chomik syryjski
goldig *umg Kind, Tier* śliczny, milutki
Gold|kettchen N złoty łańcuszek, złota dewizka; **~kind** *umg* N złotko; **~krone** F złota korona; (*Zahnkrone*) złota koronka; **~medaille** F złoty medal; **~mine** F kopalnia złota; **~rausch** M (*bpl*) gorączka złota
goldrichtig *umg* stuprocentowo słuszny
Gold|schmied M złotnik; **~stück** N (*Münze*) dukat; *umg* (*Person*) złotko
Golf[1] M (-[e]s; -e) GEOG zatoka; **~ von Mexiko** Zatoka Meksykańska
Golf[2] N (*-s; bpl*) golf; **~platz** M pole golfowe; **~schläger** M kij golfowy; **~spieler(in)** M(F) golfista *m* (-tka)
Golfstaaten FPL kraje (położone) nad Zatoką Perską
Gondel F (*-; -n*) gondola
Gondelbahn F kolejka gondolowa
Gongschlag M dźwięk gongu
gönnen VT: **j-m etw ~** nie zazdrościć k-u (*gen*); **etw nicht ~** zazdrościć k-u (*gen*); **ich gönne es dir (von ganzem Herzen)** życzę ci tego (z całego serca); VR **sich** (*dat*) **etw ~** pozwalać ⟨-zwolić⟩ sobie (+ *inf od* na *akk*)
Gönner(in) M(F) protektor(ka)
gönnerhaft *abw* protekcjonalny
Gonor'rhö F MED rzeżączka
gor [go:r] → gären
Gör N (-[s]; -en) *abw* bękart; **~e** *umg* F smarkula
Go'rilla M (*-s; -s*) goryl (*a. fig*)
Gosche(n) *pop reg* F (*-; -schen*) jadaczka
goss → gießen
Gosse F rynsztok; *fig* **in der ~ landen** staczać ⟨stoczyć⟩ się do rynsztoka; **Jargon der ~** język rynsztokowy
gossen, **gossest** → gießen
Gotik F (*bpl*) gotyk
gotisch ARCH gotycki
Gott M (*-es; Götter*) bóg; *rel* (*bpl*) Bóg; **der liebe ~** Pan Bóg; **~ sei Dank** dzięki *od* chwała Bogu; **grüß ~!** niech będzie pochwalony!; **bei ~!** na Boga!; **~ bewahre!** uchowaj Boże!; **~ ist mein Zeuge!** Bóg mi świadkiem!, jak Boga kocham!; **~ im Himmel!, großer ~!** na Boga!, wielki Boże!; **~ weiß** (*keiner weiß*) Bóg wie; **das wissen die Götter** Bóg raczy wiedzieć; **weiß ~** (*wahrhaftig*) Bogiem a prawdą; **so ~ will** jak Bóg da; **bei ~ schwören** zaklinać

się na Boga; **so wahr mir ~ helfe!** tak mi Boże dopomóż!; **um ~es willen!** bój się Boga!; *inständige Bitte* na litość boską!, **vergelts ~!** Bóg zapłać!; **~ hab ihn selig** Panie, świeć nad jego duszą; *umg* **sie lebten wie ~ in Frankreich** żyło się im jak u Pana Boga za piecem; *umg* **dann soll er doch in ~es Namen ...!** Bóg z nim, niech sobie ...!

Götter PL bogowie *mpl*; → Gott

Gotterbarmen N: *nur in* **zum ~** że pożal się Boże

G

Götter|dämmerung F (*bpl*) zmierzch bogów; **~speise** F ambrozja; KULIN kisiel

Gottes|anbeterin F ZOOL modliszka; **~dienst** M nabożeństwo; **~haus** N dom boży, kościół; *jüdisch* bóżnica; **~lästerung** F bluźnierstwo przeciwko Bogu; **~mutter** F (*bpl*) Matka Boska; **~sohn** M (*bpl*) Syn Boży

Gottheit F bóg, bóstwo

Göttin F bogini, bóstwo

Göttingen N (-s; *bpl*) Getynga

göttlich boży, *a. fig* boski (-ko)

gottlob ADV chwała Bogu

gottlos bezbożny; **~er Mensch** bezbożnik

Gottvater M (*bpl*) Bóg Ojciec

gottverdammt ADJ przeklęty

gottverlassen *Ort* zapomniany przez Boga i ludzi, zapadły

Gottvertrauen N ufność *f* w Bogu

Götze M (*-n*) bożek, *a. fig* bożyszcze

Gourmet [gʊr'meː] M (*-s; -s*) smakosz

Gouver|nement [gʊvɛrnə'mãː] N (*-s; -s*) gubernatorstwo; **~neur** [-'nøːr] M (*-s; -e*) gubernator

Grab N (-[*e*]s; Gräber) grób, mogiła; **j-n zu ~e tragen** odda(wa)ć ostatnią przysługę k-u; *fig* **etw zu ~e tragen** pogrzebać *pf* (*akk*); **am Rande des ~es stehen** stać nad mogiłą, być bliskim grobu; *fig* **sich** (*dat*) **selbst sein ~ schaufeln** kopać sobie grób; **verschwiegen wie ein ~ sein** milczeć jak grób; **... bringt ihn noch ins ~** ... jeszcze wpędzi go do grobu

graben (*gräbt, grub, gegraben*) V/T *u.* V/I ⟨wy⟩kopać; *Tiere* ⟨z⟩ryć; *Furchen, Loch* wyryć *pf*; **nach etw ~** szukać (*gen*); V/R **sich ~ in** (*akk*) wryć się w (*akk*)

Graben M rów (*a.* GEOG); (*Burg-, Orchestergraben*) fosa; MIL okop, rów

Gräber PL → Grab; **~feld** N cmentarzysko; **~fund** M znalezisko grobowe

Grabes|kirche F (*bpl*) Bazylika Grobu Świętego; **~stille** F grobowa cisza; **~stimme** F grobowy głos

Grab|hügel M mogiła; **~inschrift** F napis nagrobny, epitafium *n*; **~lege** F miejsce pochówku; **~mal** N (PL *-mäler od -e*) nagrobek, pomnik nagrobny; (*Bauwerk*) grobowiec

Grab|platte F płyta nagrobna, nagrobek; **~rede** F mowa nad grobem

Grabschändung F zbeszczeszczenie grobu

grabschen → grapschen

gräbst → graben

Grab|stätte F mogiła, grób; **~stelle** F miejsce na cmentarzu; **~stein** M nagrobek

gräbt → graben

Grabung F: *mst* PL **~en** wykopaliska *npl*

Grad M (-[*e*]s; -e, aber 3 ~) stopień *m* (*a.* MIL); **akademischer ~** stopień naukowy; **bis minus zehn ~** do dziesięciu stopni poniżej zera; **bis zu e-m gewissen ~e** do pewnego stopnia; **im höchsten ~e** w najwyższym stopniu; **zweiten ~es** drugiego stopnia

grade → gerade

Gradeinteilung F podziałka

gradlinig → geradlinig

Gradmesser M miernik

gradu|'ell stopniowy; **~'iert** ADJ *Person* posiadający stopień naukowy

gradweise ADV stopniowo

Graf M (*-en*) hrabia *m*

Graf'fiti PL graffiti *pl* (*unv*)

Grafik F (*-; -en*) (*Kunst, Werk*) grafika; (*Schaubild*) wykres, grafik

Grafiker(in) M(F) grafik (*a. f*)

Grafik|karte F EDV karta graficzna; **~modus** M EDV tryb graficzny

Gräfin F hrabina

grafisch graficzny; MAT *a.* wykreślny; **~es Gewerbe** przemysł poligraficzny

Grafit M (*-s; -e*) grafit; *in zssgn* grafitowy

gräflich hrabiowski (po -ku)

Grafo'loge M (*-n*) grafolog

grafo'logisch grafologiczny

Grafschaft F hrabstwo

gram ADJ: *nur in* **j-m ~ sein** żywić urazę do (*gen*)

Gram M (*-s; bpl*) zgryzota

grämen: V/R **sich ~ über** (*akk*) martwić się, trapić się (*inst, z powodu gen*)

Gramm N (-s; -e, *aber 2* ~) gram
Gram'matik F gramatyka
gram|mati'kalisch, **~'matisch** gramatyczny
Grammofon N (-s; -e) gramofon
Gra'nat M (-[e]s; -e) MINER granat; **~apfel** M, **~(apfel)baum** M granat
Gra'nat|e F granat; **~splitter** M odłamek granatu; **~werfer** M granatnik
grandi'os wspaniały (-le)
Gra'nit M (-[e]s; -e) granit; **~block** M (PL -*blöcke*) blok granitowy
Granne F BOT wąs, ość *f*
grantig *umg pł-niem*, *austr* szorstki; w złym humorze
Granu'lat N (-[e]s; -e) granulat
granu|'lieren (-) granulować; **~'liert** ADJ granulowany; MED ziarnisty
Grapefruit ['gre:pfru:t] F grejpfrut; **~saft** M sok grejpfrutowy
Graphik, **Gra'phit** *usw* → Grafik, Grafit *usw*
grapschen *umg* chwycić *pf*, capnąć *pf*; *unsittlich* macać
Gras N (-es; *Gräser*) trawa; *fig umg* **das ~ wachsen hören** słyszeć, jak trawa rośnie; **über etw** (*akk*) **~ wachsen lassen** puszczać ⟨puścić⟩ w niepamięć (*akk*); *pop* **ins ~ beißen** odwalić *pf* kitę; → Grass
grasbewachsen trawiasty
grasen V/I paść się
Grasfrosch M żaba trawna
grasgrün trawiastozielony
Gras|halm M źdźbło trawy; **~hüpfer** M konik polny, pasikonik; **~mücke** F gajówka, pokrzewka; **~narbe** F darń *f*
Grass N (*unv*) *sl* trawka
gras'sieren (-) *Seuche* grasować; *Unsitte usw* rozpowszechni(a)ć się
grässlich okropny, potworny
Grat M (-[e]s; -e) *e-s Berges* grań *f*; TECH grat, zadzior
Gräte F ość *f*
Gratifikati'on F gratyfikacja
Gratin [gra'tɛ̃:] N (-s; -s) KULIN zapiekanka
gratis ADV gratisowo, za darmo
Gratisprobe F darmowa próbka
Grätsche F (*Sprung*) (prze)skok rozkroczny; (*Stellung*) rozkrok
grätschen V/T: **die Beine ~** stawać ⟨stanąć⟩ w rozkroku; V/I (*sn*) skakać w rozkroku
Gratu'lant(in) M(F) (-*en*) gratulant(ka), gratulujący (-ca)
Gratulati'on F gratulacja
gratu'lieren V/I (-) składać ⟨złożyć⟩ gratulacje; **j-m ~ zu** (*dat*) ⟨po⟩gratulować k-u (*gen*, z okazji *gen*); **(ich) gratuliere!** gratuluję!
Gratwanderung F *fig* balansowanie na skraju przepaści
grau szary (-ro) (*a. fig*); *Haar* siwy (-wo); **ganz ~** siwiuteńki; **~ meliert** szpakowaty; *fig* **~ in ~** ponury (-ro); **~ werden** *Haar, Person* ⟨po⟩siwieć; **~e Vorzeit** zamierzchła przeszłość
Grau N (-s; *bpl*) szary kolor, *a. fig* szarość *f*; *der Haare* siwizna
graubärtig siwobrody
graublau szaroniebieski (-ko)
Gräuel M (*Tat*) okropność *f*, okrucieństwo; **... ist mir ein ~ ...** mierzi mnie (do obrzydliwości); **~märchen** N zmyślona wiadomość o rzekomych okrucieństwach; **~tat** F okrucieństwo
grauen[1] V/I: **der Morgen graut** świta
grauen[2]: *unpers* **es graut mir, mir graut** (**vor** *dat*) groza mnie ogarnia (na myśl o *lok*); **davor graut mir** tego się strasznie boję
Grauen N (-s; *bpl*) zgroza; **ein Bild des ~s** koszmarny widok; **~ erregend** → grauenerregend
grauen|erregend ADJ budzący zgrozę; **~haft**, **~voll** okropny, koszmarny
Graugans F (gęś) gęgawa
grauhaarig siwowłosy
gräulich *Farbe* szarawy (-wo), siwawy (-wo); (*grässlich*) okropny
graumeliert → grau
Graupe F: *mst* PL **~n** KULIN krupy *fpl*
Graupel F: *mst* PL **~n** METEO krupy *fpl*; **~schauer** M przelotne opady *mpl* krupiastego śniegu
Graupensuppe F krupnik
grausam ADJ (*brutal*) okrutny; (*entsetzlich*) okropny; *umg* ADV okropnie
Grausamkeit F okrucieństwo
Grauschimmel M (*Pferd*) siwek
grausen → grauen[2]
Grausen N (*bpl*) zgroza
grausig → grauenhaft
Grauzone F szara strefa
gra'vieren (-) ⟨wy⟩grawerować
gra'vierend ADJ poważny, ważki
Gra'vierung F (*bpl*) grawerowanie; (*a. pl*; *Verzierung*) grawerunek

Gravitati'on F (*bpl*) grawitacja, ciążenie powszechne
Gra'vur F grawerunek
Grazie ['gra:tsiə] F gracja, wdzięk
gra'zil gibki, wiotki
grazi'ös pełen gracji, *präd* z gracją
greifbar uchwytny; *fig a.* konkretny, realny; **etw ~ haben** mieć pod ręką (*akk*); **~ nahe, in ~er Nähe** tuż obok, tuż tuż; **nicht ~** nieuchwytny
greifen (*griff, gegriffen*) V/T (*packen*) chwytać ⟨(po)chwycić, uchwycić⟩ (*akk*, za *akk*); **zum Greifen nahe** zupełnie blisko, tuż obok; *fig etw* **ist zu hoch gegriffen** ... jest zawyżony; **zu niedrig ~** nie wystarczać; V/I sięgać ⟨-gnąć⟩ (**an, in** *akk* do *gen*; **nach, zu etw** po *akk*); **nach etw ~** (*Halt suchen*) chwytać ⟨(u)chwycić⟩ się (*gen*); *fig* **zu** *e-m Mittel usw* **~** użyć *pf* (*gen*), uciekać się (do *gen*); *fig* **um sich ~** szerzyć się; *fig etw* **greift nicht** ... nie chwyta, ... nie skutkuje
Greif|er M chwytak; **~vogel** M ptak drapieżny; **~zange** F szczypce *pl*
greinen V/I mazgaić się
greis *lit* sędziwy; (*altersschwach*) zgrzybiały
Greis M (*-es; -e*) (zgrzybiały) starzec
Greisenalter N sędziwy wiek
greisenhaft starczy (-czo)
Greisin F (zgrzybiała) staruszka
grell *Licht, Farbe* jaskrawy (-wo); (*blenden*) rażący (-co); (*schrill*) przeraźliwy (-wie); **~rot** jaskrawoczerwony
Grena'dier M (*-s; -e*) MIL strzelec
Grenz|bahnhof M stacja graniczna; **~beamte(r)** M funkcjonariusz straży granicznej; **~bereich** M strefa graniczna; *fig* zakres, granice *fpl*; **~bewohner(in)** M(F) mieszkaniec (-nka) pogranicza
Grenze F granica (*a. fig*); *fig lit a.* kres; **die ~ zu Polen** granica z Polską; **an der ~** na granicy; *Stadt usw* nad granicą; *fig* **alles hat s-e ~en** wszystko ma swoje granice; **keine ~n kennen** nie znać granic (**bei** w *lok*); **sich in ~n halten** (*nicht sehr hoch od stark sein*) być dość umiarkowanym
grenzen V/I (*-zt*) graniczyć (**an** *akk* z *inst*)
grenzenlos bezgraniczny, bez granic (*a. fig*), *poet* bezkresny, bez kresu; (*maßlos*) bezmierny, niezmierny
Grenzer *umg* M pogranicznik
Grenz|fall M skrajny wypadek; **~gänger** M (człowiek) regularnie przekraczający granicę; **~gebiet** N strefa nadgraniczna; **~konflikt** M zatarg graniczny; **~kontrollpunkt** M graniczny punkt kontrolny; **~land** N pogranicze
grenznah nadgraniczny, przygraniczny
Grenz|posten M posterunek graniczny; **~schutz** M ochrona granic; *umg* (*Polizei*) straż graniczna; **~stein** M kamień graniczny; **~übergang** M przekroczenie granicy; (*Stelle*) przejście graniczne
grenzüberschreitend ADJ transgraniczny
Grenz|verkehr M ruch graniczny; **~wert** M wartość graniczna; MAT granica; CHEM wartość dopuszczalna; **~zwischenfall** M incydent graniczny
Greuel *usw* → Gräuel
Grieben FPL skwarki *fpl*; **~schmalz** N smalec ze skwarkami
Griech|e M (*-n*) Grek; **~in** F Greczynka
Griechenland N (*-s; bpl*) Grecja
griechisch grecki (po -ku)
'griechisch|-ka'tholisch greckokatolicki; **~-ortho'dox** prawosławny
Griesgram M (*-[e]s; -e*) mruk, ponurak; **alter ~** stary zrzęda
griesgrämig mrukliwy (-wie), burkliwy (-wie); *Person a.* zrzędliwy, stetryczały
Grieß M (*-es; bpl*) grysik; **~brei** M kasza manna, grysik (na mleku)
griff → greifen
Griff M (*-[e]s; -e*) (*das Greifen, Handgriff*) chwyt (*a.* SPORT, MIL); *e-s Werkzeugs usw* trzonek, rączka, *a. e-s Säbels, e-r Pistole* rękojeść *f*; *e-s Koffers usw* uchwyt, ucho; *e-r Tür* klamka; **e-n ~ in** (*akk*), **nach etw tun** sięgać ⟨-gnąć⟩ do (*gen*), po (*akk*); **mit einem ~** jednym chwytem; *fig* **mit j-m, etw e-n guten ~ tun** dokon(yw)ać dobrego wyboru, decydując się na (*akk*); **etw im ~ haben** mieć w małym palcu (*akk*); (*unter Kontrolle haben*) panować nad (*inst*); **etw in den ~ bekommen** opanować *pf* (*akk*)
griffbereit pod ręką, na podorędziu
Griffbrett N MUS gryf
Griffel M rysik; BOT szyjka słupka
griffig poręczny; *Fahrbahn* szorstki; *Reifenprofil* o dużej przyczepności; *Stoff* przyjemny w dotyku; *Parole* chwytliwy
Grill M (*-s; -s*) grill; (*Grillrost, -spieß*) rożen, ruszt; **vom ~** z grilla, z rusztu

Grille F ZOOL świerszcz; *fig* kaprys, dziwaczny pomysł
grillen ⟨u⟩piec na grillu *od* na rożnie
Grill|en N (*-s; bpl*), **~party** F grill, *im Freien a.* ognisko
Gri'masse F grymas; **~n schneiden** stroić miny
grimmig (*zornig*) gniewny; *Kälte* dojmujący (-co), przenikliwy (-wie)
grinsen V/I uśmiechać ⟨-chnąć⟩ się (**breit** szeroko, **dümmlich** głupkowato, **spöttisch** kpiąco); **hämisches Grinsen** złośliwy uśmiech
Grippe F (*bpl*) grypa; **~impfung** F szczepienie przeciw grypie
grippekrank chory na grypę
Grippewelle F epidemia grypy
Grips *umg* M (*-es; bpl*) rozum; **genug ~ haben (für etw)** mieć głowę (do *gen*)
grob (*gröber; gröbste*) *Stoff, Faden, Papier, Korn, Gesichtszüge, Fehler, Irrtum, Spaß* gruby (-bo); *Sand usw* gruboziarnisty; (*unhöflich, ordinär*) gburowaty (-to), grubiański (-ko); *Unfug, Fahrlässigkeit* rażący; (*ungefähr*) zgrubny (*a.* TECH), *präd* zgrubnie, z grubsza; **~ gemahlen** grubo mielony; **in ~en Umrissen** *od* **Zügen** w grubszych zarysach; *umg* **j-m ~ kommen** stawiać się (*dat od* wobec *gen*); *umg* **aus dem Gröbsten heraus sein** mieć najgorsze za sobą; → rau
grobgemahlen → grob
Grobheit F (*bpl*) gburowatość *f*; *mst* PL **~en** impertynencje *fpl*
Grobian M (-[e]s; -e) *abw* gbur, cham
grobkörnig gruboziarnisty
grob|maschig *Netz* o dużych oczkach; **~schlächtig** *Gestalt* niezgrabny
gröbste → grob
groggy zamroczony; *umg* wykończony
grölen *umg abw* V/I drzeć się, wydzierać się; V/T głośno śpiewać, wykrzykiwać
Groll M (*-s; bpl*) uraza, *lit* ansa
grollen V/I: **j-m ~** mieć urazę do (*gen*), dąsać się na k-o; **der Donner grollt** grzmi
Grönland N (*-s; bpl*) Grenlandia
grönländisch grenlandzki
Gros N (- [gro:(s)]; - [gro:s]) gros
Groschen M grosz; *umg* HIST (*Zehnpfennigstück*) dziesięć fenigów; *umg fig* **der ~ ist (bei ihm) endlich gefallen** nareszcie pokapował się; **~heft** N, **~roman** M groszowa powieść

groß (*größer; größte*) *Ausmaße, Menge, Ausdehnung, Wissen usw* wielki, duży; (*zahlreich*) liczny; (*hoch*) wysoki; *Person a.* rosły; (*erwachsen*) dorosły, duży; **wie ~ ist ...?** jak duży jest ...?, jaki rozmiar ma ...?; **wie ~ ist der Turm?** jak wysoka jest ta wieża?; **... Meter ~** (o) wielkości *od* wysokości ... metrów; **er ist 2 Meter ~** on ma dwa metry wzrostu; **mein ~er Bruder** mój dorosły brat; **e-e ~e Familie** liczna rodzina; **ein ~er Künstler** wielki artysta; **die Großen** dorośli; **das ~e Los** główna wygrana; **Karl der Große** Karol Wielki; *präd* **~ angelegt** *Plan usw* szeroko zakrojony, na wielką skalę; **~ gewachsen** rosły; **~ werden** *Person* urosnąć *pf*, wyrosnąć *pf*; **j-n ~ ansehen** spojrzeć *pf* ze zdumieniem (na *akk*); *umg* **etw ~ feiern** hucznie obchodzić (*akk*); *umg* **~ ausgehen** zafundować sobie teatr, wystawny obiad *usw*; ADV *umg* (*besonders*) szczególnie, wielce; *umg* **ganz ~!** świetnie!, klasa!
großangelegt → groß
großartig wspaniały (-le), świetny
Groß|aufnahme F zbliżenie; **~auftrag** M duże zamówienie; **~betrieb** M wielki zakład; AGR duże gospodarstwo; **~brand** M wielki pożar
Großbritannien N (*-s; bpl*) Wielka Brytania
Großbuchstabe M duża litera
Größe F wielkość *f* (*a.* MAT, FIZ), rozmiar; *von Kleidung, von Schuhen usw* wielkość *f*, rozmiar(y *pl*); (*Wuchs*) wzrost; (*Höhe*) wysokość *f*; (*zahlenmäßiger Umfang*) liczebność *f*; *fig* (*Person*) tuz, as
Groß|einsatz M operacja na wielką skalę; **~eltern** PL dziadkowie *pl*
Größenordnung F rząd wielkości; **in e-r ~ von ... Millionen** rzędu ... milionów
Größen|unterschied M różnica wielkości *od* wysokości; *zwischen Personen* różnica wzrostu; **~verhältnis** N stosunek wielkości; **~wahn** M mania wielkości
größenwahnsinnig megalomański; **~ sein** cierpieć na megalomanię
größer *komp* większy; (*höher*) wyższy; *zahlenmäßig* liczniejszy; **~ machen** powiększać ⟨-szyć⟩; **~ werden** powiększać, zwiększać ⟨-szyć⟩ się; *Lebewesen, Pflanze* rosnąć, róść, wyrastać ⟨-rosnąć⟩; *Stadt, Familie, Vermögen* rozrastać ⟨-rosnąć, -róść⟩ się; **ein ~er Verlust** większa strata

größerenteils ADV przeważnie
Großfahndung F akcja ścigania na wielką skalę
groß|flächig wielkopowierzchniowy; **~formatig** wielkoformatowy; **~gewachsen** → groß
Groß|grundbesitzer M wielki właściciel ziemski; **~handel** M (*bpl*) handel hurtowy, hurt; **~handelspreis** M cena hurtowa; **~händler** M hurtownik; **~handlung** F hurtownia
großherzig wielkoduszny
Großherzogtum N wielkie księstwo
Großhirn N mózg
Gros'sist M (-en) HANDEL hurtownik
großkotzig *umg abw* szpanerski
Groß|kundgebung F manifestacja masowa; **~macht** F wielkie mocarstwo; *in zssgn* wielkomocarstwowy; **~mama** *umg* F babunia, babusia; **~mannssucht** F (*bpl*) *abw* megalomania; **~markt** M hurtownia; (*Verbrauchermarkt*) hipermarket; **~maul** N *abw* blagier(ka), bufon; **~mut** M wspaniałomyślność *f*
großmütig wspaniałomyślny
Groß|mutter F (PL *-mütter*) babka, babcia; **~neffe** M wnuk brata *od* siostry; **~nichte** F wnuczka brata *od* siostry; **~onkel** M brat dziadka *od* babci, cioteczny dziadek; **~papa** *umg* M dziadzio *m*, dziadunio *m*
Groß|plattenbauweise F budownictwo wielkopłytowe; **~raum** M (większy) obszar; makroregion; **~raumflugzeug** N samolot szerokokadłubowy
großräumig *Wohnung usw* obszerny, przestronny; (*große Gebiete betreffend*) wielkoobszarowy; **~ umfahren** *Stau* omijać ⟨ominąć⟩ szerokim łukiem (*akk*)
Großreinemachen *umg* N (*-s; bpl*) generalne porządki *mpl*
großschreiben (*irr*) wielką literą
Großschreibung F pisanie dużą literą
großspurig zarozumiały (-le)
Großstadt F wielkie miasto; **~betrieb** M wielkomiejski ruch
großstädtisch wielkomiejski
Groß|stadtmensch M obywatel(ka) wielkiego miasta; **~tante** F siostra babci *od* dziadka, cioteczna babka; **~tat** F wielki czyn, wspaniałe dokonanie
größte *sup* największy, maksymalny; → groß, größer
Großteil M (*bpl*) większość *f*, większa część
größtenteils ADV przeważnie
größtmöglich możliwie największy
großtun V/I (*irr*) *abw* (**mit etw**) szpanować, chełpić się (*inst*)
Groß|unternehmen N wielkie przedsiębiorstwo; **~vater** M dziadek; **~verdiener** M człowiek dobrze sytuowany; **~wetterlage** F sytuacja makrosynoptyczna; **~wild** N gruba zwierzyna
großziehen (*irr*) wychow(yw)ać; *Tier* wyhodować *pf*
großzügig (*nicht kleinlich*) wspaniałomyślny; (*freigebig*) hojny; (*weiträumig*) ... w wielkim stylu
gro'tesk groteskowy (-wo)
Grotte F grota, jaskinia
grub → graben
Grübchen N dołeczek, dołek
Grube F dół, jama; BUD wykop; GÓRN kopalnia; **~n-** *mst* kopalniany
Grübe'lei F rozmyślanie; PL *a.* zaduma; **in ~en verfallen** wpaść *pf* w zadumę
grübeln V/I (*-le*) (**über** *akk*) rozmyślać, zadumać się *pf* (nad *inst*)
Gruben|brand M pożar kopalniany; **~unglück** N katastrofa górnicza
Grübler M, **~in** F marzyciel(ka); **er ist ein ~** on często wpada w zadumę
grüblerisch *Wesen* marzycielski (-ko), skłonny do zadumy; *Blick usw* zadumany, *präd* w zadumie, z zadumą
grüezi ADV *szwajc* dzień dobry
Gruft F (*-; Grüfte*) grobowiec; krypta
Grufti M (*-s; -s*) *Jugendsprache umg* wapniak, próchno
grün zielony (-no) (*a. fig*, POL) **~ werden** pozielenieć *pf*; *Baum* zazielenić się; **~ schimmern** zielenieć; *fig* **~es Licht geben** da(wa)ć zielone światło (**für** dla *gen*); *umg* **j-n ~ und blau schlagen** zbić *pf* k-o na kwaśne jabłko; *umg* **j-m nicht ~ sein** czuć urazę (do *gen*); *umg* **alles im ~en Bereich** wszystko w porządeczku
Grün N (*-s; bpl*) zieleń *f*, zieloność *f*; (*Ampelsignal*) zielone światło; **in ~** w zielonym kolorze; → Grüne(r, -s)
Grünanlage F zieleniec
Grund M (*-es; Gründe*) (*Boden, Untergrund*) grunt; *e-s Gefäßes, Gewässers a.* dno; (*Landbesitz*) ziemia; *fig* (*Hintergrund*) tło; (*Ursache*) przyczyna, podłoże; (*Motiv*)

powód; podstawa; **auf eigenem ~ und Boden** na własnej ziemi; **... auf blauem ~ ...** na niebieskim tle; **etw in ~ und Boden verdammen** potępi(a)ć w czambuł *(akk)*; **auf ~ laufen** *Schiff* osiadać ⟨osiąść⟩ na mieliźnie; *fig e-r Sache* **auf den ~ gehen** zbadać *pf* od gruntu *(akk)*; **von ~ auf** z gruntu; **~ haben zu etw,** INF mieć powody do *(gen, + inf)*; **keinen ~ haben zu etw,** *inf* nie mieć (żadnego) powodu do *(gen, + inf)*; **ohne ~** bez przyczyny, bez powodu; **nicht ohne ~** nie bezzasadnie, nie bez powodu; **auf ~** *(gen)* → aufgrund; **aus gutem ~** z ważnych powodów; **im ~e (genommen)** w gruncie rzeczy

grundanständig do gruntu poczciwy

Grund|ausbildung F szkolenie podstawowe; **~ausstattung** F podstawowe wyposażenie; **~baustein** M cząstka elementarna; CHEM mer; **~begriff** M pojęcie podstawowe; PL *a. (Anfangsgründe)* podstawy *fpl*; **~besitz** M nieruchomość rolna, majątek ziemski; **~buch** N księga wieczysta

grundehrlich uczciwy do szpiku kości

Grundeigentümer M właściciel gruntu

gründen *(-e-)* V/T zakładać ⟨założyć⟩; **etw ~ auf** *(dat)* zasadzać, opierać na *(lok)*; V/R **sich ~ auf** *(akk)* zasadzać się, opierać się na *(lok)*

Gründer(in) M(F) założyciel(ka)

Gründer|jahre NPL okres grynderstwa; **~zentrum** N ośrodek (dla) początkujących przedsiębiorców

grundfalsch z gruntu fałszywy

Grund|farbe F barwa podstawowa; *(Unterfarbe)* farba podkładowa, grunt; **~fehler** M zasadniczy błąd; **~fläche** F MAT podstawa; **~gebühr** F TEL (miesięczna) opłata abonamentowa; **~gedanke** M myśl przewodnia; **~gehalt** N uposażenie podstawowe; **~gesetz** N podstawowe prawo; *engS (bpl)* konstytucja, ustawa zasadnicza

grun'dieren (-) ⟨za⟩gruntować

Grun'dierung F gruntowanie; *(erste Farbschicht)* grunt, podkład

Grund|kapital N kapitał zakładowy; **~kenntnisse** FPL podstawowe wiadomości (**der Chemie** z chemii)

Grund|lage F podstawa; PL *a.* założenia *npl*; **~lagenforschung** F *(bpl)* badania *npl* podstawowe

grundlegend ADJ *Unterschied usw* podstawowy, zasadniczy; **sich ~ ändern** zmieni(a)ć się gruntownie

gründlich *Wissen, Prüfung usw* gruntowny; *Arbeit, Person* sumienny; ADV *umg (gehörig)* porządnie, co się zowie

Gründlichkeit F *(bpl)* sumienność *f*, dokładność *f*

Grund|linie F linia podstawowa; MAT podstawa; **~lohn** M płaca podstawowa

grundlos bezpodstawny, nieuzasadniony, *präd* bez uzasadnienia

Grund|mauer F mur fundamentowy; **~modell** N wersja podstawowa; **~nahrungsmittel** N podstawowy środek spożywczy

Gründonnerstag M Wielki Czwartek

Grund|ordnung F *e-s Staates* ustrój polityczny; **~pfeiler** M filar *(a. fig)*; **~prinzip** N podstawowa zasada; **~rechenart** F działanie arytmetyczne

Grund|recht N prawo podstawowe; **~regel** F elementarna zasada, reguła; **~riss** M *(Zeichnung)* rzut poziomy; *(Leitfaden)* zarys

Grundsatz M zasada; **~programm** N założenia programowe

grundsätzlich zasadniczy, *präd* zasadniczo, w zasadzie; *(aus Prinzip)* z zasady

Grund|schule F szkoła podstawowa, *umg* podstawówka; **~schüler(in)** M(F) uczeń (uczennica) szkoły podstawowej

Grundstein M kamień węgielny; *fig a.* podwalina; **~legung** F wmurowanie aktu erekcyjnego

Grund|steuer F podatek gruntowy; **~stock** M (PL *selten*) trzon, podstawa; **~stoff** M surowiec podstawowy; CHEM pierwiastek chemiczny; **~stück** N parcela, działka; JUR nieruchomość gruntowa; **~stufe** F starsze klasy *fpl* szkoły podstawowej (5,6,7); GRAM stopień równy; **~tarif** M taryfa zasadnicza; **~ton** M MUS dźwięk centralny, tonika; MAL tło; **~übel** N źródło (wszystkiego) zła

Gründung F założenie

Gründungsjahr N rok założenia

grund|verkehrt całkiem fałszywy; **~verschieden** skrajnie odmienny

Grund|version F wersja podstawowa; **~wasser** N *(bpl)* woda gruntowa; **~wasserspiegel** M poziom wód gruntowych; **~wehrdienst** M zasadnicza

grüßen und begrüßen

Grüße deine Schwester von mir!	Pozdrów ode mnie swoją siostrę!
Grüß dich!	Witaj!
den Gast begrüßen	pozdrowić gościa
einen Vorschlag begrüßen	powitać propozycję z zadowoleniem

służba wojskowa; **~zug** M główna cecha; **Grundzüge** PL główne zarysy *mpl*
Grüne F, **~(r)** M (*-n*) zielona, zielony; **die ~n** (*Partei*) Zieloni *pl*
grünen V/I zielenić się, zielenieć
Grün|e(s) N zieleń *f*; **ins ~e** na łono natury; **im ~en** na łonie natury
Grün|fink M dzwoniec; **~fläche** F teren zielony; **~futter** N pasza zielona
grüngelb zielonożółty
Grün|gürtel M pas zieleni; **~kohl** M jarmuż; **~land** N użytki *mpl* zielone
grünlich zielonkawy (-wo)
Grün|ling M (*-s; -e*) (*Pilz*) zielonka, gąska żółta; (*Vogel*) dzwoniec; **~pflanze** F (ozdobna) roślina liściasta; **~schnabel** M *umg* (zielony) szczawik, *abw* młokos, chłystek; **~span** M (*bpl*) śniedź *f*, *umg* grynszpan; **~specht** M dzięcioł zielony; **~streifen** M pasmo zieleni
grunzen V/I (*-zt*) chrząkać ⟨-knąć⟩
Grünzeug *umg* N (*bpl*) zielenina
Grüppchen N grupka
Gruppe F grupa; (*Team*) zespół
Gruppen|arbeit F praca zespołowa; *in der Schule* zajęcia *npl* grupowe; **~bild** N zdjęcie grupowe; **~reise** F zorganizowana podróż grupowa; **~sex** M seks grupowy
grup|penweise ADV grupami, grupowo; **~'pieren** (-) ⟨po-, z⟩grupować
Grup'pierung F ugrupowanie
Grusel|film M dreszczowiec; **~geschichte** F historia z dreszczykiem
grus(e)lig przejmujący (z)grozą
gruseln (*-le*) V/I: **mir** *od* **mich gruselt** groza mnie przejmuje (**vor diesem Anblick** na ten widok); *v/r* **sich ~** bać się (**vor der Dunkelheit** ciemności); **das Gruseln lernen** nabawić się *pf* strachu
Gruß M (*-es; Grüße*) pozdrowienie, ukłon; MIL oddanie honoru; **j-s ~ erwidern** odkłaniać ⟨-kłonić⟩ się k-u; **herzliche Grüße an Sie und ...** serdeczne pozdrowienia dla Pana (Pani) i dla ...; **richten Sie bitte Grüße von mir an ... aus** proszę uprzejmie przekazać (ode mnie) pozdrowienia dla ...; *Briefschluss* **mit freundlichen Grüßen** łączę uprzejme pozdrowienia
grüßen (*-ßt*) V/T: **j-n ~** ⟨po⟩witać, pozdrawiać ⟨-zdrowić⟩ k-o, kłaniać się ⟨ukłonić się⟩ k-u; MIL ⟨za⟩salutować k-u; **grüß Gott!** niech będzie pochwalony!; *umg* **grüß dich!** witam!; **grüße sie von mir** kłaniaj się jej ode mnie; **wir kennen uns nicht näher, aber wir ~ uns** nie znamy się bliżej, ale wymieniamy ukłony; V/I ⟨przy⟩witać się
Grußwort N (PL *-e*) mowa powitalna; list *od* telegram powitalny
Grütze F kasza; **rote ~** kisiel owocowy; *umg* **nicht viel ~ haben** nie mieć oleju w głowie
Grützwurst F *reg* kaszanka
Guate'mala N (*-s; bpl*) Gwatemala
gucken *umg* V/T *Film usw* oglądać ⟨obejrzeć⟩ (sobie); V/I ⟨po⟩patrzeć, spoglądać ⟨spojrzeć⟩ (**auf** *akk* na *akk*); **in** (*akk*) **~** zaglądać ⟨zajrzeć⟩ do (*gen*); **aus etw ~** wyglądać, wyzierać z, zza (*gen*)
Guckloch N wziernik; *in der Tür usw umg* wizjer, judasz
Guerillakrieg [ge'rılja-] M wojna partyzancka
Gugelhupf M (-[e]s; -e) *pl-niem*, *austr* babka (drożdżowa)
Guillotine [gijo'tiːnə] F gilotyna
Guinea N (*-a; bpl*) Gwinea
Gulasch M *od* N (-[e]s; -e od -s) gulasz; **~kanone** *umg* F kuchnia polowa; **~suppe** F zupa gulaszowa
Gülle F (*bpl*) AGR gnojówka
Gully M (*-s; -s*) studzienka ściekowa
gültig *Pass usw* ważny; (*verbindlich*) obowiązujący; *Münze* obiegowy
Gültigkeit F (*bpl*) ważność *f*
Gültigkeitsdauer F okres ważności
Gummi[1] N *od* M (*-s; -[s]*) guma
Gummi[2] M (*-s; -s*) gumka (do wycierania);

umg (*Präservativ*) guma
Gummi[3] *umg* N (*-s; -s*) (*Band*) gumka
Gummi|ball M piłka gumowa; **~band** N (PL *-bänder*) tasiemka gumowa, *umg* gumka; **~bärchen** N gumiś *m*; **~baum** M drzewo gumowe; *als Zimmerpflanze umg* fikus
gum'miert ADJ gumowany
Gummi|geschoss N pocisk gumowy; **~knüppel** M pałka gumowa; **~ring** M (*Dichtung*) uszczelka gumowa; *zum Zusammenhalten umg* gumka; **~schlauch** M wąż gumowy; **~sohle** F podeszwa gumowa, *umg* guma; **~stiefel** M but gumowy, *umg* gumiak; **~zug** M wstawka elastyczna
Gunst F (*bpl*) łaska, względy *mpl*; **j-s ~ genießen** cieszyć się względami (*gen*), mieć łaski (u *gen*); **zu j-s ~en** na korzyść (*gen*); **die ~ der Stunde nutzen** wykorzystać sprzyjającą chwilę
günstig pomyślny, sprzyjający, (*a. vorteilhaft*) korzystny; **im ~sten Fall** w najlepszym razie; **sich ~ auswirken** (**auf** *akk*) odbi(ja)ć się korzystnie (na *lok*)
Gurgel F (*-; -n*) gardło
gurgeln V/I (*-le*) płukać gardło; *Wasser usw* bulgotać
Gurke F ogórek; **saure ~** ogórek kiszony; **~n-** *in zssgn* ogórkowy
Gurken|gewürz N przyprawy *fpl* do ogórków; **~salat** M mizeria
gurren V/I gruchać
Gurt M (*-[e]s; -e*) pas; TECH *a.* taśma
Gürtel M pas, pasek; *fig* pas; strefa; *umg fig* **den ~ enger schnallen** zaciskać ⟨-snąć⟩ pasa
Gürtellinie F talia; **ein Schlag unter die ~** cios poniżej pasa
Gürtel|reifen M opona radialna; **~rose** F MED półpasiec; **~schnalle** F sprzączka (u pasa); **~tier** N ZOOL pancernik
Gurtstraffer M AUTO napinacz pasów bezpieczeństwa
GUS F (**Gemeinschaft Unabhängiger Staaten**) Wspólnota Niezależnych Państw
Guss M (*-es; Güsse*) TECH odlew; *umg* (*Regen*) ulewa; KULIN polewa; **wie aus e-m ~** spójny; **~beton** M beton lany; **~eisen** N żeliwo; **~form** F forma odlewnicza; **~stück** N odlew
gut (*besser, beste*) dobry, *präd* dobrze; **e-e ~e Tat** dobry uczynek; **ganz ~** dość dobry, niezły, *präd* dość dobrze, nieźle; **~e zwei Stunden** dobre dwie godziny; **sei ~ zu den Kindern** bądź dobry dla dzieci; **mit „~"** **bewerten** dać stopień „dobry"; **das ist ~ gegen etw** to jest dobre na (*akk*); *umg* **... ist gut für etw** ... jest dobry (dobra, dobre) do (*gen*); **sei so ~ und ...** bądź tak dobry i ...; **es wäre ~, wenn du ...** dobrze by było, gdybyś ...; **nicht ~** niedobry, *präd* niedobrze; **es wird nicht ~ enden** to się niedobrze skończy; **~ gehen** *Geschäft* prosperować; *j-m finanziell usw* powodzić się k-u; **es geht mir gut** (*körperlich*) czuję się dobrze; **mir ist nicht ~** robi mi się niedobrze; *umg* **(also) ~!** (a więc) dobra!; **schon ~** dobrze, dobrze; **lass es ~ sein** daj spokój, zostaw to; *umg* **machs ~!** cześć!; *in Verbindungen mit Partizip, Zahlwort od* ADV **~ aussehend** przystojny; **~ gehend** *Geschäft* prosperujący; *umg* **bei j-m ~ angeschrieben sein** być dobrze notowanym u (*gen*); **~ bezahlt, ~ dotiert** *Posten* dobrze płatny; **~ gebaut** *umg Person* dobrze zbudowany; **~ gelaunt** wesoły (-ło), w dobrym nastroju; **das war ~ gemeint** powiedziałem to w dobrej intencji; **~ situiert** dobrze sytuowany; **vor ~ zehn Jahren** dobre dziesięć lat temu; *umg* **~ und gern** co najmniej; *umg* **... ist so ~ wie erledigt** ... jest na ukończeniu, ... już prawie załatwiony (-na, -ne); → gutgesinnt, gutgestellt *usw*
Gut [guːt] N (*-[e]s; Güter*) (*Besitz*) dobro, mienie; HANDEL towar; (*Landgut*) majątek; PL *a.* dobra *npl*
Gutach|ten N ekspertyza; **~ter(in)** M(F) biegły (-ła), rzeczoznawca *m* (*a. f*)
gut|artig łagodny (*a.* MED); **~aussehend**, **~bezahlt** → gut
'gut'bürgerlich solidny, mieszczański; *präd* w mieszczańskim guście
gutdotiert → gut
Gutdünken N (*-s*): *nur in* **nach (eigenem) ~** według (własnego) uznania *od umg* widzimisię
Gute N (*-n; bpl*), **~s** N dobro, dobre; **etwas ~s** coś dobrego; **j-m ~s tun** ⟨wy⟩świadczyć k-u dobro; **des ~n zu viel tun** *umg* przedobrzyć *pf*; **das bedeutet nichts ~s** to nie wróży nic dobrego; **~s mit Bösem vergelten** odpłacać złem za dobro; **im ~n** po dobremu; **alles ~!** wszystkiego dobrego!
Güte F (*bpl*) dobroć *f*; (*Qualität*) jakość *f*;

G

umg **ach du meine ~!** wielki Boże!
Güteklasse F klasa jakości
Gute'nacht|geschichte F *umg* dobranocka; **~kuss** M pocałunek na dobranoc
Güter PL → Gut; **~bahnhof** M stacja towarowa; **~trennung** F rozdzielność majątkowa; **~umschlag** M przeładunek towarów; **~verkehr** M ruch towarowy; transport towarów; **~wagen** M wagon towarowy; **~zug** M pociąg towarowy
Güte|siegel M, **~zeichen** N znak jakości
gut|gebaut, **~gehen** *usw* → gut
gutgesinnt ADJ: **j-m ~ sein** być przychylnie nastawionym (do *gen*)
gutgestellt ADJ być dobrze sytuowanym
gutgläubig ADJ naiwny, prostoduszny; ADV w dobrej wierze
Guthaben N saldo kredytowe (rachunku bankowego)
gutheißen (*irr*) ⟨za⟩aprobować
gütig dobrotliwy (-wie), łagodny
gütlich polubowny, ugodowy (-wo); **sich ~ tun an** (*dat*) delektować się (*inst*)
gutmachen *Fehler, Unrecht* naprawi(a)ć; *Schaden a.* wynagradzać ⟨-grodzić⟩
gut|mütig dobroduszny; **~nachbarlich** dobrosąsiedzki (po -ku)
Gutschein M kupon, bon (**für** na *akk*)
gutschreiben (*irr*) *Betrag* zapis(yw)ać na dobro rachunku
Gutschrift F uznanie konta; (*Beleg*) awizo kredytowe
Gutsherr M właściciel ziemski, dziedzic
gutsituiert → gut
gutstellen V/R **sich ~ (mit)** wchodzić ⟨wejść⟩ w komitywę (z *inst*)
guttun (*irr*): **j-m ~** (*gute Wirkung haben*) przynosić ⟨-nieść⟩ ulgę, dobrze ⟨z⟩robić k-u; **das wird dir ~** to ci dobrze zrobi
gutwillig ADJ chętny; ADV (*freiwillig*) dobrowolnie, po dobremu
Guyana N (-s; *bpl*) Gujana
gymnasi'al gimnazjalny
Gymnasi'allehrer(in) M(F) nauczyciel (-ka) gimnazjum
Gym'nasium N (-; -ien) gimnazjum *n*
Gym'nastik F (*bpl*) gimnastyka
Gynäko'lo|ge M (-n), **~gin** F ginekolog (*a. f*); **~'gie** F (*bpl*) ginekologia
gynäko'logisch ginekologiczny
G-20-Staaten PL państwa G20 *pl*

H

ha[1] (Hektar) hektar
ha INT: **~!** ha!
Haager ADJ haski
Haar N (-[e]s; -e) włos; *koll* włosy *pl*; (*Fell*) sierść *f*; włosie; **volles ~** bujne włosy, czupryna; *fig umg* **ein ~ in der Suppe finden** doszukać się *pf* dziury w całym; **kein gutes ~ an j-m lassen** nie zostawić *pf* suchej nitki na (*lok*); **niemandem ein ~ krümmen können** nikomu nie ⟨z⟩robić

▶ Haar

glatt	gładkie
lockig	kręcone
blond	blond (*unv.*)
rothaarig	ruda/rudy
braunhaarig/brünett	szatyn/szatynka
schwarzhaarig	brunet/brunetka
der Bürstenschnitt/der Igelschnitt	na jeża/jeżyk
der Pony	grzywka
die Strähnchen	pasemka
der Pferdeschwanz	koński ogon
einen Zopf flechten	zapleść warkocz
die Haare zusammenbinden	związać włosy
die Haare kämmen/föhnen/färben	czesać/suszyć/farbować włosy

krzywdy; **kein ~ wird dir gekrümmt!** włos ci z głowy nie spadnie!; **sich** (*dat*) **k-e grauen ~e wachsen lassen (wegen)** nie przejmować się (*inst*); **~e lassen müssen (bei)** źle wyjść *pf* (na *lok*); **j-m die ~e vom Kopf fressen** wpędzać ⟨-dzić⟩ k-o w biedę, objadać k-o; **~e auf den Zähnen haben** mieć ostry język; **an einem ~ hängen** wisieć na włosku; **an den ~en herbeigezogen** *Vergleich* naciągany; **aufs ~ genau** jota w jotę; **sich aufs ~ gleichen** być do siebie bliźniaczo podobnym; **sich in die ~e geraten** skoczyć *pf* sobie do oczu; **sich in den ~en liegen** drzeć koty, gryźć się (ze sobą, z *inst*); **mit Haut und ~en** kompletnie, z kretesem; **um ein ~** o (mały) włos; **um kein ~** ani o włos

Haar|ansatz M (*bpl*) nasada włosów; **~ausfall** M (*bpl*) wypadanie włosów, łysienie; **~balg** M mieszek włosowy; **~bürste** F szczotka do włosów; **~büschel** N pęk włosów

haaren V/I linieć

Haaresbreite F: **um ~** o (mały) włos

Haar|farbe F kolor włosów; **~färbemittel** N farba do włosów; **~festiger** M żel *od* pianka do układania włosów

haar|fein cienki jak włos(ek); **~genau** *umg* co do joty, jota w jotę

haarig włochaty (-to); *umg fig* delikatny

haarklein *präd* dokładnie, z detalami

Haar|klemme F wsuwka do włosów, klips; **~knoten** M kok; **~nadel** F szpilka do włosów; **~nadelkurve** F ostry zakręt; **~netz** N siatka na włosy; **~pflege** F pielęgnacja włosów; **~riss** M pęknięcie włoskowate

haarscharf *präd* (**an** *dat*) o włos (od *gen*); (*genau*) precyzyjnie, bardzo ściśle

Haar|schleife F kokarda we włosach; **~schneiden** N strzyżenie (włosów); **~schnitt** M fryzura; **~spalterei** F *abw* dzielenie włosa na czworo; **~spray** M lakier do włosów; **~strähne** F kosmyk *od* pasemko włosów

haarsträubend ADJ skandaliczny

Haar|trockner M suszarka do włosów; **~wäsche** F mycie włosów; **~wasser** N płyn do włosów; **~wuchs** M porost włosów; owłosienie, włosy *mpl*; **~wurzel** F korzeń *m* włosa

Hab *lit* N: **~ und Gut** cały majątek

Habe F (*bpl*) *lit* mienie

haben (*hast, hat, hatte; gehabt*) **A** *als Hilfsverb + pperf wird mst mit Präteritumformen der Verben übersetzt* **ich habe geschlafen** spałem, spałam; **du hast gegesen** ⟨z⟩jadłeś, ⟨z⟩jadłaś; **ihr habt gesehen** widzieliście, *sachf* widziałyście; **es hat geschneit** spadł śnieg; **er hätte es machen müssen** powinien był to zrobić **B** V/T **1** (*besitzen, aufweisen, bestehen usw*) mieć; (*bes sein Eigen nennen*) posiadać; **Geld, Kinder ~** mieć pieniądze, dzieci; **Zeit, Geduld, Wert ~** mieć czas, cierpliwość, wartość; **ein Haus ~** mieć *od* posiadać dom; **er hatte kein(e) ... (gehabt)** nie miał, nie posiadał (*gen*); **wir ~ heute Freitag** dziś jest piątek **2** (*empfinden*) mieć, odczuwać; **Schmerzen ~** odczuwać ból; **was hat er (denn)?** co z nim jest?; **habe Vertrauen!** zaufaj mi!; **hab Dank!** dzięki!; **es hat den Anschein** wygląda na to **3** *unpers* **es eilig ~** spieszyć się; **es nötig ~** potrzebować; **sie ~ es gut hier** dobrze im tu (jest); *umg* **ich habs!** mam!; *umg* **da ~ wirs!** masz ci los!; *umg* **das werden wir gleich ~** zaraz to załatwimy **4 etw ist noch zu ~** można jeszcze otrzymać *od* dostać (*akk*); *umg* **dafür ist er nicht zu ~** on na to nie pójdzie; on tego nie lubi; *umg* **sie, er ist noch zu ~** ona, on (jest) jeszcze do wzięcia **5 ~ zu** (+ *inf*) (*müssen*) musieć, mieć; **viel zu tun ~** być bardzo zajętym, mieć dużo (spraw) do załatwienia; **er hat zu gehorchen** ma *od* musi być posłuszny rozkazom; **ich hätte gern ...** chciał(a)bym ... **C** V/R **6** *umg* **hab dich nicht so!** nie rób ceregieli!; **und damit hat sichs** na tym sprawa załatwiona; **hat sich was!** nie ma mowy! **7** *mit präp* **sie hat an ihm e-n Freund** (ona) ma w nim przyjaciela; *umg* **das hat er so an sich** on już taki jest; **das hat nichts auf sich** to nic nie znaczy; **etw bei sich ~** mieć przy sobie (*akk*); **was hat es damit auf sich?** co się za tym kryje?; **einiges für sich ~** mieć pewne zalety; **etw hinter sich ~** mieć za sobą (*akk*); *umg fig* **es in sich ~** być cholernie ciężkim *od* trudnym; *Wein usw* być dość mocnym; **nichts von etw gehabt ~** nie mieć *od* odnieść *pf* żadnej korzyści (z *gen*)

Haben N (*-s; bpl*) FIN strona „ma"

Habenichts M (*-[es]; -e*) *abw* dziad, golec; **~e** PL *koll* dziadostwo

Haben|saldo M saldo kredytowe; **~seite** F aktywna strona bilansu
Habgier F chciwość *f*, pazerność *f*
habgierig chciwy (-wie), pazerny
habhaft ADJ *e-s Täters* ~ **werden** pochwycić *pf*, schwytać *pf* (*akk*)
Habicht M (*-s; -e*) jastrząb
Habilitati'on F habilitacja
habili'tieren V/I (-), V/R **sich** ~ habilitować się
Hab|seligkeiten FPL rzeczy *fpl*, *umg* majdan; **~sucht** F (*bpl*) → Habgier
Hachse F KULIN golonka; *vom Kalb* gicz *f*, nóżka (cielęca)

H

Hack N (*-s; bpl*) *reg* mielonka; **~braten** M klops, pieczeń rzymska; **~brett** N stolnica; MUS cymbały *pl*
Hacke[1] F AGR graca, motyka
Hacke[2] F *reg* pięta; (*Absatz*) obcas
hacken V/T *Holz* ⟨po⟩rąbać; *Fleisch* ⟨po⟩siekać; V/I AGR gracować; *Vogel* dziobać ⟨-bnąć⟩
Hackepeter M (*-s; bpl*) KULIN tatar
Hacker M EDV haker, hacker
Hack|fleisch N mięso siekane *od* mielone; **~messer** N tasak
Häcksel M *od* N (*-s; bpl*) sieczka
häckseln (*-le*) ⟨po⟩ciąć na sieczkę
Häcksler M sieczkarnia
Hacksteak N kotlet mielony
hadern V/I (*-re*) narzekać, użalać się (**mit** na *akk*); **mit s-m Schicksal** ~ złorzeczyć swemu losowi
Hafen M (*-s; Häfen*) port; **~anlagen** FPL urządzenia *npl* portowe; **~arbeiter** M doker; **~einfahrt** F wjazd do portu; **~gebühr** F portowe; **~rundfahrt** F wycieczka po porcie; **~stadt** F miasto portowe; **~viertel** N dzielnica portowa
Hafer M (*-s; bpl*) owies; *umg* **ihn sticht der** ~ rozpiera go (młodzieńcza) energia; **~brei** M owsianka; **~flocken** FPL płatki *mpl* owsiane
Haferl, **Häferl** N (*-s; -n*) *umg pl-niem*, *austr* filiżanka; (*Nachttopf*) nocnik
Haff N (*-es; -e od -s*) zalew
Haft F (*-; bpl*) (*Arrest*) areszt; (*Strafe*) kara więzienia, więzienie; **in** ~ **nehmen** aresztować (*im*)*pf*; **~anstalt** F zakład karny
haftbar odpowiedzialny (**für** za *akk*); **j-n** ~ **machen** składać ⟨złożyć⟩ odpowiedzialność (na k-o)
Haft|befehl M nakaz aresztowania; **~dauer** F czas trwania kary aresztu
haften[1] V/I (*-e-*) (**an** *dat*) przylepi(a)ć się, lepić się (do *gen*); **im Gedächtnis** ~ (**bleiben**) ⟨u⟩tkwić w pamięci
haften[2] V/I (*-e-*) odpowiadać (**für** za *akk*)
haftenbleiben (*irr; sn*) *fig* → haften[1]
Haftentlassung F zwolnienie z aresztu *od* z więzienia
Häftling M więzień *m*; *Frau* więźniarka
Häftlingsrevolte F bunt więźniów
Haftnotiz F karteczka samoprzylepna
Haftpflichtversicherung F ubezpieczenie od odpowiedzialności cywilnej
Haftschalen FPL szkła *npl* kontaktowe
Haftstrafe F kara więzienia
Haftung[1] F (*bpl*) TECH przyczepność *f*
Haftung[2] F (*bpl*) odpowiedzialność *f*
Hagebutte F owoc dzikiej róży, *umg* głóg
Hagel M (*-s; bpl*) grad
hageln (*-le*): *unpers* **es hagelt** pada grad; *fig* **es hagelte Fragen** posypał się grad pytań; *fig* **es hagelte Vorwürfe** posypały się zarzuty
Hagelschauer M przelotny grad
Hagelschlag M (*bpl*) gradobicie
Hagelwetter N burza gradowa
hager *Gesicht*, *Statur* szczupły (-le)
Häher M ZOOL sójka
Hahn M (-[e]s; Hähne) kogut; TECH kran, kurek (*a. e-r Waffe*); *umg* ~ **im Korb** ulubieniec (kobiet); *umg* **kein** ~ **kräht** (**nach j-m, etw**) pies z kulawą nogą nie ⟨za⟩interesuje się (*inst*)
Hähnchen N KULIN kurczę *n*, brojler
Hahnen|fuß M BOT jaskier; **~kampf** M walka kogutów; **~schrei** M pianie koguta
Hai M (-[e]s; -e) rekin, żarłacz; **~fischbecken** N *im Zoo usw* rekinarium *n*
Hain M (-[e]s; -e) gaj; **~buche** F grab
haiti'anisch ADJ haitański
Häkchen N haczyk; *als Kennzeichen umg* ptaszek
Häkeldecke F szydełkowy obrus
häkeln (*-le*) V/T *u.* V/I szydełkować
Häkelnadel F szydełko
haken V/I (*klemmen*) zahaczać ⟨-czyć⟩ się, zaczepi(a)ć się (**an** *dat* o *akk*)
Haken M hak, haczyk; (*Zeichen*) ptaszek; *Boxen* (**linker** lewy) sierpowy; *fig* ~ **schlagen** *Hase* kluczyć; *umg* **die Sache hat e-n** ~ sprawa nie jest bez ale; **der** ~ **dabei ist, dass** … sęk w tym, że …;

~kreuz N swastyka; **~nase** F krogulczy nos

halb ADJ pół; (*unvollständig*) połowiczny; ADV wpół, na pół, na wpół, *lit* na poły; **e-e ~e Portion** pół porcji; **~e Stunde** pół godziny; **vor e-r ~en Stunde** przed półgodziną; **zum ~en Preis** za pół ceny; **auf ~em Wege** w pół drogi; **~ nackt** półnagi (-go); **~ offen** półotwarty, na pół otwarty; **~ wach** półsenny, na pół przytomny; **~ so groß** mniejszy o połowę; **~ so viel** pół tyle; **(um) ~ zwei** wpół do drugiej; **~ um sein** minąć w połowie; **~ und ~** pół na pół; **~ lachend** na poły śmiejąc się; **~ weinend** na poły płacząc; **nichts Halbes und nichts Ganzes** ni to ni owo, ni pies ni wydra

Halbaffe M małpiatka

halb|amtlich półoficjalny; **~automatisch** półautomatyczny; **~bitter** *Schokolade* deserowy

Halb|blut N (*Pferd*) koń *m* półkrwi; (*Person*) półkrwi Indianin *usw*; **~bruder** M brat przyrodni; **~dunkel** N półmrok; **~edelstein** M kamień półszlachetny

halbe-'halbe *umg* ADV: **~ machen (mit)** ⟨po⟩dzielić na pół (z *inst*)

halber PRÄP (*gen*) *lit* gwoli (*gen, akk*); **der Ordnung ~** gwoli *od* dla porządku

Halbfabrikat N półfabrykat

halb|fertig półgotowy; **~fett** półtłusty

Halbfinale N półfinał

halbgebildet *abw*: **~er Mensch** niedouk, półinteligent

Halb|geschwister PL rodzeństwo przyrodnie; **~gott** M półbóg; **~heit** F połowiczność *f*; PL połowiczne załatwienie sprawy, połowiczne środki *mpl*

halbherzig ADJ *u.* ADV bez przekonania; *Maßnahmen usw* połowiczny

hal'bieren (-) ⟨po⟩dzielić na pół

Halb|insel F półwysep; **~jahr** N półrocze; **~jahres-** *in zssgn* półroczny

halb|jährig półroczny; **~jährlich** co pół roku, raz na pół roku

Halb|kreis M półkole; **~kugel** F półkula

halb|lang półdługi; **~laut** ADJ półgłośno; ADV półgłosem

Halb|leinen N półpłótno; **~leiter** M ELEK półprzewodnik; **~messer** M promień *m* (koła); **~monatsschrift** F dwutygodnik; **~mond** M półksiężyc

halb|nackt, **~offen** → halb

Halb|pension F niepełne wyżywienie, dwa posiłki dziennie; **~schatten** M półcień *m*; **~schuh** M półbut, półbucik; **~schwergewicht** N waga półciężka; **~schwester** F siostra przyrodnia

halb|seiden półjedwabny; *fig Methode, Person* podejrzany; **~seitig** *Text* na pół strony; *Sperre* w jednym kierunku; MED połowiczny, jednostronny

Halb|starke(r) M wyrostek, *abw* chuligan; PL *abw a.* smarkateria; **~stiefel** M but z krótką cholewką

halb|stündig półgodzinny; **~tags** ADV na pół dnia, przez pół dnia

Halbtags|arbeit F praca na pół etatu; **~kraft** F zatrudniony (-na) na pół etatu

Halbton M MUS półton

halbtrocken *Wein* półwytrawny

Halbvokal M półsamogłoska

halbwach → halb

Halb|wahrheit F półprawda; **~waise** F półsierota

halbwegs ADV jako tako, dość dobrze

Halb|welt F (*bpl*) półświatek; **~weltergewicht** N waga lekkopółśrednia; **~wertszeit** F FIZ czas połowicznego rozpadu; **~wolle** F półwełna; **~wüchsige(r)** F(*m*) małolata (-lat), wyrostek; **~zeit** F połowa (gry); *fig* półmetek

Halde F hałda, zwał(owisko)

half, **hälfe** → helfen

Hälfte F połowa, połówka; **in zwei ~n** na połowę; **(bis) zur ~** do połowy; **je zur ~** po połowie; **um die ~** o połowę

Halfter[1] M *od* N (*Pferdegeschirr*) kantar

Halfter[2] N *od* F (*Pistolentasche*) kabura; *am Sattel* olstro

Halle F hala; *im Hotel usw* hol, hall

halle'luja INT: **~!** alleluja!

hallen V/I rozbrzmie(wa)ć, rozlegać się

Hallen|fußball M halowa piłka nożna; **~schwimmbad** N pływalnia kryta; **~sport** M sporty *mpl* halowe; **~turnier** N turniej halowy

Hallimasch M (-[e]s; -e) opieńka

hallo INT: **~!** halo!

Halluzinati'on F halucynacja

Halm M (-[e]s; -e) źdźbło; (*Trinkhalm*) słomka

Halo'gen|lampe F lampa halogenowa, *umg* halogen; **~scheinwerfer** M reflektor halogenowy, *umg* halogen

Hals M (*-es; Hälse*) szyja, *dim* szyjka; (*Kehle*)

gardło; *(Genick)* kark; *fig e-r Flasche, Geige, der Gebärmutter* szyjka; *umg* **e-n langen ~ machen** wyciągać szyję; **j-m um den ~ fallen** rzucać ⟨-cić⟩ się k-u na szyję; **j-n, etw auf dem** *od* **am ~ haben** mieć na karku *(akk)*; **~ über Kopf** na łeb na szyję; **bis zum ~, über den ~** po uszy; **den ~ nicht vollkriegen** nie znać miary; **aus vollem ~** na całe gardło; **den ~ brechen** skręcić *pf* kark (**sich** *[dat]* sobie); **sich** *(dat)* **etw, j-n vom ~ schaffen** pozby(wa)ć się *(gen)*; **etw in den falschen ~ bekommen** niesłusznie się obrażać ⟨-razić⟩ (za *akk*); **das hängt mir zum ~ heraus** mam tego po dziurki w nosie

H

Hals|abschneider *umg* M zdzierca *m*, zdzierus; **~ausschnitt** M wycięcie, dekolt; **~band** N naszyjnik, kolia; *e-s Hundes* obroża

halsbrecherisch karkołomny

Hals|entzündung F zapalenie gardła; **~kette** F łańcuszek na szyję

Hals-Nasen-Ohren|-Arzt M, **~-Ärztin** F oto(ryno)laryngolog *(a. f)*

Halsschlagader F tętnica szyjna

Halsschmerzen MPL ból gardła; **ich habe ~** boli mnie gardło

halsstarrig uparty (-cie), *umg* upierdliwy

Halstuch N apaszka

Hals und Beinbruch → Beinbruch

Hals|weite F obwód szyi; **~wirbel** M krąg szyjny

halt *partikel umg* tak, też; INT **~!** stój!

Halt M (-[e]s; bpl) *(Stütze)* podpora, *a. fig* oparcie; *(Stopp)* zatrzymanie się; postój; **~ machen** → haltmachen; **ohne ~** nie zatrzymując się; **den ~ verlieren** ⟨s⟩tracić równowagę; *fig* **den inneren ~ verlieren** ⟨s⟩tracić punkt oparcia; **vor nichts ~ machen** nie cofać ⟨-fnąć⟩ się przed niczym

haltbar *(strapazierfähig)* trwały, wytrzymały; *Lebensmittel* trwały, niepsujący się; **mindestens ~ bis ...** nadający się do spożycia do ...

Haltbarkeitsdatum N data minimalnej trwałości, termin przydatności do spożycia

Haltbarmachung F *(bpl)* utrwalanie

Haltelinie F linia zatrzymania pojazdu

halten *(hält, hielt, gehalten)* **A** V/T **1** *(festhalten)* trzymać *(a. in e-r bestimmten Lage)* **2** *Wache, Kurs, Richtung, Wärme, Tier* trzymać; *(stützen, auffangen)* przytrzym(yw)ać *(a. j-m die Tür, Leiter usw)*; *(länger nicht loslassen, aufbewahren)* przetrzym(yw)ać; *(stoppen, nicht gehen lassen)* zatrzym(yw)ać; *Elfmeter* nie przepuścić *pf* **3** *Wort, Schritt, Verabredung* dotrzym(yw)ać *(gen)*; *Rede, Predigt* wygłaszać ⟨-głosić⟩; *Hochzeit* wyprawi(a)ć; *Feind* powstrzym(yw)ać **4** *Diät, Position, Vorsprung, Gleichgewicht, Kontakt, Ordnung* utrzym(yw)ać **5** **an** *od* **in der Hand ~** trzymać za rękę, w ręku; **unter Verschluss ~** trzymać pod kluczem; **warm ~** *Essen* trzymać w podgrzewaczu, na gazie *(akk)*; **etw, j-n nicht (mehr) ~ können** nie móc utrzymać *od* powstrzymać *(gen)*; **die Nachricht für wahr ~** przyjmować ⟨-jąć⟩ wiadomość za prawdziwą; **j-n, sich für ... ~** uważać k-o, siebie za *(akk)*; **j-m die Treue ~** trwać w wierności (dla *gen*); → kurzhalten **B** V/I **6** *(stoppen)* zatrzym(yw)ać się, stawać ⟨stanąć⟩ **7** *Naht, Knoten, Klebung* trzymać; *Ehe usw* ⟨prze⟩trwać; KULIN nie psuć się, przechowywać się; **auf sich ~** dbać o swój wygląd *od* o siebie **8** *(urteilen)* **von j-m, etw ~**, *unpers* **es mit etw ~** sądzić o *(lok)*; **was ~ Sie davon?** co pan(i) o tym sądzi?; **viel von j-m, etw ~** wysoko cenić *(akk)*; **davon halte ich nichts** nie uważam tego za dobre **9** **zu j-m ~** trzymać (z *inst*); **er war nicht zu ~** nie można go było utrzymać; **sie ist gehalten, zu ...** powinna (+ *inf*); **das Zimmer war in Blau gehalten** pokój był utrzymany w kolorze niebieskim **C** V/R **10** **sich ~** trzymać się (**aufrecht** prosto; **an die Regeln** reguł) **11** *(sich behaupten, bleiben)* utrzym(yw)ać się; **das Wetter hält sich** pogoda utrzymuje się; *Lebensmittel* nie psuć się, dobrze się przechowywać; **sich tapfer ~** trzymać się dzielnie; **sich links ~** trzymać się lewej strony; *(Richtung ändern)* kierować (się) w lewo; *fig* **an sich ~** wziąć się *pf* w garść, powstrzym(yw)ać się **D** *subst* **etw zum Halten bringen** zatrzymać *pf (akk)*

Halte|platz M miejsce postoju; **~punkt** M KOLEJ przystanek

Halter M uchwyt; *(Person)* właściciel(ka) *(gen)*; **~ung** F zamocowanie; obsada

Halte|stelle F przystanek; **~verbot** M *(Verkehrszeichen)* zakaz zatrzymywania się (i postoju); *(Zone)* strefa objęta zakazem zatrzymywania się (i postoju)

Hand und Fuß

die Hand	ręka/dłoń
die Hände waschen	umyć ręce
die Hand drücken	uścisnąć dłoń
der Finger	palec (u ręki)
Zeigefinger	palec wskazujący
Mittelfinger	palec środkowy
Ringfinger	palec serdeczny
kleiner Finger	mały palec
Daumen	kciuk
das Bein	noga
auf einem Bein stehen	stać na jednej nodze
der Oberschenkel	udo
das Knie	kolano
bis an die Knie (*Gras, Socken*)	do kolan (*trawa, skarpetki*)
der Unterschenkel	łydka
der Fuß	stopa/noga
mit bloßen Füßen	bose stopy
den Fuß vom Gas nehmen	zdjąć nogę z gazu
der Knöchel	kostka
ein Kleid, das ihr bis an die Knöchel reicht	sukienka, która sięga jej do kostek
die Ferse	pięta
j-m auf den Fersen sein	deptać komuś po piętach (śledzić)
die Zehe	palec (u nogi)
sich auf die Zehen stellen	stanąć na palcach

haltlos *Person* chwiejny, labilny; *Verdacht usw* bezpodstawny, gołosłowny
haltmachen zatrzym(yw)ać się (na postój)
Haltung F (PL *selten*) postawa (*a. fig* **gegenüber** *dat* wobec *gen*); (*Pose*) poza; (*Fassung*) opanowanie; *e-s Tieres* trzymanie, hodowla; **die ~ verlieren** ⟨s⟩tracić panowanie nad sobą; **~ bewahren** opanow(yw)ać się
Haltungsfehler M MED wada postawy; SPORT wadliwa postawa (ciała)
Ha'lunke M (-*n*) łajdak, łotr
Hamburger[1] ADJ hamburski
Hamburger[2] M KULIN hamburger
Häme F (*bpl*) złośliwość *f*, zjadliwość *f*
hämisch *Grinsen, Worte, Ton* złośliwy (-wie), zjadliwy (-wie)
Hammel M baran; **~braten** M pieczeń barania; **~fleisch** N baranina
Hammer M młotek; TECH, SPORT młot; ANAT, MUS młoteczek; **unter den ~ kommen** iść ⟨pójść⟩ pod młotek; *umg* **das ist ein ~!** (*ist toll*) bomba!, fajowy!; (*ist unerhört*) to już szczyt!
hämmern (-*re*) V/T młotkować; V/I *umg* (*schlagen*) walić, łomotać, tłuc (**gegen, an** *akk* do *gen*, w *akk*); *Herz* walić jak młotem; *auf dem Klavier usw* tłuc
Hammer|werfen N (-*s*; *bpl*) rzut młotem; **~werfer** M młociarz
Hämorrho'iden, **Hämor'riden** FPL hemoroidy *pl*
Hampelmann M (PL -*männer*) pajac, pajacyk; *umg fig abw* kukła, marionetka
hampeln *umg* V/I (-*le*) wiercić się
Hamster M chomik
hamstern (-*re*) V/T *u.* V/I chomikować
Hand F (-; *Hände*) ręka, dłoń *f*; **flache ~** dłoń *f*; **hohle ~** garść *f*, *dim* garstka; **helfende ~** pomocna ręka; **linker, rechter ~** po lewej, po prawej ręce; **e-e ~ breit**,

voll → Handbreit, Handvoll; **j-m die ~ geben** *od* **reichen** poda(wa)ć k-u rękę *od* dłoń (*a. fig* **zur Versöhnung** na zgodę); **freie ~ geben** da(wa)ć k-u wolną rękę; **s-e ~ im Spiel haben** maczać ręce (**bei** w *lok*); **~ drauf!** ręka!, *umg* graba!; **~ an sich legen** targnąć się *pf* na własne życie; **Hände hoch!** ręce do góry!; **Hände weg!** precz z rękami!; **beide Hände voll zu tun haben** mieć ręce pełne roboty; **an die ~, bei der ~ nehmen** brać ⟨wziąć⟩ za rękę; **j-m an die ~** *od* **zur ~ gehen** pomagać k-u; **etw liegt klar auf der ~** ... widać jak na dłoni; **bar auf die ~** na rękę; **aus der ~ legen** odkładać ⟨odłożyć⟩ (na bok); **aus der ~ lesen** wróżyć z ręki; **nicht aus der ~ geben** nie wypuszczać z rąk; **aus erster ~** z pierwszej ręki; **bei der ~** *od* **zur ~ haben** mieć pod ręką; **hinter vorgehaltener ~** poufnie; nieoficjalnie; **j-n in der ~ haben** trzymać k-o w ręku; **etw in der ~ haben** mieć w ręku (*akk*); *etw* **in die ~ nehmen** brać ⟨wziąć⟩ do ręki; **selbst in die ~ nehmen** brać ⟨wziąć⟩ w swoje ręce; **~ in ~ gehen** iść, trzymając się za ręce; *fig* iść ręka w rękę (**mit** z *inst*); **in j-s Hände fallen** *od* **geraten** dosta(wa)ć się w ręce (*gen*); (*zufällig*) nawinąć się *pf* pod rękę; **mit eiserner ~** żelazną ręką; **mit leeren Händen** z pustymi rękami; **mit vollen Händen** hojną ręką; **mit der ~ geschrieben** pisany odręcznie; **etw unter der ~ erfahren** dowiadywać ⟨-wiedzieć⟩ się nieoficjalnie (o *lok*); **das Schreiben geht ihm leicht von der ~** on ma lekką rękę do pisania; **von langer ~ vorbereitet** z góry zaplanowany *od* ukartowany; **von ~ zu ~ gehen** przechodzić z rąk do rąk; **zur ~ sein** być pod ręką; **zu Händen** do rąk własnych; **e-e ~ wäscht die andere** ręka rękę myje; **bei j-m in guten Händen sein** być *od* znajdować się u k-o w dobrych rękach; *umg* **zwei linke Hände haben** mieć (do roboty) dwie lewe ręce; **das es ist nicht von der ~ zu weisen, dass** ... nie można zaprzeczyć, że ...; → Fuß, Schoß *usw*

Handapparat M TEL słuchawka

Handarbeit F praca *od* obróbka ręczna; *künstlerisch* rękodzielnictwo; (*Werk*) rękodzieło; (*Näharbeit*) robótka; **in ~ hergestellt** wykonany *od* zrobiony ręcznie, ręcznej roboty

Handball M (*bpl*) piłka ręczna; **~er(in)** M(F), **~spieler(in)** M(F) piłkarz ręczny (piłkarka ręczna)

Hand|besen M miotełka, zmiotka; **~bewegung** F ruch ręki, ruch ręką; (*Wink*) skinienie; **~bibliothek** F biblioteka podręczna

Handbreit F (-; -) **e-e ~** szeroki na dłoń

Hand|bremse F hamulec ręczny; **~buch** N podręcznik

Händchen N rączka; *umg* **~ halten** trzymać się czule za ręce

Handcreme F krem do rąk

Hände PL → Hand; **~druck** M uścisk dłoni; **~klatschen** N klaskanie

Handel M (-s; *bpl*) handel; **~ treiben** prowadzić handel, zajmować się handlem; **~ treibend** zajmujący się *od* trudniący się handlem; **im ~ sein** być w sprzedaży

Händel MPL zwada, kłótnia

handeln (-le) **A** V/T **1** (*verkaufen*) sprzedawać (*akk*) **2** *fig* (*im Gespräch sein*) **er wird als ... gehandelt** wymienia się go jako (*gen*) **B** V/I **3** handlować (**mit etw** *inst*; **mit j-m** z *inst*); (*feilschen*) targować się (**um den Preis von** ... o cenę *gen*); **nicht mit sich ~ lassen** nie ustępować (z ceny); *fig a.* obstawać przy swoim **4** (*tun*) działać, ⟨u⟩czynić; (*sich verhalten*) postępować ⟨-stąpić⟩ (**an j-m** wobec *gen*); *Buch usw* traktować (**von** o *lok*); **richtig ~** postępować ⟨-stąpić⟩ słusznie; **falsch ~** źle postępować ⟨-stąpić⟩ **5** (*um etw gehen*) chodzić; **es handelt sich um j-n, etw** chodzi o (*akk*); **worum handelt es sich?** o co chodzi?

Handeln N działanie; postępowanie

Handels|abkommen N umowa handlowa; **~bank** F bank handlowy; **~beziehungen** FPL stosunki *mpl* handlowe; **~bilanz** F bilans handlowy (**aktive** korzystny, **ausgeglichene** wyrównany); **~delegation** F delegacja handlowa

handelseinig ADJ: **~ werden** (**mit**) dogadać się *pf*, dobić *pf* targu (z *inst*)

Handels|firma F firma handlowa; **~geschäft** N transakcja handlowa, *umg* interes; **~gesellschaft** F spółka handlowa (**offene** jawna); **~gesetzbuch** N kodeks handlowy; **~hafen** M port handlowy; **~kammer** F izba handlowa; **~kette** F łańcuch dystrybucyjny; **~klasse** F klasa jakości; **~korrespondenz** F korespondencja handlowa; **~marine** F marynarka handlowa; **~messe** F targi *mpl* rynkowe; **~partner** M partner handlowy; **~platz** M centrum *n* handlu; **~register** N rejestr handlowy; rejestr firm; **~schranken** FPL bariery *fpl* handlowe; **~schule** F szkoła handlowa, *umg* handlówka; **~spanne** F marża handlowa; **~sperre** F embargo handlowe

handelsüblich przyjęty w handlu

Handels|vertreter M agent, przedstawiciel handlowy; **~vertretung** F przedstawicielstwo handlowe; **~zentrum** N centrum handlowe

handeltreibend → Handel

händeringend ADV załamując ręce

Hände|schütteln N (-s; *bpl*) poda(wa)nie ręki (na przywitanie); **~waschen** N mycie rąk

Hand|feger M zmiotka; **~fertigkeit** F (*bpl*) umiejętność *f*

handfest ADJ *Beweis* konkretny, niezbity; *Bursche* krzepki; *Mahlzeit, Skandal umg* solidny, porządny; *Streit* zajadły, gorący; *Lüge* wierutny, skończony

Handfeuerwaffe F ręczna broń palna

Handfläche F dłoń *f*

handgearbeitet ADJ rękodzielniczy, ręcznej roboty

Handgelenk N przegub ręki; **am linken ~ tragen** nosić na lewej ręce; **aus dem ~ (heraus)** odręcznie, od ręki; *umg* **sie schüttelt das aus dem ~** ona robi to śpiewająco

Handgemenge N szarpanina, bójka

Handgepäck N bagaż ręczny

hand|geschrieben ADJ odręczny, pisany od ręki; **~gestrickt** ADJ ⟨z⟩robiony na drutach; **~gewebt** ADJ samodziałowy

Handgranate F granat ręczny

handgreiflich namacalny; **~ werden** przechodzić ⟨przejść⟩ do rękoczynów

Handgriff M chwyt; (*Henkel, Griff*) uchwyt, rączka; **mit wenigen ~en** bez trudu, prosto

Handhabe F powód, podstawa

handhaben V/T (*pperf gehandhabt*) posługiwać się, władać (*inst*); *Gesetz* ⟨za⟩stosować (*akk*)

Handi|cap, **~kap** [hɛndɪkɛp] N (-s; -s) utrudnienie; SPORT handicap, for

Hand|kante F kant dłoni; **~koffer** M walizka; **~kuss** M (po)całowanie ręki; **~langer** M pomocnik; *abw* poplecznik

Händler M handlarz, dealer; (*Kaufmann*) kupiec; **~in** F handlarka

handlich poręczny, wygodny w użyciu

Handlung F czyn, postępek, czynność *f*; *e-s Films usw* akcja; (*Laden*) sklep

Handlungsbedarf M konieczność *f* przedsięwzięcia odpowiednich kroków; **es besteht ~** trzeba przedsięwziąć odpowiednie kroki

handlungsfähig zdolny do działania; JUR zdolny do czynności prawnych

Handlungs|freiheit F swoboda działania; **~spielraum** M możliwość *f* działania

handlungsunfähig niezdolny do działania; JUR niezdolny do działań prawnych

Handlungs|vollmacht F pełnomocnictwo; **~weise** F sposób postępowania

Hand|pflege F pielęgnacja rąk; **~puppe** F pacynka; **~reichung** F usługa; **~rücken** M grzbiet dłoni

Handschellen FPL kajdanki *mpl*; **~ anlegen** (*dat*) sku(wa)ć kajdankami (*akk*)

Handschlag M (*bpl*): **j-n mit ~ begrüßen** poda(wa)ć k-u rękę na powitanie; *umg* **keinen ~ tun** palcem nie kiwnąć *pf*

Handschrift F charakter pisma; (*Werk*) rękopis, manuskrypt

handschriftlich odręczny; *Quelle, alter Text* rękopiśmienny

Handschuh M rękawiczka; **~fach** N AUTO schowek w desce rozdzielczej

Hand|spiel N SPORT gra ręką; **~stand** M stanie na rękach, stójka; **~streich** M nieoczekiwany atak; POL zamach (stanu); **~steuerung** F sterowanie ręczne; **~tasche** F torebka (damska); **~teller** M dłoń *f*

Handtuch N ręcznik; *fig* **das ~ werfen** da(wa)ć za wygraną

Handumdrehen N: **im ~** w mgnieniu oka, w lot, w mig

handverlesen ADJ przebrany; *fig a.* wybrany, *umg* przesiany

Handvoll F (-; -) **e-e ~** (pełna) garść; (*wenige, einige*) garstka

Handwagen M wózek ręczny

handwarm ciepławy, letni

Handwerk N rzemiosło; *fig abw* proceder; (*bpl*) *koll* rzemiosło; **sein ~ verstehen** znać się na rzeczy; **j-m ins ~ pfuschen** wtrącać się do spraw (*gen*); **j-m das ~**

legen ukrócić *pf* proceder (*gen*)
Handwerker M rzemieślnik
handwerklich rzemieślniczy
Handwerks|betrieb M zakład rzemieślniczy; **~kammer** F izba rzemieślnicza; **~zeug** N (*bpl*) narzędzia *npl*
Handwurzel F nadgarstek
Handy ['hɛndɪ] N (*-s; -s*) *umg* komórka
Handzeichen N znak ręką; *bei Abstimmung* podniesienie ręki
Handzettel M ulotka
Hanf M (-[e]s; bpl) konopie *pl*; **~seil** N lina konopna
Hang M (-[e]s; Hänge) zbocze, stok; *fig* (*bpl*) pociąg (**zu** do *gen*); SPORT zwis
Hänge|bauch M obwisły brzuch; **~brücke** F most wiszący; **~busen** M obwisłe piersi *fpl*; **~lampe** F lampa wisząca
hangeln (*-le; a sn*) V/I wykon(yw)ać zwis (**an** *dat* na *lok*); *v/r* **sich am Seil ~** przesuwać się do przodu, zwisając na linie
Hängematte F hamak
hängen¹ (*hing, gehangen*) V/I (*pł-niem, austr, szwajc sn*) **1** wisieć (**an der Wand** na ścianie) **2** (*schweben*) zawisać ⟨-snąć⟩ (**über dem Abgrund** nad przepaścią) **3** (*herabhängen*) zwieszać ⟨zwiesić⟩ się, zwisać (**aus, von** z *gen*) **4** (*haften*) lepić się (**an** *dat* do *gen*); **ihre Blicke hingen an ihm** nie spuszczała z niego oczu **5** *umg* (*sich aufhalten*) sterczeć, wysiadywać **6** **~ bleiben** zaczepi(a)ć się (**an e-m Nagel** o gwóźdź); *fig Verdacht* ciążyć (**an** *dat* na *lok*); *umg* utkwić *pf* (**im Gedächtnis** w pamięci); *Schüler* nie dosta(wa)ć promocji **7** **~ lassen** *Mantel* zostawić *pf* na wieszaku; *fig umg* **j-n ~ lassen** zawodzić ⟨zawieść⟩ k-o; *umg* **sich ~ lassen** ⟨s⟩tracić wigor, opuszczać ⟨opuścić⟩ ręce **8** *fig* **an etw, j-m ~** (*abhängig sn*) być zależnym (od *gen*); (*zugetan sn*) być przywiązanym (do *gen*); *umg* **an der Strippe ~** wisieć na słuchawce
hängen² **A** V/T wieszać ⟨powiesić⟩ (*a. Person*), zawieszać ⟨-wiesić⟩ (**an die Wand** na ścianie); **über die Schulter ~** przewieszać ⟨-wiesić⟩ przez ramię; *Fahne usw* wywieszać ⟨-wiesić⟩ (**aus dem Fenster** z okna); zwieszać ⟨zwiesić⟩ (**den Kopf** głowę, **die Beine ins Wasser** nogi do wody); **B** V/R **1** **sich an etw ~** (*festhalten*) uczepi(a)ć się (*gen*); **sich an j-n ~** nie odstępować k-o ani na krok; (*verfolgen*) tropić k-o; **sich an j-s Hacken ~** (*beschatten*) obserwować k-o **2** **mit Hängen und Würgen** z wielkim trudem
hängen|bleiben (*irr; sn*), **~lassen** (*irr*) *fig* → hängen¹
Hänge|partie F *fig* sprawa w zawieszeniu; **~schrank** M szafka wisząca
Han'nover N (*-s; bpl*) Hanower
Hannove'raner M koń hanowerski
Hans M Jan, *dim* Janek; **~ im Glück** szczęściarz, dziecko szczęścia
Hansa'plast® N (-[e]s; bpl) przylepiec
Hans'dampf *umg* M (-[e]s; -e): **er ist (ein) ~ in allen Gassen** (on) umie sobie poradzić w każdej sytuacji
Hanse F (*bpl*) HIST Hanza
hanse'atisch hanzeatycki
hänseln (*-le*) *j-n* podśmiewać się z (*gen*), droczyć się z (*inst*)
Hanswurst M (-[e]s; -e) błazen
Hantel F (*-; -n*) sztanga; **~n** PL (*Handhanteln*) hantle *fpl*
han'tieren V/I (-) krzątać się, uwijać się (**am Herd** przy kuchni); **mit etw ~** manipulować, posługiwać się (*inst*)
hapern: *unpers* **es hapert an etw** (*dat*) brak (jest) (*gen*); **es hapert mit der Versorgung** zaopatrzenie szwankuje *od* nie dopisuje
Häppchen N niewielki kąsek; (*Kanapee*) minikanapka, kanapeczka
Happen *umg* M kąsek, kęs; **e-n ~ essen** przekąsić *pf* coś, przegryźć *pf* coś
happig *umg Preis* słony, wygórowany
happy ['hɛpi] *umg* szczęśliwy, uszczęśliwiony
Happy End, **Happyend** happy end *m*
Härchen N włosek
Hard|liner [ha:d'laɪnər] M twardziel; PL *koll* beton; **~ware** ['ha:dvɛ:r] F (*bpl*) sprzęt komputerowy, hardware *m*
Häre'sie [PL -'siən] F herezja (*a. fig*)
Harfe F harfa; **~nist** M (*-en*) harfista m; **~nistin** F harfistka
Harke F grabie *pl*, *dim* grabki *pl*
harken V/T grabić
Harlekin M (*-s; -e*) arlekin
harmlos *Tier, Mittel, Mensch* nieszkodliwy (-wie); *Unfall, Krankheit* niegroźny; *Vergnügen* niewinny
Harmlosigkeit F (*bpl*) nieszkodliwość *f*
Harmo'nie [PL -'ni:ən] F harmonia
har|mo'nieren V/I (-) harmonizować (**mit**

z *inst*); **~'monisch** harmoniczny; *fig* harmonijny; **~moni'sieren** (-) MUS, *fig* ⟨z⟩harmonizować

Harn M (-[e]s; bpl) mocz; **~blase** F pęcherz moczowy; **~drang** M parcie na mocz

Harnisch M (*-s; -e*) pancerz, zbroja; *fig* **j-n in ~ bringen** zbulwersować *pf* k-o

Harn|leiter M moczowód; **~röhre** F cewka moczowa; **~stoff** M (*bpl*) mocznik

harntreibend ADJ moczopędny

Harnvergiftung F mocznica

Har'pune F harpun

harren V/I *lit* (*gen*) wyczekiwać (*gen*, na *akk*)

harsch *Schnee* zlodowaciały; *fig lit Ton* napastliwy (-wie), szorstki (-ko)

hart (*härter; härteste*) **A** ADJ twardy (-do) (*a. fig Disziplin, Droge, Herz, Mensch, Wasser usw*); *Arbeit, Los, Zeiten* ciężki (-ko); *Winter, Strafe, Urteil, Kritik* surowy (-wo); *Kampf* zacięty (-cie); *Drink, Währung* mocny; **~ sein zu j-m** twardo obchodzić się (z *inst*); **~ werden** ⟨s⟩twardnieć; **~ gekochtes Ei** jajko na twardo; **~ gefroren** zamarznięty; **~ arbeiten** ciężko pracować; **~ bleiben** twardo upierać się przy swoim; **j-n ~ treffen** ciężko doświadczać ⟨-czyć⟩ k-o; **wenn es ~ auf ~ kommt** jeśli dojdzie do ostateczności **B** ADV (*dicht, nahe*) **~ an der Straße** tuż przy drodze, **~ am Wind** pod wiatr; *fig* **~ an der Grenze des Erlaubten sein** niemal przekraczać granice dozwolonego

Härte F *e-s Materials, des Wassers* twardość *f*; (*Strenge*) twardość *f*, srogość *f*, surowość *f* (**gegenüber** *dat* wobec *gen*); *e-r Auseinandersetzung, e-s Kampfes* zaciętość *f*; *fig* **die ~n des Lebens** przeciwności *fpl* życiowe; **~fall** M szczególnie ciężka sytuacja; **~grad** M stopień *m* twardości

härten (*-e-*) ⟨za⟩hartować

Härter M CHEM utwardzacz

Härtetest M test wytrzymałościowy (*a. fig*)

Hartfaserplatte F płyta pilśniowa twarda

hart|gefroren, **~gekocht** → hart

Hartgeld N (*bpl*) bilon

hartgesotten ADJ (*abgebrüht*) przebiegły; (*verstockt*) zatwardziały

Hartguss M żeliwo utwardzane

hartherzig nieczuły, twardego serca

Hart|holz N drewno twarde; **~käse** M ser twardy

hartnäckig uporczywy (-wie), *bes Person* uparty (-cie); *präd a.* z uporem; **sich ~ halten** utrzymywać się, nie ustępować

Hartnäckigkeit F (*bpl*) uporczywość *f*

Hartpappe F tektura twarda

Hartschaum M pianka sztywna

Härtung F hartowanie; utwardzanie

Hartweizen M pszenica durum

Harz[1] N (*-es; -e*) żywica

Harz[2] M (*-es; bpl*) Harc, Góry *pl* Harcu

Harzer M (*Käse*) ser *od* serek harceński

harzig żywiczny

Ha'sardspiel N gra hazardowa

Hasch *umg* N (*-s; bpl*) hasz

Ha'schee N (*-s; -s*) mięso siekane

haschen[1] V/T *u.* V/I (**nach j-m, etw**) łapać, chwytać (*akk*); *fig* **nach Ruhm ~** gonić za sławą

haschen[2] *umg* V/I palić trawkę

Häschen N *dim* zajączek

Haschisch N *od* M (*-; bpl*) haszysz

Hase M (*-n*) zając, (*Feldhase*) szarak; *umg fig* **ein alter ~** stary wyjadacz; **falscher ~** KULIN pieczeń rzymska; *umg* **da liegt der ~ im Pfeffer!** tu jest pies pogrzebany!

Hasel|huhn N jarząbek; **~nuss** F orzech laskowy; **~(nuss)strauch** M leszczyna

Hasen|braten M pieczeń zajęcza; **~fuß** M *fig abw* zajęcze serce; **~pfeffer** M KULIN potrawka z podrobów zajęczych; **~rücken** M KULIN comber zajęczy; **~scharte** F zajęcza warga

Haspel F (*-n*) F *od* M TECH bęben *od* szpula do nawijania; AGR motowidło

Hass M (*-es; bpl*) nienawiść *f* (**gegen, auf j-n, etw** do *gen*)

hassen (*-sst*) V/T nienawidzić (**einander**, *v/r* **sich** się)

hasserfüllt ADJ nienawistny; **j-n ~ ansehen** spoglądać ⟨spojrzeć⟩ nienawistnie (na *akk*)

hässlich brzydki (-ko) (*a. fig*), *verstärkt* szpetny

Hässlichkeit F brzydota, szpetota

hast → haben

Hast F (*-; bpl*) pośpiech; **ohne ~** bez pośpiechu

hasten V/I (*-e-; sn*) gonić, ⟨po⟩pędzić, sadzić (**die Treppe hinauf** w górę po schodach)

hastig pośpieszny, pospieszny; *Bewegung,*

Schritte szybki (-ko); **nicht so ~!** wolnego!
hat → haben
Hätschelkind N pieszczoch(a)
hätscheln (*-le*) (*verwöhnen*) rozpieszczać ⟨-pieścić⟩
hatte, **hätte** → haben
Hatz F *fig* pościg (**auf** *akk* za *inst*)
Haube F czepek, kornet; TECH kołpak, dzwon; (*Motorhaube*) maska; ZOOL czub(ek); **~n-** *in zssgn* czubaty
Hauch M (-[e]s; bpl) tchnienie (*a. Luftzug*); (*Spur*) ślad; (*Duft*) (słaba) woń (**von etw** *gen*); *fig* **ein ~ von Orient** powiew Orientu
hauchdünn cieniutki (-ko), cieniuteńki (-ko); *fig* minimalny

H

hauchen V/I chuchać ⟨-chnąć⟩; V/T *Worte* ⟨wy⟩szeptać
Haue F *reg* AGR graca, motyka; *umg* (*Prügel*) lanie; *umg* **~ kriegen** dosta(wa)ć w skórę
hauen V/T (*haute od hieb, gehauen od reg gehaut*) *Nagel* wbi(ja)ć (**in** *akk* w *akk*); *Loch* wyrąb(yw)ać (**in** *dat* w *lok*); *Relief* ⟨wy⟩rzeźbić (**in Stein** w kamieniu); *reg Baum* zrąbać *pf*; *umg* (*schlagen, prügeln*) tłuc, kropić ⟨kropnąć⟩, grzmocić ⟨grzmotnąć⟩, zdzielić *pf* (**ins Gesicht** w twarz, **auf den Kopf** po głowie); *etw* **in Stücke ~** rozbi(ja)ć w (drobne) kawałki; (*schleudern*) grzmotnąć *pf*; V/I *umg* tłuc, walić (**gegen die Tür** w drzwi; **mit der Faust auf den Tisch** pięścią w stół); rąbać (**mit dem Säbel** szablą); uderzyć się *pf*, *umg* grzmotnąć się *pf* (**mit dem Knie an** *od* **gegen den Tisch** kolanem o stół); *v/r umg* **sich ~** (*raufen*) ⟨po⟩bić się, tłuc się; **sich ins Bett ~** zwalić się *pf* do łóżka
Hauer M GÓRN rębacz; (*Eckzahn*) kieł, *pl* kły; *des Keilers* szabla
Häufchen N kupka; **wie ein ~ Elend aussehen** wyglądać jak półtora nieszczęścia
häufeln (*-le*) AGR okop(yw)ać
Haufen M kupa (*a. umg fig*), sterta, stos; **ein ~ Arbeit** kupa roboty; **ein ~ Leute** kupa ludzi; **e-n ~ Geld kosten** kosztować kupę pieniędzy; *umg* **j-n über den ~ rennen** przewrócić *pf* (*akk*); **über den ~ schießen** zastrzelić *pf*, *pop* zakatrupić *pf*; *umg* **über den ~ werfen** *Plan* przekreślić *pf* (*akk*)
häufen V/T układać ⟨ułożyć⟩ (na kupę); ⟨na⟩gromadzić; V/R **sich ~** *Sachen* ⟨na⟩gromadzić się; *Ereignisse* mnożyć się, występować coraz częściej
haufenweise *umg* ADV bez liku, co niemiara
häufig częsty (-to); ADV *a.* częstokroć
Häufigkeit F (*bpl*) często(tliwo)ść *f*
Häuflein N kupka; *fig* garstka
Häufung F *von Fällen* mnożenie (się)
Haupt N (-[e]s; Häupter) głowa (*a. fig*); **erhobenen ~es** z podniesioną głową
Hauptaltar M ołtarz główny
hauptamtlich pełnoetatowy (-wo)
Haupt|anschluss M TEL przyłącze do centrali miejskiej; **~arbeit** F główna praca; (*der größte Teil e-r Arbeit*) lwia część pracy; **~aufgabe** F podstawowe zadanie; **~augenmerk** N (*-s; bpl*) szczególna uwaga; **~bahnhof** M dworzec główny; **~beruf** M główny (wykonywany) zawód, specjalność *f*
hauptberuflich zawodowy; etatowy; **er ist ~ Lehrer** on pracuje na etacie nauczyciela
Haupt|darsteller(in) M(F) wykonawca *m* (-czyni) roli głównej; **~eingang** M wejście główne
Häuptelsalat M *pł-niem*, *austr* sałata głowiasta
Haupt|fach N przedmiot główny (studiów, nauki); **~fehler** M zasadniczy błąd; **~feld** N SPORT peleton; **~gang** M, **~gericht** N KULIN drugie danie; **~geschäft** N główna siedziba, centrala; **~geschäftszeit** F godziny *fpl* szczytu w sklepach; **~gewicht** N główny nacisk, szczególna waga; **~gewinn** M główna wygrana; **~grund** M główna przyczyna; **~last** F *fig* główny ciężar
Häuptling M (*-s; -e*) wódz, kacyk
Haupt|mahlzeit F główny posiłek; **~mann** M (PL *-leute*) MIL kapitan; **~mieter** M najemca *m* lokalu; **~nenner** M MAT wspólny mianownik; **~person** F główna osoba; TEATR *usw* tytułowa postać; **~platine** F EDV płyta główna; **~post** F główny urząd pocztowy; **~problem** N główny problem; **~quartier** N kwatera główna; **~reisezeit** F szczyt sezonu turystycznego
Hauptrolle F rola główna; **die ~ spielen** odgrywać ⟨odegrać⟩ główną rolę
Hauptsache F rzecz najważniejsza; **in der ~** zwłaszcza; *umg* **~, du bist ...**

⚠ Haus

Das ist mein Zuhause. Hier fühle ich mich am besten.	To jest mój dom. Tutaj czuję się najlepiej.
Wo hast du das neue Haus gebaut?	Gdzie wybudowałeś nowy dom?
Sie ist in Berlin zu Hause.	Ona pochodzi z Berlina.
Ist Thomas zu Hause?	Czy Thomas jest w domu?

najważniejsze, że jesteś ...

hauptsächlich ADJ główny, zasadniczy; ADV głównie, zwłaszcza

Haupt|saison F szczyt sezonu; **~satz** M GRAM zdanie główne; **~schalter** M wyłącznik główny; **~schlagader** F tętnica główna, aorta

Hauptschuld F (*bpl*) główna wina; **die ~ tragen** ponosić główną winę (**an** *dat* za *akk*)

Haupt|schule F szkoła zasadnicza, szkoła średnia pierwszego stopnia; **~schüler(in)** M(F) uczeń *m* (-nica) szkoły zasadniczej; **~sendezeit** F (*bpl*) *rtv* czas najwyższej oglądalności; **~sitz** M główna siedziba; **~stadt** F stolica

hauptstädtisch stołeczny

Haupt|straße F główna ulica; główna trasa przelotowa; **~teil** M główna *od* największa część; **~treffer** M *Lotterie* główna wygrana; **~unterschied** M istotna różnica; **~verfahren** N JUR postępowanie sądowe; **~verhandlung** F JUR rozprawa główna

Hauptverkehrs|straße F główna arteria komunikacyjna, magistrala; **~zeit** F (*bpl*) godziny *fpl* szczytu (na drogach)

Haupt|versammlung F walne zgromadzenie; **~verwaltung** F centrala; **~wohnsitz** M główne miejsce zamieszkania

Haus N (*-es; Häuser*) dom (*a. fig*, HANDEL); (*Mietshaus*) *a.* kamienica; POL izba; (*Geschlecht*) ród; **das ganze ~** cały dom, wszyscy domownicy *mpl*; **volles ~** TEATR wypełniona po brzegi widownia; **der Herr des ~es** pan domu; **~ und Hof** cały majątek; **frei ~** z dostawą do domu; **nicht aus dem ~ gehen** nie wychodzić z domu; **außer ~** poza domem; *Verkauf* na wynos; **ins ~, nach ~e** do domu; *umg* **j-m ins ~ stehen** szykować się k-u; **im ~, zu ~e** w domu; **er ist nicht im ~(e)** on (jest) nieobecny w domu; **wo bist du zu ~?** skąd jesteś *od* pochodzisz?; gdzie mieszkasz?; **von ~ aus Arzt** z wykształcenia lekarz; **von ~e aus heißt sie NN** ona z domu NN; **von ~ zu ~** od domu do domu; **sich wie zu ~e fühlen** czuć się jak u siebie w domu; **aus gutem ~e sein** pochodzić z dobrej rodziny; **in Warschau zu ~e sein** mieszkać w Warszawie; *umg* **ein fideles ~** wesołek, kawalarz

Haus|angestellte F pomoc domowa; **~apotheke** F apteczka (domowa); **~arbeit** F *im Haushalt* praca domowa; *e-s Schülers* wypracowanie domowe; **~arrest** M areszt domowy; **~arzt** M, **~ärztin** F lekarz domowy; **~aufgabe** F zadanie domowe

hausbacken (*bieder*) domowego chowu, domorosły, *abw* parafiański

Haus|bank F bank obsługujący firmę; **~bar** F barek; **~bau** M (*bpl*) budowa (domu); **~besetzer(in)** M(F) dziki (-ka) lokator(ka); **~besitzer(in)** M(F) właściciel(ka) domu; **~besuch** M *vom Arzt* wizyta w domu; **~bewohner(in)** M(F) mieszkaniec (-nka) domu; (*Mieter*) lokator(ka); PL *a.* domownicy *mpl*; **~bock** M ZOOL kołatek domowy; **~boot** N łódź mieszkalna; **~brand** M (*bpl*) (*Kohle*) węgiel opałowy; **~briefkasten** M skrzynka na listy

Häuschen N domek; *umg* (*Klo*) wygódka; *umg* **ganz aus dem ~ sein (vor Freude)** nie posiadać się (z radości)

Haus|detektiv M detektyw w domu towarowym; **~durchsuchung** F rewizja mieszkania

hauseigen własny; należący do firmy

Haus|eigentümer(in) M(F) właściciel (właścicielka) dom(k)u; **~eingang** M wejście do domu, brama

hausen *umg* V/I *abw* gnieździć się, mieszkać na kupie; (*wüten*) buszować

Häuser PL → Haus; **~block** M bloki *mpl* mieszkalne; **~front** F pierzeja

Haus|fassade F elewacja frontowa; **~flur** F przedsionek; (*Treppenhaus*) klatka schodowa; **~frau** F gospodyni domowa; pani domu; **~freund** M przyjaciel domu (*a. Liebhaber*); **~friedensbruch** M najście (cudzego) mieszkania *od* domu

Hausgebrauch M: **für den ~** na użytek domowy, na własny użytek

Hausgehilfin F pomoc domowa

hausgemacht ADJ własnego *od* domowego wyrobu; *Problem* powstały z własnej winy

Haus|gemeinschaft F ogół domowników; **~genosse** M współmieszkaniec (*a. Tier*)

Haushalt M (-[e]s; -e) gospodarstwo domowe; (*Familie*) rodzina; (*Etat*) budżet; **den ~ führen** prowadzić gospodarstwo domowe; **ein ~ mit fünf Personen** rodzina, składająca się z pięciu osób

haushalten V/I (*irr; hält haus, hat hausgehalten*) **(mit)** oszczędzać (*akk*); **mit s-n Kräften ~** oszczędzać się

Haushälterin F gospodyni, gosposia

Haushalts|artikel M artykuł gospodarstwa domowego; **~geld** N (*bpl*) pieniądze *pl* na utrzymanie (domu); **~gerät(e** PL) N sprzęt gospodarstwa domowego; **~jahr** M rok budżetowy; **~kasse** F → Haushaltsgeld; **~müll** M odpady *mpl* z gospodarstw domowych; **~plan** M projekt budżetu, plan budżetowy; **~sperre** F zablokowanie środków budżetowych; **~waren** FPL towary *mpl* gospodarstwa domowego

Haus|herr M pan domu, gospodarz; **~herrin** F pani domu, gospodyni

haushoch bardzo wysoki (-ko); *Sieg* zdecydowany; **j-m ~ überlegen sein (in** *dat*) przewyższać k-o o całe niebo (w *lok*); **~ verlieren** przegrać (bardzo) wysoko

hau'sieren V/I (-) zajmować się handlem obnośnym; *fig abw* **~ gehen (mit)** obnosić się (z *inst*), kolportować (*akk*)

Hau'sierer M domokrążny handlarz

Haus|katze F kot (domowy); **~kleid** N podomka, sukienka domowa

häuslich domowy; (*gern zu Hause*) domatorski; **~e Pflege** pielęgnowanie chorego w domu; **sich ~ niederlassen** zadomowić się *pf*

Hausmacherart F: KULIN **nach ~** po wiejsku, po gospodarsku

Haus|mann M niepracujący mąż (prowadzący gospodarstwo domowe); **~mannskost** F wikt domowy; **~marke** F *Sekt usw* własna marka; **~meister** M dozorca *m* (domu); **~mittel** N środek *od* lek domowy; **~müll** M odpadki *mpl* domowe; **~nummer** F numer domu; **~ordnung** F regulamin (wewnętrzny); **~putz** M (*bpl*) porządki *mpl* domowe; **~rat** M sprzęty *mpl* domowe; **~ratversicherung** F (*bpl*) ubezpieczenie mieszkania i przedmiotów gospodarstwa domowego

Haus|schlachtung F ubój gospodarczy; **~schlüssel** M klucz od drzwi wejściowych; **~schuh** M pantofel, kapeć *m*

Hausse ['ho:sə *od* o:s] F FIN hossa

Haus|sprechanlage F domofon, bramofon; **~suchung** F rewizja mieszkania; **~telefon** N telefon wewnętrzny; **~tier** N zwierzę domowe; **~tür** F drzwi *pl* wejściowe, brama

Hausverbot M zakaz wejścia i przebywania w budynku; **j-m ~ erteilen** zakazać *pf* k-u wejście i przebywanie w budynku

Haus|verwalter(in) M(F) administrator(ka) domu; **~verwaltung** F administracja domu; **~wart(in)** M(F) dozorca *m* (-czyni) domu; **~wirt(in)** M(F) właściciel(ka) domu; **~wirtschaft** F gospodarstwo domowe

Haut F (-; *Häute*) skóra; (*Teint*) cera; (*Schale*) skórka; *auf der Milch* kożuszek; *e-s Ballons usw* powłoka; BIOL (*dünne Hülle*) błona, błonka; (*Muskelhaut*) powięź *f* (*a.* KULIN); *umg* **ehrliche ~** (*Mensch*) poczciwa dusza; *umg* **er ist nur noch ~ und Knochen** zostały z niego skóra i kości; *umg* **sich s-r ~ wehren** bronić swej skóry; *umg* **auf der faulen ~ liegen** leniuchować; *umg* **aus der ~ fahren** (*wütend werden*) wkurzać ⟨-rzyć⟩ się; *umg* **bis auf die ~ nass werden** przemoknąć do (suchej) nitki; *umg* **sich in s-r ~ nicht wohlfühlen** chodzić jak nie w swojej skórze; *umg* **ich möchte nicht in ihrer ~ stecken** nie chciałbym być w jej skórze; *umg* **mit heiler ~ davonkommen** wyjść *pf* cało (**aus, bei** z *gen*); *umg* **der Film ging ihm unter die ~** przejął się tym filmem do żywego

Haut|arzt M, **~ärztin** F dermatolog; **~ausschlag** M wysypka; **~creme** F

krem kosmetyczny
häuten (-e-) V/T ściągać ⟨-gnąć⟩ skórę (z *gen*); *v/r* **sich ~** zrzucać ⟨-cić⟩ skórę, linieć
hauteng *Kleid* opięty, obcisły
Haut|farbe F kolor skóry; (*Teint*) cera, karnacja; **~flechte** F MED świerzbiączka; **~fleck** M znamię (skórne)
hautfreundlich niedrażniący skóry
Hautkrankheit F choroba skóry
Hautkrebs M rak skóry
hautnah ADJ (*unmittelbar unter der Haut gelegen*) podskórny; *umg Beschreibung* żywy, plastyczny; ADV (*sehr nah*) bardzo blisko; *umg* **etw ~ miterleben** widzieć z bliska (*akk*), być naocznym świadkiem (*gen*)
Hautpflege F pielęgnacja skóry *od* cery
hautschonend ADJ niedrażniący skóry
Hauttransplantation F przeszczep skóry
Häutung F linienie, linka
Hautunreinheit F pryszcz
Ha'vanna F (-; -s) (*Zigarre*) hawana
Hava'rie [PL -'riːən] *f* awaria
hava'rieren V/I (-) ulegać ⟨ulec⟩ awarii
Havel F (*bpl*): **die ~** Hawela
Ha'waii N (-s; *bpl*) (*Insel*) Hawai(i) *unv*; (*Staat USA, Inselgruppe*) Hawaje *pl*
Haxe F *pf-niem* → Hachse
Hbf. (Hauptbahnhof) dworzec główny
H-Bombe F bomba wodorowa
he *umg* INT: **~!** *Zuruf* hej!, ej!; *als Drohung* ej!; *bewundernd, erstaunt* he!
Headset N zestaw słuchawkowo-mikrofonowy: **ein ~ aufsetzen** nakładać zestaw słuchawkowo-mikrofonowy
Hebamme F położna, akuszerka
Hebebühne F pomost podnoszący
Hebel M dźwignia; *fig* **am längeren ~ sitzen** *umg* mieć lepsze chody; *umg* **alle ~ in Bewegung setzen** poruszyć *pf* wszystkie sprężyny
heben (*hob, gehoben*) V/T podnosić ⟨podnieść⟩ (*a. fig Leistung, Niveau, Stimme, Stimmung*), unosić ⟨unieść⟩, wznosić ⟨wznieść⟩ (**in die Höhe** do góry), *nur mit Mühe* udźwignąć *pf*; *Schiff, Schatz* wydoby(wa)ć; *Wohlbefinden* polepszać ⟨-szyć⟩; **sich** (*dat*) **e-n Bruch ~** naderwać się *pf*; *umg* **einen ~** golnąć *pf* sobie; V/R **sich ~** *Vorhang, Schranke, Standard usw* podnosić ⟨-nieść⟩ się; *Flugzeug usw* wznosić ⟨wznieść⟩ się; → erheben
he'bräisch hebrajski (po -ku)
Hebung F podniesienie (*a. fig der Leistung, Stimmung usw*); (*Bergung*) wydobycie; (*das Verbessern*) polepszenie
hecheln V/I (-le) *Hund* ziać
Hecht M (-[e]s; -e) szczupak; *umg* **ein toller ~** zuch chłopak, duży kozak
hechten V/I (-e-) skakać ⟨skoczyć⟩ głową naprzód, *umg* da(wa)ć szczupaka
Hechtsprung M skok szczupakiem, szczupak; **mit e-m ~** szczupakiem
Heck N (-s; -e *od* -s) MAR rufa; AUTO tył; LOTN ogon; **~antrieb** M napęd na tylne koła, napęd tylny
Hecke F żywopłot
Hecken|rose F dzika róża; **~schütze** M zaczajony snajper
Heck|fenster N tylne okno; **~klappe** F pokrywa bagażnika; **~motor** M silnik umieszczony w tyle; **~scheibe** F szyba tylna
Heer N (-es; -e) armia (*a. fig*), wojsko; **~führer** M wódz
Heerschar F wojsko; **die himmlischen ~en** zastępy *mpl* niebieskie; *umg fig* **ganze ~en von ...** chmary ... (*gen*)
Hefe F drożdże *pl*; **~kuchen** M placek drożdżowy; **~pilze** MPL drożdżaki *mpl*; **~teig** M ciasto drożdżowe; **~zopf** M strucla
Heft[1] N (-[e]s; -e) zeszyt (*a. Lieferung, Nummer*); broszura; bloczek
Heft[2] N (-[e]s; -e) (*Griff*) rękojeść *f*, trzonek
heften (-e-) V/T (*nähen*) ⟨s⟩fastrygować; TYPO zszy(wa)ć; **etw ~ an** (*akk*) przypinać ⟨-piąć⟩ do (*gen*); **den Blick auf j-n, etw ~** wpi(ja)ć się wzrokiem w (*akk*); V/R **sich an j-s Fersen ~** deptać k-u po piętach, śledzić każdy krok (*gen*)
Heft|er M skoroszyt; (*Gerät*) zszywacz; **~faden** M, **~garn** N fastryga
heftig gwałtowny (*a. Art, Mensch*); *Protest* ostry; *Liebe* namiętny; *Streit usw* burzliwy (-wie); *Kampf* zacięty (-cie); **es regnete ~** padał ulewny deszcz; **~ werden** *Person* unosić ⟨unieść⟩ się, ⟨za⟩reagować wybuchowo
Heftigkeit F (*bpl*) gwałtowność *f*
Heft|klammer F spinacz; **~naht** F fastryga; **~pflaster** N przylepiec
hegen *Wald, Wild* ochraniać; *lit Groll* żywić; *Wunsch* mieć; *j-n* **~ und pflegen**

H

otaczać (specjalną) troską
Hehl N *od* M: **kein(en) ~ machen aus etw** *od* **daraus, dass** ... nie skrywać (*gen*), nie robić sekretu z (*gen*) *od* z tego, że ...
Hehle|r M paser; **~'rei** F (*bpl*) paserstwo; **~rin** F paserka
hehr *lit* ADJ wzniosły
Heide[1] M (*-n*) poganin
Heide[2] F *grün* wrzosowisko; *sandig, dürr* pustkowie; BOT → **~kraut** N wrzos; (*Erika*) wrzosiec
Heidelbeere F borówka (czernica)
Heidemoor N torfowisko wyżynne
Heiden|angst *umg* F (*bpl*) okropny strach; **~arbeit** *umg* F huk *od* masa roboty; **~geld** *umg* N (*bpl*) kupa pieniędzy; **~lärm** *umg* M (*bpl*) piekielny hałas, straszny harmider; **~spaß** *umg* M (*bpl*) wielka uciecha
Heidentum N (*-s; bpl*) pogaństwo
Heidin F poganka
heidnisch pogański
heikel (*-kler, -lste*) drażliwy, delikatny
heil cały (-ło); (*geheilt*) zdrowy; **etw ~ überstehen** wychodzić ⟨wyjść⟩ bez szwanku (z *gen*); **die Wunde ist wieder ~** rana już się zagoiła; *fig* **~e Welt** lukrowany świat
Heil N (*-s; bpl*) szczęście, dobro; (*Erlösung*) zbawienie; **sein ~ suchen in** (*dat*) szukać ratunku *od* zbawienia (w *lok*); **~ bringend** zbawienny
Heiland M (-[*e*]s; bpl) *rel* Zbawiciel
Heilanstalt F lecznica
Heilbad N (*Ort*) uzdrowisko
heilbar uleczalny
Heilbehandlung F leczenie
heilbringend → Heil
Heilbutt M (-[*e*]s; -e) halibut
heilen V/T ⟨wy⟩leczyć, ⟨wy⟩kurować (**von** z *gen*; *a. fig*); *Person a.* uzdrawiać ⟨uzdrowić⟩; V/I (*sn*) *Wunde* ⟨za⟩goić się
Heiler(in) M(F) uzdrowiciel(ka)
heilfroh *umg*: *präd* **~ sein (dass)** bardzo się cieszyć (że *od* z *gen*)
Heilgymnastik F gimnastyka lecznicza
heilig święty (*a. fig*); **der Heilige Geist** Duch Święty; **ihm ist nichts ~** (on) nie uszanuje żadnej świętości; → heiligsprechen
Heilig|abend M Wigilia Bożego Narodzenia; **~e(r)** F(*m*) święta (-ty); **die ~en** święci; *iron* **ein komischer ~er** dziwak
Heiligen|bild N obraz świętego *od* świętej; (*Ikone*) ikona; **~schein** M aureola
Heiligkeit F (*bpl*) świętość *f*; **Seine ~** (*der Papst*) Jego Świątobliwość
heiligsprechen (*irr*): **j-n ~** kanonizować k-o
Heilig|sprechung F kanonizacja; **~tum** N (*-s; -tümer*) świętość *f*; (*Kultstätte*) sanktuarium *n*; (*Tempel*) świątynia
heilklimatisch ADJ: **~er Kurort** uzdrowisko klimatyczne, stacja klimatyczna
Heilkraft F moc uzdrawiająca
heilkräftig leczniczy (-czo), uzdrawiający (-co)
Heilkräuter NPL zioła *npl* lecznicze
Heilkunst F (*bpl*) sztuka lekarska
heillos ADJ okropny, nieopisany; **ein ~es Durcheinander** nieopisany bałagan; *präd* **~ zerstritten** nieprzejednanie skłóceni *od* skłócone
Heil|methode F metoda leczenia; PL *a.* praktyki *fpl* uzdrawiające; **~mittel** N środek leczniczy, lek; **~pflanze** F roślina lecznicza; **~praktiker(in)** M(F) specjalista *m* (-tka) medycyny niekonwencjonalnej; **~quelle** F źródło lecznicze
heilsam zbawienny
Heilsarmee F (*bpl*) Armia Zbawienia
Heil|schlamm M borowina; **~stätte** F sanatorium *n*, lecznica
Heilung F wyleczenie, uzdrowienie; *e-r Verletzung* zagojenie (się)
Heilungsprozess M proces gojenia
Heil|verfahren N leczenie; **~wirkung** F (*bpl*) skuteczność *f*, działanie lecznicze
heim ADV do domu
Heim N (-[*e*]s; bpl) (*Zuhause*) dom, ognisko domowe; (*a* PL, *Einrichtung*) dom; **~arbeit** F (*bpl*) praca wykonywana w domu, praca chałupnicza; **~arbeiter(in)** M(F) chałupnik (-niczka)
Heimat F (*bpl*) ojczyzna (*a. fig*), kraj rodzinny, strony *fpl* ojczyste
Heimat|erde F (*bpl*) ziemia ojczysta; **~film** M (sentymentalny) film o lokalnym kolorycie; **~hafen** M port macierzysty; **~kunde** F krajoznawstwo regionu; **~kunst** F regionalna twórczość artystyczna; **~land** N kraj ojczysty
heimat|lich ojczysty, rodzimy, rodzinny, swojski; **~los** bezdomny
Heimatmuseum N muzeum krajoznawcze

Heimatort M miejscowość rodzinna
Heimatvertriebene F wypędzona, wygnanka; **~(r)** M (-n) wypędzony, wygnaniec
heimbringen (*irr*) *Person* odprowadzać ⟨-dzić⟩ do domu; *im Fahrzeug* odwozić ⟨-wieźć⟩ do domu
Heimchen N ZOOL świerszcz (domowy); *umg abw* **~ (am Herd)** kura domowa
Heimcomputer M komputer osobisty
heimelig przytulny
Heimerzieher(in) M(F) wychowawca *m* (-wczyni) w domu dziecka
heimfahren (*irr*) V/T odwozić ⟨-wieźć⟩, zawozić ⟨-wieźć⟩ do domu; V/I (*sn*) ⟨po⟩jechać do domu
Heimfahrt F jazda powrotna *od* do domu; **auf der ~** w drodze do domu
Heimflug M lot powrotny
heimgehen V/I (*irr; sn*) iść ⟨pójść⟩ do domu; *fig lit* odejść *pf* z tego świata
Heimindustrie F przemysł chałupniczy
heimisch *Wirtschaft, Kultur, Tiere usw* rodzimy; domowy; (*vertraut*) swojski (-ko); **~ werden** zadomowić się *pf*, ⟨za⟩aklimatyzować się; **sich ~ fühlen** czuć się jak (u siebie) w domu
Heimkehr F (*bpl*) powrót do domu *od* do kraju
heimkehren V/I (*sn*) wracać ⟨wrócić⟩ do domu *od* do kraju
Heimkehrer M (żołnierz) repatriant
Heimkind N wychowanek (-nka) domu dziecka
Heimkino N kino domowe
heimkommen V/I (*irr; sn*) powracać ⟨powrócić⟩ do domu *od* do kraju
Heimleiter(in) M(F) kierownik (-iczka) domu (dziecka, starców *usw*)
heimlich skryty (-cie), potajemny; (*a. illegal*) pokątny; ADV *a.* po kryjomu; *umg* **~, still und leise** milczkiem, cichcem; → heimlichtun
Heimlichkeit F *mst* PL sekret; **in aller ~** cichaczem, ukradkiem
Heimlichtuerei F *abw* tajemnicze zachowywanie się, robienie ze wszystkiego sekretu
heimlichtun (*irr*) zachow(yw)ać się tajemniczo
Heim|reise F podróż *f* powrotna *od* do domu; → Heimweg; **~spiel** N gra na własnym boisku
heimsuchen V/T dotykać ⟨-tknąć⟩, nawiedzać ⟨-dzić⟩, trapić
Heimsuchung F ciężka próba; (*Geißel*) plaga, kara, klęska; *rel* nawiedzenie
Heimtrainer M trenażer domowy
Heimtücke F (*bpl*) *e-r Person* przewrotność *f*; *a. e-r Tat* podstępność *f*; *e-r Krankheit* złośliwość *f*
heimtückisch *Person, Handlung* przewrotny, *a. Krankheit* podstępny; *Fieber* złośliwy
Heimweg M droga powrotna; **auf dem ~** po drodze do domu
Heimweh N (-s; *bpl*) tęsknota za domem *od* za krajem; **~ haben (nach)** tęsknić (za *inst*)
Heimwerker M majsterkowicz; **~bedarf** M materiały *mpl* i narzędzia *npl* do majsterkowania
heimzahlen V/T: **j-m etw ~** odgrywać ⟨odegrać⟩ się na kimś (za *akk*); **es j-m ~** odpłacać ⟨-cić⟩ k-u pięknym za nadobne
Heinzelmännchen N krasnoludek
Heirat F *e-s Mannes* ożenek; *e-r Frau* zamążpójście; (*Ehe*) małżeństwo
heiraten (-e-) V/T *Mann* ⟨o⟩żenić się (z *inst*); *Frau* wychodzić ⟨wyjść⟩ za mąż (za *gen*); *v/i* (*a.* **einander ~**) pob(ie)rać się
Heiratsantrag M: **j-m e-n ~ machen** oświadczać ⟨-czyć⟩ się o rękę (*gen*)
Heirats|anzeige F zawiadomienie o ślubie; (*Heiratsannonce*) ogłoszenie matrymonialne; **~erlaubnis** F zezwolenie na zawarcie małżeństwa
heiratsfähig zdolny do zawarcia małżeństwa; *umg Mädchen* na wydaniu
Heirats|schwindler M oszust matrymonialny; **~urkunde** F akt ślubu; **~vermittlung** F kojarzenie małżeństw; biuro matrymonialne
heiser zachrypnięty, ochrypły (-le); **sich ~ schreien** ochrypnąć *pf* od krzyku
Heiserkeit F (*bpl*) chrypka
heiß **1** gorący (-co) (*a. Klima*, FIZ, TECH); *Sommer, Tag a.* upalny, skwarny; **~ machen** *Essen* rozgrz(ew)ać; **mir ist ~** gorąco mi; **es wird ~** robi się gorąco **2** *fig Wunsch, Liebe, Zeit usw* gorący; (*feurig*) ognisty (-ście); *Kampf* zażarty (-cie); *Tipp* pewny; *Thema* drażliwy; *Musik, Rhythmus* porywający (-co), skoczny; *umg* (*großartig*) fajowy, bombowy; **e-e ~e Spur** świeży

H

trop; **auf e-r ~en Spur sein** wpaść *pf* na właściwy trop; **ein ~er Favorit** *umg* pewniak; **~e Ware** kradziony towar; **~e Tränen vergießen** płakać rzewnymi łzami; **~ und innig lieben** gorąco kochać; **~ ersehnt** upragniony; **~ geliebt** umiłowany; **~ umstritten** *Frage* gorąco dyskutowany, bardzo sporny; *umg* **bei der Diskussion ging es ~ her** to była namiętna dyskusja

heißblütig porywczy, krewki

heißen (*heißt, hieß, geheißen*) V/I nazywać się; *Buch, Lied usw a.* mieć tytuł; *Titel, Befehl* brzmieć; *Tier* wabić się; (*bedeuten*) znaczyć; **wie ~ Sie?** jak godność pana (pani)?; **wie heißt du (mit Vornamen)?** jak masz na imię?; **das heißt** to znaczy; **es heißt, er …** on podobno …; **was soll das ~?** co to ma znaczyć?; **das will nichts ~** to nic nie znaczy; **wie heißt das auf Polnisch** jak się to nazywa po polsku; V/T *lit* (*nennen*) naz(yw)ać; **j-n willkommen ~** powitać *pf* k-o

heißgeliebt → heiß

Heißhunger *umg* M chętka, oskoma (**auf** *akk* na *akk*; *a. fig*)

heißlaufen V/I (*irr; sn*) V/I TECH ⟨za⟩grzać się

Heißluft F (*bpl*) gorące powietrze; **~ballon** M balon na rozgrzane powietrze; **~herd** M piekarnik z termoobiegiem

heißmachen → heiß

Heißsporn *lit* M (-[e]s; -e) zapaleniec

heißumstritten → heiß

Heißwasser|bereiter M podgrzewacz wody, bojler; **~heizung** F ogrzewanie gorącą wodą

heiter *Wetter* słoneczny, ładny; *Himmel* pogodny; *Wesen, Person* pogodny, wesoły (-ło); (*amüsant*) zabawny, śmieszny; *umg iron* **das kann ja ~ werden** zdaje się, że coś się nam święci

Heiterkeit F (*bpl*) wesołość *f*; (*Gelächter*) śmiech

Heizelement N element grzejny

heizen (*-zt*) V/T *Raum* ogrz(ew)ać, opalać; *Ofen* palić (w piecu; **mit Öl** olejem); *v/i* grzać

Heizer M palacz

Heiz|gerät N grzejnik; **~kessel** M kocioł grzewczy; **~kissen** N poduszka elektryczna; **~körper** M kaloryfer; **~kosten** PL koszty *mpl* ogrzewania; **~kraftwerk** N elektrociepłownia; **~lüfter** M grzejnik z wentylatorem; **~öl** N olej opałowy, mazut; **~periode** F sezon grzewczy; **~platte** F płyt(k)a grzejna

Heizung F ogrzewanie, opalanie

Heizungs|anlage F instalacja grzewcza; **~keller** M kotłownia; **~rohr** N rura centralnego ogrzewania

Heizwert M (*bpl*) wartość opałowa

Hektar N *od* M (*-s; -e, mit Zahlen -*) hektar; **~ertrag** M wydajność *f* z hektara

Hektik F (*bpl*) gorączkowość *f*

hektisch gorączkowy (-wo)

hekto-, **Hekto-** *in zssgn* hekto-

Held M (*-en*) bohater; *iron a.* zuch

Heldenepos N epopeja

heldenhaft bohaterski (-ko, po -u), heroiczny

Heldenmut M bohaterstwo, męstwo

heldenmütig → heldenhaft

Helden|tat F czyn bohaterski, bohaterstwo; **~tum** N (*-s; bpl*) bohaterstwo

Heldin F bohaterka

helfen V/I (*hilf, half, geholfen*) (do)pomagać ⟨(do)pomóc⟩ (**j-m bei** k-u przy *lok*; **in den Mantel** włożyć płaszcz; **sich gegenseitig** sobie wzajemnie); wspomagać ⟨-móc⟩ (**finanziell** finansowo); (*nützen, wirksam sein*) pomagać ⟨pomóc⟩ (**gegen** … na *akk*; **bei** przy *lok*); **j-m aus der Not ~** ⟨po⟩ratować k-o w ciężkiej sytuacji; **ihm ist nicht mehr zu ~** nic mu już nie pomoże; **sich** (*dat*) **zu ~ wissen** poradzić sobie; **sich** (*dat*) **nicht mehr zu ~ wissen** nie móc sobie poradzić, znaleźć się *pf* w kropce; **es hilft nichts** nie ma rady

Helfer M pomocnik, *umg* pomagier; **freiwilliger ~** ochotnik; **~in** F pomocnica

Helfershelfer M (*Komplize*) wspólnik

Helium N (*-s; bpl*) hel(owy *in zssgn*)

hell jasny (-no); *Raum a.* widny; *Lachen, Stimme, Klang* dźwięczny; *Freude usw* ogromny, wielki; *umg* **ein ~er Kopf** bystra głowa; **es wird ~** świta; **~ leuchten, ~ scheinen** jasno świecić (się), jaśnieć; **s-e ~e Freude an etw** (*dat*) **haben** cieszyć się ogromnie z (*gen*); **in ~er Verzweiflung** przejęty rozpaczą

Hellas N (*-; bpl*) HIST Hellada

hellauf ADV (*sehr*) bardzo, wielce; **von etw ~ begeistert sein** rozpływać się w zachwytach nad (*inst*)

hell|blau jasnobłękitny; **~blond** *Haar*

jasnoblond (*unv*); *Person* jasny blondyn, jasna blondynka

Helle F (*bpl*) jasność *f*

Heller M grosz; *umg* **auf ~ und Pfennig** co do grosza

Helle(s) *umg* N jasne (piwo)

hell|grau jasnopopielaty (-to); **~grün** jasnozielony (-no); **~haarig** jasnowłosy; **~häutig** jasnoskóry

hellhörig *Wohnung usw* bez izolacji akustycznej, *umg* akustyczny; **j-n ~ machen** obudzić *pf* czujność (*gen*)

Helligkeit F (*bpl*) jasność *f*; FIZ jaskrawość *f*; (*Lichtfülle*) światło

helllicht ADJ: **am ~en Tag** w biały dzień

hellrot jasnoczerwony (-no)

hellsehen V/I (*nur* INF): **~ können** posiadać zdolność jasnowidzenia

Hellseher(in) M(F) jasnowidz(ąca)

hell|sichtig przezorny; **~wach** *Person* rześki; *fig Geist* bystry; (*aufmerksam*) uważny

Helm M (-[e]s; -e) kask; MIL hełm

Helv. (Helvetien, Helvetica) Helwecja

Hemd N (-[e]s; -en) koszula, *dim* koszulka; **~bluse** F bluzka koszulowa; **~blusenkleid** N szmizjerka; **~kragen** M kołnierzyk koszulowy

hemdsärmelig bez marynarki, w koszuli; *umg fig* rubaszny, bezceremonialny

hemmen hamować (*a. fig*)

Hemmnis N (*-ses; -se*) przeszkoda

Hemmschuh M płoza hamulcowa; *fig* utrudnienie, przeszkoda

Hemmung F hamowanie (*a.* PSYCH); **~en** *pl* (moralne) hamulce *mpl*; **nur keine ~en!** śmiało!;**voller ~en** *Person* zakompleksiony; **keine ~en haben** nie mieć hamulców; **ohne ~en** bez skrępowania; (*ohne Bedenken*) bez skrupułów

hemmungslos niepohamowany; (*zügellos*) wyuzdany

Hendl N (*-s; -n*) *austr* kurczak

Hengst M (*-es; -e*) ogier

Henkel M ucho, uszko; **~korb** kosz z uchem *od* uchami

Henker M kat, *mst fig* oprawca *m*

Henkersmahlzeit F ostatni posiłek

Henne F kura, kwoka, kokoszka

Hepa'titis F (-; *-'tiden*) zapalenie wątroby (**A, B** typu A, typu B)

her ADV *räumlich* tu, do (*gen*); **~ zu mir!** chodź (no) tu!; **~ damit!** dawaj(cie) to tu!; **von ... ~** od, z (*gen*); **von oben ~** od góry, z góry; **von weit ~** z daleka; **von der Schule ~** ze szkoły; **vom Norden ~** od północy; **wo ist er ~?** skąd on jest?; *umg* **hinter j-m, etw ~ sein** (*suchen*) szukać, poszukiwać (*gen*), *abw* uganiać się (za *inst*); **hinter** *e-r Frau* **~ sein** nadskakiwać (*dat*), *pop* dowalać się (do *gen*); *zeitlich* **wie lange ist es her?** jak dawno to było?; **das ist ein Jahr ~** to było rok temu; **es ist ein Jahr ~, dass ...** przed rokiem ..., już minął rok, jak ...; **(es ist) lange ~** (to było) dawno (temu); **j-n von früher ~ kennen** znać k-o od dawna; *fig* **von der Gestalt ~ ...** jeśli chodzi o kształt*od* sylwetkę, to ...; **mit ... ist es nicht weit ~** ... pozostawia wiele do życzenia; **mit s-n Leistungen ist es nicht weit ~** jego wyniki są dość marne

he'rab ADV *lit* na dół, w dół; *fig* **j-n von oben ~ behandeln** traktować k-o z góry; → herunter; **~blicken** *fig* patrzeć *od* spoglądać ⟨spojrzeć⟩ z góry (**auf j-n** na *akk*); **~hängen** (*irr*) zwisać

he'rablassen (*irr*) V/T opuszczać ⟨opuścić⟩, spuszczać ⟨spuścić⟩ (na dół); V/R *fig* **sich ~ zu ...** raczyć (*inf*); **~d** ADJ protekcjonalny, lekceważący (-co)

he'rab|sehen V/I (*irr*) → herabblicken; **~setzen** *Preis, Strafe* obniżać ⟨-żyć⟩; (*vermindern*) zmniejszać ⟨-szyć⟩; *fig* ⟨z⟩dyskredytować; *Verdienste usw* pomniejszać ⟨-szyć⟩; **zu herabgesetzten Preisen** po obniżonych cenach; **in herabsetzender Weise** w sposób uwłaczający

He'rabsetzung F (*Senkung*) obniżenie; *von Preisen, Steuern a.* redukcja, obniżka; *fig* dyskredytowanie, uwłaczanie

he'rab|steigen V/I (*irr*) → hinuntersteigen; **~würdigen** poniżać ⟨-żyć⟩

he'ran ADV (tu) bliżej; **~bilden** V/T kształcić (*v/r* **sich** się)

he'ranfahren V/I (*irr; sn*) podjeżdżać ⟨-jechać⟩ (**an** *akk* do *gen*); **rechts ~** zjeżdżać ⟨zjechać⟩ na prawe pobocze (drogi)

he'ran|führen *Weg* prowadzić (**an** *akk* w pobliże *gen*); *fig* zainteresować *pf* (**j-n an** *akk* k-o *inst*); **~gehen** V/I (*irr; sn*) (**an j-n, etw**) podchodzić ⟨podejść⟩, przystępować ⟨-stąpić⟩ (do *gen*); *fig* **an etw ~** ⟨po⟩traktować (*akk*); (*beginnen*) przystępować ⟨-stąpić⟩ (do *gen*)

He'rangehensweise F (*bpl*) podejście

he'rankommen V/I *(irr; sn)* (**an** *akk*) przybliżać ‹-żyć› się, zbliżać ‹-żyć› się (do *gen*); *fig* mieć dostęp (do *gen*), móc dostać (*akk*); **die Dinge an sich ~ lassen** zobaczyć *pf*, jaki obrót sprawy przybiorą; **an ihn kommt man nicht heran** do niego nie ma dostępu; → heranreichen

he'ranmachen *umg*: V/R **sich ~ an** *e-e Sache* zab(ie)rać się do (*gen*); **sich ~ an j-n** przystawiać się do (*gen*)

he'ran|reichen V/I: **an etw** (*akk*) **~** dosięgać ‹-gnąć› (*gen*); *fig* **an j-n ~** dorówn(yw)ać (*dat*); **~reifen** V/I (*sn*) dojrze(wa)ć; **~rücken** V/T (**an** *akk*) przysuwać ‹-sunąć› bliżej (do *gen*); *v/i* (*sn*) przysuwać ‹-sunąć› się bliżej (do *gen*); **~schleppen** V/T przywlekać ‹-wlec› (*v/r* **sich** się)

he'rantasten: V/R **sich ~** (**an** *akk*) szukać po omacku (*gen*); *fig* sondować (*akk*)

he'rantreten V/I *(irr; sn)* (**an** *akk*) przystępować ‹-stąpić› (do *gen*); *mit e-r Bitte* zwracać ‹zwrócić› się (do *gen*)

he'ranwachsen V/I *(irr; sn)* dorastać ‹-róść, -rosnąć›

He'ranwachsende F podrostek, nieletnia; **~(r)** M (*-n*) podrostek, nieletni

he'ranziehen (*irr*) V/T przyciągać ‹-gnąć› (**zu** *dat* do *gen*; **zu sich** do siebie); *fig Tier, Pflanze* ‹wy›hodować; *Nachwuchs* przysposabiać ‹-sobić›; → hinzuziehen; V/I (*sn*) nadciągać ‹-gnąć›

her'auf ADV do góry, na *od* pod górę; **~beschwören** (*irr*) *Unheil* sprowadzać ‹-dzić›; *Vergangenes* wywoł(yw)ać; **~kommen** V/I *(irr; sn)* wchodzić ‹wejść› (po schodach) do góry *od* na górę; **~setzen** V/T (*erhöhen*) podwyższać ‹-szyć›; **~steigen** V/I *(irr; sn)* wspinać ‹wspiąć› się (**die Treppe** po schodach); **~ziehen** (*irr*) V/T wciągać ‹-gnąć› na górę; V/I (*sn*) *Gewitter* nadciągać ‹-gnąć›

he'raus ADV z, od; **von innen ~** od wewnątrz; **aus e-r Notlage ~** z konieczności; **~ sein** *umg* wydostać się *pf*, wyjść *pf*; *Buch* ukazać się *pf*; → raus

he'rausbekommen *(irr; -)* wydoby(wa)ć (**aus** z *gen*; *a. fig umg Wort, Geheimnis*); *Restgeld, Ergebnis* otrzym(yw)ać

he'rausbrechen (*irr*) wyłam(yw)ać

he'rausbringen (*irr*) wynosić ‹-nieść›; *Buch* wyda(wa)ć; TEATR wystawi(a)ć; *umg* **kein Wort ~ können** nie móc wykrztusić (ani) słowa; *umg* **j-n, etw groß ~** głośno promować *od* lansować (*akk*)

he'raus|fahren (*irr*) V/I (*sn*) wyjeżdżać ‹-jechać›; *umg Wort* wyr(yw)wać się; V/T *Sieg* odnieść *pf*; *Fahrwerk* wysuwać ‹-sunąć›; **~fallen** V/I *(irr; sn)* wypadać ‹wypaść›; **~filtern** odfiltrow(yw)ać; **~finden** (*irr*) V/T doszuk(iw)ać się (*gen*); (*entdecken*) odkry(wa)ć (*akk*); V/I znajdować ‹znaleźć› wyjście (**aus** z *gen*); **~fischen** wyławiać ‹-łowić›; **~fliegen** *(irr; sn)* wylatywać ‹-lecieć› (**aus** z *gen*; *a. umg fig*); **~fließen** V/I *(irr; sn)* wyciekać ‹-ciec› (**aus** z *gen*)

He'rausforderer M SPORT, *fig* ubiegający się (o tytuł), pretendent (do *gen*)

he'raus|fordern wyz(y)wać (**zum Duell** na pojedynek); *Protest, Kritik* wywoł(yw)ać; prowokować; **~fordernd** ADJ (*angriffslustig*) wyzywający (-co); (*provozierend*) prowokujący (-co)

He'rausforderung F *zum Kampf u. fig* wyzwanie; (*Provokation*) prowokacja

He'rausgabe F wyda(wa)nie (*a.* TYPO)

her'ausgeben (*irr*) V/T pod(aw)ać (**durchs Fenster** przez okno); *Erlass, Buch, Restgeld usw* wyd(aw)ać; (*zurückgeben*) zwracać ‹zwrócić›; V/I **auf 10 Euro ~** wydać resztę z dziesięciu euro; → herausrücken

He'rausgeber(in) M(F) *e-s Buches* wydawca *m* (-czyni); *engS* edytor, redaktor odpowiedzialny (*a. f*)

he'rausgehen V/I *(irr; sn)* wychodzić ‹wyjść›; *Fleck* da(wa)ć się usunąć; *Nagel* da(wa)ć się wyciągnąć; *fig* **aus sich ~** *umg* wyluzować się *pf*

he'raus|greifen (*irr*) wychwytywać ‹-chwytać, -chwycić›; **~haben** *umg* (*irr*) *Nagel* wyciągnąć *pf*; *Schmutz* usunąć *pf*; (*ermitteln*) ustalić *pf*; *Rätsel* odgadnąć *pf*; (*etw können*) nauczyć się *pf* (*gen*), umieć (*akk*)

he'raushalten (*irr*) V/T *fig* nie wciągać (**j-n aus** *e-r Sache* k-o do *gen*); *v/r* **sich ~** (**aus**) nie wplątywać się (w *akk*)

he'raushängen V/T wywieszać ‹-wiesić›; V/I (*irr*) wisieć, być wywieszonym; **mit ~der Zunge** z wywieszonym językiem

he'raushelfen V/I (*irr*) pomagać ‹pomóc› wydostać się *od* wysiąść (**aus** z *gen*); *fig* pomóc wyjść *od* wybrnąć (**aus e-r Verlegenheit** z kłopotów)

he'rausholen wydoby(wa)ć, wydosta(wa)ć; *a. fig* wyciągać ⟨-gnąć⟩; **aus j-m ~** *Information usw* wyciągać ⟨-gnąć⟩ od k-o (*akk*); ... **aus etw ~** wyciągać ⟨-gnąć⟩ ... z (*gen*)
he'rauskommen V/I (*irr; sn*) *aus e-m Raum, Haus, fig aus e-r Lage usw* wychodzić ⟨wyjść⟩ (*a. fig Buch*); *umg Geheimnis* wychodzić ⟨wyjść⟩ na jaw; *Produkt* pojawi(a)ć się w sprzedaży; **mit** *e-r Ware* **~** rzucać ⟨-cić⟩ na rynek (*akk*); **was kommt dabei heraus?** ile to wyniesie?, jaki będzie wynik?; **es kommt nichts dabei heraus** z tego nic nie wyjdzie; **es kommt auf dasselbe heraus** to na jedno wychodzi; *umg* **ganz groß ~** mieć szalone powodzenie
he'raus|kriegen *umg* → herausbekommen; **~lassen** (*irr*) wypuszczać ⟨wypuścić⟩; **~lesen** (*irr*) wyczyt(yw)ać (**aus** *e-m Text, Blick usw* z *gen*); **~locken** *Tier, Person* wywabi(a)ć; *Geheimnis* wyciągać ⟨-gnąć⟩; *Geld* wyłudzać ⟨-dzić⟩
he'rausmachen *umg* V/T *Fleck* wywabi(a)ć; V/R **sich ~** (dobrze) rozwijać się; (*hübscher werden*) wyładnieć *pf*; wygrzebać się *pf* (**nach e-r Krankheit** z choroby)
he'rausnehmen (*irr*) wyjmować ⟨wyjąć⟩; MED *Organ* usuwać ⟨usunąć⟩; **sich** (*dat*) **etw ~** *fig* pozwalać ⟨-zwolić⟩ sobie (na *akk*)
he'raus|platzen *umg* V/I (*sn*) wyr(yw)ać się (**mit e-r dummen Bemerkung** z głupią uwagą); **~putzen** V/T wystrajać ⟨-stroić⟩ (*v/r* **sich** się); **~ragen** V/I sterczeć (**aus** z *gen*); *fig* wysuwać się na czoło, dominować; **~ragend** ADJ wybitny
he'rausreden: V/R **sich ~ (mit)** uży(wa)ć (*gen*) jako wymówki
he'rausreißen (*irr*) wyr(y)wać (*a. fig*; **aus** z *gen*)
he'rausrücken *umg* V/T da(wa)ć (**das Geld** pieniądze); *v/i* wyjawi(a)ć, powiedzieć *pf* (**mit der Wahrheit** prawdę); **wieder ~** zwracać ⟨zwrócić⟩
he'raus|rutschen V/I (*sn*) wysuwać ⟨-sunąć⟩ się (**aus** z *gen*); *umg fig* wymykać ⟨-mknąć⟩ się (**j-m** k-u); **~schlagen** (*irr*) wybi(ja)ć; *umg fig* wyciągać ⟨-gnąć⟩, uzysk(iw)ać (**aus, bei** na *lok*); **~springen** V/I (*irr; sn*) wyskakiwać ⟨-skoczyć⟩ (**aus** z *gen*); *umg fig* kapnąć *pf* (**für j-n** k-u); **~stecken** wysuwać ⟨-sunąć⟩
he'rausstellen V/T wystawi(a)ć; *fig* (*betonen*) podkreślać ⟨-lić⟩; manifestować; V/R **sich ~** okaz(yw)ać się (**als wahr, falsch** prawdziwe, fałszywe)
he'raus|strecken *Zunge* pokaz(yw)ać; **~streichen** (*tilgen*) wykreślać ⟨-lić⟩; (*hervorheben*) wychwalać zalety (*gen*); **~strömen** V/I (*sn*) wyl(ew)ać się (*a. fig, Menschen*); *Gas* wydoby(wa)ć się; **~stürzen** V/I (*sn*) wylatywać ⟨-lecieć⟩ (**aus dem Zimmer** z pokoju); **~suchen** wyb(ie)rać (**aus** z *gen*); **~tragen** wynosić ⟨-nieść⟩; **~treten** V/I (*irr; sn*) wychodzić ⟨wyjść⟩; **~wachsen** V/I (*irr; sn*) wyrastać ⟨-rosnąć, -róść⟩ (**aus** z *gen*; **aus dem Anzug** z ubrania); **~ziehen** (*irr*) V/T wyciągać ⟨-gnąć⟩
herb cierpki (-ko); *Wein* wytrawny; *Enttäuschung* gorzki (-ko); *Kritik* ostry (-ro); *Wesen* nieprzystępny
Her'barium N (*-s; -ien*) zielnik
her'bei ADV tu; **~ zu mir!** do mnie!
her'bei|eilen V/I (*sn*) nadbiegać ⟨-biec⟩; **~führen** (*bewirken*) spowodować *pf*; **~holen** sprowadzać ⟨-dzić⟩; **~rufen** (*irr*) przywoł(yw)ać; **~schaffen** *Sache* przynosić ⟨przynieść⟩; *mit Fahrzeug, a. Person* dostarczać ⟨-czyć⟩
her'beisehnen: **j-n, etw ~** z tęsknotą wyczekiwać, wyglądać (*gen*)
her'bei|strömen V/I (*sn*) *Leute* tłumnie przyby(wa)ć; **~zitieren** (-) wzywać ⟨wezwać⟩
herbekommen (*irr; -*) dosta(wa)ć
herbemühen *lit* (-) V/T ⟨po⟩fatygować (do siebie); V/R **sich ~** ⟨po⟩fatygować się do (*gen*)
Herberge F (*Gasthaus*) oberża, zajazd; *für Touristen usw* schronisko
Herbergs|ausweis M legitymacja Towarzystwa Schronisk Młodzieżowych; **~mutter** F, **~vater** M kierowniczka, kierownik schroniska młodzieżowego
her|bestellen (-) wzywać ⟨(za)wezwać⟩; **~bitten** (*irr*) ⟨po⟩prosić o przyjście (tu); **~bringen** (*irr*) przynosić ⟨-nieść⟩; *im Fahrzeug* przywozić ⟨-wieźć⟩
Herbst M (*-es; -e*) jesień *f*; **im ~** jesienią, na jesieni; **es wird ~** nastaje jesień; **~anfang** M początek jesieni
herbstlich jesienny; **sich ~ färben** *Laub* złocić się jesiennie
Herbst|-Winter-Kollektion F (*Mode*)

kolekcja jesienno-zimowa; **~zeitlose** F zimowit jesienny
Herd M (-[e]s; -e) piec kuchenny, kuchnia (elektryczna); MED, *fig* ognisko
Herde F stado, trzoda (*t. fig*)
Herden|tier N zwierzę stadne; **~trieb** M (*bpl*) instynkt stadny; *abw* owczy pęd
Herdplatte F płyta kuchenna
he'rein ADV do wnętrza, do środka; **~!** proszę (wejść)!
he'rein|bekommen *umg* (*irr*; -) otrzymać *pf*; *Sender* złapać *pf*; **~bitten** (*irr*) ⟨po⟩prosić o wejście (do środka); **~brechen** V/I (*irr*; *sn*) *Nacht* zapa(da)ć; *Unglück* spadać ⟨spaść⟩ (**über j-n** na k-o); **~bringen** (*irr*) wnosić ⟨wnieść⟩ (do środka); *umg Zeitverlust usw* nadrabiać ⟨-robić⟩; **~dürfen** (*irr*) *umg*: **er darf herein** wolno mu wejść (**in** *akk*, **zu** do *gen*); **~fallen** V/I (*irr*; *sn*) *Licht* wpadać ⟨wpaść⟩; *umg* dać się okantować *od* nabrać (**auf e-n Betrüger** przez oszusta); **~führen** V/T wprowadzać ⟨-dzić⟩ (do środka); **~kommen** V/I (*irr*; *sn*) wchodzić ⟨wejść⟩ (**in** *akk* do *gen*); *Sendung* nadchodzić ⟨nadejść⟩; *Geld* wpływać ⟨wpłynąć⟩; **~lassen** (*irr*) wpuszczać ⟨wpuścić⟩ (do środka)
he'reinlegen wkładać ⟨włożyć⟩ do środka; *umg* **j-n ~** nab(ie)rać, nacinać ⟨-ciąć⟩ (*akk*)
he'reinplatzen V/I (*sn*) *umg* zjawi(a)ć się nieoczekiwanie (**in** *akk* na *lok*; **bei** u *gen*)
he'reinregnen: *unpers* **es regnet ~** deszcz pada do środka
he'rein|schmuggeln przemycać ⟨-cić⟩ (**in** *akk* do *gen*); **~schneien** V/I (*sn*) *fig* zjawi(a)ć się niespodziewanie; **~spazieren** wchodzić ⟨wejść ⟩ powoli (**in** *akk* do *gen*); **hereinspaziert!** proszę wchodzić!; **~stellen** wstawi(a)ć do środka; **~strömen** *Luft, Wasser, Menschen* napływać ⟨-płynąć⟩ (**in** *akk* do *gen*); **~stürzen** V/I (*sn*) wpadać ⟨wpaść⟩ z impetem (**in** *akk* do *gen*); **~wollen** *umg* V/I (*irr*) chcieć wejść (do środka)
herfahren (*irr*) V/T przywozić ⟨-wieźć⟩ (tu); V/I (*sn*) ⟨przy⟩jechać (tu); **fahren Sie hinter mir her** proszę jechać za mną
Herfahrt F: **auf der ~** jadąc tu, po drodze tu
her|fallen V/I (*irr*; *sn*) (**über** *akk*) napadać ⟨-paść⟩, (*a. gierig essen*) rzucać ⟨-cić⟩ się (na *akk*); **~finden** znaleźć *pf* drogę, trafić *pf* (tu, do *gen*); **~führen** V/T sprowadzać ⟨-dzić⟩ (tu); V/I *Weg, Spur* prowadzić (tu)
Hergang M (-s; *bpl*) przebieg
hergeben (*irr*) V/T da(wa)ć; (*weggeben*) odda(wa)ć (*a. fig*); **... gibt nichts her** ... nic nie daje; V/R **sich ~ zu etw** da(wa)ć się użyć do (*gen*)
hergehen V/I (*irr*; *sn*) iść, kroczyć (**hinter, vor j-m** za, przed *inst*); *unpers* **bei der Sitzung ging es heiß her** posiedzenie miało burzliwy przebieg; **auf der Party ging es hoch her** to była huczna impreza
hergelaufen ADJ: **~er Kerl** przybłęda *m*
herhaben (*irr*): **wo haben Sie das her?** skąd pan(i) to ma?
herhalten V/I (*irr*): **~ müssen** służyć (**als** jako); *Person* pokutować (**für** za *akk*)
her|holen sprowadzać ⟨-dzić⟩; **weit hergeholt** *fig* naciągany; **~hören** V/I słuchać
Hering M (-s; -e) śledź *m*; KULIN *a.* śledzik; (*Zeltpflock*) kołek namiotowy, *umg* śledź
Heringssalat M sałatka śledziowa
herkommen V/I (*irr*; *sn*) przychodzić ⟨przyjść⟩ (tu); (*anreisen*) przyby(wa)ć; (*abstammen*) pochodzić; **komm her!** chodź (no) tu!
herkömmlich zwyczajowy, tradycyjny
herkriegen *umg* wytrzasnąć *pf*
Herkunft F (*bpl*) pochodzenie
Herkunftsland N kraj pochodzenia
her|laufen V/I (*irr*; *sn*) ⟨po⟩biec (**hinter, vor j-m** za, przed *inst*); **~leiten** → ableiten
hermachen *umg*: V/R **sich ~ (über etw)** zab(ie)rać się (do *gen*); *v/i* **das Zimmer macht schon etwas her** pokój ładnie się prezentuje
Hermel|'lin[1] N (-s; -e) ZOOL gronostaj; **~'lin**[2] M (-s; -e) (*Pelz*) gronostaje *mpl*
her'metisch hermetyczny
her'nach ADV potem; (*nachher*) później
hernehmen (*irr*) brać ⟨wziąć⟩; **wo soll ich ... ~?** skąd mam wziąć ...?
Hero'in N (-s; *bpl*) heroina, *umg* hera
hero'insüchtig ADJ: **~ sein** brać heroinę
he'roisch heroiczny, bohaterski (-ko)
Herpes M (-; *bpl*) MED opryszczka
Herr M (-n; -en) pan; **der ~** *rel* Pan (Bóg); **... der ~en** SPORT ... mężczyzn; **~ Doktor** *Anrede* panie doktorze; **meine ~en** panowie; **der ~ des Hauses** pan domu;

~ **im Haus** pan w (swoim) domu; ~ **der Lage sein** być panem sytuacji; **nicht mehr ~ seiner Sinne sein** nie panować nad sobą; *e-r Sache* ~ **werden** opanować *pf* (*akk*); **sein eigener ~ sein** być panem swej woli; **den großen ~n spielen** cwaniaczyć się; **aus aller ~en Länder** z całego świata, ze wszystkich stron

Herrchen N *e-s Hundes* pan

Herren|abend M wieczór kawalerski; **~artikel** MPL galanteria męska; **~ausstatter** M magazyn mody męskiej; **~begleitung** F (*bpl*) asysta mężczyzny; **~bekleidung** F konfekcja męska; **~friseur** M fryzjer męski; **~haus** N dwór, dworek

herrenlos bezpański, niczyj

Herren|mannschaft F drużyna męska; **~mode** F moda męska; **~schneider** M krawiec męski; **~toilette** F toaleta męska; **~witz** M pieprzny kawał

Herrgott (*bpl*) Pan Bóg; *pł-niem, austr* krucyfiks; *umg* ~ **noch mal!** co u Pana Boga!

Herrgottsfrühe F: **in aller ~** o świcie

herrichten ⟨przy⟩szykować; → wiederherrichten

Herrin F pani

herrisch władczy (-czo), butny

herrlich wspaniały (-le), świetny

Herrlichkeit F wspaniałość *f* (*a. herrliche Sache*), świetność *f*

Herrschaft F (*bpl*) panowanie (**über** *akk* nad *inst*); (*Macht*) władza; **die ~ über das Auto verlieren** stracić panowanie nad wozem; **unter seiner, ihrer ~** za jego, jej panowania; *mst* PL **~en** państwo; **bitte, meine ~en, ...** proszę państwa ...

herrschaftlich pański; *präd* po pańsku, z pańska

Herrschaftssystem N system rządów

herrsch|en V/I panować (**über** *akk* nad *inst*) (*a. fig*); **es herrscht ...** panuje ...; **~end** ADJ panujący (*a. fig*)

Herrscher M władca *m*, panujący; **~haus** N rodzina panująca; **~in** F władczyni, panująca

herrschsüchtig *fig* despotyczny

herrufen V/T (*irr*): **j-n ~** przywoł(yw)ać (do siebie), zawołać *pf* k-o; **etw hinter j-m ~** zawołać *pf* coś za (*inst*)

her|rühren V/I wynikać ⟨-knąć⟩, wywodzić się (**von etw** z *gen*); **~sagen** ⟨wy⟩recytować (z pamięci); **~stammen** V/I pochodzić (**von, aus** z *gen*)

herstellen wytwarzać ⟨-tworzyć⟩, produkować; *Zustand* przywracać ⟨-wrócić⟩; *Kontakt* nawiąz(yw)ać

Herstell|er M wytwórca *m*; (*Betrieb*) wytwórnia; **~ung** F wytwarzanie, produkcja; **~ungskosten** PL koszty *mpl* wytwarzania

Hertz N (*unv*) FIZ herc

he'rüber ADV tu, w tę stronę; **~bitten** (*irr*) ⟨po⟩prosić o przyjście (tu); **~grüßen** V/I: **er grüßte zu uns herüber** ukłonił się nam skinieniem głowy; **~kommen** V/I (*irr; sn*) podchodzić ⟨podejść⟩ (**an** *akk* do *gen*); (*besuchen*) przychodzić ⟨przyjść⟩ (**zu uns** do nas); przechodzić ⟨przejść⟩ na tę stronę (**über die Straße** przez ulicę); **~reichen** V/T poda(wa)ć; V/I dochodzić, ciągnąć się (**bis zu ...** aż do *gen*); **~ziehen** (*irr*) V/T przysuwać ⟨-sunąć⟩ (bliżej, do siebie); *fig* przeciągać ⟨-gnąć⟩ (**zu sich** na swoją stronę); *v/i* (*sn*) sprowadzać ⟨-dzić⟩ się (tu) (**aus ...** z *gen*)

he'rum ADV naokoło, dookoła; **um etw, j-n ~** wokół, dokoła (*gen*); *umg* (*etwa*) około; **verkehrt ~** do góry nogami; **im Kreis ~** w koło, w kółko; *umg* **~ sein** (*zu Ende sein*) skończyć się *pf*, minąć *pf*; **die Sache ist ~** już po sprawie

he'rumärgern *umg*: V/R **sich ~** ciągle się złościć (**mit j-m** na *gen*), wciąż irytować się (**mit j-m, etw** z powodu *gen*)

he'rum|brüllen *umg* V/I łajać w kółko wszystkich; **~doktern** *umg* (-*re*) V/I (**an j-m**) kurować domowymi sposobami (*akk*)

he'rumdrücken *umg*: V/R **sich um etw ~** wymigiwać się od (*gen*); **sich in Kneipen ~** włóczyć się po knajpach

he'rumfahren (*irr*) V/T obwozić ⟨-wieźć⟩ (**in der Stadt** po mieście); *v/i* (*sn*) **um etw ~** objeżdżać ⟨objechać⟩ (*akk*); *umg ziellos* jeździć sobie; *fig vor Schreck* odwrócić się *pf* raptownie

he'rum|fuchteln *umg* V/I wymachiwać, wywijać (**mit etw** *inst*); **~führen** V/T oprowadzać ⟨-dzić⟩ (**in der Stadt** po mieście); *v/i* prowadzić (**um etw** wokół *gen*)

he'rumfummeln *umg* V/I dłubać, (długo) manipulować (**an etw** przy *lok*); **an j-m ~** *pop* macać, obmacywać k-o

he'rum|gehen (*irr; sn*) V/I chodzić (**im**

Zimmer po pokoju); obchodzić ⟨obejść⟩ (**um das Haus** dom dookoła); *fig Sache, Gerücht* krążyć; **~hacken** *umg* V/I *fig* (**auf j-m**) przygryzać, przygadywać k-u; **~irren** V/I (*irr; sn*) błąkać się (**im Wald** po lesie); **~kommandieren** *umg* (-) V/T komenderować (*inst*)

he'rumkommen *umg* V/I (*irr; sn*) wyjeżdżać ⟨-jechać⟩ *od* wychodzić ⟨wyjść⟩ (**um die Ecke** zza rogu ulicy); **nicht um die enge Kurve ~** nie zmieścić się *pf* w zakręt; **weit (in der Welt) ~** zwiedzić *pf* kawał świata; *fig* **um etw ~** (*vermeiden*) uniknąć *pf* (*gen*)

he'rum|kriegen *umg* (*überreden*) przekabacać ⟨-cić⟩; **~laufen** *umg* V/I (*irr; sn*) latać, chodzić (**in der Stadt** po mieście; **im Minirock** w mini(spódniczce); **ziellos** bez celu); **~liegen** *umg* V/I (*irr*) walać się, poniewierać się; **~lungern** *umg* V/I obijać się, pałętać się; **~nörgeln** *umg* V/I zrzędzić, gderać (bez przerwy)

he'rumplagen: V/R **sich mit j-m, etw ~** mordować się (z *inst*)

he'rumreden *umg*: V/I **um ein Problem ~** krążyć wokół problemu

he'rum|reichen *Sache* poda(wa)ć *od* pokaz(yw)ać każdemu po kolei; **herumgereicht werden** krążyć; **~reiten** V/I (*irr; sn*) *fig abw* stale powracać (**auf diesem Thema** do tego tematu)

he'rumreißen (*irr*): **das Steuer ~** ostro skręcić *pf* w bok; *fig* radykalnie zmienić *pf* kurs

he'rumschlagen *umg* (*irr*): V/R *fig* **sich mit ... ~** zmagać się, borykać się (z *inst*)

he'rum|schnüffeln *umg* V/I *abw* wścibiać wszędzie swój nos, szpiclować; **~sitzen** V/I (*irr; reg a sn*) siedzieć w kółko (**um** *akk* przy *lok*); *umg* (*nichts tun*) siedzieć z założonymi rękami, zbijać bąki

he'rumsprechen V/R (*irr*): **sich ~** roznosić ⟨roznieść⟩ się

he'rumstehen *umg* V/I (*irr*): **um j-n, etw ~** otaczać ⟨otoczyć⟩ (*akk*); (*untätig dastehen*) wystawać, sterczeć; *Sachen* stać wszędzie (bezładnie)

he'rum|stöbern *umg* V/I szperać (**in** *dat* w, po *lok*); **~stochern** *umg* V/I dłubać, gmerać (**mit e-m Stock in** *dat* patykiem w *lok*); **~stoßen** (*irr*) V/T *fig* poniewierać (*inst*); **herumgestoßen werden** poniewierać się po ludziach, zamiatać kąty u obcych

her'umstreiten *umg* (*irr*) wykłócać się; **sich mit j-m ~** kłócić się, sprzeczać się z (*inst*)

he'rum|telefonieren *umg* V/I obdzwaniać ⟨-dzwonić⟩ (wszystkich, wszystkie ...); **~tollen** V/I (*sn*) swawolić, dokazywać

he'rumtreiben *umg* (*irr*): V/R **sich ~** szwendać się, ciągać się (**in** *dat* po *lok*)

He'rumtreiber(in) M(F) *umg* (*Taugenichts*) łazik, łazęga *f u. m*

he'runter ADV w dół, na dół; → herab; *umg* **~ mit dir!** zejdź (tu) stamtąd!; **~ sein** *umg fig* być zrujnowanym

he'runter|bekommen *umg* (*irr*) → herunterbringen; *Essen, Pille* przełknąć *pf*; **~brennen** V/I (*irr; sn*) *Feuer, Kerze* dopalać ⟨-lić⟩ się; *Haus* spalić się *pf* (doszczętnie); **~bringen** (*irr*) znosić ⟨znieść⟩ na dół; **~fallen** V/I (*irr; sn*) spadać ⟨spaść⟩

he'runtergehen V/I (*irr, sn*) (*sinken*) obniżać ⟨-żyć⟩ się, spadać; **mit dem Preis ~** spuszczać ⟨spuścić⟩ z ceny

he'runtergekommen *umg* ADJ *Aussehen, Gebäude usw* zaniedbany, zapyziały

he'runterhandeln V/T: **den Preis ~** wytargować *pf* niższą cenę

he'runter|holen V/T zdejmować ⟨zdjąć⟩; *umg Flugzeug* zestrzelić *pf*; **~klappen** V/T opuszczać ⟨opuścić⟩

he'runter|kommen V/I (*irr; sn*) schodzić ⟨zejść⟩ na dół; *umg fig* podupadać ⟨-paść⟩ (finansowo, na zdrowiu *usw*); *Person* opuszczać ⟨opuścić⟩ się, zaniedb(yw)ać się; *Gebäude* ulegać ⟨ulec⟩ zaniedbaniu; **~laden** (*irr*) ściągać ⟨-gnąć⟩ (**aus dem Internet** z Internetu); **~lassen** (*irr*) spuszczać ⟨spuścić⟩; **~leiern** *pop* (-re) *Gedicht* odklep(yw)ać; **~putzen** *umg j-n* objeżdżać ⟨-jechać⟩, opieprzać ⟨-przyć⟩; **~reißen** (*irr*) zdzierać ⟨zedrzeć⟩; **~schalten** V/I *Gang im Auto* ⟨z⟩redukować biegi; **~schrauben** *Ansprüche* obniżać ⟨-żyć⟩; **~spielen** *umg fig* umniejszać ⟨-szyć⟩; **~wirtschaften** *umg* doprowadzać ⟨-dzić⟩ do ruiny

her'vor ADV z, zza, spoza, spod (*gen*); (*nach vorn*) do przodu

her'vorbringen (*irr*) *Früchte usw* wyda(wa)ć; *Töne, Worte* wydoby(wa)ć

her'vorgehen V/I (*irr; sn*) wynikać

H

⟨-knąć⟩ (**aus** z *gen*); **als Sieger ~** wychodzić ⟨wyjść⟩ zwycięsko, zosta(wa)ć zwyciężcą; **daraus geht hervor** z tego wynika
her'vor|gucken *umg* V/I wyglądać ⟨wyjrzeć⟩ (**hinter** *dat* zza, spod *gen*); **~heben** (*irr*) (*betonen*) ⟨za⟩akcentować, uwypuklać ⟨-lić⟩; **~holen** wydoby(wa)ć, wywlekać ⟨-wlec⟩ (**aus etw** z *gen*; **hinter etw** zza G; **unter** *dat* spod *gen*); **~kehren** *fig* afiszować (się); **er kehrt gern den Chef hervor** on lubi afiszować się swoim szefostwem; **~locken** wywabi(a)ć (**hinter, unter** *dat* zza, spod *gen*); **~ragen** V/I → herausragen; **~ragend** ADJ znakomity (-cie); *Person a.* wybitny; **~rufen** (*irr*) wywoł(yw)ać (*a. fig*); *Interesse, Ärger usw a.* wzbudzać ⟨-dzić⟩; **~schnellen** V/I (*sn*) wyskakiwać ⟨-skoczyć⟩ (**aus, hinter** *dat* z, zza *gen*); **~stechen** V/I (*irr*) rzucać ⟨-cić⟩ się w oczy; **~treten** V/I (*irr*) wychodzić ⟨wyjść⟩ (**aus etw** z *gen*), ukaz(yw)ać się (**hinter** *dat* spoza *gen*); *Adern usw* występować ⟨-stąpić⟩; (*deutlich sichtbar werden*) uwydatni(a)ć się
her'vortun: V/R (*irr*) **sich ~** zysk(iw)ać rozgłos (**als** jako); **sich mit etw ~** wyróżni(a)ć się (*inst*)
her'vorziehen (*irr*) wyciągać ⟨-gnąć⟩ (**unter** *dat* spod *gen*)
Herweg M: **auf dem ~** po drodze tu
Herz N (*-ens; -en*) serce (*a. fig, Zentrum*); (*Spielkarte*) kier *m*, czerwień *f*; **kleines ~** (*Schmuck*) serduszko; *in festen Wendungen* ▣ *mit* ADJ **leichten ~ens** z lekkim sercem; **schweren ~ens** z ciężkim sercem, z bólem serca; **von ganzem ~en** całym sercem, z całego serca; ▣ *mit subst* **das ~ auf dem rechten Fleck haben** być prawdziwym człowiekiem; **ein ~ und eine Seele sein** zgadzać się (ze sobą) we wszystkim; ▣ *mit Verben* **j-m sein ~ ausschütten** otwierać ⟨otworzyć⟩ serce (przed *inst*); **j-m das ~ abdrücken** ciążyć k-u na sercu; **j-m blutet das ~** serce k-u się kraje; **j-m das ~ brechen** ⟨z⟩łamać k-u serce; **j-m dreht sich das ~ im Leibe (herum)** serce k-u się ściska; **sich** (*dat*) **ein ~ fassen** zdoby(wa)ć się na odwagę; **ein ~ haben für ...** mieć serce dla, do (*gen*); *umg* **j-m ist das ~ in die Hose gerutscht** serce uciekło mu w pięty (*dat*); **j-m lacht das ~** serce k-u się raduje; **j-m sein ~ schenken** ofiarow(y)wać k-u serce; *j-m* **schlägt das ~ bis zum Hals (hinauf)** serce podchodzi k-u do gardła; ▣ *mit* PRÄP **j-m am ~en liegen** leżeć k-u na sercu; **ans ~ drücken** ⟨przy⟩tulić do serca; **j-m ans ~ gewachsen sein** przypaść k-u do serca; **j-m ans ~ legen** kłaść na sercu (*dat*); **etw auf dem ~en haben** mieć na sercu (*akk*); **Hand aufs ~** z ręką na sercu; **j-n ins ~ schließen** bardzo polubić *pf* (*akk*); **etw nicht übers ~ bringen** nie mieć serca (do *gen, inf*); **sich** (*dat*) **etw zu ~en nehmen** brać ⟨wziąć⟩ sobie do serca (*akk*)
Herz|anfall M atak serca; **~ass** N as kier; **~attacke** F atak serca; **~beschwerden** FPL dolegliwości *fpl* sercowe; **~beutel** M osierdzie; **~bube** M walet kier
Herzchen N serduszko
Herz|chirurg M kardiochirurg; **~dame** F dama kier
herzeigen *umg* pokaz(yw)ać
herzen (*-zt*) *lit* ⟨po⟩pieścić
Herzens|bildung F (*bpl*) subtelność *f* (zachowania); **~brecher** M pożeracz serc niewieścich, *umg* czaruś *m*; **~güte** F dobroć *f* serca
Herzenslust F: **nach ~** ile dusza zapragnie
Herzenswunsch M gorące pragnienie
herzerfrischend ADJ rozbrajający (-co)
herzergreifend ADJ wzruszający (-co)
Herzfehler M wada serca
herzförmig sercowaty (-to)
herzhaft *Händedruck* mocny; *Lachen* rubaszny; *Speise* posilny; *Geschmack* wyraźny, soczysty; **~ gähnen** ziewać szeroko
herziehen (*irr*): V/T **hinter sich ~** ciągnąć (za sobą) (*akk*); V/I (*sn*) (*umziehen*) sprowadzać ⟨-dzić⟩ się (tu); *umg fig* (*h, sn*) (**über j-n**) obnosić na językach, obgadywać (*akk*)
herzig milutki (-ko)
Herz|infarkt M zawał mięśnia sercowego, *umg* zawał serca; **~jagen** N MED częstoskurcz; **~kirsche** F sercówka; **~klappe** F zastawka serca; **~klappenfehler** M wada zastawki
Herzklopfen N bicie *od* kołatanie serca; **mit ~** z bijącym sercem; **ich habe ~** serce mi kołacze
Herzkönig M król kier
herzkrank chory na serce
Herz|kranzgefäß N naczynie wieńcowe; **~-Kreislauf-Erkrankung** F cho-

H

roba sercowo-naczyniowa; **~leiden** N choroba *od* schorzenie serca

herzlich serdeczny; *präd umg* (*sehr*) bardzo; ~ **gern** bardzo chętnie; ~ **wenig** tyle, co kot napłakał

Herzlichkeit F (*bpl*) serdeczność *f*

herzlos bez serca, nieczuły, bezduszny

Herzlosigkeit F (*bpl*) brak serca, nieczułość *f*, bezduszność *f*

Herzmittel N środek nasercowy

Herzmuskel M mięsień sercowy

Herzog M (*-s; Herzöge*) książę *m*; **~in** F księżna; **~tum** N (*-s; -tümer*) księstwo

Herz|operation F operacja na (otwartym) sercu; **~rhythmusstörung** F zaburzenie rytmu serca; **~schlag** M uderzenie serca; MED (*bpl*) atak serca; **~schrittmacher** M kardiostymulator, *umg* rozrusznik (serca); **~schwäche** F niewydolność *f* serca; **~stillstand** M zatrzymanie akcji serca; **~tod** M śmierć sercowa; **~transplantation** F przeszczep(ienie) serca; **~versagen** N zatrzymanie akcji serca

herzzerreißend ADJ rozdzierający serce

Hessen N (*-s; bpl*) Hesja

hessisch heski

hetero'gen heterogeniczny

heterosexu'ell heteroseksualny

Hetzblatt N *abw* (*Zeitung*) gadzinówka

Hetze F podżeganie; *umg* (*Hast*) (gorączkowy) pośpiech, gonienie

hetzen (*-zt*): V/T **den Hund auf j-n ~** ⟨po⟩szczuć psa na (*akk*); *Wild a.* gonić; V/I *abw* judzić, szczuć (**gegen** przeciw *dat*); *umg* (*eilen*) gnać, pędzić; V/R **sich ~** spieszyć się, gonić

Hetzer M podszczuwacz, podżegacz

Hetz|jagd F (*Hatz*) polowanie z psami; *fig* nagonka (**auf j-n** na *akk*); (*Sichjagen*) gonitwa; (*Hast*) gonienie; **~kampagne** F nagonka (**gegen** na *akk*)

Heu N (*-s; bpl*) siano; *umg* (*Marihuana*) trawka; *umg* **~ machen** kosić siano; **Geld wie ~ haben** mieć forsy jak lodu

Heuboden M strych na siano (nad oborą)

Heuche'lei F obłuda, hipokryzja

heucheln (*-le*) V/T *u.* V/I udawać

Heuchler(in) M(F) obłudnik (-ica)

heuchlerisch obłudny, fałszywy

heuer ADV *pł-niem, austr, szwajc* tego roku, w tym roku

Heuer F (*-; -n*) płaca marynarza

heuern (*-re*) wynajmować ⟨-nająć⟩

Heu|ernte F sianokosy *mpl*; **~gabel** F widły *pl* do siana; **~haufen** M stóg siana; **~hüpfer** *umg* M konik polny

heulen V/I *Tier, Wind, Motor* ⟨za⟩wyć; *Sirene a.* buczeć; *umg* (*weinen*) wyć, beczeć; **es ist zum Heulen** wyć się chce

Heulsuse *umg* F beksa

Heupresse F prasa do siana

Heurige(r) M (*-n*) *austr* młode wino

Heu|schnupfen M katar sienny; **~schrecke** F szarańcza; **~stadel** M *pł-niem, austr, szwajc* szopa *od* sąsiek na siano

heute ADV dzisiaj, dziś; **~ morgen** dziś rano; **~ Nacht** dziś w nocy; **bis ~** do dzisiaj; **von ~ an** od dzisiaj; **~ vor acht Tagen** tydzień temu; **von ~ auf morgen** z dnia na dzień, nagle

heutig dzisiejszy; **bis zum ~en Tag** do dziś dnia, po dziś dzień

heutzutage ADV dziś, obecnie

hexago'nal sześciokątny

Hexe F wiedźma; *abw* **alte ~** stara jędza

Hexen|jagd F polowanie na czarownice; **~kessel** M *fig* piekło; **~meister** M czarnoksiężnik; **~schuss** M (*bpl*) postrzał, lumbago

Hexe'rei F czary *mpl*, gusła *pl*; **das ist doch keine ~** to żadne czary(-mary)

HGB N (*Handelsgesetzbuch*) kodeks handlowy

Hi'biskus M (*-; -ken*) ketmia

Hickhack *umg* N *od* M (*-s; -s*) polemika; spór, *umg* przepychanka (**um etw** o *akk*)

hie ADV: **~ und da** tu i ówdzie

hieb → hauen

Hieb M (*-[e]s; -e*) cios, raz; **~e** PL (*Schläge*) baty *mpl*

hieb- und stichfest ADJ niezbity

Hiebwaffe F broń sieczna *od* biała

hielt → halten

hier ADV tu, tutaj; **~ und da** tu i tam; **mal ~, mal dort** to tu, to tam; **von ~** stąd; **von ~ an** odtąd; **das ~ ist alles, was ...** oto wszystko, co ...; **dieser ~** ten oto; **~ sind ...** tu są ..., oto ...; **~ zu Lande** → hierzulande; **~ Kowalski** tu Kowalski; **~ sein** być tu(taj); → hierbleiben, hierlassen

hieran ADV: **~ anlehnen** oprzeć *pf* o to; **~ zweifeln** wątpić w to; **im Anschluss ~** nawiązując do tego

hie'rarchisch hierarchiczny
hier|auf ADV *sitzen usw* na tym; *setzen usw* na to, tu; *(danach)* po tym, po czym, następnie; **~aus** ADV z tego; **~bei** ADV przy tym
hierbleiben *(irr; sn)* zostawać ⟨(po)zostać⟩ tu(taj)
hier|durch ADV przez to; **~für** ADV *brauchen, benutzen* na to, do tego; *geben, zahlen* za to
hierher ADV tu; **bis ~** dotąd, potąd; **das gehört ~** to powinno być tu; *fig* **das gehört nicht ~** to nie ma nic do rzeczy; **~holen** sprowadzać ⟨-dzić⟩ tu; **~ziehen** *(irr; sn)* V/I sprowadzać ⟨-dzić⟩ się tu
hierhin ADV tu, tędy; **bis ~** dotąd
hierhin|ab ADV tędy w dół; **~ein** ADV tu do środka
hierin ADV w tym
hierlassen *(irr; sn)* zostawiać ⟨(po)zostawić tu(taj)
hier|mit ADV *etw tun* tym; *bestätigen, erklären* niniejszym; **~nach** ADV *zeitlich* po tym, po czym; *(demgemäß)* według tego
Hiero'glyphe F hieroglif
Hiersein N *(-s; bpl)* pobyt tu
hier|über ADV przez to; *(währenddessen)* przy tym; *(über diese Sache)* o tym; **~unter** ADV *(unter dies)* pod to; *(unter diesem)* pod tym; *fig* z tego powodu; *(unter dieser Menge)* wśród tego; **~von** ADV *entfernt sein, abhängen* od tego; *hören* o tym; *etw machen* z tego; **~zu** ADV do tego; *(diesbezüglich)* w tej sprawie
hierzulande ADV tu, w tym kraju
hiesig tutejszy, miejscowy
Hi-Fi-Anlage [haɪfi-] F zestaw hi-fi
hieß → heißen
high [haɪ] *umg sl* naćpany; **~ sein** być na haju, odlecieć *pf*
Highlight ['haɪlaɪt] N *(-s; -s)* punkt kulminacyjny
High Society F [haɪzo'saiiti] śmietanka towarzyska
Hightechindustrie [-'tɛk-] F zaawansowany technologicznie przemysł
Hilfe F pomoc *f (a. Person)*; **~ bringen, zu ~ kommen** przychodzić ⟨przyjść⟩ z pomocą; **Erste ~ leisten** udzielać ⟨-lić⟩ pierwszej pomocy; **mit ~ von** → mithilfe; **sich ~ suchend an j-n wenden** szukając pomocy, zwracać ⟨zwrócić⟩ się do *(gen)*; **um ~ rufen** wołać na *od* o pomoc; **etw zu ~ nehmen** posługiwać ⟨-służyć⟩ się *(inst)*; **(zu) ~!** ratunku!, pomocy!, na pomoc!
Hilfeleistung F *(bpl)* udzielenie pomocy; **unterlassene ~** nieudzielenie pomocy (w niebezpieczeństwie)
Hilferuf M wołanie o pomoc
Hilfestellung F *(bpl) beim Turnen* asekuracja; **j-m ~ geben** asekurować k-o
hilfesuchend → Hilfe
hilflos bezsilny, *(a. ratlos)* bezradny; *(unbeholfen)* niezaradny
hilfreich pomocny; **das ist nicht ~** to żadna pomoc
Hilfs|aktion F akcja pomocy; **~arbeiter** M niewykwalifikowany robotnik
hilfsbedürftig potrzebujący pomocy
hilfsbereit usłużny
Hilfs|bereitschaft F gotowość *f* udzielenia pomocy; **~fonds** M fundusz pomocowy; **~kraft** F pomoc *f*; **~maßnahme** F środek pomocowy; **~mittel** N środek pomocniczy; PL *a.* pomoc materialna; **~organisation** F organizacja pomocowa; **~personal** N personel pomocniczy; **~verb** N czasownik posiłkowy; **~werk** N instytucja pomocowa
hilft → helfen
Himbeer|e F malina; **~geist** M *(bpl)* (wódka) malinówka
himbeerrot malinowy
Himbeersaft M sok malinowy
Himmel M niebo; *rel* niebo, niebiosa *pl*; **am ~** na niebie; **aus heiterem ~** jak grom z jasnego nieba; *fig* **j-n in den ~ heben** wynosić k-o pod niebiosa; **unter freiem ~** pod gołym niebem; **um ~s willen!** wielkie nieba!; *umg* **(ach,) du lieber ~!** mój ty Boże!; *umg* **weiß der ~, ...** Bóg raczy wiedzieć, ...; **etw schreit zum ~ ...** woła o pomstę do nieba; *umg* **das stinkt zum ~!** co za skandal!
Himmelbett N łóżko z baldachimem
himmelblau (jasno)niebieski
Himmelfahrt F *(bpl)*: **Christi ~** Wniebowstąpienie; **Mariä ~** Wniebowzięcie Najświętszej Marii Panny
Himmel|fahrtskommando N samobójcza akcja; *(Personen)* oddział straceńców; **~reich** N *(bpl)* królestwo niebieskie
Himmelsblau N *(bpl)* błękit nieba
himmelschreiend ADJ *Unrecht* wołają-

hin und her

Die Fenster liegen zur Straße hin.	Okna wychodzą na ulicę.
Bitte einmal Frankfurt hin und zurück.	Poproszę jeden bilet do Frankfurtu i z powrotem.
Her zu mir!	Do mnie!
Her mit dem Geld!	Dawaj kasę!
Ich kenne ihn von der Schulzeit her.	Znam go od czasów szkolnych.
Er lief hin und her.	On biegał tam i z powrotem.
Freundin hin, Freundin her, ich sage ihr meine Meinung.	Może pozostać moją przyjaciółką lub nie, ale i tak jej powiem moje zdanie.
Er sah ihn vom Fenster her winken.	Widział, jak machał do niego z okna.

H

cy o pomstę do nieba

Himmelskörper M ciało niebieskie

Himmelsrichtung F strona świata

himmelweit ADJ: **ein ~er Unterschied** ogromna różnica

himmlisch niebieski; *fig* niebiański; *präd* niebiańsko; *umg* **das schmeckt ~!** (to po prostu) niebo w gębie!

hin ADV *räumlich* tam, w tamtą stronę; **nach ... ~, zu ... ~** w kierunku (*gen*), na (*akk*), ku (*dat*); **nach außen ~** na zewnątrz; **an der Mauer ~** wzdłuż muru; **bis ... ~** (hen,) aż do (*gen*), aż po (*akk*); **vor sich ~ gehen** iść przed siebie; **vor sich ~ murmeln** mruczeć coś pod nosem; **~ und wieder** tu i ówdzie; **~ und her** *gehen* tu i tam, tędy i owędy; **hier herrscht ständiges Hin und Her** tu drzwi się nie zamykają; **~ und zurück** tam i z powrotem; *Fahrkarte a.* powrotny; *umg* **wo ist er ~?** dokąd on poszedł?; *umg* **nichts wie ~!** hajda!, ruszamy!; *zeitlich* **gegen Abend ~** pod wieczór; **~ und wieder** od czasu do czasu, niekiedy; **lange Zeit ~** przez długi czas; *aufgrund* **auf s-n Rat ~** za jego radą; **auf die Gefahr ~, dass ...** ryzykując, że ...; *fig* **Regen ~, Regen her, ...** czy będzie deszcz, czy nie, ...; **~ und her überlegen** rozważać na wszystkie strony; **~ und her gerissen werden** być w rozterce (**zwischen ... und ...** między *inst* a *inst*); **~ sein** *umg* (*verloren, weg sein*) przepaść *pf*; **das Auto ist ~** auto diabli wzięli; *pop* **die Kuh ist ~** krowa zdechła; *umg* **sie war ~** (*hingerissen*) ona nie posiadała się z zachwytu

hi'nab ADV *lit* → hinunter

hi'nauf ADV na górę, w górę, ku górze; **bis ... ~** aż do (*gen*); **~fahren** VI (*irr; sn*) wjechać *pf* na górę (**mit dem Lift** windą); **~führen** VT ⟨za⟩prowadzić na górę; VI prowadzić w *od* pod górę; **~gehen** VI (*irr; sn*) wchodzić ⟨wejść⟩ na górę; *fig Preise usw* wzrastać ⟨wzrosnąć⟩; **~klettern** VI (*sn*) *u.* VT wspinać ⟨wspiąć⟩ się, wdrap(yw)ać się (na *akk*); **~ziehen** (*irr*) VT wciągać ⟨-gnąć⟩ na górę

hi'naus ADV przez ... (na zewnątrz); na (*akk*); **durch die** *od* **zur Tür ~** przez drzwi; **aufs Meer ~** na (pełne) morze; (*weiter als*) **über ... ~** poza (*akk, inst*); **darüber ~** poza tym; *zeitlich* **auf Jahre ~** na lata naprzód; **über Mittag ~** po południu; **über die achtzig ~ sein** przekroczyć *pf* osiemdziesiątkę

hi'naus|begleiten (-) *j-n* odprowadzać ⟨-dzić⟩ do wyjścia; **~ekeln** *umg* VT wygryzać ⟨-gryźć⟩ (**aus e-r Stellung** z posady); **~fahren** VI (*irr; sn*) wyjeżdżać ⟨-jechać⟩ (**aus** z *gen*); **~fliegen** VI (*irr; sn*) wylatywać ⟨-lecieć⟩ (**aus** z *gen*; *a. umg fig* **aus e-r Stellung** *usw* z posady *usw*)

hi'nausführen VI prowadzić (**aus dem Haus auf die Straße, in den Garten** z domu na ulicę, do ogrodu)

hi'nausgehen VI (*irr; sn*) *Person* wychodzić ⟨wyjść⟩ (**aus dem Haus** z domu; **auf die Straße** na ulicę); *Fenster* wychodzić (**nach Westen** na zachód); *fig* **über etw ~** wykraczać ⟨-kroczyć⟩ poza (*akk*)

hi'naus|jagen VT wypędzać ⟨-dzić⟩; **~laufen** VI (*irr; sn*) wybiegać ⟨-biec⟩ (**auf den Hof** na dwór; **aus dem Haus** z domu); *fig* sprowadzać ⟨-dzić⟩ się (**auf etw** do *gen*)

hi'nauslehnen: VR **sich ~** wychylać ⟨-lić⟩ się (**zum Fenster** z okna)

hi'naus|schieben (*irr*) *fig* przesuwać ⟨-sunąć⟩, odkładać ⟨odłożyć⟩ (na później); (*aufschieben*) zwlekać (z *inst*); **~tragen** (*irr*) wynosić ⟨-nieść⟩ (**aus** z *gen*)
hi'nauswachsen V/I (*irr; sn*): **über etw, j-n ~** przerastać ⟨-rosnąć, -róść⟩ (*akk*); *fig* przejść *pf* (**über j-n** k-o, **über sich selbst** samego siebie)
hi'nauswerfen (*irr*) wyrzucać ⟨-cić⟩ (**aus dem Fenster** przez okno; **zur Tür** za drzwi)
hi'nauswollen V/I (*irr*) chcieć wyjść; *fig* **auf etw ~** zmierzać (do *gen*); **hoch ~** wysoko mierzyć
hi'nausziehen (*irr*) V/T wyciągać ⟨-gnąć⟩; *fig* (*verzögern*) odwlekać ⟨-wlec⟩ (*v/r* **sich** się); *v/i* (*sn*) wyprowadzać ⟨-dzić⟩ się (**aus** z *gen*; **aufs Land** na wieś)
hinbekommen *umg* (*irr*) → hinkriegen
Hinblick M: **im ~ auf** (*akk*) ze względu na (*akk*); (*in Bezug auf*) odnośnie do (*gen*)
hinbringen (*irr*) *etw* odnosić ⟨-nieść⟩, zanosić ⟨-nieść⟩; *j-n* odprowadzać ⟨-dzić⟩, zaprowadzać ⟨-dzić⟩; *Zeit* spędzać ⟨-dzić⟩
hindenken *umg* V/I: **wo denken Sie** *od* **denkst du hin!** ależ skąd!
hinderlich ADJ: **~ sein** (*dat*, **für**) przeszkadzać (*dat*), być przeszkodą (w *lok*)
hindern (-*re*) przeszkadzać ⟨-szkodzić⟩ (**j-n bei der Arbeit, am Sprechen** k-u w pracy, w mówieniu); **das hinderte ihn nicht daran, zu ...** to mu nie przeszkodziło (+ *inf*)
Hindernis N (-*ses*; -*se*) przeszkoda; **~lauf** M bieg z przeszkodami; **~rennen** N *Pferdesport* wyścigi *mpl* z przeszkodami
Hinderungsgrund M przeszkoda
hindeuten V/I wskazywać (**auf** *akk* na *akk*)
Hindu M (-*s*; -*s*) *rel* hindus(ka)
hin'durch ADV: **durch ... ~** przez (*akk*); **das ganze Jahr ~** przez cały rok
hi'nein ADV (tędy) do środka (*gen*), do (*gen*); **hier ~!** proszę tędy!; **bis in die tiefe Nacht ~** do późnej nocy; **~beißen** V/I (*irr*) ugryźć (**in** *akk* w *akk*)
hi'neindenken V/R (*irr*): **sich ~** wmyślać ⟨-lić⟩ się (**in s-e Lage** w jego sytuację)
hi'neinfinden (*irr*) (**in** *akk*) V/I trafi(a)ć do środka *od* wnętrza (*gen*); V/R **sich ~** *fig* wciągać ⟨-gnąć⟩ się (do *gen*, w *akk*)
hi'neingehen V/I (*irr; sn*) wchodzić ⟨wejść⟩ (**in** *akk* do *gen*); **alle Sachen gingen in den Koffer hinein** wszystkie rzeczy weszły do walizki; **in den Saal gehen ... Personen hinein** sala mieści ... osób
hi'neininterpretieren (-) *lit*: **etw in e-n Text ~** doszuk(iw)ać w tekście (*gen*)
hi'neinkommen V/I (*irr; sn*) wchodzić ⟨wejść⟩ (**ins Zimmer** do pokoju)
hi'neinlaufen wbiegać ⟨wbiec⟩ (**in** *akk* do *gen*); **in ein Auto ~** wpadać ⟨wpaść⟩ pod samochód
hi'nein|legen V/T wkładać ⟨włożyć⟩ (**in** *akk* do *gen*); **~passen** V/I (*Platz haben*) ⟨z⟩mieścić się (**in** *akk* w *lok*); (*passend sein*) pasować (**in** *akk* do *gen*); **~reden** V/I *fig* wtrącać się (**in s-e Angelegenheiten** do jego spraw)
hi'nein|stecken wtykać ⟨wetknąć⟩ (**in** *akk* do *gen*, w *akk*); **~stopfen** wpychać ⟨wepchnąć⟩ (**in** *akk* do *gen*, w *akk*)
hi'neinsteigern: V/R **sich in s-e Wut ~** coraz bardziej się złościć
hi'neinversetzen: V/R **sich ~** wejść *pf* (**in m-e Lage** w moje położenie)
h'ineinwachsen V/I (*irr; sn*) wrastać ⟨wrosnąć, wróść⟩ (**in** *akk* w *akk*; *a. fig*)
hi'neinwerfen (*irr*) wrzucać ⟨-cić⟩ (**in** *akk* do *gen*); **e-n Blick in** (*akk*) **~** zajrzeć do środka (*gen*)
hi'neinwollen *umg* V/I (*irr*) chcieć wejść (**in** *akk* do *gen*)
hi'neinziehen (*irr*) wciągać ⟨-gnąć⟩ (**in** *akk* w *akk*, do *gen*; *a. fig*)
hinfahren (*irr*) V/T zawozić ⟨-wieźć⟩ (tam, **nach, zu** do *gen*); *v/i* (*sn*) jeździć, ⟨po⟩jechać (tam, do *gen*); **wo fährst du hin?** dokąd jedziesz?
Hinfahrt F: **auf der ~** jadąc tam, po drodze tam
hinfallen V/I (*irr; sn*) padać ⟨upaść⟩
hinfällig niedołężny; (*ungültig*) nieważny, bezprzedmiotowy
hinfliegen (*irr*) V/T dostarczać ⟨-czyć⟩ drogą powietrzną; V/I (*sn*) *Person, Ball usw* polecieć *pf*; *umg* (*hinfallen*) upaść *pf* jak długi
Hinflug M lot tam *od* do (*gen*); **auf dem ~** (**nach**) podczas lotu (do *gen*)
hinführen V/T doprowadzać, ⟨za⟩prowadzić (**zu** do *gen*); *v/i* *Weg* prowadzić (**zu** do *gen*); *umg fig* **wo soll das ~?** (na) czym to się skończy?
hing → hängen

Hingabe F (*bpl*) oddanie

hingeb|en (*irr*) VT odda(wa)ć (*v/r* **sich** *e-r Sache*, **j-m** się *dat*); **~ungsvoll** ofiarny; *präd* z oddaniem, z poświęceniem

hin'gegen *konj* natomiast

hingehen VI (*irr; sn*) iść ⟨pójść⟩ (**zu** do *gen*, na *akk*); (*weggehen, sterben*) odchodzić ⟨odejść⟩; **wo gehst du hin?** dokąd idziesz?; **gehe nicht hin** nie idź tam; *umg etw* **mag gerade noch ~** … ujdzie od biedy

hingehören *umg* VI (*pperf hingehört*) być *od* znajdować się w tym miejscu; **wo gehören diese Schuhe hin?** gdzie powinny znajdować się te buty?

hingeraten VI (*irr; pperf hingeraten; sn*) trafi(a)ć, *umg* ⟨wy⟩lądować; *umg* **wo sind wir denn hier ~?** gdzieżeśmy tu wylądowali?

hingerissen *umg pperf*, ADJ → hinreißen

hingezogen *pperf* → hinziehen

hinhalten (*irr*) wyciągać ⟨-gnąć⟩ (**j-m die Hand** rękę do k-o); pod(aw)ać (**j-m das Glas** kieliszek k-u); częstować (**j-m Zigaretten** papierosem k-o); (*vertrösten*) zwodzić, łudzić (**mit** *inst*); *umg* **den Kopf ~ für j-n** nadstawiać głowę za (*akk*)

Hinhaltetaktik F taktyka zwodzenia *od* zbywania obietnicami

hinhauen (*irr*) VT *pop Arbeit* odwalać ⟨-lić⟩; VI *umg* (*klappen*) grać, iść (jak po maśle); **das haut so nicht hin** to tak nie wyjdzie; (*sn*) (*hinfallen*) gruchnąć *pf*, rypnąć się *pf*; VR **sich ~** (*schlafen gehen*) uderzać ⟨-rzyć⟩ w kimono

hinhören VI słuchać, przysłuchiwać się; **nicht genau ~** słuchać jednym uchem

hinken VI utykać (na nogę), kuleć; *fig* **der Vergleich hinkt** to niefortunne porównanie

hinkommen VI (*irr; sn*) przyjść *pf*, (*fahrend*) przyjechać *pf* (**nach, zu** do *gen*); *umg* → hingehören, auskommen; *umg* **wo ist mein Gepäck hingekommen?** gdzie jest mój bagaż?; *umg* **das kommt hin** (*stimmt*) to się zgadza

hinkriegen *umg* (*erledigen*) załatwi(a)ć; *umg* **das kriegen wir schon hin!** spokojna głowa!

hinlänglich ADJ dostateczny; **~ bekannt** dobrze znany

hinlegen VT kłaść ⟨położyć⟩; VR **sich ~** kłaść ⟨położyć⟩ się (do łóżka)

hinnehmen (*irr*) (*dulden*) znosić ⟨znieść⟩; *Tatsache* ⟨po⟩godzić się (z *inst*)

hinreichend ADJ wystarczający (-co)

Hinreise F podróż *f*; **auf der ~ nach** … w *od* podczas podróży do (*gen*)

hinreißen (*irr*) (*begeistern*) porywać ⟨-rwać⟩ (**zu** do *gen*); **sich zu etw ~ lassen** nie móc opanować (*gen*); **hingerissen sein (von)** być zachwyconym, zachwycać się (*inst*)

hinreißend ADJ porywający (-co), zachwycający (-co)

hinrichten *j-n* stracić *pf*

Hinrichtung F wykonanie kary śmierci, stracenie

hin|schauen → hinsehen; **~schicken** VT pos(y)łać; **~schlagen** VI (*irr; sn*) *umg* (*fallen*) wyłożyć się *pf* (jak długi); **~schleppen** VT zawlec *pf* (*v/r* **sich** się; **zu** do *gen*); **~schmeißen** (*irr*) → hinwerfen

hinsehen VI (*irr*) ⟨po⟩patrzeć, spojrzeć *pf* (**nach, zu** na *akk*); **ich kann gar nicht ~** nie mogę na to patrzeć; **bei genauerem Hinsehen** jeśli się (temu) dobrze przyjrzeć

hin sein → hin

hinsetzen: VR **sich ~** siadać ⟨usiąść⟩

Hinsicht F (*bpl*): **in dieser, jeder ~** pod tym, każdym względem; **in vieler ~** pod wieloma względami

hinsichtlich PRÄP (*gen*) pod względem (*gen*)

Hinspiel N SPORT pierwszy mecz

hinstellen VT postawić *pf*, ustawi(a)ć; *fig* przedstawi(a)ć (**als** jako); *v/r* **sich ~** ustawi(a)ć się (**vor** *dat* przed *inst*)

hinsteuern VT ⟨s⟩kierować; VI (*sn*) (**auf** *akk*) wziąć kurs (na *akk*); *fig* zmierzać (do *gen*)

hint'an- *lit in zssgn* → zurück-

hinten ADV z tyłu, w tyle; **nach ~** w tył, do tyłu; **von ~** z tyłu, od tyłu; od końca; **weiter ~** dalej w tyle; *im Text* poniżej; *umg* **nicht mehr wissen, wo ~ und vorn(e) ist** kompletnie się zgubić; *umg* **das stimmt ja ~ und vorn(e) nicht** to w ogóle się nie zgadza; **~ stehen** stać z tyłu *od* w tyle

hinten|(he)rum *umg* ADV od tyłu; *fig* na boku; **~'über** ADV do tyłu, tyłem

hinter PRÄP (*wohin? akk, wo? dat*) za (*akk, inst*), poza (*inst*); **~ den Schrank** za szafę; **~ dem Turm** za wieżą; **~ etw** (*dat*) **hervor** zza, spoza (*gen*); *fig* **~ j-m, etw stehen**

H

popierać (*akk*); **~ etw kommen** wykry(wa)ć (*akk*); **etw ~ sich bringen** doprowadzać ⟨-dzić⟩ do końca (*akk*); **das habe ich** *od* **das liegt schon ~ mir** mam to już za sobą; **etw ~ sich lassen** zostawi(a)ć za sobą; **j-n ~ sich lassen** (*überflügeln*) wyprzedzić *pf*, prześcignąć *pf* (*akk*)

Hinter|achse F oś tylna; **~backe** *umg* F pośladek

Hinterbein N tylna noga; *umg fig* **sich auf die ~e stellen** stanąć *pf* dęba

Hinter'bliebene PL: **die ~n** rodzina zmarłego

Hinter'bliebenenrente F renta rodzinna

hinter'bringen (*irr*; -) donosić ⟨-nieść⟩ (**j-m etw** k-u o *lok*)

hintere ADJ tylny, ... od tyłu

hinterei'nander ADV jeden (-dno) za *od* po drugim, jedna za drugą *od* po drugiej; *zeitlich* z rzędu; **an drei Tagen ~** trzy dni z rzędu; **zweimal ~** dwa razy z rzędu; **~schalten** ELEK połączyć szeregowo

Hintereingang M wejście od tyłu

hinter|fotzig *pop* ADJ cwaniacki, fałszywy; **~'fragen** (-) sprecyzować *pf* pytanie; **~'gangen** *pperf* → hintergehen

Hintergedanke M myśl uboczna

hinter'gehen (*irr*; -) oszuk(iw)ać; **sich hintergangen fühlen** czuć się oszukanym

Hintergrund M tło; *fig* (*oft a.* PL **Hintergründe**) podłoże, tło; **im ~** w tle, w głębi, na dalszym planie; *fig* **sich im ~ halten** pozostawać w cieniu

hinter|grundbeleuchtet ADJ *Display* podświetlony; **~gründig** (*rätselhaft*) zagadkowy (-wo); *Humor* subtelny

Hintergrundinformation F informacja dotycząca tła sprawy

Hinterhalt M (-[e]s; -e) zasadzka; **in e-n ~ geraten, locken** wpadać ⟨wpaść⟩, ⟨z›wabić w zasadzkę

hinterhältig podstępny, perfidny

Hinterhand F ZOOL tylna kończyna; *fig* **etw in der ~ haben** mieć w zanadrzu (*akk*); *beim Kartenspiel* **in der ~ sein** być na ostatnim ręku

Hinterhaus N oficyna

hinter'her ADV za (*inst*), po (*lok*); (*danach*) potem; *umg* **~ sein, dass ...** bardzo uważać na to, żeby ...; **~ bedauern** żałować poniewczasie; **~hinken** V/I (*sn*) *fig* nie nadążać (**hinter** *dat* za *inst*); **~laufen** V/I (*irr*; *sn*) (**hinter** *dat*) (*folgen*) iść, biegnąć (za *inst*); *umg fig* biegać, latać za (*inst*)

Hinterhof M (tylne) podwórze

Hinterkopf M tył głowy, potylica; *umg* **etw im ~ haben** myśleć, pamiętać o (*lok*)

Hinterland N EKON zaplecze

hinter'lassen (*irr*; -) pozostawi(a)ć po sobie; *als Erbe* pozostawić w spadku

Hinter'lassenschaft F spuścizna

hinter'legen (-) ⟨z⟩deponować, da(wa)ć na przechowanie; *als Pfand* da(wa)ć w zastaw

Hinterlist F (*bpl*) podstępność *f*, perfidia; (*Handlung*) podstęp

hinterlistig podstępny, perfidny

hinterm *umg* = **hinter dem**

Hintermann M (PL *-männer*): **dein ~** osoba stojąca *od* siedząca za tobą; *fig* pokątny doradca, potajemny inspirator

Hintermannschaft F SPORT obrona

Hintern *umg* M tyłek, zadek, pośladki *mpl*; *pop* **sich auf den ~ setzen** (*fleißig sein*) przysiąść *pf* fałdów; **j-n, j-m in den ~ treten** da(wa)ć k-u kopniaka w tyłek

Hinterpommern N Pomorze Zachodnie na wschód od Odry

Hinterrad N tylne koło; **~antrieb** M napęd na tylne koła

hinterrücks ADV (podstępnie) od tyłu

hinters *umg* = **hinter das**

Hinterseite F tylna strona, tył

Hintersinn M (*bpl*) ukryty sens

hinterste *sup* (*letzte*) ostatni

Hinterteil N *umg* (*Gesäß*) zadek, tyłek

Hintertreffen N: **ins ~ geraten** znaleźć się w niekorzystnej sytuacji

hinter'treiben (*irr*; -) sabotować

Hintertreppe F tylne schody *pl*

Hintertür F tylne drzwi *pl*; **durch die ~** tylnymi drzwiami (*a. fig*); **sich** (*dat*) **e-e ~ offenhalten** zostawi(a)ć sobie furtkę (do odwrotu)

Hinterwäldler M prostak, prymityw

hinter'ziehen (*irr*; -) nie ujawni(a)ć (*gen*); **Steuern ~** uchylać się od płacenia podatków

Hinterzimmer N tylny pokój; *an e-m Geschäft usw* zaplecze

hintun *umg* (*irr*) (*hinlegen*) kłaść ⟨położyć⟩, wkładać ⟨włożyć›; (*hinstellen*) stawiać ⟨postawić⟩

hi'nüber ADV na tamtą *od* drugą stronę; **~ ans andere Ufer** na tamten brzeg; *umg* **~ sein** *(kaputt)* wysiąść *pf*; *(verdorben)* zepsuć się *pf*; *(tot)* kipnąć *pf*

hi'nüberfahren *(irr)* V/T przeprawi(a)ć (**über den Fluss** na tamten brzeg; **über die Grenze** przez granicę); *v/i (sn)* przeprawi(a)ć się (przez *akk*)

hi'nüber|gehen V/I *(irr; sn)* przechodzić ⟨przejść⟩ na tamtą *od* drugą stronę; iść ⟨pójść⟩ tam (**über etw** przez *akk*); **~reichen** V/T poda(wa)ć (**j-m** *akk* k-u *akk*); *v/i* dosięgać (**bis** do *gen*); **~schwimmen** V/I *(irr; sn)* przepływać ⟨-płynąć⟩ (rzekę, jezioro); **~springen** V/I *(irr; sn)* przeskakiwać ⟨-skoczyć⟩ na drugą stronę (**über den Zaun** przez płot); **~wechseln** V/I *(a. sn)* przechodzić ⟨przejść⟩ (**zum Gegner** na stronę przeciwnika); zmieni(a)ć (**in e-n anderen Beruf** zawód)

hi'nüberziehen *(irr)* V/T przeciągać ⟨-gnąć⟩ tam *od* na drugą stronę; V/I *(sn)* *(sich bewegen)* pociągnąć (**zu** *e-m Ort* do *gen*); *v/r* **sich ~** *räumlich* rozciągać się (**bis zu ...** aż do *gen*)

Hin- und Rückfahrt F podróż *f od* jazda tam i z powrotem

Hin- und Rückflug M przelot tam i z powrotem, przelot w obie strony

hi'nunter ADV na dół, w dół; **hier ~** tędy w dół; **den Fluss ~** w dół rzeki; **~fallen** V/I *(irr; sn)* spadać ⟨spaść⟩ (**von** z *gen*)

hi'nuntergehen V/I *(irr; sn)* schodzić ⟨zejść⟩ (na dół); *Flugzeug* **zur Landung ~** schodzić do lądowania

hi'nunter|kippen *umg Schnaps* wychylać ⟨-lić⟩ duszkiem; **~schlucken** przełykać ⟨-łknąć⟩; *Ärger* ⟨s⟩tłumić; *Kritik usw* połknąć *pf* (w milczeniu); **~springen** V/I *(irr; sn)* skakać ⟨skoczyć⟩ w dół (**von** z *gen*)

hi'nunterspülen spłuk(iw)ać; *umg Bissen, Pille* popi(ja)ć (**mit** *inst*); **s-n Ärger** *usw* **~** zal(ew)ać robaka

hi'nuntersteigen V/T *u.* V/I *(irr; sn)* schodzić ⟨zejść⟩ (**die Treppe** po schodach), zstępować ⟨zstąpić⟩ (**von** z *gen*; **ins Tal** w dolinę)

hi'nunterstürzen V/T strącać ⟨-cić⟩, spychać ⟨zepchnąć⟩ w dół; V/I *(sn)* runąć *pf* (**von** z *gen*); *v/r* **sich ~ von ...** rzucić się *pf*, skoczyć *pf* z *(gen)*

hi'nunterwerfen *(irr)* rzucać ⟨-cić⟩ w dół; *(unabsichtlich)* strącać ⟨-cić⟩; **e-n Blick ~** spojrzeć *pf* w dół

h'inunterwürgen przełykać ⟨-łknąć⟩ z trudem

hin'weg ADV *(weg, fort)* precz (**damit** z tym); *mit präp über, räumlich* ponad *(inst)*; *zeitlich* przez *(akk)*; **über Jahre ~** przez całe lata, całymi latami; **über unsere Köpfe ~** ponad naszymi głowami

Hinweg M *(bpl)* droga tam; **auf dem ~ nach ...** w drodze do *(gen)*

hin'weg|gehen V/I *(irr; sn)* (**über** *akk*) pomijać ⟨-minąć⟩ *(akk)*; *Krieg usw* przetaczać ⟨-toczyć⟩ się (przez *akk*); **~kommen** V/I *(irr; sn)* (**über** *akk*) *fig* przeboleć *pf (akk)*; **~sehen** V/I *(irr)* (**über** *akk*) *fig* przymykać ⟨-mknąć⟩ oczy (na *akk*)

hin'wegsetzen: V/R **sich ~** (**über** *akk*) nie dbać (o *akk*), lekceważyć *(akk)*

hin'wegtäuschen: V/R **sich über etw ~ lassen** wierzyć pozorom *(gen)*

Hinweis M *(-es; -e)* wskazówka; **unter ~ auf ...** powołując się na ... *(akk)*

hinweisen *(irr)* V/I wskaz(yw)ać, zwracać ⟨zwrócić⟩ uwagę (**auf** *akk* na *akk*)

hinweisend ADJ GRAM wskazujący

Hinweis|schild N AUTO znak informacyjny; **~tafel** F tablica informacyjna

hinwenden: V/R *(irr)* **sich ~** zwracać ⟨zwrócić⟩ się (**zu** do *gen*)

hinwirken V/I: **auf etw ~** przyczyni(a)ć się do *(gen)*

hinziehen V/T pociągać; **etw zieht mich zu diesem Ort hin** miejscowość ta pociąga mnie *(inst)*; *(in die Länge ziehen)* przewlekać ⟨-wlec⟩; **sich hingezogen fühlen zu j-m, etw** czuć sympatię dla *od* do *(gen)*; V/I *(sn)* → umziehen; V/R **sich ~** ciągnąć się, przeciągać ⟨-gnąć⟩ się *(a. zeitlich)*

hin'zu ADV do tego; w dodatku

hin'zu|fügen doda(wa)ć (**zu** do *gen*); **~kommen** V/I *(irr; sn)* podchodzić ⟨podejść⟩ (**zu** do *gen*); *Sachen* dochodzić ⟨dojść⟩; **es kommt noch hinzu, dass** dodać jeszcze trzeba, że; **~zählen** V/T doliczać ⟨-czyć⟩ (**zu** do *gen*); **~ziehen** V/T *(irr)* *(j-n zurate ziehen)* zasięgać ⟨-gnąć⟩ opinii (u *gen*)

Hiobsbotschaft F hiobowa wieść

Hippie M *(-s; -s)* hipis; *(Frau)* hipiska

hippo'kratisch ADJ: **~er Eid** przysięga Hipokratesa

Hirn N (-[e]s; -e) mózg; **~gespinst** N *(-es; -e)* chimera, mrzonka; **~hautentzün-**

dung F zapalenie opon mózgowych
hirnrissig *umg* bzdurny, zwariowany
Hirntod M śmierć mózgowa
hirnverbrannt *umg* ADJ bzdurny, zwariowany
Hi'ros(c)hima N (*-s; bpl*) Hirosima
Hirsch M (*-[e]s; -e*) jeleń *m*; **~braten** M pieczeń *f* z jelenia; **~geweih** N poroże jelenia; **~käfer** M jelonek; **~kuh** F łania; **~rücken** M KULIN comber jeleni
Hirse F (*bpl*) proso; KULIN jagły *fpl*
Hirsebrei M kasza jaglana
Hirt M (*-en*), **~e** M (*-n*) pastuch, pasterz
Hirten|brief M list pasterski; **~flöte** F fujarka; **~hund** M pies pasterski; **~junge** M pastuszek; **~spiel** N pastorałka; **~stab** M kij pasterski; (*Bischofsstab*) pastorał
Hirtin F pastuszka, pasterka
hissen (*hisst*) *Fahne, Segel* podnosić ⟨-nieść⟩
Hista'min N (*bpl*) MED histamina
His'toriker(in) M(F) historyk (-ryczka)
his'torisch historyczny, dziejowy
Hit *umg* M (*-[s]; -s*) przebój, hit; **~liste** F lista przebojów
Hitze F (*bpl*) gorąco; (*Sommerhitze*) upał, skwar; KULIN temperatura; **bei dieser ~** w tym gorącu; **bei schwacher ~ kochen** gotować na małym ogniu; *fig* **in ~ geraten** wpaść w pasję *od* ferwor
hitzebeständig żaroodporny
Hitzefrei N, **hitzefrei** ADJ: **~ haben** mieć wolne z powodu upałów
Hitzeperiode F okres upałów
Hitzewelle F fala upałów
hitzig *Temperament* gorący; *Debatte usw* burzliwy (-wie), zacięty (-cie); **~es Blut** gorąca krew; **sei nicht so ~!** nie bądź taki narwany!
Hitzkopf *umg* M zapaleniec, narwaniec
Hitzschlag M udar cieplny
HIV [haːʔiːʔ'faʊ] (human immunodeficiency virus) (wirus) HIV
HIV-|'negativ [haːʔiːʔ'faʊ-] niewykazujący zakażenia wirusem HIV; **~-'positiv** wykazujący obecność wirusa HIV
HIV-Test [haːʔiːʔ'faʊ-] M badanie na obecność wirusa HIV
HK F (Handelskammer) izba handlowa
HKW N (Heizkraftwerk) elektrociepłownia
Hl. (Heilige[r]) święty, święta
H-Milch F mleko UHT
HNO- (Hals-Nasen-Ohren-) … uszu, nosa i gardła
hob → heben
Hobby ['hɔbi] N (*-s; -s*) hobby; **~angler** M wędkarz hobbista *m*; **~koch** M kucharz hobbista *m*; **~raum** M pracownia hobbistyczna
Hobel M strug, *umg* hebel; **~bank** F stół stolarski
hobeln (*-le*) ⟨o⟩strugać, ⟨o⟩heblować
Hobelspäne MPL wióry *mpl*
hoch **A** ADJ (*hohe, höher, höchste*) wysoki (*a. fig Betrag, Niveau, Preis, Qualität, Rang, Stimme, Strafe, Temperatur usw*); *fig Ehre, Zahl* wielki; *Alter* sędziwy; *Ziel* wysoko postawiony; **auf hoher See** na pełnym morzu; **der hohe Norden** daleka północ; **von hohem Wuchs** wysokiego wzrostu; **von hohem Wert** bardzo wartościowy; **… Meter hoher Berg** góra o wysokości … metrów; **e-e hohe Anzahl von …** wielka ilość (*gen*) **B** *präd* wysoko, wysoce; **~ oben** tam wysoko (na niebie); **Hände ~!** ręce do góry!; **drei Treppen ~** na trzecim piętrze; **wie ~ ist die Summe?** ile wynosi suma?; **2 ~ 3** dwa do potęgi trzeciej **j-n ~ achten** wysoko cenić k-o; **~ gewinnen** wygrać *pf* wysoko; **etw ~ und heilig versprechen** przyrzekać ⟨-rzec⟩ na wszystkie świetości; *umg* **das ist mir zu ~** to nie na mój (głupi) rozum; *umg* **wenn es ~ kommt** co najwyżej **C** *nur* ADV **~ begabt** → hochbegabt; **~ bezahlt** wysoko płatny; **~ empfindlich** wysoko czuły; **~ entwickelt** wysoko rozwinięty; **~ qualifiziert** wysoko kwalifikowany; → hochgestellt, hochgewachsen *usw*
Hoch N (*-s; -s*) wiwat; toast; METEO wyż; **ein ~ auf das junge Paar!** wiwat młoda para! **ein ~ liegt über …** wyż zalega nad … (*inst*)
hochachten → hoch
Hochachtung F głęboki szacunek
hochachtungsvoll ADV *am Briefende* z wyrazami głębokiego szacunku
Hochadel M arystokracja, magnateria
hochaktuell wysoce aktualny
Hochaltar M wielki *od* główny ołtarz
Hochamt N *rel* suma
hochanständig *Person* zacny, z gruntu uczciwy; **das ist ~ von ihm** to zacnie z jego strony

hochansteckend ADJ wysoce zaraźliwy
hocharbeiten: V/R **sich ~** dorobić się *pf* wysokiego stanowiska
hochauflösend ADJ *Optik, fot* ... o wysokiej zdolności rozdzielczej
Hochbau M (*bpl*) budownictwo lądowe nadziemne; (PL *-bauten*) budowla nadziemna
hoch|begabt ADJ wysoce uzdolniony; **~betagt** ADJ sędziwy
Hochbetrieb M (*bpl*) gorączkowa praca; **es herrscht hier ~** panuje tu wielki ruch
hochbezahlt → hoch
Hochburg F *fig* ostoja
hochdeutsch JĘZ wysokoniemiecki; **~ sprechen** mówić ogólnoniemieckim językiem literackim
Hochdruck M (*bpl*) wysokie ciśnienie; MED nadciśnienie; TECH *in zssgn* wysokociśnieniowy, wysokoprężny; *fig* **mit ~** pełną parą; **~gebiet** N obszar wyżowy; **~reiniger** M wysokociśnieniowe urządzenie czyszczące
Hochebene F płaskowyż
hoch|empfindlich ADJ wysoko czuły; **~entwickelt** → hoch
hocherfreut ADJ niesłychanie uradowany; **~ sein** bardzo się cieszyć (**über** *akk* z powodu *gen*)
hochexplosiv łatwo wybuchający
hoch|fahren V/I (*irr; sn*) ⟨po⟩jechać do góry (**mit dem Lift** windą); *fig* zrywać ⟨zerwać⟩ się (na równe nogi); **~fahrend** ADJ wyniosły (-śle); **~fliegend** ADJ *fig* ambitny
Hochform F (*bpl*) wspaniała forma; **in ~ sein** być w dobrej formie
Hoch|format N format podłużny; **~frequenztechnik** F (*bpl*) technika wielkiej częstotliwości; **~gebirge** N góry *fpl* wysokie; **~gebirgsklima** N klimat wysokogórski
hochgehen V/I (*irr; sn*) *Ballon* wznosić ⟨-nieść⟩ się w górę; *Vorhang* podnosić ⟨-nieść⟩ się; *Preis* iść ⟨pójść⟩ w górę; *umg Mine* wybuchać ⟨-chnąć⟩; *umg Bande* wpaść *pf*, wysypać się *pf*; *umg* (*wütend werden*) wpadać ⟨wpaść⟩ w złość, wybuchać ⟨-chnąć⟩; → hinaufgehen
hochgelehrt ADJ wielce uczony
Hochgenuss M (*bpl*) rozkosz *f*
hoch|geschlossen ADJ *Kleid* wysoko zapinany; **~geschraubt** ADJ *Preise, Ansprüche* wygórowany, wyśrubowany
Hochgeschwindigkeitszug M superekspres
hoch|gestellt ADJ *fig* wysoko postawiony, wysoki rangą; **~gewachsen** wybujały
Hochglanz M połysk lustrzany; **etw auf ~ bringen** ⟨wy⟩czyścić do glansu *od* glancu
hochgradig daleko posunięty, silny; *präd* w wysokim stopniu, bardzo
hochhackig ADJ: **~e Schuhe** pantofle *mpl* na wysokich obcasach
hochhalten (*irr*) podnosić ⟨-nieść⟩ (do góry); trzymać w podniesionej ręce; *fig* wysoko szanować, czcić
Hochhaus N wysokościowiec
hochheben (*irr*) podnosić ⟨podnieść⟩, unosić ⟨unieść⟩ (w górę)
hoch|herzig wielkoduszny; **~interessant** arcyciekawy; **~jubeln** *umg* wychwalać pod niebiosa
hochkant ADV na sztorc; *umg* **j-n ~ hinauswerfen** wyrzucać ⟨-cić⟩ k-o na zbity pysk
hochkarätig *fig* ... najwyższej rangi
hochklappen V/T podnosić ⟨-nieść⟩
hochkommen *umg* V/I (*irr; sn*) wchodzić ⟨wejść⟩, iść ⟨przyjść⟩ na górę (**die Treppe** po schodach); *aus dem Wasser* wypływać ⟨-płynąć⟩ na powierzchnię; (*gesund werden, Engpass usw überwinden*) wykaraskać się *pf* (z *gen*); **mir kommt das Essen hoch** po tym jedzeniu zbiera mi się na wymioty; *fig* **es kommt mir hoch, wenn ich das sehe** dostaję mdłości, gdy to widzę
Hochkonjunktur F wysoka koniunktura
hoch|krempeln (*-le*) *Ärmel* zakas(yw)ać; **~kurbeln** podnosić ⟨-nieść⟩
Hochland N (PL *-länder u -e*) wyżyna
hochleben V/I: **j-n ~ lassen** wznosić ⟨wznieść⟩ *pf* toast na cześć (*gen*); **... lebe hoch!** niech żyje ...!
Hochleistungs|- TECH ... wielkiej mocy; **~sport** M sport wyczynowy
hochmodern supernowoczesny
hochmodisch supermodny
Hochmoor N torfowisko wyżynne
Hochmut M buta, pycha
hochmütig butny, wyniosły (-le)
hochnäsig *umg* zarozumiały (-le); **~ sein** zadzierać nosa

hochnehmen (*irr*) (*heben*) podnosić, unosić ⟨-nieść⟩; *Kind* brać ⟨wziąć⟩ na ręce; *umg fig* **j-n ~** nab(ie)rać k-o, ⟨z⟩robić frajera (z *gen*)
Hochofen M wielki piec
Hochparterre N podwyższony parter
hoch|prozentig wysokoprocentowy; **~qualifiziert** → hoch; **~rangig** wysokiej rangi
hochrechnen ekstrapolować
Hochrechnung F ekstrapolacja; *bei Wahlen* komputerowa prognoza
hochreißen (*irr*) *Arme* wyrzucać ⟨-cić⟩ do góry
hochrot pąsowy (-wo)
Hochruf M wiwat
Hochsaison F pełnia sezonu
hochschaukeln *umg* V/T rozdmuch(iw)ać; V/R **sich (gegenseitig) ~** coraz bardziej się rozjątrzać
hochschlagen (*irr*) V/T *Kragen* stawiać ⟨postawić⟩, podnosić ⟨-nieść⟩; V/I (*sn*) *Flammen* buchać, strzelać (w górę)
hochschrauben V/T wyśrubow(yw)ać
Hochschulabschluss M ukończenie studiów; **e-n ~ haben** mieć dyplom ukończenia wyższej uczelni
Hochschul|e F szkoła wyższa, uczelnia; **~lehrer(in)** M(F) wykładowca na uczelni; **~reife** F świadectwo dojrzałości, matura; **~wesen** N (*bpl*) szkolnictwo wyższe
hochschwanger w zaawansowanej ciąży
Hochsee F (*bpl*) pełne morze; **~fischerei** F rybołówstwo dalekomorskie; **~jacht**, **~yacht** F jacht pełnomorski
Hoch|sicherheitsgefängnis N więzienie o zaostrzonym rygorze; **~sitz** M MYŚL (myśliwska) ambona; **~sommer** M pełnia lata, lato w pełni
hochsommerlich jak w pełni lata
Hochspannung F ELEK wysokie napięcie; *fig* najwyższe napięcie
Hochspannungs|leitung F linia wysokiego napięcia; **~mast** M słup linii wysokiego napięcia
hochspielen *Sache* rozdmuch(iw)ać
Hochsprache F język literacki
hochspringen V/I (*irr; sn*) skakać ⟨skoczyć⟩ do góry, podskakiwać ⟨-skoczyć⟩ (**vor Freude** z radości)
Hochspringer(in) M(F) skoczek wzwyż
Hochsprung M skok wzwyż
höchst ADV (*äußerst*) nadzwyczaj
Höchstalter N maksymalny wiek
Hoch|stape'lei F hochsztaplerstwo, szalbierstwo; **~stapler(in)** M(F) aferzysta *m* (-tka), hochsztapler(ka)
Höchst|belastung F maksymalne dopuszczalne obciążenie; **~betrag** M najwyższa kwota, maksymalna suma
höchste *sup* najwyższy; maksymalny; ADV **am ~n** najwyżej; **auf ~r Ebene** na najwyższym szczeblu; **aufs Höchste erfreut sein** cieszyć się niezmiernie
hochstehend ADJ *Person* wysoko postawiony
höchstens ADV (co) najwyżej; (*außer*) chyba że
Höchstfall M (*bpl*): **im ~** w najlepszym razie, najwyżej
Höchst|geschwindigkeit F (**zulässige** dozwolona) prędkość maksymalna; **~gewinn** M rekordowy zysk; *im Lotto* najwyższa wygrana; **~grenze** F górna granica
Hochstimmung F (*bpl*) podniosły *od* radosny nastrój; **in ~ sein** *a.* być w doskonałym humorze
Höchst|leistung F SPORT szczytowe osiągnięcie, wyczyn; *e-s Motors* moc maksymalna; **~maß** N maksimum *n*
höchstpersönlich ADV osobiście, we własnej osobie
Höchst|preis M najwyższa cena; **~satz** M najwyższa stawka; **~stand** M najwyższy poziom; **~strafe** F najwyższy wymiar kary
höchst|wahrscheinlich ADV najprawdopodobniej; **~zulässig** największy dopuszczalny
Hochtour F: **auf ~en laufen** *Motor* pracować na najwyższych obrotach; *fig umg* rozkręcić się *pf*
hoch|tourig szybkobieżny, szybkoobrotowy; **~trabend** górnolotny; **~treiben** *umg* (*irr*) *Preise* podbi(ja)ć
hochverdient ADJ wielce zasłużony
Hochverrat M zdrada stanu
Hochwasser N (*bpl*) *e-s Flusses* przybór wód; wielka woda; (*Überflutung*) powódź *f*; **der Fluss führt ~** rzeka wezbrała; **~deich** M wał przeciwpowodziowy; **~katastrophe** F klęska powodzi; **~opfer** N powodzianin
hochwerfen (*irr*) podrzucać ⟨-cić⟩

H

hochwertig *Material* wysokowartościowy; *Nahrungsmittel* wysokokaloryczny; *Ware* wysokogatunkowy
Hochwild N zwierzyna gruba
hoch|willkommen bardzo mile widziany; **~wirksam** silnie działający
Hochzahl F MAT wykładnik
Hochzeit F wesele, *lit* gody *pl*; **silberne, goldene ~** srebrne, złote wesele
hochzeitlich weselny
Hochzeits|feier F zabawa weselna, *umg* weselisko; **~geschenk** N prezent ślubny; **~kutsche** F kareta ślubna; **~paar** N młoda para, nowożeńcy *mpl*; **~reise** F podróż poślubna; **~tag** M dzień *m* ślubu; (*Jahrestag*) rocznica ślubu; **~zug** M orszak weselny
hochziehen (*irr*) V/T *Hose usw* podciągać ⟨-gnąć⟩ (*a. v/r* **sich** się); *Fahne, Brauen usw* podnosić ⟨-nieść⟩; *umg* **die Nase ~** pociągać ⟨-gnąć⟩ nosem
Hocke F kucki *pl*; SPORT przysiad, siad kuczny; (*Sprung*) skok w przysiadzie; **in die ~ gehen** wykon(yw)ać przysiad, kucać ⟨(przy)kucnąć⟩
hocken V/I (*reg a. sn*) (*kauern*) siedzieć w kucki; *umg fig* siedzieć, ślęczeć; V/R **sich ~** kucać ⟨(przy)kucnąć⟩
Hocker M taboret
Höcker M garb, *dim* garbek; guz(ek)
Hockey ['hɔki, 'hɔke] N (-*s*; *bpl*) hokej; **~schläger** M kij hokejowy; **~spieler** M hokeista *m*
Hockstellung F pozycja kuczna
Hoden M jądro; **~bruch** M przepuklina mosznowa; **~sack** M moszna
Hof M (-[e]s; Höfe) podwórze; (*groß, z.B. Schulhof usw*) dziedziniec; (*bes Gefängnishof*) spacerniak; (*Fürstenhof*) dwór; (*Bauernhof*) zagroda, gospodarstwo; ASTRON halo; **am, bei ~e** na dworze, u dworu; **j-m den ~ machen** nadskakiwać k-u, emablować k-o
hoffen V/T *u.* V/I mieć nadzieję, spodziewać się (**auf** *etw*, **dass ...** że ...); **zu gewinnen ~** spodziewać się wygrać, liczyć na wygraną; **ich will nicht ~, dass ...** spodziewam się, że nie ...; **das lässt ~** to napawa nadzieją; **wir ~ auf Ihr Verständnis** liczymy na Pana *usw* wyrozumiałość; **das will ich doch (stark) ~!** spodziewam się, że nie spotka mnie zawód!
hoffentlich: ADV **~ ...** mam(y) nadzieję, że ..., spodziewam(y) się, że ...; *als Antwort* **~!** miejmy nadzieję, że tak!
Hoffnung F nadzieja; **die ~ haben zu** (+ INF) mieć nadzieję (+ *inf*); **es besteht die ~, dass ...** jest nadzieja, że ...; **sich in der ~ wiegen, dass ...** łudzić się nadzieją, że ...; **s-e ~ setzen** pokładać nadzieję (**auf** *akk* w *lok*); **j-m ~en machen** robić k-u nadzieje; **sich ~en machen (auf etw)** żywić nadzieję (*gen*, na *akk*)
hoffnungslos beznadziejny
Hoffnungs|losigkeit F (*bpl*) beznadziejność *f*; **~schimmer** M iskra *od* promyk nadziei; **~träger** M nadzieja
hoffnungsvoll pełen nadziei, ufny; (*vielversprechend*) obiecujący
Hof|gang M spacer (w więzieniu); **~hund** M pies podwórzowy
ho'fieren (-): **j-n ~** starać się o względy (*gen*), asystować k-u
höfisch dworski (-ko)
höflich uprzejmy, grzeczny; **~ bitten** uprzejmie prosić; **sich ~ verbeugen** ukłonić się grzecznie
Höflichkeit F uprzejmość *f*, grzeczność *f*; **aus ~** z grzeczności, przez grzeczność
Höflichkeits|besuch M wizyta kurtuazyjna; **~floskel** F zwrot grzecznościowy
Hof|marschall M marszałek dworu; **~narr** M błazen dworski, trefniś *m*; **~rat** M (*Titel*) radca *m* dworu
hohe, ~r, ~s → hoch
Höhe F wysokość *f*; (*Niveau*) poziom; (*Hügel*) wzniesienie, wzgórze; **an ~ gewinnen** nabierać wysokości; **an ~ verlieren** tracić wysokość; **auf der ~ von etw** na wysokości (*gen*); **auf gleicher ~** na tej samej wysokości; **auf halber ~** w połowie wysokości; **in großen ~n** na dużych wysokościach; **in ~ von ... Zloty** w wysokości ... złotych; **aus der ~** z wysokości; (*von oben*) z góry; **in die ~ ragen** sterczeć do góry; *fig umg* **(nicht) auf der ~ sein** (nie) być na poziomie; (*sich [un]wohl fühlen*) (nie) czuć się zdrowym; **auf der ~ s-s Ruhms** u szczytu swej sławy; *umg* **das ist (doch) die ~!** to (już) szczyt wszystkiego!
Hoheit F (*bpl*) POL suwerenność *f*; (PL *-en*) **(Eure) ~** Wasza Wysokość
Hoheits|akt M akt administracyjny; **~gebiet** N suwerenne terytorium; **~gewässer** N wody *fpl* terytorialne

H

hoheitsvoll majestatyczny
Hoheitszeichen N znak państwowy; (*Symbol*) godło państwa
Höhen|angst F (*bpl*) lęk wysokości; **~flug** M lot wysokościowy; *fig* polot; **~krankheit** F (*bpl*) choroba górska; **~kurort** M górska stacja klimatyczna; **~lage** F wysokość *f* (nad poziomem morza); **~luft** F (*bpl*) powietrze górskie; **~messer** M wysokościomierz; **~ruder** N ster wysokości; **~sonne**® F lampa kwarcowa, *umg* kwarcówka; **~unterschied** M różnica wysokości
höhenverstellbar z regulowaną wysokością
Höhenzug M pasmo wzgórz
Hohe'priester M arcykapłan
Höhepunkt M punkt kulminacyjny; (*Orgasmus*) szczytowanie; **auf dem ~ des, der …** w kulminacyjnym momencie (*gen*)
höher *komp* wyższy; (*größer*) większy; ADV wyżej; **~e Schule** szkoła średnia; **2 Meter ~ als …** (o) dwa metry wyższy od (*gen*)
hohl pusty; *Zahn* spróchniały; *Wangen* zapadnięty; *Stimme* głuchy (-cho); *Phrasen* czczy; **innen ~** wewnątrz pusty; **die ~e Hand** garść *f*; **~ klingen** głucho brzmieć; **~äugig** z zapadniętymi oczami
Hohlblockstein M BUD pustak
Höhle F jaskinia (*a. fig*), pieczara; ANAT jama, zatoka; *e-s Tieres* nora; *fig* **sich in die ~ des Löwen wagen** włazić ⟨wleźć⟩ w paszczę lwa
Höhlen|forschung F (*bpl*) speleologia; **~malerei** F malarstwo jaskiniowe; **~mensch** M człowiek jaskiniowy, *umg* jaskiniowiec
Hohl|kopf M *abw* tuman, cymbał; **~kreuz** M MED lordoza; **~maß** N miara objętości; **~raum** M próżnia, wydrążenie; **~saum** M mereżka; **~spiegel** M zwierciadło wklęsłe; **~weg** M parów, holweg; **~ziegel** M cegła dziurawka
Hohn M (-[e]s; bpl) szyderstwo; **wie zum ~** jak na urągowisko; *e-r Sache* **~ sprechen** urągać (*dat*); **das ist der blanke ~** to zakrawa na kpiny; **~gelächter** M szyderczy śmiech
höhnisch szyderczy (-czo)
Hokus'pokus M (-; *bpl*) hokus-pokus
Holdinggesellschaft F spółka holdingowa, holding
holen V/T (*herbringen*) przynosić ⟨przynieść⟩; (*hingehen od fahren und mitbringen*) iść ⟨pójść⟩ *od* ⟨po⟩jechać po (*akk*); *Arzt, Feuerwehr usw* sprowadzać ⟨-dzić⟩ (*akk*); *umg Preis, Medaille* zdoby(wa)ć; **~ aus …** (*herausholen*) wyciągać ⟨-gnąć⟩ z (*gen*); **Luft, Atem ~** zaczerpnąć *pf* powietrza, odetchnąć *pf*; *umg* **da ist nichts zu ~** tam nic nie ma; V/R **sich ~** *Krankheit* złapać *pf*; **sich Rat ~** zasięgać ⟨-gnąć⟩ rady (**bei** u *gen*)
Holland N (-*s*; *bpl*) Holandia
Holländer(in) M(F) Holender(ka)
holländisch holenderski (po -ku)
Hölle F (*bpl*) piekło (*a. fig*); **in die ~ kommen** pójść *pf* do piekła; *fig umg* **da war die ~ los** tam rozpętało się piekło; **j-m die ~ heißmachen** dopiekać k-u do żywego; **j-m das Leben zur ~ machen** zatruwać k-u życie; **Himmel und ~ in Bewegung setzen** poruszyć *pf* niebo i ziemię; **zur ~ mit dir!** bodajbyś z piekła nie wyjrzał!
Höllenlärm *umg* M piekielny hałas
Höllen|qualen FPL piekielne męki *fpl*, katusze *pl*; **~stein** M (*bpl*) lapis
höllisch piekielny; ADV *umg* (*groß, sehr*) piekielnie, diabelnie; *umg* **~ aufpassen** cholernie uważać
Holm M (-[e]s; -e) *e-r Leiter, am Barren* żerdź *f*; *des Riemens* trzon
Holografie F holografia
Holo'gramm N hologram
Hologra'phie → Holografie
holp(e)rig nierówny (-no); *Weg* wyboisty; *Stil* chropowaty
holpern V/I (-*re*; *a sn*) trząść (się); **der Wagen hat sehr geholpert** wóz trząsł się na wybojach
Holstein N (-*s*; *bpl*) Holsztyn
holterdiepolter *umg* ADV (na) łapu-capu
Ho'lunder M czarny bez
Holz N (-*es*; *bpl*) drzewo; (*Nutzholz*) drewno; (*a* PL *Hölzer*) gatunek drzewa; (*Pflock usw*) tyka, palik; **aus ~** z drzewa, drewniany; *fig* **aus dem gleichen, aus anderem ~ (geschnitzt) sein** być ulepionym z jednej, z innej gliny; **~ machen** rąbać drzewo
Holz|bau M (*bpl*) budownictwo drewniane; (PL *-ten*) budowla drewniana; **~bestand** M drzewostan; **~blasinstru-**

H

ment N instrument dęty drewniany; **~block** M kłoda, kloc; **~bock** M ZOOL kleszcz

Hölzchen N drewienko, patyczek

hölzern drewniany; *fig* sztywny

Holzfäller M drwal

Holzfaserplatte F płyta pilśniowa

holzfrei *Papier* bezdrzewny

Holz|hacker M drwal; **~hammermethode** *umg* F (*bpl*) metoda pakowania łopatą do głowy; **~haus** N dom *od* budynek drewniany, *umg* drewniak

holzig *Obst, Gemüse* zdrewniały

Holz|industrie F przemysł drzewny; **~kohle** F węgiel drzewny; **~kopf** *pop* M *abw* tuman, tępak; **~leim** M klej stolarski; **~schnitt** M drzeworyt; **~schnitzerei** F rzeźba drewniana *od* w drewnie; (*bpl*) snycerstwo; **~schraube** F wkręt do drewna; **~schuh** M drewniak; **~schutzmittel** N impregnat do drewna; **~spanplatte** F płyta wiórowa; **~täfelung** F boazeria

Holzweg M (*bpl*): *fig* **auf dem ~ sein** być w błędzie, mylić się

Holz|wolle F wełna drzewna; **~wurm** M robak drzewny; **~zaun** M płot, parkan

Home|banking, ~-Banking ['hoʊmbɛŋkɪŋ] N (-[s]; bpl) elektroniczne usługi bankowe *fpl*; **~page** [-peɪdʒ] F (-; -s) strona startowa (w Internecie)

Homo *umg* M (-s; -s) gej, *abw* pedzio

Homo-Ehe, Homoehe F małżeństwo homoseksualne

homo'gen homogeniczny

homöo'pathisch homeopatyczny

homosexu'ell homoseksualny

Homosexu'elle(r) M (-n) homoseksualista *m*

Honig M (-s; *bpl*) miód; **~biene** F pszczoła miodna

Honigkuchen M piernik, miodownik

honigsüß słodki jak miód, miodowy

Honigwein M miód pitny

Hono'rar N (-s; -e) honorarium *n*

Honorati'oren MPL notable *mpl*

hono'rieren (-) honorować

Hooligan ['hu:ligən] M (-s; -s) chuligan

Hopfen M (-s; *bpl*) chmiel; *umg* **bei ihm ist ~ und Malz verloren** szkoda fatygi, bo on się (i tak) nie zmieni

Hopfenanbau M (*bpl*) chmielarstwo

Hopfendolde F szyszka chmielu

hopp INT hop!

hoppeln V/I (-le; sn) *Hase* ⟨po⟩kicać

hopphopp INT, ADV co żywo!, w mig!

hoppla INT: **~!** hopla!

hops INT: **~!** hops!; ADV *umg* **~ sein** przepaść *pf*; (*kaputt sein*) popsuć się *pf*; *Glas* rozbić się *pf*; **~en** *umg* V/I (*sn*) skakać, podskakiwać ⟨-skoczyć⟩; (*tanzen*) hasać

Hopser *umg* M podskok; (*Tanz*) skoczny walczyk

hopsgehen *umg* V/I (*irr; sn*) → kaputtgehen; (*umkommen*) zabić się *pf*

hör|bar słyszalny, dający się ⟨u⟩słyszeć; **~behindert** ADJ przygłuchy

Hörbehinderung F (*bpl*) upośledzenie słuchu

horchen V/I nasłuchiwać (**auf die Schritte** kroków); (*heimlich*) podsłuchiwać (**an der Tür** pod drzwiami)

Horde[1] F horda; *fig abw* zgraja

Horde[2] F (*Kiste*) skrzynka drewniana *od* plastikowa; (*Lattenrost*) ruszt drewniany

hören **A** V/T (*etw vernehmen, erfahren*) ⟨u⟩słyszeć (*akk*); *Darbietung, Radio, Zeugen usw* słuchać, wysłuch(iw)ać (*gen*); *aufmerksam* przysłuchiwać się (*dat*); **Vorlesungen ~** słuchać wykładów; **j-n singen ~** słyszeć, jak śpiewa ()*nom*; (*zuhören*) słuchać śpiewu (*gen*); **an etw** (*dat*) **~, dass …** (*erkennen*) pozna(wa)ć po (*inst*), że …; **… über j-n, etw ~** ⟨u⟩słyszeć … o (*lok*); **… von j-m ~** ⟨u⟩słyszeć … od (*gen*); *e-e Menge* **zu ~ bekommen** nasłuchać się *pf* (*gen*); **er lässt nichts von sich ~** o nim nic nie słychać; **lass mal von dir ~** daj o sobie znać; *umg* **das lässt sich ~** miło to słyszeć **B** V/I (*akustisch wahrnehmen können*) słyszeć; **schwer ~** niedosłyszeć; **ich höre** słucham; **hör(e) mal** (po)słuchaj (no); **auf etw ~** (*horchen*) słuchać, nasłuchiwać (*gen*); **auf j-n, etw ~** (*befolgen*) ⟨u⟩słuchać (się) (*gen*); **auf den Namen … ~** mieć na imię …; **ich habe von ihm gehört** słyszałem o nim; **davon will ich nichts ~** nie chcę o tym słyszeć; **wie man hört** jak słychać, jak wieść niesie; **ich habe gehört, dass …** słyszałem, że …; *umg* **(na) hör mal, ~ Sie mal!** kto to słyszał!; **…, dass dir Hören und Sehen vergeht!** …, że w ogóle nie będziesz wiedział, co się z tobą dzieje!

Hörensagen N: **vom ~** ze słyszenia

Hörer M TEL słuchawka; (*Person*) słuchacz;

~in F słuchaczka
Hör|fehler M przesłyszenie się; **~folge** F seria audycji radiowych
Hörfunk M radiofonia, *umg* radio
Hörgerät N aparat słuchowy
hörig ADJ: **er war ihr ~** był jej we wszystkim uległy
Hörigkeit F *(bpl)* niewolnicza uległość
Hori'zont N (-[e]s; -e) horyzont, widnokrąg *(a. fig)*; **geistiger ~** horyzont myślowy; **am ~** na horyzoncie; **am** *od* **hinter dem ~ verschwinden** zniknąć *pf* za widnokręgiem
horizon'tal poziomy (-mo)
Horizon'tale F linia pozioma
Hor'mon N *(-s; -e)* hormon; **~präparat** N lek hormonalny; **~therapie** F terapia hormonalna
Horn N (-[e]s; Hörner) róg *(a.* MUS); *(Waldhorn)* waltornia; GEOG cypel; *(Hornsubstanz;* PL *-e)* róg; *umg fig* **sich** *(dat)* **die Hörner abstoßen** wyszumieć się *pf*; *umg fig* **j-m Hörner aufsetzen** przyprawi(a)ć k-u rogi; *umg fig* **ins gleiche ~ stoßen** potakiwać *(dat)*, grać w jego *(od* jej, ich, twoją, waszą) dudkę; **~brille** F okulary *pl* w rogowej oprawie
Hörnchen N KULIN rogalik
Hornhaut F zrogowacenie (skóry); *des Auges* rogówka
Hor'nisse F szerszeń *m*
Hor'nist M trębacz
Hornochs(e) *pop* M *abw* baran, cep
Hornvieh N *(bpl)* bydło rogate
Horo'skop N *(-s; -e)* horoskop
hor'rend horrendalny
Horror M *(-s; bpl)* zgroza, horror; *(Abscheu)* wstręt; **(e-n) ~ vor etw haben** odczuwać wstręt do *(gen)*; **~film** M horror; **~vision** F koszmar, *umg* makabra
Hörsaal M sala wykładowa
Hörspiel N słuchowisko
Horst M (-[e]s; -e) gniazdo; *(bes Adlerhorst) a.* pielesz *f*; MIL baza lotnicza
Hörsturz M nagła, przemijająca utrata słuchu
Hort M (-[e]s; -e) *lit (Refugium)* schronienie; ostoja (**der Freiheit** wolności); *(Kinderhort)* przedszkole
horten *(-e-)* ⟨na⟩gromadzić
Hor'tensie F hortensja
Hörtest M badanie audiometryczne
Hörverstehen N rozumienie ze słuchu
Hörweite F zasięg słyszalności; **außer ~** poza zasięgiem słyszalności
Höschen N *(Slip)* majt(ecz)ki *pl*
Hose F spodnie *pl*, *umg* portki *pl*; *kurze* spodenki *pl*; *umg* **sich (vor Angst) in die ~ machen** ⟨na⟩robić w portki *od* w gacie; *umg* **die Sache ging in die ~** sprawa się rypła
Hosen|anzug M spodnium *m*; **~aufschlag** M mankiet; **~bein** N nogawica
Hosenboden M: *umg fig* **sich auf den ~ setzen** przysiedzieć fałdów
Hosenrock M spódnico-spodnie *pl*
Hosenschlitz M rozporek (u spodni)
Hosentasche F kieszeń *f* spodni
Hosenträger MPL szelki *fpl*
Hospi'tal N *(-s; -e od -'täler)* szpital
hospi'tieren V/I (-) hospitować
Hos'piz N *(-es; -e)* hospicjum *n*
Hos'tess F hostessa
Hostie ['hɔstiə] F hostia
Ho'tel N *(-s; -s)* hotel; **~bar** F bar hotelowy; **~bett** N łóżko hotelowe; **~direktor** M kierownik hotelu
hotel'eigen (przy)hotelowy
Ho'tel|fachschule F szkoła hotelarska; **~führer** M wykaz hoteli; **~gast** M gość hotelowy; **~gewerbe** N hotelarstwo
Hotelier [hotɛli'eː] M *(-s; -s)* hotelarz
Ho'telzimmer N pokój w hotelu
Hotline ['hɔtlaɪn] F *(-; -s)* infolinia; *für Computernutzer* pomoc telefoniczna
HP (Halbpension) niepełne wyżywienie
Hr., Hrn. (Herr[n]) panu, pana
Hrsg. → Herausgeber
HU F AUTO (Hauptuntersuchung) podstawowy przegląd techniczny
hü INT: **~!** *(vorwärts)* wio!; *(halt)* prr!; *umg* **einmal ~, einmal hott** raz tak, raz owak
Hub M (-[e]s; Hübe) *e-s Kolbens* skok
Hubbrücke F most podnoszony
hüben ADV tu, po tej stronie; **~ und drüben** i tu, i tam
Hubraum M AUTO pojemność skokowa, litraż (silnika)
hübsch ładny *(a. umg fig ziemlich groß)*; **sich ~ machen** ⟨przy-, wy⟩stroić się
Hubschrauber M śmigłowiec, helikopter; **~landeplatz** M lotnisko dla śmigłowców
Hubstapler M stertownik
Hucke F: *umg* **j-m die ~ vollhauen**

da(wa)ć k-u wycisk
huckepack *umg* ADV na barana
hudeln *umg* (-le) *reg*: **nur nicht ~!** wolnego!
Huf M (-[e]s; -e) kopyto; **~eisen** N podkowa; **~lattich** M podbiał (pospolity); **~schlag** M (*bpl*) tętent (kopyt); **~schmied** M podkuwacz
Hüfte F biodro
Hüft|gelenk N staw biodrowy; **~gürtel** M, **~halter** M pas do pończoch; **~hose** F biodrówki *pl*; **~steak** N stek (wołowy) z biodrówki
Huftiere NPL kopytne *mpl*
Hüftweite F obwód w biodrach
Hügel M wzgórze, pagórek; (*aufgeschüttet*) kopiec; **~grab** N kurhan
hüg(e)lig pagórkowaty (-to)
Huhn N (-[e]s; Hühner) kura, *dim* kurka; *umg fig* **ein verrücktes ~** kawał wariata; **da lachen ja die Hühner** koń by się uśmiał
Hühnchen N kurczę, kurczak
Hühner|auge N odcisk, nagniotek; **~brühe** F rosół z kury; **~ei** N jaj(k)o kurze; **~frikassee** N potrawka z kury; **~habicht** M jastrząb gołębiarz; **~leiter** F grzędy *fpl* dla kur; **~stall** M kurnik; **~suppe** F zupa z kury z warzywami; **~zucht** F hodowla kur
huld|igen V/I (*dat*) *lit* hołdować (*dat*; *a. fig, oft iron*); **~voll** *iron* łaskawy (-wie)
Hülle F pokrywa, (zewnętrzna) osłona; (*Cover*) koperta; (*Buchhülle*) obwoluta; *lit* **die sterbliche ~** doczesne szczątki *mpl*; **in ~ und Fülle** w bród
hüllen: **j-n, etw in** (*akk*) **~** okry(wa)ć, osłaniać ⟨osłonić⟩ k-o, co (*inst*); *fig* **sich in Schweigen ~** zachow(yw)ać milczenie; **~los** (zupełnie) nagi (-go)
Hülse F BOT łupina, łuska; (*Schote*) strąk; TECH tulej(k)a; futerał; *e-r Patrone* łuska
Hülsenfrüchte FPL (rośliny *fpl*) strączkowe *pl*
hu'man ludzki (po -ku)
Hu'mangenom N (-s; *bpl*) genom ludzki
Huma'nist M (-en) humanista *m*
huma'nistisch humanistyczny
humani'tär humanitarny
Humbug *umg* M *abw* ogłupianie; blaga
Hummel F (-; -n) trzmiel
Hummer M homar; **~cocktail** M koktajl z homara
Hu'mor M (-s; *bpl*) humor; **(Sinn für) ~ haben** mieć poczucie humoru; **etw mit ~ tragen** traktować z humorem (*akk*)
humo'ristisch humorystyczny
humorvoll *Person* obdarzony zmysłem humoru; *Art* pełen humoru
humpeln V/I (-le; *a sn*) (*hinkend gehen*) ⟨po⟩kuśtykać; → **hinken**
Humpen M kufel
Hund M (-[e]s; -e) pies; **junger ~** szczenię, psia(cze)k; **bissiger ~** zły pies; *fig umg* **armer ~** nieborak; *pop abw* **fauler ~** nygus, obibok; **feiger ~** panikarz; **krummer ~** kombinator; **verdammter ~** psubrat; *umg* **das ist ein dicker ~!** tego już za wiele!; *umg* **er ist bekannt wie ein bunter ~** jego znają jak zły szeląg; **schlafende ~e soll man nicht wecken** nie budź licha, kiedy śpi; *umg* **vor die ~e gehen** zejść *pf* na psy; *umg* **auf den ~ kommen** spsieć *pf*
hundeelend ADJ: **sich ~ fühlen** czuć się pod psem
Hundefutter N karma dla psów
Hundegebell N psie ujadanie
Hundehütte F psia buda
hundekalt *umg*: **es ist ~** (jest) zimno jak w psiarni
Hunde|leben N *umg fig* pieskie życie; **~leine** F smycz *f*; **~marke** F numerek dla psa
hundemüde *umg* skonany
Hunde|rasse F rasa psów; **~salon** M salon kosmetyczny dla psów
hundert *num* sto, *persf* stu; **etwa, rund ~** około stu; **~e** PL setki
Hundert[1] N (-s; - *od* -e) setka; **~e, zu ~en** setki; **einige ~** kilkaset; **viele ~e** wieleset; **fünf vom ~** pięć od sta
Hundert[2] F (*Zahl 100*) sto; **~er** M setka; *umg* (*Geldschein*) *a.* stówa
hundertfach stokrotny (-nie, -kroć)
Hundertjahrfeier F obchody *mpl* stulecia, obchody *mpl* setnej rocznicy
hundert|jährig stuletni; **~mal** ADV sto razy; *umg* (*sehr viel, oft*) po stokroć
Hundert|meterlauf M bieg na sto metrów, *umg* stumetrówka
hundertprozentig stuprocentowy
Hundertschaft F oddział stu ludzi
hundertste *num* setny
hundertstel ADJ jedna setna; **auf ein ~ genau** z dokładnością do jednej setnej
Hundertstel N setna część

hundert'tausend *num* sto tysięcy
Hunde|schlitten M sanie *pl* do psich zaprzęgów; **~sohn** M *Schimpfwort* sukinsyn; **~steuer** F podatek od psów; **~wetter** *umg* N psia pogoda; **~zwinger** M psiarnia
Hündin F suka, suczka
hunds|gemein *umg* drański; **~miserabel** pieski, ... pod psem
Hüne M (*-n*) olbrzym, waligóra *m*
Hundstage MPL kanikuła
Hünengrab N megalit; kurhan
Hunger M (*-s; bpl*) głód (*a. fig*); **(keinen) ~ haben** (nie) być głodnym; **großen ~ haben** być bardzo głodnym; **~ bekommen** zgłodnieć *pf*; **an ~ sterben** umrzeć z głodu
Hunger|kur F kuracja głodowa, głodówka; **~leider** *umg* M *abw* biedak, łazarz; **~lohn** M głodowy zarobek
hungern V/I (*-re*) głodować; *fig* **~ nach etw** pragnąć, łaknąć (*gen*)
Hungersnot F klęska głodu
Hungerstreik M głodówka (protestacyjna); **in den ~ treten** rozpocząć głodówkę
Hungertuch N: **am ~ nagen** przymierać głodem
hungrig głodny, zgłodniały; *präd umg* na głodniaka; **~ sein** mieć chętkę (**auf etw** na *akk*); *lit fig* łaknąć (**nach etw** *gen*)
Hupe F klakson
hupen V/I ⟨za⟩trąbić; *Fahrer a.* naciskać ⟨-cisnąć⟩ klakson
hupfen V/I *pl-niem, austr* → hüpfen; *umg* **(das ist) gehupft wie gesprungen** *etwa* nie kijem go, to pałką
hüpfen V/I (*sn*) podskakiwać ⟨-skoczyć⟩, biec w podskokach
Hupverbot N zakaz używania sygnałów dźwiękowych, *umg* zakaz trąbienia
Hürde F SPORT płotek; *fig* bariera
Hürden|lauf M bieg przez płotki; **~läufer(in)** M(F) płotkarz (płotkarka)
Hure F *abw pop* kurwa, kurwiszon
Hurenbock M *pop abw vulg* kurwiarz
hur'ra INT: **~!** hur(r)a!
Hurrikan M (*-s; -e*) huragan
Hu'sarenstreich M zuchwały wyczyn
huschen V/I (*sn*) *Tier* smyrgać, szmyrgać ⟨-gnąć⟩; *Lächeln usw* przemykać ⟨-mknąć⟩ (**über** *akk* po *lok*)
hüsteln V/I (*-le*) pokasływać
husten (*-e-*) V/I kasłać, kaszlać, kaszleć, kaszlnąć *pf*; V/T **Blut ~** pluć krwią; *umg* **ich werde dir was ~** figa z makiem
Husten M (*-s; bpl*) kaszel; **~anfall** M napad kaszlu; **~bonbon** M *od* N cukierek od kaszlu; **~löser** M środek wykrztuśny; **~reiz** M (*bpl*) podrażnienie oskrzeli wywołujące kaszel
Hut[1] M (*-[e]s*; Hüte) kapelusz (*a.* BOT); *fig* **vor j-m, etw den ~ ziehen** wyrazić uznanie (dla *gen*); *umg fig* **s-n ~ nehmen** złożyć *pf* rezygnację, odejść *pf*; *umg* **nichts am ~ haben (mit)** nie chcieć mieć nic do czynienia (z *inst*); *umg* **unter e-n ~ bringen** pogodzić *pf* (ze sobą); *umg* **eins auf den ~ kriegen** *pop* dostać *pf* ochrzan; *umg* **das ist doch ein alter ~!** to już stare dzieje!
Hut[2] F: **auf der ~ sein (vor** *dat*) mieć się na baczności (przed *inst*)
Hutablage F półka na kapelusze
Hütchen N kapelusik
Hütchenspiel N gra w trzy kubki
hüten (*-e-*) V/T pilnować, strzec (*gen*); **das Bett ~** leżeć w łóżku; V/R **sich ~ (vor** *dat*) wystrzegać się, strzec się (*gen*); *umg* **ich werde mich ~!** ani mi się śni!
Hüter M stróż; *żart* **die ~ des Gesetzes** stróże porządku (publicznego)
Hutkrempe F rondo kapelusza
Hutmacher M kapelusznik; **~in** F modystka
Hutschnur F: *umg fig* **das geht (mir) über die ~!** tego (mi) już za wiele!
Hütte F chałupa, (kurna) chata; (*Eingeborenen-, Berghütte usw*) szałas; (*Bude*) buda; TECH huta
Hütten|industrie F hutnictwo, przemysł hutniczy; **~ingenieur** M inżynier metalurg
Hüttenkäse M ser twarogowy
Hüttenschuh M (miękki) pantofel domowy, kapeć *m*
HV F (Hauptversammlung) walne zgromadzenie
Hy'äne F hiena (*a. fig*)
Hya'zinthe F hiacynt
Hy'brid- *in zssgn* hybrydowy
Hy'bride F hybryda
Hyd'rant M (*-en*) hydrant
Hyd'rat N (*-[e]s; -e*) CHEM wodzian
hyd'raulisch hydrauliczny
hydro-, Hydro- *in zssgn* hydro-
Hydrokultur F hydroponika

Hydro'xid, **Hydro'xyd** N wodorotlenek
Hygiene [hygi'e:nə] F (*bpl*) higiena
hygienisch [-gi'e:-] higieniczny
Hygro'meter N higrometr
Hymne F hymn
hyper-, **Hyper-** *in zssgn* hiper-
Hy'perbel F (-; -*n*) hiperbola
Hyperlink ['] M EDV hiperodnośnik, hiperłącze
hypersen'sibel (-*bl*-) nadwrażliwy
Hyperto'nie F (*bpl*) choroba nadciśnieniowa
Hyp'nose F hipnoza; **unter ~ stehen** być w stanie hipnozy
hypnoti'sieren (-) ⟨za⟩hipnotyzować
hypo'chondrisch hipochondryczny
Hypo'physe F przysadka mózgowa
Hypo'thek F hipoteka; **e-e ~ aufnehmen** zaciągać ⟨-gnąć⟩ dług na hipotekę
Hypo'theken|brief M list hipoteczny; **~zins** M procent hipoteczny
hypo'thetisch hipotetyczny
Hypoto'nie F (*bpl*) niskie ciśnienie (tętnicze)
Hyste'rie [PL -'ri:ən] F histeria
hy'sterisch histeryczny; **~er Anfall** atak histerii

I

i [i:] INT: **~!** fu!; **~ bewahre!**, **~ wo!** ależ gdzie tam!
i.A. (im Auftrag) z polecenia
iberisch iberyjski
ich PRON ja; **~ war dort nicht** mnie tam nie było; *wird im Polnischen oft weggelassen* **~ habe es** ja to mam, mam to; **~ bin hier!** jestem tu!
Ich N (-[s]; -[s]) ja *n*; PSYCH jaźń *f*
ichbezogen ADJ egocentryczny
Ichform F (*bpl*): **in der ~** w pierwszej osobie
ide'al idealny; **~ gelegen** idealnie usytuowany
Ide'al N (-*s*; -*e*) ideał; *in zssgn* idealny
ideali'sieren (-) idealizować
Idea'lismus M (-; *bpl*) idealizm
Idea'list M (-*en*) idealista *m*; **~in** F idealistka
idea'listisch idealistyczny
I'dee F idea; (*Einfall*) pomysł; (*Gedanke*) myśl *f*; (*e-e Kleinigkeit*) odrobina; **e-e fixe ~** idée fixe; **auf die ~ kommen** wpadać ⟨wpaść⟩ na pomysł; **ich habe e-e ~!** mam myśl!; **e-e ~ Zucker** odrobina cukru
ide'ell ideowy (-wo)
i'deenreich *Person* pełen twórczej inwencji; *Werk* odznaczający się bogactwem myśli
identifi'zieren (-) V/T ⟨z⟩identyfikować (*v/r* **sich** się), utożsami(a)ć (**mit** z *inst*)
Identifi'zierung F identyfikacja; *e-r Person a.* ustalenie tożsamości
i'dentisch identyczny (**mit** z *inst*)
Identi|'tät F (*bpl*) identyczność *f*, tożsamość *f*; **~'tätskrise** F kryzys tożsamości
Ideolo'gie [PL -'gi:ən] F ideologia
ideo'logisch ideologiczny
idio'matisch idiomatyczny
Idi'ot M (-*en*) idiota *m* (*a. umg abw*)
idi'otensicher *umg* bardzo prosty, nieskomplikowany
Idi'otentest *umg* ŻART M test sprawnościowy dla kierowców
Idio'tie F idiotyzm (*a. umg abw*)
Idi'otin F idiotka (*a. umg abw*)
idi'otisch *umg abw* idiotyczny
I'dol N (-*s*; -*e*) bożyszcze
I'dyll N (-*s*; -*e*), **~e** F idylla
i'dyllisch idylliczny
I.E., IE (internationale Einheit) jednostka międzynarodowa
IG (Industriegewerkschaft) związek zawodowy (pracowników przemysłu)
Igel M jeż; **~fisch** M jeżowiec
i'gitt(igitt) *umg* INT **~!** fu, jakie to wstrętne!
Iglu M *od* N (-*s*; -*s*) igloo, iglu *unv*
Igno'ranz F (-; *bpl*) ignorancja
igno'rieren (-) ⟨z⟩ignorować
IHK F (Industrie- und Handelskammer) izba przemysłowo-handlowa
ihm PRON (*dat von* **er, es**) (je)mu; **gib es ~** daj mu to; **von ~** od niego; (*über ihn*) o nim
ihn PRON (*akk von* **er**) (je)go; **rufe ~** zawołaj go; **über ~** (*von ihm*) o nim
ihnen PRON (*dat* PL *von* **er, sie, es**) im; **von ~** od nich; (*über sie*) o nich

Ihnen PRON (*dat von* **Sie**) *e-m Mann* panu; *e-r Frau* pani; *mehreren Personen beiderlei Geschlechts* państwu
ihr[1] PRON (*dat von* **sie** *3. Pers* SG) jej; **von ~** od niej; (*über sie*) o niej
ihr[2] PRON (*2. Pers* PL) wy; **wo seid ~?** gdzie (wy) jesteście?
ihr[3] PRON *poss* (*3. Pers* SG) jej; *wenn es sich auf e-e Sache bezieht, die dem Subjekt gehört* swój, swoje, swoją; **~e** (*3. Pers* PL) ich; swoje, swoich; *in der Anrede* **Ihre** pański, pana, pani, państwa; **~e Sachen** (*Sachen von ihr*) jej rzeczy; (*Sachen von denen da*) ich rzeczy; **Ihre Sachen** *des Mannes* pańskie *od* pana rzeczy; *der Frau* pani rzeczy; (*von mehreren Personen*) państwa rzeczy; **sie** (*sg*) **soll ~en Koffer nehmen** niech ona weźmie swoją walizkę; **sie** (*pl*) **sollen ~e Koffer nehmen** niech oni wezmą swoje walizki; **Ihre Majestät** *der König* jego królewska mość; *die Königin* jej królewska mość; *Briefschluss* **Ihr ...** z poważaniem ..., z wyrazami szacunku ...; *subst* **Grüße an die Ihren** pozdrowienia dla rodziny; **kümmern Sie sich um das Ihre** niech się pan(i) martwi o swoje sprawy
ihrer *lit* PRON (*gen von* **sie** SG) jej; (*gen von* **sie** *pl*) ich; **man gedachte ~** uczczono jej *od pl* ich pamięć
ihrerseits ADV z jej *od* ich strony; **Ihrerseits** ze strony pana *od* pani
ihresgleichen PRON taką *od* takiej jak ona *od* ta; PL takich jak one *od* oni, te, ci *usw*; *in der Anrede* **Ihresgleichen** takich jak pan *od* pani
ihretwegen ADV (*ihr, ihnen zuliebe*) dla niej, dla nich, przez wzgląd na nią, na nich; (*wegen ihr, ihnen*) przez nią, przez nich; **Ihretwegen** przez wzgląd na pana *od* panią, dla państwa; przez pana, przez panią
Icon ['aɪkən] N (*-s; -s*) EDV ikon(k)a
ihrige *lit* PRON: **der, die, das ~** → ihr
I'kone F ikona
ille|gal nielegalny; **~gitim** nieprawny
Illusi'on F iluzja
illu'sorisch iluzoryczny
Illustrati'on F ilustracja
illust'rieren (-) ⟨z⟩ilustrować
Illu'strierte F (kolorowy) magazyn
Iltis M (*-ses; -se*) ZOOL tchórz
im = in dem
IM (inoffizieller Mitarbeiter) tajny współpracownik
Image ['ɪmɪtʃ] N (-[s]; -s) image *m*
imagi'när imaginacyjny, urojony
I'mam M (*-s; -s od -e*) *rel* imam
Imbiss M (*-es; -e*) przekąska; **~bude** F kiosk, budka (z przekąskami); **~stube** F bufet, bar przekąskowy, snack-bar
Imitati'on F imitacja
imi'tieren (-) imitować
Imker M pszczelarz
Imke'rei F pasieka; (*bpl*) pszczelarstwo
imma'nent immanentny
immatriku'lieren (-) V/T immatrykulować (*im*)*pf* (*v/r* **sich** się)
Immatrukulati'on F immatrykulacja
im'mens *Leistung, Kosten* ogromny
immer ADV zawsze; (*stets*) wciąż, stale, nadal; **~** + *komp* coraz (to); **auf, für ~** na zawsze; **~ wenn ...** za każdym razem *od* zawsze, gdy ...; **~ noch, noch ~** wciąż jeszcze; **~ noch nicht** wciąż jeszcze nie; **wer, was auch ~** ktokolwiek, cokolwiek; **wo auch ~** gdziekolwiek; **~ wieder** wciąż na nowo, *umg* stale i wciąż; **wie auch ~** tak czy owak, w każdym razie; **~ besser** coraz (to) lepszy *od* lepiej; **~ kleiner** coraz (to) mniejszy; **~ weniger** coraz (to) mniej
'immer'fort ADV bezustannie, ciągle
immergrün wiecznie zielony
'immer'hin ADV (*zumindest, jedenfalls*) bądź co bądź, jednak; **das ist ~ etwas** lepszy rydz niż nic
'immer'zu *umg* ADV (*dauernd*) stale, ciągle
Immi'grant M (*-en*) imigrant; **~in** F imigrantka
Immigrati'on F imigracja
Immissi'on F immisja, szkodliwe oddziaływanie na środowisko
Immo'bilie [-liə] F nieruchomość *f*
Immo'bilienmakler [-liən-] M pośrednik w handlu nieruchomościami
im'mun MED, *fig* odporny (**gegen** na *akk*); POL nietykalny
Immuni'tät F MED odporność *f*; POL immunitet
Im'mun|schwäche F (*bpl*) MED załamanie się *od* osłabienie odporności (organizmu); **~system** N (*bpl*) MED układ odpornościowy
Imperativ M (*-s; -e*) GRAM tryb rozkazujący

Imperfekt N (-s; -e) GRAM imperfektum *n*
imperfektiv GRAM niedokonany
imperia'listisch imperialistyczny
Im'perium N (-s; -ien) imperium *n*
impfen ⟨za⟩szczepić (**gegen** przeciw *dat*, na *akk*); **sich ~ lassen** szczepić się
Impfpass M dowód szczepień
Impfschein M świadectwo szczepienia
Impfstoff M szczepionka
Impfung F szczepienie
Implan'tat N (-[e]s; -e) MED implant, wszczep
implan'tieren (-) MED wszczepi(a)ć
impo'nieren V/I (-) ⟨za⟩imponować (**j-m mit etw** k-u *inst*)
impo'nierend ADJ imponujący (-co)
Im'port M (-[e]s; bpl) import; (*a* PL *-e*) towary *mpl* importowane
Im'portartikel M artykuł z importu
Im'portbeschränkungen FPL ograniczenia *npl* importowe
Impor'teur M (-s; -e) importer
impor'tieren (-) importować (*im*)*pf*
impo'sant imponujący (-co)
impo'tent MED cierpiący na impotencję *od* niemoc płciową
imprä'gnieren (-) impregnować
Impres|si'on F impresja; **~sio'nismus** M (-; *bpl*) impresjonizm
impressio'nistisch impresjonistyczny
Im'pressum N (-s; -ssen) TYPO stopka redakcyjna, adres wydawniczy
improvi'sieren (-) V/T ⟨za⟩improwizować; V/I improwizować
Im'puls M (-es; -e) FIZ, *fig* impuls
impul'siv impulsywny
im'stande: *nur in* **~ sein, etw zu** (+ INF) być w stanie (+ *inf*); **zu nichts mehr ~ sein** być do niczego; *umg* **er ist ~ und tut es** on jest w stanie to zrobić
in[1] PRÄP **1** (*wo? dat*) w, we (*lok*); na (*lok*); *bei Straßennamen a.* przy (*lok*); **~ der Stadt** w mieście; **~ Polen** w Polsce; **~ Frankreich** we Francji; **~ Ungarn** na Węgrzech; **~ der Matejko-Straße** na *od* przy ulicy Matejki **2** (*wohin? akk*) w (*akk*), do (*gen*); **~ die Berge, ~ die Stadt fahren** jechać w góry, do miasta **3** (*wann? dat, bis wann? akk*) w (*lok*), na (*akk*); za (*akk, gen*); **~ der Nacht** w nocy; **im Frühling** na wiosnę; **~ drei Tagen** za trzy dni; **~ jungen Jahren** za młodych lat **4** *weder örtlich noch zeitlich* (*dat*) w (*lok*), z (*gen*) *od nur* (*inst*); **im Original** w oryginale; **~ dieser Farbe** w tym kolorze; **er ist gut ~ Mathematik** on jest dobry z matematyki; **~ strengem Ton** stanowczym tonem
in[2] ADJ: *umg* **~ sein** być aktualnym *od* na czasie, być modnym *od* w modzie
inaktiv nieczynny, nieaktywny
In'anspruchnahme F (*gen*) korzystanie (z *gen*); **~ durch etw** obarczenie (*inst*)
Inbegriff M uosobienie; (*Musterbeispiel*) wzór
inbegriffen ADJ: **Bedienung ~** włączając obsługę, z obsługą włącznie
Inbe'triebnahme F *e-r Maschine* uruchomienie; *e-s Werks, e-r Strecke* oddanie do użytku, otwarcie
Inbrunst *lit* F (-; *bpl*) żarliwość *f*
inbrünstig żarliwy (-wie)
in'dem *konj* (*während*) podczas gdy; (*dadurch, dass*) *wird mst mit ppr wiedergegeben*: **…, ~ du sie besuchst …** odwiedzając ją
Inder(in) M(F) Hindus(ka)
in'dessen ADV (*jedoch*) jednak(że), niemniej przeto; (*unterdessen*) tymczasem; *lit konj* podczas gdy, kiedy
Index M (-[es]; -e od -dizes) EKON indeks (*a. Verzeichnis*); MAT *a.* wskaźnik
Indi'aner M Indianin; **~häuptling** M wódz indiański; **~in** F Indianka
indi'anisch indiański (po -ku)
Indien N (-s; *bpl*) Indie *pl*
indifferent *lit* obojętny
indigoblau (koloru) indygo, ciemnoniebieski
Indikati'on F MED wskazanie
Indikativ M (-s; -e) GRAM tryb oznajmujący
Indio M (-s; -s) Indianin
indirekt pośredni (-nio)
indisch indyjski; **der Indische Ozean** Ocean Indyjski
'indis'kret niedyskretny
'indisku'tabel (-bl-) *lit abw* niewchodzący w rachubę
Individua'list M (-en) indywidualista *m*; **~in** F indywidualistka
Individu|ali'tät F indywidualność *f*; **~'alverkehr** M transport indywidualny
individu'ell indywidualny
Indi'viduum N (-s; -duen) osobnik, indywiduum *n*
In|'diz N (-es; -ien) poszlaka; **'~dizes** PL →

Index; **~'dizienprozess** M proces poszlakowy
indi'ziert ADJ MED wskazany; *Publikation* (znajdujący się) na indeksie
indo|euro'päisch, **~ger'manisch** indoeuropejski
Indoktrinati'on *lit* F indoktrynacja
Indo'nesien N (*-s; bpl*) Indonezja
indo'nesisch indonezyjski (po -ku)
Indukti'on F indukcja; **~s-** *in zssgn* indukcyjny
industriali'sieren (-) uprzemysławiać ⟨-słowić⟩, industrializować
Industriali'sierung F (*bpl*) uprzemysłowienie, industrializacja
Indust'rie [PL -'triːən] F przemysł; **~abwässer** NPL ścieki *mpl* przemysłowe; **~anlage** F obiekt przemysłowy; **~gebiet** N okręg przemysłowy; **~gelände** N teren przemysłowy; **~kauffrau** F, **~kaufmann** M (PL *-leute*) technik ekonomista *m* zatrudniony w przemyśle; **~land** N kraj uprzemysłowiony
industri'ell przemysłowy (-wo)
Industri'elle(r) M (*-n*) przemysłowiec
Indust'rie|müll M odpady *mpl* przemysłowe; **~norm** F norma przemysłowa; **~spionage** F szpiegostwo przemysłowe; **~staat** M państwo uprzemysłowione
Indust'rie- und Handelskammer F izba przemysłowo-handlowa
Indust'riezweig M gałąź *f* przemysłu
'in|effek'tiv, **'~effizi'ent** nieefektywny
inein'ander ADV jedno w drugie, jeden w drugi, jedna w drugą; **~ verliebt sein** być zakochanym wzajemnie; **~fließen** (*irr; sn*) zl(ew)ać się; **~fügen** składać ⟨złożyć⟩, zestawi(a)ć; **~greifen** (*irr*) *Zahnräder*, *fig* zazębiać się; **~passen** pasować do siebie, pasować jeden *od* jedno do drugiego, jedna do drugiej
ineinanderschieben (*irr*) wsuwać ⟨wsunąć⟩ (*akk* w *akk*); *Teile e-s Ganzen* zsuwać ⟨zsunąć⟩, składać ⟨złożyć⟩; **sich ~** wsuwać ⟨wsunąć⟩ się jeden w drugi, jedna w drugą
ineinanderstecken wtykać ⟨wetknąć⟩, wciskać ⟨wcisnąć⟩ (*akk* w *akk*)
in'fam nikczemny, podły (-le)
Infante|'rie F (*-; bpl*) piechota; **~'rieregiment** N pułk piechoty; **~'rist** M (*-en*) żołnierz piechoty, piechur
infan'til infantylny; → kindisch
In'farkt M (-[e]s; -e) MED zawał
In'fekt M (-[e]s; -e) zakażenie; **grippaler ~** infekcja grypowa
Infekti'on F infekcja, zakażenie
Infekti'ons|herd M ognisko infekcji; **~krankheit** F choroba zakaźna
infer'nalisch *lit* piekielny, okropny
In'ferno *lit* N (*-s; bpl*) piekło
infilt'rieren (-) infiltrować (*a.* POL)
Infinitiv M (*-s; -e*) GRAM bezokolicznik
infi'zieren (-) V/T zakażać ⟨-kazić⟩, ⟨za⟩infekować; **sich mit etw ~** zarażać ⟨zarazić⟩ się (*inst*)
in flagranti *lit* ADV na gorącym uczynku, in flagranti
Inflati'on F inflacja
inflati'onsbedingt ADJ uwarunkowany inflacją, inflacyjny
Inflati'onsrate F tempo inflacji
Info[1] *umg* N (*-s; -s*) ulotka informacyjna
Info[2] *umg* F (*-; -s*) informacja
in'folge PRÄP (*gen*), ADV **~ von** wskutek (*gen*); **~'dessen** wskutek tego, przez to
Infor'mant M (*-en*) informator, konfident; **~in** F informatorka, konfidentka
Infor|'matik F (*-; bpl*) informatyka; **~'matiker(in)** M(F) informatyk (*a. f*)
Informati'on F informacja (*a. Schalter usw*); **~en einholen** zasięgać ⟨-gnąć⟩ informacji (**über** *akk* o *lok*); **zu Ihrer ~ teilen wir Ihnen mit, dass ...** poza tym informujemy, że ...
Informati'ons|austausch M wymiana informacji; **~fluss** M obieg *od* przepływ informacji; **~material** N materiał informacyjny; **~quelle** F źródło informacji; **~stand** M → Infostand; (*bpl*) stopień *m* poinformowania, posiadane informacje *fpl*
informa'tiv *lit* instruktywny, treściwy
infor'mell *lit* nieformalny
infor'mieren (-) V/T ⟨po⟩informować (**über** *akk* o *lok*; V/R **sich** się)
Infostand *umg* M stoisko informacyjne
in'frage ADV: **(nicht) ~ kommen** (nie) wchodzić w rachubę; **das kommt nicht ~!** o tym nie ma mowy!; *etw* **~ stellen** ⟨za⟩kwestionować (*akk*); (*ungewiss machen*) stawiać pod znakiem zapytania
infrarot podczerwony; **~ bestrahlen** napromieni(a)ć podczerwienią
Infrarot|grill M grill na podczerwień; **~strahler** M promiennik podczerwieni

Infrastruktur F infrastruktura
Infusi'on F MED wlew, infuzja
Ing. → Ingenieur
Ingenieur [ɪnʒe'nøːr] M (-s; -e) inżynier; **~büro** N biuro projektowe; **~in** F inżynier; **~studium** N studia *npl* inżynierskie
Ingwer M (-s; bpl) imbir
Inhaber(in) M(F) posiadacz(ka); (*Besitzer*) *a.* właściciel(ka); FIN *e-s Schecks, Wertpapiers* okaziciel
Inhaberaktie F akcja na okaziciela
inhaf'tieren (-) ⟨za⟩aresztować (*im*)*pf*
Inhaf'tier|te F aresztowana; **~te(r)** M aresztowany; **~ung** F (za)aresztowanie
inha'lieren (-) inhalować, wziewać; **den Rauch ~** zaciągać ⟨-gnąć⟩ się dymem
Inhalt M (-[e]s; -e) *e-s Behälters* zawartość *f*; (*Volumen*) objętość *f*, pojemność *f*; MAT *e-s Dreiecks usw* pole; (*Thema, geistiger Gehalt*) treść *f*; (*Verzeichnis*) spis treści
inhaltlich treściowy (-wo)
Inhaltsangabe F streszczenie
Inhaltserklärung F spis zawartości
inhaltslos bez treści, jałowy
inhaltsreich pełen treści, treściwy
Inhaltsverzeichnis N spis treści
inhuman nieludzki (-ko)
Initia'tive F inicjatywa; **die ~ ergreifen** przejmować ⟨-jąć⟩ inicjatywę
Initi'ator M (-s; -'toren) inicjator
Injekti'on F zastrzyk
Injekti'ons|nadel F igła (do) strzykawki; **~spritze** F strzykawka
inji'zieren (-) wstrzykiwać ⟨-knąć⟩
Inkas MPL Inkowie *mpl*
Ink'asso N (-s; -s *od* -ssi) inkaso; **~provision** F (bpl) prowizja od inkasa
inkl. → inklusive
inklu'sive PRÄP (*gen*) łącznie z (*inst*)
in'kognito ADV incognito *unv*
in|kohärent *lit* niespójny; **~kompatibel** (-bl-) niekompatybilny (*a.* EDV); **~kompetent** niekompetentny **~konsequent** niekonsekwentny
Inkonsequenz F niekonsekwencja
Inkrafttreten N (-s; bpl) *e-s Gesetzes* wejście w życie (*gen*)
Inkubati'onszeit F MED okres wylęgania, inkubacja
Inland N (bpl) kraj; **im ~** w kraju; (*im Binnenland*) w głębi kraju
Inländer(in) M(F) mieszkaniec (-nka) kraju, krajowiec
Inlandflug M lot krajowy
inländisch krajowy, wewnętrzny
Inlands|markt M rynek krajowy; **~porto** N krajowa opłata pocztowa
Inlett N (-[e]s; -s od -e) wsypa, inlet
inliegend ADJ załączony
Inline|r ['inlaɪnər] M, **~skate** [-skeːt] M *od* N (-s; -s) łyżworolka, roller
in'mitten PRÄP (*gen*), ADV **~ von** pośród, wsród (*gen*)
innehaben (*irr*) *Amt* zajmować; **er hat den Rekord in ...** (*dat*) **inne** on jest zdobywcą rekordu w ... (*lok*)
innehalten V/I (*irr*): **in etw** (*dat*) **~** przerwać *pf* (*akk*), zatrzymać się *pf* w (*lok*)
innen ADV wewnątrz, w środku; **nach ~** do wnętrza, do wewnątrz; **von ~** od wewnątrz
Innen|architekt(in) M(F) architekt(ka) wnętrz; **~aufnahme** F FOTO, FILM zdjęcie wewnątrz (*gen*); zdjęcie w atelier; **~ausstattung** F wystrój *od* urządzenie wnętrza; **~bezirk** M dzielnica śródmiejska; **~dienst** M służba wewnętrzna; **~hof** M dziedziniec wewnętrzny; **~leben** N (bpl) życie wewnętrzne *od* duchowe; **~minister(in)** M(F) minister spraw wewnętrznych; **~politik** F polityka wewnętrzna; **~raum** M wnętrze; **~seite** F strona wewnętrzna; **~spiegel** M lusterko wewnętrzne; **~stadt** F śródmieście
inner|betrieblich wewnątrzzakładowy; **~deutsch** wewnątrzniemiecki
innere wewnętrzny; GEOG środkowy; **(die) ~ Abteilung** MED oddział chorób wewnętrznych, *umg* interna
Inne'reien PL wnętrzności *fpl*; KULIN podroby *pl*
Inner|e(s) N (-n; bpl) wnętrze; **im ~(e)n** w środku, wewnątrz; *fig* wewnętrznie, w głębi ducha
innerhalb PRÄP (*gen*), ADV **~ von** *räumlich* w obrębie, wewnątrz (*gen*), w (*lok*); *zeitlich* w czasie, podczas (*gen*); **~ der Regierung** w łonie rządu; **~ kurzer Zeit** w krótkim czasie
innerlich wewnętrzny; *präd* wewnętrznie (*a. fig*), wewnątrz
innerparteilich wewnątrzpartyjny
innerste *komp fig* najskrytszy, najintymniejszy; *Überzeugung* najgłębszy

Innerste|(s) N (-n; bpl) tajniki *mpl* duszy *od* serca; **j-n im ~n rühren** wzruszać ‹-szyć› k-o do głębi
innewohnen *lit e-r Sache (dat)* ~ mieć źródło w (*lok*), tkwić w (*lok*)
innig (*eng*) bliski, serdeczny; intymny; (*tief empfunden*) głęboki (-ko); **ein ~es Verhältnis zu j-m haben** być w serdecznych stosunkach z (*inst*); **sich ~ lieben** kochać się całą duszą
Innovati'on F innowacja
innova'tiv innowacyjny
Innung F cech; **~s-** *in zssgn* cechowy
inoffiziell nieoficjalny; prywatny
in petto: *umg* **etwas ~ haben** mieć coś w rezerwie (na wszelki wypadek)
in puncto ADV: **~ Ordnung ...** jeśli chodzi o porządek, to ...
Input M *od* N (-s; -s) EKON wkład, nakład; EDV (*Eingabe*) wprowadzenie
Inquisiti'on F (-; bpl) inkwizycja
ins = **in das**
Insas|se M (-n), **~sin** F (*Fahrgast*) pasażer(ka); *e-s Heims* wychowanek (-nka); *e-s Altenheims* pensjonariusz (-ka); (*Patient[in]*) pacjent(ka); (*Häftling*) więzień *m* (więźniarka)
insbesond(e)re ADV w szczególności
Inschrift F napis
In'sekt N (-s; -en) owad, insekt; **~en fressend** owadożerny
in'sektenfressend owadożerny
In'sekten|spray M spray na owady; **~stich** M ukłucie od ukąszenie owada; **~vertilgungsmittel** N środek owadobójczy
Insekti'zid N (-s; -e) insektycyd
Insel F (-; -n) wyspa; *kleine* wysepka (*a. Verkehrsinsel*); **~bewohner(in)** M(F) wyspiarz (-rka); **~gruppe** F archipelag, grupa wysp; **~volk** N lud wyspiarski
Inse'rat N (-[e]s; -e) ogłoszenie, anons
inse'rieren V/I (-): **~ in** (*dat*) da(wa)ć ogłoszenie do (*gen*)
insge|heim ADV potajemnie, po kryjomu; **~samt** ADV ogółem, ogólnie (biorąc), w sumie
Insider ['insaɪdər] M osoba mająca dostęp do poufnych informacji
in'sofern ADV pod tym względem; *konj* [-'fɛrn] (*falls*) o ile; **~ gut** *usw*, **als ...** o tyle dobry *usw*, że ...
insolvent niewypłacalny
Insolvenz F niewypłacalność *f*
insoweit ADV → insofern
Inspekti'on F inspekcja (*a. Behörde*); TECH, AUTO przegląd techniczny
In'spektor M (-s; -'toren) inspektor
Inspe'ktorin F inspektor(ka *umg*)
Inspirati'on F inspiracja, natchnienie
inspi'rieren (-) inspirować, natchnąć *pf* (**j-n zu etw** k-o do *gen*); **sich von etw ~ lassen** inspirować się (*inst*)
inspi'zieren (-) *Werk, Truppen* przeprowadzać ‹-dzić› inspekcję (*gen*), dokon(ywać) przeglądu (*gen*)
instabil niestabilny
Instabilität F (bpl) niestabilność *f*
Instala'teur M (-s; -e) instalator; (*Klempner*) hydraulik
Installati'on F instalacja (*a. von Programmen*); **~s-** *in zssgn* instalacyjny
instal'lieren (-) ‹za›instalować
in'stand ADV: **~ halten** utrzymywać w należytym stanie; **~ setzen** ‹wy›remontować, naprawi(a)ć
In'stand|haltung F utrzymywanie w należytym stanie; **~haltungskosten** PL koszty *mpl* konserwacji
inständig *Bitte* usilny; **j-n ~ bitten** usilnie prosić k-o (**um etw** o *akk*)
In'standsetzung F remont, naprawa
Instantkaffee M kawa rozpuszczalna, kawa instant
In'stanz F instancja; **sich an e-e höhere ~ wenden** zwracać ‹zwrócić› się do nadrzędnej instancji; **in erster ~** w pierwszej instancji
In'stinkt N (-[e]s; -e) instynkt
instink'tiv instynktowny
ins'tinktlos *Äußerung* nietaktowny, niedelikatny; **sich ~ verhalten** zachow(yw)ać się niedelikatnie
Insti'tut N (-[e]s; -e) instytut
Instituti'on F instytucja
instru'ieren (-) ‹po›instruować
Instrukti'on F instrukcja; **an ~en gebunden sein** działać w myśl instrukcji
Instru'ment N (-[e]s; -e) instrument (*a. fig*); (*Gerät*) *a.* przyrząd; **ein ~ spielen** grać na instrumencie
instrumen'tal instrumentalny
Instru'menten|brett N tablica przyrządów; **~flug** M lot według przyrządów
Insuffizienz [*a.* -'ɛnts] F MED niedoczynność *f*, niewydolność *f*

Insu'laner(in) M(F) wyspiarz (-rka)
Insu'lin N (-s; *bpl*) insulina; **~schock** M wstrząs insulinowy
insze'nieren (-) TEATR inscenizować (*im*)*pf*; FILM ⟨z⟩realizować; *fig abw* urządzać ⟨-dzić⟩, wywoł(yw)ać
Insze'nierung F TEATR, FILM inscenizacja, realizacja (sceniczna)
in'takt (*unbeschädigt*) nieuszkodzony; *Natur* nienaruszony; (*funktionstüchtig*) sprawny
in'teger (*-gr-*) uczciwy, prawy
Inte'gral N (-s; -e) MAT całka; **~helm** M kask integralny; **~rechnung** F (*bpl*) rachunek całkowy
Integrati'on F integracja
inte'grieren (-) ⟨z⟩integrować; MAT całkować
inte'griert ADJ *Schaltung* scalony
Integri'tät F (*bpl*) uczciwość *f*, prawość *f*; POL integralność *f*
Intel'lekt M (-[e]s; bpl) intelekt
Intelektu'elle F intelektualistka; **~(r)** M (*-n*) intelektualista *m*
intellektu'ell intelektualny
intelli'gent inteligentny
Intelli'genz F (*bpl*) inteligencja (*a. Gesellschaftsschicht*); **... von großer ~ ...** obdarzony niepospolitą inteligencją; **künstliche ~** sztuczna inteligencja; **~quotient** M iloraz inteligencji; **~test** M test na inteligencję
Inten'dant(in) M(F) (*-en*) TEATR dyrektor; *rtv* dyrektor, prezes
Intensi'tät F intensywność *f*
inten'siv intensywny; **~ arbeiten** intensywnie pracować
intensi'vieren (-) ⟨z⟩intensyfikować
Inten'sivstation F oddział intensywnej opieki medycznej
inter-, **Inter-** *in zssgn mst* inter-, między-
interak'tiv EDV interaktywny
Intercity® M (*-s; -s*) InterCity
interdiszipli'när interdyscyplinarny
interes'sant interesujący (-co), ciekawy (-wie)
Inte'resse F (*bpl*) zainteresowanie, zaciekawienie; (*oft pl; Nutzen, Belange*) interes (**an** *dat* w *lok*); **~n** *pl* (*Neigungen*) zainteresowania *npl*; **~ haben an** (*dat*), **für** (*akk*) okaz(yw)ać zainteresowanie (*inst*); **j-s ~ an** (*dat*), **für** (*akk*) **wecken** ⟨o⟩budzić w kimś zainteresowanie *od* zaciekawienie (*inst*); **hast du ~, ... zu kaufen?** jesteś zainteresowany kupnem (*gen*)?
inte'ressehalber ADV z ciekawości
Inte'ressen|gebiet N sfera zainteresowań; **~gemeinschaft** F grupa broniąca wspólnych interesów; EKON wspólnota interesów; **~konflikt** M konflikt interesów
Interes'sent(in) M(F) (*-en*) interesant(ka), klient(ka); (*Käufer[in]*) nabywca *m* (*u. f*)
Inte'ressenvertretung F reprezentowanie interesów
interes'sieren (-) V/T ⟨za⟩interesować (*a.* **j-n für** *akk*, **an** *dat* k-o *inst*); **das interessiert mich nicht** to mnie nie interesuje; V/R **sich für j-n, etw ~** ⟨za⟩interesować się (*inst*)
interes'siert ADJ (*neugierig*) zaciekawiony; **~ sein an** (*dat*) interesować się (*inst*); **~ zuhören** słuchać z zainteresowaniem
Interface ['interfe:s] N (*-; -s*) interfejs
Interfe'renz F interferencja
Interims|lösung F rozwiązanie tymczasowe; **~regierung** F rząd tymczasowy
Interjekti'on F GRAM wykrzyknik
inter|konfessio'nell *lit* międzyreligijny; **~kontinen'tal** transkontynentalny
Inter'mezzo N (*-s; -s od -zzi*) MUS, TEATR intermezzo; *fig* epizod
in'tern wewnętrzny
Inter'nat N (-[*e*]s; -e) internat
internatio'nal międzynarodowy
Internatio'nale F Międzynarodówka (*a. Kampflied*)
Internet N internet
Internet|adresse F adres internetowy; **~anschluss** M podłączenie do Internetu; **~café** N kawiarenka internetowa; **~provider** M usługodawca internetowy; **~surfer** M internauta *m*; **~zugang** M dostęp do Internetu
inter'nieren (-) internować (*im*)*pf*
Inter'nie|rung F internowanie; **~rungslager** N obóz dla internowanych
Inter'nist M (*-en*) internista *m*; **~in** F internistka
Inter'pret(in) M(F) (*-en*) interpretator (-ka); TEATR wykonawca *m* (-czyni)
interpre'tieren (-) ⟨z⟩interpretować; TEATR *a.* odtwarzać ⟨-tworzyć⟩
Inter|punkti'on F (*bpl*) interpunkcja; **~roga'tivpronomen** N zaimek

pytajny
interstel'lar ASTRON międzygwiazdowy
Inter'vall N (-s; -e) interwał; MAT przedział
interve'nieren V/I (-) interweniować
Inter|venti'on F interwencja; **~view** [-'vju:] N (-s; -s) wywiad, interview *n*
interviewen [-'vju:ən] (-): **j-n ~** przeprowadzać ⟨-dzić⟩ wywiad z (*inst*)
in'tim intymny; **~ sein mit j-m** utrzymywać stosunki intymne z (*inst*)
In'timbereich M okolice *fpl* intymne, genitalia *pl*
Intimi'tät F (*bpl*) intymność *f*; (*a. pl*) (*vertrauliche Sache*) sekret; **sich auf ~en einlassen** (*Sex wollen od haben*) wda(wa)ć się w amory (**mit j-m** z *inst*)
Intim|sphäre F sfera prywatna; **~spray** M *od* N spray do higieny intymnej
intolerant nietolerancyjny (**gegenüber** dla, wobec *gen*)
Intoleranz F (*bpl*) nietolerancja
intramusku'lär domięśniowy (-wo)
intransitiv GRAM nieprzechodni
intrave'nös dożylny
Intri'gant(in) M(F) (-*en*) intrygant(ka)
Int'rige F intryga
intri'gieren V/I (-) intrygować (**gegen** przeciw *dat*)
introver'tiert ADJ introwersyjny
Intuiti'on F intuicja
intui'tiv intuicyjny
intus *umg* ADV: **~ haben** *Formel* zapamiętać *pf*; *Braten pop* opchnąć *pf*; *Bier pop* wytrąbić *pf*; **e-n ~ haben** być pod gazem
Inva'lide M *u.* F (-*n*) inwalida *m*, inwalidka *f*; **~n-** *in zssgn* inwalidzki
Invalidi'tät F (*bpl*) inwalidztwo
Invasi'on F inwazja
Inven'tar N (-*s*; -*e*) inwentarz
Inven'tur F inwentaryzacja; HANDEL remanent; **~ machen** dokon(yw)ać inwentaryzacji; ⟨z⟩robić remanent
inve'stieren (-) ⟨za⟩inwestować
investiga'tiv *Bericht* dochodzeniowy
Investiti'on F inwestycja; **~s-** *in zssgn* inwestycyjny, ... inwestycji
In'vestmentfonds M fundusz spółki lokacyjnej
In'vestor M (-*s*; -'*toren*) inwestor
In-'vitro-Fertilisation F MED zapłodnienie pozaustrojowe
invol'vieren *lit* (-) (*verwickeln*) wmieszać *pf*, wpląt(yw)ać (**in** *akk* w *akk*)
inwendig ADJ wewnętrzny; ADV wewnątrz; *umg* **etw, j-n in- und auswendig kennen** znać na wylot (*akk*)
inwie|fern, **~weit** ADV *fragend* jak dalece; *konj* jak dalece, o ile
Inzest M (-*es*; -*e*) kazirodztwo
Inzucht F inbred, kojarzenie krewniacze
in'zwischen ADV (*währenddessen*) tymczasem, w tym czasie; (*in der Zwischenzeit, bis dahin*) w międzyczasie
IOK N (**Internationales Olympisches Komitee**) Międzynarodowy Komitet Olimpijski, MKOl
Ion [i'o:n] N (-*s*; -*en*) CHEM, FIZ jon; **~en-** *in zssgn* jonowy
Iota → Jota
i-Punkt M kropka nad i; **bis auf den ~** do najdrobniejszych szczegółów
IQ M (-[s]; -[s]) → Intelligenzquotient
i.R. (**im Ruhestand**) w stanie spoczynku
I'rak N (-*s*; *bpl*) *od* **der ~** Irak
I'raker M Irakijczyk; **~in** F Irakijka
i'rakisch iracki
I'ran N (-*s*; *bpl*) *od* **der ~** Iran
I'raner M Irańczyk; **~in** F Iranka
i'ranisch irański
ir|den *Topf* gliniany; **~disch** ziemski; (*diesseitig*) doczesny, ziemski
Ire M (-*n*) Irlandczyk
irgend ADV tylko; -ś; **~ so ein ...** jakiś ...; **wenn ~ möglich** jeśli tylko można będzie
'irgend'ein PRON *indef* jakiś, jakikolwiek; (*gleichgültig wer*) *a.* byle kto
'irgend'etwas PRON *indef* coś, cokolwiek; (*gleichgültig was*) *a.* byle co; **mit ~** czymkolwiek, byle czym
'irgend'jemand PRON *indef* ktoś, ktokolwiek; (*gleichgültig wer*) *a.* byle kto; **er ist nicht ~** on nie jest byle kto
'irgend'wann ADV kiedykolwiek
'irgend'was *umg* → irgendetwas
'irgend|'welche PRON *indef* jakieś, jakiekolwiek; **'~'wer** → irgendjemand; **'~'wie** ADV jakoś, jakimś sposobem
'irgend'wo ADV gdzieś, gdziekolwiek; (*gleichgültig wo*) *a.* byle gdzie; **~ anders (hin)** gdzie indziej
'irgendwo'her ADV skądkolwiek, skądś
'irgendwo'hin ADV dokądkolwiek, dokądś; (*gleichgültig wohin*) *a.* byle gdzie
Irin F Irlandka
Iris F (-; -) BOT irys; ANAT tęczówka
irisch irlandzki (po -ku)

Irland N (-s; *bpl*) Irlandia
Iro'nie F (PL *selten*) ironia
i'ronisch ironiczny; ~ **lächeln** uśmiechać się ironicznie
irr → irre
irre (*wie von Sinnen*) nieprzytomny; *Blick* błędny, obłąkany; *umg* (*toll*) szałowy (-wo); *umg* (*sehr groß, stark*) cholerny; *umg* ~ **heiß** cholerne gorąco; **ein ~s Tempo** wariackie tempo; **ein ~r Typ** (*Original*) numerant; (*Verrückter*) pomyleniec, czubek; ~ **komisch** przekomiczny; **das ist ja ~!** (to) po prostu obłęd!; → irrsinnig
Irre[1] F (*bpl*): **j-n in die ~ führen** wprowadzać ⟨-dzić⟩ k-o w błąd
Irre[2] F obłąkana, wariatka; **~(r)** M (-*n*) obłąkany, wariat; **wie ein ~r** jak wariat; **ein armer ~r** (żałosny) nieudacznik
irreal nierealny
irreführen zmylić *pf*, wprowadzać ⟨-dzić⟩ w błąd; **sich nicht ~ lassen** nie da(wa)ć się zbić z tropu
irre|führend ADJ mylny, błędny; **~gehen** *lit* V/I (*irr*) być w błędzie, mylić się
irregulär nielegalny; *Truppe* nieregularny
irreleiten *lit* sprowadzać ⟨-dzić⟩ z tropu
irrele'vant nieistotny (**für** dla *gen*)
irremachen zbi(ja)ć z tropu
irren V/I (*sn*) (*umherziehen*) błądzić, błąkać się (**durch** po *lok*); (*sich täuschen*) mylić się; **du irrst** mylisz się; V/R **sich ~** (**mit, in** *dat*) ⟨o⟩mylić się (w *lok*, co do *gen*); **wenn ich mich nicht irre** jeśli się nie mylę
Irren|anstalt F zakład dla obłąkanych; **~haus** *umg* N dom wariatów
irreparabel (-*bl*-) MED uszkodzony nieodwracalnie, nieuleczalny
irrereden V/I bredzić, majaczyć
irrewerden V/I (*irr; sn*): **an** (*dat*) ~ zacząć *pf* wątpić, stracić *pf* wiarę w (*akk*)
Irr|fahrt F odyseja; **~garten** M labirynt; **~glaube** M herezja; *rel a.* heterodoksja
irrig (*falsch*) błędny, mylny
irri'tieren (-) (*verwirren*) ⟨s⟩peszyć; (*ärgern*) ⟨z⟩irytować, ⟨roz⟩drażnić
Irr|läufer M przesyłka doręczona niewłaściwemu adresatowi; **~licht** N (PL -*er*) błędny ognik; **~sinn** M (*bpl*) obłęd; *umg fig* wariactwo
irrsinnig obłąkany; *umg* (*groß, stark*) szalony; (+ *adj, adv*) szalenie, strasznie; **~e Angst** obłąkańczy strach; **ein ~er Gedanke** szaleńcza myśl
Irrsinnige F, **~(r)** M (-*n*) → Irre[2], Irrer
Irrtum M (-*s*; -*tümer*) błąd; (*Versehen*) pomyłka, przeoczenie
irrtümlich błędny, mylny
irrtümlicherweise ADV przez pomyłkę
Isar F (-; *bpl*) Izara
Ischias M *od* N (-; *bpl*) rwa kulszowa, ischias; **~nerv** M nerw kulszowy
ISDN N (*bpl*) (Integrated services digital network) sieć cyfrowa z integracją usług
Is'lam ['islam] M (-*s*; *bpl*) islam
is'lamisch islamski, mahometański
Island N (-*s*; *bpl*) Islandia
Isländer(in) M(F) Islandczyk (-dka)
isländisch islandzki (po -ku)
Isolati'on F izolacja (*a. fig*, POL)
Iso'lierband N (PL -*bänder*) taśma izolacyjna
iso'lieren (-) ELEK, TECH ⟨za⟩izolować; *Kranke usw* ⟨od⟩izolować
Iso'lier|flasche F termos; **~kanne** F dzbanek termos
Iso'lierung F (*das Isolieren*) izolowanie; (*Isolation*) izolacja
Isomatte F karimata
Iso'top N (-*s*; -*e*) izotop
Israel N (-*s*; *bpl*) Izrael
Isra'eli M *od* F (-[s]; -[s]) Izraelczyk *m*, Izraelka *f*
Israelit(in) M(F) (-*en*) Izraelita *m* (-tka)
iss, **isst** → essen
ist → sein
Istanbul N (-*s*; *bpl*) Istambuł, Stambuł
Istbestand M stan rzeczywisty
Italien [i'ta:liən] N (-*s*; *bpl*) Włochy *pl*; **nach ~** do Włoch; **in ~** we Włoszech
Itali'ener M Włoch; **~in** F Włoszka
itali'enisch włoski (po -ku)
i-Tüpfelchen N → i-Punkt
i.V. (in Vertretung) w zastępstwie
IWF [i:ve:'ɛf] N (*unv*) (Internationaler Währungsfonds) Międzynarodowy Fundusz Walutowy, MFW
Iwrit(h) N (-[s]; bpl) język nowohebrajski

J

ja *partikel* **1** tak; **~ gewiss!, ~ doch!, aber ~!** ależ tak!; **o ~!** o, tak!; **~?** *(nicht wahr?)* czy nie tak?, no nie? **2** *einleitend* no; **~, wenn das so ist ...** no, jeżeli to tak jest ... **3** *einschränkend* **~, aber** co prawda, wprawdzie; **ich habe ~ wenig Zeit, aber ...** mam co prawda mało czasu, ale ... **4** *verstärkend* ba; **~ sogar** co więcej; **man weiß ~, dass du nie Zeit hast** ba, wiadomo, że nigdy nie masz czasu **5** *mit Imperativ* ...że; **bleib ~ hier sitzen!** siedźże tu! **6** *feststellend* w istocie, naprawdę; **das ist ~ furchtbar** to naprawdę okropne

Ja N (-[s]; -[s]) tak; **mit ~ antworten** odpowiedzieć potakująco; **zu etw ~ sagen** ⟨za⟩aprobować *(akk)*; **wer stimmt mit ~?** kto jest za?

Jacht F jacht

Jacke F kurtka, wdzianko; *für Damen a.* żakiet; *umg fig* **das ist ~ wie Hose** wszystko jedno, to na jedno wychodzi

Jackenkleid N garsonka

Ja'ckett [ʒa-] N (-s; -s) marynarka

Jackpot ['dʒækpɔt] M (-s; -s) pula, bank

Jade M od F (-[s]; bpl) MINER nefryt

Jagd F polowanie, łowy *mpl* (**auf** *akk* na *akk*); *fig* pogoń *f* (**nach Profit** za zyskiem); **auf die ~ gehen** iść na polowanie; **~ machen auf j-n** ścigać, tropić *(akk)*

Jagd|beute F zdobycz *f*; **~bomber** M samolot myśliwsko-bombowy; **~flieger** M *(Pilot)* pilot myśliwca, myśliwiec; **~flugzeug** N samolot myśliwski, myśliwiec; **~gewehr** N broń myśliwska; **~horn** N róg myśliwski; **~hund** M pies myśliwski; **~hütte** F szałas myśliwski; **~revier** N łowisko; **~schein** M karta łowiecka; **~trophäe** F trofeum *n* myśliwskie; **~wurst** F kiełbasa zwyczajna; **~zeit** F sezon łowiecki

jagen V/T *Wild* polować (na *akk*); *(verfolgen)* ścigać, gonić *(akk)*; **~ aus** wypędzać ⟨-dzić⟩ z *(gen)*; **~ in** *(akk)* zapędzać ⟨-dzić⟩ do *(gen)*; *umg* **e-e Brücke in die Luft ~** wysadzić *pf* w powietrze most; V/I *fig* **nach etw ~** gonić, *umg* uganiać się za *(inst)*; *(sn) (eilen)* gonić, ⟨po⟩pędzić, ⟨po›gnać; V/R **sich ~** uganiać się; *Ereignisse* następować szybko po sobie

Jagen N LEŚN działka leśna

Jäger M myśliwy *m*; MIL strzelec; LOTN myśliwiec; **~bigos** N KULIN bigos myśliwski; **~latein** N blaga myśliwska; **~schnitzel** M sznycel po myśliwsku

Jaguar M (-s; -e) jaguar

jäh *lit* nagły (-le), raptowny; → steil

jählings *lit* ADV nagle, raptownie

Jahr N (-[e]s; -e) rok; **~e** PL lata *npl* (*a. Alter*); **das neue ~** Nowy Rok; **ein halbes ~** pół roku; półrocze; **im ~, pro ~** rocznie; **einmal im ~** raz na rok; **in e-m ~** za rok; **in zwei ~en** za dwa lata; **für drei ~e** na trzy lata; **in den 90er ~en** w latach dziewięćdziesiątych; **von ~ zu ~** z roku na rok; **vor zwei ~en** dwa lata temu; **seit ~en** od lat; **jedes ~, ~ für ~** co roku, corocznie; **mit zwanzig ~en** w wieku dwudziestu lat, mając dwadzieścia lat; **in den besten ~en** w sile wieku

jahr'aus ADV: **~, jahrein** rok w rok

Jahrbuch N rocznik

jahrelang *Erfahrung, Haft* długoletni; *präd* całymi latami; **sich ~ bemühen** starać się przez wiele lat

jähren: V/R **heute jährt sich der Tag, an dem ...** dzisiaj mija rok, jak ...; **morgen jährt sich zum zehnten Mal ...** na jutro przypada dziesiąta rocznica *(gen)*

Jahres|abonnement N roczny abonament; **~abschluss** M FIN zamknięcie

▶ ja

– Jan hat im Lotto gewonnen.	– Jan wygrał w toto-lotka.
– Das ist ja schön!	– No to świetnie!
Du bist ja ganz nass!	Ależ ty jesteś cały mokry!
Du weißt ja, wie er ist!	Przecież wiesz, jaki on jest!
Er hat ja nie Zeit!	On nigdy nie ma czasu!

roczne (ksiąg handlowych); **~anfang** M początek roku; **~bericht** M roczne sprawozdanie

Jahresdurchschnitt M: **im ~** średnio za rok, średnio w skali roku

Jahreseinkommen N roczny dochód

Jahresende N koniec roku

Jahresfrist F: **binnen ~** w terminie do roku; **nach ~** po (upływie) roku

Jahreshälfte F połowa roku; **in der ersten ~** w pierwszym półroczu; **für die zweite ~** na drugie półrocze

Jahres|hauptversammlung F doroczne walne zgromadzenie; **~karte** F bilet roczny; **~ring** M BOT słój roczny; **~tag** M rocznica; **~urlaub** M roczny urlop

Jahreswechsel M: **zum ~ die besten Wünsche!** najlepsze życzenia na nadchodzący Nowy Rok!

Jahreswende F: **um die ~** na przełomie roku

Jahreszahl F rok, oznaczenie roku

Jahreszeit F pora roku

jahreszeitlich sezonowy

Jahrgang M *von Personen, Wein, Zeitung* rocznik; **welcher ~ bist du?** z którego jesteś rocznika?

Jahr'hundert N wiek, stulecie; **im 20. ~** w XX wieku; ... **aus dem vorigen ~** ubiegłowieczny

jahrhundertealt stuletni, wiekowy

Jahrhundertwende F przełom wieków; **um die ~** na przełomie wieków

-jährig -roczny, -letni

jährlich roczny, coroczny; *präd* corocznie; **einmal ~** raz do roku

Jahr|markt M jarmark; **~marktsbude** F jarmarczny kram; **~'tausend** N tysiąclecie, millennium *n*

Jahr'zehnt N (-[e]s; -e) dziesięciolecie

Jähzorn M *als Eigenschaft* wybuchowość *f*; (*Anfall*) wybuch gniewu

jähzornig wybuchowy (-wo)

Jalousie [ʒalu'ziː] F żaluzja

Jammer M (*-s; bpl*) (*Wehklage*) lament; (*Elend*) nędza; **ein Bild des ~s** obraz nędzy i rozpaczy; **es ist ein ~, zu sehen, wie ...** aż żal patrzeć, jak ...; *umg* **es ist ein ~, dass ...** (*ist bedauerlich*) wielka szkoda, że ...

Jammerlappen *umg* M *abw* mazgaj

jämmerlich (*elend, dürftig*) nędzny, lichy (-cho), marny; *abw* (*verachtenswert*) nędzny; *präd* **~ frieren** okropnie marznąć; **~ zugrunde gehen** nędznie skończyć; **~ abschneiden** źle się spisać

jammern V/I (*-re*) (*laut klagen*) biadać, lamentować, *umg* biadolić (*a.* **über** *akk* nad *inst*, na *akk*, z powodu *gen*); **hör endlich auf zu ~!** przestań wreszcie biadolić!

jammerschade ADJ: **es ist ~, dass ...** (to) wielka szkoda, że ...

Jänner M *austr* → Januar

Januar M (*-s; -e*) styczeń *m*; **im ~** w styczniu; **am 1. ~** 1 (*in Worten* pierwszego) stycznia; **~gehalt** N styczniowa pensja

Japan N (*-s; bpl*) Japonia

Ja'paner(in) M(F) Japończyk (-nka)

ja'panisch japoński (po -ku)

japsen *umg* V/I: **nach Luft ~** ciężko dyszeć chwytając powietrze

Jargon ['ʒar-] M (*-s; -s*) żargon

Jasager M *abw* potakiwacz

Jas'min M (*-s; -e*) jaśmin; **~tee** M herbata jaśminowa

Jastimme F głos za

jäten V/T *u.* V/I (*-e-*) pleć, plewić

Jauche F AGR gnojówka; **~grube** F dół na gnojówkę, gnojówka

jauchzen V/I (*-zt*) wydawać radosne okrzyki, wykrzykiwać z radości

jaulen V/I skowyczeć, wyć; → heulen

Jause F *austr* przekąska, podwieczorek

Java N (*-s; bpl*) Jawa; **auf ~** na Jawie

ja'wohl *partikel* tak jest

Jawort N (*selten -e*) zgoda, (dane) słowo; **sie gab ihm ihr ~** ona zgodziła się poślubić go

Jazz [dʒɛs, jats] M (*-; bpl*) jazz, dżez; **~band** F jazzband, dżezbend, zespół jazzowy; **~musik** F muzyka jazzowa *od* dżezowa

je[1] ADV **1** (*irgendwann*) kiedykolwiek; **besser als ~ zuvor** lepiej niż kiedykolwiek przedtem **2** (*jeweils*) po; **~ vier Euro** po cztery euro; **zu ~ fünf Stück** po pięć sztuk; **~ nach ...** zależnie od (*gen*); **~ nach Laune** zależnie od humoru; (*pro*) na, za (A); **~ Einwohner** na jednego mieszkańca; **~ Stunde** na *od* za godzinę **3** *konj* (*+ komp*) **~ ... desto** *od* **umso ... im ...**, tym ...; **~ eher, desto besser** im wcześniej, tym lepiej; **~ nachdem, ob, wann ...** w zależności od tego, czy, kiedy ...; *umg*

~ **nachdem** *(vielleicht)* to zależy; → eh

je² INT: **ach ~!, o ~!** ojej!

Jeans [dʒi:ns] F (-; -) dżinsy *pl*; **~stoff** M materiał dżinsowy

jede, ~r, ~s PRON *indef als* ADJ **1** *(ohne Ausnahme)* każda, wszelka, każdy, wszelki, każde, wszelkie; **~s der Kinder** każde z dzieci; **~n Tag** każdego dnia; *(täglich)* codziennie; **mit ~m Tag** z każdym dniem; **... ~r Art ...** wszelkiego rodzaju; **in ~r Beziehung** pod każdym względem; **um ~n Preis** za wszelką cenę; **ohne ~n Zweifel** ponad wszelką wątpliwość **2** *(immer wieder u. mit Zahlen)* co; **Stunde** co godzinę; **~s Jahr** co rok; **~r dritte** co trzeci **3** *(bald, sofort)* lada; **~ ~n Augenblick** lada chwila **4** *(allein stehend als subst)* **~r weiß** każdy wie; **~r von uns** każdy z nas; **hier kennt ~r ~n** tu każdy zna każdego

jedenfalls ADV w każdym (bądź) razie

jeder → jede

jedermann PRON *indef* każdy; (alle) wszyscy; **Fisch ist nicht ~s Geschmack** ryba nie każdemu smakuje

jederzeit ADV o każdej porze; *(im nächsten Moment)* w każdej chwili

jedes → jede; **~mal** → Mal¹

je'doch *konj od* ADV jednak(że), aczkolwiek, *lit* wszelako

jedwede, ~r ~s → jede

Jeep® [dʒi:p] M (-s; -s) dżip, łazik

jegliche, ~r, ~s → jede

jeher ADV: **von ~** od dawna

jein [jajn] *umg* ADV i tak, i nie

jemals ADV kiedyś, kiedykolwiek

jemand PRON *indef* ktoś; **~ anders** ktoś inny, kogoś innego; **~em** komuś; **mit ~(em)** z kimś; **ich kenne ~(en)** znam kogoś; **an ~(en) denken** myśleć o kimś; **~(e)s** *Sachen, Freund* czyjś *m*, czyjaś *f*, czyjeś *n, pl*

jeme'nitisch jemeński

Jen → Yen

jene PRON SG tamta, owa; PL *sachf* tamte, owe; *persf* tamci, owi; **~ Zeiten** tamte *od* owe czasy; **~ Leute** tamci *od* owi ludzie; **~r** tamten, ów; **~s** tamto, owo; **mit ~m Mädchen** z ową dziewczyną

jenseitig *lit* znajdujący się *od* położony po tamtej stronie

jenseits PRÄP *(gen)* po tamtej stronie, z tamtej strony *(gen)*; ADV **~ von** za, poza (I); **~ des Gebirges** po tamtej stronie gór; **~ vom Bug** za Bugiem

Jenseits N (-; *bpl*) tamten świat, świat pozagrobowy, zaświaty *pl*; *pop* **ins ~ befördern** wyprawić *pf* na tamten świat

Jersey ['dʒø:rzi] M (-[s]; -s) dżersej; *in zssgn* dżersejowy

Je'rusalem N (-s; *bpl*) Jerozolima

Jesu'it M (-en) jezuita *m*

Jesu'itenorden M zakon jezuitów

Jesus M *(gen, dat Jesu, akk Jesum)* Jezus; **~ Christus** Jezus Chrystus; **~kind** N (PL *selten*) Dzieciątko Jezus

Jet [dʒɛt] M (-[s]; -s) odrzutowiec

Jetlag ['dʒɛtlɛg] M (-s; -s) zmęczenie wywołane zmianą stref czasowych

jetten ['dʒɛtən] *umg* V/I *(sn)* ⟨po⟩lecieć odrzutowcem

jetzig teraźniejszy, obecny

jetzt ADV teraz, obecnie; **erst ~, ~ endlich** dopiero teraz; **bis ~** dotąd, do tej pory, dotychczas; **von ~ an** odtąd

Jetztzeit F *(bpl)* teraźniejszość *f*

jeweilig *(speziell)* poszczególny; *(betreffend)* odnośny; *(aktuell)* aktualny

jeweils ADV *(jedes Mal)* każdorazowo; *(immer)* zawsze

Jh. (Jahrhundert) stulecie, wiek

JH (Jugendherberge) schronisko młodzieżowe

jiddisch żydowski, w jidysz; **~ sprechen** mówić po żydowsku, mówić w jidysz

Job [dʒɔp] M (-s; -s) *umg* robota, chałtura; fach; EDV zadanie

jobben ['dʒɔbən] *umg* V/I chałturzyć (**in den Ferien** podczas wakacji)

Job|killer ['dʒɔb-] *umg* M racjonalizacja redukująca miejsca pracy; **~suche** *umg* F poszukiwanie pracy; **~verlust** M (nagła) utrata pracy

Joch N (-[e]s; -e) AGR, *fig* jarzmo; GEOG przełęcz *f*; **~bein** N ANAT kość jarzmowa

Jock|ei, ~ey ['dʒɔke] M (-s; -s) dżokej

Jod N (-s; *bpl*) jod; *in zssgn* jodowy

jodeln V/I (-le) jodlować, jodłować

jodhaltig zawierający jod; jodowany

Jodler M *(Person)* osoba uprawiająca jodlowanie

Jodsalz N KULIN sól jodowana

Jodtinktur F jodyna

Joga → Yoga

joggen ['dʒɔgən] V/I uprawiać jogging

Jogging|anzug ['dʒɔgɪŋ-] M dres do

joggingu; **~schuhe** MPL buty *mpl* do joggingu
Jog(h)urt [-gʊrt] M *od* N (-[s]; -[s]) jogurt
Jo'hannes M (*bpl*): REL **~ der Täufer** Jan Chrzciciel
Jo'hannis|beere F porzeczka; **~beerwein** M wino porzeczkowe; **~feuer** N sobótka; **~nacht** F noc świętojańska
johlen V/I wrzeszczeć, wydzierać się
Joint [dʒɔɪnt] *umg* M (*-s; -s*) skręt, dżoint
Joker ['jo:kər, 'dʒo:kər] M dżoker
Jolle F (*Ruderboot*) jol(k)a, bączek; (*Segelboot*) jol(k)a
Jongleur [ʒɔŋ'(g)lø:r] M (*-s; -e*) żongler
jonglieren [ʒɔŋ'(g)li:-] V/I (-): **mit etw ~** żonglować (*inst; a. fig*)
Joppe F kurtka
Jor'danien N (*-s; bpl*) Jordania
Jota N (-[s]; -s) jota; *lit* **kein ~, nicht um ein ~** (ani) na jotę
Joule [dʒu:l] N (-[s]; -) FIZ dżul
Jour'nal [ʒʊr-] N (*-s; -e*) (*Schiffstagebuch*) dziennik; (*Modezeitschrift*) żurnal
Journa'list [ʒʊr-] M (*-en*) dziennikarz; **~in** F dziennikarka
journa'listisch [ʒʊr-] dziennikarski
jovi'al jowialny
Joystick ['dʒɔɪstɪk] M (*-s; -s*) EDV dżojstik
Jubel M (*-s; bpl*) okrzyki *mpl* radości; (*große Freude*) wielka radość; **in ~ ausbrechen** wybuchać ⟨-chnąć⟩ radosnym wrzaskiem; **j-n mit ~ empfangen** zgotować *pf* k-u na powitanie owację
Jubeljahr N rok jubileuszowy; *fig* **alle ~e (einmal)** od wielkiego dzwonu
jubeln V/I (*-le*) głośno się cieszyć (**über** *akk* z *gen*)
Jubi'lar(in) M(F) (*-en*) jubilat(ka)
Jubi'läum N (*-s; -läen*) jubileusz; **~s-** *in zssgn* jubileuszowy
jucken **A** V/I (*kribbeln*) swędzi(e)ć, świerzbi(e)ć; *Stoff* drapać; **mir juckt der Rücken** swędzą mnie plecy **B** V/T (*kratzen*) ⟨po⟩drapać; *umg fig unpers* **es juckte mich, zu fragen, was ...** miałem ochotę zapytać, co ...; **wen juckt das noch?** kogo to jeszcze interesuje? **C** V/R *umg* **sich ~** (*sich kratzen*) ⟨po⟩drapać się, ⟨po⟩skrobać się (**am Kopf** w głowę; **blutig** do krwi)
Juck|pulver N proszek powodujący swędzenie; **~reiz** M (*bpl*) świąd, swędzenie
Judas *abw* M (*-; -se*) judasz
Jude M (*-n*) Żyd; **~n-** *in zssgn* żydowski, ... Żydów
Judentum N (*-s; bpl*) żydostwo
Jüdin F Żydówka
jüdisch żydowski (po -ku)
Judo ['ju:do, *austr* 'dʒu:do] N (-[s]; bpl) judo, dżudo *unv*
Jugend F (*bpl*) młodość *f*; (*junge Menschen*) młodzież *f*; **in s-r ~** za młodu; **von ~ an** od młodych lat
Jugend|alter N wiek młodzieńczy; **~amt** N urząd do spraw nieletnich; **~arbeitslosigkeit** F bezrobocie wśród młodzieży; **~bande** F gang młodzieżowy; **~buch** N książka dla młodzieży; **~erinnerungen** FPL wspomnienia *npl* z lat młodzieńczych
jugendfrei dozwolony dla młodzieży
Jugend|freund(in) M(F) przyjaciel (-ciółka) z lat młodzieńczych; **~zentrum** N ośrodek młodzieżowy
jugendgefährdend ADJ: **~e Schriften** pisma *npl* demoralizujące młodzież
Jugend|gericht N sąd dla nieletnich; **~gruppe** F grupa młodzieżowa; **~herberge** F schronisko młodzieżowe; **~jahre** NPL lata *pl* młodzieńcze; **~kriminalität** F przestępczość *f* nieletnich
jugendlich młodociany; (*für Jugendliche charakteristisch*) młodzieńczy; JUR nieletni; **~ aussehen** wyglądać młodzieńczo
Jugendliche F nastolatka, *umg* małolata; JUR młodociana, nieletnia; **~(r)** M (*-n*) nastolatek, *umg* małolat; JUR młodociany, nieletni; *koll* **die ~n** młodzież *f*
Jugend|mode F moda młodzieżowa; **~schutz** M ochrona prawna nieletnich; **~stil** M (*bpl*) ARCH, MAL secesja, styl secesyjny; **~streich** M wybryk młodości; **~sünde** F grzech młodości; **~weihe** F uroczystość *f* przyjęcia młodzieży do społeczności dorosłych
Jugo'slawien N (*-s; bpl*) HIST Jugosławia
jugo'slawisch HIST jugosłowiański
Juli M (-[s]; -s) lipiec; **im ~** w lipcu; *in zssgn* lipcowy
Jumbo|jet, **~-Jet** M jumbo jet
jung (*jünger; jüngste*) młody, *präd* młodo; **ganz ~** młodziutki (-ko); **~es Ehepaar** młoda para, młodzi małżonkowie *mpl*; **~es Gemüse** młode jarzyny, nowalijki *fpl*; **~er Wein** młode wino; **~ aussehen, sterben** wyglądać, umrzeć *pf* młodo; **sich**

(**wieder**) ~ *od* **jünger fühlen** odmłodnieć *pf;* (**wieder**) ~ **machen** odmładzać ⟨odmłodzić⟩

Junge[1] M (*-n od umg Jungs*) chłopiec, chłopak; **j-n wie e-n dummen ~n behandeln** robić durnia z (*gen*); *umg* **schwerer ~** kryminalista *m*

Junge[2] N (*-n*), *mst* **~s** ZOOL młode *n; e-r Katze* kocię; *e-r Hündin* szczenię; **~ bekommen** urodzić *pf* młode; *Katze* okocić się *pf; Hündin* oszczenić się *pf*

jünger *komp* młodszy, *präd* młodziej; **er ist ein Jahr ~ als ich** jest rok młodszy ode mnie; **~ erscheinen lassen** odmładzać ⟨-młodzić⟩; **die Bekanntschaft ist ~en Datums** to znajomość świeżej daty; → jung

Jünger M uczeń *m* (*a. rel*), adept; **~in** F adeptka

Jungfer F: *abw* **alte ~** stara panna

Jungfern|fahrt F dziewiczy rejs; **~häutchen** N błona dziewicza

Jungfrau F dziewica, panna; ASTRON Panna; **die Heilige ~ (Maria)** Najświętsza (Maria) Panna

jungfräulich dziewiczy (-czo) (*a. fig*)

Junggeselle M kawaler, samotny; **~n-** *in zssgn* kawalerski

Junggesellin F panna, samotna

Jüngling *lit* M (*-s; -e*) młodzieniec, młodzian; *iron, abw* młodziak

jungmachen → jung

jüngste *sup* najmłodszy; (neu, letzte) najświeższy, ostatni; **die ~ von uns** najmłodsza z nas; **am ~n aussehen** wyglądać najmłodziej; **in ~er Zeit** ostatnio, niedawno

Jungtier N młode

Jungverheiratete PL nowożeńcy *mpl*

Juni M (-[s]; -s) czerwiec; **im ~** w czerwcu; *in zssgn* czerwcowy

junior ADJ (*unv*) junior; **Kowalski ~** Kowalski-junior

Juniorchef M syn szefa

Juni'orenmeisterschaft F mistrzostwa *npl* juniorów

Junkie ['dʒaŋkı] M (*-s; -s*) *sl* ćpun

Junta ['xʊnta] F (*-; -ten*) junta

Jupiter M (*-s; bpl*) Jowisz (*a.* ASTRON)

Jura (*ohne* ART) prawo; **~ studieren** studiować prawo

Jurastudium N studia *npl* prawnicze

Ju'rist(in) M(F) (*-en*) prawnik (-iczka)

ju'ristisch prawniczy; (rechtlich) prawny; **~e Person** osoba prawna; **~e Fakultät** wydział prawa

Jury [ʒy'riː] F (*-; -s*) jury *n* (*unv*)

Jus N (*-; bpl*) *mst austr, szwajc* → Jura

just ADV właśnie, dopiero co

ju'stieren (-) justować; → einstellen

Justitiar → Justiziar

Ju'stiz F (*bpl*) wymiar sprawiedliwości; *koll* organy *mpl* wymiaru sprawiedliwości; **~irrtum** M pomyłka sądowa; **~ministerium** N ministerstwo sprawiedliwości

Justizi'ar M (*-s; -e*), **~in** F radca prawny

Jute F (*bpl*) juta; *in zssgn* jutowy

Ju'wel N (*-s; -en, fig -e*) klejnot (*a. fig*); (*Person*) skarb; **~en** PL a biżuteria, kosztowności *fpl*

Juwe'lier M (*-s; -e*) jubiler; **~geschäft** N sklep jubilerski

Jux *umg* M (*-es; -e*) kawał, żart; **aus ~** dla kawału, dla żartu

JVA F (Justizvollzugsanstalt) zakład karny

K

Kaba'rett N (*-s; -s od -e*) kabaret

Kabaret'tist M (*-en*) kabareciarz

Kabaret'tistin F aktorka kabaretowa

kabaret'tistisch kabaretowy

kabbeln (*-le*): V/R **sich ~** kłócić się

Kabel N kabel; (*Tau*) *a.* lina (kablowa); **~anschluss** M podłączenie do (sieci) telewizji kablowej; **~fernsehen** N telewizja kablowa, *umg* kablówka

Kabeljau M (*-s; -s od -e*) wątłusz

Kabelnetz N sieć kablowa

Ka'bi|ne F kabina; MAR *a.* kajuta; *e-r Seilbahn* wagonik; **~nenbahn** F kolejka linowa z wagonikami

Kabi'nett N (*-s; -e*) gabinet (*a.* POL); (*Wein*) wino gatunkowe

Kabi'netts|beschluss M uchwała rady ministrów; **~krise** F przesilenie gabinetowe; **~sitzung** posiedzenie rządu *od*

rady ministrów; **~umbildung** F reorganizacja gabinetu
Kabis M (-; *bpl*) *pł-niem*, *szwajc* kapusta
Kabrio → Cabrio
Ka'buff *umg* N (-s; -s) dziura, dziupla
Kachel F (-; -n) kafel
kacheln V/T wykładać ⟨wyłożyć⟩ kafelkami *od* glazurą
Kachelofen M piec kaflowy
Kacke *pop* F (*bpl*) gówno (*a. fig*)
kacken *pop* fajdać, robić kupę
Ka'daver N padlina, padłe zwierzę
Kader M kadra; *in zssgn* kadrowy
Ka'dett M (-en) kadet
Kadmium N (-s; *bpl*) kadm; *in zssgn* kadmowy
Käfer M chrząszcz; *umg* (*Mädchen*) babka
Kaff *umg* N (-s; -e *od* -s) dziura, pipidówka
Kaffee M (-s; -s) kawa; *umg* **kalter ~** musztarda po obiedzie; **~automat** M automat do kawy, ekspres; **~baum** M kawowiec; **~bohne** F ziarnko kawy
kaffeebraun kawowy, koloru czarnej kawy
Kaffee|ersatz M namiastka kawy; **~fahrt** F wycieczka promocyjna z poobiednią kawą; **~filter** M filtr do kawy; **~haus** N *bes austr* kawiarnia; **~kanne** F dzbanek do kawy; **~klatsch** *umg* M pogawędka przy kawie; **~löffel** M łyżeczka (do kawy); **~maschine** F ekspres do kawy; **~mühle** F młynek do kawy; **~pause** F przerwa na kawę; **~rösterei** F palarnia kawy; **~satz** M (*bpl*) fusy *pl* po kawie; **~tasse** F filiżanka do kawy; **~trinker(in)** M(F) kawiarz
Käfig M (-s; -e) klatka
kahl goły (-ło), łysy (-so); *Baum a.* ogołocony (z liści); *Kopf* łysy, wyłysiały; **~ werden** *Person* ⟨wy⟩łysieć
Kahlkopf *umg* M (*Person*) łysy *m*, łysa pała
kahlköpfig łysy
Kahlschlag M zrąb czysty; (*Fläche*) poręba; *fig* całkowite zniszczenie
Kahn M (-[e]s; Kähne) łódka, czółno; (*Lastkahn*) barka; *zssgn* → Boots-
Kahnfahrt F przejażdżka łodzią *od* łódką
Kai M (-s; -s) nabrzeże, keja
Kaimauer F mur nabrzeża
Kainsmal N znamię Kaina
Kairo N (-s; *bpl*) Kair
Kaiser(in) M(F) cesarz(owa)
kaiserlich cesarski (po -ku)
Kaiser|reich N cesarstwo; **~schmarren** M KULIN omlet cesarski; **~schnitt** M MED cesarskie cięcie
Kajak M *od* N (-s; -s) kajak
Ka'jal(stift) M ołówek do oczu
Ka'jüte F kajuta
Kakadu M (-s; -s) kakadu *m*
Ka'kao N (-s; -s) kakao *n*; *umg fig* **j-n durch den ~ ziehen** ⟨z⟩robić balona (z *gen*); **~baum** M kakaowiec
Ka'kaobutter F masło kakaowe
Kakerlak M (-s *od* -en; -en) karaluch
kakifarben koloru khaki
Kaktee F, **Kaktus** M (- *od umg* -es; -teen *od umg* -se) kaktus; *in zssgn* kaktusowy
Kalami'tät F opresja; PL *a.* opały *pl*
Kalauer M kalambur
Kalb N (-[e]s; Kälber) cielę
Kälbchen N cielątko
kalben V/I ⟨o⟩cielić się
Kälberstall M cielętnik
Kalbfleisch N cielęcina, mięso cielęce
Kalbs|braten M pieczeń cielęca; **~brust** F mostek cielęcy; **~frikassee** N potrawka cielęca; **~hachse** F gicz cielęca; **~medaillon** N medalion cielęcy; **~schnitzel** N sznycel cielęcy
Kal'daunen FPL flaki *mpl* (wołowe)
kalen'darisch kalendarzowy
Ka'lender M kalendarz (**für das Jahr ...** na rok ...)
Ka'lenderjahr N rok kalendarzowy
Ka'liber N kaliber; TECH sprawdzian, wzorzec; *umg fig* pokrój, gatunek
Kalidünger M nawóz potasowy
Kali'fornien N (-s; *bpl*) Kalifornia
Kalium N (-s; *bpl*) potas(owy *in zssgn*)
Kalk M (-[e]s; -e) wapno
kal|ken ⟨wy-, po⟩bielić wapnem; *Boden* wapnować; **~kig** (*kalkhaltig*) wapnisty
Kalk|mangel M MED niedobór wapnia; **~mörtel** M zaprawa wapienna
Kalkstein M wapień *m*
Kal'kül *lit* N *od* M (-s; -e) rachuba; **ins ~ ziehen** brać ⟨wziąć⟩ w rachubę
Kalkulati'on F kalkulacja
kalku'lieren (-) ⟨s⟩kalkulować
kalkweiß biały jak kreda *od* ściana
Kalmus M (-; -se) tatarak
Kalo'rie [PL -'rıən] F kaloria
kalo'rienarm niskokaloryczny
Kalo'riengehalt M wartość kaloryczna

K

kalo'rienreich (wysoko)kaloryczny
kalt (*kälter, kältest-*) zimny (-no); *fig a.* oziębły (-le); **etw ~ machen** oziębi(a)ć; **~ werden** oziębi(a)ć się; **es ist ~** jest zimno; **mir ist ~** zimno mi; **~ duschen** brać ⟨wziąć⟩ zimny prysznic; **~ stellen** *Getränk* odstawi(a)ć w zimne miejsce; → kaltlassen
kaltblütig zimnokrwisty; *fig a.* opanowany; *präd* z zimną krwią
Kaltblütigkeit F (*bpl*) zimna krew, opanowanie
Kälte F (*bpl*) zimno, ziąb; (*Frost*) mróz; *fig* oziębłość *f*, chłód; **bei dieser ~** w taki ziąb; **herbstliche ~** jesienne chłody
kältebeständig odporny na zimno, odporny na działanie niskiej temperatury
Kälte|einbruch M raptowne ochłodzenie; **~gefühl** N uczucie zimna; **~periode** F okres chłodów
kälter *komp* zimniejszy, *präd* zimniej
kälteste *sup* najzimnieszy; ADV **am ~n** najzimniej
Kälte|technik F chłodnictwo; **~welle** F fala zimna
Kaltfront F METEO front chłodny
kaltherzig nieczuły, bez serca
kaltlassen (*irr*) *fig* nie obchodzić, ani ziębić, ani grzać
Kaltluft F zimne powietrze
kaltmachen *umg Person* zakatrupić *pf*, rozwalić *pf*; *etw* → kalt
Kalt|miete F komorne bez kosztów ogrzewania; **~schale** F KULIN chłodnik; *aus Obst* zimna zupa owocowa
kaltschnäuzig *umg* chłodny; (*frech*) bezczelny
Kaltstart M AUTO rozruch na zimno
kaltstellen *umg Person* pozbawi(a)ć wpływów; *Getränke* → kalt
Kalzium N (*-s; bpl*) wapń *m*; *in zssgn* wapniowy
kam, käme → kommen
Kam'bodscha N (*-s; bpl*) Kambodża *f*
kambod'schanisch kambodżański
Ka'mee F kamea
Ka'mel N (*-[e]s; -e*) wielbłąd, (*Stute*) wielbłądzica; *fig* głupek, gamoń *m*; **~haar** N *koll* sierść wielbłądzia; **~haarmantel** M płaszcz z flauszu wielbłądziego
Kamelie [ka'me:liə] F kamelia
Kamera F (*-; -s*) kamera
Kame'rad M (*-en*) towarzysz, *umg* kamrat
Kame'radin F towarzyszka, *umg* kamrat
Kame'radschaft F przyjaźń *f*, koleżeństwo; (*Kreis*) towarzystwo
kame'radschaftlich koleżeński (-ko)
Kamera|frau F kamerzystka; **~mann** M (PL *-männer od -leute*) kamerzysta *m*
Kamerateam N ekipa obsługująca kamerę
Ka'mille F rumianek
Ka'millentee M herbatka rumiankowa, rumianek
Ka'min M (*-s; -e*) kominek; *Bergsport* komin; → Schornstein; **am ~** przy kominku
Kamm M (*-[e]s; Kämme*) grzebień *m* (*a.* ZOOL *u. fig*); (*Taschenkamm*) grzebyk; *e-s Gebirges* grzbiet; KULIN karkówka; **alles über einen ~ scheren** podciągać ⟨-gnąć⟩ wszystko pod jeden strychulec
kämmen V/T ⟨u⟩czesać (*v/r* **sich** się; **sich** [*dat*] **die Haare** sobie włosy)
Kammer F komora (*a.* ANAT, TECH); *kleine* komórka; (*Vorratskammer*) spiżarnia, *umg* spiżarka; POL, HANDEL, JUR izba; **~jäger** M specjalista *m* od dezynsekcji i deratyzacji
Kämmerlein N komórka, izdebka
Kammer|musik F muzyka kameralna; **~orchester** N zespół kameralny; **~ton** M (*bpl*) kamerton
Kammerzofe F pokojówka
Kamm|garn N (*Gewebe*) wełna czesankowa; (*Garn*) przędza czesankowa; **~weg** M ścieżka wzdłuż grzbietu górskiego
Kampagne [-'panjə] F kampania
Kampf M (*-[e]s; Kämpfe*) walka (**um** o *akk*); MIL *a.* bój; SPORT *a.* mecz
Kampf|abstimmung F decydujące głosowanie; **~ansage** F wyzwanie (**an die Regierung** rządowi, dla rządu); wezwanie do zwalczania (**an den Terrorismus** terroryzmu)
kampfbereit gotowy do walki
Kampfbomber M myśliwiec bombardujący
kämpfen walczyć (**gegen, mit** z *inst*; **um** o *akk*; **für** za *akk*); (*im Krieg*) *a.* wojować, bić się; *fig a.* (*ringen*) borykać się (**mit** z *inst*); **mit dem Schlaf ~** walczyć z sennością; **mit den Tränen ~** tłumić łzy
Kampfer M (*-s; bpl*) kamfora
Kämpfer M (*Soldat*) żołnierz; *mst fig* bojownik; SPORT zawodnik; → Krieger; **~in** F bojowniczka; SPORT zawodniczka

kämpferisch bojowy (-wo)
kampferprobt zahartowany w walkach
kampffähig zdolny do walki
Kampf|flugzeug N samolot bojowy; *engS* samolot szturmowy; **~gefährte** M współbojownik; **~gefährtin** F współbojowniczka; **~geist** M (*bpl*) duch bojowy; **~gericht** N komisja sędziowska; **~handlungen** FPL działania *npl* bojowe
Kampf|hubschrauber M śmigłowiec bojowy; **~hund** M pies obronny; **~kraft** F (*bpl*) siła bojowa
kampflos *präd* bez walki
kampflustig wojowniczy (-czo)
Kampf|moral F morale; **~platz** M plac boju; **~richter** M sędzia (sportowy), arbiter; **~stoff** M bojowy środek chemiczny
kampfunfähig niezdolny do walki
Kampfzone F strefa działań wojennych
kam'pieren V/I (-) obozować; nocować pod gołym niebem
Kanada N (*-s; bpl*) Kanada
Kanadier [ka'nadıər] *m* Kanadyjczyk; (*Boot*) kanadyjka; **~in** F Kanadyjka
ka'nadisch kanadyjski
Ka'nal M (*-s; Kanäle*) kanał (*a. rtv, fig*); ANAT przewód; *umg fig* **den ~ voll haben** (*betrunken sein*) być wstawionym; **~brücke** F most kanałowy
Ka'nalinseln FPL Wyspy *fpl* Normandzkie
Kanalisati'on F kanalizacja
kanali'sieren V/T (-) ⟨s⟩kanalizować
Ka'nalwähler M *rtv* przełącznik kanałów
Kanapee N (*-s; -s*) KULIN kanapka
Ka'naren PL, **Ka'narische Inseln** FPL Wyspy *fpl* Kanaryjskie
Ka'narienvogel [-rıən-] M kanarek
Kan'dare F wędzidło; *fig* **j-n an die ~ nehmen** brać ⟨wziąć⟩ k-o w cugle, ujmować ⟨ująć⟩ k-o w karby
Kandi|'dat M (*-en*) kandydat; **~'datin** F kandydatka; **~da'tur** F kandydatura
kandi'dieren V/I (-) kandydować (**für den Posten des, der ...** na stanowisko *gen*; **für das Parlament** do parlamentu; **bei der Wahl zu ...** w wyborach do *gen*)
kan'diert ADJ kandyzowany
Kandis M (*-; bpl*), **~zucker** M cukier lodowaty
Känguru N (*-s; -s*) kangur
Ka'ninchen N królik; *in zssgn* króliczy; **~stall** M królikarnia; **~zucht** F hodowla królików
Ka'nister N kanister
kann → können
Kännchen N dzbanuszek
Kanne F dzban(ek); *aus Blech* bańka, blaszanka; (*Gießkanne*) konewka
Kanni'bale M (*-n*) ludożerca *m*
Kanniba'lismus M (*-; bpl*) ludożerstwo
kannte → können
Kanon M (*-s; -s*) kanon
Ka'none F armata; *umg* (*Revolver*) spluwa; *umg fig* (*Könner*) spec, magik, złota rączka; SPORT as; *umg* **unter aller ~** pod psem, poniżej wszelkiej krytyki
Ka'nonen|donner M huk armat; **~kugel** F pocisk armatni; **~ofen** M *umg* koza; **~schuss** M armatni strzał
Kano'nier M (*-s; -e*) kanonier
ka'nonisch kanoniczny
Kante F krawędź *f*, kant, grań *f*; (*Webkante*) krajka; → Rand; *umg fig* **etwas auf die hohe ~ legen** odkładać ⟨odłożyć⟩ coś na czarną godzinę
kanten (*-e-*) stawiać ⟨postawić⟩ na kant
Kanten M *Brot* piętka, przylepka
Kantholz N krawędziak, kantówka
kantig kanciasty (-to), graniasty
Kan'ti|ne F stołówka; MIL kantyna; **~nenessen** N jedzenie stołówkowe
Kan'ton M (*-s; -e*) kanton
Kanu N (*-s; -s*) kanu *n*; SPORT kajak
Ka'nüle F kaniula; (*Nadel*) igła
Ka'nute M (*-n*) kajakarz, kajakarka
Kanzel F (*-; -n*) ambona (*a.* LEŚN), kazalnica
Kanz'lei F kancelaria
Kanzler M kanclerz
Kanzler|amt N urząd kanclerza; **~kandidat** M kandydat na urząd kanclerza
Kap N (*-s; -s*) przylądek; → Vorgebirge; **~ der Guten Hoffnung** Przylądek Dobrej Nadziei
Kapazi|'tät F pojemność *f* (*a.* ELEK); EKON zdolność produkcyjna; (*Person*) wybitny znawca (*gen*), autorytet (**auf ... Gebiet** w dziedzinie *gen*)
Ka'pelle[1] F *rel* kaplica, kapliczka
Ka'pelle[2] F MUS kapela, zespół
Ka'pellmeister M kapelmistrz
kapern (*-re*) ⟨s⟩kaperować (*a. umg fig*)
Kapern FPL (SG **Kaper**) kapary *mpl*
ka'pieren *umg* (-) ⟨s-, po⟩kapować, kapnąć się *pf*, kumać; **das kapiere ich**

nicht nie kumam tego
Kapil'lare F kapilara; ANAT *a.* naczynie włosowate, włośniczka
Kap'ital N (*-s; -ien od -e*) kapitał; **~ schlagen (aus)** ciągnąć zyski (z *gen*); **~anlage** F lokata kapitału
Kapi'tal|ertrag(s)steuer F podatek od zysków z kapitału; **~flucht** F ucieczka kapitałów; **~geber** M dawca *m* kapitału; **~gesellschaft** F spółka kapitałowa
Kapita'lismus M (*-; bpl*) kapitalizm
Kapita'list(in) M(F) (*-en*) kapitalista *m* (-tka)
kapita'listisch kapitalistyczny
Kapi'tal|markt M rynek kapitałowy; **~spritze** *umg* F zastrzyk kapitału; **~verbrechen** N zbrodnia, ciężkie przestępstwo; **~vermögen** N aktywa *pl* kapitałowe
Kapi'tän M kapitan (*a.* SPORT); **~ zur See** komandor; **~leutnant** M kapitan marynarki
Ka'pitel N rozdział; *rel* kapituła; *fig* **das ist ein ~ für sich** to niełatwa sprawa
Kapi'tell N (*-s; -e*) ARCH głowica, kapitel
Kapitulati'on F kapitulacja
kapitu'lieren V/I (-) ⟨s⟩kapitulować (**vor** *dat* przed *inst; a. fig*)
Kap'lan M (*-s; Kapläne*) wikary, wikariusz; MIL kapelan
Käppchen N mycka, jarmułka; (*katholischer Geistlicher*) piuska
Kappe F czapka, *dim* czapeczka; (*Deckel*) pokrywa, kołpak; *umg fig etw* **auf s-e ~ nehmen** brać ⟨wziąć⟩ na siebie
kappen przecinać ⟨-ciąć⟩; *fig* przer(y)wać; (*stutzen*) obcinać ⟨-ciąć⟩
Käppi N (*-s; -s*) furażerka, pilotka
Kapri'ole F (pod)skok, sus
kaprizi'ös kapryśny
Kapsel F (*-; -n*) (*Behälter*) puszka, puzderko; (*Arznei*) kapsułka; TECH obudowa; (*Verschluss*) kapsel; BOT, ANAT, MED torebka; → Raum-, Zündkapsel
ka'putt *umg* **1** (*defekt, a. Augen, Zähne*) zepsuty **2** (*zerbrochen*) złamany; (*zerrissen*) podarty, rozdarty **3** (*zerschlagen*) rozbity (*a. fig*), stłuczony **4** *Glühbirne* przepalony **5** *Bein, Arm* kaleki; *Organ* chory; *fig* (*müde*) skonany, zmordowany **6** **~ sein** *umg Auto, Motor, Gerät* nawalać ⟨-lić⟩; **ihre Ehe ist ~** ich małżeństwo rozpadło się; *żart* **was ist denn jetzt ~?** w czym tkwi problem?; **~ machen** *umg Gerät usw* ⟨po-, ze⟩psuć; (*zerbrechen*) ⟨po⟩łamać, ⟨z⟩łamać; *Kleid* ⟨po⟩drzeć; *Vase* rozbi(ja)ć, ⟨po-, s⟩tłuc; *Motor, Bau* rozwalać ⟨-lić⟩; → *a.* PF *Formen bei* kaputtgehen
ka'puttgehen *umg* V/I (*irr; sn*) (*defekt werden*) ⟨po-, ze⟩psuć się; (*entzweigehen*) ⟨po-, z⟩łamać się; *Kleidung* ⟨po⟩drzeć się; *Glas, Vase* rozbi(ja)ć się, ⟨po-, s⟩tłuc się; *Kleidung, Schuhe, Vase usw a.* rozlatywać ⟨-lecieć⟩ się; *fig Ehe* rozpadać ⟨-paść⟩ się; → zugrunde
ka'puttlachen V/R *umg* **sich ~** zaśmiewać się do rozpuku
ka'puttmachen *umg fig Ruf, Plan usw* ⟨po-, ze⟩psuć; *Leben, Karriere* ⟨z⟩łamać; *Sache* położyć *pf*; *Person* wykańczać ⟨-kończyć⟩ (*a. v/r* **sich** się), ⟨z⟩rujnować (*a. Nerven*); → kaputt, beschädigen, zerrütten
Ka'puze F kaptur
Kapu'ziner M kapucyn; **~kresse** F nasturcja
Kap'verden PL, **Kap'verdische Inseln** FPL Wyspy *fpl* Zielonego Przylądka
Kara'biner M karabin
Kara'binerhaken M karabinek
Karacho *umg* N: *mst in* **mit ~** z zawrotną szybkością, jak narwaniec
Ka'raffe F karafka
Karambolage [-'laːʒə] F karambol; *umg fig a.* kraksa, stłuczka
Kara'mellbonbon M *od* N karmelek
Ka'ratekämpfer M karateka *m*
-karätig *in zssgn* ...karatowy
Ka'rausche F ZOOL karaś *m*
Kara'wane F karawana
Karbo'nade F *reg* KULIN kotlet schabowy
Karbo'nat N (*-[e]s; -e*) CHEM węglan
Karda'mom M *od* N (*-s; bpl*) kardamon
Kar'danwelle F wał kardanowy
Kardi'nal M (*-s; -näle*) kardynał
Kardi'nalfehler M kardynalny błąd
Kardi'nalshut M kapelusz kardynalski
Kardinal'zahl F liczebnik główny
Kardio'gramm N (*-s; -e*) kardiogram
ka'relisch karelski
Ka'renz F karencja; **~tag** M dzień karencji; **~zeit** F okres karencji
Karfi'ol M (*-s; bpl*) *austr* kalafior
Karfreitag M Wielki Piątek
karg (*a kärger, kärgst-*) szczupły (-ło), skąpy (-po); *Boden* jałowy (-wo); **~ bemessen**

skąpy, szczupły
Kargheit F (*bpl*) (*Dürftigkeit*) szczupłość *f*, skąpość *f*; *des Bodens* jałowość *f*
kärglich nędzny, ubogi (-go); → karg
Ka'ribik F: **die ~** Morze Karaibskie
ka'ribisch karaibski
ka'riert kratkowany, *a. Stoff* w kratkę; *Kleid, Rock usw* kraciasty
Karies [-riɛs] F (*bpl*) próchnica zębów
Karika|'tur F karykatura; **~tu'rist(in)** M(F) karykaturzysta *m* (-tka)
karikatu'ristisch karykaturalny
kari'kieren (-) ⟨s⟩karykaturować
kari'ös *Zahn* spróchniały
karita'tiv charytatywny, dobroczynny
Karme'literorden M zakon karmelitów
kar'minrot karminowy (-wo)
Karne'ol M (-*s*; -*e*) *min* krwawnik
Karneval M (-*s*; -*e od* -*s*) karnawał
karneva'listisch karnawałowy (-wo)
Karnevals|prinz M książę *m* karnawału; **~prinzessin** F księżniczka karnawału; **~umzug** M pochód karnawałowy
Kar'nickel N *reg* królik
Kärnten N (-*s*; *bpl*) Karyntia *f*
Karo N (-*s*; -*s*) → Raute; (*Karte, Muster*) karo; **in ~** w karo; **~muster** N deseń *m* w kratkę
Ka|'rosse F karoca; *umg* → **~rosse'rie** F nadwozie, karoseria
Karo'tin N (-*s*; *bpl*) karoten
Ka'rotte F karotka, marchew(ka) *f*
Kar'paten PL Karpaty *pl*
kar'patisch karpacki
Karpfen M karp
Karpfenteich M staw karpiowy
Karre F taczka; **alte ~** (*Auto*) stary grat, rzęch; *umg fig* **die ~ aus dem Dreck ziehen** → Karren
Karree [-'re:] N (-*s*; -*s*) czworobok; *austr* KULIN kotlet z kostką; *vom Schwein* kotlet schabowy
karren V/T wozić taczką *od* taczkami
Karren M taczka, taczki *fpl*; (*Eselskarren*) wózek (dwukołowy); *umg* **den ~ aus dem Dreck ziehen** uregulować *pf* zabagnioną sprawę; **(für j-n)** ratować k-o z opresji; **j-n vor s-n ~ spannen** wykorzyst(yw)ać k-o
Karri'ere F kariera; **~ machen** ⟨z⟩robić karierę; **~frau** F kobieta na stanowisku; *abw* karierowiczka; **~macher** M *abw* karierowicz
Karst M (-[*e*]*s*; bpl) GEOL kras
Kärtchen N kartka, bilecik, karteczka
Karte F karta; *für Zug, Bus, Kino, Theater usw* bilet; GEOG mapa; (*Postkarte*) pocztówka, kartka; **~n legen** wróżyć z kart, kłaść kabałę; **~n spielen** ⟨za⟩grać w karty; **alles auf e-e ~ setzen** postawić *pf* wszystko na jedną kartę; **die ~n auf den Tisch legen** odsłonić *pf* karty; **mit offenen ~n spielen** grać w otwarte karty; **nach der ~ essen** jeść a la carte
Kar'tei F kartoteka
Kar'teikarte F karta kartotekowa
Kar'tell N (-*s*; -*e*) kartel; **~amt** N urząd do spraw karteli; **~recht** N (*bpl*) prawo kartelowe
Karten|gruß M widokówka *od* pocztówka z pozdrowieniami; **~haus** N domek z kart; **~legerin** F kabalarka; **~spiel** N gra w karty, karciarstwo; (*Satz Spielkarten*) talia kart; **~spieler(in)** M(F) gracz w karty; *abw* karciarz (karciarka); **~telefon** N automat telefoniczny na karty; **~vorverkauf** M przedsprzedaż *f* biletów
Karthago N (-*s*; *bpl*) Kartagina
Kar'toffel F (-; -*n*) ziemniak, kartofel *m*
Kar'toffel|acker M kartoflisko; **~brei** M kartofle *od* ziemniaki *mpl* piure, piure z kartofli *od* ziemniaków; **~chips** PL chipsy *mpl*; **~ernte** F wykopki *mpl* (ziemniaków); **~käfer** M stonka ziemniaczana; **~kloß** M pyza, kopytko; **~puffer** M placek ziemniaczany; **~salat** M sałatka z ziemniaków; **~suppe** F kartoflanka
Kar'ton M (-*s*; -*s*) karton(owy *in zssgn*)
karto'niert ADJ oprawny w karton, w tekturowej okładce
Karus'sell N (-*s*; -*e od* -*s*) karuzela; **~ fahren** jeździć na karuzeli
Karwoche F Wielki Tydzień
karzino'gen rakotwórczy (-czo)
Karzi'nom N (-*s*; -*e*) MED rak, nowotwór złośliwy
ka'sachisch kazachski (po -ku)
Ka'schemme F *abw* spelunka, mordownia
ka'schieren (-): **etw ~** ukry(wa)ć (*akk*), ratować pozory (*gen*)
Kaschmir M (-*s*; -*e*) (*Stoff*) kaszmir; **~schal** M szal kaszmirowy
Ka'schube M Kaszub(a *m*)
Ka'schubin F Kaszubka
ka'schubisch kaszubski (po -ku)

Käse M (-s; *bpl*) ser, *dim* serek; *umg fig* **das ist doch alles ~** to jakaś bzdura, to same dyrdymałki
Käse|blatt N *abw* (*Zeitung*) szmata; **~brot** N kromka chleba z serem; **~gebäck** N ciastko z serem; **~kuchen** M sernik; **~platte** F półmisek z serami
Ka'ser|ne F koszary *fpl*; **~nenhof** M koszarowy plac ćwiczeń
kaser'niert ADJ skoszarowany
käseweiß *umg* blady (-do) jak ściana
Ka'sino N (-s; -s) kasyno
Kaskoversicherung F autocasco
Kasper(le)theater N teatr kukiełkowy
Kaspisches Meer N (*bpl*) Morze Kaspijskie
Kassa F (-; -en) *austr* → Kasse
Kasse F kasa; (*Bargeld*) gotówka; **an der ~** przy kasie; *zahlen* w kasie; *umg* **gut bei ~ sein** mieć forsę, być przy kasie; **knapp bei ~ sein** nie mieć pieniędzy; **~ machen** (*viel Geld verdienen*) zrobić *pf* dobry interes (**bei** na *lok*); **wir machen getrennte ~** każdy płaci za siebie; **j-n zur ~ bitten** ⟨za⟩żądać od k-o zapłaty *od* pieniędzy
Kasseler N KULIN schab peklowany
Kassen|arzt M lekarz kasy chorych; **~beleg** M dowód kasowy; **~bestand** M stan kasy; gotówka w kasie; **~bon** M paragon, kwit kasowy; **~patient(in)** M(F) pacjent(ka) kasy chorych
Kassen|schalter M okienko kasowe, kasa (biletowa); **~schlager** M kasowy film; kasowa sztuka (teatralna)
Kassenstunden FPL godziny *fpl* otwarcia kasy; **~ von ... bis ...** kasa czynna od ... do ...
Kassen|sturz M doraźna kontrola stanu kasy; **~wart** M skarbnik (skarbniczka); **~zettel** M → Kassenbon
Kasse'rolle F rondel
Kas'sette F kaseta, *dim* kasetka
Kas'setten|recorder, **~rekorder** M magnetofon kasetowy, *umg* kaseciak
Kas'siber M *Gaunersprache* gryps
kas'sieren (-) ⟨za⟩inkasować (*a. umg fig*); (*annullieren*) ⟨s⟩kasować; *Urteil* uchylać ⟨-lić⟩
Kas'sierer(in) M(F) kasjer(ka); → Kassenwart
Kassler N KULIN schab peklowany
Kas'tanie F kasztan (*a. Baum*); → Rosskastanie; **für j-n ~n aus dem Feuer holen** wyciągać kasztany z ognia dla (*gen*)
kas'tanienbraun kasztanowaty, kasztanowy; **mit ~em Haar** kasztanowłosy
Kästchen N pudeł(ecz)ko; szkatułka; *gedruckt usw* prostokąt, kwadracik
Kaste F kasta
kas'teien (-): V/R **sich ~** umartwiać się
Kas'tell N (-s; -e) kasztel, warownia
Kasten M (-s; *Kästen*) skrzynia; pudło (*a. umg fig*); *kleiner* skrzynka; pudełko; *austr*, *szwajc* (*Schrank*) szafa; *umg* (*Auto*) stary grat, rzęch; (*Arrest*) paka; **alter ~** (*Haus*) rudera; **siehe im ~** patrz (dane) w ramce; *umg* **etwas auf dem ~ haben** mieć olej w głowie *od* we łbie; **~brot** N chleb z formy
kastenförmig pudełkow(at)y
Kastenwagen M AUTO furgon
kast'rieren (-) ⟨wy⟩kastrować; *Tiere a.* ⟨wy⟩trzebić
Kasus M (*unv*) GRAM przypadek
Kata'kombe F katakumba
kata'lanisch kataloński (po -ku)
Kata'log M (-[e]s; -e) katalog
katalogi'sieren (-) ⟨s⟩katalogować
Kata'logpreis M cena katalogowa
Kataly'sator M (-s; -'*toren*) katalizator
Katama'ran M (-s; -s) katamaran
Kata'pult N *od* M (-[e]s; -e) katapulta
Ka'tarr(h) M (-s; -e) nieżyt, katar
Ka'taster M *od* N kataster; **~auszug** M wyciąg z ksiąg katastralnych
katastro'phal katastrofalny
Kata'strophe F katastrofa, klęska
Kata'strophenalarm M: **~ auslösen** wprowadzić *pf* stan klęski żywiołowej
Kata'strophen|gebiet N obszar klęski, obszar dotknięty klęską; **~schutz** M ochrona przed klęskami żywiołowymi; *engS* ochrona przeciwpowodziowa
Kate F chałup(k)a, chata
Kate'chismus M (-; -*men*) katechizm
Katego'rie [PL -'riːən] F kategoria
kate'gorisch kategoryczny
Kater M kot, kocur; *umg fig* **e-n ~ haben** mieć kaca
Ka'theder N *od* M katedra
Kathed'rale F katedra
Ka'thete F MAT przyprostokątna
Ka'theter M MED cewnik
Ka'tho|de F katoda; **~denstrahlen** MPL promienie *mpl* katodowe
Katho'lik M (-en) katolik
Katho'likin F katoliczka

ka'tholisch katolicki (po -ku)
Katholi'zismus M (-; *bpl*) katolicyzm
Kattowitz N (-; *bpl*) Katowice *pl*
Kat'tun M (-s; -e) perkal(owy *in zssgn*)
Katz F *umg*: **~ und Maus spielen (mit j-m)** bawić się w kotka i myszkę (z *inst*); *pop* **die ganze Mühe war für die ~** cały wysiłek na nic
katzbuckeln (-le) (**vor** *dat*) *abw* płaszczyć się (przed *inst*)
Kätzchen N kotek, kociak; (*Blüte*) bazia, kotka
Katze F kot; *engS* (*Weibchen*) kotka, kocica; *umg* **die ~ im Sack kaufen** kupować ⟨-pić⟩ kota w worku; **lass die ~ aus dem Sack!** kawa na ławę!
Katzen|auge N kocie oko (*a. Rückstrahler u. min*); **~jammer** *umg* M kociokwik; **~junge(s)** N kocię; **~musik** F kocia muzyka
Katzensprung M: *umg* **bis ... ist es nur ein ~** ... jest tuż obok
Katzenwäsche *umg* F: **~ machen** myć się naprędce
Katzenzungen FPL (*Schokolade*) kocie łapki *fpl*
Kauderwelsch N (- *od* -[e]s; bpl) chińszczyzna, niezrozumiały szwargot
kauen V/I *u.* V/T żuć, przeżuwać; **an den Nägeln ~** gryźć paznokcie
kauern (-re) V/I siedzieć w kucki; V/R **sich ~** kucać, ⟨(przy)kucnąć⟩
Kauf M (-[e]s; Käufe) kupno, (*a. Gekauftes*) zakup; → Einkauf; *fig* **das muss man in ~ nehmen** z tym trzeba się pogodzić
Kaufangebot N oferta kupna
kaufen kupować ⟨-pić⟩; **sich, j-m etw ~** *a.* sprawi(a)ć sobie, komuś (*akk*); **j-n ~** (*bestechen*) przekupywać ⟨-pić⟩ (*akk*); *umg* **den kaufe ich mir!** ja mu pokażę, gdzie raki zimują!
Käufer M kupujący, nabywca *m*; **~in** F kupująca, nabywczyni
Kauffrau F absolwentka szkoły handlowej, wykwalifikowany kupiec
Kaufhaus N dom towarowy
Kaufkraft F (*bpl*) siła nabywcza
kaufkräftig *Kundschaft* dobrze sytuowany, zamożny, *umg* forsiasty
käuflich do nabycia; (*bestechlich*) sprzedajny, przekupny; **~ erworben** (za)kupiony, nabyty; **~e Liebe** prostytucja, *umg* seks za pieniądze
Kauflust F (*bpl*) chęć *f* kupna
Kaufmann M (-s; -*leute*) kupiec, handlowiec; *engS a.* technik ekonomista *m*
kaufmännisch kupiecki (po -ku); **~e(r) Angestellte(r)** pracownik (biurowy) w przedsiębiorstwie handlowym
Kauf|mannsladen M *für Kinder* komplet do zabawy w sklep; **~preis** M cena kupna *od* zakupu; **~summe** F pieniądze *mpl* na kupno; **~vertrag** M umowa kupna-sprzedaży; **~wert** M (*bpl*) wartość nabywcza
Kaugummi M guma do żucia
Kaukasus M Kaukaz
Kaulquappe F kijanka
kaum ADV (*fast nicht*) prawie (zupełnie) nie; (*wohl nicht*) chyba nie, zapewne nie; (*mit Mühe, gerade noch*) ledwo ledwo, zaledwie; **~ dass** ledwo co; **~ eine(r), ~ jemand** prawie nikt; **er konnte es ~ erwarten** nie mógł się doczekać; **(es ist) ~ zu glauben** trudno uwierzyć
Kaumuskel M (mięsień *m*) żwacz
kau'sal przyczynowy (-wo)
Kausali'tät F przyczynowość *f*
Kautabak M tytoń *m* do żucia, prymka
Kauti'on F kaucja; **gegen ~** za kaucją; **e-e ~ stellen** zapłacić *pf* kaucję
Kautschuk M (-s; *bpl*) kauczuk; **aus ~** z kauczuku, kauczukowy; → Gummi-
Kauz M (-es; *Käuze*) ZOOL → Stein-, Waldkauz; *umg fig* **komischer ~** dziwak, cudak
Käuzchen N ZOOL puszczyk
kauzig cudaczny, dziwaczny
Kava'lier M (-s; -e) dżentelmen; **sich wie ein ~ benehmen** zachow(yw)ać się po dżentelmeńsku
Kava'liersdelikt N wybryk traktowany pobłażliwie
Kavallerie F kawaleria; *in zssgn* kawaleryjski, ...kawalerii
Kaviar M (-s; *bpl*) kawior; **~brötchen** N kanapka z kawiorem
keck rezolutny; (*flott*) figlarny, szelmowski (-ko); (*forsch*) zuchowaty (-to), dziarski (-ko)
Keeper ['ki:-] M SPORT bramkarz
Kefir M (-s; *bpl*) kefir
Kegel M MAT stożek; *zum Kegeln* kręgiel; *umg* **mit Kind und ~** (z) całą rodzinką; **~bahn** F kręgielnia; **~club** → Kegelklub
kegelförmig stożkowaty (-to)

K

Kegelklub M klub kręglarski
kegeln (-le) ⟨za⟩grać w kręgle
Kegel|n N (-s; bpl), **~sport** M kręglarstwo; **~stumpf** M stożek ścięty
Kehle F gardło; **aus voller ~** na całe gardło; *umg fig* **etw in die falsche ~ bekommen** brać ⟨wziąć⟩ za złe (*akk*)
kehlig *Stimme, Laut* gardłowy (-wo)
Kehl|kopf M krtań *f*; MED *in zssgn* krtaniowy, … krtani; **~laut** M JĘZ spółgłoska laryngalna
Kehraus M (*unv*) ostatni taniec
Kehr|besen M miotła; **~e** F (ostry) zakręt, *a.* LOTN wiraż; serpentyna; (*Wendekehre*) pętla zwrotna; SPORT zwrot, obrót
kehren[1] *pf-niem* (*fegen*) ⟨po⟩zamiatać ⟨zamieść⟩
kehren[2] (*wenden*) odwracać ⟨-wrócić⟩ się (**j-m den Rücken** plecami do *gen*); **etw nach außen ~** wywracać ⟨-wrócić⟩; V/R **sich nicht ~** (**an** *akk*) nie dbać, nie troszczyć się (o *akk*); MIL **kehrt!** w tył zwrot!
Kehricht M *od* N (-s; *bpl*) śmieci(e) *mpl*
Kehrichtschaufel F śmietniczka
Kehrmaschine F zamiatarka
Kehr|reim M refren; **~seite** F odwrotna strona (**der Medaille** medalu); *umg* (*Rücken*) tył; (*Gesäß*) *pop* tyłek
kehrtmachen V/I *umg* zawracać ⟨-wrócić⟩; MIL ⟨z⟩robić w tył zwrot
Kehrtwendung F zwrot w tył; *fig* zwrot
Kehrwert M MAT odwrotność *f*
keifen V/I pyskować, wykłócać się
Keil M (-[e]s; -e) klin, *dim* klinek
Keilabsatz M koturn
Keile F *umg reg* lanie; **~ kriegen** dosta(wa)ć manto
keilen *umg* V/T (*j-n abwerben*) ⟨s⟩kaptować; V/R **sich ~** lać się, okładać się
Keiler M odyniec
Keile'rei *umg* F rozróba, przewalanka
keilförmig klinow(at)y (-to, -wo)
Keil|hose F wąskie spodnie *pl* narciarskie; **~kissen** N (klinowaty) podgłówek; **~riemen** M pas(ek) klinowy
Keilschrift F (*bpl*) pismo klinowe
Keim M (-[e]s; -e) BIOL zarodek; zalążek; *fig a.* zaczątek; (*Krankheitserreger*) zarazek; **etw im ~ ersticken** zdusić *pf* w zarodku (*akk*); → Keimling
Keimdrüse F gruczoł płciowy
keimen V/I ⟨za⟩kiełkować (*a. fig*)
keimfrei MED jałowy, aseptyczny
Keimling M (-s; -e) kiełek
keimtötend bakteriobójczy (-czo)
Keim|träger(in) M(F) MED nosiciel(ka) (zarazków); **~zelle** F komórka zarodkowa; *fig* → Keim
kein żaden (-dna *f*, -dne *n*, *pl*); (*nicht ein*) ani jeden (-dna *f*, -dno *n*); **~ Wort** ani słowa; **~ Mensch** *od* **~er weiß es** nikt nie wie; **ich habe ~(e)** … nie mam (*gen*); **das ist ~** … to nie (jest) …; **es ist ~ Brot da** chleba nie ma; **er ist ~ Pole** on nie jest Polakiem
keinerlei ADJ (*unv*) żaden (-dna *f*, -dne *n*, *pl*)
keines|falls ADV w żadnym wypadku; pod żadnym warunkiem; **~wegs** ADV bynajmniej nie, wcale nie
keinmal ADV ani razu
Keks M *od* N (-[es]; -e) herbatnik
Kelch M (-[e]s; -e) kielich
Kelle F (*Suppenkelle*) łyżka wazowa, warząchew *f*; (*Maurerwerkzeug*) kielnia; *umg* (*Signalkelle*) lizak
Keller M piwnica, *dim* piwniczka
Kellerassel F stonoga
Keller|geschoss N kondygnacja podziemna; suterena, podziemie; **~meister** M kiper; **~treppe** F schody *pl* piwniczne; **~wohnung** F suterena, mieszkanie w suterenie
Kellner(in) M(F) kelner(ka)
kellnern (-re) *umg* kelnerować
Kelten MPL Celtowie *mpl*
Kelter F (-; -n) tłocznia, prasa
keltern (-re) tłoczyć, wytłaczać (wino, moszcz)
keltisch celtycki (po -ku)
keni'anisch kenijski
kennen (*kannte, gekannt*) V/T znać (*v/r* **sich** się, siebie); **wir ~ uns** (**nicht** nie) znamy się; **~ lernen** → kennenlernen
kennenlernen pozna(wa)ć (**sich, einander** się); **etw ~** *a.* zapozna(wa)ć się (z *inst*)
Kenner(in) M(F) znawca *m* (-wczyni), koneser(ka)
Kennerblick M: **mit ~** okiem znawcy
Kennermiene F mina znawcy
kenntlich ADJ: **etw ~ machen** ⟨o⟩znakować (*akk*)
Kenntnis F (-; *bpl*) znajomość *f*; **j-n in ~ setzen** ⟨po⟩informować k-o (**von, über** *akk* o *lok*); **etw zur ~ nehmen** przyjmować

K

⟨przyjąć⟩ do wiadomości (*akk*); *lit* **das entzieht sich meiner ~** o tym nic mi nie wiadomo; → Kenntnisse

Kenntnisnahme F (*bpl*): **mit der Bitte um ~** do wiadomości

kenntnisreich *Person* posiadający głęboką wiedzę; *präd* ze znajomością rzeczy; → sachkundig

Kenntnisse *nur* PL (-) wiedza, wiadomości *fpl* (**in** *dat* **z** *gen*)

Kenn|wort N (PL *-wörter*) hasło; **~zahl** F liczba znamionowa, wyróżnik; → Kennziffer

Kennzeichen N (*Merkmal*) cecha; (*Markierung*) znamię, oznaka, znak; AUTO tablica rejestracyjna; **besondere ~** znaki *mpl* szczególne

kennzeich|nen (*charakterisieren*) cechować; **~nend** ADJ charakterystyczny, znamienny

Kennziffer F → Kennzahl; MAT cecha (logarytmu); EKON wskaźnik

K

kentern V/I (*-re; sn*) wywracać ⟨wywrócić⟩ się (do góry dnem)

Ke'ramik F ceramika

ke'ramisch ceramiczny

Kerbe F karb, nacięcie; *umg fig* **in die gleiche ~ hauen** powtarzać w kółko (jedno i) to samo

Kerbel M BOT trybula (ogrodowa)

kerben nacinać ⟨-ciąć⟩, karbować

Kerbholz N: *fig umg* **etwas auf dem ~ haben** przeskrobać *pf* coś; **er hat einiges auf dem ~** on ma niemało grzechów na sumieniu

Kerker M (ciężkie) więzienie; HIST ciemnica, loch

Kerl M (*-s; -e od reg -s*) chłop(ak); *abw* facet, typ(ek); **armer ~** biedaczysko *m od n*; **ein ganzer ~** morowy chłop(ak); **ein anständiger, feiner ~** *umg* porządne chłopisko, fajny chłop; (*Frau*) fajna babka

Kerlchen N chłop(a)czyna *m*, smyk

Kern M (-[e]s; -e) rdzeń *m* (*a. fig*); FIZ jądro; *von Steinobst, Kürbis* pestka; *von Kernobst* ziarnko; *des Holzes* twardziel *f*; *fig* sedno, istota (**der Sache** sprawy)

Kern|arbeitszeit F obowiązkowy czas pracy; **~brennstoff** M paliwo jądrowe; **~energie** F (*bpl*) energia jądrowa; **~fach** N obowiązkowy przedmiot nauki (w szkole); **~forschung** F badania *npl* jądrowe; **~frage** F kwestia zasadnicza

Kernfusion F reakcja termojądrowa

Kerngehäuse N BOT gniazdo nasienne

kerngesund *Person* zdrowy jak rydz

kernig jędrny; → derb, robust

Kernkraft F (*bpl*) energia jądrowa; **~gegner(in)** M(F) przeciwnik (-niczka) energetyki jądrowej; **~werk** N elektrownia jądrowa

kernlos *Obst* beznasienny, bezpestkowy

Kern|obst N owoce *mpl* ziarnkowe; **~physik** F fizyka jądrowa; **~problem** N węzłowy problem; **~punkt** M sedno, meritum *n*; **~reaktor** M reaktor jądrowy; **~seife** F mydło rdzeniowe; **~spaltung** F rozszczepienie jądra

Kernspintomo|grafie, **~graphie** F MED tomografia rezonansu magnetycznego

Kernstück N *fig* istotna część; trzon

Kernwaffe F broń jądrowa

kernwaffenfrei bezatomowy

Kernzeit F → Kernarbeitszeit

Kero'sin N (*-s; bpl*) nafta (napędowa)

Kerze F świeca (*a.* TECH, SPORT), świeczka

kerzengerade ADJ: **~ sitzen** siedzieć wyprostowany jak świeca; **sich ~ aufrichten** stanąć *pf* jak świeca

Kerzen|licht N (-[e]s; bpl), **~schein** M światło świecy *od* świec; **~ständer** M lichtarz, świecznik

kess łobuzerski (-ko); → keck, flott

Kessel M kocioł (*pl* kotły) (*a.* GEOL, MIL), *dim* kociołek; (*Teekessel*) czajnik; **~raum** M kotłownia; **~stein** M (*bpl*) kamień kotłowy; **~treiben** N *fig* (**gegen**) nagonka (na *akk*); **~wagen** M KOLEJ wagon zbiornikowy

Ket(s)chup [-tʃap] M *od* N (-[s]; -s) keczup, ketchup

Kettchen N łańcuszek

Kette F łańcuch (*a. fig von Hotels usw*); **~n** *pl a.* okowy *fpl*, kajdany *pl* (*a. fig Fesseln*); (*Schmuck*) łańcuszek; *von Bergen* pasmo, łańcuch; *Weberei* osnowa; LOTN klucz; **j-n in ~n legen** zaku(wa)ć k-o w kajdany; **an der ~** na łańcuchu

ketten (*-e-*): *fig* **j-n an sich ~** przywiąz(y-w)ać do siebie (*akk*)

Ketten|fahrzeug N pojazd gąsienicowy; **~glied** N ogniwo łańcucha; **~hund** M pies łańcuchowy; **~raucher(in)** M(F) namiętny palacz (namiętna palaczka); **~reaktion** F reakcja łańcuchowa; **~sä-**

ge F piła łańcuchowa
Ketzer M heretyk (*a. fig*)
Ketze'rei F herezja, kacerstwo
Ketzerin F heretyczka
ketzerisch heretycki, kacerski (po -ku)
keuchen V/I (ciężko) dyszeć, sapać
Keuchhusten M krztusiec, koklusz
Keule F maczuga; KULIN udziec, udko, udo; **chemische ~** miotacz gazowy
keusch cnotliwy (-wie), niewinny
Keuschheit F (*bpl*) cnotliwość *f*
Keyboard ['ki:bɔd] N (*-s; -s*) MUS keyboard; (*Tastatur*) klawiatura
Kfz, KFZ (Kraftfahrzeug) pojazd mechaniczny
KG (Kommanditgesellschaft) spółka komandytowa
khakifarben koloru khaki
Khan M (*-s; -e*) chan
Kichererbse F ciecierzyca
kichern V/I (*-re*) chichotać
Kichern N (*-s; bpl*) chichot
Kick M (*-[e]s; -e*) (*Tritt*) (wy)kop; *umg fig* odlot; **der Sache fehlt der ~** to nie przyprawia o dreszczyk
kicken *umg* V/I kopać piłkę; V/T **den Ball ins Tor ~** posłać *pf* piłkę do bramki
Kicker *umg* M piłkarz
Kickstarter M rozrusznik pedałowy
kidnappen [-nɛpən] por(yw)ać
Kidnapper [-nɛpər] M porywacz, kidnaper
Kidnapping [-nɛpɪŋ] N (*-s; -s*) porwanie, kidnaperstwo
Kiebitz M (*-es; -e*) czajka; *umg fig* kibic
Kiefer[1] F (*-; -n*) BOT sosna
Kiefer[2] M ANAT szczęka
Kieferhöhle F ANAT zatoka szczękowa
Kiefern|holz N drzewo sosnowe, sośnina; **~wald** M las sosnowy, sośnina
Kiel[1] M (*-[e]s; -e*) MAR stępka, kil *m*
Kiel[2] N (*-s; bpl*) Kilonia *f*
kiel'oben ADV dnem do góry
Kielwasser N ślad torowy, kilwater
Kiemen FPL skrzele, skrzela *fpl*
Kien M (*-[e]s; bpl*) smolak; **~apfel** *reg* M szyszka sosny; **~span** M (smolne) łuczywo
Kies M (*-es; -e*) żwir; *min* piryt; *umg* fig (*Geld*) forsa
Kiesel M kamyk (rzeczny), *rund abgeschliffen* otoczak; **~erde** F (*bpl*) ziemia okrzemkowa; **~säure** F (*bpl*) kwas krzemowy; **~stein** M kamyk (rzeczny)
Kies|grube F żwirownia; **~weg** M droga żwirowa, *umg* żwirówka
Kiew ['kiəf] N (*-s; bpl*) Kijów *m*
Kiez *umg* M (*-es; -e*) dzielnica
kiffen *umg* V/I palić skręta
Killer *umg* M morderca *m* (najemny)
Kilo N (*-s; -[s]*) kilo (*a. in zssgn*)
Kilo'gramm N kilogram; **ein fünf ~ schwerer Stein** pięciokilogramowy kamień
Kilo'metergeld N zwrot kosztów przejazdu od kilometra
kilo'meterlang (wielo)kilometrowy
Kilo'meter|stand M ilość *f* kilometrów według licznika; **~zähler** M licznik kilometrów; **~stein** M znak kilometrowy
Kilo'wattstunde F kilowatogodzina
Kimme F szczerbina (celownika)
Kind N (*-[e]s; -er*) dziecko, (*mst fig*) dziecię *n*, *umg* dzieciak; → Kinder; **ein ~ bekommen** ⟨u⟩rodzić dziecko; **von ~ auf** od dziecka; **das ~ beim rechten Namen nennen** nazywać rzeczy po imieniu; *umg* **sich lieb ~ machen (bei)** przypochlebi(a)ć się (*dat*)
Kindchen N dzieciątko, dziecina
Kinder NPL dzieci *pl*; *umg koll* dzieciarnia; **los, ~!** ruszajcie się (chłopaki)!
Kinder|arbeit F (*bpl*) praca dzieci; **~arzt** M, **~ärztin** F pediatra *m*, lekarz (lekarka) chorób dziecięcych; **~bekleidung** F odzież dziecięca; **~bett** N łóżeczko dziecinne; **~buch** M książka dla dzieci
Kinde'rei F dziecinada
Kinder|ermäßigung F ulga podatkowa na dzieci; *bei Fahrpreisen usw* zniżka na dzieci; **~erziehung** F wychowanie dzieci; **~fahrkarte** F bilet dla dziecka; **~fernsehen** N telewizja dla dzieci; **~fest** N zabawa *od* festyn dla dzieci; **~freibetrag** M suma dochodu wolna od podatku dla osób mających na wychowaniu dzieci
kinderfreundlich przyjazny dzieciom
Kinder|garten M przedszkole; **~gärtnerin** F wychowawczyni przedszkolna, *umg* przedszkolanka; **~geld** N (*-es; bpl*) zasiłek na dzieci; **~heim** N dom dziecka; **~krankheit** F choroba dziecięca; PL *fig* początkowe niedomagania *npl*; **~krankenhaus** N szpital dziecięcy; **~krippe** F żłobek (dla dzieci)

K

Kinderlähmung F (*bpl*): **spinale ~** choroba Heinego-Medina
kinder|leicht *umg* łatwiutki (-ko); **~lieb** kochający dzieci; **~los** bezdzietny
Kindermädchen N niańka
Kinderpflege F pielęgnacja niemowląt
kinderreich wielodzietny
Kinder|schänder M *abw* pedofil; **~schar** F gromad(k)a dzieci
Kinderschuh M bucik dziecięcy; *fig* **in den ~en stecken** być *od* znajdować się w powijakach
Kinder|sendung F audycja dla dzieci; **~sicherung** F AUTO zabezpieczenie drzwi przed otwarciem przez dzieci; **~sitz** M *im Auto* fotelik (samochodowy) dla dziecka
Kinderspiel N dziecięca zabawa; (*Brettspiel*) gra dla dzieci; *fig* **das ist (im Vergleich zu) ein ~** to (w porównaniu z *inst*) dziecinna igraszka; **~spielplatz** M plac zabaw (dla dzieci)
Kinder|stube F *fig* kindersztuba; **~tagesstätte** F → Hort, Krippe; **~teller** M KULIN porcja dla dziecka; **~wagen** M wózek dziecięcy; **~zimmer** N pokój dziecinny
Kindes|alter N wiek dziecięcy; **~entführung** F porwanie dziecka; **~misshandlung** F dręczenie dziecka *od* dzieci; **~tötung** F dzieciobójstwo
kindgemäß odpowiedni (-nio) dla dziecka
Kindheit F (*bpl*) dzieciństwo, lata *pl* dziecięce; **von ~ an** od dzieciństwa
Kindheitserinnerungen FPL wspomnienia *npl* z dzieciństwa
kindisch dziecinny; **im Alter ~ werden** z>dziecinnieć na starość; ADV **sich ~ benehmen** zachow(yw)ać się jak dziecko
Kindlein N → Kindchen
kindlich dziecięcy (-co), dziecinny
Kindskopf *umg* M głuptas, dzieciak
Kindsvater M ojciec dziecka
Kinkerlitzchen *umg* PL (*unv*) fidrygałki *fpl*, figle-migle *pl*
Kinn N (-[e]s; -e) podbródek, broda
Kinnhaken M cios podbródkowy
Kino N (*-s; -s*) kino; **ins ~ gehen** iść ⟨pójść⟩ do kina; **~besucher(in)** M(F) widz kinowy; **~gänger(in)** M(F) kinoman(ka); **~karte** F bilet do kina
Kiosk M (-[e]s; -e) kiosk, *umg* budka
Kipfe(r)l N *pl-niem, austr* rogalik
Kippe[1] F (*Zigarettenstummel*) niedopałek, pet
Kippe[2] F → Müllkippe; *umg fig* **auf der ~ stehen** być niepewnym, stać pod znakiem zapytania
kippeln *umg* V/I (*-le*) → wackeln
kippen V/T (*neigen, stürzen*) przechylać ⟨-lić⟩, przewracać ⟨-wrócić⟩; (*schütten*) wsyp(yw)ać (**in** *akk* do *gen*); *umg* **einen ~** golnąć jednego; V/I (*sn*) przechylać ⟨-lić⟩, przewracać ⟨-wrócić⟩ się; **der See ist gekippt** jezioro utraciło zdolność samoregulacji
Kipp|er M (*Fahrzeug*) wywrotka; **~fenster** N okno uchylne; **~schalter** M (wy)łącznik dźwigienkowy
kippsicher niewywrotny
Kirche F kościół; *protestantisch a.* zbór; *orthodox* cerkiew *f*; (*Institution*) Kościół; Cerkiew *f*; **in die ~ gehen** chodzić do kościoła; *umg* **lass die ~ im Dorf!** tylko bez przesady!
Kirchenchor M chór kościelny
Kirchendiener M kościelny *m*
kirchenfeindlich antyreligijny
Kirchen|fenster N okno witrażowe, witraż; **~fürst** M książę *m* Kościoła; **~gemeinde** F gmina kościelna, parafia; (*die Mitglieder*) parafianie *pl*; **~glocke** F dzwon kościelny; **~lied** N pieśń kościelna
Kirchenmaus F: **arm wie eine ~** biedny jak mysz kościelna
Kirchen|musik F muzyka kościelna; **~politik** F polityka Kościoła; **~steuer** F podatek kościelny; **~tag** M synod
Kirchgang M uczęszczanie do kościoła
Kirch|gänger(in) M(F) człowiek religijny (chodzący do kościoła); **~hof** M cmentarz przykościelny; **~lein** N kościółek; *orthodox* cerkiewka
kirchlich kościelny; (*orthodox*) cerkiewny
Kirchturm M wieża kościelna
Kirchweih(e) F odpust
kir'gisisch kirgiski (po -ku)
Kirmes F (*-; -sen*) odpust
Kirsch|baum M drzewo wiśni *od* czereśni; **~blüte** F kwiat wiśni *od* czereśni; **~e** F czereśnia, (*Weichselkirsche*) wiśnia; **~likör** M likier wiśniowy, wiśniówka; (*halbtrocken, 40%*) wiśniak; **~wasser** N wódka wiśniowa
Kissen N poduszka, *dim* poduszeczka;

~bezug M poszewka *od* powłoczka na poduszkę
Kiste F skrzynia, skrzynka; *umg fig (Auto, Fernseher)* pudło, grat; *(Angelegenheit)* materia; → Kasten
kistenweise całymi skrzyniami, pełne skrzynie
Kitsch M (-[e]s; bpl) kicz
kitschig kiczowaty (-to)
Kitt M (-[e]s; -e) kit
Kittchen *umg* N ciupa, kić *m*; **ins ~ kommen** pójść *pf* do ciupy
Kittel M kitel, fartuch; **~kleid** N sukienka rozpinana do dołu
kitten (-e-) *Scheibe* ⟨za⟩kitować; *Vase usw* ⟨s⟩kleić, ⟨po›sklejać; *Henkel* doklejać ⟨-kleić⟩; *umg fig* naprawi(a)ć
Kitz M *(-es; -e)* koźlę *n*
Kitzel M *(-s; bpl)* łaskotanie, łaskotki *fpl*; *fig* przyjemny dreszczyk
kitzel|ig → kitzlig; **~n** V/T *u.* V/I *(-le)* ⟨po⟩łaskotać, ⟨po›łechtać *(a. fig)*
Kitzler M ANAT łechtaczka
kitzlig łaskotliwy (-wie); *fig Sache* drażliwy (-wie), delikatny
Kiwi F *(-; -s) (Frucht)* kiwi *n*
KKW [ka:ka:'ve:] N (-[s]; -s) (Kernkraftwerk) elektrownia jądrowa
Klacks *umg* M *(-es; -e) fig* pestka, bagatela
Kladde F brulion
klaffen V/I ziać (otworem); **~de Wunde** otwarta rana
kläffen V/I ujadać, szczekać, naszczekiwać
Kläffer *umg* M psina, kundel(ek)
Klage F skarga *(a.* JUR*)*; JUR *a.* powództwo; **~n** PL *a.* żale *pl*, lamenty pl; **e-e ~ anstrengen** wnosić ⟨wnieść⟩ skargę, występować ⟨-stąpić› z powództwem; **keinen Grund zur ~ haben** nie mieć powodów do narzekań; → klagen; **~abweisung** F JUR oddalenie skargi *od* powództwa
Klagelied N pieśń żałobna, tren; *fig* **ein ~ anstimmen** (**über** *akk*) gorzko się użalać (na *akk*)
klagen skarżyć się, narzekać, użalać się (**j-m etw** k-u, przed kimś na *akk*; V/I **über** *akk* na *akk*); JUR (**gegen j-n auf** *akk*) ⟨za⟩skarżyć (k-o o *akk*), wytaczać ⟨-toczyć⟩ powództwo (przeciw k-u o *akk*)
Kläger(in) M(F) powód(ka)
Klageschrift F skarga pisemna, pozew
kläglich żałosny (-śnie); *(dürftig, schäbig)* opłakany, marny
klaglos ADV bez (słowa) skargi
Kla'mauk *umg* M *(-s; bpl)* heca, szop(k)a
klamm wilgotny; *vor Kälte* zdrętwiały; *umg* **er ist ~** *(ohne Geld)* on jest bez grosza
Klamm F głęboki wąwóz (potoku)
Klammer F *(-; -n)* klamra, *dim* klamerka *(a.* MED*)*; *(Klemme)* zacisk; MAT, GRAM nawias; TYPO zszywka; → Büro-, Wäscheklammer; **in ~n setzen** ująć w nawias
Klammeraffe M EDV znak @, „przy"
klammern *(-re)* V/T *Wunde* nakładać ⟨nałożyć⟩ klamerki (na *akk*); *(befestigen)* przypinać ⟨-piąć⟩ spinaczem *od* klamrą (**an** *akk* do *gen*); *v/i Boxen* przytrzymywać *v/r* **sich ~** (**an** *akk*) czepiać ⟨uczepić⟩ się kurczowo *(gen)*; trzymać się kurczowo *(gen)*; przywierać ⟨przywrzeć⟩ (do *gen*)
Klammern N *(-s; bpl)* SPORT klincz
klamm'heimlich *umg* ukryty, *präd* milczkiem, cichaczem
Kla'motte *umg* F *abw* TEATR szmira; *mst* PL **~n** *(Kleidung)* ciuchy *mpl*, łachy *mpl*; *(Sachen)* manatki *pl*
klang, klänge → klingen
Klang M (-[e]s; Klänge) dźwięk; → Ton; *(Klangbild)* brzmienie; **nach den Klängen** *(gen)* przy dźwiękach *(gen)*; **~farbe** F barwa dźwięku; **~fülle** F dźwięczność *f*
klanglos bezdźwięczny; → sanglos
Klangregler M → Tonblende
klangvoll dźwięczny
Klappbett N łóżko składane
Klappe F klapa, *dim* klapka; ANAT zastawka; *beim Filmen* klaps; *umg* **e-e große ~ haben** dużo pyskować; *pop* **die ~ halten** przymknąć się *pf*
klappen V/T: **nach oben** *od* **in die Höhe ~** podnosić ⟨-nieść⟩; V/I *(Geräusch erzeugen)* klapać ⟨-pnąć⟩; *umg fig* iść dobrze, układać się; **nicht ~** nie kleić się; **es hat (nicht) geklappt** to (nie) wyszło; **die Sache klappt** sprawa (będzie) załatwiona
Klapper F *(-; -n)* grzechotka
klapperdürr *umg* chudy jak szczapa
klapperig → klapprig
Klapper|kasten *umg* M, **~kiste** *umg* F gruchot, rzęch
klappern V/I *(-re)* stuk(ot)ać, klapać; grzechotać; *Storch* klekotać; **mit den Zähnen ~** szczękać *od* dzwonić zębami (**vor Kälte** z zimna)
Klapperschlange F grzechotnik

K

Alles klar?

die Folgen klarmachen	uzmysłowić skutki
ein klar denkender Mensch	trzeźwo myślący człowiek
etwas wird jemandem klar	ktoś zaczyna rozumieć coś

Klapperstorch M bocian, *umg* bociek
Klapp|messer N nóż składany, scyzoryk; **~rad** N rower składany, *umg* składak
klapprig *umg* rozklekotany; *fig* cherlawy; niedołężny
Klapp|sitz M straponten; **~stuhl** M krzesło składane; **~verdeck** N *beim Auto* dach składany
Klaps M (*-es; -e*) klaps; *umg* **e-n ~ haben** mieć fioła; **~mühle** *umg* F dom wariatów
klar (*nicht trübe*) przejrzysty (-ście), klarowny; *Stil, Himmel* jasny (-no); (*deutlich*) wyraźny; *Sicht* dobry; MAR (*bereit*) klar, gotowy; **es ist ~, dass** jasne, że; **~ denkend** zdrowo myślący; **sich ~ werden** (**über** *akk*) uświadomić sobie (*akk*); wyrobić sobie zdanie (o *lok*); **sich im Klaren sein** (**über** *akk*) zdawać ⟨zdać⟩ sobie (jasno) sprawę (z *gen*); **e-n ~en Kopf bewahren** nie ⟨s⟩tracić głowy; *umg* **alles ~?** jasne?; **alles ~!** jasne!; **na ~!** mowa!
Klär|anlage F oczyszczalnia ścieków; **~becken** M oczyszczalnik, klarownik
Klarblick M (-[e]s; bpl) wnikliwość *f*
klardenkend ADJ → klar
klären V/T TECH oczyszczać ⟨oczyścić⟩, ⟨s-, wy›klarować (*a. Wein*); *fig* wyjaśni(a)ć; V/I **sich ~** wyjaśni(a)ć się
Klare(r) M (*-n*) (wódka) czysta
klargehen *umg* (*irr; sn*): **mit … geht alles klar** co do … (*gen*), to wszystko gra; **ist alles klargegangen?** wszystko załatwione?; **das geht klar** nie ma problemu, zrobi się
Klarheit F (*bpl*) (*Reinheit*) czystość *f*, przejrzystość *f*; (*Helligkeit, Deutlichkeit, a. fig*) jasność *f*; **sich über etw ~ verschaffen** zasięgnąć *pf* informacji o (*lok*), wyjaśnić *pf* (*akk*)
Klari'nette F klarnet
klarkommen (*irr; sn*) *umg* da(wa)ć sobie radę (**mit** z *inst*); **nicht ~** nie da(wa)ć sobie rady; **kommst du ~?** dasz sobie radę?
klarmachen *umg* ⟨wy⟩klarować (**j-m etw** k-u *akk*); *umg* **sich** (*dat*) **etw ~** zda(wa)ć sobie sprawę z (*gen*), uprzytomnić *pf* sobie (*akk*)
Klärschlamm M osad ze ścieków
Klarschriftleser M czytnik pisma
Klarsicht|hülle F *für Schriftstücke* okładka z przezroczystej folii; *im Album für Fotos, für Visitenkarten usw* wkład z przezroczystej folii; **~packung** F opakowanie z przezroczystej folii
Klarspüler M środek nabłyszczający do płukania naczyń
klarstellen wyjaśni(a)ć, sprostować *pf*
Klartext M tekst niezaszyfrowany; *umg* **im ~** mówiąc jasno; *umg* **mit j-m ~ reden** mówić do k-o ⟨powiedzieć k-u⟩ nie obwijając w bawełnę
Klärung F CHEM klarowanie; *fig* wyjaśnienie
klarwerden (*irr; sn*) → klar
Klärwerk N → Kläranlage
klasse *umg* ADJ (*unv*) klasa
Klasse F klasa; *engS a.* kategoria; *Schüler* **in der zweiten ~ sein** chodzić do drugiej klasy; *umg* **ganz große ~!** pierwsza klasa!, super!
Klassen|arbeit F klasówka; **~beste(r)** F (*m*) prymus(ka); **~buch** N dziennik klasowy; **~gesellschaft** F społeczeństwo klasowe; **~kamerad(in)** M(F) kolega *m* (koleżanka) z klasy; **~kampf** M walka klasowa; **~lehrer(in)** M(F) wychowawca *m* (-wawczyni) klasy
klassenlos bezklasowy
Klassen|lotterie F loteria klasowa; **~sprecher(in)** M(F) gospodarz (gospodyni) klasy; **~treffen** N spotkanie byłych kolegów i koleżanek z klasy
Klassenziel N: *nur in* **das ~ erreichen** otrzym(yw)ać promocję, przechodzić ⟨przejść⟩ do następnej klasy; **das ~ nicht erreichen** repetować klasę
Klassenzimmer N klasa
klassifi'zieren (-) ⟨s⟩klasyfikować
Klassifi'zierung F klasyfikacja
Klassik F (*bpl*) klasyka
Klassiker(in) M(F) klasyk (*a. f*)
klassisch klasyczny

klatsch! INT chlast!; plusk!, chlup!
Klatsch M (-[e]s; bpl) plotka; *koll* plotki *fpl*; **~base** *umg* F → Klatschtante
klatschen[1] V/I *Wasser, Regen* chlapać, chlustać, pluskać; *Wellen* chlupotać (**an** *akk* o *akk*); chlupnąć *pf*, plusnąć (**ins Wasser** do wody); (*klatschend schlagen, fallen*) plaskać, klaskać (*a.* **in die Hände** w dłonie), plasnąć *pf*; klasnąć (**auf** *akk* po *lok*, **gegen** o *akk*); ⟨po⟩klepać, klepnąć *pf* (**auf die Schulter** po ramieniu); *v/t* **Beifall ~** bić brawo
klatschen[2] *umg* V/I (*reden*) plotkować (**über j-n, etw** o *lok*)
Klatsche|n N (-*s*; *bpl*) *in die Hände* klaskanie; (*Beifall*) oklaski *mpl*; → **~'rei** *umg* F plotkowanie, plotki *fpl*
klatschhaft plotkarski; **... ist ein ~er Typ** ... ma plotkarski język
Klatschmaul N → Klatschtante
Klatschmohn M mak polny
klatschnass *umg*: **~ werden** zmoknąć *pf* do (suchej) nitki
Klatschspalte *umg* F kronika towarzyska
Klatschtante *umg* F plotkar(k)a, plotkarz
klauben → pflücken; *umg pf-niem*, *austr Kartoffeln* kopać
Klaue F (*Kralle*) szpon, pazur; (*Huf*) racica; *umg* **e-e fürchterliche ~ haben** strasznie gryzmolić
klauen *umg* V/T ⟨u⟩kraść, buchnąć *pf*, zwędzić, zwinąć; V/I kraść
Klause F cela (klasztorna); (*Einsiedelei*) pustelnia
Klausel F (-; -*n*) klauzula
Klau'sur F klauzura; → **~arbeit** F praca egzaminacyjna pod nadzorem; **~tagung** F konferencja *od* narada przy drzwiach zamkniętych
Klavia'tur F klawiatura
Kla'vier N (-[e]s; -e) fortepian; **er spielt ~** on gra na fortepianie
Kla'vierbegleitung F: **mit ~** przy akompaniamencie fortepianu
Kla'vier|konzert N koncert fortepianowy; **~lehrer(in)** M(F) nauczyciel(ka) gry na fortepianie; **~schule** F szkoła gry na fortepianie; **~sonate** F sonata fortepianowa; **~spieler(in)** M(F) pianista *m* (-tka); **~stunde** F lekcja gry na fortepianie
Klebeband N taśma samoprzylepna
Klebefolie F folia samoprzylepna
kleben V/T ⟨s⟩kleić; naklejać ⟨-kleić⟩ (**auf** *akk* na *akk*); przyklejać ⟨-kleić⟩ (**an** *akk* do *gen*); *umg* **j-m eine ~** wlepić *pf* k-u policzek; V/I kleić się, lepić się, przyklejać ⟨-kleić⟩ się (**an** *dat* do *gen*)
Kleber M klej; BOT gluten
Klebestift M klej (biurowy) w sztyfcie
klebrig lepki (-ko), kleisty (-ście)
Klebstelle F miejsce sklejenia, sklejka
Klebstoff M klej, środek klejący
klecker|n *umg* (-*re*) V/I chlapać, bryzgać; (*sn*) (*tropfen*) kapać; V/T (**etw über, auf** *akk*) pochlapać, zachlapać *pf* (coś *inst*); **~weise** *umg* ADV ślamazarnie, w ślimaczym tempie
Klecks M (-*es*; -*e*) plama, kleks; *umg* **ein ~ Butter** odrobina masła
klecksen V/I (**auf etw**) zrobić *pf* kleksa (na *inst*), poplamić *pf* (*akk*); *Füller* robić kleksy, plamić; *abw umg* (*malen*) paćkać, pacykować, bazgrać
Klee M (-*s*; *bpl*) koniczyna
Kleeblatt N liść *m* koniczyny; *fig* nierozłączna trójka; *Straßenbau* skrzyżowanie w kształcie liścia koniczyny
Kleid N (-[*e*]s; -er) suknia, sukienka; *a. fig* szata; **~er** PL *a.* odzież *f*; **~er machen Leute** jak cię widzą, tak cię piszą; **~chen** N sukieneczka
kleiden (-*e*-) V/T ub(ie)rać (*v/r* **sich** się; **in** *akk* w *akk*); **dieser Hut kleidet dich gut** w tym kapeluszu jest ci do twarzy; *fig* **in Worte ~** wyrazić słowami
Kleider|bügel M wieszak, ramiączko; **~bürste** F szczotka do ubrania; **~haken** M wieszak; **~schrank** M szafa na ubranie; **~ständer** M wieszak stojący; **~stoff** M materiał sukienkowy
kleidsam (*zu j-m passend*) twarzowy (-wo); (*geschmackvoll*) gustowny
Klei|dung F (*bpl*) ubiór, odzież *f*, ubranie; **~dungsstück** N część *f* garderoby, część *f* ubioru
Kleie F (*bpl*) otręby *pl*
klein mały (*a. zeitlich*), niewielki; (*gering, fein*) drobny (*a. Geld*); **~er Junge** mały chłopak; **~ kariert** w drobną kratkę; **~ schneiden, ~ hacken** drobno ⟨po⟩kroić *od* ⟨po⟩siekać; **ein ~ wenig** odrobin(k)ę, troszeczkę; **von ~ auf** od małego; *umg fig* **~ anfangen** zaczynać od małego; **Groß und Klein** wszyscy, dorośli i dzieci; → Kleine, kleiner, kleinste

Klein|anleger M drobny inwestor; **~anzeige** F drobne ogłoszenie prasowe; **~arbeit** F dłubanina
Klein'asien N (-s; bpl) Azja Mniejsza
Klein|bahn F kolejka wąskotorowa; **~bauer** M chłop małorolny; **~betrieb** M małe przedsiębiorstwo, mały zakład (produkcyjny); AGR małe gospodarstwo rolne; **~bildkamera** F aparat małoobrazkowy; **~buchstabe** M mała litera; **~bürger** M drobnomieszczanin
kleinbürgerlich drobnomieszczański
Kleinbus M mikroautobus
Kleine F mała, maleńka, maleństwo; **~(r)** M mały, maleńki, maluch, malec; **das ~, ~s** *von Babys, Tieren a.* małe; **die ~n** maluchy, malcy, małe *pl*
kleiner *komp* ADJ (po)mniejszy, drobniejszy; ADV drobniej; **~ machen** pomniejszać, zmniejszać ⟨-szyć⟩; **~ werden** zmniejszać ⟨-szyć⟩ się, ⟨z⟩maleć
Kleinfamilie F mała rodzina (dwupokoleniowa)
Kleingarten M ogródek działkowy
Kleingedruckte N: **das ~, ~s** to co napisane (jest) drobnym drukiem
Kleingeld N drobne (pieniądze) *pl*
klein|gewachsen ADJ małego wzrostu; **~hacken** → klein
Kleinhirn N móżdżek
Kleinholz N (*bpl*) drzazgi *fpl*; *umg fig* **~ machen** (**aus** *dat*) rozbi(ja)ć w drzazgi (*akk*)
Kleinigkeit F (*Lappalie*) drobnostka, drobiazg; (*ein wenig*) odrobina; **e-e ~** ... odrobinę (*inf, gen*); **e-e ~ essen** coś przekąsić *pf*
Kleinkalibergewehr N karabinek małokalibrowy, flower
kleinkariert *fig* ograniczony; *Stoff* → klein
Kleinkind N dziecko w wieku przedszkolnym, małe dziecko
Kleinkram *umg* M drobiazgi *mpl*
Kleinkrieg M wojna podjazdowa
kleinkriegen *umg* → zerkleinern, kaputt machen; *fig* **sich nicht ~ lassen** nie kapitulować (im)pf, nie da(wa)ć się
Kleinkriminalität F drobna przestępczość
Kleinkunstbühne F kabaret (literacki)
kleinlaut speszony, onieśmielony; **~ werden** ⟨s⟩peszyć się
kleinlich małostkowy (-wo), drobiazgowy (-wo); (*engstirnig*) ograniczony
Kleinmut M małoduszność *f*
kleinmütig małoduszny
Kleinod N (-[e]s; -e od -dien) klejnot
klein|schneiden (*irr*) → klein; **~schreiben** (*irr*) pisać małą literą
Kleinstaat M państewko
Kleinstadt M (małe) miasteczko
kleinstädtisch małomiasteczkowy
kleinste *sup* ADJ najmniejszy, najdrobniejszy; **bis ins Kleinste** do najdrobniejszych szczegółów
Kleinstlebewesen N drobnoustrój
Kleintier N małe zwierzę; **~e** PL drobna zwierzyna; AGR drobny inwentarz
Klein|transporter M samochód dostawczy; **~vieh** N drobny inwentarz; **~wagen** M samochód małolitrażowy
kleinwüchsig niskiego wzrostu
Kleister M klajster
kleistern (-*re*) klajstrować; → kleben
Klemen'tine [k-] F klementynka
Klemme F zacisk; MED kleszcze *pl*, kleszczyki *pl*; *umg fig* **in der ~ sitzen** znaleźć się *pf od* być w tarapatach; **j-m aus der ~ helfen** wybawi(a)ć k-o z opresji
klemmen V/T zaciskać ⟨-snąć⟩; wciskać ⟨-snąć⟩ (**zwischen** *akk* między *akk*; **unter den Arm** pod pachę); V/I *Schublade* zacinać ⟨-ciąć⟩ się, zakleszczać ⟨-czyć⟩ się; V/R **sich den Finger ~** przycinać ⟨-ciąć⟩ sobie palec; *umg fig* **sich hinter** *e-e Sache* **~** forsować (A)
Klempner M blacharz; (*Installateur*) hydraulik, instalator; **~arbeiten** FPL prace *fpl* instalacyjno-hydrauliczne
Kleptoma'nie F (*bpl*) kleptomania
kleri'kal klerykalny
Klerus M (-; *bpl*) duchowieństwo, kler
Klette F BOT łopian; (*Blütenkopf*) rzep; *umg* **wie e-e ~ an j-m hängen** przyczepić się *pf* do k-o jak rzep do psiego ogona
Klette|'rei F wspinanie się, (w)łażenie; SPORT wspinaczka (górska); **~rer** M *Bergsport* wspinacz
Klettergerüst N drabinka do wspinania się (na placu zabaw)
Kletterin F *Bergsport* alpinistka, wspinacz
klettern V/I (-*re*; *sn*) wspinać ⟨wspiąć⟩ się, wdrap(yw)ać się (**auf den Gipfel** na szczyt), włazić ⟨wleźć⟩ (**aufs Dach** na dach; **in die Kiste** do skrzyni); łazić (**auf Bäume** po drzewach); *umg* (**aus** *dat*) wyłazić ⟨wy-

leźć⟩, wygramolić się *pf* (z *gen*); (**über** *akk*) przełazić ⟨przeleźć⟩ (przez *akk*); *Pflanze* piąć się; *fig umg* → **steigen**; (*a. h*) SPORT uprawiać wspinaczkę

Kletter|pflanze F pnącze, roślina pnąca; **~schuhe** MPL kleterki *mpl*; **~seil** N lina alpinistyczna

Klettertour F wspinaczka

Klettverschluss M rzep

klick INT pstryk; *umg* **da machte es bei ihm ~** wtedy on się kapnął; **~en** pstrykać ⟨-knąć⟩; EDV (**auf** *akk*) klikać, kliknąć *pf* (*akk*)

Kli'ent M (-*en*) klient; **~in** F klientka

Klima N (-*s*; -*s*) klimat (*a. fig*); **~anlage** F urządzenie klimatyzacyjne, klimatyzator; **~erwärmung** F ocieplanie się klimatu; **~forscher(in)** M(F) klimatolog

Klimak'terium N (-*s*; *bpl*) przekwitanie, klimakterium *n*

kli|maschädigend ADJ szkodliwy dla klimatu; **~'matisch** klimatyczny

Klima|schutz M ochrona klimatu; **~wechsel** M zmiana klimatu; **~zone** F strefa klimatyczna

Klimati'sierung F klimatyzacja

Klimbim *umg* M (-*s*; *bpl*) (*Kram*) bambetle *pl*; (*Aufheben*) hałas, szum

Klimmzug M podciągnięcie na rękach, podciągnięcie na drążku

klimpern V/I (-*re*) brzękać, pobrzękiwać, brzęknąć *pf* (**mit** *inst*); brzdąkać (**auf dem Klavier** na fortepianie)

Klinge F ostrze, brzeszczot; *e-s Säbels, Schwerts* klinga, głownia

Klingel F (-; -*n*) dzwonek; **~beutel** M woreczek używany do kwestowania; **~knopf** M przycisk dzwonka

klingeln (-*le*) V/I ⟨za⟩dzwonić; **an j-s Tür ~** dzwonić do mieszkania (*gen*); *unpers* **es klingelt** ktoś dzwoni

Klingeln N (-*s*; *bpl*) dzwonek

klingen V/I (*klang, geklungen*) *Glocke, Stimme usw* brzmieć; *Glas, Metall* dźwięczeć; **das klingt (nach, als ob) …** to brzmi (jak, jak gdyby) …

Klinik F klinika

klinisch kliniczny; **~ tot sein** być w stanie śmierci klinicznej

Klinke F klamka; TECH (*Sperrklinke*) zapadka; *umg* **bei … geben sich die Leute die ~ in die Hand** u … drzwi się nie zamykają

Klinker M klinkier(owy *in zssgn*)

klipp ADV: *umg* **~ und klar** jasno i wyraźnie

Klipp M → Clip, Videoclip

Klippe F skała podwodna, rafa

Klips M (-*es*; -*e*) → Clip

klirren V/I *Glas* brzęczeć, dźwięczeć, brzęknąć *pf*; *Ketten* brzękać, brzęknąć *pf*; *Sporen* dzwonić; **~de Kälte** trzaskający mróz

Kli'schee N (-*s*; -*s*) klisza (*a. fig*); *fig a.* szablon; (*Redensart*) banał, frazes

kli'scheehaft stereotypowy

Klis'tier N (-[*e*]*s*; -*e*) wlew, lewatywa

Klitoris F (-; - *od Kli'torides*) łechtaczka

klitsch(e)nass *umg* mokrzuteńki

klitzeklein *umg* maluśki, malut(eń)ki

Klo *umg* N (-*s*; -*s*) klop, wucet

Klo'ake F kloaka; ZOOL *a.* stek

Kloben M → Holzklotz

klobig nieforemny, niekształtny

Klo|brille *umg* F oczko; **~frau** *umg* F babcia klozetowa; **~papier** N papier toaletowy

klonen BIOL klonować

klönen *reg* V/I ⟨po⟩gawędzić

Klonen N (-*s*; *bpl*) BIOL klonowanie

klopfen V/I ⟨za⟩pukać, ⟨za›stukać, puknąć *pf*, stuknąć (**an** *akk* do *gen*); *Herz* kołatać; ⟨po⟩klepać (**j-m auf die Schulter** k-o po ramieniu); *unpers* **es klopft** ktoś puka; coś puka; V/T *Teppich* ⟨wy⟩trzepać

Klopfen N (-*s*; *bpl*) stuk(anie), pukanie

Klopfer M kołatka; → Teppichklopfer

klopffest: **~es Benzin** benzyna wysokooktanowa

Klöppel M *e-r Glocke* serce (dzwonu); *zum Klöppeln* klocek

klöppeln V/I (-*le*) robić koronki na klockach

Klöppelspitze F koronka klockowa

Klops M (-*es*; -*e*) klopsik; **Königsberger ~e** klopsiki *mpl* duszone w białym sosie z kaparami

Klosett N (-[*e*]*s*; -*s* od -*e*) klozet; **~becken** N miska klozetowa; **~brille** F sedes, *umg* oczko

Kloß M (-*es*; *Klöße*) knedel; (*Hefekloß*) pyza; (*Fleischkloß*) pulpet; *umg* **e-n ~ im Hals haben** nie móc wykrztusić słowa

Klößchen N kluska, uszko; *aus Fisch, Fleisch* pulpet, pulpecik, klopsik

Kloster N (-*s*; *Klöster*) klasztor; **ins ~ gehen** wstępować ⟨wstąpić⟩ do klasztoru

Klostergarten N ogród przyklasztorny
klösterlich klasztorny
Klosterschule F szkoła klasztorna
Klotz M (*-es; Klötze*) kloc (*a. fig*), kłoda; *dim* klocek; *umg fig* **ungehobelter ~** gbur; **j-m ein ~ am Bein sein** być k-u kulą u nogi
Klötzchen N klocek
klotz|en *umg* V/I iść ⟨pójść⟩ na całego; (*hart arbeiten*) zasuwać, *vulg* zapierdalać; **~ig** → klobig; *umg* (*riesig*) ogromniasty
Klub M (*-s; -s*) klub; **~mitglied** N członek *od f* członkini klubu; **~sessel** M fotel klubowy
Kluft[1] F (*-; Klüfte*) rozpadlina; *fig* przepaść *f*
Kluft[2] *umg* F (*Kleider*) odzienie, odziewek
klug (*klüger, klügste*) mądry (-rze); (*vernünftig*) rozsądny, rozumny; **~ werden** zmądrzeć *pf*; **nicht ~ werden (aus j-m)** *umg* nie móc rozgryźć, nie móc zrozumieć (*gen*)
klüger *komp* ADJ mądrzejszy; rozsądniejszy; ADV rozsądniej; **~ werden** ⟨z⟩mądrzeć; **~ geworden durch ...** nauczony (*inst*); **der Klügere gibt nach** mądry głupiemu ustąpi
klugerweise ADV przezornie, rozważnie
Klugheit F (*bpl*) mądrość *f*; (*Vernunft*) rozsądek; *iron nur* PL **~en** mędrkowanie, mądrzenie się
Klugscheißer *pop* M *abw* mędrek, mądrala *m*
klügste *sup* najmądrzejszy; **ich halte es für das Klügste, zu ...** uważam, że najrozsądniej jest (+ *inf*)
Klümpchen N grudka, bryłka
klumpen V/I zbi(ja)ć się w grudki; (*gerinnen*) krzepnąć
Klumpen M bryła, *bes Erde* gruda
Klumpfuß M stopa szpotawa
klumpig brył(k)owaty, grudkowaty; **~ werden** skawalać ⟨-lić⟩ się
Klüngel N *abw* klika, koteria, sitwa
Klunker *umg* M (*Schmuckstein*) kamień *m*, brylant; *im Ring* oczko
knabbern (*-re*) V/T chrupać (*akk*); V/I (**an** *dat*) nadgryzać ⟨-gryźć⟩ (*akk*); → nagen
Knabe M (*-n*) chłopiec; *umg* **alter ~** stary
Knabenchor M chór chłopięcy
knabenhaft chłopięcy; *präd* chłopięco, po chłopięcemu
Knäckebrot N chrupkie pieczywo
knacken V/T *Nuss* rozgryzać ⟨-gryźć⟩ (*pf a. fig*); *umg Safe* rozpru(wa)ć; *Auto* włam(yw)ać się (do *gen*); *Geheimcode* złamać *pf*; V/I (*zerbrechen, zerspringen*) trzaskać, trzasnąć *pf*; *Fußboden, Telefon usw* trzeszczeć; *Gelenke* chrupać, chrupnąć *pf*; *unpers* **es knackt** trzeszczy (**in** *dat* w *lok*); *fig* **e-e harte Nuss zu ~ haben** mieć twardy orzech do zgryzienia
Knacker *umg* M (*Wurst*) kiełbaska (na gorąco); **alter ~** *abw* (*Person*) stary piernik, ramol, *vulg* stary pierdoła
knackig (*knusprig*) chrupiący; (*frisch, fest*) jędrny (*a. fig*)
Knackpunkt *umg* M zasadniczy punkt
Knacks M (*-es; -e*) (*Geräusch*) trzask, trzaśnięcie, chrupnięcie; *umg* (*Riss, Sprung*) pęknięcie; **ihre Ehe bekam e-n ~** ich małżeństwo zaczęło szwankować; **e-n leichten ~ haben** być trochę nie tego
Knackwurst F kiełbaska (na gorąco)
Knall M (*-[e]s; -e*) huk, trzask; *e-r Peitsche* trzask; **mit e-m ~** z łoskotem, z hukiem (**ins Schloss fallen** zatrzasnąć się; **herunterfallen** spaść); *umg* **~ und Fall** ni z tego, ni z owego; *umg* **e-n ~ haben** mieć szmergla *od* świra
knallbunt *umg* w jaskrawych kolorach
Knalleffekt *umg* M zaskakujący efekt
knallen V/I (*e-n Knall erzeugen*) hukać, huknąć *pf*; *Schuss, Donner a.* gruchać, gruchnąć *pf*; *Peitsche, Tür* trzaskać, trzasnąć *pf*; *Korken, Schuss* strzelać, *umg* pukać, puknąć *pf*; *Sonne* palić; *umg* (*sn*) **gegen etw ~** grzmotnąć się *pf* o (*akk*), wpadać ⟨wpaść⟩ na (*akk*); **auf etw ~** grzmotnąć *pf*, rymnąć *pf* na (*akk*); V/T *umg* (*werfen*) ciskać ⟨cisnąć⟩; *Ball, Kugel* wpakować *pf*; **j-m eine ~** gwizdnąć *pf* k-o w ucho; **j-n über den Haufen ~** rozwalić *pf*, puknąć *pf* (*akk*)
Knalle'rei *umg* F pukanina
Knallfrosch M mała petarda
Knallgas N (*bpl*) mieszanina piorunująca
knallhart *umg* bezlitosny, okrutny; ADV *a.* twardo
knallig *umg* jaskrawy (-wo), rażący (-co)
Knallkopf *pop* M przygłup, szajbus
Knallkörper M petarda
knall'rot *umg* jaskrawoczerwony
knapp (*eng*) ciasny (-no); *Kleid a.* obcisły (-ło, -śle), opięty; (*kurz*) kusy (-so), przykrótki (-ko); *Text, Zeit usw* krótki (-ko); *Stunde* niecały; *Menge, Lohn usw* skąpy (-po); *Mehrheit, Sieg* nieznaczny; *Stil*

zwięzły (-źle); *präd* (*gerade so*) ledwo; prawie; (*nahe, dicht*) tuż (**unter** *dat* pod *inst*; **an** *dat* koło, obok *gen*); **das Geld ist ~** z pieniędzmi (jest) krucho; **die Zeit wird ~** czas ucieka; **ich bin ~ mit der Zeit** nie mam zbyt wiele czasu; **ein ~es Jahr nach** ... w ciągu niespełna roku po ...; **in ~en Worten** w krótkich słowach; **mit ~er Not** z biedą, ledwo ledwo; *umg* **nicht zu ~** porządnie, ile wlezie

Knapp|heit F (*bpl*) (*Mangel an etw, an Zeit*) brak; (*Spärlichkeit*) szczupłość *f*; (*Kürze*) krótkość *f*, zwięzłość *f*; **~schaft** F bractwo górnicze, gwarectwo

Knarre *umg* F (*Gewehr*) giwera

knarren *Diele usw* ⟨za⟩skrzypieć, skrzypnąć *pf*, trzeszczeć

knarrend ADJ skrzypiący

Knast *umg* M (-[e]s; -e od Knäste) kryminał, pudło, mamer, *vulg* pierdel; **5 Jahre ~ bekommen** dostać *pf* pięć lat odsiadki; **~ schieben** siedzieć w mamrze; **~bruder** *umg* M więzień, *umg* ptaszek

knattern (-*re*) *Motor, Maschine* terkotać, warkotać; *Flagge* furkotać; *Motorrad, Flugzeug* jechać *od* lecieć z turkotem

Knäuel M *od* N kłębek; *fig a.* kłębowisko

Knauf M (-[e]s; Knäufe) *am Stock, an der Tür* gałka

Knauser *umg* M *abw* kutwa *m*, sknera *m*

knaus(e)rig *umg abw* skąpy, oszczędny do przesady

knausern *umg* (-*re*) *abw* (**mit**) skąpić (*gen*)

knautschen *umg* V/T ⟨z⟩miąć (*v/i* się)

Knautschzone F AUTO strefa kontrolowanego zgniotu

Knebel M knebel; (*Querholz*) przetyczka; **~griff** M TECH pokrętło

knebeln (-*le*) ⟨za⟩kneblować; *fig* krępować, hamować

Knecht M (-[e]s; -e) parobek, pachołek

knechten (-*e*-) ujarzmi(a)ć, ciemiężyć

Knechtschaft F (*bpl*) niewola

kneifen (*kniff, gekniffen*) V/T szczypać, uszczypnąć *pf* (**j-n**, *a. v/i* **j-m in** *akk* k-o w *akk*); *v/i Kragen usw* uwierać, uciskać, cisnąć; *umg fig* (**vor** *dat*) mieć stracha (przed *inst*); (*sich drücken*) wymigiwać się (od *gen*)

Kneifzange F obcęgi *pl* do gwoździ

Knei|pe *umg* F knajpa, *dim* knajpka; *abw* karczma; **~penwirt** M knajpiarz

Kneippkur F MED kuracja według metody Kneippa

Knete *umg* F (*bpl*) plastelina; *fig* (*Geld*) kasa, szmal

kneten (-*e*-) gnieść, ugniatać; ⟨u⟩formować; *Teig* zagniatać ⟨zagnieść⟩

Knetmasse F plastelina

Knick M (-[e]s; -e) z(a)gięcie, załamanie, *a. e-r Straße* załom; **die Straße macht e-n ~** ulica *od* droga ostro skręca

knicken V/T (*falzen*) załam(yw)ać (*v/i*; *sn* się); *Blume, Baum* złamać *pf*; *ohne ganz abzubrechen* nadłam(yw)ać

knick(e)rig *umg* → knaus(e)rig

Knicks M (-*es*; -*e*) dyg

Knie N kolano (*a. fig*, TECH); *dim* kolanko (*a.* TECH); (*Flußbiegung*) zakole; **bis an die ~** po kolana, do kolan; **auf (den) ~n** na kolanach; **in die ~ gehen** osuwać ⟨osunąć⟩ się na kolana; **j-n in die ~ zwingen** złamać *pf* opór (*gen*); *umg* **übers ~ brechen** ⟨z⟩robić od załatwi(a)ć na kolanie; **j-n übers ~ legen** da(wa)ć k-u łupnia; *umg* **er bekam weiche ~** kolana się pod nim ugięły

Kniebeuge F SPORT przysiad

kniefrei powyżej kolan, przed kolana

Kniegelenk N staw kolanowy

kniehoch po kolana, do kolan

Kniehose F spodenki pl, krótkie spodnie *pl* (do kolan)

Kniekehle F dołek podkolanowy

knielang → kniehoch; (*das Knie bedeckend*) za kolana

knien ['kniːən] (*kniet, kniete, gekniet*) V/I klęczeć; V/R **sich ~** klękać ⟨(u)klęknąć⟩; *umg* **sich in die Arbeit ~** zab(ie)rać się na serio do pracy

kniend ['kniːənd] ADJ klęczący, *präd* klęcząc

Knie|scheibe F rzepka; **~schützer** M nakolannik; **~strumpf** M podkolanówka

knietief po kolana, do kolan

kniff → kneifen

Kniff M (-[e]s; -e) załamanie; (*Falte*) fałd; *fig* chwyt, trik

kniff(e)lig *umg* trudny (-no), zawiły (-le); (*heikel*) delikatny, drażliwy

Knilch *pop* M (-[e]s; -e) typ(ek), facet, *abw* patafian, *vulg* dupek

knipsen *umg* V/T, V/I pstrykać ⟨-knąć⟩ (**mit den Fingern** palcami; *a.* FOTO); *Fahrkarte*

Knödelwelt

die Semmelknödel	*duża gotowana kluska z mąki, masła i jaj, z przyprawami i kostkami namoczonej w mleku suchej bułki, podawana pokrojona w plastry*
die Spätzle	*małe, podłużne kluseczki z gęstego ciasta makaronowego, gotowane na wodzie*
die Hefeklöße	*duże, okrągłe pyzy z drożdżowego ciasta, gotowane na parze*
kleine, eckige Klößchen aus gekochten Kartoffeln, Mehl und Eiern	kopytka
eckige Klößchen aus Quark, Mehl und Eiern	leniwe pierogi
große, kugelförmige, in siedendem Wasser gekochte Klöße aus geriebenen Kartoffeln mit Mehl und Eiern	pyzy

⟨prze⟩dziurkować

Knirps *umg* M (*-es; -e*) malec, pędrak

knirschen V/I ⟨za⟩chrzęścić, chrupać, chrupnąć *pf*; **mit den Zähnen ~** ⟨za⟩-zgrzytać zębami

knistern V/I (*-re*) *Papier, Seide* szeleścić; *Feuer* potrzaskiwać, trzeszczeć; *fig* iskrzyć (**zwischen ... und ...** między ... a ...); **~de Spannung** naprężona atmosfera, ostre napięcie

knitter|arm odporny na gniecenie; **~frei**, **~fest** niemnący, niegniotący się

knittern (*-re*) V/T ⟨z⟩miąć, ⟨z⟩gnieść (*v/i* się); **der Stoff knittert leicht** tkanina łatwo się gniecie

knobeln V/I (*-le*) rzucać ⟨-cić⟩ losy (**um** o *akk*); *umg fig* głowić się (**an** *dat* nad *inst*)

Knoblauch M (*-s; bpl*) czosnek; **ohne ~** bez czosnku; **~butter** F masło czosnkowe; **~presse** F wyciskacz do czosnku

Knöchel M *des Fußes* kostka; **bis über die ~** *Kleid* przed kostkę; *Wasser* powyżej kostek

Knöchelchen N kosteczka, kostka

knöchellang do kostek

knöcheltief do kostek, powyżej kostek

Knochen M kość *f*, *pop* gnat; **ohne ~** bez kości; *umg* **bis auf die ~** *nass sein* do (suchej) nitki; *sich blamieren* dokumentnie; **Haut und ~** skóra i kości

Knochenarbeit *umg* F (*bpl*) harówka

Knochenbau M: **von kräftigem ~** grubokościsty; **von zartem ~** wątłej budowy

Knochenbruch M złamanie kości

Knochenbrühe F wywar z kości

knochendürr *umg* chudy (jak szkielet)

Knochen|fraß M próchnica kości; **~gerüst** N kościec, układ kostny; **~gewebe** N tkanka kostna

knochenhart twardy jak kość

Knochen|haut F (*bpl*) okostna; **~mark** M szpik kostny; **~mehl** N mączka kostna

knöchern ADJ kościany

knochig ADJ kościsty

Knockout [nɔk'aʊt] M (*-[s]; -s*) nokaut

Knödel M knedel, *mst pl* knedle

Knöllchen N *umg fig* mandat

Knolle F BOT bulwa

Knollenblätterpilz M muchomor sromotnikowy; muchomor jadowity

knollenförmig bulwiasty (-to)

Knollennase *umg* F nochal, kulfon

Knopf M (*-[e]s; Knöpfe*) guzik; TECH, ELEK *a.* przycisk

Knöpfchen N guziczek

Knopfdruck M: **auf ~** za naciśnięciem guzika

knöpfen (*zuknöpfen*) zapinać ⟨zapiąć⟩ na guzik *od* guziki; **vorn geknöpft** zapinany z przodu na guziki

Knopf|leiste F zapięcie na guziki; **~loch** N dziurka (na guzik, od guzika); (*am Revers*) butonierka; **~zelle** F minibateria

Knorpel M chrząstka

knorp(e)lig *Fleisch* z chrząstkami

Knorren M (*Ast*) sękacz; (*Baumstumpf*)

pniak

knorrig *Holz, Hände* sękaty; (*krumm gewachsen*) wykrzywiony; *fig* krzepki; (*brummig*) burkliwy

Knospe F pąk, pączek; **~n treiben** wypuszczać pączki *od* pąki

knospen pączkować

Knötchen N MED guzek, gruzełek

Knoten M węzeł (*a.* MAR, *fig*), supeł, supełek; (*Frisur*) kok; BOT kolanko; (*Verdickung, a.* MED) guz; *umg* **bei ihm ist der ~ geplatzt** (on) nareszcie zmiarkował; **~punkt** M punkt węzłowy; (*Verkehrsknoten*) węzeł komunikacyjny; KOLEJ *a.* stacja węzłowa

knotig ADJ sękaty; guz(k)owaty

Know-how, Knowhow [no:'haʊ] N (-[s]; bpl) know-how *m*

Knuff *umg* M (-[e]s; Knüffe) szturchaniec

knuffen szturchać, szturchnąć *pf*

Knülch *umg* M (-[e]s; -e) → Knilch

knüllen V/T *Papier* ⟨z⟩miąć

Knüller *umg* M przebój, hit

knüpfen V/T *Knoten* wiązać, zawiąz(yw)ać; *Netz* wiązać (*a. fig verbinden mit etw* z *inst*); *Teppich* ⟨z⟩robić; *Kontakt* nawiąz(yw)ać (**zu j-m** z *inst*); **etw ~ an** (*akk*) przywiąz(yw)ać coś do (*gen*); **Freundschaft ~** zadzierzgnąć *pf* węzły przyjaźni

Knüpfteppich M dywan wiązany

Knüppel M kij, pał(k)a, laga; LOTN, AUTO drążek; LEŚN okrąglak; *fig* **j-m ~ zwischen die Beine werfen** rzucać k-u kłody pod nogi

knüppeln (-*le*) bić pałką *od* pałkami, *umg* pałować, grzmocić kijem

Knüppelschaltung F AUTO zmiana biegów dźwignią

knüppelvoll *umg* zatłoczony, przepełniony; **der Raum war ~** w pomieszczeniu był straszny tłok

knurren warczeć, warknąć *pf* (*a. fig*); *umg* **der Magen knurrt** burczy w żołądku

knurrig *umg* mrukliwy

knusprig chrupki; *umg fig* apetyczny; **~ braten** ⟨u⟩smażyć na chrupko

knutschen *umg* V/T namiętnie całować (*v/r* **sich** się); *v/i* **mit j-m ~** pieścić się, *pop abw* macać się (z *inst*)

Knutschfleck *umg* M malinka

k.o. [ka'o:] (knock-out): **j-n ~ schlagen** znokautować k-o; *umg fig* **~ sein** być kompletnie wyczerpanym

K.o. [ka'o:] M (-; -) (Knock-out) nokaut

Koaliti'on F koalicja

Koaliti'ons|krise F kryzys w łonie koalicji; **~partner** M koalicjant; **~regierung** F rząd koalicyjny

koaxi'al ADJ współosiowy

Kobalt N (-[e]s; bpl) kobalt

Koben M AGR kojec (dla świń)

Koblenz N (-; *bpl*) Koblencja *f*

Kobold M (-[e]s; -e) skrzat, kobold

Kobra F kobra (indyjska), okularnik

Koch M (-[e]s; Köche) kucharz; **~beutel** M torebka do gotowania

Kochbuch N książka kucharska

kochecht odporny na gotowanie

Kochecke F kącik do gotowania

kochen V/T ⟨u⟩gotować, *umg* ⟨u⟩pitrasić, ⟨u-, wy›pichcić; *Tee, Kaffee* zaparzać ⟨-rzyć⟩; V/I (*Speisen zubereiten*) gotować; (*sich als Koch betätigen*) gotować, *umg* kucharzyć; *Speisen, Flüssigkeit* gotować się; (*sieden*) ⟨za⟩kipieć (*impf a. umg fig* **vor Wut** ze złości); **~d heißes Wasser** wrzątek

Kochen N (-*s*; *bpl*) gotowanie, *umg* pichcenie, pitraszenie; (*Sieden*) wrzenie; **zum ~ bringen** zagotować *pf*, doprowadzić *pf* do wrzenia

Kocher M maszynka do gotowania, kuchenka; TECH warnik

Köcher M kołczan; (*Futteral*) futerał

Kochfeld N pole grzejne

kochfertig przygotowany do gotowania, w koncentracie; **~e Suppe** zupa błyskawiczna

kochfest odporny na gotowanie

Kochgeschirr N menażka

Köchin F kucharka

Koch|kunst F sztuka kulinarna, kucharstwo; **~kurs** kurs kucharski; **~löffel** M warząchew *f*; **~nische** F wnęka kuchenna; **~platte** F płytka grzejna; → Kocher; **~rezept** N przepis kucharski; **~salz** N (-*es*; *bpl*) sól kuchenna; **~schinken** M szynka gotowana; **~topf** M garnek (do gotowania); **~wäsche** F bielizna nadająca się do gotowania

Kode [ko:t] → Code

Köder M przynęta, wabik (*a. fig*)

Köderfisch M żywiec

ködern (-*re*) brać ⟨wziąć⟩ na przynętę; (**mit**) zwabi(a)ć (*inst*); *fig a.* ⟨s⟩kusić (*inst*)

Kodex M (-[*es*]; -e *od* -dizes) kodeks

K

ko'dieren → codieren
Kodizes PL → Kodex
Koeffizi'ent M (*-en*) współczynnik
Koexistenz F (*bpl*) współistnienie
Koffe'in N (*-s; bpl*) kofeina
koffe'infrei niezawierający kofeiny, bez kofeiny
Koffer M walizka, *großer* waliza; **~anhänger** M przywieszka adresowa (do walizki)
Köfferchen N walizeczka
Koffer|kuli M wózek bagażowy; **~raum** M AUTO bagażnik, *umg* kufer
Kognak ['kɔnjak] M (*-s; -s*) koniak; **~schwenker** M kieliszek do koniaku
Kohäsion F (*bpl*) spójność *f*, kohezja
Kohl M (-[*e*]*s*; bpl, Arten -*e*) kapusta; *umg fig* duby *mpl* smalone, bzdurstwa *npl*
Kohldampf *pop* M (-[*e*]*s*; bpl) straszny głód; **~ schieben** zdychać z głodu
Kohle F węgiel; *umg fig* (*Geld, mst* PL) forsa, flota; **wie auf (glühenden) ~n sitzen** siedzieć jak na rozżarzonych węglach
Kohle|hydrat N węglowodan; **~kraftwerk** N elektrownia węglowa
Kohlen|becken N GEOL zagłębie węglowe; (*Gefäß*) naczynie z żarem; **~bergbau** M górnictwo węglowe; **~bergwerk** N kopalnia węgla; **~dioxid**, **~dioxyd** N (*-s; bpl*) dwutlenek węgla; **~grube** F kopalnia węgla; **~heizung** F opalanie węglem; → Kohle(n)ofen
Kohlen|hydrat N → Kohlehydrat; **~lager** N GEOL złoże węgla; **~monoxid** N (*-s; bpl*) tlenek węgla, czad
Kohle(n)ofen M piec węglowy, piec opalany węglem
Kohlensäure F (*bpl*) kwas węglowy; **ohne ~** *Getränk* niegazowany
kohlensäurehaltig *Getränk* gazowany
Kohlen|schaufel F szufla do węgla; **~staub** M pył węglowy; **~stoff** M (*bpl*) CHEM węgiel; **~wasserstoff** M (*bpl*) węglowodór
Kohlepapier N kalka
Köhler M ZOOL → Seelachs
Kohletablette F węgiel leczniczy w tabletkach
Kohlezeichnung F rysunek węglem
Kohlgemüse N rośliny *fpl* kapustne
Kohlkopf M główka kapusty
Kohlmeise F sikorka bogatka
kohlrabenschwarz *Nacht* ciemny choć oko wykol; *Haar* kruczy
Kohl'rabi M (-[*s*]; -[*s*]) kalarepa
Kohl|roulade F gołąbek; **~rübe** F brukiew *f*; **~sprossen** FPL *austr* brukselka; **~strunk** M głąb kapuściany; **~suppe** F kapuśniak; **~weißling** M ZOOL bielinek kapustnik
Koitus M (*-; -*[*se*]) stosunek płciowy
Koje F MAR koja; (*Stand*) stoisko
Koka'in N (*-s; bpl*) kokaina, *umg* koka
Ko'karde F rozetka
Koke'rei F koksownia
ko'kett kokieteryjny, zalotny
Kokette'rie F (*bpl*) kokieteria
koket'tieren V/I (-): **mit j-m ~** zalecać się do (*gen*); *fig* **mit s-m Alter ~** kokietować swym wiekiem
Kokolores *umg* M (*unv*) dyrdymały *pl*
Kokos|fett N olej kokosowy; **~nuss** F orzech kokosowy; **~palme** F palma kokosowa; **~raspeln** FPL płatki kokosowe
Koks M (*-es; Sorten -e*) koks; *pop* (*Unsinn*) bzdura; *sl* (*Kokain*) koka
koksen *sl* brać kokę
Kokskohle F węgiel koksujący
Koksofen M piec koksowniczy; *für Heizzwecke* piec koksowy
Kolben M kolba (*a.* BOT, CHEM); TECH (*Maschinenteil*) tłok; *umg* (*Nase*) nochal; **~fresser** *umg* M zatarcie się tłoka; **~hirse** F włośnica; **~pumpe** F pompa tłokowa; **~ring** M pierścień tłokowy
Kolchosbauer M HIST kołchoźnik
Kolibakterie F pałeczka okrężnicy
Kolik F MED kolka (*a. bei Tieren*)
kolikartig kolkowy
Kolkrabe M kruk
Kollabora'teur M (*-s; -e*) kolaborant
kollabo'rieren kolaborować
Kollaps M (*-es; -e*) zapaść *f* (*a. fig*)
Kol'leg N (*-s; -s*) wykład; kursy *mpl* przygotowawcze
Kol'lege M (*-n*) kolega *m* (z pracy)
kollegi'al koleżeński, *präd* po koleżeńsku; *Beschluss usw* kolegialny
Kol'legin F koleżanka (z pracy)
Kol'legium N (*-s; -ien*) kolegium *n*
Kol'legmappe F aktówka
Kol'lekte F zbiórka datków, kwesta
Kollekti'on F kolekcja, zbiór
kollek'tiv kolektywny, zespołowy; *präd* kolektywnie, zespołowo
Kollek'tiv N (*-s; -s od -e*) kolektyw, zespół;

in zssgn kolektywny, zbiorowy
Koller *umg* M atak złości; **e-n ~ kriegen** wpaść *pf* w złość
kolli'dieren (-; *sn*) *Fahrzeug* zderzyć się (**mit** z *inst*); (*h*) (*unvereinbar sein, a. zeitlich*) kolidować
Kollisi'on F kolizja (*a. fig,* JUR), zderzenie
Kollisi'onskurs M *fig* zachowanie prowadzące do kolizji
Kolloquium [kɔ'lo:kv-] N (*-s; -ien*) kolokwium *n*
Köln N (*-s; bpl*) Kolonia *f*
Kölnischwasser N (*-s; bpl*) woda kolońska
koloni'al kolonialny
Kolo'nie [PL -'ni:ən] F kolonia
koloni'sieren (-) ⟨s⟩kolonizować
Ko'lonne F kolumna; *von Fahrzeugen a.* konwój, sznur; *von Arbeitern* brygada
Kolora'tursopran M sopran koloraturowy
Kolo'rit N (-[e]s; -e od -s) koloryt
Ko'loss M (*-es; -e*) kolos (*a. fig*)
kolos'sal kolosalny
kolpor'tieren (-) kolportować
ko'lumbi('an)isch kolumbijski
Ko'lum|ne F TYPO kolumna; **~nentitel** M (**lebender** żywa) pagina
Kolum'nist(in) M(F) autor(ka) kolumny
Koma N (*-s; -s*) MED śpiączka, koma; **im ~ liegen** znajdować się *od* leżeć w głębokiej śpiączce
Kombi M (-[s]; -s) kombi *m* (*unv*)
Kombinati|'on F kombinacja; (*Schutzanzug*) kombinezon; SPORT **nordische ~on** kombinacja klasyczna od norweska
kombi'nieren (-) (*zusammenstellen*) ⟨s⟩kombinować; *fig* (*folgern, vermuten*) wykombinować *pf*
Kombiwagen M kombi *m* (*unv*)
Kombizange F kombinerki *pl*
Kom'büse F kambuz
Ko'met M (*-en*) kometa
ko'metenhaft *fig* zawrotny
Ko'metenschweif M warkocz komety
Komfort [kɔm'fo:r] M (*-s; bpl*) komfort; **mit allem ~** ze wszystkimi wygodami
komfor'tabel komfortowy (-wo)
Komik F (*bpl*) komizm, komiczność *f*
Komiker(in) M(F) komik (*a. f*)
komisch komiczny; (*belustigend*) *a.* pocieszny, zabawny; (*wunderlich, seltsam*) dziwaczny
komischerweise ADV dziwne (, że)
Komi'tee N (*-s; -s*) komitet
Komma N (*-s; -s od -ta*) przecinek
Komman'dant M (*-en*) komendant
Kommandan'tur F komendantura
Komman'deur M (*-s; -e*) dowódca *m*
komman'dieren (-) V/T komenderować (*inst; a. umg fig*); (*befehligen*) *a.* dowodzić (*inst*)
Komman|'ditgesellschaft F spółka komandytowa; **~di'tist** M (*-en*) komandytariusz
Kom'mando N (*-s; -s*) komenda; (*Einheit*) grupa (dywersyjna), oddział (komandosów); **wie auf ~** jak na komendę; **unter dem ~** pod komendą; **~brücke** F mostek kapitański; **~stand** M stanowisko dowodzenia; **~wirtschaft** F gospodarka nakazowa; **~zentrale** F centrala dowodzenia
kommen (*kam, käme, gekommen; sn*) V/I **1** (*herkommen, sich nähern*) przychodzić ⟨przyjść⟩ (*a. Bus, Post, Zug usw*), nadchodzić ⟨nadejść⟩ (*a. Winter, Nacht usw*); *fahrend* przyjeżdżać ⟨-jechać⟩, nadjeżdżać ⟨-jechać⟩; *Marschkolonne, Gewitter* nadciągać ⟨-gnąć⟩; (*auftauchen*) pojawi(a)ć się, zjawi(a)ć się; **angelaufen ~** nadbiegać ⟨-biec⟩; *umg* **komm, wir gehen!** chodź, (my) idziemy!; **j-m ~ die Tränen** łzy napływają k-u do oczu **2** **~ lassen** sprowadzać ⟨-dzić⟩; *Person a.* wzywać ⟨wezwać⟩ **3** (*eintreten*) **ich habe das ~ sehen** wiedziałem (-łam) z góry, że to się stanie; **das wird noch ~** tego trzeba jeszcze oczekiwać; **erst kommt ...** najpierw będzie ... **4** *mit adv umg* **j-m frech ~** zachow(yw)ać się zuchwale wobec (*gen*) **5** *mit präp* **~ an** (*akk*) podchodzić ⟨podejść⟩ do (*gen*); *fahrend* podjeżdżać ⟨-jechać⟩ do (*gen*); **jetzt kommst du an die Reihe** teraz kolej na ciebie; **~ auf** (*akk*) (*entfallen auf*) przypadać ⟨-paść⟩ na (*akk*); **auf j-n nichts ~ lassen** nie pozwalać źle mówić o (*lok*); **wie kommst du darauf?** skąd ci to przyszło do głowy?; **ich komme nicht auf den Namen** nie mogę sobie przypomnieć nazwiska; → Gedanke, Idee, Kosten; **~ aus** wychodzić ⟨wyjść⟩ z (*gen*); (*stammen*) pochodzić z (*gen*); (*anreisen*) przyjeżdżać ⟨-jechać⟩ z (*gen*); **~ bis (zu)** docierać ⟨dotrzeć⟩ do (*gen*); *zu Fuß u. fig a.* dochodzić ⟨dojść⟩ do (*gen*);

fahrend a. dojeżdżać ⟨-jechać⟩ do *(gen)*; *fliegend a.* dolatywać ⟨-lecieć⟩ do *(gen)*; *Schiff a.* dopływać ⟨-płynąć⟩ do *(gen)*; ~ **durch** *e-e Stadt usw zu Fuß* przechodzić ⟨przejść⟩ (przez *akk*); *fahrend* przejeżdżać ⟨-jechać⟩ (przez *akk*); ~ **hinter etw** *(akk) fig* odkry(wa)ć *(akk)*; domyślać ⟨-lić⟩ się *(gen)*; ~ **in** *e-n Raum* wchodzić ⟨wejść⟩ (do *gen*); *(in e-e Lage usw geraten)* popadać ⟨-paść⟩ w *(akk)*, znaleźć się *pf* w *(lok)*; *mit Ortsangabe* **der Tisch kommt dorthin** stół trzeba postawić tam; **ins Gefängnis** ~ iść ⟨pójść⟩ do więzienia; **er kommt in die Schule** *(wird eingeschult)* on będzie chodził do szkoły; → Betracht, Frage; *umg* **j-m mit etw** ~ zawracać k-u głowę *(inst)*; ~ **nach** *(anreisen)* przyjeżdżać ⟨-jechać⟩, przyby(wa)ć do *(gen)*; *fig (vor sich gehen)* następować ⟨-stąpić⟩ po *(lok)*; *umg* **er kommt nach seiner Mutter** on bardzo przypomina (swoją) matkę; **über j-n** ~ *Angst usw* opanow(yw)ać, ogarnąć *pf (akk)*; ~ **um** *Leben, Ersparnisse* stracić *pf (akk)*; ~ **unter etw** *(akk)* dostawać ⟨-stać⟩ się, wpadać ⟨wpaść⟩ pod *od* między *(akk)*; **unter den Hammer** ~ iść ⟨pójść⟩ pod młotek; *(herrühren)* **das kommt von** *(dat)* to jest skutkiem *(gen)*; *umg* **das kommt davon!** skutki nie dają długo na siebie czekać!; ~ **zu** *fig (erlangen)* dochodzić ⟨dojść⟩ (do *gen*); *(gelangen)* **wie komme ich zu ...?** którędy mogę dojść *od* dojechać do *(gen)*; **nicht dazu ~, zu** (+ INF) nie zdążyć *pf* (+ *inf*); **zu nichts** ~ *(nicht reich werden)* niczego się nie dorobić *pf*; *umg* **ich komme zu nichts** nie mam na nic czasu, stale brak mi (jest) czasu; **zu sich** ~ przyjść *pf* do siebie 6 *unpers* **daher kommt es, dass ...** to pochodzi stąd, że ...; **ich habe es ~ sehen** ja to przewidywałem (-łam); **wie kommt es, dass ...?** dlaczego ...?, jak to się stało, że ...?; **es kommt wie es kommt** co ma być, to będzie; *umg* **so weit kommt es noch!** tego jeszcze brakowało!; **es kam zu ...** doszło do *(gen)*

Kommen N (-*s*; *bpl*) *(Herankommen)* przyjście, nadejście; *fahrend* przyjazd, przybycie; *a.* → kommen; *fig* **(wieder) im ~ sein** (znów) wchodzić ⟨wejść⟩ w modę

kommend ADJ *(künftig)* przyszły; **in der ~en Woche** w przyszłym tygodniu, na przyszły tydzień

Kommen'tar M (-*s*; -*e*) komentarz

kommen'tieren (-) ⟨s⟩komentować

kommerzi|ali'sieren (-) komercjalizować; **~'ell** handlowy (-wo), komercyjny

Kommili'to|ne M (-*n*) kolega uniwersytecki; **~nin** F koleżanka uniwersytecka

Kom'miss *umg* M (-*es*; *bpl*) wojsko; **zum ~** do wojska; **beim ~** w wojsku

Kommis'sar M (-*s*; -*e*), **~in** F komisarz

kommis'sarisch komisaryczny

Kom'missbrot N komiśniak

Kommissi'on F komisja; HANDEL komis; **in ~ geben** odda(wa)ć w komis

Kom'mode F komoda

Kommo'dore M (-*s*; -*n od* -*s*) komandor

Kommu'nal|politik F polityka komunalna; **~verwaltung** F administracja komunalna; *(Amt) a.* organ samorządowy; **~wahlen** FPL wybory *mpl* samorządowe

Kom'mune F komuna; → Gemeinde

Kommunika|ti'on F komunikacja; **~ti'onsmittel** N TEL środek przekazu

kommunika'tiv komunikatywny

Kommunikee → Kommuniqué

Kommuni'on F komunia; **die heilige ~ empfangen** przystępować ⟨-stąpić⟩ do komunii świętej

Kommu|niqué [-ni'ke:] N (-*s*; -*s*) komunikat; **~'nismus** M (-; *bpl*) komunizm

Kommu'nist(in) M(F) komunista *m* (-tka), *abw* komuch

kommu'nistisch komunistyczny

kommuni'zieren V/I (-) *rel* przystępować ⟨-stąpić⟩ do komunii; *lit (sich verständigen)* komunikować się **(mit j-m** z *inst)*; FIZ **~de Röhren** naczynia połączone

Komödi'ant M (-*en*) komediant; **~in** F komediantka

Ko'mödie F komedia *(a. fig)*

Kompagnon [-njɔŋ] M (-*s*; -*s*) wspólnik (-niczka), partner(ka) w biznesie

kom'pakt zwarty, zbity; *(klein)* małowymiarowy; *umg (gedrungen)* krępy

Kompa'nie [PL -'niən] F MIL kompania; **~chef** M dowódca *m* kompanii

Komparativ M GRAM stopień wyższy

Kom'parse M (-*en*) statysta *m*

Kom'parsin F statystka

Kompass M (-*es*; -*e*) kompas, busola; **~nadel** F igła kompasowa

kompa'tibel (-*bl*-) kompatybilny **(mit** z *inst)*

Kompensati'on F kompensacja; *(Ent-*

schädigung) (re)kompensata
kompen'sieren (-) ⟨s⟩kompensować; *Schaden* ⟨z⟩rekompensować
kompe'tent kompetentny, właściwy
Kompe'tenz F kompetencja, właściwość f; **~bereich** M zakres kompetencji
Komplemen'tärfarbe F barwa dopełniająca
kom'plett kompletny, całkowity (-cie); **wir sind ~** jesteśmy w komplecie
komplet'tieren (-) ⟨s⟩kompletować
kom'plex kompleksowy (-wo)
Kom'plex M (*-es; -e*) kompleks; PSYCH **an ~en leiden** mieć różne kompleksy
kom'plexbeladen pełen kompleksów, *umg* zakompleksiony
Komplikati'on F komplikacja; PL MED *mst* powikłania *npl*
Kompli'ment N (-[*e*]s; -e) komplement
Kom'plize M (*-en*) pomocnik, wspólnik, współsprawca *m*
Kom'plizenschaft F (*bpl*) współudział w przestępstwie, pomocnictwo
kompli|'zieren (-) V/T ⟨s⟩komplikować; *Sache, Pläne a.* ⟨za⟩wikłać (*v/r* **sich** się); **~'ziert** ADJ skomplikowany; (*schwierig, verworren*) zawikłany
Kom'plizin F pomocnica, wspólniczka
Kom'plott N (-[*e*]s; -e) spisek, zmowa
Kompo'nente F składnik, komponent
kompo'nieren (-) V/T ⟨s⟩komponować; V/I komponować
Kompo'nist M (*-en*) kompozytor
Kompo'nistin F kompozytorka
Kompositi'on F kompozycja
Kom'positum N (*-s; -ta*) JĘZ złożenie
Kom'poster M kompostownik
Kom'post|erde F ziemia kompostowa; **~haufen** M pryzma kompostowa
kompos'tieren (-) kompostować
Kom'pott N (-[*e*]s; -e) kompot; **~schale** F, **~schüssel** F kompotier(k)a
Kom'presse F kompres, okład
Kompressi'on F kompresja; TECH *a.* sprężanie; MED *a.* ściskanie, ucisk
Kom'pressor M (*-s; -'soren*) sprężarka, kompresor
kompri'mieren (-) *Gas* sprężać ⟨-żyć⟩; EDV dokon(yw)ać kompresji (*gen*)
kompri'miert ADJ *Gas* sprężony
Kompro'miss M (*-es; -e*) kompromis; **e-n ~ schließen (mit)** zawierać ⟨zawrzeć⟩ kompromis, iść ⟨pójść⟩ na kompromis (z *inst*); **~bereitschaft** F gotowość *f* do kompromisu
kompro'misslos bezkompromisowy (-wo)
Kompro'misslösung F rozwiązanie kompromisowe
kompromit|'tieren (-) V/T ⟨s⟩kompromitować (*v/r* **sich** się; **durch** *inst*); **~'tierend** ADJ kompromitujący
Konden'sat N (-[*e*]s; -e) kondensat
Konden'sator M (*-s; -'toren*) ELEK kondensator; *für Dämpfe* skraplacz
konden'sieren (-) V/T ⟨s⟩kondensować, zagęszczać ⟨zagęścić⟩; (*verflüssigen*) skraplać ⟨skroplić⟩ (*v/i* się)
Kon'dens|milch F mleko skondensowane; **~streifen** M smuga kondensacyjna; **~wasser** M (*-s; bpl*) woda kondensacyjna, skropliny *fpl*
Konditi'on F warunek; (*bpl*) (*körperliche Verfassung*) kondycja; **zu ... ~en** na ... warunkach
Konditio'nal M (*-s; -e*) GRAM tryb warunkowy
konditi'onsschwach nieprzygotowany kondycyjnie
Konditi'onstraining M trening kondycyjny
Kon'di|tor M (*-s; -'toren*) cukiernik; **~to'rei** F cukiernia; **~'torin** F (kobieta) cukiernik; **~torwaren** FPL wyroby *mpl* cukiernicze
Kondo'lenz|- → Beileids-; **~liste** F lista kondolencyjna
kondo'lieren (-): **j-m ~** składać ⟨złożyć⟩ kondolencje k-u
Kon'dom N (*-s; -e*) kondom
Ko'nfekt N (-[*e*]s; bpl) wyroby *mpl* cukiernicze, słodycze *fpl*, czekoladki *fpl*
Konfek|ti'on F (*bpl*) konfekcja; **~ti'onsgröße** F rozmiar (odzieży)
Konfe'renz F konferencja (**über** *akk* w sprawie *gen*); **~raum** M sala konferencyjna; **~schaltung** F układ konferencyjny; **~teilnehmer(in)** M(F) uczestnik (-niczka) konferencji
konfe'rieren V/I (-) konferować (**über** *akk* na temat, w sprawie *gen*)
Konfessi'on F wyznanie
konfessio'nell wyznaniowy
konfessi'onslos bezwyznaniowy
Kon'fetti N (-[s]; bpl) konfetti *n* (*unv*)
Konfigurati'on F konfiguracja

Konfir|'mand(in) M(F) (-*en*) konfirmant(ka); **~'manden-** *in zssgn* konfirmacyjny; **~mati'on** F konfirmacja
konfir'mieren (-) konfirmować
konfis'zieren (-) ⟨s⟩konfiskować
Konfi'türe F konfitury *fpl*
Kon'flikt M (-[*e*]s; -e) konflikt; **in ~ geraten (mit)** wejść *pf* w konflikt (z *inst*)
kon'flikt|frei bezkonfliktowy (-wo); **~geladen** konfliktowy (-wo); **~trächtig** konfliktotwórczy (-czo)
Konföderati'on F konfederacja
kon'form zgodny; **~ gehen (mit)** zgadzać się (z *inst*)
Konfrontati'on F konfrontacja
kon|fron'tieren (-) **(mit)** ⟨s⟩konfrontować (z *inst*); **~'fus** (*verworren*) mętny, bałamutny; *Person* speszony
Konglome'rat N (-[*e*]s; -e) konglomerat (*a. fig*)
kongo'lesisch kongijski
Kon'gress M (-*es*; -*e*) kongres, zjazd
Kon'gresshalle F hala kongresowa
Kon'gresspolen N HIST Królestwo Kongresowe, *umg* Kongresówka
kongru'ent zgodny; MAT kongruentny
Koni'fere F drzewo iglaste
König M (-*s*; -*e*) król; **der Kunde ist ~** klient nasz pan
Königin F królowa (*a.* ZOOL); *Schach a.* hetman; **~mutter** F królowa matka
königlich królewski (po -ku, -ko)
Königreich N królestwo (*a. fig*)
Königsberg N (-*s*; *bpl*) Królewiec
Königs|haus N dynastia, ród (panujący); **~paar** N para królewska; **~sohn** M królewicz; **~tochter** F królewna
Königtum N (-*s*; -*tümer*) królestwo
konisch stożkowy (-wo)
Konjugati'on F koniugacja, odmiana
konju'gieren (-) GRAM koniugować, odmieni(a)ć
Konjunktiv N (-*s*; -*e*) GRAM tryb przypuszczający *od* warunkowy
Konjunk'tur F koniunktura
Konjunk'turabschwächung F osłabienie koniunktury
konjunktu'rell koniunkturalny
Konjunk'tur|politik F polityka koniunkturalna; **~programm** N program ożywienia koniunktury; **~schwankungen** FPL wahania *npl* koniunktury; **~tief** N dekoniunktura; **~zyklus** M cykl koniunkturalny
kon'kav wklęsły (-ło)
Konkor'dat N (-[*e*]s; -e) konkordat
kon'kret konkretny
konkreti'sieren (-) ⟨s⟩konkretyzować
Konkur'rent M (-*en*) konkurent; (*Rivale*) rywal; **~in** F konkurentka; (*Rivalin*) rywalka
Konkur'renz F konkurencja; *engS a.* rywalizacja; SPORT *a.* konkurs; (*Konkurrent*[*en*]) konkurent, konkurenci *pl*; **außer ~** poza konkursem
konkur'renzfähig *Preis* konkurencyjny; **~ sein** móc skutecznie konkurować, wytrzymywać konkurencję (z I)
Konkur'renzkampf M walka konkurencyjna
konkur'renzlos bezkonkurencyjny
Konkur'renzunternehmen N przedsiębiorstwo konkurencyjne
konkur'rieren V/I (-) konkurować (**mit** z *inst*); *engS* rywalizować (**um etw** o *akk*)
Kon'kurs M (-*es*; -*e*) JUR upadłość *f*; **... ist in ~ gegangen** ... znajduje się w stanie upadłości; **~ anmelden** zgłosić *pf* do upadłości; *umg* **~ machen** ⟨z⟩bankrutować; **~masse** F masa upadłościowa; **~verfahren** N postępowanie upadłościowe; **~verwalter** M syndyk (masy upadłościowej)
können V/T *u.* V/I (*kann, konnte, pperf können* [*Modalverb*] *u. gekonnt* [*Vollverb*]) **1** (*vermögen, dürfen*) móc **2** (*beherrschen, verstehen*) umieć, znać, potrafić; **ich kann nicht** nie mogę (**anders, mehr** inaczej, więcej); **ich kann kein Deutsch** nie znam niemieckiego; **du kannst deutsch sprechen** możesz mówić po niemiecku; **ich kann schwimmen** umiem pływać; **ich kann das nicht machen** nie mogę *od* nie potrafię tego zrobić; **er könnte das machen** on mógłby to zrobić; **man kann (könnte) sagen** można (można by było) powiedzieć; **es kann, könnte sein** może być; **ich habe das nicht glauben ~** nie mogłem w to uwierzyć; **er könnte recht haben** on może mieć rację; **könntest du ...?** czy mógłbyś ...?, czy mogłabyś ...?; **was kann ich dafür?** co ja mam do tego?; cóż na to poradzę?; **so schnell du kannst** jak najprędzej; *umg* **das kann doch nicht wahr sein!** (to) nie może być!; *umg* **ich kann dir sagen!** mówię ci!; *pop* **du kannst**

Das Modalverb können

Das kann nicht wahr sein!	To nie może być prawda.
Jetzt kann er schon zu Hause sein.	Teraz może już być w domu.
Das Paket kann verloren gegangen sein.	Paczka mogła zaginąć.
Was kann er eigentlich?	A co on właściwie umie?
Dafür kann ich nichts.	Nic na to nie poradzę.

mich mal! pocałuj mnie gdzieś!
Können N (-s; *bpl*) znajomość *f* (*gen*), umiejętności *fpl*
Könner(in) M(F) mistrz (-rzyni)
Könnerschaft F (*bpl*) mistrzostwo
konnte, könnte → können
Konsens M (-es; *mst bpl*) konsensus
konse'quent konsekwentny
Konse'quenz F konsekwencja; **die ~en tragen** ponosić ⟨ponieść⟩ konsekwencje;- **die ~en ziehen (aus etw)** wyciągać ⟨-gnąć⟩ (odpowiednie) wnioski (z *gen*)
konserva'tiv konserwatywny; MED zachowawczy
Konserva'tive F, **~(r)** M (-n) konserwatysta *m* (-tka)
Konserva'torium N (-s; -rien) konserwatorium *n*
Kon'serve F konserwa (*mst pl*); *umg* **Musik aus der ~** muzyka z płyt *od* taśm
Kon'servendose F puszka do konserw, puszka od konserw; **... aus der ~** ... konserwowy
konser'vieren (-) ⟨za⟩konserwować
Konser'vie|rung F konserwacja, konserwowanie; **~rungsmittel** N środek konserwujący, konserwant
Konsi'stenz F (*bpl*) konsystencja
Konsi'storium N (-s; -rien) konsystorz
Kon'sole F konsola; TECH *a.* wspornik
Konsoli'dierung F konsolidacja
Konso'nant M (-en) spółgłoska
Kon'sorte M (-en) *abw* poplecznik
Kon'sortium N (-s; -tien) konsorcjum *n*
Konspirati'on F konspiracja, spisek
konspira'tiv konspiracyjny
konspi'rieren V/I (-) spiskować, konspirować (**gegen** przeciw *dat*)
kon'stant stały; *präd* stale
Kon'stante F MAT stała
Konstanz N (-; *bpl*) Konstancja
Konstellati'on F konstelacja (*a. fig*)
konster'niert ADJ (**über** *akk*) skonsternowany (*inst*)
konstitu'ieren (-) V/T ⟨u⟩konstytuować (*v/r* **sich** się)
Konstituti'on F konstytucja (*a.* POL)
konstitutio'nell konstytucyjny; *bes* MED konstytucjonalny, ustrojowy
konstru'ieren (-) ⟨s⟩konstruować
Konstruk|'teur(in) M(F) (-s; -e) konstruktor(ka); **~ti'on** F konstrukcja; **~ti'onsbüro** N biuro konstrukcyjne; **~ti'onsfehler** M błąd konstrukcyjny
konstruk'tiv konstruktywny
Konsul M (-s; -n) konsul
konsu'lar konsularny
Konsu'lat N (-[e]s; -e) konsulat
konsul'tieren (-) V/T konsultować się (u *gen*); *Buch* sprawdzać ⟨-dzić⟩ (w *inst*)
Kon'sum M (-s; *bpl*) spożycie, konsumpcja; → Verbrauch
Kon|sumati'on F *austr, szwajc* konsumpcja; **~'sumdenken** N konsumpcjonizm; **~su'ment(in)** M(F) (-en) konsument(ka)
Kon'sum|genossenschaft F spółdzielnia spożywców; **~güter** NPL dobra *npl* konsumpcyjne
konsu'mieren (-) ⟨s⟩konsumować
Kon'sum|rausch M upojenie konsumpcją; **~terror** M *abw* agresywny marketing celem zwiększenia konsumpcji; **~verzicht** M ograniczanie konsumpcji; **~ware** F towar konsumpcyjny
Kon'takt M (-[e]s, -e) kontakt (*a. fig*); ELEK (ze)styk; **in ~ bleiben** utrzymywać kontakt; **sexuelle ~e suchen** szukać kontaktów seksualnych
Kon'takt|abzug M FOTO odbitka stykowa; **~adresse** F adres kontaktowy; **~anzeige** F ogłoszenie towarzyskie; **~aufnahme** F nawiązanie kontaktu
kon'taktfreudig kontaktowy
kontak'tieren V/T kontaktować (*akk*); **j-n ~** ⟨s⟩kontaktować się z (*inst*)
Kon'taktlinsen FPL soczewki *fpl* kontaktowe, szkła *npl* kontaktowe

kon'taktlos *Person* nieutrzymujący kontaktów z otoczeniem; ELEK bezstykowy
Kon'taktperson F MED osoba, która stykała się z chorym, *umg* kontakt
Kon'taktpflege F utrzymywanie osobistych kontaktów
kon'taktscheu unikający kontaktów (z innymi ludźmi)
Kontaminati'on F *(Verseuchung)* skażenie; JĘZ kontaminacja
Konten PL → Konto
Konteradmiral M kontradmirał
Konterfei N *(-s; -s od -e) żart* podobizna
konterka'rieren (-) → hintertreiben
kontern *(-re)* kontrować *(a.* SPORT)
Konterrevolution F kontrrewolucja
Konterschlag M SPORT kontra
Kontinent M (-[e]s; -e) kontynent
kontinen'tal kontynentalny
Kontin'gent N (-[e]s; -e) kontyngent
kontinu'ierlich ciągły, stały; *präd* w dalszym ciągu, bez przerwy, stale
Kontinui'tät F *(bpl)* ciągłość *f*
Konto N *(-s; -ten od -s)* konto, rachunek (**bei der Bank** w banku); **das ~ sperren** ⟨za⟩blokować konto; *umg fig* **das geht auf sein ~** to idzie na jego rachunek
Konto|auszug M wyciąg z konta; **~inhaber(in)** M(F) właściciel(ka) konta bankowego; **~kor'rent** N *(-s; -e)* rachunek bankowy bieżący; **~nummer** F numer konta bankowego
Kon'tor N *(-s; -e)* biuro, placówka
Konto'ristin F pracownica biurowa
Konto|stand M stan konta; **~überziehung** F przekroczenie stanu konta (bankowego)
kontra PRÄP *(akk)*, ADV kontra
Kontra N *(-s; -s) beim Skat usw* kontra; **das Pro und ~** za i przeciw; **~indikation** F MED przeciwwskazanie
Kon'trakt M (-[e]s; -e) kontrakt
kontraproduktiv przeciwskuteczny
kon'trär przeciwny, przeciwstawny
Kon'trast M (-[e]s; -e) kontrast
Kon'trastfarbe F barwa kontrastowa
kontra'stieren *lit* V/I (-) kontrastować (**mit** z *inst*)
Kon'trastmittel N MED środek cieniujący
kon'trastreich pełen kontrastów, obfitujący w kontrasty
Kon'troll|abschnitt M odcinek kontrolny; **~ausschuss** M komisja kontrolna
Kon'trolle F kontrola; **außer ~ geraten** wymknąć się *pf* spod kontroli; **die ~ verlieren** ⟨s⟩tracić kontrolę (**über** *akk* nad *inst*); **etw unter ~ haben** kontrolować *(akk)*; **unter ~ stehen** znajdować się pod kontrolą
Kontrol'leur M *(-s; -e)* kontroler
kontrol'lieren (-) ⟨s⟩kontrolować
Kon'troll|leuchte F sygnał kontrolny świetlny; **~organ** N organ kontrolny; **~turm** M LOTN wieża kontroli lotów; **~verfahren** N metoda kontroli; **~zentrum** N KOSM centrum *n* nadzoru nad lotami kosmicznymi
Kontro'verse F kontrowersja, spór
Kon'tur F kontur, zarys
kon'tur(en)los niewyraźny, rozmyty
Konus M *(-; -se od Konen)* stożek
Konventi'on F konwencja; POL *a.* układ; **~en** PL *(Regeln) a.* konwenanse *mpl*
Konventio'nalstrafe F kara umowna
konventio'nell konwencjonalny
Konver'genz F konwergencja
Konversati'onslexikon N słownik encyklopedyczny, leksykon
Konversi'on F konwersja *(a. rel)*
konver'tierbar *Währung* wymienialny
konver'tieren V/I *(a. sn) rel* zmieni(a)ć wyznanie; V/T EKON, EDV konwertować
kon'vex wypukły (-ło)
Kon'voi M *(-s; -s)* konwój
Konzentrati'on F koncentracja; CHEM *a.* stężenie; MIL *a.* ześrodkowanie
Konzentrati'ons|fähigkeit F *(bpl)* zdolność *f* (do) koncentracji; **~lager** N obóz koncentracyjny
konzen|'trieren (-) V/T ⟨s⟩koncentrować, skupi(a)ć (*v/r* **sich** się; **auf** *akk* na *lok*); **~'triert** ADJ skoncentrowany, skupiony; CHEM stężony; *präd* w skupieniu
Ko'nzept N (-[e]s; -e) szkic, zarys; *fig* **j-n aus dem ~ bringen** wprawi(a)ć w zakłopotanie *(akk)*; **das passt nicht in mein ~** to nie leży w moich zamiarach
Konzepti'on F koncepcja
konzepti'onslos słaby koncepcyjnie
Kon'zern N *(-s; -e)* koncern; **~spitze** F kierownictwo koncernu
Kon'zert N (-[e]s; -e) koncert; **ein ~ geben** da(wa)ć koncert, koncertować
Kon'zerthalle F hala koncertowa
konzer'tiert ADJ uzgodniony

Kon'zertmeister M koncertmistrz
Konzessi'on F koncesja; *fig* **~en machen** iść na *od* robić ustępstwa
konzessio'nieren (-) koncesjonować
konzes'siv JĘZ przyzwalający
Kon'zil N (*-s; -e od -lien*) sobór; **das Vatikanische ~** Sobór Watykański
konzili'ant pojednawczy (-czo)
konzi'pieren (-) koncypować
Koopera|ti'on F kooperacja; **~ti'onsvertrag** M umowa kooperacyjna
koopera'tiv chętny do współdziałania; *Planung usw* kooperacyjny
Koordi'nate F współrzędna
Koordinati'on F koordynacja
koordi'nieren (-) ⟨s⟩koordynować, uzgadniać ⟨uzgodnić⟩
Ko'peke F kopiejka
Kopen'hagen N (*-s; bpl*) Kopenhaga *f*
koperni'kanisch kopernikowski, kopernikański
Kopf M (-[e]s; Köpfe) głowa (*a. fig*); *dim, a.* BOT, TECH główka; MIL, TECH *a.* głowica; *umg iron* łepetyna, mózgownica; → Brief-, Nagelkopf *usw*; **ein kluger ~** człowiek z głową, tęga głowa; **den ~ schütteln** kręcić (*verneinend* przecząco) głową; **den ~ hängen lassen** posmutnieć *pf*, *umg* spuścić *pf* nos na kwintę; **ich weiß nicht, wo mir der ~ steht** od tego wszystkiego kręci mi się w głowie; **j-m den ~ waschen** *umg fig* zmyć k-u głowę; **den ~ verlieren** ⟨s⟩tracić głowę; **s-n ~ durchsetzen** postawić *pf* na swoim; **s-n ~ anstrengen** *umg* ruszyć mózgownicą; **~ hoch!** głowa do góry!; *mit* PRÄP **~ an ~** *Rennen* łeb w łeb; *umg* **auf den ~ stellen** (*etw suchen*) wywracać ⟨-wrócić⟩ do góry nogami; *Fakten* przekręcać ⟨-cić⟩; *umg* **j-m auf dem ~ herumtanzen** jeździć k-u po głowie; **nicht auf den ~ gefallen sein** mieć swój rozum; *umg* **sein ganzes Geld auf den ~ hauen** wydać *pf* ostatni grosz; *umg* **aus dem ~** *aufsagen* z pamięci; **sich** (*dat*) **etw aus dem ~ schlagen** wybić *pf* sobie z głowy (*akk*); **bis über den ~** po uszy; **j-m durch den ~ gehen** chodzić k-u po głowie; **sich** (*dat*) **etw durch den ~ gehen lassen** rozważać (*akk*); **im ~ rechnen** obliczać ⟨-czyć⟩ w pamięci; **im ~ behalten** zapamiętać *pf*; *umg* **nicht ganz richtig im ~ sein** mieć nie po kolei w głowie; **sich** (*dat*) **etw in den ~ setzen** wbić *pf* sobie do głowy (A); **das will mir nicht in den ~** to mi się nie mieści w głowie; **mit dem ~ durch die Wand wollen** walić głową w mur; **von ~ bis Fuß** od stóp do głów; **j-n vor den ~ stoßen** dotknąć, urazić k-o; **j-m zu ~ steigen** uderzyć *pf* k-u do głowy; → kopfstehen
Kopfarbeit F (*bpl*) praca umysłowa
Kopfbahnhof M stacja czołowa
Kopfball M SPORT główka
Kopfbedeckung F nakrycie głowy
Köpfchen N główka; *umg* **~ haben** mieć smykałkę
Köpfe PL → Kopf
köpfen *Person* ścinać ⟨ściąć⟩; SPORT główkować; AGR ogławiać ⟨ogłowić⟩
Kopf|ende N wezgłowie, zagłówek; **~hörer** M słuchawki *fpl*; **~jäger** M łowca *m* głów; **~kissen** N poduszka (pod głowę); **~lage** F MED poród czaszkowy
Kopflaus F wesz głowowa
Köpfler M *pl-niem, austr* → Kopfball
kopflos bezgłowy; *fig* zdezorientowany, *umg* otumaniony; *präd* (*in Panik*) w popłochu
Kopfnicken N skinienie (głowy)
Kopfrechnen N liczenie w pamięci
Kopfsalat M sałata głowiasta
kopfscheu: *umg* **j-n ~ machen** zbić *pf* z pantałyku; **~ werden** stracić *pf* fason
Kopfschmerz M ból głowy; **ich habe ~en** boli mnie głowa; *fig* **~en bereiten** (*dat*) przyprawi(a)ć o ból głowy (*akk*); **~tablette** F tabletka od bólu głowy
Kopfschuss M postrzał w głowę
Kopfschütteln N: *fig* **~ auslösen** wywoł(yw)ać zdumienie *od* konsternację
Kopf|sprung M skok (do wody) na główkę; **~stand** M stójka na głowie
kopfstehen (*irr*): *umg fig* **hier steht alles kopf** tu jest urwanie głowy
Kopf|steinpflaster N kocie łby *mpl*; **~stoß** M *Fußball* odbicie głową; *Boxen* uderzenie głową; **~stütze** F zagłówek; **~tuch** N chust(k)a na głowę
kopf'über ADV głową naprzód
Kopfverletzung F skaleczenie głowy
Kopfweh *umg* N → Kopfschmerz
Kopfzerbrechen N: **dieses Problem bereitet ~** ten problem to łamigłówka; **sich kein ~ machen** nie łamać sobie głowy (**über** *akk* nad *inst*)

Ko'pie [PL -'pi:ən] F kopia; FOTO odbitka
ko'pieren (-) ⟨s⟩kopiować; *fig a.* naśladować
Ko'pier|er M, **~gerät** N kopiarka; *engS* kserokopiarka, *umg* ksero; **~schutz** M ochrona przed sporządzaniem pirackich kopii; **~stift** M ołówek kopiowy
Kopilot(in) M(F) drugi pilot (*a. f*)
Koppel[1] N (*Gürtel*) pas(ek)
Koppel[2] F (-; -n) (*Gehege*) ogrodzony wygon (dla koni); (*Hunde*) sfora
koppeln (-le) (**an** *akk*) ⟨z⟩łączyć (z *inst; a. fig*); podłączać ⟨-czyć⟩ (do *gen*); KOLEJ, ELEK sprzęgać ⟨-gnąć, sprząc⟩
Kopp(e)lung F (po)łączenie; sprzężenie
Kopp(e)lungsmanöver N KOSM operacja łączenia
Koproduktion F koprodukcja
koptisch *rel* koptyjski
kopu'lieren (-) V/I kopulować, spółkować; V/T AGR kopulizować

K

Ko'ral|le F koral; **~lenkette** F sznur korali; **~lenriff** N rafa koralowa
ko'rallenrot koralowy (-wo)
Ko'ran M (-s; *bpl*) Koran
Korb M (-[e]s; Körbe) kosz(yk); *fig* **e-n ~ bekommen, sich e-n ~ holen** dosta(wa)ć kosza; *fig* **j-m einen ~ geben** da(wa)ć k-u kosza; **~ball** M koszykówka; **~ballspieler(in)** M(F) koszykarz (-rka)
Korbblütler MPL złożone *pl*
Körbchen N koszyczek; *BH* miseczka
Korb|flasche F butla w plecionce; **~sessel** M fotel wiklinowy; **~waren** FPL wyroby *mpl* koszykarskie; **~weide** F wiklina
Kord M *u. zssgn* → Cord
Kordel F (-; -n) sznur pleciony
Kor'don M (-s; -s) *austr* kordon
Ko'rea N (-s; *bpl*) Korea
Kore'aner(in) M(F) Koreańczyk (-anka)
kore'anisch koreański (po -ku)
Kori'ander M kolendra, kolender
Ko'rinthe F koryntka
ko'rinthisch koryncki
Kork M (-[e]s; -e) korek
Korkeiche F dąb korkowy
Korken M korek; **~zieher** M korkociąg
Korkplatte F płyta korkowa
Korn[1] N (-[e]s; Körner) ziarn(k)o; TECH ziarno; (*bpl*) (*Getreide*) zboże; *e-r Waffe* muszka; *umg* **j-n aufs ~ nehmen** brać ⟨wziąć⟩ na muszkę (A)

Korn[2] *umg* M (-s; *bpl*) żytniówka, czysta
Kornblume F bławatek
kornblumenblau modry (-ro)
Körnchen N ziar(e)nko; *fig a.* odrobina
Kor'nelkirsche F dereń *m*
Körner M TECH punktak; PL → Korn[1]
Körnerfutter N ziarno na pokarm
Korn|feld N łan zboża; **~größe** F wielkość *f* ziarna, uziarnienie, ziarnistość *f*
körnig ziarnisty (-ście); granulowany
Körnigkeit F ziarnistość *f*
Kornkäfer M wołek zbożowy
Kornkammer F *fig* spichlerz
Körper M ciało (*a.* CHEM, FIZ, *fig*); MAT *a.* bryła; TECH korpus; **am ganzen ~** na całym ciele; → Leib, Rumpf
Körperbau M (-[e]s; bpl) budowa ciała
körperbehindert ułomny fizycznie, niepełnosprawny
Körperchen N ciałko
körperfremd BIOL obcy dla ustroju
Körper|fülle F otyłość *f*, zażywność *f*; **~geruch** M zapach ciała; **~größe** F wzrost, wysokość *f*; **~haltung** F postawa; **~kontakt** M fizyczny kontakt; **~kraft** F siła fizyczna
körper|lich cielesny (-śnie), fizyczny; (*stofflich*) materialny; **~los** bezcielesny
Körper|maße NPL wymiary *mpl* ciała; **~pflege** F higiena osobista; **~schaft** F korporacja, stowarzyszenie, zrzeszenie; **~schaft(s)steuer** F podatek od osób prawnych; **~sprache** F (*bpl*) język ciała; **~teil** M część *f* ciała; **~verletzung** F uszkodzenie (i okaleczenie) ciała; **~wärme** F ciepłota ciała
Korpo'ral M (-s; *-e od -räle*) kapral
Korps [ko:r] M (-; -) korpus; **~geist** M durch korporacyjny
korpu'lent otyły, tęgi, korpulentny
kor'rekt poprawny, prawidłowy (-wo)
Korrek'tur F korekcja, korektura, poprawka; TYPO korekta; **~ lesen** ⟨z⟩robić korektę; **~zeichen** N znak korektorski
Korrespon|'dent M (-*en*) korespondent; **~'dentin** F korespondentka
Korrespon'denz F korespondencja
Korridor M (-s; -e) korytarz
korri'gieren (-) ⟨s⟩korygować
korrosi'onsbeständig odporny na korozję
Korrosi'onsschutz M ochrona przed korozją, ochrona antykorozyjna

korrum'pieren (-) ⟨s⟩korumpować
kor'rupt przekupny, skorumpowany
Korrupti'on F korupcja, łapownictwo
Korrupti'onsaffäre F afera korupcyjna
Kor'sar M (*-en*) korsarz
Korse M (*-en*) Korsykanin
Kor'sett N (*-s; -s od -e*) gorset
Korsika N (*-s; bpl*) Korsyka *f*
Korsin F Korsykanka
korsisch korsykański
Korso M (*-s; -s*) korso
Korti'son N (*-s; bpl*) kortyzon
Kor'vettenkapitän M komandor podporucznik
Kory'phäe F koryfeusz
Ko'sak M (*-en*) Kozak; **~en-** kozacki
Ko'sakentum N (*-s; bpl*) kozactwo
koscher koszerny; *fig* **nicht ganz ~** podejrzany, nieczysty (-to)
kosen pieścić (się)
Kosename M imię pieszczotliwe
Kos'me|tik F (*bpl*) kosmetyka; **~tikerin** F kosmetyczka; **~tiksalon** M gabinet *od* salon kosmetyczny
Kos'metiktasche F kosmetyczka
kos'metisch kosmetyczny
kosmisch kosmiczny
Kosmopo'lit M (*-en*) kosmopolita *m*
kosmopo'litisch kosmopolityczny
Kosmos M (*-; bpl*) kosmos; → Weltall
Kost F (*bpl*) pożywienie, pokarm (*a. fig*); (*Verpflegunggung*) wyżywienie
kostbar kosztowny, (drogo)cenny
Kostbarkeit F klejnot; PL *a.* kosztowności *fpl*
kosten[1] V/T (*-e-*) ⟨s⟩kosztować
kosten[2] V/I (*-e-*) kosztować (*a. fig*); **wie viel, was kostet ...?** ile kosztuje ...?; **das kostet mich ...** to będzie mnie kosztować *od* kosztowało ...; **koste es, was es wolle** za wszelką cenę
Kosten PL koszt; EKON (*Aufwendungen*) *nur* PL koszty; **auf meine ~** na mój koszt; **keine ~ scheuen** nie szczędzić kosztów; **auf ~ von ...** na koszt (*gen*); *fig* kosztem (*gen*); **auf fremde ~** cudzym kosztem; **auf s-e ~ kommen** wychodzić ⟨wyjść⟩ na swoje; *fig* być w pełni zadowolonym (**bei** z *gen*); **~ deckend** → kostendeckend
Kosten|anteil M udział w kosztach; **~aufwand** M nakład kosztów; **~dämpfung** F powstrzymywanie wzrostu kosztów
kostendeckend pokrywający koszty
Kostenerstattung F zwrot kosztów
Kostenexplosion F gwałtowny wzrost kosztów
kosten|frei wolny od kosztów, bezpłatny; **~günstig** mniej kosztowny; **~intensiv** kosztochłonny; **~los** bezpłatny, *umg* darmo(wy); **~pflichtig** płatny, ... z obowiązkiem pokrycia kosztów
Kostenplan M plan kosztów własnych
Kosten|punkt *umg* M kwestia kosztów; **~senkung** F obniżenie kosztów; **~voranschlag** M kosztorys
Kostgeld N (-[e]s; bpl) pieniądze *pl* na wyżywienie
köstlich wyborny, pyszny (*a. fig*), smakowity (-cie); **das duftet ~** to pachnie smakowicie; **das schmeckt ~** to bardzo smaczne, to prawdziwy przysmak
Köstlichkeit F pyszność *f*, coś pysznego; **kulinarische ~** przysmak
Kostprobe F próbka; *fig a.* → Beispiel; e-e ~ nehmen (von) ⟨s⟩próbować (*gen*)
kostspielig kosztowny, drogi (-go)
Kos'tüm N (*-s; -e*) kostium; **~ball** M bal kostiumowy; **~bildner(in)** M(F) projektant(ka) kostiumów
kostü'mieren (-) V/T przeb(ie)rać (*v/r* **sich** się; **als Cowboy** za kowboja)
Kot M (-[e]s; bpl) kał; (*Schmutz*) błoto
Kotelett [kɔt'lɛt] N (*-s; -s od -e*) kotlet, zraz; **~en** [-tən] PL bokobrody *pl*
Köter M *abw* kundel, psisko
Kotflügel M błotnik
Kotzbrocken *pop* M wstrętny facet
Kotze *pop* F rzygi *pl*, rzygowiny *fpl*
kotzen *pop* V/I (*-zt*) rzygać, porzygać się *pf*; **ich finde ... zum Kotzen** *pop* wkurwia mnie ...; **es ist zum Kotzen!** rzygać się chce!
Krabbe F krab; → Garnele; *umg fig* mały, szkrab; (*Mädchen*) mała, malutka
Krabbelkind N raczkujące dziecko
krabbeln V/I (*-le; sn*) pełzać; *Baby a.* raczkować; *umg* (*h*) → jucken, kitzeln
Krach M (-[e]s; Kräche) (*Lärm*) hałas, rumor; *umg* (*Streit*) kłótnia; EKON krach; **unter lautem ~** z łoskotem; **~ machen** hałasować; **~ schlagen** podnosić ⟨podnieść⟩ wrzask; ~ ⟨po⟩kłócić się (**mit** z *inst*)
krachen V/I *Diele, Eis* ⟨za⟩trzeszczeć, trzasnąć *pf*; *Donner, Schüsse* trzaskać, trzasnąć *pf*, huknąć; → knallen; *umg*

K

(fallen) runąć *pf* z łoskotem; **(gegen etw)** walnąć się *pf* (o *akk*), wpaść *pf* z trzaskiem (na *akk*); **hier kracht es oft** *(es wird gestritten)* tu się często kłócą; *im Verkehr* tu często zdarzają się kraksy; *umg* **... sonst kracht es!** ... bo dostaniesz w skórę!
Krachen N (-s; *bpl*) trzask, huk, łoskot
Kracher M petarda
Kracherl N (-s; -n) *austr* lemoniada
krächzen (-zt) V/I *Rabe usw* krakać; *Radio, Person* skrzeczeć, chrypieć; V/T ⟨wy⟩chrypieć
krächzend ADJ *Simme* skrzeczący
Kräcker MPL krakersy *mpl*
kraft PRÄP *(gen)* mocą, z mocy, z tytułu *(gen)*; ~ **Gesetzes** na mocy ustawy
Kraft F (-; *Kräfte*) siła; *(Stärke, Wucht)* moc *f* *(a.* JUR); *fig* **leitende** ~ pracownik na kierowniczym stanowisku; **aus eigener** ~ o własnych siłach; samodzielnie; **außer** ~ **setzen** pozbawi(a)ć mocy obowiązującej, unieważni(a)ć; **in** ~ **setzen** wprowadzać ⟨-dzić⟩ w życie; **in** ~ **treten** wchodzić ⟨wejść⟩ w życie, nab(ie)rać mocy wiążącej; **in** ~ **sein** być w mocy, obowiązywać; **mit aller** ~ z całej siły; **mit letzter** ~ ostatkiem sił; **mit vereinten Kräften** wspólnymi siłami; **nach Kräften** w miarę sił; **über j-s Kräfte gehen** przerastać siły *(gen)*; **zu Kräften kommen** nab(ie)rać sił
Kraft|akt M *fig* duży *od* szczególny wysiłek; **~aufwand** M nakład sił, wysiłek; **~ausdruck** M ordynarny wyraz
Kraftbrühe F bulion
Kräfteverfall M upadek sił
kräftezehrend wyczerpujący (-co)
Kraftfahrer(in) M(F) kierowca *m* *(a. f)*, szofer *(a. f)*
Kraftfahrzeug N pojazd mechaniczny; *in zssgn mst* ... samochodowy; **~brief** M karta pojazdu; **~halter(in)** M(F) posiadacz(ka) pojazdu mechanicznego; **~mechaniker** M mechanik samochodowy; **~schein** M karta pojazdu mechanicznego; **~steuer** F podatek od pojazdów mechanicznych, podatek drogowy; **~versicherung** F ubezpieczenie pojazdu mechanicznego
Kraftfeld N FIZ pole sił
Kraftfutter N pasza treściwa
kräf|tig silny, *(stark, a. fig)* mocny (-no); *Person a.* krzepki (-ko); *Farbton* intensywny, mocny; *(nahrhaft)* posilny, treściwy (-wie); **~tigen** krzepić, wzmacniać ⟨wzmocnić⟩; → stärken
Kräftigung F *(bpl)* wzmacnianie, wzmocnienie; **zur** ~ dla wzmocnienia
kraftlos bezsilny, niemocny
Kraft|meie'rei *umg* F *abw* afiszowanie się (swoją) siłą; **~mensch** M siłacz, osiłek; **~probe** F próba sił
Kraft|protz *umg* M (-es; -e) (chełpliwy) osiłek, paker; **~rad** N motocykl
Kraftstoff M paliwo silnikowe, **~-** *in zssgn* paliwowy, ... paliwa
kraftstrotzend ADJ krzepki, silny jak dąb
Krafttraining N ćwiczenia *npl* siłowe
kraftvoll silny, mocny (-no); energiczny
Kraftwagen M samochód
Kraftwerk N elektrownia, siłownia
Kraftwort N mocne słówko
Kragen M kołnierz, *dim* kołnierzyk; *umg fig* **ihm platzte der** ~ poniosło go; **Kopf und** ~ **riskieren** nadstawiać głowy *od* karku; **jetzt geht es ihm an den** ~ teraz on będzie musiał beknąć
Kragenweite F rozmiar kołnierzyka; *umg fig* **das ist nicht meine** ~ to nie (jest) w moim guście
Krähe F wrona; **~n-** *in zssgn* wroni
krähen V/I *Hahn* ⟨za⟩piać
Krähenfüße *umg* MPL *(Augenfalten)* kurze łapki *fpl*
Krakau N (-s; *bpl*) Kraków; **~er**[1] ADJ krakowski; **~er**[2] M krakowianin, krakowiak; **~er**[3] F KULIN (kiełbasa) krakowska; **~erin** F krakowianka
Krake M (-n) ośmiornica
kra'keelen *umg* V/I (-) awanturować się
Kra'keeler *umg* M awanturnik
Krake'lei F *(bpl)* gryzmolenie; *nur* PL **~en** gryzmoły *mpl*
krak(e)lig *umg Schrift* kulfoniasty
Kralle F pazur, szpon *(a. fig)*
krallen: V/R **sich** ~ **(an, in** *akk*) wczepi(a)ć się pazurami (w *akk*); *(sich festhalten)* trzymać się kurczowo *(gen)*
Kram *umg* M (-s; *bpl*) bambetle *pl*, kram; **das passt mir nicht in den** ~ to mnie nie urządza, to mi nie pasuje
kramen V/I grzebać, gmerać (**in** *dat* w *lok*)
Kramladen M kram, kramik
Krampe F skobel, skobelek
Krampf M (-es; *Krämpfe*) MED kurcz, spazm; PL *a.* konwulsje *fpl*; **sich in Krämpfen winden** wić się w konwulsjach;

~adern FPL żylaki *mpl*
krampfhaft kurczowy (-wo) (*a. fig*); → verbissen
krampflösend ADJ przeciw(s)kurczowy
Kran M (-[e]s; Kräne) TECH żuraw, suwnica, *umg* kran
Kranführer M (maszynista) dźwigowy
Kranich M (*-s; -e*) ZOOL żuraw
krank (*kränker, kränkst-*) chory (*a. fig* **vor etw** z *gen*); **sie ist ~** ona (jest) chora, ona choruje; **er wurde ~** on zachorował, on rozchorował się
Kranke F chora; **~(r)** M (*-n*) chory *m*
kränkeln V/I (*-le*) niedomagać
kranken V/I *fig* nie dopisywać, szwankować, cierpieć (**an** *dat* z powodu *gen*)
kränken obrażać ⟨-razić⟩, dotknąć *pf*
Krankenbesuch M odwiedziny *pl* chorego; **~e machen** *Arzt* odbywać wizyty w domach pacjentów
Kranken|bett N łóżko chorego; *im Krankenhaus* łóżko szpitalne; **~geld** N zasiłek chorobowy; **~geschichte** F historia choroby; **~gymnastik** F gimnastyka lecznicza; **~haus** N szpital; **~hausaufenthalt** M pobyt w szpitalu; **~hausbehandlung** F leczenie szpitalne
krankenhausreif: **j-n ~ schlagen** zbić *pf* k-o do utraty przytomności
Krankenkasse F kasa chorych
Krankenpflege F pielęgnacja chorych; **in der ~ arbeiten** pracować w pielęgniarstwie
Krankenpfleger M pielęgniarz
Kranken|schein M skierowanie do lekarza; **~schwester** F pielęgniarka; MIL sanitariuszka; **~stand** M wskaźnik zachorowań; **~versichertenkarte** F karta ubezpieczenia; **~versicherung** F ubezpieczenie zdrowotne, ubezpieczenie na wypadek choroby
Kranken|wagen M karetka (pogotowia), sanitarka; **~zimmer** N *im Krankenhaus* pokój dla chorych; *in e-m Heim, Internat usw* izba chorych; *zu Hause* pokój chorego
krankfeiern *umg* V/I być na chorobowym; bumelować (udając chorego)
krankhaft chorobliwy (-wie)
Krank|heit F choroba; *emotional verstärkend* choróbsko; **~heitserreger** M zarazek (chorobotwórczy)
krankheitshalber ADV z powodu choroby
kranklachen *umg*: V/R **sich ~** zaśmiewać się do rozpuku
kränklich chorowity
krankmelden: V/R **sich ~** zawiadomić (pracodawcę) o chorobie
Krankmeldung F zawiadomienie (pracodawcy) o chorobie
krankschreiben (*irr*): **j-n ~** ⟨wy⟩dać k-u zwolnienie lekarskie; **sich ~ lassen** dosta(wa)ć zwolnienie lekarskie, *umg* iść ⟨pójść⟩ na chorobowe; **er ist krankgeschrieben** on ma zwolnienie (lekarskie), *umg* on (jest) na zwolnieniu
Kränkung F obraza, zniewaga
Kranz M (*-es; Kränze*) wianek, wieniec; *fig a.* krąg; TECH wieniec
Kränzchen N wianuszek; *fig* kółko (*gen*)
kranzförmig wieńcowy, opasujący jak wieniec
Kranzniederlegung F złożenie wieńca *od* wieńców
Kranzschleife F szarfa od wieńca
Krapfen M KULIN pasztecik (smażony); *reg* (*Berliner Pfannkuchen*) pączek
krass *Fehler, Gegensatz* rażący; (*extrem*) skrajny, jaskrawy
Krater M krater
Kratersee M jezioro kraterowe
kratzbürstig krnąbrny, przekorny
Krätze F MED świerzb
kratzen (*-zt*) V/T ⟨po⟩drapać, drapnąć *pf* (*v/r* **sich an** *dat* się w *akk*, sobie *akk*), ⟨po⟩skrobać (*v/r* **sich** się); (*ritzen*) (za)drasnąć *pf*, (za)drapnąć; (*schaben*) skrobać; V/I *Feder, Rauch, Wolle* drapać; **es kratzt mich im Hals** drapie mnie w gardle; *umg* **auf der Geige ~** pitolić na skrzypcach; *fig umg* **das kratzt mich wenig** to mnie mało obchodzi; → abkratzen, zerkratzen
Kratzer M zadrapanie, szrama; (*kleine Wunde*) zadraśnięcie; (*Schaber*) skrobak
kratzfest odporny
kratzig *Stoff* szorstki, drapiący; *Wein* drapiący w gardle; *Stimme* skrzeczący
Krätzmilbe F świerzbowiec ludzki
Kratzspur F zadrapanie, rysa
kraulen[1] V/T pieszczotliwie ⟨po⟩drapać
kraulen[2] V/I (*a. sn*) (*schwimmen*) płynąć *od* pływać kraulem
Krauler(in) M(F) kraulista *m* (-tka)
kraus *Haar* kędzierzawy; *umg fig* (*ver-*

worren) zagmatwany; → krausziehen
Krause F *(Halskrause)* kryza
kräuseln (-le) V/T *Haar* kędzierzawić (v/r **sich** się); *Wasser* ⟨z⟩marszczyć (v/r **sich** się); v/r **sich ~** *Rauch* wić się
Kraushaar N kędzierzawe włosy *mpl*, kędzierzawa czupryna
Krauskopf M kędzierzawa głowa
krausziehen (irr): **die Stirn ~** marszczyć czoło
Kraut N (-[e]s; bpl) *(das Grüne e-r Pflanze)* nać *f*, łęty *pl*; *(Kohl)* kapusta; (PL *Kräuter)* ziele; *umg* **wie ~ und Rüben** jak groch z kapustą
Kräuter PL zioła *npl*; MED *a.* ziółka *npl*; *zum Würzen a.* przyprawy *fpl* ziołowe; **~butter** F masło ziołowe; **~käse** M ser(ek) ziołowy; **~likör** M likier ziołowy; **~tee** M MED napar ziołowy, ziółka *npl*; herbatka ziołowa
krautig ADJ: **~e Pflanze** roślina zielna
Kraut|salat M sałatka z kapusty; **~wickel** M *pl-niem, szwajc* gołąbek
Kra'wall M (-s; -e) *(Aufruhr) umg* burda, zadyma; PL *bes* POL rozruchy m/pl; → Krach; **~macher** M *abw* awanturnik
Kra'watte F krawat, *dim* krawacik; **~ tragen** chodzić w krawacie
Kra'wattennadel F szpilka do krawata
kraxeln *umg* V/I (-le; sn) → klettern
Kreati'on F kreacja
krea'tiv kreatywny; *bes Künstler* kreacyjny
Kreativi'tät F (bpl) kreatywność *f*
Krea'tur F stworzenie; *abw* kreatura
Krebs M (-es; -e) rak (*a.* MED); ASTRON Rak; **~e** PL ZOOL skorupiaki *mpl*; **an ~ erkranken** zachorować *pf* na raka; **~ erregend** rakotwórczy (-czo); **~ haben** mieć raka
krebsen: *umg* V/I *fig* **er hat zu ~** on z trudem wiąże koniec z końcem
krebserregend rakotwórczy (-czo)
Krebs|forschung F prace *fpl* badawcze nad rakiem; **~geschwulst** F guz złośliwy, nowotwór
krebsig MED rakowaty, rakowy
krebskrank chory na raka
krebsrot czerwony jak rak; **~ werden** zaczerwienić się *pf* jak rak, spiec *pf* raka
Krebs|schaden *lit* M zgubne zło; **~schere** F kleszcze *pl* raka; **~suppe** F zupa rakowa; **~therapie** F terapia przeciwrakowa; **~vorsorge** F profilaktyka raka; **~zelle** F komórka rakowa
kre'denzen (-zt; -) poda(wa)ć
Kredit[1] N (-s; -s) kredyt, strona „ma"
Kre'dit[2] M (-[e]s; -e) kredyt; **auf ~** na kredyt; **e-n ~ aufnehmen** brać ⟨wziąć⟩ kredyt; **~antrag** M wniosek o udzielenie kredytu; **~betrug** M oszustwo kredytowe; **~bürgschaft** F poręczenie kredytowe; **~geber** M kredytodawca *m*; **~gewährung** F udzielenie kredytu; **~hai** M *abw* lichwiarz
kredi'tieren (-) kredytować
Kre'ditkarte F karta kredytowa
Kre'ditkauf M kupno na kredyt
Kre'ditnehmer M kredytobiorca *m*
kre'ditwürdig wiarygodny kredytowo, wypłacalny
Kre'ditzinsen PL odsetki *pl* od kredytu
Kreide F kreda; *als Stift* kredka; **weiß wie ~** biały jak kreda; *umg* **in der ~ stehen (bei j-m)** mieć długi (u *gen*)
kreidebleich blady jak kreda
kreideweiß kredowobiały
Kreide|zeichnung F rysunek kredką; **~zeit** F (bpl) GEOL okres kredowy
kre'ieren (-) ⟨wy⟩kreować
Kreis M (-es; -e) koło, *dim* kółko (*beides a. fig*); krąg (*a. fig von Personen, Dingen, Sachverhalten*); ELEK obwód; *(Verwaltungskreis)* powiat; **im ~ sitzen (um)** siedzieć kołem (wokół *gen*); **im engsten ~** w ścisłym gronie; **in offiziellen ~en** w kołach oficjalnych; **~e ziehen** zakreślać koła; *Vogel, Affäre* zataczać kręgi; **sich im ~ drehen** obracać się w koło, *a. fig Diskussion usw* kręcić się w kółko; **~abschnitt** M odcinek koła
Kreis|arzt M lekarz powiatowy; **~ausschnitt** M wycinek koła; **~bahn** F orbita (kołowa); **~bewegung** F ruch okrężny; **~bogen** M łuk koła
kreischen V/I *(schrill schreien)* (piskliwie *od* skrzekliwie) krzyczeć, ⟨za⟩wrzeszczeć; *Kind, Säge* piszczeć; *Bremse a.* ⟨za⟩zgrzytać, zgrzytnąć *pf*
kreischend ADJ *Stimme, Schrei* piskliwy (-wie), skrzekliwy (-wie)
Kreisel M bąk; *umg (Verkehr)* rondo; **den ~ tanzen lassen** puszczać ⟨puścić⟩ bąka
Kreiselkompass M żyrokompas
Kreiselpumpe F pompa wirowa
kreisen V/I (*a.* sn) krążyć (**um** dokoła, wokół *gen*); *Planet* obiegać (*akk*); **etw ~**

lassen obracać (*inst*); *fig* puszczać ⟨puścić⟩ w obieg; → rotieren
kreisförmig kolisty (-to, -ście), *a. Bewegung* okrężny, kołowy (-wo)
kreisfrei: **~e Stadt** miasto wydzielone
Kreislauf M cyrkulacja (*a.* EKON), *bes* MED krążenie, **~erkrankung** F choroba układu krążenia; **~mittel** N środek pobudzający krążenie; **~schwäche** F niewydolność *f* krążenia; **~versagen** N zapaść *f*
Kreislinie F okrąg
kreisrund kolisty, *präd* kolisto, koliście
Kreissäge F piła tarczowa
Kreißsaal M sala porodowa, *umg* porodówka
Kreisstadt F miasto powiatowe
Kreisumfang M obwód koła
Kreisverkehr M (skrzyżowanie typu) rondo
Krem F (-; -s) → Creme
Krema'torium N (-s; -ien) krematorium *n*
Krempe F rondo (kapelusza)
Krempel *umg abw* M (-s; *bpl*) majdan; graty *mpl*
Kren M (-[e]s; bpl) *austr* chrzan
kre'pieren V/I (-; *sn*) *Granate* rozrywać ⟨rozerwać⟩ się; *Tier* zdychać ⟨zdechnąć⟩; *pop Mensch a.* odwalić *pf* kitę
Krepp M (-s; -s *od* -e) krepa; **~papier** N krepina; **~sohle** F podeszwa z krepy
Kresse F (-; *selten* -n) rzeżucha
Kreter MPL Kreteńczycy *mpl*
kretisch kreteński
kreuz ADV: **~ und quer** wzdłuż i wszerz
Kreuz N (-es; -e) krzyż (*a.* ANAT); *dim* krzyżyk (*a.* MUS); (*Spielkarte*) trefl *m*; *in zssgn* treflowy; TECH krzyżak; (*Autobahnkreuz*) skrzyżowanie; **~ des Südens** Krzyż Południa; **das Rote ~** Czerwony Krzyż; **übers ~** na krzyż; *umg* **j-n aufs ~ legen** nabi(ja)ć k-o w butelkę; **zu ~e kriechen** *fig* uderzyć *pf* w pokorę
Kreuzbein N ANAT kość krzyżowa
Kreuzchen N krzyżyk
kreuzen (-zt) V/T ⟨s⟩krzyżować (**sich** się; *a.* BIOL); **der Weg kreuzt die Bahnlinie** droga krzyżuje się z linią kolejową; V/R **sich ~** *Briefe* mijać ⟨minąć⟩ się; V/I MAR płynąć zmiennym kursem, halsować
Kreuzer M MAR krążownik
Kreuzfahrer M HIST krzyżowiec
Kreuzfahrt F turystyczna podróż morska; **~schiff** N statek wycieczkowy, wycieczkowiec (morski)
Kreuzfeuer N ogień krzyżowy; **ins ~ der Kritik geraten** znaleźć się *pf* w ogniu krytyki
kreuzfi'del *umg* wesoły jak szczypiorek na wiosnę
kreuzförmig w kształcie krzyża, krzyżowy, krzyżujący się
Kreuz|gang M ARCH krużganek; **~gewölbe** N ARCH sklepienie krzyżowe
kreuzigen V/T ⟨u⟩krzyżować
Kreuzigung F ukrzyżowanie
Kreuz|otter F żmija zygzakowata; **~ritter** M Krzyżak; **~ritterburg** F zamek krzyżacki; **~schlitzschraube** F wkręt z nacięciem krzyżowym; **~schlüssel** M klucz krzyżak; **~schmerz** *umg* M ból krzyża; **~spinne** F ZOOL krzyżak
Kreuzstich M ścieg krzyżykowy
Kreuzstück N TECH krzyżak
Kreuzung F *von Straßen usw* skrzyżowanie; BIOL krzyżowanie; (*Ergebnis des Kreuzens*) krzyżówka
kreuzungsfrei *Verkehr* bezkolizyjny
Kreuz|verhör N przesłuchanie krzyżowe; **~weg** M rozstaj, rozdroże; *rel* droga krzyżowa; **~worträtsel** N krzyżówka; **~zug** M wyprawa krzyżowa, *a. fig* krucjata
kribb(e)lig *umg* podniecony, nerwowy
kribbeln V/I (-le) swędzić; → wimmeln
Kribbeln N (-s; *bpl*) mrowienie
kriechen V/I (*kroch, gekrochen; sn*) pełzać, ⟨po⟩pełznąć, ⟨po⟩czołgać się; *umg Autos usw* wlec się; *fig abw* pełzać, płaszczyć się (**vor** *dat* przed *inst*); **~ aus** wypełzać ⟨-znąć⟩ (z *gen*); **~ in, unter** (*akk*) wpełznąć *pf*, zaczołgać się *pf* (do *gen*, pod *akk*)
Kriecher(in) M(F) *umg abw* lizus (*a. f*)
Krieche'rei F *abw* (*bpl*) płaszczenie się, *umg* lizusostwo, *pop* wazeliniarstwo
kriecherisch *abw* lizusowski
Kriech|spur F *Verkehr* pas ruchu powolnego; **~tier** N gad
Krieg M (-[e]s; -e) wojna; **~ führen** prowadzić *od* toczyć wojnę (**gegen** przeciwko *dat*); **im ~** na wojnie; **in den ~ ziehen** iść ⟨pójść⟩ na wojnę; **vor dem ~** przed wojną; **während des ~es** w czasie wojny
kriegen *umg* V/T (*bekommen*) dosta(wa)ć; (*beschaffen, kaufen können*) *a.* zdoby(wa)ć

K

(*akk*), wystarać się *pf* (o *akk*); *Zug, Schnupfen* złapać *pf*; **endlich etw ~** (nareszcie) dorwać się *pf* (do *gen*); **j-n satt kriegen** nakarmić do syta (*akk*); **sie kriegt ein Baby** ona spodziewa się dziecka; **wir ~ Regen** będzie deszcz, będzie padało; → hinkriegen; V/R **sich ~** (*heiraten*) pobrać się *pf*

Krieger M wojownik; *żart* wojak

Kriegerdenkmal N pomnik ku czci poległych

kriegerisch wojowniczy (-czo)

Kriegerwitwe F wdowa po poległym

Kriegführung F prowadzenie wojny

Kriegs|ausbruch M (-[*e*]s; bpl) wybuch wojny; **~berichterstatter** M korespondent wojenny

Kriegsbeschädigte(r) M inwalida wojenny

Kriegs|dienst M → Wehrdienst *usw*; **~erklärung** F wypowiedzenie wojny

Kriegsfall M: **im ~** na wypadek wojny

Kriegsfilm M film wojenny

Kriegsfolgen FPL skutki *mpl* wojny

Kriegsfuß M: *nur in* **auf (dem) ~ stehen (mit)** być na stopie wojennej (z *inst*)

Kriegs|gefahr F groźba wojny; **~gefangene(r)** M jeniec wojenny

Kriegsgefangenschaft F niewola; **in ~ geraten** trafi(a)ć do niewoli

Kriegs|gegner M nieprzyjaciel; (*Pazifist*) przeciwnik wojny; **~gräberfürsorge** F opieka nad grobami żołnierskimi; **~handlungen** FPL działania *npl* wojenne; **~hetze** F *abw* podżeganie do wojny

Kriegs|kamerad M towarzysz broni; **~marine** F marynarka wojenna; **~opfer** N ofiara wojny; **~recht** N (*bpl*) prawo wojenne; **~schaden** M szkoda wojenna; **~schauplatz** M teatr działań wojennych; **~schiff** N okręt wojenny; **~teilnehmer(in)** M(F) uczestnik (-niczka) wojny; **~treiber** M *abw* podżegacz wojenny; **~verbrechen** N zbrodnia wojenna; **~verbrecher** M zbrodniarz wojenny

kriegsversehrt poszkodowany na wojnie; *subst* → Kriegsbeschädigte(r)

Kriegswaise F sierota wojenna

Kriegszustand M stan wojenny; **sich im ~ befinden** być w stanie wojny

Krim F (-; *bpl*) Krym *m*; *in zssgn* krymski

Krimi *umg* M (-[s]; -[s]) kryminał(ek)

Krimi'nal|beamte(r) M funkcjonariusz policji kryminalnej; **~beamtin** F funkcjonariuszka policji kryminalnej

Krimi'nalfilm M film kryminalny

Kriminali'tät F (*bpl*) przestępczość *f*

Krimi'nal|kommissar(in) M(F) komisarz policji kryminalnej; **~polizei** F policja kryminalna; **~roman** M powieść kryminalna

krimi'nell kryminalny; **~ werden** popełnić czyn karalny; **das ist ~** to pachnie kryminałem

Krimi'nelle F kryminalistka

Krimi'nelle(r) M (-*n*) kryminalista *m*

Krimskrams *umg* M (-[*es*]; bpl) kram, drobiazgi *mpl*

Kringel M zakrętas; (*Gebäck*) ob(w)arzanek

kringeln (-*le*): V/R **sich ~** skręcać ⟨-cić⟩ się, wić się (*a. Haare*)

Kripo F (*bpl*) policja kryminalna, *umg* dochodzeniówka

Krippe F żłób; *für Kinder* żłobek; *rel* szopka, jasełka *pl*

Krippen|alter N wiek żłobkowy; **~spiel** N widowisko jasełkowe, szopka

Krise F kryzys, *bes* MED przesilenie; **in der ~ stecken** przeżywać kryzys

kriseln (-*le*): *nur unpers* **es kriselt** zanosi się na kryzys

Krisenerscheinung F przejaw kryzysu

krisenfest niepodatny na kryzysy

Krisengebiet N obszar kryzysu, region dotknięty kryzysem

Krisenmanagement N działania *npl* mające na celu opanowanie kryzysu

Krisenstab M sztab antykryzysowy

Kris'tall[1] N (-*s*; *bpl*) kryształ

Kris'tall[2] M (-*s*; -*e*) CHEM kryształ

kris'tallen kryształowy

Kristallisati'on F krystalizacja

kris'tallklar kryształowy (-wo)

Kris'tallleuchter M żyrandol kryształowy

Kri'terium N (-*s*; -*ien*) kryterium *n*

Kri'tik F krytyka; **~ üben (an** *dat*) podda(wa)ć krytyce (*akk*); *umg* **unter aller ~** poniżej wszelkiej krytyki

Kritiker(in) M(F) krytyk (krytyczka)

kri'tiklos bezkrytyczny

kritisch krytyczny; **höchst ~** bardzo krytyczny; *fig* **~ betrachten** *Sache* zapatrywać się krytycznie na (*akk*)

kriti'sieren (-) ⟨s⟩krytykować

Kritte'lei F *abw* krytykanctwo
Kritze'lei *umg* F bazgranina, bazgroły *pl*
kritzeln (*-le*) ⟨na⟩bazgrać, ⟨na›gryzmolić; (*etw schreiben*) *a.* ⟨na⟩skrobać
Kro'ate M (*-n*) Chorwat
Kro'atien [-tsiən] N (*-s; bpl*) Chorwacja
Kro'atin F Chorwatka
kro'atisch chorwacki (po -ku)
Kro'atzbeere F *reg* → Brombeere
kroch, **kröche** → kriechen
Kro'kant M (*-s; bpl*) grylaż
Kro'ketten FPL krokiety *mpl*
Kroko *umg* N (*-[s]; -s*) krokodyl
Kroko'dil N (*-s; -e*) krokodyl
Kroko'dilleder N skóra krokodylowa
Krokus m (*-; -[se]*) krokus, szafran
Krone F korona; (*Zahnkrone*) *a.* koronka; *fig* **das setzt allem die ~ auf** to już szczyt wszystkiego; *umg* **e-n in der ~ haben** mieć w czubie
krönen ⟨u⟩koronować (**zum König** na króla); *fig* (*den Abschluss bilden*) wieńczyć; **sich ~ lassen** koronować się; **die Bemühungen waren von Erfolg gekrönt** starania były uwieńczone sukcesem
Kronenkorken M kapsel, kapsla
Kronleuchter M żyrandol, pająk
Kronprinz M następca *m* tronu
Kronprinzessin F następczyni tronu
Krönung F koronacja, koronowanie (się); *fig* ukoronowanie
Kronzeug|e M, **~in** F świadek koronny
Kropf M (*-[e]s; Kröpfe*) wole (*a.* MED)
kross *reg* → knusprig
Kröte F ropucha; *umg fig* **e-e ~ schlucken** zjeść *pf* żabę; **~n** PL (*Geld*) pieniążki *mpl*, grosz
Krücke F (*Gehhilfe*) kula; (*Griff*) zagięta rączka; *umg fig* (*Hilfe*) wspomagacz; *abw* (*Versager*) patałach; **an ~n gehen** chodzić o kulach
Krückstock M kostur, laska
krud(e) *lit* surowy (-wo), brutalny
Krug M (*-[e]s; Krüge*) dzban, *dim* dzbanek; *reg* → Wirtshaus, Schänke
Krume F okruch; AGR warstwa orna
Krümel M okruszyna, kruszynka
krü|melig kruchy, kruszący się; *Erde* gruzełkowaty; **~meln** (*-le*) V/T kruszyć, rozkruszać ⟨-szyć⟩ (*v/i* się)
krumm (*verbogen*) krzywy (-wo), wykrzywiony, zakrzywiony; (*gebogen*) zgięty; *Rücken* przygarbiony; *umg fig* nieczysty; **~e Sachen** *a.* machlojki *fpl*; **~ machen, ~ werden** → krümmen; → krummnehmen
krummbeinig krzywonogi
krümmen V/T ⟨s⟩krzywić, wykrzywi(a)ć (*v/r* **sich** się); *Finger usw* zginać ⟨zgiąć⟩; V/R **sich vor Schmerzen ~** wić się z bólu
krümmer *komp* → krumm
Krümmer M TECH kolanko
Krummholz N (*-es; bpl*) kosodrzewina
krummlachen *umg*: V/R **sich ~** pokładać się ze śmiechu
krummmachen → krümmen
krummnehmen (*irr*): *umg* **j-m etw ~** mieć komuś za złe (*akk*)
Krummstab M *e-s Bischofs* pastorał
Krümmung F skrzywienie, zakrzywienie; MAT krzywizna; (*Biegung*) zakole, zakręt, łuk
krumpfecht *Stoff* niekurczliwy
Kruppe F *des Pferdes* kłąb, zad
Krüppel M kaleka *m u. f*
krüppelhaft kaleki, zniekształcony
Kruste F skorupa, *dim* skorupka; (*Brotrinde*) skórka; (*Schorf*) strup
Krusten|braten M pieczeń *f* w skorupce; **~tier** N skorupiak
Kruzifix N (*-es; -e*) krucyfiks
Krypta F (*-; -ten*) krypta
Kryptonlampe F żarówka kryptonowa
Kuba N (*-s; bpl*) Kuba *f*
Ku'baner M Kubańczyk
Ku'banerin F Kubanka
ku'banisch kubański
Kübel M kubeł (*a.* TECH); *für Blumen a.* donica; *im Gefängnis* kibel; **~pflanze** F roślina hodowana w donicach
Kuben PL → Kubus
Ku'bik|- *in zssgn* sześcienny, kubiczny; **~meter** M *od* N metr sześcienny; **~wurzel** F MAT pierwiastek sześcienny *od* trzeciego stopnia
Ku'bikzahl F MAT sześcian (liczby)
ku'bistisch kubistyczny
Kubus M (*-; -ben*) sześcian (*a.* MAT)
Küche F kuchnia; **kalte ~** zimne przekąski *fpl*; **warme ~** gorące potrawy *fpl*; **polnische ~** kuchnia polska
Kuchen M placek, ciasto; ciastko
Küchenabfälle MPL odpadki *mpl* kuchenne
Kuchenblech N blacha (do pieczenia ciast)

K

Küchen|chef M kierownik kuchni; **~einrichtung** F wyposażenie kuchni; **~fee** *umg* F *żart* kucharka
Kuchen|form F forma *od* foremka do pieczenia ciasta; **~gabel** F widelczyk do ciast
Küchen|geschirr N naczynia *npl* kuchenne; **~hilfe** F pomoc kuchenna; **~maschine** F robot kuchenny; **~meister** M kuchmistrz; **~messer** N nóż kuchenny; **~schabe** F karaluch; **~schrank** M kredens kuchenny
Kuchenteig M ciasto na placki; **~teller** M talerzyk deserowy
Küchen|tisch M stół kuchenny; **~waage** F waga kuchenna
Kücken N → Küken
kuckuck INT kuku; **~ rufen** kukać
Kuckuck M (-s; -e) kukułka; *umg* **zum ~!** tam do licha!; **weiß der ~** licho wie
Kuckucks|ei N kukułcze jajko (*a. fig*); **~uhr** F zegar z kukułką
Kuddelmuddel *umg* M *od* N (-s; *bpl*) bałagan, bajzel
Kufe[1] F płoza (*a.* LOTN)
Kufe[2] F (*Fass*) kufa, beczka
Küfer M kiper; → Böttcher
Kugel F (-; -n) kula, *dim* kulka; *umg* **e-e ruhige ~ schieben** nie przepracowywać się
kugelfest kuloodporny
kugelförmig kulisty, w kształcie kuli
Kugelgelenk N ANAT staw wieloosiowy; TECH przegub kulowy
Kugellager N łożysko kulkowe
kugeln V/I (sn) ⟨po⟩toczyć się; V/R *umg* **sich (vor Lachen) ~** tarzać się ze śmiechu
kugelrund kulisty, okrągły jak kula; *umg Baby* okrąglutki
Kugelschreiber M długopis
kugelsicher kuloodporny; *Glas a.* pancerny
Kugelstoßen N pchnięcie kulą
Kuh F (-; *Kühe*) krowa; *fig* **heilige ~** święta krowa; *umg* **melkende ~** dojna krowa; **~augen** *umg* NPL krowie oczy *npl*; **~dorf** *umg* N kozia wólka; **~fladen** M krowie łajno; **~glocke** F krowi dzwonek; **~handel** *umg* M *fig* przetargi *mpl*
Kuhhaut F: *umg fig* **das geht auf keine ~** tego nie da się spisać na wołowej skórze
kühl chłodny (-no); *fig a.* oziębły (-le); **es wird ~** ochładza się, oziębia się; **es ist ~ geworden** ochłodziło się; **~ lagern** przechowywać w chłodnym miejscu; *fig* **~ sein (zu)** być chłodnym (dla *gen*)
Kühl|anlage F urządzenie chłodnicze; **~box** F pojemnik termoizolacyjny
Kühl|e F (*bpl*) chłód; (*Frische*) chłodek; *fig a.* oziębłość *f*; **~element** N element chłodzący
kühlen ochładzać, ⟨o⟩chłodzić, *bes* TECH schładzać ⟨schłodzić⟩, oziębi(a)ć
Kühler M schładzacz; AUTO chłodnica; *für Sekt* kubełek z lodem; **~grill** M osłona chłodnicy
Kühl|flüssigkeit F ciecz chłodząca; **~haus** N chłodnia; **~raum** M komora chłodnicza; **~schrank** M chłodziarka, lodówka; **~tasche** F termotorba; **~turm** M chłodnia kominowa
Kühl-gefrier-Kombination F chłodziarko-zamrażarka
Kühlung F chłodzenie, schładzanie, oziębianie; (*kühlende Frische*) ochłoda
Kühl|vitrine F lada chłodnicza; **~wagen** M samochód chłodnia; KOLEJ wagon chłodnia; **~wasser** N woda chłodząca; AUTO *a.* woda w *od* do chłodnicy
Kuhmilch F mleko krowie
Kuhmist M krowie łajno, krowieniec
kühn śmiały (-ło); → verwegen
Kühnheit F (*bpl*) śmiałość *f*
Kuhstall M obora
Küken N pisklę (*a. fig*); *bes des Huhns* kurczę, kurczątko
Kukuruz M (-es; *bpl*) *austr* kukurydza
ku'lant *Kaufmann* rzetelny, uczciwy; *präd* uczciwie; *Preise* przystępny
Ku'lanz F: **e-e Reparatur auf ~** bezpłatna naprawa pozagwarancyjna
Kuli[1] M (-s; -s) (*Person*) kulis
Kuli[2] *umg* M (-s; -s) → Kugelschreiber
kuli'narisch kulinarny, kucharski
Ku'lisse F kulisa; **hinter den ~n** za kulisami, zakulisowy (*a. fig*)
Kulleraugen *umg* NPL wypukłe oczka *npl* (jak u lalki)
kullern *umg* (-re) V/I (sn) turlać się, potoczyć się *pf*; V/T toczyć, taczać, turlać
Kulminati'onspunkt M punkt kulminacyjny
Kult M (-[e]s; -e) kult; **~film** M film kultowy
kul|tisch kultowy; **~ti'vieren** (-) kultywować; **~ti'viert** ADJ kulturalny; (*erlesen*)

wytworny, wykwintny
Kultstätte F miejsce kultu *od* kultowe
Kul'tur F kultura; AGR (*Anbau*) uprawa
Kul'tur|austausch M wymiana kulturalna; **~banause** M *abw* filister, ignorant; **~beutel** M kosmetyczka; **~denkmal** N zabytek kultury
kultu'rell kulturalny; kulturowy (-wo)
Kul'tur|erbe N dziedzictwo kulturowe; **~film** M film oświatowy; **~gut** N dobro kultury
kul'turhistorisch kulturowo-historyczny
Kul'tur|leben N życie kulturalne; **~losigkeit** F (*bpl*) brak kultury; **~manager** M działacz kulturalny; **~pflanze** F roślina uprawna; **~politik** F polityka kulturalna; **~stufe** F poziom kultury
Kul'turszene F środowisko kulturalne
Kul'turzentrum N ośrodek kultury
Kultus M (-; *Kulte*) kult; **~ministerium** N ministerstwo oświaty (i kultury)
Kümmel M kminek; (*Schnaps*) kminkówka; **~öl** N olejek kminkowy
Kummer M (-s; *bpl*) zmartwienie; *umg* (*Schwierigkeit*) kłopot(y *pl*); **aus ~** ze zmartwienia; **~ haben (mit)** martwić się (*inst*); **... macht mir ~** martwi mnie (*akk*), mam zmartwienie (z *inst*)
kümmerlich marny, nędzny (*a. fig*)
Kümmerling M (-s; -e) cherlak, chuchro
kümmern (-re) V/I marnieć; V/T **das kümmert mich nicht** to mnie nie obchodzi; **was kümmert dich das?** co cię to obchodzi?; V/R **sich um j-n, etw ~** ⟨za⟩troszczyć się, dbać o (*akk*); doglądać (*gen*)
kummervoll stroskany, zmartwiony
Kummet N (-s; -e) chomąto
Kum|'pan *umg* M (-s; -e) kompan, koleżka m; **~pa'nei** F *oft abw* (*bpl*) kumplostwo
Kumpel M (*Bergmann*) górnik; *umg* (*Kamerad*) kumpel, koleś *m*; *weiblich* kumpela
kumpelhaft kumplowski (po -ku)
kumu'liert ADJ skumulowany
kündbar przewidujący możliwość wymówienia, z prawem do wypowiedzenia
Kun|de[1] M (-n) klient; **~de**[2] F wieść *f*, wiadomość *f*; (*Wissen*) wiedza
künden V/I (-e-): **von etw ~** zwiastować (*akk*); *szwajc* → kündigen
Kunden|beratung F porady *fpl* dla klientów; punkt porad dla klientów; **~datei** F zbiór danych o klientach; **~dienst** M serwis, (posprzedażna) obsługa techniczna klientów; *umg a.* placówka serwisu; **~karte** F karta stałego klienta; **~kreis** M (regularna) klientela
Kundgebung F wiec, manifestacja
kundig doświadczony, wytrawny; *e-r Sache* **~ sein** znać się na (L)
kündigen V/T wymawiać ⟨-mówić⟩ (**die Wohnung** mieszkanie), wypowiadać ⟨-wiedzieć⟩ (**e-n Vertrag** umowę; **die Stellung** pracę; **fristlos** ze skutkiem natychmiastowym; **fristgerecht** we właściwym terminie); *v/i* **er hat gekündigt** on zwolnił się na własne żądanie
Kündigung F *e-s Vertrages, der Wohnung usw* wypowiedzenie, wymówienie; (*Entlassung*) zwolnienie
Kündigungs|frist F termin wypowiedzenia; **~grund** M powód wypowiedzenia; **~schreiben** N wypowiedzenie; *durch den Arbeitnehmer* podanie o zwolnienie z pracy; **~schutz** M ochrona przed wadliwym wypowiedzeniem (pracy)
Kund|in F klientka; **~schaft** F (*bpl*) klienci *mpl*, klientela
Kundschafter(in) M(F) zwiadowca *m u. f*
kundtun *lit* (*irr*) oznajmi(a)ć
künftig ADJ przyszły; ADV w przyszłości
Kunge'lei F *abw* konszachty *pl*
Kunst F (-; *Künste*) sztuka; (*Können, Fertigkeit*) sztuka, kunszt, artyzm; **(die) bildende ~** sztuki *fpl* plastyczne; *umg* **ich bin mit meiner ~ am Ende** daję za wygraną, kapituluję; **das ist keine ~!** wielka (mi) sztuka!
Kunst|akademie F akademia sztuk pięknych; **~ausstellung** F wystawa dzieł sztuki; **~druck** M (-[e]s; -e) druk artystyczny; **~dünger** M nawóz sztuczny; **~eisbahn** F sztuczne lodowisko; **~erziehung** F wychowanie artystyczne; **~faser** F włókno syntetyczne, sztuczne włókno
Kunstfehler M: **ärztlicher ~** błąd w sztuce lekarskiej
Kunstfertigkeit F artyzm, mistrzostwo
Kunstflug M (*bpl*) akrobatyka lotnicza; (*a. pl*) lot akrobatyczny
Kunstgegenstand M przedmiot sztuki
kunstgerecht fachowy (-wo)
Kunst|geschichte F historia sztuki;

K

~gewerbe N rzemiosło artystyczne; **~griff** M chwyt, trik; **~handel** M handel dziełami sztuki; **~harz** N żywica syntetyczna; **~herz** N sztuczne serce; **~kritik** F krytyka dzieł sztuki; **~leder** N imitacja skóry, sztuczna skóra
Künstler(in) M(F) artysta *m* (-tka)
künstlerisch artystyczny
Künstler|name M pseudonim; **~pech** N *umg żart* pech, wpadka
künstlich sztuczny
Kunst|licht N sztuczne światło; **~maler** M artysta *m* malarz; **~malerin** F artystka malarka; **~pelz** M sztuczne futro, *umg* miś *m*; **~preis** M nagroda artystyczna; **~rasen** M *bes* SPORT trawnik z tworzywa sztucznego; **~sammlung** F zbiór dzieł sztuki; **~schätze** FPL skarby *mpl* sztuki; **~schule** F szkoła artystyczna; **~seide** F jedwab sztuczny; **~springen** N SPORT skoki *mpl* (do wody) z trampoliny; **~stoff** M tworzywo sztuczne *od* syntetyczne; *engS* masa plastyczna, *umg* plastik; *in zssgn* z tworzywa sztucznego, syntetyczny, *umg* plastikowy
Kunststopfen N cerowanie artystyczne
Kunststück N sztuka, sztuczka; **~e zeigen** popisywać się sztuczkami, pokazywać sztuki; **das ~ fertigbringen** ... dokazać *pf* sztuki ...; *umg* **~!** (to) nie sztuka!
Kunstturnen N gimnastyka artystyczna
kunstvoll kunsztowny, misterny
Kunst|werk N dzieło sztuki; *fig* arcydzieło; **~wissenschaft** F (*bpl*) nauka o sztuce, teoria (i historia) sztuki
kunterbunt *umg* w bezładzie, (pomieszany) jak groch z kapustą
Kupfer N (*-s; bpl*) miedź *f*; **~bergwerk** N kopalnia miedzi
kupferbraun miedzianobrązowy
Kupfer|dach N dach kryty blachą miedzianą; **~draht** M drut miedziany; **~erz** N ruda miedzi; **~legierung** F stop miedzi; **~münze** F moneta miedziana, *umg* miedziak
kupfern ADJ miedziany
kupferrot miedzianoczerwony; **mit ~em Haar** miedzianowłosy
Kupferstich M miedzioryt
Ku'pon → Coupon
Kuppe f *e-s Berges* kopułowaty wierzchołek; (*Fingerkuppe*) brzusiec
Kuppel F kopuła, *dim* kopułka
Kuppeldach N dach kopułowy
Kuppe'lei F *abw* stręczycielstwo
kuppelförmig kopułowaty (-to)
kuppeln (*-le*) V/T → (an)koppeln; V/I AUTO włączać ⟨-czyć⟩ sprzęgło; (*auskuppeln*) wyłączać ⟨-czyć⟩ sprzęgło
Kuppler M stręczyciel, *abw* rajfur; **~in** F stręczycielka, *abw* rajfurka
Kupplung F sprzęgło; ELEK *a.* łącznik wtykowy; KOLEJ sprzęg; **die ~ treten** naciskać ⟨-snąć⟩ sprzęgło
Kupplungspedal N pedał sprzęgła
Kur F kuracja, leczenie; *im Heilbad* leczenie uzdrowiskowe *od* sanatoryjne; **zur ~ fahren** ⟨po⟩jechać na kurację do uzdrowiska; **e-e ~ machen** przechodzić kurację
Kür F SPORT program dowolny
Kurarzt M lekarz uzdrowiskowy
Kurärztin F lekarka uzdrowiskowa
Kura'torium N (*-s; -ien*) rada opiekuńcza, kuratorium *n* (fundacji); (*Amt e-s Kurators*) kuratorstwo
Kuraufenthalt M pobyt w uzdrowisku
Kurbel F (*-; -n*) korba, *dim* korbka
kurbeln V/I (*-le*) kręcić (korbą *od* korbką); *umg* (*drehen*) kręcić
Kurbelwelle F wał korbowy
Kürbis M (*-ses; -se*) dynia; *pop fig* (*Kopf*) bania, bańka
kürbisförmig dyniowaty (-to)
Kürbiskern M pestka dyni
Kurde M (*-n*) Kurd (*pl* Kurdowie)
Kurdin F Kurdyjka
kurdisch kurdyjski (po -ku)
kuren *umg* V/I być na kuracji, kurować się
küren (**zu**) wyb(ie)rać (na *akk*)
Kurerfolg M wynik kuracji
Kurfürst M (*-en*) (książę *m*) elektor
Kurgast M kuracjusz(ka)
Kurhaus N dom zdrojowy
Kurie ['ku:riə] N *rel* kuria
Ku'rier M (*-s; -e*) kurier; (*Bote*) goniec; *e-s Spions* łącznik, łączniczka
Ku'rierdienst M poczta kurierska
ku'rieren (-) ⟨wy⟩leczyć, ⟨wy⟩kurować (**j-n von** kogo z *gen*; *a. fig*)
Ku'rilen PL: **die ~** Kuryle *pl*, Wyspy *fpl* Kurylskie
kuri'os kuriozalny, dziwny
Kuriosi'tät F kuriozum *n*, osobliwość *f*
Kur|karte F karta kuracjusza; **~klinik** F sanatorium *n*; **~mittel** NPL zabiegi *mpl*

kuracyjne; **~ort** M uzdrowisko, kurort; **~pfuscher** M JUR znachor; *umg abw* konował, łapiduch

Kurs M (*-es; -e*) kurs (*a. fig*); **amtlicher ~** notowanie urzędowe; **zum ~ von ...** po ... kursie; **vom ~ abweichen** schodzić ⟨zejść⟩ z kursu; **an e-m ... ~ teilnehmen** uczęszczać na kurs (*gen*); *fig* **hoch im ~ stehen** być bardzo cenionym; **~änderung** F zmiana kursu; **~bericht** M ceduła giełdowa; **~buch** N (kolejowy) rozkład jazdy

Kurschatten *umg* M sympatia (w uzdrowisku, z kurortu)

Kürsch|ner M kuśnierz; **~ne'rei** F zakład kuśnierski; (*bpl*) kuśnierstwo

Kursgewinn M zysk na kursie

kur'sieren V/I (*-; a sn*) *Gerücht, Geld* kursować

kur'siv napisany kursywą; *präd a.* kursywą

Kurs|korrektur F korekta kursu; **~leiter(in)** M(F) kierownik (-iczka) kursu; **~risiko** N ryzyko kursowe; **~rückgang** M spadek kursu; **~schwankungen** FPL wahania *npl* kursów

Kurssturz M gwałtowny spadek kursu

Kurs|teilnehmer(in) M(F) kursant(ka), uczestnik (-niczka) kursu; **~us** M (*-; Kurse*) kurs

Kurs|verlust M strata kursowa *od* na kursie; **~wagen** M KOLEJ wagon kursowy; **~wechsel** M zmiana kursu

Kurtaxe F taksa klimatyczna

Kurve F (*Linie*) krzywa; (*Biegung*) zakręt, *a.* LOTN wiraż; **~n** PL *umg* bujne kształty *mpl*; **in der ~** na zakręcie; **die ~ nehmen** brać ⟨wziąć⟩ zakręt; **in die ~ gehen** wchodzić ⟨wejść⟩ w wiraż; *umg fig* **die ~ kriegen** wykaraskać się *pf* (z *gen*), lądować; *umg fig* **die ~ kratzen** da(wa)ć drapaka, prysnąć *pf*

kurven V/I krążyć, kołować; skręcać ⟨-cić⟩ (**um die Ecke** za róg)

Kurven|diagramm N wykres w formie krzywej; **~lineal** N krzywik

kurvenreich kręty (-to), pełen zakrętów; *umg Frau* o bujnych kształtach

kurz (*kürzer, kürzest-*) krótki; (*von kurzer Dauer*) krótkotrwały; *präd* krótko; (*lapidar*) *a.* w skrócie; **es ~ machen** nie przeciągać; *umg* **machs ~!** streszczaj się!; **~ vor** (*dat*) na krótko przed (*inst*); **bis vor Kurzem** do niedawna; **es ist ~ vor drei** dochodzi trzecia; **~ nach** wkrótce po (*lok*); **es ist ~ nach zwei** minęła druga; **seit Kurzem** od niedawna; **~ und gut, ~ gesagt** krótko mówiąc; **über ~ oder lang** prędzej czy później; **zu ~ kommen (bei)** źle wychodzić ⟨wyjść⟩ (na *lok*); **er ist im Leben zu ~ gekommen** on się w życiu nie urządził; **~ und klein schlagen** kompletnie zdemolować; → angebunden, entschlossen, fassen, kürzer, kurzgefasst *usw*

Kurzarbeit F (*bpl*) skrócony czas pracy

kurz|arbeiten V/I pracować w niepełnym wymiarze godzin; **~ärm(e)lig** z krótkimi rękawami; **~atmig** dychawiczny, astmatyczny

Kurzbio|grafie, ~graphie F zwięzły życiorys

Kürze F (*bpl*) krótkość *f*; (*Bündigkeit*) zwięzłość *f*, skrótowość *f*; **in ~** wkrótce; **in aller ~** jak najkrócej, w paru słowach

Kürzel N skrót, znak (stenograficzny)

kürzen (*-zt*) *Kleid, Text*, MAT skracać ⟨skrócić⟩; (*stutzen*) obcinać ⟨obciąć⟩ (*a. Geldmittel, Löhne usw*); *Personal* ⟨z⟩redukować

kürzer *komp* krótszy; ADV krócej; **~ werden** skracać ⟨skrócić⟩ się; **die Tage werden ~** dnia ubywa; **den Kürzeren ziehen** ulec *pf* (**bei** w *lok*); da(wa)ć za wygraną; → kürzertreten

kurzerhand ADV bez (chwili) namysłu; od ręki, *umg* bez gadania

kürzertreten (*irr*) *umg* oszczędzać; (*sich schonen*) oszczędzać się

kürzeste *sup* najkrótszy; ADV **am ~n** najkrócej; **in ~r Zeit** *etw tun* w jak najkrótszym czasie, możliwie jak najprędzej

kurzfassen V/R: **sich ~** streszczać ⟨streścić⟩ się

Kurz|fassung F wersja skrócona; **~film** M film krótkometrażowy

kurz|fristig krótkoterminowy; (*kurze Zeit dauernd*) krótkotrwały, krótko trwający; ADV w krótkim terminie, na krótki termin; **~gefasst** skrótowy (-wo), zwięzły (-źle)

Kurzgeschichte F (krótkie) opowiadanie, nowela

kurzhaarig krótkowłosy

kurzhalten (*irr*): *fig* **j-n ~** trzymać k-o krótko (*akk*)

Kurzjacke F kurteczka, spencerek

kurzlebig krótkowieczny, krótkotrwały; *Ware a.* nietrwały

kürzlich ADV niedawno (temu)
kurzmachen → kurz
Kurz|mitteilung F notka grzecznościowa; **~nachrichten** FPL (ważniejsze) wydarzenia *npl* w skrócie; **~parkzone** F strefa krótkiego parkowania
kurzschließen (*irr*) zwierać ⟨zewrzeć⟩; *fig* **sich mit j-m ~** skontaktować się z (*inst*)
Kurzschluss M ELEK zwarcie, (krótkie) spięcie; **~handlung** F nieprzemyślane (gwałtowne) działanie
kurzsichtig krótkowzroczny (*a. fig*)
Kurzsichtigkeit F (*bpl*) krótkowzroczność *f*; MED *a.* krótki wzrok
Kurzstrecke F SPORT krótki dystans; **~n-** *in zssgn* SPORT krótkodystansowy; MIL, LOTN bliskiego zasięgu
Kurzstreckenläufer(in) M(F) krótkodystansowiec (*a. f*)
kurztreten (*irr; sn*) *umg* ograniczać się
kurz'um ADV krótko mówiąc
Kürzung F skracanie, skrócenie; *fig a.* redukcja; (*Einsparung*) ograniczenie; (*Beschneidung*) (ob)cięcie; **ohne ~en** bez skrótów
Kurz|urlaub M krótki urlop (okolicznościowy); **~waren** FPL pasmanteria
Kurz|wahltaste F przycisk szybkiego wybierania numerów; **~wellen-** *in zssgn* krótkofalowy
kurzweg ADV → kurzerhand
Kurzwort N (PL *-wörter*) skrótowiec
kurzzeitig ADJ krótko trwający, krótki; ADV na krótko
kuscheln (*-le*): V/R **sich ~** (**an** *akk*) tulić się, przytulać ⟨-lić⟩ się (do *gen*)
kusch! INT *Hund* leż!; *austr* cicho!
Kuscheltier N przytulanka
kuschen V/I *fig* podtulać ⟨-lić⟩ ogon, kłaść uszy po sobie
Ku'sine F kuzynka
Kuss M (*-es; Küsse*) pocałunek, *umg* całus
Küsschen N całusek, buzia(cze)k
kussecht *Lippenstift* trwały
küssen V/T ⟨po⟩całować (**auf den Mund** w usta; **ihr die Hand** ją w rękę); *v/r* **sich ~** ⟨po⟩całować się
Kusshand F całus; **j-m e-e ~ zuwerfen** pos(y)łać k-u całusa; *fig* **mit ~** z ucałowaniem ręki
Küste F wybrzeże; **an der ~ wohnen** mieszkać na wybrzeżu
Küsten|bewohner M mieszkaniec wybrzeża; **~gebiet** N wybrzeże, strefa wybrzeżowa; **~gewässer** N wody *npl* przybrzeżne; **~schifffahrt** F żegluga przybrzeżna, kabotaż; **~schutz** M ochrona wybrzeża; **~wachboot** F łódź patrolowa straży przybrzeżnej
Küster M kościelny, zakrystian
Kustos M (*-; -toden*) kustosz
Kutsche F powóz, kareta; *pop abw* trup
Kutscher M woźnica *m*, stangret
ku'tschieren (-) V/T *Kutsche* powozić (*inst*); *umg Auto* prowadzić; *j-n* zawozić, odwozić ⟨-wieźć⟩ (**nach** do *gen*); *umg v/i* (*sn*) jeździć
Kutte F habit; (*Parka*) kurtka z kapturem
Kuttel|flecke MPL, **~n** PL flaki *mpl*
Kutter M kuter; *in zssgn* kutrowy
Kuvert [ku've:r] N (*-s; -s*) koperta
ku'waitisch kuwejcki
Kyber'netik F (*bpl*) cybernetyka
ky'ryllisch ADJ: **~e Schrift** cyrylica
KZ-Häftling [ka:'tsɛt-] M więzień *m* obozu koncentracyjnego *od* kacetu

L

Lab N (*-[e]s; -e*) podpuszczka
Label ['le:bəl] N (*-s; -s*) etykietka; *an Textilien* metka
laben *lit* V/T pokrzepi(a)ć (*v/r* **sich** się); *fig v/r* **sich ~ an** (*dat*) delektować się (*inst*)
labern *umg abw* (*-re*): V/T **dummes Zeug ~** wygadywać głupstwa; V/I trzepać językiem
la'bil niestały, chwiejny, labilny
La'bor N (*-s; -s od -e*) laboratorium
Labo'rant(in) M(F) (*-en*) laborant(ka)
labo'rieren V/I (-): *umg* **an** *e-r Krankheit* **~** chorować *od* cierpieć na (*akk*); *umg* **an** *e-r Sache* **~** mozolić się nad (*inst*)
La'borversuch M doświadczenie laboratoryjne
Labsal *lit* N (*-[e]s; -e*) *od austr* F (*-; -e*) rozkosz
Laby'rinth N (*-[e]s; -e*) labirynt (*a. fig*); ANAT błędnik
Lache[1] *umg* F (PL *selten*) (*Lachen*) śmiech

Lache² F (*Pfütze*) kałuża
lächeln V/I (*-le*) uśmiechać ‹-chnąć› się; **~ über** (*akk*) naśmiewać się z (*gen*)
Lächeln N (*-s; bpl*) uśmiech
lachen V/I śmiać się (**über** *akk* z *gen*; **herzlich** serdecznie; **schallend** donośnie; **vor Vergnügen** z uciechy; **aus vollem Halse** na całe gardło; **j-m ins Gesicht** k-u w żywe oczy); **da gibts nichts zu ~** to wcale nie jest śmieszne; *umg* **er hat dort nichts zu ~** tam mu nie do śmiechu; **dass ich nicht lache!** to śmiechu warte!; *umg* **das wäre doch gelacht, wenn das nicht klappen würde!** uśmiałbym się, gdyby to się nie udało!; **das Glück hatte ihnen gelacht** szczęście uśmiechnęło się do nich; V/T **Tränen ~** ‹u›śmiać się *od* zaśmiewać się do łez
Lachen N (*-s; bpl*) śmiech; **in (lautes) ~ ausbrechen** wybuchać ‹-chnąć› śmiechem; **sich vor ~ biegen** pokładać się ze śmiechu; *etw ist* **zum ~** *umg* ... do śmiechu; **j-n zum ~ bringen** rozśmieszać ‹-szyć›, pobudzać ‹-dzić› do śmiechu (*akk*); **~ ist gesund** śmiech to zdrowie
Lacher M (*Person*) śmiejący się, śmieszek; (*Gelächter*) śmiech, śmieszek; **die ~ auf s-r Seite haben** mieć śmieszków po swojej stronie
lächerlich śmieszny; **~ billig** śmiesznie tanio; **~e Sache** śmiesznostka; **j-n, etw ~ machen** ośmieszać ‹-szyć› (*akk*); **sich ~ machen** ośmieszać ‹-szyć› się; **etw ins Lächerliche ziehen** obrócić w śmiech (*akk*)
Lächerlichkeit F śmieszność *f*; **j-n der ~ preisgeben** wystawi(a)ć na pośmiewisko (*akk*)
Lachfältchen NPL zmarszczki od śmiechu wokół oczu
Lachgas N (*bpl*) gaz rozweselający
lachhaft śmieszny, śmiechu wart(y)
Lachs [laks] M (*-es; -e*) łosoś *m*
lachsfarben łososiowy
Lachsforelle F troć *f*
Lachsschinken M polędwica łososiowa (z warstwą tłuszczu na obrzeżu)
Lack M (-[e]s; -e) lakier; **~farbe** F farba lakierowa
la'ckieren (-) ‹po›lakierować; **sich** (*dat*) **die Fingernägel ~** lakierować sobie paznokcie
Lackmuspapier N (*bpl*) papierek lakmusowy
Lackschuh M lakierek
Lade|fläche F powierzchnia załadowcza; **~gerät** N ELEK urządzenie do ładowania akumulatorów, ładowarka
Ladegewicht N ładowność *f*
Ladehemmung F zacięcie (w mechanizmie ładującym); *żart* **(e-e) ~ haben** nie kapować
Ladekontrollleuchte F lampka kontrolna ładowania akumulatora
laden (*lädt, lud, geladen*) *Sachen* ‹na-, za›ładować; *j-n* **vor Gericht ~** wzywać ‹wezwać› do sądu; → geladen
Laden M (*-s; Läden*) sklep; (*Fensterladen*) okiennica; *fig umg* (*bpl*) interes; *umg* **den ~ schmeißen** prowadzić interes; *umg* **den ~ dichtmachen** zamknąć *pf* interes
Laden|dieb(in) M(F) złodziej(ka) sklepowy (-wa); **~diebstahl** M kradzież sklepowa; **~hüter** *abw* MPL buble *mpl*; **~kasse** F kasa (w sklepie); **~preis** M cena detaliczna; **~schluss** M (*bpl*) zamknięcie sklepów; **~tisch** M kontuar, lada
Laderampe F rampa załadowcza
Laderaum M MAR ładownia
lädieren (-) ‹s›kaleczyć, uszkadzać ‹uszkodzić›, *umg* ‹po›kancerować
lädt → laden
Ladung F (*Fracht, Sprengstoff,* FIZ) ładunek; MAR cargo; JUR wezwanie; *umg* (*Menge*) potok, kupa
La'fette F laweta
lag → liegen
Lage F *räumlich* położenie; *e-s Gebäudes usw a.* usytuowanie; *fig* położenie, sytuacja; (*Schicht*) warstwa; *umg* (*Runde*) kolejka; MUS rejestr; SPORT **4x100 m ~n** 4x100 m stylem zmiennym; **(nicht) in der ~ sein** (nie) być w stanie; **nach ~ der Dinge** w tych okolicznościach; *umg* **die ~ peilen** zorientować się *pf* w sytuacji; **sich in j-s ~ versetzen** wejść *pf* w położenie (*gen*); **e-e ~ Bier** (*Runde*) kolejka piwa
läge → liegen
Lageplan M plan sytuacyjny
Lager N (*-s; - od* HANDEL *Läger*) obóz (*a. fig*); HANDEL skład(nica), magazyn; TECH łożysko; GÓRN pokład; (*Schlafstätte*) posłanie; *e-s Tieres* legowisko; (*Biersorte*) piwo leżakowe; (*Straflager*) obóz, *umg* lagier; **auf ~ haben** mieć na składzie; *umg fig* **etw auf ~ haben** mieć w zanadrzu (*akk*)

Lager|feuer N ognisko; **~gebühr** F składowe; **~haft** F odbywanie kary w obozie (koncentracyjnym); **~halle** F hala magazynowa; **~haus** N składnica
Lage'rist(in) M(F) (-*en*) magazynier(ka)
lagern (-*re*) V/I (*kampieren*) obozować; (*ruhen*) leżakować (*a. Wein usw*); *Ware* znajdować się na składzie; V/T (*betten*) kłaść ⟨położyć⟩, układać ⟨ułożyć⟩; HANDEL ⟨z⟩magazynować; *fig* **anders, ähnlich gelagert sein** wyglądać inaczej, podobnie
Lager|platz M (*Rastplatz*) obozowisko; HANDEL składowisko; **~raum** M pomieszczenie składowe; **~stätte** F GEOL złoże; **~ung** F składowanie, magazynowanie; *von Wein usw* dojrzewanie, leżakowanie; *e-s Verletzten usw* ułożenie; **~verwalter** M kierownik magazynu
La'gune F laguna
lahm (*gelähmt*) sparaliżowany; (*hinkend*) kulawy; *umg fig* (*schwunglos*) ofermowaty, ślamazarny; *Ausrede usw* kiepski; (*langweilig*) nudny (-no, -nie); → lahmlegen
lahmen V/I kuleć, utykać
lähmen MED, *fig* ⟨s⟩paraliżować; **vor Schreck wie gelähmt** ledwie żywy ze strachu; **~d** ADJ obezwładniający
lahmlegen sparaliżować *pf*
Lähmung F porażenie, paraliż; **halbseitige ~** porażenie połowicze
Laib M (-[e]s; -e) *Brot* bochen(ek); *Käse* bryła
Laich M (-[e]s; -e) ikra
laichen V/I składać ⟨złożyć⟩ ikrę
Laichplatz M tarlisko
Laie M (-*n*) laik (*a. rel*), amator; **blutiger ~** kompletny laik, dyletant
Laienbühne F teatr amatorski
laienhaft dyletancki (-ko, po -ku)
Laien|haftigkeit F (*bpl*) amatorszczyzna; **~prediger** M kaznodzieja *m* świecki; **~richter** M sędzia *m* niezawodowy
La'kai M (-*en*) lokaj; *abw* lizus
Lake F zalewa (do peklowania)
Laken N prześcieradło
la'konisch *lit* lakoniczny
La'kritze F lukrecja
lallen V/T *u.* V/I bełkotać; V/I *Baby* gaworzyć
Lama[1] N (-*s*; -*s*) ZOOL lama
Lama[2] M (-[*s*]; -*s*) *rel* lama *m*
La'melle F lamelka, płytka
lamen'tieren *umg abw* (-) lamentować
La'metta N (-*s*; *bpl*) lameta

lami'niert *Einband* laminowany
Lamm N (-[*e*]*s*; Lämmer) jagnię, baranek; **~braten** M pieczeń jagnięca
Lamm|fell N skór(k)a jagnięca; (*Pelz*) futro jagnięce; **~fleisch** N jagnięcina
lammfromm pokorny jak cielę
Lammkotelett N kotlet jagnięcy
Lampe F lampa, *dim* lampka
Lampenfieber N trema
Lampenschirm M abażur, klosz
Lampion M lampion
lancieren [-'si:-] (-) lansować
Land N (-[*e*]*s*; bpl) (*Festland*) ląd; (*Boden, Grundstück*) grunt, ziemia; (*Feld*) pole; *nicht Stadt* wieś *f*; (PL *Länder*) kraj, *poet* kraina; POL kraj związkowy, land; **das Heilige ~** Ziemia Święta; **das Gelobte ~** Ziemia Obiecana; **ein Stück ~** kawałek ziemi; *fig* **(wieder) ~ sehen** wybrnąć *pf* z kłopotów; **~ unter** (teren) zalany przez wodę; **an ~ gehen** schodzić ⟨zejść⟩ na ląd; **an ~ bringen** *j-n* wysadzać ⟨-dzić⟩ na ląd; *etw* wyładow(yw)ać; *umg fig etw* **an ~ ziehen** podłap(yw)ać; **auf dem ~(e) wohnen** mieszkać na wsi; **außer ~es gehen** wyjeżdżać ⟨-jechać⟩ z kraju; *fig* **ins ~ gehen** *Zeit* przemijać ⟨-minąć⟩, upływać ⟨upłynąć⟩; *umg* **wieder im ~e sein** wrócić *pf* (z podróży); **zu ~e** lądem, po lądzie; **hier zu ~e** tu u nas
Land|adel M szlachta zagrodowa; **~arbeiter** M robotnik rolny; **~arzt** M lekarz wiejski; **~ärztin** F lekarka wiejska; **~besitz** M posiadłość ziemska; **~bevölkerung** F ludność *f* wiejska
Lande|anflug M podejście do lądowania; **~bahn** F pas startowy; **~erlaubnis** F zezwolenie na lądowanie
landeinwärts ADV w kierunku lądu
Landeklappe F klapa do lądowania
landen (-*e*-) V/I (*sn*) ⟨wy⟩lądować (*a. umg fig*); **im Gefängnis ~** ⟨wy⟩lądować w więzieniu; V/T *Flugzeug usw* ⟨wy⟩lądować; *Truppen* desantować (z morza, z powietrza); *umg Schlag* ⟨u⟩plasować
Landenge F przesmyk
Landeplatz M lądowisko
Länder PL → Land
Ländereien FPL włości *fpl*, dobra *npl*
Länder|kammer F Bundesrat; **~kampf** M SPORT zawody *mpl* międzypaństwowe; **~spiel** N mecz międzypaństwowy

landeseigen należący do kraju związkowego

Landes|farben FPL barwy *fpl* narodowe; **~fürst** M książę udzielny (*a. żart*); **~grenze** F granica kraju; **~hauptmann** M *austr* szef rządu kraju związkowego; **~hauptstadt** F stolica kraju

Landesinnere N (*-n; bpl*) głąb kraju; **im ~n** w głębi kraju

Landes|kunde F geografia regionalna; **~rat** M *austr* członek rządu kraju związkowego; **~regierung** F rząd kraju związkowego; **~sprache** F język narodowy; **~tracht** F strój narodowy

landesüblich przyjęty w kraju, tradycyjny

Landes|verrat M zdrada kraju *od* ojczyzny; **~währung** F waluta krajowa

landesweit ogólnokrajowy, w całym kraju (związkowym)

Landeverbot N zakaz lądowania

Land|flucht F (*bpl*) odpływ ludności rolniczej do miast; **~friedensbruch** M zakłócenie spokoju publicznego; **~gemeinde** F gmina wiejska; **~gericht** N sąd okręgowy; **~haus** N dworek, willa; **~karte** F mapa; **~kreis** M powiat wiejski; **~krieg** M wojna na lądzie

landläufig (powszechnie) przyjęty, utarty

Landleben N (*bpl*) wiejski tryb życia

ländlich wiejski (po -ku, z -ka)

Landluft F wiejskie powietrze

Land|maschine F maszyna rolnicza; **~pfarrer** M wiejski proboszcz; **~plage** F powszechna plaga; **~rat** M landrat (*a. szwajc*); **~ratte** *umg* F *żart* szczur lądowy; **~regen** M długotrwały deszcz

Landschaft F krajobraz, pejzaż

landschaftlich krajobrazowy (-wo); **~ schön** piękny krajobrazowo

Landschafts|maler(in) M(F) pejzażysta *m* (-tka); **~schutzgebiet** N obszar chronionego krajobrazu

Landsitz M dworek (ziemiański)

Lands|mann M (PL *-leute*) ziomek, krajan; **~männin** F rodaczka, krajanka; **~mannschaft** F ziomkostwo

Land|straße F szosa; **~streicher(in)** M(F) włóczęga *m u. f*; **~streitkräfte** FPL lądowe siły *fpl* zbrojne

Landtag M landtag

Landung F (wy)lądowanie; MIL desant

Landungsboot N kuter desantowy

Landungsbrücke F pirs

Landweg M (*Feldweg*) droga polna; **auf dem ~** drogą lądową

Landwein M krajowe wino stołowe

Landwirt M rolnik; **~in** F rolniczka

Landwirtschaft F (*bpl*) rolnictwo; (*Betrieb*) gospodarstwo rolne

landwirtschaftlich, **Landwirtschafts-** *in zssgn* rolniczy (-czo), rolny

Landzunge F cypel

lang (*länger; längste*) *räumlich u. zeitlich* długi (-go); **ein(en) Meter ~** długi na metr, o długości metra; **~e Zeit** (przez) długi czas; **e-n Monat ~** przez miesiąc; **seit ~er Zeit** od dawna; *fig* **~ und breit** rozwlekle, szczegółowo; **~ gestreckt** wydłużony; **~ gezogen** *Ton* przeciągły (-le); → **lange**, **längste**

lang|ärm(e)lig z długimi rękawami; **~atmig** (*weitschweifig*) rozwlekły (-le)

lange (*länger; am längsten*) ADV długo; **wie ~?** jak długo?; **noch ~** jeszcze długo; **schon ~ (her)** już dawno (temu); **so ~, wie ...** tak długo jak ...; **noch ~ nicht** (*bei Weitem*) daleko nie, wcale nie; **seit Langem** od dawna

Länge F długość *f* (*a.* GEOG); (*langweilige Stelle im Text, Film*) dłużyzna; (*Dauer*) długość *f*; **der ~ nach** *falten usw* wzdłuż; *hinfallen* jak długi; *etw* **von hundert Metern ~** ... stumetrowej długości, długości stu metrów; **in s-r ganzen ~** na całą długość; **in die ~ ziehen** przewlekać ⟨-lec⟩ (**sich** się); **j-n um ~n schlagen** zdecydowanie wyprzedzić *pf* k-o

langen V/I (*auskommen*) (wy)starczać ⟨(wy)starczyć⟩ (**für** na *akk*; **bis** do *gen*); (*greifen*) sięgać ⟨-gnąć⟩ (**in** *dat* do *gen*; **nach etw** po *akk*); *umg* **jetzt langt es mir!** skończyła się moja cierpliwość!; V/T brać ⟨wziąć⟩; poda(wa)ć; *umg j-m* **e-e ~** dać *pf* k-u w twarz

Längen|grad M stopień *m* długości geograficznej; **~maß** N miara długości

länger *komp* ADJ dłuższy; (*ziemlich lang*) przydługi; ADV dłużej; przydługo; **~ machen** podłużać, wydłużać ⟨-żyć⟩; **~ werden** wydłużać ⟨-żyć⟩ się; **der Tag wird ~** dnia przybywa; **ein Tag ~** o dzień dłużej

Langeweile F (*bpl*) nuda, nudy *fpl*; **~ haben** nudzić się

L

Langfinger *umg* M złodziej, złodziejaszek
lang|fristig długookresowy, długofalowy; *Kredit usw* długoterminowy; *präd* na długi okres *od* termin; **~gestreckt, ~gezogen** → lang; **~haarig** długowłosy; **~jährig** długoletni
Langlauf M bieg długodystansowy
Langlaufski MPL narty *fpl* biegowe
langlebig długowieczny; *Sache a.* trwały, trwałego użytku
langlegen *umg:* V/R **sich ~** kłaść ⟨położyć⟩ się
länglich podłużny, wydłużony
Langmut F (*bpl*) cierpliwość *f*
längs PRÄP (*gen*) wzdłuż (*gen*); ADV wzdłuż; **~ gestreift** w podłużne pasy
Längsachse F oś podłużna
langsam powolny, wolny; (*schwerfällig, nicht flink*) opieszały; *präd* powoli, wolno, powolutku; opieszale; **~er werden** *Fahrzeug, Läufer* zwalniać ⟨zwolnić⟩; *Rad usw* obracać się coraz wolniej; *umg* **~ aber sicher** powoli ale pewnie; **immer ~!** wolnego!
Langsamkeit F (*bpl*) powolność *f*
Langschläfer(in) M(F) śpioch (*a. f*)
längsgestreift → längs
Langspielplatte F longplay *m*
Längsrichtung F kierunek wzdłuż
Längsschnitt M przekrój wzdłużny
längsseits PRÄP (*gen*) wzdłuż burty, przy burcie (*gen*); ADV burta w burtę
längst ADV dawno, od dawna; **~ nicht** (*bei Weitem*) daleko nie
längst|e *sup* ADJ najdłuższy; ADV **am ~en** najdłużej; **~ens** *umg* ADV najdłużej, najpóźniej
Langstrecken|flug M lot długodystansowy; **~lauf** M bieg długodystansowy; **~läufer(in)** M(F) długodystansowiec (*a. f*); **~rakete** F rakieta dalekiego zasięgu
Lan'guste F langusta
Langweile F → Langeweile
langweilen V/T nudzić (*v/r* **sich** się); **j-n mit etw ~** zanudzać ⟨-dzić⟩ k-o (*inst*); **ich langweile mich** nudzi mi się
Langweiler *umg abw* M nudziarz
langweilig nudny (-no, -nie); **mir ist es ~** nudno mi (jest)
Langwelle F fale *fpl* długie; **~n-** *in zssgn* długofalowy
langwierig *Leiden, Verhandlung* przewlekły; *Arbeit* żmudny
Langzeit|arbeitslose(r) M osoba długotrwale bezrobotna; **~gedächtnis** N (*bpl*) pamięć długotrwała; **~studie** F badanie długookresowe; **~wirkung** F skutek długofalowy
Lano'lin N (-s; *bpl*) lanolina
Lanze F lanca, kopia; *fig* **e-e ~ für j-n, etw brechen** kruszyć kopie o (*akk*)
la'otisch laotański (po -ku)
lapi'dar lapidarny
Lap'palie [-lɪə] F drobnostka, bagatela
Lappen M szmata, gałgan; (*Wischlappen*) ścierka, szmatka; ANAT płat; (*Hunderter*) stów(k)a; (*Tausender*) tysiączek, kawałek **für die paar ~** za tych parę kawałków
läppisch *umg abw* głupi (-pio), bzdurny; (*lächerlich gering*) śmiesznie mały
Lappland N (-s; *bpl*) Laponia
lappländisch lapoński (po -ku)
Laptop ['lɛptɔp] M (-s; -s) laptop
Lärche F modrzew
Larifari *umg* N (-s; *bpl*) bzdury *fpl*
Lärm M (-s; *bpl*) hałas (*a. fig*); (*Geschrei*) zgiełk, wrzask; *fig* **viel ~ um nichts** wiele hałasu o nic
Lärm|bekämpfung M walka z hałasem; **~belästigung** F (*bpl*) uciążliwy, nadmierny hałas; **~belastung** F obciążenie hałasem
lärmempfindlich nadwrażliwy na hałas
lärmen V/I hałasować
lärmend ADJ hałaśliwy (-wie)
Lärm|pegel M natężenie hałasu; **~schutz** M ochrona przed hałasem; (*Vorrichtung*) osłona przeciwhałasowa
Larve F ZOOL poczwarka, larwa
las → lesen
Lasagne [la'zanjə] PL łazanki *fpl*
lasch (*schwach*) słaby (-bo); *reg* (*fade*) mdły (-ło)
Lasche F nakładka; *im Schuh* język
Laser ['le:zər] M laser; **~chirurgie** F chirurgia laserowa; **~drucker** M drukarka laserowa; **~strahl** M promień *m* lasera
lassen (*lässt, ließ, lasse! od lass!*) **A** *Hilfsverb* (*pperf lassen*) *wird mst* (*a. verneint*) *mit* INF + *akk od* PRÄP + *akk od gen übersetzt:* **1** (*etw bewirken, veranlassen*) da(wa)ć, kazać; **etw reparieren ~** odda(wa)ć do naprawy (*akk*); **j-n die Rechnung bezah-**

⚠ etwas lassen ...

Er hat seine Brieftasche im Hotel gelassen.	Zostawił portfel w hotelu.
Ich habe das Auto reparieren lassen.	Dałem samochód do naprawy.
Ich habe mir die Haare schneiden lassen.	Ostrzygłem się.
Das lässt sich machen.	To da się zrobić.
Er lässt sich von niemandem helfen.	Nikomu nie pozwoli sobie pomóc.
Sein Beruf lässt ihm keine freie Zeit.	Jego praca nie pozostawia mu wolnego czasu.
Der Lehrer ließ uns die Hausaufgabe noch einmal machen.	Nauczyciel kazał nam zrobić jeszcze raz pracę domową.

len ~ kazać k-u zapłacić rachunek; **j-n kommen ~**, **j-n** *od* **etw holen ~** pos(y)łać po k-o; **etw unbeantwortet ~** pozostawi(a)ć bez odpowiedzi (*akk*), nie odpowiedzieć na (*akk*); ... **ließen sich scheiden** ... rozwiedli się **2** **lass uns gehen** chodźmy; ... **hat grüßen ~** pozdrowienia od (*gen*); **etwas von sich hören ~** da(wa)ć znać o sobie **3** (*dulden, zulassen*) pozwalać ⟨-zwolić⟩, da(wa)ć; **sie hat ihn schlafen ~** pozwoliła *od* dała mu spać; **sich** (*akk*) **überreden ~** da(wa)ć się przekonać; **j-n etw fühlen ~** da(wa)ć k-u odczuć (*akk*) **B** V/T (*pperf gelassen*) **4** (*einstellen*) przest(aw)ać (+ *inf*), (*a. verlassen*) rzucać, porzucać ⟨-cić⟩; **das Rauchen ~** rzucać ⟨-cić⟩ palenie; **lass das!** zostaw to!, przestań! **5** (*hereinlassen*) wpuszczać ⟨wpuścić⟩ (**in** *akk* do *gen*) **6** (*herauslassen*) wypuszczać ⟨-puścić⟩ (**aus** z *gen*) **7** (*in e-m Zustand belassen, zurücklassen, überlassen*) zostawi(a)ć; **j-n allein ~** zostawi(a)ć k-o samego *od* samą; **lass mir das Vergnügen!** nie psuj mi przyjemności!; **das muss man ihm ~!** to trzeba mu przyznać!; **tu, was du nicht ~ kannst!** rób, co uważasz za konieczne! **C** V/I (*pperf gelassen*) **von j-m ~** zostawi(a)ć (w spokoju) (*akk*); **von etw ~** zaprzesta(wa)ć (*gen*), rzucać ⟨-cić⟩ (*akk*) **D** V/R (*pperf lassen*) da(wa)ć się, można (*unpers*); **die Tür lässt sich nicht öffnen** drzwi nie dają się otworzyć, drzwi nie można otworzyć; **das lässt sich machen** to się da zrobić, to można zrobić

lässig (*unbekümmert*) niewymuszony; nonszalancki (-ko); (*salopp*) niedbały (-le); *präd umg* (*mühelos*) jak nic

Lässigkeit F (*bpl*) (*Ungezwungenheit*) swoboda, niewymuszoność *f*; nonszalancja

Lasso M *od* N (-s; -s) lasso; **mit dem ~ fangen** ⟨s⟩chwytać na lasso

lässt → lassen

Last F ciężar, brzemię (*a. fig*); (*Ladung*) ładunek; ELEK obciążenie; **~en** PL (*Abgaben*) obciążenia *npl*; **j-m zur ~ fallen** być ciężarem (*dat*, dla *gen*); **j-m etw zur ~ legen** obwini(a)ć k-o (o *akk*); FIN **zu ~en** → zulasten; **das geht zu deinen ~en** to obciąża twoje konto; *fig* to twoja wina

Lastauto N ciężarówka

lasten V/I (-e-) *fig Schulden, Verdacht usw* ciążyć (**auf** *dat* na *lok*)

Lastenaufzug M dźwig towarowy

Laster[1] N nałóg, przywara; **e-m ~ frönen** mieć nałóg

Laster[2] *umg* M (*Auto*) ciężarówka

lasterhaft *Mensch, Leben* rozwiązły; niemoralny, rozpustny

Lästermaul *umg* N pleciuch, plotkarz

lästern (-re) V/I (**über** *akk*) obgadywać (*akk*); V/T **Gott ~** bluźnić przeciwko Bogu

Lästerung F bluźnierstwo

lästig (*zudringlich*) natrętny, dokuczliwy (-wie); (*unerwünscht*) niepożądany; *Krankheit, Pflicht usw* uciążliwy (-wie); **j-m ~ fallen** *od* **sein** być uciążliwym (dla *gen*), dokuczać k-u

lästigfallen (*irr; sn*) → lästig

Last|kahn M barka; **~kraftwagen** M samochód ciężarowy

Last-Minute-Flug [-ˈmɪnɪt-] M wolne miejsce lotnicze w ostatniej chwili przed odlotem

Lastschrift F zapis obciążający (konto); (*Mitteilung*) zawiadomienie o obciążeniu konta; **~verkehr** M rozliczenia *npl* w formie polecenia pobrania

Lastwagen M ciężarówka

Lastzug M pociąg drogowy

La'sur F (*Farbe*) farba transparentna
lasziv *lit* [las'tsi:f] *Pose* (podniecająco) lubieżny; *Bemerkung* śliski, nieprzystojny
La'tein N (-s; *bpl*) łacina; *fig* **ich bin mit meinem ~ am Ende** nie wiem, co teraz począć
La'teinamerika N (-s; *bpl*) Ameryka Łacińska
la'tein|amerikanisch latynoamerykański; **~isch** łaciński (*a. Schrift*)
La'teinunterricht M nauka *od* lekcje *fpl* łaciny
la'tent *lit* utajony; **sich ~ entwickeln** rozwijać się w utajeniu
La'terne F latarnia, *dim* latarka
La'ternen|pfahl M słup latarniowy; **~umzug** M pochód z lampionami
Latex M (-; *Latizes*) lateks
Lat'rine F latryna
latschen *umg* V/I (*sn*) (*schlürfend gehen*) ⟨po⟩człapać; (*schlendern*) *pop* łazić
Latschen *umg* M ([*Haus*]*Schuh*) kapeć *m*
Latschenkiefer F kosodrzewina
Latte F łata, listwa; SPORT poprzeczka; *umg fig* **lange ~** drągal; *fig* **die ~ höher legen** podnosić ⟨-nieść⟩ poprzeczkę
Lattenzaun M płot z łat, sztachety *fpl*
Latz M (-*es*; *Lätze od -e*) napierśnik; *pop fig* **j-m e-e vor den ~ knallen** przyładować k-u
Lätzchen N śliniak, śliniaczek
Latzhose F ogrodniczki *pl*
lau letni (-nio), ciepławy (-wo); *fig* (*mäßig*) taki sobie, niewyraźny
Laub N (-[e]s; bpl) liście *mpl*, listowie
Laubbaum M drzewo liściaste
Laube F altana, altanka
Laubengang M ARCH podcienie *mpl*
Laubenkolonie F osiedle działkowe
Laub|frosch M rzekotka, żabka drzewna; **~hüttenfest** M *rel* Święto Szałasów, Kuczki *fpl*; **~säge** F wyrzynarka, *umg* laubzega; **~wald** M las liściasty
Lauch M (-[e]s; bpl) warzywo cebulowe
Lau'datio [-tsio] F (-; *-nes od -nen*) laudacja
Lauer F (*bpl*): *umg* **auf der ~ liegen** czyhać, czatować
lauern V/I (-*re*) (**auf** *akk*) czatować, czaić się (na *akk*); *Gefahr, Tod* czyhać (na *akk*); (*begierig warten*) wyczekiwać (*gen*)
Lauf M (-[e]s; Läufe) bieg; *fig a.* tok; *bei Pferderennen* gonitwa; *e-r Waffe* lufa; MYŚL (*Bein*) skok, bieg; *fig* **im ~(e)** (*gen*) w toku (*gen*); w ciągu (*gen*); **im ~(e) der Zeit** z biegiem czasu; **den Dingen ihren ~ lassen** pozwolić *pf*, aby wszystko toczyło się swoim trybem; **seinen Tränen freien ~ lassen** da(wa)ć upust łzom
Lauf|bahn F kariera; SPORT bieżnia; **~band** N *im Fitnesscenter* bieżnia treningowa; **~bursche** M chłopiec na posyłki
laufen (*läuft, lief, gelaufen, lauf[e]!*) (*mst sn*) V/I (*rennen*) biegać, ⟨po⟩biec, biegnąć; (*gehen*) chodzić, iść ⟨pójść⟩; (*fließen*) ciec, cieknąć; *Fass a.* przeciekać; *Film, Geschäft* iść; *Motor, Maschine* pracować; *Straße* ciągnąć się (**durch, über** *akk* przez *akk*); *Prozess, Verhandlungen* toczyć się; *Vertrag* obowiązywać; **in ein Auto ~** wpaść *pf* na samochód; *umg* **j-n ~ lassen** (wy)puszczać ⟨(wy)puścić⟩ (na wolność) (*akk*); **~ lernen** uczyć się chodzić; **das Geschäft läuft schlecht** interes szwankuje; *umg* **s-e Nase läuft** kapie mu z nosa; *umg* **die Sache ist gelaufen** sprawa jest przesądzona; V/T *Strecke* przebiegać ⟨-biec⟩; **Ski ~** jeździć na nartach
laufend ADJ *fig Jahr, Arbeit, Nummer usw* bieżący; ADV *umg* (*andauernd*) stale, bez przerwy; **auf dem Laufenden sein** być (poinformowanym) na bieżąco; **j-n auf dem Laufenden halten** informować na bieżąco (*akk*)
Läufer M biegacz; *Fußball* pomocnik; *Schach* goniec; (*Teppich*) chodnik; TECH wirnik
Laufe'rei *umg* F bieganina
Läuferin F biegaczka
Lauffeuer N: *fig* **sich wie ein ~ verbreiten** rozchodzić ⟨rozejść⟩ się lotem błyskawicy
Laufgitter N kojec
läufig: **~ sein** *Hündin* grzać się
Lauf|kundschaft F przygodna klientela; **~masche** F (spuszczone) oczko
Laufpass M: *umg* **j-m den ~ geben** puszczać ⟨puścić⟩ kantem, spławi(a)ć k-o
Laufschiene F TECH prowadnica
Laufschritt M: **im ~** biegiem
läufst → laufen
Lauf|stall M kojec; **~steg** M wybieg
läuft → laufen
Lauf|werk N mechanizm; EDV stacja dysków; **~zeit** F *e-s Vertrages* czas

trwania; *e-s Kredits* termin spłaty; **~zettel** M karta obiegowa

Lauge F ług; (*Seifenlauge*) mydliny *fpl*

Laune F nastrój, humor; (*Einfall, Idee*) kaprys; **e-e ~ der Natur** wybryk natury; **bei guter ~ sein** być w dobrym humorze; **j-m die ~ verderben** ⟨ze⟩psuć k-u nastrój; **~n haben** mieć kaprysy

launenhaft, launisch karpyśny

Laus F (-; *Läuse*) wesz *f*; *umg fig* **ihm ist e-e ~ über die Leber gelaufen** coś mu popsuło humor

Lausbub M łobuz, łobuziak

Lauschangriff M założenie podsłuchu

lauschen V/I (*horchen*) podsłuchiwać (**an der Tür** pod drzwiami); *dem Redner, Gesang* słuchać (*gen*)

lauschig *Ort* zaciszny

lausen V/T iskać (*v/r* **sich** się); *umg fig* **ich denk, mich laust der Affe** aż mi oko zbielało

lausig *umg* (*schäbig*) marny, parszywy (-wie); **es ist ~ kalt** jest cholernie zimno

Lausitz F Łużyce *pl*; **~er** ADJ łużycki

Lausitzer Bergland N (*bpl*) Góry *fpl* Łużyckie

laut[1] (*nicht leise*) głośny (-no); (*lärmerfüllt*) hałaśliwy (-wie); **e-e laute Stimme** donośny *od* mocny głos; *präd* **~ sein** (*lärmen*) hałasować; **~ werden** *beim Sprechen* podnosić ⟨-nieść⟩ głos; *fig* (*bekannt werden*) nab(ie)rać rozgłosu; **es wurden Stimmen der Kritik ~** odezwały się głosy krytyki; **~ (vor)lesen** czytać na głos; **~ weinen** płakać w głos

laut[2] PRÄP (*gen od dat*) zgodnie z (*inst*), według (*gen*)

Laut M (-[e]s; -e) dźwięk; JĘZ głoska; **keinen ~ von sich geben** ani pisnąć *pf*

Laute F MUS lutnia

lauten V/I (-e-) brzmieć; JUR opiewać; **der Befehl lautete** rozkaz brzmiał

läuten V/T *u.* V/I (-e-) ⟨za⟩dzwonić; **die Glocken ~** bić w dzwony; **zur Messe ~** dzwonić na mszę; *unpers* **es läutet** *an der Tür* ktoś dzwoni

lauter[1] ADJ (*rein, ehrlich*) szczery

lauter[2] ADV (*nichts als*) sam(a, -e), (nic) tylko; **er erzählt ~ Lügen** opowiada same kłamstwa; **vor ~ Freude** nie posiadając się z radości

Lauterkeit F (*bpl*) szczerość *f*

läutern (-re) V/T *Flüssigkeit* ⟨s⟩klarować, rozjaśni(a)ć; *lit Person* uszlachetni(a)ć (*v/r* **sich** się)

lauthals ADV *lachen usw* na całe gardło, na cały głos; *protestieren* głośno

Lautlehre F fonetyka

lautlos bezgłośny, bezszelestny; **~e Stille** głucha *od* absolutna cisza

Lautschrift F (*bpl*) pisownia fonetyczna; (*Zeichen*) znak(i) pisowni fonetycznej

Lautsprecher M głośnik; **~anlage** F urządzenie nagłaśniające; **~box** F kolumna głośnikowa

lautstark głośny (-no), donośny

Lautstärke F natężenie dźwięku, *a. der Stimme* głośność *f*; **mit voller ~** na cały głos; *Radio umg* na cały regulator

lautwerden (*irr; sn*) → laut

lauwarm ciepławy (-wo)

Lava F lawa; **~strom** M potok lawy

La'vendel M lawenda; **~öl** N olejek lawendowy

la'vieren V/I (-) lawirować (*a. fig*)

La'wine F lawina

la'winenartig *fig* lawinowy (-wo)

Lawinen|gefahr F zagrożenie lawinowe; **~unglück** N zejście lawiny

lax (*lässig*) swobodny, niedbały (-le); *Sitten, Disziplin* luźny, rozprzężony

Layout, Lay-out [le:'aʊt] N (-s; -s) TYPO układ, kompozycja, wygląd (strony); (*Entwurf*) zarys, plan, rozkład

Laza'rett N (-[e]s; -e) szpital wojskowy

Leadsänger ['li:d-] M wokalista *m*; **~in** F wokalistka

leasen ['li:sən] brać ⟨wziąć⟩ w leasing

Leasing ['li:-] N (-s; -s) leasing; **~vertrag** M umowa leasingowa

leben V/I (*lebendig sein, fortbestehen*) żyć; (*wohnen*) żyć, mieszkać; **von etw ~** (*Unterhalt bestreiten*) żyć z (*gen*); (*sich ernähren*) żyć (*inst*); **für etw ~** (*sich hingeben*) żyć dla (*gen*), żyć (*inst*); **nicht mehr ~** już nie żyć; **leb(e) wohl!** bywaj zdrów!, żegnaj!; **es lebe ...!** niech żyje *od* żyją ...!; **so wahr ich lebe!** jak mnie tu żywego widzisz!; **solange ich lebe** póki żyję; **damit kann ich ~** z tym się mogę pogodzić; V/T **Diät ~** być na diecie; **sein Leben ~** żyć własnym życiem

Leben N (*Dasein*) życie; *lit a.* żywot; *fig* (*Treiben*) życie, ruch; **am ~ bleiben** pozosta(wa)ć przy życiu; **fürs ~** na całe życie; **ein ~ lang** przez całe życie; *umg* **nie**

L

im ~ nigdy w życiu; **im ~ zurechtkommen** radzić sobie w życiu; **etw ins ~ rufen** powoł(yw)ać do życia (*akk*); **mit ~ erfüllen** *Vertrag usw* wypełni(a)ć treścią (*akk*); **ums ~ kommen** stracić *pf* życie; **zum ~ erwecken** budzić do życia; **j-m nach dem ~ trachten** godzić *od* nastawać na życie (*gen*); **sich** (*dat*) **das ~ nehmen** odebrać *pf* sobie życie; **sich** (*akk*) **des ~s freuen** cieszyć się życiem; **aus dem ~ gegriffen** wzięty z życia; **mit dem ~ davonkommen** ujść *pf* z życiem; **es geht um ~ und Tod** to kwestia życia i śmierci; **ein Kampf auf ~ und Tod** walka na śmierć i życie; **~ in etw bringen** ożywi(a)ć (*akk*)

lebend ADJ żywy, żyjący; *präd* żywcem

le'bendig żywy (-wo) (*a. fig*); **bei ~em Leibe** żywcem

Lebendigkeit F (*bpl*) żywość *f*

Lebens|abend M schyłek życia; **~abschnitt** M etap życia; **~alter** N wiek; **~arbeitszeit** F (*bpl*) wiek produkcyjny; **~art** F (*bpl*) styl życia; (*Umgangsformen*) maniery *fpl*; → Lebensweise; **~baum** M BOT żywotnik, tuja; **~bedingungen** FPL warunki *mpl* bytowe

lebens|bedrohend ADJ grożący śmiercią, zagrażający życiu; **~bejahend** ADJ afirmujący życie

Lebens|bereich M sfera życia; **~dauer** F długość *f* życia; *fig* trwałość *f*; okres użytecznego działania

lebensecht wzięty z życia, realistyczny

Lebensende N koniec życia; **bis an mein ~** do końca życia

Lebens|erfahrung F doświadczenie życiowe; **~erinnerungen** FPL wspomnienia *npl*, pamiętniki *mpl*; **~erwartung** F dożywalność *f*

lebensfähig zdolny do życia

Lebensfrage F kwestia życia

lebens|fremd nieżyciowy (-wo); **~froh** pełen (-łna) radości życia, cieszący się życiem

Lebensführung F tryb życia

Lebensgefahr F zagrożenie życia, niebezpieczeństwo utraty życia; **unter ~** z narażeniem życia

lebensgefährlich zagrażający życiu; **das ist ~** to zagraża życiu

Lebens|gefährte M *lit* towarzysz życia; (*Nichtehemann*) konkubent, konkubin; **~gefährtin** F *lit* towarzyszka życia; (*Nichtehefrau*) konkubina; **~gemeinschaft** F (**eheliche** małżeńska) wspólnota; BIOL biocenoza

Lebensgeschichte F życiorys; **s-e ~ erzählen** opis(yw)ać koleje swego życia

lebensgroß naturalnej wielkości

Lebens|grundlage F podstawa życia; **~haltungskosten** PL koszty *mpl* utrzymania; **~hilfe** F (*bpl*) pomoc *f* w urządzeniu sobie życia; **~inhalt** M treść *f* życia; **~kampf** M walka o byt

lebensklug doświadczony życiowo

Lebenskraft F żywotność *f*, witalność *f*

Lebenskünstler M człowiek radzący sobie w każdej sytuacji, *umg* spryciarz

Lebenslage F sytuacja życiowa

lebens|lang dozgonny; **~länglich** JUR dożywotni (-nio)

Lebenslauf M życiorys

lebenslustig niefrasobliwy (-wie)

Lebensmittel NPL artykuły *mpl* żywnościowe *od* spożywcze; **~abteilung** F dział spożywczy; **~geschäft** N sklep spożywczy; **~industrie** F przemysł spożywczy; **~preise** MPL ceny *fpl* na żywność; **~vergiftung** F zatrucie pokarmowe

lebens|müde zniechęcony do życia; **~nah** wzięty z życia; **~notwendig** potrzebny do życia, żywotny

Lebens|partner(in) M(F) → Lebensgefährte (-tin); **~qualität** F (*bpl*) jakość *f* życia; **~raum** M przestrzeń życiowa; BIOL środowisko życia; **~regel** F reguła życiowa; **~retter** M wybawca *m* (od śmierci); *zur Rettung in Notfällen* ratownik

Lebensstandard M stopa życiowa

Lebensstellung F dożywotnia posada

Lebensstil M styl życia

lebenstüchtig dzielny, zaradny

lebensunfähig niezdolny do życia

Lebensunterhalt M utrzymanie; **s-n ~ verdienen** zarabiać na utrzymanie

Lebens|versicherung F ubezpieczenie na życie; **~wandel** M, **~weise** F tryb życia, *lit* żywot; **~weg** M droga życiowa; **~werk** N dorobek (twórczy *usw*)

lebenswert: *mst in* **das Leben ist ~** życie warte jest, aby je przeżyć; **... macht das Leben ~** ... czyni życie wartym do przeżycia

lebenswichtig żywotny

Lebenszeichen N oznaka życia, *a. fig* znak życia

Lebenszeit F życie, *lit* żywot; **auf ~** dożywotnio, na całe życie
Lebensziel N cel życia
Leber F (-; -*n*) wątroba; KULIN *mst* wątróbka; **frei, frisch von der ~ weg** bez ogródek; **~fleck** M (ciemne) znamię; **~käse** M pasztet mięsny z wątróbką; **~knödel** M klopsik z wątróbki
leberkrank chory na wątrobę
Leber|krebs M rak wątroby; **~pastete** F pasztet w wątróbek; **~tran** M tran; **~wurst** F kiszka wątrobiana, pasztetówka; **~zirrhose** F marskość *f* wątroby
Lebewesen N istota żywa; (*Kleinstlebewesen*) żyjątko
Lebewohl N (-[*e*]s; -s od -e): **j-m ~ sagen** pożegnać się (z *inst*)
lebhaft *Person, Erinnerung, Interesse, Farbe, Temperament* żywy (-wo); *Gespräch, Straße, Handel* ożywiony; *Fantasie* bujny; **sich etw ~ vorstellen können** móc sobie żywo wyobrazić
Lebhaftigkeit F (*bpl*) żywość *f*
Lebkuchen M piernik
leblos nieżywy, *präd* bez życia
Lebzeiten FPL: **zu s-n ~** za jego życia
lechzen *lit* V/I (-*zt*): **nach etw ~** pragnąć, łaknąć (*gen*)
leck dziurawy, nieszczelny; **~ sein** ciec, cieknąć, przeciekać
Leck N (-[*s*]; -*s*) przeciek, wyciek
lecken[1] V/T *u.* V/I (**an** *dat*) lizać, obliz(yw)ać (*akk*); V/R **sich ~** oblizywać się; *pop* **leck mich!** pocałuj mnie w nos!
lecken[2] V/I → leck (sein)
lecker smaczny, smakowity (-cie); **das sieht ~ aus** to wygląda smakowicie
Leckerbissen M smakołyk, przysmak; *fig* prawdziwa przyjemność, rozkosz *f*
Lecke'reien FPL łakocie
Leder N skóra, *dim* skórka
lederartig skórzasty, skóropodobny
Leder|handschuh M rękawiczka skórkowa; **~hose** F spodnie *pl* skórzane; **~imitat** N imitacja skóry; **~jacke** F kurtka skórzana
ledern ADJ skórzany, skórkowy; *Haut* zgrubiały
Leder|polster N skórzane obicie; **~schuh** M skórzany but; **~sohle** F podeszwa ze skóry; **~waren** FPL wyroby *mpl* skórzane
ledig *Mann* wolny, nieżonaty; *Frau* wolna, niezamężna; **~ bleiben** *Mann* pozosta(wa)ć kawalerem; *Frau* pozosta(wa)ć panną; **~e Mutter** samotna matka; *e-r Sache* **~ sein** pozbyć się (*gen*); **aller Sorgen ~** wolny od trosk (i kłopotów)
Ledige F panna; **~(r)** M (-*n*) kawaler
lediglich ADV jedynie, tylko
Lee F *od* N (-; *bpl*) MAR burta *od* strona zawietrzna
leer pusty (-to), próżny (-no); *Straße a.* opustoszały; *fig Worte, Versprechungen a.* czczy; **auf ~en Magen** na czczo; **~ machen** opróżni(a)ć; **~ stehend** *Haus usw* niezamieszkany, pusty; *fig* **ins Leere gehen** padać *od* trafiać w próżnię; → Stroh, ausgehen
Leere F (*bpl*) pustka, pustki *fpl*; (*Hohlraum*) próżnia
leeren V/T opróżni(a)ć, wypróżni(a)ć; V/R **sich ~** opróżni(a)ć się
Leer|fahrt F przebieg pusty; **~gewicht** N ciężar własny (pojazdu); **~gut** N (*bpl*) opakowania *npl*, tara; **~lauf** M bieg jałowy; *fig* jałowa praca
leermachen → leer
Leerstand M (*bpl*) pustostan
leerstehend → leer
Leertaste F klawisz pojedynczego odstępu, *umg* spacja
Leerung F opróżnianie, opróżnienie
Leerzeichen N spacja, odstęp
Lefzen FPL fafle *pl*
le'gal legalny; **auf ~em Wege** legalnie
legali'sieren (-) ⟨za⟩legalizować
Legali'tät F (*bpl*) legalność *f*; **außerhalb der ~** pozaprawny, poza prawem
Lega'stheniker(in) M(F) cierpiący (-ca) na legastenię; **er (sie) ist ~** on (ona) cierpi na legastenię
Legehenne F nioska
legen V/T kłaść ⟨położyć⟩; *Elektrizität, Telefon usw* zakładać ⟨założyć⟩; *Fußboden, Schienen* układać ⟨ułożyć⟩; *Eier* ⟨z⟩nieść; V/R **sich ~** kłaść ⟨położyć⟩ się; *fig* (*nachlassen*) usta(wa)ć; *Zorn* mijać ⟨minąć⟩; → Karte, Wert
legen'där legendarny
Le'gende F legenda
leger [le'ʒɛːr] swobodny
Leggin(g)s PL leggínsy *pl*
le'gieren (-) *Metalle* stapiać ⟨stopić⟩; *Suppe* podprawi(a)ć

L

Le'gierung F stop
Legi'o|n F legia, *a. fig* legion; **~'när** M (-s; -e) legionista *m*; **~'närskrankheit** F (*bpl*) choroba legionistów
Legisla'tive F władza ustawodawcza
Legisla'turperiode F kadencja
legi'tim legalny (*a. Kind*), prawowity
Legitimati'on F uprawnienie, prawo; (*Dokument*) legitymacja
legiti'mieren (-) V/T uprawni(a)ć (**zu** do *gen*); *v/r* **sich ~** ⟨wy⟩legitymować się
Lehm M (-[e]s; -e) glina; **~boden** M gleba *od* ziemia gliniasta
Lehmhütte F glinianka, lepianka
lehmig gliniasty (-to)
Lehne F oparcie; (*Armlehne*) poręcz, podłokietnik
lehnen V/T opierać ⟨oprzeć⟩ (**an** *akk*, **gegen** o *akk*); *v/i* **~ an** (*dat*) *u. v/r* **sich ~ an** (*akk*) opierać ⟨oprzeć⟩ się o (*akk*); **sich aus dem Fenster ~** wychylać ⟨-lić⟩ się z okna
Lehn|sessel M, **~stuhl** M fotel; **~wort** N wyraz zapożyczony
Lehr|amt N stanowisko wykładowcy; **~beauftragte(r)** M lektor pozaetatowy; **~befähigung** F kwalifikacje *fpl* uprawniające do wykonywania zawodu nauczyciela; **~buch** N podręcznik
Lehre[1] F nauka; *engS* teoria; doktryna; (*Ausbildung*) nauka zawodu; **e-e ~ ziehen aus** (*dat*) wyciągać ⟨-gnąć⟩ naukę z (*gen*); **j-m e-e ~ erteilen** da(wa)ć nauczkę k-u; **in der ~ sein** uczyć się zawodu, terminować
Lehre[2] F TECH sprawdzian; szablon
lehren V/T uczyć, nauczać ⟨-czyć⟩ (*gen*); V/I wykładać (**an** *dat* na *lok*); **die Erfahrung lehrt, dass …** doświadczenie uczy, że …
Lehrer M nauczyciel; (*Dozent*) wykładowca *m*; (*Ausbilder*) instruktor; **~beruf** M zawód nauczycielski; **~in** F nauczycielka; (*Dozentin*) wykładowca *m*, wykładowczyni; (*Ausbilderin*) instruktorka; **~kollegium** N grono nauczycielskie; **~zimmer** N pokój nauczycielski
Lehr|film M film dydaktyczno-oświatowy; **~gang** M kurs
Lehrgeld N: *fig* **~ zahlen** ⟨za⟩płacić frycowe
Lehr|jahr N rok nauki; **~kraft** F → Lehrer(in); **~ling** M (-s; -e) uczeń, uczennica; **~mädchen** N uczennica; **~methode** F metoda nauczania; **~mittel** NPL pomoce *fpl* naukowe *od* szkolne; **~pfad** M ścieżka dydaktyczna; **~plan** M program nauczania
lehrreich pouczający (-co)
Lehr|saal M sala wykładowa; **~stelle** F miejsce dla uczącego (-cej) się zawodu; **~stoff** M (*bpl*) materiał (nauczania); **~stuhl** M katedra (**für Geschichte** historii); **~tätigkeit** F działalność pedagogiczna; **~vertrag** M umowa o naukę; **~zeit** F okres nauki
Leib M (-[e]s; -er) ciało; (*Bauch*) brzuch; **etw am eigenen ~ erfahren** doświadczać ⟨-czyć⟩ na własnej skórze (*gen*); **am ganzen ~e zittern** trząść się jak w febrze; *umg* **j-m auf den ~ rücken** nagabywać ⟨-bnąć⟩ (*akk*); *e-r Sache* **zu ~e rücken** zab(ie)rać się do (*gen*); *umg* **sich** (*dat*) **j-n vom ~e halten** trzymać się z dala od (*gen*), unikać (*gen*); *umg* **bleib mir damit vom ~e!** daj mi z tym święty spokój!
Leibchen N *austr, szwajc* trykot
leibeigen pańszczyźniany
Leibeigenschaft F (*bpl*) pańszczyzna
leiben: *nur in* **das ist er, wie er leibt und lebt** to dla niego typowe
Leibes|erziehung F wychowanie fizyczne; **~fülle** F (*bpl*) otyłość *f*
Leibeskräfte FPL: **aus ~n** *sich bemühen* co sił; *schreien* na całe gardło
Leibesvisitation F rewizja osobista
Leibgarde F gwardia przyboczna
Leibgericht N ulubiona potrawa
leibhaftig (*wirklich, lebend*) wcielony; (*selbst*) sam, we własnej osobie; **der Leibhaftige** diabeł wcielony
leiblich cielesny, *präd* cieleśnie; *Kind* rodzony, własny; **auf das ~e Wohl bedacht sein** dogadzać ciału
Leibrente F renta dożywotnia
Leibschmerzen FPL ból(e *pl*) brzucha
leibt → leiben
Leib|wache F ochrona osobista, *umg* obstawa; **~wächter** M ochroniarz
Leibwäsche F bielizna osobista
Leiche F trup, zwłoki *pl*; **über ~n gehen** iść po trupach; **nur über meine ~!** po moim trupie!; *umg* **e-e ~ im Keller haben** mieć szkielet w szafie
Leichen|berge MPL zwały *mpl* zwłok; **~bestatter(in)** M(F) (*Beruf*) organizator usług pogrzebowych
leichenblass blady (-do) jak trup
Leichen|halle F kostnica (cmentarna),

umg trupiarnia; **~schändung** F zbezczeszczenie zwłok; **~schau** F oględziny zwłok; **~schmaus** M stypa; **~verbrennung** F kremacja; **~wagen** M karawan; **~zug** M orszak pogrzebowy

Leichnam M (-[e]s; -e) zwłoki *pl*, ciało

leicht lekki (*a. fig*); (*einfach*) łatwy; ADV lekko, z lekka; łatwo; **~es Leben** lekkie życie; **~e Musik** lekka muzyka; **~es Mädchen** dziewczyna lekkich obyczajów; **~ zu** (+ INF) łatwy w (+ *Verbalsubstantiv*); **~ zu handhaben** łatwy w użyciu; **die Frage ist nicht ~ zu beantworten** na to pytanie nie jest łatwo odpowiedzieć; **ganz ~** leciutki; **es ist ganz ~** to bardzo łatwe *od* proste; **~ bekleidet** lekko ubrany; **~ entzündlich** łatwo zapalny; **~ geneigt** z lekka pochylony; **~ verdaulich** lekko strawny; **~ verderblich** łatwo psujący się, nietrwały; **~ verletzt** lekko ranny; **~ verständlich** łatwy do zrozumienia, przystępny; **es ~ haben** mieć łatwe życie; **es sich** (*dat*) **~ machen** traktować sprawę lekko; **sich** (*dat*) **etw nicht ~ machen** zastanawiać się długo nad (*inst*); **sie wird ~ böse** ona jest bardzo obraźliwa; **es könnte ~ sein, dass …** bardzo możliwe, że …; → leichter, leichtfallen, leichtnehmen, Hand, Herz, Spiel, Schulter *usw*

Leichtathletik F lekkoatletyka

leichtbekleidet → leicht

Leichtbeton M beton lekki

leichtentzündlich → leicht

leichter *komp* ADJ lżejszy; (*einfacher*) łatwiejszy; ADV lżej; łatwiej; **j-m etw ~ machen** ułatwi(a)ć k-u (*akk*), ulżyć *pf* k-u w (*lok*); **nichts ~ als das!** nic łatwiejszego!; **das ist ~ gesagt als getan** (to) łatwiej powiedzieć, niż zrobić

leichtfallen (*irr*; *sn*): **das Lernen fällt ihm leicht** nauka przychodzi mu z łatwością

leichtfertig (*unbedacht*) nieopatrzny, nieoględny; → leichtsinnig

Leichtflugzeug N samolot lekki

leichtfüßig chyży (-żo); *präd* lekkim krokiem, zwinnie

Leichtgewicht N SPORT waga lekka; (*Person*) bokser wagi lekkiej; *umg żart* **er ist ein ~** on jest lekki jak piórko

leichtgläubig łatwowierny

Leichtgläubigkeit F (*bpl*) łatwowierność *f*

leichthin ADV bez namysłu *od* zastanowienia

Leichtigkeit F (*bpl*) (*Mühelosigkeit*) łatwość *f*; **mit ~** z łatwością

Leichtindustrie F przemysł lekki

leichtlebig beztroski, niefrasobliwy; **~er Mensch** lekkoduch

leichtmachen → leicht

Leichtmetall N metal lekki

leichtnehmen (*irr*) *e-e Sache* nie przejmować się (*inst*)

Leichtsinn M (*bpl*) lekkomyślność *f*

leichtsinnig lekkomyślny, nierozważny

leicht|verdaulich, **~verderblich** *usw* → leicht

leid ADJ (*unv*): **j-n, etw ~ sein** *od* **haben** mieć dość (*gen*); **ich bin es ~, deine Klagen zu hören** sprzykrzyło mi się wysłuchiwanie twoich żalów

Leid N (-[e]s; bpl) (*Kummer*) zmartwienie; (*Schmerz*) ból, cierpienie; **j-m sein ~ klagen** użalać się przed (*inst*); **j-m ein ~ tun** *od* **zufügen** wyrządzać ⟨-dzić⟩ k-u krzywdę, ⟨s⟩krzywdzić k-o; *j-m, e-m Tier etw* **zu ~e tun** → zuleide; → leidtun

leiden V/T *Not, Hunger usw* cierpieć; **ich kann ihn gut ~** lubię go; **j-n, etw nicht ~ können** nie cierpieć (*gen*); *etw* **leidet keinen Aufschub** … nie cierpi zwłoki; V/I cierpieć (**an** *dat* na *akk*; **unter** *dat* z powodu *gen*)

Leiden N choroba, (*a. Qual*) cierpienie; **das ~ Christi** męka Pańska; *umg* **… sieht aus wie das ~ Christi** … wygląda jak z krzyża zdjęty

leidend ADJ cierpiący (-co)

Leidenschaft F namiętność *f*; (*Passion*) pasja; **… ist s-e ~** jego pasją jest …

leidenschaftlich namiętny; *Spieler usw a.* zapalony; **er spielt ~ gern Karten** on przepada za grą w karty

leidenschaftslos beznamiętny

Leidens|genosse M, **~genossin** F towarzysz(ka) niedoli; **~geschichte** F *rel* Pasja; *fig e-r Person* kalwaria; **~weg** M *rel* Droga Krzyżowa; *fig* droga przez mękę, martyrologia

leider ADV niestety; **ich muss ~ schon gehen** niestety, muszę już iść

leidig (*ärgerlich*) niemiły, przykry; **~es Thema, Problem** drażliwy temat, drażliwa kwestia

leidlich znośny, jaki taki
Leidtragende F, **~(r)** M (*-n*) ofiara; **die ~n** *a.* rodzina zmarłego *od* zmarłej
leidtun (*irr*): **es tut mir leid(, dass)** żałuję, przykro mi (, że); **du tust mir leid** żal mi ciebie
Leidwesen N: **zu meinem (großen) ~** ku wielkiemu memu ubolewaniu
Leier F lira; *umg* **... ist immer die alte ~!** ... w kółko (jedno i) to samo
Leierkasten M katarynka; **~mann** M kataryniarz
leiern V/T (*aufsagen*) klepać, bębnić
Leih|arbeiter M pracownik zatrudniony czasowo przez innego pracodawcę; **~bücherei** F wypożyczalnia (książek)
leihen (*lieh, geliehen*) *Sache, Geld* (wy)pożyczać ⟨(wy)pożyczyć⟩ (**j-m** k-u; **sich** [*dat*] **von j-m** sobie od *gen*)
Leih|gabe F depozyt; **~gebühr** F opłata za wypożyczenie *od* wynajęcie; **~haus** N lombard; **~mutter** F matka zastępcza; **~wagen** M wynajęty samochód
leihweise ADV pod warunkiem zwrotu
Leim M (*-[e]s; -e*) klej; *umg* **aus dem ~ gehen** rozkleić się *pf*; *umg fig* **auf den ~ gehen** da(wa)ć się wziąć na lep
leimen *Holz* ⟨s⟩kleić; *umg fig* **j-n ~** nacinać ⟨-ciąć⟩, naciągać ⟨-gnąć⟩ k-o
Leimfarbe F farba klejowa
Leine F sznurek, linka; *für Hunde* smycz *f*; **an der ~ führen** prowadzić na smyczy; *umg* **zieh ~!** *pop* spierdalaj!
Leinen N płótno; **in ~** *Buch* w płóciennej oprawie
Leinenhose F spodnie *pl* płócienne
Lein|öl N olej lniany; **~samen** M siemię lniane; **~wand** F (*Gewebe, Gemälde*) płótno; *im Kino* ekran
Leipzig N (*-s; bpl*) Lipsk
Leipziger ADJ lipski
leise ADJ cichy, *präd* cicho, po cichu, z cicha; *Hoffnung* słaby; *Schlaf, Wind, Zweifel* lekki; **ganz ~** cichuśki, cichutki (-ko); **so ~ wie möglich** jak najciszej; **mit ~er Stimme** przytłumionym głosem; **nicht die ~ste Ahnung haben** nie mieć najmniejszego pojęcia
Leiste F listwa; ANAT pachwina
leisten (*-e-*) V/T *Arbeit* wykon(yw)ać; (*vollbringen*) dokon(yw)ać; *Eid, Unterschrift* składać ⟨złożyć⟩; *Widerstand* stawi(a)ć; *Gesellschaft* dotrzym(yw)ać (*gen*); TECH mieć moc *od* wydajność; **Ersatz ~, Garantie ~** *usw* → ersetzen, garantieren *usw*; V/R **sich** (*dat*) **etw ~** pozwalać ⟨-zwolić⟩ sobie na (*akk*)
Leisten M kopyto; *umg* **alles über e-n ~ schlagen** robić wszystko na jedno kopyto
Leistenbruch M MED przepuklina pachwinowa
Leistung F (*das Leisten*) dokonanie, wykonanie; (*Leistungsvermögen*) sprawność *f* (**geistige, körperliche** umysłowa, fizyczna); (*gutes Ergebnis*) osiągnięcie, wyczyn; FIZ moc *f*; TECH wydajność *f* (*a. e-r Person*), zdolność wytwórcza; **~en** PL (*Zahlungen*) świadczenia *npl*; (*Dienste*) usługi *fpl*; *in der Schule* postępy *mpl*, *a. im Sport* wyniki *mpl*
Leistungs|abfall M TECH spadek mocy; **~bilanz** F bilans dorobku; **~druck** M napięcie wywołane wysokim poziomem intensywności pracy; **~empfänger** M świadczeniobiorca *m*
leistungsfähig *Maschine* wydajny; (*gut funktionierend*) sprawny
Leistungsfähigkeit F (*bpl*) *e-s Motors, e-r Person, e-r Verwaltung usw* sprawność *f*; *e-r Maschine* wydajność *f*; EKON zdolność produkcyjna
leistungsgerecht ADJ *Lohn* odpowiedni (-nio) do wydajności pracy; *Benotung* adekwatny do postępów *od* wyników
Leistungs|gesellschaft F społeczeństwo żyjące w kulcie sukcesu; **~kurve** F *e-s Motors* charakterystyka mocy; *e-r Person* krzywa wydajności
leistungsorientiert ADJ bazujący na osiągniętych wynikach
Leistungs|prinzip N (*bpl*) zasada zależności sukcesu od sprawności; **~schau** F pokaz osiągnięć
leistungsschwach *Schüler* słaby, mający słabe wyniki w nauce
Leistungssport M sport wyczynowy; **~ler(in)** M(F) wyczynowiec (*a. f*)
leistungsstark *Motor* o dużej mocy; *Wirtschaft* o dużym potencjale gospodarczym; *Schüler* dobry
Leistungs|test M test sprawności; **~tief** N SPORT kryzys formy; **~träger** M (*Krankenkasse usw*) podmiot świadczący, świadczeniodawca *m*
Leit|artikel M artykuł wstępny, *umg* wstępniak; **~bild** N ideał, wzór

leiten (-*e*-) (*führen*) ⟨po⟩prowadzić; (*lenken*) ⟨s⟩kierować (**in, an** *akk* do *gen*, na, w *akk*, ku *dat*); *Betrieb, Schule usw* kierować (*inst*), prowadzić (*akk*); (*Chef sein*) *umg* szefować (*dat*); *Versammlung a.* przewodniczyć (*dat*); *Expedition a.* przewodzić (*dat*); *Strom, Wärme* przewodzić; **j-n auf die Spur von etw ~** naprowadzać ⟨-dzić⟩ k-o na ślad (*gen*); **sich von etw ~ lassen** kierować się, powodować się (*inst*); **er ließ sich von diesem Gedanken ~** przyświecała mu ta myśl; → Weg

leitend ADJ *Stellung* kierowniczy; *Funktion a.* główny; *Gedanke* przewodni; ELEK przewodzący; **~er Angestellter** pracownik na kierowniczym stanowisku; **~er Ingenieur** główny inżynier

Leiter[1] F drabina, *klein* drabinka

Leiter[2] M kierownik, szef; *e-r Versammlung, Kooperative* przewodniczący; FIZ przewodnik; **~in** F kierowniczka, *umg* szefowa; przewodnicząca

Leitersprosse F szczebel (drabiny)

Leiterwagen M wóz drabiniasty

Leit|faden M podręcznik, przewodnik; **~fähigkeit** F (*bpl*) FIZ przewodność *f*; **~gedanke** M myśl przewodnia; **~hammel** M baran prowadzący stado; *fig abw* prowodyr; **~linie** F (*Straßenmarkierung*) linia rozdzielcza; *fig* dyrektywa; **~motiv** N lejtmotyw; *fig* motyw przewodni; **~planke** F balustrada jezdni, bariera drogowa

Leitung F (*bpl*) (*das Leiten*) przewodzenie, przewodnictwo (*a.* FIZ); *e-s Betriebes usw* kierowanie, kierownictwo, zarząd; (*a. pl*) *für Wasser, Gas,* ELEK przewód; TEL linia; **unter der ~ von ...** *Orchester* pod batutą (*gen*); *umg fig* **e-e lange ~ haben** mieć spóźniony zapłon

Leitungs|mast M słup (sieci elektrycznej, linii); **~netz** N sieć *f* wodociągowa *od* kanalizacyjna; ELEK sieć *f* przewodów; **~rohr** N rura przewodowa; **~wasser** N woda z wodociągu

Leit|währung F waluta kluczowa; **~werk** N LOTN usterzenie; **~zins** M FIN podstawowa stopa oprocentowania kredytów

Lekti'on F lekcja; *fig* **j-m e-e ~ erteilen** da(wa)ć k-u nauczkę

Lek|tor M (-*s*; -*'toren*) (*Lehrer*) lektor; *im Verlag* redaktor; **~to'rat** N lektorat; *im Verlag* redakcja; **~'torin** F (*Lehrerin*) lektorka; *im Verlag* redaktorka

Lek'türe F lektura; **leichte ~** czytadło

Lende F ANAT lędźwie *fpl*; KULIN polędwica

Lenden|braten M pieczeń *f* z polędwicy; **~schurz** M przepaska na biodrach; **~wirbel** M ANAT kręg lędźwiowy

lenkbar *Projektil* kierowany; *Luftschiff* sterowny, dający się kierować; *Person* uległy, dający sobą powodować

lenken *Fahrzeug, Betrieb, Menschen, Wirtschaft usw* ⟨po⟩kierować (*inst*); *Gespräch, Blick usw* ⟨s⟩kierować (**auf** *akk* na *akk*); **ins Ziel ~** *Rakete* naprowadzać ⟨-dzić⟩ na cel; **j-s Blicke auf sich ~** przyciągać ⟨-gnąć⟩ spojrzenie (*gen*)

Lenker M (*Vorrichtung*) kierownica; (*Fahrer*) kierowca *m*; **~in** F (kobieta) kierowca

Lenkrad N kierownica, *umg* kółko; **am ~** *umg* za kółkiem; **~schloss** N *im Auto* blokada kierownicy

Lenk|stange F kierownica; **~ung** F (*bpl*) (*das Lenken*) kierowanie (*inst*); *fig a.* kierownictwo (*inst*); (*a. pl*) AUTO układ kierowniczy

Lenz *poet* M (-*es*; -*e*) wiosna

Leopard M (-*en*) lampart

Lepra F (*bpl*) trąd

leprakrank trędowaty, chory na trąd

Lerche F skowronek

lern|begierig chętny do nauki; **~behindert** ADJ tępy do nauki

Lerneifer M pilność *f* (w nauce)

lernen V/T ⟨na⟩uczyć się (**lesen** czytać; **Deutsch** niemieckiego; **e-n Beruf** zawodu); *v/i* uczyć się (**fleißig** pilnie); **aus Fehlern ~** uczyć się na błędach

Lernen N (-*s*; *bpl*) uczenie się, nauka

lernfähig zdolny do (na)uczenia się, zdolny do przyswojenia sobie (*gen*)

Lern|mittel NPL podręczniki *mpl* i pomoce *fpl* naukowe; **~prozess** M proces uczenia się; **~schwester** F pielęgniarka na praktyce (w szpitalu); **~software** F program edukacyjny, podręcznik multimedialny; **~stoff** M materiał do przerobienia

lernunwillig niechętnie uczący się

Lesart F wersja; interpretacja

lesbar czytelny

Lesbe *umg* F, **Lesbierin** F lesbijka

lesbisch lesbijski

Lese F (*Ernte*) zbiór; *engS* winobranie

Lese|abend M wieczór autorski; **~brille** F okulary *pl* do czytania; **~buch** N czytanka; **~gerät** N czytnik; **~lampe** F lampa do czytania
lesen[1] (*liest, las, gelesen*) V/T czytać (*v/r* **sich** się), przeczytać *pf*; *Daten* odczyt(yw)ać; *rel Messe* odprawi(a)ć, celebrować; V/I (*Vorlesung halten*) wykładać (**über** *akk* o *lok*); **er kann nicht ~** on nie umie czytać
lesen[2] (*liest, las, gelesen*) *Trauben, Ähren* zbierać ⟨zebrać⟩; *Erbsen usw* przeb(ie)rać
Lesen N (*-s; bpl*) czytanie
lesenswert wart(y) przeczytania
Leser M czytelnik; (*Gerät*) czytnik
Leseratte *umg* F pożeracz książek
Leseraum M czytelnia
Leserbrief M list od czytelnika, list do redakcji
Leserin F czytelniczka
leserlich czytelny; **~ schreiben** pisać czytelnie
Leser|schaft F (*bpl*) czytelnicy *mpl*, krąg czytelników; **~zuschrift** F → Leserbrief
Lese|saal M czytelnia; **~stoff** M (*bpl*) coś do czytania; **~zeichen** N zakładka (do książki); **~zirkel** M wypożyczalnia czasopism
Lesung F czytanie (*a.* POL)
Lethar'gie F (*bpl*) letarg (*a. fig*)
Lett|e M (*-n*) Łotysz; **~in** F Łotyszka
lettisch łotewski (po -ku)
Lettland N (*-s; bpl*) Łotwa; **in ~** na Łotwie
Letzt F: **zu guter ~** na koniec, w końcu
letzte ostatni; (*vorig*) ubiegły, zeszły; (*äußerst*) ostateczny; **~ Woche** w ubiegłym *od* zeszłym tygodniu; **in ~r Zeit** ostatnio; **der Letzte Wille** ostatnia wola; **am Letzten des Monats** w ostatnim dniu miesiąca; **an ~r Stelle** na ostatnim miejscu; **bis aufs Letzte** do reszty, doszczętnie; **bis ins Letzte** do najdrobniejszych szczegółów; **bis zum Letzten** do ostatka, do ostatecznych granic; **das ist doch das Letzte!** to (po prostu) skandal!; → Ende, Mal
letzt|endlich w końcu; **~ens** ADV ostatnio; **~ere**, **~genannt** ADJ wymieniony ostatnio; **~jährig** ubiegłoroczny; **~lich** ADV ostatecznie, w końcu
Leuchtdiode F dioda świecąca
Leuchte F lampa, *dim* lampka; (*Taschenlampe*) latarka; *umg fig* **er ist keine große ~** żaden z niego geniusz
leuchten V/I (*-e-*) *Lampe, Sonne* świecić; (*glänzen*) błyszczeć, lśnić, świecić się; **j-m ~** przyświecać ⟨-cić⟩ k-u
leuchtend ADJ *Farbe* intensywny, jaskrawy; *Augen* lśniący, błyszczący; *fig* **~es Beispiel** świetny przykład; **~ blau** jasnobłękitny, lazurowy
Leuchter M świecznik
Leucht|farbe F farba świecąca; **~feuer** N światło nawigacyjne; **~käfer** M świetlik; **~kraft** F (*bpl*) jasność *f* (*a.* ASTRON); **~kugel** F rakieta sygnalizacyjna; **~pistole** F rakietnica; **~reklame** F reklama świetlna; **~schrift** F napis świetlny, *umg* neon; **~stoffröhre** F jarzeniówka, świetlówka; **~turm** M latarnia morska; **~ziffern** FPL cyfry *fpl* fluoryzujące
leugnen (*-e-*) V/T zaprzeczać ⟨-czyć⟩ (*dat*), wypierać ⟨-przeć⟩ się (*gen*); **es lässt sich nicht ~, dass …** nie można zaprzeczyć, że …
Leukä'mie F (*bpl*) leukemia
Leuko'plast® N → Heftpflaster
Leumund M (*bpl*) opinia, reputacja
Leute PL ludzie *pl*, *umg* ludziska *pl*; **alle ~** wszyscy; **viele ~** dużo ludzi; **die jungen ~** młodzi (ludzie); **die kleinen ~** mali ludzie; *umg* **unter die ~ bringen** rozgad(yw)ać (wszystkim)
Leutnant M (*-s; -s od -e*) podporucznik
leutselig przystępny, ludzki (po -ku)
Level M (*-s; -s*) poziom
Le'viten PL: *umg* **j-m die ~ lesen** da(wa)ć k-u reprymendę, ⟨z⟩besztać k-o
Lev'koje F lewkonia
Lexikon N (*-s; -ka od -ken*) słownik encyklopedyczny, leksykon
Lezi'thin N (*-s; bpl*) lecytyna
lfd. (laufend) bieżący
liba'nesisch libański
Libanon M (*-s; bpl*): **der ~** Liban
Li'belle F ważka; TECH poziomnica
libe'ral liberalny
Libe'rale F, **~(r)** M (*-n*) liberał
liberali'sieren (-) ⟨z⟩liberalizować
Liberali'tät F (*bpl*) liberalność *f*
Libero M (*-s; -s*) libero *m*
Libido F (*bpl*) libido *n od f*
Libyen N (*-s; bpl*) Libia
libysch libijski
licht (*hell*) jasny (-no); *Wald, Haar* rzadki (-ko); **~e Höhe** wysokość *f* w świetle; **~e**

Weite średnica w świetle; **am ~en Tag** w jasny *od* biały dzień

Licht N (-[e]s; -er) światło (*a. fig*); (*Kerze, pl -e*) świeca; **das ewige ~** lampka wieczysta; **~ machen** zapalać ⟨-lić⟩ światło; **bei ~** przy świetle (dziennym); **gegen das ~** pod światło; **im ~ stehen** zasłaniać światło; **j-n hinters ~ führen** wyprowadzać ⟨-dzić⟩ k-o w pole; **etw ans ~ bringen** wydob(y-w)ać na światło dzienne (*akk*); **~ in** *e-e Sache* **bringen** wyjaśni(a)ć (*akk*); **in e-m anderen ~ erscheinen** ukaz(yw)ać się w innym świetle; **etw ins rechte ~ rücken** przedstawi(a)ć we właściwym świetle (*akk*); *lit* **das ~ der Welt erblicken** przyjść *pf* na świat; *umg* **da ging mir ein ~ auf!** dopiero wtedy zaświtało mi w głowie!

Licht|anlage F instalacja oświetleniowa; **~bild** N fotografia, zdjęcie; **~bilder-vortrag** M referat z przezroczami; **~blick** M jasna chwila; (*Trost*) pociecha; **~bogen** M łuk elektryczny

lichtdurchlässig przeświecający

lichtempfindlich światłoczuły

lichten[1] (-e-) V/T LEŚN przerzedzać ⟨-dzić⟩; V/R **sich ~** rzednąć ⟨zrzednieć⟩ (*a. fig*)

lichten[2] (-e-) *Anker* podnosić ⟨-nieść⟩

Lichter PL → Licht; **~kette** F łańcuch (kolorowych) świateł

lichterloh ADV: **~ brennen** stać w płomieniach, płonąć

Licht|filter N filtr optyczny; **~ge-schwindigkeit** F prędkość *f* światła; **~hof** M ARCH oszklony dziedziniec wewnętrzny; **~hupe** F AUTO sygnał świetlny; **~jahr** N rok świetlny; **~kegel** M stożek światła; **~maschine** F prądnica samochodowa

Lichtmess (*unv*): **Mariä ~** (święto) Matki Boskiej Gromnicznej

Licht|quelle F źródło światła; **~schal-ter** M wyłącznik (oświetleniowy)

Lichtschein M (*bpl*) blask *od* odblask światła

lichtscheu unikający światła dziennego; *fig* **~es Gesindel** męty *mpl* społeczne

Licht|schranke F zabezpieczenie foto-komórką; **~schutzfaktor** M faktor *od* współczynnik zabezpieczenia przed szkod-liwym działaniem promieni słonecznych; **~stärke** F natężenie światła, światłość *f*; **~strahl** M promień *m* światła

lichtundurchlässig światłoszczelny

Lichtung F polana

Lid N (-[e]s; -er) powieka; **~schatten** M cień *f* do powiek

lieb *Brief, Gesicht, Worte usw* miły (-le); (*geliebt*) kochany, drogi; (*freundlich*) uprzejmy; **ein ~er Gast** mile widziany gość; **Lieber Herr ..., Liebe Frau ...** *im Brief* Drogi Panie ..., Droga Pani ...; **die ~en Kleinen** milusińscy *pl*; **j-n ~ gewinnen** pokochać *pf*, polubić *pf* (*akk*); **ich habe dich ~** kocham cię; **das ist ~ von dir** to ładnie z twej strony; **sei so ~** bądź tak uprzejmy; **es wäre mir ~, wenn ...** cieszył(a)bym się, gdyby ...; **... früher, als dir ~ ist** ... wcześniej, niż tego byś chciał(a); → lieber, liebst

liebäugeln V/I (*-le*): **mit** *e-r Sache* **~** mieć ochotę na (*akk*), mieć na oku (*akk*); **mit e-m Plan ~** nosić się z planem

Liebe F (*bpl*) miłość *f* (**zu j-m, etw** do *gen*); *zur Kunst, Musik usw* umiłowanie (*gen*), zamiłowanie (do *gen*); **erste ~** pierwsza miłość (*a. Person*); *umg* **~ machen** kochać się; **~ auf den ersten Blick** miłość od pierwszego wejrzenia; **aus ~ zu** *e-r Sache* z zamiłowania do (*gen*); **bei aller ~, aber ...** mam zrozumienie dla wielu rzeczy, ale ...; **mit ~** *etw tun* z zamiłowaniem (+ *inf*)

Liebe'lei F miłostka, romans

lieben V/T *j-n, etw* kochać, miłować; (*mögen, etw gern tun*) lubić (*akk*), kochać się (w *lok*); **einander** *od v/r* **sich ~** kochać się, lubić się (wzajemnie); **sich selbst ~** kochać się w sobie

liebend ADJ kochający; **die Liebenden** kochankowie *mpl*; ADV **~ gern** bardzo chętnie, z przyjemnością

liebenswert miły, sympatyczny

liebenswürdig uprzejmy; **sehr ~!** bar-dzo uprzejmie (z pana *od* pani strony)!

Liebenswürdigkeit F uprzejmość *f*

lieber ADV (*eher*) raczej, chętniej; (*besser*) lepiej; **etw ~ mögen** bardziej lubić, woleć (*akk*); **ich trinke ~ Wein** wolę (pić) wino; **ich würde ~ ...** wolał(a)bym raczej ...; **~ nicht** raczej *od* lepiej nie; **tu das ~ nicht** lepiej nie rób tego

Liebes|beziehung F stosunek miłosny; **~brief** M list miłosny; **~erklärung** F wyznanie miłosne; **~geschichte** F historia miłosna; (*Romanze*) romans; **~heirat** F małżeństwo z miłości; **~kum-**

L

mer M kłopoty *mpl* sercowe; **~leben** N życie erotyczne; **~lied** N pieśń miłosna; **~nest** N miłosne gniazdko; **~paar** N para zakochanych; **~roman** M romans; **~spiel** N gra miłosna
liebevoll czuły (-le), tkliwy (-wie)
lieb|gewinnen, **~haben** → lieb
Liebhaber M kochanek; TEATR amant; *e-r Sache* amator, miłośnik (*gen*)
Liebhabe'rei F zamiłowanie, pasja
Liebhaberin F *e-r Sache* amatorka, miłośniczka (*gen*); TEATR amantka
liebkosen *lit* (-) ⟨po⟩pieścić
Liebkosung *lit* F pieszczota
lieblich *Anblick, Duft* miły (-le); *Geschmack* łagodny; *Wein* półsłodki
Liebling M (-s; -e) ulubieniec (-ica *f*); *vertraute Anrede* kochanie, kochasiu
Lieblings- *in zssgn* ulubiony
lieblos obojętny, bez serca; **~ umgehen mit etw** traktować obojętnie (*akk*), nie wkładać serca (w *akk*); **j-n ~ behandeln** obchodzić się po macoszemu (z *inst*)
Liebreiz *lit* M (*bpl*) wdzięk, powab
Liebschaft F miłostka, romans
liebste ADJ (*sup von* **lieb**) najukochańszy, najmilszy; ADV (*sup von* **gern**) **am ~n haben (wollen)** najbardziej lubić; **am ~n tun** *usw* najchętniej robić *usw*; **am ~n würde ich hierbleiben** najchętniej został(a)bym tu
Liebste F ukochana, luba; **~(r)** M (-n) ukochany, luby; → Geliebte(r)
Lied N (-[e]s; -er) pieśń *f*; (*Chanson*) piosenka; (*Volkslied*) śpiewka; (*Vogelgesang*) śpiew; *umg fig* **es ist immer das alte ~** stale ta sama śpiewka; **davon kann ich ein ~ singen** na ten temat mogę wiele opowiedzieć
Lieder|abend M wieczór piosenki; **~buch** N śpiewnik
liederlich (*unordentlich*) niechlujny; *Lebenswandel* rozwiązły (-le)
Liedermacher M piosenkarz; **~in** F piosenkarka
lief → laufen
Liefe'rant M (-en) dostawca *m*; *von Informationen, Bühnenstücken, Organen usw* dostarczyciel
lieferbar posiadany na składzie, będący w sprzedaży
Liefer|bedingungen FPL warunki *mpl* dostawy; **~frist** F termin dostawy
liefern (-re) V/T *Ware* dostarczać ⟨-czyć⟩, dostawi(a)ć; *Beweis* da(wa)ć; V/R **sich e-n Kampf ~** stoczyć *pf* bój *od* walkę (**um etw** o *akk*)
Liefer|schein M dowód dostawy, ceduła; **~service** M *od* N dostawa do domu; **~termin** M termin dostawy
Lieferung F dostawa (*a. gelieferte Menge*), dostarczenie; **in ~en erscheinen** ukazywać się w zeszytach
Liefer|wagen M samochód dostawczy, furgonetka; **~zeit** F termin dostawy
Liege F tapczan, kozetka
liegen (*lag, gelegen; pł-niem a. sn*) V/I (*nicht stehen, sich befinden, gelegen sein*) leżeć; **gut ~** *Haar usw* leżeć dobrze; (*entsprechen, gefallen*) odpowiadać; **diese Rolle liegt mir nicht** ta rola mi nie odpowiada; **seine Art liegt mir nicht** jego sposób bycia nie odpowiada mi; **bequem in der Hand ~** być poręcznym; **an etw, j-m ~** (*abhängen*) zależeć od (*gen*); (*begründet sein*) leżeć w (*lok*); **an der Weichsel ~** leżeć nad Wisłą; **an der Spitze ~** zajmować czołową pozycję; **~ auf** (*dat*) (*bedecken*) pokry(wa)ć (*akk*); **auf den Feldern liegt Schnee** śnieg pokrył pola; **die Betonung liegt auf der … Silbe** akcent pada na … sylabę; **die Schuld liegt bei dir** to twoja wina; **die Kosten für … ~ bei hundert Euro** koszt (*gen*) wynosi sto euro; **im Bett, im Krankenhaus ~** leżeć w łóżku, w szpitalu; **in Trümmern ~** leżeć w gruzach; **im Streit ~** prowadzić spór (**mit j-m** z *inst*); **das Dorf liegt im Tal** wioska leży w dolinie; **das Schiff liegt im Hafen** statek stoi w porcie; **im Liegen** na leżąco; **nach Süden, zur Straße ~** *Fenster usw* wychodzić na południe, na ulicę; **zwischen … und … ~** (*schwanken*) wahać się od … do …; **~ bleiben** *Person, Arbeit* pozosta(wa)ć, nadal leżeć; *mit dem Auto* mieć (w drodze) awarię, utknąć *pf* (w drodze); **etw ~ lassen** zostawi(a)ć; (*vergessen*) zapomnieć *pf* (*akk*); **j-m am Herzen ~** leżeć k-u na sercu; **mir liegt (viel) daran, zu erfahren …** zależy mi (bardzo) na tym, żeby się dowiedzieć …; *unpers* **es liegt Schnee** (*hat geschneit*) spadł śnieg; **es liegt mir nichts daran** nie zależy mi na tym; **es liegt daran, dass** to polega na tym, że; **woran liegt es?** od czego to zależy?, co jest tego powodem?; **daran soll es nicht ~!** jeśli tylko o to

chodzi!; **an wem liegt es?** od kogo to zależy?; kto jest winien?; **an mir soll es nicht ~** ja (w tej sprawie) nie chcę stać na przeszkodzie

liegenbleiben (*irr; sn*) *fig Arbeit, Auto* → liegen

liegend ADJ leżący, *präd* leżąc

liegenlassen (*irr;* -) (*vergessen*) → liegen

Liegenschaft F nieruchomość *f*

Liege|platz M MAR miejsce postoju; **~sitz** M siedzenie z pochylanym oparciem; **~stuhl** M leżak; **~stütz** M (*-es; -e*) podpór leżąc, pompka; **~wagen** M KOLEJ kuszetka; **~wiese** F łąka do leżakowania

lieh → leihen

lies → lesen

ließ → lassen

liest → lesen

Lift M (-[e]s; -e od -s) winda; (*Skilift*) wyciąg; **~boy** M windziarz

liften (*-e-*) *Gesicht* ⟨z⟩robić lifting (*gen*); **sich ~ lassen** ⟨z⟩robić sobie lifting

Liga F (*-; -gen*) liga; *in zssgn* ligowy

light [laɪt] ADJ: **... ~** ... lekki, lekkie

Li'gist M (*-en*) SPORT ligowiec

li'ieren (-): V/R **sich ~ (mit)** połączyć się *pf* (z *inst*); **er ist mit ihr liiert** on żyje z nią

Likör M (*-s; -e*) likier

lila ADJ (*unv*) lila, liliowy (-wo)

Lilie [-lɪə] F lilia

Lilipu'taner(in) M(F) liliput(ka)

Li'mette F limeta, lima

limi'tieren (-) limitować; **~ auf ... Stück** ograniczać ⟨-czyć⟩ do ... sztuk

Limo *umg* F, **~'nade** F lemoniada

Limousine [-mu'ziːnə] F limuzyna

Lin|de F lipa; **~den-** *in zssgn* lipowy; **~denblütentee** M napar z kwiatu lipy

lindern (*-re*) ⟨z⟩łagodzić; *Schmerz a.* uśmierzać ⟨-rzyć⟩

Linderung F złagodzenie; uśmierzenie; (*Erleichterung*) ulga

Line'al N (*-s; -e*) liniał, linijka

line'ar MAT liniowy, linearny

Lingu'istik F (*bpl*) lingwistyka

linguistisch lingwistyczny

Linie ['liːnɪə] F linia (*a. fig*); **auf die (schlanke) ~ achten** dbać o linię; **auf der ganzen ~** na całej linii; **in erster ~** w pierwszym rzędzie

Linien|bus M autobus kursowy; **~flug** M lot rejsowy; **~maschine** F LOTN regularnie kursujący samolot; **~papier** N papier liniowany; **~richter** M sędzia *m* liniowy

linientreu prawomyślny, lojalny

Linienverkehr M regularny ruch (na trasie)

li'ni(i)ren (-) ⟨po⟩liniować

link *umg* ADJ (*falsch, anrüchig*) lewy; **~er Vogel** podejrzany typ

Link M (-[s]; -s) EDV odnośnik, link

linke lewy; POL lewicowy; **auf der ~n Seite** po lewej stronie

Linke F lewa ręka, (*a. Partei*) lewica; *beim Boxen* **s-e ~ einsetzen** zadać *pf* cios lewą ręką; **zur ~n** po lewej ręce

Linke F, **~(r)** M POL lewicowiec (*a. f*)

linken *umg*: **j-n ~** zrobić *pf* k-o na czysto

linkerseits ADV z lewa, po lewej stronie

linkisch niezręczny, niezdarny

links ADV na lewo (**von ihm** od niego); **nach ~** w *od* na lewo; **von ~** z lewej strony, od lewej strony; **~ stehen** POL wyznawać lewicowe poglądy; *umg* **j-n, etw ~ liegen lassen** ⟨z⟩ignorować (*akk*)

Links|abbieger M (samochód) skręcający w lewo; **~außen** M (-; -) lewoskrzydłowy; **~extremist** M wyznawca skrajnie lewicowych poglądów, *umg* lewak; **~gewinde** N gwint lewoskrętny; **~händer(in)** M(F) mańkut (*a. f*)

links|händig leworęczny; *präd a.* lewą ręką; **~herum** ADV w lewo

Linkskurve F zakręt w lewo

links|lastig POL lewicujący; **~radikal** skrajnie lewicowy; **~seitig** lewostronny; (*am linken Ufer*) lewobrzeżny

Linksverkehr M (*bpl*) ruch lewostronny

Li'nolschnitt M linoryt

Linse F BOT soczewica; ANAT, *fot* soczewka

Linsensuppe F zupa z soczewicy

Lippe F warga; *umg* (*Mundwerk*) gęba; **die ~n** PL *a.* usta; **kein Wort über die ~n bringen** nie otworzyć *pf* ust, zapomnieć *pf* języka w gębie; *umg* **e-e große ~ riskieren** pyskować (**gegenüber j-m** k-u)

Lippen|bekenntnis N oświadczenie deklaratywne; **~stift** M pomadka *od* szminka do ust

liquid [li'kviːt] płynny; (*solvent*) wypłacalny; **~e Mittel** środki *mpl* płynne

Liquidati'on F likwidacja; (*Rechnung*) rachunek; **in ~ treten** wszczynać ⟨wszcząć⟩ postępowanie likwidacyjne

liqui'dieren (-) ⟨z⟩likwidować (*a. fig*)
Liquidi'tät F (*Zahlungsfähigkeit*) wypłacalność *f*, płatność finansowa
Lira F (-; *Lire*) lir
lispeln V/I (-*le*) seplenić, szeplenić
Lissabon N (-*s*; *bpl*) Lizbona
List F podstęp, sztuczka; (*listige Wesensart*; *bpl*) chytrość *f*
Liste F lista; (*Verzeichnis*) spis, wykaz; **auf der schwarzen ~ stehen** znajdować się na czarnej liście
Listenpreis M cena według cennika
listig chytry, *präd* chytrze
Lita'nei F litania (*a. fig*)
Litauen N (-*s*; *bpl*) Litwa; **in ~** na Litwie
Litauer(in) M(F) Litwin(ka)
litauisch litewski (po -ku)
Liter M *od* N (-*s*; -) litr; **zwei ~ Milch** dwa litry mleka
lite'rarisch literacki (-ko)
Litera'tur F literatura; **~geschichte** F historia literatury; **~kritik** F krytyka literacka; **~preis** M nagroda literacka; **~verzeichnis** N bibliografia; **~wissenschaft** F literaturoznawstwo; **~zeitschrift** F pismo literackie
Litfaßsäule F słup ogłoszeniowy
Lithium N (-*s*; *bpl*) CHEM lit; **~batterie** F bateria litowa
Litho|gra'fie, **~graphie** [PL -'fi:ən] F litografia
Litschi (-; -*s*) liczi *f* (*unv*)
litt → leiden
Litur'gie [PL -'gi:ən] F liturgia
li'turgisch liturgiczny
Litze F (*Tresse*) galon; *e-s Seils* skrętka; ELEK przewód wielodrutowy
live [laɪf] *rtv* na żywo; **~ senden** nada(wa)ć na żywo
Live|sendung, **~-Sendung** [laɪf-] F audycja na żywo
Li'vree F liberia
Li'zenz F licencja; **in ~ herstellen** produkować na licencji; **~vertrag** M umowa licencyjna
Lkw, LKW M (-[s]; -s) (**Lastkraftwagen**) samochód ciężarowy
Lob N (-[e]s; selten -e) pochwała; **ein ~ verdienen** zasłużyć *pf* na pochwałę; **des ~es voll sein** (**über** *akk*) rozpływać się w pochwałach (nad *inst*)
Lobby F (-; -*s*) kuluary *mpl*; (*Interessengruppe*) lobby *n*
loben chwalić, pochwalać ⟨-lić⟩ (**für etw** za *akk*); (*rühmen*) zachwalać; (*lobpreisen*) wychwalać; **das lobe ich mir!** to mi się podoba!, to lubię!; **gelobt sei Jesus Christus!** niech będzie pochwalony Jezus Chrystus!; → Land
lobend ADJ pochwalny; **j-n ~ erwähnen** wyrażać ⟨-razić⟩ się pochlebnie (o *lok*)
lobenswert godny pochwały, chwalebny
Lobhudelei *abw* F pochlebstwo, *umg* kadzenie
löblich → lobenswert
Loblied N panegiryk; **ein ~ singen** (**auf** *akk*) wychwalać (pod niebiosa) (*akk*)
Loch N (-[e]s; Löcher) dziura, *klein* dziurka; *in der Erde* dół, jama; *in der Fahrbahn* wybój; *umg* (*Wohnung*) dziura; *pop* (*Gefängnis*) pudło, paka; *umg* **auf** *od* **aus dem letzten ~ pfeifen** gonić resztkami (sił)
lochen dziurkować, perforować; (*entwerten*) ⟨s⟩kasować
Locher M *für Papier* dziurkacz
löch(e)rig dziurawy, podziurawiony
löchern *umg* (-*re*): **j-n mit Fragen über etw ~** wiercić k-u dziurę w brzuchu o (*akk*)
Loch|karte F karta perforowana; **~stickerei** F haft richelieu; **~streifen** M taśma perforowana; **~zange** F szczypce *pl* do dziurkowania, kasownik
Locke F lok, kędzior
locken[1] (*anlocken*) ⟨przy-, z⟩wabić, (*a. verlocken*) ⟨przy-, z⟩nęcić (*alle a. fig*); **aus etw ~** wywabi(a)ć z (*gen*)
locken[2] V/T *Haare* kręcić, zakręcać ⟨-cić⟩ (na wałki); V/R **sich ~** kręcić się
löcken *lit* V/I: **wider den Stachel ~** buntować się, stawać okoniem
Locken|kopf M kędzierzawa głowa; **~wickler** M lokówka, wałek do nakręcania włosów
locker *Seil, Knoten, Schraube* luźny (-no), obluzowany; *Zahn* chwiejący się; *Teig* pulchny; *Boden a.* sypki; *fig Haltung, Sitten* swobodny; *präd* swobodnie, *umg* na luzie; **~e Beziehung** luźny związek *od* kontakt; **~ lassen** *Seil usw* → lockern; **~ machen** → lockern; **~ sitzen** *Nagel usw* być luźnym *od* obluzowanym; **dieser Zahn sitzt ~** ten ząb rusza się; **etw ~ handhaben** traktować lekko (*akk*)
lockerlassen *umg* V/I (*irr*): **nicht ~** nie ustępować ⟨ustąpić⟩ (**bis ... aż ...**); *Seil usw*

L

→ lockern
lockermachen *umg Geld* wysupł(yw)ać (**für etw** na *akk*); **bei j-m Geld ~** wydosta(wa)ć pieniądze od (*gen*); *Schrauben usw* → lockern
lockern (*-re*) V/T *Zügel, Seil, Schraube* ⟨po⟩luzować, obluzow(yw)ać; *Knoten, Krawatte, Muskeln* rozluźni(a)ć; *Erde* spulchni(a)ć; *Vorschrift* ⟨z⟩łagodzić; V/R **sich ~** obluzow(yw)ać się, *a. fig* rozluźni(a)ć się
Lockerungsübungen FPL ćwiczenia *npl* rozluźniające
lockig *Haar* kręcony, wijący się
Lock|mittel N wabik, przynęta; **~ruf** M głos wabiący; **~vogel** M MYŚL wabiec; *fig* (*Person*) przynęta (na *akk*); **~vogelangebot** N HANDEL oferta dla zwabienia klientów
Lodenmantel M płaszcz lodenowy
lodern V/I (*-re*) płonąć, pałać (*a. fig*)
Lodsch N, **Lodz** N (*-; bpl*) Łódź *f*; **aus, nach ~** z, do Łodzi
Löffel M łyżka, *klein* łyżeczka; MYŚL *mst* PL słuchy *mpl* (zająca); **zwei ~ (voll)** dwie łyżki; *umg* **die ~ spitzen** nadstawi(a)ć uszu; *pop* **schreib dir das hinter die ~!** zapamiętaj to sobie!
Löffelbagger M koparka łyżkowa
löffeln (*-le*) *Suppe* jeść łyżką
log → lügen
Loga'rith|mentafel F tablica logarytmiczna; **~mus** M (*-; -men*) logarytm
Logbuch N dziennik okrętowy
Loge ['lo:ʒə] F loża
löge, logen → lügen
Logenplatz ['lo:ʒən-] M miejsce w loży
Loggia ['lɔdʒia] F (*-; -ien*) loggia
logieren [lo'ʒi:rən] V/I (*-*) gościć (**an** *e-m Ort* w *lok*)
Logik F (*bpl*) logika
Log-in, Login N EDV *mst als Aufforderung* zaloguj się
logisch logiczny; **~ denken** myśleć logicznie
logischerweise ADV zgodnie z logiką
Lo'gistik F (*bpl*) logistyka
lo'gistisch logistyczny
logo! *umg* jak w banku!, na bank!
Logo M *od* N (*-s; -s*) logo *n* (*unv*)
Logo|p'äde M, **~p'ädin** F logopeda *m* (*a. Frau*); **~pä'die** F (*bpl*) logopedia
Log-out, Logout [-aʊt] N EDV *mst als Aufforderung* wyloguj się

Lohn M (*-[e]s; Löhne*) płaca, *a. fig* wynagrodzenie; **als** *od* **zum ~ für etw** w nagrodę za (*akk*)
Lohn|abbau M redukcja płac; **~abrechnung** F odcinek wypłaty; **~abzug** M potrącenie z płacy; **~ausfall** M strata na zarobku
Lohnausgleich M: **bei vollem ~** z zachowaniem wynagrodzenia
Lohnbüro N wydział płac
Lohnempfänger M pracownik fizyczny, robotnik; **~in** F pracownica fizyczna, robotnica
lohnen V/T (*vergelten*) odpłacać ⟨-cić⟩ (**mit Undank** niewdzięcznością); **es lohnt die Mühe nicht** sprawa niewarta jest zachodu; V/R **sich ~** opłacać ⟨-cić⟩ się (*a. Auwand, Mühe usw*)
lohnend ADJ (*einträglich*) opłacalny, popłatny; (*nützlich*) korzystny; (*dankbar*) **e-e ~e Aufgabe** wdzięczne zadanie
lohnenswert → lohnend
Lohn|erhöhung F podwyżka płac; **~forderungen** FPL wymagania *npl* płacowe; **~fortzahlung** F (*bpl*) ciągłość *f* wypłaty wynagrodzenia (**im Krankheitsfall** w przypadku choroby); **~gruppe** F kategoria zaszeregowania
Lohn|kosten PL koszty *mpl* robocizny; **~nebenkosten** PL koszty *mpl* pośrednie robocizny; **~politik** F polityka płacowa
Lohn|-Preis-Spirale F spirala płacowo-cenowa; **~runde** F runda negocjacji płacowych
Lohnsteuer F podatek od wynagrodzeń; **~jahresausgleich** M roczne obliczenie podatku od wynagrodzeń; **~karte** F karta podatnika podlegającego podatkowi od wynagrodzeń
Lohnstopp M zamrożenie płac
Lohnstreifen M pasek z obliczeniem płacy
Loipe F trasa biegu płaskiego
Lok F (*-; -s*) lokomotywa
lo'kal lokalny, miejscowy (-wo); **~ betäuben** znieczulać ⟨-lić⟩ miejscowo
Lo'kal N (*-[e]s; -e*) lokal; **~behörden** FPL władze *fpl* miejscowe *od* terenowe; **~blatt** N gazeta lokalna; **~fernsehen** N telewizja lokalna
lokali'sieren (*-*) ⟨z⟩lokalizować
Lokal|kolorit N koloryt lokalny; **~pa-**

triotismus M patriotyzm lokalny; **~presse** F (*bpl*) prasa lokalna; **~sender** M *rtv* rozgłośnia lokalna; **~termin** M wizja lokalna
Lokführer M maszynista *m*
Lokomo'tive F lokomotywa
Lokus *umg* M (-[ses]; -[se]) ubikacja
London N (*-s; bpl*) Londyn
Londoner ADJ londyński
Longdrink, **Long Drink** M long drink *m*
Look [lʊk] M (*-s; -s*) wygląd; *in der Mode* styl
Lorbeer M (*-s; -en*) wawrzyn, laur; *fig* **~en ernten** zbierać laury; **~blatt** N KULIN listek bobkowy; **~kranz** M wieniec z wawrzynu, wawrzyn
Lore F wagon platforma, lora
los **A** ADJ *präd* **~ sein** *Knopf usw* urwać się; **der Hund ist von der Kette ~** pies urwał się z łańcucha; *umg* **wir sind j-n, etw ~** pozbyliśmy się (*gen*); **ich bin mein Geld ~** moje pieniądze przepadły; *umg* **was ist ~?** co się stało?; *umg* **da ist etwas ~** tam się coś dzieje; *umg* **wo ist denn hier was ~?** gdzie tu jest jakaś balanga?; **hier ist schwer was ~** tu się naprawdę coś dzieje; *umg* **was ist mit dir ~?** co się z tobą dzieje; *umg* **mit ihm ist nicht viel ~** z niego nie ma wielkiej pociechy; *umg* **mit mir ist heute nichts ~** dziś czuję się nieswojo **B** ADV **(nun aber) ~!** jazda!, dalej(że)!, hajda!; **~, verschwinde!** ruszaj (stąd)!; **~, ~!** prędzej, prędzej!
Los N (*-es; -e*) los (*a. Schicksal*); **das ~ werfen, ein ~ ziehen** rzucać ⟨-cić⟩, ciągnąć losy; **durch das ~ ermitteln** wyłaniać ⟨-łonić⟩ drogą losowania; **das große ~ ziehen** wygrać *pf* wielki los; **ein schweres ~ haben** mieć ciężki los
lösbar *Aufgabe* rozwiązalny; → löslich
los|binden (*irr*) odwiąz(yw)ać; **~brausen** *umg* V/I (*sn*) puścić się *pf* pędem, popędzić *pf* na łeb na szyję; **~brechen** (*irr*) V/T odłam(yw)ać; wyłam(yw)ać (**aus** z *gen*); *v/i* (*sn*) *Sturm* rozpęt(yw)ać się, *a. Jubel, Geschrei* podnieść się *pf*; **Gelächter brach los** obecni wybuch(nę)li śmiechem
Löschaktion F akcja gaśnicza
Löschblatt N bibuła
löschen[1] *Feuer, Licht* ⟨z⟩gasić; *Durst* ⟨u⟩gasić; *Eintrag* skreślać ⟨-lić⟩; *Tonaufnahme* ⟨s⟩kasować
löschen[2] MAR *Ladung* wyładow(yw)ać
Lösch|fahrzeug N wóz gaśniczy; **~gerät** N sprzęt gaśniczy; **~kalk** M wapno gaszone; **~kopf** M głowica kasująca; **~papier** N bibuła; **~taste** F klawisz Delete; **~zug** M oddział straży pożarnej
losdrücken V/I naciskać ⟨-snąć⟩ spust
lose luźny, *präd* luźnie, luzem; → locker; *umg* **ein ~s Mundwerk haben** mieć niewyparzoną gębę
Loseblattsammlung F wydanie na luźnych kartkach
Lösegeld N okup, haracz
Lösegeldforderung F żądanie okupu
loseisen *umg*: V/T **j-n von j-m, etw ~** oswobadzać ⟨-bodzić⟩ k-o od (*gen*); **etw bei j-m ~** dosta(wa)ć od k-o (*akk*); V/R **sich ~** oswobadzać ⟨-bodzić⟩ się
losen V/I losować; **um etw ~** ciągnąć *od* rzucać ⟨-cić⟩ losy o (*akk*)
lösen V/T *Knoten, Aufgabe, Vertrag* rozwiąz(yw)ać; *Bremse* ⟨po⟩luzować; *Schraube a.* odkręcać ⟨-cić⟩; *Zucker* rozpuszczać ⟨-puścić⟩ (**in** *dat* w *lok*); *Beziehung* zrywać ⟨zerwać⟩; *Fahrschein* kupować ⟨kupić⟩; **den Husten ~** działać wykrztuśnie; V/R *sich ~ Knoten* rozwiąz(yw)ać się; (*sich lockern*) obluźni(a)ć się; CHEM rozpuszczać ⟨-puścić⟩ się; *Krampf* ustępować ⟨ustąpić⟩; *Spannung* rozładow(yw)ać się; *Schuss* paść *pf*; **mein Husten löst sich** (już) mogę lżej odkasływać; *fig* uwalniać ⟨uwolnić⟩ się (**von j-m, etw** od *gen*); SPORT, MIL odrywać ⟨oderwać⟩ się (**von** od *gen*)
losfahren V/I (*irr; sn*) ⟨wy⟩startować, wyruszać ⟨-szyć⟩ (w drogę); **auf etw ~** ruszyć *pf* z zamiarem najechania na (*akk*)
losgehen V/I (*irr; sn*) *umg* (*weggehen*) wyruszać ⟨-szyć⟩, wymaszerować *pf*; *Gewehr* wypalić *pf*; → lösen (sich); **~ auf** (*akk*) (*angreifen*) rzucać ⟨-cić⟩ się na (*akk*); *umg fig* zaczynać ⟨zacząć⟩ się; **es geht los** zaczyna się
loskommen V/I (*irr; sn*) *umg* uwalniać ⟨uwolnić⟩ się (**von j-m, etw** od *gen*); **gut ~** dobrze wystartować
los|kriegen *umg* → lösen, loswerden; **~lassen** (*irr*) wypuszczać ⟨-puścić⟩; **~legen** *umg* V/I zaczynać ⟨-cząć⟩
löslich rozpuszczalny; → lösbar
loslösen V/T → lösen; *fig* (*trennen*) odłączać ⟨-czyć⟩ (*v/r* **sich** się; **von** od *gen*)
losmachen *umg* V/T → abmachen,

lösen; V/R **sich ~** *(sich befreien)* oswobadzać ⟨-bodzić⟩ się (**aus, von** *dat* z, od *gen*)

losreißen V/T *(irr)* wyr(yw)ać; V/R **sich ~** **(von)** wyr(y)wać się (z *gen*); *fig* odrywać ⟨oderwać⟩ się (od *gen*)

lossagen: V/R **sich ~ (von)** wyrzekać ⟨-rzec⟩ się *(gen)*

losschicken wys(y)łać, pos(y)łać

losschießen *umg* V/I *(irr; sn) (sich schnell in Bewegung setzen)* zrywać ⟨zerwać⟩ się (z miejsca); **auf j-n ~** doskakiwać ⟨-skoczyć⟩ do *(gen)*; *fig* **nun schieß schon los!** no, mówże!

losschlagen *(irr)* V/T *umg Ware* wyzby(wa)ć się *(gen)*, opylać ⟨-lić⟩ *(akk)*; V/I MIL niespodziewanie zaatakować; **aufeinander ~** (zacząć pf) okładać się

los|schrauben odkręcać ⟨-cić⟩; **~stürmen** V/I *(sn)* puścić się *pf* pędem; **~stürzen** V/I *(sn)* rzucać ⟨-cić⟩ się (**auf** *akk* na *akk*, do *gen*); **~treten** *(irr) fig Debatte usw* zainicjować *pf*

Losung[1] *(Wahlspruch)* hasło; slogan

Losung[2] F MYŚL pomiot

Lösung F CHEM *usw* roztwór, rozczyn; *(Resultat, Annullierung)* rozwiązanie

Lösungsmittel N rozpuszczalnik

Lösungsmöglichkeit F możliwość *f* rozwiązania

loswerden V/T *(irr; sn)* pozby(wa)ć się *(gen)*; *umg (einbüßen)* stracić *pf*; *umg* **überflüssige Pfunde ~** zrzucić *pf* zbędne kilogramy

losziehen *umg* V/I *(irr; sn)* wyruszać ⟨-szyć⟩, wymaszerować *pf*

Lot N (-[e]s; -e) *(Senklot)* pion; MAT prostopadła; *zum Löten* lut; *(Gewicht, pl Lot)* łut; MAR sonda; **es ist alles im ~** wszystko w porządku

loten (-e-) MAR *Tiefe* sondować

löten (-e-) ⟨za-, z⟩lutować

Lothringen N (-s; *bpl*) Lotaryngia

Loti'on F (-; -en) płyn, woda, mleczko

Lötkolben M lutownica

Lötlampe F lampa lutownicza

Lotosblüte F kwiat lotosu

lotrecht pionowy, prostopadły; *präd* pionowo, prostopadle

Lotse M (-n) MAR pilot; → Fluglotse

lotsen MAR pilotować (*a. Fahrzeuge, Touristen durch die Stadt*); *umg* **j-n ins Kino ~** zaciągnąć *pf* k-o do kina

Lötstelle F lutowina

Lotte'rie [PL -'riːən] F loteria; **in der ~ gewinnen** wygr(yw)ać na loterii; **~annahmestelle** F kolektura lotto; **~gewinn** M wygrana na loterii; **~los** N los na loterii

Lotter|leben *abw* N rozwiązły tryb życia; **~wirtschaft** *abw* F *(bpl)* niegospodarność *f*, chaotyczna gospodarka

Lotto N (-s; -s) totolotek, toto-lotek; *(Gesellschaftsspiel)* lotto; **~ spielen** grać w totolotka; **~annahmestelle** F kolektura; **~schein** M kupon totolotka; **~zahlen** FPL liczby *fpl* wylosowane w totolotku

Lötzinn N cyna lutownicza

Lover ['lavər] *umg* M (-s; -) amant, gach

Löwe M (-n) lew; ASTRON Lew

Löwen|anteil M lwia część; **~junge(s)** N (-n) lwiątko, lwię; **~mähne** F lwia grzywa; **~maul** N *(bpl)* BOT lwia paszcza; **~zahn** M *(bpl)* BOT mniszek, dmuchawiec, *umg* mlecz

Löwin F lwica

lo'yal lojalny (**gegenüber j-m** w stosunku do *gen*)

Loyali'tät F *(bpl)* lojalność *f*

LSD [ɛlɛs'deː] N (-[s]; bpl) LSD *unv*

lt. (laut) według, zgodnie z

Lübeck N (-s; *bpl*) Lubeka; **~er Bucht** F *(bpl)* Zatoka Lubecka

Luchs M (-es; -e) ryś *m*; **aufpassen wie ein ~** mieć wszystko na oku

Lücke F luka (*a. fig*); *(Spalt)* szczelina, szpara; *im Gebiss* brak, szczerba; **e-e ~ im Gesetz** luka w prawie; **~n ausfüllen** *od* **ergänzen** uzupełni(a)ć luki; → Parklücke

Lückenbüßer *umg* M zapchajdziura *m*

lückenhaft *Gebiss* z brakami, szczerbaty; *Bericht* niepełny, niekompletny; *Wissen* urywkowy, wycinkowy; *Erinnerung* fragmentaryczny

lückenlos pełny, kompletny; *präd a.* bez luk; w (całej) pełni

lud, lüde → laden

Luder N *pop Schimpfwort* ścierwo, szubrawiec; **falsches ~** fałszywiec; *umg* **armes ~** biedaczysko; *umg* **freches ~** ananas, nicpoń *m*; **sie ist ein kleines ~** to mała kokietka

Luft F (-; *bpl, poet Lüfte*) powietrze; **dünne ~** rozrzedzone powietrze; **frische ~ atmen** oddychać świeżym powietrzem; **an der frischen ~** *(draußen)* na wolnym powie-

L

trzu; ~ **holen** *od* **schöpfen** zaczerpnąć *pf* powietrza; *umg* **in die ~ fliegen (jagen)** wylecieć *pf* (wysadzać ⟨-dzić⟩) w powietrze; **die ~ anhalten** wstrzym(yw)ać (od)dech; *fig umg* **die ~ ist rein** okej, nic nie grozi; **sich** (*dat*) *od* **s-m Herzen ~ machen** ulżyć *pf* sobie *od* swojemu sercu; *umg* **j-n wie ~ behandeln** traktować k-o jak powietrze; *umg* **er ist ~ für mich** on dla mnie nie istnieje; *umg* **da blieb ihm die ~ weg** aż go zatkało; *umg* **das ist aus der ~ gegriffen** to (jest) wzięte z sufitu; *umg* **die Angelegenheit hängt in der ~** sprawa wisi w powietrzu; **ein Streit liegt in der ~** zanosi się na awanturę; *umg* **dicke ~** naprężona atmosfera; *umg* **in die ~ gehen** wybuchnąć *pf*, wściec się *pf*; *umg* **j-n an die (frische) ~ setzen** wyrzucać ⟨-cić⟩ na zbity łeb (*akk*)

Luft|angriff M atak lotniczy, nalot; **~aufnahme** F zdjęcie lotnicze; **~ballon** M *für Kinder* balonik; **~befeuchter** M nawilżacz powietrza; **~bild** N → Luftaufnahme; **~blase** F bąbel, bańka, pęcherzyk powietrza; **~brücke** F LOTN most powietrzny

Lüftchen N wietrzyk, wiaterek

luftdicht hermetyczny, (gazo)szczelny

Luftdruck M (*bpl*) ciśnienie powietrza (*a. im Reifen*), ciśnienie atmosferyczne

luftdurchlässig przepuszczający powietrze, przewiewny

lüften (-e-) *Raum, Kleidung* ⟨wy⟩wietrzyć, przewietrzać ⟨-rzyć⟩; *fig Hut* uchylać ⟨-lić⟩ (*gen*); **ein Geheimnis ~** uchylać ⟨-lić⟩ rąbka tajemnicy

Lüfter M wentylator

Luftfahrt F (*bpl*) żegluga powietrzna; (*Fliegerei*) lotnictwo; **~gesellschaft** F towarzystwo lotnicze; **~schau** F wystawa lotnicza

Luft|feuchtigkeit F wilgotność *f* powietrza; **~filter** M filtr powietrza; **~fracht** F fracht lotniczy

luft|gekühlt ADJ chłodzony powietrzem; **~getrocknet** ADJ suszony w przewiewie *od* w warunkach naturalnych

Luft|gewehr N wiatrówka; **~hauch** M lekki podmuch; **~herrschaft** F (*bpl*) MIL panowanie w powietrzu; **~hoheit** F (*bpl*) suwerenność *f* państwa w przestrzeni powietrznej

luftig *Raum* przewiewny; *Kleid* powiewny, zwiewny; **in ~er Höhe** hen wysoko, hen w górze

Luft|kampf M walka powietrzna; **~kissenfahrzeug** N poduszkowiec; **~kühlung** F chłodzenie powietrzem; **~kurort** M stacja klimatyczna; **~landetruppen** FPL wojska *npl* desantowe

luftleer niezawierający powietrza, bez powietrza; FIZ **~er Raum** próżnia

Luftlinie F (*bpl*): **100 km ~** sto kilometrów w linii prostej

Luft|loch N LOTN dziura powietrzna; **~matratze** F materac dmuchany; **~nummer** F *fig* bańka mydlana; **~pirat** M pirat powietrzny

Luftpost F poczta lotnicza; **mit, per ~** pocztą lotniczą

Luft|pumpe F *für Fahrrad* pompka rowerowa; TECH sprężarka powietrza; (*Vakuumpumpe*) pompa próżniowa; **~raum** M obszar powietrzny; **~röhre** F ANAT tchawica; **~schiff** N sterowiec; **~schlange** F serpentyna

Luftschlösser NPL: **~ bauen** budować zamki na lodzie

Luftschutz M obrona przeciwlotnicza; **~keller** M, **~raum** M schron przeciwlotniczy

Luftspieg(e)lung F miraż, fatamorgana

Luftsprung M: **e-n ~ machen** podskoczyć *pf* z radości

Luft|streitkräfte FPL lotnictwo wojskowe; **~strömung** F prąd powietrza; **~temperatur** F temperatura powietrza

Lüftung F wietrzenie, wentylacja

Lüftungsklappe F wywietrznik, lufcik

Luft|veränderung F *fig* zmiana otoczenia; **~verkehr** M komunikacja lotnicza; **~verschmutzung** F zanieczyszczenie powietrza; **~waffe** F lotnictwo (wojskowe)

Luftweg M: **auf dem ~** drogą powietrzną, samolotem; *nur* PL **~e** → Atemwege

Luft|widerstand M opór powietrza; **~zufuhr** F dopływ powietrza; **~zug** M (*bpl*) przewiew

Lug M: *nur in* **~ und Trug** blaga i blef

Lüge F kłamstwo; **j-n, etw ~n strafen** zada(wa)ć kłam (*dat*)

lügen V/I (*log, gelogen*) ⟨s⟩kłamać, *umg* łgać (**wie gedruckt** jak z nut)

Lügen|detektor M wariograf, wykrywacz kłamstw; **~geschichte** F zmyślona

L

historia, *umg* bajka, bujda
Lügner(in) M(F) kłamca *m*, *umg* kłamczuch, łgarz (*alle a. f*)
lügnerisch *abw* kłamliwy (-wie)
Luke F MAR luk; (*Einstieg*) właz
lukra'tiv lukratywny, popłatny
Lulatsch *umg* M (-[e]s; -e): **langer ~** drągal, dryblas, tyka (chmielowa)
Lümmel M *abw* gbur, cham; *umg* (*Bengel*) łobuz
lümmeln *umg abw* (-*le*): V/R **sich ~** rozwalać ⟨-lić⟩ się
Lump M (-*en*) łajdak, łotr, szuja *f u. m*
lumpen *umg*: V/R **sich nicht ~ lassen** postawić się *pf*, nie poskąpić *pf*
Lumpen M gałgan, szmata; PL *abw* łachmany *mpl*; **in ~** w łachmanach; **~ball** M bal gałganiarzy; **~gesindel** N, **~pack** N *abw* hołota; **~sammler** M szmaciarz
lumpig *umg abw* (*kümmerlich*) marny, nędzny; → niederträchtig
Lunchpaket ['lantʃ-] N prowiant (na drogę), *umg* wałówka
Lunge F płuco; *mst* PL **~n** płuca; **eiserne ~** sztuczne płuca *pl*; *umg* **sich** (*dat*) **die ~ aus dem Leib schreien** zrywać sobie płuca
Lungen|braten *austr* M nerkówka cielęca pieczona z nerką; **~entzündung** F zapalenie płuc; **~flügel** M płat płuca
lungenkrank chory na płuca
Lungen|krebs M rak płuc(a); **~tuberkulose** F gruźlica płuc
Lungenzug M: **e-n ~ machen** zaciągać ⟨-gnąć⟩ się (dymem *od* papierosem)
Lunte F lont; MYŚL kita; *umg fig* **~ riechen** zwąchać *pf* pismo nosem
Lupe F lupa; *umg* **etw, j-n unter die ~ nehmen** brać ⟨wziąć⟩ pod lupę (*akk*)
lupenrein *Diamant* czystej wody; *fig* doskonały, bez zarzutu
lupfen *austr*, *szwajc*, **lüpfen** unosić ⟨unieść⟩
Lu'pine F łubin
Lurch M (-[e]s; -e) ZOOL płaz
Lust F (-; *Lüste*) chęć *f*, ochota; (*Freude*) radość *f*; (*sinnliche Begierde*) żądza, pożądanie; (*Wollust*) rozkosz *f*; **~ haben** (**auf** *akk*, **zu** + INF) mieć ochotę *od* chętkę (na *akk*, + *inf*); **nach ~ und Laune** jak się żywnie podoba
Lüster M lustr; ELEK żyrandol; **~klemme** F łącznik świecznikowy, kostka połączeniowa
lüstern pożądliwy (-wie), lubieżny
Lustgefühl N uczucie rozkoszy
lustig wesoły (-ło); (*komisch*) zabawny, pocieszny; **sich ~ machen** naśmiewać się (**über** *akk* z *gen*); **es war sehr ~** to było bardzo zabawne
Lüstling M (-*s*; -*e*) lubieżnik, satyr
lustlos ospały (-le), niechętny; *Markt, Börse* o słabych obrotach
Lust|mord M morderstwo na tle seksualnym; **~objekt** N obiekt pożądania
Lustspiel N komedia
Luthe'raner M luteranin; **~in** F luteranka
lutherisch luterański
lutschen V/T *u.* V/I (**an** *dat*) ssać (*akk*)
Lutscher M lizak; *umg* → Schnuller
Lutschtablette F tabletka do ssania
Luv F (*bpl*) MAR (strona) nawietrzna
Luxemburg N (-*s*; *bpl*) Luksemburg
luxemburgisch luksemburski
luxuri'ös luksusowy (-wo)
Luxus M (-; *bpl*) luksus; (*Pracht*) przepych; **~artikel** M artykuł luksusowy; **~hotel** N luksusowy hotel
Lu'zern F (-*s*; *bpl*) Lucerna
LVA F (Landesversicherungsanstalt) Krajowy Zakład Ubezpieczeń
Lymphdrüse F → Lymphknoten
Lymph|e F limfa; **~knoten** M węzeł chłonny *od* limfatyczny
lynchen ⟨z⟩linczować
Lynchmord M lincz
Lyrik F (-; *bpl*) liryka
Lyriker M liryk; **~in** F liryczka
lyrisch liryczny
Ly'zeum N (-*s*; *Lyzeen*) liceum *n*

M

Maas F (*bpl*) Moza
Maat M (-[e]s; -e[N]) MAR mat
Machart F fason, krój; forma
machbar możliwy (do zrealizowania, do wykonania)

Wie macht man was?

Nach zwei Stunden Fahrt waren wir an Ort und Stelle.	Po dwóch godzinach jazdy byliśmy na miejscu.
Er hat es nur mit Ach und Krach geschafft.	Udało mu się to z najwyższym trudem.
Und bei diesem Vorschlag waren alle sofort Feuer und Flamme.	I tę propozycję wszyscy od razu przyjęli z zapałem.
Er verfolgte sie auf Schritt und Tritt.	Nie odstępował jej ani na krok.

Mache *umg* F (*bpl*) (*Gehabe*) udawanie, komedia; *umg* **etw in der ~ haben** robić (*akk*), pracować nad (*inst*); *pop* **j-n in die ~ nehmen** brać ⟨wziąć⟩ k-o w obroty

machen **A** V/T **1** (*verrichten, tun*) ⟨z⟩robić (*a.* **j-n zu etw** k-o *inst*); *Reise* odby(wa)ć; *Bett* ⟨po⟩słać; *Zimmer* ⟨po⟩sprzątać (A, w *lok*) **2** (*herstellen*) wyrabiać ⟨-robić⟩ **3** (*ausrichten*) ⟨z⟩organizować, ⟨za›aranżować **4** (*verursachen, hervorrufen*) *mit subst* sprawi(a)ć, ⟨s⟩powodować; *Angst* napędzać ⟨-dzić⟩ (*gen*); *Lärm, Unordnung, Unfug usw* robić (*akk*), narobić *pf* (*gen*); *wird oft nur mit Verb übersetzt*: **j-m Sorgen ~** ⟨z⟩martwić k-o; → *betreffende Substantive* **5** (*etw zu Ende bringen*) załatwić *pf* **6** **etw ~ lassen** (*anweisen zu tun*) kazać zrobić (*akk*); (*in Auftrag geben*) zlecić *pf* (*akk*); **sich** (*dat*) **e-n Anzug ~ lassen** da(wa)ć sobie uszyć ubranie **7** (*bewirken*) *mit adj wird mst mit Verb wiedergegeben*: **etw größer ~** powiększać ⟨-szyć⟩, zwiększać ⟨-szyć› (*akk*); **j-n unglücklich ~** unieszczęśliwi(a)ć k-o; **j-n neugierig ~** zaciekawi(a)ć *pf* k-o; → *betreffende Adjektive*; *umg* **er macht es nicht mehr lange** on długo nie pociągnie; **was macht er?** co on robi?; (*wie geht es ihm*) co on porabia?; **was macht deine Arbeit?** co tam (słychać) w twojej pracy?; **lass mich (das) nur ~** pozwól, że ja to zrobię *od* załatwię **8** (*ausmachen*) **wie viel macht das?** ile to kosztuje?; **das macht 100 Euro** to kosztuje sto euro; **zwei mal zwei macht vier** dwa razy dwa równa się cztery; **das macht nichts** (to) nic nie szkodzi; **macht nichts!** nie szkodzi!; **da kann man nichts ~, da ist nichts zu ~** na to nie ma rady; **machs gut!** trzymaj się!, bądź zdrów! **B** V/I **wir müssen ~, dass wir fertig werden** musimy się pośpieszyć, aby jak najszybciej skończyć; *umg* **mach schnell!, (nun) mach schon!** pośpiesz się!; *umg* **~ wir!** zrobi się!; *umg* **ein gemachter Mann** → Mann; **selbst gemacht** → selbst; *umg* **gemacht!** dobra jest! **C** V/R **wenn es sich ~ lässt** jeśli to da się zrobić; *umg* **das wird sich ~ lassen** to się da zrobić; **das macht sich gut** to ładnie *od* dobrze wygląda; **das Bild macht sich hier ganz gut** obraz prezentuje się tu nieźle; *umg* **er macht sich** z niego jeszcze coś będzie; *umg* **das Wetter macht sich** pogoda polepsza się **9** *mit präp* **sich ans Werk ~** zab(ie)rać się do dzieła; **sich auf den Weg ~** wyruszać ⟨-szyć⟩; uda(wa)ć się (**nach, zu** do *gen*); **sich** (*dat*) **nicht viel aus etw ~** nie przywiązywać wielkiej wagi do (*gen*); **mach dir nichts daraus!** nie przejmuj się tym!

Machenschaften FPL machinacje *fpl*, matactwa *npl*

Macher M wykonawca *m*; (*treibende Kraft*) motor, organizator

Macho *umg* [-tʃo] M (-s; -s) macho *m*

Macht F (*bpl*) siła, moc *f*; *fig*, MIL *a.* potęga; POL władza, rządy *mpl*; (PL *Mächte*) (*Staat*) mocarstwo; **dunkle Mächte** złe moce; **die ~ der Gewohnheit** siła przyzwyczajenia; **die ~ ergreifen** zagarnąć *pf od* przejąć *pf* władzę; **an die ~ gelangen** *od* **kommen** dojść *pf* do władzy; **an der ~ sein** być u władzy; **er tut alles, was in seiner ~ steht** on robi wszystko, co (jest) w jego mocy; **mit aller ~** z całej mocy, co sił; wszelkimi sposobami

Macht|apparat M aparat władzy; **~befugnisse** FPL uprawnienia *npl* władcze; **~block** M blok mocarstw

Mächte PL → Macht

Macht|ergreifung F zagarnięcie władzy; **~haber** M (samo)władca *m*, potentat

mächtig potężny (*a. sehr groß*); *lit* *e-r Sache* **~ sein** władać (*inst*); ADV *umg* (*sehr*) ogromnie, strasznie

Machtkampf M walka o władzę

machtlos bezsilny; **dagegen ist man ~** wobec tego człowiek jest bezsilny
Macht|missbrauch M nadużywanie *od* nadużycie władzy; **~politik** F polityka (wielko)mocarstwowa; **~probe** F próba sił; **~stellung** F stanowisko dominujące; **~streben** N dążenie do władzy; **~übernahme** F przejęcie władzy
machtvoll potężny
Machtwechsel M zmiana rządów
Machtwort N ostatnie słowo; **ein ~ sprechen** autorytatywnie rozstrzygać ⟨-gnąć⟩
Machwerk N *abw* lichota, ramota
Macke *umg* F (*Tick*) bzik; (*Fehler*) feler, usterka; **das ist e-e ~ von ihm** on ma na tym punkcie bzika
Macker *sl* M chłopak, *abw* fagas
Mädchen N dziewczyna, *umg* dziewucha; (*Kind*) dziewczynka; *fig* **er, sie ist hier ~ für alles** on, ona jest tu do wszystkiego
mädchenhaft dziewczęcy (-co)
Mädchen|name M (*Familienname*) nazwisko panieńskie; (*Vorname*) imię żeńskie; **~schule** F szkoła żeńska
Made F czerw, robak; *umg* **wie die ~ im Speck leben** opływać w dostatki
Ma'deira M (-s; -s) (*Wein*) madera
Mädel *umg* N dziewczę, dziewuszka
madig robaczywy, z robakami; *umg* **j-n ~ machen** obgad(yw)ać k-o; → madigmachen
madigmachen: **j-m etw ~** obrzydzać k-u (*akk*)
Ma'donna F (*bpl*) *rel* Madonna; **~ mit dem Kinde** Matka Boska z Dzieciątkiem
Mad'rid N (-s; *bpl*) Madryt
Mafia F (-; -s) mafia (*a. fig*)
mafi'os mafijny
Mafi'oso M (-[s]; -si) mafioso *m*
mag → mögen
Maga'zi|n N (-s; -e) (*Lager, Zeitschrift, Sendung usw*) magazyn; *e-r Waffe* magazynek; **~ner** *szwajc* M magazynier
Magd F (-; *Mägde*) dziewka (służebna)
Magen M (-s; *Mägen*) żołądek; **mit leerem ~** o pustym żołądku; *umg* **die Geschichte liegt mir schwer im ~** ta sprawa daje mi się we znaki
Magen|beschwerden FPL dolegliwości *fpl* żołądkowe; **~bitter** M gorzka (wódka); **~drücken** N (-s; *bpl*) ucisk w żołądku, *umg* ściskanie w dołku; **~geschwür** N wrzód żołądka; **~grube** F dół nadbrzuszny, *umg* dołek
magenkrank chory na żołądek
Magen|krebs M rak żołądka; **~saft** M sok żołądkowy; **~schleimhautentzündung** F nieżyt żołądka
Magen|schmerzen MPL bóle *mpl* żołądka; **~spiegelung** F wziernikowanie żołądka; **~spülung** F płukanie żołądka; **~verstimmung** F rozstrój żołądka
mager chudy, *präd* chudo (*a. fig*); *Boden a.* jałowy; **~e Jahre** lata chude; **~es Fleisch** chude mięso; **~e Schrift** jasne pismo; **~e Ernte** mizerne plony *mpl*; **~ aussehen** wyglądać chudo
Mager|keit F (*bpl*) chudość *f*; **~milch** F mleko chude; **~sucht** F (*bpl*) (chorobliwe) chudnięcie
Ma'gie F (*bpl*) magia
Magier ['maːgiər] M mag; (*Zauberkünstler*) magik
magisch magiczny
Ma'gister M magister
Magi'strat N (-[e]s; -e) magistrat
Magma N (-s; -men) magma
Mag'nat M (-en) możnowładca *m*, magnat; **~en-** *in zssgn* magnacki
Mag'nesium N (-s; *bpl*) magnez
Mag'net M (-[e]s od -en; -e[N]) magnes; **~bahn** F kolej *od* pociąg na poduszce magnetycznej; **~band** N taśma magnetyczna *od* magnetofonowa; **~feld** N pole magnetyczne
mag'netisch magnetyczny
magneti'sieren (-) ⟨na⟩magnesować
Magne'tismus M (-; *bpl*) magnetyzm
Mag'net|karte F karta magnetyczna; **~pol** M *der Erde* biegun magnetyczny; **~spule** F cewka elektromagnesu; **~streifen** M pasek magnetyczny
Mag'nolie [-liə] F magnolia
magst → mögen
Maha'goni N (-s; *bpl*) mahoń *m*; *in zssgn* mahoniowy
Mähbinder M snopowiązałka
Mahd N (-[e]s; Mähder) *austr, szwajc* pastwisko górskie
Mähdrescher M kombajn zbożowy
mähen *Wiese, Rasen* ⟨s⟩kosić; *Getreide a.* ⟨z⟩żąć
Mäher *umg* M (*Maschine*) kosiarka
Mahl N (-[e]s; -e) posiłek; *üppig* uczta
mahlen (*pperf gemahlen*) V/T ⟨ze⟩mleć (**zu**

Pulver na proszek); *v/i* mleć; → gemahlen
Mahlzeit F posiłek; **~!** (*guten Appetit*) smacznego!; (*Gruß*) halo!, witam!
Mähne F grzywa (*a. fig*)
mahnen: **j-n an etw** (*akk*), **wegen etw ~** przypominać ⟨-mnieć⟩ k-u o (*lok*), monitować k-o o (*akk*); **zur Eile ~** przynaglać ⟨-lić⟩ do pośpiechu; **j-n zur Vorsicht ~** ostrzegać ⟨ostrzec⟩ k-o
Mahn|gebühr F koszty *mpl* upomnienia; **~mal** N pomnik; **~schreiben** N upomnienie, ponaglenie, monit
Mahnung F (*Erinnerung, a. schriftlich*) upomnienie; (*nachdrückliche Aufforderung*) ponaglenie; (*Warnung*) przestroga
Mahnwache F pikieta
Mähren N (-*s*; *bpl*) Morawy *pl*
mährisch morawski
Mai M (- *od* -[*e*]s; -e) maj; **der Erste ~** (święto) Pierwszego Maja
Mai|bowle F kruszon przyprawiony marzanką; **~glöckchen** N konwalia; **~käfer** M chrabąszcz; **~kundgebung** F manifestacja pierwszomajowa
Mailand N (-*s*; *bpl*) Mediolan
Mailänder ADJ mediolański
Mailbox ['meɪl-] F skrzynka pocztowa
Main M (-*s*; *bpl*) Men
Mainz N (-; *bpl*) Moguncja
Mainzer ADJ moguncki
Mais M (-*es*; *bpl*) kukurydza; **~brei** M mamałyga; **~keimöl** N olej kukurydziany; **~kolben** M kolba *od* kaczan kukurydzy; **~mehl** N mąka kukurydziana
Majes'tät F (-; *bpl*) majestat; (*Anrede, a. pl -en*) **Eure ~** Wasza Królewska *od* Cesarska Mość
majes'tätisch majestatyczny
Majes'tätsbeleidigung F obraza majestatu
Majo'näse F majonez
Ma'jor M (-*s*; -*e*) major
Majoran M (-*s*; -*e*) majeranek
Majori'tät F większość *f*
ma'kaber makabryczny
Makel M wada, skaza; **ohne ~** bez skazy
mäkelig *abw* wybredny, grymaśny
makellos nieskazitelny
mäkeln V/I (-*le*): **an** (*dat*) **~** wybrzydzać przy (*lok*), narzekać na (*akk*)
Make-up [me:k'ap] N (-*s*; -*s*) makijaż
Makka'roni PL (-) makaron

Makler M makler; **~gebühr(en** PL) F prowizja maklerska
Ma'krele F makrela; HANDEL *a.* skumbria
Makro M *od* N (-*s*; -*s*) EDV makro (*unv*), makropolecenie
makro-, **Makro-** *in zssgn* makro-
Ma'krone F makaronik
Makula'tur F makulatura
mal MAT razy; **zwei ~ drei** dwa razy trzy; *umg* ADV (*einmal*) raz; **~ hier, ~ da** raz tu, raz tam, to tu, to tam; **nicht ~** nawet nie; *umg partikel* no; **komm ~ her** chodź no tu; **zeig ~** pokaż no
Mal[1] N (-[*e*]s; -e) raz; **das erste ~** po raz pierwszy; **ein für alle ~** raz na zawsze; **dieses ~** tym razem; **jedes ~, von ~ zu ~** za każdym razem; **nächstes ~** następnym razem; **mit e-m ~** raptem, nagle; **zum letzten ~** po raz ostatni; **zum wiederholten ~** po raz kolejny
Mal[2] N (-[*e*]s; -e *od* Mäler) znak, znamię; (*Denkmal*) pomnik
mala'chitgrün malachitowy
ma'laiisch malajski
Malaise [ma'lɛ:zə] F, *szwajc* N (-*s*; -*s*) przykra sytuacja, trudne położenie
Ma'laria F (*bpl*) malaria, zimnica; **~erreger** M zarodziec malarii; **~impfstoff** M szczepionka przeciwmalaryczna
Maläse → Malaise
Ma'laysia N (-*s*; *bpl*) Malezja
Malbuch N malowanki *fpl*
malen V/T ⟨na⟩malować; V/I malować (*v/r* **sich** się); **in Öl, Pastell ~** malować farbami olejnymi, pastelami
Maler M malarz; **~atelier** N pracownia malarska; **~betrieb** M zakład malarski
Male'rei F (*bpl*) malarstwo, malowanie; (*Gemälde, pl -en*) malowidło
Malerin F malarka
malerisch malowniczy (-czo)
Malheur [ma'lø:r] N (-*s*; -*s u -e*) małe nieszczęście, (mały) kłopot
malizi'ös złośliwy (-wie)
Malkasten M pudełko z farbami
Mallorca [ma] N (-*s*; *bpl*) Majorka; **auf ~** na Majorce
malnehmen (*irr*) ⟨po⟩mnożyć (**mit** przez *akk*)
Maloche *pop* F (*bpl*) harówka, zapieprz
malochen *pop* (-) harować, zapieprzać
Mal'teser[1] M (*Einwohner*) Maltańczyk; (*Ritter*) maltańczyk

Mal'teser[2] ADJ, **mal'tesisch** maltański
Malve F ślaz, malwa
Malz N (*-es; bpl*) słód; **~bier** N piwo słodowe; **~bonbon** M *od* N cukierek słodowy
Malzeichen N znak mnożenia
Malzkaffee M kawa zbożowa
Mama *umg* F (*-; -s*) mama, mamusia, mamunia; **~s Zimmer** maminy pokój
Mami *umg* F (*-; -s*) → Mama
Mammo|gra'fie, **~graphie** F [PL -'fi:ən] mammografia
Mammut M (*-s; -e od -s*) mamut; *fig in zssgn* gigantyczny, ... kolos, **~baum** M mamutowiec
mampfen *umg* V/T *u.* V/I zajadać
man *indef* PRON (*jemand, Mensch*) ktoś, człowiek; **~ weiß nie** człowiek nigdy nie wie; *oft keine Entsprechung, wird mit 3. Pers* PL *od* INF + *„się" übersetzt*: **~ sagt** mówią, mówi się; **das tut ~ nicht** tego się nie robi, tak się nie postępuje; **wie macht ~ das?** jak to się robi?; **~ kann** można; **~ muss** trzeba; **weiß ~ schon, wer ...** czy już wiadomo, kto ..., czy ktoś wie, kto ...
Management ['mɛnɪdʒmənt] N (*-s; bpl*) zarządzanie, kierowanie (*inst*), regulacja, organizacja (*gen*); (*a* PL *-s*) kierownictwo
managen ['mɛnɪdʒən] *Person* być menażerem (*gen*); *umg Sache* załatwi(a)ć, ⟨z⟩organizować
Manager ['mɛnɪdʒər] M, **~in** F manager, menedżer(ka); (*Agent[in], Betreuer[in]*) menażer(ka)
manch *indef* PRON: **~er, ~ einer** niejeden; **~e, ~ eine** niejedna; **~es, ~ eines** niejedno; **~es Mal** nieraz; **~e** PL (*a. als subst*) niektóre, *persf* niektórzy
mancher'lei (*unv*) różne, rozmaite
manchmal ADV czasem, niekiedy
Man'dant(in) M(F) (*-en*) klient(ka)
Manda'rine F mandarynka
Man'dat N (*-[e]s; -e*) mandat
Mandel F (*-; -n*) migdał; ANAT migdałek; **~baum** M migdałowiec; **~entzündung** F zapalenie migdałków; **~gebäck** N ciastka *npl* z migdałami
Mando'line F mandolina
Ma'nege [-ʒə] F arena (cyrkowa)
Man'gan N (*-s; bpl*) mangan
Mangel[1] F (*-; -n*) *für Wäsche* magiel; *umg fig* **j-n in die ~ nehmen** brać ⟨wziąć⟩ k-o w obroty
Mangel[2] M (*-s; bpl*): **~ an etw** (*dat*) brak, niedobór, deficyt (*gen*); **aus ~, wegen ~s an etw** z braku (*gen*); (*a* PL *Mängel*) (*Fehler*) wada, usterka, brak; PL *a.* niedociągnięcia *npl*, uchybienia *npl*
Mangel|beruf M zawód poszukiwany na rynku pracy; **~erscheinung** F MED objaw niedoboru
mangelhaft (*fehlerhaft*) wadliwy, mający braki; *präd* wadliwie; (*unzureichend*) niedostateczny (*a. Note*)
mangeln[1] (*-le*) *Wäsche* ⟨wy⟩maglować
mangeln[2] (*-le*): *unpers* **~ an etw** (*dat*) brakować, braknąć, brak (*gen*); **es mangelt ihm an ...** brak *od* brakuje mu ...(*gen*); **es mangelt uns an nichts** nie brakuje nam niczego
Mängelrüge F reklamacja odbiorcy
mangels PRÄP (*gen*) z braku (*gen*)
Mangelware F towar deficytowy
Mango F (*-; -s*) mango (*unv*)
Ma'nie F (*-; -n* [-'ni:ən]) mania
Ma'nier F maniera; **~en** PL maniery *fpl*, ogłada; **keine ~ haben** nie mieć ogłady
Mani'fest N (*-[e]s; -e*) manifest
manife'stieren *lit* (-) V/T ⟨za⟩manifestować (*v/r* **sich** się)
Mani'küre F (*bpl*) manicure *m*, manikiur; (PL *-n*) (*Person*) manikiurzystka
Manipulati'on F manipulacja
manipu'lieren (-): **j-n, etw ~** manipulować (*inst*); **an etw** (*dat*) **ist manipuliert worden** ktoś manipulował przy (*lok*)
mani'riert *lit* ADJ zmanierowany
manisch maniakalny; **'~-depres'siv** maniakalno-depresyjny
Manko N (*-s; -s*) manko
Mann M (*-[e]s; Männer*) (*männliche Person*) mężczyzna *m*, *umg* chłop, *lit* mąż; (*Ehemann*) mąż; (*Mensch*) człowiek, ludzie *pl*; (*mst pl -*) *im Polnischen kein Ersatz für Bezeichnungen von Personen:* (*Spieler*) gracz, (*unbekannte Person*) osoba, ludzie *pl*, *umg* gość; (*Soldat*) żołnierz; **ein ~ der Tat** człowiek czynu; **ein ~ von Charakter** człowiek z charakterem; **ein ~ von Welt** światowiec; **wie ein ~** jak przystało na mężczyznę, po męsku; (*einmütig*) jak jeden (mąż); **der kleine ~** szary człowiek; **er ist ein gemachter ~** on osiągnął sukces życiowy; **s-n ~ stehen** okaz(yw)ać się mężczyzną, dzielnie się spis(yw)ać; *umg*

M

⚠ Mann

ein Mann um die vierzig	mężczyzna około czterdziestki
das ist ihr Mann	to jej mąż
Mann über Bord!	Człowiek za burtą!

den starken ~ markieren strugać ważniaka; *umg* **(mein lieber) ~!** (dobry) człowieku!; **~ gegen ~ kämpfen** walczyć pierś w pierś; **an den ~ bringen** *Ware* znaleźć *pf* nabywcę na (*akk*); **bis auf den letzten ~** (wszyscy, wszystkich) co do jednego; **mit ~ und Maus untergehen** zatonąć *pf* z całą załogą; **von ~ zu ~** otwarcie po męsku; **alle ~** wszyscy; **wir waren fünf ~** było nas pięciu; **pro ~** od osoby, *umg* od łebka; → Mannen

Männchen N → Männlein; ZOOL samiec, samczyk; **~ machen** *Hase* stawać ⟨stanąć⟩ słupka; *Hund* służyć

Mannen PL (*Gefolgsleute*) drużyna

Mannequin [-ke] (-*s*; -*s*) modelka

Männer PL → Mann

Männerbekanntschaften FPL (przypadkowe) kontakty z mężczyznami

Männer|beruf M męski zawód; **~chor** M chór męski; **~geschichte** *umg* F miłostka, romans (z mężczyzną); **~sache** F sprawa męska; **~stimme** F męski głos; **~treu** F (-; -) BOT lobelia

Mannesalter M wiek męski; **im besten ~** w sile wieku

mannhaft mężny

mannig|fach, ~faltig rozmaity, różny

Männlein *umg* N człowieczek, chłopina *m*

männlich męski, *präd* po męsku; GRAM rodzaju męskiego; **das ~e Tier** osobnik męski

Männlichkeit F (*bpl*) męskość *f*

Mannsbild *umg* N chłop, facet

Mannschaft F (*Crew*) załoga; (*Team*) SPORT drużyna; *von Rettern usw a.* ekipa; (*Gruppe*) zespół; **~en** PL MIL szeregowcy *mpl*; **vor versammelter ~** w obecności całej drużyny, załogi *usw*; **in der ~ kämpfen** walczyć drużynowo *od* w zespole

Mannschafts|aufstellung F (*Zusammensetzung*) skład drużyny; **~geist** M (*bpl*) duch łączności w drużynie; **~kamerad** M partner z drużyny; **~kapitän** M kapitan drużyny; **~raum** M MAR kubryk; **~sport** M sport zespołowy; **~wertung** F klasyfikacja drużynowa

mannshoch na wysokość człowieka

mannstoll *umg* dotknięty nimfomanią; **sie ist ~** ona jest nimfomanką

Mannstreu M (-[s]; -) BOT mikołajek

Mannweib N *abw* babochłop

Mano'meter N manometr

Ma'növer N manewr; MIL manewry *pl*

manöv'rieren (-) V/I manewrować; V/T **ein Auto in die Garage ~** manewrować autem tak, aby wjechać do garażu; **das Schiff aus dem Hafen ~** wymanewrow(yw)ać statek z portu

Manöv'rierfähigkeit F (*bpl*) zdolności *fpl* manewrowe

manöv'rierunfähig niezdolny do manewrowania

Man'sarde F mansarda, facjata

manschen *umg* V/I babrać się (**in** *akk* w lok)

Man'schette F mankiet; TECH pierścień samouszczelniający; *umg fig* **~n haben** mieć pietra

Manschettenknopf M spinka do mankietów

Mantel M (-*s*; *Mäntel*) płaszcz, palto; TECH (*Schutzhülle*) płaszcz, osłona; *e-s Reifens, Kabels* opona

Mäntelchen N płaszczyk; *umg* **sein ~ nach dem Wind hängen** patrzeć skąd wiatr wieje

Mantel|stoff M materiał płaszczowy; **~tarif** M przepisy *mpl* zbiorowego układu pracy

mantschen *umg* → manschen

manu'ell ręczny; **~e Geschicklichkeit** sprawność ręczna

Manufak'tur F manufaktura

Manu'skript N (-[e]s; -e) rękopis; *maschinengeschrieben* maszynopis; *e-r Rede* tekst; **ohne ~ reden** przemawiać nie posługując się tekstem

mao'istisch maoistowski

Ma'ori-, ma'orisch maoryski

Mappe F teczka
Maracuja [-'kuja] F (-; -s) marakuja
Maräne F ZOOL sieja; **kleine ~** sielawa
Marathon|lauf M maraton, bieg maratoński; **~läufer(in)** M(F) maratończyk (-tonka); **~sitzung** F posiedzenie-maraton *n*
Märchen N bajka (*a. fig Lüge*), baśń *f*; *dim* bajeczka; **wie im ~** jak w bajce, jak z bajki; **~buch** N książka z bajkami; **~erzähler** M bajarz, gawędziarz
märchenhaft bajeczny; fantastyczny, baśniowy; **~e Landschaft** krajobraz jak z bajki
Märchen|prinz M królewicz z bajki; **~welt** F baśniowy świat, świat baśni
Marder M kuna
Marga'rine F margaryna
Marge ['marʒə] F marża
Marge'rite F margerytka, złocień *m*
Ma'rien|andacht F nabożeństwo majowe; **~bild** N obraz Marii; **~käfer** M biedronka; **~lied** N *rel* pieśń maryjna; **~verehrung** F kult Marii
Marihu'ana N (-s; *bpl*) marihuana
Ma'rille F *austr* morela; **~n-** morelowy
Mari'nade F marynata, zalewa
Ma'rine F marynarka (wojenna); **bei der ~ dienen** służyć w marynarce
ma'rineblau granatowy (-wo)
Ma'rine|infanterie F piechota morska; **~offizier** M oficer marynarki
mari'nieren (-) ⟨za⟩marynować
mari'niert ADJ marynowany
Mario'nette F marionetka (*a. fig*)
Mario'netten|bühne F teatr marionetek; **~regierung** F rząd marionetkowy
mari'tim *Fauna, Klima usw* morski
Mark[1] F (-; -) HIST (*Währung*) marka; **fünf ~** pięć marek; *umg* **keine müde ~** ani grosza
Mark[2] F (-; *-en*) HIST marchia
Mark[3] N (-s; *bpl*) ANAT szpik; (*Rückenmark*) rdzeń *m*; BOT miąższ; KULIN koncentrat; **bis ins ~** *fig* do głębi, do szpiku kości; *umg* **durch ~ und Bein gehen** przenikać do szpiku kości
mar'kant (*ausgeprägt*) wyrazisty (-ście)
Marke F HANDEL marka; *für Briefe usw* znaczek; *für Garderobe* numerek; *für Lebensmittel* talon; (*Markierung*) cecha, znak; *als Messpunkt a.* wskaźnik; *umg fig* **du bist vielleicht e-e ~!** z ciebie jest niezły numerek!

Marken|artikel M artykuł markowy; **~name** M nazwa marki; **~ware** F towar markowy; (*Qualitätsware*) towar gatunkowy; **~zeichen** N znak towarowy *od* firmowy; *fig* dominujący rys, typowa cecha
Marker M (*Stift*) zakreślacz, marker
markerschütternd *Schrei* przeraźliwy (-wie)
Marketing N (-s; *bpl*) marketing; *in zssgn* marketingowy, ... marketingu
mar'kieren (-) *durch ein Zeichen* ⟨o⟩znakować, *a. fig* (*anzeigen*) oznaczać ⟨-czyć⟩; (*betonen*) podkreślać ⟨-lić⟩; *umg* (*vortäuschen*) markować; → Mann
mar'kiert ADJ znaczony
Mar'kierung F (o)znakowanie; (*Zeichen*) znak; EDV znacznik
markig *fig* jędrny, dosadny
märkisch brandenburski
Mar'kise F markiza
Markknochen M kość *f* ze szpikiem
Markstück N HIST moneta jednomarkowa
Markt M (-[e]s; Märkte) targ, bazar; EKON rynek; → Marktplatz; **der Gemeinsame ~** Wspólny Rynek; **auf den ~ bringen** wypuszczać ⟨-puścić⟩ na rynek; **freier ~** wolny rynek
Marktanteil M udział (firmy) w rynku
marktbeherrschend ADJ dominujący rynek; **~ sein** opanować rynek
Markt|forschung F badanie rynku *od* rynkowe; **~frau** F przekupka (na targu), straganiarka; **~führer** M firma przodująca na rynku
marktgängig pokupny, chodliwy
Markt|halle F hala targowa; **~lage** F sytuacja rynkowa; **~lücke** F luka rynkowa; **~platz** M rynek, plac targowy, targowisko; **~preis** M cena rynkowa
marktschreierisch *abw* krzykliwy; **~e Reklame** krzykliwa reklama
Markt|stand M stragan; **~tag** M dzień targowy; **~wert** M wartość rynkowa
Marktwirtschaft F gospodarka rynkowa; **freie ~** gospodarka wolnorynkowa; **soziale ~** socjalna gospodarka rynkowa
Marme'lade F marmolada, dżem
Marme'laden|brot N chleb z marmoladą; **~glas** N słoik do marmolady *od* z marmoladą
Marmor M (-s; *-e*) marmur; **~boden** M

M

posadzka marmurowa; **~kuchen** M babka marmurkowa
ma'rode zepsuty
marok'kanisch marokański
Ma'rokko N (-s; bpl) Maroko
Ma'rone F (PL a -ni) kasztan jadalny
Ma'ronenpilz M podgrzybek brunatny
Ma'rotte F dziwactwo, kaprys
Mars M (-; bpl) Mars; *in zssgn* marsjański; **auf dem ~** na Marsie
marsch INT: **~!** marsz!
Marsch[1] M (-[e]s; Märsche) marsz (*a.* MUS, MIL); *pop* **j-m den ~ blasen** powiedzieć *pf* k-u kilka słów do słuchu
Marsch[2] F (-; -en) *mst* PL marsze *mpl*
Marschall M (-s; -schälle) marszałek; **~stab** M buława marszałkowska
Marsch|befehl M rozkaz wymarszu; **~flugkörper** M pocisk manewrujący; **~gepäck** N ekwipunek polowy
mar'schieren V/I (-; sn) maszerować
Marsch|musik F muzyka marszowa; **~route** F marszruta, trasa; **~verpflegung** F prowiant na drogę
Marseille [-'sɛ:j] N (-s; bpl) Marsylia
Marsmensch M Marsjanin (-nka)
Marssonde F sonda marsjańska
Marter *lit* F męka, katusze *fpl*
Marterl N *austr* kapliczka przy drodze
martern *lit* (-re) męczyć, dręczyć
marti'alisch marsowy (-wo)
Martinshorn N syrena policyjna
Märtyrer(in) M(F) męczennik (-nica); **~tod** M śmierć męczeńska
Mar'tyrium N męczeństwo, martyrologia
Marxismus M (-; bpl) marksizm
mar'xistisch marksistowski (po -ku)
März M (-[es]; -e) marzec; **im ~** w marcu; *in zssgn* marcowy
Marzi'pan N (-s; -e) marcepan
Masche F oczko; *umg fig* sposób, sztuczka
Maschendraht M siatka druciana
Ma'schine F maszyna (*a. Flugzeug*); *kleine* maszynka; *umg* (*Motorrad*) motor; **die ~ läuft** maszyna pracuje; **etw mit der ~ schreiben** ⟨na⟩pisać na maszynie (*akk*)
maschi'nell maszynowy (-wo)
Ma'schinen|bau M (*bpl*) budowa maszyn; **~bauingenieur** M inżynier mechanik; **~führer** M operator maszyny
ma'schinengeschrieben napisany na maszynie, ... w maszynopisie
Ma'schinen|gewehr N karabin maszynowy; **~pistole** F pistolet maszynowy, *umg* automat; **~raum** M maszynownia; **~schaden** M awaria maszyny *od* silnika; **~schlosser** M ślusarz maszynowy; **~schreiben** N (*bpl*) pisanie na maszynie; **~schrift** F pismo maszynowe
Maschine'rie F [PL '-iən] maszyneria
ma'schineschreiben → Maschine
Maschi'nist M (-en) maszynista *m*
Maser F (-; -n) *im Holz* słoje *mpl*
Masern PL MED odra; **Impfstoff gegen ~** szczepionka przeciwodrowa
Maserung F *des Holzes* mazerunek
Maske F maska (*a.* TECH, EDV); TEATR charakteryzacja; *fig* **die ~ fallen lassen** zrzucić maskę
Masken|ball M bal maskowy; **~bildner(in)** M(F) charakteryzator(ka)
maskenhaft *Gesicht* zastygły, podobny do maski
Maske'rade F maskarada
mas'kieren (-): V/T *u.* V/R **das Gesicht, sich ~** wkładać ⟨włożyć⟩ maskę; *fig* ⟨za⟩maskować (**mit** *inst*); *reg* **sich ~** (*verkleiden*) przeb(ie)rać się
mas'kiert ADJ w masce, zamaskowany
Mas'kierung F (*Verkleidung*) (maskaradowe) przebranie
Mas'kottchen N maskotka
masku'lin męski, *präd* po męsku; GRAM rodzaju męskiego
Maso'chismus M (-; bpl) masochizm
maso'chistisch masochistyczny
Ma'sowien N (-s; bpl) Mazowsze
maß → messen
Maß[1] N (-es; -e) miara; (*Ausmaß, Größe*) wymiar, rozmiar; **bei j-m ~ nehmen für etw** brać ⟨wziąć⟩ od k-o miarę na (*akk*); **Anzug nach ~** garnitur *od* ubranie na miarę; *fig* **mit zweierlei ~ messen** mierzyć dwojaką miarą; **das ~ ist voll!** miarka się przebrała!; **~ halten** → maßhalten; **in, mit ~en** z umiarem; **in dem ~e, wie** w miarę, jak; **in hohem ~e** w dużej mierze; **in vollem ~e** w pełnej mierze; **über alle ~en** ze wszech miar, nad miarę
Maß[2] *reg* F (-; -[e]) kufel; **zwei ~ Bier** dwa kufle piwa
Mas'sage [-ʒə] F masaż; **~gerät** N urządzenie do masażu, masażer; **~salon** M salon masażu; **~stab** M wibrator
Mas'saker N masakra
massak'rieren (-) ⟨z⟩masakrować

Maßangaben FPL wymiary *mpl*
Maßanzug M ubranie na miarę
Maßarbeit F precyzyjne wykonanie, dokładna robota; *umg fig* **das war ~** to tak zrobione, że mucha nie siądzie
Masse F masa; **e-e ganze ~** (*viel*) całą masę (*gen*); **die breite ~** masy *pl* (ludowe); **in ~n** masami, masowo
Maßeinheit F jednostka miary
Massen|abfertigung F *oft abw* obsługa masowa; **~andrang** M wielki tłok; **~arbeitslosigkeit** F bezrobocie masowe; **~artikel** M artykuł masowej produkcji; **~entlassung** F zwolnienie grupowe; **~erzeugung** F, **~fertigung** F produkcja masowa
Massengrab N wspólna mogiła
massenhaft ADJ masowy; *umg* ADV masowo, masami, w wielkiej ilości
Massen|karambolage F karambol (wielu pojazdów); **~kundgebung** F masowa manifestacja, wiec; **~medien** NPL środki *mpl* masowego przekazu, mass media *pl*; **~mord** M morderstwo masowe; **~mörder** M wielokrotny morderca; (*am Massenmord Beteiligter*) winny popełnienia masowego morderstwa; **~organisation** F organizacja masowa; **~produktion** F produkcja masowa; **~psychose** F psychoza masowa; **~sport** M sport masowy; **~tierhaltung** F hodowla masowa; **~tourismus** M masowy ruch turystyczny; **~veranstaltung** F impreza masowa; **~vernichtungswaffen** FPL broń *f* masowego rażenia
massenweise ADV masami, masowo
Mas|seur [-'søːr] M (*-s; -e*) masażysta *m*; **~'seurin** F, **~'seuse** F masażystka
Maßgabe F: **nach ~** (*gen*) stosownie do, według (*gen*), zgodnie z (*inst*)
maßgebend ADJ miarodajny, kompetentny; **nicht ~ sein** nie mieć znaczenia
maßgeblich *Person* miarodajny; **~ beteiligt sein an** (*dat*) odgrywać ⟨odegrać⟩ decydującą rolę w (*lok*)
maß|geschneidert ADJ szyty na miarę (*a. umg fig*); **~halten** (*irr*) zachow(yw)ać miarę
mas'sieren (-) masować; **sich ~ lassen** (**von**) masować się (u *gen*)
massig masywny; *umg* **~ Geld haben** mieć masę pieniędzy
mäßig (*maßvoll*) umiarkowany, *präd* z umiarem; *Leistung, Einkommen* średni (-nio); **~en** V/T *Worte, Zorn* ⟨po⟩hamować, powściągać ⟨-gnąć⟩ (*v/r* **sich** się); *Tempo* zwalniać ⟨zwolnić⟩
mas'siv masywny; *fig Kritik usw* ostry (-ro), bezwzględny
Mas'siv N (*-s; -e*) masyw; **~bau** M (PL *-ten*) budowla masywna; → **~bauweise** F (*bpl*) budownictwo tradycyjne
Maßkonfektion F konfekcja na miarę
Maßkrug M kufel
maßlos nieumiarkowany, *präd* bez umiaru; **~ sein in** (*dat*) nie znać miary w (*lok*); **~ eifersüchtig** zazdrosny (aż) do przesady; **~ übertreiben** strasznie przesadzać ⟨-dzić⟩, przeholow(yw)ać
Maßnahme F środek, krok; **~n ergreifen** przedsięwziąć *pf* środki
maßregeln: **j-n ~** ⟨u⟩karać (*akk*)
Maßstab M (*Norm*) norma; miernik; *auf Karten* skala, podziałka; **e-n anderen ~ anlegen** stosować inny miernik
maßvoll umiarkowany
Mast[1] F AGR tucz, tuczenie
Mast[2] M (*-[e]s; -e[N]*) maszt; ELEK *usw* słup
Mastdarm M odbytnica
mästen (*-e-*) *Tier* ⟨u⟩tuczyć
Mastschwein N tucznik
mastur'bieren V/I (-) onanizować się
Ma'suren N (*-s; bpl*) Mazury *pl*; **in ~** na Mazurach
ma'surisch mazurski
Match [mɛtʃ] N (*-[e]s; -s od -e*) mecz; **~ball** M meczbol, piłka meczowa
Materi'al N (*-s; -ien* [-iən]) materiał; TECH *a.* tworzywo; **~fehler** M wada materiału *od* w materiale
Materia'lismus M (*-; bpl*) materializm
Materia'list(in) M(F) (*-en*) materialista *m* (-tka)
materia'listisch materialistyczny
Materi'al|kosten PL koszty *mpl* materiałów; **~verbrauch** M zużycie materiałów
Ma'terie [-riə] F (*bpl*) materia; **Kenner der ~** znawca *m* przedmiotu
materi'ell materialny; *abw Person* materialistyczny; **~ eingestellt** nastawiony materialistycznie
Mathe *umg* F (*bpl*) matma
Mathe|ma'tik F (*bpl*) matematyka; **~'matiker(in)** M(F) matematyk (-yczka)

M

mathe'matisch matematyczny
Mati'nee F (-; -n) TEATR poranek
Matjes M (-; -), **~hering** M matias
Mat'ratze F materac
Mät'resse F utrzymanka, metresa
Mat'rikel F (-; -n) *austr* akta *mpl* stanu cywilnego
Matrix F (-; *-izes od -izen*) MAT macierz *f*; **~drucker** M drukarka mozaikowa
Mat'rize F matryca; **~n, ~s** → Matrix
Mat'rone F matrona
Mat'rose M (-n) marynarz
Mat'rosen|bluse F bluzka marynarska; **~uniform** F mundur marynarski
Matsch *umg* M (-[e]s; bpl) (*breiige Masse*) papka; (*Schmutz*) błoto, błocko; (*nasser Schnee*) mokry śnieg
matschig *umg Weg* błotnisty, rozmokły; *Frucht, Schnee* papkowaty
Matschwetter *umg* N (*bpl*) chlapa, plucha
matt[1] (*erschöpft*) osłabły, słaby (-bo); *Licht* mętny; *Glas, Stimme, Foto* matowy (-wo); *Farbe* zgaszony
matt[2]: **j-n ~ setzen** da(wa)ć k-u mata
Matt N (*-s; selten -s*) mat
Matte[1] F mata; (*Geflecht*) plecionka; *umg fig* **auf der ~ stehen** być gotowym
Matte[2] F (*Wiese*) hala, łąka górska
Mattigkeit F (*bpl*) słabość, zmęczenie
Mattscheibe F matówka; *umg rtv* telepudło, ekran; *umg fig* **e-e ~ haben** mieć mętlik w głowie, ⟨s⟩kołowacieć
Ma'tura F (*bpl*) *austr, szwajc* matura
matu'rieren V/I (-) *austr, szwajc* zdać *pf* maturę
Mätzchen *umg* N figiel, wygłup; trik; **lasst die ~!** przestańcie się wygłupiać! **keine ~!** bez trików!
Mauer F (-; -n) mur (*a.* SPORT *u. fig*); **die Chinesische ~** mur chiński
Mauerblümchen N: **~ sein** podpierać ściany
mauern (*-re*) V/T *u.* V/I murować; V/I SPORT grać defensywnie
Mauer|segler M ZOOL jerzyk; **~vorsprung** M występ muru
Maul N (-[e]s; Mäuler) paszcza, morda, pysk; *pop fig a.* gęba; **das ~ aufreißen** przechwalać się; **sich** (*dat*) **über j-n das ~ zerreißen** wycierać sobie gębę (*inst*); **halts ~!** stul pysk!; **j-m das ~ stopfen** zatkać *pf* k-u gębę
Maulbeer|baum M, **~e** F morwa
Mäulchen N pyszczek
maulen *umg abw* V/I (*murren*) sarkać; (*schmollen*) stroić fochy, dąsać się
Maulesel M osłomuł; → Maultier
maulfaul *umg* mrukliwy
Maulheld *umg abw* M blagier, fanfaron
Maulkorb M kaganiec; *fig* **j-m e-n ~ anlegen** nałożyć *pf* k-u kaganiec
Maultaschen FPL KULIN uszka *npl*
Maultier N muł; (*Stute*) mulica
Maul|- und 'Klauenseuche F pryszczyca; **~wurf** M kret; **~wurfshügel** M kretowisko
Mauren MPL (*Volk*) Maurowie *mpl*
Maurer M murarz; **~geselle** M pomocnik murarski; **~handwerk** N murarstwo, *umg* murarka; **~kelle** F kielnia
maure'tanisch mauretański
Maus F (-; *Mäuse*) mysz *f* (*a.* EDV); *umg fig* **graue ~** (szara) myszka; **weiße Mäuse sehen** widzieć białe myszki; *pop nur* PL **Mäuse** (*Geld*) forsa
Mausche'lei F *abw* geszeft; **~en** PL machinacje *fpl*, konszachty *mpl*
mauscheln *umg* V/I (*-le*) kombinować; (*betrügen*) szachrować
Mäuschen N myszka (*a. umg als Kosewort*)
mäuschenstill *umg*: **alle waren ~** wszyscy siedzieli cicho jak mysz pod miotłą; **es wurde ~** zrobiło się cicho jak makiem zasiał
Mäusebussard M myszołów
Mausefalle F łapka na myszy
Mauseloch N mysia dziurka
mausen *umg* (*stehlen*) buchnąć *pf*
Mauser F (*bpl*) ZOOL pierzenie się
mausern (*-re*): V/R **sich ~** *Vogel* pierzyć się; *umg fig* przepoczwarzać ⟨-rzyć⟩ się, przedzierzgnąć się *pf* (**zu** w *akk*)
mausetot *umg* martwy, nieżywy
Mausklick M (*-s; -s*) kliknięcie (myszą)
Mäuslein *umg* N myszka
Mauso'leum N (*-s; -een*) mauzoleum *n*
Mauspad N podkładka pod myszkę
Maustaste F klawisz myszy
Maut F HIST myto, rogatkowe *n*; → **~gebühr** F opłata za przejazd (autostradą); **~straße** F autostrada płatna
maxi ADJ (*unv*) maksi; **~'mal** maksymalny; *nur* ADV maksimum
Maxi'mal- *in zssgn* maksymalny

Ma'xime F maksyma
Maximode F (*bpl*) moda maksi
Maximum N (*-s; -ma*) maksimum *n*
Mayonnaise [-'nɛ:zə] F majonez
Maze'donien N (*-s; bpl*) Macedonia
maze'donisch macedoński (po -ku)
Mäzen M (*-s; -e*) mecenas
Mazurka [-'zur-] F (*Tanz*, MUS) mazurek; (*Volkstanz*) mazur
MB, MByte, Mbyte N (Megabyte) megabajt
m.E. (meines Erachtens) moim zdaniem
Me'chanik F mechanika
Mechaniker M mechanik
me'chanisch mechaniczny
Mecha'nismus M (*-; -men*) mechanizm (*a. fig*)
meckern V/I (*-re*) *Ziege* beczeć; *fig abw* (*nörgeln*) psioczyć (**über** *akk* na *akk*)
Mecklenburg-Vorpommern N (*-s; bpl*) Meklemburgia-Pomorze Przednie
Medail|le [me'daljə] F medal; **~lengewinner(in)** M(F) medalista *m* (-tka)
Medaillon [medal'jo:] N medalion, medalik
Medien [-diən] PL → Medium; **~konzern** M koncern medialny; **~profi** *umg* M specjalista *m* od mediów
medienwirksam medialny
Medika'men|t N (*-[e]s; -e*) lek, lekarstwo (**gegen** na *akk*, od *gen*); **~tenabhängigkeit** F (*bpl*) uzależnienie lekowe, lekozależność *f*
medikamen'tös lekowy; **~e Therapie** leczenie przy użyciu leków
Meditati'on F medytacja
mediter'ran śródziemnomorski
medi'tieren V/I (-) medytować (**über** *akk* nad *inst*, o *inst*)
Medium N (*-; -ien*) narzędzie komunikacji; FIZ środowisko; (*Person*) medium *n*; (*Presse usw*) *mst* PL **Medien** (mass) media *pl*, środki *mpl* przekazu; **elektronische Medien** elektroniczne media *npl*
Medi'zin F (*bpl*) medycyna; (*a* PL *-en*) (*Arznei*) lekarstwo (**gegen** na *akk*, od *gen*); **~er(in)** M(F) lekarz (-rka); (*Student[in]*) medyk (-yczka)
medi'zinisch medyczny; (*ärztlich*) lekarski; **~-technische Assistentin** technik analityki medycznej
Medi'zinmann M (PL *-männer*) znachor, czarownik, szaman
Meer N (*-[e]s; -e*) morze (*a. fig*); *in Namen* Morze; **am ~** nad morzem
Meerblick M widok na morze; **mit ~** z widokiem na morze
Meerbusen M zatoka (morska)
Meerenge F cieśnina (morska)
Meeres|früchte FPL owoce *mpl* morza; **~grund** M (*bpl*) dno morza; **~kunde** F (*bpl*) oceanografia; **~spiegel** M (*bpl*) poziom morza
Meer|katze F (*Affe*) koczkodan; **~rettich** M chrzan; *in zssgn* chrzanowy; **~salz** N (*bpl*) sól morska; **~schweinchen** N świnka morska; **~wasser** N woda morska
Meeting ['mi:tɪŋ] N (*-s; -s*) spotkanie
mega-, Mega- *in zssgn* mega-
Mega|byte [-'baɪt] N megabajt; **~'fon** N megafon; **~tonne** F megatona
Mehl N (*-[e]s; -e*) mąka; (*Pulver*) mączka; *in zssgn* mączny
mehlig mączysty (*a. Frucht*)
Mehl|schwalbe F (jaskółka) oknówka; **~schwitze** F KULIN zasmażka; **~speise** F potrawa mączna; *austr süße* legumina; **~tau** M mączniak; **~wurm** M larwa mącznika młynarka
mehr PRON *indef u. num* (*als komp zu* **viel**) więcej; ADV (*als komp zu* **sehr**) bardziej; **~ als** więcej *od* bardziej niż; **~ als hundert** ponad sto *od* stu; **~ tot als lebendig** półżywy, ledwo żywy; **um so ~, als** tym bardziej, że; **~ oder weniger** mniej lub bardziej; (*ungefähr*) mniej więcej; **~ und ~** coraz więcej *od* bardziej; **5 Euro ~** jeszcze pięć euro; **nicht ~** już nie; **nicht ~ als** nie więcej niż; **nicht ~ wie früher** nie tak jak dotąd *od* dotychczas; **... nicht ~ und nicht weniger** ni mniej, ni więcej, tylko ...; **nichts ~** nic więcej *od* bardziej
Mehr N (*unv*) (**an** *dat*) nadwyżka, nadmiar (*gen*); **~arbeit** F praca dodatkowa, praca ponad normę; **~ausgaben** FPL dodatkowe wydatki *od* nakłady *mpl*
mehrbändig *Werk* wielotomowy
Mehrbereichsöl N olej uniwersalny
mehrdeutig wieloznaczny
Mehreinnahme F dodatkowy dochód; **~n** PL dodatkowe wpływy *mpl*
mehren V/T mnożyć (*v/r* **sich** się)
mehrere PRON *indef u. num* kilka, wiele, *persf* kilku, wielu; **~ hundert** kilkaset
Mehrerlös M zysk dodatkowy
mehrfach kilkakrotny, wielokrotny; **ein**

M

Mehrfaches an Kosten kilkakrotnie większe koszty; **um das Mehrfache** o kilka rzędów wielkości

Mehr|fachbelichtung F wielokrotne naświetlanie; **~familienhaus** N dom wielorodzinny

mehrfarbig wielobarwny

Mehrfruchtsaft M sok wieloowocowy

mehrgeschossig wielopiętrowy

Mehrgewicht N nadwaga

Mehrheit F większość *f*; **absolute ~** większość bezwzględna; **in der ~ sein** stanowić większość; **mit großer ~** przeważającą większością (głosów); **mit einer Stimme ~** jednym głosem przewagi

mehrheitlich większościowy, *präd* w większości, większością

Mehrheits|aktionär M udziałowiec większościowy; **~beschluss** M uchwała powzięta większością głosów; **~koalition** F koalicja większościowa; **~wahlrecht** N (*bpl*) prawo wyborcze większościowe

mehrjährig wieloletni

Mehr|kampf M SPORT wielobój; **~kosten** PL ponadplanowe koszty *mpl*

M

mehrmalig wielokrotny, kilkakrotny

mehrmals ADV wielokrotnie, nieraz

Mehrparteiensystem N system wielopartyjny

mehr|seitig wielostronicowy; **~silbig** wielosylabowy; **~sprachig** *Text, Person* wielojęzyczny; **~spurig** *Straße* wielopasmowy; **~stellig** *Zahl* wielocyfrowy; **~stimmig** MUS wielogłosowy (-wo) **~stöckig** wielopiętrowy; **~stufig** wielostopniowy; **~stündig** wielogodzinny; **~tägig** wielodniowy; **~teilig** wieloczęściowy; RTV *Serie* wieloodcinkowy

Mehrverbrauch M nadmierne *od* dodatkowe zużycie

Mehr|wegflasche F butelka zwrotna; **~wegverpackung** F opakowanie wielokrotnego użytku; **~wert** M (*bpl*) wartość dodatkowa; **~wertsteuer** F podatek od wartości dodanej, VAT; **~zahl** F większość *f*; GRAM liczba mnoga

Mehrzweck- *in zssgn* wielozadaniowy, wielofunkcyjny, uniwersalny

meiden V/T (*meidet, mied, gemieden*) unikać (*gen*), stronić (od *gen*)

Meie'rei *reg* F → Molkerei

Meile F mila

Meilenstein M kamień milowy

meilenweit bardzo daleki; *präd* bardzo daleko (**von** od *gen*)

Meiler M (*Kernreaktor*) reaktor jądrowy

mein PRON *poss* mój, *f* moja, *lit* ma, *n u. sachf* moje, *lit* me, *persf* moi; *wenn es sich auf e-e Sache bezieht, die dem Subjekt gehört oder auf eine Person, die nicht das Subjekt ist, oft* swój, *f* swoja, *lit* swa, *n u. sachf* swoje, *lit* swe, *persf* swoi; **~ Bruder** mój brat; **~e Mutter** moja matka; **~ Geld** moje pieniądze; **ich zeige dir ~e Bilder** pokażę ci swoje obrazy; **~es Wissens** o ile mi wiadomo; **das Meine, das Meinige** moje, swoje; **ich habe das Meine getan** ja swoje zrobiłem; **die Meinen, die Meinigen** moi, swoi

Meineid M krzywoprzysięstwo; **e-n ~ leisten** krzywoprzysięgać ⟨-sięgnąć, -siąc⟩

meinen (*denken*) V/T uważać, sądzić; (*ausdrücken wollen*) mieć na myśli, rozumieć; **wie ~ Sie das?** co pan(i) ma na myśli, jak pan(i) to rozumie?; **was meinst du dazu?** co o tym sądzisz?; **~ Sie mich?** czy to do mnie się odnosi?; **du bist gemeint** o tobie mowa; **damit ist nicht gemeint, dass** to nie znaczy, że; *unpers* **es mit j-m gut ~** dobrze życzyć k-u; **es ehrlich ~** mieć życzliwe zamiary; mówić szczerze; **es war nicht böse gemeint** nie miałem (-łam *usw*) nic złego na myśli; V/I **wie du meinst** jak chcesz; **das, meine ich, ist …** to jest moim zdaniem …; **~ Sie?** tak pan(i) sądzi?

meiner *lit* (*gen von* **ich**) mnie; **vergiss ~ nicht** nie zapomnij o mnie

'meiner'seits ADV z mojej strony, co do mnie; **ganz ~!** cała przyjemność po mojej stronie!

meinetwegen ADV (*wegen mir*) ze względu na mnie; (*für mich*) dla mnie; **~!** niech (i tak) będzie!

meinige PRON *poss* → mein

Meinung F (*Ansicht*) zdanie; (*Urteil*) sąd, opinia; **öffentliche ~** opinia publiczna; **keine ~** *in Umfragen* nie mam zdania; **e-e hohe ~ von j-m haben** wysoko cenić k-o; **meiner ~ nach** moim zdaniem; **ich bin der ~, dass** jestem zdania, że; **ich bin mit dir einer ~** podzielam twoje zdanie; **geteilter ~ sein** być odmiennego zdania; **die ~en sind geteilt** zdania są podzielone; *umg* **j-m (gehörig) die ~ sagen** powiedzieć *pf* k-u kilka słów do słuchu

Meinungsäußerung F (*bpl*): **Freiheit der ~** swoboda wyrażania opinii
Meinungsaustausch M wymiana zdań
meinungsbildend ADJ opiniotwórczy
Meinungs|forschung F badanie opinii publicznej; **~freiheit** F (*bpl*) wolność *f* poglądów; **~umfrage** F sondaż (opinii publicznej), ankieta; **~streit** M kontrowersja, różnica zdań; **~verschiedenheit** F rozbieżność *f* zdań
Meise F sikorka; *umg fig* **e-e ~ haben** mieć fioła, mieć źle w głowie
Meißel M przecinak; (*Beitel*) dłuto (*a.* MED); TECH *a.* nóż (tokarski)
meißeln (*-le*) *Loch* ⟨wy⟩dłutować; *Inschrift, Statue* ⟨wy⟩rzeźbić
Meißen N (*-s; bpl*) Miśnia
Meiß(e)ner ADJ miśnieński
meist ADV przeważnie, najczęściej; (*gewöhnlich*) na ogół; → meiste
meistbietend ADJ: **~ verkaufen** sprzedać oferującemu najwyższą cenę
meiste ADJ (*sup von* **viel**) najwięcej; **sie hatte das ~ Glück** ona miała najwięcej szczęścia; **die ~n** ... większość (*gen*); **in den ~n Fällen** w większości wypadków; **am ~n** najwięcej, najbardziej; **am ~en genannt, besucht** najczęściej wymieniany, odwiedzany
meistens ADV → meist
Meister M majster, mistrz; (*Könner, Künstler, Champion*) mistrz; *umg* **s-n ~ machen** wyzwolić *pf* się na mistrza
Meisterbrief M dyplom mistrzowski
meisterhaft mistrzowski, *präd* mistrzowsko, po mistrzowsku
Meisterin F mistrzyni
Meisterleistung F wyczyn mistrzowski
meistern V/T (*-re*) podołać *pf* (*dat*), sprostać *pf* (*dat*)
Meisterprüfung F egzamin mistrzowski
Meister|schaft F (*bpl*) mistrzostwo; SPORT (PL *-en*) rozgrywki *fpl* o mistrzostwo; **~stück** N majstersztyk; arcydzieło; **~titel** M tytuł mistrza; **~werk** N arcydzieło
Mekka N (*-s; bpl*) Mekka; *fig* **~ für** ... mekka (*gen*)
Melancholie [-ko'li:] F melancholia
melancholisch [-'ko:-] melancholiczny
Melange [-'la:ʒ(ə)] F melanż; *austr* kawa z mlekiem
Mela'nom N MED czerniak
Melde|amt N urząd meldunkowy; **~frist** F termin zgłaszania *od* zgłoszenia
melden (*-e-*) V/T ⟨za⟩meldować (*a. polizeilich*), zgłaszać ⟨zgłosić⟩ (*v/r* **sich** się; **in, bei, zu** w *lok*, u, do *gen*); **der Teilnehmer meldet sich nicht** abonent się nie zgłasza; *umg* **du hast hier nichts zu ~** nie masz tu nic do powiedzenia; **melde dich mal wieder** daj o sobie znać; V/I *Radio, Presse* ⟨za⟩meldować, pod(aw)ać; **der Rundfunk meldet, dass** ... radio podaje, że ...
Meldepflicht F (*bpl*) obowiązek zgłoszenia; *für Einwohner* obowiązek meldunkowy
meldepflichtig podlegający obowiązkowi zgłoszenia
Melde|register N rejestr meldunkowy; **~schluss** M (*bpl*) termin zgłaszania, zamknięcie zgłoszeń; **~zettel** M karta meldunkowa
Meldung F meldunek; MIL *a.* raport; (*Anzeige, Pressemeldung*) doniesienie
me'liert: **grau ~** *Haar* szpakowaty
Me'lisse F melisa
Melkanlage F dojarka mechaniczna
melken V/T (*melkt, melkte, gemelkt od milkt, molk, gemolken*) ⟨wy⟩doić
Melkkuh F dojna krowa (*a. fig*)
Melo'die [PL -iən] F melodia; (*Volksweise, Lied*) melodyjka
me'lodisch melodyjny
Melo'dram N (*-s; -men*) melodramat
Me'lone F melon; (*Hut*) melonik
Mem'bran F (*-; -en*), **~e** F (*-; -n*) przepona, membrana
Memel F (*bpl*) (*Fluss*) Niemen
Memo N (*-s; -s*) notka
Memoiren [memo'ɑ:rən] PL pamiętniki *mpl*
Menge F ilość *f*; (*Vielzahl*) mnóstwo, *umg* masa; MAT zbiór, mnogość *f*; (*Menschenmenge*) tłum; *umg* **jede ~** co niemiara; **e-e ganze ~** cała masa, całą masę
mengen V/T mieszać (*v/r* **sich** się)
Mengen|angabe F podanie ilości; **~lehre** F (*bpl*) teoria mnogości
mengenmäßig ilościowy (-wo)
Mengenrabatt M rabat ilościowy
Menin'gitis F (*-; -'tiden*) MED zapalenie opon mózgowych
Me'niskus M (*-; -ken*) łękotka, (*a. Linse*) menisk
Mensa F (*-; -s u -sen*) stołówka studencka;

M

(*Altartisch*) mensa
Mensch M (-*en*) człowiek, *umg* człek; **~en** PL ludzie; **von ~ zu ~** (*vertraulich*) w zaufaniu; **kein ~** nikt; *umg* **wie der erste ~** jak jakaś niezdara; *umg* **~!** człowieku!
menscheln: *unpers* **es menschelt** objawiają się ludzkie słabostki
Menschen|affe M małpa człekokształtna; **~alter** N (ludzki) wiek, życie
menschenarm słabo zaludniony
Menschenauflauf M zbiegowisko
menschenfeindlich (*ungesellig*) niechętny ludziom; (*inhuman*) nieludzki
Menschenfresser M ludożerca *m*
menschenfreundlich ludzki, filantropijny
Menschenführung F (*bpl*) kierowanie ludźmi
Menschengedenken N: *nur in* **seit ~** od niepamiętnych czasów
Menschen|hai M żarłacz ludojad; **~handel** M handel żywym towarem; **~kenntnis** F (*bpl*) wiedza o ludziach, znajomość *f* psychiki ludzkiej; **~kette** F łańcuch ludzki; **~leben** N życie ludzkie; (*bpl*) życie człowieka
menschenleer bezludny; wyludniony
menschenmöglich: **alles was ~ war, alles Menschenmögliche** wszystko, co (było) w ludzkiej mocy
Menschen|opfer N krwawa ofiara (składana bogom); PL *e-s Unglücks* ofiary *fpl* w ludziach; **~raub** M uprowadzenie, porwanie; **~rechte** NPL prawa *npl* człowieka; **~rechtler(in)** M(F) bojownik (-iczka) o prawa człowieka
Menschenrechts|organisation F organizacja broniąca praw człowieka; **~verletzung** F naruszenie praw człowieka
menschenscheu stroniący od ludzi
Menschenschlag M (*bpl*) gatunek ludzi; **dieser ~** tacy ludzie
Menschenschmuggel M przemyt ludzi, przerzut ludzi przez granicę
Menschenseele F dusza ludzka; **es war keine ~ da** nie było tam żywej duszy
Menschenskind: *umg* INT **~!** człowieku!
menschen|unwürdig niegodny człowieka; **~verachtend** ADJ pomiatający ludźmi
Menschenverstand M (*bpl*): **der gesunde ~** zdrowy rozsądek
Menschenwürde F (*bpl*) godność ludzka
menschenwürdig godny człowieka, ludzki, *präd* po ludzku
Menschheit F (*bpl*) ludzkość *f*
menschlich człowieczy, ludzki; *fig a. umg* (*ordentlich*) ludzki, *präd* ludzko, po ludzku
Menschlichkeit F (*bpl*) człowieczeństwo, ludzkość *f*
Menstrua|ti'on F menstruacja, miesiączka; **~ti'onsbeschwerden** FPL bóle *mpl* miesiączkowe
menstru'ieren V/I (-) miesiączkować
Mentali'tät F mentalność *f*
Men'thol N (-*s*; *bpl*) mentol; *in zssgn* mentolowy
Me'nü N (-*s*; -*s*) menu *n* (*a.* EDV)
me'nügesteuert ADJ EDV sterowany za pomocą menu
Me'nüleiste F EDV pasek *od* listwa menu
Meridi'an M (-*s*; -*e*) południk
Me'rino M (-*s*; -*s*) merynos; **~wolle** F wełna merynosowa
merkbar zauważalny, odczuwalny
Merkblatt N pouczenie, instrukcja
merken V/T dostrzegać ⟨dostrzec⟩, zauważać ⟨-żyć⟩, pozna(wa)ć; (*spüren*) odczu(wa)ć; **ich habe nichts gemerkt** nic nie zauważyłem (-łam); **man merkt gleich, dass** zaraz *od* łatwo można poznać, że; **j-n etw nicht ~ lassen** nie da(wa)ć poznać po sobie (*gen*); *umg iron* **du merkst aber auch alles!** ale ty jesteś domyślny (-na)!; V/R **sich** (*dat*) **etw ~** zapamiętać *pf* (sobie) (*akk*); **~ Sie sich das!** proszę o tym pamiętać!
merklich (*erheblich*) znaczny; (*spürbar, sichtbar*) zauważalny; **kaum ~** ledwie *od* ledwo dostrzegalny
Merkmal N (PL -*e*) cecha, znamię; **typisches ~** typowa cecha, wyróżnik; **besondere ~e** cechy *fpl* szczególne
Mer'kur M (-*s*; *bpl*) ASTRON Merkury *m*
merkwürdig osobliwy (-wie), dziwny; **~er'weise** ADV dziwnym sposobem
Merkzettel M notatka
meschugge *umg* ADJ kopnięty, pomylony
messbar wymierny
Mess|becher M dozownik, miarka; **~daten** FPL dane *pl* pomiarowe
Messdiener M ministrant

Messe[1] F REL, MUS msza
Messe[2] F MAR mesa
Messe[3] F HANDEL targi *mpl*; **~gelände** N teren targów; **~halle** F pawilon wystawowy (na targach)
messen (*du misst, er misst, maß, gemessen*) VT ⟨z⟩mierzyć (*v/r* **sich** się; **mit j-m** z *inst*); **mit Blicken ~** mierzyć wzrokiem; VI (*groß sein*) mieć wymiary, mierzyć; **er misst fast 2 Meter** on ma blisko dwa metry wzrostu
Messer[1] N nóż; *fig umg* **mir sitzt das ~ an der Kehle** mam nóż na gardle; **j-n ans ~ liefern** wydać *pf* (*akk*) na pastwę; **die Sache steht auf des ~s Schneide** sprawa będzie tak czy tak rozstrzygnięta; *umg* **sie bekriegen sich bis aufs ~** oni są ze sobą na noże; *umg* **sich unters ~ legen** iść ⟨pójść⟩ pod nóż
Messer[2] M (*Messgerät*) miernik
Messerrücken M grzbiet noża
messerscharf ostry; *umg fig präd* precyzyjnie, przekonywająco
Messer|spitze F czubek *od* koniec noża; *bes* KULIN szczypta; **~stecher** M nożownik; **~steche'rei** F bójka na noże
Messerstich M pchnięcie nożem
Messestand M stoisko na targach
Mess|fehler M błąd pomiaru; **~gerät** N przyrząd pomiarowy
Messgewand N *rel* ornat
Mes'sias M (-; *bpl*) *rel*: **der ~** Mesjasz
Messing N (-s; *bpl*) mosiądz; *in zssgn* mosiężny
Mess|latte F łata miernicza; **~technik** F (*bpl*) technika pomiarowa
Messung F mierzenie, pomiar
Messwein M wino mszalne
Messwert M wartość (z)mierzona
Mes'ti|ze M (-*en*) Metys; **~zin** F Metyska
Met M (-[e]s; bpl) miód pitny
meta-, **Meta-** *in zssgn* meta-
Me'tall N (-[e]s; -e) metal; **~ verarbeitend** metalowy; **~arbeiter** M metalowiec; **~detektor** M wykrywacz metali
me'tallen metalowy; *lit* → metallisch
me'tallic ADJ (*unv*) metalik
Me'tallindustrie F przemysł metalowy
me'tallisch metaliczny
Metallur'gie F (*bpl*) metalurgia
metallverarbeitend → Metall
Me'tallwaren FPL drobne wyroby *mpl* metalowe
Metamor'phose F metamorfoza
Me'tapher F (-; -*n*) przenośnia, metafora
meta'phorisch metaforyczny
Meta|phy'sik F metafizyka; **~'stase** F przerzut
Mete'or M (-*s*; -*e*) meteor
Meteorolo'gie F (*bpl*) meteorologia
meteoro'logisch meteorologiczny
Meter M *od* N metr; **ein ~ lang** mający metr długości, metrowy; **zwei ~ hoch** wysoki na dwa metry; *dort befindlich* na wysokości dwóch metrów; **von hundert ~ Breite** szerokości stu metrów, stumetrowej szerokości
meterlang metrowy; (*sehr lang*) wielometrowy
Metermaß N metrówka; (*Band*) *a.* centymetr; (*Stab*) *a.* calówka
meterweise ADV na metry, metrami
Metha'don N (-*s*; *bpl*) metadon
Me'than N (-*s*; *bpl*) metan
Me'thode F metoda; **nach der ~** według metody
me'thodisch metodyczny
Me'thylalkohol M alkohol metylowy
Metier [me'tje:] N (-*s*; -*s*) zawód, sfera działalności
metrisch metryczny
Metro'pole F metropolia
Mettwurst F (kiełbasa) metka
Metze'lei F rzeź *f*
Metzger M rzeźnik
Metzge'rei F sklep rzeźniczy
Meuchelmord M skrytobójstwo
Meute F sfora (*a. fig*)
Meute|'rei F bunt; **~rer** M buntownik
meutern VI (-*re*) zbuntować się *pf* (**gegen** przeciw *dat*; *a. umg fig*)
Mexi'kaner M Meksykanin; **~in** F Meksykanka
mexi'kanisch meksykański
Mexiko N (-*s*; *bpl*) Meksyk (*a. Stadt*)
MEZ [ɛme:'tsɛt] (mitteleuropäische Zeit) czas środkowoeuropejski
MG [ɛm'ge:] N (-[s]; -[s]) (Maschinengewehr) karabin maszynowy
Mi. (Mittwoch) środa
mi'auen VI ⟨za⟩miauczeć
mich PRON (*akk von* **ich**) mnie; *refl* siebie, się; **ich wasche ~** myję się
mick(e)rig *umg* mizerny, wątły (-le)
mied → meiden
Mieder N stanik; (*Korsett*) gorset; **~wa-**

M

ren FPL wyroby *mpl* gorseciarskie
Mief *umg* M (-[e]s; bpl) zaduch; *fig* parafiańszczyzna
miefen *umg* V/I cuchnąć, śmierdzieć
Miene F mina; **ohne e-e ~ zu verziehen** bez drgnienia powiek; **gute ~ zum bösen Spiel machen** robić dobrą minę (do złej gry)
Mienenspiel N (*bpl*) mimika
mies *umg abw* kiepski (-ko), podły (-le); **ein ~er Typ** antypatyczny typ; **sich ~ fühlen** czuć się kiepsko *od* podle; → miesmachen
Miese *umg* PL: **in den ~en sein** przekroczyć *pf* stan konta
Miesepeter *umg* M gderacz, zrzęda *m*
Miesling *umg abw* M parszywiec
miesmachen: **j-n ~** obgad(yw)ać k-o; *a.* **etw ~** narzekać, gderać (na *akk*); **j-m etw ~** → verleiden
Miesmacher *umg* M defetysta *m*
Miesmuschel F omułek jadalny
Mietauto N → Mietwagen
Miete¹ F (*Wohnungsmiete*) czynsz, komorne; **zur ~ wohnen** mieszkać jako lokator(ka) (**bei** u *gen*); (*das Mieten, bpl*) najem, wynajęcie
Miete² F AGR kopiec
mieten (-*e*-) najmować ‹-jąć›, odnajmować ‹-jąć›, wynajmować ‹-jąć›
Miet|er(in) M(F) najemca *m* (-czyni); *e-r Wohnung* lokator(ka); **~erschutz** M ochrona (prawna) lokatorów
mietfrei: *präd* **... wohnt ~** ... nie musi płacić czynszu
Miet|kauf M kupno na zasadach najmu; **~kaution** F kaucja na zabezpieczenie czynszu; **~preis** M opłata za wynajęcie; → Miete¹; **~recht** N (*bpl*) prawo lokatorskie
Miets|haus N dom czynszowy; **~kaserne** *abw* F kamienica czynszowa, *umg* czynszówka
Miet|vertrag M umowa najmu; **~wagen** M samochód wynajęty; **~wohnung** F mieszkanie wynajmowane *od* lokatorskie; **~wucher** M lichwiarstwo czynszowe
Mieze *umg* F (*Katze*) kicia; *pop* (*junge Frau*) cizia, dzidzia
Mi'gräne F migrena
Migrati'on F migracja
Mikro *umg* N (-*s*; -*s*) mikrofon
Mik'robe F → Mikroorganismus
Mikro|chip M mikroukład, (zminiaturyzowany) obwód scalony; **~elekt'ronik** F mikroelektronika; **~faser** F mikrofaza; **~film** M mikrofilm; **~'fon** N N (-*s*; -*e*) mikrofon; **~orga'nismus** M drobnoustrój, mikroorganizm; **~'phon** → Mikrofon; **~prozessor** M mikroprocesor; **~'skop** N (-*s*; -*e*) mikroskop
mikroskopisch mikroskopowy, mikroskopijny (*a. winzig*)
Mikrowellenherd M kuchenka mikrofalowa, *umg* mikrofalówka
Milbe F roztocz
Milch F (*bpl*) mleko; *in der Kosmetik* mleczko; *der Fische* mlecz; BOT sok mleczny, mleczko; **~bar** F bar mleczny; **~drüse** F gruczoł mleczny; **~flasche** F butelka na mleko; *fürs Baby* butelka ze smoczkiem; **~geschäft** N sklep z nabiałem; **~glas** N szkło mleczne
milchig mleczny, mlecznobiały
Milch|kaffee M kawa z mlekiem, biała kawa; **~kännchen** N dzbanuszek na mleko; **~kanne** F bańka na mleko; **~kuh** F dojna krowa; **~mädchenrechnung** F nierealne założenia *npl*; **~mixgetränk** N koktajl owocowo-mleczny; **~produkte** NPL przetwory *mpl* mleczne; **~pulver** N mleko w proszku; **~reis** M ryż na mleku; **~schorf** M MED wyprysk dziecięcy; **~straße** F (*bpl*) ASTRON Droga Mleczna; **~tüte** F karton na mleko; **~zahn** M ząb mleczny
mild, **~e** łagodny (*a. Klima, Speise*); *Zigarette, Tabak* słaby; **~e Gabe** dar na ubogich
Milde F (*bpl*) łagodność *f*; (*Güte*) dobroć *f*; (*Nachsicht*) pobłażliwość *f*
mildern (-*re*) ‹z›łagodzić; **~de Umstände** okoliczności *fpl* łagodzące
Milderung F (*bpl*) złagodzenie; (*Linderung*) ulżenie; ulga
mildtätig dobroczynny
Mildtätigkeit F (*bpl*) dobroczynność *f*
Milieu [mili'øː] N (-*s*; *bpl*) środowisko
mili'tant agresywny, nastawiony bojowo
Mili'tär¹ N (-*s*; *bpl*) wojsko; **beim ~ sein** być w wojsku
Mili'tär² M (-*s*; -*s*) wojskowy *m*
Mili'tär|bündnis N pakt militarny; **~dienst** M (*bpl*) służba wojskowa; **~diktatur** F dyktatura wojskowa

mili'tärisch wojskowy, militarny; **~ grüßen** ⟨za⟩salutować
militari'sieren (-) ⟨z⟩militaryzować
milita'ristisch militarystyczny
Mili'tärlook M (*bpl*): **im ~** w stylu militarnym
Mili'tär|parade F defilada wojskowa; **~polizei** F żandarmeria wojskowa; **~putsch** M wojskowy zamach stanu, pucz; **~schlag** M interwencja zbrojna; **~stützpunkt** M baza wojskowa
Military [-təri] F wszechstronny konkurs konia wierzchowego
Mili'tärzeit F (*bpl*) czas służby wojskowej
Mi'liz F (-; -*en*) milicja
Milizio'när M (-*s*; -*e*) milicjant
Mil'lenium N (-*s*; -*ien*) milenium *n*
Milli'arde F miliard; **~n-** *in zssgn* miliardowy
Milli'meter M *od* N milimetr; *in zssgn* milimetrowy
milli'metergenau z dokładnością do milimetra
Milli'on F milion; **in die ~en gehen** liczyć się na miliony
Millio'när(in) M(F) (-*s*; -*e*) milioner(ka)
Milli'onenstadt F milionowe miasto
milli'onste milionowy
Milli'onstel N milionowa część
Milz F śledziona
Milzbrand M (*bpl*) wąglik
mimen *umg abw* uda(wa)ć, markować
Mimik F mimika
Mi'mose F mimoza (*a. fig*)
mi'mosenhaft mimozowaty
Min. (Minute[n]) minut(a)
Mina'rett N (-*s*; -*e*) minaret
minder ADJ mniejszy; *Qualität* gorszy; ADV mniej; **nicht ~** nie mniej
minderbemittelt mniej niż średniozamożny; *fig pop abw* słaby na umyśle
Minderheit F mniejszość *f*; **~s-** *in zssgn* mniejszościowy, … mniejszości
minderjährig nie(pełno)letni, młodociany, małoletni
Minderjährig|e F młodociana; **~e(r)** M (-*n*) młodociany
Minderjährigkeit F (*bpl*) nieletniość *f*
mindern (-*re*) V/T zmniejszać, pomniejszać ⟨-szyć⟩ (*v/r* **sich** się); *Wert, Bedeutung usw* umniejszać ⟨-szyć⟩
Minderung F zmniejszenie (się); **~ der Erwerbsfähigkeit** ograniczenie zdolności zarobkowania
minderwertig małowartościowy, pośledniej jakości
Minderwertigkeit F (*bpl*) mniejsza wartość, niższość *f*; HANDEL zła jakość
Minderwertigkeitskomplex M kompleks niższości
Minderzahl F (*bpl*) mniejszość *f*; **in der ~ sein** stanowić mniejszość
Mindest|abstand M *im Verkehr* minimalna (bezpieczna) odległość; **~alter** N dolna granica wieku; **~anforderungen** FPL minimalne wymagania *npl*
mindeste najmniejszy, minimalny; **das Mindeste** minimum; **nicht das Mindeste** w ogóle nic; **nicht im Mindesten** bynajmniej nie
Mindesteinlage F FIN minimalny wkład
mindestens ADV co najmniej, minimum; **~ einmal** co najmniej raz
Mindest|haltbarkeitsdatum N zapewniony termin przechowywania; (*Aufdruck*) ważny do …; **~lohn** M płaca minimalna; **~maß** N (**an etw**) minimum *n* (*gen*); **~satz** M stawka minimalna; **~strafe** F najniższa kara
Mine F MIL mina; (*Schreibmine*) wkład; GÓR kopalnia
Minenfeld N pole minowe
Mine'ral N (-*s*; -*e od* -*ien*) minerał
minera'logisch mineralogiczny
Mine'ral|öl N (*Erdöl*) ropa naftowa; (*Erdölprodukt*) olej mineralny; **~wasser** N (PL -*wässer*) woda mineralna
mini-, **Mini-** *in zssgn* mini-
Minia'tur F miniatura, *dim* miniaturka
Mini|bar F minibarek, mini-bar; **~golf** M minigolf; **~ma** PL → Minimum
mini'mal minimalny; → Mindest-
Mini|mum N (-*s*; -*ma*) (**an etw**) minimum *n* (*gen*); **~rock** M (spódniczka) mini; **~slip** M figi *pl*
Mi'nister M minister (**des Inneren** spraw wewnętrznych; **für Verkehr** komunikacji)
Ministeri'al- *in zssgn*, **ministeri'ell** ministerialny
Mi'nisterin F (kobieta) minister
Minis'terium N (-*s*; -*ien*) ministerstwo
Mi'nister|präsident(in) M(F) prezes rady ministrów, premier; **~rat** M rada ministrów; *in Polen* Rada Ministrów
Minist'rant M (-*en*) ministrant
minist'rieren (-) służyć do mszy

Minna F (-; -s) *umg*: **die grüne ~** karetka więzienna, *pop* suka; *umg* **j-n zur ~ machen** zjeżdżać ⟨zjechać⟩ k-o
Minori'tät F mniejszość *f*
minus *konj*, ADV minus, mniej
Minus N (*unv*) minus (*a. fig*); **~pol** M biegun ujemny; **~punkt** M punkt ujemny; **~zeichen** N znak odejmowania, (znak) minus
Mi'nute F minuta; **auf die ~** co do minuty; **in einer ~** *kommen, etw tun* za minutę, za chwilę; **ein paar** *od* **wenige ~n** kilka minut; **keine ~** ani minuty, ani chwili; **in dieser ~** w tej chwili; **von ~ zu ~** z minuty na minutę; **fünf ~n vor eins** za pięć minut pierwsza
mi'nutenlang kilkuminutowy, *präd* przez kilka minut; (*lang anhaltend*) *präd* przez długie minuty; **~er Beifall** długotrwałe oklaski
Mi'nutenzeiger M wskazówka minutowa
minu|ti'ös, ~zi'ös szczegółowy (-wo), skrupulatny
Minze F mięta
Mio. (Million[en]) milion(ów)
mir PRON (*dat von ich*) mnie, *unbetont* mi; *refl* sobie; **er kam zu ~** przyszedł do mnie; **das gefällt ~** to mi się podoba; **ich wasche ~ die Hände** myję sobie ręce; **mit ~** ze mną; *refl* ze sobą; **von ~** (*mein*) mój (moja, moje); **Freunde von ~** moi przyjaciele; *umg* **von ~ aus** niech (i tak) będzie; → nichts
Mira'belle F mirabel(k)a
Mi'rakel *lit* N cud, dziw
Misch|batterie F mieszacz; **~brot** N chleb mieszany żytnio-pszenny; **~ehe** F małżeństwo mieszane
mischen V/T ⟨prze-, po-, z⟩mieszać (**mit** z *inst*); *Karten* ⟨po⟩tasować; V/R **sich ~** (**in** *akk*) ⟨w⟩mieszać się (do *gen*); **sich unters Volk ~** wmieszać się *pf* w tłum
Misch|er M (*Gerät*) mieszarka; **~futter** N mieszanka paszowa; **~gemüse** N mieszanka warzywna; **~gewebe** N włókno mieszane, mieszanka; **~kost** F dieta mieszana
Mischling M mieszaniec
Misch|masch *umg* M (-[e]s; -e) miszmasz; **~pult** N stół mikserski; **~ung** F mieszanka, mieszanina; **~ungsverhältnis** N stosunek składników mieszanki
Mischwald M las mieszany
mise'rabel (*-bl-*; *-elst-*) nędzny, lichy, marny; **in e-m miserablen Zustand** w opłakanym stanie; **sich ~ fühlen** *umg* czuć się paskudnie
Mi'sere F bieda, ciężka sytuacja
Mispel F (-; -n) nieszpułka
miss *Imperativ* → messen
miss'achten (-e-; -) *Recht usw* nie przestrzegać (*gen*); (*gering achten*) pogardzać ⟨-dzić⟩ (*inst*); *Warnung, Rat* ⟨z⟩lekceważyć (sobie) (*akk*)
Miss'achtung F (*Geringschätzung*) pogarda, lekceważenie; (*Respektlosigkeit*) brak poszanowania (dla *gen*); **~ der Vorfahrt** nieprzestrzeganie pierwszeństwa przejazdu
Miss|behagen N dyskomfort; (*unangenehmes Gefühl*) niemiłe uczucie; **~bildung** F zniekształcenie, deformacja
miss'billigen V/T (-) nie pochwalać (*gen*), potępi(a)ć (*akk*)
Missbilligung F dezaprobata
Missbrauch M (*bpl*) nadużycie; **sexueller ~ von Kindern** seksualne wykorzystywanie dzieci
miss|'brauchen V/T (-) naduży(wa)ć (*gen*); *j-n für eigene Ziele* wykorzyst(yw)ać; *Frau* ⟨z⟩gwałcić; **~'deuten** (*-e-*; -) błędnie interpretować
missen: **etw nicht ~ wollen** nie móc obyć się bez (*gen*); → vermissen
Misserfolg M niepowodzenie
Missernte F nieurodzaj
Misse|tat F *żart* (*Streich*) (łobuzerski) wybryk, sprawka; **~täter(in)** M(F) *żart* sprawca *m*, sprawczyni
miss'fallen V/I (*irr*; -) nie podobać się
Miss'fallen N (*-s*; *bpl*) niezadowolenie
missgebildet ADJ ułomny, kaleki
Missgeburt F potworek, pokraka; *umg fig* poroniony pomysł
Missgeschick N nieprzyjemność *f*, przykry wypadek; **mir ist ein ~ passiert** pech chciał, że mi się coś takiego przydarzyło
miss|'glücken V/I (-) nie uda(wa)ć się, nie powieść się *pf*; **~'gönnen** (-) ⟨po⟩zazdrościć (**j-m** *akk* k-u *gen*)
Miss|griff M błąd; **~gunst** F zawiść *f*
missgünstig zawistny
miss'handeln (-) *Person, Tier* dręczyć (*akk*), znęcać się nad (*inst*); **j-n schwer ~** (*verprügeln*) ⟨po⟩bić dotkliwie k-o

Miss'handlung F znęcanie się, dręczenie, maltretowanie; **körperliche ~** *a.* pobicie
Missi'on F misja; **~s-** *in zssgn* misyjny
Missio'nar M (*-s; -e*) misjonarz; **~in** F misjonarka; **~s-** *in zssgn* misjonarski
missio'nieren V/I (-) ewangelizować, prowadzić działalność misyjną
Missklang M dysonans; *fig* rozdźwięk
Misskredit M: **j-n in ~ bringen** zdyskredytować *pf* k-o; **in ~ kommen** stracić *pf* zaufanie
misslang → misslingen
misslich przykry, *umg* paskudny
miss'lingen (*misslang, misslungen; sn*) nie uda(wa)ć się
miss'lungen ADJ nieudany, chybiony
Missmanagement N niesprawne zarządzanie, braki *mpl* w zarządzaniu
missmutig *umg* markotny
miss'raten ADJ niewydarzony
Missstand M zło, niedomaganie
misst → messen
miss'trauen V/I (-): **j-m**, *e-r Sache* **~** nie ufać, nie dowierzać (*dat*)
Misstrauen N (*-s; bpl*) nieufność *f*; **krankhaftes ~** chorobliwa podejrzliwość; **~ hegen** żywić nieufność (**gegen** do, w stosunku do *gen*)
Misstrauens|antrag M wniosek o wotum nieufności; **~votum** N wotum *n* nieufności
misstrauisch nieufny (**gegen** w stosunku do *gen*); podejrzliwy, *präd* podejrzliwie, z niedowierzaniem
Missverhältnis N dysproporcja
missverständlich dwuznaczny, niejasny; **sich ~ äußern** wyrażać ⟨-razić⟩ się dwuznacznie *od* niejasno
Missverständnis N (PL *-se*) nieporozumienie (*a. Streit*); **das muss ein ~ sein** to chyba nieporozumienie
missverstehen (*irr; -*) źle zrozumieć *pf*
Misswahl F konkurs piękności
Misswirtschaft F (PL *selten*) zła gospodarka, niegospodarność *f*
Mist M (*-[e]s;* bpl) nawóz, gnój; *austr* śmiecie; *umg* (*Schund*) kram, śmieć *m*; (*Unsinn*) bzdury *fpl*; (*ärgerliche Sache*) cholerstwo; *umg* **~ bauen** naknocić *pf*; **~ verzapfen** pleść bzdury; *pop* **so ein ~!** niech to szlag!, kurcze blade!
Mistel F (*-; -n*) jemioła
Mist|gabel F widły *pl* (do nawozu); **~haufen** M kupa gnoju, gnojowisko
mistig *umg abw* parszywy (-wo)
Mist|käfer M gnojak; **~kerl** *pop* M *abw* gnojek, parszywiec, wredny typ; **~stück** N, **~vieh** N *Schimpfwort* szuja, skurwysyn; (*Frau*) suka, wydra
mit PRÄP (*dat*) z, ze (*inst*); **~ ihr** z nią; **~ mir** ze mną; **ein Sack ~ Mehl** worek z mąką; **~ Einbruch der Nacht** z nastaniem nocy; **~ Tränen in den Augen** ze łzami w oczach; *bei Bezeichnung des Mittels mst nur inst des Substantivs* **~ der Bahn** koleją; **~ dem Hammer** młotkiem; **~ Gewalt** przemocą; **~ Bleistift schreiben** pisać ołówkiem; **~ 10 Jahren** mając dziesięć lat; ADV (*neben anderem*) też, także; **das gehört ~ zu ...** to też należy do ...; *umg* **~ der Beste sein** być jednym z najlepszych; *umg* **war er auch ~?** on też był (tam, z tobą *usw*)?
Mitangeklagte F współobwiniona; **~(r)** M współobwiniony
Mitarbeit F (*bpl*) współpraca
mitarbeiten V/I współpracować (**an** *dat* przy *lok*); współdziałać (**bei, in** *dat* w *lok*); *Schüler* wykazywać aktywność
Mitarbeiter M współpracownik; **~in** F współpracowniczka; **~stab** M zespół pracowników
Mitautor M współtwórca *m*; **~in** F współtwórczyni
mitbekommen (*irr*) dosta(wa)ć; *umg* (*erfassen*) ⟨s⟩kapować; zorientować się *pf*; (*aufschnappen*) podchwytywać ⟨-chwycić⟩; **hat er das ~?** czy to do niego dotarło?; **(von) etw nichts ~** (*nichts bemerken*) nie zauważyć (*gen*)
mit|benutzen (-) V/T wspólnie użytkować *od* używać (*akk*), wspólnie korzystać (z *gen*); **~bestimmen** (-) V/T (*beeinflussen*) wpływać ⟨wpłynąć⟩ (na *akk*); *v/i* współdecydować (**bei** o *lok*)
Mit|bestimmung F (*bpl*) współdecydowanie; *im Betrieb a.* udział w zarządzaniu; **~bewohner(in)** M(F) współlokator(ka)
mitbringen (*irr*) *Sache, Neuigkeiten* przynosić ⟨-nieść⟩; *e-n Gast usw* przyprowadzać ⟨-dzić⟩ ze sobą; *fahrend Sache, Person* przywozić ⟨-wieźć⟩ ze sobą; *fig Fähigkeiten, Wissen* mieć, posiadać; **Sie müssen Zeit ~** będzie pan(i) musiał(a) poczekać
Mit|bringsel *umg* N prezent; pamiątka

(**von e-r Reise** z podróży); **~bürger(in)** M(F) współobywatel(ka)

mitdenken V/I (*irr*) aktywnie uczestniczyć (**bei** w *lok*)

Miteigentümer(in) M(F) współwłaściciel(ka)

mitei'nander ADV: **~ kämpfen, verbinden, sprechen** *usw* walczyć, połączyć, rozmawiać ze sobą; **etw ~ teilen** dzielić pomiędzy siebie (*akk*), dzielić się (*inst*); *umg* **~ gehen** być ze sobą; **alle ~** wszyscy razem, wspólnie

Mitei'nander N (*bpl*) współistnienie; (*Zusammenleben*) współżycie; (*Zusammenarbeit*) współpraca

Miter|be M współspadkobierca *m*; **~bin** F współspadkobierczyni

miterleben V/T (-) być świadkiem (*gen*); przeżyć (*akk*); **etw nicht mehr ~** nie doczekać się (*gen*)

Mitesser M MED zaskórnik

mitfahren V/I (*irr; sn*) (**mit**) ⟨po⟩jechać razem (z *inst*), *umg* zabrać się *pf* (z *inst*)

Mitfahr|gelegenheit F okazja przejazdu (z udziałem w kosztach); **~zentrale** F agencja pośrednicząca w wynajmowaniu wolnych miejsc w samochodach

M

mitfühlen: V/I **mit j-m ~** współczuć k-u; V/T **j-s Schmerz ~** współczuć k-u w cierpieniu

mitfühlend ADJ współczujący (-co)

mitführen *Sache* mieć przy sobie, nosić *od* wozić ze sobą

mitgeben (*irr*) da(wa)ć (**j-m** *akk* k-u *akk*)

Mitgefangene F współwięźniarka; **~(r)** M współwięzień *m*

Mitgefühl N (*bpl*) współczucie

mitgehen V/I (*irr; sn*) (**mit**) iść ⟨pójść⟩ (razem), *umg* zabrać się *pf* (z *inst*); *fig* **die Zuhörer gingen begeistert mit** audytorium było urzeczone; *umg* **etw ~ lassen** zwędzić *pf* (*akk*)

mitgenommen *umg* ADJ *Sache* zniszczony, (*a. Person, erschöpft*) sfatygowany

Mitgift F (-; -*en*) posag

Mitglied N członek, (*Frau*) członkini

Mitglieder|versammlung F walne zebranie członków; **~verzeichnis** N lista członków

Mitglieds|ausweis M legitymacja *od* karta członkowska; **~beitrag** M składka członkowska

Mitgliedschaft F członkostwo

Mitgliedsstaat M państwo członek

mithaben *umg* (*irr*) mieć przy sobie

mithalten (*irr*): V/T **das Tempo ~** dotrzym(yw)ać kroku; V/I (*sich beteiligen*) dotrzym(yw)ać towarzystwa (**bei etw** w *lok*); **mit j-m nicht ~ können** nie dorówn(yw)ać k-u (**bei** w *lok*)

mithelfen V/I (*irr*) pomagać ⟨-móc⟩ (**im Haushalt** w domu)

mit'hilfe: **~ von** przy pomocy, za pomocą (*gen*)

Mithilfe F (*bpl*) pomoc *f*

mit'hin ADV (a) zatem, (a) więc

mithören (również) ⟨u⟩słyszeć (**zufällig** przypadkiem); *heimlich* podsłuch(iw)ać

Mitinhaber(in) M(F) współwłaściciel(ka)

mitkommen V/I (*irr*) → mitgehen; *fahrend* ⟨po⟩jechać razem (z *inst*); (*j-n begleiten*) towarzyszyć (*dat*); **komm mit** chodź (ze mną, z nami); *umg fig* **nicht ~** nie nadążać

mitkriegen *umg* → mitbekommen

Mitläufer(in) M(F) *abw* nieaktywny członek, poputczik

Mitlaut M spółgłoska

Mitleid N litość *f*; **~ haben** (**mit**) litować się (nad *inst*); **aus ~** z litości; **~ erregend** godny politowania

Mitleidenschaft F (*bpl*): **in ~ ziehen** *Sache* uszkadzać ⟨uszkodzić⟩; *Person* narażać ⟨-razić⟩ na szkodę; **in ~ gezogen werden** ucierpieć *pf* (**bei** od *gen*)

mitleiderregend godny politowania

mitleidig litościwy (-wie)

mitleid(s)los bezlitosny

mitmachen V/T (*teilnehmen*) uczestniczyć, brać ⟨wziąć⟩ udział (*a. v/i* **bei etw** w *lok*); *Lehrgang a.* odby(wa)ć; **die Mode ~** iść za modą; *umg* **ich muss seine Arbeit ~** muszę to zrobić za niego; *umg* **das mache ich nicht mit** nie chcę mieć z tym nic wspólnego; V/I *umg* **mein Herz macht nicht mehr mit** serce odmawia mi posłuszeństwa; *umg* **ich mache nicht mehr mit!** wysiadam z tego interesu!

Mitmensch M bliźni *m*

mitmischen *umg* V/I wtrącać się, mieszać się (**bei** do *gen*)

Mitnahmepreis M cena bez dostawy

mitnehmen (*irr*) zab(ie)rać ze sobą; *fig* (*j-n belasten*) dotknąć *pf* k-o, dawać się k-u we znaki; *umg Gelegenheit* nie pomijać

⟨-minąć⟩ *(gen)*; **zum Mitnehmen** *Essen umg* na wynos

mitrechnen *(hinzurechnen)* wliczać ⟨-czyć⟩ (do ceny, w koszty); ... **nicht mitgerechnet** nie licząc *(gen)*

mitreden VI *bei e-r Debatte* brać udział (w *lok*); *umg* **er will überall ~** on wszędzie wtrąca swoje trzy grosze; VT *fig* **ein Wort mitzureden haben** mieć coś do powiedzenia (**bei** w tej sprawie)

Mitreisend|ee F towarzyszka podróży, współpasażerka; **~e(r)** M towarzysz podróży, współpasażer

mitreißen *(irr)* por(y)wać *(a. fig)*

mitreißend ADJ porywający (-co)

mit'samt PRÄP *(dat)* (wraz, łącznie) z *(inst)*

mitschicken (**mit**) pos(y)łać (z *inst*)

mitschleppen *umg* obciążać ⟨-żyć⟩ się (**viel Gepäck** wielkim bagażem); **j-n ins Kino ~** zaciągać ⟨-gnąć⟩ k-o do kina

mit|schneiden *(irr)* nagr(yw)ać na taśmę; **~schreiben** *(irr)* VT ⟨za⟩notować (sobie) *(akk)*; VI notować (sobie)

Mitschuld F *(bpl)* współwina

mitschuldig (**an** *dat*) współwinny *(gen)*

Mitschüler M kolega szkolny; **~in** F koleżanka szkolna

mitspielen VI brać ⟨wziąć⟩ udział w grze *od* zabawie; *Kind a.* bawić się razem (z *inst*); *in e-m Team* grać (**bei** w *lok*); *fig Gründe* odgrywać ⟨odegrać⟩ rolę; **j-m übel ~** pokrzywdzić *pf* k-o; *umg* **das Wetter spielte nicht mit** pogoda nie dopisała

Mit|spieler(in) M(F) współgrający (-ca); **~spracherecht** N prawo współdecydowania; **~streiter** M współbojownik; **~streiterin** F współbojowniczka

Mittag M południe; **am, über ~** w południe; **morgen ~** jutro w południe; **zu ~ essen** ⟨z⟩jeść obiad; **~essen** N obiad

mittags ADV w południe; **um 12 Uhr ~** o dwunastej w południe

Mittags|pause F przerwa obiadowa; **~ruhe** F cisza poobiednia; *(Schläfchen)* drzemka poobiednia, sjesta

Mittagszeit F *(bpl)* pora obiadowa; **um die ~** około południa

Mittäter M współsprawca *m*; **~in** F współsprawczyni

Mitte F środek; POL centrum *n*; **in der ~** pośrodku; **~ Mai** w połowie maja; **in unserer ~** wśród nas; **aus ihrer ~** spośród nich; **sie ist ~ 30** (ona) ma około trzydziestu pięciu lat

mitteilen VT poda(wa)ć do wiadomości; **j-m etw ~** ⟨za⟩komunikować k-u *(akk)*, zawiadamiać ⟨-domić⟩ k-o (o *lok*); *v/r* **sich ~** *Stimmung* udzielać ⟨-lić⟩ się

Mitteilung F zawiadomienie, wiadomość *f*; **~ machen** → mitteilen

Mittel N **1** środek *(a. fig u.* MED; **gegen** przeciwko *dat*, na *akk*); MAT średnia; **mit allen ~n** używając wszelkich środków, wszelkimi sposobami; **im ~** średnio; **~ und Wege suchen zu** (+ INF) chwytać się wszelkich sposobów, by (+ *inf*); (**nur**) **~ zum Zweck sein** być (tylko) środkiem prowadzącym do celu **2** *nur pl* FIN środki *mpl*, fundusze *mpl*; **öffentliche ~** fundusze społeczne

Mittelalter N *(bpl)* średniowiecze

mittelalterlich średniowieczny

Mittelamerika N Ameryka Środkowa

mittelbar pośredni, *präd* pośrednio

Mittelding *umg* N *(bpl)* coś pośredniego

Mitteleuropa N Europa Środkowa

mitteleuropäisch środkowoeuropejski

Mittelfeld N *Fußball* środek pola; *Radsport usw* peleton; **~spieler** M pomocnik

Mittelfinger M palec średni

mittelfristig średnioterminowy (-wo)

Mittelfuß M śródstopie

Mittelgebirge N: **Deutsches ~** Średniogórze Niemieckie

Mittelgewicht N SPORT waga średnia

mittelgroß średniej wielkości; *in der Höhe* średniowysoki; *Person* średniego wzrostu

Mitte-'links-Koalition F koalicja centrolewicowa

Mittelklasse F klasa średnia

Mittellandkanal M *(bpl)* Kanał Śródlądowy

Mittellinie F linia środkowa *(a. auf der Straße)*

mittellos bez środków (do życia)

Mittelmaß N (PL *selten*) przeciętność *f*, *abw* przeciętniactwo, miernota

mittelmäßig przeciętny, mierny

Mittelmäßigkeit F przeciętność *f*, mierność *f*

Mittelmeer N *(bpl)*: **das ~** Morze Śródziemne; *in zssgn* śródziemnomorski

Mittelohrentzündung F zapalenie

M

ucha środkowego
Mittelpunkt M punkt środkowy, środek, centrum *n* (*a. fig*); **im ~ stehen** znaleźć się *pf* w centrum uwagi
mittels PRÄP (*gen*) za pomocą (*gen*)
Mittel|schiff N ARCH nawa środkowa; **~schule** F szkoła średnia; **~schwergewicht** N SPORT waga półciężka
Mittelsmann M (PL *-männer od -leute*) pośrednik
Mittelstand M (*bpl*) klasa średnia; HIST stan średni
mittelständisch *Betrieb* średniej wielkości
Mittelstrecken|flugzeug N samolot średniego zasięgu; **~lauf** M bieg średni *od* średniodystansowy; **~rakete** F pocisk rakietowy średniego zasięgu
Mittel|streifen M *der Autobahn* środkowy pas rozdzielający; **~stück** N część środkowa; **~stufe** F niższy stopień szkoły ogólnokształcącej; **~stürmer** M środkowy napastnik; **~weg** M *fig* droga polubowna *od* pośrednia; **~wellen** FPL fale *fpl* średnie; *in zssgn* średniofalowy; **~wert** M wartość średnia *od* przeciętna; **~wort** N GRAM imiesłów
mitten ADV: *räumlich* **~ in, auf** (*dat*) w *od* na środku, pośrodku (*gen*); **~ durch** (*akk*) przez środek, środkiem (*gen*); **~ in, auf** (*akk*) w (sam) środek, na środek (*gen*); **~ ins Herz** w samo serce; *zeitlich* **~ im Winter** w środku zimy; **~ in der Nacht** późno w nocy
mitten'drin ADV w (samym) środku, pośrodku; (*gerade dabei*) właśnie
mitten'durch ADV przez (sam) środek
Mitternacht F (*bpl*) północ; **um ~** o północy; **nach ~** po północy
Mitternachts|messe F pasterka; **~sonne** F (*bpl*) słońce polarne
Mittler *lit* M pośrednik, mediator
mittlere środkowy; (*e-n Mittelwert darstellend*) średni; **~n Alters** w średnim wieku; **~ Reife** mała matura
mittlerweile ADV tymczasem
Mittsommer M przesilenie letnie
Mittwoch M (*-s; -e*) środa; **am ~** w środę
mittwochs ADV w środę; w środy
mit'unter ADV niekiedy, czasem
Mitverantwortung F współodpowiedzialność *f*
mitwirken V/I: **bei, an** (*dat*) **~** współdziałać (przy, w *lok*), uczestniczyć (w *lok*); TEATR grać (w *lok*)
Mitwirkende MPL (*-n*) (**bei, an** *dat*) zespół przygotowujący (*akk*), uczestnicy *mpl* (*gen*), wykonawcy *mpl* (*gen*)
Mitwirkung F (*bpl*) współdziałanie, pomoc *f*; (współ)udział (**bei** w *lok*); **unter ~ von ...** z udziałem (*gen*)
Mitwisser(in) M(F) wtajemniczony *m* (-na); JUR osoba zatajająca przestępstwo
mit|zählen V/T wliczać ⟨-czyć⟩; **Kinder nicht mitgezählt** nie licząc dzieci; V/I **die Feiertage zählen nicht mit** święta nie liczą się; **~ziehen** V/I (*irr*) *umg* (*sich anschließen*) dołączać ⟨-czyć⟩ (się)
Mix M (*-; -e*) mieszanka
Mixbecher M shaker
mixen ⟨z⟩miksować
Mixer M mikser (*a. Gerät*)
Mix'tur F mikstura
Mo. (Montag) poniedziałek
Mob *abw* M (*-s; bpl*) motłoch, hołota
mobben wygryźć *pf*, wyrolować *pf*
Mobbing N (*-s; bpl*) mobbing
Möbel N mebel, *pl* meble, umeblowanie; **~garnitur** F zestaw mebli; **~geschäft** N sklep meblowy; **~industrie** F przemysł meblarski; **~lager** N skład mebli; **~politur** F politura do mebli; **~spediteur** M spedytor meblowy; **~stück** N mebel; **~wagen** M wóz meblowy
mo'bil ruchomy, mobilny; *Polizeieinheit* lotny; *umg* (*munter*) ruchliwy; **~ machen** ogłaszać ⟨ogłosić⟩ mobilizację; ⟨z⟩mobilizować (**gegen** przeciw *dat*)
Mo'bilfunknetz N sieć telefonii komórkowej
mobili'sieren (-) ⟨z⟩mobilizować
Mobilität F (*bpl*) mobilność *f*
Mo'bil|machung F mobilizacja; **~telefon** N telefon komórkowy, *umg* komórka
möblieren (-) ⟨u⟩meblować
möbliert ADJ umeblowany; **~ wohnen** wynajmować umeblowany pokój
mochte, möchte → mögen
Möchtegern|- (+ *subst*) *umg* niedoszły (+ *subst*); **~künstler** M niedoszły artysta
mo'dal modalny
Modali'tät F modalność *f*; **~en** PL warunki *mpl*, szczegóły *mpl*
Mo'dalsatz M zdanie okolicznikowe sposobu

M

Mode F moda; *etw* **ist in ~** ... jest w modzie, ... jest modne; **aus der ~ kommen** wychodzić ⟨wyjść⟩ z mody; **mit der ~ gehen** iść za modą; **nach der neuesten ~** według najnowszej mody

modebewusst ADJ: **~ sein** ubierać się według najnowszej mody

Modehaus N dom mody

Modejournal N żurnal mód

Model N (-s; -s) modelka

Mo'dell N (-s; -e) model; **~ stehen** pozować jako model(ka); **~bau** M (-s; bpl) modelarstwo; **~eisenbahn** F miniaturowa kolejka

model'lieren (-) ⟨wy⟩modelować

Mo'dell|lösung F rozwiązanie modelowe; **~versuch** M badanie modelowe

Modenschau F pokaz *od* rewia mody

Moder M (-s; bpl) zgnilizna

mode'rat *lit* umiarkowany

Mode'ra|tor M *rtv* prezenter, moderator (programu); **~'torin** F prezenterka, moderatorka (programu)

mode'rieren (-) *rtv* prowadzić program

moderig zatęchły, stęchły; **es riecht ~** czuć stęchliznę

modern[1] (-re; a sn) butwieć, próchnieć

mo'dern[2] (*modisch*) modny; *Technik, Person, Haus usw* nowoczesny; (*fortschrittlich*) postępowy (-wo)

Mo'derne F okres modernizmu, moderna; (*Kunstrichtung*) modernizm

moderni'sieren (-) ⟨z⟩modernizować

Moderni'sierung F modernizacja

Moderni'tät F (bpl) nowoczesność *f*

Modesalon M salon mody

Mode|schmuck M sztuczna biżuteria; **~schöpfer** M kreator mody; **~wort** N modne słówko, modny wyraz; **~zeichner(in)** M(F) projektant(ka) mody, stylista *m* (-tka)

Modi PL → Modus

modifi'zieren (-) ⟨z⟩modyfikować

modisch modny; **sich ~ kleiden** ubierać się modnie

Mo'distin F modystka

modrig → moderig

Modul N (-s; -e) moduł; **~bauweise** F konstrukcja modułowa

Modus M (-; *Modi*) (*Verfahrensweise*) tryb (*a.* JĘZ), sposób; FILOZ, MUS modus

Mofa N (-s; -s) motorower

Moge'lei *umg* F szachrajstwo

mogeln *umg* V/I (-le) szachrować, oszukiwać (**beim Kartenspiel** w kartach)

Mogelpackung F oszukańcze opakowanie

mögen (*mag od möchte; mochte*) **A** *als Modalverb* (*pperf mögen*) + INF (*können*) móc (+ *inf*); (*wollen*) chcieć (+ *inf*); (*gernhaben, gern tun*) lubić (+ *inf*); **das mag sein** być może; **wer mag das sein** kto to może być; **ich hätte das sehen ~** szkoda, że tego nie widziałem (-łam) *od* zobaczyłem (-łam); **ich mag schwimmen** lubię pływać; **sie mag nicht warten** ona nie lubi czekać; **sie möchte lieber hierbleiben** ona wolałaby tu pozostać; **ich möchte (so gern) fahren** (bardzo) chciał(a)bym ⟨po⟩jechać; **ich mag nicht glauben, dass** nie chce mi się wierzyć, że; **mag er noch so reich sein** nawet gdyby był nie wiem jak bogaty; **was er auch tun mag** cokolwiek by on nie zrobił; *lit Wunsch* **er (sie) möge kommen** niech przyjdzie **B** V/T (*pperf gemocht*) (*lieben*) lubić (*akk*); (*wollen*) chcieć (*gen*); **ich mag ihn** lubię go; **ich habe sie gemocht** lubiłem ją; **was möchtest du?** czego chcesz?; **was möchten Sie?** czego pan(i) sobie życzy?; **lieber ~** woleć; **ich mag lieber Wein** wolę wino **C** V/I (*pperf gemocht*) chcieć; **ich mag nicht** nie chcę, nie chce mi się; **ich möchte nach Hause** chcę do domu; **wie du möchtest** jak sobie chcesz

möglich możliwy (-wie); **... wenn es ~ ist** ... jeżeli to jest możliwe, jak się tylko da; **so bald wie ~** możliwie (jak) najwcześniej *od* najszybciej; **es war mir nicht ~** nie mogłem; **das ist doch nicht ~!** to niemożliwe!; **alles ist ~** wszystko jest możliwe; **alles Mögliche** wszystko możliwe; *umg* (*vielerlei*) (różne) różności *pl*

möglicher'weise ADV być może; możliwe, że ...

Möglichkeit F możliwość *f*, możność *f*; **nach ~** w miarę możności; **es besteht die ~, dass** możliwe, że; **das übersteigt meine ~en** to przerasta moje możliwości

möglichst ADV możliwie naj- (+ *komp*); **~ schnell, viel** możliwie (jak) najprędzej, najwięcej; **ich werde mein Möglichstes tun** zrobię wszystko, co w mojej mocy

Mohamme'daner M mahometanin

Mohamme'danerin F mahometanka

mohamme'danisch mahometański

Mohair, **Mohär** M (-s; bpl) moher; **~schal** M szalik moherowy
Mohn M (-[e]s; -e) mak; **~kapsel** F makówka; **~brötchen** N małgorzatka; **~kuchen** M makowiec, placek z makiem
Möhre F, **Mohrrübe** F marchew *f*, marchewka
Mohrenkopf M KULIN murzynek
Mohrrübe F → Möhre
Mokas'sin *a.* ['mo-] M (-s; -s) mokasyn
mo'kieren (-): V/R **sich ~ über** (*akk*) natrząsać się z (*gen*)
Mokka M (-s; -s) mokka
Molch M (-[e]s; -e) traszka, tryton
Moldau F (*bpl*) (*Fluss*) Wełtawa
Mol'dawien N (-s; *bpl*) Mołdawia
Mole F molo
Mole'kül N (-s; -e) cząsteczka, molekuła
moleku'lar cząsteczkowy, molekularny
molk → melken
Molke F (*bpl*) serwatka, *reg* żętyca
Molke'rei F mleczarnia; **~produkt** N produkt mleczarski
Moll N (-; *bpl*) MUS moll; **in ~** molowy
mollig (*rundlich*) puszysty, pulchny, pełny; (*warm*) cieplutki; **hier ist es ~ warm** tu (jest) przytulnie i cieplutko
Mo'ment[1] M (-[e]s; -e) moment, chwila; **im ~** w tej chwili, w tym momencie; *umg* **keinen ~** ani przez chwilę; **~ (mal)!** chwileczkę!
Mo'ment[2] N (-[e]s; -e) moment (*a.* FIZ)
momen'tan (*vorübergehend*) chwilami, przez chwilę; (*jetzt*) w tej chwili
Monaco N (-s; *bpl*) Monako *unv*
Monar'chie [PL -'çi:ən] F monarchia
monar'chistisch monarchistyczny
Monat M (-es; -e) miesiąc; **in e-m ~** za miesiąc; **in drei ~en** za trzy miesiące; **seit e-m ~** od miesiąca; **seit fünf ~en** od pięciu miesięcy; **vor e-m ~** przed miesiącem, miesiąc temu; **im fünften ~** *Frau* w piątym miesiącu (ciąży)
monatelang miesiącami, przez długie miesiące
monatlich miesięczny; ADV (*jeden Monat*) co miesiąc
Monats|anfang M początek miesiąca; **~blutung** F miesiączka; **~gehalt** N pensja miesięczna; **~karte** F bilet miesięczny; **~name** M nazwa miesiąca; **~rate** F rata miesięczna; **~schrift** F miesięcznik
Mönch M (-[e]s; -e) mnich, zakonnik
mönchisch mniszy, mnisi
Mönchskutte F mnisi habit
Mönchsorden M zakon męski
Mond M (-[e]s; -e) księżyc; ASTRON (*bpl*) Księżyc; **zunehmender ~** nów, księżyc na nowiu; *umg fig* **du lebst wohl hinter dem ~?** ty co, z księżyca spadłeś?
mon'dän wytworny, światowy (-wo)
Mond|aufgang M wschód księżyca; **~bahn** F (*bpl*) orbita Księżyca; **~finsternis** F zaćmienie Księżyca; **~flug** M lot na Księżyc; **~landefähre** F lądownik księżycowy; **~landschaft** F krajobraz księżycowy; **~licht** N światło księżyca; **~phase** F faza Księżyca, kwadra
Mondschein M światło księżyca; **bei, im ~** przy, w świetle księżyca
Mond|umlaufbahn F orbita okołoksiężycowa; **~wechsel** M zmiana księżyca
mone'gassisch monakijski
Mo'neten *umg* PL moniaki *mpl*
Mon'gol|e M (-n), **~lin** F Mongoł(ka)
Mongo'lei F (*bpl*) Mongolia
mon'golisch mongolski (po -ku)
Mongo'lismus M (-; *bpl*) MED zespół Downa, mongolizm
mo'nieren (-) *Lieferung* reklamować; *Rechnung* kwestionować; *Essen usw* krytykować; (*mahnen*) monitować
Monitor M (-s; -e *u* -'toren) (*Bildschirm*) monitor, wyświetlacz
mono ADV mono
mono'gam monogamiczny
Mono'gramm N (-s; -e) monogram
Mono|gra'fie, **~graphie** F monografia
Mo'nokel N monokl
Monokultur F monokultura
Mono'lith M (-s *od* -en; -e[N]) monolit
Mono'log M (-[e]s; -e) monolog
Mono'pol N (-s; -e) monopol; **~stellung** F pozycja monopolistyczna
mono'ton monotonny
Monoto'nie F (-; -n [-ən]) F monotonia
Monozelle F pojedyncze ogniwo
Monster N monstrum *n*, potwór
Monst'ranz F monstrancja
monst'rös monstrualny
Monstrum N (-s; -ren) monstrum *n*
Montag M (-s; -e) poniedziałek; **am ~** w poniedziałek; **jeden ~** w każdy poniedziałek, co poniedziałek; *umg* **blauer ~**

szewski poniedziałek; **~s-** *in zssgn* poniedziałkowy
Montage [-'tɑːʒə] F montaż; **~band** N taśma montażowa
montags ADV w poniedziałek; co poniedziałek
Mon'tanindustrie F przemysł górniczy
montenegrinisch czarnogórski
Monte'negro N (*-s; bpl*) Czarnogóra
Mon'teur M (*-s; -e*) monter
mon'tieren (-) ⟨za⟩montować; (*zusammenbauen*) ⟨z⟩montować
Mon'tier|er(in) M(F) pracownik (-nica) przy taśmie montażowej; **~hebel** M *für Autoreifen* łyżka do opon
Monu'ment N (*-[e]s; -e*) monument
monumen'tal monumentalny
Moor N (*-[e]s; -e*) bagno, moczary *mpl*; MED borowina; **~bad** N kąpiel borowinowa; (*Ort*) uzdrowisko oferujące kuracje borowinowe; **~huhn** N pardwa
Moos N (*-es; -e*) mech; *umg* (*Geld*) forsa
moosbedeckt omszały
Moosbeere F żurawina
moosgrün barwy mchu, ciemnozielony
Moped N (*-s; -s*) moped
Mops M (*-es; Möpse*) (*Hund*) mops; *pop* (*nur* PL, *Geld*) **ein paar Möpse** parę złotych *od* euro *usw*
mopsen *umg* (*klauen*) podpylić *pf*
Mo'ral F (*bpl*) moralność *f*; *e-r Geschichte* morał; (*innere Haltung*) morale; **~apostel** *abw* M moralizator
mo'ralisch moralny; *umg* **e-n Moralischen haben** mieć moralnego kaca
morali'sieren V/I (-) moralizować
Mo'ralpredigt F: **j-m e-e ~ halten** prawić k-u morały
Mo'räne F morena
Mo'rast M (*-[e]s; -e u Moräste*) błoto, bagno; (*bpl*) (*Schlamm*) błoto, błocko; *fig* bagno
mo'rastig błotnisty, bagnisty
Morchel F (*-; -n*) smardz
Mord M (*-[e]s; -e*) mord, morderstwo, zabójstwo (umyślne); **e-n ~ an j-m begehen** dokonać *pf* zabójstwa (*gen*); ... **wegen ~es** ... za zabójstwo
Mord|anklage F oskarżenie o zabójstwo; **~anschlag** M zamach na życie; **~drohung** F groźba zamordowania
morden (*-e-*) V/I mordować; V/T zamordować, wymordować *pf*
Mörder(in) M(F) morderca *m* (-czyni), *bes* JUR zabójca *m* (-czyni)
mörderisch morderczy (*a. umg Tempo, Arbeit, Hitze*), zabójczy (*a. umg Klima*); *präd* morderczo, zabójczo
Mord|fall M sprawa zabójstwa; **~kommission** F wydział zabójstw; **~komplott** N spisek na życie (**gegen den Präsidenten** prezydenta); **~opfer** N ofiara morderstwa; **~prozess** M proces o zabójstwo
Mords|- *umg in zssgn* cholerny, straszny; **~glück** *umg* N cholerne szczęście; **~hunger** *umg* M straszny głód; **~kerl** *umg* M byczy facet; **~krach** *umg* M (*Lärm*) dziki hałas; (*Streit*) burzliwa sprzeczka
mordsmäßig *umg* okropny, straszny
Mordsspaß *umg* M (*bpl*) ubaw po (same) pachy
Mord|verdacht M podejrzenie o zabójstwo; **~versuch** M usiłowanie zabójstwa; **~waffe** F broń *f* użyta do popełnienia morderstwa
morgen ADV jutro, nazajutrz; **~ früh** jutro rano; **bis ~** do jutra; **für ~** na jutro; *fig etw* **von ~** jutrzejszy ...
Morgen[1] M (po)ranek, rano; (*Zukunft*) jutro; **ein ~ im Frühling** wiosenny poranek; **jeden ~** co rano; **am ~** z rana, rankiem; **am frühen ~** wczesnym rankiem; **bis in den hellen ~** do białego rana; **seit dem ~** z samego rana; **gegen ~** nad ranem; **guten ~!** dzień dobry!
Morgen[2] M (*Feldmaß*) mórg, morga
Morgendämmerung F świt, brzask
morgendlich poranny, ranny
Morgengrauen N świt; **im ~** o świcie
Morgen|gymnastik F gimnastyka poranna; **~land** N (*bpl*) Wschód
Morgenluft F (*bpl*) (świeże) ranne powietrze; *fig* **~ wittern** zwęszyć dobry interes
Morgenmuffel *umg* M: **er ist ein ~** rano on jest (zawsze) nie w humorze
Morgen|rock M podomka; **~rot** N, **~röte** F jutrzenka, zorza poranna
morgens ADV rano, z rana, rankiem; **um sechs Uhr ~** o szóstej rano; **von ~ bis abends** od rana do wieczora
Morgenstern M (*bpl*) Jutrzenka
Morgenstunde F: *mst* **~n** PL godziny *fpl* poranne; **~ hat Gold im Munde** kto rano wstaje, temu Pan Bóg daje

M

Morgenzeitung F gazeta poranna
morgig jutrzejszy
Morphium N (-s; bpl) morfina
Morphiumsucht F (bpl) morfinizm
morphiumsüchtig ADJ: **er, sie ist ~** on, ona się morfinizuje
Morpholo'gie F (bpl) morfologia
morsch zmurszały, spróchniały; **~ werden** ⟨z⟩murszeć, ⟨s⟩próchnieć
Morsealphabet N alfabet Morse'a
morsen V/T nada(wa)ć alfabetem Morse'a, *umg* nada(wa)ć morsem
Mörser M moździerz (*a.* MIL)
Morta'della F (-; -s) mortadela
Mörtel M zaprawa
Mosa'ik N (-s; -e[N]) mozaika (*a. fig*); **~fußboden** M posadzka mozaikowa; **~stein** M kostka mozaiki
mo'saisch mojżeszowy
Mo'schee F meczet
Moschus M (-; bpl) piżmo; **~ochse** M wół piżmowy, piżmowół
Möse *pop* F piczka
Mosel F (-; bpl): **die ~** Mozela
Moselwein M wino mozelskie
mosern *umg* V/I (-re) wydziwiać (**über etw** na *akk*)
Moskau N (-s; bpl) Moskwa
Moskauer ADJ moskiewski
Mos'kito M (-s; -s) moskit
Mos'kitonetz N moskitiera
Moslem M (-s; -s) muzułmanin
mos'lemisch muzułmański
Mos'lime F muzułmanka
Most M (-[e]s; bpl) moszcz; *reg* (*Federweißer*) moszcz winny
Mostrich M (-s; bpl) *reg* musztarda
Motel N (-s; -s) motel
Mo'tiv N (-s; -e) motyw (*a. in der Literatur, Musik, Malerei*)
Motivati'on F motywacja
moti'vieren (-) (*anregen*) pobudzać ⟨-dzić⟩; (*begründen*) ⟨u⟩motywować
Motor M (-s; -'toren) silnik, motor; *fig* motor; **~block** M blok cylindrów; **~boot** N motorówka; **~drachen** M motolotnia; **~fahrer(in)** M(F) *szwajc* kierowca *m* samochodu (*a. f*); **~haube** F maska silnika
motori'sieren (-) ⟨z⟩motoryzować
motori'siert ADJ zmotoryzowany
Motori'sierung F (bpl) motoryzacja
Motoröl N olej silnikowy
Motorpanne F awaria silnika
Motorrad N motocykl, *umg* motor; **~fahrer(in)** M(F) motocyklista *m* (-tka); **~rennen** N zawody *mpl* motocyklowe
Motor|raum M AUTO komora silnika; **~roller** M skuter; **~säge** F piła mechaniczna; **~schiff** N motorowiec; **~segler** M motoszybowiec; **~sport** M sport motorowy
Motte F mól
Mottenkugel F kulka przeciwmolowa
Motto N (-s; -s) motto
motzen *umg* V/I psioczyć (**über** *akk* na *akk*)
Mountainbike ['maʊntənbaɪk] N (-s; -s) rower górski, *umg* góral
Mousse [mʊs] F (-; -s) KULIN mus
Möwe F mewa
MP [ɛm'pi:] F (Maschinenpistole) pistolet maszynowy, *umg* automat
Mrd. (Milliarde[n]) miliard(ów)
MS → Motorschiff; (multiple Sklerose) stwardnienie rozsiane
MTA (medizinisch-technische Assistentin) technik analityki medycznej
mtl. → monatlich
Mücke F komar; *umg* **aus e-r ~ e-n Elefanten machen** robić z igły widły
Mucke F: *umg* **s-e ~n haben** mieć kaprysy
Mücken|spray M *od* N spray od komarów; **~stich** M ukąszenie komara
Muckis *umg* PL (*Muskeln*) mięśnie *mpl*, *engS* bicepsy *mpl*
Mucks *umg* M: **keinen ~ sagen** nie pisnąć *pf* (ani) słówka; **der Motor sagt jetzt keinen ~** silnik wysiadł na amen
mucksen *umg*: V/R **sich nicht ~** być cicho jak mysz pod miotłą
mucksmäuschenstill → mäuschenstill
müde zmęczony, znużony; **~ sein** być zmęczonym; **zum Umfallen ~ sein** padać ze zmęczenia; **~ machen** zmęczyć *pf*, znużyć *pf*; **~ werden** ⟨z⟩męczyć się (**von der Arbeit** pracą); **sich ~ laufen** nachodzić się *pf*; *fig* **~s Lächeln** blady uśmiech; *e-r Sache* **~ sein** (*überdrüssig sein*) uprzykrzyć sobie (*akk*), znużyć się (*inst*); **er wird nicht ~, es immer wieder zu erklären** on niezmordowanie stara się to wytłumaczyć
Müdigkeit F (bpl) zmęczenie, znużenie; **keine ~ vorschützen!** tylko bez wykrętów!

M

Mu'ezzin M (-s; -s) muezin
Muff M (-[e]s; -e) mufka
Muffe F TECH mufa; *für Rohre a.* złączka; *für Welle a.* nasuwka
Muffel *umg* M mruk; → Morgenmuffel
muffelig *umg* mrukliwy, burkliwy (-wie)
muffig stęchły (-le); **~ riechen** trącić stęchlizną; *umg* → muffelig
mufflig → muffelig
Mufflon M (-s; -s) ZOOL muflon
Mühe F trud; (*Umstände*) fatyga, *umg* zachód; **sich** (*dat*) **~ geben** zada(wa)ć sobie trud, dokładać ⟨dołożyć⟩ starań; **sich** (*dat*) **die ~ machen zu** (+ INF) zadać *pf* sobie trud i (+ *inf*); **keine ~ scheuen** nie szczędzić trudów; **mach dir bitte keine ~** nie fatyguj się; **alle ~ haben zu** (+ INF) mieć wielkie trudności (z *inst des Verbalsubstantivs*); **die Sache ist der ~ nicht wert** sprawa nie jest warta zachodu; **mit Müh und Not** z wielkim trudem, mozolnie, ledwie ledwie
mühelos łatwy (-wo); *präd* bez trudu
muhen V/I *Rind* ⟨za⟩ryczeć
mühen: V/R **sich ~** starać się, trudzić się
mühevoll mozolny, żmudny; *präd a.* z wielkim mozołem
Mühle F młyn; *für Kaffee usw* młynek; *umg* (*Auto usw*) (stary) gruchot
Mühlrad N koło młyńskie
Mühsal *lit* F trud, mozół
müh|sam, **~selig** męczący (-co), uciążliwy (-wie); *präd a.* z trudem
Mu'latt|e M (-n), **~in** F Mulat(ka)
Mulde F wgłębienie, wklęsłość *f*
Mull M (-s; *bpl*) muślin, gaza
Müll M (-s; *bpl*) śmieci(e) *mpl*, odpady *mpl*; **etw in den ~ werfen** wyrzucać ⟨-cić⟩ do śmieci (*akk*); **~abfuhr** F wywóz śmieci; **~berg** M kupa śmieci; PL zwały *mpl* śmieci; **~beutel** M (plastikowa) torba na śmieci
Mullbinde F bandaż *od* opaska z gazy
Müll|container M pojemnik na śmieci; **~deponie** F składowisko śmieci *od* odpadów; **~eimer** M kubeł na śmieci; **~entsorgung** F odbiór, wywóz i unieszkodliwianie śmieci
Müller(in) M(F) młynarz(owa)
Müllerinart: *nur* KULIN **nach ~** sauté
Müll|haufen M śmietnik; **~kippe** F wysypisko śmieci, śmietnisko; **~mann** *umg* M (PL -männer) śmieciarz; **~sack** M worek (plastikowy) na śmieci; **~schlukker** M zsyp na śmieci; **~tonne** F pojemnik na śmieci; **~trennung** F segregowanie śmieci *od* odpadów; **~verbrennungsanlage** F zakład spalania śmieci; **~verwertung** F utylizacja śmieci; **~wagen** M śmieciarka
mulmig *umg Lage* groźny; **ihm wurde ~ zumute** zrobiło mu się nieswojo
Multi *umg* M (-s; -s) koncern wielonarodowy
multi-, **Multi-** *in zssgn* multi-, wielo-
multi|'ethnisch wieloetniczny; **~kultu'rell** wielokulturowy; **~late'ral** wielostronny
Multi'media|- *in zssgn* multimedialny; **~show** F multimedialna impreza
multinatio'nal wielonarodowy
mul'tipel *lit* mnogi; → Sklerose
Multiplikati'on F MAT mnożenie
Multipli'kator M (-s; -'toren) MAT mnożnik; (*Person*) multiplikator
multipli'zieren (-) ⟨po⟩mnożyć (**mit** przez A)
Multivita'minpräparat N multiwitamina
Mumie ['mu:miə] F mumia
Mumm *umg* M (-s; *bpl*) (*Wagemut*) rezon, odwaga; (*Kraft*) siła
Mumpitz *umg* M (-es; *bpl*) bzdury *fpl*
Mumps M (-; *bpl*) nagminne zapalenie przyusznic, *umg* świnka
München N (-s; *bpl*) Monachium *unv*
Münchener ADJ monachijski
Mund M (-es; *Münder*) usta *pl*, *umg* buzia, *pop* gęba; **auf den ~ küssen** ⟨po⟩całować w usta; *umg* **halt den ~!** zamknij buzię!, *pop* stul pysk!; *umg* **ihr ~ steht nicht still** usta jej się nie zamykają; *fig* **in aller ~e sein** być na ustach wszystkich; **von ~ zu ~ gehen** przechodzić z ust do ust; **j-m den ~ verbieten** zawiąz(yw)ać k-u usta; **j-m** *Worte usw* **in den ~ legen** kłaść *od* wkładać ⟨włożyć⟩ k-u w usta (*akk*); *umg* **nicht auf den ~ gefallen sein** nie zapominać języka w gębie; *umg* **den ~ aufreißen** *od* **vollnehmen** przechwalać się; *umg* **den ~ nicht aufkriegen** nie otwierać ⟨otworzyć⟩ ust
Mundart F narzecze, gwara
Mündchen N usteczka, buziulka
Munddusche F spryskiwacz do płukania ust

Mündel N od M podopieczny (-na), pupil(ka)
munden *lit* V/I (*-e-*) smakować
münden V/I (*-e-*) *Fluss* wpadać, uchodzić (**in** *akk* do *gen*); *Straße* wychodzić (**auf** *akk od dat* na *akk*); *Gespräch usw* sprowadzać ⟨-dzić⟩ się (**in** *akk* do *gen*)
mundfaul milkliwy; **sei nicht so ~** powiedz coś wreszcie
mundgemalt ADJ malowany ustami
mundgerecht ADJ: **in ~en Stücken** pokrojony na kawałki, porcjowany
Mund|geruch M zapach z ust; **~harmonika** F organki *mpl*, harmonijka ustna; **~höhle** F jama ustna
mündig pełnoletni; **~ werden** osiągnąć pełnoletność
mündlich ustny; **~ überliefert** *Legende usw* przekaz(yw)any ustnie
Mund|öffnung F ZOOL otwór gębowy; **~propaganda** F ustna reklama; **~schutz** M (*-es; -e*) MED półmaska z gazy; *e-s Boxers* ochrona na zęby; **~stück** N ustnik
mundtot: *nur in* **j-n ~ machen** zamknąć *pf* k-u usta
Mündung F GEOG ujście; *e-s* (*Geschütz*)-*Rohres* wylot
Mundwasser N płyn do płukania ust
Mundwerk *umg* N (*bpl*): **ein flinkes, loses ~ haben** być wygadanym, być pyskatym
Mundwinkel M kącik ust
Mund-zu-Mund-Beatmung F sztuczne oddychanie metodą usta-usta
Muniti'on F (*bpl*) amunicja
Munitions|depot N, **~lager** N skład amunicji
munkeln *umg* V/I (*-le*) przebąkiwać (**über** *akk* o *lok*); **man munkelt** przebąkują (**dass** że)
Münster N katedra, tum
munter (*komp -er od -trer*) (*lebhaft*) żywy (-wo), żwawy (-wo); (*fröhlich*) wesoły (-ło); (*wach*) obudzony, rześki; **~ sein** (*nicht schlafen*) nie spać, czuwać; **~ werden** ożywić się; (*wach werden*) obudzić się (rześki); **wieder gesund und ~ sein** wrócić *pf* do zdrowia
Munter|keit F (*bpl*) żywość *f*, żwawość *f*; **~macher** *umg* M coś na orzeźwienie
Münzautomat M automat wrzutowy na monety
Münze F moneta; (*Gedenkmünze*) medal; (*Münzstätte*) mennica; **klingende ~** gotówka; *fig* **etw für bare ~ nehmen** brać ⟨wziąć⟩ za dobrą monetę (*akk*); **j-m ... mit gleicher ~ heimzahlen** odpłacać ⟨-cić⟩ k-u pięknym za nadobne
münzen (*-zt*): *fig* **das war auf dich gemünzt** to była aluzja pod twoim adresem
Münz|fernsprecher M automat telefoniczny; **~sammlung** F kolekcja monet (i medali), zbiór numizmatyczny
Münzwechsler M automat do rozmieniania pieniędzy
Mu'räne F murena
mürbe *Gebäck, Fleisch* kruchy; *Apfel* miękki; **~ werden** ⟨s⟩kruszeć; → mürbemachen
mürbemachen *fig*: **j-n ~** skruszyć *pf* opór (*gen*)
Mürb(e)teig M kruche ciasto
Mure F osuwisko
Murks *umg abw* M (*-es; bpl*) fuszerka
Murmel F (*-; -n*) (szklana) kulka
murmeln V/T *u.* V/I (*-le*) mruczeć; *Bach* szemrać
Murmeltier N świstak; *umg* **schlafen wie ein ~** spać jak suseł
murren V/I sarkać (**über** *akk* na *akk*); **ohne zu ~** bez jęków i biadoleń
mürrisch *Antwort, Mensch, Wesen* mrukliwy; *Gesicht* posępny, ponury; **~ dreinschauen** patrzeć ponuro
Mus N (*-es; -e*) przecier; piure
Muschel F (*-; -n*) ZOOL małż; (*Schale*) muszla (*a. Hörmuschel*), koncha; (*Ohrmuschel*) małżowina, koncha; **~kalk** M (*bpl*) MINER muszlowiec, wapień muszlowy
Muschi *pop* F (*-; -s*) pipka, pisia
Muse F muza
Mu'seum N (*-s; -een*) muzeum *n*
mu'seumsreif: **... ist ~ ...** to okaz muzealny
Mu'seumsstück N eksponat muzealny
Musical ['mju:zikəl] N (*-s; -s*) musical
Mu'sik F muzyka; **leichte ~** muzyka lekka; **~ machen** muzykować
musi'kalisch muzyczny; *Person* muzykalny; **~ veranlagt** *a.* uzdolniony muzycznie
Musi|kali'tät F (*bpl*) muzykalność *f*; **~'kant(in)** M(F) muzykant, grajek (*a. f*)
Mu'sikbox F szafa grająca

das Modalverb müssen

Der Brief muss zur Post®	List trzeba wysłać.
Er muss zum Arzt.	Musi iść do lekarza.
Er muss jeden Moment kommen.	Za chwilę tu będzie.
So müsste es immer sein.	Tak powinno być zawsze.
Damals muss er verreist gewesen sein.	Wtedy musiał być w podróży.

Musiker(in) M(F) muzyk (*a. f*)
Mu'sik|hochschule F konserwatorium *n*, akademia muzyczna; **~instrument** N instrument muzyczny; **~konserve** F muzyka z płyt *od* z taśm; **~lehrer(in)** M(F) nauczyciel(ka) muzyki; **~stück** N utwór muzyczny; **~therapie** F muzykoterapia; **~untermalung** F *im Film* ilustracja muzyczna; **~wissenschaft** F (*bpl*) muzykologia
musisch artystyczny; **sie ist ~ veranlagt** ona ma usposobienie artystyczne; **die ~en Fächer** dyscypliny *fpl* artystyczno-muzyczne
musi'zieren V/I (-) muzykować
Mus'kat M (-[e]s; -e) → Muskatnuss
Muska'teller M (*Wein*) muszkatel
Mus'katnuss F gałka muszkatołowa
Muskel M (-s; -n) mięsień *m*, muskuł; **~faser** F włókno mięśniowe; **~faserriss** M naderwanie mięśnia; **~kater** *umg* M (*bpl*) (zmęczeniowy) ból mięśni; **~kraft** F (*bpl*) siła mięśniowa; **~krampf** M skurcz mięśnia, kurcz; **~paket** *umg* N, **~protz** *umg* M osiłek, kupa mięśni; **~schwund** M zanik mięśni; **~zerrung** F naciągnięcie mięśnia
Muskula'tur F umięśnienie, muskulatura
musku'lös muskularny, umięśniony
Müsli N (-s; -s) muesli, musli *unv*
Muslim M → Moslem
muss → müssen
Muss N (-; *bpl*) konieczność *f*, mus
Muße F (*bpl*) (wolny) czas; **mit ~** wolno, bez pośpiechu
müssen (*muss, du musst, musste*) **A** *als Modalverb* (*pperf müssen*) + INF (*gezwungen sein*) musieć, być zmuszonym; **ich muss** muszę; **ich müsste** musiałbym, *f* musiałabym; (*sollen, sich genötigt sehen*) **ich muss** powinienem, *f* powinnam; **ich müsste** powinienem był, *f* powinnam była; **du musst** powinieneś, *f* powinnaś; **er muss** powinien; **sie muss** powinna; **wir ~** powinniśmy; **ihr müsst** powinniście; **sie** PL **~** *persf* powinni, *sachf* powinne; **wir ~ Ihnen leider mitteilen, dass ...** niestety, zmuszeni jesteśmy poinformować Pana *od* Panią, że ...; (*es ist notwendig*) **man muss** (+ INF) trzeba (+ *inf*); **man müsste** trzeba by, trzeba byłoby; **man hätte ... ~** trzeba było ...; **er muss das tun** on musi *od* powinien to zrobić; **sie muss gehen** ona musi *od* powinna iść; **du musst mir helfen** musisz mi pomóc; **sie hätte fragen ~** ona powinna była zapytać; **er muss gleich kommen** on powinien zaraz nadejść; **es muss geregnet haben** chyba padał deszcz; **es muss sein** tak musi być; **wenn es sein muss** jeśli tak być musi **B** V/I (*pperf gemusst*) musieć; **ich muss nach Hause gehen** *usw* muszę do domu; **wenn ich muss** jeśli muszę *od* będę musiał; **muss ich?** czy muszę?; **er hat zum Chef gemusst** musiał iść do szefa; *umg* **ich muss mal** *zur Toilette* muszę pójść za swoją potrzebą
Mußestunde F wolna chwila
müßig próżniaczy (-czo), bezczynny; (*überflüssig*) zbędny, zbyteczny; → müßiggehen
Müßiggang *lit* M (*bpl*) nieróbstwo
Müßiggänger(in) M(F) nierób (*a. f*)
müßiggehen (*irr; sn*) próżnować, nic nie robić
musste → müssen
Muster N wzór, wzorzec (*a. fig Vorbild*); (*Motiv*) wzór, *dim* wzorek, deseń *m*; HANDEL próbka (**ohne Wert** bez wartości); **~beispiel** N (**für etw**) typowy przykład, wzór (*gen*); **~exemplar** N egzemplarz okazowy; *iron* wzór
muster|gültig, **~haft** wzorowy (-wo)
Muster|knabe *abw* M *iron* grzeczny *od* cacany chłopczyk; **~kollektion** F kolekcja próbek; **~messe** F targi *mpl* wzorcowe
mustern (-*re*): **j-n ~** mierzyć wzrokiem,

lustrować (*akk*); **gemustert werden** *Wehrpflichtige* przejść badanie przed komisją poborową
Muster|schüler(in) M(F) prymus(ka); **~schutz** M ochrona wzorów
Musterung F (*Muster*) deseń *m*; *von Rekruten* badanie poborowych
Muster|vertrag M umowa wzorcowa; **~wohnung** F wzorcowe mieszkanie
Mut M (*-es; bpl*) odwaga, męstwo; **guten** *od* **frohen ~es** pełen otuchy; **~ fassen** zdoby(wa)ć się na odwagę; nab(ie)rać otuchy; **j-m ~ machen** doda(wa)ć k-u odwagi; **den ~ verlieren, sinken lassen** upadać ⟨upaść⟩ na duchu; **zu ~e** → zumute
Mutati'on F BIOL mutacja
mutieren V/I (-) ⟨z⟩mutować, ulegać ⟨ulec⟩ mutacji; *fig* przeobrażać ⟨-razić⟩ się (**zu** w *akk*)
mutig odważny, mężny
mutlos upadły na duchu, przygnębiony
Mutlosigkeit F (*bpl*) przygnębienie
mutmaß|en (*akk*, **dass**) domniem(yw)ać (*akk*, że); **~lich** domniemany
Mutmaßung F domniemanie
Mutprobe F próba odwagi
Mutter[1] F (*-; Mütter*) matka; **~ Natur** matka natura; **sie wird ~** ona zostanie matką; **werdende ~** przyszła matka; **im Zimmer der ~** w matczynym pokoju; **wie e-e ~** jak matka, po matczynemu; **wie e-e ~ für j-n sorgen** matkować k-u; **~ Gottes** → Muttergottes
Mutter[2] F (*-; -n*) TECH nakrętka
Mütterberatungsstelle F poradnia dla matek
Mutter|bindung F (*bpl*) więź uczuciowa z matką; **~boden** M uprawna warstwa gleby
Mütterchen N mateczka, mamula; **ein altes ~** starowina
Mutter|erde F → Mutterboden; **~gesellschaft** F EKON spółka macierzysta
Muttergottes F (*bpl*) Matka Boska
Mutterkuchen M MED łożysko
Mutterland N (*Heimat*) macierz *f*
Mutterleib M (*bpl*) łono matki
mütterlich macierzyński, (*a. der Mutter gehörend*) matczyny; *präd* po macierzyńsku, po matczynemu
mütterlicherseits ADV *Verwandte* ze strony matki
Mütterlichkeitt F (*bpl*) macierzyńska troskliwość
Mutter|liebe F macierzyńska miłość; **~mal** N znamię; **~milch** F mleko matki
Mutterschaft F macierzyństwo
Mutterschafts|geld N zasiłek macierzyński; **~urlaub** M urlop macierzyński
Mutter|schutz M ochrona matki pracującej; **~schwein** N maciora, locha
mutterseelenallein samiutki, samiuteńki (jak palec)
Mutter|söhnchen *umg abw* N maminsynek; **~sprache** F język ojczysty, mowa ojczysta; **~tag** M dzień *m* matki; **~tier** N matka
Mutti *umg* F (*-; -s*) mamusia
mutwillig umyślny; *präd* (na)umyślnie
Mütze F czapka (**mit Schirm** z daszkiem); MIL *in Polen* rogatywka; **die ~ aufsetzen** nakładać ⟨nałożyć⟩ czapkę
MwSt. → Mehrwertsteuer
mykenisch mykeński
My'kose F MED grzybica
Myrr(h)e F mir(r)a
Myrte F BOT mirt; *in zssgn* mirtowy
mysteri'ös tajemniczy (-czo)
mystisch mistyczny
Mythen PL → Mythos
Mytholo'gie [PL -'giːən] F mitologia
mytho'logisch mitologiczny
Mythos M (*-; -then*) mit

N

N (*Norden*) północ
na INT no; **~ gut** dobra; **~ und?** no i co?; **~ so was!** no, no!, coś takiego!; **~ also, ~ bitte** no proszę; **~ endlich** nareszcie; **~ warte!** poczekaj no!
Nabe F piasta
Nabel M pępek; **~bruch** M przepuklina pępkowa; **~schnur** F pępowina
nach PRÄP (*dat*) *Richtung, Ziel* do (*gen*), ku (*dat*), w (*akk*); *Reihenfolge* za (*inst*), (*a. zeitlich*) po (*lok*); (*gemäß*) według (*gen*); **~ Polen** do Polski; **~ wem fragt**

er? o kogo on pyta?; **ich kenne ihn dem Namen ~** znam go z nazwiska; **das schmeckt ~** ... to smakuje jak ...; → *Rektionsangaben bei den Stichwörtern*; ADV **~ und ~** stopniowo; **~ wie vor** w dalszym ciągu, nadal; **mir ~!** za mną!

nach|äffen *abw* małpować; **~ahmen** naśladować, imitować; **~ahmenswert** godny naśladowania

Nachahmer M naśladowca *m*; **~in** F naśladowczyni

Nachahmung F (*bpl*) naśladowanie; imitowanie; (*a. pl*) (*Sache*) imitacja

Nachahmungstrieb M (*bpl*) popęd do naśladowania

nacharbeiten *versäumte Arbeit* odpracow(yw)ać, odrabiać ⟨-robić⟩; *versäumte Zeit* nadrabiać ⟨-robić⟩; (*nachbessern*) dopracow(yw)ać

Nachbar M (*-n od -s; -n*) sąsiad; **~ sein (von)** sąsiadować (z *inst*); **~in** F sąsiadka; **~land** N kraj ościenny od sąsiadujący

nachbarlich (*benachbart*) sąsiedni; *des Nachbars* sąsiedzki, sąsiadów

Nachbar|ort M sąsiednia miejscowość; **~schaft** F sąsiedztwo; (*Nachbarn*) *a.* sąsiedzi *mpl*; **in der ~** w sąsiedztwie

nachbarschaftlich (między)sąsiedzki

Nachbeben N GEOL wtórny wstrząs

Nachbehandlung F MED leczenie uzupełniające

nach|bessern naprawi(a)ć, usuwać ⟨usunąć⟩ braki; dopracow(yw)ać; **~bestellen** (-) zamawiać ⟨-mówić⟩ dodatkowo *od* ponownie

Nachbildung F kopia; (*Imitat*) imitacja

nachblicken V/I (*dat*) spoglądać ⟨spojrzeć⟩ (za *inst*)

nach'dem *konj zeitlich*: **~ er gegangen war** po jego odejściu, gdy on odszedł; **sie ..., ~ sie dieses Buch gelesen hatte** po przeczytaniu tej książki ona ..., przeczytawszy tę książkę, ona ...; **je ~** zależnie od okoliczności

nachdenken V/I (*irr*) (**über** *akk*) rozmyślać, zastanawiać ⟨-nowić⟩ się (nad *inst*)

nachdenklich zamyślony, zadumany; **das machte ihn ~** to zastanowiło go; **~ werden** zamyślać ⟨-lić⟩ się

Nachdruck[1] M (-[e]s; -e) TYPO przedruk; dodruk; **unveränderter ~** wydanie stereotypowe

Nachdruck[2] M (-[e]s; bpl) nacisk; **mit ~** z naciskiem; **mit allem ~** z całą stanowczością; **~ legen auf** (*akk*) kłaść ⟨położyć⟩ nacisk na (*akk*)

nach|drucken TYPO *bereits gedrucktes Werk* przedrukow(yw)ać; *Auflage* dodrukow(yw)ać; **~drücklich** (*deutlich*) wyraźny, dobitny; (*entschieden*) stanowczy (-czo); **~dunkeln** V/I (z czasem) pociemnieć *pf*; **~eifern** V/I (-e-) (*dat*) starać się dorównać (*dat*)

nachei'nander ADV jeden (jedno) po drugim, jedna po drugiej; (*wechselseitig einer nach dem anderen*) po sobie; (*der Reihe nach*) kolejno

nach|empfinden (*irr*; -) → nachfühlen; *e-r Sache*, **j-m nachempfunden sein** powstać *pf od* być stworzonym pod wpływem (*gen*); **~erzählen** (-) powtarzać ⟨-wtórzyć⟩ swoimi słowami

Nachf. (Nachfolger) następca

Nachfahr M (*-en*), **~e** M (*-n*) przodek

Nachfeier *umg* F poprawiny *pl*

Nachfolge F następstwo; **j-s ~ antreten** obejmować ⟨objąć⟩ następstwo (po *lok*)

nachfolgend ADJ następczy; *Verkehr* jadący z tyłu *od* w tyle; **der ~e Text** dalszy tekst; **im Nachfolgenden** niżej

Nach|folger M następca *m*; (*Erbe*) sukcesor; **~folgerin** F następczyni; (*Erbin*) sukcesorka; **~forderung** F dodatkowe roszczenie, późniejsze żądanie

nachforschen V/I starać się dowiedzieć, poszukiwać; (*forschen, ermitteln*) badać

Nachforschung F (*mst* PL) (*Suche*) poszukiwanie; (*Untersuchung*) badanie; **~en anstellen** (**über** *akk*) prowadzić poszukiwania (*gen*)

Nachfrage F (*bpl*) HANDEL popyt; **nach dieser Ware herrscht große ~** istnieje duży popyt na ten towar

nachfragen V/I ⟨po⟩informować się (**bei j-m wegen** u k-o o *lok*); (*nochmals fragen*) ⟨za⟩pytać jeszcze raz

Nachfragerückgang M spadek popytu

nachfühlen V/T: **ich kann dir das ~** rozumiem twoje uczucia

nachfüllen *Kiste, Glas* dopełni(a)ć; *Mehl* dosyp(yw)ać (*gen*); *Wasser* dol(ew)ać (*gen*)

nachgeben V/I (*irr*) ustępować ⟨ustąpić⟩ (**dem Druck** pod naciskiem; **j-m** k-u); *e-r Laune* podda(wa)ć się (*dat*); FIN *Kurse* spadać ⟨spaść⟩; (*sich biegen*) uginać

N

⟨ugiąć⟩ się; **die Tür gab nach** drzwi ustąpiły
Nachgebühr F (*bpl*) dopłata
nachgehen V/I (*irr; sn*) → folgen; *fig e-r Sache* sprawdzać ⟨-dzić⟩, ⟨z›badać (*akk*); *e-r Arbeit* wykonywać (*akk*), zajmować się (*inst*); *Uhr* późnić się (**5 Minuten** o pięć minut)
nachgemacht ADJ podrobiony, sfałszowany
nachgeordnet ADJ niższego szczebla
Nachgeschmack M (-[e]s; bpl) posmak (*a. fig*)
nach|giebig *Person* ustępliwy (-wie); **~gießen** (*irr*) dol(ew)ać; **~gucken** *umg* V/I → nachsehen; **~haken** *umg* V/I zapytać *pf* powtórnie; **~haltig** trwały (-le), długotrwały
nach'hause → Haus
nachhelfen V/I (*irr*) pomagać ⟨-móc⟩
nachher ADV potem; *umg* **bis ~!** na razie!
Nachhilfe F korepetycje *fpl*; **~ haben** brać korepetycje; **~lehrer(in)** M(F) korepetytor(ka)
Nachhilfestunden FPL korepetycje *fpl*, *umg* korki *mpl*; **~ bekommen** brać korepetycje
Nachhinein: *mst in* **im ~** później, po czasie
Nachholbedarf M niezaspokojona potrzeba (**an Schlaf** snu); *in der 3. Welt* wzmożony popyt (na *akk*)
nachholen *Familie* sprowadzać ⟨-wadzić⟩ później; *Versäumtes* nadrabiać ⟨-robić⟩; **Schlaf ~** odsypiać ⟨odespać⟩ się
nachjagen V/I (*sn*) (*dat*) gonić (za *inst*) (*a. fig*)
Nachkomme M (-*n*) potomek (-mkini *f*)
nachkommen V/I (*irr*) (*später kommen*) przychodzić ⟨przyjść⟩ później; *fahrend* przyjeżdżać ⟨-jechać⟩ później; *fig e-m Befehl, Wunsch usw* spełni(a)ć (*akk*); *e-r Pflicht* wywiąz(yw)ać się (z *gen*); (*Schritt halten*) nadążać
Nach|kommenschaft F (*bpl*) potomstwo; **~kömmling** M (-*s*; -*e*) ostatnie dziecko; **~kriegszeit** F okres powojenny; **~lass** M (-*es*; -*lässe*) spadek, spuścizna; HANDEL rabat
nachladen *Batterie* doładow(yw)ać; *Waffe* nabi(ja)ć ponownie
nach|lassen (*irr*) V/I *Kräfte* ⟨o⟩słabnąć; *Sturm* ⟨u⟩cichnąć, ustawać; *Regen* ustawać, mijać; *Frost, Schmerz* mijać, zelżeć *pf*; *Schüler usw* opuszczać ⟨opuścić⟩ się (w *lok*); *Tempo* spadać ⟨spaść⟩; *Geschäft* pogarszać ⟨pogorszyć⟩ się; V/T opuszczać ⟨opuścić⟩ (**vom Preis** z ceny); **~lässig** niedbały (-le), niestaranny; *präd a.* byle jak
Nachlässigkeit F (*bpl*) niedbalstwo, brak staranności; **aus ~** na skutek niedbalstwa
nach|laufen V/I (*irr; sn*) (*dat*) biegać, *umg* latać (za *inst*); **~legen** V/T dokładać ⟨dołożyć⟩, dorzucać ⟨-cić› (*gen*)
Nachlese F *fig lit* pokłosie
nach|lesen V/I (*irr*) przeczytać *pf*; **~liefern** dostarczać ⟨-czyć⟩ dodatkowo *od* później, uzupełni(a)ć dostawę; **~lösen** kupić *pf* później; *e-n Zuschlag* dopłacać ⟨-cić⟩ (do biletu); **~machen** V/T (*gleichtun*) naśladować (**j-m alles** k-o we wszytkim); (*imitieren*) imitować; (*fälschen*) podrabiać ⟨-robić⟩; **~messen** jeszcze raz ⟨z⟩mierzyć
Nachmittag M popołudnie; **am ~** po południu; **heute ~** dziś po południu
nachmittags ADV po południu
Nachmittagsvorstellung F przedstawienie popołudniowe, popołudniówka; *im Kino* seans popołudniowy
Nachnahme F: **per ~** za pobraniem; **~sendung** F przesyłka za pobraniem pocztowym
Nachname M nazwisko
nachplappern bezmyślnie powtarzać
Nachporto N dopłata pocztowa
nach|prüfbar dający się sprawdzić; **~prüfen** (*kontrollieren*) sprawdzać ⟨-dzić⟩; **~rechnen** przeliczać ⟨-liczyć⟩ (jeszcze raz)
Nachrede F: **üble ~** pomówienie
nachreichen przedkładać ⟨przedłożyć⟩ później *od* dodatkowo
Nachricht F wiadomość *f*; informacja; **j-m ~ geben (von)** powiadamiać ⟨-domić⟩, ⟨po›informować k-o (o *lok*); **~en** *pl rtv* dziennik, wiadomości *fpl*
Nachrichten|agentur F agencja prasowa; **~dienst** M służba wywiadowcza, wywiad; **~satellit** M satelita telekomunikacyjny; **~sprecher(in)** M(F) lektor(ka) dziennika, spiker(ka); **~technik** F telekomunikacja
nachrücken V/I (*sn*) posuwać ⟨-sunąć⟩ się (w kierunku *gen*); *fig* awansować

N

Nach|ruf M nekrolog; **~rüstung** F *(bpl)* MIL dozbrojenie; TECH doposażenie
nachsagen *(nachsprechen)* powtarzać ⟨-wtórzyć⟩ (za *inst*); **j-m** *(akk)* **~** przypis(yw)ać k-u *(akk)*
Nachsaison F okres posezonowy; **in der ~** po sezonie
nachschauen V/I *pł-niem, austr, szwajc* → nachsehen
nachschenken dol(ew)ać
nachschicken *Brief* przes(y)łać na nowy (czasowy) adres
Nachschlag M *beim Essen* dokładka
nachschlagen V/T *u.* V/I *(irr) Wort, im Buch usw* sprawdzać ⟨-dzić⟩
Nach|schlagewerk N encyklopedia, słownik encyklopedyczny; **~schlüssel** M dorobiony klucz; **~schub** M dostawa, dowóz; **~schuss** M SPORT dobitka
nachsehen *(irr)* V/I *(j-m hinterhersehen)* ⟨po⟩patrzeć (za *inst*); *v/t (prüfen)* sprawdzać ⟨-dzić⟩ *(a. v/i* **in** *dat* w *lok*); **j-m etw ~** pobłażać k-u w *(lok)*
Nachsehen N: **das ~ haben** pozostać *pf* z niczym, być poszkodowanym
nachsenden *(irr u. -e-) Post* przes(y)łać na nowy (czasowy) adres
Nachsicht F *(bpl)* pobłażliwość *f*, wyrozumiałość *f*; **~ haben (mit)** być wyrozumiałym *od* pobłażliwym (dla *gen*)
nachsichtig wyrozumiały (-le), pobłażliwy (-wie) (**mit** dla *gen*)
Nachsilbe F przyrostek, sufiks
nachsitzen V/I *(irr)* **~ müssen** *Schüler* za karę pozostać *pf* po lekcjach w szkole
Nachsorge F opieka poszpitalna
Nachspeise F deser; **als ~** na deser
Nachspiel N epilog *(a. fig)*; **ein ~ haben** mieć (przykre) następstwa
nachspielen V/T MUS ⟨za⟩grać ze słuchu; V/I SPORT **~ lassen** zarządzać ⟨-dzić⟩ dogrywkę
nachspionieren V/I: **j-m ~** szpiegować k-o
nachsprechen V/T *u.* V/I *(irr) (dat)* powtarzać ⟨-wtórzyć⟩ (za *inst*)
nächst PRÄP *(dat)* tuż przy *(lok)*, obok *(gen)*; **~beste** pierwszy lepszy
nächste ADJ *räumlich, zeitlich* najbliższy; *(folgend)* następny; **~s Jahr, im ~n Jahr** na przyszły rok; **das ~ Mal, ~s Mal** następnym razem; **am ~n Tag** następnego dnia; **der Nächste, bitte!** następny, proszę!; **fürs Nächste** na razie; ADV **am ~n** najbliżej
nachstehen V/I *(irr)*: **j-m in nichts ~** dorównywać k-u pod każdym względem
nach|stehend ADJ poniższy; **~stellen** V/T *(regulieren)* nastawi(a)ć; *Uhr* cofać ⟨-fnąć⟩; V/I *e-r Frau* nadskakiwać *(dat)*
Nächstenliebe F miłość *f* bliźniego
nächst|ens ADV wkrótce; następnym razem; **~gelegen** ADJ najbliższy; **~höher** *Klasse, Rang* wyższy; wyższego stopnia; **~liegend** ADJ *fig* najprostszy
Nächste(r) M *(-n) (Mitmensch)* bliźni *m*
nächstmöglich: **zum ~en Termin** w możliwie najbliższym terminie
nachsuchen V/I *lit* **(um)** ⟨po⟩prosić (o *akk*)
Nacht F *(-; Nächte)* noc *f*; **bei ~, in der ~** w nocy, po nocy; **bis spät in die ~** do późnej nocy; **gute ~!** dobranoc!; **über ~** na noc, przez noc; **~ für ~** noc w noc; **es wird ~** robi się noc
Nacht|arbeit F praca nocna; **~asyl** N noclegownia dla bezdomnych; **~blindheit** F kurza ślepota; **~club** M nocny klub; **~dienst** M dyżur nocny
Nachteil M niekorzyść *f*, uszczerbek; **er ist im ~ (gegenüber)** on jest w niekorzystnej sytuacji (w porównaniu z *inst*); **zum ~ (von)** na szkodę *(gen)*
nachteilig niekorzystny, ujemny; **sich ~ auswirken** mieć ujemne skutki; **nichts Nachteiliges** nic złego
nächtelang *präd* całymi nocami
Nacht|essen N *pł-niem, szwajc* kolacja; **~fahrt** F jazda nocą *od* nocna; **~falter** M ćma; **~frost** M przymrozek nocny; **~hemd** N koszula nocna
Nachtigall F *(-; -en)* słowik
Nachtisch M deser; **zum ~** na deser
Nacht|kerze F BOT wiesiołek; **~klub** M nocny klub; **~leben** N nocne życie
nächtlich nocny
Nacht|lokal N nocny lokal; **~mahl** N kolacja; **~portier** M portier nocny; **~quartier** N kwatera, nocleg
Nachtrag M *(-[e]s; -träge)* uzupełnienie; suplement
nachtragen *(irr) (ergänzen)* uzupełni(a)ć; *fig* **j-m** *(akk)* **~** mieć urazę (do k-o o *akk*); **~d** ADJ pamiętliwy
nachträglich *(ergänzend)* dodatkowy (-wo); *(später, danach)* późniejszy; ADV później, po fakcie; **~e Glückwünsche**

spóźnione życzenia

nachtrauern V/I: **j-m**, *e-r Sache* płakać po (*lok*), żałować (*gen*)

Nachtruhe F nocny spoczynek

nachts ADV w noc(y), nocą, po nocach

Nachtschicht F nocna zmiana; **~ haben** pracować na nocnej zmianie

Nacht|schwärmer M *żart* imprezowicz; **~schwester** F nocna pielęgniarka; **~sichtgerät** N noktowizor; **~tisch** M szafka nocna; **~topf** M nocnik; **~tresor** M nocny sejf; **~wache** F nocny dyżur; **~wächter** M stróż nocny

Nachuntersuchung F badanie kontrolne, ponowne zbadanie

nachvollziehbar dający się pojąć (rozumem); **das ist für mich nicht ~** ja tego nie mogę pojąć

nachwachsen V/I (*irr; sn*) odrastać ⟨-rosnąć, -róść⟩

Nachwahl F wybory *mpl* uzupełniające

nachweinen V/I (*dat*) → nachtrauern

Nachweis M (*-es; -e*) (*das Nachweisen*) udowodnienie; (*Beleg*) dowód; dokument; (*in Form e-r Liste*) zestawienie, rejestr; **der ~ von Giftstoffen in …** (*dat*) stwierdzenie *od* wykrycie substancji trujących w (*lok*); **den ~ erbringen über** (*akk*) dostarczyć *pf* dowód od dowody (*gen*)

nachweis|bar sprawdzalny, dający się udowodnić; *Fremdstoff, Rest* wykrywalny; **~en** (*irr*) (*feststellen*) stwierdzać ⟨-dzić⟩; (*belegen*) udowadniać ⟨-wodnić⟩, ⟨u⟩dokumentować

nachweislich poparty dowodami; **er war ~ dort** to jest rzecz dowiedziona, że on tam był

Nachwelt F (*bpl*) potomność *f*

Nachwirkung F działanie następcze; PL *a.* następstwa *npl*, skutki *mpl*

Nachwort N (PL *-e*) posłowie

Nachwuchs M (*Kinder*) potomstwo, dzieci *npl*, *umg* małe *pl*; (*Fachkräfte*) młoda kadra, *umg* narybek; **der wissenschaftliche ~** młodzi naukowcy

nach|würzen doprawi(a)ć do smaku; **~zahlen** dopłacać ⟨-cić⟩; **~zählen** (jeszcze raz) przeliczać ⟨-czyć⟩

Nachzahlung F dopłata; *zur Arbeitsvergütung* wyrównanie

nachziehen (*irr*) V/T *Bein* powłóczyć (*inst*); *Linie* wyciągać ⟨-gnąć⟩; *Schraube* dociągać ⟨-gnąć⟩; *Braue* podkreślać ⟨-lić⟩ linię (*gen*); V/I (*sn*) (*übersiedeln*) sprowadzać ⟨-dzić⟩ się później (**nach** do *gen*); *umg* (*dasselbe tun*) ⟨z⟩robić to samo i … (+ *inf*), dołączać ⟨-czyć⟩ (**mit etw** do *gen*)

Nachzügler(in) M(F) spóźnialski (-ka), maruder

Nackedei *umg* M (*-s; -s*) golas, golasek

Nacken M kark; **~haare** NPL włosy *mpl* na karku; **~kotelett** N schab karkowy; **~rolle** F podgłówek; **~schlag** M *fig* cios; **~starre** F sztywność *f* karku

nackt nagi (-go), goły (-ło) (*a. fig*); **sich ~ ausziehen** rozbierać ⟨-zebrać⟩ się do naga; **~ baden** kąpać się nago

Nackt|badestrand M plaża dla nudystów; **~heit** F (*bpl*) nagość *f*, golizna

Nadel F (*-; -n*) igła (*a.* MED), *dim* igiełka; (*Steck-, Haarnadel*) szpilka; BOT igła, szpilka; **~n** PL *koll* igliwie; **~baum** M drzewo iglaste; **~drucker** M drukarka igłowa; **~filz** M włóknina igłowana; **~öhr** N ucho igielne; **~stich** M ukłucie igłą *od* szpilką; (*Nähstich*) ścieg; *fig* szpilka; **~streifen** M (*Muster*) jodełka; *in zssgn* … w jodełkę

Nagel M (*-s; Nägel*) gwóźdź *m*; ANAT paznokieć *m*; **an den Nägeln kauen** o(b)gryzać paznokcie; *fig umg* **den ~ auf den Kopf treffen** trafić w sedno; **etw an den ~ hängen** rozstać się *pf* (z *inst*), zaniechać *pf* (*gen*); **sich etw unter den ~ reißen** zagarnąć *pf* (*akk*); **Nägel mit Köpfen machen** załatwić *od* zrobić *pf* tak, że mucha nie siada

Nagel|bürste F szczoteczka do paznokci; **~feile** F pilniczek do paznokci; **~haut** F naskórek paznokcia; **~kopf** M główka gwoździa; **~lack** M lakier do paznokci; **~lackentferner** M zmywacz do paznokci

nageln V/T (*-le*) przybi(ja)ć gwoździami (**an** *akk* do *gen*); MED gwoździować

nagelneu *umg* nowiutki, jak z igły

Nagelschere F nożyczki *pl* do paznokci

nagen V/I (**an** *dat*) o(b)gryzać, *a. fig* gryźć (*akk*); V/T *Loch* wygryzać ⟨-gryźć⟩

Nager M, **Nagetier** M gryzoń *m*

nah → nahe

Nahaufnahme F zbliżenie

nahe (*näher, nächste*) bliski (-ko) (*a. fig*); **~ an** (*dat*), **~ bei** blisko (*gen*); **ganz ~** zupełnie blisko, *umg* bliziutko; **von Nahem** z bliska; **~ sein** (*dat*), **~ daran**

⚠ nahe...

den Rücktritt nahelegen	zasugerować rezygnację
jemandem nahestehen	być komuś bliskim
jemandem etwas nahebringen	wytłumaczyć komuś coś/spowodować, że ktoś coś zrozumie

sein zu ... być bliskim *(gen)*; **j-m zu ~ treten** urazić *pf (akk)*; → näher, nächste → nahebringen, nahegehen *usw*

Nähe F *(bpl)* bliskość *f*; **aus der ~** z bliska; z pobliża; **aus nächster ~** z najbliższej odległości; **in der ~** w pobliżu, (nie) opodal; **ganz in der ~** zupełnie blisko; **in greifbarer ~** pod ręką; **in die ~** w pobliże

nahebei ADV blisko, w pobliżu

nahebringen *(irr)*: **j-m ~** *(akk)* zapozna(wa)ć k-o (z *inst*)

nahegehen *(irr; sn)*: **j-m ~** ⟨z⟩martwić *(akk)*

nahekommen *(irr; sn) e-r Sache* być bliskim *(gen)*; *j-m* przybliżać ⟨-żyć⟩ się, zbliżać ⟨-żyć⟩ się *(a.* **sich***)*

nahelegen: **j-m etw ~** zalecać ⟨-cić⟩, ⟨za⟩sugerować k-u *(akk od inf)*

naheliegen *(irr)* nasuwać się

naheliegend zrozumiały; **aus ~en Gründen** ze zrozumiałych powodów *od* względów

nahen V/I *(sn)* przybliżać ⟨-żyć⟩ się, zbliżać ⟨-żyć⟩ się

nähen V/T ⟨u⟩szyć; *Loch, Wunde* zaszy(wa)ć; V/I szyć

Nähen N (-s; *bpl*) szycie

näher *komp* bliższy, *präd* bliżej; → nahe; **etw ~ betrachten** przyjrzeć się *pf* z bliska *(dat)*; **nichts Näheres** żadnych bliższych szczegółów; → näherbringen, näherkommen

näherbringen *(irr) fig*: **einander ~** *Personen* zbliżać ⟨-żyć⟩

Naherholungsgebiet N (pobliski) teren rekreacyjny

Näherin F szwaczka

näherkommen *(irr; sn) fig*: **so kommen wir der Sache nicht näher** w ten sposób nie załatwimy tej sprawy

nähern (-re): V/R **sich ~** *(dat)* przybliżać ⟨-żyć⟩ się, zbliżać ⟨-żyć⟩ się (do *gen*)

nahestehen *(irr; sn)*: **j-m ~** być w zażyłych stosunkach (z *inst*); sympatyzować (z *inst*)

nahestehend blisko stojący, bliski

nahezu ADV prawie, niemal

Nähgarn N nici *fpl* do szycia

Nahkampf M walka wręcz; *Boxen* walka w zwarciu

Nähkasten M pudełko z przyborami do szycia

nahm, nähme → nehmen

Nähmaschine F maszyna do szycia

Nähnadel F igła do szycia

Nah'ost *(ohne* ART*)* Bliski Wschód

nah'östlich bliskowschodni

Nährboden M pożywka *(a. fig)*

nähren V/T żywić *(a. fig)*, karmić; V/R **sich ~ (von)** żywić się *(inst)*

nahrhaft pożywny

Nähr|lösung F pożywka płynna; MED roztwór odżywczy; **~stoff** M składnik odżywczy, substancja odżywcza

Nahrung F *(bpl)* pożywienie, żywność *f*, pokarm *(a. fig)*; *(Tierfutter) a.* karma; **tierische ~** żywność pochodzenia zwierzęcego; *e-r Sache* **neue ~ geben** podsycać *(akk)*

Nahrungs|aufnahme F *(bpl)* przyjmowanie pokarmu; **~kette** F łańcuch pokarmowy; **~mangel** M *(bpl)* niedobór pokarmowy; **~mittel** N środek żywnościowy; **~zufuhr** F *(bpl)* odżywianie

Nährwert M *(bpl)* wartość odżywcza

Nähseide F jedwab do szycia

Naht F (-; *Nähte*) szew *(a.* MED*)*; *(besonderer Nähstich)* ścieg; TECH szew, spoina; *umg fig* **aus allen Nähten platzen** pękać *od* trzeszczeć w szwach; *Person* roztyć się *pf*, upaść się *pf*

nahtlos bezszwowy, bez szwu; *fig* bezproblemowy (-wo)

Nahtstelle F *fig* punkt styku; → Naht

Nahverkehr M komunikacja miejscowa; ruch lokalny *od* podmiejski

Nähzeug N przybory *mpl* do szycia

Nahziel N cel bliski

na'iv naiwny; **~er Mensch** naiwniak

Naivi'tät F *(bpl)* naiwność *f*

N

Name M (*-ns; -n*) nazwa; (*Familienname*) nazwisko; (*Vorname, Ruf*) imię; **dem ~n nach kennen** znać z nazwiska; *Sache* znać z nazwy; **in j-s ~n, im ~ (von)** w imieniu (*gen*); **beim ~n nennen** naz(y)wać po imieniu; **e-n ~ geben** (*dat*) nada(wa)ć nazwę *od* imię (*dat*); **gleichen ~s** o tej samej nazwie; *Person* o takim samym nazwisku

Namen M → Name; **~gedächtnis** N pamięć *f* do nazwisk; **~liste** F lista imienna

namenlos bezimienny; anonimowy (-wo)

namens ADV o nazwie; *Person* nazwiskiem, o nazwisku; PRÄP (*gen*) w imieniu (*gen*)

Namens|aktie F akcja imienna; **~änderung** F zmiana nazwiska; *e-r Sache* zmiana nazwy; **~schild** N (PL *-er*) tabliczka *od* plakietka z nazwiskiem; **~schwester** F imienniczka; **~tag** M imieniny *pl*; **~vetter** M imiennik (-niczka *f*); **~zug** M własnoręczny podpis

namentlich ADJ imienny; *präd* po imieniu; ADV zwłaszcza; **~ nennen** wymieni(a)ć z imienia i nazwiska

namhaft znany, wybitny; (*beträchtlich*) znaczny, pokaźny

na'mibisch namibijski

nämlich ADV (a) mianowicie; (*denn*) bowiem

nannte → nennen

na'nu INT: **~!** popatrz(cie) no!, no, no!

Napalmbombe F bomba napalmowa

Napf M (-[e]s; Näpfe) miska

Napfkuchen M babka

napole'onisch napoleoński

Narbe F blizna; BOT znamię

narbig pokryty bliznami, *umg* dziobaty

Nar'kose F narkoza; **in ~** pod narkozą; **~arzt** M, **~ärztin** F anestezjolog; **~gerät** N przyrząd do narkozy

Nar'kotikum N (*-s; -ka*) narkotyk

narkoti'sieren (-) narkotyzować; **wie narkotisiert** jak w odurzeniu

Narr M (*-en*) błazen; *abw a.* głuptas, wariat; **j-n zum ~en halten** ⟨z⟩robić idiotę (z *gen*), wystrychnąć *pf* na dudka (*akk*); **sich zum ~en machen** zbłaźnić się *pf*

Narrenfreiheit F (*bpl*) pełna swoboda; **er genießt hier ~** on może tu robić, co chce *od* co mu się żywnie podoba

Narrenkappe F czapka błazeńska

narrensicher *Gerät* niezawodny

Narre'tei F błazenada, błazeństwo

Närrin F głupia, wariatka

närrisch wariacki, zwariowany; **~ sein** wariować (**vor** z *gen*; **auf** *akk*, **nach** na punkcie *gen*); **die ~e Zeit** karnawał; (*Fastnacht*) ostatki *mpl*

Nar'zisse F narcyz; **gelbe ~** żonkil

nar'zistisch narcystyczny

na'sal ADJ nosowy; **~ aussprechen** wymawiać przez nos

Na'sallaut M głoska nosowa

Näschen ['nɛ:sçən] N nosek

naschen V/I łasować; **an, von** (*dat*) **~** spróbować *pf* (*gen*)

naschhaft łakomy, łasy

Naschkatze *umg* F łakomczuch, łasuch

Nase F nos (*a. fig*); (*Vorderteil, Bug*) dziób, przód; (*Spürsinn*) węch, nos; **in die ~ steigen** kręcić w nosie; **ich blute aus der ~** krew cieknie mi z nosa; **es kitzelt in der ~** kręci w nosie; **ihr läuft die ~** cieknie jej z nosa; *fig umg* **die ~ hoch tragen** zadzierać nosa; **auf die ~ fallen** zrobić *pf* klapę, wpaść *pf* jak śliwka w kompot; **e-e gute ~ haben (für)** mieć dobrego nosa (do *gen*); **die ~ rümpfen** kręcić nosem; **immer der ~ nach** prosto przed siebie; **die ~ (gestrichen) voll haben (von)** mieć po dziurki w nosie (*gen*); **s-e ~ in alles stecken** wścibiać wszędzie swój nos; **j-n an der ~ herumführen** wodzić k-o za nos; **eins auf die ~ kriegen** dosta(wa)ć po nosie; **j-m etw unter die ~ reiben** wytykać ⟨-tknąć⟩ k-u (*akk*); **etw vor der ~ haben** mieć (tuż) przed nosem (*akk*); **j-m vor der ~ wegfahren (wegschnappen)** uciekać ⟨uciec⟩ (sprzątnąć pf) k-u sprzed nosa; **pro ~** na osobę; od łebka

naselang ADV: *nur in umg* **alle ~** raz po raz

näseln V/I (*-le*) mówić przez nos

Nasen|bein N kość nosowa; **~bluten** N krwawienie z nosa; **~flügel** M skrzydełko nosa; **~korrektur** F plastyka nosa

Nasenlänge F: **j-m um e-e ~ voraus sein, j-n um e-e ~ schlagen** wyprzedzić k-o o cal

Nasen|loch N nozdrze; **~ring** M kolczyk w nosie; **~rücken** M grzbiet nosa; **~schleim** M śluzowa wydzielina z nosa; **~spitze** F czubek *od* koniuszek nosa; **~tropfen** MPL krople *fpl* do nosa

N

naseweis przemądrzały (-le)
Nashorn N (PL -hörner) nosorożec
nass (-er od nässer, nasseste od nässeste) mokry (-ro); (durchnässt) przemoknięty; **~ machen** ⟨na-, z⟩moczyć; **~e Füße bekommen** przemoczyć pf (sobie) nogi; **~ werden** przemakać ⟨-moknąć⟩, zmoknąć pf
Nässe F (bpl) wilgoć f
nässen V/I (-sst) MED sączyć
nasskalt wilgotny i zimny
nassmachen → nass
Nassrasur F golenie na mokro
Nasszelle F BUD węzeł sanitarny
Nati'on F nacja, naród
natio'nal narodowy (-wo); **~demokratisch** narodowodemokratyczny
Natio'nal|elf F piłkarska kadra narodowa; **~feiertag** M święto narodowe; **~hymne** F hymn narodowy
Nationa'lismus M (-; bpl) nacjonalizm
Nationali'tät F narodowość f
Natio'nal|mannschaft F kadra narodowa; **~park** M park narodowy; **~rat** M austr, szwajc Rada Narodowa; (Person) deputowany (-na) do Rady Narodowej; **~sozialismus** M narodowy socjalizm
natio'nalsozialistisch narodowosocjalistyczny
Natio'nal|spieler(in) M(F) gracz kadry narodowej, kadrowicz(ka); **~staat** M państwo narodowe; **~tracht** F strój ludowy; **~versammlung** F zgromadzenie narodowe
NATO, **Nato** F (North Atlantic Treaty Organization) NATO n od f
Natrium N (-s; bpl) sód; **~salz** N sól f sodu od sodowa
Natron N (-s; bpl) soda oczyszczona
Natronlauge F (bpl) ług sodowy
Natter F (-; -n) wąż; giftig, a. fig żmija
Na'tur F (bpl) przyroda, natura; fig (PL selten) (Charakter, Wesen) natura; **in der freien ~** w przyrodzie; (im Freien) na łonie natury od przyrody; **von ~ (aus)** z natury; **das liegt in der ~ der Sache** to wynika z natury rzeczy
Natura'lismus M (bpl) naturalizm
naturali'sieren (-) naturalizować
natura'listisch naturalistyczny
Natu'rallohn M zapłata w naturze
na'turbelassen naturalny
Na'turdenkmal N pomnik przyrody
Natu'rell N (-s; bpl) natura
Na'tur|erscheinung F zjawisko przyrody; **~faser** F włókno naturalne; **~film** M film przyrodniczy; **~forscher(in)** M(F) przyrodnik (-iczka); **~freund(in)** M(F) miłośnik (-iczka) przyrody; **~gas** N gaz ziemny
na'tur|gegeben ADJ przyrodzony; **~gemäß** naturalny, zgodny z naturą
Na'turgesetz N prawo natury
na'turgetreu Darstellung wierny
Na'tur|gewalt F żywioł; PL a. siły fpl przyrody; **~heilkunde** F medycyna naturalna, przyrodolecznictwo; **~katastrophe** F klęska żywiołowa; **~kost** F zdrowa żywność (czysta ekologicznie)
naturkundlich przyrodniczy
na'türlich ADJ naturalny; ADV naturalnie, oczywiście; **~e Person** JUR osoba fizyczna
Natürlichkeit F (bpl) naturalność f
Na'turpark M park krajobrazowy
Na'turprodukt N produkt naturalny
na'turrein naturalny
Na'turschätze MPL bogactwa npl naturalne
Na'turschutz M ochrona przyrody; **unter ~ stehen** być pod ochroną
Na'tur|schützer M ochroniarz (przyrody); **~schutzgebiet** N rezerwat przyrody; **~seide** F jedwab naturalny; **~talent** N samorodny talent
na'tur|trüb nieklarowny; **~verbunden** chętnie obcujący z przyrodą
Na'turvolk N lud pierwotny
Na'turwissenschaft|en FPL nauki fpl przyrodnicze; **~ler(in)** M(F) przyrodnik (-iczka)
Na'turzustand M (bpl) stan naturalny, stan pierwotny
Nazi M (-s; -s) abw nazista m, hitlerowiec; **~zeit** umg F (bpl) okres nazizmu; in Polen okres okupacji hitlerowskiej
n.Chr. (nach Christus) po Chrystusie
NDR M (Norddeutscher Rundfunk) Rozgłośnia Północnoniemiecka
Ne'andertaler M neandertalczyk
Ne'apel N (-s; bpl) Neapol
Nebel M mgła; ASTRON mgławica; **im ~** we mgle; **bei ~** podczas mgły; **~bank** F ławica mgły
nebelhaft mglisty (-to, -ście), mgławy
Nebelhorn N syrena mgłowa
nebelig → neblig

N

Nebel|kerze F świeca dymna; **~krähe** F wrona siwa; **~scheinwerfer** M reflektor przeciwmgielny; **~schlussleuchte** F tylne światło przeciwmgielne
neben PRÄP (*akk*, *dat*) obok (*gen*), przy (*lok*); (*außer*) (*dat*) oprócz (*gen*), poza (*inst*); (*verglichen mit*) (*dat*) obok (*gen*)
Nebenabsicht F cel uboczny
neben'an ADV obok; *umg* **die Kinder von ~** dzieci sąsiadów
Neben|anschluss M TEL aparat dodatkowy; **~ausgaben** FPL wydatki *mpl* dodatkowe *od* uboczne; **~ausgang** M boczne wyjście
neben'bei ADV mimochodem; (*zusätzlich*) dodatkowo, ubocznie; **~ gesagt** nawiasem mówiąc; **sich ~ etwas verdienen (mit)** dorabiać na boku (*inst*)
Nebenberuf M uboczny *od* drugi zawód; **er ist im ~ ...** pracuje dodatkowo jako ...
Neben|beschäftigung F zajęcie uboczne; **~buhler(in)** M(F) rywal(ka); **~effekt** M efekt uboczny, działanie uboczne
nebenein'ander ADV obok siebie, jeden (jednego, jedno) obok drugiego *od* przy drugim, jedna (jedną) obok *od* przy drugiej; **~ bestehen** współistnieć; **~schalten** ⟨po⟩łączyć równolegle; **~wohnen**: **sie wohnen nebeneinander** mieszkają obok siebie
Neben|eingang M boczne wejście; **~einkünfte** FPL dochody *mpl* uboczne; **~fach** N przedmiot poboczny (studiów); **~fluss** M dopływ; **~gebäude** N budynek przyległy; **~gedanke** M myśl uboczna; **~geräusch** N szumy *mpl* uboczne; **~geschäft** N interes uboczny, zajęcie uboczne; **~gleis** N tor boczny; **~haus** N dom obok
neben'her ADV dodatkowo, prócz tego; → nebenbei; **~fahren** V/I (*irr; sn*) jechać jeden obok drugiego; **~gehen** V/I (*irr; sn*) iść obok siebie
Neben|job *umg* M uboczne zajęcie; (*Schwarzarbeit*) fucha; **~kläger(in)** M(F) oskarżyciel posiłkowy; **~kosten** PL koszty *mpl* uboczne; **~niere** F nadnercze; **~produkt** N produkt uboczny; **~raum** M pomieszczenie przyległe *od* obok; *gewerblich genutzt* pomieszczenie pomocnicze, zaplecze; **~rolle** F rola epizodyczna *od* drugorzędna; **~sache** F sprawa marginalna, kwestia poboczna
nebensächlich poboczny, uboczny; **das ist ~** to nie ma znaczenia
Neben|satz M GRAM zdanie poboczne; **~stelle** F filia, ekspozytura; TEL aparat dodatkowy; **~straße** F droga podporządkowana; (*Seitenstraße*) boczna ulica; **~verdienst** M zarobek dodatkowy *od* uboczny; **~wirkung** F działanie uboczne; MED *mst* PL działanie niepożądane; **~zimmer** N sąsiedni pokój
neblig mglisty (-to, -ście)
nebst *lit* PRÄP (*dat*) wraz z (*inst*)
necken V/T *u.* V/R: **sich ~** przekomarzać się, droczyć się (z *inst*)
Necke'rei F przekomarzania *npl*
neckisch filuterny, figlarny
nee *umg partikel* nie
Neffe M (-*n*) (*Sohn des Bruders*) bratanek; (*Sohn der Schwester*) siostrzeniec
negativ ujemny; *fig a.* negatywny
Negativ N (-*s*; -*e*) negatyw
Neger M *neg!* Murzyn; *in zssgn* murzyński; **~in** F *neg!* Murzynka
ne'gieren (-) ⟨za⟩negować
Negli|gé, **~gee** [-li'ʒe:] N (-*s*; -*s*) negliż
nehmen V/T (*nimmt, nahm, genommen*) brać ⟨wziąć⟩ (**aus etw** z *gen*; **etw auf sich** na siebie *akk*; **sich** [*dat*] sobie); *Tee usw* wypić *pf*, napić się *pf* (*gen*); *Arznei* zaży(wa)ć; (*wegnehmen*) odbierać ⟨odebrać⟩ (*a. fig Schlaf, Hoffnung usw*), zab(ie)rać; *Festung* zdoby(wa)ć; **an sich ~** *Sache* brać ⟨wziąć⟩, zatrzym(yw)ać dla siebie, przywłaszczać ⟨-czyć⟩ sobie (*akk*); **diesen Weg ~** iść ⟨pójść⟩ *od* ⟨po⟩jechać tą drogą; **den Zug ~** ⟨po⟩jechać pociągiem; **zu sich ~** *Essen* spoży(wa)ć; **nimm es dir** weź to sobie; **das nimmt kein Ende** to *od* temu nie ma końca; **du nimmst mir die Sicht** zasaniasz mi sobą widok; *umg* **wie mans nimmt** to zależy od punktu widzenia; **streng genommen** ściśle biorąc; **er ließ es sich nicht ~, zu** (+ INF) nie omieszkał (+ *inf*), nalegał, żeby (+ *inf*); → Abstand, Blatt, Kauf, Platz, Wort *usw*
Nehmen N (-*s*; *bpl*) branie, wzięcie; **er ist hart im ~** jego nic nie powali; *fig* jego nic nie wyprowadzi z równowagi
Nehrung F mierzeja
Neid M (-[e]s; bpl) zazdrość *f*, zawiść *f*; *umg*

N

kein, nein

Morgen gehen wir nicht ins Kino.	Jutro nie idziemy do kina.
Du warst am Samstag nicht da.	Nie było cię w sobotę.
Ich kann nicht zu dir kommen.	Nie mogę przyjść do ciebie.
Ich will keinen Hund.	Nie chcę psa.
Er hat keinen Fehler gemacht.	Nie zrobił błędu.
Sie haben keine Zimmer reserviert.	Nie zarezerwowali pokoi.

das muss ihm der ~ lassen to trzeba mu przyznać; **vor ~ erblassen** ⟨z⟩żółknąć z zazdrości

neiden *lit* (-*e*-): **j-m etw ~** ⟨po⟩zazdrościć k-u (*gen*)

Neidhammel *pop* M *abw* zawistnik

neidisch zazdrosny (-śnie), zawistny

Neige F (PL *selten*) resztki *fpl*; **zur ~ gehen** kończyć się; *Zeitabschnitt* mieć się ku końcowi; **bis auf die ~ leeren** wychylić *pf* do dna

neigen V/T pochylać ⟨-lić⟩, ⟨s⟩chylić (*v/r* **sich** się, **nach vorn** do przodu); *fig lit v/r* **sich ~** chylić się (**zu** ku *dat*); *v/i* być skłonnym (**zu** do *gen*)

Neigung F pochylenie; (*Gefälle*) pochyłość *f*; *fig* skłonność *f*

nein *partikel* nie; **~?** czy nie?; **o ~!** co to, to nie!; **nicht Nein sagen können** nie móc odmówić

Nein N (-*s*; -*s*) nie; **mit ~ stimmen** głosować przeciw

Neinstimme F głos przeciw

Neiße F (*Fluss*) N (*Stadt*) Nysa

Nekta'rine F nektaryn(k)a

Nelke F goździk; **~n-** goździkowy

nennen (*nannte, genannt*) V/T naz(y)wać (**beim Namen** po imieniu; **e-n Lügner** kłamcą); *Namen, Preis, Grund usw* wymieni(a)ć; **das nenne ich Mut!** (a) to dopiero odwaga!; V/R **sich ~** naz(y)wać się; **… nennt sich …** nazywa się

nennenswert godny wzmianki

Nenner M MAT mianownik; **e-n gemeinsamen ~ finden, auf e-n ~ bringen** sprowadzać ⟨-dzić⟩ do wspólnego mianownika

Nenn|ung F nazwanie; wymienienie; SPORT zgłoszenie; **~wert** M wartość znamionowa *od* nominalna, nominał

neo-, Neo- *in zssgn mst* neo-

Neofaschismus M neofaszyzm

Neolo'gismus M (-; -*men*) neologizm

Neon N (-*s*; *bpl*) neon; **~fisch** M neonek; **~licht** N (*bpl*) światło neonowe; **~röhre** F lampa neonowa, *umg* neonówka

nepa'lesisch nepalski

Nepp *umg* M (-*s*; *bpl*) *abw* nabieranie, naciąganie (naiwnych)

neppen *umg abw* nab(ie)rać (naiwnych), obrabiać ⟨-robić⟩ (klienta)

Nerv M (-*s*; -*en*) nerw; *umg* **er hat ~en wie Drahtseile** (on) ma nerwy jak postronki; **die ~en verlieren** ⟨s⟩tracić nerwy; **die ~en behalten** panować nad nerwami; *umg* **j-m den letzten ~ töten** psuć k-u nerwy; **an den ~en zerren** szarpać k-u nerwy; **j-m auf die ~en fallen** grać k-u na nerwach; *umg* **bei ihr liegen die ~en blank** ona żyje nerwami; **er ist mit den ~en fertig** nerwy mu nie wytrzymały

nerven *umg*: **j-n ~** denerwować (*akk*), działać na nerwy (*dat*)

nervenaufreibend ADJ wymagający silnych nerwów; **… ist sehr ~** … kosztuje wiele nerwów

Nerven|belastung F (*bpl*) stres psychiczny; **~bündel** *umg* N kłębek nerwów; **~gift** N neurotoksyna; **~heilanstalt** F szpital dla nerwowo i psychicznie chorych; **~kitzel** *umg* M dreszczyk

nervenkrank nerwowo chory

Nerven|krieg M wojna nerwów; **~leiden** N schorzenie nerwowe, choroba nerwowa; **~säge** *umg* F piła; **~schmerz** M nerwoból; **~system** N układ nerwowy; **~zusammenbruch** M załamanie nerwowe

nervlich nerwowy (-wo)

ner'vös *bes* MED nerwowy (-wo); *Person a.* zdenerwowany, podenerwowany; **~ machen** ⟨z⟩denerwować

Nervosi'tät F (*bpl*) (*nervöse Art*) nerwowość *f*; (*Aufgeregtheit*) podenerwowanie, zdenerwowanie

N

nervtötend *umg* ADJ (*monoton*) drętwy (-wo); *Lärm* drażniący (-co), irytujący (-co)
Nerz M (-*es*; -*e*) norka; **~mantel** M futro z norek, *umg* norki *fpl*
Nessel F (-; -*n*) pokrzywa; *umg fig* **sich (mit etw) in die ~n setzen** wdepnąć *pf*, wkopać się *pf* (w *akk*); **~fieber** N, **~sucht** F (*bpl*) pokrzywka
Nest N (-[*e*]*s*; -*er*) gniazdo; *abw* (*Ort*) dziura; **~beschmutzer** M *abw* ptak, co własne gniazdo kala
nesteln V/I (-*le*): **~ an** (*dat*) manipulować przy (*lok*); *am Knopf, Reißverschluss usw* usiłować zapiąć *od* rozpiąć (*akk*)
Nest|häkchen N beniaminek; **~hokker** M ZOOL gniazdownik; **~wärme** F ciepło rodzinne
nett miły (-ło, -le); *iron* ładny (*a. beträchtlich*); **sehr ~ von dir** bardzo miło z twej strony; **sei so ~ und ...** bądź tak uprzejmy (-ma) i ...
netto, **Netto-** netto
Nettopreis M cena netto
Netz N (-*es*; -*e*) sieć *f* (*a. fig*, EDV); (*Haar-, Einkaufsnetz*) siatka; SPORT siatka; *e-r Spinne* pajęczyna; **der Polizei ins ~ gehen** być *od* zostać *pf* przyłapanym przez policję; **~anschluss** M ELEK przyłączenie do sieci
netzartig siatkowaty (-to)
Netz|gerät N przyrząd zasilany z sieci; **~haut** F siatkówka; **~karte** F KOLEJ bilet sieciowy; TEL karta aktywacyjna; **~spannung** F ELEK napięcie sieci; **~teil** M ELEK zasilacz; **~werk** N sieć *f*; **~zugang** M dostęp do sieci
neu ADJ nowy; ADV nowo; (*nochmalig*) ponowny; **aufs Neue, von Neuem** od nowa, na nowo; **auf ~e Weise** po nowemu; **~eren Datums** nowszy; *umg* **der Neue** nowy; **das ist für mich nichts Neues** to dla mnie nie nowe, to nie nowina; **was gibt es Neues?** co nowego?; **~ eröffnet** nowo otwarty; → neuvermählt
Neu|ankömmling M (-*s*; -*e*) nowo przybyły; **~anschaffung** F nowy zakup; (*Sache*) nowy *od* świeży nabytek
neuartig nowy, nowego rodzaju
Neuauflage F nowy nakład
Neubau M (PL -*ten*) nowy dom *od* budynek, nowy blok; (*bpl*) nowe budownictwo; **~viertel** N nowa dzielnica; **~wohnung** F mieszkanie w nowym domu *od* bloku
Neu|bearbeitung F nowe opracowanie; nowa edycja; **~beginn** M rozpoczęcie od nowa; **~besetzung** F TEATR nowa obsada; **~bildung** F tworzenie (się) na nowo; regeneracja; *der Regierung* utworzenie (nowego rządu); MED nowotwór; JĘZ neologizm
Neu-Delhi N (-; *bpl*) Nowe Delhi
Neu|entdeckung F nowe odkrycie; **~entwicklung** F nowe badania *npl* rozwojowe; *konkret* nowy produkt, nowość *f*, innowacja
neuerdings ADV ostatnio, niedawno
Neuerer M innowator
neueröffnet → neu
Neuerscheinung F nowość (literacka)
Neuerung F innowacja
neueste *sup* najnowszy; **~ Nachrichten** najświeższe wiadomości *fpl*
Neu|fassung F nowa redakcja; *e-s Gesetzes* nowelizacja; *konkret* nowelizowana ustawa; **~fundländer** M (*Hund*) nowofundland(czyk)
neugeboren ADJ nowo narodzony; **ich fühle mich wie ~** czuje się, jakbym się na nowo narodził
Neugeborene(s) N (-*n*) noworodek
Neugestaltung F reorganizacja
Neugier F, **~de** F (*bpl*) ciekawość *f*; **aus ~** z ciekawości
neugierig (**auf** *akk*) ciekawy (*gen*); *präd* ciekawie; **ich bin ~, ob ...** ciekawy *od* ciekawa jestem, czy ...; **sei nicht so ~!** nie bądź taki ciekawski!
Neugui'nea N (-*s*; *bpl*) Nowa Gwinea
Neuheit F (*bpl*) nowość *f*; (*a. pl*) (*Sache*) nowość *f*, nowinka, *lit* novum *n*
Neuigkeit F nowina, *umg* nowinka
Neujahr N (-[*e*]*s*; bpl) Nowy Rok; **zu ~** na Nowy Rok; **prosit ~!** do siego roku!; **~s-** *in zssgn mst* noworoczny
Neujahrsnacht F noc sylwestrowa
Neuland N (*bpl*) nieznany teren, nieznana dziedzina; *fig* **~ betreten** wkroczyć *pf* na nowy teren *od* nowe drogi
neulich niedawno, onegdaj
Neuling M (-*s*; -*e*) nowicjusz; (*Frau*) nowicjuszka
neumodisch nowomodny
Neumond M (*bpl*) nów
neun *num* dziewięć, *persf* dziewięciu;

N

Sammelzahlwort dziewięcioro; **~ Uhr** dziewiąta godzina
Neun F, **Neuner** *umg* M dziewiątka
neun|hundert *num* dziewięćset, *persf* dziewięciuset; **~hundertste** *num* dziewięćsetny; **~jährig** dziewięcioletni
neunmalklug *umg* przemądrzały
neunte *num* dziewiąty
neuntel *num*: **ein ~** jedna dziewiąta
Neuntel N dziewiąta część
neun|tens ADV po dziewiąte; **~zehn** *num* dziewiętnaście, *persf* dziewiętnastu; *Sammelzahlwort* dziewiętnaścioro; **~zehnte** *num* dziewiętnasty; **~zig** *num* dziewięćdziesiąt, *persf* dziewięćdziesięciu
neunziger (*unv*): **die ~ Jahre** lata dziewięćdziesiąte
neunzigjährig dziewięćdziesięcioletni
neunzigste *num* dziewięćdziesiąty
Neuordnung F reorganizacja
Neural'gie F nerwoból, newralgia
neu'ralgisch newralgiczny (*a. fig*)
neureich nowobogacki
Neuro|der'mitis F MED świerzbiączka ogniskowa; **~'loge** M (-*n*), **~'login** F neurolog
Neu'rose F nerwica, neuroza
Neu'rotiker M nerwicowiec
neu'rotisch nerwicowy, neurotyczny; *Person a.* znerwicowany
Neuschnee M świeży *od* nowy śnieg
Neu'seeland N (-*s; bpl*) Nowa Zelandia
neu'seeländisch nowozelandzki
Neustrukturierung F restrukturyzacja
Neutra PL → Neutrum
neu'tral neutralny; CHEM *a.* obojętny
neutrali'sieren (-) ⟨z⟩neutralizować
Neutrali'tät F (*bpl*) neutralność *f*
Neut'ronenwaffe F broń neutronowa
Neutrum N (-*s; bpl*) GRAM rodzaj nijaki; (PL -*tra*) rzeczownik rodzaju nijakiego
neuvermählt ADJ: **~es Paar** nowożeńcy *pl*
Neu|wahlen FPL nowe wybory *mpl*; **~wert** M (*bpl*) pełna wartość (w momencie kupna)
neuwertig prawie nowy, jak nowy
Neuzeit F (*bpl*) era nowożytna
neuzeitlich nowożytny; (*modern*) nowoczesny
Neuzugang M (*Person*) nowo *od* świeżo przyjęty (pracownik, pacjent)

Nicaragua [-ka'ra:-] N (-*s; bpl*) Nikaragua
nicht ADV nie; **tu das ~!** nie rób tego!; **~ ganz** niezupełnie; **~ viel** niewiele; **~ übel** niezły; **~ so bald** nieprędko; **~ ehelich** nieślubny; **~ organisiert** niezorganizowany; **~ rostend** nierdzewny; **~ zu glauben** nie do wiary; *partikel* **~?** no nie?
Nichtachtung F: **j-n mit ~ strafen** ⟨z⟩ignorować (*akk*)
Nicht|angriffspakt M układ *od* pakt o nieagresji; **~beachtung** F nieprzestrzeganie, lekceważenie (**der Vorschriften** przepisów); **~bezahlung** F niezapłacenie
Nichte F (*Tochter des Bruders*) bratanica; (*Tochter der Schwester*) siostrzenica
nichtehelich → nicht
Nichteinhaltung F niedotrzymanie
Nichteinmischung F nieingerencja
Nichterfüllung F niewypełnienie
Nichterscheinen N niestawiennictwo
nichtig błahy; JUR nieważny; **null und ~** niebyły i nieważny; **für ~ erklären** unieważni(a)ć
Nichtigkeit F (*Kleinigkeit*) błahostka; (*bpl*) JUR nieważność *f*
nicht|öffentlich niepubliczny; *Gerichtsverhandlung* niejawny; **~organisiert** ADJ → nicht
Nichtraucher M niepalący; **ich bin ~** ja nie palę; **~-** *in zssgn* ... dla niepalących; **~in** F niepaląca; **~zone** F strefa dla niepalących
nichtrostend ADJ → nicht
nichts PRON nic; **~ and(e)res** nic innego; **von ~ anderem** o niczym innym; **~ ahnend** nic nie podejrzewając, nie przeczuwając niczego złego; **~ sagend** → nichtssagend; **~ mehr, sonst ~** nic więcej; **so gut wie ~** tyle co nic; **für ~** za nic; **zu ~** do niczego; **~ als die Wahrheit sagen** mówić samą prawdę; *poln. Verben immer verneint* **ich weiß überhaupt ~** nie wiem o niczym; **es tut sich ~** nic się nie dzieje; **~ zu sehen** nic nie widać; **das führt zu ~** to do niczego nie doprowadzi; *umg* **für ~ und wieder ~** dosłownie za nic; **mir ~, dir ~** ni z tego, ni z owego; *umg* **~ wie weg!** noga!
Nichts N (*unv*) nic *n*; **aus dem ~** z niczego; **vor dem ~ stehen** stać przed ruiną; **so ein ~** (*Person*) *abw* takie nic
nichtsahnend → nichts

N

Nichtschwimmer(in) M(F) niepływający (-ca); **ich bin ~** (ja) nie umiem pływać
nichtsdesto|'trotz, **~'weniger** ADV mimo to, niemniej
Nichts|könner M *abw* partacz, patałach; **~nutz** M (-es; -e) nicpoń *m*, ladaco *m od n*
nichtssagend *Gerede* pozbawiony treści, błahy
Nichtstuer M nierób
Nichtstun N (*Untätigkeit*) bezczynność *f*, nicnierobienie; (*das Faulenzen*) nieróbstwo
Nicht|trinker M niepijący; **~wähler** M niebiorący udziału w wyborach
Nichtzutreffende N: **~s streichen** niepotrzebne skreślić *pf*
Nickel N (-s; *bpl*) nikiel; *in zssgn* niklowy; **~-Cadmium-Akku** M akumulator kadmowo-niklowy
nicken V/I kiwać ⟨-wnąć⟩, skinąć *pf* głową; *billigend* przytakiwać ⟨przytaknąć⟩
Nickerchen *umg* N drzemka; **ein ~ machen** zdrzemnąć się *pf*
nie ADV nigdy; **~ mehr, ~ wieder** nigdy więcej; **noch ~** jeszcze nigdy
nieder ADV na dół, w dół; **~ mit ...!** precz z (*inst*)!; → niedere
nieder|brennen (*irr*) V/T spalić *pf*; V/I (*sn*) spalić się *pf*; *Kerze* dopalić się *pf*; **~deutsch** dolnoniemiecki; **~drücken** V/T naciskać ⟨-snąć⟩; *fig lit* przygnębi(a)ć; **~drückend** ADJ przygnębiający (-co)
niedere ADJ *Wert, Triebe, Stand* niski; niższy (**im Rang** rangą); *Adel* drobny; **~ Tiere** bezkręgowce *pl*
Niedergang M (*bpl*) *fig* upadek
niedergehen V/I (*irr; sn*) *Flugzeug* zniżać ⟨-żyć⟩ lot; *Regen* padać, spaść *pf*; *Vorhang* zapadać ⟨-paść⟩; *Lawine* schodzić ⟨zejść⟩
niedergeschlagen ADJ przygnębiony
Niedergeschlagenheit F (*bpl*) przygnębienie
nieder|knien V/I (*sn*) klękać ⟨uklęknąć⟩; **~knüppeln** ⟨s⟩pałować
Niederlage F porażka, przegrana; **e-e ~ erleiden** ponieść *pf* porażkę *od* klęskę
Niederlande PL: **die ~** Niderlandy *pl*
Niederländer(in) M(F) Holender(ka)
niederländisch niderlandzki
niederlassen: V/R (*irr*) **sich ~** siadać ⟨usiąść⟩ (**auf** *akk, dat* na *lok*); *Person* osiadać ⟨osiąść⟩ (**auf dem Land** na wsi; **als ...** jako ...)
Niederlassung F (*das Sichniederlassen*) osiedlenie się; otwarcie (**als Arzt** praktyki lekarskiej); (*Filiale*) oddział, ekspozytura
niederlegen V/T (*irr*) kłaść ⟨położyć⟩ (*v/r* **sich** się); *Waffen, Kranz* składać ⟨złożyć⟩; *Amt* ⟨z⟩rezygnować (z *gen*); **die Arbeit ~** rozpoczynać ⟨-cząć⟩ strajk; **schriftlich ~** spis(yw)ać
Niederösterreich N Dolna Austria
nieder|prasseln V/I (*sn*) *Regen* lać; *Hagel* sypać, padać; *Fragen usw* ⟨po⟩sypać się; **~reißen** (*irr*) *Bau* ⟨z⟩burzyć
niederrheinisch dolnoreński
Niedersachsen N Dolna Saksonia
niederschießen (*irr*) ciężko ranić (im)pf; (*töten*) zastrzelić *pf*
Niederschlag M CHEM osad; METEO *mst* PL opady *mpl*; *fig* wyraz
niederschlagen (*irr*) V/T powalać ⟨-lić⟩ (uderzeniem); *Aufstand* ⟨s⟩tłumić; *Augen* spuszczać ⟨spuścić⟩; *Verfahren* umarzać ⟨umorzyć⟩; V/R **sich ~** osiadać ⟨osiąść⟩; *fig* znajdować ⟨znaleźć⟩ wyraz (**in** *dat* w *lok*)
niederschlagsreich: **~ sein** *Gegend* obfitować w opady
Niederschlesien N Dolny Śląsk
nieder|schmetternd ADJ wstrząsający (-co); **~schreiben** (*irr*) spis(yw)ać
Niederschrift F zapis(anie); *amtliche* protokół (notarialny)
nieder|stechen (*irr*) ciężko ranić (im)pf nożem; (*töten*) zakłuć *pf*; **~stimmen** przegłosow(yw)ać *pf*; **~strecken** powalać ⟨-lić⟩ (na ziemię), powalać ⟨-lić⟩ strzałem
Niedertracht F (*bpl*) nikczemność *f*
niederträchtig nikczemny, podły (-le)
Niederung F nizina (*pl a. fig*)
niederwerfen (*irr*) V/T *lit Feind* pokon(yw)ać; *Revolte* ⟨s⟩tłumić; *Krankheit* powalić *pf*; V/R **sich ~** padać ⟨paść⟩ na ziemię
niedlich śliczny, miluchny
niedrig niski (-ko) (*a. fig Rang, Wert, Preis usw*); **~er** *komp* niższy; ADV niżej; **~ste** *sup* najniższy; **am ~sten** ADV najniżej; → niedere
Niedrigwasser N (PL -) mała woda
niemals ADV nigdy (**zuvor** przedtem)
niemand PRON nikt; **es ist ~ hier** tu nie ma nikogo; **~ mehr** nikt więcej; **~em** nikomu; **~en, ~es** nikogo
Niemandsland N (*bpl*) MIL strefa niczyja; *fig* ziemia niczyja

Niere F nerka; ZOOL, KULIN *a.* cynadra
Nieren|braten M KULIN nerkówka; **~entzündung** F zapalenie nerek; **~kolik** F kolka nerkowa; **~stein** M kamień nerkowy; **~transplantation** F transplantacja nerki; **~versagen** N niewydolność *f* nerek
nieseln (*-le*): *unpers* **es nieselt** siąpi, mży
Nieselregen M mżawka, *umg* kapuśniaczek
niesen V/I kichać ⟨kichnąć⟩
Nies|en N (*-s; bpl*) kichanie; **~pulver** N proszek wywołujący kichanie
Niete[1] F TECH nit
Niete[2] F pusty los; *fig* (*Versager[in]*) *abw* fajtłapa *f u. m*, zero
nieten (*-e-*) nitować
Nikolaustag M (*bpl*) dzień świętego Mikołaja, *umg* mikołajki *mpl*; **Geschenk zum ~** mikołajkowy prezent
niko'tinarm niskonikotynowy
Niko'tingehalt M zawartość *f* nikotyny
Nilpferd N hipopotam
Nimbus M (*-; -se, fig bpl*) nimb, aureola
nimm → nehmen
nimmer(mehr) ADV (nigdy) przenigdy
Nimmerwiedersehen N: *umg* **auf ~ verschwinden** zginąć *pf od* przepaść *pf* jak kamień w wodę
nimmst, nimmt → nehmen
nippen V/I (**an** *dat*) upi(ja)ć (łyk) (*gen*)
Nippes PL bibeloty *mpl*
nirgend|s, ~wo ADV nigdzie; **~woher** ADV znikąd; **~wohin** ADV donikąd
Nische F wnęka, nisza
nisten V/I (*-e-*) gnieździć się
Nistkasten M budka lęgowa
Nistplatz M gniazdowisko
Ni'trat N (*-s; -e*) azotan
Nitrolack M lakier nitro
Niveau [-'vo:] N (*-s; -s*) poziom; *fig* **~ haben** być na poziomie
niveaulos [-'vo:-] niewybredny, mierny; *präd a.* nie na poziomie
nivellieren (-) ⟨z⟩niwelować
Nixe F nimfa wodna, rusałka
Nizza N (*-s; bpl*) Nicea
nm. (nachmittags) po południu
NO (Nordost[en]) północny wschód
NÖ (Niederösterreich) Dolna Austria
nobel (*-bl-, -ste*) (*edel*) nobliwy (-wie); (*luxuriös*) wytworny, luksusowy (-wo); *umg* (*freigebig*) hojny
No'belpreis M nagroda Nobla; **~träger(in)** M(F) laureat(ka) nagrody Nobla, noblista *m* (-tka)
noch ADV, *partikel* jeszcze; **~ nie** jeszcze nigdy; **~ heute** dziś jeszcze; **es gab kaum ~ Wasser** wody prawie zupełnie nie było; *umg* **~ und ~** bez liku, co niemiara; **und wenn du ~ so bittest, ...** choćbyś nie wiem jak prosił(a), ...; *konj* → weder; **das wirst du ~ bereuen!** jeszcze tego pożałujesz!; **~malig** powtórny; **~mals** ADV jeszcze raz
Nocken M TECH krzywka; **~welle** F AUTO wał(ek) rozrządu
Nockerl N (*-s; -n*) *bes austr* kluska; **Salzburger ~n-** salzburski suflet z białek
NOK N (Nationales Olympisches Komitee) Narodowy Komitet Olimpijski
No'made M (*-n*) koczownik
No'maden|dasein N koczowniczy tryb życia; **~volk** N lud koczowniczy
Nomi'nal- *in zssgn* nominalny
Nominativ M (*-s; -e*) GRAM mianownik
nomi'nell nominalny
nomi'nieren (-) wystawi(a)ć, wysuwać ⟨-sunąć⟩ (**als Kandidaten für** jako kandydata na *akk*)
Nonne F zakonnica, mniszka
Nonnenkloster N klasztor żeński
Non'stop|-Flug, ~flug M lot non stop
Nord M (*ohne* ART, *bpl*) północ *f*; MAR (*Wind*) wiatr nordowy
Nord'afrika N Afryka Północna
nordafri'kanisch północnoafrykański
Norda'merika N Ameryka Północna
nord|ameri'kanisch północnoamerykański; **~deutsch** północnoniemiecki
Norddeutschland N Niemcy *pl* Północne
Norden M (*-s; bpl*) północ; **im ~** na północy; **von ~** z północy; **der hohe ~** daleka północ
nordeuropäisch północnoeuropejski
Nordirland N Irlandia Północna
nordisch nordycki; *Menschentyp* nordyczny; → Kombination
Nord|kap N (*bpl*) Przylądek Północny; **~korea** N Korea Północna
nördlich północny; **~** (*gen*) *od* **von** na północ od (*gen*); **weiter ~** dalej na północy
Nord'osten M północny wschód
nordöstlich północno-wschodni; *präd* na północny wschód (**von** od *gen*)

N

Nord|pol M (*bpl*) biegun północny; **~po'larmeer** N (*bpl*) Ocean Lodowaty Północny; **'~rhein-West'falen** N (*-s; bpl*) Nadrenia Północna-Westfalia
Nordsee F (*bpl*) Morze Północne
Nordseite F strona północna
Nord'westen M północny zachód
nord'westlich północno-zachodni; ADV na północny zachód (**von** od *gen*)
Nordwind M wiatr północny
Nörgelei *umg* F zrzędzenie, gderanina
nörgeln (*-le*) zrzędzić (**über** *akk* na *akk*)
Nörgler(in) M(F) malkontent(ka); zrzęda
Norm F norma; normatyw; **~-** *in zssgn* znormalizowany
nor'mal normalny; **bist du noch ~?** zwariowałeś (-łaś)?
Normal- *in zssgn* normalny
Nor'mal|benzin N benzyna niskooktanowa; **~bürger** M zwykły obywatel
nor'maler'weise ADV normalnie
Nor'malfall M (PL *selten*) normalny stan rzeczy; **im ~** normalnie
normali'sieren (-) V/T ⟨z⟩normalizować; V/R **sich ~** ⟨z⟩normalizować się, ⟨u⟩normować się
Normali'sierung F (*bpl*) normalizacja
Normalität F (*bpl*) normalność *f*
Nor'mal|spur F KOLEJ tor normalny; **~verbraucher** M zwykły zjadacz chleba; **~zustand** M stan normalny
Norman'die F (*bpl*) Normandia
norm|en ⟨z⟩normalizować, normować; **~gerecht** zgodny z normą
Norweg|en N (*-s; bpl*) Norwegia; **~er** M Norweg; **~erin** F Norweżka
norwegisch norweski (po -ku)
Nostal'gie F (*bpl*) nostalgia
nos'talgisch nostalgiczny; *Mode* retro
Not F (*bpl*) (*Bedrängnis*) potrzeba; (*äußerer Zwang*) konieczność *f*; (*Elend*) bieda, nędza; (*mst pl Nöte*) kłopot, trudność *f*; **~ leiden** cierpieć nędzę; **~ leidend** cierpiący nędzę; **s-e liebe ~ haben** (**mit j-m, etw**) mieć straszne kłopoty (z *inst*); **in ~ geraten** popadać ⟨-paść⟩ w biedę; **in ~** *od* **Nöten sein** być w opresji *od* w kłopocie; **mit knapper ~** nie bez trudu; **ohne ~** (*ohne zwingenden Grund*) bez potrzeby; **wenn ~ am Mann ist** w razie (pilnej) potrzeby; **zur ~** od biedy
No'tar(in) M(F) notariusz
notari'ell notarialny; **~ beglaubigt** uwierzytelniony notarialnie
Not|arzt M, **~ärztin** F lekarz, lekarka pogotowia; **~arztwagen** M karetka reanimacyjna; **~aufnahme** F (*Station*) oddział pierwszej pomocy; **~ausgang** M wyjście zapasowe; **~ausrüstung** F wyposażenie awaryjne
Notbehelf M (-[*e*]*s*; -*e*) półśrodek; **als ~** z braku czegoś lepszego
Notbremse F KOLEJ hamulec bezpieczeństwa; *fig* **die ~ ziehen** pociągnąć *pf* (za) hamulec bezpieczeństwa
Notdienst M ostry dyżur
Notdurft F (*bpl*): *lit* **s-e ~ verrichten** załatwi(a)ć swoją (małą, dużą) potrzebę
notdürftig prowizoryczny; *präd a.* byle jak; **~ bekleidet** na wpół nago
Note F MUS, *fig* nuta; *fig a.* nutka; (*Zensur*) ocena, stopień *m* (**in Latein** z łaciny); POL nota; SPORT punkt; **ganze ~** cała nuta; **halbe ~** półnuta; **nach ~en** z nut
Noten|bank F bank emisyjny; **~heft** N zeszyt nutowy; **~linien** FPL pięciolinia; **~papier** N papier nutowy; **~schlüssel** M MUS klucz
Notfall M nagły przypadek; **im ~** w razie czego, w razie pilnej potrzeby; **für den ~** na pilną potrzebę
notfalls ADV w razie (pilnej) potrzeby; (*schlimmstenfalls*) w ostateczności
notgedrungen ADV z konieczności
Notgroschen M pieniądze *pl* (odłożone) na czarną godzinę
no'tieren (-) V/T ⟨od-, za⟩notować (**sich** [*dat*] **etw** sobie *akk*); *v/i* FIN notować
No'tierung F FIN notowanie
nötig niezbędny, potrzebny, konieczny (**für** do *gen*); **~ haben** (*akk*) potrzebować (*gen*); **du hast ... ~** trzeba ci (*gen*); **wenn ~** jeśli zajdzie potrzeba; **es ist ~ (zu)** trzeba (*gen od* + *inf*); **er hat es nicht ~ zu ...** (on) nie musi (+ *inf*); **es nicht für ~ halten** *etw zu tun* nie uważać za konieczne *od* stosowne (+ *inf*); **das ist doch nicht ~!** ależ to zbyteczne!
nötigen przymuszać, zmuszać ⟨-musić⟩ (**zu** do *gen*); **sich ~ lassen** dawać się prosić
Nötigung F zmuszanie, zmuszenie; **sexuelle ~** zmuszenie do stosunku płciowego
No'tiz F notatka; wzmianka (*bes in der Zeitung*); **keine ~ nehmen (von)** nie zwracać ⟨zwrócić⟩ uwagi (na *akk*); **~block** M notatnik; **~buch** N notes

Notlage F ciężka *od* trudna sytuacja
notlanden V/I (*sn*) ⟨wy⟩lądować awaryjnie *od* przymusowo
Notlandung F lądowanie awaryjne
notleidend ADJ → Not
Not|lösung F rozwiązanie tymczasowe; **~lüge** F kłamstwo z konieczności
no'torisch notoryczny
Notruf M nagłe wezwanie, wywołanie alarmowe; (*Nummer*) numer alarmowy; **~säule** F telefon awaryjny
Not|schlachtung F ubój przymusowy; **~situation** F sytuacja wyjątkowa; **~stand** M stan wyższej konieczności *od* klęski żywiołowej
Not|standsgebiet N obszar dotknięty klęską żywiołową; **~stromaggregat** N awaryjny agregat prądotwórczy; **~unterkunft** F prowizoryczne zakwaterowanie; **~verband** M opatrunek prowizoryczny
Notwehr F obrona konieczna; **aus ~, in ~** w obronie koniecznej
notwendig konieczny, niezbędny
Notwendigkeit F (*bpl*) konieczność *f*
Notzucht F → Vergewaltigung
No'velle F nowela
No'vember M listopad(owy *in zssgn*); **im ~** w listopadzie
No'vi|ze M (*-n*), **~in** F nowicjusz(ka)
NPD F (Nationaldemokratische Partei Deutschlands) Narodowo-Demokratyczna Partia Niemiec
Nr. (Nummer) numer
NRW (Nordrhein-Westfalen) Nadrenia Północna-Westfalia
Nu [nu:]: *umg* **im ~** w mig
Nuance [ny'a:sə] F niuans, odcień *m*
nüchtern (*nicht betrunken*) trzeźwy (-wo) (*a. fig*); czczy; *präd fig a.* na chłodno, bez emocji; **auf ~en Magen** na czczo; **~ werden** wytrzeźwieć *pf*
Nuckel M *reg umg* smoczek
nuckeln *umg* V/I (*-le*) (**an** *dat*) ssać (*akk*)
Nudel F (*-; -n*) KULIN *mst* PL **~n** makaron, kluski *fpl*; *umg* **e-e ulkige ~** pocieszna figura; **~auflauf** M makaron zapiekany; **~holz** N wałek do ciasta; **~suppe** F rosół z makaronem *od* kluskami
Nukle'ar- *in zssgn*, **nukle'ar** jądrowy, nuklearny; → Kern-, Atom-
null *num* zero; **zwei zu ~** dwa do zera; **... (ist) gleich ~ ...** równa się zeru; **über (unter) ~** powyżej (poniżej) zera; **bei ~ anfangen** zaczynać ⟨-cząć⟩ od zera
Null F zero (*a. fig Person*); **~achtfünfzehn-** (+ *subst*) *abw* niespecjalny, nieszczególny; **~diät** F dieta głodowa; **~punkt** M punkt zerowy; *fig* zero
Nulltarif M taryfa zerowa; **zum ~** bezpłatnie
Nullwachstum N przyrost zerowy
nu'merisch liczbowy, numeryczny
'Numerus clausus [... 'klaʊsʊs] M (*-; bpl*) ograniczenie dostępu (do wyższej uczelni)
Nummer F (*-; -n*) numer; *umg* **auf ~ sicher gehen** iść na pewniaka; **e-e gute ~ haben (bei)** cieszyć się dobrą opinią (u *gen*); **das ist e-e ~ zu groß für dich** do tego jeszcze nie dorosłeś; **er ist e-e ~ für sich!** to jest numer!
numme'rieren (-) ⟨po⟩numerować
Nummern|konto N konto numerowe; **~schild** N AUTO tablica rejestracyjna
nun ADV teraz; (*also*) więc; **von ~ an** odtąd, od chwili obecnej; **was ~?** (i) co teraz?; **~ gut** a więc (dobrze)
nur ADV, *partikel* tylko; **ich habe ~ ...** mam tylko ...; **~ das nicht** tylko nie to; *umg* **~ so** tak sobie, tylko tak; **alle, ~ er nicht** wszyscy prócz niego; **sieh ~!** popatrz no!; **nimm dir ~** weźże sobie; **wenn er ~ käme** gdybyż (to) nareszcie przyszedł; **~ zu!, ~ Mut!** odwagi!; **~ keine Angst!** nie masz czego się bać!; **das weißt du ~ zu gut** bardzo dobrze wiesz
Nürnberg N (*-s; bpl*) Norymberga
nuscheln V/I (*-le*) mamlać, mamrotać
Nuss F (*-; Nüsse*) orzech; **e-e harte ~** twardy orzech do zgryzienia; **~baum** M orzech, drzewo orzechowe; **~knacker** M dziadek do orzechów; **~schale** F łupina orzecha; *fig* łupin(k)a; **~torte** F tort orzechowy
Nüstern FPL *des Pferdes* chrapy *fpl*
Nut F rowek, wpust; ELEK żłobek
Nutte *pop* F *abw* zdzira, ździra, *vulg* kurwa
Nutz- *in zssgn mst* użytkowy
nutz|bar użyteczny; **~bringend** ADJ pożyteczny; *präd* z pożytkiem; korzystnie
Nutz M **zu ~e** → zunutze
nütze: *nur in* **zu etw ~ sein** nadawać się, przyda(wa)ć się do (*gen*); **zu nichts ~ sein** na nic się nie przyda(wa)ć
nutzen, *pl-niem* **nützen** (*-zt*) V/T wykorzyst(yw)ać, użytkować (**zu** na *akk*, do *gen*);

N

v/i (*dat*) być korzystnym (dla *gen*); (*dienen als*) służyć; **es nutzt mir nichts** to mi nic nie daje; **es nutzt alles nichts** to wszystko na nic

Nutz|en M (*-s; bpl*) korzyść *f*, pożytek; **~er** M użytkownik; **~fahrzeug** N pojazd użytkowy; **~fläche** F powierzchnia użytkowa; **~garten** M ogród warzywny; **~leistung** F (*bpl*) moc efektywna *od* użyteczna

nützlich pożyteczny, użyteczny; **sich ~ machen** pomagać ⟨-móc⟩

nutzlos bezużyteczny, daremny

Nutz|losigkeit F (*bpl*) bezużyteczność *f*, daremność *f*; **~nießer(in)** M(F) beneficjent; **~ung** F (PL *selten*) użytkowanie; wykorzyst(yw)anie

NW (Nordwesten) północny zachód

Nylon® ['naɪlɔn] N (*-s; bpl*) nylon; **~strumpf** M nylonowa pończocha; PL *umg* nylony *mpl*

Nympho'manin F nimfomanka

O

o INT o; **~ ja!, ~ doch!** o tak!

O ABK (Osten) wschód

o.a. (oben angeführt) wyżej podany

o.Ä. (oder Ähnliche[s]) lub podobne

O'ase F oaza (*a. fig*)

ob *konj* czy; **als ~** jak gdyby, niby; *umg* **und ~!** jeszcze jak!, naturalnie!

o.B. (ohne Befund) MED bez zmian

OB (Oberbürgermeister) nadburmistrz

Obacht F (*bpl*): **~!** uwaga!; **~ geben** uważać, baczyć

Obdach N (*bpl*) dach nad głową

obdachlos bez dachu nad głową, bezdomny; **~ sein** nie mieć dachu nad głową

Obdach|lose F bezdomna; **~lose(r)** M (*-n*) bezdomny; **~losenheim** N przytułek dla bezdomnych

Obdukti'on F sekcja zwłok, obdukcja

oben ADV na górze, w górze, u góry; (*weiter vorn*) wyżej; **nach ~** do góry, na górę, w górę; **nach ~ kommen** *Taucher, U-Boot* wynurzać ⟨-rzyć⟩ się (z wody); **von ~** z góry; **von ~ bis unten** od góry do (samego) dołu; **ganz ~** → obenan; **~ erwähnt** wyżej wymieniony; *umg* **~ ohne** toples

oben|an ADV na pierwszym miejscu; **~auf** ADV na (samym) wierzchu; **~drein** ADV w dodatku; **~erwähnt** → oben

Ober M (*Karte*) dama; → Oberkellner; *umg* **Herr ~!** panie starszy!; **~arm** M ramię; **~arzt** M ordynator; **~aufsicht** F nadzór; **~befehlshaber** M wódz naczelny, głównodowodzący; **~bekleidung** F odzież wierzchnia; **~bürgermeister(in)** M(F) nadburmistrz; **~deck** N pokład górny, pokład główny

obere ADJ (*sich oben befindend*) górny (*a.* GEOG); (*darüber liegend*) wierzchni; *fig* (*dem Rang nach*) starszy; **die Oberen** *koll* starszyzna

Ober|feldwebel M starszy sierżant; (*Artillerist*) starszy ogniomistrz; **~fläche** F powierzchnia; *in zssgn* powierzchniowy

oberflächlich powierzchowny

Ober|förster M nadleśniczy; **~gefreite(r)** M kapral

obergärig: **~es Bier** piwo górnej fermentacji

Ober|geschoss N piętro; **~grenze** F górna granica

oberhalb PRÄP (*gen*) nad (*inst*), powyżej (*gen*)

Oberhand F: **die ~ gewinnen** brać ⟨wziąć⟩ górę (**über** *akk* nad *inst*)

Ober|haupt N głowa, przywódca *m*; **~haus** N izba wyższa (parlamentu); *in GB* Izba Lordów; **~hemd** N koszula

Oberin F przeorysza, matka przełożona

oberirdisch nadziemny; prąd nad ziemią

Ober|kellner M starszy kelner; **~kiefer** M (górna) szczęka; **~kommando** N dowództwo naczelne; **~kommissar(in)** M(F) nadkomisarz; **~körper** M górna część ciała; **~landesgericht** N wyższy sąd krajowy; **~lauf** M górny bieg (rzeki); **~leitung** F naczelne kierownictwo; KOLEJ *usw* sieć trakcyjna; **~leutnant** M porucznik

Ober|licht N BUD świetlik; **~liga** F SPORT pierwsza liga; **~lippe** F warga górna; **~österreich** N Górna Austria; **~schenkel** M udo; *in zssgn* udowy;

~schenkelhalsbruch M złamanie szyjki kości udowej; **~schicht** F (*bpl*) *fig* warstwa uprzywilejowana; **~schule** F gimnazjum *n*; **~schwester** F siostra przełożona; **~seite** F wierzch, górna powierzchnia

Oberst M (*-en od -s; -e*[N]) pułkownik

Oberstaats|anwalt M, **~anwältin** F prokurator generalny (przy sądzie krajowym)

oberste *sup Reihe, Schicht* górny, na samej górze; fig najwyższy, naczelny; **das Oberste zuunterst kehren** poprzewracać wszystko do góry nogami

Oberstleutnant M podpułkownik

Ober|stufe F *koll* trzy ostatnie klasy gimnazjum; **~teil** M *od* N górna część; *von e-m Möbel* nadstawka; **~verwaltungsgericht** N wyższy krajowy sąd administracyjny

Oberweite F obwód gorsu

obgleich *lit konj* aczkolwiek, chociaż

Obhut F (*bpl*) piecza; **in s-e ~ nehmen** otoczyć *pf* pieczą, mieć w swojej pieczy

obig powyższy, wyżej wymieniony

Ob'jekt N (-[e]s; -e) obiekt; GRAM *a.* dopełnienie

objek'tiv obiektywny

Objek'tiv N (*-s; -e*) obiektyw

Objektivi'tät F (*bpl*) obiektywność *f*

Ob'late F *rel* opłatek

Obligati'on F obligacja

obliga'torisch obligatoryjny, obowiązkowy (-wo)

Obmann M (PL *-leute*) przewodniczący; *e-r Jury* prezes zespołu orzekającego; (*Wortführer*) rzecznik

O'boe F obój

Obolus M (*-; -se*) wkład, cegiełka

ÖBRD M (Österreichischer Bergrettungsdienst) Austriackie Górskie Pogotowie Ratunkowe

Obrig|keit F (*bpl*) władze *fpl*; *iron* zwierzchność *f*; **~keitsstaat** N *abw* państwo autokratyczne

ob'schon *lit konj* aczkolwiek, chociaż

Observa'torium N (*-s; -ien*) obserwatorium *n*

obser'vieren (-) śledzić, inwigilować

Obser'vierung F inwigilacja

ob'siegen *lit* VI (-) zwyciężać ⟨-żyć⟩; **in e-m Prozess ~** wygr(yw)ać proces

obs'kur obskurny, lichy (-cho)

Obst N (-[e]s; bpl) *koll* owoce *mpl*; **~bau** M (*bpl*) sadownictwo; **~baum** M drzewo owocowe; **~ernte** F zbiór owoców; (*Ertrag*) urodzaj owoców; **~garten** M sad, ogród owocowy

Obst|kern M pestka; **~kuchen** M placek z owocami; **~laden** M sklep z owocami; **~ler** M *reg* wódka gatunkowa z owoców; **~messer** N nożyk do owoców; **~presse** F wyciskarka do owoców; **~saft** M sok owocowy; **~salat** M sałatka owocowa; **~schale** F skórka owocu, łupina; (*Gefäß*) patera na owoce; **~tag** M dzień *m* ścisłej diety owocowej; **~wein** M wino owocowe

obs'zön obsceniczny, sprośny

Obs'zönität F (*bpl*) obsceniczność *f*; *nur* PL **~en** (*Bilder, Texte*) obscena *pl*

Obus M trolejbus

ob'wohl *konj* chociaż, choć, mimo że

Ochse M (*-n*) wół; *abw* tuman, cep

Ochsen|schwanzsuppe F zupa ogonowa, ogonówka; **~tour** *umg* F (*bpl*) pięcie się po szczeblach kariery (zawodowej, partyjnej); (*Plackerei*) harówka; **~zunge** F ozór wołowy; BOT farbownik

ockergelb koloru ochry

öde (*leer*) pusty (-to), bezludny; (*langweilig*) nudny

Öde F (*bpl*) (*Land*) pustkowie; (*Eintönigkeit*) nudy *pl*; (*Leere*) pustka

Ödem N (*-s; -e*) MED obrzęk

oder *konj* albo, lub, bądź; **~?** czy nie?

Oder F (*bpl*) Odra

Ödipuskomplex M (*bpl*) kompleks Edypa

Ödland N (*bpl*) AGR nieużytki *mpl*

Odys'see F odyseja

OECD F (Organization for Economic Cooperation and Development) Organizacja Współpracy Gospodarczej i Rozwoju

Öfchen N piecyk

Ofen M (*-s; Öfen*) piec; *umg* **jetzt ist der ~ aus** koniec pieśni

ofenfrisch *Gebäck* świeży; *präd* prosto z pieca

Ofen|heizung F ogrzewanie piecowe; **~rohr** N rura piecowa; **~röhre** F piekarnik; **~setzer** M zdun

Off N (*unv*): FILM, *rtv* **aus dem ~** zza kadru

offen (*geöffnet*) otwarty (*a. Wunde, Gelände usw*); *Hemd, Kragen* rozpięty; *fig* (*freimütig*) otwarty; *präd* otwarcie; *Rech-*

O

nung niezapłacony; *Stelle* wakujący, nieobsadzony, wolny; **halb ~** na wpół otwarty, przymknięty; **~er Brief** list otwarty; **~es Feuer** ognisko; **~er Wein** wino z beczki; **auf ~er Straße** na środku drogi; **mit ~em Mund** z otwartymi ustami; **~ bleiben** pozosta(wa)ć otwartym; **~ gesagt, ~ gestanden** szczerze mówiąc; **~ halten** trzymać otwartym, nie zamykać; **~ lassen** nie zamykać, zostawi(a)ć otwartym; **~ sein** (**gegenüber** *dat*) być szczerym (z *inst*, wobec *gen*); **~ sprechen** mówić otwarcie; **~ stehen** *Tür* stać otworem; **meine Tür steht dir immer ~** mój dom stoi przed tobą otworem; → offenbleiben, offenhalten *usw*

offen'bar oczywisty; *präd* widocznie

offen'baren (-) V/T wyjawi(a)ć; V/R **sich ~** (**als**) okaz(yw)ać się (*inst*); **sich j-m ~** zwierzyć się *pf* k-u

Offen'barung F objawienie (*a. rel*)

Offen'barungseid M: *fig* **den ~ leisten** przyzna(wa)ć się do porażki

offen|bleiben (*irr; sn*) *fig Entscheidung usw* pozosta(wa)ć otwartym; **~halten** (*irr*) *fig Option* zastrzegać sobie, mieć w rezerwie; *Frage* pozostawić *pf* do rozstrzygnięcia

Offenheit F (*bpl*) otwartość *f*, szczerość *f*; **in aller ~** otwarcie

offen|herzig (*freimütig*) otwarty, szczery; *präd* szczerze, otwarcie; **~kundig** (*klar erkennbar*) oczywisty, jasny

offenlassen (*irr*) *fig Frage* pozostawi(a)ć nierozstrzygniętym; **~legen** *Daten, Verträge usw* ujawni(a)ć, odtajni(a)ć;

Offenlegung F ujawnienie, odtajnienie

offensichtlich ADJ widoczny, ewidentny; ADV widocznie

offen'siv ofensywny

Offen'sive F ofensywa; **zur ~ übergehen** przechodzić ⟨przejść⟩ do ofensywy

offenstehen (*irr*): *fig* **ob du das machst oder nicht, steht dir offen** czy zrobisz to czy nie, to twoja sprawa

öffentlich publiczny; *Sitzung* otwarty, jawny; **~e Hand** organy *mpl* administracji publicznej, sfera budżetowa; **~er Dienst** sektor publiczny; **etw ~ erklären** ogłaszać ⟨ogłosić⟩ publicznie (*akk*)

Öffentlichkeit F (*bpl*) ogół, społeczeństwo, publiczność *f*; (*Öffentlichsein*) jawność *f*; **in der ~** na widoku; **sich an die ~ wenden** odwoł(yw)ać się do opinii publicznej

Öffentlichkeitsarbeit F (*bpl*) działalność promocyjna, public relations

öffentlich-rechtlich publiczno-prawny

offe'rieren (-) ⟨za⟩oferować

Of'ferte F oferta

offizi'ell oficjalny; → amtlich

Offi'zier M (*-s; -e*) oficer

Offi'ziersrang M stopień oficerski

offizi'ös półoficjalny

Offlinebetrieb ['ɔflaɪn-] M (*bpl*) EDV praca w trybie offline

öffnen (*-e-*) V/T otwierać ⟨otworzyć⟩, odmykać ⟨odemknąć⟩ (*v/r* **sich** się); (*entkorken*) odkorkow(yw)ać; **ein wenig ~** uchylać ⟨-lić⟩ (*v/r* **sich** się); *v/r fig* **sich j-m**, *e-r Sache* **~** otwierać ⟨otworzyć⟩ się przed (*inst*); V/I **... öffnet um acht ...** otwiera się o ósmej

Öffner M otwieracz

Öffnung F (*das Öffnen*) otwieranie, otwarcie; (*offene Stelle*) otwór

Öffnungszeiten FPL godziny *fpl* otwarcia

Offsetdruck M (*bpl*) offset, druk offsetowy; (*a* PL *-e*) druk wykonany techniką offsetową

oft ADV (*öfter*) często; **~ genug** stale

öfter ADV *komp* częściej; **immer ~** coraz częściej; **des Öfteren** często

öfters *reg* ADV często

oftmals ADV kilkakrotnie

OG (Obergeschoss) piętro

o.g. (oben genannt) wyżej wymieniony

ÖGB M (Österreichischer Gewerkschaftsbund) Zrzeszenie Austriackich Związków Zawodowych

oh INT: **~!** ach!, o!; **~, wie schön!** ach, jak pięknie!; **~ ja!** o tak!

OHG F (offene Handelgesellschaft) spółka jawna

Ohmmeter N omomierz

ohne PRÄP (*akk*) bez (*gen*); *umg* **das ist nicht ganz ~** to nie jest bez ale; *konj* **~ dass ..., ~ zu** (+ INF) nie (+ *Adverbialpartizip*); **~ dass er gefragt hat, ~ zu fragen** nie pytając, nie zapytawszy; **~ Weiteres** prosto; bez trudu

ohne'dies ADV → ohnehin

ohne'gleichen ADJ (*unv, nachgestellt*) bezprzykładny, niespotykany

O

ohne'hin ADV i tak, i bez tego
Ohnmacht F (PL -*en*) omdlenie; *fig* bezsilność *f*; **in ~ fallen** zemdleć *pf*; **aus der ~ erwachen** odzysk(iw)ać przytomność
ohnmächtig omdlały; *fig* bezsilny; **~ werden** ⟨ze⟩mdleć, omdle(wa)ć; **~ zusehen (müssen), wie ...** patrzeć bezsilnie, jak ...
o'ho INT: **~!** oho!; *umg* **klein, aber ~!** mały, ale oho ho!
Ohr N (-[e]s; -en) ucho, *pl* uszy; **j-m etw ins ~ flüstern** mówić, powiedzieć *pf* k-u na ucho (*akk*); **auf e-m ~ taub sein** być głuchym na jedno ucho; **ein feines ~ für etw haben** mieć wyczulone ucho na (*akk*); *fig* **die ~en anlegen** kłaść uszy po sobie; **die ~en spitzen** nadstawiać uszu; **j-m die ~en lang ziehen** natrzeć *pf* k-u uszu; **ein offenes ~ finden (bei)** znaleźć posłuch (u *gen*); **ganz ~ sein** zamieni(a)ć się w słuch; **ihm ist zu ~en gekommen, dass ...** obiło mu się o uszy, że ...; *umg* **sich aufs ~ legen** zdrzemnąć się; **halt die ~en steif!** uszy do góry!; **sich** (*dat*) **etw hinter die ~en schreiben** zapamiętać *pf* sobie (*akk*); **bis über die** *od* **beide ~en verliebt sein** zakochać się po uszy; **j-n übers ~ hauen** okantować *pf* k-o; **j-m in den ~en liegen** naprzykrzać się k-u; **viel um die ~en haben** mieć masę roboty (i kłopotów); **sich** (*dat*) **die Nacht um die ~ schlagen** nie spać całą noc
Öhr N (-[e]s; -e) uszko
Ohrclip M klips
Ohren|arzt M, **~ärztin** F specjalista *m* (specjalistka) od chorób uszu
ohrenbetäubend ADJ ogłuszający (-co)
Ohren|entzündung F zapalenie ucha; **~klappe** F nausznik; **~sausen** N szum w uszach; **~schmalz** N woskowina; **~schmaus** *umg* M rozkosz *f* dla ucha
Ohrenschmerzen MPL ból ucha *od* uszu; **ich habe ~** boli mnie ucho
Ohrenschützer MPL nauszniki m/pl
Ohrenzeuge M JUR świadek zeznający fakty słyszane na własne uszy; **ich war ~ dieses Gesprächs** słyszałem tę rozmowę na własne uszy
Ohrfeige F policzek; **e-e ~ verpassen** wymierzyć *pf* policzek
ohrfeigen (*pperf geohrfeigt*) spoliczkować *pf*
Ohr|hörer M minisłuchawka; **~klipp** M klips; **~läppchen** N płatek małżowiny (usznej); **~muschel** F małżowina uszna; **~ring** M kolczyk; **~speicheldrüse** F ślinianka przyuszna; **~wurm** M skorek; *umg fig* melodja wpadająca w ucho
oje INT: **~!** o!, ach!
o.k., O.K. *umg* → okay
okay [o'ke:] ADV okay, zgoda
ok'kult okultystyczny
Okkul'tismus M (-; *bpl*) okultyzm
Okkupati'on F okupacja
okku'pieren (-) okupować (*im*)*pf*
Öko|bauer M rolnik ekologiczny; **~bewegung** F ruch ekologiczny; **~laden** M sklep z żywnością ekologiczną; **~'loge** M (-*n*) ekolog; **~lo'gie** F (*bpl*) ekologia; **~'login** F (kobieta) ekolog
öko'logisch ekologiczny
Ökono'mie [PL -'mi:ən] F ekonomia
öko'nomisch ekonomiczny (*a. sparsam*)
Öko|produkt N produkt czysty ekologicznie; **~steuer** F podatek ekologiczny; **~system** N ekosystem; **~tourismus** M ekoturystyka
Okt. (Oktober) październik
Okta'eder N ośmiościan
Ok'tanzahl F liczba oktanowa
Ok'tave F oktawa
Ok'tober M (-[s]; -) październik; *in zssgn* październikowy
öku'menisch ekumeniczny
Öl N (-[e]s; -e) olej; (*Olivenöl*) oliwa; (*Kosmetik*) olejek; AUTO **das ~ wechseln** wymieni(a)ć olej; *fig* **~ ins Feuer gießen** dolewać oliwy do ognia; **in ~ malen** malować olejno
Ölbaum M drzewo oliwkowe
Ölbild N obraz olejny
Oldie ['oʊldi] M (-*s*; -*s*) stary przebój
Öldruck M TECH ciśnienie oleju
Oldtimer ['oʊldtaımər] M weteran szos
ölen ⟨na⟩oliwić
Öl|farbe F farba olejna; **~feld** N pole naftowe; **~film** M warstewka oleju *od* ropy; **~filter** N AUTO filtr oleju; **~gemälde** N malowidło olejne; → Ölbild
Ölgötze *umg abw* M: **dastehen wie ein ~** stać jak kołek *od* słup
Ölheizung F ogrzewanie olejowe
ölig oleisty; (*schmutzig*) zatłuszczony; *fig abw* ugrzeczniony
Oli'garch M (-*en*) oligarcha *m*

O

O'live F oliwka; **~n-** *in zssgn* oliwny

O'livenöl N oliwa

o'livgrün oliwkowy (-wo)

Öl|kanne F bańka na olej *od* oliwę; **~krise** F kryzys naftowy; **~kuchen** M makuchy m/pl; **~lampe** F lampka oliwna; **~malerei** F malarstwo olejne; **~palme** F palma oliwna, olejowiec; **~pest** F zanieczyszczenie wód ropą; **~pflanze** F roślina oleista; **~quelle** F źródło ropy naftowej; **~sardinen** FPL sardynki *fpl* w oliwie; **~sperre** F pływająca zapora przeciwrozlewowa; **~spur** F ślad oleju (na drodze); **~stand** M *(bpl)* poziom oleju; **~tank** M zbiornik ropy *od* oleju opałowego; **~teppich** M rozlew ropy

Ölung F smarowanie (olejem); *rel* **die Letzte ~** ostatnie namaszczenie

ölverseucht ADJ zanieczyszczony ropą naftową *od* olejem opałowym

Ölvorkommen N złoże roponośne

Ölwanne F AUTO miska olejowa

Ölwechsel M wymiana oleju

O'lympia- *in zssgn* olimpijski

Olympi'ade F olimpiada

O'lympiasieger(in) M(F) zwycięzca *m* (zwyciężczyni) w igrzyskach olimpijskich

Olympi'onike M (-n) olimpijczyk

Olympi'onikin F olimpijka

o'lympisch olimpijski; **die Olympischen Spiele** igrzyska *npl* olimpijskie

Ölzweig M gałązka oliwna

Oma *umg* F (-; -s) babcia, babusia, babunia

Ome'lett N (-[e]s; -s od -e), **~e** F omlet

omi'nös *(unheilvoll)* złowróżbny; *(anrüchig)* podejrzany

Omnibus M autobus; *(Reisebus)* autokar; *in zssgn* → Bus...

Ona'nie F *(bpl)* onanizm, samogwałt

ona'nieren V/I (-) onanizować się

Onkel M (-s; - *od umg* -s) wuj, wujek; *(Bruder des Vaters) a.* stryj, stryjek; *(männlicher Erwachsener)* pan

Onkolo'gie F *(bpl)* onkologia

online ['ɔnlaɪn] EDV online

Online|banking ['ɔnlaɪnbæŋkiŋ] N (-s; *bpl*) bankowość elektroniczna; **~betrieb** M *(bpl)* EDV praca w trybie online

Onyx M (-[es]; -e) onyks

OP M (-s; -s) (Operationssaal) sala operacyjna

Opa *umg* M (-s; -s) dziadek, dziadzio

O'pal M (-s; -e) opal; *in zssgn* opalowy

Open-Air-Festival ['o:pən'ɛ:r-] N festiwal (muzyki, tańca) pod gołym niebem

Oper F (-; -n) opera; **in die ~ gehen** iść do opery *od* na operę

Operati'on F operacja *(a.* MIL, MAT*)*

Operati'ons|narbe F blizna po operacji; **~saal** M sala operacyjna

opera'tiv MED operacyjny; *(tätig eingreifend)* operatywny *(a.* MIL*)*; **~ entfernen** usunąć operacyjnie

Ope'rator M (-s; -'toren) operator

Ope'ret|te F operetka; **~tenmusik** F muzyka operetkowa

ope'rieren (-) V/T MED ⟨z⟩operować; V/I MIL, MED, *fig* operować; **sich ~ lassen** (**an** *dat*) podda(wa)ć się operacji *(gen)*

Opern|arie F aria operowa; **~glas** N lornetka teatralna; **~haus** N opera; **~sänger** M śpiewak operowy; **~sängerin** F śpiewaczka operowa

Opfer N ofiara; *e-r Sache* **zum ~ fallen** paść ofiarą, stać się pastwą *(gen)*; **etw zum ~ bringen** składać ⟨złożyć⟩ w ofierze *(akk)*; **große ~ für etw bringen** okupić *pf (akk)* ofiarami

opferbereit ofiarny

Opfer|bereitschaft F *(bpl)* ofiarność *f*; **~gabe** F ofiara, datek

opfern (-re) V/T ofiarow(yw)ać; *Zeit, Leben usw* poświęcać ⟨-cić⟩ (**j-m**, *e-r Sache* dla *gen*, na *akk*); *v/r* **sich ~** poświęcać ⟨-cić⟩ się *(a. iron)*

Opferstock M (PL -stöcke) skarbonka na datki

Opferung F ofiarowanie; *der Freizeit, des Lebens usw* poświęcenie

opferwillig ofiarny

Opi'at N (-[e]s; -e) lek zawierający opium

Opium N (-s; *bpl*) opium *n (unv)*

O'possum N (-s; -s) opos

oppo'nieren V/I (-) ⟨za⟩oponować

oppor'tun *lit* odpowiedni, stosowny

Opportu|'nismus M (-; *bpl*) oportunizm; **~'nist(in)** M(F) (-en) oportunista *m* (-tka)

opportu'nistisch oportunistyczny

Opposi'tion F opozycja

oppositio'nell opozycyjny

Opposi'tions|führer M lider opozycji; **~partei** F partia opozycyjna

op'tieren V/I (-) optować (**für** na rzecz *gen*)

Optik F *(bpl)* optyka; (PL -en) układ optyczny; *umg* **von der ~ her** z wyglądu

Optiker(in) M(F) optyk (*a. f*)
Optima PL → Optimum
opti'mal optymalny; **etw ~ lösen** optymalnie rozwiąz(yw)ać (*akk*)
opti'mieren (-) ⟨z⟩optymalizować
Opti'mismus M (-; *bpl*) optymizm
Opti'mist(in F) M (-*en*) optymista *m* (-tka)
opti'mistisch optymistyczny
Opti|mum N (-*s*; -*tima*) optimum *n* (*unv*); **~'on** F opcja (**für** na rzecz *gen*)
optio'nal *präd* w opcji
optisch optyczny; **~ vergrößern** powiększać optycznie
opu'lent *lit Mahl* wystawny
O'rakel N wyrocznia
o'ral ANAT oralny; MED doustny, *präd* doustnie
orange [o'ra:ʒə] (*unv*) pomarańczowy (-wo)
O'range[1] [-ʒ(ə)] N (*unv*) (*Farbe*) oranż
O'range[2] [-ʒə] F pomarańcza
Orangeade [-'ʒɑ:-] F oranżada
O'rangenbaum [-ʒən-] M drzewko pomarańczowe, pomarańcza
O'rangensaft [-ʒən-] M sok pomarańczowy
Ora'torium N (-*s*; -*ien*) oratorium *n*
Orbi|t M (-*s*; -*s*) KOSM orbita (wokółziemska); **~'talstation** F stacja kosmiczna na orbicie okołoziemskiej
Orchester [ɔr'kɛstər] N orkiestra; **~probe** F próba orkiestrowa
Orchi'dee [-çi'de:] F orchidea, storczyk
Orden M order; *rel* zakon; **j-m e-n ~ verleihen** nagradzać ⟨-grodzić⟩ k-o orderem; **in e-n ~ eintreten** wstępować ⟨wstąpić⟩ do zakonu
Ordens|band N (PL -*bänder*) wstęga orderowa; **~bruder** M brat *od* braciszek zakonny; **~spange** F baretka; **~schwester** F siostra zakonna; **~tracht** F habit; **~verleihung** F udekorowanie orderem; (*Feier*) uroczystość *f* udekorowania orderem
ordentlich porządny, *präd* porządnie (*a. umg richtig, gehörig, reichlich*); JUR *Gericht* powszechny; *Professor* zwyczajny; **~e Leute** porządni ludzie; **e-e ~e Tracht Prügel** porządne lanie
Order F (-; -*n od* -*s*) HANDEL, FIN zlecenie
ordern (-*re*) *Ware* zamawiać ⟨-mówić⟩
Ordi'nalzahl F liczebnik porządkowy
ordi'när *oft abw* ordynarny; (*gewöhnlich*) zwykły
Ordi'narius M (-; -*ien*) profesor zwyczajny (kierujący katedrą); *kirchlich* ordynariusz
Ordina|ti'on F *rel* ordynacja; *austr* praktyka lekarska; **~ti'onszimmer** N *austr* gabinet lekarski
ordnen (-*e*-) ⟨u⟩porządkować (**nach** … według *gen*); (*regeln*) ⟨u⟩regulować; *Haare, Kleidung* poprawi(a)ć
Ordner M (*Person*) porządkowy; *für Akten* segregator
Ordnung F (*bpl*) porządek, ład; MIL szyk; (*Regeln*) regulamin, ordynacja; BIOL, MAT rząd; (*das Ordnen*) (u)porządkowanie; **etw in ~ bringen** doprowadzać ⟨-dzić⟩ do porządku *od* ładu (*akk*); **in ~ halten** utrzymywać w porządku; **j-n zur ~ rufen** przywoł(yw)ać k-o do porządku; **der ~ halber** dla porządku; **… ist in ~** … jest w porządku; *umg* **geht in ~!** w porządku!; **Straße erster ~** droga pierwszej klasy
ordnungsgemäß należyty (-cie)
ordnungshalber ADV dla porządku
Ordnungshüter *umg* M stróż porządku
ordnungsliebend ADJ lubiący porządek
Ordnungsruf M przywołanie do porządku; **j-m e-n ~ erteilen** przywoł(yw)ać k-o do porządku
Ordnungs|strafe F kara porządkowa; **~widrigkeit** F wykroczenie; **~zahl** F liczebnik porządkowy
ORF M (Österreichischer Rundfunk) Radio Austria
Or'gan N (-[e]s; -e) ANAT narząd, organ; *fig* organ; **~empfänger(in)** M(F) biorca *m* (biorczyni) przeszczepianego narządu; **~entnahme** F MED pobranie narządu
Organisati'on F organizacja; **~s-** *in zssgn* organizacyjny
organisa'torisch *Aufgaben* organizacyjny; *Fähigkeiten* organizatorski
or'ganisch organiczny
organi'sieren (-) V/T ⟨z⟩organizować (*v/r* **sich** się); *umg* (*beschaffen*) skombinować *pf*
Orga'nismus M (-; -*men*) BIOL, *fig* organizm, ustrój
Or'gan|spende F oddanie *od* dar narządu; **~spender(in)** M(F) dawca *m* (dawczyni) narządu; **~verpflanzung** F przeszczep(ienie) narządu
Or'gasmus M (-; -*men*) orgazm

Orgel F (-; -n) organy *pl*; **~konzert** N koncert organowy; **~musik** F muzyka organowa; **~spieler(in)** M(F) organista *m* (-tka)
Orgie [PL -iən] F orgia; *im kleinen Kreis* orgietka
Orient ['o:riənt] M (-s; *bpl*) Wschód
orien'talisch wschodni, orientalny
orien'tieren (-) V/T ⟨z⟩orientować (*v/r* **sich** się; **nach, an** *dat* według G); **orientiert sein über** (*akk*) być poinformowanym o (*lok*)
Orien'tierung F (*bpl*) orientacja; **die ~ verlieren** ⟨s⟩tracić orientację
Orien'tierungs|hilfe F punkt orientacyjny; **~sinn** M (*bpl*) dar orientacji
origi'nal oryginalny; *rtv* **~ übertragen** transmitować na żywo
Origi'nal N (-s; -e) oryginał (*a. Person*); **~fassung** F wersja oryginalna
origi'nalgetreu zgodny z oryginałem; **~ wiedergeben** przedstawić zgodnie z oryginałem
Originali'tät F (*bpl*) oryginalność *f*
Origi'nalübertragung F transmisja na żywo
origi'nell oryginalny
Or'kan M (-s; -e) huragan
or'kanartig huraganowy (-wo)
Orna'ment N (-[e]s; -e) ornament
Ort M (-[e]s; -e) miejsce; (*Ortschaft*) miejscowość *f*; GÓRN (PL *Örter*) przodek; **am ~** tu, w tej miejscowości; **an ~ und Stelle, vor ~** na miejscu
Örtchen *umg* N (*WC*) ubikacja
orten (-e-) V/T ustalać ⟨-lić⟩ pozycję (*gen*), wykry(wa)ć (*akk*)
ortho'dox ortodoksyjny
Orthogra|'fie F, **~'phie** [PL -iən] F ortografia, pisownia
ortho'gra|fisch, **~phisch** ortograficzny; **~er Fehler** błąd ortograficzny
Orthopä'die F (*bpl*) ortopedia
ortho'pädisch ortopedyczny
örtlich miejscowy (-wo), lokalny; **~ betäuben** znieczulać ⟨-lić⟩ miejscowo
Örtlichkeit F miejsce; (*Gelände*) teren
Ortsangabe F podanie miejsca; adres
ortsansässig miejscowy, tubylczy; **die Ortsansässigen** miejscowi *pl*
Ortsbesichtigung F oględziny *pl* na miejscu, wizja lokalna
Ortschaft F miejscowość *f*
orts|fest TECH stacjonarny; **~fremd** nietutejszy, obcy; (*zugewandert*) napływowy
Ortsgespräch N rozmowa miejscowa
Ortskenntnis F rozeznanie w miejscowości; **~se sammeln** zapoznać się *pf* z miejscowością
ortskundig obeznany z miejscowością
Orts|name M nazwa miejscowości; **~schild** N tablica z nazwą miejscowości; **~tarif** M taryfa za rozmowy miejscowe; **~teil** M dzielnica
ortsüblich miejscowy, tutejszy
Orts|wechsel M zmiana miejsca pobytu; **~zeit** F (*bpl*) czas miejscowy
Ortung F lokacja
Öse F uszko, kluczka; TECH oczko
os'manisch osmański
Ossi *umg* M (-s; -s) były enerdowiec
Ost M (-s; *bpl*) → Osten; (*Wind*) wiatr wschodni; **aus** *od* **von ~** ze wschodu
ostasi'atisch wschodnioazjatycki
Ost'asien N Azja Wschodnia
ostdeutsch wschodnioniemiecki
Osten M (-s; *bpl*) wschód; **der Ferne, Mittlere, Nahe ~** Daleki, Środkowy, Bliski Wschód; **im ~** na wschodzie; **nach ~** na wschód; **von ~** ze wschodu
ostenta'tiv ostentacyjny
Oster|ei N jajko wielkanocne, pisanka; **~glocke** F narcyz trąbkowy, żonkil; **~hase** M zajączek wielkanocny
Ostermesse F *rel* jutrznia paschalna
österlich wielkanocny, paschalny
Ostermontag M poniedziałek wielkanocny, lany poniedziałek
Ostern N (-; *mst* PL -) Wielkanoc *f*; **zu ~** na Wielkanoc; **frohe ~!** wesołego alleluja!, wesołych świąt!
Österreich N (-s; *bpl*) Austria; **~er(in)** M(F) Austriak (Austriaczka)
österreichisch austriacki (po -ku)
Oster|sonntag M niedziela wielkanocna; **~woche** F Wielki Tydzień
Osteuropa N Europa Wschodnia
osteuropäisch wschodnioeuropejski
östlich wschodni; **in ~er Richtung** w kierunku wschodnim, na wschód; **~** (*gen*) *od* **von** na wschód od (*gen*); **weiter ~** dalej na wschodzie
Östro'gen N (-s; -e) estrogen
Ostsee F (*bpl*) Morze Bałtyckie, Bałtyk; *in zssgn* (nad)bałtycki

ostwärts ADV na wschód
Ost|-West-... *in zssgn* ...Wschód-Zachód; **~wind** M wiatr wschodni, wiatr ze wschodu
OSZE F (Organisation für Sicherheit und Zusammenarbeit in Europa) Organizacja Bezpieczeństwa i Współpracy w Europie, OBWE
Otter[1] M (*Fischotter*) wydra
Otter[2] F (-; -*n*) (*Viper*) żmija
outen ['aʊtən]: V/T **j-n ~** ujawnić *pf* skłonności homoseksualne (*gen*); V/R **sich ~** publicznie przyznać się *pf* do swoich skłonności homoseksualnych
Out|fit ['aʊt-] N (-[s]; -s) (*Kleidung*) kreacja, strój; (*Ausrüstung*) wyposażenie; **~sider** [-saɪdər] M autsajder
Ouver'türe [uvɛr-] F uwertura
o'val owalny
O'val N (-*s*; -*e*) owal
Ovati'on F owacja; **mit ~en begrüßen** ⟨po⟩witać owacjami
Overall ['o:vərɔ:l] M kombinezon
Overheadprojektor ['o:verhɛt-] M rzutnik do przezroczy
ÖVP F (Österreichische Volkspartei) Austriacka Partia Ludowa
O'xid N, **O'xyd** N (-[*e*]s; -e) tlenek
Oxidati'on F, **Oxydati'on** F utlenianie, oksydacja
oxidieren, **oxy'dieren** V/I (-; *a sn*) utleni(a)ć się
Ozean M (-*s*; -*e*) ocean
Oze'anien N (-*s*; *bpl*) Oceania
oze'anisch oceaniczny
Ozelot M (-*s*; -*s od* -*e*) ocelot; (*Pelz*) oceloty *mpl*
O'zon|killer *umg* M substancja zubożająca warstwę ozonową; **~loch** N (*bpl*) dziura ozonowa; **~schicht** F (*bpl*) ozonosfera; **~wert** M stężenie ozonu

P

paar PRON *indef* (*unv*): **ein ~** (*einige*) parę, kilka, *persf* paru, kilku; **ein ~ Jungen** paru chłopców; **in ein ~ Tagen** za parę *od* kilka dni; **nach ein ~ Jahren** po kilku latach
Paar N (-[*e*]s; -e) para; **ein ~ Schuhe** para butów; **ein verliebtes ~** zakochana para
paaren: V/R **sich ~** ZOOL parzyć się; *fig* iść w parze (**mit** z *inst*)
paarig BOT, MED parzysty
Paarlauf M SPORT jazda parami
paarmal: **ein ~** kilka razy
Paarung F łączenie (się) w pary; ZOOL parzenie się, kopulacja
Paarungszeit F okres godowy
paarweise ADV parami
Pacht F dzierżawa; **in ~ geben, nehmen** odda(wa)ć, brać ⟨wziąć⟩ w dzierżawę
pachten (-*e*-) ⟨wy⟩dzierżawić; *fig umg* **er tut so, als habe er die Klugheit für sich gepachtet** zdaje mu się, że posiadł wszystkie rozumy
Pächter(in) M(F) dzierżawca *m* (-czyni)
Pachtvertrag M umowa dzierżawna
Pachtzins M dzierżawne, czynsz dzierżawny
Pack[1] M (-[*e*]s; -e od Päcke) paka, plik; (*Bündel*) tobół, tłumok
Pack[2] *umg abw* N (-*s*; *bpl*) hołota, tałatajstwo
Päckchen N (mała) paczka, paczuszka, pakiecik; **ein ~ Zigaretten** paczka papierosów
Packeis N pak (lodowy)
packen V/T *Koffer, Paket* ⟨s⟩pakować; *Sachen* ⟨za⟩pakować (**in** *akk* do *gen*); *Waren a.* paczkować; (*ergreifen*) chwytać ⟨(s-, po)chwycić⟩ (*a. umg Bus usw*); *fig Wut, Angst* opanow(yw)ać; (*fesseln*) ⟨za⟩fascynować; V/I *vor der Reise* ⟨s⟩pakować się; V/R *pop* **pack dich!** wynoś się!
Packen M pakunek, paka
packend ADJ pasjonujący (-co)
Packer(in) M(F) pakowacz(ka)
Packesel *umg* M zwierzę juczne
Packpapier N papier pakowy
Packung F paczka; TECH uszczelka; MED okład, zawijanie
Päda'go|ge M (-*en*), **~gin** F pedagog (*a. f*); **~gik** F (*bpl*) pedagogika
päda'gogisch pedagogiczny
Paddel N (-; -) pagaj, wiosło kajakowe
Paddelboot N kajak
paddeln V/I (-*le*; *a sn*) wiosłować; (*nur sn*) ⟨po⟩płynąć kajakiem

Pädophi'lie F (bpl) pedofilia
paffen umg V/T (rauchen) ćmić; Pfeife, Zigarre a. pykać; V/I fajczyć, kopcić
Page [-ʒə] M (-en) paź m; im Hotel boy
Pa'gode F pagoda
paillettenbesetzt [pai'jɛtən-] ADJ haftowany cekinami
Paket N (-[e]s; -e) paczka; Aktien usw pakiet; **~karte** F adres pomocniczy; **~schalter** M okienko (na poczcie), gdzie przyjmowane i wydawane są paczki; **~zustellung** F doręczanie paczek
Paki'sta|ner(in) M(F), **~ni** M u. F (-[s]; -[s]) Pakistańczyk (-nka)
paki'stanisch pakistański
Pakt M (-[e]s; -e) pakt, układ
pak'tieren V/I (-) paktować (**mit** z inst)
Palais [pa'lɛ:] N (-; -) pałac(yk)
paläo-, **Paläo-** in zssgn paleo-
Pa'last M (-[e]s; Paläste) pałac
Paläs'tina N (-s; bpl) Palestyna
Palästi'nenser M Palestyńczyk; **~in** F Palestynka
palästi'nensisch palestyński
Pa'last|revolution F przewrót pałacowy; **~wache** F straż pałacowa
Pala'tschinke F austr naleśnik
Pa'laver umg N iron deliberacje fpl, debatowanie
pa'lavern umg V/I (-) deliberować, debatować (**über** akk nad I, o lok)
Pa'lette F paleta (a. TECH, HANDEL); fig wachlarz
pa'letti umg: **alles ~** szafa gra
Pali'sade F palisada, ostrokół
Pali'sander M palisander; in zssgn palisandrowy
Palme F palma; umg fig **j-n auf die ~ bringen** wkurzać ⟨-rzyć⟩ k-o
Palmenhaus N palmiarnia
Palm|sonntag M Niedziela Palmowa; **~wedel** M liść palmowy; **~zweig** M gałązka palmy; rel a. palma
Pampe mst abw F breja, bryja
Pampel'muse F grejpfrut
Pam'phlet N (-[e]s; -e) pamflet
pampig umg abw (dummdreist) chamowaty, ordynarny; (frech) bezczelny; **~ werden** podskakiwać
Panamakanal M (bpl): **der ~** Kanał Panamski
Pa'neel N (-s; -e) (Holztäfelung) boazeria
Panflöte F fletnia Pana
pa'nieren (-) panierować
Pa'niermehl N bułka tarta, panier(ka)
Panik F (bpl) panika; **in ~ geraten** wpadać ⟨wpaść⟩ w panikę, umg panikować; **~mache** umg F (bpl) panikarstwo
panisch paniczny
Panne F uszkodzenie, awaria; fig gafa; **wir haben (mit dem Wagen) e-e ~** nasz samochód uległ awarii
Pannenhilfe F (Schild) stacja obsługi technicznej; **~ leisten** udzielać ⟨-lić⟩ pomocy technicznej
Pannnendienst M pogotowie techniczne; engS pomoc drogowa
Pano'rama N (-s; -men) panorama; in zssgn panoramiczny
panschen V/T Wein, Milch usw fałszować; V/I umg im Wasser pluskać się
Pansen M ZOOL żwacz
Pant(h)er M pantera
Pan'tine F drewniak
Pan'toffel M (-s; -n) pantofel, bambosz; umg fig **unter dem ~ stehen** siedzieć pod pantoflem; **~blume** F pantofelnik; **~held** umg abw M pantoflarz
Panto'lette F klapek; **~n** PL klapki mpl
Pantomi'me[1] F pantomima
Pantomime[2] M (-n) pantomimista m
pantschen → panschen
Panzer M pancerz (a. ZOOL); (Kampfwagen) czołg; **~abwehrkanone** F działko przeciwpancerne; **~division** F dywizja pancerna; **~faust** F pancerfaust, bazooka; **~glas** N (bpl) szkło pancerne; **~grenadier** M żołnierz piechoty zmechanizowanej
panzern (-re) opancerzać ⟨-rzyć⟩; → gepanzert
Panzer|schrank M szafa od kasa pancerna; **~sperre** F zapora przeciwczołgowa; **~ung** F opancerzenie; **~wagen** M wóz pancerny; czołg
Papa umg M (-s; -s) tato m, tata m; **~s Schreibtisch** tatusine biurko
Papa'gei M (-s od -en; -e[N]) papuga; **~en-** in zssgn papuzi
Pa'paya F (-; -s) papaja
Paperback ['peɪpəbæk] N (-s; -s) książka w miękkiej okładce
Papi umg M (-s; -s) tatuś m, tatunio m
Pa'pier N (-[e]s; -e) papier; dünn bibułka; **~e** PL (Ausweise) papiery mpl, dokumenty mpl; FIN papiery mpl wartościowe; **etw zu**

P

~ **bringen** spis(yw)ać, przel(ew)ać na papier *(akk)*
Pa'pier|blumen FPL kwiaty *mpl* z bibułki; **~deutsch** *abw* N (język) niemiecki w stylu urzędowym
pa'pieren ADJ papierowy (-wo) *(a. fig)*
Pa'pier|fabrik F fabryka papieru, papiernia; **~geld** N *(bpl)* pieniądz papierowy; **~industrie** F przemysł papierniczy; **~korb** M kosz na papiery; **~kram** *umg* M papierkowa robota; **~krieg** *umg* M *(bpl)* (niepotrzebna) pisanina; **~serviette** F papierowa *od* bibułkowa serwetka; **~taschentuch** N jednorazowa chusteczka do nosa
Papp|becher M papierowy kubek; **~deckel** M tekturowa pokrywka
Pappe F tektura; *für Dächer* papa; *umg* *(Führerschein)* prawko; *umg* **das ist nicht von ~** tego nie należy lekceważyć
Pappel F (-; -n) topola
Pappelallee F topolowa aleja
pappen *umg* V/T przylepi(a)ć (**an, auf** *akk* do *gen*, na *akk*); *v/i* lepić się
Pappenstiel M: *umg* **das ist kein ~** to nie bagatela
pappig *(breiig)* papkowaty (-to); *(klebrig)* lepki (-ko)
Papp|schachtel F tekturowe pudełko; **~teller** M papierowy talerz(yk)
Paprika M (-s; -s) papryka; **~schote** F owoc papryki
Papst M (-[e]s; Päpste) papież; *fig* wyrocznia (**in Sachen Mode** w sprawach mody)
päpstlich papieski
Papsttum N (-s; *bpl*) papiestwo
Pa'pyrus M (-; -ri) papirus; *in zssgn* papirusowy
Pa'rabel F (-; -n) parabola
Para'bolantenne F antena paraboliczna
para'bolisch paraboliczny
Pa'rade F parada *(a. beim Fechten)*; MIL *a.* defilada; **~beispiel** N jaskrawy przykład
Para'deiser M *austr* pomidor; *in zssgn* pomidorowy
Pa'rade|schritt M krok defiladowy; **~uniform** F mundur galowy
para'dieren V/I (-) paradować
Para'dies N (-es; -e) raj *(a. fig)*
para'diesisch rajski *(a. fig)*
para'dox paradoksalny
Paraf'fin N (-s; -e) parafina; *in zssgn* parafinowy
Paragliding [-glaɪdiŋ] N (-s; *bpl*) paralotniarstwo
Para'|graf, ~graph M (-en) paragraf
Paraguay [-gu'a:i] N (-s; *bpl*) Paragwaj
parallel [-'le:l] równoległy; *fig a.* paralelny; **~ laufen (mit, zu)** biec *od* przebiegać równolegle (do *gen*, z *inst*)
Parallele [-'le:-] F MAT równoległa; *fig* paralela
Paral'lelklasse F równoległa klasa
Parallelo'gramm N równoległobok
Para'lyse F MED porażenie, paraliż
Pa'rameter M parametr
paramilitärisch paramilitarny
parano'id MED paranoidalny, paranoiczny
Paranuss F orzeszek para; *(Baum)* orzesznica, orzech amerykański
para'phieren (-) ⟨za⟩parafować
Parapsycholo'gie F *(bpl)* parapsychologia
Para'sit M (-en) pasożyt *(a. fig)*
parasi'tär pasożytniczy (-czo)
pa'rat ADJ: **etw ~ haben** mieć pod ręką, mieć na podorędziu
Pärchen N para, parka
Parfüm N (-s; -s) perfumy *pl*
Parfüme'rie [PL -'ri:ən] F perfumeria
parfü'mieren (-) V/T ⟨na-, wy⟩perfumować (*v/r* **sich** się)
pa'rieren (-) V/T ⟨od⟩parować; *umg* V/I *(gehorchen)* słuchać, być posłusznym
Pa'ris N (-; *bpl*) Paryż
Pa'riser ADJ paryski; **~(in)** M(F) paryżanin (-nka); *nur* M *umg* → Kondom
Pari'tät F EKON parytet; *(Gleichsetzung)* równorzędność *f*
pari'tätisch EKON parytetowy; *(gleichberechtigt)* równorzędny; **~ besetzt** z równą ilością głosów
Park M (-[e]s; -s) park
Parka M parka, futrzana wiatrówka
Park-and-ride-System [-ənd'raɪd-] N system parkingów przesiadkowych
Parkanlage F park (miejski)
Parkbank F ławka parkowa
parken V/T ⟨za⟩parkować; V/I parkować (**am Straßenrand** na poboczu)
Parken N (-s; *bpl*) parkowanie, postój; **~ verboten** postój wzbroniony
parkend ADJ parkujący
Par'kett N (-[e]s; -e) parkiet *(a. Börse)*; TEATR parter; **~leger** M parkieciarz

P

Parkgebühr F opłata parkingowa
Parkhaus N parking zadaszony, garaż wielopiętrowy
par'kieren (-) *szwajc* → parken
Parkinson|krankheit, ~-Krankheit F (*bpl*) choroba Parkinsona, parkinsonizm
Park|kralle F blokada na koła; **~licht** N światło postojowe; **~lücke** F luka w szeregu parkujących pojazdów; **~platz** M parking, plac parkingowy; (*Parkmöglichkeit*) miejsce parkingowe *od* postoju; **~scheibe** F zegar parkingowy
Park|schein M kwit opłaty parkingowej; **~streifen** M pas parkowania; **~sünder** *umg* M parkujący w niedozwolonym miejscu; **~uhr** F parkometr; **~verbot** N zakaz postoju; **~wächter** M strażnik parkowy; *auf e-m Parkplatz* parkingowy
Parkzone F strefa parkowania
Parla'ment N (-[*e*]*s*; -*e*) parlament
Parlamen'tarier(in) M(F) parlamentarzysta *m* (-tka)
parlamen'tarisch parlamentarny
Parla'ments|sitz M siedziba parlamentu; **~wahlen** FPL wybory *mpl* parlamentarne *od* do parlamentu
Parmaschinken M (*bpl*) szynka parmeńska
Parme'san M (-*s*; *bpl*) parmezan
Paro'die [PL -'di:ən] F parodia
paro'dieren (-) ⟨s⟩parodiować
Parodon'tose F (*bpl*) MED paradentoza
Pa'role F hasło
Par'tei F POL partia, stronnictwo; JUR strona; **für j-n ~ ergreifen** opowiedzieć się *pf* po stronie (*gen*), trzymać stronę (*gen*); **gegen j-n ~ ergreifen** występować ⟨-stąpić⟩ przeciwko k-u
Par'tei|austritt M wystąpienie z partii; **~buch** N legitymacja partyjna; **~chef(-in)** M(F) przewodniczący (-ca) partii; **~funktionär** M działacz partyjny; **~führer(in)** M(F) lider partii; **~führung** F kierownictwo partii
par'teiintern wewnątrzpartyjny
par'teiisch stronniczy (-czo)
par'teilos bezpartyjny
Par'tei|mitglied N członek *od f* członkini partii; **~nachwuchs** M młode kadry *fpl* partyjne; **~nahme** F (**für**) opowiedzenie się za (*inst*) *od* po stronie (*gen*); **~spende** F datek na rzecz partii; **~tag** M zjazd partii
par'teiübergreifend ADJ międzypartyjny
Par'teizugehörigkeit F przynależność partyjna
Par'terre N (-*s*; -*s*) parter; **die Wohnung liegt im ~** mieszkanie znajduje się na parterze; **~-** *in zssgn* parterowy
Par'tie [PL -'ti:ən] F partia; ANAT okolica; *umg* **bist du mit von der ~?** ty też weźmiesz udział?
partiell [-'tsjɛl] częściowy (-wo)
Par'tikel[1] N (-*s*; -) *od* F (-; -*n*) cząstka
Partikel[2] F (-; -*n*) GRAM partykuła
Parti'san M (-*en*) partyzant; **~en-** *in zssgn* partyzancki; **~in** F partyzant(ka)
Parti'tur F partytura
Parti'zip N (-*s*; -*pien*) [-piən] GRAM imiesłów (**Präsens** współczesny czynny; **Perfekt** czasu przeszłego)
partizi'pieren V/I (-) partycypować (**an** *dat* w *lok*)
Partner(in) M(F) partner(ka); **~ sein von** (*dat*) partnerować (*dat*)
Partnerschaft F partnerstwo
partnerschaftlich partnerski
Partner|stadt F miasto partnerskie (**von Berlin** Berlina); **~tausch** M zamiana partnerów *od* partnerek
Party ['pa: rti] F (-; -*s*) prywatka, party *n*, *umg* impreza; **~gänger** *umg* M imprezowicz; **~girl** *abw* N kociak, panienka; **~service** M obsługa cateringowa; firma cateringowa
Par'zelle F parcela, działka
Paspel F (-; -*n*) lamówka
Pass M (-*es*; *Pässe*) paszport; (*Gebirgspass*) przełęcz; SPORT podanie, przerzut
pas'sabel *umg* (-*bl*-) możliwy, niezły; *präd* możliwie, nieźle
Pas'sage [-ʒə] F (*Durchgang*, *-fahrt*) przejście, przejazd; *mst überdacht* pasaż; (*Textabschnitt*) fragment, odcinek; MUS pasaż
Passagier [-'ʒi:r] M (-*s*; -*e*) pasażer; **blinder ~** pasażer na gapę; **~flugzeug** N samolot pasażerski; **~in** F pasażerka; **~liste** F spis pasażerów
Passah N (-*s*; *bpl*) *rel* Pascha
Passamt N biuro paszportowe
Pas'sant M (-*en*), **~in** F przechodzień *m*; *szwajc* przejezdny, przejezdna
Pas'sat M (-[*e*]*s*; -*e*) pasat
Passbild N zdjęcie formatu legitymacyjnego

passen (*du, er, sie, es passt*) V/I pasować (**in** *akk*, **zu** do *gen*; **auf** *akk*, **für** na *akk*; **zueinander** do siebie); *beim Kartenspiel* ⟨s⟩pasować (*a. fig*); *beim Fussball* poda(wa)ć (*a. v/t* **den Ball** piłkę); **der Mantel passt mir** płaszcz pasuje na mnie; **dieser Termin passt mir nicht** ten termin mi nie pasuje; *umg* **das könnte dir so ~!** tego byś tylko chciał(a)!
passend ADJ pasujący, dopasowany; *Gelegenheit, Worte, Zeitpunkt usw* stosowny, odpowiedni; *Geld* odliczony; **~ machen** dopasow(yw)ać
Passform F: **das Kleid hat e-e gute ~** suknia jest nienagannie dopasowana
Passfoto N → Passbild
pas'sierbar *Weg* przejezdny
pas'sieren (-) V/T *Stelle* mijać ⟨minąć⟩; *Grenze, Fluss* przekraczać ⟨-kroczyć⟩; **e-n Tunnel ~** ⟨prze⟩jechać przez tunel; KULIN przecierać ⟨przetrzeć⟩ (**durch ein Sieb** przez sito); *v/i* (*sn*) stać się *pf*, zdarzać ⟨-rzyć⟩ się; **was passiert mit ihm?** co z nim będzie?, co się z nim stanie?; **was ist passiert?** co się stało?; **es ist ein Unglück passiert** stało się nieszczęście; **es ist nichts passiert** nic się nie stało
Pas'sierschein M przepustka
Passi'on F pasja; *rel* Pasja
passio'niert ADJ zagorzały, zapalony
Passi'ons|blume F męczennica, passiflora; **~spiel** N misterium pasyjne
passiv bierny, pasywny
Passiv N (*-s; bpl*) GRAM strona bierna
Pas'siva PL EKON pasywa *pl*
Passivi'tät F (*bpl*) pasywność *f*
Pas'siv|rauchen N bierne palenie tytoniu; **~saldo** M saldo debetowe
Pass|kontrolle F kontrola paszportowa; **~straße** F droga przez przełęcz; **~wort** N hasło (*a.* EDV)
Passus *lit* M (*-; -*) ustęp, urywek
Pasta F (*-; selten -ten*) KULIN makaron
Paste F pasta
Pas'tell N (-[*e*]s; -e) pastel; **~bild** N obraz pastelowy, pastel
pas'tellfarben pastelowy
Pas'tete F pasztet, *dim* pasztecik
pasteuri|'sieren [pastøri↓] pasteryzować; **~'siert** ADJ pasteryzowany
Pas'tille F pastylka
Pas|tor M (*-s; -'toren*) pastor; *in zssgn* pastorski; **~'torin** F pastor; *umg* (*Frau des Pastors*) pastorowa
Patchwork ['pætʃwə:k] N (*-s; -s*) patchwork
Pate[1] M (*-n*) (ojciec) chrzestny; **bei j-m ~ sein** *od* **stehen** być ojcem chrzestnym (*gen*), trzymać do chrztu (*akk*)
Pate[2] F → Patin
Paten|kind N chrześniak, chrześniaczka; **~onkel** M chrzestny
Patenschaft F *fig* patronat
pa'tent *umg Person* równy, setny
Pa'tent N (-[*e*]s; -e) patent; **ein ~ anmelden auf** ...(*akk*) składać ⟨złożyć⟩ wniosek patentowy na (*akk*); **~amt** N urząd patentowy; **~anmeldung** F zgłoszenie patentowe
Patentante F chrzestna
paten'tieren (-) ⟨o⟩patentować
Pa'tent|lösung F, **~rezept** N sposób na wszelkie kłopoty, panaceum *n*; **~schutz** M ochrona patentowa; **~urkunde** F dokument patentowy
Pater M (*-s; -[tres]*) *rel* ojciec
pa'thetisch patetyczny
Patholo'gie F (*bpl*) patologia
patho'logisch patologiczny
Pathos N (*-; bpl*) patos
Patience [pa'sja:s] F pasjans
Patient [patsɪ'ɛnt] M (*-en*) pacjent; **~en-** *in zssgn* ... (dla) pacjentów; **~in** F pacjentka
Patin F (matka) chrzestna
Patina F (*bpl*) patyna
Patri'arch M (*-en*) patriarcha *m*
patriar'chalisch patriarchalny
Patri'ot M (*-en*), **~in** F patriota *m* (-tka)
patri'otisch patriotyczny
Pat'rizier M patrycjusz; **~haus** N dom patrycjuszowski
Pat'ron M (*-s; -e*) patron; *umg abw* typ
Pat'rone F nabój; *für Tinte* wkład (do wiecznego pióra); *für Film* kaseta
Pat'ronen|gurt M taśma amunicyjna; **~hülse** F łuska (nabojowa)
Pat'ronin F patronka
Patrouil|le [pa'trʊljə] F patrol; **~lenboot** N łódź patrolowa
patrouillieren [patrʊl'ji:rən] V/I (*-; a sn*) patrolować
Patsche *umg* F (*Hand*) *umg* łapa, *dim* łapka; *umg* **in der ~ sitzen** być w tarapatach; **j-m aus der ~ helfen** pomagać ⟨pomóc⟩ k-u wybrnąć z kłopotów

patsch(e)'nass *umg* mokrzuteńki
Patt N (-s; -s) pat (*a. fig*)
Patte F klapka, patka
Pattsituation F sytuacja patowa
patzen V/I (-zt) MUS ⟨s⟩fałszować; *bei der Kür* popełnić błąd
Patzer *umg* M pomyłka, błąd
patzig *umg abw* opryskliwy (-wie)
Pauke F MUS kocioł; *umg fig* **mit ~n und Trompeten durchfallen** przepaść *pf* z kretesem; **auf die ~ hauen** ⟨po⟩hulać, ⟨za⟩balować
pauken *umg* V/T *u.* V/I kuć, wkuwać
Paukenschlag M: *fig* **mit e-m ~ enden** ⟨za⟩kończyć się dramatycznie
Pauker M belfer
pausbäckig pyzaty, pucołowaty (-to)
pau'schal ADJ ryczałtowy; *präd* ryczałtem; *fig* w całości, w czambuł
Pauschal|e F ryczałt; **~preis** M cena ryczałtowa; **~reise** F opłacona z góry podróż zbiorowa z ustalonym programem; **~tarif** M taryfa ryczałtowa
Pause¹ F pauza (*a.* MUS), przerwa; **e-e ~ machen** ⟨z⟩robić przerwę; *beim Reden mst* ⟨z⟩robić pauzę; **es klingelt zur ~** słychać dzwonek na pauzę *od* przerwę
Pause² F kopia na kalce
pausenlos nieprzerwany; *präd* nieprzerwanie, bez przerwy
pausieren V/I (-) pauzować
Pauspapier N kalka kreślarska
Pavian M (-s; -e) pawian
Pavillon ['paviljɔŋ] M (-s; -s) pawilon
Pay-TV ['pe:ti:vi:] N (-s; *bpl*) telewizja płatna
Pazifik M (-s; *bpl*): **der ~** Pacyfik
pa'zifisch pacyficzny; **der Pazifische Ozean** Ocean Spokojny
Pazi'fis|mus M (-; *bpl*) pacyfizm; **~t(in)** M(F) (-*en*) pacyfista *m* (-tka)
pazi'fistisch pacyfistyczny
PC [pe:'tse:] M (-[s]; -[s]) pecet
PDS (Partei des Demokratischen Sozialismus) Partia Demokratycznego Socjalizmu
Peanuts ['pi:nats] PL *mst iron* pestka
Pech N (-[e]s; -e) CHEM pak; → *a.* Teer; *fig* (*bpl*) pech, niefart; **~ haben** mieć pecha; **ich werde vom ~ verfolgt** pech mnie prześladuje; **so ein ~!** a to pech!; *umg* **dein ~** sam(a) sobie jesteś winien (winna)
pechschwarz *umg* czarny jak smoła
Pech|strähne F zła passa; **~vogel** *umg* M pechowiec
Pe'dal N (-s; -e) pedał; **in die ~e treten** naciskać pedały, pedałować
Pe'dan|t M (-*en*) pedant; **~te'rie** F (*bpl*) pedanteria; **~tin** F pedantka
pe'dantisch pedantyczny
Pediküre F (*bpl*) pedicure *m unv*, pedikiur; (*a. pl*) (*Person*) pedikiurzystka
Pegel M (*Messlatte*) wodowskaz; *von Störungen* poziom; **~stand** M stan wody
peilen *Lage, Richtung* namierzać, pelengować; *Tiefe* mierzyć (głębokość), sondować (*a. umg fig*)
Peilgerät N (radio)namiernik
Peilung F (radio)namierzanie; (*Tiefenmessung*) pomiar głębokości
Pein *lit* F (*bpl*) męka, męczarnia
peinigen *lit* męczyć, dręczyć
Peiniger *lit* M, **~in** F dręczyciel(ka)
peinlich *Lage usw* przykry, niezręczny, *a. Frage* kłopotliwy; *Ordnung, Sauberkeit* wzorowy; **es ist mir ~** przykro mi; **j-n ~ berühren** razić (*akk*); **~ genau** bardzo dokładnie, skrupulatnie
Peinlichkeit F (*bpl*) kłopotliwość *f*; (*a. pl*) (*Äußerung usw*) niezręczność *f*
Peitsche F bat, bicz; (*Reitpeitsche*) pejcz, szpicruta; **mit der ~ knallen** trzaskać batem, strzelać z bata
peitschen V/T ⟨wy⟩chłostać, ⟨wy⟩smagać; V/I (*sn*) *Regen* chłostać, smagać; *Schüsse* rozlegać ⟨-lec⟩ się
Peitschenhieb M uderzenie batem
Peki'nese M (*Hund*) pekińczyk
Peking N (-s; *bpl*) Pekin
Pek'tin N (-s; -e) pektyna
Pelikan M (-s; -e) pelikan
Pelle F skórka, łupina; *von der Wurst* osłonka, skórka; *umg* **j-m auf die ~ rücken** zwalić się *pf* k-u na głowę; **j-m nicht von der ~ gehen** nie odstępować (ani) na krok (*gen*), siedzieć k-u na karku
pellen V/T *reg Kartoffeln, Obst, Eier* ob(ie)rać; *Wurst* ściągać ⟨-gnąć⟩ skórkę z (G); V/R **sich ~** łuszczyć się
Pellkartoffeln FPL ziemniaki *mpl od* kartofle *mpl* w mundurkach
Pelz M (-es; -e) (*Fell*) sierść *f*, futro; *bearbeitet* kożuch, futro (*a. Mantel*)
pelzgefüttert ADJ podbity futrem
pelzig *Zunge* obłożony
Pelz|imitation F miś *m*, sztuczne futro;

▶ ⚠ die Pension

Nächstes Jahr geht er in Pension.	W przyszłym roku idzie na emeryturę.
Er hielt sich in einer kleinen Pension auf.	Zatrzymał się w małym pensjonacie.
der bescheidene Lohn eines Lehrers	skromna nauczycielska pensja

~jacke F kożuszek, kurtka futrzana; **~kragen** M kołnierz futrzany; **~mantel** M futro; (*Schafpelz*) kożuch; (*Innenpelz*) pelisa; **~tier** N zwierzę futerkowe

Pendant [pa'da:] N (*-s; -s*) odpowiednik, pendant

Pendel N wahadło; *der Wahrsager* wahadełko

pendeln V/I (*-le*) wahać się, kołysać się (wahadłowo); **etw ~ lassen** kołysać (*inst*); *fig* (*sn*) regularnie dojeżdżać (do pracy; **nach** do *gen*); *Zug* kursować wahadłowo

Pendel|uhr F zegar z wahadłem; **~verkehr** M ruch wahadłowy; **~zug** M pociąg wahadłowy

Pendler(in) M(F) (stale, regularnie) dojeżdżający (-ca) do pracy *usw*

pene'trant *Geruch* przenikliwy (-wie); *abw Person* dokuczliwy, *umg* upierdliwy

pe'nibel pedantyczny, drobiazgowy do przesady, skrupulatny

Penis M (*-es; -e od Penes*) prącie

Penizil'lin N (*-s; -e*) penicylina

Pen'näler M sztubak

Pennbruder M → Penner

Penne *umg* F (*Schule*) buda

pennen *umg* V/I kimać, chrapać; *pop* **mit j-m ~** spać z (*inst*)

Penner *umg abw* M bezdomny, łazik, łazęga *m*; **~in** *umg abw* F bezdomna, łazęga

Pensi'on F emerytura; (*Unterkunft*) pensjonat; **in ~ gehen** przechodzić ⟨przejść⟩ na emeryturę

Pensio'när(in) M(F) (*-s; -e*) emeryt(ka)

pensio'nieren (-) przenosić ⟨-nieść⟩ na emeryturę; **sich ~ lassen** przechodzić ⟨przejść⟩ na emeryturę

pensio'niert ADJ emerytowany

Pensio'nierung F przeniesienie *od* przejście na emeryturę

pensi'onsberechtigt uprawniony do zaopatrzenia emerytalnego

Pensi'onsgast M pensionariusz(ka)

Pensum N (*-s; -sa od -sen*) pensum *n*

Pent|haus, **~house** N penthouse *m*

Pep M (*-s; bpl*) życie, werwa; **... hat ~** *Sache* ..., że buzi dać; *Person* mieć w sobie życie, być rasowym; **ohne ~** drętwy

Pepe'roni F (*-; -*) pieprz turecki

Pe'pita M *od* N (*-s; -s*) pepitka; **~kostüm** N kostium w pepitkę

Pep'sin N (*-s; -e*) pepsyna

per PRÄP (+ *akk*) *keine Entsprechung*: **~ Bahn** koleją; **~ Post** pocztą; **~ Einschreiben** polecony; → pro, du

per'fekt doskonały (-le), perfekcyjny; *präd umg* perfekt; **~ sein** (**in** *dat*) doskonale umieć *od* robić *usw* (*akk*); *umg* **etw ~ machen** zaklepać *pf* (*akk*); *Vertrag* podpisać *pf*

Perfekt N (*-[e]s; -e*) GRAM czas przeszły dokonany, perfektum *n*

Perfekti'o|n F perfekcja; **~'nismus** M (*-; bpl*) perfekcjonizm

per'fid(e) *lit* perfidny, przewrotny

Perforati'on F perforacja

perfo'rieren (-) perforować

Perga'ment N (*-[e]s; -e*) pergamin; **~papier** N papier pergaminowy

Peri'ode F okres; MED okres, miesiączka

peri'odisch okresowy (-wo), periodyczny

Periphe'rie [PL -'ri:ən] F peryferie *pl*; EDV urządzenia *npl* peryferyjne

Peri'skop N (*-s; -e*) peryskop

Peris'taltik F (*bpl*) MED ruch robaczkowy

Perle F perła, *dim* perełka (*a. fig*)

perlen V/I *Sekt usw* perlić się; (*sn*) (*in Perlen tropfen*) ociekać perłami; **~bestickt** ADJ naszywany perłami

Perlenkette F naszyjnik perłowy

perlgrau szaroperłowy (-wo)

Perl|huhn N perliczka; **~muschel** F perłopław; **~'mutt** N (*-s; bpl*), **~mutter** F (*bpl*) masa *od* macica perłowa

perma'nent *lit* permanentny, trwały

pernizi'ös MED złośliwy

Peroxid, **Peroxyd** N nadtlenek

per'plex *umg* zdetonowany, osłupiały

Perser M Pers; *umg* (*Teppich*) pers; **~in** F Persjanka, Persyjka; **~katze** F kot perski; **~teppich** M perski dywan

P

Persi'aner M (*Fell*) karakuły *mpl*; (*Mantel*) futro karakułowe.
Persien ['pɛrziən] N (*-s; bpl*) Persja
Persi'flage [-ʒə] F persyflaż
persisch perski (po -ku); **der Persische Golf** (*bpl*) Zatoka Perska
Per'son F osoba; *j-d* **in ~** we własnej osobie; **... ist die Ruhe in ~** ... jest uosobieniem spokoju; **in einer ~** w jednej osobie; **ich für meine ~** jeśli chodzi o mnie; **Angaben zur ~** dane osobowe; *von Frauen abw* **e-e freche ~** impertynentka, arogantka
Perso'nal N (*-s; bpl*) personel; kadry *fpl*; **~abbau** M redukcja personelu; **~abteilung** F dział personalny, dział kadr; **~akte** F teczka osobowa; **~ausweis** M dowód osobisty; **~chef(in)** M(F) kierownik (-iczka) działu kadr
Personal Computer ['pø:sɐnɛl↓] M komputer osobisty
Perso'nalien FPL dane *pl* osobowe, personalia *pl*; **j-s ~ feststellen** stwierdzać ⟨-dzić⟩ tożsamość (*gen*)
Perso'nal|kosten PL koszty *mpl* osobowe; **~pronomen** N zaimek osobowy; **~vertretung** F (*bpl*) reprezentacja pracowników (w służbie publicznej)
Persönchen N osóbka
perso'nell personalny, kadrowy
Per'sonen|aufzug M dźwig osobowy, winda; **~beschreibung** F rysopis
per'sonenbezogen ADJ: **~e Daten** dane osobowe
Per'sonen|kennziffer F numer identyfikacyjny pesel; **~kreis** M grono osób; **~kult** M kult jednostki; **~schaden** M szkoda na zdrowiu *od* życiu osoby (osób); **~standsregister** N akta *mpl* stanu cywilnego; **~verkehr** M ruch pasażerski; **~wagen** M AUTO samochód osobowy; **~zug** M pociąg pasażerski
personifi'zieren (-) uosabiać, personifikować
per'sönlich osobisty (-ście); GRAM osobowy; *auf Briefen* do rąk własnych; **~es Kennwort** identyfikator; **(j-m gegenüber) ~ werden** robić k-u przytyki; **etw ~ nehmen** odnosić do własnej osoby (*akk*)
Per'sönlichkeit F (*bpl*) osobowość *f*; (*a. pl*) (*Mensch*) osoba, osobistość *f*; **einflussreiche ~** wpływowa osobistość
Per'sönlichkeits|merkmal N cecha osobowości; **~rechte** NPL dobra *npl* osobiste; **~schutz** M ochrona dóbr osobistych; **~störung** F zaburzenie osobowości
Perspek'tive F perspektywa (*a. fig*)
perspek'tivisch perspektywiczny
Peru'aner M Peruwiańczyk
Peru'anerin F Peruwianka
peru'anisch peruwiański
Pe'rücke F peruka
per'vers perwersyjny; **er ist ~ veranlagt** on jest zboczeńcem, to dewiant
pesen *umg* V/I (*laufen*) rwać
Pessi'mismus M (*-; bpl*) pesymizm
Pessi'mist M (*-en*) pesymista *m*
Pessi'mistin F pesymistka
pessi'mistisch pesymistyczny
Pest F (*bpl*) dżuma; *der Tiere* pomór; *umg* **j-n, etw wie die ~ hassen** patologicznie nienawidzić (*akk*); *umg* **das stinkt ja wie die ~** to strasznie śmierdzi
Pesti'zid N (*-s; -e*) pestycyd
Peter M Piotr; **Schwarzer ~** (*Spiel*) czarny Piotruś; *fig* **j-m den schwarzen ~ zuschieben** zepchnąć *pf* odpowiedzialność na k-o
Petersilie [-'zi:liə] F pietruszka; (*Blätter*) natka pietruszki
Petiti'on F petycja (**an** *akk* do *gen*)
Petiti'onsausschuss M komisja petycyjna (parlamentu)
Petri *gen* → Petrus
Pet'rol N (*-s; bpl*) *szwajc* nafta
Pet'roleum N (*-s; bpl*) nafta; **~kocher** M kuchenka naftowa; **~lampe** F lampa naftowa; **~ofen** M piecyk naftowy
Petrus M (*- od Petri; bpl*) *rel* Piotr (Apostoł), św. Piotr
petzen *umg abw* V/I (*-zt*) skarżyć, latać ze skargą
Pf (Pfennig) HIST fenig
Pf. (Pfarrer) proboszcz, pastor; (Pfund) funt
Pfad M ścieżka (*a.* EDV); *fig* droga
Pfadfinder(in) M(F) harcerz (-rka)
Pfaffe *umg abw* M (*-n*) klecha *m*
Pfahl M (-[e]s; Pfähle) pal; *aus Holz a.* kół, *dim* kołek; (*Pfosten*) słup; **~bau** M (-[e]s; -ten) budowla na palach
Pfalz F (*-; bpl*): **die ~** Palatynat
Pfälzer| Wald, **~wald** M (*bpl*) Palatyński Las
Pfand N (-[e]s; Pfänder) zastaw; *beim Spiel*

fant; **als ~ geben** da(wa)ć w zastaw; **~brief** M hipoteczny list zastawny
pfänden (-e-) zajmować ⟨zająć⟩
Pfänderspiel N gra w fanty
Pfand|flasche F butelka pod zastaw; **~haus** N lombard; **~leiher** M zastawnik; **~schein** M kwit lombardowy
Pfändung F zajęcie, areszt
Pfanne F patelnia; TECH panewka *f*; BUD dachówka esówka; *pop* **j-n in die ~ hauen** ochrzani(a)ć k-o; (*j-n hart kritisieren*) ⟨z⟩robić k-o w jajo *od* konia
Pfannkuchen M naleśnik; (*Krapfen*) pączek
Pfarr|bezirk M parafia; **~er(in)** M(F) proboszcz; *evangelisch* pastor; **~haus** N probostwo, plebania; **~kirche** F kościół parafialny
Pfau M (-[e]s; -en) paw
Pfauenauge N (*Schmetterling*) pawik
Pfauenfeder F pawie pióro
Pfeffer M pieprz; *umg* **..., wo der ~ wächst** ..., gdzie pieprz rośnie; **~korn** N ziarnko pieprzu; **~kuchen** M piernik
Pfefferminz (*ohne* ART, *unv*) mięta; **es riecht nach ~** pachnie miętą; N (*-es; -e*) (*Bonbon*) cukierek miętowy; M (*-es; -e, aber 2 ~*) likier miętowy
Pfefferminz|e F mięta (pieprzowa); **~tee** M napar miętowy
Pfeffermühle F młynek do pieprzu
pfeffern (*-re*) ⟨po⟩pieprzyć; *umg* (*werfen*) cisnąć *pf*, *pop* pieprznąć *pf*
Pfeffer|nuss F pierniczek lukrowany; **~soße** F sos pieprzowy; **~steak** N filet z polędwicy z pieprzem; **~streuer** M pieprzniczka
pfeffrig pieprzny
Pfeife F gwizdek, gwizdawka; (*Tabakspfeife*) fajka; (*Orgelpfeife*) piszczałka; *fig abw* faja, fujara; **~ rauchen** palić fajkę; **nach ihrer ~ tanzen** tańczyć, jak ona zagra
pfeifen (*pfiff, gepfiffen*) V/T *Lied, Foul usw* ⟨za⟩gwizdać, ⟨za›świstać; V/I *Kugeln, Wind, Vögel* gwizdać, świstać; **vor sich hin pfeifen** pogwizdywać (sobie); **auf zwei Fingern ~** gwizdać na palcach; **nach dem Hund ~** gwizdnąć *pf* na psa; *umg* **ich pfeife auf** (*akk*) gwiżdżę na (*akk*)
Pfeifentabak M tytoń fajkowy
Pfeifkonzert N gwizdy *mpl*, gwizdanie; **mit e-m ~ empfangen** wygwizdać *pf*

Pfeil M (-[e]s; -e) strzała; (*grafisches Zeichen*) strzałka
Pfeiler M słup, *a. fig* filar
pfeilschnell lotem strzały, jak strzała
Pfeilspitze F grot
Pfennig M (*-s; -e*) HIST fenig; *fig* grosz; *umg* **... ist keinen ~ wert** ... nie jest warte złamanego grosza; **bis auf den letzten ~** (co) do ostatniego grosza; **~fuchser** *umg* M dusigrosz, liczykrupa *m*
Pferch M (-[e]s; -e) koszar, koszara
pferchen *Menschen* wtłaczać ⟨wtłoczyć⟩ (**in Waggons** do wagonów)
Pferd N (-[e]s; -e) koń *m* (*a. Turngerät*); **zu ~e** konno, na koniu; **aufs ~ steigen** dosiadać ⟨-siąść⟩ konia; *umg fig* **das beste ~ im Stall** najlepszy (pracownik *usw*); *umg* **aufs falsche ~ setzen** stawiać ⟨postawić⟩ na złego konia; *umg* **die ~e scheu machen** gorączkować się
Pferdchen N konik
Pferde|apfel M gnój koński; **~fleisch** N konina
Pferdefuß M: *fig* **die Sache hat e-n ~** rzecz nie jest bez ale
Pferde|gebiss *umg* N końskie zęby *mpl*; **~rasse** F rasa koni; **~rennbahn** F tor wyścigowy; **~rennen** N wyścigi *mpl* konne; **~schwanz** M koński ogon (*a. Frisur*); **~sport** M sport konny, hipika; **~stall** M stajnia; **~stärke** F koń mechaniczny; **~wagen** M konny (po)wóz
pfiff → pfeifen
Pfiff M (-[e]s; -e) gwizd(nięcie), świst; *umg* (*Reiz*) *e-r Sache* **den richtigen ~ geben** nadać właściwy urok (*dat*); **mit ~** z pieprzykiem
Pfifferling M (*-s; -e*) kurka, pieprznik; *umg* **das ist keinen ~ wert** to niewarte jest funta kłaków
pfiffig sprytny, cwany; *Miene* figlarny
Pfingsten N (*-; -*) *od* PL Zielone Świątki *pl*; **zu ~, an ~** na Zielone Świątki
Pfingst'montag M zielonoświątkowy poniedziałek
Pfingst|rose F peonia, piwonia; **~'sonntag** M niedziela Zielonych Świątek; **~woche** F tydzień zielonoświątkowy
Pfirsich M (*-s; -e*) brzoskwinia (*a. Baum*); *in zssgn* brzoskwiniowy
Pflanze F roślina; **~n fressend** → pflanzenfressend
pflanzen (*-zt*) ⟨po-, za⟩sadzić

P

Pflanzenfett N tłuszcz roślinny
pflanzenfressend ADJ roślinożerny
Pflanzen|heilkunde F (*bpl*) ziołolecznictwo; **~öl** N olej roślinny; **~reich** N świat roślinny; **~schutzmittel** N środek ochrony roślin
pflanzlich roślinny
Pflänzling M (-*s*; -*e*) sadzonka, flanca
Pflanzung F (*das Pflanzen*) sadzenie; (*Plantage*) plantacja
Pflaster N (*Belag*) bruk; MED plaster; **über das ~ rumpeln** turkotać po bruku; *umg fig* **teures ~** droga miejscowość
pflastern (-*re*) ⟨wy⟩brukować
Pflasterstein M brukowiec
Pflaume F śliwka; *fig abw* (*Versager*) oferma *m*
Pflaumen|baum M śliwa; **~kuchen** M placek ze śliwkami; **~mus** N powidła *npl* śliwkowe
Pflege F (*bpl*) (*sorgende Obhut*) opieka, dogląd(anie); *e-s Kranken, der Blumen, des Körpers usw* pielęgnowanie, pielęgnacja; *der Beziehungen usw* utrzymywanie; **in ~ haben** (*akk*) opiekować się (*inst*); **in ~ nehmen** (*akk*) brać ⟨wziąć⟩ pod swoją opiekę (*akk*), zaopiekować się *pf* (*inst*)
pflegebedürftig wymagający (stałej) opieki
Pflege|dienst M usługi *fpl* opiekuńcze; **~eltern** PL przybrani rodzice *pl*; **~fall** M osoba wymagająca stałej opieki i zabiegów pielęgniarskich; **~geld** N zasiłek pielęgnacyjny; **~heim** N dom opieki (dla starców); **~kind** N dziecko przybrane
pflegeleicht *Textil* łatwy do prania; *umg Person* łatwy w pożyciu
Pflegemittel N środek do pielęgnacji
pflegen V/T *Körper, Tradition, Sprache* pielęgnować (*akk*), dbać (o *akk*); *Kranke, Blumen usw* pielęgnować (*akk*), doglądać (*gen*); *Freundschaft, Kontakte usw* utrzymywać; (*tun, betreiben*) uprawiać (*akk*); **j-n gesund ~** dzięki troskliwej opiece przywrócić *pf* do zdrowia (*akk*); V/I **~ zu** (+ INF) mieć zwyczaj (+ *inf*); *v/r* **sich ~** ⟨za⟩dbać o siebie
Pflegepersonal N personel pielęgniarski, pomocniczy personel lekarski
Pfleger M pielęgniarz; sanitariusz; JUR kurator; **~in** F pielęgniarka; sanitariuszka; JUR kuratorka
Pflege|sohn M wychowanek; **~tochter** F wychowanica, wychowanka; **~versicherung** F (*bpl*) ubezpieczenie na wypadek zniedołężnienia (wymagającego stałej opieki)
pfleglich pieczołowity; **etw ~ behandeln** obchodzić się pieczołowicie (z *inst*)
Pflegschaft F JUR kuratela
Pflicht F obowiązek, powinność *f*; SPORT program obowiązkowy; **in der ~ stehen** mieć obowiązek; **ich halte es für meine ~ (zu** + INF) poczytuję sobie za obowiązek (+ *inf*); **das ist deine verdammte ~ und Schuldigkeit** to twój psi obowiązek
Pflicht|beitrag M składka obowiązkowa (**zu** na *akk*); **~eifer** M gorliwość *f* w pełnieniu obowiązków; **~erfüllung** F (*bpl*) pełnienie *od* spełnianie obowiązków; **~fach** N przedmiot obowiązkowy; **~gefühl** N (*bpl*) poczucie obowiązku
pflichtbewusst obowiązkowy
pflichtgemäß zgodny (-nie) z (nałożonym) obowiązkiem
Pflicht|teil M *od* N JUR zachowek; **~übung** F SPORT ćwiczenie obowiązkowe
pflichtvergessen zaniedbujący (swoje) obowiązki
Pflicht|versicherung F ubezpieczenie obowiązkowe; **~verteidiger(in)** M(F) obrońca *m* (*a. f*) z urzędu
pflichtwidrig niezgodny z obowiązkiem
Pflock M (-[*e*]*s*; Pflöcke) kołek, palik
pflücken *Früchte* obrywać ⟨oberwać⟩, *a. Blumen* zrywać ⟨zerwać⟩
Pflug M (-[*e*]*s*; Pflüge) pług
pflügen V/T *Acker* ⟨za⟩orać; V/I orać (**mit Pferden** końmi)
Pflugschar F lemiesz
Pforte F furta, brama; *schmal* furtka
Pförtner M portier; **~loge** F portiernia
Pfosten M słup(ek); BUD *a.* stojak; **den ~ treffen** trafi(a)ć w słupek
Pfote F łapa (*a. pop fig*); *umg* **~n weg!** ręce przy sobie!
Pfropf M (-[*e*]*s*; -*e*) czop; MED *in e-r Ader a.* zakrzep; tampon
pfropfen AGR szczepić; *umg* (*stopfen*) wtykać ⟨wetknąć⟩ (**in** *akk* w *akk*, do *gen*)
Pfropfen M zatyczka, korek
Pfründe F prebenda; *fig* synekura
pfui INT pfe, pfu; **~ Teufel!** co za ohyda!
Pfund N (-[*e*]*s*; -*e*, aber 2 ~) funt (*a.* FIN); **zwei ~ Butter** dwa funty masła
pfundig *umg* byczy (-czo), fajny

P

Pfundskerl *umg* M równy chłop, równiak
Pfusch *umg abw* M (-[e]s; bpl) fuszerka; *austr* (*Schwarzarbeit*) chałtura
pfuschen *umg* V/I partaczyć, knocić
Pfuscher M partacz, fuszer
Pfusche'rei F partanina
Pfütze F kałuża, *größere* bajoro
PH F (Pädagogische Hochschule) wyższa szkoła pedagogiczna
Phallus M (-; *-li, -len od -se*) fallus
Phäno'men N (*-s; -e*) zjawisko, fenomen
phänome'nal fenomenalny
Phanta'sie F *usw* → Fantasie *usw*
Phan'tom N (*-s; -e*) fantom
Phan'tombild N portret pamięciowy
Pharao M (-[s]; -'onen) faraon
Phari'säer M faryzeusz (*a. fig*)
phari'säerhaft faryzeuszowski
Pharma|industrie F przemysł farmaceutyczny; **~kothera'pie** F farmakoterapia; **~'zeut** M (*-en*) farmaceuta *m*; **~'zeutikum** N (*-s; -ka*) farmaceutyk
pharma'zeutisch farmaceutyczny
Pharma'zie F (*bpl*) farmacja
Phase F faza; **~n-** *in zssgn* fazowy
Phe'nol N (*-s; -e*) CHEM fenol; *in zssgn* fenolowy
philan'tropisch *lit* filantropijny
Philate'lie F (*bpl*) filatelistyka
Philhar|mo'nie F filharmonia; **~'moniker** M filharmonik
Philippinen [-lɪ'pi:-] PL: **die ~** Filipiny *pl*
philippinisch [-lɪ'pi:-] filipiński
Philolo'gie [PL -'gi:ən] F filologia
Philo'soph(in) M(F) (*-en*) filozof(ka)
Philoso'phie [PL -'fi:ən] F filozofia
philoso'phieren V/I filozofować (**über** *akk* na temat *gen*)
philo'sophisch filozoficzny
phleg'matisch flegmatyczny
Pho'bie [PL -'bi:ən] F fobia
Phon N (*-s; -s, aber 50 ~*) fon
Pho'netik F (*bpl*) fonetyka
pho'netisch fonetyczny
phö'nizisch fenicki
Phos'phat N (-[*e*]s; -e) fosforan
phos'phatfrei bez fosforanów
Phosphor M (*-s; bpl*) fosfor; *in zssgn* fosforowy
Photo N *usw* → Foto *usw*
Phrase F fraza; *abw* frazes; *umg* **~n dreschen** mówić komunały
pH-Wert M wartość *f* pH
Phy'sik F (*bpl*) fizyka; **in ~ e-e Zwei** dwójka z fizyki
physi'kalisch fizykalny, fizyczny
Physiker(in) M(F) fizyk (*a. f*)
Physikum N (*-s; -ka*) pierwszy egzamin na wydziale medycznym
Physiolo'gie F (*bpl*) fizjologia
physio'logisch fizjologiczny
Physiothera'pie F (*bpl*) fizykoterapia
physisch fizyczny; **~e Kraft** siła fizyczna
Pia'nist(in) M(F) (*-en*) pianista *m* (-tka)
Pi'ano N (*-s; -s*) fortepian
Piccolo *umg* M (*-s; -s*) *Sekt* mała butelka szampana; **~flöte** F (flet) pikolo
picheln *umg* V/I (*-le*) popijać
Pickel M (*Spitzhacke*) oskard; (*Eispickel*) czekan; (*Pustel*) pryszcz(yk)
pick(e)lig pryszczaty (-to)
picken V/T *u.* V/I dziobać ⟨dziobnąć⟩
Pickerl N *austr* plakietka, nalepka
Picknick N (*-s; -s*) wycieczka za miasto, majówka, piknik
picknicken V/I ⟨z⟩jeść posiłek na wolnym powietrzu (za miastem)
piek|en *reg* V/T ⟨u⟩kłuć, nakłu(wa)ć; V/I kłuć; **'~'fein** *umg* elegancki (-ko); **'~'sauber** *umg* czyściutki, czyściuteńki (-ko)
Piep *umg* M (*-s; -e*): **keinen ~ sagen** nie pisnąć *pf* ani słówka; (*tot sein*) kipnąć *pf*
piepe *umg*, **piepegal** *umg* ADJ: **das ist mir ~** to i tak na jedno wychodzi
piepen V/I piszczeć ⟨pisnąć⟩; *Vögel a.* ćwierkać ⟨ćwierknąć⟩; *umg* **bei dir piepts wohl?** hysia dostałeś, czy co?
Piepen *pop reg* PL (*Geld*) szmal, forsa
Pieps, piepsen V/I → Piep, piepen
Piepser M (*Gerät*) pager
piepsig *Stimme* piskliwy (-wie)
Pier M (*-s; -e od -s*) pirs
Piercing ['pi:rsɪŋ] N (*-s;-s*) piercing *m*
piesacken *umg* V/T dokuczać ⟨-czyć⟩ (*dat*)
Pietät [pie'tɛ:t] F (*bpl*) pietyzm
pie'tätlos bez pietyzmu
pie'tätvoll pietystyczny, z pietyzmem
Pig'ment N (-[*e*]s; -e) pigment
Pik N (-[s]; -[s]) (*Spielkartenfarbe*) pik, piki *pl*; *in zssgn* pikowy, pik
pi'kant pikantny
Pike F dzida, pika; **von der ~ auf lernen** uczyć się od początków
piken V/T ⟨u⟩kłuć, nakłu(wa)ć; V/I kłuć
pi'kiert ADJ dotknięty, urażony

P

Pikkolo *usw* → Piccolo *usw*
Pikto'gramm N piktogram
Pilger M pielgrzym, pątnik
Pilgerfahrt F pielgrzymka
Pilgerin F pielgrzym, pątniczka
pilgern V/I (*-re; sn*) pielgrzymować (**nach, zu** do *gen*); *umg fig* ⟨po⟩wędrować
Pilgerschaft F (*bpl*) pielgrzymowanie
Pille F pigułka; **e-e bittere ~ schlucken** połknąć *pf* gorzką pigułkę
Pi'lot M (*-en*) pilot
Pi'lotanlage F zakład doświadczalny
Pi'lotenhemd N koszula z pagonami
Pi'lotin F pilotka
Pi'lotprojekt N projekt pilotażowy
Pils N (*unv*) pilzner
Pilz M (*-es; -e*) grzyb; **wie ~e aus der Erde schießen** rosnąć jak grzyby po deszczu; **~infektion** F MED zakażenie przez grzyby, grzybica; **~suppe** F zupa grzybowa; **~vergiftung** F zatrucie grzybami
Pi'ment M *od* N (-[*e*]s; -e) ziele angielskie, piment
Pimmel *pop* M siusiak, siurek
pimpern *pop* V/T dupczyć (*v/i* się)
pingelig *umg* skrupulatny, pedantyczny
Pinguin M (*-s; -e*) pingwin
Pinie ['pi:niə] F pinia
pink ADJ (*unv*) różowy (-wo)
pinkeln *umg* V/I (*-le*) siusiać, sikać
Pinnwand F korkowa tablica (do przyczepiania notatek)
Pinsel M pędzel, *dim* pędzelek; *fig abw* chłystek
pinseln (*-le*) ⟨wy⟩malować, *umg* ⟨wy⟩packować; MED ⟨wy⟩pędzlować
Pinselstrich M pociągnięcie pędzlem
Pin'zette F pęseta, pinceta
Pio'nier M (*-s; -e*) pionier; MIL saper; *in zssgn* saperski; **~geist** M (*bpl*) duch pionierstwa; **~in** F pionierka; **~truppe** F wojska *npl* inżynieryjne
Pipa'po *umg* N (*-s; bpl*): **mit allem ~** z wszystkimi (możliwymi) szykanami
Pipeline ['paɪplaɪn] F rurociąg
Pipi *umg* N (*-s; bpl*): **~ machen** robić siusiu
Pi'rat M (*-en*) pirat; **~ensender** M rozgłośnia piracka
Pirate'rie F piractwo
Pi'rol M (*-s; -e*) ZOOL wilga
Pirsch F (*bpl*) polowanie z podchodu; **auf die ~ gehen** polować z podchodu
Pisse *pop* F (*bpl*) szczochy *pl*, szczyny *pl*
pissen *pop* V/I odl(ew)ać się, ⟨na⟩szczać
Pissoir [pɪs'vaːr] N (*-s; -e*) pisuar
Pis'tazie [-tsiə] F pistacja
Piste F (*Weg*) droga gruntowa; SPORT trasa (zjazdu); LOTN droga startowa
Pi'stole F pistolet; *umg fig* **j-m die ~ auf die Brust setzen** przycisnąć *pf* k-o do muru; **wie aus der ~ geschossen** *Antwort* nie namyślając się
Pistolen|schuss M strzał z pistoletu; **~tasche** F kabura
pitschnass *umg* mokrzuteńki
Pixel N EDV piksel
Pizza F (*-; -s od Pizzen*) pizza
Pkw, PKW ['pe:ka:ve:] M (-[*s*]; -s) (Personenkraftwagen) samochód osobowy
placieren [-'tsi:-] → platzieren
Placke'rei F mordęga, harówka
plä'dieren V/I (-): JUR **auf (un)schuldig ~** domagać się uznania (oskarżonego) za (nie)winnego; *fig* **für etw ~** wstawi(a)ć się za (*inst*), popierać (*akk*)
Plädoyer [plɛdva'je:] N (*-s; -s*) *des Staatsanwalts* mowa oskarżycielska; *des Verteidigers* mowa obrończa
Plage F plaga; (*Mühe*) mordęga
plagen V/T nękać, męczyć, zamęczać (**mit etw** *inst*); *v/r* **sich ~ (mit j-m, etw)** męczyć się (z *inst*)
Plagi'at N (-[*e*]s; -e) plagiat
Pla'kat N (-[*e*]s; -e) plakat; **~farbe** F farba plakatowa, plakatówka
plaka'tiv plakatowy (-wo)
Pla'katmaler M plakacista *m*
Pla'kette F plakietka
plan ADJ *mst* TECH płaski
Plan[1] M: *fig* **j-n auf den ~ rufen** zaalarmować (*akk*), wywołać poruszenie wśród (*gen*)
Plan[2] M (-[*e*]s; Pläne) plan; **Pläne schmieden** snuć plany; **was steht heute auf dem ~?** co jest na dziś zaplanowane; **nach ~** planowo, według planu
Plane F plandeka, płachta
Pläne PL → Plan[2]
planen ⟨za⟩planować; **wie geplant** jak (było) zaplanowane
Planer(in) M(F) planista *m* (-tka)
Pla'net M (*-en*) planeta
Planet'arium N planetarium *n*
Pla'netensystem N układ planetarny
pla'nieren (-) *Fläche* wyrówn(yw)ać, plantować

Pla'nierraupe F równiarka gąsienicowa
Planke F bal, dyl; MAR deska poszycia
Plankosten PL koszty *mpl* planowane
Plankton N (-s; *bpl*) plankton
planlos bezplanowy (-wo); bezładny
planmäßig planowy (-wo)
Planquadrat N kwadrat siatki kartograficznej
Planschbecken N brodzik
planschen *umg* V/I pluskać się, chlupać
Planstelle F stanowisko etatowe, *umg* etat
Plan'tage [-ʒə] F plantacja
Planung F planowanie
Planwirtschaft F gospodarka planowa
Plappermaul *umg abw* N papla *m u. f*
plappern V/T *u.* V/I (-re) paplać
Plaque [plak] F (-; -s) MED płytka nazębna
plärren *umg* V/I *abw* (*sprechen*) skrzeczeć; (*singen*) piskliwie śpiewać; (*schreien*) ryczeć; *Kind* beczeć
Plasma N (-s; -*men*) plazma
Plastik[1] F (*bpl*) (*Kunst, Ausdruckskraft*) plastyka (*a.* MED); (*a. pl*) (*Werk*) rzeźba
Plastik[2] N (-s; *bpl*) masa plastyczna, plastik, plastyk; **~becher** M kubek plastikowy; **~beutel** M torba foliowa; **~flasche** F butelka plastikowa; **~folie** F folia z tworzywa sztucznego; **~geld** *umg* N (*bpl*) karta do bankomatu, plastikowy pieniądz; **~sack** M worek foliowy; **~teller** M talerz(yk) plastikowy; **~tüte** F torba plastikowa, *umg* reklamówka
plastisch plastyczny (*a. fig*)
Pla'tane F platan
Platin N (-s; *bpl*) platyna
platinblond platynowy; **sie ist ~** ona platynowa blondynka
pla'tonisch platoński; *lit* (*nicht sinnlich*) platoniczny
platsch INT chlust, plusk, chlap
platschen *umg* V/I (*a. sn*) chlustać, pluskać (**an** *akk*, **gegen** o *akk*); **ins Wasser ~** chlusnąć *pf* do wody; → klatschen
plätschern V/I (-re) chlup(ot)ać; (*sn*) *Regen, Bach* szemrać; **im Wasser ~** pluskać się w wodzie
platt (*flach*) płaski (*a. fig*); *präd* płasko; **~ (auf dem Bauch) liegen** leżeć na płasko *od* plackiem (na brzuchu); **~ drücken** rozpłaszczać ‹-czyć›; **etw ~ machen** spłaszczać ‹-czyć›; *umg* **da bin ich aber ~!** prędzej bym się śmierci spodziewał(a)!; *umg* **e-n Platten haben** mieć kapeć (na kole)
Platt N (-[e]s; bpl) (język) dolnoniemiecki
Plättchen N płytka; MED *a.* blaszka
plattdrücken → platt
Platte F płyta, *dim* płytka; *glasiert a.* glazura; KULIN półmisek; *umg* (*Plattenbau[ten]*) płyta; *umg* (*Glatze*) łysina; **kalte ~** zimne zakąski *fpl*; **e-e ~ auflegen** nastawi(a)ć płytę; *umg fig* **e-e andere ~ auflegen** zaczynać ‹zacząć› z innej beczki; *umg* **etwas auf der ~ haben** (*nicht dumm sein*) mieć głowę na karku
plätten *reg* (-e-) → bügeln
Platten|siedlung F osiedle z wielkiej płyty; **~spieler** M gramofon, *umg* adapter
Platt|form F platforma (*a. fig*); **~fuß** M stopa płaska; *umg* (*Reifen*) kapeć
plattfüßig płaskostopy
Plattheit F, **Platti'tüde** F banał, komunał
plattmachen → platt
Platz M (-es; *Plätze*) miejsce; (*Stadtplatz*) plac; SPORT boisko, pole; **nehmen Sie ~** proszę siadać ‹usiąść›; **~ (ein)nehmen** zajmować ‹zająć› miejsce; **viel ~ beanspruchen** zabierać dużo miejsca; **~ machen** *od* **schaffen (für)** ‹z›robić miejsce (dla *gen*, na *akk*); **~ raubend, sparend** → platzraubend, platzsparend; **fehl am ~ sein** być nie na miejscu; **hier ist nicht der ~ (für)** to nie miejsce (na *akk*); SPORT **vom ~ stellen** usuwać ‹usunąć› z boiska; **auf die Plätze!** na miejsca!
Platzangst F (*bpl*) *umg* lęk pomieszczeń zamkniętych, klaustrofobia; PSYCH agorafobia, lęk otwartej przestrzeni
Platzanweiser(in) M(F) bileter(ka)
Plätzchen N KULIN placuszek
platzen V/I (-zt; *sn*) pękać ‹-knąć›; *umg Vorhaben* nie dojść do skutku; **vor Neugier ~** umierać z ciekawości; **vor Wut ~** pękać ze złości; → platzenlassen
platzenlassen (*irr*; -) *Sache* zerwać *pf* (*akk*)
Platzhalter M EDV znak zastępczy
plat'zieren (-) V/T umieszczać ‹umieścić›, ‹u›plasować (*v/r* **sich** się)
Plat'zierung F (*das Platzieren*) klasyfikacja; (*Rang*) lokata
Platz|karte F miejscówka; **~konzert** N koncert na wolnym powietrzu; **~man-**

gel M brak miejsca; **~patrone** F ślepy nabój
platzraubend zabierający dużo miejsca
Platzregen M ulewa
platzsparend niezabierający dużo miejsca
Platz|verweis M usunięcie z boiska; **~wart** M dozorca *m* kempingu; *e-s Tennisplatzes* kortowy; **~wunde** F rana tłuczona
Plaude|'rei F pogawędka; *im Radio usw* pogadanka; **~rer** M, **~rin** F gawędziarz (-rka)
Plauderlaune F *(bpl)*: **in ~ sein** być w gawędziarskim nastroju
plaudern V/I *(-re)* ⟨po⟩gawędzić (**über** *akk* o *lok*); → ausplaudern
Plausch *reg* M *(-[e]s; -e)* gawęda
plau'sibel *(-bl-)* przekonujący (-co), uzasadniony; **~ erscheinen** trafi(a)ć do przekonania; **j-m etw ~ machen** ⟨wy⟩tłumaczyć k-u w przekonujący sposób *(akk)*
Play|-back, **~back** ['pleɪbæk] N *(-; -s)* playback *m*; **~boy** M playboy *m*; **~girl** N kobieta lubiąca się zabawić
Ple'bejer M plebejusz
pleite *umg* ADJ *(unv)*: **~ sein** splajtować *pf*; *żart* **ich bin ~** jestem czysty
Pleite *umg* F plajta; **~ machen** ⟨s⟩plajtować, ⟨z⟩robić plajtę
pleitegehen *(irr; sn) umg* ⟨s⟩plajtować, ⟨z⟩robić plajtę
plem'plem *umg* ADJ *(unv)* pomylony
Ple'nar|saal M sala zebrań; **~sitzung** F posiedzenie *od* zebranie plenarne
Pleuelstange F korbowód
Plinse *reg* F blin; *(Kartoffelpuffer)* placek ziemniaczany
Plis'see|falte F plisa, pliska; **~rock** M plisowana spódnica *od* spódniczka
PLO [pe:ɛl'o:] F (Palestine Liberation Organization) OWP *f*
Plombe F plomba *(a. im Zahn)*
plom'bieren *(-)* ⟨za⟩plombować
Plötze F ZOOL płoć *f*, płotka
plötzlich nagły; *(jäh)* raptowny; *präd* nagle; raptem
plump *(unförmig)* niezgrabny, nieforemny; *Gang* ociężały (-le); *(unbeholfen, nicht fein)* niezdarny; *(grobschlächtig)* nieokrzesany; *Schwindel, Lüge, Intrige* grubymi nićmi szyty
Plumpheit F *(bpl) (Unförmigkeit)* nieforemność *f*; *(Schwerfälligkeit)* ociężałość *f*; *(Derbheit)* nieokrzesanie; *abw (a.* PL*)* niezręczność *f*, gafa
plumps INT ryms; *ins Wasser* plusk
plumpsen *umg* V/I *(sn)* zwalić się *pf*, klapnąć *pf* (**ins Bett** na łóżko), rymnąć *pf* (**auf den Boden** na ziemię); *ins Wasser* chlupnąć *pf* (**in** *akk* do *gen*)
Plumpsklo *umg* N wychodek
Plunder *umg* M *(-s; bpl)* rupiecie, graty *mpl*
Plünd(e)rer M łupieżca *m*, rabuś *m*; *nach Flut, Erdbeben usw* szabrownik
Plundergebäck N ciastka *npl* francuskie
plündern *(-re) Laden, Stadt* ⟨s⟩plądrować, ⟨z›łupić, ⟨roz⟩grabić; *unbeaufsichtigtes Gut umg* ⟨roz⟩szabrować; *Kühlschrank* splądrować *pf*; *Konto a.* oczyścić *pf*
Plural M *(-s; -e)* liczba mnoga
pluralistisch pluralistyczny
plus ADV plus; **e-e Drei ~** trójka z plusem; **drei Grad ~** trzy stopnie powyżej zera; **~ Zinsen** plus odsetki
Plus N *(unv)* plus *(a. fig)*
Plüsch M *(-[e]s; -e)* plusz; **~bär** M pluszowy niedźwiadek
Plus|pol M biegun dodatni; **~punkt** M punkt dodatni; **~quamperfekt** N GRAM czas zaprzeszły; **~zeichen** N znak plus
Pluto M *(-; bpl)* ASTRON Pluton
Plu'tonium N *(-s; bpl)* pluton
PLZ (Postleitzahl) kod pocztowy
Pneu M *(-s; -s)* opona, *umg* guma
pneu'matisch pneumatyczny
Pneumo'thorax M MED odma płuc
Po¹ M (-[s]; bpl) *(Fluss)* Pad
Po² *umg* M *(-s; -s)* pupa, pupka; **~backe** *umg* F pośladek, *pop* półdupek
Pöbel M *(-s; bpl) abw* motłoch, tłuszcza
Pöbe'lei *umg* F wymyślanie
pochen *lit* V/I *(klopfen)* pukać, kołatać (**an** *akk*, **gegen** do *gen*); *Herz* kołatać; *fig* **auf etw** *(akk)* **~** obstawać przy *(lok)*; **es pocht** ktoś puka
pochiert [pɔ'ʃi:rt] ADJ KULIN: **~e Eier** jajka *npl* w koszulkach
Pocken PL ospa
pockennarbig ospowaty, *umg* dziobaty
Pockenschutzimpfung F szczepienie przeciw ospie
Po'dest M *od* N *(-[e]s; -e)* podest

Podex *umg* M (-[es]; -e) tyłek, zadek
Podium N (*-s; -ien*) podium *n*; (*Bühne*) estrada
Podiumsdiskussion F dyskusja panelowa, panel
Po'em N (*-s; -e*) poemat
Poe'sie F poezja; **~album** N pamiętnik
Po'et *lit* M (*-en*) poeta *m*; **~in** F poetka
po'etisch poetyczny
Pointe [po'e:tə] F puenta, pointa
Po'kal M (-[e]s; -e) puchar; **~finale** N finał rozgrywek o puchar; **~sieger** M zdobywca pucharu; **~spiel** N mecz o puchar
Pökelfleisch N mięso peklowane
pökeln (*-le*) ⟨za⟩peklować
Pokermiene F pokerowa twarz
pokern (*-re*) ⟨za⟩grać w pokera
Pokerspieler M pokerzysta *m*
Pol M (*-s; -e*) biegun; *fig* **der ruhende ~** uosobienie spokoju
po'lar (*die Pole betreffend*) biegunowy; GEOG, METEO polarny
polari'sieren (-) ⟨s⟩polaryzować
Polari'tät F (*bpl*) biegunowość *f*
Po'larkreis M koło podbiegunowe
Po'larlicht N (PL *-er*) zorza polarna
Po'larstern M (*bpl*) Gwiazda Polarna
Pole M (*-n*) Polak; **er ist ~** on jest Polakiem
Po'lemik F polemika
po'lemisch polemiczny
polemi'sieren V/I polemizować (**gegen j-n, etw** z *inst*)
Polen N (*-s; bpl*) Polska; **noch ist ~ nicht verloren** jeszcze Polska nie zginęła; **~tum** N (*-s; bpl*) polskość *f*
Po'lice [-sə] F polisa
Po'lier M (*-s; -e*) majster, brygadzista *m*
po'lieren (-) ⟨wy⟩polerować
Poliklinik F poliklinika, przychodnia
Polin F Polka; **sie ist ~** jest Polką
Polio F MED (choroba) polio *n*
Poli'tesse F funkcjonariuszka straży miejskiej
Po'litgröße *umg* F (ważna) figura partyjna
Po'litical Correctness [-kl kɔ'rɛktnɪs] F (*-; bpl*) poprawność polityczna
Poli'tik F polityka
Po'litiker M polityk; **~in** F (kobieta) polityk
po'litisch polityczny
politi'sieren (-) V/T upolityczni(a)ć, *v/i* politykować
Politolo'gie F (*bpl*) politologia
Poli'tur F *für Holz* politura; (*Glanz*) połysk
Poli'zei F policja; **~aufgebot** N oddział policji; **~auto** N samochód policyjny; **~beamte(r)** M funkcjonariusz policji; **~dienststelle** F posterunek *od* komisariat policji; **~direktion** F komenda policji; **~gewahrsam** M areszt policyjny; **~hund** M pies policyjny; **~kommissar** M komisarz policji
poli'zeilich policyjny; **~ gesucht** poszukiwany przez policję
Poli'zei|präsidium N prezydium *n* policji; *in Polen etwa* komenda policji; **~revier** N komisariat policji; **~schutz** M policyjna ochrona osobista; **~streife** F patrol policyjny; **~stunde** F godzina zamknięcia lokali gastronomicznych; **~wache** F posterunek policji
Poli'zist(in) M(F) (*-en*) policjant(ka)
Pollen M BOT pyłek; **~allergie** F alergia pyłkowa
Poller M pachołek; MAR *a.* poler
polnisch polski; *präd* po polsku
Polnisch N, **das ~e** (język) polski
polnischsprachig polskojęzyczny
Polohemd N koszula *od* bluzka polo
Polo|naise, **~näse** [-'nɛ:zə] F polonez
poloni'sieren (-) spolszczać ⟨-czyć⟩, ⟨s⟩polonizować
Polster N miękkie obicie, wyściółka (meblowa); (*Kissen*) poduszka; *im Kleid* podkładka; *fig* (*Rücklage*) rezerwa; **~garnitur** F zestaw mebli wyściełanych; **~möbel** NPL meble *mpl* wyściełane
polstern (*-re*) wyściełać ⟨wysłać⟩
Polsterstoff M materiał obiciowy
Polsterung F tapicerka
Polterabend M wieczór kawalerski
poltern V/I (*-re*) *Sache* padać ⟨upaść⟩ z łoskotem, gruchnąć *pf*; *Person* hałasować, łomotać
poly-, **Poly-** *in zssgn* CHEM poli-; MAT wielo-
Poly'esterfaser F włókno poliestrowe
Polyga'mie F (*bpl*) poligamia
Poly'mer N (*-s; -e*) CHEM polimer
Poly'nesien N (*-s; bpl*) Polinezja
Po'lyp M (*-en*) polip; *abw* (*Polizist*) gliniarz
po'madig *Haar* napomadowany; *umg fig* (*träge*) ślamazarny, fajtłapowaty
Pommern N (*-s; bpl*) Pomorze
Pommes frites [pɔm'frɪt] PL frytki *fpl*

P

Pomp M (-[e]s; bpl) pompa
pom'pös pompatyczny
Pontonbrücke F most pontonowy
Pony¹ N (-s; -s) *(Pferd)* pony *m (unv)*
Pony² M (-s; -s) *(Frisur)* grzywka
Pop M (-s; *bpl*) (muzyka) pop
Popanz M (-es; -e) *abw (Marionette)* kukła; *(etw, was Furcht hervorrufen soll)* straszak
Popcorn [-kɔrn] N (-s; *bpl*) kukurydza prażona, popcorn *m*
Popel *umg reg* M *in der Nase* koza; *abw (Kreatur)* gnojek, łajza *m*
pop(e)lig *abw* lichy, nędzny
Pope'linemantel M płaszcz z popeliny *od* popelinowy
popeln *umg* V/I (-le): **(in der Nase) ~** dłubać w nosie
Pop|gruppe F zespół muzyki pop; **~konzert** N koncert muzyki pop; **~star** M gwiazda muzyki pop
Popo *umg* M (-s; -s) pupa, pupka
popu'lär popularny
populari'sieren (-) ⟨s⟩popularyzować
Populari'tät F (*bpl*) popularność *f*
populärwissenschaftlich popularnonaukowy
popu'listisch populistyczny
Pore F por
Porno *umg* M (-s; -s) porno *(unv)*; **~film** M film porno
porno'|grafisch, **~graphisch** pornograficzny
porös porowaty
Porree M (-s; -s) BOT por
Port M (-[e]s; -s) EDV port, wejście
Por'tal N (-s; -e) portal *(a.* EDV)
Porte|feuille [pɔrt'fø:j] N (-s; -s) portfel; **~monnaie** [-mɔ'ne:] N (-s; -s) portmonetka
Portier [pɔrti'e:] M (-s; -s) portier
Porti'on F porcja; *umg fig* **halbe ~** chuchro, zdechlak
Portmonee → Portemonnaie
Porto N (-s; -s) porto, opłata pocztowa
portofrei wolny od opłaty pocztowej
Porträt [pɔr'trɛ:] N (-s; -s) portret
porträ'tieren (-) ⟨s⟩portretować
Portugal N (-s; *bpl*) Portugalia
Portu'gies|e M (-n) Portugalczyk; **~in** F Portugalka
portu'giesich portugalski (po -ku)
Portwein M porto, portwajn
Porzel'lan N (-s; -e) porcelana; *in zssgn* porcelanowy
Po'saune F puzon
Pose F poza
Posen N (-s; *bpl*) Poznań *m*
po'sieren V/I (-) pozować
Posi|ti'on F pozycja; **~ti'onslicht** N (PL -er) światło pozycyjne
positiv pozytywny
Positiv N (-s; -e) FOTO pozytyw
Posi'tur F postawa; **sich in ~ setzen** *od umg* **werfen** przyb(ie)rać postawę
Posse F farsa, burleska; PL **~n reißen** błaznować, pajacować
Posse'sivpronomen N zaimek dzierżawczy
pos'sierlich zabawny, pocieszny
Post®¹ F (*bpl*) *(Institution)* poczta; **mit der ~** pocztą, przez pocztę; **bei der ~ arbeiten** pracować na poczcie
Post² F (*bpl*) *(Postsendung)* poczta; **elektronische ~** poczta elektroniczna
pos'talisch pocztowy
Post|amt N urząd pocztowy; **~anschrift** F adres pocztowy; **~anweisung** F przekaz pocztowy; **~bank** F bank pocztowy; **~beamte(r)** M urzędnik pocztowy; **~beamtin** F urzędniczka pocztowa; **~bezug** M (*bpl*) *e-r Zeitung* prenumerata pocztowa; **~bote** M, **~botin** F listonosz(ka)
Posten M *(Amt)* posada, stanowisko; HANDEL partia; *(einzelner Betrag)* pozycja; *(Wachposten)* posterunek; *fig* **auf verlorenem ~ kämpfen** *od* **stehen** bronić straconych pozycji; *umg* **nicht auf dem ~ sein** czuć się słabo; **~jäger** *umg abw* M karierowicz; **~kette** F kordon
Poster N *od* M (-s; -[s]) poster
Postfach N skrytka pocztowa
postfrisch *Marke* niestemplowany
Post|geheimnis N tajemnica korespondencji; **~giroamt** [-ʒi-] N pocztowy bank żyrowy
post'hum pośmiertny
po'stieren (-) V/T rozstawi(a)ć, ustawi(a)ć *(v/r* **sich** się)
Pos'tille F *abw (Zeitung)* brukowiec
Post|karte F pocztówka, kartka pocztowa; **~kutsche** F dyliżans
postlagernd ADJ poste restante *(unv)*
Postleitzahl F kod pocztowy
postmodern postmodernistyczny
postoperativ MED pooperacyjny

Postpaket N paczka pocztowa

Post|schalter M okienko pocztowe; **~scheck** M czek pocztowy; **~sendung** F przesyłka pocztowa; **~sparkasse** F pocztowa kasa oszczędności

Poststempel M stempel pocztowy; **Datum des ~s** data stempla pocztowego

postu'lieren *lit* (-) postulować

po'stum pośmiertny

Postvollmacht F upoważnienie do odbioru przesyłek pocztowych

postwendend ADV *antworten* odwrotną pocztą; *umg fig* niezwłocznie

Post|wertzeichen N znaczek pocztowy; **~wurfsendung** F ulotka reklamowa przesyłana pocztą; **~zustellung** F doręczanie poczty

po'tent *Mann* seksualnie aktywny, *umg* dobry w łóżku; (*finanzstark*) rozporządzający dużymi środkami materialnymi

potentiell → potenziell

Po'tenz F MAT potęga; (*Exponent*) wykładnik potęgi; (*Manneskraft*) potencja (płciowa)

poten|zi'ell potencjalny (*a. fig*); **~'zieren** (-) MAT podnieść do potęgi

Potsdam N (*-s; bpl*) Poczdam

Potsdamer ADJ poczdamski

Pott *umg* M (-[*e*]s; *Pötte*) (*Topf*) garnek; (*Schiff*) łajba; **~asche** F (*bpl*) potaż

potthässlich *umg* szpetny

Pottwal M kaszalot

Pou'larde [pu-] F pularda

Prä'ambel F preambuła

Pracht F (*bpl*) przepych, splendor, okazałość *f*; *von Farben* bogactwo; **~ausgabe** F TYPO luksusowe wydanie; **~exemplar** N wspaniały okaz

prächtig wspaniały (-le)

Pracht|kerl *umg* M chłop(ak) na schwał (*a. Baby*); *Frau* równa babka; **~stück** N → Prachtexemplar

prachtvoll wspaniały (-le)

Prädi'kat N (-[*e*]s; -e) GRAM orzeczenie; (*Zensur*) ocena, stopień *m*; *e-r Leistung a.* wyróżnienie; HANDEL *a.* atest; **mit ~** z wyróżnieniem

prädika'tiv GRAM: **~es Adjektiv** przymiotnik w funkcji orzecznika

Präfe'renz F preferencja

Präfix N (*-es; -e*) JĘZ przedrostek

Prag N (*-s; bpl*) Praga

prägen *Münze* wybi(ja)ć; TECH, TYPO wytłaczać ⟨wytłoczyć⟩; *fig Charakter* ⟨u⟩kształtować; *Wort* ⟨u⟩tworzyć

Prager ADJ praski

prag'matisch pragmatyczny

prä'gnant (*treffend*) dobitny; (*knapp*) zwięzły (-źle)

Prägung F (*Muster, Bild*) wytłoczony wzór, znak *usw*; *fig* cecha; (*Ausdruck*) termin, wyraz; ... **westlicher ~** ... zachodniego pokroju

prähis'torisch prehistoryczny

prahlen V/I przechwalać się, chełpić się

Prahler(in) M(F) samochwała *m u. f*

Prahle'rei F przechwałki *fpl*

Praktik F → Praktiken

prakti'kabel możliwy do wykonania, dający się urzeczywistnić

Prakti'kant(in) M(F) (*-en*) stażysta *m* (-tka), praktykant(ka)

Praktiken FPL praktyki *fpl*

Praktikum N (*-s; -ka*) staż, praktyka

praktisch praktyczny; ADV praktycznie (*a. umg quasi*); **~er Arzt** lekarz ogólny

prakti'zieren V/T *u.* V/I (-) praktykować

Prä'lat M (*-en*) prałat

Pra'line F pralin(k)a

prall *Sack* wypchany; *Segel* wydęty; *Waden usw* okrągły, jędrny; **in der ~en Sonne** (**liegen** prażyć się) na słońcu

prallen V/I (*sn*) wpadać ⟨wpaść⟩, wlatywać ⟨wlecieć⟩ (**gegen, auf** *akk* na *akk*)

Prämie ['prɛːmiə] F premia; (*Versicherungsbeitrag*) składka ubezpieczeniowa; **~n-** *in zssgn* premiowy

prä|'mieren, ~mi'ieren (-) premiować

präna'tal MED prenatalny

prangen V/I wpadać ⟨wpaść⟩ w oko; *lit* prezentować się (w całej okazałości); (*glänzen*) świecić, lśnić

Pranger M pręgierz; *fig* **j-n an den ~ stellen** stawiać ⟨postawić⟩ k-o pod pręgierz opinii publicznej

Pranke F łapa (*a. umg Hand*)

Präpa'rat N (-[*e*]s; -e) preparat

präpa'rieren (-) V/T ⟨s⟩preparować; *lit* (*vorbereiten*) przygotow(yw)ać (*v/r* **sich** się; **für** do *gen*)

Prépositi'on F GRAM przyimek

Prä'rie [PL -'riːən] F preria

Präsens N (*-; -'sentia od -'senzien*) GRAM czas teraźniejszy

Prä'sent N (-[*e*]s; -e) prezent

Präsentati'on F prezentacja

▶ in, an, auf, über, unter, vor, hinter, neben, zwischen

Sie legt die Servietten auf den Tisch.	Kładzie serwetki na stół.
Die Servietten liegen auf dem Tisch.	Serwetki leżą na stole.
Die Kinder laufen in den Garten.	Dzieci biegną do ogrodu.
Die Kinder sind im Garten.	Dzieci są w ogrodzie.
Ich habe mich neben ihn gesetzt.	Usiadłem obok niego.
Ich sitze neben ihm.	Siedzę obok niego.
Er steht an der Wand.	Stoi przy ścianie.
Er hat sich an die Wand gestellt.	Staną przy ścianie.

präsen'tieren (-) V/T prezentować, przedstawi(a)ć (*v/r* **sich** się)
Prä'sentkorb M kosz okolicznościowy
Prä'senz F obecność *f*; **~dienst** M (*bpl*) *austr* zasadnicza służba wojskowa
Präserva'tiv N (-*s*; -*e*) prezerwatywa
Präsi'dent M (-*en*) prezydent; *e-s Gerichts, Klubs usw a.* prezes; **~enwahl** F wybory *mpl* prezydenckie; **~in** F prezydent; *e-s Vereins usw* prezes(ka); **~schaft** F prezydentura; *in e-m Klub usw* prezesura
präsidi'al prezydialny; prezydencki
präsi'dieren V/I (-) przewodniczyć
Prä'sidium N (-*s*; -*ien*) prezydium *n*; → Polizeipräsidium
prasseln V/I (-*le*; *a sn*) *Regen* dudnić (**auf** *akk* po *lok*); *Steine, Fragen* ⟨po⟩sypać się; (*h*) *Feuer* buzować, trzaskać
prassen V/I (*du prasst, prasstest*) żyć wystawnie, szafować pieniędzmi
prätenti'ös pretensjonalny
Prä'teritum N (-*s*; -*ta*) GRAM czas przeszły
Präventi'on F zapobieganie, prewencja
Präven'tiv|maßnahme F środek zapobiegawczy *od* prewencyjny; **~schlag** M MIL atak prewencyjny
Praxis F (-; *bpl*) praktyka; (PL -*xen*) *e-s Arztes* gabinet; *e-s Anwalts* kancelaria; **in der ~** w praktyce; **etw in die ~ umsetzen** zastosować *pf* w praktyce (*akk*)
praxis|bezogen ADJ, **~nah** praktyczny, oparty na praktyce; **~orientiert** ADJ nastawiony na praktykę
Präze'denzfall M precedens, sprawa precedensowa
prä'zis, ~e precyzyjny
präzi'sieren (-) ⟨s⟩precyzować
Präzisi'on F (*bpl*) precyzja; **~s-** *in zssgn* precyzyjny
predigen V/I wygłaszać ⟨-głosić⟩ kazanie; V/T *Evangelium usw* głosić (*akk*), nauczać (*gen*)
Prediger(in) M(F) kaznodzieja *m* (*a. f*); *fig e-r Idee usw* głosiciel(ka)
Predigt F kazanie (*a. fig*), homilia
Preis M (-*es*; -*e*) cena; (*Auszeichnung, Belohnung*) nagroda; **empfohlener ~** cena sugerowana; **um jeden, keinen ~** za wszelką, żadną cenę; **hoch im ~ stehen** być w cenie; **zum ~ von** ... po cenie ...; ... **zum vollen ~** ... pełnopłatny; **der Große ~** główna nagroda, grand prix *n* (*unv*)
Preis|angabe F oznaczenie ceny (na towarze); **~anstieg** M wzrost cen; **~aufgabe** F zadanie konkursowe; **~ausschreiben** N konkurs z nagrodami
preisbewusst ADJ liczący się z ceną
Preis|bildung F kształtowanie cen; **~bindung** F ustalenie jednolitych cen
Preiselbeere F (borówka) brusznica
Preisempfehlung F zalecenie cenowe
preisen *lit* (*pries, gepriesen*) wychwalać, wielbić
Preis|erhöhung F podwyżka *od* wzrost cen; **~frage** F kwestia ceny; *e-s Preisausschreibens* pytanie konkursowe
Preisgabe *lit* F (*bpl*) *e-r Sache* zrzeczenie się (*gen*); *von Geheimnissen* ujawnienie, zdradzenie (*gen*)
preisgeben *lit* (*irr*) *Sache* zostawi(a)ć (na pastwę losu), porzucać ⟨-cić⟩; (*aufgeben*) zrzekać ⟨zrzec⟩ się (*gen*); (*ausliefern*) wystawi(a)ć (**dem Gelächter** na pośmiewisko); *Geheimnis* zdradzać ⟨-dzić⟩, wyda(wa)ć
preis|gebunden ADJ (sprzedawany) po cenie reglamentowanej; **~gekrönt** ADJ premiowany, nagrodzony; **~günstig** niedrogi (-go), wart swej ceny
Preisklasse F klasa cenowa
Preiskrieg M wojna cenowa

Preislage F kategoria cenowa; **in jeder ~** po każdej cenie
Preis-Leistungs-Verhältnis N relacja cena - jakość *od* cena - walory użytkowe
preislich cenowy (-wo)
Preis|liste F cennik; **~nachlass** M rabat, opust; **~rätsel** N krzyżówka z nagrodami; **~richter(in)** M(F) juror(ka), sędzia konkursowy; **~rückgang** M spadek cen; **~schild** N (PL -*er*) etykieta z ceną, metka; **~schlager** M oferta atrakcyjna cenowo; **~senkung** F obniżka cen; **~stopp** M zamrożenie cen; **~steigerung** F podwyżka cen; **~träger(in)** M(F) laureat(ka); **~treibe'rei** *abw* F zawyżanie *od* podbijanie cen; **~unterschied** M różnica cen; **~vergleich** M porównanie *od* zestawienie cen; **~verleihung** F wręczenie nagrody
preiswert niedrogi (-go)
prekär *lit* niełatwy, skomplikowany
Prellbock M KOLEJ kozioł odbojowy
prellen *Ball* kozłować; *fig* oszuk(iw)ać (**j-n um etw** k-o na *inst*); **die Zeche ~** nie ⟨za⟩płacić rachunku w lokalu
Prellung F MED stłuczenie
Premi|ere [prəmi'e:rə] F premiera; **~minister(in)** M(F) premier
preschen V/I (*sn*) ⟨po⟩gnać, ⟨po⟩galopować
Presse F prasa (*a.* TECH); **in der ~** w prasie; **~agentur** F agencja prasowa; **~bericht** M artykuł prasowy
Presse|erklärung F informacja dla prasy; **~fotograf(in)** M(F) fotoreporter(ka); **~freiheit** F wolność *f* prasy; **~kampagne** F kampania prasowa; **~konferenz** F konferencja prasowa; **~meldung** F doniesienie prasowe; **~mitteilung** F komunikat prasowy
pressen (*drücken*) przyciskać ⟨-snąć⟩ (**gegen, an** *akk* do *gen*; **an sich** do siebie); (*ausdrücken*) wyciskać ⟨-snąć⟩, wytłaczać ⟨-tłoczyć⟩ (**aus** z *gen*); (*zusammendrücken*) *Stroh usw* prasować
Presse|organ N organ prasowy; **~photograph(in)** M(F) fotoreporter(ka); **~schau** F przegląd prasy; **~sprecher(in)** M(F) rzecznik prasowy (*a. f*)
pres'sieren *reg* V/I (-) naglić; **es pressiert** czas nagli
Presskopf M (*bpl*) salceson
Pressluft F (*bpl*) sprężone powietrze; **~hammer** M młot pneumatyczny
Pressstroh N słoma prasowana
Prestige [-'ti:ʒə] N (-*s*; *bpl*) prestiż; *in zssgn oft* ze względów prestiżowych; **~frage** F kwestia prestiżowa; **~verlust** M (*bpl*) utrata prestiżu
Preuße M (-*n*) Prusak
Preußen N (-*s*; *bpl*) Prusy *pl*
Preußin F Prusaczka
preußisch pruski (po -ku)
prickeln V/I (-*le*) (*kribbeln*) szczypać, swędzić; *Getränk* mile drażnić, łechtać
prickelnd ADJ (mile) drażniący podniebienie; *fig* niepokojący, przyprawiający o dreszczyk
Priem M (-[*e*]*s*; -e) prymka
pries → preisen
Priester(in) M(F) kapłan(ka)
priesterlich kapłański
Priester|seminar N seminarium duchowne; **~tum** N (-*s*; *bpl*) kapłaństwo; **~weihe** F święcenia *npl* kapłańskie
prima *umg* ADJ (*unv*) prima, ekstra (*unv*), klawy (-wo); **der Wein ist ~** wino jest świetne; **ein ~ Kerl** równy chłopak
pri'mär (*ursprünglich*) pierwotny
Primar|arzt M, **~ärztin** F *austr* lekarz naczelny, ordynator
Primas M (-; -*se*) prymas
Pri'mat M *od* N (-[*e*]*s*; -e) prymat
Primel F (-; -*n*) pierwiosnek
primi'tiv prymitywny
Primitivi'tät F (*bpl*) prymitywność *f*
Primzahl F liczba pierwsza
Printmedien NPL publikatory *mpl*
Prinz M (-*en*) książę *m*; *im Märchen mst* królewicz
Prin'zessin F księżna; (*Tochter*) księżniczka; (*Königskind*) królewna
Prin'zip N (-*s*; -*ien* [-piən]) zasada; **im ~** w zasadzie; **aus ~** z zasady
prinzipi'ell pryncypialny, zasadniczy; *präd* pryncypialnie, z zasady
prin'zipienlos bez żadnych zasad
Prin'zipienreiter *abw* M doktryner, rygorysta *m*
Prion N (-*s*; *Pri'onen*) prion
Priori'tät F priorytet; **~en setzen** ustalać ⟨-lić⟩ priorytety; **~s-** *in zssgn* priorytetowy
Prise F *Salz* szczypta; *Tabak* niuch
Pris|ma N (-*s*; -*men*) MAT graniastosłup; *in der Optik, Kristallform* pryzmat; **~menglas** N lornetka pryzmatyczna

P

Pritsche F (*Liege*) prycza; AUTO skrzynia (otwarta)
pri'vat prywatny; **~ wohnen** mieszkać prywatnie; **~ versichert** ubezpieczony prywatnie; **von ~** od osoby prywatnej
Pri'vat|adresse F adres prywatny; **~angelegenheit** F sprawa prywatna; **~besitz** M własność prywatna; **~detektiv** M detektyw prywatnego biura śledczego; **~dozent** M nieetatowy wykładowca uniwersytecki; **~eigentum** N własność prywatna; **~fernsehen** *umg* N telewizja prywatna; **~gespräch** N prywatna rozmowa
Pri'vatgebrauch M: **für den ~** na użytek własny
privati'sieren (-) ⟨s⟩prywatyzować
Privati'sierung F prywatyzacja
Pri'vat|leben N życie prywatne; **~patient(in)** M(F) pacjent(ka) prywatny (-na); **~person** F osoba prywatna
pri'vatrechtlich prywatnoprawny
Pri'vat|sache F sprawa *od* rzecz prywatna; **~schule** F szkoła prywatna; **~sender** M rozgłośnia prywatna; **~sphäre** F sfera prywatności; **~unterricht** M nauczanie prywatne, lekcje *fpl* prywatne; **~vermögen** N majątek osobisty
privatversichert → privat
Privat|wirtschaft F (*bpl*) gospodarka prywatna; **~wohnung** F mieszkanie prywatne
Privi'leg N (*-s; -ien* [-giən]) przywilej; prerogatywa
privile'giert ADJ uprzywilejowany
pro PRÄP (*akk*): **~ Person** od osoby, na osobę; **~ Stunde** na godzinę; **~ Stück** za sztukę; **einmal ~ Tag** raz na dzień
Pro *subst*: **(das) ~ und (das) Kontra** za i przeciw, pro i kontra
pro... *in zssgn* pro...
Probe F próba (*a.* TEATR); (*kleine Menge, Teil e-s Werkes*) próbka; **auf ~, zur ~** na próbę; **j-n, etw auf die ~ stellen** wystawi(a)ć na próbę (*akk*); **den Wagen ~ fahren** ⟨wy⟩próbować samochód; **~ singen** śpiewać próbnie
Probe|exemplar N egzemplarz okazowy; **~fahrt** F AUTO jazda próbna
proben V/T *u.* V/I TEATR próbować
Probesendung F HANDEL przesyłka z próbkami
probeweise ADV na próbę, próbnie

P

Probezeit F okres próbny
pro'bieren V/T *u.* V/I (-) (*versuchen, kosten*) ⟨po-, s⟩próbować (*gen*); **~ Sie diesen Wein** proszę spróbować tego wina; **hast du schon probiert zu** (+ INF) czy już próbowałeś (-łaś) (+ *inf*)
Prob'lem N (*-s; -e*) problem; *umg* **kein ~!** nie ma sprawy!; **wir haben ein kleines ~** mamy mały problem
proble'matisch problematyczny
Prob'lem|fall M problematyczny przypadek, problem; **~kind** N trudne dziecko
prob'lemlos bezproblemowy (-wo)
Prob'lemlöser M panaceum na wszystkie bolączki
Pro'dukt N (-[e]s; -e) produkt (*a. fig*); MAT iloczyn; (*Erzeugnis engS*) wyrób; **~haftung** F odpowiedzialność *f* za jakość produktu
Produkti'on F produkcja
Produkti'ons|ausfall M przerwa w produkcji, przestój; **~betrieb** M zakład produkcyjny; **~kosten** PL koszty *mpl* produkcji; **~mittel** NPL środki *mpl* produkcji; **~rückgang** M spadek produkcji; **~zweig** M gałąź *f* produkcji
produk'tiv produktywny
Produktivi'tät F (*bpl*) produktywność *f*
Pro'duktpalette F asortyment wyrobów
Produ'zent M (*-en*) producent, wytwórca *m*; **~in** F producentka, wytwórczyni
produ'zieren (-) ⟨wy⟩produkować
pro'fan (*weltlich*) świecki
professio'nell profesjonalny, zawodowy (-wo)
Pro'fessor M (*-s; -'soren*) profesor
Profes'so|rentitel M tytuł profesorski; **~'rin** F profesor, *umg* profesorka
Profes'sur F profesura
Profi *umg* M (*-s; -s*) zawodowiec; **~killer** *umg* M morderca zawodowy
Pro'fil N (*-s; -e*) profil; AUTO rzeźba bieżnika (opony); **im ~** z profilu
profi'lieren: V/R (-) **sich ~ (als)** wybi(ja)ć się (jako)
Pro'filsohle F podeszwa bieżnikowana
Pro'fit M (-[e]s; -e) zysk, profit; **~gier** F chęć *f* zysku, pogoń *f* za zyskiem
profi'tieren (-): **von etw ~** ⟨s⟩korzystać (z *gen*), zysk(iw)ać (na *lok*); *abw* żerować (na *lok*)
pro'fitorientiert nastawiony na osiągnięcie maksymalnych zysków

pro'fund *lit Wissen* gruntowny, solidny
Prog'nose F prognoza; MED rokowanie
prognosti'zieren (-) prognozować
Pro'gramm N (-s; -e) program
program'matisch programowy (-wo)
Pro'gramm|auswahl F wybór programów; **~gestaltung** F *rtv* opracowanie programu
pro'grammgesteuert ADJ sterowany programowo
Pro'grammheft N program
program'mieren (-) ⟨za⟩programować
Program'mierer M programista *m*
Program'miererin F programistka
Pro'gramm|-Manager M EDV menedżer programów; **~paket** N pakiet programów; **~vorschau** F *rtv* przegląd programu; **~wähler** M *e-s Geschirrspülers usw* programator (elektroniczny); **~zeitschrift** F przewodnik po programach (telewizyjnych)
progres'siv progresywny; postępowy
Pro'jekt N (-[e]s; -e) projekt
Projek'til N (-s; -e) pocisk
Projekti'on F projekcja, rzutowanie
Pro'jektor M (-s; -'toren) projektor
proji'zieren (-) rzutować (**auf** *akk* na *akk*)
prokla'mieren (-) proklamować
Pro-'Kopf-Einkommen N dochód na jednego mieszkańca
Pro'kura F (-; -ren) prokura
Proku'rist(in) M(F) (-en) prokurent(ka)
Pro'let *umg abw* M (-en) gbur, *umg* żłób
Prole'tarier(in) M(F) proletariusz(ka)
prole'tarisch proletariacki (po -ku)
Prome'nade F promenada
Prome'naden|deck N pokład spacerowy; **~mischung** ŻART F mieszaniec
Promi *umg* M (-s; -s) *u.* F (-; -s) prominent
Pro'mille N (-[s]; -) promil; **~grenze** F dopuszczalna granica zawartości alkoholu we krwi (w promilach)
promi'nent prominentny; **~e Persönlichkeit** prominentna osobistość
Promi'nenz F *koll* prominenci *mpl*
Promo|ti'on F promocja; (*Erlangung der Doktorwürde*) *a.* doktoryzacja; **~ti'onstour** F HANDEL kampania promocyjna
promo'vieren (-) V/T promować, doktoryzować; V/I doktoryzować się; bronić rozprawy (**über** *akk* z *gen*, o *lok*)
prompt ADJ szybki; ADV szybko; *umg* (*wie erwartet*) naturalnie
Pro'nomen N (-s; - *od* -mina) GRAM zaimek
Propa'ganda F (*bpl*) propaganda; **~film** M film propagandowy
propagan'distisch propagandowy
propa'gieren (-) propagować
Propan N (-s; *bpl*), **~gas** N propan
Pro'peller M LOTN śmigło; MAR śruba napędowa; **~flugzeug** N, **~maschine** *umg* F samolot śmigłowy
proper (*ordentlich, sauber*) schludny
Pro'phet(in) M(F) (-en) prorok(ini)
pro'phetisch proroczy (-czo)
prophe'zeien (-) prorokować, przepowiadać ⟨-wiedzieć⟩
Prophe'zeiung F przepowiednia
prophy'laktisch profilaktyczny
Proporti'on F proporcja, stosunek
proportio'nal proporcjonalny (**zu** do *gen*); **umgekehrt ~** odwrotnie proporcjonalny
Pro'porz M (-es; -e) (*Ämterverteilung nach Parteizugehörigkeit*) przydzielanie stanowisk według klucza partyjnego; *austr, szwajc* proporcjonalny system wyborczy
Prosa F (*bpl*) proza
pro'saisch prozaiczny
prosit! na zdrowie!; → Neujahr
Pro'spekt M (-[e]s; -e) prospekt
prospe'rieren V/I (-) prosperować
prost → prosit
Prostata F (-; -tae [-tɛ]) gruczoł krokowy, prostata
Prostitu'ierte F prostytutka
Prostituti'on F (*bpl*) prostytucja
Pro|tago'nist(in) M(F) (-en) protagonista *m* (-tka); **~te'in** N (-s; -e) proteina
Protekti'on F protekcja
Pro'test M (-[e]s; -e) protest; kontestacja; **aus ~** na znak protestu; **~ einlegen** zgłaszać ⟨zgłosić⟩ protest (**gegen** przeciwko *dat*)
Protes'tant M (-en) protestant
Protes'tantin F protestantka
protes'tantisch protestancki
Pro'test|aktion F akcja protestacyjna; **~kundgebung** F wiec protestacyjny; **~song** M song kontestacyjny
protes'tieren V/I (-) ⟨za⟩protestować (**gegen** przeciwko *dat*)
Pro'these F proteza
Proto'koll N (-s; -e) protokół; **zu ~ nehmen** wciągać ⟨-gnąć⟩ do protokołu;

zu ~ geben zezna(wa)ć do protokołu; **~führer(in)** M(F) protokolant(ka)

protokol'lieren (-) ⟨za⟩protokołować

Prototyp M prototyp, pierwowzór

protz|en *umg* V/I (*-zt*) (**mit**) pysznić się, chełpić się (*inst*); **~ig** *umg abw* chełpliwy (-wie); wystawny, luksusowy (-wo)

Provence [prɔ'va:s] F (*bpl*): **die ~** Prowansja

Provi'ant M (*-s; -epl selten*) prowiant

Provider [prɔ'vaidər] M EDV operator internetowy

Pro'vinz F prowincja

provinzi'ell prowincjonalny

Provisi'on F prowizja

provi'sorisch prowizoryczny

Provi'sorium N (*-s; -ien*) prowizorium *n*, *umg* prowizorka

Provokati'on F prowokacja

provo|ka'tiv *lit* prowokacyjny, prowokujący (-co); **~'zieren** (-) V/T ⟨s⟩prowokować; V/I prowokować

prowestlich prozachodni

Proze'dur *lit* F procedura

Pro'zent N (*-[e]s; -e aber 5 ~*) procent; **~e** PL *umg a.* odsetki *fpl*; **~punkt** M punkt procentowy; **~rechnung** F (*bpl*) rachunek procentowy; **~satz** M stopa procentowa

prozentu'al procentowy (-wo)

Pro'zess M (*-es; -e*) JUR, TECH, BIOL proces; **e-n ~ anstrengen, führen** (**gegen j-n**) wytaczać ⟨-toczyć⟩, toczyć proces (przeciwko *dat*); *umg* **mit j-m kurzen ~ machen** nie patyczkować się z (*inst*)

prozes'sieren V/I (-) procesować się

Prozes'sion F procesja

Pro'zesskosten PL koszty *mpl* procesowe

Pro'zessor M (*-s; -s'soren*) EDV procesor

Pro'zess|ordnung F procedura procesowa; **~vollmacht** F pełnomocnictwo procesowe

prüde pruderyjny; **nicht ~** bezpruderyjny

Prüde'rie F (*bpl*) pruderia

prüfen V/T (*kontrollieren*) sprawdzać ⟨-dzić⟩; *Sachverhalt* ⟨z⟩badać; *Schüler* ⟨prze⟩egzaminować (**in** *dat* z *gen*); *lit Leben, Schicksal* doświadczać ⟨-czyć⟩ (**j-n** k-o)

prüfend ADJ *Blick* badawczy (-czo); **j-n, etw ~ betrachten** *a.* lustrować (*akk*)

Prüf|er(in) M(F) egzaminator(ka); EKON, TECH kontroler(ka), rewident(ka); inspektor(ka); **~ling** M egzaminowany (-na), kandydat(ka)

Prüfstand M stanowisko kontrolne *od* badawcze; *fig* **auf dem ~ stehen** być wystawionym na próbę

Prüfstein M *fig* (*bpl*) probierz, sprawdzian (**für etw** *gen*)

Prüfung F egzamin (**mündliche** ustny; **schriftliche** pisemny; **in Latein** z łaciny); TECH, EKON sprawdzenie; *der Bücher a.* rewizja; *e-s Sachverhalts* (z)badanie; *der Qualifikation* weryfikacja; **e-e ~ abnehmen** egzaminować; **durch die ~ fallen** nie zdać *pf* egzaminu, *umg* oblać *pf* egzamin; *umg* **in die ~ steigen** stawi(a)ć się na egzamin; **zur ~ zulassen** dopuszczać ⟨-puścić⟩ do egzaminu

Prüfungs|angst F strach przed egzaminem; **~aufgabe** F zadanie egzaminacyjne, **~fach** N przedmiot egzaminacyjny; **~ordnung** F regulamin egzaminu *od* egzaminacyjny; **~termin** M termin egzaminu; **~thema** N temat egzaminacyjny; **~zeugnis** N świadectwo złożenia egzaminu *od* egzaminów

Prüfverfahren N metoda (przeprowadzenia) próby *od* badań

Prügel M (*Knüppel*) kij; PL (*Schläge*) cięgi *pl*; **~ beziehen** oberwać *pf* lanie

Prüge'lei F bijatyka, bójka

Prügelknabe M kozioł ofiarny

prügeln (*-le*) V/T ⟨po⟩bić (*v/r* **sich** się); **zu Tode ~** pobić *pf* śmiertelnie

Prügelstrafe F (*bpl*) kara chłosty

Prunk M (-[e]s; bpl) przepych; **~saal** M okazała sala reprezentacyjna; **~stück** N przepyszny klejnot; *fig* perła; **~sucht** *abw* F (*bpl*) lubowanie się w przepychu

prunkvoll zbytkowny, pełen przepychu

prusten V/I (*-e-*) prychać ⟨-chnąć⟩; **vor Lachen ~** parsknąć *pf* śmiechem

PS N (*unv*) (Pferdestärke) koń mechaniczny; (Postskriptum) postscriptum

Psalter M psałterz

pseudo-, Pseudo- pseudo-, niby-, rzekomy

Pseudo'nym [psɔydo'ny:m] N (*-s; -e*) pseudonim

pseudowissenschaftlich pseudonaukowy (-wo)

Psori'asis F (*-; -'asen*) MED łuszczyca

pst INT (*still!*) pst
Psyche F psychika
psyche'delisch psychodeliczny
Psychi'ater(in) M(F) psychiatra *m u. f*
Psychia'trie F (*bpl*) psychiatria; *umg* **in der ~ landen** ⟨wy⟩lądować u czubków
psychi'atrisch psychiatryczny
psychisch psychiczny
Psycho|ana'lyse F psychoanaliza; **~'lo-ge** M (*-n*) psycholog; **~lo'gie** F (*bpl*) psychologia; **~'login** F psycholog, psycholożka
psycho'logisch psychologiczny
Psychopath(in) M(F) psychopata *m* (-tka)
psycho'pathisch psychopatyczny
Psycho'pharmaka PL leki *mpl* psychotropowe
Psy'chose F psychoza
psychoso'matisch psychosomatyczny
Psycho|terror M terror psychiczny; **~thera'peut(in)** M(F) psychoterapeuta *m* (*a. f*); **~thera'pie** F (*bpl*) psychoterapia
Puber'tät F MED pokwitanie
pu'blik ADJ: **~ machen** upubliczni(a)ć, nagłaśniać ⟨-głośnić⟩
Publikati'on F (*bpl*) publikacja, opublikowanie; (*a. pl*) (*Werk*) publikacja
publikmachen → publik
Publikum N (*-s; bpl*) publiczność *f*
Publikumsliebling M ulubieniec publiczności
publikumswirksam *Auftritt usw* widowiskowy (-wo)
publi'zieren (-) ⟨o⟩publikować
Puck M (*-s; -s*) SPORT krążek
Pudding M (*-s; -e od -s*) budyń *m*; **~pulver** N budyń *m* w proszku
Pudel M pudel, *dim* pudelek
Pudelmütze F czapka dziana
pudel|nackt *umg* nagusieńki; **~nass** *umg* przemokły do nitki
pudelwohl: *umg* **sich ~ fühlen** czuć się doskonale
Puder M puder; MED *a.* zasypka
Puderdose F puderniczka
pudern (*-re*) ⟨przy-, u⟩pudrować
Puff[1] *umg* M (*-[e]s*; Püffe) szturchaniec
Puff[2] *umg* M *od* N (*-s; -s*) burdel
Puff[3] M (-[e]s; -e od -s) (*Behälter*) kosz na (brudną) bieliznę
puffen *umg* da(wa)ć kuksańca
Puffer M KOLEJ zderzak, bufor; → Kartoffelpuffer
Puffer|speicher M EDV pamięć buforowa, bufor; **~zone** F strefa buforowa
Puffmutter *pop* F burdelmama
Pulle *umg* F butelczyna; *umg* **volle ~** na pełnym gazie, pełną parą
Pulli *umg* M (*-s; -s*) sweterek, pulowerek
Pul'lover M sweter, pulower
Pul'lunder M sweter bez rękawów
Puls M (*-es; -e*) puls, tętno; **den ~ messen** ⟨z⟩mierzyć tętno; **j-m den ~ fühlen** ⟨z⟩badać puls (u *gen*)
Pulsader F tętnica
pul'sieren V/I (-) tętnić, pulsować; **~des Leben in der Stadt** miasto tętni życiem
Pulsschlag M tętno; uderzenie tętna
Pult N (-[*e*]s; -e) pulpit
Pulver N proszek; *zum Schießen* proch
Pulverdampf M dym prochowy
Pulverfass N beczka prochu; *fig* **auf dem ~ sitzen** siedzieć na beczce prochu
Pulverform F: **in ~** w proszku
pulverig sproszkowany
pulveri'sieren ⟨s⟩proszkować
Pulver|kaffee M kawa w proszku; **~magazin** N prochownia; **~schnee** M puszysty śnieg, puch
pulvrig → pulverig
pummelig pulchny, okrągły
Pump *umg* M: *nur in* **auf ~** na krechę
Pumpe F pompa, *dim* pompka
pumpen V/T pompować, tłoczyć; *umg fig* pożyczać ⟨-czyć⟩ (**j-m etw** k-u *akk*; **etw von j-m** coś u *gen*); *v/i* pompować
Pumpernickel M pumpernikiel
Pumps [pœmps] MPL czółenka *npl*
Punk [paŋk] M (*-s; -s*) punk; **~er** M punk, punkowiec; **~erin** F punk, punkówa; **~rock**, **~-Rock** M (*-s; bpl*) punkrock
Punkt M (-[*e*]s; -e) punkt; (*Satzzeichen*) kropka; **der springende ~** decydujący punkt; **schwacher ~** słaby punkt; **toter ~** martwy punkt; **die Sache auf den ~ bringen** trafić *pf* w sedno; **~ zehn** punkt dziesiąta; **~ für ~** punkt po punkcie; **nach ~en** SPORT na punkty
Pünktchen N punkcik, kropeczka
punkten (*-e-*) V/I zaliczać ⟨-czyć⟩ punkt *od* punkty
punktgleich SPORT: **~ sein** mieć jednakową liczbę punktów
punk'tieren (-) ⟨wy⟩kropkować; MED ⟨z⟩robić punkcję (*gen*); **punktierte Linie** linia kropkowana

P

pünktlich punktualny; **er ist ~ abgefahren** on odjechał punktualnie
Pünktlichkeit F (*bpl*) punktualność *f*
Punkt|richter(in) M(F) sędzia punktowy; **~sieger** M zwycięzca *m* na punkty; **~system** N system punktowy
punktu'ell wybiórczy (-czo); (*sporadisch*) sporadyczny
Punsch M (-[*e*]*s*; *-e od Pünsche*) poncz
pupen *pop* (-) (*furzen*) puścić *pf* bąka
Pu'pille F źrenica
Püppchen N laleczka, lalunia, lalusia
Puppe F lalka; ZOOL poczwarka; (*Modellpuppe*) manekin; TEATR, *fig* marionetka, kukła; *umg* (*Mädchen*) lala
Puppen|gesicht N lalkowata twarz; **~show** F szopka polityczna; **~spiel** N przedstawienie kukiełkowe; **~spieler(in)** M(F) lalkarz (-rka); **~stube** F domek dla lalek; **~theater** N teatr lalek *od* kukiełkowy; **~wagen** M wózek dla lalek
pur (*rein*) czysty; *Gold* szczery
Pü'ree N (-*s*; -*s*) piure, purée
pü'rieren (-) przecierać ⟨przetrzeć⟩ przez sito, rozdrabniać ⟨-drobnić⟩ *od* ścierać ⟨zetrzeć⟩ na miazgę
Pü'rierstab M rozdrabniacz (kuchenny)
Pu'rim N (-*s*; *bpl*) *rel* Purym
puri'tanisch purytański (po -ku)
Purpur N (-*s*; *bpl*) purpura
purpurrot purpurowy (-wo); **sich ~ färben** ⟨s⟩purpurowieć
Purzelbaum M koziołek, fikołek; **e-n ~ schlagen** fiknąć *pf* koziołka
purzeln *umg* V/I (-*le*; *sn*) przewracać ⟨-wrócić⟩ się, wywracać ⟨-wrócić⟩ się; spadać ⟨spaść⟩ (**von** z *gen*); *Preise* (gwałtownie) spadać ⟨spaść⟩
Pusher ['pʊʃər] M *sl* dealer narkotykowy
Puste *umg* F (*bpl*) dech; **aus der ~ sein** nie móc złapać tchu
Pustel F (-; -*n*) krostka, pryszcz(yk)
pusten *umg* V/I (-*e*-) dmuchać ⟨-chnąć⟩; *bei der Polizei* dmuchać ⟨-chnąć⟩ w balonik
Pute F indyczka; *umg abw* **dumme ~** głupia gęś
Puten|braten M indyk pieczony, pieczeń *f* z indyka; **~brust** F pierś *f* indycza; **~schenkel** M udo indycze; **~schnitzel** N sznycel z indyka
Puter M indyk, indor
puterrot czerwony jak indor
Putsch M (-[*e*]*s*; -*e*) pucz
putschen V/I dokonać *pf* puczu
Pu'tschist M (-*en*) puczysta *m*
Putte F putto; (*Engelchen*) aniołek
Putz M (-*es*; *bpl*) BUD tynk, wyprawa; **mit bröckelndem ~** odrapany; *umg* **auf den ~ hauen** (*feiern*) hulać (do upadłego); (*angeben*) szpanować, puszyć się
putzen (-*zt*) V/T czyścić, oczyszczać ⟨oczyścić⟩, wyczyścić *pf*; *Fisch* sprawi(a)ć; (*scheuern*) ⟨wy⟩szorować; **blank ~** *umg* ⟨wy⟩pucować na glans; **sich** (*dat*) **die Nase ~** wycierać ⟨wytrzeć⟩ (sobie) nos; V/I *umg* **~ gehen** pracować jako sprzątaczka; V/R **sich ~** *Katze* lizać się; *Vogel* muskać się
Putzfrau F sprzątaczka
putzig *umg* zabawny
Putz|kolonne F brygada sprzątaczy; **~lappen** M ścierka (do kurzu *od* podłogi); **~mann** *umg* M (PL *-männer od -leute*) sprzątacz; **~mittel** N środek do czyszczenia
putzmunter *umg* (*wach*) wybity ze snu; (*vergnügt*) rozweselony, rozbrykany
Putzwolle F czyściwo
Puzzle [pazl] N (-*s*; -*s*) puzzle *n*, składanka
PVC [pe:faʊ'tse:] N (*bpl*) (Polyvinylchlorid) PCW
Pyg'mäe M (-*n*) Pigmej
Pyjama [py'dʒa:ma] M *od* N (-*s*; -*s*) piżama, pidżama
Pyra'mide F piramida
pyra'midenförmig piramidalny
Pyre'näen PL: **die ~** Pireneje *pl*
Pyre'näenhalbinsel F (*bpl*) Półwysep Pirenejski
Pyro'technik F (*bpl*) pirotechnika
Python M *od* F (-*s*; -*s*) pyton

Q

qcm, qm (Quadrat[zenti]meter) (centy)metr kwadratowy
Quacksalber(in) M(F) znachor(ka)
Quaddel F (-; -*n*) bąbel (pokrzywkowy)
Quader M (-*s*; -, *austr* -*n*) *od* F (-; -*n*) MAT

prostopadłościan; BUD cios
Quaderstein M cios, kamień ciosowy
Quad'rat N (-[e]s; -e) kwadrat (*a.* MAT); **~-** *in zssgn* kwadratowy; **ins ~ erheben** podnosić ⟨-nieść⟩ do kwadratu; **drei im** *od* **zum ~** trzy do kwadratu
quad'ratisch kwadratowy
Quad'rat|latschen *umg* MPL (*Schuhe*) buciory *mpl*; **~meter** M *od* N metr kwadratowy
Quadra'tur F kwadratura; *fig* **die ~ des Kreises** kwadratura koła
Quad'rat|wurzel F pierwiastek kwadratowy; **~zahl** F kwadrat liczby; **~zentimeter** M *od* N centymetr kwadratowy
quad'rieren (-) podnosić ⟨-nieść⟩ do kwadratu
Quad'riga F (-; -gen) kwadryga
Quadro|fo'nie, **~phonie** F (*bpl*) kwadrofonia
quaken V/I *Frosch* skrzeczeć (*a. fig*), rechotać; *Ente* kwakać
Quaken N (-s; *bpl*) rechot; kwakanie
quäken V/I *Stimme, Radio* skrzeczeć; *Säugling* kwilić
Quäker(in) M(F) kwakier(ka)
Qual F męka; *seelisch a.* udręka; **~en** PL *a.* katusze *fpl*; **... ist für mich e-e ~** ... to dla mnie męka
quälen V/T męczyć, dręczyć (**mit etw** *inst*); *v/r* **sich ~** męczyć się, dręczyć się
quälend ADJ męczący (-co)
Quäle'rei F męczenie, znęcanie się; *fig* męczarnia; → Qual
Quälgeist *umg* M męczydusza *m u. f*, nudziarz, nudziara, natręt
Qualifikati'on F kwalifikacja; **berufliche ~** kwalifikacje zawodowe
qualifi'zieren (-) V/T ⟨za⟩kwalifikować (*v/r* **sich** się; **für** na *akk*, do *gen*)
qualifi'ziert ADJ kwalifikowany
Quali'tät F jakość *f*; (*Sorte*) gatunek; *fig* zaleta; **bester ~** najlepszej jakości, w najlepszym gatunku
qualita'tiv jakościowy (-wo)
Quali'täts|erzeugnis N wyrób wysokiej jakości; **~kontrolle** F kontrola jakości; **~norm** F norma jakościowa; **~sicherung** F zapewnienie (dobrej) jakości; **~steigerung** F poprawa jakości
Qualle F meduza
Qualm M (-[e]s; bpl) (czarny) dym
qualmen V/I dymić; *Kerze* kopcić; V/T *umg* (*rauchen*) ćmić
qualvoll męczący, dręczący; **~ sterben** umrzeć po długich cierpieniach
Quäntchen *lit* N odrobina; **ein ~ Hoffnung** promyk nadziei
Quanten- *in zssgn* FIZ kwantowy
Quanti'tät F ilość *f*; JĘZ iloczas
quantita'tiv ilościowy (-wo)
Quantum N (-s; -ten) kwantum *n*
Quaran'täne [ka-] F kwarantanna
Quark M (-[e]s; bpl) twaróg, *dim* twarożek; *fig abw* → Quatsch; **~kuchen** M *reg* sernik; **~speise** F deser z twarogu, słodki twarożek
Quarta F *austr* czwarta klasa gimnazjum
Quar'tal N (-s; -e) kwartał; **~(s)-** *in zssgn* kwartalny
Quarte F MUS kwarta
Quar'tett N (-[e]s; -e) MUS kwartet
Quar'tier N (-s; -e) kwatera; **~ beziehen** kwaterować, mieszkać (**bei** u *gen*)
Quarz M (-es; -e) kwarc; **~glas** N szkło kwarcowe; **~lampe** F lampa kwarcowa, *umg* kwarcówka; **~uhr** F zegar(ek) kwarcowy
quasi ADV rzekomo; *in zssgn a.* niby-
Quasse'lei *umg* F *abw* ględzenie
quasseln *umg* V/I (-le) ględzić, paplać; V/T **dummes Zeug ~** pleść głupstwa
Quasselstrippe *umg* F gaduła *m u. f*
Quaste F frędzla, chwast, *dim* chwaścik; *zum Pudern* puszek (do pudrowania)
Quatsch *umg* M (-[e]s; bpl) *abw* dyrdymały *fpl*, bzdury *fpl*, *vulg* pierdoły *fpl*; **~!** klituś-bajduś!, tere-fere!; **aus ~** dla żartu
quatschen *umg* V/I (*plaudern*) gawędzić; *pop abw* gadać, trzepać językiem; (*klatschen*) plotkować; V/T pleść (**dummes Zeug** trzy po trzy); (*ausplaudern*) wypaplać *pf*
Quatschkopf *pop* M *abw* (*Schwätzer*) pleciuch; (*Dummkopf*) dureń *m*
Quecke F BOT perz
Quecksilber N (*bpl*) rtęć *f*; *in zssgn* rtęciowy; **~säule** F słupek rtęci; **~vergiftung** F zatrucie rtęcią
Quell *poet* M (-s; *selten* -e) źródło, krynica; **~bewölkung** F METEO wzrastające zachmurzenie kłębiaste
Quelle F źródło (*a. fig*)
quellen[1] V/I (*quillt, quoll, gequollen; sn*): **aus** (*dat*) **~** *Blut usw* płynąć (z *gen*); *Rauch* wydobywać się (z *gen*); (*schwellen*) *Holz, Erbsen usw* ⟨na⟩pęcznieć; **~ lassen** →

quellen[2]
quellen[2] V/T (*quellt, quellte, gequellt*) *Erbsen usw* ⟨na⟩moczyć
Quellen|angabe F podanie *od* wykaz źródeł; **~material** N materiał źródłowy; **~steuer** F podatek potrącany u źródła (przychodu podatnika)
Quellwasser N (PL -) woda źródlana
Quendel M BOT macierzanka
quengelig *umg* kapryśny
quengeln *umg* V/I (*-le*) kaprysić
quer ADV (*rechtwinklig zu e-r Richtung*) w poprzek (*gen*), poprzecznie; (*nicht entlang*) wszerz; **~ durch, ~ über** (*akk*) *gehen usw* na przełaj przez (*akk*); **~ gestreift** *Stoff* w poziome paski; → kreuz, querlegen, querschießen
Querachse F oś poprzeczna
Querbalken M belka poprzeczna
querbeet *umg* ADV na przełaj; (*wahllos*) na chybił trafił
Querdenker M człowiek myślący niekonwencjonalnie
Quere F (*bpl*): **j-m in die ~ kommen** *umg* włazić ⟨wleźć⟩ k-u w paradę
Que'relen FPL niesnaski *fpl*
querfeld'ein ADV na przełaj
Quer|feld'einlauf M bieg przełajowy; **~format** N format poprzeczny
quergestreift → quer
Quer|kopf *umg* M uparciuch; **~latte** F poprzeczka
querlegen: *umg fig* **sich ~** sprzeciwiać się
querschießen (*irr*) *umg fig* bruździć
Quer|schläger M rykoszet kuli; **~schnitt** M przekrój poprzeczny
querschnitt(s)gelähmt ADJ sparaliżowany wskutek porażenia poprzecznego
Quer|schnitt(s)lähmung F porażenie poprzeczne; **~straße** F ulica poprzeczna; **~treiber** M *abw* intrygant, matacz
quer'über ADV naprzeciw po skosie
Queru'lant M (*-en*), **~in** F pieniacz (*a. f*)
Querverbindung F połączenie poprzeczne; *fig* **~en** PL (wzajemne) powiązania *npl*
Querverweis M odsyłacz
quetschen V/T (*zerdrücken, verletzen*) ⟨z⟩miażdżyć (*a.* **sich** [*dat*] **etw** sobie *akk*); *v/r* **sich ~ in** (*akk*) wciskać ⟨-snąć⟩ się do (*gen*)
Quetschung F MED zmiażdżenie; (*gequetschte Stelle*) rana miażdżona
Queue [kø:] N (*-s; -s*) kij bilardowy
Quickie *umg* M (*-s; -s*) jeden szybki
quicklebendig żwawy, żywy jak iskra
quiek(s)en kwiczeć ⟨kwiknąć⟩
quietsch|en V/I *Tür, Rad* ⟨za⟩skrzypieć ⟨skrzypnąć⟩; *umg* ⟨za⟩piszczeć ⟨pisnąć⟩ (**vor Vergnügen** z uciechy); **~vergnügt** *umg* wesolutki (jak ptaszek)
quillt → quellen[1]
Quinta F (*-; -ten*) *austr* piąta klasa gimnazjum
Quin'tett N (*-[e]s; -e*) kwintet
Quirl M (*-[e]s; -e*) (*Gerät*) mątewka; *umg fig* wiercipięta *f u. m*
quirlen mieszać, kłócić
quirlig *umg* żywy, ruchliwy
quitt *umg* ADJ: **wir sind ~** jesteśmy kwita
Quitte F pigwa; **~n-** *in zssgn* pigwowy
quit'tieren (-) ⟨po⟩kwitować; *fig* skwitować *pf*; **den Dienst ~** poda(wa)ć się do dymisji
Quittung F pokwitowanie, kwit; **gegen ~** za pokwitowaniem
Quiz [kvɪs] N (*unv*) teleturniej, kwiz
quoll, quölle → quellen[1]
Quote F udział procentowy
Quotenregelung F obsadzanie stanowisk według klucza (partyjnego, politycznego usw)
Quoti'ent M (*-en*) MAT iloraz

R

Ra'batt M (*-[e]s; -e*) rabat; **~ gewähren** udzielać ⟨-lić⟩ rabatu
Ra'batte F rabata, *dim* rabatka
Ra'bauke *umg* M (*-n*) łobuz, obwieś *m*
Rab'biner M rabin
Rabe M (*-n*) kruk
Rabenmutter F wyrodna matka
rabenschwarz kruczoczarny, kruczy
Rabenvögel MPL krukowate *pl*
rabi'at (*wütend*) rozjuszony; (*gewalttätig*) gwałtowny; brutalny; **ein ~er Kerl** furiat, pasjonat; **e-e ~e Methode** brutalna

metoda
Rache F (*bpl*) zemsta, odwet; **aus ~** przez zemstę; **aus ~ für etw** w odwet za (*akk*); **für etw ~ nehmen** ⟨ze⟩mścić się za (*akk*); **an j-m ~ nehmen** wywierać ⟨-wrzeć⟩ zemstę na (*lok*); **~akt** M akt zemsty
Rachefeldzug M akcja odwetowa
Rachen M ANAT gardło; (*Maul*) paszcza; *umg* **j-m etw in den ~ werfen** rzucać ⟨-cić⟩ k-u w paszczę (*akk*)
rächen V/T ⟨po⟩mścić; V/R **sich ~** ⟨po-, ze⟩mścić się (**an j-m** na *lok*; **für etw** za *akk*); *fig* **das wird sich noch ~** to się jeszcze (kiedyś) zemści
Rächer(in) M(F) mściciel(ka)
Ra'chitis F (*bpl*) krzywica
ra'chitisch krzywiczy, krzywiczny
Rachsucht F (*bpl*) żądza zemsty
rachsüchtig mściwy (-wie)
rackern *umg* V/I (-*re*) harować, tyrać
Rad N (-[e]s; Räder) koło; *umg* (*Fahrrad*) rower; **~ fahren** jeździć na rowerze; **mit dem ~ nach, zu … fahren** ⟨po⟩jechać na rowerze do (*gen*); *umg fig abw* **mit j-m ~ fahren** brać ⟨wziąć⟩ k-o w obroty; *fig* **ein ~ schlagen** *Pfau* rozkładać ⟨rozłożyć⟩ ogon; *Mensch* wywijać ⟨-winąć⟩ młynka; *umg fig* **unter die Räder kommen** stoczyć się *pf* na dno
Radar N *od* M (-*s*; -*e*) radar; **~falle** F pułapka radarowa; **~gerät** N aparat radiolokacyjny; **~kontrolle** F kontrola radarowa; **~schirm** M ekran radu; **~station** F stacja radarowa
Ra'dau *umg* M (-*s*; *bpl*) hałas, rejwach; **~ machen** awanturować się
Ra'daubruder *umg abw* M awanturnik
Rädchen N kółko, kółeczko
radebrechen (*radebrecht, -brechte, hat geradebrecht*) kaleczyć mowę; **er radebrecht Deutsch, Polnisch** on mówi łamaną niemczyzną, polszczyzną
radeln *umg* (-*le*; *sn*) → Rad (fahren)
Rädelsführer *abw* M (*Anstifter*) podżegacz; (*Anführer*) herszt, prowodyr
Räder PL → Rad
rädern (-*re*) HIST łamać na kole; *fig* **wie gerädert sein** być połamanym
Räderwerk N tryby *mpl* (*a. fig*)
radfahren → Rad (fahren)
Radfahrer(in) M(F) rowerzysta *m* (-tka)
Radfahrweg M → Radweg
radi'al promieniowy, radialny
Radiati'on F (*bpl*) ASTRON promieniowanie
Radicchio [ra'dɪkio] M (-*s*; -*cchi*) sałata radicchio
Radien PL → Radius
ra'dieren (-) wycierać ⟨wytrzeć⟩ gumką; *Zeichnung* rytować
Ra'diergummi M guma do wycierania
Ra'dierung F akwaforta
Ra'dieschen N rzodkiewka; *umg fig* **die ~ von unten betrachten** wąchać kwiatki od spodu
radi'kal radykalny; POL *a.* skrajny
Radi'kal N (-*s*; -*e*) CHEM rodnik
Radi'kale F radykalistka; **~(r)** M (-*n*) radykalista *m*
Radika'lismus M (-; *bpl*) radykalizm
Radio N (-*s*; -*s*) radio; **im ~** w radiu, przez radio; **~ hören** słuchać radia
radioak'tiv radioaktywny, promieniotwórczy
Radio|aktivi'tät F (*bpl*) radioaktywność *f*, promieniotwórczość *f*; **~apparat** M, **~gerät** N odbiornik radiowy
Radio'lo|ge M radiolog; **~gin** F radiolog, *umg* radiolożka
Radio|recorder, **~rekorder** M radiomagnetofon; **~sender** M rozgłośnia radiowa; **~sendung** F audycja radiowa; **~wecker** M radiobudzik
Radium N (-*s*; *bpl*) rad
Radius M (-; -*ien* [-diən]) MAT promień *m*; *fig* zasięg
Rad|kappe F kołpak koła; **~kasten** M nadkole, wnęka koła
Radler M rowerzysta *m*; *reg* (*Getränk*) piwo z lemoniadą; **~hose** F kolarzówki *pl*; **~in** F rowerzystka
Rad|rennbahn F tor kolarski; **~rennen** N wyścig kolarski; **~sport** M kolarstwo; **~sportler(in)** M(F) kolarz (*a. f*); **~tour** F, **~wanderung** F wycieczka rowerowa; **~wechsel** M wymiana koła (na zapasowe); **~weg** M ścieżka rowerowa
raffen *Stoff* układać ⟨ułożyć⟩ w fałdy, ⟨z›marszczyć; *Text* skracać ⟨skrócić⟩; **etw an sich ~** zagarniać ⟨-nąć⟩
Raffgier F zachłanność *f*, chciwość *f*
raffgierig zachłanny
Raffine'rie F [PL -'riːən] rafineria
Raffi'nesse F (*bpl*) wyrafinowanie; (*a. pl*) finezja

R

raffi'niert ADJ rafinowany; *fig* wyrafinowany, subtelny, wymyślny
Rafting ['ra:ftɪŋ] N (-s; *bpl*) spływ tratwą *od* pontonem, rafting *m*
Rage *umg* ['ra:ʒə] F (*bpl*) rozdrażnienie, irytacja; **j-n in ~ bringen** wkurzać ⟨-rzyć⟩ k-o
ragen V/I sterczeć, wystawać (**aus** z *gen*)
Raglanärmel M rękaw raglanowy
Ragout [ra'gu:] N (-s; -s) potrawka
Rah F, **~e** F MAR reja
Rahm M (-[e]s; bpl) śmietana; *süß* śmietanka
rahmen *Bild usw* oprawi(a)ć w ramy
Rahmen M rama, *dim* ramka; *fig* **im ~** w ramach; **aus dem ~ fallen** różnić się *od* odbiegać od reszty; **den ~ sprengen** przerastać ramy
Rahmen|abkommen N porozumienie ramowe; **~bedingungen** FPL warunki *mpl* ramowe; **~programm** N program ramowy, *umg* ramówka
Rahm|käse M ser śmietankowy; **~soße** F sos ze śmietany
Rain M (-[e]s; -e) miedza
räkeln → rekeln
Ra'kete F rakieta
Ra'keten|abwehr F obrona przeciwrakietowa; **~angriff** M atak rakietowy; **~start** M start rakiety; **~werfer** M wyrzutnia pocisków rakietowych
Ralle F ZOOL chruściel
Rally(e) ['rali, 'rɛli] F (-; -s) rajd (samochodowy)
Ramme F BUD kafar; (*Handramme*) ubijak
rammen *Pfahl* wbi(ja)ć; *Schiff, Fahrzeug* staranować *pf*
Rampe F rampa; (*Auffahrt*) pochylnia, podjazd
Rampenlicht N (*bpl*): **im ~ (der Öffentlichkeit) stehen** być *od* stać na świeczniku
rampo'nieren *umg* (-) sfatygować *pf*
rampo'niert ADJ sfatygowany
Ramsch M (-[e]s; bpl) tandeta; **~laden** *abw* M sklep z tandetą *od* z ciuchami
ran *umg* ADV → heran; **(jetzt aber) ~, Jungs!** dalej chłopaki!
Rand M (-[e]s; Ränder) brzeg, krawędź *f*, skraj; *e-s Ortes, Waldes a.* kraniec; TYPO, *fig* margines; **am ~e** *wohnen, sich befinden* (*a. fig*) na skraju, na krawędzi; *erwähnen* na marginesie; **bis an den ~ voll** napełniony po brzegi; *fig* **an den ~ drängen** spychać ⟨zepchnąć⟩ na margines; **außer ~ und Band sein** nie posiadać się (**vor Freude** *usw* z radości *usw*); *Kinder* rozdokazywać się, rozswawolić się; **mit etw, j-m nicht zu ~e kommen** → zurande
Ran'dale *umg* F chryja, granda; *mit Schlägerei* zadyma, rozróba, burda; *mit Sachschaden* demolka
randa'lieren (-) awanturować się, rozrabiać, wszczynać burdę
Randa'lierer M awanturnik, warchoł, *umg* rozrabiaka *m*
Rand|bemerkung F uwaga *od* notatka na marginesie; **~bezirk** M dzielnica peryferyjna
Ränder PL → Rand
Rand|erscheinung F zjawisko marginesowe; **~gebiet** N kresy *mpl*, pogranicze; *fig* dziedzina marginalna
Randgruppe F ugrupowanie marginalne; **soziale ~** margines społeczny
randlos *Foto* bez marginesów; **~e Brille** okulary *pl* bez oprawy
Randstreifen M pobocze drogi
randvoll napełniony po brzegi
rang → ringen
Rang M (-[e]s; Ränge) stopień *m*, ranga; TEATR balkon; (*Platz*) miejsce; **ersten ~es** najwyższej rangi; **... von ~ ...** wysokiej rangi, wybitny ...; **j-m den ~ ablaufen** zakasować *pf* k-o; **alles was ~ und Namen hat** cała elita; PL **Ränge** *im Stadion* trybuny *fpl*
Rangabzeichen N dystynkcje *fpl*
Range F urwis, łobuziak
ränge → ringen
rangehen *umg* V/I (*irr; sn*) → herangehen; *ans Werk* zab(ie)rać się do dzieła
Range'lei *umg* F przepychanka, szamotanina
Rangfolge F hierarchia; ranking
Rangierbahnhof [-'ʒi:r-] M stacja rozrządowa
rangieren [-'ʒi:rən] (-) V/T KOLEJ rozrządzać ⟨-dzić⟩, przetaczać ⟨-toczyć⟩; *Auto* manewrować (*inst*); V/I *fig* **an erster, letzter Stelle ~** zajmować ⟨zająć⟩ pierwsze, ostatnie miejsce; **vor, hinter j-m auf Platz ... ~** zajmować ... miejsce przed, po (*inst*)
Rangiergleis [-'ʒi:r-] N tor przetokowy
Rang|liste F lista rankingowa; **~ordnung** F hierarchia; POL, SPORT ranking

ranhalten *umg* *(irr)*: V/R **sich ~** nie marudzić, pośpieszyć się
rank *lit*: **~ und schlank** wiotki, gibki
Ranke F BOT wąs, pęd pnący
Ränke PL knowania *npl*; **~ schmieden** knuć spisek
ranken V/I *(a. sn)* *(u.* V/R **sich**) piąć się (**an der Mauer** po murze), wić się (**um etw** dokoła *gen*); *fig* **um ... ~ sich viele Sagen** ... otoczony jest legendą
Rankengewächs F pnącze
ran|klotzen *pop* V/I tyrać; **~kommen** *umg* *(irr)* → herankommen; **~lassen** *umg* *(irr)* dopuszczać ⟨-puścić⟩ (**an** *akk* do *gen*)
ranmachen *umg*: V/R **sich an j-n ~** dobierać się do, dowalać się do *(gen)*
rann → rinnen
rannte → rennen
ranschmeißen *umg* *(irr)*: V/R **sich an j-n ~** narzucać się k-u
Ranzen M tornister
ranzig zjełczały; **~ werden** ⟨z⟩jełczeć
Rap [rɛp] M (-[s]; -s) (muzyka) rap
ra'pid, **~e** szybki, gwałtowny; *präd* w szybkim tempie, gwałtownie
Rappe M *(-n)* kary koń
Rappel *umg abw* M świr, hyś *m*; **e-n ~ kriegen** dosta(wa)ć świra *od* hysia
rappeln *umg* V/I *(-le)* *(klappern)* klapać, grzechotać; *Wecker* terkotać
rappelvoll *umg*: **der Saal war ~** sala była nabita do ostatniego miejsca
Rappen M *szwajc* grosz, cent
Rapper ['rɛpər] M raper
Rapperin ['rɛpərɪn] F raperka
Rap'port M *(-s; -e)* raport
Raps M *(-es; bpl)* rzepak; **~feld** N pole rzepakowe; **~öl** N olej rzepakowy
rar rzadki (-ko); → rarmachen
Rari'tät F rarytas, osobliwość *f*
ra'sant *Tempo* zawrotny, ostry; *Entwicklung* bujny; *Auto, Frau* wysokiej klasy, *umg* (pierwsza) klasa; **~ zunehmen** wzrastać w zawrotnym tempie
rarmachen V/R: *umg* **sich ~** rzadko się pokazywać
rasch szybki (-ko), prędki (-ko)
rascheln V/I *(-le)* ⟨za⟩szeleścić
rasen V/I *(toben)* szaleć (**vor Wut** ze złości; **vor Begeisterung** z zachwytu); *Puls* być przyspieszonym; **die Zeit rast** czas ucieka; *(hasten, fahren; sn)* ⟨po⟩gnać, ⟨po›pędzić; **gegen etw ~** wpadać ⟨wpaść⟩ na *(akk)*
Rasen M trawa; darń *f*; *(Grasfläche)* trawnik; SPORT trawa
rasend szalony, *präd* szalenie *(a. umg sehr, überaus)*; *Beifall* burzliwy, huczny; **~ machen** doprowadzać ⟨-dzić⟩ do pasji; **~ werden** wpadać ⟨wpaść⟩ w szał; *umg* **~ gern** z ogromną przyjemnością
Rasenmäher M kosiarka ogrodowa
Rasensprenger M deszczownia
Raser *umg abw* M pirat drogowy
Rase'rei F szał; *umg* *(schnelles Fahren)* kawalerska jazda
Ra'sierapparat M maszynka do golenia; **elektrischer ~** golarka
Ra'siercreme F krem do golenia
ra'sieren (-) V/T ⟨o⟩golić *(v/r* **sich** się)
Ra'sier|er *umg* M golarka; **~klinge** F żyletka; **~messer** M brzytwa; **~pinsel** M pędzel do golenia; **~wasser** N płyn po goleniu; **~zeug** N przybory *mpl* do golenia
Räson [rɛ'zɔŋ] F *(bpl)*: **j-n zur ~ bringen** nauczyć *pf* k-o rozumu
Raspel F *(-; -n)* tarnik, raszpla; *(Reibe)* tarka
raspeln *(-le)* *Holz usw* ⟨o⟩piłować tarnikiem, raszplować; KULIN wiórkować; **geraspelte Schokolade** wiórki *mpl* czekoladowe
Rasse F rasa; *umg* **... von ~** rasowy ...
Rassel F *(-; -n)* grzechotka
rasseln V/I *(-le)* *Wecker* ⟨za⟩terkotać; *(klirren)* szczękać, brzękać; *(sn)* *Fahrzeug* ⟨za⟩turkotać, ⟨za›hurkotać; *fig* **mit dem Säbel ~** pobrzękiwać szabelką; *umg* **durchs Examen ~** oblać *pf* egzamin
Rassen|diskriminierung F *(bpl)* dyskryminacja rasowa; **~hass** M nienawiść rasowa; **~unruhen** FPL zamieszki *pl* na tle rasowym
Rassepferd N rasowy koń
ras|sig rasowy; **~sisch** rasowy (-wo)
Ras|'sismus M *(-; bpl)* rasizm; **~'sist** M *(-en)* rasista *m*; **~'sistin** F rasistka
ras'sistisch rasistowski
Rast F odpoczynek; *(Halt)* postój; **kurze ~** wytchnienie; **~ machen** zatrzym(yw)ać się na odpoczynek, ⟨z⟩robić postój
rasten V/I *(-e-)* odpoczywać ⟨-cząć⟩
Raster[1] M TYPO raster, siatka
Raster[2] N raster (telewizyjny), siatka obrazu; **~fahndung** F komputerowa

R

metoda ścigania karnego; **~mikroskop** N skaningowy mikroskop elektronowy
Rasthaus N → Raststätte
rastlos *Arbeit* niestrudzony (-dzenie); (*unstet*) niespokojny
Rast|platz M parking (przy autostradzie); **~stätte** F przydrożny zajazd, restauracja przy autostradzie
Ra'sur F golenie
Rat M (-[e]s; bpl) rada, porada; (PL *Räte*) (*Gremium*) rada; (*Person*) radca *m*; **auf j-s ~ hin** za poradą k-o; **auf j-s ~ hören** posłuchać *pf* rady k-o, **j-n zu ~e ziehen, sich ~ holen (bei j-m)** ⟨po⟩radzić się k-o; **j-n um ~ fragen** zasięgać ⟨-gnąć⟩ rady u k-o; **j-m e-n ~ geben** udzielać ⟨-lić⟩ porady, doradzać ⟨-dzić⟩ k-u; **ich gebe dir e-n guten ~, ...** dobrze ci radzę, ...; **~ schaffen** znajdować ⟨znaleźć⟩ radę (na *akk*); **er weiß für alles ~** on potrafi wszystkiemu zaradzić; **sich** (*dat*) **keinen ~ mehr wissen** być (zupełnie) bezradnym (wobec *gen*)
rät → raten
Rate F (*Teilbetrag*) rata; (*Verhältnisanteil*) stopa (procentowa); (*Quote*) wskaźnik; **in ~n** w ratach, na raty; **auf ~n kaufen** kupować ⟨-pić⟩ na raty
raten (*rät, riet, geraten*) (*empfehlen*) ⟨po⟩radzić, doradzać ⟨-dzić⟩; (*mutmaßen*) przypuszczać; (*erraten*) zgadywać; **j-m zur Vorsicht ~** radzić być ostrożnym, zalecać ostrożność k-u; **was** *od* **wozu rätst du mir?** co mi radzisz?; **rate mal, ...** zgadnij, ...; **er hat falsch geraten** on nie zgadł
Raten|kauf M kupno na raty; **~zahlung** F płatność ratalna
Ratespiel N zgadywanka
Ratgeber M doradca *m*; (*Buch*) poradnik; **~in** F doradczyni
Rathaus N ratusz
Rathausuhr F zegar ratuszowy
ratifi'zieren (-) ratyfikować (*im*)*pf*
Rati'on F porcja, racja (żywnościowa); **eiserne ~** żelazna porcja
ratio'nal racjonalny; MAT wymierny
rationali'sieren (-) ⟨z⟩racjonalizować
Rationali'sierung F racjonalizacja
ratio'nell racjonalny
ratio'nieren (-) racjonować
Ratio'nierung F racjonowanie
ratlos bezradny
Ratlosigkeit F (*bpl*) bezradność *f*
rätoromanisch retoromański
ratsam wskazany, pożądany; **etw für ~ halten** uważać za wskazane
Ratsche F grzechotka
Ratschlag M porada, rada
Rätsel N zagadka (*a. fig*), łamigłówka; **in ~n sprechen** mówić zagadkami
rätselhaft zagadkowy (-wo)
rätseln V/I (-*le*) snuć domysły, gubić się w domysłach (**über** *akk* na temat *gen*)
Ratskeller M piwnica ratuszowa
Ratte F szczur; *fig abw* drań *m*
Rattengift N trucizna na szczury
Rattenschwanz M szczurzy ogon; *umg fig* **ein ~ von ...** pasmo, seria (*gen*)
rattern V/I (-*re*) *Maschinengewehr* terkotać; *Motor* warkotać; (*sn*) *Wagen* ⟨za⟩turkotać, ⟨za⟩hurkotać
ratzekahl *umg* ADV doszczętnie
rau *Fläche, Haut, Stoff usw* szorstki (-ko), chropowaty (-to); *Stimme* chropawy (-wo); *Gegend, Klima, Winter* surowy; *Wind* ostry; *See* wzburzony; *fig Ton, Mensch* szorstki (-ko); **e-e ~e Kehle haben** zachrypnąć *pf*; *umg* **es gab ... in ~en Mengen** było zatrzęsienie (*gen*)
Raub M (-[e]s; bpl) rabunek, grabież *f*; JUR *a.* rozbój; (*Entführung*) porwanie; (*Beute*) łup; **ein ~ der Flammen werden** paść *pf* pastwą płomieni
Raubbau M (*bpl*) gospodarka rabunkowa; **mit s-r Gesundheit ~ treiben** rujnować swoje zdrowie
Raubdruck M (PL -*e*) pirackie wydanie
raubeinig gruboskórny, ordynarny
rauben *Sache* ⟨z⟩rabować, grabić; *Person, Tier* por(y)wać; *fig Schlaf, Ruhe usw* odbierać ⟨odebrać⟩
Räuber M bandyta *m*, opryszek; *früher* rozbójnik, zbój; **~bande** F szajka bandycka; **~geschichte** F *umg* niestworzona historia
räuberisch rozbójniczy
Raub|fisch M ryba drapieżna; **~katze** F drapieżnik (z rodziny kotów); **~kopie** F piracka kopia; **~mord** M zabójstwo na tle rabunkowym; **~ritter** M rycerz rozbójnik; **~tier** N zwierzę drapieżne, drapieżnik; **~überfall** M napad rabunkowy; **~vogel** M ptak drapieżny, drapieżnik
Rauch M (-[e]s; bpl) dym; *fig* **sich in ~ auflösen** rozwi(ew)ać się jak dym
Rauchbombe F świeca dymna

R

rauchen VI dymić (się); VT palić; *umg* **dass es nur so raucht** aż się dymi
Rauchen N (-s; *bpl*) palenie; ~ **verboten** palenie wzbronione
Raucher M palacz, palący; **~in** F palaczka, paląca
Räucheraal M wędzony węgorz
Raucher|abteil N przedział dla palących; **~husten** M kaszel palaczy
Räucherkammer F wędzarnia
Räucherlachs M wędzony łosoś
räuchern (-re) *Fleisch usw* ⟨u⟩wędzić
Räucher|speck M wędzonka; **~stäbchen** N trociczka
Rauch|fahne F smuga dymu; **~fass** N *rel* kadzielnica; **~fleisch** N wędlina
rauchfrei: **~e Zone** strefa dla niepalących
Rauchglas N szkło dymne
rauchig *Raum* zadymiony; *Stimme* gardłowy
Rauch|melder M wykrywacz dymu; **~verbot** N zakaz palenia; **~vergiftung** F zaczadzenie; **~waren** FPL (*Pelze*) wyroby *mpl* futrzarskie; **~wolke** F chmura dymu; PL *a.* kłęby *mpl* dymu
rauf *umg* → herauf, hinauf
Raufasertapete F tapeta szorstka
Raufbold M (-[e]s; -e) zawadiaka *m*, awanturnik, *umg* zabijaka *m*
raufen VT wyr(y)wać, wyszarp(yw)ać; VI (*u.* VR **sich**) mocować się, bić się
Raufe'rei F bójka, bitka
rauflustig skory do bitki, skłonny do zaczepki
rauh → rau
rauhaarig szorstkowłosy
Rauheit F (PL *selten*) szorstkość *f*
Raum M (-[e]s; Räume) przestrzeń *f*; (*Fläche, Gebiet*) obszar; (*Platz*) miejsce; *zum Wohnen usw* pomieszczenie, lokal; (*bpl*) przestrzeń kosmiczna, kosmos; **viel ~ beanspruchen** zajmować dużo miejsca; *fig* **etw im ~ stehen lassen** nie rozstrzygnąć *pf* (*gen*)
Raum|akustik F akustyka wnętrz; **~anzug** M skafander (kosmonauty); **~bild** N obraz przestrzenny; **~deckung** F SPORT obrona strefowa
räumen (*entfernen*) usuwać ⟨usunąć⟩ (*a. Personen aus e-m Raum*), sprzątać ⟨-tnąć⟩; (*leer machen*) opróżni(a)ć; *Lager a.* likwidować; (*frei machen*) zwalniać ⟨zwolnić⟩; MIL *Stellung* wycof(yw)ać się (*z gen*); **etw vom Tisch ~** sprzątać ⟨-tnąć⟩ ze stołu (*akk*); **etw in den Schrank ~** ⟨s⟩chować do szafy (*akk*); **~ Sie den Saal** proszę opróżnić salę
Raum|fähre F prom kosmiczny, wahadłowiec; **~fahrt** F (*bpl*) astronautyka, kosmonautyka; *in zssgn* kosmiczny; **~flug** M lot kosmiczny; **~gestaltung** F architektura wnętrz; **~gleiter** M szybowiec kosmiczny; **~inhalt** M objętość *f* (wnętrza), pojemność *f*; **~kapsel** F próbnik kosmiczny; kabina statku kosmicznego
räumlich przestrzenny
Räumlichkeit F pomieszczenie, lokal
Raum|maß N miara objętościowa; **~meter** M *od* N metr przestrzenny; **~pflegerin** F sprzątaczka; **~planung** F planowanie przestrzenne; **~schiff** N statek kosmiczny; **~sonde** F sonda kosmiczna; **~station** F stacja orbitalna; **~teiler** M meblościanka; **~temperatur** F temperatura pokojowa; **~transporter** M wahadłowiec
Räumung F (*Entfernung*) usuwanie, usunięcie; (*Leerung*) opróżnianie; *bei Gefahr usw* ewakuacja; MIL *e-r Stellung* wycofanie się (*z gen*); (*Zwangsräumung*) eksmisja
Räumungs|klage F powództwo o eksmisję; **~verkauf** M wyprzedaż *f* w celu likwidacji
raunen VT ⟨wy⟩szeptać, szepnąć *pf*
Rau|pe F gąsienica (*a.* TECH); **~penfahrzeug** N pojazd gąsienicowy
Raureif M (*bpl*) szron, szadź *f*
raus *umg* → heraus, hinaus; ~ **(mit dir)!** won!, wynocha!
Rausch M (-[e]s; Räusche) odurzenie, zamroczenie, *umg* rausz; *fig* upojenie; **sich** (*dat*) **e-n ~ antrinken** podpić *pf* sobie, upić się *pf*; **s-n ~ ausschlafen** wytrzeźwieć *pf* (po przespaniu się)
rauschen VI szumieć; (*sn*) **aus dem Zimmer ~** wyjść *pf* żywo z pokoju
Rauschen N (-s; *bpl*) szum
rauschend ADJ *Fest* szumny, huczny; *Beifall* huczny
Rauschgift N narkotyk; **~ nehmen** narkotyzować się, zażywać narkotyki; **~handel** M handel narkotykami
Rauschgiftsucht F (*bpl*) narkomania
rauschgiftsüchtig uzależniony od nar-

R

kotyków; ~ **sein** być narkomanem (-nką)
Rauschgiftsüchtige F narkomanka; **~(r)** M (-n) narkoman
rausekeln *umg*: **j-n ~** wygryźć *pf* (*akk*)
raus|fliegen *umg* V/I (*irr; sn*) wylatywać ⟨-lecieć⟩; **~kriegen** *umg* (*erfahren*) wywiedzieć się *pf*; *Rätsel* odgadnąć *pf*, rozwiązać *pf*
räuspern (*-re*): V/R **sich ~** chrząkać, pochrząkiwać; odchrząknąć *pf*
raus|rücken *umg* (*geben*) dać *pf*, kopsnąć *pf*; **~schmeißen** *umg* (*irr*) wyrzucać ⟨-cić⟩ (za drzwi), wywalać ⟨-lić⟩ (na zbity łeb); (*entlassen*) wyl(ew)ać (z posady)
Rausschmeißer *umg* M wykidajło *m*
Rausschmiss *umg* M (*-es; -e*) wyrzucenie, wylanie (z posady)
rauswerfen *umg* → rausschmeißen
Raute F MAT romb; BOT ruta
Rave [reɪv] M (-[s]; -s) party, feta
Razzia F (*-; -ien*) obława, *umg* łapanka
rd. (**rund**) około, w przybliżeniu
Rea'genzglas N probówka
rea'gieren V/I (-) ⟨za⟩reagować
Reakti'on F reakcja; MED *a.* odczyn
reaktio'när reakcyjny, wsteczny
Reaktio'när M (*-s; -e*) reakcjonista *m*, wstecznik; **~in** F reakcjonistka
Reakti'onsfähigkeit F zdolność reakcyjna, reakcyjność *f*
reakti'onsschnell szybko reagujący
Reakti'onszeit F czas reakcji
reakti'vieren (-) reaktywować
Re'aktor M (*-s; -'toren*) reaktor; **~kern** M rdzeń *m* reaktora; **~unfall** M awaria reaktora
real realny; **~ beurteilen** realnie oceniać; **~ denkend** trzeźwo myślący
Re'aleinkommen N dochód realny
Re'alien PL realia
reali'sier|bar wykonalny, możliwy do zrealizowania; **~en** (-) ⟨z⟩realizować
Rea|li'sierung F (*bpl*) realizacja, zrealizowanie; **~'lismus** M (*-; bpl*) realizm
Rea'list M (*-en*) realista *m*; **~in** F realistka
rea'listisch realistyczny
Reali'tät F realność *f*, rzeczywistość *f*
reali'tätsfern nierealny
Re'alschule F szkoła średnia
Re'alwirtschaft F gospodarka realna
Reanimati'on F MED reanimacja; **~s-** *in zssgn* reanimacyjny

Rebe F latorośl (winna), winorośl *f*
Rebell M (*-en*) rebeliant; **~in** F rebeliantka
Rebellen|führer M przywódca *m* rebeliantów; **~gebiet** N obszar kontrolowany przez rebeliantów
rebel'lieren V/I (-) ⟨z⟩buntować się
Rebelli'on F rebelia
re'bellisch buntowniczy (-czo); **~ werden** ⟨z⟩buntować się; **das ganze Haus ~ machen** zaalarmować *pf* cały dom
Rebhuhn N kuropatwa
Reb|laus F filoksera; **~sorte** F odmiana winorośli; **~stock** M krzew winny
Receiver [rɪ'si:vər] M odbiornik
rechen grabić (grabiami)
Rechen M grabie *pl*, *dim* grabki *pl*; TECH *a.* krata
Rechen|art F działanie arytmetyczne; **~aufgabe** F zadanie rachunkowe; **~fehler** M błąd rachunkowy; **~künstler** M wyśmienity rachmistrz; **~leistung** F (*bpl*) EDV moc obliczeniowa; **~maschine** F maszyna do liczenia
Rechenschaft F (*bpl*): **j-m ~ ablegen** *od* **geben** (**über** *akk*) składać ⟨złożyć⟩ k-u sprawozdanie, zda(wa)ć k-u rachunek (z *gen*); **du bist mir ~ schuldig über** (*akk*) jesteś zobowiązany (-na) zdać mi sprawę z (*gen*), musisz się wytłumaczyć z (*gen*); **j-n zur ~ ziehen (für etw)** pociągać ⟨-gnąć⟩ k-o do odpowiedzialności (za *akk*)
Rechenschaftsbericht M sprawozdanie; *engS a.* referat sprawozdawczy
Rechen|schieber M suwak logarytmiczny; **~zentrum** N centrum obliczeniowe
Recherche [re'ʃɛrʃə] F wyszukiwanie informacji; *polizeiliche* dochodzenie; *in Archiven usw* kwerenda
recherchieren [reʃɛr'ʃi:rən] (-) V/T szukać informacji (o *lok*); *v/i* prowadzić dochodzenie
rechnen (*-e-*) V/T (*errechnen, zählen*) obliczać ⟨-czyć⟩, wyliczać ⟨-czyć⟩; (*einbeziehen*) zaliczać ⟨-czyć⟩ (**zu** do *gen*); *v/i* MAT liczyć, rachować (**im Kopf** w pamięci); (*bauen auf*) liczyć (**auf j-n, etw** na *akk*); **mit etw ~** (*in Betracht ziehen*) liczyć się z (*inst*); (*erwarten*) spodziewać się (*gen*); **mit jedem Cent ~ müssen** liczyć się z każdym groszem; **er rechnet 20 Zloty pro Kilo** on liczy 20 złotych za kilo; **von heute an gerechnet** licząc od dzisiaj; **damit habe**

R

ich nicht gerechnet tego się nie spodziewałem (-łam); **mit ihm hat sie nicht gerechnet** nie liczyła na niego; V/R **sich ~** opłacać ⟨-cić⟩ się

Rechnen N (-s; *bpl*) rachunek, rachowanie; *in der Schule* arytmetyka, *umg* rachunki *mpl*

Rechner M (*Taschenrechner*) kalkulator(ek); (*Computer*) komputer

rechnerisch *Wert, Fehler* rachunkowy; *präd* rachunkowo

Rechnung F (*das Rechnen*) rachunek; (*Beleg*) rachunek; HANDEL *a.* faktura; *fig* porachunek; **nach meiner ~** według moich obliczeń; **das geht auf meine ~** to idzie na mój rachunek; **etw in ~ stellen** przedstawi(a)ć rachunek na (*akk*); wliczać ⟨-czyć⟩ do rachunku (*akk*); **über** *e-n Betrag* **~ (ab)legen** rozliczać ⟨-czyć⟩ się z (*gen*); *fig* **deine ~ geht nicht auf** zawiedziesz się w swoich rachunkach; **mit j-m e-e alte ~ zu begleichen haben** mieć stare porachunki z (*inst*); *e-r Sache* **~ tragen** brać w rachubę (*akk*), liczyć się z (*inst*)

Rechnungs|betrag M suma rachunku; **~block** M blok rachunkowy; **~datum** N data rachunku; **~hof** M izba kontroli (budżetu państwa); **~jahr** N rok obrachunkowy; **~prüfer(in)** M(F) rewident(ka) księgowy (-wa); **~wesen** N (*bpl*) rachunkowość *f*

recht ADJ (*richtig*) słuszny, właściwy (-wie), *lit* prawy; (*wirklich*) prawdziwy (-wie); (*passend*) odpowiedni (-nio); ADV (*ziemlich*) dosyć, dość; **am ~en Ort zur ~en Zeit** na właściwym miejscu we właściwym czasie; **auf der ~en Spur sein** być na właściwym tropie; **keine ~e Lust haben** nie mieć zbyt wielkiej ochoty; **j-m ~ sein** odpowiadać, pasować (*dat*); **ganz ~!** zupełnie słusznie!; **~ so!** i słusznie!; **ich bitte ~ sehr** bardzo proszę; **es j-m ~ machen** dogodzić *pf* k-u; **gehe ich ~ in der Annahme, dass ...?** czy słusznie wnioskuję, że ...?; **wenn ich ~ höre** jeśli mnie słuch nie myli; **wenn ich ~ verstehe** jeśli dobrze rozumiem; **~ behalten, ~ haben** mieć słuszność *od* rację; **j-m ~ geben** przyzna(wa)ć rację k-u; **sie tut ~ daran, ihm nicht zu glauben** ona słusznie mu nie wierzy; **ich weiß (es) nicht ~** nie jestem pewien (*f* pewna); **das ist ~ weit** to dosyć daleko; **nach dem Rechten sehen** mieć oko (na *akk*), doglądać (*gen*)

Recht N (-[e]s; bpl) prawo; (*a* PL -e) (*Anspruch*) prawo (**an** *dat*, **auf** *akk* [do] *gen*); **~ sprechen** wymierzać sprawiedliwość; **mit welchem ~?** jakim prawem?; **im ~ sein, sich im ~ fühlen** czuć się w prawie; **auf sein ~ pochen** dochodzić swoich praw; **mit ~, zu ~** słusznie; **von ~s wegen** zgodnie z literą prawa; *fig* właściwie; **Doktor der ~e** doktor praw; **alle ~e vorbehalten** wszelkie prawa zastrzeżone

rechte prawy; POL prawicowy; **auf der ~n Seite** z prawej strony, po prawej stronie; **~r Hand** po prawej ręce; MAT **~r Winkel** kąt prosty

Rechte[1] F (*Hand*) prawa ręka, *lit* prawica; POL prawica; (*Boxen*) cios prawą; **zur ~n** po prawicy

Rechte[2] F, **~(r)** M (-n) POL prawicowiec

Rechte[3] N: **nach dem ~en sehen** → recht

Rechteck N prostokąt

rechteckig prostokątny

rechtens ADV zgodny z prawem

rechtfertigen V/T usprawiedliwi(a)ć (*v/r* **sich** się; **wegen** z powodu *gen*)

Rechtfertigung F usprawiedliwienie

recht|gläubig prawowierny; **~haberisch** nieznoszący sprzeciwu; **~lich** prawny; **~los** bezprawny; **~mäßig** legalny, zgodny z prawem

rechts ADV na prawo (**von** od *gen*); **~ gehen, fahren** iść, jechać prawą stroną; **nach ~** na prawo; **von ~** z prawa, z prawej

Rechtsabbieger M (pojazd) skręcający w prawo

Rechts|anspruch M roszczenie prawne, prawo (**auf** *akk* do *gen*); **~anwalt** M, **~anwältin** F adwokat; **~auskunft** F informacja prawna

Rechtsaußen M (*unv*) SPORT prawoskrzydłowy

Rechts|behelf M (-[e]s; -e) JUR środek zaskarżenia; **~beistand** M, **~berater(in)** M(F) doradca prawny; **~beugung** F obejście *od* naginanie prawa; **~bewusstsein** F świadomość prawna; **~bruch** M naruszenie prawa

rechtsbündig *Text* wyrównany do prawego marginesu

rechtschaffen uczciwy; *fig* (*beträchtlich*) porządny, *mst präd* porządnie

Rechtschreib|fehler M błąd ortogra-

ficzny; **~ung** F pisownia
Rechtsdrehung F zwrot w prawo
rechts|extremistisch skrajnie prawicowy, ultraprawicowy; **~fähig** JUR zdolny do działań prawnych
Rechtsform F (*bpl*) forma prawna
rechtsgängig *Gewinde* prawoskrętny
Rechts|geschäft N czynność prawna; **~grundlage** F JUR podstawa prawna
rechtsgültig prawnie obowiązujący
Rechtshänder M osoba praworęczna
rechtshändig praworęczny
rechtsherum ADV w prawo
Rechtshoheit F suwerenność prawna
rechtskräftig prawomocny; **~ werden** uprawomocni(a)ć się
rechtskundig znający prawo
Rechtskurve F zakręt w prawo
Rechtslage F (*bpl*) sytuacja prawna
Rechtsmittel N środek prawny; **~ einlegen** założyć środek odwoławczy; **~belehrung** F pouczenie o przysługującym środku odwoławczym
Rechts|norm F norma prawna; **~ordnung** F porządek prawny; **~pflege** F wymiar sprawiedliwości
Rechtsprechung F (*bpl*) orzecznictwo (sądowe); jurysdykcja
rechtsradikal skrajnie prawicowy
Rechtsschutz M ochrona prawna; **~versicherung** F ubezpieczenie od kosztów ochrony prawnej
rechtsseitig prawostronny
Rechtsstaat M państwo prawa
rechtsstaatlich praworządny
Rechtsstreit M spór prawny
rechts|ungültig prawnie nieważny; **~verbindlich** prawnie obowiązujący
Rechts|verkehr M *auf der Straße* ruch prawostronny; **~vorschrift** F przepis prawny
Rechtsweg M (*bpl*) droga prawna; **der ~ ist ausgeschlossen** z wyłączeniem drogi prawnej
rechtswidrig bezprawny
Rechtswissenschaft F (*bpl*) nauka prawa, prawoznawstwo
rechtwink(e)lig prostopadły (-le); MAT prostokątny
rechtzeitig terminowy, ... we właściwym czasie, ... na czas, ... w porę; (*frühzeitig*) *präd* zawczasu
Reck N (-[e]s; -e od -s) SPORT drążek

R

recken V/T *Glieder* ⟨wy⟩prostować; *Hals* wyciągać ⟨-gnąć⟩; V/R **sich ~** przeciągać ⟨-gnąć⟩ się
Recorder [-'kɔr-] → Rekorder
recy|celbar [ri'saɪkəl-] nadający się do utylizacji *od* recyklingu; **~celn** (*-e-; -*) utylizować; **recycelt** ADJ ... z odzysku
Recycling [ri'saɪklɪŋ] N (*-s; bpl*) recykling *m*, recycling *m*, utylizacja; **~hof** M skład odpadów do recyklingu; **~papier** N papier recyklingowy
Redakteur M (*-s; -e*) redaktor; **~in** F redaktorka
reaktio'nell redakcyjny
Redakti'on F redakcja
Rede F mowa; **e-e ~ halten** wygłaszać ⟨-głosić⟩ mowę; GRAM **direkte, gebundene, indirekte ~** mowa niezależna, wiązana, zależna; **dann kam die ~ auf ...** wtedy zaczęto mówić o (*lok*); **(das ist) nicht der ~ wert** nie ma o czym mówić; **davon kann k-e ~ sein** o tym nie ma mowy; **j-n wegen etw zur ~ stellen** ⟨za⟩żądać od k-o wyjaśnień co do *od* w sprawie (*gen*); **..., von dem die ~ war ...,** o którym była mowa; **der langen ~ kurzer Sinn** krótko mówiąc, *umg* nie ma co dużo gadać; **es geht die ~, dass ...** krążą pogłoski, że ...
Redefreiheit F (*bpl*) wolność *f* słowa
redegewandt ADJ elokwentny, wymowny, *umg* wygadany
Redegewandtheit (*bpl*) elokwencja
reden (*-e-*) V/T *u.* V/I mówić (**über** *akk*, **von** *dat* o *lok*); (*e-e Rede halten*) *a.* przemawiać ⟨-mówić⟩ (**vor, zu j-m** do *gen*); (*erzählen*) opowiadać ⟨-wiedzieć⟩; (*sich äußern*) wypowiadać ⟨-wiedzieć⟩ się (**über** *akk* o *lok*, na temat *gen*); **nicht mehr miteinander ~** nie rozmawiać ze sobą; **vor sich hin ~** mówić (coś) pod nosem; **ich lasse mit mir ~** ze mną można się dogadać; **du hast gut ~** łatwo ci mówić; **Unsinn ~** pleść trzy po trzy; **reden wir nicht mehr darüber** nie mówmy o tym; V/R **sich heiser ~** ochrypnąć *pf* od mówienia; **sich in Wut ~** zaperzać się w rozmowie
Redensart F powiedzenie, powiedzonko; **~en** PL frazesy *mpl*
Rede'rei F (*bpl*) gadanina
Rede|schwall M(F) *abw* potok słów; **~wendung** F zwrot frazeologiczny
redi'gieren (-) ⟨z⟩redagować

redlich rzetelny, uczciwy; **sich ~ bemühen** szczerze się starać
Redlichkeit F (*bpl*) rzetelność *f*, uczciwość *f*
Redner M mówca *m*; **~in** F mówczyni
Redner|pult N, **~tribüne** F mównica
redselig wielomówny, gadatliwy
Redukti'on F redukcja
redu'zieren (-) V/T ⟨z⟩redukować (*v/r* **sich** się)
Ree|de F reda; **~der** M armator
Reede'rei F firma armatorska
re'ell (*wirklich*) rzeczywisty; *Preis, Gewicht* uczciwy; *Firma* solidny
Reetdach *reg* N dach z sitowia
Refe'rat N (-[*e*]s; -e) referat; **ein ~ halten** wygłaszać ⟨-głosić⟩ referat
Refe|ren'dar M (-*s*; -*e*) aplikant; **~ren'darin** F aplikantka; **~'rendum** N (-*s*; -*den od* -*da*) referendum *n*
Refe'rent(in) M(F) (-*en*) referent(ka)
Refe'renz F opinia, referencja (*mst pl*)
refe'rieren (-) V/T ⟨z⟩referować (*akk*); V/I wygłaszać ⟨-głosić⟩ referat (**über** *akk* na temat *gen*)
reflek'tieren (-) V/T *Licht* odbi(ja)ć; V/I *umg* **auf etw ~** reflektować na (*akk*)
Re'flektor M (-*s*; -'*toren*) reflektor
Re'flex M (-*es*; -*e*) FIZ refleks, odblask; MED, PSYCH, *fig* odruch, refleks; **gute ~e haben** mieć szybki refleks
re'flexartig odruchowy (-wo)
Re'flexbewegung F ruch wykonany odruchowo, odruch
Re'flexfolie F folia odblaskowa
Reflexi'on F FIZ odbicie
refle'xiv GRAM zwrotny
Re'form F reforma
Reforma|ti'on F (*bpl*) HIST, *rel* reformacja; **~ti'onstag** M Święto Reformacji
Re'formbedarf M konieczność *f* przeprowadzenia reform(y)
re'formbedürftig wymagający reform(y); **... ist ~ ...** wymaga reform(y)
Re'former(in) M(F) reformator(ka)
Re'formhaus N sklep z ziołami i artykułami dietetycznymi
refor|'mierbar reformowalny; **~'mieren** (-) ⟨z⟩reformować; **~'miert** ADJ *bes rel* reformowany
Re'formkost F zdrowa żywność
Refrain [rə'frɛ:] M (-*s*; -*s*) refren
Re'fugium *lit* N (-*s*; -*ien*) schronienie

Reg. (Regierung) rząd; (Register) rejestr
Re'gal N (-*s*; -*e*) etażerka, regał; **etw ins ~ stellen** stawiać ⟨postawić⟩ na regale (*akk*); **~wand** F system regałów, regały *mpl*
Re'gatta F (-; -*tten*) regaty *fpl*
rege (*lebhaft*) żywy; (*rüstig*) żwawy; *Verkehr, Handel* ożywiony; **geistig noch ~ sein** mieć jeszcze żywy umysł
Regel F (-; -*n*) reguła, prawidło; MED miesiączka; **in der ~** z reguły; **sich an die ~n halten** trzymać się reguł; **keine ~ ohne Ausnahme** nie ma reguły bez wyjątku; **nach allen ~n der Kunst** z fachową znajomością rzeczy
regelbar dający się regulować, nastawny
Regelfall M (*bpl*) reguła, regularne *od* normalne zjawisko
regellos bezładny, nieuporządkowany
regelmäßig regularny, prawidłowy (-wo); (*ebenmäßig*) foremny (*a.* MAT); *adv umg* (*immer wieder*) stale; **ein ~es Leben führen** prowadzić ustalony tryb życia
Regelmäßigkeit F regularność *f*, prawidłowość *f*
regeln (-*le*) ⟨u⟩regulować
regelrecht *umg* istny, prawdziwy; *präd* wprost
Regel|ung F regulowanie, regulacja; (*Vorschrift*) przepis regulujący; **~werk** N zbiór przepisów (regulujących)
regelwidrig nieprawidłowy
regen *lit*: V/R **sich ~** ruszać ⟨poruszyć⟩ się; *Gefühl* budzić się; **nichts regte sich** wszystko trwało w bezruchu
Regen M deszcz (*a. fig*); **bei ~** w deszcz; **im ~** na deszczu; **es sieht nach ~ aus** zanosi się na deszcz; *umg fig* **j-n im ~ stehen lassen** pozostawi(a)ć własnemu losowi (*akk*)
regenarm ubogi w opady; **~er Sommer** bezdeszczowe lato
Regenbogen M tęcza
regenbogenfarben tęczowy (-wo)
Regenbogen|forelle F pstrąg tęczowy; **~haut** F tęczówka; **~presse** F bulwarowe czasopisma *npl*
regendicht chroniący przed deszczem, deszczoodporny
regenera'tiv *Energie* odnawialny
regene'rieren (-) V/T regenerować (*v/r* **sich** się)
Regen|fälle MPL opady *mpl* deszczu;

~guss M ulewa
Regen|jacke F sztormiak, kurtka od deszczu; **~mantel** M płaszcz nieprzemakalny
regenreich obfitujący w opady (deszczu), deszczowy
Regensburg N (-s; *bpl*) Ratyzbona
Regen|schauer M przelotny deszcz; **~schirm** M parasol; **~tag** M deszczowy dzień; **~tonne** F beczka na deszczówkę; **~tropfen** M kropla deszczu
Re'gentschaft F regencja
Regen|umhang M peleryna od deszczu; **~wald** M wilgotny las (tropikalny); **~wasser** N woda deszczowa, deszczówka; **~wetter** N słota, plucha; **~wolke** F chmura deszczowa; **~wurm** M dżdżownica; **~zeit** F (*bpl*) *in den Tropen* pora deszczowa
Regie [re'ʒiː] F (*bpl*) TEATR, *rtv* reżyseria; realizacja; *lit* (*Leitung*) zarząd; **~ führen (bei)** ⟨wy⟩reżyserować (*akk*); **unter der ~ von ...** w reżyserii (*gen*); **in staatlicher ~** pod zarządem państwa; *umg* **in eigener ~** na własną rękę *od* odpowiedzialność
Regie|anweisung [re'ʒiː-] F zlecenie reżyserskie; **~assistent(in)** M(F) asystent(ka) reżysera; **~fehler** M błąd reżyserski; *fig żart* błąd organizacyjny
re'gieren (-) V/T rządzić (**ein Land** krajem); GRAM rządzić (*inst*); V/I *Person* sprawować rządy; *Herrscher* panować, rządzić
Re'gierung F rządy *mpl*; (*Kabinett*) rząd; **an die ~ kommen, die ~ übernehmen** objąć *pf* rządy
Re'gierungs|bezirk M obwód administracyjny; **~beschluss** M uchwała rządu; **~bildung** F utworzenie rządu; **~chef(-in)** M(F) szef rządu; **~erklärung** F oświadczenie rządu
re'gierungsfreundlich prorządowy
Re'gierungs|koalition F koalicja rządowa; **~krise** F kryzys rządowy; **~partei** F stronnictwo rządowe; **~sitz** M siedziba rządu; **~sprecher(in)** M(F) rzecznik (-iczka) rządu
regierungstreu lojalny wobec rządu
Regierungs|umbildung F reorganizacja rządu; **~viertel** N dzielnica rządowa; **~wechsel** M zmiana rządu; **~zeit** F okres rządów
Regime [re'ʒiːm] N (-s; - [-mə] *od* -s) reżim, reżym, ustrój; **~kritiker(in)** M(F) krytyk ustroju, dysydent(ka)
Regi'ment N (-[e]s; -er) MIL pułk; (PL -e) (*Herrschaft*) rządy *mpl*; **das ~ führen** rządzić
Regi'mentskommandeur M dowódca *m* pułku
Regi'on F region; GEOG *a.* strefa
regio'nal, Regio'nal- regionalny
Regis'seur [reʒɪ-] M reżyser; realizator; **~in** F reżyser(ka); realizator(ka)
Re'gister N rejestr (*a. muz*); (*Index im Buch*) skorowidz; **in ein ~ eintragen** wpis(yw)ać do rejestru; *fig* **alle ~ ziehen** chwytać się wszelkich sposobów
Re'gistertonne F tona rejestrowa
regis'trieren (-) ⟨za⟩rejestrować; *fig a.* ⟨od⟩notować (w pamięci); **sich ~ lassen** ⟨za⟩rejestrować się
Regist'rierung F rejestracja
reglemen'tieren (-) reglamentować
Regler M regulator
reglos nieruchomy (-mo)
regnen: *unpers* **es regnet** pada deszcz; **es regnet leise** kropi *od* mży deszcz; *fig* **es regnete ...** posypały się ...
regnerisch deszczowy (-wo), dżdżysty (-to); **~er Himmel** dżdżyste niebo
Re'gress M (-es; -e) regres; **~anspruch** M regres, roszczenie zwrotne
re'gresspflichtig podlegający regresowi; *j-n* **~ machen** dochodzić roszczeń z tytułu regresu
regsam *lit* → rege, rührig
regu'lär regularny
regu'lier|bar regulowany, nastawiany; **~en** (-) ⟨na-, wy⟩regulować
Regung F (*Empfindung*) uczucie; **e-r ~ des Herzens folgend** idąc za głosem serca
regungslos nieruchomy (-mo)
Reh N (-[e]s; -e) sarna
Rehabilita|ti'on F MED, JUR, *fig* rehabilitacja; **~ti'onszentrum** N ośrodek rehabilitacyjny
rehabili'tieren (-) ⟨z⟩rehabilitować
Rehabili'tierung F rehabilitacja
Reh|bock M samiec sarny, kozioł; **~braten** M pieczeń *f* z sarny; **~kitz** N młoda sarna, koźlę; **~rücken** M comber sarni
Reibach *umg* M (-s; *bpl*): **e-n kräftigen ~ machen** obłowić się (**bei** na *lok*)
Reib|e F, **~eisen** N tarka
Reibekuchen M placek ziemniaczany

R

reiben *(rieb, gerieben)* V/T trzeć, pocierać, nacierać ⟨-trzeć⟩; *(scheuern, polieren)* wycierać ⟨-trzeć⟩; KULIN ucierać ⟨utrzeć⟩ *(akk)*, natrzeć *pf (gen)*; V/I *Kragen usw* trzeć, ocierać; V/R **sich** *(dat)* **die Augen ~** przecierać ⟨-trzeć⟩ (sobie) oczy; **sich die Hände ~** zacierać ⟨-trzeć⟩ ręce *(a. fig)*; *fig* **sich aneinander ~** ścierać się ze sobą
Reibe'reien FPL tarcia *npl*
Reibtuch N *austr* ścierka
Reibung F tarcie
reibungslos gładki (-ko); *präd a.* bez przeszkód *od* trudności
reich *Person, Land, Ernte usw* bogaty (**an** *dat* w *akk*); *präd* bogato *(a. sehr)*; **~es Wissen** rozległa wiedza; **ein ~es Betätigungsfeld** szerokie pole działania; **j-n ~ machen** ⟨u⟩czynić bogatym, wzbogacać ⟨-cić⟩ *(akk)*; **~ sein** (**an** *dat*) *Land usw* obfitować (w *akk*); **~ illustriert** bogato ilustrowany
Reich N (-[e]s; -e) imperium *n*; *der Tiere usw* świat; *fig* królestwo; HIST **das Deutsche ~** Rzesza Niemiecka; **das ~ Gottes** Królestwo Boże
Reiche F bogaczka; **~(r)** M (-n) bogacz; **die ~n** bogacze, bogaci (ludzie) *pl*
reichen V/T *(geben)* poda(wa)ć; V/I *(sich erstrecken)* sięgać (**bis** do *gen*); *(langen)* starczać ⟨-czyć⟩, wystarczać ⟨-czyć⟩; **es reicht** wystarczy; **es reicht für den Winter** starczy na zimę; *umg* **jetzt reichts aber!** dość tego!
reich|haltig bogaty (-to); **~illustriert** → reich
reichlich ADJ *Essen, Fang* obfity (-cie); *Trinkgeld* sowity (-cie); *Kleidung* za duży, luźny (-no); *Zeit* wystarczający (-co); *(etwas mehr als)* dobry; **nach ~ e-r Stunde** po dobrej godzinie; *umg* ADV *(ziemlich)* dość; *(sehr)* bardzo
reichmachen → reich
Reichs|mark F HIST marka niemiecka; **~tag** M *(bpl)* Reichstag
Reichtum N (-s; -tümer) bogactwo; **~ an etw** *(dat,* PL*)* *(reiche Fülle)* bogactwo, obfitość *f (gen)*
Reichweite F zasięg; **etw in ~ haben** mieć w zasięgu ręki
reif dojrzały (-le) *(a. Käse, Wein u. fig)*; **e-e ~e Frau** dojrzała kobieta; **~ werden** dojrze(wa)ć *(a. umg fig* **für etw** do *gen)*; *umg* **das Haus ist ~ für den Abbruch** dom nadaje się tylko do rozbiórki; *umg* **er ist ~ für die Klapsmühle** on chyba skończy w domu wariatów
Reif[1] *lit* M (-[e]s; -e) *am Finger* pierścionek; *am Arm* bransoleta
Reif[2] M (-[e]s; bpl) *(Niederschlag)* sadź *f*, szron
Reife F *(bpl)* dojrzałość *f (a. fig)*; **mittlere ~** mała matura
reifen *(sn)* dojrze(wa)ć; **etw in Ruhe ~ lassen** pozwalać ⟨-zwolić⟩ dojrzeć *(dat)*
Reifen M obręcz *f*; *an Fahrzeugen* opona, *umg* guma; **~druck** M (PL -drücke) ciśnienie w oponach; **~panne** F przebicie opony; **~wechsel** M zmiana opony
Reife|prüfung F egzamin dojrzałości; **~zeugnis** N świadectwo dojrzałości
Reifglätte F śliskość szronowa
reiflich gruntowny; **ich muss mir das ~ überlegen** muszę się nad tym dobrze zastanowić
Reigen M korowód (taneczny); *fig* **den ~ eröffnen** ⟨z⟩robić początek
Reihe F rząd, szereg *(a.* MAT*)*; *(Reihenfolge)* kolej *f*, kolejka; **bunte ~** przeplatanka; **e-e ~ von Menschen, Ereignissen** szereg ludzi, zdarzeń; **seit e-r ~ von Jahren** od szeregu lat; **in ~en** rzędami; **in Reih und Glied** w zwartym szyku, ramię w ramię; **etw in e-e ~ stellen** ustawi(a)ć w szereg *(akk)*; **sich in e-r ~ aufstellen** stawać ⟨stanąć⟩ rzędem obok siebie; ustawić się *pf* w szereg; **in der ersten ~ sitzen** siedzieć w pierwszym rzędzie; *fig umg* **etw auf die ~ bringen** dojść *pf* do ładu z *(inst)*; *fig umg* **aus der ~ tanzen** robić według własnego widzimisię; **der ~ nach** po kolei, kolejno; **wer ist an der ~?** kto następny?; **jetzt bist du an der ~** teraz kolej na ciebie; **er muss warten, bis er an der ~ ist** on musi czekać na swoją kolej(kę); **außer der ~** poza kolejką
reihen V/T *Perlen* naniz(yw)ać; V/R **sich ~ an** *(akk)* następować po *(lok)*
Reihen|folge F kolejność *f*, porządek; **~haus** N dom w szeregowej zabudowie, *umg* szeregowiec, segment; **~untersuchung** F masowe badanie profilaktyczne
reihenweise ADV: **~ antreten** ustawi(a)ć się w szeregu
Reiher M czapla
reih'um ADV kolejno, po kolei; **etw ~**

R

gehen lassen puszczać ⟨puścić⟩ w obieg (*akk*)

Reim M (-[e]s; -e) rym; (*Gedicht*) rymowanka; **~e schmieden** klecić wiersze; **darauf kann ich mir keinen ~ machen** nie bardzo to rozumiem

reimen V/T rymować (*v/r* **sich** się)

rein¹ *umg* → herein, hinein

rein² ADJ czysty (-to) (*a. fig*); *Wahrheit, Gold a.* szczery; **~e Wolle** czysta wełna; **~e Luft** czyste powietrze; **~er Klang** czysty dźwięk; **chemisch ~** chemicznie czysty; **mein Gewissen ist ~** mam czyste sumienie; **ins Reine schreiben** przepis(yw)ać na czysto; *e-e Sache* **ins Reine bringen** ⟨u⟩porządkować, ⟨u⟩regulować (*akk*); **mit j-m ins Reine kommen** rozmówić się, dojść do ładu z (*inst*); *umg* **das ist der ~ste Wahnsinn!** to czyste szaleństwo!; ADV (*ausschließlich*) jedynie, tylko; *umg* (*völlig*) absolutnie; **~ gar nichts** absolutnie nic

Reinemachefrau F sprzątaczka

Reinemachen N (-s; *bpl*) sprzątanie, *umg* porządki *mpl*

Rein|erlös M wpływy *mpl* netto; **~ertrag** M dochód netto, czysty dochód

Reinfall *umg* M klapa; **glatter ~** murowana klapa; **totaler ~** totalny obciach

reinfallen *umg fig* V/I (*irr; sn*) wpaść *pf*, urządzić się *pf*; **auf etw ~** oszukać się *pf* na (*lok*), da(wa)ć się nabrać na (*akk*); **auf j-n ~** zawieść się *pf* na (*lok*); da(wa)ć się oszukać przez k-o

Reingewinn M czysty zysk, zysk netto

Rein|haltung F (*bpl*) utrzym(yw)anie czystości (*gen*); **~heit** F (*bpl*) czystość *f*

reinigen oczyszczać, ⟨o⟩czyścić; **chemisch ~ lassen** odda(wa)ć do pralni chemicznej

Reiniger M oczyszczacz

Reinigung F czyszczenie, oczyszczanie, oczyszczenie; **chemische ~** pralnia chemiczna

Reinigungs|milch F mleczko kosmetyczne; **~mittel** N środek czystości, środek do czyszczenia

reinkommen *umg* → hereinkommen

reinlegen *umg* → hereinlegen

reinlich dbający o czystość, schludny (-nie); czyściutki (-ko)

reinrassig rasowy, czystej krwi

rein|reißen, ~reiten *umg* (*irr*): **j-n in** *e-e Sache* **~reißen, ~reiten** wplątać, wpakować *pf* k-o w (*akk*)

Reinschrift F czystopis

reinste *sup* najczystszy; → rein

reinwaschen (*irr*): *fig* V/R **sich von jeder Schuld ~** oczyścić się *pf* z win

reinziehen *umg* (*irr*) → hineinziehen; V/R **sich** (*dat*) **e-e Bockwurst ~** wrzucić parówkę na ruszt

Reis M (-es; *bpl*) ryż; **~brei** M płatki *mpl* ryżowe, kleik ryżowy

Reise F podróż *f*; **gute ~!** szczęśliwej podróży!; **e-e ~ machen** odby(wa)ć podróż; **auf ~n gehen, e-e ~ antreten** wyruszać ⟨-szyć⟩ w podróż; **viel auf ~n sein** być stale w rozjazdach

Reise|andenken N pamiątka *od* upominek z podróży; **~apotheke** F apteczka podróżna; **~begleiter(in)** M(F) towarzysz(ka) podróży; **~büro** N biuro podróży; **~bus** M autokar

reisefertig gotowy do podróży

Reise|fieber N niepokój przed podróżą; **~führer(in)** M(F) przewodnik (-niczka); (*Buch*) przewodnik (turystyczny)

Reisegepäck N bagaż podróżny; **~versicherung** F ubezpieczenie bagażu podróżnego

Reise|gruppe F grupa wycieczkowa, wycieczka; **~kosten** PL koszty *mpl* podróży; **~krankheit** F (*bpl*) choroba lokomocyjna; **~land** N kraj chętnie odwiedzany przez turystów; **~leiter(in)** M(F) pilot(ka) wycieczki; **~leitung** F opieka pilota na trasie (wycieczki)

Reiselust F (*bpl*) żyłka podróżnicza; **von ~ gepackt sein** pałać chęcią podróży

reiselustig ADJ: **er ist sehr ~** on jest wielkim amatorem podróżowania

reisen V/I (*sn*) podróżować (**mit dem Flugzeug** samolotem); *mit e-m Ziel* ⟨po⟩jechać (**ins Ausland** za granicę; **nach Italien** do Włoch; **zu Verwandten** do krewnych; **für drei Wochen** na trzy tygodnie); (*abreisen*) wyjeżdżać ⟨-jechać⟩; **wann reist du?** kiedy wyjeżdżasz?; **er ist durch die ganze Welt gereist** on zjeździł cały świat

Reisende F podróżna, pasażerka; **~(r)** M (-n) podróżny, pasażer; HANDEL komiwojażer

Reise|pass M paszport; **~route** F trasa podróży; **~rücktrittsversicherung** F ubezpieczenie od kosztów odwołania

R

podróży; **~ruf** M *im Radio* wezwanie w nagłej sprawie; **~scheck** M czek podróżny; **~spesen** PL diety *fpl*; **~tasche** F torba podróżna; **~unterbrechung** F przerwanie podróży; **~veranstalter** M operator turystyczny; *engS* biuro podróży; **~verkehr** M ruch pasażerski w sezonie turystycznym

Reisewetter N warunki *mpl* pogodowe podczas podróży; **~bericht** M komunikat meteorologiczny dla turystów

Reise|zeit F sezon turystyczny; **~ziel** N cel podróży

Reisfeld N pole ryżowe

Reisig N (-s; *bpl*) chrust

Reiskorn N ziarnko ryżu

Reißaus M: *umg* ~ **nehmen** da(wa)ć drapaka, da(wa)ć dyla

Reißbrett N rysownica

reißen (*reißt, reiße!, riss, gerissen*) **A** V/T *Sache* ⟨po⟩rwać, ⟨po⟩drzeć (**in Fetzen** na strzępy); przer(y)wać, rozrywać ⟨rozerwać⟩ (**in zwei Teile** na dwie części); *Loch* wydzierać ⟨wydrzeć⟩; *Wolf* rozszarp(yw)ać (**das Schaf** owcę); **etw ~ aus** (*dat*) wydzierać ⟨-drzeć⟩, wyr(y)wać z (*gen*); *fig* **j-n aus dem Schlaf ~** wyr(y)wać k-o ze snu; **etw ~ von** (*dat*) zrywać ⟨zerwać⟩ z (*gen*); **etw mit sich ~** por(y)wać; **etw an sich ~** pochwycić *pf* (*akk*); *fig* zagarniać ⟨-nąć⟩ (*akk*); **j-n zu Boden ~** obalać ⟨-lić⟩ na ziemię (*akk*) **B** V/I **1** (*h*) ~ **an** (*dat*) szarpać, targać (*inst*, za *akk*) **2** (*sn*) *Schnur usw* ur(y)wać się, *a. Stoff, Papier* rozrywać ⟨rozerwać⟩ się, *a. Verbindung* przer(y)wać się; *Saite* urwać się *pf*, pęknąć *pf*; (*Löcher bekommen*) ⟨po⟩rwać się **C** V/R **sich am Draht ~** skaleczyć się *pf* o drut; *fig* **sich um etw ~** wydzierać sobie, rozchwytywać (*akk*); **die Fans haben sich um ihn gerissen** on miał ogromne wzięcie u fanów; **ich reiße mich nicht um** (*akk*) nie zależy mi bardzo na (*lok*)

reißend ADJ *Tier* drapieżny; *Wasser, Schmerz* rwący; **~en Absatz finden** *Ware* być rozchwytywanym

Reißer *umg* M hit, przebój

reißfest nierwący się, bardzo mocny

Reiß|leine F linka desantowa (spadochronu); linka rozrywacza (balonu); **~nagel** M → Reißzwecke; **~schiene** F przykładnica

Reissuppe F rosół z ryżem

Reiß|verschluss M zamek (błyskawiczny), suwak; **~wolf** M niszczarka dokumentów; *für Textilien* szarparka; **~zwekke** F pinezka, pluskiewka

Reitbahn F ujeżdżalnia

reiten (*reitet, ritt, geritten*) V/T jeździć, jechać wierzchem (**ein Pferd** na koniu); *v/i* (*a. sn*) jeździć *od* jechać konno; *als Sport* uprawiać jeździectwo; **auf e-m Esel ~** jeździć *od* jechać (wierzchem) na ośle; **nach Hause ~** ⟨po⟩jechać konno do domu

Reiten N (-s; *bpl*) jazda konna; SPORT jeździectwo, hipika

Reiter(in) M(F) jeździec

Reiterstandbild N pomnik przedstawiający jeźdźca na koniu

Reit|halle F hala jeździecka; **~hose** F bryczesy *pl*; **~lehrer(in)** M(F) instruktor(ka) jazdy konnej; **~peitsche** F szpicruta; **~pferd** N wierzchowiec; **~sport** M jeździectwo, hipika; **~stiefel** M but do jazdy konnej; **~stunde** F lekcja jazdy konnej; **~turnier** N konkurs hipiczny; **~weg** M ścieżka dla jeźdźców

Reiz M (-es; -e) bodziec; *fig* (*Anziehungskraft, Anmut, Zauber*) urok, powab; **weibliche ~e** kobiece wdzięki *mpl*; **e-n großen ~ auf j-n ausüben** bardzo pociągać k-o

reizbar porywczy (-czo), drażliwy (-wie); **ein ~er Mensch** popędliwy człowiek

reizen (-zt) V/T (*erregen*) pobudzać, drażnić; *Sinne a.* podniecać; (*ärgern*) irytować, drażnić; (*verlocken*) nęcić; **zum Lachen ~** pobudzać do śmiechu; **das kann mich nicht ~** to mnie nie nęci; V/I *beim Skat* licytować

reizend ADJ (*anmutig*) uroczy (-czo); (*goldig*) milutki (-ko); **ich finde es ~, dass** ... to pięknie, że ...; *iron* **das ist ja ~!** ładna historia!

Reizgas N gaz drażniący

Reizhusten M kaszel odruchowy

Reizker M BOT rydz

Reizklima N klimat bodźcowy

reizlos *Kost* łagodny; (*fade*) pozbawiony smaku, mdły; *Gesicht* bez wdzięku

Reizschwelle F próg pobudliwości

Reizthema N temat drażniący

Reizung F MED podrażnienie

reizvoll pełen wdzięku, uroczy; *Angebot* pociągający, atrakcyjny

Reizwäsche F bielizna erotyczna

Reizwort N bodziec słowny
rekeln (*-le*): V/R **sich ~** przeciągać ⟨-gnąć⟩ się; *im Sessel* rozwalać ⟨-lić⟩ się (wygodnie)
Reklamati'on F reklamacja
Re'klame F reklama; *in zssgn* → Werbe-; **~mache'rei** F *abw* reklamiarstwo
rekla'mieren (-) ⟨za⟩reklamować
rekomman'diert ADJ *austr* polecony
rekonstru'ieren (-) ⟨z⟩rekonstruować
Rekonstrukti'on F rekonstrukcja
Rekonvales'zent(in) M(F) (*-en*) rekonwalescent(ka)
Re'kord M (*-[e]s; -e*) rekord; **e-n ~ aufstellen, erzielen (in** *dat*) ustanawiać ⟨-nowić⟩, osiągnąć *pf* rekord (w *lok*); **alle ~e brechen** ⟨po⟩bić wszystkie rekordy; **e-n neuen ~ erreichen** osiągać ⟨-gnąć⟩ rekordowy poziom
Rekorder M magnetofon; *für Video* wideomagnetofon, magnetowid
Re'kord|ergebnis N rekordowy wynik; **~halter(in)** M(F) rekordzista *m* (-tka)
rek'ordverdächtig: *etw* **ist ~** ... zakrawa na rekord
Re'kordzeit F: **in ~** w rekordowo krótkim czasie
Re'krut M (*-en*) rekrut
Re'krutengelöbnis N przysięga wojskowa
rekru'tieren (-) V/T rekrutować (*v/r* **sich** się)
Rekti'on F JĘZ rekcja, rząd
Rektor M (*-s; -'toren*), **~in** [-'to:-] F *e-r Schule* dyrektor; *e-r Hochschule* rektor
Relais [rə'lɛ:] N (*-s; -s*) przekaźnik; **~station** F stacja przekaźnikowa
Relati'on F relacja
relativ *a.* [-'ti:f] względny, relatywny
relati'vieren (-) ⟨z⟩relatywizować
Rela|tivitä'tstheorie F (*bpl*) teoria względności; **~'tivpronomen** N zaimek względny
relaxen [rɪ'lɛksn] V/I ⟨z⟩relaksować się, zaży(wa)ć relaksu
rele'vant istotny
Relief [reli'ɛf] N (*-s; -s od -e*) relief; **~karte** F mapa plastyczna
Religi'on F religia; (*Konfession*) wyznanie
Religi'ons|freiheit F (*bpl*) swoboda wyznań; **~lehrer(in)** M(F) katecheta *m* (-tka), nauczyciel(ka) religii; **~gemeinschaft** F związek wyznaniowy; **~unterricht** M nauka religii; **~zugehörigkeit** F przynależność wyznaniowa
religi'ös religijny; (*fromm*) religijny, pobożny
Religiosi'tät F (*bpl*) religijność *f*, pobożność *f*
Re'likt N (*-[e]s; -e*) relikt, przeżytek
Reling F (*-; -s od -e*) reling
Reliquie [re'li:kviə] F relikwia
Remake [ri'meɪk] N (*-s; -s*) wznowienie, nowa wersja
Reminis'zenz F reminiscencja
remis [rə'mi:] ADJ (*unv*): ADV **~ spielen** ⟨z⟩remisować; **die Partie endete ~** partia zakończyła się remisem
Remis [rə'mi:] N (*-; - [-'mi:s]*) remis
Remmi'demmi *umg* N (*-s; bpl*) harmider
Remou|lade [remu'la:də] F, **~ladensoße** F remulada, sos remoulade *m*
Rempe'lei F przepychanka
rempeln (*-le*) popychać ⟨-pchnąć⟩, szturchać ⟨-chnąć⟩
Ren N (*-s; -s*) ren, renifer
Renaissance [rənɛ'sa:s] F (*bpl*) renesans (*a. fig*), odrodzenie; **~stil** M (*bpl*) styl renesansu
Rendezvous [rade'vu:] N (*-; - [-'vu:s]*) randka, schadzka
Ren'dite F (roczny) zysk z kapitału
reni'tent krnąbrny, przekorny
Renn|bahn F tor wyścigowy; **~boot** N łódź regatowa
rennen V/I (*rannte, gerannt; sn*) (*laufen*) biegać, *umg* latać, ganiać; *irgendwohin* ⟨po⟩biec, ⟨po⟩pędzić, ⟨po⟩gnać (**nach, zu** do *gen*); **gegen etw ~** wpadać ⟨wpaść⟩ na (*akk*)
Rennen N wyścig, *oft pl* wyścigi; (*Lauf beim Pferdesport*) gonitwa; **ins ~ gehen** stawać ⟨stanąć⟩ do wyścigu; *fig* **gut im ~ liegen** mieć dobre widoki (na *akk*); *umg* **das ~ ist gelaufen** sprawa jest przesądzona; *umg fig* **das ~ machen** zdystansować *pf* wszystkich
Renner *umg* M bestseller, hit
Renne'rei *umg* F bieganina
Rennfahrer(in) M(F) AUTO kierowca *m* wyścigowy; (*Motorradfahrer[in]*) motocyklista *m* (-tka); (*Radfahrer[in]*) kolarz
Renn|pferd N koń wyścigowy; **~platz** M hipodrom; **~rad** N rower wyścigowy, *umg* wyścigówka; **~sport** M wyścigi *mpl*, zawody *mpl*; **~strecke** F trasa wyścigu;

~wagen M samochód wyścigowy
Renommee [-'me:] N (-s; -s) renoma
renom'miert ADJ renomowany
reno'vieren (-) V/T przeprowadzać ⟨-dzić⟩ renowację (*gen*), odnawiać ⟨odnowić⟩ (*akk*)
Reno'vierung F renowacja
ren'tabel rentowny, zyskowny
Rentabili'tät F (*bpl*) rentowność *f*; **~s-***in zssgn* … rentowności
Rente F renta (*a. Kapitalrente*); *umg* **auf, in ~ gehen** przechodzić ⟨przejść⟩ na rentę; *umg* **auf, in ~ sein** być na rencie; **~ bekommen** pobierać rentę
Renten|alter N wiek emerytalny; **~anpassung** F waloryzacja rent; **~fonds** M fundusz emerytalny; **~versicherung** F ubezpieczenie rentowe
Rentier N renifer, ren
ren'tieren (-): V/R **sich ~** opłacać ⟨-cić⟩ się (*a. fig*)
Rentner M rencista *m*; **~in** F rencistka
reorgani'sieren (-) ⟨z⟩reorganizować
repa'rabel dający się naprawić
Repara'tur F (*gen*, **an** *dat*) naprawa, reperacja (*gen*); BUD, TECH *a.* remont (*gen*); **zur ~ geben** odd(aw)ać do naprawy
repara'turbedürftig wymagający naprawy *od* remontu
Repara'tur|werft F stocznia remontowa; **~werkstatt** F warsztat naprawczy
repa'rieren (-) naprawi(a)ć, ⟨z⟩reperować; BUD, TECH *a.* ⟨wy⟩remontować
Repatri'ierung F repatriacja
Repertoire [-to'ɑ:r] N (-s; -s) repertuar
Reportage [-'tɑ:ʒə] F reportaż
Re'porter(in) M(F) reporter(ka)
Repräsen'tant(in) M(F) (-*en*) reprezentant(ka), przedstawiciel(ka)
Repräsen'tanz F przedstawicielstwo
repräsenta'tiv reprezentacyjny; (*typisch*) reprezentatywny
repräsen'tieren (-) reprezentować
Repres|'salien FPL represje *fpl*; **~si'on** F represja
Reprivati'sierung F reprywatyzacja
Reprodukti'on F reprodukcja
reprodu'zieren (-) reprodukować
Rep'til N (-*s*; -*ien* [-iən]) gad
Repu'blik F republika; **~ Polen** Rzeczpospolita Polska
Republi'kaner M republikanin; **~in** F republikanka
republi'kanisch republikański
Repu'blik Süd'afrika F (-; *bpl*) Republika Południowej Afryki
Requiem ['re:kviɛm] N (-*s*; -*s*) rekwiem *n* (*unv*)
Requi|'sit [rekvi'zi:t] N (-[*e*]s; -en) rekwizyt (*a. fig*); **~'sitenkammer** F rekwizytornia
resch *austr* (*knusprig*) chrupki, chrupiący; *umg* (*munter*) wesoły (-ło)
Reser'vat N (-[*e*]s; -e) rezerwat
Re'serve F rezerwa (*a. fig*, MIL, SPORT); **stille ~n** ukryta rezerwa, *umg* zaskórniak; **in ~ haben** mieć w rezerwie; **j-n aus der ~ locken** pobudzić *pf* k-o do wyjścia ze zwykłej rezerwy, rozruszać k-o
Re'serve|kanister M kanister z zapasowym paliwem *od* na paliwo zapasowe; **~offizier** M oficer rezerwy; **~rad** N koło zapasowe; **~spieler(in)** M(F) rezerwowy (-wa)
reser'vieren (-) ⟨za⟩rezerwować
reser'viert ADJ zarezerwowany; *fig* powściągliwy (-wie)
Reser|'viertheit F (*bpl*) powściągliwość *f*; **~'vierung** F rezerwacja; **~'vist** M (-*en*) rezerwista *m*
Reservoir [rezɛrvo'a:r] N (-*s*; -*e*) rezerwuar
Resi'denz F rezydencja
Resignati'on F rezygnacja
resi'gnieren V/I (-) ⟨z⟩rezygnować
resig'niert ADJ zrezygnowany
resis'tent MED odporny (**gegen** na *akk*)
Resis'tenz F MED odporność *f*
resolut rezolutny
Resoluti'on F rezolucja, uchwała; **e-e ~ verabschieden** uchwalać ⟨-lić⟩ rezolucję, podejmować ⟨podjąć⟩ uchwałę
Reso'nanz F rezonans; *fig* oddźwięk, reperkusje *fpl*; **~ finden** (**bei**) znajdować ⟨znaleźć⟩ oddźwięk (u *gen*)
resoziali'sieren (-) resocjalizować
Re'spekt M (-[*e*]s; bpl) szacunek, respekt; **~ einflößen** wzbudzać ⟨-dzić⟩ szacunek *od* respekt; **vor j-m, etw ~ haben** mieć respekt dla (*gen*), czuć respekt przed (*inst*); **sich** (*dat*) **bei j-m ~ verschaffen** nauczyć k-o respektu
respek'tieren (-) respektować
res'pektlos nacechowany brakiem szacunku; *präd* bez należnego respektu
Res'pektlosigkeit F (*bpl*) nieposzanowanie; (*a. pl*) (*Äußerung*) wypowiedź

świadcząca o braku szacunku
Res'pektsperson F osoba wzbudzająca respekt, ceniona osobistość
res'pektvoll nacechowany szacunkiem; *präd* z respektem
Ressentiment [rɛsati'ma:] N (-*s*; -*s*) resentyment, uraza
Ressort [rɛ'so:r] N (-*s*; -*s*) resort
Ressourcen [rɛ'sʊrsən] FPL zasoby *mpl*; (*Mittel*) środki *mpl*; **natürliche ~** zasoby naturalne
Rest M (-[*e*]*s*; -*e*) reszta (*a.* MAT); (*Überrest*) resztka, ostatek; PL *a.* szczątki *mpl*; **der ~ des Lebens** reszta życia; **j-m, etw den ~ geben** zrujnować *pf* (*akk*); **die letzten ~e verbrauchen** gonić resztkami
Restaurant [rɛsto'ra:] N (-*s*; -*s*) restauracja, lokal
Restaurati'on F restauracja
restau'rieren (-) ⟨od⟩restaurować
Restbestand M reszta, pozostałość *f*
Restbetrag M pozostała suma *od* kwota, pozostałość *f*, reszta
Resteverkauf M wyprzedaż *f* resztek
restlich pozostały; **~e** ... reszta (*gen*); **das ~e Geld** pozostałe pieniądze, reszta pieniędzy
restlos zupełny, doszczętny; *präd* do szczętu; co do joty; MAT bez reszty
Restposten M resztka (towaru); PL *a.* resztki
restrik'tiv restrykcyjny
Rest|risiko N pewna doza ryzyka, ryzyko szczątkowe; **~strafe** F reszta kary; **~wärme** F ciepło resztkowe; **~zahlung** F płatność końcowa
Resul'tat N (-[*e*]*s*; -*e*) wynik, rezultat
resul'tieren (-) wynikać ⟨-knąć⟩ (**aus** z *gen*); **daraus resultiert, dass** z tego wynika, że
Resümee [-'me:] N (-*s*; -*s*) podsumowanie; (*Inhaltsangabe*) streszczenie
Re'torte F retorta
Re'tortenbaby *umg* N dziecko z probówki
retour [re'tu:r] *reg* ADV z powrotem
Retour|billett [re'tu:r-] N, **~karte** F *szwajc*, *austr* bilet powrotny; **~spiel** N *austr* mecz rewanżowy
Retrospek'tive F retrospektywa
retten (-*e*-) V/T (*befreien*) ⟨u-, wy⟩ratować, ocalać ⟨-lić⟩ (**aus** z *gen*; **vor** *dat* od *gen*); (*bewahren*) uchronić *pf* (**vor** *dat* przed *inst*); *v/r* **sich ~** ⟨u⟩ratować się, ocalić się (**durch [die]** Flucht ucieczką); **sich vor etw** (*dat*) **~** *a.* schronić się *pf* (przed *inst*); *umg* **s-n Kopf ~** wynieść *pf* cało głowę; *umg* **bist du noch zu ~?** na mózg ci się rzuciło, czy co?
Retter(in) M(F) wybawiciel(ka); (*Berufsretter*) ratownik (-iczka)
Rettich M (-*s*; -*e*) rzodkiew *f*
Rettung F ratunek, ocalenie; **es gibt keine ~ mehr** nie ma ratunku; *fig* **letzte ~** ostatnia deska ratunku
Rettungs|aktion F akcja ratownicza; **~boot** N łódź ratunkowa; **~dienst** M służba ratownicza; MED pogotowie ratunkowe; **~hubschrauber** M śmigłowiec ratunkowy; **~kommando** N ekipa ratownicza
rettungslos beznadziejny; **~ verloren** nie do ocalenia
Rettungs|ring M koło ratunkowe; **~schwimmer(in)** M(F) ratownik; **~versuch** M próba uratowania; **~wagen** M karetka pogotowia ratunkowego; **~weste** F kamizelka ratunkowa
retu'schieren (-) retuszować
Reue F (*bpl*) skrucha; **~ zeigen** okaz(yw)ać skruchę
reuen V/T żałować (*gen*); *unpers* **es reut mich, ...** żałuję, że ..., żałuję (*gen*)
reuevoll, **reuig**, **reumütig** skruszony; *präd* ze skruchą
Reuse F więcierz
Revanche [-va:ʃ(ə)] F (*bpl*) rewanż (*a.* SPORT), odwet
revanchieren [-'ʃi:-] (-): V/R **sich bei j-m ~** ⟨z⟩rewanżować się, odpłacać ⟨-cić⟩ (się) k-u (**für etw** za *akk*); **sich mit etw ~** zrewanżować się (*inst*)
Revanchist [-'ʃi:st] M (-*en*) rewanżysta *m*, odwetowiec
Revers [rə've:r] N *od* M (-; - [-'ve:rs]) (*Aufschlag*) wyłóg, klapa
revi'dieren (-) ⟨z⟩rewidować
Revier [re'vi:r] N (-*s*; -*e*) *im Forst* rewir; *e-s Tieres* terytorium *n*; (*Bereich*) teren, domena; MIL izba chorych; (*Polizeirevier*) komisariat; **~förster** M leśniczy rewirowy
Revirement [-'ma:] N (-*s*; -*s*) przetasowania *npl* kadrowe
Revisi'on F rewizja; **~ einlegen** wnieść *pf od* założyć *pf* rewizję
revisio'nistisch rewizjonistyczny

Revisi'onsgericht N sąd rewizyjny
Re'volte F bunt, rewolta
revol'tieren V/I (-) ⟨z⟩buntować się
Revoluti'on F rewolucja; **~s-** *in zssgn* rewolucyjny
revolutio'när rewolucyjny
Revolutio'när M (-s; -e) rewolucjonista *m*; **~in** F rewolucjonistka
revolutio'nieren (-) ⟨z⟩rewolucjonizować
Re'volver M rewolwer; **~blatt** N *abw* brukowiec; **~held** M *abw* rewolwerowiec
Revue [re'vyː, PL -'vyːən] F rewia; *(Zeitschrift)* przegląd; *fig* **etw ~ passieren lassen** przebiegać ⟨-biec⟩ myślą *(akk)*; **~theater** N teatr rewiowy
Rezensi'on F recenzja
Re'zept N (-[e]s; -e) recepta *(a. fig)*; KULIN przepis; **auf ~** na receptę
rezeptfrei (otrzymywany) bez recepty
Rezepti'on F recepcja
re'zeptpflichtig wydawany (tylko) z przepisu lekarza
Rezessi'on F recesja
rezi'prok odwrotny; **~er Wert** odwrotność *f*
rezi'tieren (-) ⟨wy⟩recytować
R-Gespräch N rozmowa przez telefon na koszt osoby odbierającej
Rha'barber M *(bpl)* rabarbar
Rhein M (-s; *bpl*): **der ~** Ren
rheinisch reński; GEOG Reński
Rheinland N *(bpl)*: **das ~** Nadrenia
Rheinländer(in) M(F) mieszkaniec (-nka) Nadrenii
Rheinland-Pfalz F *(bpl)* Nadrenia-Palatynat *m*
Rhesusfaktor M *(bpl)* czynnik Rh
rhe'torisch retoryczny
Rheuma N (-s; *bpl*) reumatyzm; **an ~ leiden** cierpieć na reumatyzm; **~mittel** N lek przeciwreumatyczny
rheu'matisch reumatyczny
Rheuma'tismus M (-; *-men*) reumatyzm; → Rheuma
Rhi'nozeros N (-[*ses*]; -se) nosorożec
Rhodo'dendron M *od* N (-s; *-ren*) rododendron, różanecznik
Rhodos N (-; *bpl*) Rodos
Rhombus M (-; *-ben*) romb
Rhone F *(bpl)*: **die ~** Rodan
rhythmisch rytmiczny
Rhythmus M (-; *-men*) rytm
Ribisel F (-; -[N]) *austr* porzeczka
Richtantenne F antena kierunkowa
richten (-e-) **A** V/T **1** *Blick, Frage, Gedanken, Kritik, Brief usw* ⟨s⟩kierować (**auf** *akk*, **nach** na *akk*; **an** *akk* do *gen*; **gegen** przeciwko *dat*); *Waffe a.* ⟨wy⟩celować (**auf, gegen** *akk* w *akk*) **2** *(richtig einstellen)* nastawi(a)ć *(a.* MED*)*; **etw gerade ~** ⟨wy⟩prostować *(akk)* **3** *(in Ordnung bringen) Schlips, Haare* poprawi(a)ć **4** *(bereiten) Bett, Mahlzeit* przygotow(yw)ać, ⟨na-, przy⟩szykować **5** *lit* **j-n ~** *(Urteil fällen; a.* V/I **über j-n***)* osądzać ⟨-dzić⟩ k-o **B** V/R **sich nach etw, j-m ~** ⟨za⟩stosować się (do *gen*); **sich gegen etw, j-n ~** być skierowanym, być wymierzonym (przeciwko *dat*); **sich auf etw ~** *Blicke, Aufmerksamkeit usw* być skierowanym na *(akk)*, skupi(a)ć się na *(lok)*
Richter M sędzia *m*
Richterin F sędzia, sędzina
richterlich sędziowski; **~e Anordnung** zarządzenie sędziego
Richterspruch M wyrok sędziego
Richt|fest N uroczystość *f* zawieszenia wiechy; **~geschwindigkeit** F prędkość zalecana
richtig **A** ADJ **1** *(nicht falsch, geeignet)* właściwy (-wie), dobry (-brze) **2** *(zutreffend)* słuszny, trafny **3** *(fehlerlos)* prawidłowy (-wo), poprawny **4** *(echt)* prawdziwy (-wie); **der ~e Weg** właściwa *od* dobra droga; **die ~e Wahl** słuszny *od* trafny wybór; **die ~e Mutter** prawdziwa matka **5** *präd* **die Uhr geht ~** zegarek idzie dobrze; **~ gehend** *Uhr* dokładny; **ich halte es für ~, zu** (+ INF) uważam, że należałoby (+ *inf*); *umg* **ich suche ..., bin ich hier ~?** szukam ..., czy dobrze trafiłem?; *umg* **nicht ganz ~ im Kopf sein** mieć nie po kolei w głowie **B** ADV *(in der Tat)* rzeczywiście, naprawdę; **~!** faktycznie! **C** *subst* **das Richtige tun** postąpić właściwie *od* dobrze; **er hat nichts Richtiges gelernt** niczego porządnego się nie nauczył; *iron* **da bist du an den Richtigen geraten!** trafiłeś z deszczu pod rynnę!; **drei Richtige** trzy trafienia; → recht, richtiggehend, richtigliegen *usw*
richtiggehend ADJ prawdziwy; **~ böse werden** rozgniewać się *pf* (na) serio; *Uhr* → richtig

Richtigkeit F *(bpl) e-r Theorie usw* słuszność *f*; *e-r Aussage a.* trafność *f*; *e-s Textes, e-r Rechnung* prawidłowość *f*; **die ~ bestätigen** potwierdzać ⟨-dzić⟩ zgodność (**mit** z *inst*); **damit hat es seine ~** to się zgadza, to (jest) w porządku

richtigliegen *(irr)*: *umg* **mit etw ~** mieć rację z *(inst)*

richtigstellen *Aussage, Irrtum* ⟨s⟩prostować; *Geschichtsfälschung* odkłamać
m(yw)ć

Richtigstellung F sprostowanie

Richt|linie F wytyczna; **~preis** M cena zalecana; **~satz** M urzędowo ustalona stawka; **~schnur** F *fig* norma (**des Handelns** postępowania)

Richtung F kierunek *(a. fig)*; strona; **in diese(r) ~** w tym kierunku, w tę stronę; **in entgegengesetzter ~** w odwrotnym kierunku; **nach allen ~en** na wszystkie strony; **aus ~** ... od strony *(gen)*; **aus allen ~en** ze wszystkich stron; *umg fig* **die ~ stimmt** kierunek się zgadza

Richtungs|änderung F zmiana kierunku; **~pfeil** M strzałka kierunkowa

richtungweisend ADJ wytyczający kierunek, określający cel(e)

Richt|wert M, **~zahl** F wartość *od* ilość orientacyjna

rieb → reiben

riechen *(roch, gerochen)* V/T ⟨po⟩czuć zapach *(gen)*; *fig umg (wittern)* ⟨z⟩wietrzyć *(akk)*; **etw nicht ~ können** nie znosić zapachu *(gen)*; *umg fig Gefahr usw* nie podejrzewać *(gen)*; *umg fig* **j-n nicht ~ können** nie znosić *(gen)*; V/I **an etw** *(dat)* **~** ⟨po⟩wąchać *(akk)*; **nach etw** *(dat)* **~** *(duften)* pachnieć *(inst)*; *(miefen)* czuć *(akk, inst)*, trącić *(inst)*; **gut, schlecht ~** przyjemnie, brzydko pachnieć; **du riechst nach Schnaps** od ciebie jedzie wódką; *fig umg* **das riecht nach Verrat** to pachnie zdradą, to zakrawa na zdradę; **er riecht aus dem Mund** czuć mu z ust

Riecher *umg* M: *fig* **e-n guten ~ haben (für etw)** mieć dobrego niucha (do *gen*)

Ried N (-[e]s; -e) sitowie; *(Feuchtgebiet)* szuwary *mpl*; **~gras** N turzyca

rief → rufen

riefeln (-) żłobkować, rowkować

Riege F SPORT grupa, drużyna

Riegel M rygiel, zasuwka; KULIN baton; **den ~ an der Tür vorschieben** zamykać ⟨-mknąć⟩ drzwi na rygiel; *fig e-r Sache* **e-n ~ vorschieben** udaremni(a)ć, powstrzym(yw)ać *(akk)*; **~haus** N *szwajc* → Fachwerkhaus

Riemen M *(Ruder)* wiosło; *(Gurt)* rzemień *m*, pas; *umg fig* **sich am ~ reißen** wziąć *pf od* zebrać się *pf* w kupę

Riese M (-n) olbrzym; *(Person) a.* wielkolud; *umg (Geldschein)* tysiączek

rieseln V/I (-le; *a sn*) *(rinnen)* cieknąć, ciec, lać się ciurkiem; *Sand* sypać się; *Kalk* obsyp(yw)ać się; *Schnee* prószyć

Riesen|- *in zssgn* ... olbrzym, ... gigant, ogromny, olbrzymi; **~erfolg** M ogromny sukces

Riesengebirge N *(bpl)*: **das ~** Karkonosze *pl*

riesen|groß, **~haft** → riesig

Riesen|hund M olbrzymie psisko; **~hunger** *umg* M straszny głód; **~kerl** *umg* M chłopisko, kawał chłopa; **~rad** N diabelski młyn; **~schlange** F (wąż) dusiciel; *engS* boa *m*, pyton, anakonda

Riesenschritt M: **mit ~en** wielkimi krokami *(a. fig)*

Riesen|slalom M slalom gigant; **~spaß** M *(bpl)* ogromna uciecha

riesig ADJ olbrzymi, ogromny; *umg (großartig)* obłędny, super; ADV ogromnie; **sich ~ freuen** ogromnie się cieszyć

Riesin F olbrzymka, kobieta olbrzym

riet → raten

Riff N (-[e]s; -e) rafa

Riga N (-s; *bpl*) Ryga

rigo'ros rygorystyczny; *(streng)* twardy, surowy, bezlitosny

Rikscha F (-; -s) riksza, ryksza

Rille F bruzda, rowek

Rind N (-[e]s; -er) *(Hausrind)* bydlę; *(bpl) (Fleisch)* wołowina, *umg* wołowe; **~er** PL *koll* bydło rogate, rogacizna

Rinde F kora; *vom Brot, Käse* skórka

Rinder|braten M pieczeń wołowa; **~filet** N filet z polędwicy (wołowej); **~herde** F stado bydła; **~lende** F polędwica wołowa; **~schmorbraten** M pieczeń wołowa duszona, sztufada; **~wahnsinn** *umg* M choroba wściekłych krów; **~zucht** F hodowla bydła

Rindfleisch N mięso wołowe, wołowina

Rinds|- *in zssgn* **Rinderleder**; **~leder** N skóra bydlęca

Rindvieh N → Rind; (PL *-viecher*) *abw*

R

(*Dummkopf*) tuman, baran, ciołek
Ring M (-[e]s; -e) pierścień *m* (*a.* TECH); (*Schmuck*) *a.* pierścionek; (*Trauring*) obrączka; (*Kreis, a. fig*) krąg, koło; *für Schlüssel* kółko; (*Straße*) obwodnica; SPORT ring; **~e** PL (*Turngerät*) kółka *npl*; **~e unter den Augen** sińce pod oczami; **e-n ~ bilden** ⟨u⟩tworzyć koło, ustawi(a)ć (się) w krąg (**um j-n, etw** wokół *gen*)
Ringbuch N kołobrulion
Ringelblume F nagietek
ringeln (*-le*): V/R **sich ~** wić się
Ringelnatter F zaskroniec
Ringelreihen M (*-s; bpl*) kółeczko, koło; **~ spielen** bawić się w koło
Ringelspiel N *austr* karuzela
Ringeltaube F gołąb grzywacz
ringen (*rang, gerungen*) V/I (*kämpfen*) zmagać się, mocować się (**mit** z *inst*); SPORT uprawiać zapasy; *fig* walczyć (**um** o *akk*); *v/t Hände* załam(yw)ać; **nach Atem ~** z trudem łapać oddech; **nach, um Fassung ~** usiłować zapanować nad sobą; **mit sich** (*dat*) **~** zmagać się ze sobą
Ringen N (*-s; bpl*) SPORT zapasy *mpl*, zapaśnictwo; *fig* zmagania *npl*, walka
Ringer M zapaśnik
Ring|finger M palec serdeczny; **~form** F KULIN forma do babki
ringförmig pierścieniowy
Ring|kampf M walka zapaśnicza, zapasy *mpl*; **~richter** M sędzia ringowy
rings ADV: **~ um** (*akk*) dokoła, wokół (*gen*); **~herum** ADV naokoło, dookoła
Ringschlüssel M TECH klucz oczkowy
Ringstraße F obwodnica, okrężna ulica
ringsum, ringsumher → ringsherum
Rinne F *am Dach* rynna; TECH rynna, korytko; *im Erdreich* bruzda
rinnen (*rann, geronnen; sn*) (*fließen*) ciec, cieknąć, lać się; ściekać (**von** z *gen*, **über** *akk* po *lok*, **in** *akk* do *gen*); (*h*) (*undicht sein*) *reg* przeciekać
Rinnsal N (-[e]s; -e) (cienka) struga
Rinnstein M rynsztok
Rippchen N *bes* KULIN żeberko
Rippe F żebro (*a.* TECH); BOT żyłka
Rippenfell N ANAT opłucna; **~entzündung** F MED zapalenie opłucnej
Rippen|speer N *od* M KULIN (*bpl*) schab peklowany; **~stoß** M szturchaniec
Risiko N (*-s; -ken*) ryzyko; **das ~ auf sich nehmen** brać ⟨wziąć⟩ na siebie ryzyko; **kein ~ eingehen** unikać ryzyka; **~bereitschaft** F gotowość *f* podjęcia ryzyka; **~gruppe** F grupa wysokiego ryzyka; **~prämie** F premia za ryzyko
risikoreich związany z (wysokim) ryzykiem, ryzykowny
ris'kant ryzykowny; **es ist zu ~** to (jest) zbyt ryzykowne
ris'kieren (-) ⟨za⟩ryzykować; **sein Leben ~** ryzykować życie; **ich riskiere es** zaryzykuję
Ris|pe F BOT wiecha; **~pentomaten** FPL pomidory *mpl* groniaste
riss → reißen
Riss M (*-es; -e*) (*Stelle, an der etw gerissen ist*) rozdarcie (*a.* MED); (*Kratzer, Sprung*) rysa; *im Felsen usw* pęknięcie, szczelina; (*leichte Verletzung*) zadraśnięcie; **~e bekommen** popękać *pf*; *fig* rozluźnić się
rissig popękany, spękany
Risswunde F rana szarpana
Rist M (*-es; -e*) (*Spann*) podbicie (stopy); **~griff** M SPORT nachwyt
Riten PL → Ritus
ritt → reiten
Ritt M (-[e]s; -e) jazda konno; (*Ausflug*) konna przejażdżka
Ritter M rycerz; *e-s Ordens* kawaler; **j-n zum ~ schlagen** pasować k-o na rycerza; **~burg** F zamek rycerski
ritterlich rycerski; *präd bes fig* rycersko, po rycersku
Ritterlichkeit F (*bpl*) rycerskość *f*
Ritter|orden M zakon rycerski; **~rüstung** F zbroja rycerska; **~sporn** M (-[e]s; -e) BOT ostróżka; **~tum** N (*-s; bpl*) rycerstwo
rittlings ADV: **~ sitzen** siedzieć okrakiem
Ritu'al N (*-s; -e*) rytuał, obrzęd; **~mord** M mord rytualny
ritu'ell rytualny; obrzędowy
Ritus M (*-; -ten*) obrządek; rytuał
Ritz M (*-es; -e*) rysa, zadrapanie; **~e** F szpara; **~el** N TECH zębnik
ritzen (*-zt*) V/T ⟨po⟩rysować, zadrap(yw)ać; *Haut* zadrasnąć *pf*; (*einritzen*) wydrap(yw)ać (**in** *akk* na *lok*); ⟨wy⟩grawerować; V/R **sich ~** zadrasnąć się *pf*
Ri'val|e M (*-n*) rywal; **~in** F rywalka
rivali'sieren V/I (-) rywalizować (**mit j-m um** *akk* z kimś o *akk*)
Rivali'tät F rywalizacja

R

Rivi'era F (*bpl*): **die ~** Riwiera; **an der ~** na Riwierze
Rizinus M (-; -[se]) BOT rącznik, rycynus; *umg* (*Öl*) rycyna; **~öl** N (*bpl*) olej rycynowy
Roadmovie ['roʊdmu:vi] N (-*s*; -*s*) film drogi
Roastbeef ['ro:s(t)bi:f] N (-*s*; -*s*) rostbef
Robbe F foka; **~n** PL ZOOL płetwonogie
robben V/I (*sn*) czołgać się
Robbenfang M polowanie na foki
Robe F talar, toga; (*festliches Kleid*) powłóczysta suknia
Ro'binie [-niə] F BOT grochodrzew, robinia
Roboter M robot; **wie ein ~** jak robot
ro'bust krzepki, wytrzymały; (*widerstandsfähig*) odporny; **~e Gesundheit** żelazne zdrowie
roch → riechen
Rochade [ro'xa:də] F roszada
röcheln V/I (-*le*) rzęzić, charczeć
Röcheln N (-*s*; *bpl*) rzężenie, charczenie
Rochen M ZOOL płaszczka
Rock[1] M (-[e]s; Röcke) spódnica, spódniczka; (*Jacke*) marynarka; **langer ~** *früher* surdut; (*Uniform*) mundur
Rock[2] M (-*s*; *bpl*) MUS rock
Rockband F zespół rockowy
Rocker M rokers
Rockerbande F banda rokersów
Rock|konzert N koncert rockowy; **~gitarre** F gitara rockowa; **~musiker** M wykonawca *m* muzyki rockowej, rockman; **~star** M gwiazda muzyki rockowej
Rodelbahn F tor saneczkowy
rodeln V/I (-*le*) zjeżdżać na sankach
Rodeln N (-*s*; *bpl*) SPORT saneczkarstwo, sport saneczkowy
Rodelschlitten M sanki *pl*, saneczki *pl*
roden (-*e*-) *Wald* ⟨wy⟩karczować
Rodler(in) M(F) saneczkarz (-rka)
Rodung F karczunek; karczowisko
Rogen M (-*s*; *bpl*) ikra (ryb)
Roggen M (-*s*; *bpl*) żyto; **~brot** N żytni chleb; **~mehl** N mąka żytnia
roh (*nicht gekocht od bearbeitet*) surowy; *präd* na surowo, w surowym stanie; *fig* brutalny; **j-n ~ behandeln** obchodzić się brutalnie (z *inst*)
Roh|bau M (PL -*ten*) budynek w stanie surowym; **~eisen** N surówka; **~ertrag** M dochód brutto; **~fassung** F wersja niewykończona w szczegółach
Rohheit F (*bpl*) brutalność *f*; **~en** PL brutalne słowa *npl od* czyny *mpl*
Rohkost F (dieta obfitująca w) surowe potrawy *fpl*; **~salat** M surówka
Rohling M (-*s*; -*e*) (*Person*) brutal
Rohmaterial N surowiec
Rohöl N surowa ropa naftowa
Rohr N (-[*e*]s; -e) rura; *e-r Kanone* lufa; *reg* (*Backrohr*) piekarnik; (*bpl*) (*Pflanze*) trzcina; **~bruch** M pęknięcie rury
Röhrchen N rurka; *umg* **ins ~ blasen** dmuchać w alkomat
Rohrdommel F (-; -*n*) ZOOL bąk
Röhre F rura; (*Backröhre*) piekarnik; ELEK lampa (jarzeniowa); **kommunizierende ~n** FIZ naczynia *npl* połączone; *umg* **vor der ~ sitzen, in die ~ starren** oglądać telewizję; *umg fig* **in die ~ gucken** odejść z niczym
röhren V/I *Hirsch* ryczeć, ryknąć *v/s*; *Motor* ⟨za⟩ryczeć
röhrenförmig rurkowaty (-to)
Röhrenpilz M borowik
Rohr|leger M instalator rurociągów; **~leitung** F rurociąg; **~post** F poczta pneumatyczna; **~sänger** M ZOOL trzciniak; **~zange** F obcęgi *pl* do rur; **~zukker** M cukier trzcinowy
Rohseide F jedwab surowy
Rohstoff M surowiec
rohstoffarm ubogi w surowce
Rokoko N (-[*s*]; bpl) rokoko; *in zssgn* rokokowy, w stylu rokoko
Roll|bahn F LOTN droga kołowania; **~braten** M pieczeń zwijana
Röllchen N KULIN koreczek
Rolle F rolka; (*zusammengerolltes Papier usw*) rulon, zwój, rol(k)a; TEATR, *fig* rola; KULIN rolada; SPORT przewrót; LOTN (*Figur*) beczka; *an der Angel* kołowrotek; *beim Flaschenzug* krążek; **die ~ des, der … spielen** odgrywać ⟨odegrać⟩ rolę (*gen*), występować ⟨-stąpić⟩ w roli (*gen*); *fig* **keine ~ spielen** nie odgrywać (żadnej) roli; *fig* **aus der ~ fallen** wypaść *pf* z roli; *umg* **von der ~ sein** nie orientować się w sytuacji
rollen V/T *Fass* ⟨po⟩toczyć; *Teig* rozwałkować *pf*; *reg Wäsche* ⟨wy⟩maglować; (*einrollen*) zwijać ⟨zwinąć⟩ w rolkę; V/I (*sn*) *Ball, Rad usw* ⟨po⟩toczyć się; *Schiff* kołysać się; (*h*) *Donner* przetaczać ⟨-toczyć⟩ się; *umg e-e Sache* **ins Rollen bringen** da(wa)ć

R

początek (*dat*); V/R **sich ~** zwijać ⟨zwinąć⟩ się (w rolkę)
Rollen|besetzung F obsada ról; **~lager** N TECH łożysko rolkowe; **~spiel** N zabawa tematyczna *od* fikcyjna; **~tausch** M zmiana ról; **~verhalten** N zachowanie stosownie do pełnionej roli społecznej
Roller M *für Kinder* hulajnoga; (*Motorroller*) skuter
Roll|feld N płyta lotniska; **~film** M błona zwijana; **~kommando** N bojówka; **~kragen** M golf; **~kragenpullover** M golf; **~laden** M żaluzja opuszczana; **~mops** M KULIN rolmops
Rollo N roleta
Rollschinken M baleron
Rollschrank M szafa żaluzjowa
Rollschuh M wrotka; **~ laufen** jeździć na wrotkach
Rollschuh|läufer(in) M(F) wrotkarz (*a. f*); **~sport** M wrotkarstwo
Roll|ski M nartorolka; **~splitt** M grys smołowany; **~stuhl** M wózek inwalidzki; **~stuhlfahrer(in)** M(F) inwalida *m* na wózku
Rolltreppe F schody *pl* ruchome
Rom N (*-s; bpl*) Rzym
Roma MPL Romowie *mpl*; *in zssgn* romski
Ro'man M (*-s; -e*) powieść *f*, romans
Ro'manfigur F postać *f* powieści
romanisch romański
Roma'nistik F (*bpl*) romanistyka
roma'nistisch romanistyczny
Ro'manschriftsteller(in) M(F) powieściopisarz (-rka)
Ro'mantik F (*bpl*) romantyzm; (*das Romantische*) romantyka; **~er(in)** M(F) romantyk (-tyczka)
ro'mantisch romantyczny; **~ aussehen** wyglądać romantycznie
Ro'manze F romanca; *umg fig* romans(ik)
Römer M rzymianin; HIST Rzymianin; (*Weinglas*) kieliszek do wina; **~in** F rzymianka; HIST Rzymianka
Romfahrt F pielgrzymka do Rzymu
römisch rzymski; **~-katholisch** rzymskokatolicki
röm.-kath. → römisch-katholisch
röntgen prześwietlać ⟨-lić⟩
Röntgenbefund M wynik badania rentgenowskiego
Röntgenbild N obraz rentgenowski; (*Aufnahme*) zdjęcie rentgenowskie
Röntgenolo'gie F (*bpl*) rentgenologia
Röntgen|schirm M ekran rentgenowski; **~strahlen** MPL promienie *mpl* rentgenowskie
rosa (*unv*) różowy (-wo)
Rosa N (*-s; -, umg -s*) róż
rosa|farben, **~farbig** różowy (-wo)
rosarot różowy (-wo); **sich ~ färben** zaróżowić się *pf*, poróżowieć *pf*
rösch *pł-niem* → resch
Rose F róża (*a.* MED)
rosé (*unv*) różowy (-wo)
Rosé M (*-s; -s*) wino różowe
Rosen|garten M ogród różany; **~kohl** M brukselka; **~kranz** M *rel* różaniec; **~'montag** M poniedziałek zapustny; **~öl** N (*bpl*) olejek różany; **~stock** M krzew *od* krzak róży
Ro'sette F rozeta
rosig różowy (-wo) (*a. fig*); **die Sache sieht nicht gerade ~ aus** sprawa nie wygląda zbyt różowo
Ro'sine F rodzynek, rodzynka
Ro'sinenbrötchen N (słodka) bułka z rodzynkami
Rosmarin M (*-s; bpl*) rozmaryn
Ross N (*-es; -e od Rösser*) rumak, koń *m*; **hoch zu ~** na koniu, konno; *fig* **auf dem hohen ~ sitzen** zadzierać nosa
Ross|haar N (*bpl*) *koll* włosie końskie; **~kastanie** F kasztanowiec zwyczajny, *umg* kasztan; **~kur** *umg* F końska kuracja
Rost[1] M (-[e]s; -e) ruszt
Rost[2] M (-[e]s; bpl) rdza; **~ ansetzen** pokry(wa)ć się rdzą
rostbeständig odporny na rdzę
Rost|braten M pieczeń *f* z rusztu; **~bratwurst** F kiełbas(k)a z rusztu
rostbraun rdzawy (wo)
rosten V/I (*-e-*) ⟨za⟩rdzewieć
rösten (*-e-*) *Brot, Fleisch* opiekać ⟨opiec⟩, obrumieni(a)ć; (*braten*) ⟨od⟩smażyć; *Kartoffeln a.* piec; *Kaffee* palić
rostfarben koloru rdzy, rdzawy (-wo)
Rostfleck M plama od rdzy; → Roststelle
rostfrei nierdzewny
Rösti PL KULIN frytki *fpl* po szwajcarsku
rostig zardzewiały
Röstkartoffeln FPL ziemniaki *mpl* odsmażane
Rost|laube *umg* F (przerdzewiały) trup;

~schutzmittel N środek przeciwrdzewny
Roststelle F zardzewiałe miejsce; **~n haben** miejscami pordzewieć *pf*
rot (*röter od -er; röteste od -este*) czerwony (-no) (*a.* POL); *Haar* rudy; **~ färben** *Haare* ufarbować na rudo; **~ werden** → sich röten; (*erröten*) ⟨za⟩rumienić się; **~ glühend** rozżarzony do czerwoności; **Rotes Kreuz** Czerwony Krzyż; **das Rote Meer** Morze Czerwone; **die Roten** POL czerwoni
Rot N (*-s; bpl*) czerwień *f*; (*Licht*) czerwone światło; **die Ampel steht auf** *od* **zeigt ~** sygnał pokazuje czerwone światło; **bei ~** na czerwonym świetle
Rotati'on F rotacja
Rotati'onsprinzip N (*bpl*): **nach dem ~** na zasadzie rotacji
Rotauge N ZOOL płotka
rotbäckig rumiany, zarumieniony
Rotbarsch M karmazyn
rotbärtig rudobrody
rotblond *Haare* rudoblond (*unv*); **~e Frau** rudawa blondynka
rotbraun czerwonobrunatny
Rotbuche F buk czerwony
Röte F czerwoność *f*, czerwień *f*; *im Gesicht* rumieniec
Rote-Bete|-Salat M sałatka z buraków, ćwikła; **~-Suppe** F barszcz czerwony
Röteln PL MED różyczka
röten (*-e-*) V/T ⟨za⟩czerwienić; V/R **sich ~** ⟨za⟩czerwienić się, ⟨po⟩czerwienieć (**von** od *gen*); *Wangen a.* zarumienić się *pf*
Rotes Meer N (*bpl*) → rot
rotfärben → rot
Rotfuchs M lis (rudy); (*Pferd*) kasztanek, kasztanka
rothaarig rudowłosy
Rothaut *umg* F czerwonoskóry *m* (-ra)
Rothirsch M jeleń szlachetny
ro'tieren V/I (-) obracać się, wirować
Rot|kabis M (*-; bpl*) *szwajc* kapusta czerwona; **~käppchen** N (*-s; bpl*) Czerwony Kapturek; **~kappe** F (*Pilz*) koźlarz czerwony; **~kehlchen** N rudzik; **~kohl** M, **~kraut** *reg* N kapusta czerwona; **~lauf** M (*-s; bpl*) (*Tierkrankheit*) różyca świń
rötlich czerwonawy (-wo); *Haar* rudawy; **~ schimmern** lśnić rudawo
Rotlicht N czerwone światło; **~viertel** N dzielnica czerwonych latarni
Rotor M (*-s; -'toren*) wirnik, rotor
rotsehen *umg* V/I (*irr*): **sie sah rot** krew ją zalała
Rotstift M czerwony ołówek, czerwona kredka; *fig* **den ~ ansetzen** obcinać ⟨obciąć⟩ wydatki *usw*; **dem ~ zum Opfer fallen** zostać *pf* skreślonym
Rottanne F świerk
Rotte F *von Wildschweinen* wataha
Rotwein M wino czerwone
Rotwild N zwierzyna płowa
Rotz M (*-es; bpl*) *pop* smark, gil; (*Tierkrankheit*) nosacizna
rotzen *pop* V/I (*-zt*) ⟨wy⟩smarkać, smarknąć *pf*, wysmarkać się *pf*
Rotznase F *pop* zasmarkany nos; *umg fig abw* smarkacz, smarkula; PL **~en** *koll* smarkateria
Rouge [ru:ʒ] F (*-s; -s*) róż
Rou'lade [ru-] F KULIN rolada, zraz zawijany
Roulett N (*-s; -e od -s*) → Roulette
Roulette [ru'lɛt] N (*-s; -s*) ruletka
Route ['ru:tə] F trasa, marszruta
Rou'tine [ru-] F (*bpl*) rutyna; (*a. pl*) EDV program (zamknięty)
rou'tinemäßig [ru-] rutynowy (-wo)
Rou'tineuntersuchung [ru-] F badanie rutynowe
routi'niert [ru-] ADJ rutynowany
Rowdy ['raʊdi] M (*-s; -s*) chuligan, oprych; PL **~s** *koll* chuliganeria; **~tum** N (*-s; bpl*) chuligaństwo
Rp. *szwajc* → Rappen
Rubbel|feld N, **~los** N zdrapka
rubbeln V/T *u.* V/I (*-le*) *reg* → reiben; *Rubbelfeld* zdrap(yw)ać
Rübe F burak; *umg fig* (*Kopf*) bańka, dynia; **Rote ~** burak ćwikłowy; *reg* **Gelbe ~** marchew *f*
Rubel M rubel; **fünf ~** pięć rubli
Rüben|acker M pole buraczane; **~sirup** M syrop buraczany
rüber *umg* ADV → herüber, hinüber; **~bringen** *umg* (*irr*) *Sache* przynosić ⟨-nieść⟩ tu; *fig Inhalt* przedstawi(a)ć, naświetlać ⟨-lić⟩; **~kommen** *umg* V/I (*irr*) (*verstanden werden*) zosta(wa)ć przyjętym *od* zrozumianym
Ru'bin M (*-s; -e*) rubin
rubinrot rubinowy
Rub'rik F rubryka

ruchbar: *lit* ~ **werden** nab(ie)rać rozgłosu, wychodzić ⟨wyjść⟩ na jaw
Ruck M (-[e]s; -e) szarpnięcie; *umg bei den Wahlen* przesunięcie; *umg fig* **sich einen ~ geben** przemóc się *pf*
Rückansicht F widok z tyłu
ruckartig gwałtowny; ~ **bremsen** gwałtownie ⟨za⟩hamować; **sich ~ bewegen** poruszać się zrywami
Rückbesinnung F (**auf** *akk*) wskrzeszenie, wydobycie z zapomnienia (*gen*)
rückbezüglich GRAM zwrotny
Rück|bildung F rozwój wsteczny; BIOL inwolucja; **~blende** F retrospekcja
Rückblick M retrospektywa; **im ~ auf etw** sięgając pamięcią wstecz do (*gen*)
rückblickend ADJ retrospekcyjny; *präd* sięgając pamięcią wstecz
rückdatieren (-) antydatować
rucken V/I szarpać ⟨-pnąć⟩
rücken V/T (*verschieben*) przesuwać ⟨-sunąć⟩; przysuwać ⟨-sunąć⟩ (**an** *akk* do *gen*); *v/i (sn) näher* przysuwać ⟨-sunąć⟩ się (**an** *akk* do *gen*, ku *dat*); *weiter ab* odsuwać ⟨-sunąć⟩ się; (*Platz machen*) posunąć się *pf*; *fig* **an j-s Stelle ~** zająć *pf* miejsce (*gen*); *fig* **in weite Ferne ~** schodzić ⟨zejść⟩ na dalszy plan
Rücken M plecy *pl*, *umg* grzbiet; *e-s Tieres, Buches, Berges usw* grzbiet; KULIN *von Wild, Schaf* comber; *e-s Kleides* tył; **auf dem ~** *liegen* na plecach, na wznak; **im ~** (*hinter sich*) z tyłu, od tyłu; **krummer ~** zgarbione plecy; **j-m den ~ zuwenden** stać plecami *od* tyłem do (*gen*); *fig* **j-m**, *e-r Sache* **den ~ kehren** odwracać ⟨-wrócić⟩ się plecami do (*gen*); *fig* **hinter meinem ~** za moimi plecami; *fig* **j-m in den ~ fallen** zada(wa)ć k-u cios w plecy; *fig* **den ~ frei haben** mieć swobodę działania; *fig* **j-m den ~ stärken** udzielać ⟨-lić⟩ k-u (moralnego) poparcia; **es lief mir eiskalt über den ~** dreszcz przeszedł mi po plecach
Rückenausschnitt M dekolt na plecach *od* z tyłu
Rückendeckung F MIL osłona tyłów; *fig* **j-m ~ geben** osłaniać k-o; *fig* **~ bekommen** znaleźć *pf* poparcie (**von** u *gen*)
Rückenflosse F płetwa grzbietowa
rückenfrei *Kleid* wydekoltowany na plecach
Rücken|lage F położenie na wznak; **~lehne** F oparcie; **~mark** N rdzeń kręgowy; **~schmerzen** FPL ból(e *pl*) w plecach; **~schwimmen** N styl grzbietowy; **~stärkung** F poparcie (moralne); **~stück** N KULIN karkówka; **~wind** M wiatr z tyłu
Rückerstattung F zwrot (kosztów *usw*)
Rückfahr|karte F, **~schein** M bilet powrotny; **~scheinwerfer** reflektor do jazdy wstecz
Rückfahrt F jazda powrotna, powrót
Rückfall M recydywa; MED *a.* nawrót
rückfällig ADJ: **~ werden** *Suchtkranke* popadać ⟨-paść⟩ z powrotem w nałóg; *Täter* ponownie popełni(a)ć przestępstwo; **~er Verbrecher** recydywista *m*
Rück|flug M lot powrotny; **~frage** F pytanie dodatkowe; **~führung** F *von Flüchtlingen* repatriacja; *von Verbrechern* readmisja
Rückgabe F zwrot; JUR *a.* restytucja; rewindykacja; SPORT podanie (**an den Torwart** do bramkarza); **~recht** N prawo zwrotu
Rückgang M spadek; EKON *a.* regresja
rückgängig: **etw ~ machen** cofać ⟨cofnąć⟩, anulować (*im*)*pf* (*akk*)
Rückgewinnung F odzysk(iw)anie
Rückgrat N kręgosłup; *fig* **~ haben** *od* **zeigen** mieć kręgosłup (moralny)
Rückhalt M oparcie; **~ in der Familie haben** mieć oparcie w rodzinie
rückhaltlos całkowity, absolutny; **j-m ~ vertrauen** ufać k-u bez zastrzeżeń
Rück|hand F (*bpl*) SPORT backhand *m*; **~kaufsrecht** N prawo odkupu; **~kehr** F (*bpl*) powrót; **~kopp(e)lung** F sprzężenie zwrotne
Rücklage F EKON fundusz rezerwowy; (*Erspartes*) oszczędności *fpl*; PL **~n** rezerwy *fpl*
Rücklauf M *von Wasser usw* odciek, powrót; *e-r Maschine* ruch wsteczny; *beim Rekorder* szybkie przewijanie taśmy wstecz
rückläufig (*sinkend*) zniżkowy; **~er Prozess** proces regresywny; **~e Entwicklung** cofanie się w rozwoju
Rücklicht N (PL *-er*) światło tylne
rücklings ADV *fallen* na wznak; *mit dem Rücken nach vorn* tyłem (do przodu); (*von hinten*) z tyłu
Rück|meldung F *von Studenten* ponowny zapis (na uczelnię); *mst* PL feedback *m*, odzew; **~nahme** F *e-r Sache* odebranie

R

od wzięcie z powrotem; *fig e-r Behauptung usw* cofnięcie, odwołanie; *e-s Verbots a.* uchylenie; **~porto** N opłata (pocztowa) za odpowiedź; **~reise** F podróż powrotna

Rückruf M odpowiedź telefoniczna; *von Waren* wycofanie (z handlu); **~aktion** F akcja wycofania z rynku wadliwego wyrobu

Rucksack M plecak; **~tourist(in)** M(F) turysta *m* (-tka) z plecakiem, *umg* plecakowy (-wa)

Rück|schau F retrospektywa; **~schlag** M *fig* niepowodzenie; **~schluss** M wniosek; **~schritt** M regres, regresja

rückschrittlich wsteczny, reakcyjny

Rückseite F tylna strona, tył; *e-s Blattes* odwrotna strona; *e-r Münze, Karte* rewers; **auf der ~** na odwrocie

rückseitig zamieszczony na odwrocie

Rücksendung F zwrot

Rücksicht F wzgląd; **mit ~ auf** (*akk*) ze względu na (*akk*), przez wzgląd na (*akk*); **mit ~ darauf, dass** ze względu na to, że; **~ nehmen** mieć wzgląd (**auf** *akk* na *akk*); **keine ~ nehmen auf** (*akk*) nie liczyć się z (*inst*); **ohne ~ auf** (*akk*) nie zważając na (*akk*), bez względu na (*akk*)

Rücksichtnahme F wyrozumiałość *f*, względy *mpl* (**auf** *akk* dla *gen*); **gegenseitige ~** wzajemna wyrozumiałość

rücksichtslos bezwzględny, bezpardonowy (-wo); brutalny; (*unbarmherzig*) bezlitosny; *präd a.* bez skrupułów

Rücksichtslosigkeit F bezwzględność *f*; brutalność *f*; **mit äußerster ~** z niesłychaną bezwzględnością

rücksichtsvoll taktowny, delikatny

Rück|siedler(in) M(F) repatriant(ka); **~sitz** M tylne siedzenie; **~spiegel** M lusterko wsteczne; **~spiel** N mecz rewanżowy

Rücksprache F porozumienie się; **nach ~ mit j-m** po porozumieniu się z (*inst*); **mit j-m ~ nehmen** uzgadniać ⟨-godnić⟩ (sprawę) z (*inst*)

Rückstand M (*Rest*) pozostałość *f*; (*Zurückbleiben*) zaległość *f*; **mit der Arbeit im ~ sein** mieć zaległości w pracy; **mit der Miete im ~ sein** zalegać z czynszem; SPORT **mit drei Punkten ~ auf ...** mając trzy punkty straty (do *gen*, na *lok*); *bes* EKON **im ~ sein gegenüber** (*dat*) pozostawać w tyle za (*inst*)

rückständig (*nicht modern*) zacofany (*a.* EKON); *Zahlungen* zaległy

Rückständigkeit F (*bpl*) zacofanie

Rück|stau M *im Verkehr* spiętrzenie ruchu (przed *inst*); **~stellung** F (*das Zurückstellen*) odroczenie; EKON rezerwa; **~stoß** M FIZ odrzut (*a. e-r Waffe*); **~strahler** M odbłyśnik; **~taste** F klawisz cofający

Rücktritt M ustąpienie (ze stanowiska), dymisja; odstąpienie (**vom Vertrag** od umowy); **s-n ~ erklären** poda(wa)ć się do dymisji, zgłaszać ⟨zgłosić⟩ dymisję

Rücktrittbremse F hamulec typu torpedo

Rücktrittsdrohung F groźba podania się do dymisji

Rückvergütung F rekompensata

rückversichern (-): V/R **sich ~** asekurować się

Rückversicherung F reasekuracja

Rückwand F tylna ściana *od* ścianka

rückwärtig tylny; MIL tyłowy

rückwärts ADV do tyłu, w tył, wstecz; (*von hinten nach vorn*) od tyłu; **das Auto ~ in die Garage fahren** wprowadzać ⟨-dzić⟩ samochód tyłem do garażu; **~fahren** (*irr; sn*) jechać tyłem

Rückwärtsgang M AUTO bieg wsteczny

Rückweg M droga powrotna; **auf dem ~** w drodze powrotnej; **sich auf den ~ machen** wyruszać ⟨-szyć⟩ z powrotem

ruckweise ADV zrywami, nierówno

rückwirkend *Gesetz* o mocy wstecznej; **~ vom ... ** z ważnością wstecz od (*gen*)

Rückwirkung F skutek (**auf** *akk* dla *gen*); (*Gültigkeit*) moc wsteczna

Rückzahlung F zwrot, spłata

ruck, zuck *umg* ADV raz dwa

Rückzieher M SPORT strzał za siebie; *umg fig* **e-n ~ machen** wycof(yw)ać się, iść ⟨pójść⟩ na ustępstwa

Rückzug M odwrót; **auf dem ~ sein** znajdować się w odwrocie; **den ~ antreten** rozpoczynać ⟨-cząć⟩ odwrót, cofać się; *fig żart* rejterować

rüde ordynarny, gburowaty (-to)

Rüde M (-*n*) (pies) samiec; (*Wolf*) basior

Rudel N stado, gromada; *von Wölfen a.* wataha; *von Hunden, Kindern* zgraja

Ruder N wiosło; (*Steuer*) ster; *fig* **am ~ sein** być u steru; *fig* **ans ~ kommen** ująć *pf* ster (rządu) w swoje ręce; *fig* **aus dem ~ laufen** wyłam(yw)ać się spod kontroli

R

Ruder|boot N łódź wiosłowa; **~club** → Ruderklub; **~er** M wioślarz; **~haus** N sterówka; **~in** F wioślarka; **~klub** M klub wioślarski
rudern (*-re; a sn*) V/I wiosłować; (*sn*) (*sich rudernd bewegen*) ⟨po⟩płynąć *od* przeprawi(a)ć się łódką; V/T *j-n, etw* przeprawi(a)ć *od* zawozić ⟨-wieźć⟩ łodzią wiosłową
Rudern N (*-s; bpl*) wiosłowanie; SPORT wioślarstwo
Ruderregatta F regaty *fpl* wioślarskie
Ruf M (*-[e]s; -e*) (*Schrei, Ausruf*) krzyk, wołanie; *e-s Tieres a.* głos; (*Forderung*) wołanie (**nach etw** o *akk*); (*Aufforderung, Aufruf*) wezwanie (**zu** do *gen*), zawołanie; (*Meinung, Leumund*) opinia, reputacja; (*Berufung*) powołanie; **der ~ nach Freiheit** wołanie o wolność; **auf ihren ~ hin kam er** przyszedł na jej wezwanie *od* zawołanie; **e-n ~ an den Lehrstuhl für ... erhalten** zostać *pf* powołanym na katedrę (*gen*); **e-n guten ~ genießen, haben** cieszyć się dobrą opinią, mieć dobrą opinię; **s-n ~ ruinieren** ⟨po⟩psuć sobie reputację; **im ~ e-s Betrügers stehen** mieć opinię oszusta; **j-n in schlechten ~ bringen** ⟨ze⟩psuć k-u opinię; **... von internationalem ~** ... światowej sławy
rufen (*rief, gerufen*) V/T ⟨za⟩wołać; **j-n ~ lassen** wzywać ⟨wezwać⟩ k-o; **j-n ~**, V/I **nach j-m ~** ⟨za⟩wołać, przywoł(yw)ać k-o; **um Hilfe ~** wołać o pomoc; **er kam wie gerufen** przyszedł jak na zawołanie
Rüffel *umg* M bura, reprymenda
Ruf|mord M zniesławienie; **~name** M imię; **~nummer** F numer telefonu; **~säule** F słupek z telefonem awaryjnym
Rufweite F (*bpl*): **in ~** w zasięgu głosu; **außer ~** poza zasięgiem słyszalności
Rufzeichen N → Freizeichen; *austr* wykrzyknik
Rugby ['ragbi] N (*-[s]; bpl*) rugby
Rüge F nagana; **j-m für, wegen etw e-e ~ erteilen** udzielać ⟨-lić⟩ k-u nagany za (*akk*)
rügen: **j-n für, wegen etw ~** ⟨z⟩ganić k-o za (*akk*); **etw an j-m ~** wytykać ⟨-tknąć⟩ k-u (*akk*)
Rügen N (*-s; bpl*): **die Insel ~** Rugia
Ruhe F (*bpl*) spokój; (*Stille*) cisza; (*Erholung*) odpoczynek, spoczynek; **~ geben** (*still sein*) zachow(yw)ać się cicho; **(die) ~ bewahren** zachow(yw)ać spokój; **in (aller) ~** w spokoju, spokojnie; **in ~ lassen** zostawi(a)ć w spokoju; **j-m keine ~ gönnen** nie da(wa)ć k-u spokoju; *umg* **die ~ weghaben** zachow(yw)ać spokój; **sich nicht aus der ~ bringen lassen** nie da(wa)ć się wyprowadzić z równowagi; **zur ~ kommen, ~ finden** uspokajać ⟨-koić⟩ się; **sich zur ~ setzen** przechodzić ⟨przejść⟩ w stan spoczynku; **j-n zur letzten ~ geleiten** towarzyszyć k-u w ostatniej drodze; **~!** cicho!, spokój!; **~, bitte!** proszę o spokój!; **gib endlich ~!** daj wreszcie spokój!; *umg* **immer mit der ~!** tylko spokojnie!; **angenehme ~!** dobranoc!
ruhebedürftig zmęczony; **er ist sehr ~** (on) bardzo potrzebuje wypoczynku
Ruhegeld N renta, emerytura
ruhelos (*unstet, unruhig*) niespokojny
ruhen V/I (*sich erholen*) wypoczywać ⟨-cząć⟩, odpoczywać ⟨-cząć⟩; *Last, Tote, Blicke, Hand, Arbeitsverhältnis usw* spoczywać; *Arbeit, Verkehr* usta(wa)ć; *Recht* pozostawać w zawieszeniu; **~ lassen** *Frage* pozostawi(a)ć do rozstrzygnięcia na później; **er ruhe in Frieden!** niech odpoczywa w pokoju!; **~der Verkehr** ruch postojowy
ruhenlassen (*irr; -*) *fig* → ruhen
Ruhepause F przerwa (na odpoczynek)
Ruhestand M (*bpl*) stan spoczynku; **im ~** w stanie spoczynku, emerytowany; **in den ~ versetzen** przenosić ⟨-nieść⟩ w stan spoczynku
Ruhestätte *lit* F: **letzte ~** miejsce wiecznego spoczynku
Ruhe|störer M awanturnik, warchoł; **~störung** F zakłócenie spokoju (publicznego); **~tag** M dzień *m* wypoczynku, wolny dzień
ruhig ADJ spokojny; (*still*) cichy (-cho); **ganz ~** *umg* spokojniutki (-ko); **sich ~ verhalten** zachow(yw)ać się spokojnie; **~ stellen** MED *Arm usw* unieruchamiać ⟨-chomić⟩; *umg partikel* **sie kann ~ schreien** niech sobie krzyczy; **du kannst ~ rauchen** (jeśli chcesz) możesz palić; **das kannst du mir ~ glauben** możesz mi wierzyć
Ruhm M (*-[e]s; bpl*) sława, chwała
rühmen V/T sławić, wychwalać (*akk*); chwalić (**j-n wegen etw** k-o za *akk*); *v/r*

sich ~ (*gen*) chwalić się (*inst*)
Ruhmesblatt N: **das ist kein ~ für ihn** to mu nie przysparza chwały
rühmlich chwalebny
ruhm|reich, ~voll sławny, chlubny
Ruhr[1] F (*bpl*) MED czerwonka
Ruhr[2] F (*bpl*): **die ~** (*Fluss*) Ruhra
Rührei N, *reg* **~er** PL jajecznica
rühren **A** VT **1** *Teig usw* ⟨za⟩mieszać; (*bewegen*) ruszać ⟨-szyć⟩, poruszać ⟨-szyć⟩ (*inst*); **etw kaum ~ können** ledwie móc poruszyć *pf* (*inst*) **2** *fig* poruszać ⟨-szyć⟩, wzruszać ⟨-szyć⟩ (**zu Tränen** do łez); **B** VI mieszać; **das rührt daher, dass ...** (*Ursache in etw haben*) to wynika z tego, że ... **C** V/R **sich ~** ruszać ⟨-szyć⟩ się; **rührt euch!** spocznij!
rührend ADJ wzruszający (-co)
Ruhrgebiet N (*bpl*): **das ~** Zagłębie Ruhry
rührig aktywny, dynamiczny; obrotny
Rührlöffel M warząchew *f*
rührselig *Lied* rzewny; *Person* czułostkowy, sentymentalny
Rührteig M ciasto ucierane
Rührung F (*bpl*) rozrzewnienie, rozczulenie; **... vor ~ ...** z rozczulenia
Ru'in M (*-s; bpl*) ruina, upadek
Ru'ine F ruina; ARCH *mst* ruiny *pl*
rui|'nieren (-) VT ⟨z⟩rujnować (*v/r* **sich** się); **~'nös** rujnujący, zgubny
rülpsen *umg* VI *pop* bekać ⟨-knąć⟩; **er rülpst** odbija mu się, *pop* on beka
Rülpser *umg* M *pop* bekanie, beknięcie
rum *umg* → herum
Rum M (*-s; -s od -e*) rum
Ru'mäne M (*-n*) Rumun
Ru'mänien [-niən] N (*-s; bpl*) Rumunia
Ru'mänin F Rumunka
ru'mänisch rumuński (po -ku)
rum|gammeln *umg* VI zbijać bąki, obijać się; **~kriegen** *umg* → herumkriegen
rummachen *umg*: VI **an etw ~** (*herumfummeln*) dłubać przy (*lok*)
Rummel M (*-s; bpl*) (*Betrieb*) zamieszanie, ruch; (*Lärm*) harmider; *in der Presse usw* szum, wrzawa; *reg* jarmark; **e-n großen ~ um etw machen** narobić *pf* szumu wokół (*gen*)
Rummelplatz M wesołe miasteczko
ru'moren VI (-) (*lärmen*) hałasować; *im Bauch* burczeć
Rumpelkammer *umg* F rupieciarnia
rumpeln VI (*-le*) (*poltern*) łoskotać; (*sn*) *Fahrzeug* dudnić, gruchotać
Rumpf M (*-[e]s; Rümpfe*) tułów; TECH korpus; LOTN, MAR kadłub
Rumpfbeuge F skłon tułowia
rümpfen: VT **bei diesem Gestank die Nase ~** od tego smrodu kręci w nosie; *fig* **über etw die Nase ~** kręcić nosem na (*akk*)
Rumpsteak N rumsztyk
rumsen *umg* VI rymnąć *pf*, grzmotnąć *pf*
Rumtopf M nalewka owocowa na rumie
rund ADJ okrągły (*a. Zahl, Summe, Gesicht usw*), zaokrąglony; (*kreisförmig*) kolisty; *präd* okrągło; koliście; **~ machen** zaokrąglać ⟨-lić⟩; **etw ~ schneiden** obciąć na okrągło (*akk*); ADV *umg* (*etwa*) około; **~ um** (*akk*) dookoła (*gen*); **~ um die Uhr** (przez) całą dobę
Rund|bau M (PL *-ten*) rotunda; **~blick** M panorama; **~bogen** M ARCH łuk półkolisty pełny
Runde F (*Gruppe*) kółko; kompania; (*Lauf, Flug usw auf e-m Rundkurs*) okrążenie; SPORT runda (*a. Boxen*); *bei Verhandlungen* runda, tura; (*Lage im Lokal*) kolejka; *beim Schach, Kartenspiel* partia; **in die ~ blicken** spojrzeć dookoła; **die ~ machen** *Gerücht, Sache* krążyć; *umg* **mit dem Geld über die ~n kommen** jakoś wiązać koniec z końcem, żyć na styk; → Rundgang
runden (*-e-*) VT zaokrąglać ⟨-lić⟩ (*v/r* **sich** się)
runderneuern (-) *Reifen* bieżnikować
Rund|fahrt F podróż okrężna; wycieczka (autokarem) po mieście; SPORT rajd prowadzący zamkniętą trasą; **~flug** M (krótki) lot okrężny
Rundfunk M radio(fonia); **im ~ übertragen** transmitować przez radio; **beim ~ arbeiten** pracować w radiu
Rundfunk|anstalt F rozgłośnia radiowa; **~gebühr** F abonament radiowo-telewizyjny; **~gerät** N radio(odbiornik); **~hörer(in)** M(F) radiosłuchacz(ka); **~programm** N program radiowy; **~reporter(in)** M(F) reporter(ka) radiowy (-wa); **~sender** M rozgłośnia od stacja radiowa; **~sprecher(in)** M(F) spiker(ka) radiowy (-wa); **~station** F radiostacja; **~übertragung** F transmisja radiowa; **~werbung** F reklama radiowa

R

Rundgang M *e-s Wächters usw* obchód; (*Spaziergang*) spacer, wycieczka (**durch die Stadt** po mieście)
rundgehen V/I (*irr; sn*) krążyć; *umg unpers* **heute geht es hier rund** (*es ist viel los*) tu dzisiaj kipi życiem; (*es gibt viel zu tun*) dziś jest tu huk roboty
'rundhe'raus ADV bez ogródek
'rundher'um ADV (*ringsum; a. um j-n, etw*) dokoła, naokoło (*gen*); (*völlig*) w zupełności, całkiem
Rundholz N (PL *-hölzer*) okrąglak
rundlich zaokrąglony; *Person* korpulentny; *Kind* pulchniutki (-ko)
Rundreise F podróż okrężna
Rundschreiben N okólnik
'rund'um ADV → rundherum
Rundung F zaokrąglenie, okrągłość *f*; *umg* **~en** *e-r Frau* krągłości *fpl*
'rund'weg ADV wręcz, wprost
Rundweg M droga prowadząca dokoła
Runenschrift F (*bpl*) pismo runiczne
Runenstein M kamień z runami
Runkelrübe F burak pastewny
runter *umg* → herunter, hinunter
runterhauen (*irr*) *pop*, **runterknallen** *pop*: **j-m e-e ~** da(wa)ć k-u po pysku
Runzel F (*-; -n*) zmarszczka
runz(e)lig pomarszczony
runzeln (*-le*) V/T *Stirn* ⟨z⟩marszczyć; V/R **sich ~** *Haut* pomarszczyć się *pf*
Rüpel M cham, gbur, ordynus
Rüpe'lei F (*bpl*) chamstwo; (*a. pl*) grubiaństwo, niegrzeczność *f*
rüpelhaft chamski; **sich ~ benehmen** zachow(yw)ać się po chamsku
rupfen *Geflügel, Gras, Blätter* skubać, oskub(yw)ać; *umg fig* **j-n ~** oskubać *pf* k-o z pieniędzy; **mit j-m noch ein Hühnchen zu ~ haben** mieć porachunki z (*inst*)
ruppig *Benehmen, Ton* szorstki (-ko); **ein ~es Spiel** brutalna gra
Rüsche F falbana, falbanka
Ruß M (*-es; bpl*) sadza; kopeć *m*
Russe M (*-n*) Rosjanin
Rüssel M *e-r Sau* ryj; *e-s Elefanten* trąba; *e-r Fliege* ryjek; *umg fig* (*Nase*) nochal; (*Mund*) *pop* ryj
ruß|en V/I kopcić; **~ig** zakopcony
Russin F Rosjanka
russisch rosyjski (po -ku); **~** *od* **Russisch sprechen** mówić po rosyjsku; **Russische Föderation** Federacja Rosyjska
russisch-orthodox prawosławny
Russland N (*-s; bpl*) Rosja
rüsten (*-e-*) V/I zbroić się; **zum Krieg ~** przygotow(yw)ać armię do wojny; V/R **sich ~ (zu)** szykować się (do *gen*)
Rüster F (*-; -n*) BOT wiąz
rüstig krzepki (-ko), czerstwy (-wo)
rusti'kal *Möbel* rustykalny; **gern ~ essen** lubić proste potrawy
Rüstung F *e-s Ritters* zbroja; (*bpl*) zbrojenia *npl*
Rüstungs|güter NPL *koll* sprzęt wojenny; **~industrie** F przemysł zbrojeniowy, *umg* zbrojeniówka; **~kontrolle** F kontrola zbrojeń; **~wettlauf** M (*bpl*) wyścig zbrojeń
Rute F rózga; (*Schwanz*) ogon; (*Angelrute*) wędka; → Wünschelrute
Rutsch M (*-[e]s; -e*) GEOL osuwisko; *umg fig* **in e-m ~** za jednym zamachem; **guten ~ (ins neue Jahr)!** do siego roku!
Rutschbahn F *für Kinder* zjeżdżalnia; *umg* (*glatte Fläche*) ślizgawica
Rutsche F *für Sachen* ześlizg; *für Kinder* zjeżdżalnia
rutschen V/I (*sn*) ślizgać się; *Erde* obsuwać ⟨-sunąć⟩ się; **von etw ~** ześlizgiwać ⟨-z(g)nąć⟩ się z (*gen*); **aus etw ~** wyślizgiwać ⟨-z(g)nąć⟩ się z (*gen*); **auf den Knien ~** pełzać na kolanach; *umg* **rutsch mal bisschen** posuń się trochę
rutschfest *Sohle* antypoślizgowy
Rutschgefahr F (*Schild*) śliska jezdnia
rutschig (*glatt*) śliski (-ko)
rütteln (*-le*) V/T trząść, potrząsać ⟨-snąć⟩ (*inst*); V/I *Wagen* trząść; **an der Tür ~** szarpać drzwiami; *fig* **daran ist nicht zu ~** sprawa skończona

S

s. (sieh[e]!) patrz!
Sa. (Samstag, Sonnabend) sobota
Saal M (*-[e]s; Säle*) sala
Saaldiener M porządkowy *m* na sali

Saale F (*bpl*): **die ~** Soława
Saarland N (-[e]s; bpl): **das ~** kraj związkowy Saara
Saat F (*bpl*) (*das Säen*) siew, zasiew; *fig* posiew; (*a. pl*) **junge ~** wschodzące zboże; → **~gut** N (*bpl*) materiał siewny; **~kartoffeln** FPL sadzeniaki *mpl*; **~krähe** F ZOOL gawron
Sabbat M (-*s*; -*e*) szabas
sabbern *umg* V/I (-*re*) ślinić się; *reg abw* bajtlować, pytlować
Säbel M szabla; **~fechten** N SPORT walka na szable, szabla
Säbelfechter(in) M(F) szablista *m* (-tka)
Sabo|'tage [-ʒə] F sabotaż; **~'teur** M (-*s*; -*e*) sabotażysta *m* (-tka)
sabo'tieren (-) sabotować
Sachbearbeiter(in) M(F) referent(ka)
Sachbeschädigung F uszkodzenie rzeczy; (*Zerstörung des Eigentums*) zniszczenie mienia
sachbezogen ADJ dotyczący sprawy, merytoryczny
Sach|bezüge MPL pobory *mpl* w naturze; **~buch** N książka popularnonaukowa; (*Ratgeber*) poradnik; *koll als Literaturgattung* literatura faktu
sachdienlich dotyczący sprawy, istotny (dla sprawy)
Sache F (*Ding*) rzecz *f*; *fig* (*Angelegenheit*) rzecz *f*, sprawa; **~n** PL (*Habseligkeiten, Kleidung*) rzeczy *fpl*; **zur ~** w sprawie merytorycznej; do rzeczy; **zur ~ kommen** przystępować ⟨-stąpić⟩ do rzeczy; **das tut nichts zur ~** to nie ma nic do rzeczy; **nicht bei der ~ sein** być roztargnionym; **die ~ ist die, dass** rzecz w tym, że; **das ist nicht deine ~** to nie twój interes; **das ist e-e ~ für sich** to sprawa osobna; **gemeinsame ~ machen (mit j-m)** być w zmowie (z *inst*); **sie macht ihre ~ gut** ona dobrze wywiązuje się z powierzonych jej obowiązków; **in eigener ~** we własnej sprawie; JUR **in ~n** w sprawie; *umg* **mit 100 ~n** z prędkością stu kilometrów
sachfremd niedotyczący sprawy, nieistotny
Sachgebiet N dziedzina
sachgemäß właściwy (-wie)
Sachkenner M znawca *m* przedmiotu
Sachkenntnis F znajomość *f* rzeczy, kompetencja
sachkundig znający się na rzeczy, kompetentny; *Rat* fachowy (-wo)
Sachlage F (*bpl*) stan rzeczy
Sachleistung F świadczenie rzeczowe, świadczenie w naturze
sachlich (*objektiv, rational*) rzeczowy (-wo); (*sachbezogen*) merytoryczny
sächlich GRAM nijaki, rodzaju nijakiego
Sachlichkeit F (*bpl*) rzeczowość *f*
Sachregister N indeks rzeczowy
Sachschaden M szkoda materialna
Sachse M (-*n*) Saksończyk, Sas
Sachsen N (-*s*; *bpl*) Saksonia *f*; **~-Anhalt** N (-*s*; *bpl*) Saksonia-Anhalt *f*
sächsisch saksoński, saski (po -ku)
sacht(e) ADV lekko, łagodnie; (*langsam*) powolnie, powoli
Sach|verhalt M (-[e]s; -e) okoliczności *fpl* sprawy, stan rzeczy; **~verstand** M znajomość *f* rzeczy; **~verständige(r)** F (*m*) rzeczoznawca *m*; **~walter(in)** M(F) *fig* rzecznik (-niczka), obrońca *m* (-czyni); **~wert** M wartość trwała; PL aktywa *pl* materialne, obiekty *mpl* o trwałej wartości
Sachzwang M przymus okoliczności
Sack M (-[e]s; Säcke) worek, wór; *pop* (*Hodensack*) moszna; *abw* **alter ~** stary dziad, *vulg* stary pierdoła; *umg* **mit ~ und Pack** z całym dobytkiem
Säckchen N woreczek, torebka
Säckel M kiesa (*a. iron*), sakiewka
sackförmig workowaty (-to)
Sackgasse F ślepa ulica, ślepa uliczka; *fig* ślepy zaułek; *fig* **in e-e ~ geraten** znaleźć się w impasie
Sackkarre F wózek do worków
Sackleinen N płótno workowe
sackweise w workach; workami
Sa'dist M (-*en*) sadysta *m*
Sa'distin F sadystka
sa'distisch sadystyczny
säen (*säst, sät; sätest, säe!; gesät*) ⟨za⟩siać, *a. fig* ⟨po⟩siać
Safe [ze:f, se:f] M *od* N (-*s*; -*s*) sejf; **~knacker** M kasiarz
Safran M (-*s*; *bpl*) szafran
safrangelb szafranowy
Saft M (-[e]s; Säfte) sok; *austr* (*Soße*) sos; *umg* (*Kraftstoff*) paliwo; (*Strom*) prąd; *fig* **ohne ~ und Kraft** *Rede* mdły, nudny; *umg* **gib mehr ~!** dodaj gazu!
saftig soczysty (-ście); *fig Preis* słony
Saftladen *umg abw* M kram, kramik
saftlos: *fig* **saft- und kraftlos** rozmamłany

Saftpresse F sokowirówka
Sage F podanie, baśń *f*, saga
Säge F piła, piłka; **~blatt** N brzeszczot piły; **~mehl** N *(bpl)* trociny *fpl*
sagen V/T mówić ⟨powiedzieć⟩, rzec *pf*; *(bedeuten)* znaczyć; *(meinen)* myśleć; **so etwas sagt man nicht** tego się nie mówi; **er hat hier nichts zu ~** on nie ma tu nic do powiedzenia; **das hat nichts zu ~** to nic nie znaczy; **was ich (noch) ~ wollte** co chciałem (-łam) powiedzieć; **was du nicht sagst!** to niemożliwe!; **was willst du damit ~?** co chcesz przez to powiedzieć?, co masz na myśli?; **was sagst du dazu?** co o tym myślisz?; **dazu ist nichts weiter zu ~** w tej sprawie nie ma nic więcej do powiedzenia; **sage und schreibe** dosłownie; **wie gesagt** jak się rzekło; **man sagt** mówi się, mówią; **ich habe mir ~ lassen** powiedziano mi; słyszałem (-łam); **unter uns gesagt** między nami (mówiąc); **man könnte ~** rzec by można; **sag mal, ...** powiedz mi, ...; *umg* **sag bloß!** coś podobnego!; *umg* **das Sagen haben (in** *dat*) szefować *(dat)*; **wer hat hier das Sagen?** kto tu rządzi?
sägen V/T piłować, ciąć; V/I *umg (schnarchen)* chrapać
Sägen N (-s; *bpl*) piłowanie
sagenhaft legendarny; *fig* fantastyczny; *umg* **~ teuer** strasznie drogi (-go)
Sägespäne MPL trociny *fpl*
Sägewerk N tartak
sah, sähe → sehen
Sa'hara F *(bpl)*: **die ~** Sahara; **in der ~** na Saharze
Sahne F *(bpl)* śmietanka, *mst saure* śmietana; **~bonbon** M *od* N irys śmietankowy; **~torte** F tort śmietankowy
sahnig przyprawiony śmietaną, ze śmietaną; *(wie Sahne)* jak śmietan(k)a
Saibling M ZOOL złotopstrąg
Saison [zɛ'zo:] F (-; -s) sezon; *in zssgn* sezonowy
saisonbedingt [zɛ'zo:-] sezonowy
Saisonschlussverkauf [zɛ'zo:-] M wyprzedaż posezonowa
Saite F struna; *fig* **andere ~n aufziehen** uciekać się do innych środków
Saiteninstrument N instrument strunowy
Sakko M *od* N (-s; -s) marynarka
Sakra'ment N (-[e]s; -e) sakrament
Sakris'tei F zakrystia
Sala'mander M salamandra
Sa'lami F (-; -[s]) salami *n*
Sa'lär N (-s; -e) *bes szwajc* uposażenie
Sa'lat M (-[e]s; -e) sałata; KULIN *a.* sałatka; *umg fig* **da haben wir den ~!** a to dopiero!, masz ci los!; **~gurke** F ogórek sałatkowy; **~kopf** M główka sałaty; **~schüssel** F salaterka
Salbe F maść *f*
Sal'bei M (-s; *bpl*) szałwia
salbungsvoll *abw* pełen namaszczenia; *präd* z namaszczeniem
Saldo M (-s; -den, -di *od* -s) saldo; **per ~** per saldo; *umg (im Endeffekt)* w efekcie; **~übertrag** M saldo do przeniesienia
Säle PL → Saal
Sali'zylsäure F *(bpl)* kwas salicylowy
Salm M (-[e]s; -e) łosoś *m* (szlachetny)
Salmiakgeist M *(bpl)* woda amoniakalna, *umg* amoniak
Salmo'nellenvergiftung F salmonelloza
Salon [za'lo:, za'lɔŋ] M (-s; -s) salon
sal'onfähig salonowy, wykwintny; **nicht ~** *Witz* nieprzyzwoity
sa'lopp *(lässig)* swobodny; *(nachlässig)* niedbały (-le); *Ausdruck* pospolity
Sal'peter M (-s; *bpl*) saletra; **~dünger** M saletrzak; **~säure** F *(bpl)* kwas azotowy
Sa'lut M (-[e]s; -e) salut; **~ schießen** strzelać (z dział) na wiwat
salu'tieren V/I (-) ⟨za⟩salutować
Salve F salwa *(a. fig)*
Salz N (-es; -e) sól *f (a.* CHEM); *fig* **~ auf, in die Wunde streuen** rozdrapywać rany
salzarm *Nahrung* niskosolny
Salz|bergwerk N kopalnia soli; **~brezel** F obwarzanek z solą
salzen (-zt; *pperf gesalzen*) ⟨po⟩solić; → gesalzen
Salzgurke F ogórek kiszony
salzhaltig zawierający sól, słony
Salzhering M śledź solony
salzig słony (-no)
Salz|kartoffeln FPL ziemniaki *mpl* z wody; **~lake** F solanka; **~säure** F *(bpl)* kwas solny; **~siederei** F żupa solna, warzelnia soli; **~stange** F słony paluszek; **~streuer** M solniczka
Salzwasser N *(bpl)* słona woda
Sämaschine F siewnik
Samen M nasienie *(a. Sperma)*, siemię;

~**bank** F bank spermy; ~**erguss** M wytrysk nasienia; ~**korn** N nasionko, ziarn(k)o; ~**zelle** F plemnik
Samenzucht F nasiennictwo
sämig *Suppe* zagęszczony, zawiesisty
Sammel|aktion F zbiórka; ~**band** M zbiór, antologia; ~**bestellung** F zamówienie zbiorcze; ~**fahrschein** M bilet zbiorowy
sammeln (*-le*) V/T *Sachen, Geld usw* zbierać ⟨zebrać, uzbierać⟩ (*v/r* **sich** się); *Briefmarken usw a.* kolekcjonować; *Gedanken* skupi(a)ć; V/I przeprowadzać ⟨-dzić⟩ zbiórkę; V/R **sich** ~ *Menschen, Wasser usw* zbierać ⟨zebrać⟩ się; (*sich konzentrieren*) *a. Strahlen* skupi(a)ć się
Sammel|platz M miejsce zbiórki; ~**stelle** F **(für etw)** składnica, zbiornica (*gen*); ~**'surium** [-iən] *umg* N (*-s;-ien*) zbieranina
Sammler(in) M(F) zbieracz(ka); *engS a.* kolekcjoner(ka)
Sammlung F (*das Sammeln*) zbieranie, *von Geld usw* zbiórka; (*Menge*) zbiór; kolekcja; *fig* (*bpl*) *innere* skupienie
Samstag M sobota; → Sonnabend
samstags ADV w sobotę, co sobota
samt PRÄP (*dat*) wraz z, razem z (*inst*); ADV ~ **und sonders** wszystkie *od persf* wszyscy bez wyjątku
Samt M (*-[e]s; -e*) aksamit
samten, **samtig** aksamitny
sämtlich PRON *indef* wszystek (-ka, -ko); PL wszystkie, *persf* wszyscy; ~**e Werke** wszystkie dzieła; → ganz
samtweich aksamitny, jak aksamit
Sana'torium [-iən] N (*-s; -ien*) sanatorium *n*
Sand M (*-[e]s; -e*) piasek, piach; *umg* **wie ~ am Meer** jak maku; **im ~e verlaufen** rozejść się *pf* po kościach; **j-m ~ in die Augen streuen** mydlić k-u oczy; *umg* **etw in den ~ setzen** zawalić *pf*
San'dale F sandał, sandałek
Sanda'lette F sandałek na obcasie
Sand|bank F (PL *-bänke*) ławica piaskowa, mielizna; ~**boden** M grunt piaszczysty; AGR gleba piaskowa; ~**burg** F zamek z piasku (na plaży)
Sanddorn M BOT rokitnik
Sandelholz N drewno sandałowe
Sandgrube F piaskownia
sandig piaszczysty

Sand|kasten M piaskownica; ~**korn** N ziarnko piasku; ~**kuchen** M babka piaskowa; ~**männchen** N (*TV-Sendung*) dobranocka; ~**papier** N papier ścierny; ~**sack** M worek z piaskiem; ~**stein** M piaskowiec; ~**strand** M piaszczysta plaża; ~**sturm** M burza piaskowa
sandte → senden
Sanduhr F klepsydra
Sandwich ['zɛntvɪtʃ] M *od* N (*-s; -[e]s*) sandwicz, kanapka
Sandwüste F pustynia piaszczysta
sanft łagodny; (*zart, vorsichtig*) delikatny; *Wesen a.* potulny
Sänfte F lektyka
Sanftmut F (*bpl*) łagodność *f*, potulność *f*
sanftmütig potulny
sang, **sänge** → singen
Sänger(in) M(F) śpiewak (-aczka)
sanglos: ADV **sang- und klanglos** bez rozgłosu, niezauważenie, po cichu
sa'nieren (-) *Haus usw* ⟨z⟩modernizować; EKON uzdrawiać ⟨uzdrowić⟩
Sa'nierung F *e-s Hauses* modernizacja; *der Wirtschaft* uzdrowienie
Sa'nierungsprogramm N program uzdrowienia (gospodarki)
sani'tär sanitarny; ~**e Einrichtungen** urządzenia *npl* sanitarne
Sani'täter(in) M(F) sanitariusz(ka)
Sani'tätskontrolle F kontrola sanitarna
sank, **sänke** → sinken
Sankt(-) Święty, Świętego
Sankti'on F sankcja; JUR *a.* rygor
sanktio'nieren (-) ⟨u⟩sankcjonować
sann, **sänne** → sinnen
Saphir M (*-es; -e*) szafir; *in Zssg(n)* szafirowy
Sar'delle F sardela; ~**n-** *in Zssg(n)* sardelowy
Sar'dine F sardynka
Sar'dinien [-niən] N (*-s; bpl*) Sardynia
Sarg M (*-es; Särge*) trumna
sar'kastisch sarkastyczny
Sarko'phag M (*-s; -e*) sarkofag
SARS (Severe Acute Respiratory Syndrome) syndrom ostrej niewydolności oddechowej
saß, **säße** → sitzen
Satan M (*-s; -e*) szatan (*a. fig*)
Satel'lit M (*-en*) satelita; **über ~** drogą satelitarną

S

Ich habe es satt!

die Streitigkeiten satt bekommen	mieć dość kłótni
jemanden statt haben	mieć kogoś dość
sich an etwas nicht satt sehen können	nie móc się napatrzeć

Satel'liten|fernsehen N telewizja satelitarna; **~foto** N zdjęcie satelitarne; **~schüssel** *umg* F antena satelitarna
Satin [za'te:] M (*-s; -s*) satyna
Sa'tire F satyra
Sa'tiriker(in) M(F) satyryk (*a. f*)
sa'tirisch satyryczny
satt syt(y, -a, -e), *persf* syci; *Farbe* soczysty, nasycony; **sich ~ essen** najadać ⟨-jeść⟩ się do syta; **ich bin es ~ zu** (+ INF) mam dosyć (+ *gen des Verbalsubstantivs*); → satthaben
Sattel M (*-s; Sättel*) siodło (*a. Bergrücken*); *fig* **aus dem ~ heben** wysadzić z siodła; *fig* **fest im ~ sitzen** siedzieć mocno w siodle
Satteldecke F czaprak
sattelfest *fig* (**in** *dat*) mocny (w *lok*)
Sattelgurt M popręg
satteln (*-le*) ⟨o⟩siodłać
Sattelschlepper M ciągnik siodłowy
Sattelzug M AUTO ciągnik siodłowy z naczepą
satthaben V/T (*irr*) *fig umg* mieć dość (*gen*)
sättigen nasycać ⟨-cić⟩ (*a.* CHEM, HANDEL)
sättigend ADJ *Speise* sytny
Sättigung F (*bpl*) nasycanie, nasycenie; (*Sattsein*) sytość *f*
Sattler M siodlarz, rymarz
Sattle'rei F warsztat siodlarski
sattsam ADV dostatecznie, aż nadto
Sa'turn M ASTRON Saturn
Satz M (*-es; Sätze*) GRAM zdanie; (*Lehrsatz*) twierdzenie; MUS fraza; FIN, HANDEL stopa, stawka; (*Sprung*) sus; SPORT set; TYPO skład; (*Set*) komplet, zestaw; partia; TECH *a.* zespół; (*Bodensatz*) osad; **~aussage** F GRAM orzeczenie; **~ball** M *im Tennis* setbol; **~bau** M (*bpl*) GRAM układ wyrazów w zdaniu; **~ergänzung** F GRAM dopełnienie; **~gegenstand** M GRAM podmiot; **~lehre** F GRAM składnia; **~teil** M GRAM część *f* zdania
Satzung F statut
satzungsgemäß statutowy
Satzzeichen N znak przestankowy
Sau F (*-; Säue od -en*) locha, maciora; *pop* (*Person*) *abw* świnia, świntuch; *pop* **j-n zur ~ machen** obsobaczać ⟨-czyć⟩ k-o; *pop* **unter aller ~** zakichany, pieski; **~arbeit** *pop* F parszywa robota
sauber czysty (-to); *iron* ładny, wspaniały (-le); *Umwelt* nieskażony, niezanieczyszczony; (*ordentlich, gepflegt*) porządny, zadbany; *fig* (*sorgfältig*) sumienny; (*anständig*) czysty, kryształowy; **~ machen** *Raum* ⟨po⟩sprzątać (w *lok*); *Sache* ⟨o-, wy⟩czyścić; *etw* **~ halten** utrzym(yw)ać w czystości
Sauberkeit F (*bpl*) czystość *f*
säuberlich staranny, porządny
saubermachen → sauber
säubern (*-re*) ⟨wy⟩czyścić; *fig*, POL oczyszczać ⟨-cić⟩ (**von** z *gen*)
Säuberung F czyszczenie; POL czystka
saublöd(e) *pop* głupi jak but
Sauce ['zo:sə] F sos
Saudi-A'rabien [-iən] N (*-s; bpl*) Arabia Saudyjska
saudi-a'rabisch saudyjsk(oarabsk)i
saudumm *pop* głupi jak but
sauer (*saurer, sauerste*) kwaśny (-no) (*a. fig Miene, Lächeln*); *Gurke* kiszony; *umg* (*böse*) wkurzony; **~ werden** *Milch* ⟨s⟩kwaśnieć, skisić się *pf*; *umg* **~ reagieren** ⟨za⟩reagować kwaśno (**auf** *akk* na *akk*); **~ verdient** ciężko zapracowany
Sauer|ampfer M szczaw; *in Zssg(n)* szczawiowy; **~braten** M pieczeń wołowa na dziko
Saue'rei *umg* F *abw* świństwo, sukinsyństwo
Sauer|kirsche F wiśnia; **~kohl** *reg* M, **~kraut** N (*bpl*) kapusta kiszona
säuerlich kwaskowaty (-to)
Sauer|milch F kwaśne *od* zsiadłe mleko; **~scharfsuppe** F zupa ostro-kwaśna; **~stoff** M (*bpl*) tlen; *in Zssg(n)* tlenowy; **~stoffmangel** M (*bpl*) niedobór tlenu, niedotlenienie; **~stoffmaske** F maska tlenowa; **~stoffzelt** N namiot tlenowy

Sauerteig M zaczyn, rozczyn
sauerverdient → sauer
Saufbold M (-[e]s; -e) pijak
saufen (*säuft, soff, gesoffen*) V/T *u.* V/I pić, żłopać; *pop Person* pić, chlać; **~ wie ein Loch** pić na umór
Säufer M *abw* pijak, opój
Saufe'rei *pop* F popijawa, pijatyka; (*Trunksucht*) pijaństwo
Säufer|in F *abw* pijaczka; **~wahnsinn** M biała gorączka, *pop* delirka
Saufgelage F pijatyka
säuft → saufen
saugen (*sog od saugte, gesogen od gesaugt*) V/T ssać (*a.* v/i **an** *dat*); **Staub ~** → staubsaugen; **aus etw ~** wysysać ⟨wyssać⟩ z (*gen*); V/R **sich voll Wasser ~** przesiąkać ⟨-knąć⟩ wodą
säugen *Tierjunges* odżywiać mlekiem
Sauger M (*Schnuller*) smoczek
Säuger M, **Säugetier** N ssak
saugfähig chłonny, wsiąkliwy
Saugflasche F butelka ze smoczkiem
Säugling M (*-s; -e*) niemowlę
Säuglings|alter N wiek niemowlęcy; **~pflege** F pielęgnowanie niemowlęcia
Saug|lüfter M wentylator ssący; **~napf** M przyssawka
saugrob *pop* chamski, ordynarny; *präd* po chamsku, ordynarnie
Saugrohr N rura ssawna *od* ssąca
säuisch świński (po -ku)
Saukerl M *abw* kawał drania, *pop* skurczybyk, *vulg* skurwiel
Säule F kolumna, słup; *fig* filar
Säulendiagramm N wykres słupkowy
Säulengang M krużganek, kolumnada
Säulenhalle F sala kolumnowa
Saum M (-[e]s; Säume) obrąbek, rąbek; *lit* (*Rand*) skraj
Saumagen M KULIN (gotowany) żołądek wieprzowy z nadzieniem
saumäßig *abw* wstrętny, paskudny
säumen[1] V/T obrębi(a)ć; *fig* oblegać ⟨-lec⟩, otaczać ⟨otoczyć⟩
säumen[2] *lit* V/I (*zögern*) zwlekać
säumig opieszały (-le)
Sauna F (*-; -s od -nen*) sauna
Säure F (*bpl*) kwaśność *f*; (PL *-n*) kwas
säure|beständig, ~fest kwasoodporny
Säuregrad M kwasowość *f*

Saure-Gurken-Zeit, Sauregurkenzeit F (*bpl*) sezon ogórkowy,
Saurier [-riər] M jaszczur
Saus M: *nur in* **in ~ und Braus leben** prowadzić hulaszcze życie
säuseln (*-le*) V/I szemrać, szeptać; *iron* pieścić się, *a. v/t* mówić ⟨powiedzieć⟩ słodziutkim głosem
sausen V/I *Wind, Sturm* szumieć, huczeć; (*sn*) *Person, Fahrzeug* ⟨po⟩pędzić, ⟨po⟩mknąć; **etw ~ lassen** *umg Gelegenheit* nie skorzystać *pf* z (*gen*); (*aufgeben*) zrezygnować *pf* z (*gen*)
sausenlassen (*irr; -*) → sausen
Sau|stall *umg* M (*bpl*) *abw* chlew, bałagan; **~wetter** *umg* N paskudna pogoda
sauwohl *umg* ADV: **sich ~ fühlen** czuć się pysznie *od* bosko
Saxo'|fon, ~phon M (*-s; -e*) saksofon
SB- *in zssgn* (Selbstbedienungs-) ... samoobsługowy
S-Bahn F szybka kolej miejska
scannen ['skɛnən] skanować
Scanner ['skɛnər] M skaner
Schabe F karaluch
Schabefleisch N KULIN mielone mięso wołowe
schaben V/I skrobać; V/T oskrob(yw)ać
Schaber M skrobak
Schabernack M (-[e]s; -e) żarty *mpl*
schäbig (*abgenutzt, ärmlich*) zniszczony; (*gemein*) podły (-le); *umg* (*karg*) marny; (*geizig*) skąpy (-po)
Scha'blone F szablon (*a. fig*), wzornik
scha'blonenhaft szablonowy (-wo)
Schach M (*-s; bpl*) (gra w) szachy *mpl*; **~ bieten** da(wa)ć szacha; *umg* **in ~ halten** trzymać w szachu; **~brett** N szachownica
schachbrettartig w szachownicę
Schach|brettmuster N wzór szachownicowy; **~figur** F figura szachowa
schach'matt *umg fig* (zupełnie) wykończony
Schachspiel N gra w szachy; komplet szachów, szachy *mpl*
Schachspieler M szachista *m*
Schachspielerin F szachistka
Schacht M (-[e]s; Schächte) GÓRN szyb; *in zssgn* szybowy
Schachtel F (*-; -n*) pudełko; *groß* pudło; **e-e ~ Zigaretten** pudełko papierosów
Schachzug M posunięcie (*a. fig*)
schade szkoda; **wie ~!** jaka szkoda!;

~, dass szkoda, że; **~ um** szkoda (*gen*)
Schädel M czaszka; *umg* (*Kopf*) łepetyna; **~basisbruch** M złamanie podstawy czaszki; **~decke** F sklepienie czaszki
schaden V/I (-e-) ⟨za⟩szkodzić; *umg* **etw kann ihm, ihr nicht(s) ~** ... nic mu, jej nie zaszkodzi; **das schadet ihm, ihr gar nichts** dobrze mu, jej tak
Schaden M (-s; *Schäden*) szkoda; (*Nachteil, Verlust*) uszczerbek; (*Beschädigung, Verletzung*) uszkodzenie; **~ erleiden** ponosić ⟨-nieść⟩ szkodę; **zu ~ kommen** *körperlich* dozna(wa)ć obrażeń; **zum ~** (*gen*) ze szkodą dla (*gen*); **j-m (e-n) ~ zufügen** wyrządzać ⟨-dzić⟩ k-u szkodę *od* krzywdę
Schaden|ersatz M odszkodowanie; **~freude** F (*bpl*) złośliwa satysfakcja, schadenfreude (*unv*)
schadenfroh nie bez *od* nie ukrywając złośliwej satysfakcji; **~es Grinsen** uśmiech złośliwej satysfakcji
Schadens|begrenzung F (*bpl*) ograniczenie szkody *od* szkód; **~meldung** F zgłoszenie szkody; **~regulierung** F likwidacja szkody
schadhaft uszkodzony, zepsuty; *Zahn a.* spróchniały; (*löcherig*) dziurawy
schädigen V/T ⟨za⟩szkodzić (*dat*); *Gesundheit a.* nadwerężać ⟨-żyć⟩ (*akk*); *Ruf usw a.* podrywać ⟨poderwać⟩ (*akk*)
Schädigung F (*das Schädigen*) szkodzenie (*dat*); *der Gesundheit* nadwerężanie, *a. des Rufes* poderwanie (*gen*); (*Schaden*) uszczerbek (dla *gen*)
schädlich szkodliwy (-wie)
Schädlichkeit F (*bpl*) szkodliwość *f*
Schädling M (-s; -e) szkodnik
Schädlingsbekämpfung F zwalczanie szkodników
schadlos ADJ: **sich ~ halten** (**an** *dat*) powetować *pf od umg* odbić *pf* sobie (na *lok*)
Schadstoff M substancja szkodliwa
schadstoffarm *Fahrzeug* o niskim poziomie emisji toksycznych składników spalin
Schadstoffkonzentration F stężenie substancji szkodliwych
Schaf N (-[e]s; -e) owca; *umg fig* owieczka; *fig* **schwarzes ~** czarna owca
Schafbock M tryk
Schäfchen N owieczka, baranek; *umg* **sein ~ ins Trockene bringen** zrobić *pf* dobry interes, obłowić się *pf*
Schäfer M owczarz
Schäferhund M owczarek
Schäferin F pasterka
Schaffell N skóra owcza *od* barania
schaffen[1] V/I (*arbeiten*) pracować, krzątać się; V/T (*meistern*) potrafić (*akk, inf*), sprostać *pf* (*dat*); (*beenden*) skończyć *pf* (*akk*), uporać się *pf* (z *inst*); *umg Zug* złapać *pf*; (*etw befördern*) odnosić ⟨-nieść⟩, zanosić ⟨-nieść⟩, *a. Person* dostarczać ⟨-czyć⟩; *umg* (*müde machen*) wykańczać ⟨-kończyć⟩; **etw nicht ~** nie (móc sobie) poradzić (z *inst*), nie podołać (*dat*); **aus der Welt ~** zlikwidować *pf*; **nichts zu ~ haben** (**mit**) nie mieć nic wspólnego (z *inst*); **sich zu ~ machen** (**an** *dat*) manipulować (przy *lok*), krzątać się (koło *gen*)
schaffen[2] (*schuf, geschaffen*) (*entstehen lassen*) stwarzać ⟨stworzyć⟩, ⟨u⟩tworzyć; (*a schaffte, geschafft*) **Platz für etw ~** zwalniać ⟨zwolnić⟩ miejsce dla (*gen*); **Ordnung ~, Klarheit ~** → ordnen, klären
Schaffen N (-s; *bpl*) praca; *schöpferisch* twórczość *f*
Schaffenskraft F (*bpl*) energia twórcza
Schaffner(in) M(F) konduktor(ka)
Schaffung F (*bpl*) (s-, u)tworzenie
Schafgarbe F BOT krwawnik pospolity
Schafherde F stado owiec
Schäflein N → Schäfchen
Schafpelz M kożuch barani
Schaf(s)käse M owczy ser, bryndza
Schafskopf *umg* M *abw* baran, dureń *m*
Schafstall M owczarnia
Schaft M (-[e]s; Schäfte) drzewce, trzonek; *e-s Stiefels* cholewa; *e-s Gewehrs* łoże; **~stiefel** M but z cholewą
Schaf|wolle F wełna owcza; **~zucht** F hodowla owiec, owczarstwo
Scha'kal M (-s; -e) szakal
schäkern *umg* (-re) (*flirten*) umizgać się (**mit** do *gen*)
schal *Getränk* zwietrzały; *fig* nudny, bezbarwny; **~ werden** zwietrzeć *pf*
Schal M (-s; -s *od* -e) szal, szalik
Schale[1] F *für Obst usw* patera; (*Schüssel*) miska, salaterka; (*Tasse*) filiżanka
Schale[2] F *von Ei, Nuss* skorupka; *e-r Banane, Kartoffel* łupina; *e-s Kerns* łuska; *von Obst* skórka; *e-s Krebses* skorupa; *umg*

fig **sich in ~ werfen** wyelegantować się *pf*, wystroić się *pf*
schälen V/T *Ei, Gemüse, Obst* obierać ⟨obrać⟩; *(entrinden)* ⟨o⟩korować; V/R **sich ~** łuszczyć się
Schalen|sitz M AUTO siedzenie kubełkowe; **~tiere** NPL skorupiaki *mpl*
schalkhaft filuterny, figlarny
Schall M (-[e]s; -e od Schälle) dźwięk
Schalldämpfer M tłumik
schalldicht dźwiękoszczelny
schallen V/I *(schallte, selten scholl, geschallt)* rozbrzmie(wa)ć, rozlegać się
schallend ADJ *Gelächter* głośny (-no); *Ohrfeige* siarczysty
Schall|isolierung F izolacja akustyczna; **~mauer** F bariera dźwięku; **~platte** F płyta gramofonowa
schallschluckend ADJ dźwiękochłonny
Schallschutz M izolacja dźwiękowa
Scha'lotte F szalotka
schalt → schelten
Schaltbrett N tablica rozdzielcza
schalten *(-e-)* V/T → einschalten, umschalten; *Anzeige-* da(wa)ć; V/I AUTO przełączać ⟨-czyć⟩ bieg; *umg (begreifen)* ⟨s⟩kapować; *rtv* **~ nach** łączyć się z *(inst)*
Schalter M ELEK wyłącznik, *umg* kontakt; *Post, Bank usw* okienko; **~halle** F sala *od* hala kasowa; **~stunden** FPL godziny *fpl* urzędowania
Schalt|getriebe N AUTO skrzynka biegów; **~hebel** M ELEK dźwignia wyłącznika; AUTO dźwignia zmiany biegów; **~jahr** N rok przestępny; **~knüppel** M dźwignia zmiany biegów
Schaltkreis M układ przełączający
Schalttafel F tablica rozdzielcza
Schaltung F AUTO zmiana biegów; *elektro koll* układ połączeń
Scham F *(bpl)* wstyd; *lit (Schamgegend)* genitalia *pl*, *e-r Frau a.* srom; **vor ~ erröten** ⟨za⟩rumienić się ze wstydu
Schambein N kość łonowa
schämen: V/R **sich ~** ⟨za⟩wstydzić się; **du solltest dich ~, schäm dich** wstydź się; **ich schäme mich (wegen, für)** wstyd mi *(gen*, za *akk)*
Schamgefühl N *(bpl)* uczucie wstydu
Schamhaare NPL włosy *mpl* łonowe
schamhaft wstydliwy (-wie)
Schamlippen FPL wargi *fpl* sromowe
schamlos bezwstydny; *(unverschämt)* bezczelny
Schamlosigkeit F *(bpl)* bezwstyd; *(Unverschämtheit)* bezczelność *f*
Scha'mottestein M cegła szamotowa
Schamröte F *(bpl)* rumieniec wstydu
Schande F *(bpl)* hańba, wstyd; **mit Schimpf und ~** sromotnie; **zu ~n machen** → zuschanden
schänden *(-e-)* ⟨s⟩profanować
Schandfleck M skaza; **... ist ein ~ in der Landschaft** ... szpeci krajobraz; **ein ~ der Familie** zakała rodziny
schändlich haniebny, sromotny
Schändlichkeit F *(bpl)* haniebność *f*; niegodziwość *f*; *(a. pl)* haniebny czyn
Schandtat F zbereżeństwo; *umg żart* psota
Schändung F zbezczeszczenie, profanacja; *sexuell* zgwałcenie
Schänke → Schenke
Schanktisch M szynkwas, bufet
Schanze F szaniec; SPORT skocznia
Schar F oddział, zastęp; *von Kindern* gromada; *von Persönlichkeiten* plejada; *von Vögeln* stado; **in (hellen) ~en** tłumnie
scharen: V/T **um sich ~** ⟨z⟩gromadzić wokół siebie; V/R **sich ~** ⟨z⟩gromadzić się
scharenweise ADV masowo, tłumnie
scharf *(schärfer; schärfste) Messer, Zähne, Krallen, Kante u. fig Auge, Gewürz, Kritik, Kurve, Munition, Protest, Speise, Tempo, Ton, Wind, Verstand, Zunge usw* ostry (-ro); *Essig, Licht, Schnaps* mocny; **~ machen** *Bombe* uzbrajać ⟨uzbroić⟩; FOTO **~ stellen** nastawi(a)ć na ostrość; *umg* **~ sein (auf** *akk)* być ciętym, mieć chrapkę (na *akk*); **~ bremsen** ostro ⟨za⟩hamować; → *a.* genau, hart, streng
Scharfblick M *(bpl)* przenikliwość *f* umysłu
Schärfe F ostrość *f (a. fig)*; **in aller ~** z całą ostrością; → scharf
schärfen ⟨na⟩ostrzyć; *fig* ⟨wy⟩ostrzyć
Schärfentiefe F FOTO głębia ostrości
scharf|kantig ostrokanciasty; **~machen** → scharf
Scharf|macher M *abw* podżegacz; **~richter** M kat; **~schießen** N ostre strzelanie; **~schütze** M strzelec wyborowy, snajper; **~sinn** M *(bpl)* bystrość *f* umysłu
scharf|sinnig wnikliwy (-wie), bystry; *Bemerkung* cięty (-to), dowcipny; **~stel-**

S

len → scharf
Scharlach M (-s; bpl) MED płonica, *umg* szkarlatyna
scharlachrot szkarłatny
Scharlatan M (-s; -e) szarlatan
Scharm *usw* → Charme *usw*
Schar'nier N (-s; -e) zawias
Schärpe F szarfa
scharren V/T *Loch* ⟨wy⟩kopać, wygrzeb(yw)ać; V/I *Huhn* grzebać; szurać (**mit den Füßen** nogami)
Scharte F szczerba
schartig szczerbaty, wyszczerbiony
scharwenzeln *umg* (-le; a sn) (**um** *akk*) nadskakiwać (*dat*)
Schaschlik M *od* N (-s; -s) szaszłyk
Schatten M cień *m* (*a. fig*); **in den ~ stellen** usuwać ⟨usunąć⟩ w cień, *umg nur j-n* zakasować *pf*
Schattendasein N: *mst in* **ein ~ fristen** pozostawać w cieniu
schattenhaft niewyraźny
Schattenkabinett N gabinet cieni
Schattenseite F *fig* ciemna strona
Schattenspiel N chińskie cienie *mpl*
schat'tieren (-) ⟨za⟩cieniować
Schat'tierung F (*das Schattieren*) cieniowanie; (*Nuance*) odcień *m*
schattig cienisty (-ście)
Scha'tulle F szkatułka
Schatz M (-es; *Schätze*) skarb (*a. fig*); *umg* (*Anrede*) skarbie (mój); **sei ein ~** bądź tak miły; **du bist ein ~!** moja ty perełko!
Schatzanweisung F obligacja skarbu państwa
Schätzchen N luby (-ba); → Schatz
schätzen (-zt) *Sache* ⟨o⟩szacować, oceni(a)ć; (*achten*) cenić; *umg* (*annehmen, vermuten*) myśleć
schätzenswert *Verhalten* chwalebny
Schätzer M taksator
Schatz|gräber M poszukiwacz skarbów; **~kammer** F skarbiec; **~meister** M skarbnik; **~meisterin** F skarbniczka
Schätzung F (o)szacowanie, szacunek; wycena (**der Kosten** kosztów)
schätzungsweise ADV szacunkowo, orientacyjnie
Schau F pokaz, wystawa; rewia; *fig* **zur ~ stellen** (*akk*) popisywać się (*inst*); **j-m die ~ stehlen** usuwać ⟨usunąć⟩ na drugi plan, przyćmi(ewa)ć k-o; *umg* **e-e ~ abziehen** robić z siebie widowisko; **~bild** N wykres, prezentacja graficzna; **~bude** F buda jarmarczna
Schauder M dreszcz
schauderhaft okropny, koszmarny
schaudern V/I (-re): **es schaudert mich, mich** *od* **mir schaudert (bei)** dreszcz mnie przechodzi (na widok *gen*)
schauen V/I (*blicken*) patrzeć, spoglądać ⟨spojrzeć⟩; wyglądać ⟨wyjrzeć⟩ (**aus dem Fenster** przez okno); **schau, schau!** patrz!, patrzcie!; *fig* **~ nach** (*dat*) (*sich kümmern*) doglądać (*gen*), opiekować się (*inst*)
Schauer M dreszcz(yk); METEO przelotne opady *mpl* (deszczu, śniegu)
Schauergeschichte F opowieść *f* z dreszczykiem
schau|erlich (*furchtbar*) okropny, potworny; **~ern** V/I (-re) → schaudern
Schaufel F (-; -n) łopata, szufla; *e-r Turbine* łopatka; *e-s Baggers* czerpak
schaufeln (-le) *Sand, Schnee usw* szuflować; *Grab* ⟨wy⟩kopać
Schaufenster N okno wystawowe
Schaufenster|auslage F wystawa sklepowa; **~bummel** M oglądanie wystaw sklepowych; **~puppe** F manekin
Schaukampf M walka popisowa
Schaukasten M gablota, witryna
Schaukel F (-; -n) huśtawka
schaukeln (-le) V/T huśtać, bujać (*v/i* się); *v/i Boot* huśtać się, kołysać się
Schaukelpferd N koń *m* na biegunach
Schaukelstuhl M bujak
Schaulaufen N popisowa jazda figurowa na lodzie
Schaulustige F ciekawska; **~(r)** M (-n) ciekawski, gap; PL *a.* tłum gapiów, gromada gapiów
Schaum M (-[e]s; Schäume) piana; *in der Kosmetik* pianka; **~bad** N (*Badezusatz*) (pieniący się) płyn do kąpieli
schaumbedeckt ADJ spieniony
schäumen V/I pienić się (*a. fig* **vor Wut** ze złości); *Wein* musować
schäumend ADJ pieniący się; musujący
Schaumgummi M guma piankowa
schaumig spieniony; **~ schlagen** ubijać ⟨ubić⟩ na pianę
Schaum|krone F grzywa (fali); **~löscher** M gaśnica pianowa; **~schläger** M *abw* blagier; **~stoff** M tworzywo piankowe, pianka, styropian
Schaumwein M wino musujące

Schau|platz M widownia, miejsce (zdarzenia); **~prozess** M proces pokazowy, *umg* pokazówka
schaurig (*unheimlich*) niesamowity (-cie); *umg* (*grässlich*) okropny
Schauspiel N TEATR sztuka, dramat; *fig* widowisko; **~er(in)** M(F) aktor(ka)
schauspie|lerisch aktorski; **~lern** V/I (-*re*) *abw* grać komedię
Schauspiel|haus N teatr dramatyczny; **~kunst** F (*bpl*) sztuka aktorska, kunszt aktorski
Schauspielschule F szkoła aktorska
Schau|steller M właściciel budy jarmarcznej *od* urządzenia rozrywkowego w wesołym miasteczku; **~tanz** M taniec popisowy; **~turnen** N popisy *mpl* gimnastyczne
Scheck M (-*s*; -*s*) czek
Scheckbetrug M oszustwo czekowe
Scheckheft N książeczka czekowa
scheckig pstrokaty (-to), łaciaty
Scheckkarte F karta płatnicza, karta bankomatowa
scheel ADJ: **j-n ~ ansehen** 〈po〉patrzeć zezem, spoglądać zezem (**na** *akk*)
scheffeln (-*le*) *Geld* zgarniać, zbijać
Scheibe F krążek (*a. umg Schallplatte*), tarcza (*a. Schießscheibe*); *im Fenster* szyba; *von Wurst* plasterek, talarek; *von Brot* kromka
Scheiben|bremse F hamulec tarczowy; **~gardine** F zazdrostka; **~schießen** N strzelanie do tarczy; **~waschanlage** F AUTO spryskiwacz (szyby); **~wischer** M AUTO wycieraczka
Scheichtum N (-*s*; -*tümer*) szejka(na)t
Scheide F pochwa (*a.* ANAT); → Grenze
scheiden (*scheidet, schied, geschieden*) V/T (*abgrenzen*) 〈po〉dzielić; *Ehe* rozwodzić 〈-wieść〉; **sich ~ lassen** rozwodzić 〈-wieść〉 się (**von** z *inst*); *v/i lit* (*sn*) ustępować 〈ustąpić〉 (**aus** z *gen*); rozsta(wa)ć się (**von j-m** z *inst*); **aus dem Leben ~** odebrać sobie życie
Scheidewand F BUD ścianka działowa, przepierzenie
Scheideweg M: *mst in* **am ~ stehen** być na rozstajnych drogach
Scheidung F rozwód; **die ~ einreichen** występować 〈-stąpić〉 (do sądu) o rozwód; **in ~ leben** być w trakcie rozwodu
Scheidungs|grund M powód do rozwodu; **~klage** F powództwo rozwodowe; **~urteil** N wyrok orzekający rozwód
Schein[1] M (-[*e*]*s*; -*e*) (*Bescheinigung*) zaświadczenie; (*Banknote*) banknot
Schein[2] M (-[*e*]*s*; bpl) blask, światło; *fig* pozór; **zum ~** dla pozoru, *umg* dla oka; **der ~ trügt** pozory mylą
scheinbar pozorny; *präd a.* na pozór; *umg* (*anscheinend*) chyba
Scheinehe F małżeństwo upozorowane, *umg* małżeństwo na niby
scheinen V/I (*schien, geschienen*) świecić; (*den Anschein haben*) wyda(wa)ć się; wyglądać; **mir scheint, ...** wydaje mi się ...; **es scheint, dass ..., wie es scheint** zdaje się, że ..., wygląda na to, że ...; niby ...
Scheinfirma F fikcyjna firma
scheinheilig obłudny
Scheinlösung F pseudorozwiązanie
Scheintod M śmierć pozorna, letarg
scheintot (pogrążony) w letargu
Scheinwerfer M reflektor
Scheinwerferlicht N (*bpl*) światło reflektora *od* reflektorów
Scheiß *pop* M (*unv*) *abw* bzdet; (*Blödsinn*) *vulg* pierdoły *mpl*; *in zssgn* zasrany, parszywy; **~dreck** *pop* M gówno
Scheiße *pop* F (*bpl*) gówno; **~!** gówno!, kurde!; **~ bauen** nawalić *pf*
scheißegal *pop* ADJ: **das ist mir ~** *vulg* (to) ja na to sram
scheißen *pop* V/I (*schiss, geschissen*) *vulg* 〈na〉srać, wysrać się *pf*; *fig* **~ auf** (*akk*) *vulg* mieć w dupie (*akk*)
Scheißer *pop* M *fig* gówniarz
Scheißerei *pop* F (*bpl*) sraczka
Scheißkerl *pop* M → Drecks-, Mistkerl
Scheit M (-[*e*]*s*; -*e od* -*er*) polano
Scheitel M ciemię; *im Haar* przedziałek; *fig*, MAT wierzchołek; **vom ~ bis zur Sohle** od stóp do głów
Scheitelpunkt M zenit; *fig a.* szczyt
Scheiterhaufen M stos
scheitern V/I (-*re*; *sn*) *Plan* rozbi(ja)ć się, nie wypalić *pf* (**an** *dat* z powodu *gen*); *Person* ponosić 〈-nieść〉 klęskę (**mit** z *inst*); **zum Scheitern verurteilt sein** być skazanym na niepowodzenie
Schelle N dzwonek; TECH zacisk
schellen V/I 〈za〉dzwonić; *unpers* **es schellt** ktoś dzwoni
Schellenbaum M MUS dzwonki *mpl*

S

Schellfisch M łupacz, plamiak
Schelm M (-[e]s; -e) (*Kind*) psotnik
schelmisch szelmowski, filuterny
Schelte F nagana, *umg* bura
schelten V/T (*schilt, scholt, gescholten*) ⟨s⟩karcić (**wegen** za *akk*)
Schema N (-*s*; -*s od* -*ta*) schemat; *umg* **nach ~ F** według utartych schematów
sche'matisch schematyczny
Schemel M stołek, taboret
Schemen M cień *m*, zjawa
schemenhaft niewyraźny, jak zjawa
Schenke F karczma, szynk
Schenkel M ANAT udo; MAT ramię
schenken: **j-m etw ~** ofiarow(yw)ać, ⟨po⟩darować k-u (*akk*); *fig* darzyć k-o (*inst*); **geschenkt bekommen** otrzy-m(yw)ać w prezencie; **halb geschenkt** za pół darmo; *e-r Sache* **Glauben ~** da(wa)ć wiarę (*dat*); **Aufmerksamkeit ~** (*dat*) poświęcać ⟨-cić⟩ uwagę (*dat*)
Schenkung F darowizna
Schenkungs|steuer F podatek od darowizny; **~urkunde** F akt darowizny
scheppern *umg* V/I (-*re*) szczękać, brzękać; **dort hat es gescheppert** tam doszło do kraksy
Scherbe F skorupa, odłamek; **in ~n gehen** rozbi(ja)ć się na (drobne) kawałki; *fig Ehe usw* rozpaść się *pf*
Schere F nożyce *pl*, *klein* nożyczki *pl*; ZOOL kleszcze *pl*; *fig* (*Diskrepanz*) rozziew
scheren[1] V/T (*schor, geschoren*) *Tiere* ⟨o⟩strzyc, postrzygać
scheren[2] *umg*: V/R **sich nicht ~ (um)** nie troszczyć się (o *akk*); **scher dich zum Teufel!** idź do diabła!
Scheren|gitter N krata harmonijkowa rozsuwana; **~schnitt** M wycinanka
Schere'reien *umg* FPL kłopot, przeprawa; **j-m ~ machen** narobić *pf* k-u kłopotów, robić k-u trudności
Scherflein N: *mst in* **sein ~ beitragen (zu)** dokładać ⟨dołożyć⟩ sw(oj)ą cegiełkę (do *gen*)
Scherge M (-*n*) siepacz, zbir
Schermaus F *austr* → Maulwurf
Scherz M (-*es*; -*e*) żart; **im, zum ~** dla żartu, żartem; **(ganz) ohne ~** bez żartów, (na) serio; **~artikel** MPL śmieszne rzeczy *fpl*, artykuły *mpl* karnawałowe *od* sylwestrowe
scherzen V/I (-*zt*) ⟨za⟩żartować (**über** *akk* z *gen*); **damit ist nicht zu ~** z tym nie ma żartów
Scherzfrage F żartobliwe pytanie
scherzhaft żartobliwy (-wie); *präd a.* dla żartu, żartem
Scherzkeks *umg* M zgrywus
scheu *Tier* płochliwy; (*ängstlich, schüchtern*) bojaźliwy (-wie), nieśmiały (-ło)
Scheu F (*bpl*) (*Ängstlichkeit, Schüchternheit*) bojaźliwość *f*; nieśmiałość *f*
scheuchen przepędzać ⟨-dzić⟩
scheuen V/I *Pferd* ⟨s⟩płoszyć się; V/R **sich ~** *etw zu tun* unikać (*gen*); V/T **keine Mühe ~** nie szczędzić trudu *od* trudów; **er scheute keine Kosten, um ihnen zu helfen** chciał im pomóc, nie zważając na koszty
Scheuer F *reg* (-; -*n*) stodoła
Scheuer|bürste F szczotka do szorowania; **~leiste** F listwa przypodłogowa; **~milch** F płyn do szorowania
scheuern (-*re*) V/T *Sache* ⟨wy⟩szorować; *umg* **j-m eine ~** da(wa)ć k-u w gębę; V/R **sich** (*dat*) **etw wund ~** ocierać ⟨otrzeć⟩ sobie (*akk*); V/I trzeć, szorować
Scheuklappen FPL: *fig* **~ (vor den Augen) haben** mieć bielmo na oczach
Scheune F stodoła
Scheusal N (-*s*; -*e*) potwór
scheußlich szkaradny, potworny
Scheußlichkeit F potworność *f*; (*Sache, Geschehen*) szkaradzieństwo
Schi M (-*s*; - *od* -*er*) → **Ski**
Schicht F warstwa (*a.* GEOL, *fig*); (*Arbeitsschicht*) zmiana; **~ arbeiten** pracować na zmiany
Schichtarbeit F (*bpl*) praca zmianowa
Schichtdienst M (*bpl*) służba zmianowa, dyżur na zmiany
schichten (-*e*-) układać ⟨ułożyć⟩ (warstwami); → stapeln
Schichtwechsel M zmiana; przerwa między zmianami
schichtweise ADV warstwami; *Arbeit* na zmiany
schick szykowny, elegancki (-ko)
Schick M (-[e]s; bpl) szyk, elegancja
schicken V/T pos(y)łać, wys(y)łać (**zu, nach** do *gen*, **nach j-m, etw** po *akk*); *v/r* **sich ~** wypadać; **es schickt sich nicht** to nie wypada; **sich ~ in** (*akk*) ⟨po⟩godzić się z (*inst*)
Schicke'ria *umg* (*bpl*) śmietanka towa-

rzyska
Schickimicki *umg abw* M (-s; -s) laluś *m*
schicklich stosowny, właściwy (-wie)
Schicksal N (-s; -e) los, fatum *n*; **j-n seinem ~ überlassen** zostawi(a)ć własnemu losowi (*akk*)
schicksalhaft rozstrzygający o losie, stanowiący o losach
Schicksalsfügung F zrządzenie losu
Schicksalsschlag M cios losu
schicksalsschwer fatalny
Schiebedach N AUTO dach odsuwany
Schiebefenster N okno przesuwne
schieben[1] (*schob, geschoben*) V/T suwać, posuwać, przesuwać ⟨-sunąć⟩ (*v/r* **sich** się); *Auto, Karren usw* popychać ⟨-pchnąć⟩, pchać; *Fahrrad* prowadzić; *fig Schuld* spychać ⟨zepchnąć⟩ (**auf** *akk* na *akk*); *v/i* (*sn*) *umg* (*lässig gehen*) iść posuwiście
schieben[2] *umg* V/I (*schob, geschoben*) (*handeln*) spekulować (**mit** na *lok*)
Schieber M zasuwa; *umg* (*Bettschüssel*) basen; (*Person*) paskarz, spekulant
Schiebetür F drzwi *pl* zasuwane
Schiebung *umg* F (*Mogelei*) kant, machlojka; SPORT **~!** sędzia kalosz!
schied → scheiden
Schieds|gericht N sąd arbitrażowy *od* polubowny; **~richter(in)** M(F) arbiter, rozjemca *m* (-czyni); SPORT *a.* sędzia *m*; **~spruch** M orzeczenie sądu arbitrażowego *od* polubownego
schief kosy (-so); (*krumm*) skrzywiony, krzywy (-wo); → schräg; *fig* fałszywy (-wie), opaczny; **~ aufgesetzt** *Hut* na bakier; **ein ~es Bild haben (von)** mieć błędne wyobrażenie (o *lok*); → schiefgehen, schiefliegen
Schiefer M MINER łupek; → Splitter
Schieferdach N dach kryty łupkiem
Schieferton M MINER glina łupkowa
schiefgehen (*irr; sn*) *umg Sache* nie uda(wa)ć się
schieflachen *umg*: V/R **sich ~** zaśmiewać się do rozpuku, pękać ze śmiechu
Schieflage F *fig* (*Krise*) kryzys, sytuacja kryzysowa; **in e-e ~ geraten** znaleźć się *pf* na równi pochyłej
schiefliegen (*irr*): *umg* **~ (mit)** mylić się (w *lok*, co do *gen*)
schielen V/I zezować; *umg fig* zerkać (z ukosa, ukradkiem); **nach etw ~** lecieć na (*akk*)
schielend ADJ zezowaty
schien → scheinen
Schienbein N kość piszczelowa
Schiene F szyna (*a.* MED)
schienen MED zakładać ⟨założyć⟩ szynę (**das Bein** na nogę)
Schienenbus M autobus szynowy, szynobus
Schienenfahrzeug N pojazd szynowy
Schienenweg M: **auf dem ~** koleją
schier[1] ADV prawie, niemal(że)
schier[2] ADJ *reg* czysty; *Fleisch* chudy
Schier ['ʃiːər] PL → Ski
Schierling M (-[e]s; -e) szczwół
Schieß|befehl M rozkaz użycia broni palnej; **~bude** F strzelnica
schießen[1] (*du schießt, schoss, geschossen*) V/I strzelać ⟨wystrzelić⟩ (**auf** *akk* do *gen*); (*feuern*) wypalić *pf*, palnąć *pf*; V/T *Tor* strzelać ⟨-lić⟩; *Wild* ustrzelić *pf*; *umg Foto* pstrykać ⟨-knąć⟩
schießen[2] (*du schießt, schoss, geschossen*) V/I (*sn*) (*schnellen*) wylatywać ⟨wylecieć⟩ (**aus etw** z *gen*); przemykać ⟨-mknąć⟩ (**durch etw** przez *akk*); (*spritzen*) tryskać ⟨wytrysnąć⟩ (**aus** z *gen*); **in die Höhe ~** (*wachsen*) wybujać *pf*; *Preise* podskoczyć *pf*
Schießen N (-s; *bpl*) strzelanie; *umg* **zum ~ sein** być do śmiechu; **der Kerl ist zum ~** to przezabawny facet
Schieße'rei F strzelanina
Schieß|platz M strzelnica; **~pulver** N proch strzelniczy; **~scheibe** F tarcza strzelnicza; **~sport** M strzelectwo; **~stand** M (kryta) strzelnica
Schifahrer(in) M(F) → Skifahrer(in)
Schiff N (-[e]s; -e) statek, okręt; ARCH nawa; **per ~** statkiem
schiffbar *Fluss, Kanal* żeglowny
Schiffbau M (*bpl*) budowa statków, przemysł stoczniowy; (*Fach*) budownictwo okrętowe
Schiffbruch M rozbicie się statku; *fig* **~ erleiden (mit)** ponieść *pf* klęskę (z *inst*)
Schiffbrüchige F, **~(r)** M (-*n*) rozbitek
Schiffchen N stateczek, okręcik; *Weberei* czółenko; (*Mütze*) furażerka
schiffen *vulg* V/I szczać ⟨wyszczać się⟩
Schiffer M *umg* wodniak; (*Kapitän*) szyper; **~klavier** N akordeon
Schifffahrt F (*bpl*) żegluga (wodna)

Schifffahrts|gesellschaft F towarzystwo okrętowe; **~linie** F linia żeglugowa; **~weg** M droga wodna

Schiffs|arzt M lekarz okrętowy; **~besatzung** F załoga statku; **~eigner(in)** M(F) właściciel(ka) statku; **~hebewerk** N podnośnia statków; **~junge** M jung; **~ladung** F ładunek okrętowy; **~papiere** NPL dokumenty *mpl* statku; **~raum** M (*bpl*) (*Rauminhalt*) tonaż statku; (*a. pl*) (*Laderaum*) ładownia (statku); **~reise** F podróż morska; rejs; **~schraube** F śruba napędowa; **~tagebuch** N dziennik okrętowy

Schihose F → Skihose

Schi'kane F szykana; *umg* **mit allen ~n** ze wszelkimi (możliwymi) szykanami

schika'nieren (-) szykanować, sekować

Schiko'ree → Chicorée

Schiläufer(in) M(F) → Skiläufer(in)

Schild[1] M (-[e]s; -e) tarcza (*a. fig*); **etwas im ~e führen (gegen)** knuć coś (złego) (przeciw *dat*)

Schild[2] N (-[e]s; -er) szyld, wywieszka; (*Tafel*) tablica, *klein* tabliczka; etykietka; *e-r Mütze* daszek

Schildbürgerstreich M niedorzeczność *f*, absurd, idiotyzm

Schilddrüse F tarczyca

schildern (-re) przedstawi(a)ć, opis(yw)ać

Schilderung F opis, przedstawienie

Schildkröte F żółw; (*Weibchen*) żółwica; **~n-** *in zssgn* żółwi, żółwiowy

Schildmütze F czapka z daszkiem

Schilf N (-[e]s; bpl) trzcina; **~dach** N dach trzcinowy

schillern V/I (-re) mienić się (różnymi barwami)

schillernd ADJ *Farbe* opalizujący; *fig Person* zagadkowy

Schilling M (-s; -e) HIST szyling

schilt → schelten

Schi'märe F (-; -n) chimera

Schimmel[1] M (*Pferd*) siwek

Schimmel[2] M BOT pleśń *f*

schimmelig spleśniały

schimmeln V/I (-le) ⟨s⟩pleśnieć

Schimmelpilze MPL pleśnie *fpl*

Schimmer M (słaby) blask; *fig* (*Spur*) ślad, iskierka; *umg* **keinen blassen ~ von etw haben** nie mieć zielonego pojęcia o (*lok*)

schimmern V/I (-re) (słabo) świecić; przeświecać (**durch** przez *akk*); *Gold* połyskiwać

schimmlig → schimmelig

Schim'panse M (-n) szympans

Schimpf M: *mst in* **mit ~ und Schande** sromotnie

schimpfen V/I kląć; **auf, über** (*akk*) **~** wymyślać, narzekać na (*akk*)

Schimpfname M przezwisko

Schimpfwort N (PL -*wörter*) wyzwisko

Schindel F (-; -n) gont; **~dach** N dach gontowy

schinden (*schindet, schindete, geschunden*) męczyć, dręczyć; *umg* **Eindruck ~** szpanować; *umg* **Zeit ~** grać na zwłokę; *umg* V/R **sich ~** zapracowywać się, *pop* tyrać

Schinde'rei *umg* F (*bpl*) mordęga

Schindluder N: *umg* **~ treiben** narażać na szwank (**mit s-r Gesundheit** zdrowie)

Schinken M szynka; *fig abw* (*Bild*) bohomaz; (*Buch*) tomiszcze; (*Film usw*) chała, szmira

Schinken|brötchen N kanapka z szynką; **~speck** M boczek wędzony

Schippe F szufla; *umg* **j-n auf die ~ nehmen** zrobić *pf* z k-o balona

schippen → schaufeln

Schirm M (-[e]s; -e) parasol; ELEK, *rtv* ekran; *e-r Lampe* abażur; *fig* osłona

Schirmherrschaft F protektorat; **unter der ~** pod protektoratem

Schirm|mütze F czapka z daszkiem, kaszkiet; **~ständer** M stojak na parasole

Schisport M → Skisport

Schiss *pop* M: *mst in* **~ haben** trząść portkami, mieć stracha

schiss, schissen → scheißen

Schiwachs M → Skiwachs

schizo'phren schizofreniczny

Schlacht F bitwa (**um** o *akk*, **bei** pod *inst*)

Schlachta F (-; *bpl*) (*polnischer Adel*) szlachta

schlachten (-e-) zarzynać, ⟨za⟩rżnąć

Schlachtenbummler M kibic, *umg* kibol

Schlachter M *reg* rzeźnik

Schlächter M *reg* rzeźnik; *fig* morderca *m*

Schlacht|feld N pole bitwy; **~hof** M rzeźnia; **~plan** M *fig* plan działania; **~schiff** M okręt liniowy, pancernik

Schlachtung F ubój

Schlachtvieh N bydło rzeźne

Schlacke F żużel, *umg* szlaka

Schlackenbahn F SPORT tor żużlowy
schlackern *reg* V/I: **mit den Beinen ~** majtać nogami; **mit den Ohren ~** kłapać uszami
Schlaf M (-[e]s; bpl) sen; **(wie) im ~** (jak) przez sen; **in (den) ~ sinken** zapadać ⟨zapaść⟩ w sen; **aus dem ~ hochfahren** zerwać się *pf* ze snu; **im ~ reden** mówić przez sen
Schlafanzug M pi(d)żama
Schläfchen N *umg* drzemka; **ein ~ machen** zdrzemnąć się *pf*
Schlafcouch F wersalka
Schläfe F skroń *f*
schlafen V/I (*schläft, schlief, geschlafen*) spać (*a. umg* **mit j-m** z *inst*); **~ gehen, sich ~ legen** iść ⟨pójść⟩ spać, układać ⟨ułożyć⟩ się do snu
Schlafengehen N: **vor dem ~** *etw tun* przed snem
Schlafenszeit F (*bpl*): **es ist ~** pora spać
Schläfer(in) M(F) śpiący (-ca)
schlaff obwisły, luźny (-no); *Haut* wiotki (-ko); **~ werden** obwisnąć *pf*; ⟨z⟩wiotczeć
Schlaf|gelegenheit F miejsce do spania; **~krankheit** F (*bpl*) śpiączka; **~lied** N kołysanka
schlaflos bezsenny
Schlaf|losigkeit F (*bpl*) bezsenność *f*; **~mittel** N środek nasenny; **~mütze** *umg* F *fig* śpioch; *abw* gapa, ciamajda; **~raum** M sypialnia
schläfrig senny, śpiący; *fig* ospały (-le)
Schläfrigkeit F (*bpl*) senność *f*
Schlafsack M śpiwór
schläft → schlafen
Schlaftablette F tabletka nasenna
schlaftrunken zaspany, półsenny
Schlaf|wagen M wagon sypialny; **~wandler(in)** M(F) lunatyk (-yczka); **~zimmer** N pokój sypialny, sypialnia
Schlag M (-[e]s; Schläge) (*Hieb*) raz, cios, uderzenie (*a. Geräusch*); *fig* (*Unglück*) cios; *der Uhr* bicie; MED udar, porażenie; (*Menschentyp*) pokrój, typ; (*Vogelgesang*) śpiew; *umg* (*Portion*) porcja, chochla; *austr* → Schlagsahne; **Schläge bekommen** dosta(wa)ć baty; *fig* **ein ~ ins Wasser** niewypał; *umg* **wie vom ~ gerührt** jak rażony piorunem; *fig* **ein ~ ins Gesicht** ciężka zniewaga; **~ fünf** punkt piąta; **~ auf ~** raz za razem, co chwila; *umg* **mit e-m ~** (*plötzlich*) naraz, nagle; *umg* **auf e-n ~** (*auf einmal*) za jednym zamachem
Schlag|abtausch M wymiana ciosów; **~ader** F tętnica; **~anfall** M udar mózgu
schlagartig nagły (-le); momentalny
Schlag|baum M rogatka, szlaban; **~bohrmaschine** F wiertarka udarowa
Schlagbolzen M *e-r Waffe* iglica
Schlägel M *für die Trommel* pałeczka; (*Hammer*) pobijak; → Schlegel
schlagen (*schlägt, schlug, geschlagen*) V/T uderzać ⟨-rzyć⟩ (**ins Gesicht** w twarz, po twarzy); (*prügeln*) ⟨po⟩bić, *umg* ⟨po⟩tłuc; *fig Rekord, Gegner* ⟨po⟩bić; *Takt, Stunden, Loch* wybi(ja)ć; *Brücke* przerzucać ⟨-cić⟩; *Wunde* zada(wa)ć; *Sahne* ubi(ja)ć; *Bäume* ścinać ⟨ściąć⟩; *Pauke* bić w (*akk*); **j-m etw aus der Hand ~** wytrącić *pf* k-u z ręki (*akk*); **e-n Nagel in die Wand ~** wbi(ja)ć gwóźdź w ścianę; *e-e Warnung* **in den Wind ~** zlekceważyć *pf* (*akk*); **die Hände vors Gesicht ~** ukryć *pf* twarz w dłoniach; **j-n zu Boden ~** powalić *pf* k-o na ziemię (jednym) uderzeniem; **etw in Papier ~** owijać ⟨owinąć⟩ w papier (*akk*); *unpers* **es hat zwölf (Uhr) geschlagen** wybiła dwunasta (godzina); V/I (*hauen*) uderzać ⟨-rzyć⟩, bić (**mit der Faust auf etw** pięścią w [*akk*] *od* po [*lok*]); **wild um sich ~** wymachiwać pięściami; *Herz, Puls* bić, kołatać; *Glocke* dzwonić; *Uhr* bić; (*sn*) **~ gegen, an, in** (*akk*) (*aufprallen, treffen*) uderzać ⟨-rzyć⟩ w *od* o (*akk*); **aus etw ~** *Flammen* buchać, strzelać z (*gen*); V/R **sich mit j-m (um etw) ~** ⟨po⟩bić się z kimś (o *akk*); **sich auf j-s Seite ~** przechodzić ⟨przejść⟩ na stronę (*gen*); **sich tapfer ~** *fig* dzielnie się spis(yw)ać
schlagend ADJ *Beweis, Argument* niezbity, przekonujący
Schlager M przebój, szlagier
Schläger M SPORT kij; (*Tennisschläger usw*) rakieta, rakietka; (*Raufbold*) zabijaka *m*, awanturnik; *e-s Schlägertrupps* bojówkarz
Schläge'rei F bójka, bijatyka
Schlager|festival N festiwal piosenki; **~sänger(in)** M(F) piosenkarz (-rka)
Schlagerstar M gwiazda piosenki
Schlägertrupp M bojówka
schlagfertig cięty (-to), dowcipny; *Antwort a.* błyskotliwy (-wie)
Schlagfertigkeit F (*bpl*) ciętość *f*, dowcip
schlagfest odporny na uderzenia

S

Schlag|instrument N instrument perkusyjny; **~kraft** F (*bpl*) siła ciosu *od* uderzenia; *fig* siła perswazji
Schlaglicht N (PL *-er*): **ein ~ werfen** (**auf** *akk*) rzucać ⟨-cić⟩ światło (na *akk*)
Schlagloch N wybój; **e-e Straße voller Schlaglöcher** wyboista droga
Schlag|mann M (PL *-männer*) (*Ruderer*) szlakowy; **~obers** N (-; *bpl*) *austr* → Schlagsahne; **~ring** M kastet; **~sahne** F (śmietana) kremówka; *geschlagen* bita śmietana
Schlagseite F (*bpl*) MAR przechył na burtę; *fig umg* **~ haben** być pod gazem
Schlagstock M pałka (gumowa)
schlägt → schlagen
Schlag|wetterexplosion F wybuch gazów kopalnianych; **~wort** N (PL *-wörter od -e*) hasło; slogan; **~zeile** F nagłówek, tytuł; **~zeug** N MUS perkusja; **~zeuger(in)** M(F) perkusista *m* (-tka)
schlaksig *umg* wybujały; **~er Bursche** drągal, dryblas
Schla'massel *umg* M *od* N (*-s; bpl*) kabała; **im ~ sitzen** wpakować się *pf* w kabałę; **da haben wir den ~!** ładny interes!, (a to) ładna historia!
Schlamm M (-[e]s; -e od Schlämme) szlam, muł; (*Straßenkot*) błoto
schlammig mulisty (-to)
Schlämmkreide F kreda pławiona; BUD kreda malarska
Schlamm|lawine F lawina błotna; **~schlacht** F *fig* obrzucanie się błotem
Schlampe *umg* F *abw* flądra, flejtuch, fleja
schlampen V/I partolić, fuszerować
Schlampe'rei F (*Nachlässigkeit*) niedbalstwo; *umg* (*Pfuscherei*) fuszerka
schlampig niedbały (-le); *umg Arbeit* fuszerski (po -ku); *Person* niechlujny
Schlampigkeit F (*bpl*) niechlujstwo
schlang, **schlänge** → schlingen
Schlange F wąż, *a. fig* żmija; TECH wężownica; *umg* (*Reihe*) kolejka, *umg* ogonek; *von Fahrzeugen* kolumna, sznur; **~ stehen** stać w kolejce *od* ogonku
schlängeln (*-le*): V/R **sich ~** *Schlange* ⟨po⟩pełznąć; *Weg, Fluss* wić się; *Person, Fahrzeug* przewijać ⟨-winąć⟩ się (**durch** *akk* między *inst*)
schlangenartig wężowaty, wężykowaty, *präd a.* jak wąż, podobnie do węża
Schlangen|biss M ukąszenie węża *od* żmii; **~gift** N jad węża, jad żmii; **~linie** F linia falista, *umg* wężyk
schlank (wy)smukły; (*nicht fett*) szczupły (-ło); **~ machen** wyszczuplać ⟨-lić⟩
Schlank|heit F (*bpl*) szczupłość *f*; **~heitskur** F kuracja wyszczuplająca
schlapp (*matt*) słaby (-bo); *umg fig* mięczakowaty; → schlaff
Schlappe *umg* F fiasko, *umg* klapa, wpadka; **e-e ~ erleiden** ⟨z⟩robić klapę
schlappmachen *umg* V/I spuchnąć *pf*
Schlappschwanz *pop abw* mięczak, niezguła *m*, fajtłapa *m*
Schla'raffenland N (*bpl*) kraina mlekiem i miodem płynąca
schlau *Betrüger, Fuchs* chytry (-trze); (*gewitzt*) szczwany, cwany; **aus ihm werde ich nicht ~** nie mogę go rozgryźć; **er kommt sich sehr ~ vor** myśli, że jest bardzo cwany
Schlauberger *umg* M filut, spryciarz
Schlauch M (-[e]s; Schläuche) wąż (gumowy), *umg* szlauch; AUTO *usw* dętka; **~boot** N ponton, łódka nadmuchiwana
schlauchen *umg* (*anstrengen*) wyczerpywać, męczyć
schlauchlos *Reifen* bezdętkowy
Schläue F (*bpl*) (*Gerissenheit*) chytrość *f*, przebiegłość *f*
Schlaufe F pętla (*a. als Griff*); *für Gürtel usw* szlufka; *für Knöpfe* pętelka
Schlauheit F (*bpl*) → Schläue
Schlaumeier *umg* M cwaniak, spryciarz
schlecht **A** ADJ zły, *umg* kiepski, lichy; (*böse*) zły; *Wetter* zły, brzydki; **~ werden** *Speise, Wetter* ⟨ze-, po⟩psuć się **B** ADV źle, kiepsko; **es steht ~ um ihn** z nim jest kiepsko; **mit ... sieht es ~ aus ...** stoi jeszcze pod znakiem zapytania; **mir wird ~** robi mi się słabo; **nicht ~!** nie najgorzej!; **ich kann ~ ...** nie mogę ...; *fig* **ihm geht es ~** jemu źle się powodzi; **~ gelaunt** w złym humorze; **mehr ~ als recht** z biedą, od biedy; → schlechtmachen
schlechter *komp* ADJ gorszy; ADV gorzej; **~ werden** pogarszać ⟨-gorszyć⟩ się; **immer ~** coraz gorzej
schlecht|gehen (*irr; sn*), **~gelaunt** → schlecht
schlechthin ADV zgoła; (*ganz und gar*) w ogóle, całkiem
Schlechtigkeit F złośliwość *f*

S

schlechtmachen V/T: *fig* **j-n ~** obmawiać ⟨-mówić⟩ k-o
Schlechtwetter N niepogoda, słota
Schlechtwettergebiet N obszar niżu
schlecken *austr, pł-niem* → lecken, naschen
Schlegel M KULIN *reg* udziec, udko; → Schlägel
Schleh|dorn M, **~e** F (śliwa) tarnina
Schlei M (-[e]s; -e) → Schleie
schleichen (*schlich, geschlichen*) V/I (*sn*) (*langsam gehen, fahren*) wlec się (*a. fig Zeit*); (*sich heimlich nähern*) podkradać ⟨-kraść⟩ się; **aus etw ~** wymykać ⟨wymknąć⟩ się z (*gen*); **um etw ~** łazić wokół (*gen*); V/R **sich ~** podkradać ⟨-kraść⟩ się (**an** *akk* do *gen*); zakradać ⟨-kraść⟩ się (**in, auf** *akk* do *gen*, na *akk*)
schleichend ADJ MED podstępny, powoli postępujący
Schleichweg M mało znana droga; *fig* **auf ~en** krętymi drogami
Schleichwerbung F kryptoreklama
Schleie F (*Fisch*) lin
Schleier M welon (*a. Dunst*); woalka; (*Tschador*) czador; *fig* osłona, welon; **~eule** F (sowa) płomykówka
schleierhaft zagadkowy (-wo); **es ist mir ~, wie ...** dla mnie jest zagadką, jak ...
Schleiertanz M taniec z welonami
Schleife F pętla, *dim* pętelka; (*Bandschleife*) kokarda; *am Kranz* szarfa
schleifen[1] V/T (*schliff, geschliffen*) *Messer* ⟨na⟩ostrzyć; *Edelstein* ⟨o⟩szlifować; → geschliffen
schleifen[2] V/T (*ziehen*) ⟨po-, za⟩ciągnąć, ⟨po-, za⟩wlec (*a. fig* **in** *akk* do *gen*); *Festung* zburzyć *pf*; V/I wlec się; (*reiben*) ocierać się (**an** *dat* o *akk*); *fig* **alles ~ lassen** nie dbać o nic
schleifenlassen (*irr; -*) *fig* → schleifen
Schleif|maschine F szlifierka; **~mittel** N ścierniwo; **~scheibe** F ściernica; **~stein** M kamień szlifierski; (*Wetzstein*) osełka
Schleim M (-[e]s; -e) śluz; MED *a.* flegma; (*Speise aus Hafer*) kleik; **~beutel** M ANAT kaletka maziowa; **~er** *umg* M *abw* lizus, wazeliniarz; **~haut** F błona śluzowa, śluzówka
schleimig śluzowaty; *Auswurf* flegmisty; *fig abw* obłudny, fałszywy
schleimlösend MED wykrztuśny
schlemmen V/I ucztować, raczyć się
Schlemmer M smakosz; **~paradies** N raj dla smakoszów *od* smakoszy
schlendern (*-re; sn*) spacerować, przechadzać się (**durch die Straßen** po ulicach, **auf und ab** tam i z powrotem)
Schlendrian *umg* M (*-s; bpl*) niedbalstwo, *umg* bałaganiarstwo
Schlenker M: **e-n ~ machen** (nieoczekiwanie) skręcać ⟨-cić⟩ (**nach links** w lewo)
schlenkern (*-re*) V/I dyndać (się); **mit den Armen ~** wymachiwać rękami
Schlepp M: **in ~ nehmen** *Wagen, Boot* brać ⟨wziąć⟩ na hol
Schleppe F tren
schleppen V/T ⟨po⟩wlec, ⟨po⟩włóczyć, ⟨po⟩ciągnąć (za sobą); (*tragen*) dźwigać, *umg* taszczyć; *Fahrzeug* holować; V/R **sich ~** wlec się, ciągnąć się (*a. fig*)
schleppend ADJ *Gang, Bewegung* ociężały (-le); *Arbeit, Unterhaltung* kulawy (-wo), *a. Handel* niemrawy (-wo)
Schlepper M (*Traktor*) ciągnik; MAR holownik; *umg* (*Person*) pomocnik w nielegalnym przekroczeniu granicy; **~bande** F gang przerzucający nielegalnych imigrantów
Schlepp|kahn M barka (holowana); **~lift** M wyciąg narciarski, *umg* wyrwirączka; **~netz** N włok; **~tau** N hol; **~zug** M MAR pociąg holowniczy
Schlesien [-iən] N (*-s; bpl*) Śląsk
schlesisch śląski (po -ku)
Schleswig-Holstein N (*-s; bpl*) Szlezwik-Holsztyn
Schleuder F (*-; -n*) (*Zwille*) proca; *für Honig, Wäsche usw* wirówka; **~gefahr** F (*bpl*) niebezpieczeństwo śliskiej jezdni; *Zeichen* uwaga, ślisko!
schleudern (*-re*) V/T (*werfen*) ciskać ⟨-snąć⟩ (*akk, inst*); **~ aus** wyrzucać ⟨-cić⟩ z (*gen*); *Wäsche* odwirow(yw)ać; V/I (*sn*) *Wagen* zarzucać ⟨-cić⟩; **ins Schleudern geraten** wpadać ⟨wpaść⟩ w poślizg
Schleuderpreis M cena poniżej kosztów własnych; **zu ~en** *a.* za bezcen
Schleudersitz M fotel wyrzucany
schleunigst ADV czym prędzej
Schleuse F śluza; **~n-** *in zssgn* śluzowy
schleusen *Schiff* śluzować; *fig illegal* przemycać ⟨-cić⟩, przerzucać ⟨-cić⟩
Schleusentor N wrota *pl* śluzy
Schleuserring M → Schlepperbande

S

schlich → schleichen
Schliche MPL: **j-m auf die ~ kommen** przejrzeć *pf* plany *od* zamiary (*gen*)
schlicht skromny, niewyszukany
schlichten (*-e-*) *Streit* załagodzić *pf*, pogodzić *pf*; → glätten
Schlicht|er(in) M(F) mediator(ka), rozjemca *m* (-czyni); **~heit** F (*-; bpl*) prostota, skromność *f*
Schlichtung F mediacja; *e-s Streits* załagodzenie, pojednanie
Schlichtungsausschuss M komisja pojednawcza, komisja rozjemcza
schlichtweg ADV po prostu
Schlick M (-[e]s; -e) namuł ilasty
schlief → schlafen
Schliere N *im Glas* smuga, pręga
schließen (*schließt, schloss, geschlossen*) V/T (*zumachen*) zamykać ⟨zamknąć⟩ (*v/r* **sich** się); *Freundschaft, Frieden, Vertrag* zawierać ⟨zawrzeć⟩; (*beenden*) ⟨za⟩kończyć (**mit etw** *inst*); **j-n in die Arme ~** chwytać ⟨chwycić⟩ k-o w objęcia, tulić k-o w objęciach; **etw in sich ~** zawierać w sobie (*akk*); V/I *Schlüssel* pasować; **leicht ~** *Tür usw* łatwo się zamykać; **schlecht ~** nie domykać się; (*enden*) ⟨s-, za⟩kończyć się; *fig* **von sich** (*dat*) **auf andere ~** po sobie sądzić o innych; **aus etw ~** (*folgern*) ⟨wy⟩wnioskować z (*gen*); V/R **sich ~** *Wunde* zasklepi(a)ć się
Schließfach N skrytka
schließlich ADV w końcu, wreszcie
Schließmuskel M ANAT zwieracz
Schließung F zamknięcie
schliff → schleifen
Schliff M (-[e]s; -e) szlif; *fig* (*bpl*) ogłada, szlif; *e-r Sache* (*dat*) **den letzten ~ geben** wykańczać ⟨-kończyć⟩ (*akk*)
schlimm (*schlecht*) zły, niedobry, *präd* źle, niedobrze; → böse, übel; (*schwer*) *Lage, Zeit, Krankheit usw* ciężki; *Fehler* poważny; *umg* (*wund*) bolący, chory; **~e Folgen** złe skutki; **nichts Schlimmes** nic złego; **halb so ~, nicht so ~** pół biedy; **~er** *komp* gorszy, *präd* gorzej; **umso ~er** tym gorzej; **und was (noch) ~er ist** i co gorsza; **~er werden** pogarszać ⟨-gorszyć⟩ się; **das Schlimmste ist, dass** najgorsze jest to, że; **das Schlimmste ist überstanden** najgorsze (jest) już za nami
schlimmstenfalls ADV w najgorszym razie
Schlinge F pętla; (*Fanggerät*) sidła *npl*, wnyki *mpl*; MED *für den Arm* temblak
Schlingel *umg* M urwis, łobuz(iak)
schlingen (*schlang, geschlungen*): V/T **etw ~ um** (*akk*) owijać ⟨owinąć⟩ dookoła (*gen*), zarzucać ⟨-cić⟩ na (*akk*); *Essen* łapczywie ⟨po⟩łykać; V/R **sich ~ (um)** owijać ⟨owinąć⟩ się (wokół *gen*)
schlingern V/I (*-re*) kołysać się
Schlingpflanze F pnącz
Schlips M (*-es; -e*) krawat; *umg fig* **j-m auf den ~ treten** mieć kreskę u (*gen*)
Schlitten M sanie *pl*; (*Rodelschlitten*) sanki *pl*; *umg* (*Auto*) bryka; *fig abw* **mit j-m ~ fahren** szykanować, maltretować k-o; **~fahrt** F jazda *od* przejażdżka saniami; **~hund** M pies pociągowy
Schlittenpartie F sanna, kulig
schlittern V/I (*-re; a sn*) ślizgać się
Schlittschuh M łyżwa; **~ laufen** jeździć na łyżwach; **~bahn** F ślizgawka; **~läufer(in)** M(F) łyżwiarz (-arka)
Schlitz M (*-es; -e*) szczelina; otwór (na monetę *usw*); (*Rille*) rowek; *im Rock* rozcięcie; (*Hosenschlitz*) rozporek
schlitzäugig skośnooki
Schlitzohr *umg* N cwaniak
schlohweiß biały jak śnieg
schloss → schließen
Schloss N (*-es; Schlösser*) zamek; ARCH zamek, pałac; *in zssgn* zamkowy, pałacowy
Schlösschen N pałacyk
schlossen → schließen
Schlos|ser M ślusarz; *in zssgn mst* ślusarski; **~se'rei** F ślusarnia
Schloss|hof M dziedziniec zamkowy; **~ruine** F ruiny *fpl* zamku
Schlot M (-[e]s; -e) komin (fabryczny); *umg* **er raucht wie ein ~** on ćmi bez przerwy
schlottern V/I (*-re*) trząść się, dygotać (**vor Kälte** *usw* z zimna *usw*); *Anzug* wisieć (jak na kołku)
Schlucht F wąwóz (*a. fig*)
schluchzen V/I (*-zt*) schlochać, łkać
Schluck M (-[e]s; -e) łyk, haust; **e-n ~ nehmen** wypić *pf* łyk (*gen*)
Schluckauf M (*-s; bpl*) czkawka
Schlückchen N łyczek
schlucken V/T (po)łykać ⟨połknąć⟩ (*impf a. Staub usw*); *Bissen, Tablette usw a.* przełykać ⟨-łknąć⟩; *fig Schall, Licht*, *umg Geld* pochłaniać ⟨-chłonąć⟩; *umg Benzin* spalać; *abw Tadel, Firma* połknąć *pf*; V/I ~

S

müssen przełknąć *pf* ślinę
Schlucker M *umg*: **armer ~** biedak, nieborak
Schluckimpfung F szczepienie doustne
schluckweise ADV łykami, łyk po łyku
schlud(e)rig *Arbeit* partacki (po -ku)
schludern V/I (*-re*) *abw* partolić, knocić
schlug, **schlüge** → schlagen
Schlummer M (*-s; bpl*) drzemka
schlummern V/I (*-re*) drzemać (*a. fig*)
Schlund M (-[e]s; Schlünde) gardziel *f*; *fig* (*gähnende Öffnung*) *a.* czeluść *f*
schlüpfen V/I (*sn*): **aus dem Ei ~** wylęgać ⟨-gnąć⟩ się, ⟨wy⟩ląc się (z jajka); *fig* wślizgiwać ⟨-z(g)nąć⟩ się (**in** *akk* do *gen*); wymykać ⟨-mknąć⟩ się (**aus, durch** z *gen*, przez *akk*); **in den Mantel ~** włożyć *pf* płaszcz
Schlüpfer M majt(ecz)ki *pl*, figi *fpl*
Schlupfloch N dziur(k)a, nor(k)a; *fig* kryjówka, ukrycie
schlüpfrig śliski (-ko), ośliz(g)ły; *fig Witz* sprośny
Schlupfwespen FPL gąsieniczniki *mpl*
Schlupfwinkel M kryjówka, *abw* melina, meta
schlurfen V/I (*sn*) ⟨po⟩człapać
schlürfen popijać, *hörbar* siorbać
Schluss M (*-es; Schlüsse*) koniec, zakończenie; *fig a.* kres; (*Folgerung*) wniosek; **am ~** na końcu; **bis zum ~** do końca; **zum ~** kończąc, na zakończenie; **daraus ziehe ich den ~, dass** z tego wnioskuję, że; **Schlüsse ziehen (aus)** … wyprowadzać ⟨-dzić⟩ wnioski (z *gen*); *umg* **~ machen (mit)** ⟨s⟩kończyć (*akk*, z *inst*); (*Beziehung beenden*) rozchodzić ⟨rozejść⟩ się (z *inst*); **~ jetzt!** dość tego!, basta!
Schlussbemerkung F uwaga końcowa
Schlussbilanz F bilans końcowy
Schlüssel M klucz (*a. fig*, MUS, TECH); **~anhänger** M breloczek; **~bart** M pióro klucza; **~bein** N obojczyk; **~blume** F pierwiosnek; **~bund** M pęk kluczy; **~dienst** M firma dorabiająca klucze
schlüsselfertig *Gebäude* (wykończony) pod klucz
Schlüssel|figur F osoba odgrywająca decydującą rolę; **~industrie** F przemysł kluczowy; **~loch** N dziurka od klucza; **~position** F pozycja kluczowa; **~ring** M kółko na klucze
Schlussfassung F redakcja końcowa, wersja końcowa
schlussfolgern V/T (*-re*) wnioskować (**aus** z *gen*)
Schlussfolgerung F konkluzja, wniosek
schlüssig logiczny, konsekwentny; **sich** (*dat*) **~ werden über** (*akk*) zadecydować *pf* o (*akk*)
Schlusslicht N światło (pozycyjne) tylne; *umg* **das ~ bilden** wlec się w ogonie; **… ist das ~ …** jest na szarym końcu
Schluss|pfiff M gwizdek końcowy; **~satz** M *Logik* konkluzja; MUS finał
Schlussstrich M *fig* gruba kreska; **e-n ~ unter** (*akk*) **ziehen** kłaść ⟨położyć⟩ koniec (*dat*)
Schluss|verkauf M wyprzedaż posezonowa; **~wort** N (krótkie) przemówienie końcowe
Schmach *lit* F (*bpl*) hańba, zniewaga
schmachten *lit* V/I (*-e-*) (*leiden*) cierpieć; *im Kerker* gnić; **nach etw ~** łaknąć (*gen*)
schmachtend ADJ *Blick* czuły (-le)
schmächtig *Person* szczupły (-le)
schmackhaft smaczny, smakowity (-cie); *umg fig* **j-m etw ~ machen** zachęcać ⟨-cić⟩ k-o do (*gen*)
Schmäh *umg* M (*-s; -[s]*) *austr* → Trick, Witz; (*bpl*) żartobliwość *f*
Schmähbrief M obelżywy list
schmählich haniebny
Schmähschrift F paszkwil
Schmähung F ubliżanie; (*Wort*) obelga
schmal (*-er od schmäler; -ste od schmälste*) (*nicht breit*) wąski (-ko) (*a. Lippen*); (*dünn, knapp*) szczupły (-ło) (*a. Gesicht*); **~er** *komp* węższy, *präd* węziej; **~er machen (werden)** zwężać ⟨zwęzić⟩ (się)
schmälern (*-re*) *Rechte* ograniczać ⟨-czyć⟩; *Anteil* uszczuplać ⟨-lić⟩; *Verdienste* pomniejszać ⟨-szyć⟩
Schmalfilm M film wąskotaśmowy
Schmalspurbahn F kolej wąskotorowa
Schmalz[1] N (*-es; -e*) smalec
Schmalz[2] *umg* M (*-es; bpl*) *fig* ckliwość *f*
Schmalzbrot N chleb ze smalcem
schmalzig *umg abw* ckliwy (-wie)
Schmankerl *pł-niem, austr* N smakołyk
Schmant M *reg* (*-es; bpl*) śmietana
schmarotzen V/I (*-zt; -*) pasożytować
Schmarotzer M pasożyt; *in zssgn* pasożytniczy
Schmarren M *pł-niem, austr* KULIN omlet

S

z rodzynkami w kawałkach; *fig umg* (*Unsinn*) nonsens, bzdura

schmatzen VI (*-zt*) mlaskać, cmokać

schmauchen *Pfeife* ćmić, kurzyć

Schmaus M (*-es; Schmäuse*) uczta, biesiada

schmausen VI ucztować, biesiadować

schmecken VI smakować (*a. umg fig*); **nach etw ~** mieć smak (*gen*); **süß ~** mieć słodki smak; **lass es dir ~!** smacznego!; VT ⟨s⟩kosztować (*gen*); *umg fig* **das schmeckt ihm nicht** to mu nie w smak

Schmeiche'lei F pochlebstwo; komplement

schmeichelhaft pochlebny

schmeicheln VI (*-le*): **j-m ~** pochlebiać, schlebiać k-u; (*sich in j-s Gunst einschmeicheln*) *abw* przypochlebiać się k-u; **das schmeichelt ihrer Eitelkeit** to schlebia jej próżności; **sich geschmeichelt fühlen** pochlebiać sobie

Schmeichler M pochlebca *m*

Schmeichlerin F pochlebczyni

schmeichlerisch przypochlebny

schmeißen *umg* (*schmeißt, schmiss, geschmissen*) VT (*werfen*) rzucać ⟨-cić⟩, ciskać ⟨-snąć⟩ (*akk, inst*); *Runde* stawiać ⟨postawić⟩; *umg* (*aufgeben*) rzucać ⟨-cić⟩; **sie schmeißt den Haushalt** ona jest w domu panią u siebie; VI **mit Geld um sich ~** szastać pieniędzmi

Schmeißfliege F (mucha) plujka

Schmelz M (*-es; -e*) szkliwo (*a. am Zahn*); (*Wohlklang*) słodycz *f*

schmelzbar topliwy

Schmelze F TECH wytop; metal roztopiony *od* ciekły; (*Glasschmelze usw*) roztopiona masa

schmelzen (*-zt, schmolz, geschmolzen*) VT topić, roztapiać ⟨-topić⟩, stapiać ⟨stopić⟩ (*v/i, sn* się); TECH wytapiać ⟨-topić⟩; VI (*sn; a. fig*) ⟨s⟩topnieć

Schmelz|käse M ser topiony; **~ofen** M piec do topienia, piec do wytapiania *od* przetapiania; **~punkt** M temperatura topnienia; **~tiegel** M tygiel (*a. fig*); **~wasser** N (*bpl*) woda z topiącego się śniegu *od* lodu; *im Frühling* woda z roztopów

Schmerbauch *umg* M *abw* brzucho; (*Person*) brzuchacz

Schmerz M (*-es; -en*) ból; *fig a.* boleść *f*; **vor ~(en)** z bólu; **~en haben in** (*dat*) odczuwać ból w (*lok*)

schmerzempfindlich wrażliwy na ból

schmerzen (*-zt*) VT *u.* VI boleć (*a. fig*); **mir schmerzt der Kopf** boli mnie głowa; *fig* **es schmerzt mich, dass** serce mnie boli, że

schmerzend ADJ bolący, bolesny

Schmerzensgeld N (*bpl*) zadośćuczynienie pieniężne za doznaną krzywdę

Schmerzensschrei M okrzyk bólu

schmerzfrei wolny od bólu

Schmerzgrenze F próg bólu; *fig* **bis die ~ erreicht ist** do ostatecznych granic

schmerzhaft bolesny (-śnie)

Schmerzklinik F poradnia leczenia bólu

schmerz|lich *fig* bolesny (-śnie); **~lindernd** ADJ uśmierzający ból; **~los** bezbólowy (-wo), bezbolesny (-śnie)

Schmerzmittel N lek przeciwbólowy

schmerz|stillend ADJ przeciwbólowy (-wo); **~verzerrt** ADJ wykrzywiony bólem; **~voll** bolesny (-śnie)

Schmetterball M *Tennis* smecz

Schmetterling M (*-s; -e*) motyl

Schmetterlingsstil M SPORT styl motylkowy, *umg* motylek

schmettern (*-re*) VT *Sache* ciskać ⟨cisnąć⟩, grzmotnąć *pf* (*akk, inst*; **an die Wand** o ścianę); *Ball* ścinać ⟨ściąć⟩; *Blaskapelle* grać z werwą, ciąć (**e-n Marsch** marsza); **ein Lied ~** głośno ⟨za⟩śpiewać (piosenkę); VI (*sn*) *Fanfaren usw* zabrzmieć *pf*; **gegen etw ~** walnąć się *pf* o (*akk*)

Schmied M (*-[e]s; -e*) kowal

Schmiede F kuźnia; *in zssgn mst* kuźniczy, kowalski;

schmiedeeisern z kutego żelaza

Schmiede|hammer M młot kowalski; **~kunst** F (*bpl*) kowalstwo artystyczne

schmieden (*-e-*) kuć, odku(wa)ć, wyku(wa)ć; *fig Pläne* snuć

schmiegen: VR **sich ~ an** (*akk*) przytulać ⟨-lić⟩ się do (*gen*); *Kleid* przylegać do (*gen*)

schmiegsam miękki; elastyczny, gibki

Schmiere F smar, maź *f*; *abw* TEATR szmira, chała; *umg* **~ stehen** stać na czatach, *dial* filować

schmieren VT ⟨po-, wy⟩smarować; *umg* (*kritzeln, malen*) ⟨na⟩bazgrać; *umg* (*bestechen*) da(wa)ć łapówkę, da(wa)ć w łapę (*dat*); *umg* **wie geschmiert** jak po maśle; **j-m e-e ~** dać *pf* w twarz k-u

Schmiere'rei F bazgranina, bazgroły *pl*

S

Schmier|fett N smar (plastyczny), towot; **~fink** M *umg* brudas(ka); *abw* paszkwilant; **~geld** *umg* N łapówka
schmierig maziowaty; (*fettig*) zatłuszczony; *abw Witz* pieprzny; **ein ~er Typ** lizus, wazeliniarz
Schmier|mittel N smar; **~papier** N (*bpl*) papier do notatek na brudno; **~seife** F mydło szare
schmilzt → schmelzen
Schminke F szminka
schminken V/T ⟨u⟩szminkować; TEATR ⟨u⟩charakteryzować (*v/r* **sich** się)
Schminkkoffer M neseser
schmirgeln (*-le*) wygładzać ⟨-dzić⟩ papierem ściernym
Schmirgelpapier N papier ścierny
schmiss, **schmissen** → schmeißen
schmissig *Musik, Tanz* skoczny
Schmöker *umg* M czytadło
schmökern *umg* (*-re*) V/I rozczytywać się
schmollen V/I dąsać się (**mit** na *akk*)
Schmollmund M: **e-n ~ machen** nadąsać się *pf*
schmolz, **schmölze** → schmelzen
Schmorbraten M pieczeń duszona
schmoren V/T KULIN ⟨u⟩dusić (*v/i* się); *v/i umg* prażyć się (**in der Sonne** na słońcu); *umg fig* (*untätig warten*) siedzieć, tkwić; *umg fig* **j-n, etw ~ lassen** przetrzymywać, marynować (*akk*)
schmorenlassen (*irr; -*) *umg fig* → schmoren
Schmortopf M rondel
Schmuck M (-[e]s; bpl) ozdoba; *koll* biżuteria, kosztowności *fpl*
schmücken V/T ozdabiać ⟨ozdobić⟩, przyozdabiać ⟨-zdobić⟩ (**mit etw** *inst*); (*verzieren*) przystrajać; V/R **sich ~** stroić się (*a. fig* **mit fremden Federn** w cudze piórka)
Schmuck|geschäft N sklep jubilerski, sklep z biżuterią; **~kästchen** N szkatułka na biżuterię
schmucklos nieozdobny, bez ozdób
Schmuckstück N klejnot (*a. fig*)
schmudd(e)lig *umg Sache* przybrudzony; *Person* niechlujny; *Raum a. umg* zapyziały
Schmuddel|kind *umg* N zaniedbane dziecko (*a. fig*); **~wetter** *umg* N słota
Schmuggel M (*-s; bpl*) przemyt, *umg* szmugiel, kontrabanda
schmuggeln (*-le*) V/T przemycać ⟨-mycić⟩, *umg* ⟨prze⟩szmuglować (*akk*); V/I zajmować się przemytem
Schmuggelware F towar z przemytu
Schmuggler(in) M(F) przemytnik
schmunzeln V/I (*-le*) uśmiechać ⟨-chnąć⟩ się (**über** *akk* na widok *gen*)
Schmunzeln N uśmiech, uśmieszek
schmusen *umg* V/I pieścić się, całować się
Schmutz M (*-es; bpl*) brud(y *pl fig*); (*Straßenkot*) błoto; *fig* **in den ~ ziehen** zmieszać *pf* z błotem
schmutzen V/I brudzić się
Schmutz|fink *umg* M brudas(ka), morus, morusek; **~fleck** M (brudna) plama
schmutzig brudny (-no); (*obszön*) plugawy (-wo); **~ machen** ⟨po-, za⟩brudzić (**sich** się; **sich etw** sobie *akk*)
Schmutzwäsche F brudna bielizna
Schnabel M (*-s; Schnäbel*) dziób; (*Tülle*) dziobek, *reg* dzióbek; *umg* **halt den ~!** zamknij buzię *od* gębę!; **~tier** N dziobak
Schnake F komarnica; (*Mücke*) komar
Schnalle F sprzączka
schnallen V/T przypinać ⟨-piąć⟩ paskiem *od* rzemykiem (**an** *akk* do *gen*); **etw weiter ~** popuszczać ⟨-puścić⟩ (*gen*); *umg fig* (*kapieren*) kapnąć się *pf*
schnalzen V/I (*-zt*) cmokać ⟨-knąć⟩; *mit den Fingern* pstrykać ⟨-knąć⟩
Schnäppchen *umg* N okazyjny zakup
schnappen V/T chwytać ⟨chwycić⟩, *umg* chapnąć (*a.* **sich** [*dat*] **etw**), capnąć *pf*; *Dieb a.* schwytać *pf*; **Luft ~** zaczerpnąć powietrza; V/I **nach j-m, etw ~** *Tier* chcieć chapnąć, chcieć dziobnąć (*akk*); **nach Luft ~** chwytać powietrze; (*sn*) **ins Schloss ~** *Tür* zatrzasnąć się *pf*
Schnappschloss N zatrzask
Schnappschuss M okazyjne zdjęcie; *heimlich gemacht* zdjęcie z zaskoczenia; PL migawki *fpl*
Schnaps M (*-es; Schnäpse*) wódka, *umg* czysta; *schwarzgebrannt* bimber; **~brennerei** *umg* F gorzelnia; *illegale* bimbrownia; **~glas** N kieliszek do wódki
Schnaps|idee *umg* F wariacki pomysł; **~zahl** *umg* F ciąg jednakowych cyfr
schnarchen V/I chrapać
Schnarchen N (*-s; bpl*) chrapanie
schnar|ren V/I *Klingel* terkotać; **~rend** ADJ *Stimme* zgrzytliwy (-wie)

schnattern V/I (-re) *Ente* kwakać; *Gans* gęgać; *umg fig* (*schwatzen*) trajkotać
schnauben V/I parskać ⟨-knąć⟩, prychać ⟨-chnąć⟩; → schnäuzen
schnaufen V/I sapać, dyszeć
Schnauzbart M wąsy *mpl*
Schnauze F pysk, morda (*a. abw*); *umg* **die ~ voll haben (von)** mieć po dziurki w nosie (*gen*); *pop* **halt die ~!** zamknij jadaczkę!, stul pysk od gębę!
schnäuzen (-zt): V/R **sich ~, sich** (*dat*) **die Nase ~** wysmarkać *pf* nos
Schnauzer M (*Hund*) sznaucer
Schnecke F ślimak (*a.* TECH); *umg* **zur ~ machen** opieprzać ⟨-rzyć⟩
Schnecken- *in zssgn mst* ślimakowy
schneckenförmig ślimakowaty (-to)
Schneckenhaus N skorupa ślimaka
Schneckentempo N żółwie *od* ślimacze tempo; **im ~** w żółwim tempie; **im ~ vorankommen** *Arbeit usw a.* ślimaczyć się
Schnee M (-*s*; *bpl*) śnieg; KULIN piana, pianka; *umg* (*Kokain*) koka; *umg fig* **~ von gestern** musztarda po obiedzie
Schneeball M śnieżka
Schneeballschlacht F: **e-e ~ machen** bawić się w śnieżki
schneebedeckt ADJ ośnieżony
Schnee|besen M KULIN trzepaczka; **~decke** F pokrywa śnieżna; **~fall** M opad śniegu, śnieg; **~flocke** F śnieżynka, płatek śniegu
schneefrei bezśnieżny
Schnee|gestöber N zadymka, zamieć śnieżna; **~glätte** F ślizgawica po opadach śniegu, śliskość pośniegowa; **~glöckchen** N przebiśnieg, śnieżyczka; **~grenze** F granica śniegów; **~kanone** F armatka śnieżna; **~ketten** FPL łańcuchy *mpl* śnieżne; **~landschaft** F krajobraz śnieżny; **~mann** M (śniegowy) bałwan; **~matsch** M mokry śnieg
Schnee|mobil N skuter śnieżny; **~pflug** M pług (od)śnieżny; **~räumung** F odśnieżanie; **~regen** M deszcz ze śniegiem; **~schmelze** F topnienie śniegu; (*Zeit*) roztopy *mpl*; **~sturm** M burza śnieżna, śnieżyca; **~treiben** N zadymka; **~verwehung** F zaspa śnieżna
schneeweiß śnieżnobiały, śnieżny
Schneewittchen N (-*s*; *bpl*) królewna Śnieżka
Schneid *umg* M (-[e]s; bpl) odwaga
Schneidbrenner M TECH palnik do cięcia
Schneide F ostrze; **auf des Messers ~** na ostrzu noża
schneiden (*schneidet, schnitt, geschnitten*) V/T (*zerteilen*) ⟨po⟩ciąć, ⟨po⟩krajać, ⟨po⟩kroić, ⟨po⟩rżnąć; (*abtrennen*) odcinać ⟨-ciąć⟩, odkrawać, odkrajać ⟨-kroić⟩; (*kürzen, stutzen*) obcinać ⟨-ciąć⟩, przycinać ⟨-ciąć⟩; *Haar, Rasen a.* ⟨o⟩strzyc; (*verletzen*) zacinać ⟨-ciąć⟩; → ausschneiden, mähen; *fig Kurve, Ball* ścinać ⟨ściąć⟩; *umg* **j-n ~** ignorować (*akk*); V/I *Wind* zacinać; *Gurt* wpijać się, wrzynać się; V/R **sich ~** (*verletzen*) zacinać ⟨-ciąć⟩ się; (*sich kreuzen*) przecinać się; → geschnitten, Gesicht
Schneiden N (-*s*; *bpl*) cięcie, krajanie, rżnięcie; *der Haare* strzyżenie; → schneiden
schneidend ADJ tnący; *fig* ostry (-ro)
Schneider M krawiec; *umg fig* **aus dem ~ sein** wykaraskać się z tarapatów
Schnei|de'rei F krawiectwo; (*Betrieb*) zakład krawiecki; **~derin** F krawcowa
Schneidermeister M mistrz krawiecki
schneidern (-*re*) V/T ⟨u⟩szyć
Schneiderpuppe F manekin krawiecki
Schneidezahn M siekacz
schneidig *umg* śmiały (-ło), dziarski (-ko)
schneien: *unpers* **es schneit** pada *od* prószy śnieg
Schneise F przesieka
schnell szybki (-ko), prędki (-ko); **~er** *komp* szybszy, prędszy; *präd* szybciej, prędzej; **so ~ wie möglich** czym prędzej; *umg* **(mach) ~!** pośpiesz się!
Schnellbahn F szybka kolej miejska
Schnellboot N ścigacz
Schnelle F: *umg* **auf die ~** na chybcika
schnellen V/I (*sn*): **aus dem Wasser ~** wyskakiwać ⟨-skoczyć⟩ z wody; **in die Höhe ~** podskakiwać ⟨-skoczyć⟩ (*a. Preise*)
schneller → schnell
Schnell|feuer- *in zssgn* MIL szybkostrzelny; **~hefter** M skoroszyt
Schnelligkeit F (*bpl*) szybkość *f*
Schnellimbiss M bar szybkiej obsługi
Schnellkochtopf M szybkowar
schnelllebig *Zeit* nacechowany pośpiechem; → kurzlebig
Schnell|reinigung F czyszczenie ekspresowe; **~schuss** M *fig* nieprzemyślane

S

posunięcie, pochopna reakcja

schnellstens ADV jak najszybciej

Schnell|straße F droga ekspresowa; **~verband** M MED opatrunek pierwszej pomocy; **~verfahren** N JUR postępowanie przyspieszone; **~verkehr** M ruch szybki; KOLEJ *a.* ruch pośpieszny

Schnellzug M pociąg pośpieszny

Schnepfe F bekas; *engS* słonka, kszyk; *fig abw Schimpfwort für e-e Frau* lafirynda, wywłoka

Schnickschnack *umg* M (-s; *bpl*) fidrygałki *fpl* (*a. Geschwätz*)

Schnippchen N *umg*: **j-m ein ~ schlagen** wywodzić ⟨-wieść⟩ w pole (*akk*)

schnippeln *umg* (-le) (*wegschneiden*) obcinać ⟨-ciąć⟩, ucinać ⟨-ciąć⟩ (**an** *dat* od *gen*)

schnippen V/I przytykać, pstrykać ⟨-knąć⟩ (**mit den Fingern** palcami)

schnippisch opryskliwy (-wie)

Schnipsel M *od* N skrawek, ścinek

schnitt → schneiden

Schnitt M (-[e]s; -e) (*das Schneiden*) cięcie (*a.* AGR); (*Öffnung, Wunde*) nacięcie, rozcięcie; (*Querschnitt*) przekrój; (*Fasson*) fason, krój; (*Vorlage*) wykrój; (*Haarschnitt*) fryzura, uczesanie; (*Filmschnitt*) montaż; TYPO brzeg (książki); *umg* **im ~** średnio; *umg* **e-n guten ~ machen** (zdrowo) obłowić się *pf*

Schnitt|blumen FPL kwiaty *mpl* cięte; **~bohnen** FPL fasol(k)a szparagowa

Schnitte F kromka, *dial* skibka

schnittfest *Tomate* jędrny, zdrowy; *Käse* (pół)twardy

Schnittfläche F płaszczyzna przekroju

Schnittholz N (*bpl*) tarcica

schnittig foremny, o ładnej sylwetce

Schnitt|lauch M szczypiorek; **~muster** N wykrój; **~punkt** M punkt przecięcia

Schnittstelle F EDV interfejs, złącze

Schnittwunde F rana cięta

Schnitzel N KULIN sznycel; (*a. m*) → Schnipsel

schnitzen (-zt) V/T ⟨wy⟩rzeźbić; V/I rzeźbić (w drewnie)

Schnitzer M snycerz; *umg* (*Fehler*) gafa

Schnitze'rei F (*bpl*) snycerstwo; (*a. pl*) drewniana rzeźba, wyrób snycerski

Schnitzerin F rzeźbiarka

schnodd(e)rig *umg Art, Ton* niegrzeczny, chamski (-ko)

schnöde *lit* (*erbärmlich*) nikczemny; (*geringschätzig*) wzgardliwy (-wie); **~r Undank** czarna niewdzięczność

Schnorchel M *e-s Tauchers* rurka oddechowa, *umg* fajka

schnorcheln V/I pływać z fajką

Schnörkel M zakrętas; PL *a.* esy-floresy *pl*; *fig* **ohne ~** niewymyślny

schnorren *umg* V/T wypraszać, sępić; **Zigaretten ~** palić papierosy na sępa

Schnorrer *umg* M sęp

Schnösel M *abw* pętak, szczeniak

schnuck(e)lig *umg* fajny, ładniutki (-ko)

Schnüffe'lei *umg* F wścibstwo

schnüffeln (-le) V/I *fig umg* (**in** *dat*) węszyć, *umg* niuchać (w *lok*), wścibiać się (do *gen*); *v/t* (*sniffen*) wąchać; → schnuppern

Schnüffler(in) M(F) *abw* konfident(ka), szpicel; *von Drogen* wąchacz(ka)

Schnuller *umg* M smoczek

Schnulze F sentymentalny kicz

schnupfen *Tabak* niuchać tabakę

Schnupfen M katar (nosa)

Schnupftabak M tabaka

Schnupftabaksdose F tabakierka

schnuppe: *umg* **das ist ihr völlig ~** to ją ani ziębi, ani grzeje; **das ist doch ~** to przecież wszystko jedno

schnuppern (-re) V/I (**an** *dat*) obwąch(iw)ać (*akk*); V/T *fig umg* powąchać *pf* (*gen*)

Schnur F (-; *Schnüre*) sznur, sznurek

Schnürchen N: *umg mst in* **wie am ~** jak z płatka, jak po maśle

schnüren ściągać ⟨-gnąć⟩ sznurkiem; *Schuhe* ⟨za⟩sznurować

schnurgerade prosty (-to) jak strzała, *umg* prościutki (-ko)

schnurlos *Telefon* bezprzewodowy

Schnürlregen M *austr* kapuśniaczek

Schnurrbart M wąs(y *pl*); **mit ~** wąsaty, z wąsami

schnurren V/I (*surren*) furczeć; *Katze* mruczeć; *umg* **die Arbeit schnurrt** pracują, aż furczy

Schnürschuh M trzewik (sznurowany)

Schnürsenkel M sznurowadło

schnurstracks *umg* ADV prościutko; (*sofort*) w mig, piorunem

schnurz → schnuppe

Schnute *umg* F (*Mund*) buzia; **e-e ~ ziehen** ⟨na⟩dąsać się

schob, **schöbe** → schieben
Schober M szopa; *ohne Dach* stóg
Schock M (*-s; -s*) szok, wstrząs; **unter ~ stehen** być w szoku; **e-n ~ erleiden** dozna(wa)ć szoku
Schockbehandlung F MED leczenie wstrząsami*od* wstrząsowe
schocken *umg* ⟨z-, za⟩szokować
Schocker *umg* M (*Film*) szokujący film; (*Roman*) szokująca powieść
scho'ckieren (-) ⟨z-, za⟩szokować
scho'ckierend ADJ szokujący (-co)
Schocktherapie F terapia szokowa
Schöf|fe M (*-n*), **~fin** F ławnik
Schöffengericht N sąd ławniczy
Schoko'lade F czekolada
schoko'lade(n)braun czekoladowy
Schoko'ladenseite *umg* F (*bpl*) piękna strona
Schokoriegel M batonik czekoladowy
scholl → schallen
Scholle[1] F bryła, skiba; (*Acker*) rola
Scholle[2] F ZOOL gładzica
Schöllkraut N (*bpl*) jaskółcze ziele
schon **A** ADV już; **~ wieder** znowu; **~ damals** już wtedy *od* wówczas **B** *partikel* już; *umg* **mach ~!** pośpiesz się!; **er wird ~ kommen** on z pewnością (jeszcze) przyjdzie; **es wird ~ gehen** już jakoś dam (dasz, da) sobie radę; **~ gut!** dobra!, niech już tak będzie!; **was ist ~ Geld?** co (mi) tam pieniądze?; **(na,) wenn ~!** wielkie (mi) zmartwienie!; **wenn ~, denn ~!** (*etw tun*) jak robić, to robić!; (*sich amüsieren*) jak się bawić, to się bawić! *usw*
schön ADJ piękny, ładny (*beides a. iron = schlimm*); *umg* (*ziemlich*) ładny; *umg*: **sich ~ machen** upiększać ⟨-szyć⟩ się, przystrajać ⟨-stroić⟩ się; **~e Grüße** serdeczne pozdrowienia, ukłony; **~es Wochenende!** przyjemnego weekendu!; **es wird ~** *Wetter* będzie ładnie; *umg* **das wäre ja noch ~er!** tego jeszcze brakowało!; *umg iron* **das hat er ~ hingekriegt!** ładnie się spisał!; **das ist ~ von dir** to pięknie z twojej strony; **das Schöne dabei ist, dass ...** dobre jest to, że ..., podoba mi się, że ...; **danke ~!** dziękuję pięknie!; pięknie dziękuję!; **~ und gut, aber ...** ładnie i pięknie, ale ...; *umg* ADV *u. partikel* (*verstärkend*), *oft nicht übersetzt* **~ weich** mięciutki (-ko); **~ warm** cieplutki (-ko); **ganz ~ weit** ładny kawałek drogi; *umg* **das ist ganz ~ teuer!** to potwornie drogie!; **wie man so ~ sagt** jak się mówi; **sei ~ artig** bądź grzeczny
Schonbezug M pokrowiec
Schöne F piękność *f*; N (*bpl*) → schön
schonen V/T oszczędzać, szanować; V/R **sich (nicht) ~** (nie) oszczędzać się
schonend ADJ oględny, ostrożny; **etw ~ behandeln** obchodzić się ostrożnie z (*inst*); **etw ~ beibringen** oględnie zawiadamiać ⟨-domić⟩ o (*lok*)
Schoner M MAR szkuner
Schönfärbe'rei *umg* F podkoloryzowanie; **ohne ~** bez lakieru (i lukru)
Schonfrist F ulgowy okres
Schöngeist M pięknoduch (*a. iron*)
schöngeistig beletrystyczny; **~e Literatur** beletrystyka
Schönheit F (*bpl*) piękno, piękność *f*; (*a. pl*) (*Person, Sache*) piękność *f*
Schönheits|chirurgie F chirurgia plastyczna; **~fehler** M (drobna) skaza (*a. fig*); **~königin** F królowa piękności; **~mittel** N kosmetyk; **~operation** F operacja plastyczna *od* kosmetyczna; **~pflege** F (*bpl*) kosmetyka; **~reparatur** F makijaż; **~salon** M salon kosmetyczny; **~sinn** M (*bpl*) zmysł piękna; **~wettbewerb** M konkurs piękności
Schonkost F dietaoszczędzająca
Schönling M (*-s; -e*) *iron* przystojniaczek
schönmachen *umg* V/R → schön
Schön|schreiben N (*bpl*) kaligrafia; **~tuerei** F (*bpl*) przypochlebianie (się)
Schonung F (*bpl*) (*rücksichtsvolle Behandlung von Personen*) oszczędzanie (się); LEŚN (*a.* PL) zagajnik
schonungs|bedürftig *Person* wymagający szczególnej opieki (po chorobie); **~los** bezlitosny (-śnie)
Schönwetterlage F okres bezchmurnej pogody; METEO okres wyżu
Schonzeit F czas *od* okres ochronny
Schopf M (-[e]s; Schöpfe) (*Haar*) czupryna, czub; *der Vögel* czub(ek); *fig* **die Gelegenheit beim ~(e) packen** skorzystać *pf* z okazji
schöpfen V/T czerpać (*akk*), zaczerpnąć *pf* (*gen*) (*a. lit fig*); *Vertrauen* nab(ie)rać (*gen*); *Verdacht* powziąć *pf* (*akk*)
Schöpfer[1] M (*-s; bpl*) *rel* Stwórca *m*; (*a. pl*) twórca *m*; *in Zssg(n)* twórczy
Schöpfer[2] M (*Gefäß*) czerpak
Schöpferin F twórczyni

schöpferisch twórczy (-czo)
Schöpf|kelle F, **~löffel** M łyżka wazowa
Schöpfung F (*bpl*) (*Erschaffung*) stworzenie; **die ~** (*Universum*) wszechświat; *lit* (*a.* PL) kreacja; (*Werk*) *a.* utwór, dzieło
Schöpfungsgeschichte F (*bpl*) historia stworzenia świata
Schoppen M: **ein ~ Wein** lampka wina
Schoppenwein M wino z beczki
Schöps M (*-es; -e*) *austr* baran; **~enbraten** M pieczeń barania
schor → scheren
Schorf M (*-[e]s; -e*) strup; BOT parch
Schornstein M komin; **~feger** M, **~kehrer** M kominiarz
Schoß M (*-es; Schöße*) łono (*a. fig*); **auf dem ~ sitzen** siedzieć na kolanach; *fig* **im ~ der Familie** na łonie rodziny; *fig* **die Hände in den ~ legen** siedzieć z założonymi rękami; *fig* **j-m in den ~ fallen** spadać ⟨spaść⟩ k-u z nieba
Schoss M (*-es; -e*) → Schössling
schoss(en), **schösse** → schießen
Schoßhund M piesek pokojowy
Schössling M (*-[e]s; -e*) pęd, odrost
Schote F łuszczyna; *mst* PL (*Erbsen*) groszek; → Hülse, Paprikaschote
Schott N (*-[e]s; -e*) MAR gródź *f*
Schotte M (*-n*) Szkot; **~n-** *in zssgn* szkocki
Schotter M tłuczeń *m*; (*Geröll*) żwir
Schottin F Szkotka
schottisch szkocki
Schottland N (*-s; bpl*) Szkocja *f*
schraf'fiert szrafowany, kreskowany
Schraf'fur F szrafy *fpl*
schräg skośny, ukośny; *präd a.* na ukos, na skos (**zu** do *gen*); (*geneigt*) pochyły (-ło); *umg* (*seltsam*) cudaczny; **~ gegenüber** na ukos po przeciwnej stronie
Schräge F skos; (*schräge Fläche, Gefälle*) pochyłość *f*
Schrägstrich M kreska ukośna
schrak, **schräke** → schrecken[2]
Schramme F rysa, szrama; → Kratzer
schrammen V/T ⟨po⟩rysować; V/R **sich etw ~** zadrasnąć *pf* sobie (*akk*)
Schrank M (*-[e]s; Schränke*) szafa; *klein* szafka
Schranke F bariera (*a. fig*); KOLEJ zapora, szlaban; PL *fig a.* granice *fpl*; **sich in ~n halten** nie wykraczać poza granice; **j-n in seine ~n weisen** osadzić *pf* k-o, wskazać *pf* k-u właściwe miejsce
schrankenlos *fig* bezgraniczny
Schrankwand F meblościanka
Schrat M (*-[e]s; -e*) *reg* leśny duszek, skrzat
Schraube F śruba (*a. fig*, MAR); *dim* śrubka; *für Holz* wkręt; LOTN śmigło; *umg* **bei ihm ist e-e ~ locker** brak mu piątej klepki
schrauben V/T wkręcać ⟨-cić⟩ (**in** *akk* w *akk*); przyśrubow(yw)ać (**an** *akk* do *gen*); **in die Höhe ~** *Preise usw* ⟨wy⟩śrubować; V/R **sich in die Höhe ~** wzbijać się, zataczając kręgi
Schrauben|dreher M śrubokręt; **~mutter** F nakrętka, *umg* mutra; **~schlüssel** M klucz (maszynowy); **~zieher** M śrubokręt
Schraub|stock M imadło; **~verschluss** M zakrętka, nakrętka
Schrebergarten M ogródek działkowy
Schreck M (*-[e]s; bpl*) strach; **e-n ~ bekommen** przestraszyć się *pf*; **j-m e-n ~ einjagen** napędzać ⟨-dzić⟩ k-u strachu; **vor ~** ze strachu; *umg* **ach du ~!** rany boskie!
schrecken[1] V/T ⟨prze⟩straszyć
schrecken[2] V/I (*schreckt od schrickt, schreckte od schrack, geschreckt od geschrocken; sn*) zrywać ⟨zerwać⟩ się (**aus dem Schlaf** ze snu)
Schrecken M przestrach; (*Sache, Person usw*) postrach; *lit* **die ~** PL okropności *fpl*; **ein Bild des ~s** przerażający widok; **mit ~** *an etw denken usw* ze strachem; **er kam mit dem ~ davon** dla niego skończyło się na strachu
Schreckens|herrschaft F terror; **~meldung** F przerażająca wiadomość
Schreckgespenst N widmo (*a. fig*)
schreckhaft lękliwy (-wie)
schrecklich straszny, okropny (*a. umg fig*); *umg* **ein ~er Mensch** okropny człowiek; **wie ~!** to okropne!; **~ viel Geld** okropnie dużo pieniędzy
Schreck|schraube *umg* F czupiradło; **~schusspistole** F straszak; **~sekunde** F sekunda wahania
Schrei M (*-[e]s; -e*) krzyk; *laut, gellend* wrzask; *fig umg* **der letzte ~** ostatni krzyk mody
Schreibblock M blok biurowy
schreiben (*schrieb, geschrieben*) V/T ⟨na⟩pisać (**j-m, an j-n** do k-o); **über** *akk* o *lok*; (*regelmäßig, ab und zu*) pisywać; **sich**

S

od **einander ~** pisywać do siebie, korespondować (ze sobą); **etw ins Reine ~** przepis(yw)ać na czysto (*akk*); V/I pisać; **die Zeitungen ~, dass ...** w gazetach piszą, że ...; V/R **sich ~** pisać się; **wie schreibt sich das?** jak się to pisze?

Schrei|ben N (*-s; bpl*) pisanie; (*a. pl*) pismo; **~ber** M *e-s Briefes* autor; TECH pisak; *früher in e-r Kanzlei* pisarz

Schreibe'rei F *abw* pisanina

Schreiberin F (*Verfasserin*) autorka

schreibfaul leniwy do pisania (listów)

Schreib|feder F pióro; *engS* stalówka; **~fehler** M omyłka; → Tippfehler; **~gerät** N *koll* przybory *mpl* do pisania

schreibgeschützt ADJ chroniony przed zapisem

Schreib|heft N zeszyt (do pisania); **~kopf** F TECH głowica zapisująca; **~kraft** F maszynistka; **~kram** *umg* M papierkowa robota; **~mappe** F teczka na papier listowy

Schreibmaschine F maszyna do pisania; **auf der ~ schreiben** ⟨na⟩pisać na maszynie

Schreib|maschinenseite F strona maszynopisu; **~papier** N papier do pisania; **~schrift** F pismo ręczne; **~schwäche** F (*bpl*) dysortografia; **~tisch** M biurko; **~tischtäter** M sprawca kierowniczy

Schreibung F pisownia

Schreibunterlage F podkład na biurko

Schreib|verbot N zakaz pisania, zakaz publikowania; **~waren** FPL materiały *mpl* piśmienne; **~weise** F sposób pisania; (*Schreibung*) pisownia; **~zeug** N przybory *mpl* do pisania

schreien V/T *u.* V/I (*schrie, geschrien*) krzyczeć, ⟨krzyknąć⟩, wrzeszczeć, ⟨wrzasnąć⟩ (*a.* **vor Schmerz** *usw* z bólu *usw*); *Kind* krzyczeć, *pop* drzeć się; (*rufen*) wołać (**nach** o *akk*); **es ist zum Schreien** (że) można ryczeć ze śmiechu

schreiend ADJ krzyczący; *Farbe* krzykliwy; *ppr* krzycząc, wrzeszcząc

Schreihals *umg* M krzykacz

Schrein M (-[e]s; -e) relikwiarz; *in Japan* świątynia (shintoistyczna)

Schreiner M stolarz

schreiten *lit* V/I (*schreitet, schritt, geschritten; sn*) kroczyć; *fig* **zu etw ~** przystępować ⟨-stąpić⟩ do (*gen*)

schrickt → schrecken

schrie → schreien

schrieb → schreiben

Schrift F pismo; **die Heilige ~** Pismo Święte; **~en** PL *a.* publikacje *fpl*; **~art** F rodzaj pisma; TYPO krój pisma; **~bild** N wygląd pisma; **~form** F forma pisemna; **~führer(in)** M(F) protokolant(ka); *e-s Vereins* sekretarz; **~grad** M TYPO stopień *m* pisma

schriftlich pisemny, *präd* pisemnie, na piśmie

Schriftprobe F próbka pisma

Schrift|satz M JUR wniosek *od* oświadczenie na piśmie; pismo procesowe; **~sprache** F język literacki; **~steller** M pisarz, literat; **~stellerin** F pisarka, literatka

schriftstellerisch pisarski; *präd* jako pisarz *od* pisarka

Schrift|stück N pismo; **~tum** N (*-s; bpl*) piśmiennictwo; **~verkehr** M korespondencja; **~wechsel** M korespondencja; wymiana pism; **~zeichen** N znak pisma, znak drukarski; **~zug** M charakter pisma

schrill przeraźliwy (-wie); *Ton, Stimme a.* ostry (-ro)

schrillen V/I przenikliwie ⟨za⟩dzwonić

Schrimps → Shrimp

schritt → schreiten

Schritt M (-[e]s; -e) krok (*a. fig*); **langsamen ~es** wolnym krokiem; **~ halten (mit)** dotrzym(yw)ać kroku (*dat*) (*a. fig*); **nicht ~ halten können (mit)** nie nadążać (za *inst*) (*a. fig*); **~ fahren** jechać bardzo wolno; **~ für ~** krok za krokiem; **auf ~ und Tritt** na każdym kroku; **nur ein paar ~(e) entfernt wohnen** mieszkać o krok

Schrittmacher M SPORT pilot; *fig* inicjator, pionier

Schritttempo N żółwie tempo; **im ~ fahren** jechać bardzo wolno

schrittweise stopniowy (-wo), krok za krokiem

schroff stromy (-mo); (*barsch*) szorstki (-ko), ostry (-ro); (*abrupt*) nagły (-le)

schröpfen V/T *umg fig* obskub(yw)ać (*akk*)

Schröpfkopf M MED bańka

Schrot *mod* N (-[e]s; bpl) (*Munition*) śrut; AGR śruta

Schrot|flinte F śrutówka; **~korn** N śrucina; **~mühle** F śrutownik

Schrott M (-[e]s; bpl) złom, *umg* szmelc;

(*altes Zeug*) *abw* rzęch; **zu ~ fahren** *Auto pop* skasować *pf* (zupełnie); **~haufen** M *umg* (*Auto*) rzęch; **~platz** M składowisko złomu, złomowisko

schrottreif nadający się (tylko) na złom *od* na szmelc

schrubben ⟨wy⟩szorować

Schrubber M szczotka do szorowania

Schrulle F dziwactwo; PL *a.* chimery *fpl*

schrullig *Person* zdziwaczały

schrumpfen V/I (*sn*) ⟨s⟩kurczyć się (*a. fig*); *Apfel usw* ⟨z⟩marszczyć się

Schrumpffolie F folia (termo)kurczliwa

Schrumpfung F kurczenie się; MED marskość *f*

Schub M (-[e]s; Schübe) pchnięcie; *fig* bodziec, impuls; LOTN ciąg; MED faza; napad; *fig* (*Anzahl*) grupa, partia; **in Schüben** skokami, z przerwami; → schubweise; **~fach** N szuflada

Schubkarre(n M) F taczka, taczki *fpl*

Schublade F szuflada

schubsen *umg* popychać ⟨-pchnąć⟩

schubweise ADV MED okresowo

schüchtern nieśmiały (-ło), wstydliwy (-wie)

Schüchternheit F (*bpl*) nieśmiałość *f*

schuf, **schüfe** → schaffen

Schuft M (-[e]s; -e) łajdak, drań *m*

schuften *umg* V/I (-*e*-) harować, *pop* tyrać

Schufte'rei *umg* F harówka

Schuh M (-[e]s; -e) but, bucik, pantofel; **~e** PL *koll* obuwie; **sich die ~ anziehen** wkładać ⟨włożyć⟩ buty; *umg fig* **j-m die Schuld in die ~e schieben (für)** zwalać winę na k-o (za *akk*); *umg fig* **ich weiß, wo ihn der ~ drückt** wiem, co mu doskwiera

Schuh|anzieher M łyżka do butów; **~bürste** F szczotka do butów; **~creme** F pasta do butów; **~geschäft** N sklep z obuwiem; **~größe** F rozmiar obuwia; **~macher** M szewc; **~putzer** M pucybut; **~schrank** M szafka na obuwie; **~sohle** F podeszwa, zelówka; **~werk** N obuwie

Schul|abschluss M ukończenie szkoły; **~alter** N wiek szkolny; **~amt** N inspektorat szkolny; **~anfänger(in)** M(F) pierwszoklasista *m* (-tka), *umg* pierwszak; **~arbeiten** FPL prace *fpl* domowe, *umg* lekcje *fpl*

Schulbank F ławka szkolna; *umg* **die ~ drücken** chodzić do szkoły

Schul|beginn M początek roku szkolnego; **~besuch** M uczęszczanie do szkoły; **~bildung** F (*bpl*) wykształcenie; **~buch** N podręcznik szkolny; **~bus** M autobus szkolny, gimbus

schuld → Schuld

Schuld F (*bpl*) wina; **~ haben, schuld sein** (**an** *dat*) być winnym (*gen*), ponosić winę (za *akk*); **wer hat ~?** kto jest temu winien?; **er ist schuld daran, dass ...** to jego wina, że ...; **j-m die ~ geben an** (*dat*) składać winę za (*akk*) na k-o; **die ~ auf j-n schieben** zwalać ⟨-lić⟩ winę na k-o; (*a. pl*) (*Geldschuld*) dług; **~en** PL *a.* zadłużenie; **in ~en stecken** siedzieć w długach; **s-e ~en bezahlen** spłacać ⟨-cić⟩ długi; *fig* **ich stehe (tief) in seiner ~** mam wobec niego (ogromny) dług wdzięczności; **sich etw zu ~en kommen lassen** → zuschulden

Schuldbekenntnis N przyznanie się do winy

schuldbewusst ADJ poczuwający się do winy; *präd* w poczuciu winy

schulden (-*e*-): **j-m** *Geld* **~** być dłużnym *od* winnym k-u (*akk*); *fig* **ich schulde dir Dank** czuję się wobec ciebie bardzo zobowiązany

Schulden|berg *umg* M ogromne zadłużenie; **~dienst** M obsługa zadłużenia

schuldenfrei wolny od długów, bez długów

Schuldenlast F brzemię długów

Schuldforderung F wierzytelność *f*

Schuldgefühl N poczucie winy

schuldhaft JUR *Handeln* zawiniony

Schuldienst M praca w szkolnictwie

schuldig winny; *präd*, *nur* M winien; **~ sein** (*gen*) być winnym (*gen*); **j-n für ~ erklären** uzna(wa)ć k-o za winnego; **sich ~ bekennen** przyzna(wa)ć się do winy; **wie viel bin ich dir ~?** ile jestem ci dłużny?; *fig* **j-m nichts ~ bleiben** nie pozostawać dłużnym k-u; → schuldigsprechen

Schuldige F winowajczyni; **~(r)** M (-*n*) winowajca *m*; **die ~n wurden bestraft** winnych ukarano

schuldigsprechen (*irr*): **j-n ~** wyda(wa)ć wyrok (skazujący) na k-o

Schuldirektor(in) M(F) dyrektor szkoły

schuldlos ADJ (*unschuldig*) niewinny; **sich ~ fühlen** nie czuć się winnym; **~ geschieden** rozwiedziony nie z własnej winy; **~ verurteilt** niewinnie skazany

Schulter

die Schulter	bark/ramię
breite Schultern	szerokie barki
mit den Schultern zucken	wzruszyć ramionami

Schuldner(in) M(F) dłużnik (-niczka)
Schuldschein M kwit dłużny, rewers
Schuldspruch M wyrok skazujący
Schuldverschreibung F list zastawny
Schule F szkoła; **höhere ~** szkoła średnia, liceum *n*; **zur ~** *od* **in die ~ gehen** chodzić do szkoły; *umg* **~ machen** znaleźć *pf* naśladowców; *fig* **aus der ~ plaudern** wypaplać *pf* sekret
schulen *Person* ⟨wy⟩szkolić; *Auge usw* ⟨wy⟩ćwiczyć
Schüler M uczeń *m*; **~austausch** M wymiana uczniów; **~ausweis** M legitymacja szkolna; **~in** F uczennica
Schulfach N przedmiot (w szkole)
Schulferien PL wakacje *pf* (szkolne)
schulfrei wolny od zajęć
Schulfreund M kolega szkolny; **~in** F koleżanka szkolna
Schulgeld N opłata szkolna, czesne
Schulheft N zeszyt (szkolny)
Schulhof M dziedziniec szkolny
schulisch szkolny
Schul|jahr N rok szkolny; klasa; **~kamerad(in)** M(F) → Schulfreund(in); **~kenntnisse** FPL wiadomości *fpl* szkolne (**in** *dat* z *gen*); **~kind** N dziecko w wieku szkolnym; **~leiter(in)** M(F) kierownik (-niczka) szkoły; **~mädchen** *umg* N uczennica
Schul|mappe F teczka szkolna; **~medizin** F medycyna klasyczna; **~meister** M *umg żart* belfer; *abw* mentor; **~ordnung** F regulamin szkolny
schulpflichtig podlegający obowiązkowi szkolnemu
Schul|ranzen M tornister; **~rat** M inspektor szkolny; **~schiff** N okręt *od* żaglowiec szkolny; **~schluss** M (*-es; bpl*) koniec lekcji *od* zajęć; **~schwänzer(in)** M(F) wagarowicz; **~stunde** F godzina lekcyjna; **~tag** M dzień *m* nauki; **~tasche** F teczka szkolna
Schulter F (*-; -n*) ramię, bark; **j-m auf die ~ klopfen** ⟨po⟩klepać k-o po ramieniu; **mit den ~n zucken** wzruszać ⟨-szyć⟩ ramionami; **j-n auf die ~n legen** kłaść ⟨położyć⟩ k-o na (obie) łopatki; *fig* **~ an ~** ramię w ramię, ramię przy ramieniu; *fig* **auf j-s ~n ruhen** spoczywać na barkach (*gen*); *fig* **j-m die kalte ~ zeigen** okazywać obojętność dla *od* wobec k-o; *fig* **etw auf die leichte ~ nehmen** ⟨z⟩bagatelizować (*akk*)
Schulterblatt N łopatka
schulterfrei *Kleid* z obnażonymi ramionami, odsłaniający ramiona
Schultergelenk N staw barkowy
Schulterklappe F naramiennik, pagon
schulterlang *Haare* długi do ramion
Schulterschluss M (*bpl*) spójnia
Schultertasche F konduktorka
Schulung F szkolenie (*a. Lehrgang*)
Schulungszentrum N centrum szkoleniowe
Schul|unterricht M zajęcia *npl* szkolne; **~wesen** N (*bpl*) szkolnictwo; **~zeit** F okres nauki w szkole; lata *npl* szkolne; **~zeugnis** N świadectwo szkolne
schummeln *umg* V/I (*-le*) oszukiwać
Schund M (-[e]s; bpl) tandeta, lichota, *umg* lipa; (*Film, Roman usw*) chała
schunkeln V/I (*-le*) wziąwszy się pod ręce, kołysać się w takt muzyki
Schuppe F łuska; *mst* PL **~n** *im Haar* łupież *f*; **... gegen ~n** ... przeciwłupieżowy
schuppen V/T *Fisch* oczyszczać ⟨oczyścić⟩ z łusek; V/R **sich ~** łuszczyć się
Schuppen M *für Geräte usw* szopa; remiza; *umg* (*Lokal*) lokalik, *abw* buda
Schuppenflechte F MED łuszczyca
schuppig łuskowaty
schüren *Glut* rozgarniać ⟨-nąć⟩ (pogrzebaczem); *fig* podsycać ⟨-cić⟩
schürfen V/I poszukiwać (**nach** *gen*)
Schürfwunde F otarcie
Schürhaken M pogrzebacz
Schur|ke M (*-n*) łotr, drań *m*; **~ke'rei** F łajdactwo; **~kin** F podła kobieta
Schurwolle F żywa wełna
Schürze F fartuch, *dim* fartuszek
schürzen (*-zt*) *Rock* podkas(yw)ać

Schürzenjäger *umg* M babiarz, dziwkarz

Schuss M (*-es; Schüsse*) (wy)strzał; (*Munition*) nabój, pocisk; (*Verletzung*) postrzał; *umg* (*kleine Menge*) odrobina, troszkę; SPORT strzał (**aufs Tor** do bramki); *zu Tal auf Skiern* szus; **~ fahren** szusować; **fünf ~ (Munition)** pięć naboi *od* nabojów; **mit e-m ~ töten** zabi(ja)ć (jednym) strzałem; *umg fig* **das war ein ~ in den Ofen** to spaliło na panewce; *umg* **(gut) in ~ sein** być w porządku; *umg* **in ~ bringen** doprowadzać ⟨-dzić⟩ do porządku; (*reparieren*) ⟨z⟩reperować; *umg* **weit vom ~** zbyt daleko; *umg* **sich e-n ~ setzen** *pop* zaćpać się *pf*

schussbereit gotowy do strzału

Schussel *umg* M roztrzepaniec

Schüssel F (*-; -n*) miska, misa

schuss(e)lig *umg* roztrzepany

Schuss|fahrt F szusowanie, zjazd szusem; **~feld** N pole ostrzału *od* rażenia; SPORT (wolne) pole przed bramką

Schusslinie F linia ognia; *fig* **in die ~ geraten** znaleźć się *pf* w ogniu krytyki

Schuss|verletzung F postrzał; **~waffe** F broń palna; **~wechsel** M wymiana strzałów; **~wunde** F rana postrzałowa

Schuster M szewc; *in zssgn* szewski

Schutt M (*-[e]s; bpl*) gruz(y *pl*); GEOL rumowisko, piarg; **in ~ und Asche legen** obracać ⟨-rócić⟩ w perzynę

Schuttabladeplatz M wysypisko gruzu

Schüttelfrost M (*bpl*) dreszcze *mpl*

schütteln (*-le*) V/T (*a.* V/I **mit**) potrząsać ⟨-snąć⟩, trząść (*inst*); **etw ~ aus** wytrząsać ⟨-snąć⟩ z (*gen*); **j-m die Hand ~** poda(wa)ć k-u rękę; V/R **sich ~** trząść się (**vor Lachen** ze śmiechu); *Hund* otrząsać ⟨-snąć⟩ się

schütten (*-e-*) *Sand* sypać; *Wasser* lać; **~ in** (*akk*) ⟨na-, w⟩sypać do (*gen*); nal(ew)ać, wl(ew)ać do (*gen*); **~ aus** wysyp(yw)ać z (*gen*); wyl(ew)ać z (*gen*); **sich** (*dat*) **Saft über die Hose ~** oblać *pf* sobie spodnie sokiem; *unpers umg* **es schüttet** (*es regnet*) leje jak z cebra

schütter *Haar* rzadki

Schutthaufen M kupa gruzu, rumowisko

Schutz M (*-es; bpl*) ochrona; (*Abschirmung*) osłona (*a.* MIL, TECH); **~ suchen** szukać schronienia (**vor** *dat*, **gegen** przed *inst*, od *gen*); **j-n in ~ nehmen** brać ⟨wziąć⟩ k-o w obronę; **unter j-s ~ stehen** znajdować się pod ochroną (*gen*); **im ~e der Nacht** pod osłoną nocy

Schutz|anstrich M malarska powłoka ochronna; **~anzug** M ubranie ochronne

schutzbedürftig wymagający ochrony

Schutzbehauptung F gołosłowne twierdzenie we własnej obronie

Schutzblech N osłona; → Kotflügel

Schutzbrille F okulary *pl* ochronne

Schütze M (*-n*) strzelec (*a.* SPORT); ASTRON Strzelec

schützen (*-zt*) V/T chronić, ochraniać ⟨ochronić⟩ (*v/r* **sich** się; **gegen** od *gen*; **vor** *dat* przed *inst*); **vor Nässe ~** chronić przed wilgocią *od* od wilgoci; (*bewahren, vorbeugen*) zabezpieczać ⟨-czyć⟩ (**vor** *dat* przed *inst*); (*abschirmen, decken*) *a.* osłaniać

Schützenfest N święto bractwa kurkowego

Schutzengel M anioł stróż

Schützengraben M okop, rów strzelecki

Schützenhilfe *umg* F: **~ bekommen (von)** znajdować ⟨znaleźć⟩ poparcie (u *gen*); **j-m ~ geben** udzielać ⟨-lić⟩ k-u poparcia

Schützenkönig M król kurkowy

Schützenpanzer M MIL transporter

Schützenverein M bractwo kurkowe

Schutzgebiet N obszar chroniony

Schutzgeld N *umg* haracz; **~erpressung** F wymuszanie haraczu, reket

Schutz|gitter N krata ochronna; **~heilige** F patronka; **~heilige(r)** M patron; **~helm** M kask ochronny; **~hütte** F schronisko; **~impfung** F szczepienie ochronne; **~klausel** F klauzula ochronna

Schützling M (*-s; -e*) podopieczny, *weiblich* podopieczna

schutzlos bezbronny, *präd* bez opieki, bez ochrony; **dem Gegner ~ ausgeliefert sein** być zdanym na łaskę i niełaskę przeciwnika

Schutz|marke F zastrzeżony znak towarowy; **~maßnahme** F środek ochronny, środek zapobiegawczy; **~patron(in)** M(F) → Schutzheilige(r); **~polizei** F policja (porządkowa); **~raum** M schron; **~schicht** F warstwa ochronna; **~umschlag** M obwoluta

Schwaben N (*-s; bpl*) Szwabia *f*

schwäbisch szwabski (po -ku)
schwach (*schwächer; schwächste*) *körperlich u. fig* słaby (-bo); *Leistung usw a. umg* kiepski (-ko); *Hoffnung, Licht a.* nikły; **~ werden** słabnąć; *fig umg* (*nachgeben*) da(wa)ć folgę (*dat*); **~ besucht sein** mieć słabą frekwencję; **immer schwächer werden** stawać się coraz słabszym; **das schwächste Glied in der Kette** najsłabsze ogniwo łańcucha
Schwäche F słabość *f*; *e-s Werkes* słabizna; (*Vorliebe*) słabostka
Schwächeanfall M: **e-n ~ erleiden** nagle zasłabnąć *pf*
schwächen osłabi(a)ć (*a. fig*)
schwächer *komp* → schwach
Schwachkopf *umg* M *abw* bęcwał, tępak
schwächlich *Kind* wątły (-ło, -le); (*kränklich*) słabowity (-cie)
Schwächling M (*-s; -e*) słabeusz, *abw* zdechlak; *fig* niedo(ra)jda *m*
Schwachpunkt M słaby punkt
schwachsichtig: **~ sein** niedowidzieć
Schwachsinn M (*-s; bpl*) MED debilizm; głuptactwo; *fig abw* idiotyzm
schwachsinnig niedorozwinięty umysłowo; *umg fig* → blödsinnig
schwächste *sup* → schwach
Schwach|stelle F słabe miejsce, słabizna; **~strom** M słaby prąd
Schwächung F (*bpl*) osłabienie
schwachwerden (*irr; sn*) *umg fig;* → schwach
Schwaden MPL *von Rauch* kłęby *mpl*
schwafeln *umg* V/I (*-le*) bajtlować, pleść
Schwager M (*-s; - od Schwäger*) szwagier
Schwägerin F (*Schwester des Ehemanns*) szwagierka; (*Frau des Bruders*) bratowa
Schwalbe F jaskółka
Schwalbennest N jaskółcze gniazdo
Schwall M (-[e]s; bpl) fala, potok; **ein ~ von Worten** potok słów
schwamm → schwimmen
Schwamm M (-[e]s; Schwämme) gąbka; *reg* (*Pilz*) grzyb; *umg* **~ drüber!** nie mówmy o tym!
schwammig gąbczasty (-to); *fig* (*aufgedunsen*) nalany; *abw* (*vage*) nieprecyzyjny, mętny
Schwan M (-[e]s; Schwäne) łabędź *m*
schwand, schwände → schwinden
schwang, schwänge → schwingen
schwanger *Frau* ciężarna; **~ sein** być w ciąży; **sie ist im sechsten Monat ~** ona jest w szóstym miesiącu ciąży; **~ werden** zachodzić ⟨zajść⟩ w ciążę
Schwangere F (kobieta) ciężarna
Schwangerenberatung F poradnictwo dla ciężarnych kobiet
schwängern V/T (*-re*) zapładniać ⟨zapłodnić⟩ (*akk*), *umg* zrobić *pf* dziecko (*dat*)
Schwangerschaft F ciąża
Schwangerschafts|abbruch M przerwanie ciąży, aborcja; **~test** M test ciążowy; **~verhütung** F antykoncepcja, zapobieganie ciąży
Schwank M (-[e]s; Schwänke) TEATR krotochwila
schwanken V/I chwiać się (*a. fig*), kołysać się (**im Wind** na wietrze); *Betrunkene* zataczać ⟨-toczyć⟩ się; *Kurse* wahać się (*a. fig zaudern*); (*schwankend gehen; sn*) iść, zataczając się (**nach Hause** do domu)
Schwankungen FPL oscylacja, wahania *npl*
Schwanz M (*-es; Schwänze*) ogon; *pop* (*Penis*) kutas; *umg fig* **den ~ einziehen** spuścić z tonu; *umg* **kein ~** żaden, nikt
schwänzen *umg* V/T (*-zt*) nie stawi(a)ć się, być nieobecnym (na *akk*); **die Schule ~** wagarować
Schwanzflosse F płetwa ogonowa
schwanzlos bezogonowy
schwappen V/I (*a. sn*) chlupać; **über den Rand** *usw* **~** przel(ew)ać się
Schwarm M (-[e]s; Schwärme) *von Tieren, Menschen* gromada, stado; *von Fischen* ławica; *von Insekten* rój; *fig* (*Person*) idol
schwärmen V/I (*a. sn*) *Insekten* roić się; *Leute umg* walić (**in** *akk* do *gen*, na *akk*); **für etw ~** przepadać za (*inst*); entuzjazmować się (*inst*); **für j-n ~** podkochiwać się w (*lok*); **von etw ~** marzyć o (*lok*); (*sich begeistern*) zachwycać się (*inst*)
Schwärmer M (*Träumer*) marzyciel; (*Feuerwerk*) raca; PL ZOOL (*Falter*) zawisaki *mpl*, *umg* ćmy *fpl*
Schwärme'rei F marzenie; (*Begeisterung*) zachwyt; (*Getue*) wylewność *f*
Schwärmerin F marzycielka
schwärmerisch romantyczny; *präd a.* z zachwytem, wylewnie
Schwarte F (gruba) skóra; MED zrost; KULIN skórka; *umg* (*Buch*) kobyła
Schwartenmagen M KULIN salceson
schwarz (*schwärzer; schwärzeste*) czarny

(-no); *präd umg fig a.* pokątnie, na lewo; ~ **streichen** ⟨po⟩malować na czarno; **sich ~ kleiden** ubierać się na czarno; **~ werden** ⟨po-, s⟩czernieć; **~ auf weiß** czarno na białym; **~ gestreift** w czarne paski; **ins Schwarze treffen** *fig* trafić w sedno; → schwarzärgern, schwarzsehen

Schwarz N (-[*es*]; -) czerń *f*

Schwarzarbeit F praca na czarno

schwarzarbeiten V/I pracować na czarno

schwarzärgern V/R: *umg* **ich könnte mich ~** krew mnie zalewa

schwarzäugig czarnooki

Schwarz|brennerei F *umg* bimbrownia; **~brot** N chleb razowy, razowiec; **~e** F czarnoskóra, Murzynka; **~e(r)** M (-*n*) czarnoskóry, Murzyn; **~e(s)** N → schwarz

Schwärze F (*bpl*) czerń *f*, czarność *f*; (*a. pl*) (*Farbe*) czernidło

schwärzen (-*zt*) ⟨po⟩czernić

Schwarzes Meer N Morze Czarne

schwarzfahren V/I (*irr; sn*) jeździć na gapę, ⟨po⟩jechać na gapę

Schwarzfahrer(in) M(F) *umg* gapowicz

Schwarzgeld N lewe pieniądze

schwarz|gestreift → schwarz; **~haarig** czarnowłosy

Schwarzhandel M handel pokątny; **im ~** *a.* na czarnym rynku

Schwarz|händler M handlarz czarnorynkowy; *beim Verkauf von Eintrittskarten umg* konik; **~hörer** M *umg* radiopajęczarz

schwärzlich czarniawy

Schwarz|male'rei *umg* F (*bpl*) czarnowidztwo; **~markt** M czarny rynek; **~marktpreis** M cena czarnorynkowa, cena na czarnym rynku; **~pulver** N proch czarny

schwarzsehen (*irr*) *umg* widzieć w czarnych kolorach (**für etw, j-n** (*akk*))

Schwarzseher(in) M(F) *umg* czarnowidz; (*illegaler Fernseher*) telepajęczarz

schwarzstreichen → schwarz

Schwarzwald M (-[*e*]*s*; bpl): **der ~** Szwarcwald; *in zssgn* szwarcwaldzki

schwarz-'weiß, **schwarz'weiß** czarno-biały

Schwarz-'Weiß-Fotografie, **Schwarz'weißfotografie** F fotografia czarno-biała

Schwarzwild N *koll* dziki *mpl*

Schwarzwurzel F skorzonera

Schwatz *umg* M (-*es*; -*e*) pogaduszka

schwatzen, **schwätzen** (-*zt*) V/T *abw* paplać, pleść; V/I (*plaudern*) ⟨po⟩gawędzić

Schwätzer(in) M(F) papla *m u. f*

schwatzhaft gadatliwy

Schwebe F: **in der ~** w zawieszeniu

Schwebe|bahn F kolej podwieszona; **~balken** M SPORT równoważnia

schweben V/I (*a. sn*) unosić się; *Drachen, Vogel a.* bujać; *fig Verfahren* toczyć się; **in Gefahr ~** znajdować się *od* być w niebezpieczeństwie

schwebend ADJ *fig* bieżący, toczący się

Schwede M (-*n*) Szwed

Schweden N (-*s*; *bpl*) Szwecja

Schwedin F Szwedka

schwedisch szwedzki (po -ku)

Schwefel M (-*s*; *bpl*) siarka

Schwefeldi|oxid, **~oxyd** N dwutlenek siarki

schwefelhaltig zawierający siarkę; *Kohle, Rohöl* zasiarczony

Schwefelkies M piryt

schwefeln (-*le*) siarkować

Schwefelsäure F kwas siarkowy

Schwefel'wasserstoff M siarkowodór

Schweif M (-[*e*]*s*; -*e*) ogon (*a.* ASTRON)

schweifen *lit* V/I (*sn*) błąkać się (**durch** po *lok*; *a. fig Blick usw*)

Schweigegeld N łapówka za milczenie

Schweigemarsch M marsz milczenia

schweigen V/I (*schwieg, geschwiegen*) milczeć (**über** *akk* o *lok*); (*verstummen*) zamilknąć *pf*; **ganz zu ~ von** ... nie mówiąc (już) o (*lok*)

Schweigen N (-*s*; *bpl*) milczenie; **zum ~ bringen** zmuszać ⟨zmusić⟩ do milczenia

schweigend ADJ milczący (-co); *präd a.* w milczeniu, milczkiem

Schweigepflicht F obowiązek dochowania tajemnicy (**ärztliche** lekarskiej)

schweigsam nierozmowny

Schwein N (-[*e*]*s*; -*e*) świnia (*a. fig abw*), wieprz; *umg* (*Glück*) fart; *umg* **armes ~** (*Mensch*) biedaczysko *m od n*; *umg* **kein ~ interessiert sich für ...** pies z kulawą nogą nie interesuje się (*inst*); *umg* **~ haben** mieć farta

Schweine|bauch M KULIN boczek; **~braten** M pieczeń wieprzowa; **~fleisch** N wieprzowina; **~hund** M

S

abw drań *m*, łajdak; **~pest** F pomór *od umg* zaraza świń

Schweine'rei F *abw* świństwo

Schweineschnitzel N sznycel wieprzowy

Schweinestall M chlew(nia)

Schweinezucht F hodowla świń

Schweinigel *umg* M świntuch

schweinisch *umg* świński (po -ku)

Schweinshaxe F *pł-niem* KULIN golonka (pieczona)

Schweins|kopf M KULIN głowizna; **~leder** N skóra świńska (wyprawiona)

Schweiß M (*-es; bpl*) pot; **in ~ gebadet** oblany potem, cały spocony; **in ~ geraten** spocić się *pf*; **im ~e seines Angesichts** w pocie czoła; **~ausbruch** M obfite pocenie się; **~brenner** M TECH palnik spawalniczy

Schweißdrüse F gruczoł potowy

schweißen V/T TECH spawać

Schweißen N (*-s; bpl*) TECH spawanie

Schweißer M spawacz

Schweißfüße MPL: **~ haben** cierpieć na nadmierną potliwość stóp

schweißgebadet ADJ → Schweiß

Schweißgerät N TECH spawarka

Schweißgeruch M zapach potu

Schweißnaht F TECH spaw, spoina

schweißtreibend ADJ MED napotny

schweißtriefend ADJ ociekający potem

Schweißtropfen M kropla potu

Schweiz F (*bpl*): **die ~** Szwajcaria *f*

Schweizer M Szwajcar; ADJ szwajcarski

Schweizerin F Szwajcarka

schweizerisch szwajcarski (po -ku)

Schwelbrand M pożar tlący

schwelen V/I tlić się, tleć

schwelgen V/I (**in** *dat*) rozkoszować się (*inst*); **in Erinnerungen ~** oddawać się wspomnieniom

Schwelle F próg (*a. fig*); KOLEJ podkład; **an der ~** u progu

schwellen V/I (*schwillt, schwoll, geschwollen; sn*) → anschwellen

Schwellenwert M wartość progowa

Schwellkörper M ANAT ciało jamiste

Schwellung F MED obrzmienie

Schwemme F *fig* zatrzęsienie (*gen*)

schwemmen: **etw ans Ufer ~** osadzać ⟨-dzić⟩ na brzegu, wyrzucać ⟨-cić⟩ na brzeg (*akk*); *austr* → spülen, flößen

Schwemmsand M piasek napływowy

Schwengel M *e-r Pumpe* wahacz; *e-r Glocke* serce

Schwenk M (-[e]s; -s) zwrot; FILM panoramowanie; *in zssgn* TECH obrotowy

schwenken V/T *Hut, Fahne* machać, wymachiwać (*inst*); (*spülen*) opłuk(iw)ać; KULIN przysmażać ⟨-żyć⟩ (**in Butter** na maśle); *v/i* (*sn*) skręcać ⟨-cić⟩ (**nach links** w lewo)

Schwenkung F obrót, *a. fig* zwrot

schwer ADJ ciężki (-ko) (*a. fig anstrengend, schlimm, hart*); (*schwierig*) trudny (-no); *Wein* mocny; *Sturm usw* silny, gwałtowny; *umg* ADV (*sehr*) bardzo, mocno; **... ist zwei Kilo ~** ... waży dwa kilo; **~ hören** niedosłyszeć, źle słyszeć; **~ behindert** → schwerbehindert; **~ beladen** ciężko wyładowany; **~ bewaffnet** ciężkozbrojny; **~ erziehbar** trudny do wychowania; **~ krank** ciężko chory; *fig* **~ machen** utrudni(a)ć (**j-m, sich** [*dat*] **etw** k-u, sobie *akk*); **~ verdaulich** ciężko strawny; **~ verletzt, ~ verwundet** ciężko ranny; **~ verständlich** trudny do zrozumienia; **~ wiegend** → schwerwiegend; *umg* **der Junge ist ~ in Ordnung** klawy chłopak, chłopak na medal; → schwerfallen, schwernehmen *usw*

Schwerarbeit F ciężka praca

Schwerathletik F (*bpl*) ciężka atletyka

schwerbehindert ADJ głęboko upośledzonym

Schwerbehinderte F, **~(r)** M osoba głęboko upośledzona, inwalidka, inwalida *m* (I grupy)

schwer|beladen, **~bewaffnet** → schwer

Schwere F (*bpl*) (*lastendes Gewicht*) ciężar (*a.* FIZ, *fig*); *e-r Aufgabe, e-s Vergehens usw* ciężkość *f*

schwerelos nieważki, w stanie nieważkości

Schwerenöter *umg żart* M kobieciarz

schwererziehbar → schwer

schwerfallen (*irr; sn*): **j-m ~** sprawi(a)ć trudności, przychodzić ⟨przyjść⟩ z trudem k-u

schwerfällig ociężały (-le)

Schwerfälligkeit F (*bpl*) ociężałość *f*

Schwergewicht N SPORT waga ciężka; *fig* główny nacisk; **~ler** M zawodnik wagi ciężkiej

schwerhörig przygłuchy, niedosłyszący

S

Schwerhörigkeit F (*bpl*) niedosłyszenie, przytępienie słuchu
Schwerindustrie F przemysł ciężki
Schwerkraft F (*bpl*) siła ciążenia
schwerkrank → schwer
schwerlich ADV (*kaum*) wątpliwe jest, czy; (*wahrscheinlich nicht*) raczej nie
schwermachen → schwer
Schwermetall N metal ciężki
Schwermut F (*bpl*) melancholia
schwermütig melancholijny; *Person* cierpiący na melancholię
schwernehmen (*irr*): **etw ~** przejmować ⟨przejąć⟩ się (*inst*)
Schwerpunkt M środek ciężkości; *fig* punkt ciężkości; → Hauptgewicht; **~streik** M strajk selektywny; **~thema** N kluczowy *od* podstawowy temat
Schwerstbehinderte F głęboko upośledzona; **~(r)** M głęboko upośledzony
Schwert N (-[*e*]s; -er) miecz (*a.* MAR); **~fisch** M miecznik; **~lilie** F kosaciec, irys; **~tanz** M taniec z mieczami
schwertun (*irr*) V/R: **sich ~ (mit)** mieć trudności *od* problemy (z *inst*);
Schwerverbrecher(in) M(F) zbrodniarz (-rka)
schwer|verdaulich, **~verletzt** → schwer
Schwerverletzte(r) F (*m*) ciężko ranna (-ny)
schwer|verständlich ~verwundet → schwer
Schwerverwundete(r) F (*m*) ciężko ranna (-ny)
schwerwiegend ADJ ważki, poważny
Schwester F (-; -*n*) siostra (*a. Nonne, Krankenschwester*)
schwesterlich siostrzany
Schwestern|haube F kornet; **~schülerin** F uczennica szkoły pielęgniarskiej
Schwesterntracht F strój pielęgniarski
schwieg → schweigen
Schwieger|eltern PL teściowie *mpl*; **~mutter** F teściowa; **~sohn** M zięć *m*; **~tochter** F synowa; **~vater** M teść *m*
Schwiele F modzel
schwielig zgrubiały, modzelowaty
schwierig (*nicht einfach*) trudny (-no); (*verwickelt*) skomplikowany; (*heikel*) drażliwy (-wie)
Schwierigkeit F trudność *f*; PL *a.* kłopoty *mpl*, tarapaty *pl*; **~en bereiten** sprawiać trudności; **j-n in ~en bringen** stawiać ⟨postawić⟩ k-o w kłopotliwej sytuacji; **in ~en geraten** znaleźć się *pf* w trudnej sytuacji, *umg* popadać ⟨-paść⟩ w tarapaty
Schwierigkeitsgrad M stopień *m* trudności
schwillt → schwellen
Schwimm|bad N pływalnia; **~becken** N basen pływacki; **~blase** F *der Fische* pęcherz pławny
schwimmen (*schwamm, geschwommen; h u sn*) V/I *Lebewesen* pływać (**in** *dat* w *lok*; **auf dem Rücken** na wznak); *auf der Oberfläche* płynąć, pływać (**auf** *dat* na, po *lok*); **~ an** (*akk*) ⟨po⟩płynąć do (*gen*); **~ bis ...** dopływać ⟨-płynąć⟩ do (*gen*); przepływać ⟨-płynąć⟩ (**über** *akk* [przez] *akk*); *umg* (*unsicher sein*) pływać; **im, in Geld ~** mieć pieniądzy jak lodu; V/T *Strecke* przepływać ⟨-płynąć⟩; **e-n Rekord ~** osiągnąć rekordowy wynik (w pływaniu)
Schwimm|en N (-*s; bpl*) pływanie; **~er** M pływak (*a.* TECH); *e-r Angel* spławik; **~erin** F pływaczka; **~flosse** F płetwa (sportowa); **~halle** F kryta pływalnia; **~haut** F ZOOL błona pławna; **~lehrer(in)** M(F) instruktor(ka) pływania; **~sport** M (*bpl*) pływactwo; **~unterricht** M nauka pływania; **~weste** F kamizelka ratunkowa, kapok
Schwindel M (-*s; bpl*) zawrót głowy; *umg* (*Betrug*) oszukaństwo, szwindel; (*Lüge*) bujda; **der ganze ~** cały kram; **~ erregend** *fig* zawrotny
Schwinde'lei F *abw* machlojka, kant
schwindelerregend *fig* zawrotny
Schwindelfirma F *abw* nieuczciwa firma
schwindelfrei ADJ: **~ sein** nie mieć zawrotów głowy
Schwindelgefühl N (*bpl*) uczucie zawrotu głowy
schwindelig → schwindlig
schwindeln (-*le*) V/I *umg* (*flunkern*) blagować, bujać; *im Spiel* oszukiwać, *umg* szachrować; **mir** *od* **mich schwindelt** kręci mi się w głowie; V/T **das ist geschwindelt** to blaga; **~de Höhe** zawrotna wysokość
schwinden *lit* V/I (*schwindet, schwand, geschwunden; sn*) *Interesse, Kräfte* maleć; *Ton, Angst usw* zanikać; *Vorräte*, TECH

S

kurczyć się
Schwindler(in) M(F) oszust(ka), *umg* kanciarz, *nur m* picer; (*Lügner[in]*) blagier(ka)
schwindlig ADJ: **mir ist** *od* **wird ~** kręci mi się w głowie
Schwindsucht F (*bpl*) suchoty *fpl*
Schwinge F *lit* (*Flügel*) skrzydło
schwingen (*schwang, geschwungen*) V/T *hin und her* machać, wymachiwać (*inst*); *Peitsche, Keule* wywijać (*inst*); *Flachs* trzepać; *umg* **große Reden ~** przechwalać się; V/I kołysać się, wahać się; FIZ drgać, oscylować; V/R **sich ~** (**auf** *akk*) wskakiwać ⟨wskoczyć⟩ (na *akk*); **sich über etw ~** da(wa)ć susa przez (*akk*)
Schwing|er M *Boxen* (cios) sierpowy; **~tür** F drzwi *pl* wahadłowe
Schwingung F FIZ drganie, oscylacja
Schwips *umg* M (*-es; -e*) rausz; **e-n ~ haben** mieć w czubie, podpić *pf* sobie
schwirren V/I (*a. sn*) (*fliegen*) unosić się; *Pfeil* ⟨za⟩furczeć, furknąć *pf*; *Gerücht* krążyć, obiegać; *umg* **mir schwirrt der Kopf** mąci mi się w głowie
Schwitzbad N łaźnia sucha *od* parowa
schwitzen V/I (*-zt*) ⟨s⟩pocić się (*a.* **bei** przy *lok*), ⟨s⟩potnieć (*a. Glas usw*); **Blut und Wasser ~** najeść się *pf* strachu
Schwitzen N (*-s; bpl*) pocenie się; **ins ~ geraten** zl(ew)ać się siódmym potem
schwoll → schwellen
schwor → schwören
schwören V/T *u.* V/I (*schwor, geschworen*) przysięgać ⟨-gnąć, -siąc⟩ (**bei** na *akk*; **sich** [*dat*] *etw* sobie); *Eid* składać ⟨złożyć⟩; *umg* **auf etw, j-n ~** (*für geeignet halten*) (głęboko) wierzyć w (*akk*), polegać na (*lok*)
Schwuchtel *abw* F (*-; -n*) ciota, cwel
schwul *umg* homoseksualny, gejowski; **er ist ~** on jest gejem *od* pedziem
schwül parny (-no), duszny (-no); **es ist ~** jest parno *od* duszno
Schwüle F (*bpl*) duchota, parność *f*
Schwu|le(r) *umg* M gej, pedzio; **~len-** *in zssgn* gejowski
Schwulst *abw* M (*-es; bpl*) pompatyczność *f*
schwülstig pompatyczny
Schwund M (*-[e]s*; bpl) zanik (*a.* MED); HANDEL ubytek
Schwung M (*-[e]s*; Schwünge) SPORT (*Arm-, Beinschwung*) wymach; *beim Skilauf* skręt krótki, śmig; (*bpl*) (*kraftvolle Bewegung*) rozmach; *fig* (*Elan*) werwa, *umg* szwung; polot; *umg* (*Menge*) porcja; **~ holen** brać ⟨wziąć⟩ rozpęd; *umg* **in ~ kommen** nab(ie)rać rozmachu; *umg* rozruszać się; **mit ~** z rozpędu; zamaszyście
Schwungfeder F ZOOL lotka
schwunghaft (*rege*) kwitnący
Schwungrad N koło zamachowe
schwungvoll zamaszysty (-ście); *Stil usw* pełen werwy; *präd* z werwą
Schwur M (-[*e*]s; Schwüre) przysięga
schwüre → schwören
Schwurgericht N sąd przysięgłych
Seal [zi:l] M *od* N foki *fpl*
sechs *num* sześć, *persf* sześciu; *Sammelzahlwort* sześcioro; **~ Uhr** szósta (godzina); *in zssgn mst* sześcio-
Sechs F (liczba, cyfra) sześć, szóstka; (*Schulnote in Polen*) jedynka
Sechseck N sześciokąt
sechseckig sześciokątny, heksagonalny
Sechser *umg* M *im Lotto* sześć trafień; **~pack** M (*-s; -s od -e*) sześć puszek *od* butelek, szóstka
sechs|fach ADJ sześciokrotny; **'~'hundert** *num* sześćset, *persf* sześciuset; **~jährig** sześcioletni
Sechskant- *in zssgn* sześciokątny
sechs|mal ADV sześć razy; **~monatig** sześciomiesięczny; **~stellig** MAT sześciomiejscowy
sechst ADV: **zu ~** sześciu, sześcioro
Sechstagerennen N sześciodniówka (kolarska)
'sechs'tausend *num* sześć tysięcy
sechste szósty; → achte
sechstel *num*: **ein ~** jedna szósta
Sechstel N szósta część
sechstens ADV po szóste
sechzehn *num* szesnaście, *persf* szesnastu; **~te** *num* szesnasty
sechzig *num* sześćdziesiąt, *persf* sześćdziesięciu
Sechzig F (*-; bpl*) (cyfra) sześćdziesiąt, sześćdziesiątka
sechziger ADJ (*unv*): **die ~er Jahre** lata *pl* sześćdziesiąte
sechzigjährig sześćdziesięcioletni
sechzigste sześćdziesiąty
Secondhandkleidung ['sɛkənt'hɛnt-] F (*bpl*) używana odzież, ciuchy *mpl*
SED F HIST (Sozialistische Einheits-

⚠ See

Ich fahre nicht an den See, sondern an die See.	Nie jadę nad jezioro, tylko nad morze.

partei Deutschlands) Socjalistyczna Partia Jedności Niemiec
Sedi'ment N (-[e]s; -e) osad
See¹ M (-s; -n) jezioro
See² F morze; **an die ~** nad morze; **an der ~** nad morzem; **auf hoher ~** na pełnym morzu; **in ~ stechen** *Schiff* wychodzić ⟨wyjść⟩ w morze; **zur ~ fahren** pływać po morzu *od* morzach
Seeaal M (*Handelsname für Dornhai*) koleń *m*; ZOOL konger
Seeadler M (orzeł) bielik
Seebad N (*Ort*) kąpielisko morskie
See|bär *umg* M *fig* wilk morski; **~beben** N podmorskie trzęsienie ziemi; **~bestattung** F pochówek na morzu; **~fahrt** F (*bpl*) żegluga morska; **~fischerei** F rybołówstwo morskie; **~funk** M radiokomunikacja morska
Seeblick M: **Zimmer mit ~** pokój z widokiem na morze
Seegang M (*bpl*) falowanie morza; **hoher** *od* **schwerer ~** wysoka fala
See|gras N trawa morska; **~hafen** M port morski; **~hecht** M morszczuk; **~hund** M foka; **~igel** M jeżowiec; **~karte** F mapa morska
seekrank cierpiący na chorobę morską; **sie wird ~** ona zapada na chorobę morską
Seelachs M (*Köhler*) czarniak
Seele F dusza (*a. fig*); **mit ganzer ~** całą duszą, z całej duszy; **mit Leib und ~** duszą i ciałem; **aus tiefster ~** z głębi duszy; **sich alles von der ~ reden** odkry(wa)ć swoją duszę; **e-e ~ von Mensch** dusza człowiek
Seelenheil N zbawienie duszy
seelenlos bezduszny
Seelenmesse F *rel* msza żałobna
Seelenruhe F spokój duchowy
seelenruhig najspokojniej w świecie
Seeleute PL → Seemann
seelisch duchowy (-wo); psychiczny; **~ bedingt** *Leiden* o podłożu psychicznym
Seelöwe M lew morski
Seelsorge F (*bpl*) duszpasterstwo, duchowe posługi *fpl*
Seelsorger M duszpasterz
seelsorgerisch duszpasterski
See|luft F powietrze morskie; **~macht** F potęga morska; **~mann** M (PL *-leute*) marynarz
seemännisch marynarski
Seemannsgarn N marynarska bujda; **~ spinnen** opowiadać niestworzone historie
Seemeile F mila morska
Seemöwe F mewa
Seenot F (*bpl*) niebezpieczeństwo zatonięcia na morzu; **in ~ geraten** znaleźć się *pf* w niebezpieczeństwie (zatonięcia); **~rettungsdienst** M służba ratownictwa morskiego
Seenplatte F pojezierze
Seeoffizier M oficer marynarki
See|pferdchen N konik morski; **~räuber** M pirat; *in zssgn* piracki; **~recht** N (*bpl*) prawo morskie; **~reise** F podróż morska; **~rose** F grzybień *m*, lilia wodna; **~schlacht** F bitwa morska; **~schwalbe** F rybitwa; **~stern** M rozgwiazda; **~streitkräfte** FPL marynarka wojenna; **~tang** M morszczyn
seetüchtig zdatny do żeglugi
Seeufer M brzeg jeziora
Seeweg M: **auf dem ~** drogą morską
Seezeichen N znak nawigacyjny
Seezunge F ZOOL, KULIN sola
Segel N żagiel; *fig lit* **die ~ streichen** da(wa)ć za wygraną; **~boot** N łódź żaglowa, żaglówka; **~fliegen** N szybownictwo; **~flieger(in)** M(F) szybownik (-iczka); **~flug** M lot żaglowy; **~flugzeug** N szybowiec; **~jacht** F jacht żaglowy
segeln (-*le*; *a sn*) V/I MAR ⟨po⟩żeglować; *durch die Luft* ⟨po⟩szybować
Segel|regatta F regaty *fpl* żeglarskie; **~schiff** N żaglowiec; **~sport** M żeglarstwo, sport żeglarski, jachting
Segeltuch N (PL *-e*) płótno żaglowe
Segen M błogosławieństwo; (*Wohltat, Glück*) dobrodziejstwo; *umg* (*Billigung*) zgoda, pozwolenie
segensreich dobroczynny, zbawienny

Segler M MAR żaglowiec; *(Person)* żeglarz; *(Flugzeug)* szybowiec
Seglerin F żeglarka
Seg'ment N (-[e]s; -e) segment
segnen (-e-) ⟨po⟩błogosławić
Segnung F *rel* (po)błogosławienie; *fig* **~en** PL dobrodziejstwa *npl*
sehbehindert ADJ niedowidzący
sehen *(sieht, sah, gesehen)* V/T widzieć, zobaczyć *pf*; *(bemerken)* zauważać ⟨-żyć⟩; **zu ~ sein** da(wa)ć się widzieć, być widocznym; **es ist nichts zu ~** nic nie widać; **was, wen sehe ich da?** co, kogo widzę?; **es gern ~, wenn …** lubić, gdy …; *umg fig* **ich kann ihn nicht mehr ~!** nie znoszę jego widoku!; **sich ~ lassen** *Person* pokaz(yw)ać się (**bei** u *gen*, w *lok*); **sich ~ lassen können** dobrze prezentować się *od* wyglądać; **gern gesehen sein** być mile widzianym; **menschlich gesehen** traktując sprawę po ludzku; V/I widzieć; **schlecht ~** niedowidzieć; **siehe …** patrz …; **wie man sieht** jak widać; **sieh doch!** (no) popatrz!; *umg* **sieh mal einer an!** kto by pomyślał!; **(und) siehe da, …** no widzisz, …; *mit* PRÄP **auf etw, j-n ~** ⟨po⟩patrzeć, spoglądać ⟨spojrzeć⟩ na *(akk)*; **aus dem Fenster ~** wyglądać ⟨wyjrzeć⟩ przez okno; **in den Spiegel ~** spoglądać ⟨spojrzeć⟩ w lustro; **nach dem Kranken, den Blumen ~** doglądać chorego, kwiatów; V/R **sich ~** widzieć ⟨zobaczyć⟩ się; *fig* **er sah sich schon als …** uroił sobie, że jest *(inst)*
Sehen N (-s; *bpl*): **j-n vom ~ kennen** znać k-o z widzenia
sehenlassen: **sich ~ können** → sehen
sehenswert godny zobaczenia, godny obejrzenia
Sehenswürdigkeit F zabytek, atrakcja (turystyczna)
Sehfehler M wada wzroku
Sehkraft F *(bpl)* wzrok
Sehne F ANAT ścięgno; MAT, *e-s Bogens* cięciwa
sehnen: V/R **sich nach etw, j-m ~** tęsknić za *(inst)*, do *(gen)*; *(sehnlichst wünschen)* pragnąć *(gen)*
Sehnenscheidenentzündung F zapalenie pochewki ścięgna
Sehnenzerrung F naciągnięcie ścięgna
Sehnerv M nerw wzrokowy
sehnig żylasty; *Fleisch a.* łykowaty
sehnlichst *sup Wunsch* najgorętszy; *präd* z utęsknieniem
Sehnsucht F tęsknota (**nach** za *inst*)
sehnsüchtig tęskny, stęskniony; *präd* tęsknie, z utęsknieniem, z tęsknotą
sehr ADV bardzo, mocno, *lit* wielce; **wie ~ auch …** jak bardzo nie …; **zu ~** zanadto, (na)zbyt; **~ viel besser** o wiele lepszy *od* lepiej; **~ gern** bardzo chętnie; **so ~, dass** tak bardzo, że …
Seh|rohr N peryskop; **~schärfe** F ostrość *f* widzenia; **~schwäche** F *(bpl)* osłabienie wzroku; **~test** M badanie wzroku; **~vermögen** N *(bpl)* wzrok
sei *imp* → sein
seicht płytki (-ko) *(a. fig)*
Seide F jedwab; **aus ~** z jedwabiu
Seidel N kufel
seiden jedwabny; → seidig
Seiden|papier N bibułka; **~raupe** F gąsienica jedwabnika
Seidenstoff M tkanina jedwabna
seidenweich miękki jak jedwab
seidig jedwabisty (-ście)
Seife F mydło, *dim* mydełko
Seifen|blase F bańka mydlana; **~lauge** F mydliny *fpl*; **~oper** *umg* F opera mydlana; **~pulver** N mydło w proszku; **~schale** F mydelniczka
Seifenschaum M piana mydlana
Seifenwasser N mydliny *fpl*
seifig namydlony; *Geschmack* przypominający mydło; *präd* jak mydło
seihen przecedzać, ⟨prze⟩cedzić
Seil N (-[e]s; -e) lina; *dünn* linka; **~bahn** F kolej linowa; **~schaft** F zespół wspinaczkowy; *abw* klika, koteria
Seil|springen N zabawa *od* ćwiczenia *npl* ze skakanką; **~tänzer(in)** M(F) linoskoczek; **~winde** F wyciąg linowy
sein[1] *(bin, bist, ist, sind, seid, sind; sei, seiest, sei; war; wäre; gewesen; sei!, seid!; sn)* V/I być; **er ist Pole** on jest Polakiem; **das sind … to są …**; **was soll das ~?** co to ma być?; **muss das ~?** czy tak musi być?; **was ist mit dir?** co ci jest?, co z tobą?; *umg* **ist was?** *(was willst du)* czego *od* co chcesz?; **ich bin müde** jestem zmęczony; **das war am Freitag** to było w piątek; **mir ist kalt** jest mi zimno; **wie alt bist du?** ile masz lat?; **er ist fünf Jahre alt** on ma pięć lat; **zwei und zwei ist vier** dwa i dwa jest cztery; **sie ist aus Berlin** ona jest z Berlina;

S

da ~ → da; **hier, dort ~** być tu, tam; *verneint* nie ma (*gen*); nie było (*gen*); **er ist nicht hier** tu go nie ma; **sie war nicht dort** tam jej nie było; **hier sind keine Fische** tu nie ma ryb; **das war einmal** (*vergangen*) to już (dawno) minęło; **was ist mit ...?** co z (*inst*)?; *unpers* **es ist warm** jest ciepło; **hier ist es schön** tu jest pięknie; **heute ist es schön** dziś jest ładnie; **lass es ~!** zostaw to!; **wie wäre es mit ...?** (a) jak z (*inst*)?; **das wärs** to wszystko; *umg* **mir ist nicht nach Arbeiten** nie mam chęci do pracy; **es sei** niech będzie; **wie dem auch sei** jak by nie było; **es sei denn, ...** chyba że ...; *mit pperf als Hilfsverb* **er ist eingeschlafen** on zasnął; **sie sind hier gewesen** oni tu byli; **wenn er nicht gewesen wäre ...** gdyby go nie było ..., gdyby nie on ...; *mit* **zu** + INF **... ist, sind zu** (+ INF) (*kann, können*) można (+ *inf*); (*muss, müssen*) trzeba (+ *inf*); **das Haus ist zu verkaufen** dom jest do sprzedania; **er ist nicht zu sprechen** (*ist nicht da*) nie ma go; (*empfängt nicht*) on nie przyjmuje

sein² PRON *poss* jego; *wenn es sich auf etw bezieht, das (zu) dem Subjekt gehört* swój, swoje, swoją, *pl* swoje, swe; **das ist ~ Haus** to jego dom; **er nahm ~e Sachen** wziął sw(oj)e rzeczy; **einer ~er Freunde** jeden z jego przyjaciół; **alles zu ~er Zeit** wszystko w swoim czasie; *subst* **das Seine** swoje; **die Seinen** swoi

Sein N (-s; *bpl*) byt, istnienie

Seine ['sɛːnə] F (*bpl*): **die ~** Sekwana

seiner *lit* PRON (*gen von* **er**) jego, go; (*gen von* **es**) tego

seinerseits ADV z jego strony; **er ~** on ze swej strony

seinerzeit ADV (*zu jener Zeit*) wtedy, wówczas; (*damals*) swego czasu

seinesgleichen taki jak on; *persf* tacy jak on(i); **~ suchen** nie mieć równego (*pl* równych) sobie

seinetwegen (*wegen ihm*) przez niego; (*ihm zuliebe*) ze względu na niego

seinige PRON *poss* → sein²

seinlassen (*irr*; -) → sein

Seismo'|graf, ~graph M (-*en*) sejsmograf

seit **A** PRÄP (*dat*) od (*gen*); **~ wann?** od kiedy?, odkąd?; **~ Kurzem** od niedawna; **~ langer Zeit** od dawna **B** *konj* odkąd

seit'dem ADV od tego czasu, odtąd; *konj* odkąd

Seite F strona (*a. fig*); bok (*a. Flanke u.* MAT); (*Schiffsseite*) burta; *im Buch* stronica, strona; **linke ~** lewa strona; *umg* **das ist seine starke ~** to jest jego silna strona; **~ an ~** *stehen usw* obok siebie; *kämpfen* ramię w ramię; **auf der ~** na boku; *im Buch* na stronie; **auf beiden ~n** po obu stronach; **sich auf die ~ drehen** obrócić się na bok; **auf dieser ~** po tej stronie; *im Buch* na tej stronie; **auf die andere ~ gehen** przechodzić ⟨przejść⟩ na drugą stronę; *umg* **etw auf die ~ schaffen** podbierać, podkradać; **nach allen ~n** na wszystkie strony; **von allen ~n** ze wszystkich *od* wszech stron; **von der ~** z boku; od strony, ze strony; **auf ~n** (*gen*) → aufseiten **von ~n** (*gen*) → vonseiten; **j-n von seiner besten ~ kennen** znać k-o z najlepszej strony; *fig* **sich auf j-s ~ schlagen** przechodzić ⟨przejść⟩ na stronę (*gen*), stawać ⟨stanąć⟩ po stronie (*gen*); **auf j-s ~ sein** *od* **stehen** być po stronie (*gen*), trzymać stronę (*gen*); **j-m nicht von der ~ weichen** nie odstępować ani na krok (*gen*); **zur ~ legen** odkładać ⟨odłożyć⟩ na stronę *od* na bok; **zur ~ treten** ustępować ⟨ustąpić⟩ miejsca, schodzić ⟨zejść⟩ na bok; *fig* **j-m zur ~ stehen** wspierać ⟨wesprzeć⟩ k-o

Seiten|ansicht F widok z boku; TECH rzut boczny; **~arm** M boczna odnoga (rzeki); **~blick** M spojrzenie z ukosa; **~eingang** M boczne wejście; **~flügel** M *e-s Hauses* boczne skrzydło; **~hieb** M *fig* przycinek (**auf** *akk* do *gen*)

seitenlang wielostronicowy

Seitenlinie F linia boczna

seitens PRÄP (*gen*) ze strony (*gen*)

Seiten|schiff N *e-r Kirche* nawa boczna; **~schneider** M (*Zange*) szczypce *pl* do cięcia drutu; **~sprung** M *fig* przelotna miłostka, *umg* skok w bok

Seiten|stechen N (-*s*; *bpl*) kłucie w boku; **~straße** F boczna ulica, bocznica; **~streifen** M *e-r Straße* pobocze; **~tasche** F boczna kieszeń

seitenverkehrt ADJ *präd* (jak) w lustrzanym odbiciu

Seitenwagen M kosz motocykla

Seiten|wechsel M SPORT zmiana stron; **~weg** M boczna droga; **~wind** M wiatr boczny; **~zahl** F numer strony; (*Gesamt-*

S

zahl) liczba stron
seit'her ADV odtąd, od tego czasu
seitlich boczny; *präd* bokiem; z boku
seitwärts ADV *(zur Seite)* w bok, na bok; *(auf der Seite)* z boku
Se'kante F MAT sieczna
Sek'ret N *(-s; -e)* BIOL wydzielina
Sekre|'tär M *(-s; -e)* sekretarz; *(Möbel)* sekretera; **~tari'at** N *(-es; -e)* sekretariat; **~'tärin** F sekretarka
Sekreti'on F *(bpl)* BIOL wydzielanie, sekrecja
Sekt M (-[e]s; -e) wino musujące, szampan
Sekte F sekta; **~n-** *in zssgn* ... sekty
Sektglas N kieliszek do szampana
Sekti'on F sekcja *(a.* MED)
Sektor M *(-s; -'toren)* sektor; MAT wycinek
sekun'där wtórny; drugorzędny
Se'kunde F sekunda; **auf die ~ genau** co do sekundy
Se'kundenschnelle F: **in ~** w ułamku sekundy
Se'kundenzeiger M sekundnik
selbe PRON *dem* ta sama, ten sam, to samo; **zur ~n Zeit** w tym samym czasie, o tej samej porze
selber *umg* PRON *dem* → selbst
selbst PRON *dem (unv)* sam, sama *f*, samo *n*, *pl* same, *persf* sami; **ich ~** ja sam, ja sama; **mit sich ~** sam(a) ze sobą; **von ~** sam *usw* (z siebie); *(selbsttätig)* sam(o) przez się; samoczynnie; **sich** *(akk)* **~** samego *usw* siebie; **sich** *(dat)* **~** samemu *usw* sobie; ADV nawet; **~ gebacken** ... własnego wypieku; **~ gemacht** ... własnej roboty, ... domowego *od* własnego wyrobu; ADV **~ dann** nawet wówczas; **~ wenn** gdyby nawet
Selbst|abholung F odbiór własny klienta; **~achtung** F poczucie godności osobistej
selbständig *usw* → selbstständig
Selbst|anklage F samooskarżenie; **~auflösung** F samorozwiązanie się; **~aufopferung** F samopoświęcenie; **~auslöser** M samowyzwalacz
Selbstbedie|nung F samoobsługa; **~nungsgaststätte** F bar samoobsługowy; **~nungsladen** M sklep samoobsługowy
Selbst|befriedigung F *(bpl)* samogwałt, onanizm, masturbacja; **~beherrschung** F samoopanowanie, panowanie nad sobą; **~bestätigung** F *(bpl)* samopotwierdzenie; **~bestimmung** F *(bpl)* samostanowienie, samookreślenie (się)
Selbstbeteiligung F udział własny
Selbstbetrug M samooszukiwanie się
selbstbewusst pewny siebie
Selbst|bewusstsein N pewność *f* siebie; **~darstellung** F *abw* autoreklama; **~diagnose** F autodiagnoza; **~disziplin** F *(bpl)* samodyscyplina; **~einschätzung** F samoocena; **~erhaltungstrieb** M *(bpl)* instynkt samozachowawczy; **~erkenntnis** F *(bpl)* samopoznanie
Selbst|fahr- TECH *in zssgn* samojezdny, samobieżny; **~finanzierung** F samofinansowanie
selbstgebacken → selbst
selbstgefällig zadufany (w sobie); *präd* z samozadowoleniem
selbstgemacht → selbst
Selbstgespräch N monolog; **~e führen** rozmawiać z samym sobą
selbstherrlich *Ton usw* sobiepański, samowolny; *präd* po sobiepańsku, samowolnie
Selbsthilfegruppe F grupa samopomocy, kółko samopomocowe
Selbstklebefolie F folia samoprzylepna
selbstklebend ADJ samoprzylepny
Selbst|kontrolle F samokontrola; FILM, *rtv* autocenzura; **~kosten** PL koszty *mpl* własne
Selbstkostenpreis M: **zum ~** po kosztach *od* po cenie kosztów własnych
Selbstkritik F samokrytyka
Selbstlaut M JĘZ samogłoska
selbstlos ofiarny; bezinteresowny
Selbst|medikation F *(bpl)* samolecznictwo; **~mitleid** N rozczulanie się nad sobą (samym)
Selbstmord M samobójstwo; **~ begehen** popełni(a)ć samobójstwo
Selbstmörder M samobójca *m*; **~in** F samobójczyni
selbstmörderisch samobójczy (-czo)
Selbstporträt N autoportret
selbstsicher pewny siebie, dufny (w sobie)
selbstständig samodzielny; **~ arbeiten** pracować samodzielnie; **sich ~ machen** usamodzielni(a)ć się; *als Unternehmer* zakładać ⟨założyć⟩ własną firmę; **er, sie**

ist ~ *(hat e-e eigene Firma)* on, ona pracuje na własny rachunek; **die Selbstständigen** osoby *fpl* pracujące na własny rachunek

Selbstständigkeit F *(bpl)* samodzielność *f*, niezależność *f*

Selbststudium N *(bpl)* samokształcenie; **im ~** jako samouk

Selbstsucht F *(bpl)* samolubstwo

selbstsüchtig samolubny

selbsttätig samoczynny

Selbst|täuschung F samooszukiwanie; **~tor** N bramka samobójcza; **~tötung** F samobójstwo; **~verbrennung** F samospalenie; **~versorgung** F samozaopatrzenie

Selbstverschulden N: **durch ~** z własnej winy

selbstverständlich (zupełnie) naturalny; **das ist ~** to się rozumie samo przez się; **~!** ma się rozumieć!

Selbstverständlichkeit F rzecz zrozumiała sama przez się, rzecz naturalna

Selbstverteidigung F samoobrona

Selbstvertrauen N ufność *f* we własne siły, wiara we własne siły

Selbstverwaltung F samorząd; **~s-** *in zssgn* samorządowy

Selbstverwirklichung F samorealizacja

selbstzerstörerisch autodestrukcyjny

selbstzufrieden zadowolony z siebie; *präd* z samozadowoleniem

Selbstzweck M *(bpl)* cel sam w sobie

Selchfleisch N *austr* mięso wędzone

Se'len N *(-s; bpl)* selen

selig *rel* błogosławiony; *fig (glücklich)* błogi (-go); **meine ~e Mutter** moja świętej pamięci matka; → seligsprechen

Seligkeit F *(Glücksgefühl)* błogość *f*, szczęśliwość *f*

seligsprechen *(irr) rel* beatyfikować (im)pf

Seligsprechung F *rel* beatyfikacja

Sellerie M *(-s; bpl) od* F *(-; bpl)* seler

selten **A** ADJ rzadki (-ko); **nicht ~** nierzadko; **es kommt ~ vor, dass** rzadko się zdarza, że **B** ADV *(besonders)* **~ schön** nadzwyczaj piękny; **höchst ~** nadzwyczaj rzadki (-ko)

Seltenheit F *(bpl)* rzadkość *f*; *(Rarität)* rarytas

Seltenheitswert M *(bpl)*: **~ haben** być (cenną) rzadkością

Selterswasser N *(bpl)* woda selcerska

seltsam niezwykły; *(wunderlich)* dziwny; **~ aussehen** wyglądać niezwykle

seltsamerweise ADV dziwnym sposobem

Se'mester N semestr; **~ferien** PL ferie *pl* uniwersyteckie

Semifinale N półfinał

Semi'kolon N *(-s; -s od -la)* średnik

Semi'nar N *(-s; -e)* seminarium *n*; *in zssgn* seminaryjny

Se'mit M *(-en)* Semita *m*; **~in** F Semitka

se'mitisch semicki

Semmel F *(-; -n)* bułka, *klein* bułeczka; *umg* **weggehen wie warme ~n** rozchodzić ⟨rozejść⟩ się błyskawicznie

Semmel|brösel M *od* NPL bułka tarta; **~knödel** MPL knedle *mpl* czeskie

Se'nat M *(-[e]s; -e)* senat; JUR wydział sądowy; **~s-** senacki, … senatu

Se'nator M *(-s; -'toren)* senator

Sena'torin F senator(ka *umg*)

Sendebereich M zasięg transmisji

senden *(-e-)* V/T *u.* V/I *rtv* nada(wa)ć, emitować (im)pf; V/T *lit (a sandte, gesandt)* pos(y)łać, wys(y)łać (**j-n nach** k-o do *gen*)

Sender M nadajnik; *(Station)* stacja telewizyjna *od* radiowa, rozgłośnia

Sende|reihe F cykl audycji (telewizyjnych, radiowych); **~schluss** M zakończenie programu

Sendezeit F czas emisji; **zur besten ~** w najlepszym czasie antenowym

Sendung F przesyłka; *rtv* audycja; *lit (Mission)* misja, posłannictwo

senega'lesisch senegalski

Senf M *(-[e]s; -e)* BOT gorczyca; KULIN musztarda; *umg* **s-n ~ dazugeben** wtrącać ⟨-cić⟩ swoje trzy grosze

Senfgas N gaz musztardowy, iperyt

Senfgurken FPL pikle *pl* z ogórków

Senfsoße F sos musztardowy

sengen V/T → ansengen

sengend ADJ palący; **~e Hitze** żar

se'nil MED starczy; *Greis* stetryczały

Senior M *(-s; -'oren)* senior *(a.* SPORT)

Seni'orenheim N dom seniora

Seni'orin F seniorka *(a.* SPORT)

Senkblei N BUD ołowianka

Senke F GEOG nizina, depresja

senken V/T *Fahne, Kopf, Blick* opuszczać ⟨opuścić⟩, spuszczać ⟨spuścić⟩ (*v/r* **sich** się); *Preis, Stimme usw* obniżać ⟨-żyć⟩

S

(*v/r* **sich** się); *v/r* **sich** ~ *Mauer* osiadać ⟨osiąść⟩; *Gelände* obniżać się, opadać; *Nacht* zapadać ⟨-paść⟩

Senk|fuß M MED płaska stopa; **~grube** F BUD dół kloaczny; **~lot** N BUD pion

senkrecht pionowy (-wo), **~ zu ...** prostopadły (-le) do (*gen*)

Senkrechte F prostopadła

Senkrechtstarter M pionowzlot; *umg fig* człowiek, który szybko zrobił karierę

Senkung F obniżenie (się); *von Kosten, Preisen a.* obniżka, redukcja; BUD osiadanie

Senn M (-s; -e) pastuch (i mleczarz) alpejski; **~erin** F pastuszka (i mleczarka) alpejska

Sennhütte F → Almhütte

Sensati'on F sensacja; rewelacja

sensatio'nell sensacyjny; *Ereignis a.* rewelacyjny

Sensati'onsgier F *abw* żądza sensacji

Sense F kosa

sen'si|bel (-*bl*-) wrażliwy (-wie); **~bili'sieren** (-) uwrażliwi(a)ć (**für** na *akk*)

Sensor M (-s; -'*soren*) TECH czujnik

Sensortaste F przycisk dotykowy

sentimen'tal sentymentalny

Sentimentali'tät F sentymentalność *f*

sepa'rat oddzielny, odrębny

Separa'tismus M (-; *bpl*) separatyzm

separa'tistisch separatystyczny

sepia ADJ (*unv*), **~braun** sepiowy

Sepsis F (-; -*sen*) MED posocznica

Sep'tember M wrzesień *m*; *in zssgn* wrześniowy; **im ~** we wrześniu

septisch MED septyczny

Se'quenz F sekwencja; *Kartenspiele* sekwens

Serbe M (-*n*) Serb; **~in** F Serbka

Serbien [-iən] N (-s; *bpl*) Serbia *f*

serbisch serbski (po -ku)

Serie [PL 'ze:riən] F seria; *rtv* serial

seri'ell EDV szeregowy, sekwencyjny

Serienausstattung F wyposażenie seryjne

serienmäßig seryjny; **~ herstellen** produkować seryjnie

Serienproduktion F produkcja seryjna

seri'ös poważny, solidny; (*zuverlässig*) godny zaufania

Serpen'tine F serpentyna

Serum N (-s; -*ren od* -*ra*) surowica

Serve'latwurst F serwolatka

Server ['zø:rvər] M EDV serwer

Service[1] [zɛr'vi:s] N (-[s]; -) serwis

Service[2] ['zø:rvɪs] M *od* N (-; *selten* -s [-vɪsɪs]) serwis, obsługa; *in zssgn* serwisowy; **~netz** F sieć *f* placówek serwisowych

ser'vieren (-) V/T *Essen* poda(wa)ć, serwować; V/I (*aufschlagen*) serwować

Ser'viererin F kelnerka

Servi'ette F serwetka

Servolenkung F *im Fahrzeug* wspomagany układ kierowniczy

servus INT *pł-niem, austr*: **~!** serwus!

Sesamöl N (-s; *bpl*) olej sezamowy

Sessel M fotel; **~lehne** F (boczne) oparcie fotela; **~lift** M wyciąg krzesełkowy

sesshaft osiadły; **~ werden** osiadać ⟨osiąść⟩

Sessi'on F sesja

Set N *od* M (-[s]; -s) komplet, zestaw; (*Deckchen*) obrusik

Setzei N *reg* jajko sadzone

setzen (-*zt*) V/T sadzać ⟨posadzić⟩ (*a. Pflanze*); TYPO, *Unterschrift* składać ⟨złożyć⟩; *Punkt, Denkmal* ⟨po⟩stawić; *Frist* wyznaczać ⟨-czyć⟩; **an Land ~** wysadzać ⟨-dzić⟩ na brzeg; SPORT **gesetzt** rozstawiony (**als Nummer drei** z numerem trzecim); *v/r* **sich ~** siadać ⟨usiąść⟩ (**auf e-n Stuhl** na krzesłe); *Staub, Mauer usw* osiadać ⟨osiąść⟩; **sich ~ an** (*akk*) zasiadać ⟨zasiąść⟩ do (*gen*); **sich ~ in** (*akk*) wsiadać ⟨wsiąść⟩ do (*gen*); V/I *im Spiel* (*a.* V/T) stawiać ⟨postawić⟩ (**auf** *akk* na *akk*); (*a. sn*) **~ über** (*akk*) (*springen*) sadzić przez (*akk*), przesadzić *pf* (*akk*); *fig* **gesetzt, dass ...** załóżmy, że ...

Setzer(in) M(F) TYPO zecer(ka)

Setzling M (-s; -e) AGR sadzonka

Seuche F epidemia, zaraza; (*Tierseuche*) pomór, zaraza

Seuchen|bekämpfung F zwalczanie epidemii; **~schutz** M ochrona przeciwepidemiczna

seufzen V/I (-*zt*) wzdychać ⟨westchnąć⟩ (**tief** głęboko)

Seufzer M westchnienie

Sex *umg* M (-[es]; bpl) seks; **~ haben** uprawiać seks; **~bombe** *umg* F seksbomba; **~film** M film porno

Se'xismus M (-; *bpl*) seksizm

Sexolo'gie F (*bpl*) seksuologia

Sextett N (-[e]s; -e) sekstet

Sexu|'alerziehung F edukacja seksualna; **~ali'tät** F (*bpl*) seksualność *f*

Sexu'al|mord M morderstwo na tle

S

seksualnym; **~objekt** N obiekt zainteresowań seksualnych; **~täter** M przestępca *m* seksualny; **~verbrechen** N przestępstwo na tle seksualnym
sexu'ell seksualny; **~e Handlung** JUR czyn lubieżny
sexy *umg* ADJ (*unv*) seksowny, seksy
Seychelen [ze'ʃɛlən] PL: **die ~** Seszele *pl*
se'zieren (-) dokon(yw)ać sekcji (*gen*)
sfr, sFr. (Schweizer Franken) frank szwajcarski
Sham|poo ['ʃampu:] N, **~poon** [-'po:n] N (-*s*; -*s*) szampon
Sheriff ['ʃɛrɪf] M (-*s*; -*s*) szeryf
Shetlandpony ['ʃɛtlənt-] N kuc szetlandzki
Shorts [ʃɔrts] PL szorty *pl*
Show [ʃoʊ] F (-; -*s*) show *n* (*unv*); **~down, ~-down** [-'daʊn] M (-*s*; -*s*) starcie finałowe; **~geschäft** N show-biznes *m*; **~master** M prezenter show
Shrimps [ʃrɪmps] PL krewetki *fpl*
sia'mesisch syjamski
Si'birien [-iən] N (-*s*; *bpl*) Syberia
si'birisch syberyjski
sich PRON *3. Pers* SG *u.* PL (*akk*) siebie, się; (*dat*) sobie; *nach* PRÄP **an ~** (*akk*) **denken** myśleć o sobie; **an (und für) ~** sam w sobie; (*eigentlich*) właściwie; **für ~** (*akk*) dla siebie; **bei ~** (*dat*) **führen** mieć przy sobie; **etw hinter ~** (*dat*) **bringen** mieć za sobą (*akk*); **vor ~** (*dat*) **haben** mieć przed sobą; **zu ~** (*dat*) do siebie; **unter ~** (*akk*) pod siebie; (*dat*) pod sobą; *abmachen* między sobą; **von ~** (*dat*) **aus** *etw tun* sam(a) od siebie; *unpers* **es fragt ~, ob ...** nie wiadomo jeszcze, czy ...; *reflexiv* się; **~ prügeln** bić się; **~ freuen** cieszyć się
Sichel F (-; -*n*) sierp (*a. des Mondes*)
sicher ADJ (*gewiss*) pewny; (*gefahrlos*) bezpieczny; ADV pewnie, pewno; (*ohne Zweifel*) na pewno; **aus ~er Quelle** z pewnego źródła; **sich ~ fühlen** czuć się bezpiecznym; **~ Auto fahren** pewnie prowadzić samochód; **du willst ~ essen?** ty pewnie chcesz jeść?; **ich bin mir (nicht) ~** (nie) jestem pewien *od* pewna; **das ist noch nicht ~** to nie jest jeszcze pewne; **er wird ~ kommen** on na pewno przyjdzie; *umg* **(aber) ~!** to pewne!, naturalnie!
sichergehen V/I (*irr*; *sn*) upewni(a)ć się; **um sicherzugehen** dla pewności
Sicherheit F (*bpl*) (*Gewissheit*) pewność *f*; (*Gefahrlosigkeit*) bezpieczeństwo; **mit ~** z pewnością; (*a. pl*) FIN zabezpieczenie; gwarancja; kaucja; **in ~ bringen** uchronić *pf* (**vor** *dat* przed *inst*); ukryć *pf* w bezpiecznym miejscu (*a.* **sich** się); **in ~ sein** być bezpiecznym
Sicherheits|abstand M *im Verkehr* bezpieczny odstęp, odstęp bezpieczeństwa; **~bestimmungen** FPL przepisy *mpl* bezpieczeństwa
Sicherheitsfirma F firma ochroniarska
Sicherheitsgurt M pas bezpieczeństwa
sicherheitshalber ADV dla pewności
Sicherheits|kopie F kopia rezerwowa; **~kräfte** FPL siły *fpl* porządkowe; **~nadel** F agrafka; **~organe** NPL organy *mpl* bezpieczeństwa
Sicherheitsrat M (*bpl*) *der UNO* Rada Bezpieczeństwa
Sicherheits|schloss N zamek yale; **~technik** F technika bezpieczeństwa pracy; **~ventil** N zawór bezpieczeństwa; **~zone** F strefa bezpieczeństwa
sicherlich ADV pewno, zapewne
sichern (-*re*) V/T zabezpieczać ⟨-czyć⟩ (*v/r* **sich** się; **vor** *dat*, **gegen** od *gen*, przed *inst*); EDV archiwizować; sporządzać ⟨-dzić⟩ kopię (*gen*); (*Bergsport*) asekurować; **j-m, sich** (*dat*) **etw ~** (*garantieren*) zapewni(a)ć k-u, sobie (*akk*)
sicherstellen (*gewährleisten*) zapewni(a)ć; *Beweise, Diebesgut* zabezpieczać ⟨-czyć⟩
Sicherung F zabezpieczenie; *an Waffen*, ELEK bezpiecznik
Sicherungs|kasten M skrzynka bezpiecznikowa; **~kopie** F EDV kopia zapasowa
Sicht F (*bpl*) widoczność *f*; **klare ~** dobra widoczność; **aus meiner ~** z mojego punktu widzenia; **auf lange ~** na dłuższą metę; **in ~ kommen** ukaz(yw)ać się
sichtbar widzialny, *a. fig* widoczny
Sichtbehinderung F ograniczenie widoczności
sichten (-*e*-) (*erblicken*) dostrzegać ⟨-strzec⟩; *Notizen* przeglądać ⟨przejrzeć⟩; (*ordnen*) ⟨u⟩porządkować
Sicht|feld N pole widzenia; **~flug** M lot z widzialnością (ziemi); **~karte** F → Zeitkarte
Sichtkontrolle F kontrola wzrokowa
sichtlich wyraźny; **er war ~ enttäuscht**

S

był wyraźnie rozczarowany
Sichtverhältnisse NPL widzialność *f*
Sichtvermerk M wiza
Sichtweite F zasięg widoczności; **außer ~** poza zasięgiem widoczności
Sickergrube F szambo
sickern V/I (*-re; sn*) sączyć się
Sickerwasser N (*bpl*) przecieki *mpl*; GEOL woda infiltracyjna
Sideboard ['saɪdbɔːd] N (*-s; -s*) kredens, bufet
sie PRON *3. Pers.* (*nom sg*) ona; (*nom pl*) one, *persf* oni; (*akk sg*) ją; (*akk pl*) je, *persf* ich
Sie PRON *Anrede* (*nom* pan, pani, *pl* państwo, panowie, panie; (*akk*) pana, panią, *pl* państwa, panów, panie; **j-n mit ~ anreden** mówić k-u pan, być z (*inst*) na pan
Sieb N (*-[e]s; -e*) sito; (*Teesieb*) sitko
Siebdruck M sitodruk
sieben[1] V/T przesi(ew)ać (*a. fig*)
sieben[2] *num* siedem, *persf* siedmiu; *Sammelzahlwort* siedmioro; **~ Kälber** siedmioro cieląt; **~ Uhr** siódma (godzina)
Sieben F (cyfra) siedem, siódemka
Sieben'bürgen N (*-s; bpl*) Siedmiogród
'siebener'lei ADJ (*unv*) siedmioraki
sieben|fach ADJ siedmiokrotny; **~hundert** *num* siedemset, *persf* siedmiuset; **~hundertste** *num* siedemsetny; **~jährig** siedmioletni
Siebenkampf M (*bpl*) siedmiobój lekkoatletyczny
sieben|mal ADV siedmiokrotnie, siedem razy; **~malig** siedmiorazowy
Sieben|meter M SPORT rzut karny z siedmiu metrów; **~monatskind** N wcześniak siedmiomiesięczny
Siebensachen *umg* FPL manatki *mpl*
Siebenschläfer M ZOOL popielica; (*27. Juni*) siedmiu braci śpiących
siebentägig siedmiodniowy
siebentausend *num* siedem tysięcy
sieben|te, ~tel → siebte, siebtel
siebt ADV: **zu ~** w siedmiu, w siedmioro
siebte *num* siódmy
siebtel *num*: **ein ~** jedma siódma
Siebtel N siódma część
siebtens ADV po siódme
siebzehn *num* siedemnaście, *persf* siedemnastu; **~te** *num* siedemnasty
Siebzehnundvier N (*Kartenspiel*) oczko
siebzig *num* siedemdziesiąt, *persf* siedemdziesięciu
siebziger (*unv*): **die ~ Jahre** lata *pl* siedemdziesiąte
siebzigjährig siedemdziesięcioletni
siebzigste *num* siedemdziesiąty
siech *lit* schorowany, niemocny
Siechtum N (*-s; bpl*) wyniszczająca, przewlekła choroba
siedeln V/I (*-le*) osiedlać ⟨-lić⟩ się
sieden V/I (*-e-*) wrzeć, kipieć
siedend ADJ wrzący; **~es Wasser** wrząca woda, wrzątek, ukrop
Siedepunkt M temperatura wrzenia
Sied|ler(in) M(F) osadnik, osiedleniec (*a. f*); **~lung** F osada; (*Stadtteil*) osiedle
Siedlungsgebiet N obszar zasiedlenia
Sieg M (*-[e]s; -e*) zwycięstwo (**in** *dat*, **bei** w *lok*); **e-n ~ über** (*akk*) **erringen** odnosić ⟨-nieść⟩ zwycięstwo nad (*inst*)
Siegel N pieczęć *f*; **~ring** M sygnet
siegen V/I zwyciężać ⟨-żyć⟩ (*a.* SPORT, *fig*); **über den Gegner ~** zwyciężać ⟨-żyć⟩ przeciwnika
Sieger M zwycięzca *m*; **als ~ hervorgehen** wychodzić ⟨wyjść⟩ obronną ręką (**aus** z *gen*)
Sieger|ehrung F uroczyste wręczenie medali *od* odznaczeń zwycięzcom; **~in** F zwyciężczyni; **~urkunde** F dyplom zwyciezcy
Siegesfeier F uczczenie zwycięstwa, *umg* oblanie zwycięstwa
siegessicher pewny zwycięstwa
siegreich zwycięski (-ko)
sieh, siehst, sieht → sehen
siezen V/T (*-zt*) być na pan z (*inst*)
Sig'nal N (*-[e]s; -e*) sygnał; *in zssgn* sygnałowy; sygnalizacyjny
signali'sieren (-) ⟨za⟩sygnalizować
sig'nalrot jaskrawoczerwony
Sig'nalwirkung F: **~ haben** stać się sygnałem
Signa'tur F sygnatura
sig'nieren (-) sygnować
Silbe F zgłoska, sylaba; *fig* **etw mit keiner ~ erwähnen** ani słówkiem nie wspomnieć *pf* o (*lok*)
Silbenrätsel N logogryf
Silbentrennung F dzielenie wyrazów
Silber N (*-s; bpl*) srebro; **~blick** *umg* M (*bpl*) zez; **~fischchen** N rybik cukrowy; **~fuchs** M srebrny lis
silbergrau srebrnoszary (-ro)

S

Silberhochzeit F srebrne wesele
Silbermedaille F srebrny medal
silbern srebrny; **~ glänzen** srebrzyście *od* srebrno połyskiwać
Silber|papier N staniol; **~pappel** F topola biała, białodrzew
Silberstreif(en) M: *fig* **ein ~ am Horizont** promyk nadziei
Silberweide F wierzba biała
silbrig srebrzysty (-ście)
Silhouette [zilu'ɛtə] F sylwetka
Si'licium N → Silizium
Sili'kat N (-[e]s; -e) krzemian
Sili'kon N (-s; -e) silikon; *in zssgn* silikonowy
Si'lizium N (-s; *bpl*) krzem; *in zssgn* krzemowy
Silo M *od* N (-s; -s) zasobnik, silos
Silofutter N kiszonka
Sil'vester N *od* M sylwester; **~abend** M wieczór sylwestrowy; **~ball** M zabawa sylwestrowa
Sim'babwe N (-s; *bpl*) Zimbabwe *n*
simpel (*-pl-*) (*einfach*) prosty (-to); *abw* (*einfältig*) prymitywny, przygłupi
Sims M *od* N (*-es; -e*) gzyms
simsen *umg* smsować
Simu'lant(in) M(F) (*-en*) symulant(ka)
simu'lieren V/T *u.* V/I (-) symulować
simu'liert ADJ pozorowany
simul'tan równoczesny (-śnie); **~ dolmetschen** tłumaczyć symultanicznie
Sinfo'nie [PL -'niən] F symfonia; **~orchester** N orkiestra symfoniczna
sin|gen (*sang, gesungen*) V/T ⟨za⟩śpiewać; V/I śpiewać; *umg fig im Verhör* śpiewać, sypać; **~gend** ADJ *Tonfall* śpiewny
Single[1] [sɪŋl] N (-[s]; -[s]) SPORT singel
Single[2] [sɪŋl] F (-; -[s]) MUS singel
Single[3] ['sɪŋl] M (-[s]; -s) (*Mann*) kawaler, samotny; (*Frau*) samotna; **~haushalt** M kawalerka
Sing|sang M (-[e]s; bpl) monotonny śpiew; **~stimme** F głos; partia wokalna
Singular M (*-s; bpl*) liczba pojedyncza
Singvogel M ptak śpiewający
sinken V/I (*sank, gesunken; sn*) *Sonne* chylić się ku zachodowi; *Vorhang* zapadać ⟨-paść⟩; *Schiff* ⟨za⟩tonąć; *Niveau, Preise usw* obniżać ⟨-żyć⟩ się; *Fieber, Hoffnung* maleć; *Person sittlich* upaść *pf*; **in den Schlaf ~** zapadać w sen; **zu Boden ~** (o)padać ⟨(o)paść⟩; **~ lassen** → Mut, senken
Sinn M (-[e]s; -e) (*Wahrnehmungfähigkeit*) zmysł; (*bpl*) (*Gefühl für etw*) poczucie, zmysł (*gen*); **der sechste ~** szósty zmysł; *umg* **s-e fünf ~e beisammenhaben** być przy zdrowych zmysłach; **der ~ für das Schöne** zmysł piękna; (*Bedeutung, Zweck*) sens; znaczenie; **ohne ~ und Verstand** pozbawiony sensu; **es hat** *od umg* **macht keinen ~, ...** nie ma sensu ...; **in gewissem ~(e)** w pewnym sensie; **im ~e des Gesetzes** w rozumieniu ustawy; **im wahrsten ~e des Wortes** w całym tego słowa znaczeniu; **im eigentlichen ~e** w znaczeniu właściwym; **in j-s ~e handeln** działać po myśli (*gen*); **im ~ haben** zamyślać ⟨-lić⟩; **j-m nicht aus dem ~ gehen** nie wychodzić k-u z głowy; **in den ~ kommen** przychodzić ⟨przyjść⟩ k-u do głowy *od* na myśl; *lit* **(wie) von ~en sein** odchodzić od zmysłów
Sinnbild N symbol
sinnbildlich symboliczny
sinnen *lit* V/I (*sann, gesonnen*) rozmyślać (**über** *akk* nad *inst*); **auf etw** (*akk*) **~** obmyślać (*akk*); **auf Rache ~** knuć zemstę; → gesonnen
Sinnenfreude F (*bpl*) rozkosz zmysłowa
sinn|entleert ADJ pozbawiony sensu; **~entstellend** ADJ wypaczając(y) sens
Sinnenwelt F (*bpl*) świat doznań
Sinnes|organ N narząd zmysłu; **~reiz** M bodziec; **~täuschung** F złudzenie zmysłowe, omam; **~wahrnehmung** F postrzeżenie, percepcja; **~wandel** M zmiana przekonań
sinnfällig wyraźny, niemal dotykalny
sinngemäß zgodny co do treści; **etw ~ wiedergeben** odda(wa)ć sens (*gen*)
sin'nieren V/I (-) rozmyślać
sinnig *iron* chytry, przemyślny
sinnlich zmysłowy (-wo)
Sinnlichkeit F (*bpl*) zmysłowość *f*
sinnlos bezsensowny; *präd a.* bez sensu; *etw* **ist ~ ...** nie ma sensu; **~ betrunken** pijany do nieprzytomności
Sinnlosigkeit F bezsensowność *f*, bezsens
sinnreich *Erfindung, Einrichtung* pomysłowy (-wo)
Sinnspruch M sentencja
sinn|verwandt bliskoznaczny; **~voll** *Leben, Aussage usw* sensowny

S

Sinter- *in zssgn* TECH spiekany
Sintflut F *(bpl)* potop *(a. umg fig)*
sintflutartig *Regen* ulewny
Sinus M (-; -[se]) MAT sinus
Siphon ['zi:fo, zif'o:n] M (-s; -s) syfon
Sipp|e F ród, klan; **~schaft** F *abw* sitwa
Si'rene F syrena, buczek
Sirup M (-s; *selten* -e) syrop
Sisyphusarbeit F *(bpl)* syzyfowa praca
Sitte F obyczaj; *umg (Polizei)* obyczajówka; **~n** PL *a.* obyczajowość *f*; *(Benehmen)* zachowanie, maniery *fpl*
Sitten|geschichte F *(bpl)* historia obyczajów; **~kodex** M kodeks obyczajowy
sittenlos niemoralny; nieetyczny
Sittenpolizei F policja obyczajowa
Sittenrichter M *abw* moralista *m*
sittenstreng ... surowych obyczajów
Sittenstrolch M *abw* maniak seksualny
Sittenverfall M upadek obyczajów
sittenwidrig nieobyczajny, niemoralny
Sittich M ZOOL papuga długoogonowa
sittlich moralny
Sittlichkeitsverbrecher M przestępca seksualny
Situati'on F sytuacja
Situati'onsplan M plan sytuacyjny
situ'iert ADJ: **gut ~** dobrze sytuowany
Sitz M (-es; -e) siedzenie; *(Platz)* miejsce; *e-r Firma* siedziba; POL mandat, miejsce; *(Wohnsitz)* siedlisko
Sitzbad N nasiadówka
Sitzbank F ławka, *klein* ławeczka
Sitzecke F kącik wypoczynkowy
sitzen V/I *(sitzt, saß, gesessen; pł-niem, austr, szwajc sn)* siedzieć (**im Sessel** w fotelu; **im Gefängnis** w więzieniu); *im Rat usw* zasiadać; *(s-n Sitz haben)* mieć siedzibę; *(lange hocken)* wysiadywać; *über der Arbeit* siedzieć, ślęczeć (**über** *dat* nad *inst*); *Kleid* leżeć; *Hut, Brille* siedzieć; **fest ~** *Nagel usw* mocno siedzieć; *umg Schuss, Hieb* trafi(a)ć; *fig* **~ bleiben** *umg Schüler* repetować klasę, zimować; *Mädchen* nie wyjść za mąż; **~ bleiben auf** *e-r Ware* nie znaleźć kupca na *(akk)*; **~ lassen** *umg (verlassen)* porzucać ⟨-cić⟩, *pop* puszczać ⟨puścić⟩ kantem; **etw nicht auf sich ~ lassen** stanowczo protestować przeciw *(dat)*; **im Sitzen** siedząc, w pozycji siedzącej
sitzen|bleiben *(irr; sn) fig*, **~lassen** *(irr) fig* → sitzen
Sitz|gruppe F zestaw wypoczynkowy; **~ordnung** F porządek miejsc przy stole
Sitzplatz M miejsce siedzące
Sitzstreik M strajk okupacyjny
Sitzung F posiedzenie
Sitzungs|periode F sesja; **~protokoll** N protokół posiedzenia
Sitzungssaal M sala posiedzeń
sizili'anisch sycylijski (po -ku)
Si'zilien [-iən] N (-s; *bpl*) Sycylia
Skala F (-; -len) skala *(a. fig)*, podziałka; *(Farbskala)* gama
skal'pieren (-) ⟨o⟩skalpować
Skan'dal M (-s; -e) skandal
Skan'dalblatt N brukowiec
Skan'dalnudel *umg* F skandalistka
skanda'lös skandaliczny
skan'dalumwittert znany z licznych skandali, zamieszany w skandale
Skandi'navien [-iən] N (-s; *bpl*) Skandynawia
skandi'navisch skandynawski
Skateboard ['skeitbɔ:d] N (-s; -s) deskorolka
Ske'lett N (-[e]s; -e) szkielet, kościec *(a. fig)*, kościotrup; *in zssgn* szkieletowy
Skepsis F *(bpl)* sceptycyzm; **mit ~** z powątpiewaniem, sceptycznie
Skeptiker(in) M(F) sceptyk (-yczka)
skeptisch sceptyczny
Ski [ʃi:] M (-s; - *od* -er) narta; **~ laufen** jeździć na nartach
Ski|anzug [ʃi:-] M kostium narciarski; **~ausrüstung** F ekwipunek narciarski; **~gebiet** N teren narciarski; **~lauf(en** N) M jazda na nartach; **~läufer(in)** M(F) narciarz (-rka); **~lehrer** M instruktor narciarski; **~lift** M wyciąg narciarski; *(Schlepplift)* wyciąg orczykowy
Skinhead [-hɛd] M (-s; -s) skin, skinhead
Ski|pass ['ʃi:-] M skipass *m*; **~piste** F nartostrada; **~sport** M narciarstwo; **~springen** N (-s; *bpl*) skoki *mpl* narciarskie; **~stiefel** M but narciarski; **~stock** M kijek narciarski; **~tour** F rajd narciarski; **~urlaub** M urlop narciarski; **~wachs** N klister, smar narciarski
Skizze F szkic
Skizzenbuch N szkicownik
skizzenhaft szkicowy (-wo)
skiz'zieren (-) ⟨na⟩szkicować
Sklave [-və] M (-n) niewolnik
Sklaven|arbeit [-v-] F praca niewolni-

cza; **~handel** M handel niewolnikami
Sklave'rei [-v-] F (*bpl*) niewolnictwo
Sklavin [-v-] F niewolnica
sklavisch [-v-] niewolniczy (-czo)
Skle'rose F MED stwardnienie; **multiple ~** stwardnienie rozsiane
Skonto M *od* N (-*s*; -*s*) skonto
Skorpi'on M (-*s*; -*e*) skorpion; ASTRON Skorpion
Skrupel M skrupuł
skrupellos pozbawiony skrupułów, *präd* bez skrupułów
Skulptur F rzeźba (figuralna)
skurril [-'ri:l] dziwaczny, cudaczny
S-Kurve F dwa (niebezpieczne) zakręty
Slalom M (-*s*; -*s*), **~lauf** M slalom; **~läufer** M slalomista *m*, slalomowiec; **~läuferin** F slalomistka
Slaw|e M (-*n*) Słowianin; **~in** F Słowianka
slawisch słowiański
Slip M (-*s*; -*s*) (*Höschen*) slipy *pl*, slipki *pl*; **~einlage** F podpaska higieniczna
Slipper M (*Schuh*) trumniak
Slo'wa|ke M (-*n*) Słowak; **~'kei** F (*bpl*) Słowacja; **~kin** [-'vɑ:-] F Słowaczka
slo'wakisch słowacki (po -ku)
Slo'wene M (-*n*) Słoweniec
Slo'wenien [-iən] N (-*s*; *bpl*) Słowenia
Slo'wenin F Słowenka
slo'wenisch słoweński (po -ku)
Slum [slam] M (-*s*; -*s*) slums
Sma'ragd M (-[*e*]*s*; -*e*) szmaragd
sma'ragdgrün szmaragdowy
smart sprytny; (*elegant*) szykowny
Smog M (-[*s*]; -*s*) smog
Smogalarm M alarm smogowy
Sno'bismus M (-; -*men*) snobizm
sno'bistisch snobistyczny
Snowboard ['sno:bɔ:d] N (-*s*; -*s*) snowboard *m*
so **A** ADV (*auf diese Weise, in diesem Zustand*) tak; (*derartig*) (+ ADJ) taki; **~ einfache Dinge** takie proste rzeczy; (+ *adv*) tak; **nicht ~ laut** nie tak głośno; → doppelt, viel, weit *usw*; **~ oder ~** tak czy owak; **bald ~, bald ~** raz tak, raz siak; **~ ein** taki; co za; **~ ein heißer Tag** taki upalny dzień; **~ ein Zufall!** co za traf!; **~ wie ...** tak *od* taki jak ...; **nur ~** tylko tak; ot tak; **~ genannt** tak zwany; **das kam ~:** ... to było tak: ...; **~?** tak?; **~!** aha!; *in vielen Fällen andere Entsprechungen*: **~, und nun?** dobrze, i co dalej?; **~ betrachtet** z tego punktu widzenia; **... oder ~ ähnlich** ... albo coś w tym rodzaju; **~ etwa in ... Minuten** za jakieś ... minut; *umg* **(na,) ~ was!** coś podobnego!; *unpers* **es ist ~ weit** pora po temu; **es ist noch nicht ~ weit** jeszcze nie pora *od* czas; *lit* (*also*) (a) więc; **du hast es gewollt, ~ ...** chciałeś tego, a więc ... **B** *konj* **~ dass** → sodass; **~ leid es mir tut, ich muss ...** bardzo żałuję, ale muszę ... **C** *partikel* **das war ~ ganz nach seinem Geschmack** to naprawdę trafiło mu do smaku; **~ ziemlich alles** prawie wszystko; **~ gut wie fertig** prawie gotowy; **wie geht es dir ~?** jak tam ci się powodzi?; **~ hör doch auf!** (no) przestańże!
So. (Sonntag) niedziela
s.o. (siehe oben) patrz wyżej
so'bald *konj* skoro tylko
Söckchen N (krótka) skarpetka
Socke F skarpetka; *umg* **sich auf die ~n machen** wyruszać ⟨-szyć⟩ w drogę
Sockel M cokół; piedestał
Soda F (*bpl*) *od* N (-*s*; *bpl*) soda; *nur* N woda sodowa
so'dann *lit* ADV wówczas, wtedy
so'dass *konj* i dlatego, dlatego też; **er war krank, ~ er nicht kommen konnte** był chory i dlatego nie mógł przyjść
Sodawasser N (*bpl*) woda sodowa
Sodbrennen N (-*s*; *bpl*) zgaga
so'eben ADV dopiero co, tylko co
Sofa N (-*s*; -*s*) kanapa, sofa
so'fern *konj* (*falls*) jeśli (tylko); (*insoweit*) o ile
soff → saufen
so'fort ADV natychmiast; (*in kürzester Zeit*) zaraz
Sofortbildkamera F aparat typu polaroid
So'forthilfe F pomoc doraźna
so'fortig natychmiastowy
So'fortmaßnahmen FPL środki *mpl* doraźne
Softie *umg* M (-*s*; -*s*) *abw* mięczak, sofciarz
Software [-vɛ:r] F (*bpl*) oprogramowanie, software *m*
sog, söge → saugen
Sog M (-[*e*]*s*; bpl) ssanie, działanie ssące; *fig* atrakcyjność *f*
so'gar ADV nawet
sogenannt tak zwany
so'gleich → sofort
Sohle F podeszwa; (*Schuhsohle*) podeszwa,

zelówka; (*Talsohle*) dno
Sohn M (-[e]s; Söhne) syn, *dim* synek
Soja|bohnen FPL nasiona *npl* soi, soja; **~öl** N olej sojowy; **~soße** F sos sojowy
so'lange *konj* dopóki, tak długo (jak); **~ ..., bis** ... dopóty ..., (do)póki ...
So'larenergie F (*bpl*) energia słoneczna; → Sonnen-
So'lar|ium N (-*s*; -*ien* [-riən]) solarium *n*; **~zelle** F ogniwo słoneczne
Solbad N kąpiel solankowa; (*Kurort*) uzdrowisko oferujące kąpiele solankowe
solch PRON: **~e** taka, *pl* takie, *persf* tacy; **~er** taki; **~es** takie; **ein ~er** *od* **~ ein Mensch** taki człowiek; **~e Leute** tacy ludzie; **als ~e** *usw* jako taka *usw*
solcherart PRON (*unv*) tego rodzaju
Sold M (-[e]s; bpl) żołd, uposażenie
Sol'dat M (-*en*) żołnierz; **wie ein ~** po żołniersku, jak żołnierz; **~en-** *in zssgn* żołnierski, ... dla żołnierzy
Sol'datenfriedhof M cmentarz wojenny, cmentarz poległych
sol'datisch żołnierski (po -ku)
Söldner M najemnik
Söldnertruppe F wojsko najemne
Sole F solanka; (*Quelle*) źródło słone
soli'darisch solidarny
solidari'sieren V/R (-) **sich ~** solidaryzować się (**mit j-n** z *inst*)
Solidari'tät F (*bpl*) solidarność *f*
Solidari'tätsstreik M strajk solidarnościowy
so'lide solidny
Solidi'tät F (*bpl*) solidność *f*
So'list M (-*en*) solista *m*; **~in** F solistka
Soll N (-*s*; *bpl*) FIN debet; EKON norma; plan; kontyngent; **~ und Haben** winien i ma; **sein ~ erfüllen** wykon(yw)ać swoją normę
sollen *Hilfsverb* (*soll, sollte*) *Aufforderung, Ermahnung*: **~** (+ INF) **ich soll(te)** ... powinienem (był) ..., *f* powinnam (była) ...; **du sollst (solltest)** ... powinieneś (był) ..., *f* powinnaś (była) ...; **er soll(te)** ... powinien (był) ...; **sie soll(te)** ... powinna (była) ...; **sie ~ (sollten)** ... powinne (były) ..., *persf* powinni (byli) ...; **man sollte** ... powinno się ...; **du hättest das nicht tun ~** nie powinieneś był tego robić; *Auftrag, Absicht, Erwartung, Gerücht, Ratlosigkeit*: mieć (+ *inf*); **ich soll dir sagen** mam ci powiedzieć; **soll ich kommen?** (czy) mam przyjść?; **das sollte ein Scherz sein** to miał być żart; **das soll für mich sein?** to ma być dla mnie?; **was soll ich jetzt tun?** co mam teraz począć?; *Vermutung*: **er soll krank sein** podobno jest chory; *Fall*: **sollte es ...** (w razie) gdyby ...; **es sollte mich wundern, wenn** dziwiłbym się, gdyby; *oft Imperativ*: **er soll kommen** niech przyjdzie; **soll er (doch) fahren!** niech (sobie) jedzie!; **du sollst nicht stehlen** nie kradnij; V/I *u.* V/T (*pperf gesollt*) *ohne* INF: **was soll das?** co to ma znaczyć?; **was soll ich hier?** co mam tu robić?; **der Tisch soll ans Fenster** stół ma stać przy oknie
Sollzinsen, **Soll-Zinsen** MPL odsetki *fpl* debetowe
solo ADJ *u.* ADV solo (*a. umg fig*)
Solo N (-*s*; -*s od* -*li*) solo; *in zssgn oft* solowy
Solopart M (-*s*; -*s od* -*e*) partia solowa
sol'vent wypłacalny
Sol'venz F FIN wypłacalność *f*
so'malisch somalijski
somit ADV (a) zatem, (a) więc
Sommer M lato; *in zssgn mst* letni; **im ~** latem, w lecie
Sommer|anfang M początek lata; **~ferien** PL wakacje *pl* letnie; **~fest** N festyn; **~getreide** N zboże jare; **~haus** N domek letniskowy
sommerlich letni; **~ warm** ciepło jak w lecie
Sommer|loch *umg* N (*bpl*) sezon ogórkowy; **~reifen** M opona letnia; **~schlussverkauf** M letnia wyprzedaż posezonowa; **~smog** M smog klimatyczny; **~sprossen** FPL piegi *fpl*
sommersprossig piegowaty
Sommerzeit F letnia pora, okres letni; (*Uhrzeit*) czas letni
So'nate F sonata
Sonde F sonda; MED *a.* zgłębnik
Sonder|angebot N oferta specjalna; **~ausführung** F wykonanie specjalne; **~ausgabe** F wydanie nadzwyczajne *od* specjalne; PL FIN wydatki *mpl* nadzwyczajne
sonderbar dziwny; (*wunderlich*) osobliwy (-wie); **ich finde es ~, dass** ... dziwi mnie, że ...
sonderbarerweise ADV dziwnym sposobem
Sonder|briefmarke F znaczek okolicznościowy; **~fahrt** F rejs pozaplanowy; **~fall** M przypadek szczególny; **~ge-**

nehmigung F specjalne zezwolenie
'sonder'gleichen ADJ (*unv, nachgestellt*) bezprzykładny, bez precedensu
Sonderkommando N specjalna grupa operacyjna
sonderlich → sonderbar; *nur verneint präd* **nicht ~** nieszczególnie
Sonder|ling M (-*s*; -*e*) dziwak (-aczka), oryginał; **~mission** F misja specjalna; **~müll** M odpady *mpl* niebezpieczne
sondern *konj* lecz; **nicht nur ..., ~ auch** nie tylko ..., lecz także
Sonder|preis M cena specjalna, cena okazyjna; **~recht** N prawo szczególne; **~schule** F szkoła specjalna; **~sitzung** F posiedzenie nadzwyczajne; **~stellung** F uprzywilejowane stanowisko; **~stempel** M stempel okolicznościowy; **~urlaub** M urlop okolicznościowy
Sonderzubehör N AUTO wyposażenie dodatkowe *od* ponadstandardowe
Sonderzug M pociąg specjalny
son'dieren (-) ⟨wy⟩sondować
Son'die|rung F sondaż; **~rungsgespräch** N rozmowa sondażowa
So'nett N (-[*e*]*s*; -*e*) sonet
Song M (-*s*; -*s*) piosenka, song
Sonnabend M sobota; *in zssgn* sobotni; **am ~** w sobotę
sonnabends ADV w soboty
Sonne F słońce; ASTRON (*bpl*) Słońce; **gegen die ~** pod słońce
sonnen: V/R **sich ~** wygrzewać *od* opalać się na słońcu; *fig* pławić się (**in** *dat* w *lok*)
Sonnenaufgang M wschód słońca; **bei ~** o wschodzie (słońca)
Sonnen|bad N kąpiel słoneczna; **~blende** F FOTO osłona przeciwsłoneczna; **~blume** F słonecznik; **~blumenöl** N olej słonecznikowy; **~brand** M (*bpl*) oparzenie słoneczne; **~brille** F okulary *pl* przeciwsłoneczne; **~creme** F krem do opalania
Sonnen|energie F energia słoneczna; **~finsternis** F zaćmienie Słońca
sonnengebräunt ADJ opalony
sonnenklar *umg* jasny *od* jasne jak słońce
Sonnen|kollektor M (-*s*; -*'toren*) bateria słoneczna; **~kraftwerk** F elektrownia słoneczna; **~licht** N światło słońca; **~öl** N olejek do opalania; **~schein** M światło słoneczne, blask słońca; **~schirm** M parasol od słońca; **~schutzlotion** F emulsja do opalania; **~seite** F słoneczna strona; **~stich** M udar słoneczny
Sonnen|strahl M promień słoneczny, promień *m* słońca; **~system** N układ słoneczny; **~tau** M BOT rosiczka; **~uhr** F zegar słoneczny
Sonnenuntergang M zachód słońca; **bei ~** o zachodzie (słońca)
sonnenverbrannt ADJ ogorzały
Sonnenwende F przesilenie (słoneczne)
sonnig słoneczny; *fig* radosny
Sonntag M niedziela; **am ~** w niedzielę; **~s-** *in zssgn* niedzielny; (*festlich*) odświętny
sonntäglich niedzielny
sonntags ADV w niedziele
Sonntags|arbeit F praca w niedzielę; **~fahrer** M *abw* niedzielny kierowca
Sonntagskind N: *fig* **er ist ein ~** on się w czepku urodził
sonnverbrannt ADV *austr, szwajc* opalony
Sonnyboy ['sanibɔy] M (-*s*; -*s*) sympatyczny wesołek
sonst **A** ADV (*gewöhnlich*) zazwyczaj; (*außerdem*) poza tym; jeszcze **B** *konj* bo; **was ~?** co jeszcze?; **wer ~?**, **~ jemand?** kto jeszcze?; **wie ~** jak zwykle, jak zawsze; **~ nichts** nic więcej, nic poza tym; **~ niemand** nikt więcej; **mehr als ~** więcej niż zwykle; **gibt es ~ noch Fragen?** czy są jeszcze jakieś pytania?; *umg* **~ was** jeszcze coś; *umg* **~ wer** byle kto, kto bądź; *umg* **~ wie** jakoś (inaczej); *umg* **~ wo** gdzieś, byle gdzie; *umg* **..., ~ gibt es Schläge!** ..., bo dostaniesz lanie!
sonstig inny, pozostały; **„Sonstiges"** *als Überschrift* Rozmaitości; *auf der Agenda* „Inne"
so'oft *konj* (*wie oft auch immer*) ilekroć; (*jedesmal, wenn*) zawsze gdy
So'pran M (-*s*; -*e*) sopran; *in zssgn* sopranowy
Sorbe M (-*n*) Łużyczanin
Sorbin F Łużyczanka
Sor'binsäure F (*bpl*) kwas sorbinowy
sorbisch łużycki (po -ku)
Sorge F (*Unruhe, Fürsorge*) troska; (*Kummer*) zmartwienie, zgryzota; *mst* PL **~n** (*Belastung*) kłopoty *mpl*; **j-m ~n machen** przyczyniać wiele trosk, przysparzać zgryzot k-u; **um j-n, etw in ~ sein, sich** (*dat*)

S

wegen *od* **um j-n, etw ~n machen** niepokoić się (*inst*, o *akk*); **finanzielle ~n** troski *od* kłopoty materialne; **lass das meine ~ sein** nie martw się o to; *umg* **keine ~!** bądź spokojny!; **dafür ~ tragen, dass ...** ⟨za⟩dbać o to, żeby ...
sorgen V/I ⟨za⟩troszczyć się, dbać (**für j-n, etw** o *akk*); *v/r* **sich ~n (um)** niepokoić się (*inst*, o *akk*); **ich sorge mich um** (*akk*) martwi mnie, niepokoi mnie (*akk*)
sorgenfrei beztroski (-ko)
Sorgenkind N wieczne zmartwienie
sorgenvoll *Miene, Blick* stroskany, zatroskany; *Stunden, Leben* pełen trosk
Sorgepflicht F (*bpl*) obowiązek opieki (nad *inst*); **~ der Eltern** opieka rodzicielska
Sorgerecht N (*bpl*) prawo wychowywania (**für Kinder** dzieci)
Sorgfalt F (-; *bpl*) staranność *f*; **mit mehr ~** z większą starannością
sorgfältig staranny
sorglos (*nicht sorgfältig*) niestaranny; (*leichtfertig*) lekkomyślny; (*unbekümmert*) beztroski (-ko)
Sorglosigkeit F (-; *bpl*) (*Fahrlässigkeit*) brak staranności; (*Leichtsinn*) lekkomyślność *f*; (*Unbekümmertheit*) beztroska
sorgsam troskliwy (-wie), dbały
Sorte F gatunek; AGR odmiana; *fig* rodzaj; FIN **~n** PL waluty *fpl* obce, dewizy *fpl*; *fig* **... übelster ~** ostatni ...
sor'tieren (-) ⟨po⟩sortować, ⟨po⟩segregować (**nach** według *gen*)
Sor'tierung F sortowanie
Sorti'ment N (-[e]s; -e) asortyment
so'sehr *konj* aczkolwiek
so'so INT aha; ADV tak sobie
Soße F sos; *dim, żart* sosik
Soßenrezept N przepis na sos
Souff|lé, ~lee [zu'fle:] N (-s; -s) suflet
soufflieren [zu'fli:-] V/I (-) suflerować; V/T podpowiadać ⟨-wiedzieć⟩
Sound [saʊnt] M (-s; -s) (charakterystyczny) dźwięk, rytm; **~karte** F *im Computer* karta dźwiękowa
'sound'so *umg* ADV: **~ viel** tyle a tyle; **Artikel ~** ustęp ten a ten; **Herr Soundso** pan taki a taki
Sou'tane [zu-] F sutanna
Souve'nir [zuvə-] N (-s; -s) pamiątka; **~laden** M sklep z pamiątkami
souve'rän [zuvə-] POL suwerenny; *fig* pewny (siebie); *präd etw meistern* po mistrzowsku; *siegen* zdecydowanie
Souveräni'tät [zuvə-] F (-; *bpl*) suwerenność *f*
so'viel *konj* o ile; **~ mir bekannt ist** o ile mi wiadomo; → so, viel
so'weit *konj* o ile; → so, weit; **~ ich das beurteilen kann** o ile mogę ocenić sytuację
so'wenig *konj* jak mało by nie, chociaż nie
so'wie *konj* (*als auch*) jak i, jak również; (*sobald*) jak tylko, skoro tylko
sowie'so ADV i tak, tak czy owak; *umg* **das ~!** jak w banku!
so'wjetisch HIST radziecki, sowiecki
So'wjetunion F (*bpl*) HIST: **die ~** Związek Radziecki
so'wohl *konj*: **~ ... als auch ...** i ... i ..., nie tylko ..., lecz także *od* również ...
sozi'al społeczny, socjalny; *Einstellung* społecznikowski; **~ denken** myśleć społecznie
Sozi'al|abbau M (*bpl*) redukcja świadczeń socjalnych; **~abgaben** FPL (ustawowe) opłaty *fpl* na zabezpieczenie społeczne; **~amt** N wydział opieki społecznej; **~arbeit** F (*bpl*) praca społeczna; **~arbeiter** M pracownik pomocy społecznej; **~demokrat(in)** M(F) socjaldemokrata *m* (-tka); **~demokra'tie** F (*bpl*) socjaldemokracja
sozialdemo'kratisch socjaldemokratyczny
Sozi'al|fall M osoba utrzymująca się z pomocy społecznej; **~gericht** N sąd społeczny; **~hilfe** F (*bpl*) pomoc społeczna; (*Geld als Beihilfe*) zasiłek z pomocy społecznej, zasiłek socjalny
soziali'sieren (-) uspołeczni(a)ć
Sozia|'lismus M (-; -*men*) socjalizm; **~'list(in)** M(F) (-*en*) socjalista *m* (-tka)
sozia'listisch socjalistyczny
Sozi'al|lasten FPL obciążenia *npl* socjalne; **~leistungen** FPL świadczenia *npl* socjalne; **~pädagogik** F pedagogika społeczna; **~plan** M plan zabezpieczenia społecznego
Sozi'alpolitik F polityka społeczna
sozi'alpolitisch społeczno-polityczny
Sozi'al|reform F reforma społeczna; **~staat** M państwo opiekuńcze; **~therapie** F socjoterapia; **~versicherung** F ubezpieczenie społeczne; **~versiche-**

rungsbeiträge MPL składki *fpl* na fundusz ubezpieczeń społecznych
Sozi'al|wissenschaften FPL nauki *fpl* społeczne; **~wohnung** F mieszkanie socjalne
Sozio'loge M (*-n*) socjolog
Sozio'login F socjolog, *umg* sozioloźka
sozio'logisch socjologiczny
Sozius M (*-; -se*) EKON współudziałowiec; **~fahrer(in)** M(F) pasażer(ka) motocykla
sozu'sagen ADV jak się mówi, że tak powiem
Spachtel M (*-s; -*) *od* F (*-; -n*) szpachla; **~masse** F szpachlówka
spachteln (*-le*) V/T szpachlować; *umg* (*essen*) zajadać (*a. v/i*), wcinać
Spa'gat M *od* N (-[*e*]s; -e) szpagat
Spa'g(h)etti [ʃpa-] PL spaghetti *n* (*unv*)
spähen V/I: **nach j-m, etw ~** wypatrywać (*gen*); **aus dem Fenster, um die Ecke ~** wyglądać ⟨wyjrzeć⟩ przez okno, zza węgła
Spa'lier N (*-s; -e*) szpaler; **ein ~ bilden** ⟨u⟩tworzyć *od* ⟨u⟩formować szpaler
Spalt M (-[*e*]s; -e) szczelina, szpara; **ein ~ breit** → Spaltbreit
spaltbar FIZ rozszczepialny
Spaltbreit M: **etw e-n ~ öffnen** uchylać ⟨-lić⟩ (*akk*)
Spalte F (*Riss*) szczelina, szpara; TYPO łam, szpalta; (*Kolumne*) kolumna
spalten (*-e-; pperf gespaltet od gespalten*) V/T rozszczepi(a)ć (*a.* FIZ, CHEM); *Holz, Stein a.* rozłup(yw)ać; *fig* rozbi(ja)ć; V/R **sich ~** rozszczepi(a)ć się; *fig Partei usw* rozłam(y-w)ać się
Spalt|material N *Kernphysik* materiał rozszczepialny; **~produkt** N produkt rozszczepienia *od* rozpadu
Spaltung F rozszczepienie (*a.* MED); (*das Sichspalten*) FIZ, CHEM rozpad; *fig* rozłam
Span M (-[*e*]s; Späne) wiór; *vom Holz a.* drzazga; **wo gehobelt wird, da fallen Späne** gdzie drwa rąbią, tam wióry lecą
spanabhebend ADJ TECH: **~e Fertigung** obróbka skrawaniem
Spanferkel N KULIN prosię pieczone
Spange F *im Haar* spinka; *am Schuh usw* klamra, sprzączka
Spanien ['ʃpa:niən] N (*-s; bpl*) Hiszpania
Spani|er ['ʃpa:niər] M Hiszpan; **~erin** F Hiszpanka
spanisch hiszpański (po -ku); *umg* **das kommt mir ~ vor** to dziwne

spann, spänne → spinnen
Spann M (-[*e*]s; -e) ANAT podbicie
Spannbeton M beton sprężony
Spannbetttuch N prześcieradło z gumką
Spanne F (*Unterschied*) różnica; (*Zeitspanne*) odstęp, okres; (*altes Maß*) piędź *f*; HANDEL marża
spannen V/T (*dehnen*) naciągać ⟨-gnąć⟩, napinać ⟨-piąć⟩ (*v/r* **sich** się); *Muskeln* naprężać ⟨-żyć⟩ (*v/r* **sich** się); **etw ~ in** (*akk*) (*befestigen*) zamocow(yw)ać w (*lok*); (*einlegen*) zakładać ⟨założyć⟩ do (*gen*); V/I *Kleid* uciskać; → gespannt
spannend ADJ zajmujący (-co), frapujący (-co), pasjonujący (-co)
Spanner M (*Vorrichtung*) napinacz; *umg abw* (*Voyeur*) podglądacz
Spann|futter N TECH uchwyt zaciskowy; **~kraft** F (*bpl*) *fig* prężność *f*, energia
Spannung F naprężenie, napięcie (*a. fig*, ELEK); *fig* (*gespanntes Verhältnis*) napięte stosunki *mpl*; **in ~ versetzen** wywoł(yw)ać napięcie; **mit ~** pełen napięcia
Spannungsabfall M spadek napięcia
Spannungsgebiet N obszar napięcia
spannungsgeladen ADJ naprężony
Spannweite F rozpiętość *f*
Spanplatte F płyta wiórowa
Sparbrief M bon oszczędnościowy
Sparbuch N książeczka oszczędnościowa; *umg* **auf dem ~** na książeczce
Sparbüchse F skarbonka
Spareinlage F wkład oszczędnościowy
sparen V/T *Geld, Zeit, Kräfte* oszczędzać ⟨-dzić⟩ (*akk, gen*); *Geld a.* ciułać; *fig* **sich** (*dat*) **etw ~** oszczędzać ⟨-dzić⟩ sobie (*gen*); V/I oszczędzać (**an** *dat* na *lok*)
Sparer M oszczędzający, ciułacz; **~in** F oszczędzająca, ciułaczka
Sparflamme F (*bpl*): *fig umg* **auf ~ arbeiten** pracować niemrawo, bumelować
Spargel M szparag; KULIN szparagi *pl*; **~beet** N grządka ze szparagami
Spargelsuppe F zupa szparagowa
Spargroschen *umg* M uciułany grosz
Sparguthaben N suma na koncie oszczędnościowym
Spar|kasse F kasa oszczędnościowa; **~konto** N rachunek oszczędnościowy
spärlich skąpy (-po); *Haar* rzadki
Spar|maßnahme F posunięcie oszczęd-

nościowe, decyzja oszczędnościowa; **~prämie** F premia oszczędnościowa
Sparren M BUD krokiew *f*
sparsam *Person* oszczędny; *Sache* ekonomiczny; *Ausstattung* skromny; **~ leben** żyć oszczędnie; **mit etw ~ umgehen** używać oszczędnie *(gen)*
Sparsamkeit F *(bpl)* oszczędność *f*
Sparschwein N świnka skarbonka
spar'tanisch spartański (po -ku)
Sparte F *(Abteilung)* pion; *(Gebiet)* dziedzina; *in e-r Zeitung* rubryka
Spar|zins M odsetki *fpl* od oszczędności; **~zwang** M konieczność *f* oszczędzania
Spaß M *(-es; Späße) (Scherz)* żart; *(Vergnügen)* przyjemność *f*; **~ an etw** *(dat)* **haben** znajdować przyjemność w *(inst)*, lubić *(akk)*; **es macht ihm ~ zu** (+ INF) on ma *od* znajduje przyjemność w (+ *lok des Verbalsubstantivs*); **er versteht keinen ~** z nim nie ma żartów; **das war ~** to był żart; **aus ~, zum ~** żartem; **(so) zum ~** *etw tun* dla przyjemności, dla rozrywki; **ein teurer ~** kosztowna rozrywka; **viel ~!** przyjemnej zabawy!; **~ beiseite!** żarty na bok!
spaßen V/I żartować; **damit ist nicht zu ~** z tym nie ma żartów; **er lässt nicht mit sich ~** z nim nie ma żartów
spaßeshalber *umg* ADV dla żartu, na żarty
spaßig *(amüsant, drollig)* zabawny
Spaßverderber M: **sei kein ~** nie psuj (nam) zabawy
Spaßvogel M żartowniś *m* (-nisia)
Spastiker(in) M(F) cierpiący (-ca) na porażenie spastyczne
Spat M (-[e]s; -e od Späte) MINER szpat
spät późny (-no); **bis ~ in die Nacht** do późnej nocy; **am ~en Nachmittag** późno po południu; **im ~en Sommer** pod koniec lata, późnym latem; **von früh bis ~** od świtu do zmierzchu; **zu ~** zbyt późno; **wie ~ ist es?** która godzina?
Spaten M łopata, rydel
Spätentwickler M (chłopiec, dziewczyna) opóźniony (-na) w rozwoju
später ADJ późniejszy; ADV później; **~e Generationen** późniejsze pokolenia; **für ~** na później; **ein Jahr ~** w rok później; *umg* **bis ~!** do zobaczenia wkrótce!
spätestens ADV najpóźniej (**bis** do)
Spät|folgen FPL odległe następstwa *npl*; **~herbst** M późna jesień; **~lese** F *(Wein)* wino z winogron późnego zbioru; **~schaden** M późne powikłania *npl*; **~schicht** F druga *od* wieczorna zmiana; **~sommer** M późne lato; **~vorstellung** F *im Kino* seans nocny
Spatz M *(-en)* wróbel; *umg* **das pfeifen schon die ~en von den Dächern** o tym już wróble na dachu ćwierkają
Spatzenhirn N kurzy rozum
Spätzle PL KULIN zacierki *fpl*
Spätzündung F późny zapłon
spa'zieren V/I *(-; sn)* ⟨po⟩spacerować; **~ fahren** ⟨po⟩jechać na spacer; **~ gehen** iść ⟨pójść⟩ na spacer
Spa'zier|fahrt F przejażdżka; **~gang** M spacer, przechadzka; **~gänger** M spacerujący, *umg* spacerowicz; **~gängerin** F spacerująca; **~stock** M laska; **~weg** M droga spacerowa
SPD F (Sozialdemokratische Partei Deutschlands) Socjaldemokratyczna Partia Niemiec
Specht M (-[e]s; -e) dzięcioł
Speck M (-[e]s; bpl) słonina, sadło
speckig tłusty (-to); *Kragen usw* zatłuszczony
Speck|schwarte F skóra na słoninie; **~seite** F połeć *m* słoniny
Spedi|'teur M *(-s; -e)* spedytor, przewoźnik; **~ti'on** F spedycja
Spediti'onsfirma F firma spedycyjna
Speer M (-[e]s; -e) oszczep; **~werfen** N *(-s; bpl)* rzut oszczepem; **~werfer(in)** M(F) oszczepnik (-iczka)
Speiche F szprycha; ANAT kość promieniowa
Speichel M *(-s; bpl)* ślina; **~drüse** F gruczoł ślinowy, ślinianka
Speichellecker M *abw* lizus
Speicher M spich(le)rz; magazyn; EDV pamięć *f*; *im Wasserbau* zbiornik; **~kapazität** F EDV pojemność *f* pamięci
speichern *(-re) Wärme usw* akumulować; *Vorräte* ⟨na⟩gromadzić; *Waren* ⟨z⟩magazynować; EDV zapis(yw)ać w pamięci
Speicherung F akumulacja; *von Vorräten* gromadzenie; *von Waren* magazynowanie; *von Daten* zapis(yw)anie w pamięci
speien ['ʃpaɪən] *lit (spie, gespie[e]n)* V/I *(spucken)* pluć, spluwać; *(erbrechen)*

S

beliebte deutsche Speisen

der Eintopf	*gęsta zupa z warzywami, mięsem i ziemniakami lub makaronem, danie jednogarnkowe*
der Sauerbraten	*marynowana w occie z przyprawami i ziołami, a potem duszona pieczeń wołowa*
der Kartoffelsalat	*sałatka z gotowanych, pokrojonych w plastry ziemniaków i cebuli, z sosem z bulionu, octu, oliwy i przypraw*

⟨z⟩wymiotować; V/T **Lava ~** zionąć *(im)pf* lawą

Speise F jedzenie, jadło; *(Gericht)* potrawa; **~eis** N lody *mpl*; **~fett** N tłuszcz jadalny; **~kammer** F spiżarnia; **~karte** F jadłospis; **~lokal** N jadłodajnia

speisen V/I *lit* jeść ⟨zjeść⟩ (**zu Abend** kolację); TECH zasilać (**mit** *inst*)

Speise|öl N olej jadalny; **~pilz** M grzyb jadalny; **~reste** MPL resztki *fpl* jedzenia; **~röhre** F przełyk; **~saal** M sala jadalna, jadalnia; **~wagen** M wagon restauracyjny; **~zimmer** N jadalnia, pokój jadalny

Speisung F karmienie; TECH zasilanie

Spek'takel[1] *umg* M (-s; *selten* -) *(Lärm)* rejwach, harmider; *(Streit)* awantura, granda

Spektakel[2] N *(Schauspiel)* widowisko

spektaku'lär spektakularny

spek'tral widmowy, spektralny

Spektrum N (-s; *-ren od -ra*) widmo, spektrum *n*; *fig a.* wachlarz

Speku'lant(in) M(F) (-en) spekulant(ka)

Spekula|ti'on F spekulacja; **~ti'onsgewinn** M zysk spekulacyjny

Speku'latius M (-; -) kruche ciastka korzenne o różnych kształtach

speku'lieren V/I (-) spekulować (**an der Börse** na giełdzie; **auf Baisse** na zniżkę); *umg fig* **~ auf** *(akk)* liczyć na *(akk)*

Spelunke F spelunka, speluna

Spelze F *(Getreidehülse)* plewa

spen'dabel *umg* hojny; **~ sein (und j-n zum Essen einladen)** ⟨za⟩fundować (k-u obiad *od* kolację)

Spende F datek, dar, darowizna

spenden (-e-) ofiarow(yw)ać (**für etw** na *akk*); *Blut usw* odda(wa)ć, da(wa)ć; *Sakramente* udzielać ⟨-lić⟩; **Beifall ~** obdarzać ⟨-rzyć⟩ oklaskami; **Lob** *usw* **~** → loben *usw*

Spendenaktion F akcja zbierania darów

Spender M *(Vorrichtung)* podajnik, dozownik; *(Person)* ofiarodawca *m*, darczyńca *m*; JUR *a.* donator; *(Blut-, Organspender)* dawca *m*; **~herz** N serce dawcy; **~in** F (ofiaro)dawczyni; JUR donator(ka *umg*)

spen'dieren *umg* (-) ⟨za⟩fundować, stawiać ⟨postawić⟩

Spengler M *pł-niem, austr, szwajc* blacharz

Sperber M krogulec

Sperling M (-s; -e) wróbel; **~s-** wróbli

Sperma N (-s; *-men od -ta*) sperma

Spermium N (-s; *-mien*) plemnik

sperrangelweit *umg* ADV: **~ offen, auf** otwarty na oścież

Sperre F *auf der Straße, im Tal* zapora; blokada (*a.* PSYCH); HANDEL embargo; KOLEJ bramka biletowa; *(Verbot)* zakaz; SPORT zawieszenie (**von drei Monaten** na trzy miesiące)

sperren V/T *Straße* zamykać ⟨-mknąć⟩, ⟨za⟩blokować (*a. Konto*); *Scheck* wstrzym(yw)ać wypłatę *(gen)*; *Spieler* zawieszać ⟨-wiesić⟩; *Telefon* wyłączać ⟨-czyć⟩; TYPO spacjować; **j-n in e-e Zelle ~** zamykać ⟨-mknąć⟩ k-o w celi; V/R **sich gegen etw ~** opierać ⟨oprzeć⟩ się *(dat)*

Sperrfrist F okres zakazu

Sperrgebiet N teren zastrzeżony

Sperrholz N *(bpl)* sklejka, dykta

sperrig *Paket* nieporęcznie duży; *Ladung* przestrzenny, wielkogabarytowy

Sperr|konto N rachunek zablokowany; **~müll** M niewymiarowe odpadki *mpl*; **~stunde** F *(bpl)* godzina policyjna

Sperrung F *e-r Straße usw* zamknięcie; zablokowanie (*a. e-s Kontos*); *e-s Schecks* wstrzymanie płatności *(gen)*; *von Gas, Telefon usw* wyłączenie; TYPO spacjowanie

Sperrzoll M cło zaporowe

S

Sperrzone F strefa zakazana
Spesen PL koszty *mpl*, wydatki *mpl*
Spesenkonto N rachunek wydatków (reprezentacyjnych)
Spezi[1] *umg* M (*-s; -[s]*) *pł-niem, austr* koleś *m*, kumpel
Spezi[2] *umg* N *od* M (*-s; -[s]*) (*Getränk*) kola z lemoniadą
Spezi'al|anfertigung F wykonanie specjalne; **~gebiet** N specjalność *f*
speziali'sieren (-): V/R **sich ~ auf** (*akk*) ⟨wy⟩specjalizować się w (*lok*)
Spezia|li'sierung F specjalizacja; **~'list** M (*-en*) specjalista *m*; **~'listin** F specjalistka; **~li'tät** F specjalność *f*
spezi'ell specjalny, szczególny
spe'zifisch specyficzny; FIZ właściwy; **~es Gewicht** ciężar właściwy
spezifi'zieren (-) wyszczególni(a)ć
Sphäre F MAT kula; *fig* sfera
Sphinx F (*-; -e od -gen*) sfinks (*a. fig*); MITOL Sfinks
Spickaal M węgorz wędzony
spicken V/T: **mit etw ~** ⟨na⟩szpikować (*inst; a. fig*)
Spick|gans F półgęsek; **~nadel** F szpikulec; **~zettel** *umg* M ściąga(wka)
spie → speien
Spiegel M lustro, *lit* zwierciadło (*a. fig*); *dim* lusterko (*a.* MED, TECH); (*Niveau, Stand*) poziom, zawartość *f*; ZOOL, MYŚL *a.* serweta, talerz; **sich im ~ betrachten** przeglądać się w lustrze
Spiegelbild N odbicie lustrzane
spiegelblank lśniący jak lustro, lustrzany, zwierciadlany
Spiegelei ['ʃpi:-] N jajko sadzone
spiegelglatt gładki jak lustro
Spiegelkarpfen M lustrzeń *m*
spiegeln (*-le*) V/T odbi(ja)ć, *a. fig* odzwierciedlać ⟨-lić⟩ (*v/r* **sich in** *dat* się w *lok*); *v/i* lśnić (jak lustro)
Spiegelreflexkamera F lustrzanka
Spiegelschrift F pismo lustrzane
Spiegelteleskop N reflektor, teleskop zwierciadlany
Spiegelung F odbicie, odzwierciedlenie (*a. Spiegelbild*); MED wziernikowanie
Spiel N (*-[e]s; -e*) gra; SPORT *a.* mecz; (*Tennis*) gem; (*Kinder-, Gesellschaftsspiel*) zabawa; TECH luz; **ein ~ Karten** talia kart; **~e** PL SPORT igrzyska *npl*; **für ihn war das nur ein ~** dla niego to było tylko igraszką; **etw aufs ~ setzen** ryzykować (*inst, akk*); **... steht auf dem ~** chodzi o (*akk*); **leichtes ~ haben** bez trudu ⟨po⟩radzić sobie (**mit** z *inst*); **die Hand im ~ haben (bei)** maczać ręce (w *lok*); **j-n, etw aus dem ~ lassen** nie mieszać k-o, coś w tę sprawę; **ein falsches ~ treiben** prowadzić fałszywą grę
Spiel|anzug M *für Babys* pajacyk; **~art** F odmiana, wariant; **~ausgang** M wynik gry *od* meczu; **~automat** M automat do gry; **~ball** M *fig* igraszka; **~bank** F (PL *-en*) kasyno gry; **~dauer** F czas (trwania) gry; czas wyświetlania (filmu)
spielen V/T ⟨za⟩grać (**Fußball** w piłkę nożną, **Klavier** na fortepianie, **Karten** w karty); ⟨po-, za⟩bawić się (**Versteck** w chowanego); *fig Rolle, Komödie* odgrywać ⟨odegrać⟩; (*vortäuschen*) udawać; **was wird heute gespielt?** co dziś grają?; *fig* **was wird hier gespielt?** co tu jest grane?; V/I grać (**um Geld** na pieniądze; **auf der Gitarre** na gitarze); bawić się (**mit Puppen** lalkami); *fig* (*etw nicht ernst nehmen*) igrać (**mit** [z] *inst*); **mit dem Feuer ~** igrać z ogniem; **s-e Beziehungen ~ lassen** załatwi(a)ć sprawę po znajomości; **gespielt** *fig* udany
spielend ADV bez trudu, śpiewająco
spielenlassen (*irr; sn*) *fig* → spielen
Spie|ler M gracz, grający; SPORT *a.* zawodnik; **~le'rei** F (*Zeitvertreib*) zabawa, igraszka; (*Schnickschnack*) bawidełko; gadżet; **~rin** F gracz, grająca; SPORT *a.* zawodniczka
spielerisch ADJ SPORT (*spieltechnisch*) pod względem techniki gry; **mit ~er Leichtigkeit** z łatwością, bez trudu
Spiel|feld N pole (do) gry, płyta boiska; **~film** M film fabularny; **~gewinn** M wygrana w grze; **~halle** F lokal z automatami do gry; **~hölle** F *abw* jaskinia gry; **~kamerad(in)** M(F) towarzysz(ka) zabaw; **~karte** F karta do gry; **~leidenschaft** F (*bpl*) namiętność *f* do gry *od* do hazardu
Spiel|plan M TEATR repertuar; **auf dem ~** w repertuarze
Spiel|platz M plac zabaw; → Spielfeld; **~raum** M *fig* luz, swoboda ruchów; **~regel** F reguła gry; **~sachen** FPL zabawki *fpl*; **~schuld** F dług karciany, dług z przegranej (w grze); **~stand** M wynik gry; **~tisch** M stolik do gry;

~**trieb** M (*bpl*) popęd do zabaw; ~**uhr** F zegar z pozytywką
Spielverderber(in) M(F): **du bist ein(e) ~(in)** popsułeś (-łaś) całą zabawę; **sei kein(e) ~(in)** nie psuj (nam) zabawy
Spiel|verlängerung F dogrywka; ~**waren** FPL zabawki *fpl*; ~**zeit** F TEATR sezon; → Spieldauer; ~**zeug** N (*bpl*) zabawka; *fig* igraszka
Spielzeugpistole F pistolet zabawka
Spieß M (-*es*; -*e*) dzida; (*Bratspieß*) rożen; **den ~ umdrehen** odda(wa)ć wet za wet, odwzajemni(a)ć się tym samym
Spießbürger M *abw* kołtun, filister
spießen V/T: ~ **auf** (*akk*) nakłu(wa)ć na (*akk*); ~ **in** (*akk*) wbi(ja)ć w (*akk*)
Spießer M *abw* → Spießbürger
spießig *umg abw* kołtuński, filisterski
Spikes [ʃpaɪks] MPL kolce *mpl*; ~**reifen** M opona z kolcami
spi'nal MED rdzeniowy
Spi'nat M (-[e]s; bpl) szpinak
Spind M *od* N (-[e]s; -e) szaf(k)a
Spindel F (-; -*n*) wrzeciono
spindeldürr *umg* chudy jak szczapa
Spinne F pająk
spinnen (*spann, gesponnen*) V/T prząść; V/I *umg* (*verrückt sein*) mieć fioła; (*flunkern*) zalewać; *umg Gerät* nawalać; *reg Katze* mruczeć
Spinnennetz N pajęczyna
Spinner M (*Arbeiter*) przędzarz; *zum Angeln* błyszczka; *umg fig* blagier, fantasta *m*; (*Verrückter*) pomyleniec, wariat
Spinne'rei F (*Fabrik*) przędzalnia
Spinnerin F (*Arbeiterin*) prządka; *umg fig* pomylona, wariatka; → Spinner
Spinn|milbe F przędziorek; ~**rad** N kołowrotek; ~**webe** F pajęczyna
Spi'on M (-*s*; -*e*) szpieg; *in der Tür* wizjer, *umg* judasz
Spio'nage [-ʒə] F szpiegostwo; ~**abwehr** F (*Dienst*) kontrwywiad; ~**satellit** M satelita szpiegowski; ~**tätigkeit** F działalność szpiegowska
spio'nieren V/I (-) szpiegować (*a. fig*)
Spi'onin F (kobieta) szpieg
Spi'ralbohrer M wiertło kręte
Spi'rale F spirala (*a. fig u.* MED)
Spi'ralfeder F sprężyna spiralna
spi'ralförmig spiralny
Spirit'ismus M (*bpl*) spirytyzm
spiri'tistisch spirytystyczny
spiritu'ell *lit* duchowy
Spiritu'osen PL spirytualia *pl*
Spiritus M (-; *bpl*) spirytus; ~**kocher** M maszynka spirytusowa
Spi'tal N (-*s*; *Spitäler*) *austr* szpital
spitz spiczasty (-to); *Winkel, Nase* ostry (-ro); (*bissig*) uszczypliwy (-wie)
Spitz M (-*es*; -*e*) (*Hund*) szpic
Spitzbart M kozia bródka, szpicbródka
spitzbübisch szelmowski (-ko)
spitze *umg* ADJ (*unv*) klasa, bomba; **einfach ~!** obłęd!
Spitze F ostry koniec, szpic, ostrze; *e-s Berges* szczyt, *a. e-s Dreiecks* wierzchołek; *e-s Schuhs, Fingers, der Nase* czubek, koniuszek; (*Gewebe*) koronka; *fig* (*Höchstwert, Gipfel*) szczyt; (*erster Platz in der Wertung*) czoło, (*a. Führungsteam*) czołówka; (*Bosheit*) docinek, przycinek, szpilka; **an der ~** na czele; w czołówce; *umg* na topie; **etw auf die ~ treiben** doprowadzać ⟨-dzić⟩ do ostateczności; *umg* **das ist einsame ~!** to (jest) po prostu super!
Spitzel M *abw* szpicel
spitzen (-*zt*) *Bleistift* ⟨za⟩temperować; *fig Ohren* nadstawi(a)ć (*gen*); *Mund* stulać ⟨-lić⟩ (w ciup)
Spitzen|belastung F obciążenie szczytowe; ~**bluse** F koronkowa bluzka; ~**geschwindigkeit** F prędkość maksymalna; ~**gespräch** N rozmowa na szczycie; ~**gruppe** F czołówka; ~**kandidat(in)** M(F) czołowy (-wa) kandydat(ka); ~**leistung** F szczytowe osiągnięcie; ~**organisation** F organizacja naczelna; ~**position** F czołowe miejsce, *umg* miejsce na topie; ~**qualität** F najwyższa jakość; ~**reiter** M lider na liście rankingowej; MUS hit
Spitzen|sportler(in F) M wyczynowiec; ~**verdiener(in)** M(F) osoba pobierająca bardzo wysokie wynagrodzenie; ~**zeit** F godziny *fpl* szczytu
spitzfindig *Begründung usw* pokrętny; (*kleinlich*) drobiazgowy (-wo) do przesady
Spitzfindigkeit F (*bpl*) sofistyka; (*Wortklauberei*) mędrkowanie; (*a. pl*) kruczek, wykręt, sofizmat
Spitzhacke F kilof; **der ~ zum Opfer fallen** iść ⟨pójść⟩ pod kilof
Spitzkehre F zakos
spitzkriegen *umg* zmiarkować *pf*
Spitzmaus F ryjówka

S

Spitzname M przezwisko, ksywa
spitzwink(e)lig ostrokątny
Spleen [ʃpli:n] M (-[e]s; -e od -s) splin, chandra
Splint M (-[e]s; -e) TECH zawleczka; (*bpl*) (*Holz*) biel *f*
Splitt M (-[e]s; bpl) grys, żwirek
splitten (-*e*-) EKON, POL ⟨po⟩dzielić
Splitter M odłamek, odprysk; (*Holzsplitter*) drzazga; MIL *in zssgn* odłamkowy
splitterfrei *Glas* bezodpryskowy
Splittergruppe F odłam
splittern V/I (-*re*; *sn*) rozłup(yw)ać się; *Glas* rozpryskiwać ⟨-snąć⟩ się
splitternackt *umg* nagusieńki; *präd* nago, na golasa
Splitterpartei F odłam stronnictwa
SPÖ F (**Sozialdemokratische Partei Österreichs**) Socjaldemokratyczna Partia Austrii
Spoiler M spoiler, spojler
sponsern (-*re*) sponsorować
Sponsoring N (-*s*; *bpl*) sponsorowanie, sponsoring
spon'tan spontaniczny, samoistny
Spontanei'tät F (*bpl*) spontaniczność *f*
spo'radisch sporadyczny
Spore F zarodnik, spora; **~n** → Sporn
Sporenpflanze F roślina zarodnikowa
Sporn M (-[e]s; -ren) ostroga (*a.* BOT, ZOOL); **dem Pferd die Sporen geben** spinać ⟨spiąć⟩ konia ostrogami
Sport M (-[e]s; bpl) sport; **~ treiben** uprawiać sport
Sport|abzeichen N odznaka sportowa; **~anlage** F kompleks sportowy; **~art** F dyscyplina sportowa; **~artikel** MPL artykuły *mpl* sportowe
sportbegeistert ADJ lubiący sport, bardzo interesujący się sportem
Sport|bericht M sprawozdanie sportowe; **~club** M klub sportowy; **~fest** N impreza sportowa, igrzyska *npl* lekkoatletyczne; **~flieger** M pilot sportowy; **~fliegerei** F lotnictwo sportowe; **~fliegerin** F pilotka sportowa; **~freund** M miłośnik sportu; (*Sportkamerad*) kolega *m* z drużyny *od* klubu; **~geist** M (*bpl*) duch sportowy; **~gerät** N przyrząd gimnastyczny; **~halle** F hala sportowa; **~idol** N idol sportowy; **~klub** M klub sportowy; **~lehrer(in)** M(F) nauczyciel(ka) wychowania fizycznego; **~ler(in)** M(F) sportowiec (*a. f*), zawodnik (-iczka)
sportlich sportowy (-wo); *Person* wysportowany; **sich ~ kleiden** ubierać się sportowo *od* po sportowemu
Sport|platz M boisko; **~reporter(in)** M(F) sprawozdawca *m* sportowy (*a. f*); **~sendung** F audycja sportowa; **~tauchen** N nurkowanie (sportowe); **~unterricht** M wychowanie fizyczne; **~veranstaltung** F impreza sportowa; **~verein** M związek sportowy; **~wagen** M samochód sportowy; *für Kinder* wózek spacerowy
Spot M (-*s*; -*s*) → Werbespot
Spott M (-[e]s; bpl) kpina, drwina (*mst pl*); **s-n ~ mit ... treiben** drwić z (*gen*)
spottbillig śmiesznie tani, *umg* tani jak barszcz; *präd* śmiesznie tanio
spötteln V/I (-*le*) pokpiwać (sobie) (**über** *akk* z *gen*)
spotten V/I (-*e*-) kpić, drwić (sobie) (**über** *akk* z *gen*); *lit e-r Sache* urągać (*dat*)
Spötter(in) M(F) szyderca *m*, kpiarz (*a. f*)
spöttisch drwiący (-co), kpiący (-co); *Miene, Ton usw a.* kpiarski
Spottpreis M śmiesznie niska cena
sprach, **spräche** → sprechen
Sprach|barriere F bariera językowa; **~begabung** F zdolności *fpl* językowe
Sprache F mowa; język; **die ~ verlieren** zaniemówić *pf*; **in deutscher ~** w języku niemieckim; **zur ~ bringen** poruszać ⟨-szyć⟩; **zur ~ kommen** być przedmiotem rozmowy, być omawianym; *umg* **heraus mit der ~!** no, mówże!
Sprachenschule F szkoła językowa
Sprach|erkennung F EDV rozpoznawanie mowy; **~fehler** M wada wymowy; **~forscher(in)** M(F) językoznawca *m* (*a. f*)
Sprachführer M rozmówki *fpl*
Sprachgebiet N obszar językowy
Sprachgebrauch M (*bpl*) zachowanie językowe; **nach allgemeinem ~** w języku *od* słownictwie ogólnym
Sprachgefühl N (*bpl*) wyczucie językowe
sprachgewandt ADJ wymowny, elokwentny
Sprach|kenntnisse FPL znajomość *f* języka *od* języków; **~kurs** M kurs języka; **~lehrer(in)** M(F) nauczyciel(ka) języka *od* języków
sprachlich językowy (-wo)
sprachlos niemy; oniemiały (**vor** z *gen*);

umg **da bist du ~!** zatkało cię!
Sprach|raum M obszar językowy; **~regelung** F obowiązujący słownik *od* język; **~rohr** N rzecznik, *abw* tuba *(gen)*; **~störung** F zaburzenie mowy; **~unterricht** M nauka języka; **~wissenschaft** F językoznawstwo
sprachwissenschaftlich językoznawczy (-czo)
sprang, spränge → springen
Spray [ʃpre:] M *od* N (-s; -s), **~dose** F spray *m*, sprej; **~er** *umg* M grafficiarz
Sprechanlage F domofon
Sprechblase F (komiksowy) dymek
Sprechchöre MPL: **in ~n** chórem
sprechen *(spricht, sprach, gesprochen)* V/I mówić (**über** *akk*, **von** o *lok*; **zu** do *gen*), odzywać ⟨odezwać⟩ się; **deutsch ~** mówić *od* odezwać się *pf* po niemiecku; **mit j-m ~** ⟨po⟩rozmawiać, ⟨po⟩mówić z *(inst)*; *(e-e Rede halten)* przemawiać ⟨-mówić⟩ (**an** *akk*, **zu** do *gen*); **auf etw zu ~ kommen** sprowadzać ⟨-dzić⟩ rozmowę na *(akk)*; **wir kommen noch darauf zu ~** jeszcze pomówimy o tym; **er ist nicht gut auf mich zu ~** on niepochlebnie odzywa się o mnie; **... ist nicht zu ~** ... nie przyjmuje; V/T mówić, powiedzieć *pf*, rzec *pf*; *Gebet* odmawiać ⟨-mówić⟩; *Urteil* wyd(aw)ać; **er sprach kein Wort darüber** słowem się o tym nie odezwał; **j-n ~** mówić, rozmawiać z *(inst)*; **ich muss dich ~** muszę z tobą pomówić; **kann ich Frau ... ~?** czy mogę mówić z panią ...?; **kann ich Sie kurz ~?** mam do pana *od* pani dwa słowa; *fig* **das spricht für, gegen ...** to przemawia za *(inst)*, przeciw *(dat)*; V/R **wir sprechen uns noch** jeszcze spotkamy się; → *a.* sagen
Sprechen N (-s; *bpl*) mówienie, mowa
Sprech|er(in) M(F) mówca *m* (-wczyni); *e-r Gruppe* rzecznik (-iczka); *rtv* spiker(ka); **~funk** M radiotelefonia; **~funkgerät** N radiotelefon; **~stunde** F godziny *fpl* przyjęć; **~stundenhilfe** F pomoc *f* w gabinecie lekarskim
Sprechweise F sposób mówienia
Sprechzimmer N gabinet lekarski
Spree F *(bpl)*: **die ~** Sprewa
Spreize F *Turnen* rozkrok
spreizen *(-zt)* rozstawi(a)ć; **die Beine ~** *umg* rozkraczać ⟨-czyć⟩ nogi
Sprengel M parafia
sprengen V/T wysadzać ⟨-dzić⟩ (**in die Luft** w powietrze); *von innen her* rozsadzać ⟨-dzić⟩; *Fesseln, Versammlung* zrywać ⟨zerwać⟩; *Bank* rozbi(ja)ć; *Rasen, Straße* pol(ew)ać; *Wäsche* skrapiać ⟨skropić⟩
Spreng|kapsel F spłonka, detonator; **~kopf** F głowica bojowa; **~kraft** F siła wybuchu; **~ladung** F, **~satz** M ładunek wybuchowy; **~stoff** M materiał wybuchowy; **~stoffanschlag** M zamach bombowy
Sprengung F *(Zerstörung durch Explosion)* wysadzenie w powietrze; GÓRN *usw a.* odstrzelenie; *e-r Versammlung* zerwanie; *des Rasens* polewanie, zraszanie
Sprengwagen M polewaczka (ulic)
Sprenkel M plamka, centka
Spreu F *(bpl)* plewy *fpl (a. fig)*
sprich, sprich(s)t → sprechen
Sprichwort N (PL *-wörter*) przysłowie
sprichwörtlich przysłowiowy (-wo)
sprießen V/I *(spross, gesprossen; sn) Pflanzen* wschodzić ⟨wzejść⟩; *Bart* rosnąć, sypać się
Springbrunnen M fontanna
springen *(sprang, gesprungen)* V/T *(a. sn) Sprung* wykon(yw)ać; *Höhe, Weite* skakać ⟨skoczyć⟩; **e-n Rekord ~** zdobyć rekord w skoku; V/I *(sn)* skakać ⟨skoczyć⟩; **über etw ~** skakać ⟨skoczyć⟩ przez *(akk)*, *a. fig* przeskakiwać ⟨-skoczyć⟩ *(akk)*; **an j-n, etw, zu j-m, etw ~** doskakiwać ⟨-skoczyć⟩ do *(gen)*; **aus etw ~** wyskakiwać ⟨-skoczyć⟩ z *(gen)*; **in etw ~** wskakiwać ⟨wskoczyć⟩ do *(gen)*; **von etw ~** zeskakiwać ⟨-skoczyć⟩ z *(gen)*; *(bersten)* pękać ⟨-knąć⟩; **die Ampel sprang auf Rot** zapaliło się czerwone światło; *umg* **etw ~ lassen** zafundować *pf (akk)*; → Auge, gesprungen
springend ADJ: *fig* **der ~e Punkt** sedno sprawy
springenlassen *(irr; sn) umg fig* → springen
Springer M skoczek; *(Schachfigur) a.* koń *m*, konik; **~in** F skoczek
Springerstiefel MPL glany *mpl*
Spring|flut F pływ duży; **~kraut** N niecierpek pospolity; **~messer** N nóż sprężynowy; **~reiten** N konkurs w skokach przez przeszkody; **~seil** N skakanka
Sprinkler M *für Brandschutz* tryskacz;

~anlage F instalacja tryskaczowa
Sprinter(in) M(F) sprinter(ka)
Sprit *umg* M (*Treibstoff*) paliwo
Spritze F MED strzykawka; *der Feuerwehr* pompa pożarnicza; AGR opryskiwacz; *umg* (*Injektion*) zastrzyk
spritzen (-zt) V/T *Medikament* wstrzykiwać ⟨-knąć⟩; *Farbe* natryskiwać; *Obst usw* oprysk(iw)ać; **j-n nass ~** obryzg(iw)ać, oprysk(iw)ać k-o wodą; **j-m Soße auf die Hose ~** obryzgać k-u spodnie sosem; → sprengen; V/I (*sn*) bryzgać ⟨-znąć⟩, tryskać ⟨-snąć⟩; *umg* (*laufen*) skoczyć *pf*, ⟨po⟩lecieć; *umg Drogen* ćpać, szprycować się
Spritzer M bryzg; (*Fleck*) plamka
spritzig *Wein* perlisty; (*flott dargeboten*) tryskający dowcipem; *Auto* szybki
Spritzpistole F pistolet natryskowy
Spritztour *umg* F wypad
spröde kruchy; *Haut* spierzchnięty; *fig* nieprzystępny, powściągliwy (-wie)
spross → sprießen
Spross M (*-es; -e*) latorośl *f*; *fig* (*Nachkomme*) potomek
Sprosse F *e-r Leiter* szczebel (*a. fig*); *des Geweihs* odnoga
sprösse, **sprossen** → sprießen
Sprossenkohl M *austr* → Rosenkohl
Sprossen|leiter F drabin(k)a; *Turnen* drabinka gimnastyczna; **~wand** F *Turnen* drabinki *fpl* gimnastyczne
Sprössling *umg* M (*-s; -e*) latorośl *f*
Sprotte F ZOOL szprot, szprotka
Spruch M (-[e]s; Sprüche) hasło, dewiza; (*Sinnspruch*) sentencja, *umg* powiedzonko, JUR orzeczenie; **Sprüche klopfen** rzucać frazesami
Spruchband N transparent
spruchreif aktualny; **die Sache ist nicht ~** sprawa jest nie na czasie
Sprudel M woda gazowana; → Quelle
sprudeln V/I (*-le; a sn*) ⟨po⟩lać się, ⟨po⟩płynąć pieniąc się (**aus** z *gen*); *Sekt* musować; (*kochen*) kipieć, bulgotać
Sprühdose F pojemnik aerozolowy, *umg* spray *m*
sprühen V/T *Flüssigkeit* rozpylać ⟨-lić⟩; *Grafitti umg* sprayować; **Funken ~** iskrzyć, tryskać iskrami; V/I (*sn*) *Funken* ⟨po⟩sypać się; *Regen* mżyć; *fig* **vor Witz ~** tryskać dowcipem
Sprühregen M mżawka
Sprung M (-[e]s; Sprünge) skok; *im Glas usw* pęknięcie; *fig* (*das Überwechseln*) przeskok; **zum ~ ansetzen** przygotow(y-w)ać się do skoku; **in großen Sprüngen** wielkimi skokami; *umg fig* **auf einen ~** na chwil(ecz)kę; **immer auf dem ~ sein** nigdzie nie zagrz(ew)ać miejsca; *umg* **j-m auf die Sprünge helfen** podsuwać ⟨-sunąć⟩ myśl, podpowiadać ⟨-wiedzieć⟩ k-u; **keine großen Sprünge machen können** cienko śpiewać, robić bokami
Sprungbecken N basen do skoków
sprungbereit ADJ gotowy do skoku
Sprung|brett N odskocznia (*a. fig*); **~feder** F sprężyna; *in zssgn* sprężynowy
Sprunggelenk N staw skokowy
sprunghaft niezrównoważony, niesystematyczny; *Wandel* nagły (-le), raptowny; **~ steigen** podskoczyć *pf*
Sprunghaftigkeit F (*bpl*) niesystematyczność *f*, brak stałości (charakteru)
Sprung|lauf M skoki *mpl* narciarskie; **~schanze** F skocznia (narciarska); **~tuch** N płachta ratunkowa; **~turm** M wieża do skoków; **~weite** F długość *f* skoku
Spucke *umg* F (*bpl*) ślina; *umg* **da blieb mir die ~ weg** (aż) zatkało mnie
spucken V/I pluć (*a. v/t* **Blut** krwią), spluwać ⟨(s)plunąć⟩
Spuk M (-[e]s; -e) zjawa, widmo; *fig* koszmar
spuken V/I *Geist* straszyć; **es spukt hier** tu straszy
Spülbecken N zlew; zlewozmywak
Spule F szpula, szpulka; ELEK cewka
Spüle F zlewozmywak (szafkowy)
spulen *Garn usw* nawijać ⟨-winąć⟩ na szpul(k)ę; *auf e-e andere Spule* przewijać ⟨-winąć⟩ (na *akk*)
spülen V/T ⟨o-, wy⟩płukać, spłuk(iw)ać, przepłuk(iw)ać; *Geschirr* zmy(wa)ć; **etw ans Ufer ~** wyrzucać ⟨-cić⟩ na brzeg (*akk*); V/I *Geschirr* zmywać
Spül|kasten M *WC* płuczka ustępowa; **~maschine** F zmywarka; **~mittel** N płyn do mycia naczyń
Spülung F płukanie, przepłukiwanie; MED *a.* irygacja; *im WC* płuczka
Spülwasser N pomyje *pl*
Spulwurm M glista (ludzka)
Spund[1] M (-[e]s; -e od Spünde) czop, zatyczka; *Tischlerei* wypust, pióro

Spund[2] *umg* M (-[e]s; -e): **junger ~** smyk, berbeć *m*

Spur F ślad; (*Fährte*) trop (*a. fig*); (*Radspur*) koleina; (*Fahrspur*) pas ruchu; (*Tonspur*) ścieżka; (*kleine Menge*) odrobina, odrobinę; **j-m, etw auf der ~ sein** być na tropie (*gen*); **auf die ~ bringen** naprowadzać ⟨-dzić⟩ na ślad; **j-m, etw auf die ~ kommen** wpadać ⟨wpaść⟩ na ślad *od* na trop (*gen*); **e-e ~ legen** zostawi(a)ć po sobie ślad; **keine ~ von** ... nie ma śladu (*gen*, po *lok*); *umg* **nicht die ~!** (ależ) skąd!, ani trochę!; AUTO → Spurweite

spürbar odczuwalny, zauważalny; *Strafe, Schmerz a.* dolegliwy; → deutlich

spuren V/T *Loipe* trasować; *umg* V/I *fig* słuchać (się), podporządkow(yw)ać się

spüren V/T czuć, odczu(wa)ć; *intuitiv* wyczu(wa)ć; → merken; **man spürt** daje się odczuć; **etw zu ~ bekommen** odczu(wa)ć; **j-n etw ~ lassen** da(wa)ć k-u odczuć (*akk*)

Spuren|element N pierwiastek śladowy; **~sicherung** F zabezpieczenie śladów; **~suche** F tropienie śladów

Spürhund M tropiciel (*a. fig*)

spurlos ADV bez śladu; **~ verschwinden** znikać ⟨-knąć⟩ bez śladu

Spürsinn M (*bpl*) węch; *fig* wyczucie

spurten V/I (*-e-; sn*) zwiększać ⟨-szyć⟩ szybkość; finiszować

spurtstark *Fahrzeug* zrywny

Spurwechsel M zmiana pasu ruchu

Spurweite F AUTO rozstaw kół; KOLEJ szerokość *f* toru

sputen (*-e-*): V/R **sich ~** *reg* ⟨po⟩śpieszyć się

Squash [skvɔʃ] N (*-; bpl*) squash *m*

St. **(Sankt)** Święty, Św.; **(Stück)** sztuk(a)

Staat M (-[e]s; -en) państwo; (*Teil e-s Bundesstaates*) stan; **von ~s wegen** z ramienia państwa; (*bpl*) gala; **~ machen (mit)** imponować (*inst*); **in vollem ~** w pełnej gali

Staaten|bund M konfederacja; **~gemeinschaft** F wspólnota państw

staatenlos bezpaństwowy

staatlich państwowy; *präd* ... przez państwo; **~ gefördert** popierany *od* promowany przez państwo

Staatsakt M uroczysta akademia

Staatsangehörige F obywatelka; **~(r)** M obywatel (**deutscher** niemiecki)

Staats|angehörigkeit F obywatelstwo; **~anleihe** F pożyczka państwowa; **~anwalt** M prokurator; **~anwältin** F prokurator(ka *umg*); **~anwaltschaft** F prokuratura; **~bank** F bank państwowy

Staatsbedienstete F funkcjonariuszka państwowa; **~(r)** M funkcjonariusz państwowy

Staats|begräbnis N pogrzeb na koszt państwa; **~besuch** M wizyta państwowa; **~bürger(in)** M(F) obywatel(ka); **~bürgerkunde** F wiedza obywatelska; **~dienst** M służba państwowa

staatsfeindlich antypaństwowy

Staats|form F ustrój państwowy; **~gebiet** N terytorium *n* państwa; **~geheimnis** N tajemnica państwowa; **~gewalt** F (*bpl*) władza państwowa; **~grenze** F granica państwa; **~haushalt** M budżet państwa; **~hoheit** F (*bpl*) zwierzchnictwo państwa; **~kasse** F kasa państwa

Staatskosten PL: **auf ~** na koszt państwa

Staats|macht F (*bpl*) władza państwowa; **~mann** M (PL *-männer*) mąż stanu; **~monopol** N monopol państwowy; **~oberhaupt** N głowa państwa; **~prüfung** F egzamin państwowy; **~räson** F racja stanu; **~rat** M rada państwa; (*Person*) radca *m* stanu

staatsrechtlich państwowoprawny

Staats|sekretär M sekretarz stanu; **~streich** M zamach stanu; **~verbrechen** N przestępstwo przeciw interesom państwa; **~vertrag** M układ państwowy; **~wappen** N godło państwa

Stab M (-[e]s; Stäbe) pręt; (*Barren*) sztaba, *dim* sztabka; SPORT tyczka; pałeczka (sztafetowa); MIL, *fig* sztab; → Stange, Stock

Stäbchen N pręcik, laseczka, pałeczka

Stabhoch|springer(in) M(F) tyczkarz (-rka); **~sprung** M skok o tyczce

sta'bil stabilny (*a. fig*); (*haltbar, beständig*) trwały

stabili'sieren (-) V/T ⟨u⟩stabilizować (*v/r* **sich** się)

Stabili'sierung F (*bpl*) stabilizacja

Stabili'tät F (*bpl*) stabilność *f*

Stabsoffizier M oficer sztabowy

Stabwechsel M zmiana sztafety

stach, **stäche** → stechen

Stachel M (*-s; -n*) kolec; *von Insekten* żądło;

~beere(n PL) F agrest; *in zssgn* agrestowy, ... z agrestu
Stacheldraht M drut kolczasty
stachelig kolący, kłujący
Stachelschwein N jeżozwierz
Stadel M (-s; *Städel od -n) pł-niem, austr, szwajc* szopa na siano
Stadion N (-s; *-ien* [-diən]) stadion
Stadium N (-s; *-ien* [-diən]) stadium *n*
Stadt F (-; *Städte*) miasto; **in der ~** w mieście; **außerhalb der ~** (po)za miastem
stadtauswärts ADV z miasta
Stadtautobahn F autostrada miejska
stadtbekannt ADJ znany w całym mieście, notoryczny
Stadt|bevölkerung F ludność miejska; **~bezirk** M dzielnica miasta; **~bild** N wygląd miasta; **~bummel** M spacer po mieście
Städtchen N miasteczko, mieścina
Städtebau M (*bpl*) budowa miast
Städtepartnerschaft F związki *mpl* bliźniacze między miastami, partnerstwo miast
Städte|r M mieszkaniec miasta, *oft iron* mieszczanin; **~rin** F mieszkanka miasta, *oft iron* mieszczanka
Stadtführer M przewodnik po mieście
Stadtgebiet N obszar miasta
Stadtgemeinde F gmina miejska
städtisch miejski (po -ku); komunalny
Stadt|kern M stare miasto; **~mauer** F mury *mpl* miejskie; **~mitte** F śródmieście; **~plan** M plan miasta
Stadtrand M peryferie *fpl* miasta; **am ~** na obrzeżu miasta; **~siedlung** F osiedle podmiejskie
Stadt|rat M (PL *-räte*) rada miejska; (*Person*) radny miejski; **~reinigung** F (*Betrieb*) przedsiębiorstwo oczyszczania miasta; **~rätin** F radna miejska; **~rundfahrt** F wycieczka autokarowa po mieście; **~staat** M miasto-państwo; **~streicher(in)** M(F) kloszard; **~teil** M dzielnica miasta; **~verkehr** M komunikacja miejska
Stadtverordnete F radna miejska; **~(r)** M (*-n*) radny miejski
Stadt|verwaltung F zarząd miejski, administracja miejska; **~viertel** N dzielnica (miasta); **~werke** NPL miejskie zakłady *mpl* użyteczności publicznej; **~zentrum** N śródmieście, centrum *n* miasta
Staffel F (-; *-n*) (*Wettbewerb*) sztafeta; MIL rzut; LOTN eskadra
Staffe'lei F sztalugi *fpl*
Staffellauf M bieg sztafetowy
staffeln (*-le*) V/T stopniować, ⟨z⟩różnicować; V/R **sich ~** różnicować się
Staffeltarif M taryfa ruchoma
Staffelung F stopniowanie, zróżnicowanie, uszeregowanie (**der Löhne** płac)
Stagnati'on F stagnacja, zastój
stag'nieren V/I (-) przeżywać stagnację
stahl → stehlen
Stahl M (-[*e*]s; Stähle) stal *f*; **aus ~** stalowy (*a. fig*); **~beton** M żelbet, żelazobeton; *in zssgn* żelbetowy
stahlblau stalowoniebieski
Stahlblech N blacha stalowa
stähle → stehlen
stählen *lit Willen usw* ⟨za⟩hartować
stählern stalowy, ze stali; *fig* jak stal
Stahlerzeugung F produkcja stali
stahlgrau stalowoszary (-ro)
stahlhart twardy jak stal; *fig* stalowy
Stahl|helm M hełm stalowy; **~industrie** F przemysł stalowy; **~stich** M staloryt
Stahlwerk N huta stali, stalownia
stak → stecken
staksen *umg* V/I (*sn*) chodzić *od* iść jak na szczudłach
stali'nistisch stalinowski
Stall M (-[*e*]s; Ställe) *für Vieh* obora; *für Schweine* chlew (*a. fig*); *für Pferde* stajnia; *für Hühner* kurnik; *für Schafe* owczarnia; *für Kaninchen* królikarnia; **~bursche** M stajenny; *im Reitstall* masztalerz; **~meister** M koniuszy
Stamm M (-[*e*]s; Stämme) *e-s Baums* pień *m*; BIOL gromada; *von Bakterien* szczep; (*Volk*) plemię, szczep; (*Clan*) ród; SPORT *usw* kadra; personel stały; JĘZ temat
Stamm|aktie F akcja zwykła; **~baum** M drzewo genealogiczne; **~belegschaft** F stała załoga
stammeln (*-le*) V/T ⟨wy⟩jąkać, ⟨wy⟩bełkotać; V/I jąkać się
stammen V/I: **~ aus, von** pochodzić z, od (*gen*), wywodzić się z (*gen*)
Stamm|gast M bywalec; *weiblich* bywalczyni; **~halter** M potomek męski, dziedzic
stämmig krępy (-po), przysadzisty (-ście)

S

Stamm|kapital N kapitał zakładowy; **~kunde** M stały klient; **~kundin** F stała klientka; **~lokal** N ulubiony lokal; **~platz** M stałe *od* ulubione miejsce; **~sitz** M pierwotna siedziba (rodu, firmy *usw*); **~tisch** M stół dla stałych gości; (*Runde*) grono (stałych) bywalców; **~wähler** MPL *koll* stały elektorat

stampfen V/T *Erde* ubi(ja)ć; *Kartoffeln usw* 〈u〉tłuc; *fig* **etw nicht aus dem Boden ~ können** nie wytrzasnąć spod ziemi (*gen*); V/I tupać 〈tupnąć〉 (**mit dem Fuß** nogą); *Schiff* kiwać się, kołysać się; (*schweren Schrittes gehen; sn*) iść 〈pójść〉 ciężko stąpając, brnąć

Stampfer M KULIN tłuczek, ubijak

stand → stehen

Stand M (-[e]s; bpl) **1** (*das aufrechte Stehen, bes* SPORT) pozycja stojąca; (*Platz, auf dem man steht*) miejsce; **aus dem ~** z miejsca; **e-n sicheren ~ haben** pewnie stać; *fig* **e-n schweren ~ haben** być w trudnej sytuacji **2** (*Stufe, Zustand*) stan; **der ~ der Dinge** stan rzeczy; **etw auf den neuesten ~ bringen** uaktualni(a)ć, 〈z〉aktualizować (*akk*) **3** (*Niveau*) poziom; *des Wassers* stan **4** (*Anzeige e-s Geräts*) wskazanie **5** (*Lage*) położenie; stan; **j-n in den ~ setzen, etw zu tun** umożliwi(a)ć k-u (*akk od inf*) **6** (*Ergebnis*) wynik; **nach dem neuesten ~** według ostatnich wyników **7** (*pl Stände*) (*Verkaufsstand*) stoisko, boks; (*Messestand usw*) stoisko; *für Taxis* postój **8** (*Gesellschaftsschicht*) stan; **der geistliche ~** stan duchowny; HIST **der dritte ~** stan trzeci; **außer ~e** → außerstande; **im ~e** → imstande; **in ~** → instand; **zu ~e** → zustande

Standard M (-s; -s) standard, wzorzec

Standardausrüstung F wyposażenie standardowe

standardi'sieren (-) standaryzować

Stan'darte F sztandar

Standbein N noga obciążona

Standbild N posąg; FILM stop-klatka

Stand-by, **Standby** [stændbaı] N (-[s]; -s) (*Betriebsart*) stan gotowości, tryb oczekiwania

Ständchen N serenada; **j-m ein ~ bringen** 〈za〉śpiewać serenadę k-u

stände → stehen

Stände PL → Stand

Ständer M stojak; *für Kleidung* wieszak stojący; *für Noten* pulpit; TECH stojak; wspornik; ELEK stojan; *pop* **er bekam e-n ~** stanął mu

Standesamt N urząd stanu cywilnego

standesamtlich ADJ: **~e Trauung** ślub cywilny; **sich ~ trauen lassen** brać 〈wziąć〉 ślub cywilny

Standesbeam|te(r) M urzędnik stanu cywilnego; **~tin** F urzędniczka stanu cywilnego

standesgemäß ADJ zgodny z zajmowanym stanowiskiem (społecznym)

Standesunterschied M różnica stanowa

standeswidrig nielicujący *od* niezgodny z etyką zawodową

standfest stateczny, stabilny

Stand|foto N fotografia sceny filmowej; **~geld** N placowe; KOLEJ postojowe

Standgericht N sąd doraźny

standhaft nieugięty; (*mutig*) mężny; *präd* **sich ~ weigern** sprzeciwiać się nieugięcie

Standhaftigkeit F (*bpl*) nieugiętość *f*

standhalten V/I (*irr*) (*aushalten*) wytrzym(yw)ać; **j-m**, *e-r Sache* **~** opierać 〈oprzeć〉 się (*dat*)

ständig ADJ stały (*a. Mitglied, Personal, Wohnsitz usw*), ciągły; ADV stale, ciągle

Stand|leitung F TEL łącze stałe; **~licht** N światło postojowe; **~ort** M pozycja; *e-r Firma* lokalizacja, miejsce lokalizacji; MIL garnizon

Standpauke F: **j-m e-e ~ halten** da(wa)ć k-u reprymendę

Standpunkt M *fig* stanowisko, punkt widzenia; **von meinem ~ aus** z mojego punktu widzenia; **den ~ vertreten, dass** stać na stanowisku, że

Standrecht N (*bpl*) prawo stanu wyjątkowego

standrechtlich ADJ: **j-n ~ erschießen** rozstrzel(iw)ać k-o na mocy wyroku sądu doraźnego

Stand|spur F pas postojowy; **~uhr** F zegar szafkowy

Stange F tyczka, tyka, żerdź *f*, drąg; (*Mast*) słup; (*Zigaretten*) karton, *umg* sztanga; *von Zimt usw* laska; *von Spargel* pęd; *umg* **von der ~** *Kleid* gotowy; *umg* **e-e ~ Geld** kupa pieniędzy; *fig* **j-n bei der ~ halten** zachęcać k-o do osiągnięcia zamierzonego celu; *Kunden* utrzym(yw)ać; *umg* **bei der ~**

bleiben nie rezygnować
Stängel M *e-r Pflanze* łodyga
Stangen|bohnen FPL fasola tyczkowa; **~brot** N bagietka
Stangensellerie F seler naciowy
stank, **stänke** → stinken
Stänkerer *umg* M rozrabiacz
stänkern *umg* V/I (-re) rozrabiać, mącić, czepiać się
Stanze F TECH tłocznik, *umg* sztanca
stanzen (-zt) (*prägen*) tłoczyć, wytłaczać; (*ausstanzen*) wykrawać
Stapel M stos; **vom ~ lassen** *Schiff* wodować
Stapellauf M wodowanie
stapeln (-le) V/T układać ⟨ułożyć⟩ w stos *od* stosy, sztaplować; *umg* V/R **sich ~** ⟨na⟩gromadzić się, leżeć kupami
Stapelplatz M plac składowy
stapfen V/I (sn) brnąć
Staphylo'kokkus M (-; -ken) gronkowiec
Star[1] M (-[e]s; -e) ZOOL szpak
Star[2] M (-[e]s; -e): MED **grauer ~** zaćma, katarakta; **grüner ~** jaskra
Star[3] M (-s; -s) (*Person*) gwiazda, gwiazdor; **~allüren** PL *abw* gwiazdorstwo
starb → sterben
stark ADJ (*stärker; stärkste*) (*kraftvoll*) mocny (*a. Getränk, Nerven*), silny (*a. Wille, Wind, Schmerz usw*); *Frost* tęgi, ostry; (*dick*) gruby; (*zahlreich*) liczny; *Verkehr, Schneefall, Beteiligung usw* duży; *Regen* ulewny; *Motor* o dużej mocy; **er ist ein ~er Raucher** on dużo pali; *umg* **sich für j-n ~ machen** wstawi(a)ć się energicznie za (*inst*); **fünf Mann ~** w sile pięciu ludzi; **zwei cm ~** gruby na dwa centymetry; **~ wirkend** silnie działający; **stärker** mocniejszy, silniejszy; **stärker werden** wzmacniać ⟨wzmocnić⟩ się, przyb(ie)rać na sile; *Frost, Hitze usw a.* wzmagać ⟨wzmóc⟩ się; ADV (*sehr*) mocno, bardzo; **stärker** mocniej, silniej; **immer stärker** coraz mocniej *od* bardziej
Starkasten M domek dla szpaków
Starkbier N piwo pełne *od* mocne
Stärke[1] F KULIN, CHEM skrobia, krochmal
Stärke[2] F (*Kraft*) moc *f*, siła (*a.* TECH, *fig*); (*Dicke*) grubość *f*; FIZ natężenie; MIL stan liczebny; **Wind der ~ 8** wiatr o sile ośmiu stopni; **Gläser der ~ …** szkła o mocy …; *fig* (*starke Seite*) mocna strona, mocny punkt; **das ist nicht ihre ~** ona nie jest w tym mocna; → stark
stärken V/T wzmacniać ⟨wzmocnić⟩ (*akk*), doda(wa)ć siły (*dat*); *Wäsche* ⟨na-, wy⟩-krochmalić; V/R **sich ~ (mit)** pokrzepi(a)ć się (*inst*)
stärker *komp* → stark
Stärkesirup M syrop skrobiowy
Stärkeverhältnis N układ sił
stärkste *sup* → stark
Starkstrom M (*bpl*) prąd energetyczny; *in zssgn* elektroenergetyczny
Stär|kung F wzmacnianie, wzmocnienie; (*Festigung*) umocnienie; (*Mahlzeit*) pokrzepienie (się); **~kungsmittel** N środek wzmacniający, środek tonizujący
starr (*steif*) sztywny (*a. fig*); *Glieder a.* skostniały (**vor** z *gen*); *Blick* nieruchomy (-mo); **~ vor Schreck** zdrętwiały ze strachu
starren V/I (**auf** *akk*) wpatrywać się (w *akk*), wlepi(a)ć wzrok (w *akk*); **vor Dreck ~** lepić się od brudu
Starrheit F (*bpl*) sztywność *f*
starrköpfig uparty (-cie)
Starrkrampf M (*bpl*) MED tężec
Starrsinn M (*bpl*) upór
Start M (-s; -s) start (*a. fig*); *e-s Motors* rozruch; **an den ~ gehen** SPORT wychodzić na start; **~automatik** F AUTO automatyczny rozruch
Startbahn F pas startowy
startbereit ADJ gotowy do startu
Startblock M blok startowy
starten (-e-) V/T *Rakete* wystrzeli(wa)ć; *Rennen* da(wa)ć sygnał do startu (*gen*); *Motor* zapuszczać ⟨-puścić⟩; *fig* (*beginnen*) rozpoczynać ⟨-cząć⟩; V/I (*sn*) ⟨wy⟩startować
Starter M AUTO rozrusznik, starter
Start|erlaubnis F zezwolenie na start; **~hilfe** F uruchomienie silnika pożyczonym akumulatorem; *umg fig* początkowa pomoc (w *lok*); **~kapital** N kapitał na uruchomienie przedsiębiorstwa
startklar gotowy do startu; *fig* gotowy wyruszyć (w drogę)
Start|linie F linia startu; **~rampe** F wyrzutnia (rakietowa) stała; **~schuss** M strzał startowy; **~seite** F EDV strona główna *od* startowa, witryna; **~verbot** N zakaz startu
Startzeichen N znak (do) startu
Stati'on F stacja; *im Krankenhaus* oddział; **~ machen** zatrzym(yw)ać się na postój (**in**

S

dat w *lok*)

statio'när stacjonarny; **~e Behandlung** leczenie szpitalne

statio'nieren (-) V/T *Truppen usw* rozmieszczać ⟨-mieścić⟩, rozlokow(yw)ać; **stationiert sein** stacjonować

Stati'ons|arzt M, **~ärztin** F ordynator; **~hilfe** F salowa; **~schwester** F (pielęgniarka) oddziałowa; **~vorsteher(in)** M(F) KOLEJ zawiadowca *m* stacji

statisch statyczny

Sta'tist M (*-en*) statysta *m*

Sta'tistik F statystyka

Sta'tistin F statystka

sta'tistisch statystyczny

Stativ N (*-s; -e*) statyw

statt *konj*, PRÄP (*gen*) zamiast (*gen*); **an Eides ~** w miejsce przysięgi; **an Kindes ~ annehmen** przysposobić *pf*, adoptować (im)*pf*

statt'dessen ADV zamiast (tego)

Stätte F miejsce

statt|finden V/I (*irr*) odby(wa)ć się; **~geben** V/I (*irr*) *e-r Sache* przychylać ⟨-lić⟩ się (do *gen*)

statthaft *lit*: ... **ist nicht ~** ... (jest) wzbroniony (-na, -ne)

Statthalter M namiestnik

stattlich *Bau usw* okazały; *Person* postawny; *Summe* znaczny, poważny

Statue F statua, posąg

statu'ieren (-) → Exempel

Sta'tur F postać *f*, *lit* postura; **von zierlicher ~** szczupłej postaci

Status M (-; *bpl*) status; MED stan; **~ quo** status quo *n* (*unv*); **~symbol** N symbol statusu społecznego

Sta'tut N (-[e]s; -en) statut

sta'tutengemäß ADJ statutowy (-wo)

Stau M (*-s; -s*) *im Verkehr* zator, *umg* korek; **e-n ~ verursachen** ⟨s⟩powodować korek

S

Staub M (-[e]s; bpl) kurz, *a.* TECH pył; **~ saugen** → staubsaugen; **~ wischen** ścierać ⟨zetrzeć⟩ kurz(e *pl*); *umg fig* **~ aufwirbeln** narobić *pf* szumu; *umg* **sich aus dem ~ machen** zwi(ew)ać, zmyć się

staubbedeckt ADJ → staubig

Stäubchen N pyłek

staubdicht pyłoszczelny

Staubecken N zbiornik retencyjny

stauben V/I kurzyć się

Staubfilter M *od* N filtr przeciwpyłowy

staubfrei bezpyłowy

Staubgefäß N BOT pręcik

staubig zakurzony, zapylony

Staubkorn N pyłek, cząsteczka pyłu

Staublappen M ścier(ecz)ka do kurzu

Staublunge F MED pylica płuc

Staubmilben FPL roztocze *mpl* kurzu domowego

staubsaugen V/T *u.* V/I (*pperf gestaubsaugt*) odkurzać ⟨-rzyć⟩ odkurzaczem

Staub|sauger M odkurzacz; **~tuch** N ścier(ecz)ka do kurzu; **~wolke** F obłok *od* tuman kurzu; PL *a.* kurzawa

stauchen *Sack* utrząsać ⟨-snąć, utrząść⟩; uderzać ⟨-rzyć⟩ (**gegen** o *akk*); TECH spęczać ⟨-czyć⟩

Staudamm M zapora (wodna), spiętrzenie

Staude F bylina; *reg* (*Strauch*) krzak; (*Salatkopf*) główka

stauen V/T *Wasser* spiętrzać ⟨-rzyć⟩; *Blut usw* ⟨za⟩tamować odpływ (*gen*); *Ladung* sztauować; V/R **sich ~** *Wasser* spiętrzać się; *Blut* tworzyć zastój; *Verkehr, Eis, Menschen* tworzyć zator; *fig* (*sich ansammeln*) ⟨na⟩gromadzić się

Staumauer F zapora

staunen V/I (**über** *akk*) ⟨z⟩dziwić się (*dat*), zdumie(wa)ć się (*inst*); **ich staune über** (*akk*) zadziwia mnie ()*nom*

Staunen N (*-s; bpl*) zdziwienie, zdumienie; **in ~ versetzen** wprawi(a)ć w zdumienie *od* w podziw

staunend ADJ zdumiony, zdziwiony; *präd* ze zdumieniem, ze zdziwieniem

Staupe F (*Tierkrankheit*) nosówka

Stausee M jezioro zaporowe

Stauung F *des Wassers* spiętrzenie; MED zastój, zastoina; → Stau

Std. (**Stunde[n]**) godzina (-ny), godz.

Steak [ste:k] N (*-s; -s*) stek, zraz

Stea'rin N (*-s; -e*) stearyna

Stechapfel M bieluń *m* dziędzierzawa

stechen (*sticht, stach, gestochen*) **A** V/T ⟨u⟩kłuć; *j-n mit e-m Messer usw* dźgać ⟨dźgnąć⟩; *Löcher* przekłu(wa)ć; *Spargel, Torf* kopać; *Karte* przebi(ja)ć **B** V/I (*eindringen*) wkłu(wa)ć się (**in** *akk* do *gen*); *Mücke* ⟨u⟩gryźć; *Biene* ⟨u⟩żądlić; (*schmerzen*) kłuć; *Rose* kłuć (się); *Sonne* palić; *Karte* przebijać; (*die Stechuhr betätigen*) odbi(ja)ć kartę zegarową **C** V/R **sich** (*akk od dat*) **in den Finger ~** ⟨u⟩kłuć się w palec

Stechen N MED kłucie; SPORT końcowa

rozgrywka (w konkursie)

stechend ADJ *Schmerz, Blick* kłujący; *Geruch* ostry (-ro); *Sonne* palący

Stech|fliege F bolimuszka; **~mücke** F komar; **~palme** F ostrokrzew kolczasty; **~uhr** F zegar kontrolny

Steckbrief M list gończy

steckbrieflich ADV: **j-n ~ suchen** ścigać k-o listem gończym

Steckdose F ELEK gniazdko

stecken **A** V/T **1** wtykać ⟨wetknąć⟩ (**in** *akk* do *gen*); **durch etw ~** przewlekać ⟨-wlec⟩ przez (*akk*) **2** (*hineintun*) wkładać ⟨włożyć⟩; (*hineinstopfen*) wpakować *pf* (*a. umg* **in den Knast** do ciupy) **3** *Haar* upinać ⟨upiąć⟩ **4** (*befestigen*) przypinać ⟨-piąć⟩ (**an** *akk* do *gen*); **B** V/I **5** (*a stak, gesteckt*) tkwić (**an, in** *dat* w *lok*); *umg Person* siedzieć; **~ bleiben** utknąć *pf*; **etw ~ lassen in** (*dat*) zostawi(a)ć w (*lok*) **6** **wo steckt er bloß?** gdzież on jest?; **dem Chef ~, dass ...** donieść szefowi, że *od* o (*lok*); → Brand

Stecken M *reg* kij, kijek

Steckenpferd N konik; **sein ~ reiten** dosiadać ⟨-siąść⟩ konika

Stecker M ELEK wtyczka

Steck|karte F *für Computer* karta (rozszerzeń); **~kontakt** M zestyk wtykowy; **~ling** M AGR sadzonka

Stecknadel F szpilka; *umg* **e-e ~ im Heuhaufen suchen** szukać igły w stogu siana

Steck|rübe F brukiew *f*; **~schlüssel** M klucz nasadowy; **~verbindung** F złącze wtykowe

Steg M (-[e]s; -e) (*schmale Brücke*) kładka, mostek; *an Hosen* strzemiączko; MUS podstawek

Steghose F spodnie ze strzemiączkami

Stegreif M: **aus dem ~** bez przygotowania, improwizując

Steh|aufmännchen N (*Spielzeug*) wańka-wstańka *m*; **~bündchen** N stójka

stehen (*stand, gestanden; reg a sn*) **A** V/I **1** (*aufgerichtet sein, s-n Platz haben, außer Betrieb sein*) stać; **die Uhr steht** zegarek stoi **2** (*sein, sich befinden*) być, znajdować się; **~ bleiben** zatrzym(yw)ać się, stanąć *pf*; **leer ~** stać pustką; → Berg, Schmiere *usw* **3** **~ lassen** pozostawi(a)ć; *Essen a.* nie dotykać ⟨dotknąć⟩; **sich** (*dat*) **e-n Bart ~ lassen** zapuszczać ⟨-puścić⟩ brodę; **alles ~ und liegen lassen** zostawi(a)ć wszystko **4** *fig* **j-m zur Seite ~** pomagać k-u; popierać k-o; **so wie die Dinge ~** tak, jak sprawy stoją; *umg* **der Vertrag steht** umowa stoi; **darauf steht ...** *Strafe* za to grozi ...; **das Kleid steht dir gut** w tej sukience jest ci do twarzy; **die Aktien ~ gut** akcje stoją wysoko; **wie stehst du dazu?** co ty na to?; **er steht vor der Prüfung** oczekuje go egzamin; **wie steht das Spiel?** jaki jest dotychczasowy wynik meczu **5** *unpers* **es steht schlecht um ihn** z nim jest źle; **wie steht es mit ...?** jak wygląda(ją) ()*nom*; **es steht außer Frage** nie ulega wątpliwości; **es steht zu befürchten, dass ...** należy się obawiać, że ... **6** **~ für** (*garantieren*) ręczyć za (*akk*); (*verkörpern*) reprezentować (*akk*); (*bedeuten*) znaczyć; *umg* **~ auf** (*akk*) lecieć na (*akk*) **7** **zum Stehen bringen** zatrzym(yw)ać; **im Stehen** na stojąco, stojąc **B** V/R **sich gut mit j-m ~** być w najlepszej komitywie z (*inst*); **sich schlecht mit j-m ~** być w niezgodzie z (*inst*)

stehenbleiben (*irr; sn*) (*anhalten*) → stehen

stehend ADJ stojący (*a. Gewässer*); *präd* stojąc, na stojąco; *Wendung* utarty

stehenlassen (*irr*) *Essen, Bart* → stehen

Stehkragen M kołnierz(yk) stojący

Stehlampe F lampa stojąca

stehlen (*stiehlt, stahl, gestohlen*) V/T ⟨s-, u⟩kraść; *fig Zeit* zab(ie)rać; V/I kraść; V/R **sich ~ aus ...** wykradać ⟨wykraść⟩ się z (*gen*); → gestohlen

Steh|platz M miejsce stojące; **~vermögen** N (*bpl*) wytrwałość *f*; *beim Trinken* mocna głowa

Steiermark F (-; *bpl*): **die ~** Styria

steif sztywny (-no) (*a. fig*); *Grog* mocny; *Wind* silny; *Hände* skostniały (**vor Kälte** z zimna); **~ werden** zesztywnieć *pf*; *Glieder a.* skostnieć *pf*; → erstarren; **~ schlagen** KULIN ubijać ⟨ubić⟩; **~ und fest an etw glauben** wierzyć niezachwianie w (*akk*); **~ und fest behaupten, dass ...** twierdzić stanowczo, że ...; → steifhalten

steifhalten (*irr*): *umg* **halt die Ohren steif!** uszy do góry!

Steifheit F (*bpl*) sztywność *f*

steifschlagen (*irr*) → steif

Steig M (-[e]s; -e) ścieżka (górska)

Steigbügel M strzemię
Steigeisen NPL *Bergsport* raki *mpl*
steigen V/I (*stieg, gestiegen; sn*) **1** wdrap(yw)ać się, włazić ⟨wleźć⟩ (**auf e-n Baum** na drzewo), wspinać ⟨wspiąć⟩ się (**auf e-n Berg** na szczyt góry) **2** *Flugzeug* nab(ie)rać wysokości; wznosić ⟨wznieść⟩ się (**auf ... Meter** na wysokość ... metrów); *Fluss* wzbierać ⟨wezbrać⟩ **3** *fig Preise, Temperatur usw* podnosić ⟨-nieść⟩ się, iść ⟨pójść⟩ w górę (**um ...** na ...); *Wert, Spannung usw* wzrastać ⟨wzrosnąć⟩ **4** *mit präp* **aufs Fahrrad, Pferd ~** wsiadać ⟨wsiąść⟩ na rower, konia; **~ aus** *e-m Fahrzeug* wysiadać ⟨wysiąść⟩ z (*gen*); **~ in** *ein Fahrzeug* wsiadać ⟨wsiąść⟩ do (*gen*); **über etw ~** przestępować ⟨-stąpić⟩ przez (*akk*); przełazić ⟨-leźć⟩ przez (*akk*); **vom Fahrrad, Pferd ~** zsiadać ⟨zsiąść⟩ z roweru, konia **5** **e-n Drachen ~ lassen** puszczać ⟨puścić⟩ latawca; *umg* **die Party steigt morgen** party będzie jutro
steigend ADJ wzrastający
Steiger M GÓRN sztygar
steigern (*-re*) V/T *Tempo, Produktion, Wert* zwiększać, powiększać ⟨-szyć⟩ (*v/r* **sich** się); *Leistung, Preise* podnosić ⟨-nieść⟩ (*v/r* **sich** się); *Bemühungen, Durst, Gefühl, Lärm* wzmagać ⟨wzmóc⟩, ⟨s⟩potęgować, spotężnieć *pf* (*v/r* **sich** się); GRAM stopniować
Steigerung F (*das Steigern, Anhebung*) powiększenie, zwiększenie; *der Bemühungen, e-s Gefühls usw* spotęgowanie; *der Preise usw* podniesienie; GRAM stopniowanie; (*das Sichsteigern*) wzrost
Steigerungsrate F stopa wzrostu
Steigleitung F *im Haus* przewód pionowy, pion instalacyjny
Steigung F (*Anstieg, Höhenunterschied*) stromizna, wzniesienie
steil stromy (-mo); *Karriere* zawrotny
Steil|hang M stromy stok, stromizna; **~kurve** F wiraż, ostry zakręt; **~küste** F urwiste wybrzeże; **~pass** M *Fußball* dośrodkowanie
Stein M (-[e]s; -e) kamień *m* (*a.* MED *u. in Brettspielen*); (*großer Block*) głaz; *im Obst* pestka; **es blieb kein ~ auf dem anderen** kamień na kamieniu nie został; *lit* **der ~ der Weisen** kamień filozoficzny; *fig* **den ~ ins Rollen bringen** ruszać ⟨-szyć⟩ sprawę z miejsca; **mir fällt ein ~ vom Herzen** kamień spadł mi z serca; **j-m ~e in den Weg legen** rzucać k-u kłody pod nogi; *umg* **bei j-m e-n ~ im Brett haben** cieszyć się względami (*gen*)
Steinadler M orzeł przedni
steinalt *umg* stary jak świat, bardzo stary
Stein|block M głaz, blok skalny; **~bock** M koziorożec; (*bpl*) ASTRON Koziorożec; **~boden** M kamienisty grunt; (*Fußboden*) kamienna posadzka
Stein|bruch M kamieniołom; **~butt** M (-[e]s; -e) turbot; **~chen** N kamyczek
steinern kamienny (*a. fig*); *präd* jak kamień
Stein|frucht F pestkowiec; **~garten** M ogród(ek) skalny, skalniak; **~gut** N (*bpl*) fajans
steinhart (twardy) jak kamień
steinig *Weg usw* kamienisty (*a. fig*)
steinigen ukamienować *pf*
Stein|kauz M pójdźka; **~kohle** F węgiel kamienny; **~kohlenbergbau** M (*bpl*) górnictwo węgla kamiennego; **~marder** M kuna domowa; **~obst** N owoce *mpl* pestkowe; **~pilz** M borowik (szlachetny), prawdziwek; **~platte** F płyta kamienna
steinreich *umg* niezmiernie bogaty, arcybogaty
Steinschlag M (spadające) odłamki skalne; (*Schotter*) tłuczeń *m*; **~gefahr** F (*bpl*) niebezpieczeństwo spadających kamieni
Steinsetzer M (*Pflasterer*) brukarz
Steintopf M garnek kamionkowy
Steinzeit F (*bpl*) epoka kamienia
steinzeitlich (pochodzący) z epoki kamiennej
steirisch styryjski
Steiß M (*-es; -e*) (*Gesäß*) kuper, zadek
Steißbein N kość ogonowa
stel'lar gwiezdny
Stelldichein N (-[s]; -[s]) randka
Stelle F (*Ort, Platz, Punkt, Dezimalstelle*) miejsce; (*Posten*) posada, stanowisko; *im Text* ustęp; → Dienst-, Beratungsstelle *usw*; **amtliche ~** czynniki oficjalne; **an erster, deiner, dieser ~ sein** być na pierwszym, na twoim, w tym miejscu; **an ... ~ stehen** *od* **liegen** zajmować ... miejsce, znajdować się na ... miejscu; **an ~** (*gen*) → anstelle; **auf der ~** na miejscu; (*sofort*) natychmiast; *fig* **auf der ~ treten** dreptać w miejscu; **nicht von der ~ kommen** nie ruszać ⟨-szyć⟩ (się) z miejsca;

S

von der ~ z miejsca; **zur ~ sein** być tu, być na miejscu; (*kommen*) stawi(a)ć się
stellen A VT 1 (*an e-n bestimmten Platz tun*) stawiać ⟨postawić⟩; *ordnend* rozstawi(a)ć 2 *Frage* zada(wa)ć; *Antrag* wnosić ⟨wnieść⟩, składać ⟨złożyć⟩; *Dieb* schwytać *pf*; *Frist* wyznaczać ⟨-czyć⟩; *Falle* zastawi(a)ć; *Forderungen* wysuwać ⟨-sunąć⟩ 3 (*regulieren*) *Radio* nastawi(a)ć (*a. Uhr*); **leiser ~** przyciszać ⟨-szyć⟩ (*akk*); **kalt ~** ⟨o⟩chłodzić 4 **ganz auf sich gestellt sein** być zdanym na własne siły; → gutgestellt B VR 5 **sich ~** (*nicht setzen*) stawać ⟨stanąć⟩ (**auf die Zehenspitzen** na palcach) 6 *fig* **sich den Behörden ~** odda(wa)ć się w ręce władz; **sich vor j-n ~** stawać ⟨stanąć⟩ w obronie (*gen*); **sich hinter j-n ~** popierać ⟨-przeć⟩ k-o; **sich gegen j-n ~** występować ⟨-stąpić⟩ przeciw k-u; **sich der Diskussion ~** wda(wa)ć się w dyskusję; → gutstellen
Stellen|angebot N propozycja zatrudnienia; **~anzeige** F ogłoszenie zawierające ofertę pracy; **~besetzung** F obsada stanowisk; **~gesuch** N podanie o pracę; **~markt** M rynek pracy; **~plan** M plan etatów; **~vermittlung** F pośrednictwo pracy; **~wechsel** M zmiana miejsca pracy
stellenweise ADV miejscami
Stellenwert M *fig* znaczenie; ranking *m*
Stellhebel M dźwignia nastawcza
Stellmacher M kołodziej
Stellplatz M miejsce postojowe
Stellung F (*Körperhaltung*) pozycja (*a. gesellschaftlich u.* MIL), postawa; (*Standpunkt*) stanowisko; (*Amt*) stanowisko, posada; **~ nehmen (zu)** zajmować ⟨zająć⟩ stanowisko (wobec *gen*); **in leitender ~** na kierowniczym stanowisku
Stellungnahme F zajęcie stanowiska, ustosunkowanie się; (*Äußerung*) wypowiedź *f*
Stellung(s)suche F: **auf ~ sein** poszukiwać pracy *od* posady
stellvertretend ADJ (**für j-n**) w zastępstwie (*gen*); **~er Direktor** zastępca *m* dyrektora
Stellvertre|ter M zastępca *m*; **~terin** F zastępczyni; **~tung** F zastępstwo
Stellwerk N KOLEJ nastawnia
Stelze F szczudło; **auf ~n** na szczudłach
Stemmeisen N (*Beitel*) dłuto
stemmen VT *Last* (z trudem) podnosić ⟨-nieść⟩; SPORT wyciskać ⟨-snąć⟩; *Loch* wyku(wa)ć; VR **sich gegen etw ~** *fig* opierać ⟨oprzeć⟩ się (*dat*)
Stempel M pieczęć *f*, pieczątka, stempel; *mit Datum* datownik (pocztowy); BOT słupek; (*Feingehaltangabe*) cecha; *fig* *e-r Sache* **s-n ~ aufdrücken** wyciskać ⟨-snąć⟩ swoje piętno na (*lok*)
Stempel|abdruck M odcisk pieczęci; **~farbe** F tusz do stempli; **~kissen** N poduszka do stempli; **~marke** F znaczek skarbowy
stempeln (-*le*) VT ⟨o⟩stemplować; VI *umg fig* (*a.* **~ gehen**) pobierać zasiłek dla bezrobotnych
Stengel M → Stängel
stenogra'fieren VT (-) stenografować
Steno|'gramm N (-*s*; -*e*) stenogram; **~('gramm)block** M blo(cze)k do stenogramów
stenogra'phieren → stenografieren
Stenoty'pist(in) M(F) (-*en*) stenotypista *m* (-tka)
Steppdecke F kołdra pikowana
Steppe F step; **~en-** *in zssgn* stepowy
steppen[1] VT (*nähen*) stębnować
steppen[2] VI (*tanzen*) stepować
Stepp|jacke F watowana kurtka, waciak; **~naht** F stębnówka
Sterbebett N łoże śmierci; **auf dem ~** na łożu śmierci
Sterbefall M śmiertelny przypadek
Sterbegeld N (*bpl*) zasiłek pogrzebowy; odprawa pośmiertna
Sterbehilfe F (*bpl*) eutanazja
Sterbejahr N rok śmierci
sterben VI (*stirbt, starb, gestorben; sn*) umierać ⟨umrzeć⟩ (**an** *dat* na *akk*; **durch** z, od *gen*), ⟨s⟩konać (*a. fig* **vor** *dat* z *gen*)
Sterben N (-*s*; *bpl*) konanie; **im ~ liegen** konać, umierać
sterbend ADJ konający, umierający
sterbenskrank śmiertelnie chory
Sterbenswörtchen N: **kein ~, nicht ein ~** ani słówka
Sterbe|register N rejestr zgonów; **~sakramente** NPL ostatnie namaszczenie; **~urkunde** F akt zgonu
sterblich śmiertelny; **ein gewöhnlicher Sterblicher** zwykły śmiertelnik
Sterblichkeit F (*bpl*) śmiertelność *f*; (*Mortalität*) umieralność *f*

Sternzeichen

Wassermann	Wodnik
Fische	Ryby
Widder	Baran
Stier	Byk
Zwilling	Bliźnięta
Krebs	Rak
Löwe	Lew
Jungfrau	Panna
Waage	Waga
Skorpion	Skorpion
Schütze	Strzelec
Steinbock	Koziorożec
Welches Sternzeichen bist du?	Jakiego znaku zodiaku jesteś?
Ich bin Skorpion.	Jestem spod znaku Skorpiona.

Stereoanlage F zestaw stereo
stereo|'fon, **~'phon** stereofoniczny, przestrzenny; **~'typ** stereotypowy (-wo)
ste'ril sterylny, jałowy (*a. fig*)
sterili'sieren (-) sterylizować; (*entkeimen*) MED *a.* wyjaławiać ⟨-łowić⟩
Sterili'tät F (*bpl*) sterylność *f*, jałowość *f*; (*Unfruchtbarkeit*) bezpłodność *f*
Stern M (-[e]s; -e) gwiazda (*a. fig*); *in Texten, als Rangabzeichen* gwiazdka; **das steht noch in den ~en** to jest palcem po wodzie pisane; **unter keinem guten ~ stehen** znajdować się *od* przebiegać pod złą gwiazdą; *umg* **~e sehen** zobaczyć *pf* wszystkie gwiazdy; **~bild** N gwiazdozbiór; *des Tierkreises* znak zodiaku; **~chen** N gwiazdka
Sternen|banner M gwiaździsty sztandar; **~himmel** M gwiaździste niebo
sternenklar → sternklar
Sternfahrt F rajd gwiaździsty
sternförmig gwiaździsty (-ście)
sternhagel'voll *umg* pijany jak bela
Sternhaufen M gromada gwiezdna
sternklar gwiaździsty, rozgwieżdżony
Stern|kunde F (*bpl*) astronomia; **~schnuppe** F gwiazda spadająca; **~stunde** *lit* F przełomowy moment; **~singer** M kolędnik; **~warte** F obserwatorium astronomiczne; **~zeichen** N znak zodiaku
stet *lit*, **~ig** ADJ stały, ciągły
Stetho'skop N (-s; -e) słuchawka (lekarska)
Stetigkeit F (*bpl*) ciągłość *f*, stałość *f*
stets *lit* ADV zawsze
Stet'tin N (-s; *bpl*) Szczecin
Steuer[1] N MAR ster; AUTO kierownica; **am, hinter dem ~** za kierownicą
Steuer[2] F (-; -n) podatek; **~abzug** M potrącenie podatku; **~befreiung** F zwolnienie od podatku
steuerbegünstigt ADJ *Sparen usw* podatkowo uprzywilejowany
Steuer|behörde F urząd podatkowy; **~belastung** F obciążenie podatkowe; **~berater(in)** M(F) doradca *m* podatkowy; **~bescheid** M orzeczenie podatkowe; **~betrug** M oszustwo podatkowe
Steuerbord N prawa burta
Steuer|einnahmen FPL wpływy *mpl* podatkowe; **~erklärung** F deklaracja podatkowa; **~ermäßigung** F ulga podatkowa; **~fahndung** F dochodzenie w celu wykrycia oszustw podatkowych; (*Dienststelle*) policja skarbowa
steuerfrei zwolniony od podatku; (*nicht zu versteuern*) niepodlegający opodatkowaniu
Steuer|freibetrag M kwota wolna od podatku; **~hinterziehung** F oszustwo podatkowe; **~karte** F karta podatkowa; **~klasse** F klasa podatkowa
Steuerknüppel M LOTN drążek sterowy
Steuerlast F obciążenie podatkowe
steuerlich podatkowy (-wo); **~ absetzbar** potrącalny od podatku
Steuermann M (PL *-männer od -leute*) sternik; **... mit ~** ... ze sternikiem
steuern (*-re*) V/T sterować (*inst; a. fig*);

S

Schiff, Fahrzeug a. prowadzić; *Flugzeug* pilotować; *Kurs* trzymać; VI (sn) *(fahren)* **auf** *akk*, **nach, zu ~** ‹s›kierować się, zdążać do *(gen)*, ku *(dat)*
Steuer|nachlass M obniżka podatku; **~nummer** F numer identyfikacyjny podatkowy; **~oase** F, **~paradies** N raj podatkowy
steuerpflichtig *Ware* podlegający opodatkowaniu; *Person* podlegający obowiązkowi podatkowemu
Steuerprüfer M inspektor podatkowy
Steuer|pult N konsola operatora; **~rad** N MAR koło sterowe
Steuer|recht N *(bpl)* prawo podatkowe; **~satz** M stawka podatkowa; **~schuld** F zobowiązanie podatkowe; **~senkung** F obniżka podatków
Steuerung F *(bpl)* sterowanie; → Lenkung; **~s-** *in zssgn* sterowniczy, sterujący, ... sterowania
Steuerveranlagung F wymiar podatku
Steuerzahler(in) M(F) podatnik *(a. f)*
Ste|ward ['stju:ət] M *(-s; -s)* steward; **~wardess** F *(-; -en)* stewardessa
StGB N **(Strafgesetzbuch)** kodeks karny
stibitzen *umg* (-zt) zwędzić *pf*
stich → stechen
Stich M (-[e]s; -e) ukłucie; *mit e-m Messer usw* pchnięcie, dźgnięcie; *beim Nähen* ścieg; *im Kartenspiel* lewa; *(Bild)* sztych; *(Schmerz)* kłucie; *fig (boshafte Bemerkung)* szpilka; **j-n, etw im ~ lassen** zostawi(a)ć (na łasce losu), porzucać ‹-cić› *(akk)*; **sein Gedächtnis ließ ihn im ~** pamięć go zawiodła; *umg* **e-n ~ haben** *(verdorben sn)* być nieświeżym; *(verrückt sn)* mieć fioła; **e-n ~ ins Blaue haben** *Farbe* mieć odcień niebieski
Stiche'lei *umg* F *abw* docinek, przytyk
sticheln *umg abw* VI *(-le)* wsadzać szpilki, docinać (**gegen j-n** k-u)
stichfest → hiebfest
Stichflamme F płomień strzelający w górę
stichhaltig przekonujący, uzasadniony
Stich|probe F próba losowa; **~säge** F wyrzynarka
stichst, sticht → stechen
Stichtag M określony dzień, termin
Stich|waffe F broń kłująca; **~wahl** F wybory *mpl* rozstrzygające
Stichwort N (PL -e) replika; (PL *-wörter*) *im Lexikon* hasło, wyraz hasłowy; **in ~en** w głównych zarysach
Stichwortregister N skorowidz
Stichwunde F rana kłuta
sticken VT *u.* VI ‹wy›haftować, wyszy(wa)ć
Sticker [st-] M → Aufkleber
Sticke|'rei F haftowanie; *(das Gestickte)* haft; **'~rin** F hafciarka
Stickgarn N nici *fpl* do haftowania
stickig duszny; *(schwül)* parny
Stick|oxid N, **~oxyd** N tlenek azotu; **~stoff** M *(bpl)* azot; **~stoffdünger** M nawóz azotowy, azotniak
stieben *lit* VI *(a stob, gestoben; a sn)* *Funken* ‹po›sypać się
Stiefbruder M brat przyrodni
Stie|fel M but; *dim* bucik; **~fe'lette** F but z krótką cholewką; **~felknecht** M pachołek do butów
stiefeln *umg* VI *(-le; sn)* kroczyć
Stief|geschwister NPL rodzeństwo przyrodnie; **~mutter** F macocha
Stiefmütterchen N BOT bratek
stiefmütterlich macoszy; **~ behandeln** traktować po macoszemu
Stief|schwester F siostra przyrodnia; **~sohn** M syn przyrodni, pasierb; **~tochter** F córka przyrodnia, pasierbica; **~vater** M ojciec przyrodni
stieg → steigen
Stiege F *(Treppe)* schody *pl*
Stieglitz M *(-es; -e)* szczygieł
stiehl, stiehlst, stiehlt → stehlen
Stiel M (-[e]s; -e) *an e-m Werkzeug* trzonek, rączka; *e-s Glases* nóżka; BOT łodyga; *e-s Blattes, Apfels* ogonek; **Eis am ~** lody *pl* na patyku
Stielaugen *umg* NPL: **~ machen** wytrzeszczać ‹-czyć› oczy
Stier M (-[e]s; -e) byk, buhaj; ASTRON Byk; *in zssgn* byczy
stieren VI gapić się bezmyślnie (**auf** *akk* na *akk*); **vor sich hin ~** patrzeć bezmyślnie przed siebie
Stierkampf M walka byków
Stierkämpfer M toreador
stieß, stießest → stoßen
Stift¹ M (-[e]s; -e) kołek; *mst aus Metall* trzpień *m (a.* TECH), sztyft; *(Nagel)* ćwiek; *(Schreibstift)* ołówek, pisak
Stift² M (-[e]s; -e) *(Körperschaft)* kolegium kanonickie; *(Heim)* przytułek; *(Kloster)*

klasztor
stiften (*-e-*) (*gründen*) ⟨u⟩fundować; *Geld* ofiarow(yw)ać (**j-m für etw** k-u na *akk*); *Unfrieden* siać; *Ehe* ⟨s⟩kojarzyć; **Frieden ~** doprowadzać ⟨-dzić⟩ do zgody
Stifter(in) M(F) fundator(ka); ofiarodawca *m* (-czyni), darczyńca *m*
Stiftung F (*Institution*) fundacja
Stiftzahn M sztuczny ząb
Stil M (-[*e*]s; -e) styl; **im großen ~** w wielkim stylu
Stilblüte F błąd stylistyczny
stilecht stylowy
stili'siert stylizowany
sti'listisch stylistyczny
still cichy, *präd* cicho, po cichu; *Tal, Winkel a.* zaciszny; **~ sitzen** siedzieć cicho; **im Stillen** (*heimlich*) po cichu, w cichości; (*innerlich*) w duchu; **(sei) ~!** (bądź) cicho!; **~ werden** ⟨u⟩cichnąć; **es wurde ~** zapanowała cisza; **der Stille Ozean** Ocean Spokojny
Stille F (*bpl*) cisza, cichość *f*; **in aller ~** po cichu, bez rozgłosu; **in der ~ seines Ateliers** w zaciszu swej pracowni
stillen *Baby* ⟨na⟩karmić piersią; *Hunger, Durst, Neugier usw* zaspokajać ⟨-koić⟩; *Blutung* ⟨za⟩tamować
Stillen N (*-s; bpl*) karmienie piersią
Stiller Ozean M → still
stillgestanden → stillstehen
Stillhalteabkommen N POL porozumienie o zachowaniu status quo
stillhalten V/I (*irr*) nie ruszać ⟨poruszyć⟩ się; *fig* nie reagować, nie bronić się
Stillleben N martwa natura
stilllegen *Betrieb* unieruchamiać ⟨-chomić⟩; (*schließen*) zamykać ⟨zamknąć⟩; AGR *Fläche* odrolnić *pf*
Stilllegung F unieruchomienie; (*Schließung*) zamknięcie; AGR *von Flächen* odrolnienie
stillliegen V/I (*irr*) (*außer Betrieb sein*) być nieczynnym, stać
Stillschweigen N milczenie; **mit ~ übergehen** pomijać ⟨-minąć⟩ milczeniem; **~ bewahren (über** *akk*) zachow(yw)ać w tajemnicy (*akk*)
stillschweigend ADJ milczący (-co)
stillsitzen V/I (*irr*) siedzieć cicho
Stillstand M (*bpl*) zatrzymanie; bezruch; (*Stagnation*) zastój; **zum ~ kommen** zatrzym(yw)ać się, stawać ⟨stanąć⟩; (*ersterben*) zamierać ⟨zamrzeć⟩; **zum ~ bringen** zatrzym(yw)ać
stillstehen V/I (*irr*) (*anhalten*) stanąć *pf*, zatrzymać się *pf*; (*sich nicht rühren*) stać nieruchomo; *Maschine usw* nie pracować, nie być w ruchu; MIL **stillgestanden!** baczność!
stillvergnügt *präd* ciesząc się w duchu
Stillzeit F okres karmienia piersią
Stilmöbel NPL meble *mpl* stylowe
stilvoll stylowy (-wo), gustowny
Stimm|abgabe F głosowanie; **~bänder** NPL wiązadła *npl* głosowe
stimmberechtigt ADJ uprawniony do głosowania
Stimmbruch M (*bpl*) mutacja; **sich im ~ befinden** przechodzić mutację
Stimme F głos (*a. fig*); **mit lauter ~** głośno, donośnie; **sich der ~ enthalten** wstrzym(yw)ać się od głosu; **s-e ~ abgeben** odda(wa)ć głos, głosować (**für** za *inst*); **j-m s-e ~ geben** głosować na k-o
stimmen V/T ⟨na⟩stroić (*pf a. fig*); **heiter ~** nastrajać ⟨-stroić⟩ pogodnie; V/I głosować (**für, gegen** za *inst*, przeciw *dat*); (*richtig sein*) zgadzać się; **es stimmt**, *umg* **stimmt so** zgadza się; **da stimmt etwas nicht** coś się tam nie zgadza
Stimmen|fang M *abw* kaptowanie wyborców; **~gewirr** N gwar głosów; **~gleichheit** F równość *f* głosów
Stimmenthaltung F wstrzymanie się od głosu; **bei zwei ~en** przy dwóch głosach wstrzymujących się
Stimmgabel F kamerton
stimmhaft JĘZ dźwięczny
stimmig zgodny; logiczny
Stimmlage F rejestr (głosowy)
stimmlos JĘZ bezdźwięczny
Stimmrecht N (*bpl*) prawo głosu
Stimmritze F głośnia, szpara głosowa
Stimmung F (*Gemütsverfassung, Atmosphäre*) nastrój; (*Laune*) humor; **in ~ bringen** wprawi(a)ć w dobry humor, *umg* rozruszać *pf*; **nicht in ~ sein** być nie w humorze; **in ~ kommen** rozweselić się *pf*
Stimmungs|kanone *umg* F wesołek, komik; **~mache** *umg* F *abw* urabianie opinii; **~umschwung** M zmiana nastrojów
stimmungsvoll nastrojowy (-wo)
Stimmwechsel M → Stimmbruch

Stimmzettel M kartka wyborcza
stimu'lieren (-) stymulować
Stinkbombe F ampułka z cuchnącą cieczą
stinken V/I (*stank, gestunken*) *abw* cuchnąć, śmierdzieć; **er stinkt nach ...** od niego cuchnie *od* zalatuje (*inst*); *umg* **diese Arbeit stinkt mir** mam tej roboty po dziurki w nosie; *unpers* **es stinkt (hier)** tu śmierdzi
stinkend ADJ śmierdzący, cuchnący
Stinker M śmierdziel (*a. fig*)
stinkfaul *umg* strasznie leniwy
stinkig *umg* → stinkend; (*unfreundlich*) burkliwy, opryskliwy
stinklangweilig *umg* śmiertelnie nudny
Stinklaune *umg* F (*bpl*) pieski humor
stink|reich *umg* przebogaty; **~sauer** *umg* wkurzony, *pop* wkurwiony
Stink|tier N skunks, *umg* śmierdziel; **~wut** *umg* F wściekłość *f*, (szewska) pasja
Stipendi'at(in) M(F) (*-en*) stypendysta *m* (-tka)
Sti'pendium N (*-s; -ien*) stypendium *n*
Stippvisite *umg* F krótka wizyta
stirb, stirbst, stirbt → sterben
Stirn F czoło (*a.* TECH); **j-m, e-r Sache die ~ bieten** stawi(a)ć czoła *od* czoło (*dat*); **die ~ haben zu ...** (+ INF) mieć czoło (+ *inf*)
Stirn|band N przepaska *od* opaska na czoło; **~glatze** F gładzizna; **~höhle** F zatoka czołowa; **~seite** F przednia strona, front
stob → stieben
stöbern *umg* V/I (*-re*) (**in** *dat*) szperać (w *lok*), przeszukiwać (*akk*)
stochern V/I (*-re*) dłubać (**in** *dat* w *lok*)
Stock[1] M (*-[e]s; Stöcke*) kij (*a.* SPORT), pałka; (*Stütze*) laska; (*strauchartige Pflanze*) krzak; **am ~ gehen** chodzić o lasce; *fig* **über ~ und Stein** na przełaj, nie bacząc na nic
Stock[2] M (*-[e]s*; bpl) piętro; **im dritten ~** na trzecim piętrze
stockbesoffen *pop* ADJ pijany jak bela
Stöckchen N kijek, pałeczka, laseczka
stockdunkel *umg*: **es ist ~** (jest) ciemno choć oko wykol
Stöckelschuhe MPL szpilki *fpl*; **~ tragen** chodzić w szpilkach
stocken V/I *Verkehr* zatrzym(yw)ać się; *Betrieb, Arbeit usw* (*a.* **ins Stocken geraten**) ulegać ⟨ulec⟩ zahamowaniu; utknąć *pf* (w martwym punkcie); *Gespräch a. umg* nie kleić się; *beim Sprechen* zacinać ⟨-ciąć⟩ się; **ihm stockte der Atem** zaparło mu dech; *reg* (*a. sn*) → gerinnen
stockend ADJ *Rede* przerywany; (*langsam*) zahamowany, ślimaczy (-czo)
Stockente F (kaczka) krzyżówka
stockfinster → stockdunkel
Stockfleck M plama od wilgoci
Stockhieb M uderzenie kijem
stock|konservativ *umg* arcykonserwatywny; **~nüchtern** *umg* zupełnie trzeźwy; **~sauer** *umg* wkurzony
Stockschnupfen M suchy katar (nosa)
stocksteif *umg*: **sie saß ~ da** siedziała jakby kij połknęła
Stockung F *des Verkehrs, der Versorgung mst* zakłócenia *npl*; *der Produktion, e-s Prozesses* zahamowanie; (*Unterbrechung*) przerwa
Stockwerk N piętro; → Stock[2]
Stoff M (*-[e]s; -e*) materiał; FIZ, CHEM a ciało, substancja; TECH *a.* tworzywo; (*Textil*) *a.* tkanina; (*Thema*) materiał, przedmiot; (*bpl*) *umg* (*Droge*) dragi *pl*, *engS* hera, amfa, hasz; (*Alkohol*) wóda
stofflich materialny
Stoffpuppe F szmaciana lalka
Stoffwechsel M przemiana materii; *in zssgn* ... przemiany materii
stöhnen V/I ⟨za⟩stękać ⟨stęknąć⟩, ⟨za⟩jęczeć ⟨jęknąć⟩ (**vor Schmerz** z bólu); *fig* **unter der Hitze ~** narzekać na upał(y)
Stöhnen N stękanie, jęk, jęki *pl*
stoisch stoicki (po -ku)
Stollen[1] M słodka bułka z bakaliami
Stollen[2] M GÓRN sztolnia
stolpern V/I (*-re; sn*) potykać ⟨potknąć⟩ się (**über** *akk* o *akk*, *fig* na *lok*)
Stolperstein M *fig* przeszkoda
stolz dumny (*a.* **auf** *akk* z *gen*); (*ruhmreich*) chlubny; → stattlich
Stolz M (*-es; bpl*) duma; (*Objekt des Stolzes*) chluba
stol'zieren V/I (*-; sn*) paradować, kroczyć
stopfen **A** V/T *Strumpf, Loch* ⟨za⟩cerować; *Pfeife* nabi(ja)ć; (*hineinstecken*) wpychać ⟨wepchnąć⟩, wtykać ⟨wetknąć⟩ (**in** *akk* do *gen*), zapychać ⟨zapchać⟩ (*a. Loch, Leck*); **gestopft voll** zapchany **B** V/I MED działać zapierająco; *umg* (*sättigen*) sycić
Stopfen[1] N (*-s; bpl*) cerowanie
Stopfen[2] M → Stöpsel

S

Stopfgarn N nici *fpl od* przędza do cerowania
Stopp M (-s; -s) (*Anhalten*) zatrzymanie się; (*Pause*) przerwa; **ohne ~** nie zatrzymując się
Stoppelbart *umg* M szczecina
Stoppelfeld N ściernisko
Stoppeln FPL ścierń *f*; (*Bart*) szczecina
stoppen V/T *Wagen, j-n* zatrzym(yw)ać; *Fortgang, Entwicklung usw umg* przystopować *pf*, *a. Ball* zastopować *pf*; *Zeit* ⟨z⟩mierzyć stoperem; V/I stanąć *pf*, zatrzym(yw)ać się
Stoppschild N znak (drogowy) „stop"
Stoppuhr F stoper
Stöpsel M zatyczka, czop(ek), korek; ELEK (*Stecker*) wtyczka
Stör M (-[e]s; -e) jesiotr
Störaktion F akcja dywersyjna; akcja w celu zakłócenia porządku publicznego
störanfällig łatwo *od* często psujący się, ulegający częstym zakłóceniom
Storch M bocian, *umg* bociek
Storch(en)nest N bocianie gniazdo
Store [ʃtoːr] M (-s; -s) stora
stören **A** V/T przeszkadzać ⟨-szkodzić⟩ (**j-n bei** k-u w *lok od inf*); *Ruhe, Ordnung* zakłócać ⟨-cić⟩, naruszać ⟨-szyć⟩; *rtv* zakłócać; **j-n ~** (*j-m missfallen*) nie dogadzać, nie odpowiadać k-u **B** V/I (*im Wege sein*) zawadzać, przeszkadzać; **lassen Sie sich nicht ~** proszę sobie nie przeszkadzać; **störe ich?** czy nie przeszkadzam? **C** V/R **sich an etw ~** zrażać ⟨zrazić⟩ się (*inst*)
störend ADJ (*lästig*) przykry
Störenfried M (-[e]s; -e) awanturnik, wichrzyciel; (*Eindringling*) intruz
Stör|er M warchoł, awanturnik; **~faktor** M czynnik zakłócający; **~fall** M awaria
stor'nieren (-) FIN stornować; *Auftrag usw* cofać ⟨cofnąć⟩, ⟨s⟩kasować
Stor'nierung F *e-s Auftrags* cofnięcie, skasowanie
störrisch narowisty, krnąbrny; **~ sein** narowić się
Stör|schutz M ochrona przeciwzakłóceniowa; **~sender** M nadajnik zakłócający
Störung F (*das Stören*) przeszkadzanie; (*Erschwerung, Verzögerung*) zakłócanie, *im konkreten Fall* zakłócenie (*a.* TECH, ASTRON, *im Verkehr usw*), zaburzenie, rozstrój (*alle a.* MED); (*Belästigung*) kłopot; (*Defekt*) niesprawność *f*, defekt; awaria; **entschuldigen Sie die ~** proszę wybaczyć, jeśli przeszkadzam
störungsfrei *Empfang* bezzakłóceniowy; *Betrieb* bezawaryjny; *präd* bez zakłóceń; bezawaryjnie
Störungsstelle F biuro napraw
Story [ˈstɔrɪ] F (-; -s) historyjka; (*Bericht*) relacja
Stoß M (-es; Stöße) (*Schlag*) uderzenie; (*heftiger Anprall, Stich*) pchnięcie; (*Erschütterung*) wstrząs; (*Tritt*) kopnięcie; TECH, KOLEJ styk; (*Stapel*) stos, sterta; **e-n ~ versetzen** → stoßen
Stoßdämpfer M amortyzator
Stößel M tłuczek; TECH popychacz
stoßempfindlich wrażliwy na uderzenia *od* wstrząsy
stoßen (*stößt, stieß, gestoßen*) **A** V/T **1** (*anrempeln*) potrącać ⟨-cić⟩, szturchać ⟨-chnąć⟩ **2** (*schieben*) popychać ⟨-pchnąć⟩ **3** *mit der Faust* uderzać ⟨-rzyć⟩ **4** *mit dem Fuß* kopać ⟨-pnąć⟩ **5** SPORT *Gewichte* podrzucać ⟨-cić⟩; **die Kugel ~** pchnąć *pf* kulą **6** *mit präp* **j-n ~ aus …** wypychać ⟨-pchnąć⟩ k-o z (*gen*); **j-n ~ in** (*akk*) pchać ⟨pchnąć⟩ k-o do (*gen*), w (*akk*); *Pfahl* wbi(ja)ć (**in** *akk* w *akk*); **j-m den Dolch in die Brust ~** pchnąć *pf* k-o sztyletem w pierś; *etw, j-n* **von etw ~** spychać ⟨zepchnąć⟩, strącać ⟨-cić⟩ z (*gen*); **von sich ~, zur Seite ~** odpychać ⟨odepchnąć⟩ od siebie, w bok **7** *umg fig* **j-n vor den Kopf ~** urazić *pf* k-o **B** V/I **8** (*rütteln*) trząść **9** (*angrenzen*) stykać się, graniczyć (**an** *akk* z *inst*) **10** **mit dem Fuß gegen etw ~** uderzać ⟨-rzyć⟩ nogą o (*akk*) **11** (*sn*) (*finden, treffen*) natykać ⟨-tknąć⟩ się (**auf** *akk* na *akk*); **auf Schwierigkeiten ~** napot(y)kać trudności; (*sich anschließen*) dołączać ⟨-czyć⟩ (się) (**zu uns** do nas); **C** V/R **sich am Kopf ~** stłuc *pf* sobie głowę; **sich an der Tischkante ~** uderzyć się *pf* o kant stołu; *fig* **sich an etw** (*dat*) **~** gorszyć się (*inst*)
Stoßen N pchanie, pchnięcie; SPORT (*Gewichte*) podrzut, wybicie
Stoßfänger M zderzak
stoßfest *Uhr* wstrząsoodporny
Stoß|gebet N żarliwa modlitwa; **~kraft** F (*bpl*) siła uderzenia; *fig* siła uderzeniowa; **~richtung** F kierunek uderzeniowy; **~seufzer** M głębokie westchnienie;

S

~stange F zderzak
stößt → stoßen
Stoß|therapie F terapia uderzeniowa; **~trupp** M oddział szturmowy; **~verkehr** M szczytowe nasilenie ruchu, szczyt
stoßweise ADV → ruckweise; **~ atmen** oddychać urywanie
Stoßzahn M kieł (pl kły)
Stoßzeit F godziny *fpl* szczytu
Stotterer M, **Stotterin** F jąkała *f u. m*
stottern (-*re*) V/I jąkać się; V/T wyjąkać *pf*, wybąkać *pf*
Stottern N (-*s*; *bpl*) jąkanie się; *umg* **auf ~ kaufen** kupić na raty
Str. (Straße) ulica
Strafandrohung F: **unter ~** pod groźbą kary
Straf|anstalt F zakład karny; **~antrag** M wniosek (pokrzywdzonego) o ściganie sprawcy przestępstwa; *des Staatsanwalts* wniosek o wydanie wyroku skazującego; **~anzeige** F doniesienie o popełnieniu przestępstwa (**gegen j-n** na k-o); **~arbeit** F *in der Schule* zadanie za karę; **~aufschub** M odroczenie wykonania kary; **~aussetzung** F warunkowe zawieszenie kary
strafbar karalny; **sich ~ machen** popełni(a)ć czyn karalny
Strafbefehl M (sądowy) nakaz karny
Strafe F kara; (*Geldbuße*) grzywna; **bei ~** pod karą; **zur ~** za karę; **unter ~ stellen** penalizować; **e-e ~ Gottes** skaranie boskie
strafen ⟨u⟩karać (**für** za *akk*); → Lüge
strafend ADJ *Blick* karcący (-co)
Strafentlassene F, **~(r)** M (-*n*) zwolniona *f*, zwolniony *m* z więzienia
Straferlass M darowanie kary
Strafexpedition F ekspedycja karna
straff *Seil, Muskel* napięty; *Haut* gładki, jędrny; *Haltung, Organisation* prężny, sprężysty (-ście); **~ sitzen** *Hose usw* ściśle przylegać, opinać
straffällig ADJ: **~ werden** popełni(a)ć czyn karalny, dopuszczać ⟨-puścić⟩ się czynu zagrożonego karą
straffen V/T *Seil* napinać ⟨-piąć⟩, naciągać ⟨-gnąć⟩ (*v/r* **sich** się); *Betrieb* usprawni(a)ć, upraszczać ⟨uprościć⟩; *Termine* przyspieszać ⟨-szyć⟩; *Text* skracać ⟨skrócić⟩; V/R **sich ~** *Haut* jędrnieć, sta(wa)ć się gładkim
straffrei niepodlegający karze, niekarany; **~ ausgehen** uniknąć *pf* kary
Straf|freiheit F (*bpl*) zwolnienie od kary; **~gefangene** F więźniarka; **~gefangene(r)** M więzień; **~gericht** N sąd karny; **~gesetz** N ustawa karna; **~gesetzbuch** N kodeks karny
Straflager N obóz karny
sträflich karygodny; **etw ~ vernachlässigen** karygodnie zaniedb(yw)ać (*akk*)
Sträfling M więzień *m*; *weiblich* więźniarka
straflos bezkarny; → straffrei
Straf|mandat N mandat karny; **~maß** N wymiar kary; **~milderung** F złagodzenie kary; **~porto** N dopłata (do listu); **~prozess** M proces karny; **~prozessordnung** F kodeks postępowania karnego; **~punkt** M punkt karny; **~raum** M pole karne; **~recht** N (*bpl*) prawo karne
strafrechtlich karnoprawny; **~ verfolgen** ścigać przez prawo (karne)
Straf|register N rejestr skazanych; **~richter(in)** M(F) sędzia karny; **~sache** F sprawa karna; **~stoß** M rzut karny; **~tat** F przestępstwo, czyn karalny; **~täter** przestępca *m*; **~verbüßung** F odbywanie kary, odbycie kary; **~verfahren** N postępowanie karne
strafversetzen: **j-n ~** przenosić ⟨-nieść⟩ dyscyplinarnie k-o
Straf|verteidiger M obrońca *m* w sprawach karnych; **~vollzug** M wykonanie kary; *umg* (*Gefängniswesen*) więziennictwo; **~zettel** *umg* M mandat (karny)
Strahl M (-[*e*]*s*; -*en*) promień *m*; FIZ *a.* wiązka; *e-r Flüssigkeit* struga, strumień *m*
Strahlantrieb M napęd odrzutowy
strahlen V/I (*leuchten*) świecić; (*glänzen*) lśnić; FIZ promieniować; *fig* promienieć (**vor Glück** szczęściem); → ausstrahlen
Strahlenbelastung F dawka napromienienia
strahlend ADJ promieniujący (*a.* FIZ); *Lächeln, Morgen, Sonne usw* promienny; (*glänzend*) lśniący (-co); **~ weiße Zähne** lśniące białością zęby; **~es Wetter** piękna, słoneczna pogoda
Strahlendosis F dawka promieniowania
strahlenförmig promienisty (-ście)
Strahlen|krankheit F (*bpl*) choroba popromienna; **~schutz** M ochrona radiologiczna *od* przed promieniowaniem
Strahlentherapie F radioterapia

strahlenverseucht ADJ skażony radioaktywnie
Strahler M (*Wärmequelle*) promiennik, radiator; (*Lichtquelle*) reflektor
Strahltriebwerk N silnik odrzutowy
Strahlung F promieniowanie, radiacja
strahlungsarm niskoemisyjny
Strahlungs|messung F dozymetria; **~wärme** F ciepło promieniowania
Strähne F pasmo; (*Haare*) *a.* kosmyk, pasemko
strähnig *Haare* opadający kosmykami, nieporządny
stramm → straff; (*kräftig, gesund*) jędrny, krzepki (-ko); *Haltung* wyprężony; **~e Disziplin** srogi rygor
strammstehen V/I (*irr; a sn*) stać na baczność
Strampelhöschen N śpioszki *mpl*
strampeln V/I (*-le*) wierzgać nogami; *Baby* fikać nóżkami; (*sn*) *umg auf dem Rad* pedałować
Strand M (-[e]s; Strände) płaski brzeg; (*Badestrand*) plaża; **am ~** *im Wasser* u brzegu; *am Wasser* na brzegu; na plaży; **an den ~ gehen** iść ⟨pójść⟩ na plażę; **dicht am ~** *Hotel usw* blisko plaży; **~anzug** M kostium plażowy; **~bad** N kąpielisko
stranden V/I (*-e-; sn*) *Schiff* utkwić *pf* na mieliźnie, osiadać ⟨osiąść⟩ na mieliźnie; *fig* → scheitern
Strand|gut N (*bpl*) rzeczy *fpl* wyrzucone na brzeg (przez morze); **~hotel** N hotel z własną plażą; **~kleid** N sukienka plażowa; **~korb** M kosz plażowy
Strandliege F leżak plażowy
Strang M (-[e]s; Stränge) (*Strick*) powróz; (*Docke*) pasmo; ANAT wiązka; **Tod durch den ~** śmierć *f* przez powieszenie; *fig* **am gleichen ~ ziehen** mieć wspólny cel; *umg* **über die Stränge schlagen** przeb(ie)rać miarę
strangu'lieren (-) ⟨u⟩dusić, ⟨u⟩dławić
Stra'paze F trud, *umg* mordęga
strapa'zieren (-) *Kleidung* niszczyć; *Nerven* psuć, targać; *Augen* przemęczać, psuć; *Geduld* naduży(wa)ć (G)
strapa'zierfähig mocny, wytrzymały
strapazi'ös męczący (-co)
Straps M (*-es; -e*) podwiązka
Straße F droga (**nach, zu** do *gen*); (*Chaussee*) szosa; *innerhalb des Ortes* ulica (**zu** do *gen*); TECH zespół walcowniczy; **an der ... ~ wohnen** mieszkać na *od* przy ulicy ...; **das Haus liegt an der ... ~** dom znajduje się na ulicy ...; **auf der ~** na drodze; na ulicy; *fig* **auf die ~ setzen** wyrzucać ⟨-cić⟩ na bruk; *Mieter* ⟨wy⟩eksmitować na bruk *od* na ulicę; **über die ~ gehen** przechodzić ⟨przejść⟩ na drugą stronę ulicy; GEOG **die ~ von Gibraltar** Cieśnina Gibraltarska
Straßen|arbeiten FPL prace *fpl* drogowe; **~bahn** F tramwaj; *in zssgn* tramwajowy; **~bau** M (*bpl*) budowa dróg; **~beleuchtung** F oświetlenie ulic; **~café** N kawiarnia uliczna; **~decke** F nawierzchnia drogowa
Straßendemonstration F demonstracja uliczna
Straßenecke F róg ulicy; **an der ~** na rogu ulic(y)
Straßen|fahrzeug N pojazd drogowy; **~feger** M *reg* zamiatacz ulic; *umg fig* telewizyjny hit; **~fest** N festyn uliczny; **~glätte** F gołoledź; **~graben** M rów drogowy; **~kampf** M walka uliczna; **~karte** F mapa drogowa; **~kehrmaschine** F zamiatarka; **~kind** N dziecko ulicy
Straßenkreuzung F skrzyżowanie dróg *od* ulic; **an der ~** na skrzyżowaniu
Straßen|kriminalität F przestępczość uliczna; **~kunst** F (*bpl*) sztuka ulicy; **~lärm** M hałas uliczny; **~laterne** F latarnia uliczna; **~musikant** M grajek uliczny; **~name** M nazwa ulicy; **~netz** N sieć *f* ulic; sieć drogowa; **~rand** M pobocze (drogi); **~raub** M rozbój uliczny; *auf Landstraßen* bandytyzm drogowy
Straßen|reinigung F czyszczenie ulic; **~rennen** N wyścigi *mpl* szosowe; **~schild** N tabliczka z nazwą ulicy; **~schlacht** F bójka uliczna; **~seite** F *der Straße* strona ulicy *od* drogi; *e-s Hauses* strona od ulicy; **~sperre** F zamknięcie drogi *od* ulicy; *konkret* bariera; barykada; **~strich** M (*bpl*) prostytucja uliczna; **~verhältnisse** NPL warunki *mpl* drogowe; **~verkauf** M sprzedaż uliczna
Straßen|verkehr M ruch drogowy; **~verkehrsordnung** F kodeks drogowy; **~verzeichnis** N spis ulic; **~walze** F walec drogowy; **~zug** M ciąg ulic; **~zustandsbericht** M komunikat o stanie dróg

S

Strate'gie F strategia
stra'tegisch strategiczny
sträuben V/T *Fell, Haare* ⟨na-, z⟩jeżyć (*v/r* **sich** się); *Federn* ⟨na⟩stroszyć (*v/r* **sich** się); *v/r fig* **sich ~ (gegen)** opierać się, sprzeciwiać się (*dat*)
Strauch M (-[e]s; Sträucher) krzak, krzew; PL *a.* krzewina, zarośla *pl*
straucheln V/I (*-le; sn*) → stolpern; *fig* potknąć się *pf*; *engS* wejść *pf* w kolizję z prawem
Strauß[1] M (*-es; Sträuße*) bukiet
Strauß[2] M (*-es; -e*) ZOOL struś *m*
Straußenei N strusie jajo
Strebe F zastrzał, ukośnica; krzyżulec
streben V/I (*sn*) podążać ⟨-żyć⟩ (**nach, zu** do *gen*, ku *dat*); *fig* (*h*) (**nach**) dążyć (do *gen*), ubiegać się (o *akk*), starać się osiągnąć (*akk*)
Streb|en N (*-s; bpl*) dążenia *npl*, aspiracje *fpl*; **~er(in)** M(F) karierowicz, *umg* pracuś *m*
strebsam gorliwy (-wie), pilny
Strecke F odcinek (*a.* MAT); (*Route*) trasa, szlak; KOLEJ *a.* relacja; SPORT *a.* dystans; GÓRN chodnik; MYŚL pokot; *umg fig* **auf der ~ bleiben** *Sache* spalić *pf* na panewce, spełznąć *pf* na niczym; **zur ~ bringen** *Wild* upolować *pf*; *fig* unieszkodliwić *pf*; *Dieb* schwytać *pf*, ująć *pf*; **über weite ~n** (*zum größten Teil*) w przeważającej części
strecken V/T *Glieder* przeciągać ⟨-gnąć⟩, wyciągać ⟨-gnąć⟩ (*v/r* **sich** się); *Vorräte* oszczędzać; *Waffen* składać ⟨złożyć⟩; *Soße* rozrzedzać ⟨-dzić⟩; **j-n zu Boden ~** powalić *pf* k-o na ziemię; **die Hand nach etw ~** wyciągać ⟨-gnąć⟩ rękę po (*akk*)
Strecken|netz N sieć *f* linii kolejowych; **~wärter** M dróżnik obchodowy
streckenweise ADV miejscami, na niektórych odcinkach (trasy, drogi)
Streck|muskel M prostownik; **~verband** M MED wyciąg
Streetball ['stri:t-] M (*-s; bpl*) koszykówka uliczna
Streich M (-[e]s; -e) → Hieb; *fig* psota, (**übler** złośliwy) figiel; **j-m e-n ~ spielen** ⟨s⟩płatać k-u figla
Streicheleinheit *umg* F: *mst* PL **~en** słowa *npl* uznania
streicheln (*-le*) ⟨po⟩głaskać, ⟨po⟩gładzić (**über** *akk* po *lok*)
streichen (*strich, gestrichen*) **A** V/T **1** *Wand* ⟨po-, wy⟩malować (**blau** na niebiesko); **frisch gestrichen** świeżo malowany **2** (*tilgen*) skreślać ⟨-lić⟩, wykreślać ⟨-lić⟩ (**aus, von** z *gen*; *a. fig*) **3** (*schmieren*) ⟨po⟩smarować (**Butter aufs Brot** chleb masłem) **4** *Segel* zwijać ⟨zwinąć⟩; *Geige* grać (na *lok*); **die Haare aus der Stirn ~** odgarniać ⟨-nąć⟩ sobie włosy z czoła **B** V/I **5** (**mit der Hand**) **über etw ~** pociągać ⟨-gnąć⟩ (ręką) po (*lok*) **6** (*sn*) (*umherziehen*) włóczyć się (**durch** po *lok*, **um** wokół *gen*)
Streich|en N malowanie; → Streichung; **~er** M MUS smyczkowiec
streichfähig smarowny
streichfertig *Farbe* gotowy do użytku
Streichholz N (*-es; -hölzer*) zapałka; **~schachtel** F pudełko od zapałek
Streich|instrument N instrument smyczkowy; **~käse** M ser miękki; **~orchester** N orkiestra smyczkowa
Streichung F wykreślenie, skreślenie
Streifbandsendung F przesyłka pocztowa pod opaską
Streife F patrol; (**auf**) **~ gehen** patrolować
streifen V/T (*berühren*) dotykać ⟨dotknąć⟩ (*gen*; *a. fig, Frage usw*); *Fahrzeug* potrącać ⟨-cić⟩; *Kugel* (za)drasnąć *pf*; *Blick* prześlizgiwać ⟨-znąć⟩ się (po *lok*); **die Wand ~** *im Vorbeigehen* ocierać ⟨otrzeć⟩ się o ścianę; **in die Höhe ~** *Ärmel* podwijać ⟨-winąć⟩; → abstreifen; V/I (*sn*) błądzić (**durch** po *lok*)
Streifen M (*schmaler Abschnitt*) pas, pasek; *im Stoff, auf der Haut a.* prążek, pręga; *umg* (*Band, Film*) taśma; (*Licht, Rauch, Farbe*) smuga; **in ~ schneiden** ⟨po⟩ciąć *od* ⟨po⟩kroić na paski
Streifendienst M służba patrolowa
Streifenmuster N deseń *m* w paski
Streifenwagen M (radio)wóz policyjny
streifig smugowaty
Streif|lichter NPL *fig* impresje *fpl*, migawki *fpl*; **~schuss** M draśnięcie kulą; **~zug** M wyprawa; → Wanderung
Streik M (-[e]s; -s) strajk; **in (den) ~ treten** zastrajkować *pf*, rozpoczynać ⟨-cząć⟩ strajk; **~aufruf** M proklamacja strajku; **~bereitschaft** F pogotowie strajkowe
Streikbrecher M łamistrajk
streiken V/I strajkować; *umg Herz, Gerät* zawodzić ⟨-wieść⟩, nawalać ⟨-lić⟩

S

Streikende F strajkująca; **~(r)** M (-*n*) strajkujący
Streikkomitee N komitet strajkowy
Streikposten M pikieta (strajkowa); **~ aufstellen** (**vor** *dat*) pikietować (*akk*)
Streikrecht N (*bpl*) prawo do strajku
Streikwelle F fala strajków
Streit M (-[*e*]*s*; mst bpl) spór (*a.* JUR); (*Disput*) sprzeczka; (*Zank*) kłótnia, zwada; **mit j-m um** *od* **wegen etw in ~ geraten** ...kłótnić z kimś o (*akk*); **~ suchen** szukać zwady, *umg* zadzierać
streitbar wojowniczy (-czo)
streiten (*streitet, stritt, gestritten*) V/I (*u.* V/R **sich**) **mit j-m ~** (**über** *akk*, **um**) spierać się, sprzeczać się z kimś o (*akk*); (*zanken*) kłócić się, wykłócać się z (*inst*); *poet* (*kämpfen*) walczyć (**um** o *akk*)
Streiter(in) M(F) *lit* bojownik (-niczka) (**für** o *akk*)
Streite'rei F kłótnia, *pop* pyskówka; PL *a.* swary *mpl* (**um, wegen** o *akk*)
Streitfall M spór, sprawa sporna
Streitfrage F kwestia sporna
streitig sporny; **j-m etw ~ machen** odmawiać ⟨-mówić⟩ k-u (*gen*); rywalizować, konkurować z kimś o (*akk*)
Streitigkeiten FPL zatarg, spory *mpl*
Streit|kräfte FPL siły *fpl* zbrojne; **~objekt** N przedmiot sporu; **~punkt** M punkt sporny
streitsüchtig kłótliwy (-wie), *umg* zadziorny
streng *Person, Blick, Regeln, Winter usw* surowy (-wo), srogi (-go); (*strikt*) ścisły (-śle) (*a. Diät*); *Geruch* ostry (-ro); **~ bestrafen** surowo *od* srogo ⟨u⟩karać; **~ geheim** ściśle tajny; **sich ~ halten an** (*akk*) ściśle przestrzegać (*gen*); **~ genommen** ściśle (rzecz) biorąc
Strenge F (*bpl*) surowość *f*, srogość *f*
streng|genommen → streng; **~gläubig** prawowierny
Stress M (-*es; bpl*) stres; **unter ~ leiden** podlegać stresowi
stressen stresować
stressig *umg* stresujący (-co)
Stretch [strɛtʃ] M (-[*e*]*s*; -*es*) (*Gewebe*) stretch, strecz; *in zssgn* stretchowy, ze stretchu
Streu F (*bpl*) podściółka
streuen V/T posyp(yw)ać (**Salz, Sand** *usw* **auf** *akk* solą, piaskiem *usw akk*); *Dünger, Gerüchte* rozsi(ew)ać; *Futter* nasypywać ⟨-sypać⟩ (*gen*); AGR *Streu usw* podścielać ⟨podesłać⟩; V/I wysypywać się, sypać się; FIZ, *fig* rozpraszać (się); *Waffe* siać, (roz)rzucać; **der Sack streut** z worka coś się sypie
Streu|er M *für Salz* solniczka; *für Pfeffer* pieprzniczka; **~fahrzeug** N piaskarka; **~licht** N światło rozproszone
streunen V/I (*a. sn*) wałęsać się
streunend ADJ *Tier* bezdomny
Streu|salz N (*bpl*) sól *f* do posypywania (ulic); **~sel** NPL kruszonka; **~selkuchen** M placek z kruszonką; **~ung** F (*bpl*) *von Dünger, Gerüchten* rozsiew(anie); FIZ rozpraszanie; *e-r Waffe* rozrzut; **~zucker** M miałki cukier
strich → streichen
Strich M (-[*e*]*s*; -*e*) kreska (*a. auf e-r Skala*), *dick* krecha; (*Spur*) rysa; MAR rumb; *mit der Feder, Pinsel usw* pociągniecie; **mit e-m ~** jednym pociągnięciem (pióra); *fig* **unter dem ~** w rezultacie; **e-n ~ ziehen unter** (*akk*) zrobić grubą kreskę pod (*inst*); **gegen den ~** *Fell* pod włos; *umg* **das geht ihm gegen den ~** to mu nie w smak; *umg* **nach ~ und Faden** dokumentnie, do szczętu; *umg* **auf den ~ gehen** (*sich prostituieren*) stać pod latarnią, puszczać się
Strich|code M kod kreskowy; **~einteilung** F podziałka kreskowa
stricheln (-le) kreskować; **gestrichelt** *Linie* przerywany
Strich|er *umg* M, **~junge** *umg* M *abw* dziwka *od* kurwa męska; **~kode** → Strichcode; **~mädchen** *umg* N *abw* dziwka, ulicznica, *pop* kurewka
strichweise ADV miejscami; *attr* miejscowy, lokalny
Strick M (-[*e*]*s*; -*e*) sznur(ek), powróz; *des Henkers* stryczek; *umg fig* **wenn alle ~e reißen** w najgorszym razie; *fig* **j-m** (**aus** *dat*) **e-n ~ drehen** wykorzyst(yw)ać (*akk*), aby k-o wykończyć
stricken V/T ⟨z⟩robić na drutach; V/I robić na drutach, dziać
Stricke|r M dziewiarz; **~rin** F dziewiarka; **~'rei** F (*das Stricken*) dzianie, robota na drutach; (*Betrieb*) dziewiarnia
Strick|jacke F zapinany sweter, kardigan; **~kleid** N sukienka z dzianiny; **~leiter** F drabinka sznurowa; **~maschine** F dziewiarka; **~muster** N wzór

dziewiarski; **~nadel** F drut (do robót dzianych); **~waren** FPL dzianiny *fpl*; **~weste** F kamizelka z dzianiny; **~wolle** F włóczka

striegeln (-*le*) ⟨wy⟩czyścić zgrzebłem

Strieme F, **Striemen** M pręga

strikt ścisły (-śle); stricte (*unv*); → streng

Striplokal *umg* N lokal striptizowy

Strippe *reg* F (*Schnur*) sznurek; *umg* **an der ~ hängen** wisieć na telefonie

Strip|perin *umg* F striptizerka; **~tease** [-ti:s] M *od* N (-; *bpl*) striptiz

stritt → streiten; **~ig** sporny

Strizzi M (-*s*; -*s*) *pl-niem, austr, szwajc* (*Zuhälter*) sutener; (*Kerl*) typek

Stroh N słoma; *umg* **leeres ~ dreschen** gadać po próżnicy

strohblond jasnoblond (*unv*)

Stroh|blume F kwiatek ze słomki; BOT kocanka (piaskowa); **~dach** N strzecha, dach słomiany; **~feuer** N *fig* słomiany ogień

Strohhalm M słomka, źdźbło słomy

Strohhut M kapelusz słomkowy

strohig *Gemüse* sparciały

Strohmann M *fig* figurant; *beim Kartenspiel* dziadek

Stroh|presse F prasa do słomy; **~sack** M siennik; **~witwe** *umg* F słomiana wdowa; **~witwer** *umg* M słomiany wdowiec

Strolch M (-[*e*]*s*; -*e*) *abw* włóczęga *m*; *umg* (*Schlingel*) łobuz(iak), urwis

Strom M (*Fluss*) rzeka; (*fließende Menge von etw*) potok, strumień *m*; (*Strömung*) prąd (*a.* ELEK); **in Strömen fließen** lać się strumieniami; **es regnet in Strömen** deszcz leje jak z cebra; **mit dem ~** z prądem (*a. fig*); **gegen den ~** pod prąd (*a. fig*); **unter ~ stehen** ELEK być pod napięciem (*a. fig*)

Stromabnehmer M (*Verbraucher*) odbiorca *m* energii elektrycznej; TECH odbierak prądu

stromab(wärts) ADV z prądem

stromauf(wärts) ADV pod prąd

Stromausfall M przerwa w dostawie prądu; *großflächig* awaria energetyczna

strömen V/I (*sn*) *Fluss* płynąć; *Wasser, Schweiß, Blut usw* lać się (strumieniem); **~ durch** (*akk*) przepływać ⟨-płynąć⟩ przez *akk*); **~ in** (*akk*), **nach** napływać ⟨-płynąć⟩ do (*gen*); *Menschen a.* tłumnie walić do (*gen*); **~der Regen** ulewny deszcz, ulewa

Stromer *umg* M łazęga *m u. f*

Strom|erzeugung F wytwarzanie energii elektrycznej; **~gebiet** N dorzecze

Stromkreis M obwód elektryczny

Strömling M ZOOL śledź bałtycki

stromlinienförmig ... o opływowym kształcie

Strom|netz N sieć elektryczna; **~schlag** M porażenie prądem; **~schnelle** F bystrze; **~sperre** F (czasowe) wyłączenie prądu; **~stärke** F natężenie prądu

Strömung F prąd, nurt (*a. fig*)

Strom|verbrauch M zużycie energii; pobór prądu; **~zähler** M licznik elektryczny

Strontium [-tsium] N (-*s*; *bpl*) stront

Strophe F zwrotka, strofa

strotzen (-*zt*) V/I: **er strotzt vor ...** on tryska (*inst*); **vor Dreck ~** lepić się od brudu; **der Text strotzt von** *od* **vor Fehlern** w tekście roi się od błędów

Strudel M wir (*a. fig*); KULIN strudel

Struk'tur F struktura

struktu'rell strukturalny

Struk'turkrise F kryzys strukturalny

Struk'turwandel M przeobrażenia *npl* strukturalne

Strumpf M (-[*e*]*s*; Strümpfe) pończocha; (*Socke*) skarpetka; **~band** N (PL -*bänder*), **~halter** M podwiązka; **~hose** F rajstopy *pl*; *dickere, mst für Kinder u. Sport* rajtuzy *pl*; **~maske** F maska z pończochy; **~waren** FPL wyroby *mpl* pończosznicze

Strunk M (-[*e*]*s*; Strünke) głąb, kaczan

struppig zmierzwiony, kołtuniasty

Stübchen N izdebka, pokoik

Stube F izba, pokój; **die gute ~** pokój reprezentacyjny, salon

Stubenarrest *umg* M zakaz opuszczania pokoju

Stubenhocker *umg* M *etwa* piecuch; **er ist ein ~** on stale siedzi w domu

stubenrein *Hund* przyzwyczajony do porządku, czysty; *Witz* przyzwoity

Stuck M (-[*e*]*s*; bpl) BUD stiuk

Stück N (-[*e*]*s*; -e, aber 5 ~) kawałek, *groß* kawał; (*bestimmte Menge von etw*) sztuka; TEATR sztuka; MUS utwór; **drei ~ Vieh** trzy sztuki bydła; **abgebrochenes ~** odłamek; **in ~e schneiden, hacken** ⟨po⟩kroić, ⟨po⟩siekać na kawałki; **in ~e gehen**

rozpadać ⟨-paść⟩ się na kawałki, rozbić się *pf*; **pro ~** od sztuki; **im ~** w jednym kawałku, w całości; **ein hartes ~ Arbeit** kawał roboty; *fig* **aus freien ~en** nieprzymuszenie; *umg fig* **große ~e halten auf** (*akk*) mieć wysokie mniemanie o (*lok*); *umg* **das ist ja ein starkes ~!** a to dopiero!; *umg* **ein freches ~!** (*Person*) kawał łobuza!
Stückchen N kawałeczek, kawalątek
Stuckdecke F sufit stiukowy
stückeln (-*le*) (*aus Stücken zusammensetzen*) zesztukować *pf*
Stück|gut N (*bpl*) drobnica, wyroby *mpl* jednostkowe; **~liste** F specyfikacja; **~lohn** M praca akordowa; **~preis** M cena od sztuki, cena jednostkowa
stückweise ADV kawałkami, po kawałku; (*einzeln*) na sztuki
Stückwerk N (*bpl*) byle jak sklecona robota, *abw* łatanina; (*Fragmente*) urywki *mpl*, fragmenty *mpl*
Stückzahl F ilość *f*, liczba (sztuk)
Stu'dent M (-*en*) student
Stu'denten|austausch M wymiana studentów; **~heim** N dom studencki, *umg* akademik
Stu'dentenschaft F młodzież studencka, *umg* studenteria
Stu'dentin F studentka
stu'dentisch studencki
Studie [-diə] F (*wissenschaftliche Untersuchung*) studium *n*; *in der Kunst a.* szkic; *engS a.* monografia; **~n zu etw betreiben** prowadzić studia nad (*inst*)
Studien PL → Studie, Studium; **~aufenthalt** M pobyt w celu odbycia studiów; **~bewerber(in)** M(F) ubiegający (-ca) się o przyjęcie na studia
Studien|buch N indeks (studencki); **~fach** N przedmiot studiów; **~gang** M program nauki (w szkole wyższej); **~gebühr** F czesne
Studienjahr N rok akademicki; **im ersten ~** na pierwszym roku (studiów)
Studien|kamerad(in) M(F) kolega *m* (koleżanka) z tego samego roku studiów; **~platz** M miejsce (na wyższej uczelni); **~rat** M, **~rätin** F nauczyciel(ka) gimnazjum; *Anrede* (pani) profesor; **~reise** F podróż krajoznawcza; **~zeit** F okres studiów; lata *pl* studenckie
stu'dieren (-) V/T *u.* V/I studiować (*a. untersuchen, beobachten*); **er studiert (Jura) an der Universität** on studiuje (prawo) na uniwersytecie
Studio N (-*s*; -*s*) studio
Studium N (-*s*; -*dien*) studium *n*; *an e-r Hochschule* studia *npl*; **Studien über etw betreiben** prowadzić studia nad (*inst*)
Stufe F *e-r Treppe* stopień *m*, schodek; *e-r Leiter* szczebel; *fig* (*Niveau, Rang*) stopień *m*, szczebel; (*Stadium*) etap; *e-r Rakete* człon; GEOL piętro; **~n** PL (*Treppe*) schody *pl*; *fig* **j-n, etw auf eine** *od* **die gleiche ~ stellen** stawiać na równi (**mit** z *inst*); **von ~ zu ~** coraz wyżej po (*lok*)
Stufen|barren M SPORT poręcze *pl* o nierównej wysokości; **~leiter** F drabina o płaskich szczeblach; *fig* drabina
stufenlos bezstopniowy (-wo)
stufenweise ADV stopniowo; *attr* stopniowy
Stuhl M (-[e]s; Stühle) krzesło; *fig a.* stołek; (*Exkremente*) stolec; **der Heilige ~** Stolica Apostolska; **der elektrische ~** krzesło elektryczne; *umg fig* **j-m den ~ vor die Tür setzen** wykurzyć *pf* k-o; *umg fig* **fast vom ~ fallen** nie móc wyjść z podziwu
Stuhl|bein N noga krzesła; **~gang** M (*bpl*) wypróżnienie; (*Exkremente*) stolec; **~lehne** F oparcie krzesła; (*Armlehne*) poręcz *f* krzesła; **~untersuchung** F MED badanie stolca
Stulle F *reg* kromka chleba z masłem (i wędliną), kromka chleba ze smalcem
Stulpe F mankiet
stülpen V/T: **e-e Glocke über den Käse ~** nakry(wa)ć ser kloszem; **(sich) die Mütze auf den Kopf ~** nacisnąć *pf* czapkę na głowę; **die Taschen nach außen ~** wywracać ⟨-wrócić⟩ kieszenie
stumm niemy (*a. fig*, JĘZ); *fig a.* oniemiały (**vor Schreck** ze strachu); **~ bleiben** (*nicht reden*) milczeć
Stumme F, **~(r)** M (-*n*) niemowa *m u. f*
Stummel M (*Rest*) resztka; *e-r Zigarette* niedopałek; *e-r Kerze* ogarek; (*Zahn*) pieniek; → Stumpf
Stummfilm M film niemy
Stummheit F (*bpl*) niemota
Stümper M *abw umg* partacz, fuszer
Stümpe'rei F *abw* partaczenie, *umg* partactwo, fuszerka
stümperhaft *abw* niefachowy (-wo), nieudolny, *umg* partacki (po -ku), fuszerski; **~ gemacht** zrobiony nieudolnie *od* po

S

partacku
Stümperin F *abw umg* partaczka, fuszer
stümpern V/I (*-re*) *umg* partaczyć, fuszerować, knocić
stumpf *Messer usw* tępy (-po); (*matt*) zmatowiały, bez połysku; *Farbe* zgaszony; *Winkel* rozwarty; *fig Mensch, Blick* tępy; **~ werden** stępić się, stępieć *pf*; → abgestumpft
Stumpf M (-[e]s; Stümpfe) *e-s Baums* pień *m*, pniak; MED *e-s Glieds* kikut; (*Zahn*) pieniek; **mit ~ und Stiel** doszczętnie, z korzeniami
Stumpfheit F (*bpl*) tępość *f*; *fig* tępota
Stumpfsinn M (*bpl*) otępiałość *f*; MED otępienie, demencja
stumpfsinnig tępy (-po); *Blick a.* bezmyślny; *Arbeit* otępiający (-co)
stumpfwink(e)lig rozwartokątny
Stündchen N godzinka
stünde → stehen
Stunde F godzina; *in der Schule* lekcja; **e-e halbe ~** pół godziny; *fig* **schwere ~n** ciężkie chwile; **in e-r ~** w ciągu godziny; (*später*) za godzinę; **vor e-r ~** przed godziną; **von ~ zu ~** z godziny na godzinę; **zur ~** w chwili obecnej; **zu später ~** o późnej godzinie; **zu jeder ~** o każdej porze; **24 ~n** doba; **... km in der ~** ... km na godzinę; **5 Euro die ~** pięć euro na *od* za godzinę
stunden (*-e-*) *Zahlung* odraczać ⟨odroczyć⟩ termin płatności (*gen*)
Stundengeschwindigkeit F prędkość *f* na godzinę; **mit e-r ~ von ... km** z prędkością ... km na godzinę
stundenlang wielogodzinny; *präd* całymi godzinami
Stunden|leistung F wydajność *f* godzinowa; **~lohn** M płaca godzinowa; **~plan** M harmonogram godzinowy; *in der Schule* rozkład zajęć
stundenweise ADV godzinowo; *attr* godzinowy
Stundenzeiger M wskazówka godzinowa
-stündig *in zssgn* ...godzinny
stündlich cogodzinny; *präd* co godzinę, na godzinę; **sich ~ ändern** zmieniać się z godziny na godzinę
Stundung F odroczenie terminu płatności, prolongata płatności (*gen*)
Stunk M (*-s; bpl*) *abw* chryja, granda; **es gibt ~** będzie rozróba
stupid(e) → stumpfsinnig
Stupsnase *umg* F perkaty nos
stur *umg* (*starrköpfig*) uparty (-cie); **~ bleiben, auf ~ schalten** upierać ⟨uprzeć⟩ się, zawziąć się *pf*; **~ nach Vorschrift** ściśle według przepisów
Sturheit F (*bpl*) upór, zatwardziałość *f*
Sturm M (-[e]s; Stürme) METEO burza; *sehr heftig* nawałnica (*beides a. fig*); *auf See mst* sztorm; MIL szturm; SPORT napad, atak; **im ~ erobern** zdoby(wa)ć szturmem; **im ~ spielen** grać w ataku; *fig* **~ laufen (gegen etw)** gwałtownie atakować (*akk*)
Sturmangriff M MIL szturm, natarcie
stürmen V/T szturmować (*akk*); (*erobern*) zdoby(wa)ć szturmem, brać ⟨wziąć⟩ szturmem; (*unbefugt eindringen*) wdzierać ⟨wedrzeć⟩ się do (*gen*); V/I (*sn*) (*rennen*) ⟨po⟩pędzić; → stürzen; *Wind* szaleć; SPORT atakować
Stürmer(in) M(F) SPORT napastnik (*a. f*)
Sturmflut F przypływ sztormowy
Sturmgewehr N karabin automatyczny
Sturmglocke F dzwon na alarm
stürmisch burzliwy (-wie) (*a. fig, Beifall, Zeiten usw*); *See a.* wzburzony; *Wind, Protest a.* gwałtowny; (*ungestüm*) namiętny, gorący (-co); **~ begrüßen** *Person* gorąco pozdrawiać ⟨-zdrowić⟩; *a. Sache* entuzjastycznie ⟨po⟩witać
Sturmschaden M szkoda burzowa
Sturmschritt M: **im ~** *umg* galopem
Sturm|spitze F SPORT czołówka ataku; **~tief** N METEO cyklon; **~trupp** M oddział uderzeniowy; **~vogel** M nawałnik, burzyk; **~warnung** F ostrzeżenie sztormowe; **~wind** M wichura; **~wolke** F chmura burzowa
Sturz M (*-es; Stürze*) (*Fall*) upadek (*a. fig*), runięcie; *der Kurse, Preise* gwałtowny spadek; POL (*das Sürzen e-s Regimes usw*) obalenie; → stürzen
Sturzbach M rwący potok
stürzen (*-zt*) **A** V/T **1** *Gefäß* przewracać ⟨-wrócić⟩ do góry dnem; *Kuchen usw* wykładać ⟨wyłożyć⟩ (z formy) **2** *fig Regierung usw* obalać ⟨-lić⟩; *fig* **j-n ~ in** (*akk*) doprowadzać ⟨-dzić⟩ do (*gen*) **B** V/I (*sn*) **1** runąć *pf*, upadać ⟨upaść⟩ (**zu Boden** na ziemię; **vom Dach** z dachu) **2** *Regierung* upadać ⟨upaść⟩; *Kurse, Preise* (gwałtownie) spadać ⟨spaść⟩; **auf die**

S

Straße, aus dem Zimmer ~ *(rennen)* wylatywać ‹-lecieć› na ulicę, z pokoju; ~ in *(akk)* runąć *pf*, wpadać ‹wpaść› w *(akk)*, do *(gen)* **C** V/R **sich** ~ rzucać ‹-cić› się *(a.* **auf j-n, etw** na *akk;* **in die Tiefe** w przepaść); *fig* **sich ~ in** *(akk)* pogrążyć się *pf* w *(lok)*, odda(wa)ć się *(dat)*; **sich aus dem Fenster ~** wyskoczyć *pf* z okna *od* przez okno

Sturz|flug M lot nurkowy; **~helm** M hełm ochronny, kask; **~regen** M gwałtowna ulewa; **~see** F bałwan

Stuss *umg* M (-es; *bpl*) bzdury *fpl*

Stute F kobyła, klacz *f*

Stütz M (-es; -e) SPORT podpór; **~e** F podpora *(a. fig)*; TECH *a.* wspornik; *umg (Arbeitslosengeld)* kuroniówka

stutzen[1] (-zt) V/T *(kürzer schneiden)* przycinać ‹-ciąć›; *Hecke, Bart* przystrzygać ‹-strzyc›

stutzen[2] (-zt) V/I *(aufhorchen)* przybrać *pf* czujną postawę; *(zögern)* zawahać się *pf;* nagle przystanąć *pf; in der Rede* nagle urwać *pf*

Stutzen M *(Waffe)* sztucer; TECH króciec (rurowy)

stützen (-zt) V/T *Mauer, Kopf usw* podpierać ‹podeprzeć›; *Person, Währung, Regime* podtrzym(yw)ać; *Preise* subwencjonować; V/I **sich ~** *(***auf** *akk)* opierać się (na *lok*, o *akk; a. fig*); **sich auf e-n Stock, auf die Ellenbogen ~** podpierać się laską, łokciami

stutzig: **~ werden** *(Verdacht schöpfen)* zacząć *pf* coś podejrzewać; *(sich wundern)* ‹z›dziwić się; **j-n ~ machen** zastanawiać ‹-nowić› k-o

Stützmauer F mur oporowy

Stützpfosten M słup podporowy

Stützpunkt M *(Basis)* baza *(a. fig)*

Stützung F *(bpl)* podparcie; *fig* podtrzymywanie; subwencjonowanie

stylen ['staılən] V/T → gestylt

Styling ['staılıŋ] N (-s; -s) styling; *e-r Person* styl, look

StVO F (Straßenverkehrsordnung) kodeks drogowy

Styro'por® N (-s; *bpl*) styropian

s.u. (siehe unten) patrz niżej

Sub'jekt N (-[e]s; -e) podmiot *(a.* GRAM); *abw* typ, indywiduum *n*

subjek'tiv subiektywny

Sub|kontinent M subkontynent; **~kultur** F podkultura

subku'tan MED podskórny

Subskrip|ti'on F subskrypcja; **~ti'onspreis** M cena subskrypcyjna

substantiell [-'tsiəl] → substanziell

Substantiv N (-s; -e) JĘZ rzeczownik

substantivisch rzeczownikowy (-wo)

Sub'stanz F substancja; *fig (Kern)* istota; **von der ~ leben** żyć z oszczędności; *umg fig* **das geht j-m an die ~** to wyczerpuje k-o

substanzi'ell istotny, zasadniczy

sub'til subtelny

Subtra'hend M (-en) MAT odjemnik

subtra'hieren (-) odejmować ‹odjąć›

Subtrakti'on F MAT odejmowanie

subtropisch podzwrotnikowy, subtropikalny

Subventi'on F subwencja, subsydium *n*

subventio'nieren (-) subwencjonować

subver'siv wywrotowy, dywersyjny

Suchaktion F akcja poszukiwawcza

Suche F (-; *bpl*) poszukiwanie, poszukiwania *pl; in Archiven usw* kwerenda; **auf der ~ (nach)** w poszukiwaniu, szukając *(gen)*; **sich auf die ~ machen (nach)** wyruszać ‹-szyć› na poszukiwania *(gen)*; **auf der ~ sein (nach)** → suchen

suchen V/T ‹po›szukać, poszukiwać *(gen)*; *Pilze* zbierać; **Rat bei j-m ~** zasięgać ‹-gnąć› rady u *(gen)*, radzić się *(gen)*; **~ zu** (+ INF) usiłować, starać się (+ *inf*); *v/i* **nach j-m, etw ~** poszukiwać *(gen)*

Suchen N (-s; *bpl*) szukanie, poszukiwanie, wyszukiwanie

Sucher M *fot* wizjer, celownik

Suchhund M pies poszukiwawczy; *engS* pies lawinowy, pies gruzowy

Such|mannschaft F ekipa poszukiwawcza; **~maschine** F EDV wyszukiwarka (internetowa); **~meldung** F ogłoszenie o poszukiwaniu; **~scheinwerfer** M szperacz

Sucht F (-; *Süchte*) *(Abhängigkeit)* nałóg; *engS* MED uzależnienie lekowe, zależność lekowa; narkomania; **~ nach etw** *(Verlangen)* chorobliwy pociąg do *(gen)*; żądza *(gen)*

süchtig cierpiący na narkomanię; *in zssgn* **-süchtig** zależny (od *gen*); żądny *(gen)*; **-süchtig sein** MED zażywać nałogowo *(akk)*; **... macht ~, von ... kann man ~ werden** ... prowadzi do nałogu

Suchtklinik F klinika odwykowa
Suchtkranke F, **~(r)** M nałogowiec (*a. f*); *engS a.* narkoman(ka)
Suchtrupp M oddział poszukiwawczy
Sud M (-[e]s; -e) (*Abkochung, Extrakt*) odwar
Süd → Süden; M (*-s; bpl*) → Südwind
Süd'afrika N Afryka Południowa; **Republik ~** Republika Południowej Afryki
südafri'kanisch południowoafrykański
Süda'merika N Ameryka Południowa
südameri'kanisch południowoamerykański
suda'nesisch sudański
südasi'atisch południowoazjatycki
Süd'asien N Azja Południowa
süddeutsch południowoniemiecki
sudeln *umg abw* (*-le*) ⟨po-, wy⟩brudzić, ⟨za⟩chlapać; → pfuschen
Süden M (*-s; bpl*) południe; **im ~** na południu; **im ~ von ...** na południe od (*gen*); **nach ~** na południe; **von ~** z południa
Su'deten PL: **die ~** Sudety *pl*; **~-** *in zssgn* sudecki
'Südeu'ropa N Europa Południowa
südeuropäisch południowoeuropejski
Südfrüchte FPL owoce *mpl* południowe
Sudhaus N *e-r Brauerei* warzelnia
Südko'rea N Korea Południowa
Südküste F południowe wybrzeże
südländisch południowy
südlich południowy; **in ~er Richtung** w kierunku południowym, na południe; **~** (*gen*) *od* **von** na południe od (*gen*)
Süd'osten M południowy wschód
süd'östlich południowo-wchodni; **~ von ...** na południowy wschód od (*gen*)
Südpol M biegun południowy
Südsee F (*-; bpl*) Morze Koralowe
Südseite F strona południowa
Südtirol N Górna Adyga
Süd'westen M południowy zachód
süd'westlich południowo-zachodni; **~ von ...** na południowy zachód od (*gen*)
Südwind M wiatr południowy, wiatr z południa
Suezkanal M: **der ~** Kanał Sueski
Suff *pop* M pijaństwo; **im ~** po pijanemu
süffig smaczny, dobry w smaku; **~er Wein** pyszne *od* dobre winko
süffi'sant *lit abw* zarozumiały (-le)
Suffix N (*-es -e*) przyrostek
sugge'rieren (-) ⟨za⟩sugerować
Suggesti'on F sugestia
sugge'stiv sugestywny
Sugge'stivfrage *lit* F pytanie naprowadzające
Sühne *lit* F (*bpl*) pokuta, ekspiacja; (*Strafe*) kara; JUR pojednanie
sühnen *lit* V/T *u.* V/I (*büßen*) ⟨od⟩pokutować (**für** za *akk*); **für etw mit dem Leben ~** okupić *pf* życiem (*akk*)
Suite ['svi:t(ə)] F apartament (w hotelu); MUS suita
Sui'zid *lit* M *od* N (-[s]; -e) samobójstwo
Sujet [zy'ʒe:] N (*-s; -s*) (*Thema*) temat; (*Gegenstand, Motiv*) fabuła, treść *f*
sukzes'siv sukcesywny
Sul'fat N (-[e]s; -e) siarczan
Sultan M (*-s; -e*) sułtan; **~s-** sułtański
Sulta'nine F KULIN sułtanka
Sülze F galareta (z mięsa, z ryby)
Sülzkotelett N schab peklowany w galarecie
Sum'mand M (*-en*) MAT składnik
sum'marisch sumaryczny
Sümmchen *umg* N sumka
Summe F suma; (*Betrag*) *a.* kwota
summen V/I *Biene, Gerät* bzyczeć, bzykać, brzęczeć; V/T *Lied* nucić
Summer M brzęczyk
sum'mieren (-) V/T ⟨pod-, z⟩sumować *v/r* **sich ~** sumować się
Summton M (PL *-töne*) brzęczenie
Sumpf M (-[e]s; Sümpfe) bagno (*a. fig*), bagnisko; PL *a.* błota *npl*; **~boden** M błotnisty grunt; **~gas** N gaz błotny
sumpfig błotnisty, bagnisty
Sumpfpflanze F roślina błotna
Sünde F grzech (*a. fig*); **kleine ~** grzeszek; **nicht ohne ~** nie bez grzechu
Sünden|bock *umg* M kozioł ofiarny; **~fall** M (*bpl*) grzech pierworodny; **~register** *umg* N lista popełnionych grzechów, lista przewinień
Sünder(in) M(F) grzesznik (-nica)
sündhaft grzeszny; *umg* **~ teuer** strasznie drogi, superdrogi
sündig grzeszny
sündigen V/I ⟨z⟩grzeszyć (**mit Worten** mową; **gegen** *akk* przeciwko *dat*); *umg* (*viel essen*) dopuścić się grzechu obżarstwa
Sunniten MPL REL sunnici *mpl*
super *umg* ADJ (*unv*) super (*unv*), byczy (-czo)
Super N (*-s; bpl*), **~benzin** N benzyna

wysokooktanowa

superklug *umg iron* supermądry

Superlativ M (*-s; -e*) GRAM stopień najwyższy; *fig nur* PL **~e** superlatywy *mpl*

Super|macht F supermocarstwo; **~markt** M supermarket

supermodern *umg* supermodny; *Haus, Einrichtung usw* ultranowoczesny

Superpreis *umg* M niewiarygodnie niska cena

superschlau *umg iron* supermądry

Superstar M supergwiazda

Suppe F zupa, polewka; *umg fig* **er muss die ~ auslöffeln, die er sich eingebrockt hat** musi wypić piwo, którego sobie nawarzył

Suppen|fleisch N mięso na rosół; **~gemüse** N włoszczyzna; **~gewürz** N przyprawa do zup; **~grün** N (*-s; bpl*) włoszczyzna; **~huhn** N kura na rosół; **~kasper** *umg* M Tadek niejadek; **~kelle** F łyżka wazowa; **~löffel** M łyżka do zupy; **~tasse** F filiżanka do zupy; **~teller** M talerz głęboki (do zupy); **~terrine** F waza (do zupy); **~würfel** M kostka bulionowa

supra|leitfähig ELEK nadprzewodzący; **~national** ponadnarodowy

Surfbrett ['sœ:rf-] N deska surfingowa

surfen ['sœ:rfən] V/I uprawiać surfing; **im Internet ~** surfować w Internecie

Surfer(in) M(F) ['sœ:rf-] uprawiający (-ca) surfing

Surrealismus M surrealizm

surren V/I *Motor* furczeć, terkotać; *Insekt* brzęczeć

su'spekt podejrzany

suspen'dieren (-) zawieszać ⟨-wiesić⟩ (**vom Dienst** w pełnieniu obowiązków, w czynnościach służbowych)

Suspensi'on F CHEM zawiesina

süß słodki (-ko) (*a. fig, Duft, Lächeln, Mädchen, Geschmack usw*); **~ riechen, schmecken** słodko pachnieć, smakować

Süße F (*bpl*) słodkość *f*, słodycz *f* (*a. fig*)

süßen ⟨o⟩słodzić, osładzać

Süßholz N (*bpl*) korzeń *m* lukrecji; *umg fig* **~ raspeln** wdzięczyć się, przymilać się

Süßigkeit F słodycz *f*

Süßkirsche F czereśnia

süßlich słodkawy (-wo); *fig* przesłodzony, ckliwy (-wie)

süßsauer słodko-kwaśny

Süß|speise F legumina; **~stoff** M sacharyna, słodzik; **~waren** FPL wyroby *mpl* cukiernicze; **~warengeschäft** N cukiernia

Süßwasser- *in zssgn* słodkowodny

Sutane F sutanna

SVP F (Schweizerische Volkspartei) Szwajcarska Partia Ludowa

Sweat|er ['sve:tər] M sweter; **~shirt** [-ʃə:t] N (*-s; -s*) luźny sweter

Swimmingpool [-pu:l] M (*-s; -s*) basen kąpielowy, pływalnia

Sym'bol N (*-s; -e*) symbol

sym'bolisch symboliczny

symboli'sieren (-) symbolizować

Symme'trie [PL -iən] F symetria

Symme'trieachse F oś *f* symetrii

sym'metrisch symetryczny

Sympa'thie [PL -iən] F sympatia; **~ für j-n empfinden** czuć sympatię dla *od* do k-o

Sympa'thiekundgebung F manifestacja solidarnościowa

Sympathi'sant M (*-en*) sympatyk

Sympathi'santin F sympatyczka

sym'pathisch sympatyczny (*a.* ANAT)

sympathi'sieren V/I (-) sympatyzować (**mit** z *inst*)

Sym'po|sion N, **~sium** N (*-s; -ien*) sympozjum *n*

Sym'ptom N (*-s; -e*) objaw, symptom; **ohne ~e** bezobjawowy (-wo)

sympto'matisch znamienny, symptomatyczny; MED objawowy

Syna'goge F synagoga, bóżnica

syn'chron synchroniczny

Synchronisati'on F synchronizacja; *e-s Films* dubbing

synchroni'sieren (-) ⟨z⟩synchronizować; *Film* ⟨z⟩dubbingować

Syndi'kat N (*-[e]s; -e*) syndykat

Syndikus M (*-; -ken od -dizi*) syndyk

Syn'drom N (*-s; -e*) MED zespół, syndrom

Syner'gieeffekt M efekt synergiczny

Syn'kope F synkopa

Sy'node F synod

Syno'nym N (*-s; -e*) synonim

syno'nym(isch) synonimiczny

Syntax F (*bpl*) GRAM składnia

Synthesizer [zyntə'saizə] M MUS syntetyzator

syn'thetisch syntetyczny

Syphilis F (*bpl*) kiła, syfilis; **~-** *in zssgn* kiłowy

Syrer(in) M(F) Syryjczyk (-jka)

syrisch syryjski
Sys'tem N (-s; -e) system, układ; ASTRON, ANAT układ; POL ustrój
Sys'temanalyse F analiza systemowa
syste'matisch systematyczny
Sys'temfehler M błąd systemowy
Sys'temgegner(in) M(F) wróg ustroju
sys'tolisch MED skurczowy
Sze'nario N (-s; -s) scenariusz
Szene F scena (*a. fig*); *fig* (*Bereich, Kreise*) środowisko; **die politische ~** scena polityczna; **etw in ~ setzen** ⟨za⟩inscenizować; *fig* **sich in ~ setzen** popisywać się, chcieć zwrócić na siebie uwagę; *fig* **j-m e-e ~ machen** urządzać ⟨-dzić⟩ k-u scenę
Szenenwechsel M zmiana dekoracji
Szene'rie [PL -iən] F sceneria
szenisch sceniczny

T

Tab. (Tabelle) tabela, tablica
Tabak M (-s; -e) tytoń *m*; **~ kauen** żuć tabakę; **~laden** M sklep tytoniowy
Tabaks|beutel M kapciuch; **~dose** F tabakier(k)a; **~pfeife** F fajka
Tabaksteuer F podatek od tytoniu
Ta'baktrafik F *austr* sklep tytoniowy
Tabakwaren FPL wyroby *mpl* tytoniowe
tabel'larisch tabelaryczny
Ta'belle F tabela; → Tafel
Ta'bellenführer M pierwszy *od* lider w tabeli; **… als ~ …** na pierwszym miejscu w tabeli
Ta'bellen|führung F przewodzenie w tabeli; **~kalkulation** F (*Programm*) arkusz kalkulacyjny; **~platz** M lokata w tabeli
Taber'nakel N *od* M tabernakulum *n*
Tab'lett N (-s; -s) taca
Tab'lette F tabletka, pastylka
tabui'sieren (-) tabuizować
Tabu'lator M (-s; -'toren) tabulator
Ta'buthema N temat tabu
Tacho *umg* M (-s; -s), **~meter** M *od* N AUTO prędkościomierz
Tacker M zszywarka
Tadel M nagana; **e-n ~ verdienen** zasługiwać ⟨-służyć⟩ na naganę
tadellos 1 nienaganny; **der Anzug sitzt ~** garniturleży jak ulał 2 *umg* (*großartig*) wspaniały; **~!** wspaniale!
tadeln (-le) ⟨z⟩ganić (**für, wegen etw** za *akk*)
tadelnswert naganny, karygodny
Tafel F (-; -n) tablica; tabliczka (**Schokolade** czekolady); (*Glasplatte usw*) tafla; *lit* (*Tisch*) stół; *etw* **an die ~ schreiben** ⟨na⟩pisać na tablicy
tafelferig gotowy do podania na stół (po podgrzaniu)
Tafelgeschirr N naczynia *npl* stołowe
tafeln *lit* V/I (-le) ucztować, biesiadować
Tafel|obst N owoce deserowe; **~silber** N (rodowe) srebra *npl*
Täfelung F boazeria
Tafelwasser N (PL -*wässer*) woda stołowa (mineralna)
taff → tough
Taft M (-[e]s; -e) tafta
Tag M (-[e]s; -e) dzień *m*; (*24 Stunden*) doba; **am, bei ~(e)** w dzień, za dnia; **am folgenden ~, am ~ darauf** następnego dnia; **am ~ davor** w dniu poprzednim; **an diesem ~** w tym dniu, tego dnia; **an einem ~** w ciągu jednego dnia; **den lieben langen ~** cały boży dzień; **bis zum heutigen ~** do dziś dnia, po dziś dzień; **was für ein ~ ist heute?** jaki mamy dziś dzień tygodnia?; **~ für ~** dzień w dzień; **von ~ zu ~** z dnia na dzień; **~ und Nacht** dniem i nocą, dniami i nocami; przez całą dobę; **jeden ~** co dzień, codziennie; (*in Kürze*) lada dzień; **eines (schönen) ~es** pewnego (pięknego) dnia; **ganze ~e** (*die ganze Zeit*) całymi dniami, po całych dniach; **in zwei ~en** za dwa dni; **heute in acht ~n** od dziś za tydzień; **es wird ~**, *lit* **der ~ graut** dnieje, świta; **die ~e werden länger** dnia przybywa; **sich unterscheiden wie ~ und Nacht** różnić się jak dzień i noc; **guten ~!** dzień dobry!; **e-n guten, schlechten ~ haben** mieć dobry, zły dzień; **~ der offenen Tür** dzień otwarty, dni otwarte; *rel* **der Jüngste ~** Sądny Dzień; **~ des Kindes** Dzień Dziecka; *fig* **an den ~ bringen** wydoby(wa)ć na światło dzienne; *fig* **an den ~ kommen** wychodzić

T

vom Morgen bis zum Abend

Tag (*vom Sonnenaufgang bis zum Sonnenuntergang*)	dzień (*od wschodu do zachodu słońca*)
Tag (*24 Stunden, von Mitternacht bis Mitternacht*)	doba (*24 godziny, od północy do północy*)
am Tag	w dzień
bei Tag	za dnia
tagsüber	w czasie dnia
täglich	codziennie
am Morgen	rano
morgens	co rano
früh am Morgen	wcześnie rano
morgen früh	jutro rano
am Vormittag	przed południem
vormittags	zawsze/zwykle przed południem
am Mittag	w południe
mittags	zawsze/zwykle w południe
am Nachmittag	po południu
nachmittags	popołudniami
am Abend	wieczorem
spät am Abend	późno wieczorem
am späten Abend	późnym wieczorem
abends	wieczorami

⟨wyjść⟩ na światło dzienne; GÓRN **unter ~e** pod ziemią; **zu ~e fördern, treten** → zutage; → Tage

tag'aus ADV: **~ tagein** dzień w dzień

Tage PL → Tag; (*Zeit*) dni *mpl*; **seine ~ sind gezählt** jego dni są policzone; **auf seine, ihre alten ~** na stare lata; **in unseren ~n** w naszych czasach; *umg* **sie hat ihre ~** ona ma okres

Tagebau M (*Anlage*) kopalnia odkrywkowa; **im ~** metodą odkrywkową

Tagebuch N pamiętnik

Tagegeld N (*Diäten*) diety *fpl*

tag'ein → tagaus

tagelang wielodniowy; *präd* przez wiele dni; (*Tage hindurch*) całymi dniami

Tage|lohn M dniówka; **~löhner** M robotnik dniówkowy

tagen V/I obradować; *Gericht* odbywać sesję; *unpers lit* **es tagt** dnieje, świta

Tagesablauf M przebieg dnia

Tagesanbruch M świt, brzask; **bei ~** o świcie, skoro świt; **vor ~** przed świtem

Tages|ausflug M jednodniowa wycieczka; **~bedarf** M zapotrzebowanie dzienne; **~creme** F krem na dzień; **~decke** F narzuta, kapa; **~gericht** N danie dnia; **~geschehen** N wydarzenia *npl* dnia; **~gespräch** N temat dnia; **~karte** F jadłospis (na dany dzień); (*Fahrkarte*) bilet (cało)dobowy

Tageslicht N (*bpl*) światło dzienne; **bei ~** (*am Tag*) za dnia; *fig* **ans ~ bringen, kommen** → Tag

Tagesmutter F opiekunka do dziecka

Tagesordnung F porządek obrad; **an der ~ sein** być na porządku dziennym, *umg* być na tapecie; *fig* **zur ~ übergehen** przechodzić ⟨przejść⟩ do porządku dziennego

Tages|pflegeeinrichtung F ośrodek pobytu dziennego; **~presse** F prasa codzienna; **~rückfahrkarte** F jednodniowy bilet powrotny; **~schau** F dziennik telewizyjny

Tageszeit F pora dnia; **zu jeder ~** o każdej porze dnia

Tageszeitung F dziennik

tageweise ADV w niektóre dni, dorywczo

...tägig *in zssgn* ...dzienny

taghell jasny (-no) jak w dzień

täglich ADJ (*jeden Tag*) codzienny; (*für e-n Tag*) dzienny; ADV codziennie; (*pro Tag*) dziennie; **... mal ~** ... razy dziennie

T

tags ADV: ~ **darauf** następnego dnia, nazajutrz; ~ **zuvor** w przeddzień
Tagschicht F zmiana dzienna
tagsüber w ciągu dnia, przez (cały) dzień
tagtäglich *präd* dzień w dzień, codziennie
Tagung F (*Konferenz*) konferencja; (*Sitzung*) sesja, narada; (*Kongress*) kongres
Tai'fun M (*-s; -e*) tajfun
Taiga F (*-; bpl*) tajga
Tail|le ['taljə] F talia, *lit* kibić *f*; **~lenweite** ['taljən-] F objętość *f* w pasie
tailliert [ta'ji:rt] dopasowany w talii
Taiwan N (*-s; bpl*) Tajwan
Take'lage [-ʒə] F takielunek
Take-off, Takeoff [teɪk'ɔf] N *od* M (*-s; -s*) start
Takt M (-[*e*]s; -e) MUS takt; AUTO suw; *fig* (*bpl*) takt; **aus dem ~ kommen** ⟨po⟩mylić takt; **im ~** w takt, do taktu; **~gefühl** N (*bpl*) taktowność *f*
tak'tieren V/I (-): **geschickt ~** postępować ⟨-stąpić⟩ w sposób przymyślany
Taktik F taktyka
takt|isch taktyczny; **~los** nietaktowny
Takt|losigkeit F (*bpl*) brak taktu; (*a. pl*) (*Handlung*) nietakt; **~stock** M batuta
taktvoll taktowny
Tal N (-[*e*]s; Täler) dolina
Ta'lar M (-[*e*]s; -e) toga; *rel* sutanna
Talbrücke F wiadukt (nad doliną)
Ta'lent N (-[*e*]s; -e) talent (*a. Person*)
talen'tiert utalentowany, uzdolniony
ta'lentlos nieposiadający talentu, bez talentu
Täler PL → Tal
Talfahrt F jazda w dół; *fig* regres
Talg M (-[*e*]s; -e) łój; **~drüse** F gruczoł łojowy; **~licht** N (PL *-e*) łojówka
Talisman M (*-s; -e*) talizman
Talkessel M kotlina
Talk|master ['tɔ:k-] M gospodarz talk-show; **~show** F (*-; -s*) talkshow *m* (*unv*)
Talkumpuder M talk (kosmetyczny)
Talmi N (*-s; bpl*) tombakowa biżuteria
Talmud M (-[*e*]s; bpl) Talmud
Talon [-'lo:, -'lo:n] M (*-s; -s*) talon
Tal|sohle F dno doliny; *fig* EKON najniższy punkt; **~sperre** F zapora (wodna); **~station** F stacja dolna (kolejki linowej)
Tampon *a.* [-'po:n] M (*-s; -s*) tampon
Tam'tam *umg abw* N (*-s; bpl*): **großes ~ machen** robić wiele szumu (**um** *akk* wokół *gen*)
Tand M (-[*e*]s; bpl) tandeta; (*Flitter*) ozdóbki *fpl*, świecidełka *npl*
Tandem N (*-s; -s*) tandem
Tang M (*-s; -e*) wodorosty *mpl*
Tanga M (*-s; -s*) figi *pl*
Tan'gente F MAT styczna
tangenti'al MAT styczny
tan'gieren (-) *fig lit* dotyczyć
Tango M (*-s; -s*) tango
Tank M (*-s; -s*) zbiornik, bak
tanken V/T ⟨za⟩tankować; V/I tankować (paliwo); *fig* **neue Kräfte ~** nabierać ⟨-brać⟩ nowych sił
Tank|er M zbiornikowiec, tankowiec; **~stelle** F stacja paliw; **~wagen** M samochód cysterna *m*; **~wart** M (-[*e*]s; -e) pracownik stacji benzynowej
Tanne F jodła
Tannen|baum M jodła; (*Weihnachtsbaum*) choinka; **~grün** N (*bpl*) jedlina; **~nadeln** FPL igły *fpl* jodły, *koll* igliwie; **~zapfen** M szyszka jodłowa
Tansania N (*-s; bpl*) Tanzania
Tante F ciotka, ciocia; (*Onkels Frau*) *mütterlicherseits a.* wujenka; *väterlicherseits a.* stryjenka
Tante-Emma-Laden *umg* M sklepik
Tanti'eme [tati'e:mə] F tantiema
Tanz M (*-es; Tänze*) taniec; (*Veranstaltung*) tańce *mpl*; **zum ~** do tańca; **~abend** M wieczorek taneczny
Tanzbein *umg* N (*bpl*): **das ~ schwingen** tańczyć, *żart* pląsać, puszczać ⟨puścić⟩ się w pląsy
tänzeln V/I (*-le*) podskakiwać, biec w podskokach; *Pferd* drobić nogami
tanzen V/T *u.* V/I (*-zt*) ⟨po-, za⟩tańczyć; **~ gehen** iść ⟨pójść⟩ na tańce
Tänzer M tancerz; **~in** F tancerka
tänzerisch taneczny
Tanzfest N zabawa taneczna
Tanzfläche F parkiet do tańca
tanzfreudig utaneczniony
Tanz|gruppe F zespół taneczny; **~lehrer(in)** M(F) nauczyciel(ka) tańca; **~lokal** N dansing; **~musik** F muzyka taneczna; **~orchester** N orkiestra taneczna; **~partner(in)** M(F) partner(ka) do tańca *od* w tańcu; **~party** F tańce *mpl*, *umg* potańcówka; **~schule** F szkoła tańca; **~stunde** F lekcja tańca; **~theater** N teatr tańca

Ta'pe|te F tapeta; **~tenwechsel** M *umg* zmiana dekoracji
tape'zieren (-) tapetować
Tape'zierer M tapeciarz; *austr* (*Polsterer*) tapicer
tapfer *Kämpfer, Soldat* waleczny; (*beherrscht*) dzielny; (*mutig*) odważny
Tapferkeit F (*bpl*) dzielność *f*, odwaga; *e-s Kämpfers a.* waleczność *f*; **etw mit großer ~ ertragen** dzielnie znosić (*akk*)
tappen V/I (*sn*) iść, człapać; *fig* **in e-e Falle ~** wpaść *pf* w pułapkę; *fig* **völlig im Dunkeln ~** zupełnie nie orientować się (w sytuacji)
tapsig niezgrabny, niezręczny
Ta'rantel F (-; -*n*) tarantula; *fig* **wie von der ~ gestochen** jak by go *od* ją osa ukąsiła
Ta'rif M (-*s*; -*e*) taryfa; **j-n nach ~ bezahlen** płacić k-u według taryfy (płac)
Ta'rifgruppe F kategoria zaszeregowania według tabeli płac
ta'riflich taryfowy, ustalony taryfą
Ta'rif|lohn M płaca według taryfy; **~partner** M strona w umowie zbiorowej; **~runde** F runda rokowań płacowych; **~satz** M stawka taryfowa; **~vertrag** M umowa zbiorowa; (*Manteltarifvertrag*) zbiorowy układ pracy
Tarnanzug M *umg* panterka, kamuflaż
tarnen V/T ⟨za⟩maskować, ⟨za⟩kamuflować (*v/r* **sich** się)
Tarnfärbung F ZOOL barwa ochronna
Tarnorganization F organizacja przykrywka (wywiadu *usw*)
Tarnung F maskowanie (się); MIL *a.* kamuflaż; *fig* **zur ~** dla niepoznaki
Täschchen N (*kleine Handtasche*) torebka
Tasche F kieszeń *f*, *dim* kieszonka; *zum Tragen* torba, *kleine* torebka; **etw aus eigener ~ bezahlen** ⟨za⟩płacić z własnej kieszeni (*akk*, za *akk*); *umg fig* **j-m auf der ~ liegen** siedzieć u k-o w kieszeni; *umg fig* **j-n in die ~ stecken** mieć *od* trzymać k-o w kieszeni; **sich** (*dat*) **in die eigene ~ lügen** wmawiać sobie (*akk*)
Taschen|ausgabe F, **~buch** F wydanie kieszonkowe; **~computer** M komputer kieszonkowy, kieszonkowiec; **~dieb** M (złodziej) kieszonkowiec; **~geld** N (*bpl*) kieszonkowe *n*; **~lampe** F latarka; **~messer** N scyzoryk; **~rechner** M minikalkulator; **~spielertrick** M *abw* kuglarstwo; **~tuch** N chust(ecz)ka do nosa; **~uhr** F zegarek kieszonkowy
Tascherl N (-*s*; -*n*) *austr* KULIN: *mst* PL **~n** pierogi z powidłami *usw*
Taskleiste F EDV pasek zadań
Tasse F filiżanka; *umg fig* **nicht alle ~n im Schrank haben** nie mieć piątej klepki
Tasta'tur F klawiatura
Taste F klawisz; **in die ~n greifen** uderzyć *pf* w klawisze
tasten (-*e*-) V/T MED wyczuwać dotykiem; V/I **nach etw ~** macać, obmacywać (*akk*); (*etw suchen*) szukać po omacku (*gen*); V/R **sich ~** iść po omacku (**zur Tür** do drzwi)
Tasten|instrument N instrument klawiszowy; **~telefon** N telefon z przyciskami
Tastsinn M (*bpl*) zmysł dotyku
tat → tun
Tat F czyn, postępek, uczynek; (*Verbrechen*) czyn przestępczy, przestępstwo; **gute ~** dobry uczynek; *etw* **in die ~ umsetzen** urzeczywistni(a)ć, ⟨z⟩realizować; *lit* **zur ~ schreiten** przystępować ⟨-stąpić⟩ do dzieła; **auf frischer ~ ertappen** przyłap(yw)ać na gorącym uczynku; **in der ~** w istocie, rzeczywiście
Ta'tar N (-*s*; -[*s*]) KULIN befsztyk tatarski, *umg* tatar
Ta'tarensoße F sos tatarski
Tatbestand M stan faktyczny; JUR znamiona *npl* czynu przestępczego
täte → tun
Tatendrang M żądza czynu, zapał
tatenlos bezczynny, pasywny; **~ zusehen** przyglądać się bezczynnie
Täter M sprawca *m*; **~in** F sprawczyni; **~schaft** F (-; *bpl*) sprawstwo
tätig (*aktiv*) czynny; (*arbeitend*) pracujący; **als Ingenieur ~ sein** pracować jako inżynier (**bei, in** *dat* w *lok*; **für** dla *gen*); **~ werden** wkraczać ⟨wkroczyć⟩
tätigen *Einkäufe* ⟨po-, z⟩robić; *Geschäft* przeprowadzać ⟨-dzić⟩
Tätigkeit F działalność *f* (**berufliche** zawodowa); (*konkretes Tun, In-Funktion-Sein*) czynność *f*; działanie
Tätigkeits|bereich M zakres działania; **~bericht** M sprawozdanie z działalności
Tatkraft F (*bpl*) energia, aktywność *f*
tatkräftig energiczny, rzutki; *Hilfe usw a.* skuteczny
tätlich czynny; **~er Angriff** czynna

napaść; ~ **werden** posunąć się do rękoczynów (**gegen** wobec *gen*)
Tätlichkeiten FPL rękoczyny *mpl*
Tatort M miejsce (popełnienia) przestępstwa
täto'wieren (-) ⟨wy⟩tatuować; **sich ~ lassen** tatuować się
Täto'wierung F tatuaż
Tatra F (-; *bpl*): **die ~** Tatry *pl*; *in zssgn* tatrzański
Tatsache F fakt; **~ ist, dass …** (to) fakt, że …, jest faktem, że …; **j-n vor vollendete ~n stellen** postawić przed faktem dokonanym (*akk*)
tatsächlich ADJ faktyczny; ADV faktycznie, rzeczywiście; **~?** naprawdę?
tätscheln (*-le*) ⟨po⟩głaskać
Tattergreis *umg abw* M ramol, stary pryk
tatt(e)rig (*zittrig*) trzęsący się; *Greis* zramolały
Tattoo [tɛ'tuː] M *od* N (*-s; -s*) tatuaż
Tatwaffe F broń użyta do popełnienia przestępstwa
Tatze F łapa (*a. pop Hand*)
Tau[1] M (-[*e*]s; bpl) rosa
Tau[2] N (-[*e*]s; -e) (*Seil*) lina
taub *Person* głuchy (*a. subst*); *Fuß* zdrętwiały; *Blüte, Gestein, Nuss* płonny; **auf einem Ohr ~ sein** być głuchym na jedno ucho; **~ werden** ogłuchnąć *pf*; **~es Gefühl** brak czucia (**in** *dat* w *lok*); *fig* **sich ~ stellen** udawać głuchego; **~blind** głuchoślepy
Taube F gołąb; (*Weibchen*) gołębica
Taubenschlag M gołębnik
Taubheit F (*bpl*) głuchota; *der Glieder* zdrętwienie, drętwota
taubstumm głuchoniemy (*a. subst*)
Taubstummheit F (*bpl*) głuchoniemota
tauchen V/T zanurzać ⟨-rzyć⟩ (**ins Wasser** w wodę, w wodzie); *v/i* (*a. sn*) zanurzać ⟨-rzyć⟩ się; (*sn*) *Person, Tier a.* nurkować, da(wa)ć nurka
Tauchen N (*-s; bpl*) nurkowanie
Taucher M nurek; **~anzug** M skafander nurka; **~glocke** F dzwon nurkowy; **~in** F nurek; **~maske** F maska do nurkowania
Tauch|gerät N akwalung; **~sieder** M grzałka (nurkowa); **~sport** M nurkowanie, sport nurkowy
tauen V/T roztapiać ⟨-topić⟩; V/I (*sn*) tajać, topić się; *unpers* (*h*) **es taut** taje, jest odwilż
Taufbecken N chrzcielnica
Taufe F chrzest; (*Feier*) chrzciny *pl*; *fig* **aus der ~ heben** powołać do życia
taufen *Person, Schiff usw* ⟨o⟩chrzcić; **er wurde auf den Namen Jan getauft** otrzymał na chrzcie imię Jan
Taufliege F muszka owocowa
Täufling M (*-s; -e*) dziecko podawane do chrztu; *erwachsen* osoba przyjmująca chrzest
Tauf|name M imię chrzestne; **~pate** M (ojciec) chrzestny; **~patin** F (matka) chrzestna
taufrisch mokry od rosy; *fig* świeżutki (-ko); *umg* **er ist nicht mehr ~** on trochę podtatusiał
Taufschein M metryka chrztu
taugen V/I nada(wa)ć się, przyda(wa)ć się (**zu, als** do *gen*, na *akk*); **… taugt nichts …** jest do niczego
Taugenichts M (-[*e*]s; -e) ladaco *m*, nicpoń *m*
tauglich przydatny, zdatny (**zu** do *gen*)
Taumel M (*-s; bpl*) (*Schwindel*) zawrót głowy, odurzenie; (*Überschwang*) upojenie; **wie im ~** jak w odurzeniu
taumeln V/I (*-le; sn*) zataczać ⟨-toczyć⟩ się (**gegen die Wand** na ścianę)
Tausch M (-[*e*]s; -e) wymiana, zamiana; **im ~ gegen …** w zamian za (*akk*)
Tauschbörse F giełda wymienna
tauschen V/T *Sachen* zamieni(a)ć (**gegen** na *akk*); *Blicke* wymieni(a)ć; V/I **mit j-m ~** zamieni(a)ć się z (*inst*)
täuschen **A** V/T (*hintergehen*) łudzić, zwodzić ⟨zwieść⟩; (*irreführen*) wprowadzać ⟨-dzić⟩ w błąd; **wenn mich meine Augen nicht ~** jeśli mnie oczy nie mylą; **wenn mich nicht alles täuscht** jeżeli się nie mylę **B** V/I SPORT wykonać zwód **C** V/R **sich ~** (**in** *dat*) zawodzić ⟨-wieść⟩ się (na, w *lok*); **sich nicht ~ lassen** nie dać się zwieść, nie zwieść się
täuschend ADJ łudzący; *präd* **j-m, etw** (*dat*) **~ ähnlich sehen** *od* **sein** być łudząco podobnym do (*gen*)
Tausch|geschäft N HANDEL transakcja wymienna; **~objekt** N obiekt wymiany
Täuschung F (*Irreführung*) zmylenie, wprowadzenie w błąd; (*Finte*) finta, zwód; (*Sinnestäuschung*) złudzenie; **e-r ~ erliegen** ulegać ⟨ulec⟩ złudzeniu
Täuschungsmanöver N podstęp
Tauschwert M wartość wymienna
tausend *num* tysiąc; **zwei, vier ~** dwa,

cztery tysiące; **fünf ~** pięć tysięcy; **~ Dank** tysiąckrotne dzięki

Tausend[1] F (liczba) tysiąc

Tausend[2] N (-s; -) tysiąc; **fünf vom ~** pięć promil *od* promili

Tausend[3] *num* **einige ~** kilka tysięcy; **~ und Abertausend** tysiące; PL **~e, zu ~en** (*Unmengen*) tysiące; **die Kosten gehen in die ~e** koszty sięgają tysięcy

Tausender M MAT tysiąc(e); *umg* (*Geldschein*) tysiączek, tauzen

tausendfach tysiąckrotny

Tausend|füßler M wij, krocionóg; **~jahrfeier** F obchody *mpl* tysiąclecia

tausend|jährig tysiącletni; **~mal** ADV tysiąc razy, tysiąckrotnie

Tausendsas(s)a M człowiek kuty na cztery nogi, *umg* stary wyga

tausend|ste *num* tysięczny, tysiączny; **~stel** ADJ (*unv*) jedna tysięczna

Tausendstel N, *szwajc* M tysięczna część

Tautropfen M kropla rosy

Tauwetter N (*bpl*) odwilż *f*

Tauziehen N przeciąganie liny (*a. fig*)

Taxe F taksa, opłata; *umg* → Taxi

Taxi N (-s; -s) taksówka

ta'xieren (-) ⟨o⟩szacować

Taxi|fahrer(in) M(F) taksówkarz, *umg* taksiarz; **~stand** M postój taksówek

Tb, Tbc [te:'be:, te:be:'tse:] F (**Tuberkulose**) gruźlica

Teakholz ['ti:k-] N drzewo tekowe

Team [ti:m] N (-s; -s) zespół; drużyna; **~arbeit** F (*bpl*) praca w zespole, praca zespołowa; **~chef** M SPORT trener

Technik F technika (*a. Methode*); (*Ausrüstung*) sprzęt techniczny; **modernste ~** najnowocześniejszy sprzęt techniczny; **~er(in)** M(F) technik (*a. f*)

technisch techniczny; **~e Fachschule** technikum *n*; **~e Hochschule** politechnika; **~ begabt** uzdolniony technicznie; **das ist ~ unmöglich** to technicznie niemożliwe

T

Techno ['tɛkno] N *od* M (-s; *bpl*) (muzyka) techno (*unv*)

Techno'krat M (-en) technokrata *m*

Technolo'gie F technologia; **~park** M ośrodek badań i opracowań technologicznych

techno'logisch technologiczny

Techtel'mechtel *umg* N romans(ik)

Teddy M (-s; -s), **~bär** M (pluszowy) miś, misiek, misio

Tee M (-s; -s) herbata; (*geselliges Beisammensein*) herbatka; *aus Kräutern* herbata ziołowa, ziółka *npl*; **~beutel** M torebka od saszetka herbaty; **~gebäck** N ciastka *npl*, herbatniki *mpl*; **~glas** N (PL *-gläser*) szklanka do herbaty; **~kanne** F dzbanek do herbaty; **~kessel** M czajnik, imbryk; **~löffel** M łyżeczka do herbaty

Teenager ['ti:ne:dʒər] M (*Junge*) nastolatek; (*Mädchen*) nastolatka

Teer M (-[e]s; -e) smoła; *in Zigaretten* substancje *fpl* smoliste

teeren ⟨wy⟩smołować

Teerpappe F papa smołowa

Tee|service N komplet do herbaty; **~sieb** M sitko do herbaty; **~stube** F herbaciarnia; **~wasser** N (*bpl*) woda na herbatę; **~wurst** F metka delikatesowa

Teflonpfanne F patelnia teflonowa

Teich M (-[e]s; -e) staw; **~rose** F nenufar, grążel

Teig M (-[e]s; -e) ciasto

teigig ciastowaty (-to)

Teigtasche F pieróg, pierożek

Teigwaren FPL makarony *mpl*

Teil M (-[e]s; -e) **1** część *f*; RTV *e-s Mehrteilers* odcinek; JUR *im Prozess* strona **2** *m od n* (*Anteil; Beitrag*) udział, wkład **3** *n* (*Einzelteil, Stück*) część *f*; sztuka; **ein gut ~** znaczna część, znacznie; **der größte ~** główna część; **zum ~** częściowo, w części; **zum größten ~** przeważnie; **zu gleichen ~en** po równej części; na równe części; **sein(en) ~ beisteuern (zu)** wnosić ⟨wnieść⟩ swój wkład (do *gen*); **ich für mein(en) ~** jeśli o mnie chodzi; **ein defektes ~ ersetzen** zamieni(a)ć uszkodzoną część

Teil|abriss M BUD częściowa rozbiórka; **~ausbau** M rozbudowa etapowa; **~betrag** M część *f* sumy, rata; **~chen** N (*Partikel*) cząstka, cząsteczka

teilbar podzielny; **~ sein** dzielić się

teilen V/T ⟨po⟩dzielić (*a.* MAT; **durch** przez), rozdzielać ⟨-lić⟩; **in vier Teile ~** ⟨po⟩dzielić na cztery części; **etw unter sich, untereinander ~** ⟨po⟩dzielić *od* rozdzielać ⟨-lić⟩ pomiędzy siebie (*akk*); *fig j-s Ansichten, Gefühle, Los usw* podzielać, dzielić … z (*inst*); V/R **sich ~** ⟨po⟩dzielić się, rozdzielać ⟨-lić⟩ się (*a. Weg usw*); *Vorhang* rozsuwać ⟨-sunąć⟩ się; **sich** (*dat*) **die**

am Telefon

Ich möchte Herrn Meier sprechen.	Chciał(a)bym rozmawiać z panem Meierem.
Bitte bleiben Sie am Apparat.	Proszę zaczekać przy telefonie.
Wie ist die Vorwahl für Deutschland?	Jaki jest numer kierunkowy do Niemiec?
Unter welcher Nummer kann ich Sie erreichen?	Pod jakim numerem mogę panią/pana zastać?
Würden Sie mir bitte Ihre Nummer im Büro geben?	Czy mogłaby pani/mógłby pan podać mi swój numer służbowy?
Was haben Sie für eine Durchwahl?	Czy jest do pani/pana telefon bezpośredni?
Wie bitte?	Słucham?
Ich kann Sie schlecht verstehen.	Słabo panią/pana słyszę.
Bitte hinterlassen Sie eine Nachricht.	Proszę zostawić wiadomość.
Es tut mir leid, Sie sind falsch verbunden.	Przykro mi, to pomyłka.
Danke für Ihren Anruf.	Dziękuję za telefon.
Auf Wiederhören!	Do usłyszenia!

Kosten mit j-m ~ ⟨po⟩dzielić się kosztami z *(inst)*

Teiler M MAT dzielnik

Teilerfolg M połowiczny sukces

teilhaben V/I *(irr)* (**an** *dat*) podzielać *(akk)*; brać udział, uczestniczyć w *(lok)*

Teilhaber M, **~in** F udziałowiec; **stiller ~** cichy wspólnik

Teilkaskoversicherung F częściowe ubezpieczenie auto-casco

Teillieferung F dostawa częściowa

Teilnahme F udział, uczestnictwo (**an** *dat* w *lok*); *fig lit (Anteilnahme)* ubolewanie, współczucie

teilnahms|los obojętny, apatyczny; **~voll** współczujący (-co)

teilnehmen V/I *(irr)* (**an** *dat*) uczestniczyć, brać ⟨wziąć⟩ udział (w *lok*); *fig* **an j-s Leid ~** dzielić ból z *(inst)*

Teilnehmer M uczestnik; TEL abonent; **~in** F uczestniczka; **~verzeichnis** F spis uczestników; TEL spis abonentów

teils ADV częściowo, w części

Teil|strecke F odcinek (trasy); **~strich** M kreska podziałki; **~stück** N część *f*; *(Abschnitt)* odcinek; *(Bruchstück)* ułamek

Teilung F dzielenie (*a.* MAT); podział (*a.* BIOL); HIST *(die Teilung Polens)* rozbiór

teilweise częściowy (-wo)

Teilzahlung F zapłata ratalna; **auf ~ kaufen** kupować ⟨-pić⟩ na raty

Teilzeitarbeit F *(bpl)* praca w niepełnym wymiarze godzin

teilzeitbeschäftigt ADJ zatrudniony w niepełnym wymiarze godzin

Teint [tɛ̃:] M (-s; -s) cera, karnacja

Tele|arbeit F *(bpl)* telepraca; **~banking** [-bɛŋkɪŋ] N (-s; *bpl*) bankowość elektroniczna; **~fax** N (-; -e) *(Gerät, Nachricht)* telefaks

Telefon *a.* [-'fo:n] N (-s; -e) telefon; **per ~** przez telefon; **j-n ans ~ rufen** przywoł(y-w)ać k-o do telefonu

Tele'fon|anruf M telefon; **~anschluss** M łącze telefoniczne, *umg* telefon; **~apparat** M aparat telefoniczny, *umg* telefon

Telefo'nat N (-[e]s; -e) rozmowa telefoniczna, *umg* telefon

Tele'fonbanking [-bɛŋkɪŋ] N (-s; *bpl*) telefoniczny serwis bankowy

Telefonbuch N książka telefoniczna

Telefon|gebühr F opłata telefoniczna; *(Grundgebühr)* abonament telefoniczny; **~gespräch** N rozmowa telefoniczna; **~hörer** M słuchawka telefonu

tele|fo'nieren V/I (-) ⟨za⟩telefonować (**mit j-m, nach** do *gen*); **~'fonisch** telefoniczny; *präd a.* przez telefon

Telefo'nist(in) M(F) telefonista *m* (-tka)

Tele'fon|karte F karta telefoniczna; **~leitung** F linia telefoniczna; **~marke** F, **~münze** F żeton do telefonu; **~nummer** F numer telefonu

Tele'fon|rechnung F rachunek za telefon; **~überwachung** F podsłuch telefoniczny; **~verbindung** F połączenie telefoniczne; **~zelle** F budka telefoniczna; **~zentrale** F centrala telefoniczna

tele'gen telegeniczny

Telegraf M (-en) telegraf

tele|gra'fieren V/T u. V/I (-) ⟨za⟩telegrafować (**an** *dat*, **nach** do *gen*); **~'grafisch** telegraficzny

Tele'gramm N (-s; -e) telegram; **~adresse** F adres telegraficzny; **~stil** M styl telegraficzny

Telegraph *usw* → Telegraf *usw*

Tele|kommunikation F (*bpl*) telekomunikacja; **~objektiv** N teleobiektyw; **~pa'thie** F (*bpl*) telepatia

tele'pathisch telepatyczny

Telephon *usw* → Telefon *usw*

Teleshopping [-ʃɔpıŋ] N (-s; *bpl*) teleshopping, telezakupy *mpl*

Tele'skop N (-s; -e) teleskop

Telex N (-; -[e]) dalekopis, teleks

Teller M talerz; **flacher, tiefer ~** talerz płytki, głęboki; **~rand** M brzeg talerza; **~wäscher** M pomywacz talerzy

Tempel M świątynia; **~anlage** F kompleks świątynny

Tempera'ment N (-[e]s; -e) temperament; **~ haben** mieć temperament; *umg* **sein ~ ist mit ihm durchgegangen** poniósł go temperament

tempera'mentvoll pełen temperamentu, temperamentny

Tempera'tur F temperatura; MED *a.* ciepłota; **(erhöhte) ~ haben** mieć temperaturę; **~anstieg** M wzrost temperatury; **~rückgang** M spadek temperatury; **~sturz** M nagły spadek temperatury

tempe'riert ADJ: **gut ~** *Wein usw* mający właściwą temperaturę

Tempo N (-s; -s, MUS -*pi*) tempo; **(ein) ~ vorlegen** narzucać ⟨-cić⟩ tempo; **mit hohem ~** *fahren* z wielką szybkością; *umg* **~ (~)!** szybciej!; **~limit** N (-s; -s) ograniczenie prędkości jazdy

tempo'rär *lit* (tym)czasowy (-wo)

Tempotaschentuch® N chusteczka higieniczna

Ten'denz F tendencja (**zu etw** do *gen*); **steigende ~** tendencja wzrostowa

tendenzi'ös tendencyjny

ten'dieren V/I (-) (**zu**) objawi(a)ć tendencję (do *gen*), skłaniać się (ku *dat*)

Tenne F klepisko

Tennis N (-; *bpl*) tenis; **~ spielen** grać w tenisa; **~ball** M piłka tenisowa; **~platz** M kort (tenisowy); **~schläger** M rakieta (tenisowa); **~schuhe** MPL tenisówki *fpl*; **~spieler(in)** M(F) tenisista *m* (-tka)

Te'nor[1] M (-s; *Tenöre*) tenor

Tenor[2] M (-s; *bpl*) treść *f*, sens; JUR *des Urteils* sentencja

Ten'sid N (-[e]s; -e) środek powierzchniowo czynny

Teppich M (-s; -e) dywan, (*Prachtteppich*) kobierzec; *umg fig* **auf dem ~ bleiben** stać na ziemi; *umg fig* **etw unter den ~ kehren** zatuszować *pf* (*akk*)

Teppich|boden M (*Belag*) wykładzina dywanowa; (*Fußboden*) podłoga dywanowa; **~fliese** F płytka dywanowa

Ter'min M (-s; -e) termin; JUR rozprawa; **sich** (*d*[illegible]) **e-n ~ geben lassen** umówić *pf* termin

Terminal ['tsrmınəl] N *od* M, EDV *nur* N (-s; -s) terminal

ter'min|gemäß, ~gerecht terminowy, *präd* terminowo, w terminie

Ter'min|geschäft N transakcja terminowa; **~kalender** N terminarz, agenda

Termini PL → Terminus

Terminolo'gie F terminologia

Ter'minplan M terminarz

Terminus M (-; -*ni*) termin

Ter'mite F termit

Ter'mitenhügel M termitiera

Terpen'tin N (-s; -e) terpentyna

Terrain [tɛ're:] N (-s; -s) teren

Terra'kotta F (-; -*tten*) terakota

Ter'rarium N (-s; -*ien* [-iən]) terrarium *n*

Ter'rasse F taras

ter'rassenförmig tarasowaty (-to)

Ter'rassengarten M ogród tarasowy

Terrier ['tɛriər] M terier

Ter'rine F waza (do zupy); *in zssgn* **...terrine** zupa ...

territori'al terytorialny

Terri'torium N (-s; -*ien* [-iən]) terytorium *n*, obszar

Terror M (-s; *bpl*) terror; *umg* awantura, scena; *umg* **~ machen** robić sceny

Terror|akt M akt terroru; **~anschlag** M zamach terrorystyczny

terrori'sieren (-) ⟨s⟩terroryzować

Terro'rismus M (-; *bpl*) terroryzm

Terro'rist M (-en) terrorysta *m*; **~in** F terrorystka

terro'ristisch terrorystyczny

Terti'är N (-s; *bpl*) GEOL trzeciorzęd

Terz F MUS, SPORT tercja

Ter'zett N (-[e]s; -e) tercet

Tesafilm® M skocz, taśma klejąca

Test M (*-s; -s od -e*) test, próba
Testa'ment N (-[e]s; -e) testament; **Altes, Neues ~** Stary, Nowy Testament
testamen'tarisch testamentowy; **~ verfügen, vermachen** rozporządzać ⟨-dzić⟩, zapis(yw)ać w testamencie
Testa'ments|eröffnung F otwarcie testamentu; **~vollstrecker** M wykonawca *m* testamentu
Testbild N obraz testowy
testen (*-e-*) testować, podda(wa)ć badaniom
Test|fall M precedens; **~flug** M lot testowy; **~frage** F pytanie testujące; **~person** F osoba testowana; **~pilot** M pilot doświadczalny, oblatywacz
Tetanus M (*-; bpl*) tężec; **~schutzimpfung** F zastrzyk przeciwtężcowy
teuer (*teurer, teuerste*) drogi (-go) (*a. fig, geschätzt, lieb*); **wie ~ ist dieser Hut?** jak drogi jest ten kapelusz?; **das ist mir zu ~** to dla mnie za drogo; **teurer werden** ⟨po-, z⟩drożeć; **~ bezahlen** drogo zapłacić (*a. fig*, **für etw** za *akk*); **meine teuren Freunde!** drodzy przyjaciele!; *fig* **das wird dich ~ zu stehen kommen** to będzie ciebie drogo kosztować; *fig* **das war ein ~ erkaufter Sieg** to było drogo okupione zwycięstwo
Teuerung F drożyzna
Teuerungsrate F stopa wzrostu cen
Teufel M diabeł, bies; *umg* **der Kerl ist ein richtiger ~** ten chłopak to istny diabeł; *umg* **in ihn ist wohl der ~ gefahren** jakiś bies go opętał; *umg* **wie der ~** jak diabeł; *umg* **weiß der ~, ...** diabli wiedzą, ...; *umg* **hier ist der ~ los** (*es gibt Aufregung*) tu jest urwanie głowy; *umg* **in ~s Küche kommen** narobić *pf* bigosu, wpaść *pf* w kłopoty; *umg* **auf ~ komm raus** na całego, na potęgę; na upartego; *umg* **zum ~** do diabła; *umg* **wo zum ~ ...?** gdzie do diabła ...?; *umg* **das Geld ist zum ~** pieniądze diabli wzięli; *umg* **der ~ soll dich holen** niech cię diabli porwą; *umg* **j-n zum ~ jagen** przepędzić *pf* k-o do diabła *od* do stu diabłów; *umg* **scher dich zum ~!** idź do diabła *od* w diabły!
Teufelchen N diabełek, diablę
Teufe'lei F *abw* diabelstwo
Teufelin F diablica
Teufelskerl *umg* M diabeł (wcielony)
Teufelskreis M błędne koło
teuflisch diabelski; *umg* (*groß, stark*) diabelny, diabli; *präd* diabelsko; *umg* diabelnie, diablo; *umg* **~ kalt** diabelnie zimno
teu'tonisch teutoński
te'xanisch teksański, teksaski
Texas N (*-; bpl*) Teksas
Text M (-[e]s; -e) tekst (**zu** do *gen*); *umg fig* **weiter im ~!** proszę dalej!; **~baustein** M moduł tekstowy; **~datei** F plik tekstowy
texten (*-e-*) układać ⟨ułożyć⟩ tekst
Texter(in) M(F) autor(ka) tekstów, *umg* tekściarz
Tex'til|ien [-liən] PL tekstylia *pl*; **~industrie** F przemysł włókienniczy, włókiennictwo; **~waren** FPL wyroby *mpl* włókiennicze
Text|stelle F miejsce w tekście, urywek tekstu; **~verarbeitung** F przetwarzanie tekstów
Textverarbeitungsprogramm N edytor tekstów
TH [te:xa] F (technische Hochschule) politechnika
Thailand N (*-s; bpl*) Tajlandia
thailändisch tajlandzki (po -ku)
The'ater N teatr; *dim* teatrzyk; **ins ~ gehen** chodzić *od* iść do teatru; *umg fig* **~ spielen** grać komedię; *umg fig* **so ein ~!** ale komedia!
Theater|besucher(in) M(F) widz teatralny; (*Stammbesucher[in]*) teatroman(-ka); **~karte** F bilet do teatru; **~stück** N sztuka teatralna, utwór dramatyczny
theat'ralisch teatralny (*a. fig*)
Theke F *im Lokal* bufet, bar; *im Laden* kontuar; **an der ~** przy bufecie
Thema N (*-s; -men*) temat (*a. muz*)
The'matik F tematyka
the'ma|tisch tematyczny; **~ti'sieren** V/T (-) dyskutować na temat (*gen*)
Themse F (*bpl*): **die ~** Tamiza
Theo|'loge M (*-n*) teolog; **~'login** F teolożka, (kobieta) teolog; **~lo'gie** F [PL -'gi:ən] F teologia
theo'logisch teologiczny
Theo'retiker M teoretyk
theo'retisch teoretyczny
Theo'rie [PL -'ri:ən] F teoria; **sich in ~n versteigen** snuć teorie
Thera'peut M (*-en*) terapeuta *m*; **~in** F terapeutka
thera'peutisch terapeutyczny, leczniczy

Thera'pie [PL -'pi:ən] F leczenie
Ther'mal|bad N *(Ort)* uzdrowisko posiadające cieplice; **~quelle** F źródło termalne, cieplica, terma
thermisch termiczny
Thermo|drucker M termodrukarka; **~hose** F ocieplane spodnie; **~'meter** N termometr; **~papier** N termopapier
thermoplastisch termoplastyczny
Thermos|flasche® [θermɔs] F termos; **~kanne**® F termos
Thermo'stat M (-[e]s od -en; -e[N]) termostat
These F teza
Tho'ra *austr* ['to:ra] F *(bpl)* *rel* Tora
Thorax M (-[es]; -e) klatka piersiowa
Thriller ['θrɪ-] M dreszczowiec, thriller
Throm'bose F MED zakrzepica
Thron M (-[e]s; -e) tron; **den ~ besteigen** wstępować ⟨wstąpić⟩ na tron
thronen V/I tronować, królować
Thron|folger(in) M(F) następca *m* (-czyni) tronu; **~saal** M sala tronowa
Thunfisch M tuńczyk
Thurgau M (-s; *bpl*): **der ~** Turgowia
Thüringen N (-s; *bpl*) Turyngia
Thüringer ADJ, **thüringisch** turyński
THW [te:xa've:] N *(bpl)* (Technisches Hilfswerk) Stowarzyszenie Pomocy Technicznej
Thymian M (-s; *bpl*) tymianek, macierzanka
Thymus M (-; -*mi*) ANAT grasica
Tiber M (-s; *bpl*): **der ~** Tyber
Tibet N (-s; *bpl*) Tybet
tibe'tanisch, ti'betisch tybetański (po -ku)
Tic, Tick[1] M (-[e]s; -s) MED tik
Tick[2] *umg* M (-[e]s; -s) *(Marotte)* dziwactwo, fioł; *(Nuance)* troszeczkę; **e-n ~ haben** mieć fioła; **e-n ~ höher** troszeczkę wyżej
ticken V/I *Uhr* tykać; *umg fig* **du tickst wohl nicht richtig** na mózg ci padło
Ticket N (-s; -s) bilet (lotniczy)
Tide F pływ
Tie|break, ~-Break ['taɪbreɪk] M *od* N (-s; -s) tie-break *m*
tief *Gewässer, Grube* głęboki (*a. fig*); *Luftdruck, Temperatur, Niveau, Stimme, Wolken* niski; *präd u.* ADV głęboko, w głąb, w głębi; nisko; **~er** *komp* głębszy; niższy; *präd u.* ADV głębiej; niżej; **ein ~es Grün** głęboka zieleń; **~er Schlaf** głęboki sen; **~er Herbst** późna jesień; **~ste Provinz** głęboka prowincja; **~e Stimme** niski głos; **e-e Etage ~er** piętro niżej; **e-e 3 Meter ~e Grube** dół głęboki na trzy metry; **e-e ~e Wunde** głęboka rana; **~e Trauer** głęboka żałoba; **aus ~ster Überzeugung** w najgłębszym przekonaniu; **der ~ere Sinn** głębszy sens; **~ in der Nacht, in ~ster** *od* **in der ~sten Nacht** późną nocą, późno w nocy; **~ liegende Augen** głęboko osadzone oczy; **~er liegende Wiesen** niżej położone łąki; **sich ~ verbeugen** skłonić się *pf* nisko; **~ atmen** głęboko oddychać; **~ fliegen** lecieć nisko; **~ versinken** zapadać ⟨-paść⟩ się głęboko (**in** *dat* w *akk*); **~ bewegt** wzruszony do głębi; **~ gehend, ~ greifend** sięgający w głąb, gruntowny; → tiefschürfend
Tief N (-s; -s) METEO niż (baryczny)
Tiefbau M *(bpl)* budownictwo drogowe i podziemne
tiefbewegt ADJ → tief
Tief|brunnen M studnia głębinowa; **~druck** M *(bpl)* TYPO wklęsłodruk; **~druckgebiet** N METEO obszar niskiego ciśnienia
Tiefe F *nach unten* głębokość *f* (*a. fig, Intensität*); *a. nach innen u. nach hinten* głębia, głąb (*a. fig*); *(tiefe Stelle)* głębina, głębia; **in die ~** w głąb; **in der ~, in den ~en** w głębi; **in e-r ~ von einem Meter** na głębokości (jednego) metra; **aus der ~** z głębi
Tiefebene F nizina, niż
Tiefen|psychologie F *(bpl)* psychologia głębi; **~schärfe** F głębia ostrości; **~wirkung** F działanie wgłębne
Tief|flug M lot koszący; **~gang** M *(bpl)* MAR zanurzenie; *fig* głębia; **~garage** F garaż *od* parking podziemny
tief|gefrieren KULIN zamrażać ⟨-mrozić⟩; **~gehend** ADJ → tief; **~gekühlt** ADJ mrożony
Tiefgeschoss N BUD podziemie, kondygnacja podziemna
tief|greifend ADJ → tief; **~gründig** gruntowny, wnikliwy
Tiefkühl|fach N zamrażalnik; **~kost** F *(bpl)* mrożonki *fpl*; **~truhe** F zamrażarka
Tief|lader M AUTO pojazd niskopodwoziowy; **~land** N (PL -*länder od* -*e*) nizina
tiefliegend ADJ → tief
Tief|punkt F *fig* niż; **~schlaf** M sen

głęboki; **~schlag** M cios poniżej pasa (*a. fig*)

tiefschürfend ADJ wnikliwy (-wie)

Tiefsee F (*bpl*) strefa głębinowa; **~forschung** F (*bpl*) badania *npl* głębin morskich

tiefsinnig *Betrachtungen usw* wnikliwy (-wie), głęboki (-ko)

Tiefstand M (*bpl*) najniższy poziom

tiefstapeln V/I być przesadnie skromnym, pomniejszać swoje zasługi *usw*

tiefste *sup* → tief

Tiefstwert M najniższa wartość, najniżej notowany poziom

Tiegel M tygiel; KULIN garnek, patelnia

Tier N (-[e]s; -e) zwierzę; **~e** PL zwierzęta *npl*, zwierzyna *f*; *umg fig* **großes, hohes ~** gruba ryba

Tier|art F gatunek zwierząt; **~arzt** M, **~ärztin** F weterynarz; **~fabel** F bajka zwierzęca; **~futter** N pokarm dla zwierząt; **~haltung** F chów od hodowla zwierząt; **~handlung** F sklep zoologiczny; **~heim** N schronisko dla zwierząt

tierisch zwierzęcy; *präd* zwierzęco, jak zwierzę (*a. fig, tierhaft*); *umg* (*sehr*) okropnie, strasznie; **mit ~em Ernst** z uroczystą powagą

Tierkreiszeichen N znak zodiaku

tierlieb lubiący zwierzęta

Tier|medizin F weterynaria; **~mehl** N mączka mięsno-kostna; **~park** M ogród zoologiczny; **~pfleger** M pielęgniarz zwierząt (w ogrodzie zoologicznym); **~quälerei** F znęcanie się nad zwierzętami; **~reich** N (*bpl*) świat zwierzęcy; **~schutz** M ochrona zwierząt; **~schutzverein** M towarzystwo opieki nad zwierzętami; **~versuch** M doświadczenie na zwierzętach; **~wärter** M → Tierpfleger; **~welt** F (*bpl*) fauna

Tiger M tygrys; **~fell** N tygrysia skóra

Tigerin F tygrysica

tigern *umg* V/I (*-re; sn*) maszerować

tilgen *Kredit, Schuld* spłacać ⟨-cić⟩, umarzać ⟨umorzyć⟩; *Daten, Namen, Spuren usw* wymaz(yw)ać (**aus** z *gen*)

Tilgung F FIN spłata, umorzenie; (*Löschung*) wymazanie

Tilsiter M, **~ Käse** M ser tylżycki

Timing ['taimɪŋ] N (*-s; -s*) synchronizacja, koordynacja

Tinktur F tynktura, nalewka

Tinnef *umg* M (*-s; bpl*) tandeta, chłam, lipa; (*Unsinn*) brednia, bzdura

Tinte F atrament; *umg fig* **in der ~ sitzen** być w tarapatach *od* opałach

Tinten|fisch M sepia, mątwa; **~fleck** M plama od atramentu; **~patrone** F pojemnik z atramentem *od* na atrament; **~strahldrucker** M drukarka atramentowa

Tipp M (*-s; -s*) (po)rada; (*Wink*) poufna wskazówka, *umg* cynk; *bei Wetten, Lotto* typowany numer *usw*; *umg* **e-n ~ bekommen** dosta(wa)ć cynk; *umg* **j-m e-n ~ geben** da(wa)ć k-u cynk

tippen[1] V/T *umg Text* ⟨na-, prze⟩pisać na maszynie; V/I (**an, auf, gegen** *akk*) (*berühren*) (lekko) dotykać ⟨-tknąć⟩ (*gen*)

tippen[2] V/I *umg* (*setzen*) (**auf j-n als ...**) typować (k-o jako, na *akk*); **im Lotto ~** grać w lotto; V/T **sechs Richtige ~** mieć sześć trafień

Tipp|fehler M błąd w maszynopisie; **~schein** M kupon

tipptopp ADJ *u.* ADV tip-top

Ti'rol N (*-s; bpl*) Tyrol

Ti'roler ADJ tyrolski

Tisch M (-[e]s; -e) stół; (*Mahlzeit*) posiłek, jedzenie, obiad; **den ~ decken** nakry(wa)ć do stołu (**für vier Personen** na cztery osoby); **den ~ abdecken** sprzątać ⟨-tnąć⟩ ze stołu; **am, bei ~** przy stole; **nach ~** po jedzeniu, po obiedzie; **vor ~** przed posiłkiem; **zu ~ bitten** prosić do stołu; **sich an den ~ setzen** zasiadać ⟨zasiąść⟩ do stołu, siadać ⟨siąść⟩ przy stole; *fig* **am runden ~** przy okrągłym stole; *fig* **reinen ~ machen** stawiać ⟨postawić⟩ sprawę jasno, (ostatecznie) załatwić *pf* sprawę; *umg fig etw* **unter den ~ fallen lassen** stawiać ⟨postawić⟩ poza nawiasem, nie uwzględni(a)ć; *umg fig* **das Problem ist vom ~** problem z głowy; *umg* **j-n über den ~ ziehen** wykręcić *pf* k-u numer; *fig* **vom grünen ~ aus** zza biurka

Tisch|bein N noga stołowa; **~dame** F partnerka przy stole; **~decke** F serweta, obrus; **~gespräch** N rozmowa przy stole; **~herr** M partner przy stole; **~kante** F krawędź *f* stołu; **~lampe** F lampa stołowa

Tischler M stolarz; *in zssgn* stolarski

Tischle'rei F (*Betrieb*) stolarnia

tischlern V/I (*-re*) zajmować się stolarką

Tisch|nachbar M sąsiad przy stole; **~platte** F blat (stołu); **~rede** F przemówienie do zgromadzonych przy stole; **~tennis** N tenis stołowy; **~tennisplatte** F stół do tenisa stołowego; **~tuch** N obrus; **~wein** M wino stołowe; **~zeit** F przerwa obiadowa

Ti'tan N (-s; *bpl*) CHEM tytan

Titel M tytuł (*a.* TYPO, SPORT); **akademischer ~** tytuł naukowy

Titel|bild N ilustracja na stronie tytułowej; **~blatt** N karta tytułowa; **~held(in)** M(F) bohater(ka) tytułowy (-wa); **~kampf** M SPORT walka o tytuł mistrzowski; **~rolle** F rola tytułowa; **~seite** F strona tytułowa; **~verteidiger(in)** M(F) obrońca *m* (-czyni) tytułu

Titte *pop* F cycek

titulieren (-) tytułować (**j-n mit** k-o *inst*); **j-n als Dummkopf ~** wyz(yw)ać k-o od głupców

Toast [to:st] M (-[e]s; -e od -s) toast; KULIN tost, grzanka; **~brot** N chleb tostowy (w kromkach)

toasten (-*e*-) opiekać ⟨opiec⟩ w tosterze

Toaster M toster, opiekacz

toben V/I (*a. sn*) *Sturm, Person* szaleć; **vor Wut ~** szaleć z wściekłości; *Kampf* wrzeć; *Kinder* dokazywać, swawolić (**durch den Garten** w ogrodzie; **am Strand** na plaży)

Tobsuchtsanfall M atak szału

Tochter F (-; *Töchter*) córka; *dim* córeczka; **~gesellschaft** F spółka córka

Tod M (-[e]s; -e) śmierć *f*, MED, *lit* zgon; **natürlicher ~** śmierć naturalna; **e-s gewaltsamen ~es sterben** umrzeć *pf od* zginąć *pf* gwałtowną śmiercią; **mit dem ~(e) ringen** walczyć ze śmiercią; **bis zum ~(e)** (aż) do śmierci; **zu ~e kommen, den ~ finden** ponieść *pf* śmierć; *umg* **j-n, etw auf den ~ nicht ausstehen können** nie znosić, nie cierpieć (*gen*); *umg* **sich zu ~e langweilen** nudzić się śmiertelnie

tod|bringend ADJ śmiertelny; **'~'ernst** *umg Miene* grobowy, pogrzebowy

Todesangst F strach przed śmiercią; (*große Angst*) śmiertelny strach; **Todesängste ausstehen** umierać ze strachu

Todes|anzeige F nekrolog; **~erklärung** F uznanie za zmarłego; **~fall** M przypadek zgonu

Todesfolge F (*bpl*): **... mit ~** ... z wynikiem śmiertelnym

Todes|gefahr F śmiertelne niebezpieczeństwo; **~jahr** N rok śmierci; **~kampf** M agonia

todesmutig nieustraszony; *präd* nieustraszenie, z narażeniem życia

Todes|opfer N ofiara; PL ofiary w ludziach; **~stoß** M śmiertelny cios; **~strafe** F (*bpl*) kara śmierci; **~tag** M dzień *m* śmierci; (*Gedenktag*) rocznica śmierci; **~ursache** F przyczyna śmierci; **~urteil** N wyrok śmierci

Todesverachtung F: *umg* **mit ~** przezwyciężając niechęć *od* odrazę

Todeszelle F cela śmierci

Todfeind(in) M(F) śmiertelny wróg

todkrank śmiertelnie chory

tödlich śmiertelny; **~ getroffen** śmiertelnie raniony

todmüde śmiertelnie zmęczony

tod|schick *umg* bardzo szykowny; **~sicher** *umg* absolutnie pewny; ADV na mur

Todsünde F grzech śmiertelny; **die sieben ~n** siedem grzechów głównych

Toffee [-fı *od* -fe] N (-s; -s) toffi *m* (*unv*)

Tohuwa'bohu *umg* N (-[s]; -s) bałagan

Toilette [toa'lɛtə] F toaleta; (*WC*) *a.* ubikacja; **~ machen** robić toaletę; **zur ~ gehen** iść ⟨pójść⟩ do toalety

toi, toi, toi INT: (**unberufen**) **toi, toi, toi!** trzeba odpukać!; (*alles Gute*) powodzenia!

Toi'letten|artikel [toa-] MPL przybory *mpl* toaletowe; **~frau** F babcia klozetowa; **~papier** N papier toaletowy; **~seife** F mydło toaletowe

tole'rant tolerancyjny, wyrozumiały; *präd* tolerancyjnie, wyrozumiale

Tole'ranz F tolerancja (*a.* TECH)

Tole'ranzschwelle F próg tolerancji

tole'rieren (-) tolerować

toll *umg* (*großartig*) odlotowy, obłędny, kapitalny; *Frau a.* szałowy; (*schlimm*) straszny; **ein ~es Gedränge** straszny tłok; **e-e ~e Geschichte** historia nie z tej ziemi; **das hat er ~ gemacht** kapitalnie się spisał; *iron* ale się spisał!; **es zu ~ treiben** nie znać miary

Tolle F (*Haar*) kogutek

tollen V/I swawolić; → toben

Tollheit F szaleństwo

Tollkirsche F (pokrzyk) wilcza jagoda

tollkühn śmiały (do szaleństwa), brawurowy (-wo)

Tollpatsch M (-[e]s; -e) niezgraba *m u. f*,

niezdara *m u. f*
tollpatschig niezgrabny, niezdarny
Tollwut F wścieklizna
tollwütig wściekły
Tölpel M ZOOL głuptak; *fig abw* oferma *m u. f*, lebiega *m u. f*
To'mate F pomidor
To'maten|mark N koncentrat pomidorowy; **~saft** M sok pomidorowy; **~salat** M sałatka z pomidorów; **~soße** F sos pomidorowy; **~suppe** F zupa pomidorowa
Tombola F loteria fantowa
Tomo'gramm N tomogram
Tomo|gra'fie, **~gra'phie** F tomografia
Ton[1] M (-[e]s; -e) MIN glina, ił; **feuerfester ~** glinka ogniotrwała; **aus ~** gliniany, z gliny
Ton[2] M (-[e]s; Töne) FIZ, MUS, *fig* ton; (*Klang*) dźwięk; (*Betonung*) akcent; (*Farbton*) ton, odcień *m*; **~ in ~** w jednym tonie; *fig* **den ~ angeben** nada(wa)ć ton; **es gehört zum guten ~** to należy do dobrego tonu; **ich verbitte mir diesen ~!** wypraszam sobie taki ton!; *umg abw* **große Töne spucken** przechwalać się; **hast du Töne?** coś takiego!, nie może być!
tonangebend ADJ nadający ton
Ton|arm M ramię adaptera; **~art** F tonacja; *fig* ton; **~aufzeichnung** F zapis(ywanie) dźwięku; **~band** N (PL *-bänder*) taśma magnetofonowa; *umg* → **~bandgerät** N magnetofon
tönen V/I (*klingen*) brzmieć; *umg* (*prahlen*) przechwalać się, perorować (**von etw** o *lok*); *v/t Haar* przyciemni(a)ć, zintensyfikować *pf* barwę
Toner M *für Drucker usw* toner
Tonerde F CHEM tlenek glinowy; **essigsaure ~** octan glinowy
tönern gliniany
Ton|fall M (*bpl*) intonacja; ton; **~film** M film dźwiękowy; **~frequenz** F częstotliwość akustyczna
Tongefäß N naczynie gliniane
Tonhöhe F wysokość tonu
Tonikum N (*-s; -ka*) środek wzmacniający *od* tonizujący
Ton|ingenieur M inżynier akustyk; RTV realizator dźwięku; **~konserve** F nagranie dźwiękowe; **~kopf** M głowica magnetofonowa; **~lage** F MUS rejestr; **~leiter** F gama, skala
tonlos bezdźwięczny, atoniczny
Ton'nage [-ʒə] F tonaż
Tonne F (*Gefäß*) beczka, baryłka; *für Müll usw* pojemnik; MAR pława; (*Maßeinheit*) tona; **2 ~n** dwie tony; **5 ~n** pięć ton; *umg* **dick wie eine ~** gruby jak beka
Ton|spur F ścieżka dźwiękowa; **~störung** F zakłócenie odbioru dźwięku; **~studio** N studio nagrań
Ton'sur F tonsura
Tontaubenschießen N strzelanie do rzutków
Tönung F (*das Tönen*) tonowanie; *von Haaren* koloryzacja; (*Farbton*) odcień *m*, tonacja
Tonwaren FPL wyroby *mpl* gliniane
Top N (*-s; -s*) (*Kleidungsstück*) top
To'pas M (*-es; -e*) topaz
Topf M (-[e]s; Töpfe) garnek; *klein, für Milch usw* garnuszek; *mit Griff* rondel; (*Nachttopf*) nocnik; *für Blumen* doniczka; *fig* **alles in e-n ~ werfen** podciągać wszystko pod jeden strychulec, wrzucać wszystko do jednego worka; *umg* **sie muss mal auf den ~** ona musi się załatwić
Topfblume F kwiat doniczkowy
Topfen M (*-s; bpl*) *austr* twaróg
Töpfe|r M garncarz; **~'rei** F (*Handwerk*) (*bpl*) garncarstwo; (*Betrieb*) garncarnia; **~rin** F garncarka
töpfern V/I (*-re*) zajmować się garncarstwem
Töpfer|scheibe F koło garncarskie; **~waren** FPL wyroby *mpl* garncarskie
topfit *umg* ADJ w doskonałej formie
Topflappen M łapka do (chwytania) gorących naczyń
Topform *umg* F SPORT szczytowa forma
Topfpflanze F roślina doniczkowa
Topo|gra'fie, **~gra'phie** F topografia
Topp M (*-s; -e*[N] od -s) MAR top
Tor[1] *lit* M (*-en*) głupiec
Tor[2] N (-[e]s; -e) brama, wrota *pl*; SPORT bramka; **ein ~ schießen** strzelić *pf* bramkę; **~differenz** F SPORT różnica bramek; **~einfahrt** F brama
Torf M (-[e]s; bpl) torf; **~moor** N torfowisko; **~mull** M torf ogrodowy
Torheit F (*bpl*) głupota; (*a. pl*) głupstwo
Torhüter M SPORT bramkarz
töricht *lit* nierozsądny, głupi (-pio)
Torjäger M bramkostrzelny napastnik
torkeln V/I (*-le; a sn*) zataczać ⟨zatoczyć⟩ się; (*mit Zielangabe, nur sn*) iść *od*

wychodzić ⟨wyjść⟩ zataczając się
Tor|latte F poprzeczka (bramki); **~linie** F linia bramkowa
torlos *Spielergebnis* bezbramkowy
Tormann M (PL *-männer*) bramkarz
Törn M (*-s; -s*) (*Fahrt*) wycieczka żaglówką, (niedaleki) rejs
torpe'dieren (-) ⟨s⟩torpedować (*a. fig*)
Tor'pedo N (*-s; -s*) torpeda; **~boot** N torpedowiec; **~rohr** N wyrzutnia torpedowa
Tor|pfosten M słupek bramki; **~raum** M pole bramkowe; **~schuss** M strzał na bramkę *od* do bramki; **~schütze** M strzelec bramki, zdobywca *m* bramki
Torso M (*-s; -s od -si*) tors; *lit fig* fragment, urywek
Törtchen N torcik
Torte F tort
Torten|boden M krążek ciasta (na tort), upieczony w tortownicy; **~heber** M łopatka do tortów
Tor'tur F (*Qual*) tortura
Torwart M (-[e]s; -e) bramkarz
tosen V/I *Meer, Sturm* huczeć, szaleć; **~der Beifall** huczne oklaski *pl*
tot *Lebewesen, Pflanzen, fig* martwy; *Person a.* zmarły; (*verendet*) zdechły; (*getötet*) zabity; (*menschenleer*) wymarły; *Gleis* ślepy; **er ist ~** on umarł; **j-n für ~ erklären** uzna(wa)ć k-o za zmarłego; *umg fig* **sich ~ stellen** uda(wa)ć trupa *od* nieżywego; **halb ~ (vor)** półżywy (z *gen*); *fig* **die Leitung ist ~** łączność przerwana; **das Tote Meer** Morze Martwe
to'tal totalny, zupełny, całkowity (-cie); **etw ~ vergessen** zupełnie zapomnieć *pf* (*akk*, o *lok*); **~e Mondfinsternis** całkowite zaćmienie Księżyca
To'tale F *im Film* plan ogólny
totali'tär totalitarny
To'tal|operation F MED operacja doszczętna; *in der Gynäkologie* operacja Wertheima; **~schaden** M szkoda całkowita
totarbeiten *umg*: V/R **sich ~** pracować do wyczerpania wszystkich sił, zapraco-w(yw)ać się
totärgern *umg*: V/R **ich könnte mich ~, wenn** (nagła) krew mnie zalewa, jak
Tote F zmarła, martwa; (*Getötete*) zabita; **~(r)** M (*-en*) zmarły, martwy; (*Getöteter*) zabity
töten (*-e-*) V/T uśmiercać ⟨-cić⟩, zabi(ja)ć (*a. fig, Gefühl, Zeit*); *v/r* **sich ~** zabi(ja)ć się
Töten N (*-s; bpl*) uśmiercenie, zabijanie, zabicie
toten|blass, **~bleich** trupio blady
Toten|feier F uroczystość pogrzebowa; **~gräber** M grabarz; **~kopf** M trupia czaszka; **~kult** M kult zmarłych; **~maske** F maska pośmiertna; **~messe** F msza żałobna; **~schein** M akt zgonu; **~sonntag** M niedziela umarłych; **~starre** F stężenie pośmiertne
totenstill: *präd* **es war ~** panowała grobowa cisza
Totenstille F grobowa cisza
Totes Meer N (*bpl*) Morze Martwe
totfahren *j-n, Tier* rozjechać *pf*
Totgeburt F (*Kind*) martwy płód
totkriegen *umg*: *nur in* **nicht totzukriegen sein** być nie do zdarcia
totlachen *umg*: V/R **sich ~ (können)** konać ze śmiechu
totmachen *umg* zakatrupić *pf*, załatwić *pf*
Toto N *od* M (*-s; -s*) totolotek
totschießen *umg* (*irr*) zastrzelić *pf*
Totschlag M (*bpl*) zabójstwo umyślne
totschlagen zabi(ja)ć, zatłuc *pf* (na śmierć); **um die Zeit totzuschlagen** dla zabicia czasu
Totschläger M (*Waffe*) pręt stalowy; *abw* (*Person*) zabójca *m*
totschweigen (*irr*) *Frage* wyciszyć *pf*
tottreten (*irr*) skopać *pf*, zabić *pf* kopaniem
Tötung F zabicie, uśmiercenie; JUR zabójstwo
tough [taf] *umg* twardy, hoży (-żo), dziarski (-ko); **ein ~er Kerl** twardy facet, twardziel
Toupet [tu'pe:] N (*-s; -s*) tupet
tou'pieren [tu-] (-) ⟨u⟩tapirować
Tour [tu:r] F (*Ausflug*) wycieczka, wypad, przejażdżka; TECH obrót; **auf ~en kommen** nab(ie)rać szybkości *od* rozpędu; *umg fig* rozruszać się *pf*, rozochocić się *pf*; **auf vollen ~en** na pełnych obrotach (*a. fig*); *umg j-n* **auf ~en bringen** (*erregen*) ⟨z⟩irytować; (*in Schwung bringen*) rozruszać *pf*, rozochocić *pf*; *umg fig* **auf die krumme ~** na lewo; *umg* **in e-r ~** bez przerwy; *umg fig* **j-m die ~ vermasseln** wchodzić ⟨wejść⟩ *od* włazić ⟨wleźć⟩ k-u w

T

paradę
Tourenwagen ['tu:-] M samochód wyczynowy
Tou'rismus M (-; *bpl*) turystyka; **sanfter ~** ekoturystyka
Tou'rist(in) M(F) (-*en*) turysta *m* (-tka)
Tou'ristenklasse F klasa turystyczna
Tou'ristinformation F punkt informacji turystycznej
tou'ristisch turystyczny
Tournee [tʊr'ne:] F (-; -*s od* -*n*) tournée *n* (*unv*); **auf ~ gehen** ⟨wy⟩jechać na tournée
To'xin N (-*s*; -*e*) toksyna
Trab M (-[e]s; bpl) kłus; **leichter ~** trucht; **im ~ reiten** kłusować; *umg fig* **j-n auf ~ bringen** popędzać k-o; *umg fig* **immer auf ~ sein** być stale w ruchu
Tra'bant M (-*en*) satelita *m*
Tra'bantenstadt F miasto satelita *n*
traben V/I (*sn*) ⟨po⟩biec truchtem, truchtać; *schneller* ⟨po⟩biec kłusem
Trabrennen N wyścigi *mpl* kłusaków
Tracht F (*Kleid*) strój (ludowy); *umg* **e-e ~ Prügel bekommen** dosta(wa)ć lanie
trachten V/I (-*e*-) (**nach etw**) dążyć (do *gen*), usiłować (+ *inf*); **j-m nach dem Leben ~** nastawać na życie (*gen*)
Trachtengruppe F zespół ludowy
trächtig *Tier* ciężarna; *engS Kuh* cielna; *Sau* prośna; *Hündin* szczenna; *Stute, Eselin* źrebna; *Katze, Schaf* kotna
Traditi'on F tradycja
traditio'nell tradycyjny
traditi'onsbewusst przywiązany do tradycji
traf, träfe → treffen
Tra'fik F → Tabaktrafik
Trafo M (-*s*; -*s*) transformator
Tragbahre F nosze *pl*
tragbar (*mobil*) przenośny; *Kleid* gustowny, praktyczny; *fig* możliwy do zaakceptowania; (*erträglich*) znośny
Trage F nosze *pl*
träge ociężały (-le), (*a. schläfrig*) ospały (-le); FIZ bezwładny; CHEM bierny
Tragekomfort M komfort noszenia
tragen (*trägt, trug, getragen*) **A** V/T **1** nosić, nieść; *etw Schweres, a. fig* dźwigać **2** *mit präp* **~ aus** (*dat*) wynosić ⟨-nieść⟩ z (*gen*); **~ in** (*akk*) wnosić ⟨wnieść⟩ do (*gen*); **~ durch, über** (*akk*) przenosić ⟨-nieść⟩ przez (*akk*); **über der Schulter ~** nosić na ramieniu; **~ zu, nach** (*dat*) zanosić ⟨-nieść⟩ do (*gen*); **bei sich ~** nosić przy sobie; **in sich ~** nosić w sobie **3** *Bart, Kleid, Brille, Hut, Titel usw* nosić; **das trägt man nicht mehr** tego się już nie nosi **4** *Kosten, Folgen usw* ponosić ⟨-nieść⟩; **die Schuld ~ an** (*dat*) ponosić winę za (*akk*) **5** *Früchte* rodzić, dawać **6** **zum Tragen kommen** znaleźć zastosowanie **7** **getragen werden** (**von etw**) *Dach usw* spoczywać (na *lok*); *fig* opierać się (na *lok*); **B** V/I **8** *Eis* trzymać; **weit ~** *Waffe* nieść daleko; *Obstbaum* owocować, rodzić **9** *fig* **schwer an etw** (*dat*) **~** *od* **zu ~ haben** dźwigać brzemię (*gen*) **C** V/R **sich ~** *Kleid* nosić się; **sich leicht ~** *Koffer* nieść się lekko; **sie trug sich mit der Absicht abzureisen** nosiła się z zamiarem wyjazdu; **sich selbst ~** *Firma* nie potrzebować dotacji; → getragen
tragend ADJ *Wand, Balken* nośny; *Rolle* pierwszoplanowy
Träger M BUD dźwigar; FIZ, CHEM, MIL nośnik; *am Kleid, BH* ramiączko; *am Rock* szelka; (*Arbeiter*) tragarz; MED, *fig* nosiciel; (*Einrichtung*) instytucja (publiczna); (*Rechtssubjekt*) podmiot
Trägerhose F ogrodniczki *mpl*
Trägerin F nosicielka
trägerlos bez szelek *od* ramiączek
Träger|rakete F rakieta nośna; **~rock** M spódnica na szelkach
Tragetasche F torba (na zakupy)
tragfähig wytrzymały; *fig* solidny
Tragfähigkeit F (*bpl*) udźwig, nośność *f*
Tragfläche F płat (nośny), skrzydło
Tragflächenboot N wodolot
Trägheit F (*bpl*) ociężałość *f*, ospałość *f*; FIZ bezwładność *f*; CHEM bierność *f*
Tragik F (*bpl*) tragizm
tragikomisch tragikomiczny
tragisch tragiczny; *umg* **etw ~ nehmen** robić tragedię z (*gen*); *umg* **nimm es nicht so ~** nie tragizuj
Traglast F obciążenie graniczne
Traglufthalle F hala pneumatyczna
Tra'gödie [-diə] F tragedia
Tragriemen M pas nośny
trägt → tragen
Tragweite F zasięg; *von Waffen a.* nośność *f*; *fig* **von großer ~** o dużej doniosłości
Trailer ['treɪlər] M (*Film*) zwiastun

Trainer(in) M(F) ['trɛ:-] trener(ka)
trai'nieren [trɛ:-] (-) V/T ⟨wy⟩trenować; V/I trenować, ćwiczyć
Training ['trɛ:-] M (-s; -s) trening
Trainings|anzug ['trɛ:-] M dres; **~lager** N obóz treningowy
Trakt M (-[e]s; -e) BUD trakt
trak'tieren (-) maltretować; **j-n mit Fußtritten ~** ⟨s⟩kopać k-o
Traktor M (-s; -'toren) ciągnik, traktor
trällern (-re) V/T nucić; V/I wyśpiewywać trele
Tram F (-; -s), **~bahn** F pl-niem tramwaj
Trampel *umg* M *od* N ciapa, oferma *m u. f*
trampeln (-le) V/T *Pfad* wydept(yw)ać; **j-n zu Tode ~** zatratować *pf* k-o; V/I tupać (**mit den Füßen** nogami); (*sn*) **durch das Gras ~** zdeptać *pf* trawę
Trampel|pfad M (wydeptana) ścieżka; **~tier** N ZOOL baktrian, wielbłąd dwugarbny; *umg fig* lebiega *m u. f*; → Trampel
trampen ['trɛm-] V/I (*sn*) podróżować autostopem, wędrować (**durch** po *lok*)
Tramper(in) M(F) autostopowicz(ka)
Trampolin N (-s; -e) (*Freizeiteinrichtung*) trampolina; SPORT batut
Trampolinspringen N (*bpl*) skoki *mpl* na batucie
Tran M (-[e]s; -e) tran; *umg fig* **im ~** (*benommen*) odurzony, na bani; *umg fig* **wie im ~** jak błędny
Trance ['trã:s] F trans
tranchieren [trã'ʃi:rən] (-) porcjować, ⟨po⟩dzielić na części *od* porcje
Träne F łza; **in ~n ausbrechen** wybuchnąć płaczem; **bittere ~n weinen** płakać gorzkimi łzami; **j-m kommen die ~n** łzy cisną się k-u do oczu; **zu ~ gerührt** rozczulony do łez; **keine ~ nachweinen** (*dat*) nie płakać po (*lok*)
tränen V/I łzawić; **meine Augen ~, mir ~ die Augen** oczy mi łzawią
Tränendrüse F gruczoł łzowy
Tränengas N gaz łzawiący
tränenüberströmt ADJ zalany łzami
tranig *umg fig* ślamazarny
trank, **tränke** → trinken
Tränke F wodopój; (*Gefäß*) poidło
tränken *Tier* ⟨na⟩poić; *Watte usw* nasycać ⟨-cić⟩, przepajać ⟨-poić⟩ (**mit** *inst*)
Tranquiliser ['træŋkwilaɪzə] M trankwilizator, neuroleptyk
Transakti'on F transakcja
transat'lantisch transatlantycki
tran'schieren → tranchieren
Trans|'fer M (-s; -s) transfer; **~for'mator** M (-s; -'toren) transformator; **~fusi'on** F transfuzja
Tran'sistor M (-s; -'toren) tranzystor; *in zssgn* tranzystorowy
Tran'sit *a.* ['tran-] M (-s; -e) tranzyt; **~halle** F hala tranzytowa
transitiv *Verb* przechodni
Tran'sit|strecke *a.* ['tran-] F trasa tranzytowa; **~visum** N wiza tranzytowa
transkontinen'tal transkontynentalny
Transkripti'on F transkrypcja
transpa'rent przeświecający, przejrzysty (-ście)
Transpa'renz F (*bpl*) przejrzystość *f*
transpi'rieren V/I (-) pocić się
Transplan|'tat N (-[e]s; -e) przeszczep; **~tati'on** F transplantacja, przeszczep
transplan'tieren (-) przeszczepi(a)ć
Trans'ponder M satelitarny zespół odbiornik-nadajnik
Trans'port M (-[e]s; -e) transport
transport'abel przenośny; *Maschine, großes Gerät* przewoźny
Trans'porter M transportowiec; MIL (*Auto*) transporter
trans'portfähig zdatny do transportu
transpor'tieren (-) ⟨prze⟩transportować, przewozić ⟨-wieźć⟩
Trans'port|kosten PL koszty *mpl* transportu; **~mittel** N środek transportu; **~unternehmer** M przewoźnik
Transuse *umg* F *abw* ciamajda *m u. f*
Transve'stit M (-en) transwestyta *m*
transzenden'tal transcendentalny
Tra'pez N (-es; -e) trapez; **~künstler(in)** M(F) akrobata *m* (-tka) na trapezie
Trappe F ZOOL drop
trappeln V/I (-le; sn) ⟨po⟩dreptać
Tra'ra *umg* N (-s; *bpl*): **viel ~ um etw machen** ⟨na⟩robić dużo szumu wokół (*gen*)
Trasse F trasa
trat, **träte** → treten
Tratsch *umg* M (-es; *bpl*) plotki *fpl*
tratschen *umg* V/I (*tratscht*) plotkować
Traualtar M: *lit* **vor den ~ treten** (**mit** *dat*) stanąć przed ołtarzem (z *inst*)
Traube F grono; *fig* (*Menschen*) kupa (ludu), gromada; → Weintraube

Traubensaft M sok winogronowy
Traubenzucker M cukier gronowy
trauen¹ V/T *Paar* da(wa)ć ślub (*dat*); **sich ~ lassen** brać ⟨wziąć⟩ ślub
trauen² V/I: **j-m ~** ⟨za⟩ufać k-u; **j-m**, *e-r Sache* **nicht ~** nie dowierzać (*dat*); **s-n Augen, Ohren nicht ~** nie wierzyć własnym oczom, uszom; **sich ~ zu** (+ INF) odważać ⟨-żyć⟩ się (+ *inf*)
Trauer F (*bpl*) smutek, żałość *f*; *um Tote* żałoba (*a. Kleidung*); **in tiefer ~** z wielkim żalem, z wyrazami głębokiego żalu; **~ tragen** nosić żałobę, chodzić w żałobie
Trauer|akt M akademia żałobna; **~fall** M wypadek śmierci (w rodzinie); **~feier** F uroczystość żałobna; **~flor** M krepa żałobna, kir; **~gottesdienst** M msza żałobna; **~marsch** M marsz żałobny *od* pogrzebowy
trauern V/I (*-re*): **um, über j-n, etw ~** smucić się z powodu (*gen*), opłakiwać (*akk*); **um j-n ~** (*Trauer tragen*) nosić żałobę po (*lok*)
trauernd ADJ pogrążony w smutku
Trauerrand M obwódka żałobna
Trauerspiel N tragedia; *umg fig* **es ist ein ~, dass ...** całe nieszczęście w tym, że ...
Trauer|weide F wierzba płacząca; **~zug** M kondukt *od* orszak żałobny
Traufe F okap; *fig umg* **vom Regen in die ~ kommen** trafi(a)ć z deszczu pod rynnę
träufeln (*-le*) wkraplać ⟨wkroplić⟩ (**in die Augen** do oczu)
Traum M (-[e]s; Träume) sen; **e-n ~ haben** mieć sen, śnić; **j-m im ~ erscheinen** przyśnić się *pf* k-u; *umg* **das fällt mir nicht im ~(e) ein!** ani mi się śni!; **ein ~ von e-m Haus** to marzenie, nie dom
Trauma N (-s; *-men od -ta*) uraz
trau'matisch MED (po)urazowy, traumatyczny
Traumberuf M wymarzony zawód
Traumbild N (senne) marzenie
träumen V/I: *im Schlaf, fig* **von j-m, etw ~** śnić o (*lok*); **er träumt oft von ...** śni mu się często ()*nom*; **ich habe von Mama geträumt** ⟨przy⟩śniła mi się mama; **mit offenen Augen ~** śnić na jawie; V/R **das habe ich mir nicht ~ lassen!** nawet mi się to nie śniło!
Träumer(in) M(F) marzyciel(ka)
Träume'rei F marzenie
träumerisch marzycielski (-ko)
Traumfrau F idealny typ kobiety; idealna żona; **j-s ~** *als Ehefrau* wymarzona żona (*gen*)
traumhaft (*wie im Traum*) jak marzenie; *umg* (*sehr schön*) wymarzony, piękny jak marzenie, zjawiskowy; **~ (schön) aussehen** wyglądać zjawiskowo
Traummann M (PL *-männer*) idealny typ mężczyzny; idealny mąż; **j-s ~** *als Ehemann* wymarzony mąż
Traumtänzer *abw* M fantasta *m*
Traumwelt F świat marzeń
traurig (*betrübt, betrüblich*) smutny, (*a. kläglich*) żałosny; *präd* smutnie, smutno, żałośnie; **~ machen** zasmucić *pf*; **~ werden** zasmucić się, posmutnieć *pf*
Traurigkeit F (*bpl*) smutek
Trauring M obrączka (ślubna)
Trauschein M akt ślubu; **Ehe ohne ~** *umg* życie na kocią łapę
Trau|ung F ślub; **~zeuge** M, **~zeugin** F świadek ślubu
Travellerscheck ['trɛvələr-] M → Reisescheck
Traves'tie [PL '-iːən] F trawestacja
Treck M (*-s; -s*) kolumna, procesja
Trecker M ciągnik
Treff¹ N (*-s; -s*) *beim Kartenspiel* trefl
Treff² *umg* M (*-s; -s*) spotkanie; → Treffpunkt
treffen (*trifft, traf, getroffen*) **A** V/T **1** trafi(a)ć (**das Ziel** w cel; **das Tor** do bramki); *fig* **ins Schwarze ~** trafi(a)ć w sedno; **das Richtige ~** dobrze trafić *pf*; **er ist (auf dem Foto) gut getroffen** dobrze wyszedł (na zdjęciu) **2** (*beschädigen*) trafi(a)ć, ugodzić *pf* (**j-n am Kopf** k-o w głowę); **er wurde (von e-r Kugel) ins Herz getroffen** został ugodzony (kulą) w serce **3** (*begegnen*) spot(y)kać (*akk*), natykać ⟨-tknąć⟩ się (na *akk*) **4** (*ereilen*) *Schicksal, Unglück* spot(y)kać **5** (*kränken*) dotykać ⟨-tknąć⟩ (*akk*); (*erschüttern*) przejmować ⟨przejąć⟩ **6** (*betreffen*) *Schuld* spadać ⟨spaść⟩ (na *akk*); *Vorwurf* dotyczyć (*gen*) **7** (*beschließen und durchführen*) *Vorbereitungen* ⟨po⟩czynić; *Wahl* dokon(yw)ać (*gen*); *Entschluss* podejmować ⟨podjąć⟩; *Abmachung* zawierać ⟨-wrzeć⟩ **B** V/I *Schuss, Schütze* trafi(a)ć **C** V/R **sich ~** spot(y)kać się (**mit j-m** z *inst*); *unpers* **es trifft sich gut, dass ...** dobrze się

T

Trennbar oder nicht trennbar?

Ich suchte alle Taschen durch, fand den Schlüssel aber nicht.	Przeszukałem wszystkie kieszenie, ale nie znalazłem klucza.
Die Polizei hat das Haus durchsucht.	Policja przeszukała dom.
Das verfaulte Brett ist durchgebrochen.	Przegniła deska przełamała się.
Die Demonstranten durchbrachen die Absperrung.	Demonstranci przełamali blokadę.
Beim Erhitzen geht Wasser in Dampf über.	Podczas podgrzewania woda zamienia się w parę.
Der Chef hat ihn bei der Beförderung übergangen.	Szef pominął go przy awansie.
Andreas hat das kurze Gedicht ins Deutsche übersetzt.	Andreas przetłumaczył krótki wiersz na niemiecki.
Ein Fischer setzte uns ans andere Ufer über.	Rybak przewiózł nas na drugi brzeg.

składa, że...

Treffen N spotkanie (*a.* SPORT)

treffend ADJ trafny

Treffer M trafienie; (*Tor*) bramka

trefflich wyborny

Treffpunkt M miejsce spotkania; (*Sammelpunkt*) miejsce zbiórki; *fig* ośrodek, centrum

treffsicher celny (*a. fig*)

Treibeis N lód dryfujący

treiben (*trieb, getrieben*) **A** V/T **1** *irgendwohin* ⟨po⟩pędzić **2** *Nagel, Pflock* wbi(ja)ć w (*akk*); *Tunnel* przebi(ja)ć przez (*akk*) **3** *mit präp* **aus etw ~** wypędzać ⟨-dzić⟩ z (*gen*); **etw ans Ufer ~** wyrzucać ⟨-cić⟩ na brzeg (*akk*); **in etw ~** wpędzać ⟨-dzić⟩, zapędzać ⟨-dzić⟩ w (*akk*), do (*gen*) **4** *fig* **j-n zu etw** (*dat*) **~** doprowadzać ⟨-dzić⟩ k-o do (*gen*); **j-n zum Äußersten ~** doprowadzać ⟨-dzić⟩ k-o do ostateczności **5** *Knospen* puszczać ⟨puścić⟩; *Handel, Gewerbe* trudnić się (*inst*), *a. Sport, Musik usw* uprawiać (*akk*); **was treibst du?** co porabiasz?; **was hast du den ganzen Tag getrieben?** co robiłeś cały dzień?; **etw zu weit ~** przeb(ie)rać miarę (w *lok*) **6** *unpers* **es zu weit ~** za dużo sobie pozwalać; *umg* **es mit j-m ~** puszczać się z (*inst*) **B** V/I **7** (*sn*) *auf dem Wasser, im Wind* unosić się; MAR dryfować **8** (*h*) BOT kiełkować **9** *fig* **die Dinge ~ lassen** nic nie przedsiębrać ⟨przedsięwziąć⟩

Treiben N (-s; *bpl*) (*Leben, Trubel*) ruch; *abw* proceder; wybryki *mpl*

treibenlassen (*irr;* -) *fig* → treiben

Treiber M MYŚL naganiacz; EDV sterownik

Treibgas N *in Spraydosen* propelent, gaz wyrzutowy

Treib|gut N (*bpl*) resztki *fpl* unoszące się na wodzie; **~haus** N cieplarnia; **~hauseffekt** M (*bpl*) efekt cieplarniany; **~hausklima** N *fig* cieplarniana atmosfera; **~jagd** F MYŚL polowanie z nagonką; *fig* nagonka; **~netz** N sieć dryfująca; **~riemen** M pas napędowy; **~stoff** M paliwo (silnikowe)

Trenchcoat ['trɛntʃkoʊt] M (-[s]; -s) trencz

Trend M (-s; -s) trend; **~wende** F zmiana trendu

trennbar rozłączny

trennen **A** V/T **1** (*Verbindung lösen*) odłączać ⟨-czyć⟩; TEL rozłączać ⟨-czyć⟩, przer(y)wać; *Naht* pruć, rozpru(wa)ć; *Kleid* ⟨po⟩pruć **2** (*räumlich absondern*) oddzielać ⟨-lić⟩, odseparow(yw)ać (**von** od *gen*) **3** (*voneinander lösen, reißen*) rozłączać ⟨-czyć⟩, rozdzielać ⟨-lić⟩ **4** (*unterscheiden*) rozróżni(a)ć; *Wörter* ⟨po⟩dzielić **B** V/R **sich ~** *Personen* rozłączać ⟨-czyć⟩ się, rozsta(wa)ć się (**von j-m, etw** [*dat*] z *inst*); (*auseinandergehen*) rozchodzić ⟨rozejść⟩ się (*a. Wege*); SPORT **sich unentschieden ~** zakończyć *pf* mecz *od* walkę wynikiem remisowym, zremisować *pf*

Trennschärfe F (*bpl*) rozdzielczość *f*

Trennung F (*das Abtrennen*) odłączenie; (*Absonderung*) rozłączenie, rozdzielenie; *der Eheleute* separacja; *der Silben, e-s Wortes* podział; (*Unterscheidung*) rozróżnienie; (*Getrenntsein*) rozłąka; **nach langer ~** po długiej rozłące

Trennungsgeld N (PL -er) rekompensata

T

za rozłąkę
Trennungslinie F *fig* granica; **e-e ~ ziehen zwischen ... und ...** odgraniczać ⟨-czyć⟩ (*akk*) od (*gen*)
Trennungsstrich M rozdzielnik
Trennwand F ścianka działowa, przegroda
Treppe F schody *pl*; **die ~ hinauf, hinunter steigen** iść po schodach na górę, w dół; **e-e ~ höher** piętro wyżej
Treppen|absatz M podest; **~haus** N klatka schodowa; **~stufe** F stopień *m* schodów
Tresen M bufet, bar; *im Laden* kontuar
Tre'sor M (*-s; -e*) sejf; *in der Bank* skarbiec
Tresse F galon
Tretboot N rower wodny
treten (*tritt, trat, getreten*) V/T kopać ⟨kopnąć⟩ (*a. Ball*); (*betätigen*) naciskać ⟨-snąć⟩ nogą (*akk*); **sich** (*dat*) **etw in den Fuß ~** wbić sobie w stopę (*akk*); V/I (*sn*) (*Fuß setzen*) następować ⟨-stąpić⟩ (**auf den Fuß** na nogę); wdepnąć *pf* (**in e-e Pfütze** w kałużę); **von e-m Fuß auf den anderen ~** przestępować z nogi na nogę; (*sich begeben*) podchodzić ⟨podejść⟩ (**an** *akk*, **zu** do *gen*); wychodzić ⟨wyjść⟩ (**aus dem Haus** z domu; **vors Haus** przed dom); wchodzić ⟨wejść⟩ (**ins Zimmer** do pokoju); *fig* **auf der Stelle ~** utknąć *pf* w miejscu; **in etw ~** *Streik usw* rozpoczynać ⟨-cząć⟩ (*akk od inf*); **in Briefwechsel ~ (mit)** nawiąz(yw)ać korespondencję (z *inst*); **nach j-m, etw ~** kopać ⟨-pnąć⟩ (*akk*)
Tret|mine F mina przeciwpiechotna; **~mühle** *umg abw* F *fig* kierat; **~roller** M hulajnoga
treu wierny; **sich** (*dat*) *od* *e-r Sache* **~ bleiben** być *od* pozostawać wiernym sobie *od* (*dat*); **j-m zu ~en Händen übergeben** powierzać ⟨-rzyć⟩ k-u; **~ sorgender Vater** opiekuńczy ojciec
Treue F (*bpl*) wierność *f*; lojalność *f*; **eheliche ~** wierność małżeńska; **~ geloben** ślubować wierność; **j-m die ~ halten** dochow(yw)ać k-u wierności
Treue|pflicht F (*bpl*) obowiązek lojalności (**gegenüber** *dat* wobec *gen*); **~prämie** F premia za wysługę lat
Treuhand F (*bpl*) JUR powiernictwo
Treuhänder M powiernik
treuhänderisch powierniczy
treuherzig prostoduszny
treu|los niewierny, wiarołomny; **~sorgend** → treu
Triathlon N (*-s; -s*) triatlon
Tribu'nal N (*-s; -e*) trybunał
Tri'büne F trybuna
Tri'but M (*-[e]s; -e*) danina, trybut; *fig e-r Sache* **~ zollen** składać ⟨złożyć⟩ daninę (*dat*)
Tri'chine F włosień *m*, trychina
Trichter M lejek; (*Schalltrichter*) tuba; *von e-r Bombe*, GEOL lej
trichterförmig lejkowaty (-to)
Trick M (*-s; -s*) trik, trick; **~aufnahme** F zdjęcie trikowe; **~betrüger** M oszust stosujący triki; **~film** M film animowany
trick|reich przebiegły, chytry; (*raffiniert*) wymyślny; *präd* przebiegle, chytrze; **~sen** *umg* V/I operować (nieuczciwymi) chwytami, stosować triki
trieb → treiben
Trieb M (*-[e]s; -e*) popęd; BOT pęd
Triebfeder F *fig* sprężyna, bodziec
triebhaft zmysłowy (-wo) (*a.* PSYCH)
Trieb|kraft F siła napędowa; **~täter** M maniak seksualny; **~verbrechen** N przestępstwo na tle seksualnym; **~wagen** M wagon silnikowy; **~werk** N LOTN zespół napędowy, silnik
triefen V/I (*triefte, lit troff, getrieft; sn*) sączyć się, ciec; (*h*) **s-e Nase trieft** kapie mu z nosa; **~ von, vor Nässe, Fett** ociekać wodą, tłuszczem; *fig abw* **von, vor ...** (*dat*) **~** być pełnym (*gen*); **von Schweiß ~d** zlany potem; **~d nass** przemoknięty, *umg* mokrzuteńki
Trier N (*-s; bpl*) Trewir
triezen *umg* męczyć, dręczyć
triffst, trifft → treffen
triftig uzasadniony, ważny
Trig'eminus M (*-; -ni*) ANAT nerw trójdzielny
Trigonomet'rie F (*bpl*) trygonometria
Triko'lore F trójbarwny sztandar
Trikot[1] [-'ko:] M *od* N (*-s; -s*) (*Gewebe*) trykot, dzianina
Trikot[2] [-'ko:] N (*-s; -s*) (*Kleidung*) trykot
trillern V/I (*-re*) wywodzić trele
Trillerpfeife F gwizdek trelowy
Trilli'on F trylion
Trilo'gie [PL -'giən] F trylogia
Tri'mester N trymestr
Trimm-dich-Pfad M ścieżka zdrowia
trimmen V/T *Hund* strzyc; *umg* **etw auf**

alt ~ nadać *pf* stary wygląd (*dat*); V/R **sich** ~ uprawiać gimnastykę

trinkbar pitny, zdatny do picia

Trinkbecher M kubek

trinken (*trank, getrunken*) **A** V/T ⟨wy⟩pić (*akk*), napić się *pf* (*gen*); **was trinkst du?** czego się napijesz?; **j-m zu ~ geben** da(wa)ć k-u napić się, napoić *pf* k-o; *umg* **e-n ~ gehen** skoczyć *pf* na jednego **B** V/I pić (*a. Alkohol gewohnheismäßig*) **C** V/R **sich zu Tode ~** zapić się *pf* na śmierć

Trinken N (*-s; bpl*) picie

Trinker(in) M(F) pijak (-czka)

trinkfest ADJ: **~ sein** mieć mocną głowę

trinkfreudig chętnie (i często) pijący, *umg* trunkowy

Trink|geld N napiwek; **~halle** F pijalnia (zdrojowa); **~halm** M słomka do napojów; **~spruch** M toast

Trinkwasser N (*bpl*) woda pitna

Trio N (*-s; -s*) MUS trio; *fig* trójka

Trip *umg* M (*-s; -s*) (*Fahrt*) wypad, wycieczka; *sl* (*Drogendosis*) działka; (*Rausch*) (niezła) jazda, odlot; **auf dem ~ sein** złapać *pf* fazę, być na haju

trippeln V/I (*-le; sn*) ⟨po⟩dreptać

Tripper M (*-s; bpl*) rzeżączka, *umg* tryper

Triptychon N (*-s; -chen*) tryptyk

trist ponury (-ro), szary (-ro)

Triste F *austr, szwajc* stóg (siana)

tritt → treten

Tritt M (*-[e]s; -e*) (*Aufsetzen des Fußes*) stąpnięcie; (*Schritt, a. Geräusch*) krok; (*Fußtritt*) kopniak, *umg* kop; **~ fassen** wyrówn(yw)ać krok; *fig* wracać ⟨wrócić⟩ do normalnego trybu (życia); **aus dem ~ kommen** ⟨z⟩mylić krok; *pop* **e-n ~ in der Arsch kriegen** dosta(wa)ć kopa w dupę

Tritt|brett N stopień *m*; **~leiter** F drabin(k)a o płaskich szczeblach

Tri'umph M (*-[e]s; -e*) triumf, tryumf

Tri'umphbogen M łuk triumfalny

trium'phieren V/I (*-*) triumfować, tryumfować (**über** *akk* nad *inst*); **~d lachen** ⟨za⟩śmiać się triumfująco

trivi'al trywialny

trocken suchy (*a. fig*); *präd* sucho; *Wein usw* wytrawny; **ganz ~** (*nicht nass*) *umg* suchutki (-ko); **~es Brot, Klima** suchy chleb, klimat; **~en Fußes** suchą nogą; **sich ~ rasieren** golić się golarką; **~ reiben** wycierać ⟨-trzeć⟩ do sucha; **sich** (*dat*) **die Haare ~ reiben** wycierać ⟨-trzeć⟩ sobie włosy do sucha; **~ werden** wysychać ⟨-schnąć⟩; **~ nach Hause kommen** wrócić *pf* do domu przed deszczem; *umg fig* **~ sein** *Trinker* wyjść *pf* z nałogu; **im Trockenen** w suchym miejscu; *umg fig* **auf dem Trockenen sitzen** (*kein Geld haben*) nie mieć grosza w kieszeni

Trocken|boden M strych (do suszenia bielizny); **~dock** N suchy dok; **~eis** N suchy lód; **~futter** N pasza sucha; **~haube** F suszarka do włosów z kołpakiem; **~hefe** F drożdże *pl* suszone

Trockenheit F (*bpl*) suchość *f* (*a. fig*); (*Dürre*) susza

trockenlegen *Sumpf* osuszać ⟨-szyć⟩; *Baby* przewijać ⟨-winąć⟩

Trockenmasse F substancja sucha

Trockenmilch F mleko w proszku

Trockenrasierer *umg* M golarka

trockenreiben V/T (*irr*) → trocken

Trockenübung F SPORT sucha zaprawa

trocknen (*-e-*) V/T ⟨wy⟩suszyć, osuszać ⟨-szyć⟩; **sich** (*dat*) **die Tränen ~** ocierać ⟨otrzeć⟩ łzy; V/I (*sn*) schnąć, wysychać ⟨-schnąć⟩

Trockner M suszarka

Troddel F (*-; -n*) frędzel, frędzla

Trödel *umg* M (*-s; bpl*) rupiecie, starzyzna

Tröde'lei *umg* F guzdranie się, marudzenie

Trödelmarkt M targ staroci, tandeta, ciuchy *mpl*

trödeln *umg* V/I (*-le*) marudzić, guzdrać się; *bei der Arbeit* bumelować

Trödler(in *umg* F) *umg* M handlarz (-rka) starzyzną; *abw* grzebała, guzdrała *m u. f*

troff → triefen

trog → trügen

Trog M (*-[e]s; Tröge*) koryto, żłób (*a.* GEOL); TECH *a.* rynna

trollen *umg* V/I (*sn*) iść (sobie) powoli; V/R **sich ~** odchodzić ⟨odejść⟩

Trommel F (*-; -n*) bęben (*a.* TECH); *dim* bębenek; **~bremse** F hamulec bębnowy; **~fell** N ANAT błona bębenkowa; **~feuer** N ogień zaporowy; *fig* krzyżowy ogień (**von Fragen** pytań)

trommeln (*-le*): V/T **den Takt ~** wybijać takt; **e-n Marsch ~** bębnić w takt marsza; V/I (*Trommel schlagen*) bębnić w bęben, bić w bębny; (*klopfen*) bębnić (**an, auf, gegen** *akk* w *akk*, po *lok*)

Trommeln N (*-s; bpl*) bębnienie

T

Trommel|schlag M (*bpl*) bicie w bębny; **~schlägel** M, **~stock** M pałeczka (do bębnienia); **~wirbel** M werbel
Trommler(in) M(F) dobosz(ka), werblista *m* (-tka)
Trom'pete F trąbka; **(auf der) ~ blasen** grać na trąbce
trom'peten V/T *u.* V/I (-*e*-) ⟨za⟩trąbić
Trom'peter(in) M(F) trębacz(ka)
Tropen PL tropiki *mpl*; **~helm** M kask tropikalny; **~klima** N klimat tropikalny
tropentauglich odpowiedni dla warunków tropikalnych
Tropf[1] *umg* M (-[*e*]*s*; Tröpfe) *abw* (*Person*) cymbał; **armer ~** nieudacznik
Tropf M (-[*e*]*s*; -*e*) MED kroplówka; **am ~ hängen** leżeć pod kroplówką
Tröpfchen N kropelka; **~infektion** F zakażenie kropelkowe
tröpfeln (-*le*) V/T → träufeln; V/I (*sn*) kapać; *unpers* **es tröpfelt** kropi
tropfen V/T ⟨na⟩kapać (*inst*); V/I (*sn*) kapać; *unpers* **es tropft** kapie
Tropfen M kropla, *umg* kapka; PL MED krople (**fürs Herz** na serce); **kein ~** ani kropli; **in dicken ~ fallen** padać grubymi kroplami; *umg fig* **ein ~ auf den heißen Stein** kropla w morzu; **ein edler ~** (*Wein usw*) szlachetny trunek
Tropfenform F: **in ~** *von Schmuck* w kształcie łezki
tropfenweise ADV kropla po kropli, kroplami
tropfnass mokry, ociekający wodą
Tropfsteinhöhle F jaskinia z naciekami (wapiennymi)
Tro'phäe F zdobycz *f*, trofeum *n*
tropisch tropikalny, podzwrotnikowy
Tross M (-*es*; -*e*) MIL tabor; (*Menge Leute*) gromada, hurma
Trosse F (gruba) lina; MAR cuma
Trost M (-[*e*]*s*; bpl) pocieszenie, pociecha; **ein schwacher ~** słaba pociecha; **j-m ~ spenden** przynosić k-u słowa pociechy, doda(wa)ć k-u otuchy; *umg* **du bist wohl nicht (ganz, recht) bei ~!** puknij się w czoło (człowieku)!
trösten (-*e*-) V/T pocieszać ⟨-szyć⟩ (*v/r* **sich** się; **mit etw** *inst*); **~de Worte** słowa *npl* pociechy
Tröster(in) M(F) pocieszyciel(ka)
tröstlich pocieszający (-co)
trostlos *Lage* rozpaczliwy (-wie), beznadziejny; *Gegend* odludny, niegościnny; *Zustand, Anblick* opłakany; *Wetter* przygnębiający
Trost|losigkeit F (*bpl*) beznadziejność *f* (**der Lage** sytuacji); deprymujący widok; **~pflaster** N *żart* coś na pocieszenie; **~preis** M nagroda pocieszenia
Trott M (-*s*; *bpl*) trucht; **im ~** truchtem; *umg* **im alten ~** swoim zwykłym trybem
Trottel *umg* M *abw* przygłup, gamoń *m*
trottelig *umg abw*: **~ werden** zgłupieć *pf*, spierniczeć *pf* (**im Alter** na starość)
trotten *umg* V/I (-*e*-; *sn*) iść powoli *od* ociężale, ⟨po⟩wlec się
trotz PRÄP (*gen, umg dat*) (po)mimo (*gen*); **~ allem, ~ alledem** mimo wszystko
Trotz M (-*es*; *bpl*) przekora, upór; **aus ~** z przekory; **j-m zum ~** na złość, na przekór k-u; *e-r Sache* **zum ~** wbrew, na przekór (*dat*)
trotzdem ADV jednak, mimo to; *umg konj* chociaż, mimo że
trotzen V/I (-*zt*): **j-m**, *e-r Sache* **~** stawi(a)ć czoło, opierać ⟨oprzeć⟩ się (*dat*); *e-r Sache a.* być odpornym (na *akk*)
trotzig *Kind, Verhalten* uparty, krnąbrny, przekorny; **~ schweigen** uparcie milczeć
trotzkistisch trockistowski
Trotzkopf *umg* M przekora *m u. f*, *bes Kind* uparciuch
Trouble *umg* [trabl] M (-*s*; *bpl*) przeprawa
trüb, **trübe** *Wasser, Augen* mętny; *Tag, Himmel* pochmurny; *Licht* nikły (-le); *Spiegel* zmatowiały; *fig Gedanken* ponury; *Aussichten* marny; *Zeiten* ciężki; *umg fig* **im Trüben fischen** łowić ryby w mętnej wodzie
Trubel M (-*s*; *bpl*) ruch, wrzawa, rwetes
trüben V/T *Flüssigkeit, fig Ruhe, Glück* ⟨za⟩mącić; *Blick* zamglić *pf* (*v/r* **sich** się); *Stimmung* ⟨po⟩psuć; *Himmel* ⟨za⟩chmurzyć (*v/r* **sich** się); *v/r* **sich ~** *Wasser* ⟨z⟩mętnieć, ⟨z⟩mącić się
Trübsal *lit* F (*bpl*) zmartwienie; *umg* **~ blasen** spuścić *pf* nos na kwintę
Trübsinn M (*bpl*) chandra
trübsinnig przygnębiony, markotny; **~ werden** wpadać ⟨wpaść⟩ w chandrę
Trübung F (*das Trüben*) zmącenie; (*das Getrübtsein*) zmętnienie
Trucker ['trakər] M kierowca *m* tira
trudeln V/I (-*le*; *sn*) spadać wirując (w powietrzu); LOTN **ins Trudeln geraten**

wpadać ⟨wpaść⟩ w korkociąg
Trüffel F (-; -n) trufla
trug → tragen
Trug M → Lug
Trugbild N złuda, mrzonka, urojenie
trüge → tragen
trügen (*trog, getrogen*) **A** V/T mylić, łudzić; **wenn mich nicht alles trügt** o ile się nie mylę **B** V/I mylić, zawodzić
trügerisch zwodniczy (-czo), złudny
Trugschluss M fałszywy wniosek
Truhe F skrzynia, kufer
Trümmer PL odłamki *mpl*; (*Schutt*) gruzy *mpl*; *fig* resztki *fpl*; **die Stadt in ~ legen** zamienić *pf* miasto w gruzy; **in ~n liegen** leżeć *od* lec *pf* w gruzach; **~haufen** M kupa gruzów, rumowisko
Trumpf M (-[e]s; Trümpfe) atut (*a. fig*); **~ spielen** wyjść w atu, atutować; *fig* **alle Trümpfe in der Hand haben** mieć wszystkie atuty w ręku; *fig* **~ sein** cenić się; być w modzie; **~ass** N as atutowy; **~karte** F atut (*a. fig*)
Trunk M (-[e]s; bpl) napój; **er ist dem ~ verfallen** on jest alkoholikiem
trunken *lit* ADJ *fig* upojony (**vor Freude** radością)
Trunkenbold M (-[e]s; -e) *abw* pijak, pijaczysko
Trunkenheit F (*bpl*) nietrzeźwość *f*; **im Zustand der ~** w stanie nietrzeźwości; **~ am Steuer** prowadzenie samochodu w stanie nietrzeźwym
Trunksucht F (*bpl*) opilstwo, pijaństwo
trunksüchtig: **~ sein** być nałogowym pijakiem
Trupp M (-s; -s) grupa, brygada; MIL oddział; (*bewaffnete Gruppe*) bojówka
Truppe F TEATR trupa; MIL (*Streitkräfte; bpl*) wojsko; **~n** PL wojska *npl*, oddziały *mpl* wojskowe; **bei der ~** w wojsku; *umg fig* **sie ist von der schnellen ~** ona ma prędkie usposobienie
Truppen|gattung F rodzaj wojsk; **~parade** F defilada wojsk; **~stärke** F siły *fpl* zbrojne (państwa); **~übungsplatz** M poligon (wojskowy)
Tschech|e M (-n) Czech; **~in** F Czeszka
Trut|hahn M indyk; **~henne** F indyczka
Tschechien N (-s; *bpl*) Czechy *pl*; **in ~** w Czechach; **nach ~** do Czech
tschechisch czeski (po -ku)
Tschenstochau N (-s; *bpl*) Częstochowa; **die Mutter Gottes von ~** Matka Boska Częstochowska
tschilpen V/I ćwierkać
tschüs(s)! *umg* INT cześć!, pa!; **... und ~!** ... to koniec i do widzenia!
Tsd. (Tausend) tysiąc, tysięcy
T-Shirt ['ti:ʃəːt] N (-s; -s) T-shirt *m*
TU F (-; -s) (technische Universität) politechnika
Tube F tubka; *umg fig* **auf die ~ drücken** dod(aw)ać gazu
Tuberku'lose F (-; -n) gruźlica
tuberku'losekrank chory na gruźlicę
Tübingen N (-s; *bpl*) Tybinga
Tuch N (-[e]s; -e) (*Gewebe*) sukno; (PL *Tücher*) *zum Tragen* chusta, chustka; *zum Zudecken, Einwickeln* płachta; *zum Wischen* ścierka; *fig* **ein rotes ~ für j-n sein** działać na k-o jak czerwona płachta na byka
Tuchfühlung F (*bpl*): *fig* **mit j-m auf ~ bleiben** utrzymywać kontakt z (*inst*)
Tüchlein N chusteczka
tüchtig (*patent*) dzielny, zaradny; (*fähig*) dobry; (*fleißig*) sprawny, skrzętny; *umg* (*gehörig*) porządny; **~ essen** dużo jeść
Tüchtigkeit F (*bpl*) (*Tatkraft*) dzielność *f*, zaradność *f*; (*Fähigkeit*) skrzętność *f*; fachowość *f*; **körperliche ~** sprawność fizyczna
Tücke F perfidia; *e-r Sache* przeciwności *fpl* (*gen*); **die ~ des Objekts** złośliwość *f* rzeczy martwych; **~n** PL (*verborgene Gefahr*) zdradliwość *f*; *etw* **hat seine ~n** ... nie jest bez ale
tuckern V/I *Motor* terkotać
tückisch podstępny; *Sache* zdradliwy
tüfteln *umg* V/I (*-le*) dłubać, majstrować (**an** *dat* przy *lok*); **an e-r Aufgabe ~** głowić się nad zadaniem
Tüftler(in) M(F) *umg* (*Bastler*) majsterklepka *m* (*a. f*); (*Pedant*) skrupula(n)t(ka)
Tugend F cnota; (*bpl*) cnotliwość *f*
tugendhaft cnotliwy (-wie)
Tüll M (-s; *bpl*) tiul; *in zssgn* tiulowy
Tülle F dziobek (u dzbanka)
Tulpe F tulipan
Tulpenzwiebel F cebul(k)a tulipana
tummeln (*-le*): V/R **sich ~** (*herumtollen*) baraszkować, swawolić
Tummelplatz M miejsce do zabawy; miejsce spotkań; *fig* teren popisów
Tümmler M (*Meeressäuger*) morświn;

T

⚠ tun und machen

Ich habe heute viel zu tun.	Mam dziś dużo do zrobienia.
Es tut mir leid.	Przykro mi.
Tu das nicht!	Nie rób tego!
Schokolade macht dick.	Czekolada tuczy.
einen Einkaufsbummel machen	chodzić po sklepach
einen Fehler machen	popełnić błąd

(*Taube*) gołąb pląsacz

Tumor M (*-s; -'moren*) guz, nowotwór

Tumorerkrankung F zachorowanie nowotworowe

Tümpel M bajoro, sadzawka

Tu'mult M (-[e]s; -e) tumult; **~e** PL rozruchy *mpl*, zamieszki *fpl*

tu'multartig burzliwy (-wie)

tun (*ich tu[e], tust, tut; du tat[e]st, tat, ihr tatet; tu[e]!, tut!; getan*) **A** V/T **1** (*machen, handeln*) ⟨z⟩robić, ⟨u⟩czynić; **das tut man nicht** tego się nie robi, tak się nie postępuje; **was ist zu ~?** co trzeba zrobić?; **was ~?** co robić?; **was kann ich für Sie ~?** czym mogę służyć?; *umg* **was tust du so?** co porabiasz?; *umg* **was tust du hier?** co ty tu robisz?; **tu(e) was du willst** rób, co chcesz; **das hat er gern getan** (on) chętnie to zrobił *od lit* uczynił; **etw für j-n ~** zrobić dla k-o (*akk*); **sie täte gut daran, hierzubleiben** dobrze by zrobiła, pozostając tu *od* gdyby tu pozostała; **e-n Blick, Sprung** *usw* **~** → blicken, springen *usw*; → guttun **2** (*arbeiten*) robić; **nichts zu ~ haben** nie mieć nic do roboty, nic nie robić; **viel zu ~ haben** mieć dużo pracy *od* roboty; **hier gibt es viel zu ~** tu jest dużo roboty *od* do zrobienia **3** (*zufügen*) ⟨z⟩robić, wyrządzać ⟨-dzić⟩; **der Hund tut dir nichts** pies nic ci nie zrobi **4** (*erfüllen*) spełni(a)ć; **damit ist es nicht getan** na tym sprawa się nie kończy **5** (*vollbringen*) dokon(yw)ać (*gen*) **6** *umg* (*setzen, stellen usw*) umieszczać ⟨umieścić⟩, stawiać ⟨postawić⟩, kłaść ⟨położyć⟩ *usw* **7** (*zu schaffen haben*) **mit etw nichts zu ~ haben** nie mieć nic wspólnego z (*inst*); **ich weiß, was ich zu ~ habe** wiem, co mam zrobić, wiem, jak mam postąpić; **es mit j-m, etw zu ~ haben** mieć do czynienia z (*inst*); *umg* **sonst kriegst du es mit mir zu ~!** bo będziesz miał ze mną do czynienia! **8** *umg* **etw tut es nicht mehr** (*funktioniert nicht*) ... wysiadł, ... wysiadła; *umg* **etw tut es auch** *od* **noch** ... jakoś *od* jeszcze ujdzie **9** *umg* **es ~** (*mit j-m schlafen*) spać ze sobą **B** V/I **so ~, als ob ...** udawać, że ...; *umg* **tu doch nicht so!** nie udawaj Greka! **C** V/R **hier tut sich etwas** *od umg* **was, es tut sich hier etwas** tu coś się dzieje

Tun N (*-s; bpl*) postępowanie, działanie

Tünche F (*Kalkmilch*) mleko wapienne; *fig abw* blichtr, fasada

tünchen ⟨wy⟩bielić wapnem

Tundra F (*-; -ren*) tundra

tunen ['tju:nən] *Motor* wyregulować *pf*, wzmocnić *pf*

Tuner ['tju:nər] M *rtv* tuner

Tu'nesien N (*-s; bpl*) Tunezja

tu'nesisch tunezyjski

Tunfisch M tuńczyk

Tunichtgut M (- *od* -[e]s; -e) nicpoń *m*

Tunke F sos

tunken maczać ⟨umoczyć⟩ (**in** *akk* w *lok*)

tunlichst ADV (*möglichst*) raczej, lepiej; (*unbedingt*) koniecznie, bezwzględnie

Tunnel M (*-s; -[s]*) tunel

Tunte *umg* F *a. abw pop* ciota, pedał; **~n-** *in zssgn* gejowski, pedalski

Tüpfelchen N cętka, kropeczka; *fig* **das ~ auf dem i** kropka nad i

Tüpfelfarn M paprotka

tupfen: **etw ~ von ...** → abtupfen; **Salbe auf die Wunde ~** ostrożnie ⟨po⟩smarować ranę maścią

Tupfen M plamka, kropka; **... mit roten ~** ... w czerwone groszki

Tupfer M MED *in der Chirurgie* maczak; (*Gazetupfer*) gazik; (*Wattetupfer*) wacik; *umg* → Tupfen

Tür F drzwi *pl*; *klein, bes e-s Ofens* drzwiczki *pl*; **die ~ ins Zimmer** drzwi do pokoju; **an der ~** u drzwi, pod drzwiami; **an die ~ klopfen** pukać do drzwi; **~ an ~, e-e ~ weiter wohnen** mieszkać przez ścianę;

von ~ zu ~ od drzwi do drzwi; **zur ~ hereinkommen** wchodzić ⟨wejść⟩ drzwiami *od* przez drzwi; *umg fig* **j-n vor die ~ setzen** wyrzucać ⟨-cić⟩ k-o za drzwi; *umg fig* **offene ~en einrennen** wyważać otwarte drzwi; *fig* *e-r Sache* **~ und Tor öffnen** ułatwi(a)ć *(akk)*, dopuszczać ⟨-puścić⟩ do *(gen)*; *umg fig* **er fiel gleich mit der ~ ins Haus** (on) powiedział prosto z mostu, o co mu chodzi; *umg fig* **zwischen ~ und Angel** na chybcika, w pośpiechu; *fig* **Ostern steht vor der ~** Wielkanoc za pasem

Tür|angel F zawias drzwiowy; **~anschlag** M przylga drzwiowa

Turban M (-s; -e) turban

Tur'bine F turbina

Tur'binenantrieb M napęd turbinowy

Turbo|diesel M diesel z turbodoładowaniem; **~lader** M turbozespół ładujący; **~-Prop-Flugzeug** N samolot turbośmigłowy, turbośmigłowiec

turbu'lent burzliwy (-wie)

Turbu'lenz F FIZ turbulencja

Türchen N drzwiczki *pl*

Türfüllung F płycina drzwiowa

Türgriff M klamka (u drzwi)

Türke M (-n) Turek

Türkei F (-; *bpl*) Turcja

türken *umg* ⟨s⟩fałszować

Türkin F Turczynka

tür'kis ADJ *(unv)* turkusowy

Tür'kis M (-es; -e) turkus

türkisch turecki (po -ku)

Turm M (-[e]s; Türme) wieża *(a.* SPORT *u. Schachfigur)*

Türmchen N wieżyczka

türmen¹ V/T *(stapeln)* ⟨s⟩piętrzyć *(v/r* **sich** się)

türmen² *umg* V/I *(sn)* *(fliehen)* zwiewać, ⟨z⟩wiać, da(wa)ć nogę *od* drapaka

Turmfalke M pustułka

turmhoch → haushoch

Turmspringen N skoki *mpl* z wieży

Turmuhr F zegar wieżowy

Turnanzug M trykot gimnastyczny

turnen **A** V/I gimnastykować się, uprawiać gimnastykę; *umg (klettern; sn)* zwinnie przeskakiwać (**über die Steine** z kamienia na kamień); **am Barren ~** ćwiczyć na poręczach **B** V/T wykon(yw)ać ćwiczenie

Turnen N (-s; *bpl*) gimnastyka; ćwiczenia *npl* gimnastyczne

Turner M gimnastyk

Turnerin F gimnastyczka

Turn|geräte NPL przyrządy *mpl* gimnastyczne; **~halle** F sala gimnastyczna; **~hose** F spodenki *pl* sportowe

Tur'nier N (-s; -e) turniej; *(Reit-, Tanzturnier)* konkurs

Turn|lehrer(in) M(F) nauczyciel(ka) gimnastyki; **~schuhe** MPL tenisówki *fpl*; **~stunde** F lekcja gimnastyki; **~übung** F ćwiczenie gimnastyczne

Turnus M (-; -se) *(Durchgang)* turnus, tura; **im ~ von 4 Jahren** co cztery lata

turnusmäßig cykliczny, powtarzający się kolejno

Turnverein M zrzeszenie gimnastyczne

Tür|öffner M *(Knopf)* przycisk otwierania drzwi; **~rahmen** M odrzwia *pl*, futryna; **~schild** N tabliczka na drzwiach; **~schließer** M *(Vorrichtung)* samozamykacz drzwiowy; **~schloss** N zamek drzwiowy; **~schlüssel** M klucz do drzwi; **~steher** M *vor e-m Lokal* bramkarz; **~stock** M *pł-niem, austr* → Türrahmen

turteln V/I (-le) *Verliebte* gruchać

Turteltaube F turkawka

Tusch M (-[e]s; -e) MUS tusz

Tusche F tusz; *reg* akwarela

tuscheln V/T *u.* V/I (-le) szeptać

tuschen V/T tuszować; V/R **sich** *(dat)* **die Wimpern ~** czernić sobie rzęsy

Tusch|kasten M *reg* pudełko z akwarelami; **~zeichnung** F rysunek tuszem

Tussi *umg* F *oft abw* facetka; *(Geliebte)* kochanica

tust, **tut** → tun

Tüte F torebka (papierowa, plastikowa)

tuten V/I (-e-) ⟨za⟩trąbić

TÜV [tvf] M (-) (Technischer Überwachungs-Verein) Stowarzyszenie Nadzoru Technicznego

Tweedjacke ['tvi:t-] F marynarka tweedowa

Twen M (-s; -s) dwudziestolatek

Twinset N *od* M (-[s]; -s) bliźniak

Typ M (-s; -en) *(Mensch, Bauart)* typ; *umg fig (gen a. -en)* facet; **neuen ~s** nowego typu; *umg* **sie ist nicht mein ~** ona nie jest w moim typie; *umg* **dein ~ wird verlangt** to do ciebie

Type F TYPO czcionka; *umg fig* typ, typek

Typenschild N AUTO tabliczka identyfi-

kacyjna *od* znamionowa
Typhus M (-; *bpl*) dur, tyfus; **~bakterium** N pałeczka durowa
typisch typowy; **~ Mann** typowy mężczyzna; **~es Herbstwetter** pogoda typowo jesienna
typo'|grafisch, **~graphisch** typograficzny
Typus M (-; -*pen*) typ
Tyran'nei F tyrania
ty'rannisch tyrański
tyranni'sieren (-) tyranizować

U

u.a. (und andere[s]) i inne, i inni; (unter anderem) między innymi
u.Ä. (und Ähnliche[s]) i tym podobne, i tym podobnie
U-Bahn F metro; **~hof** M stacja metra
übel (*übler; übelste*) (*schlecht, böse*) zły (źle); (*schlimm*) brzydki (-ko), niedobry (niedobrze), przykry (-ro) (*a. Geruch, Geschmack*); (*verwerflich*) naganny; **e-e üble Laune** zły humor; **e-e üble Geschichte** przykra historia, brzydka sprawa; **ein übler Bursche** typ spod ciemnej gwiazdy, kawał drania; **~ riechen** wydawać przykrą woń, cuchnąć; **~ riechend** cuchnący; **~ gelaunt** źle usposobiony; **das sieht ~ aus** to źle *od* niedobrze wygląda; **er ist ~ dran** on się znalazł w przykrym położeniu; **j-n ~ zurichten** mocno poturbować *pf* k-o; **etw ~ nehmen** brać ⟨wziąć⟩ za złe (*akk*); **j-m etw ~ nehmen** mieć k-u za złe (*akk*), mieć do k-o urazę o (*akk*); **wohl oder ~** rad nierad; **mir wird ~** robi mi się niedobrze; *umg* **nicht ~** nieźle, niczego (sobie); → übelwollen
Übel N zło; **notwendiges ~** zło konieczne; **zu allem ~** na domiar złego; **das kleinere ~** mniejsze zło; **das ist von ~** to złe
übelgelaunt → übel
Übelkeit F nudności *fpl*, mdłości *fpl*; **~ erregen** przyprawi(a)ć o mdłości
übel|nehmen ~riechend → übel
Übel|stand M zło, bolączka; **~täter(in)** M(F) sprawca *m* (-czyni)
übelwollen (*irr*) (*dat*) być nieprzyjaźnie usposobionym do (*gen*)
üben V/T ćwiczyć (*akk*); *fig* **Nachsicht ~** być wyrozumiałym (**mit j-m** dla *gen*); **Kritik ~** (**an** *dat*) krytykować (*akk*); V/I ćwiczyć; V/R **sich ~ in** (*dat*) ćwiczyć się w (*lok*); **sich in Geduld ~** uzbroić się *pf* w cierpliwość
über¹ PRÄP **A** *räumlich* **1** (*oberhalb von, wo? dat, wohin? akk*) nad (*inst, akk*); **die Lampe hängt ~ dem Tisch** lampa wisi nad stołem; **die Lampe ~ den Tisch hängen** zawiesić lampę nad stołem; *fig* **er steht ~ mir** (*er ist mein Chef*) on stoi nade mną **2** (*dat, akk*) (*direkt auf etw*) na (*lok, akk*), po (*lok*); **... lag ~ dem Tisch ...** leżał(a) na stole; **~ das Haar streichen** głaskać po głowie **3** (*akk*) (*durch, via*) przez (*akk*); **~ Berlin fahren** jechać przez Berlin; **~ den Fluss** przez rzekę **4** (*akk*) (*über etw hinweg od hinaus*) przez (*akk*), nad, ponad (*inst, akk*); za, poza (*akk*); powyżej (*gen*); **~ den Zaun springen** skakać ⟨skoczyć⟩ przez płot; **das Flugzeug flog ~ die Wolken** samolot wzbił się ponad chmury; **~ Bord werfen** wyrzucać ⟨-cić⟩ za burtę; **das geht ~ meine Kräfte** to ponad moje siły; **sich ~ die Stadt hinaus erstrecken** przeciągać się poza miasto; **bis ~ die Knöchel** powyżej kostek; **~ null** powyżej zera; *fig* **~ alles** nade wszystko; **es geht nichts ~ ...** nie ma nic lepszego od (*gen*) **B** *zeitlich* **5** (*dat*) (*während, bei*) przy (*lok*); **~ der Arbeit einschlafen** zasnąć przy pracy **6** (*akk*) (*durch*) przez (*akk*); **~ den ganzen Tag** przez cały dzień **C** **7** *weder räumlich noch zeitlich* (*akk*) (*in Höhe od Wert von*) na, za (*akk*); **ein Scheck ~ ...** czek na ...; (*dat*) (*wegen, infolge*) z powodu, z (*gen*); **sich ~ etw freuen** cieszyć się z powodu (*gen*); **~ etw lachen** śmiać się z (*gen*); (*akk*) (*von, betreffend*) o (*lok*), co do (*gen*); **ein Buch ~ Krakau** książka o Krakowie **8** (*akk*) (*mit zwei gleichen subst, verstärkend*) **~ und ~** pełno, moc, masa (*gen*); **Menschen ~ Menschen** pełno ludzi
über² ADV (*mehr als*) przeszło, ponad; *zeitlich* w ciągu (*gen*); **~ zwei Wochen** ponad *od* przeszło dwa tygodnie; **er ist ~ fünf Jahre alt** on ma ponad pięć lat; **das ganze Jahr ~** przez cały rok; **~ und ~** (*völlig*) cały, zupełnie

überall ADV wszędzie; **von ~** ze wszystkich stron, z każdego miejsca; **~her** ADV zewsząd; **~hin** ADV na wszystkie strony, wszędzie
überaltert ADJ *Bevölkerung* w wieku poprodukcyjnym, w podeszłym wieku; (*überholt*) przestarzały
Überangebot N (**an** *dat*) nadmiar, nadmierna podaż (*gen*)
überängstlich zbyt bojaźliwy (-wie)
über'anstrengen (-) V/T nadwerężać ⟨-żyć⟩, przemęczać ⟨-czyć⟩ (*v/r* **sich** się)
Über'anstrengung F nadwerężenie, przemęczenie
über'antworten *lit* (-) przekaz(yw)ać
über'arbeiten (-) V/T przerabiać ⟨-robić⟩; *Text a.* przeredagow(yw)ać; V/R **sich ~** przepracow(yw)ać się
über'arbeitet ADJ *Person, Plan* przepracowany; *Text a.* przeredagowany
Über'arbeitung F przeróbka (*a. überarbeitete Sache*); nowa redakcja
überaus *lit* ADV nader, nad wyraz
über|'backen (*irr;* -) zapiekać ⟨-piec⟩; **~'bauen** (-) pokry(wa)ć (**mit e-m Dach** dachem); **~be'anspruchen** (-) *Person, Material* przeciążać ⟨-żyć⟩; **~belasten** (-) przeciążać ⟨-żyć⟩; **~belegt** ADJ *Raum, Haus* zagęszczony; **~belichten** (-) prześwietlać ⟨-lić⟩; **~betonen** (-) nadmiernie podkreślać ⟨-lić⟩; **~bewerten** (-) przeceni(a)ć, ⟨o⟩cenić zbyt wysoko
über'bieten (*irr;* -) V/T przelicytow(yw)ać (**andere Kaufinteressenten** innych chętnych); *fig Rekord* pobić *pf*; *fig* **diese Frechheit ist nicht zu ~!** to szczyt bezczelności!; *fig* **in ... ist er nicht zu ~** w (*inst*) on nie ma sobie równych; V/R **sich** *od* **einander ~** (**an** *dat*) prześcigać się, licytować się (w *lok*)
Überbleibsel *umg* N pozostałość *f*, relikt; PL *a.* resztki *fpl*
Über'blendung F miksowanie obrazu
Überblick M widok (**über** *akk* na *akk*); (*Kurzfassung*) (krótki) zarys (G); **im ~** w skrócie, w zarysie; *fig* **den ~ über etw verlieren** ⟨s⟩tracić orientację w (*lok*); *fig* **sich** (*dat*) **e-n ~ über etw verschaffen** zapozna(wa)ć się (bliżej) z (*inst*)
über'blicken (-) *Gegend, Straße* ogarniać ⟨-nąć⟩ wzrokiem (*akk*); *fig Lage* orientować się (w *lok*)
über'bringen (*irr;* -) *Brief usw* doręczać ⟨-czyć⟩; *Gruß, Nachricht* przekaz(yw)ać
Über'bringer(in) M(F) doręczyciel(ka); *e-s Schecks* okaziciel(ka); *e-r Nachricht* posłaniec (-nka), zwiastun(ka)
über'brücken (-) *fig Gegensätze* pokon(yw)ać; *Zeit* wypełni(a)ć (**mit etw** *inst*); *Mangel* doraźnie zapobiec *pf* (*dat*) *od* zaspokoić *pf* (*akk*)
Über'brückungskredit M kredyt krótkoterminowy
über'buchen (-) *Flug, Hotel* zabukować więcej pasażerów *od* gości, niż jest miejsc do dyspozycji (w *lok*)
über'dacht ADJ zadaszony; *pperf* → überdenken
Über'dachung F (*Dach*) zadaszenie
über|'dauern (-) przetrwać *pf*; **~'decken** (-) pokry(wa)ć; *fig* zacierać ⟨zatrzeć⟩, przesłaniać ⟨-słonić⟩; **~'dehnen** (-) *Muskel* naciągnąć *pf*; **~'denken** (*irr;* -) V/T rozważać ⟨-żyć⟩ (*akk*), zastanawiać ⟨-nowić⟩ się (nad *inst*)
über'dies ADV ponadto
überdimensional ponadwymiarowy
überdosieren (-) przedawkować *pf*
Überdosis F dawka powyżej dopuszczalnej; **an e-r ~ ... sterben** umrzeć *pf* wskutek przedawkowania (*gen*)
über'drehen (-) *Uhrfeder* przekręcić *pf*; *Gewinde* zerwać *pf*; **den Motor ~** przeciążać silnik
über'dreht *umg* ADJ *Kind* rozbrykany
Überdruck M (PL *Drücke*) nadciśnienie; **~ventil** N zawór bezpieczeństwa
Überdruss M (*-es; bpl*) przesyt; **bis zum ~** aż do przesytu
überdrüssig: **j-s**, *e-r Sache* **~ sein** *od* **werden** obrzydnąć, zbrzydnąć *pf* (*dat*); **er ist des Lebens ~** życie mu obrzydło *od* zbrzydło; **sie ist seiner ~ geworden** (on) zbrzydł jej
über'düngen (-) przenawozić *pf*
überdurchschnittlich ponadprzeciętny, nieprzeciętny, nietuzinkowy; **~ begabt** nieprzeciętnie zdolny
über'eck ADV na ukos
Übereifer M nadgorliwość *f*
übereifrig nadgorliwy
über'eignen (-): **j-m eine Parzelle ~** przenieść *pf* działkę na k-o
über'eilen (-) V/T pochopnie załatwi(a)ć *od* ⟨z⟩robić *usw* (*akk*), pochopnie ⟨z⟩decydować się na (*akk*)

über'eilt ADV (zbyt) pochopny
überein'ander ADV 1 *(eines über dem, der anderen, a.* + INF) jeden *od* jedno nad drugim, jedna nad drugą; **zwei Betten ~** dwa łóżka jedno nad drugim 2 *(eines über den, das, die andere, + inf)* jeden na drugim, jedna na drugiej, jedno na drugie, jedni na drugich; **~legen, ~liegen** *(irr)* kłaść ⟨położyć⟩, leżeć jeden *usw* na drugim *usw*
überein'anderschlagen *(irr)*: **die Beine ~** zakładać ⟨założyć⟩ nogę na nogę
überein'anderstapeln: **sie stapelte die Bücher übereinander** ona układała książki w stos jedna na drugiej
über'einkommen VI *(irr; sn)* dojść *pf* do porozumienia, uzgodnić *pf*; **wir sind übereingekommen, dass ...** doszliśmy do porozumienia, że ...
Über'einkunft F porozumienie
über'einstimmen VI: **mit etw ~** być zgodnym z *(inst)*, odpowiadać *(dat)*; *(e-r Meinung sein)* zgadzać ⟨zgodzić⟩ się (**in etw** z *inst*; **darin, dass** co do tego, że)
über'einstimmend ADJ zgodny; **nach ~er Meinung** według zgodnej oceny; *präd* zgodnie, jednomyślnie
Über'einstimmung F zgoda; *(Gleichheit)* zgodność *f*, zbieżność *f*; **in ~ bringen** (**mit etw**) ⟨z⟩harmonizować, uzgodnić *pf* (z *inst*)
überempfindlich nadwrażliwy, przeczulony; uczulony (**gegen** na *akk*)
Überempfindlichkeit F nadwrażliwość *f*, przeczulenie; *bes* MED uczulenie
über'essen *(irr)*: VR **sich** (**an etw** [*dat*]) **~** przejadać ⟨-jeść⟩ się *pf* *(inst)*
über'fahren *(irr; -)* *Lebewesen* przejechać *pf*, rozjechać *pf*; *Grenze, Signal usw* przejeżdżać ⟨-jechać⟩
Überfahrt F przejazd; *über e-n Kanal, Fluss* przeprawa; *nach Übersee* rejs
Überfall M napad (**bewaffneter** z bronią w ręku), (bandycka) napaść; *umg fig* najście
über'fallen *(irr; -)* *Person, Bank* napadać ⟨napaść⟩ (na *akk*); *fig* **j-n ~** nachodzić ⟨najść⟩ k-o
überfällig *(verspätet)* spóźniony; *Rate, Wechsel* przeterminowany
Überfallkommando N pogotowie policyjne
über'fliegen *(irr; -)* *Stadt* przelatywać ⟨-lecieć⟩ (przez *akk*, nad *inst*); *fig Text* pobieżnie przeglądać ⟨przejrzeć⟩
Überflieger *umg* M superman
überfließen VI *(irr; sn)* przel(ew)ać się
Überflug M przelot
über'flügeln *(-le; -)* prześcigać ⟨-gnąć⟩
Überfluss M *(bpl)* (**an** *dat*) obfitość *f*, zbytek *(gen)*; **im ~ leben** żyć w zbytku; **etw im ~ haben** mieć pod dostatkiem *(gen)*; **etw ist im ~ vorhanden** jest pod dostatkiem *(gen)*
überflüssig zbyteczny, zbędny; **ich kam mir hier ~ vor** czułem (-łam) się tu niepotrzebny (-na)
über'fluten (-) zal(ew)ać (*a. fig*)
über'fordern (-): **j-n, etw ~** wymagać zbyt wiele od *(gen)*; **er ist überfordert** od niego zbyt wiele się wymaga
über'frachten *fig* (**mit**) przeładow(yw)ać *(inst)*
über'fragt ADJ: **da(mit) bin ich ~** niestety, nie wiem
Über'fremdung F *kulturell* scudzoziemczenie
über'frieren VI *(irr; sn)* pokry(wa)ć się lodem; **~de Nässe** marznący deszcz
über'führen (-) przewozić ⟨-wieźć⟩, ⟨prze⟩transportować; **j-n des Mordes ~** udowodnić *pf* k-u zabójstwo
Über'führung F przewiezienie; *e-r Leiche* transportacja; *e-s Verbrechers* udowodnienie winy *(dat)*; BUD przejście *od* przejazd górą
über'füllt *Bus, Raum* przepełniony
Überfunktion F MED nadczynność *f*
über'füttern (-) przekarmi(a)ć
Übergabe F przekazanie (**an j-n** k-u); MIL *e-r Stadt usw* poddanie
Übergang M przejście (**über** *akk* przez *akk*); *über die Bahn a.* przejazd; *(Wechsel)* przejście (**von ... zu ...** z *gen* do *gen*)
übergangslos nagły (-le), raptowny
Übergangs|lösung F rozwiązanie tymczasowe; **~mantel** M jesionka; **~stadium** N stadium *n* przejściowe; **~zeit** F okres przejściowy
Übergardine F kotara, stora
über'geben *(irr; -)* VT *Sache* odda(wa)ć, wręczać ⟨-czyć⟩; *Amt, Geschäft usw* przekaz(yw)ać; *Festung* podda(wa)ć; VR **sich ~** ⟨z⟩wymiotować
übergehen[1] VI *(irr; sn)* *(wechseln, sich verwandeln)* przechodzić ⟨przejść⟩ (**in** *akk*,

U

zu w *akk*, do *gen*; **auf** *akk* na *akk*); **zu e-m anderen Thema ~** przechodzić ⟨przejść⟩ do innego tematu; **auf den Sohn ~** przechodzić ⟨przejść⟩ na (własność) syna; **in Verwesung ~** przechodzić ⟨przejść⟩ w stan rozkładu; **die Augen gingen ihm über** zrobił wielkie oczy

über'gehen V/T (*irr*; -) *Thema, Person usw* pomijać ⟨-minąć⟩; **mit Stillschweigen ~** pomijać ⟨-minąć⟩ milczeniem

übergeordnet ADJ nadrzędny

Übergepäck N nadbagaż

übergeschnappt *umg* ADJ pomylony

Übergewicht N (*bpl*) nadwaga; *fig* przewaga; *umg* **(das) ~ bekommen** (*überkippen*) ⟨s⟩tracić równowagę

über'gießen (*irr*; -) obl(ew)ać, pol(ew)ać (**mit Wasser** wodą)

überglücklich przeszczęśliwy

übergreifen V/I *Feuer, Epidemie* przerzucać ⟨-cić⟩ się (**auf** *akk* na *akk*)

Übergriff M bezprawna ingerencja **brutaler ~** (*Gewaltakt*) napaść *f*

übergroß niezwykle duży, ogromny

Übergröße F *in der Konfektion* duży rozmiar

überhaben *umg* (*irr*) *Mantel* mieć na sobie; **etw ~** (*überdrüssig sein*) mieć dość (*gen*); (*übrig haben*) mieć jeszcze trochę (*gen*)

über'handnehmen V/I (*irr*) rozpleni(a)ć się; *Unkraut a.* rozkrzewi(a)ć się

Überhang M *von Schnee* nawis; *von Felsen* przewieszka; nadwyżka (**an Waren** towarów; **an Personal** zatrudnienia)

überhängen[1] V/I (*irr*) zwisać, przewieszać się (**über etw hinaus** przez *akk*)

überhängen[2] V/T: **j-m etw ~** przewieszać ⟨-wiesić⟩ k-u (*akk*)

über'hastet ADJ (zbyt) pochopny

über'häufen (-) (**mit etw**) zasyp(yw)ać (*inst*); **mit Arbeit ~** zawalać ⟨-lić⟩ pracą

über'haupt **A** ADV w ogóle; (*besonders*) szczególnie; **~ nichts** nic a nic, absolutnie nic; **~ nicht** wcale nie; **davon kann ~ keine Rede sein** o tym w ogóle nie może być mowy; (*überdies*) ..., **und ~**, ... i tak **B** *partikel* **was willst du ~?** o co ci właściwie chodzi?

über'heblich arogancki (-ko); (*dünkelhaft*) zadufany w sobie

Über'heblichkeit F (*bpl*) arogancja; (*Dünkel*) zadufanie w sobie

über'hitzen (-) V/T przegrz(ew)ać (*v/r* **sich** się)

über'höht ADJ *Geschwindigkeit* nadmierny; *Preis, Forderung* wygórowany

über'holen (-) (*hinter sich lassen, a. fig*) wyprzedzać ⟨-dzić⟩; *Motor* ⟨wy⟩remontować; **links ~** wyprzedzać ⟨-dzić⟩ lewą stroną

Über'hol|manöver N manewr wyprzedzania; **~spur** F pas wyprzedzania

über'holt ADJ (*veraltet*) przestarzały

überholungsbedürftig *Motor usw* wymagający remontu

Über'holverbot N zakaz wyprzedzania

über'hören (-) V/T nie dosłyszeć *pf* (*gen*); *absichtlich* ⟨z⟩ignorować (*akk*)

überirdisch *Wesen usw* nadziemski

Überkapazität F niewykorzystana zdolność produkcyjna

über'kleben (-) ⟨po⟩zaklejać, zakleić *pf*

über'klettern (-) przełazić ⟨przeleźć⟩ (**e-n Zaun** przez płot)

überkochen V/I (*sn*) *Milch* wykipieć *pf*

über|'kommen (*irr*; -) *Gefühl* przejmować ⟨-jąć⟩ (**j-n** k-o); **~'laden** (*irr*; -) przeładow(yw)ać (*a. fig*)

über'lagern (-): V/R **sich ~** nakładać ⟨nałożyć⟩ się

Überlandbus M autobus dalekobieżny

Überlänge F nadmierna długość; **mit ~** za długi, zbyt długi

überlappen (-): V/R **sich ~** zachodzić na siebie

über'lassen (*irr*; -) (*geben*) użyczać ⟨-czyć⟩; (*verkaufen*) odstępować ⟨-stąpić⟩, odsprzed(aw)ać; **j-m ~, es j-m ~, zu** (+ INF) pozostawi(a)ć k-u (*akk*); **überlass das mir!** zostaw to, ja to załatwię!; **das überlasse ich dir** zrób, załatw *usw* to według własnego uznania; **j-n sich** (*dat*) **selbst ~** zostawi(a)ć k-o samemu sobie (*akk*); **etw, j-n seinem Schicksal ~** pozostawi(a)ć własnemu losowi (*akk*)

über'lasten (-) przeciążać ⟨-żyć⟩

Über'lastung F przeciążenie

Überlauf M *für Wassser* przelew

überlaufen V/I (*irr*; *sn*) *Gefäß, Flüssigkeit* przel(ew)ać się; **zu j-m ~** przechodzić ⟨przejść⟩ na stronę (*gen*)

überlaufen[1] (*irr*; -): *unpers* **es überlief mich (heiß und) kalt** ciarki *fpl* mnie przeszły

über'laufen[2] ADJ przepełniony, (licznie)

U

uczęszczany; *Arztpraxis, Beruf* modny, wzięty

Überläufer M zbieg, dezerter; *fig* odstępca *m*

über'leben (-) V/T *j-n, etw* przeżyć *pf*; *fig etw a.* przetrwać *pf*; **e-e Katastrophe ~** ocaleć *pf* z katastrofy; *fig iron* **du wirst es ~!** przeżyjesz to!; V/R **sich überlebt haben** przeżyć się *pf*

Über'leben N przeżycie; *fig* przetrwanie; **~de** F ocalała, pozostała przy życiu; **~de(r)** M (-n) ocalały, pozostały przy życiu

überlebensgroß nadnaturalnej wielkości

über'legen[1] (-) V/T rozważać ⟨-żyć⟩ (*akk*), zastanawiać ⟨-nowić⟩ się (nad *inst*); (*abwägen*) ważyć; **es sich** (*dat*) **anders ~** rozmyślić się *pf*; **ich muss es mir ~** muszę się nad tym zastanowić; V/I namyślać się, rozmyślać; **ohne zu ~** bez zastanowienia, bez namysłu

über'legen[2] ADJ (*souverän*) zrównoważony, rozważny; *Miene, Lächeln* wyniosły (-śle); **dem Gegner (zahlenmäßig) ~ sein** mieć (liczebną) przewagę nad przeciwnikiem; **j-m an Geschicklichkeit ~ sein** górować nad kimś zręcznością; **~ gewinnen** wygr(yw)ać zdecydowanie

Über'legenheit F (*bpl*) przewaga

über'legt ADJ rozważny

Über'legung F (*bpl*) rozważenie, rozważanie; **nach reiflicher ~** po długim namyśle; **mit ~** z namysłem; **ohne ~** bez zastanowienia; *mst* PL **~en anstellen** snuć rozważania

über|leiten V/I przechodzić ⟨przejść⟩ (**zu** do *gen*); **~'lesen** (*irr*; -) (*übersehen*) (czytając) przeoczyć *pf*; (*flüchtig lesen*) przebiegać ⟨-biec⟩ wzrokiem (*akk*)

über'liefern (-) przekaz(yw)ać

Über'lieferung F tradycja, zwyczaj; (*Sage usw*) podanie, przekaz

über'listen (*-e-*; -) przechytrzać ⟨-rzyć⟩; *Verfolger, Gegner a.* zmylić *pf*

überm *umg* = **über dem**

Übermacht F (*bpl*) przewaga; **in der ~ sein** mieć przewagę liczebną

übermächtig *Gegner* potężny; *Gefühl* przemożny

über'malen (-) zamalow(yw)ać

über'mannen (-) opanow(yw)ać

Übermaß N (*bpl*) (**an** *dat*) nadmiar (*gen*); **etw im ~ haben** mieć (*gen*) w nadmiarze

übermäßig ADJ nadmierny; ADV zbyt

übermenschlich nadludzki (-ko)

über'mitteln (*-le*; -) przes(y)łać, przekaz(yw)ać; **falsch ~** przekłam(yw)ać

Über'mittlung F (*bpl*) przekazywanie, przekazanie

übermorgen ADV pojutrze

über'müdet ADJ przemęczony

Über'müdung F (*bpl*) przemęczenie

Übermut M swawola, figlarność *f*; **aus, vor ~** ze swawoli

übermütig swawolny, psotny

übern *umg* = **über den**

übernächste ADJ: **an der ~n Haltestelle** na drugim przystanku; **am ~n Tag** popojutrze

über'nachten (*-e-*; -) ⟨prze⟩nocować

über'nächtigt ADJ niewyspany

Über'nachtung F nocleg

Übernahme F przejęcie; *e-s Amtes a.* objęcie; **feindliche ~** wrogie przejęcie

übernatürlich nadprzyrodzony

über'nehmen (-) V/T przejmować ⟨-jąć⟩; *Amt, Macht a.* obejmować ⟨objąć⟩; *Verantwortung a.* brać ⟨wziąć⟩ na siebie; *Aufgabe* podejmować ⟨podjąć⟩ się (*gen*); **die Firma des Vaters ~** przejmować ⟨-jąć⟩ firmę po ojcu; **ich übernehme es, zu** (+ INF) biorę na siebie (+ *Verbalsubstantiv*); V/R **sich ~** przeceni(a)ć swoje siły *od* możliwości

überordnen → übergeordnet

überparteilich ponadpartyjny

Überproduktion F (*bpl*) nadprodukcja

über'prüfbar dający się sprawdzić

über'prüfen (-) sprawdzać ⟨-dzić⟩

Über'prüfung F sprawdzenie; kontrola, lustracja (*a.* POL)

überquellen V/I (*irr*; *sn*) *Teig* przerastać ⟨-rosnąć⟩, przel(ew)ać się (przez wierzch); **der Aschenbecher quillt über** popielniczka jest pełna pod sam wierzch

über'queren (-) *Straße* przechodzić ⟨przejść⟩ przez (*akk*); *Land* przejeżdżać ⟨-jechać⟩ przez (*akk*); *Grenze* przekraczać ⟨-kroczyć⟩ (*akk*); *Gewässer* przepływać ⟨-płynąć⟩ (*akk*) *od* przez (*akk*); (*führen durch*) przecinać ⟨-ciąć⟩ (*akk*)

über'ragen (-) przewyższać (*akk*), górować nad (*inst*); *fig* **j-n an Intelligenz ~** górować inteligencją nad (*inst*)

über'ragend ADJ wybitny

über'raschen (-) (*unvorbereitet treffen*)

zaskakiwać ⟨-skoczyć⟩; *(ertappen)* przyła-p(yw)ać (**bei** na *lok*); **j-n mit etw ~** zrobić *pf* k-u niespodziankę *(inst)*; **wir wurden vom Regen überrascht** zaskoczył nas deszcz

über'raschend ADJ *(unerwartet)* niespodziewany; *(frappierend)* zaskakujący (-co)

über'rascht ADJ zaskoczony

Über'raschung F *(bpl)* zaskoczenie, zdziwienie; **zu seiner ~** ku swojemu zdziwieniu; *(a. pl)* niespodzianka

Über'raschungseffekt M efekt zaskoczenia

über'reden (-) namówić *pf* (**zu** do *gen*, na *akk*), skłonić *pf* (**zu** do *gen*); **~ wollen, zu ~ versuchen** namawiać, skłaniać

Über'redung F nakłanianie, namowa

Über'redungskunst F umiejętność *f* perswazji

überregional ponadregionalny

überreich niezwykle bogaty (-to)

über'reichen (-) wręczać ⟨-czyć⟩

überreichlich obfity, suty; *präd* obficie, suto; aż nadto

Über'reichung F wręczenie

überreif *Obst, Getreide* przejrzały

über'reizt ADJ *Augen, Nerven* podrażniony

über'rennen *(irr; -)* MIL *Stellung usw* brać ⟨wziąć⟩ *od* zdoby(wa)ć szturmem

Überreste MPL szczątki *mpl*; **die sterblichen ~** doczesne szczątki

über|'rollen (-) *Person* przejechać *pf*; *Sache* staranować *pf*; **~'rumpeln** (-) zaskakiwać ⟨-skoczyć⟩ *(a. fig* **mit e-r Frage** pytaniem); **~'runden** *(-e-; -)* SPORT zdublować *pf*; *fig* prześcignąć *pf*

übers *umg* = **über das**

übersät ADJ usiany (**mit etw** *inst*)

über'sättigen (-) *j-n*, CHEM przesycać ⟨-cić⟩ (**mit etw** *inst*; *a. fig*)

über'sättigt ADJ przesycony *(a.* CHEM)

Über'sättigung F przesyt *(a. fig)*, przesycenie *(a.* CHEM)

Überschall|flugzeug N samolot naddźwiękowy; **~geschwindigkeit** F szybkość naddźwiękowa

über'schatten *(-e-; -)* zacieni(a)ć; *fig* popsuć *pf* nastrój *(gen)*

über'schätzen (-) V/T przeceni(a)ć; V/R **sich ~** przeceni(a)ć swoje siły *od* możliwości

über'schaubar *(übersichtlich)* jasny, przejrzysty; *Risiko* przewidywalny

über'schauen (-) → überblicken

überschäumen V/I (-) pienić się i przel(ew)ać się przez wierzch; *fig* **er schäumt über vor Temperament** ponosi go temperament; **sie schäumt über vor Freude** rozpiera ją radość

über'schlafen *(irr, -) e-e Sache* odkładać ⟨-łożyć⟩ na jutro *(akk)*

Überschlag M SPORT przerzut bokiem; *fig* orientacyjne obliczenie

über'schlagen *(irr; -)* V/T *Kosten* obliczać ⟨-czyć⟩ z grubsza; *Seite* opuszczać ⟨opuścić⟩; V/R **sich ~** koziołkować ⟨przekoziołkować (się)⟩; *Auto a.* dachować; *Ereignisse* następować szybko po sobie; *Stimme* przechodzić ⟨przejść⟩ w przeraźliwy dyszkant

überschnappen *umg* V/I *(sn)* dosta(wa)ć bzika; *umg Stimme* → überschlagen; **er ist übergeschnappt** on zbzikował

über'schneiden *(irr; -)*: V/R **sich ~** *Linien* krzyżować się, przecinać się; *zeitlich* odby(wa)ć się *od* rozgrywać ⟨rozegrać⟩ się jednocześnie; *inhaltlich* być częściowo zbieżnym, (częściowo) pokrywać się

Über'schneidung F krzyżowanie się; *(Gleichzeitigkeit)* (częściowa) zbieżność

über'schreiben *(irr; -) Text* zatytułować *pf*; *Besitz* przepis(yw)ać

über'schreiten *(irr; -) räumlich, zeitlich u. fig* przekraczać ⟨-kroczyć⟩

Über'schreitung F przekroczenie

Überschrift F nagłówek, tytuł

überschuldet ADJ nadmiernie zadłużony

Überschuss M EKON nadwyżka; HANDEL *a.* superata; *(Überhang)* nadmiar

überschüssig *(zu viel)* nadmierny; *(mehr als benötigt, übrig)* zbędny, zbyteczny

über'schütten (-): *fig* **mit etw ~** obrzucać ⟨-cić⟩, obsyp(yw)ać *(inst)*

Überschwang M (-[e]s; bpl) uniesienie, poryw

überschwänglich wylewny; **sich ~ bedanken** dziękować wylewnie

überschwappen *umg* V/I przel(ew)ać się (przez wierzch)

über'schwemmen (-) *Land* zatapiać ⟨-topić⟩, *a. fig* zal(ew)ać

Über'schwem|mung F wylew, powódź *f*; *fig* zalanie; **~mungskatastrophe** F klęska powodziowa

Übersee *(ohne* ART): **in ~** za oceanem;

nach ~ za ocean, *engS* do Ameryki; **aus ~** zza oceanu
Überseehafen M wielki port morski
Überseehandel M handel zamorski
über'sehbar *Gelände* dający się objąć wzrokiem; (*abschätzbar*) dający się ocenić *od* obliczyć; → überschaubar
über'sehen (*irr*; -) → überblicken; (*nicht bemerken*) przeoczać ‹-czyć›; *absichtlich* pomijać ‹-minąć›
über'senden (*irr*; -) przes(y)łać
Über'sendung F przesłanie, przesyłka
übersensibel przesadnie wrażliwy
übersetzen V/T przeprawi(a)ć; V/I (*h od sn*) przeprawi(a)ć się (**über den Fluss** przez rzekę)
über'setzen (-) ‹prze›tłumaczyć (**aus dem Polnischen ins Deutsche** z polskiego na niemiecki)
Über|'setzer(in) M(F) tłumacz(ka); **~'setzung** F tłumaczenie (*a. übersetzter Text*); TECH przełożenie; przekładnia; **~'setzungsbüro** N biuro tłumaczeń
Übersicht F (*bpl*) orientacja, rozeznanie (**über etw** w *lok*); (*a. pl*) (*knappe Darstellung*) przegląd; zarys; (*Zusammenstellung*) zestawienie, wykaz
übersichtlich *Gelände* otwarty; *fig* (*gut lesbar*) przejrzysty (-ście)
über|siedeln (*sn*), **~'siedeln** (-; *sn*) V/I (*umziehen*) przenosić ‹-nieść› się (**nach** do *gen*)
Übersiedler(in) M(F) przesiedleniec
Übersiedlung F *mst aus dem Ausland* przesiedlenie się; (*Umzug*) przeniesienie się
übersinnlich nadnaturalny
über'spannen: **e-n Fluss ~** *Brücke* łączyć brzegi rzeki; *fig* **den Bogen ~** przeciągać ‹-gnąć› strunę
über'spannt ADJ *Forderung* przesadny; *Idee, Person* dziwaczny, ekscentryczny
Über'spannungsschutz M ELEK zabezpieczenie przed przepięciem
über'spielen (-) *Schwächen* ‹za›maskować; *Platte usw* przegr(yw)ać
über'spitzen (-) przejaskrawi(a)ć
überspringen (*irr*; *sn*) *Funke* przeskakiwać ‹-skoczyć› (**auf** *akk* na *akk*, *a. fig*); *Epidemie, Feuer a.* przerzucać ‹-cić› się (na *akk*)
über'springen (*irr*; -) przeskakiwać ‹-skoczyć› (**e-n Graben** [przez] rów; *fig* **ein Kapitel** rozdział)
überstaatlich ponadpaństwowy
überstehen V/I (*irr*) wystawać
über'stehen (*irr*; -) *Krieg, Krise, Dürre* przetrzym(yw)ać, przetrwać *pf*; *Krankheit* przebyć *pf*, przejść *pf*; (*überleben*) przeżyć *pf*; *Gefahr* uchodzić ‹ujść› cało z (*gen*)
über'steigen (*irr*; -) *Mauer* przełazić ‹-leźć› przez (*akk*); *fig* (*größer sein*) przewyższać ‹-szyć›; *Kräfte, Erwartungen* przechodzić ‹przejść›, przerastać ‹-rosnąć›
über'steuern (-) V/T ELEK przesterow(y-w)ać; V/I *Fahrzeug* odznaczać się nadsterownością
über'stimmen (-) przegłosow(yw)ać
über'strahlen (-) przyćmi(ewa)ć
über'streichen (*irr*; -) ‹po›malować, powlekać ‹-wlec› farbą
überstreifen V/T (*a.* V/R **sich** *dat*) *Hemd, Pullover* wrzucić *pf* na siebie
überströmen V/I (*sn*): **von, vor etw ~** rozpływać się w (*lok*)
überstülpen wciskać ‹-snąć›, naciągać ‹-gnąć› (**e-n Hut** kapelusz na głowę)
Überstunden FPL godziny *fpl* nadliczbowe, nadgodziny *fpl*; **~ machen** pracować w godzinach nadliczbowych
über'stürzen (-) V/T: **etw ~** postąpić *pf od* postanowić *pf* pochopnie; **wir wollen nichts ~** tylko bez pośpiechu; V/R **sich ~** *Ereignisse* następować szybko po sobie
über'stürzt ADJ (zbyt) pochopny; **~ abreisen** pochopnie odjechać
übertariflich: **~e Bezahlung** płaca wyższa od ustalonej w układzie zbiorowym
über'teuert ADJ zbyt drogi, po zawyżonej cenie *od* zawyżonych cenach
über'tölpeln (*-le*; -) okpi(wa)ć
über'tönen (-) zagłuszać ‹-szyć›
Übertopf M ozdobna doniczka
Übertrag M (-[e]s; -träge) FIN (suma) do przeniesienia
über'tragbar *Dokument* przenoszalny; *Recht* zbywalny; MED (*infektiös*) zakaźny; **nicht ~** bez prawa cedowania *od* zbycia; MED niezakaźny
über'tragen[1] (*irr*; -) V/T *Besitz, Seuche* przenosić ‹-nieść›; *Recht a.* przel(ew)ać; JUR *a.* ‹s›cedować; *Befugnisse a.* delegować; *Aufgabe* powierzać ‹-rzyć›; *Sendung* transmitować; *in e-e andere Sprache* ‹prze›tłumaczyć; **Blut ~** dokon(yw)ać

transfuzji krwi; V/R **sich ~ (auf** *akk*) przenosić ⟨-nieść⟩ się (na *akk*); *Erregung* udzielać ⟨-lić⟩ się (*dat*)

über'tragen² ADJ przenośny; **in ~er Bedeutung** w znaczeniu przenośnym

Über'tragung F *von Eigentum, e-r Krankheit* przeniesienie; *e-s Rechts a.* przelanie; JUR cesja; *von Befugnissen* delegowanie; *e-r Aufgabe* powierzenie; *rtv* transmisja; (*Übersetzung*) tłumaczenie; *von Blut* transfuzja

Über'tragungswagen M wóz transmisyjny

über'treffen (*irr*; -): **j-n an, in etw** (*dat*) **~** przewyższać ⟨-szyć⟩ w (*lok*), górować (*inst*); *Erwartungen usw* przechodzić ⟨przejść⟩; **sich selbst ~** przechodzić ⟨przejść⟩ samego siebie

über'treiben (*irr*; -) V/T przesadzać ⟨-dzić⟩ w (*lok*) *od* z (*inst*)

Über'treibung F przesada; **ohne ~** bez przesady

übertreten V/I (*irr*; *sn*) (*wechseln*) przechodzić ⟨przejść⟩ (**zu j-m** do *gen*; **zum Katholizismus** na katolicyzm); *Fluss* wyl(ew)ać

über'treten (*irr*; -) *Gesetz, Vorschrift* naruszać ⟨-szyć⟩ (*akk*), wykraczać ⟨-kroczyć⟩ przeciwko (*dat*)

Über'tretung F wykroczenie

über'trieben ADJ przesadny

Übertritt M przejście (**zu** do *gen*, na *akk*)

über'trumpfen (-) *Karte* przebi(ja)ć; *fig* prześcigać ⟨-gnąć⟩ (**j-n** k-o w *lok*)

über'tünchen (-) pobielać ⟨-lić⟩, pomalować *pf*; *fig* ⟨za⟩maskować

über'völkert ADJ przeludniony

Übervölkerung F (*bpl*) przeludnienie

übervorsichtig zbyt ostrożny

über'vorteilen (-) oszuk(iw)ać, *umg* nacinać ⟨-ciąć⟩ (**bei etw** na *lok*)

über'wachen (-) V/T nadzorować (*akk*), czuwać (nad *inst*); *am Bildschirm* monitorować; (*beschatten*) inwigilować

über'wachsen V/I (*irr*; -; *sn*) zarastać ⟨-rosnąć⟩ (**mit etw** *inst*)

Über'wachung F nadzór; (*Dauerbewachung*) monitorowanie; *polizeilich* inwigilacja

über'wältigen (-) *Gegner* obezwładni(a)ć; *fig Anblick usw* poruszać ⟨-szyć⟩ do głębi; *Schlaf* ⟨z⟩morzyć

über'wältigend ADJ *Anblick, Erfolg* porywający, imponujący; *Sieg* druzgocący; *Mehrheit* przytłaczający; *umg* **nicht gerade ~** nienadzwyczajny

überwechseln V/I (*sn*): **von … zu … ~** przechodzić ⟨przejść⟩ z (*gen*) do (*gen*)

über'weisen (*irr*; -) *Geld* przel(ew)ać, przekaz(yw)ać, *Patienten* ⟨s⟩kierować (**an** *akk*, **zu** do *gen*)

Über'weisung F *von Geld* przekazanie; *vom Arzt* skierowanie (*a. Schein*); (*überwiesener Betrag*) przekaz, przelew (**auf ein Konto** na konto)

überwerfen (*irr*; -): V/R **sich** (*dat*) **etw ~** zarzucać ⟨-cić⟩ sobie na plecy (*akk*)

über'werfen (*irr*; -): V/R **sich mit j-m ~** poróżnić się z (*inst*)

über'wiegen V/I (*irr*; -) dominować, przeważać ⟨-żyć⟩

über'wiegend ADJ przeważający; ADV przeważnie

über'winden (*irr*; -) V/T pokon(yw)ać, przezwyciężać ⟨-żyć⟩; V/R **sich ~ (und …)** przezwyciężać ⟨-żyć⟩ się (i …)

Über'windung F (*bpl*) pokonanie, przezwyciężenie; **das hat ihn viel ~ gekostet** zmusił się do tego wielkim wysiłkiem woli

über|'wintern V/I (-*re*; -) ⟨prze⟩zimować; **~'worfen** *pperf* → überwerfen; **~'wuchern** (-) zagłuszać ⟨-szyć⟩

über'wunden → überwinden

Überzahl F większość *f*; **in der ~ sein** stanowić większość; *Gegner* mieć przewagę liczebną

über'zahlen (-) przepłacać ⟨-cić⟩

überzählig nadliczbowy; *Personal* nadetatowy

über'zeichnen (-) *Figur* przestylizować; *Anleihe* przekroczyć sumę subskrypcji (na *akk*)

über'zeugen (-): V/T **j-n von etw ~** przekon(yw)ać k-o o (*lok*); **überzeugt sein von etw** być przekonanym *od* przeświadczonym o (*lok*); **er hat mich überzeugt** przekonał mnie; V/R **sich von etw ~** przekon(yw)ać się o (*lok*)

über'zeugend ADJ przekonujący, *präd* przekonująco

über'zeugt ADJ **ein ~er Antikommunist** zdeklarowany antykomunista; **von sich ~** zadufany w sobie

Über'zeugung F przekonanie, przeświadczenie; **zu der ~ kommen, dass** nab(ie)rać przekonania, że; **der ~ sein,**

dass ... być przeświadczonym, że ...
Über'zeugungkraft F (*bpl*) zdolność *f* przekonywania
überziehen (*irr*) *Mantel* (*a.* **sich** *dat*) wkładać ⟨włożyć⟩ (na siebie); *umg* **j-m eins ~** trzasnąć *pf*, zdzielić *pf* k-o
über'ziehen (*irr*; -) V/T (*bedecken, beziehen*) pokry(wa)ć, powlekać ⟨-wlec⟩ (**mit etw** *inst*); **das Bett frisch ~** powlec łóżko; *Konto, Zeit* przekraczać ⟨-kroczyć⟩ (**um ...** o ...); *v/r* **sich ~** *Himmel* zawlekać ⟨-wlec⟩ się
Über'ziehungskredit M kredyt techniczny, dopuszczalne (tymczasowe) przekroczenie stanu konta
über'zogen *pperf* → überziehen; ADJ (*übertrieben*) nadmierny, wygórowany
über'züchtet ADJ *Tier* przerasowany
Überzug M powłoka, (*a. Bezug*) pokrycie; KULIN polewa
üblich zwykły (-le); **allgemein ~** ogólnie przyjęty; **das ist hier so ~** tu taki zwyczaj; **es ist ~, dass** utarł się zwyczaj, że; **wie ~** jak zwykle
U-Boot N okręt podwodny
übrig (*restlich*) pozostały; (*mehr als benötigt, überschüssig*) zbędny, zbywający; **das, alles Übrige** reszta, resztę; **die, alle Übrigen ...** pozostałe, *persf* pozostali ...; **ich habe noch zehn Euro ~** mam jeszcze dziesięć euro; **ich habe nichts mehr ~** nie pozostało mi nic więcej; **~ sein, ~ bleiben** zostać *pf*, pozosta(wa)ć; *fig* **es blieb mir nichts anderes ~, als zu** (+ INF) nie pozostało mi nic innego, jak (+ *inf*); **~ lassen** zostawi(a)ć, pozostawi(a)ć; **im Übrigen** poza tym; notabene; → übrighaben
übrigbleiben (*irr; sn*) *fig* → übrig
übrigens ADV (a) zresztą
übrighaben (*irr*) *fig* **viel ~ (für)** bardzo lubić (*akk*); **für Sport hat er nichts übrig** on nie ma zamiłowania do sportu
Übung F (*bpl*) wprawa; (*a. pl*) ćwiczenie (*a.* MIL, SPORT *usw*); **aus der ~ kommen** wyjść *pf* z wprawy
Übungs|buch N podręcznik z ćwiczeniami; **~gelände** N teren do ćwiczeń; **~hang** M *für Skifahrer* stok do ćwiczeń (dla narciarzy)
Ufer N brzeg, nabrzeże; **am ~** nad brzegiem, na *od* u brzegu; **über die ~ treten** występować ⟨-stąpić⟩ z brzegów; **am ~ anlegen** przybi(ja)ć do brzegu
uferlos (*endlos*) nieskończony
Ufer|schwalbe F (jaskółka) brzegówka; **~straße** F nadbrzeżna droga
Ufo, UFO N (-s; -s) UFO *n* (*unv*)
U-Haft F → Untersuchungshaft
Uhr F zegar; (*Arm-, Taschenuhr*) zegarek; **die ~ geht vor** zegar(ek) się śpieszy; **die ~ geht nach** zegar(ek) się spóźnia; **die ~ geht richtig** zegar(ek) idzie dobrze; **die ~ schlug zwei** zegar wybił drugą; **die ~ stellen** nastawi(a)ć zegar(ek); (*bpl*) *bei Zeitangaben* **wie viel ~ ist es?** która godzina?; **um wie viel ~?** o której godzinie?; **um acht ~ dreißig** o godzinie ósmej trzydzieści; **rund um die ~** całodobowy, (przez) całą dobę
Uhr|armband N (PL -*bänder*) bransoletka *od* pasek do zegarka; **~macher(in)** M(F) zegarmistrz; **~werk** N mechanizm zegarowy; **~zeiger** M wskazówka zegar(k)a
Uhrzeigersinn M: **im ~** zgodnie z ruchem wskazówek zegara; **entgegen dem ~** przeciwnie do ruchu wskazówek zegara
Uhrzeit F (*bpl*) godzina
Uhu M (-s; -s) puchacz
Ukra'ine *a.* [uk'rainə] F (*bpl*) Ukraina
Ukra'iner *a.* [uk'rainər] M Ukrainiec
Ukra'inerin *a.* [uk'rai-] F Ukrainka
ukra'inisch *a.* [uk'rai-] ukraiński (po -ku)
UKW [u:ka:'ve:] (*ohne* ART) (**Ultrakurzwelle**) fale *fpl* ultrakrótkie, ukf
Ulk M (-[e]s; selten -e) figiel, żart
ulkig *umg* śmieszny, pocieszny
Ulme F wiąz; **~n-** *in zssgn* wiązowy
Ulti'matum N (-s; -*ten*) ultimatum *n*
Ultra'kurzwellen FPL fale *fpl* ultrakrótkie; → UKW
Ultraschall M ultradźwięk; **~diagnostik** F diagnostyka ultradźwiękowa; **~untersuchung** F badanie ultradźwiękowe *od* (*bes* MED) sonograficzne
ultraviolett ultrafioletowy
um¹ PRÄP (*akk*) **1** *örtlich* **~ etw (herum)** do(o)koła, naokoło, wokoło, wokół (*gen*); **~ sich** wokół *od* dookoła siebie; **~ sich blicken** rozglądać się dokoła; **~ die Ecke** za rogiem **2** *zeitlich* o (*lok*); **~ fünf Uhr** o piątej (godzinie) **3** (*ungefähr*) (o)koło (*gen*); **~ Ostern (herum)** około Wielkanocy **4** *zur Angabe von Wert, Preis, e-r Folge, beim*

Vergleichen, Bitten o (*akk*); po (*lok*); za (*inst*); **sich ~ drei Euro verrechnen** przeliczyć się *pf* o trzy euro; **Jahr ~ Jahr** rok po roku, rok za rokiem; **~ e-n Kopf größer** wyższy o głowę; **~ nichts in der Welt** za nic w świecie; **~ jeden Preis** za wszelką cenę; **bitte ~ Ruhe** proszę o spokój **5** *in bestimmten Wendungen* na (*akk*) *od nur gen* **~ die Wette** na wyścigi; **schade ~ ihn** szkoda go; **~ ... willen** dla (*gen*), z powodu (*gen*), ze względu na (*akk*); → umso

um² *konj Zweck* **~ zu** (+ INF) aby, ażeby (+ *inf*); *verstärkend* **~ so** (+ *komp*) → umso

um³ ADV (*etwa*) około; **~ die zwei Euro** około dwóch euro; **~ sein** (*vorüber sein*) skończyć się *pf*, minąć *pf*

um|ändern *Kleid usw* → **~arbeiten** *Kleid, Werk usw* przerabiać ⟨-robić⟩

um'armen (-) V/T obejmować ⟨objąć⟩, uściskać ⟨-snąć⟩ (*v/r* **sich** się)

Um'armung F objęcie, uścisk

Umbau M (PL *-e*) przebudowa; (PL *-ten*) (*Umkleidung*) obudowa

umbauen V/T przebudow(yw)ać; V/I **wir bauen um** dokonujemy przebudowy

um'bauen (-) obudow(yw)ać

um|benennen (*irr* -) przemianow(yw)ać; **~besetzen** (-) *Rolle* zmieni(a)ć wykonawcę (*gen*); *Stelle* wyznaczać ⟨-czyć⟩ inną osobę na (*akk*); **~betten** *Kranken* przenosić ⟨-nieść⟩ do innego łóżka; *Toten* ⟨po⟩chować w innym miejscu; **~biegen** (*irr*) V/T *Draht* zginać ⟨zgiąć⟩; *Rand* zawijać ⟨-winąć⟩ (*beides v/r* **sich** się); **~bilden** ⟨z⟩reorganizować

Umbildung F reorganizacja

um|binden (*irr*) *Krawatte, Tuch* zawiąz(yw)ać; *Schürze* przypas(yw)ać; **~blättern** V/I przewracać ⟨-wrócić⟩ kartkę; **~blicken** V/R → umsehen; **~'brechen** (*irr*; -) TYPO ⟨z⟩łamać

umbringen (*irr*) V/T (*töten*) zabi(ja)ć (*v/r* **sich** się); *fig* **... bringt mich noch um ...** jeszcze wpędzi mnie do grobu

Umbruch M (*bpl*) TYPO łamanie; (*Satz*) łamy *mpl*; (*a. pl*) *fig* przełom

um|buchen *Reise* zmieni(a)ć rezerwację (*gen*); FIN przeksięgow(yw)ać; **~denken** V/I (*irr*) przestawi(a)ć się (myślowo); **~disponieren** V/I (-) zmieni(a)ć plan *od* plany

umdrehen V/T obracać ⟨-rócić⟩ (*v/r* **sich** się); *Seite* odwracać ⟨-wrócić⟩; *Schlüssel* przekręcać ⟨-cić⟩; V/I (*h od sn*) (*umkehren*) zawracać ⟨-wrócić⟩ (z drogi)

Um'drehung F obrót; **e-e halbe ~** pół obrotu, półobrót

umei'nander ADV jeden o drugiego, jedna o drugą, jedno o drugie, o siebie wzajemnie

Umerziehung F reedukacja

umfahren (*irr*) (*umstoßen*) najechać *pf* na (*akk*), obalić *pf* (*akk*)

um'fahren (*irr*; -) *Hindernis* omijać ⟨ominąć⟩, (*a. umkreisen*) objeżdżać ⟨-jechać⟩; *Schiff, Boot* opływać ⟨opłynąć⟩

umfallen V/I (*sn*) **1** przewracać ⟨-wrócić⟩ się, upaść *pf*; **tot ~** padać ⟨paść⟩ martwym **2** *fig umg abw Zeuge usw* złamać się *pf*

Umfang M **1** obwód (*a.* MAT); **... hat e-n ~ von drei Metern ...** ma trzy metry obwodu **2** *fig* (*Größe, Ausdehnung*) rozmiar(y *pl*); (*Volumen*) objętość *f*; *e-r Stimme* rozpiętość *f*; (*Reichweite*) zakres; **im vollen ~** w pełni, w całej rozciągłości; **in großem ~** na wielką skalę

umfangreich rozległy (-le), obszerny, szeroki (-ko) (*a. Wissen usw*)

um'fassen (-) *fig* obejmować ⟨objąć⟩, ogarniać ⟨-nąć⟩

um'fassend ADJ *Wissen* rozległy; *Geständnis, Bericht* wyczerpujący (-co)

Umfeld N (*bpl*) otoczenie

um'fliegen (*irr*; -) V/T latać dokoła (*gen*); *Hindernis* omijać ⟨ominąć⟩ w locie

um|'fließen (*irr*; -) opływać; **~formen** przekształcać ⟨-cić⟩; ELEK przetwarzać

Umfrage F ankieta, sondaż

umfüllen przel(ew)ać (**in** *akk* do *gen*); (*umschütten*) przesyp(yw)ać

umfunktionieren (-) przekształcać ⟨-cić⟩ (**in** *akk* w *akk*); (*Bestimmung verändern*) ⟨za⟩adaptować (**zu etw** na *akk*)

Umgang M (*bpl*) (*Beziehungen*) stosunki *mpl*; (*Bekannte, Freunde*) towarzystwo; (*das Umgehen*) obchodzenie się (**mit** z *inst*); **~ haben, pflegen mit j-n** przestawać, obcować z (*inst*)

umgänglich miły w obejściu, towarzyski; *Chef* przystępny

Umgangsformen FPL formy *fpl* towarzyskie; **gute ~** dobre maniery *fpl*

Umgangssprache F język potoczny

Umgangston M: **hier herrscht ein herzlicher ~** tu panuje serdeczny ton

umgarnen (-): **j-n ~** usidlać ⟨-lić⟩ k-o
um'geben (*irr*; -) VT otaczać ⟨otoczyć⟩ (*v/r* **sich** się)
Um'gebung F (*Kreis, Milieu*) otoczenie; (*Gegend*) okolica; **in der ~** w okolicy; **in der nahen** *od* **näheren ~** w pobliżu
umgehen VI (*irr*; *sn*) *Gerücht* krążyć; *Krankheit, Angst usw* szerzyć się; *Gespenst* ukazywać się, straszyć; **mit etw, j-m ~** (*handhaben, behandeln*) obchodzić ⟨obejść⟩ się z (*inst*); **er kann nicht mit Geld ~** on nie umie gospodarować pieniędzmi
um'gehen VT (*irr*; -) *Hindernis* obchodzić ⟨obejść⟩ (*a. fig Gesetz usw*); *Straße* przebiegać dookoła (*gen*); (*meiden*) unikać ⟨uniknąć⟩ (*gen*)
umgehend ADJ bezzwłoczny, niezwłoczny; *präd a.* bez zwłoki
Um'gehung F obejście, ominięcie
Um'gehungsstraße F obwodnica
umgekehrt ADJ odwrotny; *präd* odwrotnie, na odwrót; **in ~er Reihenfolge** w odwrotnej kolejności
umgestalten (*pperf umgestaltet*) przekształcać ⟨-cić⟩ (*a. fig*)
Umgestaltung F przekształcanie, przekształcenie
umgewöhnen: VR **sich ~ müssen** musieć przyzwyczaić się do nowego *od* nowej, nowych (*gen*)
um|gießen (*irr*) przel(ew)ać; **~graben** (*irr*) przekop(yw)ać; **~gruppieren** (-) przegrupow(yw)ać; **~haben** *umg* (*irr*) *Tuch* mieć na głowie; *Uhr* mieć na ręku; *Schal* mieć na szyi
Umhang M zarzutka; peleryna
umhängen *Bild* przewieszać ⟨-wiesić⟩; *Mantel* zarzucać ⟨-cić⟩ na ramiona; *Tasche* przerzucać ⟨-cić⟩ przez ramię
Umhängetasche F torebka na pasku
umhauen (*irr*) *Baum* zrąbać *pf*; *umg j-n* zbi(ja)ć z nóg; *fig* (*verblüffen*) oszołomić *pf*; **diese Hitze haut mich um** ten upał mnie wykończy
um'her ADV do(o)koła, wokoło; *in zssgn* → herum...
um'her|blicken VI rozglądać ⟨rozejrzeć⟩ się (dookoła); **~irren** VI (*sn*) błąkać się (**in** *dat* po *lok*); **~streifen** VI (*sn*), **~ziehen** VI (*irr*; *sn*) wędrować, *umg* wałęsać się (**durch** po *lok*)
um'hinkönnen VI (*irr*): **ich kann nicht umhin zu** (+ INF) nie mogę nie (+ *inf*)
umhören: VR **sich ~** poinformować się *pf* (**nach etw** co do, w sprawie *gen*)
U/min (Umdrehungen pro Minute) obrotów na minutę, obr/min
um'hüllen (-) okry(wa)ć, owijać ⟨owinąć⟩ (**mit etw** *inst*)
um'kämpft ADJ: **hart ~e Stadt** miasto, o które toczyły się zacięte walki; **heiß ~er Sieg** ciężko okupione zwycięstwo
Umkehr F (*bpl*) powrót; *fig* (*Änderung*) zmiana trybu życia; zmiana swego stanowiska na krańcowo odmienne
umkehrbar odwracalny
umkehren VT (*ins Gegenteil verkehren*) odwracać ⟨-wrócić⟩ (*v/r* **sich** się); (*umstülpen, wenden*) wywracać ⟨-wrócić⟩; VI (*sn*) nawracać ⟨-wrócić⟩, zawracać ⟨-wrócić⟩ (**auf halbem Wege** w połowie *od* w pół drogi)
umkippen VT przewracać ⟨-wrócić⟩; VI (*sn*) przewracać ⟨-wrócić⟩ się; *umg fig* (*ohnmächtig werden*) upaść *pf* zemdlony; *umg fig Stimmung* zmieni(a)ć się; *Gewässer* utracić *pf* zdolność samoregulacji ekologicznej
um'klammern (-) *in, mit der Hand* ściskać ⟨-snąć⟩ kurczowo; *mit den Armen* mocno obejmować ⟨objąć⟩
Um'klammerung F brutalny uścisk
umklappen *Lehne* opuścić *pf*
umkleiden *lit* → umziehen (VT *u.* VR)
um'kleiden (**mit etw**) wykładać ⟨-łożyć⟩, obi(ja)ć (*inst*)
Umkleideraum M przebieralnia
umknicken VI (*sn*) *Baum usw* ⟨z⟩łamać się; **mit dem Fuß ~** skręcić *pf* (sobie) nogę
umkommen VI (*irr*; *sn*) zginąć *pf* (**bei e-m Unfall** w wypadku); *umg fig* **vor Hitze ~** omdlewać z upału
Umkreis M MAT koło opisane; (*bpl*) okolica, otoczenie; **im ~ von ...** w promieniu (*gen*); **im ~** *e-r Person* w otoczeniu (*gen*)
um'kreisen (-): **etw, j-n ~** okrążać ⟨-żyć⟩ (*akk*), *a. fig* krążyć dokoła (*gen*)
umkrempeln (*-le*) *Ärmel* zakas(yw)ać, zawijać ⟨-winąć⟩; *umg fig* radykalnie zmieni(a)ć, zrewoltować *pf*
umladen (*irr*) przeładow(yw)ać
Umlage F (*Betrag*) udział w kosztach (**pro Person** od osoby)
um'lagern (-) oblegać ⟨oblec⟩ (*a. fig*)

Umland N (*bpl*) okolica (podmiejska)

Umlauf M obieg (*a.* ASTRON); (*Schreiben*) okólnik; **in ~ bringen** *Geld* wprowadzać ⟨-dzić⟩ do obiegu; **im ~ sein** być w obiegu; **in ~ setzen** *Gerücht* rozsiewać; **~bahn** F orbita; **~zeit** F okres obiegu

Umlaut M JĘZ przegłos

Umlegekragen M kołnierz wykładany

umlegen (*waagerecht legen*) kłaść ⟨położyć⟩; (*anders legen*) przekładać ⟨-łożyć⟩ (*a. Termin*); *Weiche, Hebel* przestawi(a)ć; *Telefongespräch* przełączać ⟨-czyć⟩; *Schal* zarzucać ⟨-cić⟩ na plecy; *Kragen* odwijać ⟨-winąć⟩; *Kosten usw* rozkładać ⟨rozłożyć⟩; *pop* (*ermorden*) stuknąć *pf*

umleiten *Verkehr* ⟨s⟩kierować na inną drogę *od* trasę; *Bach* ⟨s⟩kierować w inne koryto

Umleitung F (*Strecke*) objazd; (*das Umleiten*) skierowanie na trasę objazdową

umlernen V/I (*e-n anderen Beruf lernen*) przekwalifikow(yw)ać się; (*umdenken*) zmieni(a)ć sposób myślenia

umliegend ADJ okoliczny

Umluftherd M (elektryczny) piekarnik z nawiewem

um|'mauern (-) obmurow(yw)ać; otaczać ⟨otoczyć⟩ murem; **~melden** V/T przemeldow(yw)ać (*v/r* **sich** się); **~modeln** (*-le*) przemodelować *pf*

Um'nachtung *lit* F: **geistige ~** obłęd

umnieten *pop* (*erschießen*) kropnąć *pf*

umorganisieren (-) ⟨z⟩reorganizować

umorientieren (-): V/R **sich ~** przeorientować się *pf*

umpacken przepakow(yw)ać

umpflanzen przesadzać ⟨-dzić⟩

um|pflügen przeor(yw)ać; **~quartieren** (-) przekwaterow(yw)ać

um'rahmen (-) obramow(yw)ać; **e-e Feier musikalisch ~** dać oprawę muzyczną uroczystości

um'randen (*-e-*; -) obwodzić ⟨-wieść⟩, obramow(yw)ać

Um'randung F obwódka, obramowanie

umräumen *Sachen* przestawi(a)ć, poprzekładać *pf*; *Zimmer* przemeblow(yw)ać

umrechnen przeliczać ⟨-czyć⟩ (**in Dollar** na dolary)

Umrechnungs|faktor M przelicznik **~kurs** M kurs przeliczeniowy; **~tabelle** F tabela przeliczeniowa

um|reißen (*irr*) *Zaun, Person* powalić *pf*, przewracać ⟨-wrócić⟩; **~'reißen** (*irr*; -) (*kurz darstellen*) ⟨na⟩szkicować; **fest umrissen** ściśle określony; **~rennen** (*irr*) obalić *pf* w biegu; **~'ringen** (-) otaczać ⟨otoczyć⟩, obstępować ⟨-stąpić⟩

Umriss M zarys (*a. fig*), kontur; **in groben ~en** w ogólnych zarysach

um'rissen *pperf* → umreißen

um|rühren ⟨za⟩mieszać; **~'runden** (-) okrążać ⟨-żyć⟩; **~rüsten** przezbrajać ⟨-zbroić⟩

ums = **um das**

umsatteln *umg fig* V/I zmieni(a)ć zawód; **~ auf** (*akk*) przerzucać ⟨-cić⟩ się na (*akk*)

Umsatz M obrót; **~plus** N zwyżka obrotów; **~provision** F prowizja od obrotów; **~steuer** F podatek obrotowy

um'säumen (-) *Tischdecke* obrębi(a)ć; *lit* (*umgeben*) okalać ⟨okolić⟩

umschalten V/T przełączać ⟨-czyć⟩; V/I **auf (das) … Programm ~** włączać ⟨-czyć⟩ … program; **wir schalten um nach Krakau** łączymy się z Krakowem

Umschalt|taste F klawisz zmiany rejestru; **~ung** F przełączanie, przełączenie

Umschau F (*bpl*): **~ halten nach** (*dat*) rozglądać się za (*inst*)

umschauen *reg* → umsehen

umschichten *Sachen* układać ⟨ułożyć⟩ inaczej, przesortować *pf*; **Finanzmittel ~** dokon(yw)ać redystrybucji środków finansowych

um'schiffen (-) *Insel* opływać ⟨opłynąć⟩ dokoła (*gen*); *Klippen* wymijać ⟨-minąć⟩ (*akk*)

Umschlag M MED okład, kompres; (*Briefumschlag*) koperta; *an der Hose* mankiet; (*bpl*) *von Gütern* przeładunek; *des Wetters* nagła zmiana

umschlagen (*irr*) V/T *Seite* odwracać ⟨-wrócić⟩; *Ärmel* podwijać ⟨-winąć⟩; *Güter* przeładow(yw)ać; V/I (*sn*) *Boot* przewracać ⟨-wrócić⟩ się do góry dnem; *Wetter, Wind, Meinung* zmieni(a)ć się (nagle); **in etw ~** przechodzić ⟨przejść⟩ (nagle) w (*akk*)

Umschlagplatz M HANDEL punkt przeładunku; centrum przerzutowe (**für Drogen** narkotyków)

um'schließen (*irr*; -) (*umgeben*) otaczać ⟨otoczyć⟩, okalać; (*beinhalten*) obejmować ⟨objąć⟩

um'schlingen (*irr*; -) *j-n, etw* oplatać

⟨opleść⟩; **sich (fest) umschlungen halten** opleść się *pf* ramionami

um|schmeißen *umg (irr)* → umwerfen; **~schmelzen** *(irr)* przetapiać ⟨-topić⟩

um|schreiben *(irr) Text* napisać *pf* na nowo; *Besitz* przepis(yw)ać; **~'schreiben** *(irr; -)* peryfrazować, wyrażać ⟨-razić⟩ omownie

Um'schreibung F peryfraza, omówienie; **ohne ~en** bez omówień

um'schrieben ADJ określony

Umschrift F JĘZ transkrypcja

Umschuldung F konwersja długu

umschulen V/T *Schulkind* przenosić ⟨-nieść⟩ do innej szkoły; *Berufstätige* przeszkalać ⟨-szkolić⟩ *(v/i* się; *umg* **auf** *akk* na *akk)*

Umschulung F przeniesienie do innej szkoły; *beruflich* przeszkolenie

umschütten *Flüssigkeit* przel(ew)ać; *Mehl usw* przesyp(yw)ać (**in** *akk* do *gen)*

um'schwärmen (-): **er wurde von Mücken umschwärmt** roje komarów nie dawały mu spokoju; **sie war von vielen umschwärmt** ona miała wielu adoratorów

Umschweife PL: **ohne ~** bez ogródek

umschwenken V/I *(sn) fig* (nagle) zmieni(a)ć zdanie *od* front

Umschwung M SPORT *am Reck* kołowrót; *fig* (nagła) zmiana, zwrot; EKON *a.* pogorszenie się koniunktury

um'segeln (-) opływać ⟨opłynąć⟩ żaglowcem *od* żaglówką

umsehen *(irr)*: V/R **sich ~** rozglądać ⟨rozejrzeć⟩ się (**im Garten** po ogrodzie); *(zurückblicken)* oglądać ⟨obejrzeć⟩ się; **sich nach j-m, etw ~** *a. fig* oglądać ⟨obejrzeć⟩ się za *(inst)*

umseitig (znajdujący się) na odwrocie

umsetzen V/T *j-n, Pflanze* przesadzać ⟨-dzić⟩; *j-n auf e-n anderen Arbeitsplatz* przesuwać ⟨-sunąć⟩ (na *akk*, do *gen*); TECH przetwarzać (**in** *akk* na *akk*); HANDEL osiągać ⟨-gnąć⟩ obrót (ze sprzedaży); *etw* **in die Tat ~** ⟨z⟩realizować; V/R **sich ~** *(den Platz wechseln)* przesiadać ⟨-siąść⟩ się

Umsicht F *(bpl)* rozwaga, oględność *f*

umsichtig rozważny, oględny

umsiedeln V/T przesiedlać ⟨-lić⟩; V/I *(sn)* przesiedlać ⟨-lić⟩ się (**nach** do *gen)*

Umsiedler(in) M(F) przesiedleniec

Umsiedlung F przesiedlenie

umso *konj* tym; **~ besser** tym lepszy *od* lepiej; **~ mehr** tym więcej

um'sonst ADV *umg (gratis)* za darmo; *(vergebens)* daremnie, na próżno

um'sorgen (-): **j-n ~** opiekować się *(inst)*

um'spannen (-) → umfassen

Umspannwerk N ELEK (pod)stacja transformatorowa, stacja trafo

um'spielen (-) SPORT ogr(yw)ać

umspringen V/I *(irr; sn) Wind* skręcać ⟨-cić⟩; *Ampel* przeskakiwać ⟨-skoczyć⟩; *umg abw* **mit j-m grob ~**traktować k-o opryskliwie

umspulen przewijać ⟨-winąć⟩

Umstand M *(Gegebenheit, Tatsache)* okoliczność *f*, fakt; → Umstände

Umstände MPL *(Ausgangslage)* okoliczności *fpl*, warunki *mpl*; *(Förmlichkeiten)* ceregiele *fpl*; **die näheren ~** szczegóły *mpl*; **tragische ~** tragiczne okoliczności; **unter ~n** w razie czego, ewentualnie; **unter allen ~n** w każdym razie; **unter diesen ~n** w tych okolicznościach *od* warunkach; **unter keinen ~n** pod żadnym pozorem; **nicht viel ~ machen mit j-m, etw** nie ceregielić się z *(inst)*; **mach dir meinetwegen keine ~** nie rób sobie ze mną kłopotu; **in anderen ~n sein** *Frau* być w odmiennym stanie

umständehalber ADV z uwagi na okoliczności

umständlich *Arbeit, Reise* kłopotliwy (-wie), utrudniony; *Person, Schilderung* drobiazgowy (-wo)

Umstands|kleid N sukienka ciążowa; **~krämer** M *abw* skrupulat; **~wort** N (PL *-wörter)* przysłówek

umstehend ADJ → umseitig

umsteigen V/I *(irr; sn) Fahrgast* przesiadać ⟨-siąść⟩ się; *umg fig* **von … auf … ~** zamienić … na …; → umsatteln

umstellen V/T *Sachen, Hebel, Produktion usw* przestawi(a)ć (*a.* **etw auf** *akk* na *akk*); **sein Leben ~** zmieni(a)ć tryb życia; V/R **sich auf** *(akk)* **~** przestawi(a)ć się na *(akk)*

um'stellen (-) *Haus* obstawi(a)ć; *Verbrecher, Wild* osaczać ⟨-czyć⟩

Umstellung F *(das Umstellen)* przestawienie; *(das Sichumstellen)* przestawienie się (**auf** *akk* na *akk*); *(Änderung)* zmiana; *(Anpassung)* dostosowanie się

umstimmen *Person* nakłaniać ⟨-kłonić⟩

do zmiany decyzji; **er ließ sich nicht ~** (on) nie dał się namówić
umstoßen (*irr*) przewracać ⟨-wrócić⟩, obalać ⟨-lić⟩ (*a. fig, Plan usw*)
umstritten ADJ sporny, problematyczny
umstruktu'rieren (-) ⟨z⟩restrukturyzować
Umstruktu'rierung F restrukturyzacja
umstülpen *Eimer* odwracać ⟨-wrócić⟩ dnem do góry; *Taschen* wywracać ⟨-wrócić⟩; *fig* radykalnie zmieni(a)ć
Umsturz M POL przewrót
umstürzen V/T → umstoßen; V/I (*sn*) przewracać ⟨-wrócić⟩ się, wywracać ⟨-wrócić⟩ się
Umstürzler M wywrotowiec
umstürzlerisch wywrotowy
umtaufen *umg* przechrzcić *pf*
Umtausch M zamiana; *bes von Geld* wymiana; **... sind vom ~ ausgeschlossen** ... nie podlegają wymianie
umtauschen zamieni(a)ć, wymieni(a)ć (**gegen** na *akk*); **Dollars in Zloty ~** wymieni(a)ć dolary na złotówki
Umtauschrecht N (*bpl*) prawo wymiany (wadliwego wyrobu)
umtopfen *Blume* przesadzać ⟨-dzić⟩ do innej doniczki
Umtriebe *abw* MPL knowania *npl*; POL *a.* konspiracyjna działalność
umtriebig *Mensch* rzutki, obrotny
Umtrunk *umg* M (PL *-trünke*) bibka
umtun (*irr*): V/R **sich nach etw ~** rozglądać ⟨rozejrzeć⟩ się za (*inst*); **sich ~ in** (*dat*) zapoznać się *pf* z (*inst*)
Umverteilung F redystrybucja
umwälzen *Luft usw* wprowadzać w ruch cyrkulacyjny
umwälzend ADJ *fig* przełomowy
Umwälzung F TECH cyrkulacja, obieg; *fig* przełom, przewrót
umwandeln przekształcać ⟨-cić⟩ (*a.* CHEM, FIZ), przeobrażać ⟨-razić⟩; JUR *Strafe* zamieni(a)ć; → verwandeln
Umwandlung F przekształcenie, przeobrażenie; FIZ, CHEM *a.* przemiana; JUR *der Strafe* zamiana (**in** na *akk*)
umwechseln *Geld* wymieni(a)ć
Umweg M droga okrężna (*a. fig*); **e-n ~ machen** nadkładać ⟨-łożyć⟩ drogi; **auf ~en** okrężną drogą; **auf dem ~ über** (*akk*) drogą pośrednią przez (*akk*)
Umwelt F (*bpl*) środowisko (naturalne); (*Umgebung*) otoczenie
Umwelt|belastung F uciążliwość *f* dla środowiska naturalnego; **~einfluss** M wpływ środowiska *od* otoczenia
umweltfeindlich nieekologiczny
Umweltforschung F (*bpl*) ekologia
umwelt|freundlich przyjazny dla środowiska, (pro)ekologiczny; **~gerecht** ADJ nieszkodliwy dla środowiska
Umwelt|katastrophe F klęska ekologiczna; **~kriminalität** F przestępczość *f* przeciw środowisku naturalnemu; **~papier** N papier z recyklingu; **~politik** F polityka ekologiczna; **~polizei** F straż ochrony przyrody; **~schaden** M szkoda ekologiczna
umwelt|schädigend ADJ, **~schädlich** nieekologiczny, szkodliwy dla środowiska (naturalnego)
Umwelt|schutz M ochrona środowiska (naturalnego); **~schützer(in)** M(F) obrońca *m* (-czyni) przyrody, ekologista *m* (-tka); **~sünder** *umg* M sprawca *m* zanieczyszczenia środowiska; **~technik** F (*bpl*) technika ochrony środowiska; **~verschmutzung** F zanieczyszczenie środowiska (naturalnego)
umweltverträglich nieszkodliwy dla środowiska
Umweltzerstörung F degradacja środowiska (naturalnego)
umwenden → wenden, umdrehen
umwerben (*irr*; -) *Person* starać się *od* zabiegać o względy (*gen*)
umwerfen (*irr*) przewracać ⟨-wrócić⟩; *Person a.* zwalać ⟨-lić⟩ z nóg (*a. umg fig*); *umg fig* (*j-n erschüttern*) wstrząsnąć *pf* (*inst*), przejąć *pf* k-o
umwerfend *umg* ADJ *fig* (*verblüffend*) zaskakujący (-co); **~ komisch** przekomiczny
um'wickeln (-) owijać ⟨owinąć⟩ (**mit Draht, e-r Binde** drutem, bandażem)
um'wölkt ADJ chmurny (*a. fig*)
umzäunen (-) ogradzać ⟨ogrodzić⟩
umziehen (*irr*) V/T (*Kleidung wechseln*) przeb(ie)rać (*v/r* **sich** się); *v/i* (*sn*) przeprowadzać ⟨-dzić⟩ się (**in** *akk*, **nach** do *gen*)
um'zingeln (*-le*; -) okrążać ⟨-żyć⟩, osaczać ⟨-czyć⟩
Umzug M przeprowadzka; (*Festzug*) procesja, pochód; korowód

Umzugskosten PL koszty *mpl* przeprowadzki
UN [uː'ɛn] (United Nations) Narody *mpl* Zjednoczone
unab'änderlich *Entschluss* nieodwołalny; **sich ins Unabänderliche fügen** pogodzić się z faktem dokonanym
unab'dingbar nieodzowny
unabhängig niezależny, niezawisły; *Staat, Volk a.* niepodległy; *präd* ~ **von etw** niezależnie od (*gen*)
Unabhängigkeit F (*bpl*) niezależność *f*, niezawisłość *f*; POLniepodległość *f*
unab'kömmlich (*beschäftigt*) zajęty; **er ist hier** ~ jego obecność tu jest niezbędna
unablässig nieustanny; *präd* bez przerwy, bez ustanku
unab'sehbar *fig Folgen* nieobliczalny
unabsichtlich nieumyślny; *präd* nieumyślnie, niechcący
unab'wendbar nieuchronny, niechybny
unachtsam (*unaufmerksam, zerstreut*) nieuważny, roztargniony
Unachtsamkeit F (*bpl*) nieuwaga; **aus, durch** ~ przez nieuwagę
unähnlich niepodobny
unan'fechtbar niepodważalny; *Beweis* niezbity
unan|gebracht niestosowny; *präd a.* nie na miejscu; **~gefochten** *Sieger* bezsporny; *Macht* niepodzielny; → unbehindert; **~gemeldet** *Gast* niespodziany; *Demonstration* niezgłoszony, nielegalny; *präd* bez uprzedniego zgłoszenia; **~gemessen** niewspółmierny; *Benehmen* niestosowny
unangenehm niemiły (-le, -ło), nieprzyjemny; (*peinlich*) przykry (-ro); **es ist mir ~, dass** przykro mi, że; ~ **berührt** niemile dotknięty (**von etw** *inst*); **er kann schnell ~ werden** on łatwo wpada w irytację
unangepasst nieprzystosowany
unangetastet nietknięty; **etw ~ lassen** pozostawi(a)ć w stanie nienaruszonym (*akk*), nie tknąć *pf* (*gen*)
unan|'greifbar *Festung* niemożliwy do zdobycia; *fig* niezachwiany; **~'nehmbar** niemożliwy *od* nie do przyjęcia
Unannehmlichkeit F nieprzyjemność *f*, przykrość *f*; **~en bekommen** narażać ⟨-razić⟩ się na nieprzyjemności
unansehnlich (*unschön*) nieładny; (*hässlich*) brzydki (-ko); (*abgenutzt*) zniszczony; *Kleidung a.* znoszony
unanständig nieprzyzwoity; *Witz a.* sprośny; **sich ~ benehmen** zachow(yw)ać się nieprzyzwoicie
Unanständigkeit F nieprzyzwoitość *f*, sprośność *f*
unan'tastbar nietykalny, nienaruszalny
unappetitlich nieapetyczny; ~ **aussehen** wyglądać nieapetycznie
Unart F przywara; (*ungehöriges Benehmen*) niegrzeczność *f*
un|artig *Kind* niegrzeczny; **~ästhetisch** nieestetyczny; **~aufdringlich, ~auffällig** dyskretny; (*bescheiden*) skromny; **~auf'findbar** zaginiony (bez śladu)
unaufgefordert ADV dobrowolnie, z własnej woli
unauf'haltsam *Verfall* nieuniknony, niechybny; *Entwicklung* niedający się powstrzymać; ~ **vorrücken** posuwać się niepowstrzymanie
unauf'hörlich nieustanny; *präd* nieustannie, bez ustanku
unauf'lös|bar, ~lich *Stoff* nierozpuszczalny; *Vertrag* nierozwiązalny; *Bande* nierozerwalny
unaufmerksam (*zerstreut*) nieuważny, roztargniony; (*nicht zuvorkommend*) nieuprzejmy; ~ **sein** nie uważać
Unaufmerksamkeit F (*bpl*) nieuwaga, roztargnienie
unauf|richtig nieszczery (-rze); **~'schiebbar** pilny, niecierpiący zwłoki
unaus'bleiblich *Folgen usw* nieunikniony; *präd* nie do uniknięcia
unaus'führbar niewykonalny
unausgefüllt ADJ *Vordruck* niewypełniony; *Tag* niezapełniony (pracą); **innerlich ~** niewyżyty
unausgeglichen niezrównoważony
unausgegoren *abw* nieprzemyślany
unaus'löschlich *Eindruck* niezatarty
unaus'sprechlich niewymowny
unaus'stehlich nieznośny
unaus'weichlich nieunikniony, nieuchronny; *präd* nie do uniknięcia, nieuchronnie
unbändig *Temperament, Zorn, Lachen* nieopanowany; *Freude* żywiołowy; **sich ~ freuen** cieszyć się jak dziecko
unbarmherzig bezlitosny (-śnie), niemiłosierny, nieubłagany

unbeabsichtigt ADJ niezamierzony
unbeachtet ADJ niezauważony, niepostrzeżony; *präd* niepostrzeżenie; **etw ~ lassen** nie zwracać ⟨zwrócić⟩ uwagi na (*akk*)
unbeanstandet ADJ niekwestionowany; *präd* bez sprzeciwu, bez zastrzeżeń; **~ lassen** nie kwestionować
unbeantwortet ADJ: *präd* **~ lassen** pozostawi(a)ć bez odpowiedzi; **~ bleiben** pozosta(wa)ć bez odpowiedzi
unbearbeitet ADJ nieobrobiony
unbe|baut ADJ *Gelände* niezabudowany; *Feld* nieuprawny; **~dacht** ADJ *Wort* niebaczny; **~darft** ADJ naiwny; dyletancki, *präd* po dyletancku
unbedenklich (*harmlos*) nieszkodliwy; *präd* bez obawy, bez zastrzeżeń
unbedeutend mało ważny, nieistotny, błahy; *zahlenmäßig* nieliczny
unbedingt ADJ bezwzględny, bezwarunkowy; ADV koniecznie; **nicht ~** niekoniecznie
unbe'fahrbar *Weg* nieprzejezdny
unbefangen (*vorurteilslos*) bezstronny, nieuprzedzony; (*natürlich, frei*) niewymuszony; *präd* bez uprzedzeń, bezstronnie; niewymuszenie
Unbefangenheit F (*bpl*) *e-s Zeugen usw* bezstronność *f*; (*Ungezwungenheit*) niewymuszoność *f*, naturalność *f*
unbe|friedigend ADJ niezadawalający (-co); **~friedigt** ADJ *Bedarf* niezaspokojony; *sexuell* niewyżyty; **~fristet** ADJ bezterminowy (-wo), ... na czas nieoznaczony
unbefugt ADJ bezprawny; **Zutritt für Unbefugte verboten** osobom postronnym wstęp wzbroniony
unbegabt ADJ niezdolny
unbe'greiflich niepojęty; *präd* nie do pojęcia; **es ist mir ~, dass** (*od* **wie, woher** *usw*) nie mogę pojąć, że (*od* jak, skąd *usw*)
unbe|grenzt ADJ nieograniczony; *präd* nieograniczenie; **~gründet** ADJ bezzasadny, nieuzasadniony
Unbehagen N niemiłe uczucie, dyskomfort
unbehaglich *Zimmer, Haus* nieprzytulny; *Situation* kłopotliwy (-wie); *Gefühl* niemiły (-ło); **sich ~ fühlen** czuć się nieswojo
unbehandelt ADJ MED nieleczony; *Obst* niepoddany działaniu środków konserwujących
unbe'helligt ADJ *präd* nienagabywany, nienapastowany (**von** *dat* przez *akk*)
unbeherrscht ADJ niepohamowany; *präd* nie mogąc się pohamować
unbeholfen nieporadny, niezdarny
unbe|'irrbar niezachwiany; *präd* → **~'irrt** ADV niezachwianie, nieugięcie
unbekannt ADJ nieznany, niewiadomy; *Person* nieznajomy; MAT niewiadomy; **das ist mir ~** to nie jest mi znane; **er ist ~ verzogen** wyprowadził się pod nieznany adres; **mit ~em Ziel** w niewiadomym kierunku; JUR **gegen ~** przeciw nieznanemu sprawcy
Unbekannte F nieznajoma; MAT niewiadoma; **~(r)** M (-n) nieznajomy
unbekleidet ADJ nieubrany, nagi (-go)
unbekümmert ADJ beztroski (-ko)
unbelastet ADJ *Grundstück* nieobciążony hipoteką; *Luft, Wasser* nieskażony; (*sorgenfrei*) wolny od trosk; *Person* (*ohne Schuld*) nieobciążony, nieobarczony (winą *usw*); **von etw ~ sein** nie obarczać się (*inst*)
unbelehrbar *Mensch* niepoprawny
unbeleuchtet ADJ *Straße* nieoświetlony; *Fahrzeug* bez świateł
unbeliebt nielubiany (**bei j-m** przez *akk*); niepopularny; **sich ~ machen** (**bei**) stracić *pf* sympatię (*gen*)
Unbeliebtheit F niepopularność *f*
unbe|mannt ADJ *Raumschiff* bezzałogowy, bez załogi; **~merkt** ADJ niezauważony; **~mittelt** ADJ niezamożny
unbe'nommen: *präd* **es ist, bleibt Ihnen ~ zu** (+ INF) może pan(i) postąpić według własnego uznania i (+ *inf*)
unbe|nutzt nieużywany, świeży; (*neu*) nowy; **~quem** niewygodny (*a. fig, Person*), niedogodny; *Frage* niedyskretny
Unbequemlichkeit F niewygoda, niedogodność *f*
unbe'rechenbar nieobliczalny
unberechtigt *Person* nieuprawniony, nieupoważniony; *Leistung* nienależny, bezprawny; *Vorwurf* bezzasadny
unberücksichtigt ADJ nieuwzględniony; **etw ~ lassen** nie uwzględnić (*gen*)
unbe'rufen INT: **~!** odpukać!
unberührt ADJ nienaruszony, nietknięty; **~ lassen** nie dotknąć (*gen*); **~ bleiben** przetrwać w stanie nietkniętym; *fig* **von**

U

allem ~ bleiben *Person* nie przejmować się niczym
unbeschadet PRÄP *(gen)* *(trotz)* mimo *(gen)*; ADV **etw ~ überstehen** *Person* wychodzić ⟨wyjść⟩ cało z *(gen)*; *Sache* nie zostać *pf* uszkodzonym
unbeschädigt ADJ nieuszkodzony
unbeschäftigt ADJ niezajęty, wolny; **~ herumsitzen** siedzieć bezczynnie
unbescheiden *Person* mający duże wymagania; *Forderung* wygórowany
unbe|scholten *Ruf* nieposzlakowany; *Mensch* o nieposzlakowanej opinii; **~schrankt** ADJ KOLEJ niestrzeżony; **~schränkt** ADJ nieograniczony
unbe'schreiblich nieopisany; *präd* *(sehr)* nieopisanie, ... nie do opisania
unbeschrieben *Seite* czysty, niezapisany; **... ist ein ~es Blatt** *(unbekannt)* ... jeszcze nieznany (-na); *(unerfahren)* ... jeszcze niedoświadczony (-na); **er (sie) war kein ~es Blatt** on był człowiekiem (ona była kobietą) z przeszłością
unbeschwert ADJ *Gewissen* czysty; *(sorglos)* beztroski (-ko)
unbe'sehen ADV na ślepo, w ciemno
unbe|setzt *Posten, Stelle* nieobsadzony, *a.* *Platz* niezajęty, wolny; **~'siegbar** niepokonany, nie do pokonania; **~'siegt** ADJ niepokonany; **~sonnen** nierozważny
unbesorgt ADJ: **seien Sie ~!** niech pana (panią) o to głowa nie boli!; **sei ~!** spokojna głowa!
unbespielt ADJ *Kassette* czysty, pusty
unbe|ständig niestały, zmienny *(a. Wetter)*; *(labil)* chwiejny; **~stätigt** ADJ *Meldung* niepotwierdzony; **~'stechlich** nieprzekupny; *fig* bezkompromisowy; **~stimmt** nieokreślony; MAT *a.* nieoznaczony; *(vage)* niejasny (-no); **~'streitbar** niezaprzeczalny; **~stritten** ADJ bezsporny, niesporny
unbeteiligt ADJ *Zuschauer* postronny; **an e-r Sache ~** niezaangażowany, niezamieszany w *(akk)*; **~ dabeistehen** nie okazywać zainteresowania
unbetont ADJ nieakcentowany
unbeträchtlich nieznaczny, niewielki; **nicht ~** pokaźny, spory
unbeugsam *Mensch, Wille* nieugięty, niezłomny
unbewacht ADJ niestrzeżony, niepilnowany; **in e-m ~en Augenblick** w stosownej chwili (gdy nikt nie zwracał uwagi)
unbewaffnet ADJ nieuzbrojony; *Auge a.* goły; *präd* bez broni
unbewältigt ADJ *Problem* nierozwiązany; *Erlebnis* nieprzetrawiony; **~e Vergangenheit** drażliwa przeszłość
unbeweglich nieruchomy (-mo); *Feiertag* stały; *geistig* powolny, leniwy; **~ dastehen** stać nieruchomo
unbewegt ADJ *Gesicht* nieruchomy
unbewiesen ADJ niedowiedziony
unbe|'wohnbar nienadający się do zamieszkania; **~wohnt** ADJ niezamieszkały; **~wusst** ADJ podświadomy, bezwiedny; *präd a.* mimo woli
Unbewusste N *(-n; bpl)* PSYCH podświadomość *f*
unbe'zahlbar strasznie drogi, nie do zapłacenia; *fig* *(kostbar)* nieoceniony, bezcenny
unbezahlt ADJ *Rechnung* niezapłacony; *Arbeit* nieodpłatny
unbe'zähmbar nieposkromiony
unbe'zwingbar *fig* nieprzeparty
Unbilden PL niewygody *fpl*; **die ~ des Wetters** kaprysy *mpl* pogody
unblutig bezkrwawy *(a.* MED); *präd* bez rozlewu krwi
unbrauchbar niezdatny (do niczego, do użytku); *(kaputt)* zepsuty
un|brennbar niepalny; **~bürokratisch** niebiurokratyczny; **~christlich** niechrześcijański; *präd* nie po chrześcijańsku
und *konj* *(aufzählend)* i; *(anknüpfend)* a; **Tag ~ Nacht** dzień i noc; **essen ~ trinken** jeść i pić; **~ so weiter** i tak dalej; **er erzählte, ~ sie hörte zu** on opowiadał, a ona słuchała; **~ doch** a jednak; **~ zwar** (a) mianowicie; *keine Entsprechung bei gleichen Wörtern zum Ausdruck e-r Steigerung*: **nach ~ nach** stopniowo; **durch ~ durch** na wskroś; **schneller ~ schneller** coraz szybciej; *umg* **~ ob!, ~ wie!** jeszcze jak!
undankbar niewdzięczny
Undankbarkeit F niewdzięczność *f*
un|defi'nierbar nieokreślony; **~demokratisch** niedemokratyczny; **~'denkbar** nie do pomyślenia
undeutlich niewyraźny
undicht nieszczelny; **~e Stelle** przeciek; *fig a.* wyciek
Unding N: **das ist ein ~** to nonsens

U

undiszipliniert niezdyscyplinowany
unduldsam nietolerancyjny
undurch|'dringlich nieprzenikniony (*a. fig*); **~'führbar** niewykonalny; **~lässig** nieprzepuszczalny; *für Licht* nieprzejrzysty; *für Gase* szczelny, hermetyczny; **~sichtig** nieprzezroczysty; *fig Geschäfte* ciemny; *Charakter* skryty
uneben nierówny (-no)
Unebenheit F nierówność *f*
unecht *Schmuck* nieprawdziwy, sztuczny; MAT *Bruch* niewłaściwy; (*vorgetäuscht*) udany, pozorny; → falsch
un|ehelich nieślubny; **~ehrenhaft** niehonorowy; **~ehrlich** nieszczery (-rze); (*nicht zuverlässig*) nieuczciwy (-wie)
Unehrlichkeit F nieszczerość *f*; (*Unredlichkeit*) nieuczciwość *f*
un|eigennützig bezinteresowny; **~eingeschränkt** ADJ nieograniczony
uneinig niezgodny; **mit j-m ~ sein** (**in** *dat*, **über** *akk*) nie zgadzać się z kimś (w *lok*, co do *gen*)
Uneinigkeit F niezgoda
un|ein'nehmbar *Festung* niezdobyty, nie do zdobycia; **~eins** → uneinig
uneinsichtig zatwardziały, oporny
un|empfänglich (**für**) nieczuły, obojętny (na *akk*); **~empfindlich** (**gegen**) niewrażliwy (na *akk*); *Stoff a.* odporny (na *akk*); **~'endlich** nieskończony (*a.* MAT); *präd* nieskończenie (**klein** mały)
Un'endlichkeit F (*bpl*) nieskończoność *f*; *umg* (*Ewigkeit*) wieczność *f*
unent'behrlich niezbędny (**für j-n** dla *gen*; **für etw** do *gen*), nieodzowny
unent'deckt ADJ niewykryty, nieznany; **~ bleiben** nie zostać wykrytym
unentgeltlich bezpłatny, nieodpłatny
unentschieden *Frage* nierozstrzygnięty; SPORT remisowy; **~ enden, spielen** ⟨z⟩remisować
Unentschieden N SPORT remis
unentschlossen niezdecydowany
unent'schuldbar niewybaczalny
unentschuldigt ADJ nieusprawiedliwiony; **~ fehlen** nie usprawiedliwić się z nieobecności
unent'wegt (*beharrlich*) wytrwały (-le); (*ständig*) ustawiczny; **j-n, etw ~ ansehen** nie odrywać wzroku od (*gen*)
unent'wirrbar nierozwikłany
un|er'bittlich nieubłagany; **~erfahren** niedoświadczony (**in** *dat* w *lok*)
Unerfahrenheit F brak doświadczenia
uner'findlich niepojęty; **es ist mir ~, warum** ... nie mogę pojąć, dlaczego
unerforscht ADJ niezbadany
uner|freulich *Nachricht* niepocieszający; *Situation* przykry (-ro), niemiły (-ło); **~füllbar** *Wunsch* nie do spełnienia; *Plan usw* niewykonalny
unerfüllt ADJ *Wunsch* niespełniony; **sich ~ fühlen** czuć się pustym wewnętrznie
unergiebig jałowy (*a. fig*)
uner'gründlich niezgłębiony, niepojęty
unerheblich nieistotny; **nicht ~** niebagatelny
unerhört ADJ niesłychany (*a. abw, empörend*); **~ interessant, fleißig** niesłychanie zajmujący, pracowity; **das ist ja ~!** to niesłychane!
unerkannt ADJ nierozpoznany; **~ entkommen** uciec nie będąc rozpoznany
uner'klärlich niewytłumaczalny; **etw ist für mich ~** nie mogę sobie wytłumaczyć (*gen*)
uner|'lässlich nieodzowny; **~laubt** ADJ niedozwolony; nielegalny; *präd* bez pozwolenia; **~ledigt** ADJ niezałatwiony; **~'messlich** *Raum, Reichtum* nieograniczony, niezmierzony; *Schaden, Bedeutung* niezmierny; **~'müdlich** niestrudzony (-dzenie)
uner'reichbar *Ziel, Gipfel* nieosiągalny; (*abwesend*) nieobecny; **für j-n ~ aufbewahren** przechowywać w miejscu niedostępnym dla (*gen*)
uner|'reicht ADJ niedościgniony, niedościgły (-le); **~'sättlich** nienasycony; *fig a.* zachłanny; **~'schöpflich** niewyczerpany; **~schrocken** nieustraszony; *präd* nieustraszenie
uner|'schütterlich *Glaube, Wille* niezachwiany; **~'schwinglich** niedostępny; **~'setzlich** niezastąpiony; *Verlust* niepowetowany; **~'träglich** nieznośny, nie do wytrzymania
unerwähnt ADJ *Frage* niewymieniony, nieporuszony; **etw ~ lassen** nie wspomnieć *pf* o (*lok*)
unerwartet ADJ nieoczekiwany; **das kam für mich ~** tego się nie spodziewałem (-łam)
unerwünscht ADJ niepożądany, niechciany; **das Fotografieren ist hier ~**

fotografowanie jest tu niewskazane
unfähig niezdolny (**zu** do *gen*); *abw* (*ungeeignet*) nieudolny; **er war ~, e-n Schritt zu tun** stał niezdolny zrobić kroku
Unfähigkeit F (*bpl*) niezdolność *f*; *abw e-s Mitarbeiters* nieudolność *f*
unfair ['ʊnfɛːr] nie fair (*unv*) (**gegenüber** w stosunku do *gen*); *Mittel a.* nieuczciwy; *Spiel a.* nieprzepisowy; **das ist ~** to nie jest fair
Unfall M (nieszczęśliwy) wypadek
Unfallflucht F ucieczka z miejsca wypadku
unfallfrei bezwypadkowy, bezszkodowy; *präd* bez wypadku *od* wypadków
Unfall|gefahr F zagrożenie wypadkowe; **~krankenhaus** N szpital urazowy; **~opfer** N ofiara wypadku; **~protokoll** N protokół powypadkowy; **~station** F oddział chirurgii urazowej; **~stelle** F miejsce wypadku; **~tod** M śmierć *f* na skutek wypadku; **~versicherung** F ubezpieczenie od (następstw) nieszczęśliwych wypadków; **~verursacher** M sprawca *m* wypadku; **~zeuge** M naoczny świadek wypadku (drogowego)
un|'fassbar niepojęty; **~'fehlbar** nieomylny; *präd* (*ganz gewiss*) z całą pewnością; **~fein** ordynarny, prostacki (po -ku); niesubtelny; **~fertig** niegotowy; *fig* (*unreif*) niedojrzały; **~flätig** sprośny, plugawy (-wo); **~förmig** nieforemny, niekształtny; **~frankiert** nieopłacony; **~frei** pozbawiony wolności, *bes* HIST niewolny; (*gehemmt, abhängig*) skrępowany; *Brief* nieopłacony; **~freiwillig** (*erzwungen*) wymuszony; (*unbeabsichtigt*) nieumyślny, mimowolny
unfreundlich *Person, Benehmen usw* nieuprzejmy; (*abweisend*) nieżyczliwy (-wie); (*feindselig*) nieprzyjazny (*a. Klima, Gegend usw*); *Raum* nieprzytulny; *Wetter* brzydki
Unfreundlichkeit F nieuprzejmość *f* (*a. Handlung, Äußerung*)
Unfriede(n) M niezgoda; **~n stiften** siać niezgodę
unfruchtbar niepłodny, bezpłodny (*a. fig*); *Boden a.* nieurodzajny
Unfruchtbarkeit F niepłodność *f*, bezpłodność *f* (*a. fig*)
Unfug M (-[e]s; bpl) (*Treiben*) wybryki *mpl*; (*Unsinn*) bzdura; JUR **grober ~** chuligaństwo
Ungar M (-*n*) Węgier; **~in** F Węgierka
ungarisch węgierski (po -ku)
Ungarn N (-*s*; *bpl*) Węgry *pl*; **nach ~** na Węgry; **in ~** na Węgrzech
ungastlich niegościnny (*a. fig*)
ungeachtet *lit* PRÄP (*gen*) nie bacząc na (*akk*); (*nicht eingedenk*) niepomny (*gen*)
unge|ahnt ADJ niespodziewany, niespodziany; **~beten** nieproszony
ungebildet ADJ niewykształcony
ungeboren ADJ nienarodzony; **Schutz des ~en Lebens** ochrona życia poczętego
unge|bräuchlich nieużywany, niebędący w użyciu; **~braucht** ADJ nieużyty, nieużywany; **~brochen** ADJ *fig* niesłabnący, niezłomny; **~bührlich** niestosowny; **~bunden** ADJ *Person* nieskrępowany; (*frei, ledig*) wolny; *Buch* nieoprawny; **~deckt** (*ohne Deckung*) odsłonięty; *Scheck* bez pokrycia
Ungeduld F niecierpliwość *f*, zniecierpliwienie
ungeduldig niecierpliwy, zniecierpliwiony; **~ werden** niecierpliwić się; **~ warten auf** (*akk*) niecierpliwie czekać na (*akk*) *od* oczekiwać (*gen*)
ungeeignet ADJ nieprzydatny (**zu, für** do *gen*); *Mittel, Moment* nieodpowiedni
ungefähr ADJ przybliżony; ADV w przybliżeniu, mniej więcej; **nicht von ~** nieprzypadkowo
ungefährlich nieszkodliwy (**für** dla *gen*); niegroźny; **nicht ~** dość niebezpieczny
ungehalten *lit* rozgniewany (**über j-n** na *akk*, **über etw** z powodu *gen*)
unge|heizt ADJ nieopalony; **~hemmt** ADJ *Freude, Wut* niepowstrzymany, niepohamowany; *Person* nieznający hamulców; *präd* bez jakichkolwiek hamulców; **~heuer** (*riesig, enorm*) ogromny
Ungeheuer N potwór (*a. fig*)
unge|heuerlich (*riesig*) ogromny; *abw* (*unerhört*) niesłychany; skandaliczny; **~hindert** ADJ swobodny; *präd* bez przeszkód; **~hobelt** ADJ *fig* nieokrzesany; **~hörig** *Benehmen, Bemerkung* niestosowny; **~horsam** nieposłuszny
Ungehorsam M nieposłuszeństwo; **wegen ~s** za nieposłuszeństwo
Ungeist *lit abw* (*bpl*) antyhumanistyczny duch czasu *od* epoki
unge|klärt ADJ niewyjaśniony; *Abwässer*

wenn jemand ungeschickt ist ...

Er benimmt sich immer so <u>ungeschickt</u>!	On jest taki <u>kanciasty</u>!
Er benimmt sich <u>wie ein Elefant im Porzellanladen</u>.	Zachowuje się <u>jak słoń w składzie porcelany</u>.
Er hat <u>zwei linke Hände</u>.	On ma <u>dwie lewe ręce</u>.

nieoczyszczony; **~kürzt** ADJ pełny, kompletny, całkowity, (w wersji) bez skrótów; **~laden** ADJ *Waffe* nienabity; *Gast* nieproszony

ungelegen ADJ *Zeitpunkt* niestosowny, niedogodny; *Gäste* sprawiający kłopot; **~ kommen** *Person* przychodzić ⟨przyjść⟩ nie w porę; *Sache* być nie na rękę

Ungelegenheit F: **j-m ~en bereiten** sprawi(a)ć kłopot k-u

ungelernt ADJ niewykwalifikowany

ungelogen *umg* ADV bez przesady

ungemein ADJ nadzwyczajny; *präd intensivierend* nadzwyczaj

ungemütlich *Raum* nieprzytulny; *Atmosphäre, Gegend* nieprzyjazny; *Lage* niemiły; *umg* **~ werden** *Person* zachować się *pf* nieprzyjemnie

ungenannt ADJ anonimowy; **~ bleiben** nie ujawni(a)ć swego nazwiska, występować anonimowo

ungenau niedokładny, nieścisły (-śle); **sich nur ~ erinnern an** *(akk)* nie przypominać sobie dokładnie *(gen)*; **~ arbeiten** pracować niedokładnie

Ungenauigkeit F niedokładność *f*, nieścisłość *f*

ungeniert [-ʒə-] ADJ bezceremonialny; *präd* bez żenady, bez skrępowania

un|genießbar *Speise, Getränk* nienadający się do spożycia *od* picia; *umg fig żart* niemożliwy, nieznośny; **~genügend** ADJ niedostateczny *(a. Schulnote)*

ungenutzt, ungenützt ADJ niewykorzystany; **e-e Gelegenheit ~ lassen** nie skorzystać *pf* z okazji

ungepflegt ADJ zaniedbany; **~ wirken** razić zaniedbaniem

ungerade *Zahl* nieparzysty

ungerecht niesprawiedliwy (-wie)

ungerechtfertigt ADJ nieuzasadniony, bezpodstawny, niesłuszny

Ungerechtigkeit F niesprawiedliwość *f*

ungeregelt ADJ *Leben* nieuregulowany

ungereimt ADJ *Gerede* niedorzeczny

Ungereimtheit F niedorzeczność *f*

ungern ADV niechętnie; **nicht ~** chętnie; **ich tue es ~** ⟨z⟩robię to niechętnie; **er sieht es ~, wenn** ... on nie lubi, gdy ...

ungerührt ADJ niewzruszony (-szenie); **~ von ihrem Schmerz** niewzruszony jej bólem; **~ von s-n Bitten** nieczuły na jego prośby

ungesalzen ADJ niesłony; *präd* bez soli

ungesättigt ADJ CHEM nienasycony

ungeschehen ADJ: **etw ~ machen** cofać ⟨-fnąć⟩ *(akk)*; **das lässt sich nicht ~ machen** to się już nie odstanie

Ungeschicklichkeit F niezręczność *f*

unge|schickt ADJ niezręczny; **~schlagen** ADJ *präd Mannschaft* bez porażki, bez przegranej; **~schliffen** ADJ *Stein* nieszlifowany; *fig abw* nieokrzesany

ungeschminkt ADJ nieuszminkowany; *fig Wahrheit* nagi; **etw ~ sagen** wygarniać ⟨-nąć⟩ bez osłonek *(akk)*

ungeschoren ADJ: *präd fig* **j-n ~ lassen** zostawi(a)ć w spokoju k-o; **~ davonkommen** wyjść *pf* cało (z *gen*); *ohne Strafe* wymigać się *pf* (od *gen*)

unge|schrieben ADJ *Gesetz* niepisany; **~schult** ADJ *Personal* nie(wy)szkolony; **~schützt** ADJ nieosłonięty, niezabezpieczony; *Sex* bez prezerwatywy; **~sellig** nietowarzyski; **~setzlich** nieprawny, nielegalny

Ungesetzlichkeit F *(bpl)* nielegalność *f*, bezprawność *f*; *(a. pl) (Handlung)* bezprawie, nadużycie

ungestört ADJ niezakłócony; *präd* w spokoju; **j-n bei etw ~ lassen** nie przeszkadzać k-u w *(lok)*

unge|straft ADJ bezkarny; **~stüm** *lit* *(stürmisch)* namiętny; *Wesen* porywczy (-czo); **~sund** niezdrowy (-wo); **~teilt** ADJ niepodzielony, cały; *Aufmerksamkeit usw* powszechny, ogólny; **~trübt** ADJ *Glück usw* niezmącony

Ungetüm N (-[e]s; -e) monstrum *n*

ungeübt ADJ niewprawny; **er ist in etw ~**

on nie ma wprawy w (*lok*)
ungewaschen ADJ nieumyty, brudny
ungewiss niepewny; **j-n über etw im Ungewissen lassen** pozostawi(a)ć k-o w niepewności co do (*gen*)
Ungewissheit F niepewność *f*
unge|wöhnlich niezwykły; *präd* niezwykle; **~wohnt** ADJ (*fremd*) obcy, nieznany; **~wollt** ADJ niezamierzony, niechciany; *präd* niechcący; **~zählt** ADJ niezliczony
Ungeziefer N (*-s; bpl*) robactwo; **~bekämpfung** F dezynsekcja
unge|zogen ADJ niegrzeczny; **~zügelt** ADJ nieokiełznany, rozpasany; **~zwungen** niewymuszony (-szenie)
Ungezwungenheit F (*bpl*) niewymuszoność *f*, swoboda
ungiftig nietrujący; *bes* ZOOL niejadowity; **das ist ~** to nie jest trujące
unglaubhaft nieprawdopodobny
ungläubig niedowierzający (-co); REL niewierzący
un'glaublich niewiarogodny, nie do wiary; (*unerhört*) niesłychany
unglaubwürdig *Zeuge, Geschichte* niewiarogodny
ungleich nierówny (-no), niejednakowy (-wo); *Paar* niedobrany; (*unähnlich*) niepodobny; **~** (+ *komp*) daleko; **~ besser** daleko lepszy
Ungleichgewicht N nierównowaga
Ungleichheit F nierówność *f*
ungleichmäßig nierównomierny
Unglück N (-[e]s; -e) (*unheilvolles Ereignis, Schicksalsschlag*) nieszczęście; (*Katastrophe*) klęska; (*Zugunglück usw*) katastrofa; (*Pech*) niepowodzenie, pech; **j-n ins ~ stürzen** sprowadzać ⟨-dzić⟩ nieszczęście na k-o; **j-m ~ bringen** przynosić ⟨-nieść⟩ nieszczęście k-u; **zu allem ~** na domiar nieszczęścia
unglücklich nieszczęśliwy (-wie) (*a. widrig, fatal*); (*ungünstig*) niepomyślny, niefortunny; **~ machen** unieszczęśliwi(a)ć (**sich** się)
unglücklicherweise ADV na nieszczęście, niestety
unglückselig nieszczęsny; fatalny
Unglücks|fall M nieszczęśliwy wypadek; **~rabe** *umg* M pechowiec; **~tag** M feralny dzień
Ungnade F niełaska; **bei j-n in ~ fallen** popadać ⟨-paść⟩ w niełaskę u k-o
ungnädig niełaskawy (-wie)
ungültig nieważny; **etw für ~ erklären** unieważni(a)ć, anulować (*im*)*pf* (*akk*); **~ werden** ⟨s⟩tracić ważność
Ungültigkeit F (*bpl*) nieważność *f*
Ungunst F;; **zu meinen ~en** na moją niekorzyść; **zu ~en** (*gen*) → zuungunsten
ungünstig *Bedingungen, Bescheid, Lage* niepomyślny; *Wetter* niesprzyjający, *präd* niesprzyjająco; *Zeitpunkt* niestosowny; *Beurteilung* niepochlebny, nieprzychylny
ungut *Gefühl usw* niedobry; **nichts für ~!** proszę się nie gniewać!
un'haltbar *Zustand* fatalny, okropny; *Behauptung* gołosłowny
unhandlich nieporęczny
Unheil N nieszczęście, bieda; **~ kündend** złowróżbny; **~ anrichten** narobić *pf* szkody
unheilbar nieuleczalny; **~ krank** nieuleczalnie chory
unheil|kündend → Unheil; **~voll** *Entwicklung* zgubny, fatalny; *Botschaft* złowróżbny
unheimlich (*gespenstisch, umg sehr groß od viel*) niesamowity (-cie); **das Haus wirkt ~** dom sprawia niesamowity widok; *umg* **~** (+ ADJ *od Verb*) okropnie, strasznie; **~ dick** strasznie gruby; **sich ~ freuen** okropnie się cieszyć
unhöflich nieuprzejmy, niegrzeczny
Unhöflichkeit F nieuprzejmość *f*
Unhold M (-[e]s; -e) *fig abw* bestia, zwyrodnialec
un'hörbar nie(do)słyszalny
unhygienisch niehigieniczny
uni ADJ (*unv*) jednokolorowy
Uni *umg* F (*-; -s*) uniwerek
u'niert ADJ *rel* unicki
Uniform F mundur; (*Schuluniform*) mundurek; **in ~** w mundurze
unifor'miert *Person* umundurowany
Uniformträger M mundurowy *m*
Unikum N (*-s; -s*) *umg* (*Mensch*) oryginał, dziwak
uninteressant nieciekawy (-wie)
uninteressiert ADJ *Miene* znudzony; **völlig ~ tun** nie wykazywać najmniejszego zainteresowania
Uni'on F unia; **Europäische ~** Unia Europejska; **~s-** *in zssgn* unijny, ... unii

Univer'sal|erbe M spadkobierca uniwersalny; **~mittel** N uniwersalny środek, panaceum *n*
univer'sell uniwersalny
Universi'tät F uniwersytet; **an der ~** na uniwersytecie
Universi'täts|- *in zssgn* uniwersytecki; **~ausbildung** F wyższe wykształcenie; **~klinik** F klinika uniwersytecka; **~professor** M profesor uniwersytetu
Uni'versum N (*-s; bpl*) wszechświat
Unke F ZOOL kumak; *umg fig* czarnowidz
unken *umg* V/I krakać
unkenntlich nierozpoznawalny; **~ machen** (*Text schwärzen*) zaczernić *pf*
Unkenntlichkeit F (*bpl*): **bis zur ~** nie do poznania
Unkenntnis F (*bpl*) *der Tatsachen, Lage usw* nieznajomość *f*; (*Nichtwissen*) niewiedza, brak wiedzy; **in ~ der Sache** nie znając sprawy; **j-n in ~ lassen über** (*akk*) nie poinformować *pf* k-o o (*lok*)
Unkenrufe MPL *fig* krakanie
unklar (*nicht deutlich, vage, unverständlich*) niejasny (-no); **sich im Unklaren sein** nie mieć pewności (**über** *akk* co do *gen*); **j-n im Unklaren lassen** pozostawi(a)ć k-o w niepewności; **sich ~ ausdrücken** wyrażać ⟨-razić⟩ się niejasno
Unklarheit F niejasność *f*
un|klug niemądry (-rze); **~kollegial** niekoleżeński, *präd* nie po koleżeńsku; **~kompliziert** ADJ nieskomplikowany; **~kontrollierbar** niemożliwy do skontrolowania, niedający się kontrolować; **~kontrolliert** niekontrolowany; **~konventionell** niekonwencjonalny; *Benehmen* swobodny; **~konzentriert** ADJ nieuważny, roztargniony
Unkosten PL koszty *pl*, wydatki *mpl*; *umg* **sich in ~ stürzen** wykosztować się *pf*
Unkraut N (*bpl*) chwasty *mpl*, zielsko; (*a. pl*) chwast, zielsko; **im Garten ~ jäten, vertilgen** odchwaszczać ⟨-chwaścić⟩ ogród; **~vertilgungsmittel** N środek chwastobójczy, herbicyd
un|kritisch bezkrytyczny; **~kultiviert** ADJ niekulturalny; **~kündbar** niepodlegający wypowieniu *od* wypowiedzeniu
unlängst ADV niedawno
unlauter nieuczciwy; **~er Wettbewerb** nieuczciwa konkurencja
un|leidlich nieznośny; **~leserlich** nieczytelny; **~liebsam** niemiły (-le, -ło)
unlogisch nielogiczny
unlösbar *Zusammenhang* nierozerwalny; *Aufgabe* nierozwiązalny; *Problem* nierozstrzygalny; TECH (*nicht trennbar*) nierozłączny
unlöslich *Stoff* nierozpuszczalny
Unlust F (*bpl*) niechęć *f*, brak chęci
un|maßgeblich niemiarodajny; **~mäßig** nieumiarkowany; *präd* bez miary
Unmenge F (*große Anzahl*) mnóstwo, masa (**an** *dat*, **von etw** *gen*); **e-e ~ von ... trinken** zapijać się (*inst*)
Unmensch M *abw* (*Rohling*) okrutnik, bestia; *umg* **ich bin doch kein ~!** jestem przecież człowiekiem!
unmenschlich (*grausam, brutal*) nieludzki (-ko); (*menschliche Kräfte fast übersteigend*) nadludzki (-ko); *umg* **~** (+ ADJ *od Verb*) nieludzko
Unmenschlichkeit F nieludzkość *f*
unmerklich (prawie) nieodczuwalny, nieuchwytny
unmissverständlich niedwuznaczny; **~ zu verstehen geben** da(wa)ć niedwuznacznie do zrozumienia
unmittelbar *räumlich u. zeitlich* bezpośredni (-nio); **~ nach** (*dat*) bezpośrednio, tuż po (*lok*); **~ vor** (*dat*) bezpośrednio, tuż przed (*inst*); **der Krieg steht ~ bevor** lada chwila zacznie się wojna
unmodern *Hut* niemodny; (*überholt*) nienowoczesny
unmöglich **A** ADJ niemożliwy (*a. umg Person, Kleidung usw*); *präd* niemożliwie; **es ist ~, zu** (+ INF) niepodobna, nie sposób (+ *inf*); **sich ~ benehmen** zachowywać się niemożliwie; **es ist ganz ~, dass ...** to zupełnie niemożliwe, aby ...; **sich ~ machen** skompromitować się; **j-m etw ~ machen** uniemożliwi(a)ć k-u (*akk*); **das Unmögliche** niepodobieństwo; **Unmögliches leisten** dokonać *pf* rzeczy niemożliwej **B** ADV *umg* w żadnym razie; **das kann ich ~ tun** nie mogę w żaden sposób tego zrobić
Unmöglichkeit F niemożliwość *f*, niepodobieństwo; **das ist ein Ding der ~** to rzecz niemożliwa (do wykonania)
un|moralisch niemoralny; **~motiviert** ADJ (*grundlos*) nieumotywowany, nieuzasadniony; (*passiv*) niezaangażowany; **~mündig** nieletni, niepełnoletni;

U

~musikalisch niemuzykalny
Unmut M niezadowolenie
unnach|ahmlich niezrównany, jedyny w swoim rodzaju; **~giebig** nieustępliwy (-wie), nieprzejednany; **~sichtig** bezwzględny, surowy (-wo)
un'nahbar nieprzystępny
un|natürlich *Lebensweise, Lachen, Tod* nienaturalny; **~nötig** niepotrzebny; **~nötigerweise** ADV niepotrzebnie; **~nütz** *Sache, Person* bezużyteczny; *Mühe* daremny
UNO, **Uno** F (-) (United Nations Organisation) Organizacja Narodów Zjednoczonych, ONZ
unordentlich *Mensch, Arbeit, Zimmer* nieporządny, niechlujny; (*chaotisch*) bezładny, nieuporządkowany
Unordnung F (*bpl*) nieporządek, nieład, bezład; **in ~** w nieładzie; **etw in ~ bringen** narobić *pf* nieporządku w (*lok*), wprowadzać ⟨-dzić⟩ nieład do (*gen*); **in ~ geraten** ⟨po⟩plątać się; sta(wa)ć się chaotycznym, mącić się
unparteiisch bezstronny
Unparteiische(r) M (-*n*) SPORT sędzia *m*, arbiter
un|passend nieodpowiedni (-nio); **~passierbar** *Weg* nieprzejezdny; (*gesperrt*) zamknięty dla ruchu; *Sümpfe, Gebirge* nieprzebyty; **~pässlich** niedysponowany, niezdrów (-owa); **~persönlich** bezosobowy (*a.* GRAM); *präd* bezosobowo; z rezerwą; **~politisch** apolityczny; **~populär** niepopularny; **~praktisch** niepraktyczny; **~problematisch** bezproblemowy (-wo); **~produktiv** nieproduktywny; **~professionell** nieprofesjonalny
unpünktlich niepunktualny
Unpünktlichkeit F niepunktualność *f*
unqualifiziert ADJ niekwalifikowany; *fig abw* nierzeczowy (-wo)
unrasiert nieogolony, zarośnięty
Unrat *lit* M (-[e]s; bpl) nieczystości *fpl*, brudy *mpl*; *umg* **~ wittern** przeczuwać coś złego
unrealistisch nierealny
unrecht *lit* ADJ niestosowny, niesłuszny; **zur ~en Zeit** w niestosownej chwili; **~ handeln** postąpić niesłusznie; **~ haben** nie mieć racji; **~ tun** dopuszczać ⟨-puścić⟩ się niesprawiedliwości
Unrecht N (*bpl*) niesprawiedliwość *f*; krzywda; **zu ~** niesłusznie; **nicht zu ~** nie bez racji; **im ~ sein** nie mieć racji; **j-m ein ~ antun** ⟨s⟩krzywdzić k-o; być niesprawiedliwym w stosunku do k-o
unrechtmäßig bezprawny, nielegalny
Unrechtsbewusstsein N świadomość *f* bezprawności czynu
unredlich nieuczciwy (-wie)
unregelmäßig nieregularny; MAT nierównoboczny
Unregelmäßigkeit F nieregularność *f*; **~en** PL nieprawidłowości *fpl*
unreif niedojrzały (-le) (*a. fig*)
unrein *Haut, Ton, Gedanken usw* nieczysty (-to); **ins Unreine schreiben** ⟨na⟩pisać na brudno
unrentabel nierentowny
un'rettbar: ADV **~ verloren** bezpowrotnie stracony
unrichtig błędny, niewłaściwy (-wie)
Unruhe F (*Besorgnis*) niepokój; (*Treiben, Lärm*) zamieszanie; (*Erregung*) wrzenie, wzburzenie, ferment; **~ stiften** siać ferment; **~n** PL (*Tumulte*) zamieszki *fpl*, rozruchy *mpl*
Unruheherd M ognisko wrzenia
unruhig niespokojny; **~ um sich blicken** oglądać się niespokojnie; **~ werden** ⟨za⟩niepokoić się
unrühmlich niesławny
uns PRON (*dat von wir*) nam, *refl* sobie; **wir helfen ~ gegenseitig** pomagamy sobie nawzajem; (*akk von wir*) nas, *refl* się; **wir kennen ~** znamy się; **wir sehen ~ morgen** zobaczymy się jutro; **an ~** do nas; **bei ~** u nas; **mit ~** z nami; **ohne ~** bez nas; **unter ~** między nami; **zu ~** do nas
unsachgemäß nieumiejętny, nieprawidłowy (-wo), nieprofesjonalny
unsachlich nierzeczowy (-wo)
un|'sagbar, **~'säglich** *lit* niewymowny
unsanft *Stoß* gwałtowny, nagły; **j-n ~ wecken** wyrwać *pf* k-o ze snu
unsauber (*schmutzig*) brudny (-no) (*a. fig, Geschäft*); (*nachlässig*) niestaranny; *Klang* nieczysty (-to)
unschädlich nieszkodliwy; **etw, j-n ~ machen** unieszkodliwi(a)ć (*akk*)
un|scharf nieostry (-ro); **~'schätzbar** nieoceniony; **~scheinbar** niepozorny; **~schicklich** *lit* niestosowny; **~'schlagbar** niepokonany; (*unübertreff-*

lich) nieprześcigniony; *Argument* niezbity
unschlüssig niezdecydowany; **sich** *(dat)* **~ sein** być niezdecydowanym
unschön nieładny
Unschuld F *(bpl)* niewinność *f*
unschuldig niewinny; **ich bin daran ~** to nie moja wina; **er ist völlig ~** *umg* on jest Bogu ducha winny; **j-n für ~ erklären** uniewinni(a)ć k-o; **~ verurteilen** skaz(yw)ać niewinnie (**wegen** za *akk*)
Unschuldsmiene F niewinna mina
unschwer ADV łatwo, bez trudu
unselb(st)ständig niesamodzielny; **~e Arbeit** *(Lohnarbeit)* praca najemna
unselig *lit* fatalny, nieszczęsny
unser PRON *poss:* **der ~e** nasz, **die ~e** nasza, **das ~e** nasze; **~e** PL nasze, *persf (a.* **die Unser[e]n, Unsren)** nasi; **in ~ aller Namen** w imieniu nas wszystkich; **~einer, ~eins** *umg* nasz brat, takie *od* tacy jak ja (my)
'unser|er'seits z naszej *od* ze swej strony; **'~es'gleichen** *(unv)* takie *od* tacy jak my
unseriös niepoważny
'unsert'wegen ADV *(uns zuliebe)* dla nas; *(wegen uns)* ze względu na nas
unsicher *(ungewiss, schwankend, unzuverlässig)* niepewny; *(verunsichert)* speszony; **j-n ~ machen** ⟨s⟩peszyć k-o; **die Gegend ~ machen** *Bande* grasować w okolicy; *umg żart* **Paris ~ machen** bawić się w Paryżu na całego
Unsicherheit F niepewność *f*; *im Auftreten usw* brak pewności siebie
unsichtbar niewidoczny, niewidzialny
unsinkbar niezatapialny
Unsinn M *(bpl)* nonsens, niedorzeczność *f*; *(dummes Zeug)* bzdury *fpl*; *(Faxen)* głupstwa *npl*; **blanker ~** kompletna bzdura; **~ reden** pleść farmazony
unsinnig bezsensowny, niedorzeczny
Unsitte F przywara, złe przyzwyczajenie
unsittlich nieobyczajny, niemoralny; **j-n ~ berühren** dotykać k-o w sposób lubieżny
un|solide niesolidny; **~sozial** niespołeczny, antyspołeczny; **~sportlich** nieinteresujący się sportem; → unfair
unsre, unsrig → unser
'unsrer'seits → unsererseits
'unsres'gleichen → unseresgleichen
unsrige *lit* PRON *poss:* **der, die, das ~, die Unsrigen** → unser
unsterblich nieśmiertelny; *umg* **~ verliebt** zakochany do szaleństwa
Unsterblichkeit F nieśmiertelność *f*
unstet *lit Person, Wesen* niestały, zmienny; *Blick* błędny
un'stillbar *Verlangen* nieugaszony
Unstimmigkeit F niezgodność *f*; *mst* PL **~en** *(Meinungsverschiedenheit)* rozdźwięk, zgrzyty *mpl*
unstreitig bezsporny, niezaprzeczalny; *präd* bezsprzecznie, niewątpliwie
Unsumme F bajońska suma
un|sympathisch niesympatyczny; **~tad(e)lig** nienaganny; **~tätig** bezczynny
Untätigkeit F *(bpl)* bezczynność *f*
untauglich *Objekt, Mittel* nieodpowiedni; **~ zu, für etw** niezdatny do *(gen) od* na *(akk)*; *Person a.* niezdolny do *(gen)*
unteilbar niepodzielny
unten ADV na dole, w dole, u dołu; *in e-m Behälter* na spodzie; **ganz ~** na samym dole *od* spodzie; **da ~** tam na *od* w dole; **nach ~** na dół, w dół, ku dołowi; *(zuunterst)* na spód; **von ~** od dołu; od spodu; **~ breiter** *Kleid usw* szerszy u dołu; **weiter ~** niżej *(a. im Text)*; **~ erwähnt** wymieniony niżej
unter¹ PRÄP **A** *räumlich (unterhalb von, wo? dat, wohin? akk)* pod, *in festen Wendungen a.* pode *(inst, akk)*, poniżej *(gen)*; **~ etw** *(dat)* **hervor** spod *(gen)*; **~ dem Baum** pod drzewem; **~ mir** pode mną; **~ die Decke kriechen** wślizgiwać ⟨-znąć⟩ się pod kołdrę; *umg fig* **Schlag ~ die Gürtellinie** cios poniżej pasa; *(inmitten von, zwischen, wo? dat, wohin? akk)* między, *lit* pomiędzy *(inst, akk)*, wśród *(gen)*, w *(akk)*; **~ den Briefen** między listami, wśród listów; **~ uns gesagt** mówiąc między nami; **er mischte sich ~s Volk** (on) wmieszał się w tłum **B** *(niedriger im Wert, Rang als, mit dat od akk)* poniżej *(gen)*, pod *(inst)*, za *(gen)*; **~ der Norm** poniżej normy; **Kinder ~ acht Jahren** dzieci poniżej ośmiu lat; **~ null sinken** spaść poniżej zera; **~ seiner Leitung** pod jego kierownictwem; **~ der Regierung des, der …** za rządów *(gen)* **C** *(j-m, e-r Sache zugehörig, zugeordnet, sich in e-m bestimmten Zustand befindend, mit dat)* pod *(inst)*; **~ falschem Namen** pod fałszywym nazwiskiem; **~ dem Einfluss von …** pod wpływem *(gen)*; **~ dem Titel**

pod tytułem; ~ **Zwang** pod przymusem; ~ **Druck** pod ciśnieniem **D** *(begleitet von, mithilfe von, mit dat)* z *(inst)*, *oft auch ohne Präposition* ~ **Tränen** ze łzami w oczach; ~ **Verwendung von etw** za pomocą *(gen)*, używając *(gen)*; ~ **Beifall etw erklären** oświadczyć *pf* ..., zbierając oklaski; *(verursacht durch das Genannte, mit dat)* na *(akk)* ~ **Schlaflosigkeit leiden** cierpieć na bezsenność; ~ **der Hitze stöhnen** narzekać na upał

unter² ADV *(weniger als)* mniej niż; **er ist noch ~ zehn (Jahren)** on nie ma jeszcze dziesięciu (lat)

Unter|arm M przedramię; **~ausschuss** M podkomisja; **~bau** M (PL -*ten*) podbudowa, podwalina *(a. fig)*; **~bauherd** M kuchnia do zabudowy

unter|belichtet ADJ *fot* niedoświetlony; **~beschäftigt** ADJ *Person* nie w pełni obciążony (pracą); **~besetzt** ADJ mający niedostateczną obsadę, nie w pełni obsadzony; **~bewerten** (-) wyceni(a)ć poniżej wartości; *fig* niedoceni(a)ć

Unterbewusstsein N podświadomość *f*; **im ~** podświadomie

unter|bezahlt ADJ niedostatecznie wynagradzany; **~'bieten** *(irr; -)* składać ⟨złożyć⟩ korzystniejszą ofertę (**die Konkurrenz** niż konkurencja); *Preis* sprzeda(wa)ć taniej (**um ... Euro** o ... euro); *Rekord* poprawi(a)ć; **~'binden** *(irr; -) fig (beenden)* kłaść ⟨położyć⟩ kres *(dat)*, ukrócić *pf (akk)*

unter'bleiben V/I *(irr; -; sn) (nicht verwirklicht werden)* nie dochodzić ⟨dojść⟩ do skutku; *(nicht stattfinden)* nie odby(wa)ć się; **das hat künftig zu ~** coś takiego w przyszłości nie może mieć miejsca

Unterbodenschutz M AUTO powłoka ochronna podłogi podwozia

unter'brechen *(irr; -)* przer(y)wać; **die Verbindung ist unterbrochen** łączność została przerwana

Unter'brechung F *(das Unterbrechen)* przerwanie; *(Pause)* przerwa

unter'breiten *lit* (-e-; -) *Plan usw* przedkładać ⟨-łożyć⟩, przedstawi(a)ć

unterbringen *(irr) Sachen, Personen* umieszczać ⟨umieścić⟩, ⟨u⟩lokować, rozlokować *pf*; *umg* **j-n bei** *e-r Firma* ~ *(Arbeit verschaffen)* wystarać się *pf* k-u o pracę w *(lok)*, u *(gen)*

unter'buttern *umg*: **sich nicht ~ lassen** nie da(wa)ć sobą pomiatać

Unterdeck N pokład dolny

unterder'hand → Hand

unter'dessen ADV tymczasem

Unterdruck M TECH podciśnienie

unter'drücken (-) *Volk, Minderheit* uciskać, gnębić; *Tränen* powstrzym(yw)ać; *Lachen, Gähnen, Gefühl, Aufstand* ⟨s⟩tłumić; *Nachricht, Information usw* zatajać ⟨-taić⟩

Unter'drücker M ciemięzca *m*, ciemiężyciel, gnębiciel

unter'drückt ADJ *Volk* gnębiony, ciemiężony; *Schluchzen* stłumiony

Unter'drückung F *e-s Volkes* gnębienie, ucisk; *e-s Aufstands, Gefühls* stłumienie; *e-r Information* zatajenie

unterdurchschnittlich poniżej przeciętnej

untere *(unten befindlich)* dolny; *Lage, Schicht a.* spodni; *(unter den anderen befindlich usw)* niższy; **der ~ Teil** dolna część; **die ~n Klassen** niższe klasy

unterei'nander ADV jeden (-dno) pod drugim, jedna pod drugą; *(miteinander)* między sobą; wzajemnie

unterentwickelt ADJ niedorozwinięty; EKON zacofany (gospodarczo)

unterernährt ADJ niedożywiony

Unterernährung F niedożywienie

Unter'fangen N przedsięwzięcie

Unter|'führung F przejście *od* przejazd dołem; **~gang** M ASTRON zachód; MAR zatonięcie; *fig* upadek, ruina

Unter'gebene F podwładna; MIL podkomendna; **~(r)** M (-*n*) podwładny; MIL podkomendny

untergehen V/I *(irr; sn)* ASTRON zachodzić ⟨zajść⟩; *(versinken) Schiff* ⟨za⟩tonąć; *Mensch* ⟨u⟩tonąć; *fig Kultur usw* upadać ⟨upaść⟩; *Worte* ⟨za⟩ginąć (**im Lärm** w hałasie)

untergeordnet ADJ *(zweitrangig)* podrzędny; *Behörde* niższego stopnia

Unter|geschoss N suterena; **~gestell** N *e-s Wagens* podwozie; *umg fig (Beine)* podstawki *fpl*; **~gewicht** N niedowaga, niedobór wagi

unter'gliedern (**in** *akk*) ⟨po⟩dzielić (na *akk*)

Unter'gliederung F podział (na mniejsze jednostki)

unter'graben *(irr; -)* podkop(yw)ać
Untergrund M BUD podłoże; AGR, *fig* podglebie; *Malerei* podłoże, tło; *(bpl)* POL podziemie; konspiracja; **~bahn** F kolejka podziemna, metro; **~bewegung** F organizacja podziemna; **~kämpfer** M działacz konspiracyjny, członek podziemia zbrojnego
unterhaken: *umg* **j-n ~** brać <wziąć> k-o pod rękę; **untergehakt** pod rękę
unterhalb PRÄP *(gen)* *u.* ADV poniżej *(gen)*, pod *(inst)*
Unterhalt M *(bpl)* *e-r Familie* utrzymanie; *e-s Wagens usw* użytkowanie; konserwacja; JUR *der geschiedenen Frau usw* alimentacja; **~ zahlen** **(an** *akk)* płacić alimenty *(dat)*; **teuer im ~** drogi w użytkowaniu
unter'halten *(irr; -)* V/T *(versorgen, betreiben, pflegen)* utrzym(yw)ać; *Gäste* zabawiać, bawić; V/R **sich mit j-m ~** rozmawiać z kimś **(über etw, j-n** o *inst)*; **sich ~** *(amüsieren)* zabawi(a)ć się, bawić się
unter'haltsam zajmujący (-co)
Unterhalts|anspruch M roszczenie alimentacyjne; **~kosten** PL koszty *mpl* utrzymania; *e-r Sache* koszty *mpl* użytkowania; **~pflicht** F obowiązek alimentacyjny
unterhaltspflichtig ADJ: **~ sein** być zobowiązanym pokrywać koszty utrzymania
Unter'haltung F *(bpl)* *(Pflege, Erhaltung)* utrzymanie; *(Vergnügen)* rozrywka, zabawa; *(a. pl)* *(Gespräch)* rozmowa; **gute ~!** przyjemnej zabawy!
Unter'haltungs|elektronik F sprzęt elektroniczny dla celów rozrywkowych; **~musik** F muzyka rozrywkowa
Unter|händler(in) M(F) negocjator(ka); **~haus** N *in GB* Izba Gmin; **~hemd** N podkoszulek; **~holz** N *(bpl)* podszyt, podszycie; **~hose** F kalesony *pl*
unter|irdisch podziemny; *präd* pod ziemią; **~'jochen** ujarzmi(a)ć; **~jubeln** *umg* podsuwać <-sunąć> **(j-m etw** k-u *akk)*
unter'kellert ADJ podpiwniczony
Unterkiefer M szczęka dolna, żuchwa
unterkommen V/I *(irr; sn)* ulokować się *pf*, znajdować <znaleźć> schronienie; *umg (Stellung finden)* znajdować <znaleźć> posadę
unterkriegen *umg*: V/R **sich nicht ~ lassen** nie da(wa)ć się (biedzie), nie rezygnować; **lass dich nicht ~!** trzymaj się!
unter'kühlt ADJ *fig* oziębły (-le)
Unter'kühlung F *(bpl)* hipotermia, wychłodzenie organizmu
Unterkunft F *(-; -künfte)* kwatera, lokum *n*; **~ und Verpflegung** pokój z wyżywieniem
Unterlage F podkładka, *größere* podkład; **~n** PL *(Dokumente)* dokumentacja; *(Belege)* dowody *mpl*
Unterlass M: **ohne ~** bez ustanku
unter'lassen V/T *(irr; -)* zaniechać *pf* *(gen)*, zaprzesta(wa)ć *(gen od + inf)*; **es ~** *(versäumen)* zaniedb(yw)ać *(akk)*, nie + *Verb, z.B.* nie zrobić *pf* *(gen)*; **unterlass diese Bemerkungen** wstrzymaj się od uwag
Unter'lassung F zaniechanie *(a.* JUR*)*; *(Versäumnis)* zaniedbanie
Unterlauf M dolny bieg (rzeki)
unter'laufen *(irr; -)* V/T *Bestimmungen* obchodzić <obejść>; **mit Blut ~** nabiegły krwią; V/I *(sn)* **mir ist ein Fehler ~** zrobiłem błąd
unterlegen V/T podkładać <-łożyć>
unter'legen[1] V/T (-) *e-n Text, Film* **mit Musik ~** podkładać < -łożyć> muzykę pod *(akk)*
unter'legen[2] *pperf* → unterliegen; ADJ pokonany; **j-m ~ sein** być słabszym od k-o
Unter'legene F pokonana; **~(r)** M *(-n)* pokonany
Unterleib N podbrzusze; *e-r Frau* narządy *mpl* rodne; **~s-** *in zssgn mst* kobiecy
unter'liegen V/I (-) **1** **j-m ~** *(besiegt werden; sn)* być *od* zostać *pf* pokonanym przez *(akk)* **2** *fig e-r Bestimmung, Steuer* podlegać *(dat)*; *Schwankungen* ulegać *(dat)*
Unterlippe F warga dolna
unterm *umg* = **unter dem**
unter'malen (-): **etw mit Musik ~** podkładać < -łożyć> muzykę pod *(akk)*
unter'mauern (-) *fig* popierać < -przeć> (argumentami, dowodami)
Untermiete F podnajem; **zur ~ wohnen (bei)** podnajmować pokój (u *gen*)
Untermieter(in) M(F) sublokator(ka)
unter'nehmen *(irr; -)* przedsiębrać <-sięwziąć>, podejmować <podjąć>; **et-**

was gegen ... ~ przedsięwziąć *pf* coś przeciw (*dat*); **geeignete Schritte ~** ⟨po⟩czynić odpowiednie kroki

Unter'nehmen N (*Vorhaben*) przedsięwzięcie; (*Firma*) przedsiębiorstwo

Unter'nehmens|berater M konsultant do spraw organizacji i zarządzania; **~beratung** F usługi *fpl* consultingowe; **~förderung** F wspomaganie przedsiębiorczości

Unter'nehmensgegenstand M przedmiot działalności przedsiębiorstwa

Unter'neh|mer(in) M(F) przedsiębiorca *m u. f*; **~mung** F → Unternehmen; **~mungsgeist** M (*bpl*) przedsiębiorczość *f*, rzutkość *f*, obrotność *f*

unter'nehmungslustig przedsiębiorczy, do tańca i do różańca

Unteroffizier M podoficer, kapral

unterordnen V/T podporządkow(yw)ać (*v/r* **sich** się); → untergeordnet

Unterordnung F (*bpl*) podporządkowanie (się); BIOL podrząd

unterprivilegiert ADJ upośledzony

Unterputz- *in zssgn* BUD podtynkowy

Unter'redung F rozmowa

unterrepräsentiert ADJ niedostatecznie reprezentowany

Unterricht M (-[e]s; bpl) (*Unterweisung*) nauczanie; nauka (szkolna); (*Schulstunden*) lekcje *fpl*, zajęcia *npl*; **~ geben** udzielać lekcji; **~ nehmen** pobierać nauki; brać lekcje; **im ~** na lekcji *od* lekcjach

unter'richten (-) V/T: **j-n in Deutsch ~** *als Lehrer* udzielać ⟨-lić⟩ k-u lekcji niemieckiego; *ein Fach* wykładać (*akk*); (*informieren*) ⟨po⟩informować (**über** *akk*, **von** o *lok*); *v/i* **an** *e-r Schule* **~** wykładać na (*lok*), w (*lok*); V/R **sich ~** ⟨po⟩informować się (**über** *akk* o *lok*, w sprawie *gen*)

Unterrichts|fach N przedmiot nauczania; **~sprache** F język wykładowy; **~stoff** M → Lehrstoff; **~stunde** F godzina lekcyjna

Unter'richtung F (*bpl*) powiadomienie

Unterrock M halka

unters *umg* = **unter das**

unter'sagen (-) zakaz(yw)ać (*gen*)

Untersatz M podstawka; *umg żart* **fahrbarer ~** cztery kółka

unter'schätzen (-): **j-n, etw ~** nie doceni(a)ć (*gen*)

unter'scheiden (*irr*; -) V/T odróżni(a)ć, rozróżni(a)ć, wyróżni(a)ć; V/I robić różnicę, odróżniać (**zwischen** *dat* **und** *dat* między *inst* i *inst*); *v/r* **sich ~** różnić się (**von** od *gen*; **durch etw** *inst*)

Unter'schei|dung F odróżnianie, odróżnienie, rozróżnianie; **~dungsmerkmal** N cecha wyróżniająca, wyróżnik

Unterschenkel M goleń *f*

Unterschicht F (*besitzlose Klasse*) doły *mpl* społeczne

unterschieben (*irr*) *Kissen, Stuhl* podsuwać ⟨-sunąć⟩

Unterschied M (-[e]s; -e) różnica (**in etw** [*dat*] na, w *lok*); **im ~ zu** w odróżnieniu od (*gen*); **ohne ~** bez różnicy; *umg* **das macht keinen ~** to nie robi różnicy; **mit dem ~, dass ...** z tą różnicą, że ...

unterschiedlich różny, odmienny

unter'schlagen (*irr*; -) *Nachricht* zatajać ⟨-taić⟩; *Geld* sprzeniewierzać ⟨-rzyć⟩, przywłaszczać ⟨-czyć⟩; *Brief* nie doręczyć *pf*, przechwycić *pf*

Unter'schlagung F *e-r Summe* sprzeniewierzenie; *e-s Briefes* przechwycenie; *e-r Nachricht* zatajenie

Unterschlupf M (-[e]s; -e) schronienie; (*Versteck*) kryjówka

unter'schreiben (*irr*; -) podpis(yw)ać

unter'schreiten V/T (*irr*; -) nie osiągać ⟨-gnąć⟩ (*gen*), nie dochodzić ⟨dojść⟩ do (*gen*)

Unter|schrift F podpis; **~schriftensammlung** F zbieranie podpisów

unterschwellig *Angst* ukryty, podskórny; PSYCH podprogowy

Unterseeboot N okręt podwodny

Unterseite F dolna strona, spód

Untersetzer M podstawka

unter'setzt ADJ *Gestalt* krępy (-po)

unter'spülen (-) *Ufer* podmy(wa)ć

Unterstand M MIL schron

unterste *sup* znajdujący się na samym dole *od in e-m Behälter* na samym spodzie; (*niedrigste*) najniższy; **im ~n Fach** w szufladzie na samym dole

unter'stehen (*irr*; -): V/I **j-m ~** podlegać k-u; V/R **untersteh dich (ja nicht)**, ... ani (mi) się waż (+ *inf*)

unterstellen V/T (*unter etw stellen*) podstawi(a)ć (pod *akk*); (*abstellen*) stawiać ⟨postawić⟩, umieszczać ⟨umieścić⟩; V/R **sich ~** szukać schronienia pod (*inst*)

unter'stellen (-) (*unterordnen*) podpo-

rządkow(yw)ać; *Absicht* przypisywać, imputować; (*annehmen*) zakładać ⟨-łożyć⟩
Unter'stellung F (*falsche Behauptung*) insynuacja
unter'streichen (*irr*; -) podkreślać ⟨-lić⟩ (*a. fig*)
Unter'streichung F podkreślenie (*a. fig*); **zur ~** dla podkreślenia
Unterstufe F (trzy) niższe klasy gimnazjum
unter'stützen (-) *Antrag, Idee* popierać ⟨-przeć⟩; *Person* wspierać ⟨wesprzeć⟩, wspomagać ⟨wspomóc⟩ (*a. materiell*); (*assistieren*) asystować (*dat*)
Unter'stützung F *e-s Plans, Kandidaten usw* popieranie, poparcie; (*Hilfe mit Rat u. Tat, a. materiell*) wspieranie, wsparcie; (*Geldbetrag*) zapomoga, zasiłek
unter'suchen (-) (*analysieren, erforschen, beobachten*) ⟨z⟩badać (*a.* MED); (*sich durch Augenschein überzeugen*) (gruntownie) oglądać ⟨obejrzeć⟩; (*überprüfen*) sprawdzać ⟨-dzić⟩; *polizeilich* ⟨prze⟩prowadzić śledztwo *od* dochodzenie; **sich ärztlich ~ lassen** być badanym *od* zostać zbadanym przez lekarza
Unter'suchung F (*Erforschung, Analyse, Beobachtung*) badanie; (*Überprüfung*) sprawdzenie; *durch Augenschein* oględziny *fpl*; (*Ermittlung*) śledztwo, dochodzenie
Unter'suchungs|ausschuss M komisja śledcza; **~befund** M wynik badania; **~gefangene(r)** F (*m*) podejrzana (-ny) zatrzymana (-ny) w areszcie śledczym; **~haft** F areszt śledczy
Untertan M (*-s od -en; -en*) poddany
Untertasse F spodek; **fliegende ~** latający talerz
untertauchen V/T zanurzać ⟨-rzyć⟩; V/I (*sn*) zanurzać ⟨-rzyć⟩ się; *fig* znikać ⟨-knąć⟩ (**in der Menge** w tłumie); (*sich verbergen*) ukryć się *pf* (**bei j-m** u *gen*)
Unterteil N dolna część
unter'teilen (-) ⟨po-, roz⟩dzielić
Unter|'teilung F podział; **~titel** M podtytuł; *im Film* napis; **~ton** M (PL *-töne*) *fig* odcień *m*, niuans
unter|'treiben (*irr*; -) zbyt skromnie przedstawi(a)ć, umniejszać ⟨-szyć⟩; **~'tunneln** V/T (*-le*; -) przebi(ja)ć tunel pod (*inst*); **~vermieten** (-) podnajmować ⟨-nająć⟩; **~versichert** niedoubezpieczony; **~'wandern** (-) infiltrować
Unter'wanderung F infiltracja
Unterwäsche F bielizna (osobista)
Unter'wasser|aufnahme F zdjęcie podwodne; **~massage** F masaż podwodny
unter'wegs ADV po drodze; **~ sein** być w drodze (**nach ...** do *gen*); **er ist ständig ~** on (jest) stale w rozjazdach
unter'weisen *lit* (*irr*; -) uczyć (**in Geschichte** historii)
Unterwelt F (*bpl*) (*Totenreich*) świat zmarłych; (*Verbrecher*) świat przestępczy
unter'werfen (*irr*; -) V/T *Volk* podbi(ja)ć; V/I **sich ~** (*sich fügen*) ulegać ⟨ulec⟩; *e-r Sache* **unterworfen sein** podlegać (*dat*)
unterwürfig *abw* uniżony (-żenie)
unter'zeichnen (-) podpis(yw)ać
Unter'zeichnung F podpisanie
unterziehen (*irr*) *Pullover* wkładać ⟨włożyć⟩ pod spód; KULIN delikatnie wymieszać *pf* (z *inst*)
unter'ziehen (*irr*; -): V/T **j-n** (V/R **sich**) *e-r Sache* **~** podda(wa)ć k-o (się) (*dat*)
Untiefe F mielizna
Untier N bestia
un|'tragbar nieznośny, nie do zniesienia; **~'trennbar** nierozłączny, *a. Wort* nierozdzielny
untreu niewierny; nielojalny; **j-m**, *e-r Sache* **~ werden** zdradzić *pf* (*akk*)
Untreue F niewierność *f*; JUR nadużycie zaufania
un|'tröstlich niepocieszony; **~'trüglich** nieomylny, niezawodny
Untugend F → Unsitte
untypisch nietypowy (-wo)
unüber|'brückbar *Gegensätze* nie do pogodzenia; *Kluft* nieprzezwyciężony; **~'hörbar** *fig Warnung usw* wyraźny, niedający się ignorować; **~legt** ADJ nierozważny, nierozsądny; **~'sehbar** (*offenkundig*) widoczny; *Menge* nieprzejrzany
unüber'setzbar nieprzetłumaczalny
unübersichtlich *Gelände* zakryty, o ograniczonej widoczności; (*verworren*) zawiły (-le), niejasny (-no)
unüber|'trefflich, ~'troffen niedościgniony, niezrównany; **~'windlich** niepokonany, nie do pokonania
unüblich niezwykły (-le), nie tak(i) jak zawsze
unum'gänglich nieodzowny

unum'schränkt ADJ nieograniczony
unum'stößlich niezbity, nieodparty; *Entschluss* nieodwołalny
unum'stritten ADJ niesporny
unumwunden ADV bez osłonek
ununterbrochen ADJ nieprzerwany, ciągły; *präd* ciągle, bez przerwy
unver|'änderlich niezmienny; **~'ändert** ADJ niezmieniony; *präd* niezmiennie; **~'antwortlich** *Person, Verhalten* nieodpowiedzialny; **~'äußerlich** *lit* niezbywalny; **~'besserlich** niepoprawny
unverbindlich (*nicht bindend*) nieobowiązujący; *präd* bez zobowiązania; (*reserviert*) oziębły (-le)
unverbleit ADJ nieetylizowany
unver'blümt ADJ *Wahrheit* nagi, szczery; *präd* bez osłonek, wprost
unver|dächtig niebudzący podejrzeń; **~daulich** niestrawny (*a. fig*); **~dient** ADJ *Lob, Vorwurf* niezasłużony; *präd* niezasłużenie; **~dorben** *fig* niezepsuty, niezdeprawowany
unverdrossen ADV niestrudzenie
unverdünnt ADJ nierozcieńczony
unver'einbar (**mit etw**) przeciwstawny (*dat*), niedający się pogodzić (z *inst*)
unver|fälscht ADJ (*authentisch*) autentyczny; **~fänglich** niewinny, niegroźny; **~froren** ADJ bezczelny; **~gänglich** nieprzemijający; **~gesslich** niezapomniany, pamiętny
unver'gleichlich nieporównany
unver|hältnismäßig niewspółmierny; **~heiratet** ADJ *Frau* niezamężna; *Mann* nieżonaty; **~hofft** ADJ niespodziewany, niespodziany; **~hohlen** ADJ nieukrywany; **~hüllt** ADJ nieskrywany, jawny; **~käuflich** nie na sprzedaż; *Muster* bez wartości handlowej (*als Aufschrift*); (*nicht absetzbar*) niepokupny
unver'kennbar oczywisty, ewidentny
unverletzt ADJ *Person* cały (i zdrowy), bez obrażeń; **~ bleiben** nie doznać *pf* obrażeń; (**bei etw**) wyjść *pf* cało *od* bez szwanku z (*gen*); → unversehrt
unver|'meidlich nieuchronny, nieunikniony; **~mindert** ADJ niesłabnący, niezmienny; **~mittelt** ADV nagle, raptem
Unvermögen N niemożność *f*
unvermutet ADJ nieoczekiwany
Unvernunft F nierozwaga, nierozsądek
unver|nünftig nierozważny, nierozsądny; **~öffentlicht** ADJ nieopublikowany; **~packt** ADJ luźny, luzem
unverrichtet ADJ: **~er Dinge zurückkehren** wrócić z niczym
unverschämt ADJ *Person, Benehmen* bezczelny; *umg Preis* słony, wygórowany; *umg* **~ teuer** okropnie drogi
Unverschämtheit F bezczelność *f*
unver|schlossen ADJ niezamknięty; *Brief* niezaklejony; **~schuldet** ADJ niezawiniony; *präd* bez winy; **~sehens** ADV niespodziewanie; **~sehrt** ADJ *Sache* cały, nieuszkodzony; *Siegel* nienaruszony; → unverletzt; **~söhnlich** nieprzejednany; **~standen** ADJ niezrozumiany
unverständlich niezrozumiały (-le); **es ist mir ~, warum ...** nie mogę zrozumieć, dlaczego ...
Unverständnis N brak zrozumienia (**für etw** dla *gen*); **auf ~ stoßen** spotkać się z niezrozumieniem
unversucht ADJ: **nichts ~ lassen** próbować wszelkich środków
unverträglich *Speise* ciężko strawny; MED wywołujący odczyn alergiczny; (*nicht vereinbar*) niedający się pogodzić (ze sobą); *Mensch* niezgodny
unver'wechselbar swoisty (-ście), charakterystyczny; → einzigartig
unver'wundbar niemogący być zranionym; **~ machen** chronić przed zranieniem
unver|'wüstlich *Stoff* niezniszczalny, nie do zdarcia; *Person, Gesundheit* niespożyty; *fig Humor* niewyczerpany; **~'zeihlich** niewybaczalny; **~'zichtbar** *Anspruch* niezbywalny; *Güter usw* niezbędny, nieodzowny; **~zollt** ADJ nieoclony; **~'züglich** niezwłoczny
unvoll|endet ADJ niedokończony, nieukończony; **~kommen** niedoskonały; **~ständig** niecałkowity (-cie); niekompletny
unvorbereitet nieprzygotowany; *präd* bez przygotowania; (*unversehens*) bez uprzedzenia, niespodziewanie
unvor|eingenommen ADJ nieuprzedzony, bez uprzedzeń; **~hergesehen** nieprzewidziany; **~schriftsmäßig** nieprzepisowy (-wo)
unvorsichtig nieostrożny
Unvorsichtigkeit F nieostrożność *f*
unvor'stellbar niewyobrażalny, niedający się wyobrazić; *präd* (*sehr*) niesamo-

U

wicie, koszmarnie
unvorteilhaft *(ungünstig)* niekorzystny; *Kleid, Frisur* nietwarzowy; **das Kleid ist für dich ~** w tej sukience nie jest ci do twarzy
unwahr nieprawdziwy, zmyślony; **es ist ~, dass** to nieprawda, że
Unwahrheit F nieprawda; **die ~ sagen** mówić ⟨powiedzieć⟩ nieprawdę
unwahrscheinlich nieprawdopodobny
unwegsam trudny do przebycia; **~es Gelände** bezdroże
un'weigerlich niechybny
unweit PRÄP *(gen)* niedaleko (od *gen*); *adv* **~ von** niedaleko *(gen)*
Unwesen N *(bpl)*: **sein ~ treiben** grasować; **dem ~ ein Ende machen** ukrócić *pf* niecny proceder
unwesentlich nieistotny; *präd (wenig, mst + komp)* nieznacznie
Unwetter N *(sehr starker Regen)* ulewa; *(Gewitter, Sturm)* burza, nawałnica
unwichtig nieważny, niemający znaczenia; *präd* bez znaczenia
unwider|'legbar *Tatsache usw* niezbity (-cie); **~'ruflich** nieodwołalny; **~'stehlich** *Drang* nieprzeparty (-cie); *(bezaubernd)* czarujący (-co)
unwieder'bringlich *lit* bezpowrotny; *Verlust a.* niepowetowany; **~ verloren** bezpowrotnie stracony
Unwille *lit* M niezadowolenie; *(Entrüstung)* oburzenie
unwillig *(verärgert)* rozgniewany, podrażniony; *präd (widerwillig)* niechętnie, z niechęcią
unwill|kommen *Gast* niemile widziany; *(unerwünscht)* niepożądany; **~kürlich** mimowolny; *präd* mimowolnie, mimo woli
un|wirklich nierzeczywisty, nierealny; **~wirksam** bezskuteczny, bez skutku
Unwirksamkeit F *(bpl)* bezskuteczność *f; e-s Testaments* nieważność *f*
un|wirsch opryskliwy (-wie); **~wirtlich** niegościnny, nieprzytulny; **~wirtschaftlich** nieekonomiczny; *Hausfrau* niegospodarny
unwissend nieuświadomiony, *umg* ciemny; **~er Mensch** nieuk, ignorant
Unwissenheit F *(bpl)* niewiedza
unwissenschaftlich *Methode* nienaukowy (-wo)
unwissentlich ADV nieświadomie
unwohl niezdrowy; **mir ist ~** czuję się źle *od* słabo; **er fühlt sich hier ~** *(unbehaglich)* on czuje się tu nieswojo
Unwohlsein N chwilowa słabość
unwürdig niegodny
Unzahl F *(bpl)* niezliczona ilość, mnóstwo (**von etw** *gen*)
un|'zählbar, ~'zählig niezliczony; *präd* bez liku
Unzeit *lit* F *(bpl)*: **zur ~** nie w porę
unzeitgemäß niewspółczesny; *(unmodern)* staromodny; *präd* nie na czasie
unzer|brechlich niełamliwy; **~'reißbar** nierwący się; **~'störbar** niezniszczalny; **~'trennlich** nierozłączny
Unzucht F nierząd
unzüchtig obsceniczny, pornograficzny; *Blick* lubieżny; **~e Handlung** czyn nierządny
unzufrieden niezadowolony (**mit** z *gen*)
Unzufriedenheit F niezadowolenie
unzu|gänglich niedostępny; *fig* nieprzystępny; **~länglich** niedostateczny
Unzulänglichkeit F niedociągnięcie, usterka
unzu|lässig niedopuszczalny; *(verboten)* niedozwolony; **~mutbar** *(unmöglich)* niemożliwy; *Forderung, Preis* wygórowany; *präd* nie do przyjęcia
unzu|rechnungsfähig niepoczytalny; **~reichend** ADJ niedostateczny; **~ständig** niekompetentny, niewłaściwy; **~stellbar** niemożliwy do doręczenia
unzutreffend ADJ nietrafny, niewłaściwy (-wie); **Unzutreffendes streichen** niepotrzebne skreślić
unzuverlässig *Mensch, Quelle* niepewny; *Gedächtnis* zawodny
un|zweckmäßig *Mittel, Werkzeug* nieodpowiedni (-nio); *(unpraktisch)* niepraktyczny; **~zweideutig** jednoznaczny, niedwuznaczny; **~zweifelhaft** niewątpliwy (-wie)
üppig *Vegetation, Haarwuchs, Busen* bujny; *Gestalt a.* pulchny, pełny; *Mahl* obfity (-cie), suty (-to)
Urabstimmung F głosowanie rozstrzygające o podjęciu lub zakończeniu strajku
Urahn M, **~e**¹ M praprzodek, praszczur, antenat; **~e**² F prababka, antenatka; **die ~en** praprzodkowie *mpl*
uralt *(sehr alt)* prastary; *Brauch, Lied, Zeiten* pradawny

U'ran N (-s; *bpl*) uran
Uranus M (-; *bpl*) ASTRON Uran
uraufführen *Theaterstück* wystawi(a)ć po raz pierwszy (*akk*); *Film* wyświetlać ⟨-lić⟩ po raz pierwszy
Uraufführung F premiera
urbar uprawny; **~ machen** zagospodarow(yw)ać; *Wald* ⟨wy⟩karczować
Urbevölkerung F ludność tubylcza
Urbild N prawzór, archetyp; (*Inbegriff*) uosobienie
ureigen osobisty, własny; **~ste Interessen** żywotne interesy *mpl*
Ureinwohner M autochton
Urenkel(in) M(F) prawnuk (-wnuczka)
urgemütlich *umg* bardzo przytulny; *Stimmung* bardzo miły
Urgeschichte F prahistoria
Urgestein N skała pierwotna
Urgroß|eltern PL pradziad(k)owie *mpl*; **~mutter** F prababka; **~vater** M pradziad, pradziadek
Urheber M sprawca *m*, inicjator; autor; **~in** F sprawczyni, inicjatorka; autorka; **~recht** N (*bpl*) prawo autorskie
urig *Lokal, Mensch* oryginalny
U'rin M (-s; *selten -e*) mocz
uri'nieren V/I (-) odda(wa)ć mocz
Urknall M (*bpl*) Wielki Wybuch
urkomisch przekomiczny
Urkunde F dokument; akt
Urkundenfälschung F podrobienie dokumentu; JUR fałszerstwo dokumentów
urkundlich dokumentalny; **~ belegt** udokumentowany
Urlaub M (-[e]s; -e) urlop, wczasy *pl*; **in ~ fahren** ⟨wy⟩jechać na urlop *od* wczasy; **in ~ sein** być na urlopie; **~ machen** przebywać na urlopie *od* wczasach; **e-n Tag ~ nehmen** brać ⟨wziąć⟩ jeden dzień urlopu
Urlauber(in) M(F) wczasowicz(ka), *umg* urlopowicz
Urlaubs|geld N dodatek urlopowy; **~ort** M (PL -e) miejscowość letniskowa, wczasowisko; **~reise** F podróż (turystyczna) w czasie urlopu; **~tag** M dzień *m* urlopu; **~vertretung** F zastępstwo urlopowe; **~zeit** F sezon urlopowy, okres urlopów
Urmensch M człowiek pierwotny
Urmutter F (*bpl*) pramatka
Urne F urna
Urnen|feld N cmentarzysko popielnicowe; **~gang** M głosowanie; **~grab** M grób z urną z prochami
Urolo'gie F (*bpl*) urologia
uro'logisch urologiczny
urplötzlich zupełnie niespodziany
Ursache F przyczyna; **keine ~!** nie ma za co!
ursächlich przyczynowy (-wo); **~er Zusammenhang** więź przyczynowa
Urschrift F oryginał, pierwopis
Ursprung M początek; (*Quelle*) źródło; (*Herkunft*) pochodzenie; **s-n ~ in etw** (*dat*) **haben** brać swój początek z (*gen*), wywodzić się z (*gen*)
ursprünglich pierwotny; **~ war hier Wald** pierwotnie był tu las
Ursprungs|land N kraj pochodzenia; **~zeugnis** N świadectwo pochodzenia
Urteil N (-[e]s; -e) JUR wyrok; werdykt; (*Beurteilung, Meinung*) sąd; **sich** (*dat*) **ein ~ bilden** (**über** *akk*) wyrabiać ⟨wyrobić⟩ sobie sąd (o *lok*); **ein ~ fällen** wyda(wa)ć wyrok; **das ~ lautet auf zwei Jahre** wyrok opiewa na dwa lata
urteilen V/I (**über j-n, etw**) ⟨za⟩wyrokować (o *lok*, w sprawie *gen*), sądzić (o *lok*), osądzić *pf*, oceni(a)ć (*akk*); **nach ihrer Miene zu ~, ...** sądząc po jej minie, ona ...; **urteilen Sie selbst** niech pan(i) sam(a) to osądzi
Urteils|begründung F uzasadnienie wyroku; **~fähigkeit** F (*bpl*) zdolność *f* rzeczowego oceniania, rozsądek; **~verkündung** F ogłoszenie wyroku; **~vollstreckung** F wykonanie wyroku
urtümlich (*unverbildet*) samorodny; (*urweltlich*) pierwotny
uruguayisch urugwajski
Urvater M praojciec
Urwahl F prawybory *mpl*
Urwald M las dziewiczy, puszcza
urwüchsig (*ursprünglich*) pierwotny; naturalny; (*unverfälscht*) oryginalny, samorodny; (*bodenständig*) rdzenny
Urzeit F pierwotne czasy *mpl*; **seit ~en** od niepamiętnych czasów
Urzustand M stan pierwotny
US, USA (United States [of America]): **die ~** Stany *mpl* Zjednoczone
Usam'baraveilchen N fiołek afrykański
us'bekisch uzbecki (po -ku)
User ['ju:sə] M EDV użytkownik

U

Usus *umg* M (*unv*) zwyczaj; **das ist hier so** ~ taki tu zwyczaj
usw. (und so weiter) i tak dalej
Uten'silien [-liən] PL utensylia *pl*
Uto'pie [PL -'piən] F utopia
u'topisch utopijny
u.U. (unter Umständen) ewentualnie, w pewnych okolicznościach
UV [u:'faʊ] (ultraviolett) ultrafioletowy; **~-Strahlen** MPL promienie *mpl* ultrafioletowe, ultrafiolet
Ü-Wagen M → Übertragungswagen
u.Z. (unserer Zeitrechnung) naszej ery
u.zw. (und zwar) (a) mianowicie

V

v. (von) od, z; *vor Namen* von
V (Volt) wolt, woltów
Vaga'bund M (*-en*) włóczęga *m*, wagabunda *m*
vagabun'dieren V/I (*-; sn*) włóczyć się, wałęsać się
vage niejasny (-no), mglisty (-ście)
Vagina F (*-; -nen*) ANAT pochwa
vagi'nal pochwowy, ... pochwy
va'kant wolny, wakujący
Vakuum N (*-s; -kua od -kuen*) próżnia; **~pumpe** F pompa próżniowa; **~verpackung** F opakowanie próżniowe
Vak'zine F MED szczepionka
Valentinstag M walentynki *fpl*
Va'luta F (*-; -ten*) waluta (zagraniczna); *in zssgn* walutowy, dewizowy
Vam'pir M (*-s; -e*) upiór, wampir
Va'nadium N (*-s; bpl*) CHEM wanad
Vanda'lismus M (*-; bpl*) wandalizm
Va'nille F (*bpl*) wanilia; **~eis** N lody *mpl* waniliowe; **~soße** F sos waniliowy; **~zucker** M cukier wanilinowy
vari'abel zmienny
Vari'ante F wariant
Variati'on F wariacja (*pl a.* MUS)
Varie|'tät F BIOL odmiana; **~'té** N, **~'tee** N (*-s; -s*) teatr rozmaitości; (*Aufführung*) przedstawienie estradowe
vari'ieren (-) V/T zmieniać (*v/i* się)
Va'sall M (*-en*) wasal, lennik
Vase F wazon
Vase'lin N (*-s; bpl*), **~e** F (*bpl*) wazelina
vasku'lär MED naczyniowy
Vater M (*-s; Väter*) ojciec; *żart* ~ **Staat** fiskus; **der Heilige** ~ Ojciec Święty
Väterchen N ojczulek; staruszek
Vater|haus N dom rodzinny; **~land** N ojczyzna, ziemia ojczysta; **~landsliebe** F miłość *f* ojczyzny
väterlich ojcowski; *präd* po ojcowsku, jak ojciec; **~erseits** ADV ze strony ojca
vaterlos ADJ: ~ **aufwachsen** wychowywać się bez ojca
Vater|schaft F ojcostwo; **~schaftsklage** F powództwo o ustalenie ojcostwa; **~stadt** F miasto rodzinne
Vaterunser N Ojcze Nasz
Vati *umg* M (*-s; -s*) tatuś *m*, tata *m*
Vati'kan M (*-s; bpl*): **der** ~ Watykan
vati'kanisch watykański
V-Ausschnitt M dekolt V *od* w szpic
v.Chr. (vor Christus) przed Chrystusem
VDE (Verband Deutscher Elektrotechniker) Związek Elektrotechników Niemieckich
Vege'tarier M wegetarianin, jarosz; **~in** F wegetarianka, jaroszka
vege'tarisch wegetariański, jarski; **er isst** ~ on je tylko jarskie dania
Vegeta|ti'on F (*Pflanzen*) roślinność *f*; (*Wachstum*) wegetacja; **~ti'onsperiode** F okres wegetacyjny
vegeta'tiv BIOL wegetatywny
vege'tieren V/I (-) *oft abw* wegetować
vehe'ment (*heftig*) gwałtowny; (*leidenschaftlich*) namiętny
Ve'hikel N *oft abw* wehikuł
Veilchen N fiołek; *umg fig* podbite oko
veilchenblau fiołkowy (-wo)
Vektor M (*-s; -'toren*) wektor; *in zssgn* wektorowy
Velo N (*-s; -s*) *szwajc* rower
Velours[1] [və'lu:r] M (*-; -*) welur
Velours[2] [və'lu:r] N (*-; -*), **~leder** N welur, skóra welurowa
Vene F żyła
Ve'nedig N (*-s; bpl*) Wenecja
Venen|entzündung F zapalenie żył *od* żyły; **~thrombose** F zakrzep żylny
venezi'anisch wenecki
venezo'lanisch wenezuelski

Venezu'ela N (-s; *bpl*) Wenezuela
Ven'til N (-s; -e) TECH zawór, wentyl; MUS wentyl; *fig* ujście
Venti|lati'on F (*bpl*) wentylacja; **~'lator** M (-s; -'*toren*) wentylator
Venus F (-; *bpl*) (*Göttin*) Wenera, Wenus *f*; ASTRON Wenus *f*
ver'abreden (-) V/T umawiać ⟨umówić⟩ (**ein Treffen** spotkanie); **~, dass ...** umawiać ⟨umówić⟩ się, że ...; V/R **sich ~** umawiać ⟨umówić⟩ się (**für den Abend** na wieczór); **verabredet sein** *umg* mieć randkę (**mit j-m** z *inst*); **am verabredeten Ort** w umówionym miejscu
Ver'abredung F umowa; (*Treffen*) (umówione) spotkanie; (*Rendezvous*) *umg* randka
ver'abreichen (-) *Arznei* ⟨za⟩aplikować
ver'abscheuen (-): **j-n, etw ~** nienawidzić, nie znosić, nie cierpieć (*gen*)
ver'abschieden (-e-; -) V/T ⟨po⟩żegnać; *Gesetz* uchwalać ⟨-lić⟩; V/R **sich ~ von** *od* **bei** (*dat*) pożegnać się *pf* z (*inst*)
Ver'abschiedung F pożegnanie; *e-s Gesetzes* uchwalenie; (*Entlassung*) dymisja, zwolnienie
ver'achten (-): **j-n, etw ~** gardzić, pogardzać (*inst*); *umg etw* **ist nicht zu ~** ... (jest) nie do pogardzenia
ver'ächtlich pogardliwy (-wie); **etw ~ machen** mówić z pogardą (o *lok*)
Ver'achtung F (*bpl*) pogarda
ver'albern V/T (-re; -) pokpiwać (sobie) (z *gen*)
verallge'meinern (-re; -) uogólni(a)ć
Verallge'meinerung F uogólnianie; (*konkrete Aussage*) uogólnienie
ver'al|ten V/I (-e-; -; sn) przeży(wa)ć się, starzeć się; **~tet** ADJ przeżyty, przestarzały
Ve'randa F (-; -*den*) weranda
ver'änderlich zmienny (*a. Wetter*)
ver'ändern (-) V/T zmieni(a)ć; V/R **sich ~** zmieni(a)ć się; **sich beruflich ~** zmieni(a)ć posadę *od* miejsce pracy
Ver'änderung F zmiana; **mit ihm ging e-e ~ vor** w nim zaszła zmiana
ver'ängstigt ADJ wystraszony, wylękły
ver'ankern (-) MAR zakotwiczyć *pf*; BUD zakotwić *pf*; *fig* **verfassungsmäßig verankert** konstytucyjnie zastrzeżony, ugruntowany w konstytucji
Ver'ankerung F BUD zakotwienie
ver'anlagen (-): **j-n zur Steuer ~** wymierzać ⟨-rzyć⟩ k-u podatek
ver'anlagt ADJ: **für etw ~ sein** mieć predyspozycję do (*gen*); **er ist praktisch ~** on ma zmysł praktyczny
Ver'anlagung F predyspozycja, skłonność *f* (**für** do *gen*); (*bpl*) FIN wymiar
ver'anlassen (-) *j-n* skłaniać ⟨skłonić⟩ (**zu** do *gen*); (*etw anordnen*) zarządzać ⟨-dzić⟩, polecać ⟨-cić⟩; **~ Sie das Nötige** proszę zarządzić co trzeba
Ver'anlassung F (*Grund, Anlass*) powód (**zu etw** do *gen*); **auf wessen ~?** na czyje zlecenie?; **dazu gibt es k-e ~** nie ma powodu do tego
ver'anschaulichen (-) unaoczni(a)ć
ver'anschlagen (-) kalkulować
ver'anstalten (-e-; -) urządzać ⟨-dzić⟩, ⟨z⟩organizować
Ver'anstalter(in) M(F) organizator(ka)
Ver'anstal|tung F urządzenie, organizacja; *konkret* impreza; **~tungskalender** M kalendarz imprez
ver'antworten (-) V/T być odpowiedzialnym (za *akk*); *v/r* **sich ~ (für)** odpowiadać (za *akk*)
ver'antwortlich odpowiedzialny (**für** za *akk*; **vor** *dat* przed *inst*, wobec *gen*); **j-n ~ machen** obarczać ⟨-czyć⟩ k-o odpowiedzialnością; **sich ~ fühlen** poczuwać się do odpowiedzialności (**für** za *akk*)
Ver'antwortung F (*bpl*) odpowiedzialność *f*; **j-n zur ~ ziehen** pociągać ⟨-gnąć⟩ k-o do odpowiedzialności; **die ~ tragen** ponosić odpowiedzialność; **die ~ übernehmen (für)** brać ⟨wziąć⟩ na swoją odpowiedzialność (*akk*)
ver'antwortungs|bewusst świadomy odpowiedzialności, odpowiedzialny; **~los** nieodpowiedzialny; **~voll** *Person, Aufgabe* odpowiedzialny
ver'äppeln *umg* (-le; -): **j-n ~** upupić *pf* k-o, ⟨z⟩robić z k-o balona
ver'arbeiten (-) *Material* przerabiać ⟨-robić⟩, przetwarzać ⟨-tworzyć⟩ (**zu etw** na *akk*); (*bearbeiten*) obrabiać ⟨-robić⟩; (*verbrauchen*) zuży(wa)ć; *Speisen, fig Eindrücke* przetrawi(a)ć; **gut verarbeitet** *Sache* dobrze wykonany; **verarbeitende Industrie** przemysł przetwórczy
Ver'arbeitung F *von Rohstoffen usw* przerób, przetwórstwo; (*Bearbeitung*) obróbka; *von Daten* przetwarzanie; (*geistige Bewältigung*) przyswajanie, przyswojenie;

(*Art, Qualität der Arbeit*) wykończenie
Ver'arbeitungsbetrieb M przetwórnia
ver|'ärgern (-) rozgniewać *pf*, zirytować *pf*; **verärgert sein (wegen)** być rozgniewanym (z powodu *gen*); **~armen** V/I (-; *sn*) ⟨z⟩ubożeć
Ver'armung F (*bpl*) zubożenie
ver|'arschen *pop* (-) ⟨z⟩robić wariata *od* balona (z *gen*); **~'arzten** *umg* (-*e*-; -) opatrywać ⟨-trzyć⟩ (ranę, rannego)
ver'ästeln (-*le*; -): V/R **sich ~** rozgałęzi(a)ć się
ver'ätzen V/T (*beschädigen*) uszkadzać ⟨uszkodzić⟩ (sobie) płynem *od* kwasem żrącym (*akk*)
ver'ausgaben (-): V/R **sich ~** wyczerp(ywa)ć się (**beim Rennen** biegiem)
ver'äußern (-) zby(wa)ć
Ver'äußerung F zbywanie, zbycie; JUR *a.* przeniesienie własności
Verb N (-*s*; -*en*) JĘZ czasownik
ver'bal werbalny, słowny; JĘZ czasownikowy
Ver'balsubstantiv N rzeczownik odsłowny
Ver'band M (-[*e*]*s*; -bände) MED opatrunek; (*Bund*) związek; MIL oddział, formacja; LOTN grupa; MAR zespół
Ver'band(s)|kasten M apteczka podręczna; **~päckchen** N opatrunek osobisty; **~zeug** N materiały *mpl* opatrunkowe
ver'bannen (-) (*deportieren*) zsyłać ⟨zesłać⟩; *ins Exil* skaz(yw)ać na wygnanie; *fig* wyrugować *pf* (**aus** z *gen*)
Verbann|te F zesłanka; *ins Exil* wygnanka; **~te(r)** M (-*n*) zesłaniec; *ins Exil* wygnaniec; **~ung** F (*Deportation*) zesłanie; (*Exil*) wygnanie
verbarrika'dieren (-) V/T zabarykadować *pf* (*v/r* **sich** się)
ver'bauen (-) *Geld, Material* zuży(wa)ć na budowę; *Aussicht* zabudow(yw)ać; V/R **sich** (*dat*) **die Zukunft ~** ⟨ze⟩psuć sobie widoki na przyszłość
ver'beißen (*irr*; -): V/R **sich in etw ~** *Hund* wpi(ja)ć się zębami w (*akk*); *fig* **sich** (*dat*) **das Lachen nicht ~ können** nie móc zdławić śmiechu
ver'bergen (*irr*; -) *Sache* kryć, ukry(wa)ć (**in, hinter, vor** *dat* w, za, przed *inst*); *Gefühl, Gründe, Absicht usw* ukry(wa)ć (**j-m** *od* **vor j-m** przed *inst*); (*verschweigen*) zatajać ⟨-taić⟩; **was verbirgt sich dahinter?** co się za tym kryje?; **ich habe nichts zu ~** nie mam nic do ukrycia
ver'bessern (-) V/T *Fehler, Rekord* poprawi(a)ć; *Methode, Qualität* polepszać ⟨-szyć⟩, ulepszać ⟨-szyć⟩; (*effektiver machen*) TECH udoskonalać ⟨-lić⟩; *Verwaltung usw* usprawni(a)ć; V/R **sich ~** polepszać ⟨-szyć⟩ się, ulepszać ⟨-szyć⟩ się; (*sich korrigieren*) poprawi(a)ć się; *beruflich* zmieni(a)ć pracę na lepiej płatną
Ver'besse|rung F polepszenie, ulepszenie, poprawa; (*Vervollkommnung, Optimierung*) udoskonalenie, usprawnienie; (*Korrektur*) poprawka; **~rungsvorschlag** M wniosek racjonalizatorski
ver'beugen (-): V/R **sich ~ (vor j-m)** kłaniać ⟨ukłonić⟩ się (k-u)
Ver'beugung F ukłon
ver'beult ADJ (*eingedellt*) wgnieciony
ver'biegen (*irr*; -) V/T wyginać ⟨-giąć⟩, zginać ⟨-giąć⟩ (*v/r* **sich** się)
ver'biestert ADJ *reg* (*verärgert*) *umg* rozeźlony
ver'bieten (*irr*; -): **j-m etw** *od* **zu** + INF **~** wzbraniać ⟨-bronić⟩, zabraniać ⟨-bronić⟩, *bes amtlich* zakaz(yw)ać k-u (*gen od + inf*); **Rauchen verboten** palenie wzbronione; **die Vorschriften ~ ...** przepisy zakazują ...; **die Partei wurde verboten** działalność partii została zakazana
ver'billigt ADJ *Fahrkarte* zniżkowy; **zu ~en Preisen** po obniżonych cenach
Ver'billigung F potanienie
ver'binden (*irr*; -) **A** V/T **1** *Wunde* opatrywać ⟨-trzyć⟩; *Augen* zawiąz(yw)ać **2** *Orte, Drähte, Teile usw* ⟨po⟩łączyć, złączyć *pf* (**mit** z *inst*; **miteinander** ze sobą; **durch etw** *inst*); TECH, *fig a.* spajać ⟨spoić⟩ **3** (*verknüpfen*) ⟨po⟩łączyć, wiązać, związ(yw)ać; TEL **ich verbinde** łączę; **das ist mit Kosten verbunden** to jest związane z kosztami; **ich bin dir dafür sehr verbunden** jestem ci za to bardzo zobowiązany **4** (*assoziieren*) ⟨s⟩kojarzyć **B** V/R **sich ~** ⟨po⟩łączyć się, *a.* CHEM ⟨z⟩wiązać się; *fig* spajać ⟨spoić⟩ się; kojarzyć się; **damit ~ sich die Erinnerungen an ...** z tym kojarzą się wspomnienia z (*gen*)
ver'bindlich *Ton usw* uprzejmy; *Vorschrift, Zusage* wiążący (-co); **etw als ~ betrachten** traktować wiążąco (*akk*)
Ver'bindlichkeit F FIN zobowiązanie;

V

(*Höflichkeit*) uprzejmość *f*; *e-r Rechtsnorm* moc obowiązująca

Ver'bindung F (*das Verbinden*) łączenie (się), połączenie (się); TEL, KOLEJ połączenie, (*a. persönliche Beziehung*) łączność *f*, komunikacja; (*Bündnis, Zusammenschluss, Liaison*) związek (*a.* CHEM); korporacja (studencka); **e-e direkte ~ (nach)** bezpośrednie połączenie (z *inst*); **e-e ~ aus ... und ...** połączenie, związek (*gen*) z (*inst*); **~ aufnehmen (mit)** nawiąz(yw)ać łączność *od* kontakt (z *inst*); **in ~ bleiben** pozostawać w kontakcie; **in ~ stehen (mit)** utrzymywać łączność (z *inst*); **in ~ mit ...** w połączeniu z (*inst*); (*zusammen*) razem z (*inst*); **s-e ~en spielen lassen** wykorzyst(yw)ać swoje koneksje

Ver'bindungs|kabel N łącze kablowe; *für Haushaltsgeräte* sznur połączeniowy; **~linie** F (*Weg*) linia komunikacyjna; **~mann** M (PL *-männer od -leute*) pośrednik; (tajny) informator; **~stelle** F miejsce połączenia, połączenie, spojenie, spoina; **~straße** F droga łącząca; **~stück** N łącznik; złączka (rurowa); **~tür** F drzwi *pl* łączące

ver'bissen *pperf* → verbeißen; ADJ zaciekły (-le), zacięty (-cie); **mit e-m ~en Gesicht** z zaciętą miną; *umg* **sieh das doch nicht so ~!** nie bądźże taki małostkowy!

ver'bitten (*irr*; -): V/R **sich** (*dat*) **etw ~** wypraszać sobie (*akk*); **ich verbitte mir solche Späße!** wypraszam sobie takie żarty!

ver'bittert ADJ rozgoryczony

Ver'bitterung F (*bpl*) rozgoryczenie

ver'blassen V/I (-; *sn*) *Stoff, Farben* ⟨wy⟩blaknąć; *fig Erinnerungen usw* ⟨z⟩blaknąć, zacierać ⟨zatrzeć⟩ się

Ver'bleib M (-[e]s; bpl) (*das Verbleiben*) pozostanie; **nach dem ~** *e-r Sache, Person* **fragen** ⟨za⟩pytać, gdzie się znajduje (*akk*)

verbleiben V/I (*irr*; -; *sn*) (*bleiben*) pozosta(wa)ć; **wollen wir so ~, dass ...** umówmy się, że ...; **sie waren so verblieben, dass ...** umówili się, że ...; **mit freundlichen Grüßen verbleibe ich Ihr ...** łączę pozdrowienia ...

ver'bleichen V/I (*verblich, verblichen*) → verblassen, verblichen

ver'bleit ADJ *Benzin* etylizowany

ver'blenden (-) BUD *Mauer* oblicow(yw)ać (**mit etw** *inst*); **von Hass verblendet** zaślepiony nienawiścią

Ver'blendung F zaślepienie; BUD (*Material*) okładzina, oblicówka

ver'blichen → verbleichen; ADJ **~er Ruhm** przebrzmiała sława; **dein ~er Vater** twój ojciec nieboszczyk

ver'blöden *umg* V/I (-*e*-; -; *sn*) ⟨z⟩idiocieć

ver'blüffen (-) zaskakiwać ⟨-skoczyć⟩ (**j-n mit etw** k-o *inst*); **ich war über etw sehr verblüfft** byłem bardzo zaskoczony (*inst*)

ver'blüffend ADJ frapujący (-co)

ver'blüfft ADJ *Gesicht* zdumiony

Ver'blüffung F (*bpl*) zdumienie

ver|'blühen V/I (-; *sn*) przekwitać ⟨-tnąć⟩; **~'bluten** V/I (-; *sn*) wykrwawi(a)ć się, umierać ⟨umrzeć⟩ z wykrwawienia

ver'bocken *umg* (-)*etw* sknocić *pf*

ver|'bogen *pperf* → verbiegen; ADJ zgięty, skrzywiony; **~'bohrt** *umg abw* ADJ uparty, nieustępliwy, tępy

ver'borgen *pperf* → verbergen; ADJ ukryty; **im Verborgenen** w ukryciu; **es blieb ihr nicht ~, dass ...** przed nią nie dało się ukryć, że ...

Ver'bot N (-[*e*]s; -e) zakaz; *e-r Partei usw* zakaz działania (*gen*); **gegen das ~ handeln** postępować ⟨-stąpić⟩ wbrew zakazowi; **sich an ein ~ halten** przestrzegać zakazu, podporządkow(yw)ać się zakazowi

ver'boten *pperf* → verbieten; ADJ zakazany, zabroniony, wzbroniony; *umg* **~ aussehen** wyglądać okropnie

Ver'bots|schild N tablica z zakazem; **~zeichen** N znak zakazu

ver'brannt *pperf* → verbrennen

ver'braten (*irr*; -) *Fleisch* przesmażać ⟨-żyć⟩; *umg Geld* przetrwonić *pf*

Ver'brauch M (-[*e*]s; bpl) zużycie (**an, von etw** *gen*); (*Konsum*) spożycie, konsumpcja; **zum alsbaldigen ~ bestimmt** przeznaczony do szybkiego spożycia

ver'brauchen (-) zuży(wa)ć; *Lebensmittel a.* ⟨s⟩konsumować

Ver'braucher(in) M(F) konsument(ka); **~markt** M hipermarket; **~schutz** M ochrona konsumentów; **~zentrale** F organizacja ochrony konsumentów

Ver'brauch(s)steuer F akcyza, podatek akcyzowy

ver'braucht ADJ *fig Person, Kräfte* zużyty, wyczerpany; **~e Luft** zaduch

V

ver'brechen *umg* (*irr*; -) przeskrobać *pf*; *Text* wypocić *pf*

Ver'brechen N przestępstwo (**an** *dat*, **gegen** przeciwko *dat*); **schweres ~** zbrodnia; **organisiertes ~** przestępczość zorganizowana

Ver'brechensbekämpfung F walka z przestępczością

Ver'brecher M przestępca *m*, zbrodniarz; **~bande** F banda przestępcza; **~in** F przestępczyni, zbrodniarka

ver'brecherisch przestępczy (-czo), zbrodniczy (-czo)

Ver'brecherorganisation F organizacja przestępcza

ver'breiten (-*e*-; -) V/T rozprzestrzeni(a)ć; *Mode, Ideen, Nachrichten usw a.* rozpowszechni(a)ć; *Gerüchte, Keime, Schrecken* rozsi(ew)ać; *Licht, Duft a.* roztaczać (**um sich** wokół siebie); *v/i* **sich ~** rozprzestrzeni(a)ć się, szerzyć się; rozpowszechni(a)ć się; *etw* **ist weit verbreitet** ... jest szeroko rozpowszechniony

ver'breitern (-*re*; -) V/T poszerzać, rozszerzać ⟨-rzyć⟩ (*v/r* **sich** się)

Ver'breitung F (*das [Sich]Verbreiten*) rozprzestrzenianie (się), szerzenie (się); (*Vertrieb*) rozpowszechnianie, rozpowszechnienie

ver'brennen (*irr* -) V/T palić, spalać ⟨-lić⟩; V/I ⟨s⟩palić się (**zu Asche** na popiół); **es riecht verbrannt** czuć spaleniznę; V/R **sich** (*dat*) **etw ~** spalić *pf od* oparzyć *pf* sobie (*akk*); **ich habe mir die Hand verbrannt** oparzyłem sobie rękę

Ver'brennung F palenie, spalanie, spalenie; *e-r Leiche* kremacja; MED oparzenie

Ver'brennungs|gase NPL gazy spalinowe, spaliny *fpl*; **~motor** M silnik spalinowy; **~ofen** M *für Leichen* piec krematoryjny; *für Abfälle* piec do spalania (*gen*)

ver'bringen (*irr*; -) *Zeit, Urlaub usw* spędzać ⟨-dzić⟩ (**an, in** *dat* nad *inst*, w *lok*; **mit etw** nad *inst*, przy *lok*; **mit j-m** z *inst*)

ver'brüdern (-*re*): V/R **sich ~** ⟨z⟩bratać się (**mit j-m** z *inst*)

ver'brühen (-) V/T sparzyć *pf* (**die Hand** rękę); *v/r* **sich ~** (**mit**) sparzyć się (*inst*)

ver'buchen (-) ⟨za⟩księgować (**als Einnahme** po stronie przychodów); **... als Erfolg** (**für sich**) **~** zapisać ... na swoje konto

ver'buddeln *umg* (-) zakop(yw)ać

ver'bummeln *umg mst abw* (-) *Termin* przegapić *pf*; *Zeit* ⟨z⟩marnować; *Sache* posiać *pf*, zapodziać *pf*

ver'bunden *pperf* → verbinden

ver'bünden (-*e*-; -): V/R **sich ~** sprzymierzać ⟨-rzyć⟩ się (**mit j-m** z *inst*)

Ver|'bundenheit F (*bpl*) więź *f*; solidarność *f*; **~'bündete** F sojuszniczka; **~bündete(r)** M (-*n*) sojusznik

Ver'bund|fenster N okno zespolone; **~glas** N szkło wielowarstwowe

ver'bürgen (-): V/R **sich ~** (**für j-n, etw**) ręczyć (za *akk*)

ver'bürgt ADJ *Nachricht* pewny; *Recht* zagwarantowany

ver'büßen (-) *Strafe* odby(wa)ć

ver'chromt ADJ chromowany

Ver'dacht M (-[*e*]*s*; bpl) podejrzenie; **~ schöpfen** nab(ie)rać podejrzeń; **in ~ geraten** ściągać ⟨-gnąć⟩ na siebie podejrzenie (**wegen** o *akk*); **ich habe ihn im ~, dass er ...** podejrzewam, że on ...; MED **es besteht ~ auf Krebs** istnieje podejrzenie raka

ver'dächtig podejrzany; **sich ~ machen** zachow(yw)ać się podejrzanie, wzbudzać ⟨-dzić⟩ podejrzenia; **das kommt mir ~ vor** to mi wygląda podejrzanie

Ver'dächtige F podejrzana; **~(r)** M (-*n*) podejrzany

ver'dächtigen (-) podejrzewać (**j-n des Diebstahls** k-o o kradzież)

Ver|'dächtigung F podejrzenie, posądzenie; **~'dachtsgrund** M podstawa podejrzenia

ver'dammen (-) (*verurteilen*) potępi(a)ć; skaz(yw)ać (**zu** na *akk*); **... ist zum Nichtstun verdammt** ... skazany (-na, -ne) jest na bezczynność

ver'dammt *pop abw* ADJ *pop* cholerny, *vulg* kurewski; **~es Glück** cholerne szczęście; **~es Leben** kurewskie życie; **~er Kerl** cholernik, cholera (jedna); **so ein ~er Mist!** a to cholerstwo!; **~ kalt** cholernie zimno; **~ viel** do cholery (G); INT **~** (**noch mal**)!, **~ und zugenäht!** do jasnej cholery!, kurcze blade *od* pieczone!

ver|'dampfen (-) V/T (*u* V/I; *sn*) odparow(yw)ać, wyparow(yw)ać; **~'danken** (-) zawdzięczać (**j-m etw** k-u *akk*)

ver'darb *pperf* → verderben

ver'dattert *umg* ADJ zbaraniały
ver'dau|en (-) trawić, przetrawi(a)ć (*a. fig*); **~lich** (**schwer** ciężko) strawny
Ver'dauung F (*bpl*) trawienie
Ver'dauungs|beschwerden FPL niestrawność *f*; **~spaziergang** *umg* M spacer dla zdrowia (po jedzeniu); **~störung** F zaburzenie trawienia
Ver'deck N (-[e]s; -e) AUTO dach składany
ver'decken (-) (*zudecken*) przykry(wa)ć; *Sicht* zasłaniać ⟨-słonić⟩
ver'deckt ADJ *Mangel* ukryty; **~er Ermittler** tajny agent policji
ver'denken (-): **das kann ihm niemand ~** tego mu nikt nie weźmie za złe
ver'derben (*verdirbt, verdarb, verdorben*) **A** V/T ⟨po-, ze⟩psuć (*a. Freude usw*); *moralisch* ⟨z⟩deprawować; **es mit j-m ~** narazić się *pf* k-u; **er will es mit niemandem ~** on nikomu nie chce się narazić **B** V/I (*sn*) *Lebensmittel* ⟨ze⟩psuć się **C** V/R **sich** (*dat*) **die Augen, Magen ~** ⟨po⟩psuć sobie oczy, żołądek
Ver'derben N (-*s; bpl*) zepsucie; *fig* zguba; **ins ~ rennen** iść na pewną zgubę; **j-n ins ~ stürzen** doprowadzać ⟨-dzić⟩ k-o do zguby
ver'derblich *Ware* (łatwo) psujący się; *Einfluss* szkodliwy (-wie)
ver'deutlichen (-) wyjaśni(a)ć
ver'dichten (-) V/T *Gas* sprężać ⟨-żyć⟩; V/R **sich ~** *Nebel* gęstnieć; *Verdacht* umacniać się
Ver'dickung F zgrubienie
ver'dienen (-) zarabiać ⟨-robić⟩; *fig* zasługiwać ⟨-służyć⟩ (**Lob** na pochwałę, **Strafe** na karę)
Ver'diener M zarabiający (na utrzymanie)
Ver'dienst[1] M (-[e]s; -e) (*Einkommen*) zarobek; (*Gewinn*) zysk
Ver'dienst[2] N (-[e]s; -e) zasługa; **das ist sein ~** to jest jego zasługą; **große ~e erwerben** położyć niemałe zasługi (**um etw** w *lok*)
Ver'dienst|ausfall M zmniejszenie *od* utrata zarobku; **~bescheinigung** F zaświadczenie o wysokości zarobku
Ver'dienstorden M order zasługi
Ver'dienstspanne F marża
ver|'dienstvoll *Tat* godny uznania; *Person* → **~'dient** ADJ zasłużony; **~'dienter'maßen** ADV zasłużenie
ver'dirbt → verderben
ver'donnern *umg* (-): **j-n zu fünf Jahren Gefängnis ~** wlepić *pf* k-u pięć lat więzienia
ver'doppeln (-*le*; -) V/T podwajać ⟨-dwoić⟩ (*v/r* **sich** się)
ver|'dorben *pperf* → verderben; ADJ zepsuty; **~'dorren** V/I (-; *sn*) usychać ⟨uschnąć⟩; **~'drängen** (-) wypierać ⟨-przeć⟩ (*a. fig*, PSYCH); *aus e-r Stellung* wyrugow(yw)ać
Ver'drän|gung F wypieranie, wyparcie; MAR wyporność *f*; **~gungswettbewerb** M (*bpl*) konkurencja mająca na celu wyparcie z rynku
ver'drecken *umg abw* (-) V/T zapaprać *pf*, zabrudzić *pf*; V/I (*sn*) tonąć w brudach
ver'drehen (-) wykręcać ⟨-cić⟩; *Augen* wywracać (*inst*); *umg Sinn usw* przekręcać ⟨-cić⟩; *umg* **j-m den Kopf ~** zawracać ⟨-wrócić⟩ k-u głowę
ver'dreht *umg* ADJ *abw Person* postrzelony, *a. Einfall* zwariowany
ver|'dreifachen (-) V/T potrajać ⟨-troić⟩ (*v/r* **sich** się); **~'dreschen** *umg* (*irr*; -) ⟨z⟩bić, ⟨s⟩tłuc; **~'drießen** *lit* (-*ßest od -ßt, verdross, verdrossen*) ⟨z⟩denerwować, ⟨roz⟩drażnić; **~'drießlich** *Gesicht, Person* nadąsany; **~'drossen** *pperf* → verdrießen; ADJ (*mürrisch*) markotny, zasępiony
Ver'drossenheit F (*bpl*) niezadowolenie, zły humor
ver'drücken *umg* (-) V/T *Essen* wsuwać ⟨wsunąć⟩; V/R **sich ~** ulatniać ⟨ulotnić⟩ się, znikać ⟨-knąć⟩
Ver'druss M (-*es*; -*e*) kłopot, zmartwienie; **~ bereiten** przysparzać ⟨-sporzyć⟩ zmartwień
ver'duften *umg* V/I (-; *sn*) ulatniać ⟨ulotnić⟩ się; *pop* **verdufte!** spływaj!
Ver'dummung F (*bpl*) ogłupianie
ver'dunkeln (-*le*; -) V/T zaciemni(a)ć; V/R **sich ~** ⟨po⟩ciemnieć
Ver'dunk(e)lungsgefahr F JUR niebezpieczeństwo matactwa
ver'dünnen (-) rozcieńczać ⟨-czyć⟩; *mit Wasser* rozwadniać ⟨-wodnić⟩
Ver'dünn|er M rozcieńczalnik; **~ung** F rozcieńczanie, rozcieńczenie
ver|'dunsten V/I (-*e*-; -; *sn*) ulatniać ⟨ulotnić⟩ się, wyparow(yw)ać; **~'dursten** *vi* (-*e*-; -; *sn*) umierać ⟨umrzeć⟩ z pragnienia

ver'dutzt ADJ zdetonowany, zmieszany; **sie machte ein ~es Gesicht** zrobiła zdziwioną minę
ver'edeln (-) uszlachetni(a)ć
Ver'ed(e)lung F uszlachetnianie, uszlachetnienie; TECH *a.* przeróbka uszlachetniająca
ver'ehren (-) *als Gott* czcić; *Künstler usw* uwielbiać, ubóstwiać; *żart (schenken)* ofiarow(yw)ać
Ver'ehrer M wielbiciel; **sie hat viele ~** ona ma dużo wielbicieli; **~in** F wielbicielka
ver'ehrt ADJ szanowny; **~e Anwesende!** szanowni państwo!
Ver'ehrung F *(bpl)* cześć *f*, kult; *(Hochschätzung)* wielki szacunek; *(Liebe, Bewunderung)* uwielbienie
ver'ehrungsvoll pełen czci *od* uwielbienia; *präd* z uwielbieniem, z czcią
ver'ei|digen (-) zaprzysięgać ⟨-siąc⟩; **~digt** ADJ zaprzysiężony
Ver'eidigung F zaprzysiężenie, odebranie *od* złożenie przysięgi
Ver'ein M (-[e]s; -e) związek, stowarzyszenie, towarzystwo; SPORT *oft* klub; *umg iron* kompania; **im ~ mit** razem z *(inst)*
ver'einbar dający się pogodzić (**mit** z *inst*)
ver'einbaren (-) uzgadniać ⟨uzgodnić⟩, umawiać ⟨umówić⟩; **wie vereinbart** jak uzgodniono
Ver'einbarung F *(das Vereinbaren)* uzgodnienie; *(das Vereinbarte)* porozumienie, umowa; **e-e ~ treffen** umawiać ⟨umówić⟩ się, układać ⟨ułożyć⟩ się (**bezüglich** *gen* w sprawie *gen*, co do *gen*); **sich an die ~ halten** postępować zgodnie z umową
ver'einen (-) V/T *u.* V/R → vereinigen
ver'ein|fachen (-) upraszczać ⟨uprościć⟩; **~facht** ADJ uproszczony
Ver'einfachung F uproszczenie
ver'einheitlichen (-) ujednolicać ⟨-cić⟩, ⟨z⟩unifikować
ver'einigen (-) V/T (V/R **sich**) ⟨po⟩łączyć (się); *mst Völker, Gleichgesinnte* ⟨z⟩jednoczyć (się), zrzeszać ⟨-szyć⟩ (się); *Ansichten usw* pogodzić *pf* (**miteinander** ze sobą)
ver'einigt ADJ połączony; *mst* POL zjednoczony; **(die) Vereinigte(n) Arabische(n) Emirate** Zjednoczone Emiraty Arabskie; **(die) Vereinigte(n) Staaten** Stany Zjednoczone
Ver'einigung F połączenie (się), zjednoczenie; *(Organisation)* związek; **kriminelle ~** związek przestępczy
ver'einsamen V/I (-; *sn*) osamotnieć *pf*
Ver'eins|lokal N lokal związkowy *od* klubowy; **~register** N rejestr związków
ver'eint ADJ zjednoczony; **mit ~en Kräften** wspólnymi siłami
ver'einzelt ADJ sporadyczny; *präd* sporadycznie, miejscami
ver|'eisen (-) V/T MED zamrażać ⟨-mrozić⟩; V/I *(sn)* pokry(wa)ć się lodem; **~'eist** ADJ *Straße usw* oblodzony; **~'eiteln** (-le; -) *Plan usw* udaremni(a)ć; **~'eitert** ADJ MED zropiały; **~'ekeln** (-) zohydzać ⟨-dzić⟩, obrzydzać ⟨-dzić⟩ (**j-m etw** k-u *akk*); **~'enden** V/I (-; *sn*) *Tier* zdychać ⟨zdechnąć⟩
ver'engen (-) V/T zwężać ⟨zwęzić⟩ (*v/r* **sich** się)
Ver'engung F *(enge Stelle)* przewężenie
ver'erbbar dziedziczny (*a.* MED)
ver'erben (-) V/T *Besitz* pozostawi(a)ć w spadku; BIOL przekaz(yw)ać (potomstwu); V/R **... hat sich vom Vater auf den Sohn vererbt** syn odziedziczył ... po ojcu
Ver'erbung F BIOL dziedziczność *f*
ver'ewigen (-) V/T *Namen usw* uwieczni(a)ć; V/R *umg* **sich ~** zostawi(a)ć (po sobie) trwały ślad
Verf. (Verfasser[in]) autor(ka)
ver'fahren[1] *(irr; -)* V/T *Geld* przejeździć *pf*; *Benzin* zuży(wa)ć (na jazdę *od* podróż); V/I *(sn)* postępować ⟨-stąpić⟩, działać (**nach** według *gen*); **mit j-m streng ~** ⟨po⟩traktować surowo k-o; V/R **sich ~** zmylić *pf* drogę
ver'fahren[2] ADJ: **e-e ~e Situation** sytuacja bez wyjścia; **die Sache ist völlig ~** sprawa została pokpiona
Ver'fahren N postępowanie (*a.* JUR); metoda; proces (*a.* TECH, CHEM)
Ver'fahrens|kosten PL JUR koszty *mpl* procesowe; **~technik** F *(bpl)* technologia procesów przetwórczych; *(Studienfach)* inżynieria procesowa
Ver'fall M *(bpl) baulich* zniszczenie; *fig* upadek, degrengolada (*a. sittlich*); MED degradacja (biologiczna); JUR przepadek (**des Vermögens** mienia)
ver'fallen[1] V/I *(irr; -; sn) Haus* niszczeć, dewastować się; *Reich, Kultur, Sitten*

V

upadać ⟨upaść⟩; *Pfand usw* przepadać ⟨-paść⟩; *Fahrkarte* ⟨s⟩tracić ważność; *e-r Sache*, **j-m ~** popadać ⟨-paść⟩, wpadać ⟨wpaść⟩ (w *akk*), ulegać ⟨ulec⟩ (*dat*); **dem Alkohol ~** wpaść *pf* w nałóg picia; **auf die Idee ~** wpadać ⟨wpaść⟩ na pomysł; **etw ~ lassen** nie wykorzystać *pf* (*gen*), przeterminować *pf* (*akk*)

ver'fallen[2] ADJ *Haus* zdewastowany, zniszczony, w ruinie; *Gutschein, Wechsel* przeterminowany

Ver'fallsdatum N data upływu ważności; FIN data płatności weksla

ver'fälschen (-) ⟨s⟩fałszować; *Geschichte usw a.* wypaczać ⟨-czyć⟩

ver'fangen (*irr; -*): V/R **sich ~** (**in** *dat*) *a. fig* zapląt(yw)ać się (w *akk*), uwikłać się *pf* (w *akk*)

ver'fänglich *Situation* kłopotliwy; *Frage* podchwytliwy

ver'färben (-): V/R **sich ~** zmieni(a)ć barwę *od* kolor; **die Blätter ~ sich rot** liście czerwienieją

Ver'färbung F przebarwienie

ver'fassen (-) *Buch, Text* ⟨na⟩pisać; *Gedicht, Rede a.* układać ⟨ułożyć⟩

Ver'fasser(in) M(F) autor(ka)

Ver'fassung F (*bpl*) (*Zustand*) stan, kondycja; (*Stimmung*) nastrój; (*a. pl*) POL konstytucja; statut; **in guter ~ sein** *Person* być w dobrej kondycji

Ver'fassungs|änderung F zmiana konstytucji; **~bruch** M złamanie *od* pogwałcenie konstytucji

ver'fassungs|feindlich antykonstytucyjny; **~gemäß** zgodny z konstytucją; **~mäßig** konstytucyjny

Ver'fassungs|organ N organ konstytucyjny; **~schutz** M ochrona konstytucji; *umg* urząd ochrony konstytucji

ver'faulen (*-; sn*) ⟨prze-, z⟩gnić

ver'fault ADJ zgniły, przegniły

ver|'fechten (*irr; -*) *Meinung, Recht usw* bronić (*gen*); **~'fehlen** (-) *Ziel* chybi(a)ć (*gen*); *fig Zweck, Beruf* mijać ⟨minąć⟩ się (z *inst*); *Zug* spóźnić się *pf* (na *akk*); *Weg* zmylić *pf*; (*j-n nicht antreffen*) nie zasta(wa)ć (w domu *usw*)

ver'fehlt ADJ (*falsch*) chybiony

Ver'fehlung F wykroczenie

ver'feinden (*-e-; -*): V/R **sich ~** powaśnić się *pf* (**mit j-m** z *inst*)

ver'feindet ADJ zwaśniony, skłócony

ver'fei|nern (*-re; -*) *Methode* ulepszać ⟨-szyć⟩; KULIN przyprawi(a)ć (do smaku); **~nert** ADJ *Geschmack usw* wyrafinowany

ver'feuern (*als Brennstoff verwenden*) palić (*inst*); (*verbrauchen*) wypalić *pf*; *Munition* wystrzel(iw)ać

ver'filmen (-) *Werk* ⟨z⟩ekranizować

Ver'filmung F ekranizacja

ver'filzen V/I (-) *Wolle* spilśni(a)ć się; *Haare* ⟨s⟩kołtunić się

ver'finstern (*-re; -*) V/T zaćmi(ewa)ć; V/R **sich ~** *Himmel* zaciągać ⟨-gnąć⟩ się (chmurami)

ver'flachen V/I (*-; sn*) *Fluss, Gespräch* sta(wa)ć się płytkim; *Gelände* sta(wa)ć się bardziej płaskim

ver'flechten (*irr; -*): *etw* **ineinander ~** splatać ⟨spleść⟩; **mit etw ~** przeplatać ⟨-pleść⟩ (*inst*); *fig* (**eng**) **verflochten sein** być ze sobą (ciasno) związanym

Ver'flechtung F EKON przepływ międzygałęziowy; *a.* POL *mst* PL powiązania *npl*

ver|'fliegen V/I (*irr; -; sn*) *Duft, Zorn* ulatniać ⟨ulotnić⟩ się; *Zeit* ⟨prze⟩lecieć; **~'fließen** V/I (*irr; -; sn*) *Farben, Konturen* zl(ew)ać się; *Grenzen, Begriffe* zacierać ⟨zatrzeć⟩ się; *Zeit, Frist* upływać ⟨upłynąć⟩

ver'flixt *umg* sakramencki; *präd* **~ schwer** cholernie ciężki *od* ciężko

ver'flochten *pperf* → verflechten

ver'flogen *pperf* → verfliegen

ver'flossen *pperf* → verfließen; ADJ były, eks-; *umg* **ihr Verflossener** jej eksmąż

ver'fluchen (-) przeklinać ⟨-kląć⟩

ver'flucht ADJ przeklęty; **~!** psiakrew!

ver'flüchtigen (-): V/R **sich ~** CHEM, *Duft* ulatniać ⟨ulotnić⟩ się

ver'flüssigen (-) V/T skraplać ⟨skroplić⟩ (*v/r* **sich** się)

ver'folgen (-) *Flüchtling, Wild* ścigać (*a. fig, mit Blicken u.* JUR); (*hinterherjagen*) gonić (za *inst*); *fig Gegner, Andersgläubige usw, j-m k-e Ruhe lassen* prześladować; *Geschehnisse* śledzić; **j-n auf Schritt und Tritt ~** śledzić każdy krok (*gen*); **sein Ziel ~** dążyć do osiągnięcia (swego) celu; **s-n Weg ~** iść dalej swoją drogą; *e-e Sache* **weiter ~** kontynuować (*akk*); **diese Melodie verfolgt mich** prześladuje mnie ta melodia

Ver'folger M *e-s Flüchtigen* ścigający; **die**

~ PL *a.* pogoń *f*, pościg; POL *usw* prześladowca *m*
Ver'folgerin F prześladowczyni
Ver'folgte F prześladowana; **~(r)** M prześladowany
Ver'folgung F *e-s Täters* ściganie (*a.* JUR); (*Jagd*) pościg, pogoń *f*; (*Nachstellung, Drangsalieren*) prześladowanie; **die ~ der Diebe aufnehmen** ruszać ⟨-szyć⟩ w pościg za złodziejami
Ver'folgungs|jagd F pościg; **~wahn** M mania prześladowcza
ver|'formen (-) V/T ⟨z⟩deformować (*v/r* **sich** się); **~'frachten** (-) *Sachen* wys(y)łać; *umg Person* wpakować *pf*, wsadzić *pf* (**ins Auto** do auta)
ver'franzen *umg* (-): V/R **sich ~** zmylić *pf* drogę; *Flieger* zboczyć *pf* z kursu
ver|'fremden (-e-; -) TEATR starać się wywołać efekt obcości; **~'fressen** ADJ *abw* nienasycony; **~'froren** ADJ zmarznięty; **~'früht** ADJ przedwczesny
ver'fügbar będący do dyspozycji
ver'fügen (-) V/T (*anordnen*) zarządzać ⟨-dzić⟩; V/I **über j-n, etw ~** rozporządzać, dysponować (*inst*)
Ver'fügung F zarządzenie, rozporządzenie; **~ über** *e-e Sache* dysponowanie (*inst*); **zur ~ haben, stellen, sein** mieć, odda(wa)ć, być do dyspozycji
Verfügungsrecht N prawo dysponowania (**über etw** *inst*)
ver'führen (-) *Frau, Mann* uwodzić ⟨uwieść⟩; **j-n zu etw ~** (*verleiten*) ⟨s⟩kusić k-o do (*gen*)
Ver'führer(in) M(F) uwodziciel(ka)
ver'führerisch (*attraktiv*) uwodzicielski (-ko); *Angebot usw* kuszący (-co)
Ver'führung F uwiedzenie (*a.* JUR); (*Versuchung, Reiz*) pokusa
ver'füttern (-) spasać ⟨spaść⟩, skarmi(a)ć (**Hafer an die Pferde** owies końmi)
Ver'gabe F *e-s Auftrags* udzielanie, udzielenie; (*Zuteilung*) przydział
ver'gällen (-) CHEM skażać ⟨skazić⟩; *fig Freude, Leben* zatru(wa)ć
ver'gammeln *umg* V/I (-; sn) *Lebensmittel* sparcieć *pf*; *Person* zgnuśnieć *pf*
ver'gangen *pperf* → vergehen; ADJ przeszły, miniony, ubiegły; **~e Woche** w ubiegłym tygodniu; **~e Zeiten** minione czasy
Ver'gangenheit F przeszłość *f*; GRAM czas przeszły
Ver'gangenheitsbewältigung F rozrachunek z przeszłością
ver'gänglich przemijający, znikomy
ver'gasen (-) (*töten*) zagazować *pf*
Ver'gaser M AUTO gaźnik; **~motor** M silnik gaźnikowy
ver'gaß → vergessen
ver'geben (*irr*; -) V/T *Schuld* przebaczać ⟨-czyć⟩, wybaczać ⟨-czyć⟩; *Sünden* odpuszczać ⟨-puścić⟩; *Chance* nie wykorzyst(yw)ać (*gen*); **an j-n ~** *Auftrag* zlecać ⟨-cić⟩ k-u wykonanie (zamówienia) *od* załatwienie (sprawy); *Stelle* obsadzać ⟨-dzić⟩ (*inst*); *Preis, Stipendium usw* przyzn(aw)ać (*dat*); V/R **du vergibst dir nichts, wenn ...** korona ci z głowy nie spadnie, jeżeli ...
ver'geb|ens ADV (na)daremnie, (na) próżno; **~lich** daremny; bezskuteczny
Ver'gebung F przebaczenie; *der Sünden* odpuszczenie; **j-n um ~ bitten** prosić k-o o przebaczenie
ver'gegenwärtigen (-): V/R **sich** (*dat*) **etw ~** uprzytamniać ⟨-tomnić⟩ sobie (*akk*)
ver'gehen (*irr*; -; *sn*) V/I *Zeit, Empfindung* przechodzić ⟨przejść⟩, (prze)mijać ⟨(prze)minąć⟩; **es vergeht kein Tag, an dem ich nicht an dich denke** nie ma dnia, żebym o tobie nie pomyślał(a); **mir ist die Lust, der Appetit vergangen** straciłem ochotę, apetyt; **vor Scham, Sehnsucht** *usw* **~** umierać ze wstydu, z tęsknoty *usw*; V/R **sich ~ an** *e-r Frau* zgwałcić *pf* k-o
Ver'gehen N JUR wykroczenie
ver'gelten V/I (*irr*; -) odpłacać ⟨-cić⟩; → gleich, Gott
Ver'geltung F odwet; **als ~ (für)** w odwet, w odwecie (za *akk*); **~ üben** brać ⟨wziąć⟩ odwet
Ver'geltungsaktion F akcja odwetowa
ver'gessen[1] (*vergisst, vergass, vergessen*) V/T zapominać ⟨-mnieć⟩ (*akk*, o *lok*); **j-m etw nie ~** nigdy nie zapomnieć *pf* k-u (*gen*); *umg* **vergiss es!** szkoda marzyć!; V/R **sich ~** zapominać ⟨-mnieć⟩ się
vergessen[2] ADJ zapomniany
Ver'gessenheit F (*bpl*) zapomnienie; **in ~ geraten** popadać ⟨-paść⟩ w zapomnienie; **vor ~ bewahren** uratować *pf* od zapomnienia
ver'gesslich roztargniony; **er ist sehr ~** *umg* on jest (taki) zapominalski

V

Ver'gesslichkeit F (*bpl*) roztargnienie, *umg* zapominalstwo; **aus ~** przez zapomnienie
ver'geuden (-e-; -) *Zeit usw* ⟨z⟩marnować, ⟨z⟩marnotrawić
verge'waltigen (-) ⟨z⟩gwałcić (*a. fig*)
Verge'waltiger M gwałciciel
Verge'waltigung F zgwałcenie
verge'wissern (-re; -): V/R **sich ~** (*gen*) upewni(a)ć się (co do *gen*)
ver'gießen (*irr*; -) rozl(ew)ać; *Blut, Tränen* przel(ew)ać
ver'giften (-e-; -) V/T (*töten*) ⟨o⟩truć (*v/r* **sich** się); MED, EKOL, *fig* zatru(wa)ć (*Person a.* **sich** się); **er wurde vergiftet** (on) został otruty
ver'giftet ADJ *Essen, Pfeil usw* zatruty
Ver'giftung F *tödlich* otrucie; MED zatrucie; *fig*, EKOL *a.* zatruwanie
ver'gilbt ADJ *Papier usw* pożółkły
Ver'gissmeinnicht N (-[e]s; -[e]) niezapominajka
ver'gisst → vergessen
ver'gittern (-re; -) okratować *pf*
ver'glasen (-) ⟨o⟩szklić
Ver'gleich M (-[e]s; -e) porównanie; JUR ugoda; **im ~ mit, zu j-m, etw** w porównaniu z (*inst*)
ver'gleichbar porównywalny
ver'gleichen (*irr*; -) V/T porówn(yw)ać (**mit** z *inst*); **das ist (doch) nicht zu ~** tego się nie da porównać; V/R **sich mit j-m ~** równać się z (*inst*); JUR załatwi(a)ć ugodowo spór z (*inst*), ułożyć się *pf* z (*inst*)
ver'gleichend ADJ porównawczy
ver'gleichsweise ADV stosunkowo
ver'glühen V/I (-; sn) *Kohle* wygasać ⟨-gasnąć⟩; *Meteorit usw* spalić się *pf* całkowicie w atmosferze
ver'gnügen (-): V/R **sich ~** bawić się, zabawi(a)ć się (**mit etw** *inst*)
Ver'gnügen N (*bpl*) przyjemność *f*; **ein zweifelhaftes ~** średnia przyjemność; **zum ~** dla zabawy *od* przyjemności; **es ist mir ein ~** bardzo mi miło; **mit (dem größten) ~** z (wielką) przyjemnością; **viel ~!** przyjemnej zabawy!
ver|'gnüglich wesoły (-ło); **~'gnügt** ADJ rozweselony, ubawiony, wesoły (-ło)
Ver'gnügung F rozrywka; (*Veranstaltung*) impreza rozrywkowa; *bes mit Tanz* zabawa, *umg* ubaw
Ver'gnügungs|fahrt F wycieczka dla rozrywki; **~lokal** N lokal rozrywkowy; **~park** M park rozrywki, lunapark
ver'gnügungssüchtig lubiący rozrywkę, *umg* rozrywkowy
Ver'gnügungsviertel N dzielnica lokali rozrywkowych
ver'goldet ADJ pozłacany
Ver'goldung F (*Goldüberzug*) pozłota
ver'gönnt ADJ: **es war ihr nicht ~, zu** (+ INF) nie było jej dane (+ *inf*)
ver|'göttern (-re; -) ubóstwiać; **~'graben** (*irr*; -) V/T zakop(yw)ać, zagrzeb(yw)ać (*v/r* **sich** się, *a. fig*); **~'grämen** (-) zrażać ⟨zrazić⟩; **~'grämt** ADJ *Gesicht* stroskany; **~'graulen** (-) *Person* odstręczać ⟨-czyć⟩ od siebie k-o
ver'greifen (*irr*; -): V/R **sich im Ton ~** pomylić się *pf* w tonie; **sich an fremdem Eigentum ~** naruszyć *pf* cudzą własność
ver'greisen V/I (-; sn) *Person* ⟨z⟩grzybieć; *Bevölkerung* ⟨ze⟩starzeć się
ver'griffen ADJ *Buch* wyczerpany
ver'größern (-re; -) V/T (*größer machen, ausdehnen, vermehren*) zwiększać, *a.* fot powiększać ⟨-szyć⟩; V/R **sich ~** zwiększać ⟨-szyć⟩ się, powiększać ⟨-szyć⟩ się
Ver'größe|rung F zwiększenie (się), powiększenie (się); *fot* powiększenie; **~rungsglas** N szkło powiększające
Ver'günstigung F przywilej; *soziale, steuerliche* ulga
ver'güten (-e-; -) *Arbeit* wynagradzać ⟨-grodzić⟩; (*erstatten*) ⟨z⟩rekompensować; TECH *Stahl* ulepszać
Ver'gütung F (*Bezahlung*) wynagrodzenie; (*Erstattung*) rekompensata, wyrównanie (*a. Summe*)
verh. (verheiratet) żonaty, zamężna
ver'haften (-) ⟨za⟩aresztować (*im*)*pf*
Ver'haftung F aresztowanie, areszt
ver'hallen V/I (-; sn) przebrzmi(ew)ać
ver'halten[1] (*irr*; -): V/R **sich ~** zachow(yw)ać się (**gegenüber j-m** wobec k-o); *Sache* mieć się, przedstawiać się; **sich ruhig ~** być cicho
ver'halten[2] ADJ *Zorn, Stimme* stłumiony; *Kritik, Lächeln, Wesen, Fahrweise* powściągliwy; **mit ~em Atem** z zapartym tchem
Ver'halten N (-s; *bpl*) zachowanie
Ver'haltensforschung F badanie zachowań (ludzkich)
ver'haltensgestört ADJ zdradzający zachowanie odbiegające od normy

Verhältnis oder Verkehr?

das Verhältnis eins zu drei	stosunek jeden do trzech
das Verhältnis zwischen Mann und Frau	związek między kobietą a mężczyzną
Geschlechtsverkehr	stosunek płciowy

Ver'haltens|maßregel F wskazówka, instrukcja; **~muster** N wzorzec zachowania; **~weise** F sposób zachowania

Ver'hältnis N (-ses; -se) stosunek, relacja; umg (*Liebschaft*) romans, miłostka; **im ~ (von ...) zu** w stosunku do (*gen*); **ein gutes ~ zu j-m haben** być w dobrych stosunkach z (*inst*); **~se** PL (*Umstände*) warunki *mpl*; **über s-e ~se leben** żyć ponad stan

ver'hältnismäßig stosunkowy (-wo)

Ver'hältnis|mäßigkeit F (*bpl*) współmierność *f*; **~wahl** F wybory *mpl* proporcjonalne; **~wort** N GRAM przyimek

ver'handeln (-) V/I rokować, negocjować (**über etw** w sprawie *gen*; **mit j-m** z *inst*); *v/t* JUR rozpozn(aw)ać (**e-n Fall** sprawę)

Ver'handlung F JUR rozprawa; **~en** PL rokowania *npl*, negocjacje *fpl*

Ver'handlungs|basis F cena *od* oferta do negocjacji; **~führer** M, **~partner** M negocjator

Ver'handlungsweg M: **auf dem ~(e)** w drodze rokowań

ver'hangen ADJ *Himmel* zachmurzony

ver'hängen (-) *Fenster* zasłaniać ⟨-słonić⟩; *Verbot usw* wprowadzać ⟨-dzić⟩; *Strafe* wymierzać ⟨-rzyć⟩ (**über j-n** k-u); *Elfmeter* ⟨po⟩dyktować

Ver'hängnis N (-ses: -se) zły los, fatum *n*; **j-m zum ~ werden** być zgubą (*gen*)

ver'hängnisvoll fatalny

ver|'harmlosen (-) bagatelizować, pomniejszać ⟨-szyć⟩; **~'harren** V/I (-; *a sn*) zastygać ⟨-gnąć⟩ (**regungslos** w bezruchu); *a. fig* trwać (**in** *dat* w *lok*); **~'harschen** V/I (-) *Schnee* zamieni(a)ć się w szreń; *Wunde* zasklepi(a)ć się

ver'härten (-): V/R **sich ~** (*hart werden*) ⟨s⟩twardnieć

Ver'härtung F nieprzejednanie (**der Fronten** stanowisk); (*Stelle*) stwardnienie; MED obstrukcja

ver'hasst ADJ znienawidzony; **er ist überall ~** wszyscy go nienawidzą

ver'hätscheln *oft abw* (-le; -) rozpieszczać ⟨-pieścić⟩ (*a. Kind*)

ver'hauen *umg* (*pperf verhauen*) V/T *j-n* ⟨z⟩bić; **j-m den Hintern ~** zbić *pf* k-u tyłek; *Aufsatz* obl(ew)ać; V/R **sich ~** przerachować się *pf*, strzelić *pf* byka

ver'heben (*irr*; -) V/R: **sich ~** podźwigać się *pf*

ver'heddern (-re; -): V/R **sich ~** *Wolle, fig beim Sprechen* zaplątać się *pf* (**in** *dat* w *lok*)

ver'heerend ADJ katastrofalny, fatalny; *umg* (*scheußlich*) okropny

ver|'hehlen *lit* (-) ukry(wa)ć; **~'heilen** V/I (-; *sn*) ⟨za⟩goić się; **~'heimlichen** (-) zatajać ⟨-taić⟩, ukry(wa)ć (**j-m, vor j-m** przed *inst*)

ver'heiraten (-) (**mit**) *Mann* ⟨o⟩żenić (z *inst*); *Frau* wyda(wa)ć za mąż (za *akk*)

ver'heiratet ADJ *Mann* żonaty; *Frau* zamężna

ver'heiß|en (*irr*; -) zapowiadać, rokować; **~ungsvoll** (wiele) obiecujący

ver'heizen (-) *Holz* wypalać ⟨-lić⟩; *fig Truppe* narażać ⟨-razić⟩ na zgubę

ver'helfen (*irr*; -) V/I: **j-m zu etw ~** być pomocnym k-u (w *lok*)

ver'herrlichen (-) gloryfikować

ver'heult *umg* ADJ zapłakany

ver'hexen (-) urzekać ⟨urzec⟩, zaczarow(yw)ać; *umg* **es ist ja wie verhext!** co za licho!

ver'hindern (-) V/T udaremni(a)ć (*akk*), zapobiegać ⟨-biec⟩ (*dat*); **der Krieg ließ sich nicht ~** wojnie nie dało się zapobiec; **sie ist verhindert** ona jest zajęta, ona nie może przyjść *usw*

Ver'hinderung F udaremnienie, uniemożliwienie

ver'höhnen (-) wyszydzać ⟨-dzić⟩

ver'hökern *umg* (-re; -) spieniężać ⟨-żyć⟩, opylać ⟨-lić⟩

Ver'hör N (-[e]s; -e) przesłuchanie, badanie; **ins ~ nehmen** *Häftling* przesłuch(iw)ać; (*streng befragen*) (natarczywie) indagować

ver'hören (-) V/T przesłuch(iw)ać; V/R **sich ~** przesłyszeć się *pf*

ver|'hüllen (-) zasłaniać ⟨-słonić⟩, okry(wa)ć (**mit etw** *inst*); *Wolken* zasnu(wa)ć; **~'hüllt** ADJ *fig Drohung usw* ukryty; **~'hungern** (-; *sn*) V/I umierać ⟨umrzeć⟩ z głodu; **~'hunzen** *umg abw* (-) zeszpecić *pf*; *Arbeit* spaprać *pf*; **~'hüten** (-) V/T zapobiegać ⟨-biec⟩ (*dat*); → verhindern

Ver'hü|tung F (*bpl*) zapobieganie (*dat*); *der Empfängnis* antykoncepcja; **~tungsmittel** N MED środek antykoncepcyjny

ver'irren (-): V/R **sich ~** zabłąkać się *pf*, zabłądzić *pf*, zbłądzić *pf*

ver'irrt ADJ zabłąkany, zbłąkany

ver'jagen (-) przepędzać ⟨-dzić⟩

ver'jähren (-; *sn*) V/I *Tat* ulegać ⟨ulec⟩ przedawnieniu

Ver'jährungsfrist F termin przedawnienia

ver'jubeln *umg* (-) *Geld* przehulać *pf*

ver'jüngen (-) V/T *Person* odmładzać ⟨-młodzić⟩; V/R **sich ~** *Person* odmładzać ⟨-młodzić⟩ się; (*schmaler werden*) zwężać się

Ver'jüngungskur F kuracja odmładzająca

ver|'kabeln (-*le*; -) okablow(yw)ać, podłączać ⟨-czyć⟩ do sieci telewizji kablowej; **~'kalken** V/I (-; *sn*) zwapnieć *pf*; *umg fig* (*senil werden*) ⟨z⟩dziadzieć

verkalku'lieren (-): V/R **sich ~** przeliczyć się *pf*

Ver'kalkung F zwapnienie; *umg fig abw* skleroza

ver|'kannt *pperf* → verkennen; ADJ zapoznany, niedoceniony; **~'kappt** ADJ ukryty, zakamuflowany

ver'katert *umg* ADJ: **~ sein** mieć kaca

Ver'kauf M sprzedaż *f*; (*bpl*) (*Abteilung*) dział zbytu; ... **steht zum ~** ... jest na sprzedaż

ver'kaufen (-) V/T sprzeda(wa)ć (**für fünf Euro** za pięć euro); *v/r* **sich ~** sprzeda(wa)ć się (*a. fig* **an jeden, der ...** każdemu, kto ...); **die Ware verkauft sich gut** to chodliwy towar

Ver'käufer M sprzedający; *als Beruf* sprzedawca *m*, ekspedient; **~in** F sprzedająca; *als Beruf* sprzedawczyni, ekspedientka, sklepowa

ver'käuflich do sprzedania, na sprzedaż, zbywalny; **leicht ~** pokupny

Ver'kaufs|bedingungen FPL warunki *mpl* sprzedaży; **~büro** N biuro sprzedaży; **~förderung** F promocja sprzedaży

ver'kaufsoffen ADJ: **~er Samstag** sobota z przedłużonymi godzinami otwarcia sklepów

Verkaufs|preis M cena sprzedaży; **~schlager** M szlagier, hit; **~stand** M stoisko

Ver'kehr M (-[e]s; bpl) *auf der Straße usw* ruch; (*Kommunikation*) komunikacja, łączność *f* (*a.* TEL, *fig*); (*Beförderung*) transport; FIN obrót, obieg; korespondencja; *fig* (*Beziehungen*) stosunki *mpl*; (*Umgang*) obcowanie; (*Sex*) stosunek, pożycie; **öffentlicher ~** komunikacja publiczna; **fließender ~** płynny ruch drogowy; **dem ~ übergeben** *Straße usw* otwierać ⟨-worzyć⟩ dla ruchu; **für den ~ sperren** zamykać ⟨-mknąć⟩ dla ruchu; **etw aus dem ~ ziehen** wycof(yw)ać z obiegu (*akk*); *umg* **j-n aus dem ~ ziehen** odwoł(yw)ać k-o; **im brieflichen ~ stehen** korespondować

ver'kehren (-) V/I (*a. sn*) *Bus, Zug* kursować; *fig* **mit j-m ~** utrzymywać stosunki z, obcować z (*inst*); *brieflich* korespondować z (*inst*); *sexuell* mieć stosunki płciowe, współżyć z (*inst*); **bei j-m ~** bywać u (*gen*); **in** *e-m Kreis* **~** obracać się w (*lok*); V/R **sich ~** (**in** *akk*) zamienić się (w *akk*)

Ver'kehrs|ader F arteria komunikacyjna; **~ampel** F światła *npl* (uliczne); **~amt** N biuro usług turystycznych; **~anbindung** F dostępność komunikacyjna; **~aufkommen** N nasilenie ruchu (drogowego)

ver'kehrsberuhigt ADJ: **~e Zone** strefa ograniczonego ruchu

ver'kehrgünstig dogodny komunikacyjnie

Ver'kehrs|betrieb(e PL) M przedsiębiorstwo komunikacyjne; **~delikt** N wykroczenie drogowe; **~flugzeug** N (cywilny) samolot komunikacyjny; **~funk** M radiofonia dla pojazdów (samochodowych); **~gefährdung** F zagrożenie ruchu drogowego

Ver'kehrs|hindernis N przeszkoda na drodze (utrudniająca ruch); **~insel** F wysepka (na ulicy); **~kontrolle** F kontrola ruchu drogowego; **~lärm** M hałas uliczny; **~ministerium** N ministerstwo komunikacji; **~mittel** N środek komunikacji, środek lokomocji

Ver'kehrs|netz N sieć komunikacyjna; **~opfer** N ofiara wypadku drogowego; **~polizei** F policja drogowa, *umg* drogówka; **~regel** F przepis ruchu drogowego

ver'kehrsreich ruchliwy, o dużym nasileniu ruchu

Ver'kehrsschild N znak drogowy

ver'kehrssicher technicznie sprawny

Ver'kehrs|sicherheit F *(bpl)* bezpieczeństwo ruchu; **~störung** F zakłócenie w komunikacji; **~sünder(in)** M(F) sprawca *m* (-czyni) wykroczenia drogowego; **~teilnehmer(in)** M(F) uczestnik (-niczka) ruchu; **~tote(r)** F *(m)* śmiertelna ofiara ruchu drogowego

ver'kehrstüchtig *Person* zdolny do prowadzenia pojazdu

Ver'kehrs|unfall M wypadek drogowy; **~verbindung** F połączenie (komunikacyjne); **~weg** M ciąg komunikacyjny; **~wert** M *(bpl)* FIN wartość obiegowa

ver'kehrswidrig niezgodny z przepisami ruchu drogowego

Verkehrszeichen N znak drogowy

ver'kehrt ADJ *(falsch)* opaczny, *präd a.* na opak; **~ herum** *(auf dem Kopf)* odwrócony; *(andersherum)* odwrotny, *präd a.* na odwrót; **etw ~ anziehen** wkładać ⟨włożyć⟩ na lewą stronę *(akk)*

ver'keilen (-) V/T ⟨za⟩klinować; V/R **sich (ineinander) ~** *Fahrzeuge* zakleszczać ⟨-czyć⟩ się wskutek zderzenia

ver'kennen V/T *(irr; -) Person, Sache* nie doceni(a)ć *(gen)*; **den Ernst der Lage ~** nie doceni(a)ć powagi sytuacji

Ver'kettung F *fig* splot

ver'klagen (-) zaskarżać ⟨-żyć⟩ **(j-n wegen** k-o za *akk*); **j-n auf Schadenersatz ~** wnosić ⟨wnieść⟩ skargę przeciw k-u o odszkodowanie

Ver'klappung F zrzut kwasów odpadowych (do morza)

ver'klären (-) V/T *Gesicht* rozpromieni(a)ć (*v/r* **sich** się); *v/r* **sich ~** *Vergangenheit* ukaz(yw)ać się w lepszym świetle

Ver'klärung F: *rel* **~ Christi** Przemienienie Pańskie

ver'klausuliert ADJ: **sich ~ ausdrücken** wyrażać się enigmatycznie

ver'kleben (-) V/I *(sn)* zlepi(a)ć się, sklejać ⟨skleić⟩ się; V/T *(zukleben)* zaklejać ⟨-kleić⟩; *(festkleben)* przyklejać ⟨-kleić⟩

ver'kleiden (-) V/T przeb(ie)rać (*v/r* **sich** się; **als** za *akk*); BUD oblicow(yw)ać **(mit etw** *inst*); *Heizkörper usw* obudow(yw)ać **(mit etw** *inst*)

Ver'kleidung F przebranie *(a. Kostüm)*; BUD *(Tätigkeit)* licowanie; obudowa; *(Material)* oblicówka, okładzina; *aus Holz* boazeria; *e-r Maschine usw* osłona, obudowa

ver'kleinern *(-re; -)* V/T *(kleiner machen, verringern)* zmniejszać ⟨-szyć⟩, *mengen-, zahlenmäßig a.* uszczuplać ⟨-lić⟩, *a. fig Verdienste usw* pomniejszać ⟨-szyć⟩; V/R **sich ~** zmniejszać, pomniejszać ⟨-szyć⟩ się, ⟨z⟩maleć

Ver'kleinerung F *(das [sich]verkleinern)* zmniejszanie (się), zmniejszenie (się); *fig a.* uszczuplenie, redukcja

Ver'kleinerungsform F GRAM zdrobnienie

ver|'kleistern (-) klajstrować *(a. fig)*; **~'klemmt** *umg fig* zakompleksiony; **~'klickern** *umg (-re; -)* ⟨wy⟩klarować; **~'klingen** V/I *(irr; -; sn)* przebrzmie(wa)ć, zamierać ⟨-mrzeć⟩; **~'klumpen** V/I (-) zbi(ja)ć się w bryłki

ver'knallen *umg* (-): V/R **sich in j-n ~** zadurzyć się *pf* w *(inst)*

ver'knappen V/T uszczuplać ⟨-lić⟩, zmnieszać ⟨-szyć⟩ (*v/r* **sich** się)

Ver'knappung F *(bpl)(das Knappwerden)* uszczuplanie się, zmniejszanie się *(gen)*

ver'kneifen *umg (irr; -)*: V/R **sich** *(dat)* **~** *Lachen* stłumić *pf*; *Bemerkung* powstrzymać się *pf* (od *gen*); *Wunsch* odmówić *pf* sobie *(gen)*

ver'kniffen *pperf* → verkneifen; ADJ *abw Gesicht* zacięty

ver'knöchert ADJ skostniały

ver'knoten (-) V/T ⟨za⟩wiązać (na supeł); V/R **sich ~** splątać się *pf*

ver'knüpfen (-)*Fäden, fig (verbinden)* ⟨po-, z⟩wiązać; *fig (in Zusammenhang bringen) a.* ⟨s⟩kojarzyć **(mit etw** z *inst*)

Ver'knüpfung F *(Verbindung, a. konkret)* powiązanie; EDV *zu e-r Datei* skrót

ver'kohlen (-): V/T *umg* **j-n ~** nabijać się (z *gen*); *v/i (sn)* zwęglać ⟨-lić⟩ się

ver'kommen[1] V/I *(irr; -; sn)* ⟨z⟩marnować się; *moralisch* wykolejać ⟨-leić⟩ się, *umg* zeszmacić się *pf*; **~ lassen** *Garten, Haus* zaniedb(yw)ać, zapuszczać ⟨-puścić⟩

V

ver'kommen² ADJ zaniedbany, zapuszczony; *moralisch* zdeprawowany

ver'korken (-) ⟨za⟩korkować

ver'korksen *umg* (-) V/T → verpfuschen; V/R **sich** (*dat*) **den Magen ~** zepsuć *pf* sobie żołądek

ver'körpern (*-re; -*) uosabiać ⟨-sobić⟩; *Rolle* odtwarzać ⟨-tworzyć⟩

ver'köstigen (-) stołować

ver'krachen *umg* (-): V/R **sich ~** pokłócić się *pf*, poprztykać się *pf* (**mit j-m** z *inst*)

ver'kracht ADJ *Person* niedoszły

ver'kraften (*-e-; -*) V/T podołać *pf* (*dat*), da(wa)ć sobie radę (z *inst*)

ver'krampfen (-): V/R **sich ~** ⟨s⟩kurczyć się konwulsyjnie

ver'krampft ADJ *fig* wymuszony; **~ lächeln** uśmiechać się wymuszenie

ver'kriechen (*irr; -*): V/R **sich ~** zaszy(wa)ć się, ⟨s⟩chować się

ver'krümeln *umg* (-): V/R **sich ~** (niepostrzeżenie) wymykać ⟨-mknąć⟩ się

Ver'krümmung F skrzywienie

ver|'krüppelt ADJ ułomny, kaleki (*a. Baum*); **~'krustet** ADJ zaskorupiały, zaschnięty; **~'kümmern** V/I (*-; sn*) *Pflanze, Person* ⟨z⟩marnieć; *Organ* zanikać ⟨-knąć⟩; *Talent* ⟨z⟩marnować się; *Handel* upadać ⟨upaść⟩

ver'künden (*-e-; -*) oznajmi(a)ć; *Gesetz, Urteil* ogłaszać ⟨ogłosić⟩; *Unheil* zwiastować

Ver'kündigung F: REL **Mariä ~** Zwiastowanie Najświętszej Marii Panny

Ver'kündung F oznajmienie; *e-s Urteils, Gesetzes* ogłoszenie

ver'kupfert ADJ miedziowany

ver'kuppeln (-) *j-n* ⟨wy⟩swatać; *Paar* ⟨s⟩kojarzyć; **man wollte ihn mit e-m reichen Mädchen ~** swatali mu bogatą pannę; **sie wollte die beiden ~** chciała skojarzyć tę parę

ver'kürzen (-) V/T *Länge, Dauer* skracać ⟨skrócić⟩ (*v/i* **sich** się)

ver'kürzt ADJ skrócony

Ver'kürzung F skrócenie

ver'laden (*irr; -*) *Güter, Personen* załadow(yw)ać (**auf Schiffe** na statki; **in Waggons** na wagony); *umg fig* **j-n ~** *pop* ⟨z⟩robić k-o w konia

Ver'laderampe F rampa załadowcza

Ver'ladung F załadunek

Ver'lag M (*-[e]s; -e*) wydawnictwo

ver'lagern (-) V/T przenosić ⟨-nieść⟩, przemieszczać ⟨-mieścić⟩; V/R **sich ~** METEO przemieszczać ⟨-mieścić⟩ się (**nach** na *akk*)

Ver'lags|katalog M katalog wydawniczy; **~programm** N plan wydawniczy

ver'langen (-) **A** V/T **1** (*fordern*) ⟨za⟩żądać (*gen*), domagać się (*gen*), (*a. erfordern*) wymagać (*gen*) **2** (*begehren*) pożądać (*gen*); **wie viel verlangst du dafür** ile za to chcesz; **das ist zu viel verlangt** to za wiele; **du wirst am Telefon verlangt** telefon do ciebie; *unpers* **es wird ... verlangt** wymaga się ... **B** V/I *lit* **nach etw** (*dat*) **~** chcieć, pragnąć (*gen*); **nach j-m ~** domagać się przyjścia (*gen*) *od* widzenia się (z *inst*)

Ver'langen N (*Forderung*) żądanie; (*Wunsch*) pragnienie, chęć *f*; (*Begierde*) pożądanie; **auf ~** na żądanie

ver'längern (*-re; -*) przedłużać ⟨-żyć⟩ (*a. Pass, Urlaub usw*); *Wechsel* ⟨s⟩prolongować

Ver'länge|rung F przedłużenie; *der Zahlungsfrist usw* prolongata; SPORT (*Nachspiel*) dogrywka; **~rungsschnur** F ELEK przedłużacz

ver'langsamen (-) V/T zwalniać ⟨zwolnić⟩; V/R **sich ~** *Tempo usw* spadać ⟨spaść⟩, zmniejszać ⟨-szyć⟩ się

Ver'lass M (*-es; bpl*): *nur in* **es ist (kein) ~ auf ...** (*akk*) na ... (*lok*) (nie) można polegać

ver'lassen¹ (*irr; -*) V/T *Ort, Person* opuszczać ⟨opuścić⟩; (*im Stich lassen*) porzucać ⟨-cić⟩; V/R **sich ~ (auf j-n, etw)** polegać (na *lok*), zda(wa)ć się (na *akk*)

ver'lassen² ADJ opuszczony, porzucony; (*leer, unbewohnt*) opustoszały

ver'lässlich pewny, niezawodny

Ver'lauf M przebieg (**der Krankheit, Reise** choroby, podróży; **der Grenze** granicy), tok (**der Aktion** akcji); **im (weiteren) ~ des Gesprächs** w (dalszym) toku rozmowy; **e-n guten ~ nehmen** przyb(ie)rać pomyślny obrót

verlaufen (-) V/I (*sn*) *Reise, Urlaub, Arbeit, Grenze, Weg usw* przebiegać ⟨-biec⟩; *Diskussion, Verhandlungen, Leben, Prozess usw a.* ⟨po⟩toczyć się; *Farben* zlewać się, rozpływać się; V/R **sich ~** *Menge* rozchodzić ⟨rozejść⟩ się; (*sich verirren*) z(a)błądzić *pf*

ver'laust ADJ zawszony

ver'lautbaren (-) oświadczać ⟨-czyć⟩,

⟨za⟩komunikować; **er ließ ~, dass** on oświadczył, że

Ver'lautbarung F podanie do wiadomości, ogłoszenie; **amtliche ~** komunikat urzędowy

ver'lauten V/I (-; *sn*): **wie aus ... verlautet** jak donoszą z (*inst*)

ver'leben (-) *Zeit* spędzać ⟨-dzić⟩

ver'lebt ADJ zniszczony życiem

ver'legen[1] (-) V/T *Wohnsitz, Sitz e-r Firma* przenosić ⟨-nieść⟩; *Kabel, Fliesen, Parkett* układać ⟨ułożyć⟩; (*installieren*) zakładać ⟨założyć⟩; *Termin, Truppen* przesuwać ⟨-sunąć⟩; *Buch* wyda(wa)ć; (*verkramen*) zapodzi(ew)ać; V/R **sich ~** (**auf** *akk*) przerzucać ⟨-cić⟩ się (na *akk*)

ver'legen[2] ADJ *Person* zakłopotany, zmieszany; *Schweigen* kłopotliwy (-wie); **um etw nie ~ sein** nigdy nie mieć kłopotu z (*inst*)

Ver'legenheit F zakłopotanie; kłopot (*a. finanziell*); **j-n in ~ bringen** wprawi(a)ć k-o w zakłopotanie; **j-m aus der ~ helfen** wybawi(a)ć k-o z kłopotu

Ver'leger(in) M(F) wydawca *m* (-czyni)

Ver'legung F *an e-n anderen Ort* przeniesienie; *e-s Termins* przesunięcie; *von Fliesen, Kabeln usw* układanie, ułożenie, zakładanie, założenie

ver'leiden (-*e*-; -): **j-m etw ~** obrzydzać ⟨-dzić⟩, zohydzać ⟨-dzić⟩ k-u (*akk*)

Ver'leih M (-[e]s; bpl) (*das Verleihen*) wypożyczanie, wynajem; (PL *-e*) (*Firma*) wypożyczalnia

ver'leihen (*irr*; -): **j-m, an j-n etw ~** wypożyczać ⟨-czyć⟩, wynajmować ⟨-jąć⟩ k-u (*akk*); *Orden usw* odznaczać ⟨-czyć⟩ k-o (*inst*); *Titel, Recht* przyzna(wa)ć k-u (*akk*); *Würde, Mut usw* przyda(wa)ć k-u (*gen*)

Ver'leihung F *e-s Ordens* odznaczenie (*inst*); *e-s Preises, Titels* przyznanie (*gen*); (*Akt des Verleihens*) wręczenie (*gen*)

ver'leiten (-): **j-n zu etw ~** namawiać ⟨-mówić⟩ k-o do (*gen*); **das schöne Wetter verleitete uns zu e-m Spaziergang** piękna pogoda skusiła nas do pójścia na spacer

ver'lernen (-): **etw ~** zapominać ⟨-mnieć⟩ (*gen*)

ver'lesen[1] (*irr*; -) *Erbsen* przeb(ie)rać

ver'lesen[2] (*irr*; -) V/T *Text* odczyt(yw)ać (na głos); V/R **sich ~** czytając, omylić się *pf*

ver'letzbar wrażliwy, obraźliwy

ver'letzen (-) **A** V/T (*verwunden*) ⟨s⟩kaleczyć, zranić *pf* (*akk*); **sich** (*dat*) **etw ~** skaleczyć sobie (*akk*); (*kränken*) urażać ⟨urazić⟩, dotknąć *pf* k-o; *Pflicht, Vertrag, Grenze* naruszać ⟨-szyć⟩; *Recht a.* pogwałcić *pf* **B** V/R **sich ~** skaleczyć się (**am Finger** w palec)

ver'letzend ADJ obraźliwy (-wie)

Ver'letz|te F ranna, poszkodowana; **~te(r)** M (-*n*) ranny, poszkodowany

Ver'letzung F (*Wunde*) skaleczenie, uraz, kontuzja; **innere ~en** obrażenia wewnętrzne; (*Kränkung*) obraza; *e-s Gesetzes usw* naruszenie, pogwałcenie

Ver'letzungsrisiko N urazowość *f*

ver'leugnen (-): **etw, j-n ~** wypierać ⟨-przeć⟩ się, zapierać ⟨-przeć⟩ się (*gen*); **das lässt sich nicht ~** temu nie można zaprzeczyć; **er ließ sich ~** kazał powiedzieć, że jest nieobecny

ver'leumden (-*e*-; -) zniesławi(a)ć, oczerni(a)ć

Ver'leumder(in) M(F) oszczerca *m u. f*

ver'leumderisch oszczerczy (-czo)

Ver'leumdung F oszczerstwo, kalumnia

ver'lieben (-): V/R **sich ~** zakoch(iw)ać się *pf* (**in** *akk* w *lok*; **bis über beide Ohren** po uszy; **unsterblich** na zabój)

ver'liebt ADJ zakochany (**in** *akk* w *lok*); **ein ~es Paar** para zakochanych

Ver'liebtheit F (*bpl*) zakochanie

ver'lieren (*verlor, verloren*) **A** V/T **1** *Geld, Schlüssel usw* ⟨z⟩gubić, zagubić *pf* **2** *fig Auge, Aroma, Geduld, Leben, Vermögen, Zeit usw* ⟨s⟩tracić, utracić *pf* **3** *Kampf, Prozess, Spiel, Wette* przegr(yw)ać; **nichts mehr zu ~ haben** nie mieć nic do stracenia **B** V/I (*einbüßen*) ⟨s⟩tracić (**an Wert** na wartości); **C** V/R **sich ~** ⟨z⟩gubić się; **sich aus den Augen ~** ⟨s⟩tracić siebie wzajemnie z oczu; **sich in Einzelheiten ~** gubić się w szczegółach

Ver'lierer(in) M(F) przegrany (-na)

Ver'lies N (-*es*; -*e*) loch (zamkowy)

ver'lischt → verlöschen

ver'loben (-): V/R **sich ~** zaręczać ⟨-czyć⟩ się (**mit j-m** z *inst*)

ver'lobt ADJ zaręczony; **wir sind ~** jesteśmy zaręczeni

Ver'lob|te F narzeczona; **~te(r)** M (-*n*) narzeczony; **~ung** F zaręczyny *pl*

Ver'lobungsring M pierścionek zaręczynowy

V

ver'locken (-) ⟨z⟩nęcić (**zu etw** do *gen*)
ver'lockend ADJ nęcący (-co)
Ver'lockung F pokusa
ver'logen zakłamany, załgany
Ver'logenheit F (*bpl*) zakłamanie
ver'loren *pperf* → verlieren; ADJ zagubiony, zgubiony; *Kampf, Spiel* przegrany; *unwiederbringlich* stracony, utracony; *Mühe* daremny; **etw ~ geben** ⟨po⟩godzić się ze stratą (*gen*), da(wa)ć za wygraną; **~ gehen** zagubić się *pf*, przepadać ⟨-paść⟩; **der ~e Sohn** syn marnotrawny; KULIN **~e Eier** jajka w koszulkach
verlorengehen (*irr; sn*) → verloren
ver'löschen V/I (*verlischt, verlosch, verloschen*) *Feuer* wygasać ⟨-snąć⟩
ver'losen (-) rozlosow(yw)ać
Ver'losung F losowanie
ver'lottern *umg abw* V/I (*-re; -*) *Person* schodzić ⟨zejść⟩ na psy; *Firma, Gut* marnować się, podupadać
Ver'lust M (-[e]s; -e) zguba; FIN, *fig* strata (**durch etw** wskutek, w wyniku *gen*); *der Rechte* utrata; *e-s Spiels* przegrana; **~e** PL MIL straty; **e-n ~ erleiden** ponosić ⟨nieść⟩ stratę; **mit ~ verkaufen** sprzeda(wa)ć ze stratą, *umg* wychodzić ⟨wyjść⟩ na minus
Ver'lust|anzeige F ogłoszenie o zgubie; **~geschäft** N deficytowy interes
ver'machen (-) zapis(yw)ać w testamencie (**j-m etw** k-u *akk*)
Ver'mächtnis N (*-ses; -se*) JUR legat; (*letzter Wille*) testament, ostatnia wola
ver'mählen *lit* (-): V/R **sich mit j-m ~** poślubić *pf* k-o
Ver'mählung *lit* F ślub, *lit* zaślubiny
ver'markten (*-e-; -*) HANDEL promować *od* lansować na rynku
Ver'marktung F HANDEL promocja sprzedaży
ver'masseln *umg* (*-le; -*) *Plan* zawalać ⟨-lić⟩; *Prüfung* obl(ew)ać; **du hast die Sache vermasselt** zawaliłeś (-łaś) sprawę
ver'mehren (-) V/T pomnażać ⟨-mnożyć⟩ (*v/r* **sich** się); BIOL rozmnażać ⟨-mnożyć⟩ (*v/r* **sich** się)
Ver'mehrung F (*bpl*) zwiększenie; BIOL rozmnażanie (się), rozmnożenie
ver'meidbar (możliwy) do uniknięcia; **es wäre ~ gewesen** tego można było uniknąć
ver'meiden (*irr; -*) V/T unikać ⟨-knąć⟩ (*gen*); **das ist nicht zu ~** tego się nie da uniknąć
ver'meintlich domniemany, rzekomy, *präd* rzekomo
ver'mengen (-) zmieszać *pf* (**mit** z *inst*)
Ver'merk N (-[e]s; -e) adnotacja
ver|'merken (-) odnotow(yw)ać (*a. zur Kenntnis nehmen*); (*äußern*) zaznaczać ⟨-czyć⟩; **~'messen**[1] (-) V/T wymierzać ⟨-rzyć⟩; **~'messen**[2] ADJ zuchwały (-le); *Person a.* zadufany
Ver'messenheit F zuchwalstwo
Ver'messung F pomiar
ver'miesen *umg* (-) → verleiden
ver'mieten (-): **j-m, an j-n ~** wynajmować ⟨-nająć⟩ k-u; **... zu ~ ...** do wynajęcia
Ver'mieter(in) M(F) wynajmujący (-ca) (**der Wohnung** mieszkanie)
Ver'mietung F wynajem
ver'mindern (-) V/T zmniejszać ⟨-szyć⟩ (*v/r* **sich** się); (*reduzieren*) ⟨z⟩redukować, uszczuplać ⟨-lić⟩
Ver'minderung F zmniejszanie (się), zmniejszenie; (*Reduktion*) redukcja
ver'minen (-) *Gelände* ⟨za⟩minować
ver|'mischen (-) V/T ⟨z⟩mieszać (*v/r* **sich** się; **mit etw** z *inst*); **~'missen** (-) V/T stwierdzać ⟨-dzić⟩ brak (*gen*); (*sich sehnen nach etw, j-m*) odczu(wa)ć brak *od* nieobecność (*gen*); **der Junge vermisst sehr die Mutter** chłopak bardzo odczuwa brak matki
ver'misst ADJ *Person* zaginiony
Ver'miss|te F zaginiona; **~te(r)** M (*-n*) zaginiony; **~tenanzeige** F zgłoszenie zaginięcia
ver'mitteln (*-le; -*) V/I *im Streit, bei Verhandlungen* pośredniczyć, występować ⟨-stąpić⟩ w roli mediatora; V/T pośredniczyć w *od* przy (*lok*); (*ermöglichen*) umożliwi(a)ć; *Arbeitskräfte* kierować do pracy (**an** *akk* w *lok*, do *gen*); *Wissen* przekaz(yw)ać; **e-e Wohnung ~** pośredniczyć w uzyskaniu mieszkania, wystarać się o mieszkanie
Ver'mitt|ler(in) M(F) pośrednik (-niczka); (*Schlichter[in]*) mediator(ka), rozjemca *m*; **~lung** F pośrednictwo; (*Schlichtung*) mediacja; *von Wissen* przekaz(yw)anie; TEL centrala
Ver'mittlungs|gebühr F prowizja maklerska; **~mission** F misja mediacyjna
ver'möbeln *umg* (*-le; -*) → verdreschen

ver'modern V/I (-; sn) ⟨z⟩gnić, *bes Papier, Laub* ⟨z⟩butwieć
ver'mögen *lit* (*irr; -*) móc, zdołać *pf*
Ver'mögen N (*bpl*) (*Fähigkeit*) możność *f*, zdolność *f*; (*a. pl*) (*Besitz*) majątek
ver'mögend ADJ majętny
Ver'mögens|lage F stan majątkowy; **~steuer** F podatek majątkowy
ver'mögenswirksam ADJ: **~e Leistungen** świadczenia *npl* przysparzające kapitału
ver'mummen V/T (*einhüllen*) opatulać ⟨-lić⟩ (*v/r* **sich** się); *v/r* **sich ~** (*maskieren*) ukry(wa)ć twarz pod maską
Ver'mummungsverbot N zakaz występowania w maskach
ver'murksen *umg* (-) spartolić *pf*
ver'muten (*-e-; -*) zakładać ⟨ -łożyć⟩, przypuszczać ⟨-puścić⟩
ver'mutlich przypuszczalny; *präd* zapewne, przypuszczalnie
Ver'mutung F przypuszczenie; **ich habe die ~, dass** przypuszczam, że; **~en anstellen** snuć przypuszczenia
ver'nachlässigen (-) zaniedb(yw)ać
Ver'nachlässigung F zaniedb(yw)anie
ver'nageln *Fenster, Kiste* zabi(ja)ć (**mit Brettern** deskami)
ver'nähen (*zunähen*) *Loch* zaszy(wa)ć, *a. Wunde, Riss* zszy(wa)ć
ver'narbt ADJ *Wunde* zabliźniony
ver'narrt ADJ: **~ sein (in j-n, etw)** mieć hopla *od* hysia na punkcie (*gen*); **in j-n ~ sein** *a.* durzyć się w (*inst*)
ver'naschen V/T (-) *umg sexuell* pójść *pf* do łóżka, zabawi(a)ć się (z *inst*)
ver'nehmbar *Laut* słyszalny; **kaum ~** ledwie (do)słyszalny
ver'nehmen (*irr; -*) (*hören, erfahren*) ⟨u⟩słyszeć; *Zeugen* przesłuch(iw)ać
Ver'nehmen N: **dem ~ nach** jak mówią, jak słychać
ver'nehmlich *Stimme usw* donośny
Ver'nehmung F przesłuchanie
ver'nehmungsfähig: **nicht ~** niezdolny do przesłuchania
ver'neigen (-): V/R **sich ~** składać ⟨złożyć⟩ ukłon, ukłonić się *pf* (**vor j-m** k-u)
Ver'neigung F ukłon
ver'neinen (-) V/T (*ablehnen, negieren*) zaprzeczać ⟨-czyć⟩ (*dat*), ⟨za⟩negować (*akk*); *Frage* odpowiadać ⟨-wiedzieć⟩ przecząco (na pytanie)
Ver'neinung F przeczenie, zaprzeczenie, negacja; GRAM negacja
ver'netzen (*-zt; -*) ⟨po⟩łączyć w jedną sieć (**miteinander** ze sobą), przyłączać ⟨-czyć⟩ do sieci
ver'nichten (*-e-; -*) ⟨z⟩niszczyć (**gänzlich, total** doszczętnie); (*vertilgen*) wyniszczać ⟨-czyć⟩; *fig Hoffnungen usw* unicestwi(a)ć, ⟨z⟩niweczyć
ver'nichtend ADJ *Niederlage, Blick, Kritik usw* druzgocący; MIL, SPORT **~ schlagen** rozgromić *pf*, rozbić *pf* doszczętnie (*akk*)
Ver'nichtung F (*Beseitigung, Zerstörung*) niszczenie, zniszczenie; (*Vertilgung*) wyniszczenie; (*Ausrottung*) eksterminacja, zagłada
Ver'nichtungslager N obóz zagłady
ver'nickelt ADJ niklowany
ver'niedlichen (-) → verharmlosen
Vernissage [-'saːʒə] F wernisaż
Ver'nunft F (*bpl*) rozum, rozsądek; **j-n (wieder) zur ~ bringen** przywołać *pf* k-o do rozsądku; **~ annehmen** opamiętać się *pf*; **~ehe** F małżeństwo z rozsądku
ver'nünftig (*sinnvoll, besonnen*) rozsądny, roztropny; *umg* (*ordentlich*) porządny; **sich ~ verhalten** zachowywać się rozsądnie
ver'öden (*-e-; -*) V/I (*sn*) *Haus usw* ⟨o⟩pustoszeć; *Landschaft* ⟨wy⟩jałowieć
ver'öffentlichen (-) ⟨o⟩publikować
Ver'öffentlichung F opublikowanie, publikacja (*a. Werk*)
Ve'rona N (*-s; bpl*) Werona
ver'ordnen (-) *Bettruhe usw* zalecać ⟨-cić⟩; *Arznei* zapis(yw)ać; (*verfügen*) zarządzać ⟨-dzić⟩
Ver'ordnung F rozporządzenie, dekret; *des Arztes* zalecenie (lekarskie)
ver'pachten (-) odda(wa)ć w dzierżawę, wydzierżawi(a)ć
Ver'pachtung F wydzierżawienie
ver'packen (-) ⟨za⟩pakować; opakow(yw)ać (**in Papier** w papier)
Ver'packung F opakowanie (*a. Hülle*)
Ver'packungsmaterial N materiał opakowaniowy
ver'passen (-) V/T *Zug, Bus* nie zdążyć *pf*, spóźni(a)ć się (na *akk*); *Chance* przepuszczać ⟨-puścić⟩; *umg Spritze, Ohrfeige usw* dać *pf*; *umg* **j-m eins, eine ~** przyłożyć *pf* k-u

V

verl'patzen *umg* (-) popsuć *pf*, zmarnować *pf*; **~'pennen** *umg* (-) *Tag* przekimać *pf*; *Gelegenheit usw* przegapić *pf*; **~'pesten** *abw* (-e-; -) *Luft* zasmradzać ⟨-smrodzić⟩; **~'petzen** *umg* (-) kablować (**j-n beim Chef** na k-o szefowi)

ver'pfänden (-) zastawi(a)ć; *fig* **sein Wort ~** dać słowo

ver'pfeifen *umg abw* (*irr*; -): **j-n ~** ⟨w⟩sypać k-o; *Plan* wyśpiewać *pf*

ver'pflanzen (-) *Pflanze* przesadzać ⟨-dzić⟩; MED, *fig* przeszczepi(a)ć

ver'pflegen (-) V/T (*ernähren*) żywić; *Gäste* stołować (*v/r* **sich** się)

Ver'pflegung F wyżywienie; (*Nahrung*) żywność *f*, prowiant, *umg* wałówka

Ver'pflegungssatz M (*festgesetzter Betrag*) stawka żywieniowa

ver'pflichten (-e-; -) V/T zobowiąz(yw)ać, *lit* ⟨z⟩obligować (**j-n zu etw** k-o do *gen*); *Sänger, Trainer* ⟨za⟩angażować; **sich verpflichtet fühlen** czuć się zobowiązanym; **ich bin ihm zu Dank verpflichtet** jestem mu (za to) zobowiązany; V/R **sich ~** zobowiąz(yw)ać się (**zu** do *gen od* + *inf*); **sich für zwei Jahre ~** podpisać zobowiązanie na dwa lata

Ver'pflichtung F zobowiązanie (**finanzielle** finansowe; **gegenüber j-m** wobec *gen*); engagement, zaangażowanie (do pracy); (*Pflicht, a. moralisch*) obowiązek; **s-n ~en nachkommen** dotrzym(yw)ać (swych) zobowiązań

ver'pfuschen *umg* (-) *fig Leben, Karriere* zmarnować *pf*, zrujnować *pf*

ver'pissen *pop* (-): V/R **sich ~** wyparować *pf*; **verpiss dich!** *vulg* spieprzaj stąd!

ver'planen (-) rozplanow(yw)ać

ver'plappern *umg* (-): V/R **sich ~** wygadać się *pf*, wypaplać *pf*

verl'plempern *umg* (-re; -) ⟨z⟩marnować; **~'plomben** (-) ⟨za⟩plombować

ver'pönt *lit* ADJ naganny, potępiany

verl'prassen (-) *Geld* ⟨roz⟩trwonić; **~'prellen** (-) urażać ⟨urazić⟩; **~'prügeln** (-) ⟨po-, z⟩bić; **~'puffen** V/I (-; *sn*) *fig Wirkung* spalić *pf* na panewce; **~'pulvern** *umg* (-re; -) *Geld* przepuszczać ⟨-puścić⟩, przeputać *pf*

ver'puppen (-): V/R **sich ~** ZOOL przepoczwarzać ⟨-rzyć⟩ się

verl'pusten *umg* (-) odsapnąć *pf*; **~'putzen** (-) *Wand* ⟨o⟩tynkować; *umg fig Essen* opędzlować *pf*, sprzątnąć *pf* (z talerza); **~'qualmen** *umg* (-) *Raum* zadymi(a)ć; **~'quirlen** (-) KULIN ubi(ja)ć (trzepaczką); **~'quollen** ADJ *Holz* napęczniały; *Augen* zapuchły; **~'rammeln** *umg* (-le; -) *Tür* zatarasować *pf*; **~'ramschen** *umg abw* (-) sprzeda(wa)ć za bezcen, upłynni(a)ć

Ver'rat M (-[e]s; bpl) zdrada; **~ an j-m**, *e-r Sache* zdrada (*gen*)

ver'raten (*irr*; -) V/T *Geheimnis, Land, Freund, Gefühl usw* zdradzać ⟨-dzić⟩ (**an j-n** k-u); *v/r* **sich ~** zdradzać ⟨-dzić⟩ się (**durch s-n Gesichtsausdruck** wyrazem twarzy); **in diesen Worten verrät sich ...** te słowa zdradzają ...

Ver'räter(in) M(F) zdrajca *m* (-czyni)

ver'räterisch *Plan, Handlung* zdradziecki (-ko); *Geste usw* znaczący

verräuchern (-) *Raum* zadymi(a)ć

ver'rechnen (-) V/T *Spesen* rozliczać ⟨-czyć⟩; *Betrag* zaliczać ⟨-czyć⟩ na poczet rachunku (**mit den Kosten** kosztów); *v/r* **sich ~** przeliczać ⟨-czyć⟩ się (*a. fig*)

Ver'rechnungsscheck M czek rozrachunkowy

ver'recken (-; *sn*) *Tier, pop Mensch* zdychać ⟨zdechnąć⟩

ver'regnet ADJ *Tag* deszczowy

verl'reiben (*irr*; -) *Creme* rozcierać ⟨rozetrzeć⟩ (**im Gesicht** po twarzy); **~'reisen** V/I (-; *sn*) (*wegfahren*) wyjeżdżać ⟨-jechać⟩; **verreist sein** być w podróży; **~reißen** (*irr*; -) ostro ⟨s⟩krytykować, ⟨z⟩dyskwalifikować

ver'renken (-) V/T MED zwichnąć *pf*; **sich den Fuß ~** zwichnąć sobie nogę; V/R **sich ~** wyprawiać łamańce

Ver'renkung F MED zwichnięcie; *mst* **~en** PL łamańce *mpl*, *umg* wygibasy *mpl*

ver'rennen (*irr*; -): V/R **sich ~ in** *e-e Idee* z uporem maniaka trwać przy (*inst*)

verl'richten (-) *Arbeit* wykon(yw)ać; *Amt* sprawować; *Gebet* odmawiać ⟨-mówić⟩; **~'riegeln** (-le; -) *Tür* zaryglow(yw)ać (*v/r* **sich** się); **~'ringern** (-re; -) V/T zmniejszać ⟨-szyć⟩, obniżać ⟨-żyć⟩ (*v/r* **sich** się)

Ver'ringerung F zmniejszenie (się)

ver'rinnen V/I (*irr*; -; *sn*) *lit Zeit* uciekać ⟨uciec⟩

Ver'riss M druzgocąca krytyka

verl'rohen V/I (-; *sn*) *Person* ⟨z⟩dziczeć;

V

~'**rosten** V/I (-; *sn*) ⟨za⟩rdzewieć; ~'**rotten** V/I (-e-; -; *sn*) (*vermodern*) ⟨z⟩butwieć, ⟨prze-, z⟩gnić; *Bauwerk* zamieni(a)ć się w ruinę, walić się (ze starości); ~'**rücken** (-) przesuwać ⟨-sunąć⟩ (*a. fig*)

ver'rückt *umg* ADJ zwariowany; *Einfall, Tempo usw a.* wariacki; **wie ~** po wariacku, jak opętany; **j-n ~ machen** doprowadzać ⟨-dzić⟩ k-o do szaleństwa; **~ sein nach j-m, auf etw** wariować na punkcie (*gen*); **du bist wohl ~!** zwariowałeś (-łaś)!; **ich werd(e) ~!** kurczę blade!; → verrücktspielen

Ver'rückt|e F wariatka; **~e(r)** M (-n) wariat; **~heit** F wariactwo (*a. fig*)

verrücktspielen *Person* świrować, *a. Kompass, Wetter* wariować

Ver'ruf M: **in ~ bringen** *Person, Sache* ⟨z⟩dyskredytować (*akk*); **in ~ geraten** *Person* zepsuć *pf* sobie opinię

ver|'rufen ADJ *Person, Ort* osławiony; *Lokal a.* zakazany; ~'**rühren** (-) wmieszać *pf* (**in der Soße** do sosu)

ver'rußt zakopcony

ver'rutschen V/I (-; *sn*) przesuwać ⟨-sunąć⟩ się, zsuwać ⟨-sunąć⟩ się (na bok)

Vers M (-es; -e) wiersz; *Bibel* werset; (*Strophe*) zwrotka; **~e schmieden** klecić wiersze; *fig* **darauf kann ich mir keinen ~ machen** tego nie mogę sobie wytłumaczyć

ver'sachlichen (-) urzeczowi(a)ć

ver'sagen (-) V/T odmawiać ⟨-mówić⟩ (**j-m, sich etw** k-u, sobie *gen*); *v/i Waffe* zacinać ⟨-ciąć⟩ się; *Motor, Herz usw* odmawiać ⟨-mówić⟩ posłuszeństwa, *umg* wysiadać ⟨-siąść⟩; *Person* zawieść *pf*, nie dopisać *pf*

Ver'sagen N: **menschliches ~** zawodność *f* człowieka; **technisches ~** wada techniczna

Ver'sager M (*Person*) niedołęga *m*, nieudacznik

ver'sah → versehen

Versailler [ver'zajiər] ADJ wersalski

ver'salzen V/T (-) *Suppe* przesalać ⟨-solić⟩; *umg fig* (*verderben*) popsuć *pf*

ver'sammeln (-) V/T zbierać ⟨zebrać⟩, ⟨z⟩gromadzić (*v/r* **sich** się)

Ver'samm|lung F zebranie, zgromadzenie (się); **~lungsfreiheit** F (*bpl*) swoboda zgromadzeń

Ver'sand M (-[e]s; bpl) wysyłka, (*a. Abteilung*) ekspedycja

ver'sanden V/I (-e-; -; *sn*) zapiaszczać ⟨-czyć⟩ się; *fig* stopniowo usta(wa)ć

ver'sandfertig gotowy do wysyłki

Ver'sand|haus N dom sprzedaży wysyłkowej; **~kosten** PL koszty *mpl* wysyłki

ver'sandt *pperf* → versenden

ver'sauen *pop* (-) *Anzug* zapaprać *pf*; *Arbeit* spaskudzić *pf*; → verderben

ver'saufen (*irr*; -) przepi(ja)ć

ver'säumen (-) V/T *Zug* spóźni(a)ć się (na *akk*); *Termin* nie stawi(a)ć się (u, do *gen*, na *akk*); *Chance* przepuszczać ⟨-puścić⟩ (*akk*); *Pflicht* zaniedb(yw)ać (*akk*); *Unterricht* opuszczać ⟨opuścić⟩ (*akk*); **er versäumte nicht, zu ...** nie omieszkał ...

Ver'säumnis N (-ses; -se) zaniedbanie; (*Nichterscheinen*) niestawiennictwo

ver'schachern *abw* (-) przehandlować *pf*, spieniężać ⟨-żyć⟩

ver'schaffen (-): **j-m etw ~** postarać się *pf*, wystarać się *pf* dla k-o o (*akk*); V/R **sich** (*dat*) *etw* **~** zyskać *pf*, zdoby(wa)ć; *iron* **was verschafft mir die Ehre?** czemu przypisać mogę taki zaszczyt?

ver|'schämt ADJ zażenowany; *präd* z zażenowaniem; ~'**schandeln** *umg* (-le; -) ⟨ze⟩szpecić

ver'schanzen (-): V/R MIL **sich ~** okop(yw)ać się, obwarow(yw)ać się (*a. fig* **hinter Vorschriften** przepisami)

ver'schärfen (-) V/T *Kontrolle, Lage, Strafe usw* zaostrzać ⟨-rzyć⟩ (*v/r* **sich** się); *Tempo* przyspieszać ⟨-szyć⟩

Ver'schärfung F zaostrzenie (się)

ver'scharren (-) zagrzeb(yw)ać

ver'schätzen (-): V/R **sich ~** przeracho-w(yw)ać się (**in** *dat* w *lok*)

ver'schaukeln *umg* (-) ⟨wy⟩kołować

ver'schenken (-) podarować *pf* (**an j-n** k-u); **alles ~** wszystko rozdać

ver'scherbeln *umg* (-le; -) spieniężać ⟨-żyć⟩, *umg* opylać ⟨-lić⟩ (**gewinnbringend** z zyskiem)

ver'scherzen (-): V/R **sich** *j-s Gunst* **~** lekkomyślnie pozbawić się *pf* (*gen*)

ver|'scheuchen (-) *Tiere, Sorgen* odpędzać ⟨-dzić⟩; *Wild a.* ⟨s⟩płoszyć; ~'**schicken** (-) → versenden; *j-n zur Kur usw* skierować *pf* (na *akk*)

ver'schieben (*irr*; -) V/T przesuwać ⟨-sunąć⟩; *zeitlich a.* odkładać ⟨-łożyć⟩, odraczać ⟨-roczyć⟩ (**auf später** na później,

V

auf morgen do jutra); *Waren* spekulować, (pokątnie) handlować (*inst*); V/R **sich ~** przesuwać ⟨-sunąć⟩ się; *Termin* zostać odroczonym (**um zwei Tage** o dwa dni)

Ver'schiebung F przesunięcie (się); *zeitlich a.* odroczenie

ver'schieden ADJ różny, niejednakowy; różniący się (**in, nach Form** kształtem); *präd* różnie, rozmaicie, niejednakowo; **~ groß** różniący się wielkością; **~ sein (von)** różnić się (od *gen*); *nur pl* **~e** rozmaite, różne, wszelkiego rodzaju; **~e Male** kilkakrotnie; **~artig** rozmaity, różnorodny

Ver'schiedene(s) N różne rzeczy *fpl*; (*Zeitungsrubrik*) rozmaitości *fpl*

ver'schiedenfarbig różnobarwny

Ver'schiedenheit F różność *f*, odmienność *f*; (*Vielfältigkeit*) rozmaitość *f*

ver'schiedentlich ADV kilkakrotnie

ver|'schießen (*irr; -*) *Munition* wystrzelać *pf*; *Ball* przestrzelić *pf*; **~'schiffen** (-) ⟨za⟩ładować na statek; wys(y)łać statkiem; **~'schimmeln** V/I (*-; sn*) ⟨s-, za⟩pleśnieć; **~'schlafen**[1] (-) V/T przesypiać ⟨przespać⟩; V/I zaspać *pf*; **~'schlafen**[2] ADJ zaspany, senny

Ver'schlag M (*Raum*) komórka (na strychu *usw*); GÓRN przepierzenie

ver'schlagen[1] (*irr; -*) *Ball* przestrzelić *pf*, niecelnie poda(wa)ć; **das verschlug ihm die Sprache, den Appetit** to odebrało mu głos, apetyt; **es hat ihm den Atem ~** aż dech mu zaparło; **der Krieg hat ihn nach Berlin ~** wojna zagnała go do Berlina

ver'schlagen[2] ADJ (*hinterhältig*) podstępny, przebiegły; **~ grinsen** uśmiechać się przebiegle

Ver'schlagenheit F (*bpl*) (*Hinterlistigkeit*) podstępność *f*, przebiegłość *f*

ver|'schlampen *umg* (-) (*verlegen*) zapodzi(ew)ać, zawieruszyć *pf*; (*vergessen*) zapomnieć *pf*; **~'schlanken** (-) *Produktion, Behörde* odchudzać ⟨-dzić⟩; **~'schlechtern** (*-re; -*) V/T pogarszać ⟨-gorszyć⟩ (*v/r* **sich** się)

Ver'schlechterung F pogorszenie (się), zmiana na gorsze

ver'schleiern (*-re; -*) osłaniać ⟨osłonić⟩ welonem, *a. fig* zawoalować *pf*

ver'schleimt ADJ MED zaflegmiony

Ver'schleiß M (*-es; selten -e*) zużywanie się, zużycie (się); (*Abrieb*) ścieranie się

ver'schleißen (*verschliss, verschlissen*) V/T ⟨z⟩niszczyć, zuży(wa)ć (*a. Person*); *durch Reibung* ścierać ⟨zetrzeć⟩; V/I (*sn*) ⟨z⟩niszczyć się, zużywać się; ścierać ⟨zetrzeć⟩ się

Ver'schleißteil N część zużywalna

ver'schleppen (-) *Person* deportować; (*entführen*) uprowadzać ⟨-dzić⟩; (*verzögern*) przewlekać ⟨-lec⟩; *Seuche* zawlekać ⟨-wlec⟩; *Krankheit* zaniedb(yw)ać, nie leczyć

Ver'schleppung F deportowanie, deportacja; (*Entführung*) uprowadzenie; *e-s Prozesses* przewlekanie

ver'schleudern (-) (*verramschen*) sprzed(aw)ać za bezcen; *abw Vermögen* ⟨roz⟩trwonić

ver'schließbar zamykany (na klucz)

ver'schließen (*irr; -*) V/T zamykać ⟨-mknąć⟩; (*abschließen*) zamykać ⟨-mknąć⟩ na klucz; V/R **sich ~** (*s-e Gefühle nicht erkennen lassen*) zamykać ⟨-mknąć⟩ się w sobie; **sich** *e-r Sache*, **j-m ~** nie chcieć nic wiedzieć o (*lok*)

ver'schlimmern (*-re; -*) V/T pogarszać ⟨-gorszyć⟩ (*v/r* **sich** się)

ver'schlingen[1] (*irr; -*): V/R **sich (ineinander) ~** spleść się *pf*

ver'schlingen[2] (*irr; -*) *Essen* połykać ⟨-łknąć⟩; *fig* pochłaniać ⟨-chłonąć⟩

ver'schlissen *pperf* → verschleißen; ADJ *Kleidung* wyświechtany

ver'schlossen *pperf* → verschließen; ADJ zamknięty; *Person* zamknięty w sobie, skryty; *fig* **hinter ~en Türen** skrycie, potajemnie

Ver'schlossenheit F (*bpl*) skrytość *f*

ver'schlucken (-) V/T połykać ⟨-łknąć⟩ (*a. fig Silben*); *v/r* **sich ~** zakrztusić się *pf*

ver'schlungen *pperf* → verschlingen[1,2]; ADJ splątany; *Pfad* kręty; **auf ~en Wegen** krętymi drogami

Ver'schluss M zamknięcie, zamek; *fot* migawka; **unter ~** pod kluczem; **~deckel** M przykrywka

ver'schlüs|seln (*-le; -*) ⟨za⟩kodować; **~selt** ADJ zakodowany

Ver'schlusssache F pismo poufne *od* tajne

ver'schmähen *lit* (-): **etw ~** wzgardzić *pf* (*inst*); **verschmähte Liebe** odtrącona miłość

ver'schmelzen (*irr; -*) V/T *Metalle* stapiać

⟨stopić⟩; V/I (sn) stapiać ⟨stopić⟩ się; *fig* ⟨po⟩łączyć się (**zu einem Ganzen** w całość)

ver|'schmerzen (-) *Verlust usw* przeboleć *pf*; **~'schmieren** (-) *Farbe usw* rozmaz(yw)ać; *Loch, Papier usw* zasmaro-w(yw)ać

ver'schmitzt szelmowski; **~ lächeln** uśmiechać się szelmowsko

ver'schmutzen (-) V/T ⟨po-, za⟩brudzić; *Umwelt* zanieczyszczać ⟨-czyścić⟩; V/I (sn) ⟨po-, za⟩brudzić się

Ver'schmutzung F brudzenie (się); *der Umwelt* zanieczyszczenie

ver'schnaufen V/I (-), V/R **sich ~** wytchnąć *pf* (chwilę)

Ver'schnaufpause F chwila wytchnienia

ver'schneit ADJ zaśnieżony, zawiany śniegiem

Ver'schnitt M (*Mischung*) mieszanina, mieszanka (alkoholowa)

ver|'schnörkelt ADJ pełny zawijasów; **~'schnupft** ADJ zakatarzony; *umg fig* nadąsany; **~'schnüren** (-) osznurow(y-w)ać, obwiąz(yw)ać sznurkiem

ver'schollen ADJ zaginiony; **~ sein** zaginąć bez wieści

ver'schonen (-): **j-n mit etw ~** zaoszczędzać ⟨-dzić⟩, oszczędzać ⟨-dzić⟩ k-u (*gen*)

ver'schönern (-re; -) ozdabiać ⟨-dobić⟩, upiększać ⟨-szyć⟩

Ver'schönerung F upiększenie; *konkret a.* ozdoba

ver'schossen *pperf* → verschießen; ADJ *Stoff* wypłowiały

ver|'schränken (-) *Arme* skrzyżować *pf*; **~'schrauben** (-) skręcać ⟨-cić⟩, ześru-bow(yw)ać

ver'schreiben (*irr*; -) V/T MED przepis(yw)ać; V/R **sich ~** ⟨o⟩mylić się (przy pisaniu); *fig* **sich** *e-r Sache* **~** odda(wa)ć się całkowicie (*dat*)

Ver'schreibung F przepis, recepta

ver'schreibungspflichtig wydawany z przepisu lekarza

ver'schrie(e)n ADJ: **~ sein wegen** *od* **als** ... być znanym z (*gen*), być osławionym (*inst*)

ver'schroben ADJ cudaczny, cudacki; **ein ~er Alter** stary cudak

ver'schrotten (-e-; -) złomować; **~ lassen** odda(wa)ć na złom

ver|'schrumpelt *umg* ADJ pomarszczony, zaschnięty; **~'schüchtert** onieśmielony, zażenowany; *präd* jak trusia

ver'schulden (-) V/T *Unfall* zawinić *pf* (*akk*), być winnym (*gen*); V/R **sich ~** zadłużać ⟨-żyć⟩ się

Ver'schulden N (-s; *bpl*) wina; **durch eigenes ~** z własnej winy

ver'schuldet ADJ zadłużony; **hoch ~ sein** mieć wielkie długi

Ver'schuldung F zadłużenie

ver'schütt|en (-) *Mehl* rozsyp(yw)ać; *Milch* rozl(ew)ać; *Menschen* zasyp(yw)ać; **~gehen** (*irr; sn*) *umg* przepaść *pf*

ver'schwägert ADJ spowinowacony

ver'schwand → verschwinden

ver'schweigen (*irr*; -): **etw ~** przemilczać ⟨-czeć⟩ (*akk*); **j-m etw ~** zatajać ⟨-taić⟩ przed kim (*akk*)

ver'schweißen (-) zespawać *pf*

ver'schwenden (-e-; -) *Geld, Zeit, Kräfte* trwonić (*akk*), szafować (*inst*)

ver'schwenderisch rozrzutny; (*üppig*) bogaty (-to); **~ mit dem Geld umgehen** szafować pieniędzmi

Ver'schwendung F (PL *selten*) (*Prasserei*) trwonienie; (*Misswirtschaft*) marnotrawstwo, rozrzutność *f*

ver'schwiegen *pperf* → verschweigen; ADJ dyskretny; *Platz* ustronny

Ver'schwiegenheit F (*bpl*) dyskrecja; **Pflicht zur ~** obowiązek zachowania tajemnicy

ver'schwimmen (*irr*; -; *sn*) *Umrisse* rozpływać ⟨-płynąć⟩ się

ver'schwinden V/I (*irr*; -; *sn*) znikać ⟨-knąć⟩ (*a. umg sich davonmachen*); *etw* **~ lassen** (*stehlen*) ukraść *pf*, *umg* buchnąć *pf*; *umg* **verschwinde!** spływaj!

Ver'schwinden N (-s; *bpl*) zniknięcie

ver'schwindend ADJ (*gering*) znikomy; **~ klein** mikroskopijny

ver'schwitzen (-) *Kleidung* przepacać ⟨-pocić⟩; *umg* (*vergessen*) przegapi(a)ć

ver'schwommen *pperf* → verschwimmen; ADJ niewyraźny, nieostry (-ro); *fig* mglisty (-ście, -to)

ver'schwören (-): V/R **sich ~** spiskować, zmawiać ⟨zmówić⟩ się (**gegen** przeciw *dat*)

Ver'schwörer(in) M(F) spiskowiec

Ver'schwörung F zmowa, spisek

V

ver'sehen (*irr; -*) VT (*versorgen, ausstatten*) zaopatrywać ⟨-trzyć⟩ (**mit etw** w *akk*); *Amt* sprawować; *Dienst* pełnić; *Haushalt* prowadzić; VR **sich ~** (*sich irren*) omylić się *pf* (**bei** przy, w *lok*)

Ver'sehen N (p)omyłka; **aus ~** przez nieuwagę, przez niedopatrzenie

ver'sehentlich ADV niechcący, nieumyślnie; (*irrtümlich*) omyłkowo

Ver'sehr|te F inwalidka; **~te(r)** M (*-n*) inwalida *m*; **~tensport** M sport niepełnosprawnych

ver|'senden (*irr; -*) wys(y)łać; *an viele Adressaten* rozsyłać ⟨rozesłać⟩; **~'sengen** (-) osmalać ⟨-lić⟩, przypalać ⟨-lić⟩; *Sonnenhitze* spalać ⟨-lić⟩, wypalać ⟨-lić⟩; **~'senkbar** *Antenne usw* chowany, opuszczany

ver'senken (-) VT *in Flüssigkeit* pogrążać ⟨-żyć⟩, zanurzać ⟨-rzyć⟩ (**in** *dat* w *lok*); *Schiff* zatapiać ⟨-topić⟩; TECH (**in** *akk*) zagłębi(a)ć (w *lok*), opuszczać ⟨opuścić⟩ (w *akk*); *v/r* **sich ~** (*sich konzentrieren*) pogrążać ⟨-żyć⟩ się, zatapiać ⟨-topić⟩ się (**in** *akk* w *lok*)

Ver'senkung F zanurzenie; *von Schiffen* zatopienie; TEATR zapadnia; *fig* **in der ~ verschwinden** znikać ⟨-knąć⟩ z widowni

ver'sessen ADJ: **~ sein** (**auf** *akk*) lecieć (na *akk*), palić się (do *gen*); *etw zu tun* zawziąć się (, że); **sie war darauf ~, es zu machen** zawzięła się, że to zrobi

ver'setzen (-) **A** VT **1** *Mauer* przestawi(a)ć **2** *Beamte* przenosić ⟨-nieść⟩; *Schüler* promować; **versetzt werden** (**in** *akk*) dosta(wa)ć promocję (do *gen*) **3** *Schlag* wymierzać ⟨-rzyć⟩, zada(wa)ć **4** (*verpfänden*) zastawi(a)ć **5** (*vermischen*) domieszać *pf* (**Wein mit Wasser** wody do wina); **... versetzt mit** (*dat*) ... z domieszką (*gen*) **6** *umg* **j-n ~** (*warten lassen*) nie zjawi(a)ć się na spotkanie z (I) *usw* **7** **j-n in** *e-n Zustand* **~** wprawi(a)ć k-o (w *akk*); **j-n in Angst** (**und Schrecken**) **~** napędzać ⟨-dzić⟩ k-u strachu **B** VR **sich in j-s Lage ~** wejść *pf* w położenie (*gen*); **versetz dich an meine Stelle** wyobraź sobie, że jesteś na moim miejscu

Ver'setzung F *e-r Wand* przesunięcie; *e-s Beamten* przeniesienie; *von Schülern* promocja

ver'seuchen (-) skażać ⟨skazić⟩ (**radioaktiv** substancją radioaktywną)

Ver'seuchung F skażenie (chemiczne, promieniotwórcze)

Ver'sicherer M ubezpieczyciel

ver'sichern (-): VT **j-m ~, dass ...** (*als sicher hinstellen*) upewni(a)ć, zapewni(a)ć k-o, że ..., zaręczać ⟨-czyć⟩ k-u, że ...; **eidesstattlich ~** zapewni(a)ć w miejsce przysięgi; *lit* **j-n s-r Freundschaft ~** zapewni(a)ć k-o o swojej przyjaźni; **j-n, etw ~** (*e-e Versicherung abschließen*) ubezpieczać ⟨-czyć⟩ (**gegen** od *gen*); *v/r* **sich ~** *e-r Sache* przekon(yw)ać się (o *lok*); *vertraglich* ubezpieczać ⟨-czyć⟩ się (**gegen** od *gen*; **bei** w *lok*, u *gen*)

Ver'sicher|te F ubezpieczona; **~te(r)** M (*-n*) ubezpieczony; **~tenkarte** F *e-r Krankenkasse* karta ubezpieczenia zdrowotnego; **~ung** F (*Bekräftigung*) zapewnienie; ubezpieczenie (**gegen** od *gen*; **über ... Euro** na sumę ... euro)

Ver'sicherungs|anstalt F zakład ubezpieczeń; **~beitrag** M składka ubezpieczeniowa; **~betrug** M oszustwo ubezpieczeniowe; **~dauer** F okres ubezpieczenia; **~gesellschaft** F towarzystwo ubezpieczeniowe; **~leistung** F świadczenie ubezpieczeniowe; **~nehmer** M ubezpieczający (się)

ver'sicherungspflichtig podlegający obowiązkowi ubezpieczenia; *Person* objęty przymusowym ubezpieczeniem

Ver'sicherungs|police F polisa ubezpieczeniowa; **~prämie** F → Versicherungsbeitrag; **~schutz** M ochrona ubezpieczeniowa; **~summe** F suma ubezpieczenia

ver|'sickern VI (*-; sn*) wsiąkać ⟨-knąć⟩; *fig* rozpływać ⟨-płynąć⟩ się; **~'sieben** *umg* (-) → verschlampen; **~'siegeln** (*-le; -*) *Raum* opieczętować *pf*; *Brief* ⟨za⟩lakować; *Parkett* ⟨po⟩lakierować; **~'siegen** VI (*-; sn*) wysychać ⟨-schnąć⟩ (*a. fig*)

ver'siert ADJ doświadczony, zaprawiony (**in** *dat* w *lok*)

ver'silbern (*-re; -*) ⟨po⟩srebrzyć; *umg fig* spieniężać ⟨-żyć⟩

ver'sinken VI (*irr; -; sn*) zatonąć *pf*, (*a. fig* **in Trauer** *usw* w smutku *usw*) pogrążyć się; *im Schnee, Schlamm* tonąć, ⟨u⟩grzęznąć, zapadać ⟨-paść⟩; **hinter dem Horizont ~** *Sonne* skry(wa)ć się za horyzontem; *fig* **in den Boden ~** zapaść się pod ziemię (**vor**

Scham ze wstydu)
ver'sinnbildlichen (-) symbolizować
Versi'on F wersja
ver'sippt ADJ spowinowacony
ver'sklaven uczynić *pf* (swoim) niewolnikiem; *fig* ujarzmi(a)ć
Versmaß N metrum *n*
ver'snobt ADJ snobujący się
ver'soffen *pop pperf* → versaufen; ADJ *abw* zapijaczony; *Stimme* przepity
ver'sohlen *umg* (-) zbić *pf*, skroić *pf* (**j-m den Hintern** k-u tyłek)
ver'söhn|en (-) V/T ⟨po⟩godzić (*v/r* **sich** się; **mit** z *inst*); **~lich** *Ton* pojednawczy (-czo); *Person* zgodny; (*tröstlich*) pocieszający (-co)
Ver'söhnung F pojednanie, pogodzenie się; **j-m die Hand zur ~ reichen** wyciągać ⟨-gnąć⟩ do k-o rękę na zgodę
Ver'söhnungs|geste F gest pojednania; **~tag** M *rel* Dzień Pojednania
ver'sonnen ADJ *Person* zamyślony, zadumany, *präd* w zamyśleniu, w zadumie
ver'sorgen (-) V/T zaopatrywać ⟨-trzyć⟩ (*v/r* **sich** się; **mit** w *akk*), dostarczać ⟨-czyć⟩ (*gen*); *Familie* utrzymywać; *Haushalt a.* prowadzić; *Kranke* opiekować się (*inst*); *Verletzte, Wunde* opatrywać ⟨-trzyć⟩
Ver'sorgung F (*bpl*) (*Bereitstellen von etw*) zaopatrywanie, zaopatrzenie (**mit** w *akk*); (*Belieferung*) dostarczanie (*gen*); *e-r Familie* utrzymanie; *von Kranken, Kindern* opiekowanie się (*inst*); *e-s Verletzten* opatrzenie
Ver'sorguns|anspruch M uprawnienie do zaopatrzenia emerytalnego; *im Eherecht* roszczenie alimentacyjne; **~engpass** M trudności *fpl* zaopatrzeniowe; **~lage** F sytuacja z zaopatrzeniem; **~netz** N sieć *f* zaopatrzenia (ludności); ELEK sieć zasilająca
ver'spachteln (-) zaszpachlować; *umg fig Essen* opchnąć *pf*
ver'spannen (-): V/R **sich ~** MED konwulsyjnie ⟨s⟩kurczyć się; **verspannt sein** *Muskel* pozostawać w stanie skurczu
ver'späten (-e-; -): V/R **sich ~** *Zug, Ereignis* opóźni(a)ć się; (*zu spät kommen, tun*) spóźni(a)ć się (**mit etw** z *inst*)
ver'spätet ADJ spóźniony, opóźniony
Ver'spätung F opóźnienie, spóźnienie; **e-e Stunde ~ haben** mieć godzinę spóźnienia, być opóźnionym o godzinę
ver'speisen (-) spoży(wa)ć, ⟨z⟩jeść
ver'sperren (-) *Einfahrt usw* zagradzać ⟨-grodzić⟩, zatarasow(yw)ać; *Aussicht* zasłaniać ⟨-słonić⟩; **j-m den Weg ~** *mit e-m Fahrzeug* zajeżdżać ⟨-jechać⟩ k-u drogę
ver|'spielen (-) V/T *Geld* przegr(yw)ać; *Chance* zaprzepaszczać ⟨-paścić⟩; V/I *umg* **bei j-m verspielt haben** mieć przechlapane u k-o; **~'spielt** ADJ *Kätzchen* swawolny, lubiący się bawić; **~'sponnen** ADJ *Person* zdziwaczały; **~'spotten** (-) V/T szydzić (z *gen*)
ver'sprechen (*irr*; -) V/T obiec(yw)ać (**j-m etw** k-u *akk*); **er versprach, sich zu bessern** obiecał poprawę; (*verheißen*) rokować, zapowiadać; **... versprach nichts Gutes** ... nie zapowiadał(o, -a) niczego dobrego; **es verspricht schön zu werden** zapowiada się ładna pogoda; V/R **sich ~** przejęzyczyć się *pf*; **sich** (*dat*) **viel ~ (von)** wiele sobie obiecywać (po *lok*)
Ver'sprechen N obietnica; **sein ~ nicht halten** nie dotrzym(yw)ać obietnicy
Ver'sprecher M przejęzyczenie się
Ver'sprechung F obietnica; **leere ~en** obiecanki (cacanki) *fpl*
ver|'spritzen (-) *Wasser* rozbryzgiwać ⟨-znąć⟩, rozprysk(iw)ać (*akk*); *Farbe* natryskiwać (*inst*); **~'sprühen** (-) *Flüssigkeit* rozpylać ⟨-lić⟩; *fig Witz* skrzyć się (*inst*)
ver'staatlichen (-) upaństwawiać ⟨-wowić⟩
Ver'städterung F urbanizacja
Ver'stand M (-[e]s; bpl) rozum, rozsądek; **scharfer ~** bystry rozum; **bei klarem ~** przy zdrowych zmysłach; **den ~ verlieren** postradać rozum, odchodzić od zmysłów; **nicht recht bei ~ sein** być niespełna rozumu; **keinen ~ haben** (*dumm sein*) nie grzeszyć rozumem; **an j-s ~ appellieren** odwoł(yw)ać się do rozsądku (*gen*); **das geht über meinen ~** to przechodzi ludzkie pojęcie
ver'standen *pperf* → verstehen
ver'standesmäßig rozumowy (-wo), racjonalny; **rein ~ betrachtet** rozumując logicznie
ver'ständig rozumny, rozsądny
ver'ständigen (-) V/T powiadamiać, ⟨-domić⟩ (**j-n von** *dat* k-o o *lok*); *v/r* **sich ~** porozumie(wa)ć się (**mit j-m** z *inst*; **auf Englisch** po angielsku); **sich mit j-m über etw ~** porozumie(wa)ć się z kimś co do (*gen*)

V

Ver'ständigung F *(Unterrichtung)* powiadomienie; *sprachlich* porozumie(wa)nie się; TEL słyszalność *f*; *(Übereinkunft)* porozumienie

ver'ständlich zrozumiały, *präd* zrozumiale; **j-m etw ~ machen** ⟨wy⟩tłumaczyć k-u *akk*; **versuchen, sich ~ zu machen** próbować porozumieć się

ver'ständlicherweise ADV ze zrozumiałych względów

Ver'ständnis N (-ses; bpl) zrozumienie; **kein ~ haben für j-n, etw** nie mieć zrozumienia dla *(gen)*; **wir bitten um Ihr ~** prosimy o wyrozumiałość

ver'ständnis|los *präd* bez zrozumienia (rzeczy), (nic) nie rozumiejąc; **~voll** ze zrozumieniem; *Lächeln usw* porozumiewawczy (-czo)

ver'starb *lit* → sterben, verstorben

ver'stärken (-) V/T *Deich, Druck, Anzahl, Schall* wzmacniać ⟨wzmocnić⟩; *(intensivieren, steigern)* ⟨s⟩potęgować, wzmagać ⟨wzmóc⟩ (*v/r* **sich** się); *v/r* **sich ~** *Schmerz, Lärm a.* nasilać ⟨-lić⟩ się

Ver'stärker M *rtv* wzmacniacz

ver'stärkt ADJ wzmocniony; *Bemühungen usw* wzmożony

Ver'stärkung F *(das Verstärken)* wzmacnianie, *a. konkret* wzmocnienie; *(Intensivierung)* wzmożenie, nasilenie (się); MIL *(Truppen)* posiłki *mpl*

ver|'stauben V/I (-; sn) pokry(wa)ć się kurzem; **~'staubt** zakurzony; *fig abw* staroświecki; **~'stauchen** (-) skręcać ⟨-cić⟩ (**sich** *[dat]* **den Fuß** sobie nogę)

Ver'stauchung F MED skręcenie (w stawie)

ver'stauen (-) ⟨za⟩pakować, włożyć *pf* (**in** *akk od dat* do *gen*)

Ver'steck N (-[e]s; -e) kryjówka; *(Geheimfach)* schowek; **~ spielen** bawić się w chowanego

ver'stecken (-) V/T ⟨s⟩chować, ukry(wa)ć (*v/r* **sich** się)

ver'steckt ADJ ukryty; **~e Werbung** kryptoreklama

ver'stehen *(irr; -)* V/T *(deutlich hören, begreifen, Verständnis haben)* ⟨z⟩rozumieć; *(können)* umieć, znać; **du bist schlecht zu ~** nie mogę ciebie zrozumieć; **das verstehe ich nicht** tego nie rozumiem; **ich verstehe!** rozumiem!; **sie ~ einander nicht** oni się nie rozumieją; **~ Sie mich nicht falsch** proszę mnie źle nie zrozumieć; **wie soll ich das ~?** jak mam to rozumieć?; **zu ~ geben** da(wa)ć do zrozumienia; V/R **sich ~ (auf etw)** znać się (na *lok*); **das versteht sich von selbst** to się rozumie samo przez się; **ich verstehe mich gut mit ihr** my się z nią doskonale rozumiemy

ver'steifen (-) V/T BUD usztywni(a)ć; V/R *(sn)* **sich ~** *Gelenke* ⟨ze⟩sztywnieć; *fig* **sich auf etw ~** uparcie obstawać przy *(lok)*, uparcie trzymać się *(gen)*

ver'steigen *lit (irr; -)*: V/R *fig* **sich ~ zu** *(dat)* odważyć się na *(akk)*

ver'steigern (-) *Sache* sprzeda(wa)ć na licytacji

Ver'steigerung F licytacja, aukcja

ver'steinern V/I (-; sn) skamienieć *pf*; *fig* **wie versteinert dastehen** stać jak skamieniały

Ver'steinerung F *(bpl) (das Versteinern)* skamienienie; *(Objekt, a. pl)* skamieniałość *f*, skamielina

ver'stellbar nastawny, przestawny; **in der Höhe ~** z regulowaną wysokością

ver'stellen (-) V/T przestawi(a)ć; *(falsch stellen)* rozregulow(yw)ać; *Weg* zastawi(a)ć; *Stimme, Handschrift* zmieni(a)ć; V/R **sich ~** udawać, symulować

Ver'stellung F *(bpl)* symulowanie, udawanie; **das ist nur ~** to komedia

ver'steuern (-): **etw ~** ⟨za⟩płacić podatek (za *akk*); **das ist zu ~** za to trzeba zapłacić podatek

ver'stiegen *pperf* → versteigen; ADJ nierealny, nieżyciowy

ver'stimmen (-) *Klavier usw* rozstrajać ⟨-stroić⟩; *fig* **j-n ~** ⟨ze⟩psuć k-u humor

ver'stimmt ADJ MUS rozstrojony; *fig Person* poirytowany, w złym humorze

Ver'stimmung F *des Magens* rozstrój; *fig* zły humor; *(Missklang)* rozdźwięk

ver'stockt ADJ *abw* uparty; *Sünder* zatwardziały; **~ schweigen** uparcie milczeć; **sich ~ zeigen** trwać w uporze

ver'stohlen ADJ *Blick, Geste* ukradkowy; **~ blicken** spoglądać ⟨spojrzeć⟩ ukradkiem

ver'stopfen (-) V/T *Ohren, Ritzen* zat(y)kać, *a. Abfluss, Ausgang, Straßen* zap(y)chać (*v/r* **sich** się)

ver'stopft ADJ *Abfluss* zatkany, zapchany; *Straßen a.* zakorkowany

Ver'stopfung F MED zaparcie (stolca), zatwardzenie

ver'storben *lit pperf* → sterben; ADJ zmarły; **~ am 5.Mai** zmarł(a) piątego maja

Ver'storbe|ne *lit* F nieboszczka, zmarła; **~ne(r)** *lit* M (*-n*) nieboszczyk, zmarły

ver'stört ADJ *Person* roztrzęsiony, zbulwersowany; *Blick* błędny

Ver'stoß M (**gegen**) uchybienie (*dat*); JUR wykroczenie (przeciw *dat*); *gegen e-e Vorschrift* naruszenie (*gen*)

ver'stoßen (*irr*; -) V/T *Person* wypędzać ⟨-dzić⟩; V/I **~ gegen** *Gesetz* naruszać ⟨-szyć⟩ (*akk*); *Anstand* uchybi(a)ć (*dat*)

ver'strahlen (-) (*verseuchen*) skażać ⟨skazić⟩ promieniowaniem radioaktywnym

ver'streichen (*irr*; -) V/T *Butter* rozsmarow(yw)ać; *Farbe* rozprowadzać ⟨-dzić⟩; *Risse* zasmarow(yw)ać; V/I (*sn*) *Zeit* mijać ⟨minąć⟩; **die Frist ~ lassen** nie dopilnować terminu

ver'streuen (-) *Mehl* rozsyp(yw)ać; *Dünger, Sachen* rozrzucać ⟨-cić⟩

ver'stricken (-)*fig*: V/T **j-n ~ in** (*akk*) uwikłać *pf*, wplą(yw)ać k-o w (*akk*); V/R **sich ~ in** (*akk*) uwikłać się *pf*, wplą(yw)ać się w (*akk*)

ver'stümmeln (*-le*; -) *Person* ⟨o⟩kaleczyć; *fig Text* zniekształcać ⟨-cić⟩

Ver'stümmelung F (*Verletzung*) okaleczenie; *fig* zniekształcenie

ver'stummen (-; *sn*) *Person, Protest* ⟨u-, za⟩milknąć; *Musik* ucichnąć *pf*

Ver'such M (-[e]s; -e) (*Probe, Anstrengung*) próba; eksperyment; CHEM, FIZ, MED *a.* doświadczenie (**mit** z *inst*; **an** *dat* na *lok*); **e-n ~ wagen** odważyć się *pf* na próbę; **es käme auf e-n ~ an** trzeba by *od* należałoby spróbować

ver'suchen (-) V/T ⟨s⟩próbować (*gen*; *a.* V/I **von etw**); **alles (Mögliche) ~** próbować wszystkiego; (*wagen*) pokusić się (o *akk*); **~ zu** (+ *inf*) (*sich bemühen*) usiłować (+ *inf*); **sein Glück ~** ⟨s⟩próbować szczęścia; **wir ~ es mit dir** spróbujemy, czy nam z tobą pójdzie; V/R **sich ~ in** (*dat*) próbować swoich sił *od* szczęścia w (*lok*)

Ver'suchs|ballon M *fig* balon próbny; **~gelände** N AGR działka doświadczalna; TECH, MIL poligon (badawczy); **~kaninchen** N *fig umg abw* królik doświadczalny; **~person** F osoba poddawana próbie; **~reihe** F seria prób *od* doświadczeń; **~tier** N zwierzę doświadczalne

ver'suchsweise ADV na próbę, tytułem próby

Ver'suchung F pokuszenie; pokusa; **in ~ führen** wieść na pokuszenie; **j-n in ~ bringen, zu** (+ INF) narażać ⟨-razić⟩ k-o na pokusę (+ *inf od gen*); **in ~ kommen, das Buch zu lesen** ulec pokusie i przeczytać książkę

ver'sündigen *lit* (-): V/R **sich ~ an** (*dat*) ⟨z⟩grzeszyć przeciw (*dat*)

ver'sunken *pperf* → versinken; ADJ zatonięty, zatopiony (*a. fig* **in Gedanken** w myślach)

ver'süßen (-) V/T osładzać ⟨osłodzić⟩ (*a. v/r* **sich** [*dat*] **etw** sobie [*akk*])

ver'tagen (-) V/T odraczać ⟨-roczyć⟩; V/R **das Gericht vertagt sich auf ...** sąd odracza rozprawę do ...

Ver'tagung F odroczenie

ver'täuen (-) *Schiff* przycumować *pf*

ver'tauschen (-) *etw* (*austauschen*) zamieni(a)ć (**mit** na *akk*); (*verwechseln*) pomylić *pf*, brać ⟨wziąć⟩ pomyłkowo (*akk*)

ver'teidigen (-) V/T ⟨o⟩bronić (**gegen** przed *inst*; V/R **sich** się); *v/i* SPORT grać w obronie

Ver'teidiger M obrońca *m* (*a.* JUR, SPORT); **~in** F obrończyni

Ver'teidigung F obrona (*a.* JUR, SPORT)

Ver'teidigungs|bündnis N sojusz obronny; **~minister** M minister obrony; **~rede** F mowa obrończa

ver'teilen (-) **A** V/T (*aufteilen, zuweisen*) rozdzielać ⟨-lić⟩, ⟨po⟩dzielić (**unter** *akk* pomiędzy *akk*); (*platzieren*) rozmieszczać ⟨-mieścić⟩; (*mehreren geben*) rozda(wa)ć; *Waren, Farbe, Gas* rozprowadzać ⟨-dzić⟩; (*hinlegen*) rozkładać ⟨-łożyć⟩; (*hinstellen*) rozstawi(a)ć **B** V/R **sich ~** (*auseinandergehen*) rozchodzić ⟨rozejść⟩ się; (*an verschiedene Stellen e-s Raumes usw*) rozmieszczać ⟨-mieścić⟩ się

Ver'teiler M AUTO, ELEK rozdzielacz; HANDEL dystrybutor; *a.* = **~schlüssel** M rozdzielnik; **~tafel** F ELEK tablica rozdzielcza

Ver'teilung F (*Ausgabe*) rozdawnictwo; (*Aufteilung*) dzielenie, podział; rozprowadzanie; HANDEL *a.* dystrybucja

vertelefo'nieren *umg* (-) przetelefonować *pf*

ver'teuern (-) V/T podrażać ⟨-drożyć⟩; V/R **sich ~** ⟨po-, z⟩drożeć (**um … Euro** o … euro)
Ver'teuerung F podrożenie
ver|'teufeln (*-le;* -) demonizować; **~'teufelt** *umg* ADJ diabelski; ADV (*sehr*) diabelsko, diabelnie
ver'tiefen (-) V/T pogłębi(a)ć; V/R **sich ~** pogłębi(a)ć się; *fig* (**in** *akk*) zagłębi(a)ć się (w *lok*)
Ver'tiefung F pogłębianie, pogłębienie (się); (*tiefere Stelle, Delle*) wgłębienie, zagłębienie
verti'kal pionowy (-wo)
ver'tilgen (-) (*ausrotten*) ⟨wy⟩tępić; *umg* (*verzehren*) zjeść *pf*, *pop* zeżreć *pf*
ver'tippen *umg* (-): V/R **sich ~** ⟨o⟩mylić się (przy pisaniu na maszynie)
ver'tonen (-) *Gedicht* napisać *pf* muzykę do (*gen*); *Film* udźwiękowić *pf*
ver'trackt *umg* ADJ zagmatwany
Ver'trag M (-[e]s; -träge) umowa, kontrakt; POL *a.* traktat; **e-n ~ (ab)schließen** zawierać ⟨-wrzeć⟩ umowę; **j-n unter ~ nehmen** zawierać ⟨-wrzeć⟩ umowę z (*inst*); **unter ~ stehen (bei j-m)** być związanym umową (z *inst*)
ver'tragen (*irr;* -) V/T *Aufregung, Kritik, Kälte, Lärm usw* znosić ⟨znieść⟩; *Essen* móc jeść; **fettes Essen vertrage ich nicht** nie służy mi tłuste jedzenie; *umg* **jetzt könnte ich e-n Schnaps ~** teraz wypiłbym jednego; V/R **sich ~** *Personen* żyć w zgodzie; *umg Farben, Sachen* pasować (do *gen od* do siebie); **sich wieder ~ (mit j-m)** pogodzić się *pf* (z *inst*)
ver'traglich umowny, określony w umowie, wynikający z umowy; **etw ~ festlegen** zastrzegać ⟨-strzec⟩ w umowie (*akk*)
ver'träglich *Person* zgodny, niekłótliwy; MED (**gut** dobrze) tolerowany
Ver'träglichkeit F BIOL tolerancja
Ver'trags|abschluss M zawarcie umowy; **~auflösung** F rozwiązanie umowy; **~bruch** M zerwanie *od* niedotrzymanie umowy
ver'tragsbrüchig ADJ: **~ werden** nie dotrzym(yw)ać umowy
ver'tragsgemäß zgodny z umową; *präd* według umowy
Ver'trags|händler M autoryzowany dealer; **~partner** M kontrahent; **~strafe** F kara umowna; **~werkstatt** F warsztat autoryzowany
ver'tragswidrig niezgodny z umową; *präd* wbrew umowie
ver'trauen (-): **j-m ~** ⟨za⟩ufać, dowierzać k-u; **auf sein Glück ~** ufać w swoje szczęście
Ver'trauen N (*-s; bpl*) zaufanie (**zu** do *gen*); (*Zuversicht*) ufność *f* (**auf** *akk* w *akk*); **~ haben** mieć zaufanie (zu do *gen*); **im ~ sagen** mówić ⟨powiedzieć⟩ w zaufaniu; **~ erweckend** budzący zaufanie; **zu j-m ~ fassen** zaufać *pf* k-u; **j-m ~ schenken** darzyć k-o zaufaniem; **j-n ins ~ ziehen** zwierzać ⟨-rzyć⟩ się k-u; poufnie ⟨po⟩informować k-o; **im ~ gesagt** mówiąc między nami
vertrauenerweckend budzący zaufanie
Ver'trauensarzt M lekarz-orzecznik
ver'trauensbildend ADJ: POL **~e Maßnahmen** środki *mpl* budowy zaufania
Ver'trauens|bruch M nadużycie zaufania; **~frage** F kwestia zaufania; POL wniosek o wotum zaufania; **~frau** F → Vertrauensmann; **~krise** F kryzys zaufania; **~mann** M (PL *-männer od -leute*) mąż zaufania; (PL *-männer*) osoba zaufana; (*V-Mann*) konfident; **~sache** F rzecz *f* zaufania
ver'trauensselig (*leichtgläubig*) łatwowierny; (*mitteilsam*) skory do zwierzeń
Ver'trauens|stellung F odpowiedzialne stanowisko; **~verhältnis** N (*-ses; bpl*) stosunek zaufania
ver'trauensvoll ADJ pełen (-łna) zaufania; (*hoffnungsvoll*) ufny; *präd* ufając całkowicie, z całym zaufaniem
ver'trauenswürdig godny zaufania
ver'traulich poufny; (*familiär*) poufały (-le); **streng ~** absolutnie poufny
Ver'traulichkeit F (*bpl*) poufność *f*; (*a. pl*) (*Verhalten*) poufałość *f*
ver'traut ADJ *Freund* zaufany, bliski; *Ort, Bild* (dobrze) znany; **mit etw ~ sein** być obeznanym z (*inst*); **sich ~ machen (mit)** zapozna(wa)ć się (z *inst*)
Ver'traut|e F powiernica, powierniczka; **~e(r)** M (*-n*) powiernik; **~heit** F (*bpl*) (*Intimität*) zażyłość *f*; (**mit** *e-r Sache*) znajomość *f* (*gen*)
ver'treiben (*irr;* -) *aus der Heimat* wypędzać ⟨-dzić⟩; (*verjagen*) przepędzać

⟨-dzić⟩; *fig Wolken, lästige Gedanken* rozpędzać ⟨-dzić⟩; *Waren* rozprowadzać; **sich** *(dat)* **die Zeit ~** spędzać ⟨-dzić⟩ czas (**mit etw** na *lok*)

Ver'treibung F wypędzenie

ver'tretbar *(berechtigt)* uzasadniony; *(akzeptabel)* dopuszczalny, możliwy (do zaaprobowania)

ver'treten *(irr; -)* V/T *(zeitweilig ersetzen)* zastępować ⟨-stąpić⟩; *Firma, Land* reprezentować; *Ansicht, Angeklagten* bronić *(gen)*; V/R *umg* **sich** *(dat)* **die Beine ~** przejść się *pf*

Ver'treter(in) M(F) zastępca *m* (-czyni); *(Repräsentant[in], Verfechter[in])* przedstawiciel(ka), reprezentant(ka); *(Sprecher[in])* rzecznik (-niczka); HANDEL agent

Ver'tretung F *(das Vertreten)* zastępstwo; *e-s Landes usw* przedstawicielstwo (*a.* POL, HANDEL); *(Person)* zastępca *m* (-czyni); **in ~** w zastępstwie

ver'tretungsweise ADV w zastępstwie

Ver'trieb M (-[e]s; bpl) zbyt, dystrybucja; *von Presse* kolportaż

Ver'triebe|ne F wypędzona, wysiedlona; **~ne(r)** M (-n) wypędzony, wysiedleniec

Ver'triebs|netz N sieć dystrybucyjna; **~verbot** M zakaz dystrybucji

ver'trinken *(irr; -)* przepi(ja)ć

ver|'trocknen V/I (-; *sn*) usychać ⟨uschnąć⟩; **~'trödeln** (-) *Zeit* ⟨z⟩marnować

ver'trösten (-): **j-n ~** zbywać obietnicami *(akk)*; **er vertröstete sie auf morgen** robił jej nadzieję, że jutro załatwi, otrzyma *usw*

ver'trotteln *umg* (*-le; -*) ⟨s⟩pierniczeć

ver'tun *(irr; -)* V/T *Zeit* ⟨z⟩marnować; V/R **sich ~** omylić się *pf*, pomylić się *pf*

ver'tuschen (-) ⟨za⟩tuszować

ver'übeln (*-e; -*): **j-m etw ~** brać ⟨wziąć⟩ za złe k-u *(akk)*

ver'üben (-) *Verbrechen* popełni(a)ć *(akk)*, dopuszczać ⟨-puścić⟩ się *(gen)*; *Anschlag, Einbruch* dokon(yw)ać *(gen)*

ver'ulken (-): **j-n, etw ~** pokpiwać (z *gen*)

ver'unfallen *szwajc* V/I (-; *sn*) → verunglücken

ver'unglimpfen (-): **j-n, etw ~** ⟨o⟩szkalować *(akk)*

ver|'unglücken (-; *sn*) ulegać ⟨ulec⟩ wypadkowi, mieć wypadek; *tödlich* zginąć *pf* w wypadku; *umg Sache* nie uda(wa)ć się; **~'unreinigen** (-) zanieczyszczać ⟨-czyścic⟩; **~'unsichern** (-) ⟨z⟩dezorientować; *j-n a.* ⟨s⟩peszyć

ver'unstalten (*-e-; -*) ⟨ze⟩szpecić

ver'untreuen (-) *Gelder* sprzeniewierzać ⟨-rzyć⟩, ⟨z⟩defraudować

Ver'untreuung F sprzeniewierzenie, malwersacja, defraudacja

ver'ursachen (-) *Unfall* ⟨s⟩powodować; *Ärger, Kummer usw* sprawi(a)ć; *Kosten usw* pociągać ⟨-gnąć⟩ za sobą

Ver'ursacher M sprawca *m*

Ver'ursacherin F sprawczyni

ver'urteilen (-) JUR zasądzać ⟨-dzić⟩ (**wegen** za *akk*), skaz(yw)ać (**zu** na *akk*); *fig (missbilligen)* potępi(a)ć

Ver'urteilung F JUR skazanie; *fig* potępienie, dezaprobata

ver'viel|fachen (-) V/T zwielokrotni(a)ć (*v/r* **sich** się); **~fältigen** (-) *Text* powielać ⟨-lić⟩

Ver'vielfältigung F powielanie

ver'vierfachen (-) V/T powiększać ⟨-szyć⟩ (*v/r* **sich** się) czterokrotnie

ver'vollkommnen *(vervollkommnete; pperf vervollkommnet)* V/T *Methode, Technik* udoskonalać ⟨-lić⟩; *Wissen, Kenntnisse* doskonalić (*v/r* **sich** się)

Ver'vollkommnung F doskonalenie (się); *als Ergebnis* udoskonalenie

ver'vollständigen (-) uzupełni(a)ć; *(abrunden)* ⟨s⟩kompletować

Ver'vollständigung F uzupełnienie; *e-r Sammlung* (s)kompletowanie

verw. *(verwitwet)* owdowiały (-ła)

ver'wachsen[1] V/I *(irr; -; sn)* zrastać ⟨zrosnąć⟩ się (**miteinander** ze sobą)

ver'wachsen[2] ADJ zrośnięty (**mit j-m, etw** z *inst*; *a. fig*); *(missgestaltet)* ułomny, kaleki; *(buckelig)* garbaty

Ver'wachsung F MED zrost

ver'wackeln (-) *fot* poruszyć *pf*

ver'wählen (-): V/R **sich ~** wybrać *pf* niewłaściwy numer; **Verzeihung, ich habe mich verwählt!** przepraszam, pomyliłem (-łam) numer!

ver'wahren (-) V/T przechow(yw)ać; V/R **sich (energisch) gegen etw ~** (energicznie) protestować przeciw *(dat)*

ver'wahr|losen V/I (-; *sn*) *Sache* ulegać ⟨ulec⟩ zaniedbaniu *od* dewastacji; *Person* zaniedb(yw)ać się; żyć w zaniedbaniu; **~lost** ADJ zaniedbany; *Garten usw a.* zapuszczony

Ver'wahrlosung F *(bpl)* zaniedbanie,

V

die Verwandten

die Schwägerin	szwagierka
der Schwager	szwagier
die Nichte	bratanica (*Tochter des Bruders*) *siostrzenica* (*Tochter der Schwester*)
der Neffe	bratanek (*Sohn des Bruders*) *siostrzeniec* (*Sohn der Schwester*)
die Schwiegermutter	teściowa
der Schwiegervater	teść
die Schwiegereltern	teściowie
die Schwiegertochter	synowa
der Schwiegersohn	zięć
die Tante	ciotka (*Schwester der Mutter*) *wujenka* (*Frau des Onkels mütterlicherseits*) *stryjenka* (*Frau des Onkels väterlicherseits*)
der Onkel	wujek (*Bruder der Mutter, Mann der Tante mütterlicher- und väterlicherseits*) *stryjek* (*Bruder des Vaters*)

zapuszczenie; *von Kindern* zaniedbanie, brak opieki

Ver'wahrung F (*bpl*) *von Sachen* przechowanie; **in ~ geben** odda(wa)ć na przechowanie *od* do depozytu

ver'waist ADJ osierocony; *fig Haus usw* opuszczony, pusty, bezludny

ver'walten (-) V/T *Gut, Nachlass usw* zarządzać (*inst*); *Betrieb, Gemeinde* administrować (*inst*); *Kasse, Haus* prowadzić (*akk*); **sich selbst ~** prowadzić samorządnie *od* samodzielnie

Verwalt|er(in) M(F) zarządca *m* (-czyni), administrator(ka); **~ung** F (*bpl*) zarządzanie; (*a. pl*) zarząd; administracja

Ver'waltungsangestellte(r) F(*m*) pracownik administracyjny (*a. f*)

Ver'waltungs|behörde F organ administracji (państwowej); **~bezirk** M okręg administracyjny; **~gericht** N okręgowy sąd administracyjny; **~kosten** PL koszty *mpl* administracyjne; **~rat** M rada nadzorcza; **~sitz** M siedziba władz administracyjnych; *e-r Firma* siedziba zarządu

ver'wandeln (-) V/T przemieni(a)ć, przeobrażać ⟨-razić⟩ (*v/r* **sich** się); **sie ist wie verwandelt** ona przeobraziła się nie do poznania

Ver'wandlung F przemiana, przeobrażenie (się); TEATR zmiana dekoracji

ver'wandt[1] → verwenden

ver'wandt[2] ADJ spokrewniony (**mit j-m** z *inst*); *fig Ansichten usw* pokrewny

Verwandt|e F krewna; **~e(r)** M (-*n*) krewny; PL → **~schaft** F pokrewieństwo; (*die Verwandten*) krewni *mpl*, *umg* krewniacy *mpl*

ver'wandtschaftlich krewniaczy

Ver'wandtschaftsgrad M stopień *m* pokrewieństwa

ver'wanzt ADJ zapluskwiony; *fig Raum, Telefon usw* być na podsłuchu

ver'warnen (-) *j-n* upominać ⟨-mnieć⟩ (**wegen** za *akk*)

Ver'warnung F upomnienie; **gebührenpflichtige ~** mandat karny

ver|'waschen ADJ *Jeans* sprany; *Farbe* blady; *fig* niewyraźny; **~'wässern** (-) rozwadniać ⟨-wodnić⟩ (*a. fig*)

ver'wechseln (-) *Fakten, Dinge, Personen* ⟨po⟩mylić, mieszać, *umg* ⟨po⟩plątać (**mit j-m, etw** z *inst*); **etw miteinander ~** ⟨po⟩mylić jedno z drugim; **Sie ~ mich mit meinem Bruder** pan pomylił mnie z (moim) bratem; **sie sehen sich zum Verwechseln ähnlich** oni (one) są łudząco podobni (-ne) do siebie

Ver'wechs(e)lung F pomyłka; *von Sachen* zamiana (przez omyłkę)

ver'wegen *Plan, Person* zuchwały (-le), śmiały (-ło); *fig Aussehen usw* zawadiacki (-ko)

ver'wehen (-) (*zuwehen*) zawi(ew)ać; (*wegwehen*) rozwi(ew)ać

ver'wehren (-) zabraniać ⟨-bronić⟩ (**j-m etw** k-u *gen*)
Ver'wehung F (*Schnee*) zaspa
ver'weichlichen V/I (-; *sn*) ⟨z⟩niewieścieć, *umg* ⟨z⟩babieć
ver'weigern (-) odmawiać ⟨-mówić⟩ (**j-m etw** k-u *gen*); **den Wehrdienst ~** odmawiać ⟨-mówić⟩ pełnienia służby wojskowej
Ver'weigerung F odmowa
ver'weilen V/I (-; *sn*) bawić, (*a. stehen bleiben*) zatrzym(yw)ać się (**vor, bei** *dat* przed I, przy *lok*)
ver'weint ADJ zapłakany
Ver'weis M (-es; -e) (*Rüge*) nagana; (*Hinweis*) odsyłacz; **j-m e-n ~ erteilen** udzielać ⟨-lić⟩ k-u nagany
ver'weisen (-): V/I **~ auf etw** (*hinweisen*) wskaz(yw)ać (*akk*) *od* na (*akk*); V/T **j-n ~ an** (*akk*) skierow(yw)ać k-o do (*gen*), odsyłać ⟨odesłać⟩ k-o do (*gen*); **j-n des Landes, (von) der Schule ~** wydalać ⟨-lić⟩ k-o z kraju, ze szkoły; **auf die Plätze ~** *Gegner* zdystansować *pf* (*akk*)
ver'welkt *pperf* → welken; ADJ zwiędły, zwiędnięty
ver'wendbar przydatny; **mehrfach ~** nadający się do wielokrotnego użycia
Ver'wendbarkeit F (*bpl*) przydatność *f*
ver'wenden (*irr*; -) V/T uży(wa)ć (**für** *akk*, **in, zu** *dat* na *akk*, w *lok*, do *gen*; **als** jako); *Methode, Technik, Mittel* ⟨za⟩stosować (**bei** przy *lok*); *Mühe, Zeit* wkładać ⟨włożyć⟩ (**auf, für** *akk* w *akk*); *v/r* **sich ~ (für j-n)** wstawi(a)ć się (za *inst*)
Ver'wendung F używanie, użycie, użytek; (za)stosowanie; **keine ~ für etw haben** nie mieć zastosowania dla (*gen*); **unter ~ (von)** z zastosowaniem (*gen*); **zur besonderen ~** *Person(en)* do specjalnych poruczeń
Ver'wendungszweck M cel stosowania *od* wykorzystania
ver'werfen (*irr*; -) V/T *Plan* odrzucać ⟨-cić⟩; *Klage a.* oddalać ⟨-lić⟩; V/R **sich ~** *Holz* ⟨s⟩paczyć się
ver'werflich *lit* naganny
Ver'werfung F JUR odrzucenie, oddalenie; GEOL uskok
ver'wert|bar nadający się do wykorzystania; **~en** (-) wykorzyst(yw)ać
Ver'wert|ung F wykorzystanie; TECH *a.* utylizacja; **~ungsrecht** N prawo realizacji (finansowej) prawa autorskiego
ver'wesen V/I (-; *sn*) ⟨z⟩gnić, rozkładać ⟨-łożyć⟩ się; **stark verwest** w stanie daleko posuniętego rozkładu
Ver'wesung F gnicie, rozkład
ver'wetten (-) przegrać *pf*, zgrać się *pf* (**bei Pferderennen** na wyścigach)
ver'wickeln (-) *Garn* ⟨po⟩plątać, ⟨po⟩wikłać; *Person* wpląt(yw)ać (**in etw** w *akk*); **in etw verwickelt sein** być wplątanym w (*akk*); V/R **sich ~** zapląt(yw)ać się; *fig a.* uwikłać się *pf*; *fig* **sich in Widersprüche ~** ⟨za⟩plątać się w zeznaniach
ver'wickelt ADJ *Sache, Fall* powikłany, skomplikowany
Ver'wicklung F powikłanie; PL *a.* perturbacje *fpl*
ver|'wildern V/T (-; *sn*) *Tier, Garten* ⟨z⟩dziczeć; **~'wildert** ADJ zdziczały (*a. Sitten*); **~'winden** *lit* (*irr*; -) przeboleć *pf*; **~'winkelt** ADJ *Gasse* kręty
ver'wirken *lit* (-) *Recht* utracić *pf*
ver'wirklichen (-) V/T ⟨z⟩realizować, urzeczywistni(a)ć (*v/r* **sich** się)
Ver'wirklichung F urzeczywistnienie (się), realizacja, realizowanie
ver'wirren (-) V/T *Fäden* ⟨po⟩gmatwać (*v/r* **sich** się); *Haare* ⟨z⟩wichrzyć; *fig j-n* zmieszać *pf*; **die Sinne ~** pomieszać zmysły
ver'wirrend ADJ oszołamiający (-co)
ver'wirrt ADJ *Haar* zwichrzony; *Person* zmieszany
Ver'wirrung F (*Durcheinander*) zamieszanie, zamęt; (*Verstörtheit*) zmieszanie; **~ stiften** siać *od* szerzyć zamęt
ver'wischen (-) V/T *Geschriebenes, Spuren* zacierać ⟨-trzeć⟩ (*a. fig*; V/R **sich** się)
ver'wittern V/I (-; *sn*) ⟨z⟩wietrzeć
ver'witwet owdowiały; **~ sein** owdowieć *pf*; **~e ...** wdowa po (*inst*)
ver'wöhnen (-) *Kinder* rozpieszczać ⟨-pieścić⟩; **j-n mit etw ~** dogadzać ⟨-godzić⟩ k-u w (*lok*)
ver'wöhnt ADJ *Kind* rozpieszczony; (*wählerisch*) wybredny, wymagający; *Geschmack* wysubtelniony
ver'worfen *pperf* → verwerfen; ADJ zepsuty moralnie, zdeprawowany
ver'worren ADJ zawiły (-le), zagmatwany, powikłany
ver'wundbar *fig* wrażliwy, czuły; **~e**

Stelle *fig* słabe miejsce
ver'wunden[1] (*-e-; -*) ranić (im)*pf*, zranić *pf* (*a. fig Gefühle*)
ver'wunden[2] *pperf* → verwinden
ver'wunderlich dziwny; **es ist nicht ~, dass** nie dziw, że
ver'wundern (-) ⟨z⟩dziwić; **es verwundert mich, dass** dziwi mnie, że
Ver'wunderung F (*bpl*) zdziwienie; **zu seiner ~** ku swojemu zdziwieniu
ver'wundet ADJ ranny (**am Bein** w nogę); **die Verwundeten** ranni
Ver'wundung F (z)ranienie; (*verwundete Stelle*) rana
ver|'wunschen ADJ zaklęty, zaczarowany; **~'wünschen** (-) *Person, Sache* przeklinać ⟨-kląć⟩
ver'wurzelt ADJ (**tief** głęboko) zakorzeniony (**in** *dat* w *lok*)
ver'wüsten (*-e-; -*) *Land* ⟨z⟩niszczyć, ⟨s⟩pustoszyć; *Lokal a.* ⟨z⟩demolować
ver|'zagen (-) upadać ⟨upaść⟩ na duchu; **~zagt** ADJ zrezygnowany
ver'zählen (-): V/R **sich ~** przeliczać ⟨-czyć⟩ się
Ver'zahnung F (*bpl*) zazębienie (*a. fig*)
ver'zanken *umg* (-): V/R **sich ~** pokłócić się *pf*, poróżnić się *pf*
ver'zapfen (-): *umg fig* **Unsinn, Blödsinn ~** pleść głupstwa, wygłupiać się
ver'zärteln (*-le; -*): **j-n ~** chuchać (na *akk*)
ver'zau|bern (-) zaczarować *pf*, zauroczyć *pf*; *fig* oczarow(yw)ać; **~bert** ADJ zaczarowany, zauroczony
ver'zehnfachen (-) V/T zdziesięciokrotni(a)ć, zwiększać ⟨-szyć⟩ dziesięciokrotnie (*v/r* **sich** się)
Ver'zehr M (*-s; bpl*) spożywanie, spożycie; **zum ~ nicht geeignet** nie nadający się do spożycia
ver'zehren (-) V/T spoży(wa)ć, ⟨s⟩konsumować; *fig* strawić *pf*; V/R *lit* **sich in Gram ~** być trawionym zgryzotą
ver'zeichnen (-) (*festhalten*) odnotow(yw)ać (**in e-r Liste** w spisie); FIZ, *fig* (*verzerren*) przerysow(yw)ać; **zu ~ haben** mieć do odnotowania; **verzeichnet sein** figurować
Verzeichnis N (*-ses; -se*) (*listenmäßige Zusammenstellung*) wykaz, zestawienie, spis; (*Register*) rejestr; katalog (*a.* EDV)
ver'zeihen (*verzieh, verziehen*) przebaczać ⟨-czyć⟩, wybaczać ⟨-czyć⟩ (**j-m etw** k-u *akk*); **~ Sie bitte** przepraszam; **ich kann es mir nicht ~** tego nie mogę sobie wybaczyć
ver'zeihlich wybaczalny
Ver'zeihung F (*bpl*) przebaczenie, wybaczenie; **bitte um ~!** proszę wybaczyć!; **~!** przepraszam!
ver'zerren (-) V/T *Gesicht* wykrzywi(a)ć (*v/r* **sich** się); *fig* zniekształcać ⟨-cić⟩ (*a. Ton, Bild*), wypaczać ⟨-czyć⟩
ver'zerrt ADJ wykrzywiony (**vor Schmerz** z bólu); *fig* zniekształcony
ver'zetteln (*-le; -*) V/T *Zeit, Kraft* rozpraszać ⟨-proszyć⟩; V/R **sich ~** rozdrabniać ⟨-drobnić⟩ się
Ver'zicht M (*-[e]s; -e*) (**auf** *akk*) zrzeczenie się (*gen*); rezygnacja (z *gen*)
ver'zichten V/I (*-e-; -*) zrzekać ⟨zrzec⟩ się (**auf sein Recht, Erbe** prawa do *gen*, spadku); ⟨z⟩rezygnować (**auf seine Hilfe** z jego pomocy)
ver'ziehen[1] *pperf* → verzeihen
ver'ziehen[2] (*irr; -*) **A** V/T **1** *Gesicht, Mund* wykrzywi(a)ć; **er verzog keine Miene** on ani nie drgnął **2** *Pflanzen* przer(y)wać **3** *Kind* rozpuszczać ⟨-puścić⟩ **B** V/I (*sn*) przeprowadzać ⟨-dzić⟩ się, przenosić ⟨-nieść⟩ się (**nach** do *gen*); **C** V/R **sich ~** **4** *Brett, Tür usw* ⟨s⟩paczyć się **5** *Rauch* rozwi(ew)ać się **6** *Gewitter* przechodzić ⟨przejść⟩; *umg* (*weggehen*) wynosić ⟨-nieść⟩ się, znikać ⟨-knąć⟩
ver'zieren (-) ozdabiać ⟨-dobić⟩, przystrajać ⟨-stroić⟩, ⟨u⟩dekorować
Ver'zierung F (*bpl*) ozdabianie, dekorowanie; (*a. pl*) ozdoba (*a.* ARCH); element dekoracyjny (*a.* KULIN); MUS ozdobnik
ver'zinkt ADJ ocynkowany
ver'zinsen (-) V/T oprocentow(yw)ać (**mit 5%** w stosunku pięciu od sta); *v/r* **sich ~** procentować
Ver'zinsung F oprocentowanie
ver'zogen *pperf* → verziehen[1]; ADJ wykrzywiony; spaczony; *Kind* rozpuszczony, rozkapryszony
ver'zögern (-) V/T opóźni(a)ć, odwlekać ⟨-wlec⟩; (*verlangsamen*) spowalniać ⟨-wolnić⟩; V/R **sich ~** opóźni(a)ć się (**um** o), ulegać ⟨ulec⟩ zwłoce
Ver'zögerung F odwlekanie, opóźnianie (się), zwłoka (*a. Aufschub*); **mit ~** z opóźnieniem; **ohne ~** bez zwłoki
Ver'zögerungstaktik F gra na zwłokę

ver'zollen (-) ⟨o⟩clić; **nichts zu ~ haben** nie mieć nic do oclenia

ver'zückt ADJ zachwycony, *präd* z zachwytem, w zachwycie

Ver'zückung F (*bpl*) zachwyt; **in ~ geraten** wpaść w zachwyt

Ver'zug M (*bpl*) zwłoka; **im ~ sein (mit)** zalegać (z *inst*); **in ~ geraten (mit)** spóźni(a)ć się (z *inst*); **ohne ~** bez zwłoki

Ver'zugszinsen PL odsetki *fpl* za zwłokę

ver'zweifeln V/I (-) rozpaczać; **~ an** (*dat*) stracić nadzieję na (*akk*)

ver'zweifelt ADJ zrozpaczony; *Tat, Lage* rozpaczliwy (-wie)

Ver'zweiflung F (*bpl*) rozpacz *f*; **j-n zur ~ bringen** doprowadzać ⟨-dzić⟩ k-o do rozpaczy; **aus, vor ~** z rozpaczy

Ver'zweiflungstat F akt desperacji

ver'zweigen (-): V/R **sich ~** rozgałęzi(a)ć się (*a. fig*)

ver'zwickt *umg* ADJ zawiły, zawikłany

Vesper F (-; -*n*) *rel* nieszpory *pl*; *a.* N (-*s*; -) *pl-niem* podwieczorek

vespern V/I (-*re*) ⟨z⟩jeść podwieczorek

Ve'suv M (-*s*; *bpl*): **der ~** Wezuwiusz

Vete'ran M (-*en*) weteran

Veteri'närmedizin F weterynaria

Veto N (-*s*; -*s*) weto; **(s)ein ~ einlegen (gegen)** zgłaszać ⟨zgłosić⟩ weto (w stosunku do, wobec *gen*), *umg* ⟨za⟩wetować (*akk*)

Vet|ter M (-*s*; -*n*) kuzyn; **~ternwirtschaft** F (*bpl*) *abw* kumoterstwo

Ve'xierspiegel M krzywe zwierciadło

v.H. (vom Hundert) od sta

VHS (Volkshochschule) uniwersytet ludowy

vgl. (vergleiche) porównaj

Via'dukt M *od* N (-[*e*]*s*; -*e*) wiadukt

Vibrati'on F wibracja, drganie

Vib'rator M (-*s*; -'*toren*) wibrator

vi'brieren V/I (-) wibrować, drgać

Video N (-*s*; -*s*) wideo; **~aufnahme** F zapis na taśmie magnetowidowej *od* na taśmie wideo; **~clip** [-klıp] M (-*s*; -*s*) wideoklip; **~film** M wideofilm; **~gerät** N wideoodtwarzacz; **~kamera** F kamera wideo; **~kassette** F wideokaseta, kaseta wideo; **~recorder, ~rekorder** M magnetowid, *umg* wideo (*unv*)

Video|text M telegazeta; **~thek** F wypożyczalnia (kaset) wideo; **~überwachung** F nadzór wideo

Viech *umg* N (-[*e*]*s*; -*er*) → Vieh

Vieh N (-*s*; *bpl*) *koll* bydło; *umg* (*Tier*) stworzenie; *abw* bydlę, bydlak; **~bestand** M pogłowie bydła; **~futter** N pasza dla bydła; **~herde** F stado bydła

viehisch *abw* bydlęcy; bestialski, *präd* jak bydlę; bestialsko, po bestialsku

Vieh|salz N (*bpl*) sól bydlęca; **~stall** M obora; **~wagen** M wagon bydlęcy; **~zeug** *umg* N (-*s*; *bpl*) (*Kleinvieh*) drobny inwentarz, *reg* gadzina; (*Käfer usw*) robactwo; **~zucht** F chów bydła, hodowla bydła

viel **A** *indef* PRON *u. num* (*mehr, meiste*) **1** dużo, wiele; **~es** (*vielerlei*) dużo *od* wiele różnych (rzeczy *usw*); (*beträchtliche Menge*) dużo, masa; **das ~e Geld** (taka) masa pieniędzy; **in ~em, mit ~em hat er recht** on ma rację pod wieloma względami *od* z wielu względów; **um ~es größer** o wiele większy; **zu ~** za dużo, za wiele **2** *pl* **(sehr) ~e** (bardzo) dużo, wiele, *persf* wielu; **~e von uns** wielu z nas; **~e hundert** wiele setek; **mit ~en ...** z wieloma ... **3** *fragend* **wie ~e** ile, *persf* ilu **4** (*zahlreich, mst mit* **so**) tyle, tylu; **so ~(e)** tyle, *persf* tylu, tak dużo; **so ~ Geld** tyle *od* tak dużo pieniędzy; **gleich ~(e) wie** tyle samo co; **so ~ wie möglich** ile tylko możliwe; **so ~ du willst** ile (tylko) chcesz **B** ADV (*mehr, am meisten*) **5** (*bei Weitem*) daleko, stanowczo, znacznie, o wiele; **~ besser** daleko lepszy *od* lepiej; **~ lieber** o wiele chętniej; **~ weniger** znacznie mniej; **~ zu ~** o wiele za dużo; **~ zu lange, zu spät** stanowczo za długo, za późno; **das ist zu ~!** tego już za wiele! **6** (*häufig*) często, dużo; **~ verreisen** często podróżować; **~ an der frischen Luft sein** przebywać dużo na powietrzu; **~ beschäftigt** bardzo zajęty; **~ gebraucht** często używany; **~ gereist** bywały; **~ sagend** → vielsagend; **~ versprechend** → vielversprechend

viel|beschäftigt → viel; **~deutig** wieloznaczny

Vieleck N wielobok, wielokąt

Vielehe F wielożeństwo, poligamia

vielerlei (*unv*) wieloraki, rozmaity, różnego rodzaju; *berichten, sehen usw* dużo różnych rzeczy

vielerorts ADV w wielu miejscach

vielfach ADJ wielokrotny, *präd lit* wielekroć; **auf ~en Wunsch** na liczne prośby; **das Vielfache** wielokrotność *f*; **um ein Vielfaches höher** wyższy *od* wyżej o rząd wielkości

Vielfalt F (*bpl*) (*Fülle*) mnogość *f*; (*Mannigfaltigkeit*) wielorakość *f*

viel|fältig wieloraki, rozmaity; **~farbig** wielokolorowy, wielobarwny

Vielfraß M (*-es; -e*) rosomak; *umg fig* obżartus, żarłok

viel|gebraucht, **~gereist** → viel; **~gestaltig** wielokształtny, wielopostaciowy; **~köpfig** *Familie* liczny

viel'leicht ADV może, możliwe; *partikel* ale(ż); **~ auch** może nawet; **~ auch nicht** a może i nie; **~ komme ich** możliwe, że przyjdę; **ich war ~ böse!** ale byłem wkurzony!

vielmals ADV: **ich bitte ~ um Entschuldigung** stokrotnie przepraszam; **danke ~!** stokrotnie dziękuję!

vielmehr ADV *u. konj* (*eher*) raczej; (*will sagen*) co więcej

vielsagend wiele mówiący, wymowny

vielschichtig wielowarstwowy

vielseitig wielostronny, wszechstronny

Vielseitigkeit F (*bpl*) wielostronność *f*, wszechstronność *f*

vielversprechend wiele obiecujący; *präd* obiecująco

Viel|völkerstaat M państwo wielonarodowe; **~weibe'rei** F (*bpl*) poligamia; **~zahl** F (*bpl*) mnogość *f*, mnóstwo

vier *num* cztery, *persf* czterej; *Sammelzahlwort* czworo; **~ Uhr** czwarta (godzina); *umg* **auf allen ~en** na czworakach

Vier F (*bpl*) czwórka; (*Zeugnisnote*) dostateczny; *in Polen etwa* trój(k)a

vierbändig czterotomowy

Vierbeiner M czworonóg (*a. Hund*)

vierbeinig czworonogi; *Möbel* czteronogi, czteronożny

Viereck N czworobok, czworokąt

viereckig czworokątny; kwadratowy

viereinhalb cztery i pół

Vierer M (*Boot*) czwórka; *umg* (*vier Richtige*) cztery trafienia; → Vier; **~bob** M bobslej czteroosobowy

Viererreihe F czwórszereg; **in ~n** w czwórszeregu

vierfach poczwórny; **~ falten** składać ⟨złożyć⟩ poczwórnie *od* we czworo

Vier|'farbendruck M druk czterobarwny; **~ganggetriebe** N czteroprzekładniowa skrzynia biegów

vierhändig ADJ MUS: **~ spielen** grać na cztery ręce

vierhundert *num* czterysta, *persf* czterystu; **~ste** *num* czterechsetny

vierjährig czteroletni

Vierkant|feile F pilnik kwadratowy; **~holz** N krawędziak, kantówka; **~mutter** F nakrętka czworokątna

Vierlinge MPL czworaczki *mpl*

viermal ADV cztery razy, czterokrotnie

viermalig czterokrotny

Vierradantrieb M napęd na cztery koła

vier|rädrig czterokołowy; **~schrötig** krępy (-po), przysadzisty (-ście); **~seitig** czterostronny; **~spurig** *Autobahn* czteropasmowy; **~stellig** *Zahl* czterocyfrowy; **~stöckig** czteropiętrowy; **~strahlig** LOTN czterosilnikowy

viert ADV: **zu ~** we czworo, we czwórkę

Viertakt|er M, **~motor** M czterosuw, silnik czterosuwowy

viertausend *num* cztery tysiące

vierte *num* czwarty; **am ~n** czwartego

vierteilig czteroczęściowy; *Serie* czteroodcinkowy

viertel ADJ (*unv*): **ein ~** jedna czwarta; **ein ~ Kilo** ćwierć *f* kilo; **um ~ acht** kwadrans po siódmej

Viertel N czwarta część; (*Maß, Gewicht*) ćwierć *f*, *umg* ćwiartka; (*Uhrzeit*) kwadrans; (*Stadtviertel*) dzielnica; **(ein) ~ vor zwei** za kwadrans druga; **(ein) ~ nach eins** kwadrans po pierwszej; **~finale** N ćwierćfinał; **~'jahr** N kwartał

vierteljährlich kwartalny; **~ bezahlen** płacić kwartalnie

Viertel'liter M *od* N ćwierć *f* litra, *umg* ćwiartka; **ein ~ Wodka** ćwiartka wódki

vierteln (*-le*) ⟨po⟩ciąć na czworo; KULIN *a.* ⟨po⟩dzielić na ćwiartki

Viertelnote F ćwierćnuta

Viertel'stunde F kwadrans

viertens ADV po czwarte

viertürig czterodrzwiowy

vierzehn *num* czternaście, *persf* czternastu; **~ Tage** dwa tygodnie; **~tägig** dwutygodniowy; **~te** *num* czternasty

Vierzeiler M czterowiersz

vierzig *num* czterdzieści, *persf* czterdziestu

Vierzig F (*bpl*) czterdziestka

vierziger ADJ: **die ~ Jahre** lata *pl* czterdzieste
vierzigjährig czterdziestoletni
vierzigste *num* czterdziesty
Vier|zig'stundenwoche F czterdziestogodzinny tydzień pracy; **~'zimmerwohnung** F czteropokojowe mieszkanie; **~zylinder(motor)** M silnik czterocylindrowy
Viet|nam [viɛt'nam] N (-s; bpl) Wietnam; **~na'mese** M Wietnamczyk; **~na'mesin** F Wietnamka
vietnamesisch [viɛtna'me:ziʃ] wietnamski (po -ku)
Vignette [vin'jɛtə] F winieta, *dim* winietka; (*Aufkleber*) nalepka
Vi'kar M (-s; -e) wikariusz, wikary
Villa F (-; *Villen*) willa
Villenviertel N dzielnica willowa
vio'lett fioletowy (-wo)
Vio'line F skrzypce *pl*
Vio'lin|konzert N koncert na skrzypce; **~schlüssel** M klucz wiolinowy
Violoncello [-'tʃɛlo] N wiolonczela
Viper F (-; -n) żmija
Viren PL → Virus; **~schutzprogramm** N EDV program antywirusowy
virtu'ell wirtualny
virtu'os mistrzowski, *präd* mistrzowsko, po mistrzowsku
Virus N *od* M (-; -ren) wirus; **~erkrankung** F, **~krankheit** F choroba wirusowa
Visa PL → Visum
Visage *umg* [vi'za:ʒə] F *abw* gęba
Visagistin [-'ʒi:-] F wizażystka
Visen PL → Visum
Vi'sier N (-s; -e) *am Helm* przyłbica; HIST wizjer; (*Zielvorrichtung*) wizjer, celownik
Visi'on F wizja
visio'när wizjonerski, *präd* po wizjonersku
Visitati'on F wizytacja; *des Gepäcks* kontrola, przeszukanie
Vi'si|te F wizyta; *im Krankenhaus* obchód; **~tenkarte** F wizytówka
Vis'kose F (bpl) CHEM wiskoza
Viskosi'tät F (bpl) lepkość *f*
visu'ell wizualny; **~er Eindruck** wrażenie wzrokowe
Visum N (-s; *Visa od Visen*) wiza
visumfrei bezwizowy
vi'tal (*lebenswichtig*) żywotny, witalny; (*voller Lebenskraft*) rześki, pełen werwy
Vitali'tät F (bpl) witalność *f*, żywotność *f*; energia życiowa
Vita'min N (-s; -e) witamina; **~mangel** M niedobór witamin; **~präparat** N preparat witaminowy
Vi'trine F kredens, serwantka; (*Schaukasten*) gablot(k)a
vitro → in vitro
Vize|- *in zssgn* wice-; **~meister** M wicemistrz; **~präsident** M wiceprezydent
Vlies N (-es; -e) runo; (*Stoff*) włóknina
V-Mann M → Verbindungsmann
Vogel M (-s; *Vögel*) **1** ptak; PL *koll a.* ptactwo **2** *umg fig* **lustiger ~** kawalarz, jajcarz; **schräger ~** ciemny typ; **ulkiger ~** cudak; *iron* **den ~ abschießen** zakasować *pf* wszystkich; *pop* **e-n ~ haben** być trochę pukniętym; *j-m* **e-n ~ zeigen** pukać ⟨-knąć⟩ się w czoło
Vogelbauer N *od* M klatka
Vogelbeere F jarzębina
Vögelchen N ptaszek, ptaszyna
Vogelflug M (bpl) lot ptasi
vogelfrei wyjęty spod prawa
Vogel|futter N pokarm dla ptaków; **~häuschen** N karmnik (dla ptaków); **~käfig** M → Vogelbauer; **~miere** F BOT gwiazdnica
vögeln *vulg* (-le) V/T (V/I **mit j-m**) *vulg* pierdolić, jebać, dupczyć (*akk*; V/I się z *inst*)
Vogelnest N gniazdo ptasie
Vogelperspektive F: **aus der ~** z lotu ptaka
Vogelscheuche F strach na wróble; **wie e-e ~ aussehen** wyglądać jak strach na wróble
Vogel|schutz M ochrona ptaków; **~warte** F stacja ornitologiczna; **~zug** M przelot ptaków
Vogerlsalat N *austr* sałata siewna; (*Rapunzel*) roszponka (warzywna)
Vo'gesen PL: **die ~** Wogezy *pl*
Vöglein N ptaszek
Vo'kabel F (-; -n) słowo; słówko; **lateinische ~n lernen** uczyć się słówek łacińskich; **~heft** N zeszyt do słówek
Vo'kal M (-s; -e) samogłoska; **~musik** F muzyka wokalna
Vokativ M (-s; -e) GRAM wołacz
Voliere [vo'ljɛ:rə] F woliera
Volk N (-[e]s; Völker) lud; (*Nation*) naród,

narodowość *f*; *(bpl)* *(Leute)* lud, ludzie *pl*, *(a. pl)* *der Bienen* rój; **die slawischen Völker** ludy słowiańskie; **das junge ~** młodzi ludzie *pl*; **viel ~** tłumy *mpl*, *umg* kupa luda; **ein Mann aus dem ~** człowiek z ludu

Völker|gemisch N mieszanina narodowości; **~kunde** F *(bpl)* etnologia; **~mord** M *(bpl)* ludobójstwo; **~recht** N *(bpl)* prawo międzynarodowe; **~verständigung** F porozumienie między narodami; **~wanderung** F migracja, ruch ludności; HIST wędrówka ludów

Volks|abstimmung F referendum *n*; plebiscyt; **~aufstand** M powstanie ludowe; **~befragung** F referendum *n*; **~begehren** N inicjatywa społeczna w sprawie przeprowadzenia referendum; **~bücherei** F biblioteka publiczna

volkseigen HIST państwowy; **~er Betrieb** przedsiębiorstwo państwowe

Volks|einkommen N dochód narodowy; **~entscheid** M plebiscyt; **~fest** N zabawa ludowa, festyn; **~glaube** M wierzenia *npl* ludowe; **~gruppe** F grupa etniczna; **~held** M bohater narodowy; **~hochschule** F uniwersytet ludowy; **~lied** N pieśń ludowa

Volksmund M *(bpl)*: **im ~** w języku ludowym

Volks|musik F muzyka ludowa; **~partei** F stronnictwo ludowe; **~republik** F republika ludowa; **~schule** F szkoła powszechna; **~sport** M (masowy) sport narodowy; **~stamm** M plemię; **~stück** N TEATR sztuka ludowa; **~tanz** M taniec ludowy; **~tracht** F strój ludowy; **~trauertag** M dzień *m* poświęcony pamięci zmarłych

volkstümlich ludowy (-wo); popularny

Volks|verhetzung F nawoływanie do waśni na tle narodowościowym; **~versammlung** F *(Massenversammlung)* wiec; *(Parlament)* zgromadzenie narodowe; **~vertretung** F przedstawicielstwo narodu; **~wirt(in)** M(F) ekonomista *m* (-tka); **~wirtschaft** F gospodarka narodowa; *(Lehre)* ekonomia polityczna; **~wohl** N dobro publiczne; **~zählung** F spis ludności; **~zorn** M gniew ludu; **~zugehörigkeit** F przynależność narodowa

voll **A** ADJ **1** *(gefüllt, bedeckt)* pełny *(a. gen od* **von** *dat gen)*, *präd m* pełen *(gen)* **2** *fig Backen, Erfolg, Mond, Summe, Stunde, Stimme usw* pełny; *Haar* gęsty **3** *(völlig, vollständig)* pełny, kompletny, cały, całkowity **4** *umg* *(satt)* najedzony, syty; *pop* *(besoffen)* zalany; **halb ~** napełniony do połowy; **~er Preis** pełna cena; **~er Stolz** pełen *(f* pełna) dumy; **~e zwei Stunden** pełne dwie godziny; **ein Brief ~(er) Fehler** list pełen błędów; **Au[illegible]n ~(er) Tränen** oczy pełne łez; **in [illegible]ahrt** w pełnym biegu, na pełnym g[illegible]e; *fig* **aus dem Vollen schöpfen** czerpać pełnymi garściami; *umg* **in die Vollen gehen** iść na całego **B** ADV pełno; do pełna; w pełni, całkowicie; **wir sind ~ besetzt** jesteśmy w komplecie; **~ verantwortlich** w pełni odpowiedzialny; *umg* **j-n nicht für ~ nehmen** *(nicht ernst nehmen)* nie traktować k-o poważnie; → vollgießen, volllaufen *usw*

vollauf ADV w pełni, w zupełności

vollautomatisch w pełni zautomatyzowany, pełnoautomatyczny

Vollbad N kąpiel całkowita

Vollbart M (rozłożysta) broda i wąsy; **mit ~** z brodą, brodaty

voll|berechtigt ADJ pełnoprawny; **~beschäftigt** ADJ zatrudniony w pełnym wymiarze godzin, pełnozatrudniony

Vollbeschäftigung F pełne zatrudnienie

Vollbesitz M *(bpl)*: **im ~ s-r geistigen Kräfte** w pełni władz umysłowych

Voll|blut N *(bpl)*, **~blüter** M koń *m* czystej krwi, folblut

vollblütig pełnokrwisty

Vollbremsung F hamowanie awaryjne

voll'bringen *(irr; -)*: **etw ~** dokon(yw)ać *(gen)*

vollbusig *Frau* z wydatnym biustem, *umg* piersiasta

Volldampf *umg* M: **mit ~** pełną parą

Völlegefühl N *(bpl)* uczucie przesytu

voll|'enden (-) ⟨za-, u⟩kończyć; dokonać *pf*; **~'endet** ADJ *Tatsache* dokonany; *(vollkommen)* doskonały

vollends ADV zupełnie, całkiem

Voll'endung F ukończenie; *e-r Tat* dokonanie; *(Perfektion)* doskonałość *f*; **kurz vor der ~ stehen** być na ukończeniu; **mit, nach ~ des 60. Lebensjahres** po ukończeniu sześćdziesiątego roku życia

voller → voll
Volley ['vɔli] M (-s; -s) wolej; **~ball** N (-s; bpl) siatkówka
vollfett ADJ *Käse* pełnotłusty
voll'führen (-) wykon(yw)ać
Vollgas N: **~ geben** ruszyć pełnym gazem; **mit ~** na pełnym gazie
vollgießen (*irr*) nal(ew)ać do pełna
Vollidiot *umg abw* kompletny idiota
völlig ADJ całkowity, zupełny; kompletny; ADV (*gänzlich*) całkowicie, całkiem, zupełnie, w pełni; kompletnie
volljährig pełnoletni; **~ werden** dochodzić ⟨dojść⟩ do pełnoletności
Voll|jährigkeit F (*bpl*) pełnoletność *f*; **~kaskoversicherung** F (-; *bpl*) pełne ubezpieczenie komunikacyjne, autocasco
vollklimatisiert ADJ w pełni klimatyzowany
voll'kommen doskonały, *präd* doskonale; (*gänzlich*) całkowity (-cie)
Voll'kommenheit F (*bpl*) doskonałość *f*
Vollkornbrot N chleb razowy
Volllast F pełne obciążenie
volllaufen (*irr; sn*): **~ lassen** *Gefäß* napełni(a)ć (**mit** *inst*); *umg* **sich ~ lassen** (*sich betrinken*) zal(ew)ać się (do nieprzytomności)
voll|laden (*irr*) naładow(yw)ać, obładow(yw)ać (*inst*); **~machen** napełni(a)ć
Vollmacht F (-; -*en*) pełnomocnictwo; **j-m ~ erteilen** udzielać ⟨-lić⟩ k-u pełnomocnictwa
Vollmachtgeber M mocodawca *m*
Vollmilch F mleko pełnotłuste; **~schokolade** F czekolada mleczna
Vollmitglied N członek pełnoprawny
Vollmond M księżyc w pełni, pełnia
vollmundig *fig* chełpliwy (-wie)
Vollnarkose F narkoza ogólna
vollpacken → vollladen
Vollpension F całodzienne wyżywienie
vollpumpen: *umg fig* **j-n mit etw ~** nafaszerować *pf* k-o (*inst*)
vollsaugen V/R: **sich ~ (mit)** nasiąkać ⟨-knąć⟩ (*inst*)
vollschlank korpulentny, puszysty
voll|schmieren wysmarować *pf*, *umg* utytłać *pf* (**sich** się); **~schreiben** (*irr*) *Seite* zapis(yw)ać; **~spritzen** zabryzgać *pf*
vollständig kompletny, cały; (*völlig*) zupełny; **~ zerstören** ⟨z⟩niszczyć kompletnie *od* zupełnie
Vollständigkeit F (*bpl*) kompletność *f*; **der ~ halber** dla ścisłości
vollstopfen: **~ (mit)** nap(y)chać (*inst*); *umg* **sich ~ (mit)** (*essen*) op(y)chać się (*inst*)
voll'strecken (-) JUR *Urteil* wykon(yw)ać; *Titel* egzekwować
Voll|'streckung F JUR *e-s Urteils* wykonanie; *e-s Titels, Todesurteils* egzekucja; **~'streckungsbefehl** M nakaz egzekucyjny
volltanken zatankować *pf* (bak) do pełna
Volltreffer M trafienie; *fig* trafienie w sedno
volltrunken upity, całkowicie pijany
Voll|versammlung F zgromadzenie ogólne; **~waise** F sierota całkowita (*m* całkowity); **~waschmittel** N uniwersalny proszek do prania
vollwertig pełnowartościowy
Vollwertkost F (*bpl*) pożywienie pełnowartościowe
vollzählig kompletny; **~ erscheinen** zjawi(a)ć się w komplecie
voll'ziehen (-) V/T (*ausführen*) wykon(yw)ać; *Trauung* dokon(yw)ać; V/R **sich ~** dokon(yw)ać się; **~de Gewalt** władza wykonawcza
Voll'zug M (-s; *bpl*) wykonanie; dokonanie; **offener ~** wykonanie kary z możliwością pracy poza zakładem karnym
Voll'zugsbeam|te(r) M, **~tin** F funkcjonariusz(ka) penitencjarny (-na)
Voll'zugsmeldung F meldunek o wykonaniu
Volon'tär M (-s; -*e*) wolontariusz; **~in** F wolontariuszka
Volt N (- *od* -s; -) wolt; **~meter** N woltomierz
Vo'lumen N (-s; - *od* -*mina*) pojemność *f*; MAT objętość *f*; EKON wolumen; **~prozent** N procent objętościowy
vom = **von dem**; → von
von PRÄP (*dat*) *örtlich, zeitlich* (*von wem, wovon, aufgrund*) od (*gen*), z, ze (*gen*); *beim Passiv* przez (*akk*); (*über*) o (*lok*); (*Adelsprädikat*) von; **~ Norden** od *od* z północy; **~ heute an** od dziś; **~ da, ~ hier an** odtąd; **~ ihm** od niego; **vom Rauchen** od palenia; **~ vornherein** z góry; **einer ~ uns** jeden z nas; **Lehrer ~ Beruf** nauczyciel z zawodu; **~ allen besucht** zwiedzany przez wszystkich; *umg* **~ mir aus** niech i

tak będzie; **sprechen ~ ...** mówić o (*lok*); *oft keine Entsprechung, wenn anstelle des Genitivattributs, bei Maß-, Eigenschafts- u. Personenangaben verwendet* **Mutter ~ drei Söhnen** matka trzech synów; **ein Drama ~ Schiller** dramat Schillera; **König ~ Schweden** król Szwecji; **die Zeitung ~ heute** dzisiejsza gazeta; **... ~ zwei Meter Länge ...** długości dwóch metrów; **im Preis ~ fünf Euro** w cenie pięciu euro; **die Umgebung ~ Berlin** okolice *fpl* Berlina; **müde ~ der Arbeit** zmęczony pracą

vonei'nander *lösen, trennen* jeden *od* jedno od drugiego, jedna *od* jedną od drugiej; *hören, sprechen* jeden *od* jedno o drugim, jedna o drugiej

von'nöten ADJ: **~ sein** być (koniecznie) potrzebnym

von'seiten (*gen*) ze strony (*gen*)

von'stattengehen (*irr; sn*) odby(wa)ć się, postępować

vor¹ PRÄP (*wohin? akk; wo?, wann? dat*) przed (*akk, inst*); **~ das Haus** przed dom; **~ dem Haus** przed domem; **~ einer Woche** przed tygodniem; *Grund, Ursache* (*dat*) z (*gen*); **~ Freude** z radości; **~ Angst** ze strachu; (*fig, gegenüber dat*) wobec, dla (*gen*); **Achtung ~...** poszanowanie dla (*gen*); **Gleichheit ~ dem Gesetz** równość *f* wobec prawa; **~ Zeugen** w obecności świadków; *Uhrzeit* (*dat*) za (*akk*); **fünf ~ zwei** za pięć druga; *fig* **~ sich hin schimpfen, reden** mruczeć coś (pod nosem); *fig* **~ sich hin weinen** płakać po cichu

vor² ADV naprzód; **~ und zurück** tam i z powrotem

vor'ab ADV z góry, na wstępie

Vor'abdruck M (PL *-e*) przedbitka

Vorabend M wigilia; **am ~** w przeddzień, w wigilię

Vor'abinformation F preinformacja

Vorahnung F przeczucie

vo'ran ADV na przedzie, na czele; (*vorwärts*) naprzód

vo'rangehen V/I (*irr; sn*): **1** **j-m ~** iść przed (*inst*), iść przodem, *a. e-r Sache* poprzedzać ⟨-dzić⟩ (*akk*) **2** *Arbeit* postępować naprzód

vo'rankommen V/I (*irr; sn*) posuwać się naprzód; *fig* awansować; czynić postępy (**mit der Arbeit** w pracy)

Vorankündigung F: **ohne ~** bez (poprzednich) zapowiedzi

Voranmeldung F: TEL **mit ~** z przywołaniem

Voranschlag M kosztorys (wstępny)

vo'ranstellen: **e-m Werk ein Vorwort ~** poprzedzać ⟨-dzić⟩ dzieło przedmową

vo'rantreiben (*irr*) (*beschleunigen*) przyspieszać ⟨-szyć⟩, *umg* pchnąć *pf* naprzód

Vorarbeit F (przed)wstępna praca; **~ leisten** wykon(yw)ać prace wstępne

vorarbeiten V/T z góry odpracow(yw)ać (**e-n freien Tag** wolny dzień); *v/r* **sich ~** posuwać ⟨-sunąć⟩ się do przodu

Vorarbeite|r M brygadzista *m*; **~rin** F brygadzistka

vo'raus PRÄP (*dat*): **j-m**, *e-r Sache* **~ sein** wyprzedzać ⟨-dzić⟩ (*akk*); ADV **volle Kraft ~!** cała naprzód!; **im 'Voraus** z góry, naprzód, z wyprzedzeniem; **im 'Voraus planen** planować z wyprzedzeniem; **besten Dank im 'Voraus** z góry bardzo dziękuję

vo'raus|ahnen przeczu(wa)ć (*akk*); **~berechnen** (-) obliczać ⟨-czyć⟩ naprzód *od* z góry; **~bezahlen** (-) ⟨za⟩płacić z góry; **~datieren** (-) postdatować; **~eilen** V/I (*sn*) wybiegać ⟨-biec⟩ naprzód

vo'rausgehen V/I (*irr; sn*): **j-m**, *e-r Sache* **~** poprzedzać ⟨-dzić⟩ (*akk*)

vo'raushaben (*irr*): **j-m etw ~** przewyższać k-o (*inst*); **er hat mir die Erfahrung voraus** on przewyższa mnie doświadczeniem

vo'rausplanen planować z wyprzedzeniem *od* naprzód

Vo'raussage F przepowiednia

vo'raus|sagen przedpowiadać ⟨-wiedzieć⟩; **~schauend** ADJ przewidujący (-co)

vo'rausschicken **1** *Person* pos(y)łać *od* wyprawi(a)ć naprzód (*akk*) **2** *fig Bemerkung* zaznaczać ⟨-czyć⟩ na wstępie (*akk*)

vo'raussehbar przewidywalny, dający się przewidzieć; **~en** (*irr*) przewidywać ⟨-dzieć⟩; **das war vorauszusehen** to było do przewidzenia

vo'raussetzen (*annehmen*) zakładać ⟨-łożyć⟩; (*bedingen*) zakładać; **vorausgesetzt, dass** zakładając, że; **diese Arbeit setzt ... voraus** ta praca wymaga (*gen*)

Vo'raussetzung F przesłanka, warunek, (*a. Annahme*) założenie; **unter der ~, dass**

pod warunkiem, że; **die ~en erfüllen** spełniać warunki

Vo'raussicht F (*bpl*) przewidywanie; **aller ~ nach** według wszelkich przewidywań; **in der ~, dass** przewidując, że, w przewidywaniu, że

vo'raussichtlich przypuszczalny

Vo'rauszahlung F opłata z góry; (*Anzahlung*) przedpłata, zaliczka

Vorbau M (PL *-bauten*) BUD występ, ryzalit; *beim Fahrrad* mostek

vorbauen *fig*: **für etw ~** ⟨za⟩troszczyć się zawczasu o (*akk*); **e-r Sache ~** (*vorbeugen*) zapobiegać ⟨-biec⟩ (*dat*)

Vorbedacht M (*bpl*): **mit ~** z rozmysłem, z premedytacją

Vorbedingung F warunek wstępny

Vorbehalt M zastrzeżenie; **unter dem ~, dass** z tym zastrzeżeniem, że

vorbehalten (*irr*; -): V/R **sich** (*dat*) **etw ~** zastrzegać ⟨-strzec⟩ sobie (*akk*); **sich das Recht ~, zu** (+ INF) zastrzegać ⟨-strzec⟩ sobie prawo do (+ *Verbalsubstantiv*); *pperf* **j-m ~ sein, ~ bleiben** pozosta(wa)ć, być danym k-u; **Änderungen, Irrtum ~** z zastrzeżeniem zmian, błędów

vorbehalt|lich PRÄP (*gen*) z zastrzeżeniem (*gen*); **~los** ADJ, ADV bez zastrzeżeń

vor'bei ADV *räumlich* (**an** *dat*) obok, koło (*gen*); **~!** (*daneben*) pudło!; *zeitlich* **~ sein** skończyć się *pf*; (prze)minąć *pf*; *umg* **mit uns ist es ~** kończę z tobą; **es ist 8 Uhr ~** minęła (godzina) ósma; *umg* **aus und ~!** koniec i bomba!

vor'beifahren V/I (*irr*; *sn*) (**an** *dat*) przejeżdżać ⟨-jechać⟩ obok (*gen*), mijać ⟨minąć⟩, wymijać ⟨-minąć⟩ (*akk*)

vor'beiführen V/I *Weg* przebiegać, prowadzić (**an** *dat* obok *gen*)

vor'beigehen V/I (*irr*; *sn*) przechodzić ⟨przejść⟩ (*a. vergehen*); **~ an** (*dat*) przechodzić ⟨przejść⟩ obok (*gen*), mijać ⟨minąć⟩ (*akk*); **der Schuss ging (am Ziel) vorbei** strzał *od* pocisk chybił celu; *umg* **bei j-m ~** zaglądać ⟨zajrzeć⟩, wpadać ⟨wpaść⟩ do (*gen*); **im Vorbeigehen** przechodząc (obok), mijając; *fig* **am Kern der Sache ~** nie trafi(a)ć w sedno (sprawy, zagadnienia)

vor'beikommen V/I (*irr*; *sn*) (**an** *dat*) wymijać ⟨-minąć⟩ (*akk*); *umg* **bei j-m ~** wstępować ⟨wstąpić⟩ (po drodze) do (*gen*); *fig* **daran kommt man nicht vorbei** tego nie da się ominąć

vor'beilassen (*irr*): **j-n ~** przepuszczać ⟨-puścić⟩ (*akk*), puszczać ⟨puścić⟩ przodem (*akk*)

vor'beimarschieren (-; *sn*) przemaszerować *pf* (**an** *dat* przed *inst*, koło *gen*)

vor'beireden V/I: **am Thema ~** odbiegać ⟨-biec⟩ od tematu; **aneinander ~** mówić, nie rozumiejąc jeden drugiego

vor'beischießen V/I (*irr*) chybi(a)ć celu, ⟨s⟩pudłować

vor'beiziehen V/I (*irr*; *sn*) przeciągać ⟨-gnąć⟩ (**an** *dat* przed *inst*, obok *gen*); (*überholen*) wymijać ⟨-minąć⟩ (**an j-m** k-o)

vorbelastet ADJ: **erblich ~** obciążony dziedzicznie

Vorbemerkung F uwaga wstępna

vorbereiten (-) V/T przygotow(yw)ać (*v/r* **sich** się; **auf** *akk* do *gen*); **ich bin auf alles vorbereitet** jestem przygotowany na wszystko

Vorbereitung F przygotowanie; **~en treffen (zu, für)** ⟨po⟩czynić przygotowania (do *gen*); **~s-** *in zssgn* przygotowawczy, wstępny

Vorbesprechung F wstępne rozmowy *fpl*, wstępna narada

vorbestellen (-) zamawiać ⟨-mówić⟩ z wyprzedzeniem, ⟨za⟩rezerwować (*a. Platz, Zimmer usw*)

Vorbestellung F rezerwacja

vorbestraft ADJ (uprzednio) karany; **nicht ~** niekarany

vorbeugen V/I (*dat*) (*etw verhüten*) zapobiegać ⟨-biec⟩ (*dat*); V/R **sich ~** wychylać ⟨-lić⟩ się do przodu

vorbeugend ADJ zapobiegawczy

Vorbeugung F (*bpl*) (*Verhütung*) zapobieganie (*dat*); MED *a.* profilaktyka; JUR prewencja; **~s-** *in zssgn* zapobiegawczy; profilaktyczny; prewencyjny

Vorbild N wzór; **sich j-n, etw zum ~ nehmen** wzorować się na (*lok*)

vorbildlich wzorowy (-wo)

Vorbildung F wykształcenie, przygotowanie (zawodowe)

Vorbote M zwiastun

vorbringen (*irr*) *Argumente, Gründe* przytaczać ⟨-toczyć⟩; *Bitte* wyrażać ⟨-razić⟩; *Beschwerde* wnosić ⟨wnieść⟩

Vordach N daszek ganku, daszek nad drzwiami, podcień *f*

vordatieren (-) postdatować; (*zurück-*

V

datieren) antydatować
Vordenker(in) M(F) prekursor(ka)
Vorder|achse F oś przednia; **~ansicht** F widok z przodu; **~bein** N przednia noga *od* kończyna; → Vorderpfote
vordere przedni; *bes* BUD, TECH frontowy
Vordereingang M wejście od frontu
Vordergrund M pierwszy plan; *fig* **im ~ stehen** być na pierwszym planie; *fig* **in den ~ stellen** wysuwać ⟨-sunąć⟩ na pierwszy plan
vordergründig *(oberflächlich)* powierzchowny, naskórkowy (-wo)
Vorder|haus N dom od ulicy, kamienica frontowa; **~lauf** M → Vorderbein
Vordermann M (PL *-männer*) poprzednik (w szeregu); *umg fig* **j-n auf ~ bringen** nauczyć *pf* k-o moresu; *umg fig* **etw auf ~ bringen** doprowadzić *pf* do ładu *(akk)*
Vorderpfote F przednia łapa
Vorderrad N przednie koło; **~antrieb** M napęd na przednie koła
Vorder|schinken M łopatka (wieprzowa); **~seite** F przednia strona; front; *von Stoff, Leder* lico; **~sitz** M przednie siedzenie
vorderste *sup* pierwszy, czołowy; **in der ~n Reihe** w pierwszym rzędzie
Vorder|teil N *od* M przednia część, przód; **~tür** F drzwi *pl* frontowe
vordrängen: V/R **sich ~** ⟨prze⟩pchać się do przodu (poza kolejką)
vordringen V/I *(irr; sn)* **(bis zu** *dat*, **in** *akk)* docierać ⟨dotrzeć⟩ (do *gen*); *forschend* penetrować *(akk)*
vordringlich priorytetowy (-wo)
Vordruck M (PL *-e*) blankiet, druk
vorehelich przedmałżeński, przed zawarciem małżeństwa
voreilig pochopny; *(zu schnell)* zbyt pospieszny; **~e Schlüsse ziehen** wyciągać pochopnie wnioski (**aus** z *gen*)
vorei'nander 1 *räumlich* jeden przed drugim 2 *(einer in Bezug auf den anderen)* **keine Geheimnisse ~ haben** nie mieć między sobą sekretów 3 *(wechselseitig einer dem anderen gegenüber)* jeden drugiego (wzajemnie); **sich ~ fürchten** bać się jeden drugiego
voreingenommen ADJ uprzedzony (**gegen, gegenüber** do *gen*)
Voreingenommenheit F *(bpl)* uprzedzenie
vorenthalten *(irr; -)* **(j-m etw)** nie wyda(aw)ać, zatrzym(yw)ać (k-u *akk*); **j-m nichts ~** *(alles erzählen)* nie ukry(wa)ć niczego przed *(inst)*
Vorentscheidung F decyzja wstępna; SPORT decydujący punkt, decydująca bramka
Vorermittlung F dochodzenie wstępne
vorerst ADV na razie
vorfabriziert ADJ prefabrykowany
Vorfahr M *(-en)* przodek; **unsere ~en** nasi przodkowie
vorfahren V/I *(irr; sn)* podjeżdżać ⟨-jechać⟩ (**vor dem** *od* **das Haus** pod dom); *umg (vorausfahren)* **wir fahren schon vor** pojedziemy przodem
Vorfahrt F pierwszeństwo przejazdu; **~ gewähren, haben** ustąpić, mieć pierwszeństwo przejazdu
Vorfahrtsstraße F droga z pierwszeństwem przejazdu
vorfahtsberechtigt *Fahrzeug* uprzywilejowany
Vorfall M zajście, incydent; MED wypadnięcie
vorfallen V/I *(irr; sn) (sich ereignen)* wydarzać ⟨-rzyć⟩ się, zachodzić ⟨zajść⟩
Vorfeld N: *fig* **im ~** *(gen)* w przededniu *(gen)*; **im ~ der Wahlen** w okresie przedwyborczym
Vor|fertigung F prefabrykacja; **~finanzierung** F finansowanie wstępne
vorfinden *(irr)* znajdować ⟨znaleźć⟩, zasta(wa)ć
Vorfreude F **(auf etw)** przedsmak radości w oczekiwaniu *(gen od* na *akk)*
vorfristig przedterminowy (-wo)
Vorfrühling M przedwiośnie
vor|fühlen sondować (**bei j-m wegen** k-o w sprawie *gen*); **~führen** *(zeigen)* ⟨za⟩prezentować, ⟨za⟩demonstrować; *Film* wyświetlać ⟨-lić⟩; *Häftling* doprowadzać ⟨-dzić⟩; *umg* (**öffentlich** publicznie) ⟨z⟩dyskredytować
Vorführ|raum M kabina projekcyjna; **~ung** F pokaz, prezentacja, demonstracja; *e-s Häftlings* doprowadzenie; *e-s Films* wyświetlanie; *konkret* seans; **~wagen** M samochód demonstracyjny
Vorgabe F *(Soll)* wielkość zadana; SPORT for, *mst pl* fory; *(Richtlinie)* dyrektywa; *(Forderung)* postulat
Vor|gang M proces; *(Ereignis)* zjawisko;

zdarzenie; (*Akten*) sprawa, akta *mpl*; **~gänger(in)** M(F) poprzednik (-iczka); **~garten** M ogródek przed domem
vorgaukeln (*-le*): **j-m etw ~** przedstawi(a)ć k-u w różowych barwach (*akk*)
vorgeben (*irr*) (*behaupten*) twierdzić; *Zeit usw* zada(wa)ć; SPORT **e-e Runde ~** dać jedno okrążenie for
Vorgebirge N przedgórze
vor|geblich rzekomy (-mo); **~gefasst** ADJ z góry powzięty; **~gefertigt** ADJ prefabrykowany; **~gegriffen** *pperf* → vorgreifen
vorgehen V/I (*irr; sn*) (*nach vorn gehen*) iść ⟨pójść⟩ do przodu *od* naprzód; *Uhr* spieszyć się; (*Vorrang haben*) mieć pierwszeństwo (przed *inst*); (*geschehen*) dziać się, stać się *pf*; (*verfahren*) postępować ⟨-stąpić⟩ (**nach** zgodnie z *inst*); **gegen j-n, etw ~** przedsiębrać ⟨-sięwziąć⟩ (odpowiednie) środki przeciw (*dat*); **was geht hier vor?** co się tu dzieje?
Vorgehen N (*-s; bpl*) postępowanie
vorgerückt ADJ: **im ~en Alter** w podeszłym wieku; **zu ~er Stunde** o późnej godzinie
Vorgeschichte F (*bpl*) prehistoria; *e-s Ereignisses* okoliczności *pl* poprzedzające (*akk*)
vorgeschichtlich prehistoryczny
Vorgeschmack M (*bpl*) przedsmak
vorgeschoben *pperf* → vorschieben; ADJ *Stellung* wysunięty; *Grund* pozorny
vorgeschrieben *pperf* → vorschreiben; ADJ wytyczony, przepisowy; (*obligatorisch*) obowiązkowy
Vorgesetzte F przełożona, *umg* szefowa; **~(r)** M (*-n*) przełożony, szef
Vorgespräch N rozmowa wstępna
vorgestern ADV przedwczoraj
vorgestrig przedwczorajszy
vor|geworfen *pperf* → vorwerfen; **~gezogen** *pperf* → vorziehen; ADJ *Wahl* przedterminowy, przyspieszony
vorgreifen V/I (*irr*): **j-m**, *e-r Sache* **~** uprzedzać ⟨-dzić⟩ (*akk*); *e-r Sache a.* antycypować (*akk*)
Vorgriff M: **im ~ auf** (*akk*) antycypując (*akk*)
vorhaben (*irr*) mieć zamiar, zamierzać, planować; **was hast du jetzt vor?** co teraz zamierzasz?; **was hast du heute Abend vor?** jakie masz plany na dziś wieczór?; **heute Abend habe ich schon etwas vor** dziś wieczorem jestem zajęty (-ta)
Vor|haben N (*Absicht*) zamiar; projekt, przedsięwzięcie; **~halle** F westybul, przedsionek; *e-r Kirche* kruchta
vorhalten **A** V/T **1** **j-m den Spiegel ~** trzymać lustro przed (*inst*); **halte die Hand vor, wenn du gähnst** osłaniaj (sobie) usta, gdy ziewasz **2** *fig Fehler* wytykać ⟨-tknąć⟩ (**j-m etw** k-u *akk*) **3** **hinter vorgehaltener Hand** pod sekretem; **mit vorgehaltener Pistole** grożąc pistoletem **B** V/I *Vorräte* starczyć *pf* (**lange** na długo); **nicht lange ~** *Freude usw* nie potrwać *pf* długo
Vorhaltung F wymówka, wyrzut; **j-m ~en machen** czynić k-u wymówki
Vorhand F (*bpl*) *Tennis* forhend
vor'handen (*existierend*) istniejący; (*vorrätig*) posiadany; **~ sein** być; **von etw** (*dat*) **ist nichts mehr ~** z (*gen*) nic nie pozostało
Vorhandensein N (*bpl*) istnienie, obecność *f*; GEOL, BIOL *a.* występowanie
Vorhang M zasłona; TEATR kurtyna
Vorhängeschloss N kłódka
Vorhaut F ANAT napletek
vorher ADV przedtem; **kurz ~** (na) krótko przedtem; **am Tag ~** poprzedniego dnia
vor'herbestimmen (-) przeznaczać ⟨-czyć⟩; **es war ihm vorherbestimmt** to było mu przeznaczone
vor'her|gehend ADJ, **~ig** poprzedni, wcześniejszy
Vorherrschaft F (*bpl*) przewaga, dominacja; hegemonia
vorherr|schen przeważać, dominować; **~schend** ADJ dominujący, panujący
Vor'hersage F prognoza (*a.* METEO)
vor'her|sagen przepowiadać ⟨-wiedzieć⟩; **~sehbar** przewidywalny; **~sehen** (*irr*) przewidywać ⟨-widzieć⟩
vorhin przed chwilą, dopiero co
Vorhof M dziedziniec zewnętrzny, przeddziedziniec; ANAT *des Herzens* przedsionek
Vorhut F MIL straż przednia; *fig* czołówka
vorig *Tag* poprzedni; *Jahr, Woche, Monat a.* zeszły, ubiegły
Vorjahr N zeszły *od* ubiegły rok
vorjährig ubiegłoroczny, zeszłoroczny
Vor|kämpfer(in) M(F) bojownik (-niczka), pionier(ka); **~kaufsrecht** N prawo pierwokupu
Vorkehrung F: **~en treffen** ⟨po⟩czynić przygotowania, przedsiębrać ⟨-sięwziąć⟩

V

środki
Vorkenntnisse FPL elementarne wiadomości *fpl*, przygotowanie (zawodowe); **ohne ~** *Person* początkujący ...
vorknöpfen: *umg* V/R **sich** (*dat*) **j-n ~** brać ⟨wziąć⟩ k-o w obroty
vorkommen V/I (*irr; sn*) (*passieren*) zdarzać ⟨-rzyć⟩ się; (*existieren*) występować, trafiać się; (*j-m scheinen*) wyda(wa)ć się (*dat*); (*auftauchen*) ukaz(yw)ać się; **so etwas ist mir noch nicht vorgekommen** czegoś podobnego jeszcze nie widziałem; **... kommt nicht wieder vor ...** nie powtórzy się; **sich überflüssig ~** ⟨po⟩czuć się zbędnym; **es kommt mir vor, als ob ...** wydaje mi się, jak gdyby ...; **er kommt mir bekannt vor** wydaje mi się, że go znam
Vorkomm|en N występowanie; GEOL, GÓRN złoże; **~nis** N (*-ses; -se*) zdarzenie, wydarzenie, zajście
Vorkriegszeit F okres przedwojenny
vorladen (*irr*) wzywać ⟨wezwać⟩ (**j-n als Zeugen** k-o jako świadka)
Vorladung F wezwanie
Vorlage F (*das Vorlegen*) przedłożenie; (*Entwurf, a. e-s Gesetzes*) projekt; (*Muster*) wzór; SPORT podanie (piłki); **bei, gegen ~** za okazaniem
vorlassen (*irr*) *beim Warten* przepuszczać ⟨-puścić⟩ poza kolejnością; (*Zutritt gewähren*) przepuszczać ⟨-puścić⟩, dopuszczać ⟨-puścić⟩ (**bei j-m** do *gen*)
Vor|lauf M SPORT bieg eliminacyjny; *beim Recorder* przewijanie taśmy w przód; **~läufer(in)** M(F) prekursor(ka)
vorläufig tymczasowy (-wo); **~e Ergebnisse** wstępne wyniki
vorlaut przemądrzały (-le)
Vorleben N przeszłość *f*
vorlegen V/T (*vorweisen, unterbreiten*) przedkładać ⟨-łożyć⟩ (*akk*); *Kette* zakładać ⟨-łożyć⟩; *Riegel* zamykać ⟨-mknąć⟩ (na *akk*); *Ball, lit Speisen* poda(wa)ć; *Tierfutter* zada(wa)ć (*gen*); *umg* **ein hohes Tempo ~** narzucić *pf* wysokie tempo
Vor|leger M dywanik; **~leistung** F wstępne ustępstwo
vorlesen (*irr*) V/T odczyt(yw)ać, przeczytać *pf* (**j-m etw** k-u *akk*); *v/i* czytać na głos
Vorlesung F wykład; **~en hören** słuchać wykładów, chodzić na wykłady; **~en halten** mieć wykłady
Vorlesungs|reihe F cykl wykładów; **~verzeichnis** N spis wykładów
vorletzte przedostatni
vor'liebnehmen (*irr*)(**mit**) zadowalać ⟨-wolić⟩ się (*inst*)
Vorliebe F predylekcja, szczególne upodobanie (**für** do *gen*); **mit ~** ze szczególnym upodobaniem
vorliegen V/I (*irr*) (*vorhanden sein*) znajdować się, być; **die Beweise liegen dem Gericht vor** sąd jest w posiadaniu dowodów; **mir liegt ... vor** mam przed sobą (*akk*); **es liegt ein Irrtum vor** zachodzi *od* zaszła omyłka; **etw liegt nicht vor** nie ma (*gen*); **der Roman liegt jetzt vor** powieść już ukazała się w druku; **was liegt gegen ihn vor?** co mu się zarzuca?; **im ~den Fall** w danym wypadku
vorlügen *umg* (*irr*): **j-m etw ~** nakłamać *pf* k-u (*akk od* że ...)
vorm *umg* = **vor dem**
vorm. (vormittags) przed południem
vormachen *umg*: **j-m ~, wie es gemacht wird** pokaz(yw)ać k-u, jak ma to robić; **j-m etw ~** (*täuschen*) mydlić oczy k-u; *Kette, Riegel* → vorlegen; **wir wollen uns nichts ~!** nie łudźmy się; mówmy otwarcie!
Vormacht(stellung) F supremacja; hegemonia, stanowisko mocarstwowe
vormals ADV przedtem
Vormarsch M ofensywa; **auf dem ~ sein** *fig* szerzyć się
vormerken *Termin usw* zapis(yw)ać, odnotow(yw)ać; **~ lassen** ⟨za⟩rezerwować; **sich ~ lassen (für)** zapisać się (na *akk*, do *gen*)
Vormittag M przedpołudnie; **am ~** przed południem; **am frühen ~** wczesnym przedpołudniem; **jeden ~** każdego przedpołudnia
vormittags ADV przed południem
Vormonat M ubiegły miesiąc
Vormund M (-[e]s; -e *od* -münder) opiekun (sądowy); **~schaft** F opieka; **~schaftsgericht** N sąd opiekuńczy
vorn ADV (*an der Vorderseite, im Vordergrund*) z przodu; (*an der Spitze*) na przedzie, przodem; **nach ~** do przodu, w przód, ku przodowi; **nach ~ kommen** przechodzić ⟨przejść⟩ do przodu; *Schüler* być wywołanym do tablicy; **nach ~ gehen** *od* **liegen** *Fenster* wychodzić na ulicę;

~ **liegen** *Läufer usw* być na przedzie, prowadzić; **da ~** tam przed (*inst*); **von ~** z przodu; (*noch einmal*) od początku; (*von Neuem*) od nowa; *umg* **von ~ bis hinten** od a do z, od początku do końca

Vorname M imię; **j-n mit dem** *od* **beim ~n anreden** być po imieniu (z *inst*)

vorne ADV → vorn

vornehm *Person, Gesellschaft, Manieren* wytworny, wykwintny; (*edel*) schlachetny; **~ tun** udawać wielkiego pana *od* wielką damę

vornehmen (*irr*) V/T *Untersuchung usw* przeprowadzać ⟨-dzić⟩ (*akk*), dokon(yw)ać (*gen*); V/R **sich** (*dat*) **~** *Arbeit* zająć się (*inst*); (*planen*) planować, zamierzać; **ich habe mir vorgenommen, mit dem Rauchen aufzuhören** postanowiłem rzucić palenie; *umg* **sich** (*dat*) **j-n ~** brać ⟨wziąć⟩ k-o w obroty

vornehmlich ADV zwłaszcza, szczególnie

vornherein ADV: **von ~** z góry, od razu

vorn'über głową naprzód *od* do przodu; **~beugen** pochylać ⟨-lić⟩ do przodu

Vorort M przedmieście; **~zug** M pociąg podmiejski

Vor|platz M plac(yk) przed budynkiem; **~posten** M *fig* wysunięta placówka; **~programm** N *im Kino* dodatek (wyświetlany przed filmem)

vorprogrammieren (-): *fig* **... ist schon vorprogrammmiert** ... jest już z góry zaprogramowany

Vorprüfung F egzamin wstępny

Vorrang M (*bpl*) pierwszeństwo (*a. austr Vorfahrt*), priorytet; **den ~ haben** mieć pierwszeństwo (**vor j-m, etw** przed *inst*); **~ genießen** być traktowanym priorytetowo; **den ~ lassen** (*dat*) ustępować ⟨ustąpić⟩ pierwszeństwa (*dat*)

vorrangig priorytetowy (-wo); ADV *a.* w pierwszym rzędzie

Vorrangstellung F pozycja priorytetowa; uprzywilejowane stanowisko

Vorrat M (-[e]s; -räte) zapas (**an Kohle, Mehl** węgla, mąki); (*Reserve*) zasób; **Vorräte anlegen** robić zapasy; **auf ~** na zapas; **solange der ~ reicht** dopóki starczy zapasów

vorrätig ADJ: **~ haben** mieć w zapasie; (*auf Lager haben*) mieć na składzie

Vorrats|behälter M zasobnik; **~haltung** F utrzymywanie zapasów; **~kammer** F spiżarnia; **~raum** M magazyn

Vorraum M *e-r Wohnung* przedpokój

vorrechnen: **j-m etw ~** wyliczać ⟨-czyć⟩ k-u (*akk*)

Vorrecht N przywilej; prerogatywa; **~e genießen** korzystać z przywilejów

Vorrede F: *fig* **sich nicht lange bei der ~ aufhalten** przystąpić bez wstępów do sprawy

Vorredne|r M przedmówca *m*; **~rin** F przedmówczyni

Vor|reiter(in) M(F) *fig* pionier(ka); **~richtung** F urządzenie (techniczne), przyrząd, mechanizm

vorrücken V/T *Sache* posuwać ⟨-sunąć⟩, przesuwać ⟨-sunąć⟩ do przodu; V/I (*sn*) posuwać ⟨-sunąć⟩ się naprzód; *fig* awansować; **auf den ersten Platz ~** wysuwać ⟨-sunąć⟩ się na pierwsze miejsce

Vorruhe|stand M (*bpl*) wcześniejsza emerytura; **~standsregelung** F przepis regulujący przyznawanie świadczeń przedemerytalnych

Vorrunde F runda eliminacyjna

vors *umg* = **vor das**

Vors. (Vorsitzende[r]) przewodniczący (-ca), prezes

vorsagen: **j-m etw ~** podpowiadać ⟨-wiedzieć⟩ k-u (*akk*)

Vorsaison F okres przedsezonowy

Vorsatz M zamiar; (*Entschluss*) postanowienie; **bei s-m ~ bleiben** nie odstępować od zamiaru; **gute Vorsätze fassen** mieć najlepsze chęci; JUR **mit ~** z premedytacją; **~blatt** N TYPO wyklejka; **~linse** F soczewka nasadkowa

vorsätzlich umyślny, rozmyślny; **~ töten** zabi(ja)ć rozmyślnie

Vorschau F *rtv* przegląd (programu); (*Trailer*) zwiastun

Vorschein M: **zum ~ bringen** wydoby(wa)ć na jaw; **zum ~ kommen** ukaz(yw)ać się; *fig Gefühl* przejawi(a)ć się

vorschieben (*irr*) wysuwać ⟨-sunąć⟩, przesuwać ⟨-sunąć⟩ do przodu *od* naprzód; (*vorschützen*) zasłaniać ⟨-słonić⟩ się (*inst*); **den Riegel (an der Tür) ~** zamykać ⟨-mknąć⟩ (drzwi) na zasuwę

vorschießen *umg* (*irr*) *Geld* da(wa)ć awansem, da(wa)ć zaliczkę

Vorschiff N część dziobowa statku

Vorschlag M propozycja, wniosek; **auf ~**

V

Vorschläge

Gehen wir (et)was essen!	Chodźmy coś zjeść.
Vielleicht gehen wir was essen.	Może pójdziemy coś zjeść.
Wie wäre es, wenn wir was essen gehen?	A co by było, gdybyśmy poszli coś zjeść?
Hättest du etwas dagegen, wenn wir was essen gehen?	Nie miałbyś nic przeciwko temu, żebyśmy poszli coś zjeść?
Wir könnten was essen gehen.	Moglibyśmy już iść coś zjeść.
Wir sollten was essen gehen.	Powinniśmy iść coś zjeść.
Wir müssen was essen gehen.	Musimy iść coś zjeść.

(**von**) na wniosek (*gen*); **e-n ~ machen** wysuwać ⟨-sunąć⟩ wniosek

vorschlagen (*irr*) ⟨za⟩proponować (**j-m etw** k-u *akk od + inf*); **j-n als ... ~** zgłaszać ⟨zgłosić⟩ k-o na stanowisko (*gen*)

Vor|schlaghammer M młot kowalski; **~schlagsrecht** N (*bpl*) prawo zgłaszania kandydatów

Vorschlussrunde F SPORT półfinał

vorschnell → voreilig

vorschreiben (*irr*): **j-m etw ~** zobowiąz(yw)ać k-o do (*gen*), polecać ⟨-cić⟩ k-u (*akk*); **das Gesetz schreibt vor** prawo nakazuje; **ich lasse mir von dir nichts ~** nie masz mi nic do powiedzenia

Vorschrift F przepis; instrukcja; *des Arztes* zalecenie; **sich an die ~en halten** przestrzegać przepisów; *Patient* przestrzegać zaleceń; **gegen die ~en** wbrew przepisom

vorschrifts|mäßig przepisowy (-wo); **~widrig** nieprzepisowy (-wo)

Vorschub M TECH posuw; *e-r Sache* **~ leisten** ułatwi(a)ć (*akk*), sprzyjać (*dat*)

Vorschulalter N wiek przedszkolny

Vorschule F przedszkole

Vorschuss M zaliczka (**auf das Gehalt** na pensję); **~lorbeeren** MPL przedwczesne laury *mpl*

vorschützen wymawiać ⟨-mówić⟩ się (**e-e Krankheit** chorobą)

vorschweben *Ziel, Idee usw* przyświecać (**j-m** k-u); **mir schwebt e-e Reise vor** marzę o podróży

vorschwindeln *umg* → vorlügen

vorsehen (*irr*) V/T przeznaczać ⟨-czyć⟩ (**für** na *akk*, do *gen*); **das ist im Programm nicht vorgesehen** tego program nie przewiduje; V/I **sich ~** uważać; mieć się na baczności (**vor** *dat* przed *inst*)

Vorsehung F (*bpl*) opatrzność *f*

vorsetzen *Fuß* wysuwać ⟨-sunąć⟩ do przodu; *Sache* przestawi(a)ć do przodu; **j-m e-n Tee** *usw* **~** ⟨po⟩częstować k-o herbatą *usw*

Vorsicht F (*bpl*) ostrożność *f*; (*Umsicht*) przezorność *f*; **mit aller ~** z całą ostrożnością; **~!** uwaga!

vorsichtig ostrożny; *präd a.* z ostrożna; **~!** ostrożnie!

vorsichtshalber ADV dla ostrożności, na wszelki wypadek, przezornie

Vorsichtsmaß|nahme F, **~regel** F środek ostrożności

Vorsilbe F przedrostek

vorsingen (*irr*) ⟨za⟩śpiewać (**j-m** przed *inst* [na próbę])

vorsintflutlich *umg* przedpotopowy

Vorsitz M przewodnictwo; **den ~ haben** przewodniczyć (**bei etw** *dat*)

Vorsitz|ende F przewodnicząca, prezes(ka); **~ende(r)** M (-n), **~er** M przewodniczący, prezes

Vorsorge F (*bpl*) zabezpieczenie (**fürs Alter** na starość); MED opieka prewencyjna; **~ treffen, dass ...** ⟨za⟩troszczyć się zawczasu, żeby ...

vorsorgen V/I zabezpieczać ⟨-czyć⟩ się (**fürs Alter** na starość; **für den Fall, dass ...** na wypadek *gen*)

Vorsorgeuntersuchung F MED badanie profilaktyczne

vorsorglich zapobiegawczy (-czo); *präd a.* zapobiegliwie, przezornie

Vor|spann M (-[e]s; -e) *e-s Films* czołówka; **~speise** F przekąska; **~spiel** N preludium *n* (*a. fig*); (*Zärtlichkeiten*) gra wstępna

vorspielen *Melodie* ⟨za⟩grać (**j-m etw** coś [na próbę] przed kimś); *Sketch* odgrywać ⟨odegrać⟩; *fig* **sie spielt uns etwas vor** ona tylko udaje

vorsprechen (*irr*) V/T ⟨wy⟩recytować;

V

jemanden vorstellen, sich vorstellen

Anna, das ist Peter.	Aniu, to jest Piotr.
Anna, kennst du Peter (schon)?	Aniu, czy znasz (już) Piotra?
Kennt ihr euch? Anna – Peter.	Znacie się? Ania – Piotr.
Sie kennen sich noch nicht?	Państwo się nie znacie?
Das ist ...	To jest...
Ich möchte Ihnen jemanden vorstellen. Das ist...	Chciałbym panu/pani/państwu kogoś przedstawić. To jest...
Darf ich Ihnen Frau/Herrn... vorstellen?	Czy mogę panu/pani/państwu przedstawić panią/pana...?
Wir kennen uns noch nicht.	My się jeszcze nie znamy.
Ich bin...	Jestem...
Gestatten Sie, dass ich mich vorstelle.	Pozwoli pan/pani/państwo, że się przedstawię.

ein Wort ~ wymawiać ⟨-mówić⟩ słowo; V/I recytować (na próbę); **bei j-m ~** zgłaszać ⟨zgłosić⟩ się do k-o

vorspringen V/I (*irr*) wyskakiwać ⟨-skoczyć⟩ (**hinter etw** zza *gen*); (*herausragen*) wystawać

Vorsprung M BUD występ, wyskok; SPORT przewaga (**vor j-m** nad *inst*); **e-n ~ haben** mieć przewagę, wyprzedzać; **mit e-m ~ von zwei Tagen** na dwa dni wcześniej

Vorstadt F przedmieście; PL *a.* peryferie *fpl*; **~kino** N kino na przedmieściach

Vorstand M zarząd; (*Person*) prezes

Vorstands|mitglied N członek zarządu; **~sitzung** F posiedzenie zarządu

vorstehen V/I (*irr*) wystawać (do przodu), sterczeć; *e-m Unternehmen* kierować (*inst*), stać na czele (*gen*)

vorstehend ADJ *Stelle im Text* wymieniony wyżej; *Zähne usw* wystający

Vorsteh|er M naczelnik; KOLEJ zawiadowca *m*; (*Abt*) przełożony; **~erin** F naczelnik; KOLEJ zawiadowca *m*; (*Äbtissin*) matka przełożona

vorstellbar wyobrażalny; **das ist kaum ~** to trudno sobie wyobrazić

vorstellen V/T *Sache* → vorrücken, vorsetzen; (*bekannt machen, darstellen*) *Person* przedstawi(a)ć (**j-m** k-u); *Sache* ⟨za⟩prezentować; V/R **sich** (*dat*) **etw ~** wyobrażać ⟨-razić⟩ sobie (*akk*); **sich j-m ~** przedstawi(a)ć się (*dat*); **stell dir vor, ...** wyobraź sobie, ...; **ich kann mir nicht ~, dass** nie mogę sobie wyobrazić, że *od* żeby; **wie stellst du dir das vor?** co sobie wyobrażasz?; **darunter kann ich mir nichts ~** nie mam o tym żadnego wyobrażenia

vorstellig ADJ: **~ werden** (**bei**) zgłaszać ⟨zgłosić⟩ się (do *gen*)

Vorstellung F *e-r Person* przedstawienie (się); TEATR przedstawienie; *im Kino* seans; (*Gedanke, Begriff*) wyobrażenie; **e-e vage ~** mgliste wyobrażenie; **persönliche ~** osobista wizyta

Vorstellungs|gespräch N rozmowa kwalifikacyjna; **~kraft** F (*bpl*), **~vermögen** N (*bpl*) wyobraźnia

Vorstoß M wypad (*a.* MIL); *fig* (*Versuch*) próba; **~ in etw** próba penetracji *od* zbadania (*gen*); **e-n ~ bei j-m unternehmen** *od* **machen** zwracać ⟨zwrócić⟩ się do k-o z prośbą (o *akk*) *od* z propozycją (*gen*)

vorstoßen V/I (*irr; sn*) (*vorwärtsrücken*) posuwać ⟨-sunąć⟩ się naprzód; docierać ⟨-trzeć⟩ (**bis** do *gen*); (*erforschen*) penetrować (*akk*)

Vorstrafe F uprzednia kara

Vorstrafenregister N rejestr kar

vorstrecken *Kopf* wysuwać ⟨-sunąć⟩; *Arme, Hand usw* wyciągać ⟨-gnąć⟩ (do przodu); **j-m Geld ~** pożyczać ⟨-czyć⟩ k-u pieniądze

vorstreichen (*irr*) ⟨za⟩gruntować

Vorstufe F stopień wejściowy; CHEM prekursor; wstępny etap (**zu etw** do *gen*)

Vortag M dzień poprzedni; **am ~** poprzedniego dnia; w przeddzień; **vom ~** wczorajszy, z dnia poprzedniego

vortäuschen symulować; *Einbruch usw* ⟨u⟩pozorować, ⟨s⟩fingować

Vortäuschung F upozorowanie (**e-r**

V

Straftat przestępstwa)

Vorteil M korzyść *f*; *im Tennis* przewaga; (*gute Seite*) zaleta; **~ aus etw ziehen** odnosić ⟨-nieść⟩ korzyści z (*gen*); **im ~ sein** być w bardziej korzystnej sytuacji; **zu unserem ~** na naszą korzyść; **er hat sich zu s-m ~ verändert** on zmienił się na korzyść

vorteilhaft korzystny; **sich ~ kleiden** umieć się ubrać

Vortrag M (-[e]s; -träge) (*Referat*) odczyt, prelekcja; (*Bericht*) raport, relacja; (*bpl*) (*Vortragsart*) wykonanie

vortragen (*irr*) *Sachverhalt* ⟨z⟩referować; *Bitte usw* przedstawi(a)ć; *Gedicht* deklamować, ⟨wy⟩recytować; MUS wykon(yw)ać; (*singen*) ⟨od⟩śpiewać

Vortragen|de F referentka, prelegentka; **~de(r)** M (-*n*) referent, prelegent

Vortrags|abend M wieczorek literacki *od* muzyczny, wieczorek poezji *usw*; **~reihe** F cykl odczytów

vortrefflich wyborny, znakomity (-cie)

vortreten V/I (*irr; sn*) występować ⟨stąpić⟩ (z szeregu); → hervortreten

Vortritt M: **j-m den ~ lassen** ustępować ⟨ustąpić⟩ k-u pierwszeństwa; *szwajc* → Vorfahrt

vor'über ADV → vorbei; **~ sein** *zeitlich* minąć *pf*, upłynąć *pf*; **der Regen ist ~** już po deszczu

vor'übergehen V/I (*irr; sn*) przechodzić ⟨przejść⟩, mijać ⟨minąć⟩; **an j-m, etw ~** mijać ⟨minąć⟩ (*akk*); **im Vorübergehen** mijając

vor'übergehend ADJ (*zeitweilig*) przejściowy (-wo), chwilowy (-wo)

vor'überziehen V/I (*irr; sn*) przeciągać ⟨-gnąć⟩ (**an, vor** *dat* przed *inst*)

Vorurteil N uprzedzenie (**gegen** do *gen*)

vorurteils|frei, **~los** nieuprzedzony; *präd Person* bez uprzedzeń; (*objektiv*) bez uprzedzenia

Vor|väter MPL przodkowie *mpl*; **~vergangenheit** F GRAM czas zaprzeszły

Vor|verkauf M przedsprzedaż *f*; **~verkaufskasse** F kasa przedsprzedaży

vorverlegen (-) przesuwać ⟨-sunąć⟩ na termin wcześniejszy

Vorvertrag M umowa (przed)wstępna

vorwagen: V/R **sich zu weit ~** *fig* posuwać ⟨-sunąć⟩ się za daleko

Vorwahl F wybór wstępny; POL prawybory *mpl*; TEL = **~nummer** F numer kierunkowy

Vorwand M (-[e]s; -wände) pretekst; **unter dem ~** pod pretekstem; **als ~ dienen** służyć za pretekst; **etw zum ~ nehmen** uży(wa)ć jako pretekstu (*gen*)

vor|wärmen podgrz(ew)ać; **~warnen** ostrzegać ⟨-strzec⟩, przestrzegać ⟨-strzec⟩ zawczasu *od* z góry

vorwärts ADV naprzód, do przodu; **~!** naprzód (marsz)!

vorwärtsbringen (*irr*) posuwać ⟨-sunąć⟩ naprzód (*akk*)

Vorwärtsgang M AUTO bieg przedni

vorwärts|gehen (*irr; sn*): *umg* **es geht nicht vorwärts** sprawa nie posuwa się naprzód; **~kommen** (*irr; sn*) (**mit, in** *dat*) posuwać ⟨-sunąć⟩ się naprzód (z I, w *lok*); *im Leben* dorabiać ⟨-robić⟩ się; (*Karriere machen*) awansować

Vorwäsche F pranie wstępne

vor'weg ADV (*zuvor*) przedtem; (*vor allem*) przede wszystkim; → voraus

vor'wegnehmen (*irr*) uprzedzać ⟨-dzić⟩, antycypować

Vorweihnachtszeit F (*bpl*) okres przedgwiazdkowy

vorweisen (*irr*) *Pass* okaz(yw)ać (*akk*); *Kenntnisse* wykaz(yw)ać się (*inst*)

vorwerfen (*irr*) V/T *etw* rzucać ⟨-cić⟩ (**zum Fraß** na pożarcie); *fig* wyrzucać ⟨-cić⟩, zarzucać ⟨-cić⟩ (**j-m etw** k-u *akk*); *v/r* **sich** (*dat*) **etw ~** wyrzucać sobie (*akk*); **ich habe mir nichts vorzuwerfen** nie mam sobie nic do zarzucenia

vorwiegend ADV przeważnie, głównie

vorwitzig wścibski, przemądrzały

Vor|woche F ubiegły tydzień; **~wort** N (PL -*e*) słowo wstępne, przedmowa

Vorwurf M zarzut; **j-m Vorwürfe machen** (**wegen**) robić k-u zarzuty (o *akk*); **Vorwürfe erheben** (**gegen**) wysuwać ⟨-sunąć⟩ zarzuty (przeciw *dat od* wobec *gen*)

vorwurfsvoll ADJ: **~er Blick** spojrzenie pełne wyrzutu; **~ sagen** mówić ⟨powiedzieć⟩ z wyrzutem

Vorzeichen N znak (*a.* MAT), omen; MUS znak transpozycyjny; **böses ~** zły omen

Vorzeigebetrieb M przedsiębiorstwo pokazowe

vorzeigen (*zeigen*) pokaz(yw)ać; *Pass usw* okaz(yw)ać; **zum Vorzeigen** pokazowy, żeby pokazać

Vorzeit F (*bpl*): **in grauer ~** w zamierzchłej przeszłości
vorzeitig zbyt wczesny, przedwczesny; **~ sterben** umrzeć *pf* przedwcześnie
Vorzelt N przedsionek
vorziehen (*irr*) *Stuhl* podciągać ⟨-gnąć⟩ do przodu; *Gardine* zaciągać ⟨-gnąć⟩; *zeitlich* przesuwać ⟨-sunąć⟩ (**auf Dienstag** na wtorek); (*lieber mögen*) woleć; **ich ziehe (es) vor, zu Fuß zu gehen** wolę iść piechotą
Vorzimmer N (*Diele*) przedpokój; sekretariat; **~dame** *umg* F sekretarka
Vorzug M (*gute Eigenschaft*) zaleta, walor; (*Vorrang*) pierwszeństwo; (*Vorrecht*) (specjalne) względy *mpl*, przywilej
vor'züglich wyśmienity (-cie); *Essen, Wein a.* pyszny; pierwszorzędny
Vorzugs|aktie F akcja uprzywilejowana; **~preis** M cena preferencyjna
vorzugsweise ADV przede wszystkim, zwłaszcza; (*bevorzugt*) najlepiej
Vota PL → Votum
Vo'tiv|gabe F ofiara wotywna, wotum *n*; **~messe** F *rel* wotywa
Votum N (-*s*; *Voten od Vota*) wotum *n*
vul'gär wulgarny, ordynarny
Vul'kan M (-*s*; -*e*) wulkan; **~ausbruch** M wybuch wulkanu
vul'kanisch wulkaniczny
vulkani'sieren (-) ⟨za⟩wulkanizować

W

W [veː] (Watt) wat; (Westen) zachód
Waage F waga; ASTRON Waga; *fig* **sich die ~ halten** równoważyć się
waagerecht poziomy (-mo)
Waagschale F szala, *dim* szalka; *fig* **etw in die ~ werfen** rzucać ⟨-cić⟩ na szalę, kłaść ⟨położyć⟩ na szali (*akk*)
wabbelig *umg* galaretowaty (-to)
Wabe F (*Bienenwabe*) woszczyna, plaster; (*sechseckige Zelle*) komórka (*a.* TECH)
Wabenhonig M miód w plastrach
wach obudzony, rozbudzony; *fig* żywy; **~ sein** nie spać, czuwać; **~ machen** ⟨o⟩budzić, zbudzić *pf*; **~ werden** ⟨o⟩budzić się; → wachhalten, wachrufen *usw*
Wach|ablösung F zmiana warty; **~dienst** M służba wartownicza; służba ochroniarska
Wache F straż *f*; MIL warta; MAR wachta; (*Person, Gebäude der Polizei*) posterunek; (*Wachlokal*) wartownia; *umg* **~ stehen** stać na warcie *od* na posterunku; MAR **~ haben** stać na wachcie
wachen V/I czuwać (*a. fig* **über** *akk* nad *inst*); **bei j-m ~** czuwać przy (*lok*)
wachhabend ADJ dyżurny; MAR wachtowy
wachhalten (*irr*) *Erinnerung* zachow(yw)ać; *Interesse* podtrzymywać
Wach|hund M pies stróżujący; **~mann** M (PL *-männer od -leute*) strażnik, wartownik; *austr* policjant, posterunkowy; **~mannschaft** F oddział straży (fabrycznej *usw*)
Wa'cholder M jałowiec; (*Schnaps*) jałowcówka; **~beere** F owoc jałowca
Wachposten M posterunek
wach|rufen (*irr*) wywoł(yw)ać; **~rütteln** *Gewissen* wstrząsnąć *pf* (*inst*)
Wachs N (-*es*; -*e*) wosk; **~abdruck** M odcisk w wosku
wachsam czujny, baczny
Wachsamkeit F (*bpl*) czujność *f*
wachsen[1] V/I (*wächst, wuchs, gewachsen; sn*) *Kinder, Tiere, Pflanzen, Haare* rosnąć, wyrastać ⟨-rosnąć⟩, urastać ⟨urosnąć⟩; (*an Größe, Menge, Stärke, Zahl zunehmen*) ⟨u⟩rosnąć, wzrastać ⟨wzrosnąć⟩; **er ist sehr gewachsen** on bardzo urósł; **sich e-n Bart ~ lassen** zapuszczać ⟨-puścić⟩ (sobie) brodę; *umg* **j-m über den Kopf ~** *Sache* przerastać ⟨-rosnąć⟩ czyjeś siły *od* możliwości; → gewachsen
wachsen[2] V/T *Boden, Ski* ⟨na⟩woskować
Wachs|figurenkabinett N gabinet figur woskowych; **~kerze** F świeca woskowa
wächst → wachsen[1]
Wach|station F oddział intensywnego nadzoru (pooperacyjnego); **~stube** F wartownia, dyżurka
Wachstuch N cerata
Wachstum N (-*s*; *bpl*) wzrost, rośnięcie; *fig*, EKON wzrost

wachstumsfördernd ADJ pobudzający wzrost; EKON sprzyjający wzrostowi gospodarczemu
Wachstums|hormon N hormon wzrostu; **~rate** F stopa wzrostu; **~störung** F MED zaburzenie wzrostu
Wacht *lit* F straż *f*; → Wache
Wachtel F (*-; -n*) przepiórka
Wächter M stróż(*a. fig*)
Wachtposten M → Wachposten
Wach(t)turm M wieża strażnicza
Wach- und Schließgesellschaft F firma ochroniarska, agencja ochrony (mienia)
wackelig chwiejny; *umg fig a.* niepewny; *Zahn* chwiejący się; *Tisch* kulawy
Wackelkontakt M styk luźny
wackeln V/I (*-le*) **1** ⟨za⟩chybotać się, ⟨za⟩chwiać się, kiwać się; *Zahn a.* ruszać się; *umg fig Stellung usw* chwiać się; *umg* **an etw ~** telepać (*inst*); **mit dem Kopf ~** kiwać *od* potrząsać głową; **mit den Hüften ~** kołysać biodrami **2** *umg* (*wanken; sn*) iść chwiejnym krokiem
wacker *oft iron* (*tapfer*) dzielny; (*bieder*) zacny
wacklig → wackelig
Wade F łydka
Waden|bein N kość strzałkowa; **~krampf** M kurcz w łydce *od* nodze
Waffe F broń *f* (*a. fig*), *lit* oręż; **leichte ~n** broń lekka; **von der ~ Gebrauch machen** uży(wa)ć broni; *lit* **die ~n strecken** składać ⟨złożyć⟩ broń
Waffel F (*-; -n*) wafel, gofr
Waffeleisen N gofrownica
Waffen|besitz M posiadanie broni; **~embargo** N embargo na dostawę broni; **~gattung** F rodzaj broni
Waffengewalt F: **mit ~** przy użyciu broni
Waffen|handel M handel bronią; **~ruhe** F *kurze* przerwanie ognia; **~schein** M pozwolenie na broń; **~schmuggel** M przemyt broni; **~stillstand** M zawieszenie broni, rozejm
Wagemut M odwaga
wagemutig odważny
wagen V/T (*sich trauen*) odważać ⟨-żyć⟩ się (na *akk*); ⟨za⟩ryzykować (*akk*); **(es) ~ zu** (+ INF) odważać ⟨-żyć⟩ się (+ *inf*); *v/r* **sich ~ an** (*akk*) mieć odwagę (+ *inf od* do *gen*)
Wagen M wóz (*umg a. Auto*); KOLEJ wagon; (*Handwagen u.* TECH) wózek; ASTRON **der Große ~** Wielki Wóz; **in den ~ steigen** wsiadać ⟨wsiąść⟩ do wozu od wagonu
Wagen|heber M podnośnik, lewar(ek); **~kolonne** F kolumna *od* sznur wozów
Wagenladung F ładunek (na wozie); **e-e ~ ...** wóz, wagon (*gen*)
Wagen|papiere *umg* NPL dokumenty *mpl* samochodowe; **~pflege** F kosmetyka samochodowa
Wag'gon M (*-s; -s, austr a -one*) wagon
waghalsig niebezpieczny, ryzykowny
Wagnis N (*-ses; -se*) ryzyko; (*Vorhaben*) ryzykowne przedsięwzięcie
Wa'gon → Waggon
Wahl F wybór; POL *mst* wybory *pl* (**zu** do *gen*), elekcja (*gen*); **die ~ haben, vor der ~ stehen** mieć do wyboru; **e-e ~ treffen** dokon(yw)ać wyboru; **e-e schlechte ~ treffen** omylić się *pf* w wyborze; **das ist eine gute ~** to trafny wybór; **nach eigener ~** według swego wyboru; **mir bleibt keine ~** nie mam wyboru; **in die engere ~ kommen** wchodzić w rachubę; **sich zur ~ stellen** stawać do wyborów; **erster, zweiter ~** *Ware* pierwszego, drugiego gatunku
Wahlausschuss M komisja wyborcza
wählbar wybieralny
wahlberechtigt ADJ: **~e Person** osoba posiadająca czynne prawo wyborcze; **~ sind ...** czynne prawo wyborcze przysługuje (*dat*)
Wahl|beteiligung F frekwencja wyborcza; **~betrug** M oszustwo wyborcze; **~bezirk** M obwód wyborczy
wählen **A** V/T wyb(ie)rać (**aus** spośród *gen*); *Beruf, Thema, Person a.* ob(ie)rać; (*stimmen für*) głosować (na *akk*); TEL wyb(ie)rać, wykręcać ⟨-cić⟩ numer; **j-n zum Bürgermeister ~** wybrać k-o na burmistrza; **j-n ins Parlament ~** wybrać k-o do parlamentu; **das kleinere Übel ~** wyb(ie)rać z dwojga złego ...; **den Notruf ~** wybrać *pf* numer pogotowia *od* policji **B** V/I wyb(ie)rać; **du kannst zwischen ... und ... ~** możesz wybierać między (*inst*) a (*inst*); **~ gehen** iść głosować
Wähler M wyborca *m*
Wahlerfolg M sukces wyborczy
Wahlergebnis N wynik wyborów
Wählerin F wyborca, wyborczyni

wählerisch wybredny; *fig* **nicht ~ sein** (**in** *dat*) nie przebierać (w *lok*)
Wähler|liste F lista wyborcza; **~schaft** F (*bpl*) wyborcy *mpl*, elektorat; **~stimme** F głos (w wyborach)
Wahl|fach N przedmiot fakultatywny; **~gang** M tura wyborów; głosowanie; **~geheimnis** N (*bpl*) tajność *f* wyborów; **~gesetz** N ustawa wyborcza; **~heimat** F ojczyzna z wyboru; **~jahr** N rok, w którym odbędą się wybory; **~kabine** F kabina wyborcza; **~kampf** M walka wyborcza; **~kommission** F komisja wyborcza; **~kreis** M okręg wyborczy; **~kundgebung** F wiec przedwyborczy; **~lokal** N lokal wyborczy
wahllos ADV nie wybierając, bez wyboru, *umg* na chybił trafił
Wahl|manipulation F sfałszowanie wyborów; **~niederlage** F porażka w wyborach; **~ordnung** F ordynacja wyborcza; **~periode** F kadencja; **~programm** N program wyborczy; **~recht** N (*bpl*) prawo wyborcze; **~rede** F mowa przedwyborcza
Wahlsieg M zwycięstwo w wyborach; **e-n ~ erringen** zwyciężać ⟨-żyć⟩ w wyborach
Wahl|spruch M dewiza; **~tag** M dzień *m* wyborów; **~umfrage** F sondaż przedwyborczy; **~urne** F urna wyborcza; **~veranstaltung** F, **~versammlung** F zebranie przedwyborcze; **~versprechen** N obietnica wyborcza; **~verteidiger** M obrońca *m* z wyboru
wahlweise ADV do wyboru; **~ in Rot oder Gelb** w kolorze czerwonym lub żółtym do wyboru
Wahlzettel M karta wyborcza
Wahn M (-[e]s; bpl) *lit* urojenie; MED mania
wähnen *lit* V/T sądzić, mniemać; V/R **sich ~** uroić *pf* sobie; **er wähnte sich reich** uroił sobie, że jest bogaty
Wahnsinn M (*bpl*) MED obłęd, obłąkanie; *umg* **das ist (heller) ~!** to (czyste) szaleństwo!
wahnsinnig ADJ obłąkany; *umg fig Appetit, Schmerz, Tempo, Vorhaben* szalony; *Lachen, Blick a.* obłąkańczy; **wie ~** jak oszalały; ADV szalenie; **~ viel zu tun haben** mieć szalenie dużo roboty; **das macht mich ~!** to doprowadza mnie do szaleństwa!
Wahn|sinnige F obłąkana; **~sinnige(r)** M obłąkany, *umg* szaleniec; **~vorstellung** F urojenie; **~witz** M (*bpl*) szaleństwo
wahr (*nicht gelogen, richtig*) prawdziwy; (*regelrecht*) istny; **ein ~er Freund** prawdziwy przyjaciel; **ein ~es Wunder** istne cudo; **das ist ~** to prawda; **ist es ~, dass ...?** czy to prawda, że ...?; **es ist nicht ~** to nieprawda; **nicht ~?** nieprawda(ż)?, prawda?; **etw ~ machen** urzeczywistni(a)ć, spełni(a)ć (*akk*); **~ werden** sprawdzać ⟨-dzić⟩ się; *umg fig* **das kann doch nicht ~ sein!** nie może być!; **daran ist etwas Wahres** w tym jest odrobina prawdy; **wie ~!** święta prawda!; **so ~ ich hier stehe!** jak Boga kocham!
wahren *Zustand* zachow(yw)ać (*akk*); *Interessen, Rechte* bronić (*gen*)
währen *lit* V/I ⟨po⟩trwać
während PRÄP (*gen, dat*) podczas, w czasie, w ciągu (*gen*); przez (*akk*); za (*gen*); *konj* podczas; (*wohingegen*) podczas gdy; **~dessen** ADV tymczasem
wahrhaben: **etw nicht ~ wollen** nie chcieć przyznać się do (*gen*), nie chcieć pogodzić się (z *inst*)
wahr|haft *lit* ADJ prawdziwy; ADV → **~haftig** *lit* ADV zaprawdę, doprawdy
Wahrheit F prawda; **die nackte ~** naga prawda; **das ist die ~** to prawda; **j-m die ~ sagen** *fig* powiedzieć *pf od umg* wygarnąć *pf* k-u kilka słów prawdy; **bei der ~ bleiben** nie mijać się z prawdą; **in ~** w rzeczywistości, właściwie
Wahrheitsfindung F (*bpl*) dochodzenie *od* ustalenie prawdy
wahrheits|gemäß, **~getreu** zgodny z prawdą
Wahrheitsliebe F prawdomówność *f*
wahrlich *lit* ADV zaprawdę
wahrmachen → wahr
wahrnehmbar (*spürbar*) wyczuwalny; (*hörbar*) dający się (u)słyszeć, słyszalny; (*sichtbar*) widoczny
wahrnehmen (*irr*) (*innewerden, bemerken*) postrzegać ⟨-strzec⟩, spostrzegać ⟨-strzec⟩; (*spüren*) odczu(wa)ć; *Geruch* ⟨po⟩czuć; (*hören*) ⟨u⟩słyszeć; *Termin* stawi(a)ć się (na *akk*), dotrzym(yw)ać (*gen*); *Chance* spożytkować *pf*, wykorzyst(yw)ać; *Amt* sprawować; *Geschäfte* prowadzić
Wahrneh|mung F (*das Wahrnehmen*)

W

percepcja, postrzeganie; *konkret* spostrzeżenie; *der Geschäfte, Interessen* prowadzenie; **~mungsvermögen** N (*bpl*) zdolności *fpl* percepcyjne
wahrsagen (*wahrsagte od sagte wahr, hat gewahrsagt od wahrgesagt*) V/T ⟨wy⟩wróżyć (**j-m** *akk* k-u *akk*); V/I ⟨po⟩wróżyć (**aus den Karten** z kart)
Wahrsager M wróż, wróżbita *m*; **~in** F wróżka, wróżbiarka
Wahrsagung F wróżba
wahr'scheinlich prawdopodobny
Wahr'scheinlichkeit F prawdopodobieństwo; **aller ~ nach** według wszelkiego prawdopodobieństwa
Wahrung F (*bpl*) *der Interessen* obrona, dopilnowanie; *e-s Zustandes* zachowanie; *der Gesetzlichkeit* przestrzeganie
Währung F waluta
Währungs|einheit F jednostka walutowa; **~reform** F reforma walutowa; **~union** F unia walutowa
Wahrzeichen N symbol
Waise F sierota *m u. f*; **j-n zur ~ machen** osierocić *pf* k-o
Waisen|haus N dom (dla) sierot, *früher* sierociniec; **~kind** N → Waise
Waisenknabe M: *umg fig* **er ist ein ~ gegen ihn** on nie dorasta mu do pięt
Waisenrente F renta sieroca
Wal M (-[e]s; -e) waleń *m*, wieloryb
Wald M (-[e]s; Wälder) las (*a. fig*); *klein a.* zagajnik; *tief, dunkel a.* knieja; **~ameise** F mrówka rudnica; **~arbeiter** M robotnik leśny
Waldbrand M pożar leśny *od* lasu; **~gefahr** F zagrożenie pożarowe lasów
Wäldchen N lasek, zagajnik
Wälder PL → Wald
Wald|erdbeere F poziomka; **~früchte** FPL owoce *mpl* runa leśnego; **~gebiet** N obszar leśny; **~horn** N waltornia; **~hüter** M gajowy *m*
waldig lesisty, zalesiony
Wald|kauz M puszczyk; **~lauf** M bieg przełajowy; **~lehrpfad** M leśna ścieżka edukacyjna
waldlos bezleśny
Waldmeister M BOT marzanka wonna
Waldrand M skraj lasu; **am ~** na skraju lasu
Waldrebe F klematis, powojnik
waldreich obfitujący w lasy, lesisty
Wald|sterben N ginięcie lasów; **~weg** M droga leśna; **~wiese** F polana
Wales [weɪlz] N (-; *bpl*) Walia
Wal|fang M (*bpl*) połów wielorybów; **~fänger** M (*Schiff*) statek wielorybniczy; **~fisch** M wieloryb
wa'lisisch walijski
Wal'küre F walkiria
Wall M (-[e]s; Wälle) wał (*a. fig*)
Wallach M (-[e]s; -e) wałach
Wälle PL → Wall
wallen V/I (*a. sn*) *Wasser* kipieć; *Nebel* kłębić się; *Haar, Kleid* falować, rozwiewać się; **~d** ADJ falujący (się)
Wallfahrt F pielgrzymka; → **Pilger** *usw*
Wallfahrts|kirche F kościół pielgrzymkowy; **~ort** M miejsce pielgrzymek
Wallgraben M fosa
Wallis N (-; *bpl*): **das ~** Valais
Wal'lonien N (-*s*; *bpl*) Walonia
wal'lonisch waloński (po -ku)
Wallung *lit* F: **j-s Blut gerät in ~** krew kipi *od* burzy się w (*lok*)
Walnuss F orzech włoski (*a. Baum*)
Wal'purgisnacht F Noc Walpurgi(i)
Walross N (-*es*; -*e*) mors
walten *lit* V/I (-e-) panować, rządzić; **Gnade ~ lassen** okaz(yw)ać się łaskawym; *iron* **walte deines Amtes** rób, co do ciebie należy
Walzblech N blacha walcowana
Walze F MAT, TECH walec
walzen (-*zt*) *Stahl* walcować; *Straße* wałować
wälzen (-*zt*) V/T (*rollen*) ⟨po⟩toczyć; KULIN obtaczać ⟨-toczyć⟩ (**in Mehl** w mące); *fig Buch usw* ⟨prze⟩wertować; *umg Problem* wałkować; *Schuld* **auf j-n ~** zwalać ⟨-lić⟩ na k-o; V/R **sich ~** *Menge, Nebel* przewalać się; *Lawine* zsuwać ⟨zsunąć⟩ się; *Tier* tarzać się (**in** *dat* w *lok*); **sich vor Lachen ~** pokładać się ze śmiechu
walzenförmig walcowaty (-to)
Walzer M walc; **langsamer ~** walc angielski; **~ tanzen** tańczyć walca
Wälzer *umg* M (*Buch*) tomisko, tomiszcze
Walzwerk N (*Betrieb*) walcownia
Wampe *umg abw* F brzucho, kałdun
wand → winden
Wand F (-; *Wände*) ściana (*a. fig*); *e-s Gefäßes*, ANAT ścianka; **~ an ~** o ścianę; **an der ~ hängen** wisieć na ścianie; **an die ~ hängen** wieszać ⟨powiesić⟩ na ścianie;

umg **in den eigenen vier Wänden** w swoich czterech ścianach; *fig* **j-n an die ~ stellen** postawić *pf* k-o pod ścianą; *umg* **…, dass die Wände wackeln** … na potęgę; **gegen e-e ~ reden** gadać (jak) do ściany; *fig* **etw gegen** *od* **vor die ~ fahren** doprowadzać ⟨-dzić⟩ do impasu (*akk*)

Wanda'lismus → Vandalismus

Wandbehang M kilim (na ścianę)

Wand|bord N, **~brett** N półka ścienna

Wände PL → Wand

Wandel M (-s; *bpl*) zmiana; **im ~ der Zeiten** w miarę upływu czasu

wandelbar zmienny

Wandelgang M kuluary *pl*

wandeln (-*le*): V/R **sich ~** zmieni(a)ć się; V/I (*sn*) *lit* przechadzać się

Wander|ausstellung F wystawa objazdowa; **~bühne** F teatr objazdowy; **~düne** F wydma wędrowna

Wanderer M wędrowiec; turysta pieszy

Wanderfalke M sokół wędrowny

Wanderin F wędrowiec; turystka piesza

Wander|jahre NPL lata *pl* wędrówki; **~karte** F mapa turystyczna; **~leben** N (*bpl*) życie wędrowne; **~lied** N ludowa piosenka marszowa

wandern V/I (-*re*; *sn*) wędrować (*a. fig*); *Vögel* migrować; **durch die Stadt ~** wędrować po mieście; **den Blick über die Bilder ~ lassen** wędrować spojrzeniem po obrazach; *umg fig* **in den Papierkorb, ins Gefängnis ~** ⟨po⟩wędrować do kosza, do więzienia

Wandern N (-s; *bpl*) wędrowanie; (*Wanderurlaub*) wczasy *pl* wędrowne; (*Wandertouristik*) turystyka piesza

Wanderniere F MED nerka ruchoma

Wanderpokal M puchar przechodni

Wanderschaft F wędrówka (piesza); **auf ~ gehen** uda(wa)ć się na wędrówkę

Wander|schuh M, **~stiefel** M but turystyczny; **~tag** M dzień przeznaczony na wycieczkę (szkolną)

Wande|rung F wędrówka; (*Ausflug*) wycieczka (piesza); ZOOL migracja; **~rungsbewegung** F ruch migracyjny

Wanderweg M szlak turystyczny

Wanderzirkus M cyrk wędrowny

Wand|kalender M kalendarz ścienny; **~klappbett** N składane łóżko przyścienne; **~leuchte** F lampa ścienna

Wandlung F przemiana, przeobrażenie

wandlungsfähig zdolny do przeobrażeń, zdolny ulec przemianie

Wandmalerei F malowidło ścienne

Wandplatte F płytka ścienna

Wandrer M *usw* → Wanderer

Wand|schrank M szafa wbudowana; **~spiegel** M lustro wiszące; **~tafel** F tablica (ścienna)

Wand|täfelung F boazeria; **~teppich** M kilim; **~uhr** F zegar ścienny; **~zeitung** F gazetka ścienna

wandte → wenden

Wange *lit* F policzek

Wankelmut *lit* M chwiejność *f*, niestałość *f* usposobienia

wankelmütig *lit* chwiejny, zmienny

wanken V/I ⟨za⟩chwiać się (*a. fig*); (*torkeln*; *sn*) iść, zataczając się; **seine Knie wankten** nogi *fpl* się pod nim ugięły; **ins Wanken geraten** zachwiać się *pf*

wann ADV kiedy; **bis ~** do kiedy; **seit ~, von ~ an** od kiedy; **~ auch immer** obojętnie kiedy

Wanne F wanna; *klein* wanienka

Wanst *umg abw* M (-[e]s; Wänste) brzuszysko, bebech

Wanze F pluskwa (*a. umg fig*)

Wappen N herb; **~kunde** F (*bpl*) heraldyka; **~tier** N godło herbu

wappnen (-*e*-): V/R **sich gegen etw ~** zabezpieczać ⟨-czyć⟩ się od (*gen*) *od* przed (*inst*); **sich mit Geduld ~** uzbroić się *pf* w cierpliwość

war → sein

warb → werben

ward → werden

Ware F towar; *koll a.* towary *pl*

wäre, **waren** → sein

Waren|angebot N oferta towarów; **~austausch** M wymiana towarowa; **~automat** M automat do sprzedaży; **~export** M eksport towarowy; **~haus** N dom towarowy; **~korb** M EKON koszyk towarowy; **~lager** N skład towarowy; **~probe** F próbka towaru; **~regal** N półka sklepowa; **~sortiment** N asortyment towarów; **~test** M test towaru *od* towarów; **~zeichen** N znak towarowy

warf → werfen

warm (*wärmer*; *wärmste*) ciepły (-ło) (*a. fig, herzlich*); *fig a.* gorący (-co); **schön ~** cieplutki (-ko); **~e Worte** ciepłe słowa *npl*; **~e Küche** gorące potrawy *fpl*; **der**

wärmste Tag najcieplejszy dzień; **es ist ~** jest ciepło; **es wird ~** robi się ciepło, ociepla się; **es ist wärmer geworden** ociepliło się; **es ist mir zu ~** jest mi za ciepło; **~ machen** *Speisen* odgrz(ew)ać (*akk*); **~ stellen** wstawi(a)ć do podgrzewacza; **sich ~ laufen** *Sportler* rozgrz(ew)ać się; **den Motor ~ laufen lassen** rozgrz(e-w)ać silnik na biegu jałowym; **sich ~ anziehen** ub(ie)rać się ciepło; **~ duschen** brać ⟨wziąć⟩ ciepły prysznic; **etwas Warmes essen** ⟨z⟩jeść coś gorącego; **wärmstens empfehlen** gorąco polecać; *umg* **mit j-m nicht ~ werden** nie móc nawiązać cieplejszych stosunków z (*inst*); → warmhalten

Warmblüter M zwierzę ciepłokrwiste

warmblütig ciepłokrwisty

Warmduscher *umg abw* M mięczak

Wärme F (*bpl*) ciepło; FIZ *a.* ciepłota

wärmebedürftig ciepłolubny

Wärme|dämmung F izolacja cieplna; **~energie** F energia cieplna; **~gewitter** N burza cieplna; **~kraftwerk** N siłownia cieplna; **~leiter** M FIZ przewodnik ciepła

wärmen V/T ogrz(e)wać, zagrz(ew)ać; *Essen* podgrz(ew)ać; V/I *Sonne* grzać, przygrz(ew)ać; *Ofen, Feuer* grzać; V/R **sich ~** grzać się, ogrz(ew)ać się (**am Feuer** przy ognisku)

Wärmepumpe F pompa cieplna

wärmer *komp* cieplej(szy); → warm

Wärme|schutz M izolacja cieplna; **~speicher** M akumulator ciepła; **~strahlung** F promieniowanie cieplne; **~technik** F ciepłownictwo; **~verluste** MPL straty *fpl* ciepła

Wärmflasche F termofor

Warm|front M METEO front ciepły; **~halteplatte** F podgrzewacz stołowy

warmhalten (*irr*): *umg* **sich** (*dat*) **j-n ~** być w dobrych stosunkach z (*inst*)

warmherzig serdeczny

warmlaufen (*irr; sn*) → warm

Warmluft F (*bpl*) ciepłe powietrze

warmmachen → warm

Warmmiete F komorne z wliczeniem kosztów ogrzewania

wärmste *sup* → warm

warmstellen → warm

wärmstens ADV jak najbardziej, jak najgoręcej

Warmwasser N ciepła woda; **~bereiter** M terma; **~heizung** F (centralne) ogrzewanie wodne

warmwerden (*irr; sn*) *fig* → warm

Warn|blinkanlage F światła *npl* awaryjne; **~dreieck** N trójkąt ostrzegawczy

warnen ostrzegać ⟨ostrzec⟩, przestrzegać ⟨-strzec⟩ (**vor** *dat* przed *inst*); **vor ... wird gewarnt** ostrzega się przed (*inst*)

Warn|leuchte F lampa ostrzegawcza ze światłem migowym; **~ruf** M okrzyk ostrzegawczy; **~schild** N tablica z ostrzeżeniem; (*Verkehrszeichen*) znak ostrzegawczy; **~schuss** M strzał ostrzegawczy; **~streik** M strajk ostrzegawczy

Warnung F ostrzeżenie; przestroga; **lass dir das e-e ~ sein** niech to będzie dla ciebie przestrogą

Warnzeichen N znak ostrzegawczy; **als ~ deuten** uznać *pf* za zły znak

Warschau N (*-s; bpl*) Warszawa

Warschauer ADJ warszawski; *subst* M Warszawiak; **~in** F Warszawianka

Warte F TECH nastawnia; *lit* **von meiner ~ aus** z mojego punktu widzenia

Warte|halle F poczekalnia; **~liste** F lista czekających; *für ein Flugticket usw* lista rezerwacji (na miejsca)

warten (*-e-*) V/T *Maschine* doglądać, konserwować; V/I ⟨po-, za⟩czekać; **auf j-n, etw ~** oczekiwać (*gen*); **auf sich ~ lassen** da(wa)ć na siebie czekać; *umg* **warte nur!** poczekaj (no)!; **da kannst du lange ~!** możesz długo czekać!

Warten N (*-s; bpl*) czekanie, oczekiwanie

Wärter(in) M(F) dozorca *m* (-czyni)

Warte|saal M poczekalnia; **~schlange** *umg* F kolejka (oczekujących); **~schleife** F LOTN pętla oczekiwania; TEL pętla oczekująca; **~zeit** F czas oczekiwania; **~zimmer** N poczekalnia

Wartung F dogląd, konserwacja

wartungsfrei niewymagający konserwacji

warum ADV dlaczego, czemu; **~ nicht?** dlaczego nie?

Warze F brodawka

Warzenschwein N guziec

was[1] PRON *interrog u. rel* co; *umg* PRON *ind* (*etwas*) coś; **~ ist das?** co to jest?; **~ kostet ...** ile kosztuje ...; **~ willst du?** czego *od umg* co chcesz?; **ich weiß, ~ du willst** wiem, czego chcesz; **mach, ~ du willst**

rób, co chcesz; **~ noch schlimmer ist** co gorsza; **~ auch immer** byle co, cokolwiek (by); *umg* **~ noch!** jeszcze czego!; **ach ~!** co tam!; **~ für eine Hitze!** co za upał!; **~ für ein Mensch ist er?** co to za człowiek?; *umg* **das ist ganz ~ anderes** to zupełnie coś innego; *umg* **ist ~?** jest coś?; *umg* **so ~ wie ...** coś w rodzaju (*gen*); → *a.* woran, worauf

was[2] *umg* ADV (*warum*) po co; **~ regst du dich so auf?** po co się tak denerwujesz?; (*wie sehr*) **~ haben wir gelacht!** a tośmy się uśmiali!

Wasch|anlage F myjnia; **~anleitung** F sposób prania; **~automat** M pralka automatyczna

waschbar (nadający się) do prania

Waschbär M szop pracz

Waschbecken N umywalka

Wäsche F (*bpl*) bielizna; (*das Waschen, a. pl*) pranie; *des Körpers* mycie (się); TECH płukanie; **kleine ~** przepierka; **schmutzige ~** brudna bielizna, brudy *mpl*; **~ waschen** prać (bieliznę); **in der ~ sein** być w praniu; *umg fig* **dumm aus der ~ gucken** czuć się głupio, wyglądać głupio

waschecht odporny na pranie; *umg fig* prawdziwy, autentyczny

Wäsche|klammer F klamerka do bielizny; **~korb** M kosz na bieliznę; **~leine** F sznur do suszenia bielizny

waschen (*wäscht, wusch, gewaschen*) V/T obmy(wa)ć, ⟨u-, wy⟩myć (*a. Auto usw*); *Wäsche* ⟨u-, wy⟩prać; *Erz usw* płukać; *umg* **Geld ~** prać brudne pieniądze; V/I prać bieliznę; V/R **sich ~** ⟨u⟩myć się, obmy(wa)ć się; **sich** (*dat*) **etw ~** ⟨ob-, u⟩myć sobie (*akk*)

Wäsche'rei F pralnia

Wäsche|schleuder F wirówka do bielizny; **~schrank** M szafa na bieliznę; **~trockner** M suszarka do bielizny

Wasch|gang M faza prania (w pralce); **~gelegenheit** F umywalnia; **~küche** F pralnia; **~lappen** M myjka; *umg fig* safanduła *m*; **~lotion** F mydło płynne; **~maschine** F pralka; **~mittel** N środek piorący; **~programm** N program prania; **~pulver** N proszek do prania; **~raum** M umywalnia; **~salon** M pralnia samoobsługowa; **~schüssel** F miednica

wäsch(s)t → waschen

Waschstraße → Waschanlage

Wasch|wasser N (*bpl*) woda do mycia *od* do prania; **~zeug** N przybory *mpl* toaletowe

Wasser N (*-s; - u Wässer*) woda; *in der Kosmetik a.* płyn (*a.* ANAT); **stilles ~** woda mineralna niegazowana; *fig* (*Person*) cicha woda; **stehendes ~** woda stojąca; *fig* **reinsten ~s** czystej wody; **~ abstoßend** niezwilżalny wodą; **~ sparend** *Spülung usw* wodooszczędny; **~ ansetzen für (den Tee)** nastawi(a)ć wodę (na herbatę); **am ~ sitzen** siedzieć nad wodą; *fig* **bei ~und Brot sitzen** siedzieć o chlebie i wodzie; **unter ~ setzen** zatapiać ⟨-topić⟩; **unter ~ stehen** być zalanym, stać pod wodą; **zu ~ und zu Lande** na morzu i na lądzie; *fig* **sich über ~ halten** utrzym(yw)ać głowę nad wodą; **ihm steht das ~ bis zum Hals** (*er steckt in Schulden*) on zadłużył się po uszy; *fig* **ins ~ fallen** *Pläne* spełznąć *pf* na niczym; *fig* **mit allen ~n gewaschen sein** być kutym na cztery nogi; *fig* **er kann ihr nicht das ~ reichen** daleko mu do niej; **mir läuft das ~ im Munde zusammen** ślinka mi do ust idzie; **er hat ~ in den Beinen** on ma puchlinę w nogach; *umg* **~ lassen** *pop* odl(ew)ać się

Wasserabfluss M odpływ wody

wasser|abstoßend, **~abweisend** → Wasser

wasserarm ubogi w wodę, cierpiący na niedobór wody

Wasser|aufbereitung F uzdatnianie wody; **~bad** N KULIN kąpiel wodna; **~ball** M (*bpl*) SPORT piłka wodna; **~becken** N basen (z wodą); **~bedarf** M zapotrzebowanie wody; **~behälter** M zbiornik na wodę; **~bett** N łóżko wodne; **~bombe** F bomba głębinowa

Wässerchen N: *fig* **er tut, als ob er kein ~ trüben könnte** on robi z siebie niewiniątko; *fig* **sie sah aus, als ob sie kein ~ trüben könnte** ona miał(a) minę niewiniątka

Wasserdampf M para wodna

wasserdicht *Behälter* wodoszczelny; *Stoff* nieprzemakalny; *umg fig* **~es Alibi** niezbite alibi

Wasser|druck M ciśnienie wody; **~eimer** N wiadro na wodę; **~einbruch** M wdarcie się wody; **~fall** M wodospad; **~farbe** F farba wodna

wasserfest wodoodporny
Wasser|floh M rozwielitka; **~flugzeug** N wodnosamolot
wassergekühlt ADJ chłodzony wodą
Wasserglas N szklanka; CHEM *(bpl)* szkło wodne; **ein Sturm im ~** burza w szklance wody
Wasser|graben M SPORT rów z wodą; **~hahn** M kran *od* kurek wodociągowy
Wasserhuhn F kurka wodna
wässerig wodnisty; CHEM wodny
Wasser|kessel M czajnik (elektryczny); **~kocher** M czajnik elektryczny; **~kraft** F *(bpl)* energia wodna; **~kraftwerk** N hydroelektrownia; **~kühlung** F chłodzenie wodą; **~lauf** M ciek wodny; **~leiche** *umg* F topielec; *weiblich* topielica; **~leitung** F wodociąg; **~lilie** F grzybień biały, *umg* lilia wodna
wasserlöslich rozpuszczalny w wodzie
Wasser|mangel M brak *od* niedobór wody; **~mann** M (PL *-männer*) ASTRON Wodnik; **~melone** F arbuz; **~mühle** F młyn wodny
wassern V/I *(a. sn)* LOTN wodować
wässern *(-re) Sache* ⟨wy-, na⟩moczyć w wodzie; *Pflanze* podl(ew)ać
Wasser|oberfläche F powierzchnia wody; **~pistole** F pistolet na wodę; **~pflanze** F wodorost; **~probe** F próbka wody; **~pumpe** F pompa wodna; **~rad** N koło wodne; **~ratte** F ZOOL karczownik ziemnowodny; *umg fig* amator(ka) kąpieli
wasser|reich bogaty w zasoby wody; **~resistent** odporny na wodę
Wasser|rohr N rura wodociągowa; **~rutsche** F zjeżdżalnia wodna; **~schaden** M szkoda wyrządzona przez wodę; **~scheide** F dział wodny *od* wód
wasserscheu ADJ: **~ sein** bać się wody
Wasser|schi → Wasserski; **~schlauch** M (gumowy) wąż do wody; **~schloss** N pałac na wodzie
Wasserschutz|gebiet N chroniony obszar poboru wody; **~polizei** F policja wodna
Wasser|ski[1] N *(bpl)* narciarstwo wodne; **~ski**[2] M *(Gerät)* narty *fpl* wodne
wassersparend → Wasser
Wasser|spiegel M lustro wody; **~sport** M sporty *mpl* wodne; **~spülung** F spłukiwanie wodą; **~stand** M poziom wody; **~standsmeldung** F komunikat o stanie wód; **~stelle** F *(Quelle)* źródło; *(Tränke)* wodopój
Wasserstoff M *(bpl)* wodór; **~bombe** F bomba wodorowa; **~peroxid**, **~peroxyd** N CHEM nadtlenek wodoru; *(Lösung für den Haushalt)* woda utleniona
Wasser|strahl M strumień *m od* struga wody; **~straße** F droga wodna; **~tiefe** F głębokość *f* wody; **~tropfen** M kropla wody; **~turm** M wieża ciśnień; **~uhr** F wodomierz; **~verbrauch** M zużycie wody
wasserverdünnbar *Farbe* wodorozcieńczalny
Wasser|verschmutzung F zanieczyszczenie wód; **~versorgung** F zaopatrzenie w wodę; **~vögel** MPL ptactwo wodne; **~waage** F poziomnica; **~weg** M droga wodna, szlak wodny; **~werfer** M armatka wodna; wóz policyjny z armatką wodną; **~werk** N wodociągi *mpl*; **~zeichen** N znak wodny; **~zufluss** M dopływ wody
wässrig wodnisty; CHEM wodny
waten V/I *(-e-; sn)* brodzić, brnąć (**durch, in** *dat* przez *akk*, po, w *lok*)
watscheln *umg* V/I *(-le; sn)* mieć kaczy chód, chodzić jak kaczka
Watt N (*-s;* -) ELEK wat
Watte F *(bpl)* wata; **~bausch** M watka, wacik, tamponik z waty
Wattestäbchen N (plastikowy) patyczek z nawiniętą watką
wat'tiert ADJ watowany; **~e Jacke** waciak, fufajka, kufajka
WC [veː'tseː] N (-[s]; -[s]) (Wasserklosett) WC
WDR M (Westdeutscher Rundfunk) Zachodnioniemieckie Radio i Telewizja
weben *(webte od lit wob, gewebt od lit gewoben)* ⟨u⟩tkać; *Spinne* snuć
Weber(in) M(F) tkacz(ka)
Webe'rei F *(Betrieb)* tkalnia
Webkante F krajka
Webpelz M imitacja futra, *umg* miś *m*
Webseite F *im Internet* strona internetowa, witryna
Webstuhl M krosno, warsztat tkacki
Wechsel M zmiana; *(Auswechseln)* wymiana; FIN weksel; **alles ist dem ~ unterworfen** wszystko się zmienia
Wechsel|automat M automat do roz-

mieniania pieniędzy; **~bäder** NPL MED kąpiele *fpl* o ciepłocie zmiennej

Wechselbeziehung F współzależność *f*; **in ~ stehen** zależeć wzajemnie (**zueinander** od siebie)

Wechselfälle MPL: **die ~ des Lebens** zmienne koleje *fpl* życia

Wechselgeld N (*bpl*) (*Kleingeld*) bilon; (*Restgeld*) reszta

wechselhaft zmienny, niestały

Wechsel|jahre NPL okres przekwitania; **~kurs** M FIN kurs wymiany

wechseln (*-le*) **A** VT **1** *Beruf, Besitzer, Farbe, Kleidung, Thema usw* zmieni(a)ć **2** *Geldschein* rozmieni(a)ć **3** *Fremdwährung, Blicke, Briefe, Worte* wymieni(a)ć; **die Plätze ~** zamienić się miejscami; **Euro in Zloty ~** wymieni(a)ć euro na złote **B** VI **4** (*sich verändern*) zmieni(a)ć się **5** (*sn*) **auf die andere Seite ~** przechodzić ⟨przejść⟩ na drugą stronę; **auf e-e andere Schule ~** przenosić ⟨-nieść⟩ się na inną uczelnię od do innej szkoły; **zu e-m anderen Verein ~** przenosić ⟨-nieść⟩ się do innego klubu

wechselnd ADJ zmienny

Wechsel|objektiv N obiektyw wymienny; **~schuld** F dług wekslowy

wechselseitig wzajemny; *präd* wzajemnie, nawzajem

Wechsel|strom M prąd zmienny; **~stube** F kantor wymiany walut

wechselvoll zmienny; **ein ~es Leben** niespokojne życie

Wechselwirkung F wzajemne oddziaływanie, interakcja

Weckdienst M (*bpl*) budzenie przez telefon

wecken *j-n* ⟨z-, prze-, o⟩budzić; *fig Interesse* wzbudzać ⟨-dzić⟩; *Erinnerungen* ⟨o⟩budzić

Wecken[1] N (*bpl*) pobudka

Wecken[2] M *pł-niem, austr* bułka

Wecker M budzik; *umg* **j-m auf den ~ gehen** denerwować k-o

Wedel M → Palmwedel, Staubwedel

wedeln VI (*-le*) **1** ⟨po⟩machać (**mit etw** *inst*); **mit dem Schwanz ~** merdać ogonem **2** *Skisport* (*sn*) wykonywać skręty

weder *konj*: **~ ... noch ...** ani ..., ani ...

weg *umg* ADV (*nicht da*)**... ist ~, ... sind ~** nie ma (*gen*); ... znik(ną)ł (-[nę]ły, *persf* -[nę]li); **der Zug ist ~** pociąg odszedł; **das Flugzeug ist ~** samolot odleciał; **ich bin gleich ~** zaraz idę; **sie war auf einmal ~** (*verschwunden*) ona nagle zniknęła *od* znikła; (*bewusstlos*) ona nagle straciła przytomność; **ich war sofort ~** (*eingeschlafen*) od razu zasnąłem (*od f* zasnęłam); **und ~ war er** i już go nie było; **von ... ~** (*direkt von*) prosto z (*gen*); **er war ganz ~ von etw** (*begeistert*) był zachwycony (*inst*); **~ damit!** precz z tym!; **~ mit dir!** już cię nie ma!, precz stąd!; **~ da!** z drogi!; **schnell, nichts wie ~!** zmiatajmy stąd!

Weg M (-[e]s; -e) droga (*a. fig*); *schmal* dróżka; (*Verkehrsweg*) szlak; **nach dem ~ fragen** ⟨za⟩pytać o drogę; **der ~ nach ...** droga do (*gen*); **der ~ führt durch den Wald** droga prowadzi przez las; **am ~(e)** przy drodze; **auf dem ~ nach ...** (*unterwegs*) po drodze do ...; **auf dem ~ nach Wien sein** być w drodze do Wiednia; *umg* **sich auf den ~ machen** wyruszać ⟨-szyć⟩ *od* uda(wa)ć się w drogę; **wohin des ~es?** dokąd zmierzasz?, dokąd pan(i) zmierza?; **auf den ~ bringen** *Reform usw* zapoczątkować *pf* (*akk*); **auf dem richtigen ~ sein** być na właściwej *od* dobrej drodze (*a. fig*); **auf dem ~(e) der Besserung sein** powracać do zdrowia; *fig* **auf halbem ~(e)** w pół drogi; *fig* **auf dem besten ~(e) zu ...** na najlepszej drodze do (*gen*); **aus dem ~ räumen** usuwać ⟨usunąć⟩ z drogi; *fig* usuwać ⟨usunąć⟩; **das ist nicht der richtige ~** to zła droga; *fig a.* nie tędy droga; **auf schnellstem ~(e)** możliwie jak najszybciej; *umg* **j-m über den ~ laufen** napatoczyć się *pf* k-u po drodze; *fig* **seinen (eigenen) ~ gehen** iść wytkniętą drogą; **sich j-m in den ~ stellen** zastąpić *pf* k-u drogę; *fig* stawać k-u na drodze; *a. fig* **j-m den ~ verbauen** zagradzać ⟨-grodzić⟩ k-u drogę (**zu** do *gen*); *fig* **j-m**, *e-r Sache* **aus dem ~ gehen** unikać (*gen*); **j-m im ~(e) sein** *od* **stehen** przeszkadzać, zawadzać k-u (*a. fig*); **etw in die ~e leiten** wdrożyć, podjąć (*akk*); **j-m nicht über den ~ trauen** nie mieć zaufania do (*gen*); *fig* **ich sehe keinen anderen ~, diese Sache zu erledigen** nie widzę innej drogi załatwienia tej sprawy; **zu ~e bringen** → zustande

wegbekommen *umg* VT (*irr*; -) *Fleck* usuwać ⟨usunąć⟩

Wegbereiter(in) M(F) prekursor(ka)

wegblasen (*irr*) *Staub, Asche* zdmuchi-

W

wać ⟨-chnąć⟩; *umg* **der Schmerz war wie weggeblasen** ból ustąpił, jakby ręką odjął

weg|bleiben VI (*irr; sn*) nie zjawi(a)ć się; nie powrócić *pf*; **ihm blieb die Luft weg** zatkało go; **~bringen** (*irr*) → fortbringen, wegschaffen

wegdenken (*irr*): **sich** (*dat*) **etw ~** wyobrazić sobie, że nie ma (*gen*); **er ist aus unserem Leben nicht wegzudenken** nie możemy sobie wyobrazić naszego życia bez niego

wegdrängen odpychać ⟨odepchnąć⟩

wegen PRÄP (*gen, dat*) z powodu (*gen*); ze względu na (*akk*), z uwagi na (*akk*); **~ schlechten Wetters** z powodu złej pogody; **~ des Geldes**, *umg* **~ dem Geld** ze względu na pieniądze; **des Vaters ~** ze względu na ojca; **von Amts ~** z urzędu; *umg* **von ~!** nic podobnego!

wegfahren (*irr*) VT wywozić ⟨-wieźć⟩, odwozić ⟨-wieźć⟩; VI (*sn*) odjeżdżać ⟨-jechać⟩, wyjeżdżać ⟨-jechać⟩

Wegfahrsperre F blokada mechaniczna; **elektronische ~** immobiliser

weg|fallen VI (*irr; sn*) odpadać ⟨-paść⟩; **~fegen** zmiatać ⟨zmieść⟩ (*a. fig*); **~fliegen** VI (*irr; sn*) odlatywać ⟨-lecieć⟩

Weggang M odejście

weg|geben (*irr*) odda(wa)ć; **~gehen** VI (*irr; sn*) (*sich entfernen*) odchodzić ⟨odejść⟩; (*hinausgehen*) wychodzić ⟨wyjść⟩; (*abziehen*) iść ⟨pójść⟩ sobie; *umg Ware* cieszyć się popytem; *Fleck* znikać ⟨-knąć⟩; **~gießen** (*irr*) wyl(ew)ać

weghaben *umg* (*irr*): **j-n, etw ~ wollen** chcieć pozbyć się (*gen*); **er hat seine Strafe weg** on dostał za swoje; **in Physik hat er was weg** on się dobrze zna na fizyce

wegjagen przepędzać ⟨-dzić⟩

wegkommen *umg* VI (*sn*) **1** (*fortkommen*) wyr(y)wać się, wydosta(wa)ć się (**hier** stąd) **2 ~ von** (*dat*) (*loskommen*) wyzwalać ⟨-wolić⟩ się (od, z *gen*), pozby(wa)ć się (*gen*) **3 gut ~ bei etw** dobrze wychodzić ⟨wyjść⟩ na (*lok*) **4** (*abhandenkommen*) znikać ⟨-knąć⟩ **5 über etw ~** przeboleć *pf* (*akk*); **mach, dass du wegkommst!** zabieraj się stąd!

wegkönnen *umg* VI (*irr*) móc odejść *od* wyjść, móc urwać się; **ich kann hier nicht weg** ja nie mogę stąd odejść

wegkriegen *umg* → wegbekommen

weglassen (*irr*): **j-n ~** pozwalać ⟨-zwolić⟩ odejść k-u; *umg* **etw ~** opuszczać ⟨opuścić⟩, pomijać ⟨-minąć⟩ (*akk*)

weglaufen VI (*irr; sn*) → fortlaufen

weglegen odkładać ⟨-łożyć⟩

degloben VT: **man hat ihn weggelobt** *umg* on dostał kopa w górę

wegmachen *umg* usuwać ⟨usunąć⟩; *pop* **ein Kind ~** spędzać ⟨-dzić⟩ płód

wegmüssen *umg* VI (*irr*) musieć iść *od* wyjść; **die Post muss heute weg** pocztę trzeba dziś nadać; **das muss weg** to trzeba usunąć *od* zużyć

wegnehmen (*irr*) *Sache, Platz* zab(ie)rać; *Gas* zmniejszać ⟨-szyć⟩; **j-m etw ~** odbierać ⟨odebrać⟩ k-u (*akk*)

weg|rationalisieren (-) *Arbeitsplätze* ⟨u⟩czynić zbędnym poprzez racjonalizację (produkcji); **~räumen** (*aufräumen*) sprzątać ⟨-tnąć⟩; (*beseitigen*) usuwać ⟨usunąć⟩; **~rennen** VI (*irr; sn*) uciekać ⟨uciec⟩ (**vor** *dat* przed *inst*); **~schaffen** (*beseitigen*) usuwać ⟨usunąć⟩; (*hinaustragen*) wynosić ⟨-nieść⟩; (*wegfahren*) wywozić ⟨-wieźć⟩; **~schauen** → wegsehen

wegscheren *umg*: VR **sich ~** wynosić ⟨-nieść⟩ się; **scher dich weg!** wynoś się stąd!

weg|schicken *Sache* wys(y)łać, *a. Person* odsyłać ⟨odesłać⟩; **~schieben** (*irr*) odsuwać ⟨-sunąć⟩; **~schleichen** (*irr*) VI (*sn*) (*u.* VR **sich**) wymykać ⟨-mknąć⟩ się (niepostrzeżenie); **~schleppen** *umg* (*ausplündern*) rozszabrow(yw)ać, rozkraść *pf*, porozkradać *pf*; **~schließen** (*irr*) zamykać ⟨-mknąć⟩ (na klucz); **~schmeißen** *umg* → wegwerfen; **~schnappen** *umg* sprzątnąć *pf* (**j-m etw, j-n vor der Nase** k-u sprzed nosa *akk*); **~schütten** wyl(ew)ać; **~sehen** VI (*irr*) odwracać ⟨-wrócić⟩ oczy; *fig* zamykać oczy (**über etw** na *akk*)

wegsetzen VT *Person* przesadzać ⟨-dzić⟩; VR **sich ~** przesiadać ⟨-siąść⟩ się

wegspülen *Schmutz* spłuk(iw)ać; *Ufer, Strand* podmy(wa)ć

wegstecken *umg* (*verbergen*) ⟨s⟩chować; (*wegräumen*) sprzątnąć *pf*; *fig Beleidigung* schować *pf* do kieszeni; **e-n Schlag ~** otrząsnąć się *pf* po ciosie

wegstehlen: VR **sich ~** wymykać ⟨-mknąć⟩ się chyłkiem

weg|stellen odstawi(a)ć (na stronę);

~stoßen *(irr)* odpychać ⟨odepchnąć⟩
Wegstrecke F odcinek drogi
weg|streichen *(irr)* *Text, Zeile* wykreślać ⟨-lić⟩; **~tauchen** *umg* V/I → untertauchen; **~tragen** *(irr)* odnosić ⟨-nieść⟩, wynosić ⟨-nieść⟩
wegtreten *(irr)* V/T *Ball* wybi(ja)ć; V/I *(sn)* odejść *pf*, odstąpić *pf* (**von** od *gen*); MIL odmaszerować *pf*; **~!** rozejść się!; *umg fig* **(geistig) weggetreten sein** bujać w obłokach
wegtun *umg (irr)* (*wegnehmen*) zab(ie)rać; (*wegwerfen*) wyrzucać ⟨-cić⟩
Wegweiser M drogowskaz
Wegwerfartikel M artykuł jednorazowego użytku
wegwerfen *(irr)* wyrzucać ⟨-cić⟩
Wegwerfgesellschaft F *abw* społeczeństwo marnotrawstwa
weg|wischen ścierać ⟨zetrzeć⟩, wymaz(yw)ać; **~wollen** *umg* V/I *(irr)* chcieć odejść *od* odjechać; **~ziehen** *(irr)* V/T *Sache, Person* odciągać ⟨-gnąć⟩ (na bok); odsuwać ⟨-sunąć⟩ (**j-m etw** od k-o *akk*); *v/i (sn)* wyprowadzać ⟨-dzić⟩ się (**von hier** stąd; **aus der Wohnung** z mieszkania)
weh[1] INT: **o ~!** Boże!, mój Boże!
weh[2] ADJ *umg* (*schmerzend*) bolący; → wehtun
Weh *lit* N (-[e]s; selten -e) ból, boleść *f*
wehe INT *lit*: **~ (dir), wenn du ...!** biada (ci), jeśli ...!; → weh[1]
Wehe[1] F → Wehen
Wehe[2] F zaspa (śnieżna)
wehen V/I *Wind* ⟨po⟩wiać; *Fahne* powiewać, rozwiewać się (**im Wind** na wietrze)
Wehen FPL MED bóle *mpl* porodowe
wehklagen *lit* V/I biadać, lamentować (**über** *akk* nad *inst*, z powodu *gen*)
wehleidig *abw* wydelikacony, biadający nad sobą; *Stimme* płaczliwy (-wie), rozżalony; *Miene* skwaszony
Wehmut *lit* F (-; *bpl*) rzewność *f*; smutek, melancholia
wehmütig rzewny, smętny
Wehr[1] N (-[e]s; -e) jaz
Wehr[2] F: *nur in* **sich zur ~ setzen** stawi(a)ć opór
Wehrdienst M *(bpl)* (zasadnicza) służba wojskowa; **~verweigerer** M odmawiający (pełnienia) służby wojskowej; **~verweigerung** F odmowa (pełnienia) służby wojskowej
wehren: V/R **sich ~** bronić się (**gegen** przeciw *dat*, od *gen*); (*Widerstand leisten*) stawiać opór; (*sich weigern*) wzbraniać się (+ *inf*)
Wehrersatzdienst M *(bpl)* zastępcza służba wojskowa
wehrlos bezbronny; **j-m**, *e-r Sache* **~ ausgeliefert sein** być bezbronnym wobec *(gen)*
Wehrmacht F *(bpl)* HIST wermacht
Wehrpass M książeczka wojskowa
Wehrpflicht F *(bpl)* obowiązek służby wojskowej
wehrpflichtig ADJ: **im ~en Alter** w wieku poborowym
Wehrpflichtige(r) M poborowy
Wehrsold M żołd
wehtun V/I *(irr)*: **mir, ihr tut der Kopf weh** boli mnie, ją głowa; **j-m, sich** *(dat)* **~** sprawi(a)ć k-u, sobie ból *(a. fig)*
Wehwehchen *umg* N dolegliwość *f*; **immer irgendein ~ haben** stale kwękać
Weib N (-[e]s; -er) kobieta, *lit* niewiasta; *umg* baba; *abw* **ein böses ~** cholernica; **ein blödes ~** głupie babsko; **ein tolles ~** ładna babka; *umg* **hinter den ~ern her sein** latać za babami
Weibchen N ZOOL samica, samiczka
Weiber|fastnacht F Tłusty Czwartek; **~geschichten** *umg* FPL miłostki *fpl*; **~held** *abw* M babiarz
weibisch zniewieściały, *umg* babski; *präd* po babsku
Weiblein N kobiecina
weiblich kobiecy, *präd* po kobiecemu, *lit* niewieści; *abw* babski, *präd* po babsku; BIOL żeński; GRAM żeński, rodzaju żeńskiego
Weiblichkeit F *(bpl)* kobiecość *f*
Weibs|bild N, **~stück** N babsztyl
weich miękki (-ko) *(a. fig)*; *Stoff usw a.* miły w dotyku; **ein ~es Herz** miękkie serce; **~ landen** miękko wylądować *pf*; **~ dünsten, kochen** udusić *pf*, ugotować *pf* do miękkości; **~es** *od* **~ gekochtes Ei** jajko na miękko; **~ machen** zmiękczać ⟨-czyć⟩; **~ werden** ⟨z⟩mięknąć *(a. fig)*
weichdünsten → weich
Weiche[1] F KOLEJ rozjazd, zwrotnica; *fig* **die ~n für etw stellen** wytyczać ⟨-czyć⟩ kierunki *(gen)*
Weiche[2] F (*Flanke*) pachwina, miękkie

W

Weichei *umg* M → Weichling
weichen¹ V/I (*sn*) *im Wasser usw* moczyć się; **~ lassen** moczyć
weichen² (*wich, gewichen; sn*) ustępować ⟨ustąpić⟩ (**vor** *dat* przed *inst*); **nicht von der Stelle ~** nie ruszać ⟨-szyć⟩ się z miejsca; **j-m nicht von der Seite ~** nie opuszczać k-o ani na chwilę
weichgekocht → weich
Weichheit F (*bpl*) miękkość *f*
weichherzig miękkiego serca; **sie ist viel zu ~** ona ma zbyt miękkie serce
Weichkäse M ser miękki
weichkochen → weich
weichlich miękkawy (-wo)
Weichling *abw* M (-*s*; -*e*) (*Schwächling*) mięczak, niewieściuch
weichmachen → weich
Weichmacher M zmiękczacz
Weichsel¹ F (*bpl*): **die ~** Wisła; *in zssgn* wiślany
Weichsel² F (-; -*n*), **~kirsche** F wiśnia
Weich|spüler M płyn do płukania tkanin; **~teile** NPL części *fpl* miękkie; *umg* (*Genitalien*) przyrodzenie
Weichtiere NPL mięczaki *mpl*
weichwerden (*irr; sn*) *fig* → weich
Weide¹ F BOT wierzba; wiklina
Weide² F *für Tiere* pastwisko; **~land** N pastwisko (naturalne)
weiden V/I (-*e*-) ⟨po⟩paść się; *Wild* żerować; *lit* V/R **sich ~ an** (*dat*) napawać się *od* rozkoszować się widokiem (*gen*)
Weiden|kätzchen N kotka *od* bazia wierzbowa; **~korb** M kosz wiklinowy
weidlich ADV gruntownie, porządnie
weidmännisch myśliwski, łowiecki; *präd* jak przystoi na myśliwego
Weidmanns'heil INT **~!** darzbór!
weigern (-*re*): V/R **sich ~ (zu + INF)** wzbraniać się (+ *inf*, przed *inst*), odmawiać ⟨-mówić⟩ (*gen des Verbalsubstantivs*)
Weigerung F (*Ablehnung*) odmowa
Weihbischof M sufragan
Weihe F święcenie, konsekracja
weihen *Bauwerk, Brot, Wasser usw* ⟨po⟩święcić; *zum Bischof* konsekrować; **j-n zum Priester ~** wyświęcać ⟨-cić⟩ na księdza (*akk*); *lit* **sein Leben** *e-r Sache* **~** poświęcać ⟨-cić⟩ życie (*dat*); **dem Untergang geweiht sein** być skazanym na zagładę
Weiher M staw, sadzawka
Weihkerze F gromnica
Weihnachten N (-; -) Boże Narodzenie; **zu, an ~** na Boże Narodzenie, na gwiazdkę; **fröhliche** *od* **frohe ~!** wesołych świąt!
weihnachtlich bożonarodzeniowy, gwiazdkowy; **~ geschmückt** ustrojony na Boże Narodzenie
Weihnachtsabend M Wigilia (Bożego Narodzenia); **am ~** w Wigilię
Weihnachts|angebot N HANDEL oferta gwiazdkowa; **~baum** M choinka; **~baumschmuck** M ozdoby *fpl* na choinkę; **~einkäufe** MPL gwiazdkowe sprawunki *mpl*; **~engel** M (*Schmuckfigur*) świąteczny aniołek; **~feier** F gwiazdka
Weihnachtsfeiertag M: **erster, zweiter ~** pierwszy, drugi dzień świąt Bożego Narodzenia
Weihnachts|fest N święta *npl* Bożego Narodzenia; **~geld** N (*bpl*) gratyfikacja bożonarodzeniowa; **~geschenk** N prezent gwiazdkowy; **~krippe** F jasełka *pl*; **~lied** N kolęda; **~mann** M (PL -*männer*) Święty Mikołaj; **~markt** M kiermasz bożonarodzeniowy; **~stern** M BOT gwiazda betlejemska, poinsecja; **~zeit** F okres świąt Bożego Narodzenia
Weihrauch M (*bpl*) kadzidło
Weihwasser N (*bpl*) woda święcona; **~becken** N chrzcielnica; **~wedel** M kropidło
weil *konj* ponieważ, gdyż; (*denn*) bo; **deshalb, ~** dlatego, że
Weilchen N chwilka, chwileczka
Weile F chwila; **e-e ganze ~** dość długo; **nach e-r ~** po chwili
weilen *lit* V/I przebywać, bawić
Wein M (-[*e*]*s*; -*e*) wino; (*Rebe*) winorośl *f*; *fig* **j-m reinen ~ einschenken** wygarnąć *pf* k-u całą prawdę
Wein|bau M (*bpl*) uprawa winorośli; **~beere** F *pl-niem, austr, szwajc* rodzynka; → Weintraube; **~bauer** M posiadacz winnicy, winiarz; **~berg** M winnica; **~bergschnecke** F winniczek; **~brand** M winiak, koniak
weinen płakać (**vor** *dat* z *gen*; **über** *akk* nad *inst*); **um j-n ~** płakać po (*lok*); **es ist zum ~!** można się rozpłakać!; *umg* **~ zum Steinerweichen** płakać jak bóbr; **zu ~ beginnen** rozpłakać się *pf*
Weinen N (-*s*; *bpl*) płacz

weinend ADJ płaczący, *präd* płacząc
weinerlich płaczliwy (-wie)
Wein|essig M ocet winny; **~flasche** F butelka do wina *od* po winie; *mit Wein* butelka z winem; **~glas** N kieliszek do wina; **~gut** N duża winnica; **~handel** M handel winem *od* winny; **~handlung** F sklep winny; **~hefe** F drożdże *pl* winiarskie; **~karte** F karta win; **~keller** M piwnica; **~kenner** M smakosz wina
Weinkrampf M spazmy *mpl*
Wein|lese F winobranie; **~lokal** N winiarnia; **~probe** F degustacja wina; **~rebe** F winorośl *f*
weinrot (koloru) bordo (*unv*)
Wein|säure F (*bpl*) kwas winowy; **~stein** M (*bpl*) kamień winny; **~stube** F winiarnia; **~traube** F winogrono
Weintrinker(in) M(F) amator(ka) wina
weise mądry (-rze); **~ handeln** postępować ⟨-stąpić⟩ mądrze; **der Stein der Weisen** kamień filozoficzny
Weise F sposób; MUS melodia, melodyjka; **auf diese ~** w ten sposób, takim sposobem; **auf welche ~** jakim sposobem, w jaki sposób; **auf meine ~** na swój sposób; **in gewohnter ~** zwykłym sposobem
weisen (*wiesest, wies, gewiesen*) V/I wskaz(yw)ać (**auf** *akk* na *akk*); *v/t Weg* wkaz(yw)ać; *j-n* wydalać ⟨-lić⟩ (**aus dem Land** z kraju, **von der Schule** ze szkoły); **j-m die Tür ~** wypraszać ⟨-prosić⟩ k-o (za drzwi); **etw weit von sich** (*dat*) **~** energicznie odpierać (*akk*)
Weisheit F mądrość *f*; **für der ~ letzten Schluss halten** uważać za szczyt mądrości; *umg* **mit s-r ~ am Ende sein** znaleźć się *pf* w kropce, nie wiedzieć, co począć
Weisheitszahn M ząb mądrości
weismachen *umg*: **j-m etw ~** wmawiać ⟨wmówić⟩ w k-o (*akk*), mydlić oczy k-u, że ...; **das kannst du mir nicht ~** wmawiasz jak w chorego jajko
weiß[1] → wissen
weiß[2] ADJ biały (-ło); **~ streichen** malować na biało; **~ werden** ⟨z⟩bieleć; **~ glühend** rozżarzony do białości; **~ gedeckt** *Tisch* nakryty białym obrusem; **~ getupft** *Stoff* w białe groszki; **das Weiße im Auge, im Ei** białko
Weiß N (-[e]s; -) (*Farbe*) biel *f*; (*weißes Aussehen*) biel *f*, białość *f*; **in ~** *gekleidet* w bieli
weissagen przepowiadać ⟨-wiedzieć⟩
Weissagung F przepowiednia
Weiß|bier N piwo jasne (typu grodziskiego); **~blech** N blacha biała; **~brot** N chleb biały; **~dorn** M BOT głóg
Weiße F biała; **~(r)** M (-*n*) biały
weißen (-*ßt*) *Wand* ⟨po-, wy⟩bielić
weiß|getupft, **~glühend** → weiß
Weißglut F biały żar; *umg fig* **j-n zur ~ bringen** *od* **treiben** doprowadzać ⟨-dzić⟩ k-o do pasji
Weißgold N białe złoto
weißhaarig białowłosy
Weißkäse M twaróg
Weiß|kohl M, **~kraut** N *bes pl-niem, austr* kapusta biała
weißlich białawy (-wo)
Weißling M ZOOL bielinek
Weißmacher M *im Waschmittel* wybielacz
Weißrus|se M, **~sin** F Białorusin(ka)
weißrussisch białoruski (po -ku)
Weißrussland N (-*s*; *bpl*) Białoruś *f*
Weiß|tanne F jodła pospolita; **~wein** M wino białe; **~wurst** F biała kiełbasa
Weisung F *lit* (urzędowe) polecenie; dyrektywa
weisungs|abhängig, **~gebunden** ADJ związany poleceniami, zobowiązany wypełniać polecenia przełożonych
weit ADJ (*ausgedehnt, a. fig*) szeroki, rozległy; *Weg, Reise* daleki, odległy; *Rock* obszerny, luźny; *präd u.* ADV szeroko, rozlegle; *a. zeitlich u. verstärkend* daleko; **~e Teile des Landes** znaczna część kraju; **im ~esten Sinne des Wortes** w najszerszym tego słowa znaczeniu; **bei Weitem** o wiele, daleko; **~ besser** daleko lepszy; **~ öffnen, ~ aufmachen** szeroko otwierać ⟨-worzyć⟩; **er ist ein ~ gereister Mann** on wiele podróżował; **~ gehend, ~ greifend** *usw* → weitgehend, weitgreifend *usw*; **sie ist ihm ~ überlegen** daleko mu do niej; **das ist e-e ~ zurückliegende Geschichte** to odległa historia; **wie ~ ist es bis, nach ...** jak daleko do (*gen*); **wie ~ bist du mit ...** jak daleko jesteś z (*inst*); **... Meter ~** w odległości *od* na odległość ... metrów; **ein Kilometer ~ von hier ist ...** o kilometr stąd jest ...; **~ und breit** dookoła, jak okiem sięgnąć; **ich wohne nicht ~** mieszkam niedaleko; **~ weg (von)** bardzo

daleko, z dala (od *gen*); **von Weitem** z oddali, z oddalenia; **von ~ her** z daleka; **so ~, dass** tak dalece, że; **ich bin so ~** (*fertig*) jestem gotów; **noch nicht so ~ sein** *in der Entwicklung* jeszcze nie osiągnąć *pf* poziomu (*gen*); **sie ist noch nicht so ~** ona do tego jeszcze nie dorosła; **mit** *etw* **ist es nicht ~ her** ... pozostawia wiele do życzenia; **das geht zu ~** tego już za wiele; **das Weite suchen** wziąć nogi za pas
weitab ADV **(von)** daleko (od *gen*)
weitaus ADV o wiele, daleko; **er ist ~ der beste Schüler** on jest bezspornie najlepszym uczniem
Weitblick M (*bpl*) dalekowzroczność *f*
weitblickend ADJ dalekowzroczny
Weite F (*Erstreckung*) szerokość *f*, rozległość *f*; (*Größe*) wielkość *f*, rozmiar (*a. der Konfektion*); *e-s Bogens* rozpiętość *f*; (*weiter Raum*) bezkres; (*Ferne*) dal *f*; (*Länge*) *e-r Strecke* długość *f*
weiten (*-e-*) V/T poszerzać, rozszerzać ⟨-rzyć⟩ (*v/r* **sich** się)
weiter **A** ADJ dalszy (*a. sonstig, zusätzlich*); *präd* dalej; **die ~e Entwicklung** dalszy rozwój; **zur ~en Behandlung** na dalsze leczenie; **bis auf Weiteres** na razie; (aż) do odwołania; **ohne Weiteres** bez trudności; bez dalszych wyjaśnień; **~ gelegen** położony dalej; **das Weitere** resztę, pozostałe dane *od* szczegóły *usw*; **des Weiteren** poza tym **B** ADV nadal, dalej, w dalszym ciągu; (*sonst*) więcej; poza tym; **und so ~** i tak dalej; **ich weiß nichts ~** nic więcej nie wiem; **~ bestehen** istnieć nadal; *Gesetz* pozostawać nadal w mocy; **~ nichts als** nic poza (*inst*), nic tylko (+ *inf*); **nichts ~?** więcej nic?; *umg* **wenn es ~ nichts ist!** jeśli tylko o to chodzi!; **~ oben** wyżej; **~ unten** niżej
weiter|arbeiten nadal pracować; **~beschäftigen** (-) dalej zatrudniać; **~bestehen** (*irr*; -) → weiter; **~bilden** V/T *u.* V/R → fortbilden
Weiterbildung F dokształcanie (się)
weiter|bringen (*irr*) posuwać ⟨-sunąć⟩ naprzód; **~denken** V/I (*irr*) zastanawiać ⟨-nowić⟩ się nad skutkami, wybiegać (myślą) naprzód; **~dürfen** *umg* (*irr*) móc iść *od* jechać dalej
weitere → weiter
weiter|empfehlen (*irr*) polecać ⟨-cić⟩ dalej; **~entwickeln** V/T rozwijać ⟨-winąć⟩ dalej (*v/r* **sich** się); *Konstruktion* udoskonalać ⟨-lić⟩, ulepszać ⟨-szyć⟩
weiter|erzählen (*fortfahren zu erzählen*) opowiadać ⟨-wiedzieć⟩ dalej; (*ausplaudern*) rozpowiadać ⟨-wiedzieć⟩; **erzähl das bloß nicht weiter!** tylko nie mów nikomu o tym!; **~fahren** V/I (*irr; sn*) ⟨po⟩jechać dalej
Weiterfahrt F dalsza jazda *od* podróż
Weiterflug M dalszy lot
weiterführen V/T *u.* V/I ⟨po⟩prowadzić dalej; *Gespräche a.* kontynuować; **das führt uns nicht wieiter** to nam nic nie pomoże
weiterführend ADJ: **~e Schule** szkoła ponadpodstawowa
weitergeben (*irr*): **etw ~ an** (*akk*) przekaz(yw)ać coś dalej (*dat*); (*mitteilen*) (o)powiedzieć *pf* coś dalej (*dat*)
weitergehen V/I (*irr; sn*) iść ⟨pójść⟩ dalej; *Weg* prowadzić dalej; *Gespräche* odbywać się nadal, przebiegać w dalszym ciągu; *Streit usw* trwać nadal; **so kann es nicht ~** tak dalej nie może być; **wann geht es weiter?** kiedy ruszamy dalej?; **es geht weiter** idziemy *od* jedziemy dalej; **das Leben geht weiter** życie toczy się dalej; **es geht nicht weiter** (i) ani rusz dalej; **mit dieser Sache geht es nicht weiter** sprawa utknęła w martwym punkcie
weiterhelfen V/I (*irr*) pomagać ⟨pomóc⟩ (**j-m bei etw** k-u w *od* przy *lok*)
weiterhin ADV nadal, w dalszym ciągu; (*außerdem*) poza tym
weiterkommen V/I (*irr; sn*) (*vorankommen*) iść *od* posuwać się naprzód; **hier kommen wir nicht weiter** tu nie przejdziemy, tu nie przejedziemy; **mit** *od* **in** *e-r Sache* **~** robić postępy w (*lok*); **im Leben ~** dojść *pf* do czegoś w życiu; **im Beruf ~** awansować; *umg* **mach, dass du weiterkommst!** ruszaj stąd!
weiter|leiten ⟨s⟩kierować dalej (**an** *akk* do *gen*); **~machen** *umg* V/T kontynuować, prowadzić nadal; V/I *iron* **mach nur (so) weiter!** tylko rób tak dalej!
weiter|reichen poda(wa)ć dalej; **~reisen** V/I kontynuować podróż
weitersagen V/T rozpowiadać ⟨-wiedzieć⟩; **nicht ~!** ani słowa nikomu!
weiter|sehen V/I (*irr*): **dann sehen wir weiter** wtedy zobaczymy; **~spielen** V/T *Ball* poda(wa)ć dalej; V/I grać nadal

weiterverarbeiten przetwarzać ⟨-tworzyć⟩; **~de Industrie** przemysł przetwórczy
Weiterverkauf M odprzedaż *f*
weiterverkaufen odprzed(aw)ać
weitervermieten (an *akk*) odnajmować ⟨-jąć⟩ (*dat*)
weiterwissen V/I (*irr*): **nicht (mehr) ~** nie wiedzieć, co robić dalej
weit|gehend ADJ *Befugnisse usw* daleko idący; ADV (*größtenteils*) w dużej mierze; **~gereist** → weit; **~greifend** dalekosiężny
weither *lit* ADV z daleka
weitherzig wspaniałomyślny
weithin ADV daleko, na dużą odległość
weitläufig *Gebäude, Garten* rozległy, przestronny; *Schilderung* szczegółowy (-wo); *Verwandte* daleki; **wir sind ~ verwandt** łączy nas dalekie pokrewieństwo
weitmaschig *Netz* o dużych oczkach
weiträumig *Park usw* rozległy; **~ umfahren** *Hindernis* objeżdżać ⟨-jechać⟩ okrężną drogą
weitreichend *fig* daleko idący, dalekosiężny; *Einfluss usw a.* rozległy
weitschweifig rozwlekły (-le)
weitsichtig dalekowzroczny (*a. fig*); **ich bin ~** MED jestem dalekowidzem
Weitsprung M skok w dal
weit|tragend *fig* daleko idący; **~verbreitet** szeroko rozpowszechniony, nagminny
Weitwinkelobjektiv N obiektyw szerokokątny
Weizen M (*-s; bpl*) pszenica; *in zssgn* pszenny; BOT pszeniczny; **~bier** N → Weißbier; **~mehl** N mąka pszenna
welch *lit* PRON (*unv*) *in Ausrufen* co za; **~ ein Glück!** co za szczęście!
welche PRON *interrog in direkten Fragen* **~**, **~r**, **~s**, PL **~** jaka, jaki, jakie, *pl* jakie, *persf* jacy; **~ Bezahlung erwartest du** jakiej spodziewasz się zapłaty; **aus ~m Grund ...** z jakiego powodu ...; **in ~ Schule gehst du** do jakiej szkoły chodzisz; *in indirekten Fragen u. als rel* PRON która, który, które, *pl* które, *persf* którzy; **um ~ Zeit?** o której porze *od* godzinie?; **~r von beiden** który z dwóch *od* dwojga; **alle Schüler, ~ ...** wszyscy uczniowie, którzy ...; PRON *ind* **~** (**~r, ~s,** PL **~**) **... auch (immer)** jakakolwiek, jakikolwiek, *n u. pl* jakiekolwiek, *persf* jacykolwiek, jaka (jaki, *n u. pl* jakie, *persf* jacy) bądź; PRON *indef* jakaś, jaki(e)ś, coś; (*unbestimmte Menge*) jakieś, kilka; *mit Bezug auf Personen a.* niektóre, niektórzy; *ich habe kein Geld*, **hast du ~s?** czy masz coś?; **da gibt es ~, die alles auf einmal haben wollen** niektórzy chcieliby wszystko mieć od razu; *in Ausrufen* co za; → welch
welk zwiędnięty, zwiędły (*a. fig*); *Haut* wiotki; **~en** V/I (*sn*) więdnąć
Wellblech N blacha falista
Welle F fala (*a.* FIZ, *fig*); TECH wał; *hohe, schäumende a.* bałwan; **in den ~n versinken** pogrążać ⟨-żyć⟩ się w nurtach; *fig* **hohe ~n schlagen** wywoł(yw)ać wielkie poruszenie; *im Verkehr* **grüne ~** zielona fala
wellen V/R **sich ~** *Haar* falować, układać się w fale; *Teppich* marszczyć się
Wellen|bad N basen z falami; **~bereich** M *rtv* zakres fal; **~brecher** M falochron
Wellenbruch M TECH złamanie wału
wellenförmig falisty (-ście)
Wellen|gang M (*bpl*) falowanie, fala; **~kamm** M grzebień *n od* grzbiet fali
Wellenlänge F długość *f* fal(i); *umg fig* **die gleiche ~ haben** nadawać na tych samych falach
Wellen|linie F linia falista, wężyk; **~reiten** N surfing; **~schlag** M falowanie, (rytmiczne) uderzenia fal
Wellensittich M papużka falista
Wellfleisch N gotowany boczek
wellig falisty (-ście)
Wellness F (*bpl*) pełny relaks
Wellpappe F tektura falista
Welpe M (*-n*) szczenię, *umg* szczeniak
Wels M (*-es; -e*) sum
welsch ADJ posługujący się językiem francuskim; **die ~e Schweiz** francuskojęzyczna część Szwajcarii
Welt F świat (*a. fig*); *umg* **alle ~** cały świat; **die Alte, Neue ~** Stary, Nowy Świat; **die Dritte ~** kraje trzeciego świata, trzeci świat; *umg* **das kostet dich nicht die ~** nie wykosztujesz się; *umg* **etw aus der ~ schaffen** ⟨z⟩likwidować (*akk*); definitywnie załatwić; **in der ganzen ~, in aller ~** na całym świecie; *umg* **was in aller ~ willst du?** czego właściwie chcesz?, o co ci

W

właściwie chodzi?; *umg* **in die ~ setzen** *Kind* wydać na świat; *Gerücht* wypuścić na świat; **e-e Reise um die ~** podróż *f* dookoła świata; *umg* **um nichts in der ~** za nic w świecie; **ein Mann von ~** człowiek światowy; **viel von der ~ gesehen haben** zobaczyć *pf od* zwiedzić *pf* kawał świata; **zur ~ bringen** *Kind* wyda(wa)ć na świat, ⟨u⟩rodzić; **zur ~ kommen** przychodzić ⟨przyjść⟩ na świat, ⟨u⟩rodzić się

weltabgeschieden ADJ odosobniony, ustronny

Welt|all N wszechświat; **~anschauung** F światopogląd; **~atlas** M atlas świata; **~ausstellung** F wystawa światowa; **~bank** F (*bpl*) Bank Światowy

welt|bekannt ~berühmt znany na całym świecie, światowej sławy

Welt|bevölkerung F (*bpl*) ludność *f* świata; **~bild** N światopogląd; **~cup** M Puchar Świata

Weltenbummler M globtroter

Welterfolg M sukces w skali światowej

Weltergewicht N waga półśrednia

weltfremd nieżyciowy; oderwany od życia

Weltfrieden M pokój światowy

Weltgeltung F rozgłos światowy

Welt|geschehen N wydarzenia *npl* na świecie; **~handel** M handel światowy; **~herrschaft** F panowanie nad światem; **~karte** F mapa świata; **~klassespieler** M gracz międzynarodowej klasy

Weltgeschichte F historia powszechna; *umg żart* **in der ~ herumreisen** zwiedzać ⟨-dzić⟩ świat

Weltkrieg M wojna światowa; **der Zweite ~** druga wojna światowa

Weltkulturerbe N Światowe Dziedzictwo Kultury i Nauki

weltlich doczesny; (*profan*) świecki, *präd* po świecku

Welt|literatur F (*bpl*) literatura światowa; **~macht** F mocarstwo światowe

weltmännisch światowy (-wo); **~es Benehmen** światowe maniery *fpl*

Weltmarkt M rynek światowy; **~preis** M cena na rynku światowym

Welt|meer N (*bpl*) wszechocean; **~meister(in)** M(F) mistrz(yni) świata; **~meisterschaft** F mistrzostwo świata; **~neuheit** F nowość *f* w skali światowej

weltoffen bez uprzedzeń, o szerokich horyzontach

Welt|offenheit F (*bpl*) wieloświatopoglądowość *f*; **~öffentlichkeit** F opinia światowa; **~politik** F polityka światowa

Weltrang M światowa ranga; **... von ~ ...** światowej rangi; **~liste** F *bes* SPORT światowa lista rankingowa

Weltraum M (*bpl*) kosmos, przestrzeń kosmiczna; → Raum-; **~forschung** F badanie przestrzeni kosmicznej

Welt|reich N imperium *n*; **~reise** F podróż *f* dookoła świata; **~rekord** M rekord świata, światowy rekord; **~religion** F religia światowa

Weltruf M (*bpl*) światowa sława; **... von ~** światowej sławy

Welt|sicherheitsrat M (*bpl*) Rada Bezpieczeństwa ONZ; **~stadt** F metropolia; **~star** M gwiazda (*Mann a.* gwiazdor) światowej sławy

weltumspannend ADJ globalny, o zasięgu światowym

Weltuntergang M koniec świata

Weltverbesserer M *iron* uzdrawiacz świata

weltweit ogólnoświatowy, w skali światowej; **von ~er Bedeutung** o światowym znaczeniu

Welt|wirtschaft F (*bpl*) gospodarka światowa; **~wunder** N cud świata; **~zeit** F (*bpl*) czas uniwersalny

wem PRON (*dat* → wer) komu; **mit ~** z kim; **von ~** od kogo; *sprechen* o kim; **zu ~** do kogo; **~ gehört es?** czyje to?

wen PRON (*akk* → wer) kogo; **an ~** do kogo; **an ~ denkst du?** o kim myślisz?; **~ er auch immer fragte** kogo by nie zapytał

Wende F zwrot (*a.* SPORT); (*Kehrtwende*) nawrót (*a.* SPORT); *fig* zwrot, przemiana; (*Umbruch*) przełom; HIST **die ~** (*1989*) zjednoczenie; **an der** *od* **um die ~ vom 19. zum 20. Jahrhundert** na przełomie dziewiętnastego i dwudziestego wieków; → *a.* Wendung

Wende|hals M ZOOL krętogłów; *fig abw* lawirant, oportunista *m*; **~kreis** M GEOG zwrotnik; AUTO koło skrętu

Wendeltreppe F schody *pl* kręcone

wenden (*wendet, wendete od wandte, gewendet od gewandt*) V/T *Blick, Braten, Seite* odwracać ⟨-wrócić⟩; *Wagen* nawra-

W

cać ⟨-wrócić⟩ (*inst*); *Heu* przerzucać ⟨-cić⟩; *Kleid* ⟨prze⟩nicować; V/R **sich ~** (*sich ändern*) odwracać ⟨-wrócić⟩ się; **sich ~ (an j-n, gegen j-n, etw)** zwracać ⟨-wrócić⟩ się (do *gen*, przeciw *dat*); **sich zum Ausgang ~** udać się *pf* do wyjścia; **sich zum Guten ~** zmieni(a)ć się na lepsze; V/I (*-e-*) (*umkehren*) zawracać ⟨-wrócić⟩; **bitte ~!** *Seite* proszę odwrócić!

Wende|punkt M *fig* punkt zwrotny; **~verbot** N zakaz zawracania

wendig *Auto* zwrotny; (*flink*) zwinny; (*geistig beweglich*) obrotny

Wendung F zwrot, obrót (*a. fig*); JĘZ zwrot; **e-e unerwartete ~ nehmen** przyb(ie)rać nieoczekiwany obrót; **es ist in** (*dat*) **e-e ~ eingetreten** nastąpił zwrot w (*lok*); **e-e ~ zum Besseren** zmiana na lepsze

wenig PRON *indef als* ADJ (*mengenmäßig nicht viel*) mało, niewiele; *verwendet wie ein subst* mało; PL **~e** (*nicht viele*) kilka, *persf* kilku, nieliczne, *persf* nieliczni, niewiele, *persf* niewielu; *als* ADV (*nicht sehr*) mało; (*selten*) mało kiedy, rzadko; **~ Wasser** mało wody; **sie verdient ~** ona mało zarabia; **sehr ~** bardzo mało, znikomo; **~e Personen** niewiele osób; **nur ~e (Leute) wissen das** tylko nieliczni (ludzie) to wiedzą; **in ~en Minuten** za kilka minut; **~ später** nieco później; **sich ~ um etw kümmern** mało dbać o (*akk*); **ihn interessieren nur ~e** interesują go tylko nieliczni; **das ist nur ~ besser** to niewiele lepsze; **ein ~** trochę, nieco; **ein ~ besser** odrobinę lepszy *od* lepiej; **ein (ganz) klein ~** troszeczkę; **so ~ wie möglich** możliwie jak najmniej

weniger PRON *indef* **1** (*komp* → wenig) mniej; **~ als** mniej niż **2** *vor Zahlen* o ... mniej; **drei ~** o trzy mniej **3** *umg* (*minus*) mniej; **4 ~ 2** cztery mniej dwa; **viel ~** daleko mniej; **nicht ~** nie mniej; **nichts ~ als schön** bynajmniej nie piękny;**..., nicht mehr und nicht ~** ni mniej, ni więcej, tylko ...; **~ werden** zmniejszać ⟨-szyć⟩ się

Wenigkeit F (*bpl*): *żart* **meine ~** moja skromna osoba

wenigste PRON *indef* (*sup* → wenig) **das ~, die ~n, am ~n haben, wissen** *usw* mieć, wiedzieć *usw* najmniej; *als subst* **die ~n** tylko nieliczne *od persf* nieliczni

wenigstens ADV co najmniej; (*zumindest*) przynajmniej

wenn *konj* (*falls*) jeżeli, jeśli; (*sobald*) skoro, gdy, jak; *im möglichen Fall* gdyby, jeśliby; *in Wunschsätzen* oby, żeby; **~ er das will** jeśli on tego chce; **~ das wahr ist** jeśli to prawda; **sag es ihm, ~ er kommt** powiedz mu, gdy (on) przyjdzie; **was wäre, ~ ...?** co by było, gdyby ...?; **~ ich schon hier bin** skoro już tu jestem; **~ ich es wüsste** gdybym to wiedział(a); **~ nur der Sommer käme!** oby nadeszło już lato!; **~ auch** jeśli nawet; **außer ~** chyba że; **selbst ~** gdyby nawet; *umg* **~ auch!** no i cóż!

wennschon *umg* ADV: **na ~!** no i cóż!

wer PRON kto; **~ von euch** kto z was; **~ hätte das gedacht!** myślałby kto!; **~ es auch sei** *od* **war** kto by to nie był; **~ auch immer** ktokolwiek (by); *umg* (*jemand*) ktoś; → wem, wen

Werbe|abteilung F dział reklamy; **~agentur** F agencja reklamowa *od* reklamy; **~aktion** F kampania reklamowa *od* promocyjna; **~beilage** F wkładka reklamowa; **~fernsehen** N telewizja reklamowa; **~film** M film reklamowy; **~fritze** *umg abw* M facet od reklamy; **~geschenk** N prezent reklamowy

werben (*wirbt, warb, geworben*) V/T *Mitglieder, Kunden* ⟨z⟩werbować, pozys-k(iw)ać; V/I **für etw ~** reklamować, promować (*akk*); agitować (za *inst*); **um etw, j-n ~** zabiegać, starać się (o *akk*)

Werbe|sendung F *rtv* audycja reklamowa; **~slogan** M slogan reklamowy; **~spot** M klip reklamowy; **~texter(in)** M(F) autor(ka) tekstów reklamowych, tekściarz

Werbetrommel F: *umg* **die ~ rühren (für)** robić reklamę (*dat*), szumnie reklamować (*akk*)

Werbung F werbunek, werbowanie; (*bpl*) reklama, promocja

Werbungskosten PL koszty *mpl* uzyskania przychodu

Werdegang M (*bpl*) *e-r Sache* ewolucja, rozwój; *e-r Person* kariera (**beruflicher** zawodowa)

werden (*wirst, wird, wurde od poet ward, würde; sn*) **A** (*pperf geworden*) V/I zosta(wa)ć (**Arzt** lekarzem), sta(wa)ć się (**zum Feind** wrogiem); zamieni(a)ć się (**zu Eis** w lód); ⟨s⟩kończyć (**40 Jahre** 40 lat); **was**

werden

Es ist sehr spät/kalt geworden.	Zrobiło się późno/zimno.
Er ist schnell reich geworden.	Szybko się wzbogacił.
Das Wetter wird schlechter.	Pogoda się psuje.
Was willst du werden?	Kim chciałbyś/chciałabyś zostać?
Ein Traum ist Wirklichkeit geworden.	Marzenie stało się rzeczywistością.
Aus Liebe wurde Hass.	Miłość zmieniła się w nienawiść.
Was soll aus dir werden?	Co z ciebie wyrośnie?
Es wird bald regnen.	Zaraz będzie padać.
Er wird den Brief inzwischen bekommen haben.	Już chyba dostał ten list.
Es wird allgemein vermutet, dass ...	Powszechnie przypuszcza się, że...

willst du ~? kim chcesz zostać?; **was soll daraus ~?** co z tego będzie?, co się z tym stanie?; **daraus wird nichts** z tego nic nie będzie; **alles wird gut** wszystko dobrze się skończy; **was wurde aus ihm?** co się z nim stało?; *umg* **ist das Foto etwas geworden?** czy (to) zdjęcie się udało?; **er ist ein guter Fachmann geworden** *umg* wyszedł na dobrego fachowca; **sie wurde** *od* **ward nicht mehr gesehen** ona znikła, nikt jej później nie widział; *oft als Entsprechung* PF *Verb* **blind ~** oślepnąć *pf*; **alt ~** zestarzeć się *pf*; **Witwe ~** owdowieć *pf*; *unpers* **es wird kalt** robi się zimno; **es wird Nacht** zapada noc; **mir wird schlecht** robi mi się niedobrze; *umg* **es wird schon** spokojna głowa, jakoś to będzie **B** *Modalverb* (+ INF; *pperf worden*) *zur Bildung des Futurs u. Passivs mst* być; **ich werde schlafen** będę spać *od* spał(a); **geliebt ~** być kochanym; *oft als Entsprechung* PF *Verb* **ich werde es ihm sagen** powiem mu to; **das Haus wurde verkauft** dom sprzedano; *zur Umschreibung des Konjuktivs Verb* + -by; **ich würde kaufen** kupił(a)bym; **er würde kommen, wenn ...** on przyszedłby, gdyby ...; **würdest du bitte ...** czy byłbyś tak uprzejmy i ...; *Vermutung* **er wird wohl krank sein** on chyba jest chory

werfen (*wirft, warf, geworfen*) V/T *Ball, Stein usw* rzucać ⟨-cić⟩, ciskać ⟨cisnąć⟩ (*akk, inst*); **etw, j-n ~ aus** (*dat*) wyrzucać ⟨-cić⟩ coś, k-o z (*gen*); **etw, j-n ~ in** (*akk*) wrzucać ⟨-cić⟩ coś, k-o do (*gen*); **die Tür ins Schloss ~** zatrzasnąć drzwi; **Junge ~** ⟨u⟩rodzić; *engS Sau* ⟨o⟩prosić się; *Schaf, Katze* ⟨o⟩kocić się; *Hündin* ⟨o⟩szczenić się; V/I **mit e-m Stein (nach j-m, etw) ~** rzucać ⟨-cić⟩ kamieniem (w *akk*); *fig* **mit Geld um sich ~** rzucać pieniędzmi na wszystkie strony; V/R **sich aufs Bett, ins Wasser ~** rzucić się na łóżko, do wody; *fig* **sich auf etw** (*akk*) **~** rzucać ⟨-cić⟩ się na (*akk*); **sich ~** *Holz* ⟨s⟩paczyć się

Werfer(in) M(F) SPORT miotacz(ka)

Werft F stocznia; **~arbeiter** M stoczniowiec; **~industrie** F przemysł stoczniowy

Werk N (-[e]s; -e) dzieło; (*Fabrik*) zakład; TECH mechanizm; **... ist ein ~ des, der ...** ... jest dziełem (*gen*); **am ~ sein** pracować, działać; **ans ~ gehen, sich ans ~ machen** zab(ie)rać się do dzieła; **ausgewählte, sämtliche ~e** dzieła wybrane, wszystkie

Werkbank F (PL *-bänke*) warsztat

werkeln V/I (*-le*) krzątać się (**in** *dat* w *lok*); majstrować (**an** *dat* przy *lok*)

Werken N (*-s; bpl*) (*Schulfach*) zajęcia *npl* praktyczne

Werk(s)arzt M lekarz zakładowy

Werkschutz M straż zakładowa

werk(s)eigen przyzakładowy

Werk(s)|feuerwehr F zakładowa straż pożarna; **~gelände** N teren zakładu; **~halle** F hala fabryczna; **~leiter** M kierownik zakładu; **~spionage** F szpiegostwo przemysłowe (na terenie zakładu)

Werk|statt F (-; *-stätten*), **~stätte** F warsztat; *in zssgn* warsztatowy; **~stoff** M materiał, tworzywo; **~stück** N część obrabiana, półwyrób; **~tag** M dzień roboczy *od* powszedni

werktags ADV w dni powszednie

werktätig pracujący; **die Werktätigen** pracownicy *mpl*, masy *fpl* pracujące
Werkvertrag M umowa o dzieło
Werkzeug N (-[e]s; -e) narzędzie (*a. fig*); **~kasten** M skrzynka narzędziowa; **~macher(in)** M(F) narzędziowiec; **~maschine** F obrabiarka
Wermut M (-[e]s; bpl) BOT piołun; (*Getränk*) wermut
wert ADJ: **1** **~ sein** *nur präd* być wart (*f* warta, *n*, *pl* warte, *persf* warci); **das ist nicht viel ~** to niewiele warte **2** *fig* **dein Urteil ist mir viel ~** cenię bardzo twoją opinię; **etw ist nicht ~ zu …** (*nicht gut genug*) niewart(a, -e) (*gen*); **das Buch ist nicht ~ zu lesen** książka niewarta przeczytania; **es war die** *od* **der Mühe nicht ~** nie warto było się trudzić; **das Programm ist nichts ~** program jest nic niewart **3** *lit* (*geehrt*) szanowny; **~er Herr** szanowny panie
Wert M (-[e]s; -e) wartość *f* (*a.* MAT, *fig*); *ideell a.* walor; (*Ergebnis*) wynik; **~e** PL (*Wertpapiere usw*) walory *mpl*; **im ~ von Millionen** milionowej wartości; **im ~ steigen**, **an ~ gewinnen** zysk(iw)ać na wartości; **im ~ sinken** ⟨s⟩tracić na wartości; **von geringem, großem ~** małej, wielkiej wartości; **~ legen auf** (*akk*) przywiązywać wagę do (*gen*)
Wert|angabe F podanie wartości; **~arbeit** F (*bpl*) wyrób najwyższej jakości
wertbeständig posiadający niezmienną wartość
Wertbrief M list wartościowy
werten (*-e-*) wartościować, oceni(a)ć; SPORT punktować; zaliczać ⟨-czyć⟩; **etw als großen Erfolg ~** uzna(wa)ć za wielki sukces (*akk*)
wertfrei bezstronny, neutralny
Wertgegenstand M przedmiot wartościowy
Wertigkeit F CHEM wartościowość *f*
wertlos bezwartościowy; **das ist für mich (völlig) ~** to nie ma dla mnie (żadnej) wartości
Wert|maßstab M miernik wartości; **~minderung** F zmniejszenie wartości; **~paket** N paczka wartościowa; **~papier** N papier wartościowy; **~sachen** FPL rzeczy *fpl* wartościowe; **~schätzung** F (*bpl*) szacunek; **~steigerung** F wzrost wartości; **~stoff** M surowiec wtórny
Wertung F wartościowanie; ocena; SPORT *a.* punktacja; klasyfikacja
Werturteil N ocena wartościująca
Wert|verlust M utrata wartości; **~vorstellung** F wyobrażenie o wartości (*gen*)
wertvoll wartościowy, cenny
Werwolf M wilkołak
Wesen N istota (*a. Geschöpf*); (*Wesensart*) usposobienie, natura; **das ~ der Dinge** istota rzeczy; **ein freundliches ~ haben** mieć łagodne usposobienie; **dem ~ nach** z usposobienia, z natury
Wesensart F (*bpl*) → Wesen
wesensfremd obcy (*dat od* naturze *gen*)
Wesenszug M charakterystyczna cecha
wesentlich istotny; *präd* istotnie, w sposób istotny; ADV (*sehr*) znacznie; **~er Unterschied** istotna różnica; **~ größer** znacznie większy; **im Wesentlichen** w istocie
Weser F (*bpl*): **die ~** Wezera
wes'halb ADV → warum
Wes|pe F osa; **~pennest** N gniazdo os; **~penstich** M użądlenie osy
wessen PRON *interrog* (*gen* → wer) czyj; **~ Kind ist das?** czyje to dziecko?; **~ Buch liest du?** czyją książkę czytasz?
Wessi *umg* M (*-s; -s*) erefenowiec
West M (-[e]s; bpl) zachód; **von Ost und ~** ze wschodu i zachodu
Westafrika N Afryka Zachodnia
westdeutsch zachodnioniemiecki
Westdeutschland N Niemcy *pl* Zachodnie (*früher a.* POL)
Weste F kamizelka; *umg fig* **e-e weiße ~ haben** mieć nieposzlakowaną opinię
Westen M (*-s; bpl*) zachód; POL **der ~** Zachód; **im ~** na zachodzie; **nach ~** na zachód; **von ~** z zachodu; **der Wilde ~** Dziki Zachód
Westentasche F kieszonka kamizelki; *umg fig* **etw wie s-e ~ kennen** znać (*akk*) jak własną kieszeń
Western M (-[s]; -) western
Westeuropa N Europa Zachodnia
westeuropäisch zachodnioeuropejski
West'falen N (*-s; bpl*) Westfalia
west'fälisch westfalski
Westküste F zachodnie wybrzeże
westlich zachodni; **in ~er Richtung** w kierunku zachodnim; **~** (*gen*) *od* **von** na zachód od (*gen*)

⚠ der Konkurs

Die Firma steht vor dem Konkurs.	Firma stoi u progu bankructwa.
Er hat den Wettbewerb für junge Musiker gewonnen.	Wygrał konkurs dla młodych muzyków.
Wir stehen im freien Wettbewerb.	Działamy w warunkach wolnej konkurencji.

Westmächte FPL mocarstwa *npl* zachodnie
westwärts ADV w kierunku zachodnim, na zachód
Westwind M wiatr zachodni
wes'wegen ADV dlaczego
Wettbewerb M (-[e]s; -e) SPORT *usw* zawody *mpl*, konkurs, konkurencja; (*bpl*) współzawodnictwo; EKON konkurencja; **im ~ stehen** współzawodniczyć, konkurować, rywalizować
Wettbewerber(in) M(F) współzawodnik (-iczka); rywal(ka); konkurent(ka)
wettbewerbsfähig konkurencyjny
Wettbewerbsfähigkeit F (*bpl*) konkurencyjność *f*
Wettbüro N biuro totalizatora
Wette F zakład (**um** o *akk*); **e-e ~ eingehen, abschließen** iść ⟨pójść⟩ o zakład, zakładać ⟨-łożyć⟩ się; **die ~ gilt!** zakład stoi!; **um die ~** *etw tun* na wyścigi (+ *inf*)
wetteifern (-*re*) rywalizować, współzawodniczyć (**um** o *akk*); **miteinander ~** prześcigać się (**in** *dat* w *lok*)
Wetteinsatz M stawka
wetten (-*e*-) V/T *u.* V/I zakładać ⟨-łożyć⟩ się (**etw, um etw** o *akk*; **mit** z *inst*); **auf j-n, etw ~** stawiać na (*akk*); **ich wette, dass ...** założę się, załóżmy się, że ...; **~ (dass)?** o zakład?
Wetter N pogoda; **es ist schönes ~** jest piękna pogoda; **das ~ hält sich** pogoda ustaliła się; **schlechtes ~** brzydka pogoda, niepogoda; **bei gutem ~** w razie dobrej pogody
Wetter|aussichten FPL przewidywana pogoda; **~bedingungen** FPL warunki *mpl* pogodowe; **~bericht** M komunikat pogodowy; **~dienst** M służba meteorologiczna; *per Telefon* pogodynka; **~fahne** F chorągiewka na dachu
wetterfest odporny na wpływy atmosferyczne
Wetterfrosch M *żart fig* facet od pogody, zapowiadacz pogody
wetterfühlig czuły na zmiany pogody
Wetter|hahn M kurek na dachu; **~karte** F mapa synoptyczna; **~lage** F stan pogody; **~leuchten** N (-*s*; *bpl*) błyskanie (się), odległe błyskawice *fpl*
wettern *umg* (-*re*): V/I **gegen j-n, etw ~** pomstować, psioczyć na (*akk*)
Wetter|satellit M satelita meteorologiczny; **~seite** F strona nawietrzna; **~station** F stacja meteorologiczna; **~umschwung** M nagła zmiana pogody; **~vorhersage** F prognoza pogody
Wett|fahrt F (jazda na) wyścigi *mpl*, prześciganie się; **~kampf** M zawody *mpl*; mecz; **~kämpfer(in)** M(F) zawodnik (-iczka); **~lauf** M wyścig (*a. fig* **mit der Zeit** z czasem)
wettmachen (*ausgleichen*) wyrówn(yw)ać; *Fehler* naprawi(a)ć; *Versäumtes* nadrabiać ⟨-robić⟩
Wett|rennen N wyścig; **~rüsten** N wyścig zbrojeń; **~schwimmen** N zawody *mpl* pływackie
Wettstreit M konkurs; rywalizacja; **mit j-m in ~ treten** rywalizować (z *inst*)
wetzen (-*zt*) V/T *Messer* ⟨na⟩ostrzyć; *Schnabel* ostrzyć; *umg* V/I (*sn*) (*rennen*) dymać, gazować
WEZ [veːʔeːˈtsɛt] F (westeuropäische Zeit) czas zachodnioeuropejski
WG [veːˈgeː] *umg* F (-; -*s*) (Wohngemeinschaft) wspólnota mieszkaniowa
Whirlpool [ˈvœrlpuːl] M (-*s*; -*s*) basen z hydromasażem
Whisky [ˈvɪski] M (-*s*; -*s*) whisky *m* (*unv*)
wich → weichen[2]
Wichse *umg* F *für Schuhe* szuwaks; (*bpl*) (*Prügel*) cięgi *pl*, lanie
wichsen *umg* V/T ⟨wy⟩glansować; V/I *pop* (*onanieren*) trzepać kapucyna
Wicht M (-[e]s; -e) *abw* (*Person*) gnojek, *pop*

dupek; *umg* (*Kind*) skrzat, bąk

Wichtel M, **~männchen** N skrzat

wichtig ważny; **halb so ~** mało ważny; **~e Person** ważna osoba, mina; **mit ~er Miene** z ważną miną; **e-e höchst ~e Angelegenheit** sprawa szczególnej wagi; **etw ~ nehmen** uważać za ważne (*akk*), przywiązywać wagę (do *gen*); **am ~sten ist, dass ...** najważniejsze jest, że(by) ...; **das ist nicht so ~** to nie (jest) tak ważne; **Wichtigeres zu tun haben** mieć ważniejsze sprawy do załatwienia; → wichtigmachen, wichtigtun

Wichtigkeit F (*bpl*) ważność *f*, znaczenie; **von großer ~** wielkiej wagi; **an ~ verlieren** ⟨s⟩tracić na znaczeniu

wichtigmachen V/R: *abw* **sich ~** strugać ważniaka

Wichtigtuer M *abw* ważniak; **~tue'rei** F (*bpl*) ważniactwo, dufność *f*

wichtigtun (*irr*) V/I *abw* strugać ważniaka

Wicke F wyka; (*Zierpflanze*) groszek pachnący

Wickel M → Knäuel; MED okład; *umg fig* **j-n am ~ kriegen, haben** (*zur Rede stellen*) ⟨o⟩sztorcować k-o

Wickel|kind N niemowlę; **~kommode** F stół do przewijania dzieci

wickeln (*-le*) **A** V/T **1** owijać ⟨owinąć⟩ (**um etw** dookoła *od* wokół *gen*; **in Papier** w papier); **etw aus dem Papier ~** rozwijać ⟨-winąć⟩ z papieru (*akk*) **2** *Haare* zakręcać ⟨-cić⟩ (**sich** [*dat*] sobie) **3** *Kind* przewijać ⟨-winąć⟩; *umg fig* **schief gewickelt sein** grubo się mylić **B** V/R **sich um etw ~** owijać ⟨owinąć⟩ się wokół (*gen*); **sich in e-e Decke ~** owinąć się kocem

Wickel|raum M pokój do przewijania dzieci; **~tisch** M → Wickelkommode

Wicklung F ELEK uzwojenie

Widder M tryk, baran; ASTRON Baran

wider PRÄP (*akk*) przeciw, wbrew (*dat*)

widerborstig *Haare, Kind* niesforny

widerfahren *lit* V/I (*irr; -; sn*): **j-m ~** *Leid usw* spot(y)kać k-o

Widerhaken M wąs (grota, haczyka)

Widerhall M echo, oddźwięk

widerhallen V/I (*hallte wider, widergehallt*) odbi(ja)ć się echem

wider'legen (-) obalać ⟨-lić⟩

widerlich ohydny, obrzydliwy (-wie)

Widerling M *abw* obrzydliwiec

wider|natürlich wynaturzony, nienormalny; **~rechtlich** bezprawny

Widerrede F przeciwstawienie się; **keine ~ dulden** nie cierpieć sprzeciwu; **ohne ~** bez sprzeciwu

Widerruf M odwołanie; **bis auf ~** aż do odwołania

wider'rufen (*irr; -*) *Behauptung, Geständnis* odwoł(yw)ać

Widersacher M przeciwnik; **~in** F przeciwniczka

wider'setzen (-): V/R **sich j-m**, *e-r Sache* **~** sprzeciwi(a)ć się (*dat*)

wider|sinnig niedorzeczny; **~spenstig** przekorny, krnąbrny; *Haar* niesforny

Widerspenstigkeit F (*bpl*) przekorność *f*, krnąbrność *f*; (*a. pl*) postępek wynikający z przekory

widerspiegeln V/T odbi(ja)ć, odzwierciedlać ⟨-lić⟩ (*v/r* **sich** się)

widersprechen (*irr; -*): **j-m**, *e-r Behauptung* przeczyć, zaprzeczać ⟨-przeczyć⟩ (*dat*); *e-r Sache* **~** (*Widerspruch einlegen*) sprzeciwi(a)ć się (*dat*); **das widerspricht der Wahrheit** to jest sprzeczne z prawdą; **sich** (*dat*) **selbst ~** być w sprzeczności z samym sobą

Widerspruch M sprzeczność *f*; (*Einspruch*) sprzeciw; **im ~ stehen zu etw** być w sprzeczności z (*inst*); **ohne ~** bez sprzeciwu; JUR **sich in Widersprüche verwickeln** zaplątać się w zeznaniach

widersprüchlich sprzeczny

Widerstand M (*Gegenwehr, Ablehnung*) opór (**gegen** wobec *gen*, w stosunku do *gen*); FIZ (*bpl*) opór; ELEK oporność *f*; (*Schaltelement*) (*a.* PL) opornik; **gegen j-n, etw ~ leisten** stawiać opór (*dat*); **auf ~** (*akk*) **stoßen** napot(y)kać opór

Widerstandsbewegung F ruch oporu

widerstandsfähig odporny, wytrzymały (**gegen** na *akk*)

Widerstands|fähigkeit F (*bpl*) odporność *f*, wytrzymałość *f*; **~kämpfer(in)** M(F) uczestnik (-iczka) ruchu oporu

Widerstandskraft F (*bpl*) odporność *f*; **die ~ stärken** MED uodporni(a)ć

widerstandslos ADJ *präd* bez oporu, nie opierając się

wider'stehen (*irr; -*): **j-m**, *e-r Sache* **~** opierać ⟨oprzeć⟩ się (*dat*); (*e-e Belastung aushalten*) wytrzym(yw)ać (*akk*); *e-r*

Versuchung **nicht ~ können** ulegać ⟨ulec⟩ *(dat)*

wider'streben (-): *unpers* **es widerstrebt mir zu** (+ INF) wzbraniam się (+ *inf*), mam coś przeciwko (+ *dat des Verbalsubstantivs*)

wider'strebend ADV niechętnie

widerwärtig wstrętny; → widerlich

Widerwärtigkeit F *(bpl)* obrzydliwość *f*; *(a. pl)* obrzydlistwo, paskudztwo

Widerwille M *(bpl)* wstręt, obrzydzenie; **mit ~n** z obrzydzeniem

widerwillig niechętny, *präd* niechętnie, z niechęcią

widmen (-e-) V/T poświęcać ⟨-cić⟩ *(v/r* **sich j-m**, *e-r Sache* się *dat)*; *Buch* ⟨za⟩dedykować

Widmung F dedykacja

widrig *Umstände* niesprzyjający, niepomyślny

widrigenfalls ADV w przeciwnym razie

Widrigkeit F przeciwność *f*; **mit ~en kämpfen** borykać się z przeciwnościami

wie¹ **1** ADV jak; *in Fragen nach Eigenschaft, Maß, Grad a.* jaki; **~ war es?** jak było?; **~ geht es dir?** jak się masz?; **~ heißt du?** jak ci na imię?; **~ lange?** jak długo?; **~ lange wohnst du hier (schon)?** jak dawno tu mieszkasz?; **~ hoch?** jak wysoki, jak wysoko?; **~ oft?** jak często?; **~ viel(e)** ile, *persf* ilu; **um ~ viel älter, länger** o ile starszy, dłuższy; **~ bitte?** proszę? **2** *in Fragen nach der Eigenschaft, dem Maß, Grad a.* jaki; **~ war das Wetter in ...?** jaka pogoda była w ...? **3** *fragend am Satzende* **..., ~?** ..., co? **4** *(sehr, außerordentlich)* **~ schön!** jak pięknie!; **~ schade!** jaka szkoda!; *umg* **aber ~!, und ~!** jeszcze jak! **5** *relativisch* **~ wäre es, wenn wir ins Kino gingen?** a może byśmy tak poszli do kina?; **~ klug er auch sein mag, ...** chociażby był nie wiem jaki mądry, ...

wie² *konj vergleichend* jak, *umg* co; **stark ~ ein Bulle** silny jak byk; **ein Mann ~ er** (taki) mężczyzna jak on; **ein Hut im gleichen Farbton ~ die Tasche** kapelusz tego koloru, co torebka; *erklärend* **er ist so gut ~ taub** on (jest) prawie głuchy; **~ ich glaube** jak myślę; **~ man sagt** jak mówią; **ich sah, ~ er ...** widziałem (-łam), jak on ...; **es kam so, ~ ich es gesagt habe** stało się tak, jak powiedziałem (-łam)

Wiedehopf M (-[e]s; -e) ZOOL dudek

wieder ADV znowu, znów; na nowo; **immer ~** wciąż na nowo; **~ (ein)mal** po raz kolejny; **er ist ~ gesund** on jest znowu zdrów; **ich bin gleich ~ da** zaraz wracam *od* wrócę; **~ aufbauen** odbudow(yw)ać; **~ aufnehmen** wznawiać ⟨-nowić⟩, podejmować ⟨podjąć⟩ na nowo; **~ beleben** *fig* (na nowo) ożywi(a)ć, wskrzeszać ⟨-krzesić⟩; **~ einstellen** *Leute* przyjmować ⟨-jąć⟩ ponownie do pracy; **~ kommen** *(später noch einmal kommen)* przychodzić ⟨przyjść⟩ później *od* jeszcze raz; *(sich wiederholen)* powtarzać ⟨-wtórzyć⟩ się; **so eine Gelegenheit kommt nicht ~** druga taka okazja nie nadarzy się **~ sehen können** odzyskać *pf* wzrok, przejrzeć *pf*; → wiederbeleben, wiederentdecken *usw*

Wieder'aufbau M *(bpl)* odbudowa

wiederaufbauen → wieder

Wieder|'aufbereitung F *von Brennstäben* przerób; **~aufführung** F TEATR wznowienie; **~'aufnahme** F wznowienie *(a.* JUR)

wiederaufnehmen *(irr)* → wieder

Wieder|'aufrüstung F remilitaryzacja, wznowienie zbrojeń; **~beginn** M ponowne rozpoczęcie

wieder|bekommen *(irr)* otrzym(yw)ać z powrotem; **~beleben** przywracać ⟨-wrócić⟩ do życia, reanimować (im)pf

Wieder|belebung F *e-r Person* reanimacja; *fig e-r Tradition* wskrzeszenie; EKON ożywienie; **~belebungsversuch** M próba reanimacji

wiederbringen *(irr)* przynosić ⟨-nieść⟩ z powrotem

wieder|entdecken odkry(wa)ć na nowo; **~erkennen** *(irr)* znowu pozna(wa)ć; **er ist nicht wiederzuerkennen** on zmienił się nie do poznania; **~erlangen** odzysk(iw)ać; **das Bewusstsein ~** odzyskać przytomność

Wiedereröffnung F ponowne otwarcie

wiederfinden *(irr)* odnajdować ⟨-naleźć⟩ (**sich** się)

Wiedergabe F *(bpl)* *(Bericht)* relacja; *(Darstellung)* oddanie, odwzorowanie; *von Ton, Bild usw* odtwarzanie, odtworzenie

wiedergeben *(irr)* *Sache* odda(wa)ć, zwracać ⟨zwrócić⟩; *(darstellen)* odda(wa)ć, *a. Ton, Bild* odtwarzać ⟨-tworzyć⟩; *(berichten)* relacjonować; **in gekürzter Form ~** streszczać ⟨streścić⟩

Wiedergeburt *lit* F odrodzenie (się); *rel* wskrzeszenie
wieder|gewinnen (*irr*) odzysk(iw)ać; **~'gutmachen** naprawi(a)ć; (*entschädigen*) wynagradzać ‹-grodzić›, ‹z›rekompensować
Wieder'gutmachung F wynagrodzenie (krzywdy); *finanzielle* odszkodowanie, rekompensata
wieder|'herrichten ‹wy›remontować, ‹od›restaurować; **~'herstellen** *Zustand, Gesundheit* przywracać ‹-wrócić›; *Gebäude* ‹od›restaurować, ‹z›rekonstruować; *Kontakte* wznawiać ‹-nowić›; **wiederhergestellt sein** *Kranker* powrócić *pf* do zdrowia
Wieder'herstellung F przywrócenie (**der Ordnung** porządku; **der Gesundheit** zdrowia); *e-s Gebäudes* restauracja, rekonstrukcja; *der Beziehungen usw* wznowienie
wieder'holbar powtarzalny
wiederholen[1] V/T (*u.* V/R **sich** [*dat*]) → zurückholen; *Titel* zdoby(wa)ć ponownie
wieder'holen[2] (-) V/T powtarzać ‹-wtórzyć› (*v/r* **sich** się); **e-e Klasse ~** repetować klasę
wieder'holt ADJ kilkakrotny
Wieder'holung F powtarzanie, powtórzenie (się); *e-r Lektion, e-s Films usw* powtórka
Wieder'holungs|prüfung F egzamin powtórkowy; **~täter** M recydywista *m*
Wiederhören N: **auf ~!** do usłyszenia!
wiederkäuen V/T *u.* V/I przeżuwać; *umg fig* powtarzać w kółko (to samo)
Wiederkäuer M przeżuwacz
Wiederkehr F (*bpl*) powrót; *e-s Gedenktages* rocznica
wiederkehren *lit* V/I (*sn*) powracać ‹-wrócić›; (*sich wiederholen*) powtarzać ‹-wtórzyć› się
wiederkommen V/I (*irr; sn*) (*zurückkommen*) powracać ‹-wrócić›; → *auch* wieder
Wiederschauen N *pl-niem, austr*: **auf ~!** do widzenia!, do zobaczenia!
wiedersehen (*irr*) ponownie zobaczyć *pf*, spot(y)kać (**sich** się)
Wiedersehen N ponowne zobaczenie *od* spotkanie (się); **auf ~!** do widzenia!, do zobaczenia!
wiederum ADV (*erneut*) znowu; (*hingegen*) natomiast, zaś
Wiederver|einigung F zjednoczenie; **~heiratung** F ponowne zawarcie małżeństwa; **~kauf** M odprzedaż *f*
wieder|verkaufen odprzed(aw)ać; **~verwenden** uży(wa)ć *od* ‹za›stosować ponownie; **~verwertbar** *Material* nadający się do dalszego przerobu
Wiederverwertung F powtórne przetworzenie; recykling
Wiederwahl F ponowny wybór, reelekcja; **sich zur ~ stellen** ponownie kandydować
wiederwählen *j-n* ob(ie)rać ponownie
Wiege F kołyska; *poet, fig* kolebka; *mst żart* **von der ~ bis zur Bahre** od kolebki do grobu; **von der ~ an** od kołyski
wiegen[1] (*wog, gewogen*) V/T ‹z›ważyć (**auf der Waage** na wadze, **in, auf der Hand** w dłoni); *v/i* (*Gewicht haben*) ważyć; **der Koffer wiegt ... Kilo** walizka waży ... kilo; *fig* **schwer ~** ważyć dużo; V/R **sich ~** ‹z›ważyć się
wiegen[2] V/T *Kind* kołysać; *Fleisch* drobno ‹po›siekać; V/R **sich ~** kołysać się (**im Wind** na wietrze, **im Tanz** w tańcu); *fig* **er wiegte sich in Sicherheit** on mniemał, że nic mu nie grozi
Wiegenlied N kołysanka
wiehern V/I (-re) ‹za›rżeć (*a. umg fig*)
Wien N (-s; *bpl*) Wiedeń *m*
Wiener ADJ wiedeński; **~ Schnitzel** sznycel cielęcy po wiedeńsku; *subst* **~** M wiedeńczyk; F (-; -) (*Wurst*) cienka parówka; **~in** F wiedenka
wienerisch wiedeński (po -ku)
wienern *umg* (-re) *Fußboden* ‹wy›szorować; *Schuhe* ‹wy›czyścić (na glans)
Wienerwald M (*bpl*): **der ~** Las Wiedeński
wies → weisen
Wiese F łąka; **auf der grünen ~ bauen** *etw* ‹po›budować od zera
Wiesel M łasica, *dim* łasiczka
wie'so ADV dlaczego
wieviel → wie; **~mal** ADV ile razy
wievielte ADJ: **~(r), ~s** który, która, które; **der Wievielte ist heute?** którego dziś mamy?
Wikinger MPL HIST wikingowie
wild dziki (-ko) (*a. fig, oft abw*); *Kinder* rozhukany, niesforny; *Leben, Zeiten* burzliwy; **~e Tiere, Pflanzen** dzikie zwierzęta, rośliny; **~er Trieb** dzik, dziczek; **~ wach-**

W

send rosnący dziko; *umg* **halb so ~** (to) nic strasznego; **wie ~** jak szalony; **~ werden** wpadać ⟨wpaść⟩ w pasję; *umg* **den ~en Mann spielen** wściekać się ze złości; **~ entschlossen sein** być zdecydowanym na wszystko; **~ um sich schlagen** tłuc jak szalony pięściami na wszystkie strony; *umg* **~ auf etw sein** być ciętym na (*akk*); **~er Streik** dziki strajk; **~e Ehe** konkubinat, życie na kocią łapę

Wild N (-[e]s; bpl) zwierzyna (łowna), dzicz *f*; KULIN dziczyzna

Wildbach M potok górski

Wildbahn F (*bpl*): **in freier ~** *Tiere* na wolności

Wildbret N (-s; *bpl*) dziczyzna

Wilddieb M kłusownik

Wild|e F dzikuska; **~e(r)** M (-*n*) dzikus, dziki

Wildente F dzika kaczka

Wilde'rei F kłusownictwo

Wilderer M kłusownik

wildern V/I (-*re*) kłusować

wildfremd *umg* zupełnie obcy

Wild|gans F dzika gęś, gęgawa; **~gehege** N ogrodzenie (w lesie) dla zwierzyny; **~heit** F (*bpl*) dzikość *f*; (*Heftigkeit*) gwałtowność *f*; **~hüter** M gajowy *m*; **~katze** F żbik; **~leder** N zamsz; *in zssgn* zamszowy; **~nis** F (-; -*se*) (*Wald*) dzicz (leśna); (*Öde*) dzika okolica, (leśne) odludzie; **~park** M zwierzyniec otwarty; **~schwein** N dzik

wildwachsend → wild

Wild|wechsel M (*Schild*) zwierzęta dzikie; **~westfilm** M western

will → wollen[2]

Wille M (-*ns*; *bpl*) wola; **freier ~** wolna wola; **Letzter ~** ostatnia wola; **böser ~** zła wola; **guter ~** dobre chęci *fpl*; **j-m seinen ~n aufzwingen** narzucać ⟨-cić⟩ k-u swoją wolę; **j-m seinen ~n lassen** ulegać ⟨ulec⟩ k-u; **er hat den festen ~n, sich zu bessern** powziął mocne postanowienie poprawy; **aus freiem ~n** z własnej woli, dobrowolnie; **beim besten ~n** mimo najlepszych chęci; **gegen j-s ~n** wbrew woli (*gen*); **wider ~n** (*ungewollt*) mimo woli

willen PRÄP: **um j-s**, *e-r Sache* **~** dla (*gen*), ze względu na (*akk*)

willenlos bezwolny

willens *lit* ADJ: **~ sein zu** (+ INF) chcieć, mieć poważny zamiar (+ *inf*)

Willens|äußerung F przejaw woli; oznajmienie woli; **~erklärung** F oświadczenie woli; **~freiheit** F (*bpl*) wolność *f* woli; **~kraft** F (*bpl*) siła woli; **~schwäche** F (*bpl*) słaba wola

willensstark energiczny, o silnej woli

Willensstärke F (*bpl*) silna wola

willentlich *lit* ADV umyślnie, z rozmysłem

willfährig *lit*, *oft abw* uległy, posłuszny

willig chętny, ochoczy (-czo)

will'kommen ADJ *Gast* mile widziany; *Anlass* pożądany; **herzlich ~!** serdecznie witam *od* witamy!; **j-n ~ heißen** ⟨po⟩witać k-o

Willkür F (*bpl*) samowola; **~akt** M akt samowoli; **~herrschaft** F (*bpl*) despotyzm, samowładztwo

willkürlich arbitralny, samowolny; (*zufällig*) losowy; (*beliebig*) dowolny

willst → wollen

wimmeln V/I (-*le*) roić się; **die Straße wimmelt von Menschen** tłumy ludzi roją sie na ulicy; *unpers* **es wimmelt von etw** roi się od (*gen*); **in ... wimmelt es von Fehlern** ... roi się od błędów

wimmern V/I (-*re*) (cicho) jęczeć (**vor Schmerzen** z bólu); (*weinen*) kwilić

Wimpel M proporczyk; MAR wimpel

Wimper F (-; -*n*) rzęsa; **ohne mit der ~ zu zucken** bez drgnienia powiek

Wimperntusche F tusz do rzęs

Wind M (-[e]s; -e) wiatr, *stark* wicher; **gegen den ~** pod wiatr; **vor dem ~** z wiatrem; **sich im ~ biegen** uginać się od wiatru; **sich vor ~ schützen** osłaniać się od wiatru; **mit dem ~ kämpfen, gegen den ~ ankämpfen** zmagać się z wiatrem; **bei ~ und Wetter** nie zważając na pogodę; **in alle ~e zerstreut sein** rozproszyć się *pf* po całym świecie; **etw in den ~ schlagen** ⟨z⟩lekceważyć (*akk*); *fig* **in den ~ reden** rzucać słowa na wiatr; *umg fig* **von etw ~ bekommen** zwąchać *pf* (*akk*); *umg* **viel ~ um etw machen** narobić szumu wokół (*gen*)

Wind|beutel M KULIN ptyś *m*; **~bö(e)** F poryw wiatru, *bes auf See* szkwał

Winde F TECH wciągarka; MAR *a.* kabestan; BOT powój

Windel F (-; -*n*) pieluszka; **~höschen** N pieluchomajtki *pl*, pampersy *mpl*

windelweich: *umg* **j-n ~ schlagen** zbić *pf* k-o na kwaśne jabłko

winden (*windet, wand, gewunden*) V/T *Kranz* ⟨u⟩wić; V/R **sich ~** wić się (*a.* **vor Schmerzen** *usw* z bólu *usw*); **sich um etw ~** wić *od* owijać się dokoła (*gen*)
Windenergie F (*bpl*) energia wiatru
Windeseile F: **in, mit ~** piorunem
Windfang M przedsionek
windgeschützt ADJ zaciszny, zasłonięty od wiatru
Wind|hauch M tchnienie wiatru; **~hose** F trąba powietrzna; **~hund** M chart; *fig abw* pędziwiatr, szaławiła *m*
windig wietrzny; *umg fig Sache* niepewny; *Person* lekkomyślny; **es ist ~** jest wietrzno
Wind|jacke F wiatrówka; **~jammer** M żaglowiec; **~kanal** M tunel aerodynamiczny; **~kraftanlage** F silnik wiatrowy; → Windpark; **~mühle** F wiatrak; **~mühlenflügel** M śmig (wiatraka); **~park** M elektrownia wiatrowa; **~pokken** FPL ospa wietrzna; **~rad** N wirnik silnika wiatrowego; **~rädchen** N wiatraczek; **~richtung** F kierunek wiatru; **~rose** F róża wiatrów
windschief *oft abw* wykrzywiony przez wiatr, krzywy (-wo)
wind|schlüpfig, **~schnittig** opływowy
Windschutzscheibe F szyba przednia
Windseite F strona nawietrzna
Windstärke F siła wiatru; **~ fünf** wiatr o sile pięć stopni (według skali Beauforta)
windstill bezwietrzny; **es ist ~** jest bezwietrznie, panuje cisza
Windstille F cisza; MAR *a.* sztil
Windstoß M poryw wiatru
Wind|surfen N, **~surfing** N windsurfing
Windung F skręt (*a.* TECH), zakręt (*a.* ANAT); *e-s Flusses a.* zakole; ELEK zwój; **in ~en** zakrętami
Wink M (-[e]s; -e) skinienie, znak; *fig* (poufna) wskazówka, *umg* cynk; **j-m e-n ~ geben** da(wa)ć cynk k-u
Winkel M kąt (*a.* MAT); (*Ecke*) kąt(ek), kącik; *im Raum a.* zakamarek; (*Ort*) zakątek; (*Gerät zum Zeichnen*) trójkąt; **rechter ~** kąt prosty; **toter ~** pole martwe; **~advokat** M *abw* pokątny doradca, kauzyperda *m*
winkelig → winklig
Winkelmesser M kątomierz
Winkelzüge MPL kruczki *mpl*
winken V/T: **j-n zu sich ~** przywoł(yw)ać k-o skinieniem; V/I **j-m ~** kiwać ⟨kiwnąć⟩ ręką (**zum Abschied** na pożegnanie); *e-m Kellner usw* skinąć *pf* na k-o; **j-m winkt etw** czeka (na) k-o (*akk*); **dem Sieger winkt ein wertvoller Preis** na zwycięzcę czeka cenna nagroda
winklig *Gasse* kręty; *Haus usw* pełen (pełna, -ne) zakamarków
winseln V/I (-*le*) skomleć, skomlić (*a. fig* **um** o *akk*); *Hund a.* skowyczeć
Winter M zima; **für den ~** na zimę; **im ~** w zimie, zimą; **den ~ über** przez zimę; **der ~ brach ein** nadeszła zima; **den ~ verbringen** ⟨prze⟩zimować, spędzać ⟨-dzić⟩ zimę
Winter|anfang M początek zimy; **~eiche** F dąb bezszypułkowy; **~einbruch** M niespodziewane *od* szybkie nadejście zimy; **~fahrplan** M zimowy rozkład jazdy; **~ferienort** M zimowisko
winterfest *Kleidung* zimowy; *Pflanze* zimotrwały; **etw ~ machen** zabezpieczać ⟨-czyć⟩ na zimę (*akk*)
Winter|garten M ogród zimowy, oranżeria; **~getreide** N zboże ozime
winterhart *Pflanze* zimotrwały
winterlich zimowy; **~ kalt** chłodno jak w zimie; **~ gekleidet** ubrany jak na zimę, ubrany po zimowemu
Wintermantel M płaszcz zimowy
Winterreifen M AUTO opona zimowa
Winterschlaf M sen zimowy; **~ halten** przesypiać zimę
Winterschlussverkauf M zimowa wyprzedaż posezonowa
Winterspiele NPL: **die Olympischen ~** zimowe igrzyska *npl* olimpijskie
Winter|sport M sporty *mpl* zimowe; **~zeit** F (*bpl*) (*Jahreszeit*) okres zimowy; (*Normalzeit*) czas zimowy
Winzer(in) M(F) właściciel(ka) winnicy, hodowca *m* (-czyni) winorośli, winiarz
Winzerfest N święto winobrania
Winzergenossenschaft F spółdzielnia winiarska
winzig malutki, maluchny, *umg* mikry
Winzling *umg* M (-*s*; -*e*) mikrus, maluch
Wipfel M wierzchołek
Wippe F huśtawka wagowa
wippen V/I huśtać się; kołysać się; **mit dem Fuß ~** bujać nogą; **mit dem Schwanz ~** *Vogel* potrząsać ogonkiem; **auf den**

Zehen ~ kołysać się na palcach
wir PRON my; **~ Frauen** my kobiety; **~ kommen** przyjdziemy; **~ werden sehen** zobaczymy; **~ haben es gesehen** widzieliśmy to; → uns, unser
wirb → werben
Wirbel M (*Sog, Strudel*) wir; MUS werbel; *e-r Geige* kołek; *im Haar* czub; ANAT kręg; *fig* (*Hektik*) zamieszanie, zamęt; (*Aufregung*) poruszenie; **viel ~ verursachen** wywoł(yw)ać ogólne poruszenie; **viel ~ um j-n, etw machen** ⟨na⟩robić wiele hałasu wokół (*gen*); **für ~ sorgen** zwracać na siebie powszechną uwagę
wirbeln (*-le*) V/I (*sn*) ⟨za⟩wirować, kręcić się; V/T **der Wind wirbelt die Blätter durch die Luft** niesione wiatrem liście wirowały w powietrzu
Wirbel|säule F kręgosłup; **~sturm** M huragan, cyklon; **~tiere** NPL kręgowce *mpl*; **~wind** M wir powietrza *od* powietrzny
wirbt → werben
wird → werden
wirft → werfen
wirken V/T *Wunder* dokaz(yw)ać (*gen*); *Pullover* dziać; V/I (*tätig sein*) działać, pracować (**als** jako); (*Wirkung haben*) ⟨po⟩działać, oddział(yw)ać (**auf j-n, etw** na *akk*); (*wirksam sein*) ⟨po⟩skutkować; (*scheinen*) robić wrażenie (**heiter** wesołego); **beruhigend ~** działać uspokajająco; **die Arznei hat nicht gewirkt** lekarstwo nie poskutkowało
wirklich ADJ rzeczywisty, *präd* rzeczywiście; (*echt*) prawdziwy; ADV (*in der Tat*) doprawdy; **~?!** doprawdy?!
Wirklichkeit F rzeczywistość *f*; **in ~** w rzeczywistości; **~ werden** urzeczywistni(a)ć się
wirklichkeits|fremd daleki od rzeczywistości; *Ideen usw a.* nierealny; **~nah** realistyczny
wirksam skuteczny; **~ sein** skutkować; *Bestimmung* obowiązywać
Wirksamkeit F (*bpl*) skuteczność *f*
Wirkstoff M substancja czynna
Wirkung F (*Effekt*) działanie, skutek; (*Eindruck*) wrażenie; **s-e ~ tun** skutkować; **s-e ~ verfehlen** nie odnosić ⟨-nieść⟩ skutku; **~ zeigen** *Boxer* być przez chwilę zamroczonym; **mit sofortiger ~** niezwłocznie
Wirkungs|bereich M zakres działania; **~grad** M TECH sprawność *f*; **~kreis** M sfera działalności
wirkungs|los bezskuteczny, nieskuteczny; **~voll** efektywny; (*eindrucksvoll*) wywierający wrażenie
Wirkungsweise F sposób działania *od* oddziaływania
Wirkwaren FPL wyroby *mpl* dziane
wirr (*ungeordnet*) bezładny; (*verwirrt, unklar*) zagmatwany; *Haar* zmierzwiony, rozczochrany; **~es Zeug reden** mówić od rzeczy
Wirren PL zamieszki *fpl*, zamęt
Wirr|kopf M *abw* pomyleniec; POL *a. umg* oszołom; **~warr** M (*-s; bpl*) gmatwanina; (*Chaos*) mętlik, nieład, *umg* bałagan, bigos; *von Stimmen* gwar
Wirsing M (*-s; bpl*), **~kohl** M kapusta włoska
wirst → werden
Wirt M (*-[e]s; -e*) (*Gastwirt usw*) gospodarz (*a.* BIOL); **~in** F gospodyni
Wirtschaft F EKON gospodarka; (*Haushalt,* AGR *Betrieb*) gospodarstwo; (*Lokal*) gospoda; *umg abw* bałagan
wirtschaften V/I (*-e-*) gospodarować, gospodarzyć (**gut mit etw** dobrze *inst*); *umg* (*beschäftigt sein*) krzątać się
Wirtschaft|erin F gosposia; **~ler(in)** M(F) ekonomista *m* (-tka)
wirtschaftlich gospodarczy (-czo), (*a. sparsam*) ekonomiczny
Wirtschaftlichkeit F (*bpl*) (*Rentabilität*) opłacalność *f*; (*Sparsamkeit*) ekonomiczność *f*
Wirtschafts|abkommen N umowa gospodarcza; **~beziehungen** FPL stosunki *mpl* gospodarcze; **~gebäude** N budynek gospodarski; **~geld** N pieniądze *pl* na utrzymanie (domu); **~gemeinschaft** F wspólnota gospodarcza; **~güter** NPL dobra *npl* gospodarcze; **~hilfe** F pomoc gospodarcza; **~hochschule** F wyższa szkoła ekonomiczna; **~ingenieur(in)** M(F) inżynier ekonomista; **~kriminalität** F przestępczość gospodarcza; **~krise** F kryzys gospodarczy; **~lage** F sytuacja gospodarcza; **~ministerium** N ministerstwo gospodarki; **~politik** F (*bpl*) polityka ekonomiczna
wirtschaftspolitisch polityczno-ekonomiczny

Wirtschaftsprüfer M rewident księgowy; **~in** F rewidentka księgowa
Wirtschafts|recht N (*bpl*) prawo gospodarcze; **~straftat** F przestępstwo gospodarcze; **~system** N system ekonomiczny; **~union** F unia gospodarcza; **~wachstum** N wzrost gospodarczy; **~wissenschaften** FPL nauki *fpl* ekonomiczne; **~zone** F strefa ekonomiczna; **~zweig** M gałąź *f* gospodarki
Wirtshaus N gospoda, karczma, szynk
Wirtsleute PL gospodarze *mpl*
Wisch *umg abw* M (-[e]s; -e) świstek (papieru)
wischen *Staub* ścierać ⟨zetrzeć⟩, *a. Fußboden* wycierać ⟨-trzeć⟩; *Tränen, Schweiß* ocierać ⟨otrzeć⟩ (**sich** [*dat*] sobie); *umg* **j-m e-e ~** trzepnąć k-o w ucho
Wischer M AUTO wycieraczka; **~blatt** N AUTO pióro wycieraczki
wischfest *Farbe usw* nieścieralny
Wischi'waschi *umg abw* N (-s; *bpl*) drętwa mowa
Wisch|lappen M, **~tuch** N (PL *-tücher*) ścierka (do ścierania kurzu, do mycia podłogi)
Wisent M (*-s; -e*) żubr
Wismut N (-[e]s; bpl) bizmut
wispern (*-re*) V/T ⟨wy⟩szeptać, szepnąć *pf* (**ins Ohr** do ucha); *v/i* szeptać
Wissbegier(de) F (*bpl*) dociekliwość *f*
wissbegierig dociekliwy (-wie)
wissen (*weiß, wusste, gewusst*) V/T **1** wiedzieć (*a. v/i* **von, um etw, j-n** o *lok;* **von j-m, durch j-n** od *gen*) **2** (*kennen*) znać; **ich weiß (es) nicht** nie wiem; **ich weiß den Weg** znam drogę; **ich weiß s-n Namen nicht** nie znam jego nazwiska; *umg* **was weiß ich!** czy ja wiem!; *umg* **wer weiß wo** Bóg wie gdzie; *umg* **du weißt Bescheid?** wiesz, o co chodzi?; wiesz, jak to działa?; **soviel ich weiß** o ile mi wiadomo; **nicht, dass ich wüsste** nic nie wiem o tym **3** **sich zu benehmen ~** wiedzieć, jak się zachować; **etw zu schätzen ~** cenić (*akk*); **ich will von ihm nichts (mehr) ~** nie chcę mieć z nim nic wspólnego; *umg* **man kann nie ~** człowiek nigdy nie wie; **j-n ~ lassen, dass** *od* **was ...** da(wa)ć znać k-u, że *od* co ...; **weißt du noch ...?** (czy) pamiętasz ...?
Wissen N (*-s; bpl*) wiedza; **ohne mein ~** bez mojej wiedzy; **mit ~ (von)** za wiedzą (*gen*); **meines ~s** o ile wiem; **wider besseres ~** *etw tun* wbrew przeświadczeniu; *etw behaupten* niezgodnie z prawdą; **nach bestem ~ und Gewissen** w najlepszej wierze
wissenlassen (*irr; -*) → wissen
Wissen|schaft F nauka; **~schaftle-r(in)** M(F) naukowiec (*a. f*)
wissenschaftlich naukowy (-wo)
Wissens|drang M, **~durst** M pęd do wiedzy; **~gebiet** N dziedzina wiedzy
wissenswert godny poznania; interesujący
wissentlich świadomy (-mie)
wisst → wissen
wittern (*-re*) V/T ⟨z⟩węszyć, ⟨z⟩wietrzyć; *fig a.* zwąchać *pf;* V/I wietrzyć
Witterung F (*bpl*) (*Wetter*) pogoda; (*Geruchssinn von Tieren*) węch, wiatr; **~ aufnehmen** zwęszyć *pf*
witterungsbedingt ADJ zależny od pogody
Witterungseinflüsse MPL wpływy *mpl* atmosferyczne
Witwe F wdowa (**von** *dat*, **des** *gen* po *lok*); **junge ~** młoda wdówka; **Schwarze ~** ZOOL czarna wdowa; **~ werden** zosta(wa)ć wdową, owdowieć *pf*
Witwenrente F wdowia renta
Witwer M wdowiec
Witz M (*-es; -e*) dowcip, *umg* kawał; (*Scherz*) żart; (*bpl*) (*Esprit*) dowcip; *umg* **~e reißen** opowiadać dowcipy *od* kawały; *fig* **mach keine ~e!** wolne żarty!; **vor ~ sprühen** tryskać dowcipem
Witzblatt N pismo humorystyczne
Witzbold *umg* M (-[e]s; -e) kawalarz, *pop* jajcarz; *abw umg* zgrywus
witzeln V/I (*-le*) dowcipkować, stroić żarty (**über** *akk* na temat, z *gen*)
Witzfigur *umg abw* F śmieszny facet, błazen
witzig *Person, Geschichte* dowcipny; *umg* **das ist ja ~!** co za dziwo!
witzlos bez krzty dowcipu; *umg fig* (*zwecklos*) daremny
wo ADV *interrog u. relativisch* gdzie; *zeitlich* kiedy, gdy; *umg* (*wohin*) gdzie, dokąd; **~ immer er sein mag** gdziekolwiek by był; *umg* **~ (immer) ich hinblicke** dokądkolwiek spojrzę; **von ~** skąd; *umg* **gerade jetzt, ~ ich keine Zeit habe, ...** właśnie teraz, gdy nie mam czasu, ...; *konj umg*

W

(*zumal da, obwohl*) choć, chociaż; ..., ~ **ich dir das doch verboten habe** ..., pomimo że zabroniłem ci tego; *umg* **ach ~!, i ~!** ależ skąd!
wo'anders ADV gdzie indziej
wob, wöbe → weben
wo'bei ADV *interrog*: ~ **bist du gerade?** co w tej chwili robisz?; ~ **hast du ihn ertappt?** na czym go przyłapałeś?; *relativisch* przy czym; **er verdient viel, ~ ...** zarabia dużo, przy czym ...
Woche F tydzień *m*; **diese, nächste ~** w tym, w przyszłym tygodniu; **binnen e-r ~** w ciągu tygodnia; **für eine ~** na tydzień; ~ **für ~** tydzień po tygodniu; **nach e-r ~** tydzień potem, po tygodniu; **vor e-r ~** tydzień przedtem, przed tygodniem; **in e-r ~** za tydzień; **in zwei ~n** za dwa tygodnie; **zweimal die** *od* **in der ~** dwa razy w tygodniu
Wochen|arbeitszeit F tygodniowy czas pracy; **~bett** N MED połóg; **~blatt** N tygodnik; **~endausflug** M wycieczka weekendowa
Wochenende N koniec tygodnia; weekend; **verlängertes ~** długi weekend; **am ~, fürs ~** na weekend, w weekendy; **schönes ~!** (życzę) przyjemnego weekendu!
Wochen|endhaus N domek weekendowy; **~kalender** M kalendarz tygodniowy; **~karte** F bilet tygodniowy
wochenlang wielotygodniowy; ~ **warten** czekać (całymi) tygodniami; ~ **dauern** trwać (całe) tygodnie *od* wiele tygodni
Wochen|lohn M płaca tygodniowa; **~markt** M targ cotygodniowy; **~tag** M dzień *m* tygodnia; (*Werktag*) dzień powszedni
wochentags ADV w dni powszednie
wöchentlich tygodniowy; (*jede Woche*) cotygodniowy; *präd* tygodniowo, co tydzień, raz na tydzień
Wochenzeitung F → Wochenblatt
Wöchnerin F położnica
Wodka M (*-s; -s*) wódka
wo'durch ADV *interrog* przez co, w jaki sposób, czym; *relativisch* przez co
wo'für ADV *interrog u. relativisch* za co; *auf Personen bezogen* za kogo; (*wozu*) na co, do czego; ~ **brauchst du das** na co ci to potrzebne; ~ **hältst du mich** za kogo mnie masz
wog, wöge → wiegen[1]
Woge F fala (*a. fig*), *große* bałwan
wo'gegen ADV *interrog u. relativisch* przeciw czemu, na co; *konj* podczas gdy
wogen[1] *pperf* → wiegen[1]
wogen[2] *lit* V/I falować (*a. fig*)
wo'her ADV *interrog u. relativisch* skąd; *umg* ~ **denn!, ach ~!** ależ skąd!
wo'hin ADV *interrog u. relativisch* dokąd
wohin'gegen *konj* podczas gdy
wohl[1] ADV (*gesund*) zdrów, *f* zdrowa, *n, pl* zdrowe, *persf* zdrowi; (*angenehm, gut, richtig, sorgfältig, durchaus*) dobrze; (*ungefähr*) około, prawie; (*zwar*) wprawdzie; **sich ~ fühlen** czuć się dobrze; **sich am ~sten fühlen** ... czuć się najlepiej ...; **mir ist nicht ~** niedobrze mi, czuję się niezdrów (*f* niezdrowa); **mir ist nicht ganz ~ bei dem Gedanken an ...** na myśl o (*lok*) czuję się nieswojo; ~ **dem, der ...** szczęśliwy ten, kto ...; **er weiß ~, dass** on wprawdzie *od* dobrze wie, że ...; **ich weiß sehr ~, dass** ... wiem bardzo dobrze, że ...; ~ **(an die) tausend** około tysiąca, prawie tysiąc; ~ **begründet,** ~ **bekannt** *usw* → wohlbegründet, wohlbekannt *usw*; ~ **oder übel** tak czy owak, rad nierad; **lebe ~!** bądź zdrów!, żegnaj!; ~ **bekomms!** na zdrowie!
wohl[2] *partikel* (*vermutlich*) zapewne, chyba; **er wird ~ kommen** on zapewne przyjdzie; *umg* **du hast ~ ...?!** chyba masz ...?!; ~ **kaum** chyba nie; *umg* **siehst du ~!** a widzisz!; **das kann man ~ sagen!** absolutnie tak!
Wohl N (-[e]s; bpl) dobro, pomyślność *f*; **auf j-s ~ trinken** wypić za *od* na zdrowie (*gen*); **zum ~!** na zdrowie!
wohl'auf *lit* ADV: ~ **sein** być zdrowym; **sie ist wieder ~** ona jest już zdrowa
Wohlbefinden N zdrowie; dobre samopoczucie; **sich nach j-s ~ erkundigen** dowiadywać się o zdrowie (*gen*)
Wohlbehagen N błogość *f*, błogie *od* miłe uczucie
wohl|begründet dobrze uzasadniony; **~behalten** ADJ (zdrów i) cały; **~bekannt** dobrze znany
Wohlergehen N (*-s; bpl*) → Wohlbefinden
wohlerzogen ADJ dobrze wychowany
Wohlfahrt F (*bpl*) *lit* dobro, dobrobyt; *früher* (*öffentliche Fürsorge*) opieka

społeczna
Wohlfahrts|marke F znaczek (pocztowy) z dopłatą na cele dobroczynne; **~staat** M państwo opiekuńcze, państwo dobrobytu; **~verband** M organizacja charytatywna
wohlfühlen V/R: **sich ~** czuć się dobrze;
Wohlgefallen N zadowolenie; *umg* **sich in ~ auflösen** ⟨za⟩kończyć się pomyślnie ku ogólnemu zadowoleniu
wohlgeformt ADJ kształtny
Wohlgefühl N (*bpl*) miłe uczucie
wohlgemerkt ADV nawiasem mówiąc, notabene
wohlgenährt ADJ dobrze odżywiony
Wohlgeruch M (przyjemna) woń, miły zapach
wohlgesinnt ADJ: **j-m ~ sein** być życzliwie usposobionym do k-o
wohlhabend ADJ zamożny, majętny
wohlig przyjemny, błogi (-go)
Wohlklang *lit* M miły *od* przyjemny dźwięk; (*bpl*) piękne brzmienie
wohl|meinend *lit* ADJ życzliwy (-wie); **~proportioniert** ADJ → wohlgeformt; **~riechend** *lit* ADJ wonny, pachnący; **~schmeckend** *lit* ADJ smaczny, przyjemny w smaku
Wohlstand M (*bpl*) dobrobyt; **im ~ leben** żyć w dostatku
Wohlstandsgesellschaft F społeczeństwo dobrobytu
Wohltat F dobrodziejstwo; **etw als ~ empfinden** rozkoszować się (*inst*); **was für e-e ~** co za rozkosz
wohltätig dobroczynny
Wohltätigkeit F (*bpl*) dobroczynność *f*
Wohltätigkeits|basar M kiermasz dobroczynny; **~veranstaltung** F impreza na cele dobroczynne
wohl|tuend ADJ przyjemny; (*lindernd*) przynoszący ulgę; **~überlegt** dobrze przemyślany; **~verdient** ADJ zasłużony; **~weislich** ADV nie bez powodu
Wohlwollen N (-*s*; *bpl*) życzliwość *f*, przychylność *f*
wohlwollend ADJ życzliwy, przychylny; *präd* życzliwie, przychylnie
Wohn|anhänger M przyczepa kempingowa; **~anlage** F osiedle; **~anschrift** F adres stałego zamieszkania
wohnberechtigt ADJ uprawniony do zamieszkania
Wohn|bezirk M dzielnica mieszkaniowa; **~block** M blok mieszkalny; **~container** M kontener mieszkalny; **~eigentum** N (*bpl*) własne mieszkanie, własny dom
wohnen V/I mieszkać, zamieszkiwać (**bei j-m** u *gen*; **in** *dat* w *lok*)
Wohn|fläche F powierzchnia mieszkalna; **~gebiet** N obszar zamieszkały; **~geld** N (*bpl*) zasiłek mieszkaniowy, dopłata do czynszu; **~gemeinschaft** F grupa zamieszkująca w jednym mieszkaniu, wspólnota mieszkaniowa
wohnhaft zamieszkały; **~ in Berlin** zamieszkały w Berlinie
Wohn|haus N dom mieszkalny, kamienica; **~heim** N *für Arbeiter* hotel robotniczy; *für Studenten* dom akademicki, internat; *für Asylsuchende usw* dom dla azylantów *usw*; **~küche** F kuchnia mieszkalna; **~lage** F usytuowanie (mieszkania)
wohnlich przytulny
Wohn|mobil N (-*s*; -*e*) samochód kempingowy; **~ort** M miejsce zamieszkania; **~park** M osiedle (podmiejskie); **~raum** M pomieszczenie mieszkalne; (*bpl*) *koll* zasoby *mpl* mieszkaniowe; **~silo** N *abw* mrówkowiec; **~sitz** M stałe miejsce zamieszkania; (*Domizil*) siedziba
Wohnung F mieszkanie
Wohnungs|amt N urząd kwaterunkowy; **~bau** M (*bpl*) budownictwo mieszkaniowe; **~eigentümer(in)** M(F) właściciel(ka) mieszkania; **~einbruch** M włamanie do mieszkania; **~einrichtung** F urządzenie mieszkania, umeblowanie
wohnungslos niemający mieszkania, bezdomny
Wohnungs|not F (*bpl*) głód mieszkań, kryzys mieszkaniowy; **~schlüssel** M klucz od mieszkania
Wohnungssuche F: **auf ~ sein** poszukiwać *od* szukać mieszkania
Wohnungs|tür F drzwi *pl* do mieszkania; **~wechsel** M zmiana mieszkania
Wohn|verhältnisse NPL warunki *mpl* mieszkaniowe; **~viertel** N dzielnica mieszkaniowa; **~wagen** M przyczepa kempingowa; → Wohnmobil; **~zimmer** N pokój mieszkalny
Woi'wodschaft F województwo; **~s-** *in zssgn* wojewódzki

Wok M (-; -s) wok; **im ~** w woku

wölben: V/R **sich ~** wyginać ⟨-giąć⟩ się półkoliście (**über** *akk* nad *inst*); *Brust* wypinać ⟨-piąć⟩ się; *Wand, Fahrbahn* wybrzuszać ⟨-szyć⟩ się

Wölbung F (*Rundung*) wypukłość *f*; (*Bauchung*) wybrzuszenie; BUD (*Gewölbe*) sklepienie

Wolf M (-[e]s; Wölfe) wilk, *groß* wilczysko; **junger ~** wilczek; → Reißwolf, Fleischwolf; *fig* **ein ~ im Schafspelz** wilk w owczej skórze; *umg* **hungrig wie ein ~** głodny jak wilk; **durch den ~ drehen** *Fleisch* ⟨ze⟩mleć w maszynce; *umg* (**man muss**) **mit den Wölfen heulen** jeśli wejdziesz między wrony, musisz krakać jak i one

Wölfin F wilczyca

Wolfram N (-s; *bpl*) wolfram

Wolfs|- *in zssgn* wilczy; **~junge(s)** N wilczę; **~milch** F BOT wilczomlecz

Wölkchen N obłoczek, chmurka

Wolke F obłok, chmura; *umg fig* **aus allen ~n fallen** być bardzo zaskoczonym; *umg fig* **in** *od* **über den ~n schweben** bujać w obłokach

Wolken|bruch M oberwanie się chmury; **~decke** F (*bpl*) zachmurzenie (**geschlossene** całkowite); **~kratzer** M drapacz chmur

wolkenlos bezchmurny

wolkig *Himmel* zachmurzony; *Tag* pochmurny

Wolldecke F wełniany koc

Wolle F wełna; *umg fig* **sich in die ~ kriegen** poprztykać się *pf*

wollen[1] ADJ wełniany

wollen[2] (*will, wollte*) **A** *Modalverb* (+ INF; *pperf wollen*) **1** (*wünschen*) chcieć; **ich will arbeiten** chcę pracować; **er wollte gerade gehen** właśnie chciał *od* miał zamiar odejść; **wir ~ gehen** (no to) idziemy; **das hat er nicht tun ~** nie chciał tego zrobić· **2** (*auffordern*) **~ Sie bitte Platz nehmen** zechce pan(i) usiąść; **ich wollte Sie fragen, ob ...** chciał(a)bym Pana (-nią) zapytać, czy ...; **willst du still sein!** bądź cicho! **3** (*behaupten, meinen*) **der Frühling will nicht kommen** wiosna nie chce nadejść; **er will dich gesehen haben** on twierdzi, że ciebie widział; **das ~ wir hoffen** miejmy nadzieję; **wir ~ sehen** zobaczymy; *umschreibend* **das will nichts heißen** *od* **nicht viel sagen** to niewiele znaczy *od* mówi **4** (*müssen*) **das will überlegt sein** to trzeba przemyśleć **B** V/T (*pperf gewollt*) chcieć; **ich will das nicht** nie chcę tego; **er hat Geld gewollt** on chciał pieniędzy; **willst du Tee oder Kaffee?** chcesz herbaty czy kawy?, wolisz herbatę czy kawę?; **ich will lieber ...** (ja) wolę ...; **ohne es zu ~** niechcący; **der Zufall wollte es, dass ...** traf chciał, że ...; *umg* **da ist nichts zu ~** szkoda fatygi; *umg* **nichts zu ~!** ani myślę! **C** V/I (*pperf gewollt*) **man muss nur ~** trzeba tylko chcieć; **ob man will oder nicht** chcąc nie chcąc; **wohin willst du?** dokąd idziesz *od* jedziesz?; **wir ~ nach ...** chcemy *od* jedziemy do (*gen*); **zu wem ~ Sie?** pan(i) do kogo ?; **mein Herz will nicht mehr** serce odmawia mi posłuszeństwa; → *a.* was

wollig wełnisty; (*flauschig weich*) aksamitny

Woll|knäuel N kłębek *od* motek wełny; **~pullover** M wełniany sweter; **~schal** M wełniany szal *od* szalik

Wollsiegel N znak jakości na wyrobach z czystej wełny

Wollust *lit* F rozkosz *f* (zmysłowa)

wollüstig *Blick usw* lubieżny, zmysłowy (-wo); *präd a.* z uczuciem rozkoszy

wo'mit ADV *interrog u. relativisch je nach der Rektion des Verbs* (*mit welcher Sache*) czym; *beginnen* z czego, od czego; *enden* na czym; **~ putzt du das?** czym to czyścisz?; **das ist es, ~ ich nicht einverstanden bin** to jest właśnie to, z czym się nie zgadzam

wo'möglich ADV być może

wo'nach ADV *interrog u. relativisch je nach der Rektion des Verbs: duften* czym; *fragen* o co; *suchen* czego; *sich richten* do czego, czym

Wonne F rozkosz; *umg* **mit ~** z całą przyjemnością, z rozkoszą

wonnig *umg Baby* rozkoszny

wo'ran ADV *interrog u. relativisch je nach der Rektion des Verbs: denken* o czym; *arbeiten* nad czym; *erkennen* po czym; *glauben* w co; *sich lehnen* o co; **~ starb er?** na co on zmarł?; **~ liegt es?** od czego to zależy?, w czym leży przyczyna?; **das ist alles, ~ ich mich erinnere** to wszystko, co sobie przypominam

ein Wort im Deutschen und mehrere Wörter im Polnischen

das Brotmesser	nóż do chleba
die Nähmaschine	maszyna do szycia
der Wasserbehälter	zbiornik na wodę
der Wäschekorb	kosz na bieliznę
das Kochbuch	książka kucharska
die Tankstelle	stacja benzynowa
die Eintrittskarte	bilet wstępu
die Verkehrskontrolle	kontrola ruchu drogowego

wo'rauf ADV *interrog u. relativisch je nach der Rektion des Verbs: warten, sich freuen* na co; *sich befinden, ankommen* na czym; *sich beziehen* do czego; *beharren* przy czym; *relativisch, zeitlich* po czym; **das einzige, ~ es mir ankommt** jedyne, na czym mi zależy

wo'raus ADV *interrog u. relativisch je nach der Rektion des Verbs: sich zusammensetzen, bestehen, schließen* z czego; *relativisch a.* z którego, z których

worden → werden

wo'rin ADV *interrog u. relativisch je nach der Rektion des Verbs:* w czym, na czym; **~ besteht der Unterschied?** na czym polega różnica?

Workaholic [wə:kə'hɔlɪk] M (-s; -s) pracoholik

Work|shop ['wə:kʃɔp] M (-s; -s) warsztat badawczy, seminarium *n*; **~station** [-steɪʃn] F (-; -s) terminal roboczy

Worms N (-; *bpl*) Wormacja

Wort N (-[e]s; Wörter u -e) (*Vokabel*) słowo; (*Ausdruck*) wyraz; (PL -e) (*Äußerung*) słowo, słówko; *in e-r Diskussion usw* głos; **~ für ~** słowo w słowo; **im wahrsten Sinne des ~es** w całym tego słowa znaczeniu; **~e des Dankes** wyrazy podziękowania; **schöne ~e** (*Phrasen*) piękne słówka; **das ist mein letztes ~** to moje ostatnie słowo; **davon ist kein ~ wahr** w tym nie ma ani słowa prawdy; **mit anderen ~en** innymi słowy; **mit eigenen ~en** swoimi słowami; **mit einem ~** (*kurz gesagt*) jednym słowem; **schade um jedes ~** szkoda słów; **spare dir deine ~e** szkoda twoich słów, *umg* po co ta mowa; **mir fehlen die ~e** brak mi słów; **ein paar ~e wechseln** zamieni(a)ć (ze sobą) parę słów; **ohne ein ~ zu sagen** nic nie mówiąc, nie powiedziawszy ani słowa; **ein ~ ergab das andere** ... od słowa do słowa ...; **das ~ an j-n richten** zwracać ⟨zwrócić⟩ się do (*gen*); **j-m aufs ~ glauben** wierzyć k-u na słowo; **in ~en** *Betrag* słownie; **in ~ und Schrift** w mowie i piśmie; **j-m das ~ erteilen** udzielać ⟨-lić⟩ k-u głosu; **ums ~ bitten, sich zu ~ melden** prosić o głos; **das ~ hat** ... głos ma ...; **das ~ ergreifen** zab(ie)rać głos; **j-m das ~ entziehen** odbierać ⟨odebrać⟩ k-u głos; **j-m ins ~ fallen** przer(y)wać k-u w pół słowa; **nicht zu ~ kommen** nie móc dojść do słowa; **j-n nicht zu ~ kommen lassen** nie da(wa)ć k-u dojść do słowa, nie dopuszczać ⟨-puścić⟩ k-o do słowa; **sein ~ geben** da(wa)ć słowo; **sein ~ brechen** ⟨z⟩łamać słowo; **(sein) ~ halten** dotrzym(yw)ać słowa; **j-n beim ~ nehmen** brać ⟨wziąć⟩ k-o za słowo (*akk*); **nicht viele ~e machen** nie marnować słów; **kein ~ (darüber)!** ani słowa (o tym)!; **geflügelte ~e** skrzydlate słowa

Wort|art F GRAM część *f* mowy; **~bestand** M (*bpl*) *e-r Sprache* zasób wyrazów; **~bildung** F (*bpl*) słowotwórstwo, tworzenie wyrazów; **~bruch** M niedotrzymanie słowa

wortbrüchig niesłowny; **~ werden** nie dotrzym(yw)ać słowa

Wörtchen N słówko; *umg* **ein ~ mitzureden haben** mieć też coś do powiedzenia

Wörter PL → Wort; **~buch** N słownik; **~verzeichnis** N spis wyrazów

Wort|führer(in) M(F) rzecznik (-iczka); **~gefecht** N utarczka słowna; **~geklingel** N *abw* słowolejstwo, pustosłowie

wort|getreu wierny; **~gewandt** ADJ elokwentny, wymowny; **~karg** małomówny, mało rozmowny

Wortlaut M (*bpl*) brzmienie (dosłowne); **im (vollen) ~** w brzmieniu dosłownym

wörtlich dosłowny, literalny; **etw ~**

nehmen ⟨z⟩rozumieć dosłownie (*akk*)
wortlos milczący; *präd* milcząc, bez słowa
Wortmeldung F zgłoszenie się do głosu, prośba o głos; **bitte um (weitere) ~en** proszę zabierać głos
wortreich wielosłowny
Wort|schatz M (*bpl*) (*Wortbestand e-r Sprache, e-s Sachgebiets*) słownictwo; (*Gesamtheit aller Wörter e-s Einzelnen od in e-m Wörterbuch*) zasób słów; **~spiel** N gra słów; **~stellung** F (*bpl*) układ wyrazów (w zdaniu); **~wechsel** M (ostra) wymiana zdań, sprzeczka
wortwörtlich ADV słowo w słowo
wo'rüber ADV *interrog u. relativisch je nach der Rektion des Verbs: denken, reden, schreiben* o czym; *schimpfen* na co; *lachen* z czego
wo'rum ADV *interrog u. relativisch je nach der Rektion des Verbs: handeln* o co; **alles, ~ er bat** wszystko, o co prosił
wo'runter ADV *interrog u. relativisch je nach der Rektion des Verbs: legen, stellen* pod co; *liegen, stehen* pod czym; *leiden* na co
wo'von ADV *interrog u. relativisch je nach der Rektion des Verbs: reden* o czym; *müde, krank usw sein* od czego; *leben* z czego
wo'vor ADV *interrog u. relativisch* czego; **~ hast du Angst?** czego się boisz?; **das Einzige, ~ er sich fürchtet** jedyne, czego się boi
wo'zu ADV *interrog u. relativisch* (*wofür*) na co, po co, do czego; **~ brauchst du das?** na co *od* po co ci to?; **weißt du, ~ das gut sein soll?** czy wiesz, po co to *od* do czego to?
Wrack N (-[e]s; -s) wrak; (*Auto*) *umg* trup; *fig* **ein menschliches ~** wrak ludzki
wringen (*wrang, gewrungen*) *Wäsche* wyżymać ⟨-żąć⟩
Wuche|r M (-*s*; *bpl*) lichwa; **~rer** M lichwiarz; **~rin** F lichwiarka
wuchern V/I (-*re*; *a sn*) *Pflanzen* (szybko) rozrastać ⟨-rosnąć⟩ się (*a.* MED)
Wucherpreis M lichwiarska cena
Wucherung F (*das Wuchern*) (bujny) rozrost; (*Auswuchs*) MED guz, polip
wuchs → wachsen[1]
Wuchs M (-*es*; *bpl*) wzrost; BOT *a.* rozrost; **im vollen ~** *Baum* w okresie największego rozrostu; **klein von ~** *Person* małego wzrostu; **von hohem ~** wysmukły
wüchse → wachsen[1]
Wucht F (*bpl*) impet, siła; **mit voller ~** z całej siły; *fig* **unter der ~ der Beweise** pod ciężarem dowodów; *umg* **der Alte ist e-e ~!** bomba staruszek!
wucht|en V/T (-*e*-) (*heben, stemmen*) podważać ⟨-żyć⟩, (z trudem) (u)dźwignąć *pf*; (*heftig stoßen*) *Ball usw* strzelić *pf*, *umg* huknąć *pf*; **~ig** (*massig*) masywny, *umg* zwalisty; *Schlag* potężny, silny
Wühlarbeit F *abw* (*bpl*) rozrabiactwo
wühlen V/I *Tier* ryć (**in der Erde** w ziemi); *umg* (*suchen*) grzebać (się), gmerać (**in** *dat* w *lok*); **~ aus etw** wygrzeb(yw)ać z (*gen*); *fig abw* **gegen j-n ~** intrygować przeciw k-u, ryć pod (*inst*); V/R **sich in** (*akk*) **~** zagrzeb(yw)ać się w (*lok*); **sich durch etw ~** *durch Schnee usw* brnąć, przekop(yw)ać się przez (*akk*); *durch Akten usw* kopać w (*lok*), ⟨prze⟩wertować (*akk*)
Wühlmaus F nornik
Wühltisch *umg* M stoisko z przecenionym towarem do wyboru
Wulst M (-[e]s; Wülste) *u.* F (-; *Wülste*) wałek, zgrubienie; *e-s Reifens* stopka
wulstig *Lippen* mięsisty, odęty
wummern *umg* V/I (-*re*) (*dröhnen*) dudnić
wund (*verletzt*) zraniony; *durch Reiben* otarty, odparzony; **e-e ~e Seele** obolała dusza; **sich** (*dat*) **etw ~ reiben** ocierać ⟨otrzeć⟩ sobie (*akk*) (do krwi); **sich ~ liegen** nabawić się *pf* odleżyn; *fig* **sein ~er Punkt ist ...** on jest czuły na punkcie (*gen*)
Wundbrand M (*bpl*) MED zgorzel *f*
Wunde F rana (*a. fig*); **offene ~ am Kopf** otwarta rana na głowie
Wunder N cud; **wie durch ein ~** jakimś (dziwnym) cudem, cudownie; **~ wirken** czynić cuda, dokon(yw)ać cudu; **es geschieht kein ~** cudu nie będzie; **das grenzt an ein ~** to po prostu cud; **kein ~, dass** nic dziwnego, że; *umg* **sein blaues ~ erleben** dozna(wa)ć przykrej niespodzianki; *umg* **sich** (*dat*) **~ was einbilden** wyobrażać sobie Bóg wie co
wunderbar cudowny (*a. schön, herrlich*); **das ist ja ~!** wspaniale!
Wunderding N: **... ist ein wahres ~ ...** to istne cudo; **(wahre) ~e erzählen** opowiadać dziwy (**von** *dat* o *lok*)
Wunder|glaube M wiara w cuda; **~heiler(in)** M(F) uzdrowiciel(ka), bioe-

W

nergoterapeuta *m* (-tka)
wunderhübsch (prze)cudowny
Wunder|kerze F zimne ognie *mpl*; **~kind** N cudowne dziecko; **~land** N kraina cudów
wunderlich dziwaczny; **er ist ein wenig ~ geworden** on trochę zdziwaczał
Wundermittel N cudowny środek
wundern (*-re*): V/T **j-n ~** *Sache* zadziwi(a)ć, dziwić k-o; V/R **sich über etw ~** dziwić się (*dat*); *umg* **du wirst dich (noch) ~!** będziesz mógł (*f* mogła) się nadziwić!; *unpers* **es wundert mich, dass** dziwi mnie, że
wunder|schön prześliczny, cudowny; **~tätig** *Heiligenbild* cudowny; **~voll** (prze)cudny
Wunderwerk N cud; **ein ~ der Technik** cud techniki
Wundfieber N gorączka pourazowa
wundreiben (*irr*) → wund
Wund|salbe F maść *f* na rany; **~starrkrampf** M (*bpl*) tężec
Wunsch M (-[e]s; Wünsche) życzenie; **ihr, mein sehnlichster ~** jej, moje najgorętsze pragnienie; **ein frommer ~** pobożne życzenie; **auf eigenen ~** na własne życzenie; **es war sein ~, ...** jego życzeniem było ...; **nach ~** według życzenia; **alles geht nach ~** wszystko idzie po myśli; **herzliche Wünsche zu** *od* **für ...** serdeczne życzenia z okazji (*gen*); **mit den besten Wünschen ...** łącząc serdeczne życzenia ...
Wunschdenken N myślenie życzeniowe
Wünschel|rute F różdżka; **~rutengänger** M radiesteta *m*, różdżkarz
wünschen: V/T **j-m, sich etw ~** życzyć k-u, sobie (*gen*); (*begehren*) życzyć sobie, pragnąć (*gen*); **was ~ Sie?, Sie ~?** czego pan(i) sobie życzy?; **... lässt viel zu ~ übrig** ... pozostawia wiele do życzenia; **... wie man sich** *j-n, etw* **nur ~ kann** wymarzony ...; **ich wünsche dir e-e gute Reise** życzę przyjemnej podróży
wünschenswert pożądany
wunschgemäß ADV według życzenia, na życzenie
Wunschkind N upragnione dziecko
Wunschkonzert N koncert życzeń
wunschlos: ADV **~ glücklich** uszczęśliwiony, nad wyraz szczęśliwy
Wunsch|traum M marzenie; **~zettel** M spis *od* lista życzeń
wurde, würde → werden
Würde F (*bpl*) godność *f*; (*a. pl*) zaszczyt; **mit ~** z godnością; **akademische ~n** zaszczyty akademickie; **zu hohen ~n gelangen** dorobić się *pf od* dosłużyć się *pf* zaszczytów
würdelos niegodny, niegodziwy (-wie)
Würdenträger M dygnitarz, dostojnik
würdevoll dostojny, pełen godności *od* dostojeństwa
würdig dostojny; *präd* (*angemessen*) godnie, należycie; *e-r Sache*, **j-s ~ sein** być godnym (*gen*), zasługiwać na (*akk*)
würdigen: *Sache*, **j-n ~** należycie oceni(a)ć (*akk*), wyrażać ⟨-razić⟩ się z uznaniem (o *lok*); **j-n, etw keines Blickes ~** nie raczyć spojrzeć na (*akk*)
Würdigung F ocena; (*Anerkennung*) uznanie, wyrazy *mpl* uznania
Wurf M (-[e]s; Würfe) rzut; ZOOL pomiot, miot; **mit e-m ~** jednym rzutem
würfe → werfen
Würfel M MAT sześcian; (*Spielwürfel*) kość *f*, kostka; (*etw Würfelförmiges*) kostka; *fig* **die ~ sind gefallen** kości zostały rzucone
würfeln (*-le*) V/T KULIN ⟨po⟩kroić w kostkę; V/I ⟨za⟩grać w kości (**um** o *akk*); **e-e Sechs ~** rzucić *pf* szóstkę
Würfel|spiel N gra w kości; **~zucker** M cukier w kostkach
Wurf|geschoss N pocisk; **~sendung** F druk masowy przesyłany pocztą
würgen V/T dusić; V/I **an etw** (*dat*) **~** dławić się (*inst*); **ich muss ~** zbiera mi się na wymioty
Wurm[1] M (-[e]s; Würmer) robak; MED *a.* glista; *umg fig* **da ist der ~ drin** w tym tkwi cały szkopuł; *umg fig* **j-m die Würmer aus der Nase ziehen** ciągnąć k-o za język
Wurm[2] *umg* N (-[e]s; Würmer) (*mst Kind*) **das arme ~** niebożątko, biedactwo
Würmchen N robaczek; → Wurm[2]
wurmen: *umg* **es wurmt mich, dass ...** drażni *od* irytuje mnie, że ...;
Wurmfortsatz M ANAT wyrostek robaczkowy
wurmstichig robaczywy
Wurst F (-; *Würste*) kiełbasa; *umg fig* **jetzt geht es um die ~** tym razem sprawa musi się rozstrzygnąć; *umg fig* **das ist mir ~/wurscht** wszystko jedno
Würstchen N kiełbaska; *heiß* parówka;

umg fig abw zero; **~bude** F kiosk z parówkami

wursteln *umg* V/I (*-le*) grzebać się

Wurst|haut F osłonka kiełbasy; **~platte** F półmisek z wędlinami; **~salat** M sałatka z kiełbasy serdelowej; **~waren** FPL wędliny

Württemberg N (*-s; bpl*) Wirtembergia

Würze F (*Geschmack*) pikantność *f*, korzenny aromat; (*Zutat*) przyprawa

Wurzel F (*-; -n*) korzeń *m*, *dim* korzonek; MAT pierwiastek; **~n schlagen** zapuszczać ⟨-puścić⟩ korzenie (*a. fig*); **das Übel an der ~ packen** wyr(y)wać zło z korzeniami; MAT **die ~ ziehen aus** ... wyciągać ⟨-gnąć⟩ pierwiastek z (*gen*)

Wurzelbehandlung F MED leczenie korzenia (zęba)

wurzeln V/I (*-le*) BOT, *fig* być zakorzenionym (**in** *dat* w *lok*); *fig etw* **wurzelt in** (*dat*) ... swymi korzeniami sięga w (*akk*)

Wurzel|werk N korzenie *mpl*; **~zeichen** N MAT znak pierwiastka

würz|en (*-zt*) *Speisen* doprawi(a)ć, przyprawi(a)ć; *fig* (**mit etw**) okraszać ⟨okrasić⟩ (*inst*); **~ig** pikantny, korzenny; aromatyczny

wusch, wüsche → waschen

Wuschelkopf *umg* M kędzierzawa głowa

wuseln *reg* V/I (*sn*) uwijać się

wusste, wüsste → wissen

Wust M (*-[e]s*; bpl) *abw* kupa, sterta

wüst (*öde*) pustynny, bezludny; (*unordentlich*) bezładny; *abw* (*ausschweifend*) rozwiązły, wyuzdany; (*derb*) ordynarny; **ein ~es Durcheinander** straszny bałagan; **~e Orgie** dzika orgia

Wüste F pustynia; **etw in e-e ~ verwandeln** zamieni(a)ć w pustynię (*akk*); *umg fig* **j-n in die ~ schicken** pos(y)łać k-o na zieloną trawkę

Wüsten|klima N klimat pustynny; **~sand** M (*bpl*) piaski *mpl* pustynne

Wüstling M (*-s; -e*) rozpustnik

Wut F (*bpl*) (*Zorn*) wściekłość *f*; (*großer Eifer*) pasja; **in ~ geraten** rozwścieczyć się *pf*; **seine ~ an j-m auslassen** wyładow(yw)ać złość na (*lok*); **vor ~ schäumen** pienić się ze złości; **j-n in ~ bringen** rozwścieczać ⟨-czyć⟩ k-o; **~anfall** M napad *od* wybuch wściekłości

wüten V/I (*-e-*) *Seuche, Sturm, Feuer* szaleć; **der Feind wütet im Land** wróg pustoszy kraj; **die Diebe wüteten in der Wohnung** złodzieje zdemolowali mieszkanie

wütend ADJ wściekły (-le); **j-n ~ machen** doprowadzać ⟨-dzić⟩ k-o do pasji; **~ sein** pieklić się, ciskać się; **ich bin ~ auf ihn** jestem na niego wściekły

wut|entbrannt ADJ rozwścieczony, pełen złości; **~schnaubend** ADV sapiąc ze złości

Wwe (Witwe) wdowa

X

x, X [ɪks] N (*-; -*) x, X *m*; MAT x; **der Tag X** dzień *m* x; *fig j-m* **ein X für ein U vormachen** wykręcać kota ogonem

x-Achse F MAT oś *f* odciętych

Xan'thippe [ks-] F *abw* ksantypa, jędza

X-Beine NPL nogi *fpl* iksowate

x-beinig z nogami w iks

x-beliebig byle jaki; *Person* byle kto

Xenon ['ks-] N (*-s; bpl*) ksenon

x-fach *umg* ADJ wielokrotny

x-te ADJ: MAT **~ Potenz** potęga o wykładniku x; *umg* **zum ~n Mal** po raz nie wiem *od* nie wiadomo który

x-mal *umg* ADV x razy

Xylo'|fon, ~phon [ks-] N (*-s; -e*) ksylofon

Y

y-Achse ['ʏpsilɔn-] F MAT oś *f* rzędnych

Yacht ['j-] → Jacht

Yard ['j-] N (*-s; -s*) jard

Yen [j-] M (*-[s]; -[s]*, aber 100 ~) jen

Yoga ['j-] M *od* N (*-s; bpl*) joga; **~ betreiben** uprawiać jogę

Ypsilon ['ʏp-] N (*-[s]; -[s]*) ipsylon *m*, igrek *m*

Yuan ['j-] M (-[s]; -[s], aber 100 ~) juan
Yuppie ['jʊpi] M (-s; -s) yuppie *m*

Z

zack *umg* INT: ~, ~! raz-dwa!
Zack *umg* M: **j-n auf ~ bringen** wziąć *pf* k-o w ryzy; **sie ist (schwer) auf ~** ona ma głowę do wszystkiego
Zacke F ząb, *dim* ząbek; *e-s Bergkamms* turnia; *e-r Krone* pałka; **ein Stern mit fünf ~en** pięcioramienna gwiazda
Zacken M → Zacke; *umg* **deswegen fällt dir kein ~ aus der Krone** z tego powodu korona ci z głowy nie spadnie
Zackenlinie F linia łamana
zackig *Felsen* postrzępiony; *umg (schneidig)* chwacki (-ko)
zaghaft *(ängstlich)* nieśmiały (-ło); *(zögernd)* niezdecydowany
zäh *(widerstandsfähig)* mocny, wytrzymały *(a. fig)*; *Flüssigkeit* lepki, kleisty; *Lehm, Teer* maziowaty; *Fleisch* łykowaty; *(schwer zu schneiden)* twardy; *(hartnäckig)* uporczywy (-wie); *(langsam, schleppend)* ... w ślimaczym tempie; *Unterhaltung* niemrawy; **~ vorankommen** *Arbeit usw* nie kleić się
zähe → zäh
zähflüssig lepki, ciągnący się; *Verkehr* niepłynny
Zähigkeit F *(bpl)* *(Widerstandsfähigkeit)* wytrzymałość *f*; *(Beharrlichkeit)* upór
Zahl F liczba; *(Ziffer)* cyfra; *(bpl; Anzahl)* liczba, ilość *f*; **in großer ~** w wielkiej ilości; **sie waren sieben an der ~** było ich siedmiu *od* siedmioro; **in die roten ~en kommen** znaleźć się pod kreską; **schwarze ~en schreiben** przynosić zysk
zahlbar płatny (**in bar** gotówką)
zählbar dający się policzyć, policzalny
zählebig *Lebewesen* odporny, żywotny; *Vorurteil* (mocno) zakorzeniony
zahlen V/T *u.* V/I ⟨za⟩płacić (**für** za *akk*); **Herr Ober, bitte ~!** proszę o rachunek!
zählen **A** V/T ⟨po⟩liczyć, zliczać ⟨-czyć⟩; **j-n zu ... ~** zaliczać ⟨-czyć⟩ k-o do *(gen)* **B** V/I liczyć; **ich zähle auf dich** liczę na ciebie; **~ zu** zaliczać się do *(gen)*; **das zählt nicht** to się nie liczy
Zahlenangaben FPL dane *pl* liczbowe
Zahlenlotto N totolotek
zahlenmäßig liczebny, ilościowy (-wo)
Zahlen|reihe F ciąg cyfr; **~schloss** N zamek z kodem liczbowym
Zahler(in) M(F) płatnik (-iczka)
Zähler M *(Gerät)* licznik; *an der Börse* punkt; MAT licznik
Zahlkarte F blankiet na przekaz pieniężny
zahllos niezliczony, bez liku
zahlreich liczny
Zahltag M *vom Lohn* dzień *m* wypłaty
Zahlung F płacenie; zapłata, *mst* HANDEL, EKON płatność *f*; *(Lohnzahlung)* wypłata; **in ~ geben** da(wa)ć na poczet płatności; **in ~ nehmen** przyjmować ⟨-jąć⟩ na poczet zapłaty
Zählung F liczenie, obliczanie; *der Bevölkerung* spis
Zahlungs|anweisung F polecenie zapłaty; **~aufforderung** F wezwanie do zapłaty; **~aufschub** M odroczenie terminu płatności; **~bedingungen** FPL warunki *mpl* płatności; **~beleg** M dowód zapłaty; **~bilanz** F bilans płatniczy; **~empfänger** M odbiorca *m* płatności
zahlungsfähig wypłacalny
Zahlungsfrist F termin zapłaty
zahlungskräftig *umg* forsiasty, bogaty
Zahlungs|mittel N środek płatniczy; **~rückstände** MPL zaległości *fpl* płatnicze; **~schwierigkeiten** FPL trudności *fpl* płatnicze
zahlungsunfähig niewypłacalny
Zahlungs|unfähigkeit F niewypłacalność *f*; **~verkehr** M obrót płatniczy; **~weise** F sposób płatności
Zählwerk N licznik (cyfrowy)
Zahlwort N (PL -*wörter*) liczebnik
zahm *Tier* oswojony; *umg fig (gefügig)* potulny; *Kritik* łagodny, przychylny; **~ werden** oswajać ⟨oswoić⟩ się; *umg fig* spotulnieć *pf*
zähmen *Tier* oswajać ⟨oswoić⟩; *fig (bändigen)* poskramiać ⟨-skromić⟩, opanow(yw)ać
Zahn M (-[e]s; Zähne) ząb, *dim* ząbek; **sich** *(dat)* **die Zähne putzen** czyścić zęby; **mit den Zähnen klappern, knirschen** dzwo-

nić, zgrzytać zębami; **das Kind bekommt Zähne** dziecku wyrzynają się (pierwsze) ząbki; *umg fig* **der ~ der Zeit** ząb czasu; *umg* **bis an** *od* **auf die Zähne bewaffnet** uzbrojony po zęby; **j-m auf den ~ fühlen** sądować, indagować k-o; *umg* **sich** (*dat*) **die Zähne ausbeißen** (**an** *dat*) połamać *pf* sobie zęby (na *lok*); *umg* **e-n ~ zulegen** doda(wa)ć gazu; *umg* **e-n (ganz schönen) ~ draufhaben** zasuwać, co się zowie

Zahn|arzt M (lekarz) dentysta *m*, stomatolog; **~arzthelferin** F pomoc *f* dentysty; **~ärztin** F (lekarka) dentystka, stomatolog

zahnärztlich dentystyczny, stomatologiczny

Zahn|bein N (*bpl*) zębina; **~belag** M nalot nazębny; **~bürste** F szczoteczka do zębów; **~creme** F pasta do zębów

Zähne PL → Zahn

zähne|fletschend ADJ *präd* szczerząc zęby; **~knirschend** ADJ *präd fig* ze zgrzytaniem zębów, zgrzytając zębami

zahnen V/I *Kind* ząbkować

Zähneputzen N (-*s; bpl*) czyszczenie *od* mycie zębów

Zahn|ersatz M proteza zębowa; **~fleisch** N dziąsła *npl*; **~füllung** F wypełnienie zęba, plomba; **~klinik** F klinika stomatologiczna

zahnlos bezzębny

Zahn|lücke F brak zęba, *umg* szczerba; PL *a.* braki *mpl* w uzębieniu; **~medizin** F stomatologia; **~pasta** F pasta do zębów; **~pflege** F higiena zębów; **~prothese** F proteza zębowa (ruchoma), *umg* sztuczna szczęka; **~rad** N koło *od* kółko zębate; **~radbahn** F kolej zębata; **~schmelz** M szkliwo

Zahnschmerzen MPL ból zęba *od* zębów; **ich habe ~** boli mnie ząb

Zahn|seide F nici *fpl* dentystyczne; **~spange** F aparat (ortodontyczny); **~stange** F zębatka; **~stein** M kamień nazębny; **~stocher** M wykałaczka; **~stummel** M, **~stumpf** M pieniek (zęba); **~techniker** M technik dentystyczny; **~wurzel** F korzeń *m* zęba

Zander M sandacz

Zange F szczypce *pl*, cęgi *pl*, kleszcze *pl*; MED, ZOOL kleszcze *pl*; *umg fig* **j-n in die ~ nehmen** brać ⟨wziąć⟩ k-o w obroty

Zank M (-[*e*]*s*; bpl) kłótnia, sprzeczka; **~apfel** M (*bpl*) jabłko niezgody

zanken: V/R **sich ~** kłócić się, chandryczyć się (**mit j-n** z *inst*; **um etw** o *akk*)

Zänke'reien FPL swary *mpl*

zänkisch swarliwy (-wie)

Zäpfchen N ANAT języczek; MED czopek

zapfen *Bier usw* toczyć (*akk*), natoczyć *pf* (*gen*)

Zapfen M (*Stöpsel*) czop; *szwajc* korek; BOT szyszka; (*Eiszapfen*) sopel

Zapfenstreich M capstrzyk

Zapfhahn M kolumna bufetowa

Zapfsäule F dystrybutor paliwa

zappelig *umg* ruchliwy, niespokojny; (*nervös*) nerwowy

zappeln V/I (-*le*) *Fisch* trzepotać się; *Kind* wiercić się, kręcić się; *umg fig* **j-n ~ lassen** pozostawi(a)ć k-o w niepewności

zappen *umg* V/I *rtv* przełączać (się) na coraz to inny kanał

Zar M (-*en*) car; **~in** F carowa, caryca

zart delikatny, subtelny (*a. Pflanze, Körperbau, Farben, Klang usw*); *Fleisch* kruchy, delikatny; *Gesundheit* wątły (-ło); (*zärtlich*) czuły (-le); **~ besaitet, ~ fühlend** → zartbesaitet, zartfühlend

zartbesaitet ADJ tkliwy, wrażliwy

zartbitter *Schokolade* deserowy

zartfühlend taktowny, subtelny, delikatny

Zartgefühl N (*bpl*) delikatność *f*; takt

Zartheit F (*bpl*) delikatność *f*

zärtlich (*liebevoll*) czuły (-le), pieszczotliwy (-wie)

Zärtlichkeit F (*bpl*) czułość *f*, pieszczotliwość *f*; **~en** PL pieszczoty *fpl*; (*zärtliche Worte*) czułostki *fpl*; **~en austauschen** czulić się do siebie

zartrosa (*unv*) jasnoróżowy (-wo)

Zaster *umg* M (-*s; bpl*) flota, szmal

Zä'sur F cezura (*a. lit fig*)

Zauber M czary *mpl*; (*bpl*) *fig* (*Reiz*) urok, czar; *umg abw* (*Getue*) szopka, komedia; **fauler ~** blef, mydlenie oczu

Zaube'rei F (*bpl*) czarodziejstwo, sztuka czarodziejska; (*a. pl*) (*Zaubertrick*) sztuczka (iluzjonisty)

Zauberer M *im Märchen* czarodziej; (*Schamane*) czarownik; (*Künstler*) iluzjonista *m*, sztukmistrz

Zauber|flöte F zaczarowany flet; **~formel** F czarodziejskie zaklęcie

zauberhaft czarowny, uroczy (-czo)

Zauber|in F czarodziejka; (*Künstlerin*) iluzjonistka; **~kraft** F czarodziejska moc; **~künstler** M sztukmistrz, iluzjonista *m*
zaubern (-*re*) **A** V/T wyczarow(yw)ać (*akk*) **B** V/I czarować; *fig* (*Zaubertricks vorführen*) pokazywać sztuczki kuglarskie
Zauber|spruch M czarodziejskie zaklęcie; **~stab** M różdżka czarnoksięska; **~trick** M sztuczka magiczna *od* kuglarska; **~wort** N (PL -*e*) zaklęcie, magiczne słowo
zaudern (-*re*) ociągać się, zwlekać (**zu** + *inf*, **mit etw** z *inst*)
Zaum M (-[*e*]*s*; Zäume) uzda; *lit fig* **im ~ halten** trzymać na wodzy
zäumen *Pferd* ⟨o⟩kiełznać
Zaun M (-[*e*]*s*; Zäune) płot, ogrodzenie, parkan; **e-n Streit vom ~ brechen** wszczynać ⟨wszcząć⟩ awanturę; **~gast** M przygodny widz, nieproszony gość; **~könig** M ZOOL strzyżyk
Zaunpfahl M kołek w płocie, słup(ek) ogrodzenia; *umg fig* **ein Wink mit dem ~** wyraźna aluzja
z.B. (zum Beispiel) na przykład, np.
ZDF [tsɛtde:'ɛf] N (Zweites Deutsches Fernsehen) Drugi Program Telewizji Niemieckiej
Zebra N (-*s*; -*s*) zebra; **~streifen** M *umg* zebra, zebry *fpl*, pasy *mpl*
Zeche[1] F GÓR kopalnia
Zeche[2] F rachunek (w restauracji); *umg* **die ~ prellen** nie zapłacić *pf* rachunku (za spożyte potrawy i napoje); *umg fig* **die ~ bezahlen müssen (für)** ponieść *pf* konsekwencje (*gen*)
zechen V/I ucztować, hulać
Zecher M bibosz, pijus
Zech|kumpan *umg* M *oft abw* kompan od kieliszka; **~prelle'rei** F szalbierstwo
Zecke F kleszcz
Zeder F (-; -*n*) cedr
Zedernholz N (*bpl*) drewno cedrowe
Zeh M (-*s*; -*en*) → Zehe
Zehe F palec (stopy); (*Knoblauchzehe*) ząbek; **große ~** paluch
Zehennagel M paznokieć *m* palca stopy
Zehenspitze F czubek palca (stopy); **auf ~n** na palcach; **sich auf die ~n stellen** wspinać ⟨wspiąć⟩ się na palce
zehn *num* dziesięć, *persf* dziesięciu; *Sammelzahlwort* dziesięcioro; **~ Uhr** dziesiąta (godzina)
Zehn F dziesiątka; (*Spielkarte*) *a.* dyszka
Zehner M dziesiątka
zehnfach dziesięciokrotny
zehnjährig dziesięcioletni
Zehn|kampf M SPORT dziesięciobój; **~kämpfer** M SPORT dziesięcioboista *m*
zehn|mal ADV dziesięć razy, dziesięciokrotnie; **~stündig** dziesięciogodzinny
zehnt ADV: **zu ~** dziesięć (osób), dziesięciu
zehntausend dziesięć tysięcy; **~ste** dziesięciotysięczny
zehnte dziesiąty
zehntel **ein ~** jedna dziesiąta
Zehntel N (-*s*; -): **ein ~**dziesiąta część
zehntens ADV po dziesiąte
zehren V/I: **von etw ~** żyć z (*gen*); **an j-m ~** *Sorge* trawić (*akk*); *Krankheit* wyniszczać, wycieńczać ⟨-czyć⟩
Zeichen N znak (*a.* MAT, *fig*); (*Kennzeichen*) *a.* znamię, cecha; MED, *fig* (*Symptom*) oznaka, objaw; (*Merkzeichen*) znaczek; **j-m ein ~ geben** da(wa)ć k-u znak; **die ~ der Zeit** znak czasu; **das ist ein gutes ~** to dobry znak; **~ setzen** wytyczać ⟨-czyć⟩ kierunek rozwoju *od* działania *usw*; **zum ~** (*gen*) na znak (*gen*); **im ~ von etw** pod znakiem (*gen*); **er ist im ~ des Krebses geboren** urodził się pod znakiem Raka
Zeichen|block M blok rysunkowy; **~brett** N rysownica; **~erklärung** F objaśnienie znaków, legenda; **~papier** N papier rysunkowy; **~satz** M EDV krój pisma; **~setzung** F (*bpl*) interpunkcja; **~sprache** F porozumiewanie się na migi, mowa migowa; **~stift** M ołówek do rysowania; **~trickfilm** M film rysunkowy
zeichnen (-*e*-) **A** V/T **1** *Bild* ⟨na⟩rysować (**mit Kohle** węglem); TECH, *fig* (*schildern*) ⟨na⟩kreślić; (*etw mit Zeichen versehen*) ⟨o⟩znakować, ⟨o⟩znaczyć **2** FIN *Anleihe* subskrybować **3** **er ist vom Tod(e) gezeichnet** on ma śmierć w oczach **B** V/I (*malen*) rysować; (*unterschreiben*) stwierdzać ⟨-dzić⟩ podpisem; **für etw verantwortlich ~** być odpowiedzialnym za (*akk*)
Zeichnen N (-*s*; *bpl*) rysowanie; TECH kreślenie; *in der Schule* rysunki *mpl*
Zeichner(in) M(F) rysownik (-iczka); ilustrator(ka); TECH kreślarz (-rka)
zeichnerisch rysowniczy; *Darstellung*

rysunkowy, wykreślny; ~ **begabt sein** mieć talent rysowniczy

Zeichnung F rysunek; *(Muster)* wzór, deseń *m*; FIN subskrypcja

zeichnungsberechtigt ADJ uprawniony do podpisywania

Zeigefinger M palec wskazujący

zeigen **A** V/T **1** pokaz(yw)ać; *Weg, Richtung a.* wskaz(yw)ać; *Film* wyświetlać ⟨-lić⟩; *(ausstellen)* eksponować, ⟨za⟩prezentować **2** *(erkennen lassen) Mut, Geduld usw* okaz(yw)ać, wykaz(yw)ać, objawi(a)ć; **Haltung** ~ panować nad sobą; *umg* **es j-m** ~ pokazać k-u, gdzie raki zimują **B** V/I **auf etw, j-n** ~ wskaz(yw)ać na *(akk)*; **auf 12 Uhr** ~ wskazywać dwunastą; **nach Norden** ~ wskazywać *od* być skierowanym na północ | **C** V/R **sich** ~ pokaz(yw)ać się; *(sichtbar werden)* ukaz(yw)ać się; *(sich erweisen)* okaz(yw)ać się; **das wird sich** ~ to się okaże; **wie es sich gezeigt hat** jak się okazało

Zeiger M wskazówka; TECH *a.* strzałka

Zeigestock M wskaźnik

Zeile F wiersz; *des Fernsehbildes* linia; *(Häuserreihe)* rząd; **j-m ein paar ~n schreiben** napisać kilka słów do *(gen)*; *fig* **zwischen den ~n lesen** czytać między wierszami

Zeilenabstand M odstęp pomiędzy wierszami

Zeisig M *(-s; -e)* czyżyk

Zeit F **1** czas *(a.* GRAM*)*; *(Zeitraum)* czas, okres; *(bes Tages-, Jahreszeit)* pora; *(Frist)* termin; *(Uhrzeit)* godzina; **(aller)höchste ~ zu ...** czas najwyższy na *(akk) od inf*; **einige ~ lang** przez pewien czas; **kurze ~** krótki czas; *(Moment)* (krótka) chwila; **die ganze ~ (hindurch)** przez cały czas; **die ~ vergeht, verrinnt** czas upływa, ucieka; **die ~ ist um** czas minął; **die ~ für etw ist gekommen** nadszedł czas, nadeszła pora *(gen,* na *akk)*; **die ~ totschlagen** zabijać czas; **~ für etw haben** mieć czas na *(akk)*; **ich habe keine ~** nie mam czasu; **~ gewinnen, ~ sparen** zyskać na czasie; **~ raubend** → zeitraubend; **~ sparend** → zeitsparend; **(die) ~ nehmen (für j-n, etw)** mieć *od* znajdować ⟨znaleźć⟩ czas (dla k-o, na co); *(Zeit stoppen)* SPORT *usw* mierzyć czas; **keine ~ verlieren (mit etw, j-m)** nie tracić czasu (na *akk*); **j-m ~ lassen** nie przynaglać k-o do pośpiechu; da(wa)ć k-u czas do namysłu; **sich** *(dat)* **~ lassen (mit etw), sich** *(dat)* **~ nehmen (für etw)** nie spieszyć się (z *inst*); **sich** *(dat)* **viel ~ nehmen für j-n, etw** poświęcać ⟨-cić⟩ dużo czasu *(dat)*; **sich** *(dat)* **die ~ vertreiben (mit etw)** spędzać czas (na *lok*); **schwere ~en** ciężkie czasy; **es ist ~ für uns zu gehen** chodźmy, na nas już pora; **es kostet viel ~** to zabiera dużo czasu **2** *mit Präpositionen* **es ist an der ~ ...** pora ...; **auf ~ spielen** SPORT grać na czas; **für alle ~en** po wsze czasy; **in alten ~en** dawnymi czasy, w dawnych czasach; **in dieser ~** w tym czasie; **in der heutigen ~** w dzisiejszych czasach; **in jüngster ~** ostatnio; **mit der ~** *(im Lauf der Zeit)* z czasem, z biegiem czasu; **mit der ~ gehen** iść z duchem czasu; **nach einiger ~** po jakimś czasie; **seit dieser ~** od tego czasu, od tej pory; **seit langer ~** od dawna; **um diese ~** *öffnen, gehen usw* o tej porze; **um welche ~?** o jakiej porze?; *(um wieviel Uhr)* o której godzinie?; **über die ~** *(verspätet)* po czasie; po terminie; **von ~ zu ~** od czasu do czasu, co jakiś czas; **vor der ~** *(zu früh)* przed czasem; **vor einiger ~** jakiś czas temu; **vor langer ~** dawno temu; za dawnych czasów; **zu gegebener ~** we właściwym czasie; **zu jeder ~** o każdej porze; **zu keiner ~** nigdy; **zu meiner ~** za moich czasów; **alles zu seiner ~** wszystko w swoim czasie; **zur rechten ~** w sam czas, w porę; **zur gewohnten ~** o zwykłej porze **3** **~ ist Geld** czas to pieniądz; **andere ~en, andere Sitten** inne czasy, inne obyczaje; **kommt ~, kommt Rat** przyjdzie pora, znajdzie się rada; *umg* **du liebe ~!** Boże drogi!; → zurzeit

Zeit|abschnitt M okres; **~alter** N epoka, wiek; **~ansage** F podanie dokładnego czasu; TEL zegarynka; **~arbeit** F praca na czas określony

Zeitaufwand M czasochłonność *f*; **das erfordert e-n großen ~** to pochłania *od* pochłonie wiele czasu

zeitauf|wändig, ~wendig pochłaniający dużo czasu, czasochłonny

Zeit|bombe F bomba zegarowa; **~differenz** F różnica czasu; **~dokument** N dokument epoki

Zeitdruck M *(bpl)*: **unter ~ stehen** być pod presją czasu

Zeit|einteilung F rozplanowanie czasu;

~ersparnis F oszczędność *f* na czasie; **~fahren** N SPORT wyścig na czas; **~gefühl** N (*bpl*) poczucie czasu; **~geist** M (*bpl*) duch czasu

zeitgemäß zgodny z wymaganiami czasu, na czasie; **nicht ~** nie na czasie

Zeitgenos|se M współczesny *m*; **unsere ~sen** nasi współcześni; **~sin** F współczesna

zeitgenössisch współczesny (-śnie)

Zeit|geschehen N (*bpl*) aktualne wydarzenia *npl*; **~geschichte** F (*bpl*) historia najnowsza; **~gewinn** M (*bpl*) zysk na czasie

zeitgleich jednoczesny (**mit** z *inst*); **~ ins Ziel kommen** osiągać ⟨-gnąć⟩ jednocześnie cel

Zeitgründe PL: **aus ~n** z braku czasu

zeitig wczesny (-śnie); **am ~en Nachmittag** wczesnym popołudniem; **~ aufstehen** wcześnie wstawać

Zeitkarte F bilet okresowy

zeitkritisch krytyczny wobec panujących stosunków społecznych

zeitlebens ADV przez całe życie

zeitlich *Ablauf, Folge* czasowy (-wo); (*vergänglich*) doczesny (-śnie); **~ begrenzt** ograniczony w czasie; **das Zeitliche segnen** odejść *pf* z tego świata

Zeitlohn M płaca za czas

zeitlos *Kunst* ponadczasowy; *Kleidung* zawsze aktualny *od* modny

Zeitlupe F wydłużenie czasu (zapisu); *umg* (*Szene*) zdjęcia *npl* zwolnione

Zeitlupentempo N (*bpl*): **im ~** w zwolnionym tempie

Zeitmangel M brak czasu; **aus ~** z braku czasu

Zeitmaschine F wehikuł czasu

zeitnah aktualny, (będący) na czasie

Zeitnehmer M chronometrażysta *m*

Zeitnot F (*bpl*) niedoczas; **in ~ geraten, sein** *umg* być w niedoczasie

Zeit|plan M terminarz, harmonogram; **~punkt** M czas, chwila; **~raffer** M (*bpl*) FILM kamera do zdjęć przyspieszonych

zeitraubend ADJ czasochłonny

Zeitraum M przeciąg czasu, okres

Zeitrechnung F (*bpl*): **unserer ~** naszej ery; **vor unserer ~** przed naszą erą

Zeit|schaltuhr F zegar sterujący; **~schrift** F czasopismo; **~soldat** M żołnierz kontraktowy; **~spanne** F okres; *zwischen zwei Ereignissen* odstęp (czasu)

Zeitung F gazeta, dziennik; **das steht in der ~** o tym pisze gazeta

zeitsparend ADJ pozwalający zyskać na czasie, oszczędzający czas

Zeitungs|annonce F, **~anzeige** F ogłoszenie prasowe *od* w gazecie; **~artikel** M artykuł w gazecie; **~ausschnitt** M wycinek z gazety; **~bericht** M sprawozdanie w gazecie, doniesienie prasowe; **~kiosk** M kiosk z gazetami; **~leser** M czytelnik gazet; **~meldung** F wiadomość *f* w prasie; **~notiz** F notatka w gazecie *od* prasie; **~papier** N papier gazetowy; **~ständer** M stojak na gazety, gazetnik; **~verkäufer(in)** M(F) gazeciarz (-rka)

Zeitungsausträger(in) M(F) roznosiciel(ka) gazet

Zeit|unterschied M różnica czasu; **~verlust** M (*bpl*) strata czasu; **~verschiebung** F różnica czasu; **~verschwendung** F marnotrawienie czasu

zeitversetzt ADJ przesunięty w czasie, z opóźnieniem

Zeitvertrag M umowa na czas określony, umowa terminowa

Zeitvertreib M (-[*e*]s; bpl) spędzanie czasu; rozrywka; **zum ~** dla rozrywki; **nur zum ~** dla zabicia czasu

zeitweilig czasowy, przejściowy; *präd* → **~weise** ADV czasem, czasami

Zeit|wort N (PL *-wörter*) czasownik; **~zeichen** N sygnał czasu; **~zone** F strefa czasowa; **~zünder** M zapalnik czasowy

zeleb'rieren (-) celebrować (*a. żart*)

Zelle F BIOL komórka; *el* ogniwo; (*Raum*) cela; TEL budka

Zell|kern M jądro komórki; **~stoff** M (*bpl*) celuloza, błonnik; MED lignina; **~teilung** F podział komórki

Zellu'litis F (-; *-'tiden*) MED cellulitis

Zellu'loid N (-[*e*]s; bpl) celuloid

Zellu'lose F (*bpl*) błonnik, celuloza

Zelt N (-[*e*]s; -e) namiot; **im ~** w namiocie, pod namiotem; *fig* **s-e ~e aufschlagen** zamieszkać *pf* (**in** *dat* w *lok*); *fig* **s-e ~e abbrechen** (**in** *dat*) opuścić *pf* (*akk*), wyprowadzić się *pf* (z *gen*);

zelten V/I (-e-) obozować pod namiotem

Zelten N (*-s; bpl*) obozowanie *od* wczasy *mpl* pod namiotami

Zelt|lager N obóz namiotowy; **~plane** F plandeka brezentowa; **~platz** M pole namiotowe *od* biwakowe
Ze'ment M (-[e]s; -e) cement; **~boden** M cementowa podłoga
zemen'tieren (-) ⟨za⟩cementować
Ze'mentwerk N cementownia
zen'sieren (-) cenzurować; (*benoten*) ⟨s⟩klasyfikować, da(wa)ć ocenę
Zen'sur F (*bpl*) cenzura; (*a. pl*) (*Note*) ocena, stopień *m*
Zenti'meter N *od* M, **~maß** N centymetr
Zentner M (*50 kg*) ce(n)tnar; *austr, szwajc* (*100 kg*) kwintal
zentnerschwer *fig* okropnie *od* strasznie ciężki (-ko)
zent'ral centralny; *engS a.* środkowy; **~ gelegen** usytuowany centralnie
Zent'ral|afrika N Afryka Środkowa; **~amerika** N Ameryka Środkowa
Zent'rale F centrala
Zent'ral|einheit F EDV procesor główny; **~gewalt** F (*bpl*) władza centralna; **~heizung** F ogrzewanie centralne
zentrali'sieren (-) ⟨s⟩centralizować
Zent'ral|komitee N POL komitet centralny; **~nervensystem** N ośrodkowy układ nerwowy; **~rechner** M komputer centralny; **~verriegelung** F *im Auto* zamek centralny
zent'rieren (-) środkować, centrować
zentrifu'gal odśrodkowy
Zentrifu'galkraft F siła odśrodkowa
Zentri'fuge F wirówka
zentripe'tal dośrodkowy
Zentrum N (-s; -ren) centrum *n*, środek; *fig* (*Bereich, Einrichtung*) centrum *n*, ośrodek
Zeppelin M (-s; -e) sterowiec
Zepter N *od* M berło
zer|'beißen (*irr; -*) rozgryzać ⟨-gryźć⟩; **~'bomben** (*irr; -*) zbombardować *pf*; **~'brechen** (*irr; -*) **A** V/T ⟨z⟩łamać; *Tasse usw* ⟨s⟩tłuc, rozbi(ja)ć **B** V/I (*sn*) ⟨z⟩łamać się; ⟨s⟩tłuc się; *fig Ehe usw* rozpadać ⟨-paść⟩ się; **~'brechlich** łamliwy, kruchy; *Geschirr* łatwo tłukący się; *fig* kruchy; **~'bröckeln** (-) V/T rozkruszać ⟨-szyć⟩ (*v/i, sn* się); **~'drücken** (-) rozgniatać ⟨-gnieść⟩, zgniatać ⟨zgnieść⟩
Zere'alien FPL zboże; produkty *mpl* zbożowe
zere'bral MED mózgowy
Zeremo'nie [PL -i:ən] F ceremonia
zeremoni'ell ceremonialny
zer'fahren ADJ *Person* roztrzęsiony
Zer'fall M (*bpl*) rozpad (*a.* CHEM, FIZ); (*Zersetzung*) rozkład
zer'fallen V/I (*irr; -; sn*) rozpadać ⟨-paść⟩ się (*a. fig*)
Zer'falls|erscheinung F objaw rozpadu; **~produkt** N CHEM produkt rozpadu
zer|'fetzen (-) ⟨po⟩drzeć na strzępy; *Geschoss* rozszarpać *pf*; **~'fleddert** ADJ *Buch* podarty, zniszczony; **~'fleischen** (-) rozszarp(yw)ać; **~'fließen** V/I (*irr; -; sn*) rozpływać ⟨-płynąć⟩ się (*a. Konturen usw*); **~'fressen**[1] (*irr; -*) *Motten, Rost* przeżerać ⟨-żreć⟩; **~'fressen**[2] ADJ (**von**) przeżarty (*inst*); **~'furcht** ADJ *Gesicht, Stirn* poorany zmarszczkami
zer'gehen V/I (*irr; -; sn*) (*schmelzen*) roztapiać ⟨-topić⟩ się, topnieć; **~ lassen** rozpuszczać ⟨-puścić⟩ (**in** *dat* w *lok*); *etw* **zergeht einem auf der Zunge** ... rozpływa się w ustach
zer|'hacken (-) ⟨po⟩rąbać na kawałki, ⟨roz⟩rąbać na części; **~'hauen** (*irr; -*) rozbi(ja)ć na (drobne) kawałki; **~'kauen** (-) przeżu(wa)ć; **~'kleinern** (*-re; -*) rozdrabniać ⟨-drobnić⟩; **~'klüftet** ADJ *Felswand* szczelinowaty; *Küste* skalisty; **~'knirscht** ADJ skruszony, *präd* ze skruchą; **~'knittert** ADJ zmięty, zmiętoszony; **~'knüllen** (-) zmiąć *pf*, zmiętosić *pf*; **~'kocht** ADJ rozgotowany; **~'kratzen** (-) *Gesicht* podrapać *pf*; *Lack* porysować *pf*, pokancerować *pf*; **~'krümeln** (-) rozkruszać ⟨-szyć⟩; **~'lassen** (*irr; -*) *Butter* rozpuszczać ⟨-puścić⟩; **~'laufen** V/I (*irr; -; sn*) rozpływać ⟨-płynąć⟩ się
zer'leg|bar rozbieralny; **~en** (-) *Gerät* rozbierać ⟨rozebrać⟩ (**in s-e Bestandteile** na części); CHEM rozkładać ⟨rozłożyć⟩; *Tier* oprawi(a)ć; (*tranchieren*) ⟨po⟩dzielić na części
zer'lumpt ADJ obszarpany, obdarty; **~ herumlaufen** chodzić w łachmanach
zer'malmen (-) ⟨z⟩druzgotać
zer'martern V/R (-): **sich** (*dat*) **den Kopf ~** łamać sobie głowę
zer|'mürben (-) ⟨z⟩nękać; **~'pflücken** (-) skubać; *fig* ostro ⟨s⟩krytykować; *Argumente* zbi(ja)ć (punkt po punkcie); **~'platzen** V/I (*-; sn*) pękać ⟨pęknąć⟩,

trzaskać ⟨-snąć⟩; **~quetschen** (-) zgniatać ⟨zgnieść⟩, ⟨z⟩miażdżyć
Zerrbild N karykatura
zer'reden (-) *Thema usw* omawiać aż do znudzenia, *umg* wałkować
zer'reiben (*irr;* -) ścierać ⟨zetrzeć⟩ (na proszek)
zer'reißen (*irr;* -) V/T ⟨po⟩rwać, rozdzierać ⟨rozedrzeć⟩, rozrywać ⟨rozerwać⟩ (*v/i, sn* się); *umg żart* **ich kann mich doch nicht ~** przecież się nie rozerwę
Zer'reißprobe F *fig* ciężka próba
zerren **A** V/I szarpać ⟨-pnąć⟩, targać ⟨-gnąć⟩ (**an** *dat* za *akk*); wywlekać ⟨-wlec⟩ (**aus** z *gen*); **B** V/R **sich** (*dat*) **etw ~** MED naciągnąć *pf* sobie (*akk*)
zer|'rinnen V/I (*irr;* -; *sn*) *Schnee, Geld* ⟨s⟩topnieć; *Hoffnungen* rozwi(ew)ać się; **~'rissen** *pperf* → zerreißen; ADJ podarty, rozdarty
Zer'rissenheit F (*bpl*) rozterka
Zerrspiegel M krzywe zwierciadło
Zerrung F MED naciągnięcie
zer|'rütten (*-e-;* -) EKON ⟨z⟩dezorganizować; *Nerven* rozstrajać ⟨-stroić⟩; *Gesundheit* nadszarpywać ⟨-pnąć⟩; *Ehe* rozbi(ja)ć; **~'sägen** (-) rozpiłow(yw)ać; **~'schellen** V/I (-; *sn*) *Schiff usw* rozbi(ja)ć się (**an** *dat* o *akk*)
zer'schlagen[1] (*irr;* -) **A** V/T *Geschirr, Organisation* rozbi(ja)ć **B** V/R **sich ~** *Plan, Hoffnungen* spełznąć *pf* na niczym
zer'schlagen[2] ADJ: **sich wie ~ fühlen** czuć się rozbitym
zer|'schmettern (-) roztrzaskać *pf; fig* rozgromić *pf;* **~'schneiden** (*irr;* -) rozcinać ⟨-ciąć⟩, rozkrajać ⟨-kroić⟩, pociąć *pf;* **~schunden** ADJ pokaleczony, pokancerowany; **~'setzen** (-) V/T CHEM, *fig* rozkładać ⟨rozłożyć⟩ (*v/r* **sich** się)
zer'setzend ADJ *fig* destrukcyjny
Zer'setzung F (*bpl*) CHEM, *fig* rozkład; **~s-** *in zssgn* rozkładowy
Zer'siedelung F (*bpl*) dezurbanizacja
zer|'splittern (-) **A** V/T rozłup(yw)ać (na kawałeczki); *fig* rozdrabniać ⟨-drobnić⟩; *Kräfte, Stimmen a.* rozpraszać ⟨-proszyć⟩ **B** V/I (*sn*) *Glas* rozpryskiwać ⟨-snąć⟩ się; *Holz* rozlatywać ⟨-lecieć⟩ się w drzazgi; **~'springen** V/I (*irr;* -; *sn*) *Glas, Saite* pękać ⟨-knąć⟩ (*a. fig Kopf, Herz*); **~'stampfen** (-) ⟨po-, u⟩tłuc; **~'stäuben** (-) rozpylać ⟨-lić⟩
Zer'stäuber M rozpylacz
zer'stechen (*irr;* -) *Reifen* poprzebijać *pf,* ⟨po⟩dziurawić; **von Mücken zerstochen** pokąsany przez komary
zer'stören (-) ⟨z⟩niszczyć, ⟨z⟩rujnować (*a. fig Glück usw*); *Bauten a.* rozwalać ⟨-lić⟩, ⟨z⟩burzyć
Zer'störer M (*Person, Schiff*) niszczyciel
zer'störerisch niszczycielski
Zer'störung F (z)niszczenie, (z)rujnowanie; *der Umwelt* degradacja
Zerstörungskraft F siła niszcząca
Zerstörungswut F niszczycielski szał
zer|'stoßen (*irr;* -) ⟨u⟩tłuc (**im Mörser** w moździerzu); **~'streuen** (-) *Menge, Licht* rozpraszać ⟨-proszyć⟩; *Verdacht* rozwi(ew)ać; (*ablenken*) rozerwać *pf* (*alle a. v/r* **sich** się)
zer'streut ADJ *fig* roztargniony
Zer'streutheit F (*bpl*) roztargnienie
Zer'streuung F *fig* rozrywka; **~en suchen** szukać rozrywki
zer'stritten ADJ: **mit j-m ~ sein** być skłóconym z (*inst*)
zer'stückeln (-) ⟨po⟩ciąć na kawałki, ⟨po⟩kawałkować
zer'teilen (-) **A** V/T ⟨po⟩dzielić na części *od* na porcje; ⟨po⟩rozcinać na kawałki; *geschlachtetes Tier* ⟨po⟩ćwiartować **B** V/R **sich ~** *Nebel* ustępować
Zertifi'kat N (-[e]s; -e) świadectwo; MAR, EKON *a.* certyfikat
zer|'trampeln (-) stratować *pf,* podeptać *pf;* **~'treten** (*irr;* -) rozdept(yw)ać; **~'trümmern** (*-re;* -) rozbijać ⟨-bić⟩ (na kawałki), ⟨z⟩druzgotać; *Schädel umg* rozwalać ⟨-lić⟩
Zerve'latwurst F serwolatka
zer'wühlen (-) *Boden* zryć *pf; Bett* rozkop(yw)ać; *Haare* ⟨z⟩wichrzyć
Zer'würfnis N (*-ses; -se*) *lit* rozdźwięk
zer'zausen (-) *Haare* ⟨z⟩mierzwić, ⟨roz⟩czochrać
zetern *umg* V/I (*-re*) psioczyć, pieklić się
Zettel M karteluszek, świstek (papieru); (*Handzettel*) ulotka; **~wirtschaft** *umg* F (*bpl*) *abw* papierkomania
Zeug N (-[e]s; bpl) *umg* (*Sachen allgemein*) rzeczy *fpl;* (*Utensilien*) przybory *mpl; umg abw* (*Plunder*) chłam, kram; (*Essen*) żarcie; *umg* **altes ~** starocie; *umg* **dummes ~!** bzdury!; *umg* **dummes ~ reden** pleść banialuki od bzdury; **er hat das ~ zu e-m**

guten Arzt to materiał na dobrego lekarza; *umg* **was das ~ hält** ile mocy, ile sił

Zeuge M (-n) świadek; **vor ~n** przy świadkach; **j-n als ~ benennen** poda(wa)ć k-o na świadka

zeugen[1] V/I **(von)** świadczyć (o *lok*)

zeugen[2] V/T *Kind* ⟨s⟩płodzić

Zeugenaussage F zeznanie świadka *od* świadków

Zeugenstand M (*bpl*) miejsce dla świadka (w sądzie); **j-n in den ~ rufen** wzywać ⟨wezwać⟩ (świadka) do złożenia zeznań

Zeugin F świadek, świadkowa

Zeugnis N (*-ses; -se*) świadectwo (*a. fig*); (*Aussage vor Gericht*) zeznanie; *lit* **von etw ~ ablegen** być świadectwem (*gen*); **~verweigerungsrecht** N prawo odmowy zeznań

Zeugs *umg* N *abw* → Zeug

Zeugung F BIOL płodzenie, prokreacja

zeugungsunfähig niezdolny do rozrodu *od* zapłodnienia

z.H., z.Hd. (zu Händen) do rąk

Zicke F koza; *umg* **mach keine ~n!** spoko, spoko!; → Ziege

zickig *umg abw* kapryśny, grymaśny

Zicklein N koźlę, koźlątko

Zickzack M (-[e]s; -e) zygzak; **im ~** zygzakami, zygzakowato

Ziege F koza; *umg abw* **alte ~** (stary) babsztyl; **dumme ~** głupia gąska

Ziegel M cegła; (*Dachziegel*) dachówka; **~dach** N dach kryty dachówką

Ziege'lei F cegielnia

ziegelrot ceglastoczerwony, ceglasty

Ziegel|stein M cegła; **~ton** M (PL *-e*) glina ceglarska

Ziegen|bart M kozia bródka; **~bock** M kozioł, cap; **~käse** M kozi ser; **~leder** N giemza; **~peter** *umg* (*-s; bpl*) M MED świnka

ziehen (*irr*) **A** V/T **1** *Sache, Person* ⟨po⟩ciągnąć; *Lose* ciągnąć; *Linie, Schnur* przeciągać ⟨-gnąć⟩ (*a.* **durch etw** przez *akk*); *Zahn* usuwać ⟨usunąć⟩; *Grenze* wytyczać ⟨-czyć⟩; FIN *Bilanz* sporządzać ⟨-dzić⟩; *Graben* ⟨wy⟩kopać; *Scheitel* ⟨z⟩robić; *Kreise* zataczać ⟨-toczyć⟩; *Mauer* ⟨wy⟩budować; *Pflanzen, Tiere* ⟨wy⟩hodować; **den Hut ~** ukłonić się *pf*, uchylając kapelusza; **ein Gesicht ~** wykrzywi(a)ć twarz; *fig* **e-n Vergleich ~ zwischen ...** (*dat*) **und ...** (*dat*) porówn(yw)ać (*akk*) z (*inst*) **2** *mit Präpositionen* **~ an** (*akk*) ⟨po-, przy⟩ciągnąć (za *akk*, do *gen*); **das Boot ans Ufer ~** ⟨przy⟩ciągnąć łódź do brzegu; **j-n an den Haaren ~** pociągnąć k-o za włosy; **j-n an sich ~** przyciągać ⟨-gnąć⟩ k-o do siebie; *fig* **auf sich ~** *Zorn* ściągać ⟨-gnąć⟩ na siebie; *Blicke* przyciągać ⟨-gnąć⟩; **j-n auf s-e Seite ~** przeciągać ⟨-gnąć⟩ k-o na swoją stronę; **~ aus** (*dat*) *Person, Sache, fig Schlüsse*, MAT *Wurzel* wyciągać ⟨-gnąć⟩ z (*gen*); *fig* **e-e Lehre aus etw ~** wyciągać ⟨-gnąć⟩ naukę z (*gen*); **aus dem** *od* **am Automaten ~** *Fahrkarte, Ware* (wy)kupić *pf* (*akk*), korzystając z automatu, otrzymać *pf* (*akk*) w automacie; **etw nach oben ~** ciągnąć, podciągać ⟨-gnąć⟩ do góry (*akk*); *fig* **etw nach sich ~** ⟨po⟩ciągnąć za sobą (*akk*) **3** *unpers* **es zieht (hier)** tu jest przeciąg, tu ciągnie; **es zog ihn zu ...** ciągnęło go do (*gen*) *od* ku (*dat*) **B** V/I **4** *Pferd, Ofen, Motor* ciągnąć; **an etw** (*dat*) **~** pociągać ⟨-gnąć⟩ za (*akk*); **an e-r Zigarette ~** zaciągać ⟨-gnąć⟩ się papierosem; *Tee* naciągać ⟨-gnąć⟩; *beim Schach usw* ⟨z⟩robić ruch; *umg* **das zieht bei mir nicht** to na mnie nie działa **5** (*sn*) *Wolken* ciągnąć; *Demonstranten* ⟨po⟩ciągnąć (**zu** na *akk*, do *gen*); **aus der Stadt ~** wyprowadzać ⟨-dzić⟩ się z miasta; **in die Stadt, in e-e neue Wohnung, aufs Land ~** przenosić ⟨-nieść⟩ się do miasta, do nowego mieszkania, na wieś; **nach Süden ~** *Vögel* ⟨po⟩lecieć na południe **C** V/R **sich ~** *räumlich u. zeitlich* ciągnąć się, przeciągać się (**bis** do *gen*); → einziehen, durchziehen *usw*

Ziehharmonika F harmonia (ręczna)

Ziehung F ciągnienie (w loterii)

Ziel N (-[e]s; -e) cel (*a. fig Bestimmungsort, Zweck*); SPORT meta; **das ~ treffen** trafi(a)ć w cel; **am ~ sein** być, stanąć u celu; **als Erster durchs ~ gehen** *Läufer* być pierwszym na mecie; **sich** (*dat*) **zum ~ setzen** stawiać ⟨postawić⟩ sobie za cel; **sein ~ erreichen** osiągać ⟨-gnąć⟩ (wyznaczony) cel, *bes* SPORT docierać ⟨dotrzeć⟩ do mety; **das ~ von ... sein** *Person* być, stać się *pf* celem (*gen*); *etw tun* **mit dem ~** celem, w celu; *fig* **über das ~ hinausschießen** przeholować *pf*, zagalo-

pować się *pf*; *fig* **sein ~ verfehlen** mijać ⟨minąć⟩ się z celem
Zielbahnhof M stacja docelowa
zielbewusst *Handeln* celowy (-wo); **ein ~er Mensch** człowiek świadomie zmierzający do celu
zielen V/I **1** celować; **(mit der Pistole) auf** (*akk*) **~** ⟨wy⟩celować, ⟨wy⟩mierzyć (z pistoletu) do (*gen*), w (*akk*) **2** *fig* **auf etw ~** (*zum Zweck haben*) zmierzać do (*gen*), mieć na celu (*akk*); **auf j-n, etw ~** *Kritik usw* być skierowanym przeciwko (*dat*)
Zielfernrohr N celownik optyczny
Zielflughafen M lotnisko docelowe
Zielfoto N zdjęcie finiszowe
zielgenau *Waffe, Schuss* celny
Zielgerade F ostatnia prosta; **die ~ erreichen** wychodzić ⟨wyjść⟩ na prostą
Zielgruppe F grupa docelowa
Ziellinie F linia mety
ziellos bezcelowy, *präd* bez celu
Zielscheibe F tarcza strzelnicza; *fig* cel
Zielsetzung F (założony) cel
zielstrebig zdecydowany (osiągnąć wytknięty cel); → zielbewusst
Ziel|vorgabe F wyznaczony cel; **~vorrichtung** F urządzenie celownicze
Ziemer M KULIN comber
ziemlich ADJ spory, znaczny; ADV dosyć, dość; *umg* (*ungefähr*) prawie
Zierde F ozdoba; **zur ~** dla ozdoby
zieren *lit* **A** V/T ⟨o⟩zdobić **B** V/R **sich ~** certować się, robić ceregiele
Zierfisch M rybka akwariowa
Zierleiste F listwa ozdobna
zierlich *Person* drobnej budowy ciała, zgrabny; *Gegenstand, Schrift* delikatny, filigranowy
Zierpflanze F roślina ozdobna
Ziffer F (-; -n) cyfra; *im Gesetzestext* punkt; **in ~n** cyframi; **mit drei ~n** trzycyfrowy; **~blatt** N tarcza zegarowa, *umg* cyferblat
zig *umg* ADJ (*unv*) bez liku, mnóstwo; **~ Leute kamen** przyszło ludzi bez liku
Ziga'rette F papieros; **~n rauchen** palić papierosy
Ziga'retten|automat M automat z papierosami; **~etui** N papierośnica; **~papier** N bibułka papierosowa; **~pause** F przerwa na papierosa; **~rauch** M dym papierosowy; **~schachtel** F paczka *od* pudełko papierosów; *leer* pudełko po papierosach; **~spitze** F cygarniczka; **~stummel** M niedopałek papierosa
Ziga'rillo M *od* N (-s; -s) cygaretka
Zi'garre F cygaro; *umg fig* bura
Zi'garrenabschneider M gilotynka
Zi'garrenraucher(in) M(F): **~ sein** palić cygara
Zi'geuner(in) M(F) Cygan(ka); *umg* (*Vagabund[in]*) cygan(ka)
Zi'geuner|kapelle F cygańska kapela; **~lager** N tabor cygański; **~schnitzel** N sznycel cielęcy *od* wieprzowy po cygańsku; **~sprache** F język cygański
zigmal *umg* ADV niezliczoną ilość razy
zigtausend *umg num* tysiące
Zi'kade F cykada
Zimbal N (-s; -e *od* -s) MUS cymbały *pl*
Zimmer N pokój; **kleines ~** pokoik; **~ frei** wolne pokoje; **das ~ verlassen** wychodzić ⟨wyjść⟩ z pokoju
Zimmer|antenne F antena pokojowa; **~decke** F sufit; **~einrichtung** F urządzenie (pokoju), umeblowanie; **~kellner** M kelner hotelowy
Zimmerlautstärke F: **das Radio auf ~ stellen** przyciszać ⟨-szyć⟩ radio
Zimmer|linde F lipka pokojowa, sparmania; **~mädchen** N pokojówka; **~mann** M (PL *-leute*) cieśla *m*
zimmern (-re) *Regal usw* zbi(ja)ć (z desek), zmajstrować *pf*
Zimmer|nachweis M biuro zakwaterowania; **~nummer** F numer pokoju; **~pflanze** F roślina pokojowa; **~schlüssel** M klucz do pokoju; **~service** M *od* N serwis pokojowy; **~temperatur** F temperatura pokojowa; **~tür** F drzwi *pl* do pokoju; **~vermietung** F wynajmowanie pokoi; **~vermittlung** F serwis noclegowy
zimperlich (przesadnie) wrażliwy; **er ist nicht ~, wenn es ...** on nie przebiera w środkach, jeśli chodzi o ...
Zimt M (-[e]s; bpl) cynamon
zimtfarben cynamonowy
Zimtstange F laska cynamonu
Zink N (-[e]s; bpl) cynk
Zinke F ząb; (*Holzzinke*) wczep
zinken *Karten* znaczyć; → gezinkt
Zinken *umg* M (*Nase*) nochal, *pop* kinol
Zinksalbe F maść cynkowa
Zinn N (-[e]s; bpl) cyna; **~becher** M cynowy kubek *od* puchar

Zinne F BUD blank(a); (*Bergzinne*) turnia; *szwajc* taras (na dachu)
Zinnober [tsɪ'noː-] M MINER cynober (*a. Farbton*)
zinnoberrot [tsɪ'noː-] cynobrowy
Zinnsoldat M ołowiany żołnierzyk
Zins M (*-es; -en*) **1** *mst* PL **~en** procent(y *pl*), odsetki *fpl*; **~en bringen** procentować **2** (*pl -e*) *pł-niem, austr, szwajc* (*Pacht, Miete*) czynsz
Zinseszins M odsetki *fpl* składane
Zins|fuß M → Zinssatz; **~höhe** F wysokość *f* odsetek
zinslos *Darlehn* bezprocentowy (-wo)
Zins|rechnung F obliczanie odsetek, rachunek procentowy; **~satz** M stopa procentowa
Zio'nismus M (*-; bpl*) syjonizm
zio'nistisch syjonistyczny
Zipfel M koniuszek, rożek; **~mütze** F szlafmyca
Zipp® M (*-s; -s*), **~verschluss** M *austr* suwak
Zirbelkiefer F limba
zirka ADV około, w przybliżeniu
Zirkel M cyrkiel; (*Ring*) koło, krąg; *von Personen* kółko
zirkeln *umg* (*-le*) cyrklować
Zir'konium N (*-s; bpl*) cyrkon
Zirkulati'on F cyrkulacja, obieg
zirku'lieren V/I (*-; a sn*) cyrkulować
Zirkus M (*-; -se*) cyrk (*a. umg fig*); **~zelt** N namiot cyrkowy
zirpen V/I *Grille usw* cykać
Zir'rhose F MED marskość *f*
zir'zensisch cyrkowy
zischen **A** V/I *Dampf, Tier* ⟨za⟩syczeć; *Fett in der Pfanne* skwierczeć; *Publikum* sykać ⟨-knąć⟩ **B** V/T *umg fig* **einen ~** golnąć *pf* szklaneczkę
Zisch|en N (*-s; bpl*) syczenie, syk; *des Publikums* sykanie; **~laut** M głoska sycząca
zise'liert ADJ cyzelowany
Zis'terne F cysterna
Zita'delle F cytadela
Zi'tat N (*-[e]s; -e*) cytat (**aus** z *gen*)
Zither F (*-; -n*) cytra; **~spieler(in)** M(F) cytrzysta *m* (-tka)
zi'tieren (*-*) ⟨za⟩cytować; **j-n zu sich ~** wzywać ⟨wezwać⟩ k-o do stawienia się
Zitro'nat N (*-[e]s;* bpl) cykata
Zit'rone F cytryna
Zit'ronenfalter M cytrynek
zit'ronengelb cytrynowy, cytrynowożółty
Zit'ronen|limonade F lemoniada cytrynowa; **~melisse** F melisa lekarska; **~presse** F wyciskarka do cytryn; **~saft** M sok z cytryny; **~schale** F skórka cytrynowa
Zitrusfrucht F owoc cytrusowy
Zittau N (*-s; bpl*) Żytawa
zitterig → zittrig
zittern V/I (*-re*) drżeć, trząść się (**vor Angst** ze strachu), dygotać (**vor Kälte** z zimna); **vor j-m ~** drżeć przed (*inst*)
Zitterpappel F osika, topola drżąca
zittrig drżący, rozdygotany; **mit ~er Stimme** drżącym głosem
Zitze F sutek, cycek
Zivi *umg* M (*-s; -s*) pełniący zastępczą służbę wojskową
zi'vil cywilny; *Preis* przystępny
Zi'vil N (*-s; bpl*) cywilne ubranie; **in ~** po cywilnemu, w cywilu; **~bevölkerung** F ludność cywilna; **~courage** F odwaga cywilna; **~dienst** M zastępcza służba wojskowa; **~fahnder** M funkcjonariusz policji w cywilu; **~gesetzbuch** N *szwajc* kodeks cywilny
Zivilisati'on F cywilizacja
Zivilisati'onskrankheit F choroba cywilizacyjna
zivili|sati'onsmüde zmęczony cywilizacją; **~'siert** ADJ cywilizowany
Zivi'list(in) M(F) (*-en*) osoba cywilna, cywil
Zi'vil|klage F powództwo cywilne; **~luftfahrt** F lotnictwo cywilne; **~person** F osoba cywilna; **~prozess** M proces cywilny; **~recht** N (*bpl*) prawo cywilne
zi'vilrechtlich cywilnoprawny
Zi'vilschutz M ochrona ludności cywilnej (w czasie wojny *usw*)
Zobel M soból; (*Pelz*) sobole *mpl*
zocken *umg* V/I hazardować się
Zocker *umg* M hazardzista *m*
Zoff *umg* M (*-s; bpl*) rozróba, burda; **~ machen** rozrabiać
zog, **zöge** → ziehen
zögerlich niezdecydowany; **sich ~ verhalten** nie móc się zdecydować
zögern V/I (*-re*) ⟨za⟩wahać się; **mit etw ~** zwlekać, ociągać się z (*inst*); **ohne zu ~** nie wahając się, bez wahania

Zögern N (-s; bpl) wahanie; **nach einigem ~** po chwili wahania
Zögling M (-s; -e) wychowanek (-nica)
Zölibat N od M (-[e]s; bpl) celibat
Zoll[1] M (-[e]s; -) cal; **e-n ~ lang** calowy
Zoll[2] M (-[e]s; Zölle) (*Abgabe*) cło; (*bpl*) (*Behörde*) urząd celny; **~abfertigung** F odprawa celna; **~amt** N urząd celny
Zollbeamte(r) M urzędnik celny
zollbreit ADJ calowy
zollen *lit*: **j-m Bewunderung, Respekt ~** podziwiać, poważać (*akk*)
Zollerklärung F deklaracja celna
Zollfahn|der(in) M(F) funkcjonariusz (-ka) celnej służby śledczej; **~dung** F ściganie wykroczeń celnych; (*Dienst*) celna służba śledcza
zollfrei bezcłowy; **~e Zone** strefa wolnocłowa
Zollgebiet N obszar celny
Zollkontrolle F rewizja celna
Zöllner M celnik; **~in** F celniczka
zollpflichtig podlegający ocleniu
Zollschranken FPL bariery *fpl* celne
Zollstock M calówka, metrówka
Zoll|union F unia celna; **~vergehen** N przestępstwo celne; **~wert** M wartość celna (towaru)
Zombie M (-[s]; -s) zombi(e) *m*
Zone F strefa; **~n-** *in zssgn* strefowy
Zoo M (-s; -s) *umg* zoo *n* (*unv*)
Zoohandlung F sklep zoologiczny
Zoolo'gie F (*bpl*) zoologia
zoo'logisch zoologiczny; **~er Garten** ogród zoologiczny
Zoom [zu:m] N (-s; -s) obiektyw zmiennoogniskowy, zoom
Zopf M (-[e]s; Zöpfe) warkocz; (*Brot*) chałka; *umg fig* **die alten Zöpfe abschneiden** pozby(wa)ć się przeżytków
Zöpfchen N warkoczyk
Zoppot N (-s; *bpl*) Sopot
Zorn M (-[e]s; bpl) gniew; **in ~ geraten** wpadać ⟨wpaść⟩ w gniew, wybuchać ⟨-chnąć⟩ gniewem; **~ausbruch** M wybuch gniewu
zornig gniewny, rozgniewany; **~ werden** rozgniewać się *pf*
Zote F sprośny żart, *umg* świński kawał
zott(el)ig kosmaty (-to), kudłaty (-to)
Zottel|n *umg* FPL kosmyki *mpl*; **~telhaar** N kudły *pl*
zu[1] PRÄP (*dat*) **A** *örtlich* **1** *wohin?* do (*gen*), na (*akk*), ku (*dat*); przez (*akk*); **ich gehe ~m Arzt** idę do lekarza; **der Weg ~m Bahnhof** droga na dworzec; **der Weg führte ~m Fluss** droga wiodła ku rzece; **~m Fenster hinauswerfen** wyrzucać ⟨-cić⟩ przez okno **2** *wo?* w, na, po (*lok*), u (*gen*); **~ Hause** w domu; **~ Pferde** na koniu; **~r Rechten** po prawej stronie; **~ Füßen** u stóp; **~ beiden Seiten** po obu stronach **B** *zeitlich: wann?* w, na (*akk*), o (*lok*); **~r rechten Zeit** w porę; **~ Ostern** na Wielkanoc; **~ Beginn** na początku; **~r gleichen Zeit** o tym samym czasie **C** *weder örtlich noch zeitlich* **1** *Zweck* dla, do (*gen*), na (*akk*); **~m Vergnügen** dla zabawy; **Wasser ~m Waschen** woda do mycia; **ihm ~ Ehren** na jego cześć **4** *Anlass* na, w, za (*akk*); **~m Geburtstag** na urodziny **5** *Ergebnis* w, na (*akk*); **~ Asche werden** obrócić się w popiół; **~ Mus verarbeiten** przerabiać ⟨-robić⟩ na mus **6** *Verbindung* do (*gen*); **Milch ~m Kafee** mleko do kawy **7** *Verhältnis, Preis* do (*gen*), po, w (*akk*); **~ zweit** we dwójkę; **~ zwei Euro** po dwieeuro; **zwei ~ null** dwa do zera **8** *Art u. Weise* na (*akk*); **~m Glück** na szczęście; *oft ohne* PRÄP **~ Fuß** piechotą **9** *in Namen von Gaststätten usw* pod (*inst*); **Gasthof ~m Adler** gospoda Pod Orłem
zu[2] ADV (+ ADJ) za, zbyt; **~ groß** za duży; **~ lang** zbyt długi; **~ viel** za dużo, zbyt wiele; **~ wenig** za *od* zbyt mało; *Richtung* **nach ... ~** w stronę (*gen*); **auf mich ~** w moją stronę, ku mnie; *umg* (*geschlossen*) zamknięty; **der Laden ist ~** sklep zamknięty; *umg* **Tür ~!** zamknąć drzwi!; **nur ~!** dalej(że) (...)!
zu[3] *konj mit* INF do (+ *gen des Verbalsubstantivs*) *od nur inf* **noch ~ machen** jeszcze do zrobienia; **~ vermieten** do wynajęcia; **nichts ~ sehen** nic nie widać
zualler|erst ADV najpierw; **~letzt** ADV na samym końcu, jako ostatni(a, -e)
zubauen zabudow(yw)ać
Zubehör N (-s; *bpl*) akcesoria *npl*; TECH *a.* wyposażenie, osprzęt; **mit allem ~** z pełnym wyposażeniem; **~teil** N element wyposażenia
zubeißen V/I (*irr*) ukąsić *pf*, ugryźć *pf*
zubekommen *umg* (*irr*; -) *Tür* zamykać ⟨-mknąć⟩; *Jacke* zapinać ⟨-piąć⟩
zubereiten (-) przyrządzać ⟨-dzić⟩
Zubereitung F przyrządzanie, przy-

rządzenie
Zu'bettgehen N (-s; bpl) układanie się do snu; **beim ~** idąc spać
zu|billigen przyzna(wa)ć (**j-m etw** k-u *akk*); **~binden** (*irr*) zawiąz(yw)ać; **~bleiben** *umg* V/I (*irr*) pozosta(wa)ć zamkniętym; **~blinzeln** V/I mrugać ⟨-gnąć⟩ (**j-m** do *gen*); **~bringen** (*irr*) *Zeit* spędzać ⟨-dzić⟩
Zubringer M (*Straße*) droga dojazdowa, dojazd; **~bus** M autokar dowożący
Zucchini [tsu'ki:ni] PL cukinie *fpl*
Zucht[1] F (*bpl*) hodowla; (PL -*en*) (*Tiere*) rasa; (*Pflanze*) odmiana
Zucht[2] *lit* F (*bpl*) karność *f*, rygor; **hier herrscht ~ und Ordnung** tu panuje karność i porządek
Zuchtbulle M buhaj
züchten (-*e*-) *Tiere, Pflanzen* ⟨wy⟩hodować
Züchter(in) M(F) hodowca *m* (-czyni)
Zuchthaus N *früher, szwajc* więzienie; (*bpl*) (*Strafe*) ciężkie więzienie
Zuchthengst M ogier rozpłodowy
züchtig skromny, cnotliwy
züchtigen *lit* ⟨wy⟩chłostać
Züchtigung F kara cielesna, chłosta
Zuchtperle F sztucznie wyhodowana perła
Züchtung F → Zucht
Zuchtvieh N bydło zarodowe
zuckeln *umg* V/I (-*le*; *sn*) telepać się
zucken V/I drgać ⟨drgnąć⟩; (*zusammenzucken*) wzdrygać ⟨-gnąć⟩ się; *Flammen* błyskać ⟨błysnąć⟩, strzelać (w górę); *Blitz* przeszy(wa)ć (**über den Himmel** niebo)
zücken *Schwert usw* doby(wa)ć (*gen*); *Brieftasche* wyjmować ⟨-jąć⟩ (*akk*)
Zucker M cukier; *umg* MED **~ haben** być cukrzykiem; **ohne ~** bez cukru
Zuckerbrot N: **mit ~ und Peitsche** kijem i marchewką
Zucker|dose F cukierniczka; **~fabrik** F cukrownia; **~gehalt** M zawartość *f* cukru; **~guss** M lukier; **~hut** M głowa cukru
zuckerkrank chory na cukrzycę
Zuckerl N (-; -[N]) *pl-niem, austr* cukierek
Zuckerlecken N: *umg* **das ist kein ~** to żadna przyjemność
zuckern (-*re*) (*süßen*) ⟨po⟩słodzić; *Wein, Saft a.* dosładzać ⟨-słodzić⟩; (*bestreuen*) ⟨o⟩cukrzyć
Zuckerrohr N (*bpl*) trzcina cukrowa
Zuckerrübe F burak cukrowy
zuckersüß słodki (jak cukier); *fig abw* słodziutki (-ko)
Zucker|watte F wata cukrowa; **~zange** F szczypczyki *pl* do cukru
Zuckung F drgnięcie; **~en** PL drganie, drżenie; **krampfartige ~en** drgawki *fpl*, konwulsje *fpl*
zudecken V/T okry(wa)ć, przykry(wa)ć (*v/r* **sich** się); **zugedeckt kochen** gotować pod przykryciem
zu'dem ADV prócz tego, w dodatku
zudrehen *Hahn usw* zakręcać ⟨-cić⟩; → zuwenden
zudringlich natrętny; **~ werden** napastować (*akk*); **~er Mensch** natręt
zudrücken **A** V/T *Tür* domykać ⟨-mknąć⟩ **B** V/I ściskać ⟨-snąć⟩
zuein'ander ADV jeden *od* jedno (do) drugiego, jedna (do) drugiej, jedni (do) drugich; względem siebie, do siebie; **~ passen** pasować do siebie; **seid nett ~!** bądźcie wyrozumiali wobec siebie!; **~finden** (*irr*) znaleźć *pf* jeden drugiego, znaleźć się; **~halten** (*irr*) popierać się wzajemnie; **~passen** → zueinander
zuerkennen (*irr*; -) przyzna(wa)ć
zu'erst ADV (*als Erste[s], anfangs*) najpierw, wpierw; (*erstmals*) po raz pierwszy; **~ die Kinder** najpierw dzieci; **er kam ~** on przyszedł pierwszy
zufahren V/I (*irr*; *sn*): **auf … ~** jechać w kierunku (*gen*), zbliżać się do (*gen*)
Zufahrt F dojazd; (*Fahrweg*) droga dojazdowa
Zufall M przypadek, traf; **reiner ~** czysty przypadek, ślepy traf; **der ~ wollte es, dass …** przypadek zrządził, że …; **durch ~** przypadkiem
zufallen V/I (*irr*; *sn*) *Tür usw* zatrzaskiwać ⟨-snąć⟩ się; **j-m ~** *Erbe, Aufgabe* przypadać ⟨-paść⟩ k-u
zufällig przypadkowy; MAT losowy; *präd* przypadkowo, przypadkiem; losowo; (**rein**) **~ treffen** spotkać przypadkowo; **weiß du ~, …?** czy wiesz przypadkiem, …?
Zufalls|bekanntschaft F przygodna znajomość; **~größe** F wielkość losowa; **~treffer** M przypadkowe trafienie
zufassen → zugreifen
zufliegen V/I (*irr*; *sn*) *Tür* zamykać ⟨-mknąć⟩ się z trzaskiem; *Vogel* przylatywać ⟨-lecieć⟩ (**j-m** do *gen*); **auf j-n, etw ~**

lecieć w kierunku *(gen)*, podlatywać do *(gen)*; *fig* **alle Herzen flogen ihm zu** on podbił serca wszystkich

zufließen VI *(irr; sn; dat) Fluss* płynąć (**dem Meer** ku morzu); *fig Spenden* płynąć, napływać (**dem, der ...** do *gen*)

Zuflucht F schronienie; **~ gewähren** udzielać ⟨-lić⟩ schronienia; *fig* **~ nehmen (zu etw)** uciekać ⟨uciec⟩ się (do *gen*)

Zufluss M GEOG dopływ

zuflüstern: **j-m etw ~** szeptać ⟨szepnąć⟩ k-u (do ucha) *(akk)*

zu'folge PRÄP *(dat, nachgestellt)* według *(gen)*; **dem Befehl ~** według rozkazu

zu'frieden zadowolony (**mit** z *gen*); **~ lächeln** uśmiechać się z zadowoleniem; → zufriedengeben, zufriedenlassen *usw*

zu'friedengeben: **sich ~ (mit etw)** zadowalać ⟨-wolić⟩ się *(inst)*

Zu'friedenheit F *(bpl)* zadowolenie

zufriedenlassen *(irr)*: **lass mich zufrieden (mit)** daj mi spokój (z *inst*)

zufriedenstellen: **j-n ~** zadowalać ⟨-wolić⟩ k-o

zu'friedenstellend ADJ zadowalający (-co)

zufrieren VI *(irr; sn)* zamarzać ⟨-znąć⟩

zufügen: **j-m etw ~** *Schmerz, Niederlage* zada(wa)ć k-u *(akk)*; *Schaden* wyrządzać ⟨-dzić⟩ k-u *(akk)*

Zufuhr F *von Strom, Gas usw* dopływ (*a.* TECH); *von Waren* dowóz, dostawa

zuführen **A** VT *Strom, Luft usw* doprowadzać ⟨-dzić⟩ *(dat* do *gen)*; **j-n der gerechten Strafe ~** odda(wa)ć k-o w ręce sprawiedliwości **B** VI **auf etw ~** *Weg* prowadzić do *(gen) od* ku *(dat)*

Zug M (-[e]s; Züge) KOLEJ pociąg; TECH, *im Ofen usw* ciąg; *(Kolonne, Treck)* procesja, kolumna; MIL *(Einheit)* pluton; *(Feld-, Streifzug)* wyprawa; *(Gesichts-, Wesenszug)* rys; *(Vogelzug)* ciąg; *beim Schach* ruch, posunięcie; *beim Rauchen* zaciągnięcie się; *(Vorrichtung zum Ziehen)* sznurek, łańcuszek; *(Schluck)* łyk, haust; *(Zugluft)* przeciąg; **in e-m ~ leeren** wychylać ⟨-lić⟩ jednym haustem; *beim Rauchen* **ein paar Züge machen** zaciągać ⟨-gnąć⟩ się kilka razy; *fig* **das war kein schöner ~ von dir** to było nieładnie z twej strony; **Sie sind am ~** kolej na pana *od* panią; **im ~e** *(gen)* w toku *(gen)*; *fig* **~ um ~** jedno po drugim; **zum ~e kommen** otrzym(yw)ać możność; **in groben Zügen** w ogólnych zarysach; **etw in vollen Zügen genießen** zaży(wa)ć w całej pełni *(gen)*; *umg* **in den letzten Zügen liegen** dogorywać

Zugabe F dodatek; TEATR bis; **als ~** na dodatek; na bis; **unter ~ von Wasser** dodając wody

Zugang M dostęp (*a. fig*); **sich** *(dat)* **~ verschaffen (zu)** otworzyć sobie dostęp (do *gen*); **keinen ~ haben (zu)** nie mieć dostępu (do *gen*) (*a. fig*)

zugänglich dostępny (*dat od* **für** *akk* dla *gen*); *fig Person* przystępny; **leicht ~** łatwo dostępny; **für alles Schöne ~** czuły na piękno; **etw ~ machen** udostępni(a)ć *(akk)*

Zugangs|code, ~kode M kod aktywacyjny; **~nummer** F TEL numer dostępowy

Zugbegleiter(in) M(F) konduktor(ka)

Zugbrücke F most zwodzony

zugeben *(irr)* doda(wa)ć, dokładać ⟨dołożyć⟩ (**zu** do *gen*); *fig Tat usw* przyzna(wa)ć się (do *gen*)

zugedacht *lit pperf,* ADJ przeznaczony; **j-m ~ sein** być przeznaczonym dla *(gen)*

zu'gegen: *lit* ADV **~ sein** być obecnym

zugehen *(irr; sn)* VI **1** *umg Tür usw* zamykać ⟨-mknąć⟩ się, domykać ⟨-mknąć⟩ się; *Wunde* zasklepi(a)ć się; **nicht ~** *Jacke* nie dopinać się **2** **auf etw, j-n ~** podchodzić ⟨podejść⟩ do *(gen)*; *fig* szukać kontaktu *od* kontaktów (z *inst*) **3** *(sich e-m Zeitpunkt nähern)* **das Konzert geht dem Ende zu** koncert zbliża się ku końcowi; **er geht auf die Sechzig zu** on dobiega sześćdziesiątki; *unpers* **es geht auf den Frühling zu** ma się ku wiośnie **4** **j-m etw ~** zostać *pf* k-u przesłanym; **das Schreiben geht Ihnen morgen zu** pismo zostanie przesłane panu/pani jutro; **j-m etw ~ lassen** przes(y)łać k-u *(akk)* **5** *unpers (geschehen)* być; **es geht hier fröhlich, ruhig zu** tu jest wesoło, spokojnie

zugehörig *Sache* odnośny, właściwy; **sich zu ...** *od (dat)* **~ fühlen** mieć poczucie przynależności do *(gen)*

Zugehörigkeit F *(bpl)* przynależność *f* (**zu** do *gen*)

zugeknöpft *umg* ADJ *fig* sztywny

Zügel M, *mst* PL cugle *mpl*, wodze *fpl*; *fig* **die ~ fest in der Hand haben** rządzić twardą ręką

zügellos *Leben* wyuzdany; ~ **trinken** pić na umór
Zügellosigkeit F (*bpl*) wyuzdanie
zügeln (*-le*) *Pferd* ściągać ⟨-gnąć⟩; *fig* okiełzn(yw)ać, poskramiać ⟨-skromić⟩
Zugereiste F, **~(r)** M (*-n*) przybysz
zugesellen: V/R **sich j-m** ~ dołączać ⟨-czyć⟩ się do (*gen*)
Zugeständnis N ustępstwo (**an** *akk* na rzecz, dla *gen*); **~se machen** iść ⟨pójść⟩ na ustępstwa
zugestehen (*irr; pperf zugestanden*) *Recht* przyzna(wa)ć (**j-m** k-u *akk*); *Rabatt* udzielać ⟨-lić⟩ (**j-m** k-u *gen*)
zugetan: *lit* ADJ **j-m** ~ **sein** lubić (*akk*)
Zugewinn M przyrost (**an Vermögen** majątku); **~gemeinschaft** F JUR wspólność ustawowa (obejmująca dorobek małżonków)
Zug|festigkeit F wytrzymałość *f* na rozciąganie; **~führer** M KOLEJ kierownik pociągu; MIL dowódca *m* plutonu
zugießen (*irr*) dol(ew)ać, dopełni(a)ć
zugig ADJ: **hier ist es** ~ tu wieje
zügig *Arbeit* (szybki i) sprawny; *Tempo* przyspieszony; *Verkehr* płynny; *präd a.* bez zakłóceń
Zugkraft F FIZ siła rozciągająca; *e-r Lok usw* siła pociągowa; (*bpl*) *fig* atrakcyjność *f*
zugkräftig *fig* atrakcyjny, interesujący
zu'gleich ADV jednocześnie, razem
Zug|luft F (*bpl*) przeciąg; **~maschine** F ciągnik; **~personal** N KOLEJ drużyna pociągowa; **~pferd** N koń pociągowy; *fig* popularna osobistość (gwarantująca sukces)
zugreifen V/I (*irr*) chwytać, pochwycić *pf*, schwycić *pf*; *Polizei* aresztować (im)pf; *bei Tisch* brać ⟨wziąć⟩; *fig* (*Angebot annehmen*) ⟨s⟩korzystać z okazji; **greifen Sie zu** proszę się poczęstować; **greif tüchtig zu** nie krępuj się, jedz; → zupacken
Zugriff M *der Polizei* akcja; EDV dostęp (**auf** *akk* do *gen*); **sich dem ~ der Polizei entziehen** wymknąć się *pf* policji
Zugriffszeit F EDV czas dostępu
zu'grunde ADV: ~ **gehen** ⟨z⟩ginąć; ~ **richten** ⟨z⟩rujnować; *e-r Sache* (*dat*) ~ **legen (liegen)** brać ⟨wziąć⟩ (służyć) za podstawę (*gen*)
Zugschaffner(in) M(F) konduktor(ka)
Zugtier N zwierzę pociągowe
zugucken *umg* → zusehen
Zugunglück N katastrofa kolejowa
zu'gunsten PRÄP (*gen*) *u.* ADV: ~ **von** na korzyść (*gen*)
zu'gute|halten (*irr*) *lit*: **man muss ihm s-e Jugend** ~ trzeba uwzględni(a)ć jego młody wiek
zu'gutekommen (*irr; sn*): **j-m** ~ wychodzić ⟨wyjść⟩ k-u na korzyść
Zug|verbindung F połączenie kolejowe; **~verkehr** M ruch pociągów
Zugvogel M ptak przelotny
Zugzwang M: **unter ~ stehen** być w sytuacji wymagającej działania
zuhaben *umg* V/I (*irr*) być zamkniętym; **heute haben die Läden zu** sklepy (są) dziś zamknięte
zuhalten (*irr*) (*nicht öffnen*) nie otwierać; *Nase, Ohren* zat(y)kać (**sich** [*dat*] sobie); *Augen* zasłaniać ⟨-słonić⟩ (ręką) (**sich** [*dat*] sobie)
Zuhälter M sutener, *pop* alfons
Zuhälte'rei F (*bpl*) sutenerstwo
zuhängen *Fenster* zasłaniać ⟨-słonić⟩
zu'hause ADV → Haus
Zu'hause N (*-s; bpl*) dom, ognisko domowe; **bei uns** ~ u nas w domu; **kein ~ haben** być bezdomnym
zuheilen V/I (*sn*) *Wunde* ⟨za⟩goić się, zabliźni(a)ć się
Zu'hilfenahme F (*bpl*): **unter ~ von ...** za pomocą ... (*gen*)
zuhören: **j-m**, *e-r Sache* ~ ⟨po⟩słuchać (*gen*), przysłuchiwać się (*dat*); **hör mal zu, ...** słuchaj, ...
Zuhörer(in) M(F) słuchacz(ka)
Zuhörerschaft F (*bpl*) audytorium *n*
zujubeln: **j-m** ~ ⟨po⟩witać okrzykami k-o, zgotować *pf* owację k-u
zu|kehren → zuwenden; **~klappen** V/T *Deckel, Tür usw* zamykać ⟨-mknąć⟩ (*v/i* się); **~kleben** zaklejać ⟨-kleić⟩; **~knallen** *umg* V/T zamykać ⟨-mknąć⟩ z trzaskiem (*v/i* się); **~knöpfen** zapinać ⟨-piąć⟩
zukommen V/I (*irr; sn*) **1** **auf j-n** ~ podchodzić ⟨podejść⟩, zbliżać ⟨-żyć⟩ się do (*gen*); *fig* zwracać ⟨zwrócić⟩ się do (*gen*); (*j-m bevorstehen*) czekać na (*akk*); **sie lässt die Dinge auf sich** ~ ona wyczekuje, jak sprawy się potoczą **2** **j-m** ~ (*gebühren*) należeć się, przysługiwać **3** *lit* **j-m etw ~ lassen** (*zusenden*) przes(y)łać k-u (*akk*); (*zuwenden*) przekaz(yw)ać,

da(wa)ć k-u (*akk*)
zu|korken 〈za〉korkować; **~kriegen** *umg* → zubekommen
Zukunft F (*bpl*) przyszłość *f*; **in ~** (*von jetzt an*) na przyszłość, w przyszłości; **in naher ~** w niedalekiej przyszłości; **die ~ wird es lehren** przyszłość pokaże; **mit ~** *Beruf, Person* obiecujący, z przyszłością
zukünftig ADJ przyszły; ADV na przyszłość
Zukünftige *umg* F przyszła żona; **~(r)** *umg* M przyszły mąż
Zukunfts|aussichten FPL widoki *mpl* na przyszłość; **~forschung** F (*bpl*) futurologia; **~musik** *umg* F (*bpl*) muzyka przyszłości
zukunftsorientiert ADJ przyszłościowy, perspektywiczny
Zukunfts|pläne MPL plany *mpl* na przyszłość; **~roman** M powieść utopijna; **~studie** F prognoza
zulächeln V/I: **j-m ~** uśmiechać 〈-chnąć〉 się do (*gen*)
Zulage F dodatek (do płacy)
zulangen V/I (*nehmen*) brać (sobie); *bei Preisen, Gebühren usw* podwyższać 〈-szyć〉; *bei Tisch* raczyć się; → zupacken
zulassen (*irr*) **1** (*tolerieren, Zugang gewähren*) dopuszczać 〈-puścić〉 (*a.* **zu etw** do *gen*); **als Anwalt ~** dopuszczać 〈-puścić〉 do praktykowania jako adwokat; **als Arzt ~** dopuszczać 〈-puścić〉 do wykonywania zawodu lekarza **2** **amtlich ~** *Fahrzeug* homologować; *zum Verkehr* 〈za〉rejestrować; **zugelassen auf den Namen ...** zarejestrowany pod nazwiskiem ... **3** *umg Tür usw* pozostawi(a)ć zamkniętym
zulässig dopuszczalny (*a.* JUR); (*erlaubt*) dozwolony
Zulässigkeit F (*bpl*) dopuszczalność *f*
Zulassung F dopuszczenie (**zu** do *gen*); (*Erlaubnis zur Ausübung e-r Tätigkeit*) zezwolenie (na *akk*); **amtliche ~** *e-s Fahrzeugs* homologacja; *zum Verkehr* rejestracja; *umg* (*Kfz-Schein*) dowód rejestracyjny
Zulassungs|nummer F numer rejestracyjny; **~prüfung** F egzamin wstępny (na studia); **~stelle** F *für Autos* oddział komunikacyjny
zu'lasten PRÄP (*gen*) *u.* ADV: **~ von** FIN na ciężar (*gen*); **~ der, des ... gehen** być niekorzystnym dla (*gen*)
Zulauf M (*bpl*): **großen ~ haben** cieszyć się dużą frekwencją; *Arzt usw* cieszyć się popularnością
zulaufen V/I (*irr; sn*) **1** **j-m ~** *Tier* przybłąkać się *pf* **2** **auf j-n, etw ~** podbiegać 〈-biec〉 do (*gen*); *Straße* prowadzić do (*gen*) **3** **spitz ~** kończyć się szpicem **4** **~ lassen** *Wasser* dodatkowo napuszczać 〈-puścić〉 (*gen*)
zulegen **A** V/T *umg* (*dazutun*) dokładać 〈dołożyć〉 (*gen*); *umg* **e-n Zahn ~** doda(wa)ć gazu **B** V/R **sich** (*dat*) **etw ~** sprawi(a)ć sobie (*akk*); *Namen* przyb(ie)rać; **sich** (*dat*) **e-n Bart ~** zapuszczać 〈-puścić〉 brodę **C** *umg* V/I przyspieszyć *pf* (tempo); *an Gewicht* przyb(ie)rać na wadze
zu'leide ADV: **j-m etwas ~ tun** wyrządzać 〈-dzić〉 krzywdę k-u, sprawi(a)ć przykrość k-u; *fig* **keiner Fliege etwas ~ tun** nie zrobić *pf* nikomu krzywdy
zuleiten *Strom* doprowadzać 〈-dzić〉; **j-m etw ~** przes(y)łać k-u (*akk*)
Zuleitung F (*bpl*) (*das Zuleiten*) doprowadzenie; (*a. pl*) (*Kabel*) przewód doprowadzający; (*Rohr*) rura doprowadzająca
zu'letzt ADV (*als Letzte[r]*) jako ostatni; (*zum Schluss*) na koniec, w końcu; *umg* (*zum letzten Mal*) ostatni raz, ostatnio; **bis ~** do końca; **er kommt immer ~** on zawsze przychodzi ostatni; **nicht ~** w znacznym stopniu
zu'liebe ADV: **mir, ihr ~** dla mnie, dla niej; **der Sache ~** dla dobra sprawy
Zuliefer|betrieb M, **~er** M kooperant, poddostawca *m*
zulöten zalutow(yw)ać
zum = **zu dem**; → zu
zumachen *umg* V/T zamykać 〈-mknąć〉 (*v/i* się); *Mantel* zapinać 〈-piąć〉; **kein Auge ~** nie zmrużyć *pf* oka
zu'mal ADV, *konj* zwłaszcza
zumauern zamurow(yw)ać
zu'meist ADV przeważnie; najczęściej
zu'mindest ADV co najmniej, przynajmniej
zumüllen *umg* zaśmiecać 〈-cić〉, zawalać 〈-lić〉 (*a. fig, mit Werbung usw*)
zumutbar (jeszcze) znośny, możliwy; **das ist für ihn nicht ~** tego nie można od niego wymagać
zu'mute ADV: **j-m ~ sein** czuć się (+ *adv*); **mir ist bei dem Gedanken nicht ganz wohl ~** na myśl o tym czuję się trochę

nieswojo; **mir ist nicht nach Lachen ~** nie jest mi do śmiechu
zumuten (-e-) **A** V/T **j-m etw ~**żądać, wymagać od k-o (*gen*) **B** V/R **sich** (*dat*) **zu viel ~** przeceni(a)ć swoje siły
Zumutung F (*unbillige Forderung*) bezczelne wymaganie; (*Frechheit*) skandal, bezczelność *f*; **das ist e-e ~!** to nie do wytrzymania!
zu'nächst ADV (*zuerst*) najpierw; (*anfangs*) wstępnie; (*vorerst*) na razie
zu|nageln zabi(ja)ć (**mit Brettern** deskami); **~nähen** zaszy(wa)ć
Zunahme F wzrost, przyrost
Zuname M nazwisko
Zündanlage F AUTO układ zapłonowy
zündeln V/I (-*le*) bawić się z ogniem
zünden (-e-) **A** V/T zapalać ⟨-lić⟩; *Bombe* ⟨z⟩detonować; *Rakete* odpalać ⟨-lić⟩ **B** V/I zapalać ⟨-lić⟩ się; *Rede* być przyjętym entuzjastycznie
zündend ADJ *Rede, Worte* płomienny, *a. Rhythmus* porywający (-co); *Gedanke* inspirujący (-co)
Zunder M (-*s*; *bpl*) (*Schwamm*) hubka; TECH zgorzelina; **brennen wie ~** palić się jak słoma, płonąć jak pochodnia; *umg fig* **j-m ~ geben** zadać k-u bobu
Zünd|er M zapalnik; **~funke** M iskra zapłonowa; **~holz** N zapałka; **~kabel** N przewód zapłonowy; **~kerze** F świeca zapłonowa; **~schloss** N włącznik zapłonu; **~schlüssel** M kluczyk zapłonowy, kluczyk od stacyjki; **~schnur** F lont; **~stoff** M *fig* dynamit
Zündung F *e-r Sprengladung* odpalenie; AUTO zapłon
zunehmen (*irr*) **A** V/I (*wachsen*) wzrastać ⟨wzrosnąć⟩; *Schmerz, Verkehr, Wind* wzmagać ⟨wzmóc⟩ się, nasilać ⟨-lić⟩ się; **an Gewicht, an Stärke ~** przyb(ie)rać na wadze, na sile; **der Mond nimmt zu** księżyca przybywa **B** V/T **er hat zwei Kilo zugenommen** przybyło mu dwa kilo
zunehmend ADJ: **in ~em Maße** w coraz większym stopniu; ADV coraz; **es wird ~ wärmer** robi się coraz cieplej
zuneigen: V/R **sich dem Ende ~** mieć się *od* chylić się ku końcowi
Zuneigung F sympatia, przychylność *f*; **~ zu j-m empfinden** czuć sympatię dla *od* do (*gen*)
Zunft F (-; *Zünfte*) HIST cech; *fig* brać *f*
zünftig *umg Kleidung usw* odpowiedni; *Lokal* porządny, typowy; (*gut und richtig*) prawdziwy
Zunge F język; *e-s Tieres* jęzor, *a.* KULIN ozór; MUS języczek; (*Landzunge*) cypel; **e-e scharfe, spitze ~ haben** mieć ostry, cięty język; **sich** (*dat*) **auf die ~ beißen** ugryźć się *pf* w język (*a. fig*); **j-m auf der ~ liegen, brennen** *Wort* mieć na języku (*akk*); **s-e ~ hüten** trzymać język za zębami; **der Wein hat ihm die ~ gelöst** wino rozwiązało mu język; **böse ~n** (*Lästerer*) złośliwe języki
züngeln V/I (-*le*) *Schlange* obmacywać językiem; *Flammen* lizać, wypełzać
Zungen|brecher *umg* M trudny do wymówienia wyraz; **~kuss** M pocałunek z języczkiem; **~spitze** F koniuszek języka; **~wurst** F ozorowa (kiełbasa)
Zünglein N: *fig* **das ~ an der Waage sein** być języczkiem u wagi
zu'nichtemachen ⟨z⟩niweczyć
zunicken V/I: **j-m ~** kiwać ⟨kiwnąć⟩ głową (*dat*)
zu'nutze ADV: **sich** (*dat*) **etw ~ machen** wykorzyst(yw)ać (*akk*), korzystać z (*gen*)
zu'oberst ADV *liegen* na samym wierzchu; *legen* na sam wierzch; **das Unterste ~ kehren** wywracać ⟨-wrócić⟩ wszystko do góry nogami
zu|ordnen *e-r Sache* zaszeregować *pf*, zaklasyfikować *pf* (do *gen*), przyporządkować *pf* (*dat*); **~packen** (po-, u)chwycić *pf*; (*mittun*) przykładać ⟨przyłożyć⟩ ręki (**bei** do *gen*); (*ans Werk gehen*) zab(ie)rać się do dzieła
zuparken *Ausfahrt usw* zatarasować *pf* samochodem *od* samochodami
zupfen **A** V/T *Unkraut usw* skubać; *Saite* szarpać; **j-n am Ärmel ~** szarpać ⟨-pnąć⟩ k-o za rękaw **B** V/I **an etw ~** skubać (*akk*)
zuprosten V/I: **j-m ~** *umg* przepijać (do *gen*)
zur = **zu der**
zu'rande ADV: **mit etw ~ kommen** da(wa)ć sobie radę z (*inst*), da(wa)ć rady (*dat*)
zu'rate ADV: **j-n ~ ziehen** konsultować się, zasięgać ⟨-gnąć⟩ rady u (*gen*); *Buch* sprawdzać ⟨-dzić⟩ w (*lok*)
zuraten V/I (*irr*): **j-m ~, etw zu tun** doradzać ⟨-dzić⟩ k-u (+ *inf*)
zurechnen (*dat*) zaliczać ⟨-czyć⟩ (do *gen*); **zugerechnet werden** zaliczać się

zurechnungsfähig poczytalny

Zurechnungsfähigkeit F *(bpl)* poczytalność *f*; **verminderte ~** zmniejszona poczytalność

zu'recht|basteln *umg Programm, Ausrede* układać ⟨ułożyć⟩; **~biegen** *umg (irr) fig Sache* załatwi(a)ć; naprawi(a)ć

zu'rechtfinden *(irr)*: V/R **sich ~** *an e-m Ort, in e-r Lage* ⟨z⟩orientować się, rozezna(wa)ć się (w *lok*)

zu'rechtkommen V/I *(irr; sn)* dochodzić ⟨dojść⟩ do ładu (**mit etw** z *inst*); ⟨po⟩radzić sobie (**mit j-m** z *inst*); *(pünktlich kommen)* przyjść *pf* w porę *od* na czas (**zu etw** na *akk*)

zu'rechtlegen **A** V/T przyszykować *pf* **B** V/R **sich** *(dat)* **~** *Plan usw* układać ⟨ułożyć⟩ sobie (w myśli)

zu'rechtmachen *umg* **A** V/T naszykować *pf*, przygotow(yw)ać **B** V/R **sich ~** ⟨wy⟩stroić się, wyelegantować się *pf*

zu'recht|rücken *Schlips* poprawi(a)ć; *umg fig* uregulować *pf*; **~weisen** *(irr)* upominać ⟨-mnieć⟩, przywoł(yw)ać do porządku

zureden V/I: **j-m ~** perswadować k-u; **j-m gut ~** starać się przekonać, namawiać k-o; **trotz intensiven** *od* **massiven Zuredens** mimo usilnych perswazji

zureiten *(irr)* **A** V/T *Pferd* ujeżdżać ⟨ujeździć⟩ **B** V/I *(sn)* **auf den Wald ~** jechać konno w kierunku lasu

Zürich N *(-s; bpl)* Zurych

zurichten *Stoffe, Bleche* wykańczać; *Leder* wyprawi(a)ć; *Holz, Stein* obcios(yw)ać; TYPO przyrządzać ⟨-dzić⟩; *(beschädigen)* zniszczyć *pf*; **j-n übel ~** poturbować *pf*, zbić *pf* k-o do krwi

zürnen *lit* V/I: **j-m ~** gniewać się na k-o

Zur'schaustellung F wystawienie na widok publiczny, demonstracja; *fig abw* popisywanie się *(inst)*

zurück ADV **1** *Richtung Ausgangsort* z powrotem; *(nach hinten)* wstecz, w tył, do tyłu; *(weiter hinten)* w tyle; **hin und ~** tam i z powrotem; **e-n Schritt ~** krok wstecz; **von der Reise ~ sein** wrócić *pf* z podróży **2** *umg* **~ sein** *in der Entwicklung usw* być opóźnionym; **mit etw ~ sein** *im Rückstand* zalegać z *(inst)* **3** *(wieder da)* **ich bin gleich ~** za chwilę będę z powrotem; **es gibt kein Zurück (mehr)** to już nieodwracalne, od tego nie ma odwrotu

zu'rückbehalten *(irr; -)* zatrzym(yw)ać (**für sich** dla siebie); **er hat von dem Unfall e-e Narbe ~** po wypadku pozostała mu blizna

zu'rückbekommen *(irr; -)* otrzym(yw)ać z powrotem

zu'rückbesinnen *(irr; -)*: V/R **sich ~ auf** *(akk)* przypomnieć *pf* sobie *(akk)*

zu'rückbeugen V/T przechylać ⟨-lić⟩ do tyłu (*v/r* **sich** się)

zu'rückbilden V/R **sich ~** (stopniowo) zmniejszać ⟨-szyć⟩ się

zu'rückbleiben V/I *(irr) (nicht Schritt halten)* nie nadążać ⟨-żyć⟩ (*a. fig in den Leistungen*); *Sache, Rest, Schaden* pozosta(wa)ć (**in** *dat* w *lok*; **von** po *lok*); **hinter j-m, etw ~** pozosta(wa)ć w tyle za *(inst)*; **hinter j-s Erwartungen ~** nie spełni(a)ć oczekiwań *(gen)*; → zurückgeblieben

zu'rück|blicken V/I oglądać ⟨obejrzeć⟩ się; *fig* spoglądać ⟨spojrzeć⟩ wstecz (**auf** *akk* na *akk*); **~bringen** *(irr) Sache* odnosić ⟨-nieść⟩ z powrotem; *Person* odprowadzać ⟨-dzić⟩ z powrotem; *fahrend Sache, Person* odwozić ⟨odwieźć⟩ z powrotem; **~datieren** (-) antydatować

zu'rückdenken V/I *(irr)*: **an j-n, etw ~** przypominać ⟨-mnieć⟩ sobie *(akk)*

zu'rück|drängen **A** V/T odpierać ⟨odeprzeć⟩ (do tyłu); wypierać ⟨-przeć⟩ (**aus** z *gen*); *fig Angst usw* pokonać *pf* **B** V/I pchać się z powrotem (**in** *akk* do *gen*); **~drehen** *Zeiger usw* cofać ⟨-fnąć⟩; **~dürfen** *umg* V/I *(irr)* móc wrócić z powrotem; **~eilen** V/I *(sn)* ⟨po⟩śpieszyć z powrotem; **~erhalten** → zurückbekommen

zu'rückerinnern V/R **sich an j-n, etw ~** wspominać ⟨-mnieć⟩ *(akk,* o *lok)*

zu'rück|erobern (-) zdoby(wa)ć *pf* powtórnie *od* z powrotem; **~erstatten** (-) zwracać ⟨zwrócić⟩; **~fahren** *(irr)* **A** V/T odwozić ⟨odwieźć⟩ z powrotem; *umg fig (vermindern)* ⟨z⟩redukować **B** V/I *(sn)* ⟨po⟩jechać z powrotem; *(sich nach hinten bewegen)* cofać ⟨-fnąć⟩ się (*a. fig vor Schreck*)

zu'rückfallen V/I *(irr; sn)* **1** *(zurückbleiben)* pozosta(wa)ć w tyle; *(abfallen, sinken)* spadać ⟨spaść⟩; SPORT **auf den dritten Platz ~** spaść *pf* na trzecie miejsce **2** *fig* **auf j-n ~** obracać ⟨-rócić⟩ się przeciw k-u; *fig* **in etw** *(akk)* **~** popadać ⟨-paść⟩ znów w *(akk)*; **an j-n ~** *Besitz* wracać ⟨wrócić⟩ (z powrotem) do (*gen*)

zu'rück|finden VI (*irr*) znać drogę z powrotem (**nach, zu** do *gen*); **~fliegen** VI (*irr; sn*) ⟨po⟩lecieć z powrotem

zu'rückfordern VT domagać się zwrotu, żądać zwrotu (*gen*)

zu'rückführen **A** VT *j-n* odprowadzać ⟨-dzić⟩ z powrotem; *fig* **etw auf** (*akk*) **~** tłumaczyć (*inst*); **der Unfall ist darauf zurückzuführen, dass ...** wypadek tłumaczy się tym, że ... **B** VI *Weg* prowadzić z powrotem (**nach, zu** do *gen*)

zu'rückgeben (*irr*) odda(wa)ć z powrotem, zwracać ⟨zwrócić⟩

zu'rückgeblieben *pperf* → zurückbleiben; ADJ *geistig* niedorozwinięty

zu'rückgehen VI (*sn*) iść ⟨pójść⟩ z powrotem; *Fieber* spadać ⟨spaść⟩; *Hochwasser* opadać ⟨opaść⟩; *Umsatz* zmniejszać ⟨-szyć⟩ się; **auf etw ~** mieć początek w (*lok*); **~ lassen** *Sache* zwracać ⟨zwrócić⟩

zu'rückgewinnen (*irr;* -) *fig* odzysk(iw)ać z powrotem

zu'rückgezogen *pperf* → zurückziehen; ADJ **~ leben** żyć samotnie, żyć z dala od świata

zu'rückgreifen VI (*irr*): **auf etw ~** sięgać ⟨-gnąć⟩ po (*akk*)

zu'rückhaben *umg* (*irr*) dosta(wa)ć z powrotem; **etw ~ wollen** upominać się o zwrot (*gen*)

zu'rückhalten (*irr*) **A** VT (*abhalten, aufhalten*) powstrzym(yw)ać (*a. Gefühle*); **von etw ~** powstrzym(yw)ać od (*gen*) **B** VI **mit etw ~** wstrzym(yw)ać się z (*inst*); **mit s-r Meinung nicht ~** otwarcie wypowiadać ⟨-wiedzieć⟩ swoje zdanie **C** VR **sich ~** powściągać ⟨-gnąć⟩ się (**beim Essen** w jedzeniu)

zu'rückhaltend ADJ *Person, Lob usw* powściągliwy, *präd* powściągliwie; **~ sein** zachow(yw)ać się z rezerwą

Zu'rückhaltung F (*bpl*) powściągliwość *f*

zu'rück|holen *Sache* odbierać ⟨odebrać⟩, brać ⟨wziąć⟩ (z powrotem); *j-n* przyprowadzać ⟨-dzić⟩ z powrotem; **~kämmen** *Haar* ⟨za⟩czesać do tyłu; **~kaufen** odkupywać ⟨-pić⟩ (**von j-m** od *gen*); **~kehren** VI (*sn*) powracać ⟨-wrócić⟩ (**nach, an** *akk* do *gen*; **von** z *gen*)

zu'rückkommen VI (*irr; sn*) wracać ⟨wrócić⟩; *fig* **auf ein Thema ~** wracać ⟨wrócić⟩ do tematu

zu'rückkönnen *umg* VI móc (po)wrócić, mieć możność powrotu; (*zurückweichen können*) móc się cofnąć; *fig* **nicht mehr ~** nie móc się wycofać

zu'rück|kriegen *umg* → zurückbekommen; **~lassen** (*irr*) pozostawi(a)ć (po sobie); **~laufen** VI (*irr*) ⟨po⟩biec z powrotem; wracać ⟨wrócić⟩ biegiem

zu'rücklegen **1** *Sache* kłaść ⟨położyć⟩ z powrotem; (*beiseitelegen, reservieren*) odkładać ⟨odłożyć⟩ (*a.* **Geld für etw** pieniądze na *akk*; **etw für j-n** *akk* dla k-o) **2** *Weg* przeby(wa)ć; **... km ~** *zu Fuß* przejść *pf*, *fahrend* przejechać *pf* ... kilometrów

zu'rücklehnen VR **sich im Sessel ~** opierać ⟨oprzeć⟩ się o oparcie fotela

zu'rückliegen VI (*irr*) **1** **es liegt zwei Jahre zurück** to było dwa lata temu; **es liegt jetzt eine Woche zurück, dass ...** minął już tydzień, jak ... **2** SPORT **weit ~** *Läufer* pozostawać daleko w tyle; **... liegt 2 Punkte zurück (hinter)** ... ma 2 punkty straty (do *gen*)

zu'rückmelden VR **sich ~** ⟨za⟩meldować się *od* zgłaszać ⟨zgłosić⟩ się z powrotem

zu'rück|müssen *umg* VI (*irr*) musieć wracać; **~nehmen** (*irr*) *Sache* brać ⟨wziąć⟩ z powrotem; *Antrag, Klage usw* wycof(yw)ać; *Versprechen, Behauptung* cofać ⟨-fnąć⟩ *Geständnis* odwoł(yw)ać; **~prallen** VI (*sn*) odbi(ja)ć się (**von** od *gen*); *fig vor Schreck* cofać ⟨-fnąć⟩ się

zu'rückreichen VI sięgać; **diese Tradition reicht bis in ... zurück** ta tradycja sięga ... (*gen*)

zu'rückrollen VI (*sn*) ⟨po⟩toczyć się z powrotem *od* do tyłu

zu'rückrufen (*irr*) **A** VT *j-n* ⟨za⟩wołać z powrotem; (*zurückbeordern*) odwoł(yw)ać; *als Antwort* ⟨za⟩wołać w odpowiedzi; **etw ins Gedächtnis ~** przywoł(yw)ać na pamięć (*akk*) **B** VI *umg* oddzwaniać ⟨-dzwonić⟩, odtelefonować *pf*

zu'rück|schalten VI przełączać ⟨-czyć⟩ (**in, auf den zweiten Gang** na drugi bieg); **~schauen** VI *pł-niem, austr, szwajc* → zurückblicken; **~schicken** odsyłać ⟨odesłać⟩ z powrotem; **~schieben** (*irr*) odsuwać ⟨-sunąć⟩ (do tyłu, w tył); **~schießen** VI (*irr*) odpowiadać ⟨-wiedzieć⟩ strzałami na strzały, odstrzeliwać się; **~schlagen** *(irr)* **A** V/T *Ball* odbi(ja)ć; *Feind* odpierać ⟨odeprzeć⟩; *Kragen* odwijać ⟨-winąć⟩; *Gardine* odsuwać ⟨-sunąć⟩; *Bettdecke* odrzucać ⟨-cić⟩ **B** V/I kontrować, odpowiadać ⟨-wiedzieć⟩ ciosem na cios; **~schneiden** *(irr) Rosen* przycinać ⟨-ciąć⟩, skracać ⟨skrócić⟩

zu'rück|schrauben *Ansprüche* ograniczać ⟨-czyć⟩; **~schrecken** V/I *(irr; sn)* cofać ⟨-fnąć⟩ się (**vor** *dat* przed *inst*); **~schreiben** V/I *(irr)* odpis(yw)ać

zu'rücksehnen: V/R **sich nach Polen ~** tęsknić za Polską; **sich zu s-m Mädchen ~** tęsknić do swej dziewczyny

zu'rücksenden *lit (irr)* → zurückschicken

zu'rücksetzen **A** V/T *Wand* przesuwać ⟨-sunąć⟩ do tyłu; *Schüler* przesadzać ⟨-dzić⟩ do tyłu; *Fahrzeug* cofać ⟨-fnąć⟩; *fig* **sich zurückgesetzt fühlen** czuć się pokrzywdzonym **B** V/I *Fahrzeug* cofać ⟨-fnąć⟩ się

Zu'rücksetzung F krzywda, niesprawiedliwość; **etw als ~ empfinden** poczyt(yw)ać sobie za ujmę *(akk)*

zu'rück|spielen *Ball* pos(y)łać w tył; **~springen** V/I *(irr)* odskakiwać ⟨-skoczyć⟩; → zurückprallen; **~spulen** przewijać ⟨-winąć⟩ z powrotem; **~stekken** wkładać ⟨włożyć⟩ z powrotem (**in** *akk* do *gen*)

zu'rückstehen V/I *(irr)*: *fig* **hinter j-m**, *e-r Sache* **~** ustępować *(dat)*

zu'rück|stellen *an s-n Platz* stawiać ⟨postawić⟩ z powrotem; *(nach hinten stellen)* cofać ⟨-fnąć⟩ *(a. Uhr)*; *Vorhaben, Plan, Wünsche* odkładać ⟨odłożyć⟩ na później; *Heizung* przykręcać ⟨-cić⟩; **zurückgestellt werden** *Wehrpflichtige* otrzym(yw)ać odroczenie; **~stoßen** *(irr)* odpychać ⟨odepchnąć⟩; **~stufen** przeszeregować *pf* do niższej grupy (uposażenia)

zu'rücktreten V/I *(irr; sn)* odstępować ⟨-stąpić⟩ (**e-n Schritt** na krok); *fig (verzichten)* zrezygnować *pf* (**von** z *gen*); *Beamte, Regierung* ustępować ⟨ustąpić⟩; **von e-m Vertrag ~** odstąpić od umowy; **von s-m Amt ~** ustąpić ze stanowiska

zu'rücktun *umg (irr)* → zurücklegen, zurückstellen, zurückstecken

zu'rückverfolgen (-) prześledzić *pf* (od początku)

zu'rückversetzen (-) **A** V/T *Beamte* przenosić ⟨-nieść⟩ z powrotem (**an** *akk* do *gen*); *fig in die Vergangenheit* **j-n in ... ~** przywodzić ⟨-wieść⟩ k-u na pamięć *(akk)* **B** V/R **sich in jene Zeit ~** przenosić ⟨-nieść⟩ się myślą do owych czasów

zu'rück|weichen V/I *(irr)* cofać ⟨-fnąć⟩ się (**vor j-n, etw** przed *inst*); *(nachgeben)* ustępować ⟨ustąpić⟩; **~weisen** *(irr) Antrag, Geschenk* odrzucać ⟨-cić⟩; *Bitte* nie przychylić się *pf* (do *gen*); *Vorwurf* odpierać ⟨odeprzeć⟩

zu'rückwerfen *(irr) Ball* odrzucać ⟨-cić⟩; *Feind a.* odpierać ⟨odeprzeć⟩; *Kopf* odrzucać ⟨-cić⟩ w tył; *Licht, Schall* odbi(ja)ć; **in der Entwicklung ~** cofać ⟨-fnąć⟩ w rozwoju; **die Arbeit um Wochen ~** opóźni(a)ć pracę o całe tygodnie

zu'rückwollen V/I *(irr)* chcieć *od* pragnąć wrócić (**nach, zu** do *gen*)

zu'rückzahlen zwracać ⟨zwrócić⟩, spłacać ⟨-cić⟩, odda(wa)ć; *umg fig* **es j-m ~** odpłacać ⟨-cić⟩ k-u (tą samą monetą)

zu'rückziehen *(irr)* **A** V/T *Sache, Person* odciągać ⟨-gnąć⟩; *Vorhang* odsuwać ⟨-sunąć⟩; *fig Auftrag, Kandidatur usw* wycof(yw)ać **B** V/R **sich ~** MIL, *fig* wycof(yw)ać się (**von, aus** z *gen*)

Zuruf M okrzyk; zawołanie; **durch ~** przez aklamację

zurufen *(irr)*: **j-m etwas ~** ⟨za⟩wołać coś do k-o; **er rief mir zu, ich solle mich beeilen** zawołał do mnie, abym się pośpieszył(a)

zurzeit obecnie; *(in diesem Moment)* w tej chwili

Zusage F *(Einwilligung)* zgoda; *(Versprechen)* obietnica, przyrzeczenie

zusagen **A** V/T *(versprechen)* przyrzekać ⟨-rzec⟩, obiec(yw)ać (**j-m** *akk* k-u *akk*); **B** V/I **1** *auf e-e Einladung* zgadzać ⟨zgodzić⟩ się, ⟨za⟩akceptować **2** **j-m ~** *(gefallen) Sache, Person* podobać się k-u; *Speise, Wein* smakować k-u

zu'sammen ADV razem; *(gemeinsam)* wspólnie; *(insgesamt)* ogółem, w sumie; **~ mit j-m, etw** wraz z *(inst)*; **alles ~** wszystko razem (wzięte); **alle ~** wszyscy razem; **mehr als alle anderen ~** więcej niż wszyscy razem wzięci; **~ sein** być razem; *als Paar umg* być ze sobą

Zu'sammenarbeit F *(bpl)* współpraca, współdziałanie

zu'sammenarbeiten V/I współpracować, współdziałać (**mit** z *inst*)
zu'sammenballen **A** V/T *Fäuste* zaciskać ⟨-snąć⟩; **Schnee ~** ⟨u⟩lepić bryłkę ze śniegu **B** V/R **sich ~** *Wolken* kłębić się, gromadzić się
Zu'sammen|ballung F nagromadzenie, skupisko; **~bau** M (PL -*e*) składanie, montaż
zu'sammen|bauen składać ⟨złożyć⟩, ⟨z⟩montować; **~beißen** (*irr*) *Zähne* zaciskać ⟨-snąć⟩; **~bekommen** (*irr*; -) (*ansammeln*) uzbierać *pf*, zebrać *pf*; *umg fig im Gedächtnis* przypomnieć *pf* sobie; (*äußern*) wypowiedzieć *pf*, ująć *pf* w słowa; **~binden** (*irr*) związ(yw)ać; **~bleiben** V/I (*irr*; *sn*) pozosta(wa)ć razem
zu'sammenbrauen **A** V/T *umg Getränk* przyrządzać ⟨-dzić⟩ **B** V/R **ein Gewitter braut sich zusammen** zbiera się na burzę; *fig* **da braut sich was zusammen** tu *od* tam się coś szykuje
zu'sammenbrechen V/I (*irr*; *sn*) załam(yw)ać się (*a. fig Politik, Plan, seelisch*); *Verkehr* zostać *pf* sparaliżowanym; *Gebäude* zawalić się *pf*, runąć *pf*; **vor Erschöpfung ~** padać ⟨paść⟩ z wyczerpania; **ohnmächtig ~** zemdleć *pf*; *fig* **für sie brach e-e Welt zusammen** cały jej świat runął
zu'sammenbringen (*irr*) *Personen* skontaktować *pf*, *umg* spiknąć *pf*; *Geld usw* uzbierać *pf*; *umg* **keine drei Worte ~** nie móc sklecić nawet kilku słów
Zusammenbruch M załamanie się; FIN ruina; *körperlich* zupełne wyczerpanie; *seelisch* załamanie nerwowe
zu'sammendrängen V/T stłaczać ⟨stłoczyć⟩ (*v/r* **sich** się)
zu'sammendrücken ściskać ⟨-snąć⟩
zu'sammenfahren V/I (*irr*; *sn*) *Fahrzeuge* zderzać ⟨-rzyć⟩ się; *fig vor Schreck* wstrząsnąć się *pf* (z *gen*)
zu'sammenfallen V/I (*irr*; *sn*) (*einstürzen*) zawalać ⟨-lić⟩ się; *Teig* opadać ⟨opaść⟩; *Termine, Feiertage* zbiegać ⟨zbiec⟩ się (**mit** z *inst*); **in sich ~** *Pläne, Anklage* upaść *pf*
zu'sammen|falten składać ⟨złożyć⟩; **~fassen** skupi(a)ć (**in** *dat* w *lok*); *Programm, Bericht* streszczać ⟨streścić⟩; *Gesagtes a.* rekapitulować
zu'sammenfassend ADV w streszczeniu; (*abschließend*) rekapitulując
Zu'sammenfassung F streszczenie
zu'sammen|fegen zmiatać ⟨zmieść⟩ (w jedno miejsce); **~fließen** V/I (*irr*; *sn*) *Flüsse* zlewać ⟨zlać⟩ się
zu'sammenfügen **A** V/T ⟨po⟩łączyć (w całość) **B** V/R **sich ~** składać ⟨złożyć⟩ się (**zu** na *akk*)
zu'sammen|führen **A** V/T ⟨po⟩łączyć **B** V/I *Wege* ⟨po⟩łączyć się; **~gehören** V/I (*pperf zusammengehört*) *Personen* należeć do siebie; *Sachen* tworzyć całość; *Schuhe usw* być do pary; **~gehörig** ADJ *Personen* związany (trwałą) więzią; *Teile* stanowiący komplet *od* parę
Zu'sammengehörig|keit F (-; *bpl*) więź *f*, łączność *f*; **~keitsgefühl** N (*bpl*) poczucie łączności *od* wspólnoty
zu'sammen|gesetzt ADJ złożony; **~gewürfelt** ADJ mieszany, rozmaity
Zu'sammenhalt M (*bpl*) (*innere Bindung*) spoistość *f*, zespolenie
zu'sammenhalten (*irr*) **A** V/T utrzymywać razem *od* na jednym miejscu; **sein Geld ~** siedzieć na pieniądzach **B** V/I *fig* popierać się wzajemnie, *umg* trzymać sztamę
Zu'sammenhang M (*Verbindung, Beziehung*) związek, (wzajemne) powiązanie; *zwischen abstrakten Dingen a.* korelacja; (*gegenseitige Bedingtheit*) zależność *f*; kontekst; **aus dem ~ gerissen** *Satz, Worte* wyrwany z kontekstu; **die Zusammenhänge erkennen** dostrzegać powiązania; **es besteht ein direkter ~ zwischen ... und ...** zachodzi ścisły związek między (*inst*) a (*inst*); **im ~ mit etw stehen** być *od* pozostawać w związku z (*inst*) *od* w zależności od (*gen*); **in keinem ~ stehen** nie mieć związku; **in diesem ~** w związku z tym; **etw in ~ bringen (mit)** ⟨po⟩wiązać, ⟨s⟩kojarzyć (z *inst*); **in welchem ~?** w związku z czym?
zu'sammenhängen V/I (*irr*) *fig* wiązać się, mieć związek (**mit j-m, etw** z *inst*); **das hängt damit zusammen, dass ...** to ma związek z tym, że ...
zu'sammen|hängend ADJ *fig* (logicznie) związany, powiązany (**mit** z *inst*); **~hang(s)los** *Rede* bezładny, chaotyczny; **~hauen** *umg* (*irr*) → zusammenschlagen; *Arbeit, Artikel* ⟨s⟩klecić; **~heften** spinać ⟨spiąć⟩; **~kaufen** nakupić *pf*; **~kehren** *dial* zmiatać ⟨zmieść⟩ na

kupę; **~kitten** zlepi(a)ć; **~klappbar** składany; **~klappen** **A** VT składać ⟨złożyć⟩ **B** VI (sn) *umg Person* zasłabnąć *pf*; **~kneifen** *(irr) Augen* ⟨z⟩mrużyć; *Lippen* ściągać ⟨-gnąć⟩; *Mund* zaciskać ⟨-cisnąć⟩

zu'sammenkommen VI *(irr; sn)* **1** *Personen* schodzić ⟨zejść⟩ się, *fahrend* zjeżdżać ⟨zjechać⟩ się; *(sich treffen)* spot(y)kać się; *Unangenehmes* zwalać ⟨-lić⟩ się k-u na głowę; **mit j-n ~** spot(y)kać *(akk)* **2** *Dinge* uzbierać się *pf*

zu'sammenkrachen *umg* VI *(sn)* ⟨za⟩walić się z trzaskiem; *Autos* zderzać ⟨-rzyć⟩ się

zu'sammenkratzen *umg*: **sein letztes Geld ~** wydawać ostatnie pieniądze

Zu'sammenkunft F *(-; -künfte)* zebranie, *a. von zwei Personen* spotkanie

zu'sammenläppern *umg (-re)*: VR **sich ~** uzbierać się *pf*

zu'sammen|laufen VI *(irr; sn) Personen, Linien* zbiegać ⟨zbiec⟩ się; *umg Farben* zlewać ⟨zlać⟩ się; **~leben** VI żyć razem *od* wspólnie

Zu'sammenleben N *(bpl)* współżycie; *bes in der Ehe* pożycie

zu'sammenlegen **A** VT *(falten)* składać ⟨złożyć⟩; *Abteilungen* ⟨po-, z⟩łączyć; *Grundstücke* scalać ⟨-lić⟩; *Kranke* umieszczać ⟨umieścić⟩ razem **B** VI składać ⟨złożyć⟩ się, *umg* ⟨z⟩robić zrzutkę **(für ein Geschenk** na prezent)

zu'sammennehmen *(irr)* **A** VT *Kräfte, Mut* zbierać ⟨zebrać⟩; **alles zusammengenommen** wszystko razem wziąwszy **B** VR **sich ~** *(sich beherrschen)* brać ⟨wziąć⟩ się w garść; *(sich fassen)* opanować się *pf*

zu'sammen|packen VT ⟨s⟩pakować *(v/i* się); **~passen** VI pasować (do siebie); **~pferchen** stłaczać ⟨stłoczyć⟩

Zu'sammenprall M *(-e[s]; -e)* zderzenie *(a. fig)*; *(Streit in e-r Debatte)* starcie

zu'sammen|prallen VI *(sn) Fahrzeuge, Fußgänger* zderzać ⟨-rzyć⟩ się; *Truppen, Diskutanten* ścierać ⟨zetrzeć⟩ się; **~pressen** ściskać ⟨-snąć⟩; **~raffen** *Sachen* ⟨po⟩zbierać, zgarniać ⟨-nąć⟩; *abw Vermögen* zbi(ja)ć

zu'sammenraufen *umg*: VR **sich ~** dojść *pf* do porozumienia *od* do ładu

zu'sammenrechnen zliczać ⟨-czyć⟩

zu'sammenreimen *umg*: VR **sich** *(dat)* **etw ~** wytłumaczyć *pf* sobie; **wie reimt sich das zusammen?** jak to się zgadza jedno z drugim?

zu'sammenreißen *umg (irr)*: VR **sich ~** brać ⟨wziąć⟩ się w garść

zu'sammenrollen **A** VT zwijać ⟨zwinąć⟩ **B** VR **sich ~** zwijać ⟨zwinąć⟩ się w kłębek

zu'sammenrotten *(-e-)*: VR **sich ~** ⟨z⟩gromadzić się, wiecować

zu'sammenrücken **A** VT *Tische* zsuwać ⟨zsunąć⟩, przysuwać ⟨-sunąć⟩ do siebie **B** VI *(sn)* przysuwać ⟨-sunąć⟩ się do siebie, ścieśni(a)ć się

zu'sammenrufen *(irr)* zwoł(yw)ać

zu'sammensacken VI *(sn)*: **(in sich) ~** *Gebäude* runąć *pf* w gruzy; *Person* osunąć się *pf* na ziemię

zu'sammenschieben *(irr) Vorhang, Bänke* zsuwać ⟨zsunąć⟩

zu'sammenschlagen *(irr)* **A** VT *Tuch* składać ⟨złożyć⟩; **die Hacken ~** trzaskać ⟨-snąć⟩ obcasami; **die Hände ~** klaskać w ręce; *umg Person* pobić *pf*, zbić *pf*; *Einrichtung* zdemolować *pf* **B** VI *(sn)* **über j-m ~** *Wellen* zal(ew)ać *(akk)*

zu'sammenschließen *(irr)*: VR **sich ~** zjednoczyć się *pf*, zespalać ⟨-spolić⟩ się, ⟨po⟩łączyć się

Zu'sammenschluss M zjednoczenie (się), zespolenie, połączenie; EKON, POL *a.* fuzja

zu'sammen|schnüren ściągać ⟨ściągnąć⟩ **(mit etw** *inst*); *fig Kehle* ściskać ⟨ścisnąć⟩; **~schrauben** *Regal* skręcać ⟨-cić⟩; **~schreiben** *(irr) in e-m Wort* pisać łącznie; *abw Text* ⟨s⟩klecić; **~schrumpfen** VI *(sn)* ⟨s⟩kurczyć się *(a. fig)*; **~schustern** *umg (-re) abw* sklecić *pf*; **~schweißen** *Bleche* ⟨ze⟩spawać; *fig* spoić *pf*

Zu'sammensein N *(bpl)* przebywanie razem; wspólnie spędzony czas; **geselliges ~** zebranie towarzyskie

zu'sammensetzen **B** VT **1** *aus Teilen* składać ⟨złożyć⟩; ⟨z⟩montować **2** *Personen* sadzać ⟨posadzić⟩ razem *od* obok siebie **B** VR **sich aus etw, j-m ~** składać się z *(gen)* **3** **sich ~** *Personen* siadać ⟨usiąść⟩ obok siebie; zasiadać ⟨-siąść⟩ **(am Kamin** przy kominku; **in e-r Kommission** w komisji) **4** *(beraten)* naradzać się

Zu'sammensetzung F *(das Zusammen-*

Z

setzen) składanie, złożenie; *(Teile, Personen)* skład; JĘZ złożenie
zu'sammen|sinken V/I *(irr; sn)* → zusammensacken; **~sitzen** siedzieć razem; siedzieć obok siebie
Zu'sammenspiel N *(bpl)* SPORT zgranie (się); *fig* interakcja
zu'sammen|stehen V/I *(irr; a sn)* stać razem; *fig* trzymać się razem, wspierać się wzajemnie; **~stellen** *Sachen* zestawi(a)ć; *Programm, Liste, Menü usw* układać ⟨ułożyć⟩; *Team* ustalać ⟨-lić⟩ skład *(gen)*, ⟨s⟩formować
Zu'sammenstellung F *e-s Programms usw* zestawianie, zestawienie; *e-s Teams, Gremiums* ustalenie składu, (s)formowanie; *(Liste, Tabelle)* wykaz; *von Farben, Zahlen* zestawienie; → Zusammensetzung
Zu'sammenstoß M *(Kollision)* zderzenie, *umg* kraksa; *fig* starcie, scysja
zu'sammenstoßen V/I *(irr; sn)* zderzać ⟨-rzyć⟩ się; *Grundstücke* stykać się; *fig* ścierać ⟨zetrzeć⟩ się; **frontal ~** zderzać ⟨-rzyć⟩ się czołowo
zu'sammen|strömen V/I *(sn) Menschen* nadciągać ⟨-gnąć⟩ (tłumnie); **~stürzen** V/I *(sn)* runąć *pf*, zawalić się *pf*; **~suchen** ⟨po⟩zbierać (do kupy); **~tragen** *(irr) Sachen* naznosić *pf*; *fig Zitate, Material* ⟨na-, z⟩gromadzić; **~treffen** V/I *(irr; sn) Personen* spot(y)kać się (**mit j-m** z *inst*); *zeitlich* zbiegać ⟨zbiec⟩ się (**mit etw** z *inst*)
Zu'sammentreffen N spotkanie; *fig zeitlich* zbieg, splot
zu'sammen|treten V/I *(irr; sn) Ausschuss* zbierać ⟨zebrać⟩ się; **~wachsen** V/I *(irr; sn)* zrastać ⟨zrosnąć⟩ się; **~wirken** V/I współdziałać; **~zählen** zliczać ⟨-czyć⟩; → addieren
zu'sammenziehen *(irr)* **A** V/T *Muskel* ⟨s⟩kurczyć; *Truppen* ściągać ⟨-gnąć⟩ **B** V/I *(sn)* zamieszkać *pf* razem (**mit j-m** z *inst*); **C** V/R **sich ~** ⟨s⟩kurczyć się
zu'sammenzucken V/I *(sn)* drgnąć *pf*
Zusatz M *(bpl) (das Hinzufügen)* dodanie; *(a. pl) (Beimischung, Ergänzung)* dodatek (**zu** do *gen*)
Zusatzgerät N przyrząd dodatkowy *od* uzupełniający
zusätzlich dodatkowy (-wo)
Zusatz|stoff M dodatek, domieszka; **~versorgung** F dodatkowe zabezpieczenie na starość
zu'schanden *lit* ADV: **~ machen** *Pläne, Hoffnungen* ⟨z⟩niweczyć
zu|schanzen *umg* załatwi(a)ć *pf* po znajomości (**j-m etw** k-u *akk*); **~schauen** *reg* → zusehen
Zuschauer(in) M(F) widz; PL widzowie, widownia
Zuschauer|raum M widownia; **~rekord** M *rtv* rekord oglądalności
zuschaufeln *Grube* zasyp(yw)ać
zuschicken przes(y)łać (**j-m** *akk* **k-u** *akk*)
zuschieben *Schublade* zasuwać ⟨-sunąć⟩; **j-m etw ~** przysuwać ⟨-sunąć⟩ k-u *(akk)*; *fig Schuld, Verantwortung* zwalać ⟨-lić⟩ na *(akk)*
Zuschlag M dopłata; HANDEL *zum Preis a.* narzut; *bei Auktionen* przybicie; **den ~ erteilen** przybi(ja)ć; **bei e-r Ausschreibung den ~ erhalten** wygr(yw)ać przetarg
zuschlagen *(irr)* **A** V/T **1** *Tür* zatrzaskiwać ⟨-snąć⟩; *Buch* zamykać ⟨-mknąć⟩ **2** **... auf den Preis ~** doliczać ⟨-czyć⟩ do ceny ... **3** *(als Eigentum zuerkennen)* przysądzać ⟨-dzić⟩ (**j-m** *akk* k-u *akk*); **B** V/I **4** *(hauen)* uderzać ⟨-rzyć⟩ **5** *fig Polizei* podjąć *pf* akcję; *umg (Angebot annehmen)* zaakceptować *pf* **6** *(sn) Tür* zatrzaskiwać ⟨-snąć⟩ się
Zuschlagkarte F bilet dodatkowy
zuschlagpflichtig podlegający dopłacie
zu|schließen *(irr)* zamykać ⟨-mknąć⟩ na klucz; **~schnappen** V/I *Tier* ugryźć *pf*; *(sn) Tür* zatrzaskiwać ⟨-snąć⟩ się; **~schneiden** *(irr) Stoff* ⟨s⟩kroić (**zu e-m Anzug** na ubranie); *Brett* przycinać ⟨-ciąć⟩; *fig* **zugeschnitten auf** *(akk)* dopasowany do *(gen)*; **~schneien** V/I *(sn)* zanosić ⟨-nieść⟩ śniegiem
Zuschnitt M krój, fason; *fig* pokrój
zu|schnüren *Schuhe* zasznurow(yw)ać; *fig Kehle* ściskać ⟨-snąć⟩; **~schrauben** zakręcać ⟨-cić⟩
zuschreiben *(irr)*: **j-m etw ~** przypis(yw)ać k-u *(akk)*; **das hat er sich** *(dat)* **selbst zuzuschreiben** on sam jest wszystkiemu winien
Zuschrift F list, pismo; *auf e-e Annonce* odpowiedź *f*
zuschulden ADV: **sich** *(dat)* **etw ~ kommen lassen** zawinić *pf* w *(inst)*
Zuschuss M subwencja, dotacja; **~be-**

trieb M przedsiębiorstwo dotowane

zuschütten zasyp(yw)ać; *umg* (*hinzufügen*) dosyp(yw)ać; *Wasser* dol(ew)ać

zusehen V/I (*irr*): **bei etw ~** przyglądać się, przypatrywać się (*dat*); **ihm beim Training ~** przypatrywać się, jak on trenuje; **sieh zu, dass dir nichts passiert** uważaj, żeby ci się nic nie stało; **sieh zu, dass du pünktlich bist** postaraj się być punktualnie

zusehends ADV z każdą chwilą, w oczach

Zuseher M *austr* → Zuschauer

zusein (*irr*) → zu²

zusenden (*irr*) przes(y)łać

Zusendung F przesłanie; (*das Zugesandte*) przesyłka

zusetzen A V/T **e-r Sache** (*dat*) **etw ~** doda(wa)ć (*gen*) do czegoś; *umg Geld* dopłacać ⟨-cić⟩ do (*gen*) B V/I **j-m ~** dokuczać ⟨-czyć⟩, dopiekać ⟨-piec⟩ k-u

zusichern zapewni(a)ć (**j-m** *akk* k-u *akk*)

Zusicherung F zapewnienie

zusperren *reg* → zuschließen

Zuspiel N SPORT podanie

zuspielen: **j-m etw ~** *Ball* poda(wa)ć k-u; *fig* podsuwać ⟨-sunąć⟩ k-u (*akk*)

zuspitzen A V/T zaostrzać ⟨-rzyć⟩ (*a. fig*); B V/R *fig* **sich ~** zaostrzać ⟨-rzyć⟩ się

Zuspitzung F zaostrzenie (się)

zusprechen (*irr*) A V/T **j-m etw ~** (*zuerkennen*) przyzna(wa)ć k-u (*akk*); JUR przysądzać ⟨-dzić⟩ k-u (*akk*); **j-m Mut ~** doda(wa)ć k-u odwagi B V/I *lit* **dem Wein ~** raczyć się winem

Zuspruch M (*bpl*) (*Ermunterung, Trost*) doda(wa)nie otuchy, słowa *npl* pocieszenia; **der Film fand regen ~** film cieszył się ogromnym powodzeniem

Zustand M 1 stan; **in gutem ~** w dobrym stanie; **in betrunkenem ~** w stanie nietrzeźwym; *umg* **Zustände kriegen** dosta(wa)ć furii 2 *nur pl* **Zustände** (*Lage*) stan rzeczy, warunki *mpl*, stosunki *mpl*; **das sind unhaltbare Zustände** to są warunki nie do zniesienia

zu'stande ADV: **etw ~ bringen** zdołać dokonać *pf* (*gen*), poradzić sobie (z *inst*); **~ kommen** *Geschäft, Gespräch* dochodzić ⟨dojść⟩ do skutku

zuständig kompetentny, właściwy; **die ~e Behörde** właściwa władza; **~ für etw** odpowiedzialny za (*akk*); **dafür ist er nicht ~** to nie wchodzi w zakres jego kompetencji

Zuständig|keit F kompetencja; JUR właściwość *f*; **~keitsbereich** M zakres kompetencji

zu'stattenkommen (*irr; sn*): **j-m ~** przyda(wa)ć się, odpowiadać k-u

zustechen V/I (*irr*) dźgać ⟨dźgnąć⟩

zustecken: **j-m etw ~** wtykać ⟨wetknąć⟩ k-u do ręki *od* kieszeni (*akk*)

zustehen V/I (*irr*): **j-m ~** przysługiwać, należeć się k-u; **das steht ihm nicht zu** to mu nie przysługuje

zusteigen V/I (*irr; sn*) *Fahrgäste* dosiadać ⟨-siąść⟩ (się)

Zustelladresse F adres (pełnomocnika) do doręczeń

zustellen *Gang* zastawi(a)ć (**mit etw** *inst*); *Post* doręczać ⟨-czyć⟩

Zustellgebühr F opłata za doręczenie

Zustellung F doręczenie, doręczanie

zusteuern V/I (*sn*): **auf etw, j-n ~** zmierzać do (*gen*), ⟨s⟩kierować się do (*gen*) *od* w stronę (*gen*)

zustimmen V/I: *e-r Sache* zgadzać ⟨zgodzić⟩ się na (*akk*), ⟨za⟩aprobować (*akk*); **j-m ~** przytakiwać ⟨-knąć⟩ k-u; **~d nicken** przytakiwać ⟨-knąć⟩ skinieniem głowy

Zustimmung F zgoda, aprobata; **die ~ zu etw verweigern** nie wyrażać ⟨-razić⟩ zgody na (*akk*), nie ⟨za⟩aprobować (*gen*)

zustopfen *Loch, Ohren* zat(y)kać

zustoßen A V/T *Tür* zamykać ⟨-mknąć⟩ (uderzeniem nogi) B V/I 1 **mit dem Messer ~** pchnąć *pf* nożem 2 (*sn*) **j-m ~** (*widerfahren*) zdarzać ⟨-rzyć⟩ się (*dat*), spot(y)kać (*akk*)

zustreben V/I (*sn*): **dem Ausgang ~** ⟨s⟩kierować się do wyjścia

Zustrom M (*bpl*) *von Menschen* napływ; *von Kapital usw* dopływ

zu'tage ADV: **~ fördern, treten** wydoby(wa)ć, wychodzić ⟨wyjść⟩ na jaw

Zutat F: *mst* PL **~en** składniki *mpl*, *lit* ingrediencje *fpl*; (*Würze*) przyprawy *fpl*; *in der Schneiderei* dodatki *mpl*

zuteilwerden (*irr; sn*): *lit* **j-m ~** sta(wa)ć się udziałem (*gen*), spot(y)kać (*akk*)

zuteilen: **j-m etw ~** *Ration, Geld* wydzielać ⟨-lić⟩ k-u (*akk*); *Aufgabe, Helfer usw* przydzielać ⟨-lić⟩ k-u (*akk*)

Zuteilung F (*das Zuteilen, das Zugeteilte*) przydział

zu'tiefst ADV do głębi, głęboko
zutragen (*irr*) **A** V/T *fig abw* donosić ⟨-nieść⟩ **B** V/R **sich ~** zdarzać ⟨-rzyć⟩ się
Zuträger M *abw* informator, *umg* kapuś *m*
zuträglich korzystny; (*gesund*) zdrowy; **... ist ihm nicht ~** ... nie służy mu
zutrauen: **j-m etw ~** *Mord usw* uważać k-o za zdolnego do (*gen*); **ich traue ihm diese Aufgabe zu** myślę, że on potrafi wywiązać się z zadania; **ihm ist alles zuzutrauen** on jest zdolny do wszystkiego
zutraulich niebojaźliwy (-wie); *Tier* obłaskawiony
zutreffen V/I (*irr*) (*stimmen*) okaz(yw)ać się słusznym; **das trifft zu** to słuszne; **auf j-n, etw ~** odnosić się do (*gen*), dotyczyć (*gen*)
zutreffend ADJ słuszny, trafny; **Zutreffendes bitte ankreuzen** odpowiednie zakreśl(ić)
Zutritt M wstęp; **~ haben (zu j-m, etw)** mieć dostęp (do *gen*); **~ verboten!** wstęp wzbroniony!
zutun *umg* (*irr*) (*schließen*) zamykać ⟨-mknąć⟩; **kein Auge ~** nie zmrużyć oka
Zutun N (*Hilfe*) pomoc *f*; **ohne mein ~** bez mojego udziału
zu'ungunsten PRÄP (*gen*) *u.* ADV: **~ von** na niekorzyść (*gen*); ze szkodą dla (*gen*)
zu'unterst ADV *liegen* na samym spodzie *od* dole; *legen* na sam dół
zuverlässig *Freund, Gerät* niezawodny; *Quelle, Angaben* pewny
Zuver|lässigkeit F (-; *bpl*) niezawodność *f*; *e-r Nachricht* wiarygodność *f*, pewność *f*; **~sicht** F (*bpl*) ufność *f*
zuversichtlich ufny, pełen (pełna) ufności; *präd* ufnie, z ufnością; **~ sein** ufać, być dobrej myśli
zu'viel → zu²
zu'vor ADV przedtem, *lit* wprzód; **nie ~** nigdy przedtem; **tags ~** poprzedniego dnia
zu'vorderst ADJ w pierwszym rzędzie
zu'vorkommen V/I (*irr*): **j-m ~** wyprzedzać ⟨-dzić⟩ (*akk*); **e-r Sache ~** uprzedzać ⟨-dzić⟩ (*akk*)
zu'vorkommend ADJ *Art, Behandlung* uprzejmy; *Person a.* usłużny, uczynny
Zuwachs M (-[e]s; -wächse) (**an** *dat*) przyrost (*gen*); *umg* **die Familie hat ~ bekommen** rodzina powiększyła się
zuwachsen V/I (*irr; sn*) *Weg, Wunde* zarastać ⟨-rosnąć⟩
Zuwachsrate F stopa przyrostu
Zuwanderer M imigrant; PL *a.* ludność *f* napływowa
Zuwanderung F imigracja; *in ein Gebiet* dopływ, napływ (ludności)
zu'wege ADV: **~ bringen** osiągać ⟨-gnąć⟩; → zustande
zuwehen *Spuren, Wege* zawi(ew)ać (śniegiem, piaskiem)
zu'weilen *lit* ADV czasem, niekiedy
zuweisen (*irr*): **j-m etw ~** wyznaczać ⟨-czyć⟩ k-u (*akk*)
zuwenden (*irr od -e-*) **A** V/T **j-m, e-r Sache ~** *Gesicht, Blick* zwracać ⟨zwrócić⟩ ku (*dat*) *od* do (*gen*); **j-m den Rücken ~** odwracać ⟨-wrócić⟩ się plecami do (*gen*); **j-m, e-r Sache sein Interesse ~** poświęcać ⟨-cić⟩ uwagę (*dat*); **j-m Geld ~** przekaz(yw)ać, da(wa)ć k-u pieniądze **B** V/R **sich j-m ~** (*zudrehen*) obracać ⟨-rócić⟩ się do (*gen*); *fig* **sich e-r Sache ~** poświęcać ⟨-cić⟩ się (*dat*)
Zuwendung F (*Beihilfe*) zapomoga, zasiłek; (*Schenkung*) dar, darowizna; (*bpl*) (*Zuneigung*) troskliwość *f*, zainteresowanie
zu'wenig → zu²
zuwerfen (*irr*): **j-m etw ~** rzucać ⟨-cić⟩ k-u (*akk*); → zuknallen
zu'wider ADV: **dieses Essen war ihm ~** on nie mógł tego jeść z obrzydzenia; **der Typ ist mir ~** ten typ budzi we mnie odrazę; **es war ihr ~, das zu tun** to zajęcie napełniało ją wstrętem
zu'widerhandeln V/I: **e-r Sache** (*dat*) **~** postępować ⟨-stąpić⟩ niezgodnie (z *inst*)
Zu'widerhandlung F czyn bezprawny
zu'widerlaufen V/I (*irr; sn*): **e-r Sache** (*dat*) **~** być sprzecznym z (*inst*)
zuwinken V/I: **j-m (mit der Hand) ~** kiwać ⟨-wnąć⟩ ręką k-u (**zum Abschied** na pożegnanie)
zuzahlen dopłacać ⟨-cić⟩ (**zu** do *gen*)
zuzählen (*dazurechnen*) doliczać ⟨-czyć⟩; **j-m, e-r Sache ~** (*zuordnen*) zaliczać ⟨-czyć⟩ (się) do (*gen*)
zuziehen (*irr*) **A** V/T *Vorhang, Knoten* zaciągać ⟨-gnąć⟩; → hinzuziehen **B** V/R **sich** (*dat*) **~** *e-e Krankheit* nabawić się *pf* (*gen*); *j-s Zorn usw* ściągać ⟨-gnąć⟩ na siebie (*akk*) **C** V/I (*sn*) sprowadzać ⟨-dzić⟩ się tu *od* do (*gen*)

Zuzug M napływ (ludności)
zuzüglich PRÄP (*gen*) z doliczeniem (*gen*), plus ()*nom*
Zuzugssperre F zakaz osiedlania się (na stałe)
zuzwinkern V/I: **j-m ~** mrugać ⟨-gnąć⟩ do (*gen*), ⟨z⟩robić oko do (*gen*)
zwang → zwingen
Zwang M (-[e]s; Zwänge) przymus; (*Druck*) presja; (*Gewalt*) gwałt; **ohne ~** bez przymusu; **unter ~** pod przymusem *od* presją, przymusowo; **~ auf j-n ausüben** wywierać ⟨-wrzeć⟩ presję na k-o; **j-m ~ antun** zada(wa)ć gwałt k-u; *iron* **tun Sie sich** (*dat*) **keinen ~ an!** proszę się nie krępować!
zwänge → zwingen
zwängen **A** V/T wciskać ⟨-snąć⟩ (**in** *akk* do *gen*, w *akk*); **B** V/R **sich ~** przeciskać ⟨-snąć⟩ się (**durch etw** przez *akk*)
zwanghaft *Vorstellung usw* obsesyjny; (*gekünstelt*) wymuszony (-szenie)
zwanglos niewymuszony, swobodny; **sich ~ benehmen** zachow(yw)ać się swobodnie; **in ~er Reihenfolge** nieregularnie
Zwanglosigkeit F (-; *bpl*) niewymuszoność *f*, swoboda
Zwangs|abschiebung F przymusowe wydalenie z kraju; **~arbeit** F roboty *fpl* przymusowe; **~ernährung** F przymusowe odżywianie; **~jacke** F kaftan bezpieczeństwa; **~lage** F kłopotliwa sytuacja; (*Notlage*) przymusowa sytuacja
zwangsläufig (*unausbleiblich*) nieuchronny; *präd* siłą rzeczy
Zwangs|maßnahme F sankcja; **~neurose** F nerwica natręctw; **~räumung** F eksmisja; **~versteigerung** F przymusowa licytacja; **~vollstreckung** F JUR egzekucja (sądowa); **~vorstellung** F PSYCH natręctwo, obsesja
zwangsweise przymusowy (-wo)
zwanzig *num* dwadzieścia, *persf* dwudziestu; *Personen verschiedenen Geschlechts, Kinder u. subst auf -ęta im* PL dwadzieścioro
Zwanzig F (-; *bpl*) dwudziestka; **sie ist schon über ~** ona przekroczyła dwudziestkę
zwanziger ADJ (*unv*): **die ~ Jahre** lata *pl* dwudzieste
Zwanziger *umg* M dwudziestka
zwanzigjährig dwudziestoletni
zwanzigste *num* dwudziesty
Zwanzigzlotyschein M dwudziestozłotówka
zwar ADV *einräumend* wprawdzie; **und ~** a mianowicie; **und ~ nur für etw** i to wyłącznie na (*akk*) *od* do (*gen*)
Zweck M (-[e]s; -e) cel; **s-n ~ erfüllen** spełni(a)ć cel; **s-n ~ nicht erfüllen** mijać ⟨minąć⟩ się z celem; **für e-n guten ~ spenden** ofiarow(yw)ać na dobry cel; **zu diesem, zu welchem ~** w tym, w jakim celu; **das hat keinen ~** to nie ma sensu
zweck|dienlich przydatny; **~entfremdet** ADJ użyty *od* użytkowany niezgodnie z przeznaczeniem; **~gebunden** ADJ przeznaczony na określony cel; **~los** bezcelowy (-wo), niecelowy (-wo)
Zwecklosigkeit F (-; *bpl*) bezcelowość *f*, niecelowość *f*
zweckmäßig (*zweckentsprechend*) celowy (-wo); *Kleidung usw* odpowiedni (-nio); (*angebracht*) wskazany
Zweck|mäßigkeit F (-; *bpl*) celowość *f*; odpowiedniość *f*; **~optimismus** M celowy *od* pokazowy optymizm, optymizm na pokaz
zwecks PRÄP (*gen*) celem, w celu (*gen*)
zwei *num* dwa, *f* dwie, *persf* dwóch; *Sammelzahlwort* dwoje; **für ~ essen** jeść za dwóch; **halb ~** *Uhrzeit* wpół do drugiej
Zwei F dwójka; *Schulnote „gut" in Polen* czwórka
Zwei|beiner *umg* M zwierzę dwunożne; **~bettzimmer** N pokój dwuosobowy
zweideutig dwuznaczny
Zwei|deutigkeit F dwuznaczność *f*; **~'drittelmehrheit** F większość *f* dwóch trzecich (głosujących)
zweieiig *Zwillinge* dwujajowy
Zweier M (*Boot*) dwójka; *umg* → Zwei; **~beziehung** F (po)życie we dwójkę; **~bob** M bobslej dwumiejscowy
zweierlei (*unv*) dwojaki; **~ ...** dwa *od* dwie różne ...; **auf ~ Art** dwojako; **das ist ~** to (są) dwie różne rzeczy
zweifach **A** ADJ dwukrotny; (*doppelt*) podwójny; **~er Meister** dwukrotny mistrz; **in ~er Ausfertigung** w dwóch egzemplarzach **B** ADV dwukrotnie, w dwójnasób
Zweifamilienhaus N dom *od* domek

dwurodzinny

Zweifel M wątpliwość *f* (**an** *dat* co do *gen*); **ohne (jeden) ~** bez wątpienia; **... steht außer ~** ... jest ponad wszelką wątpliwość; **im ~ sein** mieć wątpliwości (**über** *akk* co do *gen*); **etw in ~ ziehen** podda(wa)ć w wątpliwość (*akk*); **es unterliegt keinem ~, dass** ... nie ulega wątpliwości, że ...; **über jeden ~ erhaben sein** nie nasuwać żadnych wątpliwości; **mir kommen ~, ob** ... nasuwają mi się wątpliwości, czy ...

zweifel|haft wątpliwy (-wie); (*suspekt*) podejrzany; **~los** ADV niewątpliwie

zweifeln V/I (*-le*): **an etw** (*dat*) **~** wątpić, powątpiewać w (*akk*) *od* o (*lok*); **daran ist nicht zu ~** to nie podlega wątpliwości

Zweifelsfall M: **im ~(e)** w razie wątpliwości

zweifelsfrei niewątpliwy (-wie)

zweifelsohne ADV bez wątpienia

Zweifler(in) M(F) sceptyk (-yczka)

Zweig M (-[e]s; -e) gałązka; *dicker, fig* gałąź *f*; *umg* **auf keinen grünen ~ kommen** niczego się nie dorobić *pf*

zweigeteilt ADJ podzielony (na dwie części); *Tür* dwuskrzydłowy

Zweiggeschäft N filia, oddział

zweigleisig KOLEJ dwutorowy (-wo); *fig abw* **er fährt ~** to człowiek dwulicowy

Zweigstelle F oddział, ekspozytura

zwei|händig ADJ dwuręczny; MUS ... na dwie ręce; ADV oburącz; **~höck(e)rig** *Kamel* dwugarbny

zweihundert *num* dwieście, *persf* dwustu; **~ste** *num* dwusetny, dwóchsetny

zweijährig dwuletni, dwuroczny

Zwei|kampf M (*Duell*) pojedynek (*a. fig*); SPORT (*Biathlon*) dwubój; **~komponentenkleber** M klej dwuskładnikowy

zweimal ADV dwa razy, dwukrotnie

zweimalig dwukrotny

zweimotorig dwusilnikowy

Zweirad N (moto)rower

zwei|räd(e)rig dwukołowy; **~reihig** dwurzędowy; **~schneidig** obosieczny (*a. fig*); **~seitig** dwustronny; *Anzeige* dwustronicowy; **~sprachig** dwujęzyczny; **~spurig** *Straße* dwupasmowy; **~stellig** *Zahl* dwucyfrowy; **~stöckig** dwupiętrowy; **~stufig** dwustopniowy; *Rakete a.* dwuczłonowy; **~stündig** dwugodzinny

zweit ADV: **zu ~** we dwoje, we dwójkę

Zweitakku M bateria zapasowa

Zweitakt|er M, **~motor** M dwusuw, silnik dwusuwowy

zweitälteste drugi (względem wieku); **s-e Zweitälteste** jego druga córka

zweitausend *num* dwa tysiące; **~ste** *num* dwutysięczny

zweitbeste drugi (co do jakości); zajmujący drugie (w kolejności) miejsce

Zweitbeste F, **~(r)** M SPORT wicelider

zweite *num* drugi; **zum ~en Mal** po raz drugi; **sie wurde Zweite** ona zajęła drugie miejsce; **wie kein Zweiter** jak nikt inny; **~er Vorsitzender** wiceprzewodniczący *m*

Zweiteiler *umg* M (*Kleid, Badeanzug*) dwuczęściowy zestaw; *rtv* dwuczęściowy film telewizyjny

zweiteilig dwuczęściowy; **~er Badeanzug** dwuczęściowy kostium kąpielowy

zweitens ADV po drugie, po wtóre

zweitgrößte drugi co do wielkości; *an Körpergröße* drugi wzrostem

zweithöchste drugi co do wysokości

zweitklassig *abw* drugorzędny

zweitletzte przedostatni

Zweitligist M (*-en*) SPORT drugoligowiec

zweitrangig drugorzędny

Zweitschrift F odbitka, kopia

zweitürig dwudrzwiowy

Zweit|wagen M drugi (własny) samochód; **~wohnung** F drugie mieszkanie

Zwei'zimmerwohnung F mieszkanie dwupokojowe

Zwerchfell N przepona

zwerchfellerschütternd ADJ *Lachen* homeryczny; *Posse* przekomiczny

Zwerg M (-[e]s; -e) karzeł; *dim* (*oft in Märchen*) karzełek

zwergenhaft karłowaty (-to)

Zwerg|in F karlica; **~pudel** M pudel miniaturowy; **~staat** M państewko; **~wuchs** M karłowatość *f*

Zwetsche F (*Baum u. Frucht*) śliwka, węgierka, (*bes Baum*) śliwa

Zwetschenwasser N (*bpl*) śliwowica

Zwetsch|ge F *pł-niem, szwajc*, **~ke** F *austr* → Zwetsche; **~kenknödel** MPL knedle *mpl* ze śliwkami; **~kenkuchen** M placek ze śliwkami

Zwickel M (*keilförmiger Einsatz*) klin

zwicken **A** V/T szczypać, uszczypnąć *pf* **B** V/I *von Kleidungsstücken* uciskać

Zwickmühle *umg* F: *fig* **in der ~ sein**

być w opresji, wpaść *pf* w kłopoty
Zwieback M (-[e]s; -bäcke od -e) suchar, sucharek
Zwiebel F (-; -n) cebula, *dim* cebulka (*a. von Blumen*); **~gewächs** N roślina cebulowa; **~kuchen** M placek z cebulą, *reg* cebularz; **~ring** M krążek *od* talarek cebuli; **~suppe** F zupa cebulowa; **~turm** M wieża z cebulastą kopułą
Zwiegespräch N rozmowa sam na sam
Zwielicht N (*bpl*) poświata, półmrok; *fig* **ins ~ geraten** ściągać ‹-gnąć› na siebie podejrzenie
zwielichtig ciemny, podejrzany
Zwiespalt M (PL *-e u -spälte*) rozterka; **in e-n ~ geraten** popadać ‹-paść› w rozterkę
zwiespältig zmienny, sprzeczny
Zwietracht *lit* F (*bpl*) niezgoda
Zwille F (*Schleuder*) proca
Zwillich M (*-s; -e*) drelich
Zwilling M (*-s; -e*) bliźniak, bliźniaczka; **~e** PL bliźnięta *npl*, bliźniaki *mpl*; ASTRON Bliźnięta; **siamesische ~e** bliźnięta syjamskie
Zwillings|bruder M (brat) bliźniak; **~paar** N brat i siostra bliźniaki; **~schwester** F (siostra) bliźniaczka
Zwinge F ścisk śrubowy
zwingen (*zwang, zwänge, gezwungen*) V/T przymuszać ‹-musić›, zmuszać ‹zmusić› (*v/r* **sich** się; **zu** do *gen*); **... zwingt uns zu der Annahme, dass ...** każe przypuszczać, że; **wir sind gezwungen ...** jesteśmy zmuszeni ...; **sich gezwungen sehen, etw zu tun** być zmuszonym (+ *inf*)
zwingend ADJ *Grund* ważny; *Notwendigkeit* nieodzowny, niezbędny
Zwinger M *für Hunde* psiarnia
zwinkern V/I (*-re*) mrugać ‹-gnąć›
Zwirn M (-[e]s; -e) nić *f*, nici *pl*
Zwirnsfaden M nitka
zwischen PRÄP (*wohin? akk, wo? dat*) między (*akk, inst*); (*mitten unter*) pomiędzy (*inst*), wśród (*gen*); *Uhrzeit* **~ fünf und sechs** między piątą i szóstą
Zwischen|ablage F EDV pamięć podręczna, schowek; **~aufenthalt** M krótki postój (w podróży); **~bemerkung** F wtrącona uwaga; **~bericht** M sprawozdanie międzyokresowe; **~bescheid** M odpowiedź tymczasowa
zwischenbetrieblich międzyzakładowy
Zwischen|bilanz F bilans pośredni; **~deck** międzypokład; **~ding** *umg* N coś pośredniego
zwischen'durch (*inzwischen*) tymczasem, *umg* w międzyczasie; (*ab und zu*) od czasu do czasu; *räumlich* (*vereinzelt*) tu i tam
Zwischen|ergebnis N wynik tymczasowy; **~fall** M incydent, zajście; **~größe** F rozmiar pośredni; **~handel** M handel pośredni; **~händler** M pośrednik w handlu; **~lager** N magazyn przejściowy *od* (tym)czasowy
zwischenlagern (*pperf zwischengelagert*) przechowywać czasowo
zwischenlanden V/I (*sn; pperf zwischengelandet*) mieć międzylądowanie (**in** *dat* w *lok*)
Zwischen|landung F międzylądowanie; **~lösung** F rozwiązanie tymczasowe; **~mahlzeit** F przekąska; *am Nachmittag* podwieczorek
zwischenmenschlich międzyludzki; **~e Beziehungen** stosunki *mpl* międzyludzkie
Zwischen|prüfung F kolokwium zaliczeniowe; **~raum** M *räumlich u. zeitlich* odstęp; **~ruf** M okrzyk przerywający; **~runde** F ćwierćfinał
zwischenstaatlich międzypaństwowy
Zwischen|stadium N stadium przejściowe; **~stück** N (*Verbindungsstück*) łącznik; **~summe** F suma częściowa; **~ton** M odcień *m*; **~tür** F drzwi prowadzące do pomieszczenia obok; **~wand** F ściana *od* ścianka działowa
Zwischenzeit F (*bpl*) SPORT międzyczas; **in der ~** tymczasem, *umg* w międzyczasie
Zwist *lit* M (-[e]s; -e) spór, zatarg
zwitschern V/T *u.* V/I (*-re*) *Vogel* szczebiotać; *umg* **e-n ~** wypić *pf* szklaneczkę
Zwitter M obojnak, hermafrodyta *m*
zwo → zwei
zwölf *num* dwanaście, *persf* dwunastu; *Personen verschiedenen Geschlechts, Kinder u. subst auf -ęta im* PL dwanaścioro; **um ~ (Uhr)** o dwunastej; *mittags* w południe; *nachts* o północy; *fig* **es ist fünf Minuten vor ~** za pięć dwunasta
Zwölf F dwunastka

Zwölf'fingerdarm M dwunastnica
zwölfjährig dwunastoletni
zwölfte *num* dwunasty
Zwölftonmusik F (*bpl*) muzyka dodekafoniczna
Zyan'kali N (*-s; bpl*) cyjanek (potasu)
zyklisch cykliczny
Zyk'lon M (*-s; -e*) METEO cyklon
Zyklus M (*-; -len*) cykl; **~kalender** M kalendarzyk małżeński
Zy'linder M cylinder (*a. Hut*); MAT walec; *e-r Lampe* szkło; **~block** M TECH blok cylindrów; **~kopf** M głowica cylindra
zy'lindrisch cylindryczny
Zyniker(in) M(F) cynik (*a. f*)
zynisch cyniczny
Zy'nismus M (*-; -men*) cynizm
Zypern N (*-s; bpl*) Cypr
Zyprer(in) M(F) Cypryjczyk (-jka)
Zy'presse F cyprys; **~n-** cyprysowy
zypri'otisch, **zyprisch** cypryjski
Zyste F cysta, torbiel *f*
Zyto'statikum N (*-s; -ka*) lek cytostatyczny
zz., **zzt.** (zurzeit) obecnie, aktualnie

Anhang

Grammatische Hinweise zum Polnischen

1 Konjugation der Verben

Die Reihenfolge der Formen von links nach rechts:
Infinitiv: 1. und 3. Person Singular und 3. Person Plural Präsens (für perfektive Verben Futur) ⋮ Imperativ 2. Person Singular ⋮ Präteritum 3. Person maskulin, feminin, neutral Singular und Plural/Personalform ⋮ Partizip der Gleichzeitigkeit.
Die Bildung der übrigen Formen s. S. 1386.

Infinitiv -ać

1. Hinweis beim Stichwort: (-am)

koch-ać	-am, -a, -ają	-aj!	-ał(a, -o), -ali	-ając

2. Hinweis beim Stichwort: (-ę), (-ię), (-czę), (-żę), (-rzę), (-szę), (-szczę), (-żdżę)

łap-ać	-ię, -ie, -ią	łap!	-ał(a, -o), -ali	-iąc

Zur Beachtung: -bać, -pać, -mać, -wać : -bię, -pię, -mię, -wię; -jać : -ję; -kać : -czę; -tać : -czę/-cę; -gać, -zać : -żę; -rać : -rzę; -sać : -szę; -stać, -skać : -szczę; -zdać : -żdżę. sł- wird zu śl-, sp- zu śp-.
Alle Präteritumformen werden vom Infinitivstamm abgeleitet!

3. Hinweis beim Stichwort: (-eję)

grz-ać	-eję, -eje, -eją	-ej!	-ał(a, -o), -ali/-eli	-ejąc

Infinitiv -wać

Hinweis beim Stichwort: (-ję)

da-wać	-ję, -je, -ją	daj!	-wał(a, -o), -wali	-jąc

Infinitiv -iwać, -ować, -ywać

Hinweis beim Stichwort: (-uję)

obsług-iwać	-uję, -uje, -ują	-uj!	-iwał(a, -o), -iwali	-ując

meld-ować	-uję, -uje, -ują	-uj!	-ował(a, -o), -owali	-ują
ukaz-ywać	-uję, -uje, -ują	-uj!	-ywał(a, -o), -ywali	-ując

Zur Beachtung: Beim Hinweis **-wuję** bleibt das **-w-** in den vom Präsens-Futur-Stamm gebildeten Formen: rozstrzeliwać – rozstrzeliwuję. Beim Hinweis -[**w**]**uję** bleibt beim imperfektiven Verb das **-w-** in den vom Präsens-Stamm gebildeten Formen: wymeldowywać – wymeldowuję (aber: wymeldować – wymelduję). Es sind auch Formen auf -am (wie kochać, S. 1382) möglich: ubolewać – ubolewam.

Infinitiv -ąć

Hinweis beim Stichwort: (-**nę**), (-[**e**]**pnę**), (-[**e**]**gnę**), (-**mę**), (-[**e**]**jmę**)

kl-ąć	-nę, -nie, -ną	-nji!	-ął(-ęła, -ęło), -ęli	-nąc
d-ąć	-mę, -mie, -mą	-mji!	-ął(-ęła, -ęło), -ęli	-mąc

Zur Beachtung: Bei den vom Futur-Stamm gebildeten perfektiven Formen **e**-Einschub bei Konsonantenhäufung: odpiąć : odepnę (aber: odpiął usw.), zmiąć : zemnę (aber: zmiął), zdjąć : zdejmę (aber: zdjął), objąć : obejmę (aber: objął).

Infinitiv -nąć

Hinweis beim Stichwort: (-**nę**), (-**nę**, -**ń!**), (-**nę**, -**ł**)

ciąg-nąć	-nę, -nie, -ną	-nij!	-nął (-nęła, -nęło), -nęli	-nąc
sły-nąć	-nę, -nie, -ną	-ń!	-nął (-nęła, -nęło), -nęli	-nąc
marz-nąć	-nę, -nie, -ną	-nij!	-nął/-ł (-ła, -ło), -li	-nąc

Zur Beachtung: -snąć, -znąć : 3. Person -śnie, -źnie, Imperativ -śnij!, -źnij!; Auch bei Verben mit dem Hinweis (-**nę**) feminine Präteritumsform oft -ła statt -nęła, besonders wenn mask. sowohl -nął als auch -ł möglich: kisnął/kisł, kisła. Vokalwechsel o : ó: zmoknąć – zmókł.

Infinitiv -eć

1. **Hinweis beim Stichwort:** (-**em**)

umi-eć	-em, -e, -eją	-ej!	-ał(a, -o), -eli	-ejąc

2. **Hinweis beim Stichwort:** (-**eję**), (-**ieję**)

mdl-eć	-eję, -eje, -eją	-ej!	-ał(a, -o), -eli	-ejąc

3. Hinweis beim Stichwort: (**-ę, -i**), (**-cę, -i**), (**-dzę, -i**), (**-szę, -i**), (**-żę, -i**), (**-ę, -mij!**), (**-nę, -nij!**)

myśl-eć	-ę, -i, -ą	myśl!	-ał(a, -o), -eli	-ąc
brzm-ieć	-ię, -i, -ią	-ij!	-iał(a, -o), -ieli	-iąc
pachn-ieć	-ę, -ie, -ą	-ij!	-iał(a, -o), -ieli	-ąc

Zur Beachtung: -cieć: -cę : -ć (lecieć – lecę – leć); -dzieć: -dzę : -dź (siedzieć – siedzę – siedź); -sieć : -szę : -ś (wisieć – wiszę – wiś).

4. Hinweis beim Stichwort: (**-ę, -y**)

słysz-eć	-ę, -y, -ą	słysz!	-ał(a, -o), -eli	-ąc

Infinitiv -ić

Hinweis beim Stichwort: (**-ę**), (**-ię**), (**-ję**), (**-cę**), (**-dzę**), (**-lę**), (**-szę**), (**-szczę**), (**-żę**), (**-żdżę**), (**-ę, -nij!**), (**-ę, -pij!**)

bron-ić	-ię, -i, -ią	broń!	-ił(a, -o), -ili	-iąc
pros-ić	-szę, -i, -szą	proś!	-ił(a, -o), -ili	-sząc

Zur Beachtung: -lić, -cić, -dzić : -lę, -cę, -dzę; -aić, -eić, -oić : -aję, -ai; -eję, -ei; -oję, -oi; -sić: -szę, -si; -ścić : -szczę, -ści; -zić : -żę, -zi; -ździć : -żdżę, -ździ.
Imperativ endungslos (erweicht: c : ć, dz : dź, s : ś, z : ź), bei Verben auf -nić entweder -ń oder -nij.
Bei Verben auf -aić, -eić, -oić lautet der Imperativ auf -j, wobei der Vokalwechsel o : ó stattfindet: kleić – klej, kroić – krój.

Infinitiv -yć

Hinweis beim Stichwort: (**-ę**)

ucz-yć	-ę, -y, -ą	ucz!	-ył(a, -o), -yli	-ąc

Zur Beachtung: Im Imperativ Vokalwechsel o : ó (tworzyć – twórz!)

Infinitiv -ć

(einsilbige Verben auf -ić, -uć, -yć)
Hinweis beim Stichwort: (**-ję**)

pi-ć	-ję, -je, -ją	pij!	pił(a, -o), pili	-jąc
żu-ć	-ję, -je, -ją	żuj!	żuł(a, -o), żuli	-jąc

2 Bildung der übrigen Verbformen

Präteritum

An die Form der 3. Person Singular maskulin (Präteritum) werden angehängt:
1. Pers. *sg/m* **-em**, *sg/f* **-am** 2. Pers. *sg/m* **-eś**, *sg/f* **-aś**
1. Pers. *pl* Personalform **-iśmy** Sachform **-yśmy**
2. Pers. *pl* Personalform **-iście** Sachform **-yście**
In der 2. Person Plural findet der Konsonantenwechsel ł : l statt:
szedł : szedliście, robił : robiliście.

Präsens

An die Form der 3. Person Singular maskulin (Präsens) werden angehängt:
2. Pers. *sg* **-sz** 1. Pers. *pl* **-my** 2. Pers. *pl* **-cie**
Anmerkung: Die 2. Person Singular von **być** lautet **jesteś.**

Imperativ

An die Form der 2. Person Singular (Imperativ) werden angehängt:
1. Person *pl* die Endung **-my** 2. Pers. *pl* die Endung **-cie**

Verbalsubstantiv

1. Infinitiv auf **-a-ć**, **-wa-ć**, **-iwa-ć**, **-owa-ć**, **-ywa-ć**: *-nie*
   (kocha-nie, grza-nie, meldowa-nie, ukazywa-nie usw.)
2. Infinitiv auf **-yć**, **-eć**, **-ić**: -(i)**enie**
   (myśl-enie, brzm-ienie, słysz-enie, bron-ienie, ucz-enie usw.)
3. Infinitiv auf **-ć**, (einsilbige Verben auf **-ić**, **-uć**, **-yć**): **-cie**
   (pi-cie, żu-cie, szy-cie usw.)
4. Infinitiv auf **-ąć**, **-nąć**: -(i)**ęcie**, -(**ie**)**nie**
   (kl-ęcie, d-ęcie, ż-ęcie, ciągn-ienie/-ięcie, marzn-ięcie, płyn-ięcie usw.)

Partizip Präteritum (Passiv)

1. Infinitiv auf **-ać**, **-wać**, **-iwać**, **-ować**, **-ywać**: *-any* (*sg/m*), **-ana** (*sg/f*), **-ane** (*sg/n, sachf*), **-ani** (*persf*)
   (*sg/m* koch-any, daw-any, obsługiw-any, meldow-any, ukazyw-any usw.)
2. Infinitiv auf -(**i**)**eć**: -(**i**)**any**, -(**i**)**ana**, -(**i**)**ane**, -(**i**)**ani**
   (słysz-any, um-iany, widz-iany usw.)
3. Infinitiv auf **-ić**: *-ony*, **-ona**, **-one**, Personalform **-eni**
   (kupi-ony, zrobi-ony, zaprosz-ony/zaprosz-eni usw.)
4. Infinitiv auf **-ić**, **-uć**, **-yć** (einsilbige Verben): **-ty**, **-ta**, **-te**, Personalform **-ci** (bi-ty/bi-ci, pi-ty, żu-ty, my-ty usw.)

Partizip Präsens (Aktiv)

Das Partizip Präsens der (imperfektiven) Verben wird durch Anhängen von **-cy**, **-ca**, **-ce**, Personalform **-cy** an die Form der 3. Person Plural gebildet: kochają-cy/-ca/-ce, słyną-cy/-ca/-ce, bronią-cy/-ca/-ce usw.

Partizip der Vorzeitigkeit

Das Partizip der Vorzeitigkeit der (perfektiven) Verben wird von der maskulinen Form der 3. Person Präteritum gebildet, wobei das **-ł** durch **-wszy** ersetzt wird. Wenn dem **ł** ein Konsonant vorangeht, dann wird das **ł** nicht ersetzt, sondern es wird **-szy** angehängt:
kupił – kupi-wszy, pomógł – pomógł-szy, poszedł – poszedł-szy usw.

3 Deklination der Substantive

Maskulina

Endung: **-c**, **-cz**, **-dz**, **-dż**, **-rz**, **-sz**, **-ż**; **-g**, **-k**; **-ch**; **-ć**, **-dź**, **-j**, **-ń**, **-ś**, **-ź**, **-l**

Kasus:	*N*	*G*	*D*	*A*	*I*	*L*	*V*
sg belebt	rycerz	rycerz**a**	rycerz**owi**	= *G*	rycerz**em**	rycerz**u**	= *L*
	tatuś	tatusi**a**	tatusi**owi**	= *G*	tatusi**em**	tatusi**u**	= *L*
unbelebt	cel	cel**u**	cel**owi**	= *N*	cel**em**	cel**u**	–
	kamień	kamieni**a**	kamieni**owi**	= *N*	kamieni**em**	kamieni**u**	–
persf	rycerz**e**	rycerz**y**	rycerz**om**	= *G*	rycerz**ami**	rycerz**ach**	= *N*
	tatusio**wie**	tatusi**ów**	tatusi**om**	= *G*	tatusi**ami**	tatusi**ach**	= *N*
sachf	cel**e**	cel**ów**	cel**om**	= *N*	cel**ami**	cel**ach**	–
	kamie**nie**	kamieni	kamieni**om**	= *N*	kamieni**ami**	kamieni**ach**	–

Unbelebte Maskulina haben im *G/sg* meist **-u**, seltener **-a**. Eine Reihe Maskulina auf **-(i)ec**, **-(i)eń**, **-(i)ek** verliert ab *G/sg* das flüchtige **-(i)e-** in der Endsilbe: chłopiec – chłop**ca**, pień – pnia, marzec – marca (Konsonantenwechsel beachten!), zegarek – zegar**ka**. Das **ó** bzw. **ą** der Endsilbe wird ab *G/sg* zu **o** bzw. **ę**: stóg – stogu, wąż – węża.

Nach weichen Konsonanten (außer **l** und **j**) sowie nach **g** und **k** Endung im Instrumental: **-iem**.

Maskulina auf -(**i**)**ec**, die männliche Personen bezeichnen, verlieren im *V/sg* -(**i**)**e** und das -**c** wird in der Endung zu -**cze**: chłopiec – chłop**cze**, goniec – goń**cze** usw.

Im *N/sg* haben Maskulina auf -**g**, -**k**, -**ch** in der Sachform die Endung -**gi**, -**ki**, -**chy**, in der Personalform -**dzy**, -**cy**, -**si**. Die Sachform der weich auslautenden Maskulina ist -**ie**, die Personalform -**iowie**. Die Endung der Substantive auf -**ec** ist mit einigen Ausnahmen -**cy** (Ausnahmen: ojciec – ojc**owie**, piec – piec**e**).

Maskulina auf -**g**, -**k**, -**ch** sowie auf -**c** und -**dz** haben im *G/pl* die Endung -**ów**, ebenso weich auslautende Substantive, die im *N/pl* auf -(**i**)**owie** enden. Die Substantive auf **l** und **j** können sowohl die Endung -**i** als auch -**ów** haben.

Endung: -**b**, -**d**, -**zd**, -**f**, -**ł**, -**m**, -**n**, -**p**, -**r**, -**s**, -**t**, -**st**, -**w**, -**z**

Kasus:	*N*	*G*	*D*	*A*	*I*	*L*	*V*
sg belebt	sołtys	sołtys**a**	sołtys**owi**	= *G*	sołtys**em**	sołty**sie**	= *L*
	Kurp	Kurp**ia**	Kurp**iowi**	= *G*	Kurp**iem**	Kurp**iu**	= *L*
unbelebt	staw	staw**u**	staw**owi**	= *N*	staw**em**	staw**ie**	–
	sklep	sklep**u**	sklep**owi**	= *N*	sklep**em**	sklep**ie**	–
persf	sołtys**i**	sołtys**ów**	sołtys**om**	= *G*	sołtys**ami**	sołtys**ach**	= *N*
	Kurp**iowie**	Kurp**iów**	Kurp**iom**	= *G*	Kurp**iami**	Kurp**iach**	= *N*
sachf	staw**y**	staw**ów**	staw**om**	= *N*	staw**ami**	staw**ach**	–
	sklep**y**	sklep**ów**	sklep**om**	= *N*	sklep**ami**	sklep**ach**	–

Unbelebte Maskulina enden im *G/sg* meist auf -**u**. Eine Reihe der Substantive auf -**b**, -**m**, -**p** und -**w** wird in den abhängigen Kasus erweicht und hat die Endung -**ia**, -**ie**, -**iu** usw. Einige Maskulina verlieren ab *G/sg* das -(**i**)**e**- bzw. -**io**-: orzeł – orła, kocioł – kotła (Konsonantenwechsel beachten!), osioł – osła. Das **ó** bzw. **ą** der Endung wird ab *G/sg* zu **o** bzw. **ę** (jedoch nicht vor s und z): gród – grodu, aber: wąs – wąsa.

Maskulina auf -**ł** und -**r** haben im *L/sg* die Endung -**e**. Die weiche Endung -**ie** verwandelt den harten Konsonanten in seine erweichte Entsprechung, die auftretenden Lautveränderungen s. Tabelle S. 1394. Maskulina auf -**b**, -**m**, -**p**, -**w** können im *I/sg* die Endung -**ie** und im *L/pl* -**iu** haben.

Die Sachform hat im *N/pl* immer die Endung -**y**, die Personalform (außer bei **r**) endet auf -**i**, wobei Lautveränderungen zu beachten sind (s. 1394). Maskulina auf -**b**, -**m**, -**p**, -**w**, die in den abhängigen Kasus erweicht werden, haben sowohl in der Personal- als auch in der Sachform die Endung -**ie**; in der Personalform begegnet auch -**iowie**. Maskulina auf -**ans** enden auf -**e**: awans – awans**e**.

Endung: **-a**, **-o**, **-anin**

Kasus:	*N*	*G*	*D*	*A*	*I*	*L*	*V*
sg	poet**a**	poet**y**	poe**cie**	poet**ę**	poet**ą**	poe**cie**	poet**o**!
belebt	cieśl**a**	cieśl**i**	cieśl**i**	cieśl**ę**	cieśl**ą**	cieśl**i**	cieśl**o**!
	dziadzi**o**	dziadzi**a**	dziadzi**owi**	= *G*	dziadzi**em**	dziadzi**u**	= *L*
	Rosj**anin**	Rosjanin**a**	Rosjanin**owi**	= *G*	Rosjani**nem**	Rosjanin**ie**	= *L*
persf	poe**ci**	poet**ów**	poet**om**	= *G*	poet**ami**	poet**ach**	= *N*
	cieśl**e**	cieśli(**ów**)	cieśl**om**	= *G*	cieśl**ami**	cieśl**ach**	= *N*
	dziadzi**owie**	dziadzi**ów**	dziadzi**om**	= *G*	dziadzi**ami**	dziadzi**ach**	= *N*
	Rosjan**ie**	Rosjan	Rosjan**om**	= *G*	Rosjan**ami**	Rosjan**ach**	= *N*

Im *G/sg* haben die Endung **-i** die Maskulina, deren Stamm auf einen phonetisch weichen Konsonanten oder auf **-g-** oder **-k-** auslautet. Familiennamen auf **-o** haben im Singular dieselben Endungen wie die hartstämmigen Maskulina auf **-a**, im Plural werden sie nach dem Muster der übrigen Maskulina auf **-o** dekliniert.

Bei den Maskulina auf **-anin** wird der Stamm in abhängigen Kasus um die Endung **-in** verkürzt. Im *N/pl* wird das **-n-** des Stammes palatalisiert (erweicht). Der *G/pl* ist endungslos oder endet auf **-ów**: muzułm**anin** – muzułman**ów**.

Man beachte den Konsonantenwechsel (s. 1394).

Feminina

Endung: **-ba**, **-cha**, **-da**, **-fa**, **-ga**, **-ka**, **-ła**, **-ma**, **-na**, **-pa**, **-ra**, **-sa**, **-ta**, **-wa**, **-za**

Kasus:	*N*	*G*	*D*	*A*	*I*	*L*	*V*
sg	głow**a**	głow**y**	głow**ie**	głow**ę**	głow**ą**	głow**ie**	głow**o**!
	matk**a**	matk**i**	mat**ce**	matk**ę**	matk**ą**	mat**ce**	matk**o**!
pl	głow**y**	głów	głow**om**	= *N*	głow**ami**	głow**ach**	= *N*
	matk**i**	mat**ek**	matk**om**	= *N*	matk**ami**	matk**ach**	= *N*

Die Endung **-ie** im *D/sg* haben alle Feminina mit hartem Konsonanten im Stammauslaut mit Ausnahme der auf **-ga**, **-ka**, **-cha**, **-ła** und **-ra**. Zum Konsonantenwechsel s. Tabelle auf S. 1394. In einigen Fällen tritt auch der Vokalwechsel a : e auf: gwiazda – gwieździe, wiara – wierze.

Feminina auf **-ga** und **-ka** haben im *G/sg* und *N/pl* die Endung **-i**; Feminina auf **-ansa** enden im *N/pl* auf **-e** (szansa – szanse). *G/pl* ist endungslos. Bei Feminina, deren Stamm auf zwei Konsonanten endet, findet **-e-** bzw. **-ie**-Einschub statt. In einigen Fällen wird o : ó und ę : ą (Umkehrung des Vokalwechsels bei Maskulina).

Endung: **-ca, -cza, -dza, -dża, -rza, -sza, -ża, -la; -bia, -cia, -dzia, -fia, -gia, -ja, -kia, -lia, -mia, -nia, -pia, -ria, -sia, -tia, -wia, -zia** sowie **-i**

Kasus:	*N*	*G*	*D*	*A*	*I*	*L*	*V*
sg	prac**a**	prac**y**	prac**y**	prac**ę**	prac**ą**	prac**y**	prac**o**!
	cioci**a**	cioci	cioci	cioci**ę**	cioci**ą**	cioci	cioci**u**!
pl	prac**e**	prac	prac**om**	= *N*	prac**ami**	prac**ach**	= *N*
	cioci**e**	cioć	cioci**om**	= *N*	cioci**ami**	cioci**ach**	= *N*

Die Endung **-i** im *G/sg* haben Feminina, deren Stamm auf phonetisch weichen Konsonanten oder auf **-l** endet. *G/pl* ist entweder endungslos oder endet auf **-y**, **-i**, **-ii** oder **-ji** (in der endungslosen Form ist auch **-ij** bzw. **-yj** möglich). Beim endungslosen Genitiv wird der auslautende Konsonant (mit einigen Ausnahmen) erweicht: dynia – dyń, świnia – świń. Bei Konsonantenhäufung erfolgt der Einschub eines flüchtigen **-(i)e-**: suknia – sukien. Feminina auf **-alnia**, **-arnia**, **-ernia** haben neben Formen auf **-i** auch endungslose Formen: kopalnia – kopalni/kopalń, piekarnia – piekarni/piekarń.

Feminina auf **-i** werden wie ciocia dekliniert. *G/pl* ist meist endungslos: gospodyni – gospodyń. Nur **pani** hat im *A/sg* die Endung -ą: panią. *V/sg* endet auf **-i**: (gospodyni, pani).

Endung: **-ć, -ość, -dź, -j, -ń, -ś, -ź, -b, -p, -w, -l; -c, -cz, -dz, -dż, -rz, -sz, -ż**

Kasus:	*N*	*G*	*D*	*A*	*I*	*L*	*V*
sg	postać	postac**i**	postac**i**	= *N*	postaci**ą**	postac**i**	= *G*
	noc	noc**y**	noc**y**	= *N*	noc**ą**	noc**y**	= *G*
pl	postaci**e**	postac**i**	postaci**om**	= *N*	postaci**ami**	postaci**ach**	= *N*
	noc**e**	noc**y**	noc**om**	= *N*	noc**ami**	noc**ach**	= *N*

Die erweichte Aussprache der Konsonanten wird in den abhängigen Kasus durch nachfolgendes -i (+ Vokal) ausgedrückt. Feminina auf **-ość** haben im *N/pl* immer die Endung **-i**.

Einige, vor allem einsilbige Feminina verlieren ab *G/sg* den Vokal der Wurzelsilbe: wieś – wsi, brew – brwi.

Neutra

Endung: **-ci-**, **-dzi-**, **-j-**, **-ni-**, **-si-**, **-zi-**, **-pi-**, **-bi-**, **-mi-**, **-wi-**, **-c-**, **-cz-**, **-dz-**, **-dż-**, **-rz-**, **-sz-**, **-ż-**, **-l-** + **-e** oder **-o** sowie **-go**, **-ko**, **-cho**

Kasus:	*N*	*G*	*D*	*A*	*I*	*L*	*V*
sg	płuc**o**	płuc**a**	płuc**u**	= *N*	płuc**em**	płuc**u**	= *N*
	zdani**e**	zdani**a**	zdani**u**	= *N*	zdani**em**	zdani**u**	= *N*
	łyk**o**	łyk**a**	łyk**u**	= *N*	łyk**iem**	łyk**u**	= *N*
pl	płuc**a**	płuc	płuc**om**	= *N*	płuc**ami**	płuc**ach**	= *N*
	zdani**a**	zdań	zdani**om**	= *N*	zdani**ami**	zdani**ach**	= *N*
	łyk**a**	łyk	łyk**om**	= *N*	łyk**ami**	łyk**ach**	= *N*

G/pl ist endungslos. Einige Neutra haben aber die Endung **-i**/**-y**: narzędzie – narzędzi, zbocze – zboczy. In einigen Fällen findet der Vokalwechsel o : ó bzw. e : o : ó statt: pole – pól, nasienie – nasion, ziele – zioła – ziół. Bei Konsonantenhäufung wird flüchtiges -(i)e- eingeschoben: jabłko – jabłek, jajko – jajek. Zur Erweichung der Konsonanten vor der Endung im *L/sg.* s. S. 1394.

Endung: **-bo**, **-do**, **-ło**, **-mo**, **-no**, **-po**, **-ro**, **-so**, **-to**, **-wo**, **-zo** sowie **-um**

Kasus:	*N*	*G*	*D*	*A*	*I*	*L*	*V*
sg	drzew**o**	drzew**a**	drzew**u**	= *N*	drzew**em**	drzew**ie**	= *N*
	muze**um**	muze**um**	muze**um**	= *N*	muze**um**	muze**um**	= *N*
pl	drzew**a**	drzew	drzew**om**	= *N*	drzew**ami**	drzew**ach**	= *N*
	muze**a**	muze**ów**	muze**om**	= *N*	muze**ami**	muze**ach**	= *N*

G/pl ist außer bei Neutra auf **-um** endungslos. Bei Konsonantenhäufung wird flüchtiges -(**i**)**e**- eingeschoben: hasło – haseł, okno – okien (nicht bei Neutra auf -stwo). In einigen Fällen kommt ein Vokalwechsel vor: o : ó bzw. ę : ą: koło – kół, święto – świąt.

Endung: **-ę** (**-ęta**), **-ę** (**-ona**)

Kasus:	*N*	*G*	*D*	*A*	*I*	*L*	*V*
sg	ciel**ę**	ciel**ęcia**	ciel**ęciu**	= *N*	ciel**ęciem**	ciel**ęciu**	= *N*
	imi**ę**	imi**enia**	imi**eniu**	= *N*	imi**eniem**	imi**eniu**	= *N*
pl	ciel**ęta**	ciel**ąt**	ciel**ętom**	= *N*	ciel**ętami**	ciel**ętach**	= *N*
	imi**ona**	imi**on**	imi**onom**	= *N*	imi**onami**	imi**onach**	= *N*

Im *G/pl* findet ein Vokalwechsel statt: ę : ą.

Nur im Plural vorkommende Substantive

Endung: **-y**, **-i**, **-e**

Kasus:	*N*	*G*	*D*	*A*	*I*	*L*	*V*
pl	obcęg**i**	obcęg**ów**	obcęg**om**	= *N*	obcęg**ami**	obcęg**ach**	–
	nożyc**e**	nożyc	nożyc**om**	= *N*	nożyc**ami**	nożyc**ach**	–

Der Genitiv ist endungslos oder hat die Endung -ów (auch -y und -i möglich). Bei Konsonantenhäufung wird flüchtiges -e- eingeschoben: widły – wideł, drwa – drew.

Adjektivische Deklination

Eine Reihe von Maskulina auf **-y**, **-i**, Feminina auf **-a** und Neutra auf **-e** (darunter auch Familien- und Ortsnamen wie Linde, Zakopane) werden wie Adjektive dekliniert. Gewisse Abweichungen sind nur im Instrumental, Vokativ und Lokativ Singular sowie im Nominativ und Vokativ Plural zu beachten:

I/sg und *L/sg* der Eigennamen auf **-e** haben die Endung **-em**: w Zakopanem, o Lindem; *V/sg* der Feminina hat die Endung **-o**: baronowa – baronowo!

N/pl und *V/pl* der Maskulina, die einen Dienstgrad oder einen Beruf bezeichnen, sowie der auf **-czy**, **-ży** haben die Endung **-owie**: chorążowie, motorniczowie. Alle anderen Maskulina – wenn sie männliche Personen bezeichnen – haben in diesen beiden Kasus die Personalform der Adjektive.

3 Deklination der Adjektive

Hartstämmige Adjektive auf **-y** sowie auf **-gi**, **-ki**, weichstämmige Adjektive auf **-i**

	maskulin	*feminin*	*neutral*	*persf*	*sachf*
N	now**y**	now**a**	now**e**	now**i**	now**e**
	tan**i**	tan**ia**	tan**ie**	tan**i**	tan**ie**
G	now**ego**	now**ej**	= *maskulin*	now**ych**	now**ych**
	tan**iego**	tan**iej**		tan**ich**	tan**ich**

	maskulin	*feminin*	*neutral*	*persf*	*sachf*
D	now**emu**	now**ej**	= *maskulin*	now**ym**	now**ym**
	tan**iemu**	tan**iej**		tan**im**	tanim
A	= *G oder N*	now**ą**	now**e**	now**ych**	now**e**
		tan**ią**	tan**ie**	tan**ich**	tan**ie**
I	now**ym**	now**ą**	= *maskulin*	now**ymi**	now**ymi**
	tan**im**	tan**ią**		tan**imi**	tan**imi**
L	now**ym**	now**ej**	= *maskulin*	now**ych**	now**ych**
	tan**im**	tan**iej**		tan**ich**	tan**ich**

Bei Adjektiven auf **-ki** und **-gi** bleibt das **-i-** in den Lautverbindungen **k** + **e** und **g** + **e**: długi – długiego, wysokie – wysokiego usw.
G/sg der maskulinen Form ist für Menschen und Tiere = Genitiv, für Sachen und Begriffe = Nominativ.
Lautwandel im *N/persf*:
-py : -pi, -by : -bi, -wy : -wi, -my : -mi, -ny : -ni, -dy : -dzi, -ki : -cy, -ty : -ci, -sy/-szy/-chy : -si, -ły : -li, -ry : -rzy, -ży : -zi, -gi : -dzy, -sty : -ści, -sły : -śli.
Nur als Prädikatsnomen gebrauchte Adjektive: Im *N/sg* der männlichen Adjektive kommen Formen vor, die auf Konsonant enden und nicht deklinierbar sind: ciekaw, świadom, kontent, rad, wart, winien usw. Lautwechsel und **(i)e**-Einschub sind möglich: zdrowy – zdrów, pełny – pełen, godny – godzien usw.
Der *N/persf* der Komparative auf **-szy** lautet **-si**: stary – starszy – starsi. Dabei wird **ł** zu **l**, **n** zu **ń**, **g** zu **ż** und bei einigen Adj. **a**, **o** zu **e**, und ą zu **ę**. Adj. auf **-ki**, **-eki**, **-oki** verlieren diese Endung, **s** wird zu **ż**: słodki – słodszy, daleki – dalszy, niski – niższy. Bei Konsonantenhäufung vor dem -y der maskulinen Form endet der Komparativ auf -ejszy: ładny – ładniejszy.
Die Endung der Adverbien, sofern sie von Adjektiven gebildet werden können, wird im Wörterverzeichnis in der Regel nur dann (in runden Klammern nach dem Adjektiv) angegeben, wenn sie auf **-o**, **-śnie**, **-źnie** oder **po** ... **-u** (z. B. po polsku – polnisch) auslauten.

4 Konsonantenveränderungen

Zahlreiche Substantive enden im Lokativ (Maskulina auch im Vokativ, Feminina und Maskulina auf **-a** bzw. **-o** auch im Dativ) Singular auf **-e**.

Dabei treten folgende Konsonantenveränderungen ein:

-**p**(a, -o)	wird zu -**pie**	-**ł**(a, -o)	wird zu -**le**
-**b**(a, -o)	wird zu -**bie**	-**r**(a, -o)	wird zu -**rze**
-**f**(a)	wird zu -**fie**	-**st**(a, -o)	wird zu -**ście**
-**w**(a, -o)	wird zu -**wie**	-**zd**(a, -o)	wird zu -**ździe**
-**m**(a, -o)	wird zu -**mie**	-**sł**(a, -o)	wird zu -**śle**
-**t**(a, -o)	wird zu -**cie**	-**sn**(a, -o)	wird zu -**śnie**
-**d**(a, -o)	wird zu -**dzie**	-**zn**(a, -o)	wird zu -**źnie**
-**s**(a, -o)	wird zu -**sie**	-**k**(a)	wird zu -**ce**
-**z**(a, -o)	wird zu -**zie**	-**g**(a)	wird zu -**dze**
-**n**(a, -o)	wird zu -**nie**	-**ch**(a)	wird zu -**sze**

Zu Konsonantenveränderungen im Nominativ Plural der Personalform und in anderen abhängigen Kasus s. Lautwandel (3 Deklination der Adjektive) und die Anmerkungen zu den einzelnen Deklinationsmustern.

5 Pronomen

Die **Possessivpronomen** werden wie Adjektive dekliniert. Abweichend ist nur die maskuline Form im Nominativ Singular **twój**, **swój**, **nasz**, **wasz**. Die Possessivpronomen der 3. Person **jego**, **jej**, **ich** sind undeklinierbar. Die zwei- und mehrsilbigen Formen von **mój**, **twój**, **swój** können in abhängigen Kasus verkürzt werden: mojego = mego, mojemu = memu, moim = mym usw.

Die **Demonstrativpronomen ten**, **ta**, **to** (und die Zusammensetzungen wie tamten, tamta, tamto) sowie **ów**, **owa**, **owo** werden im Singular wie Adjektive der harten Deklination dekliniert.

Der Plural:

Kasus	*N*	*G*	*D*	*I*	*L*
persf	ci,	tych,	tym,	tymi,	tych,
	owi	owych	owym	owymi	owych
sachf	te,	tych,	tym,	te,	tych,
	owe	owych	owym	owe	owych

6 Zahlwörter | Liczebniki

Grundzahlen | Liczebniki główne

1 *eine(r), eins* jeden, jedna, jedno
2 *zwei* dwa, dwie
3 *drei* trzy
4 *vier* cztery
5 *fünf* pięć
6 *sechs* sześć
7 *sieben* siedem
8 *acht* osiem
9 *neun* dziewięć
10 *zehn* dziesięć
11 *elf* jedenaście
12 *zwölf* dwanaście
13 *dreizehn* trzynaście
14 *vierzehn* czternaście
15 *fünfzehn* piętnaście
16 *sechzehn* szesnaście
17 *siebzehn* siedemnaście
18 *achtzehn* osiemnaście
19 *neunzehn* dziewiętnaście
20 *zwanzig* dwadzieścia
21 *einundzwanzig* dwadzieścia jeden
22 *zweiundzwanzig* dwadzieścia dwa
30 *dreißig* trzydzieści
40 *vierzig* czterdzieści
50 *fünfzig* pięćdziesiąt
60 *sechzig* sześćdziesiąt
70 *siebzig* siedemdziesiąt
80 *achtzig* osiemdziesiąt
90 *neunzig* dziewięćdziesiąt
100 *hundert* sto
110 *hundertzehn* sto dziesięć
122 *hundertzweiundzwanzig* sto dwadzieścia dwa
200 *zweihundert* dwieście
300 *dreihundert* trzysta
400 *vierhundert* czterysta
452 *vierhundertzweiundfünfzig* czterysta pięćdziesiąt dwa
500 *fünfhundert* pięćset
600 *sechshundert* sześćset
700 *siebenhundert* siedemset
800 *achthundert* osiemset
900 *neunhundert* dziewięćset
1000 (*ein*) *tausend* tysiąc
2000 *zweitausend* dwa tysiące
4000 *viertausend* cztery tysiące
5000 *fünftausend* pięć tysięcy
100 000 *hunderttausend* sto tysięcy
200 000 *zweihunderttausend* dwieście tysięcy
1 000 000 *eine Million* milion

Deklination der polnischen Grundzahlen

Alle Grundzahlen bis 999 haben im Plural eine Personal- und eine Sachform.
jeden ein hat maskuline, feminine und neutrale Form (*persf* **jedni**, *sachf* **jedne**) und wird wie ein Adjektiv dekliniert.

dwa hat nur eine maskuline und feminine Form (*persf* **dwaj**, **dwóch**, **dwu**, *G*, *A*, *L* **dwóch**, *D* **dwóm**, *I* **dwoma**; **dwu** bleibt in allen Kasus unverändert; *sachf* **dwa, dwie**, *G*, *L* **dwóch**, **dwu**, *D* **dwóm**, **dwu**, *A* = *N*, *I* **dwiema**, **dwu**).
Die Deklination von **trzy** und **cztery**: *G*, *L* **trzech**, **czterech**, *D* **trzem**, **czterem**, *A* **trzy**, **cztery**, *I* **trzema**, **czterema**. Die Personalform hat in allen Kasus die Endung **-u**: **pięciu**, **siedmiu**, **ośmiu**, **dziesięciu**, *A* der Sachform = *N*: **pięć**, **dziesięć**.

Bei den Zahlen 11–19 werden die weichen Konsonanten -ść- vor der Endung -u zu -st-: **jedenastu**, **piętnastu**.

Bei den Zahlen, die mit **dwa**, **dwie** anfangen, werden beide Teile dekliniert: dwieście, dwustu, bei den Zahlen, die mit **trzy**, **cztery** anfangen, wird nur der zweite Teil dekliniert.

Bei den Zahlen **pięćset**, **sześćset**, **siedemset**, **osiemset** und **dziewięćset** wird nur der erste Teil dekliniert: pięciuset, ośmiuset.

Bei zusammengesetzten Zahlen (z. B. 1525) wird entweder jede Zahl oder es werden nur die Zehner und Einer dekliniert.

Ordnungszahlen | Liczebniki porządkowe

1. *erste* pierwszy
2. *zweite* drugi
3. *dritte* trzeci
4. *vierte* czwarty
5. *fünfte* piąty
6. *sechste* szósty
7. *sieb(en)te* siódmy
8. *achte* ósmy
9. *neunte* dziewiąty
10. *zehnte* dziesiąty
11. *elfte* jedenasty
12. *zwölfte* dwunasty
13. *dreizehnte* trzynasty
14. *vierzehnte* czternasty
15. *fünfzehnte* piętnasty
16. *sechzehnte* szesnasty
17. *siebzehnte* siedemnasty
18. *achtzehnte* osiemnasty
19. *neunzehnte* dziewiętnasty
70. *siebzigste* siedemdziesiąty
80. *achtzigste* osiemdziesiąty
90. *neunzigste* dziewięćdziesiąty
100. *hundertste* setny
110. *hundert(und)zehnte* *sto dziesiąty*
122. *hundertzweiundzwanzigste* sto dwudziesty drugi
200. *zweihundertste* dwóchsetny
300. *dreihundertste* trzechsetny
400. *vierhundertste* czterechsetny
450. *vierhundert(und)fünfzigste* czterechset pięćdziesiąty
500. *fünfhundertste* pięćsetny
600. *sechshundertste* sześćsetny
700. *siebenhundertste* siedemsetny
800. *achthundertste* osiemsetny
900. *neunhundertste* dziewięćsetny
1000. *(ein)tausendste* tysięczny

20. *zwanzigste* dwudziesty
21. *einundzwanzigste* dwudziesty pierwszy
22. *zweiundzwanzigste* dwudziesty drugi
30. *dreißigste* trzydziesty
40. *vierzigste* czterdziesty
50. *fünfzigste* pięćdziesiąty
60. *sechzigste* sześćdziesiąty
1401. *(ein)tausendvierhundert (und)-erste* tysiąc czterysta pierwszy
2000. *zweitausendste* dwutysięczny
100 000. *(ein)hunderttausendste* stotysięczny
200 000. *zweihunderttausendste* dwóchsettysięczny
1 000 000. *millionste* milionowy
2 000 000. *zweimillionste* dwumilionowy

Polnische Ordnungszahlen über 1000 lauten: dwu-, trzech- (trzy-), cztero-, pięcio- ..., dziesięcio-, jedenasto-, ... dwudziesto-, ... pięćdziesięcio-, ... stu-, dwóchset-, trzechset-, czterechset- usw. Ordnungszahlen werden wie Adjektive dekliniert. Bei Zahlen über 100 werden nur die Zehner und die Einer in die Form der Ordnungszahlen gesetzt und **nur diese** werden dekliniert.

Uhrzeit und Datum | Oznaczenie godzin i dni miesiąca

Die vollen Stunden werden durch Ordnungszahlen wiedergegeben, die Minutenangaben erfolgen durch die Grundzahlen:
(godzina) dwunasta piętnaście (minut) zwölf Uhr fünfzehn (Minuten)

o pierwszej (godzinie) dziesięć (minut) um ein Uhr zehn (Minuten)

Bei Zählung der Monatstage gebraucht man die Ordnungszahlen. Der Monatsname steht im Genitiv: **pierwszy maja** erster Mai. Zur Bezeichnung eines bestimmten Datums setzt man den ganzen Ausdruck in den Genitiv bzw. Lokativ: **pierwszego** am ersten Mai.

Bruchzahlen | Liczebniki ułamkowe

$^1/_2$ (ein) halb jedna druga, pół
$1^1/_2$ ein(und)einhalb, anderthalb jeden i jedna druga, półtora, półtorej
$^1/_4$ ein viertel jedna czwarta
$^2/_3$ zwei drittel dwie trzecie
$^3/_4$ drei viertel trzy czwarte
0,3 null Komma drei zero przecinek trzy, trzydziesiąte
5,03 fünf Komma null drei pięć przecinek zero trzy, pięć i trzy setne

Polnische unregelmäßige Verben

Das Verzeichnis enthält nur Grundverben (ohne Präfixe o-, po-, prze- usw.), die präfigierten Verben müssen deshalb unter dem Grundverb gesucht werden, z. B.: oprzeć, uprzeć –› przeć.

Die Reihenfolge der Formen von links nach rechts:
Infinitiv 1. und 3. Person Singular und 3. Person Plural Präsens (für **perfektive** Verben Futur)
Imperativ 2. Person Singular
Präteritum 3. Person maskulin, feminin, neutral Singular und Personalform
Partizip der Gleichzeitigkeit
Bildung der übrigen Formen s. S. 1386.

bać się	boję się, boi się, boją się	bój się	bał(a, -o) się, bali się	bojąc się
boleć	*nur 3. Pers.* boli, bolą	–	bolał(a, -o) –	boląc
bóść	bodę, bodzie, bodą	bódź	bódł (bodła, -ło) –	bodąc
brać	biorę, bierze, biorą	bierz	brał(a, -o), brali	biorąc
być	jestem, jest, są *Futur*: będę, będzie, będą	bądź	był(a, -o), byli	będąc
chcieć	chcę, chce, chcą	chciej	chciał(a, -o), chcieli	chcąc
ciąć	tnę, tnie, tną	tnij	ciął (cięła, -ło), cięli	tnąc
ciec	cieknę, cieknie/ciecze, ciek(n)ą	cieknij	ciekł(a, -o), ciekli	cieknąc
czcić	czczę, czci, czczą	czcij	czcił(a, -o) czcili	czcząc
dostać	dostanę, dostanie, dostaną	dostań	dostał(a, -o), dostali	dostając
drzeć	drę, drze, drą	drzyj	darł(a, -o), darli	drąc
gnieść	gniotę, gniecie, gniotą	gnieć	gniótł (gniotła, -ło), gnietli	gniotąc
gryźć	gryzę, gryzie, gryzą	gryź	gryzł(a, -o), gryźli	gryząc
grząźć	grzęznę, grzęźnie, grzęzną	grzęźnij	grzązł (grzęzła, -ło), grzęźli	grzęznąc
iść	idę, idzie, idą	idź	szedł (szła, szło), szli	idąc
jechać	jadę, jedzie, jadą	jedź	jechał(a, -o), jechali	jadąc
jeść	jem, je, jedzą	jedz	jadł(a, -o), jedli	jedząc

-jść	-jdę, -jdzie, -jdą	-jdź	-szedł (-szła, -szło), -szli	–
kłaść	kładę, kładzie, kładą	kładź	kładł(a, -o), kładli	kładąc
kraść	kradnę, kradnie, kradną	kradnij	kradł(a, -o), kradli	kradąc
lec, legnąć	legnę, legnie, legną	legnij	legł(a, -o), legli	–
leźć	lezę, lezie, lezą	leź	lazł(a, -o), leźli	leząc
łgać	łżę, łże, łżą	łżyj	łgał(a, -o), łgali	łżąc
mieć	mam, ma, mają	miej	miał(a, -o), mieli	mając
mieść	miotę, miecie, miotą	mieć	miótł (miotła, -ło), mietli	miotąc
mleć	mielę, miele, mielą	miel	mełł(a, -o), mełli	mieląc
móc	mogę, może, mogą	-móż	mógł (mogła, -ło), mogli	mogąc
mrzeć	mrę, mrze, mrą	-mrzyj	marł(a, -o), marli	mrąc
mścić	mszczę, mści, mszczą	mścij	mścił(a, -o), mścili	mszcząc
-naleźć	-najdę, -najdzie, -najdą	-najdź	-nalazł(a, -o), -naleźli	-najdując
nieść	niosę, niesie, niosą	nieś	niósł (niosła, -ło), nieśli	niosąc
oblec	oblokę, oblecze, obloką	oblecz	oblókł (-okła, -okło), oblekli	–
orać	orzę, orze, orzą	orz	orał(a, -o), orali	orząc
paść[1] *(fallen)*	padnę, padnie, padną	padnij	padł(a, -o), padli	–
paść[2] *(weiden)*	pasę, pasie, pasą	paś	pasł(a, -o), paśli	pasąc
piec	piekę, piecze, pieką	piecz	piekł(a, -o), piekli	piekąc
pleć	pielę, piele, pielą	piel	pełł(a, -o), pełli	pieląc
prać	piorę, pierze, piorą	pierz	prał(a, -o), prali	piorąc
pleść	plotę, plecie, plotą	pleć	plótł (plotła, -ło), pletli	plotąc
-prząc	-przęgę, przęże, -przęgą	-przęż	-prządł (-przęgła, -ło), -przęgli	–
prząść	przędę, przędzie, przędą	przędź/ prządź	prządł (przędła, -ło), przędli	przędąc
przeć	prę, prze, prą	przyj	parł(a, -o), parli	prąc
rosnąć, róść	rosnę, rośnie, rosną	rośnij	rósł (rosła, -ło), rośli	rosnąc

roz-postrzeć	-postrę, -postrze, -postrą	-postrzyj	-postarł(a, -o), -postarli	–
rozumieć	rozumiem, rozumie, rozumieją	rozum	rozumiał(a, -o), rozumieli	rozumiejąc
rwać	rwę, rwie, rwą	rwij	rwał(a, -o), rwali	rwąc
rzec	rzeknę, rzeknie, rzekną	rzeknij	rzekł(a, -o), rzekli *pp*	rzeczony
-siąc	-sięgnę, -sięgnie, -sięgną	-sięgnij	-siągł (-sięgła, -ło), -sięgli	-sięgając
siąść	siądę, siądzie, siądą	siądź	siadł(a, -o), siedli	–
siec	siekę, siecze, sieką	siecz	siekł(a, -o), siekli	siekąc
słać[1] *(senden)*	ślę, śle, ślą	ślij	słał(a, -o), słali	śląc
słać[2]	ścielę, ściele, ścielą	ściel	słał(a, -o), słali	ścieląc
spać	śpię, śpi, śpią	śpij	spał(a, -o), spali	śpiąc
spiąć	zepnę, zepnie, zepną	zepnij	spiął (spięła, -ło),	–
ssać	ssę, ssie, ssą	ssij	ssał(a, -o), ssali	ssąc
stać[1]	stoję, stoi, stoją	stój	stał(a, -o), stali	stojąc
stać[2]**(się)**	stanę, stanie, staną (się)	stań (się)	stał(a, -o), stali (się)	–
strzec	strzegę, strzeże, strzegą	strzeż	strzegł(a, -o), strzegli	strzegąc
strzyc	strzygę, strzyże, strzygą	strzyż	strzygł(a, -o), strzygli	strzygąc
śmieć	śmiem, śmie, śmieją	śmiej	śmiał(a, -o), śmieli	śmiejąc
tlić się	*nur 3. Pers.* tli się, tlą się	–	tlił(a, -o) się, –	tląc się
tłuc	tłukę, tłucze, tłuką	tłucz	tłukł(a, -o), tłukli	tłukąc
trząść	trzęsę, trzęsie, trzęsą	trzęś	trząsł (trzęsła, -ło), trzęśli	trzęsąc
trzeć	trę, trze, trą	trzyj	tarł(a, -o), tarli	trąc
wiedzieć	wiem, wie, wiedzą	wiedz	wiedział(a, -o), wiedzieli	wiedząc
wieść	wiodę, wiedzie, wiodą	wiedź	wiódł (wiodła, -ło), wiedli	wiodąc
wieźć	wiozę, wiezie, wiozą	wieź	wiózł (wiozła, -ło), wieźli	wioząc
wlec	wlokę, wlecze, wloką	wlecz	wlókł (wlokła, -ło), wlekli	wlokąc
wrzeć	wrę, wre/wrze, wrą/wrzą	wrzyj	wrzał(a, -o), wrzeli	wr(z)ąc

-wrzeć	-wrę, -wrze, -wrą	-wrzyj	-warł(a, -o), -warli	–
wściec się	wścieknę się, wściekne się, wściekną się	wścieknij się	wściekł(a, -o) się, wściekli się	–
wziąć	wezmę, weźmie, wezmą	weź	wziął (wzięła, -ło), wzięli	–
zląc/ zlęknąć się	zlęknę się, zlęknie się, zlękną się	zlęknij	zląkł się (zlękła, -ło się), zlękli się	–
zwać	zwę/zowię, zwie/ zowie, zwą/zowią	zwij	zwał(a, -o), zwali	zwąc
żreć	żrę, żre, żrą	żryj	żarł(a, -o), żarli	żrąc

Bei perfektiven Verben, die vom Präsens-/Futur-Stamm mit Hilfe von Präfixen gebildet werden, ist ein e-Einschub bei Konsonantenhäufung zu beachten: rozebrać – rozbiorę, odeprzeć – odparł, podejść – podeszła (aber: podszedł), rozciąć – rozetnę, zewrzeć – zewrę (aber: zwarł) usw.

Wskazówki gramatyczne do języka niemieckiego

Ze względu na objętość słownika niezbędną informację podaje się przy wyrazach hasłowych jedynie w tych przypadkach, gdy formy fleksyjne stanowią odchylenie od zamieszczonych niżej wzorów, a w wypadku rzeczowników i czasowników złożonych tylko wówczas, gdy wykazują one odstępstwa od informacji, podanej przy formach prostych.

1 Deklinacja rzeczowników

Przy rzeczownikach rodzaju **żeńskiego**, odmieniających się według następujących wzorów, nie podaje się końcówek fleksyjnych:

liczba pojedyncza (*lp*)
N, G, D, A die Frau / Tracht / Sehne / Lehrerin / Kolonie

liczba mnoga (*lm*)
N, G, D, A die Frau**en** / Tracht**en** / Sehne**n** / Lehrerin**nen** / Kolonie**n**

Wszelkie **odchylenia od powyższych form liczby mnogiej** podawane są przy wyrazach hasłowych. Znakiem ⸚ oznacza się przegłos w liczbie mnogiej; *0* (zero) sygnalizuje, że rzeczownik nie jest używany w liczbie mnogiej:

Leber F (-; *-n*) *lm* – Leber**n**
Couch F (-; *-s*/*-en*) *lm* – Couch**s** i Couch**en**
Tochter F (-; ⸚) *lm* – Töchter
Atmung F (*0*) – bez *lm*

Rzeczowniki rodzaju **męskiego,** przy których podaje się końcówkę (*-en*)lub (*-n*),odmieniają się według następującego wzoru:
Student M (*-en*) – *N, D, A lp* des/dem/den Student**en**
Bote M (*-n*) – *N, D, A lp* des/dem/den Bote**n**
lm we wszystkich przypadkach: die/der/den/die Student**en**/Bote**n**

Rzeczowniki rodzaju **męskiego i nijakiego,** odmieniające się według następujących wzorów podaje się bez końcówek przypadkowych:
lp N, D, A der/dem/den Lehrer, das/dem/das Übel, *gen* des Lehrer**s**/Übel**s**
lm N, G, A die/der/die Lehrer/Übel, *dat* den Lehrer**n**/Übel**n**

Rzeczowniki odprzymiotnikowe umieszczone są w słowniku bez dodatkowej informacji fleksyjnej. Wzór odmiany: **Reisende(r)**

ein Reisende**r**, der/die Reisende, eines/des/einer/der Reisende**n**
einem/einen/dem/den, einer/der Reisende**n**, eine/die Reisende
lm we wszystkich przypadkach: die/der/den/die Reisende**n**

Przy rzeczownikach rodzaju męskiego lub nijakiego, które wykazują odstępstwa od powyższego wzoru, podaje się przy wyrazach hasłowych końcówkę drugiego przypadku *lp* i (po średniku) pierwszego przypadku *lm* lub skrót *bpl*, jeśli rzeczownik używany jest tylko w *lp*:

	Końcówki	*G lp*	*N lm*
Opa M	(-*s*; -*s*)	des Opas	die Opas
Tor N	(-*e̸s*; -*e*)	des Tor(e)s	die Tore
Gast M	(-*e̸s*; -̈*e*)	des Gast(e)s	die Gäste
Zirkus M	(-; -*se*)	des Zirkus	die Zirkusse
Atlas M	(-*ses*; -*se*/-*lanten*)	des Atlasses	die Atlasse/Atlanten
Gebiss N	(-*es*; -*e*)	des Gebisses	die Gebisse
Herz N	(-*ens*; -*en*)	des Herzens	die Herzen
Kind N	(-*e̸s*; -*er*)	des Kind(e)s	die Kinder
Holz N	(-*es*; -̈*er*)	des Holzes	die Hölzer
Mut M	(-*e̸s*; *0*)	des Mut(e)s	–

2 Odmiana przymiotników

Rozróżnia się trzy kategorie form przymiotnika w funkcji przydawki:

Przymiotnik z rodzajnikiem określonym lub innym wyrazem, posiadającym taką samą końcówkę jak rodzajnik (diese(r, -s), jene(r, -s), manche(r, -s), solche(r, -s)) oraz w *lm* alle, keine, meine, deine, seine, ihre, mehrere, eu(e)re, irgendwelche, sämtliche):
N lp der/die/das dick**e**, klein**e**, jung**e** itp.
A lp die/das dick**e**, klein**e**, jung**e** itp.
We wszystkich pozostałych przypadkach *lp* i *lm* końcówka **-en:**
dem/der/die/den (ihren/meinen/irgendwelchen/manchen) dick**en** Mann, klein**en** Kind(ern), jung**en** Frau(en) itp.

Przymiotnik z rodzajnikiem nieokreślonym lub innym wyrazem, posiadającym taką samą końcówkę jak rodzajnik nieokreślony (kein, mein, dein, unser, folgend itp.):
N lp ein alt**er** (Mann) – eine jung**e** (Frau) – ein klein**es** (Kind);
A lp ein**en** alt**en** (Mann) – eine jung**e** (Frau) – ein klein**es** (Kind)
We wszystkich pozostałych przypadkach *lp* i *lm* końcówka **-en:**

eines klein**en** Kindes, einer jung**en** Frau, einem alt**en** Mann itp.

Przymiotniki bez rodzajnika odmieniają się jak rodzajnik określony (p. str. 1407) i jedynie w *G lp* rodzaju męskiego i nijakiego przybierają końcówkę **-en**: des alt**en** Weines, des frisch**en** Brotes. Przymiotniki rodzaju nijakiego przybierają poza tym w *N* i *A lp* końcówkę **-es** (nie – as!): frisch**es** Brot, alt**es** Haus.

3 Stopniowanie przymiotników, imiesłowów i przysłówków

Przy tych wyrazach hasłowych nie podaje się informacji dotyczącej stopniowania, jeżeli tworzą one regularne formy stopnia wyższego za pomocą przyrostka **-er**, a stopnia najwyższego za pomocą **-st** lub **-est-** (zakończone na **s**, **ß**, **x** i **z**).

Odchylenia oznaczone są skrótami, podanymi w nawiasach przy wyrazie hasłowym:

groß (*-̈er; -̈ßt-*)	größ**er**, größ**te** (am größten)
hart (*-̈er; -̈est-*)	härt**er**, härt**este** (am härtesten)
klug (*-̈er; -̈st-*)	klüg**er**, klüg**ste** (am klügsten)
gut (*besser, best-*)	besser, beste (am besten)

Przymiotniki zakończone na **-el** (czasem też na **-er, -en**) tracą w stopniu wyższym **-e-**:

dunkel (*-kl-*)	dun**kl**er, dunkelste (am dunkelsten)
sauer (*-ur-*)	sa**ur**er, sauerste (am sauersten)

4 Koniugacja czasowników

Czasowniki, odmieniające się według **koniugacji słabej** podaje się bez wskazówek dotyczących tworzenia form koniugacyjnych:

loben	*czas teraźniejszy*:	ich lobe, du lobst, er (sie, es) lobt, wir loben, ihr lobt, sie (Sie) loben
	imperfectum:	ich lobte, du lobtest, er (sie, es) lobte, wir lobten, ihr lobtet, sie (Sie) lobten
	imiesłów bierny:	gelobt; *tryb rozkazujący*: lobe!, lobt!

Odchylenia od powyższego wzoru oznaczone są skrótami w nawiasach przy wyrazie hasłowym:

a) (*-e-*)	przy czasownikach typu **reden, morden, waten**	
	czas teraźniejszy:	du red**e**st, er (sie, es) red**e**t, ihr red**e**t
	imperfectum:	ich, er (sie, es) red**e**te, ihr red**e**tet
	imiesłów bierny:	gered**e**t, *tryb rozk.*: rede!, red**e**t!
b) (*-zt*)	przy czasownikach typu **beizen, geizen, reizen**	
	czas teraźniejszy:	du, er (sie, es), ihr bei**zt**
	imperfectum:	ich, er (sie, es) bei**zt**e, du bei**zt**est, ihr bei**zt**et, sie (Sie) bei**zt**en
	imiesłów bierny:	gebei**zt**, *tryb rozk.*: beize!, bei**zt**!

Uwaga: Czasowniki, których temat kończy się na **-s** (reisen, losen, rasen itp.), przybierają zwykle (podobnie do czasowników wymienionych wyżej) w 2. osobie *lp* trybu oznajmującego końcówkę **-t**: du **reist** (forma oboczna **reisest**), du **rast** (forma oboczna **rasest**). Hasła te nie opatruje się informacją dot. tworzenia form koniugacyjnych.

c) (*-le*)	przy czasownikach typu **handeln, wandeln, trödeln**	
	czas teraźniejszy:	ich hand(e)**le**
	tryb rozkazujący:	hand**le**!, handelt!
d) (*-re*)	przy czasownikach typu **wandern, fordern, lodern:**	
	czas teraźniejszy:	ich wand(e)**re**, ford(e)**re**
	tryb rozkazujący:	wand(e)**re**!, ford(e)**re**!

Formy koniugacyjne **odmiany mocnej** podane są w zestawieniu, umieszczonym na końcu słownika. Wykaz obejmuje tylko czasowniki proste, tak więc dla ustalenia odmiany czasownika złożonego należy odszukać w wykazie odpowiednią formę prostą: ankommen → kommen, durchbrechen → brechen itd.

Skrót (*sn*) przy formie hasłowej oznacza, że czasownik tworzy czasy złożone przy pomocy słowa posiłkowego **sein**. Kreską (-) oznacza się czasowniki, tworzące imiesłów czasu przeszłego dokonanego (imiesłów bierny) **bez przedrostka ge-**.
Uwaga: Wymienione w p. 2. i 3. wskazówki w zakresie odmiany mogą być podane przy wyrazie hasłowym w połączeniu z wymienionymi w p. 1 lub bez nich: **beteuern** (-*re*;-), **sickern** (-*re*;*sn*), **beschaffen** (-) itd.

Przy czasownikach złożonych nie podaje się informacji o ich przynależności do grupy czasowników złożonych rozdzielnie bądź nierozdzielnie. Do **czasowników złożonych rozdzielnie** (z akcentem na pierwszym członie) należą czasowniki z przedrostkami **ab**, **an**, **auf**, **aus**, **bei**, **dar**, **ein**, **fort**, **her**, **hin** (oraz ich złożenia **herauf**, **hinaus** itd.), **mit**, **nach**, **nieder**, **vor**, **weg**, **zu**, **zurück**:
abreisen → ich reise, du reist, er/sie/es reist **ab**

Nierozdzielnie złożone czasowniki z przedrostkami **be**, **emp**, **ent**, **er**, **ge**, **miss**, **ver**, **zer** mają akcent na drugim członie:
be'gehen → ich be'gehe, du be'gehst, er be'geht itd.

Czasowniki z przedrostkami **durch**, **hinter**, **über**, **um**, **unter**, **voll**, **wider**, **wieder** są rozdzielne lub nierozdzielne, zależnie od akcentu:
'durchdringen er dringt durch, ist 'durchgedrungen
durch'dringen es durch'dringt, hat/ist durch'drungen

5 Zaimki, rodzajnik określony i nieokreślony

Zaimki osobowe

sg	*N*	ich	du	er	sie	es
	G	meiner	deiner	seiner	ihrer	seiner
	D	mir	dir	ihm	ihr	ihm
	A	mich	dich	ihn	sie	es
pl	*N*	wir	ihr	sie	*3. os. m, f, n*	
	G	unser	eurer	ihrer		
	D	uns	euch	ihnen		
	A	uns	euch	sie		

Rodzajnik określony i zaimki wskazujące

		m	*f*	*n*	*pl m, f, n*
sg	*N*	der	die	das	die
	G	des	der	des	der
	D	dem	der	dem	den
	A	den	die	das	die

Według tego wzoru odmieniają się również zaimki wskazujące **diese(r, -s)**, **jene(r, -s)**, **solche(r, -s)**: dies**er**, dies**es**, dies**em**, dies**en**, dies**e** itd. Rodzajnik określony występuje również w funkcji zaimka wskazującego:
G *m*: dessen *f*: derer *n*: dessen *pl*: derer, deren
D pl denen, deren. (Forma deren używana jest wówczas, gdy odnosi się ona do wymienionych już osób lub przedmiotów).

Rodzajnik nieokreślony i zaimki dzierżawcze

		m	*f*	*n*	*pl m, f, n*
sg	*N*	ein	ein**e**	ein	mein**e**, kein**e**
	G	ein**es**	ein**er**	ein**es**	mein**er**, kein**er**
	D	ein**em**	ein**er**	ein**em**	mein**en**, kein**en**
	A	ein**en**	ein**e**	ein	mein**e**, kein**e**

Analogicznie: **dein**, **sein**, **unser**, **euer**, **ihr**. W funkcji rzeczownika zaimki dzierżawcze odmieniają się jak rzeczowniki odprzymiotnikowe: der/die Deine, die Dein**en**. Bez rodzajnika przybierają one w *N* i *A sg* i *pl* formę rodzajnika określonego: mein**er**, dein**en** itp.

Zaimki względne

Zaimek względny **der**, **die**, **das**, **die** odmienia się jak rodzajnik określony.

Wyjątki:	*G/sg*	*m:*	dessen	*f:*	deren	*n:*	dessen
	G/pl	*m, f, n:*	deren			*D/pl m, f, n:*	denen

Zamiast der, die, das używa się w *N*, *D* i *A* **welche(r, -s)**.

Zaimki zwrotne

sg: ich ... *A* **mich**/*D* **mir**, du ... *A* **dich**/*D* **dir**, er/sie/es ... *A* i *D* **sich**; *pl A* i *D*: wir ... **uns**, ihr ... **euch**, sie/Sie ... **sich**

Zaimki pytające i nieokreślone

rzeczownikowe	*przymiotnikowe*			
osoba	*przedmiot*	*m/n*	*f*	*pl*
wer?	was?	welcher/welches?	welche?	welche?
wessen?		welches/welchen?	welche?	welcher?
wem?	–	welchem?	welcher?	welchen?
wen?	was?	welchen?	welche?	welche?

Zaimki nieokreślone **etwas** i **nichts** są nieodmienne, **jemand** i **niemand** mogą w *G*, *D* i *A* przybierać końcówki rodzajnika der (-es, -em, -en).

Odmiana niemieckich liczebników głównych: liczebniki **eins, zwei, drei** odmieniają się we wszystkich przypadkach jak przymiotniki (p. str. 1403), **einer** jak zaimek wskazujący **dieser**. Liczby 4–12 przybierają po **zu** w *D* końcówkę **-t** lub **-en**: zu fünf**t** albo zu fünf**en**.

Niemieckie liczebniki porządkowe odmieniają się jak przymiotnik (p. str. 1403).

Wykaz czasowników mocnych i nieregularnych

Jak należy posługiwać się wykazem:

Wykaz obejmuje tylko czasowniki proste, tzn. nie uwzględniono w nim (z pewnymi wyjątkami) czasowników złożonych, utworzonych przy pomocy przedrostków. Dla odnalezienia formy hasłowej czasowników złożonych nierozdzielnie (z przedrostkami **be**-, **ent**-, **er**-, **ge**- i in.) względnie rozdzielnie (z przedrostkami **ab**-, **an**-, **fort**-, **her**-, **hin**-, **weg**- i in.) oraz czasowników złożonych rozdzielnie bądź nierozdzielnie (z przedrostkami **durch**-, **hinter**-, **miss**-, **um**- i in.) należy:

a) wychodząc od formy praesens lub imperfectum oddzielić przedrostek:
er-hält – hält → halten + er = forma hasłowa w bezokoliczniku: erhalten;
emp-fing – fing → fangen + emp = forma hasłowa: empfangen;
ab-hob – hob → heben + ab = forma hasłowa: abheben

b) wychodząc od formy imiesłowu czasu przeszłego dokonanego (Partizip II) zamienić przedrostek be-, emp-, er- i in. nierozdzielnie złożonych czasowników przedrostkiem ge- lub oddzielić przedrostek ab-, an-, weg- itp., występujący przed ge- w rozdzielnie złożonych czasownikach:
be-stochen → gestochen → stechen + be = forma hasłowa: bestechen;
ab-ge-hoben → gehoben → heben + ab = forma hasłowa: abheben;
miss-ver-standen → gestanden → stehen + miss + ver = forma hasłowa: missverstehen.

W wykazie podaje się następujące formy:
3 osoba lp czasu teraźniejszego (praesens),
3 osoba lp czasu przeszłego niedokonanego (imperfectum) [+ tryb warunkowy],
imiesłów czasu przeszłego dokonanego (Partizip II).

ausbedingen	bedingt aus	bedingte aus	ausbedungen
backen	backt/bäckt	backte/buk [büke]	gebacken
befehlen	befiehlt	befahl [beföhle]	befohlen
beginnen	beginnt	begann [begänne]	begonnen
beißen	beißt	biss [bisse]	gebissen
bergen	birgt	barg [bärge]	geborgen
bersten	birst	barst [bärste]	geborsten

bewegen	bewegt	bewog [bewöge]	bewogen
biegen	biegt	bog [böge]	gebogen
bieten	bietet	bot [böte]	geboten
binden	bindet	band [bände]	gebunden
bitten	bittet	bat [bäte]	gebeten
blasen	bläst	blies	geblasen
bleiben	bleibt	blieb	geblieben
bleichen	bleicht	blich	geblichen
braten	brät	briet	gebraten
brechen	bricht	brach [bräche]	gebrochen
brennen	brennt	brannte	gebrannt
bringen	bringt	brachte [brächte]	gebracht
denken	denkt	dachte [dächte]	gedacht
dingen	dingt	dingte/dang [dänge]	gedungen
dreschen	drischt	drosch [drösche]	gedroschen
dringen	dringt	drang [dränge]	gedrungen
dürfen	darf	durfte [dürfte]	gedurft
empfehlen	empfiehlt	empfahl [empföhle]	empfohlen
erlöschen	erlischt	erlosch [erlösche]	erloschen
erschrecken	erschrickt	erschrak [erschräke]	erschrocken
essen	isst, 2. *lm* esst	aß [äße]	gegessen
fahren	fährt	fuhr [führe]	gefahren
fallen	fällt	fiel	gefallen
fangen	fängt	fing	gefangen
fechten	ficht	focht [föchte]	gefochten
finden	findet	fand [fände]	gefunden
flechten	flicht	flocht [flöchte]	geflochten
fliegen	fliegt	flog [flöge]	geflogen
fliehen	flieht	floh [flöhe]	geflohen
fließen	fließt	floss [flösse]	geflossen
fressen	frisst	fraß [fräße]	gefressen
frieren	friert	fror [fröre]	gefroren
gären	gärt	gärte/gor [göre]	gegoren
gebären	gebiert	gebar [gebäre]	geboren
geben	gibt	gab [gäbe]	gegeben
gedeihen	gedeiht	gedieh	gediehen
gehen	geht	ging	gegangen

gelingen	gelingt	gelang [gelänge]	gelungen
gelten	gilt	galt [gälte]	gegolten
genesen	genest	genas [genäse]	genesen
genießen	genießt	genoss [genösse]	genossen
geraten	gerät	geriet	geraten
geschehen	geschieht	geschah [geschähe]	geschehen
gewinnen	gewinnt	gewann [gewänne]	gewonnen
gießen	gießt	goss [gösse]	gegossen
gleichen	gleicht	glich	geglichen
gleiten	gleitet	glitt	geglitten
glimmen	glimmt	glomm [glömme]	geglommen
graben	gräbt	grub [grübe]	gegraben
greifen	greift	griff	gegriffen
haben	hat	hatte [hätte]	gehabt
halten	hält	hielt	gehalten
hängen *v/i*	hängt	hing	gehangen
hauen	haut	haute, hieb	gehauen
heben	hebt	hob [höbe]	gehoben
heißen	heißt	hieß	geheißen
helfen	hilft	half [hülfe]	geholfen
kennen	kennt	kannte [kennte]	gekannt
klimmen	klimmt	klomm [klömme]	geklommen
klingen	klingt	klang [klänge]	geklungen
kneifen	kneift	kniff	gekniffen
kommen	kommt	kam [käme]	gekommen
können	kann	konnte [könnte]	gekonnt
kriechen	kriecht	kroch [kröche]	gekrochen
laden	lädt	lud [lüde]	geladen
lassen	lässt	ließ	gelassen
laufen	läuft	lief	gelaufen
leiden	leidet	litt	gelitten
leihen	leiht	lieh	geliehen
lesen	liest	las [läse]	gelesen
liegen	liegt	lag [läge]	gelegen
lügen	lügt	log [löge]	gelogen
mahlen	mahlt	mahlte	gemahlen
meiden	meidet	mied	gemieden

melken	melkt	melkte/molk [mölke]	gemolken
messen	misst	maß [mäße]	gemessen
misslingen	misslingt	misslang [misslänge]	misslungen
mögen	mag	mochte [möchte]	gemocht
müssen	muss	musste [müsste]	gemusst
nehmen	nimmt	nahm [nähme]	genommen
nennen	nennt	nannte [nennte]	genannt
pfeifen	pfeift	pfiff	gepfiffen
preisen	preist	pries	gepriesen
quellen	quillt	quoll [quölle]	gequollen
raten	rät	riet	geraten
reiben	reibt	rieb	gerieben
reißen	reißt	riss	gerissen
reiten	reitet	ritt	geritten
rennen	rennt	rannte [rennte]	gerannt
riechen	riecht	roch [röche]	gerochen
ringen	ringt	rang [ränge]	gerungen
rinnen	rinnt	rann [ränne]	geronnen
rufen	ruft	rief	gerufen
salzen	salzt	salzte	gesalzen
saufen	säuft	soff [söffe]	gesoffen
saugen	saugt	sog [söge]	gesogen
schaffen	schafft	schuf [schüfe]	geschaffen
scheiden	scheidet	schied	geschieden
scheinen	scheint	schien	geschienen
scheißen	scheißt	schiss	geschissen
schelten	schilt	schalt [schölte]	gescholten
scheren	schert	schor [schöre]	geschoren
schieben	schiebt	schob [schöbe]	geschoben
schießen	schießt	schoss	geschossen
schinden	schindet	schindete	geschunden
schlafen	schläft	schlief	geschlafen
schlagen	schlägt	schlug [schlüge]	geschlagen
schleichen	schleicht	schlich	geschlichen
schleifen	schleift	schliff	geschliffen
schließen	schließt	schloss	geschlossen
schlingen	schlingt	schlang [schlänge]	geschlungen

schmeißen	schmeißt	schmiss	geschmissen
schmelzen	schmilzt	schmolz [schmölze]	geschmolzen
schneiden	schneidet	schnitt	geschnitten
-schrecken	-schrickt	-schrak [-schräke]	-schrocken
schreiben	schreibt	schrieb	geschrieben
schreien	schreit	schrie [schriee]	geschrie(e)n
schreiten	schreitet	schritt	geschritten
schweigen	schweigt	schwieg	geschwiegen
schwellen	schwillt	schwoll [schwölle]	geschwollen
schwimmen	schwimmt	schwamm [schwömme]	geschwommen
schwinden	schwindet	schwand [schwände]	geschwunden
schwingen	schwingt	schwang [schwänge]	geschwungen
schwören	schwört	schwor [schwüre]	geschworen
sehen	sieht	sah [sähe]	gesehen
sein	ist	war [wäre]	gewesen
senden	sendet	sandte	gesandt
sieden	siedet	siedete/sott [sötte]	gesotten
singen	singt	sang [sänge]	gesungen
sinken	sinkt	sank [sänke]	gesunken
sinnen	sinnt	sann [sänne]	gesonnen
sitzen	sitzt	saß [säße]	gesessen
sollen	soll	sollte	gesollt
spalten	spaltet	spaltete	gespalten
speien	speit	spie [spiee]	gespie(e)n
spinnen	spinnt	spann [spänne]	gesponnen
sprechen	spricht	sprach [spräche]	gesprochen
sprießen	sprießt	spross	gesprossen
springen	springt	sprang [spränge]	gesprungen
stechen	sticht	stach [stäche]	gestochen
stecken	steckt	steckte/stak [stäke]	gesteckt
stehen	steht	stand [stünde, stände]	gestanden
stehlen	stiehlt	stahl [stähle]	gestohlen
steigen	steigt	stieg	gestiegen
sterben	stirbt	starb [stürbe]	gestorben
stieben	stiebt	stob [stöbe]	gestoben
stinken	stinkt	stank [stänke]	gestunken

stoßen	stößt	stieß	gestoßen
streichen	streicht	strich	gestrichen
streiten	streitet	stritt	gestritten
tragen	trägt	trug [trüge]	getragen
treffen	trifft	traf [träfe]	getroffen
treiben	treibt	trieb	getrieben
treten	tritt	trat [träte]	getreten
trinken	trinkt	trank [tränke]	getrunken
trügen	trügt	trog [tröge]	getrogen
tun	tut	tat [täte]	getan
verderben	verdirbt	verdarb [verdürbe]	verdorben
verdrießen	verdrießt	verdross [verdrösse]	verdrossen
vergessen	vergisst	vergaß [vergäße]	vergessen
verlieren	verliert	verlor [verlöre]	verloren
verschleißen	verschleißt	verschliss	verschlissen
wachsen	wächst	wuchs [wüchse]	gewachsen
-wägen	-wägt	-wog [-wöge]	-gewogen
waschen	wäscht	wusch [wüsche]	gewaschen
weben	webt	webte/wob [wöbe]	gewebt/-woben
weichen	weicht	wich	gewichen
weisen	weist	wies	gewiesen
wenden	wendet	wandte [wendete]	gewandt
werben	wirbt	warb [würbe]	geworben
werden	wird, 2. *lp* wirst	wurde/ward [würde]	geworden
werfen	wirft	warf [würfe]	geworfen
wiegen	wiegt	wog [wöge]	gewogen
winden	windet	wand [wände]	gewunden
wissen	weiß, 2. *lp* weißt	wusste [wüsste]	gewusst
wollen	will	wollte	gewollt
wringen	wringt	wrang [wränge]	gewrungen
zeihen	zeiht	zieh	geziehen
ziehen	zieht	zog [zöge]	gezogen
zwingen	zwingt	zwang [zwänge]	gezwungen

Abkürzungen und Symbole | Skróty i symbole

a.	auch	również, też
A	Akkusativ	biernik
ABK, *abk*	Abkürzung	skrót
abw	abwertend	pejoratywny
ADJ, *adj*	Adjektiv	przymiotnik
ADMIN	Verwaltung	administracja
ADV, *adv*	Adverb	przysłówek
AGR	Landwirtschaft	rolnictwo
akk	Akkusativ	biernik
ANAT	Anatomie	anatomia
ARCH	Architektur	architektura
ART, *art*	Artikel	rodzajnik
ASTRON	Astronomie	astronomia
attr	attributiv	przydawkowo
austr	österreichisch	wyraz austriacki
AUTO	Auto	motoryzacja
BANK	Bankwesen	bankowość
bes	besonders	szczególnie, zwłaszcza
bpl	ohne Plural	tylko liczba pojedyncza
BUD	Bauwesen	budownictwo
BIOL	Biologie	biologia
BOT	Botanik	botanika
CHEM	Chemie	chemia
D	Dativ	celownik
dat	Dativ	celownik
dem	demonstrativ	wskazujący
dial	Dialekt, dialektal	wyraz gwarowy
dim	Diminutiv	wyraz zdrobniały
EDV	Datenverarbeitung	przetwarzanie danych
e-e	eine	(rodzajnik nieokreślony)
EKOL	Ökologie	ekologia
EKON	Wirtschaft	gospodarka
ELEK	Elektrotechnik	elektrotechnika

e-m	einem	(rodzajnik nieokreślony)
e-n	einen	(rodzajnik nieokreślony)
engS	im engeren Sinne	w węższym znaczeniu
e-r	einer	(rodzajnik nieokreślony)
e-s	eines	(rodzajnik nieokreślony)
etw	etwas	coś, czegoś, czymś
F, *f*	Femininum, weiblich	rodzaju żeńskiego
fig	figürlich, übertragen	w znaczeniu przenośnym
FILM	Film, Kino	film, kino
FILOZ	Philosophie	filozofia
FIN	Finanzen, Buchhaltung	finanse, księgowość
FIZ	Physik	fizyka
FOTO	Fotografie	fotografia
G	Genitiv	dopełniacz
gen	Genitiv	dopełniacz
GEOG	Geografie	geografia
GEOL	Geologie	geologia
GÓRN	Bergbau	górnictwo
GRAM	Grammatik	gramatyka
h	haben	(słowo posiłkowe)
HANDEL	Handel	handlowość
HIST	Geschichte	historia
I	Instrumental	narzędnik
IMPF, *impf*	imperfektives Verb	czasownik niedokonany
(IM)PF, *(im)pf*	imperfektives und perfektives Verb	czasownik niedokonany i dokonany
ind	Indikativ	tryb oznajmujący
indef	unbestimmt	nieokreślony
inf	Infinitiv	bezokolicznik
inst	Instrumental	narzędnik
int	Interjektion	wykrzyknik
interrog	interrogativ	pytajny
iron	ironisch	ironiczny
irr	unregelmäßig	nieprawidłowy
j-d	jemand	ktoś
JĘZ	Sprachwissenschaft	językoznawstwo
j-m	jemandem	komuś

j-n	jemanden	kogoś
j-s	jemandes	czyjś
JUR	Rechtswesen	prawo, prawniczy
koll	Kollektivwort	wyraz zbiorowy
komp	Komparativ	stopień wyższy
konj	Konjunktion	spójnik
konjunkt	Konjunktiv	tryb przypuszczający
KOLEJ	Bahn	kolejnictwo
KOSM	Raumfahrt	kosmonautyka
KULIN	Kochkunst	sztuka kulinarna
L	Lokativ	miejscownik
LEŚN	Forstwesen	leśnictwo
LIT	Literatur	literatura
lit	literarisch	wyraz literacki
lok	Lokativ	miejscownik
LOT	Luftfahrt	lotnictwo
ŁÓW	Jagd	łowiectwo
M, *m*	Maskulinum, männlich	rodzaju męskiego
MAL	Malerei	malarstwo
MAR	Schifffahrt, Marine	żegluga, marynarka
MAT	Mathematik	matematyka
METEO	Meteorologie	meteorologia
MIL	Militär	wojskowość
MINER	Mineralogie	mineralogia
MITOL	Mythologie	mitologia
mst	meist(ens)	przeważnie
MUS	Musik	muzyka
N, *n*	Neutrum, sächlich	rodzaju nijakiego
N	Nominativ	mianownik
nom	Nominativ	mianownik
neg!	kann als beleidigend empfunden werden	może być uważane za obraźliwe
num	Numerale, Zahlwort	liczebnik
obs	veraltet, obsolet	przestarzały
od	oder	albo, lub
ogóln	allgemein	w znaczeniu ogólnym
pop	populär, derb	wyraz pospolity, rubaszny

pperf	Partizip Perfekt	imiesłów czasu przeszłego (dokonanego)
ppr	Partizip Präsens	imiesłów współczesny czynny
partikel	Partikel	partykuła
persf	Personalform	forma męskoosobowa
PF, *pf*	perfektives Verb	czasownik dokonany
PL, *pl*	Plural	liczba mnoga
pł-niem	süddeutsch	południowoniemiecki
poet	poetisch	wyraz poetycki
POL	Politik	polityka
poss	possessiv	dzierżawczy
präd	prädikativ	orzecznik(owo)
PRÄP, *präp*	Präposition	przyimek
präs	Präsens	czas teraźniejszy
prät	Präteritum	czas przeszły
PRON, *pron*	Pronomen	zaimek
PR DEM, *pr dem*	Demonstrativpronomen	wskazujący
PSYCH	Psychologie	psychologia
®	eingetragene Marke	chroniony znak towarowy
RADIO	Rundfunk und TV	radiofonia
refl	reflexiv	zwrotny
reg	regional	regionalny
rel	relativ	względny
REL	Religion	religia
sachf	Sachform des Plurals	forma niemęskosobowa
SG, *sg*	Singular	liczba pojedyncza
sl	Slang, Jargon	slang
sn	sein	słowo posiłkowe
SOZIOL	Soziologie	socjologia
SPORT	Sport	sport
subst	Substantiv	rzeczownik
sup	Superlativ	stopień najwyższy
szwajc	schweizerisch	wyraz szwajcarski
TEATR	Theater	teatr
TECH	Technik	technika
TEL	Telekommunikation	telekomunikacja

abonować ⟨za-⟩ (-uję) abonnieren, beziehen

Grammatikangaben zum Stichwort in runden Klammern
Informacje gramatyczne do wyrazu hasłowego w nawiasach okrągłych

Kiwi F (-; -s) (*Frucht*) kiwi *n*

opisywać (-*uję*) **⟨opisać⟩** (*opiszę*) beschreiben

tanzen VT u. VI (-*zt*) ⟨po-, za⟩ tańczyć; ~ **gehen** iść ⟨pójść⟩ na tańce

Perfektive polnische Verben in spitzwinkligen Klammern
Polskie czasowniki dokonane w nawiasach trójkątnych

zwać* (*zwę*) *lit* nennen, heißen; ~ **się** heißen, den Namen tragen

Sternchen bei unregelmäßigen Verben
Gwiazdki przy czasownikach nieregularnych

gład|ki (-**ko**) (*równy*) glatt, eben; (*włosy, skóra*) glatt; (*prosty*) einfach; (*jednobarwny*) uni, ungemustert; **~ko ogolony** glatt rasiert; **~ko poszło** es ist glattgelaufen

herkriegen *umg* wytrzasnąć *pf*

Erklärende Hinweise und Stilebenenangaben in Kursivschrift
Dodatkowe objaśnienia i kwalifikatory stylistyczne – czcionka pochyła

Link M (-[s]; -s) EDV odnośnik, link

Sachgebiete in Großbuchstaben
Kwalifikatory działowe – wielkie litery

rower

bagażnik	der Gepäckträger
błotnik	das Schutzblech
hamulec ręczny	die Handbremse
kierownica	der Lenker
koło tylne	das Hinterrad
lampa	die Lampe
łańcuch	die Kette
opona	der Reifen
pedał	das Pedal
pomka do roweru	die Luftpumpe
przednie koło	das Vorderrad
przerzutki	die Gangschaltung
rama	der Rahmen
siodełko	der Sattel
światło tylne	das Rücklicht
szprychy	die Speichen

Info-Fenster mit Zusatzinfos zu Wortschatz und Sprachgebrauch
Okienka encyklopedyczne zawierające informacje z zakresu słownictwa i wskazówki językowe